Eder/Horndasch/Kubik/Kuckenburg/
Perleberg-Kölbel/Roßmann/Viefhues

Das familienrechtliche Mandat – Unterhaltsrecht

Das Mandat

Das familienrechtliche Mandat

Unterhaltsrecht

---

4. Auflage 2023

von

Rechtsanwalt und Fachanwalt für Familienrecht
Dr. Thomas Eder

Rechtsanwalt, Notar a.D. und Fachanwalt für Familienrecht, Mediator
Dr. Klaus-Peter Horndasch

Rechtsanwalt und Fachanwalt für Familienrecht und zertifizierter Testamentsvollstrecker (DVEV)
Sebastian Kubik

Rechtsanwalt und Fachanwalt für Familienrecht und Steuerrecht, Vereidigter Buchprüfer, Mediator
Bernd Kuckenburg

Rechtsanwältin und Fachanwältin für Familienrecht, Steuerrecht und Insolvenzrecht, Mediatorin
Dr. Renate Perleberg-Kölbel

Rechtsanwalt und Fachanwalt für Familienrecht
Dr. Franz-Thomas Roßmann

Weitere Aufsicht führender Richter am AG a.D.
Dr. Wolfram Viefhues

Herausgeber der Reihe:
Norbert Kleffmann/Michael Klein/Gerd Weinreich

DeutscherAnwaltVerlag

Zitiervorschlag:
FamRMandat-Unterhaltsrecht/Bearbeiter, § 1 Rn 1

Benutzer-Hinweis für Muster
Für den Download der Mustertexte gehen Sie auf
https://www.anwaltverlag.de/famrmandat-unterhaltsrecht.
Dort erhalten Sie Zugriff auf das zip-Archiv: av.1717_musterdownload.zip

Hinweis
Die Ausführungen in diesem Werk wurden mit Sorgfalt und nach bestem Wissen erstellt. Sie stellen jedoch lediglich Arbeitshilfen und Anregungen für die Lösung typischer Fallgestaltungen dar. Die Eigenverantwortung für die Formulierung von Verträgen, Verfügungen und Schriftsätzen trägt der Benutzer. Herausgeber, Autoren und Verlag übernehmen keinerlei Haftung für die Richtigkeit und Vollständigkeit der in diesem Buch enthaltenen Ausführungen.

Anregungen und Kritik zu diesem Werk senden Sie bitte an
kontakt@anwaltverlag.de
Autoren und Verlag freuen sich auf Ihre Rückmeldung.

Satz: Reemers publishing services GmbH, Krefeld
Druck: Hans Soldan Druck GmbH, Essen
Umschlaggestaltung: gentura, Holger Neumann, Bochum
ISBN 978-3-8240-1717-1

Bibliografische Information der Deutschen Nationalbibliothek
Die Deutsche Nationalbibliothek verzeichnet diese Publikation in der Deutschen Nationalbibliografie; detaillierte bibliografische Daten sind im Internet über http://dnb.d-nb.de abrufbar.

Vorwort

Das Unterhaltsrecht ist neben dem Güterrecht sicherlich die zentrale Materie jeder familienrechtlichen Auseinandersetzung.

Dies zeigt sich insbesondere an der unverändert großen Zahl neuer Gerichtsentscheidungen, aber auch an den zahlreichen Aufsatzbeiträgen, die in den letzten Jahren und auch nach Erscheinen der Vorauflage zu zahlreichen Detailproblemen des Unterhaltsrechts erschienen sind.

Da auch die dritte Auflage eine erfreulich hohe Resonanz erfahren hat, legen wir nunmehr im Abstand von drei Jahren eine Folgeauflage vor, um die neusten Entwicklungen und Rechtsprechungstendenzen einzuarbeiten.

Selbstverständlich sind die Düsseldorfer Tabelle 2023 und die aktuellen Leitlinien der Obergerichte berücksichtigt.

Auch berücksichtigt ist die geänderte Rechtsprechung des BGH bei der Einkommensermittlung, etwa was die Abzugsfähigkeit von Tilgungsleistungen im Rahmen der Berechnung des Wohnwertes anbelangt oder was die Unterhaltsberechnung bei überdurchschnittlichen Einkommens-verhältnissen betrifft. Ob sich durch die jüngste Rechtsprechung des BGH etwa zur Bedarfsbemessung beim Wechselmodell ein „Systemwechsel im Unterhaltsrecht" andeutet, was von eini-gen Autoren bejaht, von anderen verneint wird, ist gleichfalls anhand praxisorientierter Erläuterungen und Musterberechnungen dargestellt.

Rechtsprechung und Literatur sind bis Sommer 2023 berücksichtigt.

Das bewährte Autorenteam konnte auch für die Neuauflage gewonnen werden. Die Neuauflage bietet gegenüber der Vorauflage noch vermehrt Check-Listen und Beispielrechnungen. Oberstes Ziel bleibt, stets möglichst praxisnah und kompakt die einschlägigen Problemstellungen des Unterhaltsrechts im systematischen Kontext aufzuzeigen und nutzbare Lösungsvorschläge anzubieten.

Erneut danken wir dem Lektorat, insbesondere Frau Göhring, für die vielfältige Unterstützung bei der zügigen Realisierung dieser Neuauflage.

Hagen/Dortmund, im August 2023

Dr. Norbert Kleffmann
Rechtsanwalt und Notar
Fachanwalt für Familienrecht

Inhaltsverzeichnis

Musterverzeichnis

Autorenverzeichnis

Dr. Thomas Eder
§ 2, § 4

Dr. K.-Peter Horndasch
§ 3

Sebastian Kubik
§ 8 A *V*, *VI*, C, D

Bernd Kuckenburg/
Dr. Renate Perleberg-Kölbel
§ 1

Dr. Franz-Thomas Roßmann
§ 5, § 6, § 7, § 8 A *I–IV*, *VII*, B, E–J

Dr. Wolfram Viefhues
§ 7

Literaturverzeichnis

Bamberger/Roth, Kommentar zum Bürgerlichen Gesetzbuch, 5. Aufl. 2023

Bergschneider (Hrsg), Beck'sches Formularbuch Familienrecht, 5. Aufl. 2017

Bergschneider, Verträge in Familiensachen, 7. Aufl. 2022

Bergschneider/Hamm, Formularbuch Familienrecht, 6. Aufl. 2022

Borth, Handbuch des Scheidungsrechts, 7. Aufl. 2013

Brambring, Ehevertrag und Vermögenszuordnung unter Ehegatten, 8. Aufl. 2021

Büte/Poppen/Menne, Unterhaltsrecht, 3. Aufl. 2015

Dauner-Lieb/Heidel/Ring, NomosKommentar Bürgerliches Gesetzbuch, Bd. 4, Familienrecht, 4. Aufl. 2019

Ehinger/Griesche/Rasch, Handbuch Unterhaltsrecht, 7. Aufl. 2014

Erbarth, Das familienrechtliche Mandat – Ehewohnung, Haushaltssachen, Gewaltschutz, 2014

Erman, BGB, 16. Aufl., 2020

Eschenbruch/Schürmann/Menne, Der Unterhaltsprozess, 7. Aufl. 2020

Geigel, Der Haftpflichtprozess, 28. Aufl. 2020

Gerhardt/von Heintschel-Heinegg/Klein, Handbuch Familienrecht, 12. Aufl. 2021

Göppinger/Börger, Vereinbarungen anlässlich der Ehescheidung, 10. Aufl. 2013

Grüneberg, Kommentar zum BGB, 82. Aufl. 2023

Heiß/Born, Unterhaltsrecht, 62. Aufl. 202023

Horndasch, Verbundverfahren Scheidung, 2008

Horndasch, AnwaltFormulare Kindschaftsrecht, 2016

Horndasch, NotarFormulare Ehegattenunterhaltsrecht, 2. Aufl. 2020

Horndasch, AnwaltFormulare Familienrecht, 8. Aufl., 2022

Horndasch/Viefhues, Kommentar zum Familienverfahrensrecht, 3. Aufl. 2014

Johannsen/Henrich, Familienrecht, 7. Aufl. 2020

Jungbauer, Das familienrechtliche Mandat – Abrechnung in Familiensachen, 4. Aufl. 2018

Kemper/Schreiber, Familienverfahrensrecht, 3. Aufl. 2015

Kleffmann/Soyka, Praxishandbuch Unterhaltsrecht, 5. Aufl. 2023

Kuckenburg/Perleberg-Kölbel, Unternehmen im Familienrecht, 2. Aufl. 2022

Musielak/Borth/Frank, Familiengerichtliches Verfahren, 7. Aufl. 2022

Prütting/Helms, FamFG, 6. Aufl. 2022

Prütting/Wegen/Weinreich (Hrsg.), BGB, Kommentar LZ, 17. Aufl. 2022

Roßmann, Taktik im familiengerichtlichen Verfahren, 6. Aufl. 2023

Roßmann/Viefhues, Taktik im Unterhaltsrecht, 4. Aufl. 2020

Schmidt, Einkommensteuergesetz, 42. Aufl. 2023

Schneider/Stahl, Kapitalisierung und Verrentung, 3. Aufl. 2008

Schnitzler (Hrsg.), Münchener Anwaltshandbuch Familienrecht, 5. Aufl. 2020

Scholz/Kleffmann, Praxishandbuch Familienrecht, 42. Aufl. 2022

Schulte-Bunert/Weinreich (Hrsg.), FamFG Kommentar, 7. Aufl. 2023

Soergel, BGB, 14. Aufl. 2023

Staudinger, BGB, Familienrecht, ab 2020

Sternal, FamFG, 20. Aufl. 2020

Thomas/Putzo, ZPO, 44. Aufl. 2023

Viefhues, Von der Trennung bis zur Scheidung, 2. Aufl. 2022

Viefhues/Mleczko, Das neue Unterhaltsrecht 2008, 2. Aufl. 2008

Völker/Clausius, Sorge- und Umgangsrecht, 8. Aufl. 2021

Wendl/Dose, Das Unterhaltsrecht in der familienrichterlichen Praxis, 10. Aufl. 2019

Zöller, Kommentar zur ZPO, 34. Aufl. 2022

§ 1 Einkommensermittlung

Bernd Kuckenburg/Renate Perleberg-Kölbel

A. Einführung in das Unterhaltseinkommen

I. Was ist Unterhaltseinkommen?

Der BGH[1] weist auf die Ungleichheit von unterhalts- und steuerrechtlichem Einkommen hin. 1

Er macht damit deutlich, dass das steuerrechtliche Einkommen die Basis für die Ermittlung bildet und im Anschluss unterhaltsrelevante Korrekturen vorzunehmen sind.[2]

Das Ergebnis dieser Korrekturen stellt das Unterhaltseinkommen dar.

Hierbei ist zwischen Unterhaltseinkünften und Unterhaltseinkommen zu unterscheiden.

Dabei ist das Steuerrecht vielen Zivilrechtlern suspekt. „Daraus resultiert eine gewisse Neigung, sich diesem Rechtsgebiet fernzuhalten."[3]

Das Unterhaltseinkommen ergibt sich aus der Summe der Unterhaltseinkünfte abzüglich von Vorsorgeaufwendungen und Einkommensteuer. 2

Während die Unterhaltseinkünfte und das Unterhaltseinkommen allein auf steuerlichen Einkünften und Einkommen basieren, umfasst das „unterhaltsrechtlich relevante Einkommen" auch die weiteren dem Unterhaltsschuldner zufließenden und fiktiven Einkünfte, wie z.B. Wohnvorteile.[4]

Dabei ist es gleich, welcher Art sie sind und aus welchem Anlass sie erzielt werden.

Auch die potenziellen und fiktiven Einkünfte werden im Gegensatz zum Unterhaltseinkommen berücksichtigt.

Warum benötigen Familienrechtler bei der Ermittlung des Unterhaltseinkommens Kenntnisse vom Steuer-, Handels-, Gesellschafts- und Bilanzrecht? 3

Der anwaltliche Berater muss sich besonders bei der Ermittlung des Unterhaltseinkommens mit zahlreichen, steuerrechtlich ermittelten Materialien und Unterlagen befassen.

Er muss steuerrechtliche Unterlagen nach unterhaltsrechtlichen Aspekten analysieren und im Rahmen der familienrechtlichen Auseinandersetzung erläutern.

Besonders vor Gericht wird oft mit heftiger Intensität über Positionen der Jahresabschlüsse von Unternehmen gestritten.

Bei der Ermittlung der Unterhaltseinkünfte wird in der Literatur kritisch hinterfragt, ob bei Einzelunternehmen und Personengesellschaften schon wegen der dem Unternehmen obliegenden Liquiditätsverpflichtungen von einer Vollausschüttung der Gewinne auszugehen ist.[5]

1 BGH in ständiger Rechtsprechung: vgl. BGHZ 87, 36,39; FamRZ 2003, 741 ff.; FamRZ 2004, 1355 ff.
2 BGH FamRZ 2007, 405, 406.
3 *Piltz*, Latente Steuern im Zugewinnausgleich, NJW 2012, 1111.
4 Kleffmann/Klein/*Kleffmann*, Kap 1 Rn 111 ff., 122 ff.
5 BGH FamRZ 2011, 761, Tz 18; BGH FamRZ 2011, 1367, Tz 32; ausführlich *Kuckenburg*, Unternehmensbewertung der freiberuflichen Praxis, FuR 2011, 515, 516; *Schürmann*, Einkommen aus selbstständiger Tätigkeit im Unterhaltsrecht, FamRB 2006, 149; *Kuckenburg*, Der Selbstständige im familienrechtlichen Verfahren, 12; *Kuckenburg*, Anmerkungen, insb. auch Sicht des Unternehmensbewerters, zu BGH v. 6.2.2008, FuR 2008, 270, 271.

Betriebswirtschaftlich zeigt der Gewinn nämlich nicht nur den kalkulatorischen Unternehmerlohn,[6] sondern ist auch Entgelt für die Verzinsung des eingesetzten Eigenkapitals und Ausgleich des unternehmerischen Risikos.

Auch bei Nichtselbstständigen, die oft noch weitere Überschusseinkünfte, wie z.B. aus Vermietung und Verpachtung oder Kapitalvermögen haben, ergeben sich u.a. Fragen zur Bewertung, Abgrenzung zur Privatveranlassung und zu Abschreibungen.

Ferner sind die Angemessenheit von Bezügen (gilt auch im Steuerrecht gemäß § 4 Abs. 5 Nr. 7 EStG) bei Gesellschaftern/Geschäftsführern, Manipulationen und „Schwarzgeld" zu prüfen bzw. aufzudecken.

Ohne steuer- und betriebswirtschaftliche Kenntnisse sind die Aufgabenstellungen in der familienrechtlichen Praxis nicht zu lösen und der Bearbeiter setzt sich darüber hinaus auch noch einer potenziellen Haftung aus.

Da hilft es auch nicht, den Steuerberater zu fragen, weil diesem die unterhaltsrechtlichen Differenzierungen fremd sind.[7]

Ihm fehlen die grundsätzlichen unterhaltsrechtlichen Kenntnisse und Differenzierungen zur interdisziplinären Diskussion.

Neben der Ermittlung des Unterhaltseinkommens sind auch weitere familienrechtliche Probleme wie zur steuerlichen Veranlagung, Abzugsfähigkeit von Unterhaltsleistungen und Aufteilung von Steuerschulden zu lösen.

Die folgenden Ausführungen behandeln speziell die Unterhaltseinkünfte und das Unterhaltseinkommen, wie sie sich aus dem Steuerrecht und seiner Systematik ableiten.

Damit wird der Vorgabe des BGH[8] Rechnung getragen, bei der Ermittlung des unterhaltsrelevanten Einkommens das steuerliche Einkommen zugrunde zu legen.

Die Begriffe „selbstständige Arbeit/Selbstständige" und die schrittweise Ermittlung des Einkommens und seiner Besteuerung orientieren sich an der Definition, Schreibweise und Systematik des Einkommensteuergesetzes.

Familienrechtliche Modifizierungen aus dem Steuerrecht werden innerhalb des jeweiligen Ermittlungsschrittes behandelt.

4 **Was unterscheidet Unterhaltseinkünfte vom Steuereinkommen?**

Das Steuerrecht geht von der reellen Leistungsfähigkeit,[9] das Unterhaltsrecht von der potenziellen Leistungsfähigkeit aus.[10]

Dieses erläutern auch die relevanten Definitionen:[11]

Die **Unterhaltseinkünfte** basieren auf den steuerrechtlich ordnungsgemäß ermittelten Einkünften/Einkunftsarten des Einkommensteuerrechts nach deren unterhaltsrechtlicher Modifikation.[12]

Die Summe der Unterhaltseinkünfte nach Berücksichtigung von Vorsorgeaufwendungen und Einkommensteuer ergeben das **Unterhaltseinkommen**.

6 BGH FuR 2008, 293, mit Anm. *Kuckenburg*.
7 *Strohal*, Unterhaltsrechtlich relevantes Einkommen bei Selbstständigen, Rn 272.
8 BGH 87, 36, 39; Wendl/Dose, Rn 22, 42 ff.
9 „Niemand ist verpflichtet, sein Vermögen so zu verwalten oder seine Ertragsquellen so zu bewirtschaften, dass dem Staat darauf Steuern zufließen." Preußisches Oberverwaltungsgericht 1906.
10 *Fischer-Winkelmann*, FamRZ 1993, 880 ff.; *Kuckenburg*, Der Selbstständige, S. 2.
11 *Perleberg-Kölbel/Kuckenburg*, Unterhaltseinkommen, A Rn 1 f.
12 Wendl/Dose, Unterhaltsrecht, § 1 Rn 51 ff.

Über das Unterhaltseinkommen hinaus umfassen das **unterhaltsrechtlich relevante Einkommen** auch alle anderen dem Unterhaltsschuldner zufließenden Einkommenspositionen wie fiktive Einkünfte[13] und Wohnvorteile.[14]

Das unterhaltsrechtlich relevante Einkommen ist somit nicht stets mit dem steuerpflichtigen Einkommen identisch. Das Steuerrecht privilegiert einzelne Einkommensarten. Der „Selbstständige" genügt daher seiner Darlegungs- und Beweislast nicht, wenn er nur sein steuerrechtliches Einkommen aufzeigt.[15] Die Darlegungslast für die Angemessenheit der Ausgaben, Aufwendungen und Absetzungen trägt der Pflichtige.[16] Erst wenn eine schlüssige und erläuternde Darstellung der Einkünfte vorliegt, obliegt es dem Berechtigten konkret darzulegen, inwieweit er bestimmte Positionen als unzutreffend ansieht.[17]

II. Welche für das Familienrecht relevanten Reformen und Steuerrechtsprechungen gelten ab wann?

1. Gesetz über elektronische Handelsregister sowie das Unternehmensregister (EHUG)

Am 1.1.2007 ist das Gesetz über elektronische Handelsregister sowie das Unternehmensregister (EHUG) 5
vom 10.11.2006[18] in Kraft getreten. Danach ist der elektronische Bundesanzeiger (eBAZ) das zentrale Internetmedium für Unternehmenspublikationen. Als zentrale bundesweite Datenbank gibt es nun ein elektronisches Unternehmensregister unter **unternehmensregister.de**. Die dort zur Verfügung stehenden Informationen über die Jahresabschlüsse von Unternehmen können lästige und langwierige Auskunftsklagen vermeiden.

> **Hinweis**
>
> Mit Inkrafttreten des Gesetzes zur Umsetzung der Digitalisierungsrichtlinie (DiRUG) zum 1.8.2022 wird der Abruf aller Registerinhalte aus dem Handels-, Genossenschaft-, Vereins- und Partnerschaftsregister sowie der elektronisch verfügbaren Dokumente über das **Gemeinsame Registerportal** der Länder ab dem 1.8.2022 kostenfrei (ohne Registrierung und Login) möglich.

2. Unternehmensteuerreform 2008 (Paradigmenwechsel für Jahresabschlüsse ab 2009)

Ein besonderer Steuersatz gilt für nicht entnommene Gewinne für Einzelunternehmen und Personenge- 6
sellschaften (**Thesaurierungsbegünstigung**) bei Anwendung des Betriebsvermögensvergleichs mit 28,25 % Einkommensteuer zzgl. Solidaritätszuschlag und ggf. Kirchensteuer sowie einer zusätzlichen Nachversteuerung im Falle der Ausschüttung in Höhe von 25 % Einkommensteuer (diese ohne Solidaritätszuschlag und Kirchensteuer).

Investitionsabzugsbetrag nach **§ 7g EStG** (ersetzt die **Ansparabschreibung** der alten Fassung, siehe Rdn 336 ff., 442) mit einem Höchstbetrag von 200.000 EUR und jetzt auch für gebrauchte Wirtschaftsgüter des Anlagevermögens mit einem Abzugsbetrag von 40 %. Bei Nichtinvestitionen erfolgt eine Neuveranlagung mit Nachverzinsung für die Veranlagungszeiträume, in denen der Investitionsabzugsbetrag in Anspruch genommen wurde. Nur bei vorgenommener Investition kommt es zu erheblicher Steuerentlastung!

13 Kleffmann/Kein/*Kleffmann*, Unterhaltsrecht, Kap. 1 Rn 122 ff.
14 Kleffmann/Kein/*Kleffmann*, Rn 111 ff.
15 BGH FamRZ 2003, 741; 1998, 357.
16 BGH FamRZ 20006, 387; BHH FamRZ 2012, 288; FamRZ 2012, 514; OLG Brandenburg FamRZ 2007, 1020; OLG Frankfurt FamRZ 2007, 404.
17 KG Berlin FamRZ 2006, 1868.
18 BGBl I 2006, 2553.

7 *Hinweis*

Der Ausweis der geplanten Investitionen erfolgt in den, dem Finanzamt mit der Einkommensteuererklärung „einzureichenden Unterlagen“ (angelegte Aufstellung) und damit nicht mehr in der Gewinnermittlung, sodass ein zusätzlicher unterhaltsrechtlicher Auskunfts- und Beleganspruch auf dieses Dokument gegeben ist.

Bei nicht durchgeführter Investition erfolgt eine Neuveranlagung der betroffenen VZ unter Vollverzinsung (§§ 233a; 238 AO). Diese geänderten Einkommensteuerbescheide müssen auch verlangt werden (Auskunfts- und Beleganspruch)!

8 Der **Körperschaftsteuersatz** wird von 25 % auf 15 % vermindert.

Die Gewerbesteuermesszahl wird von 5 % auf 3,5 % bei gleichzeitigem Wegfall des Betriebskostenabzugs der **Gewerbesteuer** gesenkt. Bei einem Gewerbesteuerhebesatz von 400 % beträgt die steuerliche Gesamtbelastung 29,83 %, was im internationalen Vergleich nach wie vor nur Durchschnitt ist.

Unterhaltsrechtlich ist die Gewerbesteuer als tatsächliche Belastung aber abzuziehen, sodass vom betrieblichen und nicht vom steuerlichen Gewinn auszugehen ist.

Bei Einzelunternehmen und Personengesellschaften ist aber zu bedenken, dass eine abgemilderte Anrechnung der Gewerbesteuer nach § 35 EStG auf die Einkommensteuer des Steuerpflichtigen erfolgt. Dies wirkt sich aber nur bei positiven Einkünften aus Gewerbebetrieb aus.

Beachte

Unterschiedlicher Anrechnungszeitpunkt bei Anwendung des „In-Prinzips“ bzw. des „Für-Prinzips“!

Beispiel:

zu versteuerndes Einkommen vor Gewerbesteuer	124.500 EUR
Gewerbesteuerhebesatz:	440 %
Gewerbesteuerfreibetrag für Personengesellschaften	24.500 EUR
Gewerbeertrag nach Freibetrag	100.000 EUR
Gewerbesteuermessbetrag	3.500 EUR
Gewerbesteuer	**15.400 EUR**
zu versteuerndes Einkommen vor Gewerbesteuer	124.500 EUR
Einkommensteuer gemäß § 32a EStG im VZ 2012	44.118 EUR
Anrechnungsfaktor: 3,8	
Anrechnung (Faktor X Gewerbesteuermessbetrag)	**13.300 EUR**
ESt nach Anrechnung	30.818 EUR
SolZ	1.695 EUR
absolute Steuerbelastung	47.913 EUR
Steuerquote	**38,5 %**

Die Nettomehrbelastung aus der Gewerbesteuer beim Hebesatz von 440 % errechnet sich aus der Differenz zwischen der Gewerbesteuer (15.400 EUR) und der Anrechnung (13.300 EUR zzgl. 13.300 EUR × 5,5 % = 731,50 EUR SolZ) mit 1.368,50 EUR.

Beispiel wurde *Grashoff/Kleinmanns*[19] entnommen.

19 Aktuelles Steuerrecht 2015, Rn 352 f.

Das bisherige Halbeinkünfteverfahren wird durch das **Teileinkünfteverfahren** (§ 3 Nr. 40 EStG: 60 % des Gewinns sind steuerpflichtig) ersetzt. 9

Im Zuge der Unternehmensteuerreform 2008 wird ein gesonderter Steuertarif für Kapitaleinkünfte i.H.v. pauschal 25 % eingeführt, welcher zusammen mit den dadurch eingeführten Änderungen im Bereich der Kapitalertragsteuer auch als deutsche Abgeltungsteuer bezeichnet wird. Ausgenommen davon (und damit nach dem Teileinkünfteverfahren zu besteuern) sind Gewinne aus der Veräußerung von Anteilen an Kapitalgesellschaften im Sinne des § 17 EStG (Beteiligung von mind. 1 % am Gesellschaftskapital innerhalb der letzten fünf Jahre).

Einzelunternehmen (EU) oder Personengesellschaft 10

Das Gleiche gilt für betriebliche Kapitalerträge: Werden Erträge aus Beteiligungen an Kapitalgesellschaften im Betriebsvermögen eines Einzelunternehmens oder von einer Personengesellschaft vereinnahmt, tritt an die Stelle des bisherigen Halbeinkünfteverfahrens das Teileinkünfteverfahren. Es gilt für:

- Ausschüttungen
  - Beteiligung im Betriebsvermögen: Teileinkünfteverfahren
  - Beteiligung im Privatvermögen: Regelfall ist die Abgeltungsteuer (vereinfacht, Details siehe § 32d Abs. 2 Nr. 3 EStG)
    - Beteiligung ab 25 % im Privatvermögen: Wahlrecht zum Teileinkünfteverfahren, Regelfall Abgeltungsteuer,
    - Beteiligung von mindestens 1 % und der Voraussetzung, dass der Anteilseigner beruflich für die Gesellschaft tätig ist: Wahlrecht zum Teileinkünfteverfahren, Regelfall Abgeltungsteuer,
- Veräußerungsgewinne
  - Beteiligung im Betriebsvermögen: Teileinkünfteverfahren,
  - Beteiligung im Privatvermögen: Regelfall ist die Abgeltungsteuer,
    - Beteiligung ab 1 % (§ 17 EStG): Teileinkünfteverfahren.

Kapitalgesellschaft 11

Ist der Anteilseigner eine Kapitalgesellschaft, sind Ausschüttungen und Veräußerungsgewinne von Kapitalbeteiligungen, wie bisher nach § 8b Abs. 1 (KStG), in vollem Umfang steuerfrei (Beteiligungsprivileg). Allerdings gilt ein pauschales Betriebsausgabenabzugsverbot von 5 % der jeweiligen Ausschüttung bzw. des Veräußerungsgewinns nach § 8b Abs. 5 KStG (sog. Schachtelstrafe). Die Steuerfreiheit tritt also somit nur zu 95 % ein. Die Kapitalgesellschaft darf dafür jedoch sämtliche Ausgaben, die mit diesen Beteiligungen in Zusammenhang stehen, als Betriebsausgaben geltend machen. Dies gilt nicht für Wertverluste der Beteiligungen (Veräußerungsverluste oder Teilwertabschreibungen). Eine weitere Einschränkung bei der Geltendmachung von Verlusten ergibt noch aus dem Jahressteuergesetz 2008: Bei einer direkten oder indirekten Beteiligung von 25 % und mehr dürfen nach § 8b Abs. 3 KStG auch keine Verluste aus Darlehen, die der Gesellschaft gewährt wurden, geltend gemacht werden.

Geringwertige Wirtschaftsgüter (GWG): Die Abschreibung wird von 410 EUR auf 150 EUR herabgesetzt; bei Anschaffungskosten zwischen 150 EUR und 1.000 EUR ist ein Sammelposten zu bilden, der unabhängig von der Haltedauer des Wirtschaftsgutes über 5 Jahre linear abzuschreiben ist (beachte unten Jahressteuergesetz 2010). 12

3. Jahressteuergesetz 2009

Das Jahressteuergesetz 2009 führt die **degressive AfA** für bewegliche Wirtschaftsgüter wieder ein: für angeschaffte Wirtschaftsgüter vor dem 1.1.2006 damit 20 %, 2006 und 2007 je 30 %, 2008 mit 0 %, 2009 und 2010 je 25 %, ab 2011 Rechtsstand wie vor der zeitlich befristeten Wiedereinführung, also wieder 0 %. 13

14 **Abgeltungssteuer** für Kapitaleinkünfte (siehe Rdn 653 f.) im Privatvermögen unterliegen ab 2009 (Quellenbesteuerung) einem Steuersatz von 25 %, zuzüglich 5,5 % Solidaritätszuschlag und damit insgesamt 26,38 % (d.h. bei 8 % Kirchensteuer beträgt die Abgeltungsteuer 27,82 %; bei 9 % Kirchensteuer 27,99 %). Dies gilt auch für Veräußerungsgewinne. Die abgeltende Wirkung führt dazu, dass die Einkünfte in der Einkommensteuererklärung nicht mehr anzugeben sind. Es gibt eine Veranlagungsoption bei Verlusten oder einem niedrigeren Steuersatz als 25 %. Der Abzug von Werbungskosten ist nicht mehr möglich. Lediglich ein Sparerpauschbetrag von 801 EUR für Ledige beziehungsweise 1.602 EUR für Ehepaare ist abzugsfähig, der aber tatsächlichen Aufwendungen nicht entspricht.

Achtung!

Durch die Einführung der Abgeltungssteuer entsteht ein weiterer und neuer Auskunfts- und Beleganspruch, weil die Kapitaleinkünfte grundsätzlich (Ausnahme Veranlagungsoption) aus den Einkommensteuererklärungen und -bescheiden nicht mehr ersichtlich sind. Tatsächliche Aufwendungen müssen vorgetragen und belegt werden. Die abgeltende Wirkung führt dazu, dass die Einkünfte in der Einkommensteuererklärung nicht mehr anzugeben sind.

4. Jahressteuergesetz 2010, insb. Auswirkung für Kinder, Familie, Unterhalt und Krankenversicherung gemäß Wachstumsbeschleunigungs- und Bürgerentlastungsgesetz

15 Der **Grundfreibetrag** wird auf 8.004 EUR für Alleinstehende und für Ehepaare auf 16.009 EUR angehoben.

16 **Faktorverfahren:** Ehepaare haben zusätzlich zu den Steuerklassenkombinationen III/V bzw. IV/IV die Möglichkeit, auf der Lohnsteuerkarte jeweils die Steuerklasse IV in Verbindung mit einem Faktor eintragen zu lassen. Ab 2010 gibt es also eine dritte mögliche Kombination: IV-Faktor/IV-Faktor.

Der Vorteil des Splitting-Tarifs kann schon beim monatlichen Abzug der Lohnsteuer auf beide Ehepartner verteilt werden. Dies soll dem weniger verdienenden Ehepartner den Anreiz geben, eine steuer- und sozialversicherungspflichtige Beschäftigung aufzunehmen.

17 Das **Kindergeld** wird für jedes Kind um 20 EUR erhöht auf 184 EUR für das 1. und 2. Kind, 190 EUR für das 3. Kind und 215 EUR für jedes weitere Kind. Die Freibeträge für Kinder werden bei zusammen veranlagten Eltern für jedes Kind von insgesamt 6.024 EUR auf 7.008 EUR angehoben (das heißt Kinderfreibetrag 2.184 EUR und Betreuungsfreibetrag 1.302 EUR je Elternteil).

18 Die **Kranken- und Pflegeversicherung** ist zusammen mit den anderen sonstigen Vorsorgeaufwendungen bisher nur begrenzt abzugsfähig. Der Höchstbetrag beträgt 2.800 EUR. Voll abziehbar sind aber alle Krankenkassenversicherungsbeiträge, die ein Leistungsniveau absichern, dass denen der gesetzlichen Kranken- und der sozialen Pflegepflichtversicherung entspricht (keine Chefarztbehandlung).

Dies gilt sowohl für privat als auch für gesetzlich Krankenversicherte und kann bereits im Lohnsteuerverfahren Berücksichtigung finden.

19 Beiträge zur gesetzlichen Rentenversicherung und zu den berufsständischen Versorgungen sowie zur sogenannten **Rürup-Rente** wurden zu 70 % steuerfrei gestellt und können als Sonderausgaben abgezogen werden, wenn die Versicherung zertifiziert ist.

20 **Begrenztes Realsplitting:** Der Höchstbetrag der Unterhaltszahlungen (Sonderausgaben) an den geschiedenen oder dauernd getrenntlebenden Ehepartner erhöht sich von 13.805 EUR um die für den Empfänger übernommenen Beiträge zu einer Basiskranken- und einer Pflegepflichtversicherung.

21 **Außergewöhnliche Belastungen:** Der Höchstbetrag gem. § 33a Abs. 1 S. 2 EStG für Unterhaltszahlungen an gesetzlich Unterhaltsberechtigte und ihnen gleichgestellte Personen wird von 7.680 EUR auf

8.004 EUR angehoben. Auch dieser Betrag erhöht sich um übernommene Beiträge zu einer Basiskranken- und einer Pflegeversicherung.

Hat die unterhaltene Person eigene Einkünfte und Bezüge, so vermindert sich die Summe der Unterhaltsaufwendungen um den Betrag, um den diese Einkünfte und Bezüge den Betrag von 624 EUR im Kalenderjahr übersteigen, § 33a Abs. 1 S. 5 1. Hs. EStG.

Bei der Ermittlung der Einkünfte und Bezüge der unterhaltenen Person sind auch im Jahr 2012 die Beiträge zur gesetzlichen Renten- und Arbeitslosenversicherung mindernd abzuziehen.[20]

Die **Erbschafts-/Schenkungssteuersätze** der Steuerklasse II werden 2010 von 30 % bis 50 % auf 15 % 22
bis 43 % gesenkt. Dies entlastet Geschwister und Geschwisterkinder. So beträgt der Steuersatz beim Wert bis zu 75.000 EUR nur noch 15 % statt bislang 30 %.

GWG: Die alte Regelung wird wieder eingeführt mit der Sofortabschreibung von beweglichen Wirt- 23
schaftsgütern des Anlagevermögens mit Anschaffungs- oder Herstellungskosten bis 410 EUR. Bei Anschaffungs- oder Herstellungskosten über 150 EUR ist ein besonderes Verzeichnis zu führen.

Es besteht ein Wahlrecht zwischen Sofortabschreibung bis 410 EUR und Bildung des Sammelpostens für Wirtschaftsgüter bis 1.000 EUR, der über eine Dauer von 5 Jahren gewinnmindernd aufzulösen ist. Wirtschaftsgüter bis 150 EUR können in den Sammelposten aufgenommen werden.

5. Steuervereinfachungsgesetz 2011

- **Nichtsteuerbarkeit von Veräußerungsgeschäften bei Gegenständen des täglichen Gebrauchs** 24
  (§ 23 EStG): Es wird gesetzlich klargestellt, dass die Veräußerung derartiger Gegenstände nicht steuerbar ist. Begründung ist, dass es „nicht sachgerecht" sei, derartige typische Verlustgeschäfte steuerlich wirksam werden zu lassen.
- **Außerordentliche Einkünfte/Bemessung des ermäßigten Steuersatzes (§ 34 Abs. 3 S. 2 EStG):** Es wird sichergestellt, dass ermäßigt zu besteuernde Einkünfte (Veräußerungsgewinne) mindestens dem Eingangssteuersatz unterworfen werden.
- Der **Arbeitnehmerpauschbetrag** wird von 920 EUR auf 1.000 EUR erhöht. Die **Kinderbetreuungskosten** werden nur noch einheitlich als Sonderausgaben und nicht mehr auch als Werbungskosten oder Betriebsausgaben behandelt.
- Es wird eine **Betriebsfortführungsfiktion bei Betriebsunterbrechung und Betriebsverpachtung**, § 16 Abs. 3a und 3b EStG, eingeführt.
- **Vollentgeltlichkeit der Vermietung und Verpachtung** bei verbilligter Überlassung bei 66 % der ortsüblichen Miete, § 21 Abs. 2 EStG
- **Wegfall der Einkünfte- und Bezügegrenze für volljährige Kinder** nach § 32 Abs. 4 EStG

6. Weitere Änderungen ab 2013

Reduzierung der **Veranlagungsarten** nach §§ 26, 26 a EStG: Nach dem Steuervereinfachungsgesetz 25
2011[21] gibt es nur noch vier Veranlagungsarten, nämlich die Einzelveranlagung, das Verwitweten-Splitting, das „Sonder-Splitting" im Trennungsjahr und die Zusammenveranlagung mit Ehegatten-Splitting. Statt einer getrennten Veranlagung ist ab VZ 2013 eine Einzelveranlagung nach §§ 26a, 52 Abs. 68 EStG vorzunehmen. Sonderausgaben, außergewöhnliche Belastungen und die Steuerermäßigung nach § 35a EStG (gemeinsame Zurechnung bei der Zusammenveranlagung) wurden bei der getrennten Veranlagung den Ehegatten jeweils zur Hälfte zugerechnet. Bei der Einzelveranlagung werden nun Sonderausgaben und außergewöhnliche Belastungen demjenigen zugeordnet, der sie wirtschaftlich getragen hat.

20 FG Sachsen, Urt. v. 14.8.2013 – 2 K 946/13, BFH, Urt. v. 18.6.2015 – VI R 66/13.
21 BGBl I 2011, 2131.

Beim Abzug der außergewöhnlichen Belastungen nach § 33 EStG wird die zumutbare Belastung nach dem Gesamtbetrag der Einkünfte eines jeden Ehegatten bestimmt und nicht, wie bisher bei der getrennten Veranlagung, nach dem Gesamtbetrag der Einkünfte beider Ehegatten.

26 Nach dem Gesetz zum Abbau der kalten Progression erhöht sich ab 2013 der **Grundfreibetrag** auf 8.130 EUR und ab 2014 auf 8.354 EUR. Der **Eingangssteuersatz** bleibt mit 14 % unverändert.

27 Ab dem 1.1.2013 ersetzt das neue so genannte **ELStAM-Verfahren** grundsätzlich die alte Lohnsteuerkarte aus Papier. Steuerliche Daten, wie z.B. Kinderfreibeträge, Steuerklassen und die Religionszugehörigkeit eines Arbeitnehmers, werden elektronisch gespeichert und vom Arbeitgeber übermittelt.

28 Nach § 2 Abs. 8 EStG sind die Regelungen des Einkommensteuergesetzes zu Ehegatten und Ehen auch auf **eingetragene Lebenspartner und Lebenspartnerschaften** anzuwenden. Die Änderungen im Einkommensteuergesetz sind am 19.7.2013 infolge des Gesetzes zur Änderung des Einkommensteuergesetzes rückwirkend zum VZ 2001 in Umsetzung der Entscheidung des BVerfG vom 7.5.2013[22] in Kraft getreten. Die Rückwirkung bezieht sich auf alle Lebenspartner, deren Veranlagung noch nicht bestandskräftig durchgeführt ist.[23]

29 Art. 2 des Gesetzes zur Umsetzung der Amtshilferichtlinie sowie zur Änderung steuerlicher Vorschriften[24] ergänzt mit Wirkung vom 30.6.2013 u.a. § 33 Abs. 2 EStG: Ab dem VZ 2013 sind Aufwendungen für die Führung eines Rechtsstreits (**Prozesskosten**) vom Abzug ausgeschlossen, es sei denn, es handelt sich um Aufwendungen ohne die der Steuerpflichtige Gefahr liefe, seine Existenzgrundlage zu verlieren und seine lebensnotwendigen Bedürfnisse in dem üblichen Rahmen nicht mehr befriedigen zu können", §§ 33 Abs. 3a, 52 Abs. 45 EStG neu.

Ab dem Veranlagungsjahr 2013 können folglich private Prozesskosten nur noch dann als außergewöhnliche Belastung steuerlich geltend gemacht werden, wenn ein Rechtsstreit geführt wird, um die Existenzgrundlage oder lebensnotwendige Bedürfnisse des Steuerpflichtigen zu sichern. Die künftigen Verwaltungsanweisungen und Rechtsprechungen werden zeigen, wie weit diese Begriffe auszulegen sind.

> *Achtung!*
>
> Bis einschließlich VZ 2012 lässt die neue Rechtsprechung des **BFH**[25] generell die Kosten eines Zivilprozesses als außergewöhnliche Belastungen unabhängig von dessen Streitgegenstand zu.
>
> Bei der Frage der Zwangsläufigkeit wird nicht mehr auf die Unausweichlichkeit abgestellt. Es ist nach Ansicht des BFH lebensfremd voraussagen zu können, ob ein Rechtsstreit Erfolg haben werde oder nicht. Kosten sind allerdings nur dann zu berücksichtigen, wenn sich der Steuerpflichtige nicht mutwillig oder leichtfertig auf den Prozess einlässt. Bei der Beurteilung ist auf die Sicht eines verständigen Dritten abzustellen.

30 Nach dem Nichtanwendungserlass des **BMF**[26] ist das Urteil des BFH nicht anzuwenden. Begründet wird dies damit, dass der Finanzbehörde keine Instrumente zur Verfügung stehen, die Erfolgsaussichten eines Zivilprozesses eindeutig, zuverlässig und rechtssicher einzuschätzen.

Die Finanzgerichte haben inzwischen auf die neue BFH-Rechtsprechung unterschiedlich reagiert:
So ergibt sich eine Anerkennung der Aufwendungen anlässlich des Ehescheidungsverfahrens als außergewöhnliche Belastungen über die zwangsläufigen Kosten hinaus nach dem **FG München**,[27] nicht aus der vorgenannten neuen Rechtsprechung des BFH vom 12.5.2011, weil der BFH zu Kosten für einen Zivil-

22 BVerfG FamRZ 2013, 1103.
23 Siehe hierzu auch BMF-Schreiben v. 31.7.2013 – IV C 1 – S 1910/13/10065:001, www.bundesfinanzministerium.de.
24 Amtshilferichtlinie-Umsetzungsgesetz – AmtshilfeRLUmsG G. v. 26.6.2013, BGBl I 2013, 1809.
25 BFH v. 12.5.2011 – VI R 42/10, NJW 2011, 3055; *Kuckenburg/Perleberg-Kölbel*, Kostenschaukel, FuR 2012, 123.
26 BMF-Schreiben v. 20.12.2011 – IV C 4 – S2284/07/0031 002, BStBl I 2011, 1249.
27 FG München v. 21.8.2012 – 10 K 800/10, openJur 2013, 3453, Datenbank BayernRecht.de.

prozess wegen Krankentagegeld entschieden habe. Das FG München orientiert sich weiterhin an der zu den Aufwendungen anlässlich eines Ehescheidungsverfahrens ergangenen und seiner Auffassung weiterhin gültigen Rechtsprechung des III. Senats des BFH.[28]

Die **Finanzgerichte Düsseldorf**,[29] **Münster**[30] und **Rheinland-Pfalz**[31] hingegen will die im Rahmen eines Scheidungsverfahrens angefallenen Anwalts- und Gerichtskosten in vollem Umfang steuerlich berücksichtigen. Das Finanzamt hatte zuvor die Kosten für den Zugewinnausgleich und die Kosten für die Durchsetzung von Unterhaltsansprüchen nicht anerkannt.

Alle Kosten (Gerichts- und Anwaltskosten), die mit einer Ehescheidung verbunden sind, können nach der Entscheidung des FG Düsseldorf abgesetzt werden, weil das Recht der Ehe (Eheschließung und -scheidung einschließlich der daraus folgenden Unterhalts-, Vermögens- und Versorgungsfragen) allein dem staatlich dafür vorgesehenen Verfahren unterliegt. Ein anderes, billigeres Verfahren steht Eheleuten zur Beendigung einer Ehe nicht zur Verfügung. Der Verhandlungs- und Entscheidungsverbund bewirkt einen Zwang zur gemeinsamen Verhandlung und Entscheidung.

Auf der Grundlage der aktuellen BFH-Rechtsprechung lässt auch das **FG Köln**[32] die geltend gemachten Anwaltskosten des Kindesvaters in einem gerichtlichen Unterhaltsabänderungsantrag der Kindesmutter für sich und das gemeinsame Kind in vollem Umfang als eine außergewöhnliche Belastung zu. Nach summarischer Prüfung bot die beabsichtigte Rechtsverteidigung aus Sicht eines verständigen Dritten – bei ex ante Betrachtung – hinreichende Aussicht auf Erfolg. Sie erschien auch nicht mutwillig.

Das **FG Schleswig-Holstein**[33] hält darüber hinaus die Kosten eines in einem Scheidungsfolgenverfahren beauftragten britischen Rechtsanwalts und die mit dem Verfahren in Zusammenhang stehenden Reisekosten als außergewöhnliche Belastungen für abzugsfähig, wenn die Kosten nach landestypischen Gesichtspunkten angemessen sind und keine Kostenerstattung erfolgt.

Das Gesetz zur Umsetzung der Amtshilferichtlinie sowie zur Änderung steuerlicher Vorschriften führt 31
u.a. auch die **Lohnsteuer-Nachschau** nach § 42g EStG **ab dem 30.6.2013** ein. Diese schafft für eine Prüfung ohne vorherige Ankündigung eine Rechtsgrundlage und soll die Beteiligung von Lohnsteuer-Außenprüfern an Einsätzen der „Finanzkontrolle Schwarzarbeit" erleichtern. Die Nachschau ist keine Prüfung i.S.v. §§ 193 ff. AO, sondern dient der zeitnahen kursorischen Kontrolle, die die Außenprüfung nicht verdrängen soll.

Mit Urt. v. 21.3.2013[34] hat der **BFH zur 1 %-Regelung** entschieden, dass die unentgeltliche oder verbil- 32
ligte Überlassung eines Dienstwagens durch den Arbeitgeber an den Arbeitnehmer für dessen Privatnutzung unabhängig davon, ob und in welchem Umfang der Arbeitnehmer den betrieblichen Pkw tatsächlich privat nutzt, zu einem lohnsteuerlichen Vorteil führt. Der Anwendungsbereich der in § 8 Abs. 2 S. 2 bis 4 i.V.m. § 6 Abs. 1 Nr. 4 S. 2 EStG normierten 1 %-Regelung ist damit neu bestimmt worden. In zwei weiteren Entscheidungen vom 21.3.2013[35] sowie vom 18.4.2013[36] hat der BFH nochmals verdeutlicht, dass die 1 %-Regelung aber erst zur Anwendung kommt, wenn feststeht, dass der Arbeitgeber dem Arbeitnehmer einen Dienstwagen zur privaten Nutzung arbeitsvertraglich oder doch zumindest auf Grundlage einer konkludent getroffenen Nutzungsvereinbarung tatsächlich überlassen hat. Das Finanzgericht hat sich

28 BFH v. 9.5.1996 – III R 224/94, BStBl II 1996, 596.
29 FG Düsseldorf v. 19.2.2013 – 10 K 2392/12 E; NRWE (Rechtsprechungsdatenbank NRW) Rev.: BFH – VI R 16/13, www2.nwb.de.
30 FG Münster v. 21.11.2014 – 4 K 1829/14 E, www.justiz.nrw.de.
31 FG Rheinland-Pfalz v. 16.10.2014 – 4 K 1976/14.
32 FG Köln v. 26.6.2013 – 7 K 2700/12 NRWE (Rechtsprechungsdatenbank NRW) Rev.: BFH VI R 29/13.
33 FG Schleswig-Holstein v. 17.4.2013 – 5 K 156/12, Rev.: BFH VI 26/13.
34 BFH DB 2013, 1528.
35 BFH DB 2013, 1526.
36 BFH DB 2013, 1887.

hiervon mit der erforderlichen Gewissheit zu überzeugen. Ein Beweis des ersten Anscheins kann diese Feststellungen nicht ersetzen.

Für Unterhaltszwecke erfolgt weitestgehend eine Rezeption der steuerlichen Regelungen[37] über § 287 ZPO.

7. Gesetz zur Änderung und Vereinfachung der Unternehmensbesteuerung und des steuerlichen Reisekostenrechts ab VZ 2014

33 Im Zuge der **Reform des steuerlichen Reisekostenrechts** (Rdn 36, 527 ff.)[38] gibt es neue Voraussetzungen für die steuerliche Anerkennung einer doppelten Haushaltsführung. Diese gelten auch für bereits bestehende doppelte Haushaltsführungen und verlangen das „Innehaben einer Wohnung" des Arbeitnehmers am Hauptwohnsitz sowie seine „finanzielle Beteiligung an den Kosten der Lebensführung", § 9 Abs. 1 S. 3 Nr. 5 S. 3 EStG n.F.

Nicht anerkannt wird damit das Bewohnen nur eines Zimmers im Haushalt der Eltern, weil der Arbeitnehmer eine eigene Wohnung innehaben muss.

34 **AIFM-Steuer-Anpassungsgesetz (AIFM-StAnpG)**

Infolge des AIFM-Steuer-Anpassungsgesetzes (AIFM-StAnpG)[39] wird § 33a Abs. 1 S. 1 EStG dahingehend geändert, dass sich der Höchstbetrag für den Abzug von Unterhaltsleistungen gemäß § 33a Abs. 1 S. 1 EStG an der Höhe des Grundfreibetrages für die Veranlagungszeiträume 2013 und 2014 orientiert, d.h. **8.130 EUR für VZ 2013** und **8.354 EUR für VZ 2014**.

8. Weitere Gesetzesänderungen 2014

35 **Einkommensteuer**

- **Einkommensteuertarif**: Der steuerfrei belassene Grundfreibetrag steigt zum 1.1.2014 nochmals von 8.130 EUR um 224 EUR auf 8.354 EUR.
- **Unterhaltsleistungen**: Diese können derzeit bis zu einem steuerlichen Höchstbetrag von maximal 8.004 EUR als außergewöhnliche Belastung geltend gemacht werden. Der Höchstbetrag in § 33a Abs. 1 EStG ist für den VZ 2013 auf 8.130 EUR und für 2014 auf 8.354 EUR angehoben worden.

36 **Reisekosten**

- **Entfernungspauschale:** Ab 2014 zählt die „erste Tätigkeitsstätte" anstelle der „regelmäßigen Arbeitsstätte".
- **Doppelte Haushaltsführung:** Die tatsächlichen Kosten der Unterkunft können bis zu 1.000 EUR abgesetzt werden. Eine weitergehende Prüfung der Notwendigkeit und Angemessenheit ist im Inland nicht mehr erforderlich.
- **Mahlzeiten während einer beruflichen Auswärtstätigkeit:** Werden dem Arbeitnehmer vom Arbeitgeber Mahlzeiten zur Verfügung gestellt und liegt der Preis der jeweiligen Mahlzeit nicht über 60 EUR, werden diese mit den amtlichen Sachbezugswerten bewertet (1,63 EUR Frühstück bzw. 3 EUR Mittag- und Abendessen). Könnte der Arbeitnehmer für die Mahlzeiten die Verpflegungspauschalen in Anspruch nehmen, werden keine Sachbezugswerte angesetzt. Stattdessen wird die Verpflegungspauschale tageweise um 20 % für ein Frühstück (4,80 EUR im Inland) bzw. um 40 % für ein Mittag- oder Abendessen (9,60 EUR im Inland) gekürzt.

37 Siehe unten Rdn 415 ff.; OLG Karlsruhe v. 27.8.2015 – 2 UF 691/15.

38 Gesetz zur Änderung und Vereinfachung der Unternehmensbesteuerung und des steuerlichen Reisekostenrechts vom 20.2.2013, BGBl I 2013, 285, BStBl I 2013, 188.

39 BGBl I, 2013, 4318.

- **Unterkunftskosten bei beruflicher Auswärtstätigkeit:** Die tatsächlichen Kosten sind abzugsfähig. Nach 48 Monaten werden sie aber nur noch bis zu 1.000 EUR anerkannt.
- **Verpflegungspauschale:** Die Mindestabwesenheitszeiten wurden herabgesetzt und es gibt nur noch 2 statt 3 Pauschalen (mehr als 8 Stunden Abwesenheit: 12 EUR, mindestens 24 Stunden Abwesenheit: 24 EUR).
- **Verpflegungsmehraufwendungen und Übernachtungskosten für beruflich und betrieblich veranlasste Auslandsdienstreisen:** Für Tätigkeiten im Ausland gibt es zukünftig ebenfalls nur noch 2 Pauschalen unter den gleichen Voraussetzungen wie bei den inländischen Pauschalen. Im Veranlagungszeitraum 2014 ist mit neuen Reisekostentabellen zu rechnen.[40]

ELStAM 37

Das Papierverfahren kann bis zum vorletzten Lohnzahlungszeitraum 2013 angewendet werden, spätestens für den letzten Lohnzahlungszeitraum 2013 ist auf elektronische Verfahren umzustellen. Ausnahme: Der Arbeitgeber entscheidet sich bis zum letzten Lohnzahlungszeitraum des Jahres 2013 für eine Testphase bis zu 6 Monaten, dann kann auch noch 2014 bis zum Ablauf der Testphase das Papierverfahren angewendet werden. Spätestens dann ist umzustellen.

Bilanzierung 38

Ein neuer § 4f EStG enthält Regelungen zur entgeltlichen Übertragung von Verpflichtungen (insbesondere Pensionsverpflichtungen). Ergänzend regelt ein neuer § 5 Abs. 7 EStG die bilanzsteuerrechtliche Behandlung für solche übernommenen Verpflichtungen. Die Neuregelung, die insbesondere bei übernommenen Pensionsverpflichtungen praxisrelevant ist, gilt erstmals für Wirtschaftsjahre, die nach dem 28.11.2013 (Tag des Beschlusses des Deutschen Bundestags zum AIFM-StAnpG) enden.

Umsatzsteuer 39

- **Umsatzsteuer bei Kunstgegenständen und Sammlungsstücken:** Der ermäßigte Steuersatz wird ab dem 1.1.2014 auf den EU-rechtlich zutreffenden Umfang begrenzt. Damit unterliegen künftig die Vermietung von Sammlungsstücken und Kunstgegenständen, die Lieferungen von Sammlungsstücken und die Lieferungen von Kunstgegenständen durch gewerbliche Kunsthändler (Wiederverkäufer) dem Regelsteuersatz mit 19 %. Vom ermäßigten Steuersatz profitiert damit nur noch eine Lieferung bzw. ein innergemeinschaftlicher Erwerb von Kunstgegenständen, welche durch den Urheber selbst oder durch seinen Rechtsnachfolger erfolgt.
- **Vorsteuerberichtigungsbeträge nach § 15a UStG:** Die Regelung des § 9b Abs. 2 EStG, nach der ein Vorsteuerberichtigungsbetrag nach § 15a UStG zu keiner (nachträglichen) Änderung der Anschaffungs- bzw. Herstellungskosten führt, sondern Mehrbeträge sofort als Betriebseinnahmen/Einnahmen angesetzt werden bzw. Minderbeträge als Betriebsausgaben/Werbungskosten zu behandeln sind, wird ergänzt. Die Regelung gilt nur, wenn die Mehrbeträge innerhalb der 7 Einkunftsarten des § 2 Abs. 1 Satz 1 EStG bezogen werden bzw. die Minderbeträge nur Betriebsausgaben oder Werbungskosten sind, wenn sie durch den Betrieb veranlasst sind oder der Erwerbung, Sicherung und Erhaltung von Einnahmen dienen. Diese Ergänzung gilt erstmals für Änderungen der Verhältnisse i.S.d. § 15a UStG, die nach dem 28.11.2013 (Tag des Beschlusses des Deutschen Bundestags zum AIFM-StAnpG) eintreten.

Gewerbesteuer 40

Die Neuregelung Gewerbesteuerzerlegung bei alternativer Energieerzeugung folgt der bisherigen Verfahrensweise bei Windkraftanlagen. Sie gilt grundsätzlich ab dem Erhebungszeitraum 2014. Für Photovoltaikbetriebe ist zwischen Neuanlagen und bereits bestehenden Anlagen zu differenzieren. Als Neuanlagen gelten alle nach dem 30.6.2013 genehmigten Anlagen.

40 BMF v. 11.11.2013 – IV C 5 – S 2353/08/10006:004.

41 **Grunderwerbsteuer**

In einigen Bundesländern wird der Immobilienkauf teurer. In Bremen und Niedersachsen steigt die Grunderwerbsteuer von 4,5 Prozent auf 5,0 Prozent des Kaufpreises. In Berlin geht der Satz von bisher 5,0 auf 6,0 Prozent nach oben. Schleswig-Holstein setzt sich mit 6,5 Prozent (bisher: 5 Prozent) der fälligen Kaufsumme bundesweit an die Spitzenposition. Seit 2006 dürfen die Bundesländer die Höhe der Grunderwerbsteuer selbst festlegen.

42 **Kapitalanlagen**

- **Riester-Rente:** Riester-Verträge können um einen Schutz gegen Berufsunfähigkeit und verminderte Erwerbstätigkeit sowie um die Absicherung für Hinterbliebene erweitert werden. Auch dafür gewährt der Staat die üblichen Zulagen und Steuervorteile. Die wichtige Änderung: Ab 1.1.2014 können 20 Prozent der Altersvorsorgebeiträge – maximal 2.100 EUR je Förderberechtigtem – für die zusätzliche Versicherung eingesetzt werden. Bislang sind es nur 15 Prozent.
- **Rürup-Rente:** Wer für eine Rürup-Rente anspart, kann einen höheren Satz seiner eingezahlten Beiträge steuerlich absetzen. 2014 sind im Rahmen des Sonderausgabenabzugs von maximal 20.000 EUR 78 Prozent (bisher 76 Prozent) der Beiträge anrechenbar. Andererseits steigt der Anteil der nachgelagerten Besteuerung dieser Renten auch um 2 Prozentpunkte auf 68 (bisher 66) Prozent. Ab Januar ist es außerdem möglich, bei der Rürup-Rente eine separate Versicherung gegen Berufsunfähigkeit oder Erwerbsminderung abzuschließen.
- **Steuergestaltungen bei der Wertpapierleihe:** Durch eine Überarbeitung von § 8b Abs. 10 KStG werden Steuergestaltungen vom Gesetzgeber verhindert. Die Neuregelung betrifft alle nach dem 31.12.2013 überlassenen Anteile.
- **Steuerstundungsmodelle, Goldfinger-Modelle:** Um derartige Modelle zu bekämpfen, werden Änderungen in § 15b EStG vorgenommen, mit denen sonst eintretende Stundungseffekte abgewehrt werden sollen, die durch eine jährliche Neuinvestitionen der Verkaufserlöse in neues Umlaufvermögen (z.B. Gold) faktisch zu einem dauerhaften Steuerausfall werden.

43 **Weitere Änderungen**

- **Organschaft:** Die gesonderte und einheitliche Feststellung gibt es ab 2014 auch für die Organschaft.
- **Verlustrücktrag:** Verluste können zukünftig bis zu 1 Mio. EUR bzw. 2 Mio. EUR bei Zusammenveranlagung in das Vorjahr zurückgetragen werden.
- **Künstlersozialversicherung:** Der Abgabesatz zur Künstlersozialversicherung steigt deutlich von 4,1 auf 5,2 %.
- **SEPA-Überweisung:** Bargeldlose Zahlungen sind ab 1.2.2014 sind nur noch im Wege der SEPA-Überweisung und -Lastschrift möglich.
- **Kfz-Steuer:** Für Pkw mit erstmaliger Zulassung ab 1.1.2014 wird der Grenzwert für den Kohlendioxid-Ausstoß (CO2) verschärft. Die steuerfreie Basismenge sinkt auf 95 Gramm je Kilometer.

9. Gesetzesänderungen 2015

44 Die Änderungen durch das StÄnd-AnpG-Kroatien gelten grundsätzlich ab dem 1.1.2015. Soweit eine frühere oder spätere Anwendung vorgesehen ist, wird dies in der nachfolgenden Auflistung explizit erwähnt. Die Lohnsteueränderungsrichtlinien 2015 sind beim Lohnsteuerabzug ab 2015 anzuwenden.

45 **Einkommensteuer**

- **Altersvorsorgebeiträge** (StÄnd-AnpG-Kroatien): Bei einem beruflichen Umzug werden nach § 82a Abs. 1 Satz 8 EStG auch die Beiträge und Tilgungsleistungen im Jahr des Umzugs einbezogen werden, wie dies bisher bei Aufgabe der Selbstnutzung bzw. für das Jahr der Reinvestition bereits möglich ist. Die Anbieter von Riester-Verträgen sollen der Meldestelle zur Auszahlungsphase, soweit diese nach dem 31.12.2016 beginnt, die Vertragsdaten, Zulagenummer, Beginn der Auszahlung und die Art und Höhe der Leistung mitteilen müssen. Ferner wird in § 92a Abs. 1 Satz 1 Nr. 3 EStG eingefügt, dass eine Entnahme auch für einen barrierereduzierenden Umbau unmittelbar für diesen Zweck einzusetzen ist.

- **Anrechnung ausländischer Steuern** (ZollkodexAnpG): Hierzu gibt es eine geänderte Berechnung des Anrechnungshöchstbetrags (§ 34c Abs. 1 EStG). Dabei wird der Rechtsprechung des BFH[41] rückwirkend für alle offenen Fälle gefolgt. Kern der Änderung ist, dass ausländische Steuern höchstens mit der durchschnittlichen tariflichen deutschen Einkommensteuer auf die ausländischen Einkünfte angerechnet werden (bisher: im Verhältnis zwischen ausländischen Einkünften und der Summe der Einkünfte). Dadurch kommen auch bei der Steueranrechnung personen- und familienbezogene Abzugsbeträge zur Geltung.
- **Arbeitsessen** (LStÄR 2015): Die lohnsteuerliche Freigrenze[42] wird von 40 EUR auf 60 EUR erhöht
- **Aufhebung** (ZollkodexAnpG): Die §§ 7b, 7c, 7d, 7f und 7k EStG sind mangels noch aktuellem zeitlichem Anwendungsbereich aus dem EStG entfernt worden. Und auch § 35b Satz 3 EStG wurde aufgehoben, da diese Norm seit 2008 mangels Sonderausgabenabzug für die Erbschaftsteuer keine Bedeutung mehr hat. Und auch § 35b Satz 3 EStG wurde aufgehoben, da diese Norm seit 2008 mangels Sonderausgabenabzug für die Erbschaftsteuer keine Bedeutung mehr hat.
- **Aufmerksamkeiten** (LStÄR 2015): Die lohnsteuerliche Freigrenze[43] wird von 40 EUR auf 60 EUR erhöht.
- **Basisrente** (ZollkodexAnpG): Vorteilhafte Änderungen kommen zum Abzug der Beiträge für eine Basisrente. Wie bereits bei der Riester-Rente möglich, wird auch bei einer Basisrente alternativ zur monatlichen Auszahlung eine zusammengefasste jährliche Auszahlung möglich sein. Ebenso können Kleinbetragsrenten abgefunden werden. Zur steuerlichen Förderung der Beiträge war zunächst eine Erhöhung des Abzugsvolumens von 20.000 EUR auf 24.000 EUR geplant. Die Bundesländer wollten den Höchstbetrag unverändert lassen. Das Ergebnis ist ein Kompromiss: Die Beiträge zur gesetzlichen Rentenversicherung, einem Versorgungswerk oder einer privaten Basisrente können ab 2015 bis zum Höchstbetrag zur knappschaftlichen Rentenversicherung abgezogen werden – dies sind aktuell 22.172 EUR (§ 10 Abs. 1 Nr. 2b EStG und § 10 Abs. 3 EStG).
- **Berufsausbildung** (ZollkodexAnpG): Problemen bei der Abgrenzung zwischen Erst- und Zweitausbildung wirkt der Gesetzgeber mit einer Neudefinition der „erstmaligen Berufsausbildung" entgegen. Darin werden neben der gesetzlichen Zielrichtung auch einige Mindestanforderungen festgeschrieben. So bedarf es eines „Qualitätsnachweis" durch eine Abschlussprüfung. Zudem war vorgesehen, eine Mindestdauer der Ausbildung von 18 Monaten zu fordern; diese Mindestdauer der ersten Berufsausbildung wurde letztlich auf 12 Monate gesenkt. Unverändert wird es aber bei der Zweiteilung bleiben, wonach Aufwendungen für eine Erstausbildung bis zu 6.000 EUR als Sonderausgaben abziehbar sind, hingegen für eine Zweitausbildung der unbegrenzte Abzug als Werbungskosten oder Betriebsausgaben möglich ist. Diese Änderung in § 9 Abs. 6 EStG wirkt sich auch auf § 4 Abs. 9 EStG aus; zudem wurde § 12 Nr. 5 EStG damit überflüssig.
- **Betriebsveranstaltungen I** (ZollkodexAnpG): Für geldwerte Vorteile, die einem Arbeitnehmer bei einer Betriebsveranstaltung vom Arbeitgeber gewährt werden, war eine Erhöhung der Freigrenze von 110 EUR auf 150 EUR vorgesehen. In der vom Bundestag beschlossenen Fassung bleibt es nun aber bei den 110 EUR; jedoch stellt dieser Betrag künftig keine Freigrenze mehr dar, sondern einen Freibetrag, der für bis zu zwei Betriebsveranstaltungen im Jahr gewährt wird. Gelten wird dies ab 1.1.2015. Die vom Bundesrat begehrte Rückwirkung wurde abgelehnt. Unverändert bleibt es aber bei der gesetzlichen Fixierung der bisherigen Verwaltungsgrundsätze (R 19.5 LStR), sodass die Kosten für den sog. äußeren Rahmen (z.B. Raummiete, Musikkapelle) mit einbezogen werden. Entlas-

41 BFH, Urt. v. 18.12.2013 – I R 71/10.
42 R 19.6 Abs. 2 LStÄR 2015.
43 R 19.6 Abs. 1 LStÄR 2015.

tend ist, dass dabei „auf die Kosten, die der Arbeitgeber gegenüber Dritten für den äußeren Rahmen aufwendet" abgestellt wird. Bisher wurde hierbei der Begriff „Gemeinkosten" verwendet; damit scheiden insbesondere eigene Personalaufwendungen des Arbeitgebers für die Planung oder Durchführung der Betriebsveranstaltung aus. Andererseits addiert sich auch der Aufwand für eine Begleitperson hinzu, ebenso wie Geschenke bei der Veranstaltung. Auch werden Aufwendungen unabhängig davon eingerechnet, ob diese einem Arbeitnehmer individuell zurechenbar sind oder nur über einen rechnerischen Anteil. Hingegen bleiben steuerfreie Aufwendungen für Reisekosten außen vor und auch eine Betriebsveranstaltung nur für einen Betriebsteil wird von dieser Regelung begünstigt (§ 19 Abs. 1 Nr. 1a EStG). Im Ergebnis hat der Gesetzgeber mit der Neuregelung die meist vorteilhaftere Rechtsprechung des BFH vom Tisch gewischt. Ein Nachteil, der nicht in allen Fällen durch die jetzige Freibetragsregelung kompensiert wird.

- **Betriebsveranstaltungen II** (LStÄR 2015): Bei der Prüfung der Freigrenze für Betriebsveranstaltungen sollen zukünftig Sachgeschenke an den einzelnen Arbeitnehmer anlässlich von Betriebsveranstaltungen (z.B. Präsentkorb) bis 60 EUR (bisher 40 EUR) in die Gesamtkosten der Betriebsveranstaltungen einbezogen und bei Überschreiten der Grenze mit 25 % pauschal besteuert werden können (R 19.5 Abs. 6 LStÄR 2015). Gleiches gilt auch für Geschenke anlässlich von Arbeitnehmerjubiläum, Verabschiedung, Einführung oder Geburtstagsempfang als betriebliche Veranstaltung.
- **Einzelveranlagung** (ZollkodexAnpG): Die ab VZ 2013 eingeführte optionale Einzelveranlagung von Ehegatten oder Lebenspartnern (anstelle der getrennten Veranlagung) bereitet durch die Zuordnung der Abzugsbeträge praktische Schwierigkeiten. Ein neuer § 26a Abs. 2 EStG sollte dies mit einer typisierenden hälftigen Verteilung mit optionalem gemeinsamem Antrag zur anderweitigen Verteilung vereinfachen. Dies wurde aber wieder aufgegeben! Somit bleibt es bei der Zuordnung der Abzugsbeträge nach der zugrunde liegenden wirtschaftlichen Belastung.
- **Erstausbildung** (ZollkodexAnpG): Problemen bei der Abgrenzung Erst- zu Zweitausbildung will der Gesetzgeber mit einer Neudefinition der „erstmaligen Berufsausbildung" entgegenwirken und darin neben Mindestanforderungen (Mindestdauer 18 Monate, Qualitätsnachweis durch Abschlussprüfung) auch die gesetzliche Zielrichtung niederlegen. Unverändert soll es bei der Zweiteilung bleiben, wonach Aufwendungen für eine Erstausbildung bis zu 6.000 EUR als Sonderausgaben abziehbar sind, hingegen für eine Zweitausbildung der unbegrenzte Abzug als Werbungskosten oder Betriebsausgaben möglich ist. Diese Änderung in § 9 Abs. 6 EStG wirkt sich auch auf § 4 Abs. 9 EStG aus; zudem wird § 12 Nr. 5 EStG damit überflüssig
- **Fifo-Methode** (StÄnd-AnpG-Kroatien): Für den Handel mit Fremdwährungsbeträgen wird zur Vereinfachung der steuerlichen Handhabung wieder die Verwendungsreihenfolge „First-in-first-out" für die Ermittlung des Veräußerungsgewinns ins Gesetz aufgenommen (§ 23 Abs. 1 Nr. 2 Satz 3 EStG). Die seit 2008 maßgebende Durchschnittsmethode hat sich für die Praxis als nur schwer handhabbar erwiesen.
- **Freistellungsauftrag I** (StÄnd-AnpG-Kroatien): Bereits bisher haben Kreditinstitute die Möglichkeit die Identifikationsnummer (IdNr.) des Gläubigers der Kapitalerträge beim BZSt abzufragen. Das dazu bestehende Widerspruchsrecht wird gestrichen. Hintergrund ist, dass eine Bank für den Abzug der Kirchensteuer die IdNr. bereits abfragen kann, ohne dass der Bankkunde widersprechen kann (§ 44a Abs. 2a Satz 3 EStG).
- **Freistellungsauftrag II** (ZollkodexAnpG): Maßnahmen zur Vermeidung eines Steuerabzugs – Freistellungsauftrag oder NV-Bescheinigungen – können noch nachgereicht werden (§ 44b Abs. 5 Satz 2 EStG). Damit wird angestrebt, die Anzahl der Steuererklärungen zu reduzieren, mit denen ausschließlich einer Rückzahlung eines wegen einer verspätet eingereichten Freistellung erfolgten Steuerabzugs beantragt wird. Eine Korrektur und Rückzahlung der Kapitalertragsteuer wird damit ab 2015 zwingend und solange durch die Bank möglich sein, wie diese noch keine Steuerbescheinigung ausgestellt hat. Maßnahmen zur Vermeidung eines Steuerabzugs – Freistellungsauftrag oder NV-Bescheinigungen – können noch nachgereicht werden (§ 44b Abs. 5 S. 2 EStG).

- **Hybride Gestaltungen** (ZollkodexAnpG): Der Bundesrat hatte angeregt, dringend Maßnahmen zu ergreifen, um eine doppelte Nichtbesteuerung von Einkünften (sog. weiße Einkünfte) oder den doppelten Abzug von Betriebsausgaben (sog. double dip) durch diverse hybride Steuergestaltungen auszuschließen. Einen dafür vorgesehenen § 4 Abs. 5a EStG will die Bundesregierung aber erst im Rahmen des im Laufe des Jahres 2015 anzugehenden Aktionsplans der OECD zur Bekämpfung von Gewinnverkürzung und Gewinnverlagerung (sog. Base Erosion and Profit Shifting – BEPS) in das Gesetzgebungsverfahren einbringen.
- **Inlandsbegriff** (StÄnd-AnpG-Kroatien): Die Änderung wird die Besteuerung der Offshore-Anlagen zur Windenergiegewinnung und damit zusammenhängender Dienstleistungen, insbesondere die Errichtung der Anlagen, sicherstellen. Dazu wird für den erweiterten Inlandsbegriff der Begriff „Festlandsockel" durch „Ausschließliche Wirtschaftszone" ersetzt (§ 1 Abs. 1 Satz 2 EStG). Diese Änderung gilt auch für das GewStG und KStG.
- **Investitionszuschuss Wagniskapital** (ZollkodexAnpG): Seit 2013 wird zur Verbesserung der Rahmenbedingungen für Beteiligungskapital ein sog. INVEST-Zuschuss für Wagniskapital gezahlt. Dafür wird rückwirkend eine Steuerbefreiung geschaffen (§ 3 Nr. 71 EStG).
- **Kapitaleinkünfte** (StÄnd-AnpG-Kroatien): Der Erwerb von „gebrauchten" Lebensversicherungen dient nicht der Absicherung des versicherten Risikos. Vielmehr zielen entsprechende Anlagemodelle, die mehrere Lebensversicherungen in einem Pool zusammenfassen, auf den Erwerb einer Forderung auf Auszahlung der Versicherungssumme zu einem unbestimmten Fälligkeitszeitpunkt. Der Gesetzgeber will diesen sog. Zweitmarkt nicht durch eine fortbestehende Steuerfreiheit unterstützen, vielmehr sind die Erträge als Einkünfte aus Kapitalvermögen zu versteuern. Gleiches gilt für sog. „dread disease" Versicherungen. Nur der Erwerb von Versicherungsansprüchen durch die versicherte Person von einem Dritten wird ausgenommen, z.B. bei Beendigung eines Arbeitsverhältnisses (§ 20 Abs. 1 Nr. 6 Satz 6 bis 8 EStG). Und auf Initiative des Bundesrats werden auch Übertragungen von Lebensversicherungen aus familien- und erbrechtlichen Gründen von der Steuerpflicht ausgenommen bleiben. Die Steuerpflicht der bis 12.12.2006 entstandenen einbringungsgeborenen Anteile war bisher durch § 52 Abs. 37a Satz 6 ff. EStG gesichert. Dies ist nun in § 20 Abs. 1 Nur. 10b Satz 6 EStG geregelt. Um Gestaltungen zum sog. „Dividendenstripping" steuerlich sicher zu erfassen, wird die Veräußerung des Dividendenanspruchs künftig keine Sperrwirkung für die Besteuerung der Dividenden mehr entfalten. Zugleich wird aber auch eine doppelte Besteuerung ausgeschlossen (§ 20 Abs. 2 Satz 1 Nr. 2a Satz 2 EStG).
- **Kapitalertragsteuer** (StÄnd-AnpG-Kroatien): Eine rückwirkende Änderung beruht auf dem Beitritt Kroatiens zur EU und der damit notwendigen Umsetzung der RL 2013/13/EU in nationales Recht und betrifft § 43b Abs. 2 Satz 1 EStG. Darin wird die sog. Mutter-Tochter-Richtlinie auf den beigetretenen Staat Kroatien erweitert. Somit bleibt eine nach dem 30.6.2013 erfolgte Gewinnausschüttung einer inländischen Tochtergesellschaft an ihre kroatische Muttergesellschaft vom Kapitalertragsteuerabzug befreit.
- **Kapitalertragsteuerabzug** (ZollkodexAnpG): Ein Gestaltungsmodell ist Ursache für die Änderung durch § 44 Abs. 1 Satz 4 Nr. 3c EStG. Aktienbestände können von der Dividendenauszahlung über die Wertpapiersammelbank ausgeschlossen werden – sog. abgesetzte Bestände. In diesen Fällen wird künftig der Schuldner der Kapitalerträge als auszahlende Stelle zum Steuerabzug verpflichtet. Eine Umgehung des Steuerabzugs vor allem bei einer Separierung von Beteiligungen i.S.d. § 43b EStG wird dadurch ausgeschlossen.
- **Kapitalertragsteuererstattung** (StÄnd-AnpG-Kroatien): Nach § 45 Satz 2 EStG kann der Erwerber eines verbrieften Dividendenanspruchs die Erstattung der einbehaltenen Kapitalertragsteuer beantragen, sofern bereits für die Veräußerung des Dividendenanspruchs Kapitalertragsteuer einbehalten wurde. Diese Sonderregelung ist auf unverbriefte Dividendenansprüche ausgedehnt worden.
- **Kinderfreibeträge bzw. Kindergeld I** (StÄnd-AnpG-Kroatien): Ein seit 2014 neuer Freiwilligendienst nach dem EU-Programm „Erasmus+" wird in § 32 Abs. 4 Nr. 2d EStG und § 2 BKKG auf-

genommen. Damit besteht für Kinder, die das 18. Lebensjahr vollendet haben und ein solches Programm durchlaufen, ein Anspruch auf Kinderfreibetrag bzw. Kindergeld.

- **Kinderfreibeträge bzw. Kindergeld II** (ZollkodexAnpG): Eine steuerliche Berücksichtigung von Kindern ist auch während max. 4-monatigen Zwangspausen zwischen zwei Ausbildungsabschnitten möglich. Dies soll erweitert werden auf die Ableistung des freiwilligen Wehrdienstes (§ 32 Abs. 4 Satz 1 Nr. 2b EStG). Die Zeit des freiwilligen Wehrdienstes selbst ist aber weiterhin nicht zu berücksichtigen. Diese Regelung wird analog in § 2 Abs. 2 Satz 1 Nr. 2b BUKGG übernommen und damit für auch für den Bezug von Kindergeld gelten.
- **Land- und Forstwirtschaft** (ZollkodexAnpG, Rdn 177 ff.): Die für Klein- und Nebenerwerbsbetriebe mögliche pauschale Gewinnermittlung in § 13a EStG wird an die wirtschaftliche Entwicklung angepasst und zielgenauer gefasst. Dazu erfolgt eine Beschränkung der Pauschalierung, die künftig nur bis 50 Hektar bzw. nur für kleinere Sondernutzungen noch möglich sein wird. Einheitliche Grundbeträge für die landwirtschaftliche Fläche und einheitliche Zuschläge ab der 25. Vieheinheit werden die Berechnung vereinfachen. Im Bereich Forstwirtschaft müssen die Betriebseinnahmen konkret erfasst werden, jedoch können Betriebsausgabenpauschalen abgezogen werden. Für Sondernutzungen sind Durchschnittssatzgewinne vorgesehen. Außergewöhnliche Ereignisse, wie z.B. der Verkauf von Anlagevermögen ab 15.000 EUR oder Entschädigungen, sind zusätzlich zu erfassen. Für dem Grunde nach gewerbliche Tätigkeiten gibt es einen Gewinnansatz mit 40 % der Einnahmen. Die Änderungen gelten erstmals für Wirtschaftsjahre, die nach dem 30.12.2015 enden.
- **Lohnsteuerabzug** (StÄnd-AnpG-Kroatien): Der vorgesehene individuelle Zusatzbeitrag zur Krankenkasse anstelle des bisherigen Beitragssatzanteils von 0,9 % für den Arbeitnehmer macht für die Vorsorgepauschale eine Änderung erforderlich. Ein Verweis auf einen durchschnittlichen Zusatzbeitragssatz nach § 242 SGB V stellt sicher, dass auch ab 2015 die Krankenversicherungsbeiträge bereits beim Lohnsteuerabzug möglichst zutreffend berücksichtigt werden (§ 39b Abs. 2 Satz 5 Nr. 3b und Abs. 6 Satz 2 EStG). Ferner wird die Tarifermäßigung nach § 34 EStG für Entschädigungen und Vergütungen für mehrjährige Tätigkeiten künftig bereits im Lohnsteuerabzugsverfahren berücksichtigt (§ 39b Abs. 3 Satz 6 EStG).
- **Lohnsteueranmeldung** StÄnd-AnpG-Kroatien): Die Grenzwerte für die Abgabe einer jährlichen Anmeldung der Lohnsteuer werden ab 2015 von 1.000 EUR auf 1.080 EUR angehoben (§ 41a Abs. 2 Satz 2 EStG). Auch wenn zunächst sogar von einer Anhebung auf 1.200 EUR die Rede war, so werden von dieser Erhöhung dennoch alle Arbeitgeber einer geringfügig beschäftigten Arbeitskraft profitieren, für welche bei einem Monatsentgelt mit 450 EUR im Jahr 1.080 EUR Lohnsteuer anzumelden sind.
- **Lohnsteuerbescheinigung** (StÄnd-AnpG-Kroatien): Bisher war eine Änderung des Lohnsteuerabzugs nach Ablauf des Kalenderjahrs ausgeschlossen. Dem hat der BFH[44] widersprochen. Der Bundestag sah deshalb vor, dass der Lohnsteuereinbehalt auch nach Erstellung der Lohnsteuerbescheinigung für den Arbeitnehmer geändert werden könnte. Auf Anregung des Bundesrats wird eine Änderung auf die Fälle begrenzt, in denen sich der Arbeitnehmer ohne vertraglichen Anspruch und gegen den Willen des Arbeitgebers Beträge verschafft hat (z.B. Unterschlagung). Es ist dann eine berichtigte Lohnsteuerbescheinigung an den Arbeitnehmer und das Finanzamt zu übermitteln (§ 41c Abs. 3 EStG).
- **Reisekosten** (StÄnd-AnpG-Kroatien): Im Bereich der Reisekosten gibt es mehrere Änderungen, die allesamt als redaktionelle Änderungen gewertet werden, um die §§ 3, 8, 9, 10, 37b, 40, 41b EStG an die erfolgte Reisekostenreform anzupassen, z.B. zur ersten Arbeitsstätte. Jedoch kommt es auch zu inhaltlichen Änderungen, wenn z.B. in § 8 Abs. 2 EStG eine Erweiterung um eine doppelte Haushaltsführung aufgenommen oder ein „dauerhaft" in den Gesetzestext zu § 9 Abs. 4 Satz 4 EStG eingefügt wird.

44 BFH, Urt. v. 13.11.2012 – VI R 38/11, BStBl 2013 II S. 929.

- **Solvabilitätszahlungen** (ZollkodexAnpG): Ein Steuersparmodell im Zusammenhang mit der Lohnsteuerfreiheit von Finanzierungsleistungen zur Altersvorsorge von Arbeitnehmern wurde beseitigt (§ 19 Abs. 1 Satz 1 Nr. 3 Satz 2 EStG). Hierbei entnimmt das Trägerunternehmen aus der mit unversteuerten Zahlungen gebildeten Solvabilitätsspanne Mittel zur Finanzierung der zuvor herabgesetzten Arbeitgeberbeiträge zur Altersvorsorge eines Arbeitnehmers. Dies ermöglicht an sich lohnsteuerpflichtige Arbeitgeberbeiträge zur Alterssicherung der Arbeitnehmer durch unversteuerte Mittel der Solvabilitätsspanne zu ersetzen. Die danach erforderliche Wiederauffüllung der Solvabilitätsspanne würde nicht besteuert. Um dies zu verhindern, wird nur noch auf die zur Sicherung der Versorgungszusage vorgeschriebene erstmalige Bildung oder Erhöhung der Solvabilitätsspanne abgestellt.
- **Sonderausgaben** (ZollkodexAnpG): Die Regeln in § 10 EStG zu den als Sonderausgaben abzugsfähigen Aufwendungen wurden neu strukturiert, ohne dass es zu inhaltlichen Änderungen kam. Zum neuen Tatbestand „Ausgleichszahlungen zur Vermeidung des Versorgungsausgleichs" siehe unter Versorgungsausgleich. Die erfolgte Straffung zu den Sonderausgaben wurde auch in § 1a EStG nachvollzogen.
- **Steuerfreie Arbeitgeberleistungen** (ZollkodexAnpG): Um Familie und Beruf besser vereinbaren zu können, werden weitere Leistungen des Arbeitgebers steuerfrei gestellt. Darunter fallen zum einen Serviceleistungen, die den beruflichen Wiedereinstieg oder die Betreuung von pflegebedürftigen Angehörigen erleichtern. Dies sind Dienstleistungen durch Fremdfirmen im Auftrag des Arbeitgebers, z.B. Beratung, Vermittlung oder konkrete Betreuungskosten, deren Kosten vom Arbeitgeber zusätzlich zum ohnehin geschuldeten Arbeitslohn getragen werden. Derartige Leistungen sind zu 2/3, höchstens 4.000 EUR je Kind und Jahr steuerfrei (§ 3 Nr. 33 EStG). Zum anderen werden Leistungen zur sog. „Kindernotbetreuung" steuerfrei gestellt. Hierzu gehören aus zwingenden und beruflich veranlassten Gründen entstandene Aufwendungen für die kurzfristige Betreuung pflegebedürftiger Angehöriger. Es müssen damit zusätzliche, außergewöhnliche Aufwendungen sein, etwa anlässlich einer Fortbildungsmaßnahme oder bei Krankheit. Hierfür bleibt ein jährlicher Betrag mit 600 EUR steuerfrei (§ 3 Nr. 34a EStG).
- **Teilabzugsverbot** (ZollkodexAnpG): Das Teilabzugsverbot in § 3c Abs. 2 EStG wird erweitert auf Wertminderungen aus Gesellschafterdarlehen und auf alle Aufwendungen für die Überlassung von Wirtschaftsgütern an eine Kapitalgesellschaft. Betroffen sind Steuerpflichtige, die zu mehr als 25 % unmittelbar oder mittelbar an einer Körperschaft beteiligt sind oder waren. In der Praxis ist dies insbesondere für die Fälle der Betriebsaufspaltung relevant. Betroffen sind Darlehen bzw. Wirtschaftsgüter, die zu nicht fremdüblichen Konditionen gewährt bzw. überlassen werden. Damit wird der Rechtsprechung des BFH[45] entgegengewirkt. Die vorteilhafte Rechtsprechung ist damit für Wirtschaftsjahre, die nach dem 31.12.2014 beginnen, gegenstandslos. Auch die Auffassung der FinVerw.[46] ist somit überholt. Darin war u.a. geregelt, dass für sog. substanzmindernde Aufwendungen (AfA, Erhaltungsaufwendungen) und auch für Substanzverluste (Teilwertabschreibung, Forderungsverzicht) das Teilabzugsverbot nicht greift. Ab 2015 sind auch derartige Aufwendungen nur noch zu 60 % abziehbar.
- **Unterhaltsleistungen** (StÄnd-AnpG-Kroatien): Um Fehler und Missbrauch im Zusammenhang mit dem Abzug bzw. der korrespondierenden Steuerpflicht von Unterhaltsleistungen zu vermeiden, ist künftig ein Abzug nur noch möglich, wenn die Identifikationsnummer i.S.d. § 139b AO der unterhaltenen Person erklärt wird. Verweigert der Empfänger die Mitteilung seiner IdNr. kann der Zahlende diese beim Finanzamt erfragen (§ 33a Abs. 1 Satz 9 bis 11 EStG). Zudem werden seit VZ 2012 die eigenen Einkünfte und Bezüge eines in Ausbildung befindlichen Kindes nicht mehr auf den abzugsfähigen Freibetrag für den Sonderbedarf angerechnet. Nur konsequent ist es, dass die Einkünfte und Bezüge nun auch bei zeitanteiliger Ermäßigung bzw. Anrechnung von Ausbildungshilfen gestrichen wurden (§ 33a Abs. 3 Satz 2 und 3 EStG).

45 BFH, Urteile v. 18.4.2012 – X R 5/10 bzw. – X R 7/10.
46 BMF, Schreiben v. 23.10.2013, BStBl 2013 I S. 1269.

- **Versorgungsausgleich** (ZollkodexAnpG): Das für Zahlungen, die im Rahmen einer Ehescheidung oder Auflösung einer Lebenspartnerschaft an den Ausgleichsberechtigten erfolgen und eine Gegenleistung für dessen Verzicht auf den Versorgungsausgleich darstellen – Leistungen zur Vermeidung des Versorgungsausgleichs – gab es bisher keine gesetzliche Regelung. Nun wurde ein Sonderausgabenabzug ins Gesetz aufgenommen (§ 10 Abs. 1 Nr. 1b EStG) und damit eine Gleichstellung mit Leistungen im Rahmen eines Versorgungsvergleichs (interne oder externe Teilung bzw. schuldrechtlicher Ausgleich) geschaffen. Korrespondierend dazu sind diese Leistungen beim Empfänger zu versteuern (§ 22 Nr. 1c EStG).
- **Wegzugsbesteuerung** (StÄnd-AnpG-Kroatien): Auf Initiative der Bundesländer werden zudem Steuergestaltungen durch einen Wegzug ins Ausland unterbunden. Konkret geht es um ein Modell, bei dem vor einem Wegzug Privatvermögen in das Betriebsvermögen einer Personengesellschaft eingebracht wird und später dann die Rechtsform mehrfach gewechselt wird und letztlich ein Steuerzugriff entfällt. Deshalb werden nach dem 31.12.2013 erfolgte Umwandlungen von Unternehmen bei im Ausland ansässigen Anteilseignern nur noch mit Aufdeckung und Besteuerung der stillen Reserven zugelassen (§ 50i EStG).
- **Zuschläge für Kindererziehungszeiten** (ZollkodexAnpG): Die zu Versorgungsbezügen gewährten Zuschläge sind bisher nach § 3 Nr. 67 EStG steuerfrei; Zuschläge zur gesetzlichen Rente werden hingegen besteuert. Das könnte verfassungsrechtlich unzulässig sein, weshalb diese Steuerfreiheit abgeschafft wurde. Das wird jedoch nicht für bereits gezahlte Zuschläge gelten, sondern nur Zuschläge für nach dem 31.12.2014 geborene Kinder oder danach begonnene Pflegezeiten betreffen.

10. Gesetzesänderungen ab 2016

46 Der Gesetzgeber hat wichtige Neuregelungen verschiedet. Diese stammen aus dem Steueränderungsgesetz 2015, dem Gesetz zur Anhebung des Grundfreibetrags, des Kinderfreibetrags, des Kindergeldes und des Kinderzuschlags und aus einigen weiteren Änderungsgesetzen.

47 **1. Grundfreibetrag, Kinderfreibetrag und Kindergeld**

Durch das Gesetz zur Anhebung des Grundfreibetrags, des Kinderfreibetrags, des Kindergeldes und des Kinderzuschlags v. 17.7.2015 wird der **Grundfreibetrag** in 2016 von 8.472 EUR um 180 EUR auf 8.652 EUR erhöht. Ferner wird der Einkommenssteuertarif um 1,48 % verschoben. Mit dieser **Verschiebung der Steuersätze** des progressiven Einkommenssteuertarifs wird der sog. kalten Progression entgegengewirkt.

Die folgenden Freibeträge bzw. zu zahlenden Beträge werden an die gestiegenen Lebenshaltungskosten angepasst:

- **Kinderfreibetrag** (je Elternteil): von 2.256 EUR um 48 EUR auf 2.304 EUR.
- **Kindergeld**: Erhöhung um 2 EUR auf 190 EUR für das 1. und 2. Kind, 196 EUR für das 3. Kind bzw. 221 EUR ab dem 4. Kind.
- Auch eine Anhebung des **Entlastungsbetrags für Alleinerziehende** auf 1.908 EUR, sowie um zusätzliche 240 EUR je weiteres Kind wurde beschlossen.

48 **2. Steueränderungsgesetz 2015**

Das Gesetz beruht überwiegend auf gesetzgeberischen Initiativen aus den Bundesländern, welche in den beiden großen Steueränderungspaketen in 2014 nicht untergebracht werden konnten. Dass diese „Restanten" zeitnah in 2015 in ein Gesetzgebungsverfahren einfließen sollen, wurde dem Bundesrat durch die Bundesregierung am 19.12.2014 in einer Protokollerklärung zum ZollkodexAnpG zugesichert – daher der ursprüngliche Name des Gesetzesentwurfs. Die größte Praxisrelevanz haben folgende Änderungen ab 2016:

- Abschaffung der Funktionsbenennung für den **Investitionsabzugsbetrag**,
- Bindungswirkung der Verwaltungsanweisungen zum **Kapitalertragsteuerabzug für Banken,**

- kein Teileinkünfteverfahren bzw. keine Steuerbefreiung nach § 8b KStG mehr für **Gewinnanteile aus Unterstützungskassen**,
- **Leistungen an und von Unterstützungskassen** werden gesetzlich steuerneutral gestellt mit einer Übergangslösung für versteuerte Vorjahre mit einem Feststellungsverfahren für den positiven Zuwendungsbetrag,
- **Erweiterung der** Konzernklausel auf an der Spitze eines Konzerns stehende Personen und auf Personenhandelsgesellschaften,
- Beschränkungen bei **Einbringungen** für zusätzliche Gegenleistungen auf 25 % des Buchwerts des eingebrachten Betriebsvermögens bzw. 500.000 EUR (§§ 20, 21 und 24 UmwStG); dies bereits rückwirkend auf den 31.12.2014, bei **mittelbarer Änderung im Gesellschafterbestands** wird für die Grunderwerbsteuer zwischen transparenten Personen- und nicht transparenten Kapitalgesellschaften unterschieden,
- Beteiligtenfähigkeit für alle Gesamtschuldner bei der **Schenkungsteuer** und ein gesondertes und einheitliches Feststellungsverfahren,
- Modifizierung und Vereinfachung im Bereich des **Sachwertverfahrens** zur Bewertung von Grundbesitz.

Im Gesetzgebungsverfahren kamen – auch auf Initiative der Bundesländer – weitere 24 Änderungen hinzu. Die wichtigsten sind:

- Anpassung der **§ 6b-Rücklage** an die Rechtsprechung des EuGHs,
- **Unterhaltsleistungen** können nur mit Angabe der ID-Nummer des Unterhaltsempfängers als Sonderausgaben abgezogen werden,
- Einheitlicher Zeitpunkt der **Entstehung der Umsatzsteuer** bei deren unrichtigem Ausweis bei Ausgabe der Rechnung,
- „Klarstellung" zur Steuerschuldnerschaft des Leistungsempfängers bei **Bauleistungen**,
- Weitgehende Neuregelung der **Umsatzbesteuerung von juristischen Personen des öffentlichen Rechts** mit umfangreicher Übergangsregelung,
- Anpassung der **Ersatzbemessungsgrundlage für die Grunderwerbsteuer** an die Rechtsprechung des BVerfG.

3. Lohnsteuerermäßigungsverfahren 49

Mit dem Beginn des Lohnsteuerermäßigungsverfahrens 2016 erfolgte der Startschuss für die **zweijährige Gültigkeit von Freibeträgen**.[47] Erhöht sich der eintragungsfähige Freibetrag innerhalb des Zweijahreszeitraums, kann der Arbeitnehmer bei seinem zuständigen Wohnsitzfinanzamt einen Antrag auf Anpassung der Freibeträge stellen. Ändern sich die steuerlichen Verhältnisse so, dass geringere Freibeträge gelten, ist der Steuerzahler verpflichtet, dies seinem Wohnsitzfinanzamt mitzuteilen. Dieses verringert die Freibeträge in der ELStAM-Datenbank entsprechend.

4. Rentenbesteuerung und Vorsorgeaufwendungen 50

Der **steuerpflichtige Rentenanteil** steigt 2016 von 70 auf 72 Prozent. Somit bleiben nur noch 28 Prozent der ersten vollen Bruttojahresrente steuerfrei. Dieser Anteil gilt für im Jahr 2016 neu hinzukommende Rentnerjahrgänge. Bei Bestandsrenten bleibt der festgesetzte steuerfreie Rentenanteil bestehen.

Vorsorgeaufwendungen für das Alter können wie folgt abgesetzt werden: Der Höchstbetrag für den Sonderausgabenabzug steigt von 22.172 auf 22.767 EUR. Maximal 82 Prozent können in 2016 abgezogen werden (= 18.669 EUR).

47 BMF-Schreiben v. 21.5.2015, BStBl 2015 I S. 488.

51 **5. Freistellungsaufträge**

Bereits mit dem JStG 2010 hat der Gesetzgeber festgelegt, dass ab 1.1.2011 auf allen Freistellungsaufträgen die jeweilige Steuer-Identifikationsnummer (kurz: Steuer-ID) einzutragen ist. Die Banken haben seither ihre Vordrucke geändert und nur noch Freistellungsaufträge mit Angabe der Steuer-ID akzeptiert.

Für bereits zuvor erteilte Freistellungsaufträge, die seit 2011 auch nicht mehr geändert worden sind, gab es eine Übergangsregelung. Diese Freistellungsaufträge blieben zunächst weiter wirksam, auch wenn sie keine Steuer-ID enthielten. Doch diese **Übergangsregelung wird zum 31.12.2015** auslaufen.

52 **6. Bilanzierung**

Mit dem Bilanzrichtlinie-Umsetzungsgesetz (BilRUG) v. 17.7.2015, das im Juli 2015 in Kraft getreten ist, hat der Gesetzgeber das HGB wenige Jahre nach dem Bilanzrechtmodernisierungsgesetz (BilMoG) aufgrund europäischer Vorgaben erneut an vielen Stellen reformiert. Die neuen Bilanzierungsregeln gelten grundsätzlich erstmals für Geschäftsjahre, die nach dem 31.12.2015 beginnen. Ausnahme: Die die erhöhten Schwellenwerte für die Einstufung der Größenklasse können bereits für nach dem 31.12.13 beginnende Geschäftsjahre angewendet werden. In diesem Fall ist auch eine Änderung bei den Umsatzerlösen zu beachten, die Auswirkung auf die Größenklasse haben kann.

53 **7. Bürokratieabbau**

Die Bürokratie wird durch die Anhebung der Umsatz- bzw. Gewinngrenzen für die **Buchführungspflicht** nach HBG und nach AO auf 600.000 EUR bzw. 60.000 EUR eingedämmt (Bürokratieentlastungsgesetz v. 28.7.2015). Dies gilt erstmals für Geschäftsjahre, die nach dem 31.12.2015 beginnen.

Ferner gibt es Optimierungen beim **Faktorverfahren** (§ 39f EStG), eine Erhöhung des **Tageslohns auf 68 EUR** für die LSt-Pauschalierung kurzfristig Beschäftigter (gilt bereits rückwirkend ab 1.1.2015) und den Wegfall der jährlichen **Mitteilung zum Kirchensteuereinbehalt**.

Für **Existenzgründer** wird in einigen Statistikgesetzen die Jahresumsatzschwelle ab 2016 jeweils von 500.000 EUR auf 800.000 EUR erhöht und damit die Meldepflicht erst für größere Betriebe beginnen.

54 **8. Kfz-Steuer**

Die Verlängerung des Förderungszeitraumes für reine Elektrofahrzeuge von 10 Jahren durch das VerkehrStÄndG v. 5.12.2012 läuft zum Jahresende aus. Ab 1.1.2016 gilt die Steuerbefreiung nur noch für 5 Jahre.

55 **9. Automatischer Datenaustausch**

Auf den zunehmenden internationalen Verkehr von Personen, Kapital, Waren und Dienstleistungen wird mit einer verstärkten Zusammenarbeit zwischen den Steuerbehörden der Staaten des Europarats und der OECD-Staaten reagiert. Dazu wird insbesondere die Amtshilfe bei der ordnungsgemäßen Ermittlung der Steuerpflicht ausgebaut und die Steuerhinterziehung bzw. Steuervermeidung bekämpft. Konkret sind neben dem **Austausch von Informationen** (auf Ersuchen, spontan oder automatisch), **gleichzeitige Steuerprüfungen in mehreren Staaten**, die **Teilnahme an Steuerprüfungen im Ausland**, eine **Amtshilfe bei der Beitreibung** und bei **Sicherungsmaßnahmen** sowie die **Zustellung von Schriftstücken im Ausland** vorgesehen. Betroffen sind alle Steuerarten und Nebenleistungen, doch auch die Pflichtbeiträge zur Sozialversicherung.

11. Erbschaftsteuerreform 2016

56 Nachdem das BVerfG[48] die bisherigen Regelungen zur Erbschaftssteuer in Hinblick auf die unterschiedliche Behandlung von Betriebsvermögen und anderen Vermögensgegenständen beanstandet hatte, hat der Bundestag ein Erbschaftssteuerreformgesetz beschlossen. Der Bundesrat hat den Vermittlungsausschuss angerufen, der am 8.9.2016 hierzu tagt.

48 BVerfG v. 17.12.2014 – 1 BvL 21/12.

Die Eckpunkte der Regelungen sehen wie folgt aus:

- **Unternehmensübergang:** Ein steuerfreier Übergang von Unternehmen an die nächste Generation bleibt möglich. Dazu müssen die Erben wie bisher nachweisen, dass sie den Betrieb und die Arbeitsplätze erhalten. Um die Steuer vollständig erlassen zu bekommen, muss das Unternehmen sieben Jahre nach Erbschaft fortbestehen.
- **Großvermögen:** Im bisherigen Erbschaftsrecht war die Höhe des Betriebsvermögens nicht von Bedeutung. Nun gibt es ab Betriebsvermögen von 26 Millionen EUR je Erbfall eine Bedürfnisprüfung. Der Erbe muss nachweisen, dass ihn die Zahlung der Erbschaftsteuer überfordern würde. Lässt sich der Erbe auf die Prüfung ein, muss er sein Privatvermögen offenlegen. Alternativ kann er einen Abschlag von der Steuerverschonung hinnehmen: 1 % für je 750.000 EUR Betriebsvermögen über 26 Millionen EUR. Bei dieser Variante könnten Betriebe mit einem Betriebsvermögen von 90 Millionen EUR nicht mehr von der Erbschaftsteuer verschont werden.
- **Stundung:** Wird die Steuer aus dem Privatvermögen gezahlt, kann sie zehn Jahre lang zinslos gestundet werden.
- **Abschmelzmodell:** Soll Privatvermögen privat bleiben, greift ein Abschlag: Mit wachsendem Unternehmensvermögen muss ein größerer Teil des Betriebsvermögens versteuert werden.
- **Familienunternehmen:** Für Familienunternehmen mit Kapitalbindung beziehungsweise Verfügungsbeschränkung ist ein Steuerabschlag auf den Firmenwert geplant. Der darf maximal 30 Prozent betragen.
- **Kleinbetriebe:** Betriebe mit bis zu fünf Mitarbeitern werden von der Nachweispflicht des Arbeitsplatzerhalts ausgenommen. Bislang galt das für Betriebe mit bis zu 20 Mitarbeitern.
- **Verwaltungsvermögen:** Zehn Prozent des Verwaltungsvermögens bleiben pauschal steuerfrei. Begünstigt werden betriebliche Altersvorsorge oder verpachtete Grundstücke sowie Firmenbeteiligungen außerhalb der EU.
- **Investitionsklausel:** Mittel aus einem Erbe, die nach dem Willen des Erblassers innerhalb von zwei Jahren nach dessen Tod für Investitionen getätigt werden, werden begünstigt.
- **Steuertricks:** Wenn das nicht begünstigte Verwaltungsvermögen 90 Prozent des Betriebsvermögens überschreitet, wird die Verschonung von der Erbschaft- und Schenkungsteuer ausgeschlossen.
- **Unternehmenswert:** Für das vereinfachte Ertragswertverfahren gibt es eine neue Berechnung. Das jetzige Verfahren führt angesichts der Niedrigzinsen zu unrealistisch hohen Firmenwerten.

12. Steuerentlastung 2017/2018

- Anhebung des Grundfreibetrags von 8.652 EUR um 168 EUR auf 8.820 EUR (2017) und um weitere 180 EUR auf 9.000 EUR (2018). 57
- Anhebung des Kinderfreibetrags von 4.608 EUR um 108 EUR auf 4.716 EUR (2017) und um weitere 72 EUR auf 4.788 EUR (2018).
- Anhebung des monatlichen Kindergeldes um jeweils 2 EUR in den Jahren 2017 und 2018;
  - für das 1.und 2. Kind von jetzt 190 EUR auf 192 EUR (2017) und 194 EUR (2018);
  - für das 3. Kind von jetzt 196 EUR auf 198 EUR (2017) und 200 EUR (2018);
  - für das 4. und jedes weitere Kind von jetzt 221 EUR auf 223 EUR (2017) und 225 EUR (2018).
- Anhebung des Kindergeldes nach Bundeskindergeldgesetz entsprechend der Anhebung des einkommensteuerlichen Kindergeldes.
- Anhebung des Kinderzuschlags zum 1.1.2017 um monatlich 10 EUR von 160 EUR auf 170 EUR je Kind
- Anhebung des Unterhaltshöchstbetrags (§ 33a EStG) entsprechend der Anhebung des Grundfreibetrags von jetzt 8.652 EUR um 168 EUR auf 8.820 EUR (2017) und um weitere 180 EUR auf 9.000 EUR (2018).

- Ausgleich der „kalten Progression durch Verschiebung der übrigen Tarifeckwerte in 2017 um die geschätzte Inflationsrate des Jahres 2016 (0,73 %) und in 2018 um die geschätzte Inflationsrate des Jahres 2017 (1,65 %) nach rechts. Nach der in Kürze erwarteten Vorlage des 2. Steuerprogressionsberichts wird hier ggf. noch eine Anpassung erfolgen.

58 **Steuerentlastungen 2017/2018 zur Körperschaftssteuer**

- Anpassung der Körperschaftsteuerbefreiungen für Entschädigungseinrichtungen i.S.d. Einlagensicherungs- und Anlegerentschädigungsgesetzes und für institutsbezogene Sicherungseinrichtungen an die Rechtsänderungen des DGSD-Umsetzungsgesetzes (§ 5 Abs. 1 Nr. 16 KStG)
- Ausdehnung der Konzernklausel (§ 8c Abs. 1 Satz 5 KStG)
- Regelung zur Abzinsung von Schwankungs- und Großrisikenrückstellungen in der Steuerbilanz (§ 20 KStG)
- Verlängerung der bis Ende 2015 befristeten Übergangsregelung zur Auflösung von Rückstellungen für Beitragsrückerstattungen bei Lebensversicherungsunternehmen (§ 21 Abs. 2 Satz 2 Nr. 1 KStG)

59 **Steuerentlastungen 2017/2018 zur Umwandlung**

Anhebung des absoluten Freibetrags und Begrenzung bei hohen sonstigen Gegenleistungen in Einbringungsfällen nach den §§ 20, 21, 24 UmwStG.

60
- **Steuerentlastungen 2017/2018 zur Umsatzsteuer:**
- Klarstellung zum Zeitpunkt des Entstehens der Steuer in Fällen des § 14c Abs. 1 UStG (§ 13 Abs. 1 Nr. 3 UStG)
- Klarstellung zur Steuerschuldnerschaft des Leistungsempfängers bei Bauleistungen (§ 13b Abs. 2 Nr. 4 Satz 1 UStG)
- gesetzliche Regelung der Ausnahme von Leistungen an den nichtunternehmerischen Bereich von juristischen Personen des öffentlichen Rechts bei der Anwendung der Steuerschuldnerschaft des Leistungsempfängers (§ 13b Abs. 5 Satz 6, 7 UStG)

61
- **Steuerentlastungen 2017/2018 zur Erbschaftsteuer:**
  - Erbschaftsteuer
- Steuerbefreiung für Zuwendungen an im Ausland ansässige „gemeinnützige Körperschaften" (§ 13 Abs. 1 Nr. 16 und § 37 Abs. 9 – neu – ErbStG).
- Ergänzung der Anzeigepflicht des Erwerbs von Todes wegen (§ 30 Abs. 4 Nr. 1 und § 37 Abs. 9 ErbStG)

62
- **Steuerentlastungen 2017/2018 zur Grunderwerbsteuer:**

Anpassung der Ersatzbemessungsgrundlage für Zwecke der Grunderwerbsteuer an die Rspr. des Bundesverfassungsgerichts (§ 8 Abs. 2 Satz 1 und 2 sowie § 23 Abs. 14 GrEStG).

63
- **Steuerentlastungen 2017/2018 zum Bewertungsrecht**

Verschiedene Maßnahmen im Bewertungsrecht, u.a. Anpassung des Sachwertverfahrens an die Sachwertrichtlinie (§ 190 BewG, § 205 Abs. 7, Anlage 22 zu § 185 Abs. 3 Satz 3, § 190 Abs. 4 Satz 2 BewG, § 205 Abs. 10 BewG, Anlage 22, 24 und 25 BewG).

64
- **Steuerentlastungen 2017/2018 zum Verfahrensrecht**

Redaktionelle Änderung der zur Unterscheidungsnummer der Wirtschafts-Identifikationsnummer abzuspeichernden Daten (§ 139c Abs. 5a AO).

13. Güterrechtsverordnungen, EuGüVO/EuPartVO|

65
- Der Rat der Europäischen Union hat am 24.6.2016 zwei Güterrechtsverordnungen beschlossen. Die Europäischen Güterrechtsverordnungen VO (EU) 2016/1103 und die VO (EU) 2016/1104 sind am

28.7.2016 in Kraft getreten. Geltungsbeginn für die wichtigsten Regelungen ist der 29.1.2019 (jeweils Art. 70). Die Regelungen gelten für die Güterstände von Ehepaaren oder eingetragenen Partnern mit grenzüberschreitendem Hintergrund (d.h. für Paare, die unterschiedliche EU-Staatsbürgerschaften haben und/oder Güter in einem anderen EU-Mitgliedstaat besitzen). Die insg. 18 Mitgliedstaaten Belgien, Bulgarien, die Tschechische Republik, Deutschland, Griechenland, Spanien, Frankreich, Kroatien, Italien, Luxemburg, Malta, die Niederlande, Österreich, Portugal, Slowenien, Finnland, Zypern und Schweden, die sich im Weg der verstärkten Zusammenarbeit für diese weitere Harmonisierung des Familienrechts entschieden haben, haben 30 Monate Zeit, um für die Durchführung der beiden Güterrechtsverordnungen in ihrem Recht zu sorgen. Übereinkommen mit Drittstaaten werden von dem Inkrafttreten der EuGüVO nicht berührt.

- Die EuGüVO findet nur für Ehepartner Anwendung, die nach diesem Zeitpunkt geheiratet bzw. eine Güterrechtswahl getroffen haben. Bis dahin gelten in Deutschland weiterhin die Art. 14 und 15 EGBGB, wobei jedoch der sachliche Anwendungsbereich des Güterstatuts des Art. 15 EGBGB wesentlich enger gefasst ist als der der EuGüVO. Diese erfasst nämlich alle ehebedingten vermögensrechtlichen Verhältnisse. Weil der Anwendungsbereich der EuGüVO Vorfragen außen vorlässt, beinhaltet das unionale IPR künftig eine selbstständige Vorfragenanknüpfung.
- Art. 22 Abs. 1 EuGüVO enthält für die Ehepartner eine Rechtswahl. Das anwendbare Güterrecht ist nach Art. 26 Abs. 1 EuGüVO dann anzuwenden, wenn die Ehepartner keine güterrechtliche Wahl vereinbart haben. Den Ehepartnern bleibt aber vorbehalten, durch eine andere Rechtswahl das Güterrecht später rückwirkend abzuändern.
- Abweichungen der EuPartVO zur EuGüVO ergeben sich i.R.d. objektiven Anknüpfung. Gem. Art. 26 Abs. 1 EuPartVO kommt das Recht des Staates zur Anwendung, in welchem die Partnerschaft begründet bzw. registriert worden ist. Nach Art. 22 Abs. 1 EuPartVO ist eine Rechtswahl möglich.

14. Lebenspartnerschaften ab 1.10.2017

- Nach dem Gesetz zur Einführung des Rechts auf Eheschließung für Personen gleichen Geschlechts fallen Lebenspartner und Lebenspartnerschaften ab dem 1.10.2017 unter den Begriff „Ehe". **66**

15. Steuerrechtsänderungen 2018

- Am 2.6.2017 hat der Bundesrat dem *Steuerumgehungsbekämpfungsgesetz* sowie dem *Lizenzschrankengesetz* zugestimmt. Beide Gesetze sind damit faktisch zu „Jahressteuergesetzen" geworden. **67**
- Mit dem Gesetz zur Bekämpfung der Steuerumgehung und zur Änderung weiterer steuerlicher Vorschriften (StUmgBG) sollen Steuerumgehungen durch die Nutzung von meist im Ausland angesiedelten Domizilgesellschaften erschwert werden. Hierzu sind vor allem durch Änderungen der Abgabenordnung die Möglichkeiten der Finanzbehörden verbessert worden, an Informationen zu gelangen, welche inländischen Steuerpflichtigen „beherrschende" Geschäftsbeziehungen zu Vermögensmassen, Körperschaften, Personengesellschaften oder -vereinigungen unterhalten, deren Sitz oder Geschäftsleitung sich nicht in der Europäischen Union oder der Europäischen Freihandelsassoziation befinden. **68**
- Neben der bereits bestehenden Anzeigepflicht von qualifizierten Beteiligungen an ausländischen Gesellschaften gem. § 138 Abs. 2 Satz 1 Nr. 3 AO haben steuerpflichtige darüber hinaus gem. § 138 Abs. 2 Satz 1 Nr. 4 AO auch Geschäftsbeziehungen zu Personengesellschaften, Körperschaften, Personenvereinigungen oder Vermögensmassen in Drittstaaten anzuzeigen und zwar unabhängig davon, ob sie an dem Unternehmen formal beteiligt sind oder nicht. Für den Fall einer Verletzung dieser Mitteilungspflicht ist der Anlauf der steuerlichen Festsetzungsfrist und damit der Eintritt der Festsetzungsverjährung gehemmt. Zugleich kann die Pflichtverletzung mit einem Bußgeld von bis zu 25.000 EUR geahndet werden. **69**

70 ■ Zugleich ist das sog. steuerliche Bankgeheimnis gem. § 30a AO aufgehoben worden!

■ Die primäre Zielsetzung des Gesetzes gegen schädliche Steuerpraktiken im Zusammenhang mit Rechteüberlassungen war ursprünglich die Einschränkung der steuerlichen Abzugsmöglichkeiten für Lizenzaufwendungen und andere Aufwendungen für Rechteüberlassungen, die beim Empfänger aufgrund eines als schädlich einzustufenden Präferenzregimes nicht oder nur niedrig besteuert werden. Zur Verhinderung von Besteuerungsinkongruenzen ist deshalb ein neuer § 4j EStG „Aufwendungen für Rechteüberlassungen" geschaffen worden.

■ Das Gesetz orientiert sich an dem vom OECD und G 20 für das Vorliegen einer schädlichen Steuerpraxis herangezogenen Merkmale der fehlenden substantiellen Geschäftstätigkeit. Zum Beispiel Starbucks zahlt keine Ertragsteuern in Deutschland, weil keine Gewinne erwirtschaftet werden wegen der Betriebsausgaben „Lizenzaufwendungen".

71 *Hinweis*

Der geänderte § 3 Nr. 71 EStG (i.d.F. des Lizenzschrankengesetzes) ist erstmals für den VZ 2017 anzuwenden (§ 52 Abs. 4 Satz 16 EStG).

72 ■ Ebenfalls im Lizenzschrankengesetz ist eine gesetzliche Neuregelung der Steuerbefreiung von Sanierungsgewinnen geschaffen worden. Damit hat der Gesetzgeber kurzfristig auf die Rechtsunsicherheit reagiert, die infolge der Entscheidung des Großen Senats des BFH entstanden war. Die Neuregelung enthält Änderungen des EStG (§§ 3a, 3c, 52), KStG (§§ 8, 8c, 8d, 15, 34) und des GewStG (§§ 7b, 36).

16. Schenkungssteuer-/Erbschaftssteuerentlastungen 2017/2018

73 ■ § 16 ErbStG ist dahingehend geändert worden, dass der Erwerber im Fall der beschränkten Steuerpflicht grundsätzlich den Freibetrag erhält, der ihm bei unbeschränkter Steuerpflicht zustehen würde.

■ Durch Änderungen des § 17 ErbStG wird dem überlebenden Ehegatten oder Lebenspartner des Erblassers (§ 17 Abs. 1 ErbStG) sowie einem Kind des Erblassers (§ 17 Abs. 2 ErbStG) der besondere Versorgungsfreibetrag auch in den Fällen der beschränkten Steuerpflicht gewährt.

■ 89Durch Änderungen der §§ 3 und 9 ErbStG wurde eine Steuerpflicht für Abfindungszahlungen an einen weichenden Erbprätendenten und vergleichbare Abfindungszahlungen begründet.

17. Änderungen des Steuerberatungsgesetzes

74 ■ Durch einen neu eingefügten § 3c StBerG wird zum Ausdruck gebracht, dass die Regelungen zur Befugnis zur vorübergehenden und gelegentlichen Hilfeleistung in Steuersachen auch für juristische Personen gelten.

18. INVEST-Zuschuss für Wagniskapital und Exitzuschuss 2017

75 ■ Mit Wirkung vom 1.1.2017 ist der sog. „INVEST-Zuschuss für Wagniskapital" durch eine neue Förderrichtlinie des BMWi vom 12.12.2016 geändert worden. Dabei wurden die Voraussetzungen des bisherigen Zuschusses zu einer Investition (künftig „Erwerbszuschuss") geändert und die Förderbeträge erhöht. Zusätzlich wurde ein neuer sog. „Exitzuschuss" geschaffen, der natürlichen Personen als pauschalierter Ausgleich für Steuern auf Veräußerungserlöse gewährt wird. Danach erhält der Investor eine pauschale Steuerkompensation iHv. 25 % des Gewinns, der aus der Veräußerung seiner mit dem Erwerbszuschuss geförderten Anteile erzielt wurde. Durch entsprechende Änderungen wurde die Steuerbefreiung nach § 3 Nr. 71 EStG an die neuen Förderbedingungen angepasst.

- Die erst mit dem EU-Amtshilferichtlinie-Umsetzungsgesetz vom 20.12.2016 geschaffene Regelung des § 4i EStG zur Vermeidung eines mehrfachen Abzugs von (Sonder-)Betriebsausgaben wurde sprachlich überarbeitet und präziser gefasst:
- Zur Vermeidung von Missverständnissen wurden die Worte „des Gesellschafters einer Personengesellschaft" aus dem Gesetzestext gestrichen. Sonderbetriebsausgaben können nur im Rahmen der steuerlichen Gewinnermittlung von Mitunternehmern vorkommen. Damit beschreibt bereits das Tatbestandsmerkmal der „Sonderbetriebsausgaben" hinreichend den Kreis derjenigen Steuerpflichtigen, bei denen Sonderbetriebsausgaben entstehen können.
- Der geänderte § 4i EStG ist erstmals für den VZ 2017 anzuwenden (§ 52 Abs. 1 EStG).

19. Einkommensteuergesetzesänderungen 2017

- **Sofortabschreibung geringwertiger Wirtschaftsgüter** 76
- In § 6 Abs. 2 Satz 1 EStG wurde die bisherige Wertgrenze von 410 EUR für eine Sofortabschreibung geringwertiger Wirtschaftsgüter (siehe Rdn 599) des Anlagevermögens angehoben. Künftig ist eine Sofortabschreibung abnutzbarer beweglicher Wirtschaftsgüter des Anlagevermögens, die einer selbstständigen Nutzung fähig sind, möglich, deren Anschaffungs- oder Herstellungskosten 800 EUR nicht übersteigen.

Sammelposten 77

- Zugleich wurde auch die (untere) Wertgrenze für die Bildung eines Sammelpostens angehoben. Wirtschaftsgüter, deren Anschaffungs- oder Herstellungskosten oder der an deren Stelle tretende Wert 250 EUR (statt wie bisher 150 EUR) nicht übersteigen, sind zukünftig nicht mehr in einen für das Wirtschaftsjahr wahlweise gebildeten Sammelposten einzubeziehen (§ 6 Abs. 2a Satz 1 EStG). Aufwendungen für Wirtschaftsgüter mit einem Wert von bis zu 250 EUR können zur Vereinfachung des Besteuerungsverfahrens im Jahr der Anschaffung, Herstellung oder Einlage sofort und in voller Höhe abgezogen werden (§ 6 Abs. 2a Satz 4 EStG).

Steuerliche Aufzeichnungspflichten bei GWG 78

- Korrespondierend mit der Änderung in § 6 Abs. 2a EStG wurden auch die steuerlichen Aufzeichnungspflichten bei der Inanspruchnahme der Sofortabschreibung für Wirtschaftsgüter nach § 6 Abs. 2 EStG angepasst. Diese Rechtsänderung erfolgte nicht im Lizenzschrankengesetz, sondern in dem bereits früher abgeschlossenen Zweiten Bürokratieentlastungsgesetz. Zur Entlastung der Unternehmen von Aufzeichnungspflichten ist die Wertgrenze, ab der sofort und in voller Höhe abgeschriebene Wirtschaftsgüter unter Angabe des Tags der Anschaffung, Herstellung oder Einlage des Wirtschaftsguts oder der Eröffnung des Betriebs und der Anschaffungs- oder Herstellungskosten oder des an deren Stelle tretenden Werts in ein besonderes, laufend zu führendes Verzeichnis aufzunehmen sind, von 150 EUR auf 250 EUR angehoben worden (§ 6 Abs. 2 Satz 4 EStG).

> *Hinweis* 79
>
> Die neuen Wertgrenzen in § 6 Abs. 2 und 2a EStG finden einheitlich erstmals bei Wirtschaftsgütern Anwendung, die nach dem 31.12.2017 angeschafft, hergestellt oder in das Betriebsvermögen eingelegt werden (§ 52 Abs. 12 Satz 3–5 EStG).

- (In § 32a Abs. 1 Satz 1 EStG wurde ein Redaktionsversehen beseitigt. Die zweite Stufe der mit dem EU-Amtshilferichtlinie-Umsetzungsgesetz vorgenommenen Tarifänderung (Erhöhung des Grundfreibetrags auf 9.000 EUR und Verschiebung der übrigen Tarifeckwerte um 1,65 % nach rechts) gilt nicht nur für den VZ 2018, sondern auch für die folgenden VZ.)

20. Einkommensteuertarife 2018

80 *Hinweis*

Die redaktionelle Anpassung zur Anwendung des Einkommensteuertarifs 2018 tritt am Tag nach der Verkündung des StUmgBG in Kraft und ist damit zeitgleich mit dem Inkrafttreten des § 32a Abs. 1 Satz 1 EStG i.d.F. des Art. 9 Nr. 2 EU-Amtshilferichtlinie-Umsetzungsgesetz ab 1.1.2018 anzuwenden (§ 52 Abs. 1 EStG i.d.F. des EU-Amtshilferichtlinie-Umsetzungsgesetzes).

21. Einkommensteuer: Nachbesteuerungstatbestand nach § 34a EStG

81 In § 34a Abs. 6 EStG ist ein zusätzlicher Nachbesteuerungstatbestand in den Gesetzeswortlaut eingefügt worden. Damit ist nunmehr ausdrücklich klargestellt worden, dass in Fällen einer unentgeltlichen Übertragung eines Betriebs oder Mitunternehmeranteils nach *§ 6 Abs. 3 EStG* eine Nachversteuerung auch dann durchzuführen ist, wenn die Übertragung auf eine Körperschaft, Personenvereinigung oder Vermögensmasse i.S.d. § 1 Abs. 1 KStG erfolgt, da auch in diesen Fällen ein Wechsel des Besteuerungsregimes stattfindet. Dasselbe gilt, soweit der Betrieb oder Mitunternehmeranteil nach der Übertragung einer Körperschaft, Personenvereinigung oder Vermögensmasse i.S.d. § 1 Abs. 1 KStG als Mitunternehmerin zuzurechnen ist (§ 34a Abs. 6 Satz 1 Nr. 3 EStG n.F.). Die Nachversteuerung kann über einen Zeitraum von 10 Jahren gestreckt vorgenommen werden (§ 34a Abs. 6 Satz 2 EStG).

82 *Hinweis*

Die Klarstellung zur Thesaurierungsbegünstigung ist erstmals anzuwenden für Übertragungen von Betriebsvermögen i.S.d. § 34a Abs. 6 Satz 1 Nr. 3 EStG, die nach dem Tag der Verkündung des Lizenzschrankengesetzes stattfinden (§ 52 Abs. 34 Satz 2 EStG).

22. Steuerklassen für Ehegatten

83
- Künftig sind verheiratete Ehegatten, die beide unbeschränkt einkommensteuerpflichtig sind und nicht dauernd getrennt leben, auch dann in die Steuerklasse IV einzureihen, wenn nur ein Ehegatte Arbeitslohn bezieht (§ 38b Abs. 1 Satz 2 Nr. 4 EStG). Zugleich ist die für diesen Sachverhalt nach der bisherigen Gesetzeslage (§ 38b Abs. 1 Satz 2 Nr. 3 Buchst. a Doppelbuchst. aa EStG a.F.) vorgesehene Steuerklassenkombination „III/-“ aufgehoben worden, da sie sich als programmtechnisch nicht umsetzbar erwiesen hat und schon bisher gestützt auf eine Übergangsregelung (§ 52 Abs. 39 EStG a.F.) nicht angewandt wurde.
- Aufgrund dieser Änderung werden Ehegatten bei Heirat nunmehr stets programmgesteuert in die Steuerklasse IV eingereiht (§ 39e Abs. 3 Satz 3 EStG).
- Darüber hinaus ist künftig der Wechsel von der Steuerklasse III oder V in die Steuerklasse IV auch auf Antrag nur eines Ehegatten möglich mit der Folge, dass beide Ehegatten in die Steuerklasse IV eingereiht werden. Diese Anträge sind nach amtlich vorgeschriebenem Vordruck zu stellen und vom Antragsteller eigenhändig zu unterschreiben (§ 38b Abs. 3 Satz 2 und 3 EStG). Durch eine Änderung in § 39 Abs. 6 Satz 3 EStG wird klargestellt, dass ein Antrag auf Steuerklassenwechsel auch dann durch nur einen Ehegatten gestellt werden kann, wenn nur ein Ehegatte Arbeitslohn bezieht.

84 *Hinweis*

Die Änderungen treten am 1.1.2018 in Kraft und sind nach § 52 Abs. 1 EStG (i.d.F. des EU-Amtshilferichtlinie-Umsetzungsgesetzes) erstmals für den VZ 2018 anzuwenden. Die bisherige Übergangsregelung in § 52 Abs. 39 EStG wurde aufgehoben.

23. Permanenter Lohnsteuerjahresausgleich

- Durch eine Ergänzung in § 39b Abs. 2 EStG wurde für den derzeit nur auf Grundlage von Verwaltungsregelungen möglichen sog. permanenten Lohnsteuer-Jahresausgleich bei kurzfristig beschäftigten Arbeitnehmern mit der Steuerklasse VI eine gesetzliche Grundlage geschaffen (§ 39b Abs. 2 Satz 13–16 EStG). Danach kann ab 2018 auf Antrag des Arbeitgebers der permanente Lohnsteuerjahresausgleich auch bei der Ermittlung des Lohnsteuerabzugs angewendet werden, wenn seit Beginn des Kalenderjahrs kein durchgängiges Dienstverhältnis zu demselben Arbeitgeber besteht (§ 39b Abs. 2 Satz 13 EStG). Voraussetzung ist, dass der Arbeitnehmer nach § 1 Abs. 1 EStG unbeschränkt einkommensteuerpflichtig ist, bei der Steuerklasse VI kein Freibetrag nach § 39a EStG zu berücksichtigen ist, die Dauer der Beschäftigung 24 zusammenhängende Arbeitstage nicht übersteigt. Um der zutreffenden geschuldeten Steuer möglichst nahe zu kommen, werden vom Arbeitnehmer im laufenden Jahr bereits bezogene Löhne aus Nebenbeschäftigungen bei anderen Arbeitgebern einbezogen, soweit auf diese der permanente Lohnsteuer-Jahresausgleich nach § 39b Abs. 2 Satz 13 EStG angewendet wurde (§ 39b Abs. 2 Satz 14 EStG). Weitere Voraussetzung für die Anwendung des permanenten Lohnsteuer-Jahresausgleichs ist nach § 39b Abs. 2 Satz 15 EStG zudem, dass der Arbeitnehmer vor Aufnahme der Nebenbeschäftigung dem permanenten Lohnsteuer-Jahresausgleich unter Angabe seiner Identifikationsnummer gegenüber dem Arbeitgeber schriftlich zustimmt, mit der Zustimmung zugleich die im laufenden Jahr von anderen Arbeitgebern erhaltenen Löhne für Nebenbeschäftigungen i.S.d. § 39b Abs. 2 Satz 14 EStG und die darauf erhobene Lohnsteuer erklärt, mit der Zustimmung versichert, dass ihm bekannt ist, dass die Anwendung des permanenten Lohnsteuer-Jahresausgleichs dazu führt, dass er eine Einkommensteuererklärung bei seinem Wohnsitzfinanzamt für dieses Jahr abzugeben hat (Pflichtveranlagungstatbestand nach § 46 Abs. 2 Nr. 2 und 3a EStG). **85**
- Die Erklärungen des Arbeitnehmers i.S.d. § 39b Abs. 2 Satz 15 EStG sind vom Arbeitgeber zum Lohnkonto zu nehmen (§ 39b Abs. 2 Satz 16 EStG).

> *Hinweis* **86**
> Die Änderungen treten am 1.1.2018 in Kraft und sind nach § 52 Abs. 1 EStG (i.d.F. des EU-Amtshilferichtlinie-Umsetzungsgesetzes) erstmals für den VZ 2018 anzuwenden.

24. Faktorverfahren

- Bereits im Bürokratieentlastungsgesetz war das Faktorverfahren, durch das für jeden Ehegatten/Lebenspartner steuerentlastende Vorschriften beim eigenen Lohnsteuerabzug berücksichtigt werden, dahingehend geändert worden, dass ein beantragter Faktor künftig nicht mehr nur für ein Kalenderjahr, sondern für bis zu zwei Kalenderjahre gültig ist (§ 39f Abs. 1 Satz 9 EStG). Die erstmalige Anwendung der Regelung war jedoch erst für einen nicht näher konkretisierten Zeitpunkt „nach Abschluss der erforderlichen Programmierarbeiten" vorgesehen (§ 52 Abs. 37a EStG a.F.). **87**

> *Hinweis* **88**
> Durch eine Änderung des § 52 Abs. 37a EStG wird die erstmalige Anwendung des zweijährigen Faktorverfahrens nunmehr für den VZ 2019 gesetzlich vorgegeben.

25. Kindergeld, Rückwirkung des Antrags

- In einem neu eingefügten § 66 Abs. 3 EStG wird gesetzlich festgelegt, dass das Kindergeld rückwirkend nur für die letzten sechs Monate vor Beginn des Monats gezahlt wird, in dem der Antrag auf Kindergeld eingegangen ist. Damit sieht die Regelung abweichend von der bisher geltenden regulären Festsetzungsfrist von vier Jahren gem. § 169 AO vor, dass das Kindergeld über die zurückliegen- **89** den letzten sechs Monate hinaus nicht mehr zur Auszahlung gelangen kann. Die Regelung bezweckt eine Erschwerung des missbräuchlichen rückwirkenden Bezugs von Kindergeld durch Ausnutzung des Umstands, dass die den Anspruch begründenden Tatsachen rückwirkend nur schwer überprüfbar sind. Die Regelung hat nur zur Folge, dass das Kindergeld über die zurückliegenden sechs Monate hinaus nicht mehr zur Auszahlung gelangen kann. Der materiell-rechtliche Anspruch wird hierdurch nicht berührt, was insb. für an das Kindergeld anknüpfende Annexleistungen im außersteuerlichen Bereich von Bedeutung sein kann.

90 *Hinweis*

§ 66 Abs. 3 EStG ist auf Anträge anzuwenden, die nach dem 31.12.2017 eingehen (§ 52 Abs. 49a Satz 7 EStG). Durch die Anwendungsregelung soll klargestellt werden, dass sich die Änderung des § 66 Abs. 3 EStG nur auf zukünftige Anträge bezieht.

26. Datenübermittlung an Familienkassen

91 ■ Außerdem wurde ein neuer § 69 EStG eingeführt, mit dem das Bundeszentralamt für Steuern (BZSt) zur Datenübermittlung an die Familienkassen verpflichtet wird, wenn es (von den Meldebehörden) erfährt, dass ein Kind, für das Kindergeld gezahlt wird, ins Ausland verzogen ist oder von Amts wegen von der Meldebehörde abgemeldet wurde.

■ Das BZSt hat künftig in den genannten Fällen Identifikationsnummer, Familiennamen, Vornamen, Tag und Ort der Geburt sowie Tag des Auszugs an die zuständige Familienkasse zu übermitteln. Die zu übermittelnden Daten sind wegen der Anbindung an die Identifikationsnummer auf das Kind bezogen. Die Regelung stellt sicher, dass die Familienkasse schnellstmöglich Kenntnis von der Sachverhaltsänderung erhält. Damit wird die Familienkasse früher als bisher in die Lage versetzt zu beurteilen, ob der Kindergeldanspruch weiterbesteht.

92 *Hinweis*

Wegen des für die technische Umsetzung erforderlichen zeitlichen Vorlaufs soll die Pflicht des BZSt, Daten an die Familienkassen nach § 69 EStG zu übermitteln, erstmals am 1.11.2019 anzuwenden sein (§ 52 Abs. 49a Satz 7 EStG).

■ Analog zur Regelung im neu eingefügten § 66 Abs. 3 EStG wurde mit § 6 Abs. 3 BKKG eine gleichlautende Regelung auch im Bundeskindergeldgesetz geschaffen. Nach § 20 Abs. 10 BKKG ist § 6 Abs. 3 BKKG auf Anträge anzuwenden, die nach dem 31.12.2017 eingehen.

27. Investmentsteuerreformgesetz

93 ■ Außerdem wurde das StUmgBG genutzt, um kurzfristig zwischenzeitlich erkannten punktuellen Klarstellungsbedarf zum Investmentsteuerreformgesetz vom 19.7.2016 (BGBl 2016 I S. 1730 – InvStRefG) noch vor dem Inkrafttreten des neuen Investmentsteuergesetzes (InvStG 2018) gesetzlich umzusetzen.

■ Das Investmentsteuergesetz wurde in folgenden Punkten geändert:

■ Mit einer Änderung in § 33 InvStG 2018 soll gesetzlich klargestellt werden, dass keine unversteuerten Einkünfte aus inländischen Immobilienerträgen in Dach-/Zielfondskonstruktionen erzielt werden können. Damit sollen etwaige Steuerumgehungsmöglichkeiten rechtssicher ausgeschlossen werden.

■ Mit einer weiteren Änderung in § 56 InvStG 2018 soll die korrekte Besteuerung von Dach-Investmentfonds

■ und Dach-Spezial-Investmentfonds beim Übergang zum Investmentsteuerreformgesetz sichergestellt werden.

28. Jahressteuergesetz 2019

- Wer als Alleinstehender im Jahr 2018 ein steuerpflichtiges Einkommen bis 9.000 EUR (2019: 9.168 EUR, 2020: 9.408 EUR) hat, muss keine Einkommensteuer zahlen; bei gemeinsamer Veranlagung gelten die doppelten Beträge, also 18.000 EUR für 2018 (2019: 18.336 EUR als Grundfreibetrag, 2020: 18.816 EUR). 94
- Die Verpflegungsmehraufwendungen sollen von 12 EUR auf 14 EUR bei einer Abwesenheit von mehr als 8 Std und von 24 EUR auf 28 EUR für ganztägige Abwesenheit steigen. (Berufskraftfahrer sollen zukünftig für Übernachtungen Kfz eine Pauschale von 8 EUR pro Kalendertag als Werbungskosten geltend machen können, § 9 Abs. 1 S. 3 Nr. 5b EStG-G).
- Durch eine neue Steuerbefreiungsregelung für Wohnraumüberlassung, § 3 Nr. 49 EStG-E sollen Unterkunft und übliche Verpflegung, sowie Vorteile des Wohnraumgebers aus den Leistungen des Wohnraumnehmers steuerfrei sein, um alternative Lebensformen (Studenten, Senioren, gegebenenfalls auch junge Familien) zu fördern.
- Gemäß § 3 Nr. 46 EStG wird das Aufladen von Elektro- oder Hybridfahrzeugen beim Arbeitgeber steuerfrei gestellt (Verlängerung bis 31.12.2030).
- Eingeführt werden soll eine Sonderabschreibung für rein elektrische Lieferfahrzeuge mit einer Sonderabschreibung von 50 % der Anschaffungskosten gemäß § 7c EStG-E.
- In § 40 Abs. 2S. 2Nr. 2 EStG-E ist anstelle der Steuerfreiheit eine pauschale Besteuerung von 25 % vorgesehen, wobei keine Kürzung des Werbungskostenabzugs erfolgt.
- Die Halbierung der Bemessungsgrundlage für private Nutzung für betrieblich genutzte Elektro- oder extern aufladbare Elektrohybridfahrzeuge wird zwar bis zum 31.12.2030 verlängert, dabei darf die Kohlendioxidemission aber höchstens 50 g je gefahrenen Kilometer und die Reichweite bis 31.12.2021 mindestens 40 km, vom 1.1.2022 bis 31.12.2024 60 km und bei Anschaffung zwischen dem 1.1.2025 und dem 31 12.2030 mindestens 80 km betragen.
- Die Steuerfreiheit von Elektrofahrrädern soll bis zum 31.12.2030 verlängert werden.
- **Brexit-Steuerbegleitgesetz v. 28.3.2019** 95
- Der Austritt des UK bewirkt keine Sitzverlegung in einen Staat außerhalb der EU.
- Allerdings fällt für die **Limited** nach britischem Recht mit Sitz in Deutschland die Haftungsbeschränkung weg, indem diese zu einer GbR, OHG oder EK mutieren.

Neuer § 7b EStG durch Gesetz zur steuerlichen Förderung des Mietwohnungsneubaus 96

- Anwendung ab Verkündung des Gesetzes am 8.8.2019;
- Sonderabschreibungen bis zu jährlich 5 % in den 1. 4 Jahren neben der linearen AfA gem. § 7 Abs. 4 EStG;
- Voraussetzungen:
  - Anschaffung oder Herstellung neuer Wohnungen,
  - Bauantrag nach dem 31.8.2012 und vor dem 1.1.2022,
  - AHK $\leq$ 3.000 EUR je m^2 Wohnfläche,
  - 10 Jahre entgeltlich Überlassung zu Wohnzwecken.
- Bemessungsgrundlage für die Sonderabschreibungen: AHK, maximal jedoch je 2.000 EUR m^2 Wohnfläche (Baukostenobergrenze!);
- Rückwirkender Wegfall der Sonderabschreibungen, wenn
  - die begünstigte Wohnung nicht mindestens 10 Jahre der entgeltlichen Überlassung zu Wohnzwecken dient,
  - eine nicht steuerpflichtige Veräußerung innerhalb von 10 Jahren erfolgt oder
  - die Baukostenobergrenze innerhalb der 1. 3 Jahre durch nachträgliche AHK überschritten wird.
- Sonderabschreibungen letztmalig im VZ 2026;
- Anzeigepflicht und EU Unternehmerschaft (!) Wegen Anknüpfung an De-minimis-Verordnung.

29. Jahressteuergesetz 2020

97 **Flexibilisierung des Investitionsabzugsbetrags (IAB)**

§ 7g Abs. 1 EStG wird wie folgt gefasst:

Steuerpflichtige kann für die künftige bewegliche Anschaffung oder Herstellung von abnutzbaren Wirtschaftsgütern des Anlagevermögens, die mindestens bis zum Ende des Wirtschaftsjahres der Anschaffung oder Herstellung folgenden Wirtschaftsjahres vermietet oder in einer inländischen Betriebsstätte des Betriebes ausschließlich oder fast ausschließlich betrieblich genutzt werden, bis zu (40) 50 Prozent der voraussichtlichen Anschaffungs- oder Herstellungskosten gewinnmindernd abziehen (Investitionsabzugsbeträge). [2]Investitionsabzugsbeträge können nur in Anspruch genommen werden, wenn der Gewinn nach § 4 oder § 5 ermittelt wird und im Wirtschaftsjahr, in dem die Abzüge vorgenommen werden sollen, ohne Berücksichtigung der Investitionsabzugsbeträge nach Satz 1 und der Hinzurechnung nach Absatz 2 150.000 EUR nicht überschreiten und die Sonderabschreibungen nach Absatz 5 können nur in Anspruch genommen werden, wenn der Betrieb (zum Schluss des Wirtschaftsjahres), das der Anschaffung im Wirtschaftsjahr oder Herstellung vorangeht, die (Größenmerkmale) Gewinngrenze des Absatzes 1 Satz 2 Nummer 1 nicht verlängert, und das Wirtschaftsgut im Jahr der Anschaffung oder Herstellung und im darauffolgenden Wirtschaftsjahr vermietet oder in einer inländischen Betriebsstätte des Betriebs des steuerpflichtigen ausschließlich oder schnell ausschließlich betrieblich genutzt wird; Absatz 4 vergoldet entsprechend.

§ 7g Abs. 1 EStG regelt die anfänglichen Investitionen und die Voraussetzungen für die Inanspruchnahme. Die Änderungen in § 7g EStG sind erstmals für Investitionsabzugsbeträge und Sonderabschreibungen unverzüglich, die in nach dem 31.12.2019 endenden Wirtschaftsjahren in Anspruch genommen werden.

98 **Legaldefinition der Zulässigkeitsvoraussetzungen bei Arbeitgeberleistungen**

§ 8 Abs. 1 4 EStG

Im Sinne dieses Gesetzes werden Leistungen des Arbeitgebers oder auf seine Veranlassung eines Dritten (Sachbezüge oder Zuschüsse) für eine Beschäftigung nur dann zusätzlich zum ohnehin geschuldeten Arbeitslohn erbracht, wenn

- die Leistung nicht auf den Anspruch auf Arbeitslohn berechnet,
- der Anspruch auf Arbeitslohn nicht begünstigt der Leistung herabgesetzt,
- die verwendungs- oder zweckgebundene Leistung nicht anstelle einer bereits vereinbarten zukünftigen Erhöhung des Arbeitslohns gewährt und
- bei Wegfall wird die Leistung der Arbeitslohn nicht erhöht.

- Die Vorschrift ist gem. § 52 Abs. 1 1 EStG erstmals auf Leistungen des Arbeitgebers oder auf seine Veranlassung eines Dritten (Sachbezüge oder Zuschüsse) sofort, die in einem nach dem 31.12.2019 endenden Lohnzahlungszeitraum oder als sonstige Bezüge nach dem 31.12.2019 zugewendet werden.

99 **Berücksichtigung von Kosten bei verbilligter Wohnraumvermietung**

- § 21 Abs. 1 2 Satz 1 EStG typisiert in seiner derzeit geltenden Fassung bei einer verbilligten Überlassung einer Wohnung zu weniger als 66 % der ortsüblichen Miete von den Mieteinnahmen abgezogen werden können. Diese Grenze soll auf 50 % herabgesetzt werden.
- § 21 Abs. 1 2 EStG: Beträgt das Entgelt für die Überlassung einer Wohnung zu Wohnzwecken weniger als (66 %) 50 % der ortsüblichen Marktmiete, so ist die Nutzungsüberlassung in einen entgeltlichen und einen unentgeltlichen Teil aufzuteilen. [2] Beträgt das Entgelt bei auf Dauer angelegter Wohnungsvermietung mindestens 66 % der ortsüblichen Miete, gilt die Wohnungsvermietung als entgeltlich.

Mit dem JStG 2020 soll bei verbilligter Wohnraumüberlassung grundsätzlich die Möglichkeit bestehen, von den Mieteinnahmen vollumfänglich ihre Werbungskosten abzuziehen, wenn das Entgelt mind. 50 % der ortsüblichen Miete beträgt. Beträgt das Entgelt 50 % und mehr, jedoch weniger als 66 % der ortsüblichen Miete, ist jedoch eine Totalüberschussprognoseprüfung in Anspruch genommen. Fällt diese Prüfung der Totalüberschussprognose positiv aus, ist für die verbilligte Wohnraumüberlassung Einkünfteerzielungsabsicht zu unterstellen und der volle Werbungskostenabzug möglich. Führt die Totalüberschussprognoseprüfung dagegen zu einem negativen Ergebnis, ist von einer Einkünfteerzielungsabsicht nur für den entgeltlich vermieteten Teil auszugehen.

- Die gesetzliche Änderung gilt ab VZ 2021.

30. Überbrückungshilfe II und III sowie Neustarthilfe (Covid)

Ein sog. Überbrückungshilfe II kann max. i.H.v. 70 bzw.90 % der ungedeckten Fixkosten gewährt werden. Überbrückungshilfe III verlängert die bisherige Überbrückungshilfe II bis zum 30.6.2021. Auch schon für November und Dezember 2020 ist die Überbrückungshilfe III möglich, i.d.R. keine Deckelung der Überbrückungshilfe III auf nicht gedeckte Fixkosten. Umsatzrückgang mind. 30 % gegenüber dem Referenzmonat 2019. Es erfolgt eine gesonderte Förderung für Soloselbstständige in Form einer sog Neustarthilfe. 100

31. Zweites Familienentlastungsgesetz

In diesem Gesetz[49] werden folgende Verbesserungen mit Wirkung zum 1.1.2021 umgesetzt: 101

Erhöhung des Kindergeldes um 15 EUR pro Monat auf folgende Beträge:

- 1. und 2. 219 EUR
- 3. 295 EUR
- 4. und jedes weitere 250 EUR

Der steuerliche Kinderfreibetrag steigt von 5.172 EUR um 288 EUR auf 5.460 EUR.

Der Freibetrag für den Betreuungs-, Erziehungs- oder Ausbildungsbedarf eines Kindes wird um 288 EUR auf 2.928 EUR erhöht.

Zum Ausgleich der kalten Progression werden die tariflichen Eckwerte gem. § 32a Abs. 1 EStG in zwei Stufen (2021 und 2022) verschoben.

Der Höchstbetrag für Unterhaltsleistungen gem.§ 33aAbs. 1 EStG wird von bisher 9.408 EUR auf 9.744 EUR im Jahr 2021 und 9.984 EUR im Jahr 2022 angehoben.

Darüber hinaus nimmt der Bundestagsbeschluss auf Basis der bisherigen Praxiserfahrungen Aktualisierungen zum automatisierten KiSt-Einbehalt bei Kapitalerträgen vor.

> *Hinweis*
>
> Ab dem 1.1.2023 beträgt das Kindergeld monatlich je Kind **250 EUR**. Familien mit niedrigem Einkommen werden zusätzlich durch einen Sofortzuschlag und die Erhöhung des Kinderzuschlags entlastet.[50]

32. Sofortabschreibung digitaler Wirtschaftsgüter

Die MPK hat zusammen mit der Bundeskanzlerin beschlossen, dass zur weiteren Stimulierung der Wirtschaft und zur Förderung der Digitalisierung bestimmter digitaler Wirtschaftsgüter rückwirkend zum 102

49 Zustimmungsbeschluss des Bundesrates, BGBL I 2020 S. 2616.

50 https://www.bundesregierung.de/breg-de/schwerpunkte/entlastung-fuer-deutschland/unterstuetzung-fuer-familien-2125014.

1.1.2021 sofort abgeschrieben werden können.[51] Die neue Regelung soll auf die Anschaffung von Computerhardware und Software zur Dateneingabe und -verarbeitung beschränkt werden. Davon sollen auch alle profitieren, die im Homeoffice arbeiten. Insbesondere die Anschaffung von hochwertiger Hardware wie Servern soll dem Vernehmen hingegen ausgeschlossen werden. Geplant ist eine schnelle Umsetzung. Die Regelung soll untergesetzlich erfolgen. IRd BMF-Schreibens soll die betriebsgewöhnliche Nutzungsdauer von einem Jahr mitgeteilt werden. Über § 7 Abs. 1 lit. 1 EStG würde dies im Ergebnis zu der angekündigten Sofortabschreibung führen.

33. Modernisierung des Personengesellschaftsrechts durch das MoPeG

103 Mit dem MoPeG[52] wird die von der Rechtsprechung bereits anerkannte Rechtsfähigkeit der GbR in allen Regelungen des BGB konsequent umgesetzt. Die GbR wird dabei nicht mehr primär als Gelegenheitsgesellschaft verstanden, sondern praxisnah am Leitbild eines auf Dauer angelegten Zusammenschlusses ausgerichtet. Es wird künftig eine rechtsfähige und eine nicht rechtsfähige GbR geben.
In den §§ 713 BGB und 740 Abs. 1 BGB wird künftig der gesetzgeberische Anknüpfungspunkt für die Abkehr vom Gesamthandsprinzip gesehen. Für die rechtsfähige Gesellschaft wird dort klargestellt, dass die für die Gesellschaft erworbenen Rechte und die gegen sie begründeten Verbindlichkeiten zum Vermögen der Gesellschaft gehören (§ 713 BGB). Danach ist Träger des Vermögens ausschließlich die Gesellschaft selbst und nicht mehr die Gesellschafter in gesamthänderischer Verbundenheit.

Was die nicht rechtsfähige Gesellschaft anbelangt, wird klargestellt, dass sie über kein Vermögen verfügt (§ 740 Abs. 1 BGB). Damit wird auch ein gesamthänderisch gebundenes Vermögen der Gesellschaft ausgeschlossen. Um das Vertrauen der Geschäftspartner zu gewinnen, kann sich die GbR künftig in ein öffentliches und rechtssicheres Gesellschaftsregister eintragen lassen. Erforderlich ist die Eintragung aber nur, wenn die Gesellschaft ihrerseits ein registriertes Recht, wie etwa ein Grundstück, erwerben will.

Für Personenhandelsgesellschaften wird außerdem ein im Gesetz festgeschriebenes Beschlussmängelrecht eingeführt. Fehlerhafte Gesellschafterbeschlüsse sind dann nicht mehr automatisch nichtig, sondern sind mit einer befristeten Klage anfechtbar.

Freiberufler können sich zukünftig auch als Personenhandelsgesellschaft zusammenschließen, bspw. als GmbH & Co. KG. Dies ermöglicht es (insb. im Vergleich zur PartG mbB) ihre Haftung auch für andere Haftungen als aus Schäden wegen fehlerhafter Berufsausübung zu beschränken (z.B. Haftungen aus Miet- oder Arbeitsverträgen).

34. Jahressteuergesetz 2022 (JStG 2022)

104
- Nach § 3 Nr. 72 EStG (diese Regelungen gelten rückwirkend ab dem VZ 2022) besteht für den eigengenutzten Betrieb von **Fotovoltaikanlagen** bis zu verschiedenen KW-Bruttoleistungen Ertragsteuerfreiheit. Gleichzeitig besteht für die Lieferung und Installation von Fotovoltaikanlagen (Werklieferungsvertrag) gem. § 12 Abs. 3 UStG ein (erstmaliger) Nullsteuersatz. Die Gesamthöchstgrenze bei mehreren Anlagen von 100 KW gilt pro Steuerpflichtigem (Eheleute) oder Mitunternehmerschaft.
- **Bruchteilsgemeinschaften** (damit auch Bruchteilsgemeinschaften der Eheleute an Grundstücken!) gelten gem. § 2 Abs. 1 S. 1 UStG als **umsatzsteuerrechtliche** Unternehmer, sodass bei latenter Steuerberechnung etwaige Vorsteuerberichtigungen nach § 15a UStG zu bedenken sind. An die Informationsbeschaffung zu den Erwerbsvorgängen ist eindringlich zu erinnern!
- Ohne Einzelnachweis können die Aufwendungen für **häusliche Arbeitszimmer** gem. § 4 Abs. 5 Nr. 6b EStG in Höhe von jährlich 1.250 EUR als Jahrespauschale abgezogen werden. Wird die be-

51 Beschluss der Ministerpräsidentenkonferenz (MPK) v. 19.1.2021, DStR-Aktuell 2021, 19.
52 BGBl I 2021 S. 3436 v. 10.8.2021.

triebliche oder berufliche Tätigkeit überwiegend in der häuslichen Wohnung ausgeübt und keine außerhalb der häuslichen Wohnung belegende erste Tätigkeitsstätte aufgesucht, kann für die gesamte betriebliche und berufliche Betätigung ein Betrag von 6 EUR (Tagespauschale), höchstens 1.260 EUR im Wirtschafts- oder Kalenderjahr, als Homeoffice Pauschale nach § 4 Abs. 5 Nr. 6c EStG abgezogen werden.

- Für Gebäude, die nach dem 30.6.2023 fertiggestellt werden, beträgt die **Gebäude AfA** gem. § 7 Abs. 4 Nr. 2 EStG 3 % (Wohnimmobilien!).
- Gem. § 20 Abs. 6 S. 3 EStG können nunmehr auch **Verluste aus Kapitalvermögen** bei Ehegatten verrechnet werden. Eine solche Verrechnung von Verlusten eines Ehegatten mit Überschüssen des anderen Ehegatten war bisher nach § 20 Abs. 6 EStG mangels gesetzlicher Regelung nicht möglich. Die Vorschrift soll ab dem VZ 2022 greifen.
- Der **Kinderfreibetrag** beträgt: für das Jahr 2022 insgesamt 5.620 EUR (2.810 EUR je Elternteil), für das Jahr 2023 insgesamt 6.024 EUR (3.012 EUR je Elternteil), für das Jahr 2024 insgesamt 6.384 EUR (3.192 EUR je Elternteil). Darüber hinaus gibt es noch einen Freibetrag für Betreuungs- und Erziehungs- oder Ausbildungsbedarf der Kinder in Höhe von 2.928 EUR (1.464 EUR je Elternteil). Bei der Einkommensteuerveranlagung werden beide Freibeträge zusammengezogen. Bei getrennter Veranlagung von Ehegatten wird bei jedem Elternteil jeweils der halbe Betrag berücksichtigt. Ab dem VZ 2023 ist die Gewährung des Kinderfreibetrages sowie des Freibetrages für den Betreuungs- und Erziehung- oder Ausbildungsbedarf des Kindes die Identifizierung des Kindes durch die an dieses Kind vergebene Identifikationsnummer (§ 139b AO) zwingend erforderlich (§ 32 Abs. 6 S. 12–14 EStG).
- **Der Grundfreibetrag** wird erhöht: Der steuerliche Grundfreibetrag sorgt dafür, dass das Existenzminimum für alle Steuerpflichtigen steuerfrei bleibt. Für 2023 wird er um 561 EUR auf 10.908 EUR angehoben und für 2024 ist eine weitere Anhebung um 696 EUR auf 11.604 EUR vorgesehen.

B. Einkommensermittlung

Wie wird das Unterhaltseinkommen aus Steuerunterlagen, Bilanz, G & V und EÜR ermittelt? 100

Wenn das unterhaltsrechtlich relevante Einkommen mit dem steuerrechtlich relevanten Einkommen nicht identisch ist, aber korreliert, so wird das Unterhaltseinkommen aus dem steuerrechtlichen Einkommen abgeleitet. Nach Feststellung des steuerrechtlich relevanten Einkommens erfolgen unterhaltsrechtliche Korrekturen.[53]

Der Bearbeiter des familienrechtlichen Falls benötigt deshalb sowohl Kenntnisse des Steuerrechts und auch des Bilanzsteuerrechts, weil das unterhaltsrechtlich relevante Einkommen auf dem steuerrechtlichen fußt.

Steuern sind kraft Legaldefinition (§ 3 AO) Geldleistungen ohne Gegenleistung zur Erzielung von Einnahmen eines öffentlich-rechtlichen Gemeinwesens. Steuern haben also Abschöpfungscharakter (Sprichwort: Was Tüchtigkeit gewinnt, im Steuersack zerrinnt!). Es gilt vor allem der Grundsatz der Gleichmäßigkeit der Besteuerung nach § 85 AO, das Amtsermittlungsprinzip, sog. Untersuchungsgrundsatz, nach § 88 AO und demgegenüber bestehen Mitwirkungspflichten der Beteiligten nach § 90 AO.

Warum benötigen Familienrechtler bei der Ermittlung des Unterhaltseinkommens Kenntnisse vom Steuer-, Handels-, Gesellschafts- und Bilanzrecht?

Der anwaltliche Berater muss sich besonders bei der Ermittlung des Unterhaltseinkommens mit zahlreichen, steuerrechtlich ermittelten Materialien und Unterlagen befassen.

53 BGHZ 87, 36, 39; BGH NJW 1994, 21 ff.; BGH FamRZ 2003, 741 ff.; *Perleberg-Kölbel/Kuckenburg*, Unterhaltseinkommen, A Rn 1 ff.; *Strohal* erwägt sogar eine Unterhaltsbilanz, Rn 34, 244.

Er muss steuerrechtliche Unterlagen nach unterhaltsrechtlichen Aspekten analysieren und im Rahmen der familienrechtlichen Auseinandersetzung erläutern.

Besonders vor Gericht wird oft mit heftiger Intensität über Positionen der Jahresabschlüsse von Unternehmen gestritten.

Bei der Ermittlung der Unterhaltseinkünfte wird in der Literatur kritisch hinterfragt, ob bei Einzelunternehmen und Personengesellschaften schon wegen der dem Unternehmen obliegenden Liquiditätsverpflichtungen von einer Vollausschüttung der Gewinne auszugehen ist.[54]

Betriebswirtschaftlich zeigt der Gewinn nämlich nicht nur den kalkulatorischen Unternehmerlohn,[55] sondern ist auch Entgelt für die Verzinsung des eingesetzten Eigenkapitals und Ausgleich des unternehmerischen Risikos.

Auch bei Nichtselbstständigen, die oft noch weitere Überschusseinkünfte, wie z.B. aus Vermietung und Verpachtung oder Kapitalvermögen haben, ergeben sich u.a. Fragen zur Bewertung, Abgrenzung zur Privatveranlassung und zu Abschreibungen.

Ferner ist die Angemessenheit von Bezügen (gilt auch im Steuerrecht gemäß § 4 Abs. 5 Nr. 7 EStG) bei Gesellschaftern/Geschäftsführern, Manipulationen und „Schwarzgeld“ zu prüfen bzw. aufzudecken.

Ohne steuer- und betriebswirtschaftliche Kenntnisse sind die Aufgabenstellungen in der familienrechtlichen Praxis nicht zu lösen und der Bearbeiter setzt sich darüber hinaus auch noch einer potenziellen Haftung aus.

Da hilft es auch nicht, den Steuerberater zu fragen, weil diesem die unterhaltsrechtlichen Differenzierungen fremd sind.[56]

Ihm fehlen die grundsätzlichen unterhaltsrechtlichen Kenntnisse und Differenzierungen zur interdisziplinären Diskussion.

Neben der Ermittlung des Unterhaltseinkommens sind auch weitere familienrechtliche Probleme wie zur steuerlichen Veranlagung, Abzugsfähigkeit von Unterhaltsleistungen und Aufteilung von Steuerschulden zu lösen.

Die folgenden Ausführungen behandeln speziell die Unterhaltseinkünfte und das Unterhaltseinkommen, wie sie sich aus dem Steuerrecht und seiner Systematik ableiten.

Damit wird der Vorgabe des BGH Rechnung getragen, bei der Ermittlung des unterhaltsrelevanten Einkommens das steuerliche Einkommen zugrunde zu legen.

Die Begriffe „selbstständige Arbeit/Selbstständige“ und die schrittweise Ermittlung des Einkommens und seiner Besteuerung orientieren sich an der Definition, Schreibweise und Systematik des Einkommensteuergesetzes.

Familienrechtliche Modifizierungen aus dem Steuerrecht werden innerhalb des jeweiligen Ermittlungsschrittes behandelt.

Jean-Baptiste Colbert, 1619–1683, Finanzminister unter Ludwig XIV. und „Vater“ des volkswirtschaftlichen Steuerungsinstruments „Merkantilismus“:

„Die Kunst der Besteuerung besteht ganz einfach darin, die Gans so zu rupfen, dass man möglichst viele Federn bei möglichst wenig Geschrei erhält.“

54 BGH FamRZ 2011, 761, Tz 18; BGH FamRZ 2011, 1367, Tz 32; ausführlich *Kuckenburg*, Unternehmensbewertung der freiberuflichen Praxis, FuR 2011, 515, 516; *Schürmann*, Einkommen aus selbstständiger Tätigkeit im Unterhaltsrecht, FamRB 2006, 149; *Kuckenburg*, Der Selbstständige im familienrechtlichen Verfahren, 12; *Kuckenburg*, Anmerkungen, insb. auch Sicht des Unternehmensbewerters, zu BGH v. 6.2.2008, FuR 2008, 270, 271.

55 BGH FuR 2008, 293, mit Anm. *Kuckenburg*.

56 *Strohal*, Unterhaltsrechtlich relevantes Einkommen bei Selbstständigen, Rn 272.

Exkurs Selbstständiger: 106

Der Begriff des „Selbstständigen" im Unterhaltsrecht ist angelehnt an die Einkommensarten des EStG und umfasst folgende Steuerpflichtige:

- Land- und Forstwirte (§ 2 Abs. 1 Nr. 1, § 13, § 13a EStG)
- Gewerbetreibende einschließlich Gesellschafter von Personenhandelsgesellschaften (§ 2 Abs. 1 Nr. 2, § 15 EStG)
- Freiberufler, auch in Form des Zusammenschlusses in einer GbR (§ 2 Abs. 1 Nr. 3, § 18 EStG)

Dazu zählen u.a. Ärzte, Rechtsanwälte, Notare, Ingenieure, Architekten, Wirtschaftsprüfer, Steuerberater, Krankengymnasten, Journalisten, Dolmetscher, Lotsen, selbstständig tätige Wissenschaftler, Künstler und Abgeordnete, Gesellschafter von Kapitalgesellschaften (§ 2 Abs. 1 Nr. 5, § 20 EStG, insbesondere Gesellschafter einer GmbH.[57]

Zu den Einkünften aus selbstständiger Tätigkeit zählen die Einkünfte aus Land- und Forstwirtschaft (§§ 2 Abs. 1 Nr. 1, 13 EStG), Gewerbebetrieb (§§ 2 Abs. 1 Nr. 2, 15 EStG) und selbstständiger Tätigkeit (§§ 2 Abs. 1 Nr. 3, 18 EStG).

Steuerliche Relevanz besitzen Einkünfte der in § 2 EStG beschriebenen Art nur, wenn sie in Gewinnerzielungsabsicht gezogen werden. Die maßgebliche Größe zur Bestimmung des unterhaltsrechtlich relevanten Einkommens ist der Gewinn.

Bei Freiberuflern und Gewerbetreibenden, die keine Bilanzierungspflicht trifft, wird der Gewinn durch **Einnahmen-/Überschussrechnung**, bei Vollkaufleuten u.a. durch **Betriebsvermögensvergleich** ermittelt.

Als Ersatz einer Einkommensermittlung kann die **Schätzung des Gewinns** nach § 13a EStG, § 162 AO genauso wenig herangezogen werden wie eine Cashflow-Rechnung.[58] Zulässig ist ausnahmsweise allerdings eine Schätzung nach § 287 ZPO, § 37 Abs. 1 FamFG.[59] Auf Entnahmen kann abgestellt werden, wenn konkrete Hinweise auf Manipulationen der steuerlichen Gewinnermittlung bestehen. Grds. sind bei Einkünften aus selbstständiger Tätigkeit die letzten drei Jahre[60] maßgeblich, u.U. kann auch ein längerer Zeitraum zugrunde gelegt werden.[61] Ein mehrjähriger Schnitt beschreibt hingegen die Einkommensverhältnisse dann nicht zutreffend, wenn es sich um die Anfangsphase eines neu gegründeten Betriebs handelt oder anhaltend sinkende Umsätze zu verzeichnen sind. In derartigen Konstellationen kann es angebracht sein, nur auf das letzte abgeschlossene Geschäftsjahr[62] abzustellen oder die Einkünfte aus dem Mehrjahreszeitraum zu gewichten.

Bei Beteiligung als ***Gesellschafter*** **an einer Personengesellschaft oder als Gesellschafter an einer Kapitalgesellschaft** ist zu prüfen, ob es sich um einen Minderheits- oder Mehrheitsgesellschafter handelt.

Bei Mehrheitsgesellschaftern von Personen- und Kapitalgesellschaften, d.h. bei einer Beteiligungsquote von 50 % oder mehr gilt, dass diese unterhaltsrechtlich nicht besser, aber auch nicht schlechter, behandelt werden dürfen als Selbstständige, die Einkünfte als Einzelunternehmer oder Freiberufler erzielen.

Unterhaltsrechtlich kann sich die Leistungsfähigkeit dieser Mehrheitsgesellschafter nicht nur nach den tatsächlichen Entnahmen bzw. den tatsächlich vorgenommenen Gewinnausschüttungen bemessen. Bei Mehrheitsgesellschaftern ist vom Grundsatz der Vollausschüttung auszugehen.[63]

Bei der Beurteilung der Leistungsfähigkeit eines **geschäftsführenden Gesellschafters einer GmbH** ist grds. auf dessen im tatsächlichen Unterhaltszeitraum erzieltes Jahreseinkommen entsprechend seiner Geschäftsführervergütung abzustellen.

57 BGH FamRZ 1982, 680.
58 *Durchlaub*, FamRZ 1987, 1223.
59 BGH FamRZ 1993, 789.
60 BGH FamRZ 2004, 1355.
61 BGH NJW 1984, 1614.
62 BGH NJW 1984, 1614.
63 OLG Hamm FamRZ 2009, 981; *Fischer-Winkelmann/Maier*, FamRZ 1996, 1391.

Zur Ermittlung seines unterhaltsrelevanten Einkommens ist auf den Drei-Jahres-Durchschnittswert aus dem Unterhaltszeitraum vorangegangenen Jahren nur dann abzustellen, wenn der Unterhaltsschuldner als sogenannter „verkappter Selbstständiger" zu behandeln ist, d.h., wenn er sein Geschäftsführergehalt entsprechend den jeweiligen Gewinnen und Verlusten unmittelbar an diese anpasst und somit wie ein selbstständiger Kaufmann oder Freiberufler den jeweiligen Jahresgewinn des Betriebs bzw. der Kanzlei oder Praxis als Einkommen zur Bedarfsdeckung verwendet.[64] Die für die Auskunftserteilung von Selbstständigen entwickelten Grundsätze sind nach dem OLG Dresden[65] unter folgenden Voraussetzungen auch auf **Gesellschafter einer Kapitalgesellschaft** anzuwenden.

107 Alle Einkunftsarten des Steuerrechts und damit für unterhaltsrechtlichen Zwecke heranzuziehen sind:

- Einkünfte aus Land- und Forstwirtschaft gem. § 13 EStG
- Einkünfte aus Gewerbebetrieb gem. § 15 EStG
- Einkünfte aus selbstständiger Arbeit gem. § 18 EStG
- Einkünfte aus nichtselbstständiger Arbeit gem. § 19 EStG
- Einkünfte aus Kapitalvermögen gem. § 20 EStG
- Einkünfte aus Vermietung und Verpachtung gem. § 21 EStG
- sonstige Einkünfte i.S.d. § 22 EStG
- = Summe der Einkünfte gem. § 2 Abs. 2 EStG.

Steuerliche Relevanz besitzen Einkünfte der in § 2 EStG beschriebenen Art nur, wenn sie in Gewinnerzielungsabsicht gezogen werden.

108 *Arbeitshilfe*

		2020	2021	2022
Einkünfte aus				
1.	**selbstständiger Arbeit**			
	+ Gewinn			
	+ AfA			
	+ sonstige Korrekturen			
2.	**Vermietung u. Verpachtung**			
	+ Überschuss			
	+ AfA			
	+ Modernisierungsaufwendungen			
3.	**Kapitalvermögen**			
	+ Überschuss			
	+ Zurechnung z.B. bei Beherrschung			
4.	**Land- und Forstwirtschaft**			
	+ Gewinn			
	+ AfA			
	+ geldwerte Vorteile z.B. Deputate			

64 OLG Köln v. 11.4.2006 – 4 UF 218/05, NJW-RR 2007, 941.
65 OLG Dresden v. 29.8.2019 – 20 WF 728/19, FamRZ 2020, 249.

		2020	2021	2022
Einkünfte aus				
5.	**Gewerbebetrieb**			
	+ Gewinn			
	+ AfA			
	+ sonstige Korrekturen			
6.	**sonstigen Einkünften**			
	+ Überschuss			
	+ steuerfreie Einnahmen			
7.	**nichtselbstständiger Arbeit**			
	+ Entgeltersatzleistungen			
	+ Überschuss			
	+ steuerfreien Einnahmen			
Unterhaltseinkünfte				
Bereinigung des Einkommens				
	– Steuervorauszahlungen			
	– Steuerzahlungen			
	– fiktive Steuerbelastung			
	+ Steuererstattungen			
	+ fiktive Steuerentlastung			
	– Beiträge zur KV und PV			
	– Altersvorsorge			
Unterhaltseinkommen				

I. Einführung

1. Rechtsgrundlagen

Für die Einkommensteuer sind Rechtsgrundlagen das Einkommensteuergesetz (EStG) und die Einkommensteuer-Durchführungsverordnung (EStDV). 109

Im Gegensatz zu der Besteuerung von Körperschaften ist Gegenstand der Einkommensbesteuerung das Einkommen **natürlicher Personen**.

Die Einkommensteuer ist somit eine Personensteuer und entsteht,

- wenn eine natürliche Person einkommensteuerpflichtig ist

und

- ein zu versteuerndes Einkommen erzielt hat.

Nachdem zunächst das zu versteuernde Einkommen ermittelt wird, ergibt sich durch Anwendung der Grundtabelle oder der Splittingtabelle die tarifliche Einkommensteuer. Das zu versteuernde Einkommen bildet somit die Bemessungsgrundlage für die tarifliche Einkommensteuer.

2. Überblick über die Ermittlung des zu versteuernden Einkommens

110 Nach § 2 Abs. 1 bis 5 EStG wird das **zu versteuernde Einkommen** schrittweise wie folgt ermittelt:

	Einkünfte aus Land- und Forstwirtschaft gemäß § 13 EStG
+	Einkünfte aus Gewerbebetrieb gemäß § 15 EStG
+	Einkünfte aus selbstständiger Arbeit gemäß § 18 EStG
+	Einkünfte aus nichtselbstständiger Arbeit gemäß § 19 EStG
+	Einkünfte aus Kapitalvermögen gemäß § 20 EStG
+	Einkünfte aus Vermietung und Verpachtung gemäß § 21 EStG
+	sonstige Einkünfte gemäß § 22 EStG
=	*Summe der Einkünfte gemäß § 2 Abs. 2 EStG*
–	Entlastungsbetrag für Alleinerziehende nach § 24b EStG
–	Freibetrag für Land- und Forstwirte nach § 13 Abs. 3 EStG
=	*Gesamtbetrag der Einkünfte nach § 2 Abs. 3 EStG*
–	Verlustabzug nach § 10d EStG
–	Sonderausgaben nach §§ 10, 10a, 10b, 10c EStG
–	außergewöhnliche Belastungen nach §§ 33–33b EStG
–	sonstige Abzugsbeträge wie z.B. nach § 7 FördG
=	*Einkommen nach § 2 Abs. 4 EStG*
–	Freibeträge für Kinder nach §§ 31, 32 Abs. 6 EStG
–	Härteausgleich nach § 46 Abs. 3 EStG, § 70 EStDV
=	*zu versteuerndes Einkommen nach § 2 Abs. 5 EStG*

3. Erhebungsformen

111 Die Einkommensteuer wird durch Veranlagung als sog. **Veranlagungssteuer** festgesetzt bei:

- Einkünften aus nichtselbstständiger Arbeit,
- Einkünfte aus Gewerbebetrieb und selbstständiger Arbeit,
- Einkünften aus Kapitalvermögen bei Ausübung der Veranlagungsoption,
- Einkünften aus Vermietung und Verpachtung,
- sonstige Einkünfte.

Teilweise wird die Einkommensteuer durch Steuerabzug an der Quelle erhoben, wie z.B. bei der

- Lohnsteuer,
- Kapitalertragsteuer/Abgeltungsteuer,
- Zinsabschlagsteuer,
- Abzug bei Bauleistungen (§§ 48 ff. EStG).

Diese **Abzugsteuern** bezeichnet man auch als **Quellensteuern**, weil sie an der „Quelle" erhoben werden und der Zahlungspflichtige Haftungsschuldner ist. Sie stellen eine **besondere Erhebungsform** der Einkommensteuer dar.

II. Persönliche Steuerpflicht

1. Unbeschränkte Steuerpflicht

Das Einkommensteuerrecht unterscheidet zwischen 112

- der unbeschränkten

und

- der beschränkten Steuerpflicht.

Nach § 1 Abs. 1 EStG ist eine natürliche, also noch lebende Person, unbeschränkt einkommensteuerpflichtig, wenn sie

- im Inland einen Wohnsitz

oder

- ihren gewöhnlichen Aufenthalt hat.

Unbeschränkt einkommensteuerpflichtig sind nach § 1 Abs. 2 EStG auch deutsche Staatsangehörige,

- die im Inland weder einen Wohnsitz noch ihren gewöhnlichen Aufenthalt haben,
- jedoch zu einer inländischen juristischen Person des öffentlichen Rechts in einem Dienstverhältnis stehen

und

- dafür Arbeitslohn aus einer inländischen öffentlichen Kasse beziehen

und

- in dem Staat, in dem sie ihren Wohnsitz oder ihren gewöhnlichen Aufenthalt haben, lediglich in einem der beschränkten Einkommensteuerpflicht stehenden Umfang zur Besteuerung herangezogen werden.

Natürliche Personen werden auch dann als unbeschränkt einkommensteuerpflichtig behandelt, wenn sie

- weder einen Wohnsitz noch einen gewöhnlichen Aufenthalt im Inland haben,
- jedoch inländische Einkünfte i.S.v. § 49 EStG beziehen.

Man nennt dies auch eine **fiktive unbeschränkte Einkommensteuerpflicht**, die neben einem **Antrag** 113
bestimmte Voraussetzungen zu erfüllen hat:

- So müssen die Einkünfte im Kalenderjahr zumindest **90 %** der deutschen Einkommensteuer unterliegen

oder

- die nicht der deutschen Einkommensteuer unterliegenden Einkünfte überschreiten nicht den gekürzten Grundfreibetrag

und

- die Höhe der nicht der deutschen Einkommensteuer unterliegenden Einkünfte wird durch eine Bescheinigung der ausländischen Steuerbehörde nachgewiesen.

> *Hinweis* 114
>
> Die unbeschränkte Steuerpflicht hat den Vorteil, dass z.B. die Anwendung des Splittingverfahrens nach § 32a Abs. 5 EStG und ein Sonderausgabenabzug für Unterhaltsleistungen in Betracht kommen.

Für Staatsangehörige von **EU-Staaten** (einschließlich Deutschen) **oder auch EWR-Staatsangehörige** 115
(Europäischer Wirtschaftsraum) gilt § 1a EStG wie folgt:

Sind diese nach § 1 Abs. 1 EStG unbeschränkt einkommensteuerpflichtig und sind die Voraussetzungen des § 1 Abs. 3 EStG erfüllt oder sind diese Staatsangehörigen nach § 1 Abs. 3 EStG als unbeschränkt einkommensteuerpflichtig zu behandeln, können sie **bestimmte Vergünstigungen** in Anspruch nehmen, wie z.B.

- das Realsplitting nach § 10 Abs. 1 Nr. 1 EStG,
- das Ehegattensplitting nach § 32a Abs. 5 EStG und den
- Entlastungsbetrag für Alleinerziehende nach § 24b EStG.

Nach dem Jahressteuergesetz 2008 vom 20.12.2007,[66] ist durch eine Änderung des § 1a EStG das Erfordernis aufgegeben worden, dass nahezu sämtliche Einkünfte der deutschen Einkommensteuer unterliegen müssen, damit der Abzug von Unterhaltsleistungen an einen im EU/EWR- Ausland lebenden geschiedenen oder dauernd getrennt lebenden Ehepartner in Anspruch genommen werden kann. Dies führt zu einer Gleichstellung von Unterhaltsleistungen an einen unbeschränkt Einkommensteuerpflichtigen.

2. Beschränkte Steuerpflicht

116 Erzielen natürliche Personen, die weder ihren Wohnsitz noch ihren gewöhnlichen Aufenthalt in Deutschland haben, inländische Einkünfte i.S.d. § 49 EStG, so unterliegen **nur die inländischen Einkünfte** der Einkommensteuer. Es besteht insoweit die sog. beschränkte Einkommensteuerpflicht.
Bei den Einkünften i.S.v. § 49 EStG handelt es sich z.B. um

- Einkünfte aus einer im Inland betriebenen Land- und Forstwirtschaft oder
- Einkünfte aus Gewerbebetrieb, für den im Inland eine Betriebsstätte unterhalten wird oder ein ständiger Vertreter bestellt ist.

117
- Für die Ermittlung der Einkünfte gelten grundsätzlich die gleichen Bestimmungen wie bei der unbeschränkten Steuerpflicht. § 49 EStG zählt die Einkünfte auf, die, soweit sie nicht durch Doppelbesteuerungsabkommen von der deutschen Besteuerung freigestellt sind, der beschränkten Steuerpflicht unterfallen. Betriebsausgaben und Werbungskosten dürfen nur insoweit abgezogen werden, als sie mit inländischen Einkünften im Zusammenhang stehen.
- Es werden nur folgende Sonderausgaben berücksichtigt:
- Spenden
- Verlustabzug.
- Bei der Steuerberechnung werden nicht berücksichtigt:
- Werbungskostenpauschbeträge
- Sparerfreibetrag
- Altersentlastungsbetrag
- Sonderausgabenpauschbetrag
- Freibeträge für Kinder
- außergewöhnliche Belastungen

118
- Der Steuerabzug vom Arbeitslohn und den Kapitalerträgen hat nach § 50a EStG grundsätzlich Abgeltungswirkung. Es wird der Tarif für unbeschränkt steuerpflichtige angewandt, allerdings ohne den Grundfreibetrag.
- Der beschränkt Steuerpflichtige kann die Veranlagung zur Einkommensteuer beantragen (§ 50 Abs. 2 Satz 1, 2 Nr. 4 EStG).

Bei der Antragsveranlagung werden Werbungskosten sowie Vorsorgeaufwendungen zur gesetzlichen Rentenversicherung, Basiskrankenversicherung und gesetzlichen Pflegeversicherung als Sonderausgaben berücksichtigt (§ 50 Abs. 1 Satz 4 EStG), auf ausländische Einkünfte wird der Progressionsvorbehalt angewendet (§ 32b Abs. 1 Satz 1 Nr. 5 EStG).

66 BGBl I 2007, 3150 ff.

Hinweis 119

Besteht während des Kalenderjahres sowohl eine unbeschränkte als auch eine beschränkte Einkommensteuerpflicht, sind die während der beschränkten Einkommensteuerpflicht erzielten inländischen Einkünfte in eine Veranlagung zur unbeschränkten Einkommensteuerpflicht einzubeziehen.

3. Wegzugbesteuerung/Erweiterte Steuerpflicht im Falle des Wegzuges

Bei einem Wohnsitzwechsel regelt § 6 AStG die sog. erweiterte Steuerpflicht im Falle des Wegzugs. Die meisten Doppelbesteuerungsabkommen weisen das Besteuerungsrecht für Veräußerungsgewinne dem Wohnsitzstaat zu. Damit besteht ohne besondere Regelungen die Gefahr, dass ein Steuerpflichtiger vor Realisierung seiner stillen Reserven seinen Wohnsitz in ein anderes Land verlagert (europarechtlich höchst bedenklich, die vergleichbare französische Regelung[67] ist europarechtswidrig). 120

Aus diesem Grunde wurde § 6 AStG durch das „Gesetz über steuerliche Begleitmaßnahmen zur Einführung der Europäischen Gesellschaft und zur Änderung weiterer steuerrechtlicher Vorschriften (SEStEG)" geändert und bei Wegzug innerhalb der EU bzw. des EWR eine zinslose Stundung der anfallenden Steuer (bis zur tatsächlichen Veräußerung der Beteiligung oder einer Wohnsitzverlegung in ein Land außerhalb der EU bzw. des EWR) eingeführt.

Das Außensteuergesetz verfolgt das Ziel, der sog. Steuerflucht durch Wegzug in Steueroasen oder Niedrigsteuergebiete entgegenzuwirken. Daher unterliegen gem. § 2 AStG auch Einkünfte eines beschränkt Steuerpflichtigen über den Rahmen des § 49 EStG hinaus der Steuerpflicht, 121

wenn

- ein deutscher Staatsangehöriger
- in den letzten zehn Jahren mindestens fünf Jahre unbeschränkt steuerpflichtig war,
- in einem Niedrigsteuergebiet ansässig ist und
- im Inland wesentliche wirtschaftliche Interessen hat.

Der erweiterten beschränkten Steuerpflicht unterliegen damit alle Einkünfte, die nicht als inländische Einkünfte. i.S.d. § 49 EStG anzusehen sind, die aber bei unbeschränkter Steuerpflicht keine ausländischen Einkünfte i.S.d. § 34d EStG wären.

Dazu gehören insbesondere

- Einkünfte aus Gewerbebetrieb, die weder einer inländischen noch einer ausländischen Betriebsstätte zuzurechnen sind,
- Einkünfte aus Vermietung und Verpachtung von beweglichem Vermögen im Inland, sofern dies nicht zu einem im Ausland belegenen Sachinbegriff gehört und
- Einkünfte aus Kapitalvermögen, wenn der Schuldner unbeschränkt steuerpflichtig ist.

Hinweis 122

Eine erweiterte beschränkte Steuerpflicht liegt dann nicht vor, wenn die Einkünfte aus der erweiterten und einfachen beschränkten Steuerpflicht 16.500 EUR im Veranlagungszeitraum für jeden Ehegatten nicht überschreiten (Bagatellgrenze).

67 EuGH v. 11.3.2004 – C 9/02 (Lasteyne du Saillant).

III. Unterhaltseinkünfte

1. Gewinn- und Überschusseinkünfte/Liebhaberei

123 Das Familienrecht unterscheidet das unterhalts- und das steuerrechtliche Einkommen.[68]

Definitionen:

Das **Unterhaltseinkommen** einerseits definiert sich aus der Summe der Unterhaltseinkünfte abzüglich von Vorsorgeaufwendungen und Einkommensteuer.

Die **Unterhaltseinkünfte** ermitteln sich aus der Summe des auf steuerlichen Einkünften basierenden unterhaltsrechtlichen modifizierten Einkommens.

Darüber hinaus umfasst das **unterhaltsrechtlich relevante Einkommen** auch die weiteren dem Unterhaltsschuldner zufließenden Einkünfte und geldwerten Vermögensvorteile wie Wohnvorteil und etwaiges fiktives Einkommen.[69]

Nach § 2 Abs. 2 EStG unterscheidet das Steuerrecht zwischen **Gewinneinkünften** und **Überschusseinkünften**. Letztere ermitteln sich aus dem Überschuss der Einnahmen über die Werbungskosten.

124 **Gewinneinkünfte** sind:

- Einkünfte aus Land- und Forstwirtschaft nach § 13 EStG
- Einkünfte aus Gewerbebetrieb nach § 15 EStG
- Einkünfte aus selbstständiger Arbeit nach § 18 EStG

125 **Überschusseinkünfte** sind:

- Einkünfte aus nichtselbstständiger Arbeit nach § 19 EStG
- Einkünfte aus Kapitalvermögen nach § 20 EStG
- Einkünfte aus Vermietung und Verpachtung nach § 21 EStG
- Sonstige Einkünfte i.S.d. § 22 EStG

Man spricht von **Verlust** oder **negativen Einkünften**, wenn sich ein negativer Betrag ergibt.

126 ■ **Liebhaberei**

Beabsichtigen Steuerpflichtige langfristig keinen Gewinn bzw. keinen Überschuss zu erzielen, spricht man von **Liebhaberei (Hobby)**.

Das Institut der Liebhaberei (vgl. Rdn 675 zu V&V) wird im Steuerrecht zur Überprüfung der Frage herangeführt, ob negative Einkünfte mit positiven Einkünften verrechnet oder ausgeglichen werden können. Diese Fragestellung ist natürlich auch im Unterhaltsrecht von Relevanz, weil steuerlich nicht abzugsfähige Verluste auch unterhaltsrechtlich keine Rolle spielen können.

Der unterhaltsrechtliche Sachbearbeiter muss sich bei negativen Einkünften deshalb stets die Frage stellen, ob eine steuerrechtliche Liebhaberei vorliegt.

Definition: Im Steuerrecht spricht man von Liebhaberei, wenn es an einer Gewinnerzielungsabsicht fehlt, weil die entsprechenden Tätigkeiten häufig auch aus persönlicher Neigung (Hobby) ausgeübt werden (subjektives Tatbestandsmerkmal). Neben dieser Ausübung der Tätigkeit aus persönlicher Neigung muss auch ein objektiver Umstand der mehrjährigen Verlusterzielung vorliegen. Das Tatbestandsmerkmal der **Gewinnerzielungsabsicht** ist in § 15 Abs. 2 EStG normiert und ist in anderen Einkunftsarten ungeschriebenes Tatbestandsmerkmal.

Typische Beispiele sind Verluste im Zusammenhang mit der Unterhaltung von Flugzeugen, Yachten, Ferienhäusern und der Jagd.

68 Ständige Rspr. BGH: BGHZ 87, 36, 39; BGH, FamRZ 2003, 741 ff.

69 *Perleberg-Kölbel/Kuckenburg*, Unterhaltseinkommen, 2. Aufl. 2022, A Rn 1 ff.; HdB FamR/*Kuckenburg/Perleberg-Kölbel*, 13. Kap Rn 31.

Rechtsfolge ist das Verbot der Verrechnung mit positiven Einkünften.

Beispiel

Ein Steuerberater hat seine Beratungskanzlei an seine Söhne übertragen und sich nur Mandate „vorbehalten“, die erfahrungsgemäß nicht zu Gewinnen führen.

Lösung

Erzielt ein Steuerberater über einen längeren Zeitraum Verluste und kann nach der Art der Betriebsführung nicht davon ausgegangen werden, dass die Kanzlei aus der Verlustzone herauskommt und nachträglich Gewinne erzielt, ist die Tätigkeit als Liebhaberei zu bewerten, mit der Folge, dass die Verluste steuerlich nicht anerkannt werden.[70]

Beispiel

Ein Rechtsanwalt hat über 20 Jahre Verluste von über einer Million DM erzielt.

Lösung

„Ein Rechtsanwalt betreibt auch dann seine Kanzlei in Gewinnerzielungsabsicht, wenn er seit 20 Jahren nur Verluste in Höhe von insgesamt einer Million DM erzielt. Denn ein Unternehmen dieser Art ist regelmäßig nicht dazu bestimmt und geeignet, der Befriedigung persönlicher Neigungen oder der Erlangung wirtschaftlicher Vorteile außerhalb der Einkommenssphäre zu dienen“.[71]

Nach BFH ist die anwaltliche Tätigkeit also kein „Vergnügen“!

Diese Entscheidung ist im Hinblick auf das objektive Tatbestandsmerkmal der Liebhaberei eindeutig falsch und deshalb „leider“ vom BFH[72] später aufgegeben worden.

Hinweis 127

Was steuerrechtlich als Liebhaberei einzuschätzen ist, kann mit positiven Einkünften unterhaltsrechtlich selbstverständlich nicht verrechnet werden. Ob eine Liebhaberei vorliegt, ist einem ggf. vorliegenden **Betriebsprüfungsbericht** (Auskunfts- und Beleganspruch[73]) zu entnehmen. Unabhängig davon und darüber hinaus hat bei der Ermittlung des Unterhaltseinkommens eine autonome Überprüfung durch den Familienrechtler zu erfolgen. Problematisch ist der Umfang des Prognosezeitraums (z.B. bei der Einkommensart Vermietung und Verpachtung mit 30 Jahren). Bei der Einkunftsart Vermietung und Verpachtung ist es zudem zulässig, den Mietzins für Verwandte auf 60 % der ortsüblichen Miete zu senken, was naturgemäß leicht zu Verlusten führen kann. Bei negativer Prognose kann Teilentgeltlichkeit vorliegen.[74] Bei der Einkunftsart Landwirtschaft und Forsten kann beispielsweise bei einer Aufforstung mit Eichen erst mit der Abholzung und Nutzbarmachung nach ca. 100 Jahren mit positiven Einkünften gerechnet werden.

Die Qualifizierung als Liebhabereibetrieb hat auch Auswirkung auf die Versteuerung des Aufgabegewinns/Veräußerungsgewinns (latente Steuer im Zugewinnausgleich![75]).[76] 128

Zunächst führt der Übergang zur Liebhaberei nicht zu einer Betriebsaufgabe.

70 Vgl. FG Schleswig-Holstein EFG 2000, 119, bestätigt durch BFH NJW 2001, 3359.

71 So wörtlich BFH NJW 1998, 2471 = Anwaltsblatt 1999, 129.

72 BFH v. 14.12.2005, BStBl 2005 II, 392 ff.; so auch FG Münster in 3 Entscheidungen v. 14.12.2011 – 7 K 3913/09 E, – 7 K 1731/10 E und – 7 K 2134/11 E; FG Münster v. 22.8.2012 – 7 K 2000/11 E, BeckRS 2012, 96317.

73 *Perleberg-Kölbel/Kuckenburg*, A Rn 689.

74 BFH DStR 2003, 73 ff.; *Stein*, DStR 2002, 1419 ff.

75 BGH FamRZ 2011, 622 und 1367.

76 FG Düsseldorf, Urt. v. 16.10.2014 – 11 K 1509/14 E, EFG 2015, 1431.

Ab dem Zeitpunkt des Übergangs ist das bisherige Betriebsvermögen jedoch zwingend als Privatvermögen anzusehen.

Die Realisierung der stillen Reserven erfolgt im Jahr der tatsächlichen Betriebsveräußerung bzw. Betriebsaufgabe.

Maßgeblich sind jedoch ausschließlich die auf den Zeitpunkt des Übergangs zur Liebhaberei vorhandenen stillen Reserven.

Diese sind gemäß § 8 der Verordnung zu § 180 Abs. 2 AO gesondert (und gegebenenfalls einheitlich) festzustellen.

Die Höhe des Veräußerungserlöses bzw. Entnahmewerts ist im Jahr der tatsächlichen Betriebsveräußerung bzw. Betriebsausgaben steuerlich unbeachtlich.

2. Einnahmen

129 Der Einkommensteuer unterliegen nur die Einnahmen aus den sieben in § 2 EStG aufgeführten Einkunftsarten.

Steuerbar sind folglich nur die **Betriebseinnahmen** und die **Einnahmen im Sinne von § 8 EStG**, soweit sie also den Gewinneinkünften bzw. Überschusseinkünften zugeordnet werden können. Interessant ist, dass der Begriff der Betriebseinnahmen im EStG nicht definiert ist.

Aus wirtschafts- und sozialpolitischen Gründen sind bestimmte **steuerbare** Einnahmen nach § 3 EStG **steuerfrei**.

130 Diese sind z.B.:

- Leistungen aus Krankenversicherung, Pflegeversicherung und gesetzlicher Unfallversicherung, wie z.B. auch Renten aus Berufsgenossenschaften (§ 3 Nr. 1a EStG)
- Mutterschaftsgeld nach dem Mutterschutzgesetz (§ 3 Nr. 1d EStG)
- Arbeitslosengeld, Kurzarbeitergeld, Teilarbeitslosengeld, Winterausfallgeld und Arbeitslosenhilfe (§ 3 Nr. 2 EStG)
- Zuschüsse eines Trägers der gesetzlichen Rentenversicherung zu Aufwendungen eines Rentners für seine Krankenversicherung (§ 3 Nr. 14 EStG)
- Reisekostenvergütungen und dienstlich veranlasste Umzugskostenvergütungen an Angestellte im privaten Dienst und Bedienstete des öffentlichen Dienstes, wenn bestimmte Pauschbeträge nicht überschritten werden (§ 3 Nr. 16 EStG)
- Aufwandsentschädigungen für nebenberufliche Tätigkeiten als Übungsleiter, Ausbilder, Erzieher oder eine vergleichbare nebenberufliche Tätigkeit zur Förderung gemeinnütziger, mildtätiger und kirchlicher Zwecke, soweit sie **3.000 EUR als Freibetrag im Jahr nicht überschreiten (§ 3 Nr. 26 EStG).**

> *Hinweis*
> Eine steuerfreie Aufwandsentschädigung gibt es auch für Personen, die nebenberuflich die Pflege alter, kranker und behinderter Menschen übernommen haben.

- Werkzeuggeld, d.h. Entschädigungen für die betriebliche Nutzung von Werkzeugen eines Arbeitnehmers (§ 3 Nr. 30 EStG)
- unentgeltliche oder verbilligte Sammelbeförderung eines Arbeitnehmers zwischen seiner Wohnung und Arbeitsstätte mit einem vom Arbeitgeber gestellten Beförderungsmittel (§ 3 Nr. 32 EStG)
- Vorteile eines Arbeitnehmers aus der privaten Nutzung von betrieblichen Personal Computern und Telekommunikationsgeräten (§ 3 Nr. 45 EStG)
- Trinkgelder, die anlässlich einer Arbeitsleistung dem Arbeitnehmer von Dritten freiwillig und ohne dass ein Rechtsanspruch auf sie besteht, zu dem Betrag gegeben werden, der für diese Arbeitsleistung zu zahlen ist (§ 3 Nr. 51 EStG)

- Wohngeld nach dem Wohngeldgesetz (§ 3 Nr. 58 EStG)
- Ausgaben des Arbeitgebers für die Zukunftssicherung des Arbeitnehmers z.B. der Arbeitgeberanteil zur Sozialversicherung des Arbeitnehmers (§ 3 Nr. 62 EStG)
- Erziehungsgeld nach dem Bundeserziehungsgeldgesetz sowie Elterngeld nach dem Bundeselterngeldgesetz (§ 3 Nr. 67 EStG).[77]

3. Aufwand

a) Generelles

Die Einkünfte werden dadurch ermittelt, dass von den Betriebseinnahmen und Einnahmen i.S.d. § 8 EStG bestimmte, mit diesen Einnahmen im wirtschaftlichen Zusammenhang stehende Ausgaben, abgezogen werden. **131**

Man spricht von **Betriebsausgaben**, wenn diese Ausgaben mit den Gewinneinkünften im Zusammenhang stehen, anderenfalls bei den Überschusseinkünften von **Werbungskosten**.

Hinweis **132**

Bei der Ermittlung der Einkünfte dürfen Aufwendungen für die allgemeine Lebensführung entsprechend § 12 EStG bei der Ermittlung der Einkünfte nicht abgezogen werden.

b) Betriebsausgaben

Aufwendungen, die durch den Betrieb veranlasst sind, nennt man Betriebsausgaben (§ 4 Abs. 4 EStG). **133**

Nicht alle Betriebsausgaben dürfen bei der Ermittlung der Einkünfte Berücksichtigung finden.

So sind z.B. folgende Betriebsausgaben **nicht abziehbar**:

- Aufwendungen für Geschenke an Personen, die nicht Arbeitnehmer der Steuerpflichtigen sind
- Hierunter fallen auch Geschenke an Geschäftsfreunde, es sei denn, die
  - Anschaffungs- oder Herstellungskosten in einem Wirtschaftsjahr betragen weniger als 35,01 EUR (§ 4 Abs. 5 Nr. 1 EStG) sowie
  - Aufwendungen für die Bewirtung von Personen (§ 4 Abs. 5 Nr. 2 EStG) aus geschäftlichem Anlass, soweit sie 70 % der Aufwendungen übersteigen, die nach der allgemeinen Verkehrsauffassung als angemessen anzusehen sind.
  - Zudem muss die Höhe und die betriebliche Veranlassung nachgewiesen werden. Hierzu müssen schriftliche Angaben gemacht werden, und zwar
    - zum Tag,
    - zum Ort,
    - zum Teilnehmer,
    - zum Anlass der Bewirtung sowie
    - zur Höhe der Aufwendung.
    - Erfolgt die Bewirtung in einer Gaststätte, genügt es, wenn Angaben zum Anlass und zu den Teilnehmern der Bewirtung erfolgen.
    - Hierbei ist der Kassenausdruck über die Bewirtung beizufügen.

Hinweis **134**

Werden diese formalen Voraussetzungen nicht erfüllt, sind die Aufwendungen steuerrechtlich und damit auch unterhaltsrechtlich nicht abzugsfähig.

77 Zum Progressionsvorbehalt siehe BMF Mitteilung v. 30.4.2008.

135 **Betriebsausgaben, die den Gewinn nicht mindern dürfen:**

- Aufwendungen für Gästehäuser, wenn sie sich außerhalb des Ortes eines Betriebes befinden
- Aufwendungen für Jagd oder Fischerei, für Segel- oder Motoryachten sowie für ähnliche Zwecke und die damit zusammenhängenden Bewirtungen
- Verpflegungsmehraufwendungen, wenn bestimmte Pauschbeträge überschritten werden nach § 4 Abs. 5 S. 5 EstG
- Mit dem Gesetz zur weiteren steuerlichen Förderung der Elektromobilität und Änderung weiterer steuerlicher Vorschriften[78] erfolgt neben der Einführung eines Pauschbetrags für Berufskraftfahrer (8 EUR pro Kalendertag) auch die Anhebung der Pauschalen für **Verpflegungsmehraufwendungen** von 24 EUR auf 28 EUR für jeden ganzen Tag, sowie für An- und Abreisetag mit jeweils 14 EUR.
- Aufwendungen für die Wege des Steuerpflichtigen zwischen Wohnung und Betriebsstätte und für Familienheimfahrten, wenn bestimmte Pauschbeträge überschritten werden
- Aufwendungen für ein häusliches Arbeitszimmer sowie die Kosten der Ausstattung, soweit das Arbeitszimmer nicht den Mittelpunkt der gesamten betrieblichen Betätigung darstellt
- Anstelle der Absetzbarkeit eines Arbeitszimmers ist in § 4 Abs. 5 S. 1 Nr. 6b EStG eine pauschale von 5 EUR pro Arbeitstag im **Homeoffice** (maximal 600 EUR pro Jahr) in den VAZ 2020 bis 2022 vorgesehen. Ab 2023 ist der Ansatz einer Jahrespauschale in Höhe von 1.250 EUR möglich (siehe Rdn 104).
- andere Aufwendungen, wenn sie die Lebensführung des Steuerpflichtigen oder anderer Personen berühren, wenn sie nach allgemeiner Verkehrsauffassung unangemessen sind
- vom Gericht oder einer Behörde festgesetzte Geldbußen, Ordnungsgelder und Verwarnungsgelder
- Zinsen auf hinterzogene Steuern (§ 235 AO)
- Ausgleichszahlungen nach §§ 14, 17 und 18 KStG
- Schmier- und Bestechungsgelder sowohl im In- als auch im Ausland
- Zuschläge nach § 162 Abs. 4 AO (bei nicht vorgelegten oder nicht verwertbaren Aufzeichnungen des Steuerpflichtigen)

136 *Hinweis*

Ab VZ 2009 sind die **Gewerbesteuern**[79] (Rdn 620 ff.) und die darauf entfallenen Nebenleistungen keine Betriebsausgaben mehr und damit nicht mehr in der steuerrechtlichen G&V, sondern nur noch in den Gewerbesteuererklärungen und -bescheiden sowie bei der Anrechnung auf die Einkommensteuer bei EU und Personengesellschaften erkennbar (§ 4 Abs. 5b EStG, § 35 EStG). Seit dem VZ 2009 erfolgt diese Anrechnung in Höhe des 3,8-fachen des Gewerbesteuermessbetrages des Unternehmens, also des mit der Gewerbesteuermesszahl multiplizierten Gewerbeertrags. Die Anrechnung ist maximal auf die tatsächlich bezahlte Gewerbesteuer begrenzt. Davon profitieren auch Mitunternehmer, d.h. natürliche Personen als Gesellschafter einer Personengesellschaft.

Unterhaltsrechtlich ist die Gewerbesteuer unter Berücksichtigung ihrer Anrechnung auf die Einkommensteuer ein abzugsfähiger Posten.

Beispiel

zu versteuerndes Einkommen vor Gewerbesteuer	124.500 EUR
Gewerbesteuerhebesatz: 440 %	
Gewerbesteuerfreibetrag für Personengesellschaften	24.500 EUR
Gewerbeertrag nach Freibetrag	100.000 EUR
Gewerbesteuermessbetrag	3.500 EUR
Gewerbesteuer	**15.400 EUR**

78 BGBl I 2019 S. 2451.

79 *Perleberg-Kölbel*, Gewerbesteuer und ihre Anwendung im Familienrecht, FuR 2015, 649.

zu versteuerndes Einkommen vor Gewerbesteuer	124.500 EUR
Einkommensteuer gemäß § 32a EStG im VZ 2012	44.118 EUR
Anrechnungsfaktor: 3,8	
Anrechnung (Faktor X Gewerbesteuermessbetrag)	**13.300 EUR**
ESt nach Anrechnung	30.818 EUR
SolZ	1.695 EUR
absolute Steuerbelastung	47.913 EUR
Steuerquote	**38,5 %**

Die Nettomehrbelastung aus der Gewerbesteuer beim Hebesatz von 440 % errechnet sich aus der Differenz zwischen der Gewerbesteuer (15.400 EUR) und der Anrechnung (13.300 EUR zzgl. 13.300 EUR × 5,5 % = 731,50 EUR SolZ) mit 1.368,50 EUR.

Beispiel wurde *Grashoff/Kleinmanns*[80] entnommen.

In gleicher Weise erfolgt die unterhaltsrechtliche Anrechnung und Berücksichtigung der Gewerbesteuer.[81]

c) Werbungskosten

Aufwendungen zur Erwerbung, Sicherung und Erhaltung der Einnahmen sind Werbungskosten nach § 9 Abs. 1 S. 1 EStG. **137**

Folgende **Voraussetzungen** müssen erfüllt sein:

- Die Kosten müssen **zur Erzielung der Einnahmen** gemacht werden, wobei Werbungskosten bereits vorliegen können, bevor entsprechende Einnahmen erzielt werden (sog. vorweggenommene Werbungskosten)

und

- die Ausgaben müssen zur Sicherung der Einnahmen dienen bzw. zur Erhaltung der Einnahmen getätigt werden.

§ 9 EStG zählt **beispielhaft** folgende Aufwendungen auf: **138**

- Schuldzinsen
- Steuern, sonstige öffentliche Abgaben und Versicherungsbeiträge bei Grundbesitz
- Beiträge zu Berufsständen und sonstigen Berufsverbänden
- Aufwendungen für Fahrten zwischen Wohnung und Arbeitsstätte, § 9 Abs. 1 Nr. 4 EStG
- Mehraufwendungen, die notwendig sind z.B. bei doppelter Haushaltsführung
- Aufwendungen für Arbeitsmittel
- Absetzungen für Abnutzung (AfA) sowie Substanzverringerung
- Aufwendungen für häusliches Arbeitszimmer, die den Mittelpunkt der gesamten beruflichen Betätigung bilden (§ 9 Abs. 5 i.V.m. § 4 Abs. 5 Nr. 6b EStG) (Home-Office siehe oben)

d) Aufwendungen für die private Lebensführung

Keine Betriebsausgaben bzw. Werbungskosten sind Aufwendungen für die Lebensführung. **139**

Hierzu zählen in der Regel:

- Aufwendungen für die Ernährung
- Aufwendungen für Kleidung
- Aufwendungen für Wohnung

80 *Grashoff/Kleinmanns*, Aktuelles Steuerrecht 2015, Rn 353.
81 Dose/*Spieker*, § 1 Rn 338 u. 854.

- Repräsentationsaufwendungen
- Geldstrafen und -bußen

140 *Hinweis*

Privataufwendungen sind steuerlich nur zu berücksichtigen, wenn sie im Gesetz ausdrücklich als abzugsfähig zugelassen werden. Sie stellen dann ggf. entweder Sonderausgaben oder außergewöhnliche Belastungen dar.

e) Abgrenzung der Aufwendungen der privaten Lebenshaltungskosten von Betriebsausgaben bzw. Werbungskosten

141 Häufig kommt es zu sog. gemischten Aufwendungen. Diese sind teilweise betrieblich und teilweise privat veranlasst.

Bei Überschneidung von betrieblichem und privatem Bereich stellt sich die Frage, ob und in welchem Umfang die damit zusammenhängenden Aufwendungen als Betriebsausgaben abziehbar sind. Diese Kosten werden als gemischte Aufwendungen bezeichnet. § 12 Nr. 1 S. 2 EStG, wonach Aufwendungen für die Lebensführung, die die wirtschaftliche oder gesellschaftliche Stellung mit sich bringt, auch dann nicht abgezogen werden dürfen, wenn sie zur Förderung des Berufs oder der Tätigkeit des Steuerpflichtigen erfolgen, wurde lange so ausgelegt, dass auch der Teil der Aufwendungen nicht abgezogen werden kann, der betrieblich veranlasst ist.

Beispiele

1. Zur Geburtstagsfeier des Firmeninhabers werden Verwandte und Freunde, aber auch Geschäftspartner eingeladen. Mithin können die Kosten, auch soweit sie auf die Geschäftspartner entfallen, nicht abgezogen werden.

Das generelle Abzugsverbot galt aber schon länger nicht mehr, wenn die private Mitveranlassung von nur ganz untergeordneter Bedeutung ist.

2. Während einer zweitägigen Geschäftsreise nach Paris macht ein Unternehmer dort noch einen kurzen Besuch im Louvre. Da dieser Museumsbesuch nur von untergeordneter Bedeutung ist, steht dem vollständigen Abzug der Reisekosten als Betriebsausgaben nichts entgegen.

142 **Gemischte private/betriebliche Aufwendungen wörtlich nach BMF-Schreiben vom 6.7.2010, www.bundesfinanzministerium.de**[82]

Gemischte Aufwendungen eines Steuerpflichtigen können nach Maßgabe der folgenden Ausführungen grundsätzlich in als Betriebsausgaben oder Werbungskosten abziehbare sowie in privat veranlasste und damit nicht abziehbare Teile aufgeteilt werden, soweit nicht gesetzlich etwas anderes geregelt ist oder es sich um Aufwandspositionen handelt, die durch das steuerliche Existenzminimum abgegolten oder als Sonderausgaben oder als außergewöhnliche Belastungen abziehbar sind.

Eine Aufteilung der Aufwendungen kommt nur in Betracht, wenn der Steuerpflichtige die betriebliche oder berufliche Veranlassung im Einzelnen umfassend dargelegt und nachgewiesen hat. Bestehen gewichtige Zweifel an einer betrieblichen oder beruflichen (Mit-)Veranlassung der Aufwendungen, so kommt für die Aufwendungen schon aus diesem Grund ein Abzug insgesamt nicht in Betracht.

Die Aufteilung gemischt veranlasster Aufwendungen hat nach einem an objektiven Kriterien orientierten Maßstab der Veranlassungsbeiträge zu erfolgen. Ist eine verlässliche Aufteilung nur mit unverhältnismäßigem Aufwand möglich, erfolgt die Aufteilung im Wege der Schätzung. Fehlt es an einer geeigneten Schätzungsgrundlage oder sind die Veranlassungsbeiträge nicht trennbar, gelten die Aufwendungen als insgesamt privat veranlasst.

82 BMF-Schreiben v. 6.7.2010, IV C3 – S 2227/07/10003.

Nicht abziehbare Aufwendungen der Lebensführung

Nach § 12 Nr. 1 S. 1 EStG sind Aufwendungen für den Haushalt des Steuerpflichtigen und für den Unterhalt seiner Familienangehörigen vollständig vom Betriebsausgaben-/Werbungskostenabzug ausgeschlossen und demzufolge nicht in einen abziehbaren und nicht abziehbaren Teil aufzuteilen. Sie sind durch die Vorschriften zur Berücksichtigung des steuerlichen Existenzminimums (Grundfreibetrag, Freibeträge für Kinder) pauschal abgegolten oder als Sonderausgaben oder als außergewöhnliche Belastungen abziehbar.

Kosten der Lebensführung in diesem Sinne sind insbesondere Aufwendungen für

- Wohnung,
- Ernährung,
- Kleidung,
- allgemeine Schulausbildung,
- Kindererziehung,
- persönliche Bedürfnisse des täglichen Lebens, z.B. Erhaltung der Gesundheit, Pflege, Hygieneartikel,
- Zeitung,
- Rundfunk, TV oder
- Besuch kultureller und sportlicher Veranstaltungen.

Vollumfänglich nicht abziehbar und demzufolge nicht aufzuteilen sind ferner Aufwendungen nach § 12 Nr. 1 S. 2 EStG. Das sind Aufwendungen für die Lebensführung, die zwar der Förderung des Berufs oder der Tätigkeit dienen können, die aber grundsätzlich die wirtschaftliche oder gesellschaftliche Stellung des Steuerpflichtigen mit sich bringt. Hierbei handelt es sich um Aufwendungen, die mit dem persönlichen Ansehen des Steuerpflichtigen in Zusammenhang stehen, d.h. der Pflege der sozialen Verpflichtungen dienen (sog. Repräsentationsaufwendungen).

Ob Aufwendungen Repräsentationsaufwendungen im Sinne des § 12 Nr. 1 S. 2 EStG oder (zumindest teilweise) Betriebsausgaben/Werbungskosten darstellen, ist stets durch eine **Gesamtwürdigung** aller Umstände des Einzelfalls festzustellen. Bei Veranstaltungen, die vom Steuerpflichtigen ausgerichtet werden, stellt ein persönlicher Anlass (z.B. Geburtstag, Trauerfeier) regelmäßig ein bedeutendes Indiz für die Annahme nicht abziehbarer Repräsentationsaufwendungen dar. Auch Aufwendungen für gesellschaftliche Veranstaltungen fallen in der Regel unter § 12 Nr. 1 S. 2 EStG.

Aufwendungen nach § 12 Nr. 1 EStG sind selbst im Falle einer betrieblichen/beruflichen Mitveranlassung nicht als Betriebsausgaben/Werbungskosten abziehbar.

Aufwendungen sind dann Betriebsausgaben oder Werbungskosten, soweit sie ausschließlich oder nahezu ausschließlich betrieblich/beruflich veranlasst sind (z.B. § 4 Abs. 5 S. Nr. 6b EStG: Arbeitszimmer; § 9 Abs. 1 S. 3 Nr. 6 EStG, Arbeitsmittel, typische Berufskleidung) oder ein abgegrenzter betrieblicher/beruflicher Mehraufwand gegeben ist. Die Abzugsbeschränkungen des § 4 Abs. 5 S. 1 Nr. 5 EStG (Verpflegungsmehraufwendungen) und § 9 Abs. 1 S. 3 Nr. 5 EStG (Doppelte Haushaltsführung) sind zu beachten.

Grundsätze der Aufteilung gemischter Aufwendungen[83]

Gemäß § 4 Abs. 4 EStG (Betriebsausgaben) und § 9 Abs. 1 EStG (Werbungskosten) werden bei der Ermittlung der Einkünfte nur Aufwendungen berücksichtigt, die durch die Gewinnerzielung veranlasst sind. Ein Veranlassungszusammenhang in diesem Sinne besteht, wenn die Aufwendungen mit der Einkünften objektiv zusammenhängen und ihr subjektiv zu dienen bestimmt sind, d.h. wenn sie in unmittelbarem oder mittelbarem wirtschaftlichem Zusammenhang mit einer der Einkunftsarten des Einkommensteuergesetzes stehen.

Aufwendungen, die eindeutig und klar abgrenzbar ausschließlich betrieblich/beruflich oder privat veranlasst sind, sind unmittelbar dem betrieblichen/beruflichen oder privaten Teil der Aufwendungen zuzuordnen.

83 BMF, Schreiben v. 6.7.2010, IV C3 – S 2227/07/10003.

Durch die Einkünfteerzielung (mit-)veranlasste Aufwendungen

Nicht von § 12 Nr. 1 EStG erfasste Aufwendungen, die nicht eindeutig zugeordnet werden können, aber einen nachgewiesenen abgrenzbaren betrieblichen oder beruflichen Anteil enthalten, sind nach dem jeweiligen Veranlassungsanteil in abziehbare und nicht abziehbare Aufwendungen aufzuteilen.

Bei einer untergeordneten betrieblichen/beruflichen Mitveranlassung (< 10 %) sind die Aufwendungen in vollem Umfang nicht als Betriebsausgaben/Werbungskosten abziehbar.

Wird ein Sachverhalt insgesamt als privat veranlasst gewürdigt und werden die Aufwendungen dementsprechend steuerlich nicht berücksichtigt, so können zusätzliche ausschließlich betrieblich/beruflich veranlasste Aufwendungen für sich genommen als Betriebsausgaben oder Werbungskosten abzuziehen sein.

> *Beispiel*
>
> Ein Steuerpflichtiger nimmt während seiner 14-tägigen Urlaubsreise an einem eintägigen Fachseminar teil.

Die Aufwendungen für die Urlaubsreise sind nicht abziehbar. Die Aufwendungen, die unmittelbar mit dem Fachseminar zusammenhängen (Seminargebühren, Fahrtkosten vom Urlaubsort zum Tagungsort, ggf. Pauschbetrag für Verpflegungsmehraufwendungen), sind als Betriebsausgaben/Werbungskosten abziehbar.

Bei einer untergeordneten privaten Mitveranlassung (<10 %) sind die Aufwendungen in vollem Umfang als Betriebsausgaben/Werbungskosten abziehbar; die Abzugsbeschränkungen des § 4 Abs. 5 EStG und § 9 Abs. 5 EStG bleiben unberührt.

Von einer untergeordneten privaten Mitveranlassung der Kosten für die Hin- und Rückreise ist auch dann auszugehen, wenn der Reise ein eindeutiger unmittelbarer betrieblicher/beruflicher Anlass zugrunde liegt (z.B. ein Arbeitnehmer nimmt aufgrund einer Weisung seines Arbeitgebers einen ortsgebundenen Pflichttermin wahr oder ein Nichtarbeitnehmer tätigt einen ortsgebundenen Geschäftsabschluss oder ist Aussteller auf einer auswärtigen Messe), den der Steuerpflichtige mit einem vorangehenden oder nachfolgenden Privataufenthalt verbindet.

Höhe der abziehbaren Aufwendungen

Sind die Aufwendungen sowohl durch betriebliche/berufliche als auch private Gründe von jeweils nicht untergeordneter Bedeutung veranlasst, ist nach Möglichkeit eine Aufteilung der Aufwendungen nach Veranlassungsbeiträgen vorzunehmen.[84]

Es ist ein geeigneter, den Verhältnissen im Einzelfall gerecht werdender Aufteilungsmaßstab zu finden. Der Maßstab muss nach objektivierbaren – d.h. nach außen hin erkennbaren und nachvollziehbaren – Kriterien ermittelt und hinsichtlich des ihm zugrunde liegenden Veranlassungsbeitrags dokumentiert werden.

Der betrieblich/beruflich und privat veranlasste Teil der Aufwendungen kann beispielsweise nach folgenden Kriterien ermittelt werden: Zeit-, Mengen- oder Flächenanteile sowie Aufteilung nach Köpfen.

> *Beispiel*
>
> An der Feier zum 30. Firmenjubiläum des Einzelunternehmens Y nehmen 100 Personen teil (80 Kunden und Geschäftsfreunde und 20 private Gäste des Firmeninhabers). Die Gesamtkosten der Feier betragen 5.000 EUR, auf Essen und Getränke entfallen 4.000 EUR.

Aufgrund der Teilnahme privater Gäste handelt es sich um eine gemischt betriebliche und privat veranlasste Veranstaltung. Zwar liegt der Anlass der Veranstaltung im betrieblichen Bereich (Firmenjubiläum). Die Einladung der privaten Gäste erfolgte allerdings ausschließlich aus privaten Gründen, so dass die Kosten der Verköstigung und Unterhaltung der privaten Gäste als privat veranlasst zu behandeln

84 BFH vom 21.4.2010 – VI R 66/04, BStBl 2010 II S. 685.

sind. Sachgerechtes objektivierbares Kriterium für eine Aufteilung ist eine Aufteilung nach Köpfen. 80 Personen nehmen aus betrieblichen Gründen an dem Firmenjubiläum teil, 20 aus privaten Gründen. Damit sind 1.000 EUR (20 % der Gesamtkosten), die anteilig auf die privaten Gäste entfallen, nicht als Betriebsausgaben abziehbar. Von den verbleibenden betrieblich veranlassten Kosten in Höhe von 4.000 EUR sind unter Berücksichtigung des § 4 Abs. 5 S. 1 Nr. 2 EStG 3.040 EUR (80 % von 1.000 EUR + 70 % von 80 % von 4.000 EUR) als Betriebsausgaben abziehbar.

Beispiel

Ein niedergelassener Arzt besucht einen Fachkongress in London. Er reist Samstagfrüh an. Die Veranstaltung findet ganztägig von Dienstag bis Donnerstag statt. Am Sonntagabend reist er nach Hause zurück.

Da Reisen nach dem einem älteren Beschluss des Großen Senats des BFH entgegen der bisherigen Rechtsprechung nicht mehr in jedem Fall als Einheit zu betrachten sind, sind die Kosten für zwei Übernachtungen (von Dienstag bis Donnerstag) sowie die Kongressgebühren ausschließlich dem betrieblichen Bereich zuzuordnen und daher vollständig als Betriebsausgaben abziehbar. Die Flugkosten sind gemischt veranlasst und entsprechend den Veranlassungsbeiträgen aufzuteilen. Sachgerechter Aufteilungsmaßstab ist das Verhältnis der betrieblichen und privaten Zeitanteile der Reise (betrieblich veranlasst sind 3/9). Ein Abzug der Verpflegungskosten als Betriebsausgaben ist nur in Höhe der Pauschbeträge für Verpflegungsmehraufwendungen für die betrieblich veranlassten Tage zulässig.

Abwandlung

Der Arzt fährt nicht als Zuhörer, sondern als Mitveranstalter zu dem Fachkongress.

Die Kosten für die Hin- und Rückreise sind vollständig dem betrieblichen Bereich zuzurechnen und daher nicht aufzuteilen.

Bestehen keine Zweifel daran, dass ein nach objektivierbaren Kriterien abgrenzbarer Teil der Aufwendungen betrieblich/beruflich veranlasst ist, bereitet seine Quantifizierung aber Schwierigkeiten, so ist dieser Anteil unter Berücksichtigung aller maßgeblichen Umstände zu schätzen (§ 162 AO). Ist also zweifelsfrei ein betrieblicher/beruflicher Kostenanteil entstanden, kann aber dessen jeweiliger Umfang mangels geeigneter Unterlagen nicht belegt werden, ist wie bisher eine Schätzung geboten.

Nicht aufteilbare gemischte Aufwendungen

Ein Abzug der Aufwendungen kommt insgesamt nicht in Betracht, wenn die – für sich gesehen jeweils nicht unbedeutenden- betrieblichen/beruflichen und private Veranlassungsbeiträge so ineinandergreifen, dass eine Trennung nicht möglich und eine Grundlage für die Schätzung nicht erkennbar ist. Das ist insbesondere der Fall, wenn es an objektivierbaren Kriterien für eine Aufteilung fehlt.

Beispiel

Ein Steuerberater begehrt die hälftige Anerkennung der Kosten eines Abonnements einer überregionalen Zeitung, die er neben der regionalen Tageszeitung bezieht, als Betriebsausgaben, weil die überregionale Zeitung umfassend auch über die steuerrechtliche Entwicklung informiere.

Die Kosten sind insgesamt nicht als Betriebsausgaben abziehbar. Die betrieblichen und privaten Veranlassungsbeiträge greifen so ineinander, dass eine Trennung nicht möglich ist. Soweit die Zeitung nicht bereits durch das steuerliche Existenzminimum abgegolten ist, fehlt es an einer Aufteilbarkeit der Veranlassungsbeiträge. Denn keine Rubrik oder Seite einer Zeitung kann ausschließlich dem betrieblichen Bereich zugeordnet werden, sondern dient stets auch dem privaten Informationsinteresse. Es fehlt damit an einer Möglichkeit zur Aufteilung nach objektivierbaren Kriterien.

Die für Auslandsgruppenreisen aufgestellten Abgrenzungsmerkmale gelten grundsätzlich weiter.[85]

Eine Aufteilung der Kosten und damit ein teilweiser Abzug als Betriebsausgaben/Werbungskosten kommt bei solchen Reisen regelmäßig nur in Betracht, soweit die beruflichen und privaten Veranlassungsbeiträge voneinander abgrenzbar sind.[86]

Soweit der BFH bisher die Abziehbarkeit anderer gemischter Aufwendungen mangels objektiver Aufteilungskriterien abgelehnt hat, ist weiterhin von der Nichtabziehbarkeit auszugehen.

Beispiel

- Aufwendungen für Sicherheitsmaßnahmen eines Steuerpflichtigen zum Schutz von Leben, Gesundheit, Freiheit und Vermögen seiner Person[87]
- Aufwendungen eines in Deutschland lebenden Ausländers für das Erlernen der deutschen Sprache[88]
- Aufwendungen einer Landärztin für einen Schutzhund[89]
- Einbürgerungskosten zum Erwerb der deutschen Staatsangehörigkeit[90]
- Kosten für den Erwerb eines Führerscheins[91]

143 **Kosten für die Fahrten zwischen Wohnung und regelmäßiger bzw. erster Tätigkeitsstätte bzw. Betriebsstätte, sog. Entfernungspauschale/Pendlerpauschale**

Ermittlung der Pauschale:

Die Entfernungspauschale ist nur für die Tage anzusetzen, an denen der Arbeitnehmer (gilt auch für Unternehmer und ihre Betriebsausgaben) die Arbeitsstätte aufsucht. Die Pauschale wird für jeden Arbeitstag nur einmal angesetzt, auch wenn zusätzliche Fahrten wegen einer mehrstündigen Arbeitszeitunterbrechung durchgeführt wurden. Berücksichtigt werden zudem nur die vollen Kilometer der einfachen Entfernung, damit sind Hin- und Rückfahrt abgegolten. Angefangene Kilometer der Fahrtstrecke werden nicht berücksichtigt. Es gilt eine **Höchstgrenze von 4.500 EUR** im Kalenderjahr. Ein höherer Betrag kann geltend gemacht werden, soweit der Arbeitnehmer einen eigenen oder zur Nutzung überlassenen Kraftwagen benutzt hat oder im Falle von öffentlichen Verkehrsmitteln höhere Aufwendungen glaubhaft machen oder nachweisen kann (§ 9 Abs. 1 Nr. 4 und Abs. 2 EStG).

Höhe der Pauschale:

- in den Kalenderjahren 2001 bis 2003
  - 0,36 EUR für jeweils die ersten 10 Entfernungskilometer und
  - 0,40 EUR für jeden weiteren Entfernungskilometer
- seit dem Kalenderjahr 2004
  - 0,30 EUR für jeden Entfernungskilometer

Erste Tätigkeitsstätte:

Der Begriff der **regelmäßigen Arbeitsstätte** nimmt im Bereich der Betriebsausgaben bzw. Werbungskosten eine zentrale Funktion ein. Die Frage nach der regelmäßigen Arbeitsstätte dient der Ermittlung der Entfernungspauschale, der **Abgrenzung von Dienstreise**, **Einsatzwechseltätigkeit** und **Fahrtätigkeit** und der beruflichen Veranlassung einer **doppelten Haushaltsführung** oder eines Umzugs.

Ab dem 1.1.2014 ist an die Stelle der regelmäßigen Arbeitsstätte der Begriff **erste Tätigkeitsstätte** getreten (§ 9 Abs. 4 EStG). Je Dienstverhältnis kann ein Arbeitnehmer höchstens eine erste Tätigkeitsstätte haben.

85 BFH v. 27.11.1978 – BStBl 1979 II S. 213; zuletzt BFH v. 21.4.2010 – VI R 5/07, BStBl 2010 II S. 687.
86 BFH v. 21.4.2010 – VI R 5/07, BStBl 2010 II S. 687.
87 BFH v. 5.4.2006 – BStBl 2006 II S. 541.
88 BFH v. 15.3.2007, BStBl 2007 II S. 814.
89 BFH v. 29.3.1979, BStBl 1979 II S. 512.
90 BFH v. 18.5.1984, BStBl 1984 II S. 588.
91 BFH v. 8.4.1964, BStBl 1964 III S. 431.

Erste Tätigkeitsstätte im Sinne des § 9 Abs. 1 Satz 3 Nr. 4 EStG ist

- jede dauerhafte betriebliche Einrichtung des Arbeitgebers,
- die der Arbeitnehmer entweder arbeitstäglich oder wenigstens nachhaltig, fortdauernd und immer wieder aufsucht.

Ob eine erste Tätigkeitsstätte vorliegt, richtet sich nicht danach, welche Tätigkeit an dieser Arbeitsstätte im Einzelnen wahrgenommen wird oder welches konkrete Gewicht dieser Tätigkeit zukommt. Wo der Mittelpunkt der dauerhaft angelegten beruflichen Tätigkeit liegt, bestimmt sich nicht nach zeitlichen oder qualitativen Merkmalen einer wie auch immer gearteten Arbeitsleistung. Entscheidend ist, ob ein Arbeitnehmer den Betriebssitz des Arbeitgebers oder sonstige ortsfeste dauerhafte betriebliche Einrichtungen, denen er zugeordnet ist, nicht nur gelegentlich, sondern mit einer gewissen Nachhaltigkeit, also fortdauernd und immer wieder aufsucht.

Nachhaltigkeit wird mit einmal wöchentlich oder mehr als 46 (52 Wochen abzüglich 6 Wochen Urlaub) mal im Jahr definiert.

Einzelfragen:

Erste Tätigkeitsstätte ist der ortsgebundene Mittelpunkt der dauerhaft angelegten beruflichen Tätigkeit des Arbeitnehmers, unabhängig davon, ob es sich um eine Einrichtung des Arbeitgebers[92] handelt. Auch ein Arbeitnehmer mit ständig wechselnden Tätigkeitsstätten, der den Betrieb des Arbeitgebers mit einer gewissen Nachhaltigkeit anfährt, um von dort weiter zur Einsatzstelle zu fahren oder befördert zu werden, begründet im Betrieb des Arbeitgebers eine erste Tätigkeitsstätte.

Rechtsfolgen:

An die erste Tätigkeitsstätte sind u.a. diese Rechtsfolgen geknüpft:

- die Kosten für Fahrten zwischen Wohnung und Arbeitsstätte können über die Entfernungspauschale als Werbungskosten geltend gemacht werden,
- die Tätigkeit, die außerhalb der Wohnung und außerhalb der ersten Tätigkeitsstätte ausgeübt wird, wird als Dienstreise bezeichnet,
- die Tätigkeit, die ausgeübt wird, ohne dass eine erste Tätigkeitsstätte genutzt wird, wird als Einsatzwechseltätigkeit bezeichnet,
- eine doppelte Haushaltsführung, die begründet wird, um die Entfernung zur ersten Tätigkeitsstätte zu verringern, ist beruflich bedingt,
- ein Wohnungswechsel, der durchgeführt wird, um die Entfernung zur ersten Tätigkeitsstätte maßgeblich zu verkürzen, ist beruflich bedingt; die Umzugskosten damit Werbungskosten.

Verkehrsmittel:

Im Gegensatz zur früher geltenden Kilometerpauschale kann die Entfernungspauschale unabhängig vom benutzten Verkehrsmittel geltend gemacht werden. Das heißt, sie gilt nicht nur für Auto- und Motorradfahrer, sondern auch für Nutzer der Eisenbahn, der Straßenbahn, des Omnibusses, eines Bootes, des Fahrrades und für Fußgänger. Eine Ausnahme besteht für die Nutzung eines Flugzeugs oder Taxis.

Fahrtstrecke:

Das Gesetz stellt zur Berechnung grundsätzlich auf die Entfernungskilometer der kürzesten Straßenverbindung zwischen Wohnung und Arbeitsstätte ab. Eine andere als die kürzeste Straßenverbindung kann zugrunde gelegt werden, wenn diese offensichtlich verkehrsgünstiger ist und vom Arbeitnehmer regelmäßig benutzt wird. Eine Verbindung ist verkehrsgünstiger, wenn durch sie die Arbeitsstätte – trotz gelegentlicher Verkehrsstörungen – in der Regel schneller und pünktlicher erreicht wird.

92 LStR 2008, 9.4 III 3.

144 *Hinweis*

Mit dem „Jahressteuergesetz 2019" unter dem Titel „Gesetz zur weiteren steuerlichen Förderung der Elektromobilität und zur Änderung weiterer steuerlicher Vorschriften" ist unter anderem auch eine neue Pauschalversteuerung ohne Anrechnung auf die Entfernungspauschale insbesondere bei Jobtickets und eine Ausweitung der Definition der Geldleistungen i.S.d. § 8 Abs. 1 EStG in Abgrenzung zum Sachbezug vorgesehen.

145 **Befristete Anhebung der Entfernungspauschale**

Mit dem Gesetz zur Umsetzung des Klimaschutzprogramms 2030 soll zur Entlastung der Pendler ab 1.1.2021 befristet bis zum 31.12.2026 für die Fahrten zwischen Wohnung und erster Tätigkeitsstätte die Entfernungspauschale ab dem 21. Kilometer um 5 Cent auf 35 Cent angehoben werden. Das gilt auch für Fahrten von Selbstständigen zu ihrer Betriebsstätte und für Familienheimfahrten im Rahmen der doppelten Haushaltsführung. Für Personen, die mit ihrem zu versteuernden Einkommen innerhalb des Grundfreibetrags liegen, führt ein höherer Werbungskostenabzug infolge der erhöhten Entfernungspauschalen zu keiner entsprechenden steuerlichen Entlastung. Für diesen Personenkreis soll die Möglichkeit geschaffen werden, alternativ zu der erhöhten Entfernungspauschale von 35 Cent ab dem 21. Entfernungskilometer eine Mobilitätsprämie in Höhe von 14 % dieser erhöhten Pauschale zu beantragen.

Aktuelle Fassung der Entfernungspauschale: Für die Fahrt zur ersten Tätigkeitsstätte werden pro Arbeitstag für jeden Kilometer der einfachen Wegstrecke als Fahrtkosten pauschal 0,30 EUR anerkannt. Um die finanzielle Mehrbelastung durch lange Wege zur Arbeit abzufedern, steigt die Entfernungspauschale zum 1.1.2021 ab dem 21. Kilometer auf 35 Cent. Am 23.5.2022 wurde beschlossen, sie rückwirkend zum 1.1.2022 ab dem 21. Kilometer auf 38 Cent pro Kilometer anzuheben.

146 **Steuerberaterkosten**

Hinweis

Die **Steuerberaterkosten** gehören schon seit 2006 nicht mehr zu den Sonderausgaben. § 10 Abs. 1 Nr. 6 EStG ist somit entfallen. Bei den Steuerberaterkosten handelt es sich um gemischte Aufwendungen, die nur noch als Betriebsausgaben für die Ermittlung der Gewinneinkünfte oder als Werbungskosten für die Ermittlung der Überschusseinkünfte abgezogen werden können. Somit sind Steuerberatungskosten, die z.B. für das Ausfüllen bestimmter Steuererklärungen (Einkommensteuermantelbogen, Erbschaftsteuererklärung) anfallen oder Beratungen in Kinderfragen (z.B. Ausfüllen der Anlage Kinder) Aufwendungen der Lebensführung. Sie sind nicht mehr abziehbar. Nach einem BMF-Schreiben vom 21.12.2007,[93] erfolgt aber aus Vereinfachungsgründen eine Zuordnung bei Aufwendungen für gemischte Steuerberaterkosten bis 100 EUR im Veranlagungszeitraum zum betrieblichen Bereich.

IV. Buchführung/Rechnungslegung zur Erfassung und Dokumentation der Geschäftsvorfälle

1. Warum (und was?) muss der Familienrechtler etwas über betriebliches Rechnungswesen wissen?

147 In HGB und AO finden sich Generalnormen, die Vorschriften zur Rechnungslegung liefern und die die vom Gesetzgeber verfolgten Zwecke deutlich machen. Das HGB stellt Buchführung und Jahresabschluss unter folgende Generalnormen:

Für Einzelkaufleute, Personenhandelsgesellschaften und Kapitalgesellschaften („alle Kaufleute") gilt:

93 BMF-Schreiben v. 21.12.2007, IV B2 – S 2144/07/0002.

§ 238 Abs. 1 S. 1 HGB/Generalnorm für die Buchführung (Parallelvorschrift in § 140 AO):

„Jeder Kaufmann ist verpflichtet, Bücher zu führen und in diesen seine Handelsgeschäfte und die Lage seines Vermögens nach den Grundsätzen ordnungsgemäßer Buchführung ersichtlich zu machen."

§ 243 Abs. 1 HGB/§ 141Abs. 1, 2 AO/Generalnorm für den Jahresabschluss

„Der Jahresabschluss ist nach den Grundsätzen ordnungsgemäßer Buchführung aufzustellen."

§ 264 Abs. 2 S. 1 und 2 HGB/Generalnorm für den Jahresabschluss für Kapitalgesellschaften und Personengesellschaften mit Haftungsbeschränkung

„Der Jahresabschluss der Kapitalgesellschaft hat unter Beachtung der Grundsätze ordnungsgemäßer Buchführung ein den tatsächlichen Verhältnissen entsprechendes Bild der Vermögens-, Finanz- und Ertragslage zu vermitteln.

Führen besondere Umstände dazu, dass der Jahresabschluss ein den tatsächlichen Verhältnissen entsprechendes Bild i.S.d. S. 1 nicht vermittelt, so sind im Anhang zusätzliche Angaben zu machen."

Ergänzt wird dies noch durch die Formvorschrift des § 243 Abs. 2 HGB, wonach der Jahresabschluss klar und übersichtlich sein muss (GOB = Grundsätze ordnungsgemäßer Buchführung).

Diese gesetzlichen Normen verlangen nach den Vorschriften des HGB und der AO also eine besondere Form der Dokumentation, die speziellen Regeln folgt und die sich von den anderen Einkunftsarten, insbesondere den Überschusseinkunftsarten, ganz wesentlich unterscheidet.

Hinweis 148

Das Rechnungswesen stellt Parteivortrag dar, da es von der buchführungspflichtigen Verfahrenspartei eigenständig oder mithilfe eines Erfüllungsgehilfen erstellt wird.[94]

Der insoweit häufig zu findende „Beweisantrag", Zeugnis: Steuerberater, stellt dabei eine Wiederholung des Parteivortrages dar.[95]

Der Familienrechtler muss sich mit Normen zur Regelung der Buchführungspflicht (und damit der AO und des HGB) und dem Steuerrecht sowie dem Bilanzsteuerrecht befassen, wenn die relevanten Einkunftsarten betroffen sind. 149

Hinweis

Bei den Normen des Steuerrechts und des Handelsrechts handelt es sich um anzuwendendes **Recht**, dass der Rechtsanwalt zur Vermeidung von Haftungsfehlern zu kennen und ordnungsgemäß anzuwenden hat. Dass diese Teilrechtsgebiete für Familienrechtler eine „schwer verdauliche Kost"[96] darstellen, entlastet nicht.

Dabei haben Gericht und anwaltlicher Berater zunächst mit einem **betrieblichen Rechnungswesen** zu tun, das die Geschäftsvorfälle erfasst, speichert und betriebswirtschaftlich relevante Informationen über realisierte oder geplante Geschäftsvorfälle und -ergebnisse liefert.[97] Die Kodifizierung der Buchführungspflicht nach § 238 Abs. 1 HGB bzw. §§ 140 ff. AO verdeutlicht, dass es dem Gesetzgeber um eine übersichtliche, vollständige und für Dritte nachvollziehbare Aufzeichnung der Geschäftsvorfälle geht, damit im Rahmen des Jahresabschlusses eine zusammenhängende Auskunft über die wirtschaftliche Lage des Unternehmens möglich wird. Diesen grundlegenden Zweck der Buchführung subsumieren wir unter den Begriff der **Dokumentation**.[98]

94 BGH FamRZ 1985, 357, 359; FuR 2004, 35, 37; so schon BGH FamRZ 1980, 770.
95 BGH FamRZ 1985, 357, 359; FuR 2004, 35, 37.
96 *Kogel*, Buchbesprechung Fachanwaltshandbuch, FamRZ 2011, 1207 f.
97 *Baetge/Kirsch/Thiele*, Bilanzen, S. 1 f., 96 ff.
98 *Baetge u.a.*, Bilanzen, S. 97.

150 Neben dem oben genannten nach Handelsrecht verpflichteten Personenkreis regelt das Steuerrecht (mit Größenklassen), wer zur Buchführung verpflichtet ist in § 141 Abs. 1 AO:

- Umsätze, einschließlich der steuerfreien Umsätze, von **mehr als 500.000 EUR und 600.000 EUR** ab 1.1.2016 im Kalenderjahr (nach Bilanzrechtsmodernisierungsgesetz, BilMoG, und Bilanzrichtlinien-Umsetzungsgesetz, BilRUG)
- selbst bewirtschaftete land- und forstwirtschaftliche Flächen mit einem Wirtschaftswert i.S.d. § 46 Bewertungsgesetz von **mehr als 25.000 EUR** oder
- ein Gewinn aus Gewerbebetrieb von **mehr als 50.000 EUR, ab 1.1.2016 60.000 EUR**, im Wirtschaftsjahr oder
- ein Gewinn aus Land- und Forstwirtschaft von **mehr als 50.000 EUR, ab 1.1.2016 60.000 EUR**, im Kalenderjahr

151 ■ Ordnungsvorschriften finden sich auch in §§ 146, 154 AO und in § 239 HGB.

152 ■ **Weitere originäre Aufzeichnungspflichten**:

Aufzeichnung des Wareneingangs (§ 143 AO),

Aufzeichnung des Warenausgangs (§ 144 AO),

Aufzeichnung bestimmter Betriebsausgaben (§ 4 Abs. 5 und 7 EStG),

Aufzeichnung geringwertiger Anlagegüter, GWG (§ 6 Abs. 2 EStG), umsatzsteuerliche Aufzeichnungspflichten (§ 22 UStG.

153 *Hinweis*

Wichtig für den **unterhaltsrechtlichen Auskunfts- und Beleganspruch**:

Neben der allgemeinen Buchführungspflicht ergibt sich aus Gesetzen und Verordnungen noch eine **Vielzahl von Aufzeichnungspflichten für bestimmte Berufsgruppen**. Verstöße gegen diese außersteuerlichen Buchführung- und Aufzeichnungspflichten stehen den Verstößen gegen steuerliche Buchführung- und Aufzeichnungspflichten gleich und können nach § 162 Abs. 2 AO (Schätzung) und § 379 Abs. 1 AO (Verfolgung wegen Steuergefährdung) geahndet werden.

Auf diese Unterlagen besteht ein unterhaltsrechtlicher Auskunfts- und Beleganspruch, da sie die Ordnungsgemäßheit der Gewinnermittlungen dokumentieren und belegen.

154 *Beispiele*

Apotheker	Herstellungsbücher
Banken	Depotbücher
Bauträger und Baubetreuer	Bücher nach der Gewerbeordnung
Fahrschulen	Fahrschüler-Ausbildungsbücher
Gebrauchtwarenhändler	Gebrauchtwagenbücher
Handelsmakler	Tagebuch nach HGB
Heimarbeiter	Entgeltbücher
Hotel, Gaststätten und Pensionsgewerbe	Fremdenbücher
Metallhändler	Einkaufsbücher
Reisebüros	Bücher nach der Gewerbeordnung
Vieh- und Fleischverkäufer	Bücher gemäß Vieh- und Fleischgesetz
Winzer	Kellerbücher und Weinlagerbücher gemäß Weingesetz

Kosten- und Leistungsrechnung 155

Diese dient in erster Linie der internen Informationsbereitstellung für die kurzfristige operative Planung von Kosten und Erlösen sowie deren Kontrolle anhand von Plan-, Soll- und Ist-Daten. Die langfristige strategische Planung erfolgt mit Hilfe der Investitionsrechnung.

Zu den steuerlichen Aufzeichnungspflichten gehören für gewerbliche Unternehmer die Aufzeichnung des Wareneingangs (§ 143 AO) und die des Warenausgangs (§ 144 AO). 156

Gemäß § 22 Abs. 1 UStG ist der Unternehmer i.S.d. Umsatzsteuerrechts verpflichtet, zur Feststellung der Steuer und der Grundlagen ihrer Berechnungen, Aufzeichnungen zu machen.

Inhalt und Umfang der Aufzeichnungspflichten für umsatzsteuerliche Zwecke ergeben sich aus § 22 Abs. 2 UStG und den §§ 63 bis 68 UStDV.

Besondere Aufzeichnungspflichten für Aufwendungen bestehen nach § 4 Abs. 7 EStG für die Einkommensteuerermittlung: 157

- § 4 Abs. 5 Nr. 1 EStG: für bestimmte Geschenke
- § 4 Abs. 5 Nr. 2 EStG: für bestimmte Bewirtungsaufwendungen
- § 4 Abs. 5 Nr. 3 EStG: für bestimmte Einrichtungen, die der Bewirtung, Beherbergung oder Unterhaltung dienen
- § 4 Abs. 5 Nr. 4 EStG für Jagd oder Fischerei, für Segel- oder Motoryachten sowie für ähnliche Zwecke und für die hiermit zusammenhängenden Bewirtungen
- § 4 Abs. 5 Nr. 6b EStG: für häusliche Arbeitszimmer
- § 4 Abs. 5 Nr. 7 EStG: für die Lebensführung des Steuerpflichtigen oder anderer Personen, soweit sie nach allgemeiner Lebensauffassung als **unangemessen** anzusehen sind
- §§ 4 Abs. 3, 5 EStG: nicht abnutzbare Wirtschaftsgüter des Anlagevermögens bei EÜR
- §§ 6 Abs. 2, 4 EStG: geringwertige Wirtschaftsgüter
- § 7a Abs. 8 EStG: Wirtschaftsgüter des Betriebsvermögens, für die erhöhte Abschreibung bzw. Sonderabschreibung beansprucht werden
- § 4 Abs. 4a EStG: Schuldzinsen durch Überentnahmen

Hinweis 158

Der **unterhaltsrechtliche Auskunfts- und Beleganspruch** erstreckt sich zur Erfassung des Unterhaltseinkommens auf alle vorgenannten Dokumentationen. Bei der familienrechtlichen Fallbearbeitung mit Selbstständigen/Gewerbetreibenden müssen die Grundzüge der Regeln der Erfassung und Dokumentation des Handels- und des Steuerrechts erkannt und beachtet werden, weil sonst eine Ermittlung des Unterhaltseinkommens unmöglich ist.

2. Buchführungssysteme

Wer verpflichtet ist, Bücher zu führen, oder dieses freiwillig tut, unterliegt besonderen Auskunfts- und Mitwirkungspflichten gegenüber den Finanzbehörden (§§ 90 ff., 93, 97 ff. AO). 159

Bei der Buchführung muss es sich um eine gesonderte Aufstellung und Dokumentation der Geschäftsvorfälle handeln, die sich aus Geschäftsbüchern, Belegen bzw. Datenträgern ergibt.

Bei Vollkaufleuten und „bestimmten anderen Gewerbetreibenden" gelten außerdem die Grundsätze ordnungsgemäßer Buchführung und handelsrechtliche Bilanzierungsvorschriften. Hier regelt § 5 EStG Einzelheiten der Gewinnermittlung durch Betriebsvermögensvergleich unter Berücksichtigung der Grundsätze Ordnungsgemäßer Buchführung (GOB). 160

Gemäß§ § 238 bis 245 HGB, § 5 EStG sind die **Grundsätze ordnungsgemäßer Buchführung** zu beachten:

- jeder Geschäftsvorfall muss erfasst werden,
- jeder Geschäftsvorfall muss sachlich richtig aufgezeichnet werden,

- die Geschäftsvorfälle müssen zeitgerecht in Grundaufzeichnungen dokumentiert werden,
- die Geschäftsvorfälle müssen durchgängig in der vorgesehenen Ordnung festgehalten werden,
- Änderungen von Buchungen müssen so vorgenommen werden, dass die Ursprungsbuchung erkennbar bleibt. EDV-Systeme dürfen nicht zulassen, dass eine ursprüngliche Buchung gelöscht wird. Eine Korrektur muss nur aufgrund einer Änderungsbuchung zu erfolgen,
- alle Bücher und sonstigen Unterlagen einschließlich der Belege sind geordnet und zugänglich während bestimmter Zeiträume aufzubewahren (§§ 146, 147 AO).

161 **Rechtsfolgen der Verletzung von Buchführungspflichten:**

Bei schweren Verstößen gegen diese Grundsätze kann die Buchführung verworfen werden und der Gewinn ganz oder teilweise nach § 287 ZPO bzw. § 162 AO geschätzt werden (siehe „Gewinnschätzung“, Rdn 1065 ff.).

Kriterium sind dabei der § 238 Abs. 1 S. 2 HGB und der § 145 AO, wonach es einem sachverständigen Dritten in kürzester Zeit möglich sein muss, sich durch das Rechnungswesen einen Überblick über die Geschäftsvorfälle und die Lage des Unternehmens zu verschaffen. Ist das nicht möglich, kann zugeschätzt werden.

Es wird zwischen einfacher und doppelter Buchführung unterschieden. Die kameralistische Buchführung, die auf die Verrechnung von im Haushaltsplan vorgeschriebenen Einnahmen und Ausgaben mit den tatsächlichen Einnahmen und Ausgaben abstellt, wird auch in der öffentlichen Verwaltung nicht mehr zur Anwendung gebracht.

a) Einfache Buchführung

162 Die einfache Buchführung ist dadurch gekennzeichnet, dass die einzelnen Geschäftsvorfälle lediglich mit einer Buchung, d.h. ohne Gegenbuchung erfasst werden. In einer Grundaufzeichnung (heute meist Excel-Tabelle) werden die Geschäftsvorfälle in zeitlicher Reihenfolge meist differenziert nach Ertrag- und Aufwandverbuchungen aufgezeichnet. Ein Kassenbuch dient der Dokumentation der Barvorgänge. Die einfache Buchführung ist in der Praxis lediglich für Gewerbetreibende i.S.d. § 15 EStG mit geringem Geschäftsumfang (Handwerkerbuchhaltung/Größenklassen siehe oben) und Selbstständigen i.S.d. § 18 EStG von Bedeutung, da die Aussagekraft und Kontrollmöglichkeiten über die geschäftlichen Vorgänge in einem Unternehmen erheblich eingeschränkt sind.[99]

163 *Hinweis*

Gerade bei Selbstständigen nach § 18 EStG, aber auch Gewerbetreibenden die Größenordnung des §§ 141 AO nicht überschreiten, besteht nach Steuerrecht aufgrund der Einführung der **Anlage „EÜR“** ab VZ 2005 (Übersendung per Datenfernübertragung auf amtlich vorgeschriebenen Datensatz, § 60 Abs. 4 EStDV) die Möglichkeit, wieder auf die einfache Buchführung zurückzugreifen, weil das Formular EÜR alle wesentlichen Informationen erfasst, wie beispielsweise auch die für die steuerliche Veranlagung oder für den Unterhaltsfall stets interessierenden private Nutzungsanteile, AfA etc. Die Finanzverwaltung nimmt damit einen internen- bzw. externen Betriebsvergleich vor, der der elektronischen Datenverarbeitung überlassen bleiben kann und nur bei Auffälligkeiten eine „individuelle Betreuung“ des Sachbearbeiters zur Folge hat.

Neben Anlage EÜR gehören zur Einkommensteuererklärung der Selbstständigen auch die **Anlage AVEÜR**, die die relevanten Informationen über das Anlage- und das Umlaufvermögen beinhaltet, und die **Anlage SZE** zur Ermittlung der nicht abziehbaren Schuldzinsen und damit zu Privatentnahmen (beide ab VZ 2009).

99 Beck'sches Steuerberaterhandbuch 2013/2014, A, Rn 271.

Weitere Anlagen ab EÜR 2015:

Anlage ER = Ergänzungsrechnung[100] des Gesellschafters für Korrekturen des Wertansatzes der Wirtschaftsgüter des Gesamthandsvermögens, z.B. bei Gesellschafterwechsel;

Anlage SE = Sonderberechnung[101] für Betriebseinnahmen und/oder Sonderbetriebsausgaben, wie eine Vergütung für die Tätigkeit im Dienst der Gesellschaft, Hingabe von Darlehn und/oder die Überlassung von Wirtschaftsgütern (Rdn 492)!

Anlage AVSE = Anlageverzeichnis zu Anlage SE ist nur zu übermitteln, wenn tatsächlich Sonderbetriebsvermögen vorliegt. Das sind Wirtschaftsgüter, die nicht Gesamthandseigentum sind, sondern einem, mehreren oder allen Beteiligten gehören und dem Betrieb der Gesellschaft oder Stärkung der Beteiligung der Gesellschafter dienen.

In den vorgenannten Fällen kann deshalb eine einfache Buchführung per Excel vorliegen (ohne gesonderte Gewinnermittlung durch Einnahmen-/Überschussrechnung), da der gesetzlichen Verpflichtung zur Gewinnermittlung nach § 4 Abs. 3 EStG allein durch die Nutzung der Formulare „EÜR" genüge getan wird.

Bei Betriebseinnahmen unter 17.500 EUR im Wirtschaftsjahr wird es nicht beanstandet, wenn der Steuererklärung anstelle des Vordrucks eine formlose Gewinnermittlung beigefügt wird.[102]

Zur EÜR vgl. Rdn 547 ff.

b) Doppelte Buchführung

Im Gegensatz zu der einfachen Buchführung werden durch die doppelte Buchführung die Geschäftsvorfälle nicht nur in zeitlicher, sondern auch in sachlicher Hinsicht gesondert festgehalten. Jeder Geschäftsvorfall wird nach dem System der Doppik auf zwei Konten, und zwar einmal im Soll und einmal im Haben, festgehalten. Dabei werden Bestands- und Erfolgskonten geführt. Der Periodenerfolg ergibt sich sowohl aus der Bilanz als auch aus der G&V-Rechnung. Die doppelte Buchführung stellt nunmehr das handelsrechtlich allein zulässige Buchführungssystem dar, da jeder Kaufmann gemäß § 242 HGB einen mindestens aus Bilanz und G&V-Rechnung bestehenden Jahresabschluss aufzustellen hat. **164**

c) Kontenarten und Kontenrahmen

Von größter Bedeutung sind zunächst einmal die **Sachkonten**, in denen die Geschäftsvorfälle des jeweiligen Geschäftsjahres verbucht werden. Dies geschieht getrennt nach Veränderung des Bestandes, sowie nach Aufwand und Ertrag. **165**

Daneben gibt es als weitere Untergliederungen die **Debitorenbuchführung** und die **Kreditorenbuchführung.**

Debitorenbuchhaltung wird jener Teil der Aufbauorganisation von Unternehmen genannt, der sich mit der Erfassung und Verwaltung der offenen Forderungen aus Lieferungen und Leistungen oder sämtlicher Forderungen befasst.

Die Kreditorenbuchhaltung ist speziell für die Buchführung der Kontokorrentbeziehungen zwischen dem eigenen Unternehmen und den Kreditoren (externe Lieferanten bzw. externe Anbieter einer Dienstleistung) zuständig.

100 Zur Ergänzungsbilanz Rdn 463 ff.
101 Zum Sonderbetriebsvermögen Rdn 492 ff.
102 BMF-Schreiben vom 27.10.2015.

166 Die Sachkonten werden wie folgt in Bestands- und Erfolgskonten unterschieden:

Sachkonten			
Bestandskonten		Erfolgskonten	
Aktiva	Passiva	Aufwand	Ertrag
Bilanz		G&V	

Die Bestandskonten dienen dazu, Veränderungen des Vermögens- und des Kapitalbestandes festzuhalten (Beispiel: Kauf eines Lieferwagens). Die Bestandskonten bilden die Basis für die Bilanz.

Erfolgskonten hingegen werden gebucht, sobald das Eigenkapital verändert wird, ein Geschäftsvorfall also direkt den Gewinn oder einen möglichen Verlust beeinflusst. Hier erscheinen somit die Aufwendungen und Erträge, aus denen die Gewinn- und Verlustrechnung besteht.

167 *Hinweis*

Die Erfolgskonten stellen Unterkonten des Eigenkapitalkontos dar und sind untergliedert in Aufwands- und Ertragskonten, die in einer Periode der Gewinnermittlung anfallen und deren Ergebnis sich aus ihrer Differenz zum Jahresende in Form eines Gewinns oder eines Verlustes zeigt. Dieses Ergebnis erhöht oder reduziert das Eigenkapital.

168 Der sog. **Kontenrahmen** ist ein Organisations- und Gliederungsplan für das Rechnungswesen und dient dazu, die formelle Ordnungsmäßigkeit der Buchführung zu gewährleisten. Er ist nicht gesetzlich vorgeschrieben und folgt, wie auch die Datev-Kontenrahmen „SKR" (Sonderkontenrahmen), üblicherweise **folgenden Kontenklassen:**

Datev SKR 03	**Prozessgliederungsprinzip**
Kontenklasse 0	Anlage- und Kapitalkonten
Kontenklasse 1	Finanz- und Privatkonten
Kontenklasse 2	Abgrenzungskonten
Kontenklasse 3	Wareneingangs- und Bestandskonten
Kontenklasse 4	betriebliche Aufwendungen
Kontenklasse 7	Bestände an Erzeugnissen
Kontenklasse 8	Erlöskonten
Kontenklasse 9	Vortragskonten

Datev SKR 04	**Abschlussgliederungsprinzip**
Kontenklasse 0–1	Aktiva
Kontenklasse 2–3	Passiva
Kontenklasse 4	betriebliche Erträge
Kontenklasse 5	Materialaufwendungen sowie Fremdleistungen
Kontenklasse 6	sonstiger betrieblicher Aufwand
Kontenklasse 7	sonstige Erträge und Aufwendungen
Kontenklasse 9	Vortragskonten

d) Doppelte Buchführung (Doppik) nach Luca Pacioli und Prüfung von Verbuchungen und Buchungssätzen

169 Unabhängig von dem Faktum, dass der Jahresabschluss nur Parteivortrag darstellt, zeigen die Schlussbilanzwerte von den Eröffnungsbilanzwerten ausgehend das Ergebnis der Verbuchungen über ein Geschäftsjahr, korrigiert um die Jahresabschlussverbuchungen.

Hinweis 170

Eine vorgelegte Gewinnermittlung besagt nicht, dass die darin zusammengefassten Geschäftsvorfälle, die im laufenden Geschäftsjahr angefallen sind, ordnungsgemäß erfasst und verbucht worden sind. Eine lückenlose Überprüfung des „Parteivortrags" Buchführung ist also letztlich nur dann möglich, wenn die Geschäftsvorfälle progressiv und retrograd nachvollzogen werden können. Der Geschäftsvorfall muss sich also vom Beleg bis zum Jahresabschluss und umgekehrt nachvollziehen lassen. Das Jahresergebnis basiert also auf den über das gesamte Geschäftsjahr vorgenommenen Verbuchungen.

Der Familienrechtler muss daher wenigstens Elementarkenntnisse der Buchführung haben, da die Prüfung des Rechnungswesens nur die umgekehrte Seite der Aufstellung ist. Diese Elementarkenntnisse der Buchführung werden im Folgenden dargestellt. 171

Das oben schon dargestellte Buchführungssystem der doppelten Buchführung wurde bereits im Jahre 1494 von dem Zisterziensermönch und Mathematikprofessor **Luca Pacioli**[103] entwickelt und wird heute noch, auch von modernen EDV-Systemen, angewendet.

Der englische Begriff zur Doppik, nämlich „double entry", charakterisiert die doppelte Buchführung markant. Es werden zwei Konten angesprochen, um einen Geschäftsvorfall in den Büchern zu erfassen.

Doppik ist ein reines Erfassungs- und Dokumentationssystem, das ohne jegliche Bewertung der Geschäftsvorfälle auskommt. Es basiert auf nur sieben Regeln, wobei eine rein formaler Natur ist, drei sich auf Bestandskonten (siehe ausführlich bei Aktiva und Passiva zum Betriebsvermögensvergleich) und drei sich auf Erfolgskonten beziehen. Voraussetzung für das Verständnis der folgenden Regeln ist das Wissen, was Bestandskonten und Erfolgskonten (siehe oben) sind.

Danach wird jeder Buchungssatz erstellt, bzw. kann damit überprüft werden.

Da die doppelte Buchführung zwei Eintragungen haben muss, spricht man von Soll und Haben. Als Konvention bezeichnet Soll die linke Seite und Haben die rechte Seite eines Kontos. Dabei bedeutet Soll nicht immer das, was da sein soll, und Haben nicht nur das, was man hat.

Dieses ermöglicht Buchungen ohne Plus- und Minuszeichen.

Darstellungshinweis: 172

„links" steht für die Sollbuchung; „rechts" steht für die Habenbuchung

Buchungssatz gesprochen: Soll Konto an Haben Konto in Euro

1 aktive Bestandskonten	
Anfangsbestand steht links	Endbestand steht rechts
Zugang steht links	Abgang steht rechts
2 passive Bestandskonten	
Abgang steht links	Anfangsbestand steht rechts
Endbestand steht links	Zugang steht rechts
3 Buchungssätze (formale Regel)	
erst Soll-Konto,	dann Haben-Konto nennen
4 Aufwand	
Aufwand wird links gebucht	
5 Ertrag	
	Ertrag wird rechts gebucht

103 *Pacioli*, Summa de arithmetica, geometria, proportioni et proportionalita, 1494.

6 G&V

Aufwand wird links gebucht	Ertrag wird rechts gebucht

(Zusammenfassung der Regeln 4 und 5)

7 Eigenkapital

Endbestand steht links	Anfangsbestand steht rechts
Abgang steht links	Zugang steht rechts

(wie Regel 2, weil passives Bestandskonto)

Beispiele

Geschäftsvorfall 1:

Eine Maschine im Wert von 119.000 EUR wird auf Ziel gekauft, also finanziert.

Es werden die Regeln 1 und 2 tangiert.

Der Zugang ist links bei den m aktiven Bestandskonten im Soll zu buchen, während der Zugang beim passiven Bestandskonto, bei den Verbindlichkeiten rechts zu buchen ist.

Der Buchungssatz lautet dann:

„Anlagevermögen 100.000 EUR

und

Vorsteuerforderung 19.000 EUR

an Verbindlichkeiten aus Lieferungen und Leistungen 119.000 EUR"

Geschäftsvorfall 2:

Ein Unternehmen hat eine Warenlieferung in Höhe von 10.000 EUR netto, Rechnungsbetrag 11.900 EUR, vorgenommen.

Die G&V-Konten haben keine Vorträge aus den Vorjahren, sondern zeigen ausschließlich die Geschäftsvorfälle der laufenden Periode.

Hier sind die Regeln 1 und 5 und auch die Regel 2 angesprochen, so dass der zusammengesetzte Buchungssatz lautet:

„Forderungen (Umlaufvermögen/Forderungen aus Lieferungen und Leistungen, 10.000 EUR, und 1.900 EUR Vorsteuerforderung) 11.900 EUR an Erträge 10.000 EUR und an Umsatzsteuerverbindlichkeiten 1.900 EUR"[104]

V. Gewinn- und Überschussermittlungsmethoden nach Einkunftsarten

173 Drei Gewinnermittlungsmethoden werden im Einkommensteuergesetz unterschieden.

Das Einkommensteuergesetz kennt den

- Betriebsvermögensvergleich nach § 4 Abs. 1 EStG und § 5 EStG,
- die Überschussrechnung (EÜR) nach § 4 Abs. 3 EStG, sowie
- die Gewinnermittlung nach Durchschnittssätzen nach § 13a EStG.

1. Betriebsvermögensvergleich

174 Nach § 4 Abs. 1 S. 1 EStG ist der **Gewinn** beim Betriebsvermögensvergleich (ausführlich zu dieser Gewinnermittlungsart siehe Rdn 222 ff.)

104 Wer noch üben möchte, sei auf die Beispiele *Dose/Spieker*, § 1 Rn 133 ff. und folgendes Beispiel zur Bilanzentwicklung verwiesen!

- der **Unterschiedsbetrag** zwischen dem **Betriebsvermögen** am Schluss des Wirtschaftsjahres
  und
- dem Betriebsvermögen am Schluss des vorangegangenen Wirtschaftsjahres
  zuzüglich
- dem Wert der Entnahmen
  und abzüglich
- dem Wert der Einlagen.

Beispiel

Gemäß Bilanz zum 31.12.2012 beträgt das Betriebsvermögen des Unterhaltschuldners S, der Gewerbetreibende ist (Schlachtereibetrieb), 100.000 EUR und gem. der Bilanz zum 31.12.2011 50.000 EUR. Während des Jahres 2012 hat S für 5.000 EUR Waren (Wurst und Fleischwaren) entnommen und in seinem Haushalt verbraucht.
Als Privateinlage zahlt er 10.000 EUR auf das betriebliche Bankkonto ein.

Lösung

Der Gewinn von S durch Betriebsvermögensvergleich wird wie folgt ermittelt:

Betriebsvermögen (BV) am Schluss des Wirtschaftsjahres (31.12.2012)	100.000 EUR
– BV am Schluss des vorangegangenen Wirtschaftsjahres (31.12.2011)	50.000 EUR
= Unterschiedsbetrag	50.000 EUR
+ Entnahme	5.000 EUR
– Einlage	– 10.000 EUR
= Gewinn aus Gewerbebetrieb 2012	**45.000 EUR**

Eine Pflicht zur Feststellung des Betriebsvermögensvergleichs ergibt sich aus handelsrechtlichen und/oder steuerrechtlichen Buchführungsvorschriften (im Wesentlichen aus §§ 238 ff. HGB, der auf § 141 AO verweist; siehe Rdn 147). **175**

§ 141 AO regelt, dass gewerbliche Unternehmer sowie Land- und Forstwirte – die handelsrechtlich nicht schon verpflichtet sind, Bücher zu führen – Jahresabschlüsse erstellen müssen, wenn

- ihre Umsätze mehr als 500.000 EUR, ab 1.1.2016 600.000 EUR, im Kalenderjahr
  oder
- ihr Gewinn aus Gewerbebetrieb/Landwirtschaft und Forsten mehr als 50.000 EUR, ab 1.1.2016 60.000 EUR, im Wirtschaftsjahr
  oder
- die selbstbewirtschafteten land- bzw. forstwirtschaftlichen Flächen mit einem Wirtschaftswert von mehr als 25.000 EUR nach § 46 BewG

betragen.

Hinweis **176**

Eine Ausnahme gilt per Tatbestand bei selbstständig Tätigen i.S.d. § 18 EStG nach § 141 AO.

2. Einkünfte aus Land- und Forstwirtschaft (§ 13 und § 13a EStG)

Unter Land- und Forstwirtschaft versteht man die planmäßige Nutzung der natürlichen Kräfte des Bodens zur Erzeugung von Pflanzen und Tieren sowie der Verwertung der dadurch selbst gewonnenen Erzeugnisse (R 15.5 Abs. 1 S. 1 EStR 2012). **177**

Jeweils nach dem Gesamtbild der Verhältnisse ist zu entscheiden, ob eine land- oder forstwirtschaftliche Tätigkeit des Steuerpflichtigen vorliegt.

178 Folgende Arten der Einkünfte aus Land- und Forstwirtschaft sind nach § 13 Abs. 1 EStG zu unterscheiden:

- Einkünfte aus dem Betrieb von Landwirtschaft, Forsten, Weinbau, Gartenbau und aus allen Betrieben, die Pflanzen und Pflanzenteile mit Hilfe der Naturkräfte gewinnen (§ 13 Abs. 1 Nr. 1 S. 1 EStG)
- Einkünfte aus Viehzucht und Tierhaltung (§ 13 Abs. 1 Nr. 1 S. 2 EStG)
- Einkünfte aus der sonstigen land- und forstwirtschaftlichen Nutzung i.S.d. § 62 BewG, wie z.B. Binnenfischerei, Teichwirtschaft, Fischzucht, Imkerei, Wanderschäferei und Saatzucht (§ 13 Abs. 1 Nr. 2 EStG)
- Einkünfte aus der Jagd (§ 13 Abs. 1 Nr. 3 EStG)

Nach § 13 Abs. 3 EStG wird bei der Ermittlung des Gesamtbetrags der Einkünfte unter bestimmten Voraussetzungen ein **Freibetrag von 900 EUR** bzw. **bei zusammen veranlagten Ehepartnern 1.800 EUR** berücksichtigt. Dieser Freibetrag ist nur dann abzuziehen, wenn die „Summe der Einkünfte" 30.700 EUR, bzw. bei zusammenveranlagten Ehegatten 61.400 EUR nicht übersteigt (§ 13 Abs. 3 EStG).

Zu den Einkünften gehören auch Einkünfte aus einem land- und forstwirtschaftlichen Nebenbetrieb. Die Einkünfte aus dem Nebenbetrieb müssen dem Hauptbetrieb dienen.

179 *Beispiel*

Die Verarbeitung von Produkten, die aus der Landwirtschaft kommen, zum Beispiel der Verkauf von hausgemachter Marmelade, zählt nicht zu den Einkünften aus Land- und Forstwirtschaft, da dieser Verkauf der Landwirtschaft nicht dient.

Einzelheiten zu der Einkunftsart Landwirtschaft und Forstwirtschaft ergibt sich aus der **Anlage L,**[105] **und Anlage 13a mit Anlage AV13a**, auf die ein **Auskunfts- und Beleganspruch** besteht.

Dort finden sich dezidiert Informationen zu:

- Zusammenfassung des Ergebnisses, des Gewinns,
- Veräußerungsgewinnen,
- Saldo der Entnahmen und Einlagen,
- Schuldzinsen zum Anlagevermögen,
- Antrag und inhaltliche Voraussetzung für die Anwendung des § 13a EStG,
- Gesonderte Angaben für Gewinne zur Forstwirtschaft und Holznutzungen.

180 Die Gewinne aus Land- und Forstwirtschaft können nach **Durchschnittssätzen** (siehe Rdn 583 ff.) **nach § 13a EStG** ermittelt werden, wenn

1. keine Verpflichtung zur Aufstellung einer Bilanz besteht,
2. die selbstbewirtschaftete Fläche der landwirtschaftlichen Nutzung ohne Sonderkulturen 20 Hektar nicht überschreitet,
3. die Tierbestände insgesamt 50 Vieheinheiten nicht übersteigen
4. die selbst bewirtschafteten Flächen der forstwirtschaftlichen Nutzung 50 Hektar nicht überschreiten und
5. die selbst bewirtschafteten Flächen der Sondernutzungen (Abs. 6) die in Anlage 1a Nr. 2 Spalte 2 genannten Grenzen nicht überschreiten.

181 **Gewinnermittlung nach Durchschnittsätzen nach § 13a Abs. 3–6 EStG**

Nach § 13a Abs. 3 EStG ist Durchschnittssatzgewinn die Summe aus

1. dem Grundbetrag (Abs. 4),
2. den Zuschlägen für Sondernutzungen (Abs. 5: Sonderkulturen sind: Hopfen, Spargel und andere Sonderkulturen),

105 Anlage L: http://www.steuertipps.de/steuererklaerung-finanzamt/themen/anlage-l-einkuenfte-aus-land-und-forstwirtschaft.

3. den nach Abs. 6 gesondert zu ermittelnden Gewinnen,
4. den vereinnahmten Miet- und Pachtzinsen,
5. den vereinnahmten Kapitalerträgen, die sich aus Kapitalanlagen von Veräußerungserlösen im Sinne des Abs. 6 S. 1 Nr. 2 ergeben.

Davon abzusetzen sind verausgabte Pachtzinsen und diejenigen Schuldzinsen und dauernden Lasten, die Betriebsausgaben sind. Die abzusetzenden Beträge dürfen insgesamt nicht zu einem Verlust führen.

Die Höhe des Grundbetrags nach § 13a Abs. 4 EStG richtet sich bei der landwirtschaftlichen Nutzung ohne Sonderkulturen nach dem Hektarwert (§ 40 Abs. 1 S. 3 des BewG) der selbst bewirtschafteten Fläche. Je Hektar der landwirtschaftlichen Nutzung sind anzusetzen

1	bei einem Hektarwert bis 300 Deutsche Mark	205 EUR,
2	bei einem Hektarwert über 300 Deutsche Mark bis 500 Deutsche Mark	307 EUR,
3	bei einem Hektarwert über 500 Deutsche Mark bis 1 000 Deutsche Mark	358 EUR,
4	bei einem Hektarwert über 1 000 Deutsche Mark bis 1 500 Deutsche Mark	410 EUR,
5	bei einem Hektarwert über 1 500 Deutsche Mark bis 2 000 Deutsche Mark	461 EUR,
6	bei einem Hektarwert über 2 000 Deutsche Mark	512 EUR.

Als Sondernutzungen i.S.d. § 13a Abs. 5 EStG gelten die in § 34 Abs. 2 Nr. 1b bis e BewG genannten Nutzungen, die in § 34 Abs. 2 Nr. 2 BewG genannten Wirtschaftsgüter, die Nebenbetriebe (§ 34 Abs. 2 Nr. 3 BewG) und die Sonderkulturen (§ 52 BewG). Die Werte der Sondernutzungen sind aus den jeweils zuletzt festgestellten Einheitswerten oder den nach § 125 BewG ermittelten Ersatzwirtschaftswerten abzuleiten. Bei Sondernutzungen, deren Werte jeweils 500 Deutsche Mark übersteigen, ist für jede Sondernutzung ein Zuschlag von 512 EUR zu machen. Letzteres gilt nicht bei der forstwirtschaftlichen Nutzung. 182

In den Durchschnittssatzgewinn nach § 13a Abs. 6 EStG sind über die nach den Abs. 4 und 5 zu ermittelnden Beträge hinaus auch Gewinne, soweit sie insgesamt 1.534 EUR übersteigen, einzubeziehen aus 183

1. der forstwirtschaftlichen Nutzung,
2. der Veräußerung oder Entnahme von Grund und Boden und Gebäuden sowie der im Zusammenhang mit einer Betriebsumstellung stehenden Veräußerung oder Entnahme von Wirtschaftsgütern des übrigen Anlagevermögens,
3. Dienstleistungen und vergleichbare Tätigkeiten, sofern diese dem Bereich der Land- und Forstwirtschaft zugerechnet und nicht für andere Betriebe der Land- und Forstwirtschaft erbracht werden,
4. der Auflösung von Rücklagen nach § 6c und von Rücklagen für Ersatzbeschaffung.

Änderungen in der Gewinnermittlung nach § 13a EStG[106] 184

- Der Gesetzgeber hat bei der sogenannten Gewinnermittlung nach Durchschnittssätzen einige Modifizierungen vorgenommen. Diese gelten bei abweichendem Wirtschaftsjahr ab 1.7.2015, bei Wirtschaftsjahr = Kalenderjahr ab 1.1.2015.
- Der Gewinngrundbetrag, der bisher in Abhängigkeit vom Einheitswert festgesetzt wird, beträgt nunmehr einheitlich 350 EUR pro ha. Neu hinzu kommt ein Zuschlag für Tierhaltung in Höhe von 300 EUR pro Vieheinheit, der jedoch erst ab der 26.Vieheinheit vorzunehmen ist.

106 BMF-Schreiben v. 10.11.2015 zur Neuregelung von § 13a EStG.

- Zur Erfassung der Sondernutzungen wird die folgende Tabelle erstellt. Der Betrieb kann seinen Gewinn nach § 13a EStG ermitteln, solange die Grenzen in Spalte 2 nicht überschritten werden, z.B. 0,66 ha Weinbau. Wird auch die Grenze in Spalte 3, z.B. 0,16 ha Weinbau, nicht überschritten, erfolgt kein Gewinnzuschlag. Darüber wird ein pauschaler Gewinnzuschlag von 1.000 EUR vorgenommen.
- Es gibt geänderte und neue Steuerformulare zur Ermittlung des Gewinns aus Land- und Forstwirtschaft nach Durchschnittssätzen[107] (neben Anlage L 2015): Anlage 13a 2015 und Anlage AV13a 2015.

185 Für ein Wirtschaftsjahr betragen

1. der Grundbetrag und die Zuschläge für Tierzucht und Tierhaltung der landwirtschaftlichen Nutzung (§ 13a Abs. 4 EStG):

Gewinn pro Hektar selbstbewirtschafteter Fläche	350 EUR
bei Tierbeständen für die ersten 25 Vieheinheiten[108]	0 EUR/Vieheinheit
bei Tierbeständen für alle weiteren Vieheinheiten	300 EUR/Vieheinheit

Angefangene Hektar und Vieheinheiten sind anteilig zu berücksichtigen.

2. die Grenzen und Gewinne der Sondernutzungen (§ 13a Abs. 6 EStG):

Nutzung	Grenze	Grenze
1	2	3
Weinbauliche Nutzung	0,66 ha	0,16 ha
Nutzungsteil Obstbau	1,37 ha	0,34 ha
Nutzungsteil Gemüsebau		
Freilandgemüse	0,67 ha	0,17 ha
Unterglas Gemüse	0,06 ha	0,015 ha
Nutzungsteil Blumen/Zierpflanzenbau		
Freiland Zierpflanzen	0,23 ha	0,05 ha
Unterglas Zierpflanzen	0,04 ha	0,01 ha
Nutzungsteil Baumschulen	0,15 ha	0,04 ha
Sondernutzung Spargel	0,42 ha	0,1 ha
Sondernutzung Hopfen	0,78 ha	0,19 ha
Binnenfischerei	2.000 kg Jahresfang	500 kg Jahresfang
Teichwirtschaft	1,6 ha	0,4 ha
Fischzucht	0,2 ha	0,05 ha
Imkerei	70 Völker	30 Völker
Wanderschäfereien	120 Mutterschafe	30 Mutterschafe
Weihnachtsbaumkulturen	0,4 ha	0,1 ha

186 - Bei Vermietung und Verpachtung von Wirtschaftsgütern des land- und forstwirtschaftlichen Betriebsvermögens sind die vollen Bruttoeinnahmen als Gewinnzuschlag zu erfassen. Damit in Zusammenhang stehende Kosten dürfen nicht abgezogen werden.

107 BGBl I 2014, 2426.

108 BMF-Schreiben v. 10.11.2015 zur Neuregelung von § 13a EStG, Tz. 33: Abgeltung mit Grundbetrag der l. u. f. Nutzung.

- Wie bereits bisher sind weiterhin Gewinne aus der Veräußerung oder Entnahme von Grund und Boden sowie Gebäuden zu erfassen. Künftig sind auch Gewinne aus der Veräußerung von immateriellen Wirtschaftsgütern (z.B. Lieferrechte/Pachtrechte) und Beteiligungen (z.B. Genossenschaftsanteile) zu erfassen. Zum Nachweis der Anschaffungskosten, die im Veräußerungsfall abgezogen werden können, sind die vorgenannten Wirtschaftsgüter in entsprechende Verzeichnisse aufzunehmen, die elektronisch an das Finanzamt zu übermitteln sind.
- **Wichtigste Neuregelung:** Veräußerungen oder Entnahmen des übrigen Anlagevermögens, z.B. Maschinen oder Zuchtstuten, sind als Zuschlag zu erfassen, wenn der Bruttoerlös inklusive Umsatzsteuer für das jeweilige Wirtschaftsgut mehr als 15.000 EUR betragen hat. Der Buchwert, der im Einzelfall zu ermitteln ist aus den historischen Anschaffungskosten abzüglich fiktiver Abschreibungsbeträge laut Abschreibungstabelle, kann gewinnmindernd abgezogen werden.
- Hier galt die Empfehlung, geplante Veräußerungen vor dem 1.7.2015 (Lieferdatum/Besitzübergang ist maßgebend) und damit zuschlagsfrei vorzunehmen.
- Neu aufgenommen wurde ein Zuschlag für dem Grunde nach gewerbliche Tätigkeiten, die aufgrund Unterschreitens der Drittelumsatzgrenze noch zur Landwirtschaft gerechnet werden können, also der Handel mit Zukaufprodukten sowie Dienstleistungen gegenüber Landwirten und Nichtlandwirten. Hier sind zukünftig die vollen Einnahmen zu erfassen und um einen pauschalen Betriebsausgabenabzug von 60 % zu mindern.

  Im Gegenzug entfällt der bisherige Zuschlag für Dienstleistungen gegenüber Nichtlandwirten. Dies bedeutet, dass zukünftig kein Zuschlag mehr für Einnahmen aus Pensionspferdehaltung vorgenommen werden muss. Vielmehr ist dieser mit dem oben genannten Gewinngrundbetrag abgegolten.
- Bisher waren die verausgabten Schuld- und Pachtzinsen gewinnmindernd anzusetzen. Zukünftig sind diese ebenfalls mit dem Grundbetrag abgegolten und nicht mehr gesondert anzusetzen.

Hinweis **187**

Einkünfte aus Land- und Forstwirtschaft sind in der Einkommensteuererklärung im Mantelbogen einzutragen und ergeben sich dezidiert aus den Anlagen L, 13a 2018 und AV13a 2018 zur Einkommensteuererklärung.

Diese Einkunftsart kennt auch zusätzliche betriebswirtschaftliche Jahresabschlüsse zur Beantragung von Subventionen. Auf diese besteht auch ein familienrechtlicher Auskunfts- und Beleganspruch.

Die Gewinnermittlung nach Durchschnittsätzen gemäß § 13a EStG ist unterhaltsrechtlich nur eingeschränkt nutzbar, weil sie aus steuerlichen Vereinfachungsgründen ein unterhaltsrelevantes Ergebnis nur ungenau ermittelt. Ggf. sind diese Einkünfte durch eine EÜR oder Bilanz zur Erfüllung der Darlegungs- und Beweislast nachzuweisen.[109]

3. Einkünfte aus Gewerbebetrieb (§ 15 EStG)

Einkünfte aus Gewerbebetrieb sind Gewinne aus gewerblichen Einzelunternehmen nach § 15 Abs. 1 Nr. 1 EStG sowie Gewinne der Gesellschafter aus Personengesellschaften nach § 15 Abs. 1 Nr. 2 EStG (zum gewerblichen GrdStHandel. vgl. Rdn 719). **188**

Dazu gehören insbesondere die Gewinne aus gewerblichen Unternehmen wie z.B. Handwerksbetriebe, Einzelhandelsbetriebe, Großhandelsbetriebe, Industriebetriebe, Handelsvertreter oder Handelsmakler (§ 15 Abs. 1 Nr. 1 EStG).

Ein **Einzelunternehmer** oder eine **Mitunternehmerschaft** erzielt Einkünfte aus Gewerbebetrieb, wenn er/sie **189**

- eine **selbstständige** Betätigung ausübt,

109 Dose/*Spieker*, § 1 Rn 268.

- diese Betätigung **nachhaltig** erfolgt,
- mit **Gewinnerzielungsabsicht,**
- sich dabei am **allgemeinen wirtschaftlichen Verkehr beteiligt** und
- wenn die Betätigung
  - weder als Ausübung von Land- und Forstwirtschaft
  - noch als Ausübung eines freien Berufs oder einer anderen selbstständigen Arbeit
  - noch als bloße Vermögensverwaltung anzusehen ist.

Unbeschränkt körperschaftsteuerpflichtige Kapitalgesellschaften erzielen grundsätzlich gemäß § 8 Abs. 2 KStG Einkünfte aus Gewerbebetrieb.

Eine unternehmerische Tätigkeit ist Voraussetzung für die Annahme von gewerblichen Einkünften. Nicht erforderlich sind feste Einrichtungen oder ein fester Ort, an dem die Tätigkeit ausgeübt wird. Einkünfte aus Gewerbebetrieb können auch erzielt werden, wenn eine Tätigkeit gegen gesetzliche Verbote verstößt.

190 *Hinweis*

Eine steuerrechtliche Zurechnung der Einkünfte erfolgt nicht beim Unternehmen (kein ertragsteuerliches Steuerrechtsubjekt[110]), sondern bei dem Unternehmer bzw. Mitunternehmer als natürliche Person, für dessen Rechnung und Gefahr ein gewerbliches Unternehmen betrieben wird.

Körperschaftsteuerpflichtige Kapitalgesellschaften sind demgegenüber **Steuerrechtsubjekt**.

Zu den Einkünften aus Gewerbebetrieb gehören auch die Einkünfte aus Mitunternehmerschaft, wie die einer Personengesellschaft (§ 15 Abs. 1 Nr. 2 EStG).

191 **Thesaurierungsbegünstigung/besonderer Steuersatz für nicht entnommene Gewinne**

Durch die Unternehmenssteuerreform 2008 gilt für Jahresabschlüsse ab 2009 der besondere Steuersatz für nicht entnommene Gewinne für Einzelunternehmen und Personengesellschaften (**Thesaurierungsbegünstigung**) bei Anwendung des Betriebsvermögensvergleichs mit 28,25 % zzgl. Solidaritätszuschlag und ggf. Kirchensteuer sowie einer **zusätzlichen Nachversteuerung** im Falle der Ausschüttung in Höhe von weiteren 25 % (diese ohne Solidaritätszuschlag und Kirchensteuer).Dies hat zur praktischen Bedeutungslosigkeit dieser Regelung geführt.

Die Thesaurierungsbegünstigung kann steuerlich aber von Interesse sein, wenn das Unternehmen langfristig keine Gewinne ausschütten will und muss (vermögensverwaltende, gewerbliche Gesellschaften, insb. KG).

Hinweis

Die Höhe der Gesamtsteuerbelastung hat vermutlich verhindert, dass diese Gestaltungsmöglichkeit im Unterhaltsrecht große Bedeutung erlangt hat.

192 Sind aber Teile der Einkünfte gewerblich, kann das zur Gewerblichkeit aller Einkünfte führen, sog. Gewerbebetrieb kraft **Abfärbung,**[111] oder **gewerblich geprägte Personengesellschaft,** z.B. GmbH & Co. KG, § 15 Abs. 3 EStG.

In § 15 Abs. 3 EStG ist das Einzelunternehmen nicht genannt!

Ist bspw. ein zivilrechtlicher Mitgesellschafter nur weisungsgemäß für gewisse Aufgaben zuständig und nicht bei Ausscheiden an den stillen Reserven beteiligt, kann dies bei einer Arztpraxis zur Gewerblichkeit bzgl. aller Einkünfte führen.

Steuerrechtlich ist eine Mitunternehmerstellung erforderlich, die Unternehmerinitiative und Mitunternehmerrisiko erfordert. Fehlt es an einer Vermögensbeteiligung und somit auch an einer Beteiligung

110 BFH BStBl II 1995, 617.
111 FG Düsseldorf EFG 2014, 840.

an den stillen Reserven der Gesellschaft und liegt eine umsatzabhängige Gewinnbeteiligung vor, fehlt es am Unternehmerrisiko. Alle Einkünfte sind infiziert und damit gewerbliche Einkünfte gem. § 15 Abs. 3 Nr. 1 EStG.

Das Problem der Abfärbung stellt sich auch bei der **vermögensverwaltenden Personengesellschaft**, meistens in der Form der KG, sog. **Zebragesellschaft**, die ebenfalls durch gewerbliche Beteiligungen in die Gewerbesteuerpflicht geraten kann. Dies soll nicht gelten, wenn ein „äußerst geringer Anteil" (3 % der Umsätze und nicht mehr als 24.500 EUR) an gewerblicher Tätigkeit gegeben sein soll.[112] Freiberufler können die Art der Gewinnermittlung wählen: entweder die EÜR gem. § 4 Abs. 3 EStG oder den Betriebsvermögensvergleich nach § 4 Abs. 1 EStG ohne allerdings die besonderen Vorschriften des Handelsgesetzbuches beachten zu müssen, da diese nur von Kaufleuten anzuwenden sind.

Negative Einkünfte aus einer gewerblichen Tätigkeit führen nicht zur Umqualifizierung der vermögensverwaltenden Einkünfte eines GbR.[113]

Dem tritt der Gesetzgeber mit einem neuen § 15 Abs. 3 Nr. 1 EStG entgegen, wonach auch negative Einkünfte z.B. bei einer Besitzgesellschaft zur Gewerblichkeit führen.[114]

Mitunternehmer ist, wer Mitgesellschafter einer Personengesellschaft ist und eine gewisse unternehmerische Initiative entfalten kann und das unternehmerische Risiko trägt. Hieran kann es fehlen, wenn ein Mitgesellschafter, zum Beispiel in einer Ärztepartnerschaft oder auch Anwaltsgroßsozietät nur zugewiesene Patienten behandelt bzw. Fälle bearbeitet und/oder an den stillen Reserven/Vermögenswert des Unternehmens nicht beteiligt ist.[115] 193

Die Einkünfte werden den einzelnen Mitunternehmern zugerechnet.[116]

> *Hinweis*
>
> Die Zurechnung erfolgt entsprechend dem Gesellschaftsvertrag, **Ergebnisverwendungsbeschluss** oder Gesetz. Auf den Gesellschaftsvertrag und jährlichen Ergebnisverwendungsbeschlüsse besteht folglich ein unterhaltsrechtlicher **Auskunfts- und Beleganspruch**, denn die jährlichen Ergebnisse können auch der Quote nach variieren, weil Gewinnverteilung und Beteiligung an der Gesellschaft keineswegs identisch sein müssen **(Haftungsfalle!)**
>
> Auch Vergütungen, die der Gesellschafter für die Gesellschaft für seine Tätigkeit im Dienste der Gesellschaft (Gehalt) oder die Hingabe von Darlehen (Zinsen) oder die Überlassung von Wirtschaftsgütern (Miete/Pacht) bezieht, gehören zu den Einkünften aus Gewerbebetrieb und werden dem Gesellschafter zugerechnet.

a) Sonderbetriebsvermögen (SBV)/Sonderbetriebseinnahmen und -ausgaben

Die Einkünfte eines Mitunternehmers können als Unterhaltseinkünfte nur dann vollständig beurteilt werden, wenn auch das Ergebnis aus dem Sonderbetriebsvermögen (entsprechende Vorgehensweise bei der EÜR mit Anlagen SE 2015 und Anlage AVSE 2015; siehe auch Rdn 136, 445) herangezogen wird (vgl. Rdn 493 ff.). 194

Sonderbetriebsvermögen (SBV) ist ein steuerrechtlicher Begriff für Wirtschaftsgüter, die im Privateigentum von einem, mehreren oder allen Mitunternehmern einer Personengesellschaft stehen. Die Wirtschaftsgüter gehören zum **Sonderbetriebsvermögen I, wenn sie unmittelbar dem Betrieb der Mitunternehmerschaft dienen**. Zum **Sonderbetriebsvermögen II gehören Wirtschaftsgüter, die unmittelbar zur Begründung oder Stärkung der Beteiligung des Mitunternehmers an der Personengesellschaft einge-**

112 BFH DStR 2015, 345; BFH, Urt. v. 12.4.2018 – IV R 5/15, DStR 2018, 1421.
113 BFH, Urt. v. 12.4.2018 – IV R 5/15, BeckRS 2018 13845.
114 BMF-Regierungsentwurf v. 31.7.2019.
115 FG Düsseldorf EFG 2014, 840.
116 BFH BStBl II 1993, 616.

setzt werden und damit die Beteiligung des Gesellschafters fördern. Gewillkürtes Sonderbetriebsvermögen ist möglich, wenn das Wirtschaftsgut geeignet ist, dem Gewerbebetrieb der Mitunternehmerschaft oder der Beteiligung zu dienen. Die Willkürung erfolgt durch Aktivierung in der Sonderbilanz. Die **Sonderbilanz** weist aktive und passive Wirtschaftsgüter des Sonderbetriebsvermögens I und II aus. Die **Sonder-Gewinn- und Verlustrechnung** weist Sonderbetriebseinnahmen und Sonderbetriebsausgaben aus. Hierunter fallen bspw. Sondervergütungen der Mitunternehmerschaft an den Mitunternehmer, sonstige Sonderbetriebseinnahmen aus dem Sonderbetriebsvermögen oder Sonderbetriebsausgaben beim Sonderbetriebsvermögen.[117]

Als Sonderbetriebseinnahmen bezeichnet man die neben den Gewinnanteilen auch alle zufließenden Vergütungen. Diese Sonderbetriebseinnahmen werden ebenfalls den Einkünften aus Gewerbebetrieb hinzugerechnet. Als Aufwand mindern sie zwar den Handelsbilanzgewinn der Gesellschaft, nicht aber den steuerlichen Gewinn (damit auch Beispiel für das Auseinanderfallen von Handels- und Steuerbilanz).

Beispiel

A und B sind jeweils mit 50 % an der Up and Away KG beteiligt. Der Handelsbilanzgewinn wird nach dem Gesellschaftsvertrag in dem Verhältnis 1:1 verteilt.

Nach den handelsrechtlichen Vorschriften wird der Bilanzgewinn der KG ermittelt und beträgt 500.000 EUR für das Kalenderjahr 2012.

A ist gleichzeitig als Geschäftsführer der KG tätig und erhält für seine Tätigkeit in 2012 einen Betrag in Höhe von 60.000 EUR.

B hat der KG ein Darlehen in Höhe von 150.000 EUR zur Verfügung gestellt, für das er im Jahr 2012 15.000 EUR Zinsen erhalten hat. Außerdem hat B der KG Räumlichkeiten gegen Zahlung einer Jahresmiete von 30.000 EUR überlassen.

Gehalt sowie Zinsen und Miete von insgesamt 105.000 EUR haben den Handelsbilanzgewinn gemindert.

Lösung

A und B haben folgende Einkünfte aus Gewerbebetrieb:

Handelsbilanzgewinn	500.000 EUR
+ Vergütung für Tätigkeit	60.000 EUR
+ Vergütung für Hingabe eines Darlehens	15.000 EUR
+ Vergütung für Überlassung eines Hauses	30.000 EUR
= steuerlicher Gewinn (§ 15 Abs. 1 Nr. 2 EStG)	**605.000 EUR**

Gesellschafter	**Vorweggewinn**	**Handelsbilanz (1:1)**	**Einkünfte aus Gewerbebetrieb**
A	**60.000 EUR**	**250.000 EUR**	**310.000 EUR**
B	**45.000 EUR**	**250.000 EUR**	**295.000 EUR**
Summen	**105.000 EUR**	**500.000 EUR**	**605.000 EUR**

195 *Hinweis*

Mitunternehmer haben den auf sie entfallenden Gewinnanteil in dem Veranlagungszeitraum zu versteuern, in dem sie den Gewinn erzielt haben.

117 *Gabler*, Wirtschaftslexikon, Stichwort: Sonderbetriebsvermögen.

Der **Auskunfts- und Beleganspruch** bezieht sich auf das steuerliche Ergebnis ausweislich der „Erklärung zur gesonderten und einheitlichen Feststellung von Grundlagen für die Einkommensbesteuerung“ und dem daraus folgenden Feststellungsbescheid gemäß § 180 AO (Formular: ESt 1B).

Auf die gesellschaftsvertragliche bzw. schuldvertragliche Regelung bezüglich des Sonderbetriebsvermögens, der Sonderbetriebseinnahmen und der Sonderbetriebsausgaben besteht zur vollständigen Beurteilung der Unterhaltseinkünfte ein **Auskunfts- und Beleganspruch**.

Gleiches gilt für die bei Personengesellschaften fakultativen Ergebnisverwendungsbeschlüssen. Hier besteht eine **Haftungsfalle**, weil Beteiligung an der Gesellschaft und Gewinnbeteiligung nicht identisch sein müssen.

Beispiel für den Besteuerungszeitraum

A erhält seinen Gewinnanteil für 2012 (Wirtschaftsjahr = Kalenderjahr) in 2013 ausgezahlt.

Lösung

Weil der Gewinn im Veranlagungszeitraum 2012 erzielt worden ist, hat A seinen Gewinnanteil im Veranlagungszeitraum 2012 zu versteuern.

Bei abweichendem Wirtschaftsjahr wird der Gewinn bei Gewerbetreibenden in dem Kalenderjahr bezogen, in dem das Wirtschaftsjahr endet (§ 4a Abs. 2 Nr. 2 EStG). 196

Beispiel

A ist Gesellschafter der X-OHG. Der Gewinnanteil für das Wirtschaftsjahr 2012/2013 (1.4.2012 bis 31.3.2013) beträgt 10.000 EUR.

Lösung

Hier gilt, dass der Gewinn in Höhe von 10.000 EUR für A im Kalenderjahr 2013 als bezogen gilt, weil das Wirtschaftsjahr auch 2013 endet.

Hinweis

Die Rechtsprechung des IV. Senats des BFH[118] stärkt die Möglichkeit der Buchwertübertragung von Sonderbetriebsvermögen bei Schenkung des Mitunternehmeranteils, bei Übertragung auf Schwesterpersonengesellschaften und bei Übertragung in das Gesamthandsvermögen. Bei Umwandlungen kann es deshalb zur Buchwertfortführung, zum Ansatz von Zwischenwerten und zum Ansatz des Teilwerts, also unter (teilweiser) Aufdeckung der stillen Reserven, kommen.

b) Atypisch/typisch stille Gesellschaft

Zu den Einkünften aus Gewerbebetrieb gehören weiterhin auch **Einkünfte unechter (atypischer) stiller Gesellschafter**. Unechte stille Gesellschafter gelten deshalb als Mitunternehmer, weil sie nicht nur am Gesellschaftserfolg, sondern auch am Betriebsvermögen einschließlich der stillen Reserven und am Geschäftswert, d.h. Firmenwert, beteiligt sind. 197

Hinweis 198

Die Einkünfte unechter (atypischer) Gesellschafter werden den Einkünften aus Gewerbebetrieb nach § 15 EStG, Einkünfte echter (typischer) stiller Gesellschafter den Einkünften aus Kapitalvermögen nach § 20 EStG zugeordnet.

Typische stille Gesellschafter sind nämlich lediglich Kapitalgeber und somit am Erfolg, d.h. Gewinn und ggf. auch am Verlust der Gesellschaft beteiligt, nicht jedoch am Betriebsvermögen und am Ge-

118 BFH v. 2.8.2012 – IV R 41/11; v. 21.6.2012 – IV R 1/08 und v. 19.9.2012 – IV R 11/12.

schäftswert (§§ 230 ff. HGB). Echte stille Gesellschafter können somit keine Einkünfte aus Gewerbebetrieb, sondern lediglich Einkünfte aus Kapitalvermögen erzielen.

Zur Beurteilung dieser Frage besteht ein unterhaltsrechtlicher **Auskunfts- und Beleganspruch** auf das vertragsrechtliche Statut (Gesellschaftsvertrag) und die jährliche Ermittlung des Gewinnanteils.

Zu den Einkünften aus Gewerbebetrieb gehören per se auch **Gewinnanteile der Gesellschafter einer GmbH & Co. KG**. Die GmbH & Co. KG wird auch steuerlich als Personengesellschaft (KG) behandelt.

c) Veräußerungsgewinne/"latente Steuer"

199 Gewinne, die bei der **Veräußerung eines Betriebes, auch die fiktive Veräußerung im Zugewinnausgleichsverfahren,** (siehe unten ausführlich unter „Sonstige Einkünfte" nach § 22 EStG, Rdn 730 ff.) erzielt werden, gehören nach § 16 Abs. 1 S. 1 EStG ebenfalls zu den Einkünften aus Gewerbebetrieb, wobei sich die Veräußerung beziehen kann auf:

- den ganzen Gewerbebetrieb oder einen Teilbetrieb,
- einen Mitunternehmeranteil oder
- einen Anteil eines persönlich haftenden Gesellschafters an einer KGaA.

200 *Hinweis*

Die **Aufgabe eines Betriebes** wird nach § 16 Abs. 3 EStG der Veräußerung gleichgestellt.

Hierbei wird die Veräußerung bzw. die Aufgabe des Betriebes als letzte gewerbliche Handlung des Unternehmers angesehen.

201 **Veräußerungsgewinne** nach § 16 Abs. 2 EStG (auch für Veräußerung von Anteilen an Kapitalgesellschaften nach § 17 EStG) ermitteln sich wie folgt:

Veräußerungspreis abzüglich Veräußerungskosten abzüglich Wert des Betriebsvermögens/Reinvermögens (Vermögen ./. Schulden) = **Veräußerungsgewinn**

Beispiel

Der 60 Jahre alte A betreibt seit 40 Jahren in Hannover eine Gemüsegroßhandlung.

Er veräußert seinen Betrieb in 2012 im Ganzen für 300.000 EUR. Er stellt gleichzeitig seine gesamte gewerbliche Tätigkeit auf Dauer ein.

Zum Veräußerungszeitpunkt betrug der Wert des Betriebsvermögens (Aufgabebilanz) 90.000 EUR.
An Veräußerungskosten sind 10.000 EUR (Makler-, Notarkosten etc.) angefallen.

Lösung

Der Veräußerungsgewinn für A wird für den Veranlagungszeitraum 2012 wie folgt ermittelt:

Veräußerungspreis	300.000 EUR
./. Veräußerungskosten	10.000 EUR
./. Wert des Betriebsvermögens	90.000 EUR
= Veräußerungsgewinn	**200.000 EUR**

202 Der Veräußerungsgewinn wird gemäß § 34 EStG versteuert (vgl. unten „außerordentliche Einkünfte und ihre Steuerermäßigung"). Wenn der Veräußerungsgewinn 5 Mio. EUR nicht übersteigt und der Steuerpflichtige das 55. Lebensjahr vollendet hat oder dauernd erwerbsunfähig im sozialrechtlichen Sinne ist, wird der Veräußerungsgewinn um einen **Freibetrag** von 45.000 EUR nach § 16 Abs. 4 S. 1, § 34 Abs. 3 EStG gemindert. Dieser Freibetrag ist nach § 16 Abs. 4 S. 2 EStG einem Steuerpflichtigen nur einmal zu gewähren. Er ermäßigt sich um den Betrag, um den der Veräußerungsgewinn 136.000 EUR als Grenzbetrag übersteigt (Abschmelzung; § 16 Abs. 4 S. 3 EStG).

Sind die obigen Tatbestandsvoraussetzungen erfüllt, kommt ein ermäßigter Steuersatz von 56 % des durchschnittlichen Steuersatzes aus dem gesamten zu versteuernden Einkommen zum Tragen (§ 34 Abs. 3 S. 2 EStG).

Hinweis 203

Einkünfte aus Gewerbebetrieb und Veräußerungsgewinnen aus Gewerbebetrieb sind in der Anlage G in Tz 31 ff. auszuweisen. Auf diese Anlage zur Einkommensteuererklärung und auf die Dokumentation der Ermittlung zur Höhe des Veräußerungsgewinns besteht ein unterhaltsrechtlicher **Auskunfts- und Beleganspruch**.

d) Betriebsaufspaltung

Zur Aufdeckung von stillen Reserven und somit zu **Veräußerungsgewinnen** kann es auch kommen, wenn eine **Betriebsaufspaltung durch eine Scheidungsfolgenvereinbarung** beendet wird. 204

Hinweis 205

Durch Beendigung des Güterstandes der Zugewinngemeinschaft, auch bei Güterstandesschaukel entsteht zwar keine Schenkungsteuerpflicht, es sind aber die ertragssteuerlichen Konsequenzen (bei der Übertragung von Vermögenswerten) beachtlich.

Auch stellt sich hier in besonderer Weise die Frage, wo die Einkünfte herstammen und insbesondere, ob Einkommensverlagerungen und unzulässige Vermögensbildung vorliegen.

Definition der Betriebsaufspaltung:

Eine Betriebsaufspaltung liegt dann vor, wenn wirtschaftlich einheitliche Unternehmen in grundsätzlich zwei der Rechtsform nach verschiedene Betriebe gegliedert werden,[119] d.h. wenn ein wirtschaftlich einheitliches Unternehmen in eine Betriebsgesellschaft und in eine Besitzgesellschaft gegliedert ist.

Hierbei unterscheidet man zwischen einer echten und unechten Betriebsaufspaltung, wobei steuerlich beide Arten gleichbehandelt werden.

Grundlage zwischen dem Besitzunternehmen und dem Betriebsunternehmen bildet hier meistens ein **Pachtvertrag** hinsichtlich der Überlassung der Wirtschaftsgüter, meistens Grundstücke/Firmengebäude. Wenn die überlassenen Wirtschaftsgüter zu den **wesentlichen Grundlagen** der Betriebsgesellschaft gehören und eine enge **personelle Verflechtung** zwischen dem Besitz- und dem Betriebsunternehmen besteht, geht die Überlassung über den Rahmen einer bloßen Vermögensverwaltung hinaus. Es besteht eine sog. **sachliche und personelle Verflechtung**.

Steuerrechtsfolge: Die Einkünfte werden dann nicht mehr der Einkunftsart „Vermietung und Verpachtung" nach § 21 EStG zugeordnet. Die Einkünfte sind vielmehr gewerblich i.S.d. § 15 EStG.

Die Beurteilung aus steuerrechtlicher Sicht basiert darauf, dass die hinter dem Besitz- und dem Betriebsunternehmen stehenden Personen einen einheitlichen geschäftlichen Betätigungswillen haben, der über das Betriebsunternehmen auf die Ausübung einer gewerblichen Betätigung gerichtet ist.[120]

Eine Beteiligungsidentität ist nicht erforderlich,[121] sondern Voraussetzung ist allein, dass die Willensbildung bei beiden Unternehmen einheitlich ist und das Besitzunternehmen dem Betriebsunternehmen zumindest eine wesentliche Betriebsgrundlage überlässt.

Bei beiden Gesellschaften muss die gleiche Willensbildung möglich sein.[122]

119 Vgl. BFH BStBl II 1972, 63.
120 BFH BStBl II 1981, 39.
121 BFH BStBl II 1975, 266.
122 BFH BStBl II 1973, 447.

Hierbei ist es auch nicht zwingend nötig, dass es sich bei der Betriebsgesellschaft um eine Kapitalgesellschaft und bei dem Besitzunternehmen um ein Einzelunternehmen bzw. eine Personengesellschaft handelt.

Das Betriebsunternehmen kann auch eine Personengesellschaft oder ein Einzelunternehmen sein.

Ebenso ist eine Betriebsaufspaltung zwischen zwei Personengesellschaften möglich.

206 **Im Gegensatz zur Mitunternehmerschaft sind bei einer Betriebsaufspaltung mindestens zwei Unternehmen vorhanden!**

Nach der neueren Rechtsprechung des BFH ist jedes Grundstück, das die räumliche und funktionale Grundlage für die Geschäftstätigkeit des Betriebsunternehmens bildet und es ihr ermöglicht, den Geschäftsbetrieb aufzunehmen und auszuüben, eine wesentliche Betriebsgrundlage.[123]

Eine **wesentliche Betriebsgrundlage** liegt somit vor, wenn das Grundstück nach dem Gesamtbild der Verhältnisse zur Erreichung des Betriebszwecks erforderlich ist und besonderes Gewicht für die Betriebsführung hat. Es ist nicht mehr erforderlich, dass eine besondere Gestaltung für den jeweiligen Unternehmenszweck vorliegt (sog. branchenspezifische Herrichtung und Ausgestaltung). Ohne Belang sind auch Maßstäbe, die von außen ohne Bezug auf die Betriebsstruktur an das Grundstück angelegt werden. Es spielt somit keine Rolle mehr, ob das Grundstück auch von anderen Unternehmen genutzt werden könnte oder ob ein Ersatzgrundstück gekauft oder angemietet werden kann bzw. ob das Grundstück und die aufstehenden Baulichkeiten ursprünglich für die Zwecke eines anderen Betriebes genutzt und ohne nennenswerte Investitionen und Veränderungen in den Dienst der Gesellschaft gestellt werden.[124] Ebenfalls unerheblich ist, ob das Betriebsunternehmen von auch einem anderen gemieteten oder gekauften Grundstück aus hätte betrieben werden können.

207 In Hinblick auf die **personelle Verflechtung** ist es nicht, wie bereits oben dargelegt, notwendig, dass an beiden Unternehmen die gleichen Beteiligungen derselben Person bestehen. Es reicht aus, wenn die Personen, die das Besitzunternehmen **tatsächlich beherrschen**, auch in der Lage sind, in dem Betriebsunternehmen ihren Willen durchzusetzen oder umgekehrt.

Es reicht somit Beherrschungsidentität aus.[125]

Nach Ansicht des BFH[126] genügt es, wenn eine Besitzpersonengesellschaft von ihrem nicht mehrheitlich beteiligten alleinigen Gesellschaftergeschäftsführer beherrscht wird.

Eine personelle Verflechtung liegt nur dann nicht vor, wenn die Beteiligungsverhältnisse in Besitz und Betriebsunternehmen weit auseinander liegen, wie z.B. bei der Beteiligung von 98 % zu 2 % und umgekehrt. Ebenso liegt keine Betriebsaufspaltung vor, wenn ein Gesellschafter der Besitzgesellschaft auch gleichzeitig Gesellschafter der Betriebsgesellschaft ist und nach dem Gesellschaftsvertrag der Besitzgesellschaft für alle Geschäfte im Zusammenhang mit den überlassenen Betriebsgrundlagen Einstimmigkeit herrschen muss.[127]

So kann auch bei einem Einzelgewerbetreibenden eine Beteiligung an einer Kapitalgesellschaft zum notwendigen Betriebsvermögen gehören, wenn sie dazu bestimmt ist, den Absatz von Produkten oder Dienstleistungen des Steuerpflichtigen zu gewährleisten und das Einzelunternehmen weit überwiegend seine Umsätze mit der Kapitalgesellschaft generiert.[128]

208 Sind **Ehepartner** beteiligt, so galt nach früherer Rechtsprechung und Auffassung der Finanzverwaltung, dass den Ehepartnern bei intakter Ehe ein einheitlicher geschäftlicher Betätigungswille unterstellt wurde. Für die Ermittlung der Beherrschungsidentität wurden die Anteile der Ehepartner zusammengerechnet.

123 Vgl. BFH BStBl II 2002, 662 und 665; BFH/NV 2003, 1321.
124 BFH/NV 2003, 41.
125 Vgl. BFH GmbHR 2000, 575.
126 BFH DStR 2000,1431.
127 Vgl. BFH FR 1999, 596.
128 BFH, Urt. v. 10.4.2019 – X R 28/16, DStR 2019 1451.

Diesem Rechtsgedanken widersprach das Bundesverfassungsgericht.[129] Nach Ansicht des BVerfG darf eine Addition der Anteile nur dann noch erfolgen, wenn zusätzliche konkrete Umstände dies nahelegen. Nach dem sog. **Wiesbadener Modell** liegt dann **keine** Betriebsaufspaltung vor, wenn ein Ehepartner nur am Besitzunternehmen und der andere Ehepartner nur am Betriebsunternehmen beteiligt sind.[130]

Hinweis 209

Es sollte durch Scheidungsvereinbarungen vermieden werden, **Betriebsaufspaltungen** „entstehen" zu lassen.

Auch sollte vermieden werden, durch derartige Vereinbarungen eine Betriebsaufspaltung zu beenden (durch Beendigung des Güterstandes, auch bei der Güterstandsschaukel). Hierdurch werden nämlich die stillen Reserven aufgedeckt und der Besteuerung zugeführt.[131]

Im Rahmen der Ehescheidung sollte deshalb darauf hingewirkt werden, dass sich die Beteiligungsverhältnisse in der Besitz- und der Betriebsgesellschaft nicht ändern. Möglich ist auch, dass der ausscheidende Ehepartner die Beteiligung sowohl an der Besitz- als auch an der Betriebsgesellschaft auf den anderen Ehepartner überträgt (**Achtung**: ggf. Schenkungssteuer und/oder Veräußerungsgewinnbesteuerung). In diesem Fall bleiben die Voraussetzungen der Betriebsaufspaltung, nämlich die Beherrschungsidentität, in beiden Gesellschaften erhalten.

4. Einkünfte aus selbstständiger Arbeit (§ 18 EStG)

Nach dem Einkommensteuergesetz werden in § 18 EStG beispielhaft Tätigkeiten aufgezählt, die unter die Einkünfte aus selbstständiger Arbeit zu subsumieren sind. 210

Es gelten zunächst die gleichen Voraussetzungen wie bei den Einkünften aus Gewerbebetrieb. Jedoch muss ein Selbstständiger im Gegensatz zum Gewerbetreibenden auch bei Einsatz von Mitarbeitern aufgrund eigener Fachkenntnisse leitend und eigenverantwortlich tätig sein und der Arbeit sein Gepräge geben.

Nach H 15.6 EStH 2012 müssen folgende Merkmale für eine selbstständige Arbeit vorliegen: 211

- Selbstständigkeit
- Nachhaltigkeit
- Gewinnerzielungsabsicht
- Beteiligung am allgemeinen wirtschaftlichen Verkehr und
- persönlicher Arbeitseinsatz des Steuerpflichtigen

■ **Freiberufliche und selbstständige Arbeit:** 212

Unterschieden wird nach Einkünften aus **freiberuflicher Arbeit** nach § 18 Abs. 1 Nr. 1 EStG sowie Einkünften aus sonstiger **selbstständiger Arbeit** nach § 18 Abs. 1 Nr. 3 EStG.

Im Gegensatz zu den gewerblichen Tätigkeiten wird die selbstständige Arbeit durch die Persönlichkeit des den Beruf Ausübenden geprägt (§ 18 Abs. 1 Nr. 1 EStG).

■ **Beispiele für eine freiberufliche Tätigkeit:** 213

- selbstständige, wissenschaftliche, künstlerische, schriftstellerische, unterrichtende oder erzieherische Tätigkeit
  oder

129 BVerfG BStBl II 1985, 475.
130 BFH BStBl II 1997, 28.
131 BFH BStBl II 1994, 23; BFH BB 1993; 2356; BFH, Urt. v. 13.12.2018 – II R 13, BeckRS, 2018, 46313.

- selbstständige Arbeit bestimmter Berufsgruppen, der sog. Katalogberufe wie
  - Ärzte,
  - Rechtsanwälte und
  - Steuerberater

  oder
- selbstständige Arbeit, die den Katalogberufen ähnlich sind wie
  - Hebammen,
  - Heilmasseure und
  - EDV-Berater.

214 ■ **Beispiele für Einkünfte aus sonstiger selbstständiger Arbeit (§ 18 Abs. 1 Nr. 3 EStG):**
- Testamentsvollstrecker,
- Vermögensverwalter und
- Aufsichtsratsmitglieder.

Zur Abgrenzung der selbstständigen zur gewerblichen Tätigkeit wird auf H 15.6 EStH 2012 verwiesen. Demgegenüber sieht der BFH[132] den selbstständigen Rentenberater nicht als freiberuflich tätig an.

215 **Besserstellung gegenüber Einkünften aus Gewerbebetrieb**

Es besteht keine Gewerbesteuerpflicht (§ 2 Abs. 1 S. 1 GewStG). Dies stellt keinen Verstoß gegen den Gleichheitsgrundsatz des Art. 3 Abs. 1 GG dar.[133]

Sind aber Teile der Einkünfte gewerblich, kann das zur Gewerblichkeit aller Einkünfte führen (Gewerbebetrieb kraft **Abfärbung**[134]). Ist beispielsweise ein zivilrechtlicher Mitgesellschafter nur weisungsgemäß für gewisse Aufgaben zuständig und nicht bei Ausscheiden an den stillen Reserven beteiligt, kann das bei einer Arztpraxis zur Gewerblichkeit bezüglich aller Einkünfte führen.

Steuerrechtlich ist nämlich eine Mitunternehmerstellung erforderlich, die mit Unternehmerinitiative und Mitunternehmerrisiko erfordert. Fehlt es an einer Vermögensbeteiligung und somit auch an einer Beteiligung an den stillen Reserven der Gesellschaft und liegt eine umsatzabhängige Gewinnbeteiligung vor, fehlt es am Unternehmerrisiko.

Alle Einkünfte sind infiziert und damit gewerbliche Einkünfte gemäß § 15 Abs. 3 Nr. 1 EStG.

Negative Einkünfte aus einer gewerblichen Tätigkeit führen nicht zur Umqualifizierung der vermögensverwaltenden Einkünfte eines GbR.[135]

Dies ist durch das JStG 2019 mit der Neufassung des § 15 Abs. 3 Nr. 1 EStG geändert worden, wonach auch negative Einkünfte z.B. bei einer Besitzgesellschaft zur Gewerblichkeit führen können.[136] Das Problem der Abfärbung stellt sich auch bei der **vermögensverwaltenden Personengesellschaft**, meistens in der Form der KG, so genannte **Zebragesellschaft**, die ebenfalls durch gewerbliche Beteiligungen in die Gewerbesteuerpflicht geraten kann. Dies soll nicht gelten, wenn ein „äußerst geringer Anteil" an gewerblicher Tätigkeit gegeben sein soll.[137] Freiberufler können die Art der Gewinnermittlung wählen: entweder die EÜR gem. § 4 Abs. 3 EStG oder den Betriebsvermögensvergleich nach § 4 Abs. 1 EStG ohne allerdings die besonderen Vorschriften des Handelsgesetzbuches beachten zu müssen, da diese nur von Kaufleuten anzuwenden sind.

132 BFH, Urt. v. 7.5.2019 – VIII R 2/16, DStR 2019, 1732.
133 BVerfG – 1 Bvl 2/04.
134 FG Düsseldorf EFG 2014, 840.
135 BFH, Urt. v. 12.4.2018 – IV R 5/15, BeckRS 2018, 13845.
136 BMF-Regierungsentwurf v. 31.7.2019.
137 BFH DStR 2015, 345.

Hinweis 216

Einkünfte aus **selbstständiger Arbeit** sind in die Anlage S der Einkommensteuererklärung sowie bei EÜR in der Anlage EÜR, AVEÜR, SZE, ER, SE, AVSE, (vgl. Rdn 163, 194, 217 ff.) **Auskunfts- und Beleganspruch**) einzutragen.

5. Einnahmen-/Überschussrechnung (EÜR) nach § 4 Abs. 3 EStG

(ausführlich siehe Rdn 547 ff.) 217

Sind Steuerpflichtige nicht verpflichtet,

- Bücher zu führen und
- Abschlüsse zu machen und
- leisten sie dies auch nicht freiwillig,

können sie als Gewinn den Überschuss der Betriebseinnahmen über die Betriebsausgaben ansetzen.

Beispiel

Unterhaltsschuldner S ist Facharzt für Augenheilkunde und hat in seiner Praxis im abgelaufenen Kalenderjahr 2015 Betriebseinnahmen in Höhe von 300.000 EUR und Betriebsausgaben in Höhe von 100.000 EUR.

Lösung

Der Gewinn durch Überschussrechnung nach § 4 Abs. 3 EStG ist wie folgt zu ermitteln:

Betriebseinnahmen	300.000 EUR
Betriebsausgaben	– 100.000 EUR
= Gewinn des S aus selbstständiger Arbeit	**200.000 EUR**

6. Gewinnermittlungen nach Durchschnittssätzen

Neben dem Betriebsvermögensvergleich und der Einnahmen-/Überschussrechnung kennt das Einkommensteuergesetz noch die Gewinnermittlung nach Durchschnittssätzen gemäß § 13a EStG (vgl. ausführlich zur alten und neuen Rechtslage oben Rdn 181). Diese kommt allerdings **nur bei Land- und Forstwirten** in Betracht. 218

Die Land- und Forstwirte müssen den Gewinn entweder nach § 4 Abs. 1 oder nach § 4 Abs. 3 EStG ermitteln, wenn sie die Voraussetzungen nach § 13a EStG nicht erfüllen.

7. Gewinnermittlungszeitraum

Das Wirtschaftsjahr bzw. das Kalenderjahr bildet den Gewinnermittlungszeitraum, also der Zeitraum, für den regelmäßig der Gewinn ermittelt wird. Er umfasst grundsätzlich einen Zeitraum von 12 Monaten. 219

Bei Eröffnung oder Aufgabe eines Betriebes darf dieser Zeitraum auch weniger als 12 Monate umfassen (§ 8b EStDV/Rumpfgeschäftsjahr).

Hieraus folgt, dass das Wirtschaftsjahr nicht mit dem Kalenderjahr übereinstimmen muss.

Hinweis 220

Das **Wirtschaftsjahr** bei Land- und Forstwirten umfasst grundsätzlich den Zeitraum vom 1. Juli bis 30. Juni und bei Gewerbetreibenden, die im Handelsregister eingetragen sind, den Zeitraum, für den sie regelmäßig Abschlüsse machen. Falls sie nicht im Handelsregister eingetragen sind, ist das Kalenderjahr maßgeblich. Bei den Überschusseinkünften ist Ermittlungszeitraum stets das Kalenderjahr. Abweichende Ermittlungszeiträume gibt es hier nicht!

§ 11 EStG regelt die **zeitliche Zurechnung** von Einnahmen- und Werbungskosten zu einem bestimmten Kalenderjahr. So gelten Einnahmen innerhalb eines Kalenderjahres als bezogen, in dem sie dem Steuerpflichtigen zugeflossen sind (sog. **Zuflussprinzip** nach § 11 Abs. 1 S. 1 EStG). Einnahmen gelten dann als zugeflossen, wenn der Steuerpflichtige wirtschaftlich über sie verfügen kann (Zahlung, Verrechnung bzw. Gutschrift). Bei einem Scheck gilt die Entgegennahme als Zufluss (H 11 EStH 2012 für Scheck, Scheckkarte).

221 ■ **Ausnahmeregelung**

Eine Ausnahmeregelung gilt für wiederkehrende Einnahmen i.S.v. § 11 Abs. 1 S. 2 EStG. Danach werden z.B. Zinsen und Mieten, die dem Steuerpflichtigen kurze Zeit vor Beginn oder kurze Zeit nach Beendigung des Kalenderjahres zufließen, zu dem sie wirtschaftlich gehören, in dem Kalenderjahr als bezogen angesehen, zu dem sie wirtschaftlich gehören (sog. **Zurechnungsprinzip**). Kurze Zeit ist hier regelmäßig ein Zeitraum bis zu 10 Tagen (H 11, Allgemeines, EStH 2012).

Beispiel

Der unterhalts- und steuerpflichtige Hauseigentümer S zahlt den für 2016 fälligen Gebäudeversicherungsbeitrag bereits am 23.12.2015 bar.

Lösung

Weil es sich um eine regelmäßig wiederkehrende Ausgabe handelt, die kurz vor Beginn des Kalenderjahres 2016, zu dem sie wirtschaftlich gehört, abfließt, kann S diesen Versicherungsbeitrag in 2016 als Werbungskosten geltend machen.

VI. Betriebsvermögensvergleich

1. Begriff des Betriebsvermögens

222 *„Diejenigen Ausreden, in denen gesagt wird, warum die Aktiengesellschaft keine Steuern bezahlen kann, werden in einer so genannten Bilanz zusammengestellt." (Kurt Tucholsky)*

Der Begriff des Betriebsvermögens ist gesetzlich nicht definiert. Zum Betriebsvermögen gehören im Einkommensteuerrecht Wirtschaftsgüter, die nach ihrer Art und nach ihrer Funktion in einem betrieblichen Zusammenhang stehen. Die Festlegung des Betriebsvermögens dient der Ermittlung des zu versteuernden Gewinns. Fehlt ein betrieblicher Zusammenhang, werden die Wirtschaftsgüter dem Privatvermögen zugerechnet.

Beim Reinvermögen nach handelt es sich um den Unterschiedsbetrag zwischen dem Bruttovermögen und den Schulden des Betriebs.[138] Das Reinvermögen (auch Nettovermögen) entspricht dem Eigenkapital, welches die Residualgröße in der Bilanz darstellt. Zum Reinvermögen – und Eigenkapital – werden alle Gewinnanteile hinzugerechnet, auf deren Ausschüttung die Gesellschafter endgültig verzichtet haben. Nicht zum Eigenkapital und Reinvermögen gehören die aus Gewinnen gebildeten Rückstellungen. Diese vermindern das Reinvermögen, weil sie zu den Verbindlichkeiten gerechnet werden.[139]

138 BVerwG, Urt. v. 30.6.2011 – 5 C 23.10.
139 *Lück/Bieg*, Lexikon der BWL, 1986, S. 957.

Beispiel

Folgende Wirtschaftsgüter werden am Ende des Wirtschaftsjahres durch Inventar und Inventur ausgewiesen:

Vermögen		
Betriebs- und Geschäftsausstattung	50.000 EUR	
Waren	30.000 EUR	
Forderungen aus L+L	20.000 EUR	
Kassenbestand	10.000 EUR	110.000 EUR
– Schulden		
Verbindlichkeiten aus L+L	30.000 EUR	
Bankverbindlichkeiten	20.000 EUR	– 50.000 EUR
= positives Betriebsvermögen		**60.000 EUR**

Lösung

Der Betrieb verfügt über ein **Reinvermögen** in Höhe von 60.000 EUR.

Wenn die Schulden das Vermögen übersteigen, spricht man auch von einem **negativen Betriebsvermögen**. 223

Beispiel

Vermögen	300.000 EUR
– Verbindlichkeiten	– 400.000 EUR
= negatives Betriebsvermögen	**– 100.000 EUR**

Lösung

Der Betrieb hat **Verbindlichkeiten** in Höhe von 100.000 EUR.

■ Gewinn nach § 4 Abs. 1 EStG 224

Der Gewinnbegriff nach § 4 Abs. 1 S. 1 EStG definiert sich durch den Vergleich des Betriebsvermögens am Schluss des Wirtschaftsjahres mit dem am Schluss des vorangegangenen Wirtschaftsjahres.

Beispiel

Betriebsvermögen am Schluss des Wirtschaftsjahres per 31.12.2016	100.000 EUR
– Betriebsvermögen am Schluss des vorangegangenen Wirtschaftsjahres per 31.12.2015	– 50.000 EUR
Gewinn	**+ 50.000 EUR**

Ist das Betriebsvermögen am Schluss des Wirtschaftsjahres niedriger als am Schluss des vorangegangenen Wirtschaftsjahres, so ist der Unterschiedsbetrag negativ. Dieser Unterschiedsbetrag ist noch um die Entnahmen und Einlagen zu bereinigen, um das Jahresergebnis zu ermitteln (siehe folgendes Beispiel). 225

■ Entnahmen 226

Bei den **Entnahmen**, d.h. bei den Privatentnahmen, handelt es sich um alle Wirtschaftsgüter, die der Steuerpflichtige dem Betrieb für sich, für seinen Haushalt und für andere betriebsfremde Zwecke im Laufe des Wirtschaftsjahres entnommen hat (siehe im Einzelnen Rdn 409 ff.).

227 ■ **Einlagen**

Im Gegensatz hierzu handelt es sich um **Einlagen**, d.h. Privateinlagen, wenn der Steuerpflichtige im Laufe des Wirtschaftsjahres aus seinem Privatvermögen dem Betrieb Wirtschaftsgüter, wie z.B. Bargeld zugeführt hat (§ 4 Abs. 1 S. 2, S. 5 EStG; siehe im Einzelnen Rdn 409 ff.).

Da der steuerliche Gewinn nur die Vermögensänderung im betrieblichen Bereich erfassen kann, müssen folgerichtig Vermögenserhöhungen, die aus Einlagen resultieren, gekürzt und andererseits Vermögensminderungen, die durch Entnahmen entstanden sind, wieder hinzugerechnet werden.

Beispiel

Das Betriebsvermögen eines Gewerbetreibenden beträgt nach der Bilanz zum 31.12.2016 100.000 EUR und nach der Bilanz zum 31.12.2015 50.000 EUR.

Im Jahr 2016 hat der Steuerpflichtige für 20.000 EUR Waren entnommen und von seinem privaten Sparkonto 40.000 EUR abgehoben und damit Verbindlichkeiten des Betriebes beglichen.

Lösung

Der Gewinn für 2016 errechnet sich wie folgt:

Betriebsvermögen am Schluss des WJ 2016	100.000 EUR
– Betriebsvermögen am Schluss des WJ 2015	– 50.000 EUR
= Unterschiedsbetrag	+ 50.000 EUR
+ Entnahmen 2016	+ 20.000 EUR
– Einlagen 2016	– 40.000 EUR
= Gewinn aus Gewerbebetrieb 2016	**30.000 EUR**

2. Betriebsvermögensvergleich i.S.v. § 4 Abs. 1 EStG

228 Diese Gewinnermittlungsart kommt nur für Land- und Forstwirte, die buchführungspflichtig sind oder freiwillig Bücher führen, sowie für selbstständig Tätige, die freiwillig Bücher führen, in Betracht.

229 Für Gewerbetreibende, die buchführungspflichtig sind oder freiwillig Bücher führen, gelten die Gewinnermittlungsvorschriften des § 5 EStG zusätzlich.

Diese sind buchführungspflichtig, wenn sie Kaufleute sind oder wenn eine der folgenden, in § 141 AO genannten, Grenzen überschritten wird:

- Umsätze von **mehr als 600.000 EUR** im Kalenderjahr

oder

- Gewinn aus Gewerbebetrieb von **mehr als 60.000 EUR** im Wirtschaftsjahr

230 *Hinweis*

Im Gegensatz zu der Gewinnermittlung nach § 4 Abs. 1 EStG sind bei der Gewinnermittlung nach § 5 EStG nicht nur die einkommensteuerrechtlichen, sondern auch die handelsrechtlichen Bewertungsvorschriften (siehe unten Rdn 272 ff.) zu beachten. Für sie gelten z.B. bei der Bewertung des Umlaufvermögens die Grundsätze des **Niederstwertprinzips.** Nach dem Niederstwertprinzip müssen Wirtschaftsgüter des Umlaufvermögens aufgrund einer dauernden Wertminderung mit dem niedrigeren Börsen- oder Marktpreis (Teilwert) angesetzt werden (§ 253 Abs. 3 HGB; R 6.8, Abs. 1 S. 3 EStR 2012).

Laut der Legaldefinition (§ 6 Abs. 1 Nr. 1 S. 3 EStG sowie § 10 S. 2 BewG) handelt es sich dabei um den Betrag, den ein Erwerber des gesamten Unternehmens im Rahmen des Gesamtkaufpreises des Unternehmens dem jeweiligen Wirtschaftsgut zubilligen würde (Hauptschalter eines Kraftwerkes). Dabei ist von der Fortführung des Unternehmens (going-concern-prinzip) auszugehen. Im Regelfall entspricht der Teilwert dem Verkehrswert oder Marktpreis, wobei immer auf die besonderen Verhältnisse des Unternehmens abzustellen ist. Dadurch wird der Teilwert fast immer zu einem subjektiven Wert angesetzt. Das Steuerrecht kennt jedoch zahlreiche Teilwertfiktionen, die den Teilwert anhand fester Regeln von den Anschaffungskosten bzw. Herstellkosten ableiten. Der Teilwert entspricht dem im Handelsrecht gebräuchlichen niedrigeren beizulegendem Wert.

Beispiel

A ermittelt seinen Gewinn nach § 5 EStG.

Er hat Waren in Höhe von 30.000 EUR angeschafft.

Am Bilanzstichtag beträgt der Marktpreis (Teilwert) 10.000 EUR.

Die Wertminderung ist voraussichtlich von Dauer.

Lösung

A **muss** die Waren mit dem niedrigeren Teilwert, d.h. gewinnreduzierend um 20.000 EUR, auf 10.000 EUR abwerten und bilanzieren.

Er hat kein Wahlrecht!

a) Bilanzaufbau nach § 266 HGB

231

Aktiva	**Passiva**
A. Anlagevermögen	A. Eigenkapital
I. Immaterielle Wirtschaftsgüter	I. Gezeichnetes Kapital
II. Sachanlagen	II. Kapitalrücklage
III. Finanzanlagen im Anlagevermögen	III. Gewinnrücklage
	IV. Gewinn-/Verlustvortrag
	V. Jahresüberschuss/Jahresfehlbetrag
B. Umlaufvermögen	B. Rückstellungen
I. Vorräte	
II. Forderungen	
III. Wertpapiere im Umlaufvermögen	
IV. Liquide Mittel	
	C. Verbindlichkeiten
	I. Verbindlichkeiten gegenüber Kreditinstituten
	II. Verbindlichkeiten aus Lieferungen & Leistungen
	III. sonstige Verbindlichkeiten
C. Aktive Rechnungsabgrenzungsposten	D. Passive Rechnungsabgrenzungsposten

Die vorstehende Tabelle zeigt den Bilanzaufbau nach § 266 HGB in seinen wesentlichen Elementen. Finanzanlagen/Wertpapiere können beispielsweise im Anlagevermögen, aber auch im Umlaufvermögen erscheinen. Auf die allgemeine Abgrenzung zwischen dem Anlagevermögen und dem Umlaufvermögen und seinen höchst unterschiedlichen Formen der Wertberichtigung wird auf die dortigen Ausführungen verwiesen. Die einzelnen Positionen der Bilanz sowie deren Wertberichtigungen werden weiter unten detailliert dargestellt. 232

Das hier dargestellte „Eigenkapital" entspricht der Gliederung des Eigenkapitals einer Kapitalgesellschaft. Ist das Eigenkapital aufgezehrt, kann es auf der Passivseite mit einem Minuszeichen erscheinen (!) oder auf der Aktivseite an deren Ende, um in jedem Fall das Wesen der Bilanz, auf beiden Seiten der gleiche Betrag und aus dem italienischen Wort „bilancia“ für Waage abgeleitet, sicher zu stellen.

233 Laut **Kleinstkapitalgesellschaften-Bilanzrechtsänderungsgesetz (MicroBilG)** (siehe unten Rdn 245 ff., 250) bestehen erhebliche Vereinfachungsregeln für Kapitalgesellschaften, die die Bilanzsumme von 350.000 EUR, Umsatzerlöse in Höhe von 700.000 EUR und im Jahresdurchschnitt die Anzahl von zehn Mitarbeitern nicht überschreiten.

Es darf eine vereinfachte Bilanz aufgestellt werden, die nur aus den Buchstabenpositionen des vorangegangenen Beispiels besteht (siehe auch Beispiel Rdn 254). Darüber hinaus kann auf den Anhang verzichtet werden, eine verkürzte Darstellung der Gewinn- und Verlustrechnung erfolgen und insbesondere auf die Offenlegung des Jahresabschlusses verzichtet werden. Stattdessen erfolgt die „konventionelle“ Hinterlegung der Bilanz.

234 *Hinweis*

Die Bilanz ist eine von statischen Gesichtspunkten geprägte Bestandsrechnung. Sie ist perioden- und stichtagsbezogen und unter Beachtung der Grundsätze ordnungsgemäßer Buchführung zu erstellen. Eine Entwicklung der einzelnen Bestandskonten lässt sich nur aus dem Vergleich mehrerer Bilanzen ableiten (auch unter „interner Betriebsvergleich“, siehe Rdn 1098 ff.).

Auf der Aktivseite sind die Vermögenswerte des Betriebes dargestellt. Die Passivseite weist das Eigen- und Fremdkapital, das dem Betrieb von den Kapitalgebern zur Verfügung gestellt worden ist, also die Finanzierung des Unternehmens, aus.

b) Methode der Gewinnermittlung nach §§ 4 Abs. 1, 5 EStG anhand eines Beispiels

235 Im Folgenden wird die Systematik des Betriebsvermögensvergleichs anhand eines einfachen Beispiels dargestellt. Da ohne Gewinn- und Verlustkonto gearbeitet wird, zeigt dieses Beispiel die Wirkungsweise des Betriebsvermögensvergleichs in reinster Form. Gleichzeitig macht es anschaulich deutlich, dass das Gewinn- und Verlustkonto nur ein Unterkonto des Eigenkapitalkontos ist. Da in der Realität der Umfang der Geschäftsvorfälle erheblich umfangreicher ist, bedarf der Ausweis in den einzelnen Sachkonten, aber auch in der Gewinn- und Verlustrechnung einer weitergehenden Differenzierung, damit das Rechnungswesen seiner Ausweis- und Dokumentationsfunktion nachkommen kann.

Beispiel zur Arbeitsweise des Betriebsvermögensvergleichs

Rechtsanwalt R. macht sich selbstständig.

Da er auch Steuerberatung und Buchführung anbieten möchte, will er seine Gewinne durch Betriebsvermögensvergleich ermitteln.

Er verfügt über ein Eigenkapital von 50.000 EUR und nimmt darüber hinaus bei der Bank einen Kredit in Höhe von 150.000 EUR auf.

Lösung

Die Eröffnungsbilanz von R sieht wie folgt aus:

Aktiva		**Passiva**	
Bank	200.000 EUR	Eigenkapital	50.000 EUR
		Darlehensverbindlichkeiten	150.000 EUR
Bilanzsumme	200.000 EUR	Bilanzsumme	200.000 EUR

236 *Ferner*

Für Inventar und Bürogeräte erhält er von einem Lieferanten eine Rechnung über 119.000 EUR brutto mit einem Zahlungsziel von drei Monaten.

Lösung

Aktiva		**Passiva**	
Anlagevermögen	100.000 EUR	Eigenkapital	50.000 EUR
Bank	200.000 EUR	Darlehensverbindlichkeiten	150.000 EUR
Vorsteuerforderung	19.000 EUR	Verbindlichkeiten aus L&L	119.000 EUR
Bilanzsumme	319.000 EUR	Bilanzsumme	319.000 EUR

Bilanzierungstechnisch führt der Geschäftsvorfall zu einer sog. Bilanzverlängerung, d.h. also zu einer Erhöhung der Bilanzsumme.

Würde der Steuerpflichtige eine Einnahmen-/Überschussrechnung erstellen, würde bei diesem Geschäftsvorfall keinerlei Buchung erfolgen, da es am Geldfluss fehlt.

Das bilanzierende Unternehmen muss aber dem Realisationsprinzip folgen und bucht deshalb den Geschäftsvorfall.

Dies gilt umgekehrt auch für eine Forderungsverbuchung.

Ferner 237

Nach zwei Monaten zahlt R per Bankanweisung die Rechnung des Lieferanten in Höhe von 119.000 EUR brutto.

Die Vorsteuer wird ihm durch die Umsatzsteuervoranmeldung erstattet, ohne dass er zu diesem Zeitpunkt schon Erlöse hat.

Lösung

Aktiva		**Passiva**	
Anlagevermögen	100.000 EUR	Eigenkapital	50.000 EUR
Bank	100.000 EUR	Darlehensverbindlichkeiten	150.000 EUR
Bilanzsumme	200.000 EUR	Bilanzsumme	200.000 EUR

Hier liegt bilanztechnisch eine Bilanzverkürzung durch eine Reduzierung der Bilanzsumme vor.

Die Verbindlichkeit gegenüber dem Lieferanten ist vollständig, brutto, erloschen.

Zwischen Unternehmern im umsatzsteuerrechtlichen Sinne stellt die Umsatzsteuer nur eine durchlaufende Position dar. Bei Geschäftsvorfällen im umsatzsteuerrechtlichen Sinne zwischen Unternehmern zahlt niemand die Umsatzsteuer. Dies ist allein Aufgabe eines nichtunternehmerischen Endverbrauchers.

Ferner 238

Im Laufe des Geschäftsjahres kann R gegenüber einem Mandanten eine Honorarrechnung in Höhe von brutto 35.700 EUR stellen.

Lösung

Aktiva		**Passiva**	
Anlagevermögen	100.000 EUR	Eigenkapital	80.000 EUR
Bank	100.000 EUR	Darlehensverbindlichkeiten	150.000 EUR
Forderung	35.700 EUR	Umsatzsteuerverbindlichkeit	5.700 EUR
Bilanzsumme	235.700 EUR	Bilanzsumme	235.700 EUR

Auch hier wird der Geschäftsvorfall in einer Einnahmen-/Überschussrechnung nicht gebucht, weil es am Geldfluss fehlt.

In diesem Beispiel zeigt sich die erfolgswirksame Buchung durch Erhöhung des Eigenkapitals um netto 30.000 EUR.

Ausgewiesen wird aber auch eine Umsatzsteuerverbindlichkeit in Höhe von 5.700 EUR (Ausweis der Umsatzsteuer nach vereinbarten Entgelten!).

239 *Ferner*

Am Jahresende zahlt R 100.000 EUR an Bankverbindlichkeiten zurück.

Die AfA beläuft sich auf 20 % des Anlagevermögens.

Lösung

Aktiva		**Passiva**	
Anlagevermögen	80.000 EUR	Eigenkapital	60.000 EUR
Forderung	35.700 EUR	Darlehensverbindlichkeit	50.000 EUR
		Umsatzsteuerverbindlichkeit	5.700 EUR
Bilanzsumme	115.700 EUR	Bilanzsumme	115.700 EUR

Die vorstehende Bilanz ist die Abschlussbilanz des Geschäftsjahres zum 31.12.

Sie ist gleichzeitig auch Eröffnungsbilanz für das kommende Geschäftsjahr.

Das Anlagevermögen reduziert sich um 20.000 EUR durch die Abschreibung.

Auf der Passivseite reduziert sich das Eigenkapital aufgrund des AfA-Aufwandes in entsprechender Höhe.

Die Tilgung der Darlehensverbindlichkeit ist erfolgsneutral und führt mit der AfA zu einer Bilanzverkürzung.

Ergebnis des Beispiels: Das Eigenkapital am Schluss des Geschäftsjahres mit 60.000 EUR abzüglich 50.000 EUR, Eigenkapital zu Beginn des Geschäftsjahres, ergibt den Gewinn i.H.v 10.000 EUR.

Da die Forderung am 31.12. noch nicht ausgeglichen ist, würde bei der Einnahmen-/Überschussrechnung dieser Geschäftsvorfall erfolgswirksam noch nicht erscheinen. Das Unternehmen hätte dann einen Verlust in Höhe der AfA von 20.000 EUR gemacht.

240 Die Bedeutung von erfolgswirksamen Verbuchungen bei einer Finanzbuchhaltung, bzw. bei einer Einnahmen-Überschussrechnung wird im nächsten Abschnitt weiter beleuchtet.

c) Erfolgswirksamkeit bei Bilanzierung (Finanzbuchhaltung/FiBu) versus EÜR

241 Die im Abschnitt zuvor dargestellten erfolgswirksamen Buchungen sollen noch an einem weiteren Beispiel verdeutlicht werden.

242 *Hinweis*

Dies ist auch für die unterhaltsrechtliche Betrachtung von besonderer Bedeutung, weil hierbei eine Ungleichbehandlung hingenommen wird.

Aus diesem Grund müsste von jedem Unternehmer, der eine EÜR erstellt, konsequenterweise unterhaltsrechtlich eine Bilanz verlangt werden!

243 In dem folgenden Beispiel handelt es sich um ein holzverarbeitendes Unternehmen, wobei bei einem Gewerbetreibenden allein wegen der Größenklassen nach § 141 AO entschieden wird, ob eine Finanzbuchhaltung (§§ 4 Abs. 1, 5 EStG) zu erstellen ist oder ob eine EÜR nach (§ 4 Abs. 3 EStG) ausreicht.

Das Beispiel zeigt nur Erfolgsauswirkungen von Geschäftsvorfällen.

Geschäftsvorfall	§§ 4 Abs. 1, 5 EStG	§ 4 Abs. 3 EStG
Kauf von Anlagevermögen		
Kauf von Holz/Umlaufvermögen		–10.000 EUR
Holzverarbeitung zu Fenstern minus	20.000 EUR	
Reduzierung des Lagerbestandes	– 5.000 EUR	
Verkauf von Fenstern	40.000 EUR	40.000 EUR
– obiger	– 15.000 EUR	
Abschreibung Anlagevermögen	– 10.000 EUR	– 10.000 EUR
Wertberichtigung	– 1.000 EUR	
Gewinnauswirkung	29.000 EUR	20.000 EUR

Der Materialeinkauf ist nur bei der EÜR erfolgswirksam.

Die „Produktion auf Lager" führt beim bilanzierenden Unternehmen zur Aktivierung von teilfertigen Erzeugnissen im Umlaufvermögen (siehe dort).

Der aktivierte Betrag der teilfertigen Leistungen in Höhe von 15.000 EUR ist bei der Forderungsbuchung in Abzug zu bringen.

Auch zeigt das kleine Beispiel, dass die Wertberichtigung des Lagerbestandes durch eine vorgenommene Teilwertabschreibung (siehe dort) nur bilanzierenden Unternehmen möglich ist.

Im Ergebnis bleibt festzuhalten, dass das bilanzierende Unternehmen zeitlich früher und zudem einen höheren Gewinn ausweist.

Dies ist immer dann der Fall, wenn Wareneinkauf und Warenverkauf in einer Periode nicht korrespondieren.

Hinweis 244

Ein Korrekturposten bei der Bilanzierung ist die Verbuchung der Bestandsveränderungen aufgrund der **Inventur**, so dass auch unterhaltsrechtlich ordnungsgemäße Inventurerstellung stets zu überprüfen ist.

Auf die Inventurunterlagen besteht wegen der Erfolgswirksamkeit ein unterhaltsrechtlicher **Auskunfts- und Beleganspruch. Inventur** (von lateinisch *invenire* = etwas finden bzw. auf etwas stoßen) ist die Erfassung aller vorhandenen Bestände. Durch die Inventur werden Vermögenswerte und Schulden eines Unternehmens zu einem bestimmten Stichtag ermittelt und schriftlich niedergelegt. Das Ergebnis einer Inventur ist das Inventar, ein Bestandsverzeichnis, das alle Vermögensteile und Schulden nach Art, Menge und Wert aufführt.

3. Bilanzrechtsmodernisierungsgesetz (BilMoG) und Kleinstkapitalgesellschaften-Bilanzänderungsgesetz (MicroBilG)

Mit dem **BilMoG** (vgl. unten auch Rdn 343)[140] wird die weitreichendste Bilanzreform seit dem Bilanzrichtliniengesetz 1985 für handelsrechtliche **Jahresabschlüsse ab 2010** umgesetzt. 245

Ziele der Reform sind: Bürokratieabbau durch Vereinfachung der Rechnungslegungsvorschriften; Schaffung von mehr Klarheit durch verbesserte Vergleichbarkeit der Abschlüsse von grenzüberschreitend tätigen Unternehmen; Schutz der Bilanzadressaten durch hinreichende und leicht verständliche Informationen; Transparenz bei Zahlungen der mineralgewinnenden Industrie/Primärforstwirtschaft an staatliche

140 BGBl 2009 I, S. 1102.

Stellen (Country by Country Reporting); Konsolidierung der 4. und 5. RL zu einer neuen Richtlinie; bestehende Eröffnung für bestimmte IFRS (**International Financial Reporting Standards**)-Bewertungen, aber kein allgemeines Wahlrechts auf IFRS für KMU, Klein- und Mittelunternehmen.

Ziel des BilMoG ist weiter, das deutsche Bilanzrecht einerseits den international üblichen Methoden (IFRS) der Rechnungslegung anzunähern. So soll der handelsrechtliche Jahresabschluss an Aussagekraft und Vergleichbarkeit gewinnen. Auch die Bilanzierung bei mittelständischen Unternehmen wird in vielen Teilen an international übliche Rechnungslegungsprinzipien angenähert. Andererseits bleibt die HGB-Bilanz weiterhin Grundlage für die Ausschüttungsbemessung und die steuerliche Gewinnermittlung.

Ein Schwerpunkt der Reform liegt in der Deregulierung und Kostensenkung zugunsten kleiner und mittlerer Unternehmen.

Einzelkaufleute sind von der handelsrechtlichen Buchführungspflicht befreit, wenn sie nur einen kleineren Geschäftsbetrieb unterhalten. Dies soll gelten, wenn sie 600.000 EUR Umsatz und 60.000 EUR Gewinn an zwei aufeinanderfolgenden Geschäftsjahren nicht überschreiten (§ 241a HGB, § 141 AO). Sofern diese Grenzen nicht überschritten werden, ist eine EÜR ausreichend.

Darüber hinaus wurden die Schwellenwerte des § 267 HGB, der die Einteilung von Kapitalgesellschaften in die drei Größenklassen klein, mittelgroß und groß vornimmt, für die Bilanzsumme und die Umsatzerlöse um 20 % angehoben. Die Größenklassen bestimmen unter anderem den Umfang der Informationspflichten der Unternehmen. Sie wirken sich außerdem auf die gesetzliche Prüfungspflicht aus, indem kleine Kapitalgesellschaften nicht prüfungspflichtig sind (Anlehnung an internationale Rechnungslegungsstandards).

Die Vorschriften der Größenklassen sind für Geschäftsjahre anzuwenden, die **nach dem 31.12.2016** beginnen.

246 **Leitidee des BilMoG:**

Die **Aussagekraft** des handelsrechtlichen Jahresabschlusses soll verbessert werden. Wie der Gesetzesbegründung zu entnehmen ist, erfolgt das durch eine Annäherung an die Bilanzierungsregeln nach IFRS, wobei aber insgesamt ein überschaubares eigenes Regelwerk beibehalten werden soll (siehe oben Rdn 232).

247 **Wesentliche Änderungen:**

- Durch die Abschaffung der **umgekehrten Maßgeblichkeit** ergeben sich unmittelbare Auswirkungen auf das HGB. Die handelsrechtlichen Öffnungsklauseln in § 247 Abs. 3 HGB-a.F., § 273 HGB-a.F. und § 279 HGB-a.F. wurden aufgehoben bzw. abgeändert. Die Aufhebung der umgekehrten Maßgeblichkeit ist bereits beim Inkrafttreten des BilMoG unabhängig von den handelsrechtlichen Übergangsvorschriften wirksam geworden.
- Einführung eines Ansatzwahlrechts für selbst geschaffene immaterielle **Vermögensgegenstände** des Anlagevermögens (u.a. Patente, Know-how), sofern sich die Herstellungskosten auf die Entwicklungsphase beziehen (§ 248 HGB und § 255 HGB).
- Veränderte Bewertung, insbesondere Abzinsung von Rückstellungen (z.B. Pensionsrückstellungen).
- Verbot für die Bildung von bestimmten Aufwandsrückstellungen.
- Aktivierungspflicht eines entgeltlich erworbenen Goodwills im Einzelabschluss.
- Anpassung der Herstellungskosten an die international üblichen produktionsbezogenen Vollkosten.
- Veränderte Vorschriften zur Währungsumrechnung.
- Neukonzeption der Abgrenzung latenter Steuern.
- Einbeziehungspflicht für Zweckgesellschaften in den Konzernabschluss und damit mehr Transparenz.
- Verpflichtende Anwendung der Neubewertungsmethode.
- Aktivierungspflicht des Goodwills im Konzernabschluss und planmäßige Abschreibung.

Neben die materiellen Änderungen treten, hinsichtlich Ansatzes und Bewertung, zahlreiche neue Anhangvorschriften, die für mehr Information sorgen sollen. 248

In einer Stellungnahme hat sich das IDW[141] zu den Übergangsregelungen des BilMoG geäußert.

Das führt zum Auseinanderfallen von Handels- und Steuerbilanz.

- HB, Wert des Anlagevermögens wird durch Abschreibung gemindert; SB, Wert des Anlagevermögens wird durch Absetzung durch Abnutzung vermindert;
- HB, Forschungskosten werden nicht aktiviert, für Entwicklungskosten besteht ein Wahlrecht; SB, Aktivierungsverbot für immaterielle Vermögensgegenstände;
- HB, Geschäfts- und Firmenwert ist über voraussichtliche Nutzungsdauer zu vermindern bzw. abzuschreiben; SB, Geschäfts- und Firmenwert kann nur über 15 Jahre linear abgeschrieben werden;
- HB, Wert der Vorräte kann abgeschrieben werden; SB, Wert der Vorräte durch Absetzung für Abnutzung vermindert;
- HB für Forderungen gilt das Niederstwertprinzip; SB, für Forderungen kann der niedrigere Teilwert angesetzt werden;
- HB, Rückstellungen werden durch Erfüllungsbetrag angesetzt (inklusive voraussichtlicher Wertsteigerungen); SB, Rückstellungen werden nach Wert am Stichtag bewertet, künftigen Wertsteigerungen werden nicht angerechnet.

Beispiel

für Auseinanderfallen von Handels- und Steuerbilanz: aktiviertes Patent, § 248 Abs. 2 HGB; steuerliches Aktivierungsverbot nach § 5 Abs. 2 EStG:

XY-GmbH	Handelsbilanz	Steuerbilanz	StBil-Ergebnis	steuerlicher Ausgleichsposten
Aktiva	31.12.2010	31.12.2010	31.12.2010	31.12.2010
Patent	500.000 EUR	0 EUR	./. 500 000 EUR	
Abschreibung	50.000 EUR	0 EUR	+ 50.000 EUR	
Buchwert	450.000 EUR	0 EUR		./. 450.000 EUR

Hinweis 249

Der handelsrechtlich geprägte Ausweis nach BilMoG führt zu abweichenden Ergebnissen der Handelsbilanz gegenüber der Steuerbilanz und in der G&V. Die Einheitsbilanz aus Steuerbilanz und Handelsbilanz existiert nicht mehr, sodass bei Unternehmen, die die oben genannten Größenklassen überschreiten, auch ein familienrechtlicher **Auskunfts- und Beleganspruch** auf die handelsrechtlichen Jahresabschlüsse für die unterhaltsrechtlich relevanten Jahre besteht. Der Anwalt des Unternehmers hat das handelsrechtliche Ergebnis und die kaufmännischen Erforderlichkeiten für die Gewinnauswirkungen vorzutragen.

Der Gesetzgeber verfolgt mit dem **MicroBilG**[142] (siehe auch oben Rdn 232) für Jahresabschlüsse ab 2012 250
das Ziel, über 500.000 Kleinstkapitalgesellschaften in Deutschland bei der Erstellung umfangreicher Jahresabschlüsse zu entlasten, ohne dabei das Informationsinteresse von Eigenkapital- und Fremdkapitalgebern der betreffenden Gesellschaften sowie der Allgemeinheit im Hinblick auf die relevanten Jahresabschlussdaten zu vernachlässigen. Dabei erhofft sich der Gesetzgeber durch das MicroBilG Kosteneinsparungen bei den betreffenden Unternehmen von insgesamt 36 Millionen EUR. Den geplanten Ersparnissen soll ein einmaliger Umstellungsaufwand i.H.v. 9 Millionen EUR gegenüberstehen.[143]

141 IDW RS HFA 28.
142 BGBl 2012 I S. 2751.
143 MicroBilG BGBl 2012 I S. 2751.

Das Gesetz enthält Rechnungslegungserleichterungen, die **bereits für den Jahresabschluss zum 31.12.2012** in Anspruch genommen werden können! Dies bedeutet, dass in der familienrechtlichen Fallbearbeitung, diese Gewinnermittlungen sogleich wirksam werden.

251 **§ 267a HGB Definition der Kleinstkapitalgesellschaft**

Eine **Kleinstkapitalgesellschaft** i.S.d. MicroBilG liegt vor, wenn die betreffende Gesellschaft an zwei aufeinanderfolgenden Bilanzstichtagen zwei der drei der nachstehenden Merkmale nicht überschreitet:

- 350.000 EUR Bilanzsumme
- 700.000 EUR Umsatzerlöse
- 10 Arbeitnehmer im Jahresdurchschnitt

Es ist nicht erforderlich, dass an beiden Bilanzstichtagen die gleichen Größenklassen nicht überschritten werden.

252 **§ 264c HGB Anwendung für bestimmte Personenhandelsgesellschaft**

Die Erleichterung für Darstellung/Gliederungstiefe der Bilanz, die Kleinstkapitalgesellschaften in Anspruch nehmen können, gelten auch für die unter § 264c HGB fallenden Gesellschaften wie offene Handelsgesellschaften und Kommanditgesellschaften im Sinne des § 264a HGB.

253 **§ 264 Abs. 1 S. 5 HGB Verzicht auf einen Anhang**

Zentrale Erleichterung ist, dass Kleinstkapitalgesellschaften dann auf die Aufstellung eines Anhangs verzichten können, wenn die folgenden Angaben „unter der Bilanz“ gemacht werden:

- Haftungsverhältnisse, §§ 251, 268 Abs. 7 HGB,
- Angaben zu Vorschüssen und Krediten für Mitgliedern von Organen der Gesellschaft, § 285 Nr. 9 Buchstabe c HGB,
- Angaben zum Bestand eigener Aktien, § 160 Abs. 1 S. 1Nr. 2 AktG.

254 **§ 266 HGB Gliederung der Bilanz**

Kleinstkapitalgesellschaften wird eine verkürzte Darstellung der Bilanz gestattet. Dabei ist ausreichend, die Buchstabenposten aus § 266 Abs. 2 und 3 HGB aufzuführen.

Die Minimalbilanz einer Kleinstkapitalgesellschaft sieht demnach wie folgt aus (wegen der Gliederungstiefe der E-Bilanzen wird sich diese „Erleichterung“ jedoch nicht auf den Umfang der Buchführung auswirken):

Minimalbilanz

Anlagevermögen	Eigenkapital
Umlaufvermögen	Rückstellungen
	Verbindlichkeiten
RAP	RAP

255 Folgende Angaben sind zusätzlich erforderlich:

- nicht durch Eigenkapital gedeckter Fehlbetrag, § 268 Abs. 3 HGB,
- ausstehende Einlagen auf das gezeichnete Kapital, § 272 Abs. 1 HGB,
- eigene Anteile, § 272 Abs. 1a HGB,
- Ausweis latenter Steuern bei freiwilliger Anwendung des § 274 HGB,
- Ausweis von Verrechnungsvermögen bei insolvenzsicheren Planvermögen für die Finanzierung von Altersvorsorgeverpflichtungen i.S.d. § 264 Abs. 2 HGB.

Fraglich, da hier der Gesetzeswortlaut nicht angepasst wurde:

- Restlaufzeit bei Forderungen von mehr als einem Jahr, § 268 Abs. 4 HGB,
- Restlaufzeit bei Verbindlichkeiten bis zu einem Jahr, § 268 Abs. 5 HGB,
- Ausleihungen, Forderungen und Verbindlichkeiten gegenüber Gesellschaftern, § 42 Abs. 3 GmbHG.

G & V nach § 275 Abs. 5 HGB für Kleinstkapitalgesellschaften 256

Durch den neu eingeführten § 275 Abs. 5 HGB wird dem Unternehmen das Wahlrecht eingeräumt, folgende vereinfachte Gliederung für die Darstellung der G & V zu verwenden:

- Nettoumsatzerlöse,
- sonstige Erträge,
- Materialaufwand,
- Personalaufwand,
- Abschreibungen,
- sonstige Aufwendungen,
- Steuern,
- Jahresergebnis.

Beispiel

Reduzierung der Aussagekraft der G & V nach MicroBilG bei einer Finanzholding mit Ergebnisabführungsvertrag:

vor MicroBilG		nach MicroBilG	
sonstige betriebl. Erträge	3.000 EUR		
sonstige betriebl. Aufwendungen	– 15.000 EUR	sonstige Erträge	157.000 EUR
Erträge aus Beteiligungen	150.000 EUR		
sonstige Zinsen & ähnliche Erträge	4.000 EUR		
Zinsen und ähnliche Aufwendungen	– 1.000 EUR		
Ergebnis d gewöhnlichen Geschäftstätigkeit	141.000 EUR	sonstige Aufwendungen	– 157.000 EUR
abgeführte Gewinne	– 141.000 EUR		
Jahresüberschuss	0 EUR	Jahresüberschuss	0 EUR

§ 326 HGB, Hinterlegung anstelle Offenlegung 257

§ 326 Abs. 2 HGB erlaubt es Kleinstkapitalgesellschaften, ihrer Offenlegungsverpflichtung durch **Hinterlegung** ihrer Bilanz nachzukommen. Zu diesem Zweck haben die gesetzlichen Vertreter einen Hinterlegungsauftrag beim Betreiber des Bundesanzeigers zu erteilen. Dabei ist zu erklären, dass die Voraussetzungen des § 267a HGB vorliegen.

Die Anforderung der hinterlegten Bilanzen ist weiterhin jedermann gestattet, was § 9 Abs. 6 HGB klarstellt. Erforderlich ist ein Antrag an das Unternehmensregister, dass nach Zahlung einer Gebühr die Bilanz elektronisch verschickt. **Dies erspart langwierige Auskunftsklagen.**

Bilanzrichtlinie-Umsetzungsgesetz/BilRUG 258

Überblick über die wichtigsten Änderungen

Erhöhung der Schwellenwerte

Mit dem BilRuG[144] werden die Schwellenwerte „Bilanzsumme" und „Umsatzerlöse" zur Ermittlung der Größenklassen nach § 267 HGB für Kapitalgesellschaften und Personengesellschaften i.S.d. § 264a HGB angehoben. Dadurch wird sich die Anzahl der „kleinen" Gesellschaften erhöhen. Dies führt zu Erleichterungen, da beispielsweise kein Lagebericht (§ 264 Abs. 1 S. 4 HGB) erstellt werden muss und die gesetz-

144 Bilanzrichtlinie-Umsetzungsgesetz BilRUG v. 17.7.2015, BGBl 2015 I, S. 1245.

liche Prüfungspflicht entfällt (§ 316 Abs. 1 S. 1 HGB). Die Offenlegung umfasst für diese Gesellschaften nur Bilanz und Anhang (§ 326 Abs. 1 S. 1 HGB).

Folgende neuen Schwellenwerte werden eingeführt:

klein	
Umsatzerlöse bisher 9.680.000 EUR	neu 12.000.000 EUR
klein	
Bilanzsumme bisher 4.840.000 EUR	neu 6.000.000 EUR
mittelgroß	
Umsatzerlöse bisher 38.500.000 EUR	neu 40.000.000 EUR
mittelgroß	
Bilanzsumme bisher 19.250.000 EUR	neu 20.000.000 EUR

259 Diese neuen Größenklassen können bereits für Jahresabschlüsse angewendet werden, die nach dem 31.12.2013 beginnen. Dabei ist zu beachten, dass die Umsatzerlöse nach der neuen Definition (siehe § 277 Abs. 1 HGB) berechnet und ausgewiesen werden müssen.

Die Erleichterungen für Kleinstgesellschaften (§ 267a HGB) dürfen jetzt auch von Genossenschaften in Anspruch genommen werden (§ 336 Abs. 2 S. 3 HGB). Für diese ist es damit möglich, den Jahresabschluss beim Betreiber des Bundesanzeigers zu hinterlegen und auf die Erstellung eines Anhangs zu verzichten, wenn bestimmte Angaben unter der Bilanz erfolgen (§ 264 Abs. 1 S. 5 HGB).

Allerdings werden einige Gesellschaften in Abhängigkeit von deren Tätigkeit von den Erleichterungen für Kleinstkapitalgesellschaften ausgenommen, u.a. Investmentgesellschaften und Unternehmensbeteiligungsgesellschaften (§ 267a Abs. 3 HGB).

260 **Änderungen in der Bilanz**

Kann die voraussichtliche Nutzungsdauer von selbst geschaffenen **immateriellen Vermögensgegenständen** nicht verlässlich geschätzt werden, sind diese über 10 Jahre abzuschreiben. Dies kann auch auf einen entgeltlich erworbenen Geschäfts- oder Firmenwert angewendet werden (§ 253 Abs. 3 S. 3–4 HGB).

Außerdem gibt es zukünftig eine **Ausschüttungssperre** für Unterschiedsbeträge zwischen in der GuV ausgewiesenen und tatsächlich vereinnahmten Beteiligungserträgen bei phasengleicher Gewinnvereinnahmung, der in eine Rücklage einzustellen ist (§ 272 Abs. 5 HGB).

Beim Ausweis der **Verbindlichkeiten** in der Bilanz müssen zukünftig auch die Restlaufzeiten größer ein Jahr angeben werden (§ 268 Abs. 5 S. 1 HGB).

261 **Änderungen im Anlagenspiegel**

Die Wahlmöglichkeit (§ 268 Abs. 2 HGB), die Entwicklung der einzelnen Posten des Anlagevermögens in der Bilanz oder im Anhang darzustellen, entfällt. Zukünftig ist der Anlagenspiegel mit zusätzlichen Angaben zu den Abschreibungen verpflichtend im Anhang darzustellen (§ 284 Abs. 3 HGB). Kleine Kapitalgesellschaften sind wie bisher von der Aufstellung eines Anlagenspiegels befreit (§ 288 Abs. 1 Nr. 1 HGB).

Außerdem sind für die Herstellungskosten bei jedem Posten des Anlagevermögens die aktivierten Zinsen für Fremdkapital anzugeben (§ 284 Abs. 3 HGB). Diese Angabe muss jedoch nicht zwingend im Anlagenspiegel erfolgen.

262 **Änderungen in der Gewinn- und Verlustrechnung**

Die Definition der Umsatzerlöse in § 277 Abs. 1 HGB wird geändert. Zukünftig werden darunter alle Erlöse aus dem Verkauf, der Vermietung oder Verpachtung von Produkten sowie aus der Erbringung von Dienstleistungen verstanden. Die Differenzierung nach Erlösen aus der gewöhnlichen Geschäftstätigkeit und dem „typischen Leistungsangebot" entfällt. Dies spiegelt sich auch in der Änderung der Gliederung der Gewinn- und Verlustrechnung (§ 275 HGB) wider. Das „Ergebnis der gewöhnlichen Geschäftstätigkeit“ sowie „außerordentliche Erträge und Aufwendungen“ werden nicht mehr gesondert ausgewiesen. Dies hat Auswirkungen auf die Vorjahresvergleiche und die Jahresabschlusskennzahlen.

Weitere Änderungen 263

Daneben werden weitere Angaben zum Jahresabschluss (u.a. Firma, Sitz, Registergericht, Registergerichtsnummer, § 264 Abs. 1a HGB) gefordert, auch bezüglich der Anhangsangaben ergeben sich umfangreiche Änderungen.

Nachhaltigkeitsberichterstattung 264

Die EU Nachhaltigkeit Berichterstattung (CSRD) verlangt ab 2023 im Lagebericht oder einem separaten Nachhaltigkeitsbericht folgende nicht finanziellen Informationen offenzulegen:

- Umwelt-, Sozial- und Arbeitnehmerbelange,
- Achtung der Menschenrechte,
- Bekämpfung von Korruption und Bestechung,
- Diversitätskonzept für die Zusammensetzung der Unternehmensführung, der Kontrollgremien und dem Aufsichtsrat.

Unmittelbar betroffen sind alle kapitalmarktorientierten Unternehmen, Kreditinstitute und Versicherungsunternehmen, wenn sie mehr als 500 Mitarbeiter haben und die Umsatzerlöse sich auch mehr als 40.000.000 EUR belaufen oder eine die Bilanzsumme bei mehr als 20.000.000 EUR liegt.

Die Darstellung der ökologischen und sozialen Auswirkungen der Geschäftstätigkeit liefert Informationen für Kunden, Lieferanten, Politik, Kapitalmarkt und weitere Stakeholder.

Vermutlich werden auch Unternehmen diese Berichterstattung aus Reputationsgründen vornehmen, die dazu gesetzlich nicht verpflichtet sind.

4. Betriebsvermögen

Eine klare Abgrenzung zwischen den Wirtschaftsgütern des Betriebsvermögens und den Wirtschaftsgütern des Privatvermögens ist vorzunehmen, um die Wirtschaftsgüter in den Vermögensvergleich mit einzubeziehen. 265

Unterhaltsrechtlich werden hier die Weichen gestellt, um die betriebliche Veranlassung von der Privatsphäre abzugrenzen.

Man unterscheidet innerhalb des Betriebsvermögens zwischen dem notwendigen Betriebsvermögen und dem gewillkürten Betriebsvermögen.

a) Notwendiges Betriebsvermögen

Nach R 4.2 Abs. 1 EStR 2012 gehören zum notwendigen Betriebsvermögen: 266

- Wirtschaftsgüter, die ausschließlich und unmittelbar für eigene betriebliche Zwecke genutzt werden oder dazu bestimmt sind
  und
- Wirtschaftsgüter, die nicht Grundstücke oder Grundstücksteile sind und die zu mehr als 50 % eigenbetrieblich genutzt werden.

> *Beispiel*
>
> Unternehmer A ist Eigentümer mehrerer Fahrzeuge, die nur betrieblich genutzt werden.
>
> *Lösung*
>
> Die Fahrzeuge gehören zum notwendigen Betriebsvermögen, weil sie ausschließlich und unmittelbar für eigenbetriebliche Zwecke bestimmt sind und genutzt werden.

b) Notwendiges Privatvermögen

267 Nach R 4.2 Abs. 1 EStR 2012 gehören zum notwendigen Privatvermögen:

- Wirtschaftsgüter, die ausschließlich und unmittelbar für private Zwecke genutzt werden oder dazu bestimmt sind

und

- Wirtschaftsgüter, die nicht Grundstücke oder Grundstücksteile sind und die zu mehr als 90 % privat genutzt werden.

Beispiel

Unternehmer A erwirbt ein Kraftfahrzeug, das er zu 96 % privat und zu 4 % betrieblich nutzt.

Lösung

Hier gehört das Kraftfahrzeug im vollen Umfang zum notwendigen Privatvermögen, weil die private Nutzung mehr als 90 % beträgt (R 4.2 Abs. 1 S. 5 EStR 2012).

c) Gewillkürtes Betriebsvermögen

268 Nach R 4.2 Abs. 1 EStR 2012 gehören zum gewillkürten Betriebsvermögen:

- Wirtschaftsgüter, die in einem gewissen objektiven Zusammenhang mit dem Betrieb stehen und diesen zu fördern bestimmt und geeignet sind
  und
- Wirtschaftsgüter, die weder zum notwendigen Betriebsvermögen noch zum notwendigen Privatvermögen gehören, also mindestens 10 % aber höchstens 50 % betrieblich genutzt werden.

Der Steuerpflichtige hat die Wahl, gewillkürtes Betriebsvermögen entweder dem Betriebsvermögen oder dem Privatvermögen zuzuordnen.

269 *Hinweis*

Steuerpflichtige, die ihren Gewinn nach § 4 Abs. 1 oder § 5 EStG ermitteln, müssen diese Zuordnung ausdrücklich in ihrer Buchführung kenntlich machen.

Beispiel

Unternehmer A, der seinen Gewinn nach §§ 4 Abs. 1, 5 EStG ermittelt, hat ein Kraftfahrzeug, das er zu 45 % betrieblich und zu 55 % privat nutzt.

Lösung

A kann dieses Fahrzeug als gewillkürtes Betriebsvermögen behandeln, da dieses weder zum notwendigen Betriebsvermögen noch zum notwendigen Privatvermögen gehört und das Kraftfahrzeug zu 10 % bis 50 % (hier 45 %) betrieblich genutzt wird.

Teilt A das Kraftfahrzeug seinem Betriebsvermögen zu, muss er dies eindeutig in seiner Buchführung durch **Aktivierung** im Anlagevermögen zum Ausdruck bringen.

A kann hier nicht die 1 %-Regelung in Anspruch nehmen, weil das Kraftfahrzeug nicht mehr als 50 % betrieblich genutzt wird (§ 6 Abs. 1 Nr. 4 S. 2 EStG).

270 Wird z.B. ein **Gebäude** gemischt genutzt, ist jeder der unterschiedlich genutzten Gebäudeteile ein besonderes Wirtschaftsgut. Das Gebäude steht insoweit in verschiedenen Nutzungs- und Funktionszusammenhängen (R 4.2 Abs. 4 S. 1 EStR 2012).

Beispiel

R ist Eigentümer eines Geschäfts- und Wohnhauses und betreibt im Erdgeschoss eine Anwaltskanzlei. Die erste Etage vermietet er an seine Bürovorsteherin, die zweite Etage nutzt er zu eigenen Wohnzwecken.

Lösung

Das Erdgeschoss stellt notwendiges Betriebsvermögen dar, während das zweite Obergeschoss notwendiges Privatvermögen ist.

Das erste Obergeschoss ist gewillkürtes Betriebsvermögen, das R entweder seinem Betriebsvermögen oder seinem Privatvermögen zuordnen kann (R 4.2 Abs. 9 EStR 2012).

Hinweis 271

Eigenbetrieblich genutzte Grundstücksteile brauchen nicht als Betriebsvermögen behandelt werden, wenn der Wert nicht mehr als ein Fünftel des gemeinen Wertes des gesamten Grundstücks und nicht mehr als 20.500 EUR beträgt (§ 8 EStDV).

5. Aktiva der Bilanz/Erfolgswirksamkeit durch Bewertung/Anschaffungs- und Herstellungskosten (AHK)/Abschreibung (AfA)

a) Bewertungsgrundsätze und Grundsätze Ordnungsgemäßer Buchführung (GOB)

Zum Verständnis der Vorstellungswelt der Bilanzierung nach HGB und EStG, auch für die unterhaltsrechtliche Würdigung, ist es geboten, die wesentlichen Prinzipien der Bilanzierung nachvollziehen zu können. Diese sind konkretisiert in den Grundsätzen Ordnungsgemäßer Buchführung und Bilanzierung (GOB) und sind vielfach normiert. 272

- **True and Fair View**: Der Jahresabschluss kann in Inhalt und Aufbau seine Aufgabe nur erfüllen, wenn er ein den tatsächlichen Verhältnissen entsprechendes Bild der Vermögens-, Finanz- und Ertragslage des Unternehmens vermittelt. Diese Leitfunktion ist in § 264 Abs. 2 Satz 1 HGB normiert.
- **Fortführungsgrundsatz/Going Concern Prinzip**: Ansatz und Bewertung erfolgen unter der Prämisse der Fortführung des Unternehmens, § 252 Abs. 1 Nr. 2 HGB. Ist die Fortführungsprognose für ein bilanzierendes Unternehmen negativ, hat die Bewertung der Vermögensgegenstände grundsätzlich unter Liquidationsgesichtspunkten zu erfolgen.[145]
- **Vollständigkeitsgrundsatz, Grundsatz der wirtschaftlichen Zurechnung und Saldierungsverbot**: Gemäß § 246 Abs. 1 Satz 1 HGB sind sämtliche Vermögensgegenstände, Schulden, Rechnungsabgrenzungsposten sowie Aufwendungen und Erträge zu erfassen, soweit gesetzlich nichts anderes bestimmt ist. Die Vollständigkeit kann nur durchbrochen werden durch Ansatzwahlrechte und Ansatzverbote. Die bilanzielle Zurechnung von Vermögensgegenständen erfolgt nach dem wirtschaftlichen Eigentum, das dem zivilrechtlichen Eigentum folgt, solange nicht im Einzelfall wirtschaftliche Gesichtspunkte eine abweichende bilanzielle Zurechnung gebieten (Leasing, Sale and Lease Back-Gestaltungen, unechtes Factoring, Treuhandverhältnis ohne Sicherungszweck). § 246 Abs. 2 HGB verbietet die Saldierung von Aktiva mit Passiva und von Aufwendungen mit Erträgen. Das hiermit zum Ausdruck gekommene Saldierungsverbot ist Bestandteil des Prinzips von Klarheit und Übersichtlichkeit von Jahresabschlüssen (§ 243 Abs. 2 HGB).
- **Einzelbewertungsgrundsatz** verlangt, dass Vermögensgegenstände und Schulden am Abschlussstichtag in der Regel einzeln zu bewerten sind (§ 252 Abs. 1 Nr. 3 HGB, § 240 HGB).
- Vereinfachte Bewertungsverfahren: Der vorgenannte Grundsatz wird durchbrochen in gesetzlichen Fällen der Bewertung bestimmter Vermögens- oder Schuldengesamtheiten wie dem **Festwertverfahren** nach § 240 Abs. 3 HGB, der **Gruppenbewertung** nach § 240 Abs. 4 HGB und den **Bewertungsvereinfachungsverfahren** nach § 256 HGB.[146]

145 Klein/*Kuckenburg*, Familienvermögensrecht, Kap. 2 Rn 1930 ff.
146 *Perleberg-Kölbel/Kuckenburg*, Unternehmen, A. Rn 404 ff.

- **Anschaffungskostenprinzip**:[147] Die aufgewendeten Kosten für Anschaffung von Wirtschaftsgütern sind Grundlage der späteren Bewertung (zum Beispiel durch Abschreibungen). Der Wert kann auch bei Wertsteigerungen nicht höher sein als die historischen Anschaffungskosten. Diese stellen die Wertobergrenze dar. Werden die Güter durch das Unternehmen selbst hergestellt, wird von Herstellungskosten gesprochen (§ 255 Abs. 2 S. 1 HGB; siehe Rdn 247 ff.)
- **Vorsichtsprinzip**: Es dient in der deutschen Rechnungslegung immer noch dem zentralen Element des institutionalisierten Gläubigerschutzes, wonach nach kaufmännischer Vorsicht zu bewerten ist. Ausprägung davon ist das Realisationsprinzip, wonach ohne Umsatz keine Gewinnrealisierung möglich ist. Demgegenüber werden nach dem Imparitätsprinzip Einzelrisiken für das Unternehmen bereits erfasst, wenn sie drohen und nicht erst wenn sie entstanden sind.
- **Wertaufholungsgebot**: Die Vorschrift des § 253 Abs. 5 S. 1 HGB schreibt bei Wegfall der Gründe für eine außerplanmäßige Abschreibung von Vermögensgegenständen eine Zuschreibung im Umfang der zwischenzeitlich eingetretenen Werterhöhung vor.
- **Bilanzidentität/Bilanzkontinuität**: Der Grundsatz der Bilanzidentität verlangt, dass die Werte der Abschlussposten aufeinander folgender Geschäftsjahre aneinander anschließen. Dies ist die formelle Bilanzidentität nach § 252 Abs. 1 Nr. 1 HGB. Die Bilanzkontinuität verlangt in aufeinanderfolgenden Jahresabschlüssen eine Darstellungsstetigkeit bei der Ausübung von Ansatz- und Bewertungswahlrechten (§ 265 Abs. 1 HGB, § 252 Abs. 1 Nr. 6 HGB).
- **Stichtagsprinzip und Periodenabgrenzung**: Die Bilanz wird auf einen Stichtag erstellt. Sie ist damit stichtagsbezogen. Wesentliches Element der Bilanzierung ist die periodengerechte Gewinnermittlung, insbesondere mit ihren Ausprägungen der Rechnungsabgrenzungsposten und den Rückstellungen.

273 Folgende Bewertungsmaßstäbe sind bilanzrechtlich zu unterscheiden:

Handelsrecht	**Steuerrecht**
Anschaffungskosten	Anschaffungskosten
Herstellungskosten	Herstellungskosten
fortgeführte AK/HK	fortgeführte AK/HK
Börsen- oder Marktpreis	Teilwert
beizulegender Wert	

274 *Hinweis*

Die Bewertungsvorschriften geben im Einzelnen vor, welche Bewertungsmaßstäbe anzuwenden sind. Sie gelten nur für die Bewertung des Betriebsvermögens.

b) Anschaffungs- und Herstellungskosten, § 255 HGB

275 Die **Anschaffungskosten** ergeben sich aus:

Kaufpreis (Anschaffungspreis)
+ Anschaffungsnebenkosten (ANK)
– Anschaffungspreisminderungen
= **Anschaffungskosten (AK)**

276 **Anschaffungsnebenkosten** sind Kosten, die neben dem Kaufpreis anfallen, z.B.

bei Grundstücken:

- Maklerprovisionen netto
- Vermessungsgebühren netto

147 *Perleberg-Kölbel/Kuckenburg*, Unternehmen, A. Rn 406. mit div. Beispielen.

- Notar- und Rechtsanwaltsgebühren netto
- Grundbuchgebühren
- Grunderwerbsteuer (§ 11 GrEStG)

Bei anderen Vermögensgegenständen: 277

- Eingangsprovisionen netto
- Eingangsfrachten netto
- Anfuhr- und Abladekosten netto
- Transportversicherungen
- Montagekosten netto

Preisminderungen für die Anschaffungskosten sind: 278

- Rabatte netto
- Skonti netto
- Boni netto
- Preisnachlässe netto

Hinweis 279

Geldbeschaffungskosten wie Zinsen, Damnum, Wechseldiskont, die bei der Finanzierung anfallen, sowie anrechenbare Vorsteuer fallen nicht unter die Anschaffungskosten.

Beispiel

Unternehmer A erwirbt 2016 ein Wirtschaftsgut des beweglichen Anlagevermögens.

Der Verkäufer V erteilt Rechnung wie folgt:

Wirtschaftsgut netto	100.000 EUR
+ 19 % Umsatzsteuer	19.000 EUR
Rechnungsbetrag	**119.000 EUR**

A zahlt diese unter Abzug von 2 % Skonto.

Für Transportkosten erhält er von F folgende Rechnung:

Transportkosten netto	10.000 EUR
+ 19 % Umsatzsteuer	1.900 EUR
Rechnungsbetrag	**11.900 EUR**

Lösung

Die Anschaffungskosten ermitteln sich wie folgt:

Kaufpreis netto	100.000 EUR
+ Anschaffungsnebenkosten	10.000 EUR
– Anschaffungspreisminderung netto (2 % von 100.000 EUR)	– 2.000 EUR
Anschaffungskosten	**108.000 EUR**

Die Bewertung für **selbst hergestellte Wirtschaftsgüter** richtet sich nach den Herstellungskosten. Es handelt sich hierbei um Wirtschaftsgüter des Vorratsvermögens, d.h. regelmäßig um Erzeugnisse. Allerdings können auch Gebäude selbst hergestellte Wirtschaftsgüter sein. 280

281 ■ **Herstellungskosten**

Herstellungskosten sind Aufwendungen, die durch den Verbrauch von Sachgütern und die Inanspruchnahme von Diensten die Herstellung eines Vermögensgegenstandes, seine Erweiterung oder für eine über den ursprünglichen Zustand hinaus gehende wesentliche Verbesserung entstehen (§ 255 Abs. 2 HGB).

Zu den Herstellungskosten gehören handelsrechtlich mindestens nach § 255 Abs. 2 S. 2 HGB die

Material**einzel**kosten
+ Fertigungs**einzel**kosten
+ Sonder**einzel**kosten der Fertigung
= **Wertuntergrenze der Herstellungskosten (HK)**

Steuerrechtlich sind die Materialeinzelkosten, die Fertigungseinzelkosten, die Sondereinzelkosten der Fertigung sowie die Materialgemeinkosten und die Fertigungsgemeinkosten in die zu aktivierenden Herstellungskosten einzubeziehen (R 6.3 EStR 2012).

Zu den Materialgemeinkosten und den Fertigungsgemeinkosten gehören nach R 6.3 Abs. 2 EStR 2012 z.B. Aufwendungen für folgende Kostenstellen:

- Lagerhaltung, Transport und Prüfung des Fertigungsmaterials
- Vorbereitung und Kontrolle der Fertigung
- Werkzeuglager
- Betriebsleitung, Raumkosten, Sachversicherungen
- Unfallstationen und Unfallverhütungseinrichtungen der Fertigungsstätten
- Lohnbüro, soweit in ihm die Löhne und Gehälter der in der Fertigung tätigen Arbeitnehmer abgerechnet werden

282 *Hinweis*

In die **Herstellungskosten** können allgemeine Verwaltungskosten wie z.B. Aufwendungen für die Geschäftsleitung oder das Rechnungswesen seit BilMoG eingerechnet werden. Ferner dürfen **nicht** mit einbezogen werden die Vertriebskosten (§ 255 Abs. 2 S. 6 HGB). Zu den Herstellungskosten können die Zinsen für Fremdkapital gehören.

Die Ermittlung erfolgt über den **Betriebsabrechnungsbogen (BAB)**.

Die Dokumentation dieser Ermittlung durch BAB ist wegen der Erfolgswirksamkeit der Ermittlung der AHK über die Abschreibungen und Wertberichtigungen Gegenstand des unterhaltsrechtlichen Auskunfts- und Beleganspruchs.

283 **Herstellungskostenuntergrenze** seit BilMoG und R 6.3 Abs. 1 EStÄR 2012[148]

	HBG a.F.	HGB n.F.	R 6.3 EStR 2008	R 6.3 EStR 2012
Kosten der Forschung und Vertriebskosten	Verbot	Verbot	Verbot	Verbot
Fremdkapitalzinsen	Wahlrecht	Wahlrecht	Wahlrecht	Wahlrecht
Aufwendungen für soziale Einrichtungen und betriebliche Altersversorgung	Wahlrecht	Wahlrecht	Wahlrecht	Gebot
Allgemeine Verwaltungskosten	Wahlrecht	Wahlrecht	Wahlrecht	Gebot
Abschreibungen	Wahlrecht	Gebot	Gebot	Gebot
Fertigungs- und Materialgemeinkosten	Wahlrecht	Gebot	Gebot	Gebot
Sondereinzelkosten d Fertigung, Fertigungseinzelkosten und Materialkosten	Gebot	Gebot	Gebot	Gebot

148 EStÄR in BMF-Schreiben v. 25.3.2013 – IV C 6- S 2133/09/10001.

c) Fortgeführte Anschaffungs- oder Herstellungskosten

Nach § 7 EStG sind die fortgeführten Anschaffungs- oder Herstellungskosten die um die Absetzung für Abnutzung (AfA) oder Substanzverringerung verminderten Anschaffungs- bzw. Herstellungskosten. 284

Beispiel

Anschaffungskosten	500.000 EUR
– AfA nach § 7 EStG	– 125.000 EUR
= fortgeführte Anschaffungskosten	**375.000 EUR**

d) Systematisierung der einzelnen Wirtschaftsgüter/Vermögenswerte in der Steuerbilanz

Zum Zweck der Bewertung werden Bilanzposten in § 266 HGB, § 6 EStG wie folgt eingeteilt: 285

1. Abnutzbare Wirtschaftsgüter des Anlagevermögens (§ 6 Abs. 1 Nr. 1 EStG)
   - Immaterielle Wirtschaftsgüter z.B. Geschäfts- oder Firmenwert
   - Gebäude
   - Maschinen
   - Maschinelle Anlagen
   - Kraftfahrzeuge
   - Betriebs- und Geschäftsausstattung
2. Andere als in § 6 Abs. 1 Nr. 1 EStG genannte Wirtschaftsgüter nach § 6 Abs. 1 Nr. 2 EStG wie
   - Grund- und Boden
   - Beteiligungen
   - Wirtschaftsgüter des Umlaufvermögens
   - Vorräte (z.B. Waren)
   - Forderungen aus Lieferungen und Leistungen
   - Wertpapiere
   - Kassenbestand
   - Guthaben bei Kreditinstituten
3. Verbindlichkeiten (§ 6 Abs. 1 Nr. 3 EStG)
   - Verbindlichkeiten gegenüber Kreditinstituten
   - Verbindlichkeiten aus Lieferungen und Leistungen
   - Sonstige Verbindlichkeiten

■ **Abgrenzung für die Bewertung des Anlage- und des Umlaufvermögens:** 286

Wirtschaftsgüter, die am Bilanzstichtag dazu bestimmt sind, **dauernd** dem Betrieb zu dienen, gehören zum **Anlagevermögen** (R 6.1 Abs. 1 S. 1 EStR 2012). Dafür ist allein die Zweckbestimmung von Bedeutung. Zum **Umlaufvermögen** teilt man Wirtschaftsgüter ein, die zur Veräußerung, Verarbeitung oder zum Verbrauch angeschafft oder hergestellt worden sind, z.B. Roh-, Hilfs- und Betriebsstoffe (R 6.1 Abs. 2 EStR 2012).

Beispiel

Das betriebliche Kfz des Rechtsanwalts R ist Anlagevermögen; die Gebrauchtwagen des Kfz-Händlers sind Umlaufvermögen.

Wertpapiere einer Bank sind Umlaufvermögen.

Werthaltigkeit ist also ohne Relevanz.

Diese Abgrenzung gilt nicht nur für Sachanlagen, sondern auch für immaterielle Wirtschaftsgüter und Finanzanlagen.

e) Teilwertabschreibung und ihre Bedeutung im Familienrecht

287 ■ **Unterhaltsrelevanz**

Gewinnreduzierend und damit für die Einkommensermittlung von größter Bedeutung ist die Teilwertabschreibung, die von Familienrechtlern praktisch nicht beachtet wird und mindestens die wirtschaftliche Bedeutung der AfA hat.

Im Gegensatz zur AfA, die nur für das Anlagevermögen relevant ist, gilt die Teilwertabschreibung *auch* für das Umlaufvermögen.

Gerade der in Anspruch genommene Unterhaltsschuldner wird ein Interesse haben, seine Einkünfte über die Teilwertabschreibung zu reduzieren, was der allgemeinen Beachtung durch die Familienrechtler mangels Kenntnis des Instituts entgeht, woraus ein **Haftungsrisiko** resultiert.

288 ■ **Teilwert**

Was ist unter dem steuerrechtlichen Begriff des **Teilwerts** zu verstehen?[149]

Nach § 6 Abs. 1 Nr. 1 S. 3 EStG (gleichlautend § 10 BewG) ist der Teilwert der Betrag, den ein Erwerber des ganzen Betriebes im Rahmen des Gesamtkaufpreises für das einzelne Wirtschaftsgut ansetzen würde, wobei davon auszugehen ist, dass der Erwerber den Betrieb fortführt (going-concern-Prinzip). Die Funktion des Teilwerts ist ein Wertansatz **anstelle** des Wertansatzes auf Basis der **Anschaffungskosten**. Dieser Wertansatz der Steuerbilanz gleicht dem sog. **beizulegenden Wert** der Handelsbilanz. Es muss aber eine voraussichtlich **dauernde Wertminderung** vorliegen, d.h. ein voraussichtlich nachhaltiges Absinken des Wertes des Wirtschaftsgutes unter den maßgeblichen Buchwert. Eine nur vorübergehende Wertminderung reicht für eine Teilwertabschreibung nicht aus.[150]

Dabei besteht die Besonderheit, dass die Vornahme einer außerplanmäßigen Abschreibung in der Handelsbilanz nicht zwingend in der Steuerbilanz durch eine Teilwertabschreibung nachvollzogen werden muss (Beispiel für Auseinanderfallen von Steuer- und Handelsbilanz).[151]

289 ■ **Ziel der Teilwertabschreibung**

Überbewertungen der Wirtschaftsgüter und damit einhergehend ein zu hoher Ausweis des Vermögens oder Gewinns sowie die Bildung ungerechtfertigter stiller Reserven sollen vermieden werden.

290 ■ **Teilwertabschreibung beim abnutzbaren Anlagevermögen**

Für die Wirtschaftsgüter des abnutzbaren Anlagevermögens kann von einer voraussichtlich dauernden Wertminderung ausgegangen werden, wenn der Wert des jeweiligen Wirtschaftsguts am Bilanzstichtag mindestens für eine **halbe Restnutzungsdauer unter dem planmäßigen Restbuchwert** liegt.

Das gilt auch dann, wenn beabsichtigt ist, dass Wirtschaftsgut vor Ablauf der betriebsgewöhnlichen Nutzungsdauer zu veräußern.[152]

Die verbleibende Nutzungsdauer ist für Gebäude nach § 7 Abs. 4 und 5 EStG, für andere Wirtschaftsgüter grundsätzlich nach den amtlichen AfA-Tabellen zu bestimmen.[153]

> *Beispiel*
> Ein Unternehmen hat eine Maschine zu Anschaffungskosten von 100.000 EUR erworben.
> Die Nutzungsdauer beträgt zehn Jahre, die jährliche AfA beträgt linear 10.000 EUR.

149 *Perleberg-Kölbel*, Teilwertabschreibung im Familienrecht, FuR 2016, 80, *Kuckenburg*, FuR 2008, 386.
150 BMF-Schreiben v. 25.2.2000, BStBl 2000 I 372, Rn 3.
151 R 6.8 EStR i.d.F EStÄR 2012.
152 BFH BStBl 2009 II 899.
153 BMF-Schreiben, a.a.O., Rn 6.

Im zweiten Jahr beträgt der Teilwert beispielsweise wegen eines Schadensfalls nur noch 30.000 EUR bei einer Restnutzungsdauer von acht Jahren.

Lösung

Hier ist (auf einen Schlag!) gewinnreduzierend eine Teilwertabschreibung auf 30.000 EUR zulässig. Die Minderung ist voraussichtlich auch von Dauer, weil der Wert des Wirtschaftsgutes zum Bilanzstichtag bei planmäßiger Abschreibung erst nach fünf Jahren, d.h. erst nach mehr als der Hälfte der Restnutzungsdauer, erreicht wird.[154]

Faustregel für dauernde Wertminderung: Buchwert halbieren, wenn dann der Teilwert niedriger ist als der halbierte Buchwert, ist die Wertminderung dauernd.

Abwandlung

Der Teilwert beträgt 50.000 EUR.

Lösung

Eine Teilwertabschreibung ist nicht zulässig.

Die Minderung ist voraussichtlich nicht von Dauer, da der Wert des Wirtschaftsguts zum Bilanzstichtag bei planmäßiger Abschreibung schon nach drei Jahren und damit früher als nach mehr als der Hälfte der Restnutzungsdauer erreicht wird.

■ **Teilwertabschreibung beim nicht abnutzbaren Anlagevermögen** 291

Für die Wirtschaftsgüter des nicht abnutzbaren Anlagevermögens ist grundsätzlich darauf abzustellen, ob die Gründe für eine niedrigere Bewertung voraussichtlich anhalten werden.

Kursschwankungen von börsennotierten Wirtschaftsgütern des Anlagevermögens stellen eine nur vorübergehende Wertminderung dar und berechtigen deshalb nicht zum Ansatz des niedrigeren Teilwertes.[155]

Beispiel

Das Unternehmen hat Aktien einer Aktiengesellschaft zum Preis von 100 EUR/Stück erworben. Die Aktien sind als langfristige Kapitalanlage dazu bestimmt, dauernd dem Unternehmen zu dienen. Der Kurs der Aktien schwankt nach der Anschaffung zwischen 70 EUR und 100 EUR. Am Bilanzstichtag beträgt der Börsenpreis 90 EUR.

Lösung

Eine Teilwertabschreibung ist unzulässig.

Der durch die Kursschwankungen verursachte niedrigere Börsenpreis am Bilanzstichtag stellt eine nur vorübergehende Wertminderung dar.

Entgegen dieser Ansicht im BMF-Schreiben hat der BFH[156] eine Teilwertabschreibung nach § 6 Abs. 1 Nr. 2 S. 2 EStG bei börsennotierten Aktien angenommen, die als Finanzanlagen gehalten werden, wenn der Börsenwert zum Stichtag **unter die Anschaffungskosten** gesunken ist **und** zum Zeitpunkt der Bilanzaufstellung **keine konkreten Anhaltspunkte für eine alsbaldige Wertaufholung** vorliegen (im Entscheidungsfall Anschaffungskosten von Infineon-Aktien mit 44,50 EUR pro Stück, Wert am Bilanzstichtag 22,70 EUR pro Stück und Wert bei Aufstellung der Bilanz 26 EUR pro Stück).

154 BMF-Schreiben, a.a.O., Rn 7, 8; weitergehend FG Münster, das die Teilwertabschreibung auch dann zulässt, wenn die Wertminderung durch Normal-AfA bei weniger als die Hälfte der Restnutzungsdauer erreicht wird, EFG 2005, 683, siehe folgendes Beispiel.

155 BMF-Schreiben, a.a.O., Rn 11.

156 BFH v. 26.9.2007 – BFH/NV 2008, 432.

Überzeugend führt der BFH hier wörtlich aus:

„Spiegelt aber der aktuelle Börsenkurs die Einschätzung der Marktteilnehmer (auch) über die künftige Entwicklung des Börsenkurses wider, kann vom Bilanzierenden nicht erwartet werden, dass er über bessere prognostische Fähigkeiten verfügt als der Markt. Der Börsenkurs ist dann nicht nur identisch mit dem jeweils beizulegenden Wert, sondern er ist – mangels besserer Erkenntnismöglichkeiten – als der dauerhafte Wert der Bilanz zugrunde zu legen."

Im konkreten Beispielsfall war eine Teilwertabschreibung auf 26 EUR möglich!

Dem folgt das BMF mit seinem Schreiben vom 26.3.2009, indem es die Behandlung von Wertveränderungen innerhalb einer gewissen Bandbreite durch eine zeitliche und rechnerische Komponente ausfüllen will.

„Von einer voraussichtlich dauernden Wertminderung ist danach nur dann auszugehen, wenn der Börsenkurs von börsennotierten Aktien zu dem jeweils aktuellen Bilanzstichtag um mehr als 40 % unter den Anschaffungskosten gesunken ist oder zu dem jeweils aktuellen Bilanzstichtag und dem vorangegangenen Bilanzstichtag um mehr als 25 % unter den Anschaffungskosten gesunken ist."

292 ■ **Teilwertabschreibung im Umlaufvermögen**

Die Wirtschaftsgüter des Umlaufvermögens sind nicht dazu bestimmt, dem Betrieb auf Dauer zu dienen. Sie werden stattdessen regelmäßig für den Verkauf oder den Verbrauch angeschafft. Demgemäß kommt dem Zeitpunkt der Verwendung oder Veräußerung für die Bestimmung einer voraussichtlich dauernden Wertminderung eine besondere Bedeutung zu. Hält die Minderung bis zum Zeitpunkt der Aufstellung der Bilanz oder dem vorausgegangenen Verkaufs- oder Verbrauchszeitpunkt an, so ist die Wertminderung voraussichtlich von Dauer.[157]

Beispiel

Der Kaufmann/Unterhaltsschuldner hat eine Forderung aus einem Kredit im Nennwert von 100.000 EUR an der Y-KG. Wegen unerwarteter Zahlungsausfälle ist die Y-KG im Laufe des Wirtschaftsjahres notleidend geworden.

Am Bilanzstichtag kann die Forderung deshalb nur in Höhe von 20 % bedient werden. Bis zum Zeitpunkt der Bilanzaufstellung stellt die Y-KG wider Erwarten eine Sicherung in Höhe von 30 % der Forderung.

Lösung

Am Bilanzstichtag ist eine Teilwertabschreibung auf die Forderung des Steuerpflichtigen in Höhe von 80 % zulässig, da mit überwiegender Wahrscheinlichkeit nur mit einem Zahlungseingang von 20 % gerechnet werden konnte.

Zwar gewinnt die Forderung bis zum Zeitpunkt der Bilanzaufstellung durch die Gestellung der Sicherheit nachträglich an Wert. Ein unerwartetes Ereignis dieser Art ist jedoch keine „zusätzliche Erkenntnis".[158]

293 ■ **Wertaufholungsgebot**

Hat sich der Wert des Wirtschaftsgutes nach einer vorangegangenen Teilwertabschreibung wieder erhöht, so ist diese Betriebsvermögensmehrung bis zum Erreichen der Bewertungsobergrenze steuerlich (d.h. gewinnerhöhend) mit den oben genannten Einschränkungen zu erfassen. Dabei kommt es nicht darauf an, ob die konkreten Gründe für die vorherige Teilwertabschreibung weggefallen sind. Auch

157 BMF-Schreiben, a.a.O, Rn 23.
158 BMF-Schreiben, a.a.O, Rn 32, 33, 4, 23.

eine Erhöhung des Teilwerts aus anderen Gründen führt zu einer Korrektur des Bilanzansatzes. Gleiches gilt selbstverständlich auch, wenn die vorherige Teilwertabschreibung steuerlich nicht oder nicht vollständig wirksam wurde.[159]

■ **Teilwertabschreibung versus Verlustrückstellung** 294

Hinweis

Die Teilwertabschreibung ist durch die Rückstellungen für drohende Verluste (§ 249 Abs. 1 S. 1 2. HS HGB) nicht ausgeschlossen, obwohl nach Steuerrecht die Drohverlustrückstellung nicht gebildet werden darf (§ 5 Abs. 4a EStG). Dies schließt aber eine Teilwertabschreibung z.B. bei unfertigen Bauten und unfertigen Erzeugnissen (Werkverträgen) mit erheblicher Erfolgswirksamkeit nicht aus.

Beispiel

Der Verlust aus einem Werklieferungsvertrag (Bauvorhaben) beläuft sich bei einem Abwicklungsfortschritt/Fertigungsgrad von 20 % auf 100.000 EUR bei bereits aktivierten Herstellungskosten von 40.000 EUR.

Beläuft sich die Teilwertabschreibung auf 60.000 EUR oder 100.000 EUR?

Der BFH führt hierzu aus:

> *„Das Verbot der Rückstellungen für drohende Verluste begrenzt eine mögliche Teilwertabschreibung nicht. Die Teilwertabschreibung auf teilfertige Bauten auf fremdem Grund und Boden ist nicht nur hinsichtlich des dem jeweiligen Stand der Fertigstellung entsprechenden, auf die Bauten entfallenden Anteils der vereinbarten Vergütung, sondern hinsichtlich des gesamten Verlustes aus dem noch nicht abgewickelten Bauauftrag zulässig".*[160]

Lösung

Das Unternehmen kann mithin in nicht zu beanstandender Weise eine Teilwertabschreibung in Höhe des gesamten Verlustes von 100.000 EUR vornehmen.

Hinweis 295

Eine erfolgte **Teilwertabschreibung** im Anlage-, bzw. Umlaufvermögen des bilanzierenden Unternehmens, ist insbesondere der Gewinn- und Verlustrechnung zu entnehmen. Sie bedarf naturgemäß einer Dokumentation, weil den Steuerpflichtigen gegenüber dem Finanzamt die Darlegungs- und Beweislast trifft.[161] Wenn also bei der Ermittlung des Unterhaltseinkommens, bzw. des Gewinnes des Unternehmens des Unterhaltsschuldners, eine Teilwertabschreibung ersichtlich wird, muss diese bestritten und die Vorlage der entsprechenden Dokumentationen zur Erfüllung der Darlegungs- und Beweislast gefordert werden.

f) Bewertung von abnutzbaren Wirtschaftsgütern des Anlagevermögens

Auf der Aktivseite der Bilanz ist gemäß § 266 HGB das Anlagevermögen der Gesellschaft ausgewiesen. 296

Nach der gesetzlichen Regelung des § 247 Abs. 2 HGB sind als Posten des Anlagevermögens nur die Gegenstände auszuweisen, die dauernd bestimmt sind, dem Geschäftsbetrieb zu dienen. Für die dauernde Nutzung ist es nur erforderlich, dass das Unternehmen einen weiteren Gebrauch des Vermögenswertes für eine gewisse Zeit beabsichtigt, während die Wirtschaftsgüter des Umlaufvermögens durch eine nur

159 BMF-Schreiben, a.a.O, Rn 34.
160 BFH DStR 2005, 1975 ff.
161 BMF-Schreiben, a.a.O, Rn 2.

einmalige Nutzung (Verbrauch, Verarbeitung, Verkauf, Forderungen: Überführung in liquide Mittel) gekennzeichnet sind. Die Werthaltigkeit des Vermögenswerts ist kein Abgrenzungskriterium.

Diese Abgrenzung ist bedeutend, weil die erfolgswirksamen Maßnahmen wie AfA und/oder Teilwertabschreibung von der systematischen Einordnung abhängen, ob es sich um Anlage- oder Umlaufvermögen handelt.

Nach der gesetzlichen Gliederungsvorschrift des § 266 Abs. 2 HGB wird zwischen 3 Hauptpositionen unterschieden: immaterielle Vermögensgegenstände, Sachanlagen und Finanzanlagen.

Die immateriellen Vermögensgegenstände werden nach der vorgenannten Vorschrift bezeichnet und gegliedert als:

- selbst geschaffene gewerbliche Schutzrechte und ähnliche Rechte und Werte,
- entgeltlich erworbene Konzessionen, gewerbliche Schutzrechte und ähnliche Rechte und Werte sowie Lizenzen an solchen Rechten und Werten,
- Geschäfts- oder Firmenwert,
- geleistete Anzahlungen zu vorstehenden Positionen.

Die **Sachanlagen** werden in der genannten Vorschrift bezeichnet und gegliedert als:

- Grundstücke, grundstücksgleiche Rechte und Bauten, einschließlich der Bauten auf fremden Grundstücken,
- technische Anlagen und Maschinen,
- andere Anlagen, Betriebs- und Geschäftsausstattung,
- geleistete Anzahlung und Anlagenbau,

Die **Finanzanlagen**[162] werden wie folgt bezeichnet und gegliedert als:

- Anteile an verbundenen Unternehmen,
- Ausleihungen an verbundene Unternehmungen,
- Beteiligungen,
- Ausleihungen an Unternehmen, mit denen ein Beteiligungsverhältnis besteht,
- Wertpapiere des Anlagevermögens,
- GmbH: Ausleihungen an Gesellschafter,
- sonstige Ausleihungen.

297 Nach § 6 Abs. 1 Nr. 1 EStG werden Wirtschaftsgüter des abnutzbaren Anlagevermögens mit den Anschaffungs- oder Herstellungskosten oder dem an deren Stelle tretenden Wert (beispielhaft dem Einlagewert), vermindert um bestimmte Abzüge, angesetzt. Erstreckt sich die Nutzung von abnutzbaren Wirtschaftsgütern erfahrungsgemäß auf einen Zeitraum von **mehr als einem Jahr**, werden die Anschaffungs- oder Herstellungskosten auf die betriebsgewöhnliche Nutzungsdauer verteilt.

298 *Hinweis*

Die AfA (**Absetzung für Abnutzung**) ist eine Methode der **Bewertung** von Wirtschaftsgütern des abnutzbaren Anlagevermögens. Die Bewertung im Umlaufvermögen folgt gänzlich anderen Regeln.

Wirtschaftsgüter des Anlagevermögens, die nicht der AfA unterliegen, sind beispielsweise Grund und Boden, Beteiligungen oder Finanzanlagen.

Der Teil der Anschaffungs- bzw. Herstellungskosten (AHK), der auf ein Jahr entfällt, wird als **AfA** bezeichnet.

162 Zur Bewertung von Finanzanlagen: *Kuckenburg*, FuR 2017, 373 ff.; *Perleberg-Kölbel/Kuckenburg*, Unternehmen, G Rn 601 ff.

Hierbei werden **AfA-Methoden** angewendet, die nach § 7 EStG wie folgt zu unterscheiden sind:[163] 299

- AfA in gleichen Jahresbeträgen (lineare AfA)
  - bei Gebäuden und beweglichen Anlagegütern
- AfA in fallenden Jahresbeträgen (degressive AfA)
  - bei Gebäuden und beweglichen Anlagegütern
- AfA, verbrauchsbedingt (Leistungs-AfA)
  - nur bei beweglichen Anlagegütern
- Absetzung für außergewöhnliche technische oder wirtschaftliche Abnutzung bei Gebäuden und beweglichen Anlagegütern (AfaA =Absetzung für außergewöhnliche Absetzung)

Unabhängig von der AfA ist im Anlagevermögen die Teilwertabschreibung (siehe oben Rdn 287 ff.) zu beachten.

g) AfA bei immateriellen Wirtschaftsgütern

Als immaterielle (unkörperliche) Wirtschaftsgüter kommen in Betracht: Rechte, rechtsähnliche Werte und sonstige Vorteile. Trivialprogramme sind abnutzbare bewegliche und selbstständig nutzbare Wirtschaftsgüter. Computerprogramme, deren Anschaffungskosten nicht mehr als 410 EUR betragen, sind wie Trivialprogramme zu behandeln. Keine immateriellen Wirtschaftsgüter sind die nicht selbstständig bewertbaren geschäftswertbildenden Faktoren. (R 5.5 Abs. 1 S. 1 EStR 2012).[164] 300

Hierunter fällt auch der Goodwill/**Geschäfts- oder Firmenwert**.

Dabei muss es sich zunächst einmal um ein eigenständiges bewertbares Wirtschaftsgut handeln. Andernfalls ist die Abschreibung (natürlich auch bei der EÜR) nicht möglich.

Die Problematik kann an der **Kassenarztzulassung**[165] erläutert werden.

Diese stellt zunächst einmal grundsätzlich kein neben dem Praxiswert stehendes Wirtschaftsgut dar. Erwirbt der Praxiserwerber/Praxis Nachfolger eine bestehende Arztpraxis, einen Teilbetrieb oder einen Mitunternehmeranteil mit Vertragssitz und zahlt er unter Berücksichtigung des wirtschaftlichen Interesses des ausscheidenden Vertragsarztes oder seiner Erben einen Kaufpreis, der den Verkehrswert der Praxis nicht übersteigt, ist der Kassenzulassung kein gesonderter Wert beizumessen und diese wird somit einheitlich mit dem Praxiswert abgeschrieben.

Gemäß Urteil des BFH[166] kann die Kassenarztzulassung dann ein eigenständiges Wirtschaftsgut darstellen, wenn es sich als Gegenstand des Veräußerungsvorgangs besonders konkretisiert hat.

> *Beispiel* 301
>
> Der Erwerb mit der Motivation der Verlegung des Vertragsarztsitzes ohne Übernahme von Praxisräumen oder der Erwerb der Kassenarztzulassung, um die Aufnahme des Erwerbers als weiterer Gesellschafter in einer bestehenden freiberuflichen Personengesellschaft zu ermöglichen.
>
> In diesen Fällen kommt der Vertragsarztzulassung eine nicht unerhebliche wirtschaftliche Bedeutung zu und es entsteht ein selbstständig bewertbares immaterielles Wirtschaftsgut.
>
> Gleichwohl ist eine Abschreibung gemäß § 7 Abs. 1 EStG nicht möglich, die da die Vertragsarztzulassung zeitlich unbegrenzt erteilt wird!

163 *Kuckenburg*, AfA-Arten und ihre steuerliche Berücksichtigung; FPR 2003, 415.; Grüneberg/*von Pückler*, § 1361 Rn 3.
164 Wiederbepflanzungsrechte im Weinbau sind immaterielle WGs: BFH, Urt. v. 6.12.2017 – VI R 65/15.
165 OFD NRW, Kurzinformation v. 29.10.2015; DB 2015, 2603.
166 BFH BStBl 2011 II, 875.

302 ***Ermittlung des Geschäfts-/Firmenwerts/Goodwills***
Kaufpreis ./. Buchwert = **Geschäfts- oder Firmenwert/Goodwill**

Der **derivative**, d.h. der abgeleitete und erworbene **Firmenwert** ist steuerlich mit den Anschaffungskosten zu aktivieren und linear abzuschreiben (§ 246 Abs. 1 S. 4 HGB). Diese Aktivierungspflicht besteht auch im **Steuerrecht** (§ 7 Abs. 1 S. 3 EStG), wonach von einer betriebsgewöhnlichen Nutzungsdauer des Geschäfts- oder Firmenwertes von **15 Jahren** auszugehen ist.

Beispiel

A erwirbt am 3.1.2013 ein Unternehmen mit einem Firmenwert. Die Anschaffungskosten hierfür betragen 150.000 EUR.

A will eine einheitliche Handels- und Steuerbilanz erstellen. Er passt sie handelsrechtlich an die steuerrechtliche 15-jährige Abschreibungsdauer an.

Lösung

Die Abschreibung beträgt folglich 10.000 EUR (100 %: 15 Jahre = 6,66 % von 150.000 EUR pro Wirtschaftsjahr).

303 *Hinweis*

Der bei einem Kauf einer freiberuflichen Praxis erworbene Praxiswert stellt keinen Geschäftswert oder Firmenwert i.S.v. § 7 Abs. 1 S. 3 EStG dar. Diese Norm bezieht sich lediglich auf gewerbliche oder land- und forstwirtschaftliche Unternehmungen.

Die Abschreibungsdauer eines Praxiswertes, wegen seiner Personenbezogenheit, liegt zwischen drei und fünf Jahren bei Ausscheiden des Praxisinhabers bzw. sechs bis zehn Jahren bei dessen fortgesetzter Tätigkeit.[167]

Die Neufassung des § 253 Abs. 3 S. 3 bis 4 HGB nimmt eine bei fehlenden Anhaltspunkten regelmäßige Abschreibungsdauer von 10 Jahren an.

Höchstrichterliche familienrechtliche Entscheidungen zur Berücksichtigung von AfA bei immateriellen Wirtschaftsgütern liegen nicht vor.

Das Unterhaltsrecht kann, wie so häufig, mit den stringenten steuerrechtlichen Regeln operieren, was insbesondere deshalb gilt, weil deren Abschreibungsdauer dem tatsächlichen Werteverzehr nach allgemeiner Erfahrung entspricht.[168] Auch hier entspricht die steuerliche Regelung jahrelanger Erfahrung der Finanzverwaltung.[169]

Die handelsrechtliche Aktivierungsfähigkeit des **originären Geschäftswerts/Goodwills** nach **BilMoG** (Handelsbilanz) beschränkt sich lediglich auf solche selbst erstellten immateriellen Werte, die die Kriterien eines Vermögensgegenstandes erfüllen. Wird die Vermögensgegenstandseigenschaft erfüllt, besteht für den originären Firmenwert ein **Aktivierungswahlrecht**, es sei denn, es handelt sich um Marken, Drucktitel, Verlagsrechte, Kundenlisten oder vergleichbare immateriellen Vermögensgegenstände des Anlagevermögens, die nicht entgeltlich erworben wurden (§ 248 Abs. 2 S. 2 HGB).

Dabei bezieht sich das Aktivierungswahlrecht insbesondere auf die Entwicklungskosten.

Das Bestehen des Wahlrechts hängt davon ab, ob hierfür die handelsrechtlichen Kriterien eines Vermögensgegenstands erfüllt sind.

167 H 7.1 EStH.
168 *Kuckenburg/Perleberg-Kölbel*, Praxis- und Firmenwertabschreibung im Unterhaltsrecht, FuR 2009, 187; dem folgend Grüneberg/*von Pückler*, § 1361 Rn 32.
169 Rechtsgedanke aus BGH FamRZ 2003, 741 ff.

Nach Handelsrecht bestand nach § 248 Abs. 2 HGB a.F. ein Aktivierungsverbot für originäre Firmenwerte.

Das für den originären Firmenwert geltende generelle Aktivierungsverbot wurde durch das BilMoG 2009 abgeschafft. Seither besteht für den originären Firmenwert ein Aktivierungswahlrecht, dem nach § 266 Abs. 2 A I HGB mit der Bilanzposition „selbst geschaffene gewerbliche Schutzrechte" ein formaler Bilanzansatz geschaffen wurde (Angleichung an internationale Rechnungslegung).

Werden derartige selbst geschaffene Firmenwerte aktiviert, sind sie automatisch mit einer Ausschüttungssperre nach § 268 Nr. 8 HGB belegt. § 246 Abs. 1 S. 4 HGB und § 253 Abs. 5 S. 2 HGB **fingieren** lediglich den derivativen Firmenwert als **Vermögensgegenstand**, nicht jedoch den originären; das Aktivierungswahlrecht nach § 255 Abs. 4 HGB a.F. ist entfallen. Diese auf den derivativen Firmenwert beschränkte Fiktion führt dazu, dass bei Wahrnehmung des Aktivierungswahlrechts für einen originären Firmenwert die Eigenschaften eines Vermögensgegenstandes nachgewiesen werden müssen.

Hinweis 304

Das Aktivierungswahlrecht für originäre Firmenwerte ist ein weiteres Beispiel für die Möglichkeit von Auseinanderfallen von Steuer- und Handelsbilanz!

Denkbar ist auch ein ausgewiesener **Badwill**. Der „Badwill" ist im Rechnungswesen ein negativer Geschäfts- oder Firmenwert. Er entsteht im Rahmen der Kapitalkonsolidierung, wenn bei einem **Unternehmenskauf der Kaufpreis für das Unternehmen oder die Beteiligung unter dem Wert des Reinvermögens** liegt. Der „Badwill" als „negativer Unterschiedsbetrag" ist als negative Ertragsaussicht oder als „lucky buy" zu erklären und nach § 301 Abs. 3 S. 1 HGB als Rückstellung zu passivieren („Unterschiedsbetrag aus der Kapitalkonsolidierung"). Er mindert also unter sonst gleichbleibenden Bedingungen das Reinvermögen des erwerbenden Unternehmens. Diese Rückstellung darf nur aufgelöst werden, wenn entweder die erwartete ungünstige Ertragsentwicklung eingetreten ist oder am Bilanzstichtag feststeht, dass der „Badwill" einem realisierten Gewinn entspricht (§ 309 Abs. 2 HGB).[170]

Ähnlich wird der steuerliche Übergangsverlust[171] bei Wechsel von der Einnahmen-/Überschussrechnung zur Bilanzierung behandelt.

h) AfA bei Gebäuden

aa) Lineare AfA

Ausgangspunkt für die Berechnung der Gebäudeabschreibung sind die Anschaffungs- oder Herstellungskosten für das Gebäude. Nicht zur Bemessungsgrundlage gehören die anteiligen Grundstückskosten. Fallen Kosten auf die Einheit von Grundstück und Gebäude, so sind die Kosten aufzuteilen. 305

Maklerprovisionen, Notargebühren müssen zum Teil dem Gebäude und zum Teil dem Grundstück zugerechnet werden. Wurde im Kaufvertrag der Gebäudewert nicht vom Grundstück getrennt, ist für die Abschreibung eine Aufteilung vorzunehmen. Der Wert des Grundstücks kann dabei an Hand von Bodenrichtwertkarten ermittelt werden. Informationen zu den Bodenrichtwerten geben die Bewertungsstellen des Finanzamts.

Wird ein Gebäude unterschiedlich genutzt, existieren selbstständige Gebäudeteile, die auch selbstständig abschreibungsfähig sind. Dabei können unterschiedliche Abschreibungsmethoden zur Anwendungen kommen. In den Einkommensteuerrichtlinien (EStR) werden folgende selbstständige Nutzungen unterschieden: Nutzung zu eigenen Betriebszwecken, Vermietung für fremde Betriebszwecke, Vermietung zu fremden Wohnzwecken und Nutzung zu eigenen Wohnzwecken.

170 *Gabler*, Wirtschaftslexicon, „Badwill".
171 AG Elze v. 15.1.2015 – 32 F 138/09 UE, n.v.

306 Die lineare AfA beträgt nach § 7 Abs. 4 EStG:

- bei Wirtschaftsgebäuden (Abschreibungsdauer 33 Jahre) 3 % (vor 2001: 4 %)
- bei allen anderen Gebäuden (Abschreibungsdauer 50 bzw. 40 Jahre)
  a) die nach dem 31.12.1924 fertig gestellt worden sind 2 %
  b) die vor dem 1.1.1925 fertig gestellt worden sind 2,5 %
  Beträgt die tatsächliche Nutzungsdauer eines Gebäudes in den Fällen unter Nr. 1. weniger als 33 Jahre, in den Fällen Nr. 2a weniger als 50 Jahre, in den Fällen Nr. 2b weniger als 40 Jahre, so können anstelle der angegebenen Abschreibungen die der tatsächlichen Nutzungsdauer entsprechenden Abschreibungen
  c) Das Jahressteuergesetz 2022[172] beinhaltet eine zeitlich befristete Sonderabschreibung für den Bau einer neuen Mietwohnung. Die lineare Abschreibung wird ab Januar 2023 von 2 % auf 3 % pro Jahr angehoben.

Beispiel

A besitzt eine Halle, die zum Betriebsvermögen gehört. Sie ist am 5.2.2015 errichtet worden und stellt ein Wirtschaftsgebäude dar. Die Herstellungskosten haben 300.000 EUR betragen.

Lösung

A kann jährlich 3 % von 300.000 EUR, mithin 9.000 EUR zur vollen Absetzung abziehen.

307 *Hinweis*

Der Wert von Grund und Boden gehört nicht zur Bemessungsgrundlage der Gebäude-AfA. Dieser unterliegt nicht der Abnutzung.

Beispiel

A hat 2015 ein bebautes Grundstück gekauft. Die Anschaffungskosten betragen 450.000 EUR. Von den Anschaffungskosten entfallen auf das Gebäude, das 1952 fertig gestellt worden ist, 350.000 EUR.

Lösung

Hier kann A jährlich 2 % von 350.000 EUR = 7.000 EUR bis zur vollen Absetzung abziehen.

Das Jahr der Anschaffung ist grundsätzlich unmaßgeblich. Es kommt entscheidend darauf an, wann das Gebäude fertig gestellt worden ist. Dies ist hier das Jahr 1952.

308 Bei Anschaffung im Laufe eines Jahres kann die lineare Gebäude-AfA für das erste Jahr nur **zeitanteilig** vorgenommen werden. Dementsprechend ist auch im Jahr der Veräußerung zu verfahren (R 7.4 Abs. 2 EStR 2012).

309 *Hinweis*

Die lineare Gebäude-AfA richtet sich nach den Anschaffungs- oder Herstellungskosten.

bb) Degressive AfA

310 Unter bestimmten Voraussetzungen kann der Steuerpflichtige auch die degressive AfA in Form fallender Staffelsätze nach § 7 Abs. 5 EStG wählen (sog. staffeldegressive AfA).
Hierbei sind folgende **AfA-Staffeln mit verschiedenen Abschreibungssätzen nach dem Herstellungsjahr** (siehe in den folgenden Normen!) und der **Nutzungsart** zu unterscheiden (siehe Beispiel Rdn 313):

- Staffel 81 – § 7 Abs. 5 S. 1 Nr. 1 EStG
- Staffel 85 – § 7 Abs. 5 S. 1 Nr. 2 EStG
- Staffel 89 – § 7 Abs. 5 S. 1 Nr. 3a EStG

172 JStG 2022 v. 16.12.2022, BGBl 2022 I S. 2294 ff.

- Staffel 96 – § 7 Abs. 5 S. 1 Nr. 3b EStG
- Staffel 04 – § 7 Abs. 5 S. 1 Nr. 3c EStG

Hinweis 311

Die **Staffelnummern** bezeichnen die Jahre, in denen diese Staffeln erstmals anwendbar waren. Eine Anwendung höherer oder niedrigerer Staffelsätze ist bei der degressiven AfA nach § 7 Abs. 5 EStG ausgeschlossen (R 7.4 Abs. 6 EStR 2012). Die degressive AfA ist im Jahr der Fertigstellung bzw. Herstellung oder Anschaffung mit dem vollen Jahresbetrag abzuziehen, wenn das Gebäude zur Erzielung von Einkünften verwendet wird. Anderenfalls ist das Gebäude zeitanteilig abzuschreiben (R 7.4 Abs. 2 S. 1 EStR 2012).

Ein Gebäude ist fertig gestellt, wenn die wesentlichen Bauarbeiten abgeschlossen sind und der Baufortschritt einen Bezug der Wohnung zulässt. Noch nicht fertig gestellt ist ein Gebäude z.B. dann, wenn Türen, Böden und der Innenputz noch fehlen.[173] 312

Bemessungsgrundlage der AfA sind die Herstellungs- oder Anschaffungskosten des Gebäudes 313

Staffel 04 ist **beispielsweise** anzuwenden, wenn

- das Gebäude Wohnzwecken dient,
- der Bauantrag nach dem 31.12.2003 und vor dem 1.1.2006 gestellt worden ist

und

- die Anschaffung aufgrund eines nach dem 31.12.2003 und vor dem 1.1.2006 abgeschlossenen Kaufvertrags erfolgte.

Folgende Beträge können unter diesen Voraussetzungen abgezogen werden:

- In den ersten zehn Jahren jeweils 4 %,
- in den darauffolgenden acht Jahren jeweils 2,5 %,
- in den darauffolgenden 32 Jahren jeweils 1,25 %.

Beispiel

A ließ 2007 ein Mietgrundstück bauen.

Den Bauantrag hierfür stellte er 2005. Die Bautätigkeit endete 2007, und ab 2008 wurde das Gebäude zu Wohnzwecken vermietet.

Die Anschaffungskosten des Grund und Bodens betrugen 200.000 EUR, die Herstellungskosten des Gebäudes 1.400.000 EUR.

Lösung

A kann das Gebäude für 2007 noch mit 4 % und den vollen Jahresbetrag von 56.000 EUR (4 % von 1.400.000 EUR) degressiv abschreiben, weil der Bauantrag nach dem 31.12.2003 und vor dem 1.1.2006 gestellt worden ist.

Ferner wird das Gebäude zur Erzielung von Einkünften verwendet (R 7.4 Abs. 2 EStR 2012).

Hinweis 314

Für Mietwohngebäude, die degressiv nach § 7 Abs. 5 S. 3c EStG abgeschrieben werden, entfällt ab dem Veranlagungszeitraum 2006 die Abschreibungsmöglichkeit, soweit es sich um Neufälle handelt. Da die Wohnraumversorgung in Deutschland inzwischen angeblich über Bedarf liegen soll (?), entfällt diese Steuersubvention für Neufälle ab 2006. Es gilt jetzt nur noch der vereinheitlichte Abschreibungssatz von 2 %, der dem tatsächlichen Wertverlust entsprechen soll.

173 H. 7.4, Fertigstellung EStH.

cc) Gebäudeabschreibung im Familienrecht

315 Der BGH hat in seiner überkommenen Rechtsprechung eine **AfA für Wohngebäude** für unterhaltsrechtlich unbeachtlich erachtet, weil hier – unter Berücksichtigung der Marktentwicklung – ein tatsächlicher Werteverzehr nicht zu beobachten sei.[174]

Die genannte Entscheidung aus 1984 erging zur Einkunftsart „Vermietung und Verpachtung" bei einem Einfamilienhaus. Zu jener Zeit konnte der BGH argumentieren, der tatsächliche Substanzverlust werde durch einen steigenden Verkehrswert von Immobilien stets aufgefangen.[175] So wurde von der Literatur schon stets zu Recht eingewandt, dass sowohl der Substanzverlust als auch der Erhaltungsaufwand nicht gänzlich außer Acht bleiben dürften. Hierfür müssen Rücklagen gebildet werden.[176]

Weiter wird man noch differenzieren müssen,

- ob das Objekt eigengenutzt oder vermietet ist,
- ob es sich um ein Einfamilienhaus oder ein Mehrfamilienhaus handelt und insbesondere
- wie sich die Lage des Gebäudes auf die Marktpreisentwicklung auswirkt

Dies gilt insbesondere auch bei gewerblicher Nutzung von Gebäuden.

316 Liegen negative Einkünfte vor, ist zunächst weiter zu überprüfen, ob diese nicht auf steuerlichen Sonderabschreibungen beruhen, so dass diese ohnehin zu eliminieren wären.[177] Zudem wird die Frage zu prüfen sein, ob nicht Vermögensbildung zum Nachteil des Unterhaltsberechtigten vorliegt. Auch die obergerichtliche Rechtsprechung scheint sich einig zu sein, dass die unterhaltsrechtliche Berücksichtigung von steuerlicher AfA für Gebäudeabschreibungen ausscheidet.[178]

Die Literatur vertritt – die Rechtsprechung des BGH aufgreifend – teilweise die Ansicht, Abschreibungen für Gebäudeabnutzung berühren, ebenso wie Tilgungsbeträge, das unterhaltsrechtlich maßgebliche Einkommen nicht.[179]

Diese Rechtsprechung hat der BGH[180] präzisiert und seine ältere Rechtsprechung eingeschränkt. In dieser Entscheidung will der BGH Abschreibungen bei der Einkommensermittlung nur dann unberücksichtigt lassen, wenn es gleichwohl bei negativen Einkünften aus Vermietung und Verpachtung verbleibt. Damit gibt es auch keine Möglichkeit, durch Nichtberücksichtigung der Abschreibungen zu geringeren, negativen Einkünften zu gelangen mit der Folge, dass ein Teil der auf die negativen Einkünfte entfallenden Steuervorteile dem Unterhaltsberechtigten zugutekommen.

Der BGH hebt weiter darauf ab, dass die Abschreibungen im Zusammenhang mit den Zinszahlungen gesehen werden müssen und darauf beruhende negative Einkünfte insgesamt unberücksichtigt zu bleiben haben, wobei in diesem Fall auch die gesamten Steuervorteile dem Unterhaltspflichtigen zugutekommen.

Dies soll aber nur dann gelten, wenn durch die Nichtberücksichtigung der Abschreibungen aus Verlusten aus Vermietung und Verpachtung positive Mieteinnahmen werden. In diesem Falle sind die positiven Einnahmen als Einkommen zu berücksichtigen, ohne dass eine fiktive Steuerberechnung durchzuführen ist.

In der Entscheidung wird auch nochmals der Unterschied zwischen notwendigen Erhaltungsmaßnahmen und wertsteigernden Aufwendungen deutlich gemacht. Während notwendige Erhaltungsmaßnahmen unterhaltsrechtlich zu berücksichtigen sind, braucht sich der Unterhaltsberechtigte wertsteigernden Maßnahmen nicht entgegenhalten zu lassen, da es sich bei derartigen Aufwendungen um einseitige Vermögensbildung handelt.

174 BGH FamRZ 2022, 434 ff. = FuR 2022, 210; BGH FamRZ 2005, 1159 ff.; BGH NJW 1984, 303 = FamRZ 1984, 39, 41.
175 *Schürmann*, FamRB 2006, 187.
176 *Strohal*, a.a.O, Rn 261; *Schürmann*, a.a.O, S. 187, *Laws*, Steuerliche Unterlagen im Unterhaltsrecht, 2. Aufl., 265; *Kuckenburg*, Der Selbstständige im familienrechtlichen Verfahren, S. 146.
177 *Kuckenburg*, a.a.O, S. 147.
178 Vgl. statt vieler die Rechtsprechungsübersicht in *Gottwaldt*, Einkommenskorrektur durch AfA? FPR 2003, 419, 421.
179 Vgl. auch Dose/*Gerhard*, a.a.O., § 1 Rn 300, 301.
180 BGH FuR 2005, 361 ff. mit Praktiker Hinweis von *Soyka*.

In seiner neuesten Rechtsprechung lässt der BGH[181] ausdrücklich offen, ob er seine Ansicht der Nichtabzugsfähigkeit der Abschreibungen bei Gebäuden aufrechterhalten will, weil diese grundsätzliche Frage zur Entscheidung nicht anstand. Die Gebäude-AfA ist aber dann zu berücksichtigen, wenn sich z.B. durch Veräußerungsvorgang konkret feststellen lässt, dass die Immobilie einem Wertverlust in Höhe des Abschreibungsbetrages erfahren hat (stichtagsnaher Veräußerungspreis oder Wertgutachten).

Bei der Abzugsfähigkeit der Gebäudeabschreibung ist der BGH also klar positioniert. Bei Einkünften aus Vermietung Verpachtung, die mittels kreditfinanzierter Immobilien erzielt werden, ist nach neuester Rechtsprechung des BGH[182] bis zur erzielten Miete nicht nur die Zins-, sondern auch die Tilgungsleistungen unterhaltsrechtlich zu berücksichtigen.

> *Hinweis*
>
> Auch wegen der geringen Höhe der Abschreibungssätze des Steuerrechts, die oben dargestellt worden sind, ist eine familienrechtliche Anerkennung der Abzugsfähigkeit der steuerlichen AfA geboten. Eine Rezeption der Abschreibungssätze des Steuerrechts ist möglich, weil auch diese Steuersätze langjähriger Erfahrung der Finanzverwaltung entsprechen. Dies muss wenigstens für die lineare Gebäudeabschreibung gelten.

Daraus ergibt sich folgende Prüfungsfolge: 317

Beruhen die Verluste aus Vermietung und Verpachtung ausschließlich auf der Abschreibung, sind diese in Fortführung der bisherigen Rechtsprechung unbeachtlich. Daraus lässt sich umgekehrt schließen, dass bei positiven Einkünften die AfA abzugsfähig sein dürfte. Dabei bleibt aber zu differenzieren, ob es sich um notwendigen Erhaltungsaufwand oder um wertsteigernde Verbesserungen nach obigen Grundsätzen handelt. Bleiben auch im Falle der Nichtberücksichtigung der Abschreibungen Verluste übrig, die auf Zinsleistungen beruhen, dürfen diese wegen einseitiger Vermögensbildung dem Unterhaltsberechtigten nicht entgegengehalten werden. Er ist so zu stellen, als ob die vermögensbildenden Aufwendungen nicht stattfinden.

In diesem Kontext ist dem BGH zu folgen, der bei Nichtberücksichtigung der Abschreibungen und Zinsen von Gebäuden im Gegenzuge die Tilgungsleistung bei Bedarfsprägung als Ausgabe absetzen will.[183]

Lässt sich ein konkreter Werteverzehr durch Marktpreis oder Bewertung nachweisen, führt dieses zur Abzugsfähigkeit der Gebäudeabschreibung auch nach der Rechtsprechung des BGH.[184] Hieraus lässt sich eine Tendenz zugunsten der Berücksichtigung der steuerlichen Gebäude-AfA im Familienrecht erkennen.

i) AfA bei beweglichen Anlagegütern

aa) Lineare AfA

318 Mit der Abschreibung erfasst man im betrieblichen Rechnungswesen planmäßige oder außerplanmäßige Wertminderungen von Vermögensgegenständen.

Die Anschaffungs- bzw. Herstellungskosten (AHK) werden bei der linearen AfA auf bewegliche Anlagegüter gleichmäßig auf die Zeit der betriebsgewöhnlichen Nutzungsdauer verteilt (§ 7 Abs. 1 EStG).

Indem man die Anschaffungs- bzw. Herstellungskosten durch die Anzahl der Jahre der betriebsgewöhnlichen Nutzungsdauer dividiert, erhält man die jährlichen linearen AfA-Beträge wie folgt:

181 BGH FuR 2012, 374 = NJW 2012, 1144.

182 BGH FamRZ 2022, 434 ff. = FuR 2022, 210 mHa BGH FamRZ 2018, 1506 ff.

183 OLG Hamm FamRZ 1992, 1175; BGH FamRZ 2022, 434 ff. = FuR 2022, 210 m.H.a. BGH FamRZ 2018, 1506 ff. Die letztgenannte Entscheidung des BGH FuR 2005, 361 ff. führt im Übrigen auch die Rechtsprechung zum Wohnvorteil fort, die die Vorteile aus der Veräußerung des Miteigentumsanteils als Surrogat für das weggefallene Wohnrecht und damit als eheprägend ansieht und dies auch auf die Vorteile erstreckt, die sich ergeben, wenn ein Ehegatte seinen Miteigentumsanteil an den anderen überträgt.

184 BGH FuR 2012, 374 = NJW 2012, 1144.

319 **Lineare AfA = AHK: Nutzungsdauer**

Beispiel

Die Anschaffungskosten einer Produktionsmaschine betragen 60.000 EUR.

Die betriebsgewöhnliche Nutzungsdauer beträgt zehn Jahre.

Lösung

Jährlicher linearer AfA-Betrag = 60.000 EUR/10 Jahre = 6.000 EUR

Dividiert man die Zahl 100 durch die Anzahl der Jahre der betriebsgewöhnlichen Nutzungsdauer, so ergibt dies den linearen AfA-Satz in Prozent:

Linearer AfA-Satz (%) = 100: Nutzungsdauer

Der lineare AfA-Satz in Prozent im vorgenannten Beispiel ermittelt sich wie folgt:
Linearer AfA-Satz (%) = 100/10 = 10 %

320 *Hinweis*

Bei allen abnutzbaren Wirtschaftsgütern und bei allen Einkunftsarten kann die lineare AfA zur Anwendung gelangen. Sie beginnt bei der Anschaffung mit dem Zeitpunkt der Lieferung und bei der Herstellung mit dem Zeitpunkt der Fertigstellung (R 7.4 Abs. 1 EStR 2012).

321 Wird ein Anlagegut im Laufe eines Wirtschaftsjahres angeschafft oder hergestellt, ist die AfA in diesem Wirtschaftsjahr zeitanteilig (pro-rata-temporis) anzusetzen. Sie wird auch entsprechend beim Ausscheiden eines Anlagegutes im Laufe eines Wirtschaftsjahres berechnet (R 7.4 Abs. 2 S. 1 EStR 2008 sowie R 7.4 Abs. 8 EStR 2012). Unterlassene AfA kann nicht nachgeholt werden, wenn ein Wirtschaftsgut des notwendigen Betriebsvermögens im Wege der Fehlerberichtigung erstmals als Betriebsvermögen ausgewiesen wird.[185]

Beispiel

Ein Unternehmen erwirbt am 1.3.2013 eine Maschine mit Anschaffungskosten von 15.000 EUR, dessen betriebsgewöhnliche Nutzungsdauer 5 Jahre beträgt.

Lösung

Nach der Pro-Rata-Temporis-Regel ermittelt sich die AfA wie folgt:

AHK 15.000 EUR: 5 Jahre = 3.000 EUR Jahres-AfA

Zeitanteiliger AfA-Betrag für 2013: 3.000 EUR/12 Monate = 250 EUR x 10 Monate = 2.500 EUR

bb) Degressive AfA

322 Im Gegensatz zur linearen AfA werden bei der degressiven AfA die Beträge von Jahr zu Jahr niedriger (§ 7 Abs. 2 EStG). Die jährlichen Absetzungsbeträge werden nach einem gleichbleibenden Prozentsatz vom jeweiligen Buch- bzw. Restwert bemessen.

Beispiel

Die Anschaffungskosten für eine Maschine betragen 15.000 EUR am 31.12.2006.

Der degressive AfA-Satz beträgt 30 %.

Lösung

Die jährlichen Absetzungsbeträge werden wie folgt ermittelt:

Anschaffungskosten	**15.000 EUR**
– AfA 1. Jahr: 30 % von 15.000 EUR	4.500 EUR

185 H 7.4 EStH mit Hinweis auf BFH BStBl 1981 II 255 & BStBl II 491.

Restbuchwert nach dem 1. Jahr	**10.500 EUR**
– AfA 2. Jahr: 30 % von 10.500 EUR	3.150 EUR
Restbuchwert nach dem 2. Jahr	**7.350 EUR**
– AfA 3. Jahr: 30 % von 7.350 EUR	2.205 EUR
Restbuchwert nach dem 3. Jahr	**5.145 EUR**

Gesetzgeberische Entwicklung zu § 7 Abs. 2 EStG: 323

vor dem 1.1.2006	20 %
2006, 2007	30 %
2008	0 %
2009, 2010	25 %[186]
ab 2011	0 %
ab 2020 bis 2022	2,5-fache der linearen AfA bis max. 25 %

Hinweis 324

Die Gesetzesänderungen machen deutlich, dass die degressive AfA ein steuergesetzgeberisches Regulierungsinstrument ist und dass sie damit nur bedingt einem tatsächlichen Werteverzehr entsprechen kann. (Siehe unten Rdn 361)

cc) Wechsel der AfA-Methoden

Nach § 7 Abs. 3 EStG ist ein Übergang von der degressiven AfA zur linearen AfA generell möglich. Hierbei ist der Restbuchwert auf die noch verbleibende Restnutzungsdauer gleichmäßig zu verteilen und wird wie folgt hinsichtlich des sich hieraus ergebenden linearen AfA-Betrages berechnet: 325

Linearer AfA-Betrag (EUR) = Restbuchwert: Restnutzungsdauer

Beispiel 326

Unternehmer U schafft sich 2006 ein Wirtschaftsgut des beweglichen Anlagevermögens für 60.000 EUR netto an.

Die tatsächliche Nutzungsdauer beträgt zehn Jahre.

A nimmt eine 30 %ige degressive Abschreibung auf sieben Jahre vor.

Lösung

Im 8. Jahr (2013) beträgt die AfA bei degressiver AfA:

30 % von Restbuchwert 1.482 EUR = 445 EUR

Beim Übergang zur linearen AfA:

1.482 EUR: drei Jahre Restnutzungsdauer = 494 EUR

2013 findet folglich der Wechsel auf die lineare AfA statt.

Hinweis 327

Es empfiehlt sich ein Wechsel zur linearen AfA bei einem degressiven Abschreibungssatz von 30 %, wenn die Restnutzungsdauer kleiner oder gleich drei Jahre ist.

dd) Leistungsabschreibung

Leistungsabschreibung als verbrauchsbedingte Abschreibung kann anstatt der linearen AfA nach § 7 Abs. 1 S. 6 EStG z.B. für bewegliche Güter, insbesondere Fahrzeuge wie Flugzeuge, Kraftfahrzeuge, 328

186 Konjunkturpaket I, FuR 2009, 147.

Transportkraftfahrzeuge nach Maßgabe des nachgewiesenen Umfangs der auf die einzelnen Wirtschaftsjahre entfallenden Leistungen vorgenommen werden.

Man teilt den abzuschreibenden Betrag (**AfA-Bemessungsgrundlage**) durch den geschätzten **Gesamtleistungsvorrat** und multipliziert die **Leistungsentnahme pro** Periode mit diesem Betrag.

329 *Beispiele*

1. So ergeben sich bei einer Maschine mit einem Nutzungsvorrat von 24.000 Laufstunden bei Anschaffungskosten von 480.000 EUR die folgenden Abschreibungsbeträge gemäß den Nutzungsstunden pro Jahr:

1. Jahr:	2.000 Stunden =	40.000 EUR
2. Jahr:	4.000 Stunden =	80.000 EUR
3. Jahr:	8.000 Stunden =	160.000 EUR
4. Jahr:	4.000 Stunden =	80.000 EUR
5. Jahr:	5.000 Stunden =	100.000 EUR
6. Jahr:	1.000 Stunden =	20.000 EUR
	24.000 Stunden =	480.000 EUR

2. Es wurde ein neuer Pkw für einen Nettobetrag von 60.000 EUR angeschafft. Die voraussichtliche Gesamtleistung soll bei 200.000 km liegen.

Abschreibungsbetrag je Leistungseinheit = 0,30 EUR pro km (60.000 EUR/200.000 km)

Jahr	Jahresleistung	Abschreibungsbetrag	Restbuchwert (am Ende des Jahres)
1	65.000 km	19.500 EUR	40.500 EUR
2	45.000 km	13.500 EUR	27.000 EUR
3	50.000 km	15.000 EUR	12.000 EUR
4	40.000 km	12.000 EUR	0 EUR

Bei der Leistungsabschreibung gibt es keine Beschränkung in der Höhe der Abschreibung. Sinnvoll ist diese Methode nur, wenn sie steuerlich wenigstens günstiger ist als die lineare Abschreibung.

330 *Hinweis*

Wenn der BGH für die familienrechtliche Anerkennung der AfA einen entsprechenden tatsächlichen Werteverzehr verlangt, stellt gerade die Leistungsabschreibung ein unterhaltsrechtlich anerkennungswürdiges Institut dar.

ee) Sonder-AfA, insb. AfA nach § 7g EStG

331 Unter Sonderabschreibungen sind Abschreibungen zu verstehen, die neben den normalen Absetzungen für Abnutzung, in Anspruch genommen werden können. Zurzeit ist jedoch nur die **Sonderabschreibung** zur Förderung von Investitionen von kleinen und mittleren Unternehmen von wesentlicher Bedeutung. Ansonsten kommen höchstens noch individuelle Sonderabschreibungen in Katastrophenfällen in Betracht, die aber nicht konkret gesetzlich fixiert sind.

Im Gegensatz zu Absetzung für Abnutzung (AfA), Absetzung für außergewöhnliche technische oder wirtschaftliche Abnutzung (AfA, § 7 Abs. 1 S. 7 EStG) und zur Teilwertabschreibung steht die Sonderabschreibung in keiner Beziehung zur Wertminderung eines Wirtschaftsguts; ihr Zweck ist die Gewährung einer Steuervergünstigung durch Manipulation der Bemessungsgrundlage für den „Gewinn". Von Sonderabschreibungen i.w.S. spricht man im Allgemeinen beim abnutzbaren Anlagevermögen; wird die Steuervergünstigung dabei anstelle der AfA nach § 7 EStG gewährt, so spricht das Gesetz i.d.R. von **erhöhten Absetzungen** (z.B. §§ 7 b–d, 7g, 7h, 7i, 7k EStG), während Sonderabschreibungen i.e.S. (Bewertungsfreiheiten) zusätzlich zur linearen AfA nach § 7 EStG in Betracht kommen (z.B. § 7f EStG, § 82f EStDV). Für die Wertherabsetzung beim nicht abnutzbaren Anlagevermögen und beim Umlaufvermögen ist der Begriff „Bewertungsabschlag" üblich. Dem Wesen nach stellen auch die Abzüge von den Anschaffungs- oder Herstellungskosten nach § 6b EStG (sog. Reinvestitionszulage, **6b-Rücklage**) oder R 6.6 EStR (**Ersatzbeschaffungsrücklage**) Sonderabschreibungen dar.

Neuer § 7b EStG durch Gesetz zur steuerlichen Förderung des Mietwohnungsneubaus[187] 332

- Anwendung ab Verkündung des Gesetzes am 8.8.2019;
- Sonderabschreibungen bis zu jährlich 5 % in den 1. 4 Jahren neben der linearen AfA gem. § 7 Abs. 4 EStG;
- Voraussetzungen:
  - Anschaffung oder Herstellung neuer Wohnungen,
  - Bauantrag nach dem 31.8.2012 und vor dem 1.1.2022,
  - AHK ≤ 3.000 EUR je m² Wohnfläche,
  - 10 Jahre entgeltlich Überlassung zu Wohnzwecken.
- Bemessungsgrundlage für die Sonderabschreibungen: AHK, maximal jedoch je 2.000 EUR m² Wohnfläche (Baukostenobergrenze!);
- Rückwirkender Wegfall der Sonderabschreibungen, wenn
  - die begünstigte Wohnung nicht mindestens 10 Jahre der entgeltlichen Überlassung zu Wohnzwecken dient,
  - eine nicht steuerpflichtige Veräußerung innerhalb von 10 Jahren erfolgt oder
  - die Baukostenobergrenze innerhalb der 1. 3 Jahre durch nachträgliche AHK überschritten wird.
- Sonderabschreibungen letztmalig im VZ 2026;
- Anzeigepflicht und EU Unternehmerschaft (!) Wegen Anknüpfung an De-minimis-Verordnung.

Hinweis 333

Die Sonderabschreibungen entsprechen damit regelmäßig nicht einem tatsächlichen Werteverzehr im unterhaltsrechtlichen Sinne, vielmehr dienen sie steuerlicher Entlastung für volkswirtschaftlich förderungswürdige Zwecke.

Übersicht der wesentlichen Sonderabschreibungen/erhöhten Absetzungen: 334

Investitionsabzugsbetrag (siehe unten)	§ 7g Abs. 1–4 EStG
Sonderabschreibungen des Kohlen- und Erzbergbaus	§ 81 EStDV
Sonderabschreibungen für deutsche Schiffe und Luftfahrzeuge	§ 82f EStDV
Sonderabschreibungen für Gebäudeteile und Eigentumswohnungen, die eigenen Wohnzwecken und als Baudenkmal dienen oder in einem Sanierungsgebiet/Entwicklungsbereich belegen sind	§ 10f EStG
Gebäude in Sanierungs- oder städtebaulichen Entwicklungsbereich	§ 7h–i EStG
Gebäude mit Sozialbindung	§ 7k EStG
Gebäude in Berlin-West (Bauantrag vor dem 1.7.1991)	§§ 14, 15 BerlinFG
Zonenrandförderung (bis 1985/Ausbauten bis 1995)	§ 3 ZonenRFG
Fördergebietsabschreibungen (bis 1997)	§ 4 FördergebietsG

Neuregelung zur Förderung des Mietwohnbaus durch Gesetz vom 25.6.2019 gemäß § 7b EStG bei Herstellungskosten unter 3.000 EUR/m². Dabei beträgt die Bemessungsgrundlage maximal 2.000 EUR/m² bei einer Abschreibung über 9 Jahre.

187 Gesetz zur steuerlichen Förderung des Mietwohnungsneubaus vom 8.8.2019, BGBl 2019 I S. 1122.

Sonderabschreibungen aufgrund JStG -E 2019:

Eingeführt werden soll eine **Sonderabschreibung für rein elektrische Lieferfahrzeuge** mit einer Sonderabschreibung von 50 % der Anschaffungskosten gemäß § 7c EStG-E.

Die Halbierung der Bemessungsgrundlage für **private Nutzung für betrieblich genutzte Elektro- oder extern aufladbare Elektrohybridfahrzeuge** wird zwar bis zum 31.12.2030 verlängert, dabei darf die Kohlendioxidemission aber höchstens 50 g je gefahrenen Kilometer und die Reichweite bis 31.12.2021 mindestens 40 km, vom 1.1.2022 bis 31.12.2024 60 km und bei Anschaffung zwischen dem 1.1.2025 und dem 31 12.2030 mindestens 80 km betragen.

Die **Steuerfreiheit von Elektrofahrrädern** soll bis zum 31.12.2030 verlängert werden.

335 *Hinweis*

Bei Betriebsvermögensvergleich im Kontennachweis der G&V-Rechnung, in den Steuererklärungen und mit der Steuererklärung einzureichenden Unterlagen, in den jeweiligen Anlagen zu den Einkommensteuererklärungen erfolgt ein Hinweis bei Sonderabschreibungen auf die angewandten Normen.

Auf diese Unterlagen besteht ein unterhaltsrechtlicher **Auskunfts- und Beleganspruch**, um die Anwendung von Sonderabschreibungsvorschriften überprüfen zu können. Gleiches gilt für Dokumentation der Ermittlung der Höhe der Abschreibungssätze.

(1) Voraussetzungen des § 7g EStG.

336 **§ 7g EStG Investitionsabzugsbetrag (IAB) und Sonderabschreibung zur Förderung kleiner und mittlerer Betriebe (vgl.** Rdn 367**)**

Die Regelung des Investitionsabzugsbetrags wurde durch die Unternehmenssteuerreform 2008 eingeführt und ist ab Verkündung des Gesetzes am 18.8.2007 anwendbar.

Steuerpflichtige können für die künftige Anschaffung oder Herstellung eines abnutzbaren beweglichen Wirtschaftsguts *des* Anlagevermögens bis zu **40 %** der voraussichtlichen Anschaffungs- oder Herstellungskosten gewinnmindernd abziehen (**Investitionsabzugsbetrag**[188]).

337 Der Investitionsabzugsbetrag[189] kann nur in Anspruch genommen werden, wenn

1. der Betrieb am Schluss des Wirtschaftsjahres, in dem der Abzug vorgenommen wird, die folgenden Größenmerkmale **nicht** überschreitet:

a) bei **Gewerbebetrieben** oder der **selbstständigen Arbeit** dienenden Betrieben, die ihren Gewinn nach § 4 Abs. 1 EStG oder § 5 EStG ermitteln, ein Betriebsvermögen von 235 000 EUR; Das BMF stellt klar, dass der IAB uneingeschränkt auch bei Personengesellschaften und selbst beim Sonderbetriebsvermögen Anwendung finden kann.[190]

b) bei Betrieben der **Land- und Forstwirtschaft** einen Wirtschaftswert oder einen Ersatzwirtschaftswert von 125.000 EUR oder

c) bei Betrieben im Sinne der Buchstaben a und b, die ihren Gewinn nach § 4 Abs. 3 **EStG** ermitteln, ohne Berücksichtigung des Investitionsabzugsbetrags einen Gewinn von 100.000 EUR;

188 Zur bis 2008 geltenden Altfassung des § 7g EStG, der Ansparabschreibung, vgl. mit Beispielen *Kuckenburg/Perleberg-Kölbel*, Unterhaltseinkommen B. Rn 217, 276, 285.

189 BMF-Schreiben v. 20.3.2017 idF v. 26.8.2019 (letzteres zur Verwendung von IAB nach § 7g EStG im Gesamthandsvermögen einer Mitunternehmerschaft für Investitionen im Sonderbetriebsvermögen (SBV) eines Mitunternehmers und damit BFH v. 15.11.2017 folgend, BStBl 2019 II S. noch vakant: grds. bejahend, aber nicht bei Erwerb des WG von der Mitunternehmerschaft).

190 BMF-Schreiben v. 26.8.2019, DStR 2019, 1819.

Die nachträgliche Bildung (vor Bestandskraft der Steuerveranlagung) eines IAB dürfte wegen der Änderung im Jahressteuergesetz 2015 (siehe unten) zulässig sein.[191] Dies müsste dann entgegen BMF auch für die nachträgliche Erhöhung des IAB gelten.[192]

2. der Steuerpflichtige beabsichtigt, das begünstigte Wirtschaftsgut voraussichtlich

a) in den dem Wirtschaftsjahr des Abzugs folgenden **drei Wirtschaftsjahren** anzuschaffen oder herzustellen;

b) mindestens bis zum Ende des dem Wirtschaftsjahr der Anschaffung oder Herstellung folgenden Wirtschaftsjahres in einer **inländischen Betriebsstätte** des Betriebs ausschließlich oder fast ausschließlich betrieblich zu nutzen und

3. der Steuerpflichtige das begünstigte Wirtschaftsgut in **den beim „Finanzamt einzureichenden Unterlagen"** seiner Funktion nach benennt und die Höhe der voraussichtlichen Anschaffungs- oder Herstellungskosten angibt. Zwischenzeitlich sehen auch die Anlagen zur Einkommensteuererklärung, z.B. Anlage EÜR, die Angabe des Investitionsabzugsbetrags dort vor.

Investitionsabzugsbeträge können auch dann in Anspruch genommen werden, wenn dadurch ein **Verlust** entsteht oder sich erhöht. Die Summe der Beträge, die im Wirtschaftsjahr des Abzugs und in den drei vorangegangenen Wirtschaftsjahren nach Satz 1 insgesamt abgezogen und nicht nach Abs. 2 hinzugerechnet oder nach Abs. 3 oder 4 rückgängig gemacht wurden, darf je Betrieb 200.000 EUR nicht übersteigen.

4. Der IAB erhält durch das Steueränderungsgesetz 2015 neue Regelungen, die für Wirtschaftsjahre gelten, die nach dem 31.12.2015 (also für Wirtschaftsgüter, die ab Anfang 2016 angeschafft werden) enden.

- Wegfall der Investitionsabsicht,
- Wegfall der wirtschaftsgutbezogenen Betrachtung,
- Wegfall der Pflicht zur Benennung der Funktionen der Wirtschaftsgüter, Wegfall der Pflicht zur Benennung der voraussichtlichen Anschaffungskosten bzw. Herstellungskosten des Wirtschaftsgutes,
- Wegfall der Pflicht zur gewinnerhöhenden Hinzurechnung des IAB zugunsten eines Wahlrechts zur Hinzurechnung,
- elektronische Übermittlung der Bildung und (auch nachträglichen) Auflösung des IAB (dies ist auch die Dokumentation!).
- Dass die anteilige Auflösung eines IAB freiwillig zulässig ist, ergibt sich jetzt auch aus dem Gesetzeswortlaut, § 7g Abs. 3 S. 1 HS. 2 EStG.

Im Wirtschaftsjahr der Anschaffung oder Herstellung des begünstigten Wirtschaftsguts ist der für dieses 338
Wirtschaftsgut in Anspruch genommene **Investitionsabzugsbetrag in Höhe von 40 % der Anschaffungs- oder Herstellungskosten** gewinnerhöhend hinzuzurechnen; die Hinzurechnung darf den nach Absatz 1 abgezogenen Betrag nicht übersteigen. Die Anschaffungs- oder Herstellungskosten des Wirtschaftsguts können in dem in S. 1 genannten Wirtschaftsjahr um bis zu 40 Prozent, höchstens jedoch um die Hinzurechnung nach S. 1, gewinnmindernd herabgesetzt werden; die Bemessungsgrundlage für die Absetzungen für Abnutzung, erhöhten Absetzungen und Sonderabschreibungen sowie die Anschaffungs- oder Herstellungskosten im Sinne von § 6 Abs. 2 und 2a EStG verringern sich entsprechend.

Zu den Herstellungskosten nach R 6.3 EStR (in der Fassung EStR 2012 für die Veranlagungszeiträume ab 2012) gehören auch die angemessenen Kosten der allgemeinen Verwaltung, angemessene Aufwendungen für soziale Einrichtung des Betriebes, für freiwillige soziale Leistungen und für die betriebliche Altersversorgung.

Soweit der **Investitionsabzugsbetrag nicht bis zum Ende des dritten auf das Wirtschaftsjahr des Abzugs folgenden Wirtschaftsjahres nach Absatz 2 hinzugerechnet** wurde, ist der Abzug nach Absatz 1

191 Ablehnend zur alten Rechtslage: BMF-Schreiben vom 20.11.2013, BStBl 2013 I, 1493.
192 BMF-Schreiben von 15.1.2016, DStR 2016, 128.

rückgängig zu machen. Wurde der Gewinn des maßgebenden Wirtschaftsjahres bereits einer Steuerfestsetzung oder einer gesonderten Feststellung zugrunde gelegt, ist der entsprechende **Steuer- oder Feststellungsbescheid** insoweit zu ändern. Das gilt auch dann, wenn der Steuer- oder Feststellungsbescheid bestandskräftig geworden ist; die Festsetzungsfrist endet insoweit nicht, bevor die Festsetzungsfrist für den Veranlagungszeitraum abgelaufen ist, in dem das dritte auf das Wirtschaftsjahr des Abzugs folgende Wirtschaftsjahr endet.

Auch das OLG Brandenburg[193] will die mit der Auflösung des Investitionsabzugsbetrags verbundene Steuernachzahlung bei der Einkommensermittlung in Abweichungen vom In-Prinzip grundsätzlich fiktiv dem Jahr zu rechnen, indem der steuerliche Vorteil für die Rückstellung eintritt.

Wird in den Fällen des Absatzes 2 das **Wirtschaftsgut nicht bis zum Ende des dem Wirtschaftsjahr der Anschaffung oder Herstellung folgenden Wirtschaftsjahres in einer inländischen Betriebsstätte des Betriebs ausschließlich oder fast ausschließlich betrieblich genutzt**, sind der Abzug nach Abs. 1 sowie die Herabsetzung der Anschaffungs- oder Herstellungskosten, die Verringerung der Bemessungsgrundlage und die Hinzurechnung nach Abs. 2 rückgängig zu machen. Wurden die Gewinne der maßgebenden Wirtschaftsjahre bereits Steuerfestsetzungen oder gesonderten Feststellungen zugrunde gelegt, sind die entsprechenden Steuer- oder Feststellungsbescheide insoweit zu ändern. Das gilt auch dann, wenn die Steuer- oder Feststellungsbescheide bestandskräftig geworden sind; die Festsetzungsfristen enden insoweit nicht, bevor die Festsetzungsfrist für den Veranlagungszeitraum abgelaufen ist, in dem die Voraussetzungen des Abs. 1 S. 2 Nr. 2b erstmals nicht mehr vorliegen. § 233a Abs. 2a AO ist nicht anzuwenden.

Bei abnutzbaren beweglichen Wirtschaftsgütern des Anlagevermögens können unter den Voraussetzungen des Abs. 6 im Jahr der Anschaffung oder Herstellung und in den vier folgenden Jahren neben den **Absetzungen für Abnutzung nach § 7 Abs. 1 oder Abs. 2 EStG Sonderabschreibungen bis zu insgesamt 20 Prozent der Anschaffungs- oder Herstellungskosten** in Anspruch genommen werden.

Die **Sonderabschreibungen** nach Abs. 5 können nur in Anspruch genommen werden, wenn

1. der Betrieb zum Schluss des Wirtschaftsjahres, das der Anschaffung oder Herstellung vorangeht, die **Größenmerkmale** des Abs. 1 S. 2 Nr. 1 nicht überschreitet, und

2. das Wirtschaftsgut im Jahr der Anschaffung oder Herstellung und im darauffolgenden Wirtschaftsjahr in einer **inländischen Betriebsstätte des Betriebs des Steuerpflichtigen ausschließlich oder fast ausschließlich betrieblich genutzt** wird; Abs. 4 gilt entsprechend.

Bei **Personengesellschaften** und Gemeinschaften sind die Abs. 1 bis 6 mit der Maßgabe anzuwenden, dass an die Stelle des Steuerpflichtigen die Gesellschaft oder die Gemeinschaft tritt.

Sonderabschreibungen im Sinne des § 7g EStG können nicht in Anspruch genommen werden, wenn beispielsweise eine **Photovoltaikanlage** zu mehr als 10 % für private Zwecke genutzt wird (R 4.3 Abs. 4 S. 2 EStR 2012). Dabei ist die Photovoltaikanlage[194] entgegen dem **Blockheizkraftwerk**[195] als selbstständiges, bewegliches Wirtschaftsgut zu behandeln.[196]

339 ■ Wegen der Vollverzinsung ist die Nichtvornahme der Investitionen kein sinnvolles Gestaltungsmittel zur Steuerentlastung.

■ Etwas anderes gilt, wenn die Investition tatsächlich durchgeführt wird.

193 OLG Brandenburg, Beschl. v. 22.5.2018 – 10 UF 22/16, FuR 2018, 468.

194 R 4.2. Abs. 3 S 4 EStR 2012.

195 Gemäß FinMin Brandenburg, Schreiben vom 17.7.2015, für Anschaffungen nach dem 31.12.2015 kein IAB und auch keine Investitionszusage, weil wesentlicher Gebäudebestandsteil mit Gebäudeabschreibung; http://www.stbverband.de/klcms2/mediathek/files/MdF_BB_Info_BHKW.pdf; zum BHKW als Gewerbebetrieb siehe BFH DStR 2019, 36.

196 Neufassung ab VZ 2012 der EStR durch EStÄR 2012.

Hinweis 340

Unterhaltsrechtlich ist besonders zu beachten, dass bei Nichtvornahme der Investitionen die betroffenen und vergangenen Veranlagungszeiträume unter Vollverzinsung (§§ 233a, 238 AO) neu beschieden werden, sodass sich hierauf auch der unterhaltsrechtliche Auskunft- und Beleganspruch beziehen muss. Es ergehen somit korrigierte Steuerbescheide für die vergangenen Jahre, in denen der Investitionsabzugsbetrag in Anspruch genommen wurde. Bei **Nichtinvestition** bringt die neue Regelung gegenüber der alten **kaum** noch steuerlichen Entlastung. Sie stellt eher nur noch eine Steuerpause dar. Der Ausweis erfolgt neben und nicht mehr in der Gewinnermittlung, sodass ein gesonderter Auskunftsanspruch familienrechtlich gegeben ist!

Beispiel für Gewinnauswirkungen bei Investition 341

Im Jahr 2010 für das Jahr 2012 geplante Investition	80.000 EUR
Investition 2012	100.000 EUR
Lösung	
2010 – 1. Jahr	
Investitionsabzugsbetrag 40 % von 80T = Aufwand 2010	32.000 EUR
2012 – 2. Jahr	
Vorwegabzug 40 % von 100T	40.000 EUR
Auflösung Investitionsabzug	– 32.000 EUR
Differenz:	8.000 EUR
Bemessungsgrundlage AfA	60.000 EUR
Sonder-AfA nach § 7g Abs. 5 EStG 20 %	12.000 EUR
Normal-AfA 10 %	6.000 EUR
Aufwand 2012!	26.000 EUR
Gewinnreduzierender Gesamtaufwand 2010 und 2012!	**58.000 EUR**

- Da die Veranlagung des Wirtschaftsjahres zu korrigieren ist, in dem der Investitionsabzugsbetrag in Anspruch genommen worden ist, sind **fiktive Steuerberechnungen**, wie sie der BGH[197] für die bisherige Ansparabschreibung vornimmt, obsolet, falls die Bildung und Auflösung des Investitionsabzugsbetrages nicht innerhalb des unterhaltsrelevanten Betrachtungszeitraumes vorgenommen wird. Es erfolgt eine Neuveranlagung!
- Die Gewinnerhöhung ergibt sich danach rückwirkend für den Betrachtungszeitraum mit einer Nachversteuerung **für** das korrigierte Wirtschaftsjahr.
- Dies gilt es wegen der unterschiedlichen Ergebnisse im Rahmen des In- bzw. Für- Prinzips zu beachten.
- (Zur erfolgswirksamen Bildung für **Rückstellungen für latente Steuern** im Zusammenhang mit dem Investitionsabzugsbetrag vgl. unten Rdn 470)

Hinweis 342

Weil darüber hinaus der Ausweis der geplanten Investitionen und der dazu benötigte Investitionsbetrag in den beim „Finanzamt einzureichenden Unterlagen"/ab 2016 elektronische Übersendung und damit nicht mehr in der Bilanz und G&V erscheinen, ist auch hier ein **Auskunfts- und Beleganspruch gegeben**. Dies gilt auch für den Fall der Nichtinvestitionen für die Einkommensteuerbescheide der neu veranlagten VZ (unter Vollverzinsung nach §§ 233a; 238 AO).

197 BGH FamRZ 2004, 1177 ff.

Bei Investitionen wird die vorgezogene Abschreibung mit der damit korrespondierenden Steuerentlastung mangels Werteverzehr unterhaltsrechtlich nicht zu akzeptieren sein.
Dies verlangt dann eine **fiktive AfA-Liste** und eine **fiktive Steuerberechnung**[198] (Rdn 366, 367).

343 Das Bilanzrechtsmodernisierungsgesetz, **BilMoG** (siehe oben Rdn 245) führt zu einem Auseinanderfallen von Steuer- und Handelsbilanz.
Dies wird auch beim Investitionsabzugsbetrag deutlich.

Beispiel
Das Unternehmen nimmt in der Steuererklärung für 2014 ein Investitionsabzugsbetrag nach § 7g Abs. 1 EStG in Höhe von 40.000 EUR in Anspruch und plant im Jahr 2016 eine neue Fertigungsmaschine mit voraussichtlichen AK von 100.000 EUR zu erwerben. Diese wird tatsächlich im Januar 2016 angeschafft (bei der Nutzungsdauer von 10 Jahren). Es sollen Investitionsabzugsbetrag, Sonderabschreibung und die AfA höchstmöglich in Anspruch genommen werden.
Lösung

außerbilanzielle Gewinnänderungen	2014 in EUR	2016 in EUR
voraussichtliche AK 100.000 EUR × 40 %, § 7g Abs. 1 EStG außerbilanzieller Abzug	/40.000	
außerbilanzielle Auflösung im Jahr der Anschaffung, § 7g Abs. 2 S. 1 EStG		+ 40.000

2016	Handelsbilanz	Steuerbilanz
Zugang der Maschine im Januar 2016	100.000	100.000
gewinnmindernde Absetzung von AK, § 7g Abs. 2 S. 2 EStG (Wahlrecht)		/40.000
= AfA-Bemessungsgrundlage, § 7g Abs. 2 S. 2 EStG		= 60.000
degressive AfA 25 %	/25.000	/15.000
Sonderabschreibung max. 20 % der AK/HK, § 7g Abs. 5,6 EStG		/12.000
Buchwert 31.12.2016	75.000	33.000
Summe Gewinnauswirkungen 2014 & 2016	/25.000	/67.000

(2) Sonderabschreibung und lineare AfA

344 Wird lineare AfA neben einer Sonderabschreibung (siehe Beispiel Rdn 341 und folgendes exemplarisches Beispiel nach § 7g EStG a.F. zur Ansparabschreibung, siehe auch Rdn 348) vorgenommen, ändern sich die Bemessungsgrundlagen und der AfA-Satz.

Beispiel
Ein Unternehmen hat 2007 ein Wirtschaftsgut des beweglichen Anlagevermögens mit 100.000 EUR angeschafft.
Dieses hat eine Nutzungsdauer von zehn Jahren.
Die Voraussetzungen des § 7g a.F. EStG sind erfüllt und Geschäftsführung **wählt** die Verteilung auf den fünfjährigen Begünstigungszeitraum wie folgt:

2007:	10 %	von 100.000 EUR	=	10.000 EUR
2008:	5 %	von 100.000 EUR	=	5.000 EUR

198 In konsequenter Weiterentwicklung von BGH FamRZ 2004, 1177 ff. und BGH FamRZ 2003, 741 ff.

2009:	5 %	von 100.000 EUR	=	5.000 EUR
2010:	0 %	von 100.000 EUR	=	0 EUR
2011:	0 %	von 100.000 EUR	=	0 EUR
insgesamt	**20 %**	**von 100.000 EUR**	**=**	**20.000 EUR**

Lösung

Die AfA wird im fünfjährigen Begünstigungszeitraum wie folgt vorgenommen:

AK 2007	100.0000 EUR
lineare AfA (10 % von 100.000 EUR)	10.000 EUR
1. Jahr: Sonder-AfA (10 % von 100.000 EUR)	10.000 EUR
Restwert 31.12.2007	80.000 EUR
lineare AfA (10 % von 100.000 EUR)	10.000EUR
2. Jahr: Sonder-AfA (5 % von 100.000 EUR)	5.000 EUR
Restwert 31.12.2008	65.000 EUR
lineare AfA (10 % von 100.000 EUR)	10.000 EUR
3. Jahr: Sonder-AfA (5 % von 100.000 EUR)	5.000 EUR
Restwert 31.12.2009	50.000 EUR
lineare AfA (10 % von 100.000 EUR)	10.000 EUR
4. Jahr: Sonder-AfA (0 % von 100.000 EUR)	0 EUR
Restwert 31.12.2010	40.000 EUR
lineare AfA (10 % von 100.000 EUR)	10.000 EUR
5. Jahr: Sonder-AfA (0 % von 100.000 EUR)	0 EUR
Restwert 31.12.2011	**30.000 EUR**

Hinweis 345

Wird eine familienrechtliche Korrektur bei der Abschreibung mangels tatsächlichen Werteverzehr bei Sonderabschreibungen vorgenommen, stellt sich generell die Frage, ob in diesen Fällen, eine fiktive AfA-Liste mit fiktiver Steuerberechnung zu erstellen ist (siehe Rdn 348). Dies wird zu bejahen sein.

(3) Sonderabschreibungen und degressive AfA

Wird neben der Sonderabschreibung die degressive AfA vorgenommen, gilt das zuvor (siehe Rdn 299) Dargestellte. Die Abschreibungsdauer verkürzt sich hier aber nicht, weil die degressive AfA – im Gegensatz zur linearen AfA – vom jeweiligen Restwert, d.h. Buchwert, berechnet wird. Für diesen Fall wird die Sonderabschreibung auch neben der degressiven AfA von den Anschaffungs- oder Herstellungskosten vorgenommen. 346

(Zur Frage der fiktiven AfA-Liste mit fiktiver Steuerberechnung siehe „Hinweis“ in Rdn 342)

Beispiel

Sachverhalt wie vorstehend, nur mit degressiver Abschreibung.

100/10 = 10 (lineare AfA) x 3 = 30 %, aber (Höchstbetrag nach § 7g Abs. 2 S. 3 EStG, Fassung 2006, 2007) = 25 %)!

Lösung

Entsprechend entwickelt sich die AfA im künftigen Begünstigungszeitraum wie folgt:

	AK 2007	100.000 EUR
	degressive AfA (25 % von 100.000 EUR)	25.000 EUR
1. Jahr	Sonder-AfA (10 % von 100.000 EUR)	10.000 EUR
	Restwert 31.12.2007	65.000 EUR
	degressive AfA (25 % von 65.000 EUR)	16.250 EUR
2. Jahr	Sonder-AfA (5 % von 100.000 EUR)	5.000 EUR
	Restwert 31.12.2008	43.750 EUR
	degressive AfA (25 % von 43.750 EUR)	10.938 EUR
3. Jahr	Sonder-AfA (5 % von 100.000 EUR)	5.000 EUR
	Restwert 31.12.2009	27.812 EUR
	degressive AfA (25 % von 27.812 EUR)	6.953 EUR
4. Jahr	Sonder-AfA (0 % von 100.000 EUR)	0 EUR
	Restwert 31.12.2010	20.859 EUR
	degressive AfA (25 % von 20.859 EUR)	5.215 EUR
5. Jahr	Sonder-AfA (0 % von 100.000 EUR)	0 EUR
	Restwert 31.12.2011	**15.644 EUR**

Die degressive AfA bemisst sich nach Ablauf des fünfjährigen Begünstigungszeitraumes nach dem Restwert und der Restnutzungsdauer.

In den folgenden Jahren wird für die degressive AfA der entsprechende AfA-Satz

(100: 5 x 3 = 60 %, höchstens 30 %)

auf den jeweiligen Restwert angewandt.

Im **6. Jahr** stellt sich dies wie folgt dar:

degressive AfA (30 % von 15.644 EUR)	4.693 EUR
Restwert 31.12.2012	**10.951 EUR**

(4) Ansparabschreibung nach § 7g EStG a.F. (vgl. „Sonderposten mit Rücklageanteil")

347 Das vorherige Beispiel (siehe Rdn 347) macht deutlich, dass auch noch in den gegenwärtigen relevanten unterhaltsrechtlichen Betrachtungszeiträumen die Altregelung der Ansparabschreibung hereinwirkt.

Auf den obigen Hinweis (siehe Rdn 346) zur generellen Rechtsfrage, ob eine fiktive AfA-Tabelle mit fiktiver Steuerberechnung vorzunehmen ist, wird verwiesen.

Kleinere und mittlere Betriebe i.S.d. § 7g Abs. 2 Nr. 1 EStG a.F. können seit 1995 eine sog. Ansparabschreibung vornehmen (§ 7g Abs. 3 bis Abs. 8 EStG a.F.). Damit erhalten bilanzierende kleinere und mittlere Betriebe die Möglichkeit, für neue bewegliche Wirtschaftsgüter des Anlagevermögens, die sie voraussichtlich in den nächsten zwei Jahren anschaffen oder herstellen wollen, eine gewinnmindernde Rücklage zu bilden.

348 *Hinweis*

Ebenfalls in Anspruch nehmen können diese **Ansparabschreibung** kleine und mittlere Betriebe, die ihren Gewinn nach § 4 Abs. 3 EStG ermitteln. Die Ansparabschreibung erfolgt hier durch Ansatz einer fiktiven Betriebsausgabe (§ 7g Abs. 6 EStG).

Zu berücksichtigen ist, dass die Rücklage **40 %** der Anschaffungs- bzw. Herstellungskosten des begünstigten Wirtschaftsgutes nicht übersteigt und sie nicht mehr als **154.000 EUR** beträgt (§ 7g Abs. 3 EStG).

Hinweis 349

Der Höchstbetrag erhöht sich für Existenzgründer für den Gründungszeitraum von sechs Jahren auf 307.000 EUR (§ 7g Abs. 7 EStG).

Kleinere und mittlere Betriebe üben mit der Rücklagenbildung ein steuerliches Wahlrecht aus. Eine Rücklage in der Steuerbilanz darf nur ausgewiesen werden bei bilanzierenden Betrieben, wenn sie auch in der Handelsbilanz einen entsprechenden Posten ausweisen (seinerzeitiger umgekehrter Maßgeblichkeitsgrundsatz). In diesen Fällen ist ein Sonderposten mit Rücklageanteil in der Handelsbilanz nach § 247 Abs. 3 HGB zu bilden. 350

Hinweis 351

In der Bilanz ist der Sonderposten mit Rücklageanteil auf der Passivseite vor den Rückstellungen auszuweisen (§ 273 HGB). In der Buchführung müssen Bildung und Auflösung der Rücklage verfolgt werden können (§ 7g Abs. 3 Nr. 3 EStG). Der Gewinn wird durch die Bildung der Rücklage gemindert, die Auflösung wirkt gewinnerhöhend.

Beispiel

A erfüllt die Voraussetzungen des § 7g EStG und ist vorsteuerabzugsberechtigt. Er plant 2007 die Anschaffung einer dringend für den Betrieb benötigten Maschine für das Jahr 2009.

Der voraussichtliche Kaufpreis beträgt 238.000 EUR (200.000 EUR + 19 % USt).

Die Nutzungsdauer beträgt fünf Jahre.

Lösung

In 2007 bildet A eine Rücklage von 80.000 EUR (40 % von 200.000 EUR).

Diese Rücklage mindert den Gewinn des Jahres 2007 um 80.000 EUR.

Hinweis 352

Im Gegensatz zur Sonderabschreibung nach § 7g Abs. 1 und 2 EStG ist es für die Bildung der **Rücklage** ohne Bedeutung, wie hoch der private Nutzungsanteil ist. Für die Rücklage gelten die Voraussetzungen des § 7g Abs. 2 Nr. 2 EStG, d.h. die verbleibende Frist und der Grad der betrieblichen Nutzung, nicht. Auch der geplante Erwerb eines neuen betrieblichen Kraftfahrzeuges, das voraussichtlich zu 50 % privat genutzt wird, ist somit rücklagefähig.

Nach § 7g Abs. 4 EStG ist die Rücklage in Höhe von 40 % der Anschaffungs- bzw. Herstellungskosten **gewinnerhöhend** aufzulösen, sobald für das begünstigte Wirtschaftsgut Abschreibungen vorgenommen werden können. Wenn Steuerpflichtige ihren Gewinn nach § 4 Abs. 3 EStG ermitteln, tritt an Stelle der **Rücklageauflösung** eine „Betriebseinnahme". Diese wird also fingiert. 353

Die Rücklage ist zwangsweise am Ende des zweiten auf ihre Bildung folgenden Wirtschaftsjahres (Investitionszeitraum) gewinnerhöhend aufzulösen, wenn die **geplante Investition später nicht durchgeführt** wird. Es ist dann ein **Gewinnzuschlag** vorzunehmen, soweit die Auflösung einer Rücklage nicht auf § 7g Abs. 4 S. 1 EStG beruht.

Hinweis 354

Existenzgründer brauchen keinen Gewinnzuschlag vornehmen (§ 7g Abs. 7 EStG).

Für jedes volle Wirtschaftsjahr, in dem die Rücklage bestanden hat, beträgt der Gewinnzuschlag 6 % des Betrages, zu dem die Rücklage nicht nach § 7g Abs. 4 S. 1 EStG aufgelöst wird (§ 7g Abs. 5 EStG). Bei 355 der Ermittlung des steuerlichen Gewinns ist der Gewinnzuschlag außerhalb der Buchführung dem in der handelsrechtlichen Gewinn- und Verlustrechnung ausgewiesenen Gewinn hinzuzurechnen. Eine Buchführung für den Gewinnzuschlag entfällt jedoch.

356 *Hinweis*

Zum ab 2009 geltenden Investitionsabzugsbetrag nach § 7g EStG g.F. siehe oben Rdn 336.

j) AfA und Sonder-AfA im Familienrecht (bewegliche Wirtschaftsgüter) sowie Investitionsfreiheit, Rücklagenbildung, Gewinn ≠ Einkommen

357 Die Abschreibung ist ein immer wiederkehrendes und uraltes Problem in Unterhaltsrechtstreitigkeiten und allen Beteiligten an derartigen Verfahren bestens bekannt. Die unterhaltsrechtlichen Leitlinien befassen sich mit der Fragestellung.

Die familienrechtliche Rechtsprechung und Lehre haben sich zu keinem Zeitpunkt mit der Frage befasst, ob bei **Leasing** unterhaltsrechtliche Korrekturen oder wenigstens nur eine Angemessenheitsüberprüfung stattzufinden hat.

Das durch die Finanzierungsmargen wirtschaftlich teurere Leasing ist dem Unternehmer, der sich im unterhaltsrechtlichen Verfahren befindet, deshalb zu empfehlen.

In diesem Kontext darf auch die für den Unterhaltsberechtigten günstige Wirkungsweise der Verteilung der Abschreibung über die betriebsgewöhnliche Nutzungsdauer nicht verkannt werden. Demgegenüber fließen die Ausgaben des Unternehmens durch **Liquiditätsverlust sofort bei Vornahme der Investitionen** ab. Beim Leasing sind die laufenden Aufwendungen vollumfänglich sofort erfolgswirksam.

358 Dem ist zunächst einmal vorauszuschicken, dass grundsätzlich dem Unternehmer ein betriebswirtschaftliches Ermessen einzuräumen ist, welche Investitionen er überhaupt vornimmt.[199]

Über die Abschreibungen, aber auch über die Zinsen für die Investition, kommt es zunächst zu Aufwendungen und erst zu einem späteren Zeitpunkt zu Einnahmen für das Unternehmen. Diese Einnahmen führen dann allerdings auch zu höherem Einkommen, die die Leistungsfähigkeit des Unternehmers erhöhen.

Darüber hinaus kann eine **Rücklagenbildung für spätere Investitionen** erforderlich sein, die die Liquidität des Unternehmens mit Kreditwürdigkeit nach Basel III[200] erhöht und damit die Fremdfinanzierungskosten reduziert. Zwischenzeitlich ist Basel IV verabschiedet und muss bis 2023 in nationales Recht umgesetzt werden. Basel IV führt neue Standards, nach denen die Banken ihre Kapital Anforderungen berechnen müssen.

Eine unterhaltsrechtliche Überprüfung von Investitionen soll nur dann geboten sein, wenn eine erhebliche Veränderung des Investitionsverhaltens vorliegt oder die Investitionen privaten Interessen dienen oder ein Mangelfall vorliegt.[201] Eine allgemeine Angemessenheitsüberprüfung wird zu Recht abgelehnt.

Auch insoweit ist dem Gedanken der **Vollausschüttung** der Gewinne, wie sie das Unterhaltsrecht regelmäßig annimmt, entgegenzutreten.[202]

Selbst der unterhaltsrechtlich modifizierte steuerliche Gewinn ist nicht mit dem Unterhaltseinkommen gleichzusetzen. (**Gewinn ≠ Einkommen!**)

199 *Strohal* Rn 290 ff.; *Münch*, FamRB 2007, 150, 155; *Schwab/Borth*, IV, Rn 748, 760; BGH FamRZ 2011, 1367 & 622, m. Anm. *Kuckenburg*, FuR 2011, 512 & 515 im Zusammenhang mit dem individuellen kalkulatorischen Unternehmerlohn bei der Unternehmensbewertung im Zugewinnausgleich.

200 De.wikipedia.org/wiki/Basel_III und IV.

201 *Münch*, a.a.O., S. 155.

202 *Kuckenburg*; Unternehmensbewertung im Zugewinnausgleichsverfahren; FuR 2012, 278, 282 f.

Hinweise 359

1. Die Rechtsprechung des BGH[203] zum Zugewinnausgleich, der im Kontext zum individuellen kalkulatorischen Unternehmerlohn eine Differenzierung zwischen Einkommens- und Vermögenssphäre vornimmt, verlangt eine **Aufteilung** des auf steuerlichen Grundlagen basierenden und unterhaltsrechtlichen Korrekturen unterliegenden Gewinn in **Unterhaltseinkünfte** und **Vermögenselemente**. Element des Einkommens ist dabei der kalkulatorische Wert der Tätigkeit, während der Gewinn gleichzeitig den Ausgleich für das **unternehmerische Risiko** und die **Verzinsung des eingesetzten Eigenkapitals** zu repräsentieren hat.[204] Der BGH[205] will nur das der subjektiven Leistung entsprechende Einkommen unterhaltsrechtlich berücksichtigt wissen. Dies setzt dezidierten Vortrag des Anwalts des Unternehmers voraus, weil das Gericht von sich aus die entsprechende Differenzierung nicht vornehmen wird!

2. Der **Anwalt des Selbstständigen/Gewerbetreibenden** sollte beim Mandanten und seinem Steuerberater unterhaltsrechtliches Problembewusstsein wecken und bei anstehenden Gestaltungen (eventuell Änderung der AfA-Methode, Neuinvestitionen) darauf hinwirken, dass eine Abwägung zwischen Steuervorteilen durch möglichst hohe AfA und Unterhaltsproblemen erfolgt. Eine eher zurückhaltende Abschreibung kann im Unterhaltsprozess Gutachten und Rechtsmittel ersparen. Bei allen Investitionen, die die private Lebensführung berühren (Pkw), ist Zurückhaltung zu empfehlen. Es ist an die umfassende Darlegungslast des Selbstständigen zu denken.

Der **Anwalt des Gegners** muss sein Augenmerk demgegenüber darauf richten, dass möglichst viele vollständige Jahresabschlüsse mit Anlage- und Abschreibungsverzeichnissen vorgelegt werden. Er muss diese zutreffend auswerten (lassen) und verwerten. Oft ist es sinnvoll, detaillierte Erläuterungen vom Selbstständigen zu verlangen.

aa) Unterhaltsrechtsprechung zur AfA (bewegliche Wirtschaftsgüter)

Der BGH hat in seinem Urteil aus dem Jahre 1980[206] grundlegend zur AfA festgestellt, dass der durch das steuerliche Institut der Abschreibung pauschal zu berücksichtigende Verschleiß von Gegenständen des Anlagevermögens entspreche oft keine tatsächliche Wertminderung in Höhe des steuerlich anerkennungsfähigen Betrages, erst recht keine entsprechende Minderung des Einkommens. 360

Präzisiert wird diese Rechtsprechung aber durch das richtungweisende Urt. v. 19.2.2003.[207]

Der BGH hält dort an der **Werteverzehrthese** fest, vertritt aber nun die Auffassung, dass die zur **linearen Abschreibung** von der Finanzverwaltung herausgegebenen **amtlichen AfA-Tabellen allgemein verwendbarer Wirtschaftsgüter**[208] regelmäßig den tatsächlichen Werteverzehr wiedergeben.

Diese Auffassung löst aber nicht alle Probleme im Zusammenhang mit der AfA, nicht einmal die der linearen AfA. Dabei ist zunächst einmal zu beachten, dass der BGH sich ausschließlich mit der linearen Abschreibung befasst. Die Anwendung der **degressiven AfA** (siehe Rdn 322), soweit nach Steuerrecht zulässig, wird nicht ausdrücklich ausgeschlossen.

Insbesondere die **Leistungsabschreibung** (siehe Rdn 328) entspricht gerade einem tatsächlichen Werteverzehr!

203 BGH FamRZ 2011, 1367 und ausführlich hierzu *Kuckenburg*, Unternehmensbewertung der freiberuflichen Praxis und der freiberuflichen GmbH, FuR 2011, 515, 516, Fn 100.

204 BGH FamRZ 2011, 1367 mHa *Kuckenburg*, Anmerkungen, insb. auch aus Sicht des Unternehmensbewerters zu BGH – XII ZR 45/06, FuR 2008, 270.

205 BGH v. 6.2.2008 – XII ZR 45/06, FuR 2008, 295, NJW 2008, 1221 Rn 23 (Tierarztfall).

206 FamRZ 1980, 780 ff.

207 BGH FamRZ 2003, 741 ff.

208 BMF-Schreiben v. 15.12.2000, bundesfinanzministerium.de.

361 *Hinweis*

Anwälte, die den unternehmerischen Unternehmer vertreten, sollten in derartigen Fällen die Gründe für eine etwaige Abweichung von der amtlichen AfA-Tabelle oder der Anwendung der degressiven AfA vortragen.

362 Bezüglich der **degressiven AfA** (siehe Rdn 322) ist zunächst mit dem allgemeinen Erfahrungssatz zu argumentieren, dass der Werteverzehr von Wirtschaftsgütern in den ersten Nutzungsjahren höher ist als in den folgenden.

Dies gilt insbesondere für Wirtschaftsgüter, die einem schnellen technischen Wandel unterliegen, beispielsweise wie bei EDV mit Zubehör oder auch der Mode unterliegenden Wirtschaftsgütern. Schon die Inbetriebnahme derartiger technischer Wirtschaftsgüter führt zu einem erheblichen Werteverzehr zu Beginn der Nutzung. Auch die oben schon dargestellte und in Fällen messbaren Werteverzehres außerordentlich sinnvolle und dem tatsächlichen Werteverzehr entsprechende **Leistungsabschreibung** ist keineswegs ausgeschlossen.

Auch hier bedarf es detaillierten Vortrags.

Die Rechtsprechung des BGH[209] führt zu zwei Folgeproblemen, die in den nächsten Abschnitten behandelt werden.

bb) AfA-Tabellen für Wirtschaftszweige (Spezial-AfA-Tabellen)

363 Der BGH hat ausschließlich die amtliche Abschreibungstabelle allgemein verwendbarer Wirtschaftsgüter erörtert und anerkannt. Dabei bleibt unberücksichtigt, dass diverse Branchen über sog. „AfA Tabellen für Wirtschaftszweige", also Spezial-AfA-Tabellen, verfügen. Diese AfA-Tabellen sind **im Internet unter bundesfinanzministerium.de** auffindbar.

364 *Beispiele*

„Abfallentsorgungs- und Recyclingwirtschaft"

„Aluminiumfolienindustrie"

„Baugewerbe"

„Bekleidungsindustrie"

„Beton- und Fertigteilindustrie"

„Bimsbaustoffindustrie"

„Binnenfischerei, Teichwirtschaft, Fischzucht, fischwirtschaftliche Dienstleistungen"

„Borstenzurichtung und Pinselindustrie"

„Brauereien und Mälzereien"

„Braunkohlenbergbau"

„Brot- und Backwarenindustrie, Herstellung von Tiefkühl-/Kombinationsbackwaren, Bäckereien, Konditoreien"

„Chemische Industrie"

„Chemische Reinigung, Wäscherei, Färberei"

„Druckereien und Verlagsunternehmen mit Druckerei"

„Eisen-, Blech- und Metallwarenindustrie"

„Eisen-, Stahl- und Tempergießereien"

„Energie- und Wasserversorgung"

„Erdölgewinnung"

209 BGH FamRZ 2003, 741 ff.

„Erdölverarbeitung"
„Erfrischungsgetränke- und Mineralbrunnenindustrie"
„Essig- und Senffabrikation"
„Feinkeramische Industrie"
„Feinmechanische und Optische Industrie"
„Fernmeldedienste"
„Fernseh-, Film- und Hörfunkwirtschaft"
„Filmtheater"
„Fischverarbeitungsindustrie" und „Tierkörperbeseitigung"
„Fleischmehlindustrie"
„Fleischwarenindustrie, Fleischer, Schlachthöfe"
„Forstwirtschaft"
„Friseurgewerbe und Schönheitssalons"
„Fruchtsaft- und Fruchtweinindustrie"
„Garnbearbeitung in der Textilindustrie"
„Garten-, Landschafts- und Sportplatzbau"
„Gartenbau"
„Gastgewerbe"
„Gesundheitswesen"
„Gewerbliche Erzeugung und Aufbereitung von Spinnstoffen, Spinnerei, Weberei"
„Glaserzeugende Industrie (Flachglas, Hohlglas und Glasfaser)"
„Hafenbetriebe"
„Heil-, Kur-, Sport- und Freizeitbäder"
„Herstellung von Schreib- und Zeichengeräten"
„Hochsee- und Küstenfischerei"
„Hochsee-, Küsten- und Binnenschifffahrt"
„Holzverarbeitende Industrie"
„Hopfenanbau"
„Hut- und Stumpenindustrie"
„Hutstoff-Fabrikation"
„Kaffee- und Teeverarbeitung"
„Kalk-, Gips- und Kreideindustrie"
„Kalksandsteinindustrie"
„Kautschukindustrie"
„Kies-, Sand-, Mörtel- und Transportbetonindustrie"
„Kraftfahrzeugindustrie"
„Kreditwirtschaft"
„Kunststoff verarbeitende Industrie"
„Landwirtschaft und Tierzucht"
„Lederindustrie (Ledererzeugung)"
„Lederwaren- und Kofferindustrie"

„Leichtbauplattenindustrie"
„Luftfahrtunternehmen und Flughafenbetriebe"
„Maler- und Lackiererhandwerk"
„Maschenindustrie"
„Maschinenbau"
„Molkereien und sonstige Milchverwertung"
„Mühlen (ohne Ölmühlen)"
„Naturstein-Industrie für den Wege-, Bahn-, Wasser- und Betonbau"
„Naturwerksteinindustrie, Steinbildhauer, Steinmetze"
„NE-Metallhalbzeugindustrie (NE-Metallhalbzeugwerke und NE-Metallgießereien)"
„Obst- und Gemüseverarbeitungsindustrie"
„Ölmühlen und Margarineindustrie"
„Papier und Pappe verarbeitende Industrie"
„Personen- und Güterbeförderung (im Straßen- und Schienenverkehr)"
„Rauchwarenverarbeitung"
„Sägeindustrie und Holzbearbeitung"
„Schiefer- und Tonindustrie"
„Schiffbau"
„Schrott- und Abbruchwirtschaft"
„Schuhindustrie"
„Seilschwebebahnen und Schlepplifte"
„Sektkellereien"
„Spielwarenindustrie"
„Stahl- und Eisenbau"
„Stahlverformung"
„Steinkohlebergbau"
„Süßwarenindustrie"
„Tabakanbau"
„Textilveredelung"
„Torfgewinnung und -aufbereitung"
„Uhrenindustrie"
„Vertrieb von Erdölerzeugnissen"
„Vulkanisierbetriebe"
„Waren- und Kaufhäuser"
„Weinbau und Weinhandel"
„Zahntechniker"
„Zellstoff, Holzstoff, Papier und Pappe erzeugende Industrie"
„Zementindustrie"
„Ziegelindustrie"
„Zigarettenindustrie"
„Zigarrenfabrikation"

In diesen Spezial-AfA-Tabellen werden die Besonderheiten der Branche mit den gerade in dieser spezifischen Branche genutzten Wirtschaftsgütern berücksichtigt. Der Abschreibungszeitraum in diesen AfA-Tabellen ist aufgrund höherer Abnutzung regelmäßig kürzer als in der Tabelle für allgemein verwendbare Wirtschaftsgüter. Die kurze Abschreibungsdauer gilt insbesondere für Wirtschaftsgüter, die sich in der Tabelle der allgemein verwendbaren Wirtschaftsgüter nicht finden lassen. 365

Auch diese Spezial-AfA-Tabellen dürften den langjährigen Erfahrungswerten der Finanzverwaltung entsprechen, so dass auch diese Tabellen den angemessenen Werteverzehr unterhaltsrechtlich repräsentieren.[210] Auch unterhaltsrechtlich dürften die Abschreibungssätze und ihre Dauer dem tatsächlichen Werteverzehr entsprechen. Sollte es gleichwohl einmal zu **stillen Reserven** (Differenz zwischen Buchwert und Teilwert/Verkehrswert") gekommen sein, partizipiert der Unterhaltsgläubiger an der Aufdeckung derselben im Zeitpunkt der Veräußerung des Wirtschaftsguts. Dies setzt aber einen möglichst langen Betrachtungszeitraum für die Ermittlung des Unterhaltseinkommens voraus, um diese Aufdeckung der stillen Reserven zu erfassen. Auch der BGH[211] führt hierzu aus, dass bei ordnungsgemäßer Erlöserfassung eine etwaig überhöhte Absetzung ausgeglichen wird, so dass die unterhaltsrechtliche Leistungsfähigkeit bei der Berücksichtigung mehrerer Jahre richtig wiedergegeben wird.

Da die amtliche AfA-Tabelle für allgemein verwendbare Wirtschaftsgüter oftmals eine Abschreibungsdauer für Wirtschaftsgüter von **fünf Jahren**[212] zugrunde legt, sollte dieses auch der **Mindestanknüpfungszeitraum für die Auskunftserteilung** und die Unterhaltsberechnung sein.

cc) Fiktive Abschreibungsliste

Wenn der BGH[213] in den Abschreibungssätzen der AfA-Tabellen allgemein verwendbarer Wirtschaftsgüter einen angemessenen Werteverzehr sieht, führt das im Fall einer steuerlich korrekt vorgenommenen Sonderabschreibung stets dazu, dass zu unterhaltsrechtlichen Zwecken eine fiktive AfA Liste nach der amtlichen AfA Tabelle für allgemein verwendbare Wirtschaftsgüter zu erstellen und vorzutragen ist. Die Entscheidung weist ausdrücklich darauf hin, ohne dass in der Praxis hierauf hinreichend geachtet wird. Das beinhaltet anwaltliche Haftungsrisiken, wenn die fiktive AfA-Liste, ggf. mit Hilfe des StB, nicht vorgetragen wird. 366

Beispiel

	tatsächliche AfA	fiktive AfA
Jahr 00 AHK	100.000 EUR	100.000 EUR
Jahr 01 Normal-AfA	20.000 EUR	20.000 EUR
Jahr 01 Sonder-AfA	20.000 EUR	
Buchwert 31.12.01	60.000 EUR	80.000 EUR
Jahr 02 Normal-AfA	20.000 EUR	20.000 EUR
Buchwert 31.12.02	40.000 EUR	60.000 EUR
Jahr 03 Normal-AfA	20.000 EUR	20.000 EUR
Buchwert 31.12.03	20.000 EUR	40.000 EUR
Jahr 04 Normal-AfA	19.999 EUR	20.000 EUR
Buchwert 31.12.04	1 EUR	20.000 EUR

210 So auch AG Ilmenau, Urt. v. 6.4.2006 – 2 F 328/02 (n.v.).
211 BGH FamRZ 2003, 741, 743.
212 BGH FamRZ 2003, 741 ff.; FamRB 2004, 316 f.
213 BGH FamRZ 2003, 741, 743.

Erläuterung:

Die mittlere Spalte zeigt die tatsächliche Abschreibung unter Berücksichtigung einer Sonder-AfA **(denkbar wäre aber auch jede andere unterhaltsrechtliche Korrektur, z.B. wegen überhöhter linearer AfA oder degressiver AfA).**

Die fiktive Abschreibung in der rechten Spalte macht die Auswirkungen der fiktiven unterhaltsrechtlichen AfA-Ermittlung durch **Änderung der Bemessungsgrundlage** für die Folgejahre deutlich.

In diesem einfachen Beispiel gibt es erfolgswirksame Auswirkungen auf das Unterhaltseinkommen in den Jahren 01 und 05, in dem im letzten Jahr noch ein Abschreibungsvolumen von 19.999 EUR vorhanden ist bzw. ein buchhalterischer Erinnerungswert von 1 EUR verbleibt.

Eine fiktive Steuerberechnung will der BGH[214] nicht vornehmen, da er in dieser Entscheidung auf die real geflossenen Steuern, dem In-Prinzip folgend, abhebt.

dd) Fiktive Steuerberechnung im Unterhaltsrecht

367 Fünf Fälle fiktiver Steuerberechnung sieht die Rechtsprechung des BGH ausdrücklich vor. Dies stellt eine Durchbrechung des In-Prinzips dar, weil eine tatsächliche Veranlagung (Für-Prinzip) mit einer fiktiven verglichen wird:

- Verluste aus Bauherrenmodellen[215]
- Nichtausschöpfung steuerlicher Gestaltungsmöglichkeiten[216]
- Eliminierung von Ansparabschreibungen[217]
- Eliminierung des Splittingvorteils des wieder verheirateten Ehegatten[218]
- Aufteilung der Steuerschuld zwischen Ehegatten nach § 207 AO[219]
- Elternunterhalt[220]

368 Diese durch die Rechtsprechung anerkannten Fälle der fiktiven Steuerberechnung sind nicht abschließend.

Der BGH geht bei der Ermittlung des unterhaltsrechtlich relevanten Einkommens von den Jahresabschlussunterlagen trotz der Unterschiede zwischen Einkommensteuerrecht und Unterhaltsrecht aus. Daraus wird ein Durchschnitt aus drei Jahren gebildet.

Dies ist aber kein Dogma; vielmehr ist auf einen Fünfjahreszeitraum abzuheben, wenn insbesondere das Entstehen der Steuerschuld und ihre Begleichung innerhalb eines Dreijahreszeitraums sich nicht realisieren. Reicht dazu auch der Fünfjahreszeitraum nicht aus; hat eine fiktive Steuerberechnung stattzufinden.

Auch das OLG Brandenburg[221] will die mit der Auflösung des Investitionsabzugsbetrags verbundene Steuernachzahlung bei der Einkommensermittlung in Abweichungen vom In-Prinzip grundsätzlich fiktiv dem Jahr zurechnen, in dem der steuerliche Vorteil für die Rückstellung eintritt.

369 Die Entscheidung des BGH[222] vom 2.6.2004 zu **Ansparabschreibungen nach § 7g EStG a.F.** (vgl. Rdn 348) bezieht sich ausschließlich auf den Fall, dass während des unterhaltsrelevanten Zeitraumes Ansparabschreibungen **zwar gewinnreduzierend gebildet**, jedoch **nicht gewinnerhöhend aufgelöst** worden waren und keine entsprechenden Investitionen vorgenommen wurden.

214 BGH FamRZ 2003, 741, 743.
215 BGH FamRZ 1987, 36, 37.
216 BGH FamRZ 2007, 1229, 1231; OLG Hamm FamRZ 2000, 311; OLG Schleswig FamRZ 2000, 825.
217 BGH FamRZ 2003, 741 ff.; FamRZ 2004, 1177 ff.
218 BGH ZFE 2005, 449 ff.; FuR 2007, 367; BVerfG FamRZ 2003, 1821 = FuR 2003, 507 = NJW 2003, 3466.
219 BGH FamRZ 2006, 1178; 2007, 1229; mit Beispiel *Kuckenburg/Perleberg-Kölbel*, FuR 2004,160 ff.
220 OLG Brandenburg, Beschl. v. 22.5.2018 – 10 UF 22/16, FuR 2018, 468.
221 OLG Brandenburg, Beschl. v. 22.5.2018 – 10 UF 22/16, FuR 2018, 468.
222 BGH FamRZ 2004, 1177 ff.

Bei dieser Eliminierung der Ansparabschreibung soll bei gewinnerhöhender unterhaltsrechtlicher Hinzurechnung dem Unternehmen der steuerliche Vorteil mit der Folge verbleiben, sodass eine fiktive Steuerberechnung vorzunehmen ist. Diese Steuervorteile sollen weiterhin der betriebswirtschaftlichen Liquidität des Unternehmens dienen.

Daraus folgt:

Der steuerliche Gewinn wird um die Ansparabschreibung unterhaltsrechtlich erhöht und um die fiktive Steuerersparnis reduziert.

Dabei hat sich der BGH ausschließlich zum Fall der Bildung der Ansparabschreibung im Betrachtungszeitraum geäußert, nicht jedoch zum umgekehrten Fall der ausschließlichen Auflösung oder den am häufigsten Fällen der parallellaufenden Bildung und Auflösung der Ansparabschreibungen.

In der Literatur wird, wenn die Ansparabschreibung im Betrachtungszeitraum nicht gebildet, sondern aufgelöst wird (umgekehrter Fall zum BGH), die Auffassung vertreten, eine Korrektur des Gewinns sei dann nicht angezeigt.[223]

In der Praxis werden aber im Betrachtungszeitraum darüber hinaus meist Bildung und Auflösung in unterschiedlicher Höhe vom Unternehmen vorgenommen. Auch dieser Fall ist vom BGH bislang nicht entschieden.

Hierzu deutet der BGH[224] allerdings unter II, 2b an, auch hier eine vollständige Eliminierung der Ansparabschreibung vornehmen zu wollen, indem er einen länger als dreijährigen Betrachtungszeitraum, nämlich 5 Jahre, empfiehlt.

Dies entspricht m.E. einer konsequenten Anwendung der Rechtsprechung des BGH zum tatsächlichen Werteverzehr von steuerrechtlicher Abschreibung!

Hieraus folgt, dass die Entscheidung des BGH **keine Einzelfallentscheidung** für die ausschließliche Bildung der Ansparabschreibung darstellt.

Es ist daher stets eine Eliminierung der Ansparabschreibung mit fiktiver Steuerberechnung vorzunehmen außer im Fall der vollständigen Bildung und Auflösung im Betrachtungszeitraum.

Die Unternehmenssteuerreform 2008 für VZ ab 2009 brachte eine Neuregelung des § 7g EStG,[225] deren Anwendung wirtschaftlich nur dann Sinn macht, wenn auch die Investitionen tatsächlich vorgenommen werden. Man spricht seitdem vom **Investitionsabzugsbetrag**[226] (vgl. Rdn 336).

Das Tatbestandsmerkmal „künftige Anschaffung" hindert nicht, dass der Investitionsabzugsbetrag nach Erstellung der Gewinnermittlung und noch im Einspruchsverfahren nachträglich geltend gemacht wird.[227] Die geplante Investition muss dabei genau beschrieben werden. Die Bezeichnung „Studiobedarf" beispielsweise ist unzureichend.[228] Dabei ist die Aufteilung des Einsatzes des Wirtschaftsgutes in mehreren Unternehmen nicht zulässig.[229]

Hinweis 370

Unterhaltsrechtlich ist besonders zu beachten, dass bei Nichtvornahme der Investitionen die betroffenen und vergangenen Veranlagungszeiträume unter Vollverzinsung (§§ 233a, 238 AO) neu beschieden werden, sodass sich hierauf auch der unterhaltsrechtliche **Auskunft- und Beleganspruch** beziehen muss. Es ergehen somit korrigierte Steuerbescheide für die vergangenen Jahre, in denen der

223 *Götsche*, Die Ansparrücklage nach § 7g EStG, ZFE 2006, 55 ff., (58).
224 BGH FamRZ 2004, 1177 ff.
225 *Kuckenburg/Perleberg-Kölbel*, FuR 2009, 140 f. mit Beispiel; *Kuckenburg*, Haftungsfalle Unternehmenssteuerreform 2008 mit Beispiel, FuR 2009, 140, 141 f.
226 BMF-Schreiben v. 8.5.2009.
227 BFH vom 17.1.2012 – BFH/NV 2012, 1038.
228 BFH vom 19.10.2011 – BFH/NV 2012, 718.
229 Niedersächsisches FG, 11 K 435/10 v. 3.11.2011, EFG 2012, 602; Revision eingelegt unter BFH – X R 46/11.

Investitionsabzugsbetrag in Anspruch genommen wurde. **Bei Nichtinvestition** bringt die neue Regelung gegenüber der alten kaum noch steuerliche **Entlastung**, sie stellt eher nur eine Steuerpause, dar. Der Ausweis erfolgt neben und nicht mehr in der Gewinnermittlung, sodass ein gesonderter Auskunftsanspruch familienrechtlich gegeben ist!

Da die Veranlagung des Wirtschaftsjahres zu korrigieren ist, in dem der Investitionsabzugsbetrag in Anspruch genommen worden ist, sind fiktive Steuerberechnungen, wie sie der BGH[230] für die bisherige Ansparabschreibung vornimmt obsolet, falls die Bildung und Auflösung des Investitionsabzugsbetrages nicht innerhalb des unterhaltsrelevanten Betrachtungszeitraumes vorgenommen wird. Es erfolgt eine Neuveranlagung.

Die Gewinnerhöhung ergibt sich danach rückwirkend für den Betrachtungszeitraum mit einer Nachversteuerung für das korrigierte Wirtschaftsjahr.

Dies gilt es wegen der unterschiedlichen Ergebnisse im Rahmen des In- bzw. Für-Prinzips zu beachten.

Weil darüber hinaus der Ausweis der geplanten Investitionen und der dazu benötigte Investitionsbetrag in den dem Finanzamt einzureichenden Unterlagen/Einkommensteuererklärung und damit nicht mehr in der Bilanz erscheinen, ist auch hier ein **Auskunfts- und Beleganspruch** zu beachten.

Hinweis

Bei Investitionen wird die vorgezogene Abschreibung mit der damit korrespondierenden Steuerentlastung unterhaltsrechtlich nicht zu akzeptieren sein.

Daraus folgt unterer konsequenter Anwendung der BGH-Rechtsprechung[231] zur Ansparabschreibung, dass bei durchgeführten Investitionen eine fiktive Steuerberechnung vorzunehmen ist.

ee) Geringwertige Wirtschaftsgüter – GWG – im Steuer- und im Familienrecht

371 Nach der Regelung des § 6 Abs. 2 EStG können (steuerliches Wahlrecht!) die sog. geringwertigen Wirtschaftsgüter (GWG) im Jahr der Anschaffung in voller Höhe als Betriebsausgaben abgesetzt werden, wenn der Wert des Wirtschaftsgutes 410 EUR (netto, VZ bis 2007) nicht übersteigt und es sich um selbstständig nutzbare Wirtschaftsgüter des Anlagevermögens handelt.

Diese gesetzliche Regelung soll der Arbeitserleichterung und der Eigenfinanzierung des Unternehmens dienen und kann damit einem tatsächlichen Werteverzehr grundsätzlich nicht entsprechen.

Insoweit ist durch das Unternehmensteuerreformgesetz 2008 (ab VZ 2009) eine erhebliche Änderung eingetreten. (Die im Folgenden dargestellte Regelung dürfte im Wesentlichen der Gegenfinanzierung der Herabsetzung der Körperschaftsteuer von 25 % auf 15 % dienen.)

Neu ist seitdem, dass nunmehr der Steuerpflichtige verpflichtet ist, die betreffenden Kosten für geringwertige Wirtschaftsgüter sofort als Betriebsausgaben geltend zu machen. Es besteht kein Wahlrecht mehr. Allerdings sind die Anschaffungs- und Herstellungskosten bei den Gewinneinkünften von 410 EUR auf 150 EUR gesenkt worden. Das Gesetz stellt im Übrigen in seiner Neufassung des § 6 Abs. 2 EStG ausdrücklich klar, dass diese Regelung auch für die Einnahmen-/Überschussrechnung gilt. Neben den sofort abschreibbaren GWG gibt es im neuen Recht sog. **Sammelpostengüter** (mittelwertige Wirtschaftsgüter) nach § 6 Abs. 2a EStG. Diese „mittelwertigen Wirtschaftsgüter" sind in den Sammelposten einzustellen. Unabhängig von der tatsächlichen Nutzungsdauer der Wirtschaftsgüter ist der Sammelposten „jahrgangsbezogen" im Wirtschaftsjahr der Bildung und in den folgenden vier Wirtschaftsjahren mit jeweils 1/5 gewinnmindernd unabhängig von der tatsächlichen Nutzungsdauer aufzulösen. Die Wertgrenze liegt zwischen 150,01 EUR bis 1.000 EUR netto.

230 BGH FamRZ 2004, 1177 ff.
231 BGH FamRZ 2004, 1177 ff.

In der Literatur hat beispielsweise das IDW[232] auch unterhaltsrechtlich relevante Bedenken geäußert, da durch die Bildung des Sammelpostens der Grundsatz der Einzelbewertung und der Grundsatz des Verbotes des Ausweises nicht mehr vorhandener Wirtschaftsgüter verletzt werden. Es wird deshalb verlangt, dass die Wirtschaftsgüter nur untergeordnete Bedeutung haben dürfen und dass eine **Wesentlichkeitsgrenze** beachtet werden müsse. Das IDW sagt allerdings nicht, wo die Wesentlichkeitsgrenze liegen soll. ME kann hier das Argument aus § 240 Abs. 3 HGB zur Festwertbewertung (vgl. Rdn 387) herangezogen werden, nachdem die dort zusammengefassten Wirtschaftsgüter **nicht mehr als 10 % des Sachanlagevermögens** sowie der Roh-, Hilfs- und Betriebsstoffe ausmachen dürfen.

Hinweis 372

Diese Wesentlichkeitsgrenze ist unterhaltsrechtlich auch zur Beachtung des Prinzips des tatsächlichen Werteverzehrs und der Angemessenheit zu beachten.

Die Neuregelung (Unternehmenssteuerreform 2008) ist erstmals auf Wirtschaftsgüter anzuwenden, die nach dem 31.12.2007 angeschafft werden.

Das Jahressteuergesetz 2010 ändert § 6 Abs. 2 EStG für die VZ ab 2011nochmals (siehe Rdn 498).

Bei Überschusseinkünften, wie z.B. Einkünften aus Vermietung und Verpachtung verbleibt es bei der bisherigen Regelung, wonach Anschaffungs- und Herstellungskosten bis 410 EUR als Werbungskosten abgesetzt werden können (§ 9 Abs. 1 Nr. 7 EStG).

(Die Grenze von 410 EUR gilt auch für die Investitionszulage weiterhin nach § 2 Abs. 1 S. 2 InvZulG.)

Das Jahressteuergesetz 2010 führt für die VZ ab 2011 die alte Regelung mit der Sofortabschreibung von beweglichen Wirtschaftsgütern des Anlagevermögens mit Anschaffungs- oder Herstellungskosten bis 410 EUR wieder ein. Bei Anschaffungs- oder Herstellungskosten über 150 EUR ist ein besonderes Verzeichnis zu führen. Es besteht ein **Wahlrecht** zwischen **Sofortabschreibung** bis 410 EUR und **Bildung des Sammelpostens** für Wirtschaftsgüter bis 1.000 EUR, der über eine Dauer von 5 Jahren gewinnmindernd aufzulösen ist. Wirtschaftsgüter bis 150 EUR können in den Sammelposten aufgenommen werden. Beim Sammelposten ist unterhaltsrechtlich weiterhin die Wesentlichkeitsgrenze[233] zu beachten. 373

Ab **VAZ 2018**[234] gelten folgende Wahlrechte: 374

- lineare Regelabschreibung nach § 7 EstG,
- Sofortabschreibung bei Netto-AHK bis 800 EUR[235] (letzte Anhebung der Wertgrenze 1965): Sofortabschreibung nach § 6 Abs. 2 EStG oder
- für alle GWG mit Netto-AHK zwischen 250 EUR und 1.000 EUR: **Poolabschreibung** i.S.d. § 6 Abs. 2 EStG.

Hinweis 375

Die häufigen Regeländerungen machen deutlich, dass die Abschreibungsregelungen für Geringwertige Wirtschaftsgüter per se einem tatsächlichen Werteverzehr Nach familienrechtlicher Vorstellung nicht entsprechen können.

Steuerrechtlich handelt es sich bei § 6 Abs. 2 EStG um eine Vereinfachungsregelung, die schon wegen der Sofortabschreibung einem tatsächlichen Werteverzehr nicht entsprechen kann.

Es wird deshalb teilweise auch im Familienrecht die Ansicht vertreten, dass die GWG gemäß dem tatsächlichen Werteverzehr fiktiv linear abzuschreiben sind.[236] Die herrschende Meinung[237] erkennt die

232 IDW Fachnachrichten 2007, 506.
233 Beispiel nach BFH/NV 2009, 1879.
234 Zweites BürokratieentlastungsG, BT-Drucks 18/9949, 18/11778, 305/17.
235 Gesetz gegen schädliche Steuerpraktiken, BR-Drucks 366/17 v. 12.5.2017.
236 OLG Koblenz FamRZ 2002, 887; *Strohal*, Rn 260.
237 Dose*Dose*, § 1 Rn 257.

Abschreibung geringwertiger Wirtschaftsgüter auch im Unterhaltsrecht an, es sei denn, diese Anschaffungskosten liegen ohne betrieblichen Anlass weit über denen früherer Jahre.

Dies dürfte nun umso mehr gelten, nach dem die Regelung seit Unternehmenssteuergesetz 2008 erheblich restriktiver ist.

Darüber hinaus wird eine „fiktive Abschreibung" ähnlich der Rechtsprechung des BGH zur fiktiven AfA Tabelle[238] über fünf Jahre bei Überschreiten der Wertgrenze von 150 EUR vorgenommen. Auf die Dokumentation der sofort abgeschriebenen Wirtschaftsgüter und der über fünf Jahre abzuschreibenden Wirtschaftsgüter des Sammelpostens besteht ein **Auskunfts- und Beleganspruch**, da anderenfalls die in der Literatur geforderte Angemessenheitsüberprüfung nicht stattfinden kann. Zudem ist die Wesentlichkeitsgrenze mit 10 % vom Sachanlagevermögen (siehe Rdn 372) in Rechtsanaloge zu § 240 Abs. 3 HGB zu beachten.

Diese steuerlichen Regelungen sind deshalb grundsätzlich unterhaltsrechtlich zu akzeptieren, weil sie restriktiv sind und beim Sammelposten der Idee des BGH zur fiktiven Abschreibungsliste entsprechen.

6. Gewinnauswirkungen und Bewertung weiterer aktiver Bilanzposten im Unterhaltsrecht

a) Vorbemerkungen zu den Aktiva

376 Die Darstellung folgt systematisch der handelsrechtlichen Regelungen zu den Aktiva ohne Grundstücksrechte und bewegliches Anlagevermögen, die schon behandelt sind.

b) Nicht abnutzbares Anlagevermögen

377 Wirtschaftsgüter des Anlagevermögens, die nicht der AfA unterliegen, wie z.B.

- Grund und Boden,
- Beteiligungen und
- andere Finanzanlagen

sind grundsätzlich mit den Anschaffungskosten anzusetzen (§ 6 Abs. 1 Nr. 2 EStG).

Wenn aufgrund voraussichtlich dauernder Wertminderung der Teilwert niedriger ist, müssen buchführende Gewerbetreibende den niedrigeren Teilwert ansetzen (§ 6 Abs. 1 Nr. 2 S. 2 EStG „Teilwertabschreibung", siehe Rdn 287 ff.).

Ist wegen einer vorübergehenden Wertminderung zulässigerweise in der Handelsbilanz eine außerplanmäßige Abschreibung vorgenommen worden, darf dies in der Steuerbilanz (verlangt eine dauernde Wertminderung) als Teilwertabschreibung nicht erfolgen. Bei zulässigerweise vorgenommener Teilwertabschreibung ist der Steuerpflichtige bei Wertaufholung verpflichtet, das Wirtschaftsgut in der nachfolgenden Steuerbilanz wieder mit den nach § 6 Abs. 1 Nr. 2 S. 1 EStG ergebenden Wert (in der Regel mit den Anschaffungskosten) anzusetzen. Hierbei ergibt sich die Zuschreibungspflicht aus dem Wertaufholungsgebot.

Beispiel

Der Handelsbücher führende Gewerbetreibende A hat 2011 ein unbebautes Grundstück für 400.000 EUR erworben. Dies gehört zum Betriebsvermögen.

Ende 2012 beträgt der Teilwert dieses Grundstücks aufgrund einer voraussichtlich dauernden Wertminderung 380.000 EUR.

Diesen Wert hat A in seiner Handels- und Steuerbilanz angesetzt.

Ende 2013 beträgt der Teilwert des Grundstückes 410.000 EUR.

238 BGH FamRZ 2003, 741 ff.

Lösung

Hier ist A verpflichtet, das Grundstück zum 31.12.2013 und in den Folgejahren mit den historischen Anschaffungskosten von 400.000 EUR zu bilanzieren (Zuschreibungspflicht).

Hinweis 378

Hiervon kann nur abgesehen werden, wenn A nachweist, dass der Teilwert tatsächlich dauernd niedriger ist.
Ihn trifft die Feststellungslast (§ 6 Abs. 1 Nr. 2 S. 3 i.V.m. § 6 Abs. 1 Nr. 1 S. 4 EStG).

c) Umlaufvermögen und seine Bewertung

Unterhaltsrelevanz 379

Hinweis

Eine geänderte Bewertung eines Wirtschaftsgutes (hier des Umlaufvermögens) ist erfolgswirksam mit daraus resultierender Auswirkung auf das Unterhaltseinkommen!

aa) Abgrenzung zum Anlagevermögen und Grundsatz der Bewertung

380 Während das Anlagevermögen dem Unternehmen **dauerhaft** zur betrieblichen Leistungserstellung dient, können die Vermögensgegenstände des Umlaufvermögens (auf Englisch treffender: working capital) nur einmal ihrem Zweck entsprechend eingesetzt werden. Diese Vermögensgegenstände werden verbraucht, bzw. veräußert oder, z.B. bei Forderungen, in liquide Mittel überführt.
Vier wesentliche Gruppen werden dabei unterschieden:

- Vorräte
- Forderungen
- Wertpapiere
- liquide Mittel/Zahlungsmittel

Hinweis 381

Die Bewertung des Umlaufvermögens weist im Vergleich zum Anlagevermögen zwei wesentliche Unterschiede auf:

- keine planmäßigen Abschreibungen/AfA,
- aber Teilwertabschreibung (siehe Rdn 287 ff.) und Gültigkeit des strengen Niederstwertprinzips.

Wirtschaftsgüter des Umlaufvermögens sind generell mit den Anschaffungskosten oder Herstellungskosten anzusetzen.

Beispiel 382

A ermittelt seinen Gewinn nach § 5 EStG. Er hat Waren mit Anschaffungskosten in Höhe von 100.000 EUR gekauft. Der Teilwert beträgt am Bilanzstichtag vorübergehend 90.000 EUR.

Lösung

Hier muss A in seiner Handelsbilanz den niedrigeren Teilwert von 90.000 EUR ansetzen, weil das strenge Niederstwertprinzip gilt.

Steuerrechtlich ist eine Teilwertabschreibung nur noch unter der Bedingung zulässig, dass die Wertminderung voraussichtlich dauernd ist, was im Beispiel nicht der Fall ist. Dies führt zum Auseinanderfallen von Handels- und Steuerbilanz.

Wäre der niedrigere Teilwert dauerhaft 90.000 EUR, so hätte A für diesen Fall sowohl in der Handels- als auch in der Steuerbilanz diesen Wert anzusetzen (§ 253 Abs. 4 HGB i.V.m. § 5 Abs. 1 S. 1 EStG).

Steuerrechtlich wie unterhaltsrechtlich kann man natürlich über die unbestimmten Rechtsbegriffe vorübergehender und dauerhafter Wertminderung trefflich streiten.

bb) Vorratsbewertung durch Einzel- und Gruppenbewertung, wie Festwertverfahren/Durchschnittsmethode/Verbrauchsfolgeverfahren

383 Als Vorräte eines Unternehmens werden alle auf Lager, in Arbeit oder auch unterwegs befindlichen Vermögensgegenstände des Umlaufvermögens erfasst, die für die Leistungserstellung oder als Erzeugnisse, Leistungen oder Waren für die Veräußerung vorgesehen sind (working capital).

Üblicherweise werden diese untergliedert in:

- Roh-, Hilfs- und Betriebsstoffe
- unfertige Erzeugnisse
- unfertige Leistungen
- fertige Erzeugnisse und Waren
- geleistete Anzahlungen.

384 ■ **Unterhaltsrelevanz**

> *Hinweis*
>
> Die Erhöhung dieser Bilanzposition (weitere Aktivierung) oder die Reduzierung dieser Positionen durch Wertberichtigung sind erfolgswirksam und haben damit unmittelbar Einfluss auf das Unterhaltseinkommen.
>
> Die Vorräte sind oft „Spielwiese" für Einkommensmanipulationen!
>
> Das Gegenkonto des entsprechenden aktiven Bestandskontos ist also stets ein erfolgswirksames Konto aus der Gewinn- und Verlustrechnung.

385 Die im Folgenden erläuterten Verfahren der **Gruppenbewertung** sind, von der „familienrechtlichen Öffentlichkeit" im Wesentlichen unbemerkt, durch den BGH[239] auch für das Unterhaltsrecht „akzeptiert" worden.

Für die Bewertung gilt grundsätzlich das Prinzip der Einzelbewertung, d.h. für fremd bezogene Gegenstände sind die Anschaffungskosten maßgebend. Da die individuelle Ermittlung der Anschaffungskosten gleichartiger Gegenstände des Vorratsvermögens häufig daran scheitert, weil die Zu- und Abgänge der Vermögensgegenstände nicht einzeln verfolgt werden können, hat der Gesetzgeber unter bestimmten Voraussetzungen die Durchbrechung des Prinzips der **Einzelbewertung** zugelassen und eine **Gruppenbewertung** gestattet, die eine Sammelbewertung und damit eine nicht individuelle Bewertung darstellt (§ 240 Abs. 3 HGB; R 5.4 Abs. 3 und 4 EStR 2012).

Die Kriterien der möglichen Gruppenbildung finden sich handelsrechtlich in § 240 Abs. 4 HGB, wonach gleichartige Vermögensgegenstände des Vorratsvermögens sowie andere gleichartige oder annähernd gleichwertige bewegliche Vermögensgegenstände zu einer Gruppe zusammengefasst werden dürfen.

> *Beispiele*
>
> - Bestecke und Handtücher in einem Hotel;
> - Bierfässer einer Brauerei aus Holz, Metall oder Kunststoff

386 **Folgende Verfahren kommen in Betracht:**

- Festbewertung
- Durchschnittsmethode
- Verbrauchsfolgefiktionen

239 BGH FamRZ 2003, 741, 743, hier zur Bewertung von mehrjährigen Kulturen im Umlaufvermögen bei Einkünften aus Landwirtschaft- und Forstwirtschaft nach einem Erlass des Bundesministeriums der Finanzen, BStBl 1997 I, 369.

Mit der **Festbewertung** können Vermögensgegenstände mit einem festen Wert bewertet werden, wenn sie die folgenden Voraussetzungen erfüllen: 387

- weitgehend gleichbleibende Höhe des Bestandes,
- weitgehend gleichbleibender Wert des Bestandes,
- weitgehend gleichbleibende Zusammensetzung des Bestandes,
- nachrangige Bedeutung des Bestandes.

Zu Recht wird wegen der wirtschaftlichen Bedeutung gefordert, der Gesamtwert des Ansatzes mit Festwerten dürfe im Verhältnis zur Bilanzsumme max. 5 %;[240] bzw.10 %[241] betragen.

Beispiele für Anwendungsgebiete für Festwerte:[242] 388

- kleine Baugeräte,
- Bestecke in gastronomischen Betrieben,
- Brennstoffvorräte,
- Büromöbel,
- Ersatzteile,
- Feuerlöschgeräte,
- Gerüst- und Schalungsteile,
- Hämmer,
- Hotelgeschirr, -einrichtung, -wäsche,
- Kantinenvorräte,
- Kleingeräte und Materialien,
- Laboreinrichtungen,
- Modelle,
- Rebstöcke im Weinbau,
- Sägeblätter,
- Schaufeln,
- Schreibmaschinen,
- Tische und Stühle,
- Treibriemen,
- Verbrauchsstoff,
- Werkzeuge,
- Zangen und Geräte.

> *Hinweis*
> In der familienrechtlichen Fallbearbeitung ist die Dokumentation der Ermittlung, d.h. die Berechnung der Festbewertung, zu verlangen. Darüber hinaus hat regelmäßig (alle drei Jahre) eine körperliche Bestandsaufnahme/Inventur stattzufinden (R 5.4 EStR 2012), auf die ein unterhaltsrechtlicher **Auskunfts- und Beleganspruch** besteht.

Bei der **Durchschnittsmethode** wird in der einfachsten Form der gewogene Durchschnittswert ermittelt, indem aus dem Anfangsbestand und den Zugängen jährlich ein gewogener Durchschnittsbetrag der Anschaffungskosten gebildet wird. Mit diesem Betrag ist der Endbestand zu bewerten.[243] 389

Verbrauchsfolgefiktionen können gemäß § 256 HGB für gleichartige Vermögensgegenstände des Vorratsvermögens gewählt werden. 390

240 Beck'sches Steuerberaterhandbuch, B, Rn 532.
241 Finanzverwaltung gemäß BMF-Schreiben v. 8.3.1993, BStBl I 1993, 277.
242 Vgl. *Federmann*, Handbuch der Bilanzierung, Festwert, Stichwort 44.
243 Beck'sches Steuerberaterhandbuch, A Rn 290; R 6.8 Abs. 4 EStR 2012.

Nach § 6 Abs. 1 Nr. 2a EStG, R 6.9 EStR 2012 ist nur die Lifo-Methode anerkannt (Lifo = last in – first out), bei der unterstellt wird, dass die zuletzt angeschafften oder hergestellten Vorräte zuerst veräußert und verbraucht werden und dass sich der Endbestand aus den zuerst erworbenen oder hergestellten Vermögensgegenständen zusammensetzt. Die am Bilanzstichtag vorhandenen Bestände werden mit den Anschaffungs- oder Herstellungskosten der letzten Lagerzugänge bewertet. Ist der Endbestand mengenmäßig größer als die zuerst erworbene oder hergestellte Menge, dann ist die zusätzliche Menge mit dem Betrag der nächsten Lieferung zu bewerten.

Nach § 256 HGB ist auch die fifo-Methode = first in – first out) zulässig. Auch dies führt zu einem Auseinanderfallen von Handels- und Steuerbilanz.

cc) Unfertige Erzeugnisse, unfertige Leistungen

391 ■ **Unterhaltsrelevanz**

Um die unterhaltsrechtliche Leistungsfähigkeit zu reduzieren, kann der Unterhaltsschuldner/Unternehmer bei langfristiger Fertigung, aber auch durch eine „Produktion auf Halde", und Leistungserstellung den Aufwand in der Gewinn- und Verlustrechnung buchen, ohne dass er schon die Gewinnrealisierung ausweist.

> *Beispiel*
>
> Bauunternehmer B hat keine teilfertigen Erzeugnisse in seiner Bilanz 2013 ausgewiesen, obwohl dieses rechtlich nach VOB geboten ist.

392 ■ **Definition unfertige Erzeugnisse und Leistungen**

Zu den **unfertigen Erzeugnissen** gehören alle Vorräte, durch deren Be- oder Verarbeitung bereits Aufwendungen, insbesondere Materialaufwendungen und Fertigungslöhne, entstanden sind, denen aber die Verkaufsfertigkeit noch fehlt. Die Palette der unfertigen Erzeugnisse kann außerordentlich groß sein, da z.B. Material mit dem ersten Bearbeitungsschritt bereits zu einem unfertigen Erzeugnis wird und bis zum Abschluss des letzten Bearbeitungsschritts ein unfertiges Erzeugnis bleibt. Dazu gehören auch Produkte, die erst durch den Lagerungsprozess Verkaufsfähigkeit erlangen, wie z.B. Käse, bestimmte Weine und Spirituosen. Bei Dienstleistungsunternehmen tritt an die Stelle der unfertigen Erzeugnisse der Begriff der **unfertigen Leistungen**. Insbesondere bei Großaufträgen, bei Montagen bei Kunden, haben sie besondere Bedeutung.

Es erfolgt eine Einzelbewertung zu Herstellungskosten. Sie stellen Aufwendungen dar, die durch den Verbrauch von Gütern und die Inanspruchnahme von Diensten für die Herstellung, die Erweiterung oder eine wesentliche Verbesserung eines Vermögensgegenstandes entstanden sind (§ 255 Abs. 2 HGB; R 6.3 EStR 2012).

Um einmal, auch für den Familienrechtler, deutlich zu machen, was davon alles umfasst ist oder sein kann, wird die **Ermittlung nach dem Steuerrecht** dargestellt:

Materialeinzelposten
plus Fertigungseinzelkosten
plus Sonderkosten der Fertigung
plus notwendige Materialgemeinkosten
plus notwendige Fertigungsgemeinkosten
plus Werteverzehr des Anlagevermögens
= Wertuntergrenze nach R 6.3 EStR 2012
plus allgemeine Verwaltungskosten
plus Aufwendungen für soziale Einrichtungen und betriebliche Altersversorgung

plus Fremdkapitalzinsen des Fertigungsbereichs

plus Gewerbesteuer

= Wertobergrenze Steuerrecht

Eine **Ableitung** des Wertes ist aber auch retrograd **vom Verkaufswert** wie folgt möglich:

Voraussichtlicher Verkaufserlös

minus bis zum Verkauf erwartete Aufwendungen

minus erwartete Erlösschmälerungen

= vom Verkaufswert abgeleiteter Wert

Hinweis 393

In der familienrechtlichen Fallbearbeitung ist die Dokumentation über die Ermittlung der teilfertigen Erzeugnisse/Leistungen nach obiger Struktur im Zuge der Auskunftserteilung zu verlangen.

Diese muss den mengenmäßigen Nachweis erbringen von Fertigungsmaterial, Fertigungslöhnen, Fertigungszeiten bei zu erbringenden Dienstleistungen und Sondereinzelkosten der Fertigung.

Wegen der Erfolgswirksamkeit dieser Positionen besteht auch ein unterhaltsrechtlicher **Auskunfts- und Beleganspruch**.

Soweit das bilanzierende Unternehmen seine Leistung erbracht hat, was selbstverständlich auch für selbstständig bewertbare Teilleistungen gilt, hat das Unternehmen eine erfolgswirksame Forderungsverbuchung vorzunehmen.

Dies wird aus unterhaltsrechtlichen aber auch aus steuerlichen Gesichtspunkten „gern unterlassen", weil diese Aktivierungspflicht noch nicht unmittelbar mit Liquidität aus einer Gegenleistung korrespondiert.

Derartige Positionen werden deshalb auch bei der steuerlichen Betriebsprüfung stets einer besonderen Überprüfung unterzogen.

Auf die Vorlage des Betriebsprüfungsberichts besteht deshalb auch konsequenterweise ebenfalls ein unterhaltsrechtlicher **Auskunfts- und Beleganspruch**.

Bei langfristigen Fertigungen und natürlich auch Produktionen auf Halde kommt der Bestimmung des Zeitpunkts der Gewinnrealisierung (im unterhaltsrechtlichen Betrachtungszeitraum!) besonders große Bedeutung zu. Das Bilanzrecht hat hierzu eine einheitliche Betrachtung bisher nicht gefunden. Die herrschende Meinung ist nach wie vor der Auffassung, dass ein Gewinn durch starre Einhaltung des Realisationsprinzips erst mit der endgültigen Abnahme des Gesamtprojekts oder Gewerks eines endgültig abrechenbaren Teilprojekts ausgewiesen werden darf. Zunehmend an Bedeutung gewinnt die von der internationalen Rechnungslegung beeinflusste Auffassung, wonach eine Teilgewinnrealisierung gemäß dem Projektfortschritt bereits während der Herstellungsphase zulässig ist.[244] 394

dd) Fertige Erzeugnisse und Waren/Geleistete Anzahlungen

Als fertige Erzeugnisse werden Vorräte ausgewiesen, deren Herstellung abgeschlossen ist und die verkaufs- und versandfertig sind. 395

Sie werden wie die unfertigen Erzeugnisse bewertet.

Geleistete Anzahlungen sind Vorauszahlungen an Dritte für noch zu erbringende Lieferungen und Leistungen.

244 Vgl. m.w.N. Beck'sches Steuerberaterhandbuch, B Rn 596.

ee) Forderungen und sonstige Vermögensgegenstände, deren Bewertung und Berichtigung, insbesondere Forderungen aus Lieferung und Leistung

396 **Forderungen aus Lieferung- und Leistungen** sind Ansprüche aus zweiseitigen Verträgen,

- die im Rahmen der normalen Geschäftstätigkeit des Unternehmens geschlossen werden (Lieferung-, Werk-, Dienstleistungsverträge etc.) und
- deren Erfüllung durch das bilanzierende Unternehmen bereits erfolgte, während die Leistung des Schuldners (Zahlung des Entgelts) noch aussteht.

Damit korrespondiert die Position Forderungen aus Lieferungen und Leistungen mit den als Umsatzerlösen ausgewiesenen Erträgen.

Die Forderung entsteht in dem Zeitpunkt, in dem die Lieferung oder Leistung erbracht wird und die Gefahr des zufälligen Untergangs oder der zufälligen Verschlechterung der gelieferten Ware auf den Käufer, bzw. Auftraggeber übergegangen ist. Dann ist sie erfolgswirksam zu buchen.

Forderungen dürfen nicht mit Verbindlichkeiten saldiert werden (§ 246 Abs. 2 HGB; Saldierungsverbot).

Sie sind mit den Anschaffungskosten, d.h.

- mit ihrem Nennwert
- nach Abzug von Rabatten, Umsatzprämien oder sonstigen Preisnachlässen

zu aktvieren.

Es gilt der **Grundsatz der Einzelbewertung** gemäß § 252 Abs. 1 Nr. 3 HGB, R 6.3 EStR 2012.

Zweifelhafte Forderungen sind mit ihrem wahrscheinlich eingehenden Wert zu bilanzieren und uneinbringliche Forderungen sind vollständig abzuschreiben (siehe Rdn 287 ff., „Teilwertabschreibung").

Neben dieser Einzelbewertung kann auch eine Pauschalbewertung durchgeführt werden, z.B. bei einer großen Anzahl von beitragsmäßig geringen Forderungen.

Pauschalwertberichtigungen sind aufgrund von Erfahrungen in der Vergangenheit zulässig.

397 *Hinweis*

Bei Betriebsprüfungen und Umsatzsteuersonderprüfungen werden diese Positionen stets einer besonderen Überprüfung unterzogen.

Auf die Vorlage des Betriebsprüfungsberichts besteht deshalb auch konsequenterweise ebenfalls ein unterhaltsrechtlicher **Auskunfts- und Beleganspruch**.

Für den Fall von Einzelwertberichtigungen sind für diese die Dokumentation und der Nachweis zu verlangen. Pauschalwertberichtigungen, die den Vorjahren entsprechen, dürften regelmäßig nicht zu beanstanden sein. Die Prüfung des Nachweises erfolgt auf Basis des Entstehungsgrundes, der Konditionen und der Besicherung des Vermögensgegenstandes „Forderung". Die Regeln der Teilwertabschreibung (siehe Rdn 287 ff.) zur dauernden Wertminderung sind zu beachten.

Problematisch ist die Gewinnrealisierung bei Abschlagszahlungen. Vorauszahlungen des Vertragspartners für noch nicht erbrachte Leistungen werden grds. erfolgsneutral und damit ohne Gewinnauswirkungen als Verbindlichkeit gebucht.

Erfolgswirksam und damit als teilfertige Leistung[245] bei den Forderungen im Umlaufvermögen sind solche Leistungsphasen zu erfassen, die, ohne dass eine Abnahme stattgefunden hat, gemäß einer Gebührenordnung (z.B. HOAI, RVG und VOB, siehe auch oben) abgerechnet werden können.

Dies gilt dann auch allgemein für alle Werkleistungen gemäß § 632a BGB.

245 BFH, BStBl 2014 II, 968; BMF-Schreiben vom 13.5.2015, DStR 2015, 1175 und 29.6.2015, BStBl 2015 I, S. 542; anders IDW-Schreiben vom 8.4.2015 mit Hinweis auf das Realisationsprinzip des § 252 Abs. 1 Nr. 4 HS 2 HGB und Grüneberg/*Retzlaff*, § 632a Rn 4 ff.

Gesondert auszuweisen sind 398

- Forderungen gegen verbundene Unternehmen,
- Forderungen gegen Unternehmen, mit denen ein Beteiligungsverhältnis besteht und
- Forderungen an Gesellschafter.

Diese sind wie alle Verrechnungspreise auf die Frage hin zu überprüfen, ob sie einem Fremdvergleich standhalten und damit angemessen sind.

Letztlich sind hier noch die sonstigen Vermögensgegenstände zu nennen, wie beispielsweise Darlehen für Gehaltsvorschüsse, Kautionen, Steuererstattungsansprüche, Schadensersatzansprüchen etc.

> *Hinweis*
> In den Forderungen an Gesellschafter können als Darlehen getarnte Ausschüttungen und damit Einkommen enthalten sein. Bei diesen Gesellschafterdarlehen ist nach den allgemeinen Kriterien (schriftliche Vereinbarung, tatsächliche Durchführung gemäß dieser Vereinbarung, Fremdvergleich) die Überprüfung vorzunehmen. Um die Überprüfung möglich zu machen, ist ein **Auskunfts- und Beleganspruch** gegeben.

ff) Wertpapiere

Wenn die Wertpapiere, z.B. bei Banken und Finanzdienstleistern, nicht dauernd dem Unternehmen dienen, sind sie im Umlaufvermögen auszuweisen. Hierzu gehören auch Anteile an verbundenen Unternehmen, eigene Anteile und sonstige Wertpapiere. Ihre Bewertung folgt dem strengen Niederstwertprinzip, so dass auch vorübergehende Wertminderungen durch eine außerplanmäßige Abschreibung berücksichtigt werden müssen. Die Gründe für eine derartige Wertberichtigung sind durch Vorlage der entsprechenden Dokumentation darzulegen, auf die ein Auskunfts- und Beleganspruch besteht. 399

gg) Liquide Mittel

Unter diesem Posten fasst das HGB beispielsweise Kassenbestände und Bankguthaben, Vermögensgegenstände höchster Liquidität zusammen. Die Bewertung erfolgt grundsätzlich nach dem Nennwert/Nominalprinzip. Schwierigkeiten können besonders Bestände an ausländischen Währungen machen. Diese sind grundsätzlich mit den Anschaffungskosten zu bewerten und im Fall von Wertminderungen nach dem Niederstwertprinzip (siehe Rdn 287 ff.) auszuweisen. 400

Beim Einsatz von elektronischen Kassen sind grds. jetzt alle Einnahmen und Ausgaben einzeln aufzuzeichnen. Die Aufbewahrungspflicht beträgt zehn Jahre, wobei Bedienungsanleitungen und Programmierungsanleitungen bereitzuhalten sind.[246]

hh) Aktive Rechnungsabgrenzungsposten/RAP

Nach § 250 Abs. 1 HGB sind als Rechnungsabgrenzungsposten auf der Aktivseite alle Ausgaben vor dem Abschlussstichtag auszuweisen, soweit sie Aufwand für eine bestimmte Zeit nach diesem Tag darstellen. Sie sind ein klassisches Instrument der **periodengerechten Gewinnermittlung**, wie die Beispiele zeigen: 401

> *Beispiel*
> Ein Unternehmen schließt eine Haftpflichtversicherung für ein Kfz im Oktober 2012 ab. Im November erfolgt die Beitragsrechnung und Zahlung über 1.000 EUR für die Zeit für November 2012 bis Oktober 2013, also für 12 Kalendermonate.
>
> *Lösung*
> Nur die Versicherungsprämie für die ersten zwei Monate, den November und den Dezember 2012, stellt periodengerecht zurechenbaren Aufwand für 2012 dar.
> Buchungssatz: Versicherungsaufwand an Bank 200 EUR.

246 Zur Ordnungsmäßigkeit der Kassenbuchführung: OFD Karlsruhe, Verf. v. 31.10.2016, NWB Dok. ID KAAAF-86337.

Die restlichen 800 EUR, die im Jahr 2012 schon gezahlt werden, stellen Aufwand für das Jahr 2013 dar und sind in den Aktiven Rechnungsabgrenzungsposten zu erfassen.

Buchungssatz: RAP an Bank 800 EUR.

Weitere **Beispiele für Rechnungsabgrenzungsposten**:
Vorauszahlungen von Miete/Pacht, Beiträgen, Zinsen und Honoraren, Gebühren, Lagerkosten, Zuschüssen, Disagio/Damnum.

ii) Nicht durch Eigenkapital gedeckter Fehlbetrag

402 Ist das Eigenkapital durch Verluste (bei Personenhandelsgesellschaften und Einzelunternehmen auch durch Entnahmen) aufgebraucht und ergibt sich ein Überschuss der Passivposten über die Aktivposten, ist dieser Betrag als letzter Posten der Bilanz auf der Aktivseite (bei Kapitalgesellschaften unter der Bezeichnung „nicht durch Eigenkapital gedeckter Fehlbetrag") auszuweisen (§ 268 Abs. 3 HGB). Dieser aktivische Ausweis stellt eine Ausnahme von dem Grundsatz dar, das Eigenkapital des Unternehmens geschlossen auf der Passivseite der Bilanz darzustellen. Dadurch wird aber verhindert, dass Beträge mit negativen Vorzeichen in der Bilanz aufgenommen werden müssen (Achtung: dies wird gelegentlich aber so gehandhabt!).

Dieser ausgewiesene Fehlbetrag stellt natürlich trotz des aktivischen Ausweises keinen Vermögensgegenstand dar! Es handelt sich vielmehr um eine rechnerische bilanzausgleichende Korrekturgröße.

Bei Personengesellschaften und Einzelunternehmen ist der Ausweis des negativen Kapitals nicht explizit geregelt; ein entsprechender Ausweis empfiehlt sich aber.

Hinweis

Bei Überentnahmen ist eine Dokumentation in der Einkommensteuererklärung wegen § 4 Nr. 4a EStG gegeben, Auf die ein unterhaltsrechtlicher **Auskunfts- und Beleganspruch** besteht.

7. Passiva der Bilanz und deren Erfolgswirksamkeit durch ihre Bewertung

403 Die Passivseite der Bilanz (Passiva) gibt die Höhe der in der Vergangenheit zur Verfügung gestellten finanziellen und sachlichen Mittel und deren Herkunft an, ohne dass diese den gegenwärtigen liquiden Mitteln entsprechen müssen.[247]

Nach der Art der Finanzierung unterscheidet die Betriebswirtschaftslehre zwischen zeitlich begrenztem Fremdkapital (Schulden) von unternehmensexternen Personen, wie z.B. Darlehen von Banken, sowie dem Eigenkapital (Reinvermögen), dass von den Unternehmenseignern z.T. ohne zeitliche Begrenzung zur Verfügung gestellt wird.

a) Eigenkapital

404 Trotz der Vorschriften der §§ 272, 266 Abs. 3 HGB wird das Eigenkapital im Gesetz nicht definiert und gehört zu den unbestimmten Rechtsbegriffen. Eigenkapital kann weder als Vermögensgegenstand noch als Schuld gemäß § 246 Abs. 1 HGB aufgefasst werden und ist primär eine Wertgröße. Das Eigenkapital stellt den Saldo aus den angesetzten und bewerteten aktiven Vermögensgegenständen und der Fremdfinanzierung dar. Die Eigenkapitalbasis des Einzelunternehmers ist nur durch sein Gesamtvermögen begrenzt.

Bei Personengesellschaften weisen die Kapitalkonten die Beteiligung der einzelnen Gesellschafter aus, die die jeweils geleistete Einlage zuzüglich der weiteren Einlagen und Gewinne, abzüglich der Verluste und der Entnahmen aufzeigen. Danach ist bei Personengesellschaften und Einzelunternehmen das Kapital variabel, während bei Kapitalgesellschaften das Kapital, das die Haftung beschränkt, stets zum Nennwert

247 *Baetge/Kirsch/Thiele*, a.a.O., Rn 3.

passiviert ist. Mehrbeträge an Kapital werden hier in Kapitalrücklagen (z.B. Zuzahlungen der Gesellschafter in das Eigenkapital und in die gesetzliche Rücklage, grundsätzlich 5 % des Jahresüberschusses nach § 150 Abs. 2 AktG) bzw. Gewinnrücklagen gebucht (§ 272 Abs. 2 und 3 HGB).

Als Gewinnrücklagen dürfen nur Beträge ausgewiesen werden, die im Geschäftsjahr oder in einem früheren Geschäftsjahr aus dem Jahresergebnis gebildet worden sind. Dazu gehören aus dem Jahresergebnis zu bildende gesetzliche oder auf Gesellschaftsvertrag oder Satzung beruhende Rücklagen und andere Gewinnrücklagen aufgrund von Gewinnverwendung (§ 272 Abs. 3 HGB). Die Position „Jahresüberschuss und Jahresfehlbetrag“ ist im Gegensatz zum Gewinn-/Verlustvortrag das Ergebnis der jeweiligen aktuellen Periode. Zu unterscheiden ist noch „Bilanzgewinn/Bilanzverlust“ (§ 268 Abs. 1 HGB), der sich aus dem Jahresüberschuss/Jahresfehlbetrag zuzüglich/abzüglich Gewinnvortrag/Verlustvortrag abzüglich/zuzüglich Ergebnisverwendung errechnet.

Problematisch ist die Gliederung und der Ausweis der **Gesellschafterkonten**[248] **der GmbH & Co. KG**. 405
Dies gilt insbesondere für die **Abgrenzung, ob es sich um Eigenkapital oder Fremdkapital handelt und damit (negatives) Vermögen oder Einkommen betrifft**. Auch wird die Höhe des Veräußerungsgewinns wegen des Buchwertes des Eigenkapitals nach § 16 Abs. 2 EStG für die **latente Steuerbelastung** und die Möglichkeit der **Verlustverrechnung nach § 15a EStG** (Rdn 426) beeinflusst.

In der Buchführung werden die Kapitalanteile der Gesellschafter, sowie die Forderungen und Verbindlichkeiten zwischen Gesellschaft und Gesellschaftern auf Konten festgehalten.

Nach dem Grundmodell verfügt der persönlich haftende Gesellschafter nur über ein einziges Konto, auf dem die Einlagen, Gewinne, Verluste und Entnahmen verbucht werden. Das Konto ist ein Gesellschafter-Kapitalkonto und zeigt den jeweiligen Stand/Buchwert des Kapitalanteils.

Für den Kommanditisten werden grds. zwei Konten geführt.

Auf dem Kapitalkonto I ist der Kapitalanteil in der Höhe der vertraglich festgesetzten Pflichteinlage ausgewiesen. Verlustanteile mildern dieses Kapitalkonto. Es kann dadurch negativ werden. Dieses ist das Gesellschafter-Kapitalkonto im eigentlichen Sinne. Darüber hinaus ist die Einbringung eines Wirtschaftsguts (beispielsweise Grundstück) ein tauschähnliches Geschäft und keine Einlage, weil die Gegenleistung in der Gewährung von Gesellschaftsrechten besteht und damit das Kapitalkonto I erhöht wird.[249]

Darüber hinaus wird wenigstens ein Kapitalkonto II geführt. Hat der Kommanditist seine Pflichteinlage durch Einzahlung oder Thesaurierung von Gewinnen erbracht, sind weitere Gewinne auf diesem Konto/Darlehenskonto auszuweisen. Privatentnahmen belasten das Konto. Das Guthaben kann jederzeit entnommen werden. Damit weist das Kapitalkonto II eine jederzeit fällige Forderung des Kommanditisten gegen die Gesellschaft aus. Das Konto ist gegenüber dem Gesellschafter eine Verbindlichkeit (Fremdkapital). Der Gesellschafter muss eine Forderung im Sonderbetriebsvermögen erfassen.

Gesellschaftsvertragliche Regeln bezüglich der Kapitalkonten sind zu beachten. Alternativ können die 406
Gesellschaftsbeschlüsse Regelungen treffen.

> *Praxistipp*
>
> In der Praxis haben sich verschiedene Mehrkontenmodelle entwickelt, die im Wesentlichen folgenden Grundsätzen folgen:
>
> 1. Für die Frage, ob es sich um Eigen- oder Fremdkapital handelt, kommt es auf die Bezeichnung der Gesellschafterkonten nicht an! Es ist anhand der gesellschaftsvertraglichen Regelung zu den Ge-

248 Vgl. Verfügung der OFD Nds v. 21.2.2017, S 2241a-96-St222/St221, Hinweise der Steuerberaterkammer zum Ausweis des Eigenkapitals bei Personengesellschaften des Handelsrechts vom 24./25.4.2013; IDW v. 30.11.2017, HFA RS 7, Lexinform Dok. Nr. 0802937 zum Ausscheiden eines Gesellschafters und gesetzlichem Anteilserwerb der verbleibenden Gesellschafter führt zu unterschiedlichen Ansätzen in StB und HB, sogar negatives Kap-Kto. ist möglich, Haas, Aktuelles Steuerrecht, II, 2018, S. 11 ff.

249 BFH/NV 2015, 1091; IDW HFA 7, Tz. 46 ff., 51.

sellschafterkonten zu ermitteln, welche zivilrechtliche Rechtsnatur (Eigenkapital/Fremdkapital) diese Konten haben.[250]

2. Ein Gesellschafterkonto ist grundsätzlich als Eigenkapital zu qualifizieren, wenn nach dem Gesellschaftsvertrag auf dem Konto auch Verluste gebucht werden. Mit einem Darlehen ist eine Verlustbeteiligung des Gläubigers nicht vereinbar.[251]
3. Für die Qualifizierung eines Gesellschafterkontos als Eigenkapital ist nicht unbedingt eine laufende Verlustverrechnung erforderlich. Es kann auch die Verrechnung der Verluste im Ausscheidensfall ausreichend sein.[252]
4. Die Verzinslichkeit eines Gesellschafterkontos ist für seine Qualifizierung nicht maßgebend, da handelsrechtlich die Verzinsung von Fremdkapital und von Kapitalanteilen im Rahmen der Gewinnverteilung gleichermaßen üblich ist.
5. Davon abzugrenzen ist die **gesamthänderisch gebundene Rücklage**. Hier werden Beträge erfasst, die allen Gesellschaftern zwingend im Verhältnis ihrer Beteiligung am Gesamthandsvermögen der KG zustehen. Eine solche Regelung kann nur aufgrund einer Regelung im Gesellschaftsvertrag oder eines Gesellschafterbeschlusses gebildet werden und stellt zwingend Eigenkapital dar. Damit erfüllt die gesamthänderisch gebundene Rücklage die gleiche Funktion wie die Kapitalrücklage bei der GmbH und ist in der Bilanz der GmbH & Co. KG als Eigenkapital unter der Position „Rücklagen" auszuweisen. Soweit gesellschaftsvertragliche Regelung nicht entgehen stehen, werden Verluste vorrangig mit den gesamthänderisch gebundenen Rücklagen verrechnet.

407 Die Zuordnung zu den Kapitalkonten des Kommanditisten hat auch Auswirkungen auf Seiten der Gesellschaft. Überträgt der Kommanditist einer KG dieser ein Wirtschaftsgut, dessen Gegenwert allein seinem Kapitalkonto II gutgeschrieben wird, liegt keine Einbringung gegen Gewährung von Gesellschaftsrechten, sondern eine Einlage vor, wenn sich nach den Regelungen im Gesellschaftsvertrag der KG die mutmaßlichen Gesellschaftsrechte nach dem aus Kapitalkonto I folgenden festen Kapitalanteil richten.[253] Handelt es sich also um eine Einlage, und damit fehlender Gegenleistung, auf das Kapitalkonto II hat die Gesellschaft keine Anschaffungskosten und kann das Wirtschaftsgut nicht abschreiben. Da das Wirtschaftsgut in diesem Fall Gesamthandsvermögen der KG wird, kann auch der Kommanditist wegen Verlust des wirtschaftlichen Eigentums seinerseits keine Abschreibung vornehmen.

Ein tauschähnlicher entgeltlicher Anschaffungsvorgang seitens der Gesellschaft liegt aber nicht nur bei ausschließlicher Buchung auf das Kapitalkonto I (Achtung: Primat der gesellschaftsvertraglichen Regelung!) zur Erlangung bzw. Erweiterung einer Mitunternehmerstellung vor, sondern auch bei Gutschrift auf einem Kapitalkonto II oder Einstellung in eine gesamthänderisch gebundene Rücklage.[254]

408 *Hinweis*

Bei **Körperschaften** findet eine sog. Feststellung des Jahresabschlusses statt. Die Feststellung, also die Billigung des Jahresabschlusses, obliegt bei der GmbH den Gesellschaftern (§ 42a GmbHG), bei der AG dem Aufsichtsrat oder der Hauptversammlung (§ 172 AktG). Bei Genossenschaften hat nach § 38 Abs. 1 Satz 5 GenG der Aufsichtsrat den Jahresabschluss zu prüfen und über das Ergebnis der Prüfung hat er der Generalversammlung vor Feststellung des Jahresabschlusses zu berichten. Die Feststellung des Jahresabschlusses obliegt nach § 48 Abs. 1 GenG der Generalversammlung. Bei Personengesellschaften wird der Jahresabschluss durch die Gesellschafterversammlung festgestellt.

250 BFH BStBl 2008, II, 812.
251 BFH BStBl 1997 I, 627.
252 BFH BStBl 2008, II, 812.
253 BFH/NV 2016, 453.
254 BFH BStBl II 2009, 464 f.

Weiter fassen die Gesellschafter den Gewinnverwendungsbeschluss. Dies geschieht durch formelle Beschlüsse (§§ 172, 173 AktG, § 42a Abs. 2 GmbHG, § 48 GenG). Ein nicht festgestellter Jahresabschluss ist unwirksam und damit nichtig.

Hinweis

Es kann kein Zweifel bestehen, dass die Vorlage dieser Beschlüsse für jedes Geschäftsjahr verlangt werden muss, um das Unterhaltseinkommen zu ermitteln. Die Gewinnverwendung muss nämlich keinesfalls mit der Höhe der Beteiligung an der Gesellschaft korrespondieren (**Achtung Haftungsfalle**).

Die Auskunftsverpflichtung gilt also für beide Beschlüsse: Gewinn**feststellung**sbeschluss und Gewinn**verwendung**sbeschluss des jeweiligen Geschäftsjahres.

In gleicher Weise, aber fakultativ, gehen regelmäßig **Personengesellschaften** vor, sodass auch bei diesen der **Auskunfts- und Beleganspruch** geltend zu machen ist. Weitere Informationsquelle ist hier noch die gesonderte und einheitliche Gewinnfeststellung.

aa) Entnahmen und Einlagen

Entnahmen und Einlagen stellen alle Wirtschaftsgüter dar (Barentnahmen und Bareinlagen, Waren, Erzeugnisse, Nutzungen und Leistungen), die ein (Mit-)Unternehmer dem Betrieb für sich, für seinen Haushalt oder für andere betriebsfremde Zwecke im Laufe des Wirtschaftsjahres entnimmt oder einlegt (vgl. § 4 Abs. 1 S. 2 EStG, siehe Rdn 226, 366 f.). 409

Beispiele

1. Geld: Entnahme aus der Geschäftskasse, Abhebung und Überweisungen von betrieblichen Bankkonten zur Tilgung einer privaten Schuld oder Zahlung privater Verbindlichkeiten
2. Gegenstände/Sachentnahmen: Entnahme von Werkstoffen, Handelswaren oder Gegenständen des Anlagevermögens für den privaten Gebrauch oder Verbrauch, z.B. Tätigkeit der im Arbeitsverhältnis des Unternehmens stehenden Putzfrau im Haushalt des Unternehmers.

bb) Unentgeltliche Wertabgaben/Sachentnahmen

Pauschbeträge für unentgeltliche Wertabgaben/Sachentnahmen 410

Das Steuerrecht kennt zur Vermeidung individueller Ermittlung **Pauschbeträge für unentgeltliche Wertabgaben/Sachentnahmen für bestimmte Gewerbezweige.** Diese werden jährlich angepasst und veröffentlicht.

Pauschbeträge für das Kalenderjahr 2022[255]			
	Jahreswert für eine Person ohne Umsatzsteuer		
Gewerbezweig	Ermäßigter Steuersatz	Voller Steuersatz	insgesamt
	Euro	Euro	Euro
Bäckerei	1.537	197	1.734
Fleischerei	1.368	522	1.890
Gaststätten aller Art			
a) mit Abgabe von kalten Speisen	1678	579	2257
b) mit Abgabe von kalten und warmen Speisen	2.919	762	3.681
Getränkeeinzelhandel	113	254	367

255 BMF v. 21.12.2022, www.bundesfinanzministerium.de Datenpfad-Wirtschaft und Verwaltung-Steuern-Veröffentlichungen zu Steuerarten-Betriebsprüfung-Richtsatzsammlung/Pauschbeträge auch mit allen Vorjahreswerten.

Pauschbeträge für das Kalenderjahr 2022			
	Jahreswert für eine Person ohne Umsatzsteuer		
Gewerbezweig	**Ermäßigter Steuersatz**	**Voller Steuersatz**	**insgesamt**
	Euro	**Euro**	**Euro**
Café und Konditorei	1.481	550	2031
Milch, Milcherzeugnisse, Fettwaren und Eier, (Eh.)	663		663
Nahrungs- und Genussmittel, (Eh.)	1.284	339	1.623
Obst, Gemüse, Südfrüchte und Kartoffeln, (Eh.)	353	156	509

411

2016	**Jahreswert für eine Person ohne USt**		
Gewerbezweig	ermäßigter Steuersatz (7 %)	voller Steuersatz (19 %)	Insgesamt
Bäckerei	1.199	404	1.603
Fleischerei/Metzgerei	930	835	1.765
Gaststätten aller Art			
■ mit Abgabe von kalten Speisen	1.172	983	2.155
■ mit Abgabe von kalten und warmen Speisen	1.616	1.764	3.380
Getränkeeinzelhandel	95	297	392
Café und Konditorei	1.158	647	1805
Milch, Milcherzeugnisse, Fettwaren und Eier (Eh.)	647	68	715
Nahrungs- und Genussmittel (Eh.)	1.320	754	2.074
Obst, Gemüse, Südfrüchte und Kartoffeln (Eh.)	297	216	513

412 *Hinweis*

Die **unentgeltlichen Sachentnahmen** werden als Privatentnahme unter Berücksichtigung der Umsatzsteuer gebucht und stellen auch **unterhaltsrechtlich** einen **zweckmäßigen** und nicht zu beanstandenden Betriebsausgabenabzug dar.

Auch hier besteht unterhaltsrechtlich ein Auskunfts- und Beleganspruch auf die Dokumentation der Ermittlung (Berechnungsblatt).

Dabei wird zusätzlich nach ermäßigtem und vollem Umsatzsteuersatz differenziert.

Diese Pauschbeträge sind wegen ihrer Höhe und Praktikabilität auch deshalb unterhaltsrechtlich zu übernehmen, da auch der BGH[256] auf pauschalisierte Überlegungen des Steuerrechts bei der Bewertung des Umlaufvermögens und nicht zuletzt auch bei der AfA im Anlagevermögen zurückgreift.

cc) Nutzungsentnahmen

413 Weitere Beispiele für **Nutzungsentnahmen**

1. Nutzungen: Gegenstände des Betriebsvermögens werden gelegentlich für private Zwecke genutzt.
2. Leistungen: Inanspruchnahme von Dienstleistungen des Unternehmens

256 BGH FamRZ 2003, 741, 743.

414 *Hinweis*

Entnahmen und Einlagen beeinflussen nicht den Gewinn, sind also erfolgsneutral (§ 4 Abs. 1 S. 1 EStG). Sie stellen Vermögensentzug bzw. Vermögensmehrung dar.

Aus diesem Grund ist es Steuerberatern völlig unerfindlich, weshalb Privatentnahmen Anknüpfungspunkt für das Unterhaltseinkommen sein können.

dd) Kraftfahrzeugnutzung

415 Fahrzeugkosten[257] sind steuerlich und unterhaltsrechtlich problematisch, weil die berufliche Fahrzeugnutzung starke Berührung mit der privaten Lebensführung und eine Prestigekomponente hat. Deswegen wird oft hoher Aufwand betrieben. Beim Unternehmer erhöht der private Nutzungsanteil letztlich die betrieblichen Erlöse. Insoweit ergibt sich die Beschränkung aus § 6 Abs. 1 Nr. 4, § 4 Abs. 5 Nr. 6 EStG und zur Angemessenheit § 4 Abs. 5 Nr. 7 EStG.

Die Angemessenheitsprüfung erlangt steuerrechtlich immer mehr Beachtung. Denn der Sportwagen fördert nicht zwingend den Betrieb und ist somit weder notwendiges noch gewillkürtes Betriebsvermögen. Der Steuerpflichtige/Unterhaltsschuldner muss betriebliche Gründe für die Anschaffung glaubhaft machen. Hilfsweise hat die Rechtsprechung eine Betriebsausgabenkürzung in angemessener Höhe, auch für Pkw der Oberklasse, von 2 EUR für den betrieblich gefahrenen Kilometer angenommen.[258] Die Angemessenheitsfrage wird aber zwischenzeitlich nicht nur im Zusammenhang beispielsweise für den Ferrari eines Tierarztes, der noch ein weiteres Fahrzeug im Betriebsvermögen hat, sondern auch bei der gehobenen Mittelklasse wie beispielsweise Mercedes C-Klasse diskutiert.

Die Angemessenheitsprüfung führte beispielsweise durch das FG Rheinland-Pfalz[259] zur Nichtanerkennung der Kosten für ein Luxusmobiltelefon zum Anschaffungspreis von 5.200 EUR.

Es gilt im Pauschalierungsfall die bekannte Regelung, wonach der private steuerliche Nutzungsanteil bei Erstzulassung monatlich 1 % des Bruttolistenpreises im Inland einschließlich Umsatzsteuer[260] beträgt.[261] Hinzu kommen prozentuale Zuschläge für Fahrten zwischen Wohnung und Betrieb sowie Familienheimfahrten.

Voraussetzung der 1 %-Regelung ist, dass das Fahrzeug zu mehr als 50 % betrieblich genutzt (notwendigen Betriebsvermögen) wird, was oft sehr schwer nachzuweisen sein wird. Alternativ kann der private Nutzungsanteil durch ordnungsgemäßes **Fahrtenbuch** ermittelt werden, was umso sinnvoller ist, je höher der Listenpreis des Fahrzeuges (maßgeblich auch bei gebraucht erworbenen Fahrzeugen) und je höher der tatsächliche berufliche Nutzungsanteil ist.

Das Fahrtenbuch muss allerdings zeitnah und in geschlossener Form geführt werden. Die Fahrten mit Datum, Fahrziel, aufgesuchten Kunden, einschließlich des an ihrem Ende erreichten Gesamtkilometerstandes müssen vollständig und in ihrem fortlaufenden Zusammenhang wiedergegeben werden.[262] Eine Benennung der Fahrtziele nur mit Straßennamen oder nur mit Kundennamen ist unzureichend. Insoweit ist auch eine Ergänzung durch separate Aufzeichnungen nicht möglich.[263]

Folgende Angaben müssen enthalten sein: Datum und Kilometerstand zu Beginn und Ende jeder einzelnen betrieblich/beruflich veranlassten Fahrt, Reiseziel, Reisezweck und aufgesuchte Geschäftspartner. Auch Umwege sind zu dokumentieren. Auf einzelne Angaben kann dann verzichtet werden, wenn wegen der besonderen Umstände im Einzelfall die betriebliche/berufliche Veranlassung der Fahrten und der

257 *Karbe-Geßler*, „Der Pkw im Steuerrecht".

258 FG Nürnberg v. 27.1.2012 – 7 K 966/09, BeckRS 2012 94799; Revision eingelegt unter – VIII R 20/12.

259 FG Rheinland-Pfalz v. 14.7.2011 – 6 K 2137/10, BB 2011, 2005.

260 Das gilt auch bei vorsteuerabzugsberechtigten Steuerpflichtigen.

261 Verfassungsverstoß wegen die 1 %-Regelung und Bemessungsgrundlage des Bruttolistenpreises gerügt: OFD Koblenz Kurzinfo ESt vom 18.1.2012 zu Nds FG v. 14.9.2011, EFG 2012, 396 und anhängige Revision BFH VI R 51/11.

262 BFH BStBl II 2006, S. 408.

263 BFH v. 1.3.2012, DStR 2012, 1011.

Umfang der Privatfahrten ausreichend dargelegt sind und weitere Überprüfungsmöglichkeiten nicht beeinträchtigt werden.[264]

Kleinere Mängel führen dann nicht zur Verwerfung des gesamten Fahrtenbuches, wenn die Angaben insgesamt plausibel sind.[265] So reichen bloße Ortsangaben im Fahrtenbuch aus, wenn sich der aufgesuchte Kunde oder Geschäftspartner aus der Ortsangabe zweifelsfrei ergibt oder wenn sich dessen Name auf einfache Weise unter Zuhilfenahme von Unterlagen ermitteln lässt.

Nach den Aufzeichnungen im Fahrtenbuch wird eine Quotelung unter Berücksichtigung der Umsatzsteuer in betriebliche und private Veranlassung vorgenommen.

416 ■ **Exkurs: Kfz bei nichtselbstständigen Einkünften**

Beim **Arbeitnehmer** gelten steuerlich die gleichen Werte und Regeln, §§ 8 Abs. 2 und 9 Abs. 1 S. 4 EStG. Beim auch privat genutzten Dienstwagen ist der meist per **„1 %-Regelung**[266] **“** pauschal ermittelte geldwerte Vorteil der Fahrzeugnutzung steuerliches und sozialversicherungsrechtliches Arbeitsentgelt, soweit der Arbeitnehmer sich nicht an den Fahrzeugkosten durch Zahlung an den Arbeitgeber beteiligt. Im Jahresbruttoeinkommen gemäß Lohnsteuerkarte ist der geldwerte Vorteil enthalten. Bei der Auswertung von Lohnbelegen ist Sorgfalt geboten. Der Bruttolohn ist nicht immer aufgegliedert. Der auf der Lohnabrechnung errechnete Auszahlungsbetrag ist beileibe nicht das verfügbare Nettoeinkommen. Dieser ist höher, da der Arbeitgeber nach den gesetzlichen Lohnabzugsbeträgen noch den natural geleisteten Geldwert abzieht.

417 ■ **Entfernungspauschale/Pendlerpauschale**

Die **Entfernungspauschale**[267] **/Pendlerpauschale** umfasst Fahrten zwischen Wohnung und Arbeitsstätte sowie Familienheimfahrten bei doppelter Haushaltsführung. Seit VZ 2004 liegt der Satz pro Entfernungskilometer trotz stark gestiegener Treibstoffkosten nur noch bei 0,30 EUR und der Höchstbetrag für die Entfernungspauschale ist auf 4.500 EUR herabgesetzt. Bei Gesellschafter-Geschäftsführern muss eine fremdübliche Regelung vorliegen, sonst droht eine verdeckte Gewinnausschüttung.[268]

Die aktuelle Regelung nach § 9 Abs. 1 S. 3 Nr. 4 und Abs. 2 EStG sieht wie folgt aus:

Für den Weg zwischen Wohnung und der ersten Tätigkeitsstätte wird unabhängig vom gewählten Verkehrsmittel für die kürzeste, verkehrsgünstige Entfernung für jeden Arbeitstag, an dem der Arbeitnehmer die Arbeitsstätte aufsucht

je vollen Entfernungskilometer	0,30 EUR
ab dem 21. Entfernungskilometer in VAZ 21–23	0,35 EUR
ab dem 21. Entfernungskilometer in VAZ 24–26	0,38 EUR.

264 BMF-Schreiben v. 18.11.2009, IV C 6 – S. 2177/07/10004, www.bundesfinanzministerium.de.

265 BFH, Urt. v. 10.4.2008 – VI R 38/06, www.bundesfinanzhof.de.

266 *Moritz*, NWB 2010, 141: keine ausschließlich an der Vergangenheit orientierte Prognose; OLG Bamberg ZFE 2007, 391: beim Führen eines Fahrtenbuchs gelten die Sätze der ADAC-Tabellen; kein Anscheinsbeweis für private Nutzung; BFH v. 21.4.2010 – VI R 46/08; Rn 57b.

267 Wiedereinführung der Altregelung mit dem „Gesetz zur Fortführung der Gesetzeslage 2006 bei der Entfernungspauschale“; ausführlich BMF- Schreiben v. 31.8.2009, BStBl I 2009 S. 891.

268 BMF-Schreiben v. 3.4.2012; BFH BStBl 2012 II S. 260 & BStBl 2012 II S. 266.

■ Kraftfahrzeugnutzung und Unterhalt 418

Die Regeln des Steuerrechts sind restriktiv (bei 100.000 EUR Bruttolistenpreis 1.000 EUR monatlich!), sodass die Rezeption ins Unterhaltsrecht über § 287 ZPO angemessen ist.[269] Diese Übernahme gilt insbesondere auch für die Angemessenheitsüberlegungen zum eingesetzten Kraftfahrzeug.[270]

Teilweise wird auf den „tatsächlichen Vorteil" der Kraftfahrzeugnutzung vorgetragen, abgehoben, sodass dezidierter Vortrag zur Ermittlung des privaten Nutzungsanteils erforderlich ist. Dem steht ein **Auskunfts- und Beleganspruch** gegenüber.[271]

Das OLG Celle[272] geht bei der berufsbedingten Nutzung des Pkws über § 5 Abs. 2 S. 1 Nr. 2 JVEG von 0,30 EUR je Kilometer aus. Bei Fahrtstrecken von mehr als 30 Entfernungskilometer kann die Kilometerpauschale auf 0,20 EUR reduziert werden, wobei damit die Anschaffungskosten des Pkws mit abgegolten sind. Einkommensteuererstattungen, die durch die steuerliche Geltendmachung der Fahrtkosten sich ergeben können, sind gegenzurechnenden. Gelegentlich wird vertreten, mit ADAC-Tabellen oder Schätzungen zu arbeiten.[273] Die Rspr schätzt die Privatvorteile pauschal mit monatlich 128 EUR,[274] 130 EUR,[275]154 EUR,[276] 200 EUR,[277] 205 EUR,[278] 250 EUR[279] und 255 EUR.[280] Zur Vermeidung der Willkürlichkeit bei derartigen Schätzungen sollte dann eher der Privatanteil gemäß BFH mit 2 EUR pro gefahrenen Kilometer vorgezogen werden.[281]

Alternativ kann der private Nutzungsanteil durch ordnungsgemäßes **Fahrtenbuch**[282] ermittelt werden, was umso sinnvoller ist, je höher der Listenpreis des Fahrzeuges (maßgeblich auch bei gebraucht erworbenen Fahrzeugen) und je höher der tatsächliche berufliche Nutzungsanteil ist. Das Fahrtenbuch muss allerdings zeitnah und in geschlossener Form geführt werden. Die Fahrten mit Datum, Fahrziel, aufgesuchten Kunden, einschließlich des an ihrem Ende erreichten Gesamtkilometerstandes müssen vollständig und in ihrem fortlaufenden Zusammenhang wiedergeben werden.[283] Eine Benennung der Fahrtziele nur mit Straßennamen oder nur mit Kundennamen ist unzureichend. Insoweit ist auch eine Ergänzung durch separate Aufzeichnungen nicht möglich.[284]

Obwohl seit 2006 die Anwendung der 1 % Regelung voraussetzt, dass das Kfz zu mehr als 50 % betrieblich genutzt wird, reicht es ohne Führung eines Fahrtenbuchs zum Nachweis von 50 %iger betrieblicher Veranlassung nicht aus, allein auf diesen Umstand hinzuweisen.[285]

1 %-Regelung als Privatanteil in Praxisbeispielen:

Fall 1

A, der eine Apotheke mit 80 Mitarbeitern betreibt, zu denen auch der Sohn des A mit dem höchsten Gehalt der Mitarbeiter gehört, hat 6 Fahrzeuge im Betriebsvermögen, die für betriebliche Fahrten

269 OLG Karlsruhe v. 27.8.2015 – 2 UF 69/15.
270 OLG Brandenburg FamRZ 2014, 219.
271 OLG Brandenburg FamRZ 2013, 485.
272 OLG Celle FamFR 2013, 201.
273 Kleffmann/Klein/*Kleffmann*, Kap. 1, Rn 33; OLG Zweibrücken FamRZ 2008, 1635.
274 OLG Hamm FamRZ 1992, 1427.
275 OLG Hamm FamRZ 1998, 1169.
276 OLG München FamRZ 1999, 1350.
277 BGH FamRZ 2008, 281.
278 OLG Köln FamRZ 1994, 897.
279 OLG Bamberg NJW RR 1993, 66.
280 OLG Hamm FamRZ 1999, 513.
281 BFH v. 1.3.2012, DStR 2012, 1011; zur Schätzung: *Kuckenburg*, Einkommensschätzungen bei Selbstständigen, FuR 2006, 255.
282 *Karbe-Geßler*, Der Pkw im Steuerrecht, 4. Aufl. 2019, S. 69 ff.
283 BFH BStBl II 2006, 408.
284 BFH v. 1.3.2012, DStR 2012, 1011.
285 BFH, Urt. v. 15.5.2018 – X R 28/15, NWB Dok. ID MAAAG-92057.

zur Verfügung stehen. Fahrtenbücher werden nicht geführt. Das Finanzamt unterstellt, dass der Sohn das teuerste der 6 betrieblichen Fahrzeuge, einen Audi A8, privat nutzt und setzt den Sachbezug nach der 1 %-Regelung fest. Ist das zutreffend?

Fall 2

Das Beispiel orientiert sich an dem Urteil des FG München.[286]

Im Betriebsvermögen des U (verheiratet, 1 volljähriges Kind) befinden sich ein Ford Focus, ein Ford Transit mit nur einer Sitzreihe mit 3 Sitzplätzen, Trennwand zum Fondbereich, im Fondbereich nur 1 Fenster und ein Mercedes España (Transporter) mit 2 Sitzreihen mit insgesamt 5 Sitzplätzen, mehreren großen Fenstern im Fondbereich, Werbeaufdrucken rund ums Fahrzeug, einfache Ausstattung, stark verschmutzt.

Für welches/welche Fahrzeug(e) gilt die 1 %-Regelung?

Fall 3

Rechtsanwalt R gehört ein Pkw, der notwendiges Betriebsvermögen ist. R hat das Fahrzeug am 3.1.2006 für 46.400 EUR (40.000 EUR + 6.400 EUR damalige USt) gekauft. Zum Zeitpunkt der Erstzulassung hat das Fahrzeug einen Bruttolistenpreis in Höhe von 49.114 EUR.

Wie errechnet sich der jährliche Privatanteil?

Fall 4 Alternative: Fahrtenbuch

Fall wie zuvor, Rechtsanwalt R nutzt den Pkw an 30 Tagen im Monat für Fahrten zwischen Wohnung und Kanzlei, die 18,4 km entfernt liegt:

Die tatsächlichen Aufwendungen lt. Fahrtenbuch für die Fahrten zwischen Wohnung und Betriebsstätte betragen 3.100 EUR im Kalenderjahr 2006.

Wie hoch sind die nicht abzugsfähigen Betriebsausgaben?

Fall 5

Der Arbeitnehmer A erhält neben seinem Bruttogehalt von 2.500 EUR ab 2007 einen gebraucht angeschafften Wagen auch zur privaten Nutzung. Der Bruttolistenpreis im Zeitpunkt der Erstzulassung beträgt 20.477 EUR und die Entfernung zwischen Wohnung und Arbeitsstätte 30 km. A fährt 2007 an 225 Tagen mit dem Firmenwagen von seiner Wohnung zur Arbeitsstätte. Wie hoch ist der Nutzungsanteil?

Fall 6 Nutzungsvorteil nach Urteil OLG Hamm[287]

Der private Privatanteil für das Firmenfahrzeug des Geschäftsführers U beträgt unstreitig monatlich 456,36 EUR. Das Jahresbruttogehalt von U beträgt 60.000 EUR.

Wir errechnet sich der monatliche unterhaltsrechtlich relevante Nutzungsvorteil für das Fahrzeug?

Lösung Fall 1

Der BFH hat entschieden, dass die 1 %-Regelung nur dann gilt, wenn der Arbeitgeber seinem Arbeitnehmer tatsächlich einen Dienstwagen zur privaten Nutzung überlässt.

Aus der Bereitstellung des Fahrzeuges zu betrieblichen Zwecken kann nicht aufgrund eines Anscheinsbeweises darauf geschlossen werden, dass das Fahrzeug vom Arbeitnehmer auch privat genutzt wird.[288]

286 FG München v. 19.5.2010, NWB Dok. ID VAAAD-52927.
287 OLG Hamm v. 30.10.2008 – 2 UF 43/08, justiz-nrw.de.
288 BFH v. 21.4.2010 – VI R 46/08, vom 4.8.2010, bundesfinanzhof.de.

Lösung Fall 2

Kombinationskraftwagen werden von der 1 %-Regelung nicht erfasst, wenn sie aufgrund ihrer objektiven Beschaffenheit und Einrichtung typischerweise so gut wie ausschließlich nur zur Beförderung von Gütern bestimmt und daher als reine Werkstattwagen zu qualifizieren sind.

Eine Abgrenzung erfolgt nach der Anzahl der Sitze, dem äußeren Erscheinungsbild, der Verblendung der hinteren Seitenfenster und dem Vorhandensein einer Abtrennung zwischen Lade- und Fahrgastraum.[289]

Eine innere oder äußere Verschmutzung beseitigt die Eignung für eine private Nutzung grundsätzlich nicht!

Anwendung der 1 %-Regelung im vorliegenden Fall folglich beim:

Ford Focus

Mercedes España

nicht beim Ford Transit

Lösung Fall 3

Abweichend von der Kostenaufteilung mit Hilfe eines Fahrtenbuches, kann der private Nutzungsanteil von Kraftfahrzeugen vereinfacht nach der so genannten 1 %-Regelung vorgenommen werden. Voraussetzung ist, dass das Fahrzeug zu mehr als 50 % betrieblich genutzt wird und damit zum notwendigen Betriebsvermögen gehört (§ 6 Abs. 1 Nr. 4 S. 2 EStG; R 31 Abs. 9 Nr. 1 LStR, Nachweis ohne Fahrtenbuch schwierig!).

Die private Nutzung eines betrieblichen Pkw ist nach § 6 Abs. 1 Nr. 4 S. 2 EStG für jeden Kalendermonat mit 1 % des inländischen Brutto-Listenpreises anzusetzen, wobei der Listenpreis die auf volle 100 EUR abgerundete unverbindliche Preisempfehlung des Herstellers für das genutzte Fahrzeug im Zeitpunkt seiner Erstzulassung zuzüglich der Kosten für (auch nachträglich eingebaute) Sonderausstattungen und Umsatzsteuer ist. Hierbei spielt es keine Rolle, ob das Fahrzeug gebraucht erworben oder geleast wird.

R pauschaliert den privaten Nutzungsanteil des Wagens zulässigerweise nach der 1 %-Regelung für 2006 wie folgt:

Brutto-Listenpreis	49.114 EUR
abgerundet auf volle 100 EUR	49.100 EUR
davon 1 % = Privatanteil für 1 Monat	491 EUR
Privatanteil für 1 Jahr (491 EUR x 12)	**5.892 EUR**

Lösung Fall 4

Die private Nutzung kann auch nach der Fahrtenbuchmethode gem. § 6 Abs. 1 Nr. 4 S. 4 EStG ermittelt werden.

Die Differenz zwischen den tatsächlichen Aufwendungen lt. Fahrtenbuch für Fahrten zwischen Wohnung und Betriebsstätte und dem abzugsfähigen Betrag lt. Entfernungspauschale wird als nicht abzugsfähige Betriebsausgabe berücksichtigt (§ 9 Abs. 1 Nr. 4 EStG).

Für 2006 werden die nicht abzugsfähigen Betriebsausgaben wie folgt ermittelt:

Tatsächliche Aufwendungen lt. Fahrtenbuch in 2009	3.100 EUR
abzugsfähiger Betrag lt. Entfernungspauschale:	
30 Arbeitstage x 18 km x 0,30 EUR x 12 Monate	–1.944 EUR
Differenz nicht abzugsfähige Betriebsausgaben für 2006	**= 1.156 EUR**

289 BFH, Urt. v. 18.12.2008, BStBl 2009 II S. 381.

Lösung Fall 5

Der geldwerte Vorteil für A beträgt brutto 387,60 EUR und wird für 2007 monatlich wie folgt ermittelt:

Geldwerter Vorteil für Privatfahrten (1 % von 20.400 EUR)	204,00 EUR
+ Zuschlag für Fahrten zwischen Wohnung und Arbeitsstätte (0,03 % von 20.400 EUR x 30 km)	183,60 EUR
= Geldwerter Vorteil insgesamt	387,60 EUR

aus dem Betrag ist die Umsatzsteuer herauszurechnen.

Die Gehaltsabrechnung für A sieht für einen Monat in 2007 beispielhaft wie folgt aus:

Bruttogehalt		2.500,00 EUR
+ Sachbezug (Stellung des Pkws),	325,71 EUR	
+ 19 % USt	61,89 EUR	387,60 EUR
= steuer- und sozialversicherungspflichtiges Gehalt		2.887,60 EUR
– Lohnsteuer/Kirchensteuer/Solidaritätszuschlag		591,86 EUR
– Sozialversicherungsbeiträge (Arbeitnehmeranteil)		613,62 EUR
Nettogehalt		1.682,12 EUR
– Sachbezug		387,60 EUR
= Auszahlungsbetrag		1.294,52 EUR

Lösung Fall 6

Unterhaltsrechtlich muss der steuerliche Nachteil noch fiktiv errechnet und vom tatsächlichen Privatanteil abgezogen werden!

tatsächliches Jahresbrutto	60.000,00 EUR
./. Sachbezug	5.476,32 EUR
fiktives Steuerbrutto	54.523,68 EUR
darauf entfallende Lohnsteuer	11.736,00 EUR
darauf entfallende Sondersteuer	645,48 EUR
fiktive Steuerlast	12.381,48 EUR
tatsächliche Steuerlast	14.624,41 EUR
Differenz:	2.242,39 EUR
Steuernachteil monatlich	186,91 EUR

Daraus errechnet sich ein verbleibender privater Nutzungsvorteil in Höhe von **269,45 EUR** (456,36 EUR – 186,91 EUR).

ee) Schuldzinsenabzugsverbot

419 **Schuldzinsenabzugsverbot nach § 4 Abs. 4a EStG**

Hinweis und Erläuterung

Schuldzinsenabzugsverbot nach § 4 Abs. 4a EStG:

Dem Unternehmer steht es frei, zunächst im Betrieb Barmittel ohne Begrenzung auf einen Zahlungsmittelüberschuss zu entnehmen und im Anschluss hieran betriebliche Aufwendungen durch Darlehen zu finanzieren (sog. Zwei-Konten-Modell). Wird allerdings ein Darlehen nicht zur Finanzierung betriebliche Aufwendungen, sondern tatsächlich zur Finanzierung einer Entnahme verwendet, ist dieses

Darlehen außerbetrieblich veranlasst. Ein solcher Fall ist dann gegeben, wenn dem Betrieb keine entnahmefähigen Barmittel zur Verfügung stehen und die Entnahme von Barmitteln erst dadurch möglich wird, dass Darlehensmittel in den Betrieb fließen.

Die Grundsätze gelten auch bei der Gewinnermittlung nach § 4 Abs. 3 EStG. Hierzu müssen alle Entnahmen und Einlagen gesondert aufgezeichnet werden.

Bei der Gewinnermittlung nach § 5a oder § 13a EStG findet § 4 Abs. 4a EStG keine Anwendung.

Die Regelung des **Schuldzinsenabzugsverbots**[290] bestimmt, dass die betrieblich veranlassten Schuldzinsen, pauschal i.H.v. 6 % der Überentnahme des Wirtschaftsjahrs, zu nicht abziehbaren Betriebsausgaben umqualifiziert werden (sog. Hinzurechnungsbetrag). Der sich dabei ergebende Betrag, höchstens jedoch der um 2.050 EUR verminderte Betrag der im Wirtschaftsjahr anfallenden Schuldzinsen, ist nach § 4 Abs. 4a Satz 4 EStG dem Gewinn hinzuzurechnen (sog. **Höchstbetrag**).[291]

Beispiel

Berechnung der **Überentnahmen**:

Einlagen	15.000 EUR
minus Entnahmen	25.000 EUR
Entnahmeüberschuss	10.000 EUR
Jahresverlust	5.000 EUR
Überentnahmen	10.000 EUR
Tatsächlich gezahlte Zinsen	10.000 EUR
Ermittlung des **Hinzurechnungsbetrages**	10.000 EUR
hiervon 6 %	600 EUR
Verprobung des Höchstbetrages	
tatsächlich gezahlte Zinsen	10.000 EUR
abzüglich Kürzungsbetrag	– 2.050 EUR
Höchstbetrag	7.950 EUR

Der Hinzurechnungsbetrag von 600 EUR übersteigt den Höchstbetrag von 7.950 EUR nicht.

600 EUR sind dem Gewinn zuzurechnen.

Abwandlung

Überentnahmen, durch Entnahme eines Grundstücks, i.H.v. 200.000 EUR

Ermittlung **des Hinzurechnungsbetrages**	200.000 EUR
hiervon 6 %	12.000 EUR
Verprobung des Höchstbetrages	
tatsächlich gezahlte Zinsen	10.000 EUR
abzüglich Kürzungsbetrag	– 2.050 EUR
Höchstbetrag	7.950 EUR

Der Hinzurechnungsbetrag übersteigt den Höchstbetrag!

Nur 7.950 EUR sind dem Gewinn zuzurechnen.[292]

290 BMF-Schreiben v. 2.11.2018 – IV C 6-S 2144/07/10001:007.
291 BFH, Urt. v. 14.3.2018 – X R 17/16, DStR 2018, S. 1545.
292 Berechnungsblatt nach OFD Düsseldorf Abteilung Köln, St 112 K-November 2002; standardisiert in der Datev-Fibu.

420 *Hinweis*

Diese Einschränkung des Betriebsausgabenabzugs ist auch für unterhaltsrechtliche Zwecke heranzuziehen, insbesondere, wenn die Privatentnahmen ausnahmsweise Anknüpfungspunkt für das Unterhaltseinkommen sein sollten. Folglich besteht ein unterhaltsrechtlicher **Auskunfts- und Beleganspruch** (Berechnungsblatt in standardisierten Buchführungen, wie bei der Datev). Allerdings nur der Gesamtbetrag und nicht die Ermittlung ist auch den Einkommensteuererklärungen (VZ 2012 z.B.: Anlage G Tz 45; Anlage L Tz 23; Anlage S Tz 32) zu entnehmen.

ff) Entnahmenbewertung

421 Grundsätzlich sind Entnahmen mit dem **Teilwert** anzusetzen (§ 6 Abs. 1 Nr. 4 S. 1 EStG).

Bei Geldentnahmen entspricht der Teilwert dem Nennwert des Geldbetrages und bei Sachentnahmen sind – bis auf Ausnahmen – diese mit dem Teilwert zu bewerten, wenn dieser über den Anschaffungs- oder Herstellungskosten liegt. Der Teilwert bei Nutzungsentnahmen entspricht grundsätzlich den anteiligen, auf die Nutzungsentnahme entfallenden Kosten.

Teilwert bei Leistungsentnahmen sind die Selbstkosten, die auf die entnommene Leistung entfallen. Die Entnahme ist umsatzsteuerpflichtig.

Beispiel

A benutzt den zu seinem Betriebsvermögen gehörenden neuen Pkw lt. Fahrtenbuch zu 30 % für private Fahrten.

Folgende betriebliche Kosten sind entstanden:

Benzin	2.100 EUR
Reparaturen	800 EUR
Steuern und Versicherungen	800 EUR
AfA	1.250 EUR
gesamt	4.950 EUR

Lösung

Als Entnahme muss A 1.485 EUR (30 % von 4.950 EUR) ansetzen.

422 Die Einlagen sind grundsätzlich mit dem Teilwert im Zeitpunkt ihrer Zuführung anzusetzen (§ 6 Abs. 1 Nr. 5 S. 1 EStG). Die Einlage ist höchstens mit den Anschaffungskosten oder Herstellungskosten zu bewerten, wenn das Wirtschaftsgut innerhalb der letzten drei Jahre vor dem Zeitpunkt der Zuführung privat angeschafft oder hergestellt worden ist. Unterliegen Wirtschaftsgüter der Abnutzung, sind die Anschaffungs- bzw. Herstellungskosten um die AfA zu kürzen, die auf die Zeit vor ihrer Einlage entfallen (§ 6 Abs. 1 Nr. 5 S. 2 EStG).

Beispiel

A erwirbt zum 4.1.2013 privat ein Fahrzeug für 100.000 EUR plus 19.000 EUR Umsatzsteuer, mithin 119.000 EUR.

Er legt dieses Kraftfahrzeug am 3.1.2014 in den Betrieb ein. Die betriebsgewöhnliche Nutzungsdauer beträgt sechs Jahre. Sonderabschreibungen bzw. erhöhte Absetzungen sind nicht vorgenommen worden.

Lösung

Das Kraftfahrzeug ist hier mit fortgeführten Anschaffungskosten wie folgt anzusetzen:

Anschaffungskosten 4.1.2013 (brutto)	119.000 EUR
– AfA: 16,66 % von 119.000 EUR für 2013	– 22.610 EUR
= fortgeführte AK am 3.1.2014	96.390 EUR

Für bestimmte Einlagen ist die Bemessungsgrundlage neu geregelt worden. So sieht Satz 5 des § 7 Abs. 1 EStG vor, dass bei Wirtschaftsgütern, die nach einer Verwendung zur Erzielung von Überschusseinkünften in ein Betriebsvermögen eingelegt worden sind, die Anschaffungs- oder Herstellungskosten nicht nur um die AfA, sondern auch um die Sonderabschreibung oder erhöhte Absetzung zu mindern sind, die bis zum Zeitpunkt der Einlage vorgenommen worden sind.

gg) Privatentnahmen im Familienrecht

In der Literatur wird nur noch vereinzelt die Ansicht vertreten, die Privatentnahmen gewährten einen generellen Einblick in die Leistungsfähigkeit des Unterhaltsschuldners.[293] 423

Die herrschende Meinung sieht in den Privatentnahmen aber nur eine Hilfs- oder Korrekturgröße zu dem nach steuerlichen Gesichtspunkten ermittelten Gewinn.[294]

Dabei stellen **Privatentnahmen Vermögensentzug aus dem Unternehmen** dar, die z.B. auch über Bankverbindlichkeiten und/oder Gesellschafterdarlehen finanziert werden können.

Sie stellen **keinen Unternehmensertrag** dar und werden deshalb bei den Passivposten der Bilanz, also bei **Vermögenspositionen,** und nicht in der G&V ausgewiesen.

Auch der BGH[295] hat in seiner Rechtsprechung zum Verbot der **Doppelverwertung** eine konsequente Trennung zwischen Vermögens- und Einkommenssphäre bei der Entwicklung seiner Grundsätze zum individuellen kalkulatorischen Unternehmerlohn vorgenommen.[296]

Wenn generell keine Konkurrenz zwischen Zugewinn und Unterhalt besteht, in dem für den Zugewinn nur die übertragbaren Bestandteile bewertet werden, wozu der auf die **persönliche Leistung des Inhabers** entfallene Teil des Ertragswerts **nicht** gehört, hat dies **Konsequenzen für das Unterhaltsrecht:**

> Nur der auf die persönliche Leistung des Inhabers beruhende Anteil am Gewinn steht damit für Unterhaltszwecke zur Verfügung.

Der Anteil des Gewinns, der sich zugleich als Ausgleich für das unternehmerische Risiko und die Verzinsung des eingesetzten Eigenkapitals ergibt und damit beispielsweise nicht auf die Leistungen des Inhabers, sondern auf die Erwirtschaftung durch seine Mitarbeiter zurückgeht, stellt im Umkehrschluss dann keine relevanten Unterhaltseinkünfte dar und betrifft den Vermögensbereich!

> *Hinweis* 424
>
> Mit dieser Rspr[297] zur Bewertung in Zugewinnausgleich führt das **Verbot der Doppelverwertung** zur stringenten Differenzierung zwischen Einkommens- und Vermögenssphäre. Die Privatentnahmen als Anknüpfungspunkt für das Unterhaltseinkommen scheiden deshalb methodisch aus!
>
> Diese Differenzierung verlangt, ebenso wie die Begründung der betriebswirtschaftlichen Notwendigkeit von Gewinnthesaurierungen bei Einzelunternehmen und Personengesellschaften, natürlich **substantiierten anwaltlichen Vortrag**. Das Gericht wird diese Differenzierungen aus den Gewinnermittlungen sicherlich nicht von sich aus vornehmen.

293 *Schürmann*, Die Entnahmen – Einblick in die Lebensverhältnisse, FamRZ 2002, 1149 ff.

294 Wendl/Dose/*Kemper*, § 1 Rn 787 ff.; OLG Dresden FamRZ 1999, 850; BGH NJW 1992, 1902; OLG Düsseldorf FamRZ 2005, 211; *Kleffmann/Klein*, Kap. 1, Rn 41 m.w.N; *Kuckenburg*, Der Selbstständige im familienrechtlichen Verfahren, 153; *ders.*, Privatentnahmen bleiben Vermögensentzug und sind kein Einkommen im engeren Sinne, FuR 2006, 293 f.

295 BGH FamRZ 2011, 622 & 1367; mit Anm. *Kuckenburg*, FuR 2011, 512 & 515; Anmerkungen, insb. auch aus Sicht des Unternehmensbewerters, zu BGH vom 6.2.2008, Doppelverwertung und individueller kalkulatorischer Unternehmerlohn, FuR 2008, 270; zitiert von BGH FamRZ 2011, 1367.

296 *Kuckenburg*, Unternehmensbewertung im Zugewinnausgleich, FuR 2012, 222 ff. & 278 ff.

297 BGH FamRZ 2011, 622 & 1367; mit Anm. *Kuckenburg*, FuR 2011, 512 & 515; Anmerkungen, insb. auch aus Sicht des Unternehmensbewerters, zu BGH v. 6.2.2008, Doppelverwertung und individueller kalkulatorischer Unternehmerlohn, FuR 2008, 270; zitiert von BGH FamRZ 2011,1367.

425 Die Privatentnahmen sind außerdem daraufhin zu analysieren, wovon der Unterhaltsschuldner überhaupt gelebt hat. Reichen die Privatentnahmen und Einkünfte aus anderen Einkunftsarten aus, um den Lebensunterhalt zu finanzieren (Indiz für Schwarzeinkünfte)?

Es darf auch keine Verpflichtung des Unterhaltsschuldners geben, sich bis zur Insolvenz unwirtschaftlich zu verhalten, weil er auf Kredit die Privatentnahmen eheprägend finanziert hat. Regelmäßig profitierte zudem der unterhaltsberechtigte Ehepartner in der Vergangenheit davon.

Die Privatentnahmen bedürfen zudem einer intensiven Analyse, weil auf den Privatkonten oftmals auch Unterhaltszahlungen und Vorsorgeaufwendungen verbucht werden, sodass eine Doppelberücksichtigung im Zuge der Anrechnung von Vorsorgeaufwendungen und Einkommensteuer zu vermeiden ist. In diesem Zusammenhang erlangt die Differenzierung zwischen so genannten freien Entnahmen für Essen, Kleidung, Urlaub et cetera und den so genannten gebundenen Entnahmen für Versicherungsbeiträge, Steuern und Unterhaltsleistungen et cetera Bedeutung.[298]

Privateinlagen sind den Privatentnahmen gegenzurechnen. Dabei gibt es oftmals hohe Einmalzahlungen bei den Privateinlagen, beispielsweise durch Einlage von Versicherungssummen in ein Unternehmen. Dann versagt der Ansatz über die Privatentnahmen wegen völlig unrealistischer Werte.

hh) Verlustverrechnungsverbot nach § 15a EStG

426 Die einem Kommanditisten zuzurechnenden Anteile am Verlust dürfen nicht mit anderen Einkünften ausgeglichen oder nach § 10d EStG abgezogen werden, soweit ein **negatives Kapitalkonto** entsteht oder sich erhöht (§ 15a EStG). D.h., die Verluste, insbesondere aus einer KG, können weder mit Einkünften aus Gewerbebetrieb noch mit anderen Einkünften aus anderen Einkunftsarten ausgeglichen werden.[299] Der nicht ausgeglichene Verlust kann dann im späteren Wirtschaftsjahr mit Gewinnen aus dieser Beteiligung verrechnet werden. Scheidet ein Kommanditist mit derartigen Verlusten und negativ gewordenem Kapitalkonto aus der KG aus oder wird in einem solchen Fall die Gesellschaft aufgelöst, ist der nicht vom Kommanditisten auszugleichende Betrag als begünstigter Veräußerungsgewinn i.S.d. § 16 EStG anzusehen. Nur bei unentgeltlicher Übertragung ist die Regelung nicht anwendbar (§ 52 Abs. 33, S. 3, 4 EStG).

427 Insbesondere auch wegen des Verbots der Verlustverrechnung mit anderen Einkunftsarten nach § 15a EStG ist für Kommanditisten die Gliederung des Eigenkapitals bei Personengesellschaften von besonderer Bedeutung. Dabei bleiben nicht abzugsfähige Betriebsausgaben wie der Investitionsabzugsbetrag unberücksichtigt.

Zum Eigenkapital gehören grundsätzlich

- die eingezahlten Haft- und Pflichteinlagen (inklusive zum Beispiel verlorene Zuschüsse/Einzahlung des Kommanditisten zum Ausgleich von Verlusten),
- die in der Bilanz ausgewiesenen gesamthänderischen Kapital- und Gewinnrücklagen, § 272 Abs. 2 und 3 HGB (nicht jedoch Sonderposten mit Rücklagenanteil, zum Beispiel nach § 6b EStG oder § 7g EStG a.F.),
- variable Kapitalkonten, die zur Verlustverrechnung zur Verfügung stehen,
- das positive oder negative Kapital der Ergänzungsbilanz des jeweiligen Kommanditisten.

Nicht zum Eigenkapitalkonto des Kommanditisten im Sinne des § 15a EStG gehört das aktive und passive Sonderbilanz (Rdn 489 ff.)

ii) Verluste aus Steuerstundungsmodellen, § 15b EStG

428 Nach § 15b EStG können Verluste im Zusammenhang mit einem Steuerstundungsmodell weder mit Einkünften aus Gewerbebetrieb noch mit Einkünften aus anderen Einkunftsarten ausgeglichen werden und sind auch nicht nach § 10d EStG abzuziehen. Ein Steuerstundungsmodell liegt vor, wenn aufgrund einer

298 *Kleffmann/Klein*; Kap 1, Rn 41.
299 Verfügung der OFD Frankfurt v. 1.9.2015 – S2241a A-11-St213.

modellhaften Gestaltung steuerlicher Vorteile in Form negativer Einkünfte erzielt werden sollen. Dies ist der Fall, wenn aufgrund eines vorgefertigten Konzepts zumindest in der Anfangsphase der Investitionen die Möglichkeit geboten werden soll, Verluste mit übrigen Einkünften zu verrechnen.

b) Rücklagen und Sonderposten mit Rücklageanteil

Durch die Bildung von Sonderposten mit Rücklageanteil (siehe Rdn 347 ff.) werden die Dotierungsbeträge bis zum Zeitpunkt der Auflösung des Sonderpostens der **Ertragsbesteuerung** entzogen. Im Zeitpunkt der Auflösung des Sonderpostens unterliegen die Auflösungsbeträge der Ertragsbesteuerung. Aus diesem Grunde stellen diese Posten einen Mischposten aus Eigen- und Fremdkapital dar, der sowohl **Rücklagen- als auch Rückstellungscharakter** trägt. 429

Wegen ihrer Erfolgswirksamkeit wirken sich die Sonderposten mit Rücklageanteil nicht nur auf das steuerliche Ergebnis, sondern auch auf die Unterhaltseinkünfte aus.

Zu Sonderabschreibungen nach § 7g EStG siehe Rdn 336 ff.!

Als Sonderposten mit Rücklageanteil können von allen bilanzierenden Unternehmen steuerfreie Rücklagen und steuerrechtliche Abschreibungen gebildet werden. 430

Praxisrelevante **unversteuerte Rücklagen** sind zurzeit:

- Rücklage für Veräußerungsgewinne, § 6b EStG,
- Rücklage für Zuschüsse, R 6.5 EStR 2012,
- Rücklage für Ersatzbeschaffung, R 6.6 EStR 2012,
- Rücklage nach § 6 Abs. 1 Umwandlungssteuergesetz.

Zu den auslaufenden Anwendungsfällen zählen die

- Rücklage nach dem Steuerentlastungsgesetz 1999/2000/2002,
- Euroumstellungsrücklage nach § 6d S. 3 EStG,
- Rücklage nach § 7g EStG a.F. (Ansparabschreibung).

- **Fiskalische Zielsetzung** 431

Zum Zwecke der Steuerstundung erlaubt das Steuerrecht Abschreibungen auf Vermögensgegenstände des Anlage- und des Umlaufvermögens über das handelsrechtlich gebotene hinaus. Grundsätzlich ist der Sonderposten nach Maßgabe des Steuerrechts aufzulösen. Eine vorzeitige Auflösung ist ebenfalls möglich. Erträge aus der Auflösung des Sonderpostens mit Rücklageanteil sind in dem Posten „Sonstige betriebliche Erträge" sowie Einstellungen in den Posten „Sonstige betriebliche Aufwendungen" der G&V gesondert in Steuerbilanz bzw. G&V auszuweisen oder im Anhang anzugeben. Letzteres gilt insbesondere für Kapitalgesellschaften und KapCo-Gesellschaften. Zuweilen wird die Auflösung aber auch mit negativem Vorzeichen in den „sonstigen betrieblichen Aufwendungen" ausgewiesen! **Aufwendungen mit negativem Vorzeichen stellen Erträge dar!**

Nach dem BilMoG (siehe Rdn 246 ff.) ist die Bildung von Sonderposten mit Rücklageanteil nach der Aufhebung der Vorschriften der §§ 247 Abs. 3 und 273 HGB in der Handelsbilanz nicht mehr zulässig. Steuerliche Wahlrechte können jetzt wegen der Aufhebung des § 5 Abs. 1 S. 2 EStG a.F. (umgekehrte Maßgeblichkeit der Steuerbilanz für die Handelsbilanz!) unabhängig von der Behandlung im handelsrechtlichen Jahresabschluss ausgeübt werden, mit der Folge, dass der Sonderposten mit Rücklageanteil in der Handelsbilanz nicht mehr erkennbar sein wird. Bei der Ausübung steuerlicher Wahlrechte, die nicht dem handelsrechtlich maßgeblichen Wert entsprechen, ist ein gesondertes Verzeichnis (§ 5 Abs. 1 S. 2 und 3 EStG g.F.) zu führen, auf das neben der Steuerbilanz ein **Auskunfts- und Beleganspruch** besteht.

432 *Hinweis*

Bei der Neufassung des § 7g EStG erfolgt der Ausweis des Investitionsabzugsbetrags nicht in Bilanz und G&V, sondern in den einzureichenden Unterlagen bzw. in der Einkommensteuererklärung (vgl. Rdn 336 ff.).

aa) Rücklage nach § 6b EStG für die Übertragung stiller Reserven bei Veräußerung bestimmter Anlagegüter

433 **Veräußerungsgewinne durch Aufdeckung stiller Reserven sind Bestandteil des steuerrechtlichen Gewinns und damit auch des unterhaltsrechtlich relevanten Einkommens**[300]

Hinweis

Die **stillen Reserven** müssen aber wegen **§ 6b EStG nicht aufgedeckt** werden und sind deshalb in den Steuereinkünften erfolgsneutral.[301]

Nach § 6b Abs. 4 EStG ist die Voraussetzung ist, dass

1. der Steuerpflichtige den Gewinn nach § 4 Absatz 1 oder § 5 ermittelt,
2. die veräußerten Wirtschaftsgüter im Zeitpunkt der Veräußerung mindestens sechs Jahre ununterbrochen zum Anlagevermögen einer inländischen Betriebsstätte gehört haben,
3. die angeschafften oder hergestellten Wirtschaftsgüter zum Anlagevermögen einer inländischen Betriebsstätte gehören,
4. der bei der Veräußerung entstandene Gewinn bei der Ermittlung des im Inland steuerpflichtigen Gewinns nicht außer Ansatz bleibt und
5. der Abzug nach Absatz 1 und die Bildung und Auflösung der Rücklage nach Absatz 3 in der Buchführung verfolgt werden könne.

Das Interesse kann beim Zugewinnausgleich gegenläufig sein, in dem der Ausgleichspflichtige die Besteuerung durch Aufdeckung der stillen Reserven vornimmt zur Bildung eines Passivpostens in seiner Zugewinnausgleichsbilanz oder zur Wertreduzierung des relevanten Wirtschaftsguts.

434 Deckt ein Unternehmen bei der Veräußerung von bestimmten Anlagegütern stille Reserven auf, können diese Gewinne steuerneutral auf Investitionsobjekte übertragen werden.

Dies geschieht durch eine zeitlich befristete und begünstigte Rücklage.

Im § 6b Abs. 1 EStG sind enumerativ die begünstigten Wirtschaftsgüter aufgezählt:

- Grund und Boden (im engeren Sinne)
- Aufwuchs aufgrund und Boden mit dem dazugehörigen Grund und Boden, wenn der Aufwuchs zu einem land- und forstwirtschaftlichen Betrieb gehört, wie der Aufwuchs aller Nutzpflanzen, beispielsweise Holz, Obstbäume, Rebstöcke etc.
- Gebäude
- Binnenschiffe.

Beispiel

Landwirt L veräußert eine landwirtschaftliche Nutzfläche mit Aufwuchs für 100.000 EUR, die einen Buchwert von 30.000 EUR hat. Der Veräußerungsgewinn würde also 70.000 EUR betragen, den er erfolgsneutral nach § 6b EStG und damit im Sonderposten mit Rücklageanteil ausweist.

Das Unterhaltseinkommen ist demgegenüber um 70.000 EUR zu erhöhen.

300 *Dose/Dose*, § 1 Rn 159.

301 BMF-Schreiben v. 7.3.2018 – IV C 6-S 2139/1710001:001, BStBl 2018 I, S. 309; FG München v. 14.2.2017 – 6 K 2143/16; Rev BFH X R 7/17, DStR 2018, S. 259.

Veräußerung ist dabei die entgeltliche Übertragung des wirtschaftlichen Eigentums an einem Wirtschaftsgut. 435

Veräußerungsgewinn i.S.d. Vorschrift ist der Betrag, um den der Veräußerungspreis nach Abzug der Veräußerungskosten den Buchwert übersteigt. Die Übertragung von diesen Veräußerungsgewinnen ist auf die im Wirtschaftsjahr der Veräußerung oder im vergangenen Wirtschaftsjahr angeschafften und hergestellten Wirtschaftsgüter möglich. Erfolgt die Übertragung des Veräußerungsgewinnes nicht im Jahr der Veräußerung, so kann die den steuerlichen Gewinn mindernde **Rücklage** gebildet werden, wenn folgende **Voraussetzungen** erfüllt sind:

- Gewinnermittlung nach § 4 Abs. 1 oder § 5 EStG,
- das Wirtschaftsgut muss bei der Veräußerung mindestens sechs Jahre ununterbrochen im Anlagevermögen einer inländischen Betriebsstätte gewesen sein,
- die neu angeschafften oder hergestellten Wirtschaftsgüter müssen zum Anlagevermögen einer inländischen Betriebsstätte gehören,
- die Veräußerungsgewinne müssen bei der Gewinnermittlung des im Inland steuerpflichtigen Gewinns außer Ansatz bleiben und
- ausreichende Dokumentation muss sich im Rechnungswesen finden.

Die Rücklage kann in den folgenden vier Wirtschaftsjahren ganz oder teilweise auf in diesen beiden Wirtschaftsjahren angeschafften oder hergestellten Anlagegütern übertragen werden. Die Frist verlängert sich bei neu hergestellten Gebäuden auf sechs Jahre, wenn mit der Herstellung vor Ablauf des vierten auf die Bildung der Rücklage folgenden Wirtschaftsjahres begonnen worden ist (§ 6b Abs. 3 S. 3 EStG). Soweit die Rücklage innerhalb der Frist von vier bis sechs Jahren nicht auf andere Wirtschaftsgüter übertragen werden konnte, ist sie am Schluss des vierten bzw. sechsten auf ihre Bildung folgenden Wirtschaftsjahres gewinnerhöhend unter 6 %iger Verzinsung aufzulösen (§ 6b Abs. 7 EStG).

bb) Sonderposten für Investitionszulagen und -zuschüsse zum Anlagevermögen (R 6.5 EStR 2012)

Beispiel für Unterhaltsrelevanz 436

Die Unterhaltsschuldner-GmbH schafft ein Wirtschaftsgut an mit Anschaffungskosten in Höhe von 100.000 EUR.

Die lineare AfA beträgt 10.000 EUR.

Das Unternehmen hat einen Zuschuss bzw. eine Investitionszulage in Höhe von 12.500 EUR erhalten. Der Ausweis dieses Zuschusses kann erfolgsneutral oder erfolgswirksam erfolgen![302]

Gemäß R 6.5 EStR ist ein Zuschuss ein Vermögensvorteil, den der Zuschussgeber zur Förderung eines zumindest auch in seinem Interesse liegenden Zweck dem Zuschussempfänger zuwendet. Dieser **Zuschuss kann aus öffentlichen oder privaten Mitteln stammen**. 437

Der Unternehmer hat ein Wahlrecht.

Er kann den Zuschuss als Betriebseinnahmen, bei Investitionszulagen steuerfrei, ansetzen.

In diesem Fall werden die Anschaffungs- oder Herstellungskosten des betreffenden Wirtschaftsgutes durch die Zuschüsse nicht berührt.

302 Vgl. zur Investitionszulage BGH FamRZ 2003, 741, 744 und noch folgende Ausführungen.

Lösung 1

Der **Ausweis im Rechnungswesen** bei vorgenannter Vorgehensweise:

Sonstige steuerfreie Betriebseinnahmen	12.500 EUR
AHK	87.500 EUR
AfA	8.750 EUR

Die Zuschüsse können demgegenüber erfolgsneutral unmittelbar in einem passivischen Sonderposten eingestellt werden. In diesem Fall werden die Anschaffungs- bzw. Herstellungskosten des Wirtschaftsgutes ungekürzt ausgewiesen und der passivische Sonderposten parallel über die Nutzungsdauer des Wirtschaftsgutes aufgelöst.[303]

Lösung 2

Der Ausweis im Rechnungswesen bei vorgenannter Vorgehensweise:

AHK	100.000 EUR
AfA	10.000 EUR
passivischer Sonderposten mit Rücklageanteil	12.500 EUR

der parallel über die Nutzungsdauer des Wirtschaftsgutes aufzulösen ist.

438 *Hinweis*

Familienrechtlich muss erkannt werden, in welcher Form der Unternehmer und Unterhaltsverpflichtete das Wahlrecht ausgeübt hat.

Der BGH[304] will konsequenterweise **grundsätzlich** die **erfolgsneutrale Investitionszulage unberücksichtigt** lassen, da sie keinen Einfluss auf die Leistungsfähigkeit hat. Gleichwohl will der BGH bei der erfolgsneutralen Verbuchung die Auswirkung über die **AfA korrigieren**, weil die Zulage mittelbar auch die unterhaltsrechtliche Leistungsfähigkeit des Steuerpflichtigen herabsetze. Die einkommensmindernde Wirkung ist deshalb durch die Nichtberücksichtigung der entsprechenden AfA auszugleichen, womit die Gewährung der Investitionszulage zu Zwecken des Unterhaltsrechts auf die Dauer der Abschreibung das mit ihr angeschaffte Wirtschaftsgut verteilt.

Die AfA Korrektur beläuft sich im obigen Beispiel auf 1.250 EUR jährlich.

Erfolgt die Verbuchung des Zuschusses **erfolgswirksam**, haben unterhaltsrechtliche Korrekturen konsequenter Weise nicht stattzufinden.

cc) Rücklage für Ersatzbeschaffung, § 6b EStG, R 6.6 EStR 2012

439 **Unterhaltsrelevanz**

Insbesondere bei gesteigerter Leistungsverpflichtung nach § 1603 BGB stellt sich immer wieder die Frage nach der Aufdeckung stiller Reserven.

Beispiel

Die Fertigungshalle der Unterhaltsschuldner-GmbH hat einen Buchwert von 100.000 EUR.

Das Gebäude brennt ab und die Versicherung zahlt eine Entschädigung in Höhe von 250.000 EUR. Was geschieht mit der aufgedeckten stillen Reserve in Höhe von 150.000 EUR?

Sie kann erfolgsneutral in die Rücklage für Ersatzbeschaffung eingestellt werden.

303 BFH BStBl 1996 II, 28.
304 BGH FamRZ 2003, 741, 744; mit Anm. *Gerken*, a.a.O., 745.

Buchführende Land- und Forstwirte, Gewerbetreibende und selbstständig Tätige, die ihren Gewinn durch Vermögensvergleich ermitteln, können unter bestimmten Voraussetzungen eine Gewinnverwirklichung aus der Aufdeckung stiller Reserven durch Übertragung dieser stillen Reserven auf ein Ersatzwirtschaftsgut vermeiden.

Voraussetzung sind nach R 6.6 EStR 2012: 440

- unfreiwilliges Ausscheiden eines Wirtschaftsgutes des Anlage- oder Umlaufvermögens aus dem Betriebsvermögen infolge höherer Gewalt oder zur Vermeidung eines behördlichen Eingriffs, wobei ein Ausscheiden gegen Entschädigung zur Aufdeckung stiller Reserven führen muss
- Anschaffung oder Herstellung eines funktionsgleichen Wirtschaftsguts (Ersatzwirtschaftsguts) innerhalb einer bestimmten Frist
- das Ersatzwirtschaftsgut erfüllt dieselbe oder eine entsprechende Aufgabe wie das ausscheidende Wirtschaftsgut
- Berücksichtigung stiller Reserven auch im handelsrechtlichen Jahresabschluss

In diesen Fällen können die aufgedeckten stillen Reserven (Entschädigung abzüglich Buchwert des ausgeschiedenen Wirtschaftsgutes) auf ein **funktionsgleiches Wirtschaftsgut übertragen** werden. Eine Entschädigung (Brandentschädigung, Enteignungsentschädigung, Zwangsveräußerungserlös) liegt nur vor, soweit sie für das ausgeschiedene Wirtschaftsgut als solches geleistet worden ist. Entschädigungen für Folgeschäden (z.B. Aufräumkosten, Umzugskosten) sind bei der Ermittlung der stillen Reserven nicht zu berücksichtigen.

Der Gewinn kann in eine steuerfreie „Rücklage für Ersatzbeschaffung" eingestellt werden, wenn eine Ersatzbeschaffung geplant ist. Im Zeitpunkt der Ersatzbeschaffung ist die Rücklage aufzulösen und das Ersatzwirtschaftsgut mit den Anschaffungs- bzw. Herstellungskosten abzüglich des Betrags der aufgelösten Rücklage zu aktivieren. Der sich dann ermittelnde Betrag ist Bemessungsgrundlage für die AfA. Ist die Ersatzbeschaffung nicht ernsthaft geplant und zu erwarten, ist die Rücklage aufzulösen und voll zu versteuern.

Die Rücklage ist ebenfalls gewinnerhöhend aufzulösen, wenn bis zum Schluss des ersten, bei einem Grundstück oder Gebäude am Schluss des zweiten, auf ihre Bildung folgenden Jahres ein Ersatzwirtschaftsgut weder angeschafft noch hergestellt oder bestellt worden ist (Die Frist kann verlängert werden, R 6.6 Abs. 4 S. 4 EStR 2012).

Ähnlich verfahren dürfen Einnahme-/Überschussrechner, die aber keinen Sonderposten bilden können. Die durch eine Entschädigungsleistung offen gelegte stille Reserve wird in der Weise auf das Ersatzwirtschaftsgut übertragen, dass sie im Wirtschaftsjahr der Ersatzbeschaffung von den Anschaffung- und Herstellungskosten des Ersatzwirtschaftsguts sofort abgesetzt wird. Der verbleibende Restbetrag ist auf die Nutzungsdauer des Ersatzwirtschaftsguts zu verteilen.

(Zur erfolgswirksamen Bildung einer Rückstellung für latente Steuern bei Rücklagen für Ersatzbeschaffung nach R 6.6 EStR vgl. Rdn 471 ff.)

Eine Rücklage nach § 6b EStG darf vor der Anschaffung oder Herstellung eines Reinvestitionswirtschaftsguts nicht auf einen anderen Betrieb des Steuerpflichtigen übertragen werden.[305]

- **Unterhaltsrelevanz** 441

Unterhaltsrechtlich kann also der Ertrag aus Aufdeckung einer stillen Reserve, der einkommensrelevant ist, in einem Sonderposten mit Rücklageanteil ohne Gewinnauswirkung „geparkt" worden sein.

305 BFH, Urt. v. 22.11.2018 – VI R 50/16, BeckRS 38446; zum Reinvestitionszeitraum bei Auflösung durch Verschmelzung: FG Münster v. 17.9.2018 – 13 K 2082/15, DB 2019 S. 15; Rev. BFH – XI R 39/18.

Hinweis

Veräußerungsgewinne durch Aufdeckung stiller Reserven sind Bestandteil des steuerrechtlichen Gewinns und damit auch des unterhaltsrechtlich relevanten Einkommens.[306]

dd) Sonderabschreibungen und Ansparabschreibungen zur Förderung kleiner und mittlerer Betriebe nach § 7g Abs. 3 EStG a.F. (vgl. Rdn 331 ff.)

442 *Beispiel*

Der Gewinn eines Unternehmens beläuft sich im Jahre 2005 auf 100.000 EUR, wobei 80.000 EUR aus einer Auflösung einer Ansparabschreibung herrühren. Im Jahre 2006 beläuft sich der Gewinn auf 90.000 EUR mit einem hierin enthaltenen Anteil einer aufgelösten Ansparabschreibung von 50.000 EUR.

Im Jahre 2004 belief sich der durch eine Ansparabschreibung in Höhe von 30.000 EUR reduzierte Gewinn auf 60.000 EUR.

Die bisher in § 7g EStG a.F. kodifizierte Ansparabschreibung konnte durch Bildung einer Rücklage gewinnmindernd passiviert werden. Durch das Gesetz zur Unternehmenssteuerreform 2008 wurde die Ansparabschreibung ab der Verkündung der Neuregelung am 18.8.2007 durch einen **Investitionsabzugsbetrag** ersetzt, der nicht mehr durch Bildung einer Rücklage, sondern durch außerbilanziellen Abzug den Gewinn mindert.

443 *Hinweis*

Bei Anwendung des neuen § 7g EStG g.F. (siehe Rdn 331 ff.) erfolgt der Ausweis nicht mehr im Sonderposten mit Rücklageanteil, sondern außerbilanziell in der Ertragssteuererklärung mit unterhaltsrechtlichem Auskunfts- und Beleganspruch auf Vorlage der entsprechenden Unterlagen/Dokumentation!

Nach der Neuregelung ist der Investitionsabzugsbetrag im Sonderposten mit Rücklageanteil nicht mehr ausgewiesen!

Die Neuregelung stellt einen erheblichen Nachteil gegenüber der bisherigen Regelung dar, weil nicht mehr bei ausbleibender Investition am Ende des Investitionszeitraums eine gewinnerhöhende Verzinsung eintritt; vielmehr führt die Rückgängigmachung zu einer Gewinnerhöhung in Höhe des Abzugsbetrages im Wirtschaftsjahr des Abzugs mit einer Verzinsung nach § 233a AO. Dies macht eine Neuveranlagung der relevanten Jahre erforderlich!

Die nach bisherigem Recht gebildeten Ansparabschreibungen werden nach den alten Regeln aufgelöst.

444 Der BGH[307] zur Altregelung des § 7g EStG a.F. konsequent entschieden, dass eine Ansparabschreibung einem tatsächlichen Werteverzehr nicht entsprechen kann, so dass die Position unterhaltsrechtlich unberücksichtigt bleiben muss.

In Konsequenz zu dieser Überlegung verlangt der BGH in der genannten Entscheidung eine **fiktive Steuerberechnung** (vgl. im Einzelnen Rdn 348 ff., auch zur Frage der fiktive Steuerberechnung beim Investitionsabzugsbetrag).

Lösung des Beispielfalles

Die Auflösung und Bildung von Ansparabschreibungen im obigen Beispiel sind unter fiktiver Neuberechnung der Ertragsteuern zu eliminieren.

306 *Dose/Dose*, § 1 Rn 159.
307 BGH FamRZ 2004, 1177 ff.

ee) Erhöhte Abschreibungen bei Gebäuden in Sanierungsgebieten und städtebaulichen Entwicklungsbereichen nach § 7h EStG

Beispiel 445

In einer Bilanz werden Herstellungskosten für eine Modernisierungsmaßnahme an einem Gebäude in einem Sanierungsgebiet (auch bei der Einkunftsart Vermietung und Verpachtung möglich) in Höhe von 100.000 EUR in einen Sonderposten mit Rücklageanteil eingestellt.

Der Steuerpflichtige kann von den durch Zuschüsse aus Sanierungs- oder Entwicklungsfördermitteln nicht gedeckten Herstellungskosten, die für Modernisierungs- und Instandhaltungsmaßnahmen i.S.d. § 177 Bundesbaugesetz aufgewendet worden sind, anstelle der Abschreibung nach § 7 Abs. 4 oder 5 EStG im Jahr der Herstellung und in den neun folgenden Jahren jeweils nach der Altregelung Abschreibungen bis zu 10 % vornehmen. Für Maßnahmen dieser Art, die nach dem 31.12.2003 begonnen worden sind, betragen die erhöhten Abschreibungen in den **ersten acht Jahren 9 % und in den darauffolgenden vier Jahren 7 % der Herstellungskosten**.

Lösung des Beispielfalles

Im Ausgangsbeispiel sind die jährlich vorgenommenen erhöhten Abschreibungen, weil sie nicht einem tatsächlichen Werteverzehr entsprechen, mit fiktiver Steuerberechnung[308] zu eliminieren (allgemein zur Gebäudeabschreibung im Unterhaltsrecht allgemein Rdn 315 ff.).

ff) Erhöhte Absetzung bei Baudenkmalen nach § 7i EStG

Das im Vorabschnitt genannte, inklusive der Höhe der Abschreibungssätze, gilt auch für im Inland belegende Gebäude, die nach landesrechtlichen Vorschriften als Baudenkmal anerkannt sind. 446

gg) Rücklage nach § 6 Abs. 1 UmwStG – Umwandlungssteuergesetz

Beispiel 447

Bei der Auflösung von Forderungen und Verbindlichkeiten zwischen verbundenen Unternehmen im Zuge einer Umwandlung und Vermögensübergang von einer Kapitalgesellschaft auf eine Personengesellschaft entsteht ein Gewinn in Höhe von 20.000 EUR.

Erhöht sich der Gewinn im Falle eines Vermögensübergangs von einer Kapitalgesellschaft auf eine Personengesellschaft dadurch, dass Forderungen und Verbindlichkeiten zwischen den beteiligten Rechtsträgern erlöschen oder Rückstellungen aufzulösen sind, so darf die Personengesellschaft insoweit eine den steuerlichen Gewinn mindernde Rücklage bilden, die in den der Bildung folgenden drei Wirtschaftsjahren zu mindestens je einem Drittel gewinnerhöhend aufzulösen ist.

Zweifelsohne handelt es sich hier unterhaltsrechtlich um einen Gewinn, der dem Unterhaltseinkommen zuzurechnen ist. Dies sollte entsprechend der steuerrechtlichen Regelung ebenfalls über drei Jahre verteilt geschehen.[309]

Ebenso ist zu verfahren, wenn der Übergangsgewinn in voller Höhe im Jahr der Realisierung erfolgswirksam ausgewiesen wird.[310]

c) Rückstellungen

Rückstellungen sind erfolgswirksam und reduzieren den Gewinn, so dass sie stets der unterhaltsrechtlichen Überprüfung unterliegen. 448

308 BGH FamRZ 2004, 1177 ff.
309 BGH FamRZ 2003, 741 ff.
310 AG Elze – 8 F 12/09, n.v.

aa) Allgemeines zu Rückstellungen

449 Weder im Handels- noch im Steuerrecht findet sich eine **Definition** für Rückstellungen.

§ 249 HGB regelt ausschließlich die Zwecke der Rückstellungen. Sie stellen eine passivische Außenverpflichtung des Unternehmens dar; betriebswirtschaftlich sind sie Fremdkapital.

Rückstellungen sind im Gegensatz zu Verbindlichkeiten ihrer genauen Höhe nach nicht bestimmt, was ein gewisses erfolgswirksames Gestaltungspotenzial beinhaltet.

450 Nach § 249 Abs. 1 HGB sind Rückstellungen zu bilden (Passivierungspflicht) für

- ungewisse Verbindlichkeiten,
- drohende Verluste aus schwebenden Geschäften,
- unterlassene Aufwendungen für Instandhaltung, die im folgenden Geschäftsjahr innerhalb von 3 Monaten oder für Abraumbeseitigung, die im folgenden Geschäftsjahr nachgeholt werden,
- und für Gewährleistungen, die ohne rechtliche Verpflichtung erbracht werden.

Dies bedeutet, dass Rückstellungen nicht für Schadensausgleich oder gar allgemeines Unternehmerwagnis oder für künftige Ausgaben gebildet werden dürfen.

Nach der Neufassung von § 249 Abs. 1 und der Streichung von Abs. 2 a.F. HGB durch das BilMoG ist die Bildung von Aufwandsrückstellungen für Instandhaltungsmaßnahmen innerhalb von 3 Monaten im folgenden Geschäftsjahr nicht mehr zulässig.

Nach § 253 Abs. 2 Satz 1 HGB n.F. sind Rückstellungen mit einer Restlaufzeit von mehr als einem Jahr und mit dem ihrer Restlaufzeit entsprechenden durchschnittlichen Zinssatz der vergangenen 7 Jahre abzuzinsen. Dieser Zinssatz wird von der Deutschen Bundesbank nach Maßgabe der **Rückstellungsabzinsungsverordnung** vom 18.11.2009 ermittelt und monatlich, insbesondere im Internet, bekannt gegeben.

In der Steuerbilanz darf für Pensionsrückstellungen höchstens der Teilwert der Pensionsverpflichtung angesetzt werden (§ 6a EStG). Bei der Teilwertberechnung ist ein Rechnungszinsfuß von 6 % anzuwenden.

Auch bei der Bildung von Pensionsrückstellungen muss das Maßgeblichkeitsprinzip beachtet werden. Üblicherweise führt ein handelsrechtliches Passivierungswahlrecht zu einem steuerlichen Passivierungsverbot. Da § 6a EStG die Bildung von Pensionsrückstellungen unter den gegebenen Voraussetzungen aber ausdrücklich erlaubt, ist die Rückstellungsbildung in der Steuerbilanz auch für Zusagen möglich, die vor dem 1.1.1987 erteilt wurden, obwohl handelsrechtlich ein Passivierungswahlrecht besteht. Für Zusagen, die nach 31.12.1986 erteilt wurden, folgt aus der handelsrechtlichen Passivierungspflicht auch die Passivierungspflicht in der Steuerbilanz.

451 Die Rückstellungen werden definiert als

- Passivposten für Vermögensminderungen oder Aufwandüberschüsse,
- die Aufwand vergangener Rechnungsperioden darstellen,
- durch künftige Handlungen der Unternehmung (Zahlungen, Dienstleistungen oder Eigentumsübertragung an Sachen und Rechten) entstehen,
- nicht den Bilanzansatz bestimmte Aktivposten korrigieren (Saldierungsverbot) und
- sich nicht eindeutig (sonst wäre es Verbindlichkeiten), aber hinreichend genau qualifizieren lassen.

452 ■ **Zeitpunkt der Rückstellungsbildung**

Rückstellungen sind zu bilden, wenn

- eine rechtliche Verpflichtung gegenüber Dritten besteht, deren Höhe ungewiss ist oder

- die hinreichende Wahrscheinlichkeit besteht, dass eine rechtliche Verpflichtung gegenüber einem Dritten zukünftig entsteht
  und
- mit einer Inanspruchnahme ernsthaft zu rechnen ist.[311]

■ Bewertung von Rückstellungen 453

Rückstellungen sind in der Handelsbilanz nach § 253 Abs. 1, S. 2 HGB mit dem Betrag anzusetzen, der nach vernünftiger kaufmännischer Beurteilung notwendig ist. Grundsätzlich ist hier der voraussichtliche Erfüllungsbetrag anzusetzen. Der sich zwangsläufig ergebende Beurteilungsspielraum des Bilanzierenden muss für den Einzelfall objektiviert und von sachverständigen Dritten nachvollzogen werden können. Nach dem weiter geltenden Grundsatz der Vorsicht (§ 252 Abs. 1 Nr. 4 HGB) stellt der Bilanzierende den Betrag ein, den das Unternehmen zur Deckung der Aufwendungen voraussichtlich benötigt.[312]

Hinweis 454

Hierfür hat das Unternehmen eine Dokumentation zu erstellen, auf die sich der unterhaltsrechtliche **Auskunfts- und Beleganspruch** erstreckt.

Nach der vorgenannten Vorschrift kennt das Steuerrecht die folgenden **Bewertungsregeln**: 455

- Berücksichtigung der Wahrscheinlichkeit der Inanspruchnahme bei gleichartigen Verpflichtungen aufgrund von Erfahrungen der Vergangenheit (§ 6 Abs. 1 Nr. 3a Buchstabe a EStG);
- Bewertung von Sachleistungsverpflichtungen nach den Einzelkosten und angemessenen Teilen der notwendigen Gemeinkosten (§ 6 Abs. 1 Nr. 3a Buchstabe b EStG);
- bewertungsmindernde Berücksichtigung künftiger Vorteile, soweit sie nicht als Forderungen zu aktivieren sind (§ 6 Abs. 1 Nr. 3a Buchstabe c EStG);
- zeitanteilige Ansammlung von Rückstellungen, für deren Entstehung der laufende Betrieb ursächlich ist, insbesondere bei Kernkraftwerken (§ 6 Abs. 1 Nr. 3a Buchstabe d EStG);
- Abzinsung von Verpflichtungen mit 5,5 %, die in Geld- oder Sachleistungen zu erfüllen sind (§ 6 Abs. 1 Nr. 3a Buchstabe e EStG).

Nach den Grundsätzen der „**Wertaufhellung**“ sind auch Preis- und Kostensteigerungen in die Bewertung der Rückstellungen einzubeziehen,[313] wenn es sich um Ereignisse handelt, die nach dem Bilanzstichtag aufgrund besserer Erkenntnisse gegenüber dem Bilanzstichtag eintreten (§ 6 Abs. 1 Nr. 3a Buchstabe f EStG. 456

Die Bildung von Rückstellungen hat grundsätzlich zulasten der entsprechenden Aufwandsart zu erfolgen.

Die Inanspruchnahme der Rückstellung berührt dann die spätere Gewinn- und Verlustrechnung nicht mehr.

Rückstellungen sind jährlich darauf zu untersuchen, ob und in welchem Umfang sie für den ursprünglich gebildeten Zweck noch erforderlich sind.

Ist dieser entfallen, ist die Rückstellung erfolgswirksam aufzulösen.

bb) Pensionsrückstellungen

Beispiel für Unterhaltsrelevanz 457

Der Ehemann ist Unterhaltsschuldner und Alleingesellschafter der M-GmbH, die einträgliche Gewinne erwirtschaftet und jährlich eine Pensionsrückstellung von 20.000 EUR erfolgswirksam passiviert, sodass der Gewinn jährlich um diesen Betrag niedriger ausfällt als ohne diesen.

Es handelt sich damit generell um eine für die Ermittlung des Unterhaltseinkommens höchst bedeutende Position.

311 BFH BStBl II 1992, 1010 ff.; BFH BStBl II 1993, 891.
312 Vgl. zur Bewertung von Urlaubsrückstellungen FG München, Urt. v. 7.5.2007 – 7 K 2505/05, EFG 2007, 1423.
313 Vgl. H 6.11 EStR.

458 Mit dem am 29.5.2009 in Kraft getretenen BilMoG (siehe Rdn 245 ff.) werden die Vorschriften für Pensionsrückstellungen modifiziert.

Es bleibt beim Passivierungswahlrecht für Altzusagen und führt zu der Passivierungspflicht für Neuzusagen.

Dabei ist zwischen aufgrund eines Arbeitsverhältnisses begründeter Betriebsrente gem. § 1 Abs. 1 S. 3 BetrAVG und der „Unternehmerversorgung" zu differenzieren.[314]

Kein Arbeitnehmer ist der Geschäftsführer einer GmbH, welcher mindestens einen Geschäftsanteil von 50 % hält und somit familienrechtlich als beherrschender Gesellschafter-Geschäftsführer gilt.[315] Dabei wird nicht berücksichtigt, dass auch bei einer niedrigeren Beteiligungshöhe Beherrschung vorliegen kann, wenn im Übrigen Streubesitz gegeben ist.

Derartige Versorgungen werden wie sonstige Versorgungen im Sinne von § 11 VersAusglG behandelt. Danach findet eine interne Teilung statt, wobei der Versorgungsträger gem. § 13 VersAusglG die Eheleute je hälftig mit angemessenen Kosten für die Teilung belasten darf.[316]

459 *Hinweis*

Es besteht dann keine Insolvenzsicherung! Gegen die Gesellschaft in Insolvenz sind die Versorgungsleistungen nicht durchsetzbar. Der Ausgleichspflichtige kann sich auch durch Liquidation seiner Gesellschaft (gegebenenfalls mit einer Neugründung ohne irgendwelche Rechtsnachfolge) letztlich der Zahlungsverpflichtung gegenüber dem ausgleichsberechtigten entziehen.

460 Die Höhe der Rückstellungen orientiert sich am erwarteten **Erfüllungsbetrag**, so dass zukünftige Gehalts- und Rentensteigerungen einzurechnen sind. Zu den zukünftigen Gehaltssteigerungen gehören auch so genannte Karrieretrends.

Bei der betrieblichen Altersversorgung und vergleichbaren langfristig fälligen Verpflichtungen kann vereinfachend von einer 15-jährigen Laufzeit ausgegangen werden. Der Rechnungszins entspricht dem 7-Jahres-Durchschnitt des beobachteten Zinses (siehe oben Rückstellungsabzinsungsverordnung).

Ist eine Rückdeckungsversicherung für die Pensionszusage abgeschlossen, so ist der für diese Rückdeckungsversicherung zu aktivierende Betrag auf der **Aktivseite** unter den **sonstigen Vermögensgegenständen** auszuweisen. Eine Saldierung mit Pensionsverpflichtungen auch bei Kongruenz ist unzulässig.[317] Nach BFH[318] sind Ansprüche aus einer Rückdeckungsversicherung in Höhe der verzinslichen Ansammlung geleisteter Sparanteile der Versicherungsprämien einschließlich Guthaben aus Überschussbeteiligungen zu aktivieren. Der Wert des Aktivpostens darf den Buchwert der Pensionsverpflichtung nicht übersteigen.

Das Steuerrecht verlangt eine Passivierungspflicht für Neuzusagen.

Da zum Zeitpunkt der Bilanzerstellung unklar ist, wann und in welcher Höhe das Unternehmen Versorgungszahlungen leisten muss, hat eine **Bewertung** der Pensionsverpflichtungen **nach versicherungsmathematischen Grundsätzen** zu erfolgen. Hierbei wird – wie bei jeder Barwertberechnung eine Abzinsung – vorgenommen. Für jede zukünftige Zahlung wird dabei die Wahrscheinlichkeit ihres Eintretens berücksichtigt.

461 **Voraussetzungen** für eine rechtsverbindliche Pensionszusage nach dem Steuerrecht (§ 6a Abs. 1 Nr. 1 EStG) sind:

314 Hdb. FamR/*Wagner*, Kap 7 Rn 277, 365.
315 BGH FamRZ 2020, 89; BGH FamRZ 2014, 731.
316 Hdb. FamR/*Wagner*, Kap 7 Rn 277, 365, 367.
317 BFH BStBl 1966 III, 251.
318 BFH BStBl 2004 II, 654.

- Die schriftlich zu erteilende Pensionszusage muss eindeutige Angaben zu Art, Form, Voraussetzungen und Höhe der in Aussicht gestellten künftigen Leistungen enthalten (§ 6a Abs. 1 Nr. 3 EStG).
- Angaben für die finanzmathematische Ermittlung der Versorgungsverpflichtungen (z.B. Rechnungszinsfuß und biometrische Ausscheidewahrscheinlichkeiten) sind ebenfalls schriftlich festzulegen, sofern es zur eindeutigen Ermittlung der Höhe der in Aussicht gestellten Leistung erforderlich ist.[319]
- Eine Pensionszusage im Beschluss einer Gesellschafterversammlung ohne Mitteilung an den Begünstigten ist unwirksam und stellt keine schriftliche Zusage i.S.d. § 6a Abs. 1 Nr. 3 EStG dar.
- Weiter dürfen Pensionszusagen steuerrechtlich nicht gebildet werden, wenn die Pensionsleistung von künftigen gewinnabhängigen Bezügen abhängt (§ 6a Abs. 1 Nr. 2 1. HS EStG).
- Auch eine Regelung, wonach die Versorgungszusagen mit dem Teilwert abgefunden werden können, führt zur Steuerschädlichkeit.
- Die Versorgungszusage darf keinen Vorbehalt enthalten, der den Arbeitgeber jederzeit berechtigt, den Anspruch nach freiem Belieben zu kassieren.

Hinweis 462

Unterhaltsrechtlich besteht ein **Auskunfts- und Beleganspruch** auf die schriftlich erteilte Pensionszusage, die finanzmathematische Ermittlung mit Rechnungszinsfuß und biometrischen Ausscheidewahrscheinlichkeiten zur Überprüfung der vorgenannten steuerrechtlich restriktiven Regelungen.

- **Pensionsrückstellung nach § 6a EStG für Gesellschafter-/Geschäftsführer von Kapitalgesellschaften** 463

Diese dürfen gebildet werden, wenn ein steuerlich anerkanntes Dienstverhältnis besteht (zum Auskunftsanspruch auf den Betriebsprüfungsbericht siehe Rdn 397). Dabei ist zu beachten, dass keine verdeckte Gewinnausschüttung (vGA) vorliegt, die anzunehmen ist, wenn der Geschäftsführer die Pension nicht mehr erdienen kann. Die **Erdienbarkeit** setzt voraus, dass vom Zeitpunkt der Zusage an das Arbeitsverhältnis noch eine gewisse Mindestdauer hat, was nach einem allgemeinen Drittvergleich zu beurteilen ist.[320]

Der BFH hat dabei **vier Zeitgrenzen** für Zusagen an beherrschende Gesellschafter-/Geschäftsführer entwickelt:

1. Das Arbeitsverhältnis muss bei Erteilung der Zusage mindestens zwei bis drei Jahre bestanden haben.[321]
2. Ein beherrschender Gesellschafter-Geschäftsführer muss die Pensionszusage grundsätzlich mindestens zehn Jahre vor seinem vertraglich vorgesehenen Pensionierungsalter erhalten haben. Unbeachtlich ist, wie lange er vorher im Unternehmen tätig war.[322]
3. Nicht beherrschende Gesellschafter-Geschäftsführer müssen mindestens zwölf Jahre vor ihrem Pensionierungsalter für das Unternehmen tätig gewesen sein und die Zusage muss mindestens drei Jahre vor diesem Zeitpunkt erteilt worden sein.[323]
4. Als Pensionierungsalter darf höchstens ein Alter von 70 vereinbart worden sein.[324]

319 BMF v. 28.8.2001, BStBl I 2001, 594.
320 BFH BStBl II 1999, 318; BStBl II 1999, 316.
321 BMF BStBl I 1999, 512.
322 BFH/NV 2000, 892.
323 BFH BStBl II 2000, 504.
324 BFH BStBl II 1995, 419, 421.

464 Die Frage der **verdeckten Gewinnausschüttung (vGA)** ist im Übrigen nach den Kriterien

- Ernsthaftigkeit der Zusage (Indiz ist der Abschluss einer Rückdeckungsversicherung),
- Angemessenheit der Zusage (diese ist gegeben, wenn ein nicht beteiligter Geschäftsführer in der Gesellschaft oder in vergleichbaren Unternehmen eine entsprechende Gesamtvergütung erhält[325] und die Pensionszusage 75 % der fiktiven angemessenen Gesamtbezüge nicht überschreitet),
- Verbot der Nachzahlung,
- Verbot des Selbstkontrahierens und der Finanzierbarkeit

zu beantworten.

Häufig findet sich ein Verzicht auf weiteres Anwachsen der Pensionsrückstellung (future service) unter Beibehaltung bisheriger Versorgung (past service) bei in Schwierigkeiten geratenen Gesellschaften. Nach Ansicht der Finanzverwaltung[326] liegen keine steuerpflichtigen verdeckte Einlagen und auch kein Lohnzufluss bei dem Verzicht vor, was die Maßnahme unterhaltsrechtlich auch akzeptabel macht.

465 **Finanzierbarkeit** ist gegeben, wenn die künftige Ertragslage des Unternehmens die Pensionszahlungen ermöglicht.[327] Hieran fehlt es, wenn der Ansatz des Barwerts der künftigen Pensionsleistungen im Zusagezeitpunkt zu einer Überschuldung führte, obwohl die Aktiva mit den Teilwerten angesetzt werden.[328]

466 **Ehegattenpensionszusagen** (gilt auch für eingetragene Lebenspartner), die im Rahmen von steuerlich anzuerkennen Arbeitsverhältnissen (vgl. R 4.8 EStR) erteilt werden, berechtigen zur Bildung von Pensionsrückstellungen.

Hieran sind strenge Anforderungen zu stellen, wobei die Finanzverwaltung Anerkennungsgrundsätze postuliert.[329]

467 **Voraussetzungen** sind danach, dass

- eine ernstliche gewollte, klar und eindeutig vereinbarte Verpflichtung vorliegt,
- die Zusage dem Grunde nach angemessen ist und
- der Arbeitgeber-Ehegatte auch tatsächlich mit der Inanspruchnahme aus der gegebenen Pensionszusage rechnen muss.

Auch Einzelunternehmen und Personengesellschaften können Ehegatten eine Pensionszusage erteilen.[330] Gleichzeitige Zusage von Witwenversorgung führt zur Nichtberücksichtigung der Rückstellung. Steuerschädlich ist auch eine Pensionsrückstellung ohne weiteren Arbeitslohn.

468 ■ **Pensionszusage im Unterhaltrecht**

Das Unterhaltsrecht braucht hier keine eigenen Bewertungskriterien zu entwickeln.

Es kann auf die restriktiven Abgrenzungskriterien des Steuerrechts verwiesen werden, die oben im Einzelnen dargelegt worden sind. Zur Überprüfung der Rechtmäßigkeit der Pensionsrückstellungen besteht eine familienrechtliche **Auskunfts- und Belegpflicht** bezüglich aller Dokumentationen und Urkunden, die eine Überprüfung der Rechtmäßigkeit nach Steuerrecht möglich machen wie beispielsweise arbeitsvertragliche Vereinbarung, Erteilung der Pensionszusage, finanzmathematische und biometrische Berechnung, Darlegung und Belege zur Erdienbarkeit und Ernsthaftigkeit der Zusage und deren Angemessenheit.

325 BFH DB 1988, 2489.
326 OFD Niedersachsen, Verfügung v. 15.6.2011, www.ofd.niedersachsen.de.
327 BFH/NV 1993, 330.
328 BMF BStBl I 1999, 512.
329 Vgl. *Arens*, Schuldrechtliche Verträge zwischen Angehörigen und ihre steuerlichen Voraussetzungen, FamRB 2008, 155 ff.
330 BMF-Schreiben v. 3.11.2004.

cc) Steuerrückstellungen

Unterhaltsrelevanz 469

Gewinnreduzierende Steuerrückstellungen finden sich praktisch in jeder Bilanz und müssen unterhaltsrechtlich auf ihre Angemessenheit überprüft werden.

In den Steuerrückstellungen sind als der Höhe nach ungewisse Verbindlichkeiten diejenigen Steuern und Abgaben einzustellen, die bis zum Ende des Geschäftsjahres wirtschaftlich oder rechtlich entstanden sind und am Bilanzstichtag wahrscheinlich geschuldet werden. 470

Sie kommen nur für diejenigen Steuerarten in Betracht, für welche das Unternehmen selbst Steuersubjekt ist (also nicht die Einkommensteuer des Einzelunternehmers oder der Mitunternehmer).

Veranlagte Steuern sind dort *nicht* auszuweisen, sondern unter den „sonstigen Verbindlichkeiten" mit dem Vermerk „davon aus Steuern".

Auch für Steuern aufgrund einer durchgeführten Betriebsprüfung kann eine Rückstellung gebildet werden.

Die Berechnung der Steuerrückstellungen erfolgt grundsätzlich nach den steuerlichen Vorschriften. Wesentliche Anwendungsfälle betreffen die **Körperschaftsteuer** und die **Gewerbeertragsteuer**. Die Gewerbesteuerrückstellung konnte bisher näherungsweise mit 5/6 des Betrages der Gewerbesteuer angesetzt werden, die sich ohne Berücksichtigung der Gewerbesteuer als Betriebsausgabe ergeben würde. Durch die Unternehmenssteuerreform gilt für die Veranlagungszeiträume ab 2008 dieses nicht mehr, da die Gewerbesteuer und deren Nebenleistungen keine abziehbaren Betriebsausgaben mehr sind.

Nach einhelliger Meinung[331] sind auch **Rückstellungen für latente Steuern** gemäß § 249 HGB für alle Kaufleute in den Fällen des Investitionsabzugsbetrags (IAB) nach § 7g EStG und den so genannten steuerfreien Rücklagen gemäß § 6b EStG und R 6.6 EStR 2012 erfolgswirksam zu bilden.

Dies gilt insbesondere dann, wenn eine hinreichende Wahrscheinlichkeit besteht, dass die Beträge ohne Übertragung auf das Wirtschaftsgut aufgelöst werden können. Eine Rückstellung kommt dagegen nicht für Sonderabschreibungen, erhöhte Absetzung, gewinnmindernder Herabsetzung in Betracht.

Die in der Handelsbilanz gebildete Rückstellung ist auch in der Steuerbilanz nachzuvollziehen und außerbilanziell aufzulösen.

Beispiel 471

Am 31.12.2015 bildet eine junge Bau-GmbH (Kleinst-GmbH gemäß § 267a HGB) einen Investitionsabzugsbetrag in Höhe von 100.000 EUR für die künftige Anschaffung von diversen Baumaschinen. Es besteht eine Investitionsabsicht, jedoch ist die tatsächliche Investition im Zeitpunkt der Bilanzierung noch nicht sicher.

Lösung

Die Bau-GmbH hat zum 31.12.2015 in Handels- und Steuerbilanz einer Rückstellung für latente Steuern in Höhe von 30.000 EUR zu bilden. Außerbilanziell ist die Rückstellung dem steuerlichen Gewinn hinzuzurechnen.

Hinweis

Unterhaltsrechtlich sind angemessene Steuerrückstellungen zu akzeptieren, es sei denn, es handelt sich um Rückstellungen für den BAB oder die steuerfreien Rücklagen. Dann ist die erfolgswirksame Bildung der Steuerrückstellung zu eliminieren.

331 IDW RS HFA 7; Verlautbarung BStBK v. 12.10.2012, DStR 2012, 2296.

dd) Sonstige Rückstellungen, insbesondere für ungewisse Verbindlichkeiten

472 **Unterhaltsrelevanz**

Wie alle Rückstellungen reduzieren auch diese den steuerlichen Gewinn und damit das Unterhaltseinkommen.

473 Unter den „**sonstigen Rückstellungen**“ sind alle diejenigen Rückstellungen zu erfassen, für welche kein gesonderter Ausweis vorgeschrieben ist.

Nach § 249 HGB handelt es sich dabei um die folgenden Posten:

- Verbindlichkeitsrückstellungen mit Rückstellungen für ungewisse Verbindlichkeiten und Rückstellungen für Gewährleistungen, die ohne rechtliche Verpflichtung erbracht werden,
- Rückstellungen für drohende Verluste aus schwebenden Geschäften (Drohverlustrückstellungen),
- Aufwandsrückstellungen mit Rückstellungen für im Geschäftsjahr unterlassene Aufwendungen für Instandhaltung und Abraumbeseitigung und sonstige Aufwandsrückstellungen.

Grundsätzlich besteht eine Passivierungspflicht, auch für unterlassene Aufwendungen für Instandhaltung, soweit sie innerhalb von drei Monaten nachgeholt werden; für sonstige Instandhaltungsaufwendungen gelten ein Passivierungswahlrecht und damit ein steuerliches Passivierungsverbot.

474 **Rückstellungen für ungewisse Verbindlichkeiten**

- für Verpflichtungen gegenüber Dritten (Außenverpflichtung), insb. öffentlich-rechtliche Verpflichtung,
- die sicher oder wahrscheinlich be- oder entstehen (Ungewissheit) und
- die rechtlich bzw. wirtschaftlich zum Abschlussstichtag verursacht sind,
- mit einer Inanspruchnahme aus der ungewissen Verbindlichkeit ist ernsthaft zu rechnen,
- die Aufwendungen führen in künftigen Wirtschaftsjahren nicht zu Anschaffungs- oder Herstellungskosten für das Wirtschaftsgut.

Die Außenverpflichtung besteht bei zivilrechtlicher Verpflichtung, schuldrechtlicher oder dinglicher Art oder aber auch bei öffentlich-rechtlichen Verpflichtungen (entsteht bei Fristsetzung nicht schon mit der Bekanntgabe des Verwaltungsakts![332]), wenn diese am Bilanzstichtag bereits entstanden sind.[333] Auch bei faktischer Außenverpflichtung beispielsweise bei Kulanzleistungen kann eine derartige Rückstellung gebildet werden, wenn sich der Kaufmann dieser Verpflichtung nicht entziehen kann. Die Ungewissheit der Schulden bezieht sich auf deren Höhe und/oder das Bestehen oder Entstehen.

Nach § 5 Abs. 1 EStG gelten die handelsrechtlichen Vorschriften auch für die Steuerbilanz.

Eingeschränkt wird dieser Grundsatz durch § 5 Abs. 3 EStG für Rückstellungen für Patentverletzungen, § 5 Abs. 4 EStG für Rückstellungen für Jubiläumszuwendungen, § 5 Abs. 4a EStG für Drohverlustrückstellungen, § 5 Abs. 4b EStG für Anschaffungskosten, Entsorgungsverpflichtungen radioaktiver Reststoffe sowie durch die Bewertungsvorschriften in § 6 Abs. 1 Nr. 3a EStG.

Dies führt wiederum zur Möglichkeit und zu einem Beispiel für Auseinanderfallen von Handels- und Steuerbilanz.

Unterhaltsrechtlich akzeptabel können nur die Rückstellungen für ungewisse Verbindlichkeiten sein, die den Regeln des Steuerrechts entsprechen.

475 Hierunter fallen sog. Garantieverpflichtungen, für die eine rechtliche Verpflichtung nicht besteht, sog. faktische Verpflichtungen und freiwillige Kulanzleistungen.

Die Bewertung erfolgt aufgrund einer Schätzung im Vergleich zu Garantieaufwand der Vorjahre. Für gleichartige, regelmäßig wiederkehrende Gewährleistungsrisiken kommt die Bildung einer Sammelrückstellung in Betracht (H 5.7 Abs. 4 EStH).

332 BFH, BStBl 2013, 686.
333 BFH/NV 2008, 1029 ff.

Davon zu unterscheiden sind **Pauschalrückstellungen** mit 0,5 %. Diese auf eine frühere Verfügung der Finanzverwaltung beruhende Rückstellung wurde in der Zwischenzeit aufgehoben.[334] 476

Die **Garantierückstellung** ist also eine Einzelrückstellung, die gemäß § 249 Abs. 1 S. 1 HGB i.V.m. § 5 Abs. 1 S. 1 EStG unter folgenden kumulativen Voraussetzungen gebildet werden kann:

- es besteht eine Verpflichtung gegenüber einem anderen oder eine öffentlich-rechtliche Verpflichtung (sogenannte Außenverpflichtung),
- zum Bilanzstichtag liegt Ungewissheit hinsichtlich Grundes und/oder Höhe vor,
- die Verpflichtung ist vor dem Bilanzstichtag rechtlich entstanden oder wirtschaftlich verursacht,
- mit der Inanspruchnahme aus der ungewissen Verbindlichkeit ist ernsthaft zu rechnen und
- die Aufwendungen in künftigen Wirtschaftsjahren führen nicht zu AHK für ein Wirtschaftsgut.[335]

Das Passivierungsverbot setzt nach Rechtsprechung des BFH[336] das Vorliegen einer sittlichen oder wirtschaftlichen Verpflichtung voraus, der sich der Unternehmer nicht entziehen kann. 477

Eine bilanzierende Ärzte-GbR kann für **Honorarrückforderungen** aufgrund der Überschreitung der Richtgrößen für ärztliche Verordnungen, sogar in der Schlussbilanz, eine Rückstellung bilden.[337] Dies ergibt sich daraus, dass **§ 106 Abs. 5a SGB V** bei einer Überschreitung des Richtgrößenvolumens um mehr als 25 % eine Rückforderung in Höhe des Mehraufwandes der Krankenkasse gesetzlich vorgibt und die Kenntnis des Forderungsinhabers gegeben sowie die Wahrscheinlichkeit der Inanspruchnahme aufgrund der Mitteilung und Schreiben der kassenärztlichen Vereinigung hinreichend konkretisiert sind. Auch bei den Rückstellungen braucht das **Unterhaltsrecht** eigene Regeln nicht zu entwickeln, Anzuerkennen sind die sonstigen Rückstellungen, die auch das Steuerrecht, das restriktiver als das Handelsrecht ist, akzeptiert.

ee) ABC der sonstigen Rückstellungen

- Abbruch 478
  von Gebäuden und Gebäudeteilen aufgrund vertraglicher oder öffentlich-rechtlicher Verpflichtung
- Abfindungen
  nur bei bestehenden vertraglichen Verpflichtungen[338]
- Abrechnungskosten
  beispielsweise für den Bauunternehmer nach § 14 VOB/B
- Altersteilzeit
  aufgrund gesetzlicher Regelung des Altersteilzeitgesetzes
- Altlastensanierung
  aufgrund zivilrechtlicher oder öffentlich-rechtlicher Verpflichtung, aber nur bei hinreichender Konkretisierung
- Anpassungsverpflichtungen
  aufgrund des Bundesimmissionsschutzgesetzes erforderliche Nachrüstung von genehmigungspflichtigen Anlagen
- Anschaffungs- und Herstellungskosten
  dürfen nach § 5 Abs. 4b S. 1 EStG **nicht** in die Rückstellung eingestellt werden
- Arbeitnehmer/Ausbildungskosten
  bei Ansprüchen aus Arbeitsverhältnissen beispielsweise wegen Abfindungen aus dem Arbeitsverhältnis
- Aufbewahrung von Geschäftsunterlagen
  mit den dazu künftigen Kosten kann eine Rückstellung rechtfertigen

334 *Seidel*, StBp 2009, 285.
335 BFH, Beschl. v. 28.8.2018 – X B 48/18, BeckRS 2018, 31636.
336 BFH BStBl 1965, III, 383.
337 BFH BStBl 2015 II, 523.
338 BFH/NV 1995, 79.

- Aufgabe des Betriebes
  erlaubt **nicht** die Bildung einer Rückstellung für nachträgliche Betriebsausgaben[339]
- Aufsichtsratsvergütung
- Ausgleichsanspruch der Handelsvertreter nach § 89b HGB
- Beihilfe
  bei Verpflichtungen gegenüber ehemaligen Mitarbeitern bei Krankheit etc.[340]
- Berufsgenossenschaftsbeiträge
- Betriebsprüfungskosten und Betriebsprüfungsrisiko
  sind nach H 5.7 Abs. 3 EStH rückstellungsfähig
- Bonusverpflichtungen
- Buchführungsarbeiten
  ein „Klassiker" der Rückstellungen (vgl. § 249 Abs. 1 HGB; H 5.7 Abs. 3 EStH 2012)
- Bürgschaftsübernahme
  bei drohender Inanspruchnahme aus der Bürgschaft
- Deputate
  für Sachleistungen in Form von Kohle, Getränke etc.
- Devisentermin- und Devisenoptionsgeschäfte
  bei daraus drohenden Verlusten
- Emissionsrechte
  für die Verpflichtung zur Abgabe von Emissionsrechten gemäß § 6 Abs. 1 des Gesetzes über den Handel mit Berechtigungen zur Emission von Treibhausgasen
- Entsorgung
  beispielsweise für Rücknahme und Entsorgung von Verpackungen nach der Verpackungsverordnung, gebrauchten Geräten und Materialien (Elektronikschrott und Altöl)
- Garantieverpflichtungen (Gewährleistung)
  in Form von Einzel-, Pauschal- oder Mischbewertungsverfahren unter Berücksichtigung der durchschnittlichen Inanspruchnahme in der Vergangenheit
- Geschäftsverlegungsrisiken
  erst bei tatsächlicher Umsetzung des Verlegungsentschlusses
- Gewinnbeteiligungszusagen, Gratifikationen, Tantiemen
- Grundsteuer
- Haftpflichtverbindlichkeiten, insbesondere Produkthaftpflichtrisiken, wobei die Inanspruchnahme ernsthaft drohen muss
- Heimfallverpflichtung
  für die Verpflichtung, entschädigungslos oder teilweise entschädigungslos ein auf fremdem Grundstück errichtetes Gebäude zu übereignen
- Jahresabschlusskosten
- Jubiläumszuwendungen
  nach Steuerrecht eingeschränkt nur dann, wenn die Zusage rechtsverbindlich, unwiderruflich und vorbehaltlos erteilt worden ist
- Konzernhaftung
  für ungewisse Verbindlichkeiten bei Vorliegen eines qualifiziert faktischen Konzerns
- Kündigungsschutz
  nicht für die Abfindungszahlung nach Kündigungsschutzgesetz; nur für weitere Lohnzahlungen[341]

339 BFH BStBl 1978 II, 430.
340 BFH DB 2002, 1636.
341 BFH/NV 1995, 976.

- Kulanzleistungen
  wenn sich der Kaufmann dieser Verpflichtung nicht entziehen kann, siehe oben
  Lohnfortzahlung im Krankheitsfall
- Lohnsteuer,
  wenn wegen hinterzogener Lohnsteuer ein Haftungsbescheid droht
- Mutterschutz
- Pachterneuerungsverpflichtungen
  bei schuldrechtlicher Verpflichtung bei Verpachtung des Unternehmens im Ganzen zur Substanzerhaltung
- Patent- und Markenzeichenverletzungen
  bei ernsthaft drohender Inanspruchnahme
- Prozesskosten und Strafverteidigerkosten
  Für Prozesskosten ist eine Prozesskostenrückstellung zu bilden, **nicht** für Strafverteidigerkosten, da sie keine Betriebsausgaben sein können.
- Rekultivierungskosten
  insbesondere aufgrund behördlicher Anordnung wegen der Verpflichtung, den ursprünglichen landschaftsmäßigen Zustand wiederherzustellen
- Schadensersatzverpflichtungen,
  wenn mit einiger Wahrscheinlichkeit mit Inanspruchnahme gerechnet werden muss
- Sozialpläne
- Stilllegung, Rekultivierung und Nachsorge von Deponien
- Substanzerhaltung
  wegen gestiegener Wiederbeschaffungskosten darf keine Rückstellung gebildet werden[342]
- Urlaubsverpflichtungen
  errechnen sich aus der Entgeltverpflichtung des Unternehmens für noch nicht genommene Urlaubsansprüche der Mitarbeiter;
  hierfür ist eine Dokumentation zu erstellen, auf die unterhaltsrechtlich ein Anspruch auf Vorlage besteht.
- Wechselobligo
  für das Ausfallrisiko von Wechseln
- Weihnachtsgeld
  bei rechtlicher Verpflichtung
- Zinsen auf Steuernachforderungen
  bei hinreichender Wahrscheinlichkeit der Inanspruchnahme
- Zinszahlungen

■ Rückstellung im Unterhaltsrecht 479

Bei den genannten Rückstellungen braucht das Unterhaltsrecht eigene Prüfungsmethoden nicht zu entwickeln, da das Steuerrecht restriktiv ist.

Soweit Rückstellungen nach Steuerrecht gebildet werden dürfen, bezieht sich der unterhaltsrechtliche **Auskunfts- und Beleganspruch** auf

- die Dokumentation der Ermittlung sowie
- eingehender Begründung der Bildung der Rückstellung dem Grunde nach nebst den dazugehörenden Urkunden.

Zu beachten ist auch, ob, wann und in richtiger Höhe die Rückstellung wieder aufgelöst worden ist.

342 BFH BStBl II 1980, 434.

d) Verbindlichkeiten

480 **Unterhaltsrelevanz**

Unterhaltsrechtlich spielen die Verbindlichkeiten zunächst einmal mittelbar über die erfolgswirksame Verzinsung eine Rolle. Weiter ist insbesondere die Abgrenzung zwischen betrieblichen **Verbindlichkeiten** und Privatschulden von Bedeutung.

481 **Rückstellungen** sind dem Grund und der Höhe nach ungewiss, während **Verbindlichkeiten** sich durch einen Zwang zur Leistung, eindeutige Quantifizierbarkeit dieser Leistung und eine wirtschaftliche Belastung für den Leistenden auszeichnen. Da im Jahresabschluss nach § 246 Abs. 1 HGB alle Schulden aufzunehmen sind, sind Verbindlichkeiten passivierungspflichtig. Nach § 246 Abs. 2 HGB besteht ein Saldierungsverbot mit Forderungen, es sei denn, es besteht eine Aufrechnungslage nach § 387 BGB. Nach § 253 Abs. 1 S. 2 HGB sind Verbindlichkeiten handelsrechtlich mit ihrem Rückzahlungsbetrag anzusetzen. Nach § 253 Abs. 1 S. 2 HGB sind Rentenverpflichtungen mit ihrem Barwert zu passivieren. In der Steuerbilanz sind die Verbindlichkeiten nach § 6 Abs. 1 Nr. 3 EStG unter sinngemäßer Anwendung von § 6 Abs. 1 Nr. 2 EStG anzusetzen, d.h. die Verbindlichkeiten sind mit den Anschaffungskosten oder dem höheren Teilwert zu bewerten. Unverzinsliche Verbindlichkeiten, die nicht auf einer Anzahlung oder Vorauszahlung beruhen, sind mit einem Zinssatz von 5,5 % abzuzinsen,[343] wenn deren Laufzeit nicht weniger als 12 Monate beträgt (§ 6 Abs. 1 Nr. 3 EStG).

482 ■ **Abgrenzung betrieblicher Verbindlichkeiten und Privatschulden**

Eine Kapitalgesellschaft hat kein Privatvermögen, so dass sämtliche Verpflichtungen, die das Unternehmen eigenständig eingeht, zu passivieren sind. Bei Einzelunternehmen und Personengesellschaften ist entscheidendes Abgrenzungskriterium die **betriebliche Veranlassung**. Diese ist dann gegeben, wenn der auslösende Vorgang einen tatsächlichen oder wirtschaftlichen Zusammenhang mit dem Betrieb aufweist. Dies ist insbesondere der Fall, wenn die Verbindlichkeiten für die Anschaffung von Wirtschaftsgütern des Betriebsvermögens, deren Erneuerung oder Verbesserung, der Ablösung von Betriebsschulden oder der Zuführung liquider Mittel in Zusammenhang stehen. Bei sog. Überentnahmen nach § 4 Abs. 4a EStG sind die Schuldzinsen nicht abzugsfähig, wenn die Entnahmen die Summe des Gewinns und der Einlagen des Wirtschaftsjahres übersteigen. Dies kann aber durch vorübergehende Einlagen vor Jahresende kompensiert werden im (§ 4 Abs. 4a EStG; vgl. Rdn 421 ff.).

e) Passive Rechnungsabgrenzungsposten/RAP

483 Nach § 250 Abs. 2 HGB sind Einnahmen vor dem Abschlussstichtag periodisch abzugrenzen, soweit sie Erträge für eine bestimmte Zeit nach diesem Tag darstellen. Hier sind aber nur transitorische Passiva auszuweisen; antizipative Passiva sind als Verbindlichkeiten oder Rückstellung zu bilanzieren

(Beispiel, vgl. Rdn 402: das Versicherungsunternehmen bucht hier die Versicherungsprämie für die 10 Monate des Jahres 2008 als passiven RAP).

8. Bilanzberichtigung und Bilanzänderung, § 4 Abs. 2 S. 1, 2 EStG

a) Bilanzberichtigung

484 Nur unter bestimmten Voraussetzungen darf eine beim Finanzamt eingereichte Bilanz berichtigt werden.

343 BFH/NV 2013, 1779.

Eine Bilanzberichtigung ist zulässig, wenn ein unrichtiger Bilanzansatz durch einen richtigen Bilanzansatz korrigiert wird.[344] Werden Einlagen im Jahr der Entstehung des Aufwandes nicht berücksichtigt, kommt eine erfolgswirksame Nachholung in einem Folgejahr nicht in Betracht.[345]

Hinweis 485

Eine Berichtigung muss erfolgen, falls durch den unrichtigen Bilanzansatz eine Verkürzung von Steuern erfolgt (§ 153 Abs. 1 Nr. 1 AO).

Es besteht ein unterhaltsrechtlicher **Auskunfts- und Beleganspruch**.

Eine Bilanzberichtigung nach Bestandskraft eines Steuerbescheides ist nur möglich, wenn die Veranlagung nach den Vorschriften der AO noch geändert werden kann. Dies ist insbesondere im Zusammenhang mit einer Außenprüfung nach § 173 AO oder bei einer Steuerfestsetzung unter dem Vorbehalt der Nachprüfung nach § 164 AO möglich. 486

b) Bilanzänderung

Von Bilanzänderung wird gesprochen, wenn ein zulässiger Bilanzansatz durch einen anderen zulässigen Bilanzansatz ersetzt wird. 487

Eine Bilanzänderung ist unter der Voraussetzung des § 4 Abs. 2 S. 2 EStG zulässig, d.h. wenn sie Auswirkungen auf den Gewinn hat.

Hinweis 488

Auch nach Einreichung der Bilanz bei dem Finanzamt kann eine Änderung erfolgen, soweit sie den Grundsätzen ordnungsgemäßer Buchführung unter Befolgung des Einkommensteuergesetzes nicht entspricht oder wenn sie in einem engen zeitlichen und sachlichen Zusammenhang mit einer Änderung nach § 4 Abs. 2 S. 1 EStG steht, und zwar soweit die Auswirkungen der Änderung auf den Gewinn reicht.[346]

Es besteht ein unterhaltsrechtlicher **Auskunfts- und Beleganspruch**.

9. Sonderbilanzen/Ergänzungsbilanzen/Umwandlungen

a) Sonderbilanzen/Sonderbetriebsvermögen

■ **Unterhaltsrelevanz** 489

Das Beispiel in dem noch folgenden Abschnitt (siehe Rdn 501 ff.) zum Umwandlungs- und Umwandlungssteuerrecht und zu Wertansätzen in Eröffnungsbilanzen wird deutlich machen, dass neben den jährlich zu erstellenden Bilanzen auch andere Bilanztypen wie Sonderbilanzen und Ergänzungsbilanzen, die wegen handelsrechtlicher und steuerlicher Erfordernisse erstellt werden, unmittelbaren Einfluss auf das steuerliche Ergebnis und damit mittelbar auf das Unterhaltseinkommen haben.

Ohne diese Sonderbilanzen lassen sich die **Unterhaltseinkünfte des Mitgesellschafters** bei Personengesellschaften nicht beurteilen.

Das Handels- und Gesellschaftsrecht kennt außer den jährlich zu erstellenden Jahresabschlüssen auch Sonderbilanzen, die bei besonderen außerordentlichen Anlässen zu erstellen sind. 490

Hierzu zählen beispielsweise:

- Eröffnungsbilanzen (z.B. bei Neu- und Umgründungen),
- Bilanzen bei nomineller Kapitalerhöhung (z.B. § 209 Abs. 2 AktG),

344 Vgl. zur Bilanzberichtigung bei Änderung der Verwaltungsauffassung OFD Hannover, Verfügung v. 13.3.2008 – S 2141-15-STO 222/221, DStR 2008, 969.

345 BFH, Urt. v. 17.6.2019 – IV R 19/16, DStR 2019, 1909.

346 BMF-Schreiben v. 18.5.2000, BStBl I 2000, 587.

- Sanierungs-, Kapitalherabsetzungsbilanzen (z.B. §§ 222 ff. AktG, 58 GmbHG),
- Umwandlungs- und Verschmelzungsbilanzen (§ 17 Abs. 2 UmwG),
- Liquidations- bzw. Abwicklungsbilanzen (z.B. §§ 154 HGB, 270 AktG, 71 GmbHG, 89 GenG),
- Insolvenzbilanzen (z.B. § 153 InsO),
- Aufgabebilanz (§§ 18 Abs. 3, 16 EStG),
- Liquidationseröffnungsbilanz (§ 71 Abs. 1 GmbHG),
- Liquidationsjahresabschluss (§ 71 Abs. 1 GmbHG),
- Liquidationsschlussbilanz (§§ 72, 73 GmbHG).

491 Das Steuerrecht verlangt zudem die Aufstellung von sog. Sonderbilanzen (siehe Rdn 189 ff.) bei bestimmten Sachverhalten im Bereich der Mitunternehmerschaft.

Dort sind für einzelne Mitunternehmer zu erfassen

- aktive und passive Wirtschaftsgüter des Sonderbetriebsvermögens,
- Sondervergütungen i.S.v. § 15 Abs. 1 Nr. 2 EStG, die der Gesellschafter für seine Tätigkeit im Dienst der Gesellschaft oder für die Hingabe von Darlehen oder für die Überlassung von Wirtschaftsgütern bezieht bzw. auf einem schuldrechtlichen Vertrag beruhen,
- sonstige Sonderbetriebseinnahmen und Sonderbetriebsausgaben,
- Gewinne/Verluste aus dem Verkauf des Mitunternehmeranteils.

Sonderbilanzen werden nach den Regeln des Betriebsvermögensvergleichs nach § 4 Abs. 1, 5 EStG erstellt.

Für die Bewertung der Wirtschaftsgüter gelten die Regeln des § 6 Abs. 1 Nr. 4, Nr. 5 EStG für die Übertragung von Sonderbetriebsvermögen in das Gesamthandsvermögen und umgekehrt.

492 **Was ist Sonderbetriebsvermögen?**

Bei einer Mitunternehmerschaft wird zwischen dem Betriebsvermögen der Gesamthand und dem Sonderbetriebsvermögen der einzelnen Mitgesellschafter unterschieden (auch bei EÜR, vgl. Rdn 163, 194, 404 ff.).

Zum Sonderbetriebsvermögen gehören die Wirtschaftsgüter, die in der Verfügungsmacht eines Mitgesellschafters stehen. Dabei bezeichnet das notwendige **Sonderbetriebsvermögen I** die Wirtschaftsgüter, die der Gesellschafter der Gesellschaft zur Nutzung überlässt, und die dem Betrieb der Personengesellschaft unmittelbar dienen.

Das **Sonderbetriebsvermögen II** umfasst solche Wirtschaftsgüter, die unmittelbar zur Begründung oder Stärkung der Beteiligung des Gesellschafters an der Gesellschaft eingesetzt werden wie z.B. Darlehen, die der Finanzierung der Beteiligung an der Mitunternehmerschaft dienen.[347]

Das Sonderbetriebsvermögen wird in einer Sonderbilanz und einer dazugehörigen Gewinn- und Verlustrechnung erfasst.

In dieser Gewinn- und Verlustrechnung befinden sich die sog. **Sonderbetriebseinnahmen beziehungsweise Sonderbetriebsausgaben**. Hierunter werden persönlich vereinbarte Beträge bzw. persönlich getragene Aufwendungen definiert, die wirtschaftlich durch die Unternehmerstellung veranlasst sind.

493 ■ **Unterhaltsrelevanz**

Sonderbetriebseinnahmen und Sonderbetriebsausgaben. gehen in die besondere Gewinnermittlung des Mitunternehmers ein und erhöhen oder mindern die gewerblichen Einkünfte des Mitunternehmers und sind damit unterhaltsrelevant!

Bei der Überlassung eines Gebäudes sind dies z.B. die Mieteinnahmen, die AfA sowie die Aufwendungen für Instandhaltungen, Grundsteuer etc. (siehe Rdn 498 ff.).

347 Vgl. BFH BStBl II 1993, 328.

Damit Wirtschaftsgüter als Sonderbetriebsvermögen gelten, ist ein besonderer Widmungsakt bzw. Dokumentation erforderlich. Das FG Köln[348] hat einen Fall entschieden, in dem ein Wertpapierdepot zur Sicherung eines Darlehens als Sonderbetriebsvermögen dienen sollte, ohne dass ein schuldrechtlicher Vertrag Miete/Pacht zusätzlich geschlossen wurde. Wegen eines Wertverlustes wurde eine Teilwertabschreibung geltend gemacht, die bei Privatvermögen nicht denkbar ist.

Das Gericht verlangt einen eindeutigen und klaren Widmungsakt, an den strenge Anforderungen zu stellen sind. Der Willensakt muss unmissverständlich, zeitnah und unumkehrbar dokumentiert sein. Hilfreich dürfte eine frühzeitige Mitteilung an das Finanzamt sein.

Hinweis 494

Ist der Mitgesellschafter, der Sonderbetriebsvermögen der Personengesellschaft zur Verfügung stellt, der Unterhaltsschuldner, kann sein Unterhaltseinkommen nur beurteilt werden, wenn die vorgenannten Informationsquellen (Sonderbilanz und Sonder-G&V), auf die folglich ein **Auskunfts- und Beleganspruch** besteht, vorliegen und in die Berechnung miteinbezogen werden können.

Dies gilt auch bei der EÜR.

Anlage SE = Sonderberechnung für Betriebseinnahmen und/oder Sonderbetriebsausgaben, wie z.B. eine Vergütung für die Tätigkeit im Dienst der Gesellschaft, die Hingabe von Darlehen und/oder die Überlassung von Wirtschaftsgütern;

Anlage AVSE = Anlageverzeichnis zur Anlage SE: diese ist nur zu übermitteln, wenn tatsächlich Sonderbetriebsvermögen vorliegt. Hierbei handelt es sich um Wirtschaftsgüter, die nicht Gesamthandseigentum sind, sondern einem, mehreren oder allen Beteiligten gehören und dem Betrieb der Gesellschaft oder der Stärkung der Beteiligung der Gesellschafter dienen.

b) Ergänzungsbilanzen

■ **Unterhaltsrelevanz** 495

Ist der Mitunternehmer einer Personengesellschaft nicht mit dem seinem Anteil am Gesamthandsvermögen entsprechenden Werten an Wirtschaftsgütern der Personengesellschaft beteiligt, kann sein Unterhaltseinkommen nur dann beurteilt werden, wenn das Ergebnis der nach dem Betriebsvermögensvergleich zu erstellenden **Ergänzungsbilanzen** mit einbezogen wird.

Die Wertansätze der aus der Handelsbilanz abgeleiteten Steuerbilanz, ergänzt um die Korrekturen der Er- 496
gänzungsbilanz, ergeben insgesamt die steuerlichen Wertansätze für die jeweiligen Wirtschaftsgüter. Das steuerliche Ergebnis der Mitunternehmerschaft ergibt sich also nur aus der Summe der Ergebnisse der aus der Handelsbilanz abgeleiteten Steuerbilanz, der Ergänzungs- und der Sonderbilanzen. Das in der Ergänzungsbilanz ausgewiesene Kapital eines Mitgesellschafters ist Bestandteil des Kapitalkontos und beeinflusst demnach das Verlustausgleichs- und -abzugspotenzial.[349]

Der Begriff „**Ergänzungsbilanz**" wird im Bilanzsteuerrecht verwendet, ohne dass das Gesetz diesen Begriff, außer in der Vorschrift des § 24 Abs. 2, 3 UmwStG, verwendet.
Ergänzungsbilanzen sind in vier Fällen aufzustellen:

- bei Gesellschaftereintritt in eine Personengesellschaft, wobei der eintretende Gesellschafter Aufwendungen tätigt, die nicht mit dem Nominalbetrag des eingeräumten Kapitalkontos übereinstimmen,
- bei Einbringung eines Betriebes nach § 24 UmwStG (vgl. Rdn 508)

348 FG Köln, 26.4.2018 – 1 K 1896/17, Rev. eingelegt unter BFH – IV R 17/18: EFG 2018, 1195 Nr. 14; *Eggert*, Dokumentation von Einlagen in der Buchführung, NWB BBK Nr. 15 v. 3.8.2018, S. 725.
349 Vgl. BMF v. 30.5.1997, BStBl I 1997, 627.

- bei Übertragung einzelner Wirtschaftsgüter aus BV des Mitgesellschafters an die Gesellschaft nach § 6 Abs. 5 S. 3–5 EStG,
- bei Inanspruchnahme personenbezogener Steuervergünstigungen durch eine Personengesellschaft für einzelne Mitgesellschafter (z.B. §§ 6b, 7d, 7k EStG).

Hinweis

Ergänzungsbilanzen sind damit auf den Bereich der Personengesellschaften (Mitunternehmerschaften) beschränkt. Sie enthalten Wertkorrekturen zu den Beträgen, die in der Steuerbilanz der Mitunternehmerschaft für die gesamthänderisch gebundenen Wirtschaftsgüter angesetzt sind. Die im Vorabschnitt erläuterten **Sonderbilanzen unterscheiden sich von den Ergänzungsbilanzen** dadurch, dass es sich hierbei um überlassene Wirtschaftsgüter und Leistungen handelt, die **nicht** zum **Gesamthandsvermögen** der Personengesellschaft gehören. Die **Ergänzungsbilanz** ist dann aufzustellen, wenn die **Anschaffungskosten** eines in eine Mitunternehmerschaft eintretenden Gesellschafters **nicht mit dem Nominalbetrag des Kapitalkontos übereinstimmen** (Ergänzungsbilanz bei Gesellschaftereintritt).

Beispiel

Unterhaltsschuldner U tritt in eine Personengesellschaft ein und erhält einen Anteil am Kapital mit einem Nominalwert von 10.000 EUR. Als Gegenleistung überträgt er, das sind seine Anschaffungskosten, ein einzelnes Wirtschaftsgut, z.B. eine Maschine, mit Teilwert von 25.000 EUR auf die Personengesellschaft (vgl. auch Rdn 508).

Lösung

Die Anschaffungskosten sind also höher als der Nominalwert des Gesellschaftsanteils, so dass für U eine **positive Ergänzungsbilanz** zu erstellen ist.

Die Gesellschaft hat Anschaffungskosten für die Maschine von 10.000 EUR, was die Bemessungsgrundlage für ihre Abschreibung dargestellt, während in der Ergänzungsbilanz der U von 15.000 EUR abschreibt.

497 Sind die Anschaffungskosten des eintretenden Gesellschafters geringer als das eingeräumte Kapitalkonto, so ist der Minderbetrag in einer **negativen Ergänzungsbilanz** zu erfassen.

Die Wertansätze in den Ergänzungsbilanzen sind in den Folgejahren nach der Maßgabe der für die jeweiligen Wirtschaftsgüter geltenden Bewertungsvorschriften fortgeführt (z.B. Abschreibung).

498 *Hinweis*

Diese Ergänzungserfolgsrechnungen gibt es auch bei der EÜR.

Beispiel

RA1 gründet zusammen mit RA2 eine Rechtsanwalts-GbR zum Zwecke der gemeinschaftlichen Berufsausübung.

RA1 bringt seine Einzelpraxis in die neu gegründete GbR ein, während RA2 eine Ausgleichszahlung in Höhe von 200.000 EUR an RA1 in dessen Privatvermögen erbringt. Der Praxiswert der einzubringenden Einzelpraxis beläuft sich auf 150.000 EUR, während der Anteilswert beider Gesellschafter an der GbR je 50.000 EUR beträgt.[350]

Lösung

Auch bei der Gewinnermittlung nach § 4 Abs. 3 EStG sind die Anschaffungskosten eines Gesellschafters für den Erwerb seiner mitunternehmerischen Beteiligung in einer steuerlichen- „Ergänzungsrech-

350 Beispiel nach BFH/NV 2009, 1879.

nung" nach Maßgabe der Grundsätze über die Aufstellung von Ergänzungsbilanzen zu erfassen, wenn sie in der Überschussrechnung der Gesamthand nicht berücksichtigt werden können (Rdn 163).

In dieser Ergänzungsrechnung schreibt der RA1 den Praxiswert von 150.000 EUR ab. Dessen Einkünfte sind ohne die Ergänzungsrechnung nicht unmittelbar.

c) Umwandlungen

Unterhaltsrelevanz 499

Besonders das Umwandlungsrecht und das Umwandlungssteuerrecht gehören zu den schwierigsten Materien des Steuerrechts. Die Beurteilung der damit zusammenhängenden Steuerrechtsfragen ist deshalb für den steuerrechtlichen Laien praktisch unmöglich und damit haftungsträchtig. Dabei können diese Rechtsinstitute gerade deshalb angewandt werden, um Vermögens- und Einkommensverlagerungen zu bewirken.

Dies führt zu einem immensen **Haftungsrisiko für den Familienrechtler**.

Die Umwandlung[351] von Unternehmen ist in hohem Maße von steuerlichen Aspekten beeinflusst. Relevant ist aus Sicht der beteiligten Unternehmen und ihrer Anteilseigner insbesondere, welche steuerlichen Folgen der Umwandlungsakt selbst auslöst und wie sich die Umwandlung auf die zukünftige steuerliche Belastung von laufenden Einkünften sowie potentielle entgeltliche oder unentgeltliche Übertragungsvorgänge auswirkt. 500

Das Umwandlungsgesetz nennt in § 1 UmwG und regelt dann weiter die vier Umwandlungsarten der Verschmelzung, Spaltung (mit den Unterformen der Aufspaltung, Abspaltung und Ausgliederung, Vermögensübertragung und Formwechsel).

Das Umwandlungssteuergesetz behandelt wesentliche, aber keineswegs alle sich daraus ergebenden Umwandlungen (z.B. nicht den Formwechsel einer Kapitalgesellschaft in eine andere Form einer Kapitalgesellschaft oder von einer Personengesellschaft in eine andere Personengesellschaft).

Die folgende Darstellung kann nur eine Übersicht geben. Wenn eine der folgenden Umwandlungsarten vorliegt, ist besondere anwaltliche Vorsicht geboten.

Umwandlungsarten 501

Die Darstellung der Umwandlungsarten wird deutlich machen, in welchen Ausgestaltungen Umwandlungen im weitesten Sinne vorkommen können.

Wenn derartige Fallgestaltungen auftauchen, sollte der Familienrechtler einen versierten Steuerrechtler unverzüglich hinzuziehen.

Formwechsel 502

Hierunter versteht man den Wechsel der Rechtsform eines Unternehmens in eine andere Rechtsform.

Das Gesetz (§§ 190 bis 304 UmwG) geht dabei von Identität des Rechtsträgers aus.

Verschmelzung 503

Bei der Verschmelzung (§§ 2 bis 122 UmwG) handelt es sich um eine Übertragung des gesamten Vermögens eines Rechtsträgers auf einen anderen, schon bestehenden Rechtsträger (Verschmelzung durch Aufnahme) oder zweier oder mehrerer Rechtsträger auf einen durch die Verschmelzung neu gegründeten Rechtsträger (Verschmelzung durch Neugründung).

Spaltung 504

- Bei der Aufspaltung nach § 123 Abs. 1 UmwG überträgt der spaltende Rechtsträger sein gesamtes Vermögen auf mindestens zwei Rechtsträger und geht anschließend selbst unter (Auflösung ohne Abwicklung).

351 Vgl. BMF-Schreiben v. 6.12.2011 und 11.11.2011; *Volb*, Der Umwandlungsteuererlass.

- Bei der Abspaltung nach § 123 Abs. 2 UmwG werden dagegen grundsätzlich nur Teile im Vermögen des spaltenden Rechtsträgers (unter Umständen sogar nur ein einzelnes Wirtschaftsgut) auf einen anderen Rechtsträger übertragen; der spaltende Rechtsträger bleibt zivilrechtlich erhalten.
- Bei der Ausgliederung nach § 123 Abs. 3 UmwG überträgt der spaltende Rechtsträger, wie bei der Abspaltung, nur einen Teil seines Vermögens auf einen anderen Rechtsträger und bleibt selbst zivilrechtlich bestehen.
- Bei allen drei Spaltungsarten können der oder die übernehmenden Rechtsträger bereits vor der Spaltung bestehen (Spaltung zur Aufnahme) oder durch die Spaltung erst entstehen (Spaltung zur Neugründung).

505 **Vermögensübertragung / Übertragung einzelner Wirtschaftsgüter**

Hier wird ein Betriebsvermögen in eine Personengesellschaft eingebracht. Dabei ist die privilegierende Norm des § 24 UmwStG nur dann anwendbar, wenn das in die Personengesellschaft eingebrachte Vermögen ein Betrieb, Teilbetrieb oder eine Mitunternehmerschaft ist. Die Einbringung von Einzelwirtschaftsgütern ist dagegen nicht begünstigt. Die **Übertragung einzelner Wirtschaftsgüter** zwischen Mitunternehmern und Mitunternehmerschaften ist in § 6 Abs. 5 S. 3 bis 6 EStG geregelt (vgl. untenstehendes Beispiel Rdn 506).[352]

506 **Anwachsung**

Anwachsung bedeutet, dass der gesamthänderische Anteil eines Personengesellschafters am Gesamthandsvermögen nach seinem Ausscheiden aus der Gesellschaft ohne besonderen Übertragungsakt von Rechts wegen anteilig auf seine verbleibenden Mitgesellschafter übergeht (§ 738 Abs. 1 S. 1 BGB).

Die Bedeutung des Umwandlungsrechts, insbesondere auch für die familienrechtliche Fallbearbeitung, soll das folgende Beispiel erläutern:

Beispiel für Umwandlung

Rechtsanwalt A, bisher Einzelunternehmer, nimmt Rechtsanwältin B als Gesellschafterin auf.

Damit entsteht eine GbR. Das Betriebsvermögen des A hat einen Buchwert von 50.000 EUR.

Nach der Vereinbarung der Parteien im Gesellschaftsvertrag gehen beide von einem Verkehrswert dieses Anteils in Höhe von 150.000 EUR aus; der Teilwert des Anteils des A beträgt also 150.000 EUR.

In der Vereinbarung gehen beide weiter davon aus, dass beide hälftig an der Gesellschaft beteiligt sein sollen, während die B eine Einlage von 150.000 EUR erbringt.

Also keine direkte Zahlung von B an A wie im obigen Beispiel (siehe Rdn 498)!

Der A soll seiner Ehefrau Unterhalt zahlen und fragt nach einer möglichst günstigen steuerlichen Gestaltung, die die Zahllast gegenüber der Ehefrau reduziert.

Lösungsansatz

Wie häufig im Umwandlungssteuerrecht hat A ein **Wahlrecht** nach § 24 UmwStG.

Die Bilanzierung und damit die steuerliche Auswirkung folgen strikt der gesellschaftsvertraglichen Regelung.

Hinweis

Daraus folgt ein unterhaltsrechtlicher **Auskunfts- und Beleganspruch** auf Vorlage des **Gesellschaftsvertrages**, weil aus der Eröffnungsbilanz (siehe unten) die steuerliche Gestaltung nicht erkennbar ist und die Bilanzierung der gesellschaftsvertraglichen Regelung zu folgen hat.

352 Zur Übertragung einzelner Wirtschaftsgüter ausführlich: Verfügung OFD Frankfurt v. 21.3.2019 – S 2241 A – 117 – St 213, DStR 2019, 1357.

Die steuerliche Gestaltung muss sich also im Gesellschaftsvertrag wiederfinden, da das Steuerrecht dem Zivilrecht hier uneingeschränkt folgt.

Entspricht die Bilanzierung also nicht dem Zivilrecht, wird die Finanzverwaltung rigoros die Bilanzen ändern und die zivilrechtlichen Regelungen konsequent zur Anwendung bringen.

Dem Unterhaltsschuldner, Rechtsanwalt A, ist die Lösungsmöglichkeit 1 zu empfehlen.

Lösungsmöglichkeit 1

Eröffnungsbilanz der GbR

(bei Auflösung oder auch Nichtauflösung der stillen Reserven!)

eingebrachtes EU	150	Kapital A	150
Geldeinlage B	150	Kapital B	150
Bilanzsumme	300		300

Es liegt eine Einbringung des Betriebes des A in eine neue Personengesellschaft gegen Einräumung einer Stellung als Mitunternehmer i.S.d. § 24 UmwStG vor.

Durch den Teilwertansatz hat A alle stillen Reserven realisiert und damit einen Veräußerungsgewinn von 100.000 EUR erzielt.

Der Veräußerungsgewinn (§ 24 Abs. 3 S. 3 UmwStG i.V.m. § 18 Abs. 3 und § 16 Abs. 2 S. 3 EStG) von 100.000 EUR ist § 34 EStG zu versteuern (siehe Rdn 730 ff. mit Beispiel) anzuwenden.

Neben diesem zu versteuernden Veräußerungsgewinn hat der A natürlich auch seinen laufenden Gewinn aus der GbR zu versteuern. Alle diese Steuern sind in konsequenter Anwendung des In-Prinzips zum Abzug zu bringen und reduzieren die Zahllast gegenüber der Ehefrau.[353]

Nicht zu Ende gedacht wäre dabei die Überlegung, das Geld für die Steuern müsse er so oder so aufwenden.

Der Veräußerungsgewinn aus der Aufdeckung der stillen Reserve seines Einzelunternehmens ist in jedem Fall der Veräußerung oder Übertragung zu versteuern.

Geschieht das aber später, trägt er diese Steuerlast allein; während er jetzt die Ehefrau an dieser Steuerlast „beteiligen" kann.

(Für die Gesellschaft und damit für den Mitgesellschafter ist natürlich ein höheres Abschreibungspotenzial des Firmenwerts durch Aufdeckung der stillen Reserven des ursprünglichen Einzelunternehmens zur Gewinnminderung von Interesse.)

Soll die Versteuerung des Veräußerungsgewinns vermieden werden, also Buchwertfortführung, kann A zusätzlich zu obiger Eröffnungsbilanz eine **negative Ergänzungsbilanz** aufstellen:

Negative Ergänzungsbilanz A

Minder-Kapital A	100	Korrekturposten für eingebrachtes Wirtschaftsgut	100

(Die Ergänzungsbilanz ist oben erläutert; auch bei EÜR; Rdn 163.)

Mit Aufstellung der negativen Ergänzungsbilanz hat A das Einzelunternehmen zum Buchwert in die GbR eingebracht (Ansatz Gesamthandsbilanz 150 minus negative Wertkorrektur aus Ergänzungsbilanz 100). Die Gewinnrealisierung für A scheidet deshalb aus.

Werden in der Bilanz der GbR die eingebrachten Wirtschaftsgüter jährlich mit 10 % gleich 15.000 EUR abgeschrieben, so sind in der Ergänzungsbilanz die s**tillen Reserven** entsprechend mit 10 % gleich 10.000 EUR **gewinnerhöhend aufzulösen.**[354]

353 Auch reduzieren sie eine etwaige Zugewinnausgleichforderung bzgl. des Unternehmens, vgl. BGH FamRZ 2011, 1367 m. Anm. *Kuckenburg*, FuR 2011, 515.

354 BFH BStBl II 1996, 68.

Das Unterhaltseinkommen kann deshalb nur beurteilt werden, wenn die negative Ergänzungsbilanz mit G&V mit dem ausgewiesenen Gewinn von 10.000 EUR vorliegt.

Lösungsmöglichkeit 2

Der Ausweis bei **Buchwertfortführung** kann aber **auch** ie folgt aussehen:

Eröffnungsbilanz der GbR

(bei **nicht** vollständiger Auflösung der stillen Reserven)

eingebrachtes EU	50	Kapital A	100
Geldeinlage B	150	Kapital B	100
Bilanzsumme	200		200

Positive Ergänzungsbilanz der B

erworbene stille Reserven	50	Mehrkapital	50

Die B hat tatsächlich 150.000 EUR aufgewandt, während ihr Kapitalkonto nur 100.000 EUR ausweist. Deshalb hat sie die positive Ergänzungsbilanz zu erstellen.

A verliert in dieser Variante ohne gesondertes Entgelt die Hälfte seiner stillen Reserven!

Bei einer jährlichen Abschreibung von 10 % gleich 5.000 EUR in der Bilanz der GbR ist in der Ergänzungsbilanz der B eine ährliche Abschreibung von weiteren 5.000 EUR vorzunehmen.

Lösungsmöglichkeit 3 bei Ansatz eines Zwischenwertes

Die eingebrachten Wirtschaftsgüter sind unter Berücksichtigung der Ergänzungsbilanz der B mit 100.000 EUR, also mit einem Zwischenwert angesetzt worden.

A hat B die Hälfte der stillen Reserven verkauft, den auf ihn selbst anfallenden Anteil aber nicht aufgedeckt! Er hat einen Veräußerungsgewinn von 50.000 EUR realisiert, den er durch eine negative Ergänzungsbilanz, die ein Spiegelbild der Ergänzungsbilanz der B. ist, neutralisieren kann:

negative Ergänzungsbilanz des A

Kapital A	50	veräußerte stille Reserven	50

(Eröffnungsbilanz und positive Ergänzungsbilanz der B wie vor; A löst periodisch die stillen Reserven mit 10 % also 5.000 EUR auf; B schreibt in gleicher Höhe ab!)

Das Beispiel macht auch deutlich, dass die Gesellschafter wegen divergierender Interessen betreffend die Zuordnung der stillen Reserven und Abschreibungsmodalitäten im Einbringungsvertrag eine Regelung treffen müssen.

Hinzu kommt, dass auch die Möglichkeit der Einbringung einer Einzelpraxis (Einzelunternehmen) unter Zurückbehaltung von Forderungen im Sinne des § 24 UmwStG möglich ist. Dabei kann der Steuerpflichtige die Forderung ausdrücklich in sein Privatvermögen übernehmen; tut er das nicht verbleibt ein Restbetriebsvermögen (mit gesonderter Gewinnermittlung!).[355]

507 *Hinweis*

Zur Ermittlung der Unterhaltseinkünfte muss in diesen Fällen die Ergänzungsbilanz mit dazugehöriger Gewinn- und Verlustrechnung verlangt werden, da andernfalls nur der laufende Gewinn aus der GbR unterhaltsrechtlich aufgedeckt würde.

Auf die Ergänzungsbilanzen und die dazugehörigen Gewinn- und Verlustrechnungen besteht ein unterhaltsrechtlicher **Auskunfts- und Beleganspruch**!

Dies gilt auch für die fortzuentwickelnden Ergänzungsbilanzen der Folgejahre.

355 BFH v. 4.12.2012 – VIII R 41/09, DStR 2012, 356.

Hinweis 508

Verzichtet der Einbringende auf die Neutralisierung des Veräußerungsgewinns durch Aufstellung von negativen Ergänzungsbilanzen, hat er den Veräußerungsgewinn zu versteuern.

Dies geschieht nach den oben genannten Vorschriften. Im letztgenannten Fall beträgt der Veräußerungsgewinn 50.000 EUR. § 34 EStG kommt nicht in Betracht, weil nicht alle stillen Reserven aufgedeckt worden sind. Auch **Personengesellschaften mit EÜR** (also auch Freiberufler nach § 18 EStG, wie u.a. Rechtsanwälte und Ärzte!) können sich der Ergänzungsbilanzen zur Ausübung ihres Bewertungswahlrechts bedienen.[356]

10. Gewinn- und Verlustrechnung (G & V) gem. § 275 HGB

Im Gegensatz zur Bilanz, in der die am Bilanzstichtag vorhandenen Vermögensgegenstände und Schul- 509
den ausgewiesen werden, wobei das Zustandekommen des Jahresergebnisses und unter Umständen auch seine Höhe nicht ersichtlich werden, gibt die Gewinn- und Verlustrechnung als **Zeitraumrechnung** Auskunft über Art und Höhe der Erfolgsquellen. Die Gewinn- und Verlustrechnung bildet nach § 242 Abs. 3 HGB zusammen mit der Bilanz den Jahresabschluss. Bei Kapitalgesellschaften besteht der Jahresabschluss darüber hinaus aus dem „Anhang" gemäß der §§ 284, 264 HGB.

Im Folgenden braucht nicht mehr auf jede einzelne Position der Gewinn- und Verlustrechnung eingegangen werden, weil vieles schon im Kontext zur Bilanz erörtert wurde.

Die Erfolgswirksamkeit von Rückstellungen beispielsweise führt im Zuge der doppelten Buchführung natürlich auch zu einem Ansprechen von Aufwandskonten.

Im Zusammenhang mit Forderungen wurde weiter beispielsweise die Erfolgswirksamkeit durch die Auswirkung auf die Umsatzerlöse erklärt.

Unterhaltsrelevanz 510

Alle Positionen der Gewinn- und Verlustrechnung haben unmittelbar Einfluss auf den ausgewiesenen Gewinn des Unternehmens und sind damit auch Basisgröße des Unterhaltseinkommens. Sie sind deshalb kritisch zu würdigen, d.h. substantiiert zu bestreiten oder zu erläutern. Die Differenz wird im Jahresergebnis ausgewiesen und als Gewinn bzw. Verlust bezeichnet.

Zum unterhaltsrelevanten Einkommen gehören dabei nicht Gewinne aus der Veräußerung von Vermögensgegenständen wie z.B. einer Immobilie. Anders als bei Überschüssen, die auf dem operativen Geschäft fußen, stammen die Mittel aus dem Vermögensstamm und müssen dabei eine planvolle Umschichtung von Vermögen darstellen.[357]

Hinweis 511

Dies bedeutet ein besonderes Haftungsrisiko für den Verfahrensvertreter, wenn die Rechtsprechung[358] eine voll inhaltliche und familienrechtliche Überprüfbarkeit aller Positionen des Rechnungswesens annimmt.

Erfolgswirksam, und damit das betriebliche Ergebnis beeinflussend, sind nur betrieblich veranlasste Aufwendungen.

Definition der betrieblichen Aufwendungen:

Betriebliche Aufwendungen sind nur die Aufwendungen, die unmittelbar mit der Erzielung von Einkünften in Zusammenhang stehen.

356 *Reiß*, in: Kirchhof, EStG, § 16 Rn 316, BFH/NV 2009, 1879.
357 OLG Koblenz FamRZ 2018, 913.
358 BGH FamRZ 2006, 387, OLG Frankfurt FamRZ 2007, 404.

Gemäß § 4 Abs. 4 EStG (Betriebsausgaben) und § 9 Abs. 1 EStG (Werbungskosten) werden also bei der Ermittlung der Einkünfte nur Aufwendungen berücksichtigt, die durch die Einkünfteerzielung veranlasst sind.

Bei der Frage der Abzugsfähigkeit wird eine Untergrenze dahin gehend definiert, dass bei untergeordneter **betrieblicher/beruflicher** Mitveranlassung (< 10 %) ein Abzug als Betriebsausgaben/Werbungskosten nicht zulässig ist.

Bei untergeordneter **privater** Mitveranlassung (< 10 %) sind die Aufwendungen im vollen Umfange als Betriebsausgaben/Werbungskosten abziehbar.

Unterhaltsrechtlich können z.B. nicht pauschal 30 % von den Betriebsausgaben, in denen angeblich Kosten privater Lebensführung versteckt sein sollen, abgezogen werden.[359]

Beispiele: Abgrenzung gemischte private/betriebliche Aufwendungen[360]

Fall 1

Rechtsanwalt R nimmt 2010 während eines 14-tägigen Urlaubs auf Mallorca an einem eintägigen Fachseminar zum Familienrecht in Calviá teil. Die Flugkosten betragen 115 EUR, die Kosten für das Hotel in Palma 1.190 EUR und die für das Seminar 150 EUR. Für Taxifahrten von Palma nach Calviá und zurück zahlt R 50 EUR.

Sind die Kosten Betriebsausgaben und wenn ja, in welcher Höhe?

Fall 2

Der niedergelassene Arzt A besucht 2010 einen Fachkongress in Dublin, Irland. Anreise ist Samstagfrüh. Die Veranstaltung findet ganztägig von Dienstag bis Donnerstag statt.

Am Sonntagabend reist er zurück nach Hause. Die Kosten betragen:

Hotel	900 EUR
Kongress	400 EUR
Flug	500 EUR

Wie hoch ist der Aufteilungsmaßstab der Kosten?

Wie hoch sind die Betriebsausgaben?

Fall 3

Steuerberater S begehrt die hälftige Anerkennung der Kosten für ein Abonnement einer überregionalen Zeitung in Höhe von 26 EUR, die er neben der regionalen Tageszeitung bezieht, als Betriebsausgabe. Diese überregionale Zeitung informiert umfassend auch über die steuerrechtliche Entwicklung.

Wie hoch ist die Betriebsausgabe?

Lösung Fall 1

R kann 212 EUR als Betriebsausgaben geltend machen.

Die Aufwendungen für die Urlaubsreise selbst sind nicht abziehbar.

Die Aufwendungen, die unmittelbar mit dem Fachseminar zusammenhängen, wie die Seminargebühren von 150 EUR, die Fahrtkosten vom Urlaubsort zum Tagungsort von 50 EUR und gegebenenfalls

359 OLG Koblenz FamRZ 2018, 913.

360 Nach BMF-Schreiben v. 6.7.2010 unter www.bundesfinanzministerium.de.

ein Pauschbetrag für Verpflegungsmehraufwendungen[361] sind als Betriebsausgaben bzw. Werbungskosten abziehbar (Flugkosten < als 10 %).

Lösung Fall 2

3/9!

R hat Betriebsausgaben in Höhe von 908,66 EUR.

Entgegen der bisherigen Rechtsprechung ist die Reise nach Ansicht des BFH[362] nicht mehr als Einheit zu betrachten. Die Kosten für zwei Übernachtungen – von Dienstag bis Donnerstag -, sowie die Kongressgebühren, sind ausschließlich dem betrieblichen Bereich zuzuordnen und daher vollständig als Betriebsausgaben abziehbar. Dies sind hier 700 EUR (Hotel: 3 Übernachtungen x 100 EUR + Kongresskosten 400 EUR).

Die Flugkosten sind gemischt veranlasst und entsprechend den Veranlassungsbeiträgen aufzuteilen. Aufteilungsmaßstab zwischen betrieblichen und privaten Zeitanteilen ist hier 3/9, also 166,66 EUR. Der Abzug der Verpflegungskosten ist als Betriebsausgaben nur in Höhe der Pauschbeträge für Verpflegungsmehraufwendungen auf die betrieblich veranlassten Tage mit 42 EUR zulässig (14 EUR x 3).

Lösung Fall 3

„0“.

Eine Trennung nach den Veranlassungsbeiträgen ist hier nicht möglich. Es fehlt die Möglichkeit zur Aufteilung nach objektivierbaren Kriterien.

361 Verpflegungspauschalen für Dienstreisen im Inland

Für eine Dienstreise im Inland werden seit Anfang 2014 Verpflegungsmehraufwendungen zu folgenden Beträgen pro Kalendertag angesetzt [1]:

- Mehrtägige auswärtige Tätigkeiten
  - 24 EUR für jeden Kalendertag, an dem der Arbeitnehmer 24 Stunden von seiner Wohnung abwesend ist,
  - jeweils 12 EUR für den An- und Abreisetag, wenn der Arbeitnehmer an diesem, einem anschließenden oder vorhergehenden Tag außerhalb seiner Wohnung übernachtet, eine Mindestabwesenheitszeit ist nicht erforderlich
- Auswärtige Tätigkeiten ohne Übernachtung
  - 12 EUR für den Kalendertag oder die Nacht, an dem der Arbeitnehmer ohne Übernachtung außerhalb seiner Wohnung mehr als 8 Stunden von seiner Wohnung und der ersten Tätigkeitsstätte abwesend ist

Maßgebend ist die Abwesenheitsdauer von der Wohnung und der regelmäßigen Arbeitsstätte. Führt jemand an einem Kalendertag mehrere Dienstreisen durch, können die Abwesenheitszeiten an diesem Kalendertag zusammengerechnet werden.

Im Falle einer Einsatzwechseltätigkeit hat der Arbeitnehmer keine regelmäßige Arbeitsstätte, so dass nur die Abwesenheitsdauer von der Wohnung maßgebend ist. Ein Vollzeit-Einsatz von mehr als drei Monaten am selben Einsatzort gilt nicht mehr als Einsatzwechseltätigkeit für diesen Zeitraum. Wird eine Tätigkeit nach 16:00 Uhr begonnen und endet sie vor 08:00 Uhr des darauffolgenden Kalendertages ohne Übernachtung, ist die gesamte Abwesenheitsdauer dem Kalendertag zuzurechnen, der die überwiegende Abwesenheit beinhaltet.

Bis Ende 2013 wurden Verpflegungsmehraufwendungen zu folgenden Beträgen pro Kalendertag angesetzt:

- 24 EUR bei einer Abwesenheit von 24 Stunden,
- 12 EUR bei einer Abwesenheit von weniger als 24 Stunden, aber mindestens 14 Stunden,
- 6 EUR bei einer Abwesenheit von weniger als 14 Stunden, aber mindestens 8 Stunden (§ 4 Absatz 5 Satz 1 Nummer 5 Satz 2 des Einkommensteuergesetzes).

Verpflegungspauschalen für Dienstreisen im Ausland

Für Dienstreisen im Ausland gelten vom Zielland abhängige Pauschalen, die meistens über den inländischen Pauschalen liegen. Für nicht aufgeführte Länder sind die Beträge für Luxemburg anzusetzen.

Bei Dienstreisen vom Inland in das Ausland bestimmt sich der Pauschbetrag nach dem Ort, den der Steuerpflichtige vor 24:00 Uhr Ortszeit zuletzt erreicht hat. Für eintägige Reisen ins Ausland und für Rückreisetage aus dem Ausland in das Inland ist der Pauschbetrag des letzten Tätigkeitsortes im Ausland maßgeblich.

362 BFH, Beschl. v. 21.9.2009, GrS 1/06 unter www.bundesfinanzhof.de.

Nach dem BMF-Schreiben[363] kommt ein Abzug der Aufwendungen insgesamt nicht in Betracht, wenn die betrieblich/beruflichen und privaten Veranlassungsbeiträge so ineinander greifen, dass eine Trennung nicht möglich und eine Grundlage für die Schätzung nicht erkennbar ist.

a) Erlöse

512 Zu den Erlösen gehören:

- Erlöse (im engeren Sinne)
- Erlöse aus Schadensersatz
- Erlöse aus Rückstellungsauflösungen
- Erlöse aus gebuchten Privatanteilen
- Erlöse aus Zuschreibungen
- Erlöse aus Auflösung von Pauschalwertberichtigungen auf Forderungen
- Erlöse aus abgeschriebenen Forderungen
- Erlöse aus der Auflösung von Sonderposten mit Rücklageanteil/Ansparabschreibung
- Investitionszuschüsse.

513 *Hinweis*

Außer den Erlösen im engeren Sinne sind die anderen Erlöse nicht regelmäßig und zwingend wiederkehrend. Auch beim „Gegenstück", den außerordentlichen Aufwendungen, wird deshalb die Ansicht vertreten, derartige Aufwandpositionen seien -wie entsprechende Erlöspositionen- im Zuge einer Zukunftsprognose wie bei der Unternehmensbewertung zu eliminieren.

Diese Meinung ist abzulehnen, weil alle Erlöse und Aufwendungen auf die Ertragskraft des Unternehmens schließen lassen und im „Lebenszyklus" eines Unternehmens immer einmal wieder vorkommen.[364]

514 In folgenden Randnoten zu Bilanzpositionen werden unterhaltsrechtlich bedeutsame Auswirkungen auf die Erlöse dargestellt:

Anlage- und Umlaufvermögen	(siehe Rdn 286 ff.)
Verkauf von Anlagevermögen/Veräußerungsgewinnbesteuerung	(siehe Rdn 734 ff.)

515 *Aufdeckung stiller Reserven*

Veräußerungspreis

abzüglich Veräußerungskosten

abzüglich Buchwert

gleich Veräußerungsgewinn/Aufdeckung stiller Reserven

516

Bestandsveränderungen, auch durch (Pauschal-) Wertberichtigungen	(siehe Rdn 384 ff.)
Aktivierung teilfertiger Leistungen/Erzeugnisse	(siehe Rdn 392 ff.)
Erträge aus Auflösungen von Sonderposten mit Rücklageanteil, z.B. § 7g EStG a.F.	(siehe Rdn 348, 444)
Sachentnahmen und andere unentgeltliche Wertabgaben	(siehe Rdn 413 ff.)
Erlöse aus Rückstellungsauflösungen	(siehe Rdn 450 ff.)
Erlöse aus Zuschreibungen/Wertaufholung	(siehe Rdn 287 ff.)

363 BFH v. 4.12.2012 – VIII R 41/09, DStR 2012, 356, Tz 17.
364 Vgl. *Strohal*, Rn 235.

b) Wareneinkauf/Materialaufwand

(Zur Bewertung des Vorratsvermögens vgl. Rdn 385 ff.!) 517

Bei dieser Position handelt es sich um einen besonderen Erfolgsindikator eines Unternehmens, wobei die Überprüfung in der Relation zum Umsatz durch den internen bzw. externen Betriebsvergleich (siehe Rdn 1108 ff.) erfolgen kann.

Hinweis 518

Derartige Überlegungen in Form eines externen Betriebsvergleichs fordert der BGH[365] in seiner Rechtsprechung auch vom anwaltlichen Berater, indem in der genannten Entscheidung über das Institut des externen Betriebsvergleichs eine Korrektur der Aufwandsposition „Personalkosten" erfolgt.

Beispiel

Regelmäßig kauft der Unternehmer U Waren mit einem Wert von jährlich 100.000 EUR ein.

Im letzten Jahr des unterhaltsrechtlich relevanten Betrachtungszeitraumes kauft er Waren im Wert von 250.000 EUR, die er im ersten Jahr nach dem unterhaltsrechtlich relevanten Betrachtungszeitraum in einem Ausverkauf veräußert oder veräußern will.

Die Manipulation des Ergebnisses wird offenkundig durch den Vergleich der Höhe des Wareneinkaufs in den verschiedenen Jahren, ohne dass es zur tatsächlichen Veräußerung der Wirtschaftsgüter des Umlaufvermögens ausweislich der Gewinn- und Verlustrechnungen gekommen sein muss.

c) Personalaufwand

(Zu den Verbindlichkeiten vgl. Rdn 480 ff.) 519

Hierzu gehören Löhne, Gehälter und Aufwendungen für Sozialabgaben.

Diese Aufwandsposition ist gerade bei personalintensiven Unternehmen von besonderer Bedeutung. Auch hier ist stets das Instrument des internen Betriebsvergleichs (siehe Rdn 1108 ff.) heranzuführen, d.h., es ist zu prüfen, wie hoch die Personalkosten in den verschiedenen zu beurteilenden Jahren im Verhältnis zum Umsatz sind. Natürlich ist auch hier der externe Betriebsvergleich (siehe Rdn 1097 ff.) schon wegen der Rechtsprechung des BGH[366] zur Anwendung zu bringen, um Haftungsrisiken zu vermeiden. In der genannten Entscheidung hatte der BGH tatsächlich vorhandene Personalkosten über die Heranführung des **externen Betriebsvergleichs**, also mit üblicherweise entstehenden Personalkosten vergleichbarer Unternehmen, erheblich zugunsten des Unterhaltgläubigers fiktiv herabgesetzt.

Bei Geschäftsführer-Gesellschaftern ist stets die Angemessenheit der **Geschäftsführervergütung** zu beachten, deren Überprüfung nach Kriterien des Steuerrechts erfolgt.[367]

Zu beachten sind auch stets ordnungsgemäße Erfassung und Berücksichtigung der Lohnsteuer bei Sachbezügen, insbesondere der Gestellung von Kraftfahrzeugen[368] oder sonstige unentgeltliche Zuwendungen wie beispielsweise Deputate.

Ehegatten- (Lebenspartner-) Arbeitsverhältnisse sind ebenfalls nach allgemeinen Kriterien des Steuerrechts zu überprüfen:

- schriftliche Vereinbarung,
- tatsächliche Durchführung gemäß der schriftlichen Vereinbarung,
- hält das Ehegattenarbeitsverhältnis dem Fremdvergleich stand.[369]

365 BGH FamRZ 2006, 387, OLG Frankfurt FamRZ 2007, 404.
366 BGH FamRZ 2006, 387, OLG Frankfurt FamRZ 2007, 404.
367 Siehe *Kuckenburg*, Angemessenheit von Geschäftsführervergütungen – insbesondere eigenmächtige Herabsetzung, FuR 2005, 491, B Rn 468.
368 Nach OLG Frankfurt richtet sich der Wert der Privatentnahmen eines betrieblichen Pkw danach, was der Unterhaltspflichtige dadurch erspart, dass ihm der Arbeitgeber ein Fahrzeug für den Privatbereich zur Verfügung stellt, OLGR Frankfurt 1997, 166.
369 Vgl. *Arens*, Schuldrechtliche Verträge zwischen Angehörigen und ihre steuerlichen Voraussetzungen, FamRB 2008, 155 ff.

520 *Hinweis*

Zur Überprüfung der Personalaufwendungen muss als Dokumentation das Jahreslohnjournal im Zuge des Auskunfts- und Beleganspruchs verlangt werden.

d) Abschreibungsaufwand

521 Vgl. im Einzelnen Rdn 299 ff.

e) Aufwand für Wertberichtigungen/Verluste aus Abgängen des Anlage- bzw. Umlaufvermögens

522 Vgl. im Einzelnen Rdn 392 ff.

f) Aufwand für Bildung der Sonderposten mit Rücklageanteil, insb. § 7g EStG a.F.

523 Vgl. Rdn 348 ff., 444 ff.

g) Aufwand für Bildung von Rückstellungen

524 Vgl. Rdn 450 ff.

h) Sonstige betriebliche Aufwendungen

aa) Kraftfahrzeugkosten

525 Vgl. im Einzelnen Rdn 417 ff. mit Beispielen.

Hier ist zunächst zu überprüfen, ob in der Buchführung ordnungsgemäß eine Abgrenzung zur privaten Veranlassung erfolgt. Beim Unternehmer geschieht dieses über die 1 % Regelung und beim Arbeitnehmer erfolgt entsprechender Ausweis über die Gehaltsabrechnung bei den nichtselbstständigen Einkünften.

526 ■ **Unterhaltsrelevanz**

Regelmäßig können die steuerlichen Regeln auch als unterhaltstauglich angesehen werden, weil diese restriktiv sind. Eine Kürzung dürfte nur dann in Betracht kommen, wenn ein unangemessen teures Fahrzeug mit entsprechend hohen Betriebsausgaben benutzt wird.

bb) Bewirtungs-, Reisekosten und Geschenke, Lizenzschrankenaufwand

527 Nach § 4 Abs. 5 Nr. 2 EStG sind Bewirtungsaufwendungen nur noch mit 70 % als Betriebsausgaben zu berücksichtigen, wenn sie angemessen und ihre betriebliche Veranlassung durch Angabe des Bewirtungsanlasses und der bewirteten Personen nachgewiesen wird.

528 ■ **Unterhaltsrelevanz**

Auf die steuerrechtlich erforderliche Dokumentation/Nachweis besteht ein unterhaltsrechtlicher Auskunfts- und Beleganspruch. Wenn diese Position einmal von besonderer Bedeutung ist, muss sich eine unterhaltsrechtliche Angemessenheitsüberprüfung anschließen.

529 Bei Reisekosten ist ebenfalls zu beachten, dass eine private Veranlassung nicht vorliegt[370] (siehe Rdn 513 ff. mit Beispielen).

Wie üblich ist zu überprüfen, welche Ergebnisse der interne bzw. der externe Betriebsvergleich zeigen. Nach § 4 Abs. 5 Nr. 1 EStG dürfen Aufwendungen für Geschenke an Personen, die nicht Arbeitnehmer des Steuerpflichtigen sind, den Gewinn nicht mindern, es sei denn, der Wert der Zuwendung übersteigt pro Empfänger 35 EUR nicht.

370 BMF-Schreiben v. 6.7.2010 unter www.bundesfinanzministerium.de.

■ **Unterhaltsrelevanz** 530

Auch hier muss bei entsprechender Bedeutung unterhaltsrechtlich die Vorlage des steuerlichen Nachweises mit Beleg, Bewirtungsanlass und der Nennung der bewirteten Personen verlangt werden.

■ **Lizenzschrankenaufwand nach § 4j EStG** 531

Ab dem 1.1.2018 gilt eine sogenannte Lizenzschranke für Aufwendungen für grenzüberschreitende Lizenz- (und vergleichbare) Zahlungen im Inland, wenn die korrespondierenden Einnahmen bei dem verbundenen Empfänger einer präferenziell niedrigen Besteuerung (wohl weniger als 25 %) unterliegen.[371]

cc) Mieten, Pachten, Leasing, Disagio

Wie bei den Vorpositionen hat eine Überprüfung nach der Angemessenheit der Höhe der Aufwendungen zu erfolgen. Dies gilt insbesondere dann, wenn die Verträge mit nahestehenden Personen geschlossen worden sind, weil die allgemeinen Prüfungskriterien des Steuerrechts, insbesondere der Fremdvergleich, heranzuziehen sind. 532

Bei Leasing und Disagio ist zu beachten, dass eine ordnungsgemäße Jahresabgrenzung über die aktiven Rechnungsabgrenzungsposten zu erfolgen hat (da die RAP bei der Einnahmen-/Überschussrechnung nicht vorkommen, kann dort der sofortige Abzug eines Disagios zu erheblicher Ergebnisbeeinflussung führen!).

dd) Telefonkosten

Hierbei ist in erster Linie darauf zu achten, ob die Privatanteile ordnungsgemäß bei den unentgeltlichen Wertabgaben erfasst wurden. 533

■ **Unterhaltsrelevanz** 534

Denkbar sind auch unterhaltsrechtliche Angemessenheitserwägungen.

ee) Zinsaufwendungen

Vgl. Rdn 421 ff. 535

Bei Zinsaufwendungen ist die betriebliche Veranlassung zu überprüfen.

Immer noch aufzufinden sind die sog. Mehrkontenmodelle, mit denen versucht wird, private Verbindlichkeiten in geschäftliche Verbindlichkeiten „umzuwandeln".

Der Gesetzgeber hat dem in § 4 Abs. 4a EStG mit den Regeln zu den Überentnahmen normativ entgegengewirkt. Der Ausweis der Überentnahmen erfolgt in den Einkommensteuererklärungen mit Berechnungsanlagen.

ff) Vorsteuer/Umsatzsteuer/sonstige betriebliche Steuern

Vorsteuer und Umsatzsteuer sind grundsätzlich erfolgsneutral. Auswirkungen können sich dann ergeben, wenn im letzten Monat des Geschäftsjahres eine erhebliche Umsatzsteuerzahllast entsteht und die Vorsteuer diese nur eingeschränkt korrigieren kann. 536

> *Hinweis* 537
>
> Bei den monatlichen oder quartalsmäßigen Umsatzsteuervoranmeldungen braucht im Übrigen nur die Umsatzsteuer aber nicht zwingend die Vorsteuer gezogen werden, was in der Jahresumsatzsteuererklärung nachgeholt werden kann. Dies hat natürlich erheblichen Einfluss auf das Unterhaltseinkommen!

371 *Richter/John*, Was bewirkt und erfordert die neu eingeführte Lizenzschranke nach § 4j EstG, WPg 2017, 1090 ff.

538 Die Gewerbesteuer (vgl. ausführlich mit Beispiel Rdn 8) ist als Betriebsausgabe nicht mehr abziehbar, sodass sie in der Steuer-G&V nicht mehr erscheint. Natürlich ist sie unterhaltsrechtlich abzugsfähig, wobei unterhaltsrechtlich zu klären bleibt, ob dieses entsprechend der Einkommensteuer nach dem In-Prinzip oder dem Für-Prinzip erfolgt.

539 *Hinweis*

Wegen der Änderung des Ausweises der Gewerbesteuer besteht ein gesonderter **Auskunfts- und Beleganspruch**.

gg) Sonstiger betrieblicher Aufwand/weitere Aufwandspositionen

540 Wegen der nun schon mehrfach genannten Rechtsprechung des BGH[372] bedarf jede Aufwandsposition der Überprüfung und muss deshalb anwaltlicher Vorsicht folgend notfalls bestritten werden. Auffälligkeiten werden dabei durch den internen Betriebsvergleich deutlich (vgl. Rdn 1108 ff.).

11. Anhang, Lagebericht, Abschlussprüfung, Offenlegung

541 Bei den Kapitalgesellschaften ist der Anhang Bestandteil des Jahresabschlusses nach § 264 HGB. Dies gilt nach MikroBilG nicht für Kleinstkapitalgesellschaften (§ 264 Abs. 1 S. 5 AGB; siehe oben Rdn 286 ff.)

542 *Hinweis*

Fehlt dieser, ist der unvollständige Jahresabschluss nichtig! Der Unterhaltsschuldner trägt also keine wirksame steuerliche Gewinnermittlung vor.

543 Im Anhang sind nach den §§ 284 ff. HGB alle Angaben aufzunehmen, die zu den einzelnen Positionen der Bilanz oder der G&V vorgeschrieben oder die im Anhang zu machen sind, weil sie in Ausübung eines Wahlrechts erforderlich sind (vgl. ausführlichen Katalog in § 284 Abs. 2 und 285 HGB).

Darüber hinaus soll der Lagebericht nach § 289 HGB den Geschäftsverlauf und die Lage der Kapitalgesellschaft dokumentieren.

Der Jahresabschluss und der Lagebericht von Kapitalgesellschaften, die nicht Kleine nach § 267 Abs. 1 HGB sind, haben den Jahresabschluss durch einen **Abschlussprüfer** prüfen zu lassen.

544 ■ **Nachhaltigkeitsberichterstattung**

Die EU Nachhaltigkeitsberichterstattung (CSRD)[373] verlangt für Jahresabschlüsse ab 2023 im Lagebericht oder einem separaten Nachhaltigkeitsbericht folgende nicht finanziellen Informationen offenzulegen:

- Umwelt-, Sozial- und Arbeitnehmerbelange,
- Achtung der Menschenrechte,
- Bekämpfung von Korruption und Bestechung,
- Diversitätskonzept für die Zusammensetzung der Unternehmensführung, der Kontrollgremien und dem Aufsichtsrat.

Unmittelbar betroffen sind alle kapitalmarktorientierten Unternehmen, Kreditinstitute und Versicherungsunternehmen, wenn sie mehr als 500 Mitarbeiter haben und die Umsatzerlöse sich auch mehr als 40.000.000 EUR belaufen oder eine die Bilanzsumme bei mehr als 20.000.000 EUR liegt.

372 BGH FamRZ 2006, 387 ff.; OLG Frankfurt FamRZ 2007, 404.

373 Www.wpk.de/neu-auf-wpkde/alle/2022/sv/europaeisches-parlament-eu-richtlinie-zur-nachhaltigkeitsberichterstattung-csrd-angenommen/

Die Darstellung der ökologischen und sozialen Auswirkungen der Geschäftstätigkeit liefert Informationen für Kunden, Lieferanten, Politik, Kapitalmarkt und weitere Stakeholder.

Vermutlich werden auch Unternehmen diese Berichterstattung aus Reputationsgründen vornehmen, die dazu gesetzlich nicht verpflichtet sind.

Hinweis 545

Der unterhaltsrechtliche Auskunfts- und Beleganspruch erstreckt sich auch auf diese Prüfungsberichte, da sie eine Auseinandersetzung mit allen relevanten Positionen des Unterhaltseinkommens enthalten.

■ **Unterhaltsrelevanz** 546

Die Offenlegung von Jahresabschlüssen macht den Auskunftsanspruch bei den im folgenden Hinweis genannten Unternehmen auf Vorlage der Jahresabschlüsse obsolet, weil der Unterhaltsgläubiger selbst Kenntnis davon erlangen kann.

Am 1.1.2007 ist das Gesetz über elektronische Handelsregister sowie das Unternehmensregister (EHUG) vom 10.11.2006[374] in Kraft getreten. Danach ist der elektronische Bundesanzeiger (eBAZ) das zentrale Internetmedium für Unternehmenspublikationen. Als zentrale bundesweite Datenbank gibt es nun ein elektronisches Unternehmensregister.[375]

§ 326 Abs. 2 HGB erlaubt es Kleinstkapitalgesellschaften (siehe Rdn 286 ff.), ihrer Offenlegungsverpflichtung durch Hinterlegung ihrer Bilanz nachzukommen. Zu diesem Zweck haben die gesetzlichen Vertreter einen Hinterlegungsauftrag beim Betreiber des Bundesanzeigers zu erteilen. Dabei ist zu erklären, dass die Voraussetzungen des § 267a HGB vorliegen.

Hinweis

Alle Kapitalgesellschaften, Personenhandelsgesellschaften i.S.v. § 264a HGB, Publikumsgesellschaften und eingetragene Genossenschaften unterliegen einer verschärften Offenlegungspflicht von Jahresabschlüssen und Anteilslisten gemäß § 325 ff. HGB.

Die Anforderung auch der hinterlegten Bilanzen ist weiterhin jedermann gestattet, was § 9 Abs. 6 HGB klarstellt. Erforderlich ist ein Antrag an das Unternehmensregister, dass nach Zahlung einer Gebühr die Bilanz elektronisch verschickt. **Dies erspart langwierige Auskunftsklagen.**

Das Register bietet also einen schnellen Zugriff auf Jahresabschlüsse von Körperschaften etc.!

Verstöße gegen die Offenlegungspflicht werden **von Amts wegen** und nicht mehr auf Antrag verfolgt und mit Bußgeldern bis zu 50.000 EUR gegen die gesetzlichen Vertreter geahndet. Die Bußgeldfestsetzung ist mehrfach möglich.

VII. Einnahmen-/Überschussrechnung (EÜR) nach § 4 Abs. 3 EStG

Man unterscheidet zwischen der EÜR nach § 4 Abs. 3 EStG und der Gewinnermittlung nach Durchschnittssätzen gemäß § 13a EStG. 547

1. Einnahmen-Überschuss-Rechnung (EÜR) nach § 4 Abs. 3 EStG

Hierbei handelt es sich um eine vereinfachte Art der Gewinnermittlung, die grundsätzlich nach dem Zu- und Abflussprinzip des § 11 EStG bestimmt wird, d.h. durch Zu- und Abfluss von Betriebseinnahmen und Betriebsausgaben. 548

374 BGBl I 2006, 2553.
375 Www.unternehmensregister.de.

549 *Hinweis*

Aufgrund der Einführung des **Formulars „EÜR"**(ab VZ 2005, § 60 Abs. 4 EStDV) besteht die Möglichkeit, wieder auf die einfache Buchführung (siehe Rdn 162) zurückzugreifen, weil das Formular EÜR alle wesentlichen Informationen erfasst, wie beispielsweise auch die für die steuerliche Veranlagung oder für den Unterhaltsfall stets interessierenden private Nutzungsanteile, AfA etc. Die Finanzverwaltung nimmt damit einen internen- bzw. externen Betriebsvergleich vor, der der elektronischen Datenverarbeitung überlassen bleiben kann und nur bei Auffälligkeiten eine „individuelle Betreuung" des Sachbearbeiters zur Folge hat.

Neben Anlage EÜR gehören zur Einkommensteuererklärung auch die **Anlage AVEÜR**, die die relevanten Informationen über das Anlage- und das Umlaufvermögen beinhaltet, und die **Anlage SZE** zur Ermittlung der nicht abziehbaren Schuldzinsen und damit zu Privatentnahmen (ab VZ 2009).

550 **Weitere Anlagen zur EÜR:**

Anlage ER = Ergänzungsrechnung[376] des Gesellschafters für Korrekturen des Wertansatzes der Wirtschaftsgüter des Gesamthandsvermögens, z.B. bei Gesellschafterwechsel;

Anlage SE = Sonderberechnung[377] für Betriebseinnahmen und/oder Sonderbetriebsausgaben, wie eine Vergütung für die Tätigkeit im Dienst der Gesellschaft, Hingabe von Darlehn und/oder die Überlassung von Wirtschaftsgütern (Rdn 492)!

Anlage AVSE = Anlageverzeichnis zu Anlage SE ist nur zu übermitteln, wenn tatsächlich Sonderbetriebsvermögen vorliegt. Das sind Wirtschaftsgüter, die nicht Gesamthandseigentum sind, sondern einem, mehreren oder allen Beteiligten gehören und dem Betrieb der Gesellschaft oder Stärkung der Beteiligung der Gesellschafter dienen.

In den vorgenannten Fällen kann deshalb eine einfache Buchführung per Excel vorliegen (ohne gesonderte Gewinnermittlung durch Einnahmen-/Überschussrechnung), da der gesetzlichen Verpflichtung zur Gewinnermittlung nach § 4 Abs. 3 EStG allein durch die Nutzung der Formulare „EÜR" genüge getan wird. Bei Betriebseinnahmen unter 17.500 EUR im Wirtschaftsjahr wird es nicht beanstandet, wenn der Steuererklärung anstelle des Vordrucks eine formlose Gewinnermittlung beigefügt wird.[378]

a) Berechtigte Steuerpflichtige der EÜR

551 Steuerpflichtige können als Gewinn den Überschuss der Betriebseinnahmen über die Betriebsausgaben ansetzen, wenn sie nicht aufgrund gesetzlicher Vorschriften verpflichtet sind, Bücher zu führen und regelmäßig Abschlüsse zu machen und auch freiwillig keine Bücher führen und keine Abschlüsse machen und ihren Gewinn auch nicht nach Durchschnittssätzen nach § 13a EStG ermitteln. Die Gewinnermittlungsart nach § 4 Abs. 3 EStG kommt besonders für kleine **Gewerbetreibende**, wie z.B. Handwerker und Einzelhändler sowie für freiberuflich Tätige nach § 18 EStG wie z.B. Steuerberater, Ärzte, Rechtsanwälte und Notare in Betracht.

Bei gewerblichen Unternehmern sowie Land- und Forstwirten regelt § 141 AO, wer zur Bilanzierung verpflichtet bzw. zur Erstellung einer Einnahmen-/Überschussrechnung berechtigt ist.
Größenkriterien nach § 141 AO:

- Umsätze einschließlich der steuerfreien Umsätze von mehr als 500 000 EUR im Kalenderjahr oder
- selbstbewirtschaftete land- und forstwirtschaftliche Flächen mit einem Wirtschaftswert (§ 46 des Bewertungsgesetzes) von mehr als 25 000 EUR oder
- ein Gewinn aus Gewerbebetrieb von mehr als 50 000 EUR im Wirtschaftsjahr oder
- ein Gewinn aus Land- und Forstwirtschaft von mehr als 50 000 EUR im Kalenderjahr

376 Zur Ergänzungsbilanz Rdn 463 ff.
377 Zum Sonderbetriebsvermögen Rdn 492 ff.
378 BMF-Schreiben v. 27.10.2015.

Land- und Forstwirte, die weder zur Buchführung verpflichtet sind, noch die Voraussetzungen des § 13a Abs. 1 S. 1 Nr. 2 bis 4 EStG erfüllen, können den Gewinn entweder nach § 4 Abs. 1 EStG oder nach § 4 Abs. 3 EStG ermitteln (R 13.5 Abs. 1 S. 2 EStR 2012). 552

Voraussetzung für die Gewinnermittlung nach § 4 Abs. 3 EStG ist, dass der Steuerpflichtige seine Betriebseinnahmen und seine Betriebsausgaben aufzeichnet. Fehlen derartige Aufzeichnungen, muss der Gewinn nach den Grundsätzen des § 4 Abs. 1 EStG geschätzt werden (R 13.5 Abs. 1 S. 2 EStR 2005).

b) Betriebseinnahmen bei EÜR

In Anlehnung an den Begriff Einnahmen nach § 8 Abs. 1 EStG sind Betriebseinnahmen alle Güter, die in Geld oder Geldwert bestehen und dem Steuerpflichtigen im Rahmen der Einkunftsarten Einkünfte aus Land- und Forstwirtschaft, aus Gewerbebetrieb und selbstständiger Arbeit zufließen. 553

Betriebseinnahmen sind z.B. 554

- Einnahmen aus der Veräußerung von Wirtschaftsgütern des Umlaufvermögens, wie z.B. von Waren und Erzeugnissen,
- Einnahmen aus der Veräußerung von Wirtschaftsgütern des abnutzbaren Anlagevermögens, wie z.B. eines Pkw, von Büroeinrichtungsgegenständen usw. (hierbei wird der empfangene Geldwert, d.h. die Einnahme voll als Betriebseinnahme angesetzt und der noch vorhandene Restbuchwert als Betriebsausgabe abgesetzt.)
- Einnahmen aus der Veräußerung von Wirtschaftsgütern des nicht abnutzbaren Anlagevermögens, wie z.B. von Grund und Boden, Beteiligungen usw. (hierbei wird der empfangene Gegenwert, d.h. die Einnahme voll als Betriebseinnahme an- und die früheren Anschaffungskosten dagegen als Betriebsausgaben abgesetzt.)
- Einnahmen aus freiberuflicher Tätigkeit
- vereinnahmte Umsatzsteuer
- private Sachentnahmen, wie z.B. Entnahmen von Waren für private Zwecke; diese sind nach § 6 Abs. 1 Nr. 4 EStG mit dem Teilwert anzusetzen
- private Nutzungsentnahmen, wie z.B. die Benutzung des betrieblichen Pkw für private Zwecke. Hiermit werden frühere Betriebsausgaben berichtigt: Nutzungsentnahmen sind mit dem Teilwert anzusetzen, d.h. mit den anteiligen tatsächlichen Ausgaben. Hierfür stehen dem Steuerpflichtigen für die Ermittlung der Ausgaben drei Methoden zur Wahl, nämlich: die 1 %-Regelung, die Fahrtenbuch-Regelung und die Schätzung.
- Umsatzsteuer auf Privatnutzung von gemischt genutzten Fahrzeugen (Die Umsatzsteuer auf Umsätze, die Entnahmen sind, darf sich nicht gewinnmindernd auswirken, § 12 Nr. 3 EStG.)
- vereinnahmte Zinsen, wie z.B. Zinsen aus einer Darlehensforderung
- Vorschüsse, Teil- und Abschlagzahlungen im Zeitpunkt des Zuflusses
- Sach- und Geldgeschenke, mit Rücksicht auf die geschäftliche Beziehung

Keine Betriebseinnahmen sind: 555

- Geldbeträge, die dem Betrieb durch die Aufnahme von Darlehen zufließen,
- Geldbeträge als durchlaufende Posten, d.h. die im Namen und für Rechnung eines anderen vereinnahmt werden. (Hierbei ist die Umsatzsteuer kein durchlaufender Posten und deshalb als Betriebseinnahme zu deklarieren.)
- Geldeinlagen des Steuerpflichtigen
- übliche Aufmerksamkeiten im Geschäftsleben, wie z.B. für Blumen, Pralinen, Bücher bis 40 EUR netto (Freigrenze).

c) Betriebsausgaben bei EÜR

556 **Betriebsausgaben** sind Aufwendungen, die durch den Betrieb veranlasst sind. Sie umfassen grundsätzlich alle Ausgaben eines Betriebes, ohne Rücksicht darauf, ob sie im Veranlagungszeitraum aufgewandt werden oder nicht.

557 *Beispiele für Betriebsausgaben bei EÜR*

Betriebsausgaben nach § 4 Abs. 3 EStG sind z.B.:

- Ausgaben für die Anschaffung von Wirtschaftsgütern des Umlaufvermögens
- Ausgaben für die Anschaffung von geringwertigen Wirtschaftsgütern
- AfA-Beträge für Wirtschaftsgüter des abnutzbaren Anlagevermögens ab dem Zeitpunkt der Anschaffung
- Restbuchwerte der verkauften Wirtschaftsgüter des abnutzbaren Anlagevermögens
- gezahlte Zinsen
- private Sacheinlagen
- verausgabte Umsatzsteuerbeträge
- Vorschüsse, Teil- und Abschlagszahlungen zum Zeitpunkt des Abschlusses (es sei denn, es handelt sich um Wirtschaftsgüter des Anlagevermögens)
- Bearbeitungsgebühren (Damnum, Disagio)

558 *Beispiele für nicht anzuerkennende Betriebsausgaben bei der EÜR*

Keine Betriebsausgaben und somit nicht sofort abzugsfähig sind z.B.:

- Ausgaben für die Anschaffung von nicht abnutzbaren Wirtschaftsgütern im Jahr der Anschaffung. Die Absetzung als Betriebsausgabe erfolgt unabhängig von der Zuordnung zum Anlage- bzw. Umlaufvermögen erst im Zeitpunkt der Veräußerung oder Entnahme
- Ausgabe für die Anschaffung von Wirtschaftsgütern des abnutzbaren Anlagevermögens im Jahr der Anschaffung, es sei denn, es handelt sich um ein geringwertiges Wirtschaftsgut. Als Betriebsausgabe sind nur die jährlichen AfA-Beträge anzusetzen.
- Ausgaben für nicht abziehbare Vorsteuerbeträge nach § 15 Abs. 1a UStG
- Geldbeträge, die zur Tilgung von Darlehen geleistet werden
- uneinbringliche Forderungen
- Verluste, z.B. durch Diebstahl, Unterschlagung oder Schwund von Waren
- Geldstrafen
- Geldentnahmen
- Vorschüsse
- Teil- und Abschlagzahlungen zum Zeitpunkt des Abflusses bei Wirtschaftsgütern des Anlagevermögens

d) Abzugsverbot von Aufwendungen nach § 4 Abs. 5 EStG bei der EÜR

559 Auch bei der Gewinnermittlung durch EÜR ist das Abzugsverbot des § 4 Abs. 5 EStG zu beachten. Demzufolge gehören zu den nicht abzugsfähigen Betriebsausgaben:

- Aufwendungen für Geschenke an Nichtarbeitnehmer, es sei denn, es handelt sich um Werbegeschenke bis zu 25 EUR netto pro Person und pro Jahr,
- 30 % der als angemessen anzusehenden Bewirtungsaufwendungen und die unangemessenen Bewirtungsaufwendungen,
- Mehraufwendungen (§ 4 Abs. 5 Nr. 5 EStG) für Verpflegung, soweit die Pauschbeträge überschritten werden,[379]

379 BGH FamRZ 2006, 387, OLG Frankfurt FamRZ 2007, 404.

- Aufwendungen für Fahrten zwischen Wohnung und Betriebsstätte, soweit bestimmte Pauschbeträge überschritten werden (siehe Rdn 417 ff.),
- Schmiergelder und Bestechungsgelder.

e) Durchbrechung des Zu- und Abflussprinzips insbesondere durch AfA und nicht abnutzbare Wirtschaftsgüter des Anlagevermögens und bestimmte Wirtschaftsgüter des Umlaufvermögens

Das Zu- und Abflussprinzip wird grundsätzlich durch § 11 EStG geregelt. **560**

Veränderungen der Bestände an Vorräten, Forderungen, Verbindlichkeiten und RAP berühren nicht das Ergebnis. Die Systematik der EÜR lässt auch keine Wertberichtigungen, Rücklagen und Rückstellungen zu (siehe Rdn 282, 396 f., 449 ff., 430 ff.).

Zur Vermeidung willkürlicher „Ausschläge" der Besteuerung wird die AfA (siehe Rdn 299 ff.) wie im Betriebsvermögensvergleich ohne Zahlungsfluss gebucht. Dafür ist ein besonderes laufendes Verzeichnis zu führen, das auch die Wirtschaftsgüter des Anlagevermögens und des Umlaufvermögens i.S.d. § 4 Abs. 3 S. 4 EStG, d.h. die Anschaffungs- und Herstellungskosten für nicht abnutzbare Wirtschaftsgüter des Anlagevermögens, für Anteile an Kapitalgesellschaften, für Wertpapiere und vergleichbar verbriefte Forderungen und Rechte, für Grund und Boden sowie Gebäude des Umlaufvermögens, umfassen muss, § 4 Abs. 3 S. 5 EStG. (Die in § 4 Abs. 3 S. 4 EStG genannten Wirtschaftsgüter sind im Übrigen erst im Zeitpunkt des Zuflusses des Veräußerungserlöses oder bei Entnahme im Zeitpunkt der Entnahme als Betriebsausgaben zu berücksichtigen!)

Die Anschaffungs- oder Herstellungskosten abnutzbarer Anlagegüter, wie z.B. für einen Pkw, sind als AfA auf die Nutzungsdauer der Anlagegüter zu verteilen, sofern es sich nicht um geringwertige Wirtschaftsgüter, sog. GWG, handelt.

Beispiel

Der zur Vorsteuer berechtigte A hat am 19.4.2012 ein Fahrzeug für 20.000 EUR plus 3.800 EUR Umsatzsteuer, mithin 23.800 EUR gekauft und bezahlt.

Der Pkw wird betrieblich genutzt und die betriebsgewöhnliche Nutzungsdauer beträgt sechs Jahre. A will einen möglichst niedrigen Gewinn ausweisen.

Lösung

Hier kann A in 2012 die bezahlte Vorsteuer von 3.800 EUR als Betriebsausgabe ansetzen.

Von den 20.000 EUR Anschaffungskosten kann er nur den linearen AfA-Betrag von 2.500 EUR (3.333,33 EUR x 9/12 EUR) als Betriebsausgabe absetzen.

Hinweis **561**

Anschaffungskosten **nicht abnutzbarer Wirtschaftsgüter** wie z.B. für Grund- und Boden oder Wertpapiere sind erst im Zeitpunkt der **Veräußerung oder Entnahme** der Wirtschaftsgüter als **Betriebsausgaben** zu berücksichtigen (§ 4 Abs. 3 S. 4 EStG). Wirtschaftsgüter des Anlagevermögens und Wirtschaftsgüter des Umlaufvermögens i.S.d. § 4 Abs. 3 S. 4 EStG müssen bei der Anschaffung oder Herstellung in laufend zu führenden Verzeichnissen aufgenommen werden (§ 4 Abs. 3 S. 5 EStG).

- **Unterhaltsrelevanz** **562**

Auf dieses Verzeichnis nicht abnutzbarer Wirtschaftsgüter (auch zum Umlaufvermögen!) nach § 4 Abs. 3 S. 5 EStG erstreckt sich naturgemäß der unterhaltsrechtliche **Auskunfts- und Beleganspruch**!

f) Kraftfahrzeugnutzung nach § 6 Abs. 1 Nr. 4 EStG

563 Auch bei der EÜR ist die Regelung des § 6 Abs. 1 Nr. 4 S. 2 EStG zu beachten, wonach die ertragsteuerliche Behandlung der Nutzung von betrieblichen Kraftfahrzeugen (ausführlich, siehe unter Entnahmen) für Privatfahrten und für Fahrten zwischen Wohnung und Betriebsstätte seit dem 1.1.2006 neu geregelt worden ist.

aa) 1 %-Regelung für Privatanteile der Kfz-Nutzung

564 Danach kann abweichend von der Kostenaufteilung mit Hilfe eines Fahrtenbuches der private Nutzungsanteil von Kraftfahrzeugen, vereinfacht nach der sog. 1 %-Regelung vorgenommen werden. Voraussetzung ist, dass das Fahrzeug zu mehr als 50 % betrieblich genutzt wird und damit zum notwendigen Betriebsvermögen gehört (§ 6 Abs. 1 Nr. 4 S. 2 EStG; R 31 Abs. 9 Nr. 1 LStR).

Zur 1 %-Regelung gilt Folgendes:
Die private Nutzung eines betrieblichen Pkw ist nach § 6 Abs. 1 Nr. 4 S. 2 EStG für jeden Kalendermonat mit 1 % des inländischen Brutto-Listenpreises anzusetzen, wobei Listenpreis die auf volle 100 EUR abgerundete unverbindliche Preisempfehlung des Herstellers für das genutzte Fahrzeug im Zeitpunkt seiner Erstzulassung zuzüglich der Kosten für (auch nachträglich eingebaute) Sonderausstattungen und der Umsatzsteuer ist. Hierbei spielt es keine Rolle, ob das Fahrzeug gebraucht erworben oder geleast wird.

Ein Autotelefon einschließlich Freisprecheinrichtung bleibt außer Ansatz!

565 *Hinweis*

Der Unterhaltsgläubiger hat gegen den Unterhaltsschuldner einen **Auskunfts- und Beleganspruch** hinsichtlich vorstehender Positionen. Über die individuellen Merkmale des Kfz kann nur der Unterhaltsschuldner Auskunft erteilen.

bb) Fahrtenbuchmethode

566 Die private Nutzung kann auch nach der Fahrtenbuchmethode (mit Beispielen, siehe Rdn 417 ff.) gemäß § 6 Abs. 1 Nr. 4 S. 4 EStG ermittelt werden. Die Differenz zwischen den tatsächlichen Aufwendungen lt. Fahrtenbuch für Fahrten zwischen Wohnung und Betriebsstätte und dem abzugsfähigen Betrag lt. Entfernungspauschale wird als nicht abzugsfähige Betriebsausgabe berücksichtigt (§ 9 Abs. 1 Nr. 4 EStG).

2. EÜR und Betriebsvermögensvergleich: systematische Abgrenzung

567
- Im Gegensatz zum Betriebsvermögensvergleich, wonach grundsätzlich die Wertänderungen des Betriebsvermögens erfasst werden, berücksichtigt die Gewinnermittlung nach § 4 Abs. 3 EStG nur die Betriebseinnahmen und die Betriebsausgaben. Allerdings sind auch hier die Vorschriften über die AfA zu beachten.
- Auch Gewinnermittler nach § 4 Abs. 3 EStG haben Betriebsvermögen, das allerdings nicht unmittelbar in Erscheinung tritt. Wertänderungen, z.B. des Teilwertes, bleiben ohne Einfluss auf den Gewinn. Eine Teilwertabschreibung ist also nicht möglich.
- Beim Betriebsvermögensvergleich werden Kreditverkäufe bereits im Zeitpunkt der Lieferung gewinnwirksam erfasst, während sie bei der Einnahmen-/Überschussrechnung erst zum Zeitpunkt der Bezahlung gewinnwirksam werden.
- Beim Betriebsvermögensvergleich wirken sich Krediteinkäufe regelmäßig im Zeitpunkt des Verkaufs erfolgswirksam aus, während sie bei der Einnahmen-/Überschussrechnung erst im Zeitpunkt der Bezahlung der Lieferrechnung gewinnwirksam werden.
- Betriebsausgaben für Waren, die am Ende eines Jahres noch als Bestand vorhanden sind, mindern nicht den Gewinn beim Betriebsvermögensvergleich, während sie bei der Einnahmen-/Überschussrechnung den Gewinn mindern.

- Beim Betriebsvermögensvergleich beeinflussen Umsatzsteuereinnahmen und Umsatzsteuerausgaben grundsätzlich nicht den Gewinn, während sie sich gewinnändernd bei der Einnahmen-/Überschussrechnung auswirken.
- Grundsätzlich werden periodengerechte Erfolgsabgrenzungen in der Einnahmen-/Überschussrechnung nicht berücksichtigt. Diese Art der Gewinnermittlung kennt keine Rechnungsabgrenzungsposten und keine Rückstellungen.

Zur zeitlichen Komponente der **Erfolgswirksamkeit/Gewinnauswirkung** (siehe Rdn 241 ff.) der Geschäftsvorfällen bei **Betriebsvermögensvergleich und EÜR** vgl. obiges Beispiel (siehe Rdn 241 ff.).

> *Hinweis* 568
>
> Die Erfolgswirksamkeit bei Betriebsvermögensvergleich und EÜR zeigt eine unterhaltsrechtliche Ungleichbehandlung bei der Ermittlung des Einkommens. Zur periodengerechten Gewinnermittlung in einem bestimmten unterhaltsrechtlichen Betrachtungszeitraum müsste deshalb bei allen vorgelegten EÜR die Vorlage von Bilanzen, dann sogleich eine Unterhaltsbilanz, verlangt werden!

3. Gestaltungsmöglichkeiten bei EÜR

Obwohl der Bilanzierende beispielsweise über die Wertansätze und die Wertberichtigungen größere Gestaltungsmöglichkeiten hat, stehen diese aber auch bei der EÜR zur Verfügung. 569

Unterhaltsrelevanz 570

Hierin liegt natürlich auch ein unterhaltsrechtliches Manipulationspotenzial.

Damit hat auch der Unterhaltsschuldner bei der EÜR „Gestaltungsmöglichkeiten".

Dabei ist zunächst einmal zum Verständnis nochmals auf die **Durchbrechung des Zu- und Abflussprinzips** hinzuweisen, obwohl die EÜR grundsätzlich eine Ist-Rechnung gemäß § 11 EStG ist. 571

- **Durchlaufende Posten** sind nicht zu berücksichtigen.
- **Darlehensaufnahme und Darlehenshingabe** finden ebenso wie die Tilgung keine Berücksichtigung. Bei Fremdwährungsdarlehen eintretende Kursänderungen werden jedoch bei (Teil)Tilgung erfolgswirksam.
- Die Vorschriften der **AfA**, ohne die Möglichkeit der Teilwertabschreibung, sind zu befolgen, wie auch die Regeln der **GWG**.
- **§ 4 Abs. 3 S. 4 EStG** regelt mit Verpflichtung der Erstellung eines besonderen Verzeichnisses entgegen dem Abflussprinzip: die Anschaffungs- oder Herstellungskosten für nicht abnutzbare Wirtschaftsgüter des Anlagevermögens, für Anteile an Kapitalgesellschaften, für Wertpapiere und vergleichbare nicht verbriefte Forderungen und Rechte, für Grund und Boden sowie Gebäude des Umlaufvermögens sind erst im Zeitpunkt des Zuflusses des Veräußerungserlöses oder bei Entnahme im Zeitpunkt der Entnahme als Betriebsausgaben zu berücksichtigen.
- **Steuerfreie Rücklagen** können nicht gebildet werden.
- Regelmäßig **wiederkehrende Einnahmen oder Ausgaben** (§ 11 Abs. 2 S. 2 EStG), die kurze Zeit **vor oder nach dem Jahr** der wirtschaftlichen Zugehörigkeit gezahlt werden, sind im Jahr der wirtschaftlichen Zugehörigkeit zu erfassen.

Vorteile der EÜR: 572

- einfache und kostengünstige Erstellungsmöglichkeit
- Liquiditätsvorteile, da Gewinn nicht bereits im Zeitpunkt der Realisation, sondern erst beim Zufluss der Betriebseinnahmen zu versteuern ist (**Steuerungsmöglichkeiten- zur Vor- oder Nachverlagerung**).

573 **Nachteile der EÜR:**

- Schwankungen von Einnahmen und Ausgaben werden mangels Periodisierung von Erträgen und Aufwendungen nicht verteilt.
- Der Steuerpflichtige kann keine Rückstellungen oder Teilwertabschreibung vornehmen (z.B. Rückstellungen für Pensionsverpflichtung).

574 **Gestaltungsmöglichkeiten:**

1. Wahl der Gewinnermittlungsart
   Freiberufler oder Gewerbetreibende, die die Größenklassen des § 141 AO nicht überschreiten, können wählen, welche Gewinnermittlungsart sie anwenden wollen.
2. Nachträgliche Änderung der Gewinnermittlungsart
   Ein nachträglicher Wechsel von der EÜR zum Betriebsvermögensvergleich ist **nicht** mehr zulässig, wenn der Steuerpflichtige nicht zu Beginn des Gewinnermittlungszeitraums eine Eröffnungsbilanz erstellt.[380] Dies ist konsequent, weil die Eröffnungsbilanz den Anfangsbestand des Betriebsvermögens ausweist und damit die Grundlage der Buchungen für die folgenden Wirtschaftsjahre bildet.
3. Gewinnverlagerung durch Ausnutzung der Steuerprogression
   Dies geschieht durch Verlagerung des Zu- und Abflusses von Einnahmen und Ausgaben.

575 ■ **Unterhaltsrelevanz**

In der unterhaltsrechtlichen Fallbearbeitung sollte deshalb bei den Verbuchungen um das Jahresende herum geprüft werden, ob und welche Einnahmen ins Folgejahr verlagert und welche Ausgaben vorgezogen worden sind.

576 4. Ausgaben für Nutzungsüberlassung
   Werden Ausgaben für eine Nutzungsüberlassung von mehr als fünf Jahren im Voraus (!) geleistet, sind sie nach § 11 Abs. 2 S. 3 EStG insgesamt auf den Zeitraum gleichzeitig zu verteilen, für den die Vorauszahlung geleistet wird. Werden also beispielsweise Erbbauzinsen, Miet- und Pachtentgelte für die Nutzung von Grundstücken von weniger als fünf Jahren im Voraus geleistet, ist diese steuerlich wirksam!

So können erheblich Gewinne reduziert werden.

Beispiel

Das Unternehmen erwirtschaftet einen Gewinn von 20.000 EUR. Dabei wurden für vier Jahre im Voraus Erbbauzinsen in Höhe von 16.000 EUR geleistet, die den Gewinn reduziert haben.

Lösung

12.000 EUR sind dem Unterhaltseinkommen zuzurechnen (pro Jahr 4.000 EUR x 3 Jahre).

577 Grundsätzlich sind **Vereinbarungen über Vorauszahlungen** nicht unwirksam nach § 42 S. 1 AO.[381] Danach liegt ein Missbrauch von rechtlichen Gestaltungsmöglichkeiten nur dann vor, wenn eine rechtliche Gestaltung gewählt wird, die zur Erreichung des erstrebten Ziels unangemessen ist, der Steuerminderung dienen soll und durch wirtschaftliche und sonst beachtliche Gründe nicht zu rechtfertigen ist.

Also nur in Ausnahmefällen kann von einem steuerrechtlichen Gestaltungsmissbrauch gesprochen werden (bei der unterhaltsrechtlichen Fallbearbeitung kann man sich deshalb nicht einmal auf eine steuerliche Betriebsprüfung, wie sonst, verlassen), weil dies der Gesetzgeber bei der Regelung nach § 4 Abs. 3 EStG billigend in Kauf genommen hat.[382] Dadurch ergeben sich für den Steuerpflichtigen und Unterhalts-

380 BFH v. 19.10.2005 – XI R 4/04, www.bundesfinanzhof.de.
381 BFH BStBl II 1996, 59.
382 BFH BStBl II 1986, 284; so schon der Große Senat des BFH im BStBl III 1966, 144.

schuldner Gestaltungsmöglichkeiten durch das bewusste Herbeiführen eines Zuflusses oder Abflusses, unabhängig von der wirtschaftlichen Verursachung.

Gewillkürtes Betriebsvermögen bei der EÜR 578

Die Bildung gewillkürten Betriebsvermögens (siehe Rdn 265 ff.) (betriebliche Nutzung von mehr als 10 % bis 50 % des Wirtschaftsgutes, ist nach BFH[383] rechtlich möglich.

Beispiele:

- gemischt genutzte Kraftfahrzeuge mit geringfügig betrieblichem Anteil,
- zu gewerblichen Zwecken vermietete Gebäude,
- verlustträchtige Wertpapiere.

Bei den Kraftfahrzeugen gilt die Faustregel, je geringer der betriebliche Anteil der Nutzung ist, desto eher lohnt sich der Ausweis als gewillkürtes Betriebsvermögen. 579

Dem ist der Gesetzgeber in der Neuregelung im § 6 Abs. 1 Nr. 4 S. 2 EStG entgegengetreten, indem er ab dem 1.1.2006 die Besteuerung der privaten Nutzung von betrieblichen Kraftfahrzeugen auf einen betrieblichen Nutzungsanteil von mehr als 50 % beschränkt.

Auch **Grundstücke** können als gewillkürtes Betriebsvermögen mit den Abschreibungsmöglichkeiten beispielsweise von 3 % nach § 7 Abs. 4 S. 1 Nr. 1 EStG abgeschrieben werden, soweit sie nicht zu Wohnzwecken dienen. Allerdings müssen die nominellen und tatsächlichen Wertsteigerungen unabhängig von der zehnjährigen Haltepflicht nach § 23 EStG versteuert werden. Die Zweckmäßigkeit eines Ausweises als Betriebsvermögen hängt also davon ab, ob zukünftig Wertsteigerungen zu erwarten sind. Ähnliches gilt bei dem Ausweis von Wertpapieren als gewillkürtes Betriebsvermögen, wenn diese risikobehaftet sind. Dabei ist die Rechtsprechung des BFH[384] zu beachten, weil dieser in der Vergangenheit **„Geldgeschäfte" von Freiberuflern** wie die Gewährung von Darlehen, die Übernahme einer Bürgschaft oder die Beteiligung einer Kapitalgesellschaft generell als berufsfremde Vorgänge angesehen hat, die den **Gewinn nicht mindern dürfen**.

Das allgemein zu § 7g EStG (a.F. siehe Rdn 348, n.F. siehe Rdn 336 ff.) ausgeführte, insbesondere die gesetzlichen Neuregelungen, gelten auch für die EÜR.

Hinweis 580

1. Steuerpflichtige, die durch EÜR ihren Gewinn ermitteln, können durch gezielte Einnahmen- und Ausgabenpolitik die Progressionswirkung der Einkommensteuer nutzen und das Unterhaltseinkommen beeinflussen. Dem steht § 42 AO grundsätzlich nicht entgegen.
2. Die Wahl der Gewinnermittlungsart ist zu Beginn des Gewinnermittlungszeitraums auszuüben und kann nicht nachträglich geändert werden.
3. Es besteht die Möglichkeit der Bildung gewillkürten Betriebsvermögens (nach geltender Rechtslage bei einer betrieblichen Nutzung von mehr als 50 %). Bei der Abwägungsentscheidung, ob das Wirtschaftsgut als gewillkürtes Betriebsvermögen auszuweisen ist oder nicht, sind zukünftig auflaufende stille Reserven zu berücksichtigen. Der Ausweis ist rückwirkend nicht möglich.
4. Einnahmen-/Überschussrechner haben, wie Bilanzierende, die Möglichkeit, einen Investitionsabzugsbetrag nach § 7g EStG zu bilden.
5. Vorauszahlungen auf Aufwendungen im laufenden Geschäftsjahr für weniger als fünf Jahre im Voraus sind steuerrechtlich gewinnmindernd zu berücksichtigen.

383 BStBl II 2004, 985, dem auch die Finanzverwaltung folgt in BMF-Schreiben v. 17.11.2004, BStBl I 2004, 1064.
384 BFH, Urt. v. 9.10.1986 – IV R 57/83, www.bundesfinanzhof.de.

4. Gewinnermittlung nach Durchschnittssätzen

581 Diese Gewinnermittlungsart kommt nur bei Einkünften aus Land- und Forstwirtschaft i.S.v. § 13a EStG in Frage (ausführlich siehe Rdn 177 ff. und Rdn 180 ff.).[385]

Land- und Forstwirte, die nicht aufgrund gesetzlicher Vorschriften verpflichtet sind, Bücher zu führen und regelmäßig Abschlüsse zu machen, können, wenn ihr Betrieb über eine in § 13a EStG genau beschriebene Größe nicht hinaus geht, ihren Gewinn als Durchschnittssatzgewinn ermitteln. Dieser ist nach § 13a Abs. 3 EStG die Summe aus dem Grundbetrag, den Zuschlägen für Sondernutzung und den nach § 13a Abs. 6 EStG gesondert zu ermittelten Gewinnen und den vereinnahmten Miet- und Pachtzinsen. Wenn beispielsweise der Grundbetrag bei der landwirtschaftlichen Nutzung sich nach einem pauschalisierten Hektarwert ermittelt, hat dieses mit der Ermittlung tatsächlicher Gewinne nicht zu tun. Der nach Durchschnittssätzen ermittelte Gewinn hat mit den realen Verhältnissen nichts gemein.

582 *Hinweis*

Für unterhaltsrechtliche Zwecke ist diese Gewinnermittlung deshalb völlig unbrauchbar, so dass der Unterhaltsschuldner zur Erfüllung seiner Darlegungs- und Beweislast für unterhaltsrechtliche Zwecke eine Einnahmen-/Überschussrechnung erstellen muss.[386]

VIII. Thesaurierte Gewinne im Familienrecht

583 Häufig berufen sich Allein- oder Mitgesellschafter darauf, die Gesellschaft habe Gewinne nicht ausgeschüttet. Dabei beziehen sie sich allenfalls auf ihre auf die Angemessenheit zu Überprüfenden Geschäftsführergehälter.

Thesaurierung von Gewinnen ist aber auch ein unterhaltsrechtliches Problem bei Einzelunternehmen!

584 *Hinweis*

Thesaurierte Gewinne bei Körperschaften verbleiben naturgemäß im Unternehmen und führen nicht zum Zufluss beim Steuerpflichtigen, so dass sie aus den Einkommensteuererklärungen nicht erkennbar sind. Dies gilt insbesondere bei den Kapitaleinkünften, die nicht zwingend wegen der Regelung der Abgeltungssteuer erklärt werden müssen. Erkennbar sind thesaurierte Gewinne an den Eigenkapitalkonten und insbesondere an den bei Kapitalgesellschaften obligatorischen Ergebnisverwendungsbeschlüssen, die bei Personengesellschaften fakultativ sind. (Unterhaltsrechtlicher **Auskunfts- und Beleganspruch**).

585 Zu dieser Problematik der thesaurierten Gewinne gibt es in Literatur und Rechtsprechung nur wenige Fundstellen.[387]

Die **Literatur** differenziert zunächst zwischen **beherrschenden und nicht beherrschenden Gesellschaftern** als unterhaltsrechtlichen Ansatz und orientiert sich dabei am Steuerrecht, das ebenfalls eine Differenzierung zwischen beherrschenden und nicht beherrschenden Gesellschaftern kennt. Danach gilt der Gesellschafter unterhaltsrechtlich dann als beherrschend, wenn ihm die absolute Mehrheit der Stimmrechte bei der Gesellschaft zusteht, was in der Regel eine Beteiligung von mehr als 50 % voraus-

385 Ausführlich: Perleberg-Kölbel/Kuckenburg, Unternehmen, A Rn 1073 ff).

386 Dose/*Spieker*, § 1 Rn 266.

387 *Perleberg/Kölbel*, Auskunfts- und Beleganspruch gegenüber Gesellschaftern einer Kapitalgesellschaft bei sog. thesaurieren Gewinnen, FuR 2020, 198; *dies.* Thesaurierte Gewinne im Unterhalt, FuR 2016, 80 ff.; *Fischer-Winkelmann/Maier*, Einkünfte aus der Beteiligung an einer Personen- oder Kapitalgesellschaft unter unterhaltsrechtlicher Perspektive, FamRZ 1996, 1391 ff., *Kuckenburg*, Der Selbstständige im familienrechtlichen Verfahren, S. 110 ff., *Kuckenburg*, Thesaurierte Gewinne im Familienrecht, FuR 2008, 479 ff.; *Nickl*, FamRZ 1988, 132 ff.

setzt. Eine weitere **Differenzierung** erfolgt dann nach der Gesellschaftsform zwischen **Einzelunternehmen, Personengesellschaften und Körperschaften**.

Die Literatur[388] bezieht sich in ihrem Lösungsansatz auf eine Entscheidung des BGH,[389] wonach von einem Gesellschaftergeschäftsführer die Vorlage von Bilanzen nebst Gewinn- und Verlustrechnungen der GmbH im Rahmen des Beleganspruchs nach § 1605 Abs. 1 S. 2 BGB verlangt werden kann. Dabei ist er nicht berechtigt, sich auf die Belange der GmbH oder anderer Unternehmensbeteiligter (Stakeholder und Shareholder) zu berufen.

> *Hinweis* 586
>
> Das Interesse der Unterhaltsgläubiger überwiegt dem Interesse an Geheimhaltung der Unternehmensinhaber[390] was sich auch aus Analogie zu § 385 Nr. 3 ZPO ergibt, der eine Ausnahme vom Zeugnisverweigerungsrecht über Tatsachen regelt, welche die durch das Familienverhältnis bedingten Vermögensangelegenheiten betreffen.

587 Der BGH hat nicht explizit zur Frage Stellung genommen, ob die thesaurierten Gewinne dem unterhaltsrechtlich relevanten Einkommen zuzurechnen sind, insbesondere zeigt die Entscheidung nicht auf, in welchem Umfang der Unterhaltsverpflichtete an der Gesellschaft beteiligt war.

Der **BGH** macht aber deutlich, dass eine Beschränkung auf die tatsächlich ausgeschütteten Unternehmensgewinne unterhaltsrechtlich grundsätzlich nicht möglich ist. Der **Auskunftsanspruch** kann nämlich nur dann gegeben sein, wenn **auch auf thesaurierte Gewinne** grundsätzlich ein Unterhaltsanspruch besteht. Anderenfalls reichte es aus, Gewinnverwendungsbeschlüsse und Einkommensteuererklärungen vorzulegen.

Die neuere Rechtsprechung,[391] die sich ausdrücklich mit den thesaurierten Gewinnen befasst, nimmt eine Differenzierung nach Höhe der Beteiligung an der Gesellschaft und per Interessenabwägung vor:

> *„Eine fiktive Zurechnung von nicht ausgeschütteten Gewinnen aus dem Betrieb des Unternehmens zulasten des Mehrheitsgesellschafters setzt voraus, dass dieser seine Obliegenheit, zumutbare Gewinne zu realisieren, in vorwerfbarer Weise verletzt. Vorwerfbarkeit liegt nur dann vor, wenn die Grenzen der unternehmerischen Freiheit überschritten werden, die dem Unterhaltsgläubiger, unter Berücksichtigung der Belange der Mitgesellschafter und der Interessen des unterhaltsberechtigten auf Sicherung seines Unterhalts, nicht zumutbar ist.“*

> *Hinweis* 588
>
> Damit wird sich ausdrücklich zur unternehmerischen Freiheit im Familienrecht bekannt. Grundsätzlich ist damit aber eine Zurechnung thesaurierte Gewinne zu den Unterhaltseinkünften möglich, es sei denn, es besteht ein berechtigtes und dargelegtes Interesse daran, Gewinne nicht auszuschütten. Insoweit findet eine Interessenabwägung zwischen den Interessen des Unternehmens und des Unterhaltsberechtigten statt. Damit finden (wieder einmal) betriebswirtschaftliche Kriterien Eingang ins Familienrecht!

388 *Perleberg/Kölbel*, Auskunfts- und Beleganspruch gegenüber Gesellschaftern einer Kapitalgesellschaft bei sog. thesaurieren Gewinnen, FuR 2020, 198; *dies*. Thesaurierte Gewinne im Unterhalt, FuR 2016, 80 ff.; Vgl. *Fischer-Winkelmann/Maier*, Einkünfte aus der Beteiligung an einer Personen- oder Kapitalgesellschaft unter unterhaltsrechtlicher Perspektive, FamRZ 1996, 1391 ff., *Kuckenburg*, Der Selbstständige im familienrechtlichen Verfahren, S. 110 ff., *Kuckenburg*, Thesaurierte Gewinne im Familienrecht, FuR 2008, 479 ff.; *Nickl*, FamRZ 1988, 132 ff.

389 BGH FamRZ 1982, 68 f.

390 BGH FamRZ 1982, 68 f. mHa Analogie zu Auskunft des Pflichtteilsberechtigten nach § 2314 BGB und des Ehegatten bei Beendigung des Güterstandes gemäß § 1379 Abs. 1 BGB.

391 OLG Hamm FamRZ 2009, 981 ff.

589 Wird eine familienrechtliche Hinzurechnung von thesaurierten Gewinnen vorgenommen, führte das bei Beteiligungen an Kapitalgesellschaften zu einer höheren Steuerbelastung. Für diesen Fall ist eine **fiktive Steuerberechnung** vorzunehmen.[392]

Auch ist zu beachten, dass beim Ehegattenunterhalt die Prägung der ehelichen Lebensverhältnisse heranzuziehen ist.

1. Thesaurierung von Gewinnen bei Einzelunternehmen

590 „Klassisch" wird die Problematik der thesaurierten Gewinne bei Personen- und Kapitalgesellschaften diskutiert und nicht bei Einzelunternehmen.

Hierbei wird fälschlicherweise unkritisch unterhaltsrechtlich mit einer **Fiktion** gearbeitet, dass die **Gewinne uneingeschränkt** dem Unternehmer zur persönlichen Lebensführung (unter Berücksichtigung von Vorsorgeaufwendungen und Steuern) **zur Verfügung stehen**. Dieser Gedanke lässt natürlich völlig betriebswirtschaftliche Überlegungen beiseite, wonach der Unternehmer z.B. die Liquidität des Unternehmens aufrecht zu erhalten hat.[393]

So gehen z.B. die Abschreibungssätze neben ihrer Anknüpfung an die **Anschaffungs- und Herstellungskosten** von der Fiktion aus, dass eine **Wiederbeschaffung** des Anlagegutes zu gleichen Preisen möglich ist. Dies ist insbesondere regelmäßig nicht der Fall, wenn langlebige Wirtschaftsgüter vorhanden sind, die beispielsweise über 25 Jahre abgeschrieben werden.

Wegen Zukunftsinvestitionen müssen betriebswirtschaftlich Rücklagen geschaffen werden, um den Finanzbedarf zu decken, was auch Unabhängigkeit von Fremdfinanzierung mit niedriger Zinsbelastung bedeutet und zu späteren höheren Einnahmen führt.

Beispiel

Ein Sägereibetrieb hat vor mehr als 25 Jahren eine Sägemaschine angeschafft, die mit dem Erinnerungswert von 1 EUR in den Büchern geführt wird.

Technische Neuerungen führen dazu, dass bei Anschaffung einer neuen Maschine Personal eingespart werden kann, indem diese computergesteuert wird, und diese zudem eine weitaus höhere Arbeitsleistung hat als das Altmodell. Die Anschaffungskosten belaufen sich nicht mehr auf die historischen 100.000 DM, sondern nunmehr auf 250.000 EUR!

Die Abschreibung und der Zufluss der Abschreibungsgegenwerte kann die Neuanschaffung nicht finanzieren!

Lösung

Obwohl die Gewinne steuerrechtlich im vollen Umfange dem Einzelunternehmer zuzurechnen sind, muss er unterhaltsrechtlich Rücklagen bilden dürfen, um beim Ausfall der Altmaschine oder auch schon früher eine Ersatzbeschaffung vornehmen zu können.

Ein höherer Anteil an Eigenkapital führt zudem auch zur Kreditwürdigkeit im Sinne der Kreditvergaberegelungen nach „Basel III" und zu niedrigen zukünftigen Zinslasten.

591 *Hinweis*

In derartigen Fällen muss vorgetragen werden, dass ein Finanzierungsbedarf zu decken ist, der zumindest teilweise aus eigenen Rücklagen stammen kann. Unabhängig von der Frage, ob das Unternehmen

392 So schon *Fischer-Winkelmann*, a.a.O., FamRZ 1993, 880 ff., *Kuckenburg*, a.a.O, S. 114 und 115; *Kuckenburg*, Thesaurierte Gewinne im Familienrecht, FuR 2008, 479 ff; *Perleberg/Kölbel*, Auskunfts- und Beleganspruch gegenüber Gesellschaftern einer Kapitalgesellschaft bei sog. thesaurieren Gewinnen, FuR 2020, 198.

393 So ausdrücklich der BGH FamRZ 2004, 1177 ff.

überhaupt ein derartiges Wirtschaftsgut zu 100 % finanzieren kann, also über die nötige Kreditwürdigkeit verfügt, gibt es noch einen anderen Aspekt:

Die Eigenfinanzierung entlastet von Fremdfinanzierung und damit von Zinsen, die zwar auch steuerlich entlastend wirken, allerdings auch das Unterhaltseinkommen des Unterhaltsverpflichteten reduziert.[394]

Arbeitet der Einzelunternehmer mit viel Fremdkapital, sind zwar seine Zinsen Betriebsausgaben im steuerrechtlichen Sinn und beeinflussen mithin das steuerliche Ergebnis. Demgegenüber hat er aber aufgrund der Zahlungsverpflichtung gegenüber der Bank selbstverständlich auch regelmäßig Tilgung zu leisten, die in der G&V nicht erfasst und dokumentiert ist. Diese müssen aber auch aus den liquiden Mitteln, aus dem steuerlichen Gewinn, erbracht werden. Um es deutlich zu machen: 592

Auch diese Liquidität ist sicherzustellen, ohne dass dieses sich auf den Gewinn des Unternehmens auswirkt und die Leistungsfähigkeit des Unternehmers reduziert.

Hinweis 593

Der Parteivertreter des Unternehmers sollte deshalb in Hinblick auf diesen Aspekt **detailliert und substantiiert** vortragen. Damit soll erreicht werden, dass nicht alle steuerrechtlich ermittelten Gewinne zur Begründung für dessen Leistungsfähigkeit herangezogen werden.

Die vorgenannten Gedanken machen aber die grundsätzliche Problematik deutlich, dass auch bei Einzelunternehmen nicht zwanglos vom Gewinn, der nach steuerrechtlichen Vorschriften ermittelt worden ist, ausgegangen werden kann, ohne dass hier unterhaltsrechtliche Überlegungen angestellt werden.

Darüber hinaus ist zu bedenken, dass der Gewinn betriebswirtschaftlich betrachtet folgende Größen präsentiert, die der Vermögenssphäre (siehe Rdn 426 ff.) zuzuordnen sind:[395]

- Kalkulatorischer Unternehmerlohn
- Ausgleich für das unternehmerische Risiko
- Verzinsung des eingesetzten Eigenkapitals

Argumente aus der Rechtsprechung zur Begründung einer Thesaurierung: 594

- Der BGH erkennt die Notwendigkeit der Aufrechterhaltung der Liquidität eines Unternehmens in seiner Rechtsprechung zu § 7g EStG.[396]
- Der BGH stellt im Zusammenhang mit unterhaltsrechtlicher Anpassung von Betriebsaufwendungen (Personalkosten) betriebswirtschaftliche Überlegungen mit der Methode des externen Betriebsvergleichs an.[397]
- Der BGH[398] geht bei der Unternehmensbewertung im Kontext zur Doppelverwertung auch von einer Aufsplittung des kalkulatorischen Unternehmerlohns aus und sieht im Bestandteil des individuellen kalkulatorischen Unternehmerlohns einen ablösbaren Teil des Gewinnes. Danach sind dem Unterhaltseinkommen nur die auf der persönlichen Leistung des Unternehmers beruhenden Elemente des kalkulatorischen Unternehmerlohns zuzurechnen. Die auf der Arbeitsleistung Dritter oder auf dem Einsatz von Kapital beruhenden Erträge sind der Vermögenssphäre zuzurechnen. Dies gilt

394 Vgl. hierzu auch *Münch*, Unterhaltsbilanz und Steuerbilanz, FamRB 2007, 150, 151.

395 BGH FamRZ 2011, 1367 mHa *Kuckenburg*, Anm. zu BGH v. 6.2.2008, FuR 2008, 270; *Kuckenburg*, Unternehmensbewertungsmethoden, FPR 2009, 381; *Perleberg/Kölbel*, Auskunfts- und Beleganspruch gegenüber Gesellschaftern einer Kapitalgesellschaft bei sog. thesaurieren Gewinnen, FuR 2020, 198

396 BGH FamRZ 2004, 1177.

397 BGH FamRZ 2006, 387 ff.; OLG Frankfurt FamRZ 2007, 404 ff.

398 BGH FamRZ 2011, 1367 m. Anm. *Kuckenburg*, FuR 2011, 515; BGH FuR 2008, 295 ff. = FamRZ 2008, 761 ff. m. Anm. *Kuckenburg*, FuR 2008, 270 ff, Rn 288 ff.

auch für den wertmäßigen Ausgleich für das unternehmerische Risiko und die Verzinsung des eingesetzten Eigenkapitals.

- Damit ist die Anwendung betriebswirtschaftlicher Grundsätze im Unterhaltsrecht rezeptibel, weil betriebswirtschaftliche Prinzipien erst dann rechtsverbindlich werden, wenn der Gesetzgeber oder die Rechtsprechung sie sich zu eigen gemacht haben und sie damit in der objektiven Rechtsordnung – wie hier erkennbar – zum Ausdruck gekommen sind.[399]

2. Thesaurierung von Gewinnen bei Gesellschaften

595 Die Problematik der Behandlung von thesaurierten Gewinnen in Unternehmen und deren Auswirkung auf das Unterhaltseinkommen wird offenkundig, wenn bei Personen- und Kapitalgesellschaften die folgenden Überlegungen angestellt werden:

Beispiele

1. Der unterhaltsverpflichtete Mitunternehmer U ist an einer GbR neben anderen neun Gesellschaftern zu 10 % beteiligt. Da die Gesellschaft einen erheblichen Investitionsbedarf hat, ist bereits im Gesellschaftsvertrag geregelt, dass die Entnahmen der Mitgesellschafter nur 50 % des Gewinnanteils betragen dürfen. Die anderen 50 % sind in eine Rücklage per Gesellschaftsvertrag einzustellen.

2. Der geschäftsführende Gesellschafter einer Ein-Mann-GmbH erwirtschaftet jährlich 100.000 EUR Gewinn und beruft sich ausschließlich zur Ermittlung seines Unterhaltseinkommens auf seine angemessenen Einkünfte als Geschäftsführer. Die Gewinne werden gemäß Satzung zur Hälfte in die Kapitalrücklage eingestellt. Bezüglich der anderen Hälfte wird bei der Feststellung des Jahresabschlusses ebenfalls eine Rückstellung in die Kapitalrücklage beschlossen.

3. Verkürzter Sachverhalt der BGH-Entscheidung:[400]

Gesellschafter M bezieht sich auf seine nichtselbstständigen Einkünfte als Gesellschafter der M-GmbH und verweigert weitere Auskunftserteilung mit Hinweis auf das Geheimhaltungsinteresse der Mitgesellschafter und Gewinne seien nicht ausgeschüttet worden.

596 Derartige Fallkonstellationen sind dem familienrechtlich arbeitenden Praktiker vertraut. Die Lösung erfolgt gemäß dem oben dargestellten Konzept.

> Die elementare Frage bei der Thesaurierung von Gewinnen lautet:
> Wie ist eine rechtliche Gleichbehandlung von Inhabern von Einzelunternehmen und Beteiligten an Personen- und Kapitalgesellschaften herzustellen?

Es geht um die erforderliche paritätische Behandlung von Einzelunternehmen, beherrschenden Gesellschaftern einer Personengesellschaft und beherrschenden Gesellschaftern von Kapitalgesellschaften.[401]

Die grundsätzlich vorzunehmende unterhaltsrechtliche Differenzierung geht von der Fragestellung aus, ob ein beherrschender oder nicht beherrschender Gesellschafter vorliegt.

Dies ist keinesfalls im steuerrechtlichen Sinne gemeint; vielmehr geht es um die tatsächliche Frage, wann der Beteiligte am Unternehmen auf die **Ausschüttungspolitik Einfluss** nehmen kann. Dies bedeutet dann konsequenter Weise auch, dass die Höhe der Beteiligung am Gewinn, die nicht identisch mit der Gewinnbeteiligung sein muss, im Vordergrund steht.

399 *Eibelshäuser*, Wirtschaftliche Betrachtungsweise im Steuerrecht, DStR 2002, 1426 ff.

400 BGH FamRZ 1982, 681 ff.; zum Geheimhaltungsinteresse der Mitgesellschafter durch Schwärzung von Passagen: BGH FamRZ 2017, 368 & 2016, 454= FuR 2016, 227.

401 Vgl. OLG Celle FuR 2001, 509, 511.

Hinweis 597

Bei Personen- und Kapitalgesellschaften sind stets **alle Gesellschaftsverträge und deren Abänderungen, sowie Ergebnisverwendungsbeschlüsse im Auskunfts- und Belegverfahren** zu verlangen, da die Höhe der Beteiligung wegen des Einflusses auf dir Ausschüttungspolitik nachvollzogen werden muss und zudem Gewinnbeteiligung und Beteiligung am Unternehmen keineswegs identisch sein müssen.

So kann es Minderheitsgesellschafter mit zusätzlichen Stimmrechten für Gewinnverteilung oder Vorzugsdividenden und/oder anderen Sonderrechten, wie z.B. Entscheidung für Investitionstätigkeit, Zustimmung zur Veräußerung von Gesellschaftsanteilen an Dritte, geben. Dies ist typisch für Rechte, die insbesondere Altgesellschafter in Familienunternehmen sich ausbedingen.

Diese Gesichtspunkte werden in der praktischen Fallbearbeitung meist nicht beachtet und nicht der notwendigen Kontrolle mit erheblichem **Haftungsrisiko** des Parteivertreters des Anspruchsberechtigten unterzogen. 598

Die weitere Differenzierung erfolgt danach, ob es sich um eine Personen- oder eine Kapitalgesellschaft handelt.

a) Thesaurierte Gewinne in der Personengesellschaft

Auch bei den Personengesellschaften gelten die Regeln der Rücklagenbildung und zur Aufteilung des kalkulatorischen Unternehmerlohnes in Einkommens- und Vermögensseite, wie dieses schon bei der Thesaurierungsproblematik den Einzelunternehmen dargestellt worden ist. 599

Hinweis 600

Bei der Personengesellschaft ist zunächst von der gesonderten und einheitlichen Gewinnfeststellung auszugehen, also ein Beleg, der aus dem Steuerrecht stammt.

Das **Auskunfts- und Belegbegehren** muss sich auch auf die Erklärungen und die Bescheide der **gesonderten und einheitlichen Gewinnfeststellung** beziehen.

Korrekturen vom steuerlichen Gewinn sind grundsätzlich aber nur dann vorzunehmen, wenn der beherrschende Gesellschafter Einfluss nehmen kann. Beim Minderheitsgesellschafter (vgl. Ausgangsfall 1, siehe Rdn 595 ff.) ist die Höhe der tatsächlichen Ausschüttung als Unterhaltseinkunft heranzuziehen.

Dieses ist wohl uneingeschränkt richtig, da der Minderheitsgesellschafter eine Ausschüttung der Gewinne an ihn, auch wenn sie ihm zustehen, letztlich nicht bewirken kann. Er wird überstimmt. Werden auf diese Weise über Jahre hinweg Einkünfte nicht ausgeschüttet, stellt sich unterhaltsrechtlich insbesondere bei gesteigerter Leistungsverpflichtung die Frage, ob eine **Veräußerung des Mitunternehmeranteils** erforderlich ist. Hier ist der Bereich der potenziellen Leistungsfähigkeit tangiert.

In diesem Zusammenhang ist auf **Sonder- und Ergänzungsbilanzen** zu verweisen. Stellt nämlich der Mitunternehmer einer Personengesellschaft ein Wirtschaftsgut (Gebäude, Maschine, Lizenz etc.) der Mitunternehmerschaft zur Verfügung, ohne dass diese Gesamthandvermögen werden, hat er eine Sonderbilanz zu erstellen (vgl. im Einzelnen Rdn 489 ff.).

Handelt es sich bei diesem Mitunternehmer um den Unterhaltsverpflichteten, können die Unterhaltseinkünfte aus der Personengesellschaft natürlich nur beurteilt werden, wenn auch die Einkünfte aus der Sonderbilanz und der damit verbundenen G&V gewürdigt werden. Hierauf muss sich dann natürlich auch das Auskunfts- und Belegbegehren beziehen. Ähnliches gilt für Ergänzungsbilanzen (vgl. im Einzelnen Rdn 498 ff.), wenn beispielsweise ein Einzelunternehmen in eine Personengesellschaft zu Buchwerten eingebracht wird. Erfolgt der Ansatz über Buchwert, wird das wahre Ergebnis des Mitunternehmers aus der Personengesellschaft nur sichtbar, wenn auch die Ergänzungsbilanzen herangezogen werden.

Hinweis

Auf Sonder- und Ergänzungsbilanzen besteht deshalb ein **Auskunfts- und Beleganspruch**!

601 **Pauschalthesaurierungen bei Personengesellschaften**

Es dürften auch unterhaltsrechtlich keine Bedenken bestehen, beispielsweise Gewinnrücklagen in Anlehnung an § 150 Abs. 2 AktG von 4 % bis 5 % des Gewinnes zu bilden, weil dieses regelmäßig vernünftiger kaufmännischer Beurteilung entsprechen dürfte. Die Erhöhung des Eigenkapitals bewirkt nämlich die Unabhängigkeit von Fremdkapital mit daraus folgender Zinslast, wie oben schon ausgeführt wurde, und sichert langfristig so die Liquidität des Unternehmens und damit die Leistungsfähigkeit des Unternehmers im unterhaltsrechtlichen Sinne.

b) Thesaurierte Gewinne bei Kapitalgesellschaften

602 Bei den Kapitalgesellschaften hat die Gesellschafterversammlung einen Ergebnisverwendungsbeschluss zu fassen (u.a. § 29 GmbHG, § 174 AktG).

Hinweis

Die Ergebnisverwendungsbeschlüsse finden sich regelmäßig nicht in unterhaltsrechtlichen Akten, wenn Beteiligungen an Kapitalgesellschaften vorliegen.

Der Auskunfts- und Beleganspruch muss sich daher zwingend auch auf die **Gewinnverwendungsbeschlüsse** beziehen.

603 Steuerrechtlich handelt es sich grundsätzlich um Einkünfte aus Kapitalvermögen (vgl. Rdn 656 ff.).

Beim Gesellschaftergeschäftsführer natürlich zu prüfen, ob seine Einkünfte aus nicht selbstständiger Tätigkeit als Geschäftsführer oder Vorstand angemessen sind.

Beim Minderheitsgesellschafter ist davon auszugehen, dass nur die Beträge das Unterhaltseinkommen nach Abzug von Steuerfreibeträgen und Werbungskosten prägen, die ihm tatsächlich zufließen. Dies entspricht seinem gesellschaftsrechtlichen Einfluss.

Hat der Mehrheitsgesellschafter Einfluss auf die Ausschüttungspolitik der Gesellschaft, ist die Interessenabwägung zwischen unternehmerischer Freiheit und Interesse des Unterhaltsgläubigers vorzunehmen (vgl. Rdn 589 ff.).[402]

c) Rechtfertigung der Differenzierung zwischen beherrschendem und nicht beherrschendem Gesellschafter

604 Wie ist rechtlich die Differenzierung nach Beherrschung oder Nichtbeherrschung der Gesellschaft zu rechtfertigen? Dem oben dargestellten Beispiel (siehe Rdn 597 ff.) liegt eine Entscheidung des BGH zugrunde, die diese Differenzierung begründet.

Der BGH[403] hat in Hinblick auf eine Auskunftsverpflichtung bei einem Gesellschaftergeschäftsführer einer GmbH die Vorlage von Bilanzen nebst Gewinn- und Verlustrechnung im Rahmen eines Beleganspruchs verlangt. Hätte der BGH ausschließlich auf die nicht selbstständigen Einkünfte des Gesellschaftergeschäftsführers abgestellt, wäre die Vorlage von Bilanz und G&V der GmbH obsolet. Insoweit stellt der BGH an angegebener Stelle klar, dass der Unternehmer nicht allgemein auf Belege der Gesellschaft verweisen könne und löst die Frage der Auskunftserteilung mit der faktischen Zugriffsmöglichkeit auf diese Unterlagen. Die Entscheidung nimmt zwar nicht expressis verbis zur Frage Stellung, wie die thesaurierten Gewinne zu behandeln sind. Inzident ist aber ein Auskunftsanspruch natürlich nur dann gegeben, wenn es auch auf die nicht ausgeschütteten Gewinne ankommt. Diese sind unterhaltsrechtlich relevant, da andererseits kein Auskunfts- und Beleganspruch gegeben ist.

402 OLG Hamm FamRZ 2009, 981 ff.
403 BGH FamRZ 1982, 681 f.

3. Zusammenfassung

Die wesentliche Differenzierung bei Zurechnung von thesaurierten Gewinnen erfolgt nach dem Einfluss auf die Ausschüttungspolitik des Unternehmens. 605

Dies ist nach der gesellschaftsvertraglichen Regelung und den dort eingeräumten Rechten, insbesondere nach der Beteiligungshöhe, Einfluss auf die strategischen Unternehmensentscheidungen, wie Einfluss auf die Investitionspolitik, die Wahl der Abschreibungsmethoden, Darlehnsaufnahmen der Gesellschaft und Verteilung der Gewinnverwendung zu beurteilen.

Danach entscheidet sich, ob die Gewinne dem Unterhaltseinkommen zu zurechnen sind oder nicht.

Eine betriebswirtschaftlich gebotene Rücklagenbildung ist zu berücksichtigen.

Dabei hat eine Interessenabwägung zwischen den Interessen des Unternehmens und den Interessen der Unterhaltsberechtigten stattzufinden.

IX. Körperschaftsteuer, Gewerbesteuer und Grunderwerbsteuer

Der Vorabschnitt zeigt die Unterhaltsrelevanz der Ausschüttungspolitik für das Unterhaltseinkommen. In unmittelbarem Kontext steht bei Körperschaften die Körperschaftsteuer, die in den vergangenen Jahren besonders häufig, auch strukturell, durch den Gesetzgeber verändert wurde. Sie hat unmittelbaren Einfluss auf das Einkommen des Unterhaltschuldners und die Höhe der Einkommensteuer. 606

Beispiel

Die GmbH, an der der Unterhaltsschuldner mit 8 % beteiligt ist, schüttet für das Jahr 2012 Anfang 2013 an diesen 10.000 EUR aus.

Lösung

Ausschüttung der GmbH mit Zufluss VZ 2013	10.000,00 EUR
abzüglich 15 % KSt	1.500,00 EUR
abzüglich 5,5 % SolZS auf die KSt = 1,38 % =	85,50 EUR
Ausschüttung folglich insgesamt	8.414,50 EUR

1. Ermittlung des körperschaftsteuerlichen Einkommens

Das zu versteuernde Einkommen von Kapitalgesellschaften lässt sich vereinfacht wie folgt darstellen: 607

	Jahresüberschuss/Jahresfehlbetrag lt. Handelsbilanz
+/–	Korrekturen nach einkommensteuerlichen Vorschriften (§ 60 EStDV) (z.B. nicht abziehbare Betriebsausgaben nach § 4 Abs. 5 EStG)
=	Gewinn/Verlust lt. Steuerbilanz
+/–	Korrekturen nach körperschaftsteuerlichen Vorschriften:
–	steuerfreie Einnahmen
+	verdeckte Gewinnausschüttungen (§ 8 Abs. 3 KStG)
–	verdeckte Einlagen
+	sämtliche Spenden
+	nicht abziehbare Aufwendungen (§ 10 KStG)
=	Summe der Einkünfte
–	abziehbare Spenden (§ 9 Abs. 1 Nr. 2 KStG)

=	Gesamtbetrag der Einkünfte
–	Verlustabzug (§ 10d EStG)
=	Einkommen
–	Freibetrag nach § 24 KStG
–	Freibetrag nach § 25 KStG
=	zu versteuerndes Einkommen

608 Folgende Korrekturen sind nach körperschaftsteuerlichen Vorschriften vorzunehmen:

- steuerfreie Einnahmen, hierzu zählen
  - von anderen Kapitalgesellschaften erhaltene Gewinnausschüttungen
  - Gewinne aus der Veräußerung von Anteilen an Kapitalgesellschaften
- **Verdeckte Gewinnausschüttungen (vGA)** i.S.d. § 8 Abs. 3 S. 2 KStG, dies sind Vermögensminderungen oder verhinderte Vermögensmehrungen, die durch das Gesellschaftsverhältnis veranlasst sind und sich auf die Höhe des Einkommens nicht auswirken dürfen, wenn sie nicht auf einem den gesellschaftsrechtlichen Vorschriften entsprechenden Gewinnverteilungsbeschluss beruhen (R 36 Abs. 1 S. 1 KStR 2013). Unter einer verdeckten Gewinnausschüttung im Sinne des § 8 Abs. 3 S. 2 KStG ist also eine Vermögensminderung (verhinderte Vermögensmehrung) zu verstehen, die durch das Geschäftsverhältnis veranlasst ist, sich auf die Höhe des Unterschiedsbetrages gemäß § 4 Abs. 1 S. 1 EStG in Verbindung mit § 8 Abs. 1 KStG auswirkt und in keinem Zusammenhang zu einer offenen Ausschüttung steht.

Beispiel

Gesellschafter A ist auch gleichzeitig Geschäftsführer der A-GmbH. Er erhält 2013 neben einem angemessenen Gehalt in Höhe von monatlich 120.000 EUR eine Umsatzvergütung von 30.000 EUR, die auf keinem Gewinnverteilungsbeschluss beruht.

Lösung

Die Umsatzvergütung von 30.000 EUR hat das körperschaftsteuerliche Einkommen der GmbH in 2013 um 30.000 EUR gemindert. Es liegt eine verdeckte Gewinnausschüttung vor, die für körperschaftsteuerliche Zwecke dem Gewinn lt. Steuerbilanz wieder hinzuzurechnen ist.

609 Weitere Korrekturen sind bei **verdeckten Einlagen und Spenden** vorzunehmen.

Eine verdeckte Einlage liegt vor, wenn ein Gesellschafter oder eine ihm nahestehende Person der Körperschaft außerhalb der gesellschaftsrechtlichen Einlagen einen einlagefähigen Vermögensvorteil zuwendet und diese Zuwendung durch das Gesellschaftsverhältnis veranlasst ist (vgl. R 40 KStR). Einlagefähig sind nur Vermögensvorteile, welche auch Bestandteil der Gewinnermittlung durch Vermögensvergleich sein können. Dies bedeutet, dass die verdeckte Einlage das bilanzielle Vermögen der Körperschaft durch den Ansatz oder die Erhöhung eines Aktivpostens oder durch Wegfall bzw. Minderung eines Passivpostens erhöhen muss. Die unentgeltliche Gewährung von Nutzungsvorteilen (z.B. zinslose Darlehensgewährung) kann nicht Gegenstand einer verdeckten Einlage sein.

610 Grundsätzlich erhöhen verdeckte Einlagen das körperschaftsteuerliche Einkommen der Kapitalgesellschaft **nicht** (§ 8 Abs. 3 S. 3 KStG). Soweit der Wert der verdeckten Einlage jedoch das Einkommen des Gesellschafters fehlerhafterweise gemindert hat, ist das Einkommen der Kapitalgesellschaft um den Wert der verdeckten Einlage zu erhöhen. Wert in diesem Sinne ist grundsätzlich der Teilwert, der dem Betrag entspricht, den ein gedachter Erwerber des ganzen Betriebs für das einzelne Wirtschaftsgut aufwenden würde (§ 6 Abs. 1 Nr. 1 S. 3 EStG). Zu diesem Betrag gehört nicht die nach Umsatzsteuergesetz abziehbare Vorsteuer (§ 15 Abs. 1 Nr. 1 UStG).

Beispiel

Sachverhalt wie zuvor. Der Gesellschafter A gewährt der A GmbH Anfang 2013 ein Darlehen in Höhe von 50.000 EUR zu einem Zinssatz von 0,5 %. Die übliche Verzinsung liegt bei 4,5 %. Mitte des Jahres 2013 verzichtet A auf die Rückzahlung des Darlehens.

Lösung

Eine niedrigere Verzinsung stellt kein einlagefähiges Wirtschaftsgut dar und die gezahlten Zinsen sind damit keine verdeckte Einlage. Einlagefähig ist jedoch der Verzicht auf das Darlehen, so dass das Einkommen der Gesellschaft um 50.000 EUR zu kürzen ist.

Nicht abziehbar sind Aufwendungen für: **611**

- Steuern vom Einkommen und sonstige Personensteuern, Umsatzsteuer, Umsätze, Entnahmen oder verdeckte Gewinnausschüttungen sowie Vorsteuerbeträge auf Aufwendungen, für die das Abzugsverbot des § 4 Abs. 5 EStG gilt sowie für die auf diese Steuern entfallenden Nebenleistungen wie Verspätungs- und Säumniszuschläge,
- in einem Strafverfahren festgesetzte Geldstrafen und sonstige Rechtsfolgen vermögensrechtlicher Art, bei denen der Strafcharakter überwiegt und
- die Hälfte der Verfügungen, die an die Mitglieder der Aufsichtsräte, Beiräte, etc. zur Überwachung der Geschäftsführung gezahlt werden.

2. Körperschaftsteuersysteme: Anrechnungsverfahren, Halbeinkünfteverfahren, Teileinkünfteverfahren und Abgeltungsteuer

Die Unternehmensteuerreform 2008 bringt das System der Abgeltungsteuer (siehe Rdn 6 ff.) auf der Anteilseignerebene. **612**

Die Dividendeneinkünfte sowie Kursgewinne (**Veräußerungsgewinne**) werden pauschal mit 25 % (zzgl. 5,5 % SolZ und ggf. KiSt) versteuert.

Der Körperschaftsteuersatz wird von 25 % auf 15 % gesenkt. Es handelt sich um eine Definitivbesteuerung ohne Anrechnung auf die Einkommensteuer, d.h. die Einkommensteuer bezieht sich auf 100 % der Einkünfte aus Kapitalvermögen als Bemessungsgrundlage!

Das bisherige Halbeinkünfteverfahren wird zum **Teileinkünfteverfahren** (siehe auch Rdn 6 ff., 109 % des Gewinns sind steuerpflichtig) und gilt nur noch für Gewinnausschüttungen, Veräußerungsgewinne etc. im Zusammenhang mit **Beteiligungen an Kapitalgesellschaften**. Diese müssen sich im **Betriebsvermögen von Einzelunternehmen oder Personengesellschaften** befinden oder Gewinne, die sich aus der **Veräußerung privater Beteiligungen** im Sinne von § 17 EStG ergeben (Beteiligung von mindestens 1 % am Gesellschaftskapital innerhalb der letzten 5 Jahre) **613**

Hinweis **614**

Diese Steueränderung gilt auf Unternehmensebene für Jahresabschlüsse ab 1.1.2008 und auf Anteilseignerebene ab 1.1.2009 durch die Unternehmensteuerreform 2008.

Halbeinkünfteverfahren **615**

Seit 2001 bis 2007 ist das bis dahin geltende Anrechnungsverfahren durch das Halbeinkünfteverfahren abgelöst worden. Beide Verfahren haben heute noch Bedeutung bei der stichtagsgenauen latenten Veräußerungsgewinnbesteuerung.

Der Steuersatz betrug 25 % und 5,5 % SolZ.

Es erfolgt keine Anrechnung der Körperschaftsteuer auf die Einkommensteuer.

616 *Hinweis*

Obwohl das Anrechnungsverfahren durch das Halbeinkünfteverfahren schon Ende 2001 abgelöst wurde, spielt es unterhaltsrechtlich immer noch eine Rolle, weil **bis 2017 Ausschüttung** aus dieser Steuerrechtssystem beim Unterhaltseinkommen eine Rolle spielen können.

617 Das bis zum 31.12.2000 geltende Anrechnungsverfahren ging davon aus, dass die Belastung mit Körperschaftsteuer auf der Ebene der Kapitalgesellschaft nicht abschließend war, sondern lediglich eine **Vorauszahlung auf die persönliche Einkommensteuerschuld des Anteilseigners** darstellte. Sie unterlagen zudem nicht einem einheitlichen Steuersatz, sondern es wurde zwischen einbehaltenen (Steuerbelastung mit 40 % ist definitiv) und ausgeschütteten Gewinnen (Steuerbelastung mit 30 % ist nicht definitiv, indem Anrechnung der KSt auf die persönliche Einkommensteuer erfolgt) unterschieden.
Wurden Gewinne ausgeschüttet, wurde die Körperschaftsteuerbelastung vollständig abgebaut und durch die Besteuerung dem persönlichen Einkommensteuersatz des Anteilseigners unterstellt.
Dies erfolgte in zwei Schritten:

- Auf der Ebene der Körperschaft wurde die Körperschaftsteuerbelastung der Ausschüttung von 40 % auf 30 % reduziert (Herstellung der Ausschüttungsbelastung) und
- auf der Ebene der Gesellschafter fand die restliche Entlastung von 30 % auf 0 % statt, indem die 30 % auf die Einkommensteuerschuld angerechnet oder erstattet wurden (Anrechnung der Körperschaftsteuer).

Zum exakten Abbau der Körperschaftsteuerbelastung muss im Anrechnungsverfahren die jeweilige steuerliche Vorbelastung des für die Ausschüttung verwendbaren Eigenkapitals festgehalten werden.

Dies hatte zur Folge: die zusätzliche Steuer auf die einbehaltenen Gewinne wurde bis zur Ausschüttung als Körperschaftsteuerguthaben „gespeichert".

618 **Unterhaltsrelevanz**

Körperschaften, die aus der Zeit bis zum 31.12.2000 ausschüttungsfähige Gewinne haben und diese Gewinne bis zum unterhaltsrechtlich relevanten Zeitraum noch nicht oder teilweise noch nicht ausgeschüttet haben, besitzen ein Ausschüttungspotenzial mit Erstattung eines Körperschaftsteuerguthabens, das als mit ausgeschüttet gilt!

Es kommt unterhaltsrechtlich nicht auf den Zeitpunkt der körperschaftsteuerlichen Gewinnermittlung, sondern auf den **Zeitpunkt der Ausschüttung an die Anteilseigner** an.

Das Finanzamt beschied beim **Anrechnungsverfahren** dabei jährlich das ausschüttungsfähige Körperschaftsteuerguthaben aus dem verwendbaren Eigenkapital per Feststellungsbescheid. Dieses Körperschaftsteuerguthaben wird im Rahmen der Körperschaftsteuerveranlagung zum 31.12.2006 letztmalig ermittelt (§ 37 Abs. 4 KStG). Ab 2008 bis 2017 hat die Körperschaft einen Anspruch auf Auszahlung des Körperschaftsteuerguthabens (Steuerbelastung für ausgeschüttete Gewinne ist niedriger als für thesaurierte Gewinne) in 10 gleichen Jahresbeträgen (§ 37 Abs. 5 KStG). Der erste Jahresbetrag wird innerhalb eines Monats nach Bekanntgabe dieses Festsetzungsbescheides und in den Folgejahren jeweils am 30. September ausbezahlt.

Auf die vorgenannten Bescheide besteht deshalb selbstverständlich ein unterhaltsrechtlicher Auskunfts- und Beleganspruch.

Die Gesellschaft hat das unverzinsliche Körperschaftsteuerguthaben ab dem 31.12.2006 mit dem abgezinsten Barwert im Jahresabschluss unter **„sonstige Vermögensgegenstände" zu aktivieren**, so dass dieses auch aus den Bilanzen ab 2007 ablesbar ist.

Der Mehrgewinn durch die Aktivierung ist steuerfrei.

Hinweis 619

Hierbei handelt es sich um Unterhaltseinkommen aus der Zurechnung thesaurierter Gewinne und außerdem vom Finanzamt erstatteter Körperschaftsteuer! Der Familienrechtler muss dieses beachten, weil hier noch nicht ausgeschüttete Gewinne, die bislang bei der Unterhaltsberechnung nicht berücksichtigt worden sind, entzogen und damit bis **2017** „versteckt" sein können!

Auch das Anrechnungsverfahren hat darüber hinaus noch Bedeutung bei der stichtagsgenauen latenten Veräußerungsgewinnbesteuerung.

3. Gewerbesteuer

Besteuert werden Gewerbebetriebe, die entweder über ihre Rechtsform als Kapitalgesellschaft oder über ihre gewerbliche Tätigkeit im Sinne des Einkommensteuerrechts (Einzelunternehmen und Personengesellschaften) erfasst werden. Dabei wird für natürliche Personen und Personengesellschaften ein Freibetrag von 24.500 EUR gewährt.[404] 620

Berechnungsschema der Gewerbesteuer: 621

Gewinn aus Gewerbebetrieb (Gewinn) gem. EStG bzw. KStG

+ Hinzurechnungen
– Kürzungen
= Gewerbeertrag vor Verlustabzug
– Gewerbeverlust aus Vorjahren
= Gewerbeertrag (abzurunden auf volle 100 EUR)
– Freibetrag von 24.500 EUR (nur für Einzelunternehmen und Personengesellschaften)
= Gewerbeertrag × Steuermesszahl (seit 2008: 3,5 %)
= Steuermessbetrag × Hebesatz der Gemeinde
= festzusetzende Gewerbesteuer
– Gewerbesteuer-Vorauszahlungen
= Gewerbesteuerzahllast

Die letzte große Änderung der Gewerbesteuer folgte 2008 mit dem Unternehmensteuerreformgesetz (vgl. Rdn 8, 136 ff. mit Beispiel für **abgemilderte Anrechnung** der Gewerbesteuer auf die Einkommensteuer nach § 35 EStG bei EU und PersG). Dieses führte u.a. zu einer neuen Behandlung der Gewerbesteuer bei der steuerlichen Gewinnermittlung. Ab 2008 ist diese gemäß § 4 Abs. 5b EStG **keine Betriebsausgabe mehr**. 622

Die Gewerbesteuermesszahl wird von 5 % auf 3,5 %, bei gleichzeitigem Wegfall des Betriebskostenabzugs der Gewerbesteuer, gesenkt. Bei einem Gewerbesteuerhebesatz von 400 % beträgt die steuerliche Gesamtbelastung 29,83 %, was im internationalen Vergleich nach wie vor nur Durchschnitt ist.

Beispiel

Die A-GmbH erzielt 2013 einen Gewerbeertrag i.H.v 100.000 EUR.

Lösung

100.000 EUR X 3,5 % Steuermesszahl = Messbetrag 3.500 EUR

404 *Perleberg/Kölbel*, Gewerbesteuer und ihre Anrechnung im Familienrecht, FuR 2015, 649.

623 *Hinweis*

Hierzu erlässt das zuständige Veranlagungsfinanzamt den Gewerbesteuermessbetrag, der als Grundlagenbescheid gesondert anfechtbar ist.

Auf den Grundlagen des Messbescheides erlässt die Gemeinde den Gewerbesteuerbescheid.

Die Anrechnung erfolgt im Einkommensteuerbescheid.

Da seit der Unternehmensteuerreform 2008 die Gewerbesteuer nicht mehr als Betriebsausgaben abzugsfähig ist, kann sie den Gewinnermittlungen nicht mehr entnommen werden.

Gleichwohl muss sie unterhalsrechtlich als Zahlungsverpflichtung in Abzug gebracht werden.

Dies geschieht durch Abzug der veranlagten Gewerbesteuer für das Jahr der Veranlagung.

Zudem erfolgt eine (teilweise) Anrechnung der Gewerbesteuer auf die Einkommensteuer bei Beteiligungen an Einzelunternehmen und Personengesellschaften (mit Beispiel, vgl. Rdn 8, 136).

624 *Hinweis*

Auf die Veranlagungsunterlagen, wie Gewerbesteuererklärungen, Gewerbesteuermessbescheide und Gewerbesteuerbescheide besteht ein unterhaltsrechtlicher **Auskunfts- und Beleganspruch**.

4. Grunderwerbsteuer

625 Trotz der Steuerbefreiung von der Grunderwerbsteuer bei Übertragung von Grundstücken unter Ehegatten gemäß § 3 Nr. 4 GrEStG nimmt in allen anderen Fällen die wirtschaftliche Bedeutung dieser Steuerart immens zu.

Die Grunderwerbsteuer (GrESt) ist eine Steuer, die beim Erwerb eines Grundstücks oder Grundstückanteils anfällt. Sie wird auf Grundlage des Grunderwerbsteuergesetzes erhoben und ist eine Ländersteuer, die diese an die Kommunen weiterreichen können. Je nach Bundesland beträgt der Steuersatz zwischen 3,5 % (Bayern und Sachsen), 5 % Niedersachsen und 6,5 % (Schleswig-Holstein, seit 1.1.2015 auch Nordrhein-Westfalen und Saarland, seit 1.7.2015 Brandenburg) der Bemessungsgrundlage.

Im Jahr 2012 wurden 7,389 Milliarden EUR Grunderwerbsteuer (GrESt) eingenommen, 2013 waren es 8,39 Milliarden EUR (+ 13,5 %). Die Grunderwerbsteuer macht etwa 1,4 % des Steueraufkommens in Deutschland von rund 619 Milliarden EUR aus und hat an den Steuereinnahmen der Länder einen Anteil von rund 3,8 %.[405]

Zu bedenken sind auch Grundstücksübertragungen durch Gesellschaften bzw. der Zeitpunkt der Verwirklichung des Steuertatbestandes.

Hat beispielsweise eine Gesellschaft ein Grundstück unter einer aufschiebenden Bedingung erworben, so gehört es nach § 1 Abs. 3 GrEStG erst ab Eintritt der Bedingung zu ihrem Vermögen, und zwar dann, wenn bereits zuvor die Auflassung erklärt wird.[406]

X. Überschusseinkünfte

1. Einkünfte aus nichtselbstständiger Arbeit (§ 19 EStG)

a) Arbeitnehmereigenschaft

626 Arbeitnehmer i.S.v. § 1 Abs. 1 S. 1 und S. 2 LStDV sind die Personen, die im öffentlichen oder privaten Dienst angestellt oder beschäftigt sind oder waren und die aus diesem Dienstverhältnis oder einem frühe-

405 Quelle: Wikipedia.

406 BFH vom 11.12.2014 – II R 26/12, NV 2015, 444; anders bei privaten Veräußerungsgeschäften, bei denen die Spekulationsfrist der §§ 22,23 EStG erst mit Eintritt der Bedingung endet, FG Münster v. 22.5.2013 – 10 K 15/12, EFG 2013, 1336.

ren Dienstverhältnis Arbeitslohn beziehen. Ein Dienstverhältnis liegt danach vor, wenn der Beschäftigte dem Arbeitgeber seine Arbeitskraft schuldet, d.h. wenn er unter Leitung des Arbeitgebers steht oder im geschäftlichen Organismus des Arbeitgebers dessen Weisungen zu folgen verpflichtet ist (§ 1 Abs. 2 S. 2 LStDV).

Hinweis 627

Mit den klassischen Merkmalen Weisungsgebundenheit, allgemeine Marktteilnahme (nicht nur ein oder zwei Auftraggeber) und unternehmerisches Risiko ist die nichtselbstständige Tätigkeit von der Tätigkeit als Land- und Forstwirt, als Gewerbetreibender und selbstständig Tätiger abgegrenzt werden.

Somit ist nicht derjenige Arbeitnehmer, der sich unternehmerisch i.S.v. § 2 Abs. 1 UStG betätigt. Unternehmer ist nach danach, wer eine gewerbliche oder berufliche Tätigkeit selbstständig ausübt. Das Unternehmen umfasst die gesamte gewerbliche oder berufliche Tätigkeit des Unternehmers. Gewerblich oder beruflich ist jede nachhaltige Tätigkeit zur Erzielung von Einnahmen, auch wenn die Absicht, Gewinn zu erzielen, fehlt oder eine Personenvereinigung nur gegenüber ihren Mitgliedern tätig wird.

Die gewerbliche oder berufliche Tätigkeit wird nicht selbstständig ausgeübt,

soweit natürliche Personen, einzeln oder zusammengeschlossen, einem Unternehmen so eingegliedert sind, dass sie den Weisungen des Unternehmers zu folgen verpflichtet sind,

wenn eine juristische Person nach dem Gesamtbild der tatsächlichen Verhältnisse finanziell, wirtschaftlich und organisatorisch in das Unternehmen des Organträgers eingegliedert ist (Organschaft).

b) Scheinselbstständige

Die Scheinselbstständigen repräsentieren den Personenkreis, deren Einkünfte aufgrund formal unabhängiger Tätigkeit als Gewinn bzw. als Überschuss der Einnahmen über die Werbungskosten von ihnen selbst im Rahmen der steuerlichen Einkommensermittlung ermittelt werden. 628

Scheinselbstständige sind Erwerbstätige, die rechtlich als Selbstständige behandelt werden, in Wirklichkeit aber wie abhängig Beschäftigte arbeiten.

Betriebswirtschaftlich beruht dieses oft auf Outsourcing.

Vorteile für einen Outsourcer sind Einsparungen bei Personal- und Materialkosten, Gewährleistung hoher Qualität und Einhaltung von Zeitvorgaben sowie Wegfall der Kapitalbindungen durch teuren Maschinenpark und Umgehung arbeitsrechtlicher Konsequenzen.

Entscheidendes Abgrenzungskriterium ist u.a., ob der Arbeitnehmer weisungsgebunden ist oder nicht oder im Wesentlichen nur einen Auftraggeber hat. Für den Arbeitgeber besteht die Gefahr der Nacherhebung von Sozialversicherung und Lohnsteuer.

Der BFH[407] hat Abgrenzungskriterien für und wider Selbstständigkeit wie folgt definiert: 629

Selbstständigkeit:

Selbstständigkeit in der Organisation und bei der Durchführung der Tätigkeit; Unternehmensrisiko (Vergütungsrisiko); wird eine Vergütung für Ausfallzeiten nicht gezahlt, spricht dieses für Selbstständigkeit; Unternehmerinitiative (bloße Umqualifizierung in gewerbliche Einkünfte reicht nicht); Bindung nur an bestimmte Tage an den Betrieb; geschäftliche Beziehung zu anderen Vertragspartnern.

Wider Selbstständigkeit:

Weisungsgebundenheit für Ort/Zeit, Inhalt der Tätigkeit; fester Arbeitszeit; feste Bezüge; Urlaubsanspruch; Anspruch auf Sozialleistungen; Fortzahlung im Krankheitsfall; Eingliederung in den Betrieb; Schulden der Arbeitskraft und nicht des Erfolgs.

407 BFH v. 14.4.2010 – XI R 14/09, BFH/NV 2010, 2201.

c) Arbeitslohn

630 Auszugehen ist von dem **Bruttoarbeitslohn**, d.h. des Arbeitslohnes vor Kürzung durch Abzüge.

Arbeitslohn[408] sind alle Einnahmen in Geld oder Geldeswert, die dem Arbeitnehmer aus dem Dienstverhältnis zufließen. Es ist gleichgültig, ob es sich um eine einmalige oder laufende Einnahme handelt, ob ein Rechtsanspruch auf sie besteht und unter welcher Bezeichnung und in welcher Form sie gewährt wird (§ 2 Abs. 1 LStDV).

631 Nach **R 70 Abs. 1 und Abs. 3 LStR** gehören zum **Arbeitslohn**:

- Sachbezüge
- Lohnzuschläge, z.B. für Mehrarbeit oder Erschwernis
- Entschädigungen, z.B. für nicht gewährten Urlaub
- pauschale Fehlgeldentschädigungen, die Arbeitnehmern im Kassen- und Zähldienst gezahlt werden, soweit sie den Freibetrag von 16 EUR im Monat übersteigen
- Vergütungen des Arbeitgebers zum Ersatz der dem Arbeitnehmer berechneten Kontoführungsgebühren
- Vergütungen des Arbeitgebers zu den Aufwendungen des Arbeitnehmers für Fahrten zwischen Wohnung und Arbeitsstätte, soweit diese Aufwendungen nicht zu den Reisekosten gehören

Fahrtkostenzuschüsse können vom Arbeitgeber mit einem Pauschalsteuersatz von 15 % bis zu einem Betrag erhoben werden, der nach § 9 Abs. 2 EStG als Werbungskosten angesetzt werden könnte, wenn die Bezüge nicht pauschal erhoben werden (§ 40 Abs. 2 S. 2 EStG).
Diese pauschal besteuerten Bezüge mindern die abziehbaren Werbungskosten (§ 40 Abs. 2 S. 3 EStG).

632 *Hinweis*

Zu den Barbezügen gehören auch die Abfindungen, die Lohnersatzfunktion haben.

Erwerbsbonus oder pauschaler berufsbedingter Aufwand sind nicht zu berücksichtigen.

Der Abfindungsbetrag ist unterhaltsrechtlich auf angemessene Zeit zu verteilen.[409]
(Aufhebung der Steuerfreiheit ab VZ 2006.)

633 Nach **R 70 Abs. 2 LStR** gehört **nicht** zum **Arbeitslohn**:

- Leistungen zur Verbesserung der Arbeitsbedingungen, z.B. betriebseigene Dusch- und Badeanlagen
- Übliche Zuwendungen bei Betriebsveranstaltungen bis zu einem Höchstbetrag der Freigrenze von 110 EUR je teilnehmende Arbeitnehmer (R 72 LStR)
- Übliche Aufmerksamkeiten wie Blumen, Pralinen, etc. bis 40 EUR Freigrenze, die dem Arbeitnehmer aus besonderem Anlass, z.B. Geburtstag, gewährt werden.
- Hingegen gehören Geldzuwendungen regelmäßig zum Arbeitslohn, auch wenn ihr Wert gering ist, sog. Aufmerksamkeiten (R 73 LStR).
- Betriebliche Fort- und Weiterbildungsleistungen (R 74 LStR)

d) Steuerfreie Einnahmen

634 Folgende Einnahmen sind z.B. steuerfrei:

- Elterngeld nach dem Bundeselterngeldgesetz ab 2007
- Leistungen aus Krankenversicherung, Pflegeversicherung und gesetzlicher Unfallversicherung
- Arbeitslosengeld, Kurzarbeitergeld, Arbeitslosenhilfe, Übergangsgeld, Unterhaltsgeld
- Reisekostenvergütungen, Umzugskostenvergütungen und Trennungskostenvergütungen
- Vorteile aus der privaten Nutzung von betrieblichen Personalcomputern und Telekommunikationsgeräten
- Trinkgelder,

408 „Bezüge-ABC" der nichtselbstständigen Einkünfte mit Rspr-Hinweisen: *Kleffmann/Klein*, Unterhaltsrecht, Kap. 1, Rn 21.
409 *Kleffmann/Klein*, Kap. 1, 22 ff. mit Rspr-Nachweisen.

- Sachbezüge, wenn sie insgesamt 44 EUR Freigrenze im Kalendermonat nicht übersteigen
- Sachbezüge, die vom Arbeitgeber nicht überwiegend für den Bedarf des Arbeitnehmers hergestellt, vertrieben oder erbracht werden und deren Abzug nicht pauschal nach § 40 EStG versteuert werden.

Hinweis 635

Als Wert gilt der um 4 % geminderte Endpreis, zu dem der Arbeitgeber die Sachbezüge fremden Endverbrauchern anbietet.

Es besteht Steuerfreiheit insoweit, als insgesamt der rabattfreie Betrag von 1.080 EUR im Kalenderjahr nicht überschritten wird.

e) Sachbezüge

Sachbezüge sind nach R 31 Abs. 1 LStR insbesondere auch Kosten für Wohnung und Unterkunft, Verpflegung und Stellung von Kraftfahrzeugen. 636

Sie sind unterhaltsrechtliches Einkommen.[410]

Sachbezüge sind

- Deputate in Land- und Forstwirtschaft, freie oder verbilligte Energiekosten, Kost, Wohnen,[411] Zuschüsse für Telefon[412] und Kontoführung etc., Überlassung von Aktien,[413] verbilligter Warenbezug,[414] verbilligte oder freie Fahrten bzw. Flüge, Gestattung der privaten Nutzung von Dienst-bzw. Firmenfahrzeugen.[415]
- Kfz (ausführlich mit Beispielen siehe Rdn 417 ff.) -Nutzung als Sachbezug:[416] Überlässt der Arbeitgeber dem Arbeitnehmer einen Pkw, so hat er den privaten Nutzungsanteil mit monatlich 1 % des Bruttolistenpreises anzusetzen, der im Zeitpunkt der Erstzulassung für das Kraftfahrzeug festgelegt ist. Dies gilt auch bei gebraucht erworbenen oder geleasten Fahrzeugen. Hierbei ist der Bruttolistenpreis in volle EUR abzurunden (R 31 Abs. 9 Nr. 1 S. 6 LStR). Dies bezieht sich auf die Privatfahrten als Freizeitfahrten. Darf der Arbeitnehmer das Fahrzeug auch für Fahrten zwischen Wohnung und Arbeitsstätte nutzen, erhöht sich der Wert um jeden Kilometer der Entfernung zwischen Wohnung und Arbeitsstätte um 0,03 % des Bruttolistenpreises.[417]

Beispiel 637

Der Arbeitnehmer A erhält neben seinem Bruttogehalt von 2.500 EUR ab 2012 einen gebraucht angeschafften Wagen auch zur privaten Nutzung. Der Bruttolistenpreis im Zeitpunkt der Erstzulassung beträgt 20.477 EUR und die Entfernung zwischen Wohnung und Arbeitsstätte 30 km. A fährt 2012 an 225 Tagen mit dem Firmenwagen von seiner Wohnung zur Arbeitsstätte

Lösung

Der geldwerte Vorteil für A wird für 2012 monatlich wie folgt ermittelt:

Geldwerter Vorteil für Privatfahrten

(1 % von 20.400 EUR)	204,00 EUR
+ Zuschlag für Fahrten zwischen Wohnung und Arbeitsstätte	

410 BGH FamRZ 1983, 352.
411 OLG Köln FamRZ 1994, 997.
412 OLG Karlsruhe FamRZ 1990, 533.
413 OLG Oldenburg FamRZ 2009, 1911.
414 OLG Hamm FamRZ 1999, 167.
415 *Schöppe-Fredenburg*, FuR 1998, 158.
416 Pauschale Schätzungen: 200 EUR, BGH FamRZ 2008, 281; 250 EUR, OLG Bamberg NJW 1993, 66; 355 EUR, OLG Hamm FamRZ 1999, 513, BMF-Schreiben v. 3.4.2012 zur privaten Kfz-Nutzung durch Gesellschafter-Geschäftsführer.
417 Entfernungspauschale verfassungsgemäß: BVerfG v. 9.12.2008.

(0,03 EUR von 20.400 EUR x 30 km)	183,60 EUR
= Geldwerter Vorteil insgesamt	387,60 EUR

Aus dem Betrag ist die Umsatzsteuer herauszurechnen.

Die Gehaltsabrechnung für A sieht für einen Monat in 2012 beispielhaft wie folgt aus:

Bruttogehalt	2.500,00 EUR
+ Sachbezug (Stellung des Pkws), netto	325,71 EUR
+ 19 % USt	61,89 EUR
= steuer- und sozialversicherungspflichtiges Gehalt	2.887,60 EUR
– Lohnsteuer/Kirchensteuer/Solidaritätszuschlag	591,86 EUR
– Sozialversicherungsbeiträge (Arbeitnehmeranteil)	613,62 EUR
Nettogehalt	1.682,12 EUR
– Sachbezug	387,60 EUR
= Auszahlungsbetrag	1.294,52 EUR

Der geldwerte Vorteil für die betriebliche Nutzung des Kfz kann auch mit den **tatsächlichen Aufwendungen** für das Kraftfahrzeug angesetzt werden, wenn die für das Kraftfahrzeug insgesamt entstehenden Aufwendungen durch Belege und das Verhältnis der privaten zu den übrigen Fahrten durch ein ordnungsgemäßes **Fahrtenbuch**[418] nachgewiesen werden (R 31 Abs. 9 Nr. 2 LStR).

f) Bezugszeiträume

638 Der laufende Arbeitslohn gilt in dem Kalenderjahr als bezogen, in dem der Lohnzahlungszeitraum endet (§ 11 Abs. 1 i.V.m. § 38a Abs. 1 S. 2 EStG), während die sonstigen Bezüge im Kalenderjahr bezogen werden, in dem sie dem Arbeitnehmer zufließen (§ 11 Abs. 1 i.V.m. § 38a Abs. 1 S. 3 EStG).

Ein Bezug liegt beim Gesellschafter/Geschäftsführer bei Nichtauszahlung der vereinbarten Vergütung dann vor, wenn die Gehaltsverbindlichkeit auf der Ebene der Gesellschaft passiert wird.[419]

g) Abzüge vom Lohn

639 Folgende Beträge können dem Steuerpflichtigen vom Arbeitslohn unter bestimmten Voraussetzungen zur Ermittlung der Einkünfte abgezogen werden:

1. Versorgungsfreibetrag und Zuschlag zum Versorgungsfreibetrag nach § 19 Abs. 2 EStG
2. Werbungskosten i.S.v. § 9 EStG oder Arbeitnehmerpauschbetrag sowie erwerbsbedingte Kinderbetreuungskosten nach § 4f EStG und Pauschbetrag für Versorgungsbezüge nach § 9a Nr. 1b EStG.

aa) Versorgungsfreibetrag/Zuschlag zum Versorgungsfreibetrag

640 Nach § 19 Abs. 2 EStG bleibt seit 2005 von den Versorgungsbezügen ein nach einem Prozentsatz ermittelter und auf einen Höchstbetrag begrenzter Betrag sowie Zuschlag steuerfrei.

Versorgungsbezüge sind Bezüge und Vorteile aus früheren Dienstleistungen.

Die Bemessungsgrundlage ergibt sich aus § 19 Abs. 2 S. 4 EStG.

bb) Werbungskosten

641 Werbungskosten bei Arbeitnehmern sind alle Aufwendungen, die ihnen zur Erwerbung, Sicherung oder Erhaltung ihrer Einnahmen aus nichtselbstständiger Arbeit erwachsen (§ 9 Abs. 1, 2 EStG) wie:

418 Zum ordnungsgemäßen Fahrtenbuch BF, Beschl. v. 12.7.2011 – VI B 12/11; BFH NV 2011, 1863; BFH, Urt. v. 1.3.2012 – VI R 33/10; BStBl 2012 II 505.

419 BFH, Urt. v. 3.2.2011 – VI R 4/10; BFH NV 2011, 904; weiter differenzierend OFD Rheinland und Münster v. 12.9.2012.

- Beiträge zu Berufsverbänden, auch Gewerkschaftsbeiträge
- Aufwendungen für Fahrten zwischen Wohnung und Arbeitsstätte bei Fernpendlern ab dem 21. Kilometer, wobei die verkehrsmittelunabhängige Entfernungspauschale für jeden vollen Kilometer der Entfernung 0,30 EUR und die Nachweisgrenze bei Nichtbenutzung eines eigenen oder vom Arbeitgeber überlassenen Pkw 4.500 EUR beträgt.[420]
- Aufwendungen für Arbeitsmittel
- Absetzungen für Abnutzung
- Aufwendungen für ein häusliches Arbeitszimmer sowie die Kosten der Ausstattung, wenn dieses den Mittelpunkt der gesamten beruflichen Betätigung bildet.
- Mehraufwendungen für Verpflegung, wie z.B. bei doppelter Haushaltsführung.

cc) Arbeitnehmerpauschbetrag/Pauschbetrag für Versorgungsbezüge

Werden keine höheren Werbungskosten nachgewiesen, wird ein Arbeitnehmerpauschbetrag nach § 9a S. 1 Nr. 1 EStG als: 642

- Arbeitnehmerpauschbetrag von 920 EUR bis VZ 2010 und 1.000 EUR seit VZ 2011,
- Pauschbetrag für Versorgungsbezüge von 102 EUR (§ 9a S. 1 Nr. 1b EStG) abgezogen.

Bei zusammen veranlagten Ehepartnern, die Einnahmen aus nichtselbstständiger Arbeit erzielen, kann jeder Ehepartner – ebenso wie bei der getrennten Veranlagung – den Pauschbetrag bis zur Höhe seiner jeweiligen Einnahmen, bzw. bis zur Höhe seiner jeweiligen, um den Versorgungsbetrag einschließlich des Zuschlags des Versorgungsfreibetrags geminderten Einnahmen, absetzen. 643

dd) Kinderbetreuungskosten als Werbungskosten

Für erwerbsbedingte Kinderbetreuungskosten nach § 4f EStG gilt: 644

Als außergewöhnliche Belastungen konnten Kinderbetreuungskosten bis 2005 nach § 33c EStG abgezogen werden. Ab dem Kalenderjahr 2006 sind die Kinderbetreuungskosten entweder als Werbungskosten bzw. Betriebsausgaben oder als Sonderausgaben i.S.v. § 10 S. 1 Nr. 5 und 8 EStG neben dem Pauschbetrag abziehbar.

Als Werbungskosten bei der Einkunftsart aus nichtselbstständiger Arbeit sind folgende Voraussetzungen zu erfüllen: 645

- Erwerbstätigkeit der Steuerpflichtigen von mindestens 10 Stunden/Woche
- Zusammenleben der Eltern, wobei beide Elternteile erwerbstätig sein müssen
- Kind i.R.d. § 32 Abs. 1 EStG
- Das Kind darf das 14. Lebensjahr nicht vollendet haben oder wegen einer vor Vollendung des 25. Lebensjahres eingetretenen körperlichen, geistigen oder seelischen Behinderung außerstande sein, sich selbst zu unterhalten.
- Zugehörigkeit des Kindes zum Haushalt des Steuerpflichtigen
- Nachweis des Steuerpflichtigen durch Vorlage einer Rechnung und des entsprechenden Zahlungsbeleges

Kinderbetreuungskosten sind z.B.: 646

- Aufwendungen für die Unterbringung in Kindergärten, Kindertagesstätten, Kinderhorten, Kinderkrippen und Kinderheimen sowie bei Tagesmüttern, Wochenmüttern und in Ganztagspflegestellen
- Aufwendungen für die Beschäftigung von Kinderpflegerinnen, Kinderschwestern und Erzieherinnen
- Hilfen im Haushalt, soweit sie die Kinder betreuen
- Aufwendungen für die Beaufsichtigung von Kindern bei der Erledigung der häuslichen Schulaufgaben

420 Vgl. zur Verfassungsmäßigkeit BFH, Beschl. v. 10.1.2008, DStR 2008, 188; NJW 2008, 608; BVerfG – 2 BvL 2/08.

647 **Höhe der Abzüge**

Die Werbungskosten sind in Höhe von 2/3 der Betreuungskosten, höchstens aber 4.000 EUR je Kind abziehbar.

Hinweis

Ab VZ 2011 sind Kinderbetreuungskosten nicht mehr Werbungskosten, sondern Sonderausgaben nach § 10 Abs. 1 Nr. 5 EStG (Höchstbetrag 4.000 EUR je Kind; bis 14 bzw. bis 25 Jahre bei Behinderung)!

h) Arbeitnehmereigenschaft des geschäftsführenden GmbH-Gesellschafters/unterhaltsrechtlicher Betrachtungszeitraum

648 Der bei der GmbH angestellte geschäftsführende Gesellschafter bezieht Einkünfte aus nichtselbstständiger Arbeit i.S.v. § 19 EStG. Die Gesellschaft hat die Lohnsteuer und die Sozialversicherungsbeiträge abzuziehen.

Dies wird häufig versucht zu umgehen, indem sog. Beraterverträge geschlossen werden. Diese können aber unwirksam sein und verdeckte Gewinnausschüttungen darstellen. Denn eine Vereinbarung, die angesichts der umfänglichen wie unbestimmten Beschreibung der zu erbringenden Beratungsleistung weder das „Ob" noch das „Wie" bzw. „Wann" der vertraglichen Leistungserbringung bestimmen lässt, hält einem steuerrechtlichen Fremdvergleich nicht statt. Die Höhe des nach Vertragsabschluss erfolgt Mittelabschlusses hat dabei keine Auswirkungen auf die Angemessenheitsprüfung.[421]

649 Auch bei der Frage der **Sozialversicherungspflicht,**[422] die für alle angestellten Geschäftsführer gilt, ist bei denjenigen, die zugleich Gesellschafter sind, zu differenzieren, ob sie zu mehr als 50 % der Anteile am Stammkapital halten. Sie sind dann Mehrheitsgesellschafter und gewerblich tätig. Andere Befugnisse sind für diese Abgrenzung irrelevant; es entscheiden allein die Einflussmöglichkeiten auf die Beschlüsse der Gesellschafterversammlung.

650 *Hinweis*

Unterhaltsrechtlich ist im Rahmen der Prüfung der Leistungsfähigkeit grundsätzlich auf das im tatsächlichen Unterhaltszeitraum erzielte Jahreseinkommen abzustellen.

Wenn das Geschäftsführergehalt entsprechend den jeweiligen Gewinnen- und Verlusten unmittelbar an diese angepasst wird und der Geschäftsführer wie ein selbstständiger Kaufmann oder Freiberufler den jeweiligen Gewinn des Betriebes bzw. der Kanzlei oder Praxis als Einkommen zur Bedarfsdeckung verwendet, wird er unterhaltsrechtlich als sog. verkappter Selbstständiger behandelt. Zur Ermittlung des Unterhaltseinkommens ist dann auf einen Durchschnittswert der den Unterhaltszeitraum vorangegangenen drei Jahre abzustellen.[423] In der Krise der Gesellschaft, auch bei der GmbH, kann der Geschäftsführer wegen seiner möglichen Schadensersatzverpflichtung aber sogar **verpflichtet** sein, das Gehalt sich in **Analogie zu § 87 Abs. 2 AktG zu reduzieren.**[424] Die Gründe für die Krise und die Herabsetzung der Vergütung müssen substantiiert vorgetragen werden.

651 Kriterien für eine angemessene Geschäftsführervergütung[425] sind:

- Tätigkeitsfeld des Geschäftsführers
- Größe des Unternehmens

421 BFH, Beschl. v. 12.9.2018 – I R 77/16, NWB Dok. ID FAAAH-08382.

422 BSG Kassel v. 14.3.2018 – B 12 KR 13/17 & B 12 R 5/16, NWB Dok. ID YAAAG-78358.

423 OLG Köln FamRB 2006, 330. Zur Überprüfung der Angemessenheit der Herabsetzung der Geschäftsführergehälter vgl. *Kuckenburg*, FuR 2005, 491.

424 OLG Köln, Beschl. v. 6.11.2007 – 18 U 131/07, www.olg-koeln-nrw.de.

425 *Kuckenburg*, Angemessenheit von Geschäftsführervergütungen, FuR, 2005, 491 ff, AG Gemünden am Main – 1 F 602/02 n.v.; zum externen Betriebsvergleich: BGH FamRZ 2006, 387, OLG Frankfurt FamRZ 2007, 404.

- Ausbildung und Berufserfahrung
- Tätigkeit in mehreren Unternehmen
- Anzahl der Geschäftsführer
- Ertragsaussichten der Gesellschaft
- Verhältnis des Gehalts zur Kapitalverzinsung
- Verhältnis des Gehalts zum Gewinn
- Angemessenheit bei ertragsschwachen Gesellschaften, interner Betriebsvergleich zu Fremdgeschäftsführer
- externer Betriebsvergleich

2. Einkünfte aus Kapitalvermögen (§ 20 EStG)

a) Einnahmen

Zu den Einnahmen aus Kapitalvermögen gehören die Erträge des eingesetzten Kapitals als Früchte, nicht 652
jedoch das Kapital selbst. Im Rahmen von Einkünften aus Forst- und Landwirtschaft, Gewerbebetrieb oder selbstständiger Arbeit, sind die Erträge diesen Einkunftsarten zuzurechnen, ebenso dann, wenn sie im Zusammenhang mit Einkünften aus Vermietung und Verpachtung stehen.

Für die Veranlagungszeiträume ab 2009 bringt das Unternehmensteuerreformgesetz 2008[426] mit Neu- 653
regelungen zu der Einkommensteuer eine völlige Neukonzeption für die Erhebung der laufenden Einkünfte **und** Gewinne aus der Veräußerung privater Kapitalanlagen in Form der **Abgeltungsteuer**![427]

Der Steuerabzug erfolgt als Quellensteuer und hat grundsätzlich abgeltende Wirkung.

> *Hinweis*
>
> Nach altem Recht hatte die Kapitalertragssteuer stets Vorauszahlungscharakter. Bei der jetzigen Regelung ist die Steuer auf die Kapitalerträge grundsätzlich abgegolten!

aa) Höhe der Abgeltungsteuer

Sie beträgt 25 % zuzüglich 5,5 % Solidaritätszuschlag und damit insgesamt **26,375 %**. Ab dem VZ 2015 654
wird auch die Kirchensteuer automatisch (vorher nur auf Antrag) einbehalten, wobei die Kirchensteuerabzugsmerkmale erstmalig zwischen September und Oktober 2014 von der Beteiligungsgesellschaft oder Bank beim Bundeszentralamt für Steuern abzufragen waren.

Im Fall der Kirchensteuerpflicht ermäßigt sich die Abgeltungssteuer um 25 % der Kirchensteuer (d.h. bei 8 % Kirchensteuer: 27,82 %; bei 9 % Kirchensteuer: 27,99 %).

bb) Steuertatbestände der Kapitaleinkünfte auf private Kapitalerträge

Erfasst werden die folgenden Einkünfte aus privaten Kapitalvermögen unabhängig davon, ob die Erträge/ 655
Gewinne ausgeschüttet oder thesauriert (zur Thesaurierung siehe Rdn 583 ff.) werden:

Zinsen, Dividenden, Gewinnanteile, sonstige Kapitalerträge, verdeckte Gewinnausschüttungen, Veräußerungsgewinne aus Wertpapier- und Termingeschäften sowie Anteilen an Kapitalgesellschaften, Stillhalteprämien aus Optionsgeschäften, Erträge, Wertzuwächse an Investmentfonds und Finanzinnovationen, Vollrisikozertifikaten, Gewinne aus Veräußerungen „gebrauchter" Versicherungspolicen, insbesondere Kapitallebensversicherungen, Übertragungserträge aus Hypotheken, Grund- und Rentenschulden.[428]

426 Unternehmensteuerreform 2008 v. 14.8.2007 BGBl I 1912.

427 Ausführlich zur Abgeltungsteuer: BMF-Schreiben v. 9.12.2014; BStBl 2014 I. 1608 & zu Einzelfragen der Abgeltungsteuer: BMF-Schreiben v. 18.1.2016 – 12.4.2018, 17.1.2019.

428 ABC der wichtigsten Finanzprodukte: IDW, Steuerberater- und Wirtschaftsprüfer-Jahrbuch 2013, 770 ff.; Beck'sches Steuerberaterhandbuch 2013/2014, G, Rn 30.

656

Nr.	§ 20 Abs. 1 EStG; laufende Kapitalerträge	Nr.	§ 20 Abs. 2 EStG; Veräußerung/Einlösung
1	Anteile an Körperschaften	1	Anteile an Körperschaften
2	Auflösung von Körperschaften	2	Dividenden-/Zinsscheine ohne Stammrecht
3	(unbesetzt)	3	Termingeschäfte
4	Stille Gesellschaft; partiarisches Darlehen	4	Stille Gesellschaft; partiarisches Darlehen
5	Hypotheken, Grundschulden	5	Hypotheken, Grundschulden
6	Kapitallebensversicherungen	6	Kapitallebensversicherungen
7	sonstige Kapitalforderungen	7	sonstige Kapitalforderungen
8	Diskontbeträge	8	Übertragung einer Position i.S.d. Abs. 9
9	Leistungen nicht befreiter Körperschaften		
10	sonstige Leistungen		
11	Stillhaltergeschäfte		

cc) Ausnahmen von der Abgeltungsteuer nach § 32d EStG

657 Hierunter fallen Kapitalerträge zwischen nahestehenden Personen, Zahlungen von Kapitalgesellschaften, an denen der Anteilseigner mit mindestens 10 % beteiligt ist, Erträge aus Back to Back-Finanzierungen,[429] wenn Gläubiger überlassenes Kapital für Überschusseinkünfte einsetzt und zudem gilt der Grundsatz der Subsidiarität (§ 20 Abs. 8 EStG).

dd) Aufwendungen/Werbungskosten nach §§ 9a, 20 Abs. 9 EStG

658 Der Abzug von Anschaffungskosten sowie unmittelbaren Veräußerungskosten erfolgt nur bei Veräußerungsgeschäften.

Es gibt keinen Abzug tatsächlicher Werbungskosten.[430]

659 *Hinweis*

Zur unterhaltsrechtlichen Berücksichtigung und Abzugsfähigkeit müssen tatsächlich entstandene Werbungskosten wegen ihrer unterhaltsrechtlichen Berücksichtigung als Ausgaben gesondert vorgetragen und belegt werden.

Abzugsfähig ist steuerrechtlich nur ein unterhaltsrechtlich irrelevanter Sparer-Pauschbetrag in Höhe von 801 EUR, bei Ehegatten 1.602 EUR) per anno.

Abzugsfähig ist die oben genannte Kirchensteuer gemäß der speziellen Formel nach § 32d Abs. 1 S. 3 EStG.

ee) Veranlagungsoptionen und Konsequenzen für das Unterhaltseinkommen/Verlustverrechnung

660 Da der Einzug der 25 %-igen Abgeltungsteuer grundsätzlich an der Quelle erfolgt, besteht für oben genannte Kapitaleinkünfte keine Veranlagungspflicht mehr!

429 Back-to-back-Finanzierung sind Fallgestaltungen, bei denen ein Unternehmer bei einer Bank eine Einlage unterhält und die Bank in gleicher Höhe einen Kredit an den Unternehmer oder eine nahestehende Person vergibt, sofern die Bank aufgrund eines rechtlichen Anspruchs oder einer dinglichen Sicherheit auf die Einlage zurückgreifen kann.

430 Wegen der Frage der verfassungsrechtlichen Zulässigkeit des Werbungskostenabzugsverbots nach § 20 Abs. 9 EStG sind FG-Verfahren anhängig: FG Baden-Württemberg – 9 K 1637/10; FG Münster – 6 K 607/11; FG Köln – 8 K 1937/11; 7 K 244/12.

Hinweis 661

Dies führt unterhaltsrechtlich zu einem gesonderten **Auskunfts- und Beleganspruch** bzw. einer Darlegungs- und Beweispflicht, weil in der Einkommensteuererklärung und im Einkommenssteuerbescheid mit Ausnahme der Veranlagungsoption (Anlage KAP 2012), insb. bei Bescheidung zur Feststellung des vortragsfähigen Verlusts, die Kapitaleinkünfte nicht ersichtlich sind.

Nach § 20 Abs. 6 EStG sind **Verluste** aus Kapitalvermögen nicht mit Einkünften aus anderen Einkunftsarten ausgleich- und auch nicht nach § 10d EStG abzugsfähig. Zunächst erfolgt Verrechnung nach § 43a Abs. 3 EStG; verbleibende positive Einkünfte werden dann mit Verlusten aus privaten Veräußerungsgeschäften gemäß § 23 Abs. 9 und 10 EStG (sogenannte Altverluste) verrechnet. Nicht ausgeglichene Verluste mindern analog § 10d Abs. 4 EStG die Einkünfte aus Kapitalvermögen in den Folgejahren. 662

Eine **Pflichtveranlagung** besteht nach § 32d Abs. 3 EStG, wenn **Kapitalerträge nicht dem Steuerabzug im Inland** unterworfen wurden (Privatdarlehen, im Ausland erzielte Erträge). Die Steuerfestsetzung erfolgt zum Abgeltungssteuersatz von 25 %.

Eine **Wahlveranlagung** nach § 32d Abs. 4 EStG erfolgt für Kapitalerträge, die der Abgeltungsteuer unterlegen haben. Der Steuerpflichtige kann eine Steuerfestsetzung zum Abgeltungssteuersatz beantragen, um Sachverhalte zu berücksichtigen, die beim Steuerabzug nicht oder nicht vollständig einbezogen worden sind, wie Sparer-Pauschbetrag wurde nicht vollständig ausgenutzt, Ersatz-Bemessungsgrundlage wurde angewendet, ausländische Quellensteuern wurden noch nicht angerechnet (§ 32d Abs. 5 EStG zur Anrechnung ausländischer Steuern) und **Verlust** bzw. Verlustvortrag ist noch zu berücksichtigen.

Eine **Günstigerprüfung** erfolgt auf Antrag des Steuerpflichtigen nach § 32d Abs. 6 EStG mit dem **individuellen Steuersatz**, wenn der persönliche Steuersatz unter 25 % liegt. Die erhobene Abgeltungsteuer wird als Vorauszahlung angerechnet. Der Antrag ist nur bezüglich sämtlicher Kapitaleinkünfte eines Jahres und sämtlicher Kapitalerträge bei Ehegatten möglich.

Hinweis 663

Dies führt unterhaltsrechtlich zu einem gesonderten **Auskunfts- und Beleganspruch** bzw. einer Darlegungs- und Beweispflicht, weil in der Einkommensteuererklärung und im Einkommenssteuerbescheid mit Ausnahme der Veranlagungsoption, insb. zur Feststellung des vortragsfähigen Verlusts, die Kapitaleinkünfte nicht aus der Einkommensteuererklärung ersichtlich sind.

Bei Altfällen (VZ bis 2008) Auskunfts- und Beleganspruch auf Anlage KAP zur Einkommensteuererklärung. In der Anlage KAP zur Einkommensteuererklärung 2007, Zeilen 18 ff. findet sich der **Gesamtbetrag** der Dividende und nicht nur der steuerpflichtige Teil.

Veranlagungswahlrechte[431] bei der **Abgeltungsteuer** 664

Die Veranlagungswahlrechte im Zusammenhang mit der Abgeltungsteuer gehen zunächst bei Kapitaleinkünften aus dem Privatvermögen grundsätzlich von der Abgeltungsteuer in Höhe von 25 % (mit Soli) gemäß § 32b Abs. 1 EStG aus.

§ 32d Abs. 2, 4, 6 EStG enthalten verschiedene Wahlmöglichkeiten, die auf Antrag ausgeübt werden können.

1. Option zum Teileinkünfteverfahren, § 32d Abs. 2 Nr. 3 EStG.

Es besteht ein Wahlrecht auf Anwendung des Teileinkünfteverfahrens (immer günstiger bei Spitzensteuersatz!) für Gewinnausschüttungen von Kapitalgesellschaften, einschließlich der Bezüge aus Liquidation und Kapitalherabsetzung. Voraussetzung sind die Beteiligung von mindestens 25 % oder Beteiligung von mindestens 1 % und berufliche Tätigkeit für die Kapitalgesellschaft. Rechtsfolge ist die Erfassung der Einkünfte im Rahmen der Veranlagung mit dem individuellen Steuersatz bei **40 %iger Steuerfreistel-**

431 BFH, Urteile, BStBl 2015 II, 892; BStBl 2015 II, 894; BStBl 2015, 806.

lung der Gewinnausschüttungen, § 3 Nr. 40 S. 1 Buchstabe d EStG, **Abzug etwaiger Werbungskosten zu 60 %,** § 3c Abs. 2 EStG und keine Gewährung eines Sparer-Pauschbetrages mit 801 EUR bzw. 1.602 EUR.

2. Veranlagung mit individuellem Steuersatz, günstiger Prüfung, **§ 32d Abs. 6 EStG**

Auf Antrag werden die nach § 20 EStG ermittelten Einkünfte in die Veranlagung einbezogen und dem persönlichen Steuersatz unterworfen. Auch hier ist allerdings der Abzug von Werbungskosten ausgeschlossen. Der Sparer-Pauschbetrag wird berücksichtigt. Das Verbot der Verlustverrechnung mit anderen Einkünften ist zu beachten. Dieses Wahlrecht ist nur sinnvoll, wenn der persönliche Steuersatz niedriger als 25 % ist. Ehegatten mit Zusammenveranlagung können das Wahlrecht nur einheitlich ausüben. Sofern der Antrag nicht zu einer niedrigen Steuer führt, gilt er als nicht gestellt (BMF-Schreiben vom 9.12.2014, BStBl 2014 I, 1608

3. Veranlagung mit 25 %igem Steuersatz, § 32d Abs. 4 EStG

Der Steuerpflichtige hat das Wahlrechts, die Gewinnausschüttungen, Zinserträge etc. für die Kapitalertragsteuer einbehalten wurde, im Rahmen der Steuererklärung anzugeben und beim Steuerabzug **für nicht berücksichtigte Umstände** geltend zu machen (z.B. bei vergessenen Freistellungsantrag, nicht vollständig ausgeschöpften Sparer-Pauschbetrag). Diese Einkünfte werden jedoch nicht in die progressive Besteuerung einbezogen, sondern mit dem fixen Tarif in Höhe von 25 % belegt. Die einbehaltene Kapitalertragsteuer wird unter Vorlage der Steuerbescheinigung im Sinne des § 45a EStG auf die Einkommensteuer angerechnet, § 36 Abs. 2 Nr. 2 EStG. Der Antrag ist mit der Steuererklärung zu stellen, d.h. spätestens bei Abgabe der Steuererklärung ist der Antrag zu stellen. Er kann also nicht nachgeholt werden.

b) Stille Gesellschaft sowie Einnahmen des partiarischen Darlehensgebers

665 Der echte typische stille Gesellschafter ist Darlehensgeber und somit am Erfolg (Gewinn und ggf. auch am Verlust) der Gesellschaft beteiligt. Nicht beteiligt ist er am Betriebsvermögen einschließlich der stillen Reserven und des Firmen- und Geschäftswertes.

Damit wird dokumentiert, dass er ausschließlich am Erfolg und nicht am Vermögen partizipieren soll (§ 230 Abs. 1 HGB). Der atypische, unechte stille Gesellschafter ist im Gegensatz hierzu auch an den stillen Reserven, am Betriebsvermögen und am Firmen- und Geschäftswert beteiligt und damit **Mitunternehmer**. Zu den Einkünften aus Kapitalvermögen gehören auch die Einnahmen aus partiarischen Darlehen, bei denen der Darlehensgeber anstelle von Zinsen einen bestimmten Anteil an dem Gewinn oder Umsatz erhält.

666 *Hinweis*

Der Darlehensgeber darf dann allerdings nicht Mitunternehmer sein. Für diesen Fall erzielt er Einnahmen aus Gewerbebetrieb i.S.v. § 15 Abs. 1 Nr. 2 EStG.

c) Erträge aus Kapitallebensversicherungen

667 Erträge aus Kapitallebensversicherungen unterliegen erst ab dem Veranlagungszeitraum 2005 der Besteuerung (bis 2004: § 20 Abs. 1 Nr. 6 EStG a.F.). Verträge, die nach dem 31.12.2004 abgeschlossen worden sind, also sog. Neuverträge, gehören ab dem Veranlagungszeitraum 2005 zu den Einnahmen aus Kapitalvermögen (§ 20 Abs. 1 Nr. 6 EStG n.F. und nicht nach § 20 Abs. 1 Nr. 1 EStG). Der Ertrag ist der Unterschiedsbetrag zwischen der Versicherungsleistung und der Summe der Versicherungsbeiträge, unabhängig von der Laufzeit des Versicherungsvertrages (§ 20 Abs. 1 Nr. 6 S. 1 EStG).

Beispiel

A zahlt ab dem Veranlagungszeitraum 2007 insgesamt 100.000 EUR in eine Kapitallebensversicherung als Neuvertrag ein. Im Alter von 58 Jahren erhält er eine Kapitalauszahlung aus dem Neuvertrag in Höhe von 160.000 EUR.

Lösung

Der Ertrag mit 60.000 EUR unterliegt nach § 20 Abs. 1 Nr. 6 S. 1 EStG der Besteuerung (160.000 EUR – 100.000 EUR).

Hinweis 668

Nach § 20 Abs. 1 Nr. 6 S. 2 EStG werden Erträge aus Lebensversicherungen nur mit der Hälfte versteuert, wenn die Vertragslaufzeit mindestens zwölf Jahre beträgt und die Auszahlung des Kapitals erst nach Vollendung des 60. Lebensjahres erfolgt.[432]

Beispiel 669

Der 49-jährige A schließt 2007 eine Kapitallebensversicherung ab. Er zahlt von 2007 bis 2020 Beträge von insgesamt 100.000 EUR ein und erhält im Alter von 61 Jahren in 2020 die Versicherungssumme von 160.000 EUR ausbezahlt.

Lösung

Der Ertrag unterliegt mit 30.000 EUR nach § 20 Abs. 1 Nr. 6 S. 2 EStG der Besteuerung (160.000 EUR – 100.000 EUR = 60.000 EUR: ½ = 30.000 EUR).

A ist bei Auszahlung 61 Jahre alt und die Vertragslaufzeit beträgt mindestens zwölf Jahre!

d) Zeitliche Zurechnung der Einnahmen

Es gilt das Zuflussprinzip des § 11 EStG. 670

Danach gelten die Einnahmen als zugeflossen, sobald der Steuerpflichtige wirtschaftlich über sie verfügen kann (H 20.2, Zuflusszeitpunkt bei Gewinnausschüttung, EStH).

Hinweis 671

Ausschüttungen an Alleingesellschafter einer Kapitalgesellschaft gelten in der Regel bereits zum Zeitpunkt der Beschlussfassung als zugeflossen (H 20.2, Zuflusszeitpunkt bei Gewinnausschüttungen, EStH).

3. Einkünfte aus Vermietung und Verpachtung (§ 21 EStG)

Einkünfte im Sinne des § 21 Abs. 1 EStG erzielt derjenige, der mit Rechten und Pflichten eines Vermieters Sachen und Rechte im Sinne des § 21 Abs. 1 EStG an andere zur Nutzung gegen Entgelt überlässt.[433] 672

Die Einkünfte sind die Einnahmen abzüglich der Werbungskosten.

Besondere einkommensteuerrechtliche (und familienrechtliche) Regelungen gelten für den **Nießbrauch** und **Wohnrechte** sowie andere ähnliche Nutzungsrechte[434] und zur Anrechnung des **Wohnvorteils**.[435]

Zur Verlustverrechnung, z.B. bei **Bauherrenmodellen**,[436] gelten nach § 21 Abs. 1 S. 2 EStG die Vorschriften der §§ 15a und 15b EStG sinngemäß.

(Zum 31.12.2005 erfolgte die Streichung der Eigenheimzulage.)

432 Vgl. BMF-Schreiben v. 22.12.2005, BStBl I 2006, 92 ff.; Anhang 22 EStH.

433 Zu V&V: Bayrisches Landesamt für Steuern, BayLfSt vom 1.9.2014, BeckVerw 288429.

434 BMF-Schreiben vom 8.10.2004, BStBl 2004 I, S. 933; zur familienrechtlichen Behandlung, Paradigmenwechsel durch: BGH FamRZ 2015, 1268; *Kogel*, Der Nießbrauch im Zugewinn-eine unendliche Geschichte; Grünberg/*Siede*, § 1374 Rn 13, zur alten Rechtslage: *Kuckenburg*, Wohnrecht, Leibrenten, Altenteil und Nießbrauch nach der neuen Rechtsprechung des BGH-insbesondere die konkrete Ermittlung des so genannten Vermögenserwerbs, FuR 2008, 316 ff.

435 *Kleffmann/Klein*, Unterhaltsrecht, Kap. 1, Rn 111 ff.

436 BGH FamRZ 2008, 963; BGH FamRZ 1984, 39.

673 Der Betrieb einer Photovoltaikanlage oder eines Blockheizkraftwerkes begründen keine Vermietungseinkünfte, sondern gewerbliche Einkünfte.[437]

674 Soweit Einheitswerte noch eine Rolle spielen (Grundsteuer, Kürzungsbeträge bei der Gewerbesteuer und Anlagevermögen bei Landwirten) hat der BFH[438] wegen Verstoß gegen den Gleichheitsgrundsatz diese Bewertungsregeln dem Verfassungsgericht vorgelegt. Mit einer Entscheidung ist frühestens 2017 zu rechnen.

675 Problematisch ist stets die Abgrenzung zur **Liebhaberei**.

Bei **Ferienwohnungen** kann die Einkünfteerzielungsabsicht fehlen, wenn die Vermietungsdauer nicht mehr als 20 Tage im Jahr beträgt (vgl. Rdn 126).

Allgemeine Voraussetzung ist zudem, ob ausschließlich an wechselnde Feriengäste vermietet wird und keine Eigennutzung vorliegt, woraus eine Vermutung der Gewinnerzielungsabsicht resultiert. Der Vorbehalt der Selbstnutzung führt zur Vermutung fehlender Überschusserzielungsabsicht, die nur durch eine konkrete Überschussprognose beseitigt werden kann. Die Überschussprognose sollte sich auf einen Zeitraum von 30 Jahren beziehen und ist für jedes Objekt gesondert vorzunehmen. Die Einnahmen und Werbungskosten sind dabei zu schätzen. Die Werbungskosten sollten mit am Sicherheitsabschlag von 10 % versehen werden. Nur Normal-AfA sollte zugrunde gelegt werden.

Generell schädlich ist die Eigennutzung, auch wenn nur teilweise Nutzung zu eigenen Wohnzwecken erfolgt.[439]

676 Verluste aus Vermietung und Verpachtung können bei **strukturellem Leerstand**[440] entstehen. Hier ist eine schnelle Reaktion der Wiedervermietungsbemühungen bei vorheriger Vermietung erforderlich.

Drei Fallgruppen sind zu unterscheiden:

- Leerstand nach Anschaffung, Herstellung oder Selbstnutzung;
- Leerstand nach vorheriger dauerhafter Vermietung und
- Leerstand wegen strukturell schlechtem Mietmarkt.

Stets sind Dokumentationen über Marktlage, Vermietungsbemühungen etc. für die Steuerveranlagung wie für die Auskunftserteilung hilfreich.

677 **Verbilligte/teilentgeltliche Wohnungsüberlassung (§ 21 Abs. 2 EStG)**

Die Entgeltgrenze bei teilentgeltlicher Wohnungsüberüberlassung belief sich bis VZ 2003 auf 50 % und ab VZ 2004 auf 56 %. Durch das Steuervereinfachungsgesetz 2011 wird die Regelung des § 21 Abs. 2 EStG (Grenze von 56 %) und die Rechtsprechung des BFH (Grenze von 75 %) bei verbilligter Wohnungsüberlassung zusammengefasst und vereinfacht. Ab **VZ 2012** wird bei Überschreiten der 66 %-Grenze von Vollentgeltlichkeit ausgegangen. Unterhalb dieser Grenze wird eine Aufteilung erfolgen, wobei die sog. Totalüberschussprognoseprüfung entfällt.

Gemäß § 21 Abs. 2 S. 2 EStG wird die Gewinnerzielungsabsicht gesetzlich vermutet. Beträgt das Entgelt für die Überlassung einer Wohnung weniger als 66 % der ortsüblichen Vergleichsmiete, so hat gemäß § 21 Abs. 2 S. 1 EStG eine Aufteilung in einen entgeltlichen und einen unentgeltlichen Teil zu erfolgen. Es wird also auch der Werbungskostenabzug gekürzt.

Die Vergleichsmiete ist den Mietspiegeln und hilfsweise Onlineportalen zu entnehmen.

Dabei ist die steuerliche Anerkennung von Vertragsverhältnissen zwischen nahestehenden Personen von Bedeutung. Die entsprechenden Verträge müssen bürgerlich-rechtlich wirksam sein, entsprechend der Vereinbarung durchgeführt werden und dem Fremdvergleich entsprechen. Zu Dokumentationszwecken

437 BFH DStR 2019, 36; FG BW v. 5.4.2017 – 4 K 3005/14.
438 BFH, Beschl. v. 22.10.2014 – II R 16/13; BStBl 2014 II, 957.
439 BFH v. 27.6.2017 – IX R 37/16, DB 2017, 3461.
440 BFH v. 13.1.2015 – IX R 46/13 zu 9-jährigem Leerstand.

und zur Verwirklichung des Drittvergleichs[441] sollte der Mietvertrag mit Übergabeprotokoll schriftlich abgeschlossen werden, Kontoauszüge vorgelegt werden (keine Barquittungen) und der Nachweis erbracht werden können, dass der Mieter über finanzielle Mittel zur Begleichung der Miete verfügt.

Nur soweit ein Grundstück nicht zum Betriebsvermögen gehört und somit zu Einnahmen im Rahmen der Gewinneinkunftsarten führt, gehören Erträge, die der Steuerpflichtige aus der Nutzungsüberlassung von Grundstücken oder Privatvermögen erzielt, zu den Einnahmen aus Vermietung und Verpachtung (§ 21 Abs. 1 Nr. 1 EStG). Die Einkünfte bilden die Einnahmen ab. **678**

a) Einnahmen

Nr. 1: Einkünfte aus Vermietung und Verpachtung von **unbeweglichen** Vermögen. Nur soweit ein Grundstück nicht zum Betriebsvermögen gehört und somit zu Einnahmen[442] im Rahmen der Gewinneinkunftsarten, gehören Erträge, die der Steuerpflichtige aus der Nutzungsüberlassung von Grundstücken oder Privatvermögen erzielt, zu den Einnahmen aus Vermietung und Verpachtung. Hierzu gehören auch Schadensersatzleistungen des Mieters oder Pächters, der Wert von Sach- oder Dienstleistungen bzw. Bau- oder Reparaturaufwendungen des Mieters die anstelle der Mietzahlungen geleistet werden **679**

Nr. 2: Einkünfte aus Vermietung und Verpachtung von Sachinbegriffen, insbesondere von **beweglichen** Betriebsvermögen;

Nr. 3: Einkünfte aus zeitlich begrenzter **Überlassung von Rechten**, insbesondere immaterieller Rechte, wie schriftstellerische, künstlerische und gewerbliche Urheberrechte;

Nr. 4: Einkünfte aus der Veräußerung von Miet- und Pachtzinsforderungen, auch wenn sie in Veräußerungspreis von Grundstücken enthalten sind.

Nach Anlage V 2015 gehören zu den Einnahmen (**Auskunft- und Beleganspruch!**): **680**

- Vereinnahmte Mieten für ortsübliche Überlassung (Tz. 9),
- Mieteinnahmen für andere, nicht Wohnzwecken dienenden Räumen (Tz. 11),
- Einnahmen aus Umlagen, z.B. Wassergeld, Flur- und Kellerbeleuchtung, Müllabfuhr, Zentralheizung, etc. (Tz. 13 ff.),
- Vereinnahmte Mieten für frühere Jahre bzw. auf das Kalenderjahr entfallende Mietvorauszahlungen (Tz. 15),
- Einnahmen aus der Vermietung von Garagen, Werbeflächen, Grund und Boden für Kioske etc. (Tz. 16),
- vereinnahmte und erstattete Umsatzsteuer (Tz. 17; 18)
- öffentliche Zuschüsse (Tz. 19, 20)

b) Werbungskosten

„Aufwendungen zur Erwerbung, Sicherung und Erhaltung der Einnahmen" sind Werbungskosten[443] (§ 9 Abs. 1 S. 1 EStG, Anlage V 2015, Tz. 33 ff.). **681**

Grundsätzlich können auch auf die Vermietung/Verpachtung entfallende Grundstücksaufwendungen als Werbungskosten abgezogen werden.

Dieses gilt jedoch nicht für Objekte, in denen die Miete für die Überlassung der Wohnung zu Wohnzwecken weniger als 66 % der ortsüblichen Miete beträgt).

Diese Ausnahmeregelung führt zu einer Aufspaltung in einen entgeltlichen und einen unentgeltlichen Teil.

441 BFH/NV 2014, 529.
442 ABC der Einnahmen, IDW StB- und WP-Jahrbuch 2013, S. 801 ff.
443 ABC der Werbungskosten StB- und WP-Jahrbuch 2012, S. 801 ff.

aa) Schuldzinsen als Werbungskosten

682 **Schuldzinsen als Werbungskosten**[444]

Wenn Schuldzinsen für die Erwerbung, Sicherung oder Erhaltung der Einnahmen aus Vermietung und Verpachtung dienen, sind sie Werbungskosten (Anlage V 2015, Tz. 36).

Zu den Werbungskosten gehören auch Geldbeschaffungs- und Finanzierungskosten wie z.B. Bereitstellungszinsen, Grundbuch- und Notariatsgebühren im Zusammenhang mit der Eintragung einer Grundschuld oder Hypothek, Damnum/Disagio und Maklerprovisionen.

bb) Erhaltungs- und Herstellungsaufwand als Werbungskosten

683 **Erhaltungs- und Herstellungsaufwand als Werbungskosten (Anlage V 2015, Tz. 39 ff.)**

Grundstücksaufwendungen bis zur Fertigstellung des Gebäudes sind Herstellungskosten.[445] Nach Fertigstellung eines Gebäudes fallen entweder Erhaltungsaufwand oder Herstellungsaufwand an.

Aufwendungen für die Erneuerung von bereits vorhandenen Teilen, Einrichtungen oder Anlagen gehören zum Erhaltungsaufwand.[446]

Aufwendungen werden hierfür in der Regel durch die gewöhnliche Nutzung des Gebäudes veranlasst, wie z.B. für Reparaturen, Neuanstrich, Erneuerung des Daches, Erneuerung der Heizungsanlage usw.

Im Jahr der Verausgabung (§ 11 EStG) können diese Erhaltungsaufwendungen sofort als Werbungskosten abgezogen werden.

Aufwendungen, die durch den Verbrauch von Sachgütern und die Inanspruchnahme von Diensten für die Erweiterung oder für die über den ursprünglichen Zustand hinaus gehende wesentliche Verbesserung eines Gebäudes entstehen, zählen zum Herstellungsaufwand.[447]

Diese Grundstücksaufwendungen gehören zu den Herstellungskosten bzw. Anschaffungskosten eines Gebäudes und können nur über die Nutzungsdauer im Rahmen der AfA als Werbungskosten abgezogen werden (§ 7 Abs. 4 u. Abs. 5 i.V.m. § 9 Abs. 1 S. 3 Nr. 7 EStG).

Formelle Gesichtspunkte, wie z.B. die Höhe der Grundstücksaufwendungen oder die zeitliche Nähe spielen als Abgrenzungskriterium im Gegensatz zu früher keine Rolle mehr.[448]

Faustregel

Aufwendungen über 30 % des Werts sind stets Herstellungskosten.

684 *Hinweis*

Unterhaltsrechtlich gelten notwendige Erhaltungsaufwendungen als berücksichtigungsfähig. Nützliche oder wertsteigernde Modernisierungsmaßnahmen sind zu eliminieren.[449]

Fallen Positionen für Instandsetzung und Instandhaltung außergewöhnlich im Verhältnis zu früheren Jahren aus, so ist zunächst zu überprüfen, ob die von dem Unterhaltspflichtigen getroffenen Maßnahmen werterhaltend oder wertverbessernd sich auf das Objekt auswirken.

Bei einer Wertverbesserung dürften die entsprechenden Maßnahmen der Vermögensbildung zuzuordnen und zu eliminieren sein.

444 *Kleffmann/Klein*, Kap. 1 Rn 110.

445 Zur Abgrenzung von AHK und Erhaltungsaufwand bei Instandsetzung und Modernisierung von Gebäuden: BMF-Schreiben v. 18.7.2003, BStBl 2003, I, 386.

446 R 21.1 Abs. 1 S. 1 EStR 2012.

447 R 21.1 Abs. 2 S. 1 EStR 2012.

448 BFH DB 2002, 1297 ff., BMF-Schreiben vom 18.7.2003, BStBl, I, 386 ff., Anhang 30 (V) EStH.

449 BGH FuR 2005, 361.

Instandsetzungsmaßnahmen größeren Umfanges dürfen ggf. auch über einen längeren Zeitraum zu verteilen sein.[450] Bei unterschiedlich hohen Aufwendungen ist der Ansatz mit dem errechneten Mittelwert vorzunehmen.[451] Die Instandhaltungsrücklage wird unterhaltsrechtlich nicht akzeptiert, weil sie pauschalen Aufwand darstellt und nicht einmal sicher ist, ob die Rücklage eingesetzt werden muss.[452] Etwas anderes gilt, wenn konkrete Instandhaltungsmaßnahmen erforderlich sind und bevorstehen. Dann ist eine Rücklagenbildung[453] möglich. Dies verlangt natürlich anwaltlichen Vortrag.

cc) Sonstige Werbungskosten

Zu den sonstigen Werbungskosten[454] gehören: 685

- Grundsteuer,
- Gebühren für Müllabfuhr, Wasser, Kanalbenutzung und Straßenreinigung,
- Kosten für Zentralheizung, Warmwasserversorgung, Fahrstuhlbetrieb und Hausbeleuchtung,
- Schornsteinfegergebühren,
  – Beiträge zu den Hausversicherungen wie Brand-, Haftpflicht, Glas- und Wasserschadenversicherung, nicht Hausratsversichrungen
- Ausgaben für Hausbesitzerverein und Hausmeister.

dd) Lineare, degressive AfA und AfaA nach § 7 EStG

Lineare und degressive AfA nach § 7 EStG 686

Zu den Werbungskosten gehört auch die AfA (Absetzung für Abnutzung).

Bei der AfA ist zu unterscheiden zwischen

- der linearen AfA, die für alle Gebäude in Betracht kommt, die vom Steuerpflichtigen angeschafft oder hergestellt worden sind (§ 7 Abs. 4 EStG) und
- der degressiven AfA, die für Gebäude in Betracht kommt, die vom Steuerpflichtigen hergestellt oder bis zum Ende des Fertigstellungsjahres angeschafft worden sind
- (§ 7 Abs. 5 EStG).

und

steuerlichen Abschreibungen ohne entsprechenden Werteverzehr:

- § 7c EStG, AfA für Baumaßnahmen an Gebäuden zur Schaffung neuer Mietwohnungen,
- § 7h EStG, AfA bei Gebäuden in Sanierungsgebieten und städtebaulichen Entwicklungsgebieten,
- § 7i EStG, AfA bei Baudenkmälern,
- § 7k EStG, für Wohnungen mit Sozialbindung.
- Hierzu: außersteuerliche Bescheinigungen unterliegen nicht der Festsetzungsverjährung, § 171 Abs. 10 AO, zum Beispiel Verwaltungsakte der Denkmalsbehörde, und müssen objektbezogen[455] sein, zum Beispiel für jede Eigentumswohnung und nicht das gesamte Gebäude.

Bemessungsgrundlage für die Gebäude-AfA 687

Die Gebäude-AfA berechnet sich nach den Anschaffungs- oder Herstellungskosten.

Zu den Herstellungskosten eines Gebäudes gehören neben den reinen Baukosten z.B.

- die Kosten des Anschlusses an das Stromversorgungsnetz, Gasnetz, die Wasserversorgung und Wärmeversorgung;

450 BGH FuR 2005, 361 = FamRZ 2005, 1159; OLG Hamm NJW-RR 2001, 649.
451 BGH FuR 2005, 361 = FamRZ 2005, 1159; *Kemper*, Unterhaltsrechtlich notwendige Gewinnkorrekturen, FuR 2002, 125.
452 BGH FamRZ 2000, 351; FamRZ 1984, 39.
453 BGH FamRZ 2000, 351.
454 ABC der Werbungskosten StB- und WP-Jahrbuch 2012, S. 801 ff.
455 BFH, DStR 2014, 1910.

- Kosten für Anlagen zur Ableitung von Abwässern, soweit sie auf die Hausanschlusskosten einschließlich der Kanalstichgebühr entfallen, die der Hauseigentümer für die Zuleitungsanlagen vom Gebäude zum öffentlichen Kanal aufwendet, sog. Kanalanschlusskosten;
- Aufwendungen für Fahrstuhlanlagen;
- Aufwendungen für Heizungsanlagen einschließlich der dazugehörigen Heizkörper, auch in Form von Elektrospeicherheizung oder Gaseinzelheizungen;
- Aufwendungen für Küchenspülen;
- Aufwendungen für Kochherde;
- Aufwendungen für lebende Umzäunungen, wie z.B. Hecken, jedoch nur im angemessenen Umfang.

688 Nicht zu den Herstellungskosten gehören:

- Straßenanliegerbeiträge und Erschließungsbeiträge, Kanalanschlussgebühren,
- Wert der eigenen Arbeitsleistung,
- Aufwendungen für Waschmaschinen.

689 **Abschreibungsbeginn**

Angeschaffte Gebäude werden ab dem Zeitpunkt der Anschaffung, hergestellte Gebäude ab dem Zeitpunkt der Fertigstellung abgeschrieben.

690 **Fertigstellung**

Fertig gestellt ist ein Gebäude, wenn die wesentlichen Bauarbeiten abgeschlossen sind und der Bau soweit hergerichtet worden ist, dass der Bezug einer Wohnung zumutbar ist.

Nicht fertiggestellt ist ein Gebäude z.B., wenn Türen, Böden und der Innenputz noch fehlen.[456]

Für nachträglich aufgewendete Herstellungskosten gilt, dass diese so zu berücksichtigen sind, als wären sie zu Beginn des Jahres aufgewendet worden.

Die weitere lineare oder degressive AfA bemisst sich nach der bisherigen Bemessungsgrundlage zuzüglich der nachträglichen Herstellungskosten.[457]

691 **Ausweis der vorgenommenen AfA**

In der Anlage V 2015 zur Einkommensteuererklärung finden sich weiterhin unter Tz 33 ff. Norm und Höhe für die vorgenommene Abschreibung, sodass dieses Formular für die Auskunftserteilung, auch für die anderen Einnahmen und Werbungskosten, obligatorisch ist.

(Zur unterhaltsrechtlichen Behandlung der AfA von Gebäuden siehe Rdn 315 ff.)

692 Der Bundesfinanzhof[458] hat seine Rechtsprechung zur **außergewöhnlichen technischen oder wirtschaftlichen Abnutzung (AfaA)** weiter konkretisiert. Danach ist Maßstab für die Inanspruchnahme dieser Abschreibung immer das bestehende Wirtschaftsgut in dem Zustand, in dem es sich bei Erwerb befindet.

Sie ist vorzunehmen, wenn

- bei einem Umbau bestimmte Teile eines Gebäudes ohne vorherige Abbruchabsicht entfernt werden;
- ein Gebäude abgebrochen wird (zum Beispiel nach Brandschaden, Blitzschlag oder Hochwasser) oder
- nach Ende der Mietzeit erkennbar ist, dass das Gebäude wegen einer auf den bisherigen Mieter ausgerichteten Gestaltung nur eingeschränkt an Dritte (zum Beispiel Supermarktgebäude) vermietbar ist.

Die AfaA ist nicht vorzunehmen bei

- Baumängeln vor Fertigstellung eines Gebäudes und deren Entdeckung nach Fertigstellung oder Anschaffung;

456 H 7.4, Fertigstellung, EStH.
457 R 7.4 Abs. 9 EStR 2005.
458 BFH, Urt. v. 8.4.2014 – IX R 7/13, BFH/NV 2014, 1202.

- wenn ein zum Privatvermögen gehörendes objektiv technisch und wirtschaftlich noch nicht verbrauchtes Gebäude abgerissen wird, um ein unbebautes Grundstück veräußern zu können;
- bei Erwerb eines Wohngebäudes in der Absicht, es alsbald unter Aufgabe erheblicher Bausubstanz grundlegend umzubauen.

4. Sonstige Einkünfte (§ 22 EStG)

Zu den sonstigen Einkünften gehören ausschließlich: 693

1. Einkünfte aus wiederkehrenden Bezügen, insbesondere Renten (§ 22 Nr. 1 EStG),
2. Einkünfte aus Unterhaltsleistungen (§ 22 Nr. 1a EStG),
3. Einkünfte aus privaten Veräußerungsgeschäften im Sinne des § 23 (§ 22 Nr. 2 EStG),
4. Einkünfte aus bestimmten Leistungen, wie Einkünfte aus Gelegenheitsvermittlung und Vermietung beweglicher Gegenstände (§ 22 Nr. 3 EStG),
5. Einkünfte aus der Ausübung eines Mandats (z.B. Abgeordnetenbezüge, § 22 Nr. 4 EStG),
6. Leistungen aus Altersvorsorgeverträgen (§ 22 Nr. 5 EStG).

Die Einkünfte werden als Überschuss der Einnahmen über die Werbungskosten ermittelt. Der Werbungskostenpauschbetrag des Steuerrechts (§ 9a S. 1 Nr. 3 EStG) entspricht tatsächlich entstandenen Werbungskosten nicht und beträgt grundsätzlich 102 EUR (Freigrenze bei den Einkünften nach § 22 Nr. 3 EStG 256 EUR.) 694

a) Wiederkehrende Bezüge/Renten aus der Basisversorgung (§ 22 Nr. 1 S. 3 a aa EStG)

Hauptanwendungspunkt sind Renten aus der gesetzlichen Rentenversicherung und Rürup-Renten nach der Rechtslage ab 2005. 695

Für Renten aus der gesetzlichen Rentenversicherung (nicht Unfallrenten der BG), aus landwirtschaftlichen Alterskassen, aus berufsständischen Versorgungseinrichtungen und für Renten aufgrund einer privaten, kapitalgedeckten Leibrentenversicherung i.S.d. § 10 Abs. 1 Nr. 2 EStG (Basisrenten und Rürup-Renten) wird ab 2005 schrittweise die nachgelagerte Besteuerung verwirklicht. Der Besteuerungsanteil bestimmt sich nicht mehr nach dem Lebensalter bei Renteneintritt, sondern ausschließlich nach dem Jahr des Renteneintritts. Alle Renten mit Beginn ab 2005 werden zu 50 % besteuert. Der steuerpflichtige Rentenanteil steigt in Schritten von 2 %-Punkten von 50 % im Jahre 2005 auf 80 % im Jahr 2020 und in Schritten von einem 1 %-Punkt ab dem Jahr 2021 bis 100 % im Jahre 2040 an. Der steuerpflichtige Rentenanteil beträgt somit 50 % bei Rentenbeginn im Jahr 2005, 52 % bei Rentenbeginn 2006 usw. und schließlich 100 % bei Rentenbeginn ab 2040.

Der bei Rentenbeginn ermittelte Teil der Rente, der nicht zu versteuern ist, wird im zweiten Jahr des Rentenbezugs betragsmäßig festgeschrieben. Bei zukünftigen Rentenerhöhungen erhöht sich also nur der steuerpflichtige Teil, der steuerfreie Betrag bleibt gleich. Der Rentenanpassungsbetrag wird also voll versteuert.

Es wird schrittweise bis 2040 von der vorgelagerten auf die nachgelagerte Besteuerung übergegangen: Während die Beiträge zur Altersvorsorge in immer größerem Umfang als Sonderausgaben steuermindernd geltend gemacht werden können, steigt der Besteuerungsanteil an.

Leibrenten aus privaten Rentenversicherungsverträgen, bei denen es sich weder um Riester-Renten noch um Basisrenten handelt, sowie aus Direktversicherungen nach § 40b EStG unterliegen auch weiterhin der Besteuerung mit dem Ertragsanteil. Der Ertragsanteil ist je nach Alter bei Rentenbeginn unterschiedlich hoch und beträgt zwischen 59 % (Rentenbeginn 1 Jahr) und 1 % (Rentenbeginn 97 Jahre). 696

Beispiel für Leistungen aus der GRV bzw. Rürup-Rente

Unterstellt wird, dass neben der Rente keine weiteren steuerpflichtigen Einkünfte erzielt werden und die Höhe der Rente, das steuerfreie Existenzminimum und die übrigen steuerlichen Rahmendaten (z.B. Steuersatz, Solidaritätszuschlag, etc.) über den gesamten Zeitraum des Rentenbezugs unverändert bleiben.[459]

- Brutto-Rente 15.686 EUR
- davon steuerfrei 50 % (bezogen auf Renteneintritt 2005) = 7.843 EUR
- steuerpflichtig bleiben 7.843 EUR
- abzüglich Werbungskostenpauschale 102 EUR
- bleiben Einkünfte von 7.741 EUR
- abzüglich Sonderausgabenpauschale 36 EUR
- abzüglich Vorsorgeaufwendungen 1.286 EUR
- bleiben zu versteuern 6.419 EUR
- Steuer = 0 EUR, da Grundfreibetrag (8.004 EUR) nicht überschritten.

697

Eintrittsjahr	Steuerpflichtiger Anteil	Stpfl. Betrag (abzgl. WK und SA)	Einkommensteuer	Nettorente pro Jahr
2005	50 %	7.792 EUR	0 EUR	14.400 EUR
2006	52 %	8.103 EUR	0 EUR	14.400 EUR
2007	54 %	8.415 EUR	0 EUR	14.400 EUR
2008	56 %	8.727 EUR	0 EUR	14.400 EUR
2009	58 %	9.038 EUR	17 EUR	14.383 EUR
2010	60 %	9.350 EUR	65 EUR	14.335 EUR
2015	70 %	10.908 EUR	334 EUR	14.066 EUR
2020	80 %	12.467 EUR	647 EUR	13.753 EUR
2025	85 %	13.246 EUR	819 EUR	13.581 EUR
2030	90 %	14.025 EUR	1.009 EUR	13.391 EUR
2040	100 %	15.584 EUR	1.461 EUR	12.939 EUR

b) Wiederkehrende Bezüge/Renten aus Kapitalanlageprodukten (§ 22 Nr. 1 S. 3 a bb EStG)

698 Hierzu gehören die Leistungen aus **Kapitalanlageprodukten**, also nach dem 31.12.2004 neu abgeschlossene **Kapitallebensversicherung**[460] sowie aus und **privaten Rentenversicherungen**. Sie werden grundsätzlich in Höhe der Auszahlungsdifferenz steuerpflichtig. Wird das Kapital jedoch nach der Vollendung des 60. Lebensjahres, bei Abschluss ab dem 1.1.2012, 62. Lebensjahr, und nach einer Laufzeit von 12 Jahren ausgezahlt, sind nur 50 % der Erträge steuerpflichtig.

Wird eine Rente gezahlt, ist nur der Ertragsanteil, abgesenkt gegenüber dem bisherigen Ertragsanteil, steuerpflichtig. Hierunter fallen Renten aus (alten) privaten Rentenversicherungen (also vor dem 1.1.2005 abgeschlossen), aus neuen Lebensversicherungen, die keine Basisversorgung darstellen, Veräußerungsleibrenten und Versorgungsleistungsrenten (Tabelle innerhalb der vorgenannten Norm abgedruckt!).

(Zur Problematik der **latenten Steuerlast** bei der Bewertung der Lebensversicherung siehe unten Rdn 728)

459 Nach wikipedia.org/Rentenbesteuerung.

460 Zur Altregelung: StB- und WP-Jahrbuch 2012, 831 ff.; *Kogel*, Meilenstein und Wendepunkt in der güterrechtlichen Bewertungspraxis, NJW 2011, 3337, 3340 f.

c) Einkünfte aus Unterhaltsleistungen/begrenztes Realsplitting (§ 22 Nr. 1a EStG) und schuldrechtlichem Versorgungsausgleich (§ 22 Nr. 1a EStG)

Unterhaltsleistungen (**begrenztes Realsplitting**)[461] sind sonstige Einkünfte im Sinne des § 22 Nr. 1a EStG, soweit sie nach § 10 Abs. 1a Nr. 1 EStG von Geber als Sonderausgaben abgezogen werden. 699

Der Empfänger der Unterhaltsleistungen hat von seinen Einnahmen eventuell entstandene Werbungskosten abzuziehen, mindestens jedoch einen Werbungskostenpauschbetrag in Höhe von 102 EUR (§ 9a S. 1 Nr. 3 EStG).

Ab VZ 2008 werden Einkünfte aus **Ausgleichszahlungen** im Rahmen des **Versorgungsausgleichs** in dem Umfang besteuert, wie beim Ausgleichsverpflichteten die Voraussetzungen für den Sonderausgabenabzug nach § 10 Abs. 1 Nr. 1b EStG erfüllt sind.

Betroffen sind Ausgleichsleistungen für Anrechte, die nicht über eine interne oder externe Teilung gewährt werden. Erfasst werden Formen schuldrechtlicher Ausgleichsleistungen des Verpflichteten an den Berechtigten, z.B. in Form von Ausgleichsrenten, aber auch die Abtretung von Versorgungsansprüchen und der Ausgleich von Kapitalzahlungen.[462] 700

Die Steuerpflicht nach § 22 Nr. 1a EStG hängt davon ab, inwieweit der Ausgleichsverpflichtete die Leistungen als Sonderausgaben i.S.d. § 10 Abs. 1a Nr. 4 EStG geltend machen kann. Nur in dieser Höhe handelt es sich beim Ausgleichsberechtigten um steuerpflichtige Einnahmen i.S.d. § 22 Nr. 1a EStG.

Hinweis

Wie beim begrenztem Realsplitting besteht für den Sonderausgabenabzug hinsichtlich der Ausgleichszahlungen, die mit § 10 Abs. 1a EStG korrelieren, eine Antragsvoraussetzung. So wird es den Verfahrensbeteiligten ermöglicht, eine genaue Bestimmung des Abzugsumfangs und der damit einhergehenden steuerlichen Belastung zu bestimmen. Hierauf sollte der Mandant schriftlich hingewiesen werden.

Hinsichtlich der Werbungskosten gelten zunächst die allgemeinen Grundsätze für die Einnahmen nach § 8 EStG sowie das Zu- und Abflussprinzip nach § 11 EStG. Als Werbungskosten kommen z.B. Schuldzinsen oder auch Rechts- und Beratungskosten in Betracht. Es kann ein Werbungskostenpauschbetrag i.H.v. 102 EUR geltend gemacht werden, § 9a Abs. 1 Nr. 3 EStG, wenn tatsächlich keine höheren Werbungskosten vorliegen. Selbst wenn noch andere Einnahmen i.S.d. § 22 Nr. 1 oder 5 EStG vorliegen, wird dieser jedoch nur einmalig gewährt. 701

d) Einkünfte aus privaten Veräußerungsgeschäften (§ 22 Nr. 2 EStG i.V.m. § 23 EStG; früher auch Spekulationsgeschäfte), auch als Problem der Steuerlatenz in der Bewertung von Vermögensgegenständen im Zugewinnausgleich („latente Steuer")

Private Veräußerungsgeschäfte,[463] früher auch **Spekulationsgeschäfte** genannt, gehören systematisch zu den sonstigen Einkünften und werden deshalb hier dargestellt. 702

Sie haben im Kontext zur Bewertung von Vermögensgegenständen im Zugewinnausgleichsverfahren eine zusätzliche Bedeutung erhalten.

Der BGH[464] hat in einem obiter dictum zur **latenten Steuerlast** (zukünftige steuerliche Belastungen) entschieden, dass aus Gründen der Gleichbehandlung auch bei der Bewertung anderer Vermögensgegenstände (also nicht nur von Unternehmen und Unternehmensbeteiligungen) so etwa bei **Grundstücken,**

461 Zur Versteuerung von Unterhaltsleistungen mit Auslandsbezug: *Hillmer*, ZFE 2007, 380.

462 BMF v. 9.4.2010, BStBl 2010 I 323.

463 *Münch*, Ehebezogene Rechtsgeschäfte, Rn 3647 ff.

464 BGH FamRZ 2011, 1367 mit Anm. von *Kuckenburg*, FuR 2011, 515; Kogel, Meilenstein und Wendepunkt in der güterrechtlichen Bewertungspraxis, NJW 2011,3337; *Kuckenburg*, Unternehmensbewertung im Zugewinnausgleichsverfahren, FuR 2012, 222 und 278; *Kuckenburg*, Latente Steuern im Zugewinnausgleich, FuR 2015, 95.

Wertpapieren oder Lebensversicherungen, bezogen auf die Verhältnisse zum Stichtag und ungeachtet einer bestehenden Veräußerungsabsicht die etwaige individuelle latente Steuer **wertmindernd** in Abzug zu bringen ist.

703 *Hinweis*

Den Bewertern/Sachverständigen dürfte landläufig diese Rechtsprechung nicht bekannt sein. Insbesondere Immobilienbewerter, aber auch Bewerter von Kapitalanlagen, werden deshalb meistens einen Abzug der latenten Steuerlast entgegen der vorgenannten Grundsätze nicht vornehmen. Der Sachverständige und das Gericht sind zur Vermeidung von Anwaltsregressen auf diese Rechtsprechung hinzuweisen.

Obwohl in der betriebswirtschaftlichen Bewertungslehre[465] zu Unternehmensbewertung die latente Steuer als wertreduzierendes Element bekannt ist, wird auch dort nicht von **individuellen Steuersätzen** ausgegangen, weil dort das Problem des Verbots der Doppelverwertung unbekannt ist. Von dem Ausgangspunkt, dass das Gutachten streitentscheidend ist und deshalb ein objektiver Unternehmenswert zu ermitteln ist, werden **objektivierte Steuersätze** zur Anwendung gebracht (bei Einzelunternehmen und Personengesellschaften 35 % und bei Beteiligung an Kapitalgesellschaften seit Geltung der Abgeltungssteuer inklusive Solidaritätszuschlag effektiv 26,375 % zuzüglich wegen der üblichen Haltedauer hälftigen Kursgewinnversteuerung auf thesaurierte Gewinne von 12,5 %[466]).

704 **Die Ermittlung der insoweit anfallenden latenten Steuerlast für Veräußerungsgeschäfte folgt den Regeln der §§ 22 Nr. 2 EStG in Verbindung mit § 23 EStG.**

Zu den Einkünften aus Gewerbebetrieb (§§ 15,16 EStG) gehören demgegenüber die Veräußerungsgewinne aus Veräußerung eines ganzen Betriebes, Teilbetriebes, Mitunternehmeranteils und Anteils eines persönlich haftenden Gesellschafters einer KGaG.

Insbesondere Einzelunternehmen und Personengesellschaften sind demnach steuerbar nach §§ 15, 16 EStG (mit entsprechendem Verweis auf § 16 EStG im § 18 Abs. 3 EStG für Betriebe Selbstständiger und im § 14 EStG für land- und forstwirtschaftliche Betriebe).

Veräußerungsgewinne können auch bei Beteiligungen an Körperschaften nach § 17 EStG entstehen.

705 Zur **Abgrenzung zwischen § 17 EStG, § 23 EStG und § 20 EStG** kommt es nach dem 31.12.2008 (Unternehmensteuerreform 2008) nicht mehr auf eine Frist von einem Jahr zwischen Anschaffung und Veräußerung der Beteiligung an. Diese Spekulationsfrist ist weggefallen.

Beträgt die Beteiligungsquote weniger als 1 %, liegen Einkünfte nach § 20 EStG und bei einer Beteiligungsquote gleich und mehr als 1 % Einkünfte nach § 17 EStG vor.

(Rechtslage vor dem 1.1.2009: Frist zwischen Anschaffung und Veräußerung $\leq$ 1 Jahr führt unabhängig von der Beteiligungshöhe zu § 23 EStG; Anschaffung und Veräußerung > 1 Jahr, bei Beteiligung < 1 % steuerfrei, bei Beteiligung $\geq$ 1 % § 17 EStG.)

Die latenten Steuern, die **nicht** zu den privaten Veräußerungsgeschäften im Sinne des § 23 EStG gehören, werden im Folgeabschnitt dargestellt.

706 Ab VZ 2009 ist **§ 23 EStG neu** geregelt worden (Achtung: **Wertpapiere** sind systematisch kein Fall des § 23 EStG mehr, sondern unterliegen unabhängig von der Haltedauer der Abgeltungsteuer, siehe dort unter **§ 20 Abs. 2 EStG** und Beispiel 6![467])

465 Ausführlichst zu den Unternehmensbewertungsmethoden, insbesondere im Familienrecht: Klein/*Kuckenburg*, Handbuch Familienvermögensrecht, Kap 2, Rn 1469 ff., 1608 ff.

466 Klein/*Kuckenburg*, Kap 2, 1617 ff., 1620 ff., m.w.N; *Ballwieser*, Unternehmensbewertung, S. 121.

467 BMF-Schreiben vom 22.12.2008 „Einzelfragen zur Abgeltungsteuer", Tz 130 f.

Danach liegen private Veräußerungsgeschäfte gemäß §§ 22 Nr. 2, 23 EStG vor:

- **Veräußerungsgeschäfte bei Grundstücken,**[468] grundstücksgleichen Rechten und Gebäuden (Ausnahme bei Nutzung zu eigenen Wohnzwecken) innerhalb von **10 Jahren** (ab Zeitpunkt obligatorischer Verträge[469]) zwischen Anschaffung und Veräußerung (Entgeltlichkeit von Erwerb und Veräußerung, incl. Tauschgeschäfte; ab VZ 2000 auch Gebäude und Außenanlagen sowie Gebäudeteile, die selbstständige unbewegliche Wirtschaftsgüter sind, Eigentumswohnungen und im Teileigentum stehende Räume, soweit seit dieser Zeit errichtet, ausgebaut oder erweitert.) Ausgenommen werden vom Eigentümer selbst genutzte Immobilien (siehe unten Rdn 713 ff. mit Beispielen). So ist nach § 23 Abs. 1 Nr. 1 S. 3 EStG der Verkauf von Grundstücken **nicht** steuerschädlich, wenn das Grundstück im Zeitraum zwischen Anschaffung oder Fertigstellung und Veräußerung ausschließlich zu eigenen Wohnzwecken verwendet wurde oder ein Grundstück im Jahr der Veräußerung und in den beiden vorangegangenen Jahren zu eigenen Wohnzwecken genutzt worden ist.
- **Veräußerungsgeschäfte** bei anderen **(beweglichen) Wirtschaftsgütern**, ausgenommen Veräußerung von Gegenständen des täglichen Gebrauchs, innerhalb von **einem Jahr** zwischen Anschaffung und Veräußerung. (Die Veräußerungsfrist bei anderen beweglichen Wirtschaftsgütern wird von 1 auf 10 Jahre verlängert, wenn aus deren Nutzung als Einkunftsquelle zumindest in einem Jahr Einkünfte erzielt werden, § 23 Abs. 1 S. 1 Nr. 1 S. 2 EStG);
- Als **Veräußerung** gilt auch die **Einlage eines Wirtschaftsgutes in das Betriebsvermögen**, wenn die Veräußerung aus dem Betriebsvermögen (innerhalb von 10 Jahren) seit der Anschaffung eines Wirtschaftsgutes erfolgt. Als Veräußerung gilt auch die verdeckte Einlage in eine Kapitalgesellschaft. Der Veräußerungspreis ist bei der Einlage der nach § 6 Abs. 1 Nr. 6 EStG angesetzte Wert und bei der verdeckten Einlage der gemeine Wert;
- Veräußerungsgeschäfte, bei denen die Veräußerung der Wirtschaftsgüter früher erfolgte als der Erwerb;
- (Die Besteuerung der Baisse-Spekulationen und der Termingeschäfte erfolgt nunmehr gemäß § 20 EStG durch Wegfall des bisherigen § 23 Abs. 1 S. 1 Nummer 3 und 4 EStG);
- Als Anschaffung gilt auch die **Überführung eines Wirtschaftsgutes in das Privatvermögen** des Steuerpflichtigen. Beim unentgeltlichen Erwerb ist dem Rechtsnachfolger die Anschaffung zuzurechnen. Die Anschaffung einer unmittelbaren oder mittelbaren Beteiligung an einer Personengesellschaft gilt als Anschaffung des anteiligen Wirtschaftsguts.

Zunächst einmal gilt der Vorrang der Besteuerung in anderen Einkunftsarten (§ 23 Abs. 2 EStG). Durch **707** die Neuregelung ist die Besteuerung von privaten Veräußerungsgeschäften aus Kapitalanlagen nunmehr einheitlich in den Kapitalerträgen gemäß § 20 EStG unter Herausnahme aus § 23 Abs. 1 S. 1 Nr. 2 a.F. EStG geregelt.

Ermittlung des Veräußerungsgewinns oder -verlusts erfolgt aus dem Unterschiedsbetrag zwischen Veräußerungspreis und Anschaffung-/Herstellungskosten (AHK) bzw. Werbungskosten (gegebenenfalls Ersatzwert nach §§ 6 Abs. 1 Nr. 4, 16 Abs. 3 EStG oder §§ 20, 21 UmwStG).[470] Bei vorheriger Entnahme aus dem Betriebsvermögen sind nicht die AHK, sondern der Teilwert im Entnahmezeitpunkt maßgeblich.[471]

468 Keine Veräußerung sind: bindendes Angebot, Vorkaufsrecht, Vertrag, bei dem die Genehmigung zur Wirksamkeit aussteht, Vertrag, der mit einem befristeten Rücktrittsrecht versehen ist; mit finanzgerichtliche Rechtsprechungsnachweisen: *Münch*, 3662.

469 *Büte*, FuR 2003, 390.

470 BMF-Schreiben v. 5.10.2000 – IV C 3-S 2256–263/00, BStBl I S. 1383 i.V.m. BMF-Schreiben v. 3.9.2019 – IV C 1-S 2256/19/10002/001.

471 FG Nds. v. 20.2.2019 – 9 K 139/16, Rev. IX R 12/19. entgegen BMF-Schreiben v. 5.10.2000 – VV DEU BMF 2000-10-05 IV C 3-S 2256–263/00 i.d.F. v. 7.2.2007 – IV C 3-S 2256–11/07, Revision eingelegt, BFH – IX R 12/19.

AHK mindern sich um die AfA, erhöhte AfA und Sonder-AfA, soweit sie bei den Einkünften aus nichtselbstständiger Arbeit, Kapitalvermögen, Vermietung und Verpachtung und sonstigen Einkünften abgezogen wurden.

Ab VZ 2008 beträgt die Freigrenze nach § 23 Abs. 3 S. 5 EStG sage und schreibe 600 EUR.

Altverluste bis VZ 2008 aus privaten Veräußerungsgeschäften können bis VZ 2013 sowohl mit Gewinnen aus privaten Veräußerungsgeschäften als auch mit Erträgen aus Kapitalanlagen nach § 20 Abs. 2 EStG verrechnet werden. Danach dürfen Verluste nur bis zur Höhe des Gewinns aus privaten Veräußerungsgeschäften im gleichen Jahr ausgeglichen werden. Wenn auch kein Verlustabzug nach § 10d EStG möglich ist, so können diese jedoch auf Gewinne aus privaten Veräußerungsgeschäften in dem unmittelbar vorausgegangenen VZ zurück- oder auf den entsprechenden Gewinn im folgenden VZ vorgetragen werden. Eine nach dem Endstichtag anfallende Vorfälligkeitsentschädigung ist nach dem BGH[472] bei der Beendigung des Güterstands genauso wenig zu berücksichtigen wie es Zinsbelastungen sind, die bei einer Darlehensvaluta erst nach dem Stichtag eintreten.

708 Ermittlung von Veräußerungsgewinn und -verlust erfolgt danach wie folgt:

Veräußerungspreis	(Preis, bei wiederkehrenden Bezügen im Zuflusszeitpunkt, bei eingetauschten WG gemeiner Wert, bei Einlagen Teilwert)
– AHK, um AfA gemindert	
– Veräußerungskosten	(Notar, Makler, Grundbuch et cetera)
– Veräußerungserfolg	(Veräußerungsgewinn oder Veräußerungsverlust)

e) Einzelfragen mit Beispielen i.V.m. Grundstücksveräußerungen (Eigennutzung und Vereinbarungen im Zugewinnausgleich)

709 Für Grundstücksveräußerungen ist die Regelung des § 23 Abs. 1 S. 1 Nr. 1 EStG unverändert geblieben, sodass insoweit auf ältere Quellen zurückgegriffen werden kann.[473]

Von der Besteuerung ausgenommen hat der Gesetzgeber eigengenutzte Grundstücke, die gemäß den § 23 Abs. 1 Nr. 1 S. 3 EStG ausschließlich zu eigenen Wohnzwecken oder im Jahr der Veräußerung und in den beiden vorangegangenen Jahren zu eigenen Wohnzwecken genutzt wurden.

Eine (willentliche) Veräußerung i.S.d. § 23 Abs. 1 Satz 1 Nr. 1 EStG kann auch dann vorliegen, wenn der Ehegatte seinen Miteigentumsanteil an dem im Miteigentum beider Ehepartner stehenden Einfamilienhaus vor dem Hintergrund der drohenden Zwangsvollstreckung im Rahmen einer Scheidungsfolgenvereinbarung (entgeltlich) auf seinen geschiedenen Ehepartner innerhalb der Haltefrist überträgt.[474]

Der Ehegatte nutzt seinen Miteigentumsanteil nach dem Auszug aus dem Familienheim nicht mehr zu eigenen Wohnzwecken i.S. des § 23 Abs. 1 Satz 1 Nr. 1 Satz 3 EStG, wenn der geschiedene Ehepartner und das gemeinsame minderjährige Kind weiterhin dort wohnen.[475]

710 *Hinweis*

Zieht einer der Ehegatten im Vorfeld der Trennung aus dem bislang gemeinsam genutzten Haus oder der gemeinsam genutzten Wohnung aus, können sich steuerliche Nachteile daraus ergeben.

Es besteht nämlich die Gefahr, dass die Vorschriften über die Eigennutzung nicht eingehalten werden.

472 BGH, Beschl. v. 8.12.2021 – XII ZB 402/20, NZFam 2022, 161.

473 BMF-Schreiben v. 5.10.2000; *Kuckenburg*, Spekulation- und Schenkungssteuern im Zugewinnausgleich, FuR 2005, 337 ff.; *Perleberg-Kölbel*, Steuerbehaftung der eigengenutzten Wohnung, FuR 2017, 553

474 BFH v. 14.2.2023 – IX R 11/21, WKRS 2023, 15044.

475 BFH v. 14.2.2023 – IX R 11/21, WKRS 2023, 15044.

Beispiel 1 711

Die Eheleute bewohnten bislang das im alleinigen Eigentum des Ehemannes stehende, mit einem Einfamilienhaus bebaute Grundstück. Nach Trennung der kinderlosen Ehe bewohnt die Ehefrau weiter das Objekt. Der Ehemann zieht aus. Später erfolgt die Übertragung des Grundbesitzes vom Ehemann auf die Ehefrau zum Ausgleich des Zugewinns.[476]

Lösung

Die Nutzungsüberlassung an den getrenntlebenden Ehegatten ist **keine Eigennutzung**[477] im Sinne des Gesetzes, da der Eigentümer die Wohnung nicht eine ausreichende Zeit zu eigenen Wohnzwecken genutzt hat. Die Steuerpflicht kann umgangen werden, wenn die entgeltliche Scheidungsvereinbarung noch in dem Jahr abgeschlossen wird, in dem der ausgezogene Ehegatte die Immobilie noch mit bewohnt hat. Teilweise wird die Auffassung vertreten, die Steuerpflicht könnte dadurch umgangen werden, dass die Eheleute innerhalb der ehelichen Wohnung getrennt leben. Dies erscheint aber mit den üblicherweise bestehenden Spannungen der Trennungszeit und der daraus resultierenden räumlichen Trennung wenig praxisnah.

Beispiel 2 712

Wie bei Beispiel 1; die Ehefrau verbleibt aber mit den gemeinsamen minderjährigen Kindern in dem Objekt.

Lösung

In diesem Fall liegt eine unentgeltliche Nutzungsüberlassung der ganzen Wohnung an einen Angehörigen vor. Nach der Rechtsprechung[478] liegt keine Nutzung „zu eigenen Wohnzwecken" vor. Dies wäre nur der Fall, wenn die Wohnung von Kindern bewohnt wird, die einkommensteuerrechtlich berücksichtigt werden, d.h., wenn es sich bei dem Begünstigten um ein zum Kindergeldbezug/Kinderfreibetrag berechtigtes Kind gem. § 32 Abs. 6 EStG handelt (z.B. Studenten).

Hinweis 713

Steuerrechtlich ist die **Übertragung von Sachwerten** zur **Erfüllung der Zugewinnausgleichsforderung** ein **entgeltliches Rechtsgeschäft** (Erfüllung einer Rechtspflicht gegen Übertragung eines Sachwertes und damit **tauschähnliches Geschäft**), das den Veräußerungstatbestand des § 23 EStG erfüllen kann[479] (Beispiele 3–5 der Einfachhalt halber ohne AfA; hierzu siehe Beispiel 6, Rdn 717).

Beispiel 3 714

Das Ehepaar A und B lebt im gesetzlichen Güterstand der Zugewinngemeinschaft.

Der Ehemann erwarb 1996 für 100.000 EUR ein Grundstück zum alleinigen Eigentum, das von ihm seither **vermietet** wurde.

Die Ehe wurde im Jahre 2003 geschieden. Der geschiedenen Ehefrau stand daraufhin ein Zugewinnausgleichsanspruch in Höhe von 250.000 EUR zu. Zur Abgeltung dieses Anspruchs übertrug ihr A das Grundstück, das im Übertragungszeitpunkt einen Verkehrswert von 250.000 EUR hatte.[480]

476 Beispiele ohne Solidaritätszuschlag und Kirchensteuer; Beispielsfälle nach vorgenanntem BMF-Schreiben; weitere bei *Kogel*, Meilenstein und Wendepunkt in der güterrechtlichen Bewertungspraxis, NJW 2011, 3337;; *Büte*, Zugewinnausgleich bei Ehescheidung, Rn 261 ff.; *Münch*, Ehebezogene Rechtsgeschäfte, Rn 3670 ff.

477 BFH v. 14.2.2023 – IX R 11/21, WKRS 2023, 15044.

478 BFH BStBl 1994, II, 544; siehe aktuell BFH v. 14.2.2023 – IX R 11/21, WKRS 2023, 15044; FG Düsseldorf v. 2.3.2023 – 4 K 1525/19, BeckRS 2023, 4435, für die Überlassung an nahe Angehörige wie die Mutter der Miteigentümerin.

479 *Carsten Kleffmann*, Steuerliche Auswirkungen der Grundstücksübertragung zur Erfüllung des Zugewinnausgleichsanspruchs, FuR 2011, 381 f mit Beispielen; OFD Frankfurt, FR 2001, 322; OFD München, DB 2001, 1533.

480 OFD München vom 26.6. 2001, DStR 2001, 1298; zur Schenkungssteuerproblematik bei disparitätischen Beträgen.

Lösung

Der Zugewinnausgleichsanspruch i.S.d. § 1378 BGB ist eine auf Geld gerichtete persönliche Forderung an den geschiedenen Ehegatten.

Im oben genannten Beispielsfall erfüllt A diese Forderung der B, indem er ihr an Erfüllung statt (dies ist steuerrechtlich immer ein entgeltliches Tauschgeschäft!) das Grundstück übertrug. Wird ein Grundstück vom Eigentümer (Steuerpflichtigen) an einen Dritten zur Tilgung einer dem Dritten – gleich aus welchem Rechtsgrund – zustehenden Geldforderung an Erfüllung statt übereignet, handelt es sich dabei um ein Veräußerungsgeschäft für den Steuerpflichtigen und beim Erwerber um ein Anschaffungsgeschäft. Veräußerungserlös bzw. Anschaffungskosten ist der Forderungsbetrag, der mit der Übertragung des Grundstücks an Erfüllung statt abgegolten wurde. Danach hat A das Grundstück innerhalb von zehn Jahren nach dem Erwerb wieder veräußert, sodass ein privates Veräußerungsgeschäft vorliegt.

Der von A zu versteuernde Gewinn beträgt mithin:

Veräußerungserlös	250.000 EUR
Anschaffungskosten	– 100.000 EUR
Veräußerungsgewinn	150.000 EUR

715 *Beispiel 4 (Abwandlung von 3)*

Die geschiedene Ehefrau B hat einen Zugewinnausgleichsanspruch in Höhe von 250.000 EUR. Das von A im Jahr 1996 für 100.000 EUR angeschaffte Grundstück hat im Jahr 2003 einen Verkehrswert von 300.000 EUR. A und B vereinbaren deshalb neben der Grundstücksübertragung, dass die 50.000 EUR, um die der Grundstückswert den Zugewinnausgleichsanspruch übersteigt, mit Unterhaltsforderungen verrechnet wird.

Lösung

Hier werden zwei unterschiedliche Forderungen der B erfüllt: Zum einen der Zugewinnausgleichsanspruch in Höhe von 250.000 EUR und zum anderen eine Unterhaltsforderung in Höhe von 50.000 EUR. A veräußert damit das Grundstück für 300.000 EUR.

Das von A zu versteuernde Einkommen beträgt:

Veräußerungserlös	300.000 EUR
Anschaffungskosten	– 100.000 EUR
Veräußerungsgewinn	200.000 EUR

Gleichzeitig kann A die durch die Grundstücksübertragung abgegoltenen Unterhaltsforderungen der B im Veranlagungszeitraum der Grundstücksübertragung grundsätzlich als Sonderausgaben nach § 10 Abs. 1 Nr. 1 EStG abziehen, wenn die rechtlichen Voraussetzungen erfüllt sind. Hierbei sind die Höchstbetragsgrenzen des § 10 Abs. 1 Nr. 1 S. 1 EStG mit 13.805 EUR zu beachten. Dies gilt nämlich auch dann, wenn Unterhaltsforderungen mehrerer Jahre verrechnet werden.

716 *Beispiel 5 (weitere Abwandlung von 3)*

Die geschiedene Ehefrau hat einen Zugewinnausgleichsanspruch in Höhe von 250.000 EUR. Das von A 1996 für ein 100.000 EUR angeschaffte Grundstück hatte im Jahr 2003 einen Verkehrswert von 300.000 EUR. A überträgt das Grundstück an B an Erfüllung statt. Eine Verrechnung der 50.000 EUR, um die der Grundstückswert den Zugewinnausgleich übersteigt, mit den Unterhaltsforderungen der Ehefrau, findet hier nicht statt.

Lösung

Um die Forderung der B in Höhe von 250.000 EUR zu erfüllen, überträgt ihr A ein Grundstück im Wert von 300.000 EUR an Erfüllung statt. Da die ausgeglichene Forderung wertmäßig unterhalb des Grundstückswertes liegt, handelt es sich um ein teilentgeltliches Geschäft. A hat an B insgesamt 5/6 (gleich 250/300) des Grundstücks entgeltlich veräußert, da er insofern das Grundstück an Erfüllung statt an B zur Abgeltung des Zugewinnausgleichsanspruchs übertragen hat. In Höhe der übersteigenden 50.000 EUR (gleich 1/6 des Grundstückes) hat A das Grundstück unentgeltlich an B übertragen (wegen der Freibeträge ist die Schenkungsteuer nicht tangiert).

Der von A zu versteuernde Gewinn beträgt:

Veräußerungserlös 300.000 EUR x 5/6 =	250.000 EUR
Anschaffungskosten 100.000 EUR x 5/6	– 83.333 EUR
Veräußerungsgewinn nach § 23 EStG	166.667 EUR

Im Gegenzug schafft B das Grundstück zu 5/6 entgeltlich an (Anschaffungskosten in Höhe von 250.000 EUR als AfA-Bemessungsgrundlage) und übernimmt das Grundstück zu 1/6 unentgeltlich von A (Fortführung der Anschaffungskosten des A in Höhe von 100.000 x 1/6 = 16.667 EUR). Nur in Höhe des entgeltlich erworbenen Anteils beginnt für B eine neue 10-jährige Veräußerungsfrist i.S.d. § 23 Abs. 1 Nr. 1 S. 1 EStG. Bezüglich des unentgeltlich erworbenen Grundstücksanteils gilt der Fortführungswert, § 11d EStDV.

Beispiel 6 **717**

Ehemann schuldet Ehefrau 2010 Zugewinn von 1 Mio. EUR.

Er überträgt ihr eine fremd vermietete Eigentumswohnung (Erwerb 2002 mit AHK 500 TEUR, 2010 nach AfA 287,5 TEUR und Verkehrswert 750 TEUR) sowie ein Wertpapierdepot (Kurswert 150 TEUR, AK 50 TEUR, nach dem 1.1.2009 angeschafft) und zahlt 100 TEUR.[481]

Lösung

Die Übertragung des Grundstücks führt zu einem Veräußerungsgewinn, was bei der Beratung zu bedenken ist!

Veräußerungsgewinn errechnet sich nach § 23 Abs. 3 S. 1 EStG:

Veräußerungspreis	750.000 EUR
um AfA geminderte Anschaffungskosten,[482] § 23 Abs. 3 S. 4 EStG	287.500 EUR
Veräußerungsgewinn	462.500 EUR
Besteuerung: § 32a Abs. 1 Nr. 5 EStG: 0,45 X 462.000 EUR ./. 15.694 EUR =	*192.431 EUR*

Die Übertragung des Wertpapierdepots führt zu einem Veräußerungsgewinn § 20 Abs. 2 und 4 EStG

Veräußerungspreis	150.000 EUR
./. Anschaffungskosten	50.000 EUR
Veräußerungsgewinn	100.000 EUR
Besteuerung nach § 32a Abs. 1 EStG, 25 % Abgeltungsteuer	*25.000 EUR*
Ertragsteuerzahllast insgesamt	*217.431 EUR*

481 Beispiel nach *von Oertzen*, Steuerliche Fallen zwischen Eherecht und ehelicher Lebensqualität, FamRZ 2010, 1785, 1787.

482 *Kogel*, 3339 f., weist die Auswirkung hoher Abschreibung, z.B. bei Immobilien in neuen Bundesländern, auf die Bedeutung der Höhe des Veräußerungsgewinns mit Beispiel nach!

718 *Hinweis*

Die Steuerfolgen privater Veräußerungsgeschäfte bei Verträgen mit dem Ehepartner zum Ausgleich von Zugewinn und Unterhalt sind zu beachten. Dies ist deshalb besonders haftungsträchtig, weil in derartigen Verträgen ein Verzicht auf weitergehende Ansprüche aus diesen Rechtsverhältnissen erklärt wird. Der Ausgleichspflichtige trägt ansonsten den Steuernachteil allein.

Zudem reduziert die Steuerlast die etwaige Zugewinnausgleichsforderung. Die Einstellung in Zugewinnausgleichbilanz darf nicht unterlassen werden.

f) Latente Steuern bei anderen Vermögenswerten (Exkurs)

aa) Gewerblicher Grundstückhandel

719 (Diese Problematik steht im Kontext zur Auswirkung der latenten Ertragsteuer auf die Vermögenswerte und den zuvor hierzu genannten Folgen beim Vermögenswert Grundstück. Nach Steuerrecht ist dieses systematisch keine Fragestellung der Versteuerung von Veräußerungsgeschäften nach §§ 22, 23 EStG, sondern der Gewinnbesteuerung nach § 15, 16 EStG!)

720 Zur Verdeutlichung des Themas folgender **Beispielfall**:[483]

Das Endvermögen des Herrn W besteht aus einer Firma, die einen Wert von 1 Mio. EUR hat (latente Steuern sind noch nicht abgezogen; siehe hierzu weiter unten). Das Endvermögen von Frau W besteht aus 20 Eigentumswohnungen mit ebenfalls einem Wert von 1 Mio. EUR.

721 *Kogel* und *Münch*[484] weisen nach, dass auch bei dieser Fallgestaltung ein Problem der Steuerlatenz bezüglich der Grundstücke über das Instituts des gewerblichen Grundstückhandels besteht.

722 Was ist im Steuerrecht **gewerblicher Grundstückshandel** (vgl. auch Rdn 188)?[485]

Werden innerhalb von **fünf Jahren** im Privatvermögen (**Veräußerung aus dem Betriebsvermögen ist stets steuerbar) mehr als drei Objekte** (in engem zeitlichem Zusammenhang) angeschafft und veräußert, liegt ein gewerblicher Grundstückshandel vor.

Unter Objekten sind Ein- und Zweifamilienhäuser, Eigentumswohnungen, Mehrfamilienhäuser, Gewerbeimmobilien, Erbbaurechte, unbebaute Grundstücke, Miteigentumsanteile an Immobilien und Beteiligungen an Grundstücksgesellschaften (Zählobjekte sind die Grundstücke der Gesellschaft, nicht der Beteiligungsanteil) zu verstehen. In die Drei-Objekt-Grenze sind ererbte Grundstücke nicht mit einzubeziehen. Wird Grundbesitz durch vorweggenommene Erbfolge übertragen, kommt jedoch die Drei-Objekt-Grenze zur Anwendung.

Bei einem gewerblichen Grundstückshandel unterliegen die Einnahmen der Einkommensteuer und der **Gewerbesteuer**.

Auch die Einbringung von mehr als drei Grundstücken in eine KG, an der der Eigentümer mehrheitlich beteiligt ist, führt zumindest bei Übernahme der Verbindlichkeiten, die auf den Grundstücken lasten, zu einer entgeltlichen Veräußerung wie an einen Dritten.[486]

Die Entgeltlichkeit kann nur dann vermieden werden, wenn eine Einlage in das Gesamthandsvermögen der KG, die gesamthänderisch gebundene Kapitalrücklage, ohne Schuldübernahme der Bankverbindlichkeiten erfolgt (diese führen unweigerlich zur Entgeltlichkeit).[487]

483 *Kogel*, 3340.; auch *Kogel*, Strategien beim Zugewinnausgleich, Rn 1209 mit strategischen Hinweisen Rn 1216.

484 *Kogel*, 3340; *Münch*; Ehebezogene Rechtsgeschäfte, Rn 3721 ff.; letzterer diskutiert das Rechtsproblem eher im Kontext zu einer ehevertraglichen Vereinbarung, in der ein Ehegatte dem anderen 3 Objekte überträgt.

485 BFH BStBl 1988 II, 244 ff.; BFH BStBl 1995 II, 617 ff.; ausführlich BMF-Schreiben v. 28.3.2004, BStBl I 2004, 434.

486 FG Baden-Württemberg v. 16.4.2013 – 8 K 2832/11, Revision unter BFH X R 21/2013.

487 BMF-Schreiben vom 11.7.2011, BStBl 2011, 713.

Werden **drei oder weniger als drei Objekte** angeschafft, modernisiert, veräußert, erzielt der Steuerpflichtige Einnahmen und Ausgaben **aus privater Vermögensverwaltung**. Die Einnahmen sind dann steuerfrei, wenn die sogenannte 10-Jahresfrist der §§ 22, 23 EStG überschritten wird.

Die Drei-Objekt-Grenze kann auf 10 Jahre ausgedehnt werden, wenn Umstände dafürsprechen, dass zum Zeitpunkt der Errichtung, des Erwerbs, der Modernisierung eine Veräußerungsabsicht vorlag. Bei Ehepartnern gilt die **Drei-Objekt-Grenze für jeden Ehepartner**. Daher können beide Ehepartner drei Grundstücksobjekte innerhalb der fünf Jahre Frist erwerben und wieder (steuerfrei) veräußern.

Rechtsfolgen:

- Umfang: Erfasst werden nur Objekte, die die Kriterien des Grundstückshandels erfüllen, wobei Vermögensverwaltung mit verbleibenden Objekten möglich bleibt;
- Beginn: Für die Einkommensteuer ist der in engen zeitlichen Zusammenhang erfolgte Erwerb/Bauantragsstellung des ersten Objekts relevant, für die Gewerbesteuer Verkauf des ersten Objekts (Einlage erfolgt zum Teilwert; Ausnahme § 6 Abs. 1 Nr. 5 S. 1 2. HS maximal AHK);
- Gewinnermittlung: nach Auffassung der Finanzverwaltung grundsätzlich **Betriebsvermögensvergleich**, wobei die Objekte **Umlaufvermögen** sind, weil sie nicht dauernd dem Unternehmen dienen (keine AfA, ggf. Teilwertabschreibung);
- Veräußerungsgewinne unterliegen der „laufenden" Einkommensteuer (nicht Veräußerungsgewinnbesteuerung nach §§ 16, 34 EStG, sondern **§ 15 EStG** für Grundstücke im Umlaufvermögen) und der Gewerbesteuer.

Bei der Bewertung im Zugewinnausgleichsverfahren wird ein Verkehrswert ermittelt, der eine Veräuße- **723**
rung fingiert.[488] Der BGH[489] verlangt wegen der Gleichbehandlung die Berücksichtigung der latenten Steuer auch als Abzugsposten bei den Grundstücken, wobei die Verhältnisse des Stichtages zugrunde zu legen sind. Dies gilt insbesondere ungeachtet einer bestehenden Veräußerungsabsicht, die eine Steuerpflicht auslösen würde.

Werden also mehr als drei Objekte, wie im Ausgangsfall, unter Berücksichtigung der 10-Jahresfrist in die Zugewinnausgleichbilanz eingestellt, ist wegen der fingierten Veräußerung die daraus resultierende Steuerlast für **alle** Objekte in Abzug zu bringen.

(Wenn in der Literatur, laut *Kogel*,[490] andere Autoren die Zehnjahresgrenze des § 23 EStG diskutieren, indem durch entsprechend lange Haltefrist die Steuerverpflichtung zu umgehen wäre, so ist dieses steuerrechtlich unzutreffend. Da es sich nicht um private Veräußerungsgeschäfte im Sinne der §§ 22, 23 EStG handelt, sondern um laufende Gewinne aus dem Umlaufvermögen eines Gewerbebetriebes nach § 15 EStG, kommt es auf diese Haltedauer überhaupt nicht an!)

bb) Lebensversicherungen

Die laufende Versteuerung nach geltendem Recht ist unter b) dargestellt (siehe Rdn 704 ff.). **Lebensver- 724**
sicherungen, die vor dem 1.1.2005 abgeschlossen worden sind, waren gemäß § 20 Nr. 6 EStG mit ihren Zinsen und Gewinnanteilen nur dann steuerpflichtig, sofern die Lebensversicherung weniger als 12 Jahre bestand.)

Wenn die Rechtsprechung des BGH[491] einen Veräußerungsvorgang (Verkehrswert auf dem Zweitmarkt/ und nicht Liquidationswerte) fingiert, stellt sich auch hier die Frage des Abzugs der latenten Steuerbelastung.[492]

488 *Kogel*, 3340.
489 BGH FamRZ 2011, 1367 mit Anm. *Kuckenburg*, FuR 2011, 515.
490 *Kogel*, 3340 m.w.N.
491 BGH FamRZ 2011, 1367 mit Anm. *Kuckenburg*, FuR 2011, 515.
492 *Kogel*, 3340, 3341; *Büte*, Zugewinnausgleich bei Ehescheidung, Rn 163; der generellen Steuerrechtsrat empfiehlt.

Unproblematisch ist dabei nach altem Recht (siehe in der Klammer oben) nur der Fall, dass zum Stichtag die Auszahlung der Lebensversicherung bereits erfolgt ist. Wurde die Lebensversicherung während der Ehe abgeschlossen und war der Auszahlungszeitpunkt noch nicht erreicht, wurde teilweise der Abzug der latenten Steuerlast abgelehnt.[493]

Diese Meinung lässt sich nach der vorgenannten Rechtsprechung des BGH nicht mehr aufrechterhalten, um eine Gleichbehandlung mit anderen Vermögenswerten sicherzustellen.

Dabei ist auf stichtagsgenaue Prüfung zu achten.[494]

Bei Lebensversicherungen, die nach dem 1.1.2010 abgeschlossen worden sind, gilt die neue Rechtslage mit Besteuerung, wie oben unter b) dargestellt (siehe Rdn 704 ff.), es sei denn der Lebensversicherungsvertrag hat 12 Jahre bestand und läuft erst nach dem 60. Lebensjahr des Versicherungsnehmers aus (50 % des Veräußerungsgewinns unterliegen dann der Besteuerung). Von dieser Ausnahme abgesehen, ist die latente Steuer stets unter der Fiktion der Veräußerung des Vermögensgegenstandes zu berücksichtigen.[495] Veräußerungsgewinn ist dabei die Differenz zwischen eingezahlten Beträgen und tatsächlich erzielter Versicherungsleistung, unter Berücksichtigung etwaiger Veräußerungskosten.

cc) Steuervermeidungsstrategien

725 Wenn nach der Rechtsprechung des BGH[496] von allen Vermögensgegenständen die individuelle latente Steuerlast zu den seinerzeit geltenden steuerrechtlichen Regeln von allen Vermögenswerten in Abzug zu bringen ist, führt dieses zu einer immensen Erhöhung des Haftungsrisikos des beratenden Rechtsanwalts.

Bei jedem Vermögenswert ist im Einzelnen zu prüfen, ob bei einer fingierten Veräußerung Leistungen zurückzuführen sind oder auf einen Veräußerungserlös Steuern anfallen würden.

Bei Veräußerungsverlusten ist umgekehrt konsequenterweise zu prüfen, wie die daraus resultierende steuerliche Auswirkung durch Verlustverrechnung bzw. Verlustvortrag oder Verlustrücktrag sich auf die Steuerveranlagung auswirkt.

Dabei ist bei Kapitalanlagen die Vielzahl von Anlagemodellen zu berücksichtigen. *Kogel*[497] nennt dabei unter anderem Schiffsbeteiligungen, Medienfonds, Flugzeug-Leasingfonds bzw. allgemeine steuerliche Abschreibungsmodelle.

Zudem wird zu differenzieren sein, wen der Rechtsanwalt vertritt.

726 *Hinweis*

Es kann sich empfehlen, mit der Einreichung des Scheidungsantrages zu Herbeiführung des Stichtages noch zu warten, wenn auf diese Weise durch Zeitablauf die Steuerpflicht entfallen würde. Wird hingegen der Zugewinnausgleichsverpflichtete vertreten, kann die Steuerlatenz zu einer Reduzierung von Vermögenswerten führen, sodass der Stichtag durch Einreichung des Scheidungsantrages unverzüglich herbeizuführen ist. Dem können natürlich andere Gesichtspunkte entgegenstehen, sodass eine umfangreiche, natürlich schriftliche Belehrung des Mandanten zu erfolgen hat.

727 Glücklicherweise stellt sich diese Beratungsfrage nur dann, wenn für die latente Steuerlast irgendwelche Haltefristen und persönliche Steuervoraussetzungen zu beachten sind.

Die persönlichen Steuervoraussetzungen können bei den Ehegatten unterschiedlich sein (Problem auch bei der Rückabwicklung von Schwiegerelternschenkungen!). Wenn die Problematik des gewerblichen Grundstückshandels nur bei einer der Parteien vorliegt, kann zum Beispiel bei einer Bruchteilsgemein-

493 Nachweise bei *Kogel*, 3340, 3341.
494 *Kogel*, 3341.
495 *Kogel*, 3341; *Büte*, Rn 163.
496 BGH FamRZ 2011, 1367 mit Anm. *Kuckenburg*, FuR 2011, 515.
497 *Kogel*, 3341.

schaft von Eheleuten an einem Grundstück nicht von Wertneutralität ausgegangen werden, wie es bisher von der Rechtsprechung angenommen wurde.[498]

Da in allen Zugewinnausgleichfällen die latente Steuer zu immensen Haftungsrisiken führt, ist fachkundiger Rat steuerrechtlich und familienrechtlich gefordert.[499]

In der Literatur werden sog. Steuervermeidungsstrategien erörtert.[500] 728

Die wesentliche Strategie dabei ist die Beachtung der oben dargestellten Steuerrechtsregeln unter besonderer Berücksichtigung von Haltefristen und persönlichen Besteuerungsmerkmalen!

Insbesondere kann die Zugewinnausgleichsproblematik reduziert werden, indem schon beim Erwerb von Vermögensgegenständen derjenige Ehegatte das zum Alleineigentum erhält, was dieser später bei einer etwaigen Auseinandersetzung auch behalten soll. Bei der Gestaltungsberatung kann dabei auch eine vermögensverwaltende GbR erwogen werden, mit der Möglichkeit, dass die Ehegatten die Beteiligung nach der Scheidung an der GbR fortsetzen, oder aber Gesellschaftsanteile auf den anderen Ehegatten bzw. Kinder übertragen, ohne dass eine Veräußerung stattfindet.[501]

Bei allen Gestaltungsüberlegungen ist zur Vermeidung des privaten Veräußerungsgeschäfts die Übertragung an Erfüllung statt und damit Entgeltlichkeit zu vermeiden!

Um Teilentgeltlichkeit zu vermeiden, kann dabei ein eigengenutzter Anteil an einem Grundstück entgeltlich veräußert und der andere Teil unentgeltlich übertragen werden. Für die Aufteilung der teils eigengenutzten, teils vermieteten Gebäude ist dabei eine Aufteilung der Flächen obligatorisch, die nicht in der notariellen Urkunde vorgenommen werden sollte. Besser ist eine Bildung von Wohnungseigentum zur Bildung getrennter Veräußerungsobjekte.[502]

Als Vermeidungsstrategie werden Regelungen gemäß der §§ 1380, 1382 und 1383 BGB vorgeschlagen. 729

Im Kontext zu § 1380 BGB wird vorgeschlagen, eine Unentgeltlichkeit der Übertragung durch **Vorausempfänge** zu vermeiden.[503]

Diese Gestaltungsmöglichkeit ist zumindest steuerrechtlich höchst gefährlich und damit abzulehnen. Die Anrechnung der Leistung auf den Zugewinnausgleich könnte als tauschähnliches Geschäft, das als entgeltlich gilt, oder wenn die Anrechnung greift und das Rechtsgeschäft umgestaltet wird, als antizipierte Leistung an Erfüllung statt gewertet werden.[504] Vorteilhaft bleibt dabei aber, dass durch Übertragung von Vermögensgegenständen die Unterhaltsbedürftigkeit wegfallen kann, ohne dass ein Unterhaltsverzicht vorliegen oder eine Abfindung für den Unterhalts konstruiert werden muss. Unentgeltlich ist nämlich die Überlassung einer Immobilie ohne Eigentumsänderung als Sachleistung im Unterhaltsrecht.[505]

Weiter könnte eine **Stundung der Zugewinnausgleichsforderung** gemäß § 1382 BGB in Hinblick auf den Ablauf der Haltefrist helfen.[506] Dabei muss zwingend die Übertragung des Eigentums aufgeschoben werden. Gleichwohl bleibt das Risiko, dass eine aufschiebend bedingte Übertragung angenommen wird. Dies ist insbesondere dann der Fall, wenn mit der Stundung die Erfüllung der Zugewinnausgleichsforderung durch Übertragung der Immobilie vereinbart wird.[507]

498 *Kogel*, 3341.
499 Z.B. durch das Fachinstitut für familienrechtliche Gutachten, iffg.de.
500 *Büte*, Zugewinnausgleich bei Ehescheidung, Rn 262; *Münch*, Ehebezogene Rechtsgeschäfte, Rn 3711 ff.; *Schulz/Hauß*, Vermögensauseinandersetzung bei Trennung und Scheidung, Kap. 6, Rn 36 ff.
501 *Münch*, Rn 3711 f., der eine „vernünftige Organisationen der Vermögensverteilung in der Ehe" anrät, woran bei funktionierender Ehe nicht gedacht wird und bei emotionalisierter Scheidung faktisch nicht mehr die Möglichkeit bestehen dürfte.
502 *Münch*, Rn 3716 mHa BMF-Schreiben BStBl 2000 I, 1383 ff., Rn 32 und *Reich*, ZNotP 2000, 375, 416 f.
503 *Schulz/Hauß*, Kap 6, Rn 36.
504 *Münch*, Rn 3714 m.w.N.
505 BFH NV 2006, 1280.
506 *Schulz/Hauß*, Kap 6, Rn 36.
507 *Münch*, 3717 ff.

Eine kritische Haltefrist könnte überbrückt werden durch Bestellung dinglicher Rechte wie Nießbrauchs- und Erbbaurechte. Möglich ist auch ein bindendes Angebot (kein Veräußerungsvorgang, kein gegenseitiger Vertrag), das erst nach Ablauf der Veräußerungsfrist angenommen werden kann. Dabei ist eine Kombination aus Bestellung von dinglichen Rechten und Angeboten zu vermeiden, weil dies der Vorwegnahme der wirtschaftlichen Eigentümerstellung entsprechen könnte, wie etwa gleichzeitige Vermietung mit Anrechnung der Miete auf den Kaufpreis.[508]

In all diesen Gestaltungsfällen ist die zwischenzeitlich kostenpflichtige verbindliche Anfrage beim zuständigen Veranlagungsfinanzamt zu empfehlen.[509]

Letztlich wird die **Zuweisung eines Vermögensgegenstandes** durch das Gericht im Sinne des § 1383 BGB empfohlen.[510] Unabhängig von den engen Tatbestandsvoraussetzungen,[511] Erforderlichkeit, um grobe Unbilligkeit für den Gläubiger zu vermeiden und Zumutbarkeit für den Schuldner, dürfte eine steuerschädliche Leistung an Erfüllung statt vorliegen. Die Entscheidung des Gerichts ersetzt nur per Gestaltungsurteil die Willenserklärung des Schuldners. Vor allen Dingen lassen die Vertreter dieser Ansicht aber steuerrechtlicher Überlegungen, die nicht immer zwingend zivilrechtlichen Überlegungen folgen, außer Acht. Rechtsprechung und Kommentierung zu § 23 EStG interpretieren das Veräußerungsgeschäft, das nur tauschähnlich und damit entgeltlich zu sein braucht, extensiv. Ein privates Veräußerungsgeschäft im Sinne des § 23 EStG wurde sogar bei Abgabe eines Meistgebotes im Zwangsversteigerungsverfahren angenommen.[512]

Die Lösung über § 1383 BGB bleibt ein familienrechtlich schöner, steuerrechtlich aber untauglicher Ansatz.

Insgesamt wird bei den privaten Veräußerungsgeschäften ein Ehegattenprivileg analog der Vorschriften des § 13 Abs. 1 Nr. 4a ErbStG und § 3 Nr. 5 GrEStG gefordert.[513]

Steuerveranlagungen aufgrund privater Veräußerungsgeschäfte zwischen Ehegatten sollten in Hinblick auf Art. 6 GG auf ihre Verfassungsmäßigkeit per Verfassungsbeschwerde überprüft werden.

dd) Veräußerungsgewinne aus Unternehmen und Unternehmensbeteiligungen, auch als Problem der Steuerlatenz (latente Steuern) in der Bewertung von Vermögensgegenständen im Zugewinnausgleich

730 *Hinweis*

Methodischer Ansatz: Die Problematik der Ermittlung der latenten Steuern auf Veräußerungsvorgänge folgt dem Ertragssteuerrecht. Die latenten Steuern, die den Vermögenswert Unternehmen und Unternehmensbeteiligungen belasten, sollen im Kontext zu den Veräußerungsgeschäften dargestellt werden, ohne dass es sich um sonstige Einkünfte nach §§ 22, 23 EStG handelt (siehe oben auch unter Rdn 199 ff.).

731 Schon der Bewertungsstandard des IDW (Institut der Wirtschaftsprüfer) HFA 2/1995[514] nennt als zu berücksichtigenden Posten die latente Steuerbelastung des Zugewinnausgleichsverpflichteten. Dem folgt der IDW S 13[515] mit Hinweis auf die BGH-Rechtsprechung zur latenten Steuerlast.

508 *Münch*, Rn 3719.
509 So auch *Münch*, Rn 3719.
510 MK/*Koch* § 1383 Rn 5; *Schulz/Hauß*, Kap. 6, 730 f; *Büte*, Rn 262.
511 *Weinreich/Klein*, Fachanwaltskommentar, § 1383 BGB, Rn 10 ff.
512 *Münch*, Rn 3718; BFH BStBl 1989 II, 652; *Arens*, FPR 2003, 426, 428.
513 *Münch*, Rn 3720.
514 HFA 2/1995, IV, 1; ausführlich zum Bewertungsstandard des Instituts der Wirtschaftsprüfer HFA 2/1995 zur Unternehmensbewertung im Familien- und Erbrecht: Klein/*Kuckenburg*; Handbuch Familienvermögensrecht, Kap. 2; Rn 1608 ff.
515 IDW S 13 vom 6.4.2016, Besonderheiten bei der Unternehmensbewertung zur Bestimmung von Ansprüchen im Familien- und Erbrecht, Tz. 37 ff.; BGH FamRZ 2011, 622 u. 1367.

Zu den zu erfassenden Ertragsteuern gehören nämlich nicht nur die Zahllasten an das Finanzamt aufgrund der Verwirklichung von Steuertatbeständen. Veräußerungsgewinn ist der Betrag, um den der Veräußerungspreis nach Abzug der Veräußerungskosten den Wert des Betriebsvermögens oder den Wert des Anteils am Betriebsvermögen übersteigt, § 16 Abs. 2 EStG.

Zu berücksichtigen sind auch die latenten Steuern, die sich aus der Diskrepanz von nach BilMoG ermitteltem handelsrechtlichem zu steuerrechtlichem Erfolg ergeben.[516]

Die unter dem Begriff „latente Steuerlast" auch im Familienrecht diskutierte Problematik resultiert aus dem fiktiv zu versteuernden Veräußerungsgewinn nach §§ 16, 14, 18 Abs. 3, 34 EStG, also nicht nach §§ 22, 23 EStG.

Definition des Veräußerungsgewinns 732

Dies ist der Betrag, um den der Veräußerungspreis nach Abzug der Veräußerungskosten den Wert des Betriebsvermögens oder den Wert des Anteils am Betriebsvermögen übersteigt (§ 16 Abs. 2 EStG; bei Beteiligung an einer Körperschaft (zur Abgrenzung zur Abgeltungsteuer siehe Rdn 709) mit mehr als 1 % sind die Anschaffungskosten maßgeblich, § 17 Abs. 1 und 2 EStG).

Beispiel bei einem Einzelunternehmen 733

Buchwert des Betriebsvermögens (negativ, auch durch Privatentnahmen)	– 55.000 EUR
ermittelter Unternehmenswert	70.000 EUR
Veräußerungsaufwand, fiktiv, geschätzt	– 5.000 EUR
Veräußerungsgewinn	120.000 EUR

Der überkommene Bewertungsstandard des Instituts der Wirtschaftsprüfer zur Unternehmensbewertung (HFA 2/1983) nahm noch einen individuellen Steuersatz an. 734

Der geltende Bewertungsstandard in IDW S 1[517] nimmt einen standardisierten Steuersatz an, wenn ein objektivierter Unternehmenswert zu ermitteln ist.

Dies wird damit begründet, dass eine subjektive latente Steuerlast dazu führen würde, dass der Unternehmenswert für jeden Beteiligten, zum Beispiel bei Tausenden von Beteiligten an einer Publikumsgesellschaft, individuell und differenziert mit unterschiedlichen Ergebnissen zu ermitteln wäre.[518]

Für eine objektivierte latente Steuerlast spricht der streitentscheidende Charakter eines Bewertungsgutachtens in einem Zugewinnausgleichsverfahren.

Die Bewertungslehre geht deshalb von einer Typisierung der Ertragsteuer zur Ermittlung eines objektiven Unternehmenswerts bei Bewertungsstichtagen bis zum 5.7.2007 (nach Ratifizierung der Unternehmensteuerreform 2008 (siehe Rdn 6 ff.) durch den Deutschen Bundesrat am 6.7.2007 ist die Abgeltungsteuer bei Erstellung von Bewertungen ab 2009 wegen des Zuflusszeitpunktes maßgeblich[519]) von einem Steuersatz von 35 % aus. Dieser standardisierte Steuersatz entspricht langjährigen Erfahrungen zur Höhe der Steuersätze in Deutschland.[520]

Bei Bewertung ab 2009 (mit Bewertungsstichtagen ab dem 6.7.2007) ist die Abgeltungsteuer zu berücksichtigen. Danach unterliegen Einkünfte aus ausgeschütteten Dividenden und Zinsen einer Abgeltungsbesteuerung von 25 % zuzüglich Solidaritätszuschlag (also effektiv 26,375 %). Hinzu kommt wegen der

516 *Ballwieser*, Unternehmensbewertung, 3. Aufl., S. 31.

517 IDW S 1, Rn 43 ff.

518 *Ruiz de Vargas/Zollner*, Der typisierte Einkommensteuersatz bei Bewertung von Personengesellschaften in Abfindungsfällen mit Rspr-Nachweisen, WPg 2012, 606 ff.

519 *Peemöller/Kunowski*, Praxishandbuch der Unternehmensbewertung, 6. Aufl., S. 301.

520 *Peemöller/Kunowski*, S. 301.

üblichen Haltedauer von Kapitalbeteiligungen eine hälftige Kursgewinnversteuerung mit 12,5 % auf thesaurierte Gewinne.[521]

Bei Einzelunternehmen und Personengesellschaften beträgt der Steuersatz für laufende Erträge weiterhin 35 %.[522]

735 *Hinweis*

Unternehmensbewerter, die die Rspr des BGH[523] regelmäßig nicht kennen, werden die latente Steuer entsprechend ansetzen!

736 Zurück zu oben genanntem Beispiel mit angenommenem Steuersatz:

Veräußerungsgewinn	120.000 EUR
35 % latente Steuer	– 42.000 EUR
ermittelter Unternehmenswert	70.000 EUR
abzüglich latenter Steuern	– 42.000 EUR
danach sind in die Zugewinnausgleichbilanz nur einzustellen	28.000 EUR

737 Das Beispiel macht deutlich, dass der Einzelunternehmer z.B. durch überhöhte Privatentnahmen und unwirtschaftlichem Verhalten ein negatives Eigenkapitalkonto verursacht hat, seine Zahllast dem Anspruchsteller gegenüber reduzieren kann. Er generiert durch dieses Verhalten eine höhere latente Steuerlast.

Beim Ausscheiden eines Kommanditisten gegen Entgelt aus einer KG, ergibt sich der Veräußerungsgewinn im Sinne des § 16 Abs. 2 EStG aus der Differenz zwischen den dem Ausscheidenden aus diesem Anlass zugewandten Leistungen und seinem Kapitalkonto (Buchwert). Dies gilt auch für ein negatives Kapitalkonto. Es führt rechnerisch, siehe auch Beispiel zuvor, zur Erhöhung eines Veräußerungsgewinns, soweit es nicht ausgeglichen wird. Dabei ist unbeachtlich, aus welchen Gründen das Kapitalkonto negativ geworden ist.[524]

Beispiel mit individueller Steuerlast in geltender 1/5 Regelung:

	Veräußerungsgewinn				
Sachverhalt:					
Wert		243.595 EUR			
Buchwert negativ		56.461 EUR			
Veräußerungs-kosten		5.000 EUR			
Steuerlicher Veräußerungsgewinn		295.056 EUR			
Lösung:					
Ertragsteuern: zvE gemäß EStB	173.047 EUR				
ESt			57.554 EUR		
Soli			3.165 EUR		
				60.719 EUR	

521 *Ballwieser*, S. 121.
522 *Peemöller/Kunowski*, S. 298.
523 Ständige Rspr des BGH, zuletzt BGH FamRZ 2011, 1367 m. Anm. *Kuckenburg*, FuR 2011, 515.
524 BFH/NV 2015, 1485.

Ertragsteuern: zvE plus 1/5 Veräußerungsgewinn					
1/5	59.011 EUR				
zvE	232.058 EUR				
ESt			81.120 EUR		
Soli			4.361 EUR		
				85.481 EUR	
Diff. X 5				**123.806 EUR**	
U-Wert nach Steuern					**119.789 EUR**
gerundet					**119.800 EUR**

Der negative Buchwert führt unter Berücksichtigung der individuellen Steuerlast im vorstehenden Beispiel zu einer Halbierung des ermittelten Unternehmenswerts!

In der familienrechtlichen Literatur wird der Abzug der latenten Steuerlast teilweise für entbehrlich ge- **738**
halten, weil bei der Bewertung anderer Vermögensgegenstände (z.B. Grundstücke, Wertpapiere, Lebensversicherungen), eine latente Steuerlast nicht in Abzug gebracht wird und die Steuerschuld noch nicht entstanden ist.[525]

Die Rechtsprechung dagegen nimmt generell eine Abzugsfähigkeit der latenten Besteuerung mit folgender Begründung an:

„Soweit der Wert danach ermittelt wird, was bei der Veräußerung zu erzielen wäre, darf nicht außer Betracht bleiben, dass wegen der damit verbundenen Auflösung der stillen Reserven dem Verkäufer wirtschaftlich nur der die fraglichen Steuern verminderte Erlös verbleibt. Insoweit geht es um unvermeidbare Veräußerungskosten."[526]

Dies wird weiter damit begründet, dass die Bewertung einer freiberuflichen Praxis im Zugewinnausgleichsverfahren stichtagsbezogen und losgelöst von einer beabsichtigten Veräußerung erfolgt (Es wird ein Wert ermittelt und nicht ein Preis!). Maßgeblich sind dabei der am Stichtag vorhandene Wert und die damit verbundene Nutzungsmöglichkeit des Unternehmens durch den Inhaber.[527]

Mit dieser Aussage bekennt sich der BGH auch inzident noch mal eindeutig zum Kriterium der Notwendigkeit der Veräußerbarkeit von Unternehmen mit der Folge, dass sich Sachverständigengutachten mit der Marktfähigkeit des zu bewertenden Unternehmens auseinanderzusetzen haben.[528] Diese festzustellende Marktfähigkeit des Unternehmens führt zur Berücksichtigung der latenten Ertragsteuern.

525 *Hoppenz*, FamRZ 2006, 449, 450; *Gernhuber*, NJW 1991, 2238, 2242; *Tiedtke*, FamRZ 1990, 1188, 1193.

526 BGH FamRZ 2011, 622, FamRZ 1991, 43, 48; FamRZ 2005, 99, 101; FamRZ 2011, 1367.

527 BGH FamRZ 2011, 1367.

528 BGH FamRZ 1978, 332; *Kuckenburg*, Unternehmensbewertung der freiberuflichen Praxis und der Freiberufler-GmbH, FuR 2011, 515, 517; *ders.*, Unternehmensbewertung im Zugewinnausgleichsverfahren; FuR 2012, 222 & 278.

In einem obiter dictum bekennt sich der BGH aus Gründen der Gleichbehandlung darüber hinaus zur Berücksichtigung der latenten Steuerlast bei der Bewertung anderer Vermögensgegenstände,[529] was oben schon eingehend ausgeführt wurde.

In dieser Entscheidung klärt der BGH zudem die Frage, **wie** die latente Steuer in familienrechtlichen Verfahren in Abzug zu bringen ist. Zwar ist am Stichtag nicht bekannt, wann und zu welchem Preis der betreffende Vermögensgegenstand tatsächlich veräußert wird. Für eine stichtagsbezogene Wertermittlung kommt es aber nicht darauf an, welche Ertragsteuern beim zukünftigen Veräußerungsfall tatsächlich anfallen könnten. Für den BGH ist die zum Stichtag bestehende Steuerregelung maßgebend,[530] d.h. die Anwendung des am Stichtag geltenden Einkommensteuerrechts. Dies wird mit dem strengen Stichtagsprinzip begründet und setzt Kenntnis der individuellen Besteuerungsmerkmale voraus. Hierbei muss gegeben falls auf das Recht bis zur Einführung des Zugewinnausgleichs zum 1.7.1958 zurückgegriffen werden.

739 Gelten mehrere Grundstücke als zum Stichtag veräußert, führt das zur Problematik des gewerblichen Grundstückshandels (vgl. ausführlich Rdn 188, 719 und 719) mit erheblichen Wertreduzierungen und damit verbunden Haftungsrisiko des Anwalts.

Der **gewerbliche Grundstückshandel**[531] ist wie folgt zu charakterisieren:

- gewerblicher Grundstückshandel in der Regel, wenn innerhalb von 5 Jahren, mindestens 3 Objekte veräußert werden.
- Grundstücksverkäufe einer GbR sind einem Gesellschafter, der auch eigene Grundstücke veräußert, bei Prüfung der 3-Objekt-Grenze zuzurechnen.
- Rechtsfolge: der Veräußerungsgewinn stellt einen gewerbesteuerpflichtigen laufenden Gewinn dar, da Umlaufvermögen veräußert wurde (Betriebsvermögen und nicht Privatvermögen!).

740 *Hinweis*

Ohne Berücksichtigung von Altersfreibeträgen beträgt beim derzeitigen Spitzensteuersatz die latente Steuer knapp 50 % des Unternehmenswertes (vorstehende Beispiele, siehe Rdn 733 ff.)!

g) Leistungen aus Altersvorsorgeverträgen (§ 22 Nr. 5 EStG)

741 Gemäß § 22 Nr. 5 EStG gehören die Leistungen aus **Altersvorsorgeverträgen** im Sinne der Legaldefinition des § 82 EStG sowie aus Pensionsfonds, Pensionskassen und Direktversicherungen zu den sonstigen Einkünften. Dabei richtet sich der Umfang der Besteuerung im Wesentlichen danach, ob und in wieweit der Beitrag in der Ansparphase steuerfrei oder steuerlich gefördert wurde. Eckpunkt der Besteuerung ist die Aufteilung der Leistung entsprechend der Förderung in der Ansparphase.

Nach **Satz 1** werden die genannten Leistungen vollumfänglich grundsätzlich steuerlich erfasst.

Nach **Satz 2** werden Abweichungen für Leistungen, die nicht auf geförderten Beiträgen beruhen, festgesetzt, und zwar:

- lebenslange Renten, Berufsunfähigkeit-, Erwerbsminderung- oder Hinterbliebenenrenten werden gemäß § 22 Nr. 1 S. 3a aa EStG erfasst;
- Leistungen aus Versicherungsverträgen, Pensionsfonds, Pensionskassen und Direktversicherungen, soweit sie nicht zur vorstehenden Gruppe gehören, werden nach § 20 Abs. 1 Nr. 6 EStG in der Fassung bei Vertragsabschluss erfasst;
- bei anderen Leistungen Besteuerung des Unterschiedsbetrages zwischen Leistung und entrichteten Beiträgen, nur die Hälfte bei Auszahlung nach dem 60. Lebensjahr und nach 12 Jahren Vertragslaufzeit.

529 BGH FamRZ 2011, 1367, 1372; Klein/*Kuckenburg*, Familienvermögensrecht, Rn 452.
530 BGH FamRZ 2011, 1367, 1372.
531 BMF-Schreiben zum gewerblichen Grundstückshandel v. 26.3.2004.

Satz 3: bei schädlicher Verwendung von geförderten Altersvorsorgevermögen gilt das ausgezahlte geförderte Altersvorsorgevermögen, nach Abzug der rückabgewickelten Zulage als Leistung, die nach Satz 2 besteuert wird.

C. Einkommen/Vorsorgeaufwendungen/Einkommensteuer

I. Einkünfteermittlung nach § 2 Abs. 2 EStG

1. Überblick zur Ermittlung der Summe der Einkünfte

Die **Summe der Einkünfte** nach § 2 Abs. 2 EStG resultiert aus der Zusammenrechnung der positiven und/oder negativen Einkünfte der verschiedenen sieben Einkunftsarten. 742

Sie stellt ein Zwischenergebnis bei der Ermittlung des zu versteuernden Einkommens dar.

	Einkünfte aus Land- und Forstwirtschaft gemäß § 13 EStG
+	**Einkünfte aus Gewerbebetrieb gemäß § 15 EStG**
+	**Einkünfte aus selbstständiger Arbeit gemäß § 18 EStG**
+	**Einkünfte aus nichtselbstständiger Arbeit gemäß § 19 EStG**
+	**Einkünfte aus Kapitalvermögen gemäß § 20 EStG**
+	**Einkünfte aus Vermietung und Verpachtung gemäß § 21 EStG**
+	**sonstige Einkünfte im Sinne des § 22 EStG**
=	**Summe der Einkünfte gemäß § 2 Abs. 2 EStG**
–	Altersentlastungsbetrag nach § 24a EStG
–	Entlastungsbetrag für Alleinerziehende nach § 24b EStG
–	Freibetrag für Land- und Forstwirte nach § 13 Abs. 3 EStG + Hinzurechnungsbetrag nach § 52 Abs. 2 S. 3 EStG sowie § 8 Abs. 5 S. 2 AlG
=	Gesamtbetrag der Einkünfte nach § 2 Abs. 3 EStG
–	Verlustabzug nach § 10d EStG
–	Sonderausgaben nach §§ 10, 10a, 10b, 10c EStG
–	außergewöhnliche Belastungen nach §§ 33 bis 33 b EStG
–	sonstige Abzugsbeträge wie z.B. nach § 7 FördG + Erstattungsüberhänge nach § 10 Abs. 4b S. 3 EStG
+	**zuzurechnendes Einkommen gem. § 15 Abs. 1 AStG**
=	Einkommen nach § 2 Abs. 4 EStG
–	Freibeträge für Kinder nach §§ 31, 32 Abs. 6 EStG
–	Härteausgleich nach § 46 Abs. 3 EStG, § 70 EStDV
=	zu versteuerndes Einkommen nach § 2 Abs. 5 EStG

2. Verlustausgleich

Bei der Ermittlung der Summe der Einkünfte werden sowohl die positiven als auch die negativen Einkünfte der einzelnen Einkunftsarten berücksichtigt. 743

Bei der Verrechnung von Verlusten unterscheidet man

- den Verlustausgleich

und

- den Verlustabzug nach § 10d EStG.

Bei dem Verlustausgleich ist zwischen dem horizontalen und vertikalen Verlustausgleich zu differenzieren.

a) Horizontaler Verlustausgleich

744 Unter einem horizontalen Verlustausgleich versteht man die Verrechnung der positiven und negativen Einkünfte **innerhalb einer Einkunftsart** zur Ermittlung der Einkünfte **einer Einkunftsart**.

Überschreiten die positiven die negativen Einkünfte innerhalb einer Einkunftsart, entstehen **positive Einkünfte** dieser Einkunftsart.

Überschreiten die negativen die positiven Einkünfte innerhalb einer Einkunftsart, entstehen **negative Einkünfte** dieser Einkunftsart.

Beim horizontalen Verlustausgleich erfolgt eine Verrechnung der negativen mit den positiven Einkünften innerhalb einer Einkunftsart.

Beispiel

Unterhaltsschuldner S erzielt im Veranlagungszeitraum 2019Einkünfte aus Vermietung und Verpachtung wie folgt:

Mietobjekt 1	100.000 EUR
Mietobjekt 2	– 120.000 EUR

Lösung

Im Wege des horizontalen Verlustausgleichs werden die Einkünfte des S aus derselben Einkunftsart, hier aus V & V mit – **20.000 EUR** ermittelt (100.000 EUR – 120.000 EUR).

b) Vertikaler Verlustausgleich

745 Unter einem vertikalen Verlustausgleich versteht man die Verrechnung der positiven Einkünfte einzelner Einkunftsarten mit negativen **Einkünften anderer Einkunftsarten** zur Ermittlung der Summe der Einkünfte.

Abwandlung des Beispiels

Unterhaltsschuldner S hat neben seinen negativen Einkünften aus V & V in Höhe von –20.000 EUR noch Einkünfte aus selbstständiger Arbeit als Rechtsanwalt in Höhe von 160.000 EUR.

Lösung

Die Summe der Einkünfte des S beträgt in 2019 **140.000 EUR** (160.000 EUR – 20.000 EUR).

746 *Hinweis*

Übersteigen die negativen Einkünfte die positiven Einkünfte der verschiedenen Einkunftsarten, wird ein vertikaler Verlustausgleich nur bis zur Höhe der positiven Einkünfte möglich.

747 Grundsätzlich ist die Summe der Einkünfte somit positiv oder beträgt mindestens 0 EUR.

Weitere Abwandlung des vorigen Beispiels

Unterhaltsschuldner S hat neben seinen negativen Einkünften aus V & V in Höhe von – 20.000 EUR als Rechtsanwalt lediglich Einkünfte aus selbstständiger Arbeit in Höhe von 10.000 EUR erzielt.

Lösung

Die Summe der Einkünfte des S in 2019 beträgt „**0**“.

Etwaig nicht ausgeglichene Verluste können unter bestimmten Voraussetzungen nach § 10d EStG zurück- oder vorgetragen werden (vgl. hierzu Rdn 760 ff.). 748

■ **Ausnahmen** 749

Nicht alle Verluste können mit positiven Einkünften ausgeglichen werden.

Ausgeschlossen vom Verlustausgleich sind z.B.:

- Verluste aus gewerblicher Tierzucht oder gewerblicher Tierhaltung
- (§ 15 Abs. 4 S. 1 EStG)
- Verluste aus bestimmten Leistungen, z.B. wenn die Werbungskosten die Einnahmen übersteigen (§ 22 Nr. 3 S. 3 EStG). So sind z.B. die einem Arbeitnehmer von einem Dritten gezahlten Bestechungsgelder sonstige Einkünfte i.S.d. § 22 Nr. 3 EStG und die Herausgabe der Bestechungsgelder an den geschädigten Arbeitgeber führt im Zeitpunkt des Abflusses zu Werbungskosten bei den Einkünften aus § 22 Nr. 3 EStG. Die Verlustausgleichsbeschränkung des § 22 Nr. 3 Satz 3 EStG ist nach dem BFH[532] verfassungsgemäß.
- Verluste aus privaten Veräußerungsgeschäften, soweit sie Gewinne, die der Steuerpflichtige im selben Kalenderjahr aus privaten Veräußerungsgeschäften erzielt hat, übersteigen (§ 23 Abs. 3 S. 7 EStG). Die nur eingeschränkte Abziehbarkeit von Verlusten aus privaten Veräußerungsgeschäften i.S.d. § 23 Abs. 1 Nr. 2 EStG a.F. durch die vertikale Verlustausgleichsbeschränkung gem. § 23 Abs. 3 S. 8 EStG a.F. ist ebenfalls nach Ansicht des BFH[533] verfassungsgemäß. Das gilt ebenso, wenn bereits im Zeitpunkt des Erwerbs eines Wertpapiers feststeht, dass die Zeitspanne zwischen dem Kauf und dem spätest möglichen Verkaufs- bzw. Einlösezeitpunkt weniger als ein Jahr betragen würde.

II. Gesamtbetrag der Einkünfte nach § 2 Abs. 3 EStG

■ **Unterhaltsrelevanz** 750

Durch die unten genannten Positionen wird das steuerrechtliche Einkommen, das Grundlage des Unterhaltseinkommens ist, modifiziert.

1. Überblick zum Gesamtbetrag der Einkünfte

Der **Gesamtbetrag der Einkünfte** ist die Summe der Einkünfte, vermindert um den Altersentlastungsbetrag, den Entlastungsbetrag für Alleinerziehende und den Freibetrag für Land- und Forstwirte. 751

	Einkünfte aus Land- und Forstwirtschaft gemäß § 13 EStG
+	Einkünfte aus Gewerbebetrieb gemäß § 15 EStG
+	Einkünfte aus selbstständiger Arbeit gemäß § 18 EStG
+	Einkünfte aus nichtselbstständiger Arbeit gemäß § 19 EStG
+	Einkünfte aus Kapitalvermögen gemäß § 20 EStG
+	Einkünfte aus Vermietung und Verpachtung gemäß § 21 EStG
+	sonstige Einkünfte i.S.d. § 22 EStG
=	Summe der Einkünfte gemäß § 2 Abs. 2 EStG
–	**Altersentlastungsbetrag nach § 24a EStG**

532 BFH v. 16.6.2015 – IX R 26/14, BStBl II 2015, 1019.
533 BFH v. 28.5.2015 – X B 171/14, www.bfh.de.

–	**Entlastungsbetrag für Alleinerziehende nach § 24b EStG**
–	**Freibetrag für Land- und Forstwirte nach § 13 Abs. 3 EStG** + Hinzurechnungsbetrag nach § 52 Abs. 2 S. 3 EStG sowie § 8 Abs. 5 S. 2 AlG
=	**Gesamtbetrag der Einkünfte nach § 2 Abs. 3 EStG**
–	Verlustabzug nach § 10d EStG
–	Sonderausgaben nach §§ 10, 10a, 10b, 10c EStG
–	außergewöhnliche Belastungen nach §§ 33 bis 33b EStG
–	sonstige Abzugsbeträge wie z.B. nach § 7 FördG + Erstattungsüberhänge nach § 10 Abs. 4b S. 3 EStG+
+	zuzurechnendes Einkommen gem. § 15 Abs. 1 AStG
=	Einkommen nach § 2 Abs. 4 EStG
–	Freibeträge für Kinder nach §§ 31, 32 Abs. 6 EStG
–	Härteausgleich nach § 46 Abs. 3 EStG, § 70 EStDV
=	zu versteuerndes Einkommen nach § 2 Abs. 5 EStG

2. Altersentlastungsbetrag, § 24a EStG

752 Den Altersentlastungsbetrag erhalten Steuerpflichtige, die vor Beginn des Veranlagungszeitraumes das **64. Lebensjahr vollendet** haben (§ 24a S. 3 EStG, für **2007** alle, die vor dem 1.1.1943 geboren worden sind). Im Falle der Zusammenveranlagung von Ehepartnern ist der Altersentlastungsbetrag jedem Ehepartner, der das 64. Lebensjahr vollendet hat, nach Maßgabe seiner Einkünfte zu gewähren (§ 24a S. 4 EStG).

Die **Bemessungsgrundlage, § 24a S. 1 Nr. 1 bis 5 EStG**, für den Altersentlastungsbetrag setzt sich aus dem Arbeitslohn ohne Versorgungsbezüge und der positiven Summe der Einkünfte ohne Einkünfte aus nichtselbstständiger Arbeit, Einkünfte aus Leibrenten und Abgeordneten-Versorgungsbezügen zusammen.

Im Veranlagungszeitraum 2013 beträgt der Altersentlastungsbetrag, **Tabelle** nach § 24a S. 5 EStG, z.B. für die vor dem 1.1.1949 Geborenen **27,2 % der Bemessungsgrundlage, allerdings höchstens 1.292 EUR**.

Beispiel

Vollendung des 64. Lebensjahres = 65. Geburtstag am 15.1.2013 = Altersentlastungsbetrag 27,2 % der begünstigten Einkünfte, maximal jedoch 1.292 EUR als jährlicher Altersentlastungsbetrag

Für den VZ 2002 beträgt der Altersentlastungsbetrag 16,0% der Einkünfte, höchstens 760 EUR.

3. Entlastungsbetrag für Alleinerziehende, § 24b EStG

753 Alleinerziehende Steuerpflichtige erhalten ab dem Veranlagungszeitraum 2004 anstelle des früheren Haushaltsfreibetrages den Entlastungsbetrag für Alleinerziehende. Ab dem Veranlagungszeitraum 2023 beträgt der Entlastungsbetrag für Alleinerziehende 4.260 EUR (im Jahr 2022 = 4.008 EUR). Für das zweite und jedes weiter zu berücksichtigende Kind erhöht sich der Entlastungsbetrag um 240 EUR jährlich (§ 24b Abs. 2 EStG).

754 *Hinweis*

Der Entlastungsbetrag wird im Laufe des Jahres auf der Lohnsteuerkarte durch die Steuerklasse II berücksichtigt, wenn die Voraussetzungen für die Inanspruchnahme des Entlastungsbetrages für Alleinerziehende vorliegen (§ 38b Nr. 2 EStG).

Folgende Voraussetzungen müssen für den Entlastungsbetrag erfüllt sein: 755

- Zum Haushalt eines alleinstehenden Steuerpflichtigen gehört mindestens ein Kind, für das ihm ein Freibetrag nach § 32 Abs. 6 EStG oder Kindergeld zusteht.
- In der Wohnung des Alleinstehenden muss das Kind gemeldet sein.
- Bei Meldung des Kindes bei mehreren alleinstehenden Steuerpflichtigen steht der Entlastungsbetrag dem Alleinstehenden zu, der die Voraussetzungen auf Auszahlung des Kindergeldes nach § 64 Abs. 2 S. 1 EStG erfüllt oder erfüllen würde in Fällen, in denen nur ein Ausgleich auf einen Freibetrag nach § 32 Abs. 6 EStG besteht.
- Der Alleinstehende darf nicht die Voraussetzungen für die Anwendung des Splitting-Verfahrens nach § 26 Abs. 1 EStG erfüllen. (Eine Ausnahme gilt für Alleinstehende, die verwitwet sind und im Todesjahr des Ehegatten oder in dem auf das Todesjahr folgenden Kalenderjahr nach dem Splitting-Verfahren besteuert werden. Er kann auch Steuerpflichtigen, die die besondere Veranlagung für den Veranlagungszeitraum der Eheschließung nach § 26c EStG wählen, anteilig für die Monate des Alleinstehens gewährt werden.)[534]
- Alleinstehende Steuerpflichtige dürfen keine Haushaltsgemeinschaft mit einer anderen volljährigen Person bilden, es sei denn
- für diese Person steht ihnen ein Freibetrag nach § 32 Abs. 6 EStG oder Kindergeld zu

oder

- es handelt sich um ein Kind i.S.d. § 63 Abs. 1 S. 1 EStG, das
- den gesetzlichen Grundwehrdienst oder Zivildienst leistet (§ 32 Abs. 5 Nr. 1 EStG),
- sich anstelle des gesetzlichen Grundwehrdienstes freiwillig für die Dauer von nicht mehr als drei Jahren zum Wehrdienst verpflichtet hat (§ 32 Abs. 5 Nr. 2 EStG) oder
- eine Tätigkeit als Entwicklungshelfer ausübt (§ 32 Abs. 5 Nr. 3 EStG).

4. Freibetrag für Land- und Forstwirte, § 13 Abs. 3 EStG

Einkünfte aus Land- und Forstwirtschaft werden bei der **Ermittlung des Gesamtbetrages der Einkünfte** nur berücksichtigt, soweit sie den Betrag von **670 EUR** bzw. wenn Ehepartner zusammen veranlagt werden, den Betrag von **1.340 EUR** übersteigen (§ 13 Abs. 3 EStG). Durch Art. 5 Nr. 1 des ZollkodexAnpG vom 22.12.2014 wurde der Betrag auf 900 EUR angehoben. Der Freibetrag verdoppelt sich im Fall der Zusammenveranlagung somit auf 1.800 EUR. 756

Ein Freibetrag für Land- und Forstwirte wird nicht bei der Ermittlung der Einkünfte aus Land- und Forstwirtschaft, sondern erst bei der Ermittlung des Gesamtbetrages der Einkünfte abgezogen. Dieser Freibetrag wird seit dem Veranlagungszeitraum 1999 nur dann abgezogen, wenn die Summe der Einkünfte 30.700 EUR bzw. bei zusammen veranlagten Ehepartnern 61.400 EUR **nicht übersteigt** (§ 13 Abs. 3 S. 2 EStG). Durch das ZollkodexAnpG wurde diese Voraussetzung nicht geändert.

Für zusammen veranlagte Ehegatten ist der erhöhte Freibetrag auch dann zu gewähren, wenn **nur einer der Ehepartner** Einkünfte aus Land- und Forstwirtschaft erzielt.

Beispiel

Der einzeln veranlagte Unterhaltsschuldner S erzielt als Rechtsanwalt in 2015 Einkünfte aus selbstständiger Arbeit in Höhe von 20.000 EUR sowie Einkünfte aus Land- und Forstwirtschaft in Höhe von 800 EUR.

Lösung

Der Gesamtbetrag der Einkünfte des S in 2015 beträgt 20.000 EUR und ermittelt sich wie folgt.

534 BFH v. 5.11.2015 – III R 17/14, www.bfh.de.

Einkünfte aus L und F	800 EUR
Einkünfte aus selbstständiger Arbeit	**20.000 EUR**
= Summe der Einkünfte	20.800 EUR
– Freibetrag	800 EUR
= Gesamtbetrag der Einkünfte	**20.000 EUR**

Der Freibetrag in Höhe von 900 EUR wird nicht voll ausgeschöpft.

5. Hinzurechnungsbetrag nach § 52 Abs. 2 S. 3 EStG sowie § 8 Abs. 5 S. 2 ALG

757 Für negative Einkünfte im Sinne des § 2a Abs. 1 und 2, die vor der ab dem 24.12.2008 geltenden Fassung nach § 2a Abs. 1 S. 5 bestandskräftig gesondert festgestellt wurden, ist § 2a Abs. 1 S. 3 bis 5 in der vor dem 24.12.2008 geltenden Fassung weiter anzuwenden. Entsprechendes gilt für Leistungen nach ALG.

III. Einkommen i.S.d. § 2 Abs. 4 EStG – Verlustabzug/Sonderausgaben/ Vorsorgeaufwendungen/außergewöhnliche Belastungen

758 Eine Unterhaltsrelevanz ergibt sich aus dem Grundsatz der Ableitung des Unterhaltseinkommens aus dem steuerlichen Einkommen.

1. Überblick zum Einkommen i.S.d. § 2 Abs. 4 EStG

759 Zieht man vom Gesamtbetrag der Einkünfte nach § 2 Abs. 3 EStG einen Verlustabzug nach § 10d EStG, Sonderausgaben nach §§ 10, 10a, 10b, 10c EStG, außergewöhnliche Belastungen (§§ 33 bis 33b EStG) und sonstige Abzugsbeträge wie z.B. nach § 7 FördG ab, so kommt man zum **Einkommen nach § 2 Abs. 4 EStG.**

	Einkünfte aus Land- und Forstwirtschaft gemäß § 13 EStG
+	Einkünfte aus Gewerbebetrieb gemäß § 15 EStG
+	Einkünfte aus selbstständiger Arbeit gemäß § 18 EStG
+	Einkünfte aus nichtselbstständiger Arbeit gemäß § 19 EStG
+	Einkünfte aus Kapitalvermögen gemäß § 20 EStG
+	Einkünfte aus Vermietung und Verpachtung gemäß § 21 EStG
+	sonstige Einkünfte i.S.d. § 22 EStG
=	Summe der Einkünfte gemäß § 2 Abs. 2 EStG
–	Altersentlastungsbetrag nach § 24a EStG
–	Entlastungsbetrag für Alleinerziehende nach § 24b EStG
–	Freibetrag für Land- und Forstwirte nach § 13 Abs. 3 EStG + Hinzurechnungsbetrag nach § 52 Abs. 2 S. 3 EStG sowie § 8 Abs. 5 S. 2 AlG
=	Gesamtbetrag der Einkünfte nach § 2 Abs. 3 EStG
–	**Verlustabzug nach § 10d EStG**
–	**Sonderausgaben nach §§ 10, 10a, 10b, 10c EStG**
–	**außergewöhnliche Belastungen nach §§ 33 bis 33 b EStG**
–	**sonstige Abzugsbeträge wie z.B. nach § 7 FördG** + Erstattungsüberhänge nach § 10 Abs. 4b S. 3 EStG
+	**zuzurechnendes Einkommen gem. § 15 Abs. 1 AStG**

=	**Einkommen nach § 2 Abs. 4 EStG**
–	Freibeträge für Kinder nach §§ 31, 32 Abs. 6 EStG
–	Härteausgleich nach § 46 Abs. 3 EStG, § 70 EStDV
=	zu versteuerndes Einkommen nach § 2 Abs. 5 EStG

2. Verlustabzug nach § 10d EStG

Wenn Verluste im Wege des Verlustausgleichs (vgl. Rdn 743 ff.) nicht ausgeglichen werden können, besteht für sie die Möglichkeit des Verlustabzugs nach § 10d EStG. **760**

Der Verlustabzug wird unterteilt nach Verlustrücktrag und Verlustvortrag.

a) Verlustrücktrag

Bei einem Verlustrücktrag werden negative Einkünfte, d.h. Verluste, die bei der Ermittlung des Gesamtbetrages der Einkünfte im laufenden Veranlagungszeitrahmen (2020) nicht ausgeglichen werden, **761**

- bis zu einem Betrag von **10.000.000 EUR**,
- bei zusammen veranlagten Ehepartnern bis zu einem Betrag von **20.000.000 EUR.**

vom Gesamtbetrag der Einkünfte des unmittelbar vorangegangenen Veranlagungszeitraumes vorrangig vor Sonderausgaben, außergewöhnlichen Belastungen und sonstigen Abzugsbeträgen abgezogen (Höchstbetrag), § 10d Abs. 1 S. 1 EStG. Der Gesamtbetrag der Einkünfte des unmittelbar vorangegangenen VZ wird um die Begünstigungsbeträge nach § 34a Abs. 3 S. 1 EStG gemindert.

Beispiel

Der Gesamtbetrag der Einkünfte des ledigen Unterhaltsschuldners S in 2019 betrug **90.000 EUR**.

Die Einkünfte setzen sich zusammen aus Rechtsanwaltstätigkeit in Höhe von 80.000 EUR und Vermietung und Verpachtung in Höhe von 10.000 EUR.

Im Jahr 2020 verdient S als Rechtsanwalt lediglich 40.000 EUR.

Aus Vermietung und Verpachtung haben sich negative Einkünfte in Höhe von – 50.000 EUR ergeben, sodass der Gesamtbetrag der Einkünfte in 2020 – **10.000 EUR** (40.000 EUR – 50.000 EUR) beträgt.

Lösung

S hat seinen Verlust in 2020 in Höhe von – 10.000 EUR auf das Jahr 2019 zurückzutragen.

Da der Höchstbetrag in Höhe von 1.000.000 EUR nicht überschritten wird, beträgt der Gesamtbetrag der Einkünfte 2019 **80.000 EUR** (90.000 EUR Gesamtbetrag der Einkünfte 2019 – Verlust 2020 in Höhe von – 10.000 EUR).

Wird der Höchstbetrag überschritten, darf nur der Höchstbetrag zurückgetragen werden.

- **Wahlrecht/Antrag nach § 10d Abs. 1 S. 5 und 6 EStG** **762**

Die Verrechnung kann ggf. dazu führen, dass im Rücktragsjahr 2019 des vorstehenden Beispiels die sich anschließenden Abzüge in Form von Sonderausgaben, außergewöhnlichen Belastungen und sonstigen Abzugsbeträgen, nicht mehr zu einer Steuerentlastung führen.

Auf Antrag des Steuerpflichtigen wird ganz oder zum Teil vom Verlustrücktrag abgesehen, § 10 Abs. 1 S. 5 EStG. Denkbar sind hier die Fälle, wenn der Grundfreibetrag genutzt wird. Mit dem Antrag ist die Höhe des Verlustrücktrages anzugeben, § 10d Abs. 1 S. 6 EStG.

763 *Hinweis*

Falls der Verlustrücktrag der Höhe nach beschränkt werden soll, ist dies in der Einkommensteuererklärung 2020 anzugeben und ein Antrag auf Beschränkung des Verlustrücktrages einzutragen.

b) Verlustvortrag

764 Verluste, die nicht oder nicht in vollem Umfang durch Verlustrücktrag berücksichtigt werden, können nach § 10d Abs. 2 S. 1 EStG[535]

- bis zu einem Gesamtbetrag der Einkünfte von 1 Mio. EUR,
- bei zusammen veranlagten Ehepartnern bis zu 2 Mio. EUR in den folgenden Veranlagungszeiträumen unbeschränkt abgezogen werden.

Ferner ist im Wege des Verlustvortrages ein Verlustabzug bis zu 60 % des 1 Mio. EUR (bzw. 2 Mio. EUR bei der Zusammenveranlagung) übersteigenden Gesamtbetrags der Einkünfte möglich.

Dadurch werden Verluste im Wege des Verlustvortrages zeitlich gestreckt und gehen nicht verloren.

765 *Hinweis*

Der am Schluss eines Veranlagungszeitraumes verbleibende Verlustvortrag ist nach § 10d Abs. 4 S. 1 EStG gesondert festzustellen. Unter dem verbleibenden Verlustvortrag versteht man die bei der Ermittlung des Gesamtbetrags der Einkünfte nicht ausgeglichenen negativen Einkünfte, vermindert um die nach Absatz 1 abgezogenen sowie die nach Absatz 2 abziehbaren Beträge und vermehrt um den auf den Schluss des vorangegangenen Veranlagungszeitraums festgestellten verbleibenden Verlustvortrag.

Zuständig für die Feststellung ist das für die Besteuerung zuständige Finanzamt. Bei der Feststellung des verbleibenden Verlustvortrags sind die Besteuerungsgrundlagen so zu berücksichtigen, wie sie den Steuerfestsetzungen des Veranlagungszeitraums, auf dessen Schluss der verbleibende Verlustvortrag festgestellt wird, und des Veranlagungszeitraums, in dem ein Verlustrücktrag vorgenommen werden kann, zugrunde gelegt worden sind; § 171 Abs. 10, § 175 Abs. 1 S. 1 Nr. 1 und § 351 Abs. 2 AO sowie § 42 der FGO gelten entsprechend. Die Besteuerungsgrundlagen dürfen bei der Feststellung nur insoweit abweichend von Satz 4 berücksichtigt werden, wie die Aufhebung, Änderung oder Berichtigung der Steuerbescheide ausschließlich mangels Auswirkung auf die Höhe der festzusetzenden Steuer unterbleibt. Die Feststellungsfrist endet nicht, bevor die Festsetzungsfrist für den Veranlagungszeitraum abgelaufen ist, auf dessen Schluss der verbleibende Verlustvortrag gesondert festzustellen ist; § 181 Abs. 5 der AO ist nur anzuwenden, wenn die zuständige Finanzbehörde die Feststellung des Verlustvortrags pflichtwidrig unterlassen hat, § 10d Abs. 4 S. 2–6 EStG.

c) Verluste im Familienrecht

766 Verluste sind in allen Einkunftsarten denkbar.

Da es im Familienrecht auf die potenzielle Leistungsfähigkeit des Unterhaltspflichtigen ankommt, stellt sich die Frage, inwieweit Verluste unterhaltsrechtlich relevant sind.

Soweit Verluste aus tatsächlichen Aufwendungen resultieren, wie z.B. aus Zinsleistungen für bestehende Darlehensverbindlichkeiten, sind diese zu berücksichtigen.[536]

Seit 1999 werden steuerrechtlich sog. Verlustzuweisungsgesellschaften durch § 2b EStG bekämpft. Auch als Vermögensdispositionen des Unterhaltschuldners bleiben sie familienrechtlich unberücksichtigt.[537]

535 § 10d Abs. 1 EStG i.d.F. des StEntlG 1999/2000/2002 wirkt nicht in verfassungsrechtlich erheblicher Weise zurück: BFH v. 16.4.2013 – IX R 20/12, www3.nwb-datenbank.de.

536 Vgl. BGH FamRZ 2005, 1159; FuR 2005, 361 ff.

537 Vgl. OLG Hamburg FamRZ 1984, 59; BGH FamRZ 1987, 913, 916.

Verlustzuweisungsgesellschaften zeigen sich in Form von Gewerbebetrieben vornehmlich im Rahmen einer Beteiligung an gewerblichen Kommanditgesellschaften oder an einer GmbH & Co. KG sowie in Form privater Vermögensverwaltung als Wohnungseigentümergemeinschaft, Wohnungseigentum, Bruchteilsgemeinschaft, Gesamthandsgemeinschaft in Form einer BGB-Gesellschaft bzw. einer vermögensverwaltenden Kommanditgesellschaft und des geschlossenen Immobilienfonds. 767

Verlustzuweisungsgesellschaften sind darauf ausgerichtet, in den ersten Jahren über die Verlustzuweisungsquote das Einkommen und die Steuerlast zu reduzieren.

Bei gewerblichen Beteiligungen erreichen sie dieses Ziel durch erhöhte Abschreibungen, Sonderabschreibungen und Bewertungsabschläge, Bildung steuerfreier Rücklagen sowie dem Erwerb von GWBs.

> *Hinweis*
>
> Der BFH hat zwei – auch als „Goldfinger-Modelle" beschriebene – Gestaltungen akzeptiert, bei denen Personengesellschaften durch den Ankauf physischen Goldes Verluste aus Gewerbebetrieb erzielt haben. Diese Gestaltungen führen bei den Gesellschaftern zu Steuervorteilen, wenn kein sog. Steuerstundungsmodell vorliegt.[538]

Private Vermögensanlagen profitieren von vorweggenommenen und laufenden Werbungskosten wie z.B. Abschreibungen und hohen Finanzierungskosten. 768

Bei **gewerblichen Beteiligungen** hat der Unterhaltpflichtige als Mitunternehmer Einkünfte aus Gewerbebetrieb gem. § 15 EStG. Gewinne und Verluste werden hierbei den Gesellschaften nach §§ 179, 180 AO anteilig zur Besteuerung zugewiesen.

Bei einer **vermögensverwaltenden Verlustzuweisungsgesellschaft** hat der Unterhaltpflichtige Einkünfte aus Vermietung und Verpachtung gem. § 21 EStG.

Verluste aus diesen Arten von Beteiligungen dürfen nicht mit anderen Einkünften, sondern nur mit späteren Einkünften oder mit gleichzeitigen Einkünften aus Verlustzuweisungsgesellschaften verrechnet werden, §§ 2a, 15 a, 21 Abs. 1 S. 2 EStG.

Wenn die Beteiligungen keine steuerliche Anerkennung erfahren, bleiben sie auch **unterhaltsrechtlich** unberücksichtigt, weil das steuerliche Einkommen des Unterhaltspflichtigen die Basis für die Ermittlung des Unterhaltseinkommens bildet.[539]

Der BGH[540] duldet insbesondere keine unterhaltsrechtliche Berücksichtigung von **Verlusten aus Bauherrenmodellen**. Er stellt den Unterhaltspflichtigen so, als hätten die vermögensbildenden Aufwendungen nicht stattgefunden. Zins- und Tilgungsaufwendungen werden jedoch unterhaltsrechtlich nicht berücksichtigt.

Konsequenterweise sind hinsichtlich der erzielten Steuervorteile die **fiktiven Steuerlasten** zu berücksichtigen, die ohne die Beteiligung am Bauherrenmodell aufzubringen gewesen wären. **Steuerliche Verlustvorträge** außerhalb des Anknüpfungszeitraums bleiben außer Betracht.[541]

Bei Verlusten im Zusammenhang mit **Einkünften aus Gewerbebetrieb** muss individuell untersucht werden, woraus die Verluste resultieren, insbesondere, wenn der Unterhaltschuldner keine weiteren positiven Einkünfte aus anderen Einkunftsarten erzielt. Es ist ein zeitnaher Dreijahresdurchschnitt zu bilden, um die schwankenden Einkünfte auszugleichen.[542] Die ehelichen Lebensverhältnisse sind zu betrachten. Zu prüfen ist in diesem Zusammenhang auch, ob der Unterhaltschuldner seine Gewinnermittlungsart in dem Be-

538 BFH, Urteile v. 19.1.2017 – IV R 10/14 sowie IV R 50/14; www.bundesfinanzgericht.de.
539 OLG Hamburg, Urt. v. 28.4.1983 – 16 UF 2/83, FamRZ 1984, 59.
540 BGH, Urt. v. 3.6.1987 – IV b ZR 64/86, FamRZ 1987, 913, 916.
541 OLG Celle, Urt. v. 2.5.2001 – 10 UF 177/99, FuR 2001, 509–515.
542 OLG Brandenburg mHa Wendl/Dose/*Kemper*, FamRZ 2014, 219.

trachtungszeitraum gewechselt hat, z.B. von der Einnahmen-Überschuss-Rechnung zum Betriebsvermögensvergleich übergegangen ist. Hier sind Korrekturen vorzunehmen, die häufig schon zu positiven Ergebnissen führen.

3. Sonderausgaben

769 Grundsätzlich gilt im Einkommensteuerrecht, dass Aufwendungen für die private Lebensführung bei der Ermittlung des Einkommens nicht abgezogen werden dürfen (§ 12 EStG).

Durch den Abzug von Sonderausgaben wird dieser Grundsatz durchbrochen.

Als Sonderausgaben können nur Aufwendungen abgezogen werden, die auf einer eigenen Verpflichtung des Steuerpflichtigen beruhen und von ihm selbst entrichtet worden sind.

770 *Hinweis*

Für die Anrechnung der Sonderausgaben beim Unterhaltsschuldner ist der Nachweis zu verlangen, dass der Unterhaltsschuldner die Leistungen für sich (und nicht für den Ehepartner oder seine Kinder) und aus eigenen Mitteln erbracht hat.

771 Die Sonderausgaben sind abschließend, d.h. enumerativ in den §§ 10 bis 10c EStG aufgezählt.

Man unterscheidet hierbei zwischen unbeschränkt und beschränkt abzugsfähigen Sonderausgaben.

a) Unbeschränkt abzugsfähige Sonderausgaben

772 Zu den unbeschränkt abzugsfähigen Sonderausgaben gehören:

- Versorgungsleistungen (§ 10 Abs. 1a Nr. 2 EStG)
- Versorgungsausgleich (§ 10 Abs. 1a Nr. 3 und 4 EStG)
- Kirchensteuern, Kirchenbeiträge (§ 10 Abs. 1 Nr. 4 EStG)

b) Beschränkt abzugsfähige Sonderausgaben

773 Beschränkt abzugsfähige Sonderausgaben werden in Sonderausgaben untergliedert, die entweder Vorsorgeaufwendungen darstellen oder nicht.

Vorsorgeaufwendungen sind:

- Altersvorsorgeaufwendungen, § 10 Abs. 1 Nr. 2 EStG
- sonstige Vorsorgeaufwendungen, § 10 Abs. 1 Nr. 3 und Nr. 3a EStG
- zusätzliche Altersvorsorgebeiträge (z.B. die sog. Riester-Beiträge), § 10a EStG.

Unter die **beschränkt abzugsfähigen Sonderausgaben, die keine Vorsorgeaufwendungen** darstellen, fallen:

- Unterhaltsleistungen an bestimmte Ehegatten
- Aufwendungen für die eigene Berufsausbildung
- privat veranlasste Kinderbetreuungskosten und Zuwendungen wie Spenden und Mitgliedsbeiträge.

c) Personenbezogenheit

774 Bei der **getrennten Veranlagung/Einzelveranlagung ab VZ 2013** ist ein Sonderausgabenabzug grundsätzlich bei dem Ehepartner vorzunehmen, der die Sonderausgaben geleistet hat. Auf übereinstimmenden Antrag der Ehepartner wird ausnahmsweise ein hälftiger Abzug vorgenommen, § 26a Abs. 2 Satz 2 bis 4 EStG.

Werden Ehepartner nach § 26b EStG **zusammenveranlagt**, ist es für den Abzug von Sonderausgaben gleichgültig, von welchem Ehepartner diese gezahlt worden sind, weil Ehepartner nach § 26b EStG „gemeinsam als Steuerpflichtige“ behandelt werden.

d) Abflussprinzip

Abziehbar sind Sonderausgaben im Veranlagungszeitraum, in dem sie geleistet worden sind. 775

Maßgeblich ist nach § 11 Abs. 2 EStG folglich das Abflussprinzip, d.h. der Zeitpunkt des Abzuges der Sonderausgaben.

e) Ausnahmen

Sonderausgaben können vom Gesamtbetrag der Einkünfte nur dann als solche abgezogen werden, wenn sie weder Betriebsausgaben noch Werbungskosten sind oder wie Betriebsausgaben oder Werbungskosten behandelt werden. 776

f) Pauschbetrag

Weist ein Steuerpflichtiger keine Sonderausgaben nach oder liegt der nachgewiesene Betrag unter 36 EUR, wird der Sonderausgaben-Pauschbetrag von 36 EUR gewährt, § 10c EStG. Im Fall der Zusammenveranlagung von Ehegatten verdoppelt sich der Sonderausgaben-Pauschbetrag, 10c S. 2 EstG. 777

g) Unterhaltsleistungen als Sonderausgaben

aa) Unterhaltszahlungen

Ehegattenunterhaltszahlungen sind begünstigte Aufwendungen und somit zum Sonderausgabenabzug zugelassen. Es spielt hierbei keine Rolle, ob die Unterhaltszahlungen freiwillig oder aufgrund gesetzlicher Verpflichtung erbracht werden. Es muss sich auch nicht um laufende oder einmalige Leistungen handeln. Auch die infolge des Nachteilsausgleichs zu erstattende Steuer und der zu leistende Verfahrenskostenvorschuss zählen hierzu. 778

> *Hinweis* 779
>
> Ab VZ 2015 findet sich die Vorschrift nicht mehr in § 10 Abs. 1 Nr. 1 EStG, sondern in § 10 Abs. 1a Nr. 1 EStG!

Auch Sachleistungen können berücksichtigt werden. 780

Hierzu zählt auch der **Mietwert** einer unentgeltlich überlassenen Wohnung.[543]

Befindet sich die Wohnung im Miteigentum des geschiedenen oder getrennt lebenden Ehepartners, kann der Ehepartner, der die Wohnung überlässt, neben dem Mietwert seines Miteigentumsanteils auch die von ihm aufgrund der Unterhaltsvereinbarung getragenen verbrauchsunabhängigen Kosten für den Miteigentumsanteil des anderen Partners als Sonderausgaben abziehen.[544] Als Wertmaßstab dienen die amtlichen Sachbezugswerte (ab 1.1.2012 die 4. VO zur Änderung der SozialversicherungsentgeltVO v. 2.12.2011; 4. SvEVÄndV),[545] bzw. im Falle der Mietwohnung auch der objektive Mietwert (ortsübliche Miete).

Bei Zahlungen an ein gemeinsames Kind handelt es sich nicht um Ehegattenunterhalt, selbst wenn diese Zahlungen den geschiedenen Ehepartner von dessen Unterhaltspflicht gegenüber dem Kind befreien.[546]

Anwaltsgebühren, die aufgewendet werden, um die Zustimmung zum Realsplitting zu erlangen, sind lediglich Nebenkosten zum Sonderausgabenabzug, die nicht abzugsfähige Sonderausgaben sind.[547]

Den nachehelichen Unterhalt aus dem Nachlass kann nach der Rechtsprechung des BFH[548] der Erbe des Unterhaltspflichtigen trotz der ihm nach § 1586b BGB obliegenden Unterhaltslast gegenüber dem geschiedenen früheren Ehegatten des Erblassers nicht als Sonderausgabe abziehen. Die Abzugsberechti-

543 BFH v. 29.6.2022 – X R 33/20, www.bundesfinanzhof.de
544 BFH, Urt. v. 12.4.2000 – BFH/NV 2000, 1286.
545 4. SvEVÄndV BGBl I 2011, 2453.
546 BFH, Beschl. v. 3.2.2000 – BFH/NV 2000, 841.
547 BFH, Urt. v. 10.3.1999 – BFH/NV 1999, 673.
548 BFH v. 12.11.1997 – X R 83/94.

gung ist nach BFH höchstpersönlicher Natur und die Lage im Verhältnis zum Erben eine völlig andere. Zudem sei die Haftung begrenzt. Die Aussage des § 45 AO zur Gesamtrechtsnachfolge sei insoweit eingeschränkt.

bb) Voraussetzungen des Sonderausgabenabzugs bei Unterhaltsleistungen

781 Folgende Voraussetzungen müssen für den Sonderausgabenabzug erfüllt sein:

- Sowohl Unterhaltsverpflichtete als auch Unterhaltsberechtigte müssen geschieden oder dauernd getrenntlebende Ehepartner sein. Gleichgestellt sind Unterhaltsleistungen in Fällen der Nichtigkeit oder Aufhebung der Ehe. Nach § 2 Abs. 8 EStG sind die Regelungen des Einkommensteuergesetzes zu Ehegatten und Ehen auch auf **eingetragene Lebenspartner und Lebenspartnerschaften** anzuwenden. Die Änderungen im Einkommensteuergesetz sind am 19.7.2013 infolge des Gesetzes zur Änderung des Einkommensteuergesetzes rückwirkend zum VZ 2001 in Umsetzung der Entscheidung des BVerfG vom 7.5.2013[549] in Kraft getreten. Die Rückwirkung bezieht sich auf alle Lebenspartner, deren Veranlagung noch nicht bestandskräftig durchgeführt ist.[550]

Hinweis

Vom 1.8.2001 bis zum 30.9.2017 konnten Partner einer gleichgeschlechtlichen Beziehung ihr Zusammenleben durch die eingetragene Lebenspartnerschaft legalisieren. Dieses familienrechtliche Institut sollte eine weitgehende Gleichstellung von eingetragenen gleichgeschlechtlichen Paaren und Ehepaaren erreichen.

- Der Unterhaltsverpflichtete beantragt den Sonderausgabenabzug und
- der Unterhaltsberechtigte stimmt diesem Antrag zu.
- **Hinweis**: Nach dem Steueränderungsgesetz 2015[551] (vormals Gesetz zur Umsetzung der Protokollerklärung zum Gesetz zur Anpassung der Abgabenordnung an den Zollkodex der Union und zur Änderung weiterer steuerlicher Vorschriften) ist ein Sonderausgabenabzug von der Angabe der ID-Nummer des Unterhaltsempfängers abhängig.
- Der Unterhaltsberechtigte muss unbeschränkt einkommensteuerpflichtig sein.

Hinweis

Unterhaltszahlungen an eine **nicht unbeschränkt einkommensteuerpflichtige Person**, die ihren gewöhnlichen Aufenthalt oder Wohnsitz in der EU/EWR hat, sind nur unter bestimmten Voraussetzungen nach § 10 Abs. 1a Nr. 1 EStG als Aufwendungen berücksichtigungsfähig.

- § 1a Abs. 1 Nr. 1 EStG bestimmt zwar, dass der Steuerpflichtige diese Leistungen selbst dann als Sonderausgaben abziehen kann, wenn der die Zahlung empfangende Ehegatte nicht unbeschränkt steuerpflichtig ist. Voraussetzung hierfür ist jedoch, dass der unterhaltsberechtigte Ehegatte seinen Wohnsitz oder gewöhnlichen Aufenthalt in einem Staat der EU oder des EWR hat, somit in diesem EU- oder EWR-Staat unbeschränkt steuerpflichtig ist.
- Nicht erforderlich ist allerdings, dass der Ehegatte auch die Staatsangehörigkeit eines EU- oder EWR-Staats besitzt. Unter diese Vorschrift fallen daher auch Angehörige von Drittstaaten, die in einem Staat der EU oder des EWR ansässig sind. Es reicht demzufolge nicht aus, dass der empfangende Ehegatte zwar die Staatsbürgerschaft eines EU- oder EWR-Staats hat, nicht aber den Wohnsitz oder gewöhnlichen Aufenthalt in einem dieser Staaten. Ein weiterer Wohnsitz in einem Drittstaat ist unbeachtlich.

549 BVerfG FamRZ 2013, 1103.
550 Siehe hierzu auch BMF-Schreiben v. 31.7.2013 – IV C 1-S 1910/13/10065:001, www.bundesfinanzministerium.de.
551 BGBl 2015, 1834.

- Die steuerliche Berücksichtigung setzt in den vorgenannten Fällen auch eine Versteuerung der Unterhaltsleistungen beim Unterhaltsempfänger voraus, die durch eine Bescheinigung der zuständigen ausländischen Finanzbehörde nach § 1a Abs. 1 Nr. 1b EStG nachgewiesen werden muss. Dieser Nachweis ist materielle Voraussetzung für die Anwendung des § 1a EStG.
- Unabhängig von § 1a Abs. 1 Nr. 1 EStG können Unterhaltsleistungen nur aufgrund von einzelnen Doppelbesteuerungsabkommen abgezogen werden. Entsprechende Regelungen gibt es z.B. in dem DBA mit Dänemark[552] sowie außerhalb der EU in der mit der Schweiz getroffenen Verständigungsvereinbarung.[553]

cc) Sachverhaltsvarianten

Ebene des Unterhaltsleistenden 782

- Der Unterhaltsleistende verlegt seinen Wohnsitz in einen anderen Mitgliedstaat, der die Unterhaltszahlungen steuerlich als nicht abzugsfähig behandelt wie z.B. in den Niederlanden. Diese Variante könnte sich ergeben, wenn die zivilrechtliche Unterhaltsverpflichtung vom Nettoeinkommen des Unterhaltsschuldners bemessen wird und daraus resultierend seine Leistungsfähigkeit aufgrund seiner höheren Steuerbemessungsgrundlage sinkt:[554]
- In diesem Fall erhält der Unterhaltsempfänger infolge der geringeren Leistungsfähigkeit des Unterhaltsschuldners weniger Unterhalt.

Ebene des Unterhaltsempfängers 783

- Der Unterhaltsempfänger verlegt seinen Wohnsitz in einen anderen Mitgliedstaat, in dem seine Unterhaltseinkünfte im Gegensatz zu seinem Herkunftsstaat zu versteuern sind:
- Der Unterhaltsempfänger erhält wegen der Steuerlast de facto weniger Unterhalt.
- Der Unterhaltsempfänger verlegt seinen Wohnsitz in einen anderen Mitgliedstaat, der keine Unterhaltsleistungen besteuert:
- Dem Unterhaltsleistenden wird die steuerliche Abzugsfähigkeit versagt, siehe auch Rdn 788.

dd) Höchstabzugsbetrag/Ausschluss vom Abzug

Als Sonderausgabe im Rahmen des Realsplittings kann der Unterhaltsverpflichtete im Kalenderjahr Unterhaltszahlungen **bis zu 13.805 EUR (1.150,42 EUR mtl.)** abziehen (§ 10 Abs. 1a Nr. 1 EStG). 784

Übersteigen Unterhaltsleistungen den Betrag von 13.805 EUR im Kalenderjahr, sind diese vom Abzug ausgeschlossen.

Die übersteigenden Beträge können dann auch nicht als außergewöhnliche Belastung berücksichtigt werden.

Infolge des Bürgerentlastungsgesetzes Krankenversicherung[555] erhöhen sich ab VZ 2010 die Sonderausgaben um die im jeweiligen Veranlagungszeitraum für die Absicherung des geschiedenen oder dauernd getrennt lebenden Ehegatten aufgewandten **Beiträge zur Kranken- und Pflegeversicherung**, § 10 Abs. 1 Nr. 3, 3a, Abs. 4 S. 1 bis 3 EStG. Der Gesetzgeber hatte die Vorgaben des BVerfG in der Entscheidung vom 13.2.2008[556] umzusetzen, wonach diese Beiträge zum Existenzminimum gehören und deshalb steuermindernd berücksichtigt werden müssen. Dies gilt für Aufwendungen für Kranken- und gesetzliche Pflegeversicherungen, soweit sie existenznotwendig sind. Vorsorgeaufwendungen im Sinne von § 10 Abs. 1 Nr. 3 und 3a EStG können nach § 10 Abs. 4 S. 1 bis 3 EStG in Höhe von 2.800 EUR bei privat Versicherten, 1.900 EUR bei gesetzlich Versicherten und entsprechend bei Zusammenveranlagung in Höhe von 5.600 EUR/3.800 EUR je Kalenderjahr abgezogen werden.

552 BStBl 1996 I S. 1219, 1225.
553 BMF-Schreiben v. 5.11.1998, BStBl I, 1998, 1392.
554 *M. Toifl*, [online]. 2012, Unterhaltsleistungen im Steuerrecht, S. 232, 233.
555 BGBl I 2009, 1959; *Myßen/Wolter*, NWB 2009, 3900.
556 BVerfG FamRZ 2008, 761 = NJW 2008, 1868.

Die Absetzbarkeit gilt für Beiträge des Steuerpflichtigen zu einer Krankenversicherung für sich **selbst, den Ehe- und Lebenspartner sowie jedes Kind**, für das ein Anspruch auf einen Kinderfreibetrag nach § 32 Abs. 6 EStG oder auf Kindergeld besteht.

Beitragszahler, die in der **gesetzlichen Krankenversicherung** versichert sind, können grundsätzlich die aufgewendeten Beiträge zur Kranken- und Pflegeversicherung als Sonderausgaben abziehen. Ist in den Beiträgen ein Anspruch auf Krankengeld mit abgedeckt, werden die Beiträge zur gesetzlichen Krankenversicherung um 4 % gekürzt. Beiträge für eine **private Krankenversicherung** können abgezogen werden, soweit diese einem Basiskrankenversicherungsschutz dienen. Nicht abziehbar sind daher Beitragsanteile, die einen über die medizinische Grundversorgung hinausgehenden Versicherungsschutz finanzieren, wie z.B. Beiträge für eine Chefarztbehandlung oder ein Einzelzimmer im Krankenhaus.

Übersteigen die Vorsorgeaufwendungen für die Kranken- und Pflegeversicherung im Sinne des § 10 Abs. 1 Nr. 3 EStG die nach § 10 Abs. 4 S. 1 bis 3 EStG zu berücksichtigen Beträge von 2.800 EUR bzw. 1.900 EUR, bzw. bei Zusammenveranlagung 5.600 EUR/3.800 EUR, sind diese abzuziehen. Ein Abzug von weiteren Vorsorgeaufwendungen im Sinne des § 10 Abs. 1 Nr. 3a EStG scheidet aus. Hierbei handelt es sich z.B. um Beiträge für eine Unfall-, Haftpflicht-, Arbeitslosen-, Erwerbs-, Berufsunfähigkeit- und Risikoversicherung, die sich dann nicht mehr auswirken.
Die vollständige Absetzbarkeit von Kranken- und Pflegeversicherungsbeiträgen wird dadurch aber nicht verhindert.

Der Sonderausgabenabzug darf auf einen beliebigen Teilbetrag der Unterhaltsleistungen beschränkt werden.[557] Das steuerliche Ergebnis wird dadurch gegebenenfalls optimiert und Schäden aus dem Entstehen von Einkünften beim Unterhaltsempfänger werden vermieden oder begrenzt. Darüberhinausgehende Unterhaltsleistungen werden nicht als außergewöhnliche Belastungen berücksichtigt. Beide Entlastungsmöglichkeiten schließen sich gegenseitig aus.

Beispiel

Der selbstständige Unterhaltsschuldner M zahlt einen freiwilligen Beitrag zur gesetzlichen KV i.H.v. 7.900 EUR und zur PV 820 EUR, also insgesamt **8.720 EUR**. Anspruch auf Krankengeld besteht nicht. Seine sonstigen Vorsorgeaufwendungen betragen 3.600 EUR.

Lösung

	Beiträge zur KV	7.900 EUR
+	Beiträge zur PV	820 EUR
+	Sonstige Vorsorge	3.600 EUR
Gesamtbetrag		**12.320 EUR**
höchstens		2.800 EUR
mindestens Basis-KV und PV		8.720 EUR
anzusetzen		**8.720 EUR**

785 *Hinweis*

Ein Unterhaltsberechtigter kann vom Unterhaltsschuldner geleistete Beiträge im Fall der Versteuerung der Unterhaltseinkünfte im Sinne von § 22 Nr. 1a EStG ebenfalls als Sonderausgabe abziehen.

Beispiel

Unterhaltsschuldner M erbringt an seine geschiedene Ehefrau F, die unbeschränkt einkommensteuerpflichtig ist, Unterhaltsleistungen in Höhe von monatlich 1.200 EUR, also 14.400 EUR jährlich. Da-

557 EStR 2001, 86b Abs. 1.

rüber hinaus zahlt er für sie Beiträge zur Kranken- und Pflegeversicherung in Höhe von 3.000 EUR, insgesamt **17.400 EUR** (1.200 EUR x 12 Monate + 3.000 EUR).

Lösung

Bei F stellen die empfangenen Unterhaltsleistungen im Veranlagungsjahr sonstige Einkünfte im Sinne des § 22 Nr. 1a EStG dar, und zwar bis zur Höhe des Betrages, der beim M als Sonderausgaben nach § 10 Abs. 1a Nr. 1 EStG abgezogen werden kann. Dies sind aber höchstens 13.805 EUR zuzüglich der Beiträge für Kranken- und Pflegeversicherung in Höhe von 3.000 EUR, insgesamt also **16.805 EUR**. Hiervon kann F einen Werbungskostenpauschalbetrag in Höhe von 102 EUR sowie Sonderausgaben nach § 10 Abs. 1 Nr. 3 EStG in Höhe von hier 3.000 EUR abziehen. Für F zeigt sich ein zu versteuerndes Einkommen in Höhe von 13.703 EUR (16.805 EUR – 102 EUR – 3.000 EUR).

Hinweis 786

Die Tabellen zur Abschätzung des Realsplittings[558] dienen nur der „Abschätzung" und gelten vor allen Dingen **nur** bei Nichtselbstständigen mit Einkünften nach § 19 EStG.

■ **Mehrere Unterhaltsberechtigte** 787

Wird an mehrere Unterhaltsberechtigte Ehegattenunterhalt geleistet, werden die Aufwendungen bis zum Höchstbetrag von 13.805 EUR zuzüglich der vorgenannten Kosten für Kranken- und Pflegeversicherung **je** unterhaltsberechtigtem Empfänger abgezogen (R 10.2 Abs. 3 EStR). Nicht übertragen werden können nicht ausgeschöpfte Beträge.

ee) Zahlungen mit Auslandsbezug

Unterhaltszahlungen an nicht unbeschränkt einkommensteuerpflichtige Empfänger, die ihren Wohnsitz 788
oder gewöhnlichen Aufenthalt in einem EU/EWR-Staat haben, sind seit 1996 als Sonderausgaben abzugsfähig. Ein Abzug ist jedoch nur unter der Voraussetzung möglich, dass die Besteuerung der Unterhaltsleistung beim Unterhaltsberechtigten durch eine Bescheinigung der zuständigen ausländischen Steuerbehörde nachgewiesen wird (§ 1a Abs. 1 Nr. 1 EStG; H 10.2, nicht unbeschränkt einkommensteuerpflichtiger Empfänger, EStH).[559]

Nach dem Jahressteuergesetz 2008 vom 20.12.2007[560] ist durch eine Änderung des § 1a EStG das Erfordernis aufgegeben worden, dass nahezu sämtliche Einkünfte der deutschen Einkommensteuer unterliegen müssen, damit der Abzug von Unterhaltsleistungen an einen im EU/EWR- Ausland lebenden geschiedenen oder dauernd getrennt lebenden Ehepartner in Anspruch genommen werden kann. Dies soll zu einer Gleichstellung mit Unterhaltsleistungen an einen unbeschränkt Einkommensteuerpflichtigen führen.[561] Nach der Änderung des § 1a EStG müssen nicht mehr nahezu sämtliche Einkünfte der deutschen Einkommensteuer unterliegen. So soll eine Gleichstellung mit Unterhaltsleistungen an einen unbeschränkt Einkommensteuerpflichtigen erreicht werden.[562]

Zum Auslandsbezug siehe auch Rdn 781.

558 FamRB 2012, 65 f.
559 Vgl. hierzu auch *Hillmer*, Blickpunkt Steuerrecht (3. Quartal 2007), ZFE 2007, 376, 381.
560 BGBl I 2007, 3150 ff.
561 Zu Unterhaltsleistungen an Angehörige in der Türkei vgl. *Hillmer*, Blickpunkt Steuerrecht (2. Quartal 2008), ZFE 2008, 251, 254.
562 Zu Unterhaltsleistungen an Angehörige in der Türkei vgl. *Hillmer*, Blickpunkt Steuerrecht (2. Quartal 2008), ZFE 2008, 251, 254.

ff) Wiederkehrende Wahlrechtsausübung

789 Der Steuerpflichtige muss sich für jedes Veranlagungsjahr für den Abzug von Unterhaltsleistungen als Sonderausgaben oder außergewöhnliche Belastung i.S.d. § 33a Abs. 1 EStG entscheiden.

Der Antrag ist rechtsgestaltend, weil aus den in § 12 Nr. 2 EStG ertragsteuerlich unbeachtlichen Unterhaltszahlungen abziehbare Sonderausgaben werden.

Der Antrag ist **Merkmal des gesetzlichen Tatbestandes**[563] und wird mit Eingang bei dem FA wirksam, unabhängig davon, wann die Veranlagung vorgenommen wird.

Er ist **nicht fristgebunden,** kann bis zum Eintritt der Festsetzungsverjährung des ESt-Bescheids gestellt und auf einen Teilbetrag beschränkt werden. Er ist zwar formlos gültig, sollte aber sicherheitshalber schriftlich oder zur Niederschrift gegenüber der Finanzbehörde erklärt werden.

Es kommt nicht selten vor, dass der Unterhaltsgläubiger dem begrenzten Realsplitting erst zustimmt, wenn die Veranlagung beim Unterhaltsschuldner bereits abgeschlossen ist (z.B. nach Abschluss des familienrechtlichen Verfahrens auf Zustimmung). Wird der Antrag daraufhin erst nach Eintritt der Bestandskraft des ESt-Bescheids gestellt, tritt ein **Ereignis mit steuerlicher Wirkung für die Vergangenheit** ein und der Bescheid des antragstellenden Unterhaltschuldners muss nach § 175 Abs. 1 Nr. 2 AO geändert werden.[564]

Der Antrag ist **bedingungsfeindlich** und kann auch nicht übereinstimmend zurückgenommen werden. Zwar ist es zulässig, ihn der Höhe nach zu begrenzen; später kann er aber nicht eingeschränkt oder herabgesetzt werden. Zulässig ist im Hinblick auf § 175 Abs. 1 Nr. 2 AO seine Erweiterung, es sei denn, der Antrag ist nur zum Zweck der Eintragung eines Freibetrags auf der LSt-Karte oder der Festsetzung von ESt-Vorauszahlungen gestellt worden. Ein der Höhe nach beschränkter Antrag bzw. die entsprechende Zustimmung können in diesem Fall nicht für die Folgejahre als betragsmäßig unbegrenzter Antrag bzw. Zustimmung ausgelegt werden.

gg) Zustimmung und Widerruf

790 ■ **Zustimmung**

Der Unterhaltsempfänger hat dem Sonderausgabenabzug zuzustimmen.

Die **Zustimmung** kann durch Unterschriftleistung auf der Anlage U zur Einkommensteuererklärung oder direkt durch eine Erklärung gegenüber der Finanzbehörde vorgenommen werden.

791 ■ **Widerruf**

Die Zustimmung gilt beim Unterhaltsgläubiger bis zu ihrem **Widerruf**, der sowohl gegenüber dem Wohnsitz-FA des Unterhaltsempfängers als auch gegenüber dem Wohnsitz-FA des Unterhaltschuldners erfolgen kann.[565] Erst mit Zugang beim Finanzamt wird der Widerruf wirksam und gilt ab dem Folgejahr.[566]

792 *Hinweis*

Eine **Blanko-Zustimmung** wirkt daher auch für die Folgejahre, wenn sie nicht rechtzeitig widerrufen oder der Höhe nach beschränkt wird. Aus Sicherheitsgründen sollte der Unterhaltsberechtigte seine Zustimmung lediglich auf ein Kalenderjahr beschränken, weil er ansonsten auch für die Folgezeit Einkommensteuervorauszahlungen entrichten muss, selbst wenn die Unterhaltsleistung sich ermäßigt oder entfällt.[567]

563 BFH 12.7.1989 – X R 8/84, BStBl II 1989, 957.
564 Siehe auch FG Münster, Urt. V. 5.9.2012 – 12 K 1948/11E, openJur 2012, 124933; Rev. BFH – X R 33/12.
565 BFH BStBl II 2003, 803.
566 BFH BFH/NV 2007, 903.
567 *Kogel*, Das begrenzte Realsplitting – Ein Auslaufmodell im Unterhaltsrecht? FamRB 2008, 277 ff.

Bei einem Widerruf muss der Steuerbescheid des Unterhaltleistenden wegen neuer Tatsachen nach § 173 Abs. 1 Nr. 1 AO selbst dann geändert werden, wenn der Widerruf der Zustimmung den vertraglichen Vereinbarungen zwischen den geschiedenen Ehegatten widersprechen oder missbräuchlich sein sollte.[568]

Der Unterhaltsgläubiger sollte seine Zustimmung daher auch hier lediglich auf ein Kalenderjahr beschränken, damit er nicht Gefahr läuft, auch für die Folgezeit Einkommensteuervorauszahlungen entrichten zu müssen, selbst wenn die Unterhaltsleistung sich ermäßigt oder entfällt.[569]

hh) Nachträgliche Änderung der Abzugsbeträge

Nicht selten werden Unterhaltsnachzahlungen noch für bereits veranlagte Kalenderjahre vorgenommen. **793**
Vorauszahlungen und Nachzahlungen von Unterhaltszahlungen sind – im Rahmen des Höchstbetrages von 13.805 EUR – im Kalenderjahr zuzüglich der Beträge nach dem Bürgerentlastungsgesetz Krankenversicherung ab VZ 2010[570] als Sonderausgaben abziehbar,[571] selbst wenn zunächst nur geringere Zahlungen berücksichtigt worden sind.[572]

Der Steuerbescheid des Unterhaltsschuldners ist in diesen Fällen aufgrund **neuer Tatsachen nach § 173 Abs. 1 Nr. 1 AO** zu ändern.

Beispiel **794**

Der geschiedene Unterhaltsschuldner S macht mit Zustimmung der Unterhaltsberechtigten F im Rahmen des Realsplittings 2013, 2014 und 2015 jeweils 6.000 EUR als Sonderausgaben geltend.

Aufgrund einer Abänderungsklage muss S jährlich 2.000 EUR nachzahlen.

Lösung

Das Finanzamt darf die steuerliche Anerkennung nachträglicher Zahlungen von je 2.000 EUR für diesen Zeitraum nicht verweigern, wenn entsprechende Zahlungsbelege vorliegen.

Auch bereits bestandskräftige Steuerbescheide müssen nach § 173 Abs. 1 Nr. 1 AO geändert werden!

Hinweis

Kein rückwirkendes Ereignis liegt bei einer vor Bestandskraft erteilten Zustimmung zum Realsplitting vor.[573]

ii) Zustimmung zum begrenzten Realsplitting

(1) Familienrechtliche Anspruchsgrundlage für die Zustimmungsverpflichtung

Die Anspruchsgrundlage bildet § 1353 BGB i.V.m. § 242 BGB. **795**

Die Verpflichtung ergibt sich nach ständiger höchstrichterlicher Rechtsprechung aus der Verpflichtung zur nachehelichen Solidarität als Ausprägung des Grundsatzes von Treu und Glauben im Rahmen des Unterhaltsverhältnisses.[574]

Danach trifft den Unterhaltsberechtigten eine Obliegenheit zur Mitwirkung an der steuerlichen Geltendmachung des Realsplittings, wenn der Unterhaltsverpflichtete sich bereiterklärt, die steuerlichen Nachteile auszugleichen, die dem Unterhaltsberechtigten infolge der Besteuerung der Unterhaltsbeträge nach § 22 Nr. 1a EStG entstehen.

568 BFH BStBl II 2003, 803.
569 *Kogel*, Das begrenzte Realsplitting – Ein Auslaufmodell im Unterhaltsrecht? FamRB 2008, 288.
570 *Myßen/Wolter*, NWB 2009, 3900.
571 BFH/NV 2001, 673.
572 FG Düsseldorf – 17 K 6808/02, „Steuertipp" 32/05, 4.
573 FG Münster v. 5.9.2012 – 12 K 1948/11 E, openJur2012, 124933; Rev. zugelassen.
574 BGH FamRZ 1983, 576; 2007, 793, 797; 882, 885; 1232, 1234.

Ein Ehepartner ist auch dann zur Abgabe der Zustimmungserklärung verpflichtet, wenn zweifelhaft ist, ob steuerlich geltend gemachte Aufwendungen dem Grunde und der Höhe nach als Unterhaltsleistung i.S.d. § 10 Abs. 1a Nr. 1 EStG anerkannt werden. Er kann allerdings die Zurverfügungstellung der „Anlage U" verweigern.[575] Im Trennungsjahr ist das sog. begrenzte Realsplitting nicht möglich.[576] Es besteht insoweit die Möglichkeit der steuerlichen Zusammenveranlagung.

(2) Voraussetzungen für die Zustimmungsverpflichtung

(a) Nachteilsausgleich

796 Die Zustimmung setzt voraus, dass dem Zustimmenden keine Nachteile entstehen bzw. alle steuerlichen, sozialrechtlichen und sonstigen wirtschaftlichen Nachteile ausgeglichen werden.[577]

797 ■ **Steuerliche Nachteile**

Steuerliche Nachteile treten bereits dann auf, wenn eine Unterhaltsleistung das steuerliche Existenzminimum nach § 32a EStG überschreitet. Die Höhe des Existenzminimums wird jährlich der allgemeinen Preissituation entsprechend angepasst. Grundlage für die Anpassung ist der alle zwei Jahre erscheinende Existenzminimumbericht. Wie dem von der Bundesregierung am 2.11.2022 beschlossenen Bericht[578] hervorgeht, bestand beim Grundfreibetrag und beim Kinderfreibetrag ab 2023 ein Erhöhungsbedarf wie folgt:

- **Aktualisierung des Einkommensteuertarifs** für die Jahre 2023 und 2024 durch den Ausgleich der Effekte der kalten Progression im Verlauf des Einkommensteuertarifs und **Anhebung des Grundfreibetrags** entsprechend den Ergebnissen des 14. Existenzminimumberichts und des 5. Steuerprogressionsberichts von derzeit 10.347 EUR auf 10.908 EUR ab 2023 und auf 11.604 EUR ab 2024.
- **Anhebung des Unterhaltshöchstbetrags**, der an die Höhe des Grundfreibetrags angelehnt ist.
- **Anhebung des Kinderfreibetrags** entsprechend dem Ergebnis des 14. Existenzminimumberichts für das Jahr 2022 von 2.730 EUR auf 2.810 EUR, für 2023 auf 3.012 EUR und für 2024 auf 3.192 EUR.
- **Anhebung des Kindergelds** auf einheitlich 250 EUR pro Monat pro Kind zum 1.1.2023.

Aufgrund des **Korrespondenzprinzips** muss der Unterhaltsgläubiger die tatsächlich erhaltenen Unterhaltsleistungen versteuern. Es kommt nicht darauf an, ob der Unterhaltsgläubiger in seiner Steuererklärung einen niedrigeren Betrag angibt, weil auf die tatsächliche Leistung abzustellen ist.[579]

Soweit der Unterhalt mit Zustimmung des Empfängers als Sonderausgabe abgezogen wird, entstehen folglich in gleicher Höhe beim Empfänger der Unterhaltsleistungen **sonstige** Einkünfte gem. § 22 Nr. 1a EStG. Hieraus folgt, dass er zur Einkommensteuer veranlagt wird und den Unterhaltsbetrag unter Beifügung der Anlage SO zu erklären hat. Ob und in welcher Höhe sich daraus eine Steuerbelastung oder Steuermehrbelastung ergibt, die der Unterhaltsschuldner als Nachteil zu erstatten hat, hängt von seinen individuellen steuerlichen Daten, insbesondere von seinen anderen Einkünften ab.

Ob die vom Unterhaltsschuldner dem Unterhaltsgläubiger zu erstattende Einkommensteuer selbst unter den Tatbestand des § 22 Nr. 1a EStG, und damit zu den Unterhaltsleistungen, zu subsumieren ist, ist für den Fall der **vorherigen Vereinbarung** zu bejahen.[580]

575 BGH FamRZ 1998, 953 ff.
576 Siehe u.a. OLG Schleswig v. 16.12.2013 – 13 UF 154/13, JurionRS 2013, 56870.
577 BGH FamRZ 1983, 576; ZFE 2005, 289.
578 Https://www.bundesfinanzministerium.de/Content/DE/Downloads/Steuern/14-existenzminimumbericht.pdf?__blob=publicationFile&v=9.
579 *Schmidt/Weber-Grellet*, EStG § 22 Rn 90.
580 BFH FamRZ 2008, 888 = FuR 2008, 555; FG Schleswig-Holstein StE 2008, 627.

Der Nachteilsausgleich bei der Annahme eines **fiktiven Einkommens** berechnet sich nach der konkreten Steuerpflicht und den tatsächlich entstandenen Steuernachteilen des Unterhaltsberechtigten. Bei der Berechnung des monatlichen Unterhaltsbetrags wird der Nachteilsausgleich nicht zugeschlagen.[581]

■ **Steuervorauszahlungen** 798

Steuervorauszahlungen werden nur dann als Nachteil angesehen, wenn bereits hieraus finanzielle Nachteile erwachsen, da sich diese generell erst mit der endgültigen Steuerfestsetzung verwirklichen. Nachteile wegen Einkommensteuervorauszahlungen verwirklichen sich generell erst mit der endgültigen Steuerfestsetzung.[582] Steuervorauszahlungen fallen aber bereits dann unter die steuerlichen Nachteile, wenn schon hieraus finanzielle Nachteile erwachsen,[583] bereits in der Festsetzung von Steuervorauszahlungen gegenwärtige Nachteile für den Unterhaltsgläubiger vorliegen und wenn mit der Durchführung des Realsplittings im fraglichen Jahr gerechnet werden kann, für das Vorauszahlungen erhoben werden. Vorauszahlungen sind aber nur dann zu erstatten, wenn sie vom Unterhaltsberechtigten in einer Höhe zu entrichten sind, die seine zum Lebensunterhalt zur Verfügung stehenden Mittel fühlbar schmälern würden. Ist dies z.B. wegen eines Rückgriffs auf sonstiges Vermögen nicht der Fall, ist (erst) der nach Abschluss der steuerlichen Veranlagung feststehende steuerliche Mehrbetrag vom Unterhaltsschuldner ausgleichspflichtig. Eine Freistellungserklärung (gegenüber dem Finanzamt) kann von ihm insoweit nicht verlangt werden.[584]

Hinweis

Wenn der Unterhaltsberechtigte Vorauszahlungen in Hinblick auf die Versteuerung der Unterhaltsleistungen nach § 22 Nr. 1a EStG vornehmen muss, sollte ihm der Unterhaltsschuldner rechtzeitig mitteilen, ob er den Sonderausgabenabzug auch im Folgejahr vornehmen möchte. Der Unterhaltsberechtigte hat so die Gelegenheit, eine Abänderung des Vorauszahlungsbescheides zu beantragen oder gegen den Vorauszahlungsbescheid Einspruch einzulegen.[585]

■ **Sozialrechtliche Nachteile** 799

Sozialrechtliche Nachteile können im Fall der Trennung u.a. durch den Verlust der Familienversicherung im Rahmen der gesetzlichen Krankenversicherung und durch Beitragsaufwendungen entstehen. Für den Anspruch eines in der Krankenversicherung mitversicherten Ehepartners ist das Bestehen einer Ehe nämlich Voraussetzung. Hierbei dürfen Familienangehörige bestimmte Einkommensgrenzen nicht überschreiten. Werden nun Unterhaltsleistungen an den getrennt lebenden Ehepartner, die grundsätzlich keine einkommensteuerpflichtigen Einkünfte des Empfängers darstellen, im Rahmen des begrenzten Realsplittings als Sonderausgaben geltend gemacht, stellen sie einerseits steuerpflichtige Einnahmen dar und sind andererseits Teil des Gesamteinkommens nach § 16 SGB IV. Bei Überschreitung der monatlichen Bezugsgrößen nach § 18 SGB IV kommt es aber während der Trennungszeit schon zum Verlust der Familienkrankenhilfe, wenn die Einkommensgrenzen beim Unterhaltsgläubiger durch die Unterhaltszahlungen überschritten werden. Da die Unterhaltsleistungen dem Einkommen des Unterhaltsgläubigers gem. § 16 SGB IV zugeschlagen werden, endet die Mitversicherung gem. § 10 Abs. 1 Nr. 5 SGB V bereits in der Trennungszeit, wenn die Gesamteinkünfte des Unterhaltsgläubigers 1/7 der monatlichen Bezugs-

581 OLG München v. 23.1.2013 – 3 U 947/12, BeckRS 2013, 02780; *Perleberg-Kölbel*, FamFR 2013, 131.
582 OLG Frankfurt/M. vom 20.7.2006 – 1 UF 180/05, FuR 2007, 43.
583 AG Biedenkopf v. 27.5.2008 – 30 F 192/08 UE, FamRZ 2009, 607. Nach OLG Oldenburg v. 1.6.2010 – 13 UF 36/10, FamRZ 2010, 1831 m. Anm. *Götz*.
584 OLG Brandenburg v. 1.2.2016 – 13 UF 170/14, NWB 35/2016, 2630.
585 *Engels*, Steuerrecht für die familienrechtliche Praxis, Rn 944.

größe übersteigen.[586] Für geringfügig Beschäftigte nach § 8 Abs. 1 Nr. 1, § 8a des Vierten Buches des SGB beträgt das zulässige Gesamteinkommen 520 EUR. Bei einem regelmäßigen Verdienst über der Geringfügigkeitsgrenze von 520 EUR handelt es sich nicht mehr um einen Minijob. Liegt der Verdienst zwischen 520 EUR und 1.600 EUR (ab 2023 gilt die Grenze 2.000 EUR) handelt es sich um einen sogenannten Midijob.

800 *Hinweis*

Es ist stets darauf zu achten, ob wegen Überschreitung der Einkommensgrenze der §§ 10 Abs. 1 Nr. 5 SGB V, 25 Abs. 1 SGB XI die beitragsfreie Mitversicherung des unterhaltsberechtigten Ehepartners entfällt.[587] Ehegatten und Lebenspartner sind für die Dauer der Schutzfristen nach § 3 des Mutterschutzgesetzes sowie der Elternzeit nicht versichert, wenn sie zuletzt vor diesen Zeiträumen nicht gesetzlich krankenversichert waren.

801 ■ **Weitere wirtschaftliche Nachteile**

Es können auch weitere wirtschaftliche Nachteile, wie Kürzungen öffentlicher Leistungen, deren Gewährung an das steuerliche Einkommen anknüpft, in Betracht kommen.

Beispiele

Wegfall

- der Arbeitnehmersparzulage,
- der Wohnungsbauprämie,
- der BAföG-Leistungen,
- des Anspruchs auf den Wohnungsberechtigungsschein oder
- von speziellen Renten, z.B. nach dem Bundesversorgungsgesetz.

Darüber hinaus können sich z.B. auch höhere Kammerbeiträge eines Arztes ergeben oder höhere Beiträge zum Kindergarten anfallen.

Hinweis

Ohne Vereinbarung kommt es zu keinem Nachteilsausgleichsanspruch wegen der aufgrund der Zusammenveranlagung mit dem neuen Ehepartner entstandenen Nachteile.[588]

802 ■ **Kosten des Steuerberaters**

Nach Ansicht des BGH sind die Kosten für die Inanspruchnahme eines Steuerberaters nur ausnahmsweise bei einer schwierigen Steuersituation ersatzpflichtig.[589]

Im Hinblick auf die Komplexität unseres Steuerrechts ist diese einschränkende Ansicht abzulehnen, weil eine fiktive Steuerberechnung vorzunehmen ist, indem sich die Steuerprogression ändert. Daher müssen sie als Nachteil auszugleichen sein, wenn dem Unterhaltsgläubiger die Zustimmung ohne die Aufwendung der jeweiligen Kosten nicht zugemutet werden kann.

586 Www.aktuar-hoffmann.de/_bezugsgrobe_gemab_18_sgb_iv.html; BSG 3.2.1994 – 12 RK 5/92, FamRZ 1994, 1239 m. Anm. *Weychardt*; OLG Nürnberg 8.1.2004 – 11 WF 3859/03, FamRZ 2004, 1967; *Conradis*, FamRB 2007, 304; *Kundler*, ZFE 2006, 86.

587 Vgl. hierzu auch *Kundler*, Begrenztes Realsplitting und Krankenversicherung, ZFE 2006, 86 ff.

588 BGH FamRZ 2010, 717 m. Anm. *Schlünder/Geißler*, FamRZ 2010, 801; *Engels*, FF 2010, 255; BGH FuR 2010, 347; FamRB 2010, 144 m. Anm. *Christ* 145.

589 BGH NJW 1988, 2886.

Die Inanspruchnahme eines Steuerberaters ist z.B. erforderlich, wenn in einer sog. Hausfrauenehe die Unterhaltsberechtigte niemals vorher eine Steuererklärung selbst erstellt hat. Auch der Hinweis auf die doch angebliche Hilfestellung durch die Finanzämter hilft nicht, weil die Steuerbehörden keine allgemeinen Beratungs- und Auskunftspflichten, sondern nur die sich aus § 89 AO ergebenen Fürsorge- und Betreuungspflichten haben.[590] Eine Auskunft erstreckt sich nicht auf Fragen des materiellen Rechts. Soweit § 151 AO den § 89 AO ergänzt, wonach Steuererklärungen zu Protokoll im Finanzamt abzugeben sind, ist dies nur bedeutsam bei alleinstehenden oder gebrechlichen Steuerpflichtigen.[591] Außerdem hat eine professionelle Beratung durch einen Rechtsanwalt oder Steuerberater den Vorteil, dass eingehend alle Aspekte des Steuerpflichtigen beleuchtet werden können. Zudem ist die Haftungsfrage zu beachten.[592] Die rückvergüteten Beiträge einer privaten Krankenversicherung mindern die im Folgejahr geltend gemachten Sonderausgaben.[593] Der vereinbarte Selbsterhalt stellt keine Versorgungsaufwendung dar.[594]

(b) Nachweispflicht

Der Ausgleichsberechtigte hat zum Nachweis seiner Nachteile Belege, z.B. den Steuerbescheid, vorzulegen.[595] **803**

(c) Formalien

Voraussetzungen der Zustimmung sind: **804**

- rechtsverbindliche Freistellungsverpflichtungen in schriftlicher Form hinsichtlich aller steuerlichen und sonstigen Nachteile[596]
- Hinweis des Auffordernden, entweder den Vordruck Anlage U zu unterschreiben oder die Zustimmung direkt gegenüber dem Finanzamt zu erklären

Hinweis **805**

Es besteht kein Anspruch, die Anlage U zu unterschreiben.[597] Wird trotzdem die Unterschriftsleistung unter der Anlage U gefordert, ist dies fehlerhaft. Vielmehr muss klargestellt werden, dass die Zustimmung auch beim Finanzamt direkt erteilt werden kann und keine Anlage U hierfür notwendig ist. Wenn die **Erklärung direkt beim Finanzamt** abgegeben wird, muss der Unterhaltsberechtigte den Unterhaltspflichtigen darüber in Kenntnis setzen, damit auch er seine Steuerangelegenheiten korrekt und zeitgerecht bearbeiten kann. Dem Unterhaltspflichtigen sollte eine Kopie der Zustimmungserklärung übergeben werden. Sollte dies unterbleiben, hat der Unterhaltsberechtigte Veranlassung zum Zustimmungsantrag gegeben.[598] Zur Vermeidung einer gerichtlichen Auseinandersetzung sollte mit der Gegenseite eine Vereinbarung getroffen werden, in der sich diese verpflichtet, konkret bezeichnete Nachteile auszugleichen, wie steuerliche, sozialversicherungsrechtliche und die übrigen oben genannten finanziellen Nachteile.[599]

Bei Verwendung der Anlage U zur Einkommensteuererklärung sollte bereits auf dieser vermerkt werden, dass für das Folgejahr die Zustimmung vorsorglich widerrufen wird. Es ist die **eigenhändige Unterschrift des Unterhaltsgläubigers** erforderlich. Die Unterschrift des anwaltlichen Vertreters zählt nicht.[600]

590 *Pump/Leibner/Kurella*, AO Komm. § 89 Rn 8.
591 Pump/Leibner/*Kurella*, AO Komm. § 89 Rn 46.
592 Pump/Leibner/*Kurella*, AO Komm. § 89 Rn 49.
593 FG Düsseldorf v. 6.6.2014 – 1 K 287.3 E, www.justiz.nrw.de.
594 FG Niedersachsen v. 6.5.2014 – 9 K 265/12, www.rechtsprechung.niedersachsen.de.
595 OLG Düsseldorf NJW-RR 1999, 1234.
596 OLG Hamm FamRZ 2001, 98; OLG Frankfurt FamRB 2006, 303.
597 BGH FamRZ 1998, 954; OLG Karlsruhe FamRZ 2004, 960; OLG Brandenburg ZFE 2008, 150.
598 OLG Karlsruhe FamRZ 2004, 960.
599 Muster unter: *Meyer-Götz/Perleberg-Kölbel*, § 8 Muster 185 bis 192.
600 BFH FF 2011, 126; FuR 2011, 418.

h) Sicherheitsleistung/Zurückbehaltungsrecht/Aufrechnung

806 Wenn konkrete Anhaltspunkte die Gefahr begründen, dass der Unterhaltsschuldner zum Nachteilsausgleich nicht bereit oder in der Lage ist, z.B. bei laufenden Zwangsvollstreckungsmaßnahmen, Insolvenzantrag oder Abgabe der eidesstattlichen Versicherung, kann der Unterhaltsberechtigte seine Zustimmung von der Leistung einer Sicherheitsleistung in Höhe der zu erwartenden Nachteile abhängig machen. Ihm steht ein Zurückbehaltungsrecht zu.[601]

Entsprechendes gilt für den Fall, dass der Unterhaltsverpflichtete ankündigt, gegenüber dem Anspruch auf Nachteilserstattung nach § 394 BGB aufzurechnen. Nach Ansicht des BGH scheidet nämlich eine Aufrechnung aus, weil es sich bei dem Anspruch auf Nachteilsausgleich um einen unterhaltsähnlichen Anspruch handelt.[602]

i) Obliegenheit des Unterhaltsschuldners

807 Nach Ansicht des BGH obliegt es dem Unterhaltsschuldner, mögliche Steuervorteile aus dem Realsplitting zu nutzen.[603]

Dies gilt aber soweit sich die Verpflichtung aus einem Anerkenntnis oder einer rechtskräftigen Verurteilung ergibt, bzw. diese freiwillig erfüllt wird.[604]

Da die steuerlichen Voraussetzungen des Realsplittings eine tatsächliche Unterhaltszahlung (§ 11 Abs. 2 S. 1 EStG) in dem jeweiligen Steuerjahr erfordern, muss der Unterhaltspflichtige im Rahmen des steuerlichen Realsplittings deshalb nur die feststehenden Unterhaltsbeträge von seinem steuerlich relevanten Einkommen absetzen.

Da nach dem In-Prinzip die Unterhaltszahlungen steuerlich nur für die Jahre berücksichtigt werden dürfen, in denen sie tatsächlich erbracht worden sind – unerheblich ist der Zeitraum, für den die Leistung wirtschaftlich erbracht wird – darf das Gericht nach Ansicht des BGH im Rahmen von Unterhaltsprozessen, in dem der Unterhalt festgelegt wird, nicht im Wege einer vorweggenommenen fiktiven Berechnung des Realsplittingvorteils von dem neu zu berechnenden Unterhalt ausgehen.

Hinzu kommt, dass sich im Rahmen der Rechtsmittelinstanz der Unterhaltsanspruch noch ändern kann und der Unterhaltspflichtige Gefahr läuft, eine Steuernachzahlung leisten zu müssen, wenn sich seine Unterhaltszahlungen an den Berechtigten – z.B. auf eine Abänderungsklage hin – nachträglich verringert, weil er dann nicht mehr einen so hohen Realsplittingvorteil beanspruchen kann.[605]

j) Durchsetzung des Anspruchs auf Zustimmung

808 ■ **Klageart**

Durch einen Antrag auf Abgabe einer Willenserklärung nach § 894 ZPO kann die Zustimmung eines Ehepartners zum Realsplitting erreicht werden. Die Zustimmung zum begrenzten Realsplitting ist eine **öffentlich-rechtliche Willenserklärung,** die durch Beschluss oder Einigung im Verfahren **ersetzt** werden kann. Sie gilt mit rechtskräftigem Beschluss gemäß § 894 ZPO als abgegeben.[606] Wenn die Abgabe der Erklärung von einer Sicherheitsleistung des Unterhaltsschuldners abhängig ist, tritt die Wirkung der Erklärung ein, sobald diesem die vollstreckbare Ausfertigung erteilt ist.[607]

601 BGH FamRZ 1983, 576; verneinend allerdings OLG Zweibrücken für den Fall, dass der Unterhaltsschuldner seine Pflicht zum Nachteilsausgleich immer erst nach Inanspruchnahme gerichtlicher Hilfe erbracht hat, OLG Zweibrücken FamRZ 2006, 791.

602 BGH NJW 1997, 1441.

603 BGH FamRZ 1998, 953, 954; Versäumnisurteil v. 6.2.2008 – XII ZR 14/06, FuR 2008, 297 ff.

604 BGH FuR 2007, 276 ff.; FamRZ 2007, 793, 797.

605 BGH, Versäumnisurteil v. 6.2.2008 – XII ZR 14/06, FuR 2008, 298, 299.

606 BGH v. 29.4.1998 – XII ZR 266/96, FamRZ 1998, 953.

607 BFH v. 25.10.1988 – IX R 53/84, NJW 1989, 1504.

■ **Zuständigkeit und Darlegungs- und Beweislast** 809

Zuständig hierfür ist das Familiengericht (§ 23b Abs. 1 S. 2 Nr. 6 GVG), wobei die Pflicht zur Zustimmung als unterhaltsrechtliche Nebenpflicht, bzw. Ausfluss des Unterhaltsanspruchs gesehen wird.[608]

Der Begriff der Unterhaltssache in Art. 5 Nr. 2 EuGVVO ist autonom auszulegen.[609]

Es handelt sich um eine **Familienstreitsache** i.S.v. §§ 111 Nr. 8, 231 Abs. 1 Nr. 2 FamFG.

Der **Streitwert** richtet sich gem. § 48 Abs. 1 GKG, § 3 ZPO nach den vermögensrechtlichen Interessen des Antragstellers, der die Willenserklärung begehrt. Das OLG Frankfurt/M.[610] bestimmt das vermögensrechtliche Interesse nach den Steuervorteilen abzüglich der dem Zustimmenden entstandenen Nachteile. Die Steuervorteile auf der Seite des Unterhaltsschuldners sind mit den Steuernachteilen auf der Seite des Unterhaltsgläubigers zu saldieren.

Der Unterhaltsempfänger muss nicht **darlegen und beweisen**, welche Einkommensteuern mit und ohne die Unterhaltsleistungen zu erbringen sind. Es reicht vielmehr aus, wenn er den Steuerbescheid vorlegt.[611] 810

Die **Klärung des Sonderausgabenabzugs** obliegt allein der Finanzbehörde bzw. dem Finanzgericht.[612]

k) Unterschiedliche steuerliche Auswirkungen

Die steuerlichen Auswirkungen zugunsten des Unterhaltspflichtigen bezüglich der Abzugsmöglichkeit von Unterhaltszahlungen machen sich unterschiedlich bemerkbar, je nachdem, ob die Erklärungen erst in der **Jahressteuererklärung** abgegeben werden oder ob zuvor bereits ein **Freibetrag in der elektronischen Lohnsteuerkarte** eingetragen wird. 811

> *Hinweis*
>
> Ab dem 1.1.2013 ersetzt das neue so genannte **ELStAM-Verfahren** nach § 39e EStG grundsätzlich die alte Lohnsteuerkarte aus Papier. Steuerliche Daten, wie z.B. Kinderfreibeträge, Steuerklassen und die Religionszugehörigkeit eines Arbeitnehmers, werden elektronisch gespeichert und vom Arbeitgeber übermittelt.

Im ersten Fall wirkt sich der Vorteil erst im nächsten Jahr durch ausgezahlte Steuererstattungen aus, während sich im zweiten Fall das Nettoeinkommen durch die geringe monatliche Steuerbelastung erhöht. 812

Hieraus ergibt sich zwangsläufig auch eine höhere Unterhaltsforderung.

> *Hinweis* 813
>
> Der Mandant ist darauf hinzuweisen, dass ggf. eine hypothetische Unterhaltsberechnung vorzunehmen ist, wenn der Unterhaltsverpflichtete einen entsprechenden Freibetrag auf der elektronischen Lohnsteuerkarte nicht eintragen lässt.[613]

l) Auskunftsanspruch wegen zu erwartender Nachteile

Um die Voraussetzungen überprüfen zu können, ob sich die Durchführung des begrenzten Realsplittings rechnet, steht dem Unterhaltspflichtigen ein Auskunftsanspruch hinsichtlich der zu erwartenden Nachteile zu.[614] 814

608 OLG Hamm FamRZ 1991, 1070 am Ende; BGH FamRZ 1997, 544.
609 BGH v. 17.10.2007 – XII ZR 146/05, FamRZ 2008, 40.
610 OLG Frankfurt/M. v. 27.11.2008 – 3 WF 256/08, unter www.hefam.de/urteile.
611 OLG Hamm FuR 2014, 729.
612 OLG Schleswig FuR 2014, 606.
613 Zur „Abschätzung" des Realsplittingvorteils beim Unterhaltspflichtigen vgl. FamRB 2007, 93 und 94 bei Nichtselbstständigen nach § 19 EStG.
614 OLG Köln FamRZ 1999, 31.

m) Verjährung

815 Bei dem Anspruch auf Ausgleich des Steuernachteils infolge der Zustimmung zum begrenzten Realsplitting handelt es sich nicht um einen begrenzten Unterhaltsanspruch i.S.v. § 1585b Abs. 3 BGB.

§ 1585b Abs. 3 BGB ist deshalb weder unmittelbar noch mittelbar anwendbar.[615]

Hieraus folgt, dass der Ausgleich des Steuernachteils noch verlangt werden kann, solange eine Zustimmung möglich ist.

Die Verjährungsfrist für den Anspruch auf Ausgleich steuerrechtlicher Nachteile des Unterhaltsberechtigten beträgt drei Jahre, § 195 BGB. Die Sonderverjährungsfrist von 30 Jahren für familienrechtliche Ansprüche gem. § 197 Abs. 1 Nr. 2 BGB ist durch das Gesetz zur Änderung des Erb- und Verjährungsrechts[616] beseitigt worden.

Bei Ansprüchen zwischen Ehegatten während bestehender Ehe ist die **Verjährungshemmung** gem. § 207 Abs. 1 BGB (zuvor § 204 BGB a.F.) zu beachten. Die Verjährung beginnt **mit Kenntnis** der den Anspruch begründenden Umstände, § 199 Abs. 1 Nr. 2 BGB, in der Regel nach Zustellung des Einkommensteuerbescheids.[617]

n) Realsplittingvorteil aus neuer Ehe

816 Wenn sich der Unterhaltsanspruch nach Wiederheirat des Verpflichteten nach seinem fiktiven Einkommen ohne den Splittingvorteil der neuen Ehe errechnet, ist auch ein etwaiger Realsplittingvorteil auf der Grundlage dieses fiktiv nach der Grundtabelle bemessenen Einkommens zu bestimmen.[618]

817 **Keinen Ausgleichsanspruch** gibt es hinsichtlich der infolge der Zusammenveranlagung mit dem neuen Ehegatten entstandenen Nachteile, wenn hierüber zuvor keine ausdrückliche Vereinbarung vorliegt. Eine weitergehende Steuerbelastung ist generell Folge der von den Ehegatten gewählten Zusammenveranlagung. Durch die Zusammenveranlagung selbst entsteht kein steuerlicher Nachteil, sondern beide in der neuen Ehe verbundenen Steuerpflichtigen erlangen hierdurch einen Vorteil im Rahmen des Splitting Verfahrens. Einem scheinbaren Nachteil, der in einer Heranziehung der Einkünfte des Unterhaltsgläubigers zu einer gemeinsamen Veranlagung liegt, steht der Vorteil des neuen Ehegatten gegenüber, seine zu versteuernden Einkünfte teilweise auf seinen Ehegatten zu verlagern und dadurch einer günstigeren Besteuerung zuzuführen.[619] Folglich kann bei dieser Konstellation nur der Ausgleich des steuerlichen Nachteils gefordert werden, der dem Unterhaltsgläubiger bei getrennter Veranlagung durch die Besteuerung der Unterhaltsbezüge entstanden wäre. Dieser Nachteil ist fiktiv zu berechnen.

Ebenfalls kein steuerlicher Nachteil ist anzunehmen, wenn der Unterhaltsgläubiger bei einer Zusammenveranlagung mit dem neuen Ehegatten als Gesamtschuldner für die gegen beide Ehegatten festgesetzte Steuer gem. § 44 Abs. 1 AO haftet.[620] Jeder Ehegatte hat es schließlich in der Hand, seine Haftung auf den auf ihn rechnerisch entfallenden Anteil zu begrenzen.

818 *Hinweis*

Unterhaltsleistungen an geschiedene oder dauernd getrenntlebende Ehepartner können einkommensteuerlich entweder als Sonderausgabe im Wege des begrenzten Realsplittings oder als Abzug als außergewöhnliche Belastung in Betracht kommen.

615 BGH, Urt. v. 11.5.2005, FamRZ 2005, 1162 ff.; ZFE 2005, 289 ff.
616 BGBl I 2009, 3142.
617 OLG Saarbrücken v. 11.3.2009 – 6 WF 19/0, FamRZ 2009, 1905.
618 BGH, Urt. v. 23.5.2007 – XII ZR 245/04, FuR 2007, 367 ff.; FamRZ 2007, 1234; FuR 2008, 297.
619 BGH v. 17.2.2010 – XII ZR 104/07, FamRZ 2010, 717 m. Anm. *Schlünder/Geißler*, FamRZ 2010, 801; *Engels*, FF 2010, 255 = BGH FuR 2010, 347 = FamRB 2010, 144 m. Anm. *Christ*, 145.
620 BGH v. 17.2.2010 – XII ZR 104/07, FamRZ 2010, 717 m. Anm. *Schlünder/Geißler*, FamRZ 2010, 801.

Werden im Rahmen des Realsplittings von dem Unterhaltsverpflichteten Einkommensteuern an den Unterhaltsberechtigten erstattet, handelt es sich um Unterhaltsleistungen.[621]

Zum nachehelichen Ehegattenunterhalt aus dem Nachlass hat der BFH[622] festgestellt, dass der Erbe des Unterhaltspflichtigen die ihm nach § 1586b BGB obliegende Unterhaltslast gegenüber dem geschiedenen früheren Ehegatten des Erblassers nicht als Sonderausgabe abziehen darf. Die Abzugsberechtigung gem. § 10 Abs. 1a Nr. 1 EStG ist höchstpersönlicher Natur, während die Lage im Verhältnis zum Erben eine völlig andere ist, zumal die Haftung begrenzt ist. Die Aussage des § 45 AO zur Gesamtrechtsnachfolge ist insoweit eingeschränkt. 819

4. Vorsorgeaufwendungen

a) Vorsorgeaufwendungen im Steuerrecht

Vorsorgeaufwendungen stellen die in § 10 Abs. 1 Nr. 2 und 3 EStG genannten Versicherungsbeiträge dar, also Beiträge 820

- zu Krankenversicherungen,
- zu Pflegeversicherungen,
- zu Unfallversicherungen,
- zu Haftpflichtversicherungen,
- zu den gesetzlichen Rentenversicherungen,
- zu Versicherungen gegen Arbeitslosigkeit,
- zu Versicherungen auf den Erlebens- oder Todesfall,
- zu einer zusätzlichen freiwilligen Pflegeversicherung.

Ausnahmsweise kann ein unbeschränkter Abzug als Betriebsausgaben/Werbungskosten bei 821

- **gesetzlichen Unfallversicherungen**,
- **privaten Unfallversicherungen** (regelmäßig hälftig) oder
- **Haftpflichtversicherungen** vorgenommen werden.

Keine (vorweggenommenen) **Werbungskosten** stellen 822

- bei den Einkünften aus nichtselbstständiger Arbeit die Vorsorgeaufwendungen der Arbeitnehmer (**Gesamtsozialversicherungsbeitrag**),
- bei den sonstigen Einkünften die **Rentenversicherungsbeiträge**, und zwar weder für Jahre vor 2005 noch für Jahre danach,

dar. Wegen dieser Frage sind mehrere Verfassungsbeschwerden anhängig, sodass die Finanzämter weiterhin vorläufig veranlagen.

Von einer verfassungswidrigen Doppelbesteuerung ist nach dem FG Baden-Württemberg allerdings nur unter spezifischen Voraussetzungen auszugehen.[623]

Auch wenn die mit dem AltEinkG geschaffene Übergangsregelung für die Besteuerung von Leibrenten aus der Basisversorgung (§ 22 Nr. 1 Satz 3 Buchst. a Doppelbuchst. aa EStG) grundsätzlich verfassungsgemäß ist, darf es danach in keinem Fall zu einer verfassungswidrigen doppelten Besteuerung der Altersvorsorgeaufwendungen und Altersbezüge kommen. Eine solche doppelte Besteuerung liegt vor, wenn die dem Steuerpflichtigen voraussichtlich steuerunbelastet zufließenden Rententeilbeträge geringer sind als die von ihm aus versteuertem Einkommen bezahlten Altersvorsorgeaufwendungen. Die erforderliche Berechnung ist auf der Grundlage des Nominalwertprinzips vorzunehmen.[624]

621 BFH, Beschl. v. 28.11.1007 – XI B 68/07, FamRZ 2008, 888.
622 BFH v. 12.11.1997 – X R 83/94, FamRZ 1998, 738.
623 FG Baden-Württemberg, Urt. v. 1.10.2019 – 8 K 3195/16, NWB AAAAH-36774.
624 Anschluss an BFH, Urt. v. 21.6.2016, X R 44/14, BFHE 254 S. 545.

Der dem Steuerpflichtigen künftig voraussichtlich steuerunbelastet zufließende Rententeilbetrag ermittelt sich aus dem steuerfreien Jahresbetrag der Rente (vgl. § 22 Nr. 1 Satz 3 Buchst. a Doppelbuchst. aa Satz 4 EStG), der ausschließlich mit der im Zeitpunkt des Renteneintritts gegebenen durchschnittlichen weiteren statistischen Lebenserwartung des Steuerpflichtigen selbst zu multiplizieren ist. Die Lebenserwartung der Ehefrau und eine ihr möglicherweise zukünftig zukommende Hinterbliebenenrente sind in die Berechnung nicht einzubeziehen. Über die Steuerfreistellung in § 22 Nr. 1 Satz 3 Buchst. a Doppelbuchst. aa Satz 4 EStG hinausgehende steuerliche Abzugsbeträge wie der Werbungskostenpauschbetrag, der auf die Renteneinkünfte entfallende Grundfreibetrag, der Sonderausgabenpauschbetrag, der Sonderausgabenabzug für Kranken- und Pflegeversicherungsbeiträge aus der Rente sind ebenso wie ein steuerfreier Zuschuss des Rentenversicherungsträgers zur Krankenversicherung bei der Ermittlung des voraussichtlich steuerunbelastet zufließenden Rentenbetrags nicht als Steuerfreistellungen zu berücksichtigen.

Maßgebend für die Ermittlung der im Zeitpunkt des Renteneintritts gegebenen durchschnittlichen weiteren statistischen Lebenserwartung ist die im Zeitpunkt des Renteneintritts letztverfügbare Sterbetafel.

Der aus versteuertem Einkommen geleistete Teilbetrag der Altersvorsorgeaufwendungen ist für die Veranlagungszeiträume bis 2004 in der Weise zu ermitteln, dass die Beiträge zu den verschiedenen Sparten der Sozialversicherung gleichrangig am beschränkten Sonderausgabenabzug teilnehmen. Dasselbe gilt auch für Beiträge zu privaten Kranken- und Pflegeversicherungen, soweit sie der Erlangung eines mit dem Niveau der gesetzlichen Kranken- und Pflegeversicherungen vergleichbaren Schutzes dienen. Soweit die Beiträge einem weitergehenden Schutz dienen, nehmen sie nur nachrangig am Sonderausgabenabzug teil. Beiträge zu kapitalbildenden Lebensversicherungen sind im Hinblick auf den beschränkten Sonderausgabenabzug nur nachrangig zu berücksichtigen, ebenso Beiträge zu Haftpflicht- und Unfallversicherungen.

Eine Kürzung der Rentenversicherungsbeiträge um kalkulatorisch nicht auf den Erwerb von Rentenbezügen entfallende Beitragsteile hat nicht zu erfolgen. Beträgt die festgesetzte Einkommensteuer eines Beitragsjahres 0 EUR, sind die Altersvorsorgeaufwendungen gleichwohl nur dann aus nicht versteuertem Einkommen erbracht worden, wenn sie bereits aufgrund des Sonderausgabenabzugs von der Einkommensbesteuerung ausgenommen sind. Bei zusammenveranlagten Ehegatten ist der gewährte Sonderausgabenabzug – anders als bei der Einkünfteermittlung – einheitlich zu betrachten und im Verhältnis der ggf. vorrangig zu berücksichtigenden Versicherungsbeiträgen beider Ehegatten aufzuteilen und der entsprechende Anteil am Sonderausgabenabzug den Rentenversicherungsbeiträgen des Klägers zuzuordnen.

In den Veranlagungszeiträumen ab 2005 ist der aus versteuertem Einkommen geleistete Teilbetrag der Altersvorsorgeaufwendungen in der Weise zu ermitteln, dass der prozentuale Anteil der vom Steuerpflichtigen geleisteten Rentenversicherungsbeiträge an der Summe der von beiden Ehegatten geleisteten Rentenversicherungsbeiträge, ohne die steuerfreien Arbeitgeberanteile an den Rentenversicherungsbeiträgen, ermittelt wird. Dieser prozentuale Anteil am Sonderausgabenabzug entfällt auf die Rentenversicherungsbeiträge des Steuerpflichtigen. Die nicht durch diesen anteiligen Sonderausgabenabzug berücksichtigten Rentenversicherungsbeiträge des Steuerpflichtigen sind die von ihm aus versteuertem Einkommen geleisteten Teilbeträge seiner Altersvorsorgeaufwendungen.

823 Eine Versicherung gehört zum **Betriebsvermögen** (mit der Folge, dass Betriebsausgaben und Betriebseinnahmen vorliegen), wenn sie sich auf ein **betriebliches Risiko** bezieht. Wird ein **außerbetriebliches Risiko** versichert, können Ausgaben allenfalls als **Sonderausgaben** berücksichtigt werden. Die Einnahmen (Versicherungsleistungen) sind dann nicht steuerbar.

Gefahren, die **in der Person des Betriebsinhabers begründet** sind, wie z.B. das allgemeine Lebensrisiko, zu erkranken oder Opfer eines Unfalls zu werden, stellen **grundsätzlich außerbetriebliche Risiken** dar.

aa) Altersvorsorgeaufwendungen

Altersvorsorgeaufwendungen i.S.v. § 10 Abs. 1 Nr. 2 EStG sind: 824

- Beiträge zur gesetzlichen Rentenversicherung
- Beiträge für eine private Rürup-Rente („Basis-Rente")
- Beiträge an berufsständische Versorgungseinrichtungen, die den gesetzlichen Rentenversicherungen vergleichbare Leistungen erbringen sowie landwirtschaftliche Alterskassen
- Beiträge zu Versicherungen gegen Berufsunfähigkeit oder verminderte Erwerbsfähigkeit sowie Hinterbliebenenversicherungen als Zusatzversicherung zur Leibrentenversicherung (Rürup-Rente)

Zu den begünstigten Altersvorsorgeaufwendungen gehören darüber hinaus auch Pflichtbeiträge aufgrund 825 einer selbstständigen Tätigkeit sowie freiwillige Beiträge, eine Nachzahlung von freiwilligen Beiträgen und freiwillige Zahlungen von Beiträgen zum Ausgleich einer Rentenminderung bei der vorzeitigen Inanspruchnahme der Altersrente. Beim **Minijob** zählen die Pauschalbeiträge des Arbeitgebers zur gesetzlichen Rentenversicherung sowie eventuelle Aufstockungsbeträge zu den Altersvorsorgeaufwendungen.

bb) Sonstige Vorsorgeaufwendungen

I.S.d. § 10 Abs. 1 Nr. 3 EStG sind sonstige Vorsorgeaufwendungen: 826

Beiträge zu

- **Krankenversicherungen**, soweit diese zur Erlangung eines bestimmten sozialhilfegleichen Versorgungsniveaus erforderlich sind. Wenn sich aus den Krankenversicherungsbeiträgen nach Satz 2 ein Anspruch auf Krankengeld oder ein Anspruch auf eine Leistung, die anstelle von Krankengeld gewährt wird, ergeben kann, ist der jeweilige Beitrag um **4 % zu vermindern**,
- **gesetzlichen Pflegeversicherungen** (soziale Pflegeversicherung und private Pflege-Pflichtversicherung). Als eigene Beiträge des Steuerpflichtigen werden auch die vom Steuerpflichtigen im Rahmen der Unterhaltsverpflichtung getragenen Beiträge eines Kindes behandelt, für das ein Anspruch auf einen Freibetrag nach § 32 Abs. 6 oder auf Kindergeld besteht. Hat der Steuerpflichtige in den Fällen des Absatzes 1 Nummer 1 eigene Beiträge im Sinne des Buchstaben a oder des Buchstaben b zum Erwerb einer Krankenversicherung oder gesetzlichen Pflegeversicherung für einen geschiedenen oder dauernd getrennt lebenden unbeschränkt einkommensteuerpflichtigen Ehegatten geleistet, dann werden diese abweichend von Satz 1 als eigene Beiträge des geschiedenen oder dauernd getrennt lebenden unbeschränkt einkommensteuerpflichtigen Ehegatten behandelt.

Beiträge, die für nach Ablauf des Veranlagungszeitraums beginnende Beitragsjahre geleistet 827 **werden** und in der Summe das Zweieinhalbfache der auf den Veranlagungszeitraum entfallenden Beiträge überschreiten, sind in dem Veranlagungszeitraum anzusetzen, für den sie geleistet wurden; dies gilt nicht für Beiträge, soweit sie der unbefristeten Beitragsminderung nach Vollendung des 62. Lebensjahrs dienen.

Durch das Bürgerentlastungsgesetz Krankenversicherung[625] erhöhen sich somit die Sonderausgaben ab 828 VZ 2010 um die im jeweiligen Veranlagungszeitraum für die Absicherung des geschiedenen oder dauernd getrennt lebenden Ehegatten aufgewandten Beiträge zur Kranken- und Pflegeversicherung, § 10 Abs. 1 Nr. 3, 3a, Abs. 4 Sätze 1 bis 3 EStG.

> *Hinweis*
>
> Nicht berücksichtigungsfähig sind Beiträge für:
>
> - Kapitalversicherungen gegen Einmalbetrag
> - Kapitalversicherungen mit einer Vertragsdauer von weniger als zwölf Jahren
> - Rentenversicherungen mit Kapitalwahlrecht gegen Einmalbetrag

625 BGBl I 2009, 1959; *Myßen/Wolter*, NWB 2009, 3900; hierzu auch *Perleberg-Kölbel*, Bürgerentlastungsgesetz und seine Auswirkungen auf den Unterhalt ab 2010, FuR 2010, 18.

- Rentenversicherungen mit Kapitalwahlrecht, bei denen das Kapitalwahlrecht vor Ablauf der Sperrfrist ausgeübt werden kann
- fondgebundene Lebensversicherungen
- Bausparkassen
- Sachversicherungen, wie z.B. Hausrat-, Kfz-Kasko-, Einbruch- und Diebstahl-, Feuer- und Hagelversicherungen
- Rechtschutzversicherungen.

cc) Höchstabzugsbeträge

829 **Für die Basisversorgung im Alter**

Die Berechnung vollzieht sich auch hier in mehreren Schritten:

- Die vom Steuerpflichtigen tatsächlich geleisteten Beiträge zum Aufbau einer Basisversorgung im Alter sowie die steuerfreien Arbeitgeberbeiträge sind im VZ 2015 bis zu einem Höchstbetrag von 22.172 EUR als Sonderausgaben zu berücksichtigen. Von diesen sind bis zum Höchstbetrag getätigten Aufwendungen in Höhe von 80 % anzusetzen. Dieser Prozentsatz steigt in den kommenden Jahren um jeweils 2 Prozentpunkte pro Jahr an. Die Berücksichtigungsquote erhöht sich somit im Jahr 2016 auf 82 %, im Jahr 2017 auf 84 % und bis zum Jahr 2025 auf 100 %.
- Der Höchstbetrag verdoppelt sich bei zusammen veranlagten Ehegatten.
- Dieser Höchstbetrag ist zu kürzen um einen fiktiven Arbeitgeber- und Arbeitnehmeranteil zur gesetzlichen Rentenversicherung bei
  - Arbeitnehmern, die in der gesetzlichen Rentenversicherung versicherungsfrei oder
  - von der Versicherungspflicht befreit waren oder nicht der gesetzlichen Rentenversicherungspflicht unterliegen und mit Ihrer Tätigkeit eine Anwartschaft auf Altersversorgung erwerben
  - sowie Abgeordneten mit Einkünften im Sinne von § 22 Nr. 4 EStG, die ganz oder teilweise einen **Anspruch auf Altersversorgung ohne eigene Beitragsleistung** erwerben.
- Von dem so ermittelten Betrag sind in **2005 60 %** anzusetzen. Dieser Prozentsatz erhöht sich bis 2025 in jedem Jahr um zwei Punkte (**2025: 100 %**).

Das **Ergebnis** ist um den nach § 3 Nr. 62 EStG steuerfreien Arbeitgeberanteil zur gesetzlichen Rentenversicherung zu vermindern und stellt dann den als Sonderausgaben abzugsfähigen Betrag dar.

Aus der Tabelle zu § 10 Abs. 4a EStG ergeben sich die Höchstabzugsbeträge.

Der Höchstbetrag für den Vorwegabzug für den Veranlagungszeitraum 2019 beträgt nur noch **300 EUR** und im Fall der Zusammenveranlagung **600 EUR**.

830 *Beispiel*

Der Steuerpflichtige S (ledig) hat im VZ 2015 eine private Basisrente-Alter abgeschlossen. Er zahlt 2015 bis 2017 hierfür jeweils jährlich einen Beitrag in Höhe von 5.000 EUR.

Da der Höchstbetrag nicht durch andere Altersvorsorgeaufwendungen überschritten wird, stellen die Beiträge im VZ 2015 zu 80 % von 5.000 EUR = 4.000 EUR, im Jahr 2016 zu 82 % von 5.000 EUR = 4.100 EUR und im Jahr 2017 zu 84 % von 5.000 EUR = 4.200 EUR Sonderausgaben dar.

831 **Für sonstige Vorsorgeaufwendungen**

- Der Höchstbetrag beträgt grundsätzlich **2.800 EUR (bis 2009: 2.400 EUR)**.
- Der Höchstbetrag beträgt **1.900 EUR (bis 2009: 1.500 EUR)** für Steuerpflichtige:
  - die ganz oder teilweise ohne eigene Aufwendungen Anspruch auf vollständige oder teilweise Erstattung oder Übernahme von Krankheitskosten haben (**Beamte, Richter, Soldaten**)
  - für deren Krankenversicherung Leistungen im Sinne von § 3 Nr. 62 EStG erbracht werden (**Arbeitnehmer**)

– für deren Krankenversicherung Leistungen im Sinne von § 3 Nr. 14 EStG erbracht werden (**Rentner**). Er gilt auch für den Ehepartner, wenn sich die Zukunftssicherungsleistungen des Arbeitgebers auch auf diesen beziehen oder wenn der Beihilfeanspruch des Beamten sich auch auf den Ehepartner erstreckt.

- Der gemeinsame Höchstbetrag für **zusammen veranlagte Ehegatten** errechnet sich aus der Summe der ihnen einzeln zustehenden Höchstbeträge.

Ab VZ 2010 ist zu unterscheiden zwischen Beiträgen zur sog. Basisabsicherung/Basiskrankenversicherung (vergleichbar den Leistungen der gesetzlichen Kranken-/Pflegeversicherung) und den übrigen sonstigen Vorsorgeaufwendungen. Beiträge zur Basisabsicherung sind in voller Höhe – soweit erforderlich auch über die Höchstbeträge von 2.800/1.900 EUR hinaus – abzugsfähig. Beiträge zu den übrigen sonstigen Vorsorgeaufwendungen sind nur abzugsfähig, soweit die genannten Höchstbeträge noch nicht durch Beiträge zur Basisabsicherung verbraucht sind. **832**

dd) Günstigerprüfung

In den Jahren 2005 bis 2019 ist nach § 10 Abs. 4a EStG statt der vorgenannten Höchstbeträge die bis 2004 geltende Berechnung der Höchstbeträge (mit schrittweise abgesenktem Vorwegabzug) durchzuführen, sofern dies günstiger ist.[626] **833**

b) Vorsorgeaufwendungen im Unterhaltsrecht

aa) Beitragszahlungen während des Zusammenlebens

Generell sind Vorsorgeaufwendungen abzugsfähig und anzuerkennen, wenn sie schon während des Zusammenlebens mit dem Ehepartner getätigt worden sind. **834**

Derartige Beträge standen während der Ehe für den Konsum nicht mehr zur Verfügung.[627]

bb) 20 %- und 4 %- Grenze

Dem Unternehmer oder eines wegen Überschreitens der Beitragsbemessungsgrenze nicht mehr sozialversicherungspflichtigen Erwerbstätigen wird die freie Wahl über die Art und Weise gelassen, wie er bis zu 20 % seines Bruttoeinkommens als primäre Altersvorsorge aufwenden will.[628] **835**

Der Betrag erfolgt in Anlehnung an die gesetzliche Rentenversicherung nach der 20 %-Grenze, um eine Gleichbehandlung mit nicht selbstständigen erwerbstätigen Unterhaltsschuldnern herzustellen.

Zusätzlich ist der **tatsächlich betriebene Aufwand für die sog. sekundäre Altersvorsorge** in Höhe von 4% des Gesamtbruttoeinkommens zu berücksichtigen. Selbstständige können daher 24 % ihres Bruttoeinkommens **des jeweiligen Jahres** für die angemessene Altersvorsorge aufwenden von ihrem unterhaltsrelevanten Einkommen absetzen.[629] Zu den Vorsorgeaufwendungen rechnen ferner die Kosten einer privaten Krankenversicherung, nicht aber diejenigen zur Absicherung gegen Arbeitslosigkeit.[630] Bei der Einkommensermittlung sind tatsächlich geleistete Vorsorgeaufwendungen somit in angemessenem Umfang abzusetzen.

cc) Tatsächliche Leistung

Hierbei ist darauf zu achten, dass Vorsorgeaufwendungen auch tatsächlich geleistet werden.[631] **836**

626 Vgl. näher FAKomm-FamR/*Perleberg-Kölbel*, § 10 EStG.
627 OLG Koblenz FamRZ 2000, 1366 ff.; OLG Celle FuR 2000, 27 ff.
628 BGH FamRZ 2003, 860 ff.
629 BGH FamRZ 2022, 43 m. Anm. *Witt*; OLG Hamm FamRZ 2022, 1375 m. Anm. *Borth*.
630 BGH FamRZ 2003, 860 ff.
631 Für private Altersvorsorge im Rahmen des Elternunterhalts: BGH v. 22.11.2006 – XII ZR 24/06, FamRZ 2007,193 und v. 28.2.2007 – XII ZR 37/05, FamRZ 2007, 793,795.

dd) Sekundäre Altersvorsorge

(1) Sekundäre Altersvorsorge beim Elternunterhalt

837 Im Rahmen des Elternunterhalts/Aszendentenunterhalts werden einem selbstständigen erwerbstätigen Unterhaltsschuldner neben der primären Altersvorsorge **weitere 5 %** seines Bruttoeinkommens für eine zusätzliche private Altersvorsorge zugebilligt.[632]

838 ■ **Wahlrecht**

Bei der Wahl der Vorsorge ist der Unterhaltsschuldner frei. Die Zulässigkeit einer privaten Altersvorsorge ist nicht auf die vom Gesetz angebotene Riester-Rente beschränkt. Auch andere Formen der Vorsorge, wie durch Ansammlung von Kapital, Immobilien usw. werden von der Rechtsprechung anerkannt. Sichert der Unterhaltsschuldner z.B. den Fortbestand seiner gegenwärtigen Lebensverhältnisse durch Sparvermögen o.Ä., muss ihm davon ein Betrag verbleiben, der sich aus der Anlage der ihm unterhaltsrechtlich zuzubilligenden zusätzlichen Altersvorsorge bis zum Renteneintritt ergibt. Hierbei wird vom BGH auch ein Betrag in Höhe von 91.700 EUR nicht beanstandet.[633]

(2) Sekundäre Altersvorsorge beim Ehegattenunterhalt

839 In seiner Entscheidung vom 11.5.2005[634] hatte der BGH eine Berücksichtigung von **weiteren 4 %** des Gesamtbruttoeinkommens des Vorjahres in Anlehnung an den Höchstförderungssatz der Riester- Rente als angemessene zusätzliche Altersversorgung angesehen.

Nach Ansicht des BGH stellt sich die Notwendigkeit privater Altersvorsorge für jeden. Auch § 1578 Abs. 3 BGB sieht insoweit grundsätzlich vor, dass die Kosten einer angemessenen Altersabsicherung zum eheangemessenen Lebensbedarf gehören.

Eine Einschränkung ergibt sich, wenn vorrangig der Elementarunterhalt und der der primären Altersversorgung dienende Altersvorsorgeunterhalt für den Unterhaltsbedürftigen aufgebracht werden müssen.

840 ■ **Wahlrecht**

Wie beim Elternunterhalt steht es dem Unterhaltspflichtigen frei, die Art der Altersvorsorge zu wählen (Immobilien, Kapital, Wertpapiere u.Ä.).

841 *Hinweis*

Der Unterhaltspflichtige kann folglich im Rahmen der zulässigen Höchstgrenze von nicht nur 20 % sondern von weiteren 4 %/bzw. 5 % des Gesamtbruttoeinkommens bei Anschaffung eines Eigenheims zum mietfreien Wohnen im Alter nicht nur die Zinsen für Kreditverbindlichkeiten, sondern auch die Tilgungsanteile von seinem Unterhaltseinkommen absetzen.

842 ■ **Auswirkungen des Wahlrechts auf den Wohnvorteil**

Entsprechend wirkt sich das Wahlrecht auf die Berechnung des dem Unterhaltschuldner zuzurechnenden Wohnvorteils aus. Nach den Urteilen des BGH v. 28.3.2007[635] und v. 5.3.2008[636] sind Tilgungsraten immer, also auch nach Rechtskraft der Scheidung zu berücksichtigen, soweit sich die Entschuldung der Wohnung als zusätzliche private Altersversorgung darstellt.[637]

632 BGH, Urt. v. 14.1.2004 – XII ZR 149/01, FamRZ 2004, 792; Urt. v. 30.8.2006 – XII ZR 98/04, FamRZ 2006, 1511.
633 Vgl. BGH FamRZ 2006, 1511.
634 BGH – XII ZR 211/02ä, FamRZ 2005, 1817 m. Anm. *Büttner*.
635 BGH – XII ZR 21/05, FamRZ 2007, 879.
636 BGH – XII ZR 22/06, FamRB 2008, 168 ff.
637 Vgl. auch hierzu *Münch*, Unterhaltsbilanz und Steuerbilanz, FamRB 2007, 150, 157; BGH FamRZ 2006, 387, 389 ff.

(3) Prüffolge

Folgende Prüffolge ist zu beachten: 843

- In welcher Form wird Altersvorsorge betrieben?
- Ist die 20 % bzw. die weitere 4 %- oder 5 %-Grenze (beim Elternunterhalt) eingehalten worden?

Hinweis

Ab dem 1.1.2020 gibt es eine neue Einkommensgrenze für Kinder von pflegebedürftigen Eltern geben. Diese liegt künftig bei einem Jahreseinkommen von 100.000 EUR brutto. Damit gleicht das Arbeitsministerium (BMAS) die Regelungen für den Elternunterhalt an die Regularien für die Grundsicherung im Alter und bei Erwerbsminderung an. Dort gilt bereits die 100.000 EUR-Grenze.

Zum Einkommen zählen dabei auch sonstige Einnahmen, etwa aus Vermietung oder Wertpapierhandel. Vorhandenes Vermögen bleibt dagegen unberücksichtigt.[638]

Das unantastbare Vermögen beschränkt sich auf einen Barbetrag auf 5000 EUR. Die selbstbewohnte Immobilie darf zudem einen Grenzwert von 130 Quadratmetern für einen 4-Personen-Haushalt nicht überschreiten.

c) Sonderausgaben-Pauschbetrag/Vorsorgepauschale nach § 10c EStG

Für Sonderausgaben, die keine Vorsorgeaufwendungen darstellen, wird ein Sonderausgaben-Pauschbetrag von **36 EUR** abgezogen, wenn der Steuerpflichtige keine höheren Aufwendungen nachweist (§ 10c S. 1 EStG). 844

Dieser Betrag erhöht sich bei Ehepartnern, wenn diese zusammen veranlagt werden auf **72 EUR** (§ 10c Satz 2 EStG).

d) Kinderbetreuungskosten i.S.v. § 10 Abs. 1 Nr. 5 EStG

Ab 2012[639] werden Kinderbetreuungskosten ausschließlich als **Sonderausgaben i.S.d. § 10 Abs. 1 Nr. 5 EStG** steuerlich berücksichtigt. Erwerbsbedingte und nicht erwerbsbedingte Kinderbetreuungskosten werden nicht mehr differenziert. Auf die persönlichen Anspruchsvoraussetzungen, wie z.B. Erwerbstätigkeit oder Ausbildung der Kindeseltern, kommt es nicht mehr an. 845

Unter der Betreuung ist die behütende oder beaufsichtigende Betreuung zu verstehen. Die persönliche Fürsorge für das Kind muss der Dienstleistung erkennbar zugrunde liegen.

Voraussetzungen 846

- Es muss sich um ein Kind i.S.d. § 32 Abs. 1 EStG handeln.
- Das Kind muss zum Haushalt des Steuerpflichtigen gehören.
- Ist das Kind im gemeinsamen Haushalt[640] von mehreren Berechtigten, nämlich von Eltern, von einem Elternteil und dessen Ehegatten, Pflegeeltern oder Großeltern, bestimmen diese untereinander gegenüber der Familienkasse den Berechtigten nach § 64 Abs. 2 S. 2 EStG. Die Berechtigtenbestimmung ist vom Antragsteller beizubringen.[641]
- Gegebenenfalls entscheidet das **Familiengericht auf Antrag** desjenigen, der ein berechtigtes Interesse hat, nach § 64 Abs. 2 S. 3, Abs. 3 S. 4 EStG durch den Rechtspfleger nach § 231 Abs. 2 FamFG; § 25 Nr. 2a RPflG. Bei einem gemeinsamen Haushalt von einem Elternteil und Großeltern sind letztere nachrangig, außer der Elternteil verzichtet auf seinen Vorrang. Die Bestimmung des kindergeld-

638 Angehörigen-Entlastungsgesetz, https://www.bgbl.de/xaver/bgbl/start.xav?startbk=Bundesanzeiger_BGBl&start=%2F%2F%2A%5B%40attr_id=%27bgbl119s2135.pdf%27 %5D#__bgbl__%2F%2F*%5B%40attr_id%3D%27bgbl119s2135.pdf%27 -%5D__1579259180694.

639 Siehe zur Rechtslage bis VZ 2011 FA-FamR/*Kuckenburg/Perleberg-Kölbel*, 13. Kap. Rn 164 ff.

640 § 64 Abs. 2 EStG.

641 Zur Wirkung einer familienrechtlichen Bestimmung der kindergeldberechtigten Person: BFH v. 8.8.2013 – III R 3/13, BeckRS 2014, 94077; *Perleberg-Kölbel*, NZFam 2014, 237.

berechtigten Elternteils im paritätischen Wechselmodell richtet sich nach dem Kindeswohl.[642] Auch eine vor der Trennung getroffene Bestimmung des Berechtigten bleibt wirksam, bis sie von einem Berechtigten widerrufen wird.[643]

847 *Hinweis zum Wechselmodell*

- Bei nicht zusammenlebenden Elternteilen ist grundsätzlich die Meldung des Kindes maßgebend. § 9 Satz 1 Nr. 2 i.V.m. § 12 Bundesmeldegesetz (BMG) räumt einem Elternteil gegenüber der Meldebehörde kein subjektiv-öffentliches Recht auf Berichtigung des Melderegisters ein. Dies würde nur dann der Fall sein, wenn die dort gespeicherten Daten unrichtig oder unvollständig wären. Der Begriff des Betroffenen in den melderechtlichen Regelungen zur Berichtigung von unrichtigen oder unvollständigen Daten des Melderegisters umschreibt nach der Rechtsprechung[644] aufgrund der Bezogenheit des Berichtigungsanspruchs auf das Datenschutzrecht und das dort verbürgte Recht auf informationelle Selbstbestimmung stets die bestimmte oder bestimmbare natürliche Person, über deren persönliche oder sachliche Verhältnisse die in Frage stehenden Daten Einzelangaben enthalten, also die Bezugsperson der personenbezogenen Daten des Melderegisters. Es geht um die Meldedaten des Kindes. Ein Elternteil kann das Melderecht ohne das vorherige Einverständnis zur Meldung des Kindes auch nicht aus seinem Elternrecht aus Art. 6 Abs. 1 und 2 Grundgesetz herleiten. Die elterliche Sorge steht den Eltern nach §§ 1626, 1629 Abs. 1 BGB gemeinschaftlich zu und ein Elternteil ist nur dann antragsbefugt, wenn eine Einverständniserklärung oder Vollmacht des anderen Elternteils für das Verfahren vorliegt oder das Familiengericht eine solche Einverständniserklärung ersetzt hat.[645]
- Ein Kind kann ausnahmsweise zum Haushalt des Elternteils gehören, bei dem es nicht gemeldet ist, wenn der Elternteil dies nachweist oder glaubhaft macht. Die Zahlung des Kindergeldes an einen Elternteil kann ein weiteres Indiz für die Zugehörigkeit des Kindes zu dessen Haushalt sein, wobei in Ausnahmefällen ein Kind auch zu den Haushalten beider getrenntlebender Elternteile gehören kann.[646]
- Nach einer Entscheidung des OLG Frankfurt/M.[647] erfordert die Beurteilung der gleichwertigen Betreuung im Einzelfall eine schwierige tatsächliche Feststellung. Es handelt sich um ein Unterhaltsverfahren nach § 231 Abs. 2 FamFG. Gemäß § 112 Nr. 1 FamFG handelt es sich um eine Familienstreitsache.[648] Bei einem echten Wechselmodell steht den Kindeseltern das Kindergeld intern hälftig zu und es kann ein Ausgleich über den familienrechtlichen Ausgleichsanspruch erfolgen.[649] Bei einer Betreuung im Verhältnis von 45 % zu 55 % kann noch nicht von einem unterhaltsrechtlichen paritätischen Wechselmodell, bei dem beide Elternteile quotal für den Unterhaltsbedarf des Kindes einzustehen haben, die Rede sein.[650] Der nach der Rechtsprechung anerkannte Grundsatz des BGH,[651] dass ein paritätisches Wechselmodell nur angeordnet werden kann, wenn zwischen den Eltern eine tragfähige Kommunikations- und Kooperationsbasis besteht, könne vom grundsätzlichen Denkansatz her als wertendes Element herangezogen werden, um die Frage zu ent-

642 KG, Beschl. v. 26.8.2019 – 13 WF 69/19, FuR 2020, 44.
643 BFH NJW 2005, NJW 2005, 2175, *Christl*, Kindes(mit)betreuung trotz Trennung – unterhalts- und sozialrechtliche Fragen, NZFam 2023, 193.
644 BVerwG, Urt. v. 30.9.2015 – 6 C 38/14, juris; OVG Berlin-Bbg, Beschl. v. 1.9.2017 – OVG 5 N 14.16, juris; VG Ansbach, Urt. v. 26.1.2012 – AN 5 K 11.01169, juris; VG Freiburg, Urt. v. 28.11.2016 – 7 K 2044/15, juris; VG Berlin, Urt. v. 24.8.2011 – 23 K 242.09, juris.
645 VG Berlin, Urt. v. 24.8.2011 – 23 K 242.09, juris; VG Freiburg, Urt. v. 28.11.2016 – 7 K 2044/15, juris.
646 Siehe zur Problematik auch *Kleinwegener*, FuR 2012, 165.
647 OLG Frankfurt/M v. 20.4.2012 – 2 WF 101/12, www.jurion.de.
648 OLG Celle FamRZ 2011, 1240.
649 OLG Schleswig v. 19.2.2015 – 12 UF 69/14, FamRZ 2015, 965.
650 KG FamRZ 2019, 1321.
651 BGH FamRZ 2017, 532 m. Anm. *Schwonberg*.

scheiden, ob ein spezifisches von den Eltern praktiziertes Betreuungsmodell bereits als echtes Wechselmodell qualifiziert werden kann. Das KG hat seine Entscheidung so auf die Rechtsprechung des BGH[652] gestützt. Danach betrug der Betreuungsanteil des mitbetreuenden Elternteils 46,67 %. Das KG verlangte, dass ein streng paritätisches, bzw. striktes Wechselmodell praktiziert werden muss. Es müsse annähernd eine Quote von 50 % zu 50 % erreicht werden, um eine Aufteilung der beiderseitigen Barunterhaltspflicht entsprechend den jeweiligen Einkommensverhältnissen vornehmen zu können.

- Die Berechtigtenbestimmung und der Verzicht auf den Vorrang bleiben bis zum Widerruf oder Neuantrag wirksam! Insbesondere bei sog. Patchworkfamilien sollte daher überlegt werden, eine Berechtigungsbestimmung festzulegen.
- Zum Abzug von Kinderbetreuungskosten ist grundsätzlich nur der Elternteil berechtigt, der die Aufwendungen getragen hat und zu dessen Haushalt das Kind gehört.[653] Trifft dies auf beide Elternteile zu, kann jeder seine tatsächlichen Aufwendungen grundsätzlich nur bis zur Höhe des hälftigen Abzugshöchstbetrages geltend machen.
- Das Kind darf nicht älter als 14 Jahre alt sein, es sei denn, es handelt sich um ein Kind, das wegen einer vor Vollendung des 25. Lj. eingetretenen körperlichen, geistigen oder seelischen Behinderung außerstande ist, sich selbst zu unterhalten sowie um ein Kind, das wegen einer vor dem 1.1.2007 in der Zeit ab Vollendung des 25. Lj. und vor Vollendung des 27. Lj. eingetretenen körperlichen, geistigen oder seelischen Behinderung außerstande ist, sich selbst zu unterhalten, § 52 Abs. 24a S. 2 EStG.[654]

Hinweis 848
§ 50 Abs. 1 S. 3 ESt schließt bei beschränkter Steuerpflicht einen Abzug von Kinderbetreuungskosten aus.

Abzugsbeträge 849

Der **Höchstbetrag** der abzugsfähigen Aufwendungen beläuft sich auch bei einem Elternpaar, das entweder gar nicht oder nur zeitweise zusammengelebt hat, auf zwei Drittel der Aufwendungen, höchstens **4.000 EUR je Kind** pro VZ. Eine Aufteilung auf Zeiträume der gemeinsamen Haushaltsführung bzw. der Führung getrennter Haushalte ist nicht vorzunehmen. Haben beide Elternteile Aufwendungen getragen, sind diese bei jedem Elternteil grundsätzlich nur bis zu einem Höchstbetrag von 2.000 EUR zu berücksichtigen.

Der Höchstbetrag ist ein **Jahresbetrag**. Eine zeitanteilige Aufteilung ist selbst dann nicht vorzunehmen, wenn für das Kind nicht im gesamten Kalenderjahr Betreuungskosten angefallen sind.

Ist das zu betreuende **Kind nicht unbeschränkt einkommensteuerpflichtig**, ist der Höchstbetrag zu kürzen, soweit es nach den Verhältnissen im Wohnsitzstaat des Kindes notwendig und angemessen ist. Die für die einzelnen Staaten in Betracht kommenden Kürzungen ergeben sich aus der Ländergruppeneinteilung, die durch BMF-Schreiben bekannt gemacht wird, z.B. zur Berücksichtigung ausländischer Verhältnisse; Ländergruppeneinteilung ab 1.1.2021 durch BMF-Schreiben vom 11.11.2020 zu IV C 8-S 2285/19/10001:002DOK 2020/11451144.[655] 850

Erfüllen Kinderbetreuungskosten grundsätzlich die Voraussetzungen für einen Abzug als Sonderausgaben, kommt für diese Aufwendungen **keine Steuerermäßigung nach § 35a EStG** in Betracht. Auf

652 BGH FamRZ 2015, 236 m. Anm. *Born*.
653 BFH BStBl II 2011, 450.
654 Näheres hierzu im BMF-Schreiben v. 14.3.2012 – IV C4 – S 2221/07/0012:012, www.bundesfinanzministerium.de.
655 https://www.bundesfinanzministerium.de/Content/DE/Downloads/BMF_Schreiben/Steuerarten/Einkommensteuer/2020-11-11-beruecksichtigung-auslaendischer-verhaeltnisse.html

den tatsächlichen Abzug als Sonderausgaben kommt es nicht an. Dies gilt sowohl für das nicht abziehbare Drittel der Aufwendungen, als auch für die Aufwendungen, die den Höchstbetrag von 4.000 EUR je Kind übersteigen.

851 ■ **Aufwendungen und ihre Voraussetzungen**

- Aufwendungen ergeben sich für eine Unterbringung von Kindern in Kindergärten, Kindertagesstätten, Kinderhorten, Kinderheimen und Kinderkrippen sowie bei Tagesmüttern, Wochenmüttern und in Ganztagespflegestellen. Aufwendungen für eine Beschäftigung von Kinderpflegern und Kinderpflegerinnen oder -schwestern, Erziehern und Erzieherinnen, eine Beschäftigung von Hilfen im Haushalt, soweit sie ein Kind betreuen und eine Beaufsichtigung des Kindes bei Erledigung seiner häuslichen Schulaufgaben gewährleisten, sind ebenso zu berücksichtigen.[656]
- Die Leistungen müssen auf einer klaren und eindeutigen Vereinbarung basieren, die zivilrechtlich wirksam zustande gekommen sein muss. Diese hat inhaltlich dem zwischen Fremden Üblichen zu entsprechen und muss tatsächlich so auch durchgeführt werden, sog. Fremdvergleich.
- Betreuungsleistungen dürfen **nicht auf familienrechtlicher Grundlage** unentgeltlich erbracht werden. Aufwendungen für eine Mutter, die zusammen mit dem gemeinsamen Kind im Haushalt des Steuerpflichtigen lebt, fallen daher nicht unter den Begriff der Aufwendungen.[657] Diese Grundsätze gelten ebenso für die **eheähnliche Lebensgemeinschaft oder die Lebenspartnerschaft** wie auch für Leistungen an eine Person, die für das betreute Kind Anspruch auf einen Freibetrag nach § 32 Abs. 6 EStG oder auf Kindergeld hat.
- In Betracht kommen Ausgaben **in Geld oder Geldeswert** wie für Wohnung, Kost, Waren, sonstige Sachleistungen, für Dienstleistungen zur Betreuung eines Kindes einschließlich der Erstattungen an eine betreuende Person wie z.B. für Fahrtkosten. Die Leistungen sind im Einzelnen in der Rechnung oder im Vertrag aufzuführen. Bei einer ansonsten **unentgeltlich erbrachten Betreuung** wird ein Fahrtkostenersatz als Aufwendung anerkannt, wenn hierüber eine Rechnung erstellt wird. Aufwendungen für Fahrten des Kindes zur Betreuungsperson fallen nicht hierunter.[658]
- **Keine Aufwendungen** sind Ausgaben für Unterricht, z.B. für Schulgeld, Nachhilfe oder Fremdsprachenunterricht, die Vermittlung besonderer Fähigkeiten, z.B. für Musikunterricht, Computerkurse, für sportliche und andere Freizeitbetätigungen, z.B. für die Mitgliedschaft in Sportvereinen oder anderen Vereinen, Tennis- oder Reitunterricht oder für die Verpflegung.

852 Ein Kind gehört zum **Haushalt des jeweiligen Elternteils**, in dessen Wohnung es dauerhaft lebt oder mit dessen Einwilligung es vorübergehend auswärtig untergebracht ist. Auch in Fällen, in denen dieser Elternteil mit dem Kind in der Wohnung seiner Eltern oder Schwiegereltern oder in Wohngemeinschaft mit anderen Personen lebt, ist die Haushaltszugehörigkeit des Kindes als gegeben anzusehen. Eine Haushaltszugehörigkeit erfordert ferner eine Verantwortung für das materielle (Versorgung, Unterhaltsgewährung) und immaterielle Wohl (Fürsorge, Betreuung) des Kindes. Eine **Heimunterbringung** ist unschädlich, wenn die Wohnverhältnisse in der Familienwohnung die speziellen Bedürfnisse des Kindes berücksichtigen und es sich im Haushalt dieses Elternteils regelmäßig aufhält.

853 ■ **Zahlungsnachweise**

§ 10 Abs. 1 Nr. 5 S. 4 EStG setzt weiter voraus, dass der Steuerpflichtige für die Aufwendungen eine Rechnung erhalten hat und die Zahlung für die Aufwendungen auf das Konto des Erbringers der Leistung erfolgt ist. Die Rechnung sowie die Zahlungsnachweise sind auf Verlangen des Finanzamts vorzulegen. Es muss sich dabei nicht um eine Rechnung im Sinne des Umsatzsteuergesetzes handeln. Einer Rechnung

656 BFH BStBl II, 1979, 142.
657 BFH BStBl II 1998, 187.
658 BFH BStBl II 1987, 167.

stehen gleich bei einem sozialversicherungspflichtigen Beschäftigungsverhältnis oder einem Minijob der zwischen dem Arbeitgeber und dem Arbeitnehmer abgeschlossene schriftliche (Arbeits-)Vertrag, bei Au-pair-Verhältnissen ein Au-pair-Vertrag, aus dem ersichtlich ist, dass ein Anteil der Gesamtaufwendungen auf die Kinderbetreuung entfällt, bei der Betreuung in einem Kindergarten oder Hort der Bescheid des öffentlichen oder privaten Trägers über die zu zahlenden Gebühren, eine Quittung, z.B. über Nebenkosten zur Betreuung, wenn die Quittung genaue Angaben über die Art und die Höhe der Nebenkosten enthält. Ansonsten sind Nebenkosten nur zu berücksichtigen, wenn sie in den Vertrag oder die Rechnung aufgenommen worden sind.

Die **Zahlung** auf das Konto des Erbringers der Leistung erfolgt in der Regel durch Überweisung. Beträge, für deren Begleichung ein Dauerauftrag eingerichtet worden ist oder die durch eine Einzugsermächtigung abgebucht oder im Wege des Online-Bankings überwiesen werden, können in Verbindung mit dem Kontoauszug anerkannt werden. Die Aufwendungen dürfen nicht als Barzahlungen einschließlich Baranzahlungen oder Barteilzahlungen sowie durch Barschecks vorgenommen werden. Auf eine ordnungsgemäße Buchung kommt es für die Anerkennung allerdings nicht an. Eine abgekürzte Zahlweise von dem Konto eines Dritten ist zulässig, sog. abgekürzter Zahlungsweg.

Bei verheirateten Eltern, die **zusammenveranlagt** werden, kommt es für die steuerliche Anerkennung nicht darauf an, welcher Elternteil die Aufwendungen geleistet hat oder ob sie von beiden getragen worden sind.

Werden Eltern im VZ 2012 noch **getrennt veranlagt**, sind die Sonderausgaben demjenigen Ehegatten zuzurechnen, der die Aufwendungen getragen hat. Trifft dies auf beide Ehegatten zu, kann jeder seine tatsächlichen Aufwendungen grundsätzlich nur bis zur Höhe des hälftigen Abzugshöchstbetrages geltend machen. Etwas anderes gilt, wenn die Ehegatten einvernehmlich gegenüber dem Finanzamt eine anderweitige Aufteilung des Höchstbetrages wählen.

Abweichend davon können die Kinderbetreuungskosten aus Billigkeitsgründen auf übereinstimmenden Antrag der Ehegatten von diesen jeweils zur Hälfte abgezogen werden. Der Abzug ist dabei bei jedem Ehegatten auf den hälftigen Abzugshöchstbetrag beschränkt.

Werden ab VZ 2013 Eltern **einzeln veranlagt**, sind nach § 26a Abs. 2 S. 1 EStG Sonderausgaben demjenigen Ehegatten zuzurechnen, der die Aufwendungen wirtschaftlich getragen hat. Trifft dies auf beide Ehegatten zu, kann jeder seine tatsächlichen Aufwendungen grundsätzlich bis zur Höhe des hälftigen Abzugshöchstbetrages geltend machen. Etwas anderes gilt hier, wenn die Ehegatten einvernehmlich gegenüber dem Finanzamt eine anderweitige Aufteilung des Abzugshöchstbetrages wählen.

Abweichend davon können die Kinderbetreuungskosten bei **übereinstimmendem Antrag** jeweils zur Hälfte abgezogen werden. Der Abzug ist dabei bei jedem Ehegatten auf den hälftigen Abzugshöchstbetrag beschränkt. In begründeten Einzelfällen reicht der Antrag desjenigen Ehegatten, der die Aufwendungen wirtschaftlich getragen hat, aus. Die Wahl des Abzugs wird durch Angabe in der Steuererklärung getroffen.

Bei **nicht verheirateten, dauernd getrennt ebenden oder geschiedenen Eltern** ist derjenige Elternteil zum Abzug von Kinderbetreuungskosten berechtigt, der die Aufwendungen getragen hat[659] und zu dessen Haushalt das Kind gehört. Trifft dies auf beide Elternteile zu, kann jeder seine tatsächlichen Aufwendungen grundsätzlich nur bis zur Höhe des hälftigen Abzugshöchstbetrages geltend machen.

Etwas anderes gilt, wenn die Eltern einvernehmlich eine abweichende Aufteilung des Abzugshöchstbetrages wählen und dies gegenüber dem Finanzamt anzeigen.

659 BFH BStBl II 2011, 450.

854 *Hinweis*

Wenn von den Eltern nur ein Elternteil den Vertrag (z.B. mit der Kindertagesstätte) abschließt und das Entgelt von seinem Konto zahlt, kann dieses weder vollständig noch anteilig dem anderen Elternteil als von ihm getragener Aufwand zugerechnet werden.[660]

855 ■ **Schulgeld, § 10 Abs. 1 Nr. 9 EStG**

Besucht das Kind eines Steuerpflichtigen eine Privatschule oder eine entsprechende Einrichtung und zahlt Schulgeld, sind seit 1992 **30 % des gezahlten Schulgeldes, höchsten 5.000 EUR,** als Sonderausgaben abzugsfähig (§ 10 Abs. 1 Nr. 9 EStG). Der Höchstbetrag wird für jedes Kind und je Elternpaar nur einmal gewährt. Insofern ist das absetzbare Schulgeld bei 16.667 EUR im Jahr gedeckelt.

Dies ist unterhaltsrechtlich in Hinblick für den Mehrbedarf interessant.

856 ■ **Rechtslage ab 2009**

§ 10 Abs. 1 Nr. 9 EStG ist durch das Jahressteuergesetz 2009[661] **rückwirkend ab dem Veranlagungszeitraum 2008** geändert worden. Die bisherige **Unterscheidung zwischen so genannten Ersatz- oder Ergänzungsschulen** wurde aufgegeben.

857 **Voraussetzungen für die Absetzbarkeit sind derzeit:**

- Der Steuerpflichtige muss für das Kind, das die Privatschule besucht, einen (halben) Kinderfreibetrag und Kindergeld erhalten
  und
- die Privatschule muss eine staatliche genehmigte oder erlaubte Ersatzschule oder eine nach Landesrecht anerkannte allgemeinbildende Ergänzungsschule sein.

Voraussetzung ist, dass die Schule in einem Mitgliedstaat der Europäischen Union oder in einem Staat belegen ist, auf den das Abkommen über den Europäischen Wirtschaftsraum Anwendung findet. Außerdem muss die Schule zu einem von dem zuständigen inländischen Ministerium eines Landes, von der Kultusministerkonferenz der Länder oder von einer inländischen Zeugnisanerkennungsstelle **anerkannten** oder einem inländischen Abschluss an einer öffentlichen Schule als gleichwertig anerkannten allgemein bildenden oder berufsbildenden Schul-, Jahrgangs- oder Berufsabschluss führen. Gleichgestellt ist der Besuch einer anderen Einrichtung, die auf einen Schul-, Jahrgangs- oder Berufsabschluss vorbereitet sowie ferner der Besuch einer **Deutschen Schule im Ausland**, unabhängig von ihrer Belegenheit.

858 *Hinweis*

Zweifelsfragen klärt ein BMF-Schreiben vom 9.3.2009.[662]

5. Außergewöhnliche Belastungen

859 Gesetzlich sind außergewöhnliche Belastungen gegliedert in:

- Außergewöhnliche Belastungen allgemeiner Art (§ 33 EStG)
- Außergewöhnliche Belastungen in besonderen Fällen (§ 33a EStG)
- Pauschbeträge für behinderte Menschen, Hinterbliebene und Pflegepersonen (§ 33b EStG)

660 BFH BStBl II 2011, 450.
661 BGBl I 2009, S. 2794.
662 IV C 4 – S 2221/07/0007, BStBl I 2009, 487.

a) Außergewöhnliche Belastungen allgemeiner Art (§ 33 EStG)

■ **Begriff** 860

Erwachsen einem Steuerpflichtigen zwangsläufig größere Aufwendungen als der überwiegenden Mehrzahl der Steuerpflichtigen gleicher Einkommensverhältnisse, gleicher Vermögensverhältnisse und gleichen Familienstandes, liegt eine außergewöhnliche Belastung i.S.v. § 33 Abs. 1 EStG vor.
Im Gegensatz zu den Sonderausgaben sind die Fälle der außergewöhnlichen Belastungen im Gesetz nicht abschließend geregelt.

Bei § 33 EStG handelt es sich um eine Generalklausel.

■ **Zwangsläufigkeit** 861

Zwangsläufig erwachsen Aufwendungen, wenn sich der Steuerpflichtige aus

- rechtlichen Gründen (z.B. gesetzlicher Unterhaltspflicht),
- tatsächlichen Gründen (z.B. Krankheit, Unfall, Tod) oder
- sittlichen Gründen (z.B. Unterstützung bedürftiger Angehöriger)

den Aufwendungen nicht entziehen kann.

Die Aufwendungen müssen zudem den Umständen nach notwendig sein und dürfen einen angemessenen Betrag nicht übersteigen (§ 33 Abs. 2 EStG).

■ **Aufwendungen** 862

Unter die Aufwendungen i.S.d. § 33 EStG fallen u.a.:

- Pflegeaufwendungen (R 33.3 EStR 2005)
- Krankheitskosten (R 33.4 Abs. 1 EStR 2005)[663]
- Kurkosten (H 33.1 – 33.4, Kur, EStH)
- Bestattungskosten (H 33.1 – 33.4, Bestattungskosten, EStH)
- Zivilprozesskosten (§§ 33 Abs. 3a, 52 Abs. 45 EStG)

■ **Absetzbare Ersatzleistungen** 863

Außergewöhnliche Belastungen sind aber nur die berücksichtigungsfähigen Aufwendungen i.S.d. § 33 EStG abzüglich der erhaltenen Ersatzleistungen (Unterstützung).

Diese sind z.B.:

- Beihilfen des Arbeitgebers in Krankheitsfällen
- Ersatzleistungen aus einer Krankenversicherung für Arztkosten und Arzneimittel
- Bezüge aus einer **Krankenhaustagegeldversicherung** bis zur Höhe der durch einen Krankenhausaufenthalt verursachten Kosten

Nicht abzusetzen sind folglich Leistungen aus einer **Krankentagegeldversicherung** (H 33.1 – 33.4, Ersatz von dritter Seite – Krankenhaustagegeldversicherung, EStH).
Es spielt keine Rolle, wenn Ersatzleistungen erst in einem späteren Jahr gezahlt werden.

Es reicht aus, wenn der Steuerpflichtige bereits in dem Jahr, in dem die Belastung eingetreten ist, mit ihnen rechnen konnte.

663 Siehe zur Zwangsläufigkeit von Krankheitskosten auch §§ 64, 84 Abs. 3f EStDV.

864 ■ **Abflussprinzip**

Grundsätzlich ist für den Zeitpunkt des Abzuges das Abflussprinzip nach § 11 Abs. 2 EStG maßgebend.

865 ■ **Personenbezogenheit**

Es kommt auch nicht darauf an, wer von den Ehepartnern die Aufwendungen geleistet hat. Allein maßgeblich ist, ob die Ehepartner zusammen i.S.v. § 26 EStG veranlagt werden.

866 ■ **Zumutbare Belastung**

Nicht alle zwangsläufig erwachsenen außergewöhnlichen Aufwendungen dürfen in voller Höhe abgezogen werden. Der Steuerpflichtige muss einen bestimmten Teil, die sog. zumutbare Belastung, vielmehr selbst tragen.

867 ■ **Höhe der abziehbaren außergewöhnlichen Belastung**

Die außergewöhnliche Belastung abzüglich der zumutbaren Belastung definiert man als abziehbare außergewöhnliche Belastung.

868 ■ **Berechnung**

Die zumutbare Belastung wird nach der **Übersicht in § 33 Abs. 3 EStG** dergestalt berechnet, dass der dort vorgesehene **Prozentsatz** (1 % bis 7 %) auf die Bemessungsgrundlage angewendet wird.

Diese Bemessungsgrundlage ist für die zumutbare Belastung der **Gesamtbetrag der Einkünfte**. Der Prozentsatz richtet sich nach dem Einkommensteuertarif, der Anzahl der Kinder (für die der Freibetrag nach § 32 Abs. 6 EStG oder Kindergeld nach §§ 62 EStG in Betracht kommt) und der Höhe der Bemessungsgrundlage.

Beispiel nach Übersicht § 33 Abs. 3 EStG

Der ledige Unterhaltsschuldner S hat 2015 einen Gesamtbetrag der Einkünfte in Höhe von 13.000 EUR.

Krankheitskosten sind in Höhe von 3.000 EUR entstanden. Hiervon hat die Krankenversicherung 1.500 EUR erstattet.

Lösung

Die abziehbaren außergewöhnlichen Belastungen betragen:

Krankheitskosten	3.000 EUR
– Erstattungsbetrag	– 1.500 EUR
= außergewöhnliche Belastung	1.500 EUR
– zumutbare Belastung (hier 5 % von 13.000 EUR)	– 650 EUR
= abziehbare außergewöhnliche Belastung	**850 EUR**

Nach einem Urteil des BFH[664] sind Krankheitskosten einschließlich der Zuzahlungen außergewöhnliche Belastungen.

664 BFH v. 2.9.2015 – VI R 32/13, www.bfh.de.

b) Außergewöhnliche Belastungen für familienrechtliche Aufwendungen

■ **Scheidungskosten** 869

Scheidungskosten werden nicht durch Einkünfteerzielung veranlasst und sind deshalb weder Werbungskosten gem. § 9 Abs. 1 EStG noch Betriebsausgaben gem. § 4 Abs. 4 EStG.

Wenn eine für den Steuerpflichtigen „zumutbare Belastung" überschritten wird, sind sie aber zwangsläufig und daher generell außergewöhnliche Belastungen.

Eine Zwangsläufigkeit kam nach der **bisherigen Rechtsprechung des BFH**[665] nur in Betracht, wenn auch das die Zahlungsverpflichtung oder den Zahlungsanspruch adäquat verursachende Ereignis für den Steuerpflichtigen unausweichlich war.

Daran fehlte es im Allgemeinen bei einem Zivilprozess, wonach es in der Regel der freien Entscheidung der Parteien überlassen blieb, ob sie sich zur Durchsetzung oder Abwehr eines zivilrechtlichen Anspruchs einem Prozess(kosten)risiko aussetzen wollten. Ließ sich der Steuerpflichtige trotz ungewissen Ausgangs auf einen Prozess ein, lag die Ursache für die Prozesskosten in seiner Entscheidung, das Prozessrisiko in der Hoffnung auf ein für ihn günstiges Ergebnis in Kauf zu nehmen.

Es entsprach nach dem BFH somit nicht Sinn und Zweck des § 33 EStG, dem Steuerpflichtigen die Kostenlast zu erleichtern, wenn sich das im eigenen Interesse bewusst in Kauf genommene Risiko zu seinem Nachteil realisierte.

Zu berücksichtigen waren daher nur die Kosten für das eigentliche Scheidungsverfahren selbst und den auszusprechenden Versorgungsausgleich. Scheidungskosten kann der Steuerpflichtige nicht ausweichen, weil infolge des Zerrüttungsprinzips regelmäßig davon ausgegangen werden muss, dass Eheleute nur dann einen Scheidungsantrag stellen, wenn aufgrund der Zerrüttung ein Festhalten an der Ehe nicht mehr möglich ist.[666]

Die weitere Rechtsprechung des BFH[667] ließ generell die Kosten eines Zivilprozesses als außergewöhnliche Belastungen, unabhängig von dessen Streitgegenstand, zu.

Bei der Frage der Zwangsläufigkeit wurde nicht mehr auf die Unausweichlichkeit abgestellt. Es war nach Ansicht des BFH lebensfremd voraussagen zu können, ob ein Rechtsstreit Erfolg haben werde oder nicht. Kosten waren allerdings nur dann zu berücksichtigen, wenn sich der Steuerpflichtige nicht mutwillig oder leichtfertig auf den Prozess einließ. Bei der Beurteilung war auf die Sicht eines verständigen Dritten abzustellen.

Nach dem **Nichtanwendungserlass des BMF**[668] war das Urteil des BFH nicht anzuwenden. Begründet wurde dies damit, dass der Finanzbehörde keine Instrumente zur Verfügung stehen, die Erfolgsaussichten eines Zivilprozesses eindeutig, zuverlässig und rechtssicher einzuschätzen. Die Finanzgerichte haben inzwischen unterschiedlich reagiert:

So ergab sich eine Anerkennung der Aufwendungen anlässlich des Ehescheidungsverfahrens als außergewöhnliche Belastungen über die zwangsläufigen Kosten hinaus nach dem **FG München**[669] nicht aus der vorgenannten neuen Rechtsprechung des BFH vom 12.5.2011, weil der BFH zu Kosten für einen Zivilprozess wegen Krankentagegeld entschieden habe. Das FG München orientierte sich weiterhin an der zu den Aufwendungen anlässlich eines Ehescheidungsverfahrens ergangenen und seiner Auffassung weiterhin gültigen Rechtsprechung des III. Senats des BFH.[670]

665 BFH v. 18.3.2004 – III R 24/03, BStBl II 2004, 726; BFH v. 27.8.2008 – III R 50/06, BFH/NV 2009, 553.
666 BFH v. 9.5.1996 – III R 224/94, BStBl II 1996, 596 m.w.N.; *Perleberg-Kölbel/Kuckenburg*, FuR 2012, 123.
667 BFH v. 12.5.2011 – VI R 42/10, NJW 2011, 3055.
668 BMF-Schreiben v. 20.12.2011 – IV C 4 – S2284/07/0031 002, BStBl I 2011, 1249.
669 FG München v. 21.8.2012 – 10 K 800/10, openJur 2013, 3453; Datenbank BayernRecht.de.
670 BFH v. 9.5.1996 – III R 224/94, BStBl II 1996, 596.

Das **FG Düsseldorf**[671] hingegen wollte die im Rahmen eines Scheidungsverfahrens angefallenen Anwalts- und Gerichtskosten in vollem Umfang steuerlich berücksichtigen. Das Finanzamt hatte zuvor die Kosten für den Zugewinnausgleich und die Kosten für die Durchsetzung von Unterhaltsansprüchen nicht anerkannt.

Alle Kosten (Gerichts- und Anwaltskosten), die mit einer Ehescheidung verbunden sind, konnten nach der Entscheidung des FG Düsseldorf abgesetzt werden, weil das Recht der Ehe (Eheschließung und -scheidung einschließlich der daraus folgenden Unterhalts-, Vermögens- und Versorgungsfragen) allein dem staatlich dafür vorgesehenen Verfahren unterliege. Ein anderes, billigeres Verfahren stünde Eheleuten zur Beendigung einer Ehe nicht zur Verfügung. Der Verhandlungs- und Entscheidungsverbund bewirkte einen Zwang zur gemeinsamen Verhandlung und Entscheidung.

Auf der Grundlage der aktuellen BFH-Rechtsprechung ließ auch das **FG Köln**[672] die geltend gemachten Anwaltskosten des Kindesvaters in einem gerichtlichen Unterhaltsabänderungsantrag der Kindesmutter für sich und das gemeinsame Kind in vollem Umfang als eine außergewöhnliche Belastung zu. Nach summarischer Prüfung bot die beabsichtigte Rechtsverteidigung aus Sicht eines verständigen Dritten – bei ex ante Betrachtung – hinreichende Aussicht auf Erfolg. Sie erschien auch nicht mutwillig.

Das **FG Schleswig-Holstein**[673] hielt darüber hinaus die Kosten eines in einem Scheidungsfolgenverfahren beauftragten britischen Rechtsanwalts und die mit dem Verfahren in Zusammenhang stehenden Reisekosten als außergewöhnliche Belastungen für abzugsfähig, wenn die Kosten nach landestypischen Gesichtspunkten angemessen sind und keine Kostenerstattung erfolgt.

870 ■ **Rechtslage ab VZ 2013**

Der Gesetzgeber hat § 33 EStG mit dem Amtshilferichtlinie-Umsetzungsgesetz[674] geändert bzw. ergänzt. Ab dem Veranlagungszeitraum 2013 sind „Aufwendungen für die Führung eines Rechtsstreits (Prozesskosten) vom Abzug ausgeschlossen, es sei denn, es handelt sich um Aufwendungen ohne die der Steuerpflichtige Gefahr liefe, seine Existenzgrundlage zu verlieren und seine lebensnotwendigen Bedürfnisse in dem üblichen Rahmen nicht mehr befriedigen zu können“, §§ 33 Abs. 3a, 52 Abs. 45 EStG neu.

Ab dem Veranlagungsjahr 2013 können folglich private Prozesskosten nur noch dann als außergewöhnliche Belastung steuerlich geltend gemacht werden, wenn ein Rechtsstreit geführt wird, um die Existenzgrundlage oder lebensnotwendige Bedürfnisse des Steuerpflichtigen zu sichern. Die künftigen Verwaltungsanweisungen und Rechtsprechungen werden zeigen, wie weit diese Begriffe auszulegen sind.

871 Der 4. Senat des **Finanzgerichts Münster**[675] hat entschieden, dass Scheidungsprozesskosten auch nach der ab dem Jahr 2013 geltenden gesetzlichen Neuregelung als außergewöhnliche Belastungen abzugsfähig sind. Entsprechend hatte sich zuvor bereits das Finanzgericht Rheinland-Pfalz[676] positioniert. Das FG Münster[677] hat ferner zur vorläufigen Berücksichtigung von Scheidungskosten als außergewöhnliche Belastungen unter Geltung der ab 2013 eingeführten Neuregelung des § 33 Abs. 2 Satz 4 EStG entschieden und die Vollziehung eines Einkommensteuerbescheides 2013 ausgesetzt. Das FG Münster und das FG Rheinland-Pfalz haben mit ihren Urteilen unter Würdigung der Gesetzeshistorie, der bisherigen Rechtsprechung und der Auffassungen in der Literatur die Auffassung vertreten, dass auch nach der Einführung des § 33 Abs. 2 Satz 4 EStG Scheidungskosten, die unmittelbar durch den Scheidungsprozess veranlasst sind, als außergewöhnliche Belastungen abzugsfähig sind.

671 FG Düsseldorf v. 19.2.2013 – 10 K 2392/12 E; NRWE (Rechtsprechungsdatenbank NRW) Rev.: BFH – VI R 16/13, www2.nwb.de.
672 FG Köln v. 26.6.2013 – 7 K 2700/12, NRWE (Rechtsprechungsdatenbank NRW) Rev.: BFH – VI R 29/13.
673 FG Schleswig-Holstein v. 17.4.2013 – 5 K 156/12, rechtsportal.de; JustizSchleswig-Holstein.de; Rev.: BFH – VI 26/13.
674 BGBl I 2013, S. 1809.
675 FG Münster v. 21.11.2014 – 4 K 1829/14 E; www.justiz.nrw.de; Revision zugelassen.
676 FG Rheinland-Pfalz v. 16.10.2014 – 4 K 1976/14; www.dejure.org; Revision zugelassen.
677 FG Münster v. 19.6.2015 – 1 V 795/15 E, FG Münster online.

Hierunter fallen **Gerichts- und Anwaltskosten des Scheidungsverfahrens**, nicht jedoch Scheidungsfolgesachen, wie z.B. die Vermögensauseinandersetzung.[678]

Ehescheidungskosten sind nach einer neueren Entscheidung des FG Köln[679] Kosten zur Führung eines Rechtsstreits i.S.d. § 33 Abs. 2 S. 4 EStG und somit nicht vom Abzug als außergewöhnliche Belastung ausgeschlossen. Die Anerkennung der Scheidungskosten als außergewöhnliche Belastungen wird damit begründet, dass Rechtsanwalts- und Gerichtsgebühren eines Scheidungsverfahrens nicht unter den Begriff der Prozesskosten fielen. Dies ergebe sich sowohl aus der für Scheidungsverfahren geltenden Verfahrensordnung, wie auch aus der Entstehungsgeschichte der Neuregelung zum Abzugsverbot zu den Prozesskosten.

Nach einer weiteren Entscheidung des BFH[680] waren Scheidungsfolgekosten nur insoweit als außergewöhnliche Belastung anzusetzen, als sie unmittelbar und unvermeidbar durch die Ehescheidung entstanden sind. Kosten familienrechtlicher und sonstiger Regelungen im Zusammenhang mit der Ehescheidung sind dann nicht als außergewöhnliche Belastung anzusehen, wenn es sich um Regelungen handelt, die außerhalb des sog. Zwangsverbunds durch das Familiengericht oder außergerichtlich getroffen worden sind. Scheidungsfolgekosten sind auch dann nicht als zwangsläufig zu bewerten, wenn ein Ehegatte die Kosten auslösende Aufnahme von Scheidungsfolgesachen in den Scheidungsverbund nicht verhindern kann, weil der andere Ehegatte dies beantragt. Denn die Frage, ob der Steuerpflichtige die Entstehung der Prozesskosten verhindern kann oder nicht, ist für den Abzug der Prozesskosten als außergewöhnliche Belastung nur insoweit bedeutsam, als der Prozess existenziell wichtige Bereiche oder den Kernbereich menschlichen Lebens betrifft. Bei den Scheidungsfolgesachen außerhalb des sog. Zwangsverbunds ist dies zu verneinen. Auch bei einem gewöhnlichen Zivilprozess, der keine Scheidungsfolgesachen betrifft, kann sich ein Beklagter dem Rechtsstreit in der Regel nicht entziehen. 872

Nach einer Entscheidung des BFH[681] sind Aufwendungen für die Führung eines Rechtsstreits nun generell durch § 33 Abs. 2 Satz 4 EStG vom Abzug als außergewöhnliche Belastungen ausgeschlossen. Denn ein Steuerpflichtiger erbringt die Aufwendungen für ein Scheidungsverfahren regelmäßig nicht zur Sicherung seiner Existenzgrundlage und seiner lebensnotwendigen Bedürfnisse.

■ **Mediation** 873

Wird das Ergebnis einer Mediation in einem notariellen Vertrag festgehalten und wird die Ehe hiernach geschieden, konnten früher auch die Kosten eines Mediationsverfahrens nach Ansicht der Finanzverwaltung nach § 33 EStG abgezogen werden.[682] Dies hat der BFH in seinem Urt. v. 30.6.2005[683] jedoch untersagt.[684]

Mittelbare Scheidungskosten entstehen ebenfalls nicht zwangsläufig und sind daher keine außergewöhnlichen Belastungen.[685] 874

Hierbei handelt es sich u.a. um:

- Kosten beim Umzug oder Einrichtung der neuen Wohnung[686]
- Kosten des Getrenntlebens während des Scheidungsverfahrens[687]

678 Die seitens der Verwaltung eingelegten Revisionen werden beim BFH unter den Aktenzeichen VI R 66/14 und VI R 81/14 geführt.
679 FG Köln v. 13.1.2016 – 14 K 1861/15, www.fg-koeln.nrw.de.
680 BFH v. 20.1.2016, VI R 70/12, www.bfh.de.
681 BFH, Urt. v. 18.5.2017 – VI R 81/14, www.bundesfinanzhof.de.
682 Finanzminister Nds. v. 15.9.2000, DStR 2000, S. 1691.
683 BStBl 2006 II, 491 f.
684 Siehe hierzu auch die Verfügung der OFD Hannover vom 11.5.2007, ZKM 2007, 162, wonach ein Erlass v. 22.9.2000 zur Berücksichtigung dieser Kosten ersatzlos aufgehoben wird.
685 Vgl. BFH BStBl II 1986, 745.
686 BFHE 116, 24.
687 FG Bremen EFG 1980, 443.

- Kosten für eine Namensänderung[688]
- Detektivkosten[689]
- Kosten eines Schiedsgerichts.[690]

Hinweis

Prozesskosten zur Erlangung nachehelichen Unterhalts Werbungskosten sind als Werbungskosten bei den sonstigen Einkünften des Unterhaltsempfängers abziehbar.[691]

875 ■ **Sachverständigenkosten**

Kosten für die Hinzuziehung eines Gutachters zur Feststellung bzw. Höhe eines Ausgleichsanspruchs im Zugewinnausgleichsverfahren bzw. der Ermittlung des Unterhaltseinkommens waren als außergewöhnliche Belastungen anerkannt. Sie dienten der zweckentsprechenden Rechtsverfolgung. Zur Dokumentation der Zwangsläufigkeit sollte daher ein selbstständiges Beweisverfahren gemäß §§ 485 ff. ZPO, wegen regelmäßiger Erschwerungsgefahr auch ohne Zustimmung des Gegners, in die Wege geleitet werden. Die Kosten hierfür waren dann nach § 93a ZPO als zwangsläufig anzusehen. Nach der neuen Rechtslage dürfte dies nicht mehr gelten.

876 *Hinweis*

Bei der Ermittlung der außergewöhnlichen Belastungen bleiben Aufwendungen, die zu den Betriebsausgaben, Werbungskosten oder Sonderausgaben gehören oder unter § 4f EStG oder § 9 Abs. 5 EStG fallen, außer Betracht (§ 33 Abs. 2 S. 2 EStG).

Für behinderte Kinder wird alternativ zu § 33 EStG ein Pauschalbetrag nach § 33b Abs. 5 EStG zugebilligt. Dieser Freibetrag ist bei der Ermittlung des Unterhaltsbedarfs nach § 1578 Abs. 1 BGB nicht zu berücksichtigen.[692]

c) Außergewöhnliche Belastungen in besonderen Fällen (§ 33a EStG)

877 Unter die besonderen außergewöhnlichen Belastungen fallen:

- Unterhaltsaufwendungen nach § 33a Abs. 1 EStG und
- der Ausbildungsfreibetrag nach § 33a Abs. 2 EStG.

aa) Unterhaltsaufwendungen/Alternative zum Realsplitting

878 Die steuerliche Abzugsmöglichkeit von Unterhaltszahlungen nach § 33a Abs. 1 EStG besteht alternativ zum Realsplitting.

Unter Unterhaltsaufwendungen versteht man typische Unterhaltsaufwendungen, d.h. das, was Menschen üblicherweise zum Leben benötigen. Hierunter fallen u.a. Aufwendungen zum Bestreiten des Lebensunterhalts, z.B. für Ernährung, Kleidung und Wohnung.[693] Auch die Aufwendungen für eine gehobene Lebensführung gehören hierzu.

688 FG Nds. EFG 1990, 64.
689 BFHE 114, 90.
690 BFH BB 1997, 397.
691 FG Münster Urt. v. 3.12.2019 – 1 K 494/18 E, NWB LAAAH-39572 (Rev. Zugelassen: BFH – VI R 1/20).
692 OLG Hamm FuR 2007, 435 ff.
693 BFH BStBl III 1966, 534.

Ferner:

- Aufwendungen für die Erstattung von Krankenversicherungsbeiträgen an den geschiedenen Ehepartner[694]
- Aufwendungen für die Rückzahlung von Sozialhilfeleistungen, die der Ehepartner während des Scheidungsverfahrens in Anspruch genommen hat
- Zins- und Tilgungsleistungen auf ein Wohnungsbaudarlehen für das Einfamilienhaus des geschiedenen Ehepartners
- Leistungen für die Unterbringung des Ehepartners im Altenheim,[695] wenn die Unterbringung allein wegen des Alters erfolgt
- Aufwendungen für die krankheits- oder behinderungsbedingte Heimunterbringung
- Kapitalabfindungen, mit denen eine Unterhaltsverpflichtung abgelöst wird, jedoch beschränkt auf das Jahr der Zahlung[696]
- kreditfinanzierte Unterhaltsleistungen im Zeitpunkt der Zahlung, Fahrtkosten für erforderliche Besuche bei einer Betreuungs- bzw. Pflegebedürftigkeit
- Aufwendungen für den Unterhalt für Personen im Ausland[697]
- Aufwendungen für behinderte Kinder[698]
- Unterhaltsleistungen für den bedürftigen, im Inland lebenden, ausländischen Lebensgefährten, wenn dieser bei Inanspruchnahme von Sozialhilfe damit rechnen müsste, keine Aufenthaltsgenehmigung zu erhalten oder ausgewiesen zu werden[699]

■ Voraussetzungen für den Höchstbetragsabzug vom Gesamtbetrag der Einkünfte 879

Folgende Voraussetzungen müssen erfüllt werden:

- Die unterstützte Person muss dem Steuerpflichtigen oder seinem Ehegatten gegenüber gesetzlich unterhaltsberechtigt sein.
- Es darf kein Anspruch auf einen Freibetrag nach § 32 Abs. 6 EStG oder auf das Kindergeld bestehen.
- Ferner müssen die unterhaltenen Personen bedürftig sein.

■ Unterhaltsberechtigte 880

Hierunter fallen Eheleute, z.B. auch bei Grenzpendlern im nicht EU- oder EWR-Raum, der getrenntlebende Ehegatte, der geschiedene Ehegatte, die Eltern, die Kinder, die Großeltern, die Enkelkinder, nicht eheliche Kinder, für ehelich erklärte Kinder, Adoptivkinder und die Mutter eines nicht ehelichen Kindes. Diesen Personen gleichgestellt ist der nicht eheliche Lebenspartner, soweit bei ihm zum Unterhalt bestimmte öffentliche Mittel, wie z.B. Sozialhilfe, Arbeitslosenhilfe gekürzt werden. Keine gesetzliche Verpflichtung besteht gegenüber Geschwistern. Nach § 2 Abs. 8 EStG sind die Regelungen des Einkommensteuergesetzes zu Ehegatten und Ehen auch auf **eingetragene Lebenspartner und Lebenspartnerschaften** anzuwenden. Entsprechende Änderungen im Einkommensteuergesetz sind am 19.7.2013 infolge des Gesetzes zur Änderung des Einkommensteuergesetzes rückwirkend zum VZ 2001 in

694 Siehe Bürgerentlastungsgesetz ab VZ 2010 BGBl I 2009, 19; BMF-Schreiben v. 13.9.2010 – RZ 53–107; *Myßen/Wolter*, NWB 2009, 3900.

695 FG München DStRE 2010, 229.

696 BFH v. 19.6.2008 – III R 57/05, BStBl II 2009, 361.

697 BMF-Schreiben DStR 2010, 1232; Opfergrenze beachten.

698 BFH DStRE 2010, 794: für die Frage der Zwangsläufigkeit bei Unzumutbarkeit des Einsatzes eigenen Vermögens; *Hillmer*, ZFE 2010, 369.

699 BFH BStBl II 2007, 41.

Umsetzung der Entscheidung des BVerfG vom 7.5.2013[700] in Kraft getreten. Die Rückwirkung bezieht sich auf alle Lebenspartner, deren Veranlagung noch nicht bestandskräftig durchgeführt ist.[701]

> *Hinweis*
> Vom 1.8.2001 bis zum 30.9.2017 konnten Partner einer gleichgeschlechtlichen Beziehung ihr Zusammenleben durch die eingetragene Lebenspartnerschaft legalisieren. Dieses familienrechtliche Institut sollte eine weitgehende Gleichstellung von eingetragenen gleichgeschlechtlichen Paaren und Ehepaaren erreichen.

§ 1 Abs. 1 Satz 1 LPartG definiert den Begriff „Lebenspartner und Lebenspartnerinnen". Dies sind zwei Personen gleichen Geschlechts, die gegenseitig und bei gleichzeitiger Anwesenheit vor der zuständigen Behörde erklären, miteinander eine Partnerschaft auf Lebenszeit führen zu wollen. Seit dem 1.10.2017 können gleichgeschlechtliche Paare nur noch die Ehe eingehen, eine eingetragene Lebenspartnerschaft kann nicht mehr begründet werden. Solange eine bereits bestehende eingetragene Lebenspartnerschaft nicht in eine Ehe umgewandelt wird, bleibt sie bestehen.

881 ■ **Kein Freibetrag**

Weder der Unterhaltsverpflichtete als Steuerpflichtiger noch eine andere Person darf einen Anspruch auf den Kinderfreibetrag oder Kindergeld haben.

882 ■ **Bedürftigkeit**

Unter Bedürftigkeit wird verstanden, wenn die Unterhaltsberechtigten keine oder nur geringe eigene Einkünfte und Bezüge haben und auch kein oder nur ein geringes eigenes Vermögen besitzen.

883 ■ **Eigene Einkünfte und Bezüge des Unterhaltsberechtigten**

Unter Bezügen sind alle Einnahmen in Geld oder Geldeswert, die nicht im Rahmen der einkommensteuerrechtlichen Einkünfteermittlung erfasst werden, also nicht steuerbare sowie grundsätzlich steuerfreie Einnahmen gemeint.[702]

Hierzu zählen:

- die Teile von Leibrenten, die den Besteuerungsanteil nach § 22 Nr. 1 S. 3 Buchstabe a Doppelbuchstabe aa EStG übersteigen (der sog. Rentenfreibetrag)
- Renten aus der gesetzlichen Unfallversicherung
- Wehrsold nach § 3 Nr. 5 EStG
- Versorgungsfreibetrag inkl. Zuschlag nach § 19 Abs. 2 EStG
- Sparerfreibetrag nach § 20 Abs. 4 EStG
- Zuschüsse eines Trägers der gesetzlichen Rentenversicherung zu den Aufwendungen eines Rentners für seine Krankenversicherung
- Wohngeld nach dem Wohngeldgesetz (§ 3 Nr. 58 EStG)
- pauschal besteuerte Bezüge nach § 40a EStG
- die nach § 3 Nr. 40 und Nr. 40a EStG steuerfrei bleibenden Beträge.

700 BVerfG FamRZ 2013, 1103.
701 Siehe hierzu auch BMF-Schreiben v. 31.7.2013 – IV C 1 – S 1910/13/10065:001, www.bundesfinanzministerium.de.
702 DA – Fam EStG 63.4.2.3 Abs. 1 = Dienstanweisung zur Durchführung des steuerlichen Familienausgleichs nach dem X. Abschnitt des EStG.

■ **Höchstbetrag** 884

Unterhaltsaufwendungen sind im Kalenderjahr ab VZ 2020 bis **zur Höhe des Grundfreibetrages** als Höchstbetrag abzuziehen (§ 33a Abs. 1 S. 1 EStG). Der Grundfreibetrag beträgt im **VZ 2022 10.347 EUR** und im **VZ 2023 10.908 EUR**. Für **2024** ist eine weitere Anhebung um 696 EUR auf **11.604 EUR** vorgesehen.

Hinweis

Ab VZ 2015 ist ein Abzug der Unterhaltsleistungen zur Vermeidung eines Missbrauchs nur noch möglich, wenn die Steuer-Identifikationsnummer (§ 139b AO) der unterhaltenen Person in der Steuererklärung des Leistenden genannt wird, sofern der Empfänger der unbeschränkten oder beschränkten Steuerpflicht unterliegt § 33a Abs. 1 Sätze 9–11 EStG.

Nach § 33a Abs. 1 S. 2 EStG erhöht sich dieser ferner um die notwendig und tatsächlich erbrachten Aufwendungen für die Kranken- und Pflegeversicherung nach § 10 Abs. 1 Nr. 3 S. 1 EStG.[703]

■ **Verminderung des abziehbaren Höchstbetrages** 885

Erhält der Unterhaltsberechtigte eigene Einkünfte und Bezüge, die zur Bestreitung des Unterhalts bestimmt oder geeignet sind, vermindert sich der Höchstbetrag entsprechend § 33a Abs. 1 S. 5 EStG um

- den Betrag, um den diese Einkünfte und Bezüge den Betrag von 624 EUR im Kalenderjahr übersteigen (= anrechnungsfreier Betrag = Karenzbetrag)
  sowie
- die von der unterhaltenen Person als Ausbildungshilfe aus öffentlichen Mitteln bezogenen Zuschüsse in vollem Umfang, und zwar ohne Berücksichtigung des anrechnungsfreien Betrages von 624 EUR.

Beispiel

Unterhaltsschuldner S zahlt im Kalenderjahr 2015 an seine von ihm getrenntlebende Ehefrau F Unterhalt in Höhe von jährlich 7.680 EUR.

F verfügt über eigene Einkünfte und Bezüge in Höhe von 1.000 EUR.

Lösung

Die abziehbare außergewöhnliche Belastung wird bei S wie folgt ermittelt:

Ungekürzter Höchstbetrag 2015	8.472 EUR
Einkünfte und Bezüge der F	1.000 EUR
übersteigen den anrechnungsfreien Betrag von	– 624 EUR
um (= anzurechnende Einkünfte und Bezüge)	– 376 EUR
gekürzter Höchstbetrag	8.096 EUR
abziehbare außergewöhnliche Belastung	**8.096 EUR**

Lösung Variante

Für den Fall, dass S darüber hinaus Kosten für eine Basiskrankenversicherung und Pflegeversicherung für F in Höhe von 3.000 EUR gezahlt hat, könnte er weitere 3.000 EUR als außergewöhnliche Belastung im Sinne von § 33a Abs. 1 S. 1 und 2 EStG berücksichtigen lassen.

703 *Perleberg-Kölbel*, FuR 2010, 18.

Hinweis

Bei der Ermittlung von Einkünften und Bezügen der unterhaltenen Person sind auch im Jahr 2015 die Beiträge zur gesetzlichen Renten- und Arbeitslosenversicherung mindernd abzuziehen.[704]

Durch das Steuervereinfachungsgesetz 2011[705] entfällt die Einbeziehung der **der Abgeltung unterliegenden Einkünfte** in die Ermittlung der eigenen Einkünfte und Bezüge infolge des Wegfalls von § 2 Abs. 5b S. 2 Nr. 2 EStG.

Bei Selbstständigen ist die Berechnung der abziehbaren Unterhaltsleistungen auf der Grundlage eines Dreijahreszeitraums vorzunehmen. Steuerzahlungen sind von dem zugrunde zu legenden Einkommen grundsätzlich in dem Jahr abzuziehen, in dem sie an das Finanzamt geleistet werden.[706]

Auch das gesamte nach dem BEEG gezahlte **Elterngeld inklusive des Sockelbetrages** i.H.v. 300 EUR stellt einen Bezug zur Bestreitung des Lebensunterhalts der unterstützten Person i.S.d. § 33a Abs. 1 S. 5 EStG dar.[707] Dem steht nicht entgegen, dass in Höhe des Sockelbetrags des Elterngeldes die Unterhaltspflicht der unterstützenden Person gem. § 1615l BGB aufgrund der Regelung des § 11 BEEG nicht gemindert ist.[708]

886 ■ **Vereinfachungsgründe**

Aus Vereinfachungsgründen sind bei der Feststellung dieser anrechenbaren Bezüge als Kostenpauschale insgesamt 180 EUR im Kalenderjahr abzuziehen, wenn nicht höhere Aufwendungen, die im Zusammenhang mit dem Zufluss der entsprechenden Einnahmen stehen, nachgewiesen oder glaubhaft gemacht werden, R 33a.3 EStR.

887 ■ **Vermögen**

In der Regel wird ein **Vermögen** bis zu einem gemeinen Wert, d.h. Verkehrswert von 15.500 EUR, als geringfügig angesehen.

Ein **angemessenes Hausgrundstück** im Sinne des § 90 Abs. 2 Nr. 8 SGB XII, das vom Unterhaltsberechtigten bewohnt wird, bleibt als so genanntes „Schonvermögen" außer Betracht.[709] Gleiches gilt für eine angemessene selbst genutzte Eigentumswohnung.[710]

Durch das Amtshilferichtlinie-Umsetzungsgesetz[711] ist § 33a Abs. 1 S. 4 EStG dahingehend ergänzt worden, dass ein angemessenes Hausgrundstück i.S.v. § 90 Abs. 2 Nr. 8 SGB XII unberücksichtigt bleibt. Die Angemessenheit bestimmt sich nach der Zahl der Bewohner, dem Wohnbedarf (zum Beispiel behinderter, blinder oder pflegebedürftiger Menschen), der Grundstücksgröße, der Hausgröße, dem Zuschnitt und der Ausstattung des Wohngebäudes sowie dem Wert des Grundstücks einschließlich des Wohngebäudes.

704 FG Sachsen v. 14.8.2013 – 2 K 946/13 www.2.nwb.de; Rev. zugelassen.
705 BStBl 2011 I, 2131.
706 BFH v. 28.3.2012 – VI R 31/11, www.bundesfinanzhof.de.
707 Hierzu auch mit weiteren Beispielen BMF-Schreiben v. 6.4.2022 – IV C 8 – S 2285/19/10003 : 001 DOK 2022/0025940, https://www.bundesfinanzministerium.de/Content/DE/Downloads/BMF_Schreiben/Steuerarten/Einkommensteuer/2022-04-06-allgemeine-hinweise-zur-beruecksichtigung-von-unterhaltsaufwendungen-als-assergewoehnliche-belastung.pdf?__blob=publicationFile&v=1.
708 FG Münster v. 26.11.2015 – 3 K 3546/14, www.justiz.nrw.de/nrwe.
709 R 33a Abs. 2 Nr. 2 EStR 2005, H 33a.1, geringes Vermögen, EStH.
710 BFH/NV 2006, 1069.
711 BGBl I 2013, 1809.

■ **Zahlungen mit Auslandsbezug** 888

Werden Personen unterhalten, die ihren Wohnsitz im Ausland haben, können nach § 33a Abs. 1 S. 6 EStG Unterhaltsaufwendungen nur insoweit abgezogen werden, als sie nach den **Verhältnissen des Wohnsitzstaates** der unterhaltenen Person notwendig und angemessen sind. Hierbei wird allerdings die gesetzliche Unterhaltsverpflichtung nach inländischen Maßstäben beurteilt.[712]

Bestimmte Voraussetzungen sind zu erfüllen, damit die Aufwendung als abzugsfähige Aufwendung anerkannt werden kann.

Die Unterhaltsempfänger müssen gegenüber dem Steuerpflichtigen oder seinem Ehegatten nach **inländischem Recht** unterhaltsberechtigt sein, § 33a Abs. 1 S. 1 u. 5 Hs. 2 EStG.[713]

Die Angemessenheit und Notwendigkeit von Unterhaltsleistungen an Unterhaltsempfänger ist anhand des Pro-Kopf-Einkommens zu ermitteln.[714]

Die **Bedürftigkeit** darf nach der sog. konkreten Betrachtungsweise nicht typisierend unterstellt werden. Außer den zivilrechtlichen Voraussetzungen sind zusätzlich auch Unterhaltskonkurrenzen zu prüfen.[715]

■ **Mehrere Unterhaltsverpflichtete** 889

Erfüllen **mehrere Steuerpflichtige** die Voraussetzungen für einen Freibetrag nach § 33a Abs. 1 EStG und tragen sie gemeinsam zu dem Unterhalt einer in der Berufsausbildung befindlichen Person bei, wird bei jedem Unterhaltsleistenden der Teil des Betrages abgezogen, der seinem Anteil am Gesamtbetrag der Leistungen entspricht, § 33a Abs. 1 Satz 7 EStG.

■ **Versteuerung beim Unterhaltsberechtigen** 890

Die Unterhaltsleistungen, die als eine außergewöhnliche Belastung berücksichtigt werden, sind von den Unterhaltsberechtigten nicht zu versteuern.

bb) Freibetrag nach § 33a Abs. 2 EStG

■ **Allgemeines** 891

Die Freistellung des Existenzminimums und des Betreuungs-, Erziehungs- und Ausbildungsbedarfs eines Kindes werden alternativ entweder durch die Freibeträge nach § 32 Abs. 6 EStG oder durch das Kindergeld (§ 31 S. 1 EStG) bewirkt (vgl. Rdn 901).

■ **Sonderbedarf i.S.d. § 33a Abs. 2 S. 1 EStG** 892

Zur Abgeltung des darüberhinausgehenden Sonderbedarfs eines sich in der Berufsausbildung befindenden, auswärtig untergebrachten, volljährigen Kindes, wird jährlich ein Freibetrag von 1.200 EUR anerkannt (§ 33a Abs. 2 S. 1 EStG).

■ **Voraussetzungen** 893

Der Freibetrag zur Berücksichtigung eines Sonderbedarfs bei volljährigen Kindern in Berufsausbildung wird auch als Ausbildungsfreibetrag bezeichnet. Das volljährige Kind muss zur **Berufsausbildung** auswärtig untergebracht sein und für das Kind muss ein Anspruch auf einen Freibetrag nach § 32 Abs. 6 EStG oder auf Kindergeld nach §§ 62 ff. EStG bestehen. Dem Steuerpflichtigen müssen ferner Aufwendungen

712 BFH DB 2010, 2026.
713 BFH BStBl II 2002, 760.
714 BFH BFHE 2011, 571; BFH FamRZ 2011, 562.
715 Änderung der Rspr BFH DB 2010, 1916; zur Prüfung der Erwerbsobliegenheit der Ehefrau bei Unterhaltszahlungen im Ausland: BFH NJW 2011, 414.

entstanden sein, wobei es nicht auf deren Höhe ankommt. Die Berufsausbildung schließt eine Weiterqualifizierung im ausgeübten Beruf einschließlich Umschulungsmaßnahmen ein.

894 Folgende Voraussetzungen müssen folglich erfüllt sein:

- Das Kind muss sich in Berufsausbildung befinden.
- Es muss auswärtig untergebracht sein, d.h. außerhalb des Haushalts der Eltern wohnen und
- das Kind muss volljährig sein, d.h. das 18. Lebensjahr vollendet haben.
- Ferner muss für das Kind ein Anspruch auf einen Freibetrag nach § 32 Abs. 6 EStG oder auf Kindergeld nach § 62 ff. EStG bestehen.

895 ■ **Minderung des Freibetrages**

Ab VZ 2012 wird gem. § 33a Abs. 3 S. 2 EStG infolge der Neuregelungen durch das Steuervereinfachungsgesetz 2011[716] der Ausbildungsfreibetrag für volljährige Kinder, die wegen ihrer Ausbildung außerhalb der Wohnung ihrer Eltern untergebracht sind, nicht mehr um eigene Einkünfte oder Ausbildungsbeihilfen des Kindes (z.B. auch BAföG-Zuschüsse) gekürzt.

896 Die Berufsausbildung umfasst auch den Schulbesuch, d.h. schon den Besuch von Allgemeinwissen vermittelnden Schulen, wie z.B. Grundschulen, Fachschulen und Hochschulen.

897 Wenn die Voraussetzungen für die Gewährung des Freibetrages nur für einen Teil des Kalenderjahres vorliegen, wird der Freibetrag in Höhe von 1.200 EUR für jeden vollen Kalendermonat, für den die Voraussetzungen nicht vorgelegen haben, um je 1/12 ermäßigt (§ 33a Abs. 4 EStG). Eigene Einkünfte und Bezüge eines Kindes, die auf die Kalendermonate entfallen, für die kein Freibetrag gewährt wird, vermindern nicht den ermäßigten Freibetrag (§ 33a Abs. 3 EStG).

IV. Zu versteuerndes Einkommen nach § 2 Abs. 5 EStG

1. Überblick zum zu versteuernden Einkommen

898 Das zu **versteuernde Einkommen** ergibt sich aus dem Einkommen, vermindert um die Freibeträge für Kinder und den Härteausgleich.

	Einkünfte aus Land- und Forstwirtschaft gemäß § 13 EStG
+	**Einkünfte aus Gewerbebetrieb gemäß § 15 EStG**
+	**Einkünfte aus selbstständiger Arbeit gemäß § 18 EStG**
+	**Einkünfte aus nichtselbstständiger Arbeit gemäß § 19 EStG**
+	**Einkünfte aus Kapitalvermögen gemäß § 20 EStG**
+	**Einkünfte aus Vermietung und Verpachtung gemäß § 21 EStG**
+	**sonstige Einkünfte im Sinne des § 22 EStG**
=	**Summe der Einkünfte gemäß § 2 Abs. 2 EStG**
–	Altersentlastungsbetrag nach § 24a EStG
–	Entlastungsbetrag für Alleinerziehende nach § 24b EStG
–	Freibetrag für Land- und Forstwirte nach § 13 Abs. 3 EStG + Hinzurechnungsbetrag nach § 52 Abs. 2 S. 3 EStG sowie § 8 Abs. 5 S. 2 AlG
=	Gesamtbetrag der Einkünfte nach § 2 Abs. 3 EStG
–	Verlustabzug nach § 10d EStG
–	Sonderausgaben nach §§ 10, 10a, 10b, 10c EStG

716 BGBl I 2011, 2131.

– außergewöhnliche Belastungen nach §§ 33 bis 33b EStG
– sonstige Abzugsbeträge wie z.B. nach § 7 FördG
  + Erstattungsüberhänge nach § 10 Abs. 4b S. 3 EStG
+ zuzurechnendes Einkommen gem. § 15 Abs. 1 AStG
= Einkommen nach § 2 Abs. 4 EStG
– **Freibeträge für Kinder nach §§ 31, 32 Abs. 6 EStG**
– **Härteausgleich nach § 46 Abs. 3 EStG, § 70 EStDV**
= **zu versteuerndes Einkommen nach § 2 Abs. 5 EStG**

Wenn die Freibeträge günstiger sind als das Kindergeld, werden im Rahmen der Veranlagung die Freibeträge nach § 32 Abs. 6 EStG bei der Ermittlung des zu versteuernden Einkommens abgezogen und das gezahlte Kindergeld wie auch die gezahlten Altersvorsorgezulagen der tariflichen Einkommensteuer hinzugerechnet (§ 2 Abs. 6 S. 3 EStG). 899

2. Freibeträge für Kinder/Kindergeld/Günstigerprüfung

a) Freibeträge für Kinder

Zu den Freibeträgen nach § 32 Abs. 6 EStG gehören: 900

- der Kinderfreibetrag
- der Betreuungsfreibetrag
- der Freibetrag für den Betreuungs- und Erziehungs- oder Ausbildungsbedarf.

Die Gewährung der Freibeträge hängt davon ab, dass ein Kind nach § 32 Abs. 3, 4, 5 oder 6 EStG zu berücksichtigen ist.

- **Definition Kind** 901

Kinder i.S.d. § 32 Abs. 1 EStG sind:

- im ersten Grad mit dem Steuerpflichtigen verwandte Kinder und
- Pflegekinder.

> *Hinweis* 902
>
> Ab dem Veranlagungszeitraum 1994 kommt es nicht mehr darauf an, dass das Kind unbeschränkt steuerpflichtig ist.

Eine Berücksichtigung von Kindern ist abhängig von deren Alter, wobei ab 18 Jahren noch weitere Voraussetzungen erfüllt sein müssen.

Es werden **fünf Gruppen von Kindern** nach dem Einkommensteuergesetz unterschieden: 903

- Kinder unter 18 Jahren (§ 32 Abs. 3 EStG)
- Kinder von 18 bis 24 Jahren (§ 32 Abs. 4 Nr. 2 EStG)
- Kinder von 18 bis 20 Jahren (§ 32 Abs. 4 Nr. 1 EStG)
- Behinderte Kinder (§ 32 Abs. 4 Nr. 3 EStG)
- Kinder über 21 bzw. über 24 Jahre (§ 32 Abs. 5 EStG)

- **Höhe des Kinderfreibetrages** 904

Der Kinderfreibetrag beträgt für jedes zu berücksichtigende Kind des einzelnen Steuerpflichtigen 3.012 EUR und ab VZ 2024 3.192 EUR je Elternteil (§ 32 Abs. 6 S. 1, 2 EStG). Für das Jahr 2023 bedeutet dies für beide Elternteile insgesamt 6.024 EUR (3.012 EUR je Elternteil) und für das Jahr 2024 insgesamt 6.384 EUR (3.192 EUR je Elternteil).

Hinweis

An den doppelten Freibetrag wird nach der Unterhaltsreform der Mindestunterhalt nach § 1612 BGB geknüpft.[717]

905 ■ **Zwölftelung**

Es ist eine Zwölftelung vorzunehmen, wenn das Kind nicht das gesamte Jahr über zu berücksichtigen ist (§ 32 Abs. 6 S. 5 EStG).

906 ■ **Eigene Einkünfte des Kindes**

Ein Anspruch auf den Kinderfreibetrag und das Kindergeld besteht ab VZ 2012 infolge des Steuervereinfachungsgesetzes 2011 unabhängig von den Einkünften und Bezügen des Kindes. Nach Abschluss einer erstmaligen Berufsausbildung und eines Erststudiums wird ein Kind auch dann berücksichtigt, wenn es keiner Erwerbstätigkeit nachgeht.

Eine Erwerbstätigkeit mit bis zu 20 Stunden regelmäßiger wöchentlicher Arbeitszeit, ein Ausbildungsdienstverhältnis oder ein geringfügiges Beschäftigungsverhältnis im Sinne der §§ 8 und 8a des SGB IV sind hierbei nicht schädlich (§ 32 Abs. 4 EStG).

■ **Auslandskinder**

Kinderfreibeträge werden ab dem Veranlagungszeitraum 1994 auch für nicht unbeschränkt einkommensteuerpflichtige Kinder, sog. Auslandskinder gewährt. Voraussetzung ist hier lediglich, dass der Steuerpflichtige unbeschränkt einkommensteuerpflichtig ist.[718] Je nach Land wird der Freibetrag in voller Höhe, zu ¾ oder ½ bzw. ¼ zu ermäßigen sein.

b) Freibetrag für den Betreuungs-, Erziehungs- oder Ausbildungsbedarf

907 **Neben** dem Kinderfreibetrag kann jährlich ein Freibetrag für den Betreuungs-, Erziehungs- oder Ausbildungsbedarf für den VZ 2023 **in Höhe von 1.464 EUR** in Anspruch genommen werden (§ 32 Abs. 6 S. 1 EStG). Dieser Betrag verdoppelt sich bei Ehegatten, die zusammen veranlagt werden **auf 2.928 EUR** (§ 32 Abs. 6 S. 2 EStG).

Voraussetzung ist, dass das Kind zu beiden Ehegatten in einem Verwandtschaftsverhältnis steht. Der Betreuungsfreibetrag ist – wie der Kinderfreibetrag – ein Jahresbetrag und ermäßigt sich um je 1/12 um jeden Kalendermonat, in dem die Voraussetzungen für den Freibetrag nicht vorliegen (§ 32 Abs. 6 S. 5 EStG).

908 *Hinweis*

Die **Bindungswirkung** eines bestandskräftigen, die Gewährung von Kindergeld ablehnenden Bescheids erstreckt sich auf die Zeit bis zum Ende des Monats seiner Bekanntgabe. Dementsprechend kann auf einen danach gestellten weiteren Antrag Kindergeld rückwirkend nur ab dem auf die Bekanntgabe des Ablehnungsbescheids folgenden Monat bewilligt werden. Die Beschränkung auf die Zeit bis zum Ende des Monats, in dem ein Ablehnungsbescheid bekannt gegeben wird, bedeutet zugleich, dass die Bindungswirkung des Bescheids auch bis zum Ende des Monats reicht, weil die Festsetzung von Kindergeld ein teilbarer Verwaltungsakt ist. Dies ergibt sich aus dem nach § 66 Abs. 2 EStG geltenden Monatsprinzip, nach dem Kindergeld für jeden Monat gezahlt wird, in dem die Anspruchsvoraussetzungen vorliegen. Die Festsetzung umfasst fol glich einen Anspruch für jeden Mo-

717 Vgl. hierzu *Soyka*, Auswirkungen der Unterhaltsreform auf den Kindesunterhalt, FuR 2008, 157 ff.

718 Vgl. zur Ländergruppeneinteilung Schreiben des BMF v. 17.11.2003, BStBl I 2003, 637 ff. und Schreiben v. 9.2.2005, BStBl I 2005, 369.

nat. Daher kann sie für einzelne Monate aufgehoben oder geändert werden und für andere Monate unverändert bestehen bleiben.[719]

Praxistipp 909

Ab VZ 2012 kann aufgrund des Steuervereinfachungsgesetzes 2011 der halbe Kinderfreibetrag des einen Elternteils auf den anderen Elternteil übertragen werden, wenn dieser von seinen Unterhaltsverpflichtungen mangels finanzieller Leistungsfähigkeit freigestellt ist (§ 32 Abs. 6 S. 6–9 EStG). Gem. § 32 Abs. 6 Hs. 2 EStG kann auf Antrag eines Elternteils der dem anderen Elternteil zustehende Kinderfreibetrag auf ihn übertragen werden, wenn der beantragende Elternteil seiner Unterhaltspflicht gegenüber dem Kind für das Kalenderjahr im Wesentlichen nachkommt oder der andere Elternteil mangels Leistungsfähigkeit nicht unterhaltspflichtig ist. Die Übertragung verstößt generell nicht gegen das Grundgesetz.

c) Kindergeld/Günstigerprüfung

Kindergeld und Kinder- und Betreuungsfreibetrag können nicht zusammen, sondern nur **alternativ** in Anspruch genommen werden. 910

■ Höhe des Kindergeldes 911

Das Kindergeld (§ 66 Abs. 1 EStG) beträgt seit dem 1.1.2023 monatlich für jedes Kind **250 EUR**.

■ Günstigerprüfung von Amts wegen 912

Das Finanzamt prüft im Rahmen der Veranlagung zur Einkommensteuer, ob der Freibetrag und der Betreuungsfreibetrag günstiger sind als das für das Kalenderjahr gezahlte Kindergeld. Dies ist die sog. Günstigerprüfung. Von Amts wegen wird also die günstigere Lösung für den Steuerpflichtigen berücksichtigt.

■ Rechtsfolge 913

Werden der Kinderfreibetrag und der Betreuungsfreibetrag abgezogen, wird das erhaltene Kindergeld mit der Steuerermäßigung verrechnet, indem die tarifliche Einkommensteuer um den entsprechenden Betrag erhöht wird (§ 2 Abs. 6 S. 3 EStG).

Der Kinderfreibetrag wirkt sich nach wie vor auf die Höhe des Solidaritätszuschlags und der Kirchensteuer aus.

Beispiel

Die Eheleute M und F haben 2013 ein zu versteuerndes Einkommen ohne Freibeträge für Kinder in Höhe von 65.000 EUR bezogen. Für die minderjährige Tochter T haben sie **2.208 EUR** Kindergeld erhalten.

Die Einkommensteuer lt. Splittingtabelle beträgt 12.808 EUR

Lösung

Zu versteuerndes Einkommen	65.000 EUR
– Kinderfreibetrag	– 4.368 EUR
– Freibetrag für Betreuungs- und Erziehungs- oder Ausbildungsbedarf	– 2.640 EUR
Zu versteuerndes Einkommen (neu)	57.992 EUR

719 BFH v. 21.10.2015 – VI R 35/14, www.bfh.de.

hierauf Einkommensteuer	– 10.574 EUR
Differenz zwischen 12.808 EUR und 10.574 EUR	**2.234 EUR**

Da die Freibeträge eine um 26 EUR höhere steuerliche Entlastung bewirken (2.234 EUR) als das Kindergeld (2.208 EUR), werden sie von Amts wegen bei der Ermittlung des zu versteuernden Einkommens abgezogen und das Kindergeld wird der Einkommensteuer hinzugerechnet (§ 31 S. 4 EStG).

914 *Praxistipp*

Damit der Arbeitgeber die Abzugsbeträge richtig berechnen kann, werden auf der elektronischen Lohnsteuerkarte die Zahl der Kinder und der jeweilige Kinderfreibetrag bescheinigt.

Für ein im **Praktikum befindliches Kind** besteht nur dann ein Anspruch auf Kindergeld, wenn das Praktikum Teil einer Berufsausbildung ist. Dies ist nicht der Fall, wenn nicht nachgewiesen ist, dass die während des Praktikums ausgeübten konkreten Tätigkeiten in erster Linie Ausbildungscharakter haben. Es ist daher darzulegen, welche Kenntnisse, Fähigkeiten und Erfahrungen konkret vermittelt werden bzw. worden sind. Der erforderliche Nachweis wird nicht geführt, wenn sich eine ausgestellte Bescheinigung auf eine Aufzählung von Ausbildungsinhalten beschränkt, ohne zu erläutern, wann diese vermittelt worden sind.

Eine **Behinderung** muss nach den gesamten Umständen des Einzelfalls für die fehlende Fähigkeit des Kindes zum Selbstunterhalt ursächlich sein. Der Nachweis, dass ein volljähriges Kind i.S.v. § 32 Abs. 4 S. 1 Nr. 3 EStG wegen körperlicher, geistiger oder seelischer Behinderung außer Stande ist, sich selbst zu unterhalten, ist nicht geführt, wenn ausweislich einer fachärztlichen Bescheinigung der Grad der Behinderung „50–80 %“ beträgt.[720]

Nach dem BFH[721] ist ein **Masterstudium** jedenfalls dann Teil einer **einheitlichen Erstausbildung**, wenn es zeitlich und inhaltlich auf den vorangegangenen Bachelorstudiengang abgestimmt ist (sog. **konsekutives Masterstudium**). Daher besteht auch nach Abschluss eines Bachelorstudienganges ein Anspruch auf Kindergeld.

915 *Hinweis: Anrechnung von Kindergeldansprüchen zwischen zwei EU-Staaten*

Ausländische Familienleistungen, die mit dem Kindergeld im Inland vergleichbar sind, sind auf das in Deutschland gezahlte Kindergeld anzurechnen. Die Mitteilung einer ausländischen Behörde über die Gewährung vergleichbarer Leistungen hat Bindungswirkung für die Familienkasse.

Nach dem Urteil des BFH v. 25.7.2019[722] sind z.B. Familienleistungen, die nach dem polnischen Gesetz über staatliche Beihilfen zur Kindererziehung vom 17.2.2016 gezahlt werden, auf das in Deutschland gezahlte Kindergeld anzurechnen. Der BFH hat mit dieser Entscheidung über eine bedeutende Grundsatzfrage für das Kindergeldrecht zu Lasten polnischer Staatsangehöriger mit Wohnsitz im Inland entschieden.

3. Härteausgleich, § 46 Abs. 3, 4 EStG, § 70 EStDV

916 Hier sind zwei Grundfälle zu unterscheiden, und zwar:

- der Härteausgleich nach § 46 Abs. 3 EStG und
- der Härteausgleich nach § 46 Abs. 54 EStG i.V.m. § 70 EStDV

720 BFH v. 21.10.2015 – XI R 17/14, www.bfh.de.
721 BFH v. 3.9.2015 – VI R 9/15, www.bfh.de.
722 BFH v. 25.7.2019 – III R 34/18, www.bundesfinanzhof.de.

Danach gilt:

Betragen die Einkünfte, die nicht der Lohnsteuer zu unterwerfen waren, abzüglich der darauf entfallenden Beträge nach § 13 Abs. 3 EStG und § 24a S. 5 EStG insgesamt nicht mehr als 410 EUR, so wird der Härteausgleich in Höhe der Nebeneinkünfte vom Einkommen abgezogen (§ 46 Abs. 3 S. 1 EStG).

Hinweis 917

Daraus ergibt sich, dass der Abzugsbetrag demnach 1 EUR bis 410 EUR betragen kann. Dies gilt ebenso auch bei zusammen veranlagten Ehepartnern. Die Freigrenze von 410 EUR ist veranlagungsbezogen, d.h. sie erhöht sich nicht bei der Zusammenveranlagung und steht auch bei getrennter sowie bei der gesonderten Veranlagung jedem Ehegatten zu.

V. Einkommensteuerfestsetzung

1. Überblick über die Ermittlung der Einkommensteuerschuld

Im Einkommensteuergesetz wird **tarifliche und festzusetzende Einkommensteuer** unterschieden. 918

Die Ermittlung des zu versteuernden Einkommens (Bemessungsgrundlage) und der festzusetzenden Einkommensteuer folgt aus § 2 Abs. 1 a–5 EStG, R 2 Abs. 1 EStR 2005 und § 2 Abs. 6 EStG, R 2 Abs. 2 EStR 2005.

Das zu versteuernde Einkommen i.S.d. § 2 Abs. 5 EStG wird im Wesentlichen so ermittelt, dass nach der Feststellung der Einkünfte unter Abzug der Entlastungsbeträge, z.B. für Alleinerziehende, der Gesamtbetrag der Einkünfte festgestellt wird.

Unter Abzug der Sonderausgaben und der außergewöhnlichen Belastungen und unter Abzug des Kinderfreibetrages ergibt sich das zu versteuernde Einkommen, s.o.

Die festzusetzende Einkommensteuer, § 2 Abs. 6 EStG, ergibt sich nach der Ermittlung der tariflichen Einkommensteuer, § 32a Abs. 1 (5 Zonen, d.h. von der 0-Zone bis zur Proportionalzone II – Spitzensteuersatz von 45 %), Abs. 5 EStG (Splittingverfahren) und nach Abzug von Steuerermäßigungen, z.B. bei Zuwendungen an Parteien, zuzüglich des Anspruchs auf Zulage von Altersvorsorge nach § 10a Abs. 2 EStG und zuzüglich des Anspruchs auf Kindergeld oder vergleichbarer Leistungen, soweit in den Fällen des § 31 EStG das Einkommen um Freibeträge für Kinder gemindert wurde (Familienleistungsausgleich): 919

1.Steuerbetrag

a nach § 32a Abs. 1, 5, § 50 Abs. 1 S. 2 EStG oder

b nach dem sich bei Anwendung des Progressionsvorbehalts (§ 32b EStG) oder der Steuersatzbegrenzung ergebenden Steuersatz

2 + Steuer aufgrund Berechnung nach den §§ 34, 34b EStG

3 + Steuer aufgrund der Berechnung nach § 34a Abs. 1, 4–6 EStG

4 = tarifliche Einkommensteuer (§ 32a Abs. 1, 5 EStG)

5 – Minderungsbetrag nach Punkt 11 Ziffer 2 des Schlussprotokolls zu Artikel 23 DBA Belgien in der durch Artikel 2 des Zusatzabkommens vom 5.11. 2002 geänderten Fassung (BGBl 2003 II S. 1615)

6 – ausländische Steuern nach § 34c Abs. 1 und 6 EStG, § 12 AStG

7 – Steuerermäßigung nach § 35 EStG

8 Steuerermäßigung für Stpfl. mit Kindern bei Inanspruchnahme erhöhter Absetzungen für Wohngebäude oder der Steuerbegünstigungen für eigengenutztes Wohneigentum (§ 34f Abs. 1 und 2 EStG)

9 – Steuerermäßigung bei Zuwendungen an politische Parteien und unabhängige Wählervereinigungen (§ 34g EStG)

10 – Steuerermäßigung nach § 34f Abs. 3 EStG

11 – Steuerermäßigung nach § 35a EStG (bis VZ 2009)

12 – Ermäßigung bei Belastung mit Erbschaftsteuer (§ 35b EStG)

13 + Steuer aufgrund Berechnung nach § 32d Abs. 3 u. 4 EStG

14.+ Steuern nach § 34c Abs. 5 EStG

15 + Nachsteuer nach § 10 Abs. 5 EStG i.V.m. § 30 EStDV

16 + Zuschlag nach § 3 Abs. 4 S. 2 Forstschäden-Ausgleichsgesetz

17 + Anspruch auf Zulage für Altersvorsorge, wenn Beiträge als Sonderausgaben abgezogen worden sind (§ 10a Abs. 2 EStG)

18 + Anspruch auf Kindergeld oder vergleichbare Leistungen, soweit in den Fällen des § 31 EStG das Einkommen um Freibeträge für Kinder gemindert wurde

19. = festzusetzende Einkommensteuer (§ 2 Abs. 6 EStG).

920 *Hinweis*

Der Entlastungsbetrag nach § 32c EStG ist ab 2007 von der tariflichen Einkommensteuer abzuziehen (§ 32c Abs. 1 EStG).

2. Einkommensteuertarif

a) Grundtarif (Grundtabelle)

921 Die Grundtabelle, also der Grundtarif, wird angewendet bei:

- ledigen Steuerpflichtigen
- verwitweten Steuerpflichtigen, wenn nicht ausnahmsweise der Splittingtarif zur Anwendung gelangt (§ 32a Abs. 6 S. 1 Nr. 1 EStG).
- geschiedenen Steuerpflichtigen, wenn nicht ausnahmsweise der Splittingtarif anzuwenden ist
- Ehegatten, die getrennt veranlagt werden (§ 26a EStG) (ab VZ 2013 Einzelveranlagung)
- Ehegatten, die die besondere Veranlagung wählen, es sei denn, der Ehegatte war zu Beginn des Veranlagungszeitraumes verwitwet und ausnahmsweise nach dem Splittingtarif zu besteuern (§ 26c Abs. 2 EStG) (entfällt ab VZ 2013).

922 *Praxistipp*

Gesetzlich werden der Einkommensteuertarif und die weiteren Grundlagen in §§ 32a, 32b, 32c und 32d EStG geregelt. Jede tarifliche Einkommensteuer bemisst sich nach dem auf volle EUR abgerundeten zu versteuernden Einkommen.

Sie beträgt im Veranlagungszeitraum 2023 vorbehaltlich der §§ 32b, 32d, 34, 34a, 34b und 34c jeweils in EUR für zu versteuernde Einkommen

bis 10.908 EUR (Grundfreibetrag):	0
von 10.909 EUR bis 15.999 EUR:	$(979{,}18 \cdot y + 1\,400) \cdot y$
von 16.000 EUR bis 62.809 EUR:	$(192{,}59 \cdot z + 2\,397) \cdot z + 966{,}53$
von 62.810 EUR bis 277.825 EUR:	$0{,}42 \cdot x - 9\,972{,}98$
von 277.826 EUR an:	$0{,}45 \cdot x - 18\,307{,}73$

Die Größe „y" ist ein Zehntausendstel des den Grundfreibetrag übersteigenden Teils des auf einen vollen Euro-Betrag abgerundeten zu versteuernden Einkommens.

Die Größe „z" ist ein Zehntausendstel des 15 999 EUR übersteigenden Teils des auf einen vollen Euro-Betrag abgerundeten zu versteuernden Einkommens. Die Größe „x" ist das auf einen vollen EUR-Betrag abgerundete zu versteuernde Einkommen. Der sich ergebende Steuerbetrag ist auf den nächsten vollen EUR-Betrag abzurunden.

Bei Ehegatten, die nach den §§ 26, 26b zusammen zur Einkommensteuer veranlagt werden, beträgt die tarifliche Einkommensteuer vorbehaltlich der §§ 32b, 32d, 34, 34a, 34b und 34c das Zweifache des Steuerbetrags, der sich für die Hälfte ihres gemeinsam zu versteuernden Einkommens nach Absatz 1 ergibt (Splitting-Verfahren).

Bei zusammen veranlagten Verheirateten gilt jeweils der 2-fache Betrag nach der Splittingtabelle.

Hinweis 923

Beim Einkommensteuertarif (§ 32a EStG) wird der Grundfreibetrag angehoben und die Tarifeckwerte verschoben. Das bedeutet, dass der Spitzensteuersatz 2023 bei 62.810 statt bisher 58.597 EUR greift. 2024 soll er ab 66.761 EUR beginnen. Die Tarifeckwerte zur sog. „Reichensteuer" werden unverändert beibehalten.

	Bisher	2023	2024
Eingangssteuersatz	10.348 bis 14.926	10.909 bis 15.999	11.605 bis 17.005
Progressionsphase	14.927 bis 58.596	16.000 bis 62.809	17.006 bis 66.760
Spitzensteuersatz (42 %)	ab 58.597	ab 62.810	ab 66.761
„Reichensteuer" (45 %)	ab 277.826	ab 277.826	ab 277.826

b) Splittingverfahren (Splittingtabelle)

Die Splittingtabelle wird angewendet bei: 924

- Ehegatten, die zusammen veranlagt werden (§ 32a Abs. 5 EStG)
- verwitweten Steuerpflichtigen für den Veranlagungszeitraum, der dem Kalenderjahr folgt, in dem der Ehegatte verstorben ist, wenn der Steuerpflichtige und sein verstorbener Ehegatte im Zeitpunkt des Todes unbeschränkt steuerpflichtig waren und nicht dauernd getrennt gelebt haben (§ 32a Abs. 6 Nr. 1 EStG)
- geschiedenen Steuerpflichtigen, wenn die Geschiedenen im Zeitpunkt der Scheidung die Voraussetzungen für eine Zusammenveranlagung erfüllten und wenn der bisherige Ehegatte im selben Jahr wieder verheiratet und mit seinem neuen Partner die Voraussetzungen für die Zusammenveranlagung erfüllt (§ 32a Abs. 6 Nr. 2 EStG).

Hinweis 925

Die tarifliche Einkommensteuer beträgt nach dem Splittingtarif das Zweifache des Steuerbetrages, der sich für die Hälfte des abgerundeten zu versteuernden Einkommens bei Anwendung des Grundtarifs ergibt (§ 32a Abs. 5 EStG).

■ Veranlagungsarten 926

Vorbemerkung

Bis einschließlich VZ 2012 gab es sieben Veranlagungs- und Tarifvarianten. Es gilt diese darzustellen, da sie unterhaltsrechtlich im Hinblick auf zurückliegende Betrachtungszeiträume noch relevant sein könnten:

Einzelveranlagung mit Grundtarif, das Witwen-Splitting, das Sonder-Splitting im Trennungsjahr, die Zusammenveranlagung mit Ehegatten-Splitting, die getrennte Veranlagung mit Grundtarif, die besondere Veranlagung mit Grundtarif oder die besondere Veranlagung mit Witwen-Splitting.

927 *Grundfall*

Grundfall der Veranlagung zur ESt ist die Einzelveranlagung einer natürlichen Person nach § 25 EStG. Aus dem zu versteuernden Einkommen ist die tarifliche ESt nach dem so genannten Grundtarif zu bemessen. Der Tarif steht formelhaft in § 32a EStG.

928 Eheleute konnten nach § 26 Abs. 1 EStG zwischen der getrennten Veranlagung gem. § 26a EStG, der Zusammenveranlagung gem. § 26b EStG und der besonderen Veranlagung gem. § 26c EStG für das Jahr der Eheschließung wählen.

929 Für Ehegatten und in Sonderfällen kann der Splittingtarif zur Anwendung kommen, § 32a Abs. 5 und Abs. 6 S. 2 EStG.

Bei der Zusammenveranlagung von Eheleuten, § 32a Abs. 5 EStG, beträgt die Jahressteuer nach diesem Tarif das Zweifache des Steuerbetrags, der sich für die Hälfte des gemeinsam zu versteuernden Einkommens[723] der Eheleute nach dem Grundtarif ergibt. Nach § 32a Abs. 6 EStG ist das gleiche Verfahren auch für die Berechnung der tariflichen ESt in Sonderfällen[724] anzuwenden. Bei Anwendung des Splittingtarifs verdoppelt sich auch die Freigrenze nach § 3 Abs. 3 SolZG.

Das Recht auf die Wahl der Zusammenveranlagung stand lediglich Ehegatten und nicht gleichgeschlechtlichen Lebenspartnerschaften zu.

930 Nach § 2 Abs. 8 EStG sind die Regelungen des Einkommensteuergesetzes zu Ehegatten und Ehen auch auf eingetragene Lebenspartner und Lebenspartnerschaften anzuwenden. Die Änderungen im Einkommensteuergesetz sind am 19.7.2013 infolge des Gesetzes zur Änderung des Einkommensteuergesetzes rückwirkend zum VZ 2001 in Umsetzung der Entscheidung des BVerfG vom 7.5.2013[725] in Kraft getreten.

Die Rückwirkung bezieht sich auf alle Lebenspartner, deren Veranlagung noch nicht bestandskräftig durchgeführt ist.[726]

Hinweis

Vom 1.8.2001 bis zum 30.9.2017 konnten Partner einer gleichgeschlechtlichen Beziehung ihr Zusammenleben durch die eingetragene Lebenspartnerschaft legalisieren. Dieses familienrechtliche Institut sollte eine weitgehende Gleichstellung von eingetragenen gleichgeschlechtlichen Paaren und Ehepaaren erreichen.

§ 1 Abs. 1 Satz 1 LPartG definiert den Begriff „Lebenspartner und Lebenspartnerinnen". Dies sind zwei Personen gleichen Geschlechts, die gegenseitig und bei gleichzeitiger Anwesenheit vor der zuständigen Behörde erklären, miteinander eine Partnerschaft auf Lebenszeit führen zu wollen. Seit dem 1.10.2017 können gleichgeschlechtliche Paare nur noch die Ehe eingehen, eine eingetragene Lebenspartnerschaft kann nicht mehr begründet werden. Solange eine bereits bestehende eingetragene Lebenspartnerschaft nicht in eine Ehe umgewandelt wird, bleibt sie bestehen.

931 Ein Wahlrecht genießen Ehegatten nur dann,

- wenn sie beide unbeschränkt einkommensteuerpflichtig im Sinne des § 1 Abs. 1 oder 2 oder des § 1a EStG sind (Ausnahme für Grenzpendler nach § 1a Abs. 1 Nr. 2 EStG),
- nicht dauernd getrennt leben und
- bei ihnen diese Voraussetzungen zu Beginn des Veranlagungszeitraums vorgelegen haben oder im Laufe des Veranlagungszeitraums eingetreten sind.

723 Vorbehaltlich der §§ 32b, 34 und 34b EStG.
724 Verwitwete und Geschiedene unter bestimmten Voraussetzungen.
725 BVerfG FamRZ 2013, 1103.
726 Siehe hierzu auch BMF-Schreiben v. 31.7.2013 – IV C 1 – S 1910/13/10065:001, www.bundesfinanzministerium.de.

Es reicht aus, wenn die Voraussetzungen mindestens an einem Tag des VZ gleichzeitig vorgelegen haben, § 26 Abs. 1 S. 1 EStG. Liegt also am ersten Januar des VZ unter bestehender Ehe kein dauerndes Getrenntleben vor oder haben die Eheleute erst am 31.12. dieses Jahres die Ehe geschlossen und die eheliche Gemeinschaft aufgenommen, greift das steuerliche Wahlrecht für das gesamte Veranlagungsjahr.

Der steuerliche Begriff des dauernden Getrenntlebens weicht von den Ehescheidungsvoraussetzungen 932
nach dem BGB ab. Hier sind zunächst die für die Finanzverwaltung bindenden Steuerrichtlinien[727] bedeutsam. Abzustellen ist auf das Gesamtbild der Lebens- und Wirtschaftsgemeinschaft. Eine dauernde räumliche Trennung hat regelmäßig besonderes Gewicht. Es ist jedoch auf alle Umstände und erkennbare Absichten abzustellen. In der Regel sind die Angaben der Ehegatten zugrunde zu legen, es sei denn, die äußeren Umstände lassen den Fortbestand der Lebensgemeinschaft fraglich erscheinen. Im Scheidungsverfahren getroffene Feststellungen sind nicht zwingend bindend. Sie haben aber Indizwirkung. Wegen der familienrechtlichen Trennungsfrist (i.d.R. ein Jahr) kann der Wunsch nach alsbaldiger Scheidung mit dem Wunsch kollidieren, im Sinne einer Zusammenveranlagung der Eheleute das dauernde Getrenntleben im steuerrechtlichen Sinne nicht vor dem ersten Januar des betroffenen Veranlagungszeitraumes eintreten zu lassen.

Hat in diesem ein echter, aber gescheiterter Versöhnungsversuch stattgefunden, sollte er in geeigneter 933
Weise aktenkundig gemacht werden. Er unterbricht anders als in § 1567 Abs. 2 BGB das steuerliche dauernde Getrenntleben.[728] Ein Versöhnungsversuch muss mindestens drei bis vier Wochen dauern,[729] wobei die Rechtsprechung unterschiedliche Zeiträume des erneuten Zusammenlebens von einem Monat bis zu sieben Wochen fordert.[730] Erfolgt ein drei- bis vierwöchiger Versöhnungsversuch über die Jahreswende, besteht für den VZ des Beginns des Versöhnungsversuchs das Recht der Zusammenveranlagung und für den Folgeveranlagungszeitraum des Folgejahres.

Die Feststellungslast trifft die Ehepartner. Zur Beiziehung der Akten des Familiengerichts vertritt der 934
BFH[731] die Auffassung, dass ein Verstoß gegen den Grundsatz der Unmittelbarkeit der Beweisaufnahme vorliegt, wenn die Akten gegen den Widerspruch des Steuerpflichtigen beigezogen und verwertet werden, obwohl eine unmittelbare Beweiserhebung möglich wäre. Ist diese nicht möglich, zumutbar oder zulässig, sind die Akten dennoch nur im überwiegenden Interesse der Allgemeinheit unter strikter Wahrung des Gebotes der Verhältnismäßigkeit beizuziehen.

Nach dem OLG München[732] ist die Frage des dauernden Getrenntlebens für die Wahl der Zusammenver- 935
anlagung allein vom Finanzamt zu beurteilen. Das Familiengericht darf daher im Vorfeld einem Ehepartner nicht von vornherein die Erfolgsaussicht absprechen, den anderen Ehepartner zur Zustimmung zur Zusammenveranlagung zu verpflichten. Dies gilt z.B. auch, wenn Eheleute für eine nicht absehbare Zeit räumlich getrennt leben und es daher zweifelhaft ist, ob die Wahlmöglichkeit nach § 26 Abs. 1 S. 1 EStG besteht.

■ **Ausnahmen vom Wahlrecht** 936

Das Wahlrecht nach § 26 Abs. 1 S. 1 EStG ist gem. § 26 Abs. 1 S. 2 EStG ausgeschlossen, wenn die Ehe im Veranlagungszeitraum aufgelöst wird und einer der Ehegatten im gleichen Veranlagungszeitraum wieder heiratet und gemeinsam mit seinem neuen Ehegatten wiederum die Voraussetzungen von § 26

727 EStR 2008, BStBl 2008 I, 1017, R 26b.

728 *Schmidt/Seeger*, EStG § 26 Rn 10 ff.; *Liebelt*, NJW 1994, 609 jeweils m.w.N.

729 *Johannsen/Henrich/Büttner*, § 1361 BGB Rn 141; *Hausmann*, FamRZ 2002, 1612; FAKomm-FamR/*Perleberg-Kölbel*, § 26b EStG.

730 Hess. FG v. 14.4.1988 – 9 K 70/85, EFG 1988, 63: sieben Wochen; FG Münster v. 22.3.1996 – 14 K 3008/94 E, EFG 1996, 921: sechs Wochen; FG Köln v. 21.12.1993 – 2 K 4543/92, EFG 1994, 771: drei bis vier Wochen; FG Nürnberg v. 7.3.2005 – VI 160/2004, DStRE 2004, 938: über einen Monat.

731 BFH FuR 1991, 360.

732 Beschl. v. 5.9.2013 – 4 WF 1317/13, BeckRS 2013, 17267; siehe hierzu Anm. *Perleberg-Kölbel*, FamFR 2013, 524.

Abs. 1 S. 1[733] EStG erfüllt. Zur Vermeidung von Härten gewährt das Gesetz dem verlassenen Ehegatten für den Veranlagungszeitraum die Vorteile des Splittingtarifs, § 32a Abs. 6 S. 1 Nr. 2 EStG, obwohl er einzeln zur ESt zu veranlagen ist.

937 ■ **Getrennte Veranlagung**

Nach § 26 Abs. 2 EStG erfolgt die getrennte Veranlagung, wenn einer der Ehepartner die getrennte Veranlagung wählt. Dies gilt nicht, wenn der wählende Ehepartner keine eigenen Einkünfte erzielt hat oder diese so gering sind, dass keine Einkommensteuerfestsetzung stattfindet bzw. keinem Steuerabzug zu unterwerfen sind.[734] Sonderausgaben und außergewöhnliche Belastungen werden dem Ehepartner hälftig zugeordnet. Die Grundtabelle ist anzuwenden, § 32a Abs. 1 S. 2 EStG und die Steuern der Ehepartner werden in getrennten Steuerbescheiden festgesetzt. Es tritt keine Gesamtschuldnerschaft der Ehepartner ein.

938 ■ **Zusammenveranlagung**

Die Zusammenveranlagung nach § 26b EStG und somit das Splitting-Verfahren stellt für die in Deutschland einkommensteuerpflichtigen Ehegatten eine steuerliche Vergünstigung dar, wenn die von einem Partner erzielten Einkünfte deutlich höher sind als die des anderen.

Hat der Steuerpflichtige im Inland seinen Wohnsitz (§ 8 AO) oder zumindest seinen gewöhnlichen Aufenthalt (§ 9 AO), unterwirft § 1 Abs. 1 EStG das gesamte Einkommen der Besteuerung nach dem sogenannten Wohnsitzprinzip. Entscheidend ist allein die Ansässigkeit des Steuerpflichtigen, seine Nationalität spielt keine Rolle. Ist die persönliche Steuerpflicht gegeben, hat der Steuerpflichtige in sachlicher Hinsicht sämtliche Einkünfte in Deutschland zu versteuern, unabhängig davon, wo er sie erzielt. Dieses sogenannte Welteinkommensprinzip (Universalitäts-, Totalitäts- oder Globalprinzip) ergibt sich im Umkehrschluss aus den §§ 1 Abs. 4, 2a, 34c, 34d und 49 EStG.[735]

Unbeschränkt einkommensteuerpflichtige Staatsangehörige der EU/des EWR (Europäischer Wirtschaftsraum) können nach dem Einkommensteuergesetz die Veranlagung auch mit ihrem im EU-/EWR-Ausland lebenden Partner beanspruchen.

Nach § 1 Abs. 3 Satz 1 EStG werden in Deutschland auf Antrag auch natürliche Personen als unbeschränkt einkommensteuerpflichtig behandelt, die im Inland weder einen Wohnsitz noch ihren gewöhnlichen Aufenthalt haben, soweit sie inländische Einkünfte im Sinne des § 49 EStG erzielen. Voraussetzung hierfür ist gemäß § 49 Satz 2 EStG, dass entweder die Einkünfte im Kalenderjahr zu mindestens 90 % der deutschen Einkommensteuer unterliegen (sog. relative Wesentlichkeitsgrenze) oder die nicht der deutschen Einkommensteuer unterliegenden Einkünfte den Grundfreibetrag nach § 32a Abs. 1 Satz 2 Nr. 1 EStG nicht übersteigen (sog. **absolute Wesentlichkeitsgrenze**).[736] Diese Regelungen werden in § 1a EStG ergänzt.

Für Staatsangehörige eines Mitgliedstaates der EU ist bei der Prüfung der Voraussetzungen für eine Zusammenveranlagung der nicht dauernd getrenntlebende Ehegatte ohne Wohnsitz oder gewöhnlichen Aufenthalt im Inland auf Antrag als unbeschränkt einkommensteuerpflichtig zu behandeln, § 1a Abs. 1 Nr. 2 EStG.

733 Kein dauerndes Getrenntleben, beiderseits unbeschränkte ESt-Pflicht.

734 R 26 Abs. 3 EStR 2005.

735 *Kube*, Grenzüberschreitende Sachverhalte im Einkommensteuerrecht, SS 2011 http://www.jura.uni-mainz.de/kube/Dateien/SkriptStand_15.06.pdf.

736 BFH v. 6.5.2015 – I R 16/14, DStR 2015, 2273.

§ 1a Abs. 1 Nr. 2 EStG beruht auf der Rechtsprechung des EuGHs,[737] wonach es grundsätzlich Sache des Wohnsitzstaates ist, den Steuerpflichtigen nach seiner gesamten Leistungsfähigkeit zu besteuern. Es liegt deshalb ein Verstoß gegen die unionsrechtlich verbürgte Arbeitnehmerfreizügigkeit nur vor, wenn der Gebietsfremde seine Einkünfte im Wesentlichen in seinem Beschäftigungsstaat erzielt und der Wohnsitzstaat nicht in der Lage ist, die persönlichen und familienbezogenen Umstände des Steuerpflichtigen zu berücksichtigen.[738] Hierzu gehört insbesondere auch das im Falle einer Zusammenveranlagung der Ehegatten zu gewährende Splittingverfahren (§ 32a Abs. 5 EStG). Bei Anwendung des § 1 Abs. 3 Satz 2 EStG (relative und absolute Wesentlichkeitsgrenze) ist auf die Einkünfte beider Ehegatten abzustellen. Der Grundfreibetrag nach § 32a Abs. 1 Satz 2 Nr. 1 EStG ist zu verdoppeln.

Bei der Frage, ob Ehegatten die Einkommensgrenzen (relative oder absolute Wesentlichkeitsgrenze) für das Wahlrecht zur Zusammenveranlagung in Fällen der fiktiven unbeschränkten Einkommensteuerpflicht (§ 1 Abs. 3 EStG 2009) wahren, ist i.R. einer einstufigen Prüfung nach § 1a Abs. 1 Nr. 2 EStG 2009 auf die Einkünfte beider Ehegatten abzustellen und der Grundfreibetrag zu verdoppeln (gegen R 1 EStR 2012).[739]

Die Ehegatten werden bei gewählter Zusammenveranlagung unter Addition ihrer Einkünfte wie ein Stpfl. 939
behandelt. Sie kommen in den Genuss des Splittingtarifs, der in der Regel günstiger ist. Die Zusammenveranlagung kann aber z.B. bei den beschränkt abzugsfähigen Sonderausgaben Nachteile bringen, weil Einkünfte des Ehegatten den eigenen Vorwegabzug mindern können. Auch der Kirchensteueraufwand kann höher werden, wenn der Ehegatte mit den höheren Einkünften nicht Mitglied einer Religionsgemeinschaft ist. Ferner kann im Zuge von Verlustverrechnungen eine Zusammenveranlagung für einen VZ oder mehrere nachteilig sein.

■ Besondere Veranlagung des Jahres der Eheschließung 940

Nach § 26c EStG konnte bis einschließlich VZ 2012 eine besondere Veranlagung bei erneuter Eheschließung erfolgen. Sie wird durchgeführt, wenn die Voraussetzungen des § 26 Abs. 1 S. 1 EStG vorliegen (beide unbeschränkt einkommensteuerpflichtig im Sinne des § 1 Abs. 1 oder 2 oder des § 1a EStG -Ausnahme für Grenzpendler nach § 1a Abs. 1 Nr. 2 EStG nicht dauernd getrenntlebend und diese Voraussetzungen haben zu Beginn des Veranlagungszeitraums vorgelegen oder sind im Laufe des Veranlagungszeitraums eingetreten). Beide Ehepartner müssen sie wählen und werden nach § 26c Abs. 1 S. 1 EStG so behandelt, als hätten sie die Ehe nie geschlossen. Sie werden – ebenso wie bei der getrennten Veranlagung – wie zwei Einzelpersonen behandelt. Grundsätzlich wird ihr Einkommen nach der Grundtabelle versteuert. Allerdings kann bei Verwitweten und Geschiedenen ggf. die Splittingtabelle gem. § 32a Abs. 6 Nr. 2 EStG angewendet werden. Bei der Wahl der besonderen Veranlagung gem. § 26c EStG werden die Ehegatten so behandelt, als ob sie die Ehe nicht geschlossen hätten. Diese Fiktion schließt grundsätzlich die Anwendung aller einkommensteuerrechtlichen Vorschriften aus, die an das Tatbestandsmerkmal „Ehe" anknüpfen. Die Steuerpflichtigen sind daher auch bei der Anwendung des Entlastungsbetrages gem. § 24b EStG so zu behandeln, als hätten sie die Ehe nicht geschlossen. Damit erfüllen sie nicht die Voraussetzungen für die Anwendung des Splittingverfahrens i.S.v. § 24b Abs. 2 EStG. Der Umstand, dass die Möglichkeit bestanden hätte, sich dafür zu entscheiden, genügt nicht.[740]

737 Ständige Rechtsprechung des EUGH; grundlegend EuGH-Urteil Finanzamt Köln-Altstadt/Schumacker v. 14.2.1995 – C-279/93, EU:C:1995:31; BT-Drucks 13/1558, S. 148.

738 BFHE 247, 388, BStBl II 2015, 474.

739 BFH v. 6.5.2015 – I R 16/14, www.bfh.de.

740 BFH v. 5.11.2015 – III R 17/14, bfh.de.

941 ■ **Verfahrensfragen zum steuerlichen Wahlrecht**

Das Wahlrecht kann schriftlich oder zu Protokoll des Finanzamts ausgeübt werden. Die Benutzung eines Formblattes ist nicht vorgesehen. Geben Eheleute keine Erklärung zur Wahl ab, darf das Finanzamt unterstellen, dass sie die Zusammenveranlagung wählen, § 26 Abs. 3 EStG.

942 Grundsätzlich hat das Finanzamt hierbei nicht zu prüfen,[741] ob ein Ehegatte im familienrechtlichen Innenverhältnis verpflichtet ist, das Wahlrecht in einer bestimmten Richtung auszuüben. Eine Ausnahme gilt nach der Rechtsprechung des BFH[742] für die Fälle, in denen die Wahl der getrennten Veranlagung rechtsmissbräuchlich ist.[743] So verstößt z.B. das Verhalten des versagenden Ehegatten, der keine maßgeblichen Einkünfte hat, gegen das Schikaneverbot gem. § 226 BGB.

943 Eine Änderung der bereits ausgeübten Wahl[744] ist zulässig, auch bei Änderungsbescheiden.[745] Die erneute Wahl wird aber gegenstandslos, wenn der Änderungsbescheid aufgehoben wird.

Das Wahlrecht kann dabei noch so lange ausgeübt werden, bis die Veranlagung eines der Ehegatten bestandskräftig abgeschlossen ist.[746]

Auch beim Verlustrücktrag gem. § 10d EStG in ein bestandskräftig abgeschlossenes Jahr kommt noch eine Änderung der Wahl in Betracht.[747]

944 Der Anspruch gegen die Finanzbehörde, die gewünschte Veranlagung vorzunehmen, ist nicht mit der Anfechtungsklage, sondern als ein Anspruch auf erneute Veranlagung mit der Verpflichtungsklage zu verfolgen.[748] Wird eine Änderung der Art der Veranlagung beantragt, ist das Begehren nicht als Anfechtung der Steuerfestsetzung zu verstehen, sondern als ein – auf Durchführung einer erneuten Veranlagung in einer bestimmten Veranlagungsart gerichtetes – Verpflichtungsbegehren.[749]

945 Möchte ein Ehegatte nach erfolgter Zusammenveranlagung im Widerstreit mit dem anderen Ehegatten getrennt veranlagt werden, ist der andere Ehegatte im finanzgerichtlichen Verfahren notwendig beizuladen.[750]

946 ■ **Änderungen der Veranlagungsarten ab VZ 2013**

Nach dem Steuervereinfachungsgesetz 2011[751] gibt es nur noch vier Veranlagungsarten, nämlich die Einzelveranlagung, das Verwitweten-Splitting, das „Sonder-Splitting" im Trennungsjahr und die Zusammenveranlagung mit Ehegatten-Splitting.

947 Statt einer getrennten Veranlagung ist ab VZ 2013 eine Einzelveranlagung nach §§ 26a, 52 Abs. 68 EStG vorzunehmen.

Sonderausgaben, außergewöhnliche Belastungen und die Steuerermäßigung nach § 35a (gemeinsame Zurechnung bei der Zusammenveranlagung) werden dabei den Ehegatten nicht mehr jeweils zur Hälfte zugerechnet, sondern danach, wer die Aufwendungen wirtschaftlich getragen hat. Die bisherige Möglichkeit der freien steueroptimalen Zuordnung bestimmter Konten nach § 26a EStG entfällt.

741 BFH FamRZ 1991, 75.
742 BFH BStBl II 1977, 870 und BFH NJW 1992, 1471 (sogar bei Steuerstraftat).
743 Schmidt/*Seeger*, EStG § 26 Rn 22; BFH FamRZ 2008, 888: Verstoß gegen Treu und Glauben; *Engels*, Steuerrecht für die familienrechtliche Praxis, Rn 14. uHa § 1353 BGB.
744 Im Einzelnen hierzu Schmidt/*Seeger*, EStG § 26 Rn 30 ff.
745 BFH NJW 1992, 1648.
746 *Liebelt*, NJW 1994, 610 m.w.N.
747 BFH NJW 1989, 2288; *Moog*, DStR 2010, 112.
748 FG Köln DStRE 2010, 1049.
749 BFH BStBl II 2004, 980.
750 BFH NJW 1993, 1288.
751 BGBl I 2011, 2131.

Beim Abzug der außergewöhnlichen Belastungen nach § 33 EStG wird die zumutbare Belastung nach dem Gesamtbetrag der Einkünfte eines jeden Ehegatten bestimmt und nicht, wie bisher bei der getrennten Veranlagung, nach dem Gesamtbetrag der Einkünfte beider Ehegatten.

Übereinstimmend können Ehegatten auch eine Zurechnung entsprechend der tatsächlichen wirtschaftlichen Belastung nach dem sog. „Prinzip der Individualbesteuerung" beantragen.

Hinweis 948

In bestimmten Konstellationen kann eine Einzelveranlagung günstiger sein, z.B. wenn die Ehegatten teilweise negative, teilweise positive Einkünfte haben, wenn ein Ehegatte steuerfreie Einkünfte erzielt hat, die jedoch über den Progressionsvorbehalt die Steuersätze erhöhen oder wenn einer der Ehegatten von einer Tarifermäßigung profitiert.

Allerdings kann es bei der Einzelveranlagung Nachteile beim Steuertarif geben. Zudem werden die Freibeträge wie der Höchstbetrag für Spenden im Gegensatz zur Zusammenveranlagung nicht verdoppelt, auch wenn die Voraussetzungen nur in der Person eines Ehegatten erfüllt werden. Oft können Nachteile aber vermieden werden, wenn beide Ehegatten z.B. Spenden in gleicher Höhe leisten.

Die besondere Veranlagung für den Zeitraum der Eheschließung kommt letztmalig im VZ 2012 vor. Der 949
Haushaltsfreibetrag für voreheliche Kinder ist bereits seit 2004 und somit auch der Hauptgrund für diese Veranlagungsart entfallen. Durch die Wahl der Einzelveranlagung bleibt jedoch das Witwensplitting erhalten.

■ **Bindungswirkungen** 950

Das Steuervereinfachungsgesetz 2011 bestimmt, dass die Wahl einer Veranlagungsart innerhalb eines Veranlagungszeitraums ab Zugang der Steuererklärung beim Finanzamt bindend ist, § 26 Abs. 2 EStG.

Hinweis

Nach dem BFH[752] ist eine Änderung einer Wahlrechtsausübung entsprechende Änderung des Einkommensteuerbescheids möglich. Diese setzt allerdings voraus, dass der Einkommensteuerbescheid verfahrensrechtlich änderbar ist. Eine abweichende Wahlrechtsausübung begründet für sich genommen keine Änderungsmöglichkeit. Die Ausübung von Antrags- oder Wahlrechten, die dem Grunde nach keiner zeitlichen Begrenzung unterliegen, sind grundsätzlich nur möglich, solange der entsprechende Steuerbescheid nicht formell und materiell bestandskräftig ist. Ist ein Steuerbescheid insgesamt bestandskräftig geworden, kommt die erstmalige oder geänderte Ausübung eines Antrags- oder Wahlrechts zum Zwecke der Durchbrechung der Bestandskraft nicht mehr in Betracht. Die in der Rechtsprechung zum Veranlagungswahlrecht der Ehegatten entwickelten Grundsätze sind auf das Wahlrecht nach § 34 Abs. 3 EStG nicht übertragbar. Die Änderung eines Wahlrechts rechtfertigt auch dann für sich genommen keine Änderung des Steuerbescheids, wenn sie auf einer Änderung der wirtschaftlichen Geschäftsgrundlage beruht.

Ausnahme: Die Steuererklärung kann geändert werden, wenn ein Steuerbescheid der Ehegatten aufgehoben, geändert oder berichtigt wird, die Wahländerung der Finanzbehörde bis zur Unanfechtbarkeit des Änderungs- oder Berichtigungsbescheids schriftlich erklärt bzw. mitgeteilt wird oder sich eine positive Differenz aus dem Wechsel ergibt, § 26 Abs. 2 EStG.[753] 951

752 BFH v. 9.12.2015 – X R 56/13, www.bfh.de.
753 Hierzu *Engels*, FF 2013, 393.

952 ■ **Zustimmungsverpflichtung**

Aus dem Wesen der Ehe wird familienrechtlich eine sich aus § 1353 Abs. 1 BGB ergebene Verpflichtung abgeleitet, die finanziellen Lasten des anderen Ehepartners nach Möglichkeit zu vermindern, soweit dies ohne Verletzung eigener Interessen möglich ist.[754]

Ein Ehepartner ist daher verpflichtet, einer Zusammenveranlagung zuzustimmen, wenn dadurch die Steuerschuld des anderen Ehepartners verringert und der auf Zustimmung in Anspruch genommene Ehepartner keiner zusätzlichen steuerlichen Belastung ausgesetzt wird.[755]

Diese Verpflichtung besteht solange, wie auch eigene steuerliche Nachteile befürchtet werden müssen.[756]

Die Zustimmung kann Zug um Zug von einem Nachteilsausgleich abhängig gemacht werden.

Ein Anspruch auf Zustimmung zur Zusammenveranlagung entfällt:

- wenn ohne Zweifel keine gemeinsame Veranlagung in Betracht kommt[757]
- der Berechtigte selbst die getrennte Veranlagung beantragt und der andere Ehepartner bereits in deren Folge eine Erstattung erhalten hat oder
- über längere Zeit hinweg keine gemeinsame Veranlagung gewählt worden ist.[758]

953 Eine Zusammenveranlagung muss zu einer geringeren Steuerlast bei dem Ehepartner führen, der die Zusammenveranlagung begehrt.

Zur Feststellung ist eine fiktive Vergleichsberechnung vorzunehmen. Hierbei haben die Ehepartner infolge einer nachwirkenden nachehelichen Solidarität mitzuwirken und die notwendigen Auskünfte zu erteilen.[759]

Dem zustimmenden Ehepartner darf kein zusätzlicher steuerlicher Nachteil entstehen.

Kein Nachteil entsteht bei einer sog. familienrechtlichen Überlagerung. Zwar besteht aufgrund der Gesamtschuldnerschaft im Innenverhältnis eine Ausgleichspflicht nach § 426 Abs. 1 S. 1 BGB und Ehepartner haften im Verhältnis zueinander zu gleichen Anteilen. Dieser Grundsatz gilt allerdings nur dann, wenn nichts anderes bestimmt ist. Eine abweichende Bestimmung kann sich aus Gesetz, Vereinbarung, Inhalt und Zweck des Rechtsverhältnisses oder der Natur der Sache, mithin aus der besonderen Gestaltung des tatsächlichen Geschehens ergeben.[760] Vorrangig ist stets, was die Ehepartner ausdrücklich oder konkludent vereinbaren.

954 *Beispiele für eine Zustimmungsverpflichtung*

Mit der Steuerklassenwahl III/V treffen Ehepartner eine anderweitige Bestimmung i.S.d. § 426 Abs. 1 S. 1 BGB, die dazu führt, dass jeder Ehepartner selbst die im Lohnsteuerabzugsverfahren entrichtete Steuerlast zu tragen hat.[761] Bei Wahl der Steuerklassen III und V für Zeiträume bis zur Trennung kommt es zu einer höheren Liquidität, das dem Familienunterhalt zugutekommt. Ehepartner nehmen mit dieser Steuerklassenwahl in Kauf, dass das höhere Einkommen des einen relativ niedrig und das niedrigere Einkommen des anderen relativ hoch besteuert wird.[762] Ein Nachteilsausgleich unter den Ehepartnern findet nicht statt mit der Folge, dass eine Zustimmung ohne Nachteilsausgleich erklärt werden muss.

754 Klein/*Perleberg-Kölbel*, FamVermR Kap. 2 Rn 1054.

755 BGH FamRZ 1977, 38; FamRZ 1988, 143; FamRZ 2002, 1024 m. Anm. *Bergschneider*, FamRZ 2002, 1181; BGH FamRZ 2005, 182 und FamRZ 2007, 1229 m. Anm. *Engels*; Johannsen/Henrich/*Büttner*, Familienrecht § 1361 Rn 141.

756 BGH FamRZ 2008, 40.

757 BGH FamRZ 1998, 953; FamRZ 2005, 182.

758 *Engels*, Steuerrecht für die familienrechtliche Praxis, Rn 206; *Perleberg-Kölbel*, FuR 2010, 254 ff.

759 PWW/*Weinreich*, § 1353 BGB Rn 16.

760 BGH FamRZ 1983, 795; FamRZ 1980, 664; FamRZ 1995, 216; FamRZ 2006, 1178.

761 BGH FamRZ 2007, 1229.

762 BGH FamRZ 2007, 1229 m. Anm. *Engels*.

Wählen Ehepartner im Trennungsjahr noch eine Zusammenveranlagung, kommt es infolge der Steuerentlastung zur Steigerung der Leistungsfähigkeit und somit auch zu einer Erhöhung der Unterhaltsrente. Der unterhaltsberechtigte Ehepartner partizipiert von der günstigen Steuerklasse des unterhaltsverpflichteten Ehepartners, weil die Steuerlast bereits bei der Unterhaltsberechnung berücksichtigt wird.

Wird kein Trennungsunterhalt gezahlt, besteht dagegen für den Ehepartner mit der ungünstigeren Steuerklasse V kein Grund mehr, seine damit verbundenen Nachteile hinzunehmen.[763] Er kann dann seine Zustimmung von einem Nachteilsausgleich abhängig machen. Bei gleichen Einkommensverhältnissen ist eine monatsbezogene zeitanteilige Quote in Betracht zu ziehen.[764] Haben sich die Einkommensverhältnisse deutlich verändert, muss ein Nachteil nach § 287 ZPO geschätzt werden.[765]

Erwirtschaftet ein Ehepartner trotz Erwerbstätigkeit negative Einkünfte und bringt seinen Verlust noch **955**
während des Zusammenlebens als Beitrag zum Familienunterhalt in die eheliche Lebensgemeinschaft ein, wird die vorhandene Liquidität durch ein Anpassen von Steuervorauszahlungen oder infolge von Steuererstattungen gesteigert. Aus dem Rechtsgedanken des § 1360b BGB i.V.m. dem Grundsatz von Treu und Glauben folgt, dass daher einer Zusammenveranlagung ohne Nachteilsausgleich zuzustimmen ist. Eine getrennte Veranlagung kommt infolge einer hier vorliegenden familienrechtlichen „Überlagerung" nicht mehr in Betracht. Diese würde zu einer auf den Zeitraum des gemeinsamen Lebens und Wirtschaftens unzulässigen rückwirkenden Korrektur führen.[766]

Da der von der Insolvenz betroffene Ehepartner als Insolvenzschuldner weiterhin steuerpflichtig bleibt, wird **956**
er durch den Insolvenzverwalter bzw. Treuhänder bei der Erfüllung seiner steuerlichen Pflichten nach §§ 80 Abs. 1 InsO, 34 Abs. 3 AO vertreten. Diese sind **Steuerpflichtige i.S.d. § 33 Abs. 1 AO** kraft eigener steuerrechtlicher Pflichten. Der Schuldner ist nicht mehr in der Lage, die geforderte Erklärung abzugeben.[767]

Nur der Insolvenzverwalter soll nach dem BGH zur Abgabe der Einkommensteuererklärung verpflichtet sein, nicht der Insolvenzschuldner. Dieser sei nur dazu verpflichtet, die dazu notwendigen Unterlagen zu übergeben. Eine Versagung der Restschuldbefreiung komme daher nur dann in Betracht, wenn die sich aus der InsO ergebenden Mitwirkungspflichten verletzt werden.[768] Hinsichtlich der Einkommensteuer hat demzufolge der Insolvenzverwalter eine Erklärung über die einkommensteuerlichen Bemessungsgrundlagen abzugeben, soweit diese Besteuerungsgrundlagen ihre Wurzeln in der Insolvenzmasse haben, Das ist beispielsweise der Fall bei Einkünften, die der Insolvenzverwalter erzielt hat und bei Sonderausgaben sowie außergewöhnliche Belastungen, wenn die Zahlungen aus der Insolvenzmasse geleistet werden.

Hat der Schuldner außerhalb des Insolvenzverfahrens Ausgaben geleistet, die steuerlich zu berücksichtigen sind (Sonderausgaben, außergewöhnliche Belastungen), ist der Insolvenzverwalter nicht verpflichtet, diese Besteuerungsgrundlagen in die von ihm abzugebenden Steuererklärungen einzubeziehen. Diese Ausgaben unterliegen nicht seiner Verwaltung. Der Schuldner hat dann selbst eine Steuererklärung abzugeben. Gleiches gilt für Besteuerungsgrundlagen (Einkünfte, Ausgaben) des Schuldners, soweit diese nicht zur Insolvenzmasse gehören (z.B. pfändungsfreies Arbeitseinkommen) und für Besteuerungsgrundlagen des nicht in Insolvenz befindlichen Ehegatten des Schuldners im Fall der Zusammenveranlagung.

Nach einer Verfügung der OFD Hannover[769] ist zweifelhaft, wie zu verfahren ist, wenn neben insolvenzbefangenen ertragsteuerlichen Besteuerungsgrundlagen auch insolvenzfreie Einkünfte oder insolvenz-

763 BGH FamRZ 2007, 1229 m. Anm. *Engels*.

764 *Wever*, Vermögensauseinandersetzungen der Ehegatten außerhalb des Güterrechts, Rn 791a.

765 *Engels*, Steuerrecht für die familienrechtliche Praxis, Rn 254 mit Berechnungsbeispiel; *Arens*, FF 2007, 255 (Anm.).

766 BGH FamRZ 2007, 1229; FamRZ 2006, 1178; *Wever*, Vermögensauseinandersetzung der Ehegatten außerhalb des Güterrechts, Rn 787; *Engels* in Schröder/Bergschneider, Familienvermögensrecht, Rn 997; *Arens*, FF 2005, 60; OLG Karlsruhe FamRZ 1991, 441; OLG Hamm FamRZ 1998, 241.

767 BGH v. 18.12.2008 – IX ZB 197/07, www.bundesgerichtshof.de.

768 Zur Verfahrensweise vgl. z.B. die Verfügung der OFD Magdeburg v. 26.8.2004 (S-0321 – 3 St 251, Tz. 3.3.2).

769 Verfügung der OFD Hannover v. 27.1.2003 (S-0550 – 2744 – StH 462/S-0151 – 2 – StO 321).

unabhängige Aufwendungen (§§ 10, 33 ff. EStG) des Schuldners erklärt werden müssen oder der Schuldner zusammen mit seiner Ehefrau veranlagt wird. Der Insolvenzverwalter ist dann wohl nicht zur Abgabe der Einkommensteuererklärung verpflichtet, sondern nur zur Abgabe der insolvenzbezogenen Besteuerungsgrundlagen. Den Schuldner und seinen Ehepartner trifft dann die Pflicht, die sonstigen Besteuerungsgrundlagen anzugeben. Das Finanzamt hat die Angaben zusammenzuführen und ggf. zu schätzen.

Verletzt der Insolvenzschuldner bei der Erstellung der Einkommensteuererklärung seine Mitwirkungspflicht, so kann die Restschuldbefreiung gem. § 290 Nr. 5 InsO versagt werden.[770]

Da das Insolvenzverfahren die persönliche Steuerpflicht des Schuldners nicht berührt, ist der Schuldner ohne Einschränkungen befugt, **Verluste**, die er vor und während des Insolvenzverfahrens erlitten hat, nach § 10d EStG zu behandeln. § 10d EStG gewährt ihm eine subjektiv öffentliche Berechtigung zum Verlustabzug und somit zur Verrechnung der im VZ ihrer Entstehung nicht ausgeglichener negativer Einkünfte mit positiven Einkünften nachfolgender VZ.[771] Es wird keine Abgrenzung zwischen den Einkünften, die vor und nach der Verfahrenseröffnung erzielt worden sind, vorgenommen.[772] Eine gesonderte Festsetzung ist nicht vorgesehen und der Insolvenzschuldner ist trotz der Insolvenzeröffnung einheitlich zu veranlagen. Dies gilt nicht nur für VZ nach der Eröffnung des Insolvenzverfahrens, sondern auch für VZ, die noch vor der Insolvenzeröffnung liegen.[773]

957 **Familienrechtlich** geht das **Wahlrecht** selbst nicht auf den Insolvenzverwalter/Treuhänder über. Es handelt sich nach dem BGH[774] um einen höchstpersönlichen Vermögenswert, der dem nicht von der Insolvenz betroffenen Ehegatten zusteht. Er verbleibt „in der Ehe und wandert nicht zu den Gläubigern eines Ehegatten".[775]

Wählt der Insolvenzverwalter die **Zusammenveranlagung**, können die Einkünfte des nicht von der Insolvenz betroffenen Ehepartners mit den Einkünften des Insolvenzschuldners bzw. mit denen der Insolvenzmasse gemeinsam der Besteuerung zugeführt werden.

Bei einer Zusammenveranlagung wird ein Verlustausgleich zwischen den positiven und negativen Einkünften des Schuldners und seines Ehepartners erreicht. Nach Ansicht des BGH[776] richten sich auch die Rechte und Pflichten des Insolvenzverwalters nach den eherechtlichen Ansprüchen nach § 1353 BGB.[777]

958 Das OLG Schleswig[778] verneint familienrechtlich eine Zustimmungsverpflichtung gegenüber dem Treuhänder für den Fall, dass die infolge der **Nutzung des Verlustvortrages** vom Finanzamt zu erstattenden Steuern **nicht dem Familienunterhalt** und damit der ehelichen Lebensgemeinschaft zugutekommen, sondern vielmehr in die Insolvenzmasse fallen würden. Eine sog. familienrechtliche Überlagerung liege dann nicht vor. Die Rechtsprechung des BGH[779] führt das OLG Schleswig so konsequent fort, wonach selbst dann, wenn die Eheleute in der Vergangenheit die Nutzung des Verlustvortrages als einen Beitrag zum Familienunterhalt verwendet haben, ein Ehegatte nicht verpflichtet sein soll, gegenüber dem Insolvenzverwalter/Treuhänder seine Zustimmung zur Zusammenveranlagung zu erteilen.

Die Nutzung des Verlustvortrages würde während des Insolvenzverfahrens des insolventen Ehepartners letztlich nicht dem Familienunterhalt und damit der ehelichen Lebensgemeinschaft zugutekommen. Auch

770 BGH v. 24.3.2011 – IX ZB 97/10, www.bundesgerichtshof.de.
771 BGH FamRZ 2011, 210.
772 BFH ZIP 1994, 1286.
773 Mit der steuerrechtlichen Thematik befasst sich auch der geänderte Anwendungserlass zur AO, BMF, Schr. v. 3.11.2014 – IV A 3_ S 0062/10008, Dok 2014/0880526, DStR 2014, 2295 ff. unter 11. ff.
774 BGH v. 18.11.2010 – IX ZR 240, 07, FamRZ 2011, 210.
775 *Schlünder/Geißler*, Anm. zu BGH 18.11.2010 – IX ZR 240, 07, FamRZ 2011, 210.
776 U.a. FamRZ 2007, 1320.
777 Hierzu auch *Perleberg-Kölbel*, FuR 2010, 254.
778 NZFam 2014, 1097; *Perleberg-Kölbel*, NZFam 2014, 1080.
779 U.a. BGH 18.11.2010 – IX ZR 240, 07, FamRZ 2011, 210.

eine familienrechtliche Überlagerung liegt bei dieser Fallkonstellation nicht vor, weil die zu erwartenden Steuererstattungen nicht die Liquidität der ehelichen Gemeinschaft erhöhen würden. Die Steuererstattungen fielen vielmehr in die Insolvenzmasse und kämen so allein den Gläubigern zugute.

Hinweis 959

Lediglich **Steuererstattungsansprüche**, die vor Aufhebung des Insolvenzverfahrens entstehen, gehören zum Insolvenzvermögen und nicht zum insolvenzfreien Vermögen i.S.v. § 36 Abs. 1 InsO. Steuererstattungsansprüche, die nach Aufhebung des Insolvenzverfahrens entstehen, werden im Rahmen des Restschuldbefreiungsverfahrens von der Abtretungserklärung des § 287 Abs. 2 Satz 1 InsO nicht erfasst. Im Fall einer Rückerstattung von Steuern wird aus dem Steueranspruch des Staates ein Erstattungsanspruch des Steuerpflichtigen nach § 37 Abs. 2 AO, ohne dabei seinen öffentlich-rechtlichen Charakter zu verlieren. Der Steuererstattungsanspruch hat somit nicht den Charakter eines Einkommens.[780] Dieser Grundsatz gilt, obwohl das Veranlagungswahlrecht eines Ehepartners an die vom Grundgesetz geschützte Existenz der Ehe anknüpft.[781] Das Veranlagungswahlrecht ist kein Vermögensgegenstand und somit kein „Vermögensanspruch" i.S.v. § 38 InsO. Ein Anspruch auf Zustimmung richtet sich gegen den Insolvenzverwalter. Der Schuldner selbst darf die geforderte Erklärung nicht mehr abgeben.[782]

Der Anspruch aus § 1353 Abs. 1 BGB stellt keine Insolvenzforderung dar, die ggf. nach Umrechnung, § 45 InsO, zur Tabelle angemeldet und festgestellt werden müsste, §§ 174 ff. InsO. Vielmehr handelt es sich um einen höchstpersönlichen Vermögenswert, der dem nicht von der Insolvenz betroffenen Ehegatten zusteht. Er verbleibt „in der Ehe und wandert nicht zu den Gläubigern eines Ehegatten".[783]

Der Insolvenzverwalter darf die Zustimmung nicht von einem **Ausgleich für die Nutzung eines dem anderen Ehepartner zustehenden Verlustabzugs** an die Insolvenzmasse abhängig machen.[784] Allerdings muss der Ehepartner den Insolvenzverwalter im Hinblick auf § 10d Abs. 2 EStG von etwaigen künftigen Nachteilen freistellen.[785] 960

Unerheblich ist, ob das Finanzamt bereits Erstattungen an den Insolvenzverwalter geleistet hat oder nicht, weil der Erstattungsanspruch nur insoweit erlöschen kann, als er dem insolventen Ehepartner zustand und das Finanzamt gegenüber dem Insolvenzverwalter einen Rückerstattungsanspruch besitzt.[786]

Die **Verletzung der steuerlichen Mitwirkungspflichten durch den Insolvenzverwalter** kann dazu führen, dass ihm im Rahmen des § 82 InsO eine Berufung auf die Zurechnung des Wissens des ehemals örtlich zuständigen Finanzamts von der Eröffnung des Insolvenzverfahrens verwehrt ist. Das FA ist somit von einer Zahlungspflicht gegenüber dem Insolvenzverwalter befreit, wenn es Erstattungen an den Insolvenzschuldner und seinen Ehegatten im Rahmen der Zusammenveranlagung gezahlt hat.[787] 961

Resultiert die geltend gemachte **Einkommensteuerschuld** des Insolvenzschuldners allein aus der sich infolge der Zusammenveranlagung ergebenden Gesamtschuldnerschaft und ist diese auf die Ausübung des Veranlagungswahlrecht des Insolvenzverwalters zurückzuführen, so handelt es sich um eine durch den Insolvenzverwalter wirksam begründete Masseverbindlichkeit.[788] 962

780 FA-FamR/*Perleberg-Kölbel*, Kap. 18 Rn 247.
781 BFH ZInsO 2011, 1263 m.H. auf BFH NJW 2007, 2556 = JurionRS 2011, 15951.
782 BGH FamRZ 2007, 1320; FamRZ 2011, 210; NJW 2011, 2725.
783 *Schlünder/Geißler* in Anm. zu BGH v. 18.11.2010 – IX ZR 240, 07, FamRZ 2011, 210.
784 BGH FamRZ 2011, 210 m. Anm. *Schlünder/Geißler*, FamRZ 2011, 211; BGH NJW 2011, 2725.
785 BGH FamRZ 2011, 210 m. Anm. *Schlünder/Geißler*, FamRZ 2011, 211; BGH NJW 2011, 2725.
786 BFH v. 9.8.1996 – VI R 88/93, BStBl II 1997, 112.
787 BFH v. 18.8.2015 – VII R 24/13, www.bfh.de.
788 FG Köln v. 30.9.2015 – 14 K 2679/12, ZInsO 2015, 2587.

963 **■ Schadenersatz bei schuldhafter Verweigerung**

Bei schuldhafter Verweigerung der Zustimmung besteht ein Anspruch auf Schadenersatz.[789]

Bei der Zustimmung handelt es sich um ein rein geschäftsmäßiges Handeln, für das der Grundsatz nicht gilt, dass die Verletzung der Pflicht zur ehelichen Lebensgemeinschaft keinen Schadensersatzanspruch begründet. Nur diese Pflichten gehören dem eigentlichen, höchstpersönlichen Bereich der Ehe an, nicht dagegen nur rein geschäftsmäßiges Handeln wie die Verweigerung der Zustimmung zur Zusammenveranlagung.[790] Verletzt ein Ehegatte seine Verpflichtung, gemäß § 1353 Abs. 1 Satz 2 BGB der gemeinsamensteuerlichen Veranlagung der Ehegatten (§ 26 EStG) zuzustimmen, kann dem anderen Ehegatten ein Erstattungsanspruch aus § 816 Abs. 2 BGB bzw. ein Schadensersatzanspruch aus § 280 Abs. 1 BGB zustehen. Die Frage, ob die Ehegatten nach der ab dem Veranlagungsjahr 2013 geltenden Regelung nach § 26Abs. 2 Satz 4 Nr. 1 bis 3 EStG noch wirksam die Zusammenveranlagung wählen können, wenn der Steuerbescheid eines Ehegatten zur Einzelveranlagung bereits bestandskräftig ist, bedarf in dem auf Schadensersatz oder auf Erstattung gerichteten Verfahren keiner Entscheidung.[791]

964 Der Schaden ist verwirklicht, sobald z.B. infolge der Bestandskraft der Veranlagungsbescheide ein gerichtlicher Antrag auf Zustimmung keinen Erfolg haben kann. Der Schaden ist fiktiv als Teilbetrag der steuerlichen Besserstellung bei Zusammenveranlagung zu berechnen.[792]

Der Mandantschaft ist der Rat zu erteilen, zur Schadensminderung auf der steuerrechtlichen Ebene die Bestandskraft der Veranlagung möglichst zu verhindern und gegen den zustimmungspflichtigen Gatten einen gerichtlichen Antrag auf Zustimmung zu stellen.

965 **■ Verfahrensfragen**

Die Zustimmungserklärung ist durch eine gerichtliche Endentscheidung zu ersetzen.

Die Vorlage einer vollstreckbaren rechtskräftigen Ausfertigung des Beschlusses beim Finanzamt reicht für § 894 Abs. 1 ZPO aus.

966 **■ Zuständigkeiten**

Streitigkeiten wegen einer gemeinsamen steuerlichen Veranlagung sind Familiensachen i.S.d. §§ 111 Nr. 10, 266 Abs. 1 FamFG. Nach § 23a Abs. 1 Nr. 1 GVG fallen sie in die sachliche Zuständigkeit der Familiengerichte.

Der gerichtliche Antrag ist auf Abgabe einer Willenserklärung zu richten.[793]

> *Hinweis*
>
> Leistet der Zustimmungspflichtige während des Verfahrens die begehrte Unterschrift, behält sich aber gleichzeitig vor, den Antrag zurückweisen zu lassen, sollte keine Erledigungserklärung abgegeben, sondern der Antrag weiterverfolgt werden. Die Wahl der Zusammenveranlagung kann nämlich noch bis einschließlich VZ 2012 von jedem Ehegatten bis zur Unanfechtbarkeit des Einkommensteuerbescheides widerrufen werden.[794]
>
> Auch ab VZ 2013 kann es noch zu Änderungen kommen, wenn ein Steuerbescheid der Ehegatten aufgehoben, geändert oder berichtigt wird, die Wahländerung der Finanzbehörde bis zur Unanfechtbarkeit des Änderungs- oder Berichtigungsbescheids schriftlich erklärt bzw. mitgeteilt wird oder sich eine positive Differenz aus dem Wechsel der Veranlagungsart ergibt, § 26 Abs. 2 EStG.

789 OLG Hamm FamRZ 2001, 98; BGH FamRZ 2010, 269.

790 BGH FamRZ 1977, 38; FamRZ 1988, 143; NJW 2010, 1879 = FamRB 2010, 8299.

791 OLG Celle, Beschl. v. 2.4.2019 – 21 UF 119/18, WKRS 2019, 31040.

792 Beispiel bei *Engels*, Steuerrecht für die familienrechtliche Praxis, Rn 213.

793 OLG Koblenz FamRZ 2005, 224.

794 BFH DStR 2005, 1357.

3. Progressionsvorbehalt, § 32b EStG

Durch die Anwendung des Progressionsvorbehalts wird seit 1982 nach § 32b EStG versucht, dass Steuerpflichtige, die bestimmte steuerfreie Einnahmen erzielen, nicht bessergestellt werden als diejenigen Steuerpflichtigen, die nur steuerpflichtige Einnahmen beziehen. 967

Bei den steuerfreien Einnahmen handelt es sich z.B. um Einnahmen wie Arbeitslosengeld, Krankengeld pp.

■ **Besonderer Steuersatz** 968

Auf das zu versteuernde Einkommen wird ein besonderer Steuersatz angewendet.

Es ist der Steuersatz, der sich ergibt, wenn bei der Berechnung der Einkommensteuer folgende Leistungen/Einkünfte einbezogen werden:

- im Fall des § 32b Abs. 1 Nr. 1 EStG die Summe der bezogenen Sozialleistungen nach Abzug des Arbeitnehmerpauschalbetrages, soweit er nicht bei der Ermittlung der Einkünfte aus nicht selbstständiger Arbeit abziehbar ist
- im Fall des § 32b Abs. 1 Nr. 2 EStG die dort bezeichneten Einkünfte, ausgenommen die darin enthaltenen außerordentlichen Einkünfte (z.B. bestimmte ausländische Einkünfte)
- im Fall des § 32b Abs. 1 Nr. 3 EStG bestimmte steuerfreie ausländische Einkünfte.[795]

4. Steuerermäßigungen

■ **Begrenzung des Tarifs bei Gewinneinkünften, § 32c EStG (nur VZ 2007)** 969

Von der „Reichensteuer" ausgenommen waren Einkünfte aus Land- und Forstwirtschaft, Gewerbebetrieb und selbstständiger Arbeit, d.h. Gewinneinkünfte, weil diese nach Ansicht des Gesetzgebers mit einem spezifischen unternehmerischen Risiko behaftet sind.

Aus diesem Grund war auch für diese Gewinneinkünfte, allerdings **nur für den Veranlagungszeitraum 2007**, ein Entlastungsbetrag eingeführt worden (§ 32c EStG i.V.m. § 52 Abs. 44 EStG).

5. Steuerermäßigungen im Rahmen des Haushalts

■ **Haushaltsnahes Beschäftigungsverhältnis, § 35a EStG**[796] 970

Auf Antrag ermäßigt sich auch für haushaltsnahe Beschäftigungsverhältnisse, die in einem inländischen Haushalt des Steuerpflichtigen ausgeübt werden, die tarifliche Einkommensteuer, vermindert jedoch um die sonstigen Steuerermäßigungen.

■ **Definition haushaltsnahes Beschäftigungsverhältnis** 971

Ein haushaltsnahes Beschäftigungsverhältnis besteht, wenn eine haushaltsnahe Tätigkeit ausgeübt wird. Hierzu gehören z.B.

- Zubereitung von Mahlzeiten im Haushalt,
- Reinigung der Wohnung,
- Gartenpflege
- sowie Pflege, Versorgung und Betreuung von Kindern, kranken, alten oder pflegebedürftigen Personen.

795 Vgl. zur Steuerberechnung beim Zusammentreffen von Tarifermäßigung und Progressionsvorbehalt: BFH v. 17.1.2008 – VI R 44/07, www.bundesfinanzhof.de.

796 Siehe hierzu im Einzelnen BMF-Schreiben v. 10.1.2014 – IV C 4 – S 2296-b/07/0003, BStBl I 2014, 75.

972 ■ **Höhe der Ermäßigung**

Die Ermäßigung beträgt:
20 % der Aufwendungen des Steuerpflichtigen, **höchstens 510 EUR**, bei einer geringfügigen Beschäftigung i.S.d. § 8a SGB IV in einem Privathaushalt (Minijob).

973 ■ **Definition haushaltsnahe Dienstleistungen (§ 35a Abs. 2 EStG)**

Um haushaltsnahe Dienstleistungen handelt es sich, wenn in einem inländischen Haushalt von dem Steuerpflichtigen entsprechende Leistungen erbracht werden.

Hierzu gehören nach § 35a Abs. 2 EStG alle Tätigkeiten, die auch Gegenstand eines haushaltsnahen Beschäftigungsverhältnisses i.S.v. § 35a Abs. 1 EStG sein können.

974 *Hinweis*

Diese Tätigkeiten dürfen jedoch nicht im Rahmen eines Arbeitsverhältnisses erbracht werden.

Hierunter fallen z.B.

- Dienstleistungsagenturen,
- selbstständige Fensterputzer,
- Pflegedienste,
- Gartenpflegearbeiten durch einen selbstständigen Gärtner,
- Schönheitsreparaturen oder kleine Ausbesserungsarbeiten.

975 ■ **Voraussetzung für die Ermäßigung**

Voraussetzung ist, dass der Steuerpflichtige die Aufwendungen durch Vorlage einer Rechnung und die Zahlung auf das Konto des Erbringers der haushaltsnahen Dienstleistung durch Beleg des Kreditinstituts nachweist (§ 35a Abs. 2 S. 5 EStG).

976 ■ **Höhe der Ermäßigung**

Die Steuerermäßigung beträgt auf Antrag **20 % der Aufwendungen** des Steuerpflichtigen, **höchstens 4.000 EUR**.

977 ■ **Handwerkerleistungen (§ 35a Abs. 3 EStG)**

Hinweis

Ab dem Veranlagungszeitraum 2006 ist § 35a EStG geändert worden. Die Inanspruchnahme von Handwerkerleistungen ist nunmehr nicht mehr davon abhängig, ob diese Leistungen für gewöhnlich von Mitgliedern des Haushalts erledigt werden. Vielmehr sind auch alle Handwerkerleistungen begünstigt, die nur durch einen Fachmann erledigt werden können. Begünstigt ist der Arbeitslohn einschließlich der Umsatzsteuer. Nicht unter die Begünstigung fallen die Materialkosten.

978 Zu den Handwerkerleistungen gehören z.B.

- Streichen und Tapezieren der Innenwände
- Modernisierung eines Badezimmers
- Beseitigung kleinerer Schäden
- Erneuerungen von Fenstern und Türen
- Erneuerung von Heizungsanlagen
- Garten- und Wegebauarbeiten.

■ **Höhe der Ermäßigung**

Die Steuerermäßigung beträgt auf Antrag **20 % der Aufwendungen** des Steuerpflichtigen, **höchstens 1.200 EUR**.

6. Außerordentliche Einkünfte und ihre Steuerermäßigung nach § 34 EStG, insb. Veräußerungsgewinne aus Veräußerung von Betriebsvermögen

■ **Unterhaltsrelevanz** 979

Über das In-Prinzip beeinflusst die zu entrichtende Steuer das Unterhaltseinkommen. Bestimmte außerordentliche Einkünfte, wie beispielsweise Veräußerungsgewinne aus der Veräußerung von Betriebsvermögen, unterliegen einer privilegierten Steuerregelung.

Nach der gesetzlichen Regelung des § 34 EStG werden in dessen Abs. 2 enumerativ die **Anwendungsfälle** genannt: 980

- **Veräußerungsgewinne** i.S.d. §§ 14, 14a Abs. 1 EStG, der §§ 16 und 18 Abs. 3 EStG mit Ausnahme des steuerpflichtigen Teils der Veräußerungsgewinne, die nach § 3 Nr. 40b i.V.m. § 3c Abs. 2 EStG teilweise steuerbefreit sind,
- **Entschädigungen** i.S.d. § 24 Nr. 1 EStG,
- **Nutzungsvergütungen und Zinsen** i.S.d. § 24 Nr. 3 EStG, soweit sie für einen Zeitraum von mehr als drei Jahren nachgezahlt werden,
- **Vergütungen für mehrjährige Tätigkeiten**; mehrjährig ist eine Tätigkeit, soweit sie sich über mindestens zwei Veranlagungszeiträume erstreckt und einen Zeitraum von mehr als 12 Monaten umfasst,

Die Ausgestaltung in § 34 EStG ist schwernachvollziehbar, sodass die Arbeitsweise des § 34 Abs. 1 EStG sogleich an einem Beispiel erläutert werden soll:

Beispiel nach EStH, H 34.2

Berechnung der Einkommensteuer nach § 34 Abs. 1 EStG bei negativ verbleibendem zu versteuernden Einkommen.

Berechnung der Einkommensteuer nach **§ 34 Abs. 1 EStG** bei negativem verbleibenden z. v. E.

Der Stpfl., der Einkünfte aus Gewerbebetrieb hat wird mit seiner Ehefrau zusammen veranlagt. Die Voraussetzungen des § 34 Abs. 3 und § 16 Abs. 4 EStG liegen nicht vor. Es sind die folgenden Einkünfte und Sonderausgaben anzusetzen:

Einkünfte aus Gewerbebetrieb, laufender Gewinn	+ 5.350 EUR	
Veräußerungsgewinn (§ 16 EStG)	+ 225.000 EUR	230.350 EUR
Einkünfte aus Vermietung und Verpachtung		– 45.000 EUR
G. d. E.		185.350 EUR
Sonderausgaben		– 3.200 EUR
Einkommen/z. v. E.		182.150 EUR
Höhe der Einkünfte i.S.d. § 34 Abs. 2 EStG, die nach § 34 Abs. 1 EStG besteuert werden können; maximal aber bis zur Höhe des z. v. E.		182.150 EUR
z. v. E.	182.150 EUR	
abzüglich Einkünfte i.S.d. § 34 Abs. 2 EStG	– 225.000 EUR	
verbleibendes z. v. E.	– 42.850 EUR	

Damit ist das gesamte z. v. E. in Höhe von 182.150 EUR gem. § 34 EStG tarifbegünstigt.

1/5 des z. v. E. (§ 34 Abs. 1 S. 3 EStG)	36.430 EUR	
darauf entfallender Steuerbetrag	4.454 EUR	
multipliziert mit Faktor 5	22.270 EUR	
tarifliche Einkommensteuer		22.270 EUR

981 Das Beispiel ist Ausdruck und Verdeutlichung für die Aufteilung des Veräußerungsgewinns nach der 1/5 Regelung des § 34 Abs. 1 EStG.

Zudem gibt es eine teilweise Steuerbefreiung nach § 3 Nr. 40 EStG für 40 % des Veräußerungsgewinns. Darüber hinaus ist in § 34 Abs. 3 EStG eine Regelung zur **Altersentlastung** normiert, die eintritt, wenn

- die Veräußerungsgewinne nach § 34 Abs. 2 Nr. 1 EStG 5 Millionen EUR nicht übersteigen und
- der Steuerpflichtige das 55. Lebensjahr vollendet hat oder
- wenn er im sozialversicherungsrechtlichen Sinne dauernd berufsunfähig ist.

Der ermäßigte Steuersatz beträgt dann 56 % des durchschnittlichen Steuersatzes, der sich ergäbe, wenn die tarifliche Einkommensteuer nach dem gesamten zu versteuernden Einkommen zuzüglich der dem Progressionsvorbehalt unterliegenden Einkünften zu bemessen wäre, mindestens jedoch 14 %, § 34 Abs. 3 EStG.

982 Nach einer Entscheidung des BFH[797] gehören zu den außerordentlichen Einkünften auch Entschädigungen, die als Ausgleichszahlungen an Handelsvertreter nach § 89b HGB gezahlt werden. Soll eine Einmalzahlung an einen Handelsvertreter eine gleichzeitig vereinbarte Senkung des Provisionssatzes einschließlich der damit einhergehenden Schmälerung des künftigen Ausgleichsanspruchs nach § 89b HGB kompensieren sowie teilweise, wenn auch ebenfalls zu Kompensationszwecken, eine Vorauszahlung auf den tatsächlichen Ausgleichsanspruch nach § 89b HGB darstellen, so ist der ermäßigte Steuersatz gem. §§ 34 Abs. 1, 2 Nr. 2, 24 Nr. 1a EStG nur insoweit anzuwenden, als es sich um eine Entschädigung für zukünftig entgehende Einnahmen handelt.

7. Steuerentrichtung

983 Wird die Einkommensteuer festgesetzt, sind die vorher geleisteten Beträge anzurechnen.
Zu diesen anrechenbaren Steuern gehören nach § 36 Abs. 2 EStG:

- Einkommensteuervorauszahlungen nach § 37 EStG und
- die durch Steuerabzug erhobenen Einkommensteuern

984 *Hinweis*

Hierzu gehört auch die Lohnsteuer als sog. Quellensteuer. Die Lohnsteuer stellt nämlich lediglich eine besondere Erhebungsform der Einkommensteuer dar.[798]

985 ■ **Fälligkeit**

Wenn sich eine Nachzahlung ergibt, ist dieser Betrag nach § 36 Abs. 4 S. 1 EStG

- **sofort zu zahlen**, soweit er den fällig gewordenen, aber noch nicht entrichteten Vorauszahlungen entspricht oder
- **innerhalb eines Monats zu zahlen**, nach Bekanntgabe des Steuerbescheides als Abschlusszahlung, wenn die erste Voraussetzung nicht vorliegt.

797 BFH v. 27.10.2015 – X R 12/13, www.bfh.de.

798 *Perleberg-Kölbel*, Die Rolle des Lohnsteuerabzugs und Körperschaftsteueranrechnungsverfahren bei der Anwendung des sog. „In-Prinzips“ im Unterhaltsrecht, FuR 2005, 307.

VI. Zuschlagsteuern

Als Zuschlagsteuern i.S.d. § 51a EStG werden die Kirchensteuer und der Solidaritätszuschlag erhoben. **986**

1. Kirchensteuer

Die Kirchensteuer wird mit dem maßgeblichen Prozentsatz unmittelbar von der zu erhebenden Einkommensteuer bzw. Lohnsteuer berechnet, wenn der Steuerpflichtige keine Freibeträge nach § 32 Abs. 6 EStG erhält. Sie werden im Allgemeinen bereits bei der Veranlagung zur Einkommensteuer von den Finanzämtern festgesetzt und auch erhoben. **987**

Bei Lohnsteuerpflichtigen berechnet diese der Arbeitgeber nach dem am Wohnsitz des Arbeitnehmers geltenden Steuersatz. Er führt diese dann zusammen mit der Lohnsteuer an das Finanzamt ab.

Hinweis **988**

Die Kirchensteuer wird nach Pauschalsteuersätzen von der Lohnsteuer berechnet, wenn auch der Arbeitslohn pauschal berechnet wird. Ab 2015 ist ein automatisches Verfahren zum Abzug von Kirchensteuer auf abgeltend besteuerte Kapitalerträge eingerichtet worden, § 51a Abs. 2b–e und Abs. 6 EStG.

2. Solidaritätszuschlag

Zur Einkommensteuer wird ab dem 1.1.1995 ein Solidaritätszuschlag erhoben (§ 1 Abs. 1 SolZG). **989**

Bemessungsgrundlage ist hierfür die Einkommensteuer unter Berücksichtigung der Freibeträge nach § 32 Abs. 6 EStG (§ 3 Abs. 1 Nr. 1 SolZG).

Bei der Veranlagung der Einkommensteuer ist dies die festzusetzende Einkommensteuer, wenn der Steuerpflichtige keine Freibeträge nach § 32 Abs. 6 EStG erhält. Ist dies jedoch der Fall, so ist die tarifliche Einkommensteuer Bemessungsgrundlage für den Solidaritätszuschlag.

Eine Erhebung erfolgt nur, wenn die Bemessungsgrundlage bei Anwendung der Grundtabelle **mehr als 972 EUR** und bei Anwendung der Splittingtabelle mehr als **1.944 EUR** (§ 3 Abs. 3 SolZG) beträgt. Das Gesetz zur Rückführung des Solidaritätszuschlags v. 10.12.2019[799] führt nach vorläufigen Berechnungen dazu, dass ledige sozialversicherungspflichtige Arbeitnehmer, die im Jahr nicht mehr als 73.874 EUR brutto verdienen, ab 2021 keinen Solidaritätszuschlag mehr zahlen. Bis zu einem Einkommen von 109.451 EUR wird in der Gleitzone schrittweise die volle Höhe erreicht. Ein Alleinverdiener in der Steuerklasse III soll bis zu einem Bruttojahreslohn von 151.990 EUR keinen Solidaritätszuschlag zahlen. Bis 221.375 EUR fällt für ihn zumindest ein Teil an, danach der volle Zuschlag. Ab **VZ 2023** wurden die Grenzen nochmals angehoben: für Ehegatten bzw. Personen in der Steuerklasse III auf 35.086 EUR Lohnsteuer im Jahr und in allen übrigen Fällen auf 17.543 EUR Lohnsteuer im Jahr.

VII. Lohnsteuer

Die Lohnsteuer ist keine eigene Steuer, sondern vielmehr eine Unterart und besondere Erhebungsform der Einkommensteuer. Sie wird bei Einkünften aus nichtselbstständiger Arbeit gem. § 19 EStG direkt vom Lohn abgezogen. Gem. § 38 Abs. 3 EStG behält der Arbeitgeber für den Arbeitnehmer, § 1 Lohnsteuerdurchführungsverordnung (LStDV), die Lohnsteuer ein und führt sie ab. Der Arbeitgeber handelt regelmäßig für den Arbeitnehmer. Der Arbeitnehmer ist Schuldner der Lohnsteuer, die zu dem Zeitpunkt entsteht, an dem der Lohn an den Arbeitnehmer geleistet wird, § 38 Abs. 2 S. 1 und 2 EStG. In jedem Falle ist **990**

799 Https://www.bgbl.de/xaver/bgbl/start.xav?startbk=Bundesanzeiger_BGBl&start=%2F%2F%2A%5B%40attr_id=%27bgbl119s2115.pdf%27 %5D#__bgbl__%2F%2F*%5B%40attr_id%3D%27bgbl119s2115.pdf%27 %5D__1579274757968.

die Lohnsteuer unabhängig davon einzubehalten, ob der Arbeitnehmer zur Einkommensteuer i.R.d. betrieblichen Altersversorgung, § 5 LStDV, veranlagt wird oder nicht.

1. Lohnsteuerklassen

991 Der Steuerabzug erfolgt nach Maßgabe der Steuerkarte, auf der u.a. die Steuerklasse eingetragen wird.

2. Lohnsteuertabellen

992 **Steuerklasse I:**

a) Ledige

b) Verheiratete, Geschiedene oder Verwitwete, wenn die Voraussetzungen für Steuerklasse III oder IV nicht erfüllt sind

c) beschränkt steuerpflichtige Arbeitnehmer mit mindestens einem Kind

Steuerklasse II: wie Steuerklasse I und wenn der Freibetrag für Alleinerziehende zu berücksichtigen ist, § 24b EStG

Steuerklasse III:

a) Verheiratete, beide unbeschränkt einkommensteuerpflichtig und nicht dauernd getrennt lebend. Der andere Ehegatte darf keinen Lohn beziehen oder muss auf gemeinsamen Antrag in die Steuerklasse V eingruppiert sein.

b) Verwitwete für das Jahr nach dem Tod des Ehegatten bei beiderseitiger unbeschränkter Einkommensteuerpflicht und keinem dauernden Getrenntleben im Todeszeitpunkt

c) bei aufgelöster Ehe für das Jahr der Auflösung, in dem die Eheleute (beide unbeschränkt einkommensteuerpflichtig) nicht dauernd getrennt lebten. Der andere Ehegatte muss im gleichen Jahr wieder geheiratet haben und darf nicht dauernd getrennt leben. Er und sein neuer Ehegatte müssen unbeschränkt einkommensteuerpflichtig sein.

Steuerklasse IV: Verheiratete, beide Lohnbezieher, unbeschränkt steuerpflichtig sowie nicht dauernd getrennt lebend

Steuerklasse V: Arbeitnehmer wie bei Steuerklasse IV, wenn der Ehegatte auf beiderseitigen Antrag Steuerklasse III hat

Steuerklasse VI: Arbeitnehmer mit Lohn aus mehr als einem Arbeitsverhältnis für das zweite Arbeitsverhältnis und weitere Arbeitsverhältnisse.

993 Auf der Grundlage der Einkommensteuertabellen werden die Lohnsteuertabellen erstellt.

Hier sind die für die einzelnen Steuerklassen in Betracht kommenden Lohnsteuerbeträge ausgewiesen.

Es gibt zwei unterschiedliche Lohnsteuertabellen. Dies resultiert aus der Kürzung der Vorsorgepauschale bei Arbeitnehmern, die keine Beiträge zur Sozialversicherung leisten, wie z.B. Beamte.

Es gibt somit

- eine allgemeine Lohnsteuertabelle (Tabelle A)
- eine besondere Lohnsteuertabelle (Tabelle B)

994 *Hinweis*

Der Kinderfreibetrag wird seit 1996 lediglich noch bei der Berechnung des Solidaritätszuschlags und der Kirchensteuer berücksichtigt. Obwohl für den Kinderfreibetrag das Monatsprinzip gilt, bleiben die Eintragungen der Kinderfreibetragszähler stets bis zum Ende des Kalenderjahres gültig.

Beim Solidaritätszuschlag und bei der Kirchensteuer gilt nach wie vor das Jahresprinzip. 995

Ohne Eintragung auf der Lohnsteuertabelle sind vom Arbeitgeber nach § 39b Abs. 2 S. 2 EStG zu berücksichtigen:

- Versorgungsfreibetrag und der Zuschlag zum Versorgungsfreibetrag (§ 19 Abs. 2 EStG)

sowie

- der Altersentlastungsbetrag (§ 24a EStG).

Der Arbeitgeber hat ferner den Arbeitslohn nach Maßgabe der Eintragung auf der Lohnsteuerkarte um einen etwaigen Freibetrag nach § 39a Abs. 1 EStG zu vermindern oder um einen etwaigen Hinzuziehungsbetrag nach § 39a Abs. 1 Nr. 7 EStG zu erhöhen. Dies ergibt sich aus § 39b Abs. 2 S. 4 EStG.

3. Lohnsteuerabzugsmerkmale und Faktorverfahren

- **§ 39 EStG und elektronische Lohnsteuerkarte, § 39e EStG** 996

Die Lohnsteuerkarte erfasst die persönlichen Merkmale des Steuerpflichtigen. Die letzte in Papierform wird ab 2013 durch das elektronische System „ElsterLohn II" abgelöst. Lohnsteuerliche Merkmale der Arbeitnehmer werden nur noch in diesem System gespeichert, wobei der Arbeitgeber mithilfe der ihm von seinem Arbeitnehmer mitgeteilten Daten, nämlich der Steuer-Identifikationsnummer (2008 war die lebenslang gültige Identifikationsnummer grundsätzlich flächendeckend eingeführt worden) und dem Geburtsdatum, die für den Lohnsteuerabzug benötigten Daten bei der Finanzverwaltung abruft, § 39e EStG. Die Speicherung der relevanten Daten erfolgt zentral in der sog. ELStAM-Datenbank ELStAM (Elektronische Lohnsteuerabzugsmerkmale) beim Bundeszentralamt für Steuern.

Ab 2010 ist das sog. **„Faktorverfahren" gem. § 39f EStG** als Alternative für Ehegatten geschaffen worden, die eine Steuerklassenkombination III/IV oder IV/IV haben. So kann auf der Lohnsteuerkarte jeweils die Steuerklasse IV in Verbindung mit einem Faktor, nämlich IV-Faktor/IV-Faktor, eingetragen werden. 997

Der Faktor entspricht der voraussichtlichen Einkommensteuer beider Ehegatten nach der Splittingtabelle geteilt durch die Summe der Jahres-Lohnsteuer beider Ehegatten in der Steuerklasse IV.[800]

- **Wirkungen** 998

Dafür haben die Ehegatten am Beginn eines jeden Jahres ihre voraussichtlichen Jahresarbeitslöhne dem Finanzamt zu übermitteln. Auf dieser Grundlage wird die voraussichtliche Höhe der gemeinsamen Einkommensteuer nach Splittingtarif und auch die voraussichtliche Höhe des Lohnsteuerabzugs in der Steuerklasse IV festgestellt. Die beiden Werte werden ins Verhältnis gesetzt, wobei das Ergebnis („Faktor"), die Finanzbehörde auf den Lohnsteuerkarten der Ehegatten jeweils neben der Angabe „Steuerklasse IV" einträgt.

So ergibt sich der Faktor durch die Division der voraussichtlichen Einkommensteuer nach Splittingtarif durch die Summe der Lohnsteuer für beide Ehegatten nach der Steuerklasse IV.

Dem jeweiligen Ehegatten verbleiben hierbei mindestens die ihm persönlich zustehenden Abzugsbeträge, wie der Grundfreibetrag, die Vorsorgepauschale, der Sonderausgaben-Pauschalbetrag und der Kinderfreibetrag nach § 32 Abs. 6 EStG.

Der Vorteil des Splitting-Tarifs erscheint monatlich und wird auf beide Ehegatten verteilt. Dadurch steigert sich der Nettolohn und somit die Liquidität.

Voraussetzung ist ein gemeinsamer freiwilliger Antrag ohne amtlichen Vordruck der Ehegatten bis spätestens zum 30.11. eines Kalenderjahres bei der Finanzbehörde unter Vorlage der Lohnsteuerkarten und

800 Siehe hierzu auch Merkblatt zur Steuerklassenwahl für das Jahr 2020 bei Ehegatten oder Lebenspartnern, die beide Arbeitnehmer sind, BMF-Schreiben v. 20.11.2019, NWB BAAAH-35699.

unter Angabe der voraussichtlichen Arbeitslöhne des Kalenderjahres beider Ehegatten. Die Ehegatten sind verpflichtet, für den VZ eine Steuererklärung abzugeben. Die Finanzbehörde stellt die genaue Einkommensteuer fest.

Das Faktorverfahren berührt nicht nur die steuerrechtliche Situation der Ehegatten. Es steigert sich z.B. die Grundlage für das Arbeitslosengeld und für weitere Leistungen der Agentur für Arbeit, wie das Unterhalts-, Überbrückungs-, Kurzarbeiter- und Insolvenzgeld. Im Falle der wachsenden Familienplanung ist das Faktorverfahren auch wegen des Elterngeldes von einiger Bedeutung. Das Einkommen des § 2 Abs. 1 BEEG entspricht nicht dem Nettoeinkommen i.S.d. EStG. Gem. § 2 Abs. 7 BEEG wird das Einkommen vielmehr nach Abzug der auf Grundlage der gewählten Steuerklasse monatlich anfallenden Lohnsteuer nebst Sozialabgaben ermittelt. Das Elterngeld wird in Höhe von 67 % des Einkommens geleistet. Daher steigert sich wegen des Wechsels zur Steuerklassenwahl IV/IV mit Hilfe des Faktorverfahrens der Elterngeldanspruch.

999 ■ **Auswirkungen des Faktorverfahrens auf den Unterhalt**

Im Hinblick auf die gesteigerte Liquidität entscheiden sich die Ehegatten oft für die Steuerklassenkombination III/V. Nach Ansicht des BGH führt diese Wahl bis zur Trennung zu keiner Korrektur der relativ hohen steuerlichen Belastung bei dem Ehegatten mit der Steuerklasse V, weil die Ehegatten noch gemeinsam gewirtschaftet haben. Mit dem Scheitern der Ehe stellt sich eine Zäsur ein. Naturgemäß will der Ehegatte mit der ungünstigeren Steuerklasse V die damit verbundenen Nachteile nicht mehr akzeptieren, wenn kein Trennungsunterhalt gezahlt wird. Nach dem allgemeinen Grundsatz, dass ein Steuerpflichtiger nur für die Steuern aufkommen muss, die auf sein Einkommen entfallen, ist diese Einordnung konsequent.

Bei der Wahl des Faktorverfahrens im Trennungsjahr erscheinen die steuerlichen Abzüge bereits jeden Monat in der voraussichtlichen Höhe nach dem Splittingtarif. Eine Korrektur mit fiktiver Berechnung der Steuerlast nach Trennung wird obsolet. So wird auch die Frage des Nachteilausgleichs als Voraussetzung für die Zustimmung zur Zusammenveranlagung gem. § 26b EStG noch im Trennungsjahr nicht mehr streitig sein. Eine Darlegungs- und Beweislast für ein gemeinsames Wirtschaften in den Monaten vor der Trennung entfällt.

Wird ein Ehegatte **insolvent**, ist eine höhere Liquidität gefragt. Bei dem nicht von der Insolvenz betroffenen Ehegatten ist die geringste monatliche Steuerbelastung zu ermitteln. Das Faktorverfahren kann hierzu beitragen.

1000 Übersteigt der monatliche Arbeitslohn des geringer verdienenden Ehegatten oder Lebenspartners den nach den Spalten 2, 3 oder 5 und 6 der Tabellen in Betracht kommenden Betrag, **führt die Steuerklassenkombination IV/IV für die Ehegatten oder Lebenspartner grundsätzlich zu einem geringeren oder zumindest nicht höheren Lohnsteuerabzug** als die Steuerklassenkombination III/V.

1001 **Beispiele nach BMF-Schreiben v. 20.11.2019**

1. Ein Arbeitnehmer-Ehepaar, beide in allen Zweigen sozialversichert, bezieht Monatslöhne (nach Abzug etwaiger Freibeträge) von 3.000 EUR und 1.700 EUR. Da der Monatslohn des geringer verdienenden Ehegatten den nach dem Monatslohn des höher verdienenden Ehegatten in der Spalte 2 der Tabelle I ausgewiesenen Betrag von 2.149 EUR nicht übersteigt, führt in diesem Falle die Steuerklassenkombination III/V zur geringsten Lohnsteuer.
   Vergleich der Lohnsteuerabzugsbeträge:

a)	Lohnsteuer für 3.000 EUR nach Steuerklasse III	161,16 EUR
	für 1.700 EUR nach Steuerklasse V	303,75 EUR
	insgesamt also	**464,91 EUR**
b)	Lohnsteuer für 3.000 EUR nach Steuerklasse IV	407,41 EUR
	für 1.700 EUR nach Steuerklasse IV	109,58 EUR
	insgesamt also	**516,99 EUR**

2. Würde der Monatslohn des geringer verdienenden Ehegatten 2.500 EUR betragen, so würde die Steuerklassenkombination IV/IV insgesamt zur geringsten Lohnsteuer führen.
Vergleich der Lohnsteuerabzugsbeträge:

a)	Lohnsteuer für 3.000 EUR nach Steuerklasse III	161,16 EUR
	für 2.500 EUR nach Steuerklasse V	560,00 EUR
	insgesamt also	**721,16 EUR**
b)	Lohnsteuer für 3.000 EUR nach Steuerklasse IV	407,41 EUR
	für 2.500 EUR nach Steuerklasse IV	286,16 EUR
	insgesamt also	**693,57 EUR**

Beispiel zur Ermittlung und Anwendung des Faktors: 1002

Jährliche Lohnsteuer bei Steuerklassenkombination IV/IV (beide Ehegatten oder Lebenspartner in allen Zweigen sozialversichert):

Arbeitnehmer-Ehegatte A: für 36.000 EUR (monatlich 3.000 EUR x 12) = 4.889 EUR
Arbeitnehmer-Ehegatte B: für 20.400 EUR (monatlich 1.700 EUR x 12) = 1.315 EUR
Summe der Lohnsteuer bei Steuerklassenkombination IV/IV (entspricht „X") beträgt 6.204 EUR.
Die voraussichtliche Einkommensteuer im Splittingverfahren (entspricht „Y") beträgt 6.024 EUR.
Der Faktor ist Y geteilt durch X, also 6.024 EUR : 6.204 EUR = 0,970
(Der Faktor wird mit drei Nachkommastellen berechnet und nur eingetragen, wenn er kleiner als 1 ist).

Jährliche Lohnsteuer bei Steuerklasse IV/IV mit Faktor 0,970:

Arbeitnehmer-Ehegatte A für 36.000 EUR (4.889 EUR x 0,970) = 4.742 EUR Arbeitnehmer-Ehegatte B für 20.400 EUR (1.315 EUR x 0,970) = 1.275 EUR

Summe der Lohnsteuer bei Steuerklassenkombination IV/IV mit Faktor 0,970 = 6.017 EUR.

Im Beispielsfall führt die Einkommensteuerveranlagung unter der Voraussetzung, dass keine anderen steuerlichen Sachverhalte zu berücksichtigen sind:

- bei der **Steuerklassenkombination III/V** zu einer **Nachzahlung in Höhe von 445 EUR** (voraussichtliche Einkommensteuer im Splittingverfahren 6.024 EUR – Summe Lohnsteuer bei Steuerklassenkombination III/V 5.579 EUR [1.934 EUR + 3.645 EUR]),
- bei der **Steuerklassenkombination IV/IV** zu einer **Erstattung in Höhe von 180 EUR** (voraussichtliche Einkommensteuer im Splittingverfahren 6.024 EUR – Summe Lohnsteuer bei Steuerklassenkombination IV/IV 6.204 EUR),
- bei der **Steuerklassenkombination IV/IV-Faktor** weder **zu einer hohen Nachzahlung noch zu einer Erstattung** (in diesem Fall nur Rundungsdifferenz in Höhe von 7 EUR; voraussichtliche Einkommensteuer Splittingverfahren 6.024 EUR – Summe der Lohnsteuer bei Steuerklasse IV/IV mit Faktor 6.017 EUR).

Die Lohnsteuer ist im Faktorverfahren wesentlich anders verteilt (4.742 EUR für A und 1.275 EUR für B) als bei der Steuerklassenkombination III/V (1.934 EUR für A und 3.645 EUR für B). Die Lohnsteuerverteilung im Faktorverfahren entspricht der familienrechtlichen Verteilung der Steuerlast im Innenverhältnis der Ehegatten.

4. Lohnsteuerklassen im Familienrecht

a) Generelles

1003 Bis zum 30.11. des Kalenderjahres besteht nach § 39a Abs. 2 S. 2 bis 4 EStG die Möglichkeit, einen vom Arbeitslohn abzuziehenden Freibetrag auf der Lohnsteuerkarte eintragen zu lassen. Hierbei muss die Summe der Beträge, die einen Freibetrag begründen, mindestens 600 EUR ausmachen.

1004 *Hinweis*

Steuerklassen sind grundsätzlich unabhängig vom Scheidungszeitpunkt zu Beginn des auf die Trennung folgenden Jahres zu ändern.

Es kommt allein auf das Getrenntleben oder Zusammenleben bei Beginn des Veranlagungszeitraumes für die Steuerklassenwahl an (§ 39 Abs. 3 EStG).

Leben Ehepartner dauernd getrennt, sind nur noch die Steuerklassen I oder II zulässig.

1005 Ein einvernehmlicher Wechsel ist jedoch auch schon im Trennungsjahr möglich.

Mit dem Scheitern der Ehe ist von einer grundlegenden Veränderung der Verhältnisse auszugehen.[801]

Wird kein Trennungsunterhalt gezahlt, besteht z.B. für den Ehegatten mit der ungünstigeren Steuerklasse kein Grund mehr, seine damit verbundenen Nachteile hinzunehmen.

Jeder Ehepartner hat vielmehr nach dem allgemeinen Grundsatz nur für die Steuern aufzukommen, die auf sein Einkommen entfallen.[802]

Hieraus folgt ein Anspruch auf Zustimmung des Wechsels der Steuerklasse bereits im Trennungsjahr.

b) Eintrag des Steuerfreibetrages – unterhaltsrechtliche Obliegenheit?

1006 Die steuerlichen Auswirkungen zugunsten des Unterhaltspflichtigen bezüglich der Abzugsmöglichkeiten von Unterhaltszahlungen machen sich unterschiedlich bemerkbar, je nachdem, ob sie erst in der Jahressteuererklärung abgegeben werden oder ob bereits ein Freibetrag in der Lohnsteuerklasse eingetragen wird.

Hieraus folgt, dass sich die Lohnsteuer ermäßigt, die der Arbeitgeber einzubehalten und abzuführen hat, weil nämlich für die Bestimmung der Lohnsteuer der um den Freibetrag verringerte Lohn Grundlage ist.

Aus steuerlicher Sicht ist der Unterhaltszahlende nicht verpflichtet, steuerliche Vorteile in Anspruch zu nehmen.

Etwas anderes gilt aus unterhaltsrechtlicher Sicht. Auszugehen ist von einer grundsätzlichen unterhaltsrechtlichen Obliegenheit, alle zumutbaren Einkünfte zu erzielen.[803] Erfolgt dies nicht, können dem Unterhaltspflichtigen fiktive Einkünfte zuzuordnen sein. Hieraus folgt generell auch die Verpflichtung, Steuervorteile wahrzunehmen.[804]

Fraglich ist jedoch, zu welchem Zeitpunkt Vorteile in Anspruch genommen werden müssen:

- bereits im laufenden Kalenderjahr in Form des Eintrags eines Freibetrags oder
- erst im Folgejahr oder noch später durch Abgabe der Einkommensteuererklärung bzw. erst bei der Antragsveranlagung[805]

Im Hinblick auf die genannte Rechtsprechung kann nur die unverzügliche Eintragung eines Freibetrages in Betracht kommen.[806]

801 BGH FamRZ 2006, 1178, 1180.
802 BGH FamRZ 2007, 1799 ff.
803 *Wendl/Dose*, a.a.O., § 1 Rn 9.
804 BGH FamRZ 1998, 953, 954; 2007, 793, 797.
805 Vgl. zum Meinungsstreit *Müller*, Der Steuerfreibetrag – unterhaltsrechtliche Obliegenheit, FuR 2007, 97 ff.
806 Siehe auch OLG Nürnberg v. 11.12.2014 – 10 UF 1182/14, FamRZ 2015, 940; *Perleberg-Kölbel*, Unterhalt und Wahl der Steuerklasse, NZFam 2015, 904.

VIII. Einkommensteuer im Familienrecht

1. In-Prinzip

Die Einkommensteuer stellt im Rahmen der Leistungsfähigkeit einen Abzugsposten dar.[807] 1007

Nach ständiger Rechtsprechung des BGH sind Steuern und Abgaben grundsätzlich jeweils in der tatsächlich entrichteten Höhe abzusetzen und spätere Veränderungen, z.B. wegen Abweichung der Veranlagung zur Einkommensteuer, von der Vorauszahlung erst zu berücksichtigen, wenn diese Veränderungen tatsächlich eingetreten sind.[808]

Hierbei geht der BGH vom sog. „In-Prinzip" aus.

Mit diesem Terminus wird im Familienrecht allgemein das Zu- und Abflussprinzip umschrieben.

Bei der Berechnung des Nettoeinkommens wird als Abzugsposten die tatsächliche Einkommensteuerzahlung, Vorauszahlung und Nachzahlung als Einkommensminderung nur in dem Kalenderjahr berücksichtigt, in dem diese tatsächlich geleistet werden.[809]

2. Für-Prinzip

Das in der Literatur präferierte „**Für-Prinzip**" folgt der tatsächlichen Steuerlast ausweislich der steuer- 1008
rechtlichen Veranlagung.[810]

Das In-Prinzip ist wegen seiner Manipulationsmöglichkeiten und seines Verstoßes gegen das Prinzip der periodengerechten Jahresabgrenzung der Bilanzierung abzulehnen. Zudem werden Steuerzahlungen und Steuererstattungen berücksichtigt, die zu einer Steuerveranlagung gehören können, die außerhalb des unterhaltsrechtlichen Betrachtungszeitraums liegen.[811]

3. Zu berücksichtigende Steuer

Zu den Steuerzahlungen gehören auch die Lohnsteuer und die Kirchensteuer. 1009

Diese stellen lediglich besondere Erhebungsformen der Einkommensteuer dar s.o.

Die im Veranlagungszeitraum geleisteten Zahlungen werden daher ebenso wie Einkommensteuer-Vorauszahlungen berücksichtigt.[812]

4. Fiktive Steuerberechnung in der Rechtsprechung

Der BGH hat nicht immer konsequent das In-Prinzip angewendet. So hat er eine fiktive Steuerberechnung in 1010
einem Fall zugunsten des Unterhaltsschuldners zugelassen, der erhebliche Verluste aus einem **Bauherrenmodell** ausgewiesen hatte.[813] Die fiktive Steuerlast wurde dort vom Unterhaltseinkommen abgezogen. Auch nimmt die Rechtsprechung stets eine fiktive Steuerberechnung vor, wenn es um die Wahl der ungünstigeren Steuerklasse und die **Nichtausschöpfung steuerlicher Gestaltungsmöglichkeiten** geht.[814]

807 Wendl/*Dose*, a.a.O., § 1 Rn 591.
808 BGH FamRZ 2003, 744; FuR 2007, 271.
809 *Kuckenburg/Perleberg-Kölbel*, Ist das In-Prinzip noch zu halten?, FuR 2004, 160.
810 *Fischer-Winkelmann*, FamRZ 1993, 880 ff., *Kuckenburg/Perleberg-Kölbel*, FuR 2004, 160 ff.; *Kuckenburg/Perleberg-Kölbel*, B Rn 718 f.
811 *Kuckenburg/Perleberg-Kölbel*, B Rn 721 mit Beispiel; dieselben FuR 2004, 160 ff.
812 Vgl. hierzu *Perleberg-Kölbel*, Die Rolle des Lohnsteuerabzugs und Körperschaftssteueranrechnungsverfahrens bei der Anwendung des sog. „In-Prinzips" im Unterhaltsrecht, FuR 2005, 307 ff.
813 BGH FamRZ 1987, 36, 37.
814 OLG Hamm FamRZ 2000, 311; OLG Schleswig FamRZ 2000, 825 f.; BGH FamRZ 2007, 1229, 1231.

Ferner erfolgt eine fiktive Steuerberechnung, wenn statt der degressiven AfA eine lineare AfA-Tabelle Berücksichtigung finden soll und wenn **Ansparabschreibungen** nicht innerhalb des unterhaltsrelevanten Betrachtungszeitraumes gebildet und aufgelöst werden.[815]

Auch sind Fiktivsteuern zu berechnen, wenn steuerliche Vorteile bei der Wiederheirat des Unterhaltspflichtigen vorhanden sind. Der **Splittingvorteil des wiederverheirateten Unterhaltspflichtigen** bleibt nämlich beim Ehegattenunterhalt im Gegensatz zur Berechnung beim Kindesunterhalt unberücksichtigt.[816] Das Bundesverfassungsgericht[817] führt aus:

„Steuerliche Vorteile, deren Entstehen vom Eheschluss ausgelöst werden, die das Zusammenleben der Ehegatten voraussetzen und die der Gesetzgeber in Konkretisierung seines Schutzauftrages allein der bestehenden Ehe einräumt, dürfen ihr durch die Gerichte nicht dadurch wieder entzogen werden, dass sie der geschiedenen Ehe zugeordnet werden und über die Unterhaltsberechnung auch den Unterhalt des geschiedenen Ehegatten erhöhen."

Auch bei der **Aufteilung einer Steuerschuld** zwischen Ehegatten erfolgt eine fiktiv getrennte Veranlagung gemäß § 270 AO.[818]

5. Kritik am In-Prinzip

1011 Das In-Prinzip ist deshalb zu kritisieren, weil es **Manipulationsmöglichkeiten** zulässt. Der Steuerpflichtige kann Einfluss auf die Steuerzahllast, insbesondere die Vorauszahlungen nehmen, um so sein Unterhaltseinkommen zu reduzieren.

Auch kann das In-Prinzip zu grotesken Ergebnissen führen, was ein Beispiel aus der Gutachtenpraxis belegt:

Beispiel

Der Unterhaltsschuldner S ist Zahnarzt und eröffnet seine Praxis im Jahr 2013. In diesem Jahr nimmt er auch seine berufliche Tätigkeit auf.

In den Jahren 2014 und 2015 entrichtet er noch keine Einkommensteuer. Da noch keine Veranlagung des ersten Jahres erfolgt ist, werden noch keine Vorauszahlungen entrichtet.

Betrachtungszeitraum für das Unterhaltseinkommen sind die Jahre 2013 bis 2015.

Im Jahre 2016 ergehen der Einkommensteuerbescheid 2013 und die Vorauszahlungsbescheide für die Jahre 2013, 2014 und 2015 mit einer Nachzahlung von gerundet 150.000 EUR.

Lösung

Nach dem In-Prinzip hat dies zur Folge, dass Einkommensteuerzahlungen nicht zu berücksichtigen sind, weil im Betrachtungszeitraum keine Zahlungen vorgenommen worden sind.

Für die Unterhaltszahlungen wird das Unterhaltseinkommen **ohne Abzug der Steuerbelastungen** zugrunde gelegt. Der Zahnarzt meldete Insolvenz an!

Das Für-Prinzip hätte die jeweils zu entrichtende Einkommensteuer den jeweiligen Veranlagungszeiträumen unterhaltsrechtlich ordnungsgemäß zugeordnet und voraussichtlich die Insolvenz des Zahnarztes verhindert!

815 Vgl. BGH FamRZ 2003, 741 ff., sowie FamRZ 2004, 1177 ff.
816 Vgl. BGH ZFE 2005, 449 ff.; FuR 2007, 367.
817 Beschl. v. 7.10.2003, FamRZ 2003, 1821 = FuR 2003, 507 = NJW 2003, 3466.
818 BGH FamRZ 2006, 1178; 2007,1229; vgl. hierzu auch mit Beispiel *Kuckenburg/Perleberg-Kölbel*, Ist das In-Prinzip noch zu halten?, FuR 2004, 160 ff.

6. Lückenhafter/unvollständiger Anwaltsvortrag zur Einkommensteuer

In der Fallbearbeitung zeigt sich immer wieder, dass zu den verschiedenen Prinzipien nicht oder kaum vorgetragen wird. Auch die Gerichte beauftragen den Sachverständigen zwar damit, das unterhaltsrechtlich relevante Einkommen zu ermitteln. Sie geben aber oft nicht vor, wie die Einkommensteuer anzurechnen ist. Teilen sie dann auf Nachfrage mit, das In-Prinzip sei zur Anwendung zu bringen, erfolgt seitens der Parteien meistens kein weiterer Vortrag. Beim In-Prinzip hat dies natürlich zur Konsequenz, dass zu den Zahlungen und Erstattungen der Einkommensteuer vorgetragen werden muss! 1012

Hinweis 1013

Die Einkommensteuerzahlungen und -erstattungen müssen nicht zwingend über betriebliche Konten geflossen sein. Der Beteiligtenvertreter muss deshalb sicherstellen, dass alle Einkommensteuerzahlungen bzw. -erstattungen erfasst sind. Möglicherweise sind Steuerzahlungen oder -erstattungen von oder auf Privatkonten erfolgt!

Zur Beurteilung der Frage, welches Prinzip für den Mandanten günstiger ist, muss ein Kontoauszug des Finanzamtes angefordert werden (Bestandteil des Auskunfts- und Beleganspruchs).

Wenn vorgetragen wird, die Vorauszahlungen ergäben sich aus dem Einkommensteuerbescheid, so ist dieses unrichtig. 1014

Der Einkommensteuerbescheid folgt dem strengen „Für-Prinzip", d.h. der relevanten Steuer **für** den jeweiligen Veranlagungszeitraum.

Hinweis 1015

Der häufige Einwand, dass der Bescheid doch die Vorauszahlungen einer Periode ausweise, ist falsch. Der Steuerbescheid weist die Vorauszahlungen **für** einen Veranlagungszeitraum aus, wann diese auch immer entrichtet sein mögen. Sie können aus gänzlich anderen Veranlagungszeiträumen und sogar aus anderen Steuerarten durch Verrechnung des Finanzamtes, z.B. aus der Kfz-Steuer, stammen.

Die Vorauszahlungen im Einkommensteuerbescheid sind also keine abschließend aussagekräftigen Positionen dafür, welche Einkommensteuervorauszahlungen **in** einem bestimmten Kalenderjahr bei Anwendung des In-Prinzips zu berücksichtigen sind.

■ **Resümee** 1016

Aus diesen Gründen ist das In-Prinzip abzulehnen, besonders bei bilanzierenden Unternehmen. Hauptziel der Bilanzierung ist nämlich die periodengerechte Gewinnermittlung.

Diesem handelsrechtlichen Grundsatz folgt auch das Steuerrecht in der Veranlagung, wobei sich das Familienrecht nach dem Willen des Gesetzgebers, z.B. beim Kindesunterhalt, immer mehr dem Steuerrecht und damit auch dem Bilanzsteuerrecht annähert. Das Prinzip der periodengerechten Gewinnermittlung wird bei Anwendung des „In-Prinzips" beim bilanzierenden Unternehmen durchbrochen.

Die **fiktive Steuerberechnung** kann sinnvollerweise nur auf eine dem „Für-Prinzip" folgende tatsächliche Veranlagung „aufgesattelt" werden. Die überkommene höchstrichterliche Rechtsprechung durchbricht damit ihr eigenes Prinzip.[819]

Aufgrund der Unternehmensteuerreform 2008 stellen nach § 4 Abs. 5b EStG die Gewerbesteuer und die darauf entfallenden Nebenleistungen keine Betriebsausgaben mehr dar. Die Gewerbesteuer mindert den betrieblichen, nicht aber den steuerlichen Gewinn. Diese Regelung gilt sowohl für Personenunternehmen als auch für Kapitalgesellschaften für die nach dem 31.12.2007 beginnenden Erhebungszeiträume. Die Reform senkte gleichzeitig die Steuermesszahl nach § 11 Abs. 2 EStG von 5 % auf 3,5 % ab und ließ 1017

819 Vgl. hierzu auch *Kuckenburg*, Zugewinn passé? Abschreibungsproblem beim In-Prinzip ade?, FuR 2005, 298 ff.

den bisherigen Staffeltarif für Personenunternehmen entfallen. Unter Begrenzung auf die tatsächlich zu zahlende Gewerbesteuer wurde nach § 35 Abs. 1 EStG der Anrechnungsfaktor der Gewerbesteuer auf die Einkommensteuer auf 3,8 erhöht.

Der BGH hat sich zur Anrechnung der Gewerbesteuer bislang noch nicht explizit geäußert.

Das **Oberlandesgericht Saarbrücken**[820] ist der Ansicht, dass die Gewerbesteuer unterhaltsrechtlich zu berücksichtigen sei. Es mindert daher die Unterhaltseinkünfte um die Gewerbesteuer im Rahmen der Berechnung von Trennungsunterhalt bei selbstständigen Einkünften. Auch das **BVerwG**[821] vertritt die Auffassung, dass die Gewerbesteuer zu den mit der Erzielung des Einkommens verbundenen notwendigen Ausgaben im Sinne von § 93 Abs. 3 Satz 2 Nr. 2 SGB VIII gehört und hält daher eine Anrechnung nach Maßgabe der § 93 Abs. 3 Satz 2 Nr. 3, Satz 4 SGB VIII für möglich. Auch in der **Literatur** setzt sich allmählich die Ansicht durch,[822] im Unterhaltsrecht vom betrieblichen Gewinn auszugehen, da die Gewerbesteuer berufsbedingten Aufwand darstelle. Bei der Ermittlung des unterhaltsrechtlichen Einkommens sei auf die im Einkommensteuerbescheid ausgewiesene Einkommensteuer abzustellen.[823]

1018 **Berechnung der Steuerschuld für alle Unternehmen:[824] Allgemeine Berechnungsformel**

Um die aufgrund der Nichtberücksichtigung der Gewerbesteuer entstandene Erhöhung der Bemessungsgrundlage der Gewerbesteuer auszugleichen, wurde für alle Gewerbebetriebe die Gewerbesteuermesszahl von 5 % auf 3,5 % verringert.

Die Berechnungsformel lautet:

Gewerbesteuer = Gewerbeertrag x 3,5 % x Hebesatz

1019 **Die Berechnung erfolgt wie nachstehend für Einzel-/Personenunternehmen:**

Der bisher für Einzelunternehmen und Personengesellschaften angewendete Staffeltarif entfällt. Der bisherige Grundfreibetrag von 24.500 EUR bleibt weiterhin erhalten. Die Steuerschuld berechnet sich nach der Feststellung des Gewerbeertrages wie folgt:

Zunächst ist der Gewerbeertrag auf volle 100 EUR nach unten abzurunden. Der abgerundete Gewerbeertrag ist darauf bei natürlichen Personen sowie bei Personengesellschaften (zum Beispiel OHG, KG) um den Grundfreibetrag von 24.500 EUR, bei bestimmten sonstigen juristischen Personen, zum Beispiel bei rechtsfähigen Vereinen, um den Grundfreibetrag von 5.000 EUR,[825] höchstens jedoch in Höhe des abgerundeten Gewerbeertrags, zu kürzen.

1020 **Kapitalgesellschaften**

Für Kapitalgesellschaften (AG, GmbH, KGaA) gibt es keinen Grundfreibetrag. Durch Multiplikation des Gewerbeertrags mit der Steuermesszahl ergibt sich der Steuermessbetrag. Auf den Steuermessbetrag ist der Hebesatz der jeweiligen Gemeinde anzuwenden.

1021 *Beispiele*

1. Einzelunternehmen mit 90.000 EUR Gewerbeertrag in München.

Gewerbeertrag	90.000 EUR
abzüglich Freibetrag	24.500 EUR

820 OLG Saarbrücken v. 7.3.2013 – 6 UF 63/12, JurionRS 2013, 41391.
821 BVerwG v. 19.3.2013 – 5 C 16.12, http://www.bverwg.de/entscheidungen/entscheidung.php?ent=190313U5C16.12.0.
822 *Wendl/Spieker*, Unterhaltsrecht, § 1 Rn 853.
823 *Wendl/Spieker*, Unterhaltsrecht, § 1 Rn 854.
824 Aus Merkblatt: http://www.sisby.de/de/Anhaenge/Berechnung-der-Gewerbesteuer.pdf, Stand 11/2013.
825 Erhöht von 3.900 EUR auf 5.000 EUR durch das Dritte Mittelstandsentlastungsgesetz, BGBl I, Nr. 15, S. 550 v. 25.3.2009).

korrigierter Gewerbeertrag 65.500 EUR

65.500 EUR x 3,5 % = 2.292,50 EUR

Steuermessbetrag (gerundet) 2.292 EUR

Gewerbesteuerhebesatz in München 490 %

2.292 EUR x 490 % = 11.230,80 EUR Gewerbesteuer

Bei Einzel-/Personenunternehmen wird das 3,8-fache des anteiligen Gewerbesteuermessbetrags auf die zu zahlende Einkommensteuerschuld angerechnet!

Anrechnung = 2.292 EUR x 3,8 = 8.710 EUR

Tatsächliche Belastung: 11.230 EUR./. 8.710 EUR = 2.520 EUR

2. Kapitalgesellschaft in Ingolstadt mit 90.000 EUR Gewerbeertrag.

90.000 EUR x 3,5 % = 3.150 EUR (Gewerbesteuermessbetrag)

3.150 EUR x 400 % (Hebesatz Ingolstadt) = 12.600 EUR Gewerbesteuer

Tatsächliche Belastung: 12.600 EUR

Die Anrechnungen bei der Einkommensteuer sind wie folgt vorzunehmen:

Die Einkommensteuer bei Einzelunternehmen und Gesellschaftern von Personengesellschaften ermäßigt sich durch eine pauschale Anrechnung der Gewerbesteuer. Sie beläuft sich derzeit auf das 3,8-fache des Gewerbesteuermessbetrages, da der Anrechnungsfaktor der Gewerbesteuer auf die Einkommensteuer durch die Unternehmensteuerreform 2008 von bisher 1,8 auf 3,8 erhöht worden ist. Mit dem Anrechnungsfaktor bei Einzel- und Personenunternehmern wird erreicht, dass die gewerblichen Einkünfte gegenüber den anderen Einkunftsarten ohne Gewerbesteuerbelastung eine vergleichbare Belastung erfahren.

Zu zahlender Einkommensteuerbetrag nach Gewerbesteueranrechnung = tarifliche Einkommensteuer ./. 3,8 x Gewerbesteuermessbetrag

Hinweis

Zu beachten ist, dass die Steuerermäßigung durch die Anrechnung auf die tarifliche Einkommensteuer beschränkt wird (Ermäßigungshöchstbetrag), die anteilig auf die gewerblichen Einkünfte entfällt.[826] Darüber hinausgehende Anrechnungsbeträge gehen daher definitiv verloren. Zu beachten ist zudem, dass die vollständige Anrechnung auf die Einkommensteuer selbst bei einem Hebesatz unter 400 % bei unterschiedlichen Bemessungsgrundlagen für die Einkommen- und Gewerbesteuer schnell in Gefahr geraten kann. Fällt beispielsweise bei der Gewerbesteuer durch Hinzurechnungen die Bemessungsgrundlage deutlich höher aus, so kann mangels Einkommensteuer die (vollständige) Anrechnung nicht erfolgreich durchgeführt werden. Dies kann besonders bei ertragsschwachen Unternehmen mit hohem Fremdfinanzierungsanteil der Fall sein. Eine derartige Gefahr hat durch die Ausweitung der Hinzurechnungstatbestände zugenommen.

Steuererklärungen 1022

Alle gewerbesteuerpflichtigen Einzelunternehmen und Personengesellschaften, deren Gewerbeertrag im Erhebungszeitraum den Grundfreibetrag von 24.500 EUR überstiegen hat, müssen eine Gewerbesteuererklärung gegenüber ihrem zuständigen Finanzamt abgeben, des Weiteren Kapitalgesellschaften sowie Vereine, die einen wirtschaftlichen Geschäftsbetrieb unterhalten und deren Gewerbeertrag im Erhebungszeitraum 5.000 EUR überstiegen hat. Die Verpflichtung zur Abgabe der Gewerbesteuererklärung zieht

826 § 35 Abs. 1 EStG, vgl. näheres BMF-Schreiben vom 24.2.2009, IV C 6 – S 2296-a/08/10002; www.bundesfinanzministerium.de.

die Verpflichtung zu Vorauszahlungen nach sich. Die Vorauszahlungen, die vierteljährlich zum 15.2., 15.5., 15.8.und 15.11. zu leisten sind, werden normalerweise durch den letzten Gewerbesteuerbescheid festgesetzt.[827]

1023 **Zuständigkeiten**

Für die Feststellung der Besteuerungsgrundlagen, die Festsetzung des Steuermessbetrages und den Erlass des Messbescheides ist das Finanzamt zuständig, in dessen Bezirk sich der Gewerbebetrieb befindet. Unterhält ein Gewerbebetrieb mehrere Betriebsstätten, die in zwei oder mehr Gemeinden liegen, muss der Gewerbesteuermessbetrag nach einem besonderen Maßstab zerlegt werden.

Die Gewerbesteuer wird in einem zweiten Schritt von der jeweiligen Gemeinde durch Gewerbesteuerbescheid festgesetzt. Basis hierfür sind der Steuermessbetrag sowie der individuelle Hebesatz der Gemeinde. Die Gewerbesteuer wird an die Gemeinde entrichtet.

1024 *Gewerbesteuerermittlung*

Gewinn aus Gewerbebetrieb

+ Hinzurechnungen

– Kürzungen

= maßgebender Gewerbeertrag

– Gewerbeverluste

= Gewerbeertrag (abgerundet auf volle 100 EUR)

– Freibetrag von 24.500 EUR für Personenunternehmen bzw. 5.000 EUR für bestimmte juristische Personen, z.B. Vereine

= verbleibender Betrag

x Steuermesszahl 3,5 v.H.

= Steuermessbetrag nach dem Gewerbeertrag

x Hebesatz der Gemeinde

= Gewerbesteuerschuld

Hieraus ergeben sich folgende unterhaltsrechtliche Konsequenzen:

Das unterhaltsrechtliche Auskunftsverlangen hat sich neben dem Einkommensteuerbescheid ebenso auf die Gewerbesteuererklärungen und die Gewerbesteuerbescheide sowie die Gewerbesteuermessbescheide als Grundlagenbescheide zu erstrecken. Die Anrechnung auf die Einkommensteuer ergibt sich aus dem Einkommensteuerbescheid.[828]

IX. Aufteilung von Steuerschulden und Steuererstattungen

1. Aufteilung im Steuerrecht

1025 ■ **Zusammenveranlagung**

Bei einer Zusammenveranlagung nach § 26b EStG werden die Ehepartner gemeinsam als ein Steuerpflichtiger behandelt. Die Ehepartner sind Gesamtschuldner der sich aufgrund der Steuerfestsetzung ergebenden Steuerschuld nach § 44 Abs. 1 S. 1 AO. Ein interner Ausgleich zwischen den Gesamtschuld-

827 Zur Ermittlung des Steuermessbetrags ist der Gewerbeertrag auf volle 100 EUR nach unten abzurunden und zu kürzen um einen Freibetrag von 24.500 EUR bei natürlichen Personen und Personengesellschaften, 5.000 EUR bei bestimmten Körperschaften, § 11 Abs. 1GewStG.

828 *Perleberg-Kölbel*, Gewerbesteuer und Anrechnung im Familienrecht, FuR 2015, 649.

nern ist in § 44 AO nicht geregelt. Dies bedeutet, dass jeder Ehepartner bis zur vollständigen Tilgung die gesamte Steuerschuld schuldet (§ 44 Abs. 1 S. 2 AO).

Erhebliche Einkommensteuernachforderungen ergeben sich häufig als Ergebnis einer Außenprüfung.

Nach § 5 AO kann das Finanzamt im Rahmen seines Auswahlermessens den Gesamtschuldner bestimmen, den er zur Leistung auffordern will.

Hierbei kommt es jedoch zunächst darauf an, welchen Anteil der in Anspruch genommene Steuerpflichtige an dem zu versteuernden Einkommen hat.

Nach § 44 Abs. 2 S. 1 AO wirkt nämlich die Erfüllung durch einen Gesamtschuldner auch für den anderen.

■ **Ausweg aus der gesamtschuldnerischen „Steuerfalle“** 1026

Einen Ausweg aus der Gesamtschuldnerschaft bieten die §§ 268, 280 AO.

Auf Antrag kann danach die Gesamtschuld für die Zwecke der Vollstreckung aufgeteilt und dadurch die Vollstreckung gegen den jeweiligen Gesamtschuldner auf dessen Anteil an der Gesamtschuld beschränkt werden. Dies bewirkt gleichzeitig, dass jegliche Verwirklichung der Gesamtschuld über den auf den jeweiligen Ehepartner entfallenden Anspruch hinaus, ausgeschlossen wird. Unzulässig ist deshalb nach Aufteilung einer Steuerschuld auch die Aufrechnung des Finanzamtes gemäß § 226 AO gegenüber einem Ehepartner, soweit auf ihn kein Rückstand mehr entfällt.

Die Aufteilung der Steuergesamtschuld lässt jedoch die Gesamtschuldnerschaft in Bezug auf den aufgeteilten Gesamtbetrag unberührt, d.h. die Aufteilung führt nicht zur Umwandlung der Gesamtschuld in Teilschuldverhältnisse.[829]

Mit den Vorschriften der Aufteilung der Steuerschuld soll vielmehr eine Benachteiligung von zusammen veranlagten Ehepartnern verhindert und dem verfassungsrechtlichen Verbot der Benachteiligung nach Art. 6 Abs. 1 GG Rechnung getragen werden. Härten sollen vermieden werden, die vor allen Dingen dann entstehen, wenn der zu vollstreckende Steuerbetrag den Steuerbetrag, der den Anteil des steuerpflichtigen Ehepartners am zusammen veranlagten Einkommen entspricht, übersteigt und wenn dieser den ihn gegen den anderen Ehepartner zustehenden Ausgleichsanspruch nach § 426 BGB nicht oder kaum verwirklichen kann. Dies ist z.B. bei der Insolvenz des anderen Ehepartners der Fall.[830]

Die §§ 268 bis 280 AO regeln die Beschränkung der Vollstreckung abschließend.[831]

Hinweis 1027

Die Aufteilung erfasst auch den Solidaritätszuschlag (§ 1 SolZG) und die Säumniszuschläge, die Zinsen und die Verspätungszuschläge (§ 276 Abs. 4 AO). Eine Aufteilung von Kirchensteuer ist nur möglich, wenn beide Ehepartner einer Kirchensteuer berechtigten Religionsgemeinschaft angehören und die Vorschriften der §§ 268 bis 280 AO auf die Kirchensteuer durch das jeweils einschlägige Landesgesetz vorgeschrieben wird.

■ **Antrag** 1028

Im Unterschied zur Aufteilung eines Einkommensteuererstattungsanspruchs nach § 37 Abs. 2 AO erfolgt die Aufteilung einer Gesamtschuld nur auf Antrag und nicht von Amts wegen.[832]

Der Antrag ist an das zuständige Finanzamt schriftlich zu stellen oder zur Niederschrift zu erklären (§ 269 Abs. 1 AO).

829 BFH BStBl II 1988, 406.
830 BFH NV, 1989, 755.
831 BFH BStBl 1991 II, 493.
832 BFH BStBl II 1976, 572.

1029 *Hinweis*

Jeder Gesamtschuldner ist nach § 268 AO antragsberechtigt.

Nach § 91 AO ist aber dem anderen Gesamtschuldner vor Erteilung des Bescheides rechtliches Gehör zu gewähren. Bereits vor Fälligkeit des Steuerbescheides kann der Antrag gestellt werden (§ 220 AO), jedoch frühestens nach Bekanntgabe des Leistungsgebotes (§ 254 AO). Dies ergibt sich aus § 269 Abs. 2 S. 1 AO.

Im **Insolvenzverfahren** steht dem Insolvenzverwalter das Antragsrecht zu, wenn die Insolvenzmasse betroffen ist.[833] Der Antrag bewirkt eine Aufteilung der Gesamtschuld in Teilschulden, soweit sie auf die jeweiligen Einkünfte der Ehepartner entfallen.[834]

1030 Ein vor Bekanntgabe des Leistungsverbotes gestellter Antrag ist nach herrschender Ansicht unzulässig und wird durch die spätere Bekanntgabe des Leistungsgebotes auch nicht nachträglich wirksam.

Es muss ein erneuter Antrag gestellt werden.[835]

Das Finanzgericht Hamburg hält den vorzeitig gestellten Antrag für schwebend unwirksam.

1031 *Hinweis*

Ergeben sich die für die Aufteilung erforderlichen Angaben nicht aus der Steuererklärung, müssen sie im Antrag aufgeführt werden (§ 269 Abs. 2 S. 3 AO).

1032 ■ **Antrag nach vollständiger Tilgung der rückständigen Steuern**

Unzulässig ist ein Antrag nach vollständiger Tilgung der rückständigen Steuern (§ 269 Abs. 2 S. 2 AO). Dies gilt auch, wenn das Finanzamt mit der Gesamtschuld gegen Steuererstattungsansprüche gemäß § 226 AO aufrechnet[836] oder wenn durch Eintritt der Zahlungsverjährung die Gesamtschuld erlischt (§§ 228 bis 232 AO, § 47 AO).

1033 ■ **Befristung**

Eine sonstige Befristung ist nicht gegeben (§ 269 AO). Der Antrag kann somit noch gestellt werden, wenn die Vollziehung des Einkommensteuerbescheides nach vollständiger Tilgung des geschuldeten Steuerbetrages gemäß § 361 Abs. 2 S. 3 AO oder § 69 Abs. 2 S. 7 FGO ganz oder teilweise wieder aufgehoben wird und zu befürchten ist, dass das Finanzamt den aufgrund der Aufhebung der Vollziehung ausgezahlten Betrag erneut einfordern wird, soweit der Rechtsstreit in der Hauptsache für die Gesamtschuldner endgültig erfolglos geblieben ist.[837]

1034 ■ **Örtliche Zuständigkeit**

Örtlich zuständig ist nach § 19 Abs. 1 S. 1 AO für natürliche Personen das Finanzamt, in dessen Bezirk der Steuerpflichtige seinen Wohnsitz oder in Ermangelung eines Wohnsitzes seinen gewöhnlichen Aufenthalt hat (sog. Wohnsitz-Finanzamt). Haben sich die Ehepartner zwischenzeitlich getrennt und sind zum Zeitpunkt der Antragstellung verschiedene Finanzämter für die Besteuerung zuständig, hat grundsätzlich das mit der Sache zuerst befasste Finanzamt die einheitliche Entscheidung gegenüber allen Beteiligten zu treffen (§ 25 S. 1 AO).

833 Siehe auch FA-InsR/*Perleberg-Kölbel*, Kap. 21 Rn 150.
834 BFH BStBl II 2002, 214.
835 A.A.: FG Hamburg EFG 2004, 703.
836 BFH BStBl II 1991, 493.
837 BFH/NV 1989, 755.

Rechtsfolge des Antrags/Vollstreckungsmaßnahmen 1035

Liegt ein wirksamer Antrag vor, muss das Finanzamt aufteilen. Es hat keinen Ermessensspielraum i.S.v. § 5 AO. Rechtsfolge ist, dass die Vollstreckung des dem Aufteilungsantrag zugrunde liegenden Anspruchs aus dem Steuerschuldverhältnis nur noch eingeschränkt möglich ist.

Vollstreckungsmaßnahmen dürfen nur bis zur unanfechtbaren Entscheidung durchgeführt werden, als dies zur Sicherung des Anspruchs erforderlich ist (§ 277 AO).

Zulässig bleiben jedoch bloße (Forderungs-)Pfändungen nach § 309 AO oder die Eintragung einer Zwangssicherungshypothek nach § 322 AO i.V.m. §§ 864 bis 871 ZPO.

Dagegen unzulässig ist die Verwertung gepfändeter beweglicher Sachen nach § 296 AO und eine Einziehung einer gepfändeten Forderung nach § 314 AO. Auch ist die Zwangsversteigerung eines Grundstücks nach § 322 AO i.V.m. § 869 ZPO und §§ 15 bis 145a ZVG unzulässig. Nach Ansicht des BFH erfasst der zu sichernde Anspruch nämlich nicht allein den festzustellenden Aufteilungsanteil, sondern die Gesamtschuld.[838]

Hinweis 1036

Hinausgeschoben wird nicht die Verpflichtung zur Zahlung und es entstehen weiterhin Säumniszuschläge (§ 240 AO) und ggf. auch Vollstreckungskosten (Gebühren und Auslagen, §§ 337 ff. AO).

Zahlungen nach Antragstellung 1037

Werden Zahlungen nach Antragstellung geleistet, kommen diese dem Gesamtschuldner zugute, der sie geleistet hat bzw. für den sie geleistet worden sind (§ 276 Abs. 6 S. 1 AO). Wenn sich hierdurch eine Überzahlung gegenüber dem Aufteilungsbetrag ergibt, so ist der überzahlte Betrag nach § 276 Abs. 6 S. 2 AO zu erstatten.

Der Zeitpunkt der Antragstellung bestimmt den Aufteilungsstichtag und damit auch die Höhe der aufzuteilenden Beträge.

Rückständige Vorauszahlungen 1038

Werden vom Antrag rückständige Vorauszahlungen betroffen, erstreckt sich der Antrag kraft Gesetzes auch auf die weiteren im gleichen Veranlagungszeitraum fällig werdenden Vorauszahlungen und auf die Abschlagszahlungen (§ 272 Abs. 1 S. 2 AO). Es bedarf dann keiner Aufteilung späterer Vorauszahlungen, wenn diese freiwillig entrichtet werden (§ 279 Abs. 1 S. 2 AO).

Feststellung des aufzuteilenden Betrages/Zeitpunkt 1039

Das Finanzamt hat nach Eingang des Antrages den aufzuteilenden rückständigen Betrag festzustellen. Hier gelten besonders die §§ 88, 90 und 91 AO.

Es ist zu unterscheiden:

Wird der Antrag **vor** Einleitung der Vollstreckung gestellt, die gemäß § 276 Abs. 5 AO mit der Ausfertigung der Rückstandsanzeige eingeleitet wird, ist die im Zeitpunkt des Eingangs des Antrags geschuldete Steuer nach § 276 Abs. 1 AO aufzuteilen. Nicht Voraussetzung ist, dass diese Beträge fällig sind. Aus diesem Grund hindert auch die Aussetzung der Vollziehung (§ 361 AO, § 69 FGO) den Aufteilungsantrag nicht.

Bei einer Antragstellung **nach** Einleitung der Vollstreckung ist die im Zeitpunkt der Einleitung der Vollstreckung geschuldete Steuer, wegen der vollstreckt wird, aufzuteilen (§ 276 Abs. 2 AO).

838 BFH NV 1994, 525.

1040 *Hinweis*

In die Aufteilung einzubeziehen sind nach Ermittlung der rückständigen Steuer auch die Steuerabzugsbeträge (z.B. einbehaltene Lohnsteuer, Kirchensteuer, Kapitalertragsteuer) und getrennt festgesetzte Vorauszahlungen (z.B. Säumniszuschläge, Zinsen und Verspätungszuschläge, § 276 Abs. 4 AO).

Steuervorauszahlungen werden demjenigen zugerechnet, der sie geleistet hat.

Nach § 275 S. 1 AO sind aufzuteilende Beträge auf volle EUR nach unten abzurunden.

1041 ■ **Missbräuchlicher Aufteilungsantrag**

Ein missbräuchlicher Aufteilungsantrag und ein Wechsel der Veranlagung nach unentgeltlichen Vermögensverschiebungen zwischen den Ehepartnern sind unzulässig. Zwar wird die sich aus der Zusammenveranlagung ergebende Gesamtschuld durch die Aufteilung für die Zwecke der Vollstreckung in Teilschulden aufgespalten, aber bei aufgeteilter Gesamtschuld begründet § 278 Abs. 2 S. 1 AO im Falle **unentgeltlicher Vermögensverschiebungen** eine dem Anfechtungsgrund des im unten genannten Entscheidungsfalls seinerzeit geltenden § 3 Abs. 1 Nr. 4 AnfG a.F. entsprechende gesetzliche Duldungspflicht des Zuwendungsempfängers für den auf den Zuwendenden entfallenden Anteil an der Steuerschuld. Inhaltlich entspricht der Bescheid nach § 278 Abs. 2 AO einem Duldungsbescheid i.S.v. § 191 AO. In der Anfechtung der Vermögensübertragung und in der Bestimmung des Betrages, bis zu dessen Höhe der Zuwendungsempfänger die Vollstreckung dulden muss, liegt dann die Regelung des Bescheides.

Wechseln dagegen Ehepartner nach Aufteilung der Gesamtschuld und vor Einleitung der Vollstreckung nach § 278 Abs. 2 AO von der Zusammenveranlagung zu einer getrennten Veranlagung, berührt dies den zu vollstreckenden Steueranspruch grundsätzlich nicht. Weder der auf § 278 Abs. 2 AO gestützte Verwaltungsakt noch die darauf begründeten Vollstreckungsmaßnahmen sind aufzuheben.[839]

1042 ■ **Vorschlag für die Aufteilung (z.B. in einer Scheidungsfolgenvereinbarung)**

Nach § 274 AO können Gesamtschuldner gemeinschaftlich einen besonderen Aufteilungsmaßstab vorschlagen. Hierfür ist jedoch Voraussetzung, dass die Tilgung der rückständigen Steuer sichergestellt ist. Wird der Anspruch dadurch nicht gefährdet, **muss** das Finanzamt diesem Vorschlag folgen.

Erfolgt kein entsprechender Vorschlag oder kann das Finanzamt dem Vorschlag nicht folgen, wird der Aufteilungsmaßstab nach §§ 270 bis 273 AO ermittelt.

1043 ■ **Fiktive getrennte Veranlagung/Aufteilungsmaßstab**

Zur Festlegung des Aufteilungsmaßstabes wird gemäß § 270 AO auf der Grundlage des Zusammenveranlagungsbescheides eine fiktive getrennte Veranlagung (§ 26a EStG) durchgeführt.

Aufteilungsmaßstab ist danach das Verhältnis der sich hiernach insgesamt ergebenden Steuer, zu der auf den betreffenden Gesamtschuldner entfallenden Steuer.

Im Rahmen dieser getrennten Veranlagung sind jedem Ehepartner die Besteuerungsgrundlagen zuzurechnen, die er in seiner Person verwirklicht hat. Für den Ansatz maßgebend sind die tatsächlichen und rechtlichen Feststellungen, die der Steuerfestsetzung bei der Zusammenveranlagung zugrunde gelegt worden sind. Es erfolgt also nicht eine Neuberechnung der im Rahmen der Zusammenveranlagung festgesetzten Steuer. Die festgesetzte Einkommensteuer wird nur in dem Umfang fällig, in dem in der Anrechnungsverfügung eine Abschlusszahlung ausgewiesen wird.[840]

839 Vgl. hierzu BFH BStBl II 2002, 214.
840 BFH BStBl II 2001, 133.

Hinweis 1044
Geschätzte Besteuerungsgrundlagen (§ 162 AO), die auf der Zusammenveranlagung beruhen, sind bei der fiktiven getrennten Veranlagung auch dann zu berücksichtigen, wenn sie sich zwischenzeitlich als falsch herausgestellt haben.

Der auf jeden Gesamtschuldner entfallende Teilbetrag wird nach folgender Verhältnisrechnung ermittelt: 1045

Aufteilungsanteil = Steuer des Ehegatten bei getrennter Veranlagung x aufzuteilender Teilbetrag aus der Zusammenveranlagung ./. Summe der Steuerbeträge beider Ehegatten aus der getrennten Veranlagung

Anzurechnen sind auf die ermittelten Teilbeträge bei dem jeweiligen Gesamtschuldner die in die Aufteilung einbezogenen Steuerbeträge sowie getrennt festgesetzte und entrichtete Vorauszahlungen, nach Antragstellung geleistete Zahlungen und vor Antragstellung, aber nach Einleitung der Zwangsvollstreckung geleistete Zahlungen (§ 276 Abs. 6 AO).

■ Steuernachforderungen 1046

Ergeben sich Steuernachforderungen aufgrund einer Änderung oder Berichtigung der ursprünglichen Steuerfestsetzung, ist gemäß § 273 Abs. 1 AO die Nachforderung im Verhältnis der Mehrbeträge aufzuteilen, die sich bei einem Vergleich der (fiktiven) berichtigten getrennten Veranlagungen mit den früheren (fiktiven) getrennten Veranlagungen ergeben.

Dies ist unabhängig davon, ob bereits ein Aufteilungsbescheid ergangen war, weil § 273 Abs. 1 AO lex specialis zu § 280 Abs. 1 Nr. 2 AO ist. Gemäß § 273 AO kann der Aufteilungsbescheid geändert werden, wenn sich die rückständige Steuer durch Aufhebung oder Änderung der Steuerfestsetzung oder ihre Berichtigung nach § 129 AO erhöht oder vermindert.

Wenn die festgesetzte Steuerschuld noch nicht getilgt ist, ist entweder die gesamte rückständige Steuer erstmalig aufzuteilen oder bei Vorliegen eines Aufteilungsbescheides erfolgt eine Abänderung nach § 280 AO.

■ Steuererstattungen 1047

Im Fall der Zusammenveranlagung werden Eheleute weder Gesamtgläubiger i.S.d. § 428 BGB noch Mitgläubiger i.S.d. § 432 BGB.[841]

Übersteigen Vorauszahlungen die festgesetzte Jahressteuer, muss das Finanzamt den Unterschiedsbetrag erstatten, § 36 Abs. 4 S. 2 EStG. Verwaltungsanweisungen finden sich in zwei BMF-Schreiben vom 30.1.2012. In dem einen BMF-Schreiben[842] wird der Anwendungserlass zu § 37 AO (AEAO zu § 37) neu gefasst und im anderen BMF-Schreiben[843] werden ausführliche Regelungen zur Bestimmung des Erstattungsanspruchs bei Ehepartnern sowie zur Reihenfolge der Anrechnung von Steuerzahlungen unter Berücksichtigung der BFH-Rechtsprechung aufgestellt, die nachstehend wiedergegeben werden.[844] Diese BMF-Schreiben wurden inzwischen ersetzt durch zwei weitere Schreiben des Bundesministers für Finanzen vom 31.1.2013 und 14.1.2015.[845]

841 BFH v. 17.2.2010 – VII R 37/08, BFH/NV, 1078.
842 BMF-Schreiben v. 30.1.2012 – IV A 3-S 0062/10007–13, www.bundesfinanzministerium.de.
843 BMF-Schreiben v. 30.1.2012 – IV A 3 – S 0160/11/10001, www.bundesfinanzministerium.de – BMF-Schreiben v. 31.1.2013 – IV A 3 – S 0160/11/1001, www.bundesfinanzministerium.de.
844 Siehe auch *Perleberg-Kölbel*, Aktuelles zu Steuererstattungen mit Beispielen, FuR 2012, 297.
845 BMF-Schreiben vom 31. 1.2013 und 14.1.2015, IV A 3 – S 0160/11/10001; www.bundesfinanzministerium.de.

1048 Bei zusammenveranlagten Ehepartnern steht ein Erstattungsanspruch nach § 37 Abs. 2 S. 1 AO dem Ehepartner zu, auf dessen Rechnung die Zahlung bewirkt worden ist.[846]

Dies gilt auch in Fällen des Verlustabzugs nach § 10d EStG.[847]

Unerheblich ist, auf wessen Einkünften die festgesetzten Steuern beruhen. Solange die Ehe besteht und die Ehepartner nicht dauernd getrennt leben, kann das Finanzamt davon ausgehen, dass derjenige Ehepartner, der auf die gemeinsame Steuerschuld zahlt, mit seiner Zahlung auch die Steuerschuld des anderen Ehepartners begleichen will.[848] Das gilt auch für den Insolvenzfall.[849]

1049 Für die Beurteilung der Tilgungsabsicht ist nicht von Bedeutung, ob die Ehepartner sich später trennen oder einer der Ehepartner nachträglich die getrennte Veranlagung beantragt. Erheblich ist allein, wie sich die Umstände dem Finanzamt zum Zeitpunkt der Zahlung darstellen.[850]

Bei Vorauszahlungen ohne Tilgungsbestimmung wird davon ausgegangen, dass sich der Ehepartner, der auf einen Vorauszahlungsbescheid Zahlungen vornimmt, damit auch die zu erwartende Einkommensteuer beider Ehepartner tilgen möchte.[851] Ehepartner bevollmächtigen sich schließlich gegenseitig durch ihre beiderseitigen Unterschriften auf der Steuererklärung nicht nur zum Empfang des Steuerbescheids, sondern auch zum Empfang etwaiger Erstattungsbeträge. § 36 Abs. 4 S. 3 EStG beinhaltet insoweit eine widerlegbare gesetzliche Vermutung.

Ausnahme: Die Ehepartner leben inzwischen getrennt oder sind geschieden oder dem Finanzamt wird aus sonstigen Umständen bekannt, dass ein Ehepartner mit der Erstattung an den anderen nicht einverstanden ist.[852]

1050 Die materielle Erstattungsberechtigung muss dann geprüft werden, wenn das Finanzamt mit Abgabenrückständen eines der beiden Ehepartner aufrechnen will oder wenn der Erstattungsanspruch nur eines der beiden Ehepartner abgetreten, gepfändet oder verpfändet worden ist. Hierbei spielt es keine Rolle, dass die Ehepartner übereinstimmend davon ausgehen, dass der steuerliche Erstattungsanspruch ihnen gemeinsam zusteht.[853]

1051 Zahlt das Finanzamt aufgrund des gegenüber einem Ehepartner ergangenen Pfändungs- und Überweisungsbeschlusses auch den auf den anderen Ehepartner entfallenden Erstattungsbetrag an den Pfändungsgläubiger aus, kann es von diesem die Rückzahlung dieses gezahlten Betrages verlangen. Ein Rechtsgrund für die Zahlung lag dann nicht vor.[854]

1052 Übersteigen die anzurechnenden Steuerabzugsbeträge, die geleisteten Vorauszahlungen und die sonstigen Zahlungen die festgesetzten Steuerbeträge, muss das Finanzamt für jeden Ehepartner die anzurechnenden Steuerabzugsbeträge sowie die mit individueller Tilgungsbestimmung geleisteten Vorauszahlungen und sonstigen Zahlungen ermitteln. Zugleich sind alle Zahlungen festzustellen, die beiden Ehepartnern gemeinsam zugerechnet werden müssen.

1053 Hinsichtlich einbehaltener Steuerabzugsbeträge wie der Lohn- und Kapitalertragsteuer ist der Ehepartner erstattungsberechtigt, von dessen Einnahmen die Abzugssteuer einbehalten worden ist.[855] Diese Steuer ist letztlich für seine Rechnung an das Finanzamt abgeführt worden.[856] Sind für beide Ehepartner Steuer-

846 BFH v. 30.9.2008 – VII R 18/08, BStBl II 2009, 38 m.w.N.
847 BFH v. 19.10.1982 – VII R 55/80, BStBl II 1983, 162, und v. 18.9.1990 – VII R 99/89, BStBl II 1991, 47.
848 BFH v. 15.11.2005 – VII R 16/05, BStBl II 2006, 453, m.w.N.
849 BFH v. 30.9.2008 – VII R 18/08, BStBl II 2009, 38; FA-InsR/*Perleberg-Kölbel*, Kap. 21, Rn 206.
850 BFH v. 26.6.2007 – VII R 35/06, BStBl II 2007, 742.
851 BFH v. 22.3.2011 – VII R 42/10, BStBl II 2011, 607.
852 BFH v. 5.4.1990 – VII R 2/89, BStBl II 1990, 719, und v. 8.1.1991 – VII R 18/90, BStBl II 1990, 442.
853 BFH v. 12.3.1991 – VII S 30/90, BFH/NV 1992, 145.
854 BFH v. 13.2.1996 – VII R 89/95, BStBl II 1986, 436.
855 BFH v. 19.10.1982 – VII R 55/80, BStBl II 1983, 162.
856 BFH v. 5.4.1990 – VII R 2/89, BStBl II 1990, 719.

abzugsbeträge einbehalten und keine Vorauszahlungen geleistet worden, ist die Aufteilung des Erstattungsanspruchs im Verhältnis des jeweiligen Steuerabzugs des Ehepartners zum Gesamtabzug durchzuführen.[857]

Konnte das Finanzamt bei Zahlung erkennen, dass der leistende Ehepartner nur seine eigene Steuerschuld tilgen wollte, ist dieser allein erstattungsberechtigt. Eine Tilgungsbestimmung muss dabei nicht „ausdrücklich" vorgenommen werden. Sie kann sich vielmehr aus den Umständen des Einzelfalls ergeben, z.B. durch die Angabe des eigenen Namens im Feld „Verwendungszweck" einer Überweisung.[858] Eine spätere „Interpretation" durch den zahlenden Ehepartner ist nicht relevant. Ist dem Finanzamt das dauernde Getrenntleben der Ehepartner bekannt, ist davon auszugehen, dass der zahlende Ehepartner nur auf eigene Rechnung leisten will.[859] 1054

Vorauszahlungen aufgrund eines an beide Ehepartner gemeinsam gerichteten Vorauszahlungsbescheids ohne individuelle Tilgungsbestimmung sind zunächst auf die festgesetzten Steuern beider Ehepartner anzurechnen.[860] Ein nach der Anrechnung der „gemeinsamen" Vorauszahlungen verbleibender Überschuss ist nach Köpfen an die Ehepartner auszukehren. Vorauszahlungen ohne individuelle Tilgungsbestimmung aufgrund eines nur an einen Ehepartner gerichteten Vorauszahlungsbescheids werden nur diesem Ehepartner zugeordnet. 1055

Bei Erstattungen infolge Überzahlungen sind die nachstehenden Fälle zu unterscheiden: 1056

(1) Es sind ausschließlich Steuerabzugsbeträge einbehalten und Zahlungen geleistet worden, die individuell den Ehepartnern zuzurechnen sind.

Hier ist der Erstattungsanspruch im Verhältnis der Summe der jeweiligen Steuerabzugsbeträge und Zahlungen jeder Ehepartner zur Summe der Steuerabzugsbeträge und Zahlungen beider Ehepartner aufzuteilen.

(2) Es sind ausschließlich Vorauszahlungen aufgrund eines an beide Ehepartner gemeinsam gerichteten Vorauszahlungsbescheides ohne Tilgungsbestimmungen geleistet worden.

Hier muss eine Aufteilung des Erstattungsanspruchs nach Köpfen vorgenommen werden.

(3) Es sind für die Ehepartner sowohl Steuerabzugsbeträge einbehalten und/oder Zahlungen geleistet worden, die individuell zuzurechnen sind, als auch Vorauszahlungen aufgrund eines an beide Ehepartner gemeinsam gerichteten Vorauszahlungsbescheides ohne Tilgungsbestimmungen geleistet worden.

Hier ist zunächst für jeden Ehepartner die Summe der bei ihm anzurechnenden Zahlungen zu ermitteln und anschließend der Erstattungsanspruch der Ehepartner im Verhältnis der Summe der dem einzelnen Ehepartner zuzurechnenden Zahlungen zur Summe aller Zahlungen aufzuteilen.

Werden Ehepartner getrennt veranlagt (ab VZ 2013 Einzelveranlagung, §§ 26a EStG, 52 Abs. 68 EStG!) sind bei Erstattungen infolge von Überzahlungen die nachstehenden Fälle zu unterscheiden. 1057

■ **Differenzierungen** 1058

(1) Es sind ausschließlich Steuerabzugsbeträge einbehalten und Zahlungen geleistet worden, die individuell zuzurechnen sind.
Hier sind bei jedem Ehepartner die jeweiligen Steuerabzugsbeträge und Zahlungen anzurechnen.

(2) Es sind ausschließlich Vorauszahlungen aufgrund eines an beide Ehepartner gemeinsam gerichteten Vorauszahlungsbescheids ohne Tilgungsbestimmung geleistet worden und deren Summe übersteigt die Summe der in den getrennten Veranlagungen festgesetzten Einkommensteuerbeträge.

857 BFH v. 1.3.1990 – VII R 103/88, BStBl II 1990, 520.
858 BFH v. 25.7.1989 – VII R 118/87, BStBl II 1990, 41.
859 BFH v. 25.7.1989 – VII R 118/87, BStBl II 1990, 41.
860 BFH v. 22.3.2011 – VII R 42/10, BStBl II 2011, 607.

Hier ist der Erstattungsbetrag, der bei getrennten Veranlagungen die festgesetzten Einkommensteuerbeträge übersteigt, nach Köpfen aufzuteilen.

(3) Es sind für die Ehepartner sowohl Steuerabzugsbeträge einbehalten und/oder Zahlungen geleistet worden, die individuell zuzurechnen sind, als auch Vorauszahlungen aufgrund eines an beide Ehepartner gemeinsam gerichteten Vorauszahlungsbescheides ohne Tilgungsbestimmungen geleistet worden.

Hier ist wie folgt zu verfahren:

- Zuerst sind von den gegen die Ehepartner getrennt festgesetzten Einkommensteuerbeträgen jeweils die anzurechnenden Steuerabzugsbeträge abzuziehen (Zwischensumme I = Soll);
- danach sind von diesen Sollbeträgen (Zwischensumme I) jeweils die Vorauszahlungen abzuziehen, die der einzelne Ehepartner mit individueller Tilgungsbestimmung geleistet hat und die für jeden Ehepartner danach individuell verbleibenden Beträge zu ermitteln (Zwischensumme II);die aufgrund eines gegen beide Ehepartner gerichteten Vorauszahlungsbescheides geleisteten „gemeinsamen" Vorauszahlungen ohne individuelle Tilgungsbestimmung werden nun zunächst auf die Steuern beider Ehepartner maximal bis zum vollständigen „Verbrauch" der jeweiligen (positiven) Zwischensumme II aufgeteilt.
- Der danach verbleibende Restbetrag ist nach Köpfen auszukehren.

1059 Wenn keine individuelle Tilgungsbestimmung vorgenommen worden ist, muss wie folgt aufgeteilt und zugeordnet werden:

- Zuerst sind von den gegen die Ehepartner getrennt festgesetzten Einkommensteuerbeträgen jeweils die anzurechnenden Steuerabzugsbeträge abzuziehen (Zwischensumme I = Soll);
- danach sind von diesen Sollbeträgen (Zwischensumme I) jeweils die Vorauszahlungen abzuziehen, die der einzelne Ehepartner mit individueller Tilgungsbestimmung geleistet hat und die für jeden Ehepartner danach individuell verbleibenden Beträge zu ermitteln (Zwischensumme II);
- die (aufgrund eines gegen beide Ehepartner gerichteten Vorauszahlungsbescheides) geleisteten „gemeinsamen" Vorauszahlungen ohne individuelle Tilgungsbestimmung werden nun nach Köpfen – allerdings maximal bis zum vollständigen „Verbrauch" der jeweiligen (positiven) Zwischensumme II – aufgeteilt, ein danach verbleibender Restbetrag ist dem Ehepartner mit der höheren Zwischensumme II allein zuzurechnen.

Beispiele:

1. Steuererstattungen bei Anrechnung und Zusammenveranlagung

Das Finanzamt hat gegen M und F gemeinsame Einkommensteuervorauszahlungen in Höhe von insgesamt 14.000 EUR festgesetzt.

Hierauf wurden 8.000 EUR ohne Tilgungsbestimmung entrichtet.

M hat Vorauszahlungen mit individueller Tilgungsbestimmung in Höhe von 5.000 EUR und F in Höhe von 1.000 EUR geleistet.

Vom Arbeitslohn des M wurden 10.000 EUR Lohnsteuer und vom Arbeitslohn der F 5.000 EUR Lohnsteuer einbehalten.

Im Rahmen der Zusammenveranlagung wurden gegen M und F Einkommensteuern in Höhe von 20.000 EUR festgesetzt.

Aufgrund der anzurechnenden Lohnsteuerbeträge (10.000 EUR + 5.000 EUR = 15.000 EUR) und der geleisteten

Vorauszahlungen (8.000 EUR + 5.000 EUR + 1.000 EUR = 14.000 EUR) müssen insgesamt 9.000 EUR erstattet werden.

Wie sind die individuellen Erstattungsansprüche von M und F zu ermitteln?

Lösung

(1) jeweils anzurechnende Steuerabzugsbeträge:

M:	10.000 EUR
F:	5.000 EUR

(2) jeweils anzurechnende Zahlungen mit individueller Tilgungsbestimmung:

M:	5.000 EUR
F:	1.000 EUR

(3) hälftige Aufteilung der „gemeinsamen“ Zahlungen und Zurechnung des jeweiligen Anteils:

M: ½ von 8.000 EUR =	4.000 EUR
F: ½ von 8.000 EUR =	4.000 EUR

(4) für jeden Ehepartner sind die nach (1) bis (3) ermittelten Anrechnungsbeträge jeweils zu addieren:

M: 10.000 EUR + 5.000 EUR + 4.000 EUR =	19.000 EUR
F: 5.000 EUR + 1.000 EUR + 4.000 EUR =	10.000 EUR

5) Die Aufteilung des Erstattungsanspruchs in Höhe von 9.000 EUR erfolgt auf die Ehepartner im Verhältnis der Summe der dem einzelnen Ehepartner zuzurechnenden Zahlungen zur Summe aller Zahlungen:

M: 9.000 EUR x (19.000/29.000) =	5.896,55 EUR
F: 9.000 EUR x (10.000/29.000) =	3.103,45 EUR

2. Steuerlicher Erstattungsanspruch bei getrennter Veranlagung/Einzelveranlagung

M und F haben die gegen sie gemeinsam festgesetzten Vorauszahlungen (4 x 4.000 EUR = 16.000 EUR) ohne individuelle Tilgungsbestimmung entrichtet.

Vom Arbeitslohn wurden jeweils folgende Lohnsteuerbeträge einbehalten:

M:	5.000 EUR
F:	1.000 EUR

Es werden getrennte Veranlagungen/Einzelveranlagungen durchgeführt:

M: festgesetzte Einkommensteuer =	5.000 EUR
F: festgesetzte Einkommensteuer =	15.000 EUR
Summe der getrennt festgesetzten Steuerbeträge =	20.000 EUR
Summe der hierauf anzurechnenden Beträge	= ./. 22.000 EUR
Erstattungsüberhang	2.000 EUR

Lösung

Der Betrag von 2.000 EUR ist nach Köpfen auszukehren.

Die Zurechnung erfolgt wie folgt:

(1) Bei jedem Ehepartner sind von den festgesetzten Einkommensteuerbeträgen zunächst jeweils die anzurechnenden Lohnsteuerbeträge abzuziehen (= Sollbeträge):

M: 15.000 EUR ./. 5.000 EUR =	10.000 EUR
F: 5.000 EUR ./. 1.000 EUR =	4.000 EUR

(2) Im zweiten Schritt werden mangels Zahlungen mit individueller Tilgungsbestimmung die gemeinsamen Vorauszahlungen nun jeweils bis zur Höhe der Sollbeträge bei M und F aufgeteilt.

Der danach verbleibende Restbetrag (2.000 EUR) ist jedem Ehepartner zur Hälfte zuzurechnen:

„gemeinsame" Vorauszahlungen	16.000 EUR
M: Sollbetrag:	10.000 EUR
„vorab" anzurechnen	./. 10.000 EUR
vorläufiger Restbetrag	0 EUR
F: Sollbetrag	4.000 EUR
„vorab" anzurechnen	./. 4.000 EUR
vorläufiger Restbetrag	0 EUR
nicht verbrauchte, gemeinsame Vorauszahlungen	2.000 EUR

(3) Im dritten Schritt werden die nicht verbrauchten gemeinsamen Vorauszahlungen nach Köpfen zugerechnet:

M: ½ von 2.000 EUR =	1.000 EUR
F: ½ von 2.000 EUR =	1.000 EUR

(4) Die Abrechnungsverfügungen der Steuerbescheide sehen wie folgt aus:

M:	15.000 EUR	festgesetzte Einkommensteuer
	./. 5.000 EUR	anzurechnende Lohnsteuer
	./. 11.000 EUR	anzurechnende Vorauszahlungen
	= ./. 1.000 EUR	Erstattung
	5.000 EUR	festgesetzte Einkommensteuer
	./. 1.000 EUR	anzurechnende Lohnsteuer
	./. 5.000 EUR	anzurechnende Vorauszahlungen
	= ./. 1.000 EUR	Erstattung

3. Nachzahlungsüberhang

M und F haben die gegen sie gemeinsam festgesetzten Vorauszahlungen (4 x 2.500 EUR = 10.000 EUR) ohne individuelle Tilgungsbestimmung entrichtet. Vom Arbeitslohn wurden jeweils folgende Lohnsteuerbeträge einbehalten:

M:	5.000 EUR
F:	1.000 EUR

Es werden getrennte Veranlagungen/Einzelveranlagungen durchgeführt:

M: festgesetzte Einkommensteuer =	15.000 EUR
F: festgesetzte Einkommensteuer =	5.000 EUR
Summe der getrennt festgesetzten Steuerbeträge =	20.000 EUR
Summe der hierauf anzurechnenden Beträge =	./. 16.000 EUR
Nachzahlungsüberhang	4.000 EUR

Lösung

(1) Von den gegen die Ehepartner festgesetzten Einkommensteuerbeträgen sind zunächst jeweils die anzurechnenden Lohnsteuerbeträge abzuziehen (= Sollbeträge):

M: 15.000 EUR ./. 5.000 EUR =	10.000 EUR
F: 5.000 EUR ./. 1.000 EUR =	4.000 EUR

(2) Im zweiten Schritt werden – mangels Zahlungen mit individueller Tilgungsbestimmung – die gemeinsamen Vorauszahlungen nun nach Köpfen – allerdings maximal bis zur Höhe des jeweiligen Sollbetrages (hier identisch mit Zwischensumme II) – aufgeteilt. Der danach verbleibende Restbetrag ist dem Ehepartner mit dem höheren Soll allein zuzurechnen:

F: ½ von 10.000 EUR, maximal aber 4.000 EUR =	4.000 EUR
M: ½ von 10.000 EUR, maximal aber 10.000 EUR =	5.000 EUR
zuzüglich Restbetrag	1.000 EUR
Summe der bei M anzurechnenden Beträge:	6.000 EUR

(3) Die Abrechnungsverfügungen der Steuerbescheide sehen wie folgt aus:

M:	15.000 EUR	festgesetzte Einkommensteuer
	./. 5.000 EUR	anzurechnende Lohnsteuer
	./. 6.000 EUR	anzurechnende Vorauszahlungen
	= 4.000 EUR	Abschlusszahlung
F:	5.000 EUR	festgesetzte Einkommensteuer
	./. 1.000 EUR	anzurechnende Lohnsteuer
	./. 4.000 EUR	anzurechnende Vorauszahlungen
	= 0 EUR	Abschlusszahlung

2. Aufteilung im Familienrecht

Der vom BMF vorgegebene steuerrechtliche Leitfaden unterstützt die familienrechtliche Bearbeitung im ersten Schritt. Im zweiten Schritt hat eine Aufteilung von Steuererstattungen im Innenverhältnis zu erfolgen. Diese vollzieht sich allein nach zivilrechtlichen Maßstäben. 1060

Nach der Familienrechtsprechung[861] hat die Aufteilung eines nach Trennung fällig werdenden Erstattungsanspruchs zusammenveranlagter Ehegatten grundsätzlich unter entsprechender Heranziehung der§§ 268, 270 AO auf der Grundlage einer fiktiven getrennten Veranlagung zu erfolgen. Dafür ist die festgesetzte Steuerschuld zum Quotienten aus der eigenen fiktiven Steuerschulden im Fall der Einzelveranlagung zu der Summe der fiktiven Steuerschulden beider Ehegatten im Fall ihrer Einzelveranlagung in Verhältnis zu setzen.[862]

Diese Vorgehensweise ist einkommensteuerkonform, weil die konkret steuerrechtliche Situation der Ehegatten auf diese Weise berücksichtigt wird. Sie kommt insbesondere zur Anwendung, wenn nach einer Trennung kein Ehegattenunterhalt gezahlt wird und es infolge der ungünstigen Steuerklassenwahl des ausgleichsberechtigten Ehepartners beim ausgleichspflichtigen Ehepartner zu einem Erstattungsanspruch kommt.[863]

Bisher nicht vom BGH geklärt ist die Frage, ob nur der verbleibende Betrag oder der gesamte Steuerbetrag fiktiv aufzuteilen ist.

Hinweis 1061

Am Stichtag entstandene Ausgleichsansprüche sind in die Zugewinnausgleichsbilanz einzustellen!

Auch wenn Steuerschulden noch nicht getilgt sein sollten, kann trotzdem jeder Ehepartner die auf ihn entfallende Quote als Verbindlichkeit im Endvermögen ansetzen.

861 BGH v. 31.5.2006 – XII ZR 111/03, FamRZ 2006, 1178.
862 BGH FamRZ 2006, 1178, 1179; 2017, 517, 522. OLG Celle, Beschl. v. 2.4.2019 – 21 UF 119/18, WKRS 2019, 31040.
863 Näheres FA-Komm/*Perleberg-Kölbel*, § 26c EStG Rn 19.

1062 Der Ausgleichsanspruch beschränkt sich jedoch wegen der familienrechtlichen Überlagerung auf Steuerzahlungen nach der Trennung für Veranlagungszeiträume, in denen die Eheleute noch nicht getrennt gelebt haben.

Ein Ausgleich für Steuerzahlungen während der ehelichen Lebensgemeinschaft kommt folglich nicht mehr in Betracht. Es spielt dabei im Übrigen auch keine Rolle, ob Zahlungen für den anderen Ehepartner bei getrennter Veranlagung geleistet worden sind oder ob es sich um Vorauszahlungen gehandelt hat. Vielmehr kommt es allein darauf an, ob die auch für den anderen Ehepartner schuldbefreienden Zahlungen während einer intakten Ehe geleistet worden sind. Nach Ansicht des BGH handelt es sich bei den Steuerzahlungen um Kosten der allgemeinen Lebensführung. Diese stehen nach geleisteter Zahlung den Eheleuten nicht mehr zur Verfügung. Ein gemeinsames Wirtschaften mit den zur Verfügung stehenden Nettobezügen prägt somit nach Ansicht des BGH die eheliche Lebensgemeinschaft. Nachträgliche Korrekturen zu Lasten eines Ehepartners sind wegen eines Verstoßes gegen den Grundsatz nachehelicher Solidarität unzulässig. Weil die konkrete steuerliche Situation der Ehepartner zugrunde gelegt wird, ist dieses Ergebnis nach Ansicht des BGH auch einkommensteuerkonform.

Entsprechendes gilt auch für die Steuererstattungen.

Eine abweichende Aufteilung kann sich auch aus den güterrechtlichen Beziehungen ergeben, wobei dieser Maßstab von einer anderweitigen Bestimmung i.S.d. § 426 Abs. 1 S. 1 BGB überlagert sein kann, wie z.B. bei einer Lohnsteuerklassenwahl nach Steuerklassen III und V.[864]

Dies gilt jedoch ggf. nur für die Zeit bis zur Trennung, weil nach Aufhebung der ehelichen Lebensgemeinschaft grundsätzlich kein Anlass mehr besteht, an einer früheren Übung festzuhalten.[865]

Für die Zeit vor der Trennung kann somit grundsätzlich nicht der Mehrbetrag, der nach der Steuerklasse V im Vergleich zur Besteuerung bei getrennter Veranlagung bis dahin geleistet worden ist, verlangt werden, es sei denn, die Eheleute haben sich eine Rückforderung für den Fall der Trennung vorbehalten.[866]

Mit dem Scheitern der Ehe ist jedoch von einer grundlegenden Veränderung der Verhältnisse auszugehen.[867]

Wird kein Trennungsunterhalt gezahlt, besteht z.B. für den Ehegatten mit der ungünstigeren Steuerklasse kein Grund mehr, seine damit verbundenen Nachteile hinzunehmen.

Jeder Ehepartner hat vielmehr nach dem allgemeinen Grundsatz nur für die Steuern aufzukommen, die auf sein Einkommen entfallen.

Wegen dieser steuerlichen Nachteile kann die Zustimmung zur Zusammenveranlagung davon abhängig gemacht werden, dass der Zustimmende so gestellt wird, als wäre für die Zeit nach der Trennung eine getrennte steuerliche Veranlagung durchgeführt worden.

Der steuerliche Nachteil, der zu erstatten ist, richtet sich danach, ob für die Zeit nach der Trennung Ehegattenunterhalt gezahlt worden ist oder nicht.

Hat der Zustimmungsverpflichtete mit der ungünstigeren Steuerklasse an dem Gesamteinkommen durch den Trennungsunterhalt partizipiert, ist er keiner zusätzlichen Belastung ausgesetzt und kann grundsätzlich keinen zusätzlichen Nachteilsausgleich verlangen und hiervon die Zustimmung abhängig machen.

Ist dagegen kein Trennungsunterhalt gezahlt worden, ist dem Zustimmungspflichtigen ein Nachteil entstanden, den er durch eine getrennte Veranlagung hätte vermeiden können.

Er ist folglich so zu stellen, als wäre für die Zeit nach der Trennung eine getrennte Veranlagung durchgeführt worden.[868]

864 BGH FamRZ 2007, 1229; FF 2007, 254, 255.
865 BGH FamRZ 2007, 1229; FF 2007, 254, 255.
866 So BGH FamRZ, 2007, 1229; FF 2007, 254, 255.
867 BGH FamRZ 2006, 1178, 1180.
868 BGH FamRZ 2006, 1178, 1180; FamRZ 2007, 1229.

Es besteht somit für den zustimmenden Ehepartner kein Anspruch auf Teilhabe an der Steuerersparnis, sondern nur ein steuerlicher Nachteilsausgleichsanspruch!

■ **Prüfungsreihenfolge** 1063

Liegt eine ausdrückliche oder konkludente Vereinbarung vor?

Wenn ja → Aufteilung nach Vereinbarung.

Wenn nein → Liegt eine anderweitige Bestimmung im Sinne von § 426 Abs. 1 S. 1 Hs. 2 BGB vor? (z.B. güterrechtliche Beziehungen, wobei generell jeder Ehepartner für die Steuern aufzukommen hat, die auf seine Einkünfte entfallen, wobei aber auch hier zunächst zu prüfen ist, ob eine anderweitige Bestimmung, wie z.B. durch ständige Übung getroffen worden ist, die jedoch mit Scheitern der Ehe entfällt).

Wenn nein → Aufteilung nach der Höhe der beiderseitigen Einkünfte.

■ **Aufteilungsmaßstab**

- Heranziehung des § 270 AO, d.h. einkommensteuerkonforme Aufteilung auf Grundlage fiktiver getrennter Veranlagung
- Beschränkung auf Steuerzahlungen/Steuererstattungen nach der Trennung wegen familienrechtlicher Überlagerung
- Zur schrittweisen Berechnung wird auf den Praxishinweis von *Soyka* verwiesen.[869]

D. Schwarzeinkünfte und ihre Aufdeckung/Einkommensschätzung

I. Einkommensschätzung im Unterhaltsrecht unter besonderer Berücksichtigung der Ermittlung von Schwarzeinkünften

■ **Unterhaltsrelevanz** 1064

Das Familienrecht benötigt keine eigenen Bewertungskriterien zur Ermittlung einer Zuschätzung von Einkünften.

Es ist auf die steuerlichen Schätzungsregelungen, die im Folgenden ausführlich dargestellt werden, zu verweisen.

> *Hinweis* 1065
>
> Der Rechtsanwender hat die Regeln des Steuerrechts anzuwenden und gegebenenfalls Zuschätzung vorzunehmen.

1. Gewinnschätzung im Steuerrecht

a) Gewinnschätzung nach § 13a EStG

Unterhaltsrelevanz 1066

> *Beispiel*
>
> Der Unterhaltspflichtige erzielt z.B. Einkünfte aus nichtselbstständiger Arbeit und als Nebenerwerbswinzer und legt eine Gewinnschätzung nach § 13a EStG vor.

869 *Soyka*, FuR 2006, 260 f. zum Urteil des BGH FamRZ 2006, 1178 = FuR 2006, 358 ff.; vgl. auch Anm. *Wever*, FamRZ 2006, 1181. Allgemein zu diesem Problemkreis: *Quernheim/Hamdan*, Risiken der einkommensteuerlichen Zusammenveranlagung von Ehegatten, ZFE 2006, 7 ff.; *Linnertz/Weitze*, Steuervorauszahlung und Scheidung – Scheidungsfalle § 37 AO, ZFE 2004, 228 ff.; *Arens*, Interne Verteilung von Einkommensteuer-Erstattungen unter getrennt lebenden oder geschiedenen Ehegatten, NJW 1996, 704 ff.; *Christ*, Aufteilung von Steuererstattungen unter Eheleuten, FamRB 2007, 23; *Wever*, Vermögensauseinandersetzung der Ehegatten außerhalb des Güterrechts, 4. Aufl. 2006, Rn 76.

1067 *Hinweis*

Es handelt sich hierbei um eine steuerliche Gewinnermittlungsart der land- und forstwirtschaftlichen Betriebe, bei der die landwirtschaftliche Nutzfläche nicht mehr als 20 Hektar beträgt, die Tierbestände 50 Tiereinheiten nicht übersteigen und keine andere Art der Gewinnermittlung (Betriebsvermögensvergleich oder Überschussrechnung) gewählt wurde.

1068 Die Einkommensermittlung nach § 13a EStG (ausführlich: Rdn 177 ff., 220) betrifft ausschließlich Land- und Forstwirte. Voraussetzung ist aber,

- dass keine Verpflichtung zur Buchführung und zur Erstellung des Jahresabschlusses besteht (§ 13a Abs. 1 Nr. 1 EStG) und
- eines der einzelnen gesetzlich genannten Kriterien nicht überschritten wird (50 Hektar, Tierbestand nicht mehr als 50 Einheiten, Wert je Sondernutzung nicht mehr als 2.000 DM, Feststellung noch zu DM-Zeiten!).

Landwirte, die buchführungspflichtig sind und einen Jahresabschluss erstellen müssen, haben dies auch zum Zweck der Gewinnermittlung zu tun, wenn die Größenordnung des § 13a Abs. 1, 2 bis 4 EStG überschritten wird.

1069 Die Ermittlung erfolgt nach § 13a Abs. 3 EStG wie folgt:

- Grundbetrag (Abs. 3)
- Zuschläge aus Sonderkulturen (Abs. 5)
- den nach Abs. 6 zu ermittelnden Gewinnen
- den vereinnahmten Miet- und Pachtzinsen
- den vereinnahmten Kapitalerträgen, die sich aus Kapitalanlagen von Veräußerungserlösen i.S.d. Abs. 6 S. 1 Nr. 2 ergeben.

Dabei richtet sich die Höhe des Grundfreibetrages bei der landwirtschaftlichen Nutzung nach dem Hektarwert der selbst bewirtschafteten Fläche: Je Hektar sind 205 EUR bis 512 EUR anzusetzen.

1070 *Hinweis*

Es handelt sich also um eine ausschließlich der Vereinfachung dienende „Gewinnermittlungsart", die deshalb auch zu Recht die Bezeichnung „Schätzung" trägt.

1071 Die bisherige Darstellung macht deutlich, dass diese „Gewinnermittlung" unterhaltsrechtlich völlig unbrauchbar ist, weil die zu versteuernden Einkünfte pauschal nach Bruchteilen des verhältnismäßig niedrigen Einheitswertes berechnet werden.[870] Konsequenterweise ist zu verlangen, dass Land- und Forstwirte, die in der angegebenen Art ihre Gewinne ermitteln, eine Überschussrechnung zu erstellen haben. Dies ist mit der Darlegungs- und Beweislast des Unternehmers zu begründen. Geschieht dies nicht, kann der Gewinn, falls tatsächliche Grundlagen hierfür vorliegen, nach § 287 ZPO geschätzt werden. Diese Ermittlung kann, wie bei anderen Gewinnermittlungsarten auch, durch das Gericht an einen Sachverständigen übertragen werden.[871]

b) Gewinnschätzung nach § 162 AO

1072 Bei der Gewinnschätzung nach § 162 AO handelt es sich **nicht um eine Gewinnermittlungsart**.

Wesentliche Elemente der Abgabenordnung sind der **Amtsermittlungsgrundsatz** einerseits und andererseits auch erhebliche **Mitwirkungspflichten** des Steuerpflichtigen bei allen Veranlagungssteuern. Die Schätzung kommt deshalb nur dann in Frage, wenn der Steuerpflichtige seine Mitwirkungspflichten

870 Wendl/Dose/*Kemper*, § 1 Rn 199 ff., 201; *Strohal*, Rn 212.
871 Vgl. auch Wendl/Dose/*Kemper*, § 1 Rn 202.

verletzt.[872] Dies gilt besonders bei Auslandsbeziehungen, weil hier eine Sachaufklärung nach dem Amtsermittlungsprinzip im Wesentlichen ausscheidet.[873]

Eine Schätzung i.S.d. § 162 AO ist vorzunehmen, wenn die Besteuerungsgrundlagen, die sich aufgrund unzureichender Beweismittel nicht mehr zur Sicherheit ermitteln oder berechnen lassen, durch Zuhilfenahme von Indizien sowie durch Einkalkulieren und Abwägen von Möglichkeiten so zu berechnen, wie es der größtmöglichen Wahrscheinlichkeit entspricht.[874]

Der praktisch wichtigste Fall ist dabei eine Schätzung aufgrund der Vorschrift des § 162 Abs. 2 S. 2 AO für den Fall, dass der Steuerpflichtige Bücher oder Aufzeichnungen, die er nach den Steuergesetzen zu führen hat, nicht vorlegen kann, oder zwar Bücher führt, diese aber unvollständig, formal und sachlich unrichtig sind (vgl. § 158 AO). Die Schätzung kann auch damit begründet werden, dass der Steuerpflichtige seine Mitwirkungspflichten zur Sachaufklärung verletzt (§ 162 Abs. 2 S. 1 AO). Wenn die genannte Vorschrift von größtmöglicher Wahrscheinlichkeit der Besteuerungsgrundlagen spricht, darf die Schätzung keinen Strafcharakter haben.

Beispiele 1073

1. Die Unterhaltsverpflichtete betreibt ein Kosmetik Studio. Mit dem Datev-Programm „Kassenerfassung" zeichnet sie die täglichen Einnahmen als Summenzahlungen für „Behandlung" und „Verkauf" auf. Einzelaufzeichnungen gibt es nicht!

Lösung

Nach § 158 AO ist die Buchführung zugrunde zu legen, es sei denn, die formell ordnungsgemäße Buchführung ist mit an Sicherheit grenzender Wahrscheinlichkeit sachlich unrichtig. Dann kann sie ganz oder teilweise verworfen werden.[875]

Zwar ist der Ermittler einer EÜR grundsätzlich nicht zur Führung eines Kassenbuchs verpflichtet. Weiter sind grundsätzlich Einnahmen und Ausgaben durch Belege nachzuweisen und einzeln aufzuzeichnen. Keine Einzelaufzeichnungspflicht besteht für Einzelhändler und vergleichbare Berufsgruppen, die im Allgemeinen Waren an ihre, der Person nach unbekannten Kunden über den Ladentisch gegen Bezahlung verkaufen.

Bei bargeldintensiven Betrieben ist es zur Vermeidung der Einzelaufzeichnung kaum zu umgehen, ein detailliertes Kassenkonto oder Kassenbuch zu führen. Kassensummenbons etc. sind aufzubewahren und vorzulegen. Täglicher Abgleich zwischen aufgezeichneten Summenzahlen und Ist-Beständen ist zwingend erforderlich.

Das FG Saarland[876] hält Kassenaufzeichnungen für nicht ausreichend, wenn sie lediglich die Tageseinnahmen als Summenzahlen und nur rechnerische, nicht mit dem Ist-Stand abgeglichene Beträge ausweist.

2. Wird bei Feststellung formaler Mängel die Buchführung verworfen, kann bei Gastronomiebetrieben, die ebenfalls eine **Einzelaufzeichnung** nicht vornehmen, die so genannte 30 : 70 Methode zur Anwendung kommen. Danach wird die Schätzung von Gaststättenumsätzen nach den Verhältniszahlen von 30 % für Getränkeumsätze und 70 % für Speisen nicht zur Anwendung gebracht.

Lösungen

Das FG Nürnberg[877] hält ein Verhältnis von Getränken zu speisen von 45 : 55 für angemessen.

872 BFH/NV 1992, 439 ff.; BFH/NV 1994, 766 ff.; Beck'sches Steuerberaterhandbuch, A Rn 755.
873 BFH BStBl II 1976, 533 ff. und FG Düsseldorf EFG 1981, 138 ff.
874 Beck'sches Steuerberaterhandbuch, A Rn 757.
875 BFH v. 9.8.1991, BStBl 1992 II 55.
876 FG Saarland v. 21.6.2012 – 1K 1124/10, EFG 2012 181635:65.
877 FG Nürnberg v. 8.5.2012 – 2 K 1122/09, BeckRS 2012 95358; FG Düsseldorf v.15.2.2007, EFG 2007, 814: 35:65 %.

Das FG Niedersachsen[878] hält eine Zuschätzung für nicht nachvollziehbare Eingänge auf Betriebskosten für geboten. Dies geschieht gemäß der alten Buchhalterregel: Wenn du nicht weißt, wohin, buch' es auf Erlöse hin!

1074 *Hinweis*

Die Befugnis zur Zuschätzung ergibt sich im Entscheidungsfall u.a. aus Mängeln bei der Aufzeichnung von Tageseinnahmen, § 146 Abs. 1 AO, Mängel in der Aufzeichnung der Umsätze in Normal- und zum ermäßigten Steuersatz, § 22 Abs. 2 Nr. 1 S. 1 UStG und wegen teilweise fehlendem bzw. nicht verbuchten Wareneinkauf, § 143 AO.

1075 *Hinweis*

Für das Unterhaltseinkommen kann damit nicht davon ausgegangen werden, dass die Schätzung über die tatsächlichen Besteuerungsgrundlagen und den damit zusammenhängenden Einkünften liegen muss!

In den Fällen beharrlicher Auskunftsverweigerung, aber auch bei zögerlicher Vorlage von Unterlagen und Mitteilungen, Gewinnermittlungen seien noch nicht erstellt oder der Steuerberater habe sie in Arbeit (Erfüllungsgehilfe!), muss der Unterhaltsverpflichtete auf seine Pflicht zur Abgabe von Steuererklärungen verwiesen werden. Bei Schätzungen seitens der Finanzbehörden ist eine **Pflicht zur Veranlagung** nicht berührt, so dass die Gewinnermittlungen stets noch vorzulegen sind (§ 149 Abs. 1 S. 4 AO, allgemein § 149 AO zur zögerlichen Abgabe von Erklärungen).

Als Schätzungsbescheide ergangene und sogar bestandskräftige Steuerbescheide können im Übrigen nach §§ 172 ff. AO geändert werden.

1076 Bei Verletzung der Buchführungspflichten nach § 158 AO kommen folgende Schätzungen in Betracht:

- Richtigstellung ohne Schätzung, wenn der festgestellte Fehler der Buchführung als hinreichend sicher korrigiert werden kann;
- Teilschätzung, wenn sich das Buchführungsergebnis durch eine Zuschätzung komplettieren lässt, z.B. bei punktuellen Unrichtigkeiten oder wenn die sachlich oder nicht ordentlich verbuchten Geschäfte einen abgrenzbaren Teil des Gewinns ausmachen;[879]
- Vollschätzung; wenn die Buchführung als Ganzes kein Vertrauen verdient und der Steuerpflichtige Bücher nicht vorlegen kann oder will.[880]
- Die gebräuchlichsten **Schätzungsmethoden**, die im Folgenden noch weiter dargestellt werden, sind Nachkalkulation des Umsatzes[881] oder eine Schätzung nach Richtsätzen der Finanzverwaltung, die jährlich veröffentlicht werden. Die Richtsätze bestehen aus einem oberen, einem unteren und einem Mittelsatz. Dabei sollte darauf geachtet werden, dass diese Richtsätze regelmäßig in ihrer praktischen Anwendung als überdurchschnittlich hoch eingestuft werden. Das Heranziehen von Kennzahlen ist auch durch Material berufsständischer Organisationen, Vereine, Verbände und Kammern und des Statistischen Bundesamtes (destatis.de) möglich. Darüber hinaus gibt es Veröffentlichungen wie die Betriebsprüfungskartei oder Datev-Kennzahlen, die nützliche Hinweise auf Branchenspezifika liefern.

878 FG Niedersachsen v. 24.2.2009 –15 K 379/08.
879 Vgl. BFH BStBl II 1977, 260 ff.
880 RFH RStBl 1931, 395 ff., SG Bremen EFG 1997, 449 ff. und für die Schätzungsarten insgesamt Beck'sches Steuerberater-handbuch, A Rn 756.
881 BFH BStBl II 1982, 430 ff.

Eine weitere Methode der Schätzung ist der **Rohgewinnaufschlag**. Der Rohgewinnaufschlag ist die Differenz zwischen Wareneinsatz und wirtschaftlichem Umsatz bei Handelsbetrieben. Bezugsgröße für die Berechnung der Verhältniszahlen ist der Wareneinsatz. 1077

- **Rohgewinn I**: Das ist der Unterschied zwischen wirtschaftlichem Umsatz und Wareneinsatz bei Handelsbetrieben; Bezugsgröße für die Berechnung der Verhältniszahl ist der wirtschaftliche Umsatz.
- **Rohgewinn II**: Das ist der Unterschied zwischen wirtschaftlichem Umsatz und Waren-/Materialeinsatz zuzüglich des Einsatzes an Fertigungslöhnen bei Handwerks- und gemischten Betrieben (Handwerk mit Handel); Bezugsgröße für die Berechnung der Verhältniszahl ist der wirtschaftliche Umsatz.
- **Halbreingewinn**: Das ist der Unterschied zwischen Rohgewinn I und Rohgewinn II und der Summe der allgemeinen sachlichen Betriebsaufwendungen; Bezugsgröße für die Berechnung der Verhältniszahl ist der wirtschaftliche Umsatz.
- **Reingewinn**: Das ist der Halbreingewinn nach Abzug der restlichen Betriebsaufwendungen; Bezugsgröße für die Berechnung der Verhältniszahl ist der wirtschaftliche Umsatz.[882]

- **Zusammenfassung** 1078

Nur grobe Schätzungsfehler bei der Feststellung der Besteuerungsgrundlagen führen regelmäßig zur Nichtigkeit der darauf beruhenden Bescheide.[883]

Hinweis 1079

Die Schätzung darf keinen Strafcharakter haben, was bei der unterhaltsrechtlichen Bewertung die Folge hat, dass auf Schätzungsergebnisse nicht zwanglos zurückgegriffen werden kann. Die Zugrundelegung von Schätzungsergebnissen nach §§ 162 ff. AO ist untauglich für unterhaltsrechtliche Zwecke.[884]

Trotz einer Schätzung bleibt die Pflicht zur Abgabe von Steuererklärungen nach der Vorschrift des § 149 Abs. 1 S. 4 AO erhalten. Im Unterhaltsprozess muss mit dieser Vorschrift begründet werden, dass die Gewinnermittlungen stets noch vorzulegen sind.

Dies macht es prozessual zulässig, den Anspruch in der Leistungsphase aufgrund der Schätzung zu beziffern und parallel dazu isoliert ein weiteres Auskunftsverfahren durchzuführen.

Die Schätzungsbescheide sind leicht zu erkennen, da die Bemessungsgrundlagen stets runde Beträge ausweisen. Im Erläuterungsteil des Einkommensteuerbescheides wird stets der Hinweis gegeben, dass die Besteuerungsgrundlagen nach § 162 AO geschätzt sind.

2. Schwarzgeld

a) Schwarzgeld und Zuschätzung

Schätzungen des Einkommens sind geboten, wenn eine Schwarzgeldproblematik erkannt wird. 1080

Dabei sind die Anforderungen des Anspruchsberechtigten an seinen **Sachvortrag** im Hinblick auf Schwarzgeld außerordentlich niedrig.

Hinweis 1081

So führt der BGH[885] aus:

> *Wenn nähere Darlegungen von Schwarzeinkünften der beweisbelasteten Prozesspartei nicht zumutbar sind, weil sie nur dem Gegner bekannt sind, muss der Prozessgegner (der Unternehmer) substantiiert bestreiten.*

882 Vgl. Beck'sches Steuerberaterhandbuch, L Rn 157 ff.; *Strohal*, Rn 213.
883 Beck'sches Steuerberaterhandbuch, Rn 168 mHa.; BFH BStBl II 1993, 259.
884 Vgl. auch *Strohal*, Rn 55.
885 BGH NJW 1999, 3485, so auch BGH FamRZ 2015, 232 zu illoyalen Vermögensminderungen im Zugewinn.

Es reicht also aus, Schwarzeinkünfte zu behaupten und wenn möglich, dieses mit einem weiteren Kenntnisstand zu untermauern.

1082 Zwar bleibt es grundsätzlich bei der primären Darlegungslast desjenigen, aus dessen Sphäre die Informationen stammen. Dies ist hier der Auskunftsverpflichtete, aus dessen Sphäre die Rechnungslegungsinformationen stammen.

Demgegenüber obliegt dem Anspruchsberechtigten die sekundäre Darlegungspflicht, dass weitergehende Einkünfte (Schwarzeinkünfte) vorliegen. Dieser Auskunftspflicht genügt er regelmäßig, wenn er z.B. unter Offenlegung seiner Quellen einen konkreten Einsatzzeitpunkt für die Aufnahme einer Schwarzarbeit anführt, die ausgeführte Tätigkeit näher beschreibt, eine konkrete Höhe der verfügbaren Einkünfte mitteilt und zudem substantielle Anknüpfungstatsachen für einen konkreten Auftraggeber nennt.

Davon ausgehend obliegt es dann dem primär Darlegungspflichtigen diese Behauptungen substantiiert zu bestreiten und insbesondere auch Beweis dafür anzutreten, dass er nicht über weitergehende Einkünfte als etwaige Sozialleistung verfügt. Der Hinweis, Kontoauszüge könnten nachgereicht werden, ist dabei schon völlig substanzlos und insbesondere beweisuntauglich.

Bei der Bemessung der fiktiven Einkünfte aus der Schwarzarbeit, sind fiktive gesetzliche Abgaben zur Sozialversicherung und Einkommensteuer zu berücksichtigen.[886]

1083 Rechtsprechung und Literatur führen weiter aus, dass eine Schätzung nach § 287 ZPO grundsätzlich zulässig ist, wenn die Beweisaufnahme unverhältnismäßig schwierig ist und zur Unterhaltsforderung in keinem Verhältnis steht. Eine derartige Schätzung muss jedoch eine einigermaßen klare Schätzungsgrundlage aufweisen, so dass eine Schätzung ins Ungewisse unzulässig ist.[887]

Über diesen allgemeinen Gesichtspunkt hinaus wird die Schätzungsproblematik im Unterhaltsrecht im Kontext zur Ermittlung von Schwarzeinkünften diskutiert.

Bei Schwarzeinkommen ist das Einkommen unter Einbeziehung von Sachverständigen zu schätzen.[888]

(Im Vorabschnitt sind die steuerrechtlichen Gewinnschätzungen nach § 13a EStG und § 162 AO dargestellt worden.)

Hinweis

Das Familienrecht hat keine eigenen Methoden zur Gewinnschätzung entwickelt. Um die erforderlichen Grundlagen im Sinne des § 287 Abs. 2 ZPO zu schaffen, kann auf die Methoden der Schwarzgeldermittlung des Steuerrechts und den oben schon geschilderten Methoden der Zuschlagschätzung zurückgegriffen werden.[889] Diese Methoden sind in der Lage, Grundlagen im Sinne der genannten Vorschrift zu schaffen.[890]

b) Rechnungswesen als Anknüpfungspunkt

1084 Ausgangspunkt ist stets das Rechnungswesen.

In §§ 140 ff. AO ist geregelt, wer buchführungspflichtig ist und Geschäftsvorfälle aufzeichnen muss. Eine Buchführung ist nur dann ordnungsgemäß, wenn sie einem sachverständigen Dritten innerhalb angemessener Zeit einen Überblick über die Geschäftsvorfälle und über die Lage des Unternehmens vermitteln kann (§ 145 Abs. 1 AO; § 238 Abs. 1 S. 2 HGB). Die Buchungen und sonstigen Aufzeichnungen müssen vollständig, richtig, zeitgerecht und geordnet sein (§ 146 Abs. 1 S. 1 AO, § 238 Abs. 2 HGB). Entspre-

886 OLG Brandenburg FamRZ 2013, 631 f.

887 Weinreich/Klein/*Kleffmann*, a.a.O., „Grundlagen der Einkommensermittlung" Rn 43 ff.; *Zöller*, § 287 ZPO Rn 4; *Baumbach/Hartmann*, § 287 ZPO Rn 4; OLG Hamm FamRZ 1996, 1216 f.

888 *Schwab*, 5. Aufl., IV Rn 763; *Kuckenburg*, Einkommensschätzung bei Selbstständigen/Gewerbetreibenden, insbesondere bei Schwarzeinkünften im Unterhaltsrecht, FuR 2006, 255 f.

889 Vgl. *Kuckenburg*, FuR 2006, 255.

890 BGH FamRZ 2005, 97, BGH FamRZ 1993, 789, Weinreich/Klein/*Kleffmann* Rn 43.

chen Buchführung und Aufzeichnungen den Anforderungen der §§ 140 ff. AO, so sind sie gemäß § 158 AO (gesetzliche Vermutung) der Besteuerung zugrunde zu legen, soweit nach den Umständen des Einzelfalles kein Anlass besteht, die sachliche Richtigkeit zu beanstanden. § 158 AO enthält eine widerlegbare Vermutung der Ordnungsgemäßheit der Buchführung. Diese Vermutung gilt für das Gesamtwerk der Buchführung, so dass einzelne Geschäftsvorfälle korrigiert werden können, ohne dass die Vermutung der Ordnungsgemäßheit der Buchführung entfällt.[891]

Liegt eine formell ordnungsgemäße Buchführung i.S.d. Vorschrift des § 158 AO vor, so wird diese nur dann nicht der Besteuerung zugrunde gelegt, wenn es der Finanzverwaltung gelingt, die Richtigkeitsvermutung zu widerlegen.

Hinweis **1085**

Eine formell ordnungsgemäße Buchführung bringt auch für das Familiengericht keinerlei Möglichkeiten, Zuschätzungen vorzunehmen, es sei denn, die formelle Richtigkeit wird mit Hilfe eines Sachverständigen widerlegt.[892]

c) Systematisierung der Schwarzgeldentstehung

aa) Vorbemerkungen

Oben wurde bereits auf die Rechtsprechung des BGH zur Substantiierung des Sachvortrages der Behauptung, es seien Schwarzeinkünfte vorhanden oder Einkünfte würden verlagert, verwiesen.[893] **1086**

■ **Systematisierung der Schwarzeinkünfte** **1087**

Ohne dass diese Aufzählung abschließend sein kann, werden vier Gruppen genannt:

- Schwarzgeldbildung durch Manipulationen bei den Einnahmen
- Schwarzgeldbildung durch Manipulationen bei den Ausgaben
- Schwarzgeldbildung durch Manipulationen bei den Aktiva und Passiva
- OR (Ohne Rechnung)- bzw. partielle OR-Geschäfte

bb) Nichterfassung von Einnahmen

Die Nichterfassung von Einnahmen kann in verschiedenen Formen geschehen. Sie kann buchhalterisch **1088** erfolgen, beispielsweise durch ertragsneutrale Vereinnahmungen und ertragsneutrale Auflösungen von Erlösen oder Stornobuchungen.

Indizien für Schwarzeinkünfte liefern folgende Sachverhalte:[894]

- Zahlreiche Firmenneugründungen und Umgründungen, aber auch nur die Verlegung der Geschäftsleitung.
- Dem Finanzamt wird vom Steuerpflichtigen mitgeteilt, die neu gegründeten Gesellschaften hätten ihre Tätigkeit noch nicht aufgenommen, wobei gleichzeitig auf Führung von Büchern verzichtet wird: Eine Umsatzverprobung ist unmöglich. Beispielsweise betreibt der Steuerpflichtige schon ein Jahr vor Gewerbeanmeldung einen Gebrauchtwagenhandel. Die verkürzten Einnahmen werden auf das Konto eines Strohmannes/einer Strohfrau gutgeschrieben.
- Eine Manipulation der Einnahmen kann auch durch Verlagerung in den Privatbereich erfolgen, etwa durch Zahlung von Rechnungsbeträgen auf das Privatkonto.
- Auch bei Einnahmeverzicht ist eine sorgsame Überprüfung erforderlich.

891 *Meyer*, Strategien gegen die Schätzung von Besteuerungsgrundlagen mittels Prüfungsverfahren, DStR 2005, 2114 ff., 2115.
892 Vgl. *Kuckenburg*, FuR 2006, 256.
893 BGH NJW 1999, 3485.
894 Vgl. *Kottke*, Schwarzgeld – Was tun? S. 71 ff.

cc) Manipulation der Ausgaben

1089 Bei der Manipulation der Ausgaben ist an fiktive und fingierte Personalkosten, Dienstleistungskosten, Materialkosten und Abschreibungen zu denken.[895]

Die Aufwandsursache ist zu überprüfen bzw. die Abzugsbeschränkungen nach § 4 Abs. 5 EStG sind zu beachten.

Beispiele[896]

- die private Geburtstagsfeier, Hochzeitsfeier, die als Vertretertagung und Bewirtung für Kunden gebucht werden
- an Dritte verschenkte Blumen werden als Praxisschmuck bzw. private Bücher als Fachliteratur bezeichnet
- Flugkosten werden durch falsche Kursumrechnungen erhöht
- Beliebtes Mittel zur Schwarzgeldbildung im Bereich der Materialkosten ist auch eine Überfakturierung. Der Unternehmer ändert auf einer bei ihm eingegangenen Rechnung den Rechnungsbetrag von 900 EUR durch Einscannen und Neudrucken auf 8.900 EUR durch das Hinzusetzen der „8“. Die 8.000 EUR bilden in diesem Beispiel das Schwarzgeld.

II. Aufdeckung der Schwarzeinkünfte in Steuerrecht und Betriebswirtschaftslehre

1. Manipulationen der Aktiva und Passiva

1090 Denkbar ist hier zunächst eine Nichtaktivierung, Teilaktivierung, Überaktivierung und Reaktivierung von Positionen in der Bilanz.[897]

Hinweis

- Als Beispiel kann auf der **Aktivseite** die Nichtaktivierung durch Nichtinventarisierung des Warenbestandes oder periodenfalsche Inventarisierung genannt werden, sowie
- die Nichtinventarisierung minderwertigen Materials oder durch Unterschlagung.
- Unter Teilaktivierung sind in diesem Zusammenhang auch der Unterpreisansatz und die Unterbewertung zu verstehen.
- Denkbar ist schließlich auch eine bilanzielle Reaktivierung durch Rückschleusung von Schwarzvermögen in das Unternehmen.
- Auf der **Passivseite** können Eigenkapital, Rücklagen, Rückstellungen, Wertberichtigungen und Verbindlichkeiten fingiert oder überhöht sein.
- Aber auch die Nichtpassivierung gehört zum Instrumentarium der Steuerhinterzieher und Unterhaltsschuldner und ist meist Folge von Schwarzgeschäften.

Beispiel

Der Kunde bringt Schwarzgelder für die Bezahlung des Lieferanten unter, während der Lieferant Schwarzgeld für sich schafft (klassisches OR-Geschäft).

Schließlich werden Repassivierungen dazu eingesetzt, vorher gebildete Schwarzgelder in den Unternehmenskreislauf durch fingierte Einlagen oder fingierte Kredite wieder einzuschleusen.

895 Vgl. hierzu die noch im Folgenden erörterte Entscheidung des BGH zur betriebswirtschaftlichen Überprüfung von Personalaufwand, FamRZ 2006, 387 ff., OLG Frankfurt FamRZ 2007, 404.

896 Vgl. *Kottke*, a.a.O., S. 76.

897 Vgl. *Kottke*, a.a.O., S. 79 f.

2. OR-Geschäfte

Die Ohne-Rechnung-Geschäfte sind im gewerblichen Bereich die gängigsten Mittel, die Einkommen- und Körperschaftsteuer zu hinterziehen. Mit den der Besteuerung entzogenen Erlösen, die auch Grundlage für das Unterhaltseinkommen sind, wird Schwarzgeld gebildet.[898] 1091

Scherzhaft spricht man in diesem Zusammenhang auch von „Otto-Richter-Geschäften" oder Geschäften nach „BAT-Tarif"; BAT steht für „Bar auf Tatze".

Bei einem OR-Geschäft wird die Nichtausstellung eines Beleges, der aus einer Rechnung, aber auch einer Quittung oder einem anderen Dokument bestehen kann, regelmäßig begleitet von der Nichtverbuchung des Erlöses aus dem Geschäft.

Das jedem Buchhalterlehrling eingehämmerte Kardinalsprinzip **„keine Buchung ohne Beleg"** wird hier ins Kriminelle umgekehrt in **„weder Beleg noch Buchung"**.

Auf diese Weise läuft das Geschäft am Finanzamt und am Unterhaltsgläubiger vorbei.

Zu beachten ist auch, dass umsatzsteuerrechtlich die OR-Geschäfte für den Empfänger einer Lieferung oder sonstigen Leistung, sofern er Unternehmer ist, ungünstig ist, weil er damit die Möglichkeit des **Vorsteuerabzugs verliert**. Zudem kann er als Unternehmer wegen des **Reverse-Charge-Verfahrens** selbst Umsatzsteuerschuldner nach § 13b UStG z.B. bei Gebäudereinigung oder Werklieferungen aus dem Ausland sein.[899] 1092

Die nachfolgenden Überlegungen heben im Wesentlichen auf die Einkommensteuer ab.

Die OR-Geschäfte sind natürlich keine Kavaliersdelikte, sondern strafbare Steuerhinterziehungen.

Der Täter sollte immer bedenken, dass der „Geschäftsfreund" ihn anschwärzen kann.

Er wird erpressbar; als Denunzianten kommen insbesondere in Betracht:

- getrenntlebende und geschiedene Ehepartner,
- enttäuschte Geliebte,
- rachsüchtige Kinder,
- böse Nachbarn,
- neidische Konkurrenten oder
- ehemalige Mitarbeiter, die sich ungerecht behandelt fühlen.

Beispiel 1093

Als Beispiel ist hier Vermietung von Ferienwohnungen ohne Rechnung zu nennen.

Denkbar ist auch eine wiederholte Autovermietung eines Privat- oder Geschäftswagens an Privatleute ohne Rechnung, wobei nicht nur Einkommensteuer, sondern auch Umsatzsteuer und Gewerbesteuer verkürzt werden.

Typisches Beispiel ist auch die Lieferung und sonstige Leistung von Handwerkern an Privatleute ohne Rechnung.

Rechtlich sollte bedacht werden, dass derartige Schwarzverträge gemäß § 134 BGB nichtig sind, so dass natürlich auch keine Gewährleistungs- und Schadenersatzansprüche bestehen.[900]

Auch bei **Grundstücksgeschäften** kommt dieses immer wieder vor. So werden beispielsweise Häuser mit schwarzem Aufgeld zur Ersparnis der Grunderwerbsteuer und Notariatskosten gekauft. Dadurch hinterzieht der Käufer nicht nur Steuern, er kann auch sein Schwarzgeld unterbringen. Der Verkäufer eines Hauses im Betriebsvermögen verkürzt Einkommensteuer im Hinblick auf den Veräußerungsgewinn. Da-

898 Vgl. *Kottke*, a.a.O., S. 81 ff.

899 Beck'sches Steuerberaterhandbuch G, 237 ff.

900 Vgl. Bauabzugsteuer als 15 %ige Quellensteuer zwischen Unternehmen (Leistungsempfänger als Leistungsschuldner) nach § 48 EstG.

bei wird die Vorschrift des § 139 BGB nicht bedacht, so dass stets mit einer drohenden Rückabwicklung des Gesamtgeschäfts zu rechnen ist.

Letztlich ist noch die partielle Strukturierung als mildere Form des OR-Geschäfts zu nennen. Dabei kann bei Rechnung und Verbuchung mit verschiedenen Preisen gearbeitet werden.

Ähnliche Methoden verbergen sich oft bei Vereinbarungen verdeckter Konditionen, Preisnachlässen und Provisionen.

3. Methoden der Schwarzgeldaufdeckung

a) Überblick über die Methoden der Schwarzgeldaufdeckung

1094 Oben sind umfangreiche Ausführungen zur gesetzlichen Vermutung der Ordnungsgemäßheit der Buchführung erfolgt. Ist die Buchführung formell ordnungsgemäß nach § 158 AO, kann sie doch sachlich falsch sein.

Auch in der unterhaltsrechtlichen Literatur wird darauf verwiesen, dass gewisse Methoden der Schwarzgeldaufdeckung dem Sachverständigen vorbehalten bleiben.[901]

1095 *Hinweis*

Im Umkehrschluss heißt dies:

Einige der folgenden Methoden zur Plausibilitätsüberprüfung des Rechnungswesens müssen auch durch die Verfahrensbevollmächtigten angewendet werden, selbst wenn dieses nur der Beantwortung der Vorfrage dient, ob die Erstellung eines Sachverständigengutachtens erforderlich und lohnend ist.

1096 Besondere umfangreiche Methoden zur Aufdeckung von Schwarzeinkünften hat natürlich die Finanzverwaltung. Diese Methoden werden beispielsweise im Zuge der steuerlichen Betriebsprüfung angewandt.

Hinweis

Es muss deshalb beim unterhaltsrechtlichen Auskunftsbegehren die Vorlage des Betriebsprüfungsberichts gefordert werden.

1097 Die Finanzverwaltung hat zudem das Instrumentarium der Kontrollmitteilungen, das im Zivilrecht nicht zur Verfügung steht.[902] Als Methoden sind zu nennen:

- Interner Betriebsvergleich
- Nachkalkulation
- Zeitreihenvergleich
- Chi-Quadrat-Test
- Geldverkehrs- und Vermögenszuwachsrechnung
- Äußerer Betriebsvergleich
- Anwendung der amtlichen Richtsatzsammlung

b) Interner Betriebsvergleich durch Nachkalkulation

1098 Bei einer Nachkalkulation werden betriebsinterne Daten wie Wareneinsatz und vorgegebene Verkaufspreise in Beziehung gesetzt und hochgerechnet. Die Nachkalkulation führt aber zu großen Unschärfen, wenn ein Betrieb mit unterschiedlichen Aufschlagsätzen arbeitet, viele verschiedene Warengruppen im Sortiment hat oder sehr unterschiedliche Dienstleistungen erbringt. Die einzelnen Kalkulationen und der Lohneinsatz variieren und sind daher nicht ohne weiteres aus den Waren- und Materialeingangsrechnungen zu ersehen.

901 *Schwab/Borth*, V Rn 763 f.

902 Vgl. hierzu weiterführend *Kottke*, a.a.O., S. 317 ff.

Bei bis zu zehn Warengruppen wird es als unzumutbar angesehen, diese Besonderheiten bei einer Nachkalkulation zu berücksichtigen.

Darüber hinaus sind stets betriebliche Besonderheiten zu beachten. So können z.B. Sonderverkäufe, Mengenrabatte, Naturalrabatte, überdurchschnittlich proportionaler Schwund und größerer Warenverbrauch für Werbezwecke betriebliche Besonderheiten darstellen.

Hinweis 1099

Dem steuerpflichtigen Unterhaltsschuldner ist deshalb zu empfehlen, für derartige Aktionen gesonderte Aufzeichnungen, beispielsweise über Rabattaktionen, zu fertigen.

Kommt es bei einer Kapitalgesellschaft zu Zuschätzungen von Einnahmen aufgrund einer Nachkalkulation, sind diese Zuschätzungen als **verdeckte Gewinnausschüttungen** (vGA) an Gesellschafter zu werten. Wenn die Nachkalkulation den Schluss zulässt, dass die Kapitalgesellschaft Betriebseinnahmen nicht vollständig gebucht hat und diese nicht den Gesellschaftern außerhalb der gesellschaftsrechtlichen Gewinnverteilung zugeflossen sind, wird hier von einer vGA gesprochen. 1100

Bei der Nachkalkulation, so auch bei der Umsatzverprobung, handelt es sich um eine zu nennende Verprobungsmethode, die dem **betriebswirtschaftlich gebildeten Sachverständigen vorbehalten** bleibt. Wer sich gleichwohl an diese Themenstellung heranwagen will, benötigt natürlich Informationen zu den Aufschlagsätzen, die das beim externen Betriebsvergleich genannte statistische Material liefert. Die Umsatzverprobung wird anhand von Kalkulationsunterlagen des Steuerpflichtigen nachvollzogen. Die tatsächlichen Umsätze werden ermittelt, um dann möglichst daraus Rückschlüsse auf die erzielten Gewinne zu ziehen. **Der Sachverständige kann dabei Angaben des Steuerpflichtigen nutzen oder eigene Ermittlungen anstellen.**

Die Nachkalkulation kann darüber hinaus den Nachweis erbringen, dass selbst ein formell ordnungsgemäßes Buchungsergebnis unrichtig ist. Sie ermöglicht ergänzend zur steuerlichen Gewinnermittlung – aber auch bei der Ermittlung des Unterhaltseinkommens – die Schätzung nach der Vorschrift des § 162 AO bzw. nach § 287 ZPO.

Als Anknüpfungspunkt seien aus der steuerlichen Betriebsprüfung Beispiele genannt, in denen Rückschlüsse auf den tatsächlichen Umsatz gezogen worden sind: 1101

- Anzahl der eingekauften Senfeimer, Ketchup, Schaschlik Spieße, Zuckerwürfelstücke, Teebeutel, Verbrauch von Kräuterbutter und Bratwurstgewürz, z.B. Menge des eingekauften Senfes, Pappteller bei einer Imbissstube zur Hochrechnung der Zahl der verkauften Würstchen, „Pommes-Frites-Connection"
- Unterlagen zur Anmeldung zur Kurtaxe
- Eintragung in Kehrbücher der Bezirksschornsteinfeger
- Umsatzverprobung anhand von eingekauften Tabletts, Plastikbestecken und Servietten
- Wurstpelle bei einer Metzgerei als Anknüpfungspunkt für die Zuschätzung der hergestellten Wurstwaren
- bei gastronomischen Betrieben, z.B. Cafés und Eisdielen, bei denen anhand der Einkaufsmengen von Röstkaffee, Teebeuteln, Dekoschirmchen, Waffeln, etc. hochgerechnet werden kann auf den Verkauf von Kaffee, Tee, Getränken bzw. Eisportionen.
- Anzahl der untergestellten Pensionspferde und damit korrespondierender Umsatz bei einem Reiterhof abgeleitet aus dem Bedarf an Heu, Stroh und Hafer.[903]

Faustregel der Bochumer Staatsanwaltschaft: 1102

„Wer da mit 40 kein reicher Mann ist, gilt bei den Insidern als dumm oder faul!"[904]

903 Vgl. *Kottke*, a.a.O., S. 440.
904 Vgl. *Kottke*, a.a.O., S. 90.

1103 *Hinweis*

Weitere Auskunftsquelle, auch anerkanntes Instrument bei der Auskunftserteilung im Unterhaltsprozess, kann die umsatzsteuerliche Verpflichtung sein, insbesondere auch auf die Aufzeichnung hin, welche Entgelte auf welche einzuwendenden Umsatzsteuersätze entfallen (§ 22 Abs. 2 UStG). Hierauf sollte sich selbstverständlich auch der unterhaltsrechtliche Auskunfts- und Beleganspruch beziehen.

1104 Bei der Nachkalkulation ist natürlich zu differenzieren zwischen Handels-, Handwerks- und Fertigungsbetrieben.

Bei der Nachkalkulation von **Handwerks- und Fertigungsbetrieben** spielt eine Position eine bedeutende Rolle.

Es handelt sich um den Materialeinkauf einschließlich der Fremdleistungen, dem Einsatz von Fertigungslöhnen und dem Einsatz von Maschinenstunden.

Der **Wareneinsatz** ist dabei der veräußerte Teil der Waren aus dem Anfangsbestand und dem Wareneingang.

Unter **Materialeinsatz** versteht man den zum Zweck der Veräußerung verarbeiteten und bearbeiteten Teil des Materials aus dem Anfangsbestand oder dem Materialeingang einschließlich der Fremdleistungen.

Zum Waren- und Materialeinsatz gehören mithin auch die eigenen Werkleistungen und Werkdienstleistungen sowie die **Fremdleistungen** dritter Unternehmen.

1105 Ansatz von **Fertigungslöhnen** ist der Wert der Dienstleistungen für die in der Fertigung eingesetzten Arbeitskräfte.

Lohn ist das Entgelt für die Arbeitskraft eines Arbeitnehmers. Der Jahresbruttolohn ist identisch mit der Summe der im Wirtschaftsjahr in bar oder in Sachwert geleisteten Löhne vor Abzug der Lohnsteuer, der einbehaltenen Sozialversicherungsbeiträge und der sonstigen Abzüge, ohne Arbeitgeberanteil zu den Sozialversicherungen und ohne Erschwerniszulagen etc.

Unter **Fertigungslöhnen** ist die Summe der Werte aller Dienstleistungen zu verstehen, die von betriebseigenen Arbeitskräften in der Fertigung geleistet werden, zuzüglich des Lohnwertes für die Arbeitsleistung des Unternehmens in der Fertigung.

Die Ermittlung von **Maschinenstunden** erfolgt regelmäßig nach dem Kraftstromverbrauch.

Der Waren- und Materialeingang umfasst die in das gewerbliche Unternehmen gelangten, zur Bearbeitung, Verarbeitung und Weiterveräußerung bestimmten Güter. Diese sind anzusetzen mit dem reinen Waren- und Materialwert zuzüglich der Nebenkosten, ohne abziehbare Vorsteuern.

Die bis zur Einlagerung der Waren und des Materials angefallenen **Nebenkosten** (beispielsweise Frachten, Porti, Versicherungsprämien, Waren- und Materialnebenkosten sowie die Verbrauchsteuern und Zölle) erhöhen den Waren- bzw. Materialeingang. Auch hier rechnet die abziehbare Vorsteuer bei der Besteuerung nach den allgemeinen Vorschriften des Umsatzsteuergesetzes nicht zu den Kosten der Materialbeschaffung.[905]

Das Instrument der Nachkalkulation auf Basis des Materialeingangs weist die Schwäche auf, dass beispielsweise die Pflicht zur **Aufzeichnung des Wareneingangs[906] nach § 143 AO oftmals verletzt** wird. In der Praxis ist bei kleineren Betrieben, insbesondere Handwerksbetrieben, kaum eine ordnungsgemäße Erfassung des Wareneingangs zu finden.

905 Vgl. BP-Kartei, Stichwort Umsatzsteuerverprobung, Handwerk und Fertigungsbetrieb.
906 FG Nürnberg v. 8.5.2012 – 2 K 1122/09, BeckRS 2012, 95358.

Beispiel

Kauft ein Gastwirt bei Brauereien und Supermärkten ein, die auch Endverbraucher beliefern und besonders kostengünstig sind und verbucht diesen Wareneingang nicht, wird natürlich auch das Kalkulationsergebnis verfälscht.

Hinweis 1106

Der Steuer-/Unterhaltsbetrüger, der Umsätze proportional zum Wareneinsatz kürzt, bleibt oft unentdeckt.

Beispiel

Es dürfen aber nicht die Fehler gemacht werden, die sich ein Unternehmer in einem Gutachtenfall geleistet hat.

Ein Wirt hatte, ausweislich seines Rechnungswesens, über drei Jahre hinweg keine Coca-Cola eingekauft! In derartigen Fällen stellt sich natürlich nicht mehr die Frage einer Nachkalkulation. Es ist damit praktisch nachgewiesen, dass das Rechnungswesen, zumindest an dieser Stelle, höchst eingeschränkt verwertbar ist.

Etwas anderes gilt bei **Dienstleistungsbetrieben**, die natürlich keinen oder geringen Waren- und Materialeinsatz kennen. Hier muss der Lohneinsatz für die produktiven Mitarbeiter verprobt werden. Dabei ist zu bedenken, dass bei Personengesellschaften und Einzelunternehmen die Tätigkeit des Unternehmers als kalkulatorische Größe im pagatorischen Rechnungswesen nicht erfasst ist. Hier hilft eine Verprobung der möglichen Stundenleistungen und ob die Umsätze insgesamt plausibel sind. 1107

Letztlich tauchen noch Spezialprobleme auf, wenn Aktionstage gestartet werden, wie bei Gaststätten, die „Billigtage" oder „Flat-rate-Trinken" anbieten, Sonderpreisen aufgrund von Werbeanzeigen oder einem „Azubi-Haarschnitt" beim Frisör.

c) Innerer Betriebsvergleich durch Zeitreihenvergleich

Beim Inneren Betriebsvergleich werden die Zahlenverhältnisse vergleichbarer Merkmale in aufeinander folgenden Zeiträumen des gleichen Betriebes miteinander verglichen. Dies setzt eine Stetigkeit der Kontierung und eine annähernde Konstanz der Betriebsverhältnisse, über längere Zeit hinweg, zur einwandfreien Vergleichbarkeit voraus. Schwankungen beim Umsatz oder beim Rohgewinn können auf erfolgreiche unternehmerische Tätigkeit hinweisen oder aber auch auf Reduzierung von Aufwandspositionen. 1108

Diese Form der Nachkalkulation wird von der Finanzverwaltung durch Einsatz von Datenverarbeitungsprogrammen durchgeführt. Dabei entstehen graphische Reihen- und Zeitreihenvergleiche.

Unter einem Zeitreihenvergleich versteht man die graphische Auswertung und Analyse der betrieblichen Daten.

Hinweis 1109

Der interne Betriebsvergleich kann vom familienrechtlichen Berater auch ohne Sachverständigenhilfe durchgeführt werden.

Auch die ab VZ 2005 zu fertigende Anlage EÜR lt. § 4 Abs. 3 EStG dient diesen Zwecken. 1110

Aber auch der Zeitreihenvergleich ist nur bedingt geeignet, die Form der ordnungsgemäßen Buchführung zu erschüttern, da es schwierig ist, bei unterjährigen Wareneinkäufen Preisschwankungen und Lagerhaltung zutreffend in einer solchen Berechnung auszudrücken.[907]

907 Vgl. *Kuckenburg*, FuR 2006, 257.

Beispiel aus der Betriebsprüfungskartei:[908]

	2005	2006	2007
wirtschaftlicher Umsatz	300.000 EUR	500.000 EUR	1.000.000 EUR
Wareneinsatz	210.000 EUR	350.000 EUR	700.000 EUR
Rohgewinn	90.000 EUR	150.000 EUR	300.000 EUR
Miete	15.000 EUR	15.000 EUR	40.000 EUR
Sonstige Kosten	60.000 EUR	100.000 EUR	200.000 EUR
Gewinn	15.000 EUR	35.000 EUR	60.000 EUR

Lösung

Die Schwankungen im Reingewinn im vorstehenden Beispiel sind auf die Mietzahlungen zurückzuführen!

Im Zeitabschnitt 2005 war die Kapazität im Unternehmen noch nicht voll ausgelastet. Dies ist daran zu ersehen, dass die Miete im Zeitabschnitt 2006 trotz starken Ansteigens des Umsatzes nicht höher wurde. Die Folge davon ist das Ansteigen des Reingewinns.

Um aber den Umsatz des Geschäftsjahres 2007 tätigen zu können, reichten die vorhandenen Betriebsräume nicht aus. Es mussten neue Räume angemietet werden, wodurch höhere Ausgaben hervorgerufen wurden.

Insoweit wird in vielen Fällen ein Ansteigen der atypischen Kosten eine Auswertung der Kapazität des Unternehmens belegen können.

Im vorgenannten Beispiel führt also eine Verdoppelung des Umsatzes mit einer Verdoppelung des Wareneinsatzes nicht zwangsläufig zu einer Verdoppelung des Gewinns.

Im konkreten Fall wäre natürlich noch eine weitere Überprüfung der sonstigen Kosten als Sammelposition dringend erforderlich.

1111 Insgesamt lässt sich feststellen, dass selbstverständlich stets betriebswirtschaftliche unternehmerische Entscheidungen das Ergebnis beeinflussen, die auch unterhaltsrechtlich anerkannt sind, ohne dass dieses stets mit der Intention verknüpft sein muss, das Unterhaltseinkommen zu reduzieren.

Eine **Schwäche** des Internen Betriebsvergleichs bleibt:

Weisen alle Vergleichsjahre des Betriebes Besonderheiten oder gar Unrichtigkeiten auf, erschwert dieses die Vergleichbarkeit erheblich.

d) Innerer Betriebsvergleich per Chi-Quadrat-Test

1112 Mit dem Chi-Quadrat-Test untersucht man Verteilungseigenschaften einer statistischen Grundgesamtheit.[909]

Es wird dabei getestet, ob eine Ziffer in der Buchführung überproportional häufig auftritt. Die einzelnen Ziffern und die Tagessalden in der Kassenbuchführung beispielsweise haben statistischen Zufallscharakter. Die Tageseinnahmen ergeben sich aus der Kombination verschiedener Geschäftsvorfälle, der Anzahl von Kunden sowie verschiedener Verkaufspreise. Das Ergebnis dieser Tageseinnahmen abzüglich der Barausgaben setzt sich aus Ziffern zusammen, die statische Merkmale einer Grundgesamtheit sind, über deren Verteilung man aus empirischer oder theoretischer Herleitung eine sog. Null-Hypothese aufstellen kann.[910] Dies sind oft Zahlen, zu denen eine bestimmte Vorliebe besteht.

908 BP-Kartei der Oberfinanzdirektionen, Teil I, „Betriebsvergleich“, „Schätzung“, D, II, 5.
909 Vgl. mit finanzmathematischen Formeln bei Wikipedia.
910 Vgl. FG Münster EFG 2004, 236 ff.

Es handelt sich um ein **mathematisch-statistisches Verfahren**, das allein aber nicht ausreicht, die sachliche Richtigkeit einer Buchführung zu erschüttern.

Erstaunlicherweise wird sich dabei auf eine Entscheidung eines Strafsenates des BGH[911] bezogen, der mathematisch-statistische Verfahren als zulässig angesehen hat, obwohl nur eine Eintrittswahrscheinlichkeit von 99,5 % vorgelegen hatte.

Nach FG Rheinland-Pfalz ist eine Schätzung allein mit der Durchführung eines so genannten Chi-Quadrat-Tests nicht möglich.[912]

Wenn man berücksichtigt, dass selten Einzelaufzeichnungen bei Kassenbuchführungen und regelmäßig Tagessummenaufzeichnungen vorliegen, ist diese Methode auch nur eingeschränkt anwendbar.

e) Äußerer Betriebsvergleich, insbesondere nach amtlichen Richtsätzen

Anders als beim Inneren Betriebsvergleich werden beim Äußeren Betriebsvergleich nicht Kennzahlen be- **1113**
stimmter Art desselben Betriebes gegenübergestellt, sondern die maßgeblichen Zahlen des zu prüfenden Betriebes werden mit denjenigen in der Branche, Größe und Struktur gleichartiger Betriebe verglichen.

Der Abgleich mit anderen Betrieben setzt eine Vergleichbarkeit voraus.

> *Hinweis* **1114**
>
> Auch der externe Betriebsvergleich kann vom familienrechtlichen Berater ohne Sachverständige durchgeführt werden.

Zudem zieht die Finanzverwaltung den Äußeren Betriebsvergleich unter Anwendung der Richtsatz- **1115**
sammlung vor. Die **Richtsatzsammlung** weist die üblichen Spannen für Rohgewinnaufschlag auf den Wareneinsatz, Rohgewinn, Reingewinn und Halbreingewinn auf. In der Regel wird eine Verprobung des Rohgewinnaufschlags auf den Wareneinsatz vorgenommen. Die Abweichung des Rohgewinnaufschlags des geprüften Betriebes von der Bandbreite der amtlichen Richtsatzsammlung rechtfertigt für sich allein keinen Zweifel an der formellen Buchführung.

Kommen allerdings weitere Aspekte hinzu, kann dies Zweifel an der Richtigkeit der Buchführung begründen, wenn erhebliche Abweichungen gegeben sind und diese außerhalb aller Unschärfen der Verprobung liegen oder weil bei der Höhe der getätigten Privatentnahmen aus steuerfreien Einnahmen dem Steuerpflichtigen keine ausreichenden Mittel für die private Lebensführung mehr zur Verfügung ständen.

Hier handelt es sich wie beim internen Betriebsvergleich um ein Prüfungsmittel, das der Berater des Unterhaltsgläubigers eigenständig anwenden muss.

Es ist ein einfaches Verprobungsmittel, indem ein Arbeitspapier oder eine Excel-Tabelle erstellt werden kann.

Woher erhält man die einschlägigen Vergleichszahlen? **1116**

Auskünfte erteilen z.B. über das **Internet** das Statistische Bundesamt, Industrie- und Handelskammern, Handwerkskammern und allen berufsständischen Pflichtverbände bzw. freiwillige Organisationen, die entsprechende Zahlen veröffentlichen. Auf die Richtsatzsammlung der Finanzverwaltung, die regelmäßig im Stollfuß-Verlag oder im NWB-Verlag veröffentlicht wird, ist ebenfalls zu verweisen.

Derartige Vergleichszahlen liefern Relationsgrößen von Aufwand zu Umsatz der relevanten Branche. Auch werden Positionen wie kalkulatorische Mieten, kalkulatorische Zinsen und kalkulatorischer Unternehmerlohn genannt, die auch bei der Unternehmensbewertung erforderlich sind.

Hervorzuheben ist noch das Material des **Statistischen Bundesamtes**,[913] das in vierjährigen Abständen Kostenstrukturstatistiken auf freiwilliger und repräsentativer Grundlage veröffentlicht.

911 BGHSt 36, 320.
912 FG Rheinland-Pfalz v. 24.8.2011, EFG 2012, 10; FG Köln v. 27.1.2009, EFG 2009, 109.
913 Www.destatis.de.

Weitere Informationen erteilt das **Institut der Handelsforschung an der Universität zu Köln**.

Informationsquelle kann beispielsweise auch das Buch von *Kottke*[914] mit detaillierter Aufteilung von Praxiskosten gemessen an Umsätzen bei Ärzten sein:

Allgemeinärzte	57 % bis 65 %
Augenärzte	58 % bis 61 %
Orthopäden	64 % bis 70 %

Bei diesen Kostengrößen lassen sich erhebliche Abweichungen schnell deutlich machen, so dass bei der niedrigen Darlegungslast ein entsprechendes Abweichen als substantiierter Vortrag zur Erlangung einer sachverständigen Untersuchung ausreichen dürfte.

1117 Der **Richtsatzvergleich** ist demgegenüber ein Hilfsmittel und Anhaltspunkt der Finanzverwaltung. Umsätze und Gewinne der Gewerbetreibenden werden damit verprobt und ggf. bei Fehlen anderer Unterlagen Schätzungen vorgenommen. Derartige Schätzungen dürfen bei formal ordnungsgemäß erstellter Buchführung grundsätzlich nicht erfolgen.

Die Richtsätze werden alljährlich von den Oberfinanzdirektionen ermittelt, in Richtsatzgruppen zusammengefasst und in Form einer Richtsatzsammlung bekannt gegeben.[915]

Die Richtsätze stellen auf die Verhältnisse in einem Normalbetrieb (Richtbetrieb) ab.

Bei der Richtsatzsammlung sind daher die Ergebnisse eines geprüften Betriebes normalisiert, d.h. vergleichbar gemacht worden.

Die Richtsätze werden in Prozentzahlen vom wirtschaftlichen Umsatz für den Rohgewinn, den Halbreingewinn und den Reingewinn ermittelt. Bei den Handelsbetrieben wird daneben der Rohgewinnaufschlagsatz angegeben. Zu den Handelsbetrieben in diesem Sinne gehören auch Bäckereien, Konditoreien, Gast- und Speisewirtschaften, Imbiss-Gaststätten, Fleischereien, Metzgereien, Schlachtereien und Optikerbetriebe. Die Richtsätze bestehen aus einem oberen und einem unteren Rahmensatz sowie einem Mittelsatz. Die Rahmensätze tragen den unterschiedlichen Verhältnissen Rechnung.[916]

Auch im Familienrecht kann eine Zuschätzung nach Richtsatzsammlungen bei nicht deklarierten Einkünften geboten sein.[917]

1118 *Beispiel*

Die Richtsatzsammlung des maßgebenden Jahres enthält für eine bestimmte Branche einen Rohgewinnrahmen in Höhe von 38 % bis 41 %.

Bei der Verprobung des zu prüfenden Betriebes kommt der Betriebsprüfer/Sachverständige im unterhaltsrechtlichen Verfahren auf einen Rohgewinn von nur 20 %. Aufgrund dieser Abweichungen schöpft der Sachverständige Verdacht und geht der Abweichung nach. Dabei stellt er bei weiteren Ermittlungen fest, dass der Betriebsinhaber Steuern verkürzt und Geld entnommen hat, um damit Schwarzgeld zu bilden, das der Unterhaltsberechnung bisher nicht zugrunde gelegt werden konnte.

1119 **Familienrechtliche Bedeutung**

Besondere Bedeutung hat der externe Betriebsvergleich durch eine Entscheidung des BGH erlangt, ohne dass dieser ausdrücklich den Begriff des externen Betriebsvergleichs verwendet.[918]

914 *Kottke*, a.a.O., S. 436.
915 Jährlich veröffentlicht im NWB-Verlag und im Stollfuß-Verlag u.a.
916 Vgl. *Kottke*, a.a.O., S. 435.
917 AG Oschatz – 2 F 84/08, n.v.
918 Vgl. BGH FamRZ, 2006, 387 m. Anm. *Büttner*, a.a.O., S. 393, so auch OLG Frankfurt FamRZ 2007, 404.

„Profund“ erkennt der BGH zunächst, dass Schwarzeinkünfte nicht bilanziert werden und begründet damit, betriebsvergleichend tätig zu werden.[919]

In der letztgenannten Entscheidung ist vom externen Betriebsvergleich allerdings ausdrücklich nicht die Rede.

Beispiel nach BGH

Im zu entscheidenden Fall[920] waren die Personalkosten für eine leitende Mitarbeiterin in einer Rechtsanwaltskanzlei höher als der Gewinn des Unternehmens.

Hier hat der BGH ausgeführt, dass unter Berücksichtigung von Durchschnittssätzen der Personalkosten in Rechtsanwaltskanzleien (nach BRAK-Statistiken mit 25 %) eine Korrektur des steuerlichen Ergebnisses unterhaltsrechtlich vorzunehmen ist!

Hinweis 1120

Damit ist im Unterhaltsrecht der äußere Betriebsvergleich eindeutig anerkannt mit der Folge:

Praktisch bei jeder Aufwandsposition und natürlich auch bei den Erlösen reicht ein substantiiertes Bestreiten aus, insbesondere beim Vortrag von Abweichungen der tatsächlichen Zahlen vom statistischen Material.

Hiermit liegt also ein wirkungsvolles rechtliches Instrumentarium vor, das der Berater des Unterhaltsberechtigten zur Vermeidung von Haftungsrisiken einsetzen muss.

f) Vermögenszuwachsrechnung

Bei der Vermögenszuwachsrechnung wird das gesamte Vermögen des Steuerpflichtigen innerhalb zweier 1121
Stichtage erfasst. Dabei wird davon ausgegangen, dass sich die Steuermehrungen nur aus versteuerten Einkünften, steuerfreien Einnahmen und einmaligen Vermögensanfällen, wie z.B. Erbschaften, Schenkungen, Spielgewinne, ergeben. Zeigen sich hier Differenzen, ist dies nach der Rechtsprechung ein Indiz für nicht vollständig erfasste Einnahmen.

Um eine Vermögenszuwachsrechnung zu erstellen, sind **detaillierte Informationen, auch aus der Privatsphäre** erforderlich.

Hinweis 1122

Informationen zur Privatsphäre gehören zur Darlegungs- und Beweispflicht des Unterhaltsschuldners. Auch dessen andere Einkünfte (Überschusseinkünfte) aus der privaten Vermögenssphäre, die sich in steuerrechtlichen Einkünften aus den §§ 20, 21 und 22, 23 EStG ergeben, zeigen die Leistungsfähigkeit und werden berücksichtigt!

Auch zur Abgrenzung zwischen betrieblich veranlassten und privaten Aufwendungen werden die Informationen aus der Privatsphäre herangezogen.

Dem Unterhaltsschuldner werden im Zuge der Anwendung einer Vermögenszuwachsrechnung erhebli- 1123
che Mitwirkungspflichten aufgebürdet.

Erst eine vollständige Ausnutzung des durch Gesetz und Richterrecht an die Hand gegebenen Auskunftsrechts ermöglicht die Erfüllung der Dispositions- und Verhandlungsmaxime des Zivilprozesses und damit die volle Wahrnehmung der Unterhaltsansprüche.[921]

919 BGH a.a.O. und BGH NJW 1999, 3485.
920 BGH FamRZ 2006, 387; OLG Frankfurt FamRZ 2007, 404.
921 *Strohal*, Rn 49.

1124 In der praktischen Anwendung sind umfangreiche Informationen für jedes Jahr erforderlich, die die Verfasser in einer 34 Positionen umfassenden Liste zusammengestellt haben.

1. Ist Grundvermögen vorhanden und wie wird dieses bewertet?
2. Kapitalvermögen, Geldanlagen, auch aus Lebensversicherungen, Bau- und Sparkassenguthaben und Sparverträgen? Gibt es hieraus Auszahlungen?
3. Schulden, außer Betriebsschulden?
4. gezahlte Einkommen- Vermögen-, Kirchensteuer, Lastenausgleichsabgaben, außer von betrieblichen Konten?
5. Beiträge zu Kranken-, Unfall-, Lebensversicherungen, sonstigen Versicherungen, Sterbekassen, außer von betrieblichen Konten?
6. Beiträge zu Bausparkassen und Sparratenverträgen einschließlich gutgeschriebener Zinsen, außer von betrieblichen Konten?
7. Krankheitskosten, soweit nicht von dritter Seite erstattet?
8. Vereinsbeiträge und Ausgaben für Liebhabereien?
9. Aufwendungen für Reisen privater Art?
10. Ausgaben für Erziehung, Ausbildung der Kinder, Aussteuer, Mitgift, außerhalb des Geschäftsbereichs usw., Unterhaltszuschüsse und Zuwendungen an Kinder oder sonstige Verwandte, Schenkungen an Dritte, außer von betrieblichen Konten?
11. Ausgaben für Beschaffung von Hausrat, Möbeln, Kleidung, Büchern, Schmuck, usw.?
12. Anschaffung und Unterhalt von privaten Kraftfahrzeugen?
13. private Prozesskosten, Strafen und Spenden?
14. Anschaffung von privatem Grundbesitz?
15. Aufwendungen für Verbesserungen an privaten Grundstücken?
16. Mietzahlungen und Mietwert der eigenen Wohnung?
17. Aufwendungen für Haushaltshilfe?
18. Schuldzinsen und Renten?
19. Mindererlöse aus Veräußerungen von Vermögensteilen, soweit im Anfangsvermögen (1.1. des Jahres) enthalten sowie sonstige tatsächliche Vermögensverluste, z.B. aus Bürgschaften und Kursverlusten?
20. Erwerb durch Erbschaft oder Schenkung von Dritten (abzgl. Erbschaftsteuer)?
21. Ausgezahlte Kursgewinne (die ab 2009 steuerbar sind)?
22. Steuerfreie Einkünfte und Pauschbeträge für Werbungskosten?
23. AfA für Privatgrundbesitz?
24. Mehrerlöse aus Verkauf von Teilen des sonstigen Vermögens und von Privatgrundbesitz, falls diese im Anfangsvermögen aufgeführt sind?
25. Gesamterlös aus Verkauf von Privatgrundbesitz, falls dieser nicht im Anfangsvermögen aufgezählt ist?
26. Geldbestände zu den Stichtagen auf Bank- und Sparkonten, außer auf betrieblichen Konten?
27. außerbetriebliche Gewährung von Darlehen?
28. Gelder aus außerbetrieblichen Schuldaufnahmen?
29. Rückzahlungen von außerbetrieblichen Schulden?
30. Gelder aus Rückzahlungen außerbetrieblich gewährter Darlehen?
31. Erstattung nicht abzugsfähiger Steuern?
32. Erstattung aus Versicherungsleistungen?
33. Privater Geldverbrauch für Nahrungs- und Genussmittel, Bekleidung, sonstige Haushaltsführung, Körper- und Gesundheitspflege, Bildung und Unterhaltung, Vereinsbeiträgen, Liebhabereien, Reisen und Urlaub, öffentliche und private Verkehrsmittel, Miete, Strom, Gas, Brennstoffe, Wasser-, Müll- und Kanalgebühren, Nachrichtenübermittlungen, insbesondere Telefon, Anschaffung privater Inves-

tititionsgüter wie Fahrzeuge, Wohnungseinrichtungen, Prozesskosten, Strafen, Spenden, Schuldzinsen, sonstige Lebenshaltung, Haushaltshilfen, etc.?

34. Zahlung von Schadenersatz von Dritten, Spielgewinne, Spekulationsgewinne?

Nun wird eingewandt werden, wie ein derart komplexes Instrument in ein unterhaltsrechtliches Auskunftsverfahren eingebracht werden kann. 1125

Dieser Einwand ist insoweit richtig, als die Anwendung der Vermögenszuwachsrechnung wohl dem Sachverständigen im gerichtlichen Verfahren vorbehalten sein wird.

Wenn die Verfasser bei Gutachten die Vermögenszuwachsrechnung vorgeschlagen haben, erlassen die Familiengerichte einen Auflagenbeschluss, wonach der Unterhaltschuldner die in der vorgenannten Liste erforderlichen Auskünfte für den Betrachtungszeitraum zu erteilen hat. Dieser Beschluss ist isoliert nicht anfechtbar!

Um das Gericht aber zu derartigen Maßnahmen zu bewegen, müssen konkrete Anhaltspunkte vorgetragen werden.

Wie ist die Vermögenszuwachsrechnung in der steuerlichen Betriebsprüfung einzuordnen und kann dieses Instrument unterhaltsrechtlich nutzbar gemacht werden? 1126

Die Vermögenszuwachsrechnung folgt der Idee, dass der Steuerpflichtige in einem bestimmten Zeitraum einen Zuwachs an Vermögen nur aus zu versteuernden Einkünften plus steuerfreien Einkünften plus einmaligen Vermögensanfällen erzielen kann, soweit sie nicht für die private Lebensführung und andere Vermögensdispositionen verwendet worden sind.[922]

Diese Methode ist in der Steuerrechtsprechung anerkannt. Der BFH[923] führt dazu aus:

> *Wenn sich die Einkommens- und Vermögensverhältnisse bei einem Steuerpflichtigen nicht übersehen lassen und die Annahme verschwiegener Einkünfte nahe liegt, ist zur Sachaufklärung grundsätzlich eine das gesamte Vermögen des Steuerpflichtigen umfassende Vermögenszuwachsrechnung erforderlich. Aus einem ungeklärten Vermögenszuwachs kann ein beweiswürdigender Schluss gezogen werden, er stamme aus verschwiegenen steuerpflichtigen Einkünften.*

Diese Ausführungen lesen sich wie die Begründung eines unterhaltsrechtlichen Urteils.

Die vorgenannten Grundsätze lassen sich deshalb auch ins Unterhaltsrecht transformieren, insbesondere wenn man die Darlegungs- und Beweislast seitens des Unterhaltsverpflichteten bedenkt.

Dogmatisch ist dann aber noch problematisch, dass diverse Auskünfte aus der Privatsphäre herangezogen werden müssen, um die Schätzungsgrundlagen nach § 287 ZPO zu schaffen.

> *Beispiel* 1127
>
> Das erklärte Jahreseinkommen eines Steuerpflichtigen liegt bei rund 200.000 EUR. Bei der Außenprüfung wird anhand des Bankkontos festgestellt, dass das Dachgeschoss des Einfamilienhauses zu einem Penthouse für den Sohn ausgebaut wurde. Der Aufwand beläuft sich in dem betreffenden Jahr auf 185.000 EUR. Von den verbleibenden 15.000 EUR kann die Familie nicht gelebt (ungebundene Mittel zur allgemeinen Lebensführung) und darüber hinaus Einkommensteuer, Versicherungen, Strom, Heizung, Auto etc. bezahlt haben.

In derartigen Fällen wird der Tatrichter ebenfalls im Wege einer Auflage, ggf. nachdem er einen Sachverständigen hinzugezogen hat, folgenden Vortrag verlangen: Bei der Verprobung der vorgelegten betrieblichen und privaten Konten wurde festgestellt, dass die Gesamtsumme der freien Geldmittel für die Lebenshaltung nicht ausreichen, um die üblichen Kosten der Lebenshaltung lt. statistischer Vergleichswerte 1128

922 Vgl. *Kottke*, a.a.O., S. 459 ff.
923 BFH BStBl III 1966, 650 ff.

abzudecken. Im Rahmen seiner Darlegungsverpflichtungen wird dem Unterhaltsschuldner aufgegeben, entsprechend und ergänzend vorzutragen.

Die dogmatische Grundfrage, ob auch private Bereiche, insbesondere Privatkonten mit herangezogen werden können, zeigt sich auch in der Fragestellung, wenn gemischte Konten verwandt werden, die privaten und betrieblichen Geschäftsvorfälle umfassen.

Dem Unterhaltsgläubiger ist aber oftmals aus eigener Kenntnis bekannt, welche Lebensführung zugrunde liegt, etwa für Urlaubsreisen etc., so dass versucht werden sollte, hierzu vorzutragen um dem Gericht deutlich zu machen, dass die deklarierten Einkünfte nicht ausreichen können.

Werden dann Treuhandverhältnisse oder Auslandsbeziehungen behauptet oder dargelegt, erhöht sich die Darlegungs- und Beweislast des Unterhaltsverpflichteten noch weiter.

Oben wurde bereits die Frage bejaht, dass Auskünfte aus der Privatsphäre, genau wie bei der steuerlichen Betriebsprüfung, herangezogen werden können und insoweit dem Unterhaltsverpflichteten die volle Darlegungs- und Beweislast trifft.[924]

Darf der Sachverständige im Rahmen der Prüfungsanordnung eine intensive Ausforschung der privaten Sphäre vornehmen?

1129 Die Beweisaufnahme durch einen Sachverständigen stellt einen klassischen Fall der Ausforschung dar. Wenn beispielsweise das Rechnungswesen als nicht ordnungsgemäß und substantiiert bestritten wird, hat eine Allgemeinüberprüfung des gesamten Rechnungswesens stattzufinden, in der Bereiche tangiert und überprüft werden, die im Einzelnen substantiiert nicht vorgetragen worden sind!

Wenn der Unterhaltsgläubiger zu derartigen Informationen berechtigt ist, muss der Unterhaltsverpflichtete dabei auch gegen seine Interessen mitwirken?

Das ist zu bejahen und ergibt sich aus seiner vollen Darlegungs- und Beweisverpflichtung und zudem aus dem Grundsatz der prozessualen Wahrheitspflicht.

1130 Kann es für **private, also nicht geschäftliche Unterlagen** Vorlagepflichten geben, wenn es keine steuerlichen Aufbewahrungspflichten gibt?

Sicherlich gibt es nicht die zwischen 6–10-jährigen Aufbewahrungspflichten wie bei betrieblichen Unterlagen nach § 257 HGB und § 147 AO.[925] Regelmäßig werden aber Unterlagen aus der steuerlichen Veranlagung zur Verfügung stehen, zumindest bis zur Bestandskraft der Entscheidung. Darüber hinaus kann das Gericht Akten der Finanzverwaltung beiziehen § 236 Abs. 1 Nr. 5 FamFG.

Insbesondere nennt § 235 FamFG Auskünfte zu persönlichen Verhältnissen.

Auch Einkünfte aus der nichtbetrieblichen Sphäre bei den Einkünften nach den §§ 20, 21 und 22 EStG (Überschusseinkünfte) müssen uneingeschränkt offenbart und der Unterhaltsberechnung zugrunde gelegt werden.[926] Eine gegenteilige Ansicht des Unterhaltsverpflichteten ist irrelevant, besonders wenn er selbst betriebliche und private Vorgänge vermischt.

Dies gilt auch für die Anerkennung von Betriebsausgaben, weil ihre Abgrenzung zu privat Veranlasstem entscheidungsrelevant ist.

Für die steuerliche Anerkennung beispielsweise von **Ehegattenarbeitsverhältnissen** ist u.a. Voraussetzung, dass die Vergütung in die eigene Vermögenssphäre des Arbeitnehmerehegatten gelangt ist. Bei Überweisungen sind seine privaten Konten einzusehen, um festzustellen zu können, wer der Kontoinhaber ist.

Allgemeiner Grundsatz zur Überprüfung derartiger Verträge mit nahestehenden Personen ist die schriftliche Vereinbarung, tatsächliche Durchführung gemäß dieser Vereinbarung und Fremdvergleich.

924 Vgl. *Assmann*, Rechte und Mitwirkungspflicht bei Erstellung von Geldverkehrs- und Vermögenszuwachsrechnungen, DB 1989, 851 ff.

925 Ausführlich StB- und WP-Jahrbuch 2013, 137 f.

926 Vgl. auch *Assmann*, a.a.O., S. 851; *Kottke*, a.a.O., S. 469.

Diese Argumente machen deutlich, dass die Grenzen zwischen betrieblicher und privater Sphäre fließend sind.

So bleiben in einem unterhaltsrechtlichen Auskunftsverfahren keinerlei rechtliche Bedenken, zur Ermittlung des Einkommens auch die Vorlage der Einkommensteuererklärungen aus der Einkunftsart Vermietung und Verpachtung, Kapitalvermögen und bei sonstigen Einkünften zu verlangen. Diese entspringen der Privatsphäre und sind für die unterhaltsrechtliche Würdigung unverzichtbar!

Auch *Strohal*[927] führt hierzu aus, dass der Umfang des Anspruchs auf Auskunfts- und Belegvorlage an den unterhaltsrechtlichen Einkommensbegriff anknüpft und die unterhaltsrechtliche Rechenmethodik widerspiegelt.

Diese weitgehende Auskunfts- und Belegpflicht ist auch durch das Gebot materieller Gerechtigkeit erforderlich.

Die Vermögenszuwachsrechnung, im steuerlichen Erhebungsverfahren entwickelt, ist trotz der tangierten privaten Bereiche auch im Unterhaltsrecht uneingeschränkt anzuwenden.

g) Geldverkehrsrechnung und Kassenfehlbetragsrechnung

aa) Geldverkehrsrechnung

Die Geldverkehrsrechnung ist eine auf den Geldbereich beschränkte Vermögenszuwachsrechnung. Sie **1131** beruht auf der Überlegung, dass ein Steuerpflichtiger in einem bestimmten Zeitraum nicht mehr Geld ausgeben kann, als ihm aus seinen Einkünften und sonstigen Quellen zufließt.

Ergibt sich bei der Geldverkehrsrechnung in ihren verschiedenen Formen ein ungeklärter Vermögenszuwachs, lässt sich daraus schließen, dass Betriebseinnahmen nicht erklärt worden sind.

Allerdings kommt die Geldverkehrsrechnung nur bei überschaubaren Vermögensverhältnissen in Betracht und liefert nur weniger zuverlässige Ergebnisse als die Vermögenszuwachsrechnung, da bei ihr nur ein Teil der Einflussfaktoren einbezogen ist.

Kann der Sachverhalt nicht uneingeschränkt aufgeklärt werden, kann die Höhe der Ausgaben für private Lebensführung im Zuge der Geldverkehrsrechnung geschätzt werden.

Wie arbeitet die Geldverkehrsrechnung, die auf der Überlegung basiert, dass ein Steuerzahler während des Vergleichszeitraumes nicht mehr Geld ausgeben und anlegen kann, als ihm aus den deklarierten Einkünften und sonstigen Quellen zufließen kann?

Die Geldverkehrsrechnung sieht wie folgt aus:[928]

Verfügbare Mittel: **1132**

- betriebliche und außerbetriebliche Gegenstände und Guthaben zu Beginn des Vergleichszeitraumes
- erklärte Einkünfte in Geldrechnung, d.h. bereinigt um Eigenverbrauch, Mietwert der eigenen Wohnung, AfA, Freibeträge usw., jeweils in der vom Steuerpflichtigen angesetzten und geltend gemachten Höhe
- Geld aus Schuldaufnahmen und Rückzahlung von ausgeliehenen Geldern
- steuerfreie Einnahmen und Einnahmen außerhalb der Einkunftsarten (Erlöse aus dem Verkauf von nicht betrieblichen Vermögen, Gelderbschaften, Geldschenkungen, Erstattungen nicht abzugsfähiger Steuern usw.)

Mittelverwendung (Geldbedarf) und Schlussbestände: **1133**

- privater Geldverbrauch (Lebenshaltung, tatsächlich gezahlte Sonderausgaben, Mietzinsen und nicht abzugsfähige Steuern usw.)

927 *Strohal*, Rn 148.
928 *Kottke*, S. 477 ff., 479, 480.

- Zahlungen auf nur verteilt oder gar nicht abzugsfähige Anschaffungs- und Herstellungskosten (z.B. für die Anschaffung von betrieblichen und privaten Kraftfahrzeugen, nicht hingegen für die Anschaffung von Waren und geringwertigen Wirtschaftsgütern)
- Auslagen und Rückzahlungen von Schulden
- betriebliche und außerbetriebliche Geldbestände und Guthaben am Ende des Vergleichszeitraums

bb) Kassenfehlbetragsrechnung

1134 Die Kassenfehlbetragsrechnung ist geeignet für kleinere und mittlere Betriebe, bei größerer Bareinnahmenfrequenz und Aufzeichnung des baren Zahlungsverkehrs in einem Kassenbuch, wobei der Sollbestand meist nur am Monatsende festgestellt wird.

Diese Methode geht von der Erkenntnis aus, dass der Betriebsinhaber/Unterhaltsschuldner nicht mehr Geld ausgeben kann, als in der Kasse vorhanden ist. Übersteigen die Ausgaben eines bestimmten Zeitraumes den Anfangsbestand und die Einnahmen des gleichen Zeitraumes, ergibt sich ein Kassenfehlbetrag, an den anzuknüpfen ist. Es wird also nur Bargeld behandelt.[929]

Beispiel

Kassenbestand	01.03.		5.000 EUR		
Einnahmen		01.03. – 20.03.		10.000 EUR	
					15.000 EUR
Ausgaben vom		01.03. – 20.03.	17.000 EUR		
Kassenfehlbetrag am	**20.03.**		**2.000 EUR**		
Einnahmen		21.03. – 28.03.		5.000 EUR	
Differenz					**3.000 EUR**
Ausgaben am		21.03. – 28.03.		6.000 EUR	
Kassenfehlbetrag am	**28.03**		**3.000 EUR**		
Einnahmen		29.03. – 31.03.		6.000 EUR	
Differenz					**3.000 EUR**
Ausgaben		29.03. – 31.03.		2.000 EUR	
Kassenbestand am 31.03.			1.000 EUR		
Einnahmen		01.04. – 10.04.		7.000 EUR	
Differenz					8.000 EUR
Ausgaben		01.04. – 10.04.		12.000 EUR	
Kassenfehlbetrag am	**10.04.**		**4.000 EUR**		

929 Vgl. *Kottke*, S. 473 und BP-Kartei, a.a.O., Stichwort Geldverkehrsrechnung.

Einnahmen	11.04. – 24.04.	13.000 EUR	
Differenz			9.000 EUR
Ausgaben	11.04. – 24.04.	7.000 EUR	
Kassenbestand am 24.04.		2.000 EUR	

Lösung

Obwohl der Anfangs- und Endkassenbestand jeweils positiv war, lag dreimal ein Kassenfehlbetrag vor.

Die Zuschätzung erfolgt in Höhe des jeweils höchsten Kassenfehlbetrages von 4.000 EUR und nicht in Höhe der Summe.

Hinweis 1135

Die Kasse muss Kassensturzfähigkeit haben, d.h. der körperliche Geldbestand muss mit der Aufzeichnung übereinstimmen!

Es ist also zu beachten, dass die Kassenaufzeichnungen so beschaffen sein müssen, dass der Soll-Bestand jederzeit mit dem Ist-Bestand der Geschäftskasse verglichen werden kann.[930] 1136

Ein Fehlbetrag kann folgende Ursachen haben:

- unrichtige Verbuchung des Kassenanfangsbestandes
- nicht gebuchte Betriebseinnahmen
- private Bargeldeinlagen
- nicht zeitnahe Verbuchung von Kasseneingängen
- nicht zeitnahe Buchung von Kassenausgängen
- doppelte Buchung von Betriebsausgaben
- doppelte Buchung von Betriebseinnahmen

In derartigen Fällen ist in eine Überprüfung der Kassenbuchführung einzutreten, wobei auf die tägliche Aufzeichnungspflicht hinzuweisen ist.[931]

Wie hat insgesamt eine ordnungsgemäße Kassenbuchführung auszusehen? 1137

- Kassenaufzeichnungen sind zeitnah zu führen und regelmäßig mit dem Ist-Bestand abzustimmen. Eingeschlichene Fehler lassen sich dann ohne nennenswerte Schwierigkeiten aufklären.
- Differenzen zwischen Kassenbuch und tatsächlichem Bestand, z.B. wegen Tippfehlern, sollen klar gekennzeichnet werden.
- Nachbuchungen von Bareinlagen zur Vermeidung von Kassenfehlbeständen sind zu unterlassen.
- Bar ausgezahlte Betriebsausgaben, z.B. für Auto-, Benzinkosten usw. sind erst dann in das Kassenbuch einzutragen, wenn tatsächlich Geld aus der Kasse entnommen wird.
- Bei Abweichungen des Tages der Geldentnahme vom Belegdatum ist dieses besonders kenntlich zu machen. Im Kassenbuch sind auch die baren Zahlungsvorgänge zu erfassen, wenn sie privaten Charakter haben.

930 Sog. Kassensturzfähigkeit; vgl. BFH BStBl II 1982, 430 ff; Ordnungsmäßigkeit der Kassenbuchführung, OFD Karlsruhe v. 31.10.2016 m.w.N. zum BMF-Schreiben, www.ofd-karlsruhe.de; OFD Nds. Informationen für Unternehmen & Freie Berufe“ Merkblatt zur Ordnungsgemäßheit der Kassenbuchführung“, Stand April 2017; www.ofd.niedersachsen.de; BFH, Beschl. v. 23.2.2018 – X B 65/17, DStR, S. 614; BMF-Schreiben v. 29.6.2018.

931 Vgl. BFH NV 1990, 638 ff.

1138 Negative Kassenbestände tauchen in der Praxis immer wieder auf, weil manche Unternehmer nicht in der Lage sind, ein Kassenbuch ordnungsgemäß zu führen. Derartige Steuerpflichtige/Unterhaltsschuldner „buchen" offenbar mit dem Buchungssatz „Hosentasche an Kasse".

1139 **Welche Anforderungen sind an die Aufbewahrung von Kassenstreifen der elektronischen Registrierkassen zu stellen?**

Es ist eine Aufbewahrung von Registrierkassenstreifen, Kassenzetteln, Bons und vergleichbaren Kassenbelegen im Einzelfall nicht erforderlich, wenn der Zweck der Aufbewahrung in anderer Weise gesichert oder die Gewähr der Vollständigkeit der vom Kassenbeleg übertragenen Aufzeichnungen nach den tatsächlichen Verhältnissen gegeben ist.[932] Die vorgenannten Voraussetzungen hinsichtlich der Kassenregistrierstreifen sind regelmäßig erfüllt, wenn Tagesendsummenbons aufbewahrt werden, die die Gewähr der Vollständigkeit bieten und den Namen des Geschäfts, das Datum und die Tagessumme enthalten.

Demgegenüber hält das Finanzgericht des Saarlandes[933] zu Recht die Aufbewahrung von Kassenbons allein für nicht ausreichend, wenn es sich bei dem Betrieb um einen bargeldintensiven handelt. Dann ist ein detailliertes Kassenkonto oder Kassenbuch zu führen.

Selbstverständlich sind die Kassenendsummenbons aufzubewahren und vorzulegen.

Auch hilft die Abgabenordnung weiter. Nach § 147 Abs. 1 Nr. 1 AO sind die zur Kasse gehörenden Organisationsunterlagen, insbesondere Bedienungsanleitungen, Programmieranleitungen, Programmabläufe nach jeder Änderung, Protokolle über die Einrichtung von Verkäufern, Kellnern und anderem Personal sowie alle weiteren Anweisungen zur Kassenprogrammierung aufzubewahren. Weiter sind mit Hilfe der Registrierkasse erstellte Rechnungen zu dokumentieren.

Nach § 147 Abs. 1 Nr. 4 AO sind die Tagessummenbons durch Ausdruck des Nullstellungszählers (fortlaufende sog. Z-Nummer zur Überprüfung der Vollständigkeit der Kassenberichte), der Stornobuchungen (sog. Manager-Stornos und Nach-Storno-Buchungen), Retouren, Entnahmen sowie der Zahlungswege (Bar, Scheck, Kredit, Kreditkarte) und alle weiteren im Rahmen des Tagesabschlusses aufgerufenen Ausdrucke der EDV-Registrierkasse (z.B. betriebswirtschaftliche Auswertungen, Ausdrucke des Trainingsspeichers, Kellnerberichte und Spartenberichte) in Belegzusammenfassung mit den Tagessummenbons aufzubewahren.[934]

Insgesamt handelt es sich hier ebenfalls um ein unterhaltsrechtlich umzusetzendes Instrument, das der Aufdeckung von Schwarzeinkünften dient und dem Sachverständigen vorbehalten bleibt.

4. Schätzung im Unterhaltsrecht, Zusammenfassung

1140 Alle Gerichte haben Tatsachen, die auf Steuervergehen hinweisen, gemäß § 116 AO den Finanzbehörden mitzuteilen.

Zudem sind alle zivilrechtlichen Verträge bei Verstoß gegen das Schwarzgeldgesetz nichtig.

Folge der Nichtigkeit ist Wegfall des Leistung- und des Bereicherungsanspruchs, § 817 Abs. 2 BGB und des Gewährleistungsanspruchs.[935]

Zudem kann eine Schenkungssteuerverpflichtung nach § 7 Abs. 1 Nr. 1 ErbStG ausgelöst werden, weil diese Norm nicht den Tatbestand des § 516 BGB voraussetzt.[936]

932 Vgl. BMF-Schreiben v. 9.1.1996 – IV A 8-S 0310–5/96, www.bundesfinanzministerium.de.
933 FG Saarland v. 21.4.2012 – 1 K 1124/10, EFG 2012, 1816.
934 Vgl. BMF-Schreiben v. 7.11.1995 – IV A 8-S 0316–52/95, www.bundesfinanzministerium.de.
935 BGH DB 2014, 1131.
936 *Hartmann*, ErbStG 2014, 220 zu BGH, DB 2014, 1131.

Bei der Schätzung sind alle Umstände zu berücksichtigen, die für die Schätzung von Bedeutung sind. Das Gericht muss substantiierten Einwendungen des Unterhaltsberechtigten nachgehen und nicht der in einer mündlichen Verhandlung geäußerten Ansicht eines Familienrichters folgen, die Gewinnermittlungen würden schon richtig sein, wenn das Finanzamt diese „durchgewinkt" habe.

Eine Einkommensschätzung ist auch im Unterhaltsrecht uneingeschränkt zur Anwendung zu bringen. Zwar hat das Unterhaltsrecht (braucht es auch nicht) keine originären Instrumente zu Schätzungsmethoden entwickelt. Es ist aber angezeigt, die Instrumente des Steuerrechts, insbesondere der steuerlichen Betriebsprüfung, zu übernehmen, weil dieses auch bei der Ermittlung der Leistungsfähigkeit von Selbstständigen/Gewerbetreibenden auf Basis des steuerrechtlich ermittelten Einkommens geschieht.

Da das Gericht zur Erfüllung des Normzwecks des § 287 Abs. 2 ZPO hinreichende Grundlagen benötigt, um Schätzungen zu begründen, wird es regelmäßig auf die Hilfe des Sachverständigen ankommen, da eine Schätzung „ins Blaue hinein" unzulässig ist.

§ 2 Kindesunterhalt

Dr. Thomas Eder

A. Grundsätzliches

Der Anspruch auf Zahlung von Unterhalt[1] sowohl des minder- als auch volljährigen Abkömmlings ist normiert in § 1601 (**Deszendentenunterhalt**[2]). Grundsätzlich richtet sich der Anspruch gegen beide Elternteile und besteht dem Grunde nach ein (Kinds-)Leben lang.[3] Das Maß des geschuldeten Unterhalts (**Bedarf**) bestimmt sich beim minderjährigen Unterhaltsgläubiger nach der Lebensstellung der Unterhaltsschuldner (Eltern), entgegen dem Wortlaut des § 1610 Abs. 1, da das Kind aufgrund seines „Kindseins"[4] noch keine eigene Lebensstellung geschaffen hat.[5] Es besteht daher ein Unterhaltsanspruch des Kindes für den **gesamten Lebensbedarf**, einschließlich der Kosten einer angemessenen Ausbildung, Erziehung, Betreuung und Pflege (§ 1610 Abs. 2),[6] in Form von Betreuungs- und Barunterhalt, die gleichwertig nebeneinander stehen. 1

Das volljährige Kind wird als Erwachsener behandelt, so dass der Betreuungsanteil am Unterhalt entfällt und beide Elternteile barunterhaltspflichtig sind. 2

Trotzdem normiert § 244 FamFG den Grundsatz der Identität von Minderjährigen- und Volljährigenunterhalt. Der Unterhaltsanspruch minderjähriger und volljähriger Kinder ergibt sich jeweils aus der gleichen Anspruchsgrundlage (§ 1601). Titel auf Zahlung von Unterhalt für das (minderjährige) Kind gelten daher über den Zeitpunkt des Erreichens der Volljährigkeit (Vollendung 18. Lebensjahr) hinaus und können vollstreckt werden, wenn und soweit eine Befristung nicht gegeben ist.[7] Der Unterhaltsschuldner kann die Abänderung des Titels einseitig nur durch Antragstellung gem. §§ 238, 239 FamFG erreichen.

B. Auskunftspflicht

§ 1605 Abs. 1 verpflichtet die Eltern gegenüber den Kindern – aber auch die Kinder gegenüber den unterhaltspflichtigen Eltern – **Auskunft über ihre Einkünfte und ihr Vermögen** zu erteilen, sofern und soweit dies zur Feststellung eines Unterhaltsanspruchs erforderlich ist. Etwas anderes gilt nur, wenn die Auskunft die Unterhaltspflicht auf keinen Fall beeinflussen kann.[8] Allerdings entfällt die Auskunftsverpflichtung des Unterhaltsschuldners auch dann nicht, wenn es sich für unbeschränkt leistungsfähig erklärt.[9] 3

Unter Umständen schulden auch die Eltern als Unterhaltsschuldner einander Auskunft, um die Feststellung ihrer Haftungsanteile nach § 1606 Abs. 3 zu ermöglichen.[10]

1 Zum Ganzen: *Rubenbauer/Dose*, FamRZ 2022, 1497 ff.
2 Weinreich/*Eder*, § 1601 Rn 2.
3 BGH FamRZ 1984, 682.
4 Hdb. FamR/*Fuchs*, 6. Kap. Rn 241.
5 BGH FamRZ 1981, 543, 544; FamRZ 1983, 473, 474; FamRZ 1996, 160, 161; FamRZ 2002, 536, 539.
6 Hdb. FamR/*Fuchs*, 6. Kap. Rn 241.
7 OLG München, Beschl. v. 25.2.2016 – 34 WX 19/16; *Weinreich/Eder*, § 1601 Rn 10.
8 BGH FamRZ 1982, 996; FamRZ 1985, 791; FamRZ 1994, 558; Dose/*Dose*, § 1 Rn 1154. Hdb. FamR
9 BGH FamRZ 2021, 68.
10 BGH FamRZ 1988, 268.

C. Anspruchsvoraussetzungen

4 Damit eine Anspruchsgrundlage auf Zahlung von Kindesunterhalt (Unterhaltstatbestand, § 1601) gegeben ist, müssen entweder eine Vereinbarung, d.h. ein Vertrag zugunsten Dritter (§ 328 BGB i.V.m. §§ 1601 ff. BGB[11] oder die gesetzlichen (Anspruchs-)**Voraussetzungen** vorliegen, nämlich:

I. Bedarf

5 Der Bedarf des Kindes richtet sich nach den Lebensverhältnissen seiner Eltern (§ 1610), da es eben (noch) keine eigene Lebensstellung erreicht hat. Entscheidend sind für den Bedarf des Kindes daher im Wesentlichen die Einkommens- und Vermögensverhältnisse der Eltern.

II. Bedürftigkeit

6 Das minderjährige Kind verfügt nicht über eine eigene Lebensstellung und ist daher grds. bedürftig i.S.d. § 1602, da es sich nicht selbst unterhalten kann.

III. Leistungsfähigkeit

7 Das Kind hat nur einen Unterhaltsanspruch gegen seine Eltern, wenn und soweit diese bzw. der barunterhaltspflichtige Elternteil leistungsfähig sind bzw. ist. Diese Leistungsfähigkeit des Unterhaltsschuldners muss während des Zeitraums bestehen, für den Zahlung von Unterhalt aufgrund bestehender Bedürftigkeit begehrt wird.[12] Nach § 1603 Abs. 1 sind Eltern nicht unterhaltspflichtig, wenn sie bei Berücksichtigung ihrer sonstigen (Zahlungs-)Verpflichtungen nicht in der Lage sind, den Unterhalt ohne Gefährdung ihres eigenen angemessenen Unterhalts zu gewähren. Allerdings normiert § 1603 Abs. 2 gegenüber minderjährigen Kindern eine verschärfte Leistungspflicht.

IV. Haftung der Eltern

8 Nach § 1606 Abs. 3 S. 2 haften die Eltern für den Barunterhalt des Kindes anteilig nach ihren Erwerbs- und Vermögensverhältnissen. Allerdings erfüllt der Elternteil, der ein minderjähriges unverheiratetes Kind betreut, seine Unterhaltspflicht in der Regel durch Pflege und Erziehung. Bar- und Betreuungsunterhalt stehen gleichwertig nebeneinander.

V. Sonstige Fragen

9 An dieser Stelle ist das Rangverhältnis der Unterhaltsansprüche (§§ 1608, 1609), eine mögliche Begrenzung aus Gründen grober Unbilligkeit (§ 1611), Verzug gem. § 1613, die Ersatzhaftung gem. § 1607 zu prüfen.

Hierbei handelt es sich um eine keinesfalls abschließende Aufzählung von regelmäßig wiederkehrenden Problemen.

11 OLG Brandenburg FamRZ 2021, 1196.
12 BGH FamRZ 2006, 1511, 1512 m. Anm. *Klinkhammer*.

VI. Beginn und Ende des Unterhaltsanspruchs

Der Anspruch des Kindes gegen die Eltern entsteht mit der Geburt. Die Verpflichtung zur Unterhaltsleistung besteht für die Eltern während der Minderjährigkeit aber auch Volljährigkeit, solange die vorbeschriebenen Anspruchsvoraussetzungen gegeben sind, jedenfalls aber solange das minderjährige oder auch volljährige Kind sich nicht selbst unterhalten kann (§ 1602 Abs. 1). 10

D. Rangfragen

Die Frage nach dem Rang des Unterhaltsanspruchs stellt sich nur, wenn **mehrere Personen unterhaltsberechtigt** sind. Die Rangfolge des § 1609 hat damit nur Bedeutung für Mangelfälle,[13] wenn also mehrere Unterhaltsberechtigte vorhanden sind, der Unterhaltspflichtige aber außerstande ist, allen Unterhalt zu gewähren (§ 1609), indem der vorrangig berechtigte Verwandte die Unterhaltsansprüche des nachrangig berechtigten Verwandten verdrängt. Die Rangfrage ist dogmatisch im Rahmen der Leistungsfähigkeit des Unterhaltsschuldners zu beantworten,[14] und in der Regel im Rahmen des gemeinsamen Auftretens von Kindes- und Ehegattenunterhalt. 11

Minderjährige unverheiratete Kinder sowie Kinder i.S.d. § 1603 Abs. 2 Satz 2 werden erstrangig behandelt. Für den Unterhalt dieser **privilegierten Kinder** haften die Eltern bzw. haftet der barunterhaltspflichtige Elternteil ohnehin verschärft. 12

Alle anderen Kinder, also solche, die nicht unter § 1609 Nr. 1 fallen, sind im vierten Rang (§ 1609 Nr. 4). Es handelt sich hierbei also um zumeist volljährige, nicht gem. § 1603 Abs. 2 Satz 2 privilegierte Kinder, die sich in Berufsausbildung befinden oder ein Studium absolvieren.

Allerdings muss man davon ausgehen, dass die Rangregelung des § 1609 Nr. 4 außerhalb von Mangellagen, also bei hinreichender Leistungsfähigkeit des Unterhaltsschuldners, für die Bemessung des Ehegattenunterhalts gem. der zweiten und dritten Rangstufe (§ 1609 Nr. 2 und Nr. 3) keine Bedeutung hat.[15] In **guten wirtschaftlichen Verhältnissen** muss man vielmehr annehmen, dass der Unterhaltsbedarf für die nach § 1609 Nr. 4 nachrangigen Kinder sogar vor der Ermittlung des Ehegattenunterhalts vom unterhaltsrelevanten Bemessungseinkommen des Unterhaltsschuldner abzuziehen ist, weil dieser Unterhaltsaufwand die ehelichen Lebensverhältnisse belastend geprägt hat und somit für Konsum nicht verfügbar war. Allerdings wirkt sich dieser unterhaltsrechtliche Vorrang des geschiedenen Ehegatten gegenüber volljährigen, nicht gem. § 1603 Abs. 2 Satz 2 privilegierten Kindern, nach § 1609 Nr. 4 dann nicht aus, wenn die verbleibenden Einkünfte des Unterhaltsschuldners nicht ausreichen, um den angemessenen Unterhalt des berechtigten getrennt lebenden bzw. geschiedenen Ehegatten zu gewährleisten.[16] Nur dann findet ein Vorwegabzug des Kindesunterhalts nicht statt.[17] 13

Reicht das Einkommen des Unterhaltsschuldners nicht aus, um gleichrangige Ansprüche mehrerer Berechtigter zu befriedigen, ist das für Unterhaltszwecke zur Verfügung stehende Einkommen bei Ansprüchen minderjähriger und privilegierter volljähriger Kinder nach Abzug des **notwendigen Selbstbehalts** auf die gleichrangigen Berechtigten zu verteilen.[18] Die Einsatzbeträge der Berechtigten sind verhältnismäßig zu kürzen. Es findet also eine **Mangelverteilung**[19] statt. 14

13 Weinreich/*Eder*, § 1609 Rn 3.
14 BGH FamRZ 2008, 968; FamRZ 2008, 1911; FamRZ 2009, 411; FamRZ 2009, 579; FamRZ 2012, 281.
15 OLG Nürnberg FamRZ 1997, 445.
16 Weinreich/*Eder*, 1609 Rn 28.
17 BGH FamRZ 1985, 925.
18 Dose/*Klinkhammer*, § 2 Rn 264.
19 BGH FamRZ 2003, 363 = R 584 m. Anm. *Scholz*, FamRZ 2003, 514.

E. Minderjährige Kinder

15 Gemäß § 1601 sind **Verwandte in gerader Linie** verpflichtet, einander Unterhalt zu gewähren. Die weit überwiegende Zahl an Sachverhalten betrifft in diesem Zusammenhang die Unterhaltspflicht der Eltern gegenüber ihren Kindern, insbesondere gegenüber ihren minderjährigen Kindern.

16 Die nachfolgende Darstellung des Unterhaltsanspruchs des minderjährigen Kindes gegen seine Eltern nach § 1601 orientiert sich an den oben dargestellten **Anspruchsvoraussetzungen**, die das Prüfungs- und Bearbeitungsschema und damit die Voraussetzungen für die Schlüssigkeit eines Antrags vorgeben.

Der Inhalt einer Antragsschrift auf Zahlung von Unterhalt zugunsten eines minderjährigen Kindes nach § 1601 muss also Ausführungen zu den Anspruchsvoraussetzungen

- Eltern-Kind-Verhältnis
- Bedarf
- Bedürftigkeit
- Leistungsfähigkeit

enthalten.

Die weiteren Anspruchsvoraussetzungen, mithin

- Haftung der Eltern
- Beginn und Ende des Unterhaltsanspruchs
- und ggfs. Rangfolge

sind optional abzuhandeln, sofern im Rahmen dieser Voraussetzung Probleme im Sachverhalt liegen.

Die nachfolgende Darstellung erfolgt anhand dieser Vorgabe und wird die Detailprobleme im Rahmen der einzelnen Anspruchsvoraussetzungen als Überschriften behandeln.

I. Eltern-Kind-Verhältnis

17 Die Frage nach dem **Eltern-Kind-Verhältnis** ist entscheidend für die Bestimmung der Beteiligten im Rahmen des Rechtsverhältnisses „Unterhaltsanspruch des Minderjährigen gegen die Eltern“ nach § 1601, allerdings sicherlich nur in wenigen, konkreten Fällen problematisch.

Das Eltern-Kind-Verhältnis wird durch das **Abstammungsrecht** (§§ 1591 ff.) geregelt.[20]

1. Mutter

18 **Mutter** ist gem. § 1591 die Frau, die das Kind geboren hat.

Die gesetzliche Regelung der Muttereigenschaft ab 1.7.1998 wurde erforderlich, da aufgrund der „Manipulationsmöglichkeiten an Eizelle und Embryo“[21] die Identität zwischen gebärender und genetischer Mutter zunehmend in Frage gestellt wurde.

Diese Problemlage stellt sich bei erfolgter Eispende, Embryonenspende und Ersatzmutterschaft. Gegebenenfalls ist bei Vorliegen einer solchen Sachverhaltskonstellation die genetische Abstammung im Rahmen des § 1598a zu klären.[22]

19 *Praxistipp*

Weitergehende Ausführungen sind im Rahmen einer Antragsschrift an dieser Stelle angezeigt, sofern sich offenkundig die Problematik der Muttereigenschaft stellt. Dies ist der Fall bei Vorliegen einer Ei-,

20 Zum Ganzen: *Keuter*, Das familienrechtliche Mandat–Statusrecht, § 2 Rn 1 ff.

21 Hdb. FamR/*Waruschewski*, 3. Kap. Rn 90.

22 Vgl. hierzu Dose/*Klinkhammer*, § 2 Rn 2 a.E.; Hdb. FamR/*Waruschewski*, 3. Kap. Rn 84 ff.

Embryonenspende oder Ersatzmutterschaft. Gegebenenfalls ist ein Vorgehen nach § 1598a (Abstammungsklärungsantrag) zur eindeutigen Feststellung der Mutterschaft i.S.d. § 1591 erforderlich.

2. Vater

Die **Vatereigenschaft** ist in den §§ 1592, 1593 geregelt. 20

Vater ist mithin der mit der Mutter im Zeitpunkt der Geburt verheiratete Mann (§ 1592 Nr. 1) oder der innerhalb eines Zeitraums von 300 Tagen vor der Geburt verstorbene Ehemann der Mutter (§ 1593 Satz 1); der Mann, der die Vaterschaft anerkannt hat (§ 1592 Nr. 2) oder der Mann, dessen Vaterschaft gerichtlich festgestellt worden ist (§ 1592 Nr. 3). Sofern die Vatereigenschaft nach § 1592 bzw. § 1592 Nr. 1 in Verbindung mit § 1593 Satz 1 besteht, ist eine anderweitige Anerkennung der Vaterschaft unwirksam (§ 1594 Abs. 2).

Praxistipp 21

- Bei § 1592 Nr. 1 handelt es sich um eine **gesetzliche Vermutung**,[23] die auch dann Geltung hat, wenn das Kind vor der Ehe gezeugt worden ist. Damit sind die weiteren Alternativen der Nr. 1 und 2 des § 1592 ausgeschlossen. Die Sperrwirkung kann nur im Wege der Anfechtung durch gerichtliche Feststellung beseitigt werden.
- Diese Vermutung gilt auch für den Fall der **künstlichen Befruchtung**.[24]
- Die Vatereigenschaft kann nur nach § 1592 Nr. 2 und 3 bestimmt werden, wenn kein Fall der Nr. 1 vorliegt, so dass sich die Vaterschaft nur aus der **Anerkennung** oder der **gerichtlichen Feststellung** ergibt. Vor Wirksamkeit der Anerkennung oder Rechtskraft der Feststellung dürfen die Rechtswirkungen der Vaterschaft nicht geltend gemacht werden (§§ 1594 Abs. 1, 1600d Abs. 4), so dass Unterhaltsansprüche eines nichtehelichen Kindes gegen seinen – mutmaßlichen – Vater vor Anerkennung oder vor gerichtlicher (rechtskräftiger) Feststellung der Vaterschaft grds. ausgeschlossen sind. Die Abstammung muss im Statusverfahren geklärt werden.[25] Das Kind kann Unterhalt nach Anerkennung oder Feststellung der Vaterschaft auch für die davor liegende Zeit verlangen (§ 1613 Abs. 2 Nr. 2a).

Keine Anwendung finden die §§ 1592, 1593, wenn das Kind nach der Anhängigkeit des Scheidungsantrags aber während (noch) **bestehender Ehe** geboren wird und ein Dritter spätestens innerhalb eines Jahres nach Rechtskraft der Scheidung die Vaterschaft anerkennt (§ 1599 Abs. 2 Satz 1). Diese Anerkennung erfordert darüber hinaus die Zustimmung des (geschiedenen) Ehemanns der Mutter (§ 1599 Abs. 2 Satz 2). 22

3. Der Scheinvater und Scheinvaterregress

Steht fest, dass der **(soziale) Vater** nicht der **biologische Vater** ist, spricht man vom sogenannten Scheinvater. Dieser ist wegen des fehlenden Verwandtschaftsverhältnisses zum Kind nicht zur Zahlung von Unterhalt verpflichtet. 23

Praxistipp 24

Auch hier gilt, dass vorab die Abstammung des Kindes vom (Schein-)Vater im Statusverfahren zu klären ist.[26]

23 Hdb. FamR/*Waruschewski*, 3. Kap. Rn 115.
24 BGH FamRZ 2015, 2134; OLG Brandenburg FamRZ 2021, 1196 (für gleichgeschlechtliche Partnerschaften).
25 Dose/*Klinkhammer*, § 2 Rn 3.
26 Vgl. hierzu: *Keuter*, Das familienrechtliche Mandat–Statusrecht, § 2 Rn 43 ff.

25 Dem Scheinvater bietet § 1607 Abs. 3 Satz 2 eine **Regressmöglichkeit**. Danach geht der Unterhaltsanspruch des Kindes gegen einen Elternteil auf den Dritten, den Scheinvater, über, wenn dieser dem Kind als Vater Unterhalt gewährt hat. Hierbei handelt es sich um einen **gesetzlichen Forderungsübergang**, bei dem die Unterhaltsverpflichtung des biologischen Vaters bestehen bleibt, indem der Scheinvater Gläubiger des Unterhaltsanspruchs des Kindes wird.[27] In diesem Zusammenhang ist es unerheblich, ob der Ehemann der Mutter sich fälschlich für den Vater hielt oder ob er die Umstände kannte, die für die Vaterschaft eines anderen Mannes sprachen.[28]

26 *Praxistipp*

Aufgrund der bestehenden **Rechtsausübungssperre** der §§ 1594 Abs. 1, 1600d Abs. 4 kann der Scheinvater ohne Anerkenntnis oder gerichtliche Feststellung im Statusverfahren keinen Regress gem. § 1607 Abs. 3 gegen den vermutlichen biologischen Vater nehmen. Eine Klärung der Vatereigenschaft durch Inzidenzprüfung im Rahmen eines Unterhalts- oder Regeressverfahrens scheitert an § 1600d Abs. 4.[29]

27 Gegen das Kind hat der Scheinvater nur einen **Anspruch auf Auskunft**, ob der biologische Vater die Vaterschaft anerkannt hat, ob diese gerichtlich festgestellt worden und wer gegebenenfalls der Vater ist.[30]

28 *Praxistipp*

Die Mitteilung der Mutter, der mögliche Erzeuger oder dessen Name sei ihr nicht bekannt, erfüllt den Auskunftsanspruch des Scheinvaters nicht. Die fehlende Kenntnis kann von der Mutter aber als eine den Anspruch ausschließende Unmöglichkeit geltend gemacht werden. Dazu gehört der Vortrag und gegebenenfalls Beweis, dass die Mutter die ihr unter den Umständen des Einzelfalls zumutbaren Erkundigungen eingeholt hat.[31]

29 Der Scheinvater hat die im Regressverfahren geltend gemachten, auf ihn übergegangenen Unterhaltsansprüche in einer auf die jeweiligen Monate bezogenen Aufstellung der Höhe nach zu konkretisieren und ferner darzulegen, dass er nach seinen eigenen Einkommensverhältnissen Unterhaltsleistungen in der geltend gemachten Höhe tatsächlich erbracht habe. Der In Anspruch genommene Regressgegner als barunterhaltspflichtiger Elternteil trägt die Darlegungs- und Beweislast dafür, dass er in Höhe des Mindestunterhalts nicht oder nur eingeschränkt leistungsfähig gewesen ist.[32]

Praxistipp

Der BGH modifizierte diese Darlegungs- und Beweislast noch weiter dahingehend, dass der Scheinvater den Unterhaltsbedarf und die Bedürftigkeit des Kindes während der streitbefangenes Unterhaltszeitraums darzulegen und zu beweisen habe, sofern er sich mit dem Mindestunterhalt begnügt.[33]

4. Adoption

30 Kinder im Sinne der §§ 1601 ff. sind auch **im Wege der Adoption angenommene**. Die unterhaltsrechtlichen Vorschriften gelten gemäß den §§ 1754 Abs. 1, 1751 Abs. 4 und § 9 Abs. 7 LPartG auch für adoptierte Kinder. Adoptierte Kinder sind leiblichen Kindern gesetzlich gleichgestellt.

27 Weinreich/*Eder*, § 1607 Rn 55 m.w.N.
28 AG Wipperfürth FamRZ 2001, 783 m. Anm. *Heinrich,* FamRZ 2001, 785.
29 BGH FamRZ 1993, 696; OLG Celle NJW-RR 2000, 451; OLG Düsseldorf FamRZ 2000,1032; OLG Hamm FamRZ 2003, 401; OLG Koblenz NJW-RR 2004, 146; OLG Celle FuR 2006, 574; OLG Brandenburg FamRZ 2007, 1994.
30 BGH NJW 2014, 2571; OLG Köln FamRZ 2002, 1214 = FuR 2002, 539.
31 BGH NJW 2014, 2571.
32 OLG Celle FamRZ 2018, 98.
33 BGH FamRZ BGH FamRZ BGH FamRZ 2019, 112.

Hinweis 31

Der Adoptivvater kann sich nicht wegen gravierender persönlicher Entfremdung auf einen Wegfall der Geschäftsgrundlage berufen. Die Adoption kann nach § 1771 nur aufgehoben werden, wenn besondere Gründe vorliegen, wobei das Wohl des Kindes gemäß § 1763 eine hervorgehobene Rolle spielt.[34]

Mit dem **Vollzug der Adoption** erlischt das Verwandtschaftsverhältnis des Kindes zu den bisherigen Verwandten mit all seinen Rechten und Pflichten (§ 1755 Abs. 1 Satz 1). Vor Einwilligung des leiblichen Elternteils bzw. vor rechtskräftiger gerichtlicher Ersetzung der Einwilligung besteht keine Unterhaltspflicht des Annehmenden.[35] Nur Ansprüche des Kindes, die bis zur Annahme entstanden sind, wie z.B. auf Renten, Waisengeld und andere wiederkehrende Leistungen, bleiben bestehen. Nach § 1755 Abs. 1 Satz 2 gilt dies jedoch nicht für Unterhaltsansprüche, die im Zeitpunkt der Annahme als Kind noch nicht fällig waren. Bereits entstandene und fällige Unterhaltsansprüche werden von der Regelung des § 1755 Abs. 1 Satz 2 nicht berührt.[36] 32

Praxistipp 33

Unterhaltsansprüche aus der Zeit vor der Adoption können für das minderjährige Kind weiterhin geltend gemacht werden,[37] da die Adoption **keine Rückwirkung** entfaltet.

Wird die begehrte Adoption abgelehnt, kann der bisher barunterhaltspflichtige Elternteil wieder auf laufenden Unterhalt in Anspruch genommen werden.[38] 34

Wenn Eltern ein Kind bei sich als ihr eigenes aufnehmen, ohne dass jedoch ein förmliches Adoptionsverfahren zum Abschluss gebracht wird, haften die Eltern dem Kind auf Unterhaltsgewährung mit den gesetzlichen Inhalten aus einer **vertraglichen Unterhaltspflicht** heraus.[39] 35

5. Die Vertretung des minderjährigen Kindes

Das minderjährige Kind wird durch den Elternteil vertreten, der die elterliche Sorge alleine ausübt oder dem die Entscheidung nach § 1628 BGB übertragen worden ist. Bei bestehender gemeinsamer elterlicher Sorge ist der Elternteil (allein)vertretungsberechtigt, in dessen Obhut sich das Kind befindet (§ 1629 Abs. 2 S. 2 BGB). 36

Sofern die Eltern das minderjährige Kind im Rahmen eines paritätischen Wechselmodells, d.h. mit nahezu gleichwertigen Betreuungsanteilen betreuen, ist eine gerichtliche Übertragung der Befugnis, Unterhalt gegen den anderen Elternteil geltend machen zu können, vonnöten.[40]

II. Bedarf (§ 1610)

§ 1610 definiert den Bedarf als das nach der Lebensstellung des Bedürftigen zu bestimmende Maß des zu gewährenden Unterhalts (**angemessener Unterhalt**). 37

34 Eschenbruch/*Maaß*, Kap. 2 Rn 152.
35 OLG München, Beschl. v. 25.7.2017, FamRZ 2018, 433.
36 BGH FamRZ 1981, 949; KG Berlin FamRZ 1984, 1131.
37 BGH FamRZ 1981, 949; Grüneberg/*Götz*, § 1755 Rn 3.
38 Eschenbruch/*Maaß*, Kap. 2 Rn 152.
39 BGH NJW-RR 1995, 1089.
40 OLG Frankfurt FuR 2017, 217; a.A. fordert die Bestellung eines Ergänzungspflegers (§ 1909 BGB) OLG Nürnberg NZFam 2017, 257; OLG Celle FamRZ 2019, 40; beides möglich: OLG Zweibrücken FamRZ 2021, 1199.

38 Der Verwandtenunterhalt bietet **keine Lebensstandardgarantie**.[41] Dieser „angemessene Unterhalt" des § 1610 ist daher ein Individualunterhalt, der sich alleine und ausschließlich aus den Verhältnissen auf Gläubigerseite, also des Bedürftigen, ergibt.[42]

39 Daher bestimmt sich nach § 1610 Abs. 1 der angemessene Unterhalt und damit das Maß des zu gewährenden Unterhalts nach der **Lebensstellung des Bedürftigen**. Der Minderjährige als Bedürftiger und Unterhaltsgläubiger hat selbst (noch) keine eigene Lebensstellung erreicht, so dass sich seine Lebensstellung und damit sein Bedarf – als Maß des zu gewährenden Unterhalts – von der Lebensstellung der unterhaltspflichtigen Eltern ableitet.[43] Folglich nimmt der Minderjährige an der gesamten **Lebenssituation der Eltern** teil.[44] Diese Lebenssituation der Eltern wird durch ihre Einkünfte abgebildet, wobei die Herkunft der Einkünfte keine Rolle spielt. Folglich sind alle Einkünfte und geldwerten Vorteile bei der Ermittlung des Einkommens des barunterhaltspflichtigen Elternteils zu berücksichtigen.[45] erwirtschaften beide Elternteile Einkommen, so ist der Barunterhalt des Kindes aus dem zusammengerechneten Einkommen der Eltern zu ermitteln. Die Unterhaltspflicht des barunterhaltspflichtigen Elternteils ist bei Betreuung des Kindes im Residenzmodell auf den Betrag begrenzt, den der barunterhaltspflichtige Elternteil aufgrund des von ihm erzielten Einkommens zahlen muss. Daher muss der betreuende Elternteil gegebenenfalls neben dem Betreuungsunterhalt restlichen Barunterhalt in Form von Naturalunterhalt leisten.[46]

40 *Praxistipp*

Der barunterhaltspflichtige Elternteil[47] muss grundsätzlich sein gesamtes anrechenbares Nettoeinkommen zur Unterhaltsleistung heranziehen.

41 Allerdings wird die Lebensstellung des barunterhaltspflichtigen Elternteils nicht ausschließlich durch seine tatsächlichen Einkünfte bestimmt, vielmehr sind auch solche **Erwerbsmöglichkeiten** zu berücksichtigen, die er nutzen könnte. Dem arbeitsfähigen Schuldner ist wegen unzureichender Erwerbsbemühungen um eine Arbeitsstelle ein fiktives Einkommen zuzurechnen, das auch für die Bemessung des Unterhalts, also bei der Bedarfsermittlung, maßgebend ist.[48]

42 *Praxistipp*

- Auch **fiktive Einkünfte** sind bei der Bedarfsermittlung beim barunterhaltspflichtigen Elternteil zu berücksichtigen.
- **Freiwillige Leistung Dritter** jedoch erhöhen die beim barunterhaltspflichtigen Elternteil zu berücksichtigenden Einkünfte nicht.

Der Unterhaltsberechtigte ist darlegungs- und beweisbelastet für die Tatsachen, aus denen sich sein Bedarf und seine Bedürftigkeit ergeben.[49]

1. Der Mindestbedarf (Mindestunterhalt, § 1612a Abs. 1 Satz 2 und 3)

43 Grundsätzlich hat das minderjährige Kind Anspruch auf Zahlung des **gesetzlichen Mindestunterhalts**, der in § 1612a Abs. 1 Satz 2 und 3 definiert ist. Für diesen Mindestbedarf des minderjährigen Unterhaltsgläubigers haftet der Unterhaltsschuldner im Rahmen seiner verschärften Leistungspflicht nach § 1603 Abs. 2 Satz 1.

41 OLG Zweibrücken NJW 1997, 2390.
42 Weinreich/*Eder*, § 1610 Rn 1.
43 BGH FamRZ 2017, 711.
44 BGH FamRZ 2021, 28.
45 Dose/*Klinkhammer*, § 2 Rn 205.
46 BGH FamRZ 2022, 1366.
47 BGH FamRZ 2007, 707, 708; a.A. Dose/*Klinkhammer*, § 2 Rn 206.
48 Dose/*Klinkhammer*, § 2 Rn 207.
49 BGH FamRZ 2019, 112.

a) Entwicklung und Herleitung des Mindestbedarfs

Ursprünglich, nämlich bis 30.6.1998, musste gemäß § 1615f Abs. 1 a.F. für nichteheliche Kinder der in der Regelunterhalts-VO festgelegte Regelunterhalt gezahlt werden. Nach § 1610 Abs. 3 Satz 1 a.F. war diese Verordnung auch Grundlage für den Mindestunterhalt des ehelichen Kindes. In der Zeit von 1.7.1998 bis 31.12.2007 bestimmte sich der Unterhaltsbedarf des ehelichen als auch des nichtehelichen Kindes nach seinen Verhältnissen (§ 1610 a.F.), die wiederum von den Einkommensverhältnissen des barunterhaltspflichtigen Elternteils abhingen. Der Unterhalt wurde nach dem Vomhundertsatz des jeweiligen Regelbetrags bestimmt, der in der Regelbetrag-VO angegeben wurde.[50] 44

Seit 1.1.2008 mit Inkrafttreten der **Unterhaltsreform 2007** definiert § 1612a Abs. 1 Satz 2 den gesetzlichen Mindestunterhalt als denjenigen Barbetrag, auf den das minderjährige Kind grundsätzlich Anspruch hat, und den der Unterhaltsschuldner grundsätzlich zu leisten verpflichtet ist.[51] 45

§ 1612a Abs. 1 bestimmt den unterhaltsrechtlichen Mindestbedarf eines minderjährigen Kindes[52] und nimmt dabei an, dass das minderjährige Kind jedenfalls in Höhe des Mindestunterhalts bedürftig ist und der barunterhaltspflichtige Elternteil grundsätzlich in der Lage ist, seinem nicht mit ihm in einem Haushalt lebenden Kind, zumindest den **Mindestunterhalt** zu bezahlen. Die Düsseldorfer Tabelle geht vom Mindestunterhalt als Grundlage aus, wobei dieser den gesamten Lebensbedarf des Kindes (ohne Vorsorge für Krankheit und Pflege) umfasst.[53] 46

Praxistipp 47

Der Mindestbedarf enthält die Bedarfspositionen Kosten der Unterkunft, Heizkosten, Energiekosten und Kosten für Kleidung, Lebensmittel, Körperpflege, Bildung, Haushaltsgegenstände und sonstige persönliche Bedürfnisse in Höhe der jeweiligen sozialhilferechtlichen Regelsätze.

Zur Ermittlung der Höhe des Mindestbedarfs wird vom **Familienexistenzminimum** ausgegangen, also dem Betrag, der nach Auffassung des Bundesverfassungsgerichts dem Steuerpflichtigen nach Erfüllung seiner Steuerschuld von seinem Einkommen verbleiben muss, um den notwendigen Lebensunterhalt seiner Familie zu bestreiten. Dieser Einkommensteil des Steuerpflichtigen muss von der Einkommenssteuer verschont bleiben.[54] Daher knüpft der Mindestunterhalt an den einkommenssteuerrechtlichen Kinderfreibetrag des § 32 Abs. 6 Satz 1 EStG an, der gewährleistet, dass derjenige Betrag, der zur Sicherung des existenznotwendigen Bedarfs eines minderjährigen Kindes erforderlich ist, von der Besteuerung ausgenommen bleibt. Der Kinderfreibetrag kommt jeweils dem einkommenssteuerpflichtigen Elternteil zugute, sodass der Betrag, der im Existenzminimumbericht als sächliches Existenzminimum von Kindern ausgewiesen wird, zu halbieren ist. Der Mindestunterhalt entspricht folglich dem doppelten Freibetrag. 48

Praxistipp 49

Seit Inkrafttreten der Unterhaltsreform 2007 zum 1.1.2008 hat der Mindestunterhalt einheitlich Geltung für das gesamte Bundesgebiet.

b) Darlegungs- und Beweislast beim Mindestbedarf

Der gesetzliche Mindestunterhalt ist derjenige Barunterhaltsbetrag, auf den ein minderjähriges Kind zur **Deckung seines gesamten Lebensbedarfs** Anspruch hat. Diesen Betrag ist der Unterhaltsschuldner grundsätzlich zu leisten verpflichtet. 50

50 Dose/*Klinkhammer*, § 2 Rn 221 m.w.N.
51 Weinreich/*Eder*, § 1612a Rn 7.
52 Dose/*Klinkhammer*, § 2 Rn 223.
53 Weinreich/*Eder*, § 1612a Rn 7.
54 BVerfG FamRZ 1999, 291; FamRZ 1999, 285; FamRZ 1993, 285.

Dieser Betrag kann vom minderjährigen Kind gerichtlich, ohne Darlegung seiner Lebensverhältnisse, geltend gemacht werden.[55] Weder der Bedarf des Kindes noch die Einkommensverhältnisse des Unterhaltsschuldners müssen dargelegt oder bewiesen werden. Vielmehr trägt der Unterhaltsschuldner die Darlegungs- und Beweislast für seine eingeschränkte oder gar fehlende Leistungsfähigkeit.[56]

51 *Praxistipp*

Der Übergang des Unterhaltsanspruchs auf einen öffentlichen Träger nach §§ 7 UVG, 33 SGB II oder 94 SGB XII oder einen Dritten nach § 1607 ändert an der Verteilung der Darlegungs- und Beweislast nichts.[57]

52 Im Übrigen haftet der Unterhaltsschuldner des minderjährigen Kindes für den Mindestbedarf nach § 1603 Abs. 2 Satz 1 ohnehin **„verschärft"**.

c) Umrechnung dynamischer Titel über Kindesunterhalt nach § 36 EGZPO

53 Bis 31.12.2007 wurde der geschuldete Unterhalt als Vomhundertsatz des jeweiligen Regelbetrags nach der **Regelbetrag-VO** angegeben. Solche Unterhaltstitel haben auch ab 1.1.2008 Bestand, sodass eine Abänderung nicht erfolgen muss. Mit Inkrafttreten der Unterhaltsreform 2007 zum 1.1.2008 tritt an die Stelle des Vomhundertsatzes vom Regelbetrag ein neuer Prozentsatz vom Mindestunterhalt. Die Umrechnung der „Alt"-Titel nach der Regelbetrag-VO ist in § 36 Nr. 3 EGZPO geregelt.

Nach § 36 Nr. 3 EGZPO ist der neue Prozentsatz vom Mindestunterhalt für die jeweils maßgebliche Altersstufe gesondert zu bestimmen und auf eine Stelle nach dem Komma zu begrenzen. Der Bedarf ergibt sich aus der Multiplikation des neuen Prozentsatzes mit dem Mindestunterhalt der jeweiligen Altersstufe und ist auf volle EUR aufzurunden (§ 1612a Abs. 2 Satz 2). Der Zahlbetrag ergibt sich aus dem um das jeweils anteilige Kindergeld verminderten bzw. erhöhten Bedarf.[58]

54 Bei der Umrechnung ist zu beachten, dass der Unterhalt kraft Gesetzes zum 1.1.2008 umgerechnet wird. Daher ist der Unterhalt auch nach dem 1.1.2008 zum „Stichtag" 1.1.2008 umzurechnen, und zwar unabhängig davon, dass nach dem Stichtag 1.1.2008 der Kinderfreibetrag, auf den sich § 1612a Abs. 1 bezieht, mehrfach erhöht worden ist. Unbeachtlich bleibt auch das spätere Vorrücken des Kindes in eine andere Altersstufe.[59]

2. Die Pauschalierung des Barbedarfs durch Tabellen/Leitlinien und deren praktische Anwendung

55 Der angemessene Barunterhalt nach § 1610 Abs. 1 wird zur möglichst gleichmäßigen Behandlung **pauschal tabellarisch** festgelegt.[60] Dieses Vorgehen folgt dem Bestreben in der täglichen Praxis Unterhalt in sog. Normalfällen einfach und gerecht zu bemessen und eine möglichst einheitliche Rechtsprechung zu ermöglichen. Zu diesem Zweck wurden (Bedarfs-)Tabellen und Leitlinien als Hilfen für die Bemessung des Kindesunterhalts entwickelt. Sie wurden anhand der allgemeinen Lebenserfahrung erarbeitet und ermöglichen eine Vereinfachung der Unterhaltsbemessung, eine gleichmäßige konkrete Rechtsanwendung sowie eine Vereinheitlichung der Rechtsprechung im Regelfall.

55 BGH FamRZ 2019, 112.
56 BGH FamRZ 2002, 536, 540 m. Anm. *Büttner*.
57 BGH FamRZ 2003, 363.
58 Siehe DT 2023, Anm.E.
59 DT 2023, Anm.E.; Dose/*Klinkhammer*, § 2 Rn 225 mit Berechnungsbeispielen.
60 BGH FamRZ 2000, 358; FamRZ FamRZ 2001, 1603.

Diese Aufgabe übernimmt die Düsseldorfer Tabelle, die von allen Oberlandesgerichten in ihren Leitlinien übernommen worden ist.[61] Diese hat keine Gesetzeskraft, sondern stellt eine **Richtlinie** dar.[62] 56

Praxistipp 57

- Für **durchschnittliche Fallkonstellationen** sind Tabellen und Leitlinien anerkannte Hilfsmittel für die Unterhaltsbemessung, um den unbestimmten Rechtsbegriff des „angemessenen Unterhalts" zu bestimmen. Von ihnen kann aber selbstverständlich abgewichen werden, wenn dies konkrete Umstände des Einzelfalls erfordern.[63]
- Das Ergebnis der Anwendung der Düsseldorfer Tabelle ist immer auf seine **Angemessenheit** für den konkreten Einzelfall hin zu überprüfen. Gegebenenfalls sind **Korrekturen** durch Höher- und Herabgruppierung vorzunehmen.

Die Düsseldorfer Tabelle hat seit 1.7.1998 Geltung für eheliche und nichteheliche Kinder. Sie geht in Gruppe 1 vom Mindestunterhalt nach § 1612a Abs. 1 Satz 2 und 3 aus. Der Mindestunterhalt orientiert sich an dem in § 32 Abs. 6 EStG normierten einkommenssteuerrechtlichen Existenzminimum und nicht mehr an der RegelbetragsVO.[64] Es beläuft sich seit 1.1.2010 die 1. Altersstufe auf 317 EUR, die 2. Altersstufe auf 364 EUR und die 3. Altersstufe auf 426 EUR. 58

Seit 1.7.2007 enthält die Düsseldorfer Tabelle zehn Einkommensgruppen. Für die Zeit ab 1.7.2001 bis 30.6.2007 waren es dreizehn.[65] § 1612a Abs. 1 Satz 3 unterteilt die Düsseldorfer Tabelle in drei Altersstufen, nämlich 0–5, 6–11 und 12–17 Jahre. Die letzte Neufassung erfolgte zum 1.1.2013.

Bis 2009 ging die Düsseldorfer Tabelle von dem Regelfall aus, dass der Pflichtige drei Berechtigten Unterhalt zu gewähren hat. Seit 1.1.2010 entspricht die Unterhaltsgewährung an **zwei Unterhaltspflichtige** dem Regelfall der Düsseldorfer Tabelle.[66] 59

Praxistipp 60

Abgestellt wird unabhängig von Rangfragen alleine auf die tatsächliche Unterhaltsverpflichtung.[67]

Bei nur einer Unterhaltsverpflichtung kommt eine **Höhergruppierung**, bei mehr als zwei Unterhaltspflichten eine **Herabgruppierung** in der Regel jeweils um eine Einkommensgruppe[68] in Betracht.[69] 61

Praxistipp 62

Diese Vorgehensweise ist nicht absolut angezeigt. Vielmehr kann eine Herabstufung ganz unterbleiben oder über die Anzahl der weiteren Unterhaltspflichten hinaus erfolgen, sofern und soweit dies im konkreten Einzelfall bei Abweichung vom Regelfall der Düsseldorfer Tabelle angezeigt ist.

Die jeweiligen **Einkommensgruppen** umspannen seit 1.7.2007 Beträge in Höhe von jeweils 400 EUR für die Einkommensgruppen 1 bis 10.für die Einkommensgruppen 11 bis 15 steigern sich die Beträge jeweils fortlaufend. Aufgrund dieser weiten Spannbreite kann die Einstufung des bereinigten Nettoeinkommens des Unterhaltspflichtigen am untersten oder obersten Ende der jeweiligen Altersstufe dazu führen, dass Herab- oder Höhergruppierung unterbleibt oder gar für mehr als nur eine Altersstufe vorgenommen wird. 63

61 *Schürmann*, Tabellen zu Familienrecht (TzFamR); *Scholz*, FamRZ 1993, 125.
62 DT 2023 Anm. A 1.
63 Dose/*Klinkhammer*, § 2 Rn 218.
64 Zum Ganzen: Weinreich/*Eder*, § 1610 Rn 40.
65 Für die Zeit vom 1.7.1998 bis 30.6.2001 enthielt die Düsseldorfer Tabelle zwölf Einkommensgruppen.
66 DT 2023 Anm. A 1.
67 DT 2023 Anm. A 1.
68 BGH FamRZ 2008, 968.
69 DT 2023 Anm. A 1.; Nr. 11.2 der jeweiligen Leitlinie.

Gleiches gilt auch, wenn der konkrete Sachverhalt nicht dem Regelfall der Düsseldorfer Tabelle entspricht, da z.B. der alleinig Leistungsfähige die Betreuung der gemeinsamen Kinder in weiten Teilen übernimmt, oder wenn die Betreuung eines behinderten Kindes in erheblich größerem Umfang anfällt.

64 *Praxistipp*

Bei Geschwistertrennung ist für das jeweilige Kind der Bedarf anhand des Einkommens des nichtbetreuenden Elternteils zu ermitteln.

65 Der **Bedarf des minderjährigen Kindes** kann im Rahmen des Unterhaltsanspruchs gem. § 1612a Abs. 1 Satz 1 geltend gemacht werden

- als **statischer Festbetrag** (Zahlbetrag unter Berücksichtigung des Kindergeldabzugs gem. Anlage zur Düsseldorfer Tabelle).

▼

Muster 2.1: Statischer Unterhalt

2.1 Der Antragsgegner wird verpflichtet, zu Händen der Antragstellerin für das gemeinsame Kind Max Mustermann, geb. 1.7.2016, ab 1.1.2020 Unterhalt in Höhe von 267 EUR jeweils monatlich im Voraus zu bezahlen.

▲

Der Berechtigte kann nach § 1612a Abs. 1 Satz 1 seinen Unterhalt mit einem statischen Festbetrag beziffern. Ein solcher Beschlusstenor nimmt aber weder an der alle zwei Jahre bei Erhöhung des Mindestunterhalts durch Erhöhung des steuerlichen Existenzminimums erfolgenden Dynamisierung des Betrages noch an der automatischen Erhöhung bei Erreichen der nächsten Altersstufe teil. Diese Änderungen müssen vielmehr jeweils durch Abänderungsantrag nach §§ 238, 239 FamFG durchgesetzt werden.

Daher kommt die statische Festsetzung richtigerweise nur für Unterhaltsrückstände und/oder Mangelfälle in Betracht.

- durch den **Mindestunterhalt** oder einen **Prozentsatz des Mindestunterhalts** für die derzeitige Altersstufe.

▼

Muster 2.2: Formulierungsbeispiel Teildynamischer Unterhalt

2.2 Der Antragsgegner wird verpflichtet, zu Händen der Antragstellerin für das gemeinsame Kind Max Mustermann, geb. 1.7.2016, ab 1.1.2020 100 % des Mindestunterhalts der ersten Altersstufe abzüglich des hälftigen Kindergelds für ein erstes Kind, derzeit 267 EUR, jeweils monatlich im Voraus zu bezahlen.

▲

Praxistipp

Bei der Kindergeldverrechnung nach § 1612b ist es üblich und für die Vollstreckung hinreichend bestimmt,[70] nicht den Zahlbetrag, sondern nur die hälftige Verrechnung des Kindergelds für ein erstes, zweites, drittes usw. Kind anzugeben.[71] So kann das Abänderungsverfahren nach § 238 FamFG im Fall der Kindergeldänderungen vermieden werden.[72] Allerdings muss der Anteil des anzurechnenden Kindergelds aus dem Titel heraus berechenbar sein.[73]

70 BGH FamRZ 2005, 2066.
71 Hdb. FamR/*Fuchs*, 6. Kap. Rn 287.
72 OLG Stuttgart DAVorm 1999, 771.
73 OLG Dresden FamRZ 2011, 1657 (Ls.).

Der Berechtigte kann außerdem den Unterhaltsanspruch als Mindestunterhalt oder Prozentsatz des Mindestunterhalts beziffern. Nur dann erfolgt die Anpassung wegen Anhebung des Mindestunterhalts oder Erreichen der nächsten Altersstufe automatisch.

- durch den Mindestunterhalt oder einen Prozentsatz des Mindestunterhalts für alle drei Altersstufen bis Vollendung des 18. Lebensjahrs.

▼

Muster 2.3: Formulierungsbeispiel Volldynamischer Unterhalt

2.3

Der Antragsgegner wird verpflichtet, zu Händen der Antragstellerin für das gemeinsame Kind Max Mustermann, geb. 1.7.2016, ab 1.1.2020 100 % des Mindestunterhalts der ersten Altersstufe abzüglich des hälftigen Kindergelds für ein erstes Kind, Zahlbetrag derzeit 267 EUR, ab 1.7.2022 100 % der 2. Altersstufe abzüglich des hälftigen Kindergelds für ein erstes Kind derzeit 322 EUR und ab 1.7.2028 der 3. Altersstufe abzüglich des hälftigen Kindergelds für ein erstes Kind, derzeit 395 EUR, jeweils monatlich im Voraus zu bezahlen.

▲

Praxistipp

Die Dynamisierung endet nach der Düsseldorfer Tabelle mit Vollendung des 18. Lebensjahrs des Berechtigten. Trotzdem darf der Antrag auf Unterhaltszahlung nicht auf die Dauer der Minderjährigkeit begrenzt werden, wenn das Kind – voraussichtlich – auch bei Eintritt der Volljährigkeit weiterhin bedürftig ist.

Richtigerweise wird Unterhalt für die Zukunft als Mindestunterhalt bzw. Prozentsatz vom Mindestunterhalt für die jeweilige und die folgende(n) Altersstufe(n) beziffert. Nach § 1612a Abs. 1 wird der Unterhalt damit während der Minderjährigkeit des Berechtigten künftig bei jeder Anhebung des steuerlichen Existenzminimums dynamisiert und erhöht sich automatisch ab dem Ersten des Monats, in dem die nächste Altersstufe erreicht wird.[74] **Dynamisierung des Unterhaltsanspruchs** bedeutet also die automatische Erhöhung des Anspruchs bei Erhöhung des steuerlichen Existenzminimums. Grundsätzlich hat das minderjährige Kind einen Anspruch auf Erstellung eines dynamischen und unbefristeten Titels.[75] 66

Praxistipp 67

Nach § 1612a Abs. 3 erfolgt der Aufstieg des Berechtigten in die nächste Altersstufe ab dem Ersten des Monats, indem das Kind das entsprechende Alter erreicht hat.

3. Der Bedarfskontrollbetrag

Die Düsseldorfer Tabelle gibt den sog. **Bedarfskontrollbetrag** für die jeweilige Einkommensstufe an. Dessen Berücksichtigung soll eine ausgewogene Verteilung des Einkommens des Unterhaltspflichtigen, auf die unterhaltsberechtigten Kindern und den gleichrangigen Ehegatten gewährleisten.[76] Bei dem Bedarfskontrollbetrag handelt es sich um eine bloße Rechengröße, die ab Einkommensgruppe 2 nicht (mehr) identisch mit dem Eigenbedarf oder Selbstbehalt ist.[77] 68

Der Bedarfskontrollbedarf ermöglicht eine **Angemessenheitskontrolle** des konkreten Sachverhalts. Wird er unter Berücksichtigung des Ehegattenunterhalts unterschritten, so ist eine Herabstufung vorzunehmen, bis der Bedarfskontrollbetrag nicht mehr unterschritten wird. 69

74 Hdb. FamR/*Fuchs*, 6. Kap. Rn 286.
75 OLG Bamberg FamRZ 2019, 30.
76 DT 2023, Anm. A 6.
77 Ausführlich zum Ganzen: Dose/*Klinkhammer*, § 2 Rn 351 ff.

70 *Praxistipp*

Im Mangelfall führt die Herabstufung immer zu Gruppe 1 der Düsseldorfer Tabelle.

71 Die Anwendung der Bedarfskontrollbeträge durch das Gericht ist nicht zwingend, sie liegt vielmehr im tatrichterlichen Ermessen.[78] Die SüdL geben an, dass die Bedarfskontrollbeträge zur Eingruppierung in die Düsseldorfer Tabelle herangezogen werden können.[79]

Auch der BGH schreibt die Herauf- und/oder Herabstufung mit Hilfe der Bedarfskontrollbeträge nicht vor, billigt diese jedoch ausdrücklich.[80]

72 *Praxistipp*

Bei der Kontrollrechnung wird mit dem (ungedeckten) Unterhaltsbedarf des Kindes (Zahlbetrag!) gerechnet.[81]

Dem Unterhaltspflichtigen muss nach Abzug des Kindes- und Ehegattenunterhalts bei Eingruppierung in die (nächst-)höhere Einkommensgruppe der für die jeweilige Einkommensstufe maßgebliche Bedarfskontrollbetrag verbleiben. Ansonsten ist die Höherstufung zu unterlassen. Das gilt auch im Rahmen der Höhergruppierung in der Düsseldorfer Tabelle wegen nur einer Unterhaltslast.[82]

4. Die konkrete Bedarfsbemesssung

73 Die Düsseldorfer Tabelle beschränkt sich auf den Unterhalt bei Einkommen bis 11.000 EUR.[83] Darüber hinaus, also für monatliche Nettoeinkommen des Unterhaltspflichtigen über diesem Betrag, soll der Unterhalt nach den Umständen des Falles zu bemessen sein. Diese Pauschalierungsgrenze ist sachgerecht und erlaubt.[84]

74 *Praxistipp*

Die Düsseldorfer Tabelle errichtet bei dem Einkommensbetrag von 11.000 EUR **keine Sättigungsgrenze** in Sinne einer pauschalen (Unterhalts-)Obergrenze. Ab einem monatlichen Nettoeinkommen von mehr als 11.000 EUR hat die Bedarfsbemessung vielmehr „konkret" zu sein, das heißt an den Umständen des Einzelfalls zu erfolgen.

75 Folglich können und dürfen die Bedarfssätze der Düsseldorfer Tabelle für Einkommen über 11.000 EUR **nicht schematisch fortgeschrieben** werden.[85] Vielmehr ist der Bedarf des Unterhaltsberechtigten konkret zu ermitteln, da nach Auffassung des BGH ansonsten die Gefahr der Zweckentfremdung des ausschließlich zur Bedarfsdeckung des Kindes bestimmten Unterhalts besteht und so der Problematik der Ermittlung des Lebenszuschnittes des Kindes bei erheblich über dem Durchschnitt liegenden Einkommen der Eltern sinnvoll begegnet werden kann.[86]

76 Der Unterhaltspflichtige befriedigt durch Unterhaltszahlung an den Berechtigten seinen gesamten, auch **gehobenen Lebensbedarf**. Aber der Pflichtige braucht den Berechtigten nicht am Luxus teilhaben lassen (§ 1610 Abs. 2). Auch in besten Verhältnissen lebende Eltern schulden dem Kind nicht, was es wünscht,

78 BGH FamRZ 2000, 1492, 1493; FamRZ 2008, 968, 973; *Klinkhammer*, FamRZ 2008, 193; *Maurer*, Anm. zu BGH FamRZ 2008, 968, 975 ff.

79 SüdL Nr. 11.2.

80 BGH FamRZ 2008, 2189.

81 Dose/*Klinkhammer*, § 2 Rn 352 mit Berechnungsbespiel.

82 Dose/*Klinkhammer*, § 2 Rn 353.

83 OLG Düsseldorf FamRZ 2017, 113.

84 BGH FamRZ 2000, 358 = FuR 2000, 216; Weinreich/*Eder*, § 1610 Rn 67 m.w.N.

85 BGH FamRZ 2001, 1603 = FuR 2001, 326.

86 BGH FamRZ 2000, 358 = FuR 2000, 216.

sondern was es nach deren Lebensstandard, an den es sich gewöhnt hat, braucht.[87] Dieser Lebensstandard soll dem Kind auch nach Trennung der Eltern grundsätzlich erhalten bleiben.[88] Die Unterhaltszahlung an den Berechtigten soll aber auch nicht dazu führen, die Lebensstellung des Elternteils anzuheben, bei dem das Kind lebt (Zweckentfremdung).[89]

Praxistipp 77

Die Höhe des Bedarfs des minderjährigen Kindes ist ab einem Nettoeinkommen des Barunterhaltspflichtigen von monatlich 5.501 EUR im Wege der konkreten Bedarfsermittlung festzustellen.

Die Zahlung von Kindesunterhalt dient dazu den gesamten – ggfs. auch gehobenen – **Lebensbedarf des Kindes** sicherzustellen.[90] Wie sich dieser Lebensbedarf des Kindes darstellt, welche Bedürfnisse des Kindes auf seiner Grundlage zu befriedigen sind, ist im Einzelfall unter Würdigung der besonderen Verhältnisse des Pflichtigen als auch des Berechtigten festzustellen.[91] 78

Daher muss der Berechtigte alle zur Aufrechterhaltung seines bisherigen **Lebensstandards** benötigten Kosten wie Taschengeld, Kleidung, Urlaub, Sport, Hobby, öffentlicher Nahverkehr, Wohnen usw. im Einzelnen darlegen.[92] An dieser Stelle ergeben sich regelmäßig praktische Schwierigkeiten, nicht zuletzt für den anwaltlichen Vertreter des Unterhaltsgläubigers, da die Ausgabensituation gerade in sehr guten Einkommensverhältnissen zu Zeiten des intakten Familienlebens nicht immer wahrgenommen oder alleine von einer Person bestritten wird.

Hinweis 79

An diesem Punkt der anwaltlichen Tätigkeit ist es sinnvoll, mit dem Mandanten bzw. dessen betreuendem Elternteil die nachfolgende **Checkliste** anhand eines mehrmonatigen Kontoverlaufs durchzugehen. So kann das Bewusstsein des Berechtigten, der bislang Aufwendungen für seinen Lebensbedarf durch die Eltern als gegeben empfunden hat, für seinen **konkreten Bedarf** geweckt werden.

Checkliste:[93] 80

- **Schule**: Schulgeld, Essen, Betreuung, Aufwendungen für Materialien, Transport, Nachhilfe usw.
- **Versicherungen**: Kranken- und Pflegeversicherung, Unfallversicherung usw.
- **Musikalische Ausbildung**: Unterricht, Konzertreisen, Anschaffung Instrumente usw.
- **Sport**: Beitrag Fitnessstudio oder Sportverein, Trainerstunden, Ausrüstung usw.
- **Freizeitgestaltung**: Ausflüge, Kino, Schwimmbadbesuche, Besuch kultureller Veranstaltungen (Konzerte, Theater) usw.
- **Geschenke bei Einladungen**
- **Telekommunikation, Mobilfunk, Anschaffung Mobiltelefon usw.**
- **Essen**
- **Wohnen**

87 Dose/*Klinkhammer*, § 2 Rn 227.
88 BGH FamRZ 2000, 358 mit Anm. *Deisenhofer*.
89 BGH FamRZ 1987, 58; FamRZ FamRZ 1983, 473.
90 OLG Nürnberg ZFE 2004, 217 (Ls.).
91 BGH FamRZ 1983, 473, 474.
92 BGH FamRZ 1990, 280, 281.
93 Vgl. Checklisten *Gutdeutsch*, NJW 2012, 561; *Büte*, FuR 2005, 385; OLG Köln FamRZ 2010, 1445.

81 Unter Umständen ist es sinnvoll, als anwaltlicher Vertreter seiner Mandantschaft aufzugeben, das konkrete Ausgabeverhalten über einen längeren Zeitraum, mindestens einen Monat, zu dokumentieren. Für diesen Zweck sind mittlerweile Smartphone Apps erhältlich.

82 Der Bedarf kann nötigenfalls auch bestimmt werden, indem der Mehrbetrag **durch Vergleich** der besonderen Bedürfnisse des Berechtigten mit den von den Richtwerten der Düsseldorfer Tabelle bereits erfassten Grundbedürfnissen ermittelt wird.

83 Bei der konkreten Bedarfsbemessung bewegen sich der Berechtigte und sein anwaltlicher Vertreter außerhalb der allgemeinen richterlichen Erfahrungswerte, die in der Düsseldorfer Tabelle abgebildet sind. Daher sind die **Gesamtumstände und Lebensbedürfnisse des Berechtigten**, aus denen er seinen Bedarf ableitet, konkret (substantiiert!) darzulegen und im Falle des Bestreitens zu beweisen.[94] Allerdings dürfen an die Darlegungslast des Berechtigten keine übertriebenen Anforderungen gestellt werden, da sonst die Gefahr besteht, dass der Kindesunterhalt auch bei einem 5.501 EUR übersteigenden Elterneinkommen faktisch auf den für die höchste Einkommensgruppe der Düsseldorfer Tabelle geltenden Richtsatz festgeschrieben wird.[95]

84 Vom Unterhalt begehrenden, minderjährigen Kind kann und darf in der Regel nicht erwartet werden, seine gesamten – auch elementaren – Aufwendungen in allen Einzelheiten spezifiziert darzulegen.[96] Daher sind regelmäßig nur besondere oder besonders kostenintensive Bedürfnisse unter Angabe der Mittel, die zu deren Deckung erforderlich sind, darzutun und zu belegen.[97] Ansonsten kann der zur Deckung des Lebensbedarfs erforderliche Betrag unter Heranziehung des Mehrbetrags errechnet werden, der sich aus der Gegenüberstellung solcher besonderer Bedürfnisse mit bereits von den Richtwerten der Düsseldorfer Tabelle erfassten Grundbedürfnisse ergibt, und unter Anwendung allgemeinen Erfahrungswissens nach Maßgabe des **§ 287 ZPO** geschätzt werden.[98] Eine solche Schätzung darf jedoch nicht auf grundsätzlich falschen und/oder offenkundig unsachlichen Erwägungen beruhen, da sie ansonsten verfahrensfehlerhaft ist. Gleiches gilt, wenn die Schätzung wesentliches, tatsächliches Vorbringen außer Betracht gelassen hat.[99] Es ist jedenfalls Sache des Unterhaltgläubigers, substantiiert eine zuverlässige Schätzgrundlage darzulegen.[100]

85 *Praxistipp*

Der Anstieg des Einkommens des Unterhaltschuldners rechtfertigt nicht einen Abänderungsantrag.[101] Es kann lediglich im Wege der Abänderung beantragt werden, den Unterhalt an gestiegene Lebenshaltungskosten anzupassen.[102]

5. Die Bestandteile des Elementarbedarfs

86 Der **angemessene Unterhalt** des § 1610 Abs. 1 umfasst nach Abs. 2 den gesamten Lebensbedarf, also den Bedarf des täglichen Lebens, ohne Schulden und eigene Unterhaltslasten des Berechtigten.[103] Mithin umfasst er im Rahmen der Angemessenheit und der Erziehungsziele **alle Lebensbedürfnisse**, einschließlich der Kosten für Erziehung und Berufsausbildung. Zum Unterhaltsbedarf gehören also die zum Leben unentbehrlichen Aufwendungen für Wohnen, Ernährung, Kleidung, Unterrichtsmaterialien, sofern diese

94 BGH FamRZ 2000, 358 = FuR 2000, 216; FamRZ 2001, 1603 = FuR 2001, 326.
95 Weinreich/*Eder*, § 1610 Rn 71.
96 BGH FamRZ 2001, 1603 = FuR 2001, 326.
97 Vgl. Checklisten *Gutdeutsch*, NJW 2012, 561.
98 Weinreich/*Eder*, § 1610 Rn 72 m.w.N.
99 BGH FamRZ 2001, 1603 = FuR 2001, 326.
100 OLG Brandenburg FamRZ 2012, 1399.
101 BGH FamRZ 2000, 280.
102 Hdb. FamR/*Kintzel*, 6. Kap. Rn 582 a.E.
103 Weinreich/*Eder*, § 1610 Rn 96.

nicht von der öffentlichen Hand getragen werden,[104] aber auch die Befriedigung geistiger, kultureller, sportlicher oder sonstiger Interessen.[105] Ferner gehören zum Unterhaltsbedarf in angemessenem Umfang Aufwendungen für Spielzeug,[106] altersgerechtes Taschengeld, dessen Höhe der oder die Sorgeberechtigte(n) bestimmt bzw. bestimmen[107] (alle Lebenshaltungskosten[108]). Des Weiteren sind im Unterhaltsbedarf die Kosten für Gesundheits- und Krankenfürsorge enthalten.[109] Die für diesen Elementarunterhalt anfallenden Kosten sind aus der Barunterhaltszahlung zu bestreiten.

Praxistipp 87

Der Unterhaltsanspruch des minderjährigen Kindes richtet sich grundsätzlich **gegen beide Elternteile**. In der Regel leistet ein Elternteil, nämlich der, bei dem der Minderjährige seinen gewöhnlichen Aufenthalt hat, **Betreuungsunterhalt** (Pflege und Erziehung des Minderjährigen), der andere Elternteil **Barunterhalt**. Beide Unterhaltsleistungen stehen gleichwertig nebeneinander.

a) Die Behandlung der Wohnkosten

Die **Kosten für Wohnen** sind als Lebensbedarf des Minderjährigen im Zahlbetrag gemäß der Düsseldorfer Tabelle enthalten.[110] Der Wohnbedarf des minderjährigen Kindes beträgt in der Regel die Hälfte des Wohnbedarfs eines Erwachsenen.[111] 88

Aufgrund des Umstands, dass das minderjährige Kind mit dem betreuenden Elternteil zusammenlebt, kommt es zu einer **Ersparnis**, nämlich insoweit, als die Aufwendungen des betreuenden Elternteils für die von ihm und dem/n Kind/ern benutzten Räumen durch den Barunterhalt nach Düsseldorfer Tabelle bezahlt sind.[112] Diese Ersparnis ist allerdings nur gering, sodass Gleiches für den Ansatz der Wohnkosten gilt. 89

Praxistipp 90

Die weitverbreitete (anwaltliche) Übung, Wohnkosten nur beim Ehegattenunterhalt zu berücksichtigen, ist verfehlt.[113]

Grundsätzlich können die Wohnkosten **im Verhältnis der Anzahl der Bewohner** verteilt werden. Das führt z.B. zu einer Aufteilung der Wohnkosten im Verhältnis 2:1:1, wenn diese für einen Erwachsenen und zwei Kinder anfallen.[114] Die Wohnkosten können aber auch mit 20 % des Tabellensatzes angesetzt werden.[115] 91

Praxistipp 92

Der Ansatz der Wohnkosten mit **20 % des Tabellenbetrags** führt jedoch nicht zur Kürzung des Zahlbetrags um 20 %. Der betreuende Elternteil kann den Teil der Unterhaltszahlung zu seinen Händen zur Deckung der Wohnkosten verwenden.

104 BGH FamRZ 1983, 473.
105 BGH NJW 2009, 1816.
106 BVerfG NJW 1993, 1218.
107 Grüneberg/*von Pückler*, § 1610 Rn 9.
108 Dose/*Klinkhammer*, § 2 Rn 326.
109 BGH FamRZ 1988, 159, 161; FamRZ 1983, 473.
110 BGH FamRZ 2006, 99 m. Anm. *Viefhues* und *Scholz*; FamRZ 1989, 1160; FamRZ 1992, 423 = FuR 2006, 79; FamRZ 2006, 1597 = FuR 2006, 510.
111 OLG Hamburg FamRZ 1991, 472.
112 Dose/*Klinkhammer*, § 2 Rn 124 a.E. und Dose/*Klinkhammer*, § 2 Rn 326.
113 Dose/*Klinkhammer*, § 2 Rn 326.
114 So BGH FamRZ 1988, 921, 925.
115 SüdL (21.5.2), Dose/*Klinkhammer*, § 2 Rn 326; AG Meschede, Beschl. v. 25.9.2017 – 7 F 518/17, FamRZ 2018, 502.

Der Barunterhaltszahlbetrag kann auch dann nicht um den für Wohnkosten enthaltenen Betrag in Höhe von 20 % gekürzt werden, wenn der Barunterhaltspflichtige die Kosten der vom betreuenden Elternteil und dem Unterhaltsgläubiger bewohnten Wohnung trägt, z.B. durch Bedienung der Darlehen bei Wohnungseigentum, da ein Teil des Bedarfs des Kindes durch Naturalunterhalt gedeckt wird.[116]

b) Kranken- und Pflegeversicherungsbeiträge

93 Anders als die **Kosten für notwendige Krankheits- und Pflegevorsorge** sind Kranken- und Pflegeversicherungsbeiträge nicht Teil des Elementarunterhalts.[117] Die Sätze der Düsseldorfer Tabelle berücksichtigen nicht diese Beiträge unter der Vorgabe, dass das minderjährige Kind gemäß § 1612 Abs. 1 Satz 2 in der gesetzlichen Familienversicherung gegen Krankheit mitversichert ist (§ 10 Abs. 2 SGB V). In den Fällen, in denen das nicht so ist, wie zum Beispiel bei Richtern, Beamten, Soldaten und Selbstständigen stellen die Kosten für Krankenversicherungsbeiträge einen Bedarf des minderjährigen Kindes dar, der vom Barunterhaltsschuldner zu tragen ist.[118]

94 *Praxistipp*

In dem Fall, dass der Unterhaltsberechtigte nicht familienkrankenversichert ist, muss das Nettoeinkommen des Unterhaltspflichtigen um die Kosten der Krankenversicherung des Kindes reduziert werden.

95 Auch wenn das minderjährige Kind vor Trennung der Eltern **privat krankenversichert** war, hat es gegen den Barunterhaltspflichtigen außerhalb der Beträge der Düsseldorfer Tabelle einen Anspruch auf Zahlung der Beiträge für eine private Krankenversicherung.[119]

96 Etwas anderes gilt für die Beiträge zu der **Pflegeversicherung** des Unterhaltsberechtigten. Minderjährige Kinder sind nach §§ 25 Abs. 1, 110 Abs. 1 Satz 2 litt. f SGB XI unabhängig davon, ob diese Versicherung bei einer gesetzlichen Krankenkasse oder einem privaten Versicherungsunternehmen besteht, beitragsfrei in der Pflegeversicherung mitversichert. Der Verbleib des Unterhaltsberechtigten in der privaten Krankenversicherung ist allerdings nur dann gerechtfertigt, wenn der Wechsel in die gesetzliche Krankenversicherung, evtl. mit Abschluss einer privaten Zusatzversicherung, nicht denselben Versicherungsschutz gewährleistet.[120]

97 *Praxistipp*

- Der Anspruch auf eine angemessene Kranken- und Pflegeversicherung gehört zum angemessenen Lebensbedarf des minderjährigen Kindes. Daher sind die diesbezüglichen Kosten vom Barunterhaltspflichtigen (anders als beim Mehr- und Sonderbedarf) allein zu tragen. Die Kosten werden jedoch bei der Einkommensbereinigung und damit vor der Einstufung in die Tabelle berücksichtigt.[121]
- Für den anwaltlichen Vertreter des Berechtigten ist es daher dringend erforderlich Kenntnis über die Art der vor Trennung bestehenden Krankenversicherung des Berechtigten zu haben, da diese Ansprüche gegebenenfalls neben dem Elementarunterhalt mit gesondertem Antrag geltend gemacht werden müssen.

116 BGH FamRZ 2022, 1366.
117 DT 2023 Anm. A 9.
118 DT 2023 Anm. A 9; SüdL (11.1); OLG Köln FamRZ 2015, 1812.
119 OLG Naumburg FamRZ 2007, 1116.
120 OLG Koblenz FamRZ 2010, 1457; OLG Frankfurt/Main FamRZ 2013, 138.
121 Grüneberg/*von Pückler*, § 1610 Rn 12.

c) Der Mehrbedarf

Der **Mehrbedarf** ist Bestandteil des Lebensbedarfs nach § 1610 Abs. 2 eines minderjährigen Kindes, der während eines längeren Zeitraums regelmäßig anfällt, die üblichen Kosten übersteigt und deshalb mit den Regelsätzen der Düsseldorfer Tabelle nicht erfasst ist.[122] Der Mehrbedarf muss kalkulierbar und aus diesem Grunde im Rahmen der Bemessung des laufenden Unterhalts zahlenmäßig erfassbar sein.[123] Der Mehrbedarf ist vom Sonderbedarf nach § 1613 Abs. 2 abzugrenzen, der im Gegensatz zum Mehrbedarf einen unregelmäßig auftretenden, außergewöhnlich hohen Bedarf darstellt. Der Sonderbedarf besteht nicht auf Dauer und kann daher nur zu einer einmaligen, jedenfalls zeitlich begrenzten Ausgleichspflicht des Unterhaltsschuldners neben dem regelmäßig geschuldeten Barunterhalt führen.[124] 98

Praxistipp 99

Um eine Zahlungsverpflichtung des Unterhaltsschuldners für Sonderbedarf in Abgrenzung zum Mehrbedarf entstehen zu lassen, ist es erforderlich, dass sich die Kosten nicht mit Wahrscheinlichkeit vorhersehen lassen und im Rahmen des laufenden Unterhalts nicht berücksichtigt werden können.[125]

Die nachfolgenden – nicht abschließend – aufgezählten Kosten stellen **Mehrbedarf** dar: 100

- Heimunterbringung gem. § 37 SGBVIII,[126]
- Schulgeld für eine Privatschule,[127]
- Unterbringung in einer Privatschule,[128]
- Kosten für Internatsunterbringung (Pensionskosten als auch regelmäßig anfallende Nebenkosten),[129]
- Kosten für regelmäßig über einen längeren Zeitraum anfallende Nachhilfe,[130]
- Kosten für psychotherapeutische Behandlung regelmäßig über einen längeren Zeitraum,[131]
- krankheitsbedingte Mehrkosten wegen bestehender Behinderung,[132]
- Musikschule.[133]

Kindergarten: Die Beiträge zum Kindergarten sind nicht in den Beträgen der Düsseldorfer Tabelle enthalten.[134] Mit dieser Entscheidung gab der BGH seine bisherige Rechtsprechung auf,[135] nach welcher die Kosten für den Halbtagsbesuch eines Kindergartens kein Mehrbedarf sein sollten. Wesentliches Argument des BGH in seiner Entscheidung vom 26.11.2008 ist, dass sich der Mindestunterhalt aus dem steuerlich sächlichen Existenzminimum ergibt (§ 32 Abs. 6 Satz 1 2. Hs EStG), in dem aber der notwendige Lebensbedarf enthalten ist (§§ 27 ff. SGB XII).[136] Der Kindergartenbeitrag wird an dieser Stelle nicht erwähnt.[137] 101

122 BGH FamRZ 2007, 882.
123 Dose/*Klinkhammer*, § 2 Rn 232.
124 Dose/*Klinkhammer*, § 2 Rn 232 a.E.
125 BGH FamRZ 2006, 612, 613 mit Anm. *Luthin*.
126 BGH FamRZ 2007, 377.
127 OLG Karlsruhe FamRZ 2008, 1209; OLG Naumburg FamRZ 2012, 1056 (Ls.); OLG Koblenz FamRZ 2021, 1199; OLG Oldenburg FamRZ 2019, 1321.
128 OLG Düsseldorf FuR 2005, 565 = NJW-Spezial 2005, 490.
129 OLG Karlsruhe, Beschl. v. 16.5.2019 – 20 UF 105/18, FamRZ 2019, 1859.
130 OLG Düsseldorf NJW-RR 2005, 1529.
131 OLG Düsseldorf FamRZ 2001, 444.
132 OLG Hamm NJW-RR 2010, 577; OLG Brandenburg ZFE 2010, 154.
133 OLG Hamm, Beschl. vom 11.7.2012 – II-12 UF 319/11, FamRZ 2013, 134.
134 BGH FamRZ 2009, 962 = FuR 2009, 415.
135 BGH FamRZ 2007, 882, 886; FamRZ 2008, 1152, 1154.
136 Hdb. FamR/*Fuchs*, 6. Kap. Rn 353.
137 BGH FamRZ 2009, 962.

102 *Praxistipp*

Die Kosten für die Verpflegung des Kindes in der Kinderbetreuungseinrichtung (Essensgeld) sind auch nach der neuen Auffassung des BGH weiterhin in der Unterhaltszahlung nach Düsseldorfer Tabelle enthalten.

103 Eine Entscheidung des BGH, ob **sonstige Betreuungskosten**, wie z.B. Tagesmutter, Hausaufgabenbetreuung, Hortkosten o.ä., als Mehrbedarf anzusehen sind, liegt noch nicht vor. *Klinkhammer* lehnt dies ab und bewertet diese Kosten als berufsbedingte Aufwendungen des betreuenden Elternteils.[138]

104 Der Regelbedarf und der regelmäßig zu zahlende Mehrbedarf ergeben in Summe den **Gesamtunterhaltsanspruch des minderjährigen Kindes**. Diese Zahlung schuldet der barunterhaltspflichtige Elternteil, soweit sich nicht auch der betreuende Elternteil anteilig an den Kosten des Mehrbedarfs zu beteiligen hat. Das ist der Fall, wenn der seine Unterhaltspflicht durch Betreuung des minderjährigen Kindes erfüllende Elternteil über Einkünfte verfügt oder ihm solche wegen eines Verstoßes gegen die Erwerbsobliegenheit fiktiv zuzurechnen sind. Der betreuende Elternteil muss sich im Rahmen seiner Leistungsfähigkeit nur am Mehrbedarf des minderjährigen Kindes anteilig, das heißt im Verhältnis der jeweiligen Einkünfte, beteiligen.[139] Alleine hinsichtlich des Mehrbedarfs besteht also eine anteilige Barunterhaltsverpflichtung der Eltern, mithin auch des Elternteils, der seiner Unterhaltsverpflichtung gegenüber dem minderjährigen Kind durch Betreuung nachkommt. Soweit die Elternteile die Kosten des Mehrbedarfs anteilig nach ihren Einkommensverhältnissen und nach den Maßstäben des § 1603 Abs. 1 BGB zu tragen haben,[140] es bei der Gegenüberstellung der beiderseitigen unterhaltsrechtlich relevanten Einkünfte generell ein Sockelbetrag in Höhe des angemessenen Selbstbehalts abzuziehen.[141]

105 *Praxistipp*

Hat der ein minderjähriges Kind betreuende Elternteil keine Einkünfte und besteht für ihn keine Erwerbsobliegenheit, so hat der barunterhaltspflichtige Elternteil den Gesamtbedarf, also Regel- und Mehrbedarfs, alleine im Rahmen seiner Leistungsfähigkeit zu bestreiten.

106 Der **Barunterhaltsschuldner** muss den Mehrbedarf bedienen, solange und soweit sein Selbstbehalt nicht berührt wird. Das gilt auch für den Fall, dass der Mehrbedarf des Kindes den Bedarf des Unterhaltsschuldners übersteigt.[142]

107 *Praxistipp*

Im Hinblick auf die **verschärfte Haftung** des Barunterhaltspflichtigen nach § 1603 Abs. 2 Satz 1 ist bei minderjährigen Kindern der Mehrbedarf bis zum notwendigen Selbstbehalt zu decken.

d) Der Ausbildungsunterhalt

108 Nach § 1610 Abs. 2 umfasst der Unterhalt den gesamten Lebensbedarf einschließlich auch der Kosten einer **angemessenen Vorbildung zum Beruf**.

„Angemessen" ist die Ausbildung des Berechtigten dann, wenn sie der Begabung und den Fähigkeiten, dem Leistungswillen und den beachtenswerten, nicht nur vorübergehenden Neigungen des einzelnen Kindes entspricht. Geschuldet wird die den Eltern **wirtschaftlich zumutbare Finanzierung** einer **optimalen begabungsbezogenen Berufsausbildung** ihres Kindes, die dessen Neigungen gerecht wird,[143] ohne dass sämtliche Neigungen und Wünsche berücksichtigt werden müssen, insbesondere nicht solche, die sich als

138 Dose/*Klinkhammer*, § 2 Rn 400; vgl. auch Weinreich/*Eder*, § 1610 Rn 80 a.E.
139 Dose/*Klinkhammer*, § 2 Rn 462 mit Berechnungsbeispiel.
140 BGH NJW 2009, 1816.
141 OLG Frankfurt FamRZ 2019, 342.
142 BGH FamRZ 1986, 48.
143 OLG Stuttgart FamRZ 2019, 963.

nur flüchtig und vorübergehend erweisen oder mit den Anlagen und Fähigkeiten des Kindes oder den wirtschaftlichen Verhältnissen der Eltern nicht zu vereinbaren sind.[144] Bei beengten wirtschaftlichen Verhältnissen der Eltern sind diese nicht zur Finanzierung einer aufwendigen Ausbildung des Kindes verpflichtet, selbst wenn diese Ausbildung der Begabung und den Interessen des Kindes entspricht.[145]

Praxistipp 109

Keinen Einfluss auf den Inhalt des Anspruchs des Berechtigten auf Ausbildungsunterhalt haben Beruf und/oder gesellschaftliche Stellung der Eltern. Abzustellen ist auf deren wirtschaftliche Leistungsfähigkeit.[146]

Dieser Grundsatz ist Ausfluss des unterhaltsrechtlichen **Gegenseitigkeitsprinzips**, das auch das ausbildungsunterhaltsrechtliche Schuldverhältnis prägt.[147] Das Kind ist verpflichtet, eine angemessene, seinen Fähigkeiten und seiner Begabung, seinen Neigungen und seinem Leistungswillen entsprechende ordnungsgemäße Ausbildung zügig zu beginnen und mit gehörigem Fleiß, gebotener Zielstrebigkeit und entsprechender Disziplin in angemessener und üblicher Zeit zu beenden.[148] Die Eltern auf der anderen Seite sind verpflichtet, eine pflichtbewusste und zielstrebig betriebene Ausbildung[149] in angemessener und üblicher Zeit durch angemessene Unterhaltszahlung zu finanzieren. 110

Praxistipp 111

Der Anspruch auf Ausbildungsunterhalt ist Deszendentenunterhalt, er kann also von Kindern gegenüber den Eltern geltend gemacht werden. Der Elternunterhalt als Aszendentenunterhalt kennt den Ausbildungsunterhalt als Inhalt nicht.

Die nachfolgende Darstellung folgt der **Chronologie der Ausbildung** eines Kindes, beginnt also mit Erlangung des Schulabschlusses. 112

aa) Der Schulabschluss

Selbst wenn das Kind sich um einen Ausbildungsplatz rechtzeitig[150] bemüht hat, entsteht für das Kind ein Zeitraum **Schulabschluss und Ausbildungsbeginn** als Freizeit. Diesen muss das Kind mit einer Beschäftigung überbrücken.[151] 113

Nach Abschluss der Schulausbildung muss das Kind eine Berufsausbildung aufnehmen. Unterlässt es das und kann keine weitreichenden Bemühungen um einen Ausbildungsplatz nachweisen, verletzt es nachhaltig seine **Ausbildungs- und Erwerbsobliegenheit**.[152] 114

Praxistipp 115

Es ist dem Kind zuzumuten, sich im Hinblick auf den absehbar endenden Schulbesuch rechtzeitig eine Ausbildungsstelle zu suchen und anzutreten. Kommt das Kind seiner Erwerbsobliegenheit nicht nach, können ihm im Rahmen der Unterhaltsberechnung eigene – fiktive – Einkünfte angerechnet werden, da selbst vor dem denkbaren Einwand des § 1611 Abs. 2 wegen des Verstoßes gegen die Erwerbsobliegenheit fiktive Einkünfte anzurechnen sind.[153]

144 BGH FamRZ 2006, 1100 f.; FamRZ 2000, 420; FamRZ 1992, 170; FamRZ 1989, 853.
145 Dose/*Klinkhammer*, § 2 Rn 73.
146 BGH FamRZ 1977, 629; Dose/*Klinkhammer*, § 2 Rn 69.
147 OLG Hamburg NJW-RR 2010, 1589, OLG Zweibrücken FamRZ 1995, 1006 m.w.N.
148 BGH FamRZ 1984, 777.
149 OLG Naumburg FamRZ 2001, 440; OLG Schleswig OLGR 2008, 153.
150 OLG Düsseldorf FamRZ 2000, 442.
151 OLG Koblenz JAmt 2004, 153; OLG Köln FuR 2005, 570.
152 OLG Düsseldorf FamRZ 2004, 1890.
153 Weinreich/*Eder*, § 1610 Rn 124 m.w.N.

(1) Berufsausbildung i.S.d. § 32 Abs. 4 Satz 1 Nr. 2a EStG

116 Mit erfolgreicher **Beendigung der allgemeinen Schulausbildung** muss das Kind sich um eine angemessene Vorbildung zum Beruf, also um die Aufnahme einer Berufsausbildung i.S.d. § 32 Abs. 4 Satz 1 EStG bemühen. In Berufsausbildung befindet sich, wer sein Berufsziel noch nicht erreicht hat, sich aber ernstlich darauf vorbereitet. Davon sind alle Maßnahmen erfasst, bei denen es sich um den Erwerb von Kenntnissen, Fähigkeiten und Erfahrungen handelt, die als Grundlage für die Ausübung des angestrebten Berufs geeignet sind.[154]

117 *Praxistipp*

Keine Berufsausbildung i.S.d. § 32 Abs. 4 Satz 1 Nr. 2a EStG ist das Ableisten eines freiwilligen sozialen oder ökologischen Jahres. Etwas anderes gilt nur, wenn dieses Jahr der Vorbereitung auf eine konkret angestrebte Berufsausbildung dient.[155]

118 Wird die Ableistung eines **freiwilligen sozialen oder ökologischen Jahres** hingegen als Voraussetzung für die angestrebte Ausbildung gefordert und dient sie dem Erreichen eines konkreten Berufsziels, so ist das Kind während dieser Zeit anspruchsberechtigt.[156]

119 *Praxistipp*

Eine Ausbildung i.S.d. § 32 Abs. 4 Satz 1 Nr. 2a EStG ist grundsätzlich die Vorbereitung auf die Abiturprüfung für Nichtschüler.[157]

(2) Orientierungsphase

120 Bei der Wahl des Berufsziels und der hierfür erforderlichen Ausbildung ist dem Kind eine angemessene **Orientierungsphase** zuzubilligen, bis es sich für die Aufnahme einer seinen Fähigkeiten und Neigungen entsprechenden Ausbildung entscheidet und sich um eine geeignete Ausbildungsstelle bemüht.[158]

Während dieser Orientierungsphase gesteht die Rechtsprechung dem Kind Fehlentscheidungen hinsichtlich Ausbildungsziel und/oder Ausbildungsort zu, ohne hieraus unterhaltsrechtliche Konsequenzen, wie die Versagung von Unterhalt, zu ziehen. Sinn und Zweck dieser Zeit ist gerade, einem in der Frage der Berufswahl unsicheren jungen Menschen die Entscheidungsfindung zu ermöglichen.[159] Üblicherweise werden während dieser Zeit Praktika bei verschiedenen Unternehmen in unterschiedlichen Tätigkeitsbereichen abgeleistet. Sofern mit der Ableistung eines berufsbezogenen Praktikums die reguläre Wochenarbeitszeit nicht erreicht wird, besteht für das Kind nur ein Anspruch auf Teilunterhalt.[160]

121 *Praxistipp*

Die Dauer dieser Orientierungsphase ist nicht festgeschrieben und bemisst sich nach den **konkreten Umständen des Einzelfalls**, wobei die konkreten Aktivitäten des Kindes während dieser Zeit in Betracht zu ziehen sind. Auch das Ableisten eines freiwilligen sozialen oder ökologischen Jahres kann als Orientierungsphase angesehen werden.[161]

154 Weinreich/*Eder*, § 1610 Rn 126.
155 So auch der Gesetzgeber in BT-Drucks IV/2138 S. 2; OLG Celle FamRB 2011, 364; OLG Naumburg FamRZ 2008, 86; OLG München FamRZ 2002, 1425; OLG Zweibrücken NJW-RR 1994, 1225.
156 OLG Naumburg FamRZ 2008, 86; OLG Schleswig OLGR 2008, 196; OLG München FamRZ 2002, 1425.
157 FG Düsseldorf EFG 2006, 1073.
158 BGH FamRZ 2006, 1100; OLG Köln OLGR 2005, 40; OLG Naumburg FamRZ 2008, 86.
159 BGH FamRZ 1987, 470; FamRZ 1993, 1057.
160 OLG Frankfurt/Main NJW 1990, 1798.
161 OLG Celle FamRB 2011, 364.

Sofern das Kind nach Abschluss der Schulausbildung ein Berufsgrundbildungsjahr absolviert, ist dies Teil einer angemessenen Berufsausbildung, da damit die Lehrzeit verkürzt und die Chance auf einen Ausbildungsplatz erhöht wird.[162] 122

Kommt das Kind während der Orientierungsphase seinen Pflichten nicht nach, kann es den Unterhaltsanspruch bis zur Aufnahme einer ordnungsgemäßen Ausbildung dem Grunde nach verlieren. Jedenfalls verstößt es gegen seine **Erwerbsobliegenheit** mit der Folge, dass ihm eigene – fiktive – Einkünfte angerechnet werden. 123

(3) Konkretes Berufsziel

Die Eltern eines Kindes schulden nur Unterhalt und Kosten für die Ausbildung zu einem **berufsqualifizierenden Abschluss für einen anerkannten Beruf**. Ausbildungsziele des unterhaltsberechtigten Kindes wie Schriftsteller, Funktionär, Privatdetektiv auf Hawaii usw. sind nicht förderungswürdig im Rahmen des Ausbildungsunterhalts. Berufswünsche des Kindes, die offensichtlich weder den Begabungen noch Fähigkeiten des Kindes entsprechen und voraussehbar zu keinem vernünftigen Abschluss der Ausbildung führen werden, müssen ebenfalls nicht von den Eltern finanziert werden.[163] 124

Vielmehr soll die gewählte Ausbildung Perspektiven für das angestrebte Berufsziel und das sich anschließende Berufsleben des Kindes bieten und tatsächlich dazu geeignet sein, dass nach Abschluss dieser Ausbildung der Beruf auch auf Dauer den **eigenständigen Lebensunterhalt** ermöglicht.[164]

Praxistipp 125

Erfüllt der vom Kind gewählte Ausbildungsgang diese Voraussetzungen nicht, so besteht kein Anspruch auf Ausbildungsunterhalt.[165]

Die Eltern sind weiter zur Zahlung von Ausbildungsunterhalt verpflichtet, wenn das Kind die Schulausbildung über die Grenze der gesetzlichen Schulpflicht hinaus fortsetzt und dies insbesondere nach der Begabung, den Fähigkeiten und dem Leistungswillen des Kindes angemessen erscheint. Dabei ist selbstverständlich die **wirtschaftliche Leistungsfähigkeit der Eltern** mit in Betracht zu ziehen.[166] Eltern eines minderjährigen Kindes werden jedoch besondere finanzielle Opfer abverlangt, um dem Kind wenigstens den erfolgreichen Abschluss der Hauptschule zu ermöglichen, wobei dies nicht für eine weiterführende Ausbildung gilt.[167] 126

Praxistipp 127

Der Anspruch des Kindes auf Ausbildungsunterhalt besteht fort, wenn das Kind nach Absolvierung eines berufsvorbereitenden Lehrgangs keinen Ausbildungsplatz finden kann und ihm daher eine weitere berufsbegleitende Maßnahme angeboten wird.[168]

(4) Eignung des Kindes

Voraussetzung für den Anspruch auf Ausbildungsunterhalt ist die **Eignung des Kindes** für das angestrebte Ausbildungsziel.[169] Der bisherige schulische Werdegang muss den erfolgreichen Abschluss der 128

162 OLG Braunschweig FamRZ 2011, 119.
163 BGH FamRZ 1977, 629.
164 OLG Stuttgart FamRZ 1988, 758.
165 OLG Naumburg FamRZ 2001, 440.
166 OLG Hamburg FamRZ 1986, 382.
167 OLG Hamburg FamRZ 1986, 1033.
168 OLG Hamm FuR 2004 304.
169 OLG Bamberg FamRZ 1988, 1087.

angestrebten Ausbildung erwarten lassen.[170] Diese Frage der Eignung des Kindes für die Berufsausbildung und das angestrebte Berufsziel ist grundsätzlich **bei Beginn der Ausbildung** zu beurteilen.[171]

129 Allerdings kann sich nach begonnener, also während der Ausbildung, die mangelnde Eignung des Kindes offenbaren. Setzt das Kind diese Ausbildung trotzdem fort, entfällt der Anspruch auf Ausbildungsunterhalt.[172] **Geringfügige Verzögerungen** oder **leichtes Versagen** des Kindes im Ausbildungsgang müssen von den Eltern als Ausfluss des Gegenseitigkeitsprinzips hingenommen werden, wenn das Kind ansonsten seine Ausbildung mit Fleiß und Zielstrebigkeit betreibt.[173]

(5) Berufswahl

130 Das minderjährige Kind soll eine angemessene, optimale neigungs- und begabungsbezogene Berufsausbildung unter Berücksichtigung aller individuellen Umstände wählen.[174] Soweit diesbezüglich Zweifel bestehen, kann und soll die Entscheidung unter Berücksichtigung des Ratschlags geeigneter Personen, wie z.B. eines Lehrers oder einer Vertrauensperson des Kindes, erfolgen. Üben die Eltern – wie regelmäßig während der Trennungszeit als auch nach Rechtskraft der Scheidung die elterliche Sorge gemeinsam aus – ist die Berufswahl vom minderjährigen Kind unter Einbeziehung seiner Eltern zu treffen, wobei die Entscheidung im gegenseitigen Einvernehmen i.S.d. § 1687 zu erfolgen hat.

131 Die Eltern müssen auf Eignung und Neigung des Kindes Rücksicht nehmen. Wenn kein Konsens erreicht werden kann, ist es nach §§ 1629 Abs. 2, 1796 möglich, dass den/dem erziehungsberichtigten Eltern(teil) insoweit durch eine Entscheidung des Familiengerichts die gesetzliche Vertretung des Kindes entzogen wird. Das Gericht kann nach § 1631a Abs. 2 Satz 2 auch die erforderliche Erklärung des/der Erziehungsberechtigten ersetzen oder gar nach § 1666 Maßnahmen wegen Missbrauchs der elterlichen Sorge einleiten.

bb) Während der Ausbildung

132 Während des Ausbildungszeitraums bestehen im Unterhaltsrechtsverhältnis gegenseitige Rechte und Pflichten (Gegenseitigkeitsprinzip).

(1) Das Gegenseitigkeitsprinzip

133 Das auch dem Ausbildungsunterhaltsanspruch zugrundeliegenden **Gegenseitigkeitsprinzip** bestimmt für die Eltern als Anspruchsschuldner aber auch für das (minderjährige) Kind gegenseitige Leistungspflichten.

Auf der einen Seite schulden die Eltern dem Kind die Finanzierung einer der Begabung und den Fähigkeiten, dem Leistungswillen und den beachtenswerten Neigungen entsprechenden Ausbildung.

134 Das Kind trägt das Risiko, eine Anstellung im erlernten Beruf zu finden.[175]

135 *Praxistipp*

Findet das Kind nach Abschluss der Ausbildung keine Anstellung, sind die Eltern nichtsdestotrotz nicht zur Finanzierung einer möglicherweise sinnvollen Weiter- oder Zweitausbildung verpflichtet.[176]

170 Hdb. FamR/*Fuchs*, 6. Kap. Rn 249.
171 BGH FamRZ 2000, 420 = FuR 2000, 92.
172 Weinreich/*Eder*, § 1610 Rn 150.
173 OLG Hamburg NJW-RR 2010, 1589.
174 BGH FamRZ 2000, 420 = FuR 2000, 92.
175 OLG Hamm FamRZ 1990, 904; OLG Dresden OLG-NL 1994, 247.
176 OLG Saarbrücken OLGR 1998, 164.

Etwas Anderes kann nur unter **besonderen, außergewöhnlichen Umständen** gelten, wenn dem Kind eine angemessene Ausbildung versagt worden ist, weil die Eltern es in einen Beruf entgegen der Begabung gedrängt haben[177] oder wenn die Begabung und Neigung des Kindes gänzlich falsch eingeschätzt worden ist und sich dieser Umstand erst nach Abschluss der Ausbildung herausstellt.[178] 136

Bei Vorliegen solcher Umstände sind die Eltern – ausnahmsweise – ihrer Verpflichtung zur Finanzierung einer angemessenen Ausbildung gemäß § 1610 Abs. 2 noch nicht nachgekommen.[179]

Praxistipp 137

Nach Abschluss der Berufsausbildung wird eine Weiterbildungsmaßnahme des Kindes von den Eltern nur geschuldet, wenn und soweit ein solcher Inhalt des ursprünglichen Ausbildungsgangs ist.[180]

Dem stehen die Leistungspflichten des Kindes gegenüber. 138

Der Unterhaltsschuldner verfügt über **Auskunfts- und Kontrollrechte**. Das unterhaltsberechtigte Kind ist im Rahmen des Auskunftsanspruchs verpflichtet, Auskunft über den Fortgang der Ausbildung zu erteilen und den Unterhaltsschuldner über die erbrachten Leistungen zu informieren.[181] Darüber hinaus steht dem Unterhaltsschuldner ein Belegvorlageanspruch hinsichtlich der Leistungsnachweise (Zeugnisse) zu. 139

Praxistipp 140

Verweigert sich das Kind hartnäckig dem **Auskunfts- und/oder Belegvorlageanspruch** des Unterhaltsschuldners steht diesem ein Zurückbehaltungsrecht bis Informationsfluss bzw. Belegvorlage zu.[182] In extremen Fällen erlischt der Ausbildungsunterhaltsanspruch dem Grunde nach,[183] sodass sich dem Schuldner die Möglichkeit des Abänderungsantrags eröffnet.

Zu beachten ist in diesem Zusammenhang, dass das **hartnäckige Fehlverhalten** des Unterhaltsgläubigers am Sachverhalt konkret festgestellt werden muss. 141

Aus dem gegenseitigen – auch für minderjährige Kinder geltenden – Rücksichtnahmegebot des § 1618a, nach dem Eltern und Kinder einander **Beistand** und **Rücksicht** schulden, folgt, dass das Kind gegebenenfalls seine Eltern über eine Änderung im Rahmen seiner Ausbildung unverzüglich informiert und sich mit ihnen berät.[184] Dies gilt sowohl für Ausbildungsziel als auch -ort. Unterlässt es das Kind, den/die Unterhaltsschuldner in seine Pläne einzubeziehen, kann der Wegfall des Anspruchs dem Grunde nach die Folge sein. An dieser Stelle ist genau zu prüfen, ob nicht ein zu berücksichtigender sachlicher Grund für den Wechsel im Rahmen der Ausbildung gegeben ist.[185] 142

Praxistipp 143

Ein Wechsel im Rahmen der Ausbildung ist immer auch am Kriterium der wirtschaftlichen Leistungsfähigkeit der bzw. des Unterhaltsschuldners zu messen.

177 BGH FamRZ 1991, 322 = FuR 2000, 92.
178 BGH FamRZ 2001, 1601 = FuR 2001, 529.
179 BGH FamRZ 2000, 420 = FuR 2000, 92 m.w.N.; OLG Koblenz FamRZ 2001, 852.
180 OLG Hamm ZFE 2004, 378 (Ls.).
181 BGH FamRZ 1987, 470; OLG Hamm FamRZ 1995, 1007.
182 OLG Hamm FamRZ 1996, 49.
183 OLG Hamm ZFE 2004, 378 (Ls.).
184 BGH FamRZ 2001, 757 = FuR 2001, 322.
185 OLG Zweibrücken FamRZ 1995, 1006.

(2) Verzögerung und Unterbrechung der Ausbildung

144 Im Rahmen enger Ausnahmen muss der Unterhaltsschuldner nach § 242 Verzögerungen und Unterbrechungen der Ausbildung des minderjährigen Kindes mit der Folge hinnehmen, dass sich die Leistungszeit dementsprechend verlängert.

145 Insbesondere ist an dieser Stelle zu prüfen, ob die **Verzögerung** bzw. die **Unterbrechung** aus einer **Verantwortlichkeit der Eltern**, die dem Ausbildungsanspruch nicht entgegengehalten werden können oder aus der Verantwortlichkeit des Kindes, die erst im Extremfall zum Verlust des Unterhaltsanspruchs führen, resultiert.

146 Daneben können besondere **anerkannte Verzögerungsgründe** eintreten,[186] wie Erkrankung des Kindes,[187] sonstige unglückliche Umstände[188] oder Schwangerschaft des Kindes,[189] die nicht zum Verlust des Unterhaltsanspruchs führen.

(3) Der Abbruch der Ausbildung

147 Das **Abbrechen der Ausbildung** durch das minderjährige Kind führt in der Regel nicht zum endgültigen Erlöschen des Ausbildungsunterhaltsanspruchs. Diese existenzielle Frage ist äußerst sorgfältig im Rahmen einer Gesamtbetrachtung aller maßgeblichen Umstände des konkreten Einzelfalls zu beantworten.

148 Dabei ist zu berücksichtigen, dass es jedem jungen Menschen zuzugestehen ist, sich bei der Wahl seines Ausbildungsziels **aufgrund falscher Vorstellung** über den Ausbildungsinhalt, die Ausgestaltung der beruflichen Tätigkeit, oder hinsichtlich der eigenen Begabung und Neigung, geirrt zu haben. Im Hinblick auf das gegenseitige Rücksichtnahmegebot kann vom Kind jedoch verlangt werden, den Ausbildungsabbruch und den damit einhergehenden Ausbildungswechsel schnellstmöglich zu vollziehen, um die Leistungszeit nicht über die Gebühr zu verlängern, um so dem schutzwürdigen Interesse des Unterhaltsschuldners gerecht zu werden.[190]

149 *Praxistipp*

Der Ausbildungsanspruch erlischt jedoch in der Regel, wenn auch die zweite Ausbildung ohne wesentlichen Grund abgebrochen wird.[191]

cc) Der erfolgreiche Abschluss der Ausbildung

150 Mit ordnungsgemäßem – erfolgreichem – **Abschluss der Ausbildung** endet die Unterhaltspflicht der Eltern. Nur in Ausnahmefällen besteht die Zahlungsverpflichtung der Eltern noch weiter für eine Übergangszeit in die Berufsausübung.[192] Dies kann der Fall sein, wenn die Bewerbung um einen Arbeitsplatz erst nach Übergabe des Abschlusszeugnisses möglich ist. Diese weitere Leistungszeit ist anhand der konkreten Umstände des Einzelfalls zu ermitteln.

151 Sind die Eltern durch Finanzierung einer erfolgreich abgeschlossenen Erstausbildung der Verpflichtung im Rahmen des Ausbildungsanspruchs nachgekommen, schulden sie grundsätzlich nicht die Finanzierung einer weiteren („**Zweitausbildung**"), die das Kind nach erfolgreichem Abschluss der Erstausbildung noch durchlaufen will.[193]

Das Kind ist dann nicht mehr „außerstande, sich selbst zu unterhalten" (§ 1602 Abs. 1).

186 BGH FamRZ 2000, 420 = FuR 2000, 92.
187 OLG Hamm FamRZ 1990, 904.
188 OLG Stuttgart FamRZ 1996, 181.
189 BGH FamRZ 2011, 1560 = FuR 2011, 633.
190 BGH FamRZ 1981, 344, 346.
191 OLG Thüringen OLG-NL 2005, 110; OLG Hamm FamRZ 1989, 1219.
192 OLG Hamm FamRZ 1990, 904.
193 BGH FamRZ 1998, 671 = FuR 2000, 92; OLG Köln FamRZ 1990, 310.

Nur in **ganz wenigen Ausnahmefällen** besteht die Verpflichtung der Eltern im Rahmen des Ausbildungsunterhaltsanspruchs weiter, nämlich wenn 152

- die Zweitausbildung einvernehmlich von vornherein geplant und angestrebt war und ein enger und zeitlicher Zusammenhang gegeben ist,[194]
- sich die Zweitausbildung als erforderlich herausstellt, da der ursprünglich angestrebte Beruf aus nicht vorhersehbaren[195] oder gesundheitlichen[196] Gründen nicht ausgeübt werden kann oder keine ausreichende Lebensgrundlage bietet.[197]

Praxistipp 153

Grundsätzlich ist vorrangig zu prüfen, ob nicht an erster Stelle eine von staatlicher Seite finanzierte Umschulungsmaßnahme wahrgenommen werden kann. Erst dann sind die Eltern zur Finanzierung einer Zweitausbildung verpflichtet, es sei denn, sie leben in sehr guten wirtschaftlichen Verhältnissen.

6. Sonderbedarf mit Kostenvorschuss

Der Begriff des **Sonderbedarfs** ist legaldefiniert in § 1613 Abs. 2 Nr. 1. Danach handelt es sich bei Sonderbedarf um nicht regelmäßig anfallenden, sog. **außerordentlichen Bedarf**. 154

Sowohl Sonder- als auch Mehrbedarf stellen eine Art des **Zusatzbedarfs** neben dem allgemeinen Lebensbedarf (Elementarbedarf) des Unterhaltsberechtigten dar. Daher ist es erforderlich die beiden Arten des Zusatzbedarfs voneinander abzugrenzen. Mehrbedarf ergibt sich aus regelmäßig anfallenden außergewöhnlich hohen Kosten, die neben dem Elementarbedarf anfallen und daher nicht von den Regelsätzen der Düsseldorfer Tabelle abgedeckt werden. Sonderbedarf nach der Legaldefinition des § 1613 Abs. 2 hingegen ist ein unregelmäßiger, außergewöhnlich hoher Bedarf, der nur dann gegeben ist, wenn der zusätzliche Bedarf überraschend, in der Höhe nach nicht abschätzbar und nicht mit einiger Wahrscheinlichkeit voraussehbar war und deshalb bei der Bedarfsplanung und bei der Bemessung der laufenden Unterhaltsrente – auch als Mehrbedarf – nicht berücksichtigt werden konnte.[198] 155

Sonderbedarf als Zusatzbedarf kann als eigenständiger Bestandteil des Unterhaltsanspruchs nur ausnahmsweise neben dem laufenden Bar- und/oder Betreuungsunterhalt verlangt werden. Er muss sich als „außergewöhnlich" hoher Bedarf (§ 1613 Abs. 2) darstellen, sodass es im Zweifel bei der laufenden Unterhaltsrente verbleibt.[199] Nur in Ausnahmefällen kann im Wege der Geltendmachung von Sonderbedarf ein Ausgleich zusätzlicher unvorhergesehener Ausgaben begehrt werden.[200] 156

Praxistipp 157

Der Sonderbedarf kann vom Unterhaltsberechtigten außerhalb des Abänderungsverfahrens, wie dies für den laufenden Unterhalt und den Mehrbedarf erforderlich ist, geltend gemacht werden. Darüber hinaus kann er im Nachgang innerhalb eines Jahres ohne Inverzugsetzung verlangt werden.

Sofern feststeht, dass es sich bei dem weiteren Bedarf um Sonderbedarf handelt, haftet der Unterhaltsschuldner nach § 1603 Abs. 2 Satz 2 auch für diesen im Sinne einer **verschärften Leistungspflicht** 158

194 BGH FamRZ 1995, 416, OLG Koblenz FamRZ 2001, 1164.
195 BGH FamRZ 1977, 629; FamRZ 1993, 1057; OLG Hamm FamRZ 1989, 1219.
196 OLG Karlsruhe FamRZ 1990, 555.
197 BGH FamRZ 1977, 629.
198 BGH FamRZ 2006, 612 = FuR 2006, 210; Weinreich/*Eder*, § 1613 Rn 63 m.w.N, insbes. „Abgrenzung Sonderbedarf/Mehrbedarf im Einzelnen", Rn 76 ff. mit Rspr.-Nachweisen.
199 Dose/*Klinkhammer*, § 2 Rn 237.
200 BGH FamRZ 1984, 470, 472.

für den Sonderbedarf des minderjährigen bzw. privilegiert volljährigen (§ 1603 Abs. 2 Satz 2) Kindes.[201] Der Unterhaltsschuldner ist bei eingeschränkter Leistungsfähigkeit unter Umständen verpflichtet, den Anspruch auf Ausgleich des Sonderbedarfs ratenweise wegzufertigen.[202]

159 Die Eltern haften für den Sonderbedarf des Kindes anteilig nach § 1606 Abs. 3 Satz 1 im Verhältnis ihrer (auch fiktiv anzurechnenden) Einkünfte.[203]

160 *Praxistipp*

Die anteilige Haftung der Eltern im Verhältnis ihrer – fiktiven – Einkünfte besteht auch für den Sonderbedarf des minderjährigen und/oder privilegiert volljährigen Kindes. So ergibt sich eine anteilige Haftung des Betreuungsunterhalt leistenden Elternteils.[204]

161 Zu der Problematik des Sonderbedarfs, insbesondere im Hinblick auf dessen Abgrenzung vom Mehrbedarf, sind in der Vergangenheit durch die Instanzgerichte zahlreiche Entscheidungen ergangen. Vor diesem Hintergrund ist die Entscheidung des **BGH vom 15.2.2006**[205] hervorzuheben. Dort wird darauf hingewiesen, dass Sonderbedarf nur in Ausnahmefällen zugesprochen werden könne. Außerdem sind wohl Entscheidungen, die die Rechtslage bis 31.12.2007 zugrunde legen, aufgrund der Änderungen der §§ 1612, 1612a und 1612b durch das UÄndG 2007 mittlerweile unbeachtlich.

162 Daher kann in der **praktischen Anwendung** nur empfohlen werden, sich bei der Geltendmachung von Sonderbedarf eng an der Legaldefinition des § 1613 Abs. 2 argumentativ zu orientieren, wonach Sonderbedarf ein unregelmäßiger, außergewöhnlich hoher Bedarf ist. Dieser ist nur dann gegeben, wenn der zusätzliche Bedarf überraschend,[206] in der Höhe nach nicht abschätzbar und nicht mit einiger Wahrscheinlichkeit voraussehbar war und deshalb bei der Bedarfsplanung und bei der Bemessung der laufenden Unterhaltsrente – auch als Mehrbedarf – nicht berücksichtigt werden konnte.

163 Die Kosten für **Kommunion, Konfirmation** und andere **kirchliche Feiern** stellen keinen Sonderbedarf dar. Die Entstehung der Kosten sind spätestens mit Beginn des Kommunions- bzw. Konfirmandenunterrichts absehbar und nicht überraschend.[207]

164 Gleiches gilt für die Kosten für **Klassenfahrten** und **Austauschprogramme**. Auch diese Kosten sind regelmäßig vorhersehbar und daher nicht überraschend i.S.d. § 1613 Abs. 2 Nr. 1.[208]

165 Soweit es sich bei Krankheitskosten um solche für eine medizinisch indizierte **(zahn-)ärztliche** oder **kieferorthopädische Behandlung**,[209] auch „Speed-Brackets“[210] oder eine Operation handelt, sind diese Kosten Sonderbedarf, wenn und soweit sie nicht von der Krankenversicherung getragen werden.[211]

166 Infolgedessen werden die Kosten eines **Führerscheins** vor allem wegen ihrer Vorhersehbarkeit und Planbarkeit überwiegend nicht als Sonderbedarf angesehen. Vielmehr stellen sie Aufwendungen dar, die grundsätzlich zum laufenden Unterhalt zu zählen sind, der so zu bemessen ist, dass sämtliche voraussehbaren Ausgaben abgedeckt werden und bei größeren voraussehbaren Ausgaben genügend Spielraum für eine vernünftige Planung verbleibt.[212]

201 OLG Düsseldorf FuR 2004, 307.
202 OLG Düsseldorf ZFE 2003, 348 (Ls.).
203 BGH NJWE-FER 2001, 57; OLG Köln FamRZ 1986, 1031.
204 OLG Koblenz NJWE-FER 2000, 173 m.w.N.
205 BGH FamRZ 2006, 612 = FuR 2006, 210.
206 BGH FamRZ 2006, 612 = FuR 2006, 210.
207 BGH FamRZ 2006, 612 = FuR 2006, 210.
208 Weinreich/*Eder*, § 1613 Rn 84.
209 OLG Frankfurt a.M. FamRZ 2011, 570; OLG Celle NJW-RR 2008, 378.
210 OLG Frankfurt FamRZ 2021, 191.
211 BGH FamRZ 1983, 29.
212 AG Würzburg, Beschl. v. 2.2.2018 – 7 F 2228/17.

Für den Verwandtenunterhalt ist der **Kostenvorschuss**, anders als im Rahmen des Familien- und Trennungsunterhalts bei Ehegatten (§§ 1360a Abs. 4, 1361 Abs. 4 Satz 3), gesetzlich nicht geregelt. Relevant ist die Frage des Kostenvorschusses bei der Geltendmachung von Unterhaltsansprüchen für das minderjährige Kind insbesondere, da der Kostenvorschuss nach § 115 Abs. 2 ZPO vorrangig vor der VKH geltend zu machen ist. 167

Grundsätzlich besteht als Sonderbedarf im Rahmen des Unterhaltsanspruchs zugunsten des minderjährigen Kindes eine Kostenvorschusspflicht der Eltern in entsprechender Anwendung des § 1360a Abs. 4. Diese ergibt sich aufgrund der besonderen Verantwortung des/der Unterhaltspflichtigen gegenüber seinen/ihren Kindern.[213] Allerdings ist der Anspruch auf Kostenvorschuss einer Billigkeitsprüfung zu unterziehen. Er ist nur unter nachfolgenden Voraussetzungen gegeben:

Prüfungsschema Kostenvorschuss 168

- Das minderjährige Kind kann die Verfahrenskosten nicht selbst – aus seinem Vermögen – aufbringen.
- Rechtstreit in einer persönlichen Angelegenheit.
- Erfolgsaussichten der Rechtsverfolgung.
- Höhe.
- Der Pflichtige ist hinreichend leistungsfähig.
- Der notwendige Selbstbehalt bleibt gewahrt.[214]

Praxistipp 169

Gegebenenfalls ist der Kostenvorschuss in Raten zu bezahlen. In diesem Fall ist dem minderjährigen Kind Verfahrenskostenhilfe zu bewilligen, Ratenzahlung anzuordnen und dem Unterhaltspflichtigen die Zahlung des Kostenvorschusses in Höhe der angeordneten Raten aufzugeben.[215]

7. Bedarf des minderjährigen Kindes bei Barunterhaltspflicht beider Eltern

Grundsätzlich stehen im Rahmen des Unterhaltsanspruchs des minderjährigen Kindes Barunterhalt und Betreuungsunterhalt **gleichwertig** nebeneinander. Das bedeutet, dass ein Elternteil seiner Unterhaltspflicht gegenüber dem minderjährigen Kind durch Betreuung, der andere Elternteil hingegen durch Zahlung nachkommt. Mithin haftet nach § 1606 Abs. 3 Satz 2 der barunterhaltspflichtige Elternteil für den gesamten Barunterhalt. 170

Von diesem Grundsatz gibt es **Ausnahmen**[216] mit Auswirkung auf die Bedarfsbemessung, nämlich wenn 171

- das minderjährige Kind von Dritten betreut wird.
- das minderjährige Kind mit Zustimmung der sorgeberechtigten Eltern oder des sorgeberechtigten Elternteils in einem eigenen Haushalt lebt.
- wenn die Eltern und das minderjährige Kind ein – strenges – Wechselmodell leben, das Kind also von beiden Elternteilen zu annähernd gleichen Teilen betreut wird.

In den vorgenannten Fällen ist bei der **Bedarfsbemessung** zu differenzieren. Jedenfalls besteht eine Barunterhaltspflicht beider Elternteile. 172

Der Gesetzgeber und auch die in der **Düsseldorfer Tabelle** angegebenen Bedarfsätze legen den Sachverhalt zugrunde, dass die Eltern des minderjährigen Kindes getrennt leben, das Kind seinen gewöhnlichen 173

213 BGH FamRZ 2005, 883 = FuR 2005, 327; ebenso: Hdb. FamR/*Seiler*, 6. Kap. Rn 352.
214 BGH FamRZ 2004, 1633.
215 Hdb. FamR/*Fuchs*, 6. Kap. Rn 357.
216 Dose/*Klinkhammer*, § 2 Rn 418.

Aufenthalt bei einem Elternteil und daher wegen des Zusammenlebens mit diesem einen Elternteil verminderte Bedürfnisse, insbesondere für Wohnraum, hat.[217]

a) Die Bedarfsbemessung bei Fremdbetreuung durch einen Dritten

174 Wird das minderjährige Kind mit Zustimmung der sorgeberechtigten Eltern von einem Dritten betreut, sind beide Elternteile **anteilig barunterhaltspflichtig**.[218]

175 Eine Auffassung will den Bedarf des von Dritten betreuten minderjährigen Kindes in der Regel nach den konkret für die auswärtige Unterbringung (Heim, Internat) anfallenden Kosten unter Berücksichtigung des Wertes der Restbetreuung am Wochenende durch einen Elternteil bemessen.[219] Das Kindergeld soll bei diesen Sachverhalten nach der geänderten Rechtsprechung des BGH und der Neufassung des § 1612b Abs. 1 Satz 1 Nr. 2 in voller Höhe bedarfsdeckend anzusetzen sein.[220]

Die andere Auffassung[221] geht zwar auch von der **anteiligen Barunterhaltspflicht beider Elternteile** aus, bemisst den Bedarf des minderjährigen Kindes jedoch anhand seines **gesamten Lebensbedarfs** gemäß Regelbetrag der Düsseldorfer Tabelle zuzüglich des Betreuungsbedarfs, der wegen der Fremdbetreuung nicht mehr der pauschalen Regelung des § 1606 Abs. 3 Satz 2 unterliegt. Daher sollen Regelbetrag und Betreuungsbetrag zu bemessen sein. Der Regelbetrag ergibt sich aus der Düsseldorfer Tabelle, wobei die Einkommen beider Elternteile zu addieren sind. Bei Barunterhaltsverpflichtung beider Elternteile leitet das minderjährige Kind seine Lebensstellung aus dem – addierten – Einkommen beider Elternteile her. Ausgeschlossen soll jedoch sein, dass ein Elternteil einen höheren Unterhalt(-steil) als sich aus seinem Einkommen gemäß der Düsseldorfer Tabelle ergibt zu bezahlen hat,[222] wobei diese Beschränkung in Sonderfällen, wie bei Vorliegen einer Behinderung des minderjährigen Kindes, nicht gelten soll.[223]

176 Der neben dem Regelbetrag für die Bedarfsbemessung relevante Betreuungsbetrag ist nach Ansicht des BGH[224] **grundsätzlich pauschal**, nämlich in Höhe des Barunterhalts, mithin des Regelbetrags, zu bemessen. Als Argument für seine Auffassung zieht der BGH im Wesentlichen die einfache Bemessung der Leistung sowie die Gleichwertigkeit von Bar- und Betreuungsunterhalt heran.[225]

177 *Praxistipp*

Der Meinungsstreit wurde an dieser Stelle ausführlich dargestellt, da dem Praktiker die Möglichkeit eröffnet werden soll, beide Ansichten mit den unterschiedlichen Ergebnissen – nach dem Grundsatz der „Meistbegünstigung" des eigenen Mandanten – zu vertreten. Außerdem kann die Methode der Bedarfsbemessung den dem anwaltlichen Vertreter vorliegenden Unterlagen angepasst werden. Es erscheint wahrscheinlicher, dass die konkreten Kosten der auswärtigen Unterbringung als die jeweiligen Einkommensverhältnisse beider Elternteile bekannt sind. Im Übrigen ist bei der Bedarfsbemessung nach der ersten Auffassung weder eine Auskunftserteilung durch den anderen Elternteil noch die Ermittlung des relevanten monatlichen Nettoeinkommens erforderlich.

b) Die Bedarfsbemessung bei eigenem Hausstand des minderjährigen Kindes

178 Der Bedarf des minderjährigen Kindes, das mit Zustimmung der sorgeberechtigten Eltern einen **eigenen Hausstand** führt, bestimmt sich in der Regel nach den Bedarfssätzen für Volljährige. Auch bei dieser

217 Dose/*Klinkhammer*, § 2 Rn 336.
218 Hdb. FamR/*Fuchs*, 6. Kap. Rn 299.
219 So Hdb. FamR/*Fuchs*, 6. Kap. Rn 299.
220 BT-Drucks 16/1830 vom 15.6.2006, S. 30; Hdb. FamR/*Fuchs*, 6. Kap. Rn 299.
221 Dose/*Klinkhammer*, § 2 Rn 419 ff., mit Berechnungsbeispielen.
222 BGH FamRZ 1984, 39.
223 Dose/*Klinkhammer*, § 2 Rn 421.
224 BGH FamRZ 2006, 1597 m.w.N.
225 Dose/*Klinkhammer*, § 2 Rn 422.

Konstellation ist das Kindergeld gemäß § 1612b Abs. 1 Satz 1 Nr. 2 in voller Höhe bedarfsdeckend anzusetzen.[226] Beide Elternteile schulden anteilig nach ihren Einkommensverhältnissen Barunterhalt.

c) Die Bedarfsbemessung bei Vorliegen eines – echten – Wechselmodells

Offenbar geht die Tendenz bei sich trennenden, bereits getrennt lebenden oder geschiedenen Eltern dahin, auch weiterhin in vollem Umfang ihrer Verantwortung gegenüber dem minderjährigen Kind in jedweder Form nachkommen zu wollen. Um diesem Bedürfnis gerecht zu werden, entwickelte sich in der jüngeren Vergangenheit das **Wechselmodell**, bei dem das Kind abwechselnd mit dem dann jeweils betreuenden Elternteil lebt. Der Begriff des „Wechsel" ergibt sich aus dem Wechsel des betreuenden Elternteils. Nicht zwingend stellt sich – auch nicht das echte – Wechselmodell so dar, dass das minderjährige Kind zwischen den Wohnungen des jeweiligen Elternteils in einem festgelegten Zeitrhythmus hin und her wechselt. Ebenso kann das minderjährige Kind in einer (familiengerechten) Wohnung verbleiben, die Eltern „wechseln" aus ihren Wohnungen im Rahmen des Zeitplans zum Kind, um die Betreuung im unterhaltsrechtlichen Sinn zu leisten („**Nestwechselmodell**").[227] 179

Das Wechselmodell zieht für den anwaltlichen Berater eines Elternteils unterhaltsrechtliche Probleme nach sich, die nachfolgend behandelt werden.[228] 180

Ein **echtes Wechselmodell** liegt vor, wenn die getrennt lebenden Elternteile das minderjährige Kind weiterhin in Obhut haben und zwar dergestalt, dass bei keinem Elternteil der Schwerpunkt der tatsächlichen Förderung und Fürsorge liegt und keiner die Hauptverantwortung trägt.[229] Für die Berechnung der Unterhaltsansprüche der Kinder ist davon auszugehen, dass auch das praktizierte Wechselmodell nicht zu einer – vollständigen – Befreiung von der Barunterhaltspflicht führt, da anderenfalls beide Elternteile vom Barunterhalt befreit wären, obwohl nur der Betreuungsbedarf des Kindes gedeckt ist.[230] 181

Beide Eltern besorgen die **Befriedigung der elementaren Bedürfnisse** des Kindes durch Pflege, Verköstigung, aber insbesondere auch durch Gestaltung des Tagesablaufs, Erreichbarkeit bei Problemen und Zuwendung bei emotionalen Problemen. Dieses Erfordernis erfüllt das bloße Schließen von Betreuungslücken im Rahmen des Umgangs nicht.[231] Daher wird deutlich, dass der reine Vergleich der Zeitspannen,[232] zu welchen sich das Kind bei einem Elternteil aufhält, nicht ausreicht, um dem Begriff der „Obhut" i.S.d. § 1629 Abs. 2 Satz 2 gerecht zu werden. Diesem Vergleich kommt allenfalls indizielle Bedeutung zu, wobei die Beurteilung für das Wechselmodell nicht alleine hierauf zu beschränken ist.[233] Es ist vielmehr auch auf den Inhalt und die Intensität der Betreuungsleistung abzustellen. Allerdings schadet die Hinzuziehung von Betreuungsleistungen Dritter der Annahme eines echten Wechselmodells nicht.

Praxistipp 182

Grundsätzlich kann auch bei einer Betreuungsverteilung von 43 zu 57 % – wohl gerade noch – zumindest nach Auffassung des BGH von einem paritätischem Wechselmodell ausgegangen werden.[234]

226 Hdb. FamR/*Fuchs*, 6. Kap. Rn 299.
227 OLG Bamberg FamRZ 2001, 1310.
228 Zum Ganzen: Weinreich/*Eder*, § 1606 Rn 31 ff. mit Berechnungsmodellen.
229 BGH FamRZ 2007, 707; FamRZ 2006, 1015.
230 OLG Dresden FamRZ 2016, 470.
231 KG FamRZ 2003, 53 = FuR 2002, 541 m.w.N.
232 Trotzdem stellen die Gerichte regelmäßig auf diese zeitliche Komponente ab, vgl. KG Berlin, Beschl. v. 15.4.2019 – 13 UF 89/16, das bei einer zeitlichen Verteilung der Betreuung von 45 % zu 55 % das Vorliegen eines Wechselmodells deutlich verneinte; FamRZ 2019, 472.
233 Weinreich/*Eder*, § 1606 Rn 33.
234 BGH NJW 2015,331; BGH NJW 2015, 331.

Die aktuelle oberlandesgerichtliche Rechtsprechung legt hinsichtlich der zeitlichen Komponente mittlerweile einen deutlich engeren Maßstab an. So soll ein echtes Wechselmodell bei einer Verteilung der Betreuungszeiten von 48,5 % zu 51,5 % noch angenommen werden können.

183 Zu beachten ist, dass der Begriff der „**Obhut**" und vom betreuenden Elternteil organisierte und überwachte Fremdbetreuung durch Dritte sich nicht ausschließen, also mit „Obhut" nicht alleine und ausschließlich die vom Elternteil unmittelbar selbst geleistete Betreuung gemeint ist.[235]

184 *Praxistipp*

Ein solches – echtes – Wechselmodell ist nicht gegeben, wenn ein Elternteil nur einen **über das übliche Maß hinausgehenden Umgang** ausübt und die Hauptverantwortung für das minderjährige Kind beim anderen – betreuenden – Elternteil liegt.[236] Allerdings kann der im Rahmen des erweiterten Umgangs wahrgenommene Betreuungsaufwand durch den Barunterhaltspflichtigen durch Herabstufung in der Düsseldorfer Tabelle Rechnung getragen werden.[237]

185 Bei Leistungsfähigkeit beider Elternteile ist – wie beim Volljährigenunterhalt – der Bedarf in der Regel aus dem **addierten Einkommen** beider Eltern zu ermitteln.[238] Die durch die Ausübung des Wechselmodells bedingten Mehrkosten (z.B. Fahrtkosten, doppelte Wohnkosten usw.) sind dem Regelbedarf gerade nicht hinzurechnen. Der sich aus den addierten Einkommen der Eltern ergebende – erhöhte – Bedarf umfasst insbesondere die Mehrkosten des Wechselmodells.[239] Das soll nach Auffassung des OLG Dresden auch für Doppelanschaffungen gelten. Eine andere Auffassung vertrat *Müting*, da schließlich der Bedarf des Kindes sich nach dem addierten Einkommen der Eltern bestimmt, so dass die sich aufgrund von Doppelanschaffungen ergebenden Mehrkosten bereits abgedeckt sind.[240]

186 *Praxistipp*

Der Mehrbedarf des Kindes liegt insbesondere in Wohnmehrkosten, Fahrtkosten und dem doppelten Erwerb persönlicher Gegenstände. Nicht erfasst werden jedoch die Kosten einer Nachmittagsbetreuung, die es dem betreuenden Elternteil ermöglicht, seiner Erwerbstätigkeit nachzugehen. Dies soll grundsätzlich für solche Kosten gelten, die der Lebensführung des Betreuenden zuzurechnen sind.[241]

187 Sofern das Kind in zwei Wohnungen, also beim jeweils betreuenden Elternteil lebt, ist der erhöhte Wohnbedarf nicht konkret zu bestimmen, da die konkrete Erhöhung der Wohnkosten kaum nachvollziehbar ist und sich die konkrete Bestimmung vor dem Hintergrund des Pauschalierungssystems der Düsseldorfer Tabelle als systemwidrig darstellt. Folglich kann der erhöhte Wohnbedarf des Kindes nur pauschal bedarfserhöhend Berücksichtigung finden, die Differenz zum konkreten Wohnmehrbedarf ist daher konsequenterweise vom jeweils betreuenden Elternteil selbst zu tragen.

188 *Praxistipp*

So kann der anwaltliche Berater dem Einwand des Mandanten begegnen, dass über den Kindesunterhalt die teure Wohnung des Ex-Partners (mit-)finanziert wird.

235 OLG Brandenburg FamRZ 2009, 1228.
236 BGH FamRZ 2007, 707; FamRZ 2006, 1015; OLG Brandenburg FamRZ 2007, 1354, OLG Schleswig NJW-RR 2008, 1322; OLG Köln FamRZ 2009, 619.
237 BGH NJW 2014, 1958; OLG Frankfurt a.M. FamRZ 2013, 287.
238 BGH FamRZ 2017, 437; OLG Dresden FamRZ 2016, 470.
239 OLG Dresden FamRZ 2016, 470.
240 Weinreich/*Eder*, § 1606 Rn 37.
241 OLG Dresden FamRZ 2016, 470.

189 Die Eltern **haften anteilig** nach § 1606 Abs. 3 Satz 1.[242] Ist hingegen nur ein Elternteil leistungsfähig, ist ein Abschlag vom Tabellenunterhalt durch Herabgruppierung vorzunehmen, da insoweit kein Regelfall der Düsseldorfer Tabelle gegeben ist.[243]

190 Beim Wechselmodell wird nur das **hälftige Kindergeld** auf den Barbedarf des minderjährigen Kindes angerechnet.[244] § 1612b Abs. 1 Satz 1 Nr. 2 geht davon aus, dass kein Elternteil seine Unterhaltspflicht durch Betreuung des Kindes erfüllt (so z.B. bei auswärtiger Unterbringung des Kindes). Daher kann nur das halbe Kindergeld bedarfsdeckend angerechnet werden.[245] Die Bestimmung des kindergeldberechtigten Elternteils im paritätischem Wechselmodell richtet sich nach dem Kindeswohl,[246] wobei bei andauernder Bezugsberechtigung kein Anlass für eine Änderung besteht (Bezugskontinuität).[247]

Praxistipp

Bei der Praktizierung des Wechselmodells hat keiner der Eltern Vertretungsmacht zur Geltendmachung der Ansprüche des minderjährigen Kindes, noch ist Prozessstandschaft gegeben. Die gerichtliche Durchsetzung erfolgt im Wege der Bestellung eines Ergänzungspflegers oder durch gerichtliche Übertragung der Entscheidungsbefugnis in der Unterhaltsfrage nach § 1628.[248]

191 *Berechnungsbeispiel:*[249]

V hat ein Einkommen in Höhe von 2.900 EUR, M in Höhe von 1.900 EUR. Die Eltern praktizieren mit dem 10-jährigen Kind ein echtes Wechselmodell, das Kindergeld bezieht M.

Einkommen des V	2.900 EUR
./. Selbstbehalt	1.650 EUR
Bereinigtes Einkommen	1.250 EUR
Einkommen der M	1.900 EUR
./. Selbstbehalt	1.650 EUR
Bereinigtes Einkommen	250 EUR
Bedarf des Kindes	
DT Einkommensgruppe 9/Altersstufe 2	764 EUR
./. Kindergeld 1/2	125 EUR
Restbedarf	639 EUR

Haftungsanteil des V = $\frac{639 \text{ EUR} \times 1.250 \text{ EUR}}{1.250 \text{ EUR} + 250 \text{ EUR}}$ = 533 EUR

Haftungsanteil der M = $\frac{639 \text{ EUR} \times 250 \text{ EUR}}{250 \text{ EUR} + 1.250 \text{ EUR}}$ = 106 EUR

242 BGH FamRZ 2007, 707; FamRZ 2006, 1015; Hdb. FamR/*Fuchs*, 6. Kap. Rn 299.
243 Hdb. FamR/*Fuchs*, 6. Kap. Rn 280 und 300.
244 OLG Dresden FamRZ 2016, 470.
245 *Bausch/Gerhardt/Seiler*, FamRZ 2012, 258, 259 mit Berechnungsbeispiel.
246 KG FamRZ 2020, 33.
247 OLG Celle FamRZ 2019, 31.
248 Dose/*Klinkhammer*, § 2 Rn 448; Weinreich/*Eder*, § 1606 Rn 31 m.w.N.
249 *Soyka,* Anm. zu BGH, Beschl. v. 12.3.2014 – XII ZB 234/13, FK 2014, 128.

192 **Anmerkungen**:

M bezieht das Kindergeld in Höhe von derzeit 250 EUR monatlich. Dieses ist im Betrag i.H.v. 106 EUR hinzuzurechnen, sodass sich ein Betrag i.H.v. 356 EUR ergibt. Die Differenz von 533 EUR – 356 EUR = 197 EUR ist sodann zwischen den Eltern zu teilen, sodass sich ein Zahlbetrag i.H.v. 99 EUR (gerundet) ergibt.

III. Bedürftigkeit (§ 1602 BGB)

193 **Bedürftig** und damit unterhaltsberechtigt ist nach § 1602 Abs. 1 derjenige, der außerstande ist, sich selbst zu unterhalten. Das Kriterium der Bedürftigkeit erfüllen minderjährige Kinder regelmäßig, da sie nur **ganz ausnahmsweise** bereits eine eigene Lebensstellung erlangt haben. In der weit überwiegenden Anzahl der Fälle haben die minderjährigen Kinder eben noch keine eigene Lebensstellung inne und können daher ihren Lebensbedarf nicht selbst decken. Das gilt insbesondere für minderjährige Kinder, die nicht erwerbstätig sein dürfen oder wegen Schulbesuchs, Studium oder Ausbildung keiner Erwerbstätigkeit nachgehen.

1. Die Erwerbsobliegenheit minderjähriger Kinder

194 Allerdings sind auch minderjährige Kinder grundsätzlich verpflichtet zur Deckung des eigenen Lebensbedarfs einer Erwerbstätigkeit nachzugehen,[250] wenn nicht wichtige Gesichtspunkte dem entgegenstehen.[251] Kommt der Minderjährige dieser Verpflichtung nicht nach, indem er die Schule nicht mehr besucht und keine Ausbildung beginnt, verstößt er mit diesem Verhalten gegen seine **Erwerbsobliegenheit** und muss sich in erzielbarer Höhe **fiktive Einkünfte** bedarfsdeckend zurechnen lassen.[252] Das minderjährige Kind, das eine Teilzeitausbildung absolviert, muss einer geringfügigen Beschäftigung nachgehen, um seiner Erwerbsobliegenheit zu entsprechen.[253]

a) Beschäftigungsverbot für minderjährige Kinder

195 Minderjährige Kinder dürfen bis Vollendung des 15. Lebensjahres bzw. solange sie der Vollzeitschulpflicht unterliegen nach §§ 2 Abs. 3, 5 Abs. 1, 7 Abs. 1 **JugArbSchG** nicht beschäftigt werden und können folglich einer Erwerbstätigkeit nicht nachgehen. Typische Schülerarbeit (Nachhilfe, Zeitungen austragen o.Ä.) zur Aufbesserung des Taschengelds ist als für das Kind unzumutbare Tätigkeit einzuordnen, sodass hieraus erzieltes Einkommen in entsprechender Anwendung des § 1577 Abs. 2 nicht auf den Unterhaltsanspruch angerechnet wird.[254]

196 *Praxistipp*

Billigkeitsgründe, so wenn der Unterhaltsberechtigte Einkünfte erzielt, die höher als ein großzügig bemessenes Taschengeld sind,[255] können jedoch zu Ausnahmen von diesem Grundsatz führen, sodass Einkommen des minderjährigen Kindes, das das 15. Lebensjahr nicht vollendet hat und/oder der Vollzeitschulpflicht unterliegt, aus unzumutbarer Tätigkeit auf den Unterhaltsanspruch – zumindest teilweise – anzurechnen ist.[256]

b) Minderjährige Kinder in Ausbildung

197 Ein minderjähriges Kind hat nach Vollendung des 15. Lebensjahres und/oder Beendigung der Vollschulzeitpflicht nicht nur einen Unterhaltsanspruch nach § 1610 Abs. 2 während der (Berufs-)Ausbildungszeit, son-

250 Weinreich/*Eder*, § 1602 Rn 32.
251 OLG Nürnberg FamRZ 1981, 300.
252 OLG Stuttgart OLGR 2009, 284; OLG Rostock FamRZ 2007, 1267; OLG Brandenburg FamRZ 2005, 2094.
253 OLG Düsseldorf FamRZ 2011, 2010.
254 OLG Hamm OLGR 2000, 176 (Ls.); Dose/*Klinkhammer*, § 2 Rn 52.
255 BGH FamRZ 1983, 152; OLG Köln FamRZ 1995, 55; OLG Hamm FamRZ 1997, 231 und 1497.
256 BGH FamRZ 1995, 475; OLG Köln FamRZ 1995, 55.

dern das **Recht auf eine angemessene Ausbildung**, die es in die Lage versetzt später seinen Unterhalt selbst durch eigene Erwerbstätigkeit sicherzustellen.[257] Allerdings trifft das Kind auch eine Ausbildungsobliegenheit.[258] Diese Obliegenheit kann das Kind durch Fortführung der allgemeinen Schulausbildung, Aufnahme einer Berufsausbildung oder Studiums (solche Fälle sind vor dem Hintergrund des G8 denkbar) erfüllen.

Sofern es dieser nicht nachkommt, besteht die Erwerbsobliegenheit für das minderjährige Kind. Ein Minderjähriger, der die Schule nicht mehr besucht, aber auch keine Ausbildung aufnimmt, ist nicht mehr bedürftig.[259] Während der Ausbildung hingegen ist das Kind bedürftig i.S.d. § 1602.

Minderjährige Schüler brauchen neben dem **Schulbesuch** keiner Nebentätigkeit nachzugehen, da sie in- **198**
sofern keine Erwerbsobliegenheit trifft.[260] Grund hierfür ist, dass sich der minderjährige Schüler seiner Ausbildung mit ganzer Kraft sowie dem gehörigen Fleiß und der gebotenen Zielstrebigkeit widmen soll, um den vorgesehenen Schulabschluss innerhalb angemessener und üblicher Dauer erfolgreich zu erreichen.[261] Dies gilt selbstverständlich auch für die (Sommer-) Ferienzeit, da der Schulbesuch mit der Ausübung einer Vollzeittätigkeit vergleichbar ist, neben der dem Unterhaltsgläubiger nur in Ausnahmefällen die Aufnahme einer Nebentätigkeit obliegt.[262]

Die Aufnahme einer Nebentätigkeit bei Schulbesuch ist dem minderjährigen Kind selbst bei **sehr beeng-** **199**
ten wirtschaftlichen Verhältnissen des Unterhaltsschuldners nur in äußerst seltenen Ausnahmefällen zuzumuten. Dies ist dann der Fall, wenn die Nebentätigkeit auch eine durchaus sinnvolle Ergänzung zur Ausbildung darstellt und ihr Umfang den Schüler nicht übermäßig, z.B. vier Wochenstunden, belastet.[263] Allerdings muss der Unterhaltsschuldner in der Konsequenz eine sich hieraus ergebende Verlängerung der Ausbildungszeit hinnehmen.[264]

c) Die Erwerbsobliegenheit minderjähriger Kinder bei Schwangerschaft, Betreuung eines eigenen Kindes und in Notlagen

Grundsätzlich ist auch ein minderjähriges Kind zur Aufnahme einer Erwerbstätigkeit verpflichtet, wenn **200**
es das 15. Lebensjahr vollendet hat, die Vollzeitschulpflicht nicht mehr besteht und es sich nicht in Ausbildung befindet.

aa) Schwangerschaft der minderjährigen Tochter

Die minderjährige schwangere Tochter, die aufgrund der **Schwangerschaft** nicht erwerbstätig ist, kann **201**
unter Umständen einen Unterhaltsanspruch gegen ihre Eltern nach § 1601 haben. Allerdings nur, wenn der vorrangige Anspruch auf Betreuungsunterhalt gegen den Kindsvater nach § 1615l Abs. 2 Satz 2, Abs. 3 Satz 2 nicht besteht oder realisiert werden kann. Gleiches gilt für die verheiratete minderjährige schwangere Tochter dann, wenn der vorrangig haftende Ehemann (§ 1608 Abs. 1) verstorben ist oder Unterhaltsansprüche gegen ihn nach §§ 1360, 1361, 1570 nicht bestehen oder nicht realisiert werden können.[265]

Praxistipp **202**

Der Unterhaltsanspruch der minderjährigen schwangeren Tochter ist jedenfalls nachrangig nach den Ansprüchen gegen den Ehegatten oder (zukünftigen) nicht mit der Mutter verheirateten Kindsvater, da der Umfang der Unterhaltspflicht von Verwandten der Mitverantwortung des anderen Ehegatten nicht

257 Dose/*Klinkhammer*, § 2 Rn 54.
258 Dose/*Klinkhammer*, § 2 Rn 55.
259 OLG Karlsruhe FamRZ 1988, 758.
260 OLG Brandenburg NJW-RR 2011, 725.
261 BGH FamRZ 1987, 470; KG FamRZ 1982, 516.
262 Weinreich/*Eder*, § 1602 Rn 22.
263 OLG Hamm FamRZ 1988, 425.
264 Weinreich/*Eder*, § 1602 Rn 24.
265 Dose/*Klinkhammer*, § 2 Rn 59.

gleichzusetzen ist.[266] Gleiches muss im Verhältnis zum nicht mit der Mutter verheirateten (künftigen) Vater gelten.

bb) Betreuung eines eigenen Kindes durch die minderjährige Tochter

203 Hier gelten die gleichen Grundsätze wie bei Schwangerschaft der minderjährigen Tochter. Ihr Unterhaltsanspruch gegen die Eltern ist nachrangig zu ihrem Unterhaltsanspruch gegen den Ehemann bzw. nicht mit ihr verheirateten Kindsvater.

204 Sofern jedoch ausnahmsweise ein Unterhaltsanspruch der minderjährigen, ihr Kind betreuenden, Tochter gegen die Eltern besteht, ist Inhalt dieses Anspruchs alleine und ausschließlich die **Bedürftigkeit der minderjährigen Mutter**, nicht des (Enkel-)Kindes, für dessen Bedarf – jedenfalls zunächst – der Kindsvater aufzukommen hat.[267]

205 Liegen die Voraussetzungen für eine Haftung der Eltern der minderjährigen Mutter vor, besteht eine **Erwerbsobliegenheit** für die Unterhaltsberechtigte nur, wenn und solange sie wegen des Mutterschutzes vor und nach der Geburt nicht beschäftigt werden kann (§§ 3, 6 MuSchuG) und sie, z.B. mangels versicherungspflichtiger Tätigkeit, kein Mutterschaftsgeld erhält.[268] Ansonsten, also nach Ablauf des Mutterschutzes, ist die minderjährige Mutter als Unterhaltsberechtigte im Verhältnis zu ihren unterhaltspflichtigen Eltern verpflichtet, ihrer Erwerbsobliegenheit nachzukommen. Dies gilt auch während der ersten drei Lebensjahre des (Enkel-)Kinds,[269] es sei denn, es liegen in der Person des (Enkel-)Kindes Gründe, die eine Betreuung durch die Mutter erforderlich machen.[270]

206 *Praxistipp*

In jedem Fall ist von der minderjährigen Kindsmutter zu erwarten, dass sie ihre Eltern zumindest durch die Aufnahme einer Teilzeittätigkeit entlastet.[271] Zu diesem Zweck ist auch der leibliche Vater des (Enkel-)Kindes zur unentgeltlichen (Mit-)Betreuung heranzuziehen. Es handelt sich hierbei gerade nicht um eine freiwillige Leistung eines Dritten, die die Bedürftigkeit nicht beseitigt.[272]

207 Außerdem ist die Bedürftigkeit der unterhaltsberechtigten minderjährigen Kindsmutter im Verhältnis zu ihren unterhaltsverpflichteten Eltern um die Leistungen zu mindern, die sie im Rahmen der **gemeinsamen Lebensführung** bei bestehender Beziehung mit dem Kindsvater von diesem entgegennimmt.[273]

208 *Praxistipp*

Den Eltern steht gegenüber ihrer minderjährigen Tochter, die ihr Kind betreut, nur der notwendige Selbstbehalt zu (§ 1603 Abs. 2 Satz 1).

209 Diese Ausführungen gelten auch für den **minderjährigen Vater** des (Enkel-)Kindes, der sein Kind betreut und daher keiner – auch nur eingeschränkten – Tätigkeit nachgeht, wenn die Ansprüche gegen die vorrangig haftende Mutter des (Enkel-)Kindes nicht bestehen oder realisiert werden können.[274]

cc) Notlage eines minderjährigen Kindes

210 **Kranken und behinderten minderjährigen Kindern** bleiben die Eltern unabhängig von einer Erwerbsobliegenheit zum Unterhalt verpflichtet. Allerdings kann im Rahmen des tatsächlich Möglichen vom be-

266 OLG Hamm FamRZ 1990, 1385.
267 BGH FamRZ 1985, 273.
268 OLG Frankfurt a.M. NJW 2009, 3195.
269 BGH FamRZ 2009, 770, 772; FamRZ 1985, 273.
270 BGH FamRZ 1985, 273; OLG Thüringen FamRZ 2009, 1498.
271 BGH FamRZ 1985, 273.
272 Dose/*Klinkhammer*, § 2 Rn 61.
273 OLG Koblenz FamRZ 1991, 1469.
274 Dose/*Klinkhammer*, § 2 Rn 67.

troffenen minderjährigen Kind die Aufnahme einer zumutbaren (Teil-)Erwerbstätigkeit verlangt werden.[275] Soweit das Kind seiner **Erwerbsobliegenheit** in diesem Umfang nicht nachkommt, werden fiktive Einkünfte angerechnet.

Alkoholabhängigkeit und **Unterhaltsneurosen** gelten als Krankheiten, die grundsätzlich zur Unterhaltsbedürftigkeit des minderjährigen Kindes führen.[276] Das minderjährige Kind trifft jedoch die Obliegenheit, alle zur Gesundung und Wiedereingliederung in das Erwerbsleben zumutbaren Maßnahmen einzuleiten und abzuschließen.[277] 211

Praxistipp 212

Die **Verwirkung** nach § 1611 ist möglich.[278]

d) Fiktive Einkünfte

Grundsätzlich können auch dem minderjährigen Unterhaltsberechtigten fiktive Einkünfte zugerechnet werden. Die heute vorherrschende Rechtsprechung bejaht auch bei Minderjährigen die Berücksichtigung fiktiver Einkünfte, soweit eine gesetzliche Schulpflicht nicht mehr besteht und im Hinblick auf die gesetzlichen Bestimmungen des Jugendarbeitsschutzes eine Erwerbstätigkeit des Minderjährigen zur Deckung des eigenen Bedarfs erwartet werden kann.[279] Es kann aber in unterhaltsrechtlicher Hinsicht keine Obliegenheit für den Minderjährigen bestehen, trotz Fernbleibens vom Schulunterricht einer Erwerbstätigkeit nachzugehen, solange die gesetzliche Schulpflicht besteht, da Verstöße gegen die Erfüllung der Schulpflicht u.a. Ordnungswidrigkeiten darstellen.[280] 213

Praxistipp 214

Bei der Frage, ob es dem minderjährigen Unterhaltsberechtigten obliegt, eine Erwerbstätigkeit aufzunehmen, ist vorab zu prüfen, ob eine Schulpflicht nach den landesgesetzlichen Vorschriften besteht. Nur wenn eine Schulpflicht nicht (mehr) besteht, können dem Minderjährigen fiktive Einkünfte zugerechnet werden, sofern die Aufnahme einer Erwerbstätigkeit zur Deckung des eigenen Lebensbedarfs mit den gesetzlichen Bestimmungen des Jugendarbeitsschutzes vereinbar ist.

2. Einkünfte des minderjährigen Kindes

Die sämtlichen erzielten Einkünfte des minderjährigen Kindes sind bei der Ermittlung seiner Bedürftigkeit zu berücksichtigen und führen in der Regel konsequenterweise zur Minderung seiner Bedürftigkeit.[281] **Subsidiäre Sozialleistungen** sollen nach dem Willen des Gesetzgebers hingegen nicht auf den Unterhaltsanspruch angerechnet werden. Nach § 1602 Abs. 2 muss das minderjährige Kind aber nicht den Stamm seines Vermögens verwerten, sofern die Eltern leistungsfähig sind. 215

Die Beurteilung der Einkünfte eines minderjährigen und dem Minderjährigen gleichgestellten Kindes lassen sich im Hinblick auf ihre Anrechnung **schematisch** wie folgt darstellen: 216

Anrechenbare Einkünfte:	Nicht anrechenbare Einkünfte:
Ausbildungsvergütung	Sozialhilfe nach SGB XII
Sonstige Einkünfte aus Erwerbstätigkeit	Grundsicherung nach SGB II
Leistungen nach dem UVG	

275 Weinreich/*Eder*, § 1602 Rn 38.
276 Weinreich/*Eder*, § 1602 Rn 38; a.A. OLG Düsseldorf FamRZ 1982, 518.
277 OLG Frankfurt a.M. FamRZ 1987, 408.
278 OLG Dresden FamRZ 2011, 1407.
279 OLG Düsseldorf FamRZ 2010, 2082; OLG Brandenburg MDR 2005, 340.
280 OLG Frankfurt NJW 2015, 3105.
281 BGH FamRZ 2006, 1597 mit Anm. *Born*.

Anrechenbare Einkünfte:	Nicht anrechenbare Einkünfte:
Fiktives Einkommen wegen Verstoß gegen Erwerbsobliegenheit	Erziehungsgeld bzw. Elterngeld
Waisen- und Halbwaisenrente	Vorausleistungen nach BAföG
Endgültige BAföG-Leistungen	weitergeleitetes Pflegegeld
Einkünfte aus Vermögen	Überobligatorische und geringfügige Tätigkeit
Nicht subsidiäre Sozialleistungen	

217 Das anrechenbare Einkommen des Kindes entlastet wegen des **Grundsatzes der Gleichwertigkeit von Bar- und Betreuungsunterhalt** (§ 1606 Abs. 3 Satz 2) beide Elternteile gleichermaßen, nämlich je zur Hälfte.[282] Daher sind die anrechenbaren Einkünfte des minderjährigen Kindes zur Hälfte im Sinne einer Reduzierung des Barunterhalts zu berücksichtigen. Die andere Hälfte der anrechenbaren Einkünfte des minderjährigen Kindes gleicht die Betreuungsleistungen des betreuenden Elternteils aus. Sofern beide Elternteile auch für das minderjährige Kind – ausnahmsweise, z.B. aufgrund eigenen Hausstands des Kindes – barunterhaltspflichtig sind, ist das anrechenbare Einkommen des minderjährigen Kindes vom Bedarf in Abzug zu bringen. Der Restbedarf ist dann anteilig gemäß den jeweiligen Einkünften der Elternteile nach § 1606 Abs. 3 Satz 2 auf die Eltern zu verteilen. Im Einzelnen gilt Folgendes:

a) Die Ausbildungsvergütung des minderjährigen Kindes

218 Auf den Unterhaltsanspruch **anrechenbare Einkünfte** des minderjährigen Auszubildenden sind Ausbildungsvergütung, Ausbildungsbeihilfen, Zuschüsse während eines Praktikums und ähnliche Bezüge ab dem Zeitpunkt der Zahlung.[283]

219 Vor Anrechnung ist ein **Abzug der ausbildungsbedingten Aufwendungen** oder des ausbildungsbedingten Mehrbedarfs (Fahrtkosten, Unterrichtsmaterialien, Kleidung o.ä.) vorzunehmen,[284] dessen Höhe nicht pauschal mit der Hälfte der Ausbildungsvergütung beziffert werden kann, sondern grundsätzlich anhand der besonderen Verhältnisse des konkreten Einzelfalls zu bestimmen ist.

220 *Praxistipp*

Für die oft schwierige konkrete Bezifferung des ausbildungsbedingten Mehrbedarfs ist es zulässig, sich an Richtsätzen und Leitlinien, die auf die gegebenen Verhältnisse abgestimmt sind, sowie sich an der Lebenserfahrung zu orientieren.[285]

221 Nach den SüdL kann der **ausbildungsbedingte Mehrbedarf** mit einer Pauschale von 100 EUR monatlich beziffert werden.[286] Die Beträge der Düsseldorfer Tabelle sind im Wesentlichen auf den Bedarf eines Schulkindes zugeschnitten und daher für den minderjährigen Auszubildenden, der bereits am Berufsleben teilnimmt und daher einen höheren, nur schwer zu beziffernden Bedarf hat, nur eingeschränkt anwendbar. Daher sollen die üblichen berufsbedingten Aufwendungen pauschal mit einem Betrag von 100 EUR monatlich abgegolten werden.[287]

222 Will der minderjährige Auszubildende über die Ausbildungsaufwandspauschale **hinausgehende Ausbildungskosten** geltend machen, so muss er diese konkret darlegen und gegebenenfalls beweisen. Grund-

282 Dose/*Klinkhammer*, § 2 Rn 118.
283 Dose/*Klinkhammer*, § 2 Rn 112.
284 BGH FamRZ 1988, 159; FamRZ 1981, 541.
285 BGH FamRZ 1981, 51, 543.
286 SüdL, Ziff. 10.2.3.
287 *Scholz*, FamRZ 1993, 125, 133.

sätzlich kann auch in Mangellagen die konkrete Darlegung und Anrechnung der Ausbildungskosten vom Unterhaltsschuldner verlangt werden.[288]

223 Lebt der minderjährige Auszubildende bereits in einem **eigenen Haushalt** beläuft sich sein Bedarf nach Düsseldorfer Tabelle auf derzeit 735 EUR monatlich.[289] Eine Anrechnung des ausbildungsbedingten Mehrbedarfs mit einer Pauschale in Höhe von 90 EUR monatlich findet nicht statt.[290] In dem Bedarf von 930 EUR (DT 2023, A. 7) sind diese Kosten bereits berücksichtigt.[291]

224 *Praxistipp*

Es kann hier jedoch darüber nachgedacht werden, dem minderjährigen Auszubildenden mit eigenem Hausstand eine Pauschale für ausbildungsbedingten Mehrbedarf von 5 % in Anlehnung an die berufsbedingten Aufwendungen zuzugestehen.

225 Das um den ausbildungsbedingten Mehrbedarf des minderjährigen Auszubildenden bereinigte Einkommen muss grundsätzlich im Rahmen des Unterhaltsanspruchs gegen beide Elternteile Berücksichtigung finden, wenn das Kind im Haushalt eines Elternteils lebt. Ein Elternteil leistet den an das minderjährige Kind geschuldeten Unterhalt durch Zahlung, der andere Elternteil durch Betreuung. Beide Teile des Unterhaltsanspruchs stehen **gleichwertig nebeneinander** (§ 1606 Abs. 3 Satz 2), sodass das bereinigte Ausbildungseinkommen des minderjährigen Kindes auch bei beiden Elternteilen jeweils auf den Unterhaltsanspruch anzurechnen ist. Also werden die bereinigten Einkünfte des Kindes nur zur Hälfte auf den Barunterhalt angerechnet, die andere Hälfte der bereinigten Einkünfte dient als Ausgleich für Betreuungsleistung des anderen Elternteils.[292]

226 Etwas Anderes gilt, wenn ausnahmsweise beide Eltern dem Minderjährigen gegenüber barunterhaltspflichtig sind, weil dieser auswärtig untergebracht ist (Heim, Pflegeeinrichtung o.ä.) oder bereits einen eigenen Hausstand führt. In diesen Fällen ist grundsätzlich wie beim volljährigen Kind das bereinigte Einkommen des Kindes in voller Höhe vom Bedarf abzuziehen und erst der Restbedarf anteilig nach 1606 Abs. 3 Satz 2 auf die Eltern zu verteilen.

227 Für den Fall, dass ein Elternteil **verstorben** ist, gilt:

Der noch lebende Elternteil muss Barunterhalt als auch den Betreuungsunterhalt leisten. Sofern er das minderjährige Kind selbst betreut, ist die halbe Halbwaisenrente auf den Bedarf des Kindes im Rahmen des Barunterhalts anzurechnen. Die andere Hälfte der Halbwaisenrente kommt dem Elternteil in Anrechnung auf den Betreuungsunterhalt zugute. Wird die Betreuung des minderjährigen Kindes von dritter Seite geleistet, werden Bar- und Betreuungsunterhalt insgesamt in Höhe des doppelten Tabellenbetrags angesetzt. Die Halbwaisenrente wird in voller Höhe angerechnet.[293]

b) Überobligatorische und geringfügige Tätigkeit des minderjährigen Kindes

228 Einkünfte des Kindes kommen grundsätzlich beiden Elternteilen zugute, sofern beide Bar- bzw. Naturalunterhalt leisten.

aa) Einkünfte aus unzumutbarer Erwerbstätigkeit

229 Etwas anderes gilt jedoch für die Einkünfte des minderjährigen Kindes, die es aus **unzumutbarer Erwerbstätigkeit** erzielt.

230 Solche **überobligatorischen Einkünfte** des minderjährigen Kinds sind jedoch nicht grundsätzlich von der Anrechnung auf den Bedarf ausgenommen. Vielmehr ist die Prüfung, ob und gegebenenfalls in wel-

288 Weinreich/*Eder*, § 1602 Rn 17.
289 DT 2023, A 7.
290 DT 2023, A 8.
291 Dose/*Klinkhammer*, § 2 Rn 116.
292 BGH FamRZ 1988, 159, 161; FamRZ 1980, 1109, 1111.
293 BGH FamRZ 2006, 1597 mit Anm. *Born*.

cher Höhe eine Anrechnung von überobligatorisch erzielten Einkünften des minderjährigen Kindes auf seinen Bedarf zu erfolgen hat, anhand von Billigkeitserwägungen vorzunehmen. In entsprechender Anwendung[294] des Rechtsgedankens des § 1577 Abs. 2 wird man im Ergebnis regelmäßig zur – zumindest teilweisen – Anrechnung der Einkünfte gelangen.[295]

231 Das Einkommen des minderjährigen Kindes ist in einen **unterhaltsrelevanten** (anrechnungspflichtigen) und **nicht unterhaltsrelevanten** (nicht anrechnungspflichtigen) Teil aufzuspalten. Maßstab für diese Aufteilung sind die allgemeinen Grundsätze.[296] Danach ist § 1577 Abs. 2 entsprechend anzuwenden. Wird vom Schuldner nicht der volle Unterhalt geleistet (§ 1577 Abs. 2 Satz 1), werden die Einkünfte des minderjährigen Kindes nicht angerechnet. Ansonsten erfolgt die Anrechnung in Anwendung der Differenz-/Additionsmethode, wenn und soweit die Anrechnung unter Berücksichtigung der beiderseitigen wirtschaftlichen Verhältnisse billig erscheint (§ 1577 Abs. 2 Satz 2).[297]

232 *Praxistipp*

Vom minderjährigen Kind erzielte Einkünfte werden in entsprechender Anwendung des § 1577 Abs. 2 Satz 1 auf seinen Bedarf nicht angerechnet, wenn und soweit der Unterhaltsschuldner nicht den vollen Unterhalt – einschließlich Mehrbedarf – leistet.

bb) Einkünfte aus geringfügiger Erwerbstätigkeit

233 Bei Einkünften des minderjährigen Kindes aus **geringfügiger Tätigkeit** handelt es sich um solche, die aus einer regelmäßigen Nebentätigkeit zur Aufbesserung des Taschengelds stammen, also dem Geben von Nachhilfe, dem Austragen von Zeitungen usw. Diese Einkünfte werden dem Minderjährigen nicht auf seinen Bedarf angerechnet.[298] Einkünfte des minderjährigen Kindes aus Ferienjobs werden ebenso behandelt.

234 *Praxistipp*

Das minderjährige Kind verdient zu seinem Taschengeld lediglich „dazu", dieses wird durch eigene Tätigkeit aufgebessert. Daher unterbleibt in entsprechender Anwendung des Rechtsgedanken des § 1577 Abs. 2 Satz 1 die Anrechnung auf den Bedarf.

235 Hinter diesem Grundsatz steht der Gedanke, dass grundsätzlich jedem Menschen ein **anrechnungsfreier Zuverdienst** bis zu einer an das „**Existenzminimum**" jedes arbeitenden Menschen anlehnenden Höhe verbleiben muss.[299] Allerdings ist dies jedenfalls dann differenziert zu betrachten, wenn das unterhaltsberechtigte minderjährige Kind höhere Einkünfte, nämlich „höher als ein großzügig bemessenes Taschengeld", erzielt. Dann sollen die Einkünfte aus Billigkeitsgründen zumindest teilweise – in der Regel in Höhe der Hälfte[300] – auf den Bedarf angerechnet werden.[301]

236 *Praxistipp*

Die Höhe des auf den Bedarf des minderjährigen Kindes anzurechnenden Teils seiner Einkünfte ist immer am konkreten Einzelfall unter Berücksichtigung aller Umstände zu bemessen.[302] Es ist eine Billigkeitsentscheidung zu treffen.

294 Weinreich/*Eder*, § 1602 Rn 21.
295 BGH FamRZ 1995, 475; OLG Brandenburg FamRZ 2011, 1067.
296 Weinreich/*Eder*, § 1602 Rn 21.
297 BGH FamRZ 1987, 470; FamRZ 1983, 146.
298 OLG Hamm OLGR 2000, 176 (Ls.).
299 BGH FamRZ 1995, 475.
300 OLG Hamm FamRZ 1997, 231.
301 BGH FamRZ 1983, 152.
302 Weinreich/*Eder*, § 1602 Rn 28 m.w.N.

Außerdem müssen im Rahmen der Billigkeitsentscheidung entsprechend des Rechtsgedanken des § 1577 Abs. 2 Satz 2 auch die **schutzwürdigen Belange des/der Unterhaltsschuldner** in die Abwägung mit einbezogen werden,[303] da jedenfalls deren wirtschaftliche Verhältnisse Berücksichtigung zu finden haben. 237

Praxistipp 238

Der Unterhaltsschuldner ist darlegungs- und beweisbelastet, dass ihn das Bestehen der Unterhaltspflicht hart trifft. Besondere Tüchtigkeit des minderjährigen Schülers rechtfertigen nicht, von der Anrechnung auf den Bedarf Abstand zu nehmen.[304]

All diese Erwägungen spielen keinerlei Rolle, wenn das minderjährige behinderte Kind Einkünfte aus einer Tätigkeit in einer Behindertenwerkstätte erzielt. Diese Einkünfte werden nicht bedarfsdeckend berücksichtigt. Die Vergütung für eine solche Tätigkeit deckt nicht den Lebensbedarf des minderjährigen behinderten Kindes, sondern stellt eine Anerkennung der Leistung sowie den Versuch der Vorbereitung der Eingliederung in das Erwerbsleben dar.[305] 239

c) Einkünfte des Kindes aus seinem Vermögen und das Vermögen an sich

Grundsätzlich mindern sämtliche Einkünfte des minderjährigen Kindes seinen Lebensbedarf. 240

aa) Vermögenserträge

Erträge aus dem Vermögen des minderjährigen Kindes sind wie übrige Einkünfte auf den Bedarf anzurechnen. Weder die Herkunft des Vermögens noch eine wie auch immer geartete Zweckbestimmung sind von Relevanz. Daher sind Leistungen aus einem von den Eltern gemeinsam angesparten Ausbildungsfond oder eine Ausbildungsversicherung unmittelbar auf den **Bar**unterhaltsbedarf anzurechnen,[306] unabhängig von der jeweiligen Höhe der Beitragsanteile der jeweiligen Elternteile oder ob aufgrund der zugrundeliegenden rechtlichen Konstruktion dem minderjährigen Kind selbst unmittelbar ein Forderungsrecht zusteht.[307] 241

bb) Der Vermögensstamm

Nach § 1602 Abs. 2 muss das minderjährige Kind sein Vermögen als solches, also den **Vermögensstamm**, anders als die Vermögenserträge, nicht für Unterhaltszwecke verwenden. Dies gilt wenn und soweit der/die Unterhaltspflichtige(n) bei Berücksichtigung seiner/ihrer sonstigen Verpflichtungen den Unterhalt ohne Gefährdung seines/ihres eigenen angemessenen Bedarfs in der Lage ist/sind den geschuldeten Unterhalt zu gewähren.[308] 242

Solange seine Eltern also leistungsfähig sind, besteht kein Anlass, dass das minderjährige Kind den Stamm seines Vermögens zur unterhaltsrechtlichen Verwertung angreift.[309] 243

Praxistipp 244

Verfügt das minderjährige Kind über Vermögen, besteht keine **gesteigerte (verschärfte) Leistungspflicht** der Eltern (§ 1603 Abs. 2 Satz 3) gegenüber dem minderjährigen Kind.

Das minderjährige Kind hat vor Eintritt der verschärften Leistungspflicht der/des Unterhaltspflichtigen sein Vermögen bis auf einen „**Notgroschen**" einzusetzen, wobei die Herkunft des Vermögens keine Rolle spielt. Auch ererbtes Vermögen ist zu verwerten, wenn und soweit es dem Kind ohne Zweckbindung zu- 245

303 OLG Köln FamRZ 1996, 1101.
304 OLG Köln FamRZ 1996, 1101; OLG Zweibrücken NJWE-RR 2001, 4.
305 OLG Oldenburg FamRZ 1996, 625; FamRZ 1999, 126.
306 Weinreich/*Eder*, § 1602 Rn 39.
307 OLG Frankfurt a.M. FamRZ 1993, 98.
308 BGH FamRZ 1985, 360; Dose/*Klinkhammer*, § 2 Rn 132.
309 Dose/*Dose*, § 1 Rn 621.

gewendet worden ist.[310] Die Höhe des Notgroschens bestimmt sich nach dem Grundfreibetrag des § 12 Abs. 2 Nr. 1a SGB II, der sich für minderjährige Kinder auf einen Betrag von 3.100 EUR beläuft.

246 § 12 Abs. 2 Nr. 4 SGB II, wonach dem Hilfebedürftigen i.S.d. SGB II ein – weiterer – **Freibetrag** in Höhe von 750 EUR für notwendige Anschaffungen verbleiben darf, kann im Rahmen des Unterhaltsanspruchs des vermögenden minderjährigen Kindes keine Anwendung finden, da der zu gewährende Unterhalt grundsätzlich pauschal den gesamten Lebensbedarf des minderjährigen Kindes erfasst. Notwendige Anschaffungen stellen gegebenenfalls, wenn die Voraussetzungen vorliegen, Sonderbedarf dar, der ebenfalls vom Unterhaltsanspruch gedeckt ist.

247 *Praxistipp*

Das minderjährige Kind hat grundsätzlich den, einen Betrag in Höhe von 3.100 EUR übersteigenden, Vermögensstamm für Unterhaltszwecke zu verwenden, bevor die gesteigerte Leistungspflicht des/der Unterhaltspflichtigen eingreift.

248 Hinsichtlich des Erfordernisses der **Verwertung des Vermögensstammes** durch das minderjährige Kind ist zu beachten, dass sich eine allgemeine Billigkeitsgrenze, wie sie § 1577 Abs. 3 für den Bedarf beim nachehelichen Ehegattenunterhalt normiert, für den Verwandtenunterhalt nur im Verhältnis zum minderjährigen Kind sich in § 1602 Abs. 2 findet. Daher scheidet eine analoge/entsprechende Anwendung des Rechtsgedankens des § 1577 Abs. 3 auf das Vermögen des minderjährigen Kindes aus, sodass eine Billigkeitsgrenze für die Verwertung des Vermögens des minderjährigen Kindes gerade nicht zu beachten ist.

249 Allerdings sind bei der Frage der Verwertung des Vermögens des minderjährigen Kindes sehr wohl Billigkeitserwägungen im Sinne einer Unzumutbarkeit der Verwertung anzustellen.[311] Im Rahmen der Beurteilung der Unzumutbarkeit bzw. Zumutbarkeit der Verwertung des Vermögens des minderjährigen Kindes sind umfassend alle bedeutsamen Umstände, insbesondere aber auch die – nicht zuletzt wirtschaftliche – Situation des Unterhaltspflichtigen zu bewerten. So können auch Unterhaltsansprüche der Großeltern gegen den unterhaltspflichtigen Vater des minderjährigen Kindes in die Abwägung eingestellt werden.[312]

250 Darüber hinaus muss sich die Verwertung des Vermögens **wirtschaftlich** darstellen. Von einer Unwirtschaftlichkeit der Vermögensverwertung ist z.B. auszugehen, wenn das minderjährige Kind aus dem Vermögen Einkünfte bezieht auf deren Zufluss es im konkreten Zeitpunkt als auch in Zukunft angewiesen ist und die bei Verwertung des Vermögens wegfallen würden.[313]

251 Grundsätzlich erfordert die Frage der Verwertung des, einen Freibetrag von 3.100 EUR übersteigenden Vermögens des minderjährigen Kindes eine **umfassende Abwägung** im Hinblick auf **Zumutbarkeit und Wirtschaftlichkeit**. Sofern man im Ergebnis nach Abwägung aller Umstände des konkreten Einzelfalls dazu kommt, dass das minderjährige Kind sein Vermögen einsetzen muss, sind die für den eigenen Unterhalt einzusetzenden Mittel, also der 3.100 EUR übersteigende Betrag, auf den voraussichtlichen Leistungszeitraum umzulegen[314] und damit schrittweise zu verwerten.

cc) Einkünfte des Kindes aus Gebrauchsvorteilen

252 Auch **Gebrauchsvorteile**, wobei es sich bei solchen Gebrauchsvorteilen des minderjährigen Kindes in der Praxis regelmäßig um einen Wohnvorteil handelt, reduzieren den Barbedarf des minderjährigen Kindes.

310 BGH FamRZ 1998, 367; OLG München FamRZ 1996, 1433.
311 Dose/*Klinkhammer*, § 2 Rn 133.
312 BGH FamRZ 1998, 369.
313 Dose/*Klinkhammer*, § 2 Rn 135.
314 BGH FamRZ 1998, 367; OLG Köln NJW-FER 1999, 176.

Im Barbedarf eines minderjährigen Kindes nach den Tabellensätzen der Düsseldorfer Tabelle sind **Wohnkosten** enthalten. Lebt das minderjährige Kind bei einem Elternteil in einer schuldenfreien Immobilie, die im (Teil-)Eigentum des unterhaltspflichtigen Elternteils steht, ist es hinsichtlich der Wohnkosten nicht unterhaltsbedürftig. Wohnkosten sind Teil des Elementarbedarfs. Der Lebensbedarf des Kindes wird durch den Elementarbedarf, seinen Mehr- sowie Sonderbedarf bestimmt. Die Unterhaltsgewährung erfolgt in diesem Fall teilweise, nämlich in Höhe der Wohnkosten, in Natur, sodass das minderjährige Kind insoweit nicht mehr unterhaltsbedürftig ist.[315] In Höhe des vom unterhaltspflichtigen Elternteil erbrachten Naturalunterhalts ist der sich aus den Sätzen der Düsseldorfer Tabelle ergebende Barunterhalt zu kürzen.[316] Die Höhe des zu kürzenden Anteils ergibt sich aus den Leitlinien der jeweiligen Oberlandesgerichte[317] und wird in der Regel pauschal mit 20 % des Tabellenbedarfs bemessen.[318] 253

Mietfreies Wohnen führt auch beim minderjährigen Kind zu einem **Wohnvorteil**, der als Einkommen aus einem Gebrauchsvorteil bedarfsmindernd zu berücksichtigen ist. Dies ergibt sich aus dem elementaren Grundsatz, dass Unterhalt ausschließlich der Bedarfsdeckung dient.[319] Besteht hinsichtlich der Wohnkosten kein Bedarf, fehlt es konsequenterweise an der diesbezüglichen Bedürftigkeit des minderjährigen Kindes. Mangels Bedürftigkeit liegen die Voraussetzungen für den Unterhaltsanspruch des minderjährigen Kindes nicht vor. 254

Praxistipp 255

Der anwaltliche Berater einer am Unterhaltsrechtsverhältnis beteiligten Person darf den Wohnvorteil des minderjährigen Kindes nicht außer Acht lassen.

dd) Leistungen eines Dritten

Das minderjährige Kind als unterhaltsberechtigter Gläubiger kann **Leistungen eines Dritten** erhalten. Bei der Klärung der Frage, ob solche Leistungen Einkommen darstellen und ob bejahendenfalls dieses Einkommen ein auf den Lebensbedarf des Kindes Anrechenbares ist, muss zwischen freiwilligen Leistungen eines Dritten und solchen Leistungen eines Dritten, auf die das minderjährige Kind einen Rechtsanspruch hat, unterschieden werden. 256

Die Zuwendung des Dritten kann sich als **Barleistung**[320] und/oder **Sachleistung**[321] darstellen. Auch Naturalleistungen sind Zuwendungen an das minderjährige Kind.[322] Daher stellt auch der sich aus einer solchen Zuwendung ergebende Wohnvorteil eine nicht bedarfsmindernd zu berücksichtigende Zuwendung dar.[323] 257

Allen diesen Leistungen an das minderjährige Kind ist gemein, dass sie nur aus einer sittlichen Pflicht des Zuwendenden heraus an das minderjährige Kind gewährt werden. Es fehlt am Gegenseitigkeitsverhältnis der Leistung. Daher können solche Zuwendungen, die der Dritte aufgrund eines Rechtsanspruches des minderjährigen Kindes an dieses leistet, nicht wie freiwillige Leistungen behandelt werden.

Bei der Bestimmung der Art der Zuwendung ist der **Wille des zuwendenden Dritten** zu beachten.[324] Sie kann sich aus einer ausdrücklichen Willensbestimmung des Zuwendenden oder aber aus der persönlichen Beziehung der Beteiligten zueinander ergeben.[325] 258

315 Weinreich/*Eder*, § 1602 Rn 40.
316 OLG Düsseldorf FamRZ 1994, 1049; OLG Schleswig ZfJ 1998, 522.
317 Ziff. 21.5.2 der jeweiligen Leitlinien.
318 Dose/*Klinkhammer*, § 2 Rn 326.
319 Weinreich/*Eder*, § 1602 Rn 41.
320 OLG Hamm FamRZ 2008, 893.
321 Dose/*Dose*, § 1 Rn 708.
322 Dose/*Dose*, § 1 Rn 708.
323 BGH FamRZ 2010, 444; FamRZ 2008, 1739; FamRZ 2008, 594.
324 BGH FamRZ 2005, 967; FamRZ 1995, 537; FamRZ 1993, 417, 419.
325 BGH FamRZ 2005, 967, 969.

(1) Die freiwillige Leistung

259 In der Regel werden **freiwillige Leistungen** eines – jeden – Dritten, also Leistungen, auf die das minderjährige Kind keinen Rechtsanspruch hat, unterhaltsrechtlich nicht bedarfsmindernd angerechnet.[326]

Von der **Freiwilligkeit der Leistung** ist auszugehen, wenn der Zuwendende den Empfänger grundsätzlich unterstützen will, ohne die Bedürftigkeit des Unterhaltsberechtigten zu mindern oder den Unterhaltspflichtigen bei der Erfüllung seiner Pflicht zu entlasten.[327]

260 *Praxistipp*

Die Freiwilligkeit der Leistung fehlt, wenn das minderjährige Kind als Empfänger der Zuwendung dem Zuwendenden gegenüber unentgeltliche Leistungen erbringt,[328] da es sich bei der Gegenleistung um eine vermögenswerte handelt, die zur Abgeltung der erhaltenen Zuwendung erbracht wird. Die Höhe des Einkommens des die Zuwendung Empfangenden ergibt sich aus dem Wert der erbrachten Gegenleistung. In Höhe dieses Werts ist die empfangene Leistung Einkommen und ist bedarfsdeckend zu berücksichtigen.[329] Der Geldwert der Gegenleistung ist gegebenenfalls anhand der konkreten Umstände des Einzelfalls nach § 287 ZPO zu schätzen.[330]

261 Freiwillige Leistungen eines Dritten an das minderjährige Kind sind bei diesem nicht bedarfsmindernd als Einkommen anzurechnen.

262 *Praxistipp*

Wird in größerem Umfang dem minderjährigen Kind Kapital zugewendet, sind die hieraus anfallenden Zinsen als – anrechenbare – Einkünfte des minderjährigen Kindes bedarfsdeckend zu berücksichtigen.[331]

263 Allerdings gibt es vom Grundsatz der nicht bedarfsmindernden Anrechenbarkeit freiwilliger Leistungen **Ausnahmen**:

- **Sinn und Zweck der Zuwendung des Dritten** an das minderjährige Kind ist gerade die Entlastung des Unterhaltspflichtigen.[332]

  Das gilt auch, wenn der Zuwendende seiner, unter Umständen nur subjektiv empfundenen Verpflichtung gegenüber dem minderjährigen Kind nachkommt.[333]
- Der Unterhaltsschuldner lebt in wirtschaftlicher Hinsicht in äußerst engen Verhältnissen (**Mangelfall**).

  Die bedarfsmindernde Anrechnung der Zuwendung als Einkommen des minderjährigen Kindes ergibt sich aus Billigkeitserwägungen auch für den Fall, dass die freiwillige Leistung des Dritten gerade nicht zur Entlastung des Unterhaltspflichtigen erbracht worden ist. Ein solcher Sachverhalt kann sich ergeben, wenn das minderjährige Kind mit seiner Mutter und deren Lebenspartner in einer im Alleineigentum des Lebenspartners stehenden Wohnung lebt und sich der unterhaltspflichtige Vater in wirtschaftlichen Schwierigkeiten befindet.
- Dem minderjährigen Kind zufließende **Stipendien** mindern ebenfalls dessen Bedürftigkeit.[334]

326 Weinreich/*Eder*, § 1602 Rn 43.
327 BGH FamRZ 2000, 153; FamRZ 1995, 537, 538.
328 OLG Hamm NJW-FER 2000, 249.
329 BGH FamRZ 2004, 1170; FamRZ 2004, 1173.
330 BGH FamRZ 1983, 146; OLG Hamm FamRZ 2000, 1285.
331 OLG Köln FamRZ 1993, 711.
332 BGH FamRZ 1993, 417.
333 Weinreich/*Eder*, § 1602 Rn 43.
334 OLG Koblenz NJW-RR 1992, 389.

Praxistipp 264

Öffentliche Ausbildungshilfen zugunsten des minderjährigen Kindes sollen dann nicht als Einkommen bedarfsmindernd angerechnet werden, wenn sie zum einen für Maßnahmen geleistet werden, deren Kosten nicht Inhalt des Unterhaltsanspruchs des minderjährigen Kindes sind, da eine unterhaltsrechtliche Entlastung der Eltern gerade nicht eintritt.[335] Zum anderen soll die Anrechnung entfallen, wenn mit der Zuwendung eine besondere z.B. schulische Leistung des minderjährigen Kindes belohnt wird oder mit einem besonderen Förderungszweck verbunden ist.[336]

(2) Sozialleistungen (subsidiäre und nicht subsidiäre)

Grundsätzlich stellt der Bezug **Sozialleistungen** den Lebensunterhalt bzw. -bedarf des Empfängers sicher.[337] Daher sind Sozialleistungen im Rahmen eines Unterhaltsanspruchs als Einkommen bewerten und konsequenterweise als solches zu behandeln. Die Bezüge aus Sozialleistungen müssen vorrangig für den Lebensbedarf eingesetzt werden und sind als Einkommen des Unterhaltspflichtigen und/oder des Unterhaltsberechtigten anzurechnen. 265

Praxistipp 266

Die Vorschrift des § 1610a findet auch Anwendung auf den minderjährigen Unterhaltsgläubiger, da in jedem Fall die Sozialleistungen für die Aufwendungen benötigt werden. Etwas anderes gilt nur, wenn die Vermutung des § 1610a widerlegt wird und es dem Unterpflichtigen nicht zumutbar ist, diese Mittel anderweitig zu verwenden.[338]

Abweichend von dem **Grundsatz der Anrechnung von Sozialleistungen als Einkommen** sowohl beim Unterhaltspflichtigen als auch -berechtigten sind subsidiäre Sozialleistungen zu beurteilen. Subsidiäre Sozialleistungen sind solche, die nachrangig zu behandeln sind („Nachrang der Sozialhilfe", § 2 SGB XII). Diese decken zwar den Unterhaltsbedarf, berühren aber den bürgerlich-rechtlichen Unterhaltsanspruch nicht. Dieser Unterhaltsanspruch des Leistungsempfängers gegen den Unterhaltspflichtigen geht vielmehr auf den Leistungsträger über (§ 94 SGB XII, § 7 UVG, § 37 BAföG[339]).[340] 267

In der Konsequenz sind **subsidiäre Sozialleistungen nur beim Unterhaltspflichtigen als Einkommen** anzurechnen, nicht aber beim Unterhaltsberechtigten. Ansonsten würden diese Sozialleistungen ihren nachrangigen Charakter verlieren und die Geltendmachung der übergegangenen Unterhaltsansprüche durch den Leistungsträger würde entfallen.[341] 268

Praxistipp 269

Die Anrechnungsvorschriften für Sozialleistungen auf den Leistungsanspruch im SGB II und SGB XII haben für die Anrechnung im Unterhaltsrecht zumindest Indizwirkung und können zur Beurteilung, ob bestimmte (Sozial-)Leistungen anrechenbares Einkommen darstellen, – zumindest argumentativ – herangezogen werden.

335 Weinreich/*Eder*, § 1602 Rn 44.
336 BFHE 198, 493 = NJW 2002, 2583.
337 Eschenbruch/*Conradis*, Kap. 5 Rn 1.
338 Grüneberg/*von Pückler*, § 1610a Rn 2.
339 Für Leistungen als „Vorausdarlehen".
340 Weinreich/*Eder*, § 1602 Rn 55.
341 Eschenbruch/*Conradis*, Kap. 5 Rn 3.

270 ■ **Beispiele für nicht subsidiäre Sozialleistungen**[342]

- **BAföG-Leistungen** ohne Vorausdarlehen mindern die Bedürftigkeit des minderjährigen Schülers/Studenten (mit Einführung des G 8 sind solche Sachverhalte denkbar). Dies gilt auch für die darlehensweise Gewährung, wenn dem Unterhaltsberechtigten die Aufnahme eines solchen Kredits bei angemessener Berücksichtigung der Interessen des Schülers/Studenten und seiner Eltern im Hinblick auf die außerordentlichen günstigen Darlehensbedingungen zumutbar ist.[343]
  Dem ist nicht so, wenn die Leistung nach § 37 BAföG als Vorausdarlehen erbracht wird. In diesem Fall geht der Unterhaltsanspruch des Leistungsempfängers gegen den Unterhaltspflichtigen auf den Leistungsträger über.
- **Berufsausbildungsbeihilfen** werden nach § 97 Abs. 1 SGB III als Leistungen zur Förderung der beruflichen Eingliederung für Personen, die die wegen Art oder Schwere der Behinderung erforderlich sind, erbracht. Ziel ist die Möglichkeit der Erwerbstätigkeit des Behinderten entsprechend seiner Leistungsfähigkeit zu erhalten, zu verbessern, herzustellen oder wiederherzustellen und ihre berufliche Eingliederung zu sichern. Das Ausbildungsgeld ist keine gegenüber dem Unterhaltsanspruch nachrangige Leistung. Sie mindert die Bedürftigkeit des unterhaltsberechtigten Leistungsempfängers.[344]
  Die nach den §§ 59 ff. SGB III gewährte Berufsausbildungshilfe hingegen hat Lohnersatzfunktion und ist nur dann eine subsidiäre Geldleistung, wenn sie als Vorauszahlung geleistet wird.[345] Es handelt sich also um eine subsidiäre Sozialleistung, die für den Unterhaltsberechtigten nicht zu anrechenbaren Einkünften führt.
- **Unterhaltsvorschussleistungen** nach dem UVG stellen für das minderjährige Kind im Verhältnis zu seinen Eltern kein anrechenbares Einkommen des Kindes dar. Seine Bedürftigkeit bleibt von diesen Leistungen unberührt.[346]
  Anders sind die Leistungen nach dem UVG jedoch im (Unterhalts-)Verhältnis zu entfernten Verwandten, wie z.B. den Großeltern, zu bewerten. An dieser Stelle sind die Leistungen als Einkommen des minderjährigen Unterhaltsberechtigten bedürftigkeitsmindernd zu berücksichtigen.[347] Dies gilt für bereits gezahlten als auch noch zu gewährenden Vorschuss.[348]
- **Waisenrente** ist beim minderjährigen Unterhaltsberechtigten auf seinen Barunterhaltsanspruch gegen den Elternteil, bei dem es lebt, nur zur Hälfte anzurechnen.[349]
  Für den Fall des Versterbens eines Elternteils richtet sich der Unterhaltsanspruch des minderjährigen Unterhaltsberechtigten in Höhe des vollen Bedarfs gegen den überlebenden Elternteil. Die Waisenrente mindert den Bedarf des minderjährigen Unterhaltsberechtigten, was dem überlebenden Elternteil in voller Höhe zugutekommt.[350]
- **Wohngeld** muss zur Ermittlung der Höhe der anrechenbaren Einkünfte zunächst auf die sich aus der zwischen den Mietkosten, die in dem pauschalierten notwendigen Eigenbedarf enthalten sind (sog. erhöhte Wohnkosten),[351] und der tatsächlich gezahlten – angemessenen – Miete ergebenden Differenz verrechnet werden. Der verbleibende Rest ist anrechenbares Einkommen des minderjährigen Unterhaltsberechtigten.[352]

342 Vgl. auch Weinreich/*Eder*, § 1602 Rn 46 m.w.N.
343 BGH FamRZ 1985, 916.
344 OLG München FamRZ 1992, 213 zur Vorgängervorschrift § 56 AFG.
345 OLG Oldenburg FamRZ 1989, 531 zur Vorgängervorschrift § 40 AFG.
346 Dose/*Wönne*, § 2 Rn 903.
347 OLG Dresden FamRZ 2006, 569.
348 OLG Dresden, Urt. v. 18.9.2009 – 20 UF 331/09, juris; Dose/*Wönne*, § 2 Rn 903 m.w.N.
349 BGH FamRZ 2009, 762 = FuR 2009, 409.
350 OLG Stuttgart FamRZ 2001, 1241.
351 Weinreich/*Eder*, § 1602 Rn 46.
352 BGH FamRZ 1980, 771; FuR 2003, 275.

Zusammenfassend ist festzuhalten, dass Sozialleistungen als subsidiäre und nicht subsidiäre auftreten können. Grundsätzlich sind beide Arten sowohl beim Unterhaltspflichtigen als auch minderjährigen Unterhaltsberechtigten als Einkommen im Rahmen der Leistungsfähigkeit bzw. Bedürftigkeit zu berücksichtigen. Für subsidiäre Sozialleistungen gilt dieser Grundsatz jedoch nur in eingeschränkter Weise. In der Regel werden subsidiäre Sozialleistungen beim minderjährigen Unterhaltsberechtigten nicht als anrechenbares Einkommen berücksichtigt, nicht subsidiäre Sozialleistungen hingegen schon. 271

d) Bedürftigkeit und Jugendstrafe

Als nicht regelmäßiger aber doch in der Praxis möglicher Sachverhalt sind die Auswirkungen einer Jugendstrafe, die der minderjährige Unterhaltsberechtigte verbüßt, auf seine Bedürftigkeit zu erörtern. 272

Während der minderjährige Unterhaltsberechtigte seine **Jugendstrafe** verbüßt, sind seine wesentlichen Unterhaltsbedürfnisse wie Wohnung, Verpflegung, Gesundheits- und Krankenfürsorge, aber auch kulturelle Bedürfnisse im Rahmen des Strafvollzugs abgedeckt. Vor diesem Hintergrund ist die Rechtsprechung zum (volljährigen) Wehrdienst[353]- bzw. Zivildienstleistenden[354] entsprechend heranzuziehen, sodass vom Wegfall der Bedürftigkeit des seine Jugendstrafe verbüßenden minderjährigen Unterhaltsberechtigten auszugehen ist. 273

Praxistipp 274

Alleine der Umstand, dass der minderjährige Unterhaltsberechtigte seine Wohnung während der Verbüßung der Jugendstrafe bei einem Elternteil beibehält, begründet **keinen Anspruch auf Barunterhalt**, unabhängig davon, ob Mietzinszahlungen vereinbart worden sind, da Wohnkosten von den Beträgen der Düsseldorfer Tabelle mit abgegolten sind.

Hinsichtlich der **Einkünfte** des minderjährigen Unterhaltsberechtigten, die er während Verbüßung der Jugendstrafe bezieht, gilt Folgendes: 275

Mangels Bedürftigkeit scheitert der Unterhaltsanspruch gegen die Eltern. Da er keine Unterhaltsleistungen bezieht, verbleiben seine Einkünfte konsequenterweise beim Minderjährigen.

e) Kindergeld als anrechenbares Einkommen

An dieser Stelle wird das Kindergeld als anrechenbares Einkommen erörtert. Weitergehende Ausführungen zum Kindergeld an sich werden im Rahmen der „Einzelfragen" besprochen. 276

Das Kindergeld ist nach § 62 Abs. 1 EStG eine **staatliche Leistung** für das Kind an die Eltern. Es unterscheidet sich von anderen regelmäßig wiederkehrenden kindbezogenen steuerlichen Leistungen insofern, als es seit der Neufassung des § 1612b durch das UÄndG 2007, keine steuerliche Leistung für die Eltern (mehr) ist. 277

Das Kindergeld ist Einkommen des Kindes[355] und vermindert daher seinen Bedarf wie sonstiges anzurechnendes Einkommen,[356] da es zweckgebunden zur Deckung des Barbedarfs des Kindes einzusetzen ist.[357]

Nach der **bis 31.12.2006** geltenden Rechtslage wurde das Kindergeld mit dem Kindesunterhalt verrechnet.[358] **Seit 1.1.2007** mindert das Kindergeld die Bedürftigkeit des minderjährigen Unterhaltsberechtigten.[359] Es deckt beim minderjährigen Unterhaltsberechtigten wegen der Gleichwertigkeit von Bar- und Betreuungsleistung gemäß § 1606 Abs. 3 Satz 2 zur Hälfte den Barbedarf, zur anderen Hälfte den Betreuungsbedarf (§ 1612b Abs. 1 Satz 1 Nr. 1) des minderjährigen Kindes.[360] 278

353 BGH FamRZ 1990, 394.
354 BGH FamRZ 1994, 303.
355 BT-Drucks 16/1830 vom 15.6.2006, S. 29.
356 OLG München FamRZ 2010, 989.
357 BT-Drucks 16/1830 vom 15.6.2006, S. 28.
358 Vgl. z.B. 6. Aufl. Hdb. FamR/*Gerhardt*, 6. Kap. Rn 150c.
359 Weinreich/*Eder*, § 1602 Rn 47.
360 Hdb. FamR/*Fuchs*, 6. Kap. Rn 291.

279 *Praxistipp*

Daher ist das dem betreuenden Elternteil verbleibende – hälftige – Kindergeld nicht als dessen Einkommen bei der Berechnung des Ehegattenunterhalts zu berücksichtigen.[361] Das hälftige Kindergeld unterstützt vielmehr den betreuenden Ehegatten und wird nicht als sein eigenes Einkommen angerechnet.[362]

280 Die anzustellenden **Unterhaltsberechnungen** wurden auch insofern vereinfacht, als die Bedarfsdeckung durch das hälftige Kindergeld beim barunterhaltspflichtigen Elternteil dazu führt, dass nicht wie bis 31.12.2006 der Tabellenbetrag, sondern der Zahlbetrag als Abzugsposten in die Berechnung einzustellen ist.

Im Ergebnis führt dies auch dazu, dass sich die Verteilungsmasse beim Unterhaltspflichtigen erweitert und er somit auch gegenüber nach § 1609 nachrangigen Unterhaltsberechtigten leistungsfähig bleibt.[363]

281 *Praxistipp*

Im Geburtsmonat des minderjährigen Kindes wird der Barunterhalt nur anteilig nach Tagen geschuldet. Das Kindergeld wird hingegen im Geburtsmonat nach § 66 Abs. 2 EStG in voller Höhe ausbezahlt. Auch in diesem Monat wird das ganze Kindergeld hälftig bedarfsmindernd auf den geschuldeten Barunterhalt angerechnet.[364]

282 Grundsätzlich ist für das Kindergeld der Elternteil **bezugsberechtigt**, bei dem das Kind seinen **gewöhnlichen Aufenthalt** hat. Das ist der Betreuungsleistungen erbringende Elternteil. Bezieht das Kindergeld fehlerhaft (noch) der Barunterhaltspflichtige, ist der Kindesunterhalt um das volle Kindergeld zu erhöhen.[365]

283 *Praxistipp*

Erhöht sich das Kindergeld aufgrund eines nicht gemeinschaftlichen Kindes (sog. Zählkindervorteil), ist diese Erhöhung nicht zu berücksichtigen (§ 1612b Abs. 2). Der Zählkindervorteil stellt kein unterhaltsrechtlich zu berücksichtigendes Einkommen dar.[366]

284 Sofern **ausnahmsweise** beide Elternteile des minderjährigen Unterhaltsberechtigten barunterhaltspflichtig sind, so z.B. bei auswärtiger Unterbringung des minderjährigen Kindes, ist das Kindergeld in voller Höhe bedarfsdeckend anzurechnen. Gleiches gilt, wenn ein Elternteil verstorben ist, oder das minderjährige Kind auswärts untergebracht ist, da der eine Elternteil dann bar- und betreuungsunterhaltspflichtig ist.[367]

285 Kindergeld ist als **anrechenbares Einkommen** des minderjährigen Kindes bedarfsmindernd zu berücksichtigen und wird hälftig auf den Bar- bzw. Betreuungsbedarf aufgeteilt.

IV. Leistungsfähigkeit

286 Grundsätzlich ist nur derjenige unterhaltspflichtig, der bei Berücksichtigung seiner sonstigen Verpflichtungen ohne Gefährdung seines **angemessenen Unterhalts** Unterhalt zu gewähren in der Lage ist (§ 1603

361 Hdb. FamR/*Fuchs*, 6. Kap. Rn 291.
362 BT-Drucks 16/1830 vom 15.6.2006, S. 30.
363 BT-Drucks 16/1830 vom 15.6.2006, S. 29; BGH FamRZ 2008, 963; FamRZ 2009, 1300; FamRZ 2009, 1477; FamRZ 2010, 802; FamRZ 2010, 1318.
364 OLG München FamRZ 2004, 218.
365 Hdb. FamR/*Fuchs*, 6. Kap. Rn 291.
366 BGH FamRZ 2000, 1492.
367 BGH FamRZ 2006, 1597.

Abs. 1). Der Begriff der **Leistungsfähigkeit** beurteilt die Frage, ob der Unterhaltspflichtige wirtschaftlich in der Lage ist, den Bedarf des minderjährigen Unterhaltsberechtigten zu befriedigen.[368]

Dem Unterhaltsschuldner verbleiben alle seine zur angemessenen Deckung des seiner Lebensstellung entsprechenden allgemeinen Bedarfs benötigten Mittel (**angemessener Eigenbedarf**).[369] Der eigene Unterhalt wird als Selbstbehalt bezeichnet.[370] 287

Praxistipp 288

Der unbestimmte Rechtsbegriff des „angemessenen Unterhalts" wird für den Unterhaltsschuldner in § 1603 nicht näher bestimmt.

§ 1603 begrenzt die Leistungspflicht des Unterhaltspflichtigen auf den Betrag, der seinen eigenen Lebensbedarf (**Eigenbedarf = Selbstbehalt**) übersteigt. Leistungsfähig i.S.d. § 1603 ist also nur der Unterhaltspflichtige, dessen bereinigtes Nettoeinkommen über dem Selbstbehalt liegt.[371] 289

Praxistipp 290

Der Unterhaltspflichtige ist leistungsfähig, der den (Rest-)Bedarf des minderjährigen Kindes decken kann, ohne dass bei Berücksichtigung seiner sonstigen Verpflichtungen sein eigener angemessener Unterhalt (Eigenbedarf) gefährdet ist.

Gegenüber minderjährigen Unterhaltsberechtigten erweitert § 1603 Abs. 2 Satz 1 die Leistungspflicht des Unterhaltspflichtigen. Dort wird die **„verschärfte" Leistungspflicht** gegenüber minderjährigen sowie volljährigen unverheirateten Kindern bis zur Vollendung des 21. Lebensjahrs, die sich in allgemeiner Schulausbildung befinden, und im Haushalt der Eltern oder eines Elternteils leben (sog. privilegierte Kinder, § 1603 Abs. 2 Satz 2), normiert. 291

Im Rahmen der verschärften Leistungspflicht des Unterhaltspflichtigen wird diesem zugemutet, sein Einkommen und gegebenenfalls Vermögen[372] mit den unterhaltsberechtigten Kindern und unter Umständen anderen Unterhaltsberechtigten zu teilen, wobei er mit Beträgen auskommen muss, die unter dem Lebensstandard seiner Einkommensgruppe liegen.[373] Dieser Zustand ist nicht zu beanstanden, da der Eigenbedarf, der dem unterhaltspflichtigen Elternteil zu belassen ist, gerade auch vom Vorhandensein unterhaltsberechtigter minderjährigen und/oder privilegierter Kinder (§ 1603 Abs. Satz 2) bestimmt wird. 292

Praxistipp 293

Die verschärfte (gesteigerte) Unterhaltspflicht besteht gegenüber minderjährigen und privilegierten Kindern, wenn nicht ein anderer zur Unterhaltsleistung verpflichteter Verwandter vorhanden ist oder das Kind über Vermögen verfügt (§ 1603 Abs. 2 Satz 3).

Im Rahmen der gesteigerten Unterhaltspflicht muss der Unterhaltsschuldner **alle verfügbaren Mittel** für seinen eigenen Bedarf und den der minderjährigen und/oder privilegierten Kinder gleichmäßig verwenden. Der Unterhaltspflichtige soll nur seinen eigenen unabweisbaren Bedarf (notwendiger Selbstbehalt) vorab befriedigen dürfen. Dem Unterhaltsschuldner hat daher nur der notwendige Selbstbehalt zu verbleiben.[374] 294

368 Dose/*Klinkhammer*, § 2 Rn 239.
369 Weinreich/*Eder*, § 1603 Rn 1.
370 Vgl. SüdL Anhang 3; Hdb. FamR/*Fuchs*, 6. Kap. Rn 321.
371 Hdb. FamR/*Fuchs*, 6. Kap. Rn 321; *Lipp*, FamRZ 2012, 1.
372 BGH FamRZ 1986, 48; OLG Düsseldorf FamRZ 1994, 767.
373 Dose/*Klinkhammer*, § 2 Rn 239 a.E.
374 Dose/*Klinkhammer*, § 2 Rn 240.

Für die Frage der Leistungsfähigkeit bedeutet das, dass der Unterhaltspflichtige nur dann nicht leistungsfähig i.S.d. § 1603 ist, wenn seine Einkünfte und sein Vermögen, sofern dieses einzusetzen ist, nicht zur Deckung seiner eigenen angemessenen, bei Unterhaltspflichten gegenüber minderjährigen und/oder privilegierten Kindern zur Deckung seiner notwendigen – nicht angemessenen – Bedürfnisse ausreichen.

1. Eingeschränkte und gesteigerte („verschärfte") Leistungspflicht

295 Das eben Gesagte lässt sich **schematisch** wie folgt darstellen:[375]

Eingeschränkte Leistungspflicht

Nach § 1603 Abs. 1 ist unterhaltspflichtig nicht, wer bei Berücksichtigung seiner sonstigen Verpflichtungen außerstande ist, ohne Gefährdung seines eigenen angemessenen Lebensbedarfs (= Eigenbedarf = Selbstbehalt) den vollen Unterhalt zu gewähren. Nur der Teil des – unterhaltsrechtlich bereinigten – Einkommens ist für den Unterhalt verfügbar, der den Selbstbehalt übersteigt. Lediglich insoweit ist die Leistungsfähigkeit des Unterhaltspflichtigen gegeben.

Verschärfte Leistungspflicht

Für den Unterhalt minderjähriger oder diesen gleichgestellten privilegiert volljähriger Kinder haften die Eltern verschärft (§ 1603 Abs. 2 Satz 1 und 2). Sie müssen alle verfügbaren Mittel (Einkommen und in der Regel auch Vermögen) für den Unterhalt verwenden, indem sie diese Mittel gleichmäßig für den eigenen Unterhalt und den Unterhalt ihrer minderjährigen und privilegiert volljährigen Kinder verwenden. Verfügbar in diesem Sinne sind alle Mittel, die das Existenzminimum (notwendiger Selbstbehalt) überschreiten. Die Elternverantwortung, deren Ausfluss die Unterhaltspflicht ist, überlagert die grundsätzlichen – auch beruflichen – Dispositionsmöglichkeiten des Unterhaltsschuldners.

296 Im Rahmen der **verschärften Leistungspflicht** muss der Unterhaltsschuldner auch seine Arbeitskraft gesteigert ausnutzen in dem Sinne, dass er nicht nur den Mindestbedarf, sondern den angemessenen Unterhalt der minderjährigen und/oder privilegiert volljährigen Kinder sicherstellen kann.[376]

2. Die Selbstbehalte

297 Der Eigenbedarf (Selbstbehalt) begrenzt die Leistungspflicht und damit die Leistungsfähigkeit des Unterhaltsschuldners, indem das Tatbestandmerkmal des § 1603 Abs. 1 **„außerstande"** die Grenze zieht zwischen dem Betrag seines Einkommens, der dem Unterhaltsschuldner für sich verbleiben muss, weil er ihn zur Deckung seines eigenen Bedarfs benötigt, und dem der für die Zahlung von Unterhalt zur Verfügung steht. § 1603 Abs. 1 teilt das Einkommen des Unterhaltsschuldners somit in einen Teil der beim Schuldner verbleibt, nämlich der Selbstbehalt (Eigenbedarf), und den Teil in dessen Höhe der Schuldner leistungsfähig ist, also Unterhalt leisten kann.

a) Angemessener/notwendiger Selbstbehalt

298 § 1603 Abs. 2 Satz 1 verschiebt nun für den Unterhalt minderjähriger Kinder die Abgrenzungslinie im Bereich des Einkommens des Unterhaltsschuldners zwischen Selbstbehalt und Leistungsfähigkeit des § 1603 Abs. 1 in Richtung **Existenzminimum des Unterhaltsschuldners** bis hin zum notwendigen Ei-

375 Vgl. Weinreich/*Eder*, § 1603 Rn 1 m.w.N.
376 BGH FamRZ 2000, 1358; OLG Düsseldorf ZFE 2003, 154 (Ls.); *Elden*, FamFR 2010, 241.

genbedarf, um den Anteil des Einkommens zu erhöhen, aus dem der Unterhalt geleistet wird, also um die Leistungsfähigkeit zu steigern.

§ 1603 Abs. 2 Satz 2 erweitert das Erfordernis „der Verschiebung des Selbstbehalts" vom angemessen (§ 1603 Abs. 1) zum notwendigen (§ 1603 Abs. 2 Satz 1) auf die volljährigen unverheirateten Kinder bis Vollendung des 21. Lebensjahrs, solange sie im Haushalt der Eltern oder eines Elternteils leben und sich in der allgemeinen Schulausbildung befinden.

Über den jeweiligen Eigenbedarf wird also die Höhe des Einkommensanteils bestimmt, der dem Unterhaltsschuldner zu verbleiben hat (Selbstbehalt), und die Höhe des Einkommensanteils, die zur Leistung von Unterhalt zur Verfügung steht (**Leistungsfähigkeit**). Schlussendlich definiert der Eigenbedarf den Haftungsmaßstab im Verwandtenunterhalt. 299

Praxistipp 300

Der Eigenbedarf wird immer durch das jeweilige Unterhaltsschuldverhältnis bestimmt. Schuldet der Unterhaltspflichtige mehreren Personen Unterhalt, so ist sein Eigenbedarf jeweils unter Beachtung der Rangverhältnisse zu bestimmen. Gegenüber minderjährigen und privilegiert volljährigen Kindern hat dem Unterhaltsschuldner der notwendige Eigenbedarf, gegenüber allen anderen Kindern der angemessene Selbstbehalt zu verbleiben.

b) Höhe der jeweiligen Selbstbehalte

Grundsätzlich ist die Bemessung der Höhe des Selbstbehalts im jeweiligen Unterhaltsschuldverhältnis Sache des Tatrichters, der unter Anwendung der geltenden Rechtsgrundsätze zu einem im Einzelfall angemessenen Ergebnis kommen soll.[377] 301

Als **Arbeitshilfe** wurden in der Praxis Unterhaltsrichtlinien, Tabellen und Verteilungsschlüssel entwickelt, denen mittlerweile die Rechtsqualität von **anerkannten Erfahrungssätzen** zukommt.[378] Insbesondere soll durch die Anwendung dieser Erfahrungssätze bei Ausfüllung des unbestimmten Rechtsbegriffs „angemessener Unterhalt" eine möglichst gleichmäßige Behandlung gleichartiger Lebenssachverhalte gewährleistet werden.[379]

Hieraus wird deutlich, dass die sich aus der Tabelle für die Tabellenfamilie, die seit 1.1.2010 aus zwei Erwachsenen und einem Kind besteht, ergebenden Werte nicht absolut, sondern im **Einzelfall unter Berücksichtigung aller konkreten Umstände** sehr wohl veränderlich sind.[380] 302

Praxistipp 303

Es ist Sache des anwaltlichen Vertreters dem Gericht die Umstände aufzuzeigen, die im konkreten Sachverhalt zu einer Abweichung von den Erfahrungssätzen, wie sie in der Tabelle wiedergegeben werden, führen. So kann z.B. die Herab- oder Höherstufung in der Düsseldorfer Tabelle angezeigt sein, da der Sachverhalt von der Tabellenfamilie abweicht, indem mehr oder weniger Unterhaltspflichten zu bedienen sind.

aa) Der notwendige Selbstbehalt (§ 1603 Abs. 1)

Im Verhältnis zu minderjährigen und privilegiert volljährigen Kindern stellt der notwendige Selbstbehalt die unterste Grenze der Inanspruchnahme des Unterhaltsschuldners dar.[381] Der **notwendige Selbstbehalt** beträgt nach der Düsseldorfer Tabelle bei Erwerbstätigen seit 1.1.2023 1.370 EUR, beim Nichterwerbs- 304

377 BGH FamRZ 2012, 530 = FuR 2012, 255.
378 BGH FamRZ 1992, 795.
379 BGH FamRZ 1984, 374.
380 BGH FamRZ 1989, 272.
381 BGH FamRZ 2009, 314 = FuR 2009, 162 m.w.N.

tätigen 1.120 EUR, wobei jeweils ein Betrag in Höhe von 520 EUR für Unterkunft, umlagefähige Nebenkosten und Heizung enthalten ist.

bb) Der angemessene Selbstbehalt (§ 1603 Abs. 2)

305 Gegenüber Unterhaltsansprüchen volljähriger Kinder steht dem Unterhaltsschuldner der **angemessene Selbstbehalt** in Höhe von 1.650 EUR zu. In diesem Betrag sind 650 EUR für Warmmiete enthalten.[382] Nach Auffassung des BGH ist nicht zu beanstanden, dass beim angemessenen Selbstbehalt im Hinblick auf eine Erwerbstätigkeit des Unterhaltsschuldners keine Unterscheidung – wie dies beim notwendigen Selbstbehalt der Fall ist – erfolgt.[383]

306 Die nachfolgenden Selbstbehalte werden an dieser Stelle lediglich der Vollständigkeit halber und als „griffbereite" Arbeitshilfe für das jeweilige Unterhaltsschuldverhältnis in der gebotenen Kürze dargestellt.

cc) Der Mindestselbstbehalt gegenüber dem getrennt lebenden oder geschiedenen Ehegatten und gegenüber der Mutter eines nichtehelichen Kindes (§ 1615l)

307 Der Mindestselbstbehalt hat dem Unterhaltsschuldner sowohl gegenüber dem von ihm getrennt lebenden oder geschiedenen Ehegatten als auch gegenüber der Mutter eines nicht ehelichen Kindes zu verbleiben.

Er beträgt derzeit 1.510 EUR für den Erwerbstägigen und 1.385 EUR für den Nichterwerbstätigen. Er enthält jeweils 580 EUR für Warmmiete.[384]

dd) Der individuelle (ehe-)angemessene Selbstbehalt gegenüber getrennt lebenden oder geschiedenen Ehegatten und gegenüber der Mutter einen nichtehelichen Kindes (§ 1615l)

308 Sofern im Unterhaltsschuldverhältnis ein neuer Ehegatte bzw. Partner beim Unterhaltsschuldner zu berücksichtigen ist, muss der Selbstbehalt individuell nach dem Grundsatz der Halbteilung bestimmt werden.[385]

Gleiches gilt hinsichtlich des Selbstbehalts des Unterhaltsschuldners im Verhältnis zur Mutter eines nichtehelichen Kindes.[386]

ee) Der angemessene Selbstbehalt gegenüber den Eltern

309 Dem Unterhaltspflichtigen ist der angemessene Selbstbehalt zu belassen.

Bei dessen Bemessung sind Zweck und Rechtsgedanken des Gesetzes zur Entlastung unterhaltspflichtiger Angehöriger in der Sozialhilfe und in der Eingliederungshilfe (Angehörigenentlastungsgesetz) vom 10.Dezember 2019 (BGBl I S. 2135) zu beachten.[387]

c) Konsumverzicht und Synergie-Effekte einer neuen Partnerschaft

310 Sowohl ein bewusster Konsumverzicht als auch die Aufnahme einer neuen Partnerschaft haben unter Umständen Auswirkungen auf den Selbstbehalt des Unterhaltsschuldners.

aa) Der Konsumverzicht

311 Im Rahmen seines Selbstbehalts kann der Unterhaltsschuldner über seine, ihm verbleibenden Mittel frei verfügen. Er kann sein Ausgabeverhalten auf andere Prioritäten abstimmen, indem er z.B. sehr günstig wohnt, um so freiwerdende Mittel für andere Interessen einsetzen zu können. Ein solches Verhalten des Unterhaltsschuldners bezeichnet man als „**Konsumverzicht**". Es führt nicht zur Herabset-

382 DT 2023, Anm. A 5.
383 BGH FamRZ 2006, 1099.
384 DT 2023, Anm. B III.
385 BVerfG FamRZ 2011, 437.
386 Weinreich/*Eder*, § 1603 Rn 92.
387 DT 2023 D. I.

zung des Selbstbehalts beim Unterhaltsschuldner.[388] Diese Autonomie in seiner Lebensgestaltung ist dem Unterhaltsschuldner auch gegenüber dem minderjährigen oder privilegiert volljährigen Kind zuzugestehen.[389]

Praxistipp **312**

Eine **Herabsetzung des Selbstbehalts** kann aber beim Konsumverzicht ausnahmsweise dann angezeigt sein, wenn der Unterhaltsschuldner für das minderjährige oder privilegiert volljährige Kind den Mindestunterhalt nicht zu leisten vermag.[390]

bb) Die Synergie-Effekte einer neuen Partnerschaft

Wenn der Unterhaltsschuldner mit einem Partner zusammenlebt, treten **Synergie-Effekte** ein mit dem Ergebnis, dass die Kosten für einen gemeinsam geführten Haushalt im Vergleich zu einem allein geführten geringer sind. Man spricht von ersparten Aufwendungen des Unterhaltsschuldners.[391] Diese Ersparnis ergibt sich aus dem Zusammenleben mit dem Ehegatten[392] oder einem neuen Lebenspartner.[393] **313**

Das Zusammenleben mit dem Ehegatten oder dem Lebenspartner stellt keine, unterhaltsrechtlich in der Regel, unbeachtliche freiwillige Leistung eines Dritten dar, sondern führt aufgrund der sich einstellenden Synergie-Effekte zu einer sehr wohl zu berücksichtigenden Kostenersparnis.[394] Gleiches gilt für den Fall des Zusammenlebens in einer **gleichgeschlechtlichen Partnerschaft**.[395] **314**

Diese sich aus dem Zusammenleben ergebende Ersparnis wirkt sich sowohl auf die Wohn- als auch allgemeinen Lebenshaltungskosten aus.[396] Der Gesetzgeber ging in seiner Begründung zur Unterhaltsreform davon aus, dass der Eintritt dieser Ersparnis allgemein bekannt sei.[397] Das BVerfG bewertet sie als einen einkommensrechtlich zu berücksichtigenden Umstand.[398]

Aufgrund der Kostenersparnis ist der **Lebensbedarf des Unterhaltspflichtigen** ein geringerer. Dieser Umstand wird durch Kürzung seines Eigenbedarfs wiedergegeben, so dass sich die Leistungsfähigkeit des Unterhaltsschuldners erhöht.[399] Nach Auffassung des BGH beträgt die sich aufgrund der Synergie-Effekte einstellende Ersparnis analog § 20 Abs. 3 SGB II für jeden der zusammenlebenden Partner je 10 %, d.h. für beide 20 % des Selbstbehalts.[400] Es ist davon auszugehen, dass dieser Wert sich bei besseren Einkommensverhältnissen, insbesondere bei damit einhergehenden hohen Wohnkosten, weiter erhöht, da sich die Ersparnis nach § 20 Abs. 3 SGB II auf die reinen Lebenshaltungskosten – ohne Wohnkosten – erstreckt.[401] **315**

Die Kürzung des Selbsthalts des Unterhaltsschuldners um jedenfalls 10 % erfolgt unabhängig davon, ob der neue Partner, mit dem er zusammenlebt, leistungsfähig ist. Ihm muss bei Zusammenleben mit einem neuen Partner in wirtschaftlich beengten Verhältnissen lediglich das sozialhilferechtliche Existenzminimum verbleiben.[402]

388 BGH FamRZ 2004, 186 m.w.N.
389 BGH FamRZ 2006, 1664; OLG Hamm FamRZ 2006, 952; OLG Naumburg OLGR 2007, 585.
390 OLG Dresden FamRZ 1999, 1522; OLG Köln FamFR 2009, 115; OLG Hamm FamRZ 2007, 1039; OLG Koblenz FamRZ 2009, 891.
391 Hdb. FamR/*Gerhardt*, 6. Kap. Rn 113.
392 BGH FamRZ 2012, 281; 2010, 1535; 2009, 762.
393 BGH FamRZ 2008, 594; 2009, 314.
394 BGH FamRZ 2008, 594.
395 BGH FamRZ 1995, 344.
396 BGH FamRZ 2008, 594.
397 BT-Drucks 16/1830, S. 23.
398 BVerfG FamRZ 2011, 437.
399 Hdb. FamR/*Gerhardt*, 6. Kap. Rn 113.
400 BGH FamRZ 2010, 1535.
401 Hdb. FamR/*Gerhardt*, 6. Kap. Rn 113 a.E.
402 BGH FamRZ 2008, 594.

316 *Praxistipp*

Grundsätzlich ist bei Zusammenleben des Unterhaltspflichtigen mit einem neuen Partner dessen Selbstbehalt um 10 % zu kürzen. Sollte dieser Kürzungsbetrag in Streit geraten, weil er vom Unterhaltsschuldner bestritten wird oder aber sich Anzeichen für den Unterhaltsgläubiger ergeben, dass eine weitergehende Kürzung angezeigt ist, muss zu den einzelnen Kosten, insbesondere den Wohnkosten, konkret vorgetragen werden.[403]

3. Einkünfte des Unterhaltspflichtigen

317 Im Rahmen der Prüfung der Leistungsfähigkeit des Unterhaltsschuldners ist **sein gesamtes Einkommen** maßgeblich.[404] Daher ist das unterhaltsrechtliche relevante Einkommen des Unterhaltsschuldners nach den allgemeinen Grundsätzen zu ermitteln.

318 Nach dem **weiten Einkommensbegriff** sind alle erzielten und erzielbaren Einkünfte, egal aus welcher Quelle, welcher Art oder aus welchem Anlass, zu berücksichtigen.[405] Das unterhaltsrechtliche relevante Einkommen ergibt sich zunächst aus allen sieben Einkommensarten nach § 2 EStG. Daneben ist ein Wohnvorteil des Unterhaltsschuldners einkommenserhöhend zu berücksichtigen, gleiches gilt für fiktive Einkünfte und unter Umständen für freiwillige Zuwendungen Dritter.

a) Tatsächliche Einkünfte mit Wohnvorteil

319 Die tatsächlichen Einkünfte ergeben sich aus den vom Unterhaltsschuldner bezogenen Einkünften.

Daneben erhöht sich die Leistungsfähigkeit des Unterhaltsschuldners auch um den Vorteil, den er aus dem Umstand hat, dass er in einer eigenen Immobilie wohnt. Der **Mietwert des Wohnens in eigener Wohnung** ist unterhaltspflichtiges Einkommen.[406] Die Anrechnung des Wohnvorteils erfolgt vor der Einordnung in die Einkommensgruppe der Düsseldorfer Tabelle, da diesbezüglich das gesamte Einkommen des Unterhaltsschuldners Berücksichtigung findet.[407]

320 *Praxistipp*

Die Frage, ob als Wohnwert im Unterhaltsrechtsverhältnis zum minderjährigen und/oder privilegiert volljährigen Kind der angemessene oder objektive Wohnwert anzusetzen ist, wurde bislang höchstrichterlich noch nicht entschieden. Im Hinblick auf die gesteigerte Leistungspflicht ist jedoch vom einkommenserhöhenden Ansatz des objektiven Mietwerts auszugehen.

321 Als Einkommen angesetzt wird der Betrag, der der **Ersparnis an Fremdmiete** entspricht. Allerdings ist eine Bereinigung durch Abzug des erforderlichen Schulddienstes, soweit ein solcher vom Unterhaltsschuldner geleistet wird, um notwendige Instandhaltungskosten und die verbrauchsabhängigen Kosten, mit denen der Mieter üblicherweise nicht belastet wird, vorzunehmen.[408] Einkommenserhöhend wird also die Differenz zwischen Gebrauchswert einerseits und dem Aufwand andererseits angesetzt.[409]

322 *Praxistipp*

Die mit dem Eigentumserwerb verbundenen Kosten sind grundsätzlich als Vorteil des mietfreien Wohnens in Abzug zu bringen, da der Eigentümer nur in Höhe der Differenz günstiger lebt als ein Mieter.[410]

403 Hdb. FamR/*Gerhardt*, Kap. 6 Rn 113 a.E.
404 Dose/*Klinkhammer*, § 2 Rn 241.
405 BGH FamRZ 2006, 99; FamRZ 2004, 186.
406 Hdb. FamR/*Gerhardt*, Kap. 6 Rn 71 ff.
407 Dose/*Gerhardt*, § 1 Rn 572.
408 So die meisten Unterhaltsrechtlichen Leitlinien.
409 BGH FamRZ 1995, 869.
410 BGH FamRZ 2008, 963 = FuR 2008, 283.

Der einkommenserhöhende Betrag, der dem Unterhaltsschuldner als Gebrauchsvorteil zufließt, bemisst sich nach den tatsächlichen Verhältnissen, nämlich in der Regel nach dem **objektiven Mietwert** der eigenen Immobilie, der auf dem Markt erzielt werden könnte.[411] 323

Praxistipp 324

- Kann zwischen den Beteiligten keine Einigung hinsichtlich der erzielbaren objektiven Marktmiete erreicht werden, ist hierüber gegebenenfalls ein Sachverständigengutachten einzuholen. Dabei ist jedoch genau zu prüfen, ob die hierfür anfallenden Kosten nicht den Unterhaltsmehrwert auffressen.
- Für den Wohnwert kann sich tatsächlich ein negativer Wert ergeben, wenn die Abzugspositionen die Höhe des Wohnvorteils anhand der objektiven Marktmiete übersteigen. Der negative Wohnwert ist in diesem Fall einkommensmindernd abzusetzen.[412]

Im Nachfolgenden werden die einzelnen Abzugspositionen dargestellt. 325

aa) Verbrauchsunabhängige und verbrauchsabhängige Kosten

Verbrauchsunabhängige Kosten, die vom Eigentümer zu tragen sind und nicht nach § 556 Abs. 1 §§ 1, 2 BetrKV auf den Mieter umgelegt werden können, reduzieren den Wohnvorteil.[413] Alle auf den Mieter nach den zitierten Vorschriften umlagefähigen Kosten haben auf den Wohnvorteil keinen Einfluss, da der Eigentümer insoweit nicht günstiger als ein Mieter wohnt.[414] Das gilt auch für die **verbrauchsabhängigen** Kosten, da sich diese – verbrauchsabhängig – stetig verändern und zudem individuell beeinflussbar sind.[415] 326

Die **Unterscheidung** zwischen verbrauchsabhängigen und verbrauchsunabhängigen Kosten ist auch dann zu beachten, wenn die Immobilie im – hälftigen – Miteigentum steht. Jeder Miteigentümer ist nach Gemeinschaftsrecht verpflichtet, die nicht durch individuellen Verbrauch verursachten Hauskosten im Verhältnis der Miteigentumsanteile zu tragen, unabhängig davon, wer von beiden die Immobilie bewohnt.[416] Der Alleineigentümer muss die verbrauchsunabhängigen Kosten auch alleine tragen. 327

Die verbrauchsabhängigen Kosten als Teil der allgemeinen Lebenshaltungskosten trägt immer der Unterhaltsschuldner, der die Immobilie bewohnt. 328

Praxistipp 329

Für die Frage, ob verbrauchs- und/oder verbrauchsunabhängige Kosten einkommenserhöhend zu berücksichtigen sind, ist deren Umlagefähigkeit entscheidend.

bb) Kosten für Instandhaltung

Des weiteren ist vom einkommenserhöhenden Teil des Wohnvorteils der **notwendige Instandhaltungsaufwand** in Höhe der hiermit verbundenen Kosten abzuziehen.[417] Dieser Grundsatz erstreckt sich auch auf Rücklagen für Instandhaltungskosten, sofern diese, z.B. von der Eigentümergemeinschaft, vorgeschrieben sind.[418] Instandhaltungskosten in diesem Sinne sind solche, die konkret zur Erhaltung des Wohnraums anfallen. Nicht erfasst sind jedoch Kosten für Ausbauten und Modernisierungsaufwendungen, bei denen es sich um nicht berücksichtigungsfähige vermögensbildende Ausgaben handelt.[419] 330

411 BGH FamRZ 1995, 869; FamRZ 2000, 950 = FuR 2000, 469.
412 BGH FamRZ 2007, 879.
413 BGH FamRZ 2009, 1300 = FuR 2009, 567.
414 BGH FamRZ 2009, 1300 = FuR 2009, 567.
415 Dose/*Gerhardt*, § 1 Rn 499 a.E.
416 Dose/*Gerhardt*, § 1 Rn 501.
417 BGH FamRZ 2000, 351; 1997, 281.
418 OLG München 2002, 1407.
419 BGH FamRZ 1997, 281.

331 Sofern Miteigentum vorliegt, müssen die Miteigentümer mit der konkreten Instandhaltungsmaßnahme einverstanden sein.[420] Liegt der Wohnvorteil in Form eines Nießbrauchs vor, sind Instandhaltungskosten grundsätzlich als genereller Erhaltungsaufwand vom Wohnvorteil in Abzug zu bringen.[421]

332 *Praxistipp*

Im Grundsatz ist davon auszugehen, dass die Durchführung von Instandhaltungsmaßnahmen den Wohnwert der Immobilie verbessert und folglich eine höhere objektive Marktmiete erzielt werden kann. Entsprechend ist ein höherer Wohnvorteil als Einkommen zu berücksichtigen. Vor diesem Hintergrund ist für die Berücksichtigung von Instandhaltungskosten ein großzügiger Maßstab anzusetzen.[422]

cc) Kosten für das Immobiliendarlehen

333 Die **Kosten für das Immobiliendarlehen** enthalten Zahlungen auf den Zins und Zahlungen auf die Tilgung. Es werden nach den allgemeinen Grundsätzen die gesamten diesbezüglichen Kosten vom Wohnvorteil abgesetzt.

334 Allerdings ist an dieser Stelle die Frage der Absetzbarkeit von Zins- und Tilgungsleistungen vom für den Unterhaltsschuldner einkommenserhöhenden Wohnvorteil im Unterhaltsrechtsverhältnis mit dem minderjährigen oder privilegiert volljährigen Kind zu beurteilen.

Zinszahlungen sind immer vom Wohnvorteil in Abzug zu bringen,[423] sodass sie im Ergebnis das Einkommen des Unterhaltsschuldners schmälern.

Auch nach den allgemeinen Grundsätzen der Einkommensermittlung bleiben **Tilgungsleistungen** als Abzugsposition unberücksichtigt, wenn von der damit einhergehenden Vermögensbildung nur der Unterhaltsschuldner, aber nicht der Unterhaltsgläubiger, profitiert. Doch gerade so verhält es sich im Verhältnis zum minderjährigen Unterhaltsgläubiger.[424] Er nimmt an der Vermögensbildung, die zu seinen Lasten vom Unterhaltsschuldner betrieben wird, nicht teil. Außerdem besteht für den Unterhaltsschuldner gegenüber dem minderjährigen oder privilegiert volljährigen Unterhaltsgläubiger in der Regel die Verpflichtung zum Einsatz des Vermögens. In der Konsequenz mindern Tilgungsleistungen den Wohnvorteil des Unterhaltsschuldners nicht.

335 *Praxistipp*

Unter Umständen sind die Tilgungsleistungen als Vorsorgeaufwand im Rahmen der sekundären oder auch primären Altersvorsorge als Abzugsposten zu berücksichtigen

336 *Exkurs*

Der BGH will eine **umfassende Interessenabwägung** nach dem Zweck der Verbindlichkeiten, Zeitpunkt und Art der Entstehung der Schuld sowie Kenntnis der Unterhaltsverpflichtung nach Grund und Höhe vornehmen,[425] sofern ein über dem Mindestunterhalt liegender Unterhaltsbetrag geschuldet wird. Dann soll die Zahlung auf die Darlehensverbindlichkeit (Zins und Tilgung) in voller Höhe vom Wohnwert abgesetzt werden.[426]

Im Rahmen dieser Interessenabwägung sollen folgende Gesichtspunkte von Belang sein:

- Der Kredit muss insgesamt im angemessenen Rahmen zum Wohnwert stehen.[427]
- Liegt der Zeitpunkt der Anschaffung der Immobilien und damit der Abschluss des Kredits vor oder nach Kenntnis der Unterhaltspflicht?

420 Dose/*Gerhardt*, § 1 Rn 502.
421 BGH FamRZ 2010, 1633.
422 Dose/*Gerhardt*, § 1 Rn 502.
423 BGH FamRZ 2009, 23; 2008, 963.
424 BGH, Beschl. v. 18.1.2017 – XII ZB 118/16.
425 BGH FamRZ 2002, 815.
426 BGH FamRZ 2004, 1184.
427 BGH NJW-RR 1995, 129; FamRZ 1984, 358.

- Kann die Tilgung zeitlich gestreckt werden?
- Kann sich ein neuer Lebenspartner an der Rückführung beteiligen?

Im Ergebnis wird sich der anwaltliche Vertreter der für seinen Mandanten **günstigeren Auffassung** anschließen, daher wurden die Argumente zur Begründung der jeweiligen Ansicht an dieser Stelle dargestellt.

b) Fiktive Einkünfte

Die Leistungsfähigkeit des Unterhaltsschuldners wird auch durch seine **Erwerbsfähigkeit** und seine **Erwerbsmöglichkeiten** bestimmt.[428] Sofern er über keine oder zu geringe Einkünfte verfügt, um den geschuldeten Unterhalt zu bedienen, trifft ihn die unterhaltsrechtliche Obliegenheit, die ihm möglichen und zumutbaren Einkünfte zu erzielen, insbesondere seine Arbeitskraft optimal einzusetzen.[429] Kommt der Unterhaltsschuldner dieser Obliegenheit unterhaltsbezogen leichtfertig und vorwerfbar nicht nach, werden ihm solche Einkünfte – fiktiv[430] – als unterhaltsrechtliches Einkommen angerechnet, die er unterhaltsbezogen verantwortungslos nicht bezieht.[431] 337

Die **Zurechnung fiktiver Einkünfte** bedingt neben den fehlenden subjektiven Erwerbsbemühungen (unterhaltsbezogen leichtfertig) des Unterhaltsschuldners in objektiver Hinsicht, dass die zur Erfüllung der Unterhaltspflicht erforderlichen Einkünfte vom Unterhaltsschuldner überhaupt erzielt werden können.[432] Das heißt, es müssen sowohl die persönlichen Voraussetzung als auch ein entsprechendes Angebot an freien Arbeitsstellen vorhanden sein.[433] Dabei ist der Arbeitsmarkt am Wohnort des Unterhaltsschuldners zu betrachten, wenn ihm ein Umzug, z.B. wegen der Ausübung des Umgangsrechts, nicht zugemutet werden kann.[434] Selbstverständlich muss der Unterhaltsschuldner entsprechende Bemühungen um eine Arbeitsstelle an den Tag legen, die in der Regel durch eine ausreichende Anzahl von Bewerbungen dokumentiert werden müssen.[435] 338

Praxistipp 339

Der Unterhaltsschuldner ist hinsichtlich seiner – gescheiterten – Erwerbsbemühungen darlegungs- und beweisbelastet. Daher muss er sich rechtzeitig in ausreichender Zahl auf freie Arbeitsstellen bewerben, sich beim Arbeitsamt arbeitssuchend melden usw. Die Bewerbungen und gegebenenfalls Absagen sind zur Vorlage bei Gericht entsprechend zu dokumentieren.

Es ist Aufgabe des anwaltlichen Vertreters, seinen Mandanten auf diesen Umstand hinzuweisen.

Nachfolgend werden **Sachverhalte** aufgezählt, bei deren Vorliegen die **Zurechnung von fiktiven Einkünften** beim Unterhaltsschuldner in Betracht kommt und daher – zumindest – geprüft werden sollte. 340

- Ausreichende Erwerbsbemühungen des Unterhaltsschuldners bei – auch unverschuldeter – Arbeitslosigkeit.
- Freiwilliger Wechsel des Arbeitsplatzes bzw. Berufs.
- Freiwillige Aufgabe nicht selbstständiger Erwerbstätigkeit, auch bei – fingierter – Kündigung des Arbeitgebers.
- Freiwillige Aufgabe der selbstständigen Tätigkeit.
- Unfreiwilliger – auch selbstverschuldeter – Verlust des Arbeitsplatzes.
- Strafhaft.
- Eintritt in Altersteilzeit bzw. Rente.

428 BGH FamRZ 2003, 1471; FamRZ 1996, 345.
429 Dose/*Klinkhammer*, § 2 Rn 244.
430 OLG Brandenburg FamRZ 2001, 37; FamRZ 2004, 483 (Ls.); OLG Hamm FamRZ 2001, 559, OLG Naumburg FamRZ 2004, 254.
431 Weinreich/*Eder*, § 1603 Rn 62; Dose/*Klinkhammer*, § 2 Rn 244.
432 BVerfG FamRZ 2010, 183; BGH FamRZ 2008, 2104.
433 BVerfG FamRZ 2010, 183; BGH FamRZ 2008, 2104.
434 KG FamRZ 2003, 1208.
435 OLG Stuttgart FamRZ 2008, 1653.

341 Einkünfte werden fiktiv in der Höhe zugerechnet, wie der Unterhaltsschuldner sie durch Ausübung einer **zumutbaren Erwerbstätigkeit** hätte erzielen können,[436] da er sich unterhaltsrechtlich so behandeln lassen muss, als hätte und würde er diese Einkünfte in dieser Höhe tatsächlich erzielt haben bzw. erzielen.[437] Daher orientiert sich die Höhe der fiktiven Einkünfte an der Höhe der ursprünglich vom Unterhaltsschuldner erzielten Einkünfte.[438] Abzustellen ist jedoch nicht auf das unterste Niveau der möglichen Einkünfte, sondern auf die Höhe, wie sie bei entsprechend zumutbaren Einsatz zu erzielen sind.[439]

342 *Praxistipp*

Wenn es bei der ursprünglich ausgeübten teilschichtigen Tätigkeit an der Leistungsfähigkeit des Unterhaltsschuldners fehlt, sind ihm fiktiv Einkünfte aus dieser jedoch vollschichtigen Tätigkeit anzurechnen.[440]

343 In welcher Höhe sich fiktiv anzurechnende Einkünfte des Unterhaltsschuldners ergeben, bestimmt sich nach seinen Fähigkeiten, seiner Ausbildung, seiner Qualifikation und seinen beruflichen Möglichkeiten, die im Rahmen einer **Gesamtabwägung aller Umstände konkret festzustellen sind**.[441] An dieser Stelle ist auch die Prognose der zukünftigen Leistungsfähigkeit des Unterhaltsschuldners im Wege einer hypothetischen Betrachtungsweise zu erstellen, die insbesondere die Beschäftigungschancen bei den derzeitigen Arbeitsmarktverhältnissen zu berücksichtigen hat.[442] Auch bei Verstoß gegen seine Erwerbsobliegenheit auf dem Unterhaltspflichtigen nur ein Einkommen zugerechnet werden, dass von ihm realistischerweise erzielt werden kann.[443]

344 *Praxistipp*

Ausgangspunkt für die Zurechnung eines fiktiven Einkommens in einem Fall, in dem die behauptete unterhaltsrechtliche Leistungsunfähigkeit Folge einer **Insolvenz** sein soll, ist derjenige Betrag, den der Unterhaltspflichtige unter Berücksichtigung seiner Ausbildung, seiner Fähigkeiten und seiner sonstigen persönlichen Qualifikation realistischerweise tatsächlich erzielen könnte. Ein erstes, allerdings sehr gewichtiges Indiz ist dabei dasjenige Einkommen, das der Unterhaltspflichtige bislang, bis zur Insolvenzantragstellung, tatsächlich erzielt hat.[444]

345 Zur Ermittlung der konkreten Höhe der dem Unterhaltsschuldner anzurechnenden fiktiven Einkünfte werden diese um den jeweiligen Selbstbehalt bereinigt.[445] Dieser ist gegebenenfalls zu reduzieren, sofern die Voraussetzungen, wie z.B. Zusammenleben mit einem Partner, vorliegen.

346 *Praxistipp*

Ist der Unterhaltsschuldner aufgrund der fiktiven Einkünfte auch einer neuen Familie zum Unterhalt verpflichtet,[446] ist unter Umständen eine Mangelfallberechnung vorzunehmen.[447]

436 BVerfG FamRZ 2021, 275.
437 BGH FamRZ 1980, 43; Weinreich/*Eder*, § 1603 Rn 67 m.w.N.
438 BGH FamRZ 2000, 1358 = FuR 2001, 220; BGH FuR 2001, 224.
439 OLG Düsseldorf FamRZ 1991, 220; OLG Bamberg FamRZ 1995, 436; OLG Frankfurt a.M. FamRZ 1995, 1217.
440 BGH NJWE-FER 2001, 7 = FuR 2001, 224; OLG Hamm FamRZ 1998, 42.
441 OLG Düsseldorf NJW 1994, 672; OLG Hamm FamRZ 1998, 979.
442 OLG Frankfurt ZfJ 1999, 190.
443 BGH FamRZ 2017, 109.
444 KG Berlin FamRZ 2015, 1972, Anschluss BGH FamRZ 2014, 673.
445 OLG Hamm FamRZ 1980, 73.
446 Vgl. BGH NJW 1985, 318.
447 BGH FamRZ 2003, 363 = FuR 2003, 75; OLG Hamm FamRZ 2003, 1962; OLG Dresden FuR 2004, 241.

Die Einkommensfiktion für tatsächlich nicht erzieltes Einkommen hat nur solange Bestand, wie sich der Unterhaltsschuldner **nicht hinreichend um eine angemessene Arbeitsstelle** bemüht.[448] Gegebenenfalls ist der Unterhaltstitel, der auf der Einkommensfiktion beruht entsprechend abzuändern,[449] auch wenn die hinreichenden Erwerbsbemühungen vergeblich geblieben sind. 347

c) Unterhaltsleistungen als Einkünfte

Bei **Unterhaltsleistungen**, die der Unterhaltsschuldner selbst von einem Dritten erhält, handelt es sich um anrechenbares Einkommen, das wiederum für den Unterhalt zu verwenden ist, soweit die empfangene Unterhaltsleistung den Selbstbehalt gegenüber dem minderjährigen oder privilegiert volljährigen Kind übersteigt.[450] 348

Dem nicht erwerbstätigen haushaltsführenden Unterhaltsschuldner steht gegen seinen Ehegatten ein angemessener Unterhalt von dessen Gesamteinkommen als **Taschengeld** zu. Dieser Anspruch hat als Teil des Familienunterhalts seine Grundlage in den §§ 1360, 1360a. Die Höhe des Taschengeldanspruchs wird von den individuellen Einkommens- und Vermögensverhältnissen der Ehegatten bestimmt und beläuft sich in der Regel auf eine Quote von 5 bis 7 % des verfügbaren Nettoeinkommens.[451] 349

> *Praxistipp* 350
>
> Zahlungen an den Unterhaltsschuldner im Rahmen seines Taschengeldanspruchs stellen für diesen Einkommen dar, aus dem wiederum Unterhalt gegenüber jedwedem Unterhaltsberechtigten, also minderjähriges, privilegiert volljähriges Kind, volljähriges Kind,[452] Eltern und Großeltern,[453] geschiedener Ehegatte, zu bezahlen ist, sofern der im jeweiligen Unterhaltsrechtsverhältnis zu beachtende Selbstbehalt gewahrt bleibt.

d) Überobligatorische Einkünfte

Überobligatorische Einkünfte des Unterhaltsschuldners gibt es im Unterhaltsrechtsverhältnis mit dem minderjährigen oder privilegiert volljährigen Kind in aller Regel nicht, da grundsätzlich sämtliche Einkünfte des Unterhaltspflichtigen als Einkommen angesetzt werden.[454] 351

4. Die gesteigerte bzw. die „verschärfte" Leistungspflicht nach § 1603 Abs. 2

Grundsätzlich ist nach § 1603 Abs. 1 nicht unterhaltspflichtig, wer bei Berücksichtigung seiner sonstigen Verpflichtungen außerstande ist, ohne Gefährdung seines angemessenen Unterhalts den Unterhalt zu gewähren. 352

Der Unterhaltspflichtige muss seine Arbeitskraft so effektiv wie möglich einsetzen,[455] allerdings nur im Rahmen seiner **eigenen Bedarfsdeckung**.[456]

448 OLG Schleswig FamRZ 1985, 69.
449 Weinreich/*Eder*, § 1603 Rn 200.
450 Dose/*Klinkhammer*, § 2 Rn 248.
451 BGH FamRZ 1998, 608 = FuR 1998, 172.
452 BGH FamRZ 1987, 472.
453 BGH FamRZ 2004, 366.
454 Hdb. FamR/*Gerhardt*, 6. Kap. Rn 142.
455 BGH FamRZ 1989, 170; OLG Hamm FamRZ 2009, 1258.
456 Eschenbruch/*Henjes*, Kap. 4 Rn 339.

a) Kreis der privilegierten Unterhaltsberechtigten nach § 1603 Abs. 2

353 § 1603 Abs. 2 „verschärft" gegenüber § 1603 Abs. 1 die Leistungspflicht des Unterhaltspflichtigen in Form einer **gesteigerten Erwerbsobliegenheit** für folgende Unterhaltsberechtigte:

- Minderjährige unverheiratete Kinder (§ 1603 Abs. 2 Satz 1).
- Den minderjährigen Kindern gleichgestellte volljährige unverheiratete Kinder bis zur Vollendung des 21. Lebensjahres, solange sie im Haushalt der Eltern oder eines Elternteils leben, und sich in der allgemeinen Schulausbildung befinden (§ 1603 Abs. 2 Satz 2).

aa) Minderjährige unverheiratete Kinder, § 1603 Abs. 2 Satz 1

354 Die Bestimmung des Unterhaltsberechtigten i.S.d. § 1603 Abs. 2 Satz 1 bereitet keine Schwierigkeiten. Es wird die verschärfte Leistungspflicht des Unterhaltsschuldners gegenüber Kindern, die unverheiratet sind und das 18. Lebensjahr noch nicht vollendet haben, bestimmt.

bb) Die privilegierten Volljährigen (privilegierte Schülerkinder), § 1603 Abs. 2 Satz 2

355 In den Vorteil einer gesteigerten Erwerbsobliegenheit des Unterhaltsschuldners kommen auch die volljährigen unverheirateten Kinder bis zur Vollendung des 21. Lebensjahres, solange sie im Haushalt der Eltern, eines Elternteils oder der Großeltern[457] leben, und sich in der allgemeinen Schulausbildung befinden.

Die **Lebensstellung der privilegierten Volljährigen** ist mit der der minderjährigen unverheirateten Kinder vergleichbar, sodass die Gleichstellung dieser Unterhaltsberechtigten im Rahmen der § 1603 Abs. 2 und § 1609 Abs. 1 geboten ist.[458]

356 Allerdings ergibt sich die **Gleichstellung** von minderjährigen unverheirateten Kindern und privilegierten volljährigen Kindern ausschließlich für den Anwendungsbereich der §§ 1603 Abs. 2 und 1609 Abs. 1, da sich die Gleichstellung der minderjährigen unverheirateten Kinder mit den privilegierten Volljährigen nur auf die gesteigerte Erwerbsobliegenheit des Unterhaltspflichtigen gemäß § 1603 Abs. 2 und den Rang nach § 1609 Abs. 1 beschränkt.

357 *Praxistipp*

- Bei der Bemessung des Unterhalts gilt die Gleichstellung jedoch nicht. Keine Anwendung findet die Gleichstellung des Weiteren auf § 1606 Abs. 3 Satz 2, sodass der bis Eintritt der Volljährigkeit Betreuungsunterhalt leistende Unterhaltspflichtige ab Volljährigkeit – ebenfalls – Barunterhalt schuldet.
- Außerdem sind privilegiert Volljährige nicht im Rang von § 850d Abs. 2a ZPO zu berücksichtigen.[459]

358 Weitere den minderjährigen unverheirateten Kindern gleichgestellte Personenkreise gibt es nicht.

Der Gesetzgeber hat insbesondere volljährige Kinder, die wegen einer **körperlichen oder geistigen Behinderung** nicht erwerbsfähig sind,[460] oder eigene Kinder betreuende Volljährige[461] von der Gleichstellung mit minderjährigen unverheirateten Kindern ausgenommen.

Auch unverschuldet erwerbsunfähige volljährige Kinder können sich nicht auf eine verschärfte Leistungspflicht ihrer Eltern berufen.[462] Gleiches gilt, wenn sich das volljährige Kind unverschuldet in Not befindet.[463] Maßstab für die Beurteilung der Unterhaltsberechtigten im Rahmen der §§ 1603 und 1609 ist alleine das Alter, nicht aber die Bedürftigkeit.[464]

457 OLG Dresden FamRZ 2002, 695.
458 BGH FamRZ 2002, 815 = FuR 2002, 223; auch BT-Drucks 13/7338, S. 21.
459 BGH FamRZ 2003, 1176.
460 BT-Drucks 13/7338, S. 21; BGH FamRZ 1984, 683.
461 OLG Hamm FamRZ 1996, 1218.
462 BGH FamRZ 1987, 472.
463 Weinreich/*Eder*, § 1603 Rn 211 m.w.N.
464 BGH FamRZ 1984, 472.

(1) Vollendung des 21. Lebensjahres

Mit der zeitlichen Begrenzung bis zur **Vollendung des 21. Lebensjahres** sollen für die Unterhaltspflichtigen für den Fall eines überdurchschnittlich langen Schulbesuchs des Unterhaltsberechtigten Härten vermieden werden.[465] Die Altersgrenze des § 1603 Abs. 2 Satz 2 entspricht den Bestimmungen des Kinder- und Jugendhilferechts in den §§ 18 Abs. 3 und § 59 Abs. 1 Satz 1 Nr. 3 SGB VIII. 359

(2) In allgemeiner Schulausbildung

Die allgemeine Schulausbildung[466] hat den Erwerb eines allgemeinen Schulabschlusses als Zugangsvoraussetzung für die Aufnahme einer Berufsausbildung oder eines Studiums zum Ziel.[467] Diese Voraussetzung ist bei Besuch der Hauptschule, der Gesamtschule, des Gymnasiums oder der Fachoberschule immer erfüllt.[468] Aber nicht nur die gesetzliche Schulpflicht fällt unter die allgemeine Schulausbildung, sondern auch die Weiterführung zum jeweiligen Regelschulabschluss.[469] 360

Ein Kind befindet sich auch in allgemeiner Schulausbildung, wenn es ohne einen Beruf auszuüben, allgemeinbildenden Schulunterricht in Privat- und Abendkursen erhält und das Ziel ein staatlich anerkannter allgemeiner Schulabschluss ist.[470]

Für das **Kriterium der allgemeinen Schulausbildung** ist es erforderlich, dass der Unterricht die Zeit und die Arbeitskraft des Kindes zumindest weit überwiegend in Anspruch nimmt.[471] Das ist der Fall, wenn mindestens 20 Wochenstunden kontrollierter Unterricht vom Kind absolviert werden müssen.[472] Die Stetigkeit und Regelmäßigkeit des Unterrichts muss gewährleistet sein, dergestalt, dass die Teilnahme am Unterricht nicht der Entscheidung des Schülers überlassen ist.[473] 361

Einzelne **Beispiele** für (Schul-)Ausbildungsformen, die das Tatbestandsmerkmal „allgemeine Schulausbildung" erfüllen:[474] 362

- Der Besuch von weiterführenden allgemeinbildenden Schulen und Berufsfachschulen,[475] Fach- und Fachoberschulklassen,[476] deren Besuch eine abgeschlossene Berufsausbildung nicht voraussetzt.[477]
- Der Besuch einer (höheren) Berufsfachschule, wenn sie zu einer beruflichen Qualifikation führt.[478]
- Die Teilnahme an einem Berufsfindungslehrgang nach Beendigung der Hauptschule.[479]
- Der Besuch der Volkshochschule, wenn unter kontrollierter Unterrichtsteilnahme der Realschulabschluss erworben werden soll.[480]
- Sofern die Volkshochschule nur in den Abendstunden besucht wird (Abendschule), ist dem minderjährigen Unterhaltsberechtigten zuzumuten, für seinen Lebensunterhalt durch Aufnahme einer Geringverdienertätigkeit selbst zu sorgen.[481]

465 Weinreich/*Eder*, § 1603 Rn 212.
466 Weinreich/*Eder*, § 1603 Rn 217 mit Beispielen aus der Rspr.
467 Grüneberg/*von Pückler*, § 1603 Rn 38. Weinreich/*Eder*, § 1603 Rn 213 m.w.N.
468 BGH FamRZ 2001, 1068 = FuR 2001, 355 = FuR 2002, 223.
469 Grüneberg/*von Pückler*, § 1603 Rn 38.
470 BGH FamRZ 2001, 1068 = FuR 2001, 355.
471 Grüneberg/*von Pückler*, § 1603 Rn 38.
472 BGH FamRZ 2001, 1068 = FuR 2001, 355.
473 BGH FamRZ 2001, 1068 = FuR 2001, 355.
474 Vgl. auch Weinreich/*Eder*, § 1603 Rn 142 ff.
475 OLG Dresden OLGR 2004, 17.
476 OLG Bremen OLGR 1999, 48.
477 OLG Zweibrücken OLGR 2001, 15.
478 OLG Hamm FamRZ 1999, 1528; OLG Dresden OLGR 2004, 17.
479 OLG Hamm OLGR 2000, 253.
480 BGH FamRZ 2001, 1068 = FuR 2001, 355.
481 OLG Köln FamRZ 2006, 504.

- Die Teilnahme an einem Berufsvorbereitungsjahr ermöglicht den Erwerb eines dem Hauptschulabschluss gleichwertigen Abschlusses.[482]
- Das Berufsgrundbildungsjahr ist jedenfalls Teil der allgemeinen Schulausbildung, wenn der Hauptschulabschluss erworben werden kann.[483]
- Der Besuch eines Berufskollegs mit dem Ziel die Qualifikation für die Fachoberschule zu erreichen.[484]

363 *Praxistipp*

Der Besuch der Berufsschule gehört nicht zur allgemeinen Schulausbildung.

b) Der Umfang der gesteigerten Erwerbsobliegenheit des Unterhaltsschuldners in den Fällen des § 1603 Abs. 1 und 2

364 Die Unterhaltsschuldner müssen grundsätzlich **alle verfügbaren Mittel** für den eigenen und den Unterhalt der minderjährigen unverheirateten Kinder sowie privilegiert Volljährigen gleichmäßig verwenden.

Aus der verschärften Haftung ergeben sich für die Unterhaltsschuldner über § 1603 Abs. 1 hinausgehende Verpflichtungen. Unter Umständen wird die Leistungsfähigkeit eines Unterhaltsschuldners nicht nur durch seine tatsächlich erzielten Einkünfte bestimmt. Vielmehr werden auch solche – fiktiven – Einkünfte bei der Bestimmung der Leistungsfähigkeit herangezogen, die der Unterhaltsschuldner im Rahmen seiner gesteigerten Erwerbsobliegenheit hätten erzielen können bzw. müssen.

365 Der Unterhaltsschuldner muss sich, um seiner gesteigerten Erwerbsobliegenheit gerecht zu werden, intensiv, das heißt **unter Anspannung aller Kräfte und Ausnutzung aller vorhandenen Möglichkeiten**, um die Erlangung einer hinreichend entlohnten, vollschichtigen Arbeitsstelle bemühen.[485] Daher hat er die ihm **möglichen und zumutbaren**[486] **Einkünfte** zu erzielen, insbesondere seine Arbeitsfähigkeit so gut als möglich einzusetzen[487] und jede sich bietende Erwerbsmöglichkeit, gleichgültig ob zumutbar – etwa neben einer Umschulungsmaßnahme[488] sowie eine Beschäftigung neben einer vollschichtigen Tätigkeit[489] – oder unzumutbar, z. B unter seinem Ausbildungsniveau[490] und/oder Aushilfs- oder Gelegenheitstätigkeiten[491] jedweder Art, auszuüben.

366 *Praxistipp*

Sofern ein Fall der gesteigerten Erwerbsobliegenheit des Unterhaltsschuldners vorliegt, kann dessen tatsächliche Erwerbstätigkeit am vorgeschilderten Pflichtenkatalog abgeprüft werden. Bleibt der Unterhaltsschuldner hinter diesem zurück, sind ihm gegebenenfalls fiktive Einkünfte zuzurechnen.

367 Der verschärft haftende Unterhaltsschuldner muss **seine gesamte Arbeitskraft bestmöglich ausnutzen**,[492] da er für den minderjährigen oder privilegiert volljährigen Unterhaltsgläubiger nicht nur den Mindestunterhalt sicherzustellen hat, sondern vielmehr für den angemessenen Unterhalt Sorge zu tragen hat.[493] Aus dieser Vorgabe ergeben sich u.a. folgende **Pflichten** des verschärft haftenden Unterhaltsschuldners:

482 OLG Thüringen OLG-NL 2005, 110.
483 OLG Celle FamRZ 2004, 301 = FuR 2004, 322; OLG Koblenz MDR 2000, 1016.
484 OLG Köln FamRZ 2003, 179 (Ls.); OLG Koblenz FamRZ 2015, 1972.
485 OLG Stuttgart FamRZ 2012, 315; OLG Brandenburg FamRZ 2011, 37; OLG Hamm FamRZ 2001, 559.
486 OLG Nürnberg FuR 2002, 282.
487 OLG Thüringen OLGR 2003, 421.
488 OLG Hamm EzFamR aktuell 2000, 201.
489 OLG Köln EzFamR aktuell 1997, 186.
490 OLG Naumburg FamRZ 2003, 474.
491 BGH FamRZ 1987, 270; OLG Köln FamRZ 2002, 1426; OLG Thüringen OLGR 2003, 421.
492 Eschenbruch/*Henjes*, Kap. 4 Rn 341.
493 BGH FamRZ 2000, 1358.

- Er ist verpflichtet, vollschichtig erwerbstätig zu sein.[494] Insoweit sind die Grundrechte des Unterhaltsschuldners auf freie Entfaltung der Persönlichkeit (Art. 2 GG) und der freien Berufswahl (Art. 12 GG) eingeschränkt.[495]
- Er muss bei Krankheit die zur Wiederherstellung seiner Arbeitskraft notwendigen Behandlungen und Therapien vornehmen (lassen).[496]
- Im Mangelfall muss er über die Altersgrenze hinaus erwerbstätig sein.[497]
- Er muss eine Nebentätigkeit zur vollschichtigen Erwerbstätigkeit aufnehmen.[498]

Praxistipp 368

Auch soweit der verschärft haftende Unterhaltsschuldner eigene Kinder betreut, trifft ihn die gesteigerte Erwerbsobliegenheit.[499]

Die Verletzung der gesteigerten Erwerbsobliegenheit des Unterhaltsschuldners führt dazu, dass ihm **fiktive Einkünfte** in der Höhe angerechnet werden, wie er sie hätte erzielen können. 369

Praxistipp 370

Es ist Aufgabe des anwaltlichen Beraters des Unterhaltsschuldners, ihn auf die gesteigerte Erwerbsobliegenheit, deren Inhalt sowie die Konsequenzen einer Obliegenheitsverletzung hinzuweisen.

Als **Ausgestaltung der verschärften Haftung** treffen den Unterhaltsschuldner insbesondere folgende Obliegenheiten: 371

aa) Wechsel des Arbeitsplatzes

Um seine Arbeitskraft bestmöglich auszunutzen, kann es für den Unterhaltsschuldner im Rahmen seiner gesteigerten Erwerbsobliegenheit angezeigt sein, den Arbeitsplatz, sogar den Wohnort und/oder Beruf[500] zu wechseln. Spiegelbildlich kann vom Unterhaltsschuldner verlangt werden, einen Arbeitsplatz-, Wohnorts und/oder Berufswechsel zu unterlassen, sofern ein solcher zu geringeren Einkünften führt.[501] 372

Praxistipp 373

Sofern der Unterhaltsschuldner einer seiner Ausbildung entsprechenden Tätigkeit mit angemessener Vergütung nachgeht, kann von ihm nicht verlangt werden umzuziehen, um eine höhere Vergütung zu erzielen, wenn damit eine Einschränkung des Umgangs einhergeht.[502]

In der Vergangenheit ist die **oberlandesgerichtliche Rechtsprechung** zu den Pflichten des verschärft haftenden Unterhaltsschuldners geradezu ausgeufert.[503] Von Seiten des BVerfG wurde klargestellt, dass die übermäßige Ausweitung dieser Pflichten des Unterhaltsschuldners nicht verfassungsrechtlich haltbar ist.[504] Das BVerfG verlangt nun eine sorgfältige Abwägung sämtlicher wirtschaftlicher und persönlicher Belange des Unterhaltsschuldners. Insbesondere soll die Bindung des Unterhaltsschuldners durch ein noch nicht abbezahltes Eigenheim, Kosten des Umzugs, Wohnungsmehrkosten am neuen Wohnort, aber auch das Umgangsrecht des Unterhaltsschuldners in eine Gesamtbetrachtung der Umstände eingestellt werden.[505] 374

494 BGH FamRZ 2012, 1483.
495 BGH FamRZ 1981, 341.
496 OLG Köln FamRZ 2009, 887.
497 OLG Köln FamRZ 2008, 1276.
498 OLG Schleswig FamRZ 2007, 1905.
499 OLG Hamm FamRZ 2007, 37.
500 BGH FamRZ 1980, 1113.
501 BGH FamRZ 1980, 1113, OLG Köln FamRZ 2002, 1426; OLG Thüringen OLGR 2003, 421; OLG Frankfurt FamRZ 2003, 298.
502 OLG Brandenburg FamRZ 2011, 732.
503 Vgl. Weinreich/*Eder*, § 1603 Rn 227 m.w.N.
504 BVerfG FamRZ 2007, 273.
505 BVerfG FamRZ 2007, 273.

375 *Praxistipp*

Die Prüfung, ob dem Unterhaltsschuldner im Rahmen seiner gesteigerten Erwerbsobliegenheit ein Arbeitsplatz-, Wohnorts und/oder Berufswechsel abverlangt werden kann, hat immer anhand der konkreten Umstände des Einzelfalls unter Berücksichtigung der dargestellten Merkmale zu erfolgen.[506] Dies gilt ebenso für die Verpflichtung einen solchen Wechsel zu unterlassen.

376 Jedenfalls verletzt der Unterhaltspflichtige seine gesteigerte Erwerbsobliegenheit in ihrer Ausprägung als Obliegenheit zur Minderung des Aufwandes verletzt, wenn er es unterlassen hat, näher an seinen Arbeitsort zu ziehen, um beträchtliche Wegekosten einsparen zu können. Wegen des Verstoßes gegen die Obliegenheit, Wegekosten durch einen Umzug herabzusetzen, können einerseits angesetzte Fahrtkosten nicht vom Einkommen des Antragstellers abgezogen werden, andererseits kann auch eine Steuererstattung nicht hinzugerechnet werden, wenn Überwiegendes dafürspricht, dass hohe Wegekosten zur Erstattung der gezahlten Lohnsteuer geführt haben.[507]

bb) Beide Seiten der Aus- und Weiterbildung des Unterhaltsschuldners

377 Der Unterhaltsschuldner ist zur **Aufnahme einer Ausbildung** verpflichtet, wenn es sich um eine Erstausbildung handelt, die Grundlage für das Bestreiten des eigenen Lebensbedarfs sowie für den Unterhalt des minderjährigen und/oder privilegiert volljährigen Kindes ist.[508] An dieser Stelle sind die Interessen des Unterhaltsschuldners (Ausbildung) und des Unterhaltsgläubigers (Unterhalt) abzuwägen.[509]

378 Grundsätzlich überwiegt wohl das Interesse am Abschluss der Erstausbildung durch den Unterhaltsschuldner das – kurzfristige – Interesse des Unterhaltsgläubigers, da schließlich sein Unterhaltsanspruch langfristig durch den Abschluss der Ausbildung des Unterhaltsschuldners sichergestellt wird.[510] Allerdings treffen den Unterhaltsschuldner hinsichtlich des Fortgangs seiner Ausbildung erhebliche Pflichten, die mit denen des von den Eltern Ausbildungsunterhalt begehrenden Kindes vergleichbar sind.[511] Das Interesse des unterhaltspflichtigen Elternteils an einer Erstausbildung tritt jedenfalls dann hinter dem Interesse des Kindes auf Zahlung des Mindestunterhalts zurück, wenn der Unterhaltsverpflichtete bereits mehrere Erstausbildungen abgebrochen hat und aufgrund seiner Schulausbildung sowie sonstigen beruflichen Erfahrung in der Lage ist, eine berufliche Tätigkeit auszuüben, mit der er sowohl sein Einkommen als auch den Mindestunterhalt erwirtschaften kann.[512]

379 In allen anderen Fällen, wenn es sich also nicht um die Erstausbildung des Unterhaltsschuldners handelt, überwiegt das **Unterhaltsinteresse** des minderjährigen und/oder privilegiert volljährigen Kindes das Interesse des Unterhaltsschuldners eine Aus- oder Weiterbildung im Rahmen seiner gesteigerten Erwerbsobliegenheit aufzunehmen.

cc) Nebentätigkeit und Überstunden

380 Einkünfte aus **Nebentätigkeit und Überstunden** sind unter Umständen einkommenserhöhend zu berücksichtigen.

(1) Nebentätigkeit

381 Sofern die Einkünfte des Unterhaltsschuldner aus einer vollschichtigen Tätigkeit nicht ausreichen ohne Beeinträchtigung des notwendigen Selbstbehalts den Mindestunterhalt für den bzw. die Unterhaltsgläu-

506 OLG Brandenburg NZFam 2015, 720.
507 OLG Brandenburg NZFam 2015, 720.
508 OLG Hamm MDR 2006, 453; OLG Jena FamRZ 2005, 1110.
509 BGH FamRZ 2011, 1041.
510 BGH FamRZ 2011, 1041.
511 Z.B. Grüneberg/*von Pückler*, § 1610 Rn 19 ff.
512 OLG Hamm FamRZ 2015, 1972.

biger aufzubringen, kann ihm zugemutet werden im Rahmen seiner Verpflichtung zur **gesteigerten Ausnutzung seiner Arbeitskraft** durch die Aufnahme einer Nebenerwerbstätigkeit zusätzliches Einkommen zu generieren.[513]

Grundsätzlich neigen die Oberlandesgerichte dazu eine sehr weitgehende Verpflichtung des Unterhaltsschuldners zur Aufnahme einer Nebentätigkeit im Rahmen der gesteigerten Erwerbsobliegenheit anzunehmen.[514] Allerdings sind nach Auffassung des BVerfG die arbeitszeitrechtlichen Einschränkungen zu beachten.[515] Daher besteht für einen barunterhaltspflichtigen Elternteil, der nicht in Höhe des Mindestunterhalts leistungsfähig ist, keine Obliegenheit zur Ausübung einer Nebentätigkeit, wenn er ausbildungsgerecht in Vollzeit arbeitet, hohen Zeitaufwand für den Arbeitsweg hat und sein Umgangsrecht regelmäßig wahrnehmen möchte.[516] **382**

Praxistipp **383**

Das **Arbeitszeitgesetz** fordert, dass die werktägliche Arbeitszeit von acht Stunden, an die sich eine elfstündige Ruhezeit anschließen muss und auch Sonntage sowie staatlich anerkannte Feiertage erfasst, nicht überschritten wird. In diese Vorgabe passt in zeitlicher Hinsicht eine Nebentätigkeit, allerdings nur, soweit die freie Zeit nicht für die vorrangige Ausübung des Umgangsrechts erforderlich ist.[517]

Außerdem darf die Haupterwerbstätigkeit des Unterhaltsschuldners nicht durch die Nebentätigkeit gefährdet werden.[518] Insbesondere ist ein **arbeitsvertragliches Verbot einer Nebentätigkeit** in diesem Zusammenhang beachtlich.[519] **384**

Praxistipp **385**

Zum Teil wird die Verpflichtung des Unterhaltsschuldners zur Aufnahme einer Nebentätigkeit auch im Rahmen der verschärften Haftung gänzlich abgelehnt.[520]

Sofern nach den Vorgaben des BVerfG[521] die Aufnahme einer Nebentätigkeit für den Unterhaltsschuldner überhaupt in Betracht kommt, muss geprüft werden, ob die Nebentätigkeit dem Unterhaltsschuldner im Hinblick auf seine individuellen Verhältnisse zugemutet werden kann. **386**

Die **Prüfung der Zumutbarkeit** soll anhand Art und Schwere der Haupt- und Nebentätigkeit, der Belastungsgrenze des Unterhaltsschuldners, seines Alters, seines Gesundheitszustandes, seiner familiären Verpflichtungen u.Ä. erfolgen.

Praxistipp **387**

Hinsichtlich der Unzumutbarkeit einer Nebentätigkeit ist der Unterhaltsschuldner darlegungs- und beweisbelastet. Daher ist es seine Sache, zu den Prüfungspunkten im Rahmen der Zumutbarkeit vorzutragen und gegebenenfalls Beweis anzubieten.

513 OLG München 2002, 694; Weinreich/*Eder*, § 1603 Rn 242 m.w.N.
514 Eschenbruch/*Henjes*, Kap. 4 Rn 341 m.w.N.
515 BVerfG NJW 2012, 2420.
516 OLG Rostock FamRZ 2015, 937.
517 OLG Nürnberg FamRZ 2005, 1502.
518 OLG Naumburg NJW 2004, 566.
519 OLG Dresden FamRZ 2005, 1584.
520 Eschenbruch/*Henjes*, Kap. 4 Rn 341 m.w.N.
521 BVerfG NJW 2012, 2420.

(2) Überstunden

388 Der BGH hat die **Überstundenvergütung** in voller Höhe dem Einkommen des Unterhaltsschuldners zugeschlagen, wenn die Überstunden in geringem Umfang anfallen oder deren Umfang den üblichen Rahmen der Überstunden im konkreten Beruf des Unterhaltsschuldners nicht übersteigen.[522]

389 Für den Fall, dass deutlich mehr Überstunden geleistet werden, als dies üblich ist, handelt es sich nicht mehr um Einkommen des Unterhaltsschuldners, sondern um **überobligatorische Einkünfte**, die im Ergebnis auch bei einer gesteigerten Erwerbsobliegenheit des Unterhaltsschuldners nicht einkommenserhöhend zu berücksichtigen sind. Zum einen sind die arbeitszeitrechtlichen Grundsätze des Erfordernisses einer Nebentätigkeit auch bei der Ableistung von Überstunden anzuwenden. Zum anderen darf auch die Ableistung von Überstunden nicht zur Belastung für den Umgang des Unterhaltsschuldners werden.

390 M.E. sind unregelmäßige – nach Bedarf des Arbeitgebers – anfallende Überstunden unter keinem Gesichtspunkt einkommenserhöhend zu berücksichtigen, da diese nicht zuletzt auch zum **Erhalt des Arbeitsplatzes** geleistet werden. Sofern die Überstunden regelmäßig vom Unterhaltsschuldner geleistet werden, ist zu vermuten, dass es sich um einen – kalkulierten – Bestandteil der Vergütung des Unterhaltsschuldners handelt, der Einkommen darstellt. Eine fiktive Anrechnung von regelmäßig anfallender Überstundenvergütung scheidet jedoch aus, da deren Ableistung nur eingeschränkt dem Willen und Einfluss des Unterhaltsschuldners als Arbeitnehmer unterliegt.

dd) Die Betreuung weiterer Kinder

391 Die gesteigerte Erwerbsobliegenheit des Unterhaltspflichtigen gegenüber einem minderjährigen Unterhaltsberechtigten entfällt grundsätzlich nicht bei der Betreuung weiterer Kinder. Er/Sie kann sich nicht auf fehlende Leistungsfähigkeit wegen der Geburt und Betreuung eines Kindes aus einer neuen Verbindung darauf berufen, keiner Erwerbstätigkeit nachgehen zu können.[523] Zur Ermöglichung einer Erwerbstätigkeit sind für die im Haushalt des Unterhaltsschuldners lebenden Kinder zumutbare Fremdbetreuungsmöglichkeiten in Anspruch zu nehmen.[524] Die dadurch entstehenden Kosten mindern das Einkommen des Unterhaltspflichtigen.[525]

Gegebenenfalls sind dem Unterhaltspflichtigen fiktive Einkünfte nach den allgemeinen Grundsätzen zuzurechnen, bei deren Bemessung grundsätzlich auf die Mindestlöhne nach dem Arbeitnehmerentsendegesetz bzw. tarifliche Entgelte abgestellt werden kann. Die Untergrenze des zurechenbaren Einkommens ergibt sich grundsätzlich aus dem Mindestlohngesetz.[526]

392 *Praxistipp*

Einem zum Minderjährigenunterhalt verpflichteten Elternteil, der sich nach Geburt eines weiteren Kindes dessen Betreuung widmet, kann im Fall einer zu respektierenden Rollenwahl jedenfalls für die ersten beiden Lebensjahre des von ihm betreuten Kindes unterhaltsrechtlich nicht vorgeworfen werden, dass er von der Möglichkeit Gebrauch macht, die Bezugsdauer des Elterngelds zu verdoppeln, und deswegen keine für den Kindesunterhalt ausreichenden Einkünfte erzielt.[527]

c) Die Folgen der Verletzung der gesteigerten Erwerbsobliegenheit: die fiktiven Einkünfte/Einsatz des Vermögens durch den Unterhaltsschuldner

393 Die gesteigerte Erwerbsobliegenheit hat unterschiedliche Auswirkungen für den Unterhaltsschuldner.

522 BGH FamRZ 1980, 984.
523 Dose/*Klinkhammer*, § 2 Rn 269.
524 Schleswig Holsteinisches OLG FamRZ 2015, 937.
525 Dose/*Klinkhammer*, § 2 Rn 269.
526 Schleswig Holsteinisches OLG FamRZ 2015, 937.
527 BGH FamRZ 2015, 738 im Anschluss an BGH FamRZ 2006, 1010.

aa) Fiktive Einkünfte und deren Höhe

Kommt der Unterhaltsschuldner seiner gesteigerten Erwerbsobliegenheit gegenüber minderjährigen und/oder privilegiert volljährigen Kinder nicht nach, indem er sich nicht in zumutbarer Weise um eine angemessene Erwerbstätigkeit bemüht und eine reale Beschäftigungschance besteht, können seinem unterhaltsrechtlichen Einkommen **fiktiv Einkünfte hinzugerechnet** werden, wenn die Aufnahme dieser (Neben-)Tätigkeit zumutbar ist. 394

Praxistipp 395

Mit dem regelmäßigen Vorbringen, er sei nicht in Arbeit zu vermitteln oder es gäbe für ihn keine Arbeitsstelle, kann der Unterhaltsschuldner nur gehört werden, wenn seine Bemühungen um eine Arbeitsstelle hinreichend im Hinblick auf Anzahl und Inhalt der Bewerbungen sind. Hierfür ist der Unterhaltsschuldner darlegungs- und beweisbelastet.

Sind die Bewerbungsbemühungen des Unterhaltspflichtigen nicht ausreichend und steht auch nicht fest, dass es für erfolgreiche Erwerbsbemühungen keine realistische Grundlage gegeben hätte, muss konsequenter Weise die Zurechnung eines fiktiven Einkommens erfolgen, sofern die zur Erfüllung der Unterhaltspflichten erforderlichen Einkünfte objektiv erzielbar und konkret festzustellen sind.[528] 396

Sind dem Unterhaltsschuldner aufgrund einer Verletzung seiner Erwerbsobliegenheit gegenüber dem minderjährigen und/oder privilegiert volljährigen Kind fiktive Einkünfte zuzurechnen, kann sich die **Höhe der fiktiven Einkünfte** nur innerhalb eines realistischen Maßstabs bewegen.[529] Nach Auffassung des BVerfG ist eine unverhältnismäßige Belastung des Unterhaltsschuldners zu vermeiden, so dass von diesem nur die Erwirtschaftung eines **objektiv durch ihn erzielbaren Einkommens** verlangt werden kann.[530] Im Rahmen dieser Erwägungen ist auf die subjektiven Verhältnisse des Unterhaltsschuldners abzustellen.[531] 397

Daher ist konkret von in der Person des Unterhaltsschuldners liegenden Merkmalen, also dessen Vor-, Aus- und Fortbildungsbildungsstand sowie seine praktische Erfahrung, bei der Ermittlung der fiktiven Einkünfte auszugehen. Zumindest als Indiz kann die erzielte Vergütung des Unterhaltsschuldners aus einer früheren Anstellung herangezogen werden. Mehr als Indizwirkung haben die für die **jeweilige Branche geltenden Tarifverträge**, die z.B. im Internet-Tarifarchiv der Hans-Böckler-Stiftung eingesehen werden können.[532] Im Internet zur Verfügung stehende Informationen über erzielbare Einkünfte werden mittlerweile auch von Gerichten verwendet.[533] 398

Vor Einführung des Mindestlohns wurden für ungelernte Arbeitskräfte im Bereich der Arbeitsüberlassung Stundenlöhne zwischen 6,50 EUR und 7,50 EUR in Ansatz gebracht.[534] Mit Einführung des gesetzlichen Mindestlohns ab 1.1.2015 ist jedenfalls ein Stundenlohn in Höhe von derzeit (ab 1.1.2020) 9,35 EUR für die Ermittlung fiktiver Einkünfte heranzuziehen. 399

Nicht möglich ist der Rückschluss, der vielfach in der Rechtsprechung[535] gezogen wird, dass der Unterhaltsschuldner im Rahmen der gesteigerten Erwerbsobliegenheit in der Lage sein muss, zumindest den Mindestunterhalt zu bezahlen. Dieser Ansatz steht in offensichtlichem Widerspruch zur Rechtsprechung des BVerfG, wonach anhand der in der Person des Unterhaltsschuldners liegenden Umstände eine umfassende Zumutbarkeitsprüfung vorzunehmen ist.[536] 400

528 NZFam 2015, 836.
529 *Viefhues*, FuR 2007, 297.
530 BVerfG FamRZ 2008, 1145.
531 BVerfG FamRZ 2010, 626; NJW 2012, 2420.
532 Www.boeckler.de/index_wsi_tarifarchiv.htm.
533 Eschenbruch/*Henjes*, Kap. 4 Rn 322 ff m.w.N.
534 OLG Stuttgart FamRZ 2008, 1653; OLG Nürnberg FuR 2010, 51; OLG Dresden FuR 2010, 110.
535 OLG Schleswig FamRZ 2005, 1109; KG FamRZ 2000, 1174; OLG Köln FamRZ 2000, 310; OLG Karlsruhe JAmt 2008, 170.
536 BVerfG FamRZ 2010, 183.

401 *Praxistipp*

Bei der Bemessung fiktiver Einkünfte darf nicht außer Acht gelassen werden, dass eine Zurechnung nur erfolgen kann, wenn und soweit der Unterhaltsschuldner im Unterhaltsrechtsverhältnis zu minderjährigen oder privilegiert volljährigen Kindern gegen die gesteigerte Erwerbsobliegenheit verstoßen hat und ihm ein verantwortungsloses, zumindest leichtfertiges Fehlverhalten vorzuwerfen ist.

402 Dem Unterhaltspflichtigen sind fiktive Einkünfte aus allen Einkunftsarten zuzurechnen. Dies gilt insbesondere auch für Mieteinnahmen, so sind im Umfang des Miteigentumsanteils an einer Dachwohnung die Mieteinkünfte – fiktiv – zuzurechnen, wenn der Unterhaltspflichtige die mit Blick auf die fehlende Beheizbarkeit und die zerborstenen Heizungsrohre/Heizkörper erfolgte Beendigung des Mietverhältnisses verschuldet hat, weil er sich nicht um eine umgehende Heizungsreparatur bemüht hat.[537]

bb) Einsatz des Vermögensstamms durch den Unterhaltsschuldner

403 Im Rahmen der verschärften Haftung des § 1603 Abs. 2 Satz 1 und 2 besteht für den Unterhaltsschuldner nicht nur die gesteigerte Erwerbsobliegenheit hinsichtlich des Einsatzes seiner Arbeitskraft. Vielmehr muss er unter diesen Umständen auch den **Stamm seines Vermögens** zur Unterhaltsleistung einsetzen. Das gilt jedenfalls dann, wenn die Einkünfte des Unterhaltsschuldners einschließlich der Erträge aus seinem Vermögen[538] nicht für seine Leistungsfähigkeit gegenüber dem minderjährigen und/oder privilegiert volljährigen Kind ausreichen.[539] Der Vermögensstamm ist daher zur Sicherung des Existenzminimums des minderjährigen und/oder privilegiert volljährigen Kindes einzusetzen.[540] Dies gilt auch, wenn sich die Leistungsfähigkeit des Unterhaltsschuldners nur kurzfristig erhöht.[541]

404 *Praxistipp*

Für den Unterhaltsschuldner ist jedenfalls der Einsatz einer Abfindungszahlung, die er als Arbeitnehmer erhalten hat,[542] von Grundvermögen,[543] es sei denn, es dient der Sicherung des Lebensbedarfs eines pflegebedürftigen volljährigen Kindes,[544] sowie die Rückforderung einer Schenkung zumutbar.

405 Allerdings hat die Pflicht des Unterhaltsschuldners zur Verwertung des Vermögensstamms Grenzen. Angelehnt an das **Schonvermögen des § 90 SGB XII im Sozialhilferecht**, soll auch im Unterhaltsrechtsverhältnis gegenüber dem minderjährigen und/oder privilegiert volljährigen Kind dasjenige Vermögen, das zur Bildung von Rücklagen für unvorhergesehene Auslagen bestimmt ist bzw. das aus Gründen der Unzumutbarkeit nicht berücksichtigt werden darf, von der Verpflichtung zur Verwertung ausgenommen sein.[545]

406 *Praxistipp*

Schonvermögen i.S.d. § 90 SBG XII sind unter anderem kleine Barbeträge und sonstige Geldwerte bis zu einem Betrag in Höhe von derzeit 5.000 EUR.

537 OLG Brandenburg NZFam 2015, 513.
538 OLG Nürnberg FamRZ 1996, 305.
539 Weinreich/*Eder*, § 1603 Rn 259.
540 BGH FamRZ 1986, 43; OLG München OLGR 2000, 78; OLG Koblenz FamRZ 2004, 1515.
541 BGH FamRZ 1986, 48.
542 BGH FamRZ 2012, 1048.
543 BGH FamRZ 1986, 48.
544 KG FamRZ 2003, 1854; OLG Köln FamRZ 2000, 1242.
545 Weinreich/*Eder*, § 1603 Rn 261.

Sofern die Verwertung des Vermögensstamms durch den Unterhaltsschuldner **wirtschaftlich unsinnig** ist, scheidet sie aus.[546] Gleiches gilt, wenn der Vermögensstamm den notwendigen Eigenbedarf des Unterhaltsschuldners für dessen restliche Lebensdauer sichern soll.[547] 407

5. Verbindlichkeiten des Unterhaltsschuldners

Verbindlichkeiten – sofern sie berücksichtigungsfähig sind – spielen in der Regel keine Rolle bei der Bedarfsbemessung, sondern mindern gegebenenfalls die Leistungsfähigkeit des unterhaltspflichtigen Elternteils.[548] Welche Verbindlichkeiten die Leistungsfähigkeit des Unterhaltsschuldners mindern, ist im Einzelnen zu beurteilen. 408

a) Kreditverbindlichkeiten

Grundsätzlich leitet das minderjährige Kind seine Lebensstellung von den Eltern ab. Daher entfalten die familiären Lebensverhältnisse Wirkung auf die Lebensstellung des minderjährigen Kindes dergestalt, dass Kreditverbindlichkeiten, die während des Zusammenlebens der Eltern entstanden sind und den **Grund für ihre Entstehung in der gemeinsamen Lebensführung der Familie** haben, die Leistungsfähigkeit des Unterhaltsschuldners schmälern.[549] 409

Praxistipp 410

Der Unterhaltsschuldner, der sich wegen bestehender Kreditverpflichtungen auf fehlende oder reduzierte Leistungsfähigkeit beruft, muss Zeitpunkt, Grund und Höhe der Kreditaufnahme darlegen, um dem Gericht die Abwägung, ob und gegebenenfalls in welcher Höhe diese Verbindlichkeiten sein Einkommen mindern, zu ermöglichen. Angaben, die im Rahmen der persönlichen und wirtschaftlichen Verhältnisse gemacht werden, müssen zu diesem Zweck in das Hauptverfahren eingeführt worden sein.[550]

Kreditverbindlichkeiten, die der Unterhaltsschuldner erst nach Trennung der Eltern und **in Kenntnis der Unterhaltsverpflichtung** eingeht, mindern nur dann ausnahmsweise seine Leistungsfähigkeit, wenn sie unvermeidbar[551] waren. Die Kreditaufnahme ist nur dann unvermeidbar, wenn sie sich als notwendig und unausweichlich für den Unterhaltsschuldner darstellt.[552] 411

Praxistipp 412

Grundsätzlich verwehrt die Kenntnis der Unterhaltsverpflichtung bei Abschluss eines Kreditvertrages es dem Unterhaltsschuldner, sich im Hinblick auf die Kreditraten auf verminderte Leistungsfähigkeit zu berufen.[553]

Es muss eine **umfassende Interessenabwägung** im jeweiligen Einzelfall vorgenommen werden,[554] bei der jedoch vor allem bei der Finanzierung von Lebenshaltungskosten[555] ein strenger Maßstab anzulegen ist. Regelmäßige Beträge, die der Unterhaltsschuldner auch nur mittelbar zur Vermögensbildung verwendet, können seine Leistungsfähigkeit nicht mindern.[556] 413

546 BGH FamRZ 1980, 43.
547 BGH FamRZ 1985, 691; 1989, 524; OLG Bamberg FamRZ 1999, 1019.
548 BGH FamRZ 1997, 281.
549 Weinreich/*Eder*, § 1603 Rn 286.
550 OLG Brandenburg FamRZ 2004, 299 (Ls.).
551 BGH FamRZ 1982, 898.
552 BGH FamRZ 1990, 283.
553 BGH FamRZ 1990, 283.
554 OLG Hamm FamRZ 1997, 821.
555 BGH FamRZ 1998, 1501; OLG Hamm FuR 2000, 33.
556 OLG Hamm OLGR 2000, 276.

414 Grundsätzlich ist die Beurteilung der Frage, ob Kreditverbindlichkeit zum Wegfall oder zumindest zur Verminderung der Leistungsfähigkeit des Unterhaltsschuldners führen, am **Kindeswohl** zu messen. Minderjährige Kinder können nichts zur Sicherung ihrer eigenen Existenz unternehmen. Sie haben keine Möglichkeit zur Deckung ihres notwendigen Lebensbedarfs beizutragen. Daher sind sie als besonders schutzwürdig anzusehen.[557] Dies gilt für privilegierte volljährige Kinder nur noch bedingt, für erwachsene Unterhaltsgläubiger nur noch erheblich eingeschränkt.

Sofern das **Existenzminimum des minderjährigen Kindes** nicht gesichert ist, scheidet eine Auswirkung von Kreditverbindlichkeiten, nach Abwägung der Umstände des Einzelfalls, wohl aus. Nur dieses Ergebnis nimmt den Schutz minderjähriger Kinder und den Grundgedanken der verschärften Leistungspflicht des Unterhaltsschuldners gegenüber dem minderjährigen Kind ernst.[558]

415 Gegenüber dem **privilegierten volljährigen Kind** verschiebt sich der Maßstab der Abwägung der Umstände des jeweiligen Einzelfalls bereits zugunsten der – zumindest teilweisen – Berücksichtigung der Kreditverbindlichkeiten bei der Leistungsfähigkeit des Unterhaltsschuldners.

416 *Praxistipp*

In jedem Fall trifft den Unterhaltsschuldner gegenüber dem minderjährigen Kind und/oder dem volljährigen privilegierten Kind die Obliegenheit, seine Leistungsfähigkeit durch Reduzierung der monatlichen Kreditrate oder Durchführung einer Umschuldung zu erhöhen.

417 Folgende **Kriterien** müssen im Rahmen der Abwägung herangezogen und können als Argumentationshilfe verwendet werden:

- Anlass, Zeitpunkt und Art der Kreditaufnahme,[559]
- Kenntnis des Unterhaltsschuldners von der Unterhaltspflicht,[560]
- Kenntnis und Billigung des Unterhaltsgläubigers bei Kreditaufnahme,
- Vermeidung weiterer Verschuldung des Unterhaltsschuldners,
- Vorübergehende besondere Notwendigkeit der Unterhaltszahlung,
- Möglichkeit der Zahlungsstreckung durch angemessenen Tilgungsplan,[561]
- Zu erwartende Einkommenssteigerung beim Unterhaltsgläubiger,
- Schutzwürdige Belange von Drittgläubigern.[562]

418 Im Ergebnis sind nur die Zahlungen auf Kreditverbindlichkeit zur Minderung der Leistungsfähigkeit zu berücksichtigen, die bei verantwortlicher Abwägung der Belange des minderjährigen und/oder privilegiert volljährigen Kindes und Fremdgläubigerinteressen für die Schuldentilgung verfügbar sind,[563] wenn und soweit die zeitliche Streckung des Kredits über Jahre hinaus dem Unterhaltsschuldner zumutbar ist.[564]

b) Kindesunterhalt, Beeinträchtigung der Leistungsfähigkeit durch andere Berechtigte (Mangelfall)

419 Bereits im ersten Rang kann bei eingeschränkter Leistungsfähigkeit des Unterhaltsschuldners ein Mangelfall eintreten.

557 BGH FamRZ 1997, 806.
558 Weinreich/*Eder*, § 1603 Rn 288 ff.
559 BGH FamRZ 1995, 91.
560 BGH FamRZ 1990, 283.
561 OLG Düsseldorf FuR 2004, 308.
562 BGH FamRZ 1991, 1163.
563 BGH FamRZ 1982, 678.
564 BGH FamRZ 1982, 678.

aa) Kindesunterhalt

Bestehende – weitere – Unterhaltslasten des Unterhaltsschuldners mindern nicht seine Leistungsfähigkeit. Sie finden Berücksichtigung im Rahmen der **Rangfragen** (§ 1609). 420

bb) Bar- und Betreuungsunterhalt für ein erst- und zweitgeborenes Kind

Alleine der Umstand, dass die Mutter wieder ein Kind geboren hat und daher nicht berufstätig ist, ermöglicht es ihr nicht, sich im Unterhaltsrechtsverhältnis gegenüber ihrem älteren Kind, das vom Vater betreut wird, auf **Leistungsunfähigkeit** zu berufen.[565] Sie ist grundsätzlich zur Zahlung von Barunterhalt verpflichtet, da der Vater seine Unterhaltspflicht durch Betreuung erfüllt (§ 1606 Abs. 3 Satz 1). 421

Zur Beurteilung dieser Fälle ist danach zu differenzieren, ob die Kindsmutter als Unterhaltsschuldner **wiederverheiratet** ist oder nicht. 422

Im Fall der Wiederverheiratung oder des Zusammenlebens mit dem Vater des nichtehelichen Kindes greifen die Grundsätze der sog. „**Hausmannrechtsprechung**" des BGH, die sich zwischenzeitlich auch auf den Fall erstreckt, dass die Unterhaltsschuldnerin mit dem Vater ihres nichtehelichen Kindes in fester Partnerschaft zusammenlebt.[566]

In allen anderen Fällen kann sich die Unterhaltsschuldnerin gegenüber dem erstgeborenen minderjährigen Kind nicht auf die Betreuung des zweitgeboren nichtehelichen Kindes beschränken.[567] Diese apodiktische Auffassung erscheint im Hinblick auf die Entscheidungen des BVerfG,[568] wonach die Unterhaltsverpflichtung des Unterhaltsschuldners gegenüber dem erstgeborenen – auch minderjährigen – Kind keinesfalls höher zu bewerten ist, als die Bedeutung und Tragweite des Elternrechts gegenüber dem zweitgeboren Kind, zumindest als bedenkenswürdig. 423

Soweit insofern die **gesteigerte Erwerbsobliegenheit** des Schuldners im Unterhaltsrechtsverhältnis gegenüber dem erstgeborenen minderjährigen Kind bemüht wird,[569] fehlt es m.E. an der unterhaltsrechtlichen Vorwerfbarkeit des Verhaltens des Unterhaltsschuldners, sodass eine Anrechnung von fiktiven Einkünften, die tatsächlich nicht bezogen werden, ausscheiden muss. Auch der Praxistipp,[570] es sei Aufgabe des Unterhaltsschuldners für die Betreuung des Kleinkindes aus der neuen Verbindung durch Dritte, z.B. eine Tagesmutter, durch Verwandte, durch ihren Lebensgefährten, Ganztagsschule oder durch einen Hort, zu sorgen,[571] ist durchaus kritisch zu betrachten. 424

Zum Einen muss ein entsprechendes Betreuungsangebot zur Verfügung stehen. Dieses muss überhaupt für den Unterhaltsschuldner bezahlbar sein, sofern der barunterhaltspflichtige Vater des zweitgeborenen Kindes nicht leistungsfähig bezüglich des Mehrbedarfs der Betreuungskosten ist. Zum Anderen erscheint es zweifelhaft, dass die Mutter als Unterhaltsschuldner zur Veranlassung einer umfassenden Fremdbetreuung des zweitgeborenen minderjährigen Kindes mit allen Schwierigkeiten, die damit einhergehen, wie z.B. Schließzeiten der Betreuungseinrichtung, Krankheitszeiten des Kindes sowie des betreuenden Dritten usw., gezwungen werden soll. Nach den **gesetzlichen Wertungen im Rahmen des § 1570 und § 1615l Abs. 2** kann der Elternteil grundsätzlich frei entscheiden, ob er sein Kind selbst betreuen oder einer Fremdbetreuung überlassen will.[572] Vielmehr soll nach Auffassung des BGH in den ersten drei Lebensjahren des Kindes eine Betreuung durch einen Elternteil regelmäßig geboten sein.[573] Diese gesetzgeberische und höchstrichterliche Bewertung ist an dieser Stelle m.E. zu beachten.

565 Dose/*Klinkhammer*, Kap. 2 Rn 269.
566 BGH FamRZ 2001, 614.
567 Dose/*Klinkhammer*, Kap. 2 Rn 269.
568 BVerfG FamRZ 1996, 343; 1992, 1038.
569 Dose/*Klinkhammer*, Kap. 2 Rn 269.
570 Dose/*Klinkhammer*, Kap. 2 Rn 269.
571 OLG Düsseldorf FamRZ 1996, 167.
572 Eschenbruch/*Schwonberg*, Kap. 2 Rn 648.
573 BGH FamRZ 2011, 1560.

425 *Praxistipp*

Bei einem so gelagerten Sachverhalt stellt sich immer die Frage nach der Ersatzhaftung des betreuenden Kindsvaters nach § 1607, sofern dieser berufstätig ist. Gegebenenfalls müssen diesem unter Umständen fiktive Einkünfte zugerechnet werden.

426 Sofern die Mutter als Unterhaltsschuldnerin selbst neben einer Erwerbstätigkeit **Unterhaltszahlungen nach § 1615l** erhält, ist insoweit ihr **notwendiger Selbstbehalt** gesichert. Somit steht das Einkommen aus ihrer Berufstätigkeit, nach Abzug der Betreuungskosten, sofern diese nicht vom Kindsvater als Mehrbedarf übernommen werden, in voller Höhe für den Unterhalt des erstgeborenen minderjährigen Kindes zur Verfügung.[574] Gleiches gilt spiegelbildlich für den Fall, dass der gegenüber einem erstgeborenen minderjährigen Kind barunterhaltspflichtige Vater sich auf die Betreuung seines minderjährigen zweitgeborenen Kindes beschränkt.[575]

cc) Mehrere Kindesunterhaltsberechtigte oder „der Mangelfall"

427 Der Unterhaltsschuldner ist leistungsfähig, wenn er mit seinem unterhaltsrechtlichen Einkommen den Restbedarf aller Unterhaltsberechtigten und seinen eigenen Lebensbedarf decken kann. Die fehlende Fähigkeit des Unterhaltsschuldners den Unterhaltsbedarf eines oder mehrerer gleichrangiger Unterhaltsgläubiger zu befriedigen, stellt nach Auffassung des BGH einen **absoluten Mangelfall** dar.[576] Die Leitlinien nehmen den Mangelfall an, wenn der notwendige Selbstbehalt des Unterhaltsschuldners nicht gewahrt ist.[577]

(1) Der absolute Mangelfall

428 Ein solcher liegt vor, wenn das unterhaltsrechtlich relevante Einkommen des Unterhaltsschuldners nach Abzug des notwendigen Selbstbehalts nicht zur Deckung des in § 1609 Nr. 1 aufgeführten Kindesunterhalts ausreicht.[578]

429 *Praxistipp*

Bei Vorliegen eines absoluten Mangelfalls sind **Korrekturen** bei der Einkommensberechnung vorzunehmen. Freiwillige Leistungen Dritter,[579] die eigentlich das Einkommen des Unterhaltsschuldners nicht erhöhen, werden auch gegen den erklärten Willen des Dritten als Einkommen berücksichtigt. Gleiches gilt für grundsätzlich einkommenserhöhend zu berücksichtigende Vergütung für Überstunden in erheblichem Umfang.[580] Des Weiteren ist die Abzugsfähigkeit der 5 %igen Pauschale für berufsbedingte Aufwendungen im Hinblick auf die Knappheit der zur Verfügung stehenden Mittel ebenfalls kritisch zu prüfen.[581] In konkreten Fällen kann vom Unterhaltsschuldner verlangt werden längere Fahrten zur Arbeitsstelle mit öffentlichen Verkehrsmitteln in Kauf zu nehmen.[582]

Auch im absoluten Mangelfall ist der Selbstbehalt nicht herabzusetzen.[583]

574 BGH FamRZ 2001, 1065.
575 OLG Düsseldorf FamRZ 1996, 167.
576 BGH FamRZ 2003, 363.
577 SüdL Nr. 24.
578 Eschenbruch/*Maaß,* Kap. 2 Rn 390.
579 BGH FamRZ 1999, 843.
580 SüdL Nr. 1.3.
581 BGH FamRZ 1992, 539; vgl. auch SüdL Nr. 10.2.1.
582 OLG Brandenburg, Urt. v. 9.11.2010 – 10 UF 2/10, openJur 2012, 14038.
583 BGH FamRZ 2006, 1597.

(2) Der einfache Mangelfall

Ein **einfacher Mangelfall** liegt vor, wenn der Unterhaltsschuldner hinsichtlich des erstrangigen (§ 1609 Nr. 1) Kindesunterhalts leistungsfähig ist, aber der Bedarf des zweitrangigen Unterhaltsgläubigers (§ 1609 Nr. 2) nicht – mehr – bei Berücksichtigung des angemessenen Selbstbehalts gedeckt ist.[584] 430

(3) Berechnung mit Beispielen

Reicht das Einkommen des Unterhaltsschuldners nicht aus, um alle gleichrangigen Ansprüche minderjähriger und privilegiert volljähriger Kinder zu befriedigen, ist sein unterhaltsrechtlich relevantes Einkommen nach Abzug des notwendigen Selbstbehalts (=Verteilungsmasse) zu gleichen Teilen auf die Berechtigten zu verteilen. Zu diesem Zweck wird der Unterhaltsbedarf des minderjährigen und/oder privilegiert volljährigen Kindes als Einsatzbetrag ermittelt, dann werden die Einsatzbeträge der Berechtigten verhältnismäßig gekürzt, indem der Einsatzbetrag um den Teil gekürzt wird, der diesem Bedarf prozentual aus der Verteilungsmasse zur Verfügung steht. Es wird eine Mangelverteilung durchgeführt.[585] 431

> *Praxistipp* 432
>
> **Durchführung der Berechnung (Leitlinien Nr. 24)**
>
> Die nach Abzug des Selbstbehalts des Unterhaltspflichtigen verbleibende Verteilungsmasse (V) ist anteilig auf alle gleichrangigen unterhaltsberechtigten Kinder im Verhältnis ihrer Unterhaltsansprüche zu verteilen.[586]

Die prozentuale Kürzung (K) berechnet sich nach der **Formel**: 433

$$K = \frac{V}{S} \times 100$$

K = prozentuale Kürzung
S = Summe der Einsatzbeträge
V = Verteilungsmasse

Das im Rahmen der Mangelfallberechnung gewonnene Ergebnis ist auf seine **Angemessenheit** zu überprüfen.[587]

Zu beachten ist bei der **Ermittlung der Einsatzbeträge**, dass seit dem 1.1.2008 das Kindergeld gemäß § 1612b Abs. 1 Satz 1 den Barbedarf des Kindes in anrechenbarem Umfang (hälftig) mindert. Daher bestimmt nunmehr der Zahlbetrag den Einsatzbetrag.[588] 434

Reicht das unterhaltsrechtlich relevante Einkommen des Unterhaltsschuldners nicht zur Deckung des Unterhalts aus, ist eine Herabgruppierung anhand der Bedarfskontrollbeträge vorzunehmen. Der Mangelfall wird erst festgestellt, wenn der Unterhaltsschuldner auch den Unterhalt der 1. Einkommensgruppe der Düsseldorfer Tabelle bei Wahrung des notwendigen Selbstbehalts nicht leisten kann.[589] Dann ist eine **Mangelfallberechnung** – wie nachfolgend beispielhaft[590] dargestellt – vorzunehmen: 435

> *Sachverhalt 1* 436
>
> Der unterhaltspflichtige Vater V hat ein bereinigtes Nettoeinkommen von 2.000 EUR. Unterhaltsberechtigt sind ein 18-jähriges Kind K 1, das bei der Mutter M lebt und das Gymnasium besucht, und die beiden minderjährigen Kinder K 2 (14 Jahre) und K 3 (10 Jahre), die von der Mutter betreut werden. Das Kindergeld in Höhe von insgesamt 750 EUR wird an die Mutter ausbezahlt, deren sonstiges Einkommen unter 1.000 EUR liegt.

584 BGH FamRZ 2006, 683; OLG Hamm FamRZ 2007, 290.
585 BGH FamRZ 2003, 363 m. Anm. *Scholz*, FamRZ 2003, 514.
586 SüdL Nr. 24.2.
587 SüdL Nr. 24.5.
588 DT 2023, Anm. C.
589 Dose/*Klinkhammer*, Kap. 2 Rn 265.
590 Vgl. Rechenbeispiel Anlage zu SüdL Nr. 2.2.

Unterhaltsberechnung

Der Vater V ist allein barunterhaltspflichtig für alle Kinder.

Bedarf K 1

628 EUR (DT 2023, Gruppe 1, 4. Altersstufe) – 250 EUR Kindergeld ergibt einen ungedeckten Bedarf in Höhe von 378 EUR.

Bedarf K 2

588 EUR (DT 2023, Gruppe 1, 3. Altersstufe) – 125 EUR ½ Kindergeld ergibt einen ungedeckten Bedarf in Höhe von 463 EUR.

Bedarf K 3

502 EUR (DT 2023, Gruppe 1, 2. Altersstufe) – 125 EUR ½ Kindergeld ergibt einen ungedeckten Bedarf in Höhe von 377 EUR.

Summe der Einsatzbeträge (S): K 1 + K 2 + K 3

378 EUR + 463 EUR + 377 EUR = 1.218 EUR

Praxistipp zum Bedarf und damit zu den Einsatzbeträgen

Das Kindergeld mindert gemäß § 1612b Abs. 1 Satz 1 den Barbedarf des Kindes in anrechenbarem Umfang (hälftig). Daher bestimmt nunmehr der Zahlbetrag den Einsatzbetrag. Dieser kann somit aus der Kindergeldabzugstabelle entnommen werden.

Verteilungsmasse (V): bereinigtes Nettoeinkommen – Selbstbehalt

2.000 EUR – 1.370 EUR = 630 EUR

Praxistipp zum Selbstbehalt und damit zur Verteilungsmasse (V)

Der Selbstbehalt ist den Leitlinien des jeweiligen Oberlandesgerichts zu entnehmen, dort Ziff. 21.2.

Prozentuale Kürzung (K) gemäß Formel

630 EUR : 1.218 EUR x 100 = 51,72 %

Berechnung der jeweiligen Unterhaltsansprüche

K 1: 378 EUR x 51,72 % = 197 EUR

K 2: 463 EUR x 51,72 % = 240 EUR

K 3: 372 EUR x 51,72 % = 193 EUR

Lösung

V muss Barunterhalt für K 1 in Höhe von 197 EUR, für K 2 in Höhe von 240 EUR und für K 3 in Höhe von 193 EUR bezahlen.

437 *Sachverhalt 2*

Der unterhaltspflichtige, aber nicht erwerbstätige Vater V hat ein bereinigtes Nettoeinkommen von 1.400 EUR. Unterhaltsberechtigt sind ein 18-jähriges Kind K 1, das bei der Mutter M lebt und das Gymnasium besucht, und die beiden minderjährigen Kinder K 2 (14 Jahre) und K 3 (10 Jahre), die von der Mutter betreut werden. Das Kindergeld in Höhe von insgesamt 750 EUR wird an die Mutter ausbezahlt, deren sonstiges Einkommen unter 1.000 EUR liegt.

Unterhaltsberechnung

Der Vater V ist alleine barunterhaltspflichtig für alle Kinder.

Bedarf K 1

628 EUR (DT 2023, Gruppe 1, 4. Altersstufe) – 250 EUR Kindergeld ergibt einen ungedeckten Bedarf in Höhe von 378 EUR.

Bedarf K 2

588 EUR (DT 2023, Gruppe 1, 3. Altersstufe) – 122 EUR ½ Kindergeld ergibt einen ungedeckten Bedarf in Höhe von 463 EUR.

Bedarf K 3

502 EUR (DT 2023, Gruppe 1, 2. Altersstufe) – 125 EUR ½ Kindergeld ergibt einen ungedeckten Bedarf in Höhe von 377 EUR.

Summe der Einsatzbeträge (S): K 1 + K 2 + K 3

378 EUR + 463 EUR + 377 EUR = 1.218 EUR

Verteilungsmasse (V): bereinigtes Nettoeinkommen – Selbstbehalt

1.400 EUR – 1.120 EUR = 280 EUR

Praxistipp zum Selbstbehalt und damit zur Verteilungsmasse (V)

Der Selbstbehalt ist den Leitlinien des jeweiligen Oberlandesgerichts zu entnehmen, dort Ziff. 21.2. V ist nicht erwerbstätig, daher bemisst sich sein Selbstbehalt auf einen Betrag in Höhe von 1.120 EUR.

Prozentuale Kürzung (K) gemäß Formel

280 EUR : 1.218 EUR x 100 = 22,99 %

Berechnung der jeweiligen Unterhaltsansprüche

K 1: 378 EUR x 22,99 % = 87 EUR

K 2: 463 EUR x 22,99 % = 106 EUR

K 3: 377 EUR x 22,99 % = 87 EUR

Summe Barunterhalt: 440 EUR

Im Wege der Angemessenheitsprüfung kann der Barunterhaltsanspruch des privilegiert volljährigen Kindes K 1 abgerundet werden, so dass sich für K 1 ein Zahlbetrag in Höhe von 138 EUR ergibt. Damit wird die Verteilungsmasse nicht überschritten und der Selbstbehalt des V ist gewahrt.

Lösung

V muss Barunterhalt für K 1 in Höhe von 138 EUR, für K 2 in Höhe von 167 EUR und für K 3 in Höhe von 135 EUR bezahlen.

c) Verbraucherinsolvenz

Nach Auffassung des BGH obliegt dem Unterhaltsschuldner bei verschärfter Leistungspflicht grundsätzlich die **Einleitung der Verbraucherinsolvenz**, wenn und soweit dieses Verfahren zulässig und geeignet ist, den laufenden Unterhalt der minderjährigen Kinder insofern sicherzustellen, als der Unterhaltszahlung Vorrang vor sonstigen Verbindlichkeiten eingeräumt wird.[591] Allerdings muss die Einleitung des Verbraucherinsolvenzverfahrens dem Unterhaltsschuldner zumutbar sein. Die Darlegungs- und Beweislast für die Unzumutbarkeit der Durchführung des Insolvenzverfahrens trägt der Unterhaltsschuldner.[592] 438

Da mit der Durchführung der Verbraucherinsolvenz durch den Unterhaltsschuldner auch Unsicherheiten hinsichtlich der damit für das Kind möglicherweise verbundenen Nachteile einhergehen, fordert der BGH stets die **Abwägung der Vor- und Nachteile**, die mit der Einleitung des Insolvenzverfahrens verbunden sind.[593] 439

591 BGH FamRZ 2005, 608.
592 BGH FamRZ 2005, 608, 610.
593 Dose/*Klinkhammer*, Kap. 2 Rn 258.

440 **Wesentlicher Nachteil** des Insolvenzverfahrens des Unterhaltsschuldners für den Unterhaltsgläubiger ist der Umstand, dass Unterhaltsrückstände zu Insolvenzforderungen werden und somit allein mit der Insolvenzquote befriedigt und von der Restschuldbefreiung erfasst werden (§§ 89 Abs. 2 Satz 2, 301 InsO).

Die Insolvenzmasse umfasst alle pfändbaren Gegenstände nach §§ 35, 36 InsO, die dem Schuldner im Zeitpunkt der Eröffnung des Insolvenzverfahrens gehören und die er während des Verfahrens erlangt. Wie bereits ausgeführt, sind rückständige Unterhaltsansprüche Insolvenzforderungen, die von der Restschuldbefreiung erfasst werden (§ 301 InsO). Künftige Unterhaltsforderungen können außerhalb der Insolvenzmasse gegen den (Unterhalts-)Schuldner selbst geltend gemacht werden (§§ 38, 40 InsO).

441 *Praxistipp*

Wegen zukünftiger Unterhaltsansprüche kann der Unterhaltsgläubiger gegen den Unterhaltsschuldner vollstrecken, nämlich in den Teil seiner Einkünften, der für andere Gläubiger nicht pfändbar ist (§ 89 Abs. 2 Satz 2 InsO), nämlich in den Differenzbetrag zwischen der allgemeinen Pfändungsfreigrenze[594] nach §§ 850a, 850c ZPO und dem unterhaltsrechtlichen Selbstbehalt.[595] Auf den auch für andere Gläubiger pfändbaren Teil darf der Unterhaltsgläubiger im Wege der Einzelvollstreckungsmaßnahme nicht zugreifen.[596]

442 Im Rahmen der vom BGH geforderten Abwägung der Vor- und Nachteile der Einleitung eines Verbraucherinsolvenzverfahrens kann man durchaus zu dem Ergebnis gelangen, dass die Nachteile des minderjährigen und/oder privilegiert volljährigen Kindes den Vorteil des Unterhaltsschuldners so sehr – z.B. bei entsprechend hohen Unterhaltsrückständen – überwiegen, dass dem Unterhaltsschuldner die Einleitung eines Verbraucherinsolvenzverfahrens zu versagen ist.

d) Leistungsfähigkeit und Umgangskosten

443 Dem minderjährigen Kind steht ein Recht auf Umgang mit jedem Elternteil zu. Ohne Bedeutung ist, ob die Eltern die elterliche Sorge gemeinsam ausüben oder ob diese auf einen Elternteil allein übertragen worden ist. Spiegelbildlich steht diesem Recht die Pflicht, aber natürlich auch das Recht, des nicht betreuenden Elternteils zum bzw. auf Umgang gegenüber (§ 1684 Abs. 1).

444 Grundsätzlich waren die **Kosten der Umgangsausübung** Sache des den Umgang ausübenden Elternteils. Eine Berücksichtigung dieser Kosten im Rahmen der Barunterhaltsberechnung fand nicht statt.[597] Im Jahre 2003 forderte das BVerfG,[598] dass auch das Unterhaltsrecht dem Unterhaltspflichtigen nicht die Möglichkeit nehmen dürfe, sein Umgangsrecht zur Erhaltung der Eltern-Kind-Beziehung unter Berücksichtigung des Kindeswohls auszuüben. Die für die Umgangsausübung beim nicht betreuenden und damit barunterhaltspflichtigen Elternteil anfallenden Kosten, sind solche, die er im eigenen Interesse und im Interesse des Kindes grundsätzlich selbst aufzubringen hat.[599] Staatliche Vergünstigungen wie das Kindergeld sorgen diesbezüglich für die Entlastung des unterhaltspflichtigen Umgangsberechtigten.[600]

445 *Praxistipp*

Es ist möglich, dass die Eltern über Verteilung der Umgangskosten eine Vereinbarung treffen.[601] Ansonsten kann der Umgangsberechtigte weder vom anderen Elternteil noch vom Kind Erstattung oder auch Beteiligung an den Umgangskosten verlangen.[602]

594 KG Berlin, Beschl. v. 15.11.2018 – 19 WF 87/17, FamRZ 2018, 687.
595 BGH FamRZ 2008, 497.
596 Dose/*Klinkhammer*, Kap. 2 Rn 261 m.w.N.
597 BGH FamRZ 1995, 215; 2002, 1099.
598 BVerfG FamRZ 2003, 1371, 1377.
599 BGH FamRZ 2007, 196.
600 BGH FamRZ 2002, 1099.
601 OLG Zweibrücken FamRZ 1998, 1465.
602 BGH FamRZ 2007, 707; OLG Karlsruhe FPR 2003, 28; Frankfurt a.M. FF 2003, 183.

Nunmehr will der BGH **angemessene Umgangskosten** des barunterhaltspflichtigen Elternteils mit seinem Kind bei der Unterhaltsberechnung berücksichtigen, wenn diese – konkret vorgetragen[603] – nicht anderweitig abgedeckt sind,[604] insbesondere, wenn die Kosten nicht aus dem, dem Unterhaltsschuldner verbleibenden Kindergeldanteil, gedeckt werden.[605] Gleiches soll gelten, wenn sich die Berücksichtigung der Umgangskosten aus Billigkeitserwägungen ergibt. 446

aa) Neufassung des § 1612b Abs. 1

Seit 1.1.2008 deckt das hälftige Kindergeld den Bedarf des minderjährigen Kindes und ist auf den Mindestunterhalt anzurechnen, daher bestimmt sich die Leistungsfähigkeit aus den Zahlbeträgen und nicht – mehr – aus den Bedarfsbeträgen nach der Düsseldorfer Tabelle. Sind die Umgangskosten dermaßen hoch, dass sie den auf den Unterhaltsschuldner entfallenden Kindergeldanteil (§ 1612b Abs. 1 Nr. 1: „zur Hälfte") übersteigen, sind die Umgangskosten bei der Einkommensermittlung zu berücksichtigen.[606] 447

bb) Billigkeitserwägungen

Fallen **erhebliche Umgangskosten**, z.B. als Fahrtkosten für erhebliche Entfernungen zwischen den jeweiligen Wohnorten, an und sind diese aufgrund der ohnehin beengten wirtschaftlichen Verhältnisse für den umgangsberechtigten und barunterhaltsverpflichteten Elternteil unzumutbar, sodass eine fehlende Erstattung der Kosten dazu führen würde, dass das Umgangsrecht nicht oder nur erheblich eingeschränkt ausgeübt wird, müssen diese Kosten bei der Einkommensermittlung Berücksichtigung finden. 448

Das Gleiche gilt, wenn der Unterhaltspflichtige ein weit über das übliche Maß hinausgehende Umgangsrecht wahrnimmt. Der Tatrichter kann die in diesem Zusammenhang getätigten außergewöhnlich hohen Aufwendungen, die als reiner Mehraufwand für die Ausübung des erweiterten Umgangsrechts dem Unterhaltsanspruch des Kindes nicht entgegengehalten werden können, zum Anlass nehmen, den Barunterhaltsbedarf des Kindes unter Herabsetzung um eine oder mehrere Einkommensgruppen der Düsseldorfer Tabelle zu bestimmen.[607] 449

> *Praxistipp* 450
>
> Der umgangsberechtigte Elternteil muss allerdings alle Möglichkeiten nutzen, um die Umgangskosten so gering als möglich zu halten.[608]

cc) Berücksichtigung der Umgangskosten im Rahmen der Leistungsfähigkeit

Sowohl für den Fall, dass die Umgangskosten den Kindergeldanteil übersteigen als auch für den Fall, dass **bei beengten wirtschaftlichen Verhältnissen und erheblichen Umgangskosten** aus Billigkeitsgründen im Rahmen der Leistungsfähigkeit des Unterhaltsschuldners zu berücksichtigen sind, erfolgt dies entweder durch maßvolle Erhöhung des Selbstbehalts oder Minderung des unterhaltsrelevanten Einkommens des Unterhaltsschuldners.[609] 451

Die Umgangskosten werden dann nicht im Rahmen der Leistungsfähigkeit des Unterhaltsschuldners berücksichtigt, wenn er, nachdem die Umgangskosten vom Einkommen abgezogen worden sind, über **ausreichendes Einkommen** verfügt.[610] Dies gilt erst recht bei nicht nur ausreichenden, sondern besseren Einkommensverhältnissen.[611] 452

603 OLG Brandenburg, Beschl. v. 10.1.2020 – 13 UF 184/19.
604 BGH FamRZ 2005, 706.
605 BGH FamRZ 2007, 193.
606 BGH FamRZ 2007, 193; OLG Bremen FamRZ 2009, 889.
607 BGH NJW 2014, 1958.
608 BGH FamRZ 1995, 215.
609 BGH FamRZ 2009, 1391; 2008, 594; KG FamRZ 2011, 1302; OLG Bremen FamRZ 2009, 889, OLG Schleswig NJW 2009, 1216.
610 BGH FamRZ 2006, 1015, 1018.
611 Dose/*Klinkhammer*, Kap. 2 Rn 273.

453 *Praxistipp*

Die Übernahme der Kosten für den Unterhalt des Kindes während der Ausübung des Umgangsrechts, z.B. Essen, Wohnen, Kleidung usw., durch den umgangsberechtigten und barunterhaltspflichtigen Elternteil können nicht vom – während der Umgangszeit – geschuldeten Barunterhalt in Abzug gebracht werden.[612]

dd) Darlegungs- und Beweislast

454 Die **Darlegungs- und Beweislast** trifft hinsichtlich der Höhe der Umgangskosten sowie der beengten wirtschaftlichen Verhältnisse den umgangsberechtigten Unterhaltsschuldner.

6. Der Rollentausch oder die „Hausmann"-Rechtsprechung

455 Im Rahmen der Leistungsfähigkeit des Unterhaltsschuldners ist das Spannungsverhältnis zwischen der Unterhaltspflicht gegenüber den minderjährigen und privilegiert volljährigen Kindern aus der alten – beendeten – Lebensgemeinschaft des Unterhaltsschuldners und seiner Unterhaltspflicht gegenüber den minderjährigen und/oder privilegiert volljährigen Kindern aus der **aktuellen Lebensgemeinschaft** zu lösen.

456 Übernimmt der Barunterhaltspflichtige in der neuen Lebensgemeinschaft, unabhängig davon, ob eheliche oder nichteheliche Lebensgemeinschaft,[613] die Haushaltsführung und gegebenenfalls Betreuung der – gemeinsamen – Kinder, kommt es zum Konflikt zwischen den Pflichten des Unterhaltsschuldners gegenüber den minderjährigen und/oder privilegiert volljährigen Kindern aus der alten Lebensgemeinschaft und den Pflichten gegenüber den – soweit vorhanden – minderjährigen und/oder privilegiert volljährigen Kindern aus der **neuen ehelichen oder nichtehelichen Partnerschaft**.

457 Mit **Übernahme der Haushaltsführung** in der neuen Lebensgemeinschaft erfüllt der Unterhaltsschuldner – auch – seine Unterhaltspflicht gegenüber dem neuen Lebenspartner und gegebenenfalls gegenüber den minderjährigen und/oder privilegiert volljährigen Kindern aus der neuen Lebensgemeinschaft, jedoch nicht gegenüber den minderjährigen und/oder privilegiert volljährigen Kindern aus der alten Lebensgemeinschaft.[614]

458 Grundsätzlich darf der Unterhaltsschuldner durch Übernahme der Haushaltsführung und gegebenenfalls Kinderbetreuung in einer neuen Lebensgemeinschaft seine Erwerbstätigkeit nur aufgeben, wenn er auf bestehende Unterhaltsverpflichtungen für seine minderjährigen und/oder privilegiert volljährigen Kinder als der alten Lebensgemeinschaft Rücksicht nimmt. Dieses **Gebot zur Rücksichtnahme** erstreckt sich auf den neuen Lebenspartner, der die Erfüllung der Obliegenheit nach § 1356 Abs. 2, dessen Rechtsgedanke auf nichteheliche Lebensgemeinschaften anzuwenden ist, ermöglichen muss. Dies gilt insbesondere, wenn bei der Festlegung der Aufgabenverteilung die Unterhaltsverpflichtung gegenüber den minderjährigen und privilegiert volljährigen Kindern aus der alten Lebensgemeinschaft bekannt war.[615] Es steht den Partnern der neuen Lebensgemeinschaft zwar frei, ihren Lebensentwurf zu gestalten, allerdings darf dieser sich nicht zu Lasten der bestehenden Unterhaltsverpflichtungen auswirken.[616]

459 *Praxistipp*

Hat der oder die Unterhaltsschuldner(in) bereits in der alten Lebensgemeinschaft die Haushaltsführung und Kinderbetreuung übernommen, liegt kein Rollentausch vor, der unter die „Hausmann"-Rechtsprechung des BGH fällt, wenn er/sie das in der neuen Lebensgemeinschaft wieder tut.[617]

612 BGH FamRZ 1984, 473.
613 BGH FamRZ 2001, 614 = FuR 2001, 180.
614 BGH FamRZ 1996, 796.
615 BGH FamRZ 1996, 796.
616 BVerfG FamRZ 1985, 143.
617 Weinreich/*Eder*, § 1603 Rn 267.

a) Der Rollentausch

Die **Übernahme der Haushaltsführung und Kinderbetreuung** in der neuen Lebensgemeinschaft durch den Unterhaltsschuldner, der in der alten Lebensgemeinschaft durch sein Erwerbseinkommen den Familienunterhalt gesichert hat, führt zum Wegfall, jedenfalls aber zur Beschränkung der Leistungsfähigkeit. 460

Die Frage, ob diese Entscheidung des Unterhaltsschuldners mit ihren Konsequenzen von den unterhaltsberechtigten minderjährigen und/oder volljährigen Kindern aus der alten Lebensgemeinschaft hingenommen werden muss, beurteilt sich anhand der „Hausmann"-Rechtsprechung des BGH und deren auf **enge Ausnahmefälle** begrenzten Maßstab. 461

Es muss sich aufgrund der in der neuen Lebensgemeinschaft gewählten Rollenverteilung für diese ein solcher **Vorteil** ergeben, der den Verzicht auf die Wahl dieser Gestaltung unzumutbar macht.[618] Diese Ausgestaltung der neuen Lebensgemeinschaft ist nur dann hinzunehmen, wenn sich das Familieneinkommen in der neuen Beziehung dadurch, dass der andere Partner erwerbstätig ist, wesentlich günstiger gestaltet,[619] als dies bei einer Erwerbstätigkeit des Unterhaltsschuldners der Fall wäre. Man spricht dann von einem akzeptablen Rollenwechsel. Aber auch wenn die Rollenwahl des Unterhaltsschuldners zu billigen ist, muss er trotzdem zum Unterhalt der minderjährigen und/oder privilegiert volljährigen Kinder aus der alten Lebensgemeinschaft beitragen.[620] 462

Den Rollenwechsel des Unterhaltsschuldners **rechtfertigende Gründe** sind u.a. folgende:

- Günstigere Gestaltung des Familienunterhalts bei vertauschter Rollenverteilung.[621]
- Der haushaltsführende Unterhaltsschuldner setzt sein Taschengeld aus der neuen Lebensgemeinschaft[622] sowie sonstige Einkünfte, z.B. das Elterngeld,[623] zur Bedarfsdeckung ein.[624]

Praxistipp 463

Nicht einzusetzen sind hingegen das für die neue Lebensgemeinschaft bestimmte Haushaltsgeld[625] und das bedarfsdeckende Kindergeld für Kinder aus der neuen Lebensgemeinschaft.[626]

Reichen diese Einkünfte nicht aus, um den Unterhaltsbedarf der minderjährigen und/oder privilegiert volljährigen Kinder aus der alten Lebensgemeinschaft zu decken, besteht für den Unterhaltsschuldner die Obliegenheit, die Haushaltsführung und Kinderbetreuung auf das **unbedingt notwendige Maß zu beschränken**, um zum Barunterhalt der Berechtigten aus der alten Lebensgemeinschaft beizutragen, sofern diese Obliegenheit ihn nicht unverhältnismäßig belastet.[627] 464

Praxistipp 465

Die Erwerbsobliegenheit des den Haushalt führenden Unterhaltsschuldners ergibt sich nicht aus der verschärften Leistungspflicht des § 1603 Abs. 2 Satz 1 und 2, sondern nach § 1603 Abs. 1 aus dem unterhaltsrechtlichen Gleichrang der minderjährigen bzw. privilegiert volljährigen Kinder aus allen Lebensgemeinschaften des Unterhaltsschuldners.[628]

Den haushaltsführenden barunterhaltspflichtigen Elternteil trifft gegenüber den minderjährigen und/oder privilegiert volljährigen Kindern aus der alten Lebensgemeinschaft jedenfalls die Obliegenheit einer (Ne- 466

618 BGH FamRZ 2001, 614 = FuR 2001, 180.
619 BGH FamRZ 1996, 796.
620 Dose/*Klinkhammer*, Kap. 2 Rn 275.
621 BGH FamRZ 1987, 252; OLG München FamRZ 1999, 1076 m.w.N.
622 BGH FamRZ 2006, 1827, 1830; BVerfG FamRZ 1985, 143.
623 OLG Bamberg FamRZ 2011, 1302.
624 BGH FamRZ 2006, 1827.
625 BGH FamRZ 1995, 537; 1986, 668.
626 Weinreich/*Eder*, § 1603 Rn 271.
627 BGH FamRZ 1996, 796; 1982, 25; OLG Koblenz OLGR 2000, 335.
628 Weinreich/*Eder*, § 1603 Rn 271 a.E.

ben-)Erwerbstätigkeit nachzugehen, deren Einkünfte den **Mindestunterhalt** abdecken,[629] wobei die Einkünfte jedoch zuerst auf den eigenen notwendigen Selbstbehalt – soweit dieser nicht durch den Unterhalt des neuen Lebenspartners gesichert ist[630] – zu verwenden sind. Ist der neue Lebenspartner jedoch nicht in der Lage, den notwendigen Selbstbehalt des Unterhaltsschuldners zu decken, so ist dieser im Unterhaltsrechtsverhältnis zu den minderjährigen und/oder privilegiert volljährigen Kindern aus der alten Lebensgemeinschaft tatsächlich nicht leistungsfähig.[631]

b) Keine Betreuung eigener Kinder in der neuen Lebensgemeinschaft

467 Der Unterhaltsschuldner kann sich nicht auf die Haushaltsführung in der neuen Lebensgemeinschaft beschränken, wenn er kein Kind betreut. Im Unterhaltsrechtsverhältnis zu den minderjährigen und/oder privilegiert volljährigen Kindern aus der alten Lebensgemeinschaft trifft ihn eine **gesteigerte Erwerbsobliegenheit**, sodass er grundsätzlich einer vollschichtigen Erwerbstätigkeit nachgehen muss.[632] In diesem Fall kann der Unterhaltsschuldner sich nicht auf fehlende Leistungsfähigkeit berufen, er muss sich daher fiktive Einkünfte zurechnen lassen, in der Höhe, wie er sie tatsächlich erzielen könnte.

468 *Praxistipp*

Sofern der Unterhaltsschuldner in der neuen Lebensgemeinschaft kein Kind betreut, gelten die allgemeinen Grundsätze zur Frage seiner Leistungsfähigkeit.

c) (Neben-)Erwerbstätigkeit des Unterhaltsschuldners

469 Der haushaltsführende Unterhaltsschuldner ist gegenüber den minderjährigen und/oder privilegiert volljährigen Kindern aus der alten Lebensgemeinschaft jedenfalls dann zur Ausübung einer (Neben-)Erwerbstätigkeit verpflichtet, wenn er in der neuen Lebensgemeinschaft nur den Haushalt führt und keine oder Kinder des neuen Lebenspartners betreut. Im Rahmen der Haushaltsführung und Betreuung eigener Kinder aus der neuen Lebensgemeinschaft ist zumindest eine **Nebenerwerbstätigkeit** zu erwarten.

V. Problemstellungen außerhalb der Anspruchsgrundlage

470 An dieser Stelle werden Probleme behandelt, die sich außerhalb des Unterhaltsanspruchs des minderjährigen oder privilegiert volljährigen Kindes gegen seine Eltern stellen, aber in Zusammenhang mit diesem stehen.

1. Die Ausfall- und Ersatzhaftung

471 Das Gesetz regelt für den Verwandtenunterhalt in den §§ 1606 und 1607 die Reihenfolge, in der mehrere Personen nebeneinander oder nacheinander zur Unterhaltszahlung verpflichtet sind. Nach § 1606 Abs. 2 haften unter den **Verwandten der aufsteigenden Linie** zunächst die Näheren vor den Entfernteren, also haften die Eltern vor den Großeltern für den Unterhalt der Kinder.[633] Für den Fall, dass ein Elternteil für den Kindesunterhalt nicht herangezogen werden kann, erhöht sich nach § 1606 Abs. 3 der Haftungsanteil des anderen,[634] auch wenn dieser andere Elternteil ein minderjähriges Kind betreut.[635]

472 Entgegen § 1606 Abs. 3 Satz 2, der Betreuungs- und Barunterhalt gleichwertig nebeneinanderstehen lässt, reicht die Betreuungsleistung eines Elternteils nicht zur Erfüllung des Unterhaltsanspruchs aus,

629 Dose/*Klinkhammer*, Kap. 2 Rn 284.
630 BGH FamRZ 2001, 1065.
631 BGH FamRZ 2002, 742 = FuR 2002, 248.
632 BGH FamRZ 2001, 1065 = FuR 2001, 225; FamRZ 2001, 614 = FuR 2001, 180.
633 BGH FamRZ 2006, 26, 28.
634 BGH FamRZ 1971, 571.
635 Dose/*Klinkhammer*, § 2 Rn 787.

wenn der andere – barunterhaltspflichtige – Elternteil im Unterhaltsrechtsverhältnis wegen fehlender Leistungsfähigkeit ausfällt. Dann haftet der betreuende Elternteil auch – neben dem Betreuungsunterhalt – für den Barunterhalt. Für die **Erwerbsobliegenheit** des betreuenden Elternteils gelten die allgemeinen Grundsätze. Den betreuenden Elternteil trifft grundsätzlich eine gesteigerte Erwerbsobliegenheit nach § 1603 Abs. 2 Satz 1 und 2.

Praxistipp 473

Die Großeltern haften – nach den Eltern – nur, wenn auch der betreuende Elternteil den Bedarf des Kindes nicht decken kann.[636] Grundsätzlich haften alle noch lebenden Großeltern anteilig im Verhältnis ihrer Einkommens- und Vermögensverhältnisse, da eine Haftung nach Verwandtschaftsstämmen in § 1606 Abs. 2 nicht vorgesehen ist.

Die **Ersatzhaftung des nachrangig Unterhaltspflichtigen** greift also ein, wenn der vorrangig Unterhaltspflichtige leistungsunfähig ist.[637] Gleiches gilt, wenn die Rechtsverfolgung gegen den primär haftenden Unterhaltsschuldner im Inland ausgeschlossen oder wesentlich erschwert ist; vgl. § 1607 Abs. 2, der auch für den im Hinblick auf fiktive Einkünfte zur Unterhaltszahlung verpflichteten Barunterhaltsschuldner Anwendung findet. Es fehlt hier nicht an der unterhaltsrechtlichen Leistungsfähigkeit (§ 1607 Abs. 1), vielmehr scheitert die Realisierung des (Bar-)Unterhaltsanspruchs, sodass ein Fall des § 1607 Abs. 2 vorliegt.[638] 474

a) § 1607 Abs. 1: Die Ausfallhaftung

Bei nur **teilweise gegebener oder gänzlich fehlender Leistungsfähigkeit des erstrangig haftenden Verwandten** (Primärschuldner) bestimmt § 1607 Abs. 1 im Wege der Ausfallhaftung die Unterhaltspflicht des nach dem primär Haftenden Verwandten. Der nachrangig haftende Verwandte (Sekundärschuldner) hat dann den geschuldeten Unterhalt zu gewähren. Aufgrund der Ausfallhaftung des § 1607 Abs. 1 haftet ein gleichrangiger Verwandter, z.B. der andere Elternteil, allein, wenn der barunterhaltspflichtige Elternteil gar nicht oder nur eingeschränkt leistungsfähig ist.[639] Die (Ausfall-)Haftung des betreuenden Elternteils beginnt nach § 1607 Abs. 1 bereits dann, wenn der Eigenbedarf des barunterhaltspflichtigen Elternteils gefährdet ist.[640] 475

Beispiel 476

Eine wiederverheiratete Mutter, deren eigener angemessener Unterhalt durch die neue Ehe bzw. Familie gesichert ist, betreut minderjährige und/oder privilegiert volljährige Kinder aus der ersten Ehe. Der gegenüber den minderjährigen und/oder privilegiert volljährigen Kindern barunterhaltspflichtige – von der Mutter geschiedene – Kindsvater ist nicht leistungsfähig.

Die betreuende Mutter haftet dann – auch – für den Barunterhalt der minderjährigen und/oder privilegiert volljährigen Kinder aus erster Ehe nach § 1607 Abs. 1. Im Rahmen dieser Unterhaltsverpflichtung gegenüber den minderjährigen und/oder privilegiert volljährigen Kindern aus erster Ehe trifft sie eine gesteigerte Erwerbsobliegenheit, deren Umfang jedoch auch von den Belangen der neuen Familie, insbesondere denen weiterer betreuungsbedürftiger Kinder, bestimmt wird.[641]

Der **Umfang der Ausfallhaftung** nach § 1607 Abs. 1 dauert solange und geht soweit, wie der gleichrangig (Elternteile) oder vorrangig haftende Verwandte leistungsunfähig ist.[642] Bei Eintritt – auch teilweiser 477

636 OLG Thüringen FamRZ 2009, 1498.
637 Eschenbruch/*Maaß*, Kap. 2 Rn 435.
638 BGH FamRZ 2006, 26, 30; OLG Hamm FamRZ 2005, 1926 (Ls.).
639 Weinreich/*Eder*, § 1607 Rn 6.
640 OLG Hamm FamRZ 1990, 903.
641 OLG Schleswig FamRZ 2004, 1058.
642 Weinreich/*Eder*, § 1607 Rn 8.

– Leistungsfähigkeit des erstrangig haftenden Verwandten endet die Unterhaltsverpflichtung des nachrangig Haftenden nach § 1607 Abs. 1. Es besteht für den nachranging haftenden Verwandten, der nach § 1607 Abs. 1 Unterhalt geleistet hat, keine Möglichkeit, diese Zahlungen erstattet zu erhalten, jedwede Regressansprüche scheiden aus.[643] Der erstrangig haftende Unterhaltsschuldner ist nicht leistungsfähig. Daher liegen in diesem Unterhaltsrechtsverhältnis bereits die Anspruchsvoraussetzungen nicht vor, der (Unterhalts-)Anspruch gegen die erstrangig haftenden Anspruchsgegner besteht nicht. Allerdings sind die Anspruchsvoraussetzungen gegen den nachrangigen Unterhaltsschuldner gegeben, der Anspruch auf Zahlung von Unterhalt gegen diesen besteht. Er erfüllt durch Unterhaltsleistung also eine eigene – originäre – Unterhaltspflicht und leistet nicht für einen – vorrangig haftenden – Anderen.[644]

478 *Praxistipp*

Im Zusammenhang mit der originären Unterhaltspflicht des nachrangig haftenden Verwandten ist darauf hinzuweisen, dass auch gegenüber diesem für die Geltendmachung von Unterhaltsrückständen die Verzugsvoraussetzungen des § 1613 vorliegen müssen.[645] Alleine die Inverzugsetzung des erstrangig haftenden Verwandten reicht nicht aus, um die Haftung des nachrangig haftenden Verwandten für rückständigen Unterhalt herbeizuführen. Da es sich um eine eigene Verbindlichkeit des nachrangig haftenden Verwandten handelt, muss dieser ebenfalls in Verzug gesetzt werden.[646]

479 Besteht der Unterhaltsanspruch mangels Vorliegen der Voraussetzung, z.B. wegen fehlender Leistungsfähigkeit, auch gegen den – ersten – nachrangig haftenden Verwandten nicht, so ist die **„Ausfallhaftungskette“** zum nächsten nachrangig haftenden Verwandten weiterzuführen. Dies gilt gegebenenfalls bei nur teilweise vorhandener Leistungsfähigkeit für den Restanspruch.[647]

b) § 1607 Abs. 2: Die Ersatzhaftung

480 Wenn die Rechtsverfolgung gegen den vorrangig auf Unterhalt haftenden Verwandten (Primärschuldner) im Inland ausgeschlossen oder erheblich erschwert ist, haftet nach § 1607 Abs. 2 für den – noch – offenen Unterhaltsbedarf der **nachrangige Verwandte** (Sekundärschuldner). Im Falle der Ersatzhaftung liegen die Anspruchsvoraussetzungen des Verwandtenunterhalts im Unterhaltsrechtsverhältnis zum primär haftenden Unterhaltsschuldner vor; bei der Ausfallhaftung (§ 1607 Abs. 1) gerade nicht.

481 Diese Problematik stellt sich in der Regel bei einer sich aufgrund der **Zurechnung fiktiver Einkünfte ergebenden Leistungsfähigkeit** des vorrangig haftenden Verwandten, mit der Folge, dass der Unterhaltsanspruch für den Unterhaltsgläubiger nicht durchsetzbar ist.

482 *Praxistipp*

Die Ersatzhaftung greift auch, wenn der vorrangig haftende Verwandte kein vollstreckungsfähiges Vermögen besitzt oder von dem Unterhaltsgläubiger nicht erwartet werden kann, in auch ihm dienende Vermögenswerte des Unterhaltsschuldners zu vollstrecken.[648]

483 Das minderjährige oder privilegiert volljährige Kind muss sich nicht auf einen Unterhaltsanspruch aufgrund **bloßer fiktiver Leistungsfähigkeit** verweisen lassen.[649] Sofern beide Elternteile als Unterhalts-

643 Dose/*Klinkhammer*, § 2 Rn 788 m.w.N.
644 Grundlegend: BGH FamRZ 1984, 657; Weinreich/*Eder*, § 1607 Rn 9.
645 BGH FamRZ 2004, 800 = FuR 2003, 231.
646 Eschenbruch/*Maaß*, Kap. 2 Rn 442 ff.
647 BGH FamRZ 1971, 571.
648 BGH FamRZ 2006, 26, 30; OLG Hamm FamRZ 2005, 57.
649 OLG Thüringen FamRZ 2006, 569 = FuR 2006, 95.

schuldner nur aufgrund bloßer fiktiver Einkünfte leistungsfähig sind, verbleibt es bei deren anteiliger Haftung.[650] Gegebenenfalls haften die Großeltern anteilig nach ihren Einkommens- und Vermögensverhältnissen nach § 1607 Abs. 2.

Beispiele für den Anwendungsbereich des § 1607 Abs. 2 Satz 1: 484

- Stillstand der Rechtspflege.
- Vaterschaft eines nicht ehelich geborenen Kindes nicht durch Anerkenntnis oder Beschluss festgestellt.[651]
- Unbekannter Aufenthaltsort des vorrangig haftenden Unterhaltsschuldners,[652] auch bei dessen häufigen Wohnortwechseln.
- Verweis auf UVG-Leistungen durch vorrangig haftenden Unterhaltsschuldner.[653]

aa) Übergang des Unterhaltsanspruchs, § 1607 Abs. 2 und 3

Der Unterhaltsanspruch kann nach § 1607 Abs. 2 oder Abs. 3 übergehen. 485

(1) Übergang des Unterhaltsanspruchs nach § 1607 Abs. 2 Satz 2

Aufgrund der Vorschrift des § 1607 Abs. 2 Satz 2 geht der Unterhaltsanspruch des Berechtigten gegen 486 den erstrangig verpflichteten Verwandten auf den nachrangig verpflichteten Verwandten **im Wege der Legalzession** über, wenn die Rechtsverfolgung gegen den erstrangig haftenden Verwandten im Inland ausgeschlossen oder erheblich erschwert ist[654] und der nachrangige Unterhaltsschuldner für den vorrangigen Schuldner geleistet hat.[655] Der übergegangene Anspruch ist mit dem Unterhaltsanspruch weitestgehend identisch.[656] Der Anspruch kann abgetreten, verpfändet und ohne Rücksicht auf § 850d ZPO gepfändet werden;[657] alle im Zeitpunkt des Forderungsübergangs bestehenden Einwendungen bleiben grundsätzlich erhalten. Gegen den Anspruch ist die Aufrechnung zulässig. Die Verjährung richtet sich nach § 197 Abs. 2.

(2) Forderungsübergang nach § 1607 Abs. 3

Diese Vorschrift gilt nur für Unterhaltsansprüche von Kindern gegen einen Elternteil, wobei jedoch die 487 Voraussetzungen des § 1607 Abs. 2, nämlich, dass die **Rechtsverfolgung im Inland ausgeschlossen oder erheblich erschwert** ist, vorliegen müssen. Das Vorliegen der Voraussetzungen des § 1607 Abs. 2 muss gerade ausschlaggebend für die freiwillige Leistung des anderen, nicht unterhaltspflichtigen Verwandten oder Ehegatten des anderen Teils für die Leistung an das Kind sein.

Nach § 1607 Abs. 3 Satz 1 kann die Forderung auf nicht unterhaltspflichtige Verwandte (Geschwister des 488 Kindes oder der Eltern; Verwandte i.S.d. § 1607 Abs. 1, die in überobligatorischer Weise für das Kind aufgekommen sind[658]) und Stiefeltern des Kindes, aber auch nach § 1607 Abs. 3 Satz 2 auf den Scheinvater (siehe Rdn 23 f.) übergehen.

bb) Regress und Benachteiligungsverbot (§ 1607 Abs. 4)

Wegen des Forderungsübergangs nach § 1607 Abs. 2 und 3 kann der Legalzessionar für von ihm an das 489 unterhaltsberechtigte Kind geleistete Zahlung beim vorrangig haftenden Unterhaltsschuldner **Regress** nehmen. Allerdings kann der Rückgriff nur unter Beachtung des § 1607 Abs. 4 vorgenommen werden, der anordnet, dass der Übergang des Unterhaltsanspruchs nicht zum Nachteil des unterhaltsberechtigten

650 OLG Bremen FamRZ 1999, 1529.
651 BGH FamRZ 1993, 696; OLG Thüringen FamRZ 2010, 746.
652 BGH FamRZ 1989, 850.
653 OLG München FamRZ 2000, 688 (Ls.).
654 BSG FamRZ 1981, 353; OLG Koblenz FamRZ 1989, 307; OLG Karlsruhe FamRZ 1991, 971.
655 BT-Drucks 13/7338 S. 21.
656 Weinreich/*Eder*, § 1607 Rn 13.
657 BGH FamRZ 1982, 50.
658 Weinreich/*Eder*, § 1607 Rn 20.

Kindes geltend gemacht werden kann. Durch diese „Schutzklausel"[659] soll die Gefährdung der zukünftigen Unterhaltsansprüche des Kindes durch die, der auf der Legalzession beruhenden Ausgleichsansprüche des nachrangigen Verwandten, verhindert werden.

490 *Praxistipp*

Der zukünftige Unterhaltsanspruch des Kindes ist also vorrangig im Verhältnis zum Regressanspruch des Legalzessionars, sodass im Rahmen der Leistungsfähigkeit des vorrangig haftenden Unterhaltsschuldners die Regressforderung nicht als Abzugsposition zu berücksichtigen ist.[660]

491 Die Schutzklausel des § 1607 Abs. 4 ist auch im Rahmen des familienrechtlichen Ausgleichsanspruchs anzuwenden.[661]

c) Die Großelternhaftung

492 Wesentlicher Anwendungsbereich neben der Frage der Barunterhaltsverpflichtung des betreuenden Elternteils ist die **Haftung der Großeltern** für ihre Enkelkinder nach § 1607.

Das (Enkel-)Kind hat einen Unterhaltsanspruch gegen seine Großeltern, wenn und soweit die Leistungen des barunterhaltspflichtigen Elternteils den Kindesunterhalt nicht oder nicht vollständig abdecken und Gleiches für den betreuenden Elternteil gilt.[662] In § 1606 Abs. 3 Satz 2 wird das Rangverhältnis zwischen den Eltern minderjähriger Kinder geregelt, daher ergeben sich Auswirkungen dieser Norm auf die Ersatzhaftung Dritter nach § 1607 nur, wenn und soweit der Vorrang der Eltern als solches ausfällt.[663]

493 *Praxistipp*

Bevor die Haftung der Großeltern in Frage kommt, muss festgestellt werden, dass ein vorrangig verpflichteter Elternteil nicht leistungsfähig ist.[664]

aa) Ausfallhaftung (§ 1607 Abs. 1) und Ersatzhaftung (§ 1607 Abs. 2) der Großeltern

494 Die Unterhaltspflicht der Großeltern gegenüber dem Enkelkind kann im Wege der Ausfallhaftung nach § 1607 Abs. 1 oder im Wege der Ersatzhaftung nach § 1607 Abs. 2 auftreten.

(1) Ausfallhaftung

495 Die teilweise oder gänzliche Leistungsunfähigkeit des vorrangig pflichtigen Unterhaltsschuldners (Primärschuldner) lässt die Unterhaltspflicht des nachrangigen Unterhaltsschuldners (Sekundärschuldner) originär einstehen, wenn und soweit der Primärschuldner nach **Ausschöpfung aller unterhaltsrechtlichen Obliegenheiten** ausfällt.[665]

496 *Praxistipp*

Sofern sich die Leistungsfähigkeit des Primärschuldners nur aus der Zurechnung fiktiver Einkünfte ergibt, liegt kein Fall des Anwendungsbereichs des § 1607 Abs. 1 vor.[666]

497 Bevor die Großeltern als Sekundärschuldner für den Kindesunterhalt haften, schuldet der zweite Primärschuldner, nämlich der Kinder betreuende Elternteil den Unterhalt, sofern er neben der Betreuung des oder der Kinder dessen/derer Barbedarf ohne Gefährdung seines eigenen angemessenen Unterhalts teil-

659 Weinreich/*Eder*, § 1607 Rn 22.
660 RGZ 126, 181.
661 KG FamRZ 2000, 441.
662 BGH FamRZ 2004, 800; BGH FamRZ 2006, 26 = FuR 2006, 39.
663 OLG Bamberg OLGR 2007, 520.
664 OLG Frankfurt FamRZ 2004, 1745; OLG Braunschweig FamRZ 2005, 643; OLG Thüringen FamRZ 2006, 569 = FuR 2006, 95.
665 BGH FamRZ 1985, 273; OLG Celle FamRZ 1984, 1254.
666 OLG Hamm 2005, 1926.

weise oder gar in vollem Umfang sichern kann.[667] Also muss der betreuende Elternteil eine Erwerbstätigkeit aufnehmen bzw. ausweiten, um den Barunterhaltsanspruch des/der Kinder erfüllen zu können. Erst wenn und soweit der zweite Primärschuldner dies nicht unter Berücksichtigung der Belange der Familie,[668] insbesondere der Betreuungsbedürftigkeit eines minderjährigen Kindes, leisten kann, entsteht die **originäre Haftung der Großeltern**.

Praxistipp 498

Beim – zweiten – Primärschuldner ist der eigene angemessene, nicht notwendige Unterhalt zu berücksichtigen.[669]

(2) Ersatzhaftung

Ist die Rechtsverfolgung gegen den/die erstrangig Unterhaltspflichtigen (Primärschuldner) im Inland ausgeschlossen oder erheblich erschwert, aber auch wenn davon auszugehen ist, dass die Vollstreckung erfolglos bleiben wird, da sich die Leistungsfähigkeit des Primärschuldners alleine aus der Zurechnung fiktiver Einkünfte ergibt,[670] greift die **Ersatzhaftung der Großeltern** nach § 1607 Abs. 2 ein. 499

Die Großeltern werden als Sekundärschuldner gegenüber dem Kind unterhaltspflichtig. Allerdings entsteht die Unterhaltsverpflichtung der Großeltern nicht wie bei § 1607 Abs. 1 originär, sondern die Großeltern sind Sekundärschuldner nach § 1607 Abs. 2, die die Primärschuldner in Regress nehmen können, indem der Anspruch des Kindes im Wege der Legalzession auf die tatsächlich Unterhalt zahlenden Großeltern übergeht.[671] 500

bb) Dauer

Die Haftung der Großeltern als Sekundärschuldner besteht sowohl als Ausfall- als auch Ersatzhaftung nur für die Dauer der Leistungsunfähigkeit des/der Primärschuldner, also für den **Zeitraum, in dem der angemessene Unterhaltsbedarf des Primärschuldners gefährdet ist**.[672] Für den Beginn der Haftung müssen darüber hinaus die Voraussetzungen des § 1613 vorliegen, sodass eine Haftung des Sekundärschuldners für rückständigen Unterhalt ausscheidet. 501

Praxistipp 502

Im Wege der Ausfallhaftung nach § 1607 Abs. 1 erfüllt der Sekundärschuldner eine eigene Verbindlichkeit gegenüber dem anspruchsberechtigten Kind. Daher setzt der Primäranspruch des § 1607 Abs. 1 Verzug nach § 1613 voraus.[673]

Nach § 1607 Abs. 2 erfüllt der Sekundärschuldner **eine fremde Schuld**, wenn und soweit er leistet, geht der Anspruch des Unterhaltsberechtigten gegen den Primärschuldner auf den Sekundärschuldner in den Grenzen des § 1613 über. Der Anspruch beginnt also im Zeitpunkt der Gefährdung des angemessen Unterhaltsbedarfs des barunterhaltspflichtigen Elternteils und endet mit der Wiederherstellung der Leistungsfähigkeit des Primärschuldners. Unterhaltsrückstände außerhalb des Verzugs (§ 1613) werden nicht erfasst.[674] 503

667 BGH FamRZ 1980, 555.
668 OLG Schleswig FamRZ 2004, 1058.
669 BGH FamRZ 1980, 555.
670 BGH FamRZ 2006, 26.
671 Weinreich/*Eder*, § 1607 Rn 30.
672 OLG Braunschweig FamRZ 2005, 643; OLG Bamberg OLGR 2007, 520.
673 OLG Thüringen FamRZ 2006, 569 = FuR 2006, 95.
674 Weinreich/*Eder*, § 1607 Rn 30, 34.

cc) Bedarf

504 Auch im Unterhaltsschuldverhältnis zu den Großeltern bestimmt sich der Bedarf des (Enkel-)Kindes nach der von seinen Eltern abgeleiteten Lebensstellung. Die Lebensstellung der Großeltern bleibt sowohl im Rahmen des Unterhaltsanspruchs als auch im Rahmen der Ansprüche aus § 1607 unberücksichtigt.[675]

505 *Praxistipp*

Wenn die Primärschuldner nicht oder nur eingeschränkt leistungsfähig sind, kann sich aus ihrer Lebensstellung immer nur der Mindestbedarf nach § 1612a für das Kind ergeben.

506 Leistungen nach dem **UVG** sind auf den (Mindest-)Bedarf des (Enkel-)Kindes anzurechnen.[676] Allerdings kann sich neben dem Grundbedarf weiterer Sonder- und **Mehrbedarf** des (Enkel-)Kindes ergeben. Im Hinblick auf die vorrangige Haftung der Eltern sind die Großeltern nur nach strengen Maßstäben bei absolut unabweisbaren Bedürfnissen zur Zahlung für Sonder- und Mehrbedarf verpflichtet.[677]

dd) Haftungsumfang

507 Ausfall- und Ersatzhaftung treffen alle Großelternteile anteilig im Verhältnis ihrer Einkommens- und Vermögensverhältnisse. Sie sind nach § 1606 Abs. 3 Satz 1 untereinander gleichrangige (Teil-)Schuldner, da sich § 1607 nicht auf den Stamm des ausfallenden Elternteils beschränkt.[678]

508 *Praxistipp*

Wenn ein Großelternteil das (Enkel-)Kind bereut, leistet er nach § 1606 Abs. 3 Satz 2 entsprechend Unterhalt durch Betreuung, worauf er sich gegenüber den übrigen Sekundärschuldnern berufen kann.[679]

ee) Die Leistungsfähigkeit der Großeltern

509 Die unterhaltsrechtliche Leistungsfähigkeit der Großeltern ist nach den allgemeinen Grundsätzen mit den nachfolgenden Besonderheiten zu prüfen.

(1) Selbstbehalt

510 Im Rahmen der nach den allgemeinen Grundsätzen zu bestimmenden Leistungsfähigkeit ist zu klären, in welcher Höhe den Großeltern gegenüber dem (Enkel-)Kind der Selbstbehalt zusteht. Im Unterhaltsrechtsverhältnis mit dem (Enkel-)Kind sind die Großeltern andere unterhaltspflichtige Verwandte i.S.d. § 1603 Abs. 2 Satz 3,[680] trotzdem trifft sie im Verhältnis zum (Enkel-)Kind keine gesteigerte Erwerbsobliegenheit. Damit hat den Großeltern jeweils der **angemessene Selbstbehalt** zu verbleiben.

Grundsätzlich gewährt § 1603 Abs. 1 vorranging jedem Unterhaltsschuldner die Sicherung seines eigenen angemessenen Unterhalts, damit ihm die Mittel verbleiben, die er zur angemessenen Deckung des, seiner Lebensstellung entsprechenden, allgemeinen Bedarfs benötigt. Die Großeltern müssen sich nicht auf eine Inanspruchnahme nach § 1607 im Rahmen ihrer Lebensplanung einstellen. Dies gilt umso mehr, als sie sich im Zeitpunkt der Inanspruchnahme regelmäßig in einer Lebenssituation befinden, die es nicht – mehr – ermöglicht, die finanziellen Ausfälle durch die Unterhaltszahlungen zu kompensieren oder für den Eintritt dieser Situation Vorsorge zu treffen.[681]

511 Vor dem Hintergrund dieser Erwägung sind den Großeltern im Unterhaltsrechtsverhältnis zum minderjährigen und privilegiert volljährigen Kind zumindest die erhöhten Selbstbehaltsbeträge, wie sie sich

675 OLG Karlsruhe FamRZ 2001, 782; OLG Köln FamRZ 2005, 58 = FuR 2004, 332.
676 OLG Dresden FamRZ 2006, 569.
677 Weinreich/*Eder*, § 1607 Rn 37.
678 OLG Frankfurt FamRZ 2004, 1745; OLG Thüringen FamRZ 2006, 569.
679 Dose/*Klinkhammer*, § 2 Rn 793.
680 BGH FamRZ 2006, 26.
681 BGH FamRZ 2002, 1698 = FuR 2003, 26.

im Rahmen des Elternunterhalts ergeben, zuzugestehen.[682] Nach der Düsseldorfer Tabelle beträgt der angemessene Selbstbehalt eines Großelternteils gegenüber dem Enkelkind 1.600 EUR zuzüglich 50 % des diesen Betrag übersteigenden Einkommens.[683] Dies entspricht dem „Super-Selbstbehalt". Das Zusammenleben mit dem anderen Großelternteil ist mit einer Ersparnis durch gemeinsame Haushaltsführung in Höhe von 10 % zu berücksichtigen.[684]

(2) Verbindlichkeiten

Grundsätzlich soll die Unterhaltsverpflichtung der Großeltern gegenüber den Enkelkindern deren Lebensstandard nicht signifikant absenken, soweit sie bei der Gestaltung ihres Lebens keinen unangemessenen Aufwand betreiben.[685] Daher sind **Verbindlichkeiten der Großeltern**, die sie bereits vor Kenntnis der Unterhaltspflicht eingegangen sind, als Abzugsposition ansetzen, wenn und soweit sie in angemessener Höhe zu den Einkünften stehen. **512**

Praxistipp **513**

Da zwischen den Großeltern und deren Enkel ein Verwandtschaftsverhältnis besteht, kann es tatsächlich zur Unterhaltsverpflichtung der Großeltern gegenüber den Enkelkindern kommen, sodass diese von der Unterhaltsverpflichtung Kenntnis haben, sobald sie mit einer Inanspruchnahme durch die Enkelkinder rechnen müssen.

Bei der **Rückführung eines Darlehens** durch die Großeltern sind die Darlehensraten in voller Höhe, also **Zins- und Tilgungsanteil**, als Abzugsposition zu berücksichtigen,[686] wenn und soweit die Höhe der regelmäßigen Belastung in einem angemessenen Verhältnis zu den Einkünften steht und in einem Zeitpunkt begründet wurde, zu dem die Großeltern – noch – nicht mit ihrer Inanspruchnahme rechnen mussten.[687] **514**

Auch **vorrangige Unterhaltspflichten** eines Großelternteils nach § 1609 stellen solche sonstigen Verbindlichkeiten i.S.d. § 1603 Abs. 1 dar.[688] **515**

Praxistipp **516**

Eine solche vorrangige Unterhaltspflicht kann der Familien-, bei bestehender Ehe, der Trennungs-, bei getrennter Ehe der Ehegattenunterhaltsanspruch nach Scheidung sein. Daher ist die Höhe dieses Anspruchs nach den allgemeinen Grundsätzen zu ermitteln. Der Zahlbetrag ist im Unterhaltsrechtsverhältnis zu den Enkelkindern bei der Leistungsfähigkeit des in Anspruch genommenen Großelternteils als sonstige Verbindlichkeit in Abzug zu bringen. Voraussetzung ist, dass der Anspruch der Ehefrau bzw. des Ehemanns besteht und durch Zahlung bedient wird.[689] Hintergrund ist, dass die Großeltern im Unterhaltsrechtsverhältnis zu den Enkelkindern, wie auch die Kinder im Unterhaltsrechtsverhältnis zu den Eltern, nicht zur Verwertung des Familienheims gezwungen sein sollen.[690]

Die **Rechtsprechung des BGH zur Haftung der Großeltern** für den Unterhalt der Enkelkinder ist in weiten Teilen an die Rechtsprechung zur Haftung der Kinder für den Unterhalt der Eltern angelehnt. Daher kann auf die Grundsätze des Elternunterhalts im Rahmen der Unterhaltspflicht der Großeltern gegenüber den Enkelkindern zurückgegriffen werden. **517**

682 BGH FamRZ 2006, 26; BGH FamRZ 2002, 1698, 1700 ff. = FuR 2006, 39.
683 BGH FamRZ 2010, 1535.
684 BGH FamRZ 2006, 26; 2006, 1099; BGH FamRZ 2012, 1553.
685 BGH FamRZ 2007, 375; OLG Dresden FamRZ 2006, 569.
686 BGH FamRZ 2003, 1179.
687 BGH FamRZ 2006, 26 = FuR 2006, 39.
688 OLG Schleswig FamRZ 2004, 1058.
689 Vgl. Weinreich/*Eder*, § 1607 Rn 45 ff. m.w.N.
690 BGH FamRZ 2006, 26 = FuR 2006, 39.

ff) Darlegungs- und Beweislast

518 Auch wenn die Unterhaltsgläubiger minderjährig und oder privilegiert volljährig sind und damit grundsätzlich von der gesteigerten Erwerbsobliegenheit des Unterhaltsschuldners auszugehen ist, trifft diese die **Darlegungs- und Beweislast** hinsichtlich der Leistungsunfähigkeit des/der vorrangig Verpflichteten.[691] Der Anspruchsteller muss außer zu den Einkommensverhältnissen auch zu den Vermögensverhältnissen sowie zur Leistungsunfähigkeit der Mutter wegen Kinderbetreuung[692] vortragen.

519 *Praxistipp*

Die Darlegung der begrenzten Leistungsfähigkeit der vorranging haftenden Unterhaltsschuldner bzw. der erheblichen Erschwerung der Rechtsverfolgung gegen diese und der wirtschaftlichen Verhältnisse aller Großeltern wegen deren anteiliger Haftung im Verhältnis ihrer Einkommens- und Vermögensverhältnisse gehören zum Vortrag des Anspruchsstellers für die Schlüssigkeit des Antrags.

520 Daher kann das Enkelkind nach § 1605 von allen Großelternteilen **Auskunft über ihre Einkommens- und Vermögensverhältnisse** verlangen.

gg) Bearbeitungshinweis

521 **Bearbeitungshinweise** für den anwaltlichen Vertreter für die Bearbeitung eines Mandats im Rahmen der Haftung der Großeltern nach § 1607:[693]

- Wegen der Regressmöglichkeit im Rahmen des § 1607 Abs. 2 ist die Anspruchsgrundlage deutlich zu machen.
- Vortrag ist erforderlich hinsichtlich der Tatbestandsvoraussetzungen des § 1607 Abs. 1 bzw. Abs. 2, also der eingeschränkten Leistungsfähigkeit der Eltern, der sowie der Einkommens- und Vermögenssituation aller Großeltern.
- Die Großeltern sind dem Enkelkind nach § 1605, untereinander nach § 242, zur Auskunftserteilung verpflichtet.
- Der Bedarf des Enkelkindes bestimmt sich nach der Lebensstellung der Eltern. Leistungen nach dem UVG, BAföG oder zur Grundsicherung sind bedarfsdeckend anzurechnen.
- Das Einkommen der Großeltern wird nach den allgemeinen Grundsätzen ermittelt. Verbindlichkeiten wie Darlehens- oder auch vorrangige Unterhaltspflichten sind in Abzug zu bringen.
- Der Selbstbehalt beträgt nach DT (2013) derzeit 1.600 EUR zuzüglich 50 % des darüberhinausgehenden Einkommens. Der Familienselbstbehalt beläuft sich wegen der 10 % Haushaltsersparnis auf 2.280 EUR.
- Für die Geltendmachung von rückständigem Unterhalt muss Verzug (§ 1613) im Unterhaltsrechtsverhältnis Großeltern/Enkelkinder vorliegen.

2. Der familienrechtliche Ausgleichsanspruch

522 Die Eltern haften gegenüber dem Kind als **Teilschuldner**. Im Gegensatz zur Gesamtschuld kann der (Unterhalts-)Gläubiger vom jeweiligen (Unterhalts-)Schuldner nur die Teilleistung, nicht aber die gesamte Leistung verlangen, ein Gesamtschuldnerausgleich kann zwischen den Eltern also nicht stattfinden. Allerdings besteht aufgrund ihrer Eigenschaft als Eltern und der damit einhergehenden gemeinsamen elterlichen Verantwortung für das gemeinsame Kind zwischen den Elternteilen eine Sonderverbindung mit wechselseitigen Rechten und Pflichten. Aus dieser Verbindung der Eltern ergibt sich das Erfordernis, die sich aus der Unterhaltsverpflichtung ergebenden Lasten zwischen den Elternteilen zu verteilen.[694]

691 BGH FamRZ 1981, 397; OLG Thüringen FamRZ 2009, 1498.
692 OLG Thüringen FamRZ 2006, 569 = FuR 2006, 95.
693 Vgl. Weinreich/*Eder*, § 1607 Rn 54 und *Büte*, FuR 2007, 246 ff.
694 BGH FamRZ 1994, 1102; FamRZ 1989, 850; FamRZ 1988, 834.

a) Voraussetzungen des familienrechtlichen Ausgleichsanspruchs

Die **Voraussetzungen für den Anspruch auf familienrechtlichen Ausgleich** (Einzelheiten, siehe § 6 Rdn 1 ff.) sind, dass der auf Ausgleich in Anspruch genommene Elternteil bar- oder betreuungsunterhaltspflichtig war, der den Unterhalt Leistende mit seiner Leistung im Innenverhältnis die dem anderen Elternteil obliegende Verpflichtung erfüllt und die Unterhaltszahlung in der Absicht geleistet wurde, von dem anderen Elternteil Ersatz zu verlangen.[695] 523

aa) Ursprüngliche Barunterhaltspflicht

Die Verpflichtung des Elternteils auf Leistung von Barunterhalt ergibt sich aus der **gesetzlichen Unterhaltsverpflichtung gegenüber dem Kind**. Daher ist auch die Leistungsfähigkeit des barunterhaltspflichtigen Elternteils zu prüfen.[696] 524

Praxistipp 525

Es müssen im Unterhaltsrechtsverhältnis zwischen dem barunterhaltspflichtigen Elternteil und dem gemeinsamen Kind alle (Unterhalts-)Anspruchsvoraussetzungen gegeben sein.

bb) Erfüllung einer Unterhaltspflicht des anderen Elternteils

Der den Barunterhalt tatsächlich leistende Elternteil erbringt diese Leistung anstelle des anderen – pflichtigen – Elternteils. Er erfüllt also eine im Innenverhältnis zwischen den Elternteilen dem anderen **obliegende Verpflichtung** gegenüber dem gemeinsamen Kind.[697] 526

Praxistipp 527

Sind beide Elternteile barunterhaltspflichtig, besteht der Ausgleichsanspruch nur in Höhe des Haftungsanteils des anderen Elternteils.

cc) Leistung in der Absicht des Ersatzverlangens

Auch im Unterhaltsrechtsverhältnis zwischen den Elternteilen und dem gemeinsamen Kind gilt die durch § 1360b aufgestellte Vermutung, dass der Ehegatte, der für den Unterhalt eines gemeinsamen Kindes aufgekommen ist, nicht die Absicht hat, den gezahlten Unterhalt vom anderen Ehegatten **zurückzufordern**.[698] 528

Praxistipp 529

Die Vermutungsregel des § 1360b gilt über § 1361 Abs. 4 auch für getrennt lebende Eheleute,[699] nicht aber – auch nicht analog – für nicht miteinander verheiratete[700] und auch geschiedene[701] Eltern.

Der Anspruchsteller muss die **gesetzliche Vermutung des § 1360b widerlegen**. 530

dd) Rückwirkende Geltendmachung

§ 1613 Abs. 1 hat aus Gründen des Schuldnerschutzes auch Geltung für den familienrechtlichen Ausgleichsanspruch. Ein in der **Vergangenheit liegender familienrechtlicher Ausgleichsanspruch** kann nur verlangt werden, wenn Verzug gegeben oder der Anspruch rechtshängig geworden ist.[702] Die Rechtshängigkeit des Kindesunterhaltsanspruchs genügt, da sich der Schuldner von diesem Zeitpunkt an darauf einstellen konnte und musste, dass er in Anspruch genommen wird.[703] 531

695 BGH FamRZ 1984, 775.
696 BGH FamRZ 1960, 194.
697 BGH FamRZ 1981, 761.
698 BGH FamRZ 1989, 850.
699 BGH FamRZ 1968, 450; Dose/*Klinkhammer*, § 2 Rn 777.
700 Weinreich/*Eder*, § 1607 Rn 73 m.w.N.
701 BGH FamRZ 1989, 850; Dose/*Klinkhammer*, § 2 Rn 777.
702 BGH FamRZ 1984, 775.
703 BGH FamRZ 1984, 775.

ee) Sachverhalte des familienrechtlichen Ausgleichsanspruchs

532 Kommt der barunterhaltspflichtige Elternteil seiner Verpflichtung nicht nach und wird daher der Barunterhalt vom anderen – bereits Betreuungsunterhalt leistenden – Elternteil finanziert, erfolgt der Ausgleich zwischen den Unterhaltsschuldner familienrechtlich.

533 Ein **Anspruch auf Aufwendungsersatz** scheidet in der Regel aus, da der dann Barunterhalt leistende Elternteil selbst unterhaltspflichtig ist und daher nicht in der Absicht handelt, die Schuld eines anderen – nämlich Elternteils – zu erfüllen.[704] Aus dem gleichen Grund scheitern auch bereicherungsrechtliche Ansprüche des Bar- und Betreuungsunterhalt leistenden Elternteils gegen den anderen Elternteil. Das Vorliegen der Voraussetzungen des familienrechtlichen Ausgleichsanspruchs schließt die Ansprüche auf Aufwendungsersatz und aus Bereicherungsrecht nicht aus, ist jedoch vorrangig.[705]

(1) Obhutswechsel

534 Der barunterhaltspflichtige Elternteil leistet nicht, der andere Elternteil erbringt die Betreuungsleistung für das gemeinsame Kind. In dieser Konstellation wechselt das Kind seinen **gewöhnlichen Aufenthalt** vom betreuenden Elternteil zu dem trotz bestehender Verpflichtung zum Barunterhalt nicht leistenden Elternteil. Dem bis zum Obhutswechsel betreuenden Elternteil steht dann gegen den nicht Barunterhalt leistenden Elternteil für die Vergangenheit, also die Zeit der Nichtzahlung bis zum Wechsel, der familienrechtliche Ausgleichsanspruch zu.[706]

(2) Rückständiger Unterhalt für das minderjährige Kind

535 Die Eltern des Kindes streiten um Unterhalt für dieses, während der Auseinandersetzung wird das Kind volljährig. Für die Zeit bis Eintritt der Volljährigkeit des Kindes steht dem betreuenden Elternteil gegen den nicht Barunterhalt leistenden Elternteil **für die Vergangenheit**, also die Zeit während noch bestehender Minderjährigkeit des Kindes der familienrechtliche Ausgleichsanspruch zu.[707] Dies gilt auch, wenn und soweit das volljährige Kind auf diesen Unterhalt gegenüber dem Vater verzichtet hat.[708]

(3) Ausgleich des Kindergelds

536 Für den Fall, dass ein Elternteil das staatliche Kindergeld bezieht, ein Ausgleich über Kindesunterhaltszahlung jedoch nicht erfolgt, kann dem anderen Elternteil ein familienrechtlicher Ausgleichsanspruch hinsichtlich des Kindergelds zustehen.[709]

ff) Umfang des familienrechtlichen Ausgleichsanspruchs

537 Der familienrechtliche Ausgleichsanspruch ist kein Unterhalts-, sondern ein **Erstattungsanspruch**,[710] mit dem rückständige Unterhalts-, also Geldleistungen, von demjenigen, der diese vorab nicht vorgenommen hat, ersetzt verlangt werden können.[711] Daher umfasst der Anspruch auch auf Mehr- und/oder Sonderbedarf geleistete Zahlungen in der konkreten Höhe.[712]

538 Der **Umfang** der vom anspruchsberechtigten Elternteil forderbaren Erstattung kann sich aus dem Leistungsverhältnis des barunterhaltspflichtigen oder aber des Betreuungsunterhalt leistenden Elternteil zum Kind ergeben. Dies ist grundsätzlich nach den Umständen des Einzelfalls zu bestimmen.[713] Der konkrete Betrag

704 BGH FamRZ 1960, 194; Dose/*Klinkhammer*, § 2 Rn 771.
705 BGH FamRZ 1994, 1104; FamRZ 1984, 775.
706 BGH FamRZ 1981, 761; FamRZ 1994, 1102.
707 OLG München FamRZ 1996, 422.
708 BGH FamRZ 1989, 850; OLG München FamRZ 1996, 422.
709 BGH FamRZ 1988, 834; FamRZ 2002, 536.
710 BGH FamRZ 1984, 775.
711 BGH FamRZ 1984, 775.
712 OLG Köln FamRZ 2003, 251.
713 Eschenbruch/*Maaß*, Kap. 2 Rn 466.

ist der jeweiligen Einkommensgruppe der Düsseldorfer Tabelle zu entnehmen, wobei das Kindergeld, sofern es dem Anspruchsteller zugeflossen ist, hälftig nach § 1612b Abs. 1 bedarfsdeckend anzurechnen ist.

Sofern der barunterhaltspflichtige Elternteil Leistungen direkt an das minderjährige Kind erbracht hat, muss das Kind diese nach §§ 242, 1618 an den anderen Elternteil weiterleiten. Darüber hinaus trifft das Kind eine Obliegenheit Ansprüche auf Unterhaltszahlung aus der Zeit bis Eintritt der Volljährigkeit an den betreuenden Elternteil abzutreten.[714] 539

3. Berechtigung zum Kindergeldbezug

Kindergeld erhält nach § 62 Abs. 1 EStG im Sinne einer Bezugsberechtigung, wer im Inland seinen **Wohnsitz oder gewöhnlichen Aufenthaltsort** hat bzw. unbeschränkt steuerpflichtig ist und bei dem das Kind seinen gewöhnlichen Aufenthalt hat. Sofern diese Voraussetzungen auf sie zutreffen, sind auch Bürger von EU-Mitgliedsstaaten in Deutschland Kindergeld bezugsberechtigt.[715] Für den Kindergeldbezug sonstiger Ausländer ist es erforderlich, dass diese im Besitz einer Aufenthaltserlaubnis oder -berechtigung sind (§ 62 Abs. 2 EStG). 540

> *Praxistipp* 541
>
> Erfüllt ein im Ausland lebender barunterhaltspflichtiger Elternteil die Voraussetzungen für den Kindergeldbezug nach dem Recht seines Aufenthaltsortes, dort der Bezug aber wegen des nach deutschem Recht gewährten Kindergelds ruht, wird das deutsche Kindergeld hälftig bedarfsdeckend angerechnet.[716]

Die Berechtigung zum Kindergeldbezug besteht **uneingeschränkt** bis zur Vollendung des 18. Lebensjahrs des Kindes (§§ 63 Abs. 1, 32 Abs. 3 EStG). Sofern sich das Kind ab Volljährigkeit – noch – in Ausbildung befindet, verlängert sich die Bezugsberechtigung bis zur Vollendung des 25. Lebensjahres, zuzüglich der Dauer eines freiwilligen Wehr- und Zivildienstes oder eines freiwilligen sozialen oder ökologischen Jahres (§ 32 Abs. 5 in Verbindung mit Abs. 4 EStG), wenn das Kind sich in einer ersten Berufsausbildung befindet oder das Erststudium betreibt. Zu beachten ist, dass es auf das Jahreseinkommen des Kindes im Hinblick auf den Kindergeldbezug nicht – mehr[717] – ankommt, allerdings auf den Umfang seiner Erwerbstätigkeit, der 20 Wochenstunden nicht überschreiten darf (§ 32 Abs. 4 Satz 3 EStG). 542

Die Kindergeldbezugsberechtigung besteht auch für körperlich, geistig oder seelisch behinderte Kinder, sofern die Behinderung vor der Vollendung des 25. Lebensjahres eingetreten ist (§ 32 Abs. 2 Nr. 3 EStG). Die Behinderung muss so schwer sein, dass der geistige Zustand des Behinderten dem typischen Entwicklungsstand einer noch minderjährigen Person entspricht.[718] 543

Bei hohen Einkünften kann das sächliche Existenzminimum als **Steuerfreibetrag** nach § 32 Abs. 6 EStG statt des Kindergelds geltend gemacht werden. Außerdem kann bis zum 16. Lebensjahr und bei behinderten Kindern ein Betreuungsfreibetrag von derzeit 1.320 EUR je Elternteil (§ 32 Abs. 6 EStG) geltend gemacht werden.[719] Die Prüfung, ob für den Betreffenden die Auszahlung des Kindergelds oder die Steuerfreibeträge günstiger sind (Familienlastenausgleich, § 31 EStG), führt das Finanzamt im Rahmen der Veranlagung zur Einkommenssteuer in dem jeweiligen Veranlagungszeitraum durch, ein diesbezüglicher Antrag des/der Steuerpflichtigen ist nicht erforderlich. 544

714 Weinreich/*Eder*, § 1607 Rn 79 m.w.N.
715 Hdb. FamR/*Fuchs*, Kap. 6 Rn 290.
716 BGH FamRZ 2004, 1639.
717 Umfassend zu den Änderungen: *Schwarz*, FamRB 2012, 190.
718 BFH NJW 2012, 2382.
719 BVerfG FamRZ 2005, 962.

545 *Praxistipp*

Nur unter den engen Voraussetzungen des § 74 EStG kommt eine Auszahlung des Kindergelds direkt an das Kind in Betracht.

4. Art der Unterhaltsgewährung bzw. das Unterhaltsbestimmungsrecht

546 § 1612 Abs. 1 und 3 regeln die **Art der Unterhaltsgewährung**, nämlich die Ausgestaltung des Anspruchs auf Barunterhalt, seine Ausnahmen und die Modalitäten der Erfüllung der Unterhaltsschuld. § 1612 Abs. 2 trifft Bestimmungen für den Fall, dass Eltern einem unverheiratetem Kind Unterhalt zu gewähren haben, mit dem Inhalt, dass die Eltern bestimmen können, in welcher Art und Weise und für welche Zeit im Voraus der Unterhalt gewährt werden soll.

547 *Praxistipp*

Die Unterhaltsbestimmung der Eltern ist nur dann rechtswirksam, wenn auf die Belange des Kindes die gebotene Rücksicht genommen worden ist.

548 Die Eltern haben gegenüber dem unverheirateten Kind, sofern sie auf **dessen Belange Rücksicht** nehmen, die Art der Unterhaltsleistung (Natural- oder Barunterhalt) zu bestimmen. Die Bestimmung für die Eltern ist nur wirksam, wenn auf die Belange des Kindes tatsächlich Rücksicht genommen worden ist. Im Rahmen der Prüfung, ob dies in angemessenem Umfang erfolgt ist, müssen die Interessen der Eltern und des unverheirateten Kindes gegeneinander abgewogen werden.[720] Eine wirksame Unterhaltsbestimmung schließt den Unterhaltsanspruch des Kindes aus, wenn es den Unterhalt nicht annimmt, und bindet darüber hinaus das Gericht.[721]

549 *Praxistipp*

Das Familiengericht entscheidet sowohl über den Unterhaltsanspruch als auch die Art seiner Gewährung in einem einheitlichen Verfahren.[722] Sofern das Kind die Unterhaltsbestimmung durch die Eltern nicht akzeptieren will, kann und muss es seine Einwände im familiengerichtlichen Unterhaltsverfahren geltend machen. Das Familiengericht hat dann die Interessen der Beteiligten im Rahmen der Prüfung, ob auf die Belange des Kindes die gebotene Rücksicht genommen wird (§ 1612 Abs. 2 Satz 1), gegeneinander abzuwägen.

a) Grundsätzliches zur Barunterhaltszahlung

550 Betreut der Unterhaltsschuldner das unterhaltsberechtigte minderjährige oder privilegiert volljährige Kind nicht, ist er zum Unterhalt in Form von Barunterhalt verpflichtet.

aa) Inhalt des Barunterhalts

551 Grundsätzlich ist der Unterhaltsanspruch als Geldschuld durch **Barzahlung**, monatlich im Voraus, zu erfüllen, es sei denn, er wird durch Pflege und Erziehung eines minderjährigen Kindes (Betreuungsunterhalt, § 1606 Abs. 3 Satz 2) erbracht. Eine Abweichung von diesem Grundsatz ist möglich, wenn

- die Beteiligten des Unterhaltsschuldverhältnisses etwas anderes vereinbaren, was regelmäßig hinsichtlich der Zahlungsweise geschieht, oder
- wenn der Schuldner aufgrund besonderer Umstände verlangen kann, dass der Unterhalt in anderer Form geleistet wird (Schuldnerprivileg, § 1612 Abs. 1 Satz 2). Die Abweichung vom Grundsatz der Zahlung in Geld erfolgt dann aufgrund gerichtlicher Entscheidung.

720 Eschenbruch/*Maaß*, Kap. 2 Rn 12.
721 Weinreich/*Eder*, § 1612 Rn 2.
722 OLG Köln FamRZ 2006, 867.

Die Unterhaltszahlung als Geldrente muss auf das vom Gläubiger benannte Konto erfolgen.[723] Die Zahlung durch Überweisung auf ein Konto des Unterhaltsgläubigers ist eine Leistung an Erfüllung statt nach § 364.[724] Sie ist grundsätzlich – unabhängig von den mathematischen Regeln – auf volle EUR-Beträge aufzurunden. Sonderbedarf ist unregelmäßig durch Einmalzahlung neben der Unterhaltsrente zu leisten. Allerdings können die Beteiligten auch hinsichtlich des Sonderbedarfs die ratenweise Zahlung durch den Unterhaltsschuldner vereinbaren. 552

bb) Unterhaltszahlung „unter Vorbehalt"/„ohne Anerkenntnis einer Rechtspflicht"

Nimmt der Unterhaltsschuldner die Leistung an den Unterhaltsgläubiger „**unter Vorbehalt**" vor, kann er damit zwei Ziele verfolgen. 553

Durch die „**Leistung unter Vorbehalt**"/„**ohne Anerkenntnis einer Rechtspflicht**" wird zum einen vermieden, dass die Leistung als Anerkenntnis gewertet und die Wirkung des § 814 ausgeschlossen wird, sodass sich der Unterhaltsschuldner die Möglichkeit offen hält, die Unterhaltszahlung als das „Geleistete" im bereicherungsrechtlichen Sinne nach § 812 – auch nur teilweise – zurückzufordern.[725] Die Unterhaltszahlung „unter Vorbehalt" ist eine ordnungsgemäße Erfüllung der Unterhaltsverpflichtung,[726] sodass die Zwangsvollstreckung aus vollstreckbaren gerichtlichen Entscheidungen abgewendet werden kann.[727] 554

Zum anderen wird ausnahmsweise dem Unterhaltsgläubiger als Leistungsempfänger die Beweislast für das Bestehen des Anspruchs im Rahmen eines späteren Rückforderungsrechtsstreits auferlegt. In diesem Fall kann die „Zahlung unter Vorbehalt" keine Erfüllungswirkung entfalten.[728]

cc) Fälligkeit „monatlich im Voraus"

Die Unterhaltszahlung ist nach § 1612 Abs. 3 Satz 1 **monatlich im Voraus** in voller Höhe fällig, da der Unterhaltsberechtigte bereits zu Beginn des jeweiligen Monats über den Gesamtunterhaltsbetrag verfügen können muss. Der Unterhalt dient der Existenzsicherung und der Unterhaltsgläubiger muss daher in der Lage sein, die laufenden Verpflichtungen zu bedienen. 555

Also muss der Unterhaltsgläubiger jedoch nicht bereits am ersten Tag eines Monats über die Unterhaltszahlung verfügen können,[729] daher soll für die Rechtzeitigkeit der Zahlung die Absendung des Geldes[730] und gerade nicht der Zugang/Zufluss[731] maßgeblich sein. Vor dem Hintergrund, dass es sich bei der Unterhaltszahlung um eine Bringschuld handelt,[732] erscheint m.E. die zweite Ansicht überzeugender. 556

> *Praxistipp* 557
>
> § 1612 Abs. 3 Satz 1 bestimmt für Unterhaltsleistung die Vorauszahlungspflicht. Daher ist im Rahmen der Antragstellung der laufende Unterhalt ab dem der Antragstellung folgenden Monat geltend zu machen, der rückständige Unterhalt ergibt sich aus dem Zeitraum des Verzugseintritts bis einschließlich dem Monat der Antragstellung.[733]

Der Unterhaltsanspruch des Kindes entsteht mit seiner **Geburt**, also am Tage der Geburt. Folglich wird Unterhalt nur für die Zeit ab Geburt geschuldet, sodass sich für den Geburtsmonat die Unterhaltshöhe aus 558

723 OLG Frankfurt a.M. FamRZ 1983, 1268.
724 BGH NJW 1953, 897.
725 BGH FamRZ 1988, 259.
726 BGH FamRZ 1982, 470; BGH FamRZ 1988, 259.
727 BGH FamRZ 1984, 470.
728 BGH FamRZ 1984, 470.
729 OLG Köln FamRZ 1990, 1243; Grüneberg/*von Pückler*, § 1612 Rn 3.
730 OLG Köln FamRZ 1990, 1243; Grüneberg/*von Pückler*, § 1612 Rn 3.
731 Weinreich/*Eder*, § 1612 Rn 13.
732 EuGH NJW 2012, 1935 Rn 28.
733 OLG Naumburg FamRZ 2003, 402 (Ls.).

der taggenauen Berechnung ergibt. Die manchmal ausgeübte Praxis auch für den Geburtsmonat den vollen Monatsunterhaltsbetrag zu verlangen, findet im Gesetz keine Grundlage.[734]

dd) Zahlungsdauer

559 Nach § 1612 Abs. 3 Satz 2 wird für den Monat, in dem der Unterhaltsgläubiger verstirbt, der volle Unterhalt – noch – geschuldet, obwohl der Unterhaltsanspruch **mit Tod des Berechtigten** erlischt.

560 *Praxistipp*

Die Regelung des § 1612 Abs. 3 Satz 2 ist entsprechend auf den Eintritt der Volljährigkeit bzw. Erreichen der nächsten Altersstufe bei dynamisierten Unterhaltstiteln anzuwenden (Monatsprinzip[735]).[736]

ee) Unterhaltsleistung in anderer Art

561 Bei – auch konkludentem – Einverständnis der Beteiligten können diese im Unterhaltsrechtsverhältnis vereinbaren, dass der Barunterhalt – teilweise – **durch Naturalleistungen ersetzt** wird. Nimmt der Unterhaltsgläubiger die Naturalleistung des Unterhaltsschuldners an, kann er für diesen Leistungszeitraum keinen Barunterhalt (nach-)verlangen. Allerdings kann die Naturalleistung des Unterhaltsschuldners vom Unterhaltsgläubiger abgelehnt werden.

562 *Praxistipp*

Auseinandersetzungen zwischen dem Kind und den Eltern über Mithilfe und gegenseitige Rücksichtnahme im elterlichen Haushalt stellen typische Konflikte im Rahmen des familiären Zusammenlebens dar. Sie rechtfertigen es allein noch nicht, die Bestimmung der Eltern, dem volljährigen Kind den Kindesunterhalt in Form von Naturalleistungen zu gewähren, als unwirksam anzusehen.[737]

b) Unterhaltsbestimmung gegenüber minderjährigen (unverheirateten) Kindern

563 Haben Eltern einem unverheirateten Kind Unterhalt zu gewähren, so können sie bestimmen, in welcher Art und für welche Zeit im Voraus der Unterhalt gewährt werden soll, wenn auf die Belange des Kindes die **gebotene Rücksicht** genommen wird (§ 1612 Abs. 2 Satz 1). Steht das Sorgerecht einem Elternteil allein zu, kann grundsätzlich auch nur dieser allein die Entscheidung zum Unterhalt treffen.[738] Für ein minderjähriges Kind kann ein Elternteil, dem die Sorge für die Person des Kindes nicht zusteht, eine Bestimmung nur für die Zeit treffen, in der das Kind in seinen Haushalt aufgenommen ist (§ 1612 Abs. 2 Satz 3).

564 Bei der **Ausübung** des **Bestimmungsrechts** nach § 1612 Abs. 2 Satz 1 ist zu unterscheiden, ob die Eltern in intakter Ehe leben, und nach Trennung oder Scheidung, ob die Art der Gewährung des Unterhalts für ein minderjähriges oder für ein volljähriges Kind bestimmt werden soll. Das Bestimmungsrecht besteht nur gegenüber unverheirateten Kindern, weil bei verheirateten minderjährigen Kindern mit der Eheschließung das Sorgerecht eingeschränkt wird (§ 1633), und die §§ 1360 ff. bei volljährigen verheirateten Kindern vorrangig sind. Demzufolge steht den Eltern das Bestimmungsrecht auch nicht gegenüber einem geschiedenen Kind zu.[739] Die durch den Unterhaltsschuldner ausgeübte Bestimmung gilt fort auch bei Überleitung des Anspruchs.[740]

565 Solange sich ein Kind im Haushalt seiner Eltern befindet, wird regelmäßig (konkludent) Naturalunterhalt – auch in der Form des Betreuungsunterhalts – geleistet. Der Anspruch auf Barunterhalt beschränkt sich

734 OLG München JAmt 2003, 265.
735 Grüneberg/*von Pückler*, § 1612a Rn 22.
736 Weinreich/*Eder*, § 1612 Rn 15.
737 OLG Karlsruhe FamRZ 2015, 1507.
738 OLG Saarbrücken FamRZ 2010, 219.
739 OLG Köln FamRZ 1983, 643.
740 BGH FamRZ 1981, 250.

auf ein **Taschengeld**. Insoweit bestimmen die gemeinsam sorgeberechtigten Eltern im Rahmen ihres Sorgerechts (meist konkludent) auch die Form, in der sie den geschuldeten Unterhalt gewähren wollen. Können sie sich insoweit nicht einigen, ist eine gerichtliche Regelung herbeizuführen.[741]

Lebt das Kind nicht im Haushalt seiner Eltern, sondern etwa im **Internat/Heim**, im eigenen Haushalt, in Familienpflege oder bei Dritten, wandelt sich der Anspruch auf Naturalunterhalt in einen Anspruch auf Barunterhalt, der nicht entfällt, wenn der Unterhalt nicht in der von den Eltern bestimmten Form erbracht werden kann.[742] 566

Leben die Eltern trotz gemeinsamer Sorge getrennt oder sind sie geschieden, übt derjenige Elternteil das Bestimmungsrecht aus, der das Kind in Obhut hat und es somit nach § 1629 Abs. 2 vertritt. Ist – bei gemeinsamer Sorge – (lediglich) das Aufenthaltsbestimmungsrecht geregelt, ist die Unterhaltsbestimmung eines (auch) sorgeberechtigten Elternteils unwirksam, wenn sie gegen die Aufenthaltsbestimmung durch denjenigen Elternteil verstößt, dem das **vorrangige Aufenthaltsbestimmungsrecht** zusteht.[743] 567

§ 1612 Abs. 2 Satz 3 ermächtigt den nicht sorgeberechtigten Elternteil grundsätzlich im Verhältnis zu dem alleinsorgeberechtigten anderen Elternteil nicht, das Bestimmungsrecht auszuüben.[744] Hat der nicht sorgeberechtigte Elternteil das Kind allerdings mit Zustimmung des sorgeberechtigten Elternteils dauerhaft in seinen Haushalt aufgenommen, dann kann er die Art der Gewährung des Unterhalts für diejenige Zeit bestimmen, in der er das Kind in seinen Haushalt aufgenommen hat (§ 1612 Abs. 2 Satz 3). Leben Eltern eines minderjährigen Kindes ohne Sorgerechtsregelung getrennt, und befindet sich das Kind in der Obhut eines Elternteils, so kann die Bestimmung, dass der Unterhalt dem Kinde als Naturalunterhalt gewährt werden soll, nur von demjenigen Elternteil wirksam getroffen werden, in dessen Obhut sich das Kind befindet.[745] 568

Leben die Eltern eines minderjährigen unterhaltsberechtigten Kindes voneinander getrennt, und hält sich das Kind nicht nur vorübergehend bei dem anderen Ehegatten auf, dann kann sich der auf Barunterhalt in Anspruch genommene Elternteil nicht gegen den Willen des anderen Elternteils darauf berufen, das Kind möge zu ihm ziehen und Naturalunterhalt in Anspruch nehmen; er muss sich vielmehr darauf verweisen lassen, eine **zumindest vorläufige gerichtliche Regelung über das Sorgerecht** herbeizuführen. 569

c) Unwirksamkeit der Unterhaltsbestimmung

Die elterliche **Unterhaltsbestimmung** ist nach § 1612 Abs. 2 Satz 1 nur **wirksam**, sofern die Eltern auf die Belange des Kindes die **gebotene Rücksicht** genommen haben. Kommt das Gericht zu dem Ergebnis, dass die Bestimmung nicht wirksam ist, verbleibt es bei dem Grundsatz der Barunterhaltspflicht gem. § 1612 Abs. 1 Satz 1. 570

Eine **wirksame Unterhaltsbestimmung** setzt zunächst voraus, dass der Unterhaltsschuldner die eigene Unterhaltspflicht als zutreffend anerkannt hat.[746] Im Übrigen ist sie nur dann wirksam getroffen, wenn sie 571

- nicht rechtsmissbräuchlich ist,[747]
- den gesamten Lebensbedarf des Kindes umfasst,
- aus tatsächlichen oder rechtlichen Gründen auch erreichbar bzw. durchführbar ist,[748]
- für den anderen Elternteil und/oder das Kind zumutbar ist.

741 BGH FamRZ 1983, 892.
742 BGH FamRZ 1988, 386.
743 OLG Köln FamRZ 1998, 1194.
744 OLG Brandenburg FamRZ 2004, 900 = FuR 2004, 324.
745 OLG Stuttgart FamRZ 1991, 595.
746 OLG Hamm FamRZ 1984, 503; a.A. *Berkenbroch*, FamRZ 1986, 1055.
747 OLG Frankfurt FamRZ 2001, 116.
748 BGH FamRZ 1985, 584; BayObLG 1958, 13; OLG Hamburg FamRZ 1987, 1183.

aa) Rechtsmissbräuchliche Unterhaltsbestimmung

572 Die Unterhaltsbestimmung ist bereits unwirksam, wenn sie **rechtsmissbräuchlich** erfolgt.

573 *Praxistipp*

Dies kann etwa dann der Fall sein, wenn die Eltern zwei Jahre lang den Auszug des Kindes hingenommen und keine Gründe dafür dargelegt haben, warum sie nunmehr die Rückkehr des Kindes nach Hause verlangen.[749]

bb) Umfang des Angebots zur Leistung von Unterhalt

574 Eine wirksame Unterhaltsbestimmung muss **inhaltlich hinreichend bestimmt** sein, also im Rahmen eines Gesamtkonzepts alle notwendigen einzelnen unterschiedlichen Leistungen anbieten.[750] Sie muss daher grundsätzlich den gesamten Lebensbedarf des Kindes umfassen, insb. Unterkunft, Verpflegung, Taschengeld und Geldleistungen für zweckgebundene Ausgaben.[751] Ein allgemeines Angebot von Kost und Logis genügt nicht.[752] Erbringt der Unterhaltsschuldner teilweise Naturalunterhalt, lässt er aber die Art der Erfüllung der Unterhaltspflicht im Übrigen offen, liegt darin keine wirksame Unterhaltsbestimmung.[753] Hat der unterhaltspflichtige Vater erklärt, das volljährige Kind könne bei ihm wohnen, liegt darin eine unvollständige Unterhaltsbestimmung.[754]

575 **Ausnahmsweise** kann bestimmt werden, dass der Unterhalt zu einem abgrenzbaren Teil in Natur und im Übrigen durch die Überlassung von Geldbeträgen gewährt wird.[755] Bei der Prüfung, ob im Einzelfall eine den oben dargestellten Anforderungen gerecht werdende Bestimmung der Unterhaltsgewährung vorliegt, sind die allgemeinen Grundsätze zu berücksichtigen, die für die Ermittlung des Erklärungsinhalts empfangsbedürftiger Willenserklärungen gelten, wobei nicht nur das wörtlich oder schriftlich Erklärte, sondern das Gesamtverhalten des Erklärenden und alle Begleitumstände zu berücksichtigen sind.[756]

cc) Erreichbarkeit des Unterhalts

576 Eine Unterhaltsbestimmung der Eltern ist nur dann wirksam, wenn sie aus tatsächlichen und rechtlichen Gründen erreichbar und durchführbar ist. Das ist nicht der Fall, wenn die Leistung des Unterhalts in der bestimmten Art unmöglich oder unmöglich geworden ist,[757] etwa wenn die von beiden Eltern vereinbarte Regelung durch einseitige Loslösung des mit dem Naturalunterhalt belasteten Elternteils praktisch nicht mehr verwirklicht werden kann.[758]

dd) Unzumutbarkeit der Unterhaltsbestimmung

577 Eine **einseitige Unterhaltsbestimmung** ist unter Zumutbarkeitsgesichtspunkten unwirksam, wenn sie **schutzwürdige Belange** des Kindes und/oder des anderen Elternteils berührt. Dies ist etwa dann der Fall, wenn das minderjährige Kind beim anderen Elternteil wohnt, und die mit einem Wohnungswechsel des Kindes verbundene Bestimmung auch in die Lebensgestaltung des anderen Elternteils gravierend eingreifen würde.[759]

749 OLG Frankfurt FamRZ 2001, 116.
750 OLG Frankfurt FamRZ 2001, 116.
751 OLG Hamm FamRZ 1999, 404; OLG Karlsruhe OLG 2006, 894.
752 BGH FamRZ 1981, 250, 252; 1983, 369; OLG Hamm FamRZ 1989, 1331; OLG Brandenburg OLGR 2006, 533; OLG Celle FamRZ 2007, 762.
753 BGH FamRZ 1993, 417.
754 OLG Schleswig OLGR 2001, 373.
755 BGH FamRZ 1983, 369 m.w.N.; FamRZ 1986, 151.
756 OLG Celle FamRZ 2007, 762 unter Praxistipp auf BGH FamRZ 1983, 369.
757 BayObLG FamRZ 1990, 905.
758 BGH FamRZ 1985, 584.
759 BGH FamRZ 1988, 831 (Nr. 423).

578 Insoweit ist eine **umfassende Abwägung** aller Interessen der Beteiligten im Einzelfall notwendig. Ändern sich die tatsächlichen Verhältnisse dadurch, dass das unterhaltsberechtigte, nunmehr volljährige Kind in den Haushalt des anderen Elternteils wechselt, endet eine frühere wirksame Unterhaltsbestimmung.

579 Eine Unterhaltsbestimmung ist unter Zumutbarkeitsgesichtspunkten auch dann **unwirksam**, wenn zwischen den Eltern bzw. einem Elternteil und dem Kind eine tief greifende persönliche Entfremdung eingetreten ist, wobei es nicht darauf ankommt, wer diese Zerrüttung verursacht hat, sofern sie nicht allein auf einem rücksichtslosen und/oder provozierenden Verhalten des Kindes beruht.[760] Für eine solche Ausnahme reichen allerdings einmalige oder gelegentliche Erziehungsfehler nicht aus,[761] erst recht, wenn gravierende Umstände zu einer Zerstörung des Vertrauensverhältnisses zwischen Kind und unterhaltsverpflichtetem Elternteil geführt haben und die eigentliche Ursache der Zerrüttung in der Sphäre des Unterhaltsschuldners liegt, nicht aber, wenn die Trennung von der Familie von dem Kind allein verschuldet oder eigenmächtig herbeigeführt worden ist.[762]

Die Bestimmung ist nicht unzumutbar, wenn sich das Kind allein auf die dominierende Art des Vaters,[763] auf persönliche Spannungen[764] und gelegentliche Wortentgleisungen der Eltern/eines Elternteils[765] beruft. Die Berufung auf den Generationenkonflikt[766] bzw. der Wille des Kindes, ohne eine Bevormundung durch die Eltern sein Leben frei und selbstbestimmend führen zu können,[767] genügt nicht.

d) Form, Zeitpunkt und Wirkung der Unterhaltsbestimmung

aa) Form der Unterhaltsbestimmung

580 Das Bestimmungsrecht des § 1612 Abs. 2 ist ein **Gestaltungsrecht**, das durch einseitige empfangsbedürftige Willenserklärung (§ 130) auszuüben ist. Die (Bestimmungs-)Erklärung ist nach § 133 so auszulegen, wie sie der Erklärungsempfänger bei unbefangener Würdigung nach Treu und Glauben unter Berücksichtigung der Verkehrssitte verstehen musste.[768] Da § 1612 Abs. 2 Satz 1 keine Form verlangt, kann die Bestimmung auch durch schlüssiges Verhalten erfolgen, soweit der Unterhaltsgläubiger damit die Art der Gewährung des Unterhalts bestimmen will.[769]

bb) Zeitpunkt der Unterhaltsbestimmung

581 Der **Zeitpunkt der Bestimmung** steht den Eltern frei.

582 *Praxistipp*

Sie kann auch noch im summarischen[770] bzw. im ordentlichen Verfahren bzw. im Rahmen der Zwangsvollstreckung, ja sogar noch in der Beschwerdeinstanz eines Abänderungsverfahrens[771] getroffen werden.

760 KG FamRZ 1990, 791; OLG Hamm FamRZ 2000, 978; OLG Celle FamRZ 1997, 966.
761 OLG Hamm FamRZ 1999, 404.
762 Zu allem OLG Celle FamRZ 1997, 966; OLG Hamm FamRZ 1999, 404; OLG Koblenz NJWE-FER 2000, 81.
763 BayObLG NJW-RR 1992, 1219.
764 OLG Karlsruhe NJW 1977, 681.
765 OLG Frankfurt FamRZ 1982, 1231.
766 BayObLG FamRZ 1985, 513.
767 OLG Brandenburg OLGR 2006, 533.
768 OLG Brandenburg FamRZ 2004, 900.
769 BGH FamRZ 1983, 369; OLG Köln FuR 2001, 415.
770 OLG Düsseldorf FamRZ 1981, 703.
771 OLG Hamburg FamRZ 1982, 1112.

cc) Wirkung der Unterhaltsbestimmung

583 Die Unterhaltsbestimmung wird dem volljährigen Kind gegenüber mit **Zugang** der **Erklärung** wirksam (§ 130). Solange und soweit das Gericht die Bestimmung nicht abändert, besteht keine Verpflichtung, statt des bestimmten Naturalunterhalts Barunterhalt zu leisten.[772]

e) Änderung der Unterhaltsbestimmung (§ 1612 Abs. 2)

584 Sowohl der Unterhaltsgläubiger als auch der Unterhaltsschuldner können die **Unterhaltsbestimmung** verändern bzw. verändern lassen.

aa) Änderung durch den Unterhaltsschuldner

585 Der **Unterhaltsschuldner** kann die von ihm getroffene **Unterhaltsbestimmung** im **Rahmen von Treu und Glauben** jederzeit **einseitig ändern,**[773] sofern er sich nicht selbst rechtswirksam gebunden hat.[774]

bb) Änderung auf Antrag des Unterhaltsgläubigers (§ 1612 Abs. 2 Satz 2)

586 Der **Unterhaltsgläubiger** kann eine rechtswirksame Unterhaltsbestimmung **nicht einseitig** verändern.[775] Will das Kind die Unterhaltsbestimmung, die zumeist in dem elterlichen Angebot auf Leistung von Naturalunterhalt besteht, nicht hinnehmen, muss es den Bestimmenden vielmehr im Wege eines **Leistungsantrags auf Zahlung des begehrten Barunterhalts** in Anspruch nehmen. Dabei hat das Gericht vorab die Wirksamkeit und Angemessenheit der Unterhaltsbestimmung als Vorfrage zu klären.[776] Das Gericht hat gem. § 1612 Abs. 2 Satz 1 insb. zu prüfen, ob die Unterhaltsbestimmung in dem gebotenen Umfang die Belange des Kindes berücksichtigt.

587 *Praxistipp*

Änderungen der Unterhaltsbestimmung gegenüber dem minderjährigen Kind richten sich nicht nach § 1612 Abs. 2, sondern nach §§ 1626 ff.

(1) Wirksam getroffene Unterhaltsbestimmung

588 Das **Familiengericht** kann auf Antrag des Unterhaltsgläubiges eine vom Unterhaltsschuldner wirksam getroffene Unterhaltsbestimmung ändern.[777] Es hat daher einen Antrag auf Änderung der Bestimmung über die Art der Unterhaltsgewährung wegen Unwirksamkeit der Unterhaltsbestimmung ohne Prüfung der besonderen Gründe für eine Änderung zurückzuweisen, wenn die Unterhaltsbestimmung offensichtlich unwirksam und die Unwirksamkeit ohne weitere Ermittlungen zweifelsfrei erkennbar ist.[778]

(2) Abänderungsvoraussetzungen

589 Die Abänderung der Unterhaltsbestimmung erfordert eine **wertende Gesamtschau** aller Umstände des jeweiligen Einzelfalles im Rahmen des § 1618a, insb. Zumutbarkeitsgründe auf Seiten des Kindes und wirtschaftliche Interessen auf Seiten der Eltern.[779] Die Änderung der Unterhaltsbestimmung ist gerechtfertigt, wenn im Einzelfall die Interessen des Unterhaltsgläubigers schwerer wiegen als die Gründe, derentwegen das Gesetz den Eltern das Bestimmungsrecht über die Art der Unterhaltsgewährung eingeräumt hat.[780]

772 OLG Hamburg FamRZ 2000, 246.
773 OLG Zweibrücken FamRZ 1988, 204.
774 BGH FamRZ 1983, 892; OLG Hamburg FamRZ 1984, 505.
775 KG FamRZ 1990, 791.
776 OLG Köln FamRZ 1985, 829.
777 OLG Köln FamRZ 1985, 829.
778 BayObLG FamRZ 1989, 1222.
779 BayObLG FamRZ 2000, 976.
780 KG FamRZ 2006, 60 = FuR 2006, 82.

(3) Rückwirkung des Abänderungsbegehrens

Hat das Gericht gem. § 1612 Abs. 2 Satz 2 die Art des zu gewährenden Unterhalts abgeändert, dann wirkt diese Bestimmung auf den **Zeitpunkt der Zustellung der Antragsschrift** zurück.[781] 590

f) Entsprechende Anwendung des § 1612 Abs. 2 im Sozialrecht

Wohnt ein Auszubildender nicht bei seinen Eltern, müssen die Arbeitsagenturen auch dann Berufsausbildungsbeihilfe zahlen, wenn schwerwiegende soziale Gründe dagegen sprechen, dass das Kind bei seinen Eltern lebt. 591

Praxistipp 592

In teilweiser Anlehnung an die familienrechtliche Rechtsprechung zu § 1612 Abs. 2 ist eine Verweisung eines minderjährigen Kindes auf die Wohnung seiner Eltern oder eines Elternteils erst dann i.S.v. § 40 Abs. 1 Satz 3 AFG aus schwerwiegenden sozialen Gründen als unzumutbar einzustufen, wenn z.B. Anhaltspunkte für eine unangemessene körperliche Züchtigung oder familiäre Gewalt, fehlende Toleranz im Elternhaus oder unangemessene Überwachungsmaßnahmen der Eltern festzustellen sind, nicht jedoch schon bei gelegentlichen Wortentgleisungen, Entfremdung oder rücksichtslosem Verhalten eines Kindes.[782]

5. Vereinbarungen über den Unterhalt minderjähriger Kinder

Grundsätzlich sind Vereinbarungen über den Kindesunterhalt möglich und darüber hinaus **nicht formbedürftig**. Allerdings ist hinsichtlich der Zulässigkeit die Einschränkung des § 1614 Abs. 1 zu beachten, nach dem auf künftigen Kindesunterhalt nicht verzichtet werden kann. 593

Praxistipp 594

Es kann ein (Kindes-)Unterhaltsanspruch durch Vereinbarung begründet werden, auch wenn die gesetzlichen Voraussetzungen, mithin eine Anspruchsgrundlage, nicht gegeben sind. Erforderlich ist eine eindeutige vertragliche Absprache.

Eine Vereinbarung über den Unterhaltsanspruch minderjähriger Kinder muss zwischen dem Vertretungsberechtigten und dem anderen Elternteil getroffen werden. Für das minderjährige Kind muss also der alleinsorgeberechtigte Elternteil oder bei gemeinsamer elterlicher Sorge der Elternteil, in dessen Obhut sich das Kind befindet (§ 1629 Abs. 2 Satz 2), handeln.[783] 595

Sind die Eltern noch verheiratet, leben aber getrennt oder ist zwischen ihnen eine Ehesache anhängig, kann der Elternteil, bei dem das Kind seinen Aufenthalt hat, die Vereinbarung mit dem anderen Elternteil nur in eigenem Namen abschließen (§ 1629 Abs. 3 Satz 1). 596

a) Unzulässigkeit des Verzichts auf zukünftigen Kindesunterhalt, § 1614 Abs. 1

§ 1614 Abs. 1 bestimmt, dass auf Kindesunterhalt **für die Zukunft nicht** – auch nicht teilweise – **verzichtet** werden kann. Für die Unzulässigkeit einer Vereinbarung über Kindesunterhalt genügt es, dass der Unterhalt objektiv verkürzt wurde.[784] Eine Vereinbarung über Kindesunterhalt ist auch dann unzulässig, wenn das Einkommen des Unterhaltsschuldners zu niedrig in der Düsseldorfer Tabelle eingrup- 597

781 OLG Düsseldorf FamRZ 1994, 460; OLG Hamm OLGR 2000, 176 (Ls.); BayObLG FamRZ 2000, 976; OLG Dresden FamRZ 2004, 209.

782 LSG Neubrandenburg, Urt. v. 28.5.2002 – L 2 AL 31/00, n.v. (bestätigt durch BSGE 93, 42).

783 Dose/*Klinkhammer*, § 2 Rn 756.

784 BGH FamRZ 1984, 997.

piert wurde.[785] Die Zusage des gesetzlichen Vertreters des minderjährigen Kindes für dieses Unterhalt nicht geltend zu machen, ist ebenfalls unzulässig.[786]

598 Trotzdem gesteht § 1614 Abs. 1 den Beteiligten im Bereich der Unterhaltsbemessung eine – begrenzte – Flexibilität zu, da eine Vereinbarung zum Kindesunterhalt erst unzulässig sein soll, wenn und soweit sie den **Rahmen der Angemessenheit** verlässt. Eine Unterschreitung der gebräuchlichen Tabellensätze um bis zu 20 % ist – noch – zulässig, eine Abweichung um ⅓ nicht mehr.[787] In der Spanne dazwischen ist im konkreten Einzelfall zu prüfen, ob der darin liegende Verzicht unzulässig ist nach § 1614 Abs. 1.[788]

b) Verzicht auf rückständigen Unterhalt

599 Der Verzicht auf (Kindes-)Unterhaltsrückstände im Wege des **Erlassvertrages** nach § 397 ist möglich. Der Erlassvertrag kann konkludent zustande kommen, soweit und sofern beim Unterhaltsgläubiger ein rechtsgeschäftlicher Aufgabewille vorhanden ist. Alleine der Umstand, dass der Unterhalt über einen längeren Zeitraum nicht verlangt worden ist, spricht nicht für das Vorhandensein eines rechtsgeschäftlichen Aufgabewillens.

600 *Praxistipp*

Das **konkludente Zustandekommen eines Erlassvertrages** ist regelmäßig nicht der Fall. Daher ist zu prüfen, ob der Unterhaltsgläubiger einen Grund für einen solchen Verzicht hatte oder ob eine andere Erklärung für die Unterlassung der Geltendmachung gegeben ist.[789]

c) (Unterhalts-)Freistellungsvereinbarungen

601 Eltern haften für den Unterhalt ihrer Kinder, der deren gesamten Lebensbedarf umfasst (§ 1610 Abs. 2), bei beiderseitiger Barunterhaltspflicht **anteilig** nach ihren Erwerbs- und Vermögensverhältnissen (§ 1606 Abs. 3 Satz 1). Sie können sich allerdings im Verhältnis zueinander über die von ihnen zu leistenden Unterhaltsbeträge verständigen. Im Rahmen einer solchen **Vereinbarung** darf ein Elternteil den anderen auch von dessen Verpflichtung, an das Kind anteilig oder insgesamt Unterhalt zu leisten, teilweise oder insgesamt freistellen (**Freistellungsvereinbarung**).[790]

aa) Das Innenverhältnis: Elternteil/Elternteil

602 Soweit die Eltern untereinander auf Kindesunterhalt verzichten, kommt auch nur zwischen ihnen ein Vertrag zustande, es sei denn, dass ein Elternteil ausdrücklich und unmissverständlich im Namen des Kindes handelt.[791] Eine Freistellungsvereinbarung der Eltern stellt eine **Erfüllungsübernahme** (vgl. §§ 329, 415 Abs. 3) dar und entfaltet Rechtswirkung nur zwischen den Eltern,[792] nicht aber für und gegen das Kind. Daher ist das Kind an eine solche (vertragliche) Verpflichtung eines Elternteils gegenüber dem anderen nicht gebunden.

603 Für **rückständigen Unterhalt** hingegen kann die Freistellung durch den sorgeberechtigten Elternteil sehr wohl dazu führen, dass dem Kind, dessen Unterhaltsbedarf in der Vergangenheit gedeckt war, nach Ende einer Freistellungsvereinbarung für die Vergangenheit kein Anspruch auf Unterhalt zusteht, da durch die Freistellungsvereinbarung auf die Geltendmachung laufenden Unterhalts verzichtet oder ein Bestimmungsrecht i.S.d. § 267 ausgeübt worden ist, das zum Erlöschen des Unterhaltsanspruchs führte (§ 362).[793]

785 OLG Hamm FamRZ 2010, 2080.
786 Dose/*Klinkhammer*, § 2 Rn 758 m.w.N.
787 BGH FamRZ 1984, 997.
788 Dose/*Klinkhammer*, § 2 Rn 759.
789 BGH FamRZ 1981, 763.
790 Hierzu näher *Wilhelm*, FuR 2000, 353; siehe auch OLG Hamm FamRZ 1980, 724; siehe auch KG FamRZ 1997, 627.
791 Eschenbruch/*Maaß*, Kap. 2 Rn 472 ff.
792 BGH FamRZ 1986, 254; *Schubert*, FamRZ 2001, 733.
793 OLG Naumburg FamRZ 2007, 1903; FamRZ 2005, 198.

bb) Das Außenverhältnis: unterhaltspflichtiger Elternteil/Kind

Der von Unterhalt insgesamt oder teilweise freigestellte Elternteil bleibt im **Außenverhältnis**, also gegenüber dem Kind, weiterhin unterhaltspflichtig. Erst durch die Unterhaltszahlung des zahlungspflichtigen Elternteils erlischt die Unterhaltsverpflichtung des anderen Elternteils gegenüber dem Kind (§§ 267, 1612 Abs. 2 Satz 1).[794] Im Innenverhältnis besteht ein vertraglicher Anspruch darauf, dass die zahlungspflichtige Vertragspartei den Unterhaltsanspruch des Kindes befriedigt.[795] **604**

Ein **gerichtlicher Antrag** des zur Freistellung verpflichteten Ehegatten in gesetzlicher Prozessstandschaft für die Kinder gegen den anderen Ehegatten auf Zahlung des Kinderunterhalts ist daher nicht ausgeschlossen.[796] **605**

> *Praxistipp* **606**
>
> Wurde der Kindesunterhalt aufgrund einer Freistellungsvereinbarung der Eltern von dem betreuenden Elternteil gezahlt, und wird diese Vereinbarung später aufgehoben, steht dem Kind mangels Erfüllung (§ 362) **kein Unterhaltsanspruch** gegen den anderen Elternteil zu. Da der Unterhalt auch mit Rechtsgrund gezahlt wurde, entfällt auch ein Bereicherungsanspruch des betreuenden Elternteils gegen das Kind.[797]

cc) Wirksamkeitskontrolle

Freistellungsvereinbarungen sind grundsätzlich weder gem. § 134 nichtig noch nach § 138 sittenwidrig, auch wenn sie äußerlich mit einem Vorschlag zur **Regelung** der **elterlichen Sorge** verbunden werden,[798] wohl aber dann, wenn dadurch die **Zustimmung** des anderen Elternteils zur **Übertragung** der **elterlichen Sorge**[799] und/oder ein **Verzicht** auf das **Umgangsrecht**[800] bzw. ein Verzicht auf dessen Ausübung[801] erreicht werden soll. Eine Freistellung ist zudem nur dann wirksam, wenn der Freistellende über die finanziellen Mittel verfügt, den Kindesunterhalt in der von dem freigestellten Elternteil geschuldeten Höhe zu bezahlen.[802] **607**

Freistellungsvereinbarungen der Eltern untereinander verstoßen grundsätzlich nicht gegen § 1614 Abs. 1 (i.V.m. § 134),[803] da sie den laufenden Unterhaltsanspruch als solchen nicht berühren. Sie entfalten **Rechtswirkungen nur zwischen den Eltern** und wirken nicht im Außenverhältnis zwischen dem Kind und dem freigestellten Elternteil mit der Folge, dass das Kind seine gesetzlichen Unterhaltsansprüche gegenüber jedem Elternteil ungeachtet der Vereinbarung der Parteien behält[804] und (auch) der freigestellte Elternteil aus §§ 1601 ff. zu Unterhaltszahlungen verpflichtet werden kann.[805] Der trotz Vereinbarung auf Unterhalt in Anspruch genommene Elternteil hat aus der Vereinbarung lediglich einen Anspruch auf Erstattung und im Übrigen auf die – vereinbarte – Freistellung. **608**

Allerdings sind im Hinblick auf die Entscheidung des BVerfG vom 6.2.2001[806] solche Verträge kritisch am Kindeswohl zu prüfen, wenn sie das Einkommen des betreuenden Elternteils und damit auch den für das Kind verfügbaren Betrag unangemessen schmälern.[807] Vereinbaren die Kindeseltern, dass der **Kin-** **609**

794 BFHE 179, 409; OLG Stuttgart FamRZ 2006, 866.
795 BGH FamRZ 1986, 444.
796 OLG Stuttgart FamRZ 2006, 866.
797 OLG Naumburg OLGR 2007, 686.
798 BGH FamRZ 1986, 444.
799 OLG Hamburg FamRZ 1984, 1223.
800 OLG Karlsruhe FamRZ 1983, 417.
801 BGH FamRZ 1984, 778.
802 Vgl. BVerfG FamRZ 2001, 343, 348 = FuR 2001, 163.
803 OLG Düsseldorf FamRZ 1999, 1665.
804 BGH FamRZ 1987, 934; OLG Stuttgart FamRZ 1992, 716.
805 BGH FamRZ 1986, 444; OLG Stuttgart FamRZ 1992, 716; OLG Hamm FamRZ 1999, 163.
806 BVerfG FamRZ 2001, 343 = FuR 2001, 163.
807 *Papier*, NJW 2002, 2129, 2132 f.

desunterhalt vom barunterhaltspflichtigen Vater **nicht** in **voller Höhe** zu zahlen sei, ist diese Vereinbarung, weil die Kindesmutter wegen § 1614 ohnehin nicht wirksam auf Unterhalt verzichten kann, nur in der Weise auszulegen, dass sie den Vater von den Unterhaltsansprüchen der Kinder insoweit freistellen will, als von diesen weitergehende Kindesunterhaltsansprüche geltend gemacht würden, als in der Vereinbarung festgelegt.[808]

610 Enthält ein solcher Vertrag neben der Freistellungsvereinbarung auch einen unwirksamen wechselseitigen Verzicht auf Trennungsunterhalt, so führt die **Teilnichtigkeit** nicht auch zur Nichtigkeit der Freistellungsabrede, wenn die Parteien diese bei Kenntnis der Nichtigkeit des Teilgeschäfts gleichwohl getroffen hätten.[809]

dd) Wirkungen

611 Eine **Freistellungsvereinbarung** ist im Zweifel **entgeltlich**.[810] Auch Eltern, die beide nicht unterhaltspflichtig oder zwar unterhaltspflichtig sind, aber keinen Unterhalt leisten, erhalten die Kinderfreibeträge.[811] Daher kommt auch derjenige Elternteil, der entgeltlich von der Unterhaltspflicht für seine Kinder freigestellt ist, seiner Unterhaltspflicht i.S.d. § 32 Abs. 6 Satz 5 EStG gegenüber seinen Kindern nach.[812]

612 *Praxistipp*

Ein Freistellungsanspruch ist nach § 95 Abs. 1 FamFG i.V.m. § 887 ZPO zu **vollstrecken**.[813]

ee) Freistellung und UVG-Leistungen

613 Bei Bezug von UVG-Leistungen ist § 1 Abs. 1 Nr. 3a UVG dahingehend auszulegen, dass das Ausbleiben der Unterhaltszahlungen des anderen Elternteils **„planwidrig"** ist.[814] Daher kann eine Freistellungsvereinbarung dazu führen, dass der Anspruch des Kindes auf den Bezug von UVG-Leistungen entfällt. Denn die Nichtleistung des unterhaltspflichtigen Elternteils erfolgt – zumindest im Verhältnis der Elternteile – vereinbarungsgemäß.

614 Etwas anderes kann nur gelten, wenn auch der andere Elternteil leistungsfähig ist, da dann die Freistellungsvereinbarung nicht – allein – ursächlich für die Nichtzahlung des Unterhalts ist, so dass der Anspruch des Kindes auf Leistungen nach dem UVG besteht.[815]

ff) Anpassung/Abänderung

615 Freistellungsvereinbarungen können nach den Grundsätzen der **Veränderung** der **Geschäftsgrundlage angepasst** werden.[816] Ist eine Freistellungsvereinbarung Teil eines Trennungs- und Scheidungsfolgenvertrages, kommt eine Abänderung nach Treu und Glauben allerdings nur bei ganz unerwarteten und außergewöhnlichen Entwicklungen in Betracht.[817]

6. Ende des Unterhaltsanspruchs des minderjährigen Kindes

616 Der Unterhaltsanspruch des minderjährigen und/oder privilegiert volljährigen Kindes kann erlöschen, unter sehr engen Voraussetzungen aber auch verwirkt werden und/oder verjähren.

808 OLG Brandenburg FamRZ 2003, 1965 mit Anm. *Bergschneider*.
809 OLG Hamm FamRZ 1999, 163.
810 BFH/NV 2005, 343 = NJW 2005, 1391.
811 BFHE 184, 60.
812 FG Köln EFG 2004, 1846.
813 OLG Hamburg FamRZ 1983, 212.
814 OVG Niedersachsen NVwZRR 2007, 394, m.w.N.; Richtlinien zum UVG Nr. 1. 5. 2.
815 Eschenbruch/*Maaß*, Kap. 2 Rn 472 ff.
816 OLG Braunschweig FamRZ 1982, 91; OLG Köln NJW-RR 1995, 1474.
817 OLG Hamm FamRZ 1999, 163.

a) Erlöschen des Unterhaltsanspruchs durch Tod des Berechtigten oder Verpflichteten

Nach § 1615 Abs. 1 erlischt der Anspruch mit dem **Tod des Berechtigten oder Verpflichteten**. Stirbt der Unterhaltsverpflichtete sind bestehende Unterhaltsrückstände Nachlassverbindlichkeiten. 617

Allerdings haftet der Unterhaltsverpflichtete im Falle des Versterbens des Berechtigten für den vollen Monat, in dem der Berechtige verstirbt (§ 1612 Abs. 3 Satz 2), sowie für rückständigen Unterhalt weiter.

b) Verwirkung

Die **Verwirkung im Unterhaltsrechtsverhältnis** ist in § 1611 geregelt. Außerdem kann sich die Verwirkung aus § 242 ergeben. 618

aa) Verwirkung nach § 1611

Der Verwirkungstatbestand des § 1611 erstreckt sich **nicht auf minderjährige unverheiratete Kinder** (§ 1611 Abs. 2), privilegiert volljährige Kinder können hingegen den Tatbestand des § 1611 sehr wohl erfüllen.[818] 619

Praxistipp 620

Dem (privilegiert) volljährigen Kind kann ein **Fehlverhalten** aus der Zeit vor Vollendung des 18. Lebensjahrs nicht i.S.d. Tatbestands des § 1611 entgegengehalten werden.[819] Ein während der Minderjährigkeit des Unterhaltsberechtigten eintretendes Ereignis führt nicht zur Verwirkung des weiteren Unterhalts ab Eintritt der Volljährigkeit.[820]

bb) Die Verwirkung nach § 242

Die Verwirkung des Unterhaltsanspruchs des minderjährigen Kindes kann sich jedoch aus § 242 ergeben, sofern **Zeit- und Umstandsmoment** erfüllt sind.[821] Wenn der Unterhaltsschuldner sich nach einer gewissen Zeit aufgrund besonderer hinzutretender Umstände davon ausgehen durfte/musste, dass der Unterhaltsgläubiger ihn nicht mehr auf Zahlung in Anspruch nehmen werde, kann er dem Unterhaltsanspruch die von Amts wegen zu beachtende Einwendung der Verwirkung entgegenhalten.[822] 621

Ausgangspunkt ist der **(Unterhalts-)Schuldnerschutz**, dem bei Unterhaltsrückständen von mehr als einem Jahr besondere Bedeutung zukommt. Daneben ist davon auszugehen, dass der Unterhaltsgläubiger auf die Unterhaltsleistung, die schließlich seinen Lebensbedarf decken soll, aufgrund bestehender Bedürftigkeit dermaßen angewiesen ist, dass er die Durchsetzung seiner Unterhaltsansprüche ohne großes Zuwarten betreibt. Die Frage der Verjährung, insbesondere dass diese während der Minderjährigkeit des Unterhaltsgläubigers nach § 207 Abs. 1 Satz 2 Nr. 2a gehemmt ist, spielt im Rahmen der Verwirkung keine Rolle. 622

Praxistipp 623

Die Verwirkung beseitigt die anspruchsbegründende Wirkung einer Inverzugsetzung oder Rechtshängigkeit und kann darüber hinaus auch bereits titulierte Ansprüche erfassen,[823] die auf einen öffentlich-rechtlichen Träger übergegangen sind.[824]

818 Weinreich/*Eder*, § 1611 Rn 5.
819 BGH FamRZ 1988, 159.
820 OLG Stuttgart FamRZ 2007, 1763.
821 Eschenbruch/*Maaß*, Kap. 2 Rn 457.
822 BGH FamRZ 1988, 370; OLG Düsseldorf FamRZ 1989, 776.
823 BGH FamRZ 1999, 1422; OLG Oldenburg. FamRZ 2012, 148; OLG Schleswig FamRZ 2001, 1707.
824 BGH FamRZ 2010, 1888.

624 Ob die Titulierung des Unterhaltsanspruchs, aber Unterlassen der Zwangsvollstreckung durch den Gläubiger zu einer größeren Schutzwürdigkeit des Schuldners[825] oder dieses Vorgehen des Gläubigers dem Schuldner verdeutlicht, dass die Ansprüche verfolgt werden,[826] ist am konkreten Einzelfall zu entscheiden.

(1) Das Zeitmoment

625 Es können nur **fällige Unterhaltsansprüche** verwirkt werden. Diese müssen ein Jahr und länger zurückliegen.[827]

626 *Praxistipp*

Werden Unterhaltsansprüche, deren Fälligkeit ein Jahr und mehr zurück liegt, vom Gläubiger nicht zeitnah geltend gemacht, ist jedenfalls die Möglichkeit der Verwirkung zu prüfen.

627 Grundsätzlich können auch **bereits titulierte Unterhaltsansprüche** – unabhängig von der Verjährung – verwirken.[828] Das diesbezügliche Zeitmoment umfasst in der Rechtsprechung jedoch die weite Spanne von einem[829] über vier[830] bis zu sieben[831] Jahren. Unter Umständen ist das Zeitmoment bereits nach einem Jahr erfüllt.[832]

628 *Praxistipp*

Besteht hinsichtlich der Unterhaltsansprüche Beistandschaft des Jugendamts, muss sich das unterhaltsberechtigte Kind dessen Verhalten in der Unterhaltsauseinandersetzung zurechnen lassen.[833]

(2) Das Umstandsmoment

629 Bei der Prüfung des Umstandsmoments ist darauf abzustellen, ob sich der Unterhaltsschuldner darauf **verlassen** und mithin seine Ausgaben- und Lebensplanung darauf **einrichten durfte**, dass er vom Unterhaltsschuldner nicht mehr auf Zahlung in Anspruch genommen werde.

630 Die **Abwägung** muss vor dem Hintergrund erfolgen, dass die Unterhaltszahlung den Lebensbedarf des Unterhaltsgläubigers decken soll, der Unterhaltsschuldner also bedürftig und auf die Unterhaltszahlung angewiesen ist. Im Besonderen gilt dies für Unterhaltszahlbeträge, die dem Mindestunterhalt entsprechen oder darunter liegen. Sofern Unterhaltsansprüche im Bereich des Mindestunterhalts oder darunter, während des Zeitraums von einem Jahr nicht verfolgt werden, kann sich m.E. der Schuldner darauf einstellen, dass er hinsichtlich dieser Rückstände nicht mehr in Anspruch genommen werde, da der Unterhaltsgläubiger den Anschein fehlender Bedürftigkeit erweckt.

631 *Praxistipp*

Es ist jedenfalls Sache des Unterhaltsschuldners, zu den Umstandsmomenten vorzutragen.

632 Der Unterhaltsgläubiger kann den **Eintritt der Verwirkung hindern**, indem er den Schuldner regelmäßig und ernsthaft zur Zahlung auffordert,[834] die Ansprüche rechtshängig macht, wobei Stufenantrag

825 OLG Brandenburg FamRZ 2004, 972.
826 OLG Hamburg FamRZ 2002, 327.
827 BGH FamRZ 2007, 453.
828 OLG Hamm NZFam 2014, 759.
829 OLG Oldenburg FamRZ 2012, 1223; OLG Hamm FamRZ 2007, 159; OLG Brandenburg FamRZ 2004, 972.
830 OLG Stuttgart FamRZ 1999, 859; OLG Karlsruhe FamRZ 1993, 1456.
831 OLG Frankfurt a.M. FamRZ 1999, 1163.
832 BGH NJW 2010, 3714.
833 OLG Hamm NZFam 2014, 759 m. Anm. *Kemper*.
834 OLG Celle FamRZ 2008, 2230; OLG Naumburg FamRZ 2010, 1090 (Ls.).

nur dann genügt, wenn der Rechtstreit nach Erledigung der jeweiligen Stufen vom Antragsteller zeitnah weiterbetrieben wird,[835] oder bei bereits erfolgter Titulierung der Ansprüche regelmäßig Vollstreckungsversuche unternimmt.[836]

M. E. ist das Umstandsmoment bei Untätigkeit des Unterhaltsgläubigers – in Zusammenschau mit dem Zeitmoment – über den Zeitraum eines Jahres hinweg erfüllt. In der familiengerichtlichen Praxis wird oftmals ein „Mehr" im Sachverhalt verlangt, damit sich der Unterhaltsschuldner darauf verlassen können soll, nicht mehr in Anspruch genommen zu werden. Damit wird m.E. die Anforderung an das Umstandsmoment vor dem Hintergrund der Bedürftigkeit des Unterhaltsgläubigers jedoch überspannt. 633

Im Umkehrschluss soll mit der Geltendmachung von Unterhaltsansprüchen gerade bei beengten wirtschaftlichen Verhältnissen nicht lange – auf keinen Fall länger als ein Jahr – zugewartet werden.

c) Verjährung

Unterhaltsansprüche unterliegen der **regelmäßigen Verjährungsfrist** des § 195 von drei Jahren (§ 197 Abs. 2). Solche die bei Titulierung bereits fällig waren, verjähren in 30 Jahren (§ 197 Abs. 1 Nr. 3). 634

Die Verjährung beginnt jeweils am **Ende des Jahres** (§ 199 Abs. 1). 635

Die Verjährung von Unterhaltsansprüchen des Kindes gegen die Eltern ist nach § 207 Abs. 1 Satz 2 Nr. 2a bis zur Vollendung des 21. Lebensjahres des Kindes gehemmt,[837] sodass die Verjährung erst am Ende des Jahres beginnt, in dem das Kind sein 21. Lebensjahr vollendet hat.[838] 636

> *Praxistipp* 637
>
> Die **Hemmung der Verjährung** nach § 207 Abs. 1 Satz 2 Nr. 2a greift nicht ein, wenn der Anspruch nach § 7 UVG auf übergegangen ist, da diese Vorschrift den Frieden innerhalb der Familie wahren soll.[839]

7. Unterhalt und Ausland

Zur besseren Übersichtlichkeit der Darstellung wird an dieser Stelle das Sonderproblem der Auslandsberührung im Unterhaltsrechtsverhältnis behandelt. Es muss danach differenziert werden, ob der Unterhaltsgläubiger oder der Unterhaltsschuldner **seinen gewöhnlichen Aufenthalt im Ausland** hat. Leben beide Beteiligte im Ausland, wird sich das Problem des Unterhalts dem deutschen anwaltlichen Vertreter nicht stellen. 638

Festzustellen ist, dass es sich beim Unterhaltsschuldner um ein Problem der Höhe des Selbstbehalts, das im Rahmen seiner **Leistungsfähigkeit** zu prüfen ist, und beim Unterhaltsgläubiger um ein Problem des **Bedarfs**, das im Rahmen der Unterhaltshöhe zu prüfen ist, handelt. 639

a) Der Unterhaltsschuldner lebt im Ausland

Für den im Ausland lebenden Unterhaltsschuldner können nicht – zumindest ohne nähere Prüfung – die Grundsätze, insbesondere die Selbstbehalte, des deutschen Unterhaltsrechts übernommen werden. Die Unterhaltsverpflichtung darf den Unterhaltsschuldner auch im Ausland nicht in die soziale Not treiben. Er muss auch bei Leistung der Unterhaltszahlung in der Lage sein, seinen eigenen Unterhalt zu bestreiten. 640

835 BGH FamRZ 2007, 453.
836 OLG München OLGR 2002, 68.
837 OLG Frankfurt, Beschl. v. 4.3.2019 – 4 WF 170/18, FamRZ 2019, 1423.
838 BGBl I, S. 3142, mit Wirkung ab 1.1.2010.
839 BGH FamRZ 2006, 1664.

641 Sein eigener Lebensbedarf bzw. sein Existenzminimum hängt im Wesentlichen von seinem **Aufenthaltsort** ab, da die Befriedigung der Grundbedürfnisse nicht überall die gleichen Kosten verursacht. Um diesem Umstand gerecht zu werden, gibt es zwei unterschiedliche Ansätze.[840]

aa) Die Ländergruppeneinteilung des Bundesfinanzministeriums

642 Die **Ländergruppeneinteilung des Bundesfinanzministeriums** vergleicht die durchschnittlichen Löhne der verarbeitenden Industrie nach steuerlichen Gesichtspunkten.[841] Anhand dieser Gruppeneinteilung ist der Selbstbehalt nach deutschem Recht um ¼, ½ oder ¾ zu kürzen oder für bestimmte Länder in voller Höhe (1/1) zu erhalten.

bb) Die Verbrauchergeldparität

643 Das statistische Bundesamt gibt **Werte zur Verbrauchergeldparität** bekannt,[842] mit denen wiedergegeben wird, wie viele ausländische Geldeinheiten erforderlich sind, um die gleichen Gütermengen in bestimmter Qualität im Ausland zu erwerben, die man im Inland für eine inländische Geldeinheit erhält.[843]

cc) Lösung

644 Die Berechnung anhand der Verbrauchergeldparität ist recht aufwendig, da das jeweils aktuelle Datenmaterial herausgesucht werden muss. Gleiches gilt für die Berechnung an sich. Die Ländergruppeneinteilung des Bundesfinanzministeriums erfolgt anhand steuerlicher und nicht unterhaltsrechtlicher Maßstäbe und ist darüber hinaus stark pauschalisiert.

Die Rechtsprechung der Oberlandesgerichte will am **Einzelfall** entscheiden, welcher Methode der Vorzug zu geben ist.[844]

b) Der Unterhaltsgläubiger lebt im Ausland

645 Grundsätzlich erfolgt die **Bedarfsermittlung** eines in Deutschland ansässigen Unterhaltsgläubigers nach den Sätzen der Düsseldorfer Tabelle, die den Lebensbedarf ausgehend von der Lebensstellung der Eltern des minderjährigen und/oder privilegiert volljährigen Kindes darstellt. Allerdings können die Lebenshaltungskosten am Wohnort des Unterhaltsgläubigers sowohl nach oben als auch nach unten – erheblich – abweichen. Die Abweichung von den deutschen Tabellenbeträgen wird durch den Vergleich der Verbrauchergeldparität und dem Devisenkurs dargestellt.[845] Daneben können für die Ermittlung des Kaufkraftunterschieds die vom Statistischen Amt der Europäischen Union (Eurostat) ermittelten „vergleichenden Preisniveaus des Endverbrauchs der privaten Haushalte einschließlich indirekter Steuern" herangezogen werden.[846]

646 Zuerst ist also das **unterhaltsrechtlich relevante Einkommen** des Unterhaltsschuldners und der sich hieraus ergebende Bedarf eines in Deutschland lebenden Kindes gemäß der Düsseldorfer Tabelle zu ermitteln. Dieser Betrag ist nach dem konkreten ausländischen Aufenthaltsort des Unterhaltgläubigers prozentual zu erhöhen oder zu vermindern. Die prozentuale Veränderung ergibt sich aus dem Vergleich der Verbrauchergeldparität und dem Devisenkurs.

647 *Beispiele*

- Aufenthalt in der Türkei: Abschlag um ⅓.[847]
- Aufenthalt in Russland: Abschlag um ⅔.[848]

840 Weinreich/*Eder*, § 1581 Rn 50 m.w.N.
841 Www.bundesfinanzministerium.de, dort Sucheingabe „Ländergruppeneinteilung", m.w.N.
842 Www.destatis.de, dort Sucheingabe „Verbrauchergeldparität", m.w.N.
843 Dose/*Dose*, § 9 Rn 38 ff. mit Berechnungen, Tabellen u.w.N.
844 OLG Hamm FamRZ 2006, 124.
845 Dose/*Dose*, § 9 Rn 38 ff. mit Berechnungen, Tabellen u.w.N.
846 OLG Karlsruhe FamRZ 2016, 237.
847 OLG München FamRZ 2002, 55.
848 OLG Koblenz FamRZ 2002, 56; OLG Zweibrücken FamRZ 2004, 729.

- Aufenthalt in Tschechien: Abschlag um 2/3.[849]
- Aufenthalt in den USA: kein Abschlag, keine Erhöhung.[850]

Die Erhöhung des Bedarfs kann z.B. für den Wohnort Schweiz in Betracht kommen. 648

Praxistipp 649

Der anwaltliche Vertreter des in Deutschland ansässigen Beteiligten muss also bei der Bemessung entweder des Selbstbehalts oder des Bedarfs die konkrete Höhe anhand der Ländergruppeneinteilung des Bundesfinanzministeriums oder der Verbrauchergeldparität im Zusammenspiel mit dem Devisenkurs ermitteln.

Welche Methode vorzuziehen ist, soll im **Einzelfall** zu entscheiden sein,[851] sodass in vergleichender Anwendung beider Methoden das für den Mandanten bessere Ergebnis zu ermitteln und zu vertreten ist. Die vorgenannten Beispiele aus der oberlandesgerichtlichen Rechtsprechung können als Orientierungshilfe dienen.

F. Volljährige Kinder

Die Darstellung der Unterhaltsansprüche der – nicht privilegiert – volljährigen Kinder folgt dem Aufbau der Unterhaltsansprüche minderjähriger und privilegiert volljähriger Kinder. Sofern im Folgenden keine Ausführungen zu einzelnen Tatbestandsvoraussetzungen gemacht werden, ergeben sich zu den Ausführungen im Rahmen des Unterhaltsanspruchs der minderjährigen und privilegiert volljährigen Kinder keine Abweichungen. 650

Die nachfolgende Darstellung folgt in ihrem Aufbau ebenfalls den Voraussetzungen des Unterhaltsanspruchs, also 651

- Eltern-Kind-Verhältnis
- Bedarf
- Bedürftigkeit
- Leistungsfähigkeit
- Probleme außerhalb der Anspruchsgrundlage.

I. Allgemeines zum Unterhalt des volljährigen Kindes

Der Unterhaltsanspruch des volljährigen Kindes gegen seine Eltern ergibt sich wie beim minderjährigen und privilegiert volljährigen Kind aus § 1601 (**Deszendentenunterhalt**). Die Eltern sind über die Vollendung des 18. Lebensjahres (Volljährigkeit) hinaus aufgrund der rechtlichen Verwandtschaft (§ 1589) aus dem Eltern-Kind-Verhältnis für das nun volljährige Kind unterhaltsrechtlich verantwortlich, auch wenn mit Eintritt der Volljährigkeit die elterliche Sorge endet. Die elterliche Sorge wandelt sich formal in eine rein finanzielle Sorge für das Kind.[852] 652

Mit Vollendung des 18. Lebensjahrs erlangt das Kind Eigenständigkeit, die aber – noch – nicht zur vollständigen Lösung von den Eltern führt. Jedenfalls bleiben das – volljährige – Kind und seine Eltern aufgrund deren **Verpflichtung zur finanziellen Sorge in Gegenseitigkeit** verbunden. Diese Verpflichtung der Eltern gegenüber ihrem Kind erfährt durch § 1602 („Grundsatz der wirtschaftlichen Eigenverantwortung") eine Einschränkung. Eine tatbestandliche Beschränkung des Unterhaltsanspruchs des volljährigen 653

849 OLG München FamRZ 1998, 857.
850 OLG Brandenburg FamRZ 2004, 483 (Ls.).
851 OLG Hamm FamRZ 2006, 124.
852 Eschenbruch/*Schwonberg*, Kap. 2 Rn 481.

Kindes gegen seine Eltern im Rahmen des § 1601 gibt es hingegen nicht. Sofern die Tatbestandsvoraussetzungen vorliegen, ist der Grund der Bedürftigkeit unerheblich.[853]

654 Nach dem **Grundsatz der wirtschaftlichen Eigenverantwortung** des § 1602 ist das volljährige Kind, sofern es sich nicht in Ausbildung befindet, vorrangig für sich selbst verantwortlich. Konsequenterweise steht daher dem volljährigen Kind gegen seine Eltern ein Unterhaltsanspruch dem Grunde nach nur zu, wenn es infolge bestimmter Umstände und Bedürfnislagen, wie Ausbildung, Krankheit, Arbeitslosigkeit, Betreuung eigener Kinder, die Sicherung der eigenen Existenzgrundlage nicht gewährleisten kann.[854] Das volljährige Kind muss also bedürftig sein.

655 Solange das Kind wirtschaftlich von seinen Eltern abhängig ist, richtet sich der **Bedarf des Volljährigen** – noch immer – nach den Lebensverhältnissen der Eltern. Der Lebensbedarf des volljährigen Kindes ist ebenfalls anhand der Düsseldorfer Tabelle und der Leitlinien zu ermitteln, außerdem kann sich Mehr- und Sonderbedarf ergeben.

656 Im Unterhaltsrechtsverhältnis sind die Eltern und das volljährige Kind sich wechselseitig zur **Rücksichtnahme** verpflichtet, außerdem ergibt sich aus den § 1618a und § 242 im Rahmen des Ausbildungsunterhalts ein Gegenseitigkeitsverhältnis zwischen Eltern und Kind. Dessen Ausgestaltung wird im Rahmen der Darstellung des Ausbildungsunterhaltsanspruchs des volljährigen Kindes beschrieben werden.

II. Überblick über die Unterschiede zum Unterhalt des minderjährigen und/oder privilegiert volljährigen Kind

657 Grundsätzlich ist die Anspruchsgrundlage und damit auch die Anspruchsvoraussetzungen die gleiche bzw. die gleichen. Der Unterhaltsanspruch des minderjährigen und des volljährigen Kindes sind identisch. Die unveränderte Fortdauer des die Unterhaltspflicht begründenden Verwandtschaftsverhältnisses über den Eintritt der Volljährigkeit hinaus ist Wesensteil des Verwandtenunterhalts. Trotzdem ergeben sich für das von seinen Eltern Unterhalt begehrende volljährige Kind einige Abweichungen vom Anspruch des minderjährigen Kindes gegen seine Eltern.

1. Keine gesteigerte Erwerbsobliegenheit

658 Mit Eintritt der Volljährigkeit des Unterhaltsberechtigten bzw. mit Wegfall der Privilegierung nach § 1603 Abs. 2 Satz 2 trifft die Unterhaltsverpflichteten nicht **mehr eine gesteigerte Erwerbsobliegenheit** und/oder die Verpflichtung alle verfügbaren Mittel gleichmäßig für den beiderseitigen Unterhalt zu verwenden. Den unterhaltspflichtigen Elternteilen wird jeweils der angemessene Selbstbehalt in Höhe von derzeit 1.200 EUR zugestanden.

2. Anteilige Barunterhaltspflicht beider Elternteile

659 Die **elterliche Sorge endet mit Eintritt der Volljährigkeit**, das volljährige Kind muss nicht mehr von einem oder beiden Elternteil(en) betreut werden. Die elterliche Verantwortung wird zur Barunterhaltspflicht beider Elternteile. Der sich aus der Lebensstellung der Eltern ableitende Bedarf des volljährigen Kindes ergibt sich daher aus der Summe der Einkünfte beider Elternteile.

660 Für den ungedeckten Unterhaltsbedarf des volljährigen Kindes haften die Eltern anteilig nach dem **Verhältnis ihrer unterhaltsrechtlich bereinigten Einkünfte**, die um den angemessenen Selbstbehalt reduziert werden. Zu beachten ist, dass das volljährige Kind im Verhältnis zum minderjährigen und privilegiert volljährigen Kind im Rangverhältnis zurücktritt (§ 1609).

853 BGH FamRZ 1985, 273.
854 Eschenbruch/*Schwonberg*, Kap. 2 Rn 483.

3. Kindergeldanrechnung

Das Kindergeld ist **unterhaltsrechtliches Einkommen** des volljährigen Kindes und deckt daher in voller Höhe seinen Bedarf. Es kann den Anspruch auf Auskehr des Kindergeldes an sich gegen einen Elternteil, gegen den ein Titel über Barunterhalt besteht, ohne ein Abänderungsverfahren eigenständig geltend machen.[855] 661

4. Erwerbsobliegenheit des volljährigen Kindes

Das minderjährige oder privilegiert volljährige Kind trifft grundsätzlich nur in engen Ausnahmefällen eine Erwerbsobliegenheit. Das volljährige Kind hingegen hat **seinen Lebensbedarf durch eigene Einkünfte sicher zu stellen**. Einkünfte des volljährigen Kindes werden unterhaltsrechtlich bereinigt in voller Höhe auf den Bedarf angerechnet. Den Stamm seines Vermögens muss das volljährige Kind ebenfalls zur Deckung seines Bedarfs einsetzen. 662

III. Voraussetzungen des Unterhaltsanspruchs des volljährigen nicht privilegierten Kindes

Die Eltern sind gegenüber dem volljährigen nicht privilegierten Kind nach § 1601 unterhaltspflichtig alleine aufgrund des bestehenden Verwandtschaftsverhältnisses in gerader Linie. Eine **tatbestandliche Begrenzung** des Anspruchs existiert nicht. 663

Das volljährige Kind ist wirtschaftlich von seinen Eltern abhängig, obwohl es in rechtlicher Hinsicht voll geschäftsfähig ist, sodass es seine Entscheidungen – insbesondere im Hinblick auf Art und Weise der Ausbildung[856] – rechtlich selbstständig treffen kann.[857] Allerdings muss der Volljährige im Unterhaltsrechtsverhältnis aufgrund des **Gegenseitigkeitsprinzips** auf die nicht zuletzt wirtschaftlichen Belange seiner Eltern als Unterhaltsschuldner Rücksicht nehmen. Er ist verpflichtet seine Lebensplanung so zu gestalten, dass baldmöglichst seine wirtschaftliche Unabhängigkeit eintritt.[858] 664

1. Eltern-Kind-Verhältnis

An dieser Stelle ergeben sich keine Besonderheiten, sodass die allgemeinen Grundsätze gelten. 665

2. Bedarf des volljährigen Kindes

Mit Eintritt der Volljährigkeit endet die elterliche Sorge im Rechtssinne und als Teil hiervon die Pflicht zur Pflege und Erziehung des Kindes (§§ 1626, 1631). Zugleich tritt an die Stelle des entfallenen Betreuungsbedarfs ein erhöhter **Barunterhaltsbedarf**. Nunmehr besteht nach dem Gesetz kein rechtfertigender Grund mehr, weiterhin nur den bislang allein barunterhaltspflichtigen Elternteil mit dem nunmehr insgesamt in Form einer Geldrente zu entrichtenden Unterhalt zu belasten, wenn auch der andere Elternteil über Einkünfte verfügt, die ihm die Zahlung von Unterhalt ermöglichen.[859] Die Grundlage für eine 666

855 OLG Stuttgart FamRZ 2017, 709.
856 BGH FamRZ 1996, 798.
857 BGH FamRZ 1998, 671.
858 BGH FamRZ 2006, 1100.
859 BGH FamRZ 2006, 99 = FuR 2006, 76; BGH FamRZ 1994, 696, 698 f.; FamRZ 2002, 815, 816 f.; FuR 2002, 223; OLG Oldenburg NJW-RR 2000, 1458; OLG Hamm FamRZ 2000, 379, 380; OLG Nürnberg FamRZ 2000, 687, 688.

Gleichbewertung von Betreuungs- und Barunterhalt (§ 1606 Abs. 3 Satz 2) ist ohne Rücksicht darauf entfallen, ob im Einzelfall etwa ein volljähriges Kind weiter im Haushalt eines Elternteils lebt und von diesem noch gewisse Betreuungsleistungen erhält.[860]

667 Die in § 1606 Abs. 3 Satz 2 geregelte Gleichstellung von Bar- und Betreuungsunterhalt gilt jedoch nur für minderjährige Kinder. Nur diesen gegenüber erfüllt der betreuende Elternteil seine Unterhaltspflicht in der Regel durch Pflege- und Erziehungsleistungen. Auch gegenüber privilegierten volljährigen Kindern sind demzufolge beide Elternteile grundsätzlich barunterhaltspflichtig.[861] Der Bedarf des privilegiert volljährigen Kindes ergibt sich aus der 4. Altersstufe der Düsseldorfer Tabelle.[862]

668 Bezüglich des Bedarfs eines volljährigen Kindes ist zu unterscheiden, ob es noch **im** Haushalt **seiner** Eltern/**eines** Elternteils lebt oder ob es einen **eigenen Hausstand** hat.

a) Kind im Haushalt seiner Eltern/eines Elternteils

669 Für volljährige, auch gemäß § 1603 Abs. 2 Satz 2 privilegierte Kinder (bis max. 21 Jahre), die noch **im Haushalt der Eltern oder eines Elternteils** wohnen, ist der Bedarf anhand der Altersstufe 4 der Düsseldorfer Tabelle zu ermitteln. Die Lebensstellung des Kindes, also sein angemessener Unterhaltsbedarf, bestimmt sich nunmehr nicht mehr allein nach dem Einkommen des früher allein barunterhaltspflichtigen Elternteils, sondern nach den zusammengerechneten Einkünften beider Elternteile,[863] die beide anteilig nach ihren Erwerbs- und Vermögensverhältnissen für den nunmehr erhöhten Barunterhalt des Kindes haften (§ 1606 Abs. 3 Satz 1). Auch wenn das Kind noch bei einem Elternteil lebt, beeinflussen die Einkommen beider Eltern regelmäßig die Lebensstellung des Kindes,[864] wobei überobligatorisch erzielte Einkünfte nicht einkommenserhöhend zu berücksichtigen sind. Die Sicherung des Existenzminimums ist für volljährige Kinder durch eine entsprechende Bedarfsbemessung nach der ersten Einkommensgruppe in der 4. Altersstufe der Düsseldorfer Tabelle sicherzustellen.[865]

b) Volljähriges Kind mit eigenem Hausstand

670 Der Lebensbedarf volljähriger Schüler, Auszubildender und Studenten mit **eigenem Hausstand** ist nach festen Regelbedarfssätzen nach den in den einzelnen OLG-Bezirken herangezogenen Tabellen/Leitlinien zu bemessen.

671 *Praxistipp*

Ein eigener Hausstand des volljährigen Kindes liegt auch vor, wenn es bei den Großeltern lebt.[866]

672 Der Bedarf erhöht sich um die **Beiträge zur (privaten) Kranken- und Pflegeversicherung**.[867] Dieser Festbetrag deckt den gesamten Bedarf des Kindes ab, insb. Verpflegung, Wohnung, Fachliteratur und Fahrten zum Studienort, nicht aber Studiengebühren.[868] Letztere stellen im Gegensatz zu den Semesterbeiträgen[869] unterhaltsrechtlich Mehrbedarf dar.[870]

860 BGH FamRZ 1981, 541.
861 BGH FamRZ 2002, 815 = FuR 2002, 223 m.w.N.; OLG Bremen OLGR 1999, 48; FamRZ 1999, 1529; OLG Dresden NJW 1999, 797, 798; OLG Düsseldorf FamRZ 1999, 1215, 1216; OLG Hamm NJW 1999, 798; FamRZ 1999, 1018; OLGR 2000, 159; OLG Karlsruhe FamRZ 1999, 45, 46; OLG Nürnberg MDR 2000, 34.
862 OLG Hamm FamRZ 1999, 1018; vgl. auch alle unterhaltsrechtlichen Leitlinien der OLGe.
863 BGH FamRZ 2002, 815 = FuR 2002, 223.
864 BGH FamRZ 1986, 151; BGH FamRZ 1994, 696; FamRZ 2005, 1817 = FuR 2005, 555.
865 BGH FamRZ 2007, 542 = FuR 2007, 163.
866 OLG Hamm, Beschl. v. 28.5.2013 – 2 WF 98/13.
867 BGH FamRZ 2005, 1817 = FuR 2005, 555; KG FamRZ 1985, 419; OLG Hamburg FamRZ 1984, 190.
868 OLG Koblenz NJW-RR 2009, 1153; BFH DStR 2010, 314.
869 OLG Düsseldorf FamFR 2012, 367.
870 DT 2023 Anm. A 9, ebenso: KG Berlin, Beschl. v. 18.9.2012 – 17 WF 232/12.

Der Unterhaltsbedarf eines volljährigen behinderten Kindes mit eigenem Hausstand entspricht dem **notwendigen Selbstbehalt eines erwerbstätigen bzw. nichterwerbstätigen Unterhaltsschuldners**, ist aber nicht mit dem Bedarf nach §§ 43 ff. SGB XII (Grundsicherungsleistungen) identisch.[871] 673

c) Überdurchschnittliche wirtschaftliche Verhältnisse der Eltern/Konkrete Bedarfsbemessung

Es gibt zwar grundsätzlich keine festgeschriebene Obergrenze für den Kindesunterhalt. Dennoch sind die Einkommensgruppen der Tabellen nach oben begrenzt: Für ein 5.101 EUR übersteigendes Nettoeinkommen verweist die DT auf die Bemessung nach den Umständen des Falles. Eine solche **Pauschalierungsgrenze** ist sachgerecht und erlaubt.[872] 674

Praxistipp 675

Es handelt sich dabei allerdings nicht um eine allgemeine Sättigungsgrenze, die den Unterhaltsanspruch pauschal nach oben hin begrenzt. Es hat vielmehr eine Bedarfsbemessung anhand der jeweiligen Umstände des Einzelfalls zu erfolgen.

Übersteigt das maßgebende Elterneinkommen den Höchstsatz der DT, dürfen die für die oberste Einkommensgruppe geltenden Bedarfssätze daher nicht schematisch fortgeschrieben werden.[873] Zutreffend rechtfertigt der BGH[874] die Notwendigkeit einer konkreten Bedarfsermittlung bei hohen Einkommen nicht nur mit der Gefahr einer Zweckentfremdung des ausschließlich zur Bedarfsdeckung des Kindes bestimmten Unterhalts, sondern auch mit der Schwierigkeit, bei erheblich über dem Durchschnitt liegenden Lebensverhältnissen der Eltern einen diesen Verhältnissen **angemessenen Lebenszuschnitt der Kinder** zu ermitteln und pauschalierend zu verallgemeinern. 676

Bei überdurchschnittlich guten Einkommensverhältnissen des Unterhaltsschuldners ist einerseits zu berücksichtigen, dass sich Kinder und Heranwachsende **auf dem Weg zur wirtschaftlichen Selbstständigkeit** befinden. Der Kindesunterhalt hat hier die Aufgabe, den gesamten (ggf. auch gehobenen) Lebensbedarf eines Kindes oder Heranwachsenden sicherzustellen.[875] Allerdings muss auch bei höherem Elterneinkommen sichergestellt bleiben, dass Kinder in einer ihrem Alter entsprechenden Weise an einer Lebensführung teilhaben, die der besonders günstigen wirtschaftlichen Situation ihrer Eltern entspricht, an die sie sich vielfach im Zusammenleben mit ihren Eltern gewöhnt haben, und die ihnen auch nach der Trennung ihrer Eltern grundsätzlich erhalten bleiben soll. Wie dieser Lebensstil im Einzelnen beschaffen ist, welche Bedürfnisse des Kindes auf seiner Grundlage zu befriedigen sind, und welche Wünsche des Kindes als bloße Teilhabe am Luxus nicht erfüllt werden müssen,[876] kann nur im Einzelfall unter Würdigung der besonderen Verhältnisse der Betroffenen festgestellt werden, wobei auch auf die Gewöhnung des Unterhaltsgläubigers an einen von seinen Eltern während des Zusammenlebens gepflogenen aufwendigen Lebensstil zu achten ist.[877] 677

Jenseits der allgemeinen richterlichen Erfahrungswerte, die in der DT zum Ausdruck kommen, muss der Unterhaltsgläubiger diese **Gesamtumstände und Bedürfnisse**, aus denen er seinen Bedarf ableitet, konkret (substantiiert) darlegen und im Falle des Bestreitens beweisen.[878] Dabei dürfen an die Darlegungslast keine übertriebenen Anforderungen gestellt werden, da sonst die Gefahr besteht, dass der Kindesunterhalt 678

871 OLG Brandenburg FPR 2004, 474 (Ls.).
872 BGH FamRZ 2000, 358 = FuR 2000, 216; OLG Frankfurt FamRZ 1993, 98; OLG Hamm FamRZ 1997, 310; OLG Düsseldorf FamRZ 1998, 1191.
873 BGH FamRZ 1969, 205 = FuR 2001, 326.
874 BGH FamRZ 2000, 358 = FuR 2000, 216.
875 OLG Nürnberg ZFE 2004, 217 (Ls.).
876 BGH FamRZ 1983, 473, 474.
877 BGH FamRZ 2001, 1603 = FuR 2001, 326.
878 BGH FamRZ 2000, 358 = FuR 2000, 216; FamRZ 2001, 1603 = FuR 2001, 326.

auch bei einem 5.101 EUR übersteigenden Elterneinkommen faktisch auf den für die höchste Einkommensgruppe der Düsseldorfer Tabelle geltenden Richtsatz festgeschrieben wird.

679 Dem höheren Unterhalt begehrenden Kind darf im Regelfall nicht zugemutet werden, seine gesamten Aufwendungen in **allen Einzelheiten spezifiziert darzulegen**.[879] Der Unterhaltsgläubiger darf sich daher regelmäßig darauf beschränken, besondere oder besonders kostenintensive Bedürfnisse zu belegen und darzutun, welche Mittel zu deren Deckung notwendig sind.[880] Im Übrigen kann der zur Deckung erforderliche Betrag unter Heranziehung des Mehrbetrages berechnet werden, der sich aus der Gegenüberstellung solcher besonderer Bedürfnisse mit bereits von den Richtwerten der DT erfassten Grundbedürfnissen ergibt, und unter Zuhilfenahme allgemeinen Erfahrungswissens nach Maßgabe des § 287 ZPO bestimmt werden.[881] Es obliegt dem Unterhaltsberechtigten, substantiiert eine zuverlässige Schätzgrundlage darzulegen.[882]

680 *Praxistipp*

Lebt das volljährige Kind vermögender Eltern weiterhin im Haushalt eines Elternteils, dann können die bisherigen Grundsätze für die Bedarfsbemessung herangezogen werden, die in den Jahren unmittelbar vor Eintritt der Volljährigkeit einvernehmlich praktiziert worden sind. Hat der barunterhaltspflichtige Elternteil in diesem Zeitraum Barunterhalt geleistet, der bescheidener war als es seiner Einkommenslage entsprochen hätte, so muss der Unterhaltsgläubiger dartun, welche Änderung in seiner bisherigen Lebensstellung eingetreten ist, die einen nunmehr abweichenden und am Einkommen des Unterhaltsschuldners orientierten Unterhaltsanspruch rechtfertigt.[883]

681 Im Übrigen wird auf die obigen Ausführungen (siehe Rdn 78 ff.), insbesondere auf die dortige Checkliste zur konkreten Bedarfsbemessung im Rahmen des Unterhalts für das minderjährige Kind, hingewiesen und Bezug genommen.

d) Minderung des Unterhaltsbedarfs des Kindes

682 Von dem nach den jeweiligen Tabellen/Leitlinien tatrichterlich festzusetzenden Unterhaltsbedarf des Kindes werden zunächst bedürftigkeitsmindernd das **staatliche Kindergeld** (§§ 62 ff., 32 EStG, § 1612b) abgesetzt, sodann alle zumutbar erzielten eigenen Einkünfte des Kindes (auch BAföG-Darlehen, Ausbildungsbeihilfen, Waisenrente u.a.), gekürzt um ausbildungsbedingte Aufwendungen.[884] Außerdem ist das volljährige Kind verpflichtet, zur Minderung seines Unterhaltsbedarfs den Stamm seines Vermögens einzusetzen (siehe § 1602).[885]

683 Der Abzug vom Kindergeld erfolgt mit Eintritt der Volljährigkeit in voller Höhe.

684 Das Erwerbseinkommen ist im Rahmen tatrichterlichen Ermessens um **berufsbedingte Aufwendungen** zu bereinigen, wobei auch insoweit auf pauschalierende Berechnungsmethoden zurückgegriffen werden darf.[886]

685 *Praxistipp*

Solche Aufwendungen werden vernünftigerweise in der Regel mit 5 % des Nettoeinkommens angesetzt. Die (gesamten) Aufwendungen sind allerdings im Einzelnen darzulegen, nachzuweisen und gegebenenfalls nach § 287 ZPO zu schätzen, wenn höhere Aufwendungen geltend gemacht werden, oder aber wenn ein Mangelfall vorliegt.[887]

879 BGH FamRZ 2001, 1603 = FuR 2001, 326.
880 OLG Köln FamRZ 1994, 1323 Checkliste betr. Ehegattenunterhalt.
881 BGH FamRZ 2000, 358 = FuR 2000, 216; FamRZ 2001, 1603 = FuR 2001, 326.
882 OLG Brandenburg FamRZ 2012, 1399.
883 OLG Bamberg FamRZ 2000, 312.
884 BGH FamRZ 1980, 1109, 1111 = FuR 2006, 510.
885 BFH/NV 2009, 728.
886 BGH FamRZ 2006, 108 = FuR 2006, 75.
887 BGH FamRZ 2002, 536, 537 = FuR 2006, 75.

Erzielt das Kind **Einkünfte aus unzumutbarer Erwerbstätigkeit**, so gilt § 1577 Abs. 2 entsprechend, eine Anrechnung erfolgt daher nicht. 686

Bei **besonders hohen Fahrtkosten** kann die Ausbildungsvergütung um die zusätzlich gezahlten Fahrtkosten erhöht und davon dann der höhere pauschale ausbildungsbedingte Mehrbedarf abgesetzt werden.[888] Die tatsächlich entstandenen berufsbedingten Fahrtkosten bei der Nutzung eines Kraftfahrzeugs für die Fahrten zwischen Wohnort und Berufsschule bzw. Wohnort und Ausbildungsstätte sind regelmäßig in voller Höhe bei der Ermittlung des eigenen Einkommens eines Ausbildungsunterhalt verlangenden Kindes zu berücksichtigen. Auch bei hohen Fahrtkosten muss sich der Unterhaltsberechtigte nicht auf öffentliche Verkehrsmittel verweisen lassen, wenn die Benutzung von Bus und Bahn zu einer erheblichen Verlängerung der Fahrtzeit führt, und das mehrfache Umsteigen die Gefahr von Verspätungen und damit das unpünktliche Erscheinen am Ausbildungsplatz mit sich bringen würde. Auch ist die Pauschale von 90 EUR für ausbildungsbedingten Mehrbedarf nicht auf die Fahrtkosten anzurechnen, da es sich dabei nicht um eine berufsbedingte Pauschale handelt.[889] 687

BAföG-Leistungen sind als unterhaltsrechtliches Einkommen anzurechnen und mindern die Bedürftigkeit des Kindes, soweit sie als Regelleistungen bezogen werden, nicht jedoch, wenn sie als Vorausleistung gewährt werden, weil ein Elternteil keinen oder unzureichenden Unterhalt bezahlt.[890] Für einen Studierenden besteht die Obliegenheit, einen BAföG-Antrag zu stellen.[891] Ändert sich die finanzielle Situation der Eltern, so kann das Kind auch verpflichtet sein, eine Abänderung des zunächst ablehnenden BAföG-Bescheids nach § 53 BAföG zu beantragen.[892] 688

Praxistipp 689

Bekommt das Kind von dritter Seite regelmäßige Unterstützung in Form von Geld- und/oder Sachzuwendungen, dann hängt eine den Unterhaltsschuldner entlastende Wirkung dieser Zuwendungen von der Willensrichtung des Zuwendenden ab,[893] wenn und soweit das volljährige Kind keinen Anspruch auf diese Leistungen hat. Will der Dritte mit seinen überobligationsmäßigen Leistungen den Unterhaltsschuldner nicht entlasten, dann ist nach der Lebenserfahrung anzunehmen, dass hiermit ausschließlich eine Unterstützung des Unterhaltsgläubigers beabsichtigt war.[894]

e) Sonderfälle des Bedarfs des volljährigen Kindes

Die Bedarfssätze der 4. Altersstufe der Düsseldorfer Tabelle als **Pauschalbedarf** für volljährige Schüler, Auszubildende und Studenten decken – nur – den allgemeinen Lebensbedarf einschließlich der Wohnkosten ab. 690

aa) Mehrbedarf

Der **Mehrbedarf** erfasst regelmäßig und **über einen längeren Zeitraum anfallende Bedarfspositionen**, die im allgemeinen Lebensbedarf nicht enthalten sind.[895] Der allgemeine Lebensbedarf enthält die Beiträge zur (privaten) Krank- und Pflegeversicherung nicht,[896] daher erhöhen diese Beiträge als Mehrbedarf den allgemeinen Lebensbedarf.[897] 691

888 BGH FamRZ 2006, 99 = FuR 2006, 76; OLG Brandenburg NJW 2008, 84.
889 OLG Köln FamFR 2013, 203.
890 OLG Brandenburg FuR 2007, 570.
891 OLG Thüringen FuR 2009, 647; grundlegend BGH FamRZ 1985, 916.
892 OLG Karlsruhe NJW-RR 2010, 8.
893 BGH FamRZ 1985, 584, 585 m.w.N.
894 BGH FamRZ 1986, 151 m.w.N.
895 BGH FamRZ 2009, 962.
896 DT 2023 Anm. A 9.
897 BGH FamRZ 2005, 1817 = FuR 2005, 555.

692 Gleiches gilt für **Studiengebühren**. Auch diese sind nicht in den Bedarfssätzen der Düsseldorfer Tabelle enthalten[898] und stellen daher Mehrbedarf dar.[899]

693 *Praxistipp*

Allerdings erhöhen die Studiengebühren den zu deckenden Bedarf nicht, wenn ein Student gehalten ist, zunächst staatliche Hilfe in Anspruch zu nehmen. Dies ist der Fall, wenn er die Möglichkeit hat, die Studiengebühren als zinsfreies Darlehen zu erhalten.[900]

694 U.a. können Kosten für ein **Auslandsstudium**[901] oder Kosten für die Ausbildung an sich (z.B. Studium der Zahnmedizin) **Mehrbedarf** verursachen. Auch die Kosten für den Besuch eines Internats oder einer Privatschule sind als Mehrbedarf zu bewerten, da die Entscheidung für den Schulbesuch in der Regel durch die Eltern vor Volljährigkeit des Kindes getroffen worden ist und sie sich auch nach Eintritt der Volljährigkeit des Kindes an dieser Entscheidung festhalten lassen müssen.[902] Etwas anderes gilt, wenn der alleine sorgeberechtigte Elternteil diese Entscheidung getroffen hat. Eine Bindung des anderen Elternteils für die Zeit ab Volljährigkeit tritt damit nicht ein.[903]

695 *Praxistipp*

Aufgrund des Rücksichtnahmegebots obliegt es dem volljährigen Kind, grundsätzlich die Kosten des Mehrbedarfs möglichst gering zu halten. Allerdings kann von ihm nicht erwartet werden, zur Deckung des Mehrbedarfs eine Nebentätigkeit aufzunehmen oder eine bestehende auszuweiten.

696 Die **wirtschaftliche Leistungsfähigkeit** ist Maßstab bei der Beurteilung, ob der anfallende Mehrbedarf zumutbar und erstattungsfähig ist.

697 *Praxistipp*

Monatliche Kosten in Höhe von 2.000 EUR für ein Auslandsstudium sind bei einem Einkommen in Höhe von 5.000 EUR monatlich nicht zumutbar,[904] auch wenn sie nur für einen absehbaren Zeitraum anfallen.[905]

698 Mehrbedarf kann insbesondere auch **infolge** Behinderung entstehen.[906] Macht das Kind Mehrbedarf geltend, muss es konkret darlegen und nachweisen, worin dieser Mehrbedarf besteht, und warum er unterhaltsrechtlich berechtigt ist. Die zusätzlichen Aufwendungen sind für den in Betracht kommenden Zeitraum detailliert und nachvollziehbar aufzuschlüsseln, da neben dem allgemeinen Lebensbedarf des volljährigen Kindes dessen Pflegebedarf und der behinderungsbedingte Mehrbedarf zu ermitteln ist.[907]

699 *Praxistipp*

Der behinderungsbedingte Mehrbedarf kann sich aus Fahrtkosten, Kosten für Medikamente, der Selbstbeteiligung für ein medizinisches Gerät, Bekleidungskosten usw. ergeben.[908] Allerdings ist zu prüfen, ob und bejahendenfalls in welcher Höhe die Krankenversicherung und/oder der Sozialträger diese Kosten übernimmt.

898 DT 2023 Anm. A 9.
899 Eschenbruch/*Schwonberg*, Kap. 2 Rn 706 m.w.N.
900 OLG Celle, Beschl. v. 17.9.2012 – 19 UF 160/12.
901 BGH FamRZ 1992, 1065.
902 Eschenbruch/*Schwonberg*, Kap. 2 Rn 712.
903 BGH FamRZ 1983, 48.
904 AG Köln FamRZ 2002, 482.
905 Dose/*Klinkhammer*, § 2 Rn 532.
906 BGH FamRZ 1985, 917.
907 BGH FamRZ 2003, 1468.
908 Eschenbruch/*Schwonberg*, Kap. 2 Rn 707.

Auch die dem Betreuer eines unter Betreuung gestellten volljährigen Kindes geschuldete Vergütung ist Mehrbedarf,[909] da im Hinblick auf zu erwartende langjährige Tätigkeit eines Betreuers diese Vergütungen regelmäßig und über einen längeren Zeitraum hinweg geschuldet werden, sodass die Behandlung als Sonderbedarf ausscheidet.[910] 700

bb) Sonderbedarf

Der Begriff des **Sonderbedarfs** ist legaldefiniert in § 1613 Abs. 2 Nr. 1. Danach handelt es sich bei Sonderbedarf um nicht regelmäßig anfallenden, sog. außerordentlichen Bedarf. 701

Sowohl Sonder- als auch Mehrbedarf stellt eine **Art des Zusatzbedarfs** neben dem allgemeinen Lebensbedarf (Elementarbedarf) des Unterhaltsberechtigten dar. Daher ist es erforderlich, die beiden Arten des Zusatzbedarfs voneinander abzugrenzen. Sonderbedarf nach der Legaldefinition des § 1613 Abs. 2 hingegen ist ein unregelmäßiger, außergewöhnlich hoher Bedarf, der nur dann gegeben ist, wenn der zusätzliche Bedarf überraschend, in der Höhe nicht abschätzbar und nicht mit einiger Wahrscheinlichkeit voraussehbar war und deshalb bei der Bedarfsplanung und bei der Bemessung der laufenden Unterhaltsrente – auch als Mehrbedarf – nicht berücksichtigt werden konnte.[911] 702

Sonderbedarf als Zusatzbedarf kann als **eigenständiger Bestandteil des Unterhaltsanspruchs** nur ausnahmsweise neben dem laufenden Bar- und/oder Betreuungsunterhalt verlangt werden. Er muss sich als „außergewöhnlich" hoher Bedarf (§ 1613 Abs. 2) darstellen, sodass es im Zweifel bei der laufenden Unterhaltsrente verbleibt.[912] Nur in Ausnahmefällen kann im Wege der Geltendmachung von Sonderbedarf ein Ausgleich zusätzlicher unvorhergesehener Ausgaben begehrt werden.[913] 703

Praxistipp 704

Der Sonderbedarf kann vom Unterhaltsberechtigten außerhalb des Abänderungsverfahrens, wie dies für den laufenden Unterhalt und den Mehrbedarf erforderlich ist, geltend gemacht werden. Darüber hinaus kann er im Nachgang innerhalb eines Jahres ohne Inverzugsetzung verlangt werden.

Der Unterhaltsschuldner ist **bei eingeschränkter Leistungsfähigkeit** unter Umständen verpflichtet, den Anspruch auf Ausgleich des Sonderbedarfs ratenweise wegzufertigen.[914] 705

Die **Eltern haften** für den Sonderbedarf des Kindes **anteilig** nach § 1606 Abs. 3 Satz 1 im **Verhältnis ihrer (auch fiktiv anzurechnenden) Einkünfte**.[915] 706

Praxistipp 707

Zu der Problematik des Sonderbedarfs, insbesondere im Hinblick auf dessen Abgrenzung vom Mehrbedarf, sind in der Vergangenheit durch die Instanzgerichte zahlreiche Entscheidungen ergangen. Vor diesem Hintergrund ist die Entscheidung des BGH vom 15.2.2006[916] hervorzuheben. Dort wird darauf hingewiesen, dass Sonderbedarf nur in Ausnahmefällen zugesprochen werden könne. Außerdem sind wohl Entscheidungen, die die Rechtslage bis 31.12.2007 zugrunde legen, aufgrund der Änderungen der §§ 1612, 1612a und 1612b durch das UÄndG 2007 mittlerweile unbeachtlich.

Daher kann in der praktischen Anwendung nur empfohlen werden, sich bei der **Geltendmachung von Sonderbedarf** eng an der Legaldefinition des § 1613 Abs. 2 argumentativ zu orientieren, wonach Sonder- 708

909 Dose/*Klinkhammer*, § 2 Rn 534.
910 OLG Nürnberg FamRZ 1999, 1684.
911 BGH FamRZ 2006, 612 = FuR 2006, 210; Weinreich/*Eder*, § 1613 Rn 66 m.w.N, insbes. „Abgrenzung Sonderbedarf/Mehrbedarf im Einzelnen", Rn 76 ff. mit Rspr.-Nachweisen.
912 Dose/*Klinkhammer*, § 2 Rn 237.
913 BGH FamRZ 1984, 470, 472.
914 OLG Düsseldorf ZFE 2003, 348 (Ls.).
915 BGH NJWE-FER 2001, 57; OLG Köln FamRZ 1986, 1031.
916 BGH FamRZ 2006, 612 = FuR 2006, 210.

bedarf ein unregelmäßiger, außergewöhnlich hoher Bedarf ist. Dieser ist nur dann gegeben, wenn der zusätzliche Bedarf überraschend,[917] in der Höhe nicht abschätzbar und nicht mit einiger Wahrscheinlichkeit voraussehbar war und deshalb bei der Bedarfsplanung und bei der Bemessung der laufenden Unterhaltsrente – auch als Mehrbedarf – nicht berücksichtigt werden konnte.

709 Für den Verwandtenunterhalt ist der **Kostenvorschuss**, anders als im Rahmen des Familien- und Trennungsunterhalts bei Ehegatten (§§ 1360a Abs. 4, 1361 Abs. 4 Satz 3), gesetzlich nicht geregelt. Dem volljährigen Kind steht als Sonderbedarf ein Anspruch auf Verfahrenskostenvorschuss gegen seine Eltern nur dann zu, wenn es sich in Ausbildung befindet und noch keine eigene Lebensstellung innehat, also zumindest in wirtschaftlicher Hinsicht – noch – von seinen Eltern abhängig ist. Des Weiteren muss der angemessene Selbstbehalt der Eltern gewahrt sein.[918]

710 *Beispiel*

Der Anspruch auf Verfahrenskostenvorschuss besteht bis zum Regelabschluss des Master-Studiums.[919] Ein verheirateter volljähriger Student hat bereits eine eigene Lebensstellung erreicht, sodass der Anspruch ausscheidet.[920]

711 Allerdings ist der Anspruch auf Kostenvorschuss einer **Billigkeitsprüfung** zu unterziehen. Er ist nur unter nachfolgenden **Voraussetzungen** gegeben:

712 *Prüfungsschema Kostenvorschuss*

- Das minderjährige Kind kann die Verfahrenskosten nicht selbst – aus seinem Vermögen – aufbringen.
- Rechtstreit in einer persönlichen Angelegenheit.
- Erfolgsaussichten der Rechtsverfolgung.
- Höhe.
- Der Pflichtige ist hinreichend leistungsfähig.
- Der notwendige Selbstbehalt bleibt gewahrt.[921]

713 *Praxistipp*

Gegebenenfalls ist der Kostenvorschuss in Raten zu bezahlen. In diesem Fall ist dem unterhaltsberechtigten Kind Verfahrenskostenhilfe zu bewilligen, Ratenzahlung anzuordnen und dem Unterhaltspflichtigen die Zahlung des Kostenvorschusses in Höhe der angeordneten Raten aufzugeben.[922]

f) Bedarf des volljährigen Kindes während des Freiwilligendienstes

714 Das Bundeskabinett beschloss am 15.12.2010 die Aussetzung der Wehrpflicht und damit auch des ersatzweisen Zivildienstes zum 1.3.2011. Als Reaktion auf die Aussetzung der Wehrpflicht wurde im Jahr 2011 der **Bundesfreiwilligendienst** (BFD, vgl. BFDG) als Initiative zur freiwilligen, gemeinnützigen und unentgeltlichen Arbeit in Deutschland eingeführt.

Daneben besteht für das volljährige minderjährige Kind die Möglichkeit ein **freiwilliges soziales bzw. ökologisches Jahr** abzuleisten.

917 BGH FamRZ 2006, 612 = FuR 2006, 210.
918 BGH FamRZ 2005, 883.
919 OVG Hamburg FamRZ 2005, 1615.
920 OLG Düsseldorf FamRZ 1990, 420.
921 BGH FamRZ 2004, 1633.
922 Hdb. FamR/*Fuchs*, 6. Kap. Rn 357.

aa) Der Bundesfreiwilligendienst

715 Der BFD ist als Vollzeitbeschäftigung angelegt, allerdings wird er ohne **Erwerbsabsicht** außerhalb einer Berufsausbildung abgeleistet (§ 2 Nr. 2 BDFG). Der Dienst ist als ganztägige, überwiegend praktische Hilfstätigkeit in gemeinwohlorientierten Einrichtungen, insbesondere der Kinder- und Jugendhilfe, angelegt (§ 3 Abs. 1 BDFG).

716 Vor dem Hintergrund der Ausgestaltung des BFD erscheint höchst fraglich, ob im Hinblick auf den Grundsatz der wirtschaftlichen Eigenverantwortung des § 1602 ein Unterhaltsanspruch des volljährigen Kindes gegen seine Eltern während der Ableistung des BFD überhaupt gegeben ist.[923]

717 Der Bund schließt mit der/dem Freiwilligen eine schriftliche Vereinbarung, die Grundlage des BFD nach § 8 Abs. 1 BFD ist, zur Begründung eines öffentlichen Dienstes eigener Art ab.[924] In dieser Vereinbarung müssen unter anderem alle Geld- und Sachleistungen aufgeführt werden (§ 8 Abs. 1 Satz 2 Nr. 6 BDFG). Gegebenenfalls erhält die/der Freiwillige ein angemessenes Taschengeld (§ 2 Nr. 4a BFDG) in Höhe von 6 % der Beitragsbemessungsgrenze der gesetzlichen Rentenversicherung.

718 Es sollen nun die **Grundsätze der bisherigen Rechtsprechung des BGH zum Bedarf des Kindes während Ableistung des Zivildiensts herangezogen** werden.[925] Auf die Zeit des Zivildienstes wurden in der Vergangenheit die Vorschriften für Soldaten im Grundwehrdienst entsprechend angewendet (§ 35 ZDG). Der allgemeine Lebensbedarf wurde während des Wehr- und Zivildienstes gedeckt, sodass der Sold bzw. die Vergütung in voller Höhe dem volljährigen Kind verblieben.[926]

M. E. hinkt der Vergleich zwischen BFD und Wehr- bzw. Zivildienst, da Ersterer unentgeltlich erbracht wird. Ein finanzieller Ausgleich erfolgt alleine über das Taschengeld, der allgemeine Lebensbedarf wird über Sachbezüge gedeckt. Ein Unterhaltsanspruch des volljährigen Kindes gegen seine Eltern kann also während der Ableistung des BFD nur gegeben sein, wenn dessen Aufnahme mit den Eltern abgesprochen worden ist. Schlussendlich fehlt es an einer „Ausbildung" des Kindes.

bb) Das freiwillige soziale bzw. ökologische Jahr

719 Während des **freiwilligen sozialen bzw. ökologischen Jahres** ist das volljährige Kind grundsätzlich unterhaltsberechtigt,[927] wenn die soziale bzw. ökologische Tätigkeit des Kindes als Voraussetzung für eine sich anschließende Ausbildung gefordert wird[928] oder das Kind während seines Freiwilligendienstes berufliche Erfahrungen sammeln und sich orientieren kann, wovon es im Rahmen einer angestrebten Ausbildung später profitieren können wird.[929]

720 *Praxistipp*

Sofern das freiwillige soziale bzw. ökologische Jahr nicht Voraussetzung für eine spätere Ausbildung ist, kann nach zu der hier vertretenen Auffassung zum BFD ein Unterhaltsanspruch nur verneint werden, es sei denn die Ableistung des freiwilligen sozialen oder ökologischen Jahres erfolgt in Absprache mit den Eltern.

721 Die Höhe des Bedarfs des volljährigen Kindes beurteilt sich danach, inwieweit Geld- und Sachbezüge im Rahmen des freiwilligen sozialen bzw. ökologischen Jahres den **Unterhaltsbedarf decken**. In der Regel erhält das Kind im Rahmen seiner Tätigkeit Unterkunft und Verpflegung, Taschengeld und Sozialversicherung, sodass zumindest diesbezüglich der Bedarf gedeckt ist.[930] Die übrige Beurteilung hat an den

923 Eschenbruch/*Schwonberg*, Kap. 2 Rn 721.
924 BT-Drucks 17/4803, S. 17.
925 Dose/*Klinkhammer*, § 2 Rn 486; Eschenbruch/*Schwonberg*, Kap. 2 Rn 723.
926 BGH FamRZ 1994, 303.
927 OLG Frankfurt, Beschl. v. 4.4.2018 – 2 UF 135/17, FamRZ 2018, 1314; Eschenbruch/*Schwonberg*, Kap. 2 Rn 725.
928 Dose/*Klinkhammer*, § 2 Rn 489; OLG Naumburg FamRZ 2008, 86.
929 OLG Hamm FamRZ 2015, 1200.
930 OLG München OLGR 2002, 142 = FamRZ 2002, 1425 (Ls.).

Umständen des Einzelfalls zu erfolgen, wobei die Bedarfsermittlung grundsätzlich den allgemeinen Grundsätzen folgt und daher davon abhängt, ob das volljährige Kind bei seinen Eltern oder einem Elternteil lebt (vgl. Rdn 669) oder einen eigenen Hausstand unterhält (vgl. Rdn 670 ff.).[931]

g) Betreuung und Versorgung eines eigenen Kindes

722 Das ein eigenes minderjähriges Kind betreuende volljährige Kind hat einen Unterhaltsanspruch gegen seine Eltern. Alleine die Geburt des Enkelkindes erfüllt nicht den Tatbestand der Verwirkung nach § 1611.[932] Allerdings haften erstrangig der Ehegatte des Kindes oder der nicht verheiratete andere Elternteil für den Unterhaltsbedarf des volljährigen Kindes. Erst im Nachrang haften die Eltern des volljährigen Kindes.

723 Anspruchsvoraussetzung ist – unter anderem –, dass das volljährige Kind an der Deckung seines Unterhaltsbedarfs wegen der **Betreuung und Versorgung des (Enkel-)Kindes** gehindert ist und dass der vorrangig Unterhaltspflichtige leistungsunfähig ist. Allerdings berührt die schwangerschaftsbedingte Verzögerung oder Unterbrechung der Ausbildung den Ausbildungsunterhaltsanspruch nicht.

724 *Praxistipp*

Fehlt es an der eigenhändigen Betreuung und Versorgung des (Enkel-)Kindes, besteht der Unterhaltsanspruch dem Grunde nach nicht – mehr.[933]

725 Hinsichtlich der **Erwerbsobliegenheit des volljährigen Kindes** ist die geänderte Rechtslage zu § 1615l Abs. 2 zu beachten, nach der die Betreuung eines eigenen Kindes bis zur Vollendung des dritten Lebensjahrs keine Obliegenheitsverletzung darstellt.

726 *Praxistipp*

Innerhalb der gesetzlichen Mutterschutzfristen trifft das ein eigenes Kind betreuende Kind keine Erwerbsobliegenheit. Daher besteht für den Fall, dass ein Lohnfortzahlungsanspruch nicht gegeben ist, ein Unterhaltsanspruch des volljährigen Kindes gegen seine Eltern.[934]

727 Nach den **gesetzlichen Wertungen im Rahmen des § 1570 und § 1615l Abs. 2** kann der Elternteil grundsätzlich frei entscheiden, ob er sein Kind selbst betreuen oder einer Fremdbetreuung überlassen will.[935] Vielmehr soll nach Auffassung des BGH in den ersten drei Lebensjahren des Kindes eine Betreuung durch einen Elternteil regelmäßig geboten sein.[936]

728 *Praxistipp*

Aufgrund des **Rücksichtnahmegebots** kann sich jedoch die Obliegenheit des Kindes gegenüber den (Groß-)Eltern ergeben, zumindest einer geringfügigen Beschäftigung im Umfang weniger Wochenstunden nachzugehen. Zu diesem Zweck ist auch der andere Elternteil zu Betreuung des (Enkel-)Kindes heranzuziehen.

729 In der Regel ergibt sich der **Bedarf des volljährigen Kindes**, das ein eigenes Kind betreut, aus seiner eigenen Lebensstellung, sofern es über eine abgeschlossene Berufsausbildung verfügt und/oder für längere Zeit einer Erwerbstätigkeit nachgegangen ist.

931 Eschenbruch/*Schwonberg*, Kap. 2 Rn 726 und 727 m.w.N.
932 OLG Jena OLGR 2009, 903.
933 OLG Frankfurt a.M. FamRZ 2006, 566.
934 OLG Frankfurt a.M. NJW 2009, 3105 = FuR 2009, 695.
935 Eschenbruch/*Schwonberg*, Kap. 2 Rn 648.
936 BGH FamRZ 2011, 1560.

Der Bedarf folgt dann aus dem **Existenzminimum** in Höhe von 770 EUR, der gegebenenfalls wegen der Ersparnis aus dem Zusammenleben mit dem anderen Elternteil zu reduzieren ist.[937] Er wird durch das Elterngeld in der Höhe, in welcher es den Sockelbetrag in Höhe von 300 EUR bei Bezug von zwölf Monaten bzw. in Höhe von 150 EUR bei Bezug von 24 Monaten, übersteigt, gemindert.[938] Bezieht das volljährige Kind Leistungen nach dem SGB II oder XII, findet eine Legalzession nicht statt. Also decken die Sozialleistungen den Unterhaltsbedarf.[939] 730

h) Krankheit

Wenn und soweit das volljährige Kind aufgrund **Krankheit oder Behinderung** nicht in der Lage ist, eine Ausbildung zu beginnen oder einer Erwerbstätigkeit nachzugehen, besteht gegen seine Eltern, unabhängig vom Zeitpunkt des Eintritts der Erkrankung bzw. Behinderung, ein Unterhaltsanspruch. 731

Allerdings trifft das volljährige Kind die Obliegenheit eine **zumutbare (Teil-)Erwerbstätigkeit** aufzunehmen[940] sowie alle zur Gesundung und Wiedereingliederung in das Erwerbsleben zumutbaren Maßnahmen einzuleiten und abzuschließen.[941] Ansonsten sind dem volljährigen Kind fiktive Einkünfte anzurechnen im Rahmen des voraussichtlichen Verlaufs der Behandlung.[942] 732

i) Arbeitslosigkeit

Ist die Arbeitslosigkeit des volljährigen Kindes unverschuldet eingetreten, kann sich ausnahmsweise ein Unterhaltsanspruch gegen die Eltern ergeben, wenn das volljährige Kind seinen Lebensbedarf nicht durch eigene Einkünfte decken kann. Dabei obliegt es dem volljährigen Kind grundsätzlich **jede entgeltliche Tätigkeit** anzunehmen.[943] 733

Das volljährige Kind muss konkret darlegen, aus welchen Gründen es eine entgeltliche Tätigkeit nicht findet, indem es seine Bemühungen um eine Erwerbstätigkeit im Einzelnen aufzeigt. Es ist diesbezüglich voll darlegungs- und beweisbelastet. 734

Praxistipp 735

Der Unterhaltsanspruch des volljährigen Kindes gegen seine Eltern kann – wieder – aufleben, auch wenn das Kind bereits eine eigene Lebensstellung erreicht hat.

j) Ausbildungsbedarf/Ausbildungsunterhalt

Der Unterhaltsanspruch eines Kindes umfasst auch die Kosten einer **angemessenen Vorbildung** zu einem **Beruf** (§ 1610 Abs. 2). 736

Der Anspruch auf Ausbildungsunterhalt besteht bereits seiner Natur nach nur im Verhältnis der Kinder zu ihren Eltern, nicht dagegen umgekehrt. Es kommt entscheidend auf die Anlagen und Fähigkeiten des Kindes und auf die wirtschaftliche Leistungsfähigkeit der Eltern an.[944] Ausbildungsunterhalt für eine **andere, bessere Ausbildung** kann aber nicht allein deshalb verlangt werden, weil die Eltern für die Erstausbildung ihres Kindes keine oder nur geringe Kosten aufwenden mussten.[945] 737

937 BGH FamRZ 2008, 1739.
938 BVerfG FamRZ 2000, 1149; OLG Düsseldorf FamRZ 1989, 1226.
939 Nr. 2. 2. der oberlandesgerichtlichen Richtlinien.
940 Weinreich/*Eder*, § 1602 Rn 38.
941 OLG Frankfurt a.M. FamRZ 1987, 408.
942 Eschenbruch/*Schwonberg*, Kap. 2 Rn 645.
943 *Götz*, Unterhalt für volljährige Kinder, S. 82 ff.
944 BGHZ 69, 190 = FamRZ 1977, 629.
945 BGH FamRZ 1981, 437.

738 Bemüht sich der Jugendliche um einen Ausbildungsplatz, muss er diese Zeit und die Zeit bis zum Beginn einer Ausbildung mit einer Beschäftigung überbrücken,[946] weil es dem Kind zuzumuten ist, angesichts des absehbar **endenden Schulbesuchs** alsbald eine Ausbildungsstelle zu suchen und anzutreten.[947]

739 Hat ein volljähriges Kind seine allgemeine Schulausbildung abgeschlossen, dann trifft es bis zum Beginn der Ausbildung/des Studiums eine **Erwerbsobliegenheit**.[948] Allerdings ist dem Kind nach Abschluss der Schulzeit, nicht jedoch zwischen der Ableistung eines freiwilligen sozialen Jahres und der Aufnahme der Berufsausbildung,[949] eine angemessene Erholungspause zuzubilligen.[950] Die Dauer der Erholungspause richtet sich insb. nach dem Üblichen im Rahmen der wirtschaftlichen Verhältnisse der Eltern. Nimmt das Kind nach Abschluss der Schulausbildung weder eine Berufsausbildung auf, noch weist es ausreichende Bemühungen um einen Ausbildungsplatz nach, verletzt es nachhaltig seine Ausbildungsobliegenheit.[951] Ist die Ausbildung beendet, endet auch das Recht auf Unterhalt. Das Kind ist nunmehr nach dem Grundsatz der wirtschaftlichen Eigenverantwortung (§ 1602 Abs. 1) gehalten, sich seinen Lebensunterhalt selbst zu verdienen.[952]

740 *Praxistipp Schulausbildung*

Der Begriff der allgemeinen Schulausbildung ist unter Heranziehung der zu § 2 Abs. 1 Nr. 1 BAföG entwickelten Grundsätze auszulegen. Danach hat eine Eingrenzung des Begriffs in drei Richtungen zu erfolgen: Nach dem Ausbildungsziel, der zeitlichen Beanspruchung des Schülers und nach der Organisationsstruktur der Schule. Ein Berufspraktikum im Anschluss an die Fachhochschulreife ist keine allgemeine Schulausbildung, auch wenn der Zugang zur Fachhochschule das Absolvieren eines Praktikums voraussetzt.

aa) Begriff Berufsausbildung i.S.v. § 32 Abs. 4 Satz 1 EStG

741 Der Begriff **Berufsausbildung** i.S.v. § 32 Abs. 4 Satz 1 EStG ist nicht einheitlich zu verstehen, sondern erfährt eine unterschiedliche Auslegung entsprechend dem gesetzlichen Zusammenhang, in den er gestellt ist. In Berufsausbildung befindet sich, wer sein Berufsziel noch nicht erreicht hat, sich aber ernstlich darauf vorbereitet. Der **Vorbereitung auf ein Berufsziel** dienen hierbei alle Maßnahmen, bei denen es sich um den Erwerb von Kenntnissen, Fähigkeiten und Erfahrungen handelt, die als Grundlage für die Ausübung des angestrebten Berufs geeignet sind. Die Ausbildungsmaßnahme muss nicht in einer Ausbildungsordnung oder Studienordnung vorgeschrieben sein. Die steuerliche Leistungsfähigkeit der Eltern ist auch dann gemindert, wenn sich Kinder unabhängig von vorgeschriebenen Studiengängen in Ausbildung befinden und von ihren Eltern unterhalten werden.[953]

742 Die Ableistung eines **freiwilligen sozialen oder ökologischen Jahres** ist grundsätzlich keine Berufsausbildung i.S.v. § 32 Abs. 4 Satz 1 Nr. 2a EStG, wenn sie nicht der Vorbereitung auf eine konkret angestrebte Berufsausbildung dient, sondern der Erlangung sozialer Erfahrungen und der Stärkung des Verantwortungsbewusstseins für das Gemeinwohl.[954] Daraus folgt in der Regel, dass das Warten auf den Beginn des freiwilligen Dienstes regelmäßig nicht gemäß § 32 Abs. 4 Satz 1 Nr. 2c EStG kindergeldbegünstigt ist.[955] Auch der Gesetzgeber geht davon aus, dass die Ableistung eines freiwilligen sozialen

946 OLG Koblenz JAmt 2004, 153.
947 OLG Düsseldorf FamRZ 2000, 442.
948 OLG Hamm OLGR 2000, 176 (Ls.).
949 OLG Karlsruhe NJW 2012, 1599.
950 OLG Hamm NJW-RR 2006, 509.
951 OLG Düsseldorf FamRZ 2004, 1890 (Ls.).
952 BGH FamRZ 1985, 273.
953 BFHE 189, 88; 189, 95; 189, 98; 189, 103; 189, 107; 189, 113; OLG Brandenburg FamRZ 2009, 1226.
954 BGBl I 640; OLG Naumburg FamRZ 2008, 86.
955 Zu allem BFHE 142, 140 m.w.N.; 189, 88, 92; 199, 111; 203, 106; BFH/NV 2004, 171.

oder ökologischen Jahres grundsätzlich keine Berufsausbildung darstellt.[956] Dies schließt allerdings nicht aus, dass ein solcher freiwilliger Dienst im Einzelfall auch der Vorbereitung auf ein konkretes Berufsziel, z.B. den Beruf des Sozialarbeiters,[957] dient und auch einen Anspruch auf Ausbildungsunterhalt rechtfertigen kann,[958] zumindest, wenn das freiwillige Jahr als Voraussetzung für die nachfolgende Berufsausbildung gefordert wird.[959]

> *Praxistipp* 743
> Die Vorbereitung auf die Abiturprüfung für Nichtschüler stellt hingegen grundsätzlich eine Berufsausbildung i.S.v. § 32 Abs. 4 Satz 1 Nr. 2a EStG dar.[960]

Eine **Vollzeiterwerbstätigkeit** steht der Annahme einer Berufsausbildung dann nicht entgegen, wenn das volljährige Kind die Berufsausbildung trotz der Erwerbstätigkeit ernsthaft und nachhaltig betreibt. Daher rechnet ein ernsthaft betriebenes Hochschulstudium auch während der Semesterferien zur Berufsausbildung, selbst wenn die Ausbildung in dieser Zeit weniger intensiv betrieben wird, jedenfalls dann, wenn das Studium danach mit der erforderlichen Nachhaltigkeit fortgesetzt werden soll.[961] 744

bb) Gegenseitigkeitsprinzip

Das **(unterhaltsrechtliche)** Gegenseitigkeitsprinzip[962] prägt auch das ausbildungsunterhaltsrechtliche Schuldverhältnis: Auch hier stehen die beiderseitigen Leistungspflichten im Gegenseitigkeitsverhältnis. Die Verpflichtung der Eltern, eine pflichtbewusst und zielstrebig betriebene Ausbildung[963] ihres Kindes in angemessener und üblicher Zeit durch angemessene Unterhaltszahlungen zu finanzieren, korrespondiert mit dem Pflichtenkreis des Kindes, eine angemessene, seinen Fähigkeiten und seiner Begabung, seinen Neigungen und seinem Leistungswillen entsprechende ordnungsgemäße Ausbildung zügig zu beginnen und mit gehörigem Fleiß, gebotener Zielstrebigkeit und entsprechender Disziplin in angemessener und üblicher Zeit zu beenden,[964] und die Eltern entsprechend ausbildungsbezogen zu informieren (informative Kontrolle der Berufsausbildung).[965] Der auf Ausbildungsunterhalt in Anspruch genommene Elternteil darf also erwarten, dass er nicht zu einer bloßen Zahlstelle degradiert wird. Kommt das Kind dieser Obliegenheit nicht nach, dann büßt es seinen Unterhaltsanspruch ein und muss sich darauf verweisen lassen, selbst für seinen Lebensunterhalt aufzukommen.[966] 745

cc) Berufsziel und Berufswahl

Aus dem Gegenseitigkeitsverhältnis folgt auch die Obliegenheit des Kindes, sich nach dem Abgang von der Schule innerhalb einer angemessenen Orientierungsphase für die **Aufnahme einer seinen Fähigkeiten und Neigungen entsprechenden Ausbildung** zu entscheiden und sich um einen geeigneten Studienplatz bzw. eine geeignete Ausbildungsstelle zu bemühen.[967] 746

956 BT-Drucks IV/2138 S. 2.
957 BT-Drucks IV/2138 S. 2.
958 OLG Celle FamRB 2011, 364; OLG Naumburg FamRZ 2008, 86; OLG Schleswig OLGR 2008, 196; OLG München FamRZ 2002, 1425; OLG Zweibrücken NJW-RR 1994, 1225.
959 OLG Naumburg FamRZ 2008, 86; OLG Schleswig OLGR 2008, 196; OLG München FamRZ 2002, 1425.
960 FG Düsseldorf EFG 2006, 1073.
961 BFH/NV 2005, 860.
962 BGH FamRZ 1984, 470 (Nr. 221); KG FamRB 2011, 267; OLG Hamburg NJW-RR 2010, 1589; OLG Zweibrücken FamRZ 1995, 1006 m.w.N.
963 OLG Naumburg FamRZ 2001, 440; OLG Schleswig OLGR 2008, 153.
964 BGH FamRZ 1984, 777 = FuR 2001, 322 m.w.N.
965 BGH FamRZ 1984, 777; 2000, 420 = FuR 2000, 92; OLG Hamm OLGR 1999, 174.
966 OLG Schleswig 2008, 153; OLG Frankfurt NJW 2009, 235.
967 BGH FamRZ 2006, 1100; OLG Köln OLGR 2005, 40; OLG Naumburg FamRZ 2008, 86.

(1) Orientierungsphase

747 Jedem jungen Menschen ist grundsätzlich zuzubilligen, dass er sich über seine Fähigkeiten irrt oder falsche Vorstellungen über den gewählten Beruf hat.[968] Die Rechtsprechung billigt daher Jugendlichen eine **Orientierungsphase** zu,[969] in der sie (zunächst) auch Fehlentscheidungen bezüglich ihres Ausbildungsziels und/oder Ausbildungsortes treffen, um ihre endgültige Neigung und Begabung festzustellen. Die Orientierungsphase dient gerade dazu, einem in der Frage der Berufswahl unsicheren jungen Menschen die Entscheidung für einen Beruf zu erleichtern.[970] Je älter das Kind jedoch ist, und je eigenständiger es seine Lebensverhältnisse gestaltet, desto mehr tritt an die Stelle der Elternverantwortung die Eigenverantwortung für seinen Berufs- und Lebensweg.

748 Grundsätzlich sind Orientierungsphasen nach individuellen Gesichtspunkten zu bemessen. Dies gilt auch für die **Dauer** der **Orientierungsphase**. Diese richtet sich nach dem jeweiligen Einzelfall. Maßgebende Kriterien sind dabei Alter, Entwicklungsstand[971] und die gesamten Lebensumstände des auszubildenden Kindes.[972] Die Orientierungsphase soll dazu dienen, einem in der Frage der Berufswahl unsicheren jungen Menschen die Entscheidung für einen Beruf zu erleichtern. Absolviert das Kind nach Abschluss der Schulausbildung ein Berufsgrundbildungsjahr, dann stellt dies Teil einer angemessenen Berufsausbildung dar. Anders als ein Praktikum oder eine (sonstige) Berufsfindungsmaßnahme[973] führt das Berufsgrundbildungsjahr zu einer Verkürzung der Lehrzeit und erhöht gleichzeitig die Chancen auf die Erlangung eines Ausbildungsplatzes.[974]

749 Die Orientierungsphase nach Abschluss der Schule ist jedenfalls bei einem Abiturienten spätestens mit den Ablehnungsbescheiden der Zentralstelle für die Vergabe von Studienplätzen beendet.[975] Bei bereits begonnenem Studium sind Grenzbereich für eine angemessene Orientierungsphase die ersten drei Semester,[976] so dass ein Wechsel des Studienfachs ohne zwingenden Grund in der zweiten Hälfte des Studiums überhaupt ausgeschlossen ist.[977]

750 *Praxistipp*

Ein Anspruch auf Ausbildungsunterhalt besteht nicht mehr, wenn nach 2½ Jahren das dritte Studium begonnen wird.[978] Es stellt eigenes Risiko des Kindes dar, wenn es notwendige Prüfungen endgültig nicht besteht: Ein anschließender Wechsel der Ausbildung kommt nicht (mehr) in Betracht.[979]

751 Wird die (Erst-)Ausbildung infolge **Schwangerschaft** und der sich daran **anschließenden Kindesbetreuung** verspätet begonnen, führt dies nicht zu einem Verlust des Anspruchs auf Ausbildungsunterhalt,[980] solange die Ausbildung nach Vollendung des dritten Lebensjahres des Kindes – gegebenenfalls unter zusätzlicher Berücksichtigung einer angemessenen Übergangszeit – aufgenommen wird.[981]

968 BGH FamRZ 2001, 757 = FuR 2001, 322; OLG Stuttgart FamRZ 1996, 181.
969 OLG Hamm, Beschl. v. 5.2.2013 – 7 UF 166/12.
970 BGH FamRZ 1987, 470; BGH FamRZ 1993, 1057; BGH FamRZ 1993, 1057; OLG Hamburg FamRZ 1983, 523; OLG Frankfurt FamRZ 1984, 193; OLG Karlsruhe FamRZ 1990, 555; OLG Stuttgart FamRZ 1996, 181.
971 OLG Köln FamRZ 2005, 301.
972 BGH FamRZ 1998, 671 = FuR 1998, 216 = FuR 2001, 322; OLG Frankfurt FuR 2002, 546.
973 OLG Braunschweig FamRZ 2011, 1067.
974 OLG Braunschweig FamRZ 2011, 119.
975 OLG Naumburg FuR 2009, 478; a.A. OLG Hamm FamFR 2012, 321.
976 BGH FamRZ 1987, 470.
977 OLG Schleswig OLGR 1995, 59.
978 OLG Hamm NJW 1981, 767.
979 OVG Münster FamRZ 1976, 296.
980 OLG Koblenz, Beschl. v. 28.6.2017 – 13 UF 217/17, FamRZ 2017, 2020.
981 BGH FamRZ 2011, 1560 = FuR 2011, 633 = FF 2011, 412 mit Anm. *Viefhues*.

Gestattet ist auch nach einer Lehre der Wechsel von einem ursprünglich geplanten, in fachlichem Zusammenhang stehenden Studium in ein anderes.[982] Allerdings gebieten es die schutzwürdigen Belange des Unterhaltsschuldners, dass er sich möglichst frühzeitig darauf einrichten kann, wie lange er die Unterhaltslast zu tragen hat. Ein **Ausbildungswechsel** ist umso eher zu akzeptieren, je früher er stattfindet. Dass das Kind erst mit 21 Jahren das Abitur absolviert, muss dem Ausbildungsunterhaltsanspruch jedenfalls dann nicht entgegenstehen, wenn die Schulausbildung auch noch von einem einjährigen Aufenthalt im Ausland begleitet war. 752

Praxistipp 753

Kommt das Kind diesem Pflichtenkreis nicht nach, besteht bis zur Aufnahme einer ordnungsgemäßen Berufsausbildung kein Anspruch auf Unterhalt.[983]

(2) Konkretes Berufsziel

Unterhalt für ein Teilstudium wird nicht geschuldet. Eltern schulden nicht schlechthin irgendeine Ausbildung,[984] sondern nur Unterhalt und Kosten für die Ausbildung zu einem **berufsqualifizierenden Abschluss** für einen anerkannten Beruf. Damit scheiden Berufsziele ohne gefestigten Ausbildungsgang bzw. solche, die als sozial minderwertig gelten, von vornherein aus. Abwegige Berufswünsche, die mit den Anlagen und Fähigkeiten des Kindes nicht vereinbar sind und voraussehbar zu keinem vernünftigen Abschluss der Ausbildung führen, müssen nicht finanziert werden.[985] Die gewählte Ausbildung soll hinsichtlich des konkreten Berufsziels Perspektiven eröffnen und tatsächlich dazu geeignet sein, dass nach Abschluss dieser Ausbildung der Beruf auch auf Dauer den eigenständigen Lebensunterhalt ermöglicht.[986] 754

Praxistipp 755

Wählt das Kind eine insoweit nicht geeignete Ausbildung, besteht kein Anspruch auf Ausbildungsunterhalt.[987]

Der Besuch einer Abendschule begründet keinen Ausbildungsunterhaltsanspruch gegenüber den Eltern, weil er weder eine **allgemeine Ausbildung** noch eine konkrete Berufsausbildung darstellt. Ein ausbildungswilliges Kind muss ein konkretes Berufsziel anstreben. Ein Schulbesuch darf nicht erfolgen, um die Zeit zu überbrücken, bis das Kind eine passende Arbeitsstelle gefunden oder weil es mit seinen anderweitigen Bewerbungen keinen Erfolg gehabt hat.[988] Der Besuch eines Volkshochschulkurses zwecks Erlangung des Realschulabschlusses, obgleich bereits ein Hauptschulabschluss vorliegt, zählt hingegen auch dann noch zur allgemeinen Schulausbildung, wenn die Schule in der Tages- oder Abendform als Erwachsenenschule besucht wird.[989] 756

Zum Zwecke der **Fortsetzung** der **Schulausbildung** kann Ausbildungsunterhalt über die Grenze der gesetzlichen Schulpflicht hinaus nur verlangt werden, wenn dies insb. nach der Begabung, den Fähigkeiten und dem Leistungswillen des Kindes angemessen erscheint und sich in den Grenzen der wirtschaftlichen Leistungsfähigkeit der Eltern hält.[990] 757

982 BGH FamRZ 1993, 1057.
983 OLG Düsseldorf FamRZ 1990, 194 m.w.N.
984 OLG Hamm FamRZ 1989, 1219.
985 BGH FamRZ 1977, 629.
986 OLG Stuttgart FamRZ 1988, 758.
987 OLG Naumburg FamRZ 2001, 440; OVG NW NJW-RR 1999, 1235.
988 OLG Düsseldorf FamRZ 2004, 1890 (Ls.).
989 OLG Brandenburg FamRZ 2008, 177.
990 OLG Hamburg FamRZ 1986, 382.

Hat ein volljähriges Kind auch nach Absolvierung eines berufsvorbereitenden Lehrgangs Schwierigkeiten, einen Ausbildungsplatz zu finden, und wird ihm daher eine weitere berufsvorbereitende Maßnahme angeboten, besteht der Anspruch auf Ausbildungsunterhalt fort.[991]

758 Eine **Promotion** zählt regelmäßig nicht zum Regelabschluss. Sie muss daher selbst dann nicht finanziert werden, wenn der Unterhaltsgläubiger eine akademische Laufbahn anstrebt. Eine Ausnahme kann dann gerechtfertigt sein, wenn ein Nichtpromovierter in einem bestimmten Beruf seinem promovierten Kollegen im Wettbewerb im Regelfall deutlich unterlegen ist, und wenn die Finanzierung der Promotionskosten den Eltern nicht besonders schwerfällt.[992] Allerdings ist während der Dauer der Promotion jedenfalls eine Teilzeittätigkeit zumutbar.[993]

759 Für die Dauer eines (auf das Bachelor-Studium) anschließenden **Master-Studiums** kann jedenfalls noch ein Anspruch auf Ausbildungsunterhalt bestehen, wenn zwischen dem zuvor absolvierten Bachelor-Studium und dem Master-Studiengang ein enger zeitlicher Zusammenhang besteht und das Master-Studium eine fachliche Ergänzung und Weiterführung oder Vertiefung des Bachelor-Abschlusses ist (sog. konsekutives Master-Studium).[994] In diesem Fall handelt es sich nicht um die Aneinanderreihung zweier Einzelausbildungen (Doppelstudien), sondern um einen einheitlichen Ausbildungsgang.

760 *Praxistipp*

Ein zwischen Abitur und Lehre absolvierter zweijähriger Dienst als Soldat auf Zeit ist keine eigene angemessene Vorbildung zu einem Beruf. Insoweit besteht noch immer ein Anspruch auf Ausbildungsunterhalt.[995]

(3) Eignung des Kindes

761 Der Anspruch auf Ausbildungsunterhalt setzt voraus, dass das Kind für den von ihm angestrebten Beruf geeignet ist,[996] dass also der bisherige schulische Werdegang einen erfolgreichen Abschluss der angestrebten Ausbildung erwarten lässt. Ob das **geistige Leistungsvermögen des Kindes** auch den Anforderungen einer höher qualifizierten Tätigkeit genügt, lässt sich nicht allein mit Rücksicht auf das Bestehen des Abiturs beurteilen. Das Abitur allein verpflichtet die Eltern daher nicht zwangsläufig dazu, (auch) ein Hochschulstudium zu finanzieren.[997] Andernfalls würde jede im ersten oder zweiten Bildungsweg erlangte formelle Berechtigung zum Studium die Verpflichtung zur Finanzierung dieser Ausbildung nach sich ziehen, ohne dass es – wie es § 1610 Abs. 2 verlangt – auf die Angemessenheit der Ausbildung im Einzelfall ankäme.[998] Ein Kind, das in der Schule immer nur unter strengster Aufsicht Leistungen erbracht hat, ist für ein Studium selbst dann ungeeignet, wenn seine intellektuellen Fähigkeiten ansonsten ausreichen würden.[999]

762 Grundsätzlich ist die Frage der **beruflichen Eignung** eines Kindes aus der Sicht bei Beginn der Ausbildung und den zu dieser Zeit zutage getretenen Anlagen zu beantworten.[1000] Ausnahmen gelten für sog. Spätentwickler, bei denen auf das Ende der Erstausbildung oder (sogar) erst auf den Beginn der Zweitausbildung abgestellt werden soll, um eine unangemessene Benachteiligung zu vermeiden.[1001]

991 OLG Hamm FuR 2004, 304.
992 OLG Karlsruhe FamRZ 1981, 72.
993 OLG Hamm FamRZ 1990, 904.
994 OLG Brandenburg FamRZ 2011, 1067; NJW-RR 2011, 725.
995 BGH FamRZ 1992, 170 (Nr. 75).
996 OLG Bamberg FamRZ 1988, 1087.
997 BGH FamRZ 2000, 420 = FuR 2000, 92 m.w.N.; OLG Koblenz NJW 1991, 300.
998 BGH FamRZ 2000, 420 = FuR 2000, 92.
999 OLG Zweibrücken FamRZ 1985, 92.
1000 BGH FamRZ 2000, 420 = FuR 2000, 92.
1001 BGH FamRZ 1991, 322 = FuR 1991, 45; FamRZ 2001, 1601 = FuR 2001, 529.

Auch während der Ausbildung kann sich mangelnde Eignung herausstellen. Wird die Ausbildung dennoch fortgesetzt, entfällt der Anspruch auf Ausbildungsunterhalt.[1002] **Leichtere Verzögerungen** oder ein **zeitweiliges Versagen** sind vor dem Hintergrund des Gegenseitigkeitsprinzips von den Eltern hinzunehmen, wenn das Kind ansonsten seine Ausbildung mit Fleiß und Zielstrebigkeit durchführt.[1003] 763

Die Ausbildung eines volljährigen Kindes an einer **Privatschule** kann nur dann zu einer Anhebung seines Bedarfs führen, wenn es sich bundesweit erfolglos um einen Platz an einer staatlichen Schule beworben hat.[1004] Wer wegen unzulänglicher Leistungen das staatliche Gymnasium verlassen muss, kann grundsätzlich nicht von seinen Eltern die Kosten dafür beanspruchen, noch auf Umwegen, insb. durch den Besuch von Privatschulen, das Abitur und damit die Studienreife zu erlangen. Ist das erstrebte Ausbildungsziel zweimal verfehlt worden, ist im Allgemeinen von unzureichenden Fähigkeiten oder nicht hinreichendem Leistungswillen auszugehen.[1005] Mit dem Verlust der Studienberechtigung an einer Universität wegen mehrfachen Nichtbestehens von Prüfungen büßt ein Student den Anspruch auf Ausbildungsunterhalt ein. Zur Finanzierung eines später aufgenommenen Weiterstudiums sind die Eltern nicht mehr verpflichtet.[1006] 764

(4) Berufswahl

Ist das Kind zum Zeitpunkt der Auswahl seiner Ausbildung noch minderjährig, dann haben die Eltern – während intakter Ehe wie auch nach Trennung/Scheidung als gemeinsam Sorgeberechtigte (siehe § 1687 – gegenseitiges Einvernehmen) – zusammen mit ihrem Kind in gemeinsamer verantwortlicher Entscheidung eine **angemessene, optimale neigungs- und begabungsbezogene Berufsausbildung** zu wählen,[1007] wobei den individuellen Umständen, vor allem den bei dem Kind vorhandenen persönlichen Voraussetzungen, maßgebliche Bedeutung zukommt.[1008] Ist ein Elternteil alleinsorgeberechtigt, dann wählt er gemeinsam mit dem Kind dessen Berufsziel in alleiniger Verantwortung (§ 1626 Abs. 1).[1009] 765

Das volljährige Kind hingegen entscheidet über das Berufsziel und den Gang seiner Ausbildung in **eigener Verantwortung** (siehe § 1618a).[1010] Auf Wünsche seiner Eltern kommt es nicht an. Die Wahl des Ausbildungsziels kann auch dem Willen der Eltern zuwiderlaufen. Ob sie dann allerdings Ausbildungsunterhalt schulden, hängt vom jeweiligen Einzelfall ab: Sie müssen zwar nicht jedweden Neigungen und Wünschen nachgeben, sind aber leistungspflichtig, wenn die in dem bisherigen Ausbildungsweg dokumentierte Eignung des Kindes und seine Berufswahl einen erfolgreichen Abschluss der angestrebten Ausbildung nahelegen.[1011] 766

dd) Wirtschaftliche Verhältnisse der Beteiligten

Der Anspruch auf Ausbildungsunterhalt setzt auch voraus, dass den Eltern die mit der Ausbildung verbundene **besondere** wirtschaftliche Belastung zugemutet werden kann.[1012] Verfügt ein Auszubildender aus Ausbildungsvergütung, Halbwaisenrente[1013] und Kindergeld über ein Einkommen in Höhe des Regelsatzes der jeweiligen Unterhaltsleitlinie, dann steht ihm ein Unterhaltsanspruch beispielsweise nur bei guten 767

1002 OVG NW NJW-RR 1999, 1235.
1003 KG FamRB 2011, 267; OLG Hamburg NJW-RR 2010, 1589.
1004 OLG Hamm FamRZ 1997, 960.
1005 OLG Schleswig FamRZ 1986, 201.
1006 OLG Karlsruhe FamRZ 1994, 1342.
1007 BGH FamRZ 2000, 420 = FuR 2000, 92; OVG Hamburg FamRZ 2006, 1615.
1008 BGH FamRZ 2000, 420 = FuR 2000, 92 m.w.N.
1009 OLG Nürnberg FamRZ 1993, 837.
1010 BGH FamRZ 1996, 798.
1011 BGH FamRZ 1989, 853; OVG Berlin NJW 1989, 541.
1012 BGH FamRZ 1989, 853 (Nr. 134); OLG Hamm FamRZ 1990, 196; OLG Naumburg FuR 2001, 39.
1013 BGH FamRZ 2009, 762 = FuR 2009, 409.

wirtschaftlichen Verhältnissen des auf Unterhalt in Anspruch genommenen Elternteils zu.[1014] Der Unterhaltsbedarf einer Halbwaise bemisst sich insoweit mit dem doppelten Tabellensatz abzüglich Halbwaisenrente und Kindergeld.[1015]

768 Im Rahmen sog. **mehrstufiger Ausbildungen** erlangt die **Zumutbarkeitsprüfung** besondere Bedeutung, wenn das Kind nach Beendigung der praktischen Ausbildung ein Alter erreicht hat, bei dem die Eltern nicht unbedingt mehr damit rechnen mussten, es werde seine Ausbildung mit einem Studium fortsetzen.[1016] Je älter das Kind ist, umso mehr tritt an die Stelle der Verantwortung der Eltern die Eigenverantwortung des (volljährigen) Kindes für seinen eigenen Unterhalt.[1017] Eingeschränkte Leistungsfähigkeit vernichtet nicht den Ausbildungsunterhaltsanspruch dem Grunde nach, sondern begrenzt allenfalls die Höhe des Unterhalts.[1018]

769 Lebt das Kind in einer **eheähnlichen festen Partnerschaft**, dann wirken sich die Leistungen des Partners auf die Bedürftigkeit des Ausbildungsunterhalt begehrenden Kindes aus. Das Kind ist jedenfalls dann nicht auf Ausbildungsunterhalt angewiesen, wenn es seinen Lebensbedarf durch Leistungen seines Lebensgefährten deckt oder zu decken vermag. Finanzielle Mittel, die der Unterhaltsgläubiger von dem Partner für die gemeinsame Lebensführung entgegennimmt, mindern seine Bedürftigkeit. Das Gleiche gilt, wenn er seinem Lebensgefährten durch Haushaltsführung oder sonstige Versorgung Dienstleistungen erbringt, für die ihm ein Entgelt zuzurechnen ist, sofern der Partner finanziell in der Lage ist, die ihm erbrachten Leistungen zu vergüten. Derartige fiktive Einkommen können freiwilligen Leistungen eines Dritten, die ohne jeden sozialen Zwang erfolgen und jederzeit beendet werden können, nicht gleichgesetzt werden.[1019]

ee) Leistungspflichten der Eltern

770 Eltern schulden ihrem Kind im Rahmen ihrer **wirtschaftlichen Leistungsfähigkeit** eine Berufsausbildung, die der Begabung und den Fähigkeiten, dem Leistungswillen und den beachtenswerten, nicht nur vorübergehenden Neigungen des Kindes am besten entspricht, ohne dass es auf ihren Beruf und ihre gesellschaftliche Stellung ankommt.[1020] Haben Eltern die ihnen hiernach obliegende Pflicht, ihrem Kind eine angemessene Ausbildung zu gewähren, in rechter Weise erfüllt, und hat das Kind einen Ausbildungsabschluss erlangt, dann sind sie ihrer Unterhaltspflicht aus § 1610 Abs. 2 in ausreichender Weise nachgekommen und grundsätzlich nicht verpflichtet, noch eine weitere zweite Ausbildung (Zweitausbildung) zu finanzieren, der sich das Kind nachträglich nach Beendigung der ersten Ausbildung unterziehen will.[1021] Das Kind trägt das **Anstellungsrisiko** hinsichtlich des erlernten Berufs alleine.[1022] Kann es nach Beendigung der Ausbildung keine seinem Ausbildungsabschluss entsprechende Stelle finden, so sind seine Eltern nicht zur Finanzierung einer neuen, wenn auch sinnvollen Ausbildung/Zusatzausbildung verpflichtet, erst recht nicht, wenn diese in einem nicht unerheblichen zeitlichen Abstand zum Abschluss der bisherigen Ausbildung beginnen soll.[1023]

771 **Ausnahmen** von diesem Grundsatz sind nur **unter besonderen Umständen** anzunehmen, etwa wenn dem Kind die angemessene Ausbildung versagt worden ist, weil die Eltern das Kind gegen seinen Willen in einen unbefriedigenden, seiner Begabung und Neigung nicht hinreichend Rechnung tragenden Beruf gedrängt haben, und es sich aus diesem Grund zunächst für einen Beruf entschieden hat, der seiner Be-

1014 OLG Naumburg FamRZ 2001, 1480 (Ls.).
1015 OLG Dresden NJW-RR 2003, 364.
1016 OLG Stuttgart FamRZ 1996, 181.
1017 OLG Stuttgart FamRZ 1996, 181; OLG Hamm FamRZ 1989, 1219.
1018 OLG Karlsruhe DAVorm 1999, 151.
1019 OLG Thüringen OLGR 2005, 498; OLG Koblenz FamRZ 1991, 1469.
1020 BGH FamRZ 1977, 629 = FuR 2000, 92; FamRZ 2001, 1601 = FuR 2001, 529; OLG Köln FamRZ 1990, 310.
1021 BGH FamRZ 1998, 671 = FuR 2000, 92; FamRZ 2001, 1601 = FuR 2001, 529; FG Münster EFG 2002, 1306.
1022 OLG Hamm FamRZ 1990, 904; OLG Dresden OLG-NL 1994, 247; BSG FamRZ 1985, 1251.
1023 OVG Münster FamRZ 1980, 515.

gabung und seinen Neigungen nicht entspricht,[1024] wenn sich nachträglich herausstellt, dass die erste Ausbildung auf einer deutlichen **Fehleinschätzung der Begabung** des Kindes beruhte, wenn während der ersten Ausbildung eine besondere, die Weiterbildung erfordernde Begabung des Kindes deutlich wurde, oder wenn die weitere Ausbildung zweifelsfrei als eine bloße Weiterbildung anzusehen ist, die von vornherein angestrebt war.[1025] In diesen Fällen haben die Eltern ihre Verpflichtung zur Finanzierung einer angemessenen Ausbildung noch nicht in rechter Weise erfüllt.[1026]

Praxistipp 772

Der Anspruch auf Ausbildungsunterhalt umfasst eine nach Abschluss der Berufsausbildung durchgeführte Weiterbildungsmaßnahme nur, wenn diese vom ursprünglich geplanten Ausbildungsgang miterfasst ist.[1027]

ff) Leistungspflichten des Kindes

Aus dem Gegenseitigkeitsverhältnis ergeben sich für das volljährige Kind gegenüber seinen Eltern spie- 773
gelbildlich ebenfalls verschiedene **Leistungspflichten**.

(1) Auskunfts- und Belegvorlagepflichten

Das Gegenseitigkeitsprinzip vermittelt dem Unterhaltsschuldner auch gewisse **Auskunfts-** und **Kontroll-** 774
rechte: Er kann verlangen, dass er nicht nur bezüglich des Ausbildungsweges seines unterhaltsberechtigten Kindes, sondern auch über den Fortgang der Ausbildung und über die jeweils erbrachten Leistungen informiert wird (Auskunftsanspruch)[1028] und dem Verlauf des bisherigen Studiums entsprechende Leistungsnachweise (etwa Studienbescheinigungen, (Zwischenprüfungs-) Zeugnisse, Scheine der Universität, Nachweis über den Besuch der lehrplanmäßigen Studienveranstaltungen u.a.) zur Einsicht erhält (Belegvorlageanspruch). Kommt das Kind dieser Verpflichtung trotz entsprechender Aufforderung nicht nach, können die Eltern hinsichtlich der Unterhaltszahlungen ein Zurückbehaltungsrecht geltend machen, bis die entsprechenden Informationen erteilt und/oder die verlangten Belege vorgelegt worden sind.[1029] Bei beharrlicher Pflichtverletzung des Kindes kann der Anspruch auf Ausbildungsunterhalt erlöschen.[1030]

Praxistipp 775

Ist der Unterhaltsanspruch eines (minderjährigen) Kindes durch Jugendamtsurkunde tituliert und verletzt das zwischenzeitlich volljährige Kind seine gegenüber einem unterhaltspflichtigen Elternteil bestehende Auskunftspflicht über seinen Schulabschluss, seine Ausbildung, eine gegebenenfalls nebenher betriebene Erwerbstätigkeit, sein Einkommen, und das des anderen Elternteils sowie die Auszahlung von Kindergeld, kann dies nach § 1611 Abs. 1 BGB zu einer Verwirkung des Unterhaltsanspruchs führen.[1031]

Verweigert das unterhaltsberechtigte volljährige Kind auf entsprechende Aufforderung des Unterhalts- 776
schuldners die **Auskunft über die Ordnungsmäßigkeit des Studiengangs**, so ist der Unterhaltsschuldner berechtigt, Abänderungsantrag mit dem Ziel des Wegfalls seiner Unterhaltsverpflichtung zu erheben. Zu beachten ist dabei, dass das Abänderungsverfahren nach §§ 238 ff. FamFG die anspruchsbegründenden Tatsachen betrifft, wie etwa die Bedürftigkeit oder Leistungsfähigkeit der Beteiligten, und damit den Anspruchsgrund als solchen.

1024 BGH FamRZ 1991, 322 = FuR 2000, 92.
1025 BGH FamRZ 1977, 629 = FamRZ 1989, 853 = FuR 2000, 92; FamRZ 2001, 1601 = FuR 2001, 529.
1026 BGH FamRZ 2000, 420 = FuR 2000, 92 m.w.N.; OLG Koblenz FamRZ 2001, 852.
1027 OLG Rostock NJW-RR 2008, 1174.
1028 BGH FamRZ 1987, 470; OLG Celle FamRZ 1980, 914; OLG Hamm FamRZ 1995, 1007; NJW-RR 1996, 4.
1029 OLG Hamm FamRZ 1996, 49; OLG Celle EzFamR aktuell 2001, 167.
1030 OLG Hamm ZFE 2004, 378 (Ls.).
1031 KG Berlin FamRZ 2016, 379.

777 *Praxistipp*

Erklärt der Unterhaltsschuldner nach Erteilung der Auskunft die Hauptsache für erledigt, hat der Unterhaltsgläubiger mit Rücksicht auf den Rechtsgedanken des § 243 Satz 2 Nr. 2 FamFG die Kosten des Verfahrens zu tragen, da er durch die ungenügende Auskunft Veranlassung zur Einleitung des gerichtlichen Verfahrens gegeben hat.[1032]

778 Die hartnäckige Verweigerung einer Auskunftserteilung stellt sich als eine der Vollstreckung aus dem Unterhaltstitel entgegenstehende, gegen § 242 BGB verstoßende unzulässige Rechtsausübung dar, die der unterhaltspflichtige Elternteil als Einwendung mit einem Vollstreckungsabwehrantrag geltend machen kann. Der Vollstreckungsabwehrantrag nach § 767 ZPO dient der Durchsetzung rechtsvernichtender, -hemmender und -beschränkender Einwendungen und ist damit die richtige Antragsart.[1033]

(2) Wechsel des Ausbildungsziels bzw. des Ausbildungsortes

779 Die Rücksichtnahme auf den/die Unterhaltsschuldner gebietet es aber auch, dass sich das Kind über seine geänderten Ausbildungspläne mit dem/den Unterhaltsschuldner/n verständigt.[1034] Es muss daher jegliche Wechsel während der Ausbildung mit seinen Eltern beraten (§ 1618a),[1035] insb. die Gründe für den Abbruch der derzeitigen Ausbildung wie auch die Perspektiven der nachfolgenden Ausbildung schlüssig und nachvollziehbar darlegen, und versuchen, sich über die geänderten Ausbildungspläne mit den Eltern zu verständigen.[1036] Geschieht dies nicht, kann weder eine **Überlegungs- noch eine Erfahrungsphase** zugebilligt werden.[1037]

780 Der Wechsel des Ausbildungsziels ist unbedenklich, wenn er einerseits auf **sachlichen Gründen** beruht[1038] und andererseits unter Berücksichtigung der gesamten Umstände den unterhaltspflichtigen Eltern wirtschaftlich zumutbar ist. Die schutzwürdigen Belange der Eltern gebieten es, dass sie sich möglichst frühzeitig darauf einrichten können, wie lange die Unterhaltslast andauern wird.[1039] Für die Annahme eines hinreichenden Grundes kann etwa der Umstand sprechen, dass zwischen der abgebrochenen und der angestrebten Ausbildung ein sachlicher Zusammenhang besteht. Wirtschaftlich zumutbar ist der Wechsel des Ausbildungsziels aber auch dann, wenn sich dadurch aus der Sicht der Eltern die Ausbildungszeit nicht unzumutbar verlängert. Ein Wechsel der Ausbildung wird daher umso eher zu akzeptieren sein, je früher er stattfindet. Abzustellen ist auf die konkreten Umstände des Einzelfalls. So soll kein zum Wegfall der Unterhaltspflicht führender Obliegenheitsverstoß vorliegen, wenn ein Unterhaltsberechtigter nach drei regulären Semestern das Studium wechselt oder der Unterhaltsberechtigte vor Beginn des ersten Studiums für ein Semester in einem anderen Studienfach eingeschrieben war, wenn die Immatrikulation noch während des laufenden Schuljahrs, also nicht zum regulären Schuljahresabschluss, sondern anlässlich eines „vorgezogenen Abiturs" erfolgte.[1040]

781 *Praxistipp Auslandsstudium*

Auch der Ausbildungsort darf unabhängig davon, ob sich dadurch die Regelstudienzeit verlängert, gewechselt werden, wenn dies die fachliche Qualifikation verbessert und dadurch die Berufsaussichten steigen. Ein Auslandsstudium kann für die Ausbildung förderlich sein, so dass damit verbundene Verzögerungen der Ausbildung ebenso hinzunehmen sind wie begründeter erhöhter Bedarf des Studenten,

1032 OLG Hamm ZFE 2004, 378 (Ls.).
1033 KG Berlin FamRZ 2016,379.
1034 BGH FamRZ 2001, 757 = FuR 2001, 322.
1035 OLG Frankfurt FamRZ 1984, 193.
1036 BGH FamRZ 1981, 344 = FuR 2001, 322.
1037 OLG Zweibrücken FamRZ 1995, 1006.
1038 OLG Zweibrücken FamRZ 1980, 1058.
1039 BGH FamRZ 2001, 757 = FuR 2001, 322; BVerwG FamRZ 1980, 835.
1040 OLG Saarbrücken FamRB 2015, 453.

wenn und soweit sich der Mehrbedarf im Rahmen der finanziellen Leistungsfähigkeit und in den Grenzen der wirtschaftlichen Zumutbarkeit für die Eltern hält.[1041] Dies gilt auch für Auslandssemester,[1042] die im Inland anerkannt werden,[1043] etwa bei einem Jurastudium im Hinblick auf das Recht der EG.[1044]

gg) Dauer des Ausbildungsunterhalts

Ausbildungsunterhalt kann regelmäßig nur für die **(Regel-)Dauer** einer **Ausbildung** verlangt werden.[1045] 782
Die Unterhaltspflicht endet daher, wenn

- die Ausbildung abgebrochen,[1046] oder
- die Regelstudienzeit erheblich überschritten,[1047] oder
- die Ausbildung ordnungsgemäß beendet wird (Regelabschluss).

Danach wird Ausbildungsunterhalt nicht mehr[1048] oder allenfalls nur noch in **eingeschränktem Umfang**[1049] geschuldet. Die Regeldauer einer Ausbildung umfasst regelmäßig auch die Prüfungszeit, sofern sie zeitnah an das Ende der die Abschlussprüfung/en vorzubereitenden Ausbildungszeit anschließt.[1050] Es kommt auf die jeweiligen Umstände des Einzelfalles an, ob nach einem nur vorübergehenden Abbruch der Ausbildung für die weitere Dauer der Ausbildung Unterhalt geschuldet ist.[1051] Hat sich das volljährige Kind in Abstimmung mit dem Eltern für einen Abschluss durch die Diplomprüfung II entschieden, so besteht die Unterhaltspflicht bis zum Regelabschluss fort.[1052] 783

(1) Regelabschluss und Regelstudienzeit

Die Regelstudienzeit mit der **Förderungshöchstdauer nach dem BAföG** ist nur ein Anhaltspunkt für die übliche Studiendauer, die mit dem Regelabschluss endet. Sie begrenzt den Unterhaltsanspruch nicht ohne weiteres. Gleiches gilt für im Hochschulrahmengesetz für den jeweiligen Studiengang angegebene Studienhöchstdauer.[1053] Maßgebend sind die wirtschaftlichen Verhältnisse der Eltern. Sind sie knapp, dann ist die Unterhaltspflicht gegenüber dem studierenden Kind auf denjenigen Zeitraum begrenzt, in dem bei gebotener Leistungsbereitschaft der Regelabschluss des Studiums erreicht werden kann bzw. in dem die Höchstförderungsdauer nach dem BAföG endet.[1054] 784

Praxistipp 785

Im Zusammenhang mit der Regelstudienzeit ist die Anspruchsvoraussetzung der Zielstrebigkeit des Unterhaltsberechtigten, das Studium innerhalb angemessener und üblicher Zeit zu beenden, von Relevanz.

Der Anspruch auf Ausbildungsunterhalt entfällt spätestens dann, wenn die Regelstudienzeit erheblich überschritten wird, und die BAföG-Förderung deshalb entfallen ist. Ein (anschließender) Anspruch gegen die Eltern kommt nur in Ausnahmefällen in Betracht.[1055] Bei **guten wirtschaftlichen Verhältnissen** der 786

1041 BGH FamRZ 1992, 1064.
1042 BGH FamRZ 1992, 1064; OLG Karlsruhe FamRZ 2011, 1303.
1043 OLG Karlsruhe FamRZ 2011, 1303.
1044 BGH FamRZ 1992, 1064 = FuR 2001, 322.
1045 OLG Stuttgart FamRZ 1996, 1434.
1046 OLG Hamm FamRZ 1997, 694; OLG Nürnberg NJWE-FER 2001, 177.
1047 BGH FamRZ 1984, 777; OLG Hamm FamRZ 1994, 387; OLG Stuttgart FamRZ 1996, 1434.
1048 OLG Hamm NJW 1982, 2325; OLG Köln FamRZ 1999, 1162.
1049 OLG Hamm FamRZ 1981, 493.
1050 OLG Celle EzFamR aktuell 2001, 167.
1051 OLG Celle FuR 2002, 332.
1052 OVG Hamburg FamRZ 2006, 1615.
1053 OLG Koblenz FamRZ 2015, 1813.
1054 OLG Hamm FamRZ 1994, 387.
1055 OLG Hamm FamRZ 1981, 493.

Eltern kann eine Überschreitung der Regelstudienzeit um bis zu zwei Semester noch als angemessen anzusehen sein,[1056] im Einzelfall noch mehr, wenn die durchschnittliche Studienzeit des betreffenden Studiengangs erheblich über der Regelstudienzeit liegt.[1057] Hinzuzurechnen ist außerdem die Zeit der Diplomprüfung bzw. des Staatsexamens. Diese Prüfungszeit ist von der Regelstudienzeit regelmäßig nicht erfasst. Bei einem Studium werden über die Regelstudienzeit hinaus noch ein bis zwei Examenssemester zugestanden.[1058] Erst nach Abschluss der Prüfung/en gilt eine Berufsausbildung als abgeschlossen.[1059]

(2) Verzögerungen und Unterbrechungen der Ausbildung

787 Auch wenn der Pflicht des Unterhaltsschuldners, dem Unterhaltsgläubiger eine angemessene Berufsausbildung zu ermöglichen, die Obliegenheit gegenübersteht, die **Ausbildung mit Fleiß und gebotener Zielstrebigkeit in angemessener und üblicher Zeit zu absolvieren**, muss der Unterhaltsschuldner nach Treu und Glauben (§ 242) ausnahmsweise Verzögerungen und Unterbrechungen der Ausbildung und die damit verbundene zeitliche Verlängerung seiner Leistungszeit hinnehmen. Bei Verzögerungen und Unterbrechungen der Ausbildung ist entscheidend, in wessen Risikosphäre sie fallen, insb. ob besondere anerkennenswerte Verzögerungsgründe vorliegen,[1060] etwa Krankheit des Kindes[1061] oder sonstige unglückliche Umstände.[1062] Die Unterbrechung der Ausbildung durch Schwangerschaft hat für sich allein keinen Verlust des Anspruchs auf Ausbildungsunterhalt zur Folge.[1063] Soweit ein Auslandssemester für die Berufsausbildung sinnvoll ist, ist dieses bei guten Einkommensverhältnissen der Eltern auch bei Verlängerung der Studienzeit zu finanzieren.[1064]

(a) (Mit-)Verantwortlichkeit der Eltern

788 Trifft den/die Unterhaltsschuldner eine erkennbare **(Mit-)Verantwortung** an der Verzögerung/Unterbrechung der Ausbildung, dann ist es ihm/ihnen nach Treu und Glauben verwehrt, diese dem Unterhaltsbegehren entgegen zu halten.[1065] Dies gilt etwa für Erschwernisse während der Ausbildung durch Leistungen des Kindes im Rahmen von § 1619, aber auch für erzieherisches Fehlverhalten der Eltern und den daraus möglicherweise entstandenen psychischen Folgen für das Kind.[1066] Gestörte häusliche Verhältnisse wirken sich nach der Lebenserfahrung vielfach nachteilig auf die schulische Entwicklung eines Kindes aus und können im Einzelfall auch zu Verunsicherungen und mangelndem Selbstvertrauen führen.[1067] Muss ein Student zur Deckung seines Lebensunterhalts neben dem Studium arbeiten, dann kann ihm eine geringe zeitliche Verzögerung seines Studiums und damit des Abschlusses der Ausbildung unterhaltsrechtlich nicht vorgeworfen werden. Auch ist eine auf unterlassene Unterhaltszahlung zurückzuführende Verzögerung der Ausbildung vom Unterhaltsschuldner hinzunehmen.[1068]

1056 OLG Hamm FamRZ 1999, 886; OLG Celle EzFamR aktuell 2001, 167.
1057 BGH FamRZ 1992, 1064.
1058 BGH FamRZ 1992, 1064.
1059 OLG Celle EzFamR aktuell 2001, 167 (Ls.).
1060 BGH FamRZ 2000, 420 = FuR 2000, 92.
1061 OLG Hamm FamRZ 1990, 904.
1062 OLG Stuttgart FamRZ 1996, 181.
1063 BGH FamRZ 2011, 1560 = FuR 2011, 633 = FF 2011, 412 mit Anm. *Viefhues*; OLG Koblenz FuR 2004, 356.
1064 BGH FamRZ 1992, 1064; OLG Karlsruhe FamRZ 2011, 1303.
1065 BGH FamRZ 1998, 671 = FuR 2000, 92.
1066 BGH FamRZ 1990, 149, 150 = FuR 2000, 92.
1067 BGH FamRZ 2000, 420 = FuR 2000, 92; FamRZ 2001, 757 = FuR 2001, 322; OLG Hamm FamRZ 1986, 198.
1068 OLG Zweibrücken FamRZ 2002, 468.

(b) (Mit-)Verantwortlichkeit des Kindes

Verzögerungen/Unterbrechung der Ausbildung sind nach Treu und Glauben (§ 242) auch dann hinzunehmen, wenn die Verlängerung der Ausbildungszeit (alleine oder überwiegend) auf ein vorübergehendes leichteres Versagen des Kindes zurückzuführen ist.[1069] Im Einzelfall muss der Unterhaltsschuldner auch eine nicht unerhebliche Verzögerung in der Ausbildung des Kindes hinnehmen, wenn diese unter Berücksichtigung aller Umstände nur auf ein leichteres, vorübergehendes Versagen des Kindes zurückzuführen ist.[1070] 789

Praxistipp 790

Nimmt ein volljähriges Kind seine Eltern wegen Verzögerungen in der Ausbildung weiter auf Unterhalt in Anspruch, ist es verpflichtet, seine Eltern über die Gründe der Ausbildungsverzögerung zu informieren, denn die unterhaltspflichtigen Eltern haben nach Treu und Glauben nur solche Verzögerungen hinzunehmen, die auf ein vorübergehendes leichtes Versagen oder auf eine Krankheit zurückzuführen sind.[1071]

Auch wenn das um Ausbildungsunterhalt nachsuchende volljährige Kind seine Obliegenheit vernachlässigt, die Ausbildung planvoll und zielstrebig aufzunehmen und zu betreiben, entfällt der Unterhaltsanspruch jedenfalls dann nicht, wenn dem volljährigen Kind aufgrund einer Erkrankung – hier: seit dem 3. Lebensjahr bestehende, komplexe Aufmerksamkeitsdefizit- und Aktivitätsstörung schwerer Form, verbunden mit einem reaktiven depressiven Syndrom – die Einsicht fehlt, dass es vor Aufnahme einer Ausbildung zunächst der fachärztlichen Therapie bedarf und es krankheitsbedingt nicht in der Lage ist, der Erkrankung gegenzusteuern und die notwendigen Maßnahmen zu deren Behandlung zu ergreifen.[1072]

Allerdings führt eine nicht rechtzeitig abgelegte oder nicht bestandene Zwischenprüfung regelmäßig noch nicht zum Verlust des Anspruchs auf Ausbildungsunterhalt.[1073] Der insoweit anzuwendende Maßstab der nach § 1610 Abs. 2 gebotenen **Zumutbarkeitsprüfung** darf nicht zu eng gezogen werden, sondern hat in Rechnung zu stellen, dass bei intakten Verhältnissen Eltern häufig großzügige Anstrengungen unternehmen, um ihren Kindern eine qualifizierte Ausbildung zu verschaffen, und vielfach auch bereit sind, zwischenzeitliche Misserfolge und Irrtümer bei der Wahl des Ausbildungsweges hinzunehmen. 791

Ein **Bummelstudium** muss nicht finanziert werden.[1074] Zu einem ordnungsmäßigen Studium gehört, dass der Student den wesentlichen Teil der lehrplanmäßigen Studienveranstaltungen besucht und sich mit der Studienmaterie ernsthaft beschäftigt. Die für die Ausbildung maßgeblichen Ausbildungspläne sind grundsätzlich einzuhalten, wobei Studenten jedoch ein gewisser Spielraum für die selbstständige Auswahl der angebotenen Lehrveranstaltungen und für einen eigenverantwortlichen Aufbau des Studiums zuzugestehen ist.[1075] Tauchen Zweifel auf, dann muss der Student im Einzelnen darlegen und nachweisen, dass er sein Studium zielstrebig betreibt.[1076] 792

1069 BGH FamRZ 1998, 671 = FuR 2000, 92; FamRZ 2001, 757 = FuR 2001, 322; KG FamRB 2011, 267; OLG Hamburg NJW-RR 2010, 1589; OLG Düsseldorf FamRZ 1981, 298; OLG Frankfurt FamRZ 1985, 1167; FuR 2002, 546; OLG Schleswig FamRZ 1986, 201; OLG Köln NJW-RR 1990, 714; OLG Stuttgart FamRZ 1996, 181; OLG Hamm FamRZ 2000, 904; OLG Koblenz FamRZ 2005, 300.

1070 BGH FamRZ 1993, 1057.

1071 OLG Koblenz FamRZ 2015, 1813.

1072 KG Berlin FamRZ 2016, 240.

1073 BGH FamRZ 1984, 777; 1990, 149.

1074 BGH FamRZ 1987, 470; OLG Stuttgart FamRZ 1996, 181; OLG Zweibrücken FamRZ 1995, 1006.

1075 BGH FamRZ 1984, 777; 1992, 1064; OLG Hamm FamRZ 1988, 425; OLGR 1999, 174; OLG Köln FamRZ 1986, 382; OLG Zweibrücken FamRZ 1995, 1006; OLG Stuttgart FamRZ 1996, 181.

1076 OLG Zweibrücken FamRZ 1995, 1006.

(c) Abbruch der Ausbildung

793 Ob und inwieweit der **Abbruch** einer **Berufsausbildung** bereits zum endgültigen Erlöschen des Anspruchs auf Ausbildungsunterhalt führt, muss der Tatrichter in jedem Einzelfall **unter Würdigung aller maßgeblichen Umstände dieses Einzelfalles** entscheiden.

794 Grundsätzlich ist jedem jungen Menschen zuzubilligen, dass er sich über seine Fähigkeiten irrt, falsche Vorstellungen über den gewählten Beruf hat oder mit der Ausbildung aus anderen Gründen nicht klarkommt. Dabei wird ein **Ausbildungsabbruch mit sich anschließendem Ausbildungswechsel** umso eher zu akzeptieren sein, je früher er stattfindet. Dies folgt aus dem Gedanken, dass die schutzwürdigen Belange der Eltern es gebieten, sich möglichst frühzeitig darauf einrichten zu können, wie lange die Unterhaltslast dauern wird.[1077] Allerdings obliegt dem Kind, unverzüglich nach Abbruch der ersten Ausbildung zielstrebig eine neue Ausbildung zu beginnen, so dass es letztlich zu keiner wesentlichen Verzögerung kommt.

Wird allerdings auch die zweite Ausbildung ohne triftigen Grund abgebrochen, werden die Eltern regelmäßig von der Verpflichtung zur Zahlung von Ausbildungsunterhalt frei.[1078]

(d) Ausbildungsunterhalt nach Abbruch/Beendigung der Ausbildung

795 Mit dem **Abbruch** bzw. der erfolgreichen **Beendigung** der **Ausbildung** erlischt auch die Unterhaltspflicht der Eltern gegenüber ihren Kindern. Die Eltern tragen demnach nicht das Arbeitsplatzrisiko.[1079] Da das Ende einer ordnungsgemäßen Berufsausbildung fast immer zeitlich deutlich vor der/den Abschlussprüfung/en absehbar ist, kann dem Unterhaltsgläubiger zugemutet werden, sich rechtzeitig um einen Arbeitsplatz zu kümmern. Es ist daher nur in Ausnahmefällen gerechtfertigt, die Dauer des Ausbildungsunterhalts auf eine gewisse Zeit nach der Beendigung der Abschlussprüfung/en (sog. **Übergangszeit**), etwa wegen Arbeitsplatzsuche, auszudehnen.[1080] Wird ein solcher Ausnahmefall bejaht, etwa weil aus Gründen des Arbeitsmarktes Bewerbungen erst mit dem Abschlussdokument (Diplom, Zeugnisse über Staatsprüfungen) möglich oder sinnvoll sind, dann kann im Anschluss an ein Studium oder an eine sonstige Berufsausbildung regelmäßig noch eine Bewerbungsfrist zugebilligt werden. Diese Zeitspanne lässt sich nicht abstrakt, sondern nur von Fall zu Fall bestimmen.[1081] In der Regel endet der Anspruch auf Ausbildungsunterhalt nicht unmittelbar mit dem Tag der mündlichen Prüfung, sondern umfasst das gesamte Semester/Schuljahr, in das die Abschlussprüfung fällt.[1082] Ausbildungsunterhalt ist auch in dem Semester/Schuljahr geschuldet, in dem die Abschlussarbeit/Diplomarbeit/Bachelorarbeit o.ä. angefertigt wird.

hh) Wartezeiten/Parkstudium/Freiwilliges Soziales oder ökologisches Jahr/ Berufsgrundbildungsjahr

796 **Wartezeiten** auf den gewünschten Studienplatz sind mit einer auf Gelderwerb gerichteten Tätigkeit zu überbrücken.[1083] Eltern sind grundsätzlich nicht verpflichtet, ein **fachfremdes** Parkstudium oder ein **freiwilliges soziales oder ökologisches Jahr** zu finanzieren. Daher kann das Kind in dieser Zeit keinen Ausbildungsunterhalt verlangen, wenn das freiwillige Jahr keine notwendige Voraussetzung für eine beabsichtigte Ausbildung (zu einem sozialen oder ökologischen Beruf) oder ein beabsichtigtes Studium darstellt.[1084]

1077 BGH FamRZ 1981, 344, 346.
1078 OLG Hamm FamRZ 1989, 1219; OLG Thüringen OLG-NL 2005, 110.
1079 OLG Nürnberg NJWE-FER 2001, 177.
1080 OLG Hamm FamRZ 1990, 904.
1081 OLG Frankfurt (FamRZ 1989, 83) hat zwei Monate, das OLG Hamm (FamRZ 1987, 411) drei Monate und das OLG Düsseldorf (FamRZ 1987, 709) drei bis sechs Monate für angemessen gehalten.
1082 OLG Karlsruhe FamRZ 2012, 1573.
1083 OLG Frankfurt FamRZ 1990, 789; a.A. OLG Hamm NJW-RR 2006, 509; OLG Naumburg FamRZ 2008, 86.
1084 OLG Naumburg FamRZ 2008, 86; OLG Schleswig OLGR 2008, 196; OLG München FamRZ 2002, 1425; OLG Zweibrücken NJW-RR 1994, 1225; a.A. OLG Celle FamRB 2011, 364.

Absolviert das Kind nach Abschluss der Schulausbildung hingegen ein Berufsgrundbildungsjahr, dann stellt dies Teil einer angemessenen Berufsausbildung dar. Anders als ein Praktikum oder eine (sonstige) Berufsfindungsmaßnahme[1085] führt das Berufsgrundbildungsjahr zu einer Verkürzung der Lehrzeit und erhöht gleichzeitig die Chancen auf die Erlangung eines Ausbildungsplatzes.[1086]

Verletzt das Kind seine Obliegenheit, sich noch während des Schulbesuchs um einen Ausbildungsplatz zu kümmern, dann sind die Eltern nicht verpflichtet, eine der beruflichen Orientierung und der Suche nach einem Ausbildungsplatz dienende Überbrückungszeit zu finanzieren.[1087] Vielmehr ist das volljährige Kind in der Wartezeit bis zur Aufnahme in eine weiterführende Schule oder bis zum Beginn einer Berufsausbildung verpflichtet, seinen **notwendigen Lebensbedarf** durch Aufnahme einer Erwerbstätigkeit selbst zu decken. Das gilt auch dann, wenn der Aufnahmeantrag von der weiterführenden Schule abgelehnt, jedoch die Ablehnung im verwaltungsgerichtlichen Verfahren mit Erfolg angefochten wird. Spätestens mit Erhalt des Ablehnungsbescheids beginnt dann die Erwerbsobliegenheit, und endet der Anspruch auf Ausbildungsunterhalt.[1088] **797**

Eine **Unterhaltsverpflichtung der Eltern während einer Wartezeit** kann in Ausnahmefällen dann zu bejahen sein, wenn sie sich in äußerst günstigen wirtschaftlichen Verhältnissen befinden und das Parkstudium mit dem eigentlich beabsichtigten Studium verwandt ist, so dass dem Studenten dadurch ein kürzeres Hauptstudium möglich ist.[1089] Eine Ausnahme gilt auch dann, wenn das Parkstudium zwar im Hinblick auf den Numerus clausus betrieben wird, aber der Vorbildung für den Beruf dient. Haben sich die Eltern mit dem Parkstudium einverstanden erklärt, dann müssen sie ihrer Unterhaltspflicht nachkommen. Dem studierenden Kind ist dann aber in aller Regel zuzumuten, zu den Kosten durch Werkarbeit beizutragen[1090] und/oder sich bereits intensiv mit den geplanten Fächern und den dazugehörigen Nebengebieten des Hauptstudiums zu befassen, um das endgültige Studium intensiv und zügig zu betreiben und es alsbald zu beenden.[1091] **798**

ii) Mehrstufige Ausbildungen, insb. die sog. Abitur-Lehre-Studium-Fälle

Der BGH[1092] hat für diejenigen Fälle, in denen das Kind nach der Hochschulreife zunächst eine praktische Ausbildung durchlaufen hat, und die Eltern sodann ein sich hieran anschließendes Hochschulstudium finanzieren sollen (sog. **Abitur-Lehre-Studium-Fälle**), in gefestigter Rechtsprechung Grundsätze entwickelt. Danach umfasst der Unterhalt für eine letztlich doch einheitliche Berufsausbildung auch die Kosten eines Hochschulstudiums, wenn schon zu Beginn der praktischen Ausbildung erkennbar eine Weiterbildung im Wege eines Studiums angestrebt war, wenn dieses mit den vorangegangenen Ausbildungsabschnitten in einem engen zeitlichen und sachlichen Zusammenhang steht, und wenn die Finanzierung des Ausbildungsgangs den Eltern wirtschaftlich zumutbar ist. Selbst wenn die Voraussetzungen für eine gestufte Ausbildung oder eine Zweitausbildung aus persönlichen Gründen nicht vorliegen, kann sich ein Anspruch auf Ausbildungsunterhalt ergeben, wenn bislang eine angemessene Ausbildung noch nicht gewährt worden ist.[1093] **799**

Diese Rechtsprechung zum Ausbildungsunterhalt in den sog. **Abitur-Lehre-Studium-Fällen** ist allerdings nicht auf Ausbildungsabläufe übertragbar, in denen nach einem Realschulabschluss zunächst eine Lehre, dann die Fachoberschule und später die Fachhochschule absolviert wird. In solchen Fällen **800**

1085 OLG Braunschweig FamRZ 2011, 1067.
1086 OLG Braunschweig FamRZ 2011, 119.
1087 KG FamRZ 1985, 419; OLG Saarbrücken NJW-RR 1986, 295.
1088 OLG Düsseldorf FamRZ 2006, 59 (Ls.).
1089 Vgl. OLG Celle FamRZ 1983, 641.
1090 Vgl. OLG Frankfurt FamRZ 1990, 789; OLG Köln FamRZ 1981, 809.
1091 OLG Celle FamRZ 1983, 641.
1092 Grundlegend BGH FamRZ 1977, 629 = BGH FamRZ 1989, 853 (Nr. 134); 1995, 416 f. m.w.N.; zuletzt BGH FamRZ 2000, 420 = FuR 2000, 92; FamRZ 2001, 1601 = FuR 2001, 529.
1093 OLG Celle, Beschl. v. 18.4.2013 – 17 UF 17/13.

ist nur dann von einer einheitlichen, von den Eltern zu finanzierenden Berufsausbildung auszugehen, wenn schon bei Beginn der praktischen Ausbildung erkennbar eine Weiterbildung einschließlich des späteren Studiums angestrebt wurde.[1094] Der Unterschied zu den sog. Abitur-Lehre-Studium-Fällen besteht nach Auffassung des BGH darin, dass die Eltern eines Kindes, das einen Real-Schulabschluss absolviert hat, anders als die Eltern eines Kindes, das mit dem Abitur von Anfang an die Zugangsberechtigung zum Studium oder einer vergleichbaren weiterführenden theoretischen Ausbildung angestrebt hat, nicht damit rechnen und sich insbesondere in ihrer eigenen Lebensplanung nicht (rechtzeitig) darauf einstellen konnten, dass eine weiterführende theoretische Ausbildung erfolgt.

(1) Einzelne mehrstufige Ausbildungsgänge

801 Der Anspruch auf Ausbildungsunterhalt erstreckt sich grundsätzlich nur auf eine Ausbildung. Da Ausbildungsunterhalt für die Dauer einer Ausbildung nur insgesamt bejaht oder verneint werden kann,[1095] ist eine einheitliche Ausbildung – keine Zweitausbildung![1096] – aufgrund geänderten Ausbildungsverhaltens[1097] auch dann (noch) anzunehmen, wenn sie aus mehreren, an sich selbstständigen Ausbildungsabschnitten besteht (sog. **mehrstufige Ausbildung**), sofern diese inhaltlich miteinander korrespondieren (**fachlicher Zusammenhang**) und in zeitlich enger Abfolge absolviert werden (**zeitlicher Zusammenhang**). Eine solche gestufte Ausbildung setzt eine erfolgreich abgeschlossene Berufsausbildung voraus.[1098] So knüpft regelmäßig ein Hochschulstudium an eine andere Ausbildung an (Ausbildungswege: Abitur-Lehre/Volontariat/Studium bzw. Haupt- oder Realschule/Lehre/Abitur/Studium),[1099] kann aber auch die Weiterbildung eines Handwerkers zum Meister umfassen.[1100]

802 Die Anforderungen hinsichtlich der Angemessenheit einer weiteren Ausbildung bedürfen mit zunehmendem Alter des Kindes der besonders sorgfältigen Prüfung.[1101] Der weitere Abschnitt einer mehrstufigen Ausbildung setzt erst recht entsprechende Begabung, Fähigkeiten, beachtenswerte Neigungen und den Leistungswillen des Unterhalt begehrenden Kindes voraus.[1102] Je älter ein Kind bei Aufnahme einer Ausbildung ist, und je eigenständiger es seine Lebensverhältnisse gestaltet, desto mehr tritt die Elternverantwortung für seinen Berufs- und Lebensweg zurück. Diese Voraussetzungen fehlen, wenn Ausbildungs-Teilziele[1103] nicht, nur nach langer Zeit[1104] oder nur durch Wiederholungen von Prüfungen erreicht wurden.[1105] Andererseits verhindert das Nichtbestehen eines sprachlichen Tests im Rahmen einer betrieblichen Fortbildung während des ersten (praktischen) Ausbildungsabschnitts nicht die Aufnahme eines Sprachenstudiums.[1106]

(a) Mehrstufiger Ausbildungsweg Abitur-Lehre/Volontariat-Studium/Bachelor-Master

803 Für den mehrstufigen Ausbildungsweg **Abitur-Lehre/Volontariat-Studium** kommt es nicht darauf an, dass die Entscheidung zur Weiterbildung schon von Anfang der Ausbildung an bestand, oder dass besondere die Weiterbildung erfordernde Neigungen und Begabungen des Kindes bereits während der Erstausbildung deutlich wurden. Die Einheitlichkeit der Ausbildung ist auch dann noch zu bejahen, wenn der Ent-

1094 BGH FamRZ 2006, 1100 im Anschluss an BGH FamRZ 1991, 320, 321 f.
1095 BGH FamRZ 1990, 149.
1096 BGH FamRZ 1977, 629.
1097 BGH FamRZ 1989, 853 (Nr. 221); OLG Bremen FamRZ 1989, 892; OLG Stuttgart FamRZ 1996, 181.
1098 BVerwG FamRZ 1978, 72.
1099 KG FamRZ 1994, 1055; OLG Brandenburg FamRZ 1997, 1107.
1100 OLG Stuttgart FamRZ 1996, 1435.
1101 BGH FamRZ 1998, 671 = FuR 1998, 216 = FuR 2000, 92.
1102 OLG Schleswig FamRZ 1992, 593.
1103 OLG Stuttgart NJW 1979, 1166.
1104 OLG Köln NJWE-FER 1999, 178.
1105 OLG Karlsruhe FamRZ 1990, 1386; OLG Oldenburg FamRZ 1985, 128.
1106 BGH NJW 1994, 2362.

schluss, zu studieren, erst nach Beginn der ersten Ausbildung (regelmäßig: Lehre) – sogar noch nach deren Beendigung[1107] – gefasst worden ist: Das Hochschulstudium muss nur mit den vorausgegangenen Ausbildungsabschnitten in einem engen sachlichen und zeitlichen Zusammenhang stehen, und die Finanzierung dieses Ausbildungsgangs muss den Eltern wirtschaftlich zumutbar sein.[1108] Dies gilt auch in den Fällen, in denen nach abgeschlossenem Bachelor-Studium ein Master-Studium aufgenommen wird. Besteht zwischen dem Bachelor- und dem sich anschließenden Master-Studium ein enger zeitlicher und thematischer Zusammenhang (sog. konsekutives Master-Studium), dann handelt es sich insgesamt um eine einheitliche Ausbildung.[1109]

(b) Mehrstufiger Ausbildungsweg Realschule-Lehre-Fachoberschule-Fachhochschulstudium

Der mehrstufige Ausbildungsweg **Realschule-Lehre-Fachoberschule-Fachhochschulstudium**[1110] 804
stellt hingegen keine einheitliche Berufsausbildung dar. Die zur sogenannten Abitur-Lehre-Studium entwickelte Rechtsprechung zum Anspruch auf Ausbildungsunterhalt ist nicht entsprechend auf den Fall der Aufnahme eines Studiums nach Mittlerer Reife und anschließender Berufsausbildung anzuwenden.[1111] Daher besteht nach Abschluss der Lehre grundsätzlich kein Unterhaltsanspruch (mehr),[1112] wenn diese Entwicklung nicht von Beginn der praktischen Ausbildung an erkennbar war.[1113] Die Eltern müssen sich in ihrer eigenen Lebensplanung in etwa darauf einstellen können, wie lange sie mit einer Unterhaltslast zu rechnen haben.[1114] Ein einheitlicher Ausbildungsgang liegt etwa dann nicht vor, wenn das Kind nach dem Hauptschulabschluss eine Lehre absolviert, über die Berufsaufbauschule die mittlere Reife erzielt, dann das berufliche Gymnasium mit dem Ziel Wirtschaftsabitur besucht wird und sich sodann ein Studium anschließen soll.[1115]

> *Praxistipp* 805
>
> Ausnahmsweise wird jedoch eine unterhaltspflichtige Gesamtausbildung bejaht, wenn und soweit der Entschluss zu studieren, bereits zu Beginn der Lehre gefasst[1116] und auch nach außen hin erkennbar geworden ist,[1117] dieser Weg also von Anfang der Ausbildung an geplant und zumindest mit einem Elternteil besprochen wurde, und wenn die Ausbildungsabschnitte zeitlich ineinander übergreifen.[1118]

(2) Voraussetzungen einer mehrstufigen Ausbildung

Der Anspruch auf Ausbildungsunterhalt setzt – bezogen auf eine **mehrstufige Ausbildung** – neben den 806
allgemeinen Voraussetzungen nach § 1610 Abs. 2 voraus, dass der Ausbildungsabschnitt im Anschluss an die praktische Ausbildung mit dieser in einem engen sachlichen – praktische Ausbildung und Studium müssen derselben Berufssparte angehören oder sich fachlich ergänzen – und zeitlichen – das Studium

1107 BGH FamRZ 1989, 853; OLG Bremen FamRZ 1989, 892.
1108 BGH FamRZ 1989, 853; OLG Karlsruhe FamRZ 1990, 1386; OLG Hamm FamRZ 1992, 592; OLG Schleswig FamRZ 1992, 593.
1109 OLG Brandenburg FamRZ 2011, 1067.
1110 BAG NZA 2003, 1034.
1111 OLG Stuttgart, Beschl. v. 22.11.2018 – 11 UF 159/18, FamRZ 2019, 963.
1112 BGH FamRZ 1995, 416 (Nr. 221).
1113 OLG Brandenburg FamRZ 2009, 2014 (Ls.).
1114 BGH, Beschl. v. 8.3.2017 – XII ZB 192/16, FamRZ 2017, 799.
1115 OLG Frankfurt FamRZ 2001, 439.
1116 OLG Stuttgart FamRZ 2019, 963.
1117 BGH FamRZ 1991, 320 (Nr. 134); 1995, 416 (Nr. 221); OLG Hamm FamRZ 1992, 592; OLG Karlsruhe FamRZ 1990, 1386; OLG Bamberg NJW-RR 1998, 290; OLG Koblenz FamRZ 2001, 852; OLG Bremen FamRZ 2022, 526.
1118 BGH FamRZ 1991, 320 (Nr. 134); 1995, 416 (Nr. 221).

muss nach Abschluss der Lehre zielstrebig aufgenommen werden – Zusammenhang steht, und dass die Finanzierung des Ausbildungsgangs den Eltern wirtschaftlich zumutbar ist.[1119]

(a) Sachlicher (= fachlicher) Zusammenhang

807 Mehrere Ausbildungsteile können nicht nur dann zu einer einheitlichen Gesamtausbildung verknüpft werden, wenn von vornherein ein einheitlicher Berufsplan aufgestellt worden ist, sondern auch dann, wenn zwischen den verschiedenen Ausbildungsstufen ein **fachlicher** (= **sachlicher**) **Zusammenhang** besteht. Praktische Ausbildung und Studium müssen also entweder derselben Berufssparte angehören oder jedenfalls so aufeinander bezogen sein, dass das eine für das andere eine fachliche Ergänzung, Weiterführung oder Vertiefung bedeutet, oder dass die praktische Ausbildung eine sinnvolle Vorbereitung auf das Studium darstellt.[1120] Fach- und berufsbezogene Ausbildungsgänge zur Erlangung der Hochschulreife stehen dabei einer schulischen Ausbildung gleich.[1121] Das Tatbestandselement sachlicher Zusammenhang liegt daher nicht vor, wenn praktische Ausbildung und Studium eine inhaltlich völlig verschiedene Wissensvermittlung zum Gegenstand haben.

808 Soweit in den Fällen Schule-Lehre-Studium eine Weiterbildung zu verneinen ist, weil zwischen Lehre und Studium kein enger fachlicher Zusammenhang besteht, ist zu prüfen, ob eine Zweitausbildung von den Eltern zu finanzieren ist, wenn und weil die Lehre keine angemessene Ausbildung darstellt.[1122] Der Abschluss einer Lehre steht dem Anspruch eines Kindes gegen seine Eltern auf Finanzierung eines Studiums jedoch dann nicht entgegen, wenn erst der erfolgreiche Abschluss der Lehre in Verbindung mit dem zuvor erworbenen Abschlusszeugnis einer zweijährigen Höheren Handelsschule zur Fachhochschulreife des Kindes führt. Eines engen sachlichen Zusammenhangs zwischen Lehre und Studium in dem Sinne, dass die Lehre eine sinnvolle fachliche Vorbereitung des Studiums darstellt, bedarf es unter diesen Voraussetzungen nicht.[1123]

Praxistipp

Ein fachlicher Zusammenhang wurde vom BGH bejaht bei Absolvierung einer Banklehre mit anschließendem Lehramtsstudium.[1124]

(b) Zeitlicher Zusammenhang

809 Der Anspruch auf Unterhalt für die Dauer einer mehrstufigen Ausbildung setzt weiter voraus, dass die einzelnen Ausbildungsabschnitte **zeitlich eng zusammenhängen**. Übt es im Anschluss an eine Lehre den erlernten Beruf aus, obwohl es mit dem Studium beginnen könnte, und wird der Entschluss zum Studium auch sonst nicht erkennbar, wird dieser Zusammenhang und damit die Einheitlichkeit des Ausbildungsgangs aufgehoben,[1125] insb. wenn zwischen Beendigung der Lehre und Aufnahme des Studiums mehr als 30 Monate,[1126] ja sogar mehrere Jahre, liegen.[1127] Ein zeitlicher Zusammenhang zwischen einer Lehre und einem Studium ist in der Regel dann nicht mehr gegeben, wenn das Kind nach der Lehre zwei Jahre in dem Ausbildungsberuf gearbeitet und eine eigene Lebensstellung erreicht hat. Wenn der auf Barunterhalt in Anspruch genommene Elternteil von dem Studienwunsch des Kindes keine Kenntnis hatte, ist es dann auch unerheblich, ob das Kind die zeitliche Verzögerung zu vertreten hat oder nicht.[1128]

1119 BGH FamRZ 1989, 853; BGH FamRZ 1995, 416 (Nr. 221).
1120 BGH FamRZ 1989, 853; 1990, 149; FamRZ 2001, 1601 = FuR 2001, 529; OLG Köln FamRZ 2003, 1409.
1121 OLG Hamm FamRZ 1992, 592.
1122 BGH FamRZ 1993, 1057.
1123 OVG Bremen NVwZ-RR 2003, 758.
1124 BGH FamRZ 2017, 799.
1125 BGHZ 107, 376 = BGH FamRZ 1989, 853; 1990, 149; 1991, 320 (Nr. 134).
1126 OLG Frankfurt FamRZ 1994, 1611.
1127 BGH FamRZ 1998, 671; OLG Hamm FamRZ 1994, 259; OLG Karlsruhe FamRZ 1994, 260; OLG Bamberg FamRZ 1994, 1054; OLG Naumburg FamRZ 2001, 440.
1128 AG Büdingen NZFAm 2016, 78.

Abzustellen ist jedoch grundsätzlich auf die Umstände des Einzelfalls. So wurde ein Anspruch auf Ausbildungsunterhalt für den Fall noch bejaht, dass zwischen Schulabschluss und der Aufnahme der Ausbildung sieben Jahre liegen, wenn der Unterhaltsberechtigte zwischenzeitlich vier Kinder bekommen und diese nach der Geburt betreut hat.[1129]

Die Unterhaltspflicht kann nur für eine Ausbildung insgesamt bejaht oder verneint werden.[1130] Ein Anspruch auf Ausbildungsunterhalt besteht daher nicht, wenn nach der Ausbildung zur Bürogehilfin ein Jahr im erlernten Beruf gearbeitet und erst dann der Schulbesuch wieder aufgenommen wird.[1131] Findet das volljährige Kind – gleich aus welchen Gründen – zunächst keine Arbeits- oder Lehrstelle, und nimmt es dann über ein Jahr später ein Studium auf, so fehlt es regelmäßig am notwendigen engen zeitlichen Zusammenhang der Ausbildungsabschnitte.[1132] 810

Allerdings kann der **zeitliche Zusammenhang** auch dann gewahrt sein, wenn die zwischen der praktisch-beruflichen Ausbildung und dem Studienbeginn des Kindes vergangene Zeit auf zwangsläufige, dem Kind nicht anzulastende Umstände zurückzuführen ist. Auch wird der zeitliche Zusammenhang durch eine Wartezeit bis zur Erlangung des Studienplatzes nicht aufgehoben, selbst wenn er im Einzelfall drei Jahre beträgt, die erhebliche Verzögerung allerdings nicht vom Unterhaltsberechtigten zu vertreten ist.[1133] 811

Praxistipp

Im Rahmen des nötigen zeitlichen Zusammenhangs ist es jedenfalls erforderlich, dass der Auszubildende nach dem Abschluss der Lehre das Studium mit der gebotenen Zielstrebigkeit aufnimmt.[1134]

(c) Wirtschaftliche Zumutbarkeit

Der Unterhaltsanspruch des Kindes hängt zwar nicht davon ab, dass es seine Eltern zeitig von seinen Plänen in Kenntnis gesetzt hat.[1135] Allerdings haben die Eltern für eine mehrstufige Ausbildung nur in den Grenzen ihrer **wirtschaftlichen Leistungsfähigkeit und Zumutbarkeit** aufzukommen. Diese erhält im Rahmen mehrstufiger Ausbildung besonderes Gewicht,[1136] weil die Eltern durch die Dauer dieses Ausbildungsweges in ihren wirtschaftlichen Belangen stärker betroffen sein können als bei herkömmlichen Ausbildungswegen.[1137] 812

jj) Zweitausbildung

Ein Anspruch auf Finanzierung einer zweiten (weiteren) Ausbildung (sog. **Zweitausbildung**) setzt zunächst den erfolgreichen Abschluss einer sog. Erstausbildung voraus. Die beiden Begriffe werden vielfach verwechselt: Muss die erste Ausbildung – etwa aus gesundheitlichen Gründen – abgebrochen werden, ist die folgende (zweite) Ausbildung keine Zweitausbildung i.S.d. § 1610 Abs. 2, sondern noch eine (rechtliche) Erstausbildung, weil die erste Ausbildung nicht erfolgreich abgeschlossen worden ist. 813

Hat das Kind erfolgreich eine erste Berufsausbildung abgeschlossen, besteht in der Regel keine Verpflichtung der Eltern, eine weitere Ausbildung (Zweitausbildung) zu finanzieren.[1138] Eine Zweitausbildung wird daher nur in **seltenen Ausnahmefällen** geschuldet.[1139] Insbesondere bedürfen die hinsichtlich der 814

1129 OLG Thüringen FamRZ 2015, 1812 im Anschluss an BGH FamRZ 2011, 1560.
1130 BGH FamRZ 1990, 149.
1131 OLG Koblenz FamRZ 1995, 245 (Ls.).
1132 OLG Brandenburg FamRZ 2008, 87 = FuR 2007, 537.
1133 OLG Hamm FamFR 2012, 321.
1134 OLG Frankfurt FuR 2017, 94.
1135 BGH FamRZ 1992, 170 (Nr. 75).
1136 BGH FamRZ 2017, 1132.
1137 BGH FamRZ 1989, 853; FamRZ 2001, 1603 = FuR 2001, 326.
1138 BGH FamRZ 1993, 1057; 1991, 322; 1989, 853.
1139 Siehe etwa OLG Karlsruhe FamRZ 2000, 975.

Angemessenheit einer weiteren Ausbildung zu stellenden Anforderungen mit zunehmendem Alter des Kindes der besonders sorgfältigen Prüfung.[1140] Innerhalb zweier Fallgruppen ist ferner danach zu differenzieren, ob die Eltern ihre Leistungsschuld bereits im Rahmen der Finanzierung der Erstausbildung erfüllt haben oder nicht.

(1) Anspruch auf Erstausbildung ist erfüllt

815 Haben Eltern ihrem Kind eine optimale, begabungs- und neigungsbezogene – auch mehrstufige – Ausbildung gewährt, und hat das Kind eine **Ausbildung abgeschlossen**, dann sind sie ohne Rücksicht auf die Kosten, die sie dafür aufwenden mussten, ihrer Unterhaltspflicht aus § 1610 Abs. 2 in rechter Weise nachgekommen und grundsätzlich nicht verpflichtet, noch eine weitere, zusätzliche Ausbildung zu finanzieren, der sich das Kind nach Beendigung der ersten Ausbildung unterziehen will.[1141] Das Kind ist dann nicht mehr außerstande, sich selbst zu unterhalten (§ 1602 Abs. 1). Dies gilt bei mangelnder Neigung und Eignung ebenso wie bei fehlenden angemessenen Verdienstmöglichkeiten in dem erlernten Beruf.

816 Ausnahmsweise kann jedoch eine weitere Ausbildung (als Zweitausbildung) zu finanzieren sein,[1142] etwa wenn sie einvernehmlich von vornherein geplant und angestrebt war, insb. wenn sie zweifelsfrei als eine **in engem sachlichem und zeitlichem Zusammenhang** stehende Weiterbildung zu dem bisherigen Ausbildungsweg anzusehen ist, ohne dass die Voraussetzungen einer mehrstufigen Gesamtausbildung vorliegen,[1143] oder wenn sie sich als notwendig erweist, etwa weil der zunächst erlernte Beruf

- aus gesundheitlichen[1144] (etwa unfallbedingte Behinderungen) oder sonstigen, bei Ausbildungsbeginn nicht vorhersehbaren Gründen (Berufswechsel aus Gewissensgründen[1145]) nicht ausgeübt werden kann,[1146] oder
- aus Gründen, die bei Beginn der Ausbildung nicht voraussehbar waren, keine ausreichende Lebensgrundlage bildet.[1147]

817 In diesen Fällen sind bezüglich der **Leistungsfähigkeit der Eltern** strenge Anforderungen zu stellen: Wenn nicht vorrangig eine staatlich finanzierte Umschulung in einen wirtschaftlich gleichwertigen Beruf in Anspruch genommen werden kann,[1148] müssen jedenfalls die wirtschaftlichen Verhältnisse der Eltern überdurchschnittlich gut sein. Letztlich ist über die Zumutbarkeit unter Berücksichtigung der Umstände des jeweiligen konkreten Einzelfalles zu entscheiden.[1149]

(2) Anspruch auf Erstausbildung ist nicht erfüllt

818 Haben Eltern ihrem Kind eine zwar abgeschlossene, jedoch weder optimale noch begabungs- und/oder neigungsbezogene – auch mehrstufige – Ausbildung gewährt, dann schulden sie regelmäßig (noch) eine weitere Ausbildung als **Erstausbildung**. Hier kommen insb. folgende Fallgestaltungen in Betracht:

- die erste Ausbildung beruhte auf einer deutlichen Fehleinschätzung der Begabung[1150] bzw. Neigungen des Kindes durch seine Eltern; sein Begabungspotential wurde also nicht hinreichend ausgeschöpft,[1151]

1140 BGH FamRZ 1998, 671.
1141 BGH FamRZ 1977, 629 (Nr. 221); BGH FamRZ 1998, 671 = FuR 2000, 92.
1142 BGH FamRZ 1977, 629 = BGH FamRZ 1989, 853 m.w.N.; BGH FamRZ 1980, 1115.
1143 BGH FamRZ 1995, 416 (Nr. 221); OLG Koblenz FamRZ 2001, 1164.
1144 OLG Karlsruhe FamRZ 1990, 555.
1145 OVG Münster FamRZ 1994, 1215.
1146 BGH FamRZ 1977, 629; BGH FamRZ 1993, 1057; OLG Zweibrücken FamRZ 1980, 1058; OLG Hamm FamRZ 1989, 1219.
1147 BGH FamRZ 1977, 629 (Nr. 221).
1148 OLG Frankfurt FamRZ 1994, 257.
1149 OLG Karlsruhe FamRZ 2000, 975.
1150 BGH FamRZ 2006, 1100.
1151 BGH FamRZ 1991, 322; OLG Stuttgart FamRZ 1996, 1435; OLG Bamberg FamRZ 1990, 790.

- die Eltern haben dem Kind eine angemessene Ausbildung versagt und es in eine Ausbildung gedrängt, die seinen Begabungen und Neigungen nicht hinreichend Rechnung trägt, und Anhaltspunkte für eine wesentlich höhere Ausbildungsfähigkeit bestanden/bestehen, wenn das Kind sodann die erste Ausbildung nur auf Wunsch der Eltern beendet hat,[1152]
- die Eltern haben darauf bestanden, dass die begonnene Ausbildung abgeschlossen wird, obwohl die falsche Berufswahl alsbald erkannt worden ist,[1153]
- gestörte häusliche Verhältnisse (Scheidungskinder) haben sich nachteilig auf die schulische Entwicklung des Kindes ausgewirkt.[1154]

Der BGH hat derjenigen Fallgruppe, in denen Eltern ihrem Kind **ausnahmsweise auch eine** zweite Ausbildung finanzieren müssen, wenn sie es in einen unbefriedigenden, seinen Begabungen nicht hinreichend Rechnung tragenden Beruf gedrängt haben, diejenige Fallgruppe gleichgestellt, in denen dem Kind eine angemessene Ausbildung verweigert worden ist und es sich aus diesem Grund zunächst für einen Beruf entschieden hat, der seiner Begabung und seinen Neigungen nicht entspricht. Dabei hat der BGH ausdrücklich ausgeführt, dass die in der bisherigen Rechtsprechung entwickelten Ausnahmen von dem Grundsatz der Verpflichtung zur Finanzierung nur einer Ausbildung keineswegs als abschließender, andere Fallgruppen ausschließender Katalog verstanden werden können. Eine fortdauernde Unterhaltspflicht der Eltern hat der BGH deswegen auch für diejenigen Fälle angenommen, in denen die erste Ausbildung auf einer deutlichen Fehleinschätzung der Begabung des Kindes beruht. Auch in solchen Fällen haben die Eltern ihre Verpflichtung zur Finanzierung einer angemessenen Berufsausbildung noch nicht in rechter Weise erfüllt und sind im Einzelfall verpflichtet, dem Kind ausnahmsweise eine angemessene zweite Ausbildung zu finanzieren.[1155] 819

(3) Doppelstudium

Im Rahmen der Frage, ob für die Zweitausbildung eines volljährigen Kindes Ausbildungsunterhalt geschuldet wird, kann sich der Sachverhalt so darstellen, dass das volljährige Kind ein **Doppelstudium** betreibt. 820

Wenn **beide Studiengänge gleichzeitig abgeschlossen** werden, treten unterhaltsrechtliche Auswirkungen nicht ein, da sich die Ausbildungszeit und damit der Zeitraum für den Ausbildungsunterhalt geschuldet wird, nicht verlängert hat. Schlussendlich ist es also alleine Sache des volljährigen Kindes, ob es sich den Mehrbelastungen eines Doppelstudiums aussetzen will. 821

Differenzierter muss allerdings die Konstellation beurteilt werden, in der das Kind während des Erststudiums ein weiteres Studium aufnimmt, letzteres aber erst nach Beendigung des Erststudiums zum Abschluss bringen kann, sodass sich die Studienzeit als Ausbildungszeitraum, während dessen Unterhalt geschuldet wird, verlängert. 822

Nach § 1610 Abs. 2 schulden die Eltern dem Kind eine Berufsausbildung, darüber hinaus sind die Eltern nicht verpflichtet, die Kosten einer weiteren Ausbildung zu tragen.[1156] Dieser Verpflichtung sind die Eltern mit der Finanzierung des ersten Studiums bis zu dessen Abschluss nachgekommen. Für eine weitergehende Verpflichtung müssen nach Auffassung des BGH[1157] besondere Umstände vorliegen, wie diese oben (siehe Rdn 816 ff.) dargestellt worden sind.

Der Abschluss des weiteren Studiums verbessert selbstverständlich die Berufsaussichten des Kindes, trotzdem wurde die Verpflichtung der Eltern zur Finanzierung einer Zusatzausbildung, auch wenn sich 823

1152 BGH FamRZ 1980, 1115; BGH FamRZ 1989, 853; BGH FamRZ 1991, 322 (Nr. 221).
1153 BGH FamRZ 1991, 931.
1154 BGH FamRZ 1981, 437.
1155 BGH FamRZ 2006, 1100.
1156 BGH NJW-RR 2002, 1; NJW-RR 2000, 593; OLG Brandenburg FamRZ 2009, 1226.
1157 BGH NJW 1995, 718; NJW-RR 2002, 1.

durch diese die Chancen auf dem Arbeitsmarkt verbessern, verneint.[1158] Auch der Blick auf die Grundsätze zur Promotion hilft nicht weiter, da das weitere Studium nie zum üblichen akademischen Abschluss gehört und auch für eine akademische Laufbahn nicht erforderlich ist.

824 M. E. wird nach Abschluss des Erststudiums, und damit der einen angemessenen Ausbildung, weitergehender Unterhalt für die Beendigung des weiteren Studiums nicht geschuldet. Etwas Anderes kann auch nicht im Rahmen sehr guter wirtschaftlicher Verhältnisse der Eltern gelten, da auch diese nicht den Grundsatz, dass nur Unterhalt für eine angemessene Ausbildung geschuldet wird, aushebeln dürfen und können.

825 *Praxistipp*

Zu prüfen ist selbstverständlich, ob die Aufnahme des weiteren Studiums in Absprache mit den unterhaltspflichtigen Eltern erfolgt ist. Dann können keine Zweifel daran bestehen, dass die Unterhaltsverpflichtung bis zum Abschluss des weiteren Studiums andauert.

kk) Erlöschen und Verwirkung des Anspruchs auf Ausbildungsunterhalt

826 **(Leistungs-)Störungen** im Unterhaltsschuldverhältnis nach §§ 1601 ff., die auf der Verletzung des den §§ 1602, 1610 Abs. 2 innewohnenden Gegenseitigkeitsprinzips durch den Unterhaltsgläubiger beruhen,[1159] können verschiedene Rechtsfolgen nach sich ziehen:

- Ruhen des Anspruchs auf Ausbildungsunterhalt mit/oder ohne Zurückbehaltungsrechte, und/oder
- Verwirkung bzw. Teilverwirkung des Anspruchs auf Ausbildungsunterhalt.

(1) Erlöschen des Anspruchs auf Ausbildungsunterhalt

827 Massive Verletzungen des Gegenseitigkeitsverhältnisses führen von selbst zum **Wegfall des Unterhaltsanspruchs**, ohne dass dies an die besonderen Verwirkungsvoraussetzungen des § 1611 Abs. 1 gebunden wäre.[1160] Diese Rechtsfolge darf nicht mit den Rechtsfolgen gem. § 1611 Abs. 2 (Verwirkung eines Anspruchs) verwechselt werden:[1161]

828 § 1611 regelt Fallgestaltungen **sittlichen Verschuldens** und setzt systematisch bereits voraus, dass dem Kind ein Unterhaltsanspruch zwar grundsätzlich zusteht, dieser aber aufgrund eines bestimmten negativ zu bewertenden Verhaltens des Kindes ausgeschlossen ist. Die Zurechnung fiktiver Einkünfte[1162] in bedarfsdeckender Höhe lässt vielmehr bereits die Bedürftigkeit und damit die Voraussetzungen für das Bestehen eines Unterhaltsanspruchs entfallen, den der Anwendungsbereich des § 1611 Abs. 1 aber gerade voraussetzt.[1163]

829 Verletzt ein unterhaltsberechtigtes (volljähriges) Kind **nachhaltig Ausbildungsobliegenheiten**, zeigt es insb. keine Mitwirkung bei seiner schulischen oder beruflichen Ausbildung,[1164] oder verletzt es nachhaltig seine Obliegenheit, die Ausbildung planvoll und zielstrebig aufzunehmen und durchzuführen,[1165] dann büßt es seinen Unterhaltsanspruch ein und muss sich darauf verweisen lassen, seinen Lebensbedarf durch eigene Erwerbstätigkeit selbst zu verdienen.[1166]

1158 OVG Münster FamRZ 1980, 515.
1159 BGH FamRZ 1987, 470; OLG Hamm FamRZ 1989, 1219; OLG Stuttgart FamRZ 1996, 181.
1160 BGH FamRZ 1998, 671, 672.
1161 OLG Stuttgart FamRZ 1997, 447; OLG Hamburg FamRZ 1995, 959.
1162 OLG Brandenburg JAmt 2004, 504.
1163 OLG Brandenburg JAmt 2004, 504.
1164 OLG Celle JAmt 2004, 265.
1165 OLG Frankfurt FuR 2002, 546.
1166 BGH FamRZ 1984, 777; 1993, 1057, 1059 m.w.N.; 1998, 621; 1998, 671 = FuR 1998, 216; OLG Hamm FamRZ 1986, 198; OLG Frankfurt FamRZ 1986, 498; OLG Zweibrücken FamRZ 1985, 92; OLG Celle OLGR 2004, 209.

Je nach konkreter Situation kann eine grundlose und durch den Unterhaltsgläubiger zu vertretende mehrjährige Unterbrechung der Ausbildung[1167] dazu führen, dass ein Unterhaltsanspruch auf Dauer entfällt,[1168] sofern nicht ausnahmsweise den Eltern die Zahlung von Ausbildungsunterhalt nach ihren wirtschaftlichen Verhältnissen noch zumutbar ist.[1169] 830

Allerdings kann ein erloschener Unterhaltsanspruch ausnahmsweise **wieder aufleben**, wenn die Ausbildung mit erhöhtem Leistungswillen nunmehr zielstrebig weitergeführt oder erneut aufgenommen wird, und wenn ein erfolgreicher Abschluss der Ausbildung zu erwarten ist.[1170] 831

(2) Verwirkung des Anspruchs auf Ausbildungsunterhalt

Eine Verwirkung des Anspruchs auf Ausbildungsunterhalt kommt unter den **Voraussetzungen des § 1611** in Betracht. So macht sich der Unterhaltsgläubiger einer schweren Verfehlung i.S.v. § 1611 Abs. 1 schuldig, wenn er dem Unterhaltsschuldner einen nicht unerheblichen Schaden durch seine schuldhafte Pflichtverletzung zufügt, die darin besteht, dass er ihm den Abbruch seiner Ausbildung nicht mitteilt und ihn dadurch veranlasst, weiter Unterhalt zu zahlen, obwohl er hierzu nicht mehr verpflichtet ist und bei pflichtgemäßer Aufklärung die Unterhaltszahlungen auch eingestellt hätte. Eine solche schwere Verfehlung kann unter Gesamtabwägung aller den Fall prägenden Umstände sowohl zur teilweisen als auch zur vollständigen Verwirkung des Unterhaltsanspruchs führen.[1171] 832

3. Bedürftigkeit

Gem. § 1602 ist nur derjenige **unterhaltsberechtigt**, der außerstande ist, sich selbst zu unterhalten, also unterhaltsbedürftig ist; das ist für volljährige Kinder der Fall, solange und soweit sie noch keine eigene Lebensstellung erreicht haben, regelmäßig also, wenn sie sich in Ausbildung befinden, aber auch bei Vorliegen einer Notlage, Krankheit oder Betreuung eines eigenen minderjährigen Kindes. 833

§ 1602 Abs. 1 normiert das **Eigenverantwortungsprinzip** im Verwandtenunterhalt: Das (nicht mehr betreuungsbedürftige) volljährige Kind ist unterhaltsrechtlich grundsätzlich als Erwachsener zu behandeln. Es ist regelmäßig für sich selbst verantwortlich und muss daher auch eigenständig für seinen Lebensunterhalt sorgen. Dabei ist das Kind verpflichtet, seine Arbeitskraft zur Sicherstellung seines notwendigen Lebensbedarfs nach ähnlich strengen Maßstäben zu nutzen wie Eltern, die gegenüber minderjährigen Kindern unterhaltspflichtig sind.[1172] 834

Dies gilt nur dann nicht, wenn das Kind entweder eine (staatlich anerkannte) Berufsausbildung absolviert, oder wenn es unverschuldet in Not[1173] geraten und deshalb **außerstande ist, seinen** eigenen angemessenen Lebensbedarf (§ 1610) ganz oder teilweise aus eigenen Mitteln – Einkommen auch aus einfachsten Tätigkeiten sowie Vermögen – und Kräften (keine Möglichkeit zu einer zumutbaren Erwerbstätigkeit) zu decken.[1174] 835

> *Praxistipp* 836
>
> Der Anspruch eines Verwandten auf Unterhalt kann wegen der Verletzung von Obliegenheiten gemindert oder gar ausgeschlossen sein.

1167 OLG Frankfurt FamRZ 1994, 1611.
1168 OLG Naumburg FamRZ 2001, 440.
1169 OLG Stuttgart FamRZ 1996, 181.
1170 OLG Frankfurt FamRZ 1986, 498; OLG Stuttgart FamRZ 1996, 181; OLG Schleswig FamRZ 1986, 201; OLG Zweibrücken FamRZ 1980, 1058.
1171 OLG Köln FamRZ 2005, 301.
1172 OLG Düsseldorf FamRZ 2004, 1890 (Ls.).
1173 BGH FamRZ 1985, 273.
1174 OLG Stuttgart FamRZ 1981, 993; OLG Frankfurt FamRZ 1987, 408; OLG Hamm FamRZ 1990, 904; OLG Düsseldorf FamRZ 2001, 1724.

837 Wenn und soweit die Bedürftigkeit ganz oder teilweise auf das Verhalten des Verwandten in der Vergangenheit zurückzuführen ist, ist die Sondervorschrift des § 1611 zu beachten, die in ihrem Geltungsbereich den Rückgriff auf die allgemeinen Grundsätze ausschließt.[1175] Ein bereits erloschener Unterhaltsanspruch kann unter gewissen Voraussetzungen wieder aufleben.

a) Deckung des eigenen Lebensbedarfs durch Einkommen

838 Der Lebensbedarf des Unterhalt begehrenden Verwandten kann sowohl durch eigene (fiktive) Einkünfte (§ 1602 Abs. 1) gedeckt sein.

aa) Deckung des Lebensbedarfs durch eigene Einkünfte

839 Nach § 1602 Abs. 1 ist nur derjenige Verwandte unterhaltsberechtigt, der außerstande ist, seinen Lebensbedarf aus eigenen Einkünften teilweise oder insgesamt zu decken, und der auch nicht verpflichtet ist, sich durch zumutbare Arbeit Einkünfte zur Bestreitung seines Lebensunterhalts zu beschaffen. Zur **Deckung des eigenen Lebensbedarfs** sind alle Einkünfte jeder Art (s. § 2 EStG) des Unterhalt begehrenden Verwandten steuerbereinigt zur Deckung seines Lebensbedarfs anzurechnen, sofern er bereits volljährig ist.

840 Das Gesetz geht grundsätzlich von der **Erwerbsobliegenheit** eines jeden Verwandten aus und gewährt eine Unterstützung durch den Unterhaltsschuldner nur dort, wo für den Unterhaltsgläubiger keine Erwerbsobliegenheit (mehr) besteht. Im Rahmen der Minderung der Bedürftigkeit durch eigenes Einkommen ist demnach zwischen Einkommen aus zumutbarer und aus unzumutbarer Erwerbstätigkeit zu differenzieren.

(1) Einkommen aus zumutbarer Erwerbstätigkeit

841 Einkommen aus **zumutbarer Erwerbstätigkeit** mindert den (Unterhalts-) Bedarf des Unterhalt begehrenden Verwandten nach Kürzung um Erwerbsaufwand und Mehrbedarf[1176] in vollem Umfang. Gleiches gilt für solche Einkünfte, die unter Verstoß gegen die Erwerbsobliegenheit nicht erzielt worden sind.[1177]

842 *Praxistipp*

Die bedarfsmindernde Wirkung der Einkünfte des Unterhaltsgläubigers tritt in dem Monat ein, in dem die Vergütung zufließt.[1178]

843 Häufigster Fall der Erwerbseinkünfte eines volljährigen Kindes ist dessen **Ausbildungsvergütung**.[1179] Diese wird bereinigt in voller Höhe auf den Bedarf angerechnet, da die Eltern dem volljährigen Kind, anders als dem Minderjährigen – nur – Barunterhalt schulden.

844 Die Ausbildungsvergütung des volljährigen Kindes ist um die **ausbildungsbedingten Aufwendungen** zu kürzen, wenn und soweit diese für die Ausbildung notwendig sind und tatsächlichen anfallen.[1180] Der ausbildungsbedingte Mehrbedarf steht dem volljährigen Kind nicht zur Bedarfsdeckung zur Verfügung und kann daher keine bedarfsdeckende Wirkung entfalten. Dieser wird pauschal[1181] mit 100 EUR bewertet.[1182]

845 *Praxistipp*

Der „ausbildungsbedingte Mehrbedarf", also die mit der Berufsausbildung verbundenen Kosten, ist nicht mit den berufsbedingten Aufwendungen von Erwerbstätigen gleichzusetzen, allerdings sind

1175 BGH FamRZ 1985, 273; BGH FamRZ 1986, 560.
1176 OLG Köln FamRZ 1995, 55.
1177 BGH FamRZ 1989, 159.
1178 BFH NJW 2002, 2583.
1179 BGH FamRZ 2006, 99.
1180 BGH FamRZ 1989, 159.
1181 BUL Ziff. 10.2.
1182 DT 2023 Anm. A 8.

beide Positionen, sofern berufsbedingte Aufwendungen tatsächlich anfallen, einkommensmindernd vorab in Abzug zu bringen.[1183] In der Praxis bedeutet dies, dass von der Ausbildungsvergütung ein Betrag in Höhe von 100 EUR und des weiteren Fahrtkosten in ihrer konkreten Höhe, wie sie dem Auszubildenden tatsächlich entstanden sind, einkommensmindernd abzuziehen sind.

Die Ausbildungsvergütung des volljährigen Kindes ist also um die ausbildungsbedingten Aufwendungen zu reduzieren. Die diesbezüglichen Angaben sind in der Düsseldorfer Tabelle und den unterhaltsrechtlichen Leitlinien nicht einheitlich, sodass sich die Frage stellt, ob der Tabellenbetrag (DT 2023) in Höhe von derzeit 930 EUR für volljährige Kinder mit eigenem Haushalt, den Pauschalbetrag für die ausbildungsbedingten Aufwendungen in Höhe von 100 EUR bereits enthält und damit deren weitere Berücksichtigung ausscheidet. Im Hinblick auf die Düsseldorfer Tabelle, welcher der Bedarf pauschal entnommen wird, erscheint es nur konsequent in der Anwendung „die Ausbildungsvergütung eines in der Berufsausbildung stehenden Kindes in der Regel um einen ausbildungsbedingten Mehrbedarf von monatlich 100 EUR zu kürzen“.[1184] 846

Praxistipp 847

Der Abzug des – pauschalierten – ausbildungsbedingten Mehrbedarfs kann bei Einkünften des volljährigen Kindes außerhalb der Ausbildungsvergütung nicht erfolgen. Allerdings sind seine berufsbedingten Aufwendungen pauschal einkommensmindernd in Abzug zu bringen.[1185]

Rechenbeispiel 848

Das volljährige sich in Ausbildung befindliche Kind erzielt monatliche Nettoeinkünfte in Höhe von 500 EUR.

1. Die **Bedarfsberechnung bei eigenem Haushalt**:

Bedarf	930 EUR
Kindergeld in voller Höhe bedarfsdeckend	250 EUR
(Rest-)Bedarf	680 EUR
Einkünfte des volljährigen Kindes	500 EUR
Ausbildungsbedingter Mehraufwand, pauschal	100 EUR
Fahrtkosten, konkret	50 EUR
Bereinigtes Einkommen	350 EUR
Ungedeckter Restbedarf	330 EUR

Für den Unterhaltsbedarf des volljährigen sich in Ausbildung befindlichen Kindes mit eigenem Haushalt in Höhe von 330 EUR haften die Eltern im Rahmen ihrer Leistungsfähigkeit anteilig nach ihren Einkommens- und Vermögensverhältnissen.

2. Die **Bedarfsberechnung ohne eigenen Haushalt**:

Bedarf, 4. Altersstufe der DT 2023 gem. dem zusammengerechneten Einkommen der barunterhaltspflichtigen Eltern, z. B 7. Einkommensgruppe (3.901 – 4.300)	855 EUR
Kindergeld in voller Höhe bedarfsdeckend	250 EUR
(Rest-)Bedarf	605 EUR

1183 BGH FamRZ 1981, 541.
1184 DT 2023 Anm. A 8.
1185 Eschenbruch/*Schwonberg*, Kap. 2 Rn 890 m.w.N.

Einkünfte des volljährigen Kindes	500 EUR
Ausbildungsbedingter Mehraufwand, pauschal	100 EUR
Fahrtkosten, konkret	50 EUR
Bereinigtes Einkommen	350 EUR
Ungedeckter Restbedarf	255 EUR

Für den Unterhaltsbedarf des volljährigen sich in Ausbildung befindlichen Kindes mit eigenem Haushalt in Höhe von 255 EUR haften die Eltern im Rahmen ihrer Leistungsfähigkeit anteilig nach ihren Einkommens- und Vermögensverhältnissen.

(2) Einkommen aus unzumutbarer Erwerbstätigkeit

849 Einkünfte aus **unzumutbarer (überobligatorischer) Erwerbstätigkeit** bleiben nicht anrechnungsfrei, sondern sind nach Billigkeitsgesichtspunkten, entsprechend dem Rechtsgedanken des § 1577 Abs. 2 entweder voll oder nur teilweise anzurechnen.[1186] Es ist zunächst nach allgemeinen Grundsätzen in einen unterhaltsrelevanten (anrechnungspflichtigen) und in einen nicht unterhaltsrelevanten (nicht anrechnungspflichtigen) Teil aufzuspalten. Wenn und soweit der Unterhaltsschuldner nicht den vollen Unterhalt leistet (§ 1577 Abs. 2 Satz 1), bleiben die Einkünfte anrechnungsfrei. Darüber hinaus werden sie nach der Differenz-/Additionsmethode angerechnet, wenn und soweit dies unter Berücksichtigung der beiderseitigen wirtschaftlichen Verhältnisse der Billigkeit entspricht (§ 1577 Abs. 2 Satz 2).[1187]

850 Grundsätzlich trifft – auch im Interesse der/des Unterhaltsschuldner/s – **Schüler/Studenten neben** dem **Schulbesuch/Studium keine Erwerbsobliegenheit**.[1188] Das gilt auch für die Zeit der Semesterferien, die neben der notwendigen Erholung der Wiederholung und Vertiefung des Stoffes dient, soweit sie nicht ohnehin durch studienbedingte Arbeiten (Hausarbeiten) bzw. Praktika ausgefüllt ist. Schulbesuch und Studium sind daher mit einer Vollerwerbstätigkeit vergleichbar, neben der dem Unterhaltsgläubiger nur in Ausnahmefällen Nebentätigkeiten obliegen. Einkünfte eines Schülers/Studenten aus einer (Neben-) Erwerbstätigkeit werden daher generell als Einkünfte aus unzumutbarer (überobligationsmäßiger) Tätigkeit angesehen.

851 Selbst wenn sich die barunterhaltspflichtigen Eltern **finanziell in besonders beengten Verhältnissen** befinden, ist die Aufnahme einer Nebentätigkeit während der Ausbildung und/oder Ableistung von Ferienarbeit nur in seltenen Ausnahmefällen zumutbar, so z.B. wenn der Student zuhause, also bei dem anderen Elternteil wohnt und dadurch einen geringeren Lebenshaltungsaufwand hat.[1189]

852 Erzielt der Unterhaltsgläubiger höhere Einkünfte (höher als ein großzügig bemessenes Taschengeld), dann entspricht es regelmäßig der Billigkeit, dass nach Abzug studienbedingter Mehraufwendungen (etwa erhöhte Wohnkosten über dem BAföG-Satz)[1190] zumindest eines nach den Umständen des Einzelfalls zu bestimmenden Teils des Einkommens auf den Bedarf angerechnet wird.[1191]

853 Darüber hinaus sind Einkünfte aus Schüler-/Studentenarbeit (Nebentätigkeit, Ferienarbeit u.a.) auf den Unterhaltsanspruch entsprechend § 1577 Abs. 2 Satz 2 jedenfalls teilweise anzurechnen, wenn **schutz-**

1186 BGH FamRZ 1995, 475; OLG Hamm FamRZ 1997, 231; OLG Köln FamRZ 1996, 1101; NJW-RR 1996, 707; OLG Hamm OLGR 2000, 176; OLG Karlsruhe OLGR 1999, 46; OLG Brandenburg FamRZ 2011, 1067.

1187 BGH FamRZ 1987, 470; 1995, 475; OLG Köln FamRZ 1991, 856; OLG Koblenz FamRZ 1996, 382; BGH FamRZ 1983, 146 ff.; a.A. noch OLG Koblenz FamRZ 1989, 1219; OLG Brandenburg FamRZ 2011, 1067.

1188 OLG Brandenburg NJW-RR 2011, 725.

1189 OLG Hamm FamFR 2012, 519.

1190 BGH FamRZ 1995, 475.

1191 BGH FamRZ 1983, 152; OLG Koblenz FamRZ 1989, 1219; OLG Köln FamRZ 1995, 55; OLG Hamm FamRZ 1997, 231; FamRZ 1997, 1497.

würdige Belange des Unterhaltsschuldners das rechtfertigen,[1192] wenn und soweit dies unter Berücksichtigung der beiderseitigen wirtschaftlichen Verhältnisse der Billigkeit entspricht.

Praxistipp 854

Entgelt für Arbeit in einer Behindertenwerkstatt wird nicht bedarfsmindernd angerechnet. Es handelt sich dabei nicht um einen zur Deckung des Lebensbedarfs gezahlten Lohn, sondern dient als Anerkennung und als Versuch der Vorbereitung auf die Eingliederung in das Erwerbsleben.[1193]

bb) Fiktives Einkommen als Erwerbsersatzeinkommen

Nach dem Eigenverantwortungsprinzip des § 1602 obliegt demjenigen, der einen Verwandten aufgrund eines Unterhaltstatbestands berechtigt in Anspruch nimmt, zunächst seine Arbeitskraft zu verwerten sowie zumutbare Hilfe Dritter in Anspruch zu nehmen.[1194] Verletzt der Unterhalt begehrende Verwandte eine solche Obliegenheit, wird auf **fiktive** und somit **anrechenbare Einkünfte** abgestellt. 855

(1) Erwerbsobliegenheit im Allgemeinen

Volljährige Kinder sind vom Grundsatz her dazu verpflichtet, zur Deckung des eigenen Lebensbedarfs eine Erwerbstätigkeit aufzunehmen. 856

Vor einer unterhaltsrechtlichen Einstandspflicht seiner Eltern muss der gesunde Volljährige daher grundsätzlich – auch unter Ortswechsel – **jede Arbeitsmöglichkeit** ausnutzen und alle sich ihm bietenden, auch berufsfremde und einfachste Tätigkeiten bzw. Arbeiten unterhalb seiner gewohnten Lebensstellung bzw. ggf. unterhalb seines Ausbildungsniveaus annehmen,[1195] auch wenn es ihm nicht gelingt, einen Arbeitsplatz in seinem erlernten Beruf zu finden,[1196] wenn die Anforderungen des Arbeitsplatzes seine geistigen und körperlichen Fähigkeiten nicht übersteigen. Auf Arbeitslosigkeit kann er sich daher nicht berufen.[1197] Kommt ein Volljähriger seiner zumutbaren Erwerbsobliegenheit nicht nach, entfällt seine Bedürftigkeit in Höhe eines erzielbaren Erwerbseinkommens.[1198] 857

Ein Jugendlicher, der die Schule nicht mehr besucht und auch keine Ausbildung absolviert, ist daher **nicht bedürftig**.[1199] Er ist vielmehr zur Aufnahme einer Erwerbstätigkeit verpflichtet. Kommt er dieser Erwerbsobliegenheit nicht nach, so muss er sich in erzielbarer Höhe fiktive Einkünfte, die er bedarfsdeckend einzusetzen hat, zurechnen lassen.[1200] 858

(2) Erwerbsobliegenheiten bei Betreuung eines Kindes

Grundsätzlich gilt der **Grundsatz der Eigenverantwortung** auch dann, wenn der Volljährige ein eigenes minderjähriges Kind betreut. Der Umfang der Unterhaltspflicht von Verwandten ist der Mitverantwortung des anderen Ehegatten für das gemeinsame Kind nicht gleichzusetzen.[1201] Sieht man dies allerdings – wie der BGH[1202] – großzügiger, ist jedenfalls zu verlangen, dass die unterhaltspflichtigen Eltern des betreuenden Unterhaltsgläubigers soweit wie möglich durch die Aufnahme einer Teilzeittätigkeit zu entlas- 859

1192 OLG Köln FamRZ 1996, 1101.
1193 OLG Oldenburg FamRZ 1996, 625; OLG Hamm FamRZ 1999, 126.
1194 BGH FamRZ 1985, 916.
1195 BGH FamRZ 1985, 273; OLG Köln FamRZ 1983, 942; OLG Zweibrücken FamRZ 1984, 291; OLG Frankfurt FamRZ 1987, 188; OLG Hamm FamRZ 1990, 1385; OLG Karlsruhe NJWE-FER 1999, 54.
1196 BGH FamRZ 1985, 273; 1987, 930; 1994, 696; OLG Hamm FamRZ 1999, 888; OLG Karlsruhe NJWE-FER 1999, 54.
1197 BGH FamRZ 1985, 273; OLG Schleswig OLGR 2008, 196.
1198 OLG Düsseldorf FamRZ 2004, 1890 (Ls.).
1199 OLG Karlsruhe FamRZ 1988, 758; OLG Düsseldorf FamRZ 1990, 194.
1200 OLG Stuttgart OLGR 2009, 284; OLG Rostock FamRZ 2007, 1267; OLG Brandenburg FamRZ 2005, 2094.
1201 OLG Hamm FamRZ 1990, 1385.
1202 BGH FamRZ 1985, 273.

ten sind (Vgl. Rdn 725 ff.).[1203] Dies gilt insbesondere dann, wenn der andere Elternteil oder ein mit der Mutter zusammenlebender Dritter die Betreuung des Kindes übernehmen kann,[1204] erst recht, wenn Fremdbetreuung möglich ist.

(3) Erwerbsobliegenheiten von Kindern in Notlagen

860 **Kranken** und **behinderten Kindern**[1205] gegenüber bleiben die Eltern – auch nach Eintritt der Volljährigkeit – voll unterhaltspflichtig (Vgl. Rdn 731 ff.), wenn und soweit der Lebensbedarf nicht durch (anrechenbare) Leistungen Dritter gedeckt ist und/oder die betroffenen Kinder ihn nicht durch zumutbare eigene Erwerbstätigkeit teilweise oder insgesamt decken können. Fiktives Erwerbseinkommen ist anrechenbar, wenn das Kind entweder mögliche und zumutbare Teilerwerbstätigkeit nicht leistet oder wenn es gegen Obliegenheiten zur Wiedereingliederung verstößt. Alkoholismus begründet als Krankheit ebenso wie Unterhaltsneurose zunächst Unterhaltsbedürftigkeit. Ein solcher Unterhaltsanspruch ist jedoch zum einen durch Verletzung der Obliegenheit begrenzt, alle zur Gesundung und Wiedereingliederung in das Erwerbsleben zumutbaren Maßnahmen einzuleiten, zum anderen durch § 1611.[1206]

cc) Einkommen aus Vermögen/Gebrauchsvorteile

861 Vermögenserträge mindern als Teile des Einkommens den Lebensbedarf ohne Besonderheiten.

862 Auch **Gebrauchsvorteile** (Wohnvorteile[1207]) mindern den Barbedarf des Kindes.

863 *Praxistipp*

Die (auch) vertretene Auffassung,[1208] das mietfreie Wohnen des Kindes führe nicht zu einer Kürzung seines Barunterhalts, verstößt gegen den elementaren Grundsatz, dass Unterhalt ausschließlich der Bedarfsdeckung dient. Besteht kein Bedarf, dann ist insoweit keine Bedürftigkeit gegeben. Mangels Bedürftigkeit entsteht auch kein Unterhaltsanspruch.

dd) Leistungen Dritter

864 Erhält der Unterhaltsgläubiger **Leistungen Dritter**, dann ist zunächst zu differenzieren, ob es sich um freiwillige Leistungen Dritter handelt, oder ob er auf diese Leistungen einen Rechtsanspruch hat.

(1) Freiwillige Leistungen Dritter

865 **Freiwillige Leistungen Dritter** werden unterhaltsrechtlich grundsätzlich nicht bedarfsmindernd angerechnet, sofern nicht folgende Ausnahmesituationen vorliegen:

- Der **Dritte will den Unterhaltsschuldner** entlasten,[1209] auch wenn er einer eigenen, eventuell auch nur subjektiv empfundenen Verpflichtung nachkommen will. Im Rahmen einer auf Dauer angelegten nichtehelichen Lebensgemeinschaft mindern daher Zuwendungen des Lebenspartners die Bedürftigkeit auch dann, wenn das (volljährige) Kind diesem keine entsprechenden hauswirtschaftlichen Versorgungsleistungen erbringt;[1210]
- Es liegen auf Seiten der/s Unterhaltsschuldner/s **äußerst beengte wirtschaftliche Verhältnisse** vor, wie es im Bereich von Mangellagen stets der Fall ist;
- **Stipendien** in Form laufender Leistungen mindern den Unterhaltsbedarf eines Studenten.

1203 BGH FamRZ 1985, 1245; OLG Karlsruhe FamRZ 1988, 200; OLG Hamm FamRZ 1990, 1385.
1204 OLG Hamm FamRZ 1996, 1104.
1205 *Klinkhammer*, FamRZ 2004, 266 ff.
1206 OLG Frankfurt FamRZ 2011, 1158; OLG Dresden FamRZ 2011, 1407.
1207 OLG Hamm FamRZ 2013, 1146.
1208 OLG München FamRZ 1998, 824; OLG Koblenz OLGR 2002, 323.
1209 BGH FamRZ 1993, 417.
1210 OLG Koblenz FamRZ 1991, 1469.

Eine Anrechnung **öffentlicher Ausbildungshilfen** ist dann nicht gerechtfertigt, wenn sie zum einen für Maßnahmen geleistet werden, deren Kosten die Eltern aufgrund ihrer bürgerlich-rechtlichen Unterhaltsverpflichtung gemäß § 1610 Abs. 1 und 2 nicht zu tragen hätten. Zum anderen soll eine Anrechnung dann unterbleiben, wenn die Ausbildungshilfe eine besondere Leistung des Auszubildenden belohnen soll oder wenn die Anrechnung mit dem besonderen Förderungszweck unvereinbar wäre.[1211] Kosten für Fahrten zur und von der Ausbildungsstätte, Miete, Verpflegung und Reinigungskosten fallen unter die vom Ausbildungsfreibetrag in typischer Weise erfassten Aufwendungen.[1212] 866

(2) Nicht subsidiäre Sozialleistungen

Nicht subsidiäre Sozialleistungen mindern die Bedürftigkeit oder schließen sie aus. Subsidiäre Sozialleistungen (siehe etwa § 2 SGB XII: Nachrang der Sozialhilfe) decken zwar den Unterhaltsbedarf, berühren aber den bürgerlich-rechtlichen Unterhaltsanspruch nicht. Dieser geht vielmehr (in der Regel) auf den Leistungsträger über (siehe § 94 SGB XII, § 7 UVG, § 37 BAföG für Leistungen im Form sog. Vorausdarlehen). Im Einzelnen: 867

(a) BAföG-Leistungen

BAföG-Leistungen mindern die Bedürftigkeit eines volljährigen Studenten auch insoweit, als sie darlehensweise gewährt werden, wenn dem Studenten die Aufnahme eines solchen Kredits bei angemessener Berücksichtigung der Interessen des Studenten und seiner Eltern im Hinblick auf die außerordentlich günstigen Darlehensbedingungen zumutbar ist,[1213] nicht aber, wenn sie nur als sog. Vorausdarlehen (§§ 36, 37 BAföG) erbracht worden sind. Grundsätzlich besteht für das studierende Kind die unterhaltsrechtliche Obliegenheit für die zumutbare Inanspruchnahme eines BAföG-Darlehens, ansonsten sind ihm fiktive Einkünfte in Höhe des möglichen Darlehensanspruchs anzurechnen, welche die unterhaltsrechtliche Bedürftigkeit des Kindes mindern.[1214] 868

Einem volljährigen, nicht BAföG-berechtigten Studenten, der von seinen leistungsfähigen Eltern Unterhalt erhält, obliegt diesen gegenüber in der Regel nicht die Verpflichtung, ein sogenanntes Bildungsdarlehen aufzunehmen. Die Rechtsprechung hinsichtlich der Verpflichtung zur Aufnahme eines BAföG-Darlehens lässt sich auf ein sogenanntes Bildungsdarlehen nicht übertragen.[1215]

(b) Berufsausbildungsbeihilfen

Berufsausbildungsbeihilfen: Nach § 97 Abs. 1 SGB III können Leistungen zur **Förderung der beruflichen Eingliederung** erbracht werden, die wegen Art oder Schwere der Behinderung erforderlich sind, um die Erwerbstätigkeit der Behinderten entsprechend ihrer Leistungsfähigkeit zu erhalten, zu bessern, herzustellen oder wiederherzustellen und ihre berufliche Eingliederung zu sichern. Das in diesem Rahmen gezahlte Ausbildungsgeld ist keine – gegenüber Unterhaltsansprüchen – subsidiäre Leistung, sondern mindert die Bedürftigkeit.[1216] Die Berufsausbildungsbeihilfe gem. §§ 59 ff. SGB III hat hingegen Lohnersatzfunktion und stellt nur dann eine subsidiäre Geldleistung dar, wenn sie als Vorauszahlung geleistet wird.[1217] 869

(c) Grundsicherung

Es entspricht in Anbetracht der Unterhaltsleistungen, die Eltern einem erwerbsunfähigen Kind gegenüber bis zu dessen Volljährigkeit erbringen, der allgemeinen **Pflicht zur Rücksichtnahme und Loyalität** (Gegenseitigkeitsprinzip), wenn ein volljähriges Kind darauf verwiesen wird, vorrangig die Grundsicherung 870

1211 BFHE 198, 493 = NJW 2002, 2583.
1212 BFHE 198, 493 = NJW 2002, 2583.
1213 BGH FamRZ 1985, 916.
1214 OLG Koblenz, Beschl. v. 7.3.2018, FamRZ 2018, 1666.
1215 Hanseatisches Oberlandesgericht Bremen FamRZ 2013, 1050.
1216 OLG München FamRZ 1992, 213 zu § 56 AFG.
1217 OLG Oldenburg FamRZ 1989, 531 zu § 40 AFG.

in Anspruch zu nehmen.[1218] Es muss sich daher die – etwa nach §§ 41 ff. SGB XII – möglichen Leistungen auch dann fiktiv auf seinen Bedarf anrechnen lassen, wenn diese Leistungen noch nicht beantragt sind.[1219]

(d) Waisenrenten

871 Nach dem **Tode eines** Elternteils richtet sich der Unterhaltsanspruch des Kindes in Höhe des vollen Bedarfs gegen den überlebenden Elternteil, so dass diesem auch die Minderung der Bedürftigkeit durch die Waisenrente in voller Höhe zugutekommt.[1220] Eine dem Kind nach dem Tode eines Stiefelternteils gewährte Waisenrente entlastet die Eltern von ihrer Unterhaltspflicht im Verhältnis ihrer Haftungsanteile.[1221] Die für ein minderjähriges Kind gezahlte Halbwaisenrente ist auf seinen Barunterhaltsanspruch gegen den Elternteil, bei dem es lebt, nur zur Hälfte anzurechnen.[1222]

(e) Wohngeld

872 Wohngeld ist zunächst auf die **Differenzzwischen den Mietkosten**, die in dem pauschalierten notwendigen Eigenbedarf enthalten sind (sog. erhöhte Wohnkosten), **und der tatsächlich gezahlten (angemessenen) Miete** anzurechnen. Ein etwa noch verbleibender Teil mindert das Einkommen.[1223]

(3) Kindergeld/sonst. kindbezogene Leistungen

873 Anders als andere **regelmäßig wiederkehrende kindbezogene steuerliche Leistungen** stellt das Kindergeld **Einkommen des Kindes** dar. Das staatliche Kindergeld ist daher zweckgebunden zur Deckung des Barbedarfs des Kindes einzusetzen.[1224] Es mindert seine Bedürftigkeit und damit seinen Bedarf in voller Höhe.

b) Einsatz des Vermögens

874 Nach § 1602 Abs. 2 müssen Volljährige anders als minderjährige Verwandte den Stamm ihres Vermögens grundsätzlich nicht verwerten, da dieses Vermögen dem späteren Aufbau einer eigenen Lebensstellung dienen soll. Dieser Grundsatz gilt nicht, wenn die Eltern den Unterhalt des Kindes nicht ohne Gefährdung des eigenen angemessenen Unterhalts leisten können (§ 1603 Abs. 2 Satz 3). Alle anderen (volljährigen) Verwandten, also auch privilegiert volljährige Kinder (da § 1602 nicht auf diese anwendbar ist), müssen in der Regel neben ihrem eigenen bereinigten Einkommen auch den (um den Schonbetrag – sog. Notgroschen) bereinigten **Stamm** ihres **Vermögens** für ihren Bedarf einsetzen, soweit dies nicht im Einzelfall grob unbillig ist (Umkehrschluss aus § 1602 Abs. 2).[1225]

875 Zumutbar verwertbares Vermögen ist vollständig auf die voraussichtliche – ordnungsgemäße – Ausbildungsdauer umzulegen, insb. wenn das Vermögen dem Zweck dient oder dienen soll, die Ausbildung zu sichern. Daher hat ein volljähriges, studierendes Kind sein Vermögen sukzessive zur Deckung seines Lebensbedarfs einzusetzen und darf das Vermögen nicht anderweitig verbrauchen. Bei einem Verstoß gegen diese Obliegenheit muss es sich so behandeln lassen, als ob noch Vermögen vorhanden wäre und bedarfsdeckend eingesetzt werden könnte.[1226]

1218 OLG Naumburg FamRZ 2009, 701.
1219 OLG Hamm NJW 2004, 1604 m. Anm. *Bissmaier*, FamRB 2004, 179 zu §§ 1 ff. GSiG.
1220 OLG Stuttgart FamRZ 2001, 1241.
1221 BGH FamRZ 1980, 1109; OLG Hamm FamRZ 1980, 479.
1222 BGH FamRZ 2009, 762 = FuR 2009, 409 im Anschluss an BGH FamRZ 1980, 1109, 1111.
1223 BGH FamRZ 1980, 771 = FuR 2003, 275.
1224 BT-Drucks 16/1830 S. 28.
1225 BGH FamRZ 1986, 48; FamRZ 1998, 367; OLG Hamburg FamRZ 1980, 912; OLG Hamm FamRZ 1982, 1099; OLG Frankfurt FamRZ 1987, 1179; OLG Düsseldorf FamRZ 1990, 1137; OLG München FamRZ 1996, 1433; OLG Karlsruhe FamRZ 2012, 1573.
1226 OLG Zweibrücken NJW 2016, 329.

Die Pflicht zum Einsatz des eigenen Vermögensstammes wird – ähnlich wie im Sozialhilferecht[1227] – durch das sog. **Schonvermögen** für besondere Notlagen (**Notgroschen**) begrenzt, es sei denn, dass es sich im Rahmen des Ausbildungsunterhalts bei dem Vermögen um Leistungen aus einer Ausbildungsversicherung handelt.[1228] 876

Praxistipp 877

Für die Bedürftigkeit ist der Unterhaltsberechtigte darlegungs- und beweispflichtig.

4. Leistungsfähigkeit

Zum Unterhalt verpflichtet ist nur derjenige, der bei Berücksichtigung seiner sonstigen Verpflichtungen ohne Gefährdung seines angemessenen Unterhalts Unterhalt zu gewähren in der Lage ist (§ 1603 Abs. 1). Dem Unterhaltsschuldner verbleiben alle seine zur angemessenen Deckung des seiner Lebensstellung entsprechenden allgemeinen Bedarfs benötigten Mittel (angemessener Eigenbedarf).[1229] Der eigene Unterhalt wird als **Selbstbehalt** bezeichnet.[1230] 878

§ 1603 begrenzt die Leistungspflicht des Unterhaltspflichtigen auf den Betrag, der seinen eigenen Lebensbedarf (**Eigenbedarf = Selbstbehalt**) übersteigt. Leistungsfähig i.S.d. § 1603 ist also nur der Unterhaltspflichtige, dessen bereinigtes Nettoeinkommen über den Selbstbehalt liegt.[1231] Nach § 1603 Abs. 1 scheidet die Unterhaltspflicht eines Elternteils gegenüber dem volljährigen Kind aus, wenn und soweit der Elternteil unter Berücksichtigung seiner sonstigen Verpflichtungen außerstande ist, dem volljährigen Kind Unterhalt zu gewähren, ohne dass sein eigener angemessener Unterhalt (Selbstbehalt) gefährdet ist. 879

Praxistipp 880

Die volljährigen nicht privilegierten Kinder befinden sich nach § 1609 Nr. 4 im 4. Rang, das heißt, dass der Unterhaltsschuldner mit dem seinen angemessenen Selbstbehalt übersteigenden Einkommensbetrag vorrangig bestehende Unterhaltspflicht – soweit möglich – in voller Höhe zu bedienen hat. Nur wenn und soweit nach unterhaltsrechtlicher Befriedigung des 1. bis 3. Ranges noch Leistungsfähigkeit des Unterhaltsschuldners besteht, liegt kein Mangelfall vor.

a) Abgrenzung volljähriges/privilegiert volljähriges Kind (§ 1603 Abs. 2 Satz 2)

§ 1603 Abs. 2 „**verschärft**" gegenüber § 1603 Abs. 1 die Leistungspflicht des Unterhaltspflichtigen in Form einer gesteigerten Erwerbsobliegenheit für die minderjährigen Kindern gleichgestellte volljährige unverheiratete Kinder bis zur Vollendung des 21. Lebensjahres, solange sie im Haushalt der Eltern oder eines Elternteils leben, und sich in der allgemeinen Schulausbildung befinden (§ 1603 Abs. 2 Satz 2). 881

Privilegiert sind die volljährigen unverheirateten Kinder bis zur Vollendung des 21. Lebensjahres, die im Haushalt der Eltern, eines Elternteils oder der Großeltern[1232] leben, und sich in der allgemeinen Schulausbildung (siehe Rdn 295) befinden. 882

b) Umfang der Leistungspflicht nach § 1603 Abs. 1

Den gegenüber dem **volljährigen Kind** zum Unterhalt verpflichteten Elternteil trifft – anders als gegenüber dem minderjährigen und/oder privilegiert volljährigen Kind – keine gesteigerte Unterhaltspflicht im Sinne einer verschärften Haftung. 883

1227 Anders OLG Köln FamRZ 2001, 437 = FuR 2001, 80.
1228 OLG Frankfurt OLGR 2003, 304.
1229 Weinreich/*Eder*, § 1603 Rn 1.
1230 Vgl. SüdL Anhang 3; Hdb. FamR/*Fuchs*, 6. Kap. Rn 321.
1231 Hdb. FamR/*Fuchs*, 6. Kap. Rn 321; *Lipp*, FamRZ 2012, 1.
1232 OLG Dresden FamRZ 2002, 695.

884 Nach § 1603 Abs. 1 ist **unterhaltspflichtig** nicht, wer bei Berücksichtigung seiner sonstigen Verpflichtungen außerstande ist, ohne Gefährdung seines eigenen angemessenen Lebensbedarfs (= Eigenbedarf = Selbstbehalt) den vollen Unterhalt zu gewähren. Nur der Teil des – unterhaltsrechtlich bereinigten – Einkommens ist für den Unterhalt verfügbar, das den Selbstbehalt übersteigt. Lediglich insoweit ist die Leistungsfähigkeit des Unterhaltspflichtigen gegeben.

c) Der angemessene Selbstbehalt gegenüber dem volljährigen nicht privilegierten Kind

885 Der **Eigenbedarf (Selbstbehalt)** begrenzt die Leistungspflicht und damit die Leistungsfähigkeit des Unterhaltsschuldners, indem das Tatbestandmerkmal des § 1603 Abs. 1 „außerstande" die Grenze zieht zwischen dem Betrag seines Einkommens, der dem Unterhaltsschuldner für sich verbleiben muss, weil er ihn zur Deckung seines eigenen Bedarfs benötigt, und dem der für die Zahlung von Unterhalt zur Verfügung steht. § 1603 Abs. 1 teilt das Einkommen des Unterhaltsschuldners somit in einen Teil der beim Schuldner verbleibt, nämlich der Selbstbehalt (Eigenbedarf), und den Teil in dessen Höhe der Schuldner leistungsfähig ist, also Unterhalt leisten kann.

886 Gegenüber Unterhaltsansprüchen volljähriger Kinder steht dem Unterhaltsschuldner der **angemessene Selbstbehalt** in Höhe von derzeit 1.650 EUR zu. In diesem Betrag sind 650 EUR für Warmmiete enthalten.[1233] Nach Auffassung des BGH ist nicht zu beanstanden, dass beim angemessenen Selbstbehalt im Hinblick eine Erwerbstätigkeit des Unterhaltsschuldners keine Unterscheidung – wie dies beim notwendigen Selbstbehalt der Fall ist – erfolgt.[1234]

887 *Praxistipp*

Die Synergie-Effekte einer neuen – auch gleichgeschlechtlichen[1235] – Partnerschaft werden mit einer Kürzung des Selbstbehalts für jeden der zusammenlebenden Partner um je 10 %, d.h. für beide um 20 % wiedergegeben.[1236]

d) Einkünfte, Erwerbsobliegenheit des Unterhaltspflichtigen, Einsatz des Vermögensstamms und Hausmann-Rechtsprechung

888 Die Bestimmung des Einkommens folgt den **allgemeinen Grundsätzen**, wobei sich im Unterhaltsrechtsverhältnis zum volljährigen Kind insofern Besonderheiten im Vergleich zum minderjährigen und/oder privilegiert volljährigen Unterhaltsgläubiger ergeben, als der Umfang der Erwerbsobliegenheit ein geringerer ist und die Hausmann-Rechtsprechung in nur sehr eingeschränktem Umfang Geltung hat.

aa) Tatsächliche Einkünfte des Unterhaltsschuldners

889 Im Rahmen der Prüfung der Leistungsfähigkeit des Unterhaltsschuldners gegenüber dem volljährigen Kind ist **sein gesamtes tatsächlich erzieltes Einkommen mit berufstypischen Zuschlägen**[1237] **und erzielten bzw. erzielbaren steuerlichen Vorteilen maßgeblich**.[1238] Daher ist das unterhaltsrechtlich relevante Einkommen des Unterhaltsschuldners nach den allgemeinen Grundsätzen zu ermitteln.

bb) Erwerbsobliegenheit des Unterhaltsschuldners

890 Die Leistungsfähigkeit des Unterhaltsschuldners wird auch durch seine **Erwerbsfähigkeit und seine Erwerbsmöglichkeiten** bestimmt.[1239] Sofern er über keine oder zu geringe Einkünfte verfügt, um den geschuldeten Unterhalt zu bedienen, trifft ihn die unterhaltsrechtliche Obliegenheit, die ihm möglichen

1233 DT 2023, Anm. A 5.
1234 BGH FamRZ 2006, 1099.
1235 BGH FamRZ 1995, 344.
1236 BGH FamRZ 2010, 1535.
1237 OLG Celle FamRZ 2004, 1573.
1238 Dose/*Klinkhammer*, § 2 Rn 241.
1239 BGH FamRZ 2003, 1471; FamRZ 1996, 345.

und zumutbaren Einkünfte zu erzielen, insbesondere seine Arbeitskraft optimal einzusetzen.[1240] Kommt der Unterhaltsschuldner dieser Obliegenheit unterhaltsbezogen leichtfertig und vorwerfbar nicht nach, werden ihm solche Einkünfte – fiktiv[1241] – als unterhaltsrechtliches Einkommen angerechnet, die er unterhaltsbezogen verantwortungslos nicht bezieht.[1242]

Die Zurechnung fiktiver Einkünfte bedingt neben den fehlenden subjektiven Erwerbsbemühungen (**unterhaltsbezogen leichtfertig**) des Unterhaltsschuldners in objektiver Hinsicht, dass die zur Erfüllung der Unterhaltspflicht erforderlichen Einkünfte vom Unterhaltsschuldner überhaupt erzielt werden können.[1243] Der Unterhaltsschuldner muss entsprechende Bemühungen um eine Arbeitsstelle an den Tag legen, die in der Regel durch eine ausreichende Anzahl von Bewerbungen zu dokumentieren sind.[1244] 891

Praxistipp 892

Grundsätzlich genügt der Unterhaltsschuldner seiner Erwerbsobliegenheit, wenn er einer vollschichtigen Erwerbstätigkeit nachgeht, wobei die Überstundenvergütung dem Einkommen hinzuzurechnen ist, wenn sie berufstypisch sind oder in nur geringfügigem Umfang anfallen.

cc) Einsatz des Vermögensstamms des Unterhaltsschuldners

Aus dem Anspruch auf Kindesunterhalt des volljährigen Kindes gegen die Eltern nach § 1603 Abs. 1 ergibt sich unmittelbar die Verpflichtung des Unterhaltsschuldners, den **Stamm seines Vermögens** zur Unterhaltsleistung einzusetzen, wenn und soweit seine Einkünfte aus Erwerbstätigkeit und Vermögen nicht ausreichen, um den Anspruch zu erfüllen.[1245] 893

Sofern der Unterhaltsschuldner dieser Verpflichtung nicht nachkommt, werden ihm **fiktive Einkünfte** angerechnet. Es besteht aber kein Anspruch gegen ihn auf ein bestimmtes Handeln oder Unterlassen bezüglich des Vermögensstamms.[1246] 894

Die Verpflichtung zur Verwertung des Vermögens an sich endet, wenn der Unterhaltsschuldner durch die Verwertung Einkünfte aus dem Vermögen verliert, seinen eigenen Lebensbedarf gefährdet oder die Verwertung offensichtlich unwirtschaftlich ist.[1247]

Praxistipp 895

Dem Unterhaltsschuldner ist wohl ein Schonbetrag von bis zu 10.000 EUR zu belassen.[1248]

dd) Die Hausmann-Rechtsprechung im Unterhaltsrechtsverhältnis zum volljährigen Kind

Die **Grundsätze der Hausmann-Rechtsprechung** im Unterhaltsrechtsverhältnis mit dem minderjährigen und/oder privilegiert volljährigen Kind können nicht auf das volljährige Kind übertragen werden, da wesentlicher Inhalt dieser Rechtsprechung die gesteigerte Unterhaltspflicht des Schuldners gegenüber dem minderjährigen und/oder privilegiert volljährigen Kind und deren Gleichrang i.S.d. § 1609 ist. 896

Wenn und soweit der **unterhaltspflichtige Elternteil Einkünfte** erzielt, die seinen angemessenen Selbstbehalt übersteigen oder dieser durch Einkünfte des – neuen – Ehegatten gesichert sind,[1249] besteht seine 897

1240 Dose/*Klinkhammer*, § 2 Rn 244.
1241 OLG Brandenburg FamRZ 2001, 37; FamRZ 2004, 483 (Ls.); OLG Hamm FamRZ 2001 559, OLG Naumburg FamRZ 2004, 254.
1242 Weinreich/*Eder*, § 1603 Rn 132; Dose/*Klinkhammer*, § 2 Rn 244.
1243 BVerfG FamRZ 2010, 183; BGH FamRZ 2008, 2104.
1244 OLG Stuttgart FamRZ 2008, 1653.
1245 BGH FamRZ 2013, 203.
1246 BGH FamRZ 2013, 278.
1247 BGH FamRZ 1986, 48; FamRZ 2004, 1184.
1248 Eschenbruch/*Schwonberg*, Kap. 2 Rn 926 m.w.N.
1249 BGH FamRZ 1987, 472.

Leistungsfähigkeit hinsichtlich des volljährigen Kindes. Ausschließlich bei Vorliegen dieser Voraussetzungen kann der Anspruch des nicht leistungsfähigen Elternteils auf Zahlung von Taschengeld gegen seinen Ehegatten für Unterhaltszwecke Verwendung finden.[1250]

5. Ermittlung der (anteiligen) Haftungsquoten der Eltern

898 Bei beiderseitiger Leistungsfähigkeit sind grundsätzlich dem volljährigen Kind gegenüber beide Elternteile barunterhaltspflichtig. Für den Bedarf ihres volljährigen Kindes **haften die Eltern** anteilig **nach dem** Verhältnis **ihrer** verfügbaren Einkommen (§ 1606).[1251]

a) Das volljährige Kind im Haushalt der Eltern

899 Lebt das volljährige Kind bei seinen nicht getrennten Eltern in deren Haushalt stellt sich das Problem der anteiligen Haftung der Eltern nicht. Das volljährige Kind erhält **Naturalunterhalt als Teil des Familienunterhalts**. Die Eltern haben – zumindest konkludent – eine diesbezügliche Bestimmung nach § 1612 Abs. 2 Satz 1 vorgenommen.

900 *Praxistipp*

Die Eltern schulden dem volljährigen Kind, das in ihrem Haushalt lebt, Unterhaltsleistung in Geld nur ausnahmsweise, nämlich wenn ein Elternteil oder beide ihre Pflicht verletzen, zum Familienunterhalt beizutragen.[1252]

b) Das volljährige Kind im Haushalt eines Elternteils

901 Lebt das volljährige Kind **im Haushalt eines getrennt lebenden Elternteils**, schulden beide Elternteile entsprechend ihren Einkommens- und Vermögensverhältnissen dem Kind Barunterhalt, da Betreuungsunterhalt dem volljährigen Kind nicht mehr geschuldet wird.[1253] Allerdings scheidet die Inanspruchnahme auf Barunterhalt des Elternteils, bei dem das Kind lebt, in der Regel aus, da das volljährige Kind von diesem Naturalunterhalt erhält.

c) Das volljährige Kind mit eigenem Hausstand

902 Unterhält das volljährige Kind einen eigenen Haushalt haften **beide Eltern anteilig** nach ihren Einkommens- und Vermögensverhältnissen für den Barunterhalt des volljährigen Kindes.

d) Ermittlung der (anteiligen) Haftungsquoten der Eltern

903 Für den Restbedarf, mithin den Barunterhalt, haften die Eltern anteilig nach ihren Einkommens- und Vermögensverhältnissen.

aa) Der Restbedarf des volljährigen Kindes

904 Die Eltern haften nur für den Restbedarf ihres volljährigen Kindes. Das bedeutet, dass vom Lebensbedarf des Kindes seine – anrechenbaren – Einkünfte sowie das **Kindergeld in voller Höhe** gemäß § 1612b Abs. 1 Satz 1 Nr. 2 (bedarfsmindernd) in Abzug zu bringen sind.

1250 BGH FamRZ 2013, 363.
1251 BGH FamRZ 2009, 762 = FuR 2009, 409.
1252 Dose/*Klinkhammer*, § 2 Rn 560.
1253 BGH FamRZ 2002, 815.

*Schema zur **Ermittlung des Restbedarfs** des volljährigen Kindes* 905

- Feststellung und Bezifferung des gesamten Lebensbedarfs des volljährigen Kindes anhand der Tabellen und Leitlinien,
- Ermittlung des anrechnungsfähigen Einkommens des volljährigen Kindes durch Abzug des Erwerbsaufwands u.a.,
- bedarfsmindernde Anrechnung eigenen Einkommens des volljährigen Kindes und
- bedarfsmindernde Anrechnung des Kindergelds in voller Höhe,

ergibt den Restbedarf des volljährigen Kindes.

bb) Leistungsfähigkeit der Eltern

Für diesen **Restbedarf haften die Eltern anteilig**[1254] gemäß § 1606 Abs. 3 Satz 1 nach ihrer Leistungsfähigkeit,[1255] also nach den ihnen nach den allgemeinen Grundsätzen der Einkommensermittlung zu Unterhaltszwecken tatsächlich vorhandenen Mittel.[1256] Der Umfang der Leistungsfähigkeit des jeweiligen Elternteils ist anhand seines Einkommens und der unterhaltsrechtlich gebotenen Abzüge zu ermitteln. 906

Im Wesentlichen[1257] **verringert sich das jeweilige Einkommen** um 907

- die gesetzlichen Abzüge, Beiträge zur Kranken- und Pflegeversicherung, Altersvorsorge (primär und sekundär),
- Verbindlichkeiten, sofern diese unterhaltsrechtliche zu berücksichtigen sind,
- Kosten für krankheitsbedingten Mehrbedarf,[1258]
- Kosten für die Betreuung minderjähriger Kinder oder Betreuungsbonus,[1259] sofern die Betreuung tatsächlich – noch – erforderlich ist,[1260]
- Unterhaltszahlung an nach § 1609 vorrangig berechtigte Unterhaltsschuldner.

Allerdings geht der BGH[1261] davon aus, dass bei durchschnittlichen Einkünften **keine schematische Quotierung** proportional zur Höhe der beiderseitigen Einkommen vorzunehmen, sondern eine wertende Betrachtung geboten ist, um eine unterschiedliche Belastung der Bezieher unterschiedlich hoher Einkünfte zu vermeiden.[1262] In welcher Weise dies geschieht, unterliegt weitgehend der Beurteilung des Tatrichters. Eine billigenswerte Methode, um dem Rechnung zu tragen, bestehe – so der BGH – darin, die Haftungsquoten erst nach dem Abzug der für den eigenen Unterhalt erforderlichen Beträge (Selbstbehalt) nach dem Verhältnis der verbleibenden Mittel zu bestimmen, wie es einer verbreiteten Praxis entspricht.[1263] 908

Daher ist der jeweilige Elternteil nur leistungsfähig, soweit sein Resteinkommen seinen angemessenen Selbstbehalt in Höhe von derzeit 1.650 EUR übersteigt.

Praxistipp 909

Auch hinsichtlich des Selbstbehalts gelten die allgemeinen Grundsätze. So ist dieser z.B. wegen Synergie-Effektes einer neuen Partnerschaft zu reduzieren.

1254 BGH FamRZ 1988, 159; FamRZ 1985, 917.
1255 BGH FamRZ 1986, 153.
1256 BGH FamRZ 1988, 1039.
1257 Dose/*Klinkhammer*, § 2 Rn 569 ff.
1258 BGH FamRZ 1995, 537.
1259 BGH FamRZ 1991, 182.
1260 BGH FamRZ 1988, 1039.
1261 FamRZ 1986, 151 = FuR 2002, 223.
1262 *Hauß*, FamRB 2002, 195.
1263 BGH FamRZ 1986, 151 m.w.N.

cc) Die Ermittlung der Haftungsquote

910 Die **Ermittlung der Haftungsquote** kann als **Formel** wie folgt dargestellt werden:

$$\frac{\textbf{Restbedarf x Einkommen des Elternteils}}{\text{Summe der Einkommen beider Elternteile}}$$

In Worten:

Der Restbedarf des volljährigen Kindes wird mit dem Einkommen des jeweiligen Elternteils multipliziert. Das Produkt wird durch die Summe der Einkünfte beider Elternteile dividiert.

In Zahlen:

Restbedarf des volljährigen Kindes: 554 EUR

Einkommen Vater: 2.000 EUR – Selbstbehalt 1.650 EUR = 350 EUR

Einkommen Mutter: 1.800 EUR – Selbstbehalt 1.650 EUR = 150 EUR

Quote des Vaters: $\frac{554 \text{ x } 350}{500} = 388 \text{ EUR}$

Quote der Mutter: $\frac{554 \text{ x } 150}{500} = 166 \text{ EUR}$

Kontrolle:

Anteil Vater 388 EUR + Anteil Mutter 166 EUR = 554 EUR = Restbedarf des volljährigen Kindes

911 Gegebenenfalls ist das gefundene Ergebnis auf seine **Angemessenheit** hin zu überprüfen.[1264] Das gilt insbesondere, wenn die Einkommen der Elternteile sehr weit auseinanderfallen. In die wertende Veränderung des Verteilungsschlüssels können und müssen sämtliche Umstände des konkreten Einzelfalls einfließen.

dd) Die Ermittlung der Haftungsquoten in der praktischen Anwendung

912 Die jeweiligen Haftungsanteile der Eltern gegenüber einem volljährigen, nicht privilegierten Kind sind in einer **mehrstufigen Berechnung** zu ermitteln.[1265]

1. Berechnungsstufe: Von dem unterhaltsrelevant bereinigten Nettoeinkommen beider Elternteile ist zunächst der für vorrangige Unterhaltsgläubiger zu zahlende Barunterhalt (Zahlbetrag) abzuziehen,[1266]

2. Berechnungsstufe: Vor der Berechnung der Haftungsanteile ist von dem unterhaltsrelevant bereinigten Nettoeinkommen beider Eltern jeweils der angemessene Selbstbehalt gegenüber volljährigen Kindern abzuziehen,[1267]

3. Berechnungsstufe: Das verbleibende Resteinkommen der/des Unterhaltsschuldner/s ist sodann zum Unterhaltsbedarf des Unterhaltsgläubigers ins Verhältnis zu setzen;[1268] daraus ermitteln sich die jeweiligen Haftungsanteile, und

4. Berechnungsstufe: Der so ermittelte Haftungsanteil ist auf Angemessenheit und Billigkeit zu überprüfen und kann, wenn besondere Umstände vorliegen, wertend verändert werden.

913 Der Bedarf eines im Haushalt seiner Eltern bzw. eines Elternteils lebenden volljährigen Kindes bemisst sich grundsätzlich nach den **zusammengerechneten Einkünften beider Eltern**, gleichgültig, ob beide Eltern oder ob nur ein Elternteil leistungsfähig sind/ist.[1269] Fällt allerdings ein Elternteil mangels Leis-

1264 BGH FamRZ 2000, 1492; FamRZ 2000, 358.
1265 OLG Hamburg FamRZ 2003, 180.
1266 OLG Koblenz FamRZ 1989, 307.
1267 FamRZ 1986, 151.
1268 BGH FamRZ 1986, 153.
1269 OLG Hamm OLGR 2003, 98; a.A. OLG Celle FamRZ 2006, 643.

tungsfähigkeit im Rahmen der Anteilshaftung aus, dann schuldet der andere höchstens denjenigen Unterhalt, der sich allein auf der Grundlage seines Einkommens aus der vierten Altersstufe der Düsseldorfer Tabelle unter Anrechnung des vollen Kindergeldes ergibt.[1270]

Der so ermittelte **Haftungsanteil ist auf seine Angemessenheit zu überprüfen** und kann bei Vorliegen besonderer Umstände wertend verändert werden. Insoweit ist eine Kontrollrechnung zugunsten des Unterhaltsschuldners anzustellen, wenn sich aus dem zusammengerechneten Einkommen der Eltern nach der Quotierung immer noch ein höherer Richtsatz zu Lasten des Unterhaltsschuldners ergibt. Es wird entsprechend gedeckelt. Im Rahmen der Kontrollberechnung sind eigene Einkünfte des volljährigen Kindes anteilig mit der Quote zu berücksichtigen, die sich bei der Haftungsquotenermittlung zwischen den Eltern für den Elternteil ergibt, zugunsten dessen die Kontrollberechnung durchgeführt wird. 914

Die in den Leitlinien einiger Oberlandesgerichte vorgesehene **Kontrollberechnung** dient der Vermeidung unbilliger Ergebnisse, wenn das Einkommen der leistungsfähigen Eltern erheblich differiert und die Zusammenrechnung der Einkommen dazu führt, dass der leistungsfähigere Elternteil die Last der sich aus der Zusammenrechnung ergebenden Bedarfserhöhung des Volljährigen allein oder praktisch allein tragen muss. Die Kontrollberechnung darf allerdings nicht dazu führen, dass bei vergleichbaren Einkünften leistungsfähiger Eltern der Bedarf des volljährigen Kindes durch die Leistungsfähigkeit nur eines Elternteils begrenzt wird. Die Kontrollberechnung scheidet in der Regel auch dann aus, wenn das volljährige Kind eigene, seinen Unterhaltsbedarf mindernde Einkünfte hat. 915

Ist ein Elternteil nicht leistungsfähig oder verletzt er Erwerbsobliegenheiten, dann muss sich das volljährige Kind nicht auf **fiktive Einkünfte dieses Elternteils** verweisen lassen.[1271] Der leistungsfähige Elternteil haftet dem Kind dann vielmehr nach § 1607 Abs. 2 Satz 1 allein für den ausschließlich nach seinem Einkommen bemessenen Unterhalt und kann bei dem anderen Elternteil insoweit Regress nehmen (Legalzession des § 1607). Den Unterhaltsschuldner trifft die Obliegenheit, Vermögen in üblicher, sicherer Weise ertragreich anzulegen, wenn ansonsten Unterhaltsmittel fehlen.[1272] 916

Ob **Schulden** des Unterhaltsschuldners bereits bei der Ermittlung des Unterhaltsbedarfs anzuerkennen sind, bedarf einer umfassenden Interessenabwägung, bei der ein angemessener Ausgleich zwischen den Belangen des Kindes, des Unterhaltsschuldners und des Drittgläubigers zu erfolgen hat. Auf Kreditverbindlichkeiten, die der Unterhaltsschuldner in Kenntnis seiner Barunterhaltspflicht eingegangen ist, kann er sich im Regelfall nicht berufen.[1273] 917

e) Darlegungs- und Beweislast für die Haftungsquote

Das volljährige Kind muss den Haftungsanteil des Elternteils, den es auf Barunterhalt in Anspruch nimmt, **darlegen und beweisen**.[1274] Etwas anderes gilt nur, wenn der Anspruch auf den Träger der Ausbildungsförderung (§ 37 BAföG) oder den Sozialleistungsträger (§§ 33 SGB II, 94 SGB XII) übergeht, dann trifft die Darlegungs- und Beweislast den Zessionar als Anspruchsinhaber.[1275] 918

Zur **Schlüssigkeit des Antrags** ist folgender Sachvortrag erforderlich, der gegebenenfalls unter Beweis zu stellen ist, sofern der konkrete Sachvortrag substantiiert bestritten wird: 919

- das Einkommen des Antragsgegners,[1276] wobei diesbezüglich dem volljährigen Kind gegen den jeweiligen Elternteil ein Auskunftsanspruch zusteht,

1270 BGH FamRZ 1994, 696, 698; BGHZ 164, 375 = BGH FamRZ 2006, 99 = FuR 2006, 76; OLG Celle FuR 2001, 568; OLG Brandenburg FamRZ 2002, 1216; a.A. OLG Braunschweig FamRZ 2000, 1246.

1271 OLG Frankfurt FamRZ 1993, 231; OLG Brandenburg FamRZ 2004, 396; OLG Thüringen OLG-NL 2005, 110; KG FamRZ 2005, 1868; OLG Hamm NJW-RR 2006, 509.

1272 BGH FamRZ 1998, 87, 89; OLG Hamm FamRZ 1999, 233, 235.

1273 OLG Koblenz OLGR 2005, 870.

1274 OLG Köln FamRZ 2013, 793.

1275 BGH FamRZ 2003, 444.

1276 BGH FamRZ 1987, 259.

- das Einkommen des anderen Elternteils, wobei auch diesbezüglich ein Auskunftsanspruch des volljährigen Kindes gegeben ist,
- Darlegung der Berechnung der Haftungsanteile.

920 *Praxistipp*

Im Falle eines Abänderungsantrags bleibt die Darlegungs- und Beweislast wie dargestellt bestehen. Der die Abänderung Begehrende muss die Veränderung der Verhältnisse, die für die Unterhaltsbemessung in dem früheren Titel maßgeblich waren, darlegen und beweisen.[1277]

6. Verwirkung

921 Die **Verwirkung ist eine von Amts wegen zu prüfende Einwendung** gegen das Bestehen des Unterhaltsanspruchs, die sich aus den allgemeinen Grundsätzen des § 242, aber auch aus der lex specialis des § 1611 ergeben kann.[1278] Noch während der Verjährungshemmung ist eine Verwirkung rückständigen Unterhalts möglich.[1279]

a) Verwirkung nach allgemeinen Grundsätzen, § 242

922 Insofern gelten die **allgemeinen Ausführungen**, wobei § 1611 als lex specialis vorrangig zu prüfen ist.

b) Verwirkung nach § 1611

923 § 1611 begrenzt die Unterhaltspflicht im Rahmen des Verwandtenunterhalts, vernichtet also unter bestimmten Voraussetzungen einen bestehenden Unterhaltsanspruch dem Grunde nach teilweise oder insgesamt, wenn Unterhaltszahlungen teilweise oder insgesamt als **grob unbillig** anzusehen sind. Es handelt sich um eine von Amts wegen zu beachtende Einwendung.[1280] Sie ist als Ausnahmetatbestand sehr eng auszulegen.

924 *Praxistipp*

Hat der Unterhaltsschuldner dem Unterhaltsgläubiger das Fehlverhalten verziehen, ist später eine Berufung auf die ursprünglich einmal eingetretene Verwirkung des Unterhaltsanspruchs nicht (mehr) möglich.

925 Obliegenheitsverletzungen im Rahmen des Ausbildungsunterhalts (§ 1610 Abs. 2) können Ansprüche auf Ausbildungsunterhalt aufgrund des der Norm **immanenten Gegenseitigkeitsverhältnisses** begrenzen, ohne dass auf die besonderen Verwirkungsgründe des § 1611 Abs. 1 zurückgegriffen werden muss,[1281] zumal § 1612 Abs. 2 den Eltern die Möglichkeit einräumt, mit Hilfe des Unterhaltsrechts auf das Verhalten ihres Kindes im Rahmen der Ausbildung Einfluss zu nehmen.

aa) Tatbestand des § 1611 Abs. 1

926 § 1611 Abs. 1 Satz 1 katalogisiert **zwei Fallgruppen** sowie einen **Auffangtatbestand**. Die drei jeweiligen Tatbestände des Katalogs sind eindeutig voneinander abzugrenzen.[1282]

927 Der Unterhaltsanspruch nach §§ 1601 ff. kann gem. § 1611 Abs. 1 Satz 1 auf einen **Billigkeitsbeitrag** zum Unterhalt herabgesetzt werden, wenn der Unterhaltsgläubiger

- durch sein **sittliches Verschulden** bedürftig geworden ist,[1283] oder
- seine eigene Unterhaltspflicht gegenüber dem Unterhaltsschuldner **gröblich vernachlässigt** hat, oder

1277 Dose/*Klinkhammer*, § 2 Rn 578 a.E.
1278 Grüneberg/*von Pückler*, § 1611 Rn 1.
1279 OLG Karlsruhe, Beschl. v. 2.3.2017 – 16 UF 212/16, FuR 2017, 342.
1280 KG FamRZ 2002, 1357; BFH NJW 2004, 1893.
1281 BGH FamRZ 1998, 671 = FuR 1998, 216.
1282 OLG Bamberg FamRZ 1994, 459.
1283 OLG Hamm NJW-RR 2002, 650.

- sich **vorsätzlich** einer **schweren Verfehlung** gegen den Unterhaltsschuldner oder einen nahen Angehörigen des Unterhaltsschuldners schuldig gemacht hat.

Praxistipp 928

Die Frage der groben Unbilligkeit lässt sich regelmäßig ohne Kenntnis der wirtschaftlichen Verhältnisse des Unterhaltsschuldners nicht beurteilen.[1284]

(1) Bedürftigkeit infolge sittlichen Verschuldens

Zur Verwirkung des Unterhaltsanspruchs reicht die vorsätzliche oder fahrlässige Herbeiführung der Bedürftigkeit nicht aus. Unter **sittlichem Verschulden** sind vielmehr vorwerfbare Verstöße gegen die auf der Verwandtschaft beruhenden sittlichen Pflichten zu verstehen. Der Tatbestand setzt sittliches Verschulden von erheblichem Gewicht voraus. Das Verschulden muss für die Bedürftigkeit ursächlich sein, und die Folgen des sittlichen Verschuldens müssen noch andauern. Der Tatbestand entfällt daher bei Unterbrechung des Kausalzusammenhangs.[1285] Es ist die Feststellung erforderlich, dass der Unterhalt begehrende Verwandte in besonderer Weise verantwortungslos gehandelt hat bzw. handelt. 929

(2) Gröbliche Vernachlässigung eigener Unterhaltspflichten

Gröbliche Vernachlässigung eigener Unterhaltspflichten des Unterhalt begehrenden Verwandten können dazu führen, dass ihm später bei eigener Bedürftigkeit Unterhalt versagt werden kann. 930

(3) Vorsätzliche schwere Verfehlung (Auffangtatbestand)

Der **Auffangtatbestand** begrenzt bei bestimmten Fallgestaltungen als negative Billigkeitsklausel einen bestehenden Unterhaltsanspruch.[1286] Gem. § 1611 Abs. 1 Satz 1 Alt. 3 setzt die Verwirkung wegen einer schweren Verfehlung ein Verschulden des Unterhaltsberechtigten voraus. Es reicht nicht aus, wenn er in einem natürlichen Sinn vorsätzlich gehandelt hat.[1287] 931

Über eine schwere Verfehlung des Unterhaltsgläubigers gegen den Unterhaltsschuldner oder einen seiner nahen Angehörigen hinaus ist daher eine **umfassende Abwägung aller maßgebenden Umstände des jeweiligen Einzelfalles** erforderlich, die auch das eigene Verhalten des Unterhaltsschuldners angemessen berücksichtigt.[1288] 932

Praxistipp 933

Bei der Billigkeitsabwägung im Rahmen der Unterhaltsverwirkung nach § 1611 BGB ist der Umstand, dass das unterhaltsberechtigte, volljährige Kind sich noch in der allgemeinen Schulausbildung befindet, besonders zu berücksichtigen.[1289]

Ein Fall der **vorsätzlichen schweren Verfehlung** ist die Verweigerung jeglichen Kontakts mit dem Unterhaltsschuldner. Ob und unter welchen Voraussetzungen die mangelnde Bereitschaft eines volljährigen Kindes zum persönlichen Umgangskontakt mit dem auf Unterhalt in Anspruch genommenen Elternteil als vorsätzliche schwere Verfehlung i.S.v. § 1611 Abs. 1 anzusehen sein kann, hängt von einer differenzierten Betrachtung und Bewertung der Entwicklung dieser Beziehung ab, wobei auch im Zusammenhang mit der Trennung und Scheidung der Eltern stehende Umstände zu berücksichtigen sind.[1290] 934

1284 OLG Brandenburg FamRZ 2009, 1226.
1285 OLG Köln FamRZ 1990, 310.
1286 OLG Frankfurt FamRZ 1993, 1241.
1287 BGH FamRZ 2010, 1888.
1288 BGH FamRZ 1995, 475; OLG Oldenburg FamRZ 2013, 1051; BGH NJW 2014, 1177.
1289 KG Berlin NZFam 2016, 369.
1290 OLG Frankfurt FamRZ 1993, 1241.

bb) Rechtsfolgen des § 1611 Abs. 1

935 Regelmäßig ist der angemessene Unterhalt, sofern einer der Tatbestände des § 1611 Abs. 1 Satz 1 vorliegt, auf einen Beitrag zum Unterhalt (**Billigkeitsunterhalt**) zu begrenzen. Ist im Einzelfall ausnahmsweise aus besonderen Gründen auch noch die Zahlung dieses begrenzten Unterhaltsbeitrages grob unbillig, kann die Unterhaltspflicht insgesamt entfallen (§ 1611 Abs. 1 Satz 2).

(1) Billigkeitsunterhalt (§ 1611 Abs. 1 Satz 1)

936 Liegt einer der Tatbestände des § 1611 Abs. 1 Satz 1 vor, dann muss der Unterhaltsschuldner nur einen Beitrag zum Unterhalt (Billigkeitsunterhalt) leisten, der nicht nur der Höhe nach, sondern auch zeitlich begrenzt werden kann.[1291] Insoweit ist eine **wertende Gesamtschau** aller bedeutsamen Umstände des jeweiligen Einzelfalles veranlasst, insb. einerseits die Schwere der Verfehlung und des sittlichen Verschuldens sowie die wirtschaftliche Lage des Unterhaltsgläubigers, andererseits aber auch etwaiges Fehlverhalten (etwa Erziehungsfehler) des Unterhaltsschuldners, seine wirtschaftliche Belastung sowie die Dauer der Unterhaltslast.

(2) Entziehung des Unterhalts (§ 1611 Abs. 1 Satz 2)

937 Gemäß § 1611 Abs. 1 Satz 2 entfällt die Unterhaltspflicht insgesamt, wenn die Inanspruchnahme des Unterhaltsschuldners **grob unbillig** wäre, etwa wenn ein Student beharrlich seine Einkünfte aus überobligationsmäßiger Tätigkeit gegenüber dem barunterhaltspflichtigen Elternteil verschweigt.[1292]

(3) Ausschluss der Ersatzhaftung (§ 1611 Abs. 3)

938 Der Unterhaltsanspruch entfällt dem Grunde nach. Daher kann der Unterhaltsgläubiger aufgrund dieser insoweit eingetretenen **Beschränkung seines Unterhaltsanspruchs** nicht andere nachrangig haftende Verwandte (vgl. § 1606) in Anspruch nehmen (§ 1611 Abs. 3).

cc) Kasuistik

939 Es können **Umstände der eigenen Lebensführung des Unterhaltsgläubigers** als auch **verhaltensbedingte Gründe** zur Erfüllung des Tatbestands des § 1611 Abs. 1 führen.[1293]

1291 OLG Hamburg FamRZ 1984, 610.
1292 OLG Karlsruhe OLGR 1999, 46.
1293 Eschenbruch/*Schwonberg*, Kap. 2 Rn 1012 f. und Rn 1016 f. m.w.N.

§ 3 Ehegattenunterhalt

Dr. K.-Peter Horndasch

A. Grundstrukturen des Ehegattenunterhalts

I. Entstehungsgeschichte

1. Die ursprüngliche Fassung des Bürgerlichen Gesetzbuches

a) Die Möglichkeit der Scheidung einer Ehe

Das Bürgerliche Gesetzbuch vom 18.8.1896[1] sah in §§ 1564 ff. BGB von Anbeginn an die Möglichkeit einer Auflösung der Ehe durch Scheidung vor. Im Einzelnen sah das BGB folgende **Möglichkeiten der Scheidung** vor: 1

- **§ 1565 BGB a.F. (Ehebruch)**

Ein Ehegatte konnte auf Scheidung klagen, wenn der andere Ehegatte sich des **Ehebruchs** oder einer **„nach den §§ 171, 175 des StGB strafbaren Handlung schuldig"** gemacht hatte. Die Vorschriften des StGB betrafen die sogenannte **Doppelehe** und die damals sog. **widernatürliche Unzucht (Homosexualität)**. Ausgeschlossen war das Recht auf Scheidung nach Satz 2 der Vorschrift, wenn der andere Ehegatte den Ehebruch oder der strafbaren Handlung zugestimmt oder sich der Teilnahme schuldig gemacht hat.

- **§ 1566 BGB a.F. (Lebensnachstellung)**

Danach konnte ein Ehegatte auf Scheidung klagen, wenn der andere Ehegatte ihm **nach dem Leben trachtete**. Erforderlich war die ernstliche Tötungsabsicht und deren erkennbare Betätigung aufgrund freier Willensbestimmung.[2]

- **§ 1567 BGB a.F. (bösliche Verlassung)**

Ein Ehegatte konnte auf Scheidung klagen, wenn der andere Ehegatte ihn, wie es hieß, **„böslich verlassen"** hat. „Bösliche Verlassung" konnte aus **zwei Gründen** vorliegen:

(1) Ein Ehegatte hat, nachdem er zur Herstellung der häuslichen Gemeinschaft rechtskräftig verurteilt worden war, ein Jahr lang gegen den Willen des anderen Ehegatten „in böslicher Absicht" dem Urteil nicht Folge geleistet.

(2) Ein Ehegatte hat sich ein Jahr lang gegen den Willen des anderen Ehegatten „in böslicher Absicht" von der häuslichen Gemeinschaft ferngehalten und war mit unbekanntem Aufenthalt abwesend.

- **§ 1568 BGB a.F. (relativer Scheidungsgrund)**

Die Vorschrift lautete:

> *Ein Ehegatte kann auf Scheidung klagen, wenn der andere Ehegatte **durch schwere Verletzung der durch die Ehe begründeten Pflichten oder durch ehrloses oder unsittliches Verhalten** eine so tiefe Zerrüttung des ehelichen Verhältnisses verschuldet hat, dass dem Ehegatten die Fortsetzung der Ehe nicht zugemutet werden kann. Als schwere Verletzung der Pflichten gilt auch grobe Misshandlung.*

1 RGBl S. 195.

2 OLG Stuttgart OLG = Die Rechtsprechung der Oberlandesgerichte, später: OLGR, Bd. 18, 271; Soergel/*du Chesne*, § 1566 Anm. 1.

Voraussetzung war schuldhaft ehewidriges Verhalten. Dieses ehewidrige Verhalten muss dann **die eheliche Gesinnung des anderen Ehegatten zerstört** haben. Die Zerrüttung musste so tief sein, dass dem klagenden Ehegatten die Fortsetzung der Ehe nicht zugemutet werden konnte.[3]

■ **§ 1569 BGB a.F. (Geisteskrankheit)**

Schließlich konnte auf Scheidung geklagt werden, wenn der andere Ehegatte einer **Geisteskrankheit verfallen** war, die Krankheit während der Ehe **mindestens drei Jahre** gedauert hat und zu einer Aufhebung der geistigen Gemeinschaft zwischen den Ehegatten geführt hat. Schließlich musste jede Aussicht auf Wiederherstellung dieser Gemeinschaft ausgeschlossen sein.

2 All diese Scheidungsgründe **erloschen** jedoch nach § 1570 BGB a.F. **„durch Verzeihung"**. Gleichgültig, in welch starkem Maße die Unzumutbarkeit zur Fortsetzung der Ehe gegeben war, tilgte die **Verzeihung** nicht nur den sogenannten relativen Scheidungsgrund, nach § 1568 BGB a.F., sondern auch die absoluten Scheidungsgründe und **wirkten endgültig**.[4] Ganz regelmäßig, wie das Reichsgericht es ausdrückte, geschah dies **„durch Beiwohnung"**.[5] Maßgebend sei, so das Reichsgericht, der aus „natürlichem Bedürfnis einträchtig fortgesetzte eheliche Verkehr", der den fortdauernden Ehewillen anzeigt und **mit der Annahme einer Zerrüttung unvereinbar** sei.[6]

b) Gegenseitige Unterhaltspflicht

3 Schon die ursprüngliche Fassung des Bürgerlichen Gesetzbuches kannte **drei unterschiedliche Unterhaltsarten**, den Familienunterhalt, den Trennungsunterhalt und den nachehelichen Unterhalt.

aa) Familienunterhalt

4 ■ **§ 1360 BGB a.F. (gegenseitige Unterhaltspflicht)**

Danach hatte der Ehemann der Ehefrau **nach Maßgabe seiner Lebensstellung**, seines Vermögens und seiner Erwerbsfähigkeit Unterhalt zu gewähren. **Umgekehrt galt dies nicht** in gleicher Weise. In Satz 2 des § 1360 BGB a.F. hieß es:

> *Die Frau hat dem Manne, wenn er außer Stande ist, sich selbst zu unterhalten, den seiner Lebensstellung entsprechenden Unterhalt nach Maßgabe ihres Vermögens und ihrer Erwerbsfähigkeit zu gewähren.*

5 Damit hatte die **Ehefrau** grundsätzlich einen Anspruch auf Familienunterhalt, der Ehemann nur dann, wenn er außer Stande war, sich selbst zu unterhalten. Für den Umfang der Unterhaltspflicht entschied in beiden Fällen die **Lebensstellung des Mannes**.[7] Leistungsfähigkeit des Verpflichteten war allerdings kein positives Erfordernis. Das Reichsgericht erklärte, dass jeder Ehegatte dasjenige **mit dem anderen teilen** muss, was er nach Vermögen und Erwerbsfähigkeit aufzubringen im Stande ist.[8]

bb) Trennungsunterhalt

6 ■ **§ 1361 BGB a.F. (Geldrente)**

Nach dieser Vorschrift beim Trennungsfall Unterhalt durch **Entrichtung einer Geldrente** zu gewähren, „so lange einer von ihnen die Herstellung des ehelichen Lebens **verweigern darf** und verweigert".

Die Unterhaltsverpflichtung war daher an eine **Berechtigung, die Herstellung des ehelichen Lebens zu verweigern**, gekoppelt. Ansonsten erlosch ein Anspruch. War die Ehefrau befugt, die Herstellung des ehelichen Lebens zu verweigern, hatte der Ehemann nach § 1361 Abs. 1 S. 2 BGB a.F. der Frau „auch

3 Soergel/*du Chesne*, § 1568 Anm. 1.
4 RG JW 1902, 13.
5 RG JW 1906, 752.
6 RG JW 1919, 572.
7 Soergel/*du Chesne*, § 1360 Anm. 1.
8 RG JW 1900, 849.

die zur Führung eines gesonderten Haushalts erforderlichen Sachen aus dem gemeinschaftlichen Haushalt zum Gebrauch herauszugeben". Die galt allerdings nicht, wenn der Ehemann darlegte, dass die Sachen **„für ihn unentbehrlich"** sind. Als herauszugebende Sachen wurden in der Rechtsprechung vor allem „Kleider und Wäsche nebst den nötigen Behältnissen" genannt.[9] Eine Herausgabe „zum Gebrauch" bedeutete eine **leihweise Überlassung**.[10]

cc) Nachehelicher Unterhaltsanspruch

■ **§§ 1578 ff. BGB (Unterhaltsanspruch)** 7

In § 1578 BGB a.F. hieß es wörtlich:

> *Der allein für schuldig erklärte Mann hat der geschiedenen Frau den standesgemäßen Unterhalt insoweit zu gewähren, als sie ihn nicht aus den Einkünften ihres Vermögens und, sofern nach den Verhältnissen, in denen die Ehegatten gelebt hatten, Erwerb durch Arbeit der Frau üblich ist, aus dem Ertrag ihrer Arbeit bestreiten kann. Die allein für schuldig erklärte Frau hat dem geschiedenen Mann den standesgemäßen Unterhalt insoweit zu gewähren, als er außer Stande ist, sich selbst zu unterhalten.*

Der Berechtigte konnte daher regelmäßig den sogenannten **„standesgemäßen Lebensunterhalt"** fordern. Maßgebend war die Lebenshaltung des Mannes zurzeit der Rechtskraft des Scheidungsurteils.[11]

Die dem § 1578 BGB a.F. folgenden **§§ 1579 bis 1583 BGB a.F.** betrafen den **Selbstbehalt des verpflichteten Ehegatten von ⅔ seiner verfügbaren Einkünfte** (§ 1579 BGB a.F.), den Unterhalt durch Entrichtung einer Geldrente (§ 1580 BGB a.F.), das Erlöschen der Unterhaltspflicht mit Wiederverheiratung des Berechtigten (§ 1581 BGB a.F.), die fortdauernde Verpflichtung der Erben bei Tod des Verpflichteten (§ 1582 BGB a.F.) sowie die Unterhaltsleistung bei Scheidung wegen Geisteskrankheit (§ 1583 BGB a.F.). 8

Abgerundet wurden die Vorschriften damit, dass ein Ehegatte gegenüber dem allein für schuldig erklärten anderen Ehegatten den **Widerruf aller Schenkungen** erklären konnte, die er ihm „während des Brautstandes oder während der Ehe" gemacht hatte (§ 1584 BGB a.F.). 9

2. Das Ehegesetz vom 6.7.1938

Diese Rechtslage wirkte fort bis zur Einführung des Ehegesetzes von 1938.[12] Entscheidend verändert wurde die rechtliche Situation dadurch, dass im Ehegesetz **neben Verschuldenstatbeständen auch ein Zerrüttungstatbestand** in das Ehescheidungsverfahren eingeführt wurde. 10

Der **Anspruch auf Unterhalt** hing aber nach §§ 58 ff. EheG vom **Anteil der Schuld an der Scheidung** incl. der Schuld an der Zerrüttung ab. Wer das **überwiegende Verschulden** an der Scheidung trug, war grundsätzlich unterhaltspflichtig. Dies galt sowohl für den nachehelichen Unterhaltsanspruch als auch für den Trennungsunterhalt. Da der Anspruchsteller das – zumindest überwiegende – Verschulden des anderen Ehegatten beweisen musste, **erschwerte diese Regelung die Durchsetzung von Unterhaltsansprüchen** für den Anspruchsteller, in der Regel die Ehefrau.

Bei beiderseits gleichwertigem Verschulden musste ggf. Teilunterhalt gezahlt werden.

Bei einer Scheidung ohne Schuldausspruch konnte ein Unterhaltsanspruch **aus Billigkeitsgründen** entstehen (§ 61 EheG).

9 OLG München JW 1921, 1465.
10 Soergel/*du Chesne*, § 1361 Anm. 1 zu Abs. 1 S. 2.
11 RG Recht 1914, Nr. 937; Achilles/Greiff/*André*, § 1578 Anm. 1.
12 Ehegesetz vom 6.7.1938, RGBl I S. 807.

3. Das erste EheRG vom 14.6.1976

11 Erst das erste EheRG vom 14.6.1976[13] führte **mit Wirkung vom 1.7.1977 allgemein an Stelle des Verschuldensprinzips das Zerrüttungsprinzip** in das Scheidungsrecht ein. Eine Ehe konnte von nun an geschieden werden, wenn sie **gescheitert** war, unabhängig davon, aus welchen Gründen dies geschah.

12 Dem bis dahin geltenden Recht war die **einverständliche Scheidung unbekannt**. Im gegenseitigen Einvernehmen konnten Ehegatten die gerichtliche Auflösung ihrer Ehe nur dadurch erreichen, dass sie sich über die vorzutragenden Eheverfehlungen absprechen und dem Gericht einen – häufig fingierten – Auszug aus ihrem Eheleben vortragen (**Konventionalscheidung**).

13 Diesem Missstand sollte durch **die Einführung der einverständlichen Scheidung** abgeholfen werden. Gleichzeitig war man sich darüber einig, dass der übereinstimmende Scheidungswille der Ehegatten für sich allein zur Scheidung nicht ausreichen sollte.[14]

Hinzutreten sollte eine **mindestens einjährige Trennung** der Ehegatten, die den Nachweis des Scheiterns der Ehe ersetzen sollte. In der Begründung des ersten Gesetzes zur Reform des Ehe- und Familienrechts heißt es dazu wörtlich: „Die Trennung ist erforderlich, um übereilte Scheidungen, insbesondere jüngerer Eheleute, zu verhindern“.[15]

14 Die **Begründung** zur Notwendigkeit mindestens einjähriger Trennungszeit war allerdings **widersprüchlich**. Auf der einen Seite hieß es, dass Richter nicht in der Lage seien, den Grad des Auseinanderlebens zutreffender zu beurteilen als die Eheleute selbst, wenn sie in ihre Einschätzung der Situation übereinstimmten. Es sei auch nicht gerechtfertigt, sich über den übereinstimmenden Willen beider Ehegatten hinwegzusetzen.[16] Auf der anderen Seite wurde die Notwendigkeit einjährigen Getrenntlebens damit begründet, dass es „nicht mit der Freiheit der richterlichen Entscheidung zu vereinbaren“ sei, wenn ein Richter gezwungen sei, eine Ehe aufgrund der übereinstimmenden Erklärung der Ehegatten aufzulösen. Der Richter könne eventuell erkennen, dass noch begründete Aussicht auf Versöhnung der Ehegatten bestünde.[17]

Entweder ist der Richter nicht in der Lage, den Grad des Auseinanderlebens zutreffender zu beurteilen als die Eheleute selbst oder aber er dürfe sich auch über die übereinstimmenden Erklärungen der Ehegatten hinwegsetzen. Den Grund für die mindestens einjährige Trennung liefert dann die Begründung des Gesetzgebers selbst: „Eine andere Lösung höhlt… den Grundsatz der Ehe auf Lebenszeit aus“.[18]

Diese Grundsätze des Gesetzgebers gelten bis heute.[19]

15 Mit der Abkehr vom Verschuldensprinzip wurde gleichzeitig die unterhaltsrechtliche Stellung des geschiedenen Ehegatten verbessert. Er musste nicht mehr das überwiegende Verschulden des anderen Ehegatten am Scheitern der Ehe darlegen und beweisen.

Anknüpfungspunkt für Unterhaltsansprüche war daher **nicht mehr die Unschuld und das Festhalten an der Ehe**, sondern die Grundsätze der ehelichen und der nachehelichen Solidarität, die Ehegatten einander schulden.

Der Trennungsunterhaltsanspruch wurde in § 1361 BGB, der nacheheliche Unterhaltsanspruch in §§ 1569 ff. BGB geregelt.

16 Seit dem 1.7.1977 gab es schließlich auch erstmals den **Grundsatz der wirtschaftlichen Eigenverantwortung** der Ehegatten nach Scheidung der Ehe. In § 1569 BGB in der Fassung seit dem 1.7.1977 hieß es, dass ein Ehegatte gegen den anderen Ehegatten ein Anspruch auf Unterhalt hat, wenn er nach der Schei-

13 BT-Drucks 7/4361.
14 BT-Drucks 7/4361, S. 11.
15 BT-Drucks 7/4361, S. 11.
16 BT-Drucks 7/4361, S. 11.
17 BT-Drucks 7/4361, S. 12.
18 BT-Drucks 7/4361, S. 12.
19 Dazu ausführlich *Horndasch*, FuR 2015, 89.

dung nicht selbst für seinen Unterhalt sorgen kann. Die dieser Vorschrift folgenden Regelungen in den §§ 1570 bis 1575 BGB regelten dann – erstmals – in konkreter, dezidierter Weise die Voraussetzungen für die verschiedenen Unterhaltstatbestände.

Diese Unterhaltstatbestände führten zu einer **umfassenden Absicherung** des Unterhaltsberechtigten.

4. UÄndG von 1986 und KindRG von 1997

Nachdem dies aber durch **lebenslange Absicherung** in vielen Fällen als ungerecht empfunden worden war, stärkte der Gesetzgeber die **Eigenverantwortlichkeit der Ehegatten** durch das **Unterhaltsrechtsänderungsgesetz von 1986.**[20] Mit dieser Änderung wurden die Begrenzungs- und Befristungsmöglichkeiten nach §§ 1573 Abs. 5, 1578 Abs. 1 S. 1 BGB geschaffen. Von den – damit **erstmals geschaffenen** – Begrenzungs- und Befristungsmöglichkeiten wurde aber zunächst sehr zurückhaltend Gebrauch gemacht.[21] 17

Schließlich wurde durch das **Kindschaftsrechtsgesetz vom 16.12.1997**, das am 1.7.1998 in Kraft trat[22] der Unterhaltsanspruch eines Elternteils, der ein nichteheliches Kind betreute, § 1615l BGB, dem Betreuungsunterhaltsanspruch eines geschiedenen Ehegatten, § 1570 BGB, angenähert.

5. Das Gesetz zur Änderung des Unterhaltsrechts vom 21.12.2007

Für das Unterhaltsrecht entscheidend wurde durch das **Gesetz zur Änderung des Unterhaltsrechts (UÄndG) vom 21.12.2007,**[23] **in Kraft getreten am 1.1.2008**, die zuvor starke Stellung des unterhaltsberechtigten geschiedenen Ehegatten wesentlich eingeschränkt. 18

a) Der Grundsatz der Eigenverantwortung, § 1569 BGB

Schon früher galt der – verfassungsgemäße – Grundsatz der Eigenverantwortung nach der Ehe, sodass nach der Systematik ein nachehelicher **Unterhaltsanspruch nicht die Regel, sondern die Ausnahme** sein sollte. Zudem bestand ja seit dem Unterhaltsrechtsänderungsgesetz vom 20.2.1986 bereits – wenn auch unter engen Voraussetzungen – die Möglichkeit, nacheheliche Unterhaltsansprüche der Höhe und der Dauer nach zu begrenzen (§§ 1573 Abs. 5, 1578 Abs. 1 BGB). 19

Das Regel-Ausnahme-Prinzip hatte sich in der Vergangenheit **allerdings in sein Gegenteil verkehrt**. Dies erschwerte jeden Neuanfang in zweiter Ehe erheblich und wurde gerade bei kurzer Ehe häufig als ungerecht empfunden. 20

Dem ist versucht worden, dadurch zu begegnen, dass § 1569 BGB eine **komplett neue Fassung** erhalten hat. Die frühere, eher nichtssagende Überschrift („abschließende Regelung") ist ersetzt worden durch eine prägnante Überschrift, nämlich „Grundsatz der Eigenverantwortung", die dem Inhalt eine neue Zielrichtung gegeben hat. 21

Ging es in § 1569 BGB a.F. darum, dass Unterhalt „nach den nachfolgenden Vorschriften der §§ 1570 ff. BGB" verlangt werden konnte, wird nunmehr im ersten Satz die **Eigenverantwortung hervorgehoben**. Die Überschrift des § 1569 BGB stärkt den Grundsatz. Der erste Satz erklärt die Erwerbstätigkeit zur Obliegenheit. Der zweite Satz formuliert statt „… kann … nicht selbst … sorgen" schärfer mit **„ist er dazu außer Stande** …" und betont mit der Einfügung des Wortes „nur", dass ein Unterhaltsanspruch gemessen

20 UÄndG vom 22.2.1986, BGBl I S. 301.
21 BGH NJW 2006, 2401, 2402; Wendl/Dose/*Bömelburg* § 4 Rn 2: „… von der Rechtsprechung nahezu unbeachtet."
22 BGBl I S. 4941.
23 BGBl I S. 3189.

am Grundsatz der Eigenverantwortung die Ausnahme, nicht die Regel sein soll und daher nur in Betracht kommt, wenn einer der Unterhaltstatbestände der §§ 1570 ff. BGB vorliegt.[24]

22 Dadurch sind **erhöhte Anforderungen** an die Wiederaufnahme einer Erwerbstätigkeit gestellt und Beschränkungsmöglichkeiten geschaffen worden, die auch bestimmte Voraussetzungen zur Erlangung von Unterhalt, namentlich beispielsweise auf die Frage „ehebedingter Nachteile" abstellen.[25]

In der Begründung des Regierungsentwurfs ist im Zusammenhang mit der Neufassung des § 1569 BGB **von „neuer Rechtsqualität"** und davon die Rede, dass die Vorschrift „in weit stärkerem Maße als bisher" als Auslegungsgrundsatz für die einzelnen Unterhaltstatbestände heranzuziehen sei.[26]

b) Die Abschaffung des sog. Altersphasenmodells

23 Das sog. Altersphasenmodell, auch – ein wenig despektierlich – **0/8/15-Modell des BGH** genannt, wurde mit der Änderung von § 1570 BGB (Unterhalt wegen Betreuung eines Kindes) abgeschafft. Das Modell drückt aus, dass in der Regel keine Erwerbsobliegenheit eines ein Kind betreuenden Elternteils bis zur Vollendung des achten Lebensjahres gab, anschließend eine Halbtagstätigkeit zumutbar war, da noch weitere Betreuungsaufgaben für das Kind erforderlich waren und die Verpflichtung zur vollzeitlichen Erwerbstätigkeit erst ab Vollendung etwa des 15. Lebensjahres einsetzte.

24 Die Oberlandesgerichte hatten allerdings das sog. Altersphasenmodell nicht starr in diesem Sinne angewendet, sondern **Veränderungen nach eigenen Wertvorstellungen** vorgenommen. Dies führte zu einer häufig als ungerecht empfundenen sehr **unterschiedlichen Judikatur auch in benachbarten OLG-Bezirken**.

25 Anstelle der Berücksichtigung der Betreuungsbedürftigkeit in verschiedenen Altersphasen durch den zuvorderst hierfür zuständigen Elternteil wurde ein **verbindlicher Basisunterhalt** für die ersten drei Lebensjahres des Kindes geschaffen. In dieser Zeit steht es Eltern frei, eine Eigenbetreuung des Kindes vorzunehmen.[27]

26 Der Gesetzgeber hat sodann ab Vollendung des dritten Jahres der **Fremdbetreuung** grundsätzlich den **Vorrang vor der persönlichen Betreuung** festgelegt. Nach dem Willen des Gesetzgebers ist davon auszugehen, dass ab einem Alter des betreuten Kindes von drei Jahren eine anderweitige Betreuungsmöglichkeit dem wohlverstandenen Interesse des Kindes dient – insbesondere dem Ausbau seines sozialen Verhaltens – und folglich mit dem Kindeswohl vereinbar ist.[28]

c) Die Pflicht zur Erwerbstätigkeit

27 Durch die Neufassung von § 1574 BGB sind die **Anforderungen** an die Aufnahme bzw. Wiederaufnahme einer Erwerbstätigkeit **nach der Scheidung erhöht** worden. Bis zur Neufassung des § 1574 BGB war Ausgangspunkt der Betrachtung, dass der geschiedene Ehegatte **nur eine angemessene Erwerbstätigkeit** auszuüben braucht. Wer „nur braucht", könnte der Versuchung unterliegen, sich nicht besonders verpflichtet zu fühlen. Eine Gesetzesformulierung, die darüber aufklärt, was man nicht tun muss, unterstützt eher das Nicht-Tun als das Tun. Der Gesetzgeber hat den Ausgangssatz von der Formulierung **„braucht nur" in „obliegt es"** gewendet.

28 Der **Maßstab der Angemessenheit** der Erwerbstätigkeit ist geblieben. Doch wird in Anlehnung an den neu formulierten § 1569 BGB klargestellt, dass den geschiedenen Ehegatten eine Erwerbsobliegenheit trifft.

29 In Abs. 2 erster Halbsatz ist als Merkmal der Angemessenheitsprüfung die **frühere Erwerbstätigkeit** hinzugekommen, als korrektiv dem Halbsatz die Prüfung hinzugefügt worden, ob eine solche grundsätz-

24 Vgl. RegE, S. 25.
25 So die Begründung im RegE, S. 19.
26 RegE, S. 25.
27 BGH FamRZ 2008, 1739; BGH FamRZ 2009, 770; BGH FamRZ 2009, 1391, 1393 m.w.N.
28 BT-Drucks 16/1830 S. 17.

lich angemessene Tätigkeit nicht „nach den ehelichen Lebensverhältnissen unbillig" wäre. Damit ist regelmäßig anzunehmen, dass ein früher ausgeübter Beruf immer angemessen ist. Die Billigkeitsprüfung findet nur noch ausnahmsweise statt.[29]

d) Die Herabsetzung/zeitliche Begrenzung von Unterhaltsansprüchen

Mit der Neufassung des § 1578b BGB wurde eine grundsätzlich für alle Unterhaltstatbestände geltende Billigkeitsregelung geschaffen, die nach Maßgabe der in der Regelung aufgeführten **Billigkeitskriterien eine Herabsetzung oder zeitliche Begrenzung** von Unterhaltsansprüchen ermöglicht.[30] 30

Danach ist Anknüpfungspunkt für die Gewährung von Unterhalt insbesondere ein **ehebedingter Nachteil**, der durch die Rollenverteilung in der Ehe, insbesondere auch bei Kinderbetreuung, dazu führt, dass Nachteile in der Möglichkeit entstanden sind, nahtlos an die Einkünfte anzuknüpfen, die der Unterhaltsberechtigte bei Fortsetzung des früher ausgeübten Berufs erzielen würde. 31

Praxistipp 32

Es geht zum pflichtgemäßen Sachvortrag eines Rechtsanwalts, die für eine zeitliche Unterhaltsbegrenzung sprechenden **Tatsachen** unter dem rechtlichen Gesichtspunkt der zeitlichen Unterhaltsbegrenzung **zusammenzufassen, hervorzuheben und zu bewerten**. Das Unterlassen eines solchen Vortrags kann sich als anwaltliche Pflichtverletzung mit der Folge der **Haftung** darstellen.[31]

e) Das Zusammenleben mit einem neuen Partner

Die Vorschrift des § 1579 BGB wegen Beschränkung oder Versagung des Unterhalts aufgrund grober Unbilligkeit ist durch Einführung einer neuen Nr. 2 der Vorschrift verändert worden, wonach der Berechtigte keinen Unterhalt mehr erhält oder dieser herabzusetzen oder zeitlich zu begrenzen ist, wenn er in einer sogenannten verfestigten Lebensgemeinschaft lebt. 33

Praxistipp 34

1. § 1578b BGB beinhaltet eine verfahrensrechtliche Einwendung, also **von Amts wegen zu beachtende Einwendung**. Für eine solche Einwendung ist der erforderliche **Sachvortrag unverzichtbar**. Ohne entsprechende Sachverhaltsangaben wird das Gericht keine Veranlassung sehen, die Frage der Befristung oder Begrenzung aufzugreifen.[32]
2. Der Verfahrensbevollmächtigte des Unterhaltspflichtigen ist im Hinblick auf einen möglichen Regress zudem gut beraten, durch einen entsprechenden **Hilfsantrag** im Verfahren dem Problem der Befristung/Begrenzung die nötige Aufmerksamkeit zu verschaffen. Rechtlich notwendig ist ein Hilfsantrag allerdings nicht, da dieser als Minus im Abweisungsantrag enthalten ist.[33]
3. Teilweise wird sogar ein Hilfsfeststellungsantrag als zulässig – und erforderlich – angesehen.[34]

f) Die Rangfolge der Unterhaltsberechtigten

Unterhaltsansprüche **minderjähriger ehelicher und nichtehelicher Kinder erhalten Vorrang** vor anderen, wenn das Einkommen des Unterhaltspflichtigen nach Abzug des Selbstbehalts nicht ausreicht, um alle Ansprüche zu erfüllen. Während Ansprüche geschiedener und aktueller Ehegatten zuvor gleichberechtigt neben denen der Kinder standen, sind Ansprüche von Erwachsenen nunmehr stets nachrangig. 35

29 BT-Drucks 16/1830 S. 17.
30 Vgl. zu den Voraussetzungen OLG Nürnberg FF 2008, 202; zu den Konsequenzen bei schuldhaftem Verhalten s. § 1579 BGB; dazu OLG Hamm FamRZ 2019, 110.
31 OLG Düsseldorf FF 2009, 201.
32 OLG Düsseldorf OLGR 2009, 602; OLG Düsseldorf FamRZ 2009, 1141.
33 OLG München FamRZ 1997, 295; Büte/Poppen/Menne/*Büte*, § 1578b Rn 29.
34 OLG Düsseldorf FamRZ 1992, 951 zum früheren § 1573 Abs. 5 BGB; jurisPK-BGB/*Clausius*, 2008, § 1578b Rn 30.

Die **Rangfolge der Unterhaltsberechtigten** ergibt sich nunmehr durch Verweisung in § 1582 BGB abschließend aus der Vorschrift des § 1609 BGB, der für alle Unterhaltsverhältnisse gilt.

Unabhängig davon, ob es sich bei den Unterhaltsberechtigten um Mitglieder der ersten oder einer weiteren Familie oder auch um nicht verheiratete Partner handelt, berücksichtigt die Rangfolge des § 1609 BGB die Bedürftigkeit und die – ggf. fehlende – **Fähigkeit der Berechtigten, selbst für den eigenen Unterhalt** zu sorgen.

Auch bei der Rangfolge der unterhaltsberechtigten Erwachsenen steht das **Kindeswohl im Vordergrund**. Vorrang erhalten Elternteile, die ein Kind betreuen, unabhängig davon, ob sie mit dem anderen Elternteil verheiratet sind oder jemals waren.

Im gleichen Rang stehen Ehegatten nach langer Ehedauer, deren Vertrauen in die auch nacheheliche Solidarität besonders geschützt wird. Geschiedene Ehegatten, die nur verhältnismäßig **kurz verheiratet waren und keine Kinder betreuen**, sind erst dann Unterhalt, wenn die ihnen vorrangigen Kinder, die Kinder erziehenden Elternteile und die Geschiedenen nach langjähriger Ehe die ihnen zustehenden Unterhaltsansprüche erhalten haben.

II. Grundlagen des Unterhaltsrechts

36 Das Unterhaltsrecht ist geprägt von **Strukturen und Grundsätzen**, die bei der Prüfung der Frage, ob und inwieweit in bestimmten Lebenssituationen Unterhalt verlangt bzw. gezahlt werden muss, immer zu beachten sind.

Dabei gilt grundsätzlich: Allein die **familiären Verhältnisse**, wie die Ehe oder die Verwandtschaft in gerader Linie, begründen noch **keine Unterhaltspflichten**. Unterhaltspflichten sind noch von weiteren Tatbestandsvoraussetzungen abhängig. Unterhaltsansprüche können sich dementsprechend auch im Bereich des Ehegattenunterhalts nur ergeben, wenn ein bestimmter **Unterhaltstatbestand** erfüllt ist.[35]

37 Abgesehen von den speziellen Voraussetzungen einzelner Unterhaltstatbestände existieren einige **Strukturelemente**, die bei **allen Unterhaltstatbeständen** gegeben sein müssen. Das sind der Bedarf und die Unterhaltsbedürftigkeit der Berechtigten sowie die Leistungsfähigkeit des Verpflichteten und das Nichtvorliegen von Ausschlusstatbeständen (wie z.B. Begrenzung, Befristung, Verwirkung).

Die Vorgehensweise bei der Berechnung von Ehegattenunterhaltsansprüchen folgt einer im Wesentlichen übereinstimmenden Grundstruktur. Dabei ist die nachfolgende Prüfungsreihenfolge bei der Ermittlung des Ehegattenunterhalts stets einzuhalten.

- **Unterhaltstatbestand**
- **Bedarf nach ehelichen Lebensverhältnissen**; ehelicher Lebensstandard als Maßstab und Höchstgrenze des Unterhalts
- **Bedürftigkeit des Berechtigten**
- **Leistungsfähigkeit des Verpflichteten**
- **Ausschlussgründe; Befristung, Begrenzung**, Verwirkung, Vergleich, Verzicht

38 Dabei gehören die **Bedürftigkeit** des Berechtigten und die **Leistungsfähigkeit** des Verpflichteten insofern zueinander, als aus dem **Gleichbehandlungsgrundsatz**[36] die Möglichkeit der beiderseitigen Bedarfsdeckung folgt. Nach diesem, vom **BGH** als **„Waffengleichheit“** beschriebenen Prinzip hat u.a. die Anrechnung von Vorteilen, Erträgnissen und von fiktiven Einkünften aus zumutbarer Arbeit beim Berechtigten in gleicher Weise zu bestehen wie beim Verpflichteten.[37]

35 OLG Karlsruhe NJW-FER 2000, 98.
36 BGH FamRZ 1983, 146, 149: Waffengleichheit zwischen Unterhaltsgläubiger und Unterhaltsschuldner.
37 BGH FamRZ 1983, 146; 149; Staudinger/*Verschraegen*, § 1581 Rn 9 f.

Eine der wesentlichen **Wirkungen der Eheschließung** besteht in der unmittelbar daraus erwachsenden Verpflichtung der Eheleute, durch ihre Arbeit und ihr Vermögen die **Familie angemessen zu unterhalten**, § 1360 S. 1 BGB.[38] In der **Gestaltung der Ehe**, in der Aufteilung von außerhäuslicher Arbeitstätigkeit und Erfüllung häuslicher Pflichten und in der Verteilung der Betreuungsaufgaben für etwaige gemeinsame oder Kinder eines einzelnen Ehegatten sind die **Partner frei.** 39

Leben Ehepartner – vielleicht auch nur vorübergehend – voneinander **getrennt**, so kann ein Ehegatte entsprechend der Aufteilung während der Eheführung, also nach „den Lebensverhältnissen und den Erwerbs- und Vermögensverhältnissen der Ehegatten **angemessenen“ Unterhalt** verlangen, § 1361 Abs. 1 S. 1 Hs. 1 BGB.

Nachdem der Gesetzgeber durch das 1. EheRG[39] mit Wirkung vom 1.7.1977 anstelle des Verschuldensprinzips das **Zerrüttungsprinzip** eingeführt hatte, gilt dies grundsätzlich unabhängig vom Grund des Getrenntlebens.

Es gilt auch unabhängig davon, ob die Eheleute zu Beginn der Trennung gewillt sind, während der Trennungszeit zu überlegen, ob die Ehe vielleicht doch wieder aufgenommen werden könnte. Unmittelbar nach Trennung bleibt **ungewiss, ob das Getrenntleben zur Scheidung führt** oder ob es zu einer Wiederaufnahme der ehelichen Lebensgemeinschaft kommt. Anders als die Vorschriften zum nachehelichen Unterhalt, §§ 1569 ff. BGB, sind die Regelungen zum Getrenntlebensunterhalt deshalb **nicht auf einen Dauerzustand gerichtet**, sondern sind vom Bemühen getragen, die **Trennung nicht zu vertiefen**. Die Möglichkeit einer Wiederaufnahme der Ehe soll nicht erschwert werden.[40]

Mit **Scheidung** der Ehe gilt der **Grundsatz der Eigenverantwortung** der früheren Eheleute, § 1569 BGB. Unterhalt kann nach den nachfolgenden Vorschriften verlangt werden, wenn ein Ehepartner dazu außerstande ist, § 1569 S. 2 BGB. 40

Damit unterscheidet das Gesetz **drei selbstständige Bereiche** für Unterhaltsansprüche von Ehegatten gegeneinander:

- **Familienunterhalt** gemäß §§ 1360, 1360a BGB, der Unterhaltsanspruch in ehelicher Lebensgemeinschaft lebender Ehegatten;[41]
- **Trennungsunterhalt** gemäß § 1361 BGB, der Unterhaltsanspruch in Trennung lebender Ehegatten;
- **Nachehelicher Unterhalt** gemäß §§ 1569 ff. BGB, der Unterhaltsanspruch geschiedener Ehegatten.

Die drei unterschiedlichen Lebenssituationen haben zu unterschiedlicher Ausprägung von Unterhaltsansprüchen und zu **unterschiedlichen Verfahrensschritten** geführt:

- **Unterhaltsansprüche** müssen für die einzelnen Zeiträume gesondert und neu geltend gemacht werden.[42]
- **Auskunftsansprüche** bestehen für jeden Bereich gesondert, da die Ansprüche nicht identisch sind. Daher besteht auch die Zeitschranke des § 1605 Abs. 2 BGB nicht, wonach hinsichtlich – desselben – Unterhaltsanspruchs Auskunft vor Ablauf von zwei Jahren nur dann verlangt werden kann, wenn glaubhaft gemacht wird, dass der Verpflichtete später wesentlich höhere Einkünfte oder weiteres Vermögen erworben hat.[43]

38 Zur Verpflichtung, zum Familienunterhalt beizutragen vgl. OLG Celle FamRZ 2000, 1430.

39 EheRG v. 14.6.1976.

40 BVerfG NJW 1981, 1771; BGH FamRZ 1986, 556; OLG Düsseldorf FamRZ 1999, 1673.

41 Zur Verletzung der Familienutnerhaltspflicht vgl. OLG Düsseldorf FamRZ 2019, 1134.

42 OLG Hamm FamRZ 1998, 1512.

43 OLG Köln FPR 2003, 129.

- Die verschiedenen Unterhaltsarten stellen **unterschiedliche Streitgegenstände** dar.[44] Unabhängig von einer – gewählten – Reihenfolge kann deshalb insoliert Trennungsunterhalt einerseits und nachehelicher Unterhalt im Verbundverfahren andererseits geltend gemacht werden.[45]
- **Verfahren** und darauf bezogene gerichtliche Beschlüsse beziehen sich auf **unterschiedliche Zeiträume und eine unterschiedliche Geltungsdauer**. Familienunterhalt ist für die Zeit des Zusammenlebens der Eheleute, Trennungsunterhalt für die Zeit des Getrenntlebens bis zur Rechtskraft der Scheidung und nachehelicher Unterhalt für die Zeit nach Rechtskraft der Scheidung geltend zu machen. Entsprechende Titel gelten nur für die darauf bezogene entsprechende Zeit.
- **Vereinbarungen** für die unterschiedlichen Bereiche wirken grundsätzlich nur für den betroffenen Bereich und die entsprechende Lebenssituation der Eheleute.
- **Titel** über Familienunterhalt können nicht nach Trennung gemäß § 238 FamFG abgeändert werden, Titel über Trennungsunterhalt ebenso wenig nach Rechtskraft der Scheidung.
- Wird aus einem Titel über Familienunterhalt nach Trennung oder aus einem Titel über Trennungsunterhalt nach Scheidung der beteiligten Eheleute vollstreckt, ist **Vollstreckungsgegenantrag nach § 113 Abs. 1 S. 2 FamFG, § 767 ZPO** zu erheben. Umgekehrt kann aus einem Titel über Trennungsunterhalt nach erneutem Zusammenleben und wiederum erfolgter Trennung nicht mehr vollstreckt werden.[46]
- Durch **einstweilige Anordnung** kann Trennungsunterhalt allerdings auch im Scheidungsverbund geltend gemacht werden, § 246 FamFG. Anders als nach dem früheren § 620f ZPO tritt eine im Scheidungsverbund ergangene einstweilige Anordnung nicht mehr bei einer Rücknahme, Abweisung oder Erledigung einer zwischen den Beteiligten geführten Ehesache außer Kraft. Sie wirkt nach § 56 Abs. 1 S. 1 FamFG über den Zeitpunkt der Rechtskraft der Scheidung hinaus fort, es sei denn, eine anderweitige Regelung erlangt Wirksamkeit.[47] Gegen die Weitergeltung der einstweiligen Anordnung über die Rechtskraft der Scheidung hinaus kann der Verpflichtete mit einem **negativen Feststellungsantrag** vorgehen.[48]

41 *Praxistipp*

Trennungsunterhalt kann nicht im Scheidungsverbund geltend gemacht werden, da er mit Rechtskraft der Scheidung erlischt. Entscheidungen über Folgesachen im Scheidungsverbund werden dagegen erst mit Rechtskraft der Scheidung wirksam.

III. Auslandsbezug

42 Für alle Scheidungsverfahren, die nach dem 21.6.2012 eingeleitet werden, gilt für Ehescheidungen mit Auslandsbezug hinsichtlich des anzuwendenden Rechts die Verordnung (EU) Nr. 1259/2010 (Rom III-VO). Diese verdrängt Art. 17 Abs. 1 EGBGB für Ehescheidungen und Trennungen ohne Auflösung des Ehebandes in denjenigen Fällen, die eine Verbindung zum Recht verschiedener Staaten aufweisen.[49]

43 Gem. Art. 5 Rom III-VO kann durch Vereinbarung das Recht des Staates bestimmt werden,

- in dem die Ehegatten bei der Rechtswahl ihren gewöhnlichen Aufenthalten haben,
- in dem die Ehegatten zuletzt ihren gewöhnlichen Aufenthalt hatten, sofern einer von ihnen zum Zeitpunkt der Rechtswahl dort noch seinen gewöhnlichen Aufenthalt hat,
- dessen Staatsangehörigkeit einer der Ehegatten zum Zeitpunkt der Rechtswahl besitzt oder
- des angerufenen Gerichts.

44 BGH FamRZ 1981, 242.
45 OLG Köln FamRZ 2003, 544.
46 OLG Hamm FamRZ 1999, 30, 31.
47 Horndasch/Viefhues/*Roßmann*, § 246 Rn 21.
48 So auch Wendl/Dose/*Bömelburg*, § 4 Rn 7; Musielak/*Borth*, § 246 Rn 16; dazu AnwaltFormulare-*Horndasch*, § 12 Rn 642.
49 *Haußleiter*, NJW-Spezial 2013, 4.

44 Nach Art. 8 Rom III-VO ist primärer Anknüpfungspunkt der gewöhnliche Aufenthalt der Eheleute im Zeitpunkt der Anrufung des Gerichts. Daher hat selbst für deutsche Ehen die Frage der Rechtswahlvereinbarung erheblich an Bedeutung gewonnen. Planen z.B. beiderseits deutsche Eheleute einen längeren gemeinsamen Auslandsaufenthalt, ist zu einer Rechtswahlvereinbarung zu raten. Fehlt eine solche Vereinbarung, kommt nach Art. 8 lit. a Rom III-VO völlig unabhängig von der Staatsangehörigkeit des ausländischen Rechts des Aufenthaltsorts zur Anwendung.

Praxistipp

Es empfiehlt sich daher in vielen Fällen nicht nur bei der Beteiligung eines Ehepartners mit ausländischer Staatsangehörigkeit, sondern auch im Falle beiderseits deutscher Staatsangehörigkeit eine Rechtswahlvereinbarung.

▼ 45

Muster 3.1: Notarielle Rechtswahlvereinbarung 3.1

UR-Nr. vom

Verhandelt zu …

am …

vor mir dem Unterzeichnenden Notar im Bezirk des Oberlandesgerichts

mit dem Amtssitz in

erschienen heute

1. Herr , geb. am sowie

2. Frau , geb. am , beide wohnhaft

Die Erschienenen wiesen sich aus durch Vorlage des amtlichen Personalausweises

Zu 1) Nr.:

zu 2) Nr.:

Die Frage des beurkundenden Notars nach einer Vorbefassung im Sinne von § 3 Abs. 1 Nr. 7 BeurkG wurde von den Erschienenen verneint. Der beurkundende Notar erläuterte die vorgenannte Vorschrift.

Die Erschienenen ersuchten um die Beurkundung einer

Rechtswahlvereinbarung

und erklären zu notariellem Protokoll:

Wir bestimmen, dass gem. Art. 5 Abs. 1 lit. a Rom III-VO im Falle einer Ehescheidung

deutsches Recht
zur Anwendung kommen soll.

2. Belehrung

3. **Kosten, Abschriften**

Die Kosten der Urkunde des Verfahrens tragen wir gesamtschuldnerisch. Von der Urkunde erbitten wir zwei beglaubigte Abschriften.

(Urkundsausgang)

▲

46 Hinzuweisen ist in diesem Zusammenhang auf die am 24.6.2016 erfolgte Verabschiedung der **europäischen Güterrechtsverordnungen**.[50]

Seit dem 1.2.2019 regeln die Verordnungen die internationale Zuständigkeit, das anwendbare Recht sowie die Anerkennung und Vollstreckung ausländischer Entscheidungen im Bereich der ehelichen Güterstände bzw. der Güterstände eingetragener Partnerschaften. Die Verordnungen sind in allen ihren Teilen verbindlich und gelten unmittelbar in allen teilnehmenden Mitgliedstaaten. Derzeit nehmen 18 Mitgliedstaaten teil, darunter auch Deutschland.[51]

Nach Art. 32 der EuGüVO wird nicht mehr im Wege des Gesamtverweises auf das Kollisionsrecht eines Staates verwiesen, sondern **nur auf das materielle Recht**. Die Verordnung verdrängt damit Art. 5 EGBGB sowie auch die §§ 97 ff. in ihrem sachlichen Anwendungsbereich. Nach Art. 21 der EuGüVO gibt es keinen Sondergüterstand z.B. für Grundbesitz mehr. Es gilt dann das **Primat der Einheit des Güterrechtsstatuts**. Eine Rechtswahl ist nach Art. 22 der EuGüVO zulässig.[52]

B. Familienunterhalt, §§ 1360, 1360a BGB

47 Der Anspruch auf Zahlung von Getrenntlebensunterhalt, § 1361 BGB, und der Anspruch auf nachehelichen Unterhalt, §§ 1569 ff. BGB, sind auf die **Zahlung einer Geldrente** gerichtet.

Familienunterhalt, den die Eheleute gegenseitig schulden, ist letztlich eine **Kombination** von gegenseitigen Geldleistungen (Wirtschaftsgeld, Taschengeld) und Naturalleistungen (Haushaltsführung). Beides steht geleichwertig nebeneinander.[53]

48 *Hinweis*

Der Kern der gesetzlichen Regelungen ist zwingend, so dass ein **Verzicht auf Familienunterhalt für die Zukunft** gemäß §§ 1360a Abs. 3, 1614 Abs. 1 BGB **unwirksam** ist.

I. Die Gestaltung der Ehe

1. Verpflichtungen von Eheleuten

49 Ebenso frei wie die Eheleute dagegen in der Gestaltung ihrer Ehe sind, können sie den Zuschnitt des Familienunterhalts bestimmen.

50 Verpflichtungen erwachsen aus der Eheschließung wenige: Nach § 1353 Abs. 1 Satz 2 BGB sind die Ehegatten einander zur ehelichen Lebensgemeinschaft verpflichtet. Diese Verpflichtung zur ehelichen Lebensgemeinschaft schließt die **Verpflichtung** ein, **in häuslicher Gemeinschaft zusammen zu leben**, so-

50 Verordnung (EU) 2016/1103 vom 24.6.2016 zur Durchführung einer verstärkten Zusammenarbeit im Bereich der Zuständigkeit, des anzuwendenden Rechts und der Anerkennung und Vollstreckung von Entscheidungen in Fragen des ehelichen Güterrechts (EUGüVO) sowie Verordnung (EU) 2016/1104 v. 24.6.2006. bezüglich eingetragener Partnerschaften (EuPartVO).

51 Weitere teilnehmende Länder sind: Belgien, Bulgarien, Tschechien, Griechenland, Spanien, Frankreich, Kroatien, Italien, Zypern, Luxemburg, Malta, Niederlande, Österreich, Portugal, Slowenien, Finnland und Schweden.

52 Vgl. *Kohler/Pintens*, FamRZ 2016,1509; *Dutta*, FamRZ 2016,19.

53 BGH FamRZ 1985, 576; BGH FamRZ 1995, 537.

fern die Lebensverhältnisse dem nicht entgegenstehen.[54] Weigert sich ein Ehegatte ohne Grund, die häusliche Gemeinschaft mit dem anderen aufzunehmen, kann dies zum Ausschluss des Anspruchs auf nachehelichen Unterhalt führen.[55] Voraussetzung für die Bildung einer häuslichen Gemeinschaft ist allerdings nicht zwingend, einen räumlichen Ehemittelpunkt zu schaffen.[56] Umgekehrt sind die Ehegatten allerdings verpflichtet, nicht ohne Notwendigkeit separat einen Wohnsitzwechsel vorzunehmen, durch den die eheliche Gemeinschaft zerstört wird.[57]

Andererseits ist zwar die häusliche Gemeinschaft in § 1353 Abs. 1 S. 2 BGB verpflichtend geregelt, jedoch 51
steht dem nicht entgegen, eine **Vereinbarung** dahingehend zu schließen, diese häusliche Gemeinschaft zu modifizieren. Es ist weder gesetzes- noch sittenwidrig, zu vereinbaren, zwei Haushalte aufrecht zu erhalten. Dies kann wie folgt geschehen:

▼

Muster 3.2: Vereinbarung zur häuslichen Gemeinschaft

Herr …

und

Frau

schließen folgende Vereinbarung:

1. Wir sind miteinander verlobt und werden am in die Ehe miteinander schließen. Kinder sind aus unserer Verbindung bisher nicht hervorgegangen.

2. Wir leben bisher in getrennten Wohnungen, da wir dadurch bisher sehr kurze Wege von unserer jeweiligen Wohnung zur Betriebsstätte, in der wir jeweils arbeiten, zurücklegen mussten.

3. Wir vereinbaren, dass auch nach der Eheschließung beide Wohnungen aufrecht erhalten bleiben, solange sich unsere jeweilige berufliche Situation nicht verändert.

4. Wir vereinbaren weiter, dass wir uns bemühen, möglichst viel gemeinsame Zeit in einer der bestehenden Wohnungen zu verbringen, die wir beide als Ehewohnungen ansehen. Einen Wohnsitzwechsel werden wir einvernehmlich vornehmen.

…

(Unterschriften der Beteiligten)

▲

Eheleute sind nicht nur zur häuslichen Gemeinschaft, sondern auch zur Geschlechtsgemeinschaft ver- 52
pflichtet, allerdings unter Berücksichtigung jeweiliger persönlicher Verhältnisse, also Alter, gesundheitlichen und psychischen Dispositionen der Ehegatten.[58]

Die Verpflichtung kann selbstverständlich nicht gegen den Willen eines Ehegatten durchgesetzt werden. Sie kann deshalb auch nicht Gegenstand eines **Herstellungsantrages** sein, § 120 Abs. 3 FamFG.[59] Die fehlende Bereitschaft, die Ehe zu vollziehen, ist allerdings ein Aufhebungsgrund für die Ehe nach § 1314 Abs. 2 S. 3 BGB.[60]

54 Weinreich/Klein/*Weinreich,* § 1353 Rn 9; Staudinger/*Voppel,* § 1353 Rn 70.
55 BGH FamRZ 1990, 492.
56 BGH FamRZ 1980, 127.
57 Weinreich/Klein//*Weinreich*, § 1353 BGB Rn 9.
58 BGH FamRZ 1967, 1078; OLG Schleswig NJW 1993, 2945; PWW/*Weinreich,* § 1353 Rn 6.
59 Horndasch/Viefhues/*Roßmann*, § 120 Rn 8.
60 OLG Zweibrücken FamRZ 2006, 1201.

Ebenso ist die fehlende Fähigkeit zum Vollzug des Beischlafs ein Aufhebungsgrund der Ehe.[61] Dasselbe gilt für das Verschweigen einer gleichgeschlechtlichen Veranlagung, die eine Geschlechtsgemeinschaft mit dem Ehegatten verhindert.[62]

Zu der in der Ehe verpflichtenden Geschlechtsgemeinschaft können jedoch auch **Vereinbarungen** getroffen werden, die **vom üblichen Bild der Ehe abweichen**. Ein gemeinsam vereinbarter Verzicht auf die Geschlechtsgemeinschaft ist ebenso möglich wie die einvernehmliche Akzeptanz der Geschlechtsunfähigkeit eines der Beteiligten.

53 Eine Vereinbarung könnte wie folgt geschlossen werden:

▼

Muster 3.3: Vereinbarung zur Geschlechtsgemeinschaft

Herr

und

Frau

schließen folgende Vereinbarung und erklären vorab:

1. Wir sind miteinander verlobt und werden am … in … die Ehe miteinander schließen.

Ich, Herr …, bin aufgrund eines Verkehrsunfalls körperlich unfähig geworden, den Beischlaf zu vollziehen. Mir, Frau …, ist dies bekannt.

2. Wir vereinbaren für unsere Ehe, dass zum Wesen unserer Eheführung nicht die Verpflichtung zur Geschlechtsgemeinschaft zählen soll. Wir entbinden uns insoweit wechselseitig von rechtlichen Verpflichtungen.

…

(Unterschriften der Beteiligten)

▲

54 Umstritten ist, ob die Pflicht zur Geschlechtsgemeinschaft auch die Zeugung oder die Empfängnis von Kindern einschließt. Es wird die Auffassung vertreten, dass die einseitige Weigerung zur Zeugung oder Empfängnis von Kindern eine Verletzung der Ehepflicht jedenfalls dann darstellt, wenn dem sich weigernden Ehegatten keine schutzwürdigen Belange zur Seite stehen.[63]

Auch wenn Maßnahmen der Familienplanung nur gemeinsam getroffen werden sollten, gibt die Vorschrift niemandem das Recht, von dem anderen die Zeugung oder den Empfang eines Kindes zu verlangen.[64]

Die Zeugung von Kindern wird zwar häufig von Ehepaaren als natürliche biologische Folge der Planung von Ehe und Familie angesehen; eine Verletzung der Ehepflicht kann jedoch in der Weigerung zur Zeugung oder Empfängnis von Kindern nicht gesehen werden.

Die Sterilisation bedarf der Zustimmung des Ehegatten. Lediglich bei medizinischer Indikation ist der andere Ehegatte zur Zustimmung verpflichtet.[65]

61 OLG Stuttgart FamRZ 2005, 33.
62 OLG München FamRZ 2008, 1536.
63 Soergel/*Lange*, § 1353 Rn 11; Staudinger/*Voppel*, § 1353 Rn 144; PWW/*Weinreich*, § 1353 Rn 7.
64 So auch Grüneberg/*Siede*, § 1353 Rn 7.
65 PWW/*Weinreich*, § 1353 Rn 8.

2. Beistand und Rücksichtnahme

Jeder Ehegatte hat im Rahmen der ehelichen Lebensgemeinschaft auf die berechtigten Interessen des Anderen Rücksicht zu nehmen. Eine solche Rücksichtnahme ist selbstverständlich und kann in seiner Allgemeinheit nicht – ausschließliche – Vereinbarung der Ehegatten sein. Es kann jedoch Konstellationen geben, in welchen die Rücksichtnahme auf die Interessen des anderen Ehegatten von besonderer Bedeutung sind. 55

Dies ist z.B. der Fall, wenn es Kinder aus früheren Ehen oder früheren Beziehungen gibt.

Die Verpflichtung, z.B. ein auswärts lebendes Kind in die eheliche Gemeinschaft aufzunehmen, kann miteinander vereinbart werden.

▼ 56

Muster 3.4: Aufnahme von Verwandten des anderen Ehegatten

Herr …

und

Frau

schließen folgende Vereinbarung und erklären vorab:

1. Wir sind miteinander verlobt und werden am in die Ehe miteinander schließen. Aus früherer Ehe von Frau ist das am geborene Kind hervorgegangen. Das Kind ist derzeit im Internat in untergebracht. Ich, Frau , plane, das Kind in meinem Haushalt aufzunehmen.

2. Wir vereinbaren, dass die Aufnahme des Kindes durch Frau in die gemeinsame häusliche Gemeinschaft jederzeit möglich ist. Herr wird das Kind in die eheliche Gemeinschaft gleichberechtigt und gleichwertig aufnehmen und dem Kind den angemessenen Respekt und die liebevolle Aufnahme in den gemeinsamen Haushalt zukommen lassen.

Mir, Herrn , ist bewusst, dass ein Verstoß gegen diese Vereinbarung die Ehe stark gefährden würde. Ich werde daher verantwortungsbewusst auf die Belange des Kindes Rücksicht nehmen.

…

(Unterschriften der Beteiligten)

▲

Ein anderer Grund für die Konkretisierung einer Rücksichtnahme in persönlichen Angelegenheiten stellt die **häusliche Gewalt** dar.[66] Ist es einmal zu häuslicher Gewalt gekommen, wird das Gewaltopfer erhebliche Probleme damit haben, den Versicherungen des anderen Partners zu vertrauen, dass es zukünftig zu Gewalttätigkeit nicht kommen wird. 57

Auch wenn in solchen Fällen grundsätzlich die **sofortige Trennung anzuraten** ist, kann eine Vereinbarung geschlossen werden, die dem Opfer eine gewisse Handlungssicherheit bietet und dem Täter dagegen verdeutlicht, dass er intensiv am Problem der Aggressivität arbeiten muss, um die Ehe nicht zu zerstören.

▼ 58

Muster 3.5: Vereinbarung zum Unterlassen häuslicher Gewalt

Herr

und

Frau

schließen die folgende Vereinbarung und erklären vorab:

66 LG Leipzig FamRZ 2010, 1802.

1. Ich, Herr ____, habe mich im Rahmen unserer Ehe aggressiver häuslicher Gewalt schuldig gemacht. Ich bedauere mein Verhalten und will ausschließen, dass so etwas jemals wieder geschieht.

2. Wir vereinbaren, dass Herr ____ jede Art häuslicher Gewalt gegenüber Frau ____ zukünftig unterlassen wird. Wir stellen fest, dass jede erneute häusliche Gewalt nach § 1565 Abs. 2 BGB einen Grund darstellt, eine sofortige Ehescheidung zu beantragen, weil wegen begangener grober Eheverletzung und körperlicher Misshandlung die Fortsetzung der Ehe für Frau ____ aus Gründen, die in der Person von Herrn ____ liegen, eine unzumutbare Härte darstellen würde.

3. Herr ____ wird sich einer angemessenen psychotherapeutischen Behandlung zur Aggressionsbearbeitung unterziehen und hierüber Frau ____ laufend berichten. Frau ____ ist bereit, erforderlichenfalls an der therapeutischen Behandlung von Herrn ____ mitzuwirken.

…

(Unterschriften der Beteiligten)

▲

59 Im Rahmen der Verpflichtung zum Beistand in persönlichen Angelegenheiten ist auch auf die religiösen und sittlichen Anschauungen des Ehegatten Rücksicht zu nehmen.[67] Gehören Eheleute oder zukünftige Eheleute verschiedenen Auffassungen zu religiösen Fragen an oder stammen sie aus unterschiedlichen Kulturen, kann es sinnvoll sein, eine Vereinbarung über religiöse und sittliche Anschauungen zu treffen. Dies gilt umso mehr, wenn – zukünftige – Eheleute planen, einmal gemeinsame Kinder zu erziehen.

Unterschiedliche **religiöse und/oder sittliche Auffassungen** können zu Streit und Auseinandersetzung führen.

60 Eine, zukünftige Konflikte vermeidende Absichtserklärung könnte daher wie folgt vereinbart werden:

▼

Muster 3.6: Vereinbarung zu religiöser Anschauung

3.6 Herr ____

und

Frau ____

schließen die folgende Vereinbarung und erklären vorab:

1. Ich, Herr ____, gehöre aus innerer Überzeugung keiner religiösen Gemeinschaft an. Ich, Frau ____, bin praktizierende Angehörige der römisch-katholischen Kirche. Wir vereinbaren im Hinblick auf unsere eheliche Lebensgemeinschaft und unter Berücksichtigung unserer Familienplanung, folgendes:

2. Ich, Herr ____, werde auf die religiöse Auffassung meiner Frau Rücksicht nehmen und es unterlassen, ihr meine eigene religiöse und sittliche Auffassung aufzuoktroyieren.

Ich, Herr ____, bin für den Fall, dass aus unserer Ehe Kinder hervorgehen sollten, damit einverstanden, dass diese im Sinne des Glaubens meiner Frau römisch-katholisch getauft werden und in diesem Bekenntnis von meiner Frau erzogen werden. Ich, Frau ____, erkläre mein Einverständnis mit dem Wunsch meines Ehemannes und versichere, dass bei der Erziehung dem Gedanken der Toleranz gegenüber anders Gläubigen und nicht Gläubigen besonders Rechnung getragen werden wird.

…

(Unterschrift der Beteiligten)

▲

67 BGH NJW 1960, 1447; OLG Schleswig MDR 1954, 417.

Allerdings ist eine solche Einigung nach § 1 des Gesetzes über die religiöse Kindererziehung **jederzeit** 61
widerruflich. Eine Einigung und daraus folgender Beginn der Erziehung eines Kindes in einem Bekenntnis oder einer nicht bekenntnismäßigen Weltanschauung hat jedoch nach § 6 RelKErzG insofern Bindungswirkung, als eine spätere Änderung nur mit Zustimmung beider sorgeberechtigter Elternteile erfolgen kann. Ersetzt werden kann eine solche Zustimmung nach § 2 Abs. 3 RelKErzG durch familiengerichtliche Entscheidung.

Es besteht auch die Pflicht, im Rahmen der Verantwortung füreinander Beistand und Rücksichtnahme in wirtschaftlichen Angelegenheiten zu leisten. Weder darf also mit dem gemeinsamen Eigentum unsachlich umgegangen werden[68] noch darf mit einem gemeinsamen Mietverhältnis unangemessen und unzumutbar umgegangen werden.[69]

Ein Verstoß gegen solche Pflichten kann Schadenersatzansprüche nach § 826 BGB begründen.[70]

Eine **Vereinbarung** in diesem Bereich wird man nur dann schließen, wenn Anlass dazu besteht, z.B. 62
wichtig ist, dass **Verbindlichkeiten des anderen** aus vorehelicher Zeit von diesem in vernünftiger Weise abgetragen werden. Eine Vereinbarung wäre wie folgt möglich:

▼

Muster 3.7: Vereinbarung wirtschaftlicher Rücksichtnahme

Herr 3.7

und

Frau

schließen die folgende Vereinbarung und erklären vorab:

1. Wir sind miteinander verlobt und wollen am in die Ehe miteinander schließen.

Ich, Herr , habe derzeit Schulden in Höhe von 50.000,00 EUR aus vorehelicher Lebensführung. Ich, Frau , habe dagegen ein Bankguthaben in Höhe von 40.000,00 EUR angespart.

2. Ich, Herr , verpflichte mich, von meinem monatlichen durchschnittlichen Nettoeinkommen in Höhe von 2.800,00 EUR monatlich 1.000,00 EUR dafür zu verwenden, meine Schulden möglichst zügig abzubezahlen. Ich, Frau werde von meinem Nettoeinkommen in Höhe von 2.200,00 EUR weiter monatlich 400,00 EUR sparen, sodass wir beide unser dann jeweiliges gleich hohes Einkommen von 1.800,00 EUR für den Familienunterhalt und jeweiligen persönlichen Bedürfnisse verwenden werden.

…

(Unterschriften der Beteiligten)

▲

Für den Fall, dass im o.g. Beispiel das Sparvermögen weder dem Anfangsvermögen noch dem Endver- 63
mögen zugerechnet werden soll, soweit es während der Entschuldung des Ehemannes entstanden ist, wird eine – **notariell zu beurkundende** – **Modifizierung des Güterstandes** in Betracht kommen. Das Sparvermögen könnte dann für den Fall der Beendigung der Ehe aus anderen Gründen als dem Tod eines der Ehegatten für den Zugewinn dadurch außer Betracht bleiben, dass es weder dem Anfangsvermögen noch dem Endvermögen der Ehefrau zugerechnet wird.

68 *Weinreich*, FuR 2006, 403.
69 OLG Hamburg FamRZ 2011, 481.
70 PWW/*Weinreich*, § 1353 Rn 15.

3. Geschäfte zur Deckung des Lebensbedarfs

64 Nach § 1357 BGB ist jeder Ehegatte berechtigt, **Geschäfte zur angemessenen Deckung des Lebensbedarfs** der Familie mit Wirkung auch für den anderen Ehegatten zu besorgen. Durch solche Geschäfte werden beide Ehegatten berechtigt und verpflichtet.

Die Vorschrift ist an die Stelle, der bis zum 1.7.1977 geltenden Regelung über die sog. **Schlüsselgewalt** getreten. Der Regelung der „Schlüsselgewalt" lag das Leitbild der Hausfrauen eher zu Grunde, das sodann aufgegeben worden ist.

Die Vorschrift erfasst nicht nur einen auf den Haushalt bezogenen Wirkungskreis, sondern darüber hinaus allgemein alle Geschäfte mit Wirkung auch für den anderen Ehegatten. Mit der Vorschrift des § 1357 BGB, der auch dem **Gläubigerschutz** dient,[71] sind Geschäfte gemeint, die objektiv der Deckung des privaten Lebensbedarfs dienen, also einen Bezug zur Familienkonsumgemeinschaft aufweisen.[72]

65 In diesem Zusammenhang können Eheleute miteinander vereinbaren, bis zu welcher Höhe sie **jeweils nicht miteinander abgesprochene Geschäfte** zur angemessenen Deckung des Lebensbedarfs der Familie abschließen können. Regelmäßig wird man einen Betrag einsetzen müssen, der dem Ehegatten jeweils ausreichende Möglichkeiten zur Deckung des Lebensbedarfs für die gesamte Familie lässt. Dies wird man durchschnittlich mit einem Betrag von im Einzelfall **1.000 EUR** annehmen müssen.[73] Die Höhe des vereinbarten Betrages sollte sich jedoch an den **durchschnittlichen Verbrauchsgewohnheiten** von Familien in vergleichbarer sozialer Lage halten.[74]

66 Es ist aber durchaus möglich, einen wesentlich geringeren Betrag einzusetzen. Die Grenze von 100 EUR sollte dabei jedoch nicht unterschritten werden, da es sich sonst um eine **Beschränkung bzw. faktische Aufhebung** im Sinne des § 1357 Abs. 2 BGB handelt, die nach § 1357 Abs. 2 Satz 1 HS 2 BGB aufhebbar ist. Eine **weitere Beschränkung** kann nur berechtigt sein, wenn der jeweils andere Ehegatte zur Führung der Geschäfte nicht fähig ist oder ernstliche Gründe gegen seinen guten Willen sprechen.

67 Eine Vereinbarung könnte wie folgt lauten:

▼

Muster 3.8: Geschäfte zur Deckung des Lebensbedarfs

3.8

Herr

und

Frau

vereinbaren was folgt und erklären vorab:

1. Wir sind miteinander verheiratete Eheleute. Wir sind durch Überschuldung in eine finanzielle Notlage geraten. Um unser Ausgabenvolumen zukünftig kontrollieren zu können, vereinbaren wir folgendes:
2. Jeder Ehegatte von uns bleibt berechtigt Geschäfte zur angemessenen Deckung des Lebensbedarfs der Familie mit Wirkung auch für den anderen Ehegatten zu besorgen. Wir beschränken uns wechselseitig aber dahingehend, dass wir vereinbaren, keine einseitigen Geschäfte zu tätigen, die mit einem Ausgabenvolumen von mehr als 1.000 EUR im Einzelfall verbunden sind. Wir wissen, dass diese Vereinbarung Dritten gegenüber nicht wirksam ist.

...

(Unterschriften der Beteiligten)

▲

71 BVerfG NJW 1990, 175.
72 PWW/*Weinrich*, § 1357 Rn 6.
73 Vgl. dazu BGH FamRZ 1985, 576; OLG Köln FamRZ 1991, 434.
74 Grüneberg/*Siede*, § 1357 Rn 12.

II. Grundlagen

Eine der wesentlichen Verpflichtungen von miteinander zusammenlebenden Eheleuten besteht darin, die **Familie angemessen zu unterhalten**. Mit diesem Familienunterhalt soll der Lebensunterhalt beider Ehegatten und etwaiger Kinder bei bestehender Lebensgemeinschaft gesichert werden.[75] Dieser Anspruch eines jeden Ehegatten ist allerdings **nicht auf die Zahlung einer laufenden Geldrente** gerichtet. Vielmehr hat jeder Ehegatte nach §§ 1360, 1360a BGB seinen Beitrag zum Familienunterhalt entsprechend seiner **nach dem individuellen Ehebild übernommenen Funktion** zu leisten.[76] 68

1. Lebensbedarf der Familie

Der Familienunterhalt umfasst den **gesamten Bedarf der Familie** unter Einschluss der Kinder. Der Anspruch auf Familienunterhalt steht aber nur dem **Ehegatten**, nicht dem Kind zu.[77] Das Kind kann seinen Unterhaltsanspruch immer nur auf § 1601 BGB stützen. 69

Zur **Bestimmung des gesamten Bedarfs der Familie** kann man, soweit man es exakt bestimmen will, zu einer Auflistung greifen, wie sie für die Bestimmung des konkreten Bedarfs für den Fall von Trennung und/oder Scheidung entwickelt worden ist:[78]

I. **Essen und Trinken**
  1. Wöchentlicher Einkauf (Supermarkt)
  2. Restaurant, auswärtiges Essen
  3. Besonderer Mehrbedarf, z.B. Diät

II. **Kleidung**
  4. Anschaffung und Reinigung von Oberbekleidung
  5. Unterwäsche
  6. Schuhe
  7. Mode
  8. Schmuck

III. **Körperpflege**
  9. Friseur
  10. Kosmetik (Produkte, Studio)
  11. Parfüm

IV. **Haushalt und Wohnen**
  12. Anschaffungen für Hausrat
  13. Zeitung
  14. Müllabfuhr
  15. Porto
  16. Telefon, Handy, PC
  17. TV und Radio (GEZ)
  18. Garage
  19. Miete und Nebenkosten (Heizung, Strom, Versicherung pp)
  20. Haustiere (Futter, Tierarzt, Versicherung)
  21. Instandhaltung, Reparaturaufwendungen
  22. Gärtner, Haushaltshilfe, Kindermädchen

75 OLG Düsseldorf FamRZ 1992, 943; NJW 2002, 1353.
76 BGH FamRZ 1995, 537.
77 FA-FamR/*Maier*, 6. Kap. Rn 417.
78 So *Born*, FamRZ 2013, 1613, 1618.

V. **Kultur und soziales Leben**
   23. Theater/Oper
   24. Kino
   25. Museum
   26. Bücher und Zeitschriften
   27. Kosten für Einladungen und Geschenke
VI. **Sport und Freizeit**
   28. Mitgliedsbeiträge
   29. Trainerstunden
   30. Sportbekleidung (Anschaffung und Ersatz)
   31. Materialverbrauch
   32. Besondere Kosten (z.B. Turnier- und Meldegebühren)
VII. **Urlaub**
   33. Reisekosten
   34. Kosten der Unterkunft
   35. Zusatzausgaben vor Ort
   36. Club-Gebühren
   37. Städte- und Kulturreisen
VIII. **Kraftfahrzeug**
   38. Steuer und Versicherung
   39. Reparaturen und Inspektionen
   40. Benzin
   41. Rücklage für Neuanschaffung
   42. Leasing-Rate
   43. Mitgliedsbeitrag (z.B. ADAC)
IX. **Versicherungen**
   44. Krankenkasse (Mitgliedsbeitrag)
   45. Krankenkasse (Selbstbeteiligung)
   46. Krankenzusatzversicherung
   47. Lebensversicherung
   48. Unfallversicherung
   49. Rechtsschutzversicherung
   50. Haftpflichtversicherung (soweit nicht für Kfz)
X. **Sonstiges**
   51. Persönliche Weiterbildung
   52. Vorsorgeaufwendungen Alter
   53. Steuerberater
   54. Bankgebühren
   55. Beiträge zu Vereinigungen, Spenden

Ausgangsbasis sind die Einkommens- und Vermögensverhältnisse der Eheleute.[79]

70 Diese Verhältnisse können sich naturgemäß je nach Entwicklung der ehelichen **Lebensverhältnisse laufend ändern**, beispielsweise durch berufliche Weiterentwicklung, durch – vorläufige – Beendigung einer Arbeitstätigkeit aufgrund Betreuung von Kindern oder aufgrund von Erkrankung, durch (Wieder-) Aufnahme einer Arbeitstätigkeit nach Beendigung von Kindesbetreuung oder durch Gesundung. Die **Aufnahme von Schulden** z.B. für den Erwerb einer gemeinsamen Wohnung oder eines Hauses beeinflussen

79 BGH FamRZ 1985, 576.

das – noch – zur Verfügung stehende Familieneinkommen ebenso. Entscheidend für die Bemessung des Familienunterhalts ist der **konkrete Unterhaltszeitraum**.

Geregelt werden kann naturgemäß, was die Eheleute für Familienunterhalt einzusetzen gedenken und welche Anteile sie für Vermögensbildung, für eigene Zwecke etc. verwenden wollen. 71

Eheleute können die Lebenshaltungskosten im Einzelnen konkret ermitteln[80] und Beträge dafür einsetzen, die sie dann zur Grundlage einer Vereinbarung über die Ausgaben im Rahmen des Gesamtbedarfs in der Ehe erheben.

Dies können die folgenden Positionen sein:

- Haushaltsgeld,
- Wohnen,
- Kleidung,
- Geschenke,
- Putzhilfe,
- Reisen,
- Urlaub,
- sportliche Aktivitäten,
- kulturelle Bedürfnisse,
- Pkw-Nutzung,
- Vorsorgeaufwendungen,
- Versicherungen und
- sonstige notwendige Lebenshaltungskosten.[81]

Die Vereinbarung könnte wie folgt lauten: 72

▼

Muster 3.9: Festlegung von Ausgaben 3.9

...

Wir vereinbaren für unsere Ehe die Orientierung an der Ausgabenhöhe gemäß der als Anlage beigefügten Ausgabenliste. Die dort festgelegten Beträge stellen den Höchstbetrag für monatliche Ausgaben dar.

Übersteigende Ausgaben bedürfen gesonderter gemeinsamer Entscheidung.

...

▲

2. Beiträge der Ehegatten zum Familienunterhalt

Es unterliegt der **freien Entscheidung der Eheleute**, wie sie die Arbeit in der Familie aufteilen, wer und in welchem Umfang durch Erwerbstätigkeit zum Familieneinkommen beiträgt, ob also z.B. einer allein die Hausarbeit übernimmt und auch vorzugsweise die Betreuung etwaiger Kinder.[82] 73

Jeder Ehegatte leistet seinen **Beitrag zum Familienunterhalt** entsprechend der von ihm übernommenen Aufgabenstellung.[83] Entsprechend bestimmt sich der von jedem Ehegatten zu leistende Anteil am Fami-

80 Dazu ausf. *Büte,* FK 2003, 104 ff.
81 BGH FamRZ 1990, 280; OLG Hamm FamRZ 1999, 723.
82 BVerfG FamRZ 2002, 527, BGH FamRZ 2009, 762.
83 BGH FamRZ 2011, 21.

lienunterhalt nach den sich aus der Arbeitsverteilung ergebenden beiderseitigen Einkommens- und Vermögensverhältnissen (**Proportionalitätsgrundsatz**).[84]

74 Je nach übernommener Funktion innerhalb des Familienverbunds ist die Höhe des jeweiligen Beitrags zum Familienunterhalt unterschiedlich hoch. **Jede Tätigkeit für die Familie ist dabei gleichwertig** (proportional), auch wenn sie nicht zu Einkünften führt. Ist eben einem Ehegatten die Haushaltsführung überlassen, so erfüllt er seine Verpflichtung, durch Arbeit zum Unterhalt der Familien beizutragen, durch die Führung des Haushaltes (§ 1360 S. 2 BGB). Die **Haushaltsführung** stellt eine gleichwertige und **nicht ergänzungsbedürftige Beitragsleistung** zum Familienunterhalt dar.[85] Daher scheiden **Ausgleichsansprüche** im Hinblick auf finanzielle Mehrleistungen eines Ehegatten aus.[86] Ebenso scheidet eine Haftung des haushaltführenden Ehegatten nach Auftragsrecht im Hinblick auf die Verwendung des Haushaltsgeldes aus.[87]

Ansprüche auf Familienunterhalt können daher grundsätzlich **nicht auf die Leistung einer Geldrente gerichtet** sein.

3. Leistung einer Geldrente

75 In **drei Ausnahmefällen** kann jedoch der Anspruch auf Familienunterhalt auf die Zahlung einer Geldrente gerichtet sein:

- Taschengeld:

Jeder Ehegatte hat Anspruch auf einen Geldbetrag, über den er zur **Befriedigung seiner persönlichen Bedürfnisse** frei verfügen kann.[88] Dieser Anspruch auf einen angemessenen Teil des Gesamteinkommens beider Partner als Taschengeld steht beiden Ehegatten, auch dem verdienenden Partner zu. Dieser kann einen entsprechenden Betrag von seinem Verdienst zur Verwendung von persönlichen Zwecken einbehalten.[89] Erzielt ein Haushalt führender Ehegatte einen geringen Zuverdienst, kann er ihn ggf. auch vollständig als Taschengeld behalten.

- Heimkosten:

Muss einer der Eheleute, ohne dass eine Trennung vorliegt, in einem **Pflegeheim** versorgt werden, weil die Eheleute aus gesundheitlichen Gründen nicht mehr zusammenleben können, hat der betroffene Ehegatte einen Anspruch auf eine **Geldrente**, damit er die Heimkosten zahlen kann.[90] Dem verpflichteten Ehegatten ist der eheangemessene Selbstbehalt zu belassen.[91] Pflegekosten werden aber in vielen Fällen von der bestehenden Pflegeversicherung und ggf. vom Sozialamt übernommen.

Der Übergang der Ansprüche auf den Sozialhilfeträger ist dabei gem. § 94 Abs. 3 S. 1 SGB XII eingeschränkt. Danach hängt der Anspruchsübergang davon ab, dass der Unterhaltsschuldner nicht Bezieher von Hilfe zum Lebensunterhalt (§ 19 Abs. 1 SGB XII) oder von Grundsicherung im Alter und bei Erwerbsminderung (§ 19 Abs. 2 SGB XII) ist und dass er auch kein Anrecht auf derartige Hilfen hätte, wenn er den Unterhaltsanspruch erfüllen würde. Ihm muss also Einkommen in Höhe des maßgebenden Regelsatzes, der Wohnkosten, etwaigen Mehrbedarfs nach § 30 SGB XII und einmaliger Bedarfe nach § 31 SGB XII verbleiben. Erst wenn das insoweit zu berücksichtigende Einkommen §§ 82 ff. SGB XII)

84 BGH FamRZ 1985, 576.
85 BT-Drucks 7/650 S. 99; BGH NJW 1999, 557.
86 BGH NJW 1984, 1845; BGH NJW 1992, 564; BGH NJW 1995, 1486.
87 BGH NJW 2000, 3199.
88 BGH FamRZ 2004, 1784; 2004, 366.
89 BGH FamRZ 1998, 608.
90 OLG Düsseldorf NJW 2002, 1353.
91 BGH FamRZ 2009, 357.

und Vermögen (§ 90 Abs. 1 SGB XII) diese Beträge übersteigt, kommt ein Anspruchsübergang bis zur Höhe des überschießenden Betrages in Betracht.[92]

- Sonderbedarf:

Ist die Übernahme von **Sonderbedarf** eines Ehegatten erforderlich, der nicht durch Dritte, etwa eine **Krankenversicherung**, gedeckt ist, z.B. Medikamente oder Krankenhauskosten, besteht der Anspruch auf Zahlung durch den anderen Ehegatten. In diesen Fällen ist dem zahlenden Ehegatten allerdings der Ehe angemessene Selbstbehalt von 1.100 EUR zu belassen.[93]

Die Unterhaltspflicht der Ehegatten besteht **wechselseitig**. Dies schließt auch die Anwendbarkeit der Vor- 76
schriften für die Zahlung von Trennungsunterhalt **(§ 1361 BGB)** und nachehelichem Unterhalt **(§§ 1569 ff. BGB)** aus, da diese Bestimmungen von der **Unterhaltspflicht eines Ehegatten** gegenüber dem anderen Ehegatten ausgehen. Ebenso wenig können **Unterhaltstabellen und/oder Leitlinien** zur Bemessung von Zahlungen herangezogen werden, mit denen die Ehegatten zum Familienunterhaltbeizutragen haben.

Im Falle der Erwerbstätigkeit eines oder beider Ehegatten gilt der **Halbteilungsgrundsatz** unbeschränkt. 77
Daher ist auch ggf. ein **Erwerbtätigenbonus vom Einkommen nicht abzuziehen.**[94]

Dies kann aber nur gelten, wenn es um das Verhältnis zwischen Familienunterhalt und **Verwandtenunterhalt** geht.[95] Ist der Familienunterhalt in diesen Fällen in Geld auszudrücken, ist er auf die einzelnen Familienmitglieder unter Einschluss der Kinder, aufzuteilen. Für das Maß des Unterhalts ist von den Ehegatten die Leitlinie des § 1578 BGB zu beachten.

Treffen Geschiedenen- und Ehegattenunterhalt aufeinander, ist sowohl dem jeweils Berechtigten als auch 78
dem Verpflichteten ein **Erwerbstätigenbonus vom Einkommen abzuziehen.**

> *Hinweis* 79
>
> Durch das Zusammenleben von Ehegatten ergeben sich **Ersparnisse**, die zu einer Korrektur des Halbteilungsgrundsatzes der Einkommen führen können.[96]

Der **BGH** hat die Ersparnis durch gemeinsame Haushaltsführung, soweit sie nicht im niedrigeren Selbst- 80
behalt des Ehegatten zum Ausdruck kommt, mit 1/10 **des den Familienselbstbehalts übersteigenden Einkommens** angenommen.[97] Zu Recht bezieht sich der BGH auf § 20 Abs. 4 SGB II, wonach die Regelleistung im Falle des Zusammenlebens für jeden der Partner **90 %** der Regelleistung eines Alleinstehenden beträgt.[98]

Gerichtlich wird Familienunterhalt entweder als Anspruch auf **Zahlung von Wirtschaftsgeld** oder auf **Zah-** 81
lung von Taschengeld geltend zu machen sein. Allerdings werden solche Verfahren in der Regel in Krisensituationen geführt werden, die dann zur Trennung und damit zu Trennungsunterhaltsverfahren führen.

4. Auskunft über die Einkommens- und Vermögensverhältnisse

Aus der Pflicht auf Gewährung von Familienunterhalt erwächst auch die gegenseitige **Verpflichtung auf** 82
Erteilung von Auskunft über die jeweiligen Einkommens- und Vermögensverhältnisse (§ 1353 BGB). Dies gilt zumindest, um eine Bezifferung des Anspruchs auf die Zahlung von Wirtschaftsgeld oder Taschengeld zu ermöglichen.

92 Wendl/Dose/*Klinkhammer*, § 8 Rn 29 ff.
93 BGH FamRZ 2009, 357.
94 BGH FamRZ 202, 742.
95 So zu Recht Wendl/Dose/*Scholz*, § 3 Rn 4.
96 BGH FamRZ 2008, 594, 597; BGH FamRZ 2009, 762, 767.
97 BGH FamRZ 2010, 1535 mit Anm. *Hauß*.
98 Vgl. auch Wendl/Dose/*Scholz*, § 3 Rn 108.

Die Ehegatten haben sich auf der Grundlage ihrer ehelichen Lebensgemeinschaft allgemein **„in groben Zügen"** Auskunft über die Verwendung des Familieneinkommens zu erteilen.[99]

Ebenso ist der jeweils andere Ehegatte über Vermögensbewegungen **„in großen Zügen"**[100] zu unterrichten.

83 § 1360 BGB verdeutlicht darüber hinaus, dass die – gegenseitige – Unterhaltspflicht nicht nur eine sittliche, sondern eine **rechtliche Pflicht der Ehegatten** ist, auf die man sich auch Dritten gegenüber berufen kann.

III. Anspruchsvoraussetzungen

1. Eheliche Lebensgemeinschaft

84 **Familienunterhalt** wird nur geschuldet, wenn **zwischen den Ehegatten eine Lebensgemeinschaft** besteht. Die – vorübergehende – räumliche Trennung z.B. aufgrund auswärtiger Arbeitstätigkeit eines Ehegatten oder Strafhaft schließt die eheliche Lebensgemeinschaft nicht aus.[101]

Umgekehrt schließt das Zusammenleben der Eheleute eine Trennung nicht aus. Ehegatten können **in derselben Wohnung getrennt** leben, § 1567 Abs. 1 S. 2 BGB. Dies setzt aber eine vollständige Aufhebung der häuslichen Gemeinschaft voraus.[102] Gemeinsamkeiten wegen Kinderbetreuung[103] oder untergeordnete Gemeinsamkeiten wegen des Wohnungszuschnitts stehen der Trennung in der Regel nicht entgegen.

Ein **Versöhnungsversuch bis zu 3 Monaten** beendet das Getrenntleben unterhaltsrechtlich nicht.[104] Anderes gilt bei bewusster und gewollter Wiederaufnahme der ehelichen Lebensgemeinschaft.[105] In diesen Fällen lebt der Anspruch auf Gewährung von Familienunterhalt wieder auf.

Bei erneuter Trennung ist eine **Neutitulierung des Trennungsunterhalts** erforderlich.

85 *Praxistipp*

> Bei – notarieller – Titulierung des Trennungsunterhalts können die Beteiligten in der Urkunde vereinbaren, dass im Falle der Versöhnung und erneuter Trennung der vereinbarte Unterhalt fortgelten soll.

86 Entscheidend für die Frage der Lebensgemeinschaft ist, ob die Eheleute **subjektiv an der Ehe festhalten** und entsprechend der von ihnen vereinbarten Aufgabenverteilung leben. Nicht entscheidend ist, ob die Eheleute eine dem Wesen der Ehe gemäße Lebensführung angenommen oder beibehalten haben, ob sie also z.B. körperlich miteinander verkehren. Wird also eine fehlende körperliche Verbindung der Eheleute von beiden Partnern akzeptiert, leben sie **im Rahmen der von ihnen vereinbarten Lebensführung** im Sinne einer intakten ehelichen Lebensgemeinschaft.

87 Die Verpflichtung zur Lebensgemeinschaft kann ggf. im Wege des Verfahrens auf Herstellung des ehelichen Lebens (§ 1353 BGB) gegen den anderen Ehegatten verfolgt werden.

Mit dem **positiven Herstellungsantrag** kann z.B. die Unterrichtung über Vermögensverhältnisse oder auch die **Entfernung des Ehebruchpartners** aus der Ehewohnung verlangt werden.[106]

99 BGH FamRZ 1986, 558, 560; BGH NJW 2000, 3199.
100 So BGH FamRZ 1976, 516; BGH FamRZ 1978, 677.
101 Zum – bejahten – Trennungsunterhaltsanspruch bei bloß beabsichtigter Lebensgemeinschaft vgl. OLG Frankfurt/M. NZFam 2019, 881 mit Anm. *Lange* a.a.O.; dazu *Kroll-Ludwigs* in Erman, BGB, § 1361 Rn 9.
102 OLG München MDR 1998, 51.
103 OLG Stuttgart FamRZ 1992, 1435; OLG Köln FamRZ 1999, 93.
104 OLG Hamm NJW-RR 1986, 554.
105 OLG Hamm NJW-RR 2011, 1015.
106 BGH NJW 1957, 300.

Gegenstück dazu ist der **negative Herstellungsantrag** dahingehend, dass der Antragsteller gem. § 1353 Abs. 2 BGB zum Getrenntleben berechtigt ist.[107] Voraussetzung ist, dass die gerichtliche Feststellung für die Rechtsstellung des Antragstellers von Bedeutung ist.[108] In der Regel wird hier jedoch das **besondere Feststellungsinteresse** fehlen.[109]

Wird jedoch nach Eheschließung eine ursprünglich **vereinbarte Lebensgemeinschaft nicht realisiert**, ist ein Anspruch auf Familienunterhalt nicht gegeben. Stellt sich nach Eheschließung beispielsweise heraus, dass ein Partner den Vollzug der Ehe wegen anderweitiger sexueller Orientierung ablehnt oder zum Vollzug aus körperlichen Gründen außerstande ist und lehnt deshalb der andere Ehegatte die „Fortsetzung" der Ehe ab, ist kein Zusammenleben im Sinne eines Ehelebens zustande gekommen. In diesen Fällen entsteht auch dann **kein Anspruch auf Familienunterhalt**, wenn etwa die Eheleute wegen fehlender anderweitiger Möglichkeiten zunächst (weiter) in der Ehewohnung zusammenleben. Es ist dann von Getrenntleben auszugehen. 88

Es besteht ggf. der Anspruch eines der Ehepartner auf Zahlung von Trennungsunterhalt. Dieser könnte jedoch auch **wegen Nichtaufnahme der Ehe verwirkt** sein i.S.d. **§ 1579 Nr. 8 BGB**.[110] Der BGH hatte in einem Fall die Versagung von Unterhaltsansprüchen für gerechtfertigt gehalten, weil die Ehegatten die Lebensgemeinschaft trotz Eheschließung **nicht aufgenommen** hatten. Sie waren aus Glaubensgründen der Überzeugung, dass ihre standesamtliche Trauung wegen einer kirchlich nicht geschiedenen früheren Ehe eines der Partner irrelevant war.[111] 89

Wegen kurzer Ehedauer nach **§ 1579 Nr. 1 BGB** kann dagegen Trennungsunterhalt in solchen Fällen nicht versagt werden, weil § 1579 Nr. 1 BGB in § 1361 Abs. 3 BGB ausdrücklich für nicht anwendbar erklärt worden ist.[112] Die Tatsache, dass die Beteiligten nie zusammengelebt haben, reicht **grundsätzlich nicht** aus. Eine grobe Unbilligkeit nach dem Auffangtatbestand des § 1579 Nr. 8 BGB kann allerdings gegeben sein. Dies bedarf einer **Billigkeitsabwägung im Einzelfall**. Dabei kann es von Bedeutung sein, ob dem anderen Ehegatten bei Eingehung der Ehe aufgrund unrichtiger Angaben des anderen Ehegatten im Irrtum beispielsweise über dessen sexuelle Orientierung oder dessen Fähigkeit zum Vollzug der Ehe war. In solchen Fällen ist **vorwerfbares Verhalten** im Rahmen der Billigkeit zu berücksichtigen.

2. Bedürftigkeit des Ehegatten

Die **Bedürftigkeit** eines Ehegatten ist **keine Anspruchsvoraussetzung**. So hat auch derjenige Ehegatte Anspruch auf Wirtschaftsgeld gegen den anderen, wenn er trotz Führung des Haushaltes über eigenes Einkommen oder Vermögen verfügt. Der Umfang des Anspruches richtet sich nach dem Umfang der Bedürftigkeit, z.B. der Pflegebedürftigkeit einzelner Familienmitglieder.[113] Der Anspruch auf Familienunterhalt dient aber der **Deckung des Bedarfs der gesamten Familie**, nicht eines einzelnen Ehegatten. 90

107 RG 150, 70.
108 KG FamRZ 1988, 81.
109 OLG München FamRZ 1986, 807.
110 So BGH FamRZ 1994, 558.
111 Vgl. auch AG Essen FamRZ 2000, 23.
112 BGH FamRZ 1979, 569.
113 BGH FamRZ 1993, 411.

3. Leistungsfähigkeit

91 Auch die **Leistungsfähigkeit** des z.B. zur Zahlung von Wirtschaftsgeld verpflichteten Ehegatten ist **nicht Voraussetzung** für den Anspruch auf Familienunterhalt. Dies gilt bis zu der Grenze, dass der Verpflichtete überhaupt in der Lage ist, zum Unterhalt beizutragen. Der Anspruch entfällt daher, wenn ein Ehegatte weder durch Erwerbstätigkeit noch durch Vermögenseinkünfte oder durch Haushaltsführung zum Familienunterhalt beitragen kann.

Eine **Erwerbsobliegenheit besteht** für die Ehegatten, sofern ohne eine Erwerbstätigkeit eine **familiäre Notlage herbeigeführt** oder verstärkt werden würde.

Eine **Erwerbsobliegenheit besteht nicht**, soweit der notwendige Familienunterhalt durch Einkünfte aus Vermögen oder durch sonstige, nicht mit einer Erwerbstätigkeit verbundenen Mittel, z.B. Renten, Pensionen oder Zinsen gedeckt werden kann.

92 Im Bereich des Familienunterhaltes geht es um die **Verteilung des zur Verfügung stehenden Einkommens**. Ausgangsbasis für die Bemessung des Familienunterhalts sind sie vorhandenen Einkommens- und Vermögensverhältnisse der Eheleute.[114]

Reichen auch bei sparsamer Lebensführung laufende Einkünfte nicht aus, ist ggf. auch der **Einsatz vorhandenen Vermögens** zur Sicherung des Familienunterhaltes notwendig. Dies gilt nicht, wenn die Verwertung unwirtschaftlich oder unbillig ist.[115] Die **Verwertung des Vermögensstamms** muss evtl. bei größeren Anschaffungen oder in Notlagen für Unterhaltszwecke verwendet werden, wenn weitere Einkünfte zur Deckung des Familienunterhalts nicht vorhanden sind oder nicht ausreichen.

93 Die Leistungsfähigkeit der Eheleute wird insgesamt naturgemäß **begrenzt durch die vorhandenen Mittel**. Daher kann sich niemand der Eheleute gegenüber dem anderen auf einen ihm notwendig verbleibenden Selbstbehalt berufen. Alle **verfügbaren Mittel müssen miteinander geteilt** werden, weil dies dem Sinn der ehelichen Lebensgemeinschaft entspricht.

4. Aufgabenverteilung in der Ehe

94 Der Anspruch auf den Erhalt eines Beitrages zum Familienunterhalt besteht **zwischen den Eheleuten gegenseitig**.[116] Daher ist nach § 1360 BGB jeder Ehegatte zugleich Unterhaltsberechtigter und Unterhaltsverpflichteter.

95 Der Anspruch umfasst die **Bedürfnisse der gesamten Familie** einschließlich der Kinder. Der Unterhaltsanspruch der Kinder ergibt sich jedoch ausschließlich aus **§§ 1601 ff. BGB**. Darüber hinaus bestimmen Ehegatten in der Regel nach **§ 1612 Abs. 2 S. 1 BGB**, das unverheirateten minderjährigen, aber auch volljährigen Kindern Unterhalt **in Natur im gemeinsamen Haushalt** gewährt wird. Das Bestimmungsrecht der Eltern findet seine Grenze allerdings darin, dass auf die Belange des Kindes die **gebotene Rücksicht** genommen werden muss.

Führt das Bestimmungsrecht aber zu einem Unterhaltsanspruch in Natur im gemeinsamen Haushalt, umfasst dies alles, was zur Befriedigung der Lebensbedürfnisse zu leisten ist wie freie Kost, Wohnung, Versorgung, sonstige Sachaufwendungen und Leistungen, insbesondere für Bildung und Freizeitgestaltung.[117] Hinzu kommt der Anspruch des Kindes auf ein angemessenes Taschengeld.

96 Das Bestimmungsrecht gilt gegenüber minderjährigen und volljährigen Kindern in gleicher Weise. Bei **Minderjährigen** ist dies **Ausfluss der elterlichen Sorge**. Bei **Volljährigen** wird vor allem die notwendige **Rücksichtnahme auf die Belange des Kindes** von Bedeutung sein. Es kann aber durchaus sein, dass

114 BGH FamRZ 1985, 576.
115 BGH FamRZ 2000, 153.
116 BGH FamRZ 2006, 1010, 1014; BGH FamRZ 2011, 21.
117 Vgl. *Klinkhammer*, FamRZ 2010, 845.

dann, wenn das Kind nach Eintritt der Volljährigkeit stets das Elternhaus verlassen und Unterhalt in Form einer Geldrente verlangen könnte, Eltern wirtschaftlich überfordert wären.[118]

Das Kind selbst hat keinen Anspruch auf Familienunterhalt nach § 1360 BGB. Allerdings besteht grundsätzlich das Recht des Kindes, nach §§ 1601 ff. BGB Unterhalt geltend zu machen.[119] Dies spielt insbesondere nach Volljährigkeit eine Rolle. In der Praxis wird ein Fall der Geltendmachung von Unterhalt des minderjährigen Kindes nach §§ 1601 ff. BGB kaum in Betracht kommen, da in solchen Fällen eine Vernachlässigung des Kindes vorliegt und eine Gefährdung des Kindeswohl nach § 1666 BGB vorliegt. Dies führt zum Einschreiten des Familiengerichts und damit ohnehin zu einem Anspruch auf Kindesunterhalt nach § 1601 BGB. 97

Besteht ein Unterhaltstitel für das Kind, wird dieser nicht dadurch gegenstandslos, dass die getrenntlebenden Eltern die eheliche Lebensgemeinschaft wieder herstellen oder geschiedene Eltern erneut heiraten. Der barunterhaltspflichtige Elternteil kann mit einem Vollstreckungsgegenantrag (§ 113 Abs. 1 S. 2 FamFG, § 767 ZPO) allerdings geltend machen, dass er während des erneuten Zusammenlebens mit dem anderen Elternteil Familienunterhalt leistet und dadurch den Bedarf des Kindes deckt. 98

Die Ehegatten tragen gem. § 1360 BGB die **Last des Familienunterhalts gemeinsam**, sind jedoch in der Gestaltung ihrer Ehe, in der Rollenverteilung und in der Beschaffung und Verteilung des Unterhalts weitgehend frei.[120] 99

Die **Gestaltungsfreiheit** gilt im Verhältnis der Ehegatten zueinander, nicht jedoch im Verhältnis zu vorrangigen Unterhaltsberechtigten, also minderjährigen Kindern oder privilegierten volljährigen Kindern aus einer früheren Ehe oder einer anderen Verbindung. Ebenso wenig darf dies zu Lasten eines gleichrangig Berechtigten, z.B. eines früheren Ehegatten oder eines ein Kleinkind betreuenden Elternteils gehen (§ 1609 Nr. 1, 2 BGB).[121] 100

Daraus kann ggf. eine **Erwerbsobliegenheit** abgeleitet werden. Die **grundsätzlich frei zu wählende Rollenverteilung** der Ehegatten darf nicht den bestehenden Unterhaltsanspruch gleichrangiger oder vorrangiger Berechtigter schmälern. So wird bei einer Konkurrenz des geschiedenen und des beim Verpflichteten lebenden jetzigen Ehegatten entscheidend sein, ob der den Haushalt führende jetzige Ehegatte im Falle einer Scheidung wegen Kinderbetreuung unterhaltsberechtigt wäre. Ist dies nicht der Fall, wird ihm ein fiktives Einkommen zugerechnet, das den erwerbstätigen Partner (teilweise) vom Familienunterhalt entlastet, seine Leistungsfähigkeit im Verhältnis zum geschiedenen Partner und damit dessen Unterhaltsanspruch erhöht.[122] 101

Eine **Erwerbsobliegenheit** kommt ebenfalls in Betracht, wenn ein nachrangiger Unterhaltsgläubiger, also beispielsweise ein volljähriges Kind, Unterhalt vom haushaltsführenden Ehegatten verlangt. Führt der – wieder verheiratete – Ehegatte den Haushalt, ohne eigene Einkünfte zu erzielen, kann zumindest die Verpflichtung zur Aufnahme einer Nebentätigkeit gegenüber dem volljährigen Kind bestehen. Wäre dagegen für den Haushalt führenden Ehegatten grundsätzlich ein Betreuungsunterhaltsanspruch nach § 1570 BGB gegeben oder aber ein Anspruch wegen Krankheitsunterhalt aufgrund Erwerbsunfähigkeit, kommt die Verpflichtung einer Nebentätigkeit aufgrund der – nachrangigen – Unterhaltsverpflichtung gegenüber dem volljährigen Kind nicht in Betracht. Grundsätzlich wird aber das Recht des in zweiter Ehe verheirateten Partners, nach § 1356 BGB zu bestimmen, dass einer von ihnen sich allein auf die Haushaltsführung beschränkt, durch den Unterhaltsanspruch des volljährigen Kindes eingeschränkt.[123] 102

118 Vgl. dazu Wendl/Dose/*Scholz*, § 2 Rn 32 ff.
119 BGH FamRZ 1997, 281.
120 BVerfG FamRZ 2002, 527 m. Anm. *Scholz*, FamRZ 2002, 733; BGH FamRZ 2001, 986 m. Anm. *Scholz*, FamRZ 2001, 1061.
121 BGH FamRZ 1996, 796.
122 BGH FamRZ 2010, 111, 115.
123 So zu Recht Wendl/Dose/*Klinkhammer*, § 2 Rn 294 m. Hinweis auf BGH FamRZ 1987, 472; BGH FamRZ 2002, 742 m. Anm. *Büttner*; BGH FamRZ 2004, 366; BGH FamRZ 2004, 370, jeweils m. Anm. *Strohal*, S. 441; BGH FamRZ 2004, 443 m. Anm. *Schürmann*.

103 Je nach Aufgabenverteilung in der Ehe sind verschiedene Begriffe eingeführt, nämlich

- Haushaltsführungsehe,
- Doppelverdienerehe,
- Zuverdienstehe,
- Nichterwerbstätigenehe.[124]

Die **Aufgabenverteilung** kann sich im Laufe der Ehe naturgemäß durchaus häufiger **verschieben**. Namentlich die Alleinverdienerehe wird auf Dauer eine Ausnahme sein oder eben nur vorübergehend das von den Eheleuten gelebte Modell darstellen.

104 Der Fall der typischen – vorübergehenden – **Alleinverdienerehe** besteht darin, dass ein Ehegatte Haushaltsführung und Kinderbetreuung übernimmt und der andere Ehegatte einer Erwerbstätigkeit nachgeht und damit die für den Familienbedarf notwendigen Geldmittel verdient. In diesem Fall besteht durch den Haushalt führenden Ehegatten, der zur Erfüllung seiner Aufgaben Geld benötigt, gegen den erwerbstätigen Ehegatten ein Anspruch auf das sogenannte **Wirtschaftsgeld**. Zusätzlich hat der haushaltsführende Ehegatte einen Anspruch auf **Taschengeld**, mit dem er seine persönlichen Bedürfnisse befriedigen kann.

105 Soweit das Einkommen des alleinerwerbstätigen Ehegatten den Bedarf der Familie übersteigt, kann er den überschießenden Teil der Erwerbseinkünfte für sich verwenden.

106 Im Rahmen dieser Wahl der Aufgabenverteilung in der Ehe sind nach § 1630 S. 2 BGB die Haushaltsführung des einen und die Erwerbstätigkeit des anderen Ehegatten **gleichwertig**. Die Haushaltsführung stellt einen „gleichwertigen und nicht ergänzungsbedürftigen“[125] Beitrag zum Familienunterhalt dar.

107 Diese Aufteilung führt aber nicht dazu, dass der erwerbstätige Ehegatte jede Haushaltsleistung ablehnen darf. Da er **nach § 1353 Abs. 1 S. 2 BGB zum Beistand verpflichtet** ist, hat er Hilfeleistungen im Haushalt ebenso zu erbringen wie sich um die Erziehung der Kinder zu bemühen (§ 1626 Abs. 1 S. 1 BGB). Ergeben sich Veränderungen, tritt z.B. eine Notlage ein oder gibt es neue Unterhaltspflichten, kann die Verpflichtung entstehen, dass beide Ehegatten ganz oder teilweise erwerbstätig sind.

108 Bei beiderseitiger Erwerbstätigkeit, der **Doppelverdienerehe**, ist dann die **Haushaltstätigkeit** auf beide Ehegatten entsprechend dem jeweiligen **Zeitaufwand für die berufliche Tätigkeit** zu verteilen. Kinder sind von den Eltern gemeinsam zu betreuen. Im Verhältnis der beiderseitigen Nettoeinkünfte haben sich beide finanziell am Familienunterhalt zu beteiligen.[126] Einen Mehrverdienst, der für den Familienunterhalt nicht benötigt wird, kann jeder für seine persönlichen Zwecke frei verwenden.

109 Dies bedeutet konkret, dass im Falle voller Erwerbstätigkeit des einen Ehegatten und halbtägiger Erwerbstätigkeit des anderen Ehegatten der vollzeitlich Erwerbstätige bei starrer Berechnung immerhin noch ein Drittel der gesamten Haushaltsführung übernehmen müsste. Dies würde zu Recht als unangemessen angesehen werden. Angemessener ist es sicher, die für die Haushaltsführung etwa noch einsetzbare Tageszeit zu berücksichtigen und in ein Verhältnis zueinander zu stellen.

110 Steht dem Vollzeittätigen z.B. die Zeit ab 17.00 Uhr zur Verfügung und dem halbtags arbeitenden Ehegatten die Zeit ab 13.00 Uhr und bemisst man das Ende einer angemessenen Haushaltstätigkeit auf eine Uhrzeit von 19.00 Uhr, so bleiben für die Haushaltsführung dem vollzeitlich arbeitenden Ehegatten zwei Stunden sowie dem hälftig erwerbstätigen Ehegatten sechs Stunden. Mithin müsste danach der vollzeitlich tätige Erwerbstätige etwa **25 % der Haushaltstätigkeit** insgesamt übernehmen. Bei abweichenden Arbeitszeiten sind die Anteile in ein entsprechendes angemessenes Verhältnis zu setzen.

111 In gleicher Weise ist der finanzielle Unterhaltsbedarf der Familie im Verhältnis der beiderseitigen Einkünfte zu verteilen. Bei unterschiedlich hohen Einkünften haben beide Ehegatten **im Verhältnis ihrer**

124 Vgl. zu den Leitbildern BVerfG FamRZ 2002, 527 m. Anm. *Scholz*, FamRZ 2002, 733 und BGH FamRZ 2001, 986 m. Anm. *Scholz*, FamRZ 2001, 1061.

125 Begründung zum 1. Gesetz zur Reform des Ehe- und Familienrechts, BT-Drucks 7/650, S. 99.

126 BGH FamRZ 2004, 366, 368.

Einkünfte den entsprechenden Unterhaltsbeitrag zu leisten.[127] Der jeweilige Anteil wird in der Weise berechnet, dass der finanzielle Bedarf der Familie mit dem vergleichbaren Nettoeinkommen jedes Ehegatten multipliziert und durch die Summe der vergleichbaren Nettoeinkommen beider Ehegatten geteilt wird.

Rechenbeispiel 112

Unterhaltsbedarf der Familie 2.000 EUR; Einkommen Ehemann (M) 3.000 EUR; Einkommen Ehefrau (F) 1.200 EUR.

Anteil M:	(2.000 EUR x 3.000 EUR) :	4.200 EUR =	1.428,57 EUR
Anteil F:	(2.000 EUR x 1.200 EUR) :	4.200 EUR =	571,43 EUR

Es sind Fälle denkbar, in denen ein **Verteilungsschlüssel wertend verändert** werden muss. Sind beide Ehegatten voll berufstätig, leistet aber einer von ihnen erheblich mehr im Haushalt und/oder für die Kinder als der andere, kann sich aus dieser Situation eine Änderung der sich eigentlich rechnerisch ergebenden Verteilung wertend zugunsten des höher belasteten Ehegatten ergeben. Die Beitragspflicht dieses Ehegatten zum Familienunterhalt verringert sich entsprechend dem Umfang seiner Mehrarbeit im Haushalt oder seiner sonstigen Mehrbelastung.[128] 113

Dasselbe gilt, wenn ein Ehegatte durch **ständige Überstunden** erheblich stärker beansprucht wird als der andere Ehegatte. Nicht aber kann eine Veränderung damit begründet werden, dass angeblich eine der Erwerbstätigkeiten eines Ehegatten **körperlich oder auch geistig anstrengender** wäre.

Leistet ein Ehegatte insgesamt einen höheren finanziellen Beitrag zum Familienunterhalt als notwendig, kann er zwar vom anderen Ehegatten **für die Zukunft verlangen**, dass sich dieser in höherem Umfang am Familienunterhalt beteiligt. Er kann jedoch für die Vergangenheit Ersatz in der Regel nicht verlangen. Es wird nach **§ 1360b BGB** vermutet, dass ein Ehegatte nicht beabsichtigt, vom anderen Ersatz zu verlangen, wenn er zum Unterhalt der Familie einen höheren Beitrag leistet, als ihm obliegt. Dies gilt auch für **überobligatorische Leistungen**, für die keine laufende Vergütungspflicht besteht.[129] Ebenso gilt dies bei **vermehrter Mitarbeit im Beruf oder Geschäft des anderen Ehegatten**.[130] Die Vermutung des § 1360b BGB ist allerdings **widerlegbar**.[131] 114

Praxistipp

Es ist festzustellen, ob eine gegenteilige **Absicht** zur Zeit der Beitragsleistung vorlag. Nicht notwendig ist ein ausdrücklicher Vorbehalt. Dieser kann sich auch aus Umständen ergeben, z.B. aus der Höhe der Leistung.[132]

Bei einer sogenannten **Zuverdienstehe**, in der ein Ehegatte vollerwerbstätig und der andere Ehegatte teilerwerbstätig ist und daneben den Haushalt führt, bzw. die Kinder betreut, hat auch der vollerwerbstätige Ehegatte den anderen Partner bei der Haushaltsführung und der Erziehung der Kinder **angemessen zu entlasten**. Der teilschichtig Erwerbstätige muss dann, wenn das Einkommen des Vollerwerbstätigen nicht für eine angemessene Lebenshaltung ausreicht, sich mit seinem Zuverdienst anteilig an dem Familienunterhalt beteiligen. 115

127 BGH FamRZ 2004, 795, 797 m. Anm. *Strohal.*
128 BGH NJW 1957, 537.
129 BGH NJW 1995, 1486.
130 Grüneberg/*von Pückler*, § 1360b Rn 1.
131 Vgl. MüKo-BGB/*Weber-Monecke*, § 1360b Rn 2.
132 OLG Karlsruhe FamRZ 1990, 744.

116 Bei Führung einer **Nichterwerbstätigenehe**, bei der beide Ehegatten nicht erwerbstätig sind, müssen sie den Haushalt gemeinsam führen und die Kinder ggf. gemeinsam erziehen. Im Einzelnen ist dies im gegenseitigen Einvernehmen festzulegen (§ 1356 Abs. 1 S. 1 BGB).

Zu den finanziellen Lasten des Haushalts haben beide entsprechend ihren Einkünften beizutragen.

5. Erwerbsobliegenheit der Ehegatten

117 Die Verpflichtung des erwerbstätigen Ehegatten geht in der Regel dahin, einer Arbeit nachzugehen, die seinen **Fähigkeiten und seiner beruflichen Fortbildung entspricht** und durch die der finanzielle Bedarf der Familie gedeckt werden kann. Reichen die Einkünfte nicht aus, kann vom Ehegatten auch ein Berufswechsel oder die Aufnahme einer anderen, besser bezahlten Arbeitstätigkeit verlangt werden, sofern dies möglich und zumutbar ist.

118 Gegenüber **Kindern** kann dem erwerbstätigen Ehepartner wegen unzureichender Bemühungen eines ggf. besseren Arbeitsplatzes ein fiktives Einkommen zugerechnet werden.

119 Der Ehegatte, der **vereinbarungsgemäß den Haushalt** führt, ist nur ausnahmsweise im Falle einer **familiären Notlage** verpflichtet, einer Erwerbstätigkeit nachzugehen. Dies ist z.B. der Fall, wenn das Einkommen des anderen Ehegatten zur Deckung des angemessenen Familienunterhalts nicht ausreicht. Außerhalb solcher familiären Notlage genießt allerdings die Haushaltsführung durch den anderen Ehegatten als „gleichwertige" Tätigkeit Vertrauensschutz. Der Haushalt führende Ehepartner ist nicht verpflichtet, entgegen einer früheren Vereinbarung eine Erwerbstätigkeit zur Verbesserung des Lebensstandards aufzunehmen. Dies gilt auch dann nicht, wenn ein **an seiner Stelle eingesetztes Personal** und die gleichzeitige – der Vorbildung des den Haushalt führenden Ehegatten entsprechenden – Arbeitstätigkeit zu einer Verbesserung des Lebensstandards der Familie insgesamt führen würden.

120 Für den Fall, dass der **Grund für die Vereinbarung** der Haushaltstätigkeit des einen Ehegatten **entfällt**, also beispielsweise ein Betreuungsaufwand für Kinder nicht mehr erforderlich ist, ist dem betroffenen Ehepartner zuzumuten, eine Wiederaufnahme oder eine Erweiterung seiner Erwerbstätigkeit vorzunehmen. Hinsichtlich des Zeitpunktes der Wiederaufnahme oder der Erweiterung der Erwerbstätigkeit gelten nicht die Regeln über den Vorrang der Fremdbetreuung nach Vollendung des dritten Lebensjahres des jüngsten Kindes. Ab wann der betreuende Ehegatte wieder erwerbstätig oder erweitert erwerbstätig sein soll, ist von beiden Partnern festzulegen.

121 Soweit und solange ein Ehepartner den Familienunterhalt durch Renten, Pensionen oder durch **Einkünfte aus Vermögen** decken kann, ist er zur Erwerbstätigkeit nicht verpflichtet. Der Vermögensstamm ist allerdings nur bei größeren Anschaffungen oder in Notlagen für Unterhaltszwecke zu verwenden. Dies setzt voraus, dass die anderen Einkünfte zur Deckung des Familienunterhalts nicht ausreichen.

122 Wer eine Erwerbstätigkeit trotz entsprechender Verpflichtung unterlässt, ist **fiktiv** so zu behandeln, als würde er über ein entsprechendes Einkommen verfügen.

IV. Bemessung des Familienunterhaltes

1. Lebensbedarf der Familie

123 Der Familienunterhalt dient der **Deckung des gesamten Lebensbedarfs** der Ehegatten und der Kinder, also der gesamten Familie. Der Familienunterhalt nach § 1360a Abs. 1 BGB umfasst daher alles, was nach den ehelichen Lebensverhältnissen, insbesondere den Einkommens- und Vermögensverhältnissen der Ehegatten erforderlich und angemessen ist, um die Kosten des Haushaltes, die persönlichen Bedürfnisse der Ehegatten und den Lebensbedarf der zum Haushalt gehörenden Kinder zu bestreiten.[133] Entscheidend

133 BGH FamRZ 2004, 443.

für die Höhe des Familienunterhaltes ist der **gegebene wirtschaftliche und soziale Rahmen**, der sich aus der beruflichen und – ggf. selbst gewählten – sozialen Stellung der Beteiligten ergibt.[134]

Pikulinski[135] hat versucht, den inhaltlichen Zusammenhang des Anspruchs auf den Familienunterhalt mit der ehelichen Lebensgemeinschaft in einer Formel auszudrücken und erklärt, diese Formel bezeichne „bildlich den Inhalt" von § 1360a BGB. 124

U = V % (E + (K1 + K2 + … Kn) + H)

Dabei gilt:

- U – der Angemessene Familienunterhalt
- V – die Verhältnisse der Ehegatten
- E – die persönlichen Bedürfnisse der Ehegatten
- K – der Lebensbedarf eines Kindes
- n – die Zahl der gemeinsamen unterhaltsberechtigten Kinder
- H – die Kosten des Haushalts

Die Formel mag in manchen Fällen eine Bestimmung des angemessenen Familienunterhalts im Einzelfall erleichtern.

Im Regelfall wird jedoch differenzierter zum Familienbedarf bestimmt werden müssen.

Zu den Aufwendungen für die Deckung des Familienbedarfs gehören: 125

- Aufwendungen für Wohnen
- Aufwendungen für Haushalt, also z.B. Verpflegung, Kleidung, Reinigung, Körper- und Gesundheitspflege
- Aufwendungen für Urlaub, Erholung und Freizeitgestaltung
- Beiträge für Vereine, Verbände etc.
- Aufwendungen für Versicherungen
- Aufwendungen für Krankheits- und Altersvorsorge
- Aufwendungen für Fahrtkosten, ggf. Kfz-Kosten
- Kosten für Krankheit, Pflege und Betreuung
- Aufwendungen für persönliche Bedürfnisse der Familie, z.B. Sport, Hobbies etc.
- ggf. Tilgung von Schulden, z.B. zur Finanzierung eines Familienheims oder Pkw

Schulden mindern das für den Familienunterhalt zur Verfügung stehende Einkommen. 126

Es kommt nicht darauf an, wann und **aus welchem Grund** die Schulden entstanden sind; es ist nicht entscheidend, ob sie bereits bei Eingehung der Ehe bestanden und ob Sucht, Erkrankung, Verschwendung oder andere Gründe, gleichgültig ob vorwerfbar oder nicht, zu den Schulden geführt haben. Unvernünftiges oder vorwerfbares Verhalten ist mitzutragen. Solches Verhalten kann jedoch zur – ggf. umfangreicheren – **Erwerbsobliegenheit des betroffenen Ehegatten** führen.[136]

Unterhaltsansprüche sonstiger Verwandter gehören nicht zum Lebensbedarf eines Ehegatten im Sinne des § 1360a Abs. 1 BGB. Vorrangige Unterhaltsansprüche mindern jedoch das für den Familienunterhalt zur Verfügung stehenden Einkommen. Minderjährige oder privilegiert volljährige Kinder aus einer anderen Verbindung sind gem. § 1609 Nr. 1 BGB vorrangig unterhaltsberechtigt. Diese Ansprüche sind **vorab zu befriedigen** und mindern das für den Familienunterhalt zur Verfügung stehende Einkommen. 127

Nachrangige Unterhaltsberechtigte sind dann zu berücksichtigen, wenn das Einkommen eines Ehegatten seinen Beitrag zum Familienunterhalt übersteigt.[137] 128

134 BGH FamRZ 2007, 1532.
135 *Pikulinski*, Familienunterhalt, S. 42.
136 Wendl/Dose/*Scholz*, § 3 Rn 41.
137 BGH FamRZ 2004, 370.

129 Trotz der grundsätzlich frei zu vereinbarenden Aufteilung von Haushaltsführung und Erwerbstätigkeit in einer Ehe kann ein Ehegatte nicht verlangen und der **Pflichtige nicht durchsetzen**, dass er in der neuen Ehe unter Verzicht auf eine Erwerbstätigkeit nur die Haushaltsführung und Kinderbetreuung übernimmt, wenn eine **vorrangige oder auch gleichrangige Unterhaltsverpflichtung** z.B. gegenüber minderjährigen oder privilegiert volljährigen Kindern aus früherer Ehe besteht. Der zweite Ehegatte hat dem Unterhaltspflichtigen durch eine Teilübernahme häuslicher Aufgaben die Möglichkeit zu verschaffen, seine Arbeitskraft nicht vollständig für Mitglieder der neuen Familien zu verwenden, sondern auch dem Unterhalt für Kinder im Sinne des § 1609 Nr. 1 zu widmen.[138] Ggf. ist es dem Unterhaltspflichtigen zuzumuten, sich die Erwerbsmöglichkeit durch den **Einsatz einer Hilfskraft für den Haushalt** zu verschaffen.[139]

130 Ist eine **Rollenverteilung dagegen hinzunehmen**, erzielt aber der Verpflichtete tatsächlich Einkünfte, z.B. aus Nebentätigkeit, muss er diese für den Unterhalt der Kinder gem. § 1609 Nr. 1 BGB einsetzen. Dies gilt aber nur dann, wenn sein eigener Bedarf durch den vom zweiten Ehegatten gewährten Familienunterhalt gedeckt ist.[140]

131 Letztlich führt dies dazu, dass der **zweite Ehegatte in der Lage** sein muss,

- den Eigenbedarf,
- den Bedarf seines Haushalt führenden Ehepartners, der Kindern aus erster Ehe unterhaltspflichtig ist, sowie
- den Bedarf minderjähriger Kinder aus der neuen Ehe aufzubringen.

132 Der **Selbstbehalt dieses zweiten Ehegatten** sollte dabei aber den eigenen **angemessenen Unterhalt** im Sinne des § 1603 Abs. 1 BGB nicht unterschreiten.[141] Unter diesem Selbstbehalt ist der Betrag zu verstehen, der einem Unterhaltsschuldner unabhängig von der Zahl der Unterhaltsberechtigten und über die Pfändungsgrenzen hinaus belassen werden muss, damit dieser seinen eigenen Bedarf decken kann.[142] Die Bestimmung des Selbstbehalts obliegt ohne starre Bindung an Vorgaben in Tabellen und Leitlinien dem Tatrichter.[143]

Der **haushaltsführende Elternteil** muss sich dagegen auf den **notwendigen Selbstbehalt** verweisen lassen.

133 **Reicht das Einkommen** des zweiten Ehegatten allerdings zur Deckung des Bedarfs der neuen Familie **nicht** aus, darf der haushaltsführende Partner sein Nebeneinkommen zunächst zur Deckung seines eigenen Bedarfs verwenden, bevor er Unterhalt an ein minderjähriges Kind aus einer ersten Ehe zu zahlen hat.

134 *Beispiel*

Das zehnjährige Kind K 1 aus erster Ehe wird vom Vater betreut. Die Mutter (M) ist erneut verheiratet und versorgt das zweijährige Kind K 2 aus der neuen Ehe. Sie verdient durch eine zumutbare Nebentätigkeit am Wochenende 300 EUR netto monatlich. Das Einkommen des zweiten Ehegatten beträgt netto monatlich 1.750 EUR.[144]

Die Rollenwahl ist hinzunehmen, da M bei vollschichtiger Tätigkeit nur 800 EUR, also deutlich weniger als ihr Ehemann verdienen könnte.

Einkommen der neuen Familie ohne Kindergeld für K 2:

2.050 EUR abzgl. Kindesunterhalt K 2 (Zahlbetrag) von 312 EUR (Düsseldorfer Tabelle Einkommensgruppe 1/Altersgruppe 1) ergibt 1.738 EUR. Da bei Halbteilung dieses Betrages der angemes-

138 BGH FamRZ 2001, 1065, 1066 m. Anm. *Büttner.*
139 BGH FamRZ 2001, 1065 m. Anm. *Büttner*; BGH FamRZ 2006, 1827, 1830 m. Anm. *Strohal.*
140 BGH FamRZ 2001, 1065, 1066 m. Anm. *Büttner*; BGH FamRZ 2002, 742 m. Anm. *Büttner.*
141 So auch Wendl/Dose/*Klinkhammer*, § 2 Rn 288.
142 Vgl. BGH FamRZ 2003, 1466.
143 BGH NJW 1984, 1614; BGH NJW 1992, 1393.
144 Nach Wendl/Dose/*Klinkhammer*, § 2 Rn 288.

sene Selbstbehalt des zweiten Ehemannes von 1.650 EUR gefährdet wäre, kann M hiervon nur ein Betrag von 88 EUR zugewiesen werden. Dieser Betrag deckt auch unter Berücksichtigung der Haushaltsersparnis nicht einmal ihr eigenes Existenzminimum und erlaubt daher die Zahlung von Kindesunterhalt nicht.

Auch hinsichtlich eines in den Haushalt aufgenommenen **Stiefkindes** kann eine Unterhaltsverpflichtung aufgrund einer ausdrücklich neu stillschweigenden Übereinkunft bestehen.[145] Dies gilt auch bei **Aufnahme eines Kindes ohne förmliche Adoption**, z.B. durch fälschliche Eintragung des Kindes als eigenes Kind im Geburtenregister aufgrund vorgenommener Falschbeurkundung.[146] 135

2. Familienunterhalt und Leistungsfähigkeit

Nach § 1360a Abs. 2 S. 2 BGB sind die Ehegatten einander verpflichtet, die zur Deckung des finanziellen Bedarfs erforderlichen Mittel **für einen angemessenen Zeitraum im Voraus** zur Verfügung zu stellen. Die Eheleute haben den durchschnittlichen finanziellen Bedarf konkret nach den Bedürfnissen und den Verhältnissen der jeweiligen Familie zu bemessen. Beträge, die sich aus Unterhaltstabellen und/oder Leitlinien der Oberlandesgerichte ergeben, können für eine Bemessung im Einzelfall nicht herangezogen werden. Tabellen und Leitlinien betreffen den Unterhalt getrenntlebender oder geschiedener Eheleute, also die Situation einer miteinander zusammenlebenden Familie und damit den Familienunterhalt gerade nicht. 136

Grundlage für die Berechnung des Familienunterhalts der Höhe nach sind die Einkommens- und Vermögensverhältnisse der Eheleute.[147] 137

Einkommens- und Vermögensverhältnisse können sich laufend verändern, sodass laufend eine **Angleichung** des zur Verfügung zu stellenden Familienunterhalts vorzunehmen ist.

Dabei braucht der **Stamm eines Vermögens** nicht angetastet zu werden, es sei denn, auch bei sparsamster Lebensführung reichen die laufenden Einkünfte für den notwendigen Familienunterhalt nicht aus oder es werden größere Anschaffungen benötigt.

Sozialleistungen gehören zum Familieneinkommen, es sei denn, die Leistungen befriedigen einen Mehraufwand des Berechtigten. Ist dies nicht der Fall, sind die gezahlten Beträge für den Familienunterhalt einzusetzen. Dasselbe gilt für das Elterngeld.[148] 138

Pflegegeld ist für den Familienunterhalt zu verwenden, soweit es für einen pflegebedürftigen Familienangehörigen gezahlt und für dessen Mehrbedarf nicht benötigt wird. Zwar bleibt nach § 13 Abs. 6 SGB XI Pflegegeld nach § 37 SGB XI oder eine vergleichbare Geldleistung, die an eine Pflegeperson im Sinne des § 19 SGB XI weitergeleitet wird, bei der Ermittlung von Unterhaltsansprüchen und Unterhaltsverpflichtungen der Pflegeperson unberücksichtigt. Dies hat aber für den Familienunterhalt keine Bedeutung, weil es nur Ansprüche außerhalb des Bestehens der häuslichen Gemeinschaft der Ehegatten betrifft, also Trennungsunterhalt und nacheheliche Unterhaltsansprüche. 139

Schulden mindern das für den Familienunterhalt zur Verfügung stehende Einkommen, unabhängig von seinem Entstehen und unabhängig davon, wann sie entstanden sind, ob also vor und während der Ehe. Entscheidend ist auch nicht, ob sie mit vernünftiger Begründung aufgenommen worden sind. Unvernünftiges Verhalten eines Partners bzw. Ehegatten ist vom anderen Ehepartner und den Kindern mitzutragen. Verlangt werden kann allerdings, dass besondere Anstrengungen unternommen werden, um das Einkommen, z.B. durch Überstunden, zu erhöhen oder dass die Schuldentilgung gestreckt wird. Nötigenfalls muss aber 140

145 BGH FamRZ 1969, 599; OLG Nürnberg FamRZ 1965, 217.
146 BGH FamRZ 1995, 995; OLG Bremen FamRZ 1995, 1291.
147 BGH FamRZ 1985, 576; BGH FamRZ 1992, 291.
148 Für bis zum 31.12.2006 geborene Kinder wurde das frühere Erziehungsgeld gezahlt; vgl. dazu BGH FamRZ 2006, 1010.

auch der bisher den Haushalt führende Ehegatte ganz oder teilweise einer Erwerbstätigkeit nachgehen, soweit dies zumutbar ist. Die Zumutbarkeit endet, wo ein Betreuungserfordernis nach § 1570 Abs. 1 BGB vorliegt oder der andere Ehepartner durch Erwerbsunfähigkeit verhindert ist.

141 Der **finanzielle Gesamtbedarf** wird durch das in dieser Weise berechnete Einkommen und etwaiges vorhandenes Vermögen **nach oben begrenzt**. Die Begrenzung erfolgt, weil nicht mehr Geld ausgegeben werden darf, als für Unterhaltszwecke vorhanden ist. Innerhalb dieses Rahmens bestimmen die Eheleute den Lebenszuschnitt und die gemeinsame Lebensplanung gemeinsam und frei. Allerdings darf **gegen den Willen eines Ehepartners** weder übertriebener Luxusaufwand (**Luxusgrenze**) betrieben werden, auch wenn er sich im Rahmen der zur Verfügung stehenden Einkünfte bewegt, noch darf eine übertrieben sparsame (**Geizhalsgrenze**) dazu führen, dass Mindeststandards in allzu dürftiger Lebensführung unterschritten werden.

142 Gemeinsam vereinbar ist aber naturgemäß sowohl eine „Luxusehe" als auch eine „Geizhalsehe". Die Grenze der Gestaltungsfreiheit liegt nur in der **Familienverträglichkeit und der ökonomischen Verhältnisse** der Ehegatten.[149]

Ist ein Ehepartner jedoch nicht damit einverstanden, eine „Luxusehe" oder eine „Geizhalsehe" zu führen, ist der Familienunterhalt in einem **mittleren Bereich anzusiedeln**, der nach den Einkommens- und Bildungsverhältnissen der Eheleute nahe liegt.

143 Grundsätzlich müssen die Eheleute **alle verfügbaren Mittel miteinander teilen**, da dies der ehelichen Lebensgemeinschaft entspricht. Die tatsächlich vorhandenen Mittel begrenzen insoweit naturgemäß die Leistungsfähigkeit der Eheleute. Daher kann sich jeder Ehegatte auch nicht gegenüber dem anderen auf einen angemessenen oder notwendigen Selbstbehalt berufen. Bei beengten wirtschaftlichen Verhältnissen und notfalls müssen **Lebensgewohnheiten drastisch eingeschränkt** werden. Lediglich zur Finanzierung unabweisbarer Ausgaben, z.B. notwendiger, nicht von einer Krankheit getragener Behandlungskosten, müssen notfalls auch Schulden aufgenommen werden.[150]

144 Nach **§ 1360a Abs. 2 S. 1 BGB** ist der Unterhalt in der Weise zu leisten, die durch die eheliche Lebensgemeinschaft geboten ist. Dies führt dazu, dass unter Umständen auch die Zahlung einer Unterhaltsrente erforderlich ist. Muss z.B. ein Ehepartner in einem Pflegeheim versorgt werden, hat dieser auch einen **Anspruch auf eine Geldrente**, damit er die Heimkosten zahlen kann.[151]

145 **Geldzahlungen** können im Übrigen auch dadurch erforderlich werden, dass Sonderbedarf zu decken ist, z.B. die Zahlung von Krankenhauskosten, die nicht durch eine Krankenversicherung gedeckt werden. In all diesen Fällen ist allerdings dem anderen Ehegatten der **eheangemessene Selbstbehalt** von derzeit 1.510 EUR bzw. von 1.385 EUR bei einem nicht Erwerbstätigen[152] zu belassen.[153]

3. Anteilige Beiträge zum Familienunterhalt

a) Gleichwertigkeit der Haushaltsführung

146 Beide Eheleute haben nach § 1360 S. 1 BGB grundsätzlich **gleichwertige Beiträge zum Familienunterhalt** zu leisten. Erwerbstätigkeit und Haushaltsführung gelten nach § 1360 S. 2 BGB als gleichwertig. Die gleichwertige Verpflichtung der Ehegatten, einerseits durch Arbeit und durch das eigene Vermögen die Familie angemessen zu unterhalten **(§ 1360 S. 1 BGB)**, andererseits durch Führung des Haushalts zum Unterhalt

149 *Pikulinski*, Familienunterhalt, S. 44.
150 BGH FamRZ 1992, 291.
151 OLG Düsseldorf NJW 2002, 1353.
152 BGH FamRZ 2009. 357.
153 Werte nach Düsseldorfer Tabelle (DT) v. 1.1.2023.

der Familie beizutragen (**§ 1360 S. 2 BGB**), ist darauf gerichtet, dass jeder Ehegatte seinen Beitrag zum Familienunterhalt entsprechend seiner nach dem individuellen Ehebild übernommenen Funktion leistet. Die Art und Weise des zu leistenden Unterhalts hängt davon ab, wie die Ehegatten ihre Ehe ausgestalten.[154]

b) Haushaltsführungsehe

Bei der sogenannten **Haushaltsführungsehe** erfüllt der haushaltsführende Ehegatte durch die Haushaltsführung seine gesetzliche Unterhaltspflicht (§ 1360 S. 2 BGB), weil die Haushaltsführung „eine gleichwertige und nicht ergänzungsbedürftige Beitragsleistung zum Familienunterhalt" darstellt.[155] Dem nicht erwerbstätigen Ehegatten sind vom anderen Ehepartner in angemessenem Umfang Geldmittel zum Familienunterhalt (**Wirtschaftsgeld**) und zur Befriedigung der eigenen Bedürfnisse (**Taschengeld**) zur Verfügung zu stellen. Derjenige Ehegatte, der über Erwerbseinkommen und ggf. zusätzlich Vermögen verfügt, hat mit diesem Gesamteinkommen für den gesamten finanziellen Bedarf der Familie allein aufzukommen. Anderes gilt nur dann, wenn der haushaltsführende Ehegatte seinerseits über **Vermögenseinkünfte** verfügt. Solche Einkünfte aus eigenem Vermögen mindern das Wirtschaftsgeld und das Taschengeld anteilig im Verhältnis der dann beiderseitigen Einkünfte. 147

Die Haushaltsführung entlässt den betreffenden Ehegatten nicht aus seiner Verpflichtung, für den Familienunterhalt aufzukommen. Er befreit ihn lediglich davon, durch Erwerbstätigkeit zum Familienunterhalt beizutragen. **Erträge seines Vermögens** muss er zum Familienunterhalt anteilig einsetzen. Notfalls ist auch der Stamm des Vermögens anzugreifen. 148

Zu den Vermögenserträgen gehören Zinsen, aber auch sonstige mittelbare Vorteile, auch ein Wohnvorteil, der sich aus dem mietfreien Wohnen in einer eigenen Immobilie ergibt. Die Höhe des Wohnvorteils ergibt sich aus der Höhe des ersparten Mietaufwandes für eine angemessene, evtl. kleinere Wohnung.[156] Abzuziehen sind damit verbundene **Aufwendungen** ggf. noch für Zins, Tilgung und Nebenkosten, die nicht auf einen Mieter umgelegt werden können. 149

c) Doppelverdienerehe

In einer Doppelverdienerehe haben sich die Ehegatten gemeinsam um die Kinder zu kümmern.[157] Ebenso gemeinsam müssen sich die Eheleute um die Haushaltstätigkeit kümmern. Dies erfolgt bei gleicher beruflicher Belastung nach dem Prinzip der hälftigen Teilung, ansonsten nach dem jeweiligen Anteil der Erwerbstätigkeit. 150

Dies bedeutet konkret, dass im Falle voller Erwerbstätigkeit des einen Ehegatten und halbtägiger Erwerbstätigkeit des anderen Ehegatten der vollzeitlich Erwerbstätige bei starrer Berechnung immerhin noch ein Drittel der gesamten Haushaltsführung übernehmen müsste. Dies würde zu Recht als unangemessen angesehen werden. Angemessener ist es sicher, die für die Haushaltsführung etwa noch einsetzbare Tageszeit zu berücksichtigen und in ein Verhältnis zueinander zu stellen. Steht dem Vollzeittätigen z.B. die Zeit ab 17.00 Uhr zur Verfügung und dem halbtags arbeitenden Ehegatten die Zeit ab 13.00 Uhr und bemisst man das Ende einer angemessenen Haushaltstätigkeit auf eine Uhrzeit von 19.00 Uhr, so bleiben für die Haushaltsführung dem vollzeitlich arbeitenden Ehegatten zwei Stunden sowie dem hälftig erwerbstätigen Ehegatten sechs Stunden. Mithin müsste danach der vollzeitlich tätige Erwerbstätige etwa **25 % der Haushaltstätigkeit** insgesamt übernehmen. Bei abweichenden Arbeitszeiten sind die Anteile in ein entsprechendes angemessenes Verhältnis zu setzen. 151

154 BGH FamRZ 2006, 1827.
155 BT-Drucks 7/650, S. 99.
156 BGH FamRZ 2003, 1179 m. Anm. *Klinkhammer*.
157 BSG FamRZ 1977, 642.

152 In gleicher Weise ist der finanzielle Unterhaltsbedarf der Familie im Verhältnis der beiderseitigen Einkünfte zu verteilen. Bei unterschiedlich hohen Einkünften haben beide Ehegatten **im Verhältnis ihrer Einkünfte** den entsprechenden Unterhaltsbeitrag zu leisten.[158] Der jeweilige Anteil wird in der Weise berechnet, dass der finanzielle Bedarf der Familie mit dem vergleichbaren Nettoeinkommen jedes Ehegatten multipliziert und durch die Summe der vergleichbaren Nettoeinkommen beider Ehegatten geteilt wird.

153 *Beispiel*

Unterhaltsbedarf der Familie 2.000 EUR; Einkommen Ehemann (M) 3.000 EUR; Einkommen Ehefrau (F) 1.200 EUR.

Anteil M:	(2.000 EUR x 3.000 EUR) : 4.200 EUR =	1.428,57 EUR
Anteil F:	(2.000 EUR x 1.200 EUR) : 4.200 EUR =	571,43 EUR

154 Es sind Fälle denkbar, in denen ein **Verteilungsschlüssel wertend verändert** werden muss. Sind beide Ehegatten voll berufstätig, leistet aber einer von ihnen erheblich mehr im Haushalt und/oder für die Kinder als der andere, kann sich aus dieser Situation eine Änderung der sich eigentlich rechnerisch ergebenden Verteilung wertend zugunsten des höher belasteten Ehegatten ergeben. Die Beitragspflicht dieses Ehegatten zum Familienunterhalt verringert sich entsprechend dem Umfang seiner Mehrarbeit im Haushalt oder seiner sonstigen Mehrbelastung.[159]

155 Dasselbe gilt, wenn ein Ehegatte durch **ständige Überstunden** erheblich stärker beansprucht wird als der andere Ehegatte. Nicht aber kann eine Veränderung damit begründet werden, dass angeblich eine der Erwerbstätigkeiten eines Ehegatten **körperlich oder auch geistig anstrengender** wäre.

156 Leistet ein Ehegatte insgesamt einen höheren finanziellen Beitrag zum Familienunterhalt als notwendig, kann er zwar vom anderen Ehegatten **für die Zukunft verlangen**, dass sich dieser in höherem Umfang am Familienunterhalt beteiligt. Er kann jedoch für die Vergangenheit Ersatz in der Regel nicht verlangen. Es wird nach **§ 1360b BGB** vermutet, dass ein Ehegatte nicht beabsichtigt, vom anderen Ersatz zu verlangen, wenn er zum Unterhalt der Familie einen höheren Beitrag leistet, als ihm obliegt. Dies gilt auch für **überobligatorische Leistungen**, für die keine laufende Vergütungspflicht besteht.[160] Ebenso gilt dies bei **vermehrter Mitarbeit im Beruf oder Geschäft des anderen Ehegatten**.[161] Die Vermutung des § 1360b BGB ist allerdings **widerlegbar**.[162]

Es ist festzustellen, ob eine gegenteilige **Absicht** zur Zeit der Beitragsleistung vorlag. Nicht notwendig ist ein ausdrücklicher Vorbehalt. Dieser kann sich auch aus Umständen ergeben, z.B. aus der Höhe der Leistung.[163]

d) Zuverdienstehe

157 Auch ein Nebenverdienst oder **Zuverdienst** ist im Rahmen der **Deckung des finanziellen Gesamtbedarfs** der Familie im Verhältnis der beiderseitigen Einkünfte zu berücksichtigen. Dies gilt jedenfalls bei Familieneinkommen im unteren oder mittleren Bereich, nicht bei negligeablem Zuverdienst im Verhältnis zum Einkommen des anderen Ehegatten. Hält sich der Nebenverdienst im Rahmen des dem Betreffenden zustehenden Taschengeld (**6–8 % des Gesamteinkommens**),[164] ist dieser Betrag nicht zur De-

158 BGH FamRZ 2004, 795, 797 m. Anm. *Strohal*.
159 BGH NJW 1957, 537.
160 BGH NJW 1995, 1486.
161 Grüneberg/*von Pückler*, § 1360b Rn 1.
162 Vgl. MüKo-BGB/*Weber-Monecke*, § 1360b Rn 2.
163 OLG Karlsruhe FamRZ 1990, 744.
164 BGH FamRZ 1998, 608.

ckung des finanziellen Gesamtbedarfs zu verwenden, sondern kann vom dem wesentlich haushaltsführenden Ehegatten als Taschengeld für sich verwendet werden.

e) Nichterwerbsehe

Sind beide Ehegatten nicht erwerbstätig, etwa weil sie über **eigene sonstige Einkünfte** verfügen, z.B. Renten, Ruhegehalt, Erträgnisse aus Vermögen etc., haben sie zum **Familienunterhalt entsprechend ihrer Einkünfte** beizutragen. An der **Haushaltsführung** haben sich jedoch **beide in gleicher Weise**, also mit hälftigem Anteil, zu beteiligen. 158

Versorgt ganz oder überwiegend nur einer der Ehegatten den Haushalt, z.B. wegen Krankheit des anderen Ehegatten, kann die **Verteilung der für den Familienunterhalt zur Verfügung zu stellenden Anteile** entsprechend der Bewertung in einer Doppelverdienerehe verändert werden.

V. Wirtschaftsgeld

Jeder Ehegatte hat Anspruch darauf, dass ihm diejenigen Mittel zur Verfügung gestellt werden, die für die Führung des gemeinsamen Haushaltes der Familie notwendig sind, **§ 1360a Abs. 2 S. 2 BGB**. 159

Das **Wirtschaftsgeld** ist vollständig für den **Familienunterhalt zu verwenden**. Der den Haushalt führende Ehegatte ist nicht berechtigt, Wirtschaftsgeld eigenmächtig für andere Zwecke auszugeben.[165]

Ersparnisse aus dem Wirtschaftsgeld darf er nur bilden und auch nur dann für sich verwenden, wenn der andere Ehegatte damit einverstanden ist und die angemessene Lebensführung der Familie damit nicht gefährdet wird.[166]

Eine Verpflichtung zu **exakter Rechnungslegung besteht nicht.**[167] Gleichwohl ist dem Partner auf Verlangen Einblick in die Ausgabengestaltung zu geben. Wichtige Angelegenheiten sind – ggf. zuvor – zu besprechen.

Die **Kontrolle** des anderen Ehepartners über die Haushaltsführung kann **grenzüberschreitend und damit ehewidrig** sein.[168] Wann bei einem Streit über die Höhe des Wirtschaftsgeldes die Grenze zur übertriebenen Kontrolle überschritten ist, obliegt der Bewertung im Einzelfall.[169] Der Zwang zum Nachweis jeder, auch der **kleinsten Geldausgabe ist aber inakzeptabel**, es sei denn, es liegt eine besondere Ausnahmesituation vor (z.B. Suchtgefahr des Haushalt führenden Ehegatten). In der Regel genügt auch im Streitfall eine – wenn auch detaillierte – Unterrichtung des Partners. 160

Die **Höhe des Wirtschaftsgeldes** bestimmt sich nach den zur Deckung des Lebensbedarfs der **Familie erforderlichen Geldmitteln.** Unabhängig davon kann es Absprachen der Eheleute über die Höhe geben, die dann maßgebend sind. Wird Wirtschaftsgeld von einem Ehegatten verlangt, muss grundsätzlich geklärt werden, welche Ausgaben hiervon bestritten werden. So sind in der Regel einmalige größere Anschaffungen wie Einrichtungsgegenstände sowie Sonderbedarf (Krankheitskosten) **im Wirtschaftsgeld nicht** enthalten. Das Wirtschaftsgeld deckt lediglich den **laufenden Bedarf**. 161

Wirtschaftsgeld ist unabhängig von Fragen des Selbstbehaltes aus dem beiderseits **zur Verfügung stehenden Einkommen** zu bilden. Eine Schätzung kann sich bei durchschnittlichen oder unterdurchschnittlichen Einkommensverhältnissen aus den Tabellensätzen für den Kindesunterhalt nach der Düsseldorfer Tabelle und den Unterhaltsquoten für Ehegatten ergeben. Grundsätzlich bestimmen aber die Eheleute das Maß ihres gemeinschaftlichen Wirtschaftsgeldes selbst.

165 OLG Hamburg FamRZ 1984, 583.
166 OLG Hamm FamRZ 1988, 947.
167 BGH FamRZ 2001, 23.
168 OLG Nürnberg FamRZ 1960, 64.
169 Dazu OLG Hamm FamRZ 1988, 947; vgl. auch OLG Hamburg FamRZ 1984, 583.

162 **Größere Anschaffungen**, die im Rahmen der Eheführung notwendig werden können, beispielsweise Einrichtungsgegenstände oder ein Pkw, Urlaub oder Sonderbedarf, §§ 1360a Abs. 3, 1613 Abs. 2 Nr. 1 BGB, sind **im Wirtschaftsgeld nicht enthalten**. Wirtschaftsgeld deckt lediglich den **laufenden Bedarf**.

Für größere Anschaffungen etc. müssen die Ehepartner **im Verhältnis ihres Einkommens** aufkommen. Falls nur ein Ehegatte erwerbstätig ist, muss er im Rahmen seiner Leistungsfähigkeit für solche Aufwendungen zusätzlich aufkommen. Verfügen beide Ehepartner über Einkünfte, sind solche Kosten anteilig entsprechend ihrer jeweiligen Leistungsfähigkeit zu zahlen.

163 In diesen Fällen ist vom jeweiligen Nettoeinkommen zunächst das dem betroffenen Ehepartner zustehende **Taschengeld abzuziehen**, da grundsätzlich ein Anspruch auf die Befriedigung persönlicher Bedürfnisse besteht, bevor größere Anschaffungen erfolgen. Dies ist nur dann anders, wenn es sich um Anschaffungen handelt, die **zur Eheführung notwendig** sind wie der Kauf von „Tisch und Bett" im angemessenen Rahmen. Reicht das zur Verfügung stehende Gesamteinkommen in solchen Fällen für Taschengeld und Anschaffungen nicht aus, kann der **Taschengeldanspruch** hinter dem Anspruch auf die **Erfüllung notwendiger Bedürfnisse zur Eheführung zurückstehen**. Voraussetzung ist aber in allen Fällen, dass das zur Verfügung stehende Einkommen den **notwendigen Bedarf** der Familie[170] übersteigt, da in diesen Fällen ein Taschengeldanspruch nicht besteht.[171]

164 Eine – nicht unübliche – Vereinbarung des von den Eheleuten zu verwendende Wirtschaftsgeld kann wie folgt abgeschlossen werden:

▼

Muster 3.10: Bestimmung von Wirtschaftsgeld

3.10

...

Wir, die Eheleute , sind beide vollzeitlich berufstätig. Deshalb werden die Ausgaben für den ehelichen Haushalt von uns aufgewendet werden müssen, abhängig von unseren jeweiligen zeitlichen Möglichkeiten.

Wir vereinbaren zur Höhe des Wirtschaftsgeldes, dass wir monatlich maximal 1.000 EUR für Ausgaben in diesem Bereich verwenden.

Zu diesem Zweck werden wir ein gesondertes gemeinsames Giro-Konto bei der A-Bank einrichten, über das wir einzeln verfügen können.

Die Ausgaben werden jeweils – soweit möglich – durch Belege nachgewiesen und in dem von uns in der Ehewohnung geführten Haushaltsbuch eingetragen.

....

▲

165 *Hinweis*

Wirtschaftsgeld kann nach einer Trennung nicht mehr für vergangene Zeiträume verlangt werden.[172] Das Wirtschaftsgeld wird nur treuhänderisch zur zweckgebundenen Verwendung für die Familie überlassen. Da es nach der Trennung aber nicht mehr für den Bedarf der Familie treuhänderisch verwendet werden kann, erlischt dieser Anspruch nach Trennung der Ehegatten.[173]

170 BGH FamRZ 1992, 291.
171 BGH FamRZ 2004, 1784.
172 OLG Hamm FuR 2021, 309.
173 *Kleffmann/Kleffmann*, FuR 2022, 73, 74.

VI. Taschengeld

Jeder Ehegatte hat einen Anspruch auf einen **angemessenen Teil des Gesamteinkommens als Taschengeld**. Dieser ihm persönlich verbleibende Betrag dient zur Befriedigung der eigenen persönlichen Bedürfnisse nach freier Wahl unabhängig von einer Mitsprache des anderen Ehegatten.[174] Über dessen Verwendung ist er niemandem Rechenschaft schuldig.[175] 166

Mit dem Taschengeld soll dem Berechtigten die Möglichkeit eingeräumt werden, **persönliche Bedürfnisse** wie Hobbys, Sport, Theater-, Kino- oder Gaststättenbesuche etc. zu finanzieren.
Um die Höhe des Taschengeldes bestimmen zu können, steht jedem Ehegatten ein **Auskunftsanspruch** gegen den anderen Ehegatten zu.[176]

Die Höhe des Taschengeldes richtet sich nach den Einkommens- und Vermögensverhältnissen der Ehegatten. Als angemessen werden allgemein je nach insgesamt zur Verfügung stehendem Einkommen und dementsprechenden Lebenszuschnitt der Eheleute **etwa 5 % bis 7 %** des verbleibenden Nettoeinkommens der Familie.[177] In der Gesellschaft hat der Wunsch nach Erfüllung individueller Bedürfnisse jedoch einen immer größeren Stellenwert erreicht. Dies wird sich auch in der Bemessung des Taschengeldes widerspiegeln müssen, das deshalb eher etwa **6 % bis 8 %** des verbleibenden Nettoeinkommens der Familie betragen sollte.[178] 167

Wird nur ein **einheitlicher Betrag als Wirtschaftsgeld** bezahlt, ist in diesem Betrag das Taschengeld enthalten. Der Berechtigte kann in solchen Fällen einen angemessenen Teil des Geldes für seine persönlichen Bedürfnisse verwenden.[179]

Praxishinweis 168

In der Praxis kann es vorkommen, den Taschengeldanspruch ermitteln zu müssen, z.B. wegen bestehender Kindesunterhaltsansprüche.

Anspruch auf Taschengeld hat **auch der (überwiegend) verdienende Ehegatte**. In solchen Fällen kann der ggf. jeweils verdienende Ehegatte direkt von seinem Einkommen **einen Teil einbehalten**, um ihn für persönliche Zwecke zu verwenden. Dies gilt nicht nur für den allein oder überwiegend berufstätigen und damit in höherem, Maße zu Familienunterhalt beitragenden Ehegatten. Einbehalten kann auch der weniger **auch gering verdienende Ehegatte** einen Teil des Einkommens. 169

Reicht das Einkommen des gering verdienenden Ehegatten zur Befriedigung des Taschengeldanspruchs nicht aus oder verfügt ein Ehegatte über keine eigenen Einkünfte, besteht der Taschengeldanspruch in einen **auf Geld gerichteten Zahlungsanspruch** gegen den (mehr) verdienenden Ehegatten. Reicht das Eigeneinkommen zur Befriedigung des Taschengeldanspruchs aus, besteht gegenüber dem Ehepartner **kein Anspruch** auf die Zahlung von Taschengeld.[180] 170
Der Taschengeldanspruch bemisst sich auch in diesen Fällen nach dem **prozentualen Anteil am Gesamteinkommen** der Ehegatten.

Bemessungsgrundlage kann nur das **bereinigte Nettoeinkommen** der Beteiligten sein. Dies bedeutet, dass vom Nettoeinkommen berufsbedingte Aufwendungen, Kindesunterhalt und berücksichtigungsfähige Schulden abzuziehen sind, bevor der Taschengeldanspruch ermittelt wird. 171

174 BGH FamRZ 2004, 366; BGH FamRZ 2004, 1784.
175 BGH FamRZ 2004, 1784.
176 BGH FamRZ 2004, 366.
177 BGH FamRZ 2006, 1827 (**6 %**); Wendl/Dose/*Scholz*, § 3 Rn 66.
178 A.A. BeckFormB FamR/*Kössinger*, D.II.4 (Anm. 1): 5 % bis 7 % zu hoch.
179 OLG Hamm FamRZ 1988, 947.
180 BGH FamRZ 1998, 608.

172 Das **Sozialhilferecht** kann dagegen nicht zur Bemessung des Taschengeldes herangezogen werden. § 27b Abs. 2 SGB XII bestimmt zwar für Sozialhilfeempfänger den für „Kleidung und einen angemessenen Barbetrag zur persönlichen Verfügung“ mit 27 % des Regelsatzes, also derzeit 117 EUR.[181] Dies betrifft jedoch nur solche Sozialhilfeempfänger, die stationär in Einrichtungen untergebracht sind, § 27 Abs. 1 SGB XII. Die Situation ist mit den Familienverhältnissen zusammenlebender Ehegatten nicht vergleichbar.

173 Reicht das Einkommen nicht oder gerade noch zur Deckung des notwendigen Familienunterhaltes, besteht ein Anspruch auf Taschengeld nicht.[182] Dasselbe gilt, wenn der Berechtigte **alkohol-, drogen- oder spielsüchtig** ist.

174 Taschengeld stellt **unterhaltspflichtiges Einkommen** dar. Dies gilt sowohl im Verhältnis zu – vorrangigen – Ansprüchen minderjähriger und privilegiert volljähriger Kinder als auch im Verhältnis zu gleichrangigen oder nachrangigen Unterhaltsansprüchen. Voraussetzung ist, dass der eigene angemessene Selbstbehalt des Pflichtigen oder im Verhältnis zu vorrangigen Minderjährigen bzw. privilegiert Volljährigen gedeckt ist. Die Deckung kann beispielsweise durch den vom anderen Ehegatten aufgebrachten Familienunterhalt erfolgt sein.[183]

Der Anspruch auf Taschengeld ist grundsätzlich **wie Arbeitseinkommen pfändbar**. Dies gilt allerdings nur dann, wenn die Vollstreckung in das sonstige Vermögen ganz oder teilweise ergebnislos geblieben ist oder voraussichtlich sein wird und wenn die Trennung nach den Umständen des Falles, insbesondere nach der Art des beizutreibenden Anspruchs und der Höhe der Bezüge, der Billigkeit entspricht.[184]

Vereinbarungen zum Taschengeld sind möglich und werden in solchen Fällen sinnvoll sein, in denen einer der Ehegatten nicht mit der notwendigen Überlegung über Gebühr Ausgaben tätigt.

175 Eine Vereinbarung ist wie folgt denkbar:

▼

Muster 3.11: Vereinbarung über Taschengeld

3.11

....

Wir, die Eheleute , stellen aus bisheriger Erfahrung und gemeinsamer Lebensführung fest, dass mir, dem Ehemann, die Organisation und ordentliche, gleichmäßige Verwendung finanzieller Mittel schwerfällt.

Wir vereinbaren deshalb, dass ich, die Ehefrau, die Verwaltung der monatlichen Einnahmen und Ausgaben für unsere Ehevornehmen werde. Ich, der Ehemann, bin mit dieser Regelung einverstanden.

Wir vereinbaren für unsere Ehe unabhängig von gesetzlichen Empfehlungen für mich, den Ehemann, ein wöchentlich von der Ehefrau in bar zu übergebendes Taschengeld in Höhe von 100 EUR, zahlbar jeweils am Montag einer Woche.

Der Verbrauch dieses Betrages unterliegt keiner Pflicht zur Auskunft über die Verwendung.

....

▲

176 Der **vollständige Verzicht** auf Taschengeld ist unwirksam, §§ 1360a Abs. 3, 1614 Abs. 1 BGB. Die durch gemeinsame sonstige Dispositionen und/oder Anschaffungen notwendige, gemeinsam vereinbarte Herabsetzung des Taschengeldes erscheint dagegen **unbedenklich.**

181 Für 2020 geltender Betrag.
182 BGH FamRZ 2004, 1784.
183 BGH FamRZ 2004, 366, 369 mit Anm. *Strohal*, FamRZ 2004, 441; vgl. aber BGH FamRZ 2010, 1535 zum Elternunterhalt; Wendl/Dose/*Scholz*, § 3 Rn 67.
184 BGH FamRZ 2004, 1784.

▼
Muster 3.12: Vereinbarung zur Begrenzung von Taschengeld

...

schließen folgende Vereinbarung:

Wir sind uns beide darüber einig, dass unser gemeinsames Ziel des Erwerbs einer gemeinsamen Eigentumswohnung beiderseitigen Konsumverzicht auf anderen Bereichen erfordert. Deshalb sind wir uns darüber einig, dass nach der derzeitigen beiderseitigen Einkommenssituation jeder von uns lediglich EUR jährlich, somit monatlich durchschnittlich EUR als Taschengeld für persönliche Bedürfnisse verwendet.

...
▲

VII. Konkurrenz verschiedener Unterhaltsansprüche

Der Anspruch des den Haushalt ganz oder zum Teil führenden Ehegatten auf Familienunterhalt ist grundsätzlich nicht auf die Zahlung eines Geldbetrages gerichtet, sondern auf **Naturalleistungen** wie freies Wohnen etc., aber auch darauf, Wirtschaftsgeld **treuhänderisch für die gesamte Familie** zu erhalten, und entsprechend zu verwenden. **177**

Der Unterhalt anderer Berechtigte wie **getrennt lebende oder geschiedene** frühere Ehepartner oder nicht im Haushalt des Pflichtigen lebende eheliche oder nichteheliche Kinder, ist durch **Zahlung einer Geldrente** zu leisten.

Konkurrieren solche Ansprüche mit denen auf Leistung von Familienunterhalt, ist insgesamt eine Veranschlagung der einzelnen Ansprüche in Geld vorzunehmen und auf die einzelnen Mitglieder zu verteilen.

1. Konkurrenz zwischen Familienunterhalt und Unterhalt minderjähriger Kinder

Eine Konkurrenzsituation zwischen Familienunterhalt und Kindesunterhalt ist nur dann vorhanden, wenn das Kind **außerhalb des ansonsten gemeinsamen Haushaltes lebt**. Ist dies nicht der Fall, müssen alle Familienmitglieder mit den vorhandenen finanziellen Mitteln auskommen. **178**

Reichen die Mittel für die Familie nicht aus, muss auch der einvernehmlich den Haushalt führende Ehegatte eine **Erwerbstätigkeit ganz oder teilweise aufnehmen**, um die Notlage zu beseitigen. Die – grundsätzlich – gleichwertige Haushaltstätigkeit gegenüber der Erwerbstätigkeit des anderen Ehegatten genießt in den Fällen **außerhalb einer Notlage Vertrauensschutz**.

Eine Berechnung von Unterhaltsansprüchen zunächst aus demjenigen Einkommen, das der Verpflichtete zur Verfügung hat, ist jedoch in den Fällen einer Barunterhaltspflicht gegenüber Dritten, also et w außerhalb des Haushalts lebenden Kindern erforderlich. **179**

Bei dieser Berechnung ist der **Kindesunterhalt mit dem Zahlbetrag**, also dem Bedarfsbetrag nach der Düsseldorfer Tabelle abzüglich des auf den Bedarf anrechenbaren Kindergeldes gem. § 1612b Abs. 1 S. 1 BGB anzusetzen. Reicht sodann das Einkommen des Unterhaltsschuldners nicht zur Befriedigung aller Unterhaltsansprüche aus, ist wegen der damit eintretenden – ggf. teilweisen – **Leistungsunfähigkeit** dir Frage des Vorrangs einzelner Unterhaltsberechtigter zu prüfen.

Bei der Bemessung des Bedarfs von Ehegatten ist grundsätzlich **die Unterhaltspflicht gegenüber Kindern vorab** abzuziehen.

Nach § 1609 BGB wird der Verpflichtung zur Zahlung von **Kindesunterhalt der erste Rang** eingeräumt, so dass der Zahlbetrag für Kinder zunächst vom Einkommen abzuziehen ist. **180**

Trotz dieses Vorrangs hängt jedoch die Höhe des zu zahlenden Unterhalts auch von eventuellen Zahlungsverpflichtungen gegenüber der Kindesmutter und/oder einem neuen Ehegatten ab. Der Anspruch eines Kindes kann in solchen Fällen nicht ohne weiteres aus einer hohen Einkommensstufe der Düsseldorfer Tabelle abgelesen werden. Vielmehr kommt eine **Herabstufung** in eine niedrigere Einkommensstufe in Betracht, deren Bedarfskontrollbetrag unter Berücksichtigung von Kindesunterhalt und Ehegattenunterhalt noch gewahrt ist.[185]

Der Vorrang greift allerdings im Mangelfall ein. Die Berechnung erfolgt in der Weise, dass bei Herabsetzung bis zur 1. Einkommensgruppe der Düsseldorfer Tabelle möglich ist und anschließend der bis zum Selbstbehalt des Pflichtigen verbleibende Betrag unter gleichberechtigten weiteren Unterhaltsgläubigern aufgeteilt wird.

181 *Beispiel*[186]

Die frühere, nicht erwerbstätige Ehefrau betreut das 7-jährige behinderte Kind K1.

Die jetzige, ebenfalls nicht erwerbstätige Ehefrau betreut das 3-jährige Kind K2 und das 6 Monate alte Kind K3.

Der Kindesvater M verfügt über ein bereinigtes Nettoeinkommen von 2.800 EUR.

Kindesunterhalt ist nicht der 4. Einkommensgruppe der Düsseldorfer Tabelle zu entnehmen, sondern aus der 2. Einkommensgruppe zu berechnen. Die Herabstufung um zwei Einkommensstufen beruht auf der Unterhaltspflicht gegenüber mehr als drei Unterhaltsberechtigten.

Unterhalt K1: 528 EUR – 125 EUR (½ Kindergeld) =	403 EUR
Unterhalt K2: 459 EUR – 125 EUR (½ Kindergeld) =	334 EUR
Unterhalt K3: 459 EUR – 125 EUR (½ Kindergeld) =	334 EUR
	1.071 EUR

M muss der Bedarfskontrollbetrag der 1. Einkommensgruppe der Düsseldorfer Tabelle von 1.650 EUR verbleiben, der seinem monatlichen Eigenbedarf (Selbstbehalt) gegenüber getrenntlebenden oder geschiedenen Ehegatten entspricht. Dies ist der Fall, da ihm **1.729 EUR** verbleiben.

Es besteht hinsichtlich der Unterhaltspflichten von M gegenüber seiner geschiedenen sowie seiner neuen Ehefrau ein Mangelfall, da er den vollen Unterhalt den Müttern gegenüber nicht zahlen kann. Die Verteilung erfolgt nach den Regeln des Mangelfalls, und zwar unter den beiden Ehefrauen, die sich gleichrangig nach den Kindern (1. Rang) im 2. Rang der Unterhaltsberechtigung nach § 1609 BGB befinden. Dabei ist die Verringerung des Selbstbehalts des M wegen des Zusammenlebens und der damit verbundenen Ersparnis mit seiner neuen Ehefrau zu berücksichtigen.

2. Konkurrenz zwischen mehreren Ehegatten

182 Im Falle der Unterhaltsberechtigung eines früheren und eines jetzigen Ehegatten war vor Inkrafttreten des Unterhaltsrechtsänderungsgesetzes vom 1.1.2008 der frühere Ehegatte vorrangig. Der **zweite Ehegatte blieb unberücksichtigt**, wenn das zur Verfügung stehende Einkommen nicht für den vollen Unterhaltsanspruch der ersten Ehefrau gereicht hat. Nunmehr kommt es nicht auf die zeitliche Priorität der Eheschließung an, sondern darauf, in welchem Grad eine Bedürftigkeit und damit einhergehend eine erschwerte Möglichkeit vorhanden ist, selbst für seinen Unterhalt zu sorgen.

185 BGH FamRZ 2008, 968.
186 Düsseldorfer Tabelle (DT), Stand 1.1.2023.

Danach lautet die **Rangfolge** wie folgt: 183

1. Rang, § 1609 Nr. 1 BGB

- Minderjährige unverheiratete Kinder
- volljährige unverheiratete Kinder bis zur Vollendung des 21. Lebensjahres, solange sie im Haushalt der Eltern oder eines Elternteils leben und sich in der allgemeinen Schulausbildung befinden, § 1603 Abs. 2 Satz 2 BGB

2. Rang, § 1609 Nr. 2 BGB

- Elternteile, die wegen der Betreuung eines Kindes unterhaltsberechtigt sind oder im Falle der Scheidung wären sowie Ehegatten und geschiedene Ehegatten bei einer Ehe von langer Dauer

3. Rang, § 1609 Nr. 3 BGB

- Ehegatten und geschiedene Ehegatten, die nicht unter Nr. 2 fallen

4. Rang, § 1609 Nr. 4 BGB

- Volljährige und minderjährige verheiratete Kinder

5. Rang, § 1609 Nr. 5 BGB

- Enkelkinder und weitere Abkömmlinge

6. Rang, § 1609 Nr. 6 BGB

- Eltern

7. Rang, § 1609 Nr. 7 BGB

- Weitere Verwandte der aufsteigenden Linie; unter ihnen gehen die näheren den entfernteren vor.

Insgesamt ist es daher möglich, dass der geschiedene Ehegatte gegenüber dem neuen Ehegatten **nachrangig, vorrangig oder gleichrangig** ist. 184

Dies wirkt sich nicht aus, solange der Unterhaltsverpflichtete in der Lage ist, aus seinem Einkommen sämtliche Unterhaltsansprüche der Berechtigten zu bedienen. Ist dies jedoch nicht der Fall, liegt also ein **Mangelfall** vor, wirkt sich ein etwaiger Vorrang aus.

Zunächst ist daher in einer Unterhaltsberechnung die **Höhe eines jeden Unterhaltsanspruchs** zu ermitteln. Sodann ist anhand des zur Verfügung stehenden Gesamteinkommens die Leistungsfähigkeit des Verpflichteten zu prüfen.[187] Im Falle – teilweiser – Leistungsunfähigkeit ist sodann der Rang der jeweiligen Unterhaltsberechtigten festzustellen und zu entscheiden, in welchem Umfang der jeweilige Anspruch realisiert werden kann.

Früher hatte der BGH[188] den Bedarf bei Konkurrenz mehrerer unterhaltsberechtigter Ehegatten **im Wege der Dreiteilung** berechnet, also mit einem Drittel des Gesamteinkommens des Verpflichteten und beider Unterhaltsberechtigter bemessen. 185

Das **Bundesverfassungsgericht**[189] hatte sodann jedoch diese Methode zur Berechnung des Bedarfs für verfassungswidrig erklärt. Nach Auffassung des Bundesverfassungsgerichts muss bei Veränderungen nach der Scheidung die Entwicklung in den – vorangegangenen – ehelichen Lebensverhältnissen angelegt sein. Eine nachfolgende Ehe konnte danach nicht von der vorangegangenen Ehe geprägt sein, weil die neue Eheschließung wesensnotwendig die Scheidung der vorangehenden Ehe voraussetzt.

Damit darf der Unterhaltsbedarf der ersten – geschiedenen – Ehefrau **nicht** von der Einkommenssituation der zweiten Ehefrau abhängen.

187 BVerfG FamRZ 2011, 437 m. Anm. *Borth*; BGH FamRZ 2008, 1911, 1916.
188 BGH FamRZ 2008, 1911.
189 BVerfG FamRZ 2011, 437 m. Anm. *Borth*.

186 **Dies bedeutet nunmehr:** Der Unterhaltsbedarf des ersten Ehegatten ist **isoliert als Quotenunterhalt**[190] auf der Basis der Einkommensverhältnisse der geschiedenen Ehegatten zur Zeit der Scheidung zu berechnen. Verfügt nur der Unterhaltsverpflichtete über Einkommen, ist ein Halb seines bereinigten Einkommens als Bedarf des ersten Ehegatten einzusetzen. Verfügt der geschiedene Ehegatte über eigene Einkünfte, sind diese im Wege der Additionsmethode zu berücksichtigen.

187 Der Unterhalt für die **minderjährigen oder privilegiert bevorrechtigten volljährigen Unterhaltsberechtigten** nach § 1609 Nr. 1 BGB sind vorweg vom Einkommen des Verpflichteten abzuziehen. Dies gilt für **gemeinsame Kinder** aus der früheren Ehe ebenso wie für **außerehelich geborene** und auch **in der neuen Ehe geborene Kinder**. Anders als die Unterhaltsansprüche einer neuen Ehefrau setzt die Unterhaltspflicht für Kinder nicht die Scheidung der ersten Ehe voraus. Zudem, so das **Bundesverfassungsgericht**,[191] folge dies aus dem Gebot der Gleichbehandlung ehelicher und nichtehelicher Kinder, Art. 6 Abs. 5 GG.

Der **Erwerbstätigenbonus** ist wie üblich vom Einkommen **abzuziehen.**[192]

188 Eine erneute Eheschließung führt bei teilweiser oder fehlender Erwerbstätigkeit des neuen Ehegatten zu weiterer Unterhaltspflicht, der der Unterhaltspflichtige eventuell nicht nachkommen kann, jedenfalls nicht in voller Höhe. Die Verpflichtung gegenüber dem weiteren Ehegatten ist bei der Bemessung des Unterhalts des früheren Ehegatten als **sonstige Verbindlichkeit i.S.d. § 1581 BGB** zu berücksichtigen.

189 **In welcher Höhe** die Berücksichtigung erfolgen muss, hängt von dessen **Unterhaltsbedarf** ab. Nach den Grundsätzen der Gleichwertigkeit einander nachfolgender Ehen und der gleichen Teilhabe der Ehegatten ist der Bedarf des nachfolgenden Ehegatten **unabhängig vom Bedarf des ersten Ehegatten** als Quote des Einkommens des Pflichtigen zu berechnen.[193]

Dies führt dazu, dass der **Unterhaltsgläubiger regelmäßig nicht imstande** sein wird, sämtliche Unterhaltsansprüche zu erfüllen.

190 Die Berücksichtigung der konkurrierenden Unterhaltsansprüche muss dann jeweils im **Verhältnis der Ansprüche zueinander** gesehen werden. Individuell ist im Rahmen der Leistungsfähigkeit der Halbteilungsgrundsatz zu berücksichtigen, was konkret zu **unterschiedlichem Selbstbehalt** führen kann, je nach konkret gegebener Unterhaltssituation zwischen Unterhaltsschuldner und Gläubiger. Der Billigkeitsunterhalt, der damit jeweils zu errechnen ist, führt bei zwei Unterhaltsberechtigten zur Dreiteilung des anrechenbaren Einkommens.

191 Die **Dreiteilung erfolgt daher im Rahmen der Leistungsfähigkeit** als Errechnung des dem jeweiligen Berechtigten zustehenden Billigkeitsunterhalts, und zwar als Verhältnis der Höhe der Ansprüche zueinander.

Bei der Bestimmung der **Leistungsfähigkeit** ist die Frage **prägender Einkünfte unerheblich**. Der Bedarf wird zwar von den die Ehe prägenden Einkünften bestimmt, nicht aber die Leistungsfähigkeit des Unterhaltspflichtigen.

Entscheidend sind die **gegenwärtigen Verhältnisse.**[194] Einzubeziehen sind daher Einkünfte aus **Karrieresprung** ebenso wie aus **Erbschaft** oder der **Splittingvorteil** infolge Wiederverheiratung.[195]

190 Bei außergewöhnlich hohen Einkünften im Wege konkreter Bedarfsberechnung.

191 BVerfG FamRZ 2007, 965.

192 *Scholz* empfiehlt, auch Gerichte, die 1/7 Anteil an Erwerbstätigenbonus abziehen, sollten in solchen Fällen lediglich 1/10 berücksichtigen; er begründet dies mit dem Anteil von 2 x 3/7, die der Verpflichtete nicht aufbringen kann; die gemeinsam mit dem ihm verbleibenden Teil von 4/7 entstehenden 10/7=142,86 % müssten auf 100 % heruntergerechnet werden, was im Ergebnis zu Anteilen von je 3/10 führe und damit zu einem Erwerbstätigenbonus von 1/10, so auch BGH FamRZ 2021, 1965..

193 So zu Recht Wendl/Dose/*Scholz*, § 3 Rn 83; *Götz/Brudermüller*, NJW 2011, 801, 806; a.A. *Borth*, FamRZ 2011, 445, 447.

194 BVerfG FamRZ 2011, 435 mit Anm. *Borth*.

195 BGH FamRZ 2008, 1911.

Ein Mangelfall liegt allerdings vor, wenn die zur Verfügung stehenden Mittel nicht ausreichen, den Selbstbehalt des Pflichtigen zu sichern.

Mit Hilfe der **Dreiteilungsmethode** ist sodann eine Kürzung des Unterhaltsanspruchs jedes berechtigten Ehegatten sowie des dem Pflichtigen verbleibenden Einkommens im Rahmen der Billigkeit vorzunehmen. Führt dies zu einer Unterschreitung des Selbstbehalts des Unterhaltsschuldners, ist eine Verteilung des den **Selbstbehalt übersteigenden Betrages** auf die übrigen Berechtigten vorzunehmen. **192**

Dies gilt allerdings nur dann, wenn die Berechtigten **gleichrangige Unterhaltsgläubiger** sind. Bei **Vorrang eines Ehegatten** wird dieser vorab befriedigt. Der andere Unterhaltsgläubiger erhält den verbleibenden Restbetrag und fällt ansonsten mit seinen Forderungen ganz aus.

Der Selbstbehalt beträgt seit dem 1.1.2023 der Höhe nach **1.650 EUR**. Dieser Mindestbedarf ist im Falle des Zusammenlebens mit einem neuen Ehegatten wegen der damit verbundenen Ersparnis um **10 %** der bereinigten Einkünfte des Unterhaltspflichtigen, maximal aber auf den Betrag von 1.120 EUR zu kürzen.[196] **193**

Ergibt sich bei der Dreiteilung ein Unterhaltsbetrag unterhalb des sog. Existenzminimums in Höhe von **1.120 EUR**,[197] ist dieser Betrag anzusetzen, der dem notwendigen Selbstbehalt eines nicht Erwerbstätigen entspricht.

Beispiel **194**

M verfügt über ein bereinigtes Einkommen von 2.100 EUR nach Zahlung von Kindesunterhalt.

F1 ist nach Ehe langjähriger Dauer von M geschieden.

F2 betreut das gemeinsame 2-jährige Kind.

Bedarf F1 und F2: je ½ von (2.100 x 6/7) = **900 EUR, insgesamt 1.800 EUR**

Dreiteilung im Rahmen der Leistungsfähigkeit: ⅓ von (2.100 EUR x 6/7 = **je 600 EUR**

M verbleiben: 2.100 EUR – 600 EUR – 600 EUR = **900 EUR**

Mangelfall, da Selbstbehalt unterschritten;

Einsatzbetrag für F1 und F2, je 1.120 EUR Existenzminimum;

Verteilungsfähig: 2.100 EUR – 1.650 EUR (Selbstbehalt des M) = **400 EUR**

F1 und F2 erhalten jeweils: (1.120 EUR x 400 EUR) : 2.240 EUR = **71 EUR**

Abwandlungen:

Im Falle des **Vorrangs** eine der Ehefrauen erhielte diese den Betrag.

Die nachrangige Unterhaltsgläubigerin geht leer aus.

Lebt der Unterhaltsverpflichtete **mit der zweiten Ehefrau zusammen**, ist die Ersparnis des Zusammenlebens auf der Ebene des Bedarfs zu berücksichtige, so dass es zu **unterschiedlichem Bedarf der beiden Ehefrauen** kommen kann. Überdies ist der **Splittingvorteil** der jetzigen Ehe ausschließlich im Rahmen der Bedarfsermittlung dieser Ehe zu berücksichtigen. Bei der Bemessung des Bedarfs der früheren Ehe ist der Splittingvorteil nicht einzubeziehen, da der Bedarf der früheren Ehefrau ohne Hinzutreten des zweiten Ehegatten zu berechnen ist. **195**

Der **Splittingvorteil** wirkt sich dann allerdings ggf. auf der **Ebene der Leistungsfähigkeit** aus.

196 Vgl. dazu BGH FamRZ 2009, 307; differenzierend Wendl/Dose/*Scholz*, § 3 Rn 89 f.

197 Stand 1.1.2023.

3. Konkurrenz zwischen Familienunterhalt und Unterhalt volljähriger Kinder

196 Für den Fall von Unterhaltsansprüchen volljähriger Kinder aus einer früheren Ehe muss dem Verpflichteten der **angemessene Eigenbedarf** verbleiben.

Der Familienunterhaltsanspruch des jetzigen Ehegatten ist zunächst unter **Vorwegabzug des Unterhalts des volljährigen Kindes** zu berechnen, da diese Unterhaltspflicht die jetzigen ehelichen Lebensverhältnisse geprägt hat und in Höhe des Anspruchs einschränkt.[198]

197 Der angemessene Eigenbedarf, der dem Verpflichteten dabei verbleiben muss, ergibt sich aus dem der Düsseldorfer Tabelle ablesbarem **Eigenbedarf des Schuldners** gegenüber dem nicht privilegierten volljährigen Kind in Höhe von **1.650 EUR.**[199] Dieser Bedarf ist allerdings wegen des Zusammenlebens mit der Ehefrau angemessen um insgesamt **20 % zu kürzen (= 1.320 EUR).**

Dies bedeutet, dass der Verpflichtete für sich und seine Ehefrau gemeinsam **2.970 EUR** (1.650 EUR + 1.320 EUR) zur Verfügung haben muss. Unterhalb dieser gemeinsamen Verfügungsmasse ist Unterhalt nicht zu zahlen.

4. Konkurrenz zum Elternunterhalt

198 Ein Kind kann seinen Eltern Unterhalt schulden, wenn ein **nicht gedeckter Restbedarf** der Eltern vorhanden ist.

Dies ist in der Regel bei selbstständig wohnenden Eltern(teilen) nicht der Fall, da durch Rente und ggf. durch Leistungen der Grundsicherung im Alter oder bei Erwerbsminderung, §§ 41 ff. SGB XII, der Bedarf gedeckt ist.

Anders ist dies bei einer **Pflege im Heim**. Eigeneinkommen und Versicherungsleistungen mindern ggf. den Bedarf der Eltern. Es verbleibt aber häufig ein ungedeckter Betrag.

a) Eigenbedarf des unterhaltspflichtigen Kindes

199 **Konkurriert** ein solcher Anspruch mit demjenigen der jetzigen Familienmitglieder des unterhaltspflichtigen Kindes, ist der Familienunterhalt zunächst vollständig in Geld zu veranschlagen.

Sämtliche Ansprüche der jetzigen Familie, also der minderjährigen und volljährigen Kinder, des Ehegatten und auch eines früheren Ehegatten, **gehen den Elternansprüchen vor, § 1609 Nr. 1 bis 4 BGB**.

Der angemessene Selbstbehalt, der dem Pflichtigen sodann verbleiben muss, beträgt nach der Düsseldorfer Tabelle 1.650 EUR.[200]

Dieser Selbstbehalt des unterhaltspflichtigen Kindes erhöht sich um **50 %**, bei Vorteilen des Zusammenlebens um **45 %** des den Selbstbehalt übersteigenden Einkommens.[201]

b) Bedarf des zusammenlebenden Ehegatten

200 Der Ehegatte ist seinen **Schwiegereltern** gegenüber nicht unterhaltspflichtig. Im Hinblick auf deren nachrangige Unterhaltsansprüche muss der Ehegatte deshalb keine Schmälerung seines angemessenen Bedarfs hinnehmen.[202] Dies gilt unabhängig davon, ob dem Unterhaltsverpflichteten mehr oder aber weniger verbleibt, als seinem Ehegatten zur Verfügung steht. Der Pflichtige schuldet seinem Ehegatten den eheangemessenen Unterhalt.

198 BGH FamRZ 2009, 762.
199 Anm. B.V.1.b) Stand 1.1.2023.
200 Anm. D.I. Stand 1.1.2023.
201 BGH FamRZ 2010, 1535 mit Anm. *Hauß*.
202 BGH FamRZ 2002, 1698 m. Anm. *Klinkhammer*.

Gegenüber seinen **Eltern** muss er nur diejenigen Mittel einsetzen, die er zur Deckung seines eigenen angemessenen Unterhalts im Sinne von § 1603 Abs. 1 BGB nicht benötigt. Deshalb steht dem Ehegatten grundsätzlich in Höhe der Hälfte der beiderseitigen Einkünfte der Familienunterhalt zu.

Unabhängig von der Höhe der gemeinsamen Einkünfte ist jedoch das Einkommen vor hälftiger Teilung um die regelmäßig entstehende Ersparnis zu bereinigen, die durch Führung eines gemeinsamen Haushalts entsteht. **201**

Der BGH hat die Ersparnis durch gemeinsame Haushaltsführung, soweit sie nicht in dem niedrigeren Selbstbehalt des Ehegatten zum Ausdruck kommt, mit 1/10 des den Familienselbstbehalt übersteigenden Einkommens angenommen.[203] Zu Recht hat sich die Rechtsprechung zur Begründung auf § 20 SGB II (§ 20 Abs. 3 SGB II a.F., nunmehr § 20 Abs. 4 SGB II) berufen, wonach die Regelleistung zur Sicherung des Lebensunterhalts in Fällen des Zusammenlebens 90 % der Regelleistung eines Alleinstehenden beträgt.

c) Berechnung des Elternunterhalts

Die Berechnung des anteiligen Familienunterhalts und damit des für den Elternunterhalt einsetzbaren Betrages erfolgt nach der Rechtsprechung des BGH[204] in der Weise, dass von dem **zusammengerechneten Einkommen der Ehegatten (Familieneinkommen) der Familienselbstbehalt von (derzeit) 3.300 EUR abgezogen** wird. Zur Ermittlung des Familienbedarfs wird das verbleibende Einkommen um die Haushaltsersparnis von in der Regel **10 % vermindert**. Die Hälfte des sich ergebenden Betrages zzgl. des Familienselbstbehalts ist der individuelle Familienbedarf, zu dem der Unterhaltspflichtige entsprechend dem Verhältnis der Einkünfte der Ehegatten beizutragen hat. Die Differenz zwischen seinem Einkommen und seinem Anteil am Familienunterhalt kann der Unterhaltspflichtige für den Elternunterhalt einsetzen. **202**

Beispiel bei höherem Einkommen des Unterhaltspflichtigen[205] **203**

Einkommen des Unterhaltspflichtigen	3.000 EUR
Einkommen der Unterhaltsberechtigten	1.000 EUR
Familieneinkommen	4.000 EUR
abzgl. Familienselbstbehalt	3.300 EUR
	700 EUR
abzgl. 10 % Haushaltsersparnis	70 EUR
	630 EUR
davon 1/2	315 EUR
zzgl. Familienselbstbehalt	3.300 EUR
individueller Familienbedarf	3.615 EUR
Anteil des Unterhaltspflichtigen (75 %)	2.711 EUR
Einkommen des Unterhaltspflichtigen	3.000 EUR
abzgl.	2.711 EUR
für den Elternunterhalt einsetzbar	**289 EUR**

Zum Teil wird die Auffassung vertreten, dass diese Methode der Berechnung **nur bei mittleren und – gemäßigt – gehobenen Familieneinkünften** herangezogen werden kann. Bei solchen Einkommensverhältnissen könne man davon ausgehen, dass rund 1/10 der gemeinsamen Nettoeinkünfte durch das Zusammenleben eingespart und demgemäß für den Familienunterhalt nicht verwendet werden oder jedenfalls nicht verwendet werden müssen.[206] **204**

203 BGH FamRZ 2010, 1535 m. Anm. *Hauß*.
204 BGH FamRZ 2010, 1535 m. Anm. *Hauß*.
205 Vgl. Wendl/Dose/*Scholz*, § 3 Rn 110.
206 So Wendl/Dose/*Scholz*, § 3 Rn 111.

In der Tat ist namentlich bei hohen Einkünften, etwa **oberhalb des Bereichs des Höchsteinkommensbetrages nach der Düsseldorfer Tabelle** fraglich, ob die Ersparnis tatsächlich kontinuierlich mit der Steigerung des Einkommens zunimmt. Zu Recht wird deshalb gefordert, den Familienunterhalt in solchen Fällen nach den **konkreten Umständen des Einzelfalls** zu bemessen.[207]

205 Auch bei **niedrigem Einkommen des Unterhaltspflichtigen** kann sich in der Berechnung des für den Elternunterhalt einsetzbaren Betrages ergeben, dass selbst dann ein Betrag verbleibt, wenn das unterhaltspflichtige Kind Einkünfte erzielt, die unter dem angemessenen Selbstbehalt nach Ziff. D. I. der Düsseldorfer Tabelle liegen. Dies kann namentlich dann der Fall sein, wenn der Bedarf des unterhaltspflichtigen Kindes durch den Familienunterhalt sichergestellt ist, weil der **Ehegatte über hohe Einkünfte** verfügt.

206 Dies setzt allerdings voraus, dass der Bedarf des unterhaltspflichtigen Kindes, der konkret nach den ehelichen Lebensverhältnissen zu bemessen ist, **durch das Einkommen des Ehemannes vollständig gedeckt** ist und das Kind über freies Einkommen verfügt, das für den Familienunterhalt nicht benötigt wird.

Daraus ergibt sich Folgendes:

207 *Beispiel*

Einkommen der den Eltern unterhaltspflichtigen Ehefrau	1.000 EUR
Einkommen des Ehemannes mit höherem Einkommen	3.000 EUR
Familieneinkommen	4.000 EUR
abzgl. Familienselbstbehalt	3.300 EUR
	700 EUR
abzgl. 10 % Haushaltsersparnis	70 EUR
	630 EUR
davon ½	315 EUR
zzgl. Familienselbstbehalt	3.300 EUR
individueller Familienbedarf	3.615 EUR
Anteil des Unterhaltspflichtigen (25 %)	904 EUR
Einkommen des Unterhaltspflichtigen	1.000 EUR
abzgl.	904 EUR
für den Elternunterhalt einsetzbar	**96 EUR**

208 Die grundsätzliche Berechnungsmethode bezüglich des für den Elternunterhalt einsetzbaren Betrages ist daher immer dann angemessen, wenn sich die Einkünfte bis zu einem Bereich des Doppelten der **Obergrenze der Nettoeinkünfte nach der Düsseldorfer Tabelle** (derzeit 5.500 EUR) belaufen. Oberhalb dieses Bereichs ist eine **konkrete Berechnung** vorzunehmen.

209 *Hinweis*

1. Bei einem Einkommen der Ehegatten **unter dem Familienselbstbehalt** von derzeit 3.300 EUR scheidet eine Unterhaltspflicht gegenüber den Eltern aus.
2. Der errechnete Elternunterhalt darf das vom Unterhaltspflichtigen **selbst erzielte Einkommen nicht übersteigen**, weil der Ehegatte seinen Schwiegereltern nicht zum Unterhalt verpflichtet ist.

207 So Wendl/Dose/*Scholz*, § 3 Rn 111; *Hauß*, FamRZ 2010, 1541.

5. Konkurrierender Anspruch des nichtehelichen Kindes

Gegenüber Unterhaltsansprüchen nichtehelicher Kinder haftet der Verpflichtete bis zum **notwendigen Selbstbehalt** in Höhe von 1.370 EUR[208] bei Erwerbstätigkeit und **1.120 EUR** bei fehlender Erwerbstätigkeit des Verpflichteten. 210

Gegenüber der Kindesmutter verbleibt es beim angemessenen Selbstbehalt von **1.650 EUR** (Stand wie oben, siehe Rdn 193).

Vorrangig ist der Anspruch des **nichtehelichen Kindes**. Er weist wegen des Gleichheitsgrundsatzes denselben Rang auf wie minderjährige oder privilegierte volljährige eheliche Kinder, § 1609 Nr. 1 BGB. 211

Unterhaltsansprüche dieser **Kinder** gehen den **Ansprüchen ihrer Mütter im Rang vor**. Sie steht als Berechtigte **im zweiten Rang der jetzigen Ehefrau** gleich, wenn diese ihrerseits im Falle der Scheidung Anspruch auf Betreuungsunterhalt hätte oder wenn die Ehe von langer Dauer ist.

Die Unterhaltspflicht für das nichteheliche Kind **prägt** im Übrigen die ehelichen Verhältnisse und ist daher bei der Berechnung des Anteils der Ehefrau am Familienunterhalt vorab abzuziehen. 212

Dies gilt in gleicher Weise, wenn der Vater das nichteheliche Kind betreut und die Mutter auf Kindes- und Betreuungsunterhalt, **§ 1615l Abs. 4 BGB**, in Anspruch nimmt.

VIII. Sonderfragen

1. Fehlende Identität zwischen Familienunterhalt und Trennungsunterhalt

Ebenso unterschiedlich wie die tatsächliche Lebenssituation sind auch die **Tatbestandsvoraussetzungen** für die Geltendmachungvon **Familienunterhalt und Trennungsunterhalt unterschiedlich**. Die Ansprüche sind nicht identisch.[209] **Familienunterhalt schulden beide Ehegatten** jeweils einander, § 1360 S. 1 BGB. Der Familienunterhalt dient der gesamten Familie und schließt damit nicht nur die Ehegatten, sondern auch die gemeinschaftlichen Kinder ein. Mit **Trennung** ist diese Einheit nicht mehr vorhanden. Danach bestehen **Ansprüche ggf. des bedürftigen Ehegatten** gegen den anderen auf Trennungsunterhalt, § 1361 Abs. 1 S. 1 BGB und gesetzlich gesondert Ansprüche der Kinder §§ 1601 ff. BGB. Letztere sind von demjenigen Elternteil, in dessen Obhut sich die Kinder befinden, im eigenen Namen gegen den anderen geltend zu machen, § 1629 Abs. 2 S. 2, Abs. 3 BGB. 213

Diese Unterschiedlichkeit der Ansprüche ist selbst dann vorhanden, wenn ausnahmsweise einmal **Familienunterhalt in Geld** geschuldet wird, weil beispielsweise einer der Ehegatten sich in Heimpflege oder im Krankenhaus befindet, ohne dass sich die Eheleute getrennt haben. 214

Auch **Verzug** mit Familienunterhalt begründet keinen Verzug hinsichtlich etwaiger Trennungs- oder Kindesunterhaltsansprüche.

Der Anspruch auf Wirtschaftsgeld des haushaltführenden Ehegatten kann ab der endgültigen Trennung jedoch nicht mehr für die davor liegenden Zeiträume geltend gemacht werden. Dies folgt aus dem Zweck des Wirschaftsgeldes, das eine angemessenen Haushatsführung ermöglichen soll und bestimmungsgemäß nur für die Familie eingesetzt werden darf. Mit Auflösung des gemeinsamen Haushalts entfällt die Zwecksetzung.[210] 215

Nach Trennung der Beteiligten kann deshalb auch ein **Vergleich** oder eine gerichtliche Entscheidung über Familienunterhalt **nicht mehr gem. § 238 FamFG abgeändert** werden. Der Pflichtige muss zur Vermei- 216

208 Anm. A 5 I der Düsseldorfer Tabelle, Stand 1.1.2023.
209 OLG München FamRZ 1981, 450; OLG München FamRZ 1982, 801; OLG Hamm FamRZ 1988, 947; OLG Düsseldorf FamRZ 1992, 943.
210 OLG Karlsruhe FamRZ 2014, 132.

dung von Vollstreckungen nach § 767 ZPO einen **Vollstreckungsgegenantrag** stellen.[211] Die Zwangsvollstreckung aus einem Titel über Trennungsunterhalt ist ebenfalls unzulässig, wenn sich insoweit etwa verändert hat, als die Partner sich versöhnt haben und deshalb Familienunterhalt aufzubringen ist. Trennen sich die Ehepartner erneut, bleibt die **Zwangsvollstreckung aus dem ursprünglichen Titel** über Trennungsunterhalt **unzulässig**.[212]

217 Anders ist dies bei einem **Titel über Kindesunterhalt**. Er wird nicht dadurch gegenstandslos, dass die zeitweise getrenntlebenden Eltern die eheliche Gemeinschaft wieder herstellen oder nach ihrer Scheidung erneut heiraten.[213] Allerdings kann der barunterhaltspflichtige Elternteil während des erneuten Zusammenlebens mit dem anderen Elternteil im Wege eines **Vollstreckungsgegenantrages** (§ 113 Abs. 1 S. 2 FamFG, § 767 ZPO) geltend machen, dass er Familienunterhalt leistet und dadurch den Bedarf des Kindes deckt.

2. Rückforderung überzahlten Unterhalts

a) Zuvielleistung, § 1360a BGB

218 Hat ein Ehegatte zum Unterhalt der Familie einen **höheren Beitrag geleistet**, als seiner Verpflichtung entsprach, kann er in der Regel zu viel geleistete Beträge **nicht zurück verlangen**. Der Grund liegt darin, dass Eheleute nach der Lebenserfahrung gemeinsam wirtschaften und daher von einem **Verzicht auf Ersatzansprüche** auszugehen ist. Im Zweifel ist daher anzunehmen, dass der betreffende Ehegatte nicht beabsichtigt, von dem anderen Ehegatten Ersatz zu verlangen.[214]

219 Für Familienunterhalt gilt – ebenso für Trennungsunterhalt, dass Leistungen nur nach Maßgabe der §§ 1360b, 1361 Abs. 4 S. 4 BGB zurückgefordert werden können.[215]

Die gesetzliche Formulierung, dass „im Zweifel" (so § 1360b BGB) anzunehmen ist, dass der betreffende Ehegatte Ersatz nicht verlangen werde, beinhaltet eine **widerlegbare Vermutung**. Fordert ein Ehegatte zu viel geleistete Beträge zurück, muss er **darlegen und beweisen**, dass er

- einen höheren Beitrag geleistet hat, als ihm oblag **und**
- er bereits bei der Zuvielleistung eine Rückforderungsabsicht hatte.

Der Vorbehalt der Rückforderung ist ebenso wie die Zuvielleistung darzulegen und nachzuweisen. Die **Rückforderungsabsicht** kann sich allerdings nicht nur aus ausdrücklichen Erklärungen bei Leistung, sondern auch **aus anderen Umständen** ergeben. Wird der Nachweis allerdings nicht geführt, schließt § 1360b BGB nicht nur einen familienrechtlichen Ausgleichsanspruch aus, sondern auch Ansprüche aus **Geschäftsführung ohne Auftrag** oder **Ansprüche aus ungerechtfertigter Bereicherung**.[216]

b) Rückforderung aufgrund einstweiliger Anordnung

220 Einstweilige Anordnungen in Unterhaltssachen gem. § 246 FamFG gelten grundsätzlich **über die Scheidungsrechtskraft hinaus**. Sie bleiben in Kraft, bis eine anderweitige Regelung rechtskräftig wird.[217] Durch die Formulierung des Gesetzes in einstweiligen Anordnungssachen **nach § 49 FamFG** („vorläufige Maßnahme") wird zum Ausdruck gebracht, dass das Hauptsacheverfahren nicht vorweggenommen werden darf.[218] Durch den Begriff der Vorläufigkeit in § 49 FamFG wird der **Gesichtspunkt des Außer-**

211 OLG München FamRZ 1981, 451.
212 OLG Düsseldorf FamRZ 1992, 943.
213 BGH FamRZ 1997, 281.
214 BGH FamRZ 1984, 767.
215 OLG Karlsruhe FamRZ 1990, 744.
216 BGH NJW 1968, 1780.
217 BGH NJW 2000, 740; OLG Zweibrücken FamRZ 2007, 1664.
218 Johannsen/Henrich/*Büte*, § 49 FamFG Rn 10; Horndasch/Viefhues/*Viefhues*, § 49 Rn 58; Keidel/*Giers*, § 49 Rn 15.

krafttretens der Maßnahme besonders betont. Dies ist in § 246, der Sondervorschrift für einstweilige Anordnungen im Bereich des Unterhalts, nicht der Fall.

Eine einstweilige Regelung wird aber in der Praxis **von den Beteiligten häufig akzeptiert** und bleibt als dauerhafte Regelung in Kraft. Nach früherem Recht musste – wegen der Akzessorietät der einstweiligen Anordnung mit dem Hauptsacheverfahren – gleichwohl die Hauptsache aus verfahrensrechtlichen Gründen weitergeführt werden. Mit Inkrafttreten des FamFG am 1.9.2009 ist dies nicht mehr der Fall.

Letztlich wird durch die **Unabhängigkeit der einstweiligen Anordnung** von einem Hauptsacheverfahren angestrebt, die vorläufige Entscheidung zu akzeptieren oder durch eine eventuell einvernehmlich und außergerichtlich getroffene anderweitige dauerhafte Regelung zu ersetzen.[219]

Der Unterhaltsschuldner kann sich gegen eine einstweilige Anordnung mit Hilfe einer **negativen Feststellungsklage** nach § 256 ZPO wehren oder aber die Wirkung der einstweiligen Anordnung durch eine Bereicherungsklage beseitigen lassen.[220] 221

Die negative Feststellungsklage ist allerdings **gegenüber dem Leistungsantrag subsidiär**.

Zudem ist **umstritten**, ob überhaupt die **Möglichkeit der negativen Feststellungsklage** gegeben ist. Zu Recht wird dies **bejaht**, da der Unterhaltsschuldner nicht darauf beschränkt ist, seine Einwendungen nur mithilfe des Abänderungsantrags nach § 54 FamFG oder mit dem Antrag auf Fristsetzung zur Einleitung des Hauprtsacheverfahrens nach § 52 Abs. 2 S. 1 FamFG geltend zu machen.[221] Der Unterhaltsschuldner hat einen Anspruch darauf, dass das Nichtbestehen des in der einstweiligen Anordnung titulierten Anspruchs mit Rechtskraftwirkung festgestellt wird. Dies begründet sein **Feststellungsinteresse nach § 256 ZPO**.[222] 222

Die **Gegenauffassung**[223] hält den negativen Feststellungsantrag für unzulässig, da der Unterhaltsschuldner ein Hauptsacheverfahren **nach § 52 Abs. 2 FamFG erzwingen** könne. Damit könne der Schuldner **auf einfache Weise** dasselbe erreichen wie mit einem Feststellungsbeschluss, dass er nämlich keinen Unterhalt schuldet.

Einen **Leistungsantrag auf Rückgewähr** nicht geschuldeter Unterhaltsbeträge kann der Unterhaltsschuldner wegen der Subsidiarität des Feststellungsantrags erheben: Soweit der Unterhaltsschuldner Unterhaltsleistungen erbringt, die er nicht leisten muss, erfolgen diese ohne rechtlichen Grund. Das Fehlen jeder vertraglichen oder gesetzlichen Grundlage führt zu einem **Rückforderungsanspruch nach § 812 Abs. 1 BGB**. 223

Der erfolgreiche Leistungsantrag führt nach § 56 FamFG zum Außerkrafttreten der einstweiligen Unterhaltsanordnung.[224]

Da einstweilige Anordnungen, die über Bestand und Höhe des materiellen Unterhalts hinausgehen, nicht in materielle Rechtskraft erwachsen, also nur einen vollstreckbaren Titel schaffen, kann die einstweilige Anordnung deshalb auch für zurückliegende Zeiträume **durch eine Entscheidung abgelöst** werden.[225] 224

Ohne Rechtsgrund geleistete Unterhaltsbeträge können deshalb nach Bereicherungsrecht zurückgefordert werden, ohne dass die einstweilige Anordnung zuvor – ggf. teilweise – aufgrund eines Abänderungsantrages aufgehoben werden müsste.[226] In diesen Fällen besteht allerdings kein Schadenersatzanspruch etwa nach §§ 717, 945 ZPO.[227] 225

219 Horndasch/Viefhues/*Viefhues*, § 49 Rn 60.
220 BGH NJW 1984, 2095.
221 Horndasch/Viefhues/*Roßmann*, § 246 Rn 57; Friederici/Kemper/*Stockmann*, § 56 Rn 8.
222 Keidel/*Giers*, § 246 Rn 8; Musielak/*Borth*, § 54 Rn 12 ff.
223 FA-FamR/*Gerhardt*, 6. Kap. Rn 864; Thomas/Putzo/*Hüßtege*, § 246 FamFG Rn 9.
224 BGH FamRZ 1984, 767.
225 BGH NJW 1984, 2095.
226 Büte/Poppen/Menne/*Büte*, vor §§ 1360 ff. BGB Rn 8.
227 BGH NJW 2000, 740.

Dieselben Grundsätze gelten für einen **Vergleich**, der im Anordnungsverfahren geschlossen worden ist und durch den – lediglich – eine der beantragten einstweiligen Anordnung entsprechenden Regelung erreicht werden sollte.[228]

c) Rückforderung aufgrund einstweiliger Verfügung

226 Die **einstweilige Verfügung** war nach Einführung des § 644ZPO weitgehend bedeutungslos geworden. Ist eine einstweilige Verfügung auf Unterhalt im summarischen Verfahren ergangen, erwächst diese ebenfalls nicht in materielle Rechtskraft.[229] Entsprechend dem einstweiligen Anordnungsverfahren gilt: Geht die einstweilige Verfügung über Bestand und Höhe des materiell-rechtlichen Unterhaltsanspruch hinaus, hat der **Schuldner ohne rechtlichen Grund geleistet** (§ 812 Abs. 1 S. 2 BGB), sodass die einstweilige Verfügung keinen Rechtsgrund zum Behaltendürfen des Unterhalts darstellt. Im Rückforderungsverfahren sind Grund und Höhe des tatsächlich bestehenden materiell-rechtlichen Unterhaltsanspruchs festzustellen.

227 *Hinweis*

Der Antragsteller kann seit Inkrafttreten des FamFG am 1.9.2009[230] statt der einstweiligen Anordnung nach § 246 FamFG keine einstweilige Verfügung nach §§ 935 ff. ZPO beantragen, da die einstweilige Anordnung die einstweilige Verfügung verdrängt. Es handelt sich um eine **geschlossene Sonderregelung des vorläufigen Rechtsschutzes** in Unterhaltssachen. Ein Rechtsschutzbedürfnis für eine einstweilige Verfügung besteht im Übrigen auch deshalb nicht, weil die einstweilige Anordnung nunmehr von einem Hauptsacheverfahren unabhängig ist.[231]

d) Überzahlung aufgrund titulierter Forderung

228 Bei **Überzahlung** aufgrund eines Prozessvergleichs oder einer vollstreckbaren Urkunde ist die Rückforderung zunächst nicht möglich. Es muss zunächst eine Abänderung des Titels vorangehen, § 238 FamFG. Die im gerichtlichen Verfahren oder durch vollstreckbare Urkunde festgelegte Verpflichtung bleibt bis zu einer Abänderung durch eine gerichtliche Entscheidung bindend.[232]

Die Vorschrift des § 238 FamFG bildet dabei **eine Spezialregelung für die Abänderung gerichtlicher Entscheidungen (Beschlüsse)** in Unterhaltsverfahren.

Das Abänderungsverfahren nach § 238 FamFG kann erhoben werden, wenn im Fall der gerichtlich angeordneten Verpflichtung des Unterhaltsschuldners zu künftig fällig werdenden Unterhaltsleistungen (vgl. § 258 ZPO) eine **wesentliche Veränderung** derjenigen Verhältnisse eingetreten ist, die für Grund oder Höhe der Unterhaltsrente von Bedeutung waren.[233]

229 **Tatsächliche Abänderungsgründe** im Sinne von § 238 Abs. 1 FamFG sind insbesondere

- Einkommensänderungen des Unterhaltsberechtigten oder Unterhaltsverpflichteten,
- Änderung der Leistungsfähigkeit des Unterhaltsschuldners in Folge plötzlicher Arbeitslosigkeit,
- der Wechsel in eine höhere Altersstufe in den Unterhaltstabellen,
- Minderung der Barunterhaltspflicht mit Eintritt der Volljährigkeit eines Kindes, weil der andere Elternteil nach § 1606 Abs. 3 S. 1 BGB ebenfalls Barunterhalt zu leisten hat,
- Minderung der Bedürftigkeit des Unterhaltsgläubigers, der Arbeit gefunden hat.[234]

228 NJW-RR 1991, 1154.
229 BGH NJW 1983, 1330.
230 BGBl I S. 1696.
231 Horndasch/Viefhues/*Roßmann*, § 246 Rn 80.
232 BGH NJW-RR 1991, 1154; OLG Celle FamRZ 1992, 582.
233 BGH NJW 2005, 2313.
234 Horndasch/Viefhues/*Roßmann*, § 238 Rn 29.

Der Unterhaltsbeschluss darf grundsätzlich **nur ab Rechtshängigkeit abgeändert** werden, § 238 Abs. 3 S. 1 FamFG, sodass der Abänderungsantrag hinsichtlich des vor dem maßgeblichen Zeitpunkt liegenden Teils unzulässig ist. Maßgeblich ist die **Zustellung** des Antrags an den Gegner. Weder genügt die Einreichung eines entsprechenden Verfahrenskostenhilfegesuchs,[235] noch die bloße Einreichung des Abänderungsantrags bei Gericht, da § 167 ZPO nicht anwendbar ist. 230

Allerdings ist in **Ausnahme** davon im Falle eines auf **Erhöhung des Unterhalts** gerichteten Antrags die Zulässigkeit auch für die Zeit gegeben, für die nach den Vorschriften des BGB Unterhalt für die Vergangenheit verlangt werden kann. 231

§ 238 Abs. 3 S. 3 FamFG bestimmt zusätzlich Anträge auf **Herabsetzung des Unterhalts**, dass diese auch für die Zeit ab dem ersten des auf ein entsprechendes Auskunfts- oder Verzichtsverlangen des Antragstellers folgenden Monats zulässig sind. Auf diese Weise wird die Gleichbehandlung von Gläubiger und Schuldner erreicht. Das auf eine Herabsetzung des Unterhalts gerichtete Verlangen unterliegt spiegelbildlich den Voraussetzungen, für die nach den Vorschriften des bürgerlichen Rechts Unterhalt für die Vergangenheit verlangt werden kann. Diese Voraussetzungen ergeben sich aufgrund der Neufassung des § 1585b Abs. 2 BGB einheitlich aus § 1613 Abs. 1 BGB. 232

Erforderlich ist daher entweder ein **Auskunftsverlangen** mit dem Ziel der Herabsetzung des Unterhaltes gegenüber dem Unterhaltsgläubiger oder eine **Aufforderung** an den Unterhaltsgläubiger, teilweise oder vollständig auf den titulierten Unterhalt zu verzichten.

▼ 233

Muster 3.13: Unterhaltsverzicht

Sehr geehrte Frau , 3.13

nach Ihrer Mitteilung vom werden Sie am eine Arbeitsstelle bei der Firma antreten.[236] Damit entfallen die Voraussetzungen für Erwerbslosenunterhalt. Ich fordere Sie hiermit unter Fristsetzung zum auf, auf den titulierten Unterhaltsanspruch vom (Az.) mit Wirkung zum zu verzichten.

▲

Nach Ablauf der og. Frist empfehle ich meinem Mandanten einen Abänderungsantrag bei Gericht zu stellen.

§ 238 Abs. 2 S. 4 FamFG enthält eine **zeitliche Einschränkung für die Geltendmachung** eines rückwirkenden Herabsetzungsverlangens und ist § 1585b Abs. 3 BGB nachgebildet. Während sich die rückwirkende Erhöhung des Unterhalts nach S. 2 nach dem materiellen Recht richtet, ist das Herabsetzungsverlangen lediglich verfahrensrechtlich ausgestaltet. Für eine mehr als ein Jahr vor Rechtshängigkeit liegende Zeit kann eine Herabsetzung nicht verlangt werden. 234

Praxistipp 235

Verfahrensrechtlich ist zu beachten!

Eine einstweilige Einstellung der Zwangsvollstreckung kann in entsprechender Anwendung des § 769 ZPO angeordnet werden, wenn ein Abänderungsantrag auf Herabsetzung anhängig oder hierfür ein Antrag auf Bewilligung von Verfahrenskostenhilfe eingereicht wurde, vgl. § 242 FamFG.

235 BGH NJW 1982, 1050.

236 Muster aus Horndasch/Viefhues/*Roßmann*, § 238 Rn 59.

236 ▼

Muster 3.14: Einstweilige Einstellung der Zwangsvollstreckung

3.14 Die Zwangsvollstreckung aus dem Beschluss (Vergleich) vom ___ (Az. ___) wird nach § 242 FamFG i.V.m. § 769 ZPO bis zum Erlass des Beschlusses in diesem Verfahren ohne Sicherheitsleistung einstweilen eingestellt.

Begründung:

Die Einstellung der Zwangsvollstreckung ist nach § 242 FamFG i.V.m. § 769 ZPO im Wege der einstweiligen Anordnung erforderlich. Der Abänderungsantrag hat überwiegende Aussicht auf Erfolg (wird glaubhaft gemacht durch ___).

Ansonsten steht zu befürchten, dass ein etwaiger Rückzahlungsanspruch nicht vollstreckt werden kann.

▲

237 Wird ein **Verfahren abgewiesen** und damit begründet, dass ein Unterhaltsanspruch gegenwärtig überhaupt nicht besteht, fehlt es im Sinne von § 238 FamFG an einer Verurteilung zu einer künftig fällig werdenden Leistung, sodass der Unterhaltsanspruch später nach Eintritt der vormals fehlenden Unterhaltsvoraussetzungen im Wege des **Leistungsverfahrens** zu verfolgen ist.

Dies trifft z.B. zu, wenn das **Unterhaltsverfahren abgewiesen** worden ist wegen

- fehlender Bedürftigkeit des Unterhaltsgläubigers,
- fehlender Leistungsfähigkeit des Unterhaltsschuldners,
- eines eingeklagten Spitzenbetrages (z.B. über den freiwillig gezahlten Sockelbetrag hinaus).

e) Wegfall des Bereicherungsanspruchs nach § 818 Abs. 2 BGB

238 Soweit der Unterhaltsempfänger **nach § 818 Abs. 3 BGB entreichert** ist, entfällt ein Bereicherungsanspruch nach § 818 Abs. 2 BGB. Dies ist der Fall, wenn der Unterhalt vollständig für den Lebensbedarf verbraucht worden ist. In diesen Fällen ist der Unterhaltsempfänger nicht mehr bereichert.[237]

239 Dafür ist zwar der **Unterhaltsempfänger beweispflichtig**.[238] Er muss grundsätzlich beweisen, dass er im Zeitpunkt der Rückforderung nicht mehr bereichert ist bzw. noch vorhandene Vermögensvorteile nicht auf dem Erlangten beruhen.[239] Allerdings kann aufgrund von **Lebenserfahrung** nach dem Grundsatz des Anscheinsbeweises auch ohne besondere Verwendungsnachweise davon ausgegangen werden, dass Bezieher unterer oder mittlerer Einkommen oder Unterhaltsrenten[240] Überzahlungen zur Verbesserung ihres Lebensstandards ausgegeben haben, wenn sie keine sonst erheblichen Einkünfte haben[241] und keine Rücklagen oder Vermögenswerte gebildet haben.[242]

Bei **Besserverdienenden**[243] scheiden solche Beweiserleichterungen aus.[244] Der Gläubiger hat dann ggf. darzutun, dass zurzeit des Eintritts der Rechtshängigkeit des Verfahrens die Bereicherung noch bestand, der Schuldner also gem. § 819 Abs. 4 BGB für den Wegfall verantwortlich ist.[245]

237 BGH FamRZ 1981, 764.
238 BGH NJW 1995, 2627; BGH NJW 1999, 1181.
239 BGH NJW 1992, 2415, 2417.
240 BGH NJW 2000, 740; BGH NJW 2008, 3213; OLG Brandenburg FamRZ 2007, 42, 44.
241 BGH NJW 1992, 2415; BAG NJW 1996, 411.
242 Grüneberg/*Sprau*, § 818 Rn 55.
243 OLG Brandenburg FamRZ 2007, 42, 44: über 2.000 EUR.
244 BAG NJW 1994, 2636.
245 BGH NJW 1958, 1725; BGH MDR 1959, 109.

Anders ist die Situation, wenn der Schuldner beispielsweise die Zahlung zur Befreiung von Verbindlichkeiten genutzt hat. Dann setzt sich der rechtsgrundlos erlangte Betrag in der bestehenden Schuldbefreiung fort. 240

Hinweis 241

Um dem Entreicherungseinwand zu begegnen, ist im Falle eines Abänderungsantrages (§ 323 ZPO) und einer negativen Feststellungsklage ist gem. § 242 FamFG, § 769 ZPO die **Einstellung der Zwangsvollstreckung zu beantragen**[246] und zwar grundsätzlich schon für die Zeit vor Rechtskraft der Scheidung.[247]

Hinsichtlich des Antrags reicht ein solcher auf Bewilligung von Verfahrenskostenhilfe bzw. Prozesskostenhilfe **nicht** aus.[248] 242

Die tatsächlichen Voraussetzungen sind durch **eidesstattliche Versicherung** glaubhaft zu machen. Die darauf ergehende Entscheidung ist nicht anfechtbar.[249] 243

f) Verschärfte Haftung, § 241 FamFG

Die **Rechtshängigkeit eines auf Herabsetzung gerichteten Abänderungsantrages** steht bei der Anwendung des § 818 Abs. 4 BGB der Rechtshängigkeit einer Klage auf Rückzahlung der geleisteten Erträge gleich, § 241 FamFG. 244

Die Vorschrift erweitert § 818 Abs. 4 BGB dahingehend, dass die Rechtshängigkeit des Abänderungsverfahrens nach §§ 238, 239, 240 FamFG automatisch die **verschärfte Bereicherungshaftung** im Fall der späteren Herabsetzung des Unterhaltsanspruchs auslösen und dadurch die Unterhaltsrückzahlungsansprüche absichern. 245

Nach **früherer Rechtsprechung** führte ein auf Herabsetzung gerichteter Abänderungsantrag bei Rückforderung überzahlter Unterhaltsbeträge nicht zu einer verschärften Bereicherungshaftung des Empfängers nach § 818 Abs. 4 BGB.[250] 246

Regelmäßig konnte der Verpflichtete den **Entreicherungseinwand nach § 818 Abs. 3 BGB** mit der Folge erheben, dass ein Bereicherungsanspruch nicht durchsetzbar ist. Der Unterhaltsgläubiger musste vortragen, das erlangte Geld restlos verbraucht zu haben, wobei die Rechtsprechung zugunsten des Unterhaltsgläubigers von einer tatsächlichen **Vermutung** ausging, dass die Überzahlung regelmäßig zur Verbesserung des Lebensstandards und nicht zur Vermögensbildung ausgegeben wurde.[251] Zusätzlich zum Abänderungsantrag musste ein auf Rückzahlung gerichteter gesonderter Leistungsantrag erhoben werden.

§ 241 FamFG ermöglicht, dass ein solcher zusätzlicher Antrag nicht gestellt werden muss. Das Rechtsschutzziel des die Herabsetzung beantragenden Unterhaltsschuldners geht im Fall bereits bezahlter Beträge regelmäßig dahin, diese auch zurückzuerlangen. 247

Der Unterhaltsgläubiger ist durch das Abänderungsverfahren ausreichend gewarnt und muss das erhaltene Geld für eine etwaige Rückzahlung bereithalten. Deshalb ist die Anordnung der verschärften Haftung mit Rechtshängigkeit des auf Herabsetzung gerichteten Abänderungsantrags gerechtfertigt.[252]

246 BGH NJW-RR 2005, 1010; OLG Hamburg FamRZ 1991, 431; OLG Stuttgart FamRZ 1992, 203; OLG Düsseldorf NJW-RR 1994, 519.
247 OLG Frankfurt NJW 1984, 1630; OLG Stuttgart FamRZ 1992, 203; Büte/Poppen/Menne/*Büte*, § 256 ZPO Rn 9; a.A. OLG Düsseldorf NJW-RR 1994, 519.
248 OLG Naumburg FamRZ 2001, 839.
249 BGH NJW 2004, 2224; BGH NJW-RR 2005, 1009.
250 BGH FamRZ 1998, 952.
251 BGH FamRZ 1998, 951, 953.
252 So zu Recht Horndasch/Viefhues/*Roßmann*, § 241 Rn 5.

248 *Praxistipp*

Gleichwohl ist in solchen Fällen unbedingt im Abänderungsverfahren auch ein Antrag nach § 242 FamFG i.V.m. § 769 ZPO auf Einstellung der Zwangsvollstreckung zu stellen. Unterhalt, der gar nicht erst gezahlt wird, muss auch später nicht zurückgefordert werden.

3. Schadenersatzansprüche wegen überhöhter Unterhaltszahlungen

249 Der Unterhaltsschuldner kann Überzahlungen **nach § 823 Abs. 2 BGB i.V.m. § 263 StGB bzw. § 826 BGB** zurückverlangen, wenn er insbesondere aufgrund **falscher Angaben** des Unterhaltsgläubigers zu erhöhten Unterhaltszahlungen veranlasst wurde.

250 Nach der Rechtsprechung des BGH[253] kann in schwerwiegenden Ausnahmefällen mit einem auf § 826 BGB gestützten Antrag die **materielle Rechtskraft durchbrochen** werden, und zwar als Anspruch auf Unterlassen der Zwangsvollstreckung und Herausgabe des Titels, ggf. auch als Schadenersatzanspruch in Geld, wenn bereits vollstreckt worden ist.[254] **Der Grundgedanke:** Die Rechtskraft muss zurücktreten, wenn es mit dem Gerechtigkeitsgedanken schlechthin unvereinbar wäre, dass der Titelgläubiger seine formale Rechtsstellung zu Lasten des Schuldners ausnutzt. Ein Schadenersatzanspruch nach § 826 BGB[255] setzt damit die sittenwidrige Ausnutzung eines unrichtig gewordenen Titels voraus.[256]

251 Dies ist in **unterschiedlichen Konstellationen** denkbar:[257]

- falsche Angaben zum Einkommen,[258]
- keine Offenbarung von Einkommensveränderungen während des Verfahrens,[259]
- Offenbarung eines Rentenbezugs erst im Unterhaltsverfahren,[260]
- Offenbarung einer Erbschaft im Verfahren,[261]
- Verschweigen von Einkünften trotz ausdrücklicher Nachfrage,[262]
- Verschweigen eines Ausbildungsabbruchs,[263]
- Verschweigen von neuen Lebensumständen wie die Begründung einer nichtehelichen Lebensgemeinschaft.[264]
- Missbrauch einer erteilten Vollmacht[265]

252 Ein Betrugsversuch beginnt bereits im Rahmen **außergerichtlicher Verhandlungen über Grund und Höhe** etwaiger Unterhaltsansprüche. Werden von den Beteiligten wider besseres Wissen unwahre Angaben über ihre Einkünfte oder über sonstige Voraussetzungen zur Zahlung von Unterhaltsansprüchen gemacht, können Sie, wenn sie zum Zwecke der Unterhaltsverkürzung auf Seiten des Pflichtigen oder zur Erlangung höheren Unterhalts auf Seiten des Berechtigten erfolgen, zu einem Betrugsversuch führen, im Falle des Erfolgs zu einem vollendeten Betrugsdelikt.

253 BGH NJW 1983, 2317; BGH NJW 1996, 658.
254 Thomas/Putzo/*Reichold*, § 322 ZPO Rn 50 ff.
255 Zum Schadenersatz wegen sittenwidriger Schädigung bei vereiteltem Ferienumgang vgl. KG FuR 2020, 586 mit Anm. *Viefhues*, S. 587.
256 BGH FamRZ 1988, 270; BGH FuR 2018, 537.
257 Vgl. dazu ausführlich Eder/*Horndasch*, Das familienrechtliche Mandat Unterhaltsrecht, § 3 Rn 922 ff.; *N. Kleffmann* in Scholz/Kleffmann, Teil G Rn 210 ff.
258 BGH FamRZ 2005, 97; BGH FamRZ 2007, 1532; BGH FuR 2016, 409; OLG Hamm, Beschl. v. 13.3.2014 – 6 UF150/13, ZInsO 2014, 1337.
259 BGH FamRZ 2007, 1532.
260 BGH FamRZ 2005, 97.
261 BGH FamRZ 2000, 153.
262 BGH FamRZ 2007, 1532; OLG Düsseldorf FamRZ 2011, 225.
263 BGH FamRZ 1990, 1095.
264 OLG Hamm FamRZ 1993, 566; OLG Hamm FamRZ 1996, 1079.
265 OLG Nürnberg FuR 2019, 345.

Im Zusammenhang mit der Überreichung von Belegen an den jeweils anderen kann entweder 253

- die Verfälschung kopierter Einkommensunterlagen oder
- das Verschweigen (gerade) erfolgter Einkommenserhöhungen

eine Rolle spielen.

Aber auch andere, **für die Unterhaltsberechtigung wichtige Umstände** können zum Betrugsversuch 254
führen. Beispielsweise **verfälschte oder durch Simulation** erfolgreich erwirkte Erwerbsunfähigkeitsbescheinigungen, das Verschweigen einer Gesundung oder die Erstellung von Bewerbungsschreiben zum Nachweis von Erwerbsbemühungen, die niemals versendet worden sind, können Grundlage eines Betrugsversuches sein. Je nach tatbestandlicher Grundlage des Verlangens von Unterhalt sind die unterschiedlichsten Konstellationen denkbar.

Dies betrifft den **vorprozessualen Bereich** insoweit, als damit der Versuch unternommen wird, dass ent- 255
weder ein – früherer – Ehepartner auf die gerichtliche Geltendmachung von Unterhaltsansprüchen **verzichtet** oder der andere Beteiligte zu einer für ihn ungünstigen **außergerichtlichen Vereinbarung** bewegt werden soll.

Im **gerichtlichen Verfahren** selbst ist das Gericht wie alle Beteiligten darauf angewiesen, korrekte Aus- 256
künfte zum Einkommen der Beteiligten und zu allen für die Entscheidung wichtigen Umstände zu gelangen. Es gilt die prozessuale Wahrheitspflicht nach § 138 Abs. 1 ZPO gerade während eines laufenden Rechtsstreits. Werden falsche Angaben gemacht, erschleicht sich der Betroffene Vorteile, von denen er auch weiß, dass sie ihm nicht zustehen. Er begeht einen Prozessbetrug, der zum Schadenersatzanspruch nach § 823 Abs. 2 BGB i.V.m. § 263 StGB führt[266]

Nach Beendigung eines gerichtlichen Verfahrens bildet sodann der Fall, dass titulierter Unterhalt ent- 257
gegengenommen wird, obwohl die **Pflicht zur ungefragten Information** besteht, die zu einer Reduzierung oder einem Entfallen des Unterhaltsanspruchs geführt hätte, einen Hauptfall des Betruges im Bereich des Unterhaltsrechts.

Nach der Rechtsprechung des BGH[267] kann in schwerwiegenden Ausnahmefällen mit einem auf § 826 258
BGB gestützten Antrag die **materielle Rechtskraft durchbrochen** werden, und zwar als Anspruch auf Unterlassen der Zwangsvollstreckung und Herausgabe des Titels, ggf. auch als Schadenersatzanspruch in Geld, wenn bereits vollstreckt worden ist.[268] **Der Grundgedanke:** Die Rechtskraft muss zurücktreten, wenn es mit dem Gerechtigkeitsgedanken schlechthin unvereinbar wäre, dass der Titelgläubiger seine formale Rechtsstellung zu Lasten des Schuldners ausnutzt.

Ein solcher Antrag setzt voraus, dass

- der betroffene Titel materiell unrichtig ist,
- der Titelgläubiger die Unrichtigkeit des Titels kennt und
- besondere Umstände noch hinzutreten, aufgrund derer es dem Gläubiger zuzumuten ist, die ihm unverdient zugefallene Rechtsposition aufzugeben.

Im Übrigen sind auch die Voraussetzungen des Schadenersatzes nach § 823 Abs. 2 BGB i.V.m. § 263 StGB bei **betrügerischem Verhalten** des Unterhaltsgläubigers gegeben.

Bei **falschen Angaben des Unterhaltsberechtigten** über seine Einkommens- und Vermögensverhält- 259
nisse ist allerdings zu unterscheiden:

- **Falsche Angaben zur Titelschaffung**

Der Unterhaltsgläubiger hat die zur Begründung des Anspruchs dienenden **tatsächlichen Umstände wahrheitsgemäß** anzugeben und darf nicht verschweigen, was seine Unterhaltsbedürftigkeit in Frage

266 BGH FamRZ 1984, 767, 769.
267 BGH NJW 1983, 2317; BGH NJW 1996, 658.
268 Thomas/Putzo/*Reichold*, § 322 ZPO Rn 50 ff.

stellen könnte. Das Verschweigen unterhaltsrelevanter Tatsachen ist eine Täuschung durch positives Tun, nämlich durch Entstellen des zur Beurteilung der Unterhaltsbedürftigkeit maßgebenden Gesamtsachverhalts.[269]

Ein **Schadenersatzanspruch wegen Betrugs** (§ 823 Abs. 2 BGB, § 263 StGB) kommt in Betracht, wenn der Unterhaltsberechtigte bewusst falsche Angaben zu seinen Einkommens- und Vermögensverhältnissen macht, dadurch einen unrichtigen Titel herbeiführt und der Unterhaltspflichtige aufgrund dieses Titels zahlt oder zuviel zahlt (sogenannter Prozessbetrug). Ein solches arglistiges Verhalten begründet jedenfalls den Schadenersatzanspruch nach **§ 826 BGB**.

- **Fehlverhalten des Unterhaltsberechtigten nach Titelschaffung**

Eine **generelle Verpflichtung zur Offenlegung** von – ungünstigen – Einkommensänderungen besteht nach Auffassung der Rechtsprechung **nicht**. Hier muss der Unterhaltsschuldner seine Auskunftsrechte selbst wahrnehmen.[270] Eine ausdrückliche Verpflichtung zur ungefragten Information gibt es nicht. Anders ist dies, falls das **Schweigen evident unredlich** ist.[271] Dies betrifft z.B. den Fall, dass die Bedürftigkeit in Folge einer unerwarteten Arbeitsaufnahme entfällt. Das Gleiche gilt, wenn der Unterhaltsberechtigte seit Jahren in einem die Ehe ersetzenden partnerschaftlichen Verhältnis lebt, ohne dies zu erklären.[272]

260 Bei **Vereinbarungen** erhöht sich dagegen die Pflicht zur Rücksichtnahme auf die Belange des jeweils anderen. Alle Umstände, die erkennbar zu einer Änderung der Vereinbarung führen, sind unaufgefordert zu offenbaren, insbesondere naturgemäß erhebliche **Einkommensänderungen**.[273]

Jedenfalls in diesen Fällen ist der Unterhaltsgläubiger im Hinblick auf die Vorschrift des **§ 1605 Abs. 2 BGB und seine vertragliche Treuepflicht** gehalten, **jederzeit und unaufgefordert** dem anderen Teil Umstände zu offenbaren, die ersichtlich dessen Verpflichtung aus dem Vertrag berühren.[274] Erstreckt sich die Verletzung dieser Pflicht über eine **lange Zeit** und ist der Unterhaltsverpflichtete dadurch **empfindlich getroffen**, kann darin ein schweres Vergehen im Sinne des § 1579 Nr. 3 BGB liegen.[275]

261 *Beispiel*

Die Ehe von F und M wird geschieden. Anlässlich der Scheidungsverhandlung schließen sie zum nachehelichen Unterhalt einen Vergleich, wonach M sich verpflichtet, einen Gesamtunterhalt in Höhe von monatlich 800 EUR zu zahlen. Nach Maßgabe des Vergleichs darf F bis zur Vollendung des 15. Lebensjahres des gemeinsamen Sohnes bis zu 300 EUR netto anrechnungsfrei hinzuverdienen. Drei Jahre später stellt sich im Rahmen einer Stufenklage heraus, dass F teilschichtig seit mehr als zwei Jahren monatlich bis zu 800 EUR netto verdient hat. Verwirkung?

262 Das **OLG Schleswig**[276] versagt den an sich bestehenden Unterhaltsanspruch, weil sich die F eines **schweren vorsätzlichen Vergehens** gegen M schuldig gemacht hat.

Ihr Verschweigen von eigenen Einnahmen erfülle den Tatbestand des **Betruges (§ 263 Abs. 1 StGB)**. Eine **Verpflichtung zur ungefragten Äußerung** müsse dann angenommen werden, wenn der Unterhaltsschuldner **aufgrund vorangegangenen Tuns** des Unterhaltsgläubigers sowie nach der Lebenserfahrung **keine Veranlassung** hatte, sich des Fortbestandes der anspruchsbegründenden Umstände durch Auskunftsverlangen zu vergewissern, der Unterhaltsgläubiger sodann trotz einer für den Schuldner nicht erkennbaren Veränderung seiner wirtschaftlichen Verhältnisse, die den materiell-rechtlichen Unterhalts-

269 Horndasch/Viefhues/*Roßmann*, § 241 Rn 40.
270 FA-FamR/*Gerhardt*, 6. Kap. Rn 823, 825.
271 BGH FamRZ 1988, 270.
272 OLG Koblenz FamRZ 1987, 1156.
273 BGH FamRZ 1997, 483; Wendl/Dose/*Gerhardt*, § 6 Rn 237.
274 BGH FamRZ 1997, 483; BGH FamRZ 2000, 153.
275 BGH FamRZ 1997, 483, 484.
276 FamRZ 1996, 221.

anspruch ersichtlich erlöschen lässt, eine Unterhaltsrente weiter entgegen nimmt und dadurch den **Irrtum fördert, in seinen Verhältnissen habe sich erwartungsgemäß nichts geändert**.

Der **BGH**[277] bestätigt den **Betrugsvorwurf**, wonach es F **zumindest mit bedingtem Vorsatz** darauf angekommen sei, sich durch das Verschweigen der Höhe ihres Verdienstes Vermögensvorteile zu verschaffen.[278] **263**

Hinweis **264**

Nach Unterhaltsvereinbarung wird das Verschweigen höherer Einkünfte vom BGH als Betrug **angesehen** mit der Folge des Schadenersatzanspruchs nach § 823 Abs. 2 i.V.m. § 263 StGB.[279]

4. Pfändbarkeit des Familienunterhalts

Grundsätzlich ist Familienunterhalt nicht pfändbar (§ 850b Abs. 1 Nr. 2 BGB) und nicht abtretbar (§ 394 BGB). Dies gilt allerdings nur für das **Wirtschaftsgeld**, da dieses treuhänderisch für den Unterhalt der gesamten Familie zu verwenden ist.[280] **265**

Sonderbedarf z.B. aufgrund ärztlicher Behandlung, ist durch den behandelnden Arzt pfändbar.[281]

Pfändbar ist allerdings auch der Anspruch auf **Taschengeld**. Er kann gem. § 850b Abs. 1 Nr. 2, Abs. 2 ZPO i.V.m. §§ 850c ff. ZPO wie Arbeitseinkommen gepfändet werden, wenn die Vollstreckung in das sonstige Vermögen ganz oder teilweise fruchtlos geblieben ist oder voraussichtlich sein wird und wenn die Pfändung nach den Umständen des Falles, insbesondere nach Art des beizutreibenden Anspruchs und der Höhe der Bezüge, der Billigkeit entspricht.[282]

5. Unterhalt für Vergangenheit und Zukunft

Nach § 1360a Abs. 3 BGB sind die für die Unterhaltspflicht der Verwandten geltenden Vorschriften der §§ 1613 bis 1615 BGB **entsprechend anwendbar**. **266**

Dies bedeutet:

(1) Nach § 1613 Abs. 1 BGB kann **Familienunterhalt für die Vergangenheit** nur ab Auskunftsaufforderung, Verzug oder Rechtshängigkeit verlangt werden. Sonderbedarf kann innerhalb eines Jahres nach seinem Entstehen auch ohne diese Voraussetzungen geltend gemacht werden, § 1613 Abs. 2 Nr. 1 BGB.

Der Zweck der Vorschrift besteht in der Konzentration von Unterhaltsansprüchen auf die Gegenwart. Eine Befriedigung von Bedürfnissen aus der Vergangenheit kann der berechtigte daher nur verlangen, wenn er

- den Pflichtigen zuvor in Verzug gesetzt oder
- den Anspruch rechtshängig gemacht hat.[283]

Der **Unterhaltsgläubiger muss daher aktiv werden**, wenn er Unterhalt erhalten möchte.

277 Vgl. BGH FamRZ 1997, 483, 484; BGH FamRZ 2000, 153.

278 Die – auf die Zukunft gerichtete – Verwirkung kann verbunden sein mit einer Schadenersatzpflicht für die Vergangenheit; OLG Karlsruhe NJW-RR 2004, 1441: Verschweigt der Unterhaltsschuldner die Aufnahme einer vollschichtigen Berufstätigkeit (hier: mit einem monatlichen Einkommen von 5.000 DM brutto), ist er nach § 826 BGB schadenersatzpflichtig.

279 BGH FamRZ 2008, 1325.

280 *Büttner*, FamRZ 1994, 1433, 1439.

281 LG Frankenthal FamRZ 2001, 842.

282 BGH FamRZ 2004, 1784.

283 BGH NZFam 2014, 27 m. Anm. *Graba*, NZFam 2014, 6.

267 Umgekehrt soll der **Unterhaltsschuldner**

- davor bewahrt werden, im Nachhinein für lange zurück liegende Zeiträume in Anspruch genommen zu werden und
- in die Lage versetzt werden, sich auf eine zu erfüllende Unterhaltspflicht einzustellen.[284]

Nach § 1613 BGB muss also eine unterhaltsbezogene Aufforderung zur Auskunft über Einkommen und Vermögen oder eine Mahnung oder die Rechtshängigkeit des Anspruchs vorliegen.

268 **(2)** Auf Familienunterhalt kann nach § 1614 Abs. 1 BGB **für die Zukunft** nicht verzichtet werden.

Ein Verzicht auf zukünftigen Unterhalt **ist nichtig, § 1614 Abs. 1 BGB i.V.m. §§ 134, 397 BGB**. Die Nichtigkeit gilt unabhängig von der Verzichtsform, also auch für Vergleiche, Schiedsvereinbarungen etc. Die Unwirksamkeit besteht auch unabhängig davon, ob der Unterhaltsanspruch vollständig oder nur teilweise beseitigt werden soll.[285]

269 **(3)** Der Anspruch auf **Familienunterhalt erlischt** gem. § 1615 Abs. 1 BGB mit dem Tod eines Ehegatten. Allerdings muss der Verpflichtete für die Beerdigungskosten aufkommen, wenn sie nicht vom Erben getragen werden, § 1615 Abs. 2 BGB.[286]

270 **(4)** Zahlt der Schuldner für eine **längere Zeit als drei Monate** im Voraus, handelt er letztlich auf eigene Gefahr (§§ 1614 Abs. 2, 760 Abs. 2 BGB).

Hat nämlich der Verpflichtete Vorauszahlungen für einen längeren Zeitraum geleistet und benötigt der Berechtigte nach Ablauf von drei Monaten wieder Mittel für den Unterhalt der Familie, muss der **Verpflichtete erneut leisten**. Dies kann eintreten, wenn etwa dem berechtigten Ehegatten das Geld abhandengekommen ist oder er schlicht die **Vorauszahlung nicht richtig eingeteilt** hat.[287]

IX. Vereinbarungen über Familienunterhalt

271 Ebenso wie die Eheleute frei in der Gestaltung ihrer Ehe und dem Lebenszuschnitt im Bereich des Familienunterhalts sind, können die Beteiligten naturgemäß **Vereinbarungen über alle Bereiche des Ehelebens** treffen. Die Möglichkeit einer familienrechtlichen Vereinbarung reicht von der Frage, ob und wenn ja, mit welcher religiösen Grundausrichtung sie die etwaigen gemeinsamen Kinder erziehen werden, über das Namensrecht und andere Einzelheiten ihrer Ehe bis zu Vereinbarungen über das Güterrecht und das Unterhaltsrecht.

Vereinbarungen können dabei im Bewusstsein fehlender Durchsetzungsmöglichkeit geschlossen werden, wie dies z.B. bei der Vereinbarung einer bestimmten **religiösen Ausrichtung in der Erziehung von Kindern** der Fall ist.

272 ▼

Muster 3.15: Religiöse Ausrichtung in der Erziehung von Kindern

3.15

Herr

und

Frau

schließen folgende Vereinbarung:[288]

284 *Born*, NZFam 2014, 1.
285 OLG Köln FamRZ 1983, 750; OLG Namburg NJW-RR 2003, 1089; Grüneberg/*Siede*, § 1614 Rn 1.
286 LG Dortmund NJW-RR 1996, 775.
287 BGH FamRZ 1993, 1186.
288 Nach BeckFormB FamR/*Kössinger*, D.IV.1.

Der Verlobte gehört derzeit keiner religiösen Gemeinschaft an, ist jedoch evangelisch-lutherisch getauft. Die Verlobte ist praktizierende Angehörige der römisch-katholischen Kirche. Im Hinblick darauf, dass nach unserer Lebensplanung die Erziehung der von uns gewünschten Kinder faktisch mehr durch die Mutter als durch den Vater erfolgen wird und unter Rücksichtnahme auf die Wünsche der Verlobten erklären wir beide unsere Absicht und sind darüber einig, aus unserer Ehe hervorgehende Kinder römisch-katholisch taufen zu lassen und in diesem Bekenntnis zu erziehen. Dabei ist jedoch dem Gedanken der Toleranz gegenüber Andersgläubigen und Nichtgläubigen besonders Rechnung zu tragen. Wünsche und Überzeugungen des Kindes sind altersentsprechend fortschreitend zu berücksichtigen.

Wir haben Kenntnis vom Gesetz über die religiöse Kindererziehung und wissen, dass diese „Einigung" nach § 1 dieses Gesetzes jederzeit widerruflich ist und dass nach § 4 des Gesetzes Verträge über die religiöse Erziehung eines Kindes „ohne bürgerliche Wirkung", also unwirksam sind.

(Unterschriften der Beteiligten)

▲

Dies ist z.B. bei der **Vereinbarung über die Bestimmung des Ehenamens** nicht der Fall. Hierüber ist eine – bindende – Vereinbarung möglich:[289] 273

▼ 274

Muster 3.16: Vereinbarung über die Bestimmung des Ehenamens

Herr

und

Frau

schließen folgende Vereinbarung:

Wir verpflichten uns wechselseitig, als Ehenamen den Geburtsnamen der Ehefrau zu bestimmen und die hierfür erforderlichen Erklärungen gegenüber dem Standesamt bei Eheschließung abzugeben. Der Ehemann behält sich seine Befugnis vor, seinen Geburtsnamen anzufügen. Er verpflichtet sich, den Geburtsnamen nicht voranzustellen.

(Unterschriften der Beteiligten)

▲

Ebenso ist das **Ablegen des Ehenamens** im Scheidungsfall vereinbar:[290] 275

▼

Muster 3.17: Ablegen des Ehenamens im Scheidungsfall

Herr

und

Frau

schließen folgende Vereinbarung:

Wir haben zum Ehenamen bestimmt/werden zum Ehenamen bestimmen den Geburtsnamen der Ehefrau „ ". Der Ehemann verpflichtet sich, innerhalb von drei Monaten nach Rechtskraft einer

289 Nach BeckFormB FamR/*Kössinger*, D.IV.3.
290 Nach BeckFormB FamR/*Kössinger*, D.IV.4.

Ehescheidung eine Namensbestimmung zu treffen, die dazu führt, dass dieser Ehename nicht mehr Bestandteil seines Namens ist.

Für den Fall einer schuldhaften Verletzung verpflichtet sich der Ehemann zur Zahlung einer Vertragsstrafe in Höhe von ___ EUR (i.W. ___ EUR) für jeden angefangenen Monat, in welchem er seiner vorstehend vereinbarten Verpflichtung zuwiderhandelt.

___

(Unterschriften der Beteiligten)

▲

276 Alles erscheint zunächst möglich zu sein, denn **Vereinbarungenüber Regelungen im Rahmen der ehelichen Lebensgemeinschaft** sind ebenso wie Regelungen im Rahmen von Trennung und Scheidung **grundsätzlich zulässig**. Sie unterliegen jedoch namentlich seit der **Entscheidung des Bundesverfassungsgerichts vom 6.2.2001**[291] enger gezogenen Grenzen.

1. Familienrechtliche Grundsätze

277 In dieser Entscheidung und noch einmal deutlich in dem **Beschluss des Bundesverfassungsgerichts vom 29.3.2001**[292] hat das Bundesverfassungsgericht erklärt, dass in Eheverträgen der **Schutz vor unangemessener Benachteiligung** beachtet werden muss. Ein Ehevertrag darf die Unterlegenheitsposition einer Partei nicht durch ihre einseitige vertragliche Belastung und die unangemessene Berücksichtigung der Interessen der anderen Partei ausdrücken. Das **Bundesverfassungsgericht** hat deutlich festgelegt:

> *Ein Verzicht auf gesetzliche Ansprüche bedeutet insbesondere für den Ehegatten eine Benachteiligung, der sich unter Aufgabe einer Berufstätigkeit der Betreuung des Kindes und der Arbeit im Hause widmen soll. Je mehr im Ehevertrag gesetzliche Rechte abbedungen werden, desto mehr kann sich der Effekt einseitiger Benachteiligung verstärken.*[293]

Das **BVerfG** verlangt für die Frage der Korrekturbedürftigkeit eines Ehevertrages eine **„Gesamtschau" der persönlichen, wirtschaftlichen und sozialen Verhältnisse** der Parteien im Zeitpunkt des Vertragsschlusses und im Zeitpunkt der Scheidung.[294]

278 *Hinweis zu den Risikofaktoren bei Eheverträgen*[295]

Risikofaktoren ja:

- Vertragsschluss in einer **Zwangssituation** (Terminsnot, Schwangerschaft, wirtschaftliche Abhängigkeit, Drohung, Täuschung)
- Für einen Vertragsteil werden **sämtliche Rechte abbedungen**
- Gemäß der **Gesamtschau** der Verhältnisse wurde ein wesentliches Teilrecht abbedungen
- Die **notarielle Belehrung** (§ 17 BeurkG) war unterblieben oder mangelhaft, so dass der oder die Beteiligten die Tragweite des Geschäfts **nicht verstanden** haben (oder haben wollen).

291 Vgl. BVerfG FamRZ 2001, 343.
292 BVerfG FamRZ 200, 985.
293 So BVerfG FamRZ 2001, 985; OLG München FamRZ 2003, 35 mit Anm. *Bergschneider*, FamRZ 2003, 38.
294 BVerfG FamRZ 2001, 985; zur richterlichen Kontrolle von Unterhaltsverzichten vgl. *Goebel*, FamRZ 2003, 1513.
295 Vgl. zur „Inhaltskontrolle von Eheverträgen" *Münch*, FamRZ 2005, 570.

Risikofaktoren nein:

- nur ein unwesentliches Teilrecht abbedungen
- Vertrag von jungen Leuten mit stabiler Einkommenssituation geschlossen
- Beim Globalverzicht wurden ausreichende, gleichwertige Kompensationsleistungen vereinbart (Lebensversicherungen, Grundstücksübereignung, Geldanlage)
- Ehepartner wollen beide freiberuflich tätig sein und haben daher aus Risikogründen Teilhaberrechte abbedungen
- Ehepartner haben keinen Kinderwunsch, feste und zukunftssichere Einkünfte und schließen sämtliche Teilhaberechte aus
- Beide Ehepartner haben unbelastete Immobilien, bereits ausreichende Rentenanwartschaften und verfügen über Ausbildungen in krisensicheren Berufen (Idealfall)
- Junge Ehepartner haben bei Vertragsschluss sichere Einkommensquellen, akademische Ausbildungen, Berufserfahrung, dauerhafte Chancen auf dem Arbeitsmarkt, kein eigenes unbewegliches Vermögen, Absicherung durch Elternvermögen und einen Globalverzicht vereinbart.

Die Nichtigkeit eines Ehevertrages kann gemäß § 139 BGB allerdings nicht aus einer Bestimmung hergeleitet werden, die bei der Vertragsdurchführung nicht zur Anwendung kommen konnte.[296] **279**

Praxistipp **280**

Ein gerichtlicher Antrag auf Feststellung der Nichtigkeit eines Ehevertrages ist **mangels Feststellungsinteresses unzulässig**, solange kein Scheidungsantrag gestellt und auch sonst offen ist, ob es zur Scheidung der Parteien kommt.[297]

Im Laufe der Entwicklung seit dem Urteil des **BGH** zur Kernbereichslehre im Jahre 2004 betont der BGH tendenziell mehr und mehr die **Anpassung des Ehevertrages an die gegenwärtigen Verhältnisse** und damit den Ausgleich entstandener ehebedingte Nachteile.[298] **281**

Schließlich hat der **BGH** auch in seinen neuesten Entscheidungen die Vertragsfreiheit betont und seinen Standpunkt verdeutlicht, dass namentlich der Zugewinnausgleich einer ehevertraglichen Disposition am weitesten zugänglich und ein Ausschluss des gesetzlichen Güterstandes **regelmäßig nicht sittenwidrig**, also im Wege der Bestandskontrolle nicht zu beanstanden sei.[299]

Es gilt mehr denn je, dass die Ehegatten mit dem Ausschluss des Güterstandes der Zugewinngemeinschaft lediglich von einer **im Gesetz eröffneten Gestaltungsmöglichkeit** Gebrauch machen. **282**

Die **Ehevertragsfreiheit** hat weiterhin Bestand, wenn auch mit Einschränkungen, die sich aber ausschließlich auf den **Kernbereich** der Scheidungsfolgen beziehen.[300] **283**

Die Vertragsfreiheit ist schon deshalb erforderlich, weil das Scheidungsfolgenrecht keinen zu lebenden Ehetypus vorschreibt. So, wie Eheleute frei darin sind, ihre Ehe inhaltlich zu gestalten, sind sie auch frei darin, die Folgen des Scheiterns ihrer Ehe zu regeln.

Die Grenze der Freiheit zur Regelung der Folgen eines Scheiterns der Ehe kann nur in der Verletzung des **zwingenden Schutzzwecks der gesetzlichen Regelung**[301] liegen.

296 Vgl. OLG Thüringen FamRZ 2010, 1252.
297 OLG Frankfurt FamRZ 2005, 457.
298 BGH FamRZ 2013, 195; BGH FamRZ 2011, 1377; KG FamRZ 2012, 1947.
299 BGH FamRZ 2013, 269.
300 So ausdrücklich schon BGH NJW 2004, 930.
301 BGH NJW 2004, 930.

284 Dieser Schutzzweck ist nach Auffassung des **BGH** unterlaufen, wenn eine

- evident einseitige Lastenverteilung nicht
- durch eine individuelle Gestaltung der Ehe gerechtfertigt sein kann und
- die Lastenverteilung für einen Ehegatten unzumutbar ist.[302]

285 **Unzumutbar** ist eine Lastenverteilung nach Auffassung des BGH vor allem dann, wenn die Vereinbarung **unter unfairen Bedingungen** zustande gekommen ist.

Der **BGH** erklärt, dass eine Beanstandung sich insbesondere aus **Umständen außerhalb der Vertragsurkunde** ergeben kann, die eine **subjektive Imparität** insbesondere infolge der Ausnutzung einer Zwangslage, einer sozialen oder wirtschaftlichen Abhängigkeit oder einer intellektuellen Unterlegenheit beweisen.[303] Insofern relativiert der BGH die Rangabstufung im Rahmen der Kernbereichslehre des Scheidungsfolgenrechts unter Heranziehung subjektiver Maßstäbe.[304]

286 Insgesamt bedeutet dies, dass es nunmehr auch **verstärkt auf die subjektive Seite** ankommt. Im ersten Leitsatz des Urteils des **BGH vom 31.10.2012**[305] heißt es:

> *„Ein Ehevertrag kann sich in einer Gesamtwürdigung nur dann als sittenwidrig und daher als insgesamt nichtig erweisen, wenn konkrete Feststellungen zu einer unterlegenen Verhandlungsposition des benachteiligten Ehegatten getroffen worden sind. Allein aus der Unausgewogenheit des Vertragsinhaltes ergibt sich die Sittenwidrigkeit des gesamten Ehevertrages regelmäßig noch nicht.“*

287 Kommt aber zur Unausgewogenheit hinzu, dass zum Zeitpunkt der Beurkundung beispielsweise eine **Krankheitssituation** vorgelegen hat, die zu einem großen persönlichen Druck der belasteten Partei führte, ist die **Sittenwidrigkeit zu bejahen**.[306]

Eine **bevorstehende Operation** indiziert eine solche Drucksituation jedoch nicht.[307]

Die **Feststellungen zur unterlegenen Verhandlungsposition**, zu einer Situation bei Beurkundung des Ehevertrages, die durch intellektuelle Unterlegenheit, Abhängigkeit oder eine Notsituation ohne zumutbaren Ausweg zu Lasten eines Ehegatten[308] geprägt war, korrespondieren mit der **Belehrung** durch den beurkundenden Notar.

288 Zwar ist nach der Rechtsprechung des BGH nicht schon deshalb eine subjektive Imparität zu verneinen, weil der **Notar ordnungsgemäß belehrt** hat.[309] Der **Verfahrensablauf** kann jedoch dazu führen, dass eine **subjektive Imparität zu verneinen** ist.

Dies ist dann der Fall, wenn sich der betroffene Ehegatte etwa lange und mit **Vorbesprechungen bei dem Notar** über die Regelungen Gedanken machen und sie für sich abwägen konnte. Ergibt sich entsprechendes aus den Hinweisen zu den Belehrungen des Notars in der Urkunde, wird man regelmäßig nach der Rechtsprechung des BGH eine subjektive Imparität und deshalb eine **Sittenwidrigkeit des Vertrages verneinen** müssen.[310]

289 Neben **umfangreichen Belehrungen** können auch **lange andauernde Verhandlungen** dazu führen, eine subjektive Imparität zu verneinen.

302 BGH FamRZ 2013, 1543; *Münch*, Ehebezogene Rechtsgeschäfte, Rn 870.
303 Zu weiteren Beispielen hierzu vgl. *Bergschneider*, Richterliche Inhaltskontrolle von Eheverträgen und Scheidungsvereinbarungen, S. 79 ff.
304 *„Rangabstufung … für den Berechtigten in seiner jeweiligen Lage“*, BGH FamRZ 2013, 269.
305 BGH FamRZ 2013, 195; so auch OLG Düsseldorf NJW-RR 2013, 966; OLG Brandenburg FamFR 2013, 191; OLG Hamm FamFR 2013, 310.
306 So bei Alkoholkrankheit, vgl. OLG Koblenz FamRZ 2006, 428 m. zust. Anm. *Bergschneider.*
307 OLG Brandenburg FamRZ 2003, 764.
308 BGH FamRZ 2013, 195.
309 BGH NJW 2008, 3426 = FamRZ 2008, 2011.
310 BGH FamRZ 2008, 2011 m. Anm. *Bergschneider*; BGH FamRZ 2013, 195.

So hat der **BGH**[311] das Vorliegen einer subjektiven Imparität trotz erheblicher entsprechender objektiver Anhaltspunkte im Vertrag verneint, weil die Beteiligten **monatelang** unter Einschaltung beratender Rechtsanwälte mit Entwurf und Gegenentwurf über den Inhalt der Urkunde verhandelt hatte.[312]

Umgekehrt kann die **fehlende Übersendung eines Vertragsentwurfs**[313] etwa wegen **Überrumpelung**[314] 290
für subjektive Imparität sprechen. Dies wird in der Praxis aber eher die Ausnahme sein.

Eheverträge werden nach der Entwicklung der Rechtsprechung in Richtung größerer Vertragsfreiheit zukünftig weniger leicht angreifbar sein, auch wenn der Grundsatz gleichmäßigen Profitierens am Ergebnis einer Ehe nicht eingehalten wird. Das Prinzip der **Halbteilung ist nicht Maßstab der Inhaltskontrolle** einer Vereinbarung.[315]

> *Hinweis*
> In der Praxis wird es selten möglich sein, überzeugend eine für die Annahme der Unwirksamkeit eines Ehevertrages notwendige „subjektive Imparität" darzulegen. Es wird deshalb in vielen Fällen darauf ankommen, im Wege der Ausübungskontrolle bei Trennung und Scheidung einer Ehe die ehebedingten Nachteile des betroffenen Ehegatten so konkret und exakt wie möglich darzulegen, um die „Schieflage" zumindest insoweit zu korrigieren.

2. Regelung der Erwerbstätigkeit

Nach dem Grundverständnis der ehelichen Lebensgemeinschaft nach § 1353 BGB und der Freiheit der 291
Eheleute, Haushaltsführung und Erwerbstätigkeit nach § 1356 BGB frei zu regeln, ist es Sache der Ehepartner, die Frage der Lebensgestaltung und Rollenverteilung einverständlich zu regeln.

Ob solche Vereinbarungen, jedenfalls im Bereich **eheliche Lebensgemeinschaft, Lebensplanung und Rollenverteilung** gegen den – späteren – geänderten Willen des Ehepartners wirklich durchsetzbar sind, muss dahinstehen. Hat aber ein Ehegatte beispielsweise im Vertrauen auf die vereinbarte Regelungen Dispositionen getroffen, die bei Scheitern zu einem Nachteil oder Schaden führen, kann dies auch unterhaltsrechtliche Konsequenzen haben.

Das – selbstverständliche – Recht der Ehepartner gem. § 1356 Abs. 2 S. 1 BGB, eine **Arbeitstätigkeit** 292
aufzunehmen oder fortzuführen, kann grundsätzlich nicht wirksam ausgeschlossen werden. Das Recht steht aber unter dem **Gebot der Rücksichtnahme** auf die Belange des anderen Ehepartners und der Familie, § 1365 Abs. 2 S. 2 BGB. Insoweit sind Konkretisierungen dieser Vorgaben möglich.[316]

Die folgende **Vereinbarung** wäre möglich:[317]

▼ 293

Muster 3.18: Regelung der Erwerbstätigkeit

Herr 3.18

und

Frau

schließen folgende Vereinbarung:

311 BGH NJW 2014, 1101; *Münch,* Rn 768 ff.
312 Vgl. dazu *Bergschneider,* FamRZ 2014, 727.
313 OLG Dresden ZFE 2006, 275.
314 OLG Hamm FamFR 2013, 310.
315 BGH NJW 2009, 842.
316 BeckFormB FamR/*Kössinger*, D.I.1 (Anm. 3).
317 Nach BeckFormB FamR/*Kössinger*, D.I.1.

Der (künftige) Ehemann ist berufstätig als Arzt in eigener Praxis. Die (künftige) Ehefrau ist ausgebildete OP-Krankenschwester und derzeit berufstätig als Organisationsleiterin einer ärztlichen Gemeinschaftspraxis mit angeschlossener Tagesklinik. Wir gehen davon aus, dass jeder von uns seine Berufstätigkeit fortführt. Soweit die Haushaltsführung nicht durch Angestellte oder die Beauftragung von Dienstleistungsunternehmen erfolgt, werden wir die verbleibenden Aufgaben unter uns verteilen, wobei die zeitliche Belastung des jeweiligen Ehepartners durch seine Berufstätigkeit zu berücksichtigen ist. Wenn wir Kinder haben, werden wir einvernehmlich das Erforderliche (ggf. auch durch Anstellung von Haus-/Kinderpersonal) unternehmen, damit die Ehefrau nach der Mutterschutzzeit und ggf. einer weiteren Pause/zeitlichen Beschränkung ihrer Berufsausübung während der ersten drei Lebensjahre der Kinder wieder ihren Beruf ausüben kann. Falls wir gemeinsame Kinder haben, werden wir jedoch beiderseitig unsere Berufstätigkeit so zu organisieren versuchen, dass jeden Abend spätestens ab 17.30 Uhr mindestens ein Elternteil sich den Kindern widmen kann. Keiner von uns wird ohne Einwilligung des Ehepartners eine Arbeitsstelle annehmen oder seinen Betrieb verlagern, wenn dies dazu führt, dass der übliche Weg zwischen Wohnung und Arbeitsplatz länger als 45 Minuten dauert.

Wir sind uns insbesondere darüber einig, dass wir es für besser halten, wenn die Ehefrau nicht in der Praxis des Ehemannes mitarbeitet (unbeschadet etwaiger geringfügiger gelegentlicher Unterstützungstätigkeiten in Ausnahmefällen). Wenn wir diese Ansicht einvernehmlich ändern sollten, werden wir hieraus sich ergebende Folgen, insbesondere auch in finanzieller Hinsicht, schriftlich und durch ausdrückliche Vereinbarung regeln.

(Unterschriften der Beteiligten)

▲

3. Vereinbarung über Familienunterhalt

294 Der Anspruch auf Zahlung von Getrenntlebensunterhalt, § 1361 BGB, und der Anspruch auf nachehelichen Unterhalt, §§ 1569 ff. BGB, sind auf die Zahlung einer Geldrente gerichtet.[318]

Familienunterhalt, den die Eheleute gegenseitig schulden, ist letztlich eine Kombination von gegenseitigen Geldleistungen (Wirtschaftsgeld, Taschengeld) und Naturalleistungen (Haushaltsführung). Beides steht geleichwertig nebeneinander.[319]

Der Kern der gesetzlichen Regelungen ist zwingend, so dass ein Verzicht auf Familienunterhalt für die Zukunft gemäß §§ 1360a Abs. 3, 1614 Abs. 1 BGB unwirksam ist.

a) Wirtschaftsgeld

295 Jeder Ehegatte hat grundsätzlich Anspruch darauf, dass ihm diejenigen Mittel zur Verfügung gestellt werden, die für die Führung des gemeinsamen Haushaltes der Familie notwendig sind, **§ 1360a Abs. 2 S. 2 BGB**.

Das **Wirtschaftsgeld** ist vollständig für den **Familienunterhalt zu verwenden**. Der den Haushalt führende Ehegatte ist nicht berechtigt, Wirtschaftsgeld eigenmächtig für andere Zwecke auszugeben.[320]

Eine – nicht unübliche – Vereinbarung über das von den Eheleuten zu verwendende Wirtschaftsgeld kann wie folgt abgeschlossen werden:

318 Vereinbarungen über Teilleistungen in Natur sind aber jederzeit möglich, OLG Koblenz FamRZ 2018, 1751; OLG Frankfurt/M. FamRZ 2019, 11.
319 BGH FamRZ 1985, 576; BGH FamRZ 1995, 537.
320 OLG Hamburg FamRZ 1984, 583.

▼ 296

Muster 3.19: Bestimmung von Wirtschaftsgeld

....

Wir, die Eheleute , sind beide vollzeitlich berufstätig. Deshalb werden die Ausgaben für den ehelichen Haushalt von uns aufgewendet werden müssen, abhängig von unseren jeweiligen zeitlichen Möglichkeiten.

Wir vereinbaren zur Höhe des Wirtschaftsgeldes, dass wir monatlich maximal EUR für Ausgaben in diesem Bereich verwenden.

Zu diesem Zweck werden wir ein gesondertes gemeinsames Giro-Konto bei der A-Bank einrichten, über das wir einzeln verfügen können.

Die Ausgaben werden jeweils – soweit möglich – durch Belege nachgewiesen und in dem von uns in der Ehewohnung geführten Haushaltsbuch eingetragen.

....

▲

Aber auch andere Ausgestaltungen sind möglich etwa bei unterschiedlich geplanter Berufstätigkeit während der Ehe. Dies könnte wie folgt in eine Vereinbarung gefasst werden:[321]

▼ 297

Muster 3.20: Vereinbarung über Familienunterhalt

Herr

und

Frau

schließen folgende Vereinbarung:

In Ausgestaltung der gesetzlichen Verpflichtungen nach §§ 1360, 1360a BGB kommen wir wie folgt überein:

(1) Im Hinblick auf die deutlich stärkere zeitliche Belastung der Ehefrau durch ihre Berufstätigkeit wird den Haushalt überwiegend der Ehemann führen. Er trägt außer durch seine eigene Berufstätigkeit auch hierdurch zum Familienunterhalt bei. Wir sind einig, dass die Ehefrau (solange keine gänzlich neuen Aspekte zutage treten, wie der Umstand, dass die Gesundheit der Ehefrau leidet, dass wir gemeinsame Kinder haben, dass die Beziehung durch Entfremdung oder überstarke psychische Belastung gefährdet wird, dass die „Überarbeit" nicht mehr mit einem deutlich erhöhten Einkommen verbunden ist o.Ä.) auch weiterhin in dem bisherigen zeitlichen Rahmen (ca. 60–70 Stunden wöchentlich) ihrer selbstständigen beruflichen Tätigkeit nachgeht, solange sie dies selbst wünscht und als zumutbar empfindet.

(2) Unsere bisherigen Nettoeinkommen (bei Versteuerung durch jeden nicht verheirateten Partner allein) verhielten sich wie folgt :

Wir gehen davon aus, dass dies in etwa so bleiben wird und sich die Schere eher weiter öffnen wird.

(3) Wir sind uns einig, dass der Ehemann künftig mindestens 50 v.H. seines Nettoeinkommens (bei fiktiver Versteuerung in Steuerklasse IV) zur Vermögensbildung einsetzt, und dass die Ehefrau mindestens das Zweifache dieses Betrages zur Vermögensbildung einsetzt. Den Rest seines Nettoein-

321 Nach BeckFormB FamR/*Kössinger*, D.II. 1.

kommens kann der Ehemann für eigene Bedürfnisse verwenden. Die Kosten des gemeinsamen Lebensunterhalts werden aus dem Einkommen der Ehefrau bestritten.

(4) Jeder von uns kann für die Zukunft eine Änderung dieser von uns derzeit als angemessen erachteten Regelung verlangen, wenn diese unbillig ist oder wird oder wenn sich die Verhältnisse wesentlich ändern oder wenn unsere zugrunde gelegten Annahmen sich als unzutreffend oder unvollständig herausstellen.

___ (Unterschriften der Beteiligten)

▲

298 Eine solche Vereinbarung erscheint im Beispiel sinnvoll, weil die Ehefrau von der **Belastung der Haushaltsführung befreit** wird und ihre Bereitschaft besteht, dies materiell zu vergelten.

Die **wirtschaftlichen Grundlagen** sollten bei solchen Vereinbarungen unbedingt angegeben werden, um eine spätere Abänderung/Angleichung zu ermöglichen.

Geregelt werden kann naturgemäß, was die Eheleute für Familienunterhalt einzusetzen gedenken und welche **Anteile sie für Vermögensbildung, für eigene Zwecke etc.** verwenden wollen.

b) Geiz-Vereinbarung

299 Grundsätzlich ist bei der **Bemessung des Familienunterhaltes** auf die Einkommens- und Vermögensverhältnisse der Eheleute abzustellen.[322]

Der Lebensbedarf der Familie wird aber nicht nur von den Einkommens- und Vermögensverhältnissen bestimmt, sondern namentlich von den **zwischen den Eheleuten getroffenen Absprachen**.

Eine solche Vereinbarung kann auch dahingehend gestaltet werden, dass die Eheleute sich darauf verständigen, auf einem **Niveau** zu leben, das den Ansprüchen eines **Hartz-IV-Empfängers** entspricht. Eine Vereinbarung wäre daher wie folgt möglich:[323]

▼

Muster 3.21: Familienunterhalt auf Hartz-IV-Niveau

3.21

Herr ___

und

Frau ___

schließen die folgende Vereinbarung und erklären vorab:

1. Wir sind miteinander verlobt und werden am ___ in ___ die Ehe miteinander schließen.

Kinder sind aus unserer Verbindung bisher nicht hervorgegangen. Ein Kinderwunsch besteht derzeit auch bei uns nicht.

Ich, Herr ___, verfüge über ein monatliches Nettoeinkommen von durchschnittlich 2.875 EUR; ich, Frau ___, verfüge über ein monatliches durchschnittliches Nettoeinkommen von 2.125 EUR.

Wir halten es für unangemessen, unser gemeinsames Einkommen ganz oder zum großen Teil für Familienunterhalt zu verwenden.

Wir vereinbaren daher, was folgt:

2. Wir werden die Aufwendungen für Familienunterhalt nach Eheschließung auf ein sparsames Niveau setzen. Wir vereinbaren deshalb, dass die monatlichen Aufwendungen nicht denjenigen Betrag um

322 BGH FamRZ 1992, 291.
323 So *Horndasch*, NotarFormulare Ehegattenunterhaltsrecht § 2 Rn 107.

mehr als 10 % übersteigen darf, der Empfänger von Bürgergeld gem. § 20 SGB II für jeweils eine Einzelperson gezahlt wird. Der Bedarfssatz für jeden von uns Beiden beträgt nach § 20 SGB II derzeit 502 EUR.[324]

3. Wir vereinbaren, dass der Bedarfssatz jeweils der sich ändernden Regelleistung nach § 20 SGB II angepasst wird. Wir stellen hierzu klar, dass entsprechend den Regeln nach SGB II die Kosten für unsere Ehewohnung sowie der darauf entfallenden Nebenkosten gesondert und zu je 1/2 -Anteil von uns aufgewendet werden.

4. Die die Aufwendungen übersteigenden Erwerbseinkünfte verbleiben jedem von uns zur freien Verfügung.

(Unterschriften der Beteiligten)

▲

c) Luxus-Vereinbarung

Ebenso ist es umgekehrt möglich, eine Vereinbarung zu treffen, die den **üblichen Rahmen weit übersteigt**. 300

Dies kann parallel zu Trennungs- und nachehelichem Unterhalt gesehen werden.

Verlangt der Unterhaltsberechtigte einen Unterhaltsbetrag, der **weit über das übliche Maß hinaus** geht, wird sein Unterhaltsanspruch betreffend Trennungsunterhalt oder nachehelichem Unterhalt nicht nach einer Quote des zur Verfügung stehenden Einkommens berechnet, sondern auf der Basis **konkreter Bedarfsberechnung**.

Im Familienunterhalt, also im Rahmen gemeinsamer Eheführung tritt **an die Stelle eines Unterhaltsverlangens die Vereinbarung** über den einzusetzenden Familienunterhalt.

Bei entsprechenden Einkünften könnte eine Vereinbarung wie folgt vorgenommen werden:[325]

▼

Muster 3.22: Familienunterhalt auf hohem Niveau

Herr 3.22

und

Frau

schließen die folgende Vereinbarung und erklären vorab:

1. Wir sind miteinander verlobt und werden am in die Ehe miteinander schließen.

Ich, Herr , verfüge über ganz erhebliche Einkünfte aus unternehmerischer Tätigkeit. Wir vereinbaren deshalb einen angemessenen Verbrauch im Rahmen des Familienunterhalts wie folgt:

2. Wir vereinbaren einen monatlichen durchschnittlichen Verbrauch im Rahmen des Familienunterhalts gemäß der beigefügten Liste in Höhe von aktuell 15.940 EUR.

3. Frau wird im Rahmen der Führung des Haushalts im Wesentlichen für den Verbrauch des Familienunterhalts Sorge tragen. Eine monatliche Überschreitung des derzeit festgelegten Betrages von 15.940 EUR für Familienunterhalt in Höhe von mehr als 30 % ist zwischen den Eheleuten abzusprechen.

(Unterschriften der Beteiligten)

▲

324 Stand 1.1.2023.
325 Nach *Horndasch*, AnwaltFormulare Ehegattenunterhaltsrecht § 3 Rn 112.

301 Die dort **beigefügte Liste** könnte folgendes Bild haben:

Art		**Euro**	**Bemerk.**
Wohnbedarf		2.000	
Strom	150		
Gas/Heizung	200		
Abfall	50		
Abwasser	100		
Wasser	50		
GEZ	50		
Telekom	80		
Kabel	50	730	
Allg. Lebensbedarf		4.000	
Zeitung/Bücher		200	
Handy		200	
Sport		300	
Friseur/Kosmetik		300	
Bekleidung		3.000	
Urlaub		1.500	
Kultur/Theater		200	
Restaurant/Einladungen		500	
Kfz		1.500	
Tanken		300	
Putzhilfe		400	
Gärtner		200	
Fensterputzer (40 Fenster)		80	
Haus-/Gebäudevers.		30	
Hausratversicherung		30	
Haftpflichtversicherung		20	
Lebensversicherung I	100		
Lebensversicherung II	200		
Lebensversicherung III	150	450	
Summe		**15.940 EUR**	

302 Alternativ könnte eine Luxusvereinbarung **mit „offenem Ende nach oben"** wie folgt lauten:

▼

Muster 3.23: Luxusvereinbarung zum Familienunterhalt

Herr 3.23

und

Frau

vereinbaren Folgendes und erklären vorab:

1. Wir werden am in die Ehe miteinander schließen.

Frau wird nach Eheschließung ihre Erwerbstätigkeit aufgeben, um Herrn den Haushalt zu führen, um ihn wegen seiner zeitlich und persönlich anstrengenden unternehmerischen Tätigkeit zu entlasten.

Im Hinblick darauf, dass Frau 30 Jahre jünger ist als Herr , soll Frau ermöglicht werden, auch weiterhin außerhäusliche Aktivitäten zu entwickeln und ihre Persönlichkeit zu entfalten.

2. Wir vereinbaren daher, dass Frau den Familienunterhalt mit Hilfe der Vollmacht über das private Bankkonto Nr. bei der -Bank von Herrn bestreitet. Ausdrücklich werden der Höhe nach keine Begrenzungen vereinbart. Frau kann über das Konto mit Hilfe der einzurichtenden Platin-Card der Bank frei verfügen.

(Unterschriften der Beteiligten)

▲

Inwieweit solche Luxus-Vereinbarungen die **Grenzen der Sittenwidrigkeit** überschreiten, wenn aus der Vereinbarung hervorgeht, dass die Gegenleistung in der Verpflichtung sexueller Gegenleistungen besteht, bleibt der Klärung im Einzelfall vorbehalten.

Sind die Partner, wie hier, miteinander verheiratet, kann **Sittenwidrigkeit grundsätzlich nicht** angenommen werden. Es handelt sich dann um unverbindliche „Zusagen", die jederzeit zurückgenommen werden könnten, ohne dass daraus Schadenersatzansprüche des anderen Ehegatten herzuleiten wären, etwa wegen der Inanspruchnahme entsprechender Dienste Dritter.

4. Vereinbarung zum Unterhalt für voreheliche Kinder

Unterhaltsverpflichtungen bestehen nur im Hinblick auf eigene Kinder. Gegenüber Stiefkindern[326] und bedürftigen Verwandten des anderen Ehegatten[327] besteht keine rechtliche Verpflichtung zur Gewährung von Unterhalt nach § 1360a BGB. 303

Dem ein Stiefkind betreuenden Ehepartner steht allerdings das Recht zu, seinen eigenen Beitrag zum Familienunterhalt unter Berücksichtigung seiner Unterhaltsverpflichtung gegenüber diesem Kind zu kürzen.

326 Zur Berücksichtigung im Rahmen der Pfändungsfreigrenzen vgl. LG Mosbach FamRZ 2012, 1664.

327 Grüneberg/*von Pückler*, § 1360a Rn 2.

Eine Vereinbarung in diesem Zusammenhang kann wie folgt aussehen:

304 ▼

Muster 3.24: Vereinbarung zum Unterhalt für voreheliche Kinder

Herr

und

Frau

schließen folgende Vereinbarung:

Wir sind uns über Folgendes einig:

(1) Der minderjährige nichtehelich geborene Sohn der Ehefrau, , geb. am , wird in unserem gemeinsamen Haushalt leben (bei normalem Verlauf bis zum Beginn eines Studiums oder der Beendigung einer Lehre).

(2) Die minderjährige Tochter des Ehemannes aus erster Ehe, , geb. am , wird in unserem gemeinsamen Haushalt leben (bei normalem Verlauf bis zum Beginn eines Studiums oder der Beendigung einer Lehre).

(3) Die Ehefrau wird der bisher ausgeübten Berufstätigkeit – wie mit ihrem Arbeitgeber bereits abgestimmt – auch nach unserer Heirat, jedoch von einer Dreiviertelstelle reduziert auf eine Halbtagsbeschäftigung nachgehen (vorbehaltlich einer wesentlichen Veränderung der Verhältnisse wie Hinzutreten von Kindern, Pflegebedürftigkeit eines Kindes durch Krankheit oder Unfall etc.). Sie wird sich darüber hinaus weitgehend und verantwortlich um die Haushaltsführung und um die nachmittägliche Betreuung der beiden unter Ziffer (1) und (2) bezeichneten Kinder kümmern.

(4) Der Ehemann wird im Rahmen des gemeinsamen Haushalts der Partner mit ihren (nicht gemeinsamen und eventuell hinzukommenden gemeinsamen) Kindern die ihm wirtschaftlich möglichen und erforderlichen Mittel zum Unterhalt zur Verfügung stellen.

(5) Ansprüche der Kinder werden mit dieser Abrede der Ehepartner nicht begründet.

(Unterschriften der Beteiligten)

▲

5. Steuerliche Regelungen

305 Es steht den Eheleuten frei, über die **Wahl von Steuerklassen** und/oder die Wahl der Veranlagung als **Zusammenveranlagung oder getrennte Veranlagung** die Höhe ihrer konkreten Einkünfte zu beeinflussen.

306 Bei der **Wahl der Steuerklassen** kann es z.B. bei beiderseitigem Arbeitslohn darum gehen, dass Eheleute den Lohnsteuerabzug als Vorauszahlung auf die Einkommensteuerschuld dadurch mindern wollen, dass sie nicht Beide in die Steuerklasse IV, sondern in Steuerklasse III (der Besserverdienende) und Steuerklasse V (der Geringerverdienende) eingeordnet werden.

307 Die Wahl der Steuerklassen IV/IV führt bei unterschiedlich hohen Einkünften in der Regel zu **Überzahlungen**. Die Lohnsteuertabellen nach Klassen III/V führen bei einem Einkommensverhältnis 60 : 40 zu annähernd zutreffenden Zahlungen. Eine höhere Differenz führt ebenfalls zu mutmaßlichen Überzahlungen, jedoch in geringerem Umfang als bei anderer Steuerklassenwahl.[328]

328 Vgl. Schmidt/*Krüger*, § 39 EStG Rn 7.

▼ 308

Muster 3.25: Steuerklassenwahl[329]

Herr

und

Frau

schließen folgende Vereinbarung:

Wir sind uns darüber einig, bei der Gemeinde eine Änderung der Eintragungen auf unseren Lohnsteuerkarten zum nächstmöglichen Zeitpunkt zu beantragen, wonach der Ehemann in die Steuerklasse V, die Ehefrau demzufolge in die Steuerklasse III eingereiht wird. Bei einer wesentlichen Änderung der Verhältnisse, insbesondere einer deutlichen Verringerung des Einkommensunterschiedes, ist ggf. wieder die Einreichung in Steuerklasse IV/IV zu beantragen. Eine sich aufgrund der Steuerklassenwahl ergebende Nachzahlung hat in jedem Fall die Ehefrau zu tragen.

Das Faktorverfahren gemäß § 39f EStG wählen wir derzeit nicht. Auf jederzeit mögliches Verlangen eines von uns werden wir jedoch einen Antrag hierauf stellen.

(Unterschriften der Beteiligten)

▲

Ehegatten, die unbeschränkt einkommensteuerpflichtig sind, können gemeinsam wählen, ob sie die **getrennte oder die gemeinsame Veranlagung** vornehmen, § 26 Abs. 1 S. 1 EStG. Für die getrennte Veranlagung genügt allerdings nach § 26 Abs. 2 S. 1 EStG die Wahl durch einen Ehegatten. 309

Jeder Ehegatte ist aber nach § 1353 Abs. 1 S. 2 BGB verpflichtet, bei der **Zusammenveranlagung mitzuwirken**, wenn der Ehegatte, der diese Veranlagungsart wünscht, den anderen Ehegatten von den im ggf. daraus erwachsenen finanziellen Nachteilen freistellt.[330]

Die Auszahlung des etwaigen Erstattungsbetrages hat durch das Finanzamt grundsätzlich im Verhältnis der geleisteten Zahlungen zu erfolgen, § 37 Abs. 2 AO. Die Zahlung an einen Ehegatten wirkt jedoch für und gegen beide Ehegatten, § 36 Abs. 4 S. 3 EStG.

Eine Vereinbarung über die Zusammenveranlagung und damit ebenfalls über die Höhe des Familienunterhalts wäre beispielsweise wie folgt möglich:

▼ 310

Muster 3.26: Zusammenveranlagung

Herr

und

Frau

schließen folgende Vereinbarung:

Die Ehepartner sind sich einig, ab dem laufenden Veranlagungszeitraum Zusammenveranlagung (§ 26b EStG) zu wählen. Da dem Ehemann infolge seines geringeren zu versteuernden Einkommens hieraus eine Mehrbelastung (gegenüber seiner eigenen fiktiven steuerlichen Belastung bei getrennter Veranlagung) erwächst, verpflichtet sich die Ehefrau, dem Ehemann diese Mehrbelastung (Einkommensteuer, Solidaritätszuschlag und Kirchensteuer) zu erstatten.

Darüber hinaus verpflichtet sich die Ehefrau, die Hälfte des ihr nach Zahlung gemäß Satz 2 verbleibenden Steuervorteils (gegenüber ihrer eigenen fiktiven steuerlichen Belastung bei getrennter Veranlagung) als Sondertilgung auf das Bauspardarlehen Nr. des Ehemannes bei der

329 BeckFormB FamR/*Kössinger*, D.III.1.

330 BGH FamRZ 2010, 269; OLG Köln FamRZ 1993, 806; ausführlich dazu Grüneberg/*Siede*, § 1353 Rn 12 ff.

einzuzahlen. Diese Zahlung erfolgt als ehebezogene Leistung zur Verwirklichung der Lebensgemeinschaft und zusätzlichen Stärkung der eigenen Einkünfte und Altersversorgung des Ehemannes. Eine Rückforderung, gleich aus welchem Rechtsgrund, auch im Falle der Scheidung, ist ausgeschlossen.

(Unterschriften der Beteiligten)

▲

C. Trennungsunterhalt, § 1361 BGB

I. Grundlagen

1. Der zeitlich begrenzte Zwang zum Getrenntleben

311 Kommen Eheleute zu der Erkenntnis, dass ihre Ehe gescheitert ist und sie geschieden werden wollen, können sie **nicht unmittelbar die Scheidung einreichen**. Zwar kann eine Ehe geschieden werden, wenn sie gescheitert ist (§ 1565 Abs. 1 S. 1 BGB). Gleichwohl müssen die Ehegatten **mindestens noch ein Jahr** voneinander getrennt leben, um geschieden zu werden. Eine Ausnahme bildet lediglich die Situation, dass die Fortsetzung der Ehe für den Antragsteller aus Gründen, die in der Person des anderen Ehegatten liegen, eine unzumutbare Härte darstellen würde.

312 Diese Möglichkeit der unmittelbaren Scheidung nach dem Zusammenleben der Ehegatten ist nur in **extremen Ausnahmefällen** gegeben. Die Fortsetzung der Ehe muss für den antragstellenden Ehegatten aus Gründen, die in der Person des anderen Ehegatten liegen, eine **unzumutbare Härte** darstellen, § 1565 Abs. 2 BGB. Die Auslegung dessen, was „unzumutbar" ist, wird von der Rechtsprechung eher restriktiv gehandhabt. Jedes mit diesem Partner **„Weiter-verheiratet-Sein"** muss für den Antragsteller **unzumutbar** sein.[331]

313 Schwere laufende **Misshandlungen,**[332] **Morddrohungen,**[333] **die Aufnahme einer Tätigkeit als Prostituierte**[334] **sowie sexuelle Übergriffe gegenüber Kindern**[335] führen zur Annahme unzumutbarer Härte für den Antrag stellenden Ehegatten.

314 Wie eng die Rechtsprechung die Grenzen zieht, zeigt sich an einer Entscheidung des **OLG Braunschweig**, wonach auch der dringende Verdacht einer Vergewaltigung und sexuellen Nötigung der Ehefrau keine unzumutbare Härte begründet, wenn wegen räumlicher Entfernung mit Wiederholungen nicht zu rechnen sei.[336]

315 Wenn also eine Ehe nicht durch **Aufhebung** aufgelöst wird, z.B. bei Bigamie (§ 1306 BGB) oder Scheinehe (§ 1314 Abs. 2 Nr. 5 BGB), müssen Eheleute in den sonstigen Fällen **mindestens ein Jahr voneinander getrennt** leben, selbst wenn sie zu Beginn der Trennung durch entsprechende Erfahrungen und aufgrund von Gesprächen und Auseinandersetzungen während des Zusammenlebens genau wissen, dass ihre Ehe gescheitert ist.

331 BGH FamRZ 1981, 127, 129.
332 OLG Stuttgart FamRZ 2002, 239.
333 OLG Brandenburg FamRZ 2001, 1458.
334 OLG Bremen FamRZ 1996, 489.
335 OLG Brandenburg FamRZ 2010, 221.
336 OLG Braunschweig FamRZ 2000, 287.

Den Grund sieht der Gesetzgeber darin, dass **Eheleute verpflichtet sind, das Scheitern ihrer Ehe nachzuweisen**. Die mindestens einjährige Trennung soll diesen Nachweis ersetzen.[337] 316

Es ist zumindest zu fragen, warum ein Ehepaar, das während der Zeit seines Zusammenlebens feststellt, dass es keine ehelichen Gefühle mehr füreinander hat und sich über die Folgen einer Trennung und Scheidung einig ist, gezwungen sein soll, noch ein Jahr zu warten. 317

Der Gesetzgeber ist in seiner **Begründung widersprüchlich**. Auf der einen Seite wird erklärt, nach bestimmter Zeit der Trennung werde das Scheitern der Ehe unwiderlegbar vermutet und hinzugefügt: „Der Richter ist nicht in der Lage, den Grad des Auseinanderlebens treffender zu beurteilen als die Eheleute selbst, wenn sie in der Einschätzung ihrer Situation übereinstimmen."[338] Auf der anderen Seite erklärt der Gesetzgeber, es sei „nicht mit der Freiheit der richterlichen Entscheidung zu vereinbaren, wenn ein Richter gezwungen ist, eine Ehe aufgrund bloßen Zeitablaufs und der übereinstimmenden Erklärung der Ehegatten aufzulösen, obwohl er erkennen könne, dass noch begründete Aussicht auf Versöhnung der Ehegatten bestünde."[339] Entweder ist der Richter nicht in der Lage, den Grad des Auseinanderlebens treffender zu beurteilen als die Eheleute selbst oder aber einem Richter wird die Möglichkeit gegeben, die Ehe eben nicht auf der Grundlage übereinstimmender Erklärungen der Ehegatten aufzulösen. 318

Es ist sicher mit der **Freiheit der richterlichen Entscheidung zu vereinbaren**, wenn ein Gericht dem übereinstimmenden Willen beider Beteiligter genügt. Der Grundsatz der zwingenden Folge aus übereinstimmenden Erklärungen aller Beteiligten ist Grundlage des gesamten Rechtssystems. Er ist auch Grundlage jeder Beendigung eines gerichtlichen Verfahrens durch Vereinbarung der Beteiligten. Außerhalb der Grenzen der Sittenwidrigkeit nach §§ 143, 138 BGB gibt es keine Freiheit der richterlichen Entscheidung etwa darüber, ob er den gefundenen Vergleich zwischen den Beteiligten für angemessen hält. 319

Im Gegenteil: Es ist die Frage möglich, ob die Einschränkung der Möglichkeit, eine Scheidung durchzuführen, für die Betroffenen nicht gegen die **Grundrechte aus Art. 2 GG** verstößt. Schließlich müssen Einschränkungen der Grundrechte einen sachlichen Grund haben. Hier ist zu fragen, welches der sachliche Grund für die Einschränkung ist. Die Antwort kann nicht sein: Um noch einmal zu überlegen, ob die Ehe wirklich gescheitert ist oder, wie es in der Begründung des Gesetzgebers heißt:

> *Die Trennung ist erforderlich, um übereilte Scheidungen, insbesondere jüngerer Eheleute, zu verhindern.*[340]

Auch und „insbesondere jüngeren Eheleuten" wird das Recht zugebilligt die Ehe zu schließen, ohne entsprechend einem Trennungsjahr nach Beendigung des Zusammenlebens ein **Probejahr vor dem ehelichen Zusammenleben** zu absolvieren. Es ist zu fragen, ob es sich nicht um eine gegen Grundrechte verstoßende Bevormundung handelt, wenn außerhalb extremer Härtegründe Eheleute regelmäßig gezwungen werden, mindestens ein Jahr voneinander getrennt zu leben. 320

Vor Inkrafttreten des ersten Gesetzes zur Reform des Ehe- und Familienrechts wurde zu Recht moniert, dass dem Familienrecht die **einverständliche Scheidung unbekannt** war. Im gegenseitigen Einvernehmen konnten die Ehegatten die gerichtliche Auflösung ihrer Ehe nur dadurch erreichen, dass sie sich über die vorzutragenden Eheverfehlungen absprechen und dem Gericht einen – geradezu regelmäßig fingierten – Auszug auf ihrem Eheleben vortragen (**Konventionalscheidung**). 321

Diese **fingierten Absprachen** für eine Konventionalscheidung sind zwischenzeitlich durch eine **andere Fiktion** ersetzt worden: Eheleute sprechen häufig miteinander ab, seit wann sie denn voneinander ge- 322

337 So die Begründung des Gesetzgebers in BT-Drucks 7/4361 S. 11.
338 BT-Drucks 7/4361 S. 11.
339 Begründung in BT-Drucks 7/4361 S. 12.
340 BT-Drucks 7/4361 S. 11.

trennt leben, damit sie die Voraussetzungen zur Scheidung erfüllen. Da das Zusammenleben auch innerhalb der ehelichen Wohnung möglich ist, ist nicht einmal von entscheidender Bedeutung, seit wann die Ehegatten getrennte Wohnorte aufweisen.

Bis de lege ferenda eine rechtliche Änderung eintritt, ist allerdings das Ziehen enger Grenzen für eine sofortige Scheidung aufgrund unzumutbarer Härte zu hinterfragen. Die Möglichkeit einer solchen „Scheidung ohne Wartezimmer" sollte auch dann möglich sein, wenn beide Eheleute sich scheiden lassen wollen, ggf. in Abneigung zueinander leben und weiteres Zuwarten mutmaßlich zu Streit und Auseinandersetzungen führt. Sind solche Streitigkeiten über die Folgen von Trennung und Scheidung bereits rechtshängig, ist dies ein deutliches Zeichen für die Unzumutbarkeit weiteren „Verheiratetseins".

Vielen Fällen von gerichtlichen „Rosenkriegen" würde durch eine Scheidung der giftige Nährboden gemeinsam aufrecht zu erhaltener Ehe entzogen.

323 Solange die gesetzliche Situation unverändert bleibt, wird es in praktisch allen Fällen einer – künftigen – Scheidung der Ehe zu einer längeren Phase der Trennung kommen, für die Regeln gelten, die auf die Möglichkeit der Wiederaufnahme der Ehe zugeschnitten sind. Die Rechtsfolgen der Trennung dürfen nicht vertiefend wirken. Das Eheband darf nicht zerschnitten werden. Diese Grundsätze bestimmen auch die Regelungen zum Trennungsunterhalt.

2. Abgrenzung Familien-, Trennungs- und Geschiedenenunterhalt

324 Mit Trennung der Eheleute tritt die Verpflichtung zur Zahlung von **Trennungsunterhalt an die Stelle des Familienunterhalts**. Trennungsunterhalt ist ebenso wenig identisch mit Familienunterhalt wie schließlich nachehelicher Unterhalt mit Trennungsunterhalt identisch ist. Letzteres betrifft ebenso die Voraussetzungen wie die Höhe des Unterhalts, die Laufzeit des Anspruchs ebenso wie die Abänderbarkeit von Entscheidungen.

Trennungsunterhalt und nachehelicher Unterhalt weisen allerdings **wesentliche Unterschiede** auf. Nur soweit die nachstehenden Besonderheiten beachtet werden, kann die Unterhaltsbemessung für Trennungsunterhalt und nachehelichen Unterhalt **nach einheitlichen Grundsätzen** vorgenommen werden:

325
- Während des Trennungszeitraums gewährt der Gesetzgeber eine **umfassende Bedürfnissicherung** entsprechend den ehelichen Lebensverhältnissen. Der Trennungsunterhaltsanspruch ist anders als der nacheheliche Unterhalt nicht in bestimmte Unterhaltstatbestände aufgespalten und auch nicht von den – bedeutsamen – Einsatzzeitpunkten abhängig.
- Der bedürftige Ehegatte nimmt während der Trennung grundsätzlich an **Veränderungen** der ehelichen Lebensverhältnisse teil. Eine Begrenzung oder Befristung des Bedarfs nach § 1578b BGB ist nicht vorgesehen.

326
- **Altersvorsorgeunterhalt** entsteht nicht schon mit der Trennung, sondern erst mit der Rechtshängigkeit des Scheidungsverfahrens, § 1361 Abs. 1 S. 2 BGB. Dies folgt aus dem Ehezeitende beim Versorgungsausgleich gem. § 3 Abs. 1 VersAusglG.
- Trennungsunterhaltsansprüche sollen nicht zu einer Zerschlagung der wirtschaftlichen Grundlagen der Ehe und zu einer **Verfestigung der Trennung** führen.

327 *Hinweis*

Die Erwerbsobliegenheit des bedürftigen, getrenntlebenden Ehegatten ist weniger streng ausgeprägt als nach endgültigem Scheitern oder nach Scheidung der Ehe.[341]

341 1 Jahr nach Trennung: OLG Bremen NJW-FER 2000, 74; OLG Koblenz NJW 2003, 1816; OLG Hamm FamRZ 2004, 1208 m.w.N.

- Weniger streng sind auch die Anforderungen an die Verwertung des **Vermögensstamms** oder beim Ansatz von Wohnvorteilen. 328
- Weniger streng ist auch die Beurteilung der **Erwerbsobliegenheit** bei Kindesbetreuung.[342]
- Der in Trennung lebende verpflichtete Ehegatte kann sich nur unter erschwerten Voraussetzungen auf **fehlende Leistungsfähigkeit** berufen.
- Auf Trennungsunterhalt kann nur unter engen Voraussetzungen **verzichtet** werden (§§ 1361 Abs. 4 S. 4, 1360a Abs. 3, 1614 BGB).[343]
- Der getrenntlebende, nicht jedoch der geschiedene Ehegatte kann **Verfahrenskostenvorschuss vom Ehegatten** verlangen, §§ 1361 Abs. 4 S. 4, 1360a Abs. 4 BGB.[344]
- Die **Betreuung nicht aus der Ehe stammender Kinder** kann beim Trennungsunterhalt eine Erwerbsobliegenheit ausschließen und Unterhaltsansprüche begründen.
- Der Trennungsunterhalt kann **nicht** im Scheidungsverbund anhängig gemacht werden, §§ 137 FamFG, 623 ff. ZPO.[345] Folgesachen stehen im Eventualverhältnis zur Ehescheidung, sind nur hilfsweise für den Fall der Ehescheidung gestellt.[346]
- Trennungsunterhalt und Familienunterhalt sind nicht identisch.[347] Deshalb löst ein Verzug mit Familienunterhalt keinen Verzug mit Trennungsunterhalt aus. Die Inverzugsetzung ist separat erforderlich.[348]

Hinweis 329

Der berechtigte Ehegatte hat häufig **kein Interesse an einer beschleunigten Scheidung**. Er kann während des Trennungsunterhaltszeitraums Ehegattenunterhaltsansprüche regelmäßig sowohl dem Grunde als auch der Höhe nach unter erleichterten Voraussetzungen geltend machen. Erst mit der Einleitung des Scheidungsverfahrens verliert er überdies die Teilhabe an der Altersversorgung (Versorgungsausgleich) sowie am Vermögen (Zugewinnausgleich) des Verpflichteten.

Der **berechtigte Ehegatte** lässt nicht selten zur Vermeidung der Rechtskraft des Scheidungsbeschlusses **Beschwerde** einlegen, um für den Zeitraum des Beschwerdeverfahrens den Trennungsunterhaltsanspruch aufrecht zu erhalten. 330

Dagegen hat **der Verpflichtete** ein Interesse daran, den Scheidungsantrag möglichst kurzfristig einzureichen, um z.B. den Anspruchszeitraum wegen Trennungsunterhalt abzukürzen.

Hinweis 331

Der beratende Anwalt muss beachten, dass die Unterhaltsansprüche für Trennungs- und nachehelichen Unterhalt nicht identisch sind und eine gesonderte Geltendmachung und Titulierung entsprechender Ansprüche notwendig ist.

342 BGH NJW 1981, 449.

343 Während eine **Unterschreitung** des Trennungsunterhalts von **20 %** noch für zulässig gehalten wird, OLG Düsseldorf FamRZ 2001, 1148, hält das OLG Hamm eine Unterschreitung von 1/3 **für nicht mehr zulässig**, vgl. OLG Hamm OLGR 2000, 70; vgl. dazu *Horndasch*, Rn 106.

344 Der Antrag ist bis zur Beendigung der ersten Instanz zu stellen und kann später weiterverfolgt werden, OLG Karlsruhe FamRZ 2000, 431.

345 Horndasch/Viefhues/*Roßmann*, § 137 Rn 17.

346 Keidel/*Weber*, § 137 Rn 5.

347 OLG Düsseldorf FamRZ 1992, 943; OLG Hamm FamRZ 1999, 30.

348 BeckFormB FamR/*Hamm*, Form F. III. 1 (Anm. 2).

3. Entstehen des Anspruchs

a) Auflösung der häuslichen Gemeinschaft

332 Mit der Trennung werden die häusliche Gemeinschaft und die eheliche, familiäre **Gemeinsamkeit aufgelöst.**[349] Zumindest in der ersten Zeit der Trennung ist jedoch ungewiss, ob es bei der Trennung bleibt und sie in eine Scheidung der Eheleute mündet oder ob die eheliche Lebensgemeinschaft wieder aufgenommen wird.

Die Regelungen betreffend Trennungsunterhalt tragen daher der **Möglichkeit einer Versöhnung** Rechnung, die nicht erschwert werden darf. Der wirtschaftlich schwächere Ehepartner soll vor Verschlechterung seiner wirtschaftlichen und persönlichen Situation geschützt werden.[350] Eine Versagung bzw. Herabsetzung von Unterhaltsansprüchen ist folgerichtig nur ganz ausnahmsweise gemäß § 1361 Abs. 3 i.V.m. § 1579 Nr. 2 bis 8 BGB möglich.[351]

333 Diese Grundsituation rechtfertigt die **Aufrechterhaltung der früheren ehelichen Lebensverhältnisse**, namentlich die Aufteilung ggf. in Haushaltsführung und Erwerbstätigkeit.

Der Zweck des § 1361 BGB, der **Schutz der bestehenden Verhältnisse** tritt bei zunehmender Verfestigung der Trennung mehr und mehr in den Hintergrund. Dies hat zur Folge, dass sich der während der Ehe haushaltführende Ehegatte **nach Ablauf des ersten Trennungsjahres** um eine Erwerbstätigkeit bemühen muss. Die Verpflichtung nähert sich bei zunehmender Trennungsdauer den Obliegenheiten hinsichtlich nachehelicher Unterhaltsansprüche an.

334 Dies gilt bereits dann, wenn Eheleute auch innerhalb des ersten Trennungsjahres das **Scheitern der Ehe gemeinsam feststellen** und sonstige konkrete Einzelheiten (z.B. eheliche Vorgeschichte; einverständliche Regelung der Folgesachen von Trennung und Scheidung u.a.) die Scheidung selbst nur noch als eine Frage der Zeit erscheinen lassen.

335 *Praxistipp*

Bevollmächtigte des Unterhaltsberechtigten sollten eine vorschnelle Feststellung endgültigen Scheiterns der Ehe vermeiden.

336 Mit Trennung der Eheleute tritt an die Stelle des Familienunterhalts die **Zahlung einer Geldrente** zur Erfüllung eines etwaigen bestehenden Unterhaltsanspruchs, §§ 1361 Abs. 1 S. 1 und Abs. 4 S. 1 BGB.[352]

Ausnahmsweise, z.B. bei Trennung der Eheleute innerhalb der Ehewohnung, kann die **Unterhaltsleistung durch Zurverfügungstellung von Wohnraum**, erbracht werden, falls der Verpflichtete Alleinmieter der Wohnung ist und/oder die Miete insgesamt gesondert zahlt.

337 *Hinweis*

Die Unterhaltsberechnung bei Getrenntleben in gemeinsamer Mietwohnung ist häufig unrichtig.

338 Leben die Ehepartner **in der gemeinsamen Wohnung getrennt** (§ 1567 Abs. 1 S. 2 BGB), bildet die Mietzahlung z.B. durch den Unterhaltsverpflichteten bei Ermittlung seines bereinigten Nettoeinkommens **keinen Abzugsposten**. Beim Berechtigten kann sie ab Trennung nicht mehr als Naturalleistung angesetzt werden, da Unterhalt ab Trennung ausschließlich durch Geldrente zu erbringen ist (§ 1361 Abs. 4 S. 1 BGB).

349 Zum Trennungsunterhalt bei zuvor nur beabsichtigter Lebensgemeinschaft vgl. OLG Frankfurt/M. NZFam 2019, 881 mit Anm. *Lange* a.a.O.; OLG Frankfurt/M. FamRZ 2020, 95.

350 BGH FamRZ 1981, 439; FamRZ 1990, 283; OLG Köln FamRZ 1996, 1215.

351 Dazu *Kroll-Ludwigs* in Erman, BGB, § 1361 Rn 9.

352 Der Unterhaltsanspruch kann im Falle der Nichtgeltendmachung auch nach sehr langer Zeit nur ausnahmsweise verwirkt sein, AG Brakel FuR 2022, 262, Verwirkung nach 26 Jahren.

Die Mietzahlung ist **anteilig** entsprechend der Wohnungsaufteilung mit dem ermittelten Unterhalt **zu verrechnen**. Der Berechtigte erhält vom Unterhalt nur den **um den anteiligen Mietanteil gekürzten Betrag** ausbezahlt. Der Verpflichtete zahlt die gesamte Miete unmittelbar an den Vermieter.[353]

Beispiel 339

Eheleute leben getrennt in der gemeinsamen Mietwohnung; Miete 500 EUR; bereinigtes Einkommen Ehemann M 2.400 EUR; Ehefrau F arbeitet nicht und versorgt das 2-jährige Kind.

Lösung

Unterhaltspflicht M: 356 EUR Kindesunterhalt (gem. Einkommensgruppe 3 Düsseldorfer Tabelle) sowie 876 EUR Trennungsunterhalt, insgesamt 1.232 EUR. Davon sind 3/5 Mietkosten abzuziehen (je 2 Teile Erwachsene, 1 Teil Kind), also 300 EUR. M zahlt die Miete direkt und muss noch **632 EUR** Trennungsunterhalt zuzüglich 356 EUR Kindesunterhalt zahlen, also insgesamt **988 EUR**.

Fehler

Abzug der Miete vom Einkommen und anschließende Berechnung des Unterhalts; also: 2.400 EUR ./. 500 EUR Miete = 1.900 EUR; abzüglich 356 EUR Zahlbetrag für das Kind, ergibt 1.544 EUR und davon 3/7 Anteil macht einen Trennungsunterhalt aus in Höhe von **662 EUR**, insgesamt also **1.018 EUR**.

Der Anspruch auf Trennungsunterhalt besteht unabhängig vom vorgegebenen Güterstand, also auch im Falle einer **Gütergemeinschaft** der Eheleute. 340

Allerdings besteht dann kein Anspruch auf Zahlung einer Geldrente, sondern ein Anspruch auf **Mitwirkung des Verpflichteten**, den angemessenen Unterhalt aus dem Gesamtgut zu befriedigen. Er muss an Maßnahmen mitwirken, die zur ordnungsgemäßen Verwendung des Gesamtguts für den Unterhalt erforderlich sind, § 1420 BGB.[354]

Lässt sich der Anspruch ausnahmsweise konkret errechnen, kann sich ein gerichtlicher Antrag unmittelbar auf Zahlung von Geld richten. In den sonstigen Fällen erfolgt die **Vollstreckung gemäß § 888 ZPO**.[355]

b) Auskunftsbegehren und Verzug des Unterhaltsschuldners

Neben den tatbestandlichen Voraussetzungen zur Zahlung von Trennungsunterhalt muss der **Unterhaltsgläubiger dazu auffordern**, Trennungsunterhalt zu zahlen.[356] Erst ab dem ersten desjenigen Monats, in welchem dem Verpflichteten die **Aufforderung** zur Zahlung zugeht, ist er zur Befriedigung der Unterhaltsansprüche verpflichtet. Wer den anderen nicht zur Zahlung auffordert, gibt damit zu erkennen, dass er der Unterhaltszahlung nicht bedarf. 341

Weder ist man zur Zahlung von nachehelichen Unterhaltsansprüchen, noch zur Zahlung von Familienunterhalt oder eben auch zur Zahlung von Trennungsunterhalt verpflichtet, wenn sich nicht durch 342

- **Rechtshängigkeit** eines darauf bezogenen Antrags,
- durch **Verzug** oder
- durch Zugang eines **Auskunftsbegehren**s zum Zwecke der Geltendmachung eines Unterhaltsanspruchs zu einem bestimmten Zeitpunkt eine Unterhaltsschuld ergibt.

Rückstände sind daher ausschließlich ab Rechtshängigkeit, ab Verzug und ab Auskunftsbegehren zum Zwecke der Geltendmachung eines Unterhaltsanspruchs auszugleichen (§ 1316 Abs. 1 BGB). Wegen der gesetzlichen Sonderregelung des § 1613 BGB tritt Verzug nicht generell nach § 286 Abs. 2 Nr. 1 BGB mit **Kalenderfälligkeit** ein, weil der Unterhalt gem. § 1361 Abs. 4 S. 2 BGB monatlich im Voraus zu zahlen ist. 343

353 OLG Koblenz FamRZ 2020, 97.
354 Vgl. OLG Zweibrücken FamRZ 1998, 239.
355 OLG Düsseldorf FamRZ 1999, 1348.
356 OLG Dresden NZFam 2020, 86.

344 § 1613 Abs. 1 S. 1 BGB erfordert lediglich die **Auskunft zum Einkommen und/oder Vermögen zum Zwecke der Geltendmachung von Unterhalt** als Voraussetzung dafür, dass Rückstände vom ersten desjenigen Monats gezahlt werden, in welchem dem Unterhaltsgläubiger die Aufforderung zugegangen ist.

345 Eine **Aufforderung zur Auskunft und zur Zahlung von Trennungsunterhalt**, die den Verzug ab dem Monatsersten auslöst, in welchem dem Unterhaltsschuldner das Schreiben des Bevollmächtigten des Unterhaltsgläubigers zugegangen ist, könnte wie folgt formuliert sein:[357]

346 ▼

Muster 3.27: Aufforderung zur Auskunft und zur Zahlung von Trennungsunterhalt

3.27 Sehr geehrter Herr ,

wir erlauben uns anzuzeigen, dass uns Ihre Ehefrau mit ihrer Vertretung beauftragt hat. Unsere Mandantin hat uns mitgeteilt, dass es seit längerer Zeit erhebliche Probleme in Ihrer Ehe gibt, weshalb sich unsere Mandantin entschlossen hat, ab sofort von Ihnen getrennt zu leben. Unsere Mandantin wird in Kürze aus der gemeinsamen Wohnung ausziehen. Sie ist derzeit mit der Wohnungssuche befasst.

Wir sind beauftragt, den Unterhaltsanspruch unserer Mandantin für die Zeit der Trennung gegen Sie geltend zu machen. Wie Sie wissen, verfügt unsere Mandantin weder über eigenes Einkommen, noch über Vermögen. Unsere Mandantin ist auch jedenfalls derzeit noch nicht verpflichtet, eine Erwerbstätigkeit aufzunehmen. Eine derartige Verpflichtung ergibt sich erst, wenn seit der Trennung ein Jahr vergangen ist.

Die Höhe des Unterhaltsanspruches unserer Mandantin hängt von Ihrem Einkommen ab. Wir fordern Sie deshalb hiermit auf, Auskunft über Ihr gesamtes Einkommen in der Zeit von bis [beim Angestellten die letzten 12 Kalendermonate vor der Geltendmachung des Auskunftsanspruchs, beim Selbstständigen die letzten drei abgeschlossenen Jahre] zu erteilen. Sie sind ebenfalls verpflichtet, Ihr Einkommen zu belegen, und zwar hinsichtlich Ihrer Erwerbseinkünfte durch Vorlage sämtlicher Verdienstabrechnungen, die Sie in der genannten Zeit erhalten haben [beim Selbstständigen durch Vorlage der vollständigen Bilanzen und/oder Gewinn- und Verlustrechnungen, der vollständigen Einkommenssteuererklärungen sowie der Einkommenssteuerbescheide für die letzten drei Jahre]. Auch Steuererstattungen stellen Einkommen dar, so dass Sie eine im genannten Zeitraum erfolgte Steuererstattung anzugeben und durch Vorlage des Steuerbescheides zu belegen haben. Soweit Sie Einkünfte aus Vermögen erzielen (z.B. Zinsen, Dividenden, Mieteinnahmen usw.), müssen diese für den Zeitraum des letzten Kalenderjahres angegeben und belegt werden.

Wenn Sie Belastungen berücksichtigt wissen wollen, müssen auch diese von Ihnen aufgeführt und mit Belegen nachgewiesen werden.

Nach unseren Informationen verfügen Sie über ein monatliches Nettoeinkommen in Höhe von ca. . Der sich hieraus ergebende Unterhaltsanspruch unserer Mandantin ermittelt sich wie folgt:

Zum Zwecke der Inverzugsetzung haben wir Sie aufzufordern, vorläufig diesen Betrag und zwar für diesen Monat sofort und ab dem Folgemonat jeweils monatlich im Voraus zu bezahlen. Eine Neuberechnung des Unterhaltsanspruchs bleibt selbstverständlich für den Fall vorbehalten, dass die von Ihnen zu erteilende Auskunft ein anderes Einkommen als von uns zugrunde gelegt, ergibt. Rein vorsorglich weisen wir Sie darauf hin, dass Sie sich mit dem aus Ihrer Auskunft ergebenden Unterhaltsanspruch auch bereits ab Anfang dieses Monats in Verzug befinden.

357 Nach AnwaltFormulare-*Horndasch*, § 4 Rn 128.

Nachdem Sie zur Auskunftserteilung gesetzlich verpflichtet sind, gehen wir davon aus, dass Ihre Auskunft und die dazugehörenden Belege bei uns bis zum eingegangen sind. Unserer Mandantin ist grundsätzlich an einer einvernehmlichen Regelung der Unterhaltsfrage gelegen. Sollten Sie diese Frist jedoch nicht einhalten, werden wir unserer Mandantin raten, ihre Ansprüche gerichtlich regeln zu lassen.

Mit freundlichen Grüßen

Rechtsanwalt/Rechtsanwältin

▲

Die **Aufforderung** steht der Rechtshängigkeit des Unterhaltsanspruchs gleich. 347

Diese wird mit **förmlicher Zustellung des Antrages** bewirkt (§ 113 Abs. 1 FamFG, §§ 253 Abs. 1, 261 Abs. 1 ZPO).

Dabei ist ohne Bedeutung, ob der Unterhaltsanspruch bereits als Leistungsantrag der Höhe nach geltend gemacht wird oder ob bei einem Stufenantrag zunächst das Auskunftsbegehren mit einem unbezifferten Unterhaltsantrag verbunden wird.[358]

Dies gilt selbst dann, wenn der gestellte **Antrag zunächst unschlüssig** war.[359] Auch in dem – unschlüssigen – Antrag liegt eine Aufforderung zur Zahlung von Unterhalt, es sei denn, der Antrag ist so wirr, dass er als Aufforderung zur Auskunftserteilung und/oder Zahlung von Trennungsunterhalt nicht geeignet war.

Ein **Verfahrenskostenhilfegesuch** bewirkt zwar keine Rechtshängigkeit.[360] Gleichwohl entspricht die 348
Zusendung des Antrags jedoch einer Mahnung.[361] Unterhaltsrückstände können daher ab dem ersten desjenigen Monats verlangt werden, in welchem der Antrag zugesendet wurde.[362]

Ebenfalls einer Mahnung gleich steht die Übersendung eines **Antrags auf Erlass einer einstweiligen Anordnung**.[363]

4. Erlöschen des Anspruchs

Der **Trennungsunterhaltsanspruch besteht** bis zur Rechtskraft des Scheidungsbeschlusses und kann bis 349
zu diesem Zeitpunkt noch geltend gemacht werden.[364] Er **erlischt** mit der **Rechtskraft der Scheidung** oder alternativ bei Beendigung der Trennung durch **Versöhnung**.

Unter „Versöhnung" ist ein **neuerliches Zusammenleben** mindestens in eingeschränkter häuslicher Ge- 350
meinschaft zu verstehen. Auch wenn der aus der Ehewohnung ausgezogene Ehegatte seine neue Wohnung behält, sich aber mit dem Willen zur Wiederaufnahme der ehelichen Gemeinschaft überwiegend in der Ehewohnung aufhält, liegt ein **Versöhnungsversuch** vor. Die Beendigung der Trennung kann in diesen Fällen aber erst nach längerer Zeit des Zusammenlebens festgestellt werden.

Die Rechtsprechung ist insoweit uneinheitlich.[365] Man wird aber nach **3-monatigem Zusammenleben** von einer Aufhebung der Trennung ausgehen müssen. Wer allerdings **mit seiner gesamten Habe** in

358 BGH FamRZ 1990, 283, 285.
359 BGH FamRZ 1996, 1271.
360 BGH FamRZ 1990, 283.
361 BGH FamRZ 1990, 283, 285.
362 BGH FamRZ 2004, 1177.
363 BGH FamRZ 1983, 352, 354; BGH FamRZ 1995, 725.
364 Zum Trennungsunterhalt bei langjähriger Trennung vgl. FamRZ 2020, 97.
365 OLG Düsseldorf FamRZ 1995, 96: 3 Monate reichen nicht; a.A. OLG Hamm NJW-RR 1986, 554; ebenso OLG Saarbrücken FamRZ 2010, 469; OLG Köln FamRZ 1982, 1015: 4 Monate; OLG München FamRZ 1990, 885: 14 Tage reichen für eine Unterbrechung durch Versöhnung.

die Ehewohnung zurückkehrt, sich wieder ummeldet, das Telefon wieder anmeldet, den Scheidungsantrag und weitere Anträge zum Unterhalt zurücknimmt, unterbricht die Trennung durch Versöhnung.[366] Auf einen weiteren Zeitablauf kommt es dann nicht mehr an.[367]

351 Für die Frage des Zeitmoments spielt im Übrigen eine Rolle, wie lang die **Zeit des Getrenntlebens** bereits war. Je kürzer die Zeit des Getrenntlebens war, desto kürzer kann auch die Zeit der Versöhnung sein, um von einer Unterbrechung ausgehen zu können. Leben Ehegatten erst 3 Monate voneinander getrennt, wird man bereits nach der weiteren Hälfte dieser Zeit (**6 Wochen**) von einer Unterbrechung der Trennung ausgehen können.

5. Unterhaltsvereinbarungen

352 Einigen sich Eheleute über die Höhe des zu zahlenden Unterhalts, bedarf diese Vereinbarung **keiner besonderen Form**. Hierfür sind lediglich Angebot und Annahme erforderlich, §§ 145 ff. BGB.[368]

Soll die **Unterhaltsvereinbarung** – wie ein gerichtlicher Beschluss – **vollstreckbar** sein, bedarf sie allerdings einer **notariellen „Unterwerfungsklausel"** zur Zwangsvollstreckung in das Vermögen des Verpflichteten **(§ 800 ZPO)**.

353 *Hinweis*

Die Rechtsprechung neigt dazu, die Erklärungen der Beteiligten „restriktiv" auszulegen, im Zweifel also keine Vereinbarung anzunehmen.[369]

Beachte

Wer sich auf eine – ggf. mündlich geschlossene – Unterhaltsvereinbarung beruft, hat diese vollumfänglich zu beweisen.

a) Unterhaltsverzicht

354 Ein **unzulässiger Verzicht bzw. Teilverzicht** ist allerdings zu vermeiden. § 1614 BGB ist beim Trennungsunterhalt über §§ 1361 Abs. 4 S. 4, Abs. 3, 1360 a Abs. 3 BGB anwendbar, so dass auf Trennungsunterhalt **für die Zukunft nicht verzichtet** werden kann.[370]

Es ist daher darauf zu achten, dass es im Rahmen von Unterhaltsvergleichen nicht zum unzulässigen Teilverzicht kommt. Während eine **Unterschreitung** des Trennungsunterhalts von **20 %** noch für zulässig gehalten wird,[371] hält das OLG Hamm eine Unterschreitung von ⅓ **für nicht mehr zulässig**.[372]

355 Wenn auch ein **Verzicht auf die Zahlung von Trennungsunterhalt** nicht möglich ist, können sich die Parteien im Rahmen unterschiedlicher Auffassungen über die Höhe eines zu zahlenden Trennungsunterhalts selbstverständlich verständigen. **Steht jedoch die Höhe** des zu zahlenden Trennungsunterhalts **fest**, darf eine Einigung nach ständiger Rechtsprechung die Zahlung von ⅘ **des Betrages nicht unterschreiten**.[373]

Ein vollständiger **Verzicht für die Zukunft** scheitert an §§ 1361 Abs. 4 S. 3, 1360a Abs. 3, 1614 Abs. 1 BGB.[374]

366 So in dem vom OLG München entschiedenen Fall FamRZ 1990, 885.
367 A.A. Scholz/Kleffmann/Motzer/*Erdrich*, Teil E – 11.
368 OLG Brandenburg FamRZ 2002, 960.
369 Vgl. z.B. OLG Brandenburg FamRZ 2002, 960.
370 BGH FamRZ 1984, 997.
371 OLG Düsseldorf FamRZ 2001, 1148.
372 OLG Hamm OLGR 2000, 70; OLG Hamm FamRZ 2007, 732.
373 OLG Bremen FamRZ 2009, 1415.
374 Roßmann/*Viefhues*, Rn 370; Bergschneider/*Hamm*, F.III.5.3.

Selbst gegen **Abfindung** ist ein Verzicht nicht möglich.[375]

Soll Trennungsunterhalt nicht geltend gemacht werden, weil der Unterhaltsschuldner **gemeinsame Verbindlichkeiten** allein abträgt, liegt hierin nach Auffassung des **BGH** nicht unbedingt ein unwirksamer Verzicht.[376] 356

Hinweis 357

Möglich ist auch die vertragliche Vereinbarung einer **Konkretisierung des Zeitpunktes der Erwerbsobliegenheit** des Berechtigten im Sinne von § 1361 Abs. 2 BGB. Eine solche Vereinbarung kann mit einer zeitlichen Befristung und mit der Verpflichtung des Ehegatten zum Nachweis von Erwerbsbemühungen kombiniert werden.[377]

Insgesamt sind **folgende Verzichtsvereinbarungen unzulässig**: 358

- Verzicht auf Trennungsunterhalt auch bei – aktuell – **fehlender Bedürftigkeit**;
- Verzicht auf Trennungsunterhalt **wegen eigener Einkünfte** des Berechtigten, aber höheren Einkünften des anderen Ehegatten;
- Verzicht auf Trennungsunterhalt, weil der Berechtigte durch den anderen Ehegatten im Innenverhältnis von der **Erfüllung einer Verbindlichkeit** (z.B. Darlehen für die Ehewohnung) **freigestellt** wird;
- **Abfindung des Unterhaltsanspruchs für die Zukunft**; § 1614 Abs. 1 BGB gilt auch für den Fall eines entgeltlichen Verzichts. Vereinbaren die Beteiligten, dass zur Abgeltung aller Unterhaltsansprüche sowohl für die Trennungszeit als auch nach Scheidung der Ehe eine einmalige Abfindungssumme gezahlt wird, bleibt derjenige Teil der Vereinbarung unwirksam, der den Trennungsunterhalt betrifft. Das Recht zur Geltendmachung von Trennungsunterhaltsansprüchen ist auch dann gegeben, wenn die Abfindungssumme bereits bezahlt ist.[378]

Praxistipp 359

Der **Rückzahlungsanspruch** hinsichtlich bereits gezahlter Beträge sollte in diesen Fällen vertraglich festgehalten und evtl. abgesichert werden.[379]

- Verzicht auf Trennungsunterhalt **„für die Gegenwart"**, also für einen kürzeren Zeitraum z.B. eine evtl. nur kurze Zeit bis zur Rechtskraft der Scheidung 360
- **Erschwerung** der Möglichkeit, eine **Erhöhung des Unterhalts** nach §§ 238, 239 FamFG zu verlangen;
- Ausschluss der **gerichtlichen Geltendmachung** von Unterhalt;[380]
- Nicht unwesentliche **Stundung** des Trennungsunterhaltsanspruchs;[381]
- Verpflichtung, Trennungsunterhalt nicht geltend zu machen (**pactum de non petendo**).

b) Nichtgeltendmachung von Unterhalt

Zu unterscheiden ist gleichwohl der **Verzicht** von der **Nichtgeltendmachung**.[382] Die Nichtgeltendmachung kann – allerdings ausschließlich – dann vereinbart werden, wenn eine **nachvollziehbare Begründung** vorhanden ist, die in der Urkunde aber konkret aufzunehmen ist. **Es reicht nicht aus**, in einer Vereinbarung festzustellen, dass keine Unterhaltsbedürftigkeit besteht, da dies die spätere Geltendmachung von Unterhalt nicht verhindert mit der Begründung, Unterhaltsbedürftigkeit liege – jetzt – vor. 361

375 Johannsen/Henrich/*Graba*, § 1614 Rn 2.
376 BGH FamRZ 2005, 1236.
377 Göppinger/Börger/Kilger/*Pfeil*, S. 265.
378 *Kilger/Pfeil*, in Göppinger/Börger, 5. Teil Rn 136.
379 *Schwackenberg*, FPR 2001, 107.
380 OLG Karlsruhe FamRZ 1980, 1117.
381 BGH FamRZ 2009, 198, 203 mit Anm. *Bergschneider.*
382 *Grüneberg/von Pückler*, § 1361 Rn 71.

362 ▼

Muster 3.28: Nichtgeltendmachung von Unterhalt (1)[383]

3.28 Beide Ehegatten sind sich darüber einig, dass derzeit kein Anspruch auf Trennungsunterhalt besteht. Beide Ehegatten sind vollschichtig berufstätig. Nach Abzug berufsbedingter Aufwendungen beträgt das monatliche Nettoeinkommen des Ehemannes 2.100 EUR und das Einkommen der Ehefrau 1.200 EUR. Die monatliche Rate für das gemeinsame Darlehen bei der -Bank in Höhe von 500 EUR wird vom Ehemann getragen. Die Ehegatten sind sich insoweit darüber einig, dass kein Anspruch auf Gesamtschuldnerausgleich besteht. Die gemeinsame Eigentumswohnung wird seit der Trennung von der Ehefrau allein bewohnt. Hierdurch erspart sie sich Mietkosten für eine angemessene Ersatzwohnung von mindestens 350 EUR. Zwischen den Ehegatten besteht somit kein nennenswerter Einkommensunterschied.

▲

363 Die **Nichtgeltendmachung** geschieht häufig, weil entweder die **Leistungsunfähigkeit** des anderen Ehegatten feststeht oder aber deshalb, weil eine **„Gegenleistung"** erbracht wird.

364 *Praxistipp*

In der Vereinbarung der Beteiligten, dass ein Ehegatte den gemeinsamen Kredit abträgt und der andere Ehegatte im Gegenzug dafür keinen Ehegattenunterhalt geltend macht, liegt eine **anderweitige Bestimmung im Sinne des § 426 Abs. 1 S. 1 BGB**, die den Anspruch auf Gesamtschuldnerausgleich ausschließt.

365 ▼

Muster 3.29: Nichtgeltendmachung von Unterhalt (2)[384]

3.29 Beide Ehegatten sind sich darüber einig, dass derzeit kein Anspruch auf Trennungsunterhalt besteht. Beide Ehegatten sind vollschichtig berufstätig. Nach Abzug berufsbedingter Aufwendungen beträgt das monatliche Nettoeinkommen des Ehemannes 2.100 EUR und das Einkommen der Ehefrau 1.200 EUR. Die monatliche Rate für das gemeinsame Darlehen bei der X-Bank in Höhe von 500 EUR wird vom Ehemann getragen. Die Ehegatten sind sich insoweit darüber einig, dass kein Anspruch auf Gesamtschuldnerausgleich besteht. Die gemeinsame Eigentumswohnung wird seit der Trennung von der Ehefrau alleine bewohnt. Hierdurch erspart sie sich Mietkosten für eine angemessene Ersatzwohnung von mindestens 350 EUR. Zwischen den Ehegatten besteht somit derzeit kein nennenswerter Einkommensunterschied.

▲

366 Zu **warnen** ist allerdings vor Formulierungen, die **Freistellungen und Versprechen ohne jede Begründung** enthalten.[385]

367 **Häufig wird formuliert**:

> *„Für die Trennungszeit stellen wir uns gegenseitig von sämtlichen Ehegattenunterhaltsansprüchen frei. Dies betrifft auch etwaige Forderungen Dritter. Der Notar wies darauf hin, dass ein Verzicht auf die Geltendmachung von Trennungsunterhalt unwirksam ist. Die Erschienenen erklärten daraufhin: Wir möchten uns auch in Kenntnis dieser Rechtslage gegenseitig versprechen, uns auch von Ansprüchen Dritter freizuhalten."*

383 Göppinger/Börger/Kilger/*Pfeil*, Rn 155.

384 Beispiel von *Kilger/Pfeil* in: Göppinger/Börger, 5. Teil Rn 155.

385 Wendl/Dose/*Wönne*, Unterhaltsrecht, § 6 Rn 611.

Die Verpflichtung, **Trennungsunterhalt nicht geltend** zu machen (**pactum de non petendo**), stellt einen 368
unwirksamen Unterhaltsverzicht dar.[386] Zwar bleibt ein materiell-rechtlich bestehender gesetzlicher Anspruch durch diese Formulierung unberührt, weshalb die Beteiligten dadurch nicht auf die ihnen zustehenden gesetzlichen Ansprüche verzichten. Könnte jedoch ein Ehepartner eine **Einrede gegen die Geltendmachung** des Anspruchs erheben, käme dies – wirtschaftlich – einem Unterhaltsverzicht gleich. Damit wäre aber der Schutzbereich des § 1614 BGB betroffen. Eine Verpflichtung zur Nichtgeltendmachung von Ansprüchen auf Trennungsunterhalt wird man daher als **Umgehungsgeschäft** ansehen müssen.[387]

Auch eine **Vereinbarung über die Nichtgeltendmachung des Trennungsunterhalts** mit der **Sanktion**, 369
dass die vereinbarte Gegenleistung für die Nichtgeltendmachung entfällt, wenn dennoch der gesetzliche Trennungsunterhalt verlangt wird, dürfte gegen § 1614 BGB verstoßen.[388]

c) Zulässige Regelungen zum Trennungsunterhalt

Rechtswirksam ist jedoch eine Vereinbarung über abweichende **Fälligkeitszeitpunkte** oder über die **Art** 370
des zu erbringenden Trennungsunterhalts. Die Vereinbarung darf keine wesentliche Verkürzung oder einen Verzicht beinhalten.[389] Der Verpflichtete kann dem Berechtigten durch Vereinbarung beispielsweise einen **Pkw** zur Verfügung stellen,[390] ihm eine **Wohnung** überlassen[391] oder zahlt die **Miete** der von der Restfamilie bewohnten Ehewohnung.[392]

Auch eine solche Vereinbarung kann **formlos oder stillschweigend** getroffen werden.

Einigen sich Ehegatten im Rahmen eines zulässigen Bereiches sollte dies **schriftlich vereinbart** werden. 371
Die Rechtsprechung neigt zu **restriktiver Auslegung mündlicher Abreden**.

In der Unterhaltsvereinbarung sollte unbedingt der **Rechenweg** enthalten sein, um eine spätere Abänderung nicht zu verhindern. So kann z.B. vereinbart werden:

▼

Muster 3.30: Elementarunterhalt Trennung

Unterhaltsvereinbarung

zwischen

Herr

und

Frau

Wir haben am die Ehe miteinander geschlossen. Wir leben seit dem voneinander getrennt. Wir schließen folgende Unterhaltsvereinbarung für die Zeit der Trennung:

Herr verpflichtet sich, ab an Frau für die Zeit der Trennung einen bis zum 01. eines jeden Monats im Voraus fälligen Elementarunterhalt in Höhe von EUR zu bezahlen.

386 BGH FamRZ 2015, 2131; BGH FamRZ 2014, 629; Wendl/Dose/*Bömelburg*, § 4 Rn 85.
387 So zu Recht Göppinger/Börger/*Kilger/Pfeil*, 5. Teil Rn 141.
388 Streitig, vgl. Bergschneider/*Hamm*, F.III.5.3.
389 BGH FamRZ 1997, 486.
390 BGH FamRZ 1965, 125.
391 BGH NJW 1964, 765.
392 OLG Hamm FamRZ 1984, 790.

Bei dieser Vereinbarung gehen die Beteiligten von folgender Grundlage aus:

Frau … erzielt keine eigenen Einkünfte aus Erwerbstätigkeit. Herr … verfügt über monatsdurchschnittliche Nettoeinkünfte in Höhe von … EUR.

Sollte Frau … zukünftig über eigenes Einkommen aus Erwerbstätigkeit verfügen, ist der Unterhaltsanspruch von Frau … auf der Grundlage der heutigen Einigung neu zu berechnen.

Die Unterhaltsvereinbarung gilt bis … . Für die anschließende Zeit gelten die gesetzlichen Vorschriften.

… (Unterschriften der Beteiligten)

▲

Hinweis

Eine solche Einigung kann lediglich einen **vorläufigen Charakter** tragen.

372 Grundsätzlich müssen Beteiligte sich über **folgende Punkte** zusätzlich klar werden:

- Soll die **Unterhaltsvereinbarung** für den Fall der Versöhnung und späterer erneuter Trennung der Beteiligten **fortgelten**?
- Soll die Unterhaltsvereinbarung für die **Dauer** des 1. Trennungsjahres gelten, bis zur Rechtskraft einer Scheidung Gültigkeit haben oder darüber hinaus, also auch den nachehelichen Unterhalt erfassen? Letzteres führt zur Beachtung von **Formvorschriften**.
- Ist der Ehepartner bis zur Rechtskraft der Scheidung über den Unterhaltsverpflichteten krankenversichert oder muss **Krankenvorsorge** getroffen werden?
- Soll **Altersvorsorgeunterhalt** eingebunden werden, an dem der Unterhaltsberechtigte ab dem 01. des jeweiligen Monats, in welchem ein etwaiger Scheidungsantrag ihm zugestellt wird, nicht mehr partizipiert?
- Soll bereits eine Einigung hinsichtlich des begrenzten **Ehegattenrealsplitting** getroffen werden?

Eine Unterhaltsvereinbarung hat **je nach konkreter Situation** diese Punkte ggf. zu bedenken.

373 Insgesamt sind folgende Vereinbarungen zulässig:

Unterschreitung einer **Minderungsquote von maximal 20 %**; zwischen 20 % und ⅓ ist die Frage der Zulässigkeit nach den Umständen des Einzelfalls zu bestimmen; bei Unterschreitung von ⅓ und mehr ist die absolute Grenze verletzt; die Vereinbarung ist in diesen Fällen stets unzulässig.

- Konkretisierung des Zeitpunkts für den **Beginn der Erwerbsobliegenheit** unter Berücksichtigung ggf. der Zeitschranke des Alters von 3 Jahren eines Kindes gem. § 1570 BGB im Falle der Kindesbetreuung;
- Geringfügige Abweichung von der **Fälligkeitsregel** des § 1361 Abs. 4 S. 2 BGB;[393]
- Vereinbarung des Trennungsunterhalts **als Mindestunterhalt** des Inhalts, dass ein sich nach dem Gesetz evtl. höherer Anspruch unberührt bleibt;
- Verzicht auf **Unterhalt für die Vergangenheit**, soweit die Ansprüche nicht auf einen Dritten (z.B. Sozialleistungsträger) übergegangen sind.
- **Verzicht auf „quasi-nachehelichen" Unterhalt**, §§ 1933 S. 3, 1586b BGB. Der Verzicht empfiehlt sich, wenn Ehegatten im Rahmen einer Trennungs- und Scheidungsfolgenvereinbarung einen Erb- und Pflichtteilsverzicht erklären, um bereits während der Trennung die volle erbrechtliche Verfügungsfreiheit zu erlangen.

374 Ein **fehlgeschlagener Versöhnungsversuch** unterbricht die Trennung nicht. Eine Vereinbarung bleibt, wie auch sonstige Unterhaltstitel, wirksam.

393 LG Dortmund FamRZ 1992, 99, 102.

Anderes gilt bei **Aufhebung der Trennung** durch erfolgreiche Versöhnung. Eine Versöhnung ist anzunehmen, wenn die Beteiligten etwa **drei Monate** wieder zusammenleben.[394] Sonstige wieder aufgenommene Gemeinsamkeiten, etwa auch zeitweise Geschlechtsverkehr, unterbricht das Getrenntleben nicht.[395] Ein Titel über Trennungsunterhalt wird ebenso wie die (freiwillige) Vereinbarung unwirksam.

Praxistipp 375

Soll das **Erlöschen des Unterhaltstitels/der Vereinbarung verhindert** werden, müssen die Beteiligten ausdrücklich zuvor vereinbaren, dass die Vereinbarung für den Fall der Versöhnung und Wiederaufnahme der ehelichen Lebensgemeinschaft auch bei späterer Trennung gelten soll.

Soll verhindert werden, dass mit Rechtskraft der Scheidung ein unterhaltsrechtlich ungeklärter Zustand besteht, muss grundsätzlich entweder im Scheidungsverbund ein Antrag auf Zahlung nachehelichen Unterhalts gestellt sein oder aber es muss zum Zeitpunkt der Rechtskraft der Scheidung bereits eine – ggf. vollstreckbare – Vereinbarung vorliegen.

Wollen sich die Beteiligten in gleicher Weise wie zum Trennungsunterhalt auch zum nachehelichen Unterhalt einigen, müssen sie dies wegen der Nichtidentität von Trennungsunterhalt und Nachscheidungsunterhalt in die Vereinbarung aufnehmen.[396]

Die Weitergeltung für den nachehelichen Unterhalt kann wie folgt formuliert werden:[397]

▼ 376

Muster 3.31: Weitergeltung des Trennungsunterhalts als nachehelicher Unterhalt

Diese Regelung soll auch für den nachehelichen Unterhalt Bestand haben. Der nacheheliche Unterhalt ist erstmals fällig mit dem Tag der Rechtskraft des Ehescheidungsurteils, ohne dass es einer Mahnung bedarf. Mit diesem Tag endet der Trennungsunterhaltsanspruch.

▲

Hinweis 377

Nachehelichder Unterhalt wird mit Beginn des Tages der Rechtskraft geschuldet. Dies gilt auch dann, wenn etwa in mündlicher Scheidungsverhandlung zu späterer Zeit des Tages durch Verzichtserklärung die Rechtskraft herbeigeführt wird.[398]

Soll die Regelung nicht übernommen werden, sondern eine neue Regelung erarbeitet werden, können die Beteiligten den eventuellen Zeitdruck für eine Einigung dadurch nehmen, dass sie die Geltungsdauer bis zu einem abweichenden Titel herausschieben.

Die Formulierung kann wie folgt lauten:[399]

▼ 378

Muster 3.32: Geltungsdauer des Trennungsunterhalts

Besteht am Tag der Rechtskraft der Ehescheidung kein rechtskräftiger Titel auf nachehelichen Unterhalt, soll die Regelung bis zum Inkrafttreten einer anderweitigen Regelung zum nachehelichen Unterhalt gelten.

▲

d) Vorsorgeunterhalt wegen Krankheit und Pflege

Während Beteiligte miteinander verheiratet sind, bleibt grundsätzlich die **Mitversicherung der Ehegatten** erhalten. 379

394 OLG Saarbrücken FamRZ 2010, 469; Grüneberg/*Siede*, § 1567 Rn 8.
395 OLG Celle FamRZ 1996, 804; OLG Köln FamRZ 2002, 239.
396 BGH NJW 1987, 651; BGH NJW 1997, 2176.
397 Göppinger/Börger/*Kilger/Pfeil*, 5. Teil Rn 168.
398 BGH FamRZ 1981, 242; BGH FamRZ 1984, 256, 257.
399 Göppinger/Börger/*Kilger/Pfeil*, 5. Teil Rn 170.

Gleichwohl kann es sinnvoll sein, sich hinsichtlich des Vorsorgeunterhalts wegen Krankheit und Pflege **auch während der Trennungszeit zu einigen**.

380 In einer Vereinbarung ist dann **klarzustellen, ob und aus welchem Grund** ein Anspruch des unterhaltsberechtigten Ehegatten auf Vorsorgeunterhalt wegen Krankheit und Pflege besteht. Die Kosten sind konkret zu beziffern und gesondert auszuweisen.[400]

381 Scheidet der Unterhaltspflichtige jedoch aus der Versicherung im Hinblick auf das **Erlöschen der Familienversicherung** aus, sollte Vorsorge durch eine Vereinbarung getroffen werden.[401]

382 Wird die Zahlung von Vorsorgeunterhalt wegen Krankheit und Pflege vereinbart, ist es sinnvoll, **zwei Verpflichtungen** mit aufzunehmen:

- **Sicherung zweckentsprechender Verwendung**

Zur Sicherung tatsächlicher Verwendung des Vorsorgeunterhalts in zweckentsprechender Weise kann vereinbart werden, dem Berechtigen aufzuerlegen, dies dem Verpflichteten gegenüber durch **Vorlage von Belegen in entsprechenden zeitlichen Abständen**, z.B. alle sechs Monate, nachzuweisen. Alternativ kann zur Entlastung des Berechtigten, laufende Nachweise erbringen zu müssen, vereinbart werden, dass der Verpflichtete zur **Einholung entsprechender Auskünfte beim Versicherer berechtigt** ist.

- **Zahlung direkt an Versicherer**

Die Beteiligten sollten eventualiter vereinbaren, dass sich der Verpflichtete für den Fall einer nicht zweckentsprechenden Verwendung des Vorsorgeunterhalts durch den Berechtigten das Recht vorbehalten kann, den Vorsorgeunterhalt mit befreiender Wirkung direkt an den Versicherer zu zahlen. Alternativ kann **von vornherein die direkte Zahlung** an einen Versicherer vereinbart werden.

383 Um Schwierigkeiten bei der Abwicklung von Versicherungsleistungen oder ggf. Beihilfeleistungen für Aufwendungen des mit versicherten Ehegatten während des Getrenntlebens zu vermeiden, **kommen folgende Vereinbarungen** in Betracht:[402]

- **Verpflichtung** des Versicherungsnehmers, die an ihn ausgezahlten Versicherungsleistungen und erstatteten Beihilfeleistungen an den getrenntlebenden Ehegatten **weiterzugeben**;[403]
- **Verzicht** des Ehegatten gegenüber dem Versicherer auf Widerspruch gegen die **Auszahlung** von Versicherungsleistungen unmittelbar an den getrenntlebenden Ehegatten;
- **Vollmacht** des beihilfeberechtigten Ehegatten zur **Beantragung** der Beihilfe verbunden mit der Einwilligung zur Erstattung der entsprechenden Beihilfeleistungen unmittelbar an den getrenntlebenden Ehegatten.

384 *Hinweis*

Bei Bestehen einer Beihilfeversicherung kann eine Einwilligung gegenüber dem Versicherer zur Auszahlung der Versicherungsleistungen unmittelbar an den getrenntlebenden Ehegatten erteilt.[404]

385
- Verpflichtung zur Bezahlung von Rechnungen aus ärztlicher Behandlung für den bedürftigen Ehegatten (**Erfüllungsübernahme gem. § 329 BGB**);[405]
- Teilung des Vertrages über Krankheit und Pflege und **Umwandlung in eine Einzelversicherung**.

400 *Bergschneider*, Rn 326 ff.
401 OLG Köln FamRZ 1985, 926.
402 Göppinger/Börger/*Kilger/Pfeil*, 5. Teil Rn 182 ff.
403 OLG Düsseldorf NJW 1991, 970.
404 Göppinger/Börger/*Kilger/Pfeil*, 5. Teil Rn 184.
405 OLG Düsseldorf NJW 1991, 2970 = FamRZ 1991, 437.

Hinweis 386

Der Unterhaltspflichtige ist zur **Mitwirkung an einer Umwandlung verpflichtet**, da er durch die Umwandlung keine Nachteile hat.[406]

Die gesonderte Zahlung von Krankenvorsorge sollte in geeigneten Fällen schriftlich wie folgt vereinbart werden: 387

▼

Muster 3.33: Elementarunterhalt und Krankenvorsorge

3.33

Vereinbarung über Unterhalt und Krankenvorsorge

Zwischen

Herr

und

Frau

Wir haben am die Ehe miteinander geschlossen. Wir leben seit dem voneinander getrennt. Für die Zeit der Trennung schließen wir folgende Vereinbarung über Unterhalt und Krankenvorsorge:

1. Herr verpflichtet sich, ab an Frau für die Zeit der Trennung einen monatlichen, jeweils bis zum 01. eines jeden Monats im Voraus fälligen Elementarunterhalts in Höhe von EUR zu zahlen.

2. Weiter verpflichtet sich Herr , für Frau monatliche Krankenversicherungskosten bei der Versicherung in Höhe von derzeit EUR zu bezahlen.

Der Grund besteht darin, dass Frau wegen der Selbstständigkeit von Herrn nicht über Herrn mitversichert ist.

3. Zur Sicherung zweckentsprechender Verwendung wird Herr den Vorsorgeunterhalt mit befreiender Wirkung direkt an den Versicherer zahlen.

4. Zur Abwicklung von Versicherungsleistungen wird weiter vereinbart:

a) Frau verpflichtet sich, die ggf. an sie ausgezahlten Versicherungsleistungen und erstatteten Beihilfeleistungen an Herrn weiterzugeben;

b) Frau verzichtet gegenüber der Krankenversicherung auf Widerspruch gegen die Auszahlung von Versicherungsleistungen unmittelbar an Herrn ;

c) Frau bevollmächtigt hiermit Herrn zur unmittelbaren Beantragung der Beihilfe verbunden mit der Einwilligung zur Erstattung der entsprechenden Beihilfeleistungen unmittelbar an Herrn .

d) Diese Unterhaltsvereinbarung gilt bis .

Mit Ablauf der vereinbarten Zeit stellt die heutige Vereinbarung keine Grundlage für eine etwaige Neufestsetzung des Unterhalts dar.

(Unterschriften der Beteiligten)

▲

406 *Husheer*, FamRZ 1991, 264.

e) Salvatorische Klauseln

388 Im Hinblick auf eine evtl. Unsicherheit darüber, ob die gewählte Regelung zum Trennungsunterhalt einer – gerichtlichen – Nachprüfung standhält, empfiehlt es sich, salvatorische Klauseln für Vereinbarungen zu verwenden. Dies gilt insbesondere, wenn neben der Unterhaltsregelung weitere, unabhängig vom Unterhalt für die Beteiligten wichtige vergleichsweise Regelungen vertraglich vereinbart werden.

Die salvatorische Klausel in der Vereinbarung kann daher den Vertrag als Abwehr der Rechtsfolgen des § 139 BGB retten.[407]

Eine **„salvatorische Klausel"**, durch die bei Nichtigkeit, Unwirksamkeit oder Undurchführbarkeit einer Vertragsbestimmung die übrigen Regelungen unberührt bleiben sollen, sind einschränkend auszulegen, führen aber zu einer **Beweislastumkehr**.[408]

Ein Vertragspartner, der sich auf die Gesamtnichtigkeit der Vereinbarung beruft, ist entgegen § 139 BGB dafür darlegungs- und beweispflichtig.

Standardisierte Unwirksamkeitsklauseln helfen insofern häufig nicht weiter. Gerade in ehevertraglichen Vereinbarungen kommt es häufig zu „Gesamtlösungen", bei denen das Nachgeben einer der Beteiligten auf einem Gebiet zu einem Entgegenkommen des anderen Beteiligten auf einem anderen Gebiet führt. Hier kann eine mangelnde individuelle Anpassung wegen des **„Verknüpfungswillens"**[409] gerade zu einer Verzerrung des Gewollten führen.

389 *Hinweis*

Die gegenseitige Abhängigkeit der einzelnen Vereinbarungen zueinander ist zu prüfen und in einer salvatorischen Klausel festzulegen.

390 Auch die Rechtsprechung betrachtet bei der Wirksamkeits- und Ausübungskontrolle in der „Gesamtschau", ob die Regelungen zu einer einseitigen Belastung führen. Das Herausbrechen eines Bausteins ohne Ausgleich auf der anderen Seite könnte dann **erst recht zu einer Unwirksamkeit** der Gesamtvereinbarung führen.

In geeigneten Fällen kann aber die – **kurz gefasste** – **Teilunwirksamkeitsklausel** wie folgt lauten:

391 ▼

Muster 3.34: Teilunwirksamkeitsklausel

3.34 Sollten Regelungen in diesem Vertrag – gleich aus welchem Grunde – unwirksam sein oder werden oder sollte eine Berufung hierauf unzulässig sein, oder sollte sich eine von den Beteiligten heute nicht bedachte Lücke in ihren Vereinbarungen herausstellen (auch eine solche, die nicht durch ergänzende Vertragsauslegung behebbar ist), so bleiben die übrigen Bestimmungen dennoch wirksam, eine Berufung auf sie wird nicht unzulässig.

▲

392 Sinnvoll ist es aber eine **ausführliche Beschreibung** zu formulieren, die verdeutlicht, dass die Beteiligten sich ausdrücklich darüber Gedanken gemacht haben, ob die übrigen Regelungen bestehen bleiben sollen für den Fall, dass siech eine oder mehrere der Einzelbestimmungen als nichtig, unwirksam oder undurchführbar erweist:[410]

407 OLG Celle FuR 2019, 89.
408 Göppinger/Börger/*Kilger/Pfeil*, 5. Teil Rn 122; OLG Celle FuR 2019, 89.
409 So BeckFormB FamR/*Kössinger*, Ziff. P.IV.5.
410 Göppinger/Börger/*Kilger/Pfeil*, 5. Teil Rn 126; *Horndasch*, AnwaltFormulare Familienrecht, § 7 Rn 298 f.

▼ 393

Muster 3.35: Teilunwirksamkeitsklausel (ausführlich)

Sollten einzelne Vertragsbestimmungen ganz oder teilweise unwirksam bzw. undurchführbar sein oder unwirksam oder undurchführbar werden oder sollte eine unbeabsichtigte Regelungslücke bestehen, soll die Wirksamkeit der übrigen Bestimmungen hiervon unberührt bleiben. Anstelle der unwirksamen oder undurchführbaren Bestimmung oder zur Ausfüllung der Lücke soll eine angemessene Regelung gelten, die soweit rechtlich möglich, dem am nächsten kommt, was wir gewollt haben oder nach dem Sinn und Zweck dieses Vertrages gewollt haben würden, soweit wir bei Abschluss dieses Vertrages diesen Punkt bedacht hätten. 3.35

Nach unserem Willen ist keine Vertragsbestimmung mit einer anderen Bestimmung so miteinander verbunden, dass die Unwirksamkeit der einen die Unwirksamkeit der anderen zur Folge hat. Es entspricht insbesondere unserem Willen, dass die in Ziff. ___ und Ziff. ___ getroffenen Regelungen zum ___ unabhängig von der in Ziff. ___ getroffenen Regelung zum Unterhalt gelten sollen. Diese Regelungen sollen in jedem Fall bestehen bleiben, wenn eine oder mehrere der anderen Regelungen unwirksam sein oder werden sollten oder sich ein Vertragspartner aus Billigkeitsgründen nicht an einer bestimmten Regelung festhalten lassen muss. Eine abweichende Festlegung für diese oder andere Vertragsteile wünschen wir auch nach ausdrücklicher Belehrung des Notars über die gesetzliche Folge einer Teilnichtigkeit, die im Zweifel zur Unwirksamkeit des gesamten Vertrages führt, nicht.

▲

Hinweis 394

Es kann sinnvoll sein, bereits eine **Ersatzregelung** für den Fall zu formulieren, dass sich einzelne Bestimmungen als unwirksam erweisen, beispielsweise die Regelung eines Höchstbetrages für den Fall, dass sich ein geregelter Unterhaltsverzicht als unwirksam erweist.

Bei umfangreichen Vereinbarungen könnte die Verknüpfung auch in einer speziellen **Teilwirksamkeitsklausel** geregelt werden:[411] 395

▼

Muster 3.36: Spezielle Teilunwirksamkeitsklausel

Sollten Regelungen in dieser Urkunde unwirksam sein oder werden oder sollte eine Berufung hierauf unzulässig sein, so bleiben die übrigen Bestimmungen dennoch wirksam, eine Berufung hierauf wird nicht unzulässig. 3.36

Insbesondere lässt ein Rücktritt vom Erbvertrag die ehevertraglichen und sonstigen Vereinbarungen grds. unberührt und umgekehrt berührt die Unwirksamkeit von Regelungen im Ehevertrag den Bestand der Verfügungen von Todes wegen nicht. Die Regelungen in Ziffer ___ zur Abgeltung etwaiger Zugewinnausgleichsansprüche für den Fall des Vorversterbens des Ehemannes stehen jedoch unter der Bedingung, dass die erbvertragsmäßig getroffene (teilweise) Erbeinsetzung der Ehefrau nicht durch Rücktritt oder in anderer Weise unwirksam geworden ist. Eine Erbausschlagung hat jedoch keine Auswirkungen auf diese Regelungen.

Die Unwirksamkeit des Ausschlusses des Versorgungsausgleichs lässt insbesondere auch die güterrechtlichen Regelungen unberührt.

411 BeckFormB FamR/*Kössinger*, Ziff. P.IV.2.

Abweichend hiervon gilt jedoch:

Wenn die Vereinbarungen zur Regelung des Trennungsunterhalts gemäß Ziffer und/oder die Vereinbarungen zur Abgeltung der Zugewinnausgleichsansprüche gem. Ziffer ganz oder teilweise unwirksam sind oder werden oder eine Berufung hierauf ganz oder teilweise unzulässig ist, so entfallen auch die Regelungen in Ziffer (Immobilienübertragung) und Ziffer (pauschale Ausgleichszahlung). Hiernach empfangene Leistungen sind ggf. zurück zu gewähren. Auf die Sicherung solcher Ansprüche wird verzichtet.

▲

f) Versöhnung der Eheleute

396 Ein für den Trennungsunterhalt errichteter **Unterhaltstitel erlischt**, wenn die Ehegatten aufgrund einer Versöhnung wieder über einen längeren Zeitraum zusammen leben.[412]

Das Zusammenleben darf aber **nicht nur über kürzere Zeit** verlaufen. Kurzfristige Versöhnungsversuche unterbrechen oder hemmen aufgrund § 1567 Abs. 2 BGB die Trennung nicht.[413] Von einer endgültigen Versöhnung kann in der Regel erst nach einem Zusammenleben von etwa **drei Monaten** die Rede sein.[414]

397 Eine Versöhnung findet auch nicht statt durch einmaligen, auch nicht durch **mehrmaligen Geschlechtsverkehr**, wenn ansonsten keine hinreichenden Anhaltspunkte für eine Versöhnung vorhanden sind.[415] Deshalb reicht auch „regelmäßiger Geschlechtsverkehr" ohne Wiederherstellung der ehelichen Lebensgemeinschaft nicht zum Nachweis einer erfolgreichen Versöhnung aus.[416]

398 Haben sich die Eheleute allerdings versöhnt und leben sie wieder miteinander zusammen, wird ein **Unterhaltstitel unwirksam**.[417]

Leben die Beteiligten dann wieder voneinander getrennt, kann aus dem früheren Unterhaltstitel **nicht vollstreckt** werden. Der dann aktuelle Trennungsunterhaltsanspruch muss durch einen erneuten Leistungsantrag geltend gemacht werden. Auf den ursprünglichen Unterhaltstitel kann nicht mehr zurückgegriffen werden.[418]

399 Auch eine Weitergeltung des Vollstreckungstitels kann **vertraglich nicht vereinbart** werden.

400 Wurde einem oder beiden Ehegatten ein **vertragliches Rücktrittsrecht vorbehalten**, kann der Rücktritt ausschließlich in notarieller Form, § 2296 Abs. 2 S. 2 BGB, ausgeübt werden, wenn die Vereinbarung **zugleich erbvertragliche Regelungen** enthält.[419]

g) Verlängerung der Trennungszeit, Erschwerung der Scheidung

401 Schließlich ist insgesamt zu fragen, ob Eheleute vereinbaren können, sich nur unter erschwerten Bedingungen, etwa nur nach einer **stark verlängerten Trennungszeit** oder auch **überhaupt nicht scheiden** zu lassen.

Grundsätzlich gilt, dass Eheleute die Scheidung ihrer Ehe nach ständiger Rechtsprechung **nicht** ausschließen können, auch nicht für einen begrenzten Zeitraum. Entgegenstehende Vereinbarungen sind nach **§ 134 oder § 138 BGB nichtig**.[420]

412 *Horndasch*, AnwaltFormulare Ehegattenunterhaltsrecht § 5 Rn 1 ff.
413 FA-FamR/*von Heintschel-Heinegg*, Kap. 2 Rn 71.
414 OLG Düsseldorf FamRZ 1995, 96; OLG Saarbrücken FamRZ 2010, 469 m.w.N.
415 OLG Celle FamRZ 1996, 804.
416 OLG Köln FamRZ 2002, 239.
417 OLG München FamRZ 1990, 885.
418 OLG Düsseldorf FamRZ 1992, 943; OLG Hamm FamRZ 2011, 1234; *Koch/Kamm*, Rn 7084.
419 OLG Hamm DNotI-Report 1998, 74; Göppinger/Börger/*Kilger/Pfeil*, 5. Teil Rn 171.
420 BGH FamRZ 1986, 655.

▼

Muster 3.37: Nichtige Erschwerung der Scheidung[421]

Herr erklärt, dass er sich von seiner zukünftigen Frau nicht scheidnen lassen werde. Sofern er dennoch Scheidungsantrag stellen sollte, verpflichtet er sich, an seine Ehefrau eine Abfindungssumme in Höhe von 100.000 EUR vorbehaltlos zu zahlen. Der Anspruch wird fällig mit Anhängigkeit eines Scheidungsantrags. 3.37

▲

Es ist auch nicht möglich, eine längere als die vom Gesetz vorgesehene Zeit der Trennung zu vereinbaren, bevor ein Scheidungsantrag gestellt werden kann.

Ebenso wenig möglich ist die Vereinbarung, die Scheidung der Ehe – auf Zeit oder lebenslänglich – auszuschließen, um damit die für einige Zeit sichere oder aber dauerhafte eheliche Bindung herbeizuführen.

▼

Muster 3.38: Verbesserung des Auskommens

Die **folgende Vereinbarung** wäre aber möglich: 3.38

- Herr erklärt, dass er sich von seiner Ehefrau nicht scheiden lassen werde. Sofern Herr dennoch Scheidungsantrag stellen sollte, verpflichtet er sich, an seine Ehefrau eine Abfindungssumme von als Zukunftssicherung vorbehaltlos zu zahlen. Dieser Anspruch wird fällig bei Rechtskraft der Scheidung.
- Frau und Herr erklären hiermit, dass mit dieser Vereinbarung nicht die Scheidung erschwert, sondern das Auskommen von Frau verbessert werden soll, weil sie die Ehe im Alter geschlossen haben und damit keine ehezeitlichen Rentenanwartschaften mehr entstanden sind. Der zu zahlende Betrag ist deshalb zur Alterssicherung von Frau gedacht.

▲

Vereinbarungen sind dann nicht zu beanstanden, wenn sie den **Zweck** haben, nicht etwa die Scheidung zu erschweren, sondern das **Auskommen** des anderen Ehegatten im Falle der Scheidung **zu verbessern**, weil die Abfindungssumme im Fall der Scheidung beispielsweise zur Alterssicherung des Versprechensempfängers bestimmt ist.[422]

II. Getrenntleben

Voraussetzung für die Verpflichtung zur Zahlung von Trennungsunterhalt ist ein **Getrenntleben der Eheleute**. Ein Getrenntleben liegt vor, wenn zwischen den Ehegatten **keine häusliche Gemeinschaft** (mehr) besteht und ein Ehegatte sie erkennbar nicht herstellen will, weil er die eheliche Lebensgemeinschaft ablehnt, § 1567 BGB. 402

Auf die Gründe, die zum Getrenntleben geführt haben, kommt es nicht an, ebenso wenig darauf, ob ein Ehegatte ein Recht zum Getrenntleben hat, § 1353 Abs. 2 BGB.

1. Tatsächliches Getrenntleben

Objektiv liegt ein Getrenntleben vor, wenn **keine häusliche Gemeinschaft** besteht und die Eheleute ihre Gemeinsamkeiten aufgehoben haben. Die Trennung ist verwirklicht, wenn Eheleute, die bisher eine gemeinsame Ehewohnung bewohnt haben, durch Auszug mindestens eines Ehegatten nunmehr verschiedene Wohnungen bewohnen oder in der gemeinsamen Ehewohnung eine getrennte Lebensführung stattfindet. 403

421 Ähnlich *Horndasch*, AnwaltFormulare Ehegattenunterhaltsrecht, § 5 Rn 9.

422 BGH FamRZ 1990, 372.

Während des vorangegangenen Zusammenlebens muss es aber nicht zu einer **wirtschaftlichen Verflechtung** zwischen den Ehegatten gekommen sein. Hat allerdings die Unterhaltsbedürftigkeit nicht ihre Ursache im vorangegangenen Zusammenleben der Eheleute, wird eine Herabsetzung oder die Versagung von Unterhaltsansprüchen in Betracht kommen, **§ 1579 Nr. 8 BGB**. Ein Ehegatte nach Kundgabe seines Trennungswillens nach Auffassung des BGH wirtschaftlich nicht bessergestellt werden, als er vorher stand.[423]

404 Der Anspruch auf Trennungsunterhalt ist sowohl dem Grunde als auch der Höhe nach nicht davon abhängig, wie **die beiderseitigen Einkünfte** während der Zeit der gemeinsamen Lebensführung **verwendet** worden sind.[424] Dies gilt auch bei **„moralischen Schieflagen“**, also dann, wenn eine der Eheleute schlicht **auf Kosten des anderen Ehegatten** gelebt und seine eigenen Einkünfte beiseite geschafft hatte oder wenn die Ehepartner streng getrennt gewirtschaftet hatten.

Der Anspruch auf Trennungsunterhalt setzt nicht einmal voraus, dass die Eheleute **überhaupt einmal zusammengelebt** haben.[425] Eine objektive häusliche Trennung im Sinne des § 1361 BGB liegt auch vor, wenn

- die Eheleute von Anfang an getrennt gelebt haben, weil
- sie von Anfang an eine Ehe in getrennten Wohnungen führen wollten, etwa wegen des Bedürfnisses nach Beibehaltung restlicher Selbstständigkeiten,
- ein Ehepartner sich während der Ehezeit ständig in Strafhaft befunden hat,
- weit entfernten beruflichen Standorten mit Wohnungen an den unterschiedlichen Orten,
- es zu einem geplanten Einzug in eine gemeinsame eheliche Wohnung nicht (mehr) gekommen ist oder
- auch dann, wenn die Ehepartner sich (erst) später aus beruflichen oder ähnlich gelagerten Gründen getrennte Wohnungen genommen haben.
- **Gegen die Rechtsprechung des BGH** wird in der Fachliteratur eingewendet, dass damit das Maß des Unterhalts nicht entsprechend den von den Eheleuten einvernehmlich gestalteten Lebensverhältnissen bestimmt wird, sondern faktisch eine Einkommensgemeinschaft fingiert wird.[426]

405 Bei einer Trennung **innerhalb der ehelichen Wohnung**, muss sich dies in allen Lebensbereichen dokumentieren. Derjenige, der die Trennung innerhalb der Ehewohnung herbeiführen will, muss sich daher in allen wesentlichen Bereichen von einer konkreten Führung eines Familienhaushalts absondern.

Es ist zu trennen:

- Essen,
- Schlafen,
- Versorgung des Haushalts incl. des Waschens der eigenen Wäsche etc,
- Gestaltung der Freizeit.

Wohn- und Schlafbereiche müssen aufgeteilt sein. Wird etwa das Schlafzimmer weiter genutzt, liegt auch dann keine Trennung vor, wenn es zwischen den Eheleuten keinerlei körperlichen Kontakt gibt.[427]

Im Falle der **Hilfsbedürftigkeit** eines Ehegatten darf das Maß der Hilfeleistung notwendige Maßnahmen nicht übersteigen.[428]

423 BGH FamRZ 1994, 558.
424 BGH FamRZ 1985, 376, 378; BGH FamRZ 1989, 838.
425 BGH FamRZ 2020, 918; OLG Frankfurt/M. FuR 2020, 654.
426 So *Born,* NJW 2020, 1677; *Witt,* FamRZ 2020, 922; *Löhnig,* NZFam 2020, 479.
427 OLG Hamm FamRZ 1999, 723.
428 BGH FamRZ 1979, 469.

Gemeinsames Zusammentreffen muss als lediglich aufgrund räumlicher Nähe nicht vermeidbare Gemeinsamkeiten anzusehen sein. Ein Getrenntleben ist deshalb nicht zu verneinen, weil es nur ein Badezimmer und eine Küche in der Ehewohnung gibt, die zu teilen sind.[429] Eine getrennte Nutzung von Küche, Bad, WC ist grundsätzlich ein Zeichen der Trennung.

Untergeordnete Gemeinsamkeiten, etwa wegen Kindesbetreuung, sind unerheblich.[430] 406

Sonstige geringe Gemeinsamkeiten, wie das dem trennungswilligen Teil **aufgedrängte Putzen** der Wohnung und Waschen der Wäsche, steht der Annahme des Getrenntlebens nicht entgegen, wenn sie sich in einer Gesamtwürdigung als unwesentlich darstellen.[431]

> *Hinweis* 407
>
> Wer sich darauf beruft, getrennt zu leben, hat die Tatsache der **Trennung zu beweisen**. Beim Bewohnen einer gemeinsamen Ehewohnung wird ein solcher Beweis schwerlich gelingen.

Streiten Eheleute über den **Zeitpunkt oder das Vorliegen einer Trennung**, kann durch **(Zwischen-) Feststellungsantrag** erreicht werden, dass das Gericht den Trennungszeitpunkt mit Rechtskraftwirkung feststellt.[432] Auf diese Weise kann der **Gefahr widersprüchlicher Entscheidungen** in anderen Verfahren begegnet werden, die ebenfalls an den Trennungszeitpunkt anknüpfen wie z.B. Verfahren nach §§ 1361, 1361a, 1361b, 1375 Abs. 2, 1566 BGB. 408

▼

Muster 3.39: Zwischenfeststellungsantrag zum Trennungszeitpunkt

(volles Rubrum) 3.39

Es wird festgestellt,

dass die Beteiligten seit dem voneinander getrennt leben.

Begründung:

Das Scheidungsverfahren zwischen den Beteiligten ist rechtshängig seit Zustellung des Scheidungsantrags am und wird vor dem erkennenden Gericht unter dem Aktenzeichen geführt.

Der Antragsteller hat vortragen lassen, dass die Eheleute seit dem voneinander getrennt leben, zunächst in der Ehewohnung, sodann vor Monaten durch Auszug des Antragstellers in getrennten Wohnungen.

Die Antragsgegnerin macht demgegenüber geltend, dass die Trennung erst am erfolgt ist, also rund Wochen später. Erst an diesem Tag hat der Antragsteller gegenüber der Antragsgegnerin seinen Trennungswillen bekannt gegeben und die Trennung der Wohn- und Wirtschaftsbereiche verwirklicht.

Da der Antragsteller als Folgesache des Scheidungsverfahrens Auskunft zum Güterrecht verlangt, ist festzustellen, wann der Trennungszeitpunkt gemäß § 1567 BGB anzunehmen ist. Die Auskunft zum Güterrecht ist gem. § 1379 Abs. 1 Zif. 1 BGB auf den Trennungszeitpunkt zu beziehen.

Die Antragsgegnerin hat daher ein Feststellungsinteresse am korrekten Trennungszeitpunkt.

429 OLG München FamRZ 2001, 1457, 1458.

430 OLG Stuttgart FamRZ 1992, 1435; OLG München FamRZ 2001, 1457; OLG Köln FamRZ 2002, 1341.

431 OLG München FamRZ 1998, 826; OLG Zweibrücken NJW-RR 2000, 1388; OLG Jena FamRZ 2002, 99.

432 Vgl. OLG Brandenburg NZFam 2014, 86 m. Anm. *Heinemann*; OLG Celle BeckRS 2013, 13090 m. Anm. *Hoppenz*, FamFR 2013, 417.

Wir ersuchen das Gericht, über den Trennungszeitpunkt durch

Beschluss

zu entscheiden.

Rechtsanwalt

▲

2. Subjektiver Trennungswille

409 **Subjektiv** muss der Ehegatte, der mit dem anderen nicht mehr zusammenleben will, einen Trennungswillen haben und diesen auch äußern.

410 Weder führt der Umstand, dass ein Ehegatte in einem Pflegeheim aufgenommen wird zu einer Trennung im Sinne des § 1567 BGB, noch führt die Weltreise eines Ehegatten auf einem Segelschiff zu einer Trennung im Sinne des Gesetzes. Ebenso wenig führt die Strafhaft eines Ehepartners zur Trennung, auch dann nicht, wenn der verbleibende Ehegatte den anderen Ehegatten nicht (mehr) besucht.[433] Zusätzlich ist die **Äußerung des subjektiven Trennungswillens** notwendig, und zwar sowohl gegenüber dem Häftling, als auch gegenüber dem Weltumsegler oder dem im Pflegeheim[434] aufgenommenen Ehegatten.

Ein Anspruch auf Trennungsunterhalt setzt ein vorheriges Zusammenleben in häuslicher Gemeinschaft nicht voraus.

411 *Beispiele*

- Strafhaft eines Ehepartners bei Eheschließung
- weit entfernte berufliche Standorte
- lange Reise eines Ehegatten unmittelbar nach Eheschließung.

412 In allen Fällen entsteht der Anspruch auf Trennungsunterhalt erst dann, wenn der **Trennungswillen erkennbar nach außen** in Erscheinung getreten ist.[435]

Es genügt, wenn der andere Ehegatte auch nur **mittelbar Kenntnis** vom subjektiven Trennungswillen erlangt. Eine solche Kenntnis ist z.B. anzunehmen durch Erteilung einer Verfahrensvollmacht zur Einleitung eines Scheidungsverfahrens oder durch **Schreiben an einen Dritten**, von dem der Betroffene Kenntnis erlangt.[436]

III. Bedürftigkeit des Berechtigten

413 Wer nach Trennung nicht in der Lage ist, seinen nach den ehelichen Lebensverhältnissen und den Erwerbs- und Vermögensverhältnissen der Ehegatten angemessenen **Unterhalt selbst aufzubringen**, kann vom anderen Ehegatten Trennungsunterhalt verlangen, § 1361 Abs. 1 S. 1 BGB.

Reichen die Eigenmittel also zum eheangemessenen Unterhalt aus, fehlt es an der Bedürftigkeit des Ehegatten. Es kommt dann auf die Leistungsfähigkeit des anderen Ehegatten nicht (mehr) an.[437]

433 OLG Düsseldorf NJW-RR 1995, 963.
434 OLG Köln FamRZ 2010, 2076.
435 KG NJW 1982, 112.
436 BGHZ 38, 266; OLG Bamberg FamRZ 1981, 52.
437 BGH FamRZ 1981, 1159.

1. Zeitpunkt der Erwerbsobliegenheit nach der Trennung

Gem. § 1569 S. 1 BGB obliegt es jedem Ehegatten, **selbst für seinen Unterhalt zu sorgen**. Dies gilt allerdings nach der Vorschrift ausschließlich für die Zeit **nach der Scheidung**. 414

Für die Zeit der Trennung bis zur Rechtskraft der Scheidung kann der bei Trennung nicht oder nicht in vollem Umfange erwerbstätige Ehegatte gem. § 1361 Abs. 2 BGB nur dann darauf verwiesen werden, seinen Unterhalt durch eine Erwerbstätigkeit sicherzustellen, wenn dies von ihm **nach seinen persönlichen Verhältnissen**, insbesondere wegen einer früheren Erwerbstätigkeit unter Berücksichtigung der Dauer der Ehe und nach den wirtschaftlichen Verhältnissen beider Ehegatten erwartet werden kann. Damit soll der **Möglichkeit einer Versöhnung** der Ehegatten Rechnung getragen werden. Diese Möglichkeit der Versöhnung besteht naturgemäß nur während einer **Übergangszeit**.

Einerseits ist damit **Ziel des § 1361 BGB**, den Ehegatten nach der Trennung vor einer **einschneidenden** 415
Verschlechterung der Verhältnisse zu schützen. Je mehr sich allerdings die Trennung verfestigt, desto eher entfällt auch die innere Rechtfertigung, eine während gelebter Ehe **gewählte Funktionseinteilung** der Ehepartner durch Zahlung von Trennungsunterhalt **aufrecht zu erhalten**.

So muss zu den jeweiligen Zeitpunkten einer Trennungszeit unter Berücksichtigung aller maßgeblichen persönlichen und wirtschaftlichen Umstände des Einzelfalls abgewogen werden, ob die **Aufrechterhaltung** des Zustandes während der Eheführung noch der konkreten Situation gerecht wird.

Für die Bestimmung und Bewertung **der persönlichen Verhältnisse nach § 1361 Abs. 2 BGB**, die über 416
Grund und Höhe der Zahlung von Trennungsunterhalt entscheiden, sind **ergänzend** die Vorschriften zu den nachehelichen Unterhaltsansprüchen gem. **§§ 1569 ff. BGB** heranzuziehen.

Dies erfolgt **in zweierlei Richtung**: **Zum einen** dürfen Ehegatten nach der Trennung **nicht schlechter gestellt** werden, als sie nach der Scheidung stehen würden.[438] Deshalb können im Einzelfall die Tatbestände des nachehelichen Unterhalts Maßstäbe für die Anwendung des § 1361 Abs. 2 BGB liefern. Die gesteigerte Verantwortung der Ehegatten während des Bestehens der Ehe führt **zum anderen** allerdings dazu, dass der nicht oder nur eingeschränkt erwerbstätige Ehegatte gem. § 1361 Abs. 2 BGB nur unter **wesentlich engeren Voraussetzungen** darauf verwiesen werden kann, seinen Unterhalt durch eigene Erwerbstätigkeit selbst zu verdienen, als dies gem. § 1574 BGB nach der Scheidung der Fall ist.[439]

Die **Übergangszeit**, also diejenige Zeit, in der die beteiligten Eheleute klären müssen, ob sich die Trennung vertieft und in eine Scheidung mündet oder ob die Ehe wieder aufgenommen werden kann, dauert **mindestens ein Jahr**.

Bis auf den **Ausnahmefall**, dass die Fortsetzung der Ehe für einen Ehegatten aus Gründen, die in der Per- 417
son des anderen Ehegatten liegen, eine **unzumutbare Härte** darstellen würde (§ 1565 Abs. 2 BGB) geht das Gesetz davon aus, dass das Scheitern einer Ehe **nicht vor Ablauf eines Jahres** der Trennung festgestellt werden kann (§ 1565 Abs. 1, Abs. 2 BGB).

Diese Jahresfrist kann daher als **Klärungszeit** angenommen werden. Während dieser Klärungszeit ist eine zumindest **nachhaltige Veränderung** der Lebenssituation der Ehegatten **nicht** erforderlich, um die Möglichkeit einer Versöhnung nicht zu erschweren.

Vor Ablauf des Trennungsjahres wird vom Haushalt führenden Ehegatten daher **keine Aufnahme oder ggf. Ausweitung einer Erwerbstätigkeit** erwartet werden können.[440]

Normzweck des § 1361 BGB bleibt jedoch, das **endgültige Scheitern der Ehe nicht zu fördern**. Je nach 418
den Umständen des Einzelfalles kann die Erwerbsobliegenheit daher später oder auch früher als ein Jahr nach vollzogener Trennung der Beteiligten einsetzen.

438 BGH FamRZ 2001, 350; BGH FamRZ 2005, 23.
439 BGH FamRZ 1989, 1160; BGH FamRZ 1991, 416.
440 BGH NJW 1986, 722: Erwerbsobliegenheit nach zwei Jahren; BGH FamRZ 1990, 283: Erwerbsobliegenheit nach 15 Monaten der Trennung.

419 Wesentliches Kriterium in diesem Zusammenhang kann **die Dauer der Ehe und die wirtschaftliche Verflechtung** der Eheleute sein. So wird man bei **kurzer Ehedauer**, jungem Alter der Ehegatten und kinderloser Ehe eine Erwerbsobliegenheit zu einem früheren Zeitpunkt sehen[441] als bei einer **Ehe langer Dauer** mit einem ausschließlich den Haushalt führenden Ehegatten.

Grundsätzlich gilt aber, dass das Verhältnis der Ehegatten während der Trennungszeit noch durch die **eheliche Bindung** getragen ist.[442] Grundsätzlich tragen die Ehegatten während der Ehe mehr Verantwortung füreinander als nach der Scheidung. Insofern verpflichtet die Tatsache des noch miteinander Verheiratetseins zu einem **höheren Maß an Rücksichtnahme** auf die Interessen des jeweils anderen, als dies nach der Scheidung der Fall ist.

420 Allerdings hat das **Unterhaltsrechtsänderungsgesetz 2008** die stärkere Eigenverantwortung des geschiedenen Ehegatten herausgestellt. Die Grundvorschrift des § 1569 BGB, gem. der nach den „nachfolgenden Vorschriften“ Unterhalt vom anderen Ehegatten verlangt werden kann, hat zum 1.1.2008 eine nahezu eine komplett neue Fassung erhalten.[443]

421 Die frühere, eher nichtssagende Überschrift **„Abschließende Regelung“** ist ersetzt worden durch eine prägnante Überschrift (**„Grundsatz der Eigenverantwortung“**), die dem Inhalt eine neue Zielrichtung gegeben hat. Ging es in § 1569 BGB a.F. darum, dass Unterhalt nach den nachfolgenden Vorschriften der §§ 1570 ff. BGB verlangt werden kann, wird im ersten Satz seither die Eigenverantwortung hervorgehoben.

Die Überschrift des § 1569 BGB stärkt den Grundsatz. Der erste Satz erklärt die **Erwerbstätigkeit zur Obliegenheit**. Der zweite Satz formuliert statt „… kann … nicht selbst … sorgen“ schärfer mit „ist er dazu außer Stande …“ und betont mit der Einführung des Wortes „nur“, dass ein Unterhaltsanspruch **gemessen am Grundsatz der Eigenverantwortung die Ausnahme**, nicht die Regel sein soll und daher nur in Betracht kommt, wenn einer der Unterhaltstatbestände der §§ 1570 ff. BGB vorliegt.[444]

422 Dadurch sind durch das Unterhaltsrechtsänderungsgesetz 2008 erhöhte Anforderungen an die Wiederaufnahme einer Erwerbstätigkeit gestellt und Beschränkungsmöglichkeiten geschaffen worden, die wesentlich auf die Frage **„ehebedingter Nachteile“** abstellen.[445] In der Begründung des Regierungsentwurfs ist im Zusammenhang mit der Neufassung des § 1569 BGB von „neuer Rechtsqualität“ und davon die Rede, dass die Vorschrift „in weit stärkerem Maße als bisher“ als Auslegungsgrundsatz für die einzelnen Unterhaltstatbestände heranzuziehen sei.[446]

423 Unterhalt ist als Konsequenz häufig **lediglich im Rahmen einer Übergangszeit** bis zur geplanten Scheidung als Trennungsunterhalt zu leisten. In der Abwägung der persönlichen und wirtschaftlichen Verhältnisse und als Konsequenz der Zumutbarkeit einer Erwerbstätigkeit strahlt diese gesteigerte Eigenverantwortung nach Scheidung der Ehe dahingehend aus, dass ein **feststehendes Scheitern der Ehe** auch während der Trennungszeit zur Eigenverantwortung und damit zur **Erwerbsverpflichtung** führt.

2. Zumutbarkeitsabwägung zur Erwerbsobliegenheit

424 Wann und in welchem Umfang eine **Erwerbsobliegenheit der Ehegatten beginnt** oder eine Ausweitung notwendig ist, bestimmt sich nach den Umständen des Einzelfalles. Gleichwohl können Kriterien für die Zumutbarkeitsabwägung je nach Lage des konkreten Einzelfalles zusammengefasst werden:

441 BGH FamRZ 2001, 350; OLG Hamm FamRZ 1997, 1536.
442 BGH FamRZ 2009, 307.
443 *Grüneberg/Siede*, § 1569 Rn 1: Neue Rechtsqualität.
444 Vgl. RegE, S. 25.
445 So die Begründung im RegE, S. 19.
446 RegE, S. 25.

a) Kinderbetreuung

Die Betreuung von Kindern **beeinflusst maßgeblich die Möglichkeit** und damit auch die Notwendigkeit zur Aufnahme einer Erwerbstätigkeit. Eine Erwerbsobliegenheit scheidet deshalb aus, wenn entsprechend den zu § 1570 BGB entwickelten Grundsätzen[447] eine Erwerbstätigkeit nicht oder nicht in größerem Umfange erwartet werden kann. 425

Die **frühere Auffassung des BGH**, auch 0/8/15-Modell (mit acht Jahren des Kindes Halbtagstätigkeit, mit 15 Jahren Vollzeittätigkeit) genannt, also das sogenannte Altersphasenmodell, war nach Inkrafttreten des Unterhaltsänderungsgesetzes vom 1.1.2008 nicht mehr haltbar. 426

Nunmehr gilt, dass sich der geschiedene Ehegatte in den **ersten drei Lebensjahren** des Kindes vollständig der Betreuung und Erziehung des Kindes widmen kann, § 1570 Abs. 1 S. 1 BGB.[448] Für die Frage der Verlängerung des Unterhaltsanspruches nach dieser Zeit (§ 1570 Abs. 1 S. 2 BGB) hat der BGH den Vorrang der Fremdbetreuung des Kindes postuliert. 427

Für die Zeit **ab Vollendung des dritten Lebensjahres** gilt der Vorrang der Fremdbetreuung. Der **BGH** hatte denn auch in allen Fällen, in denen Obergerichte de facto das Altersphasenmodell fortgeschrieben hatten[449] diese Entscheidungen aufgehoben und ein Altersphasenmodell für das neue Recht – auch in modifizierter Form – eindeutig abgelehnt.[450] In den Folgeentscheidungen hat der BGH ausdrücklich den Vorrang der persönlichen Betreuung gegenüber anderen kindgerechten Betreuungsmöglichkeiten ausdrücklich aufgegeben.[451] 428

Ab einem Alter des betreuten Kindes von drei Jahren dient, so der BGH, die **Fremdbetreuung,** also eine anderweitige Betreuungsmöglichkeit dem wohlverstandenen Interesse des Kindes, insbesondere dem **Ausbau seines sozialen Verhaltens**. Die Fremdbetreuung sei ab Vollendung des dritten Lebensjahres mit dem Kindeswohl vereinbar.[452]

Der Gesetzgeber hat allerdings davon abgesehen, im Rahmen der Änderung des § 1570 BGB auch § 1361 Abs. 2 BGB zu ändern und hat die Verschärfung der Erwerbsobliegenheit **ausschließlich für den nachehelichen Unterhalt** geregelt. Mit der Verfestigung der Trennung und namentlich mit der Einreichung des Scheidungsantrages gleichen sich die Obliegenheiten zur Aufnahme einer Erwerbstätigkeit jedoch an.[453] Dasselbe gilt, wenn die Beteiligten eine **notarielle Trennungs- und Scheidungsfolgenvereinbarung** geschlossen haben.[454] 429

Gleichwohl gilt, dass auch in den Fällen, in denen die außerhäusliche Betreuung der Kinder gesichert ist, innerhalb des ersten Jahres nach der Trennung eine entsprechende Aufnahme einer Erwerbstätigkeit bzw. Ausweitung dieser Tätigkeit nicht verlangt werden kann. 430

Die Versöhnung und Wiederaufnahme der Ehe wird während des ersten Jahres immer noch in der Realität so gut möglich sein, dass eine Forderung des endgültigen Scheiterns der Ehe unangemessen ist. Anderes kann lediglich dann gelten, wenn kurz vor Ablauf des Trennungsjahres der **Scheidungsantrag bereits eingereicht** wird. 431

Durch Abschluss einer notariellen Trennungs- und Scheidungsfolgenvereinbarung verfestigt sich die Trennung zwar wesentlich, jedoch ist auch dann eine Wiederaufnahme der Ehe im Rahmen des ersten Trennungsjahres noch möglich. Die Verpflichtung zur Aufnahme oder Ausweitung einer Erwerbstätigkeit wird aber auch in solchen Fällen **unmittelbar nach Ablauf des Trennungsjahres** einsetzen. 432

447 BGH FamRZ 1988, 256; BGH FamRZ 1990, 283.
448 BGH FamRZ 2008, 1739; BGH FamRZ 2009, 770.
449 Vgl. OLG München FamRZ 2008, 1945; OLG Jena FamRZ 2008, 2203; OLG Zweibrücken FuR 2009, 298; OLG Düsseldorf FamRZ 2009, 522; OLG Celle FF 2009, 81; OLG Düsseldorf FPR 2009, 323.
450 BGH FamRZ 2009, 770 unter Aufhebung der Entscheidung KG FamRZ 2008, 1942.
451 BGH FamRZ 2009, 1124; BGH FamRZ 2009, 1391; BGH FamRZ 2009, 1477; BGH FamRZ 2010, 1055.
452 BGH FamRZ 2010, 1055.
453 BGH FamRZ 2008, 963.
454 OLG Düsseldorf ZFE 2006, 394.

433 Die Kriterien zur Betreuung gemeinschaftlicher Kinder gelten im Bereich des **Trennungsunterhaltes** im Gegensatz zum nachehelichen Unterhalt **auch bei der Betreuung nicht gemeinschaftlicher Kinder**, etwa von Kindern aus früherer Ehe,[455] der Betreuung eines vorehelichen Kindes[456] oder der Betreuung von Pflegekindern.[457] Ebenso gilt dies für ein während der Ehe von dem Unterhaltsberechtigten Ehegatten betreutes Kind des anderen Ehepartners.

434 Schließlich gilt dies ebenso **für nach der Trennung geborene nichteheliche Kinder**. Auch diese Kinder prägen die ehelichen Lebensverhältnisse. Bis zur Scheidung besteht die Versöhnungsmöglichkeit der Eheleute fort.[458]

435 Gibt die Ehefrau allerdings ihre **bisher ausgeübte Arbeitstätigkeit wegen der Geburt eines Kindes auf**, das nicht von ihrem Ehemann stammt, so tritt der Anspruch auf Trennungsunterhalt hinter einen gleichzeitig bestehenden Anspruch aus § 1615l BGB zurück.[459]

436 Die **Betreuung** darf allerdings nicht im Widerspruch zu einer etwaigen Sorgerechtsregelung bestehen. Sie muss **berechtigt** erfolgen.[460]

b) Alter

437 Alter ist bereits nach der Bestimmung des **§ 1571 BGB** ein Grund, der die gesetzlich vorausgesetzte **Erwerbsobliegenheit entfallen** lassen kann. So kann ab Erreichen der Regelaltersgrenze eine Erwerbstätigkeit grundsätzlich nicht mehr erwartet werden.[461]

438 Auch bei Ehegatten, deren Alter **unter der Regelaltersgrenze** liegt, kann unter Umständen eine Rückkehr in eine Erwerbstätigkeit wegen des Alters gleichfalls nicht mehr in Betracht kommen.[462] Die Grenzen müssen aber **eng gefasst** werden. Auch wenn im gewerblichen Bereich Arbeitsplätze ab einem Alter von 60 Jahren praktisch kaum noch zu finden sind, ist eine Erwerbstätigkeit grundsätzlich auch für eine 60-jährige Ehefrau zumutbar.[463]

439 Die Kriterien zur Unterhaltsverpflichtung gem. § 1571 BGB nach Scheidung der Ehe gelten **auch im Bereich der Trennung** der Eheleute. Trifft höheres Alter des Ehepartners allerdings mit einer langen Dauer der Ehe zusammen, wird die Verpflichtung zur Aufnahme einer Erwerbstätigkeit besonders kritisch zu prüfen sein.[464]

c) Krankheit oder Gebrechen

440 Für den nachehelichen Unterhalt gilt gem. **§ 1572 BGB**, dass dann von einem (früheren) Ehepartner eine angemessene Erwerbstätigkeit nicht oder nur teilweise zu erwarten ist, wenn dieser wegen Krankheit, eines anderen Gebrechens oder Schwäche der körperlichen oder geistigen Kräfte außer Stande ist, in angemessener Weise für sich selbst zu sorgen.

441 Die Krankheit **muss dabei nicht ehebedingt** sein.[465] Sie ist es in der Regel auch nicht.

Der **Krankheitsbegriff ist weit auszulegen** und entspricht den entsprechenden Begriffen im Sozialversicherungs- und Beamtenrecht (§ 1247 Abs. 2 RVO bzw. § 42 Abs. 1 S. 1 BBG).

Auch Suchterkrankungen ohne Verschuldensaspekt (Alkohol/Drogen/Medikamente) fallen hierunter.[466]

455 BGH FamRZ 1979, 571.
456 OLG Schleswig FamRZ 1996, 489.
457 BGH FamRZ 1995, 995.
458 BGH FamRZ 1999, 367.
459 OLG Bremen FamRZ 2005, 213.
460 OLG Frankfurt FamRZ 1995, 234.
461 BGH FamRZ 2011, 454.
462 OLG Oldenburg FamRZ 1996, 672.
463 So OLG Hamm FamRZ 1995, 1416.
464 OLG Hamm FamRZ 2019, 593.
465 BGH FamRZ 2004, 779.
466 BGH FamRZ 1988, 375.

Hinweis 442

Unternimmt der Unterhaltsberechtigte allerdings nicht alles Zumutbare, um seine Erkrankung behandeln zu lassen, verliert er den auf § 1572 BGB gestützten Unterhaltsanspruch.[467]

Der Unterhaltsanspruch kann darüber hinaus **verwirkt** sein, wenn – was nur in krassen Fällen nachweisbar sein wird – der Unterhaltsberechtigte sich in Erkenntnis der Zusammenhänge und bei ausreichender Steuerungskraft der **therapeutischen Hilfe entzieht**.[468] 443

Eine krankheitsbedingte Erwerbsunfähigkeit liegt auch vor, wenn schwere, **schicksalhafte Erkrankungen** auftreten, die möglicherweise ihre Ursache allein in der Person eines Ehegatten haben oder ggf. sogar in der Zeit vor Eheschließung angelegt sind. Korrekturen können ggf. nach den Verwirkungsvorschriften der §§ 1579 Nr. 4 und 8 BGB erfolgen. 444

Hinweis 445

Zu beachten ist, dass nicht eine Erkrankung im Sinne des § 1572 BGB gleichzeitig den Härtegrund des § 1579 Nr. 8 BGB erfüllen und den Unterhaltsanspruch ausschließen darf. Der BGH erklärt dazu, dass es zur ehelichen Solidarität gehört, dem anderen Ehegatten in Fällen schicksalhafter Erkrankungen zu helfen.[469]

Merke deshalb:

Ansprüche nach § 1572 BGB können überlagert sein durch gleichzeitig bestehende Ansprüche nach §§ 1570, 1571 und 1575 BGB.

Die Prüfung des ursächlichen Zusammenhangs zwischen der Erkrankung und der Nichterwerbstätigkeit erfolgt **unter strengen Maßstäben**.[470] So kommt man in der Regel in einem solchen Verfahren nicht ohne Sachverständigengutachten bzw. amtsärztlicher Bescheinigung aus. 446

Besonders zurückhaltend beurteilt die Rechtsprechung **psychische Belastungen**. Diese gehen nach Auffassung des BGH vielfach mit einer Trennung/Scheidung einher und können ggf. durch Behandlung überwunden werden. Sie sind daher **nicht generell zur Begründung** eines Unterhaltsanspruches wegen Krankheit geeignet.[471] 447

Solange die seelische Störung nicht übermächtig ist, darf die **„Flucht" in neurotische Erkrankungen** rechtlich nicht honoriert werden.[472]

Wenn sich der Unterhaltsberechtigte darauf beruft, aufgrund Erkrankung nicht zu einer Erwerbstätigkeit nicht in der Lage zu sein, so kann dies selbstverständlich **nicht pauschal** mit der Einholung eines Sachverständigengutachtens unter Beweis gestellt werden. Vielmehr wird bereits für den konkreten Sachvortrag eine Antragsschrift erforderlich sein, ein **detailliertes ärztliches Attest** vorzulegen. Hieraus sollte sich nicht pauschal eine Arbeitsunfähigkeit ergeben, sondern es sollte detailliert geschildert werden: 448

- Diagnose,
- Dauer der Erkrankung,
- Art der Behandlung,
- Auswirkungen der Erkrankung auf die Erwerbsfähigkeit sowie – falls möglich –
- eine Prognose, wann mit einer Genesung zu rechnen ist bzw. welche Maßnahmen (z.B. Reha) erforderlich sind, um eine möglichst rasche Genesung zu ermöglichen.

467 BGH NJW 1994, 1593.
468 OLG Hamm FamRZ 1999, 137, 238: Bewusstes Vermeiden ärztlicher Hilfe bei neurotischen Depressionen.
469 BGH FamRZ 1995, 1405.
470 BGH FamRZ 1984, 353.
471 OLG Hamm FamRZ 1995, 996.
472 *Horndasch*, Verbundverfahren Scheidung, Rn 796.

Einem insoweit **„ins Blaue hinein" gestellten Beweisantrag** ist nach Auffassung des **BGH** nicht zu folgen.[473]

449 Wenn ein **Rentenantrag** wegen krankheitsbedingter Arbeitsunfähigkeit noch nicht beschieden ist, kann der Verpflichtete dem Berechtigten ein zins- und tilgungsfreies Darlehen gegen Abtretung des Anspruches auf Rentennachzahlung anbieten. Dies muss der Berechtigte aus den Gesichtspunkten von „Treu und Glauben" nach § 244 BGB annehmen.[474]

d) Gemeinsamer Lebensplan der Ehegatten

450 Nach der Trennung kann häufig eine ursprünglich gemeinsame Lebensplanung **nicht mehr in der vorgesehenen Weise verwirklicht** werden. Gemeinsame Lebensplanungen während intakter Ehe gehen von einem Fortbestehen der Lebensgemeinschaft aus. Ist dies nicht der Fall, kann unter den dann gegebenen Umständen eine Verwirklichung der Planung nicht oder nur in angepasster Form erfolgen. So kann die Planung vollzeitlicher Tätigkeit trotz Kindesbetreuung bei Trennung dann nicht umgesetzt werden, wenn der andere Ehegatte zur Betreuung nicht (mehr) zur Verfügung steht.[475]

e) Ausbildung

451 Befindet sich ein Ehegatte zum Zeitpunkt der Trennung in einer **Berufsausbildung oder in einem Studium**, so kann er dies **fortsetzen**, wenn die Ausbildung oder das Studium bisher im Einvernehmen mit dem anderen Ehegatten betrieben worden ist. Das Studium/die Berufsausbildung muss jedoch zielstrebig betrieben werden. Der Abschluss muss zu erwarten sein.

452 Es ist unerheblich, ob die Ausbildung bereits vor der Ehe aufgenommen wurde und ob es sich um eine Zeitausbildung handelt.[476] Eine Weiterbildung nach abgeschlossener Berufsausbildung, die im Einvernehmen mit dem anderen Ehegatten betrieben wird, **kann fortgesetzt** werden, wenn der Abschluss in absehbarer Zeit zu erwarten ist. Ist eine **Beendigung unklar**,[477] ist die Weiterbildung zu beenden. Der betroffene Ehegatte muss sich dann um eine Beschäftigung in seinem bisherigen Beruf bemühen.

453 Bei Aufnahme einer Ausbildung ohne Zustimmung des anderen Ehegatten besteht dann eine Unterhaltspflicht, wenn die Ausbildung absolviert wird, **um die Voraussetzungen für eine angemessene Erwerbstätigkeit** zu schaffen (§ 1574 Abs. 3 BGB).

Dies wird vor allem **bei Fortbildungen** in Betracht kommen, um die Kenntnisse im erlernten Beruf zu aktualisieren oder so zu verbessern, dass bessere Chancen auf dem Arbeitsmarkt bestehen. In entsprechender Anwendung des § 1574 Abs. 3 BGB kann die Ausbildung/Fortbildung aufgenommen werden. Eine Erwerbsobliegenheit besteht in diesen Fällen nicht.

454 Hatte der unterhaltsbedürftige Ehegatte **in Erwartung der Ehe** oder während der Ehe eine Schul- oder Berufsausbildung nicht aufgenommen oder abgebrochen (§ 1575 Abs. 1 BGB), kann er dann, wenn das Scheitern der Ehe feststeht, im „Vorgriff" auf die Voraussetzungen des § 1575 BGB[478] eine Ausbildung aufnehmen.

455 Nach § 1575 Abs. 1 S. 1 BGB ist die entsprechende Ausbildung „sobald wie möglich" aufzunehmen. Dies führt dazu, dass regelmäßig die **Aufnahme der Ausbildung noch vor Scheidung** der Ehe, dann, wenn das endgültige Scheitern der Ehe feststeht, angemessen und damit **vom Unterhaltsgläubiger hinzunehmen** ist.

473 BGH FamRZ 2007, 200.
474 BGH FamRZ 1983, 574.
475 BGH FamRZ 1988, 145.
476 BGH FamRZ 1981, 43.
477 OLG Düsseldorf FamRZ 1991, 76.
478 Wendl/Dose/*Bömelburg*, § 4 Rn 46.

Das Unterhaltsverlangen zählt dann zu den **persönlichen Verhältnissen** im Sinne des § 1361 Abs. 2 BGB, nach denen dann eine Erwerbstätigkeit vom unterhaltsbedürftigen Ehegatten nicht erwartet werden kann.

f) Frühere Erwerbstätigkeit

In Ausnahme des Unterhaltsverlangens nach § 1361 Abs. 1 BGB kann der nicht erwerbstätige Ehegatte nach § 1361 Abs. 2 BGB eventuell **auf eine Erwerbstätigkeit verwiesen** werden, die er früher ausgeübt hat. 456

Hinsichtlich einer solchen früheren Erwerbstätigkeit ist konkret zu prüfen, ob sie **während des Trennungszeitraums zumutbar** ist. Dabei ist zu berücksichtigen, wie lange sie zurückliegt, ob sie dem zwischenzeitlich erreichten sozialen Status der Ehe noch entspricht und wie lange im Übrigen die Ehe bereits gedauert hat. 457

Nach Scheidung der Ehe wird gem. § 1574 Abs. 2 BGB eine „frühere Erwerbstätigkeit" des geschiedenen Ehegatten **grundsätzlich als angemessen** beurteilt. Die voreheliche Berufstätigkeit wird in die Gesamtwürdigung einbezogen. Dies hat Ausstrahlungswirkung für den Trennungsunterhalt. 458

Gleichwohl ist das höhere Maß an Rücksichtnahme aufgrund noch bestehender Ehe zu bewerten. Es ist zu unterscheiden, ob es sich um eine frühere Tätigkeit vor Eheschließung handelt oder ob es um die Frage der Zumutbarkeit einer Fortsetzung der **während des ehelichen Zusammenlebens ausgeübten Erwerbstätigkeit** nach den **„Erwerbsverhältnissen der Ehegatten"** (§ 1361 Abs. 1 S. 1 BGB) geht.[479] 459

Regelmäßig ist dem getrenntlebenden Ehegatten die **Fortsetzung der während des Zusammenlebens ausgeübten Erwerbstätigkeit** im bisherigen Umfang zumutbar.[480] Anders ist die frühere Tätigkeit zu beurteilen, wenn sie vor Eheschließung erfolgt ist. Die Angemessenheit hängt von einer Gesamtwürdigung der Umstände, von Ausbildung, Lebensalter und Fähigkeiten des Ehegatten ab. 460

Hat etwa der Ehegatte eine Ausbildung vor Jahrzehnten abgeschlossen und während der langjährigen Ehe **niemals ausgeübt**, wird hierauf nicht abzustellen sein, sondern ausschließlich auf den letztlich in der Ehe ausgeübten Beruf.[481]

Ob die Ausübung einer früheren Erwerbstätigkeit im Hinblick auf die Lebensverhältnisse (§ 1574 Abs. 2 S. 2 BGB) als **unangemessen, unbillig** zu beurteilen ist, entscheidet sich im **Einzelfall**. 461

So hat der **BGH** es für angemessen gehalten, dass zu einer angemessenen früheren Erwerbstätigkeit auch die **Arbeit in der Praxis des Mannes** zählen kann.[482] Auch bei langjähriger Arbeitsunterbrechung und entsprechender früherer Tätigkeit kann eine Betätigung im Bereich der Raumpflege ebenso angemessen sein.[483]

Es ist jeweils im Einzelfall zu prüfen, ob dem getrenntlebenden Ehegatten die Aufnahme einer angemessenen Erwerbstätigkeit zuzumuten ist, die zusätzlich anhand der ehelichen Lebensverhältnisse darauf zu prüfen ist, ob ihre Ausübung im Hinblick auf die ehelichen Verhältnisse aus **Billigkeitsgründen** ausscheidet.

Für die Umstände, die **für** die Berufstätigkeit des unterhaltsberechtigten Ehegatten sprechen, ist der **unterhaltspflichtige Ehegatte darlegungs- und beweispflichtig**, da § 1361 Abs. 2 BGB als Ausnahme zum Unterhaltsanspruch nach § 1361 Abs. 1 BGB konstruiert ist. Damit soll der getrenntlebende Ehegatte vor der Scheidung vor einem unangemessenen sozialen Abstieg bewahrt werden. 462

479 BGH FamRZ 1981, 1150.
480 OLG München FamRZ 1982, 270.
481 BGH FamRZ 2005, 23.
482 BGH FamRZ 1982, 892.
483 BGH FamRZ 1981, 17.

g) Dauer der Ehe

463 Die **Dauer der Ehe** kann insofern eine entscheidende Rolle spielen, als zu prüfen ist, inwieweit der Berechtigte durch die Ehe eine Unterbrechung seiner Arbeitstätigkeit vorgenommen hat. Je länger diese Unterbrechung gedauert hat, desto mehr muss dies bei der Zumutbarkeit der Aufnahme einer Erwerbstätigkeit und bei der Gesamtbewertung eine Rolle spielen.[484]

Umgekehrt gilt: Je kürzer die Ehedauer, desto eher besteht eine Erwerbsobliegenheit.[485]

Einerseits ist festzustellen, dass die Dauer der Ehe nur eines der in § 1361 Abs. 2 BGB aufgeführten Merkmale darstellt und damit **neben den anderen Merkmalen** nur als gleichrangiger Gesichtspunkt zu berücksichtigen ist.

Andererseits ist durch Gesetzesänderung die Ehe von langer Dauer ausdrücklich in § 1578b Abs. 1 S. 1 BGB eingefügt worden, um einen darauf bezogenen unbefristeten Unterhalt zu normieren.

464 Diese Gesetzesänderung für die Zeit nach der Ehe verändert auch das Merkmal der Dauer der Ehe während der Trennungszeit. Früher hatte der BGH die Dauer der Ehe **im Zusammenhang mit § 1578b BGB** „nur ein Indiz" für die zunehmende Verflechtung der beiderseitigen Verhältnisse genannt.[486] Die Ehedauer, so der BGH, gewinne (nur) durch eine wirtschaftliche Verflechtung an Gewicht.[487] Es war deshalb klar, dass auch lange Ehen ohne weitere Kriterien nicht zu einem unbegrenzten Unterhaltsanspruch führen konnten.[488]

Dies führt **bei Ehen langer Dauer**, also etwa ab einer Ehezeit von **20 Jahren**[489] zur Verneinung einer Erwerbsobliegenheit. Allerdings muss trotz der Gesetzesänderung letztlich auch bei langjähriger Dauer der Ehe auf die **persönlichen und wirtschaftlichen Verflechtungen** der Eheleute abgestellt werden. Auch bei Ehen von langer Dauer sind Konstellationen ohne Verflechtungen denkbar, die in Ausnahmefällen zu einer Erwerbsobliegenheit führen können.

h) Dauer der Trennung

465 Wie die Dauer der Ehe spielt auch die **Dauer der Trennung** für die Frage der Erwerbsobliegenheit eine wichtige Rolle. Je länger die Trennung dauert, desto geringer wird das Vertrauen in den Fortbestand der Ehe sein. In der Regel wird man **während des ersten Trennungsjahres** keine Erwerbsobliegenheit annehmen können.[490] Sie setzt in der Regel erst **nach Ablauf des ersten Trennungsjahres** ein.[491]

466 Vor Ablauf des Trennungsjahres kann eine Erwerbsobliegenheit angenommen werden, wenn **besondere Umstände** die endgültige Trennung und künftige Scheidung der Ehepartner nahelegen. Haben die Eheleute z.B. eine Trennungs- und Scheidungsfolgenvereinbarung geschlossen, ist dies ein Indiz für das endgültige Scheitern der Ehe.

467 Gleichwohl wird es darauf ankommen, ob diese (notarielle) Vereinbarung sehr früh nach Beginn des Trennungsjahres oder im letzten Teil der einjährigen Trennung abgeschlossen wurde. Bei **sehr früher Vereinbarung** über die Trennungs- und Scheidungsfolgen kann es durchaus noch im Verlauf des Trennungsjahres zu einer **Sinneswandlung** kommen, die in eine Versöhnung und Wiederaufnahme der ehelichen Lebensgemeinschaft mündet.

Stellt der unterhaltsbedürftige Ehegatte kurz vor Ablauf des Trennungsjahres mit Zustimmung des Ehepartners Scheidungsantrag, ist davon auszugehen, dass die Ehe endgültig gescheitert ist und der unterhaltsbedürftige Ehegatte verpflichtet ist, einer Erwerbstätigkeit nachzugehen.

484 OLG München FamRZ 2002, 462.
485 OLG Hamm FamRZ 1997, 1536: Obliegenheit zur Erwerbstätigkeit schon im ersten Trennungsjahr bei kurzer Ehedauer.
486 BGH FamRZ 2009, 406.
487 BGH FamRZ 2010, 1971.
488 Wendl/Dose/*Wönne*, § 4 Rn 1020 m.w.N.
489 Dazu ausführlich und differenzierend Wendl/Dose/*Gutdeutsch*, § 5 Rn 126 ff.
490 BGH FamRZ 1990, 283.
491 Vgl. auch Ziff. 17.2 der Leitlinien der DT v. 1.1.2023.

Entscheidend ist, **ob vernünftigerweise noch eine Hoffnung** auf Wiederherstellung der Lebensgemeinschaft besteht. Zuzumuten ist die Aufnahme einer Erwerbstätigkeit in jedem Fall, wenn beide Ehegatten die Scheidung wollen, der Ablauf des Trennungsjahres kurz bevor steht und aufgrund der konkreten Umstände (beiderseits neue Partner) vernünftigerweise eine Wiederherstellung der ehelichen Lebensgemeinschaft **nicht mehr erwartet** werden kann.[492] 468

Bei Ehen längerer Dauer und älterer Unterhaltsberechtigter ist die Zeitdauer, die den Eheleuten zur Überlegung im Hinblick auf ihre unterbrochene Eheführung einzuräumen **ist, nicht zu verkürzen.** 469

Aufgrund der durch das Unterhaltsrechtsänderungsgesetz 2008 verschärften nachehelichen Erwerbsobliegenheit muss auch für den Trennungsunterhaltsanspruch gelten, dass **nach endgültigem Scheitern der Ehe** grundsätzlich eine Erwerbspflicht besteht. Im Sinne der auflebenden Verpflichtung zur Aufnahme einer Erwerbstätigkeit ist eine Ehe dann gescheitert, wenn auch nach einem Jahr keine konkreten Ansätze sichtbar sind, die eine Versöhnung als wahrscheinlich erscheinen lassen. 470

i) Wirtschaftliche Verhältnisse

Die wirtschaftlichen Verhältnisse der Eheleute haben insofern eine Auswirkung auf die Zumutbarkeit einer Erwerbstätigkeit, als **bei beengten wirtschaftlichen Verhältnissen** eine verschärfte Erwerbsobliegenheit besteht.[493] Dies gilt vor allem bei wirtschaftlichen Verhältnissen der Eheleute, die von ehebedingten Schulden geprägt sind. 471

Bei einer ehebedingten Verschuldung liegt nahe, dass die Eheleute auch bei Fortdauer der ehelichen Lebensgemeinschaft um eine Erwerbstätigkeit beider Eheleute bemüht sind.[494]

Insbesondere bei Vorliegen eines Mangelfalles ist der bedürftige Ehegatte verpflichtet, nach der Trennung auch noch innerhalb des ersten Trennungsjahres eine Erwerbstätigkeit auszuüben.[495]

Umgekehrt rechtfertigen **sehr gute wirtschaftliche Verhältnisse** eine Verlängerung des Zeitraumes, innerhalb dessen während der Trennung eine – gering qualifizierte – Erwerbstätigkeit unzumutbar ist.[496] Es ist in solchen Fällen jedoch eine **Gesamtwürdigung** danach vorzunehmen, ob sich der Ehepartner angesichts des sozialen Status in der Ehe länger Zeit lassen kann um sich z.B. um qualifizierte Tätigkeiten zu bemühen oder um eine Umschulung, Fortbildung oder weitere berufliche Qualifikation zu erreichen.[497] 472

3. Fortsetzung einer ausgeübten Erwerbstätigkeit

Der **Schutz des § 1361 Abs. 2 BGB** für das erste Trennungsjahr gilt nicht für den bei Trennung erwerbstätigen Ehegatten einer Doppelverdienerehe. Da die ehelichen Lebensverhältnisse „fortzuschreiben" sind, hat grundsätzlich jeder Ehegatte nach der Trennung seine bisherige Erwerbstätigkeit fortzusetzen.[498] 473

Aufgeben kann ein Ehepartner diese Tätigkeit nur in besonderen Fällen, z.B. bei einer neu auftretenden Krankheit, aber auch dann, wenn der Ehegatte bisher in dem Betrieb des anderen mitgearbeitet hatte und ihm dies wegen der trennungsbedingten Spannungen nicht mehr zuzumuten ist. 474

Arbeitet ein Ehegatte während der Lebensgemeinschaft in **Teilzeittätigkeit,** wird er sich nach Trennung unter Berücksichtigung der entsprechenden Kriterien zu gegebener Zeit um eine erweiterte – ggf. vollzeitliche – Erwerbstätigkeit bemühen müssen. Eine **sozial sichere Teilzeitstelle** ist zunächst **nicht aufzugeben**. Der betroffene Ehegatte muss sich aber um eine Ausweitung der Beschäftigung bemühen. 475

492 OLG Düsseldorf FamRZ 1980, 2453.
493 BGH FamRZ 1982, 320; BGH FamRZ 1990, 283; OLG Koblenz FamRZ 1994, 1253.
494 BGH FamRZ 1982, 23.
495 BGH FamRZ 2001, 350.
496 BGH FamRZ 1990, 283; OLG Koblenz FamRZ 2019, 197.
497 BGH FamRZ 1990, 283, 286; OLG Düsseldorf NJW 2018, 2805.
498 BGH FamRZ 1981, 1159; BGH FamRZ 1985, 782.

476 Falls dies nicht möglich ist, ist **im Einzelfall abzuwägen**, ob dem Ehegatten die Aufgabe dieser Tätigkeit zugunsten einer unsicheren, ggf. in der Probezeit kündbaren Ganztagsstelle **zuzumuten** ist. Ist dies nicht der Fall, muss sich der Unterhaltsberechtigte allerdings um eine weitere angemessene Nebentätigkeit bemühen, um seiner Erwerbsobliegenheit zu genügen.[499] Fehlt es hieran, können ihm fiktive Einkünfte zugerechnet werden.

477 Umgekehrt kann möglicherweise die **Fortsetzung einer bei Trennung ausgeübten Erwerbstätigkeit unzumutbar** sein. Dies kann namentlich dann der Fall sein, wenn gemeinschaftliche, betreuungsbedürftige Kinder während intakter Ehe von beiden Ehegatten betreut worden sind und diese notwendige Mithilfe eines Ehegatten infolge der Trennung wegfällt. Dies kann in einer entsprechenden Zumutbarkeitsabwägung[500] in die Konsequenz münden, dass die bisherige Erwerbstätigkeit nur eingeschränkt oder überhaupt nicht ausgeübt werden muss.

Ist dies der Fall, erzielt der Unterhaltsberechtigte **Einkünfte aus unzumutbarer Tätigkeit**. Diese werden nach den Grundsätzen des § 1577 Abs. 2 BGB berücksichtigt. Es gelten hierzu die Regeln des § 1577 Abs. 2 BGB.

478 Obwohl beim **Trennungsunterhalt** eine entsprechende Bestimmung fehlt und § 1577 BGB für den nachehelichen Unterhalt gilt, dürfen die **q2** bei der Beurteilung des Trennungsunterhaltes nicht außer Acht gelassen werden. Es muss gewährleistet sein, dass bei an sich gleicher Sachlage der Anspruch auf Trennungsunterhalt nicht niedriger ausfällt als der nacheheliche Unterhalt. Deshalb sind die **Grundsätze des § 1577 BGB in entsprechender Weise** auch auf den Trennungsunterhalt anzuwenden.[501]

479 Hinsichtlich des **Rechenweges bei überobligatorischer Tätigkeit** ist zunächst festzustellen, welcher Teil des Erwerbseinkommens auf unzumutbaren Erwerbsbemühungen beruht. Sodann ist im Wege einer Billigkeitsabwägung festzulegen, wieviel von dem Einkommen bei der Unterhaltsberechnung berücksichtigt werden soll. Der sich ergebende Betrag ist **als normales eheprägendes Einkommen** in die Unterhaltsberechnung einzubeziehen.

Zu solchen **überobligatorischen Tätigkeiten** gehört z.B. die Arbeitsaufnahme nach Trennung trotz Betreuung von Kindern unter drei Jahren, bei der Erzielung von Einkünften aus nicht zumutbarer Vermietung oder bei Erzielung von Nebeneinkünften im Rentenalter.

480 Dies bedeutet nicht, dass überobligatorisches Einkommen grundsätzlich überhaupt nicht angesetzt wird. Es ist vielmehr **im Rahmen des § 1577 Abs. 2 BGB zu kürzen**. Betreut deshalb der unterhaltsberechtigte Ehepartner während der Trennungszeit gemeinsame oder auch nicht gemeinschaftliche, im Haushalt lebende Kinder unter drei Jahren, wird sein Einkommen um einen Teil, etwa bis zur Hälfte, zu kürzen sein.[502] Dasselbe gilt bei einer **Tätigkeit im hohen Alter**. Auch wird ein entsprechender Teil anrechnungsfrei bleiben müssen.[503]

4. Fiktive Zurechnung von Einkünften

481 Ist eine zumutbare Erwerbsobliegenheit des Unterhaltsberechtigten zu bejahen, können ihm **erzielbare Nettoeinkünfte** aus einer entsprechenden Erwerbstätigkeit **fiktiv zugerechnet** werden.

Voraussetzung ist, dass er sich **nicht ernsthaft** um eine entsprechende Arbeitsstelle bemüht und bei ernsthaften Bemühungen eine **reale Beschäftigungschance** bestanden hätte.

499 OLG Frankfurt FamRZ 2000, 25.
500 OLG München FamRZ 1982, 270.
501 BGH FamRZ 1983, 146.
502 BGH FamRZ 2005, 967.
503 BGH FamRZ 2011, 454.

Die Höhe fiktiver Einkünfte kann nur im **Einzelfall im Wege einer Schätzung** nach § 287 ZPO ermittelt werden.[504] Zugrunde zu legen ist derjenige Nettobetrag, der sich nach Abzug der ggf. zu zahlenden Steuern und Vorsorgeaufwendungen erzielt werden könnte. Diese Schätzung hat im Einzelfall unter Berücksichtigung von Alter, Vorbildung, Fähigkeiten und Gesundheitszustand zu erfolgen.[505] 482

Dose[506] schlägt in diesem Zusammenhang vor, dass als vergleichbare Beträge die in den **Anlagen zum Fremdrentengesetz (FRG)**[507] aufgeführten Bruttojahresentgelte herangezogen werden können, wenn im Einzelfall verlässliche konkrete Anhaltspunkte für eine Schätzung fehlen. Geeignet sind allerdings auch Schätzungen, die auf den von den **Berufskammern** herausgegebenen Übersichten über das im jeweiligen Bereich erzielbare Durchschnittseinkommen beruhen.[508] 483

Es kann im Übrigen auf die **Höhe des früheren Einkommens** abgestellt werden, wenn der Unterhaltsberechtigte ein früheres Arbeitsverhältnis leichtfertig aufgegeben hat und davon ausgegangen werden kann, dass dieses Einkommen ohne die leichtfertige Auflösung des Arbeitsverhältnisses nach wie vor erzielt werden würde.[509] 484

Sind fiktive Einkünfte zu berücksichtigen, sind sie nach der Differenz- bzw. Additionsmethode bei der Bedarfsbemessung und der Unterhaltsberechnung zu berücksichtigen.[510] 485

5. Einkünfte des Unterhaltsberechtigten

a) Versorgungsleistungen für einen neuen Partner

Lebt der Unterhaltsberechtigte mit einem **neuen Partner** zusammen, entfällt die Bedürftigkeit nicht ohne weiteres. 486

Führt der Unterhaltsberechtigte allerdings seinem **neuen Partner den Haushalt** oder erbringt er sonstige **Versorgungsleistungen**, so können die von diesem erbrachten Gegenleistungen nicht mehr als unentgeltlich beurteilt werden, sondern müssen vielmehr als Vergütung für die erbrachte Versorgung angesehen werden.[511]

Hinweis 487

Der Wert der Versorgungsleistungen, die ein unterhaltsberechtigter Ehegatte während der Trennungszeit oder nach rechtskräftiger Scheidung für einen Lebenspartner erbringt, tritt nach Auffassung des **BGH** als Surrogat an die Stelle einer Haushaltsführung während der Ehezeit und ist deswegen im Wege der Differenzmethode in die Berechnung des Unterhalts einzubeziehen.[512]

Eine Einbeziehung ist aber nur möglich, wenn der **Partner leistungsfähig** ist, die Leistungen ausreichend zu vergüten.[513] 488

Kann wegen Leistungsunfähigkeit des Partners oder mangels konkreter Angaben keine bzw. nur eine geringe Vergütung angesetzt werden, kann der Bedarf des Berechtigten auch dadurch geringer werden, dass er sich **Ersparnis** bei der Haushaltsführung durch das **gemeinsame Wirtschaften** mit dem Partner an-

504 BGH FamRZ 1984, 662; BGH FamRZ 1986, 885; OLG Köln FamRZ 1982, 707, 709.
505 BGH FamRZ 1984, 374, 377; OLG Hamm FamRZ 2005, 35; OLG Koblenz FamRZ 2006, 725.
506 Wendl/Dose/*Dose*, § 1 Rn 793.
507 Vgl. BGBl I 2006, S. 1881 ff.
508 OLG Düsseldorf FamRZ 1991, 220.
509 BGH FamRZ 2005, 1979, 1981; BGH FamRZ 2008, 872; KG FamRZ 2003, 1208.
510 BGH FamRZ 2005, 1979, 1981.
511 BGH FamRZ 1989, 487, 488; dazu ausführlich *Wohlgemuth*, FamRZ 2003, 983; bestätigt durch BGH FamRZ 2004, 1170 und BGH FamRZ 2004, 1173 mit Anm. *Born*, FamRZ 2004, 1175 und *Gerhardt*, FamRZ 2004, 1545.
512 BGH FamRZ 2004, 1170 und FamRZ 2004, 1173 unter Aufhebung des Urteils des OLG Oldenburg FamRZ 2002, 1488; *Soyka*, FK 2004, 131.
513 BGH FamRZ 1989, 487 und FamRZ 1987, 1011 ff.; *Büttner*, FamRZ 1996, 136 f.; *Oelkers*, FamRZ 1996, 263 ff.

rechnen lassen muss. Diese werden von der Rechtsprechung regelmäßig mit **20 bis 25 % der Lebenshaltungskosten** angesetzt.[514] Bei entsprechenden Einkünften wird es zutreffend sein, eine Ersparnis von 10 % für jeden der Partner anzunehmen.

Ihre Grenze findet die Herabsetzung allerdings in der Herabsetzung bis auf das **Existenzminimum** nach sozialhilferechtlichen Grundsätzen.[515]

489 *Hinweis*

Die **Leitlinien einiger Oberlandesgerichte** bestimmen die **Höhe des Versorgungsentgeltes**, dass sich der Unterhaltsberechtigte möglicherweise fiktiv zurechnen lassen muss, soweit dieser leistungsfähig ist. Als anrechenbares Versorgungsentgelt beim nicht erwerbstätigen Unterhaltsberechtigten sind folgende Beträge vorgesehen:[516]

- **200 bis 550 EUR** (Süddeutsche Leitlinien, KG und OLG Bremen, OLG Dresden, OLG Köln und OLG Rostock;
- **450 EUR** bei Haushaltsführung durch einen nicht Erwerbstätigen (OLG Frankfurt, OLG Thüringen);
- **250 bis 500 EUR** (OLG Hamm);
- **350 EUR** (OLG Koblenz);
- **300 bis 500 EURO** (OLG Düsseldorf);
- **500 EUR** (OLG Oldenburg);
- **10 % des Eigenbedarfs** (OLG Braunschweig)
- **keine Regelung** zur Höhe des Versorgungsentgeltes (OLG Brandenburg, OLG Celle, OLG Hamburg, OLG Naumburg, OLG Saarbrücken und OLG Schleswig-Holstein)

490 Von dieser Frage zu unterscheiden ist die Problematik, ob in solchen Fällen die Inanspruchnahme des Verpflichteten ganz oder teilweise **grob unbillig** wäre (§§ 1361 Abs. 3, 1579 Nr. 6 und 7 BGB). Erforderlich ist danach **das Vorliegen eines speziellen Härtegrundes im Sinne des § 1579 BGB**.[517]

b) Wohnvorteil

491 Eheliche Lebensverhältnisse werden nicht nur vom Einkommen der Ehegatten, sondern auch von den **Kosten für Wohnen** bestimmt. So ist nach Nr. 5 der Düsseldorfer Tabelle im notwendigen Eigenbedarf (Selbstbehalt) von 1.080 EUR ein Betrag für Wohnen in Höhe von **380 EUR** eingearbeitet, beim angemessenen Eigenbedarf in Höhe von 1.300 EUR der Betrag von **480 EUR**, jeweils Warmmiete. Ein eventueller Nutzungsvorteil für mietfreies Wohnen ist daher in die Berechnung einzubeziehen.

492 Der Mietwert wird grundsätzlich bestimmt durch die **Differenz zwischen dem objektiven Mietwert und den tatsächlichen abzugsfähigen Kosten** für das Haus bzw. die Wohnung. Beim Unterhaltspflichtigen erhöht die notwendige Zurechnung mietfreien Wohnens die Leistungsfähigkeit, beim Unterhaltsberechtigten mindert das mietfreie Wohnen seine Bedürftigkeit.

493 Zumindest während des **ersten Trennungsjahres** ist es jedoch im Interesse des Schutzes und der Aufrechterhaltung bzw. Wiederherstellung der ehelichen Lebensgemeinschaft erforderlich, den Wohnwert der allein genutzten Wohnung nicht nach dem objektiven Mietwert festzusetzen. Der eigentliche Mietwert ist nur eingeschränkt zuzurechnen.

514 BGH FamRZ 1995, 344 ff., 346; bei Zusammenleben mit einem Arbeitslosen max. 10 % Ersparnis, so OLG Dresden FamRZ 2007, 1476.
515 BGH FamRZ 2008, 594; *Soyka*, FK 2008, 73 f.
516 Vgl. jeweils Ziff. 6 der Leitlinien Stand 1.1.2023.
517 Zur umfangreichen Rechtsprechung vgl. BGH FamRZ 1995, 344, ausführlich Wendl/Dose/*Gerhardt*, § 4 Rn 712 ff.

Dies geschieht in der Weise, dass nur der Wert angesetzt wird, der dem örtlichen Mietzins **für eine dem ehelichen Standard entsprechende kleinere Wohnung** entspricht, wie sie der den Nutzungsvorteil ziehende Ehegatte ansonsten anmieten würde.[518]

Eine während des ersten Trennungsjahres noch bewohnte frühere Ehewohnung, die einem der Ehepartner oder beiden Ehepartnern zu Eigentum gehörte, ist in dieser Zeit **weder zu vermieten noch zu veräußern**. Anderenfalls würde die Möglichkeit einer Wiederherstellung der ehelichen Lebensgemeinschaft erheblich erschwert werden.[519]

Bei der Berechnung ist daher **erst nach endgültigem Scheitern** der Ehe, frühestens nach Ablauf des ersten Trennungsjahres so zu rechnen, dass derjenige Betrag, um den der Eigentümer billiger als der Mieter lebt, als Einkommen anzusetzen ist.[520] **494**

Grundsätzlich ist ein **Wohnwert anzusetzen sowohl bei Allein- als bei Miteigentum der Immobilie, ebenso bei Gütergemeinschaft, Nießbrauch**[521] oder einem unentgeltlichen dinglichen oder schuldrechtlichen Wohnrecht. Hier handelt es sich um Nutzung und nicht um die Verwertung des Vermögens.

Es kommt daher auch nicht auf die Herkunft der Mittel zur Schaffung des Wohneigentums an. Ein entsprechender Wohnwert ist deshalb auch anzusetzen bei Erwerb eines dinglichen Wohnrechts z.B. aus einer Schmerzensgeldzahlung.[522]

Bewohnt der Unterhaltsberechtigte allerdings Wohneigentum, das im Eigentum eines mit ihm verwandten Dritten steht, ist davon auszugehen, dass das **Zurverfügungstellen** nicht geschieht, um den Unterhaltspflichtigen zu entlasten, sondern ausschließlich um zusätzlicher Hilfe gegenüber dem Unterhaltsberechtigten willen. **495**

Die **lediglich eingeschränkte Zurechnung** eines Wohnwertes der allein genutzten Wohnung **endet** **496**

- mit **Ablauf des Trennungsjahres**, ohne dass ein Versöhnungsversuch unternommen worden ist, weil dann in der Regel von einer endgültigen Verfestigung der Trennung auszugehen ist;
- mit **Abschluss einer notariellen Trennungs- bzw. Scheidungsfolgenvereinbarung**, die die Immobilie beinhaltet sowie
- bei **Rechtshängigkeit eines Scheidungsantrages**, weil damit einer der Ehegatten zum Ausdruck bringt, dass er die Ehe als endgültig gescheitert ansieht.[523]

Die Kosten der Immobilie sind nur insoweit gegenzurechnen, als sie solche Positionen betreffen, die **von einem Mieter nicht verlangt** werden können. Alle verbrauchsbedingten Kosten sowie alle nicht verbrauchsbedingten Kosten, die auch ein Mieter zahlen müsste, hat der in der Ehewohnung verbliebene Ehepartner zu tragen, ohne dass er diese Kosten dem Wohnvorteil entgegensetzen kann.

c) Einkommen aus Vermögen

Einkünfte aus Vermögen, z.B. Zinsen oder auch sonstige Gebrauchsvorteile, sind ggf. dem Einkommen des Berechtigten zuzurechnen. **497**

Nach Scheidung der Ehe ist ggf. durch den Berechtigten auch der **Stamm des Vermögens** zu verwerten, es sei denn, die Verwertung ist unwirtschaftlich oder wäre unter Berücksichtigung der beiderseitigen wirtschaftlichen Verhältnisse unbillig, § 1577 Abs. 3 BGB.[524] **498**

Hinsichtlich des **Trennungsunterhalts** fehlt allerdings eine dem der Verwertungsverpflichtung entsprechenden §§ 1577 Abs. 3 BGB gleichkommenden Vorschrift. Der BGH entnimmt jedoch der Bezugnahme **499**

518 BGH FamRZ 2007, 879, 880 f.
519 BGH FamRZ 1989, 1160.
520 BGH FamRZ 2007, 879; BGH FamRZ 2008, 963; BGH FamRZ 2009, 1300; BGH FamRZ 2010, 1633.
521 BGH FamRZ 2010, 1633.
522 BGH FamRZ 1988, 1031, 1033.
523 BGH FamRZ 2008, 963.
524 OLG Koblenz FuR 2022, 134 mit Anm. *Viefhues*, S. 135.

des § 1361 Abs. 1 S. 1 BGB auch auf die Vermögensverhältnisse der Ehegatten, dass eine Eigenverantwortlichkeit besteht, die dazu führen kann, auch das **Vermögen zur Deckung des Bedarfs** einzusetzen.[525]

500 Dieser Einsatz des Vermögens kann allerdings nicht weitergehen als die Regeln des § 1577 Abs. 3 BGB für die Zeit nach der Scheidung festsetzen. Der getrenntlebende Ehegatte darf naturgemäß **nicht schlechter gestellt werden als sein geschiedener Ehegatte**.

Im Gegenteil darf während der Trennungszeit die Möglichkeit einer Erhaltung der Ehe nicht geschmälert werden, sodass hinsichtlich des Einsatzes des Vermögens zur Deckung des Bedarfs beim Trennungsunterhalt sehr viel strengere Maßstäbe anzulegen sind. Ein – sukzessiver – Verbrauch des Vermögensstammes kann nur in **extremen Ausnahmefällen** verlangt werden.[526]

501 Diese Situation kann dazu führen, dass der Berechtigte während der Trennungszeit sein Vermögen zur Deckung seines Bedarfs nicht einsetzen muss, wohl aber verpflichtet ist, dies nach Rechtskraft der Scheidung zu tun.

502 Ähnliches gilt auch für den **unterhaltspflichtigen Ehegatten**. Entsprechend der Regelung für den Berechtigten in § 1577 Abs. 3 BGB regelt § 1581 S. 2 BGB für die Zeit nach Scheidung der Ehe, dass der Verpflichtet den Stamm seines Vermögens nicht verwerten muss, soweit die **Verwertung unwirtschaftlich** oder unter Berücksichtigung der beiderseitigen wirtschaftlichen Verhältnisse **unbillig** wäre.

503 Überträgt man diese Situation nach der Regelung hinsichtlich des Trennungsunterhalts gem. § 1361 BGB, so muss auch für den Pflichtigen gelten, dass zwar einerseits eine höhere Verantwortung füreinander vorhanden ist als nach Ehescheidung, was dafür sprechen könnte, dass der Vermögensstamm des unterhaltspflichtigen Ehegatten in höherem Maße zur Disposition stehen könnte. Andererseits ist auch dem Unterhaltsberechtigten die Verpflichtung auferlegt, während des Getrenntlebens ein **höheres Maß an Rücksichtnahme** auf die Interessen des Verpflichteten walten zu lassen.

Hinzu kommt, dass versucht werden muss, den **Bestand der Ehe zu bewahren** und die Wiederherstellung der ehelichen Lebensgemeinschaft nicht zu erschweren. Deshalb ist dem Verpflichteten in der Regel während des ersten Trennungsjahres **nicht zumutbar**, sein Vermögen zu verwerten. Dies kann naturgemäß nach endgültigem Scheitern der Ehe bzw. nach Rechtskraft einer Scheidung im Fall der Verpflichtung zur Zahlung von Nachscheidungsunterhalt anders sein.

d) Einkünfte aus unzumutbarer Tätigkeit

504 Zur **Anrechnung der Einkünfte aus unzumutbarer Tätigkeit** gelten während der Zeit der Trennung wie für die Zeit nach Scheidung der Ehe die gleichen Grundsätze. Es gelten die **Grundsätze des § 1577 Abs. 2 BGB**. Danach ist zu entscheiden, ob und wenn ja, in welchem Umfang Einkünfte aus unzumutbarer Erwerbstätigkeit des Berechtigten in die Unterhaltsberechnung einbezogen werden. Es sind dies diejenigen Einkünfte, die der Berechtigte erzielt, obwohl für ihn keine Erwerbsobliegenheit besteht.

505 Entsprechend § 1577 Abs. 2 S. 2 BGB sind Einkünfte die den vollen Unterhalt übersteigen, insoweit anzurechnen, als dies unter Berücksichtigung der beiderseitigen wirtschaftlichen Verhältnisse **der Billigkeit entspricht**. **Kriterien** für eine erforderliche Billigkeitsabwägung im Einzelfall können sein:

- Einkommens- und Vermögensverhältnisse,
- sonstige wirtschaftliche Verhältnisse beider Ehegatten,
- Alter der Ehegatten,
- Gesundheitszustand,
- Erwerbsfähigkeit,
- Art und Ausmaß der Anstrengungen zur Erzielung unzumutbarer Einkünfte,
- unterschiedlicher Lebensstandard,
- weitere Unterhaltsverpflichtung,

525 BGH FamRZ 1985, 360, 361.

526 BGH FamRZ 2005, 97, 99; so auch Wendl/Dose/*Bömelburg*, § 4 Rn 57.

- Betreuungsbedarf für ein pflegebedürftiges Kind,
- sonstige besondere Belastungen.

Von Bedeutung kann auch sein, dass der Berechtigte nur deshalb die unzumutbare Erwerbstätigkeit aufgenommen hat, weil der Verpflichtete den von ihm geschuldeten **Unterhalt nicht geleistet** hat.[527]

Regelmäßig wird es richtig sein, in einer konkreten Billigkeitsabwägung zu einer **hälftigen Berücksichtigung** zu kommen. 506

Denkbar sind aber auch Fälle, in denen eine **Anrechnung ganz unterbleibt**.[528] Umgekehrt wird es auch Fälle geben, in denen eine Anrechnung vollständig zu unterbleiben hat, z.B. bei der **Arbeitstätigkeit eines über 70-Jährigen**.[529] 507

Beispiel 1: Unterhaltsberechnung bei überobligatorischer Tätigkeit (Betreuung eines Kindes) 508

M verfügt nach Abzug des Kindesunterhalts über ein bereinigtes Nettoeinkommen von 2.000 EUR, F aus einer Halbtagstätigkeit über ein bereinigtes Nettoeinkommen in Höhe von 800 EUR. F betreut das gemeinsame zweijährige Kind und begann erst nach der Trennung wegen der beengten finanziellen Verhältnisse zu arbeiten.

Unterhaltsanspruch von F

Nettoeinkommen M	2.000 EUR
abzgl. 5 % berufsbedingte Aufwendungen	100 EUR
verbleibendes Einkommen	**1.900 EUR**
Einkommen F	800 EUR
abzgl. 5 % berufsbedingte Aufwendungen	40 EUR
verbleibendes Einkommen	**760 EUR**
anrechenbar wegen überobligatorischer Tätigkeit ½	380 EUR
anrechenbares Einkommen M	1.900 EUR
anrechenbares Einkommen F	380 EUR
Differenzeinkommen	1.520 EUR
davon 45 %-Anspruch	**684 EUR**

Abwandlung

Beispiel wie oben.

Das gemeinsame Kind ist jedoch vier Jahre alt. Das Kind wird halbtags im Kindergarten betreut. Es liegt keine überobligatorische Tätigkeit vor, da die Halbtagsbetreuung des Kindes im Kindergarten eine Halbtagserwerbstätigkeit der F ermöglicht.

Unterhaltsanspruch der F

Nettoeinkommen M	2.000 EUR
abzgl. 5 % berufsbedingte Aufwendungen	100 EUR
Verbleibendes Einkommen	1.900 EUR
Einkommen F	800 EUR
abzgl. 5 % berufsbedingte Aufwendungen	40 EUR

527 BGH FamRZ 1995, 475.
528 Z.B. FamRZ 1990, 1091, 1095; BGH FamRZ 1992, 1045, 1049.
529 Vgl. aber BGH FamRZ 2011, 454: Teilanrechnung des Einkommens, das über dem Einkommen aus den Versorgungsbezügen liegt.

Verbleibendes Einkommen	760 EUR
Anrechenbares Einkommen M	1.900 EUR
Anrechenbares Einkommen F	760 EUR
Differenzeinkommen	1.140 EUR
davon 45 %-Anspruch	**513 EUR**

Beispiel 2: Unterhaltsberechnung bei überobligatorischer Tätigkeit (Erwerbstätigkeit im Altersruhestand)

M ist 66-jähriger Pensionär und erhält eine Pension in Höhe von netto monatlich 2.000 EUR. Er übt eine Nebentätigkeit als Gutachter aus und verdient dadurch monatsdurchschnittlich zusätzlich netto 1.000 EUR. Die 50-jährige F ist erwerbsunfähig und erhält eine Erwerbsunfähigkeitsrente in Höhe von 500 EUR.

Unterhaltsanspruch der F

Einkommen des M Pension	2.000 EUR
Nebentätigkeit Gutachter	1.000 EUR
abzgl. 5 % berufsbedingter Aufwendungen	50 EUR
Nebentätigkeit insgesamt	950 EUR
hiervon anrechenbar $1/2$-Anteil	475 EUR
Anrechenbare Gesamteinkünfte	2.475 EUR

Berechnung Unterhalt F

Anrechenbare Gesamteinkünfte M Pension	2.000 EUR
Nebentätigkeit abzgl. $1/10$ Erwerbsbonus (475 EUR – 48 EUR)	427 EUR
Gesamteinkünfte	2.427 EUR
Anrechenbare Einkünfte F	500 EUR
Differenzeinkommen	1.927 EUR
hiervon $1/2$-Anteil	**963,50 EUR**

Abwandlung

M ist 71 Jahre alt und übt weiter seine Nebentätigkeit aus. Die Einkünfte aus Nebentätigkeit sind unzumutbar und wegen des hohen Alters des M nicht anrechenbar.

Berechnung Unterhalt F

Pension des M	2.000 EUR
Einkommen F	500 EUR
Differenzeinkommen	1.500 EUR
Unterhaltsanspruch	**750 EUR**

IV. Maß des Trennungsunterhaltes

Das **Maß des eheangemessenen Unterhalts** bestimmt sich nach den ehelichen Lebensverhältnissen, **§ 1361 Abs. 1 S. 1 BGB**. Hierzu gehören insbesondere die Einkommens- und Vermögensverhältnisse.[530] Gemeint ist der **volle Unterhalt**, der während der Ehe zur Verfügung stand.[531] 509

Hinweis 510

Das Maß des Trennungsunterhalts bestimmt sich nach den individuellen, ggf. begrenzten ehelichen Lebensverhältnissen und damit nach dem verfügbaren Einkommen, nicht nach einem eventuell höheren pauschalierten Mindestbedarf.[532]

Verfügbarer Teil des Einkommens ist dasjenige, was nach Abzug von Steuern und sonstiger gesetzlicher Abzüge, berufsbedingtem Aufwand, Vorsorgeaufwendungen, zu berücksichtigenden Verbindlichkeiten, Aufwendungen für Vermögensbildung und Barunterhaltsleistungen für Kindesunterhalt **zur Bestreitung des Lebensbedarfs der Eheleute verwendet** werden kann.[533] 511

Verwenden Ehegatten während der bestehenden ehelichen Lebensgemeinschaft einen erheblichen Anteil, beispielsweise **25 %,**[534] **ihres gesamten Einkommens zur Vermögensbildung**, ist dieser Anteil bei der Bestimmung des Unterhalts nach den ehelichen Lebensverhältnissen nicht zu berücksichtigen. Voraussetzung ist allerdings, dass die verbleibenden Einkünfte zu einer angemessenen Bedarfsdeckung führen.[535] 512

1. Bemessungszeitpunkt

Bemessungszeitpunkt für die Feststellung der ehelichen Lebensverhältnisse ist zunächst der Zeitpunkt der Trennung. 513

Hinweis 514

Der Unterhaltsberechtigte darf zur Berechnung der ehelichen Lebensverhältnisse deshalb nicht etwa **frei einen früheren Zeitraum** der Eheführung wählen, in welchem eventuell ein besonders hohes Konsumverhalten der Eheleute zu verzeichnen war. Entscheidend ist die Zeit unmittelbar vor Trennung der Beteiligten.

Später eintretende **Veränderungen** werden berücksichtigt, wenn sie in der **Ehe angelegt** waren und wenn sie, im Falle von Einkommensreduzierungen, nicht unterhaltsbezogen **leichtfertig** waren.[536] Während der Trennungszeit sind – weil in der Ehe angelegt – deshalb die sich aus den maßgebenden Verhältnissen ergebenden Folgen fortzuschreiben, da bei Aufrechterhaltung der ehelichen Gemeinschaft der andere Ehegatte wirtschaftliche Veränderungen ebenfalls hätte mittragen müssen.[537] 515

Das frühere **Stichtagsprinzip** des Trennungszeitpunkts gilt nach der Rechtsprechung des **BGH** nicht mehr.[538] 516

Dies gilt sowohl für die Trennungszeit als auch nach Scheidung der Ehe.

530 Zum Einsatz des Vermögensstamms beim Trennungsunterhalt vgl. OLG Koblenz FamRZ 2017, 108: zu bejahen, wenn die Lebensverhältnisse bereits zuvor aus – hohem – Vermögen bestritten wurde.

531 BGH FamRZ 1984, 356.

532 BGH FamRZ1998, 1501; 2010, 802; 2010, 869; 2010, 1057; OLG Hamm FamRZ 1998, 1428.

533 BGH FamRZ 1983, 676.

534 OLG Stuttgart FamRZ 2013, 1988.

535 Im Fall OLG Stuttgart FamRZ 2013, 1988 mit monatlich **mehr als 7.300 EUR** gewährleistet.

536 BGH FamRZ 1994, 87; BGH FamRZ 2006, 683; zum Karrieresprung während der Trennungszeit vgl. OLG Karlsruhe FamRZ 2020, 93.

537 BGH FamRZ 2008, 968, 971 f.

538 BGH FamRZ 2008, 968; FamRZ 2009, 411; FamRZ 2009, 1207; FamRZ 2010, 111; FamRZ 2010, 629; FamRZ 2010, 869.

Während der **Trennungszeit** besteht das Eheband fort; die Ehe kann jederzeit wieder aufgenommen werden. Alle in dieser Zeit eintretenden positiven wie negativen wirtschaftlichen und persönlichen Entwicklungen der Ehegatten fließen in die Bemessung der ehelichen Lebensverhältnisse ein. Eine Ausnahme bilden lediglich **unterhaltsbezogen leichtfertige Einkommenseinbußen** beider Eheleute.[539]

517 Nach **Scheidung der Ehe** sind nicht die zum Zeitpunkt der Scheidung bestehenden ehelichen Lebensverhältnisse maßgebend; diese sind nach der Scheidung fortzuschreiben. Für den Bedarf, so der **BGH**, ist an die Lebensstellung des Unterhaltspflichtigen anzuknüpfen (abgeleitete Lebensstellung).[540]

518 Bei **unterhaltsrechtlich leichtfertigem Verhalten** des Unterhaltspflichtigen ist allerdings von einem fiktiven Einkommen auszugehen, das den früheren Einkommensverhältnissen des Unterhaltspflichtigen entspricht. Leichtfertiges Verhalten ist vorwerfbares Verhalten, beispielsweise die Aufgabe einer Arbeitstätigkeit mit der Folge der Erwerbslosigkeit.[541]

519 Eine Reihe negativer Veränderungen sind jedoch sowohl vom Unterhaltsgläubiger als auch vom Schuldner hinzunehmen. Eine – automatische – negative Veränderung stellt die **höhere Steuerbelastung** durch Änderung der Steuerklasse und Wegfall von Steuervorteilen dar, die mit dem Zusammenleben und/oder Zustand des Verheiratetseins verknüpft sind.[542]

Auch der Eintritt in das **Rentenalter** durch einen der Beteiligten verändert die Unterhaltssituation. In der Regel verringert sich dadurch bereits das zur Verfügung stehende Gesamteinkommen mit der Folge eines verringerten Unterhaltsanspruchs.

Der Unterhaltsschuldner darf, und auch das verringert sein zur Verfügung stehendes Einkommen, bis zu **4 % seines Jahresbruttoeinkommens** für zusätzliche Altersvorsorge verwenden.[543] Dies gilt auch, wenn Altersvorsorge während der Ehezeit nicht betrieben wurde.[544]

2. Umfang des Unterhaltsbedarfs

a) Elementarunterhalt

520 Trennungsunterhalt umfasst den **vollen Unterhalt**, den gesamten Lebensbedarf des bedürftigen Ehegatten also für Wohnen, Verpflegung, Kleidung, Freizeitgestaltung, Erholung, Gesundheitsfürsorge sowie für sonstige persönliche und gesellschaftliche Bedürfnisse.[545] Die dafür erforderlichen Mittel beinhalten den Elementarunterhalt, § 1361 Abs. 1 S. 1 BGB.

aa) Quotenunterhalt

521 Der Unterhalt wird in der Regel als **Quotenunterhalt**, als hälftiger Teil des Gesamteinkommens als gemeinsamer Lebensstandardgeschuldet.

Dieser Hälftebetrag stellt den so genannten **vollen Bedarf nach den ehelichen Lebensverhältnissen** dar, der grundsätzlich die Obergrenze von Unterhaltsansprüchen bildet.

522 Die Rechtsprechung billigt jedoch dem Arbeitenden einen sogenannten Erwerbsbonus zu, der nach der **früheren Rechtsprechung der einzelnen Oberlandesgerichte unterschiedlich** war. Es waren jeweils entweder 1/7 oder 1/10 Anteil am Erwerbseinkommen abzuziehen.

539 BGH FamRZ 1999, 367; FamRZ 2000, 1492.
540 BGH FamRZ 2009, 411; vgl. auch BGH FamRZ 2008, 1911 m. krit. Anm. *Maurer*, FamRZ 2008, 1919.
541 BGH FamRZ 2009, 411, 414.
542 BGH FamRZ 1990, 499; BGH FamRZ 1990, 503.
543 BGH FAmRZ 2005, 1817; BGH FamRZ 2007, 793.
544 BGH FamRZ 2009, 1207.
545 Wendl/Dose/*Bömelburg*, § 4 Rn 66.

Nachdem der BGH[546] jedoch eine bundesweite Vereinheitlichung der Handhabung des Bonus angemahnt hatte, und zur Bemessung auf die Süddeutschen Leitlinien verwiesen hatte, ist der Bonus nunmehr **einheitlich auf 1/10** zu setzen.[547]

Nach Auffassung des BGH soll der Bonus von 1/10 auch für vor dem 1.1.2022 liegende Unterhaltszeiträume gelten.[548]

Bei den **Methoden der Unterhaltsberechnung** wird danach unterschieden, welche Einkünfte die ehelichen Lebensverhältnisse geprägt haben. Grundsätzlich unterscheiden sich die Methoden lediglich im Berechnungsweg, **nicht jedoch im Ergebnis**. Es wird unterschieden zwischen der **Quotenmethode**, der **Differenzmethode** sowie der **Additionsmethode**. 523

Die **Quotenmethode** kommt zur Anwendung, wenn lediglich der Schuldner über Erwerbseinkünfte verfügt hat (**Alleinverdienerehe**). Der Unterhalt errechnet sich mit 45 % des bereinigten Nettoeinkommens, sofern der Berechtigte nach Trennung keine Tätigkeit aufgenommen hat und ihm eine solche auch nicht zumutbar ist.[549] 524

Beispiel 525

Ehemann anrechenbar 2.800 EUR, Ehefrau 0 EUR; Anspruch Ehefrau: 2.800 EUR x 45 § = 1.260 EUR

Haben beide Ehegatten gearbeitet und haben sich die Verhältnisse nicht geändert (**Doppelverdienerehe**) errechnet sich der Unterhalt mit 3/7 der Differenz der Einkünfte zwischen den Eheleuten (**Differenzmethode**).

Beispiel 526

Ehemann 2.800 EUR, Ehefrau 1.400 EUR; Anspruch Ehefrau: 2.800 EUR ./. 1.400 EUR x 45 % = 630 EUR.

In allen anderen Fällen erscheint die Wahl der **Additionsmethode** sinnvoll. Die Methodenwahl ist jedoch „Geschmacksache". Viele Juristen bevorzugen grundsätzlich die Anwendung der Differenzmethode als „einfachere Rechenart". 527

Bei der Additionsmethode wird **zweistufig** vorgegangen, zunächst der **Bedarf des Berechtigten** nach den ehelichen Lebensverhältnissen festgestellt (**Additionsstufe**). Sodann wird auf der **Anrechnungsstufe** die **konkrete Unterhaltshöhe** bestimmt. 528

Die Ermittlung des **Bedarfs des Berechtigten** erfolgt in der Weise, dass zunächst die Erwerbseinkünfte lediglich mit 6/7 (1/7-Bonus), die sonstigen Einkünfte voll berücksichtigt und die Summe durch zwei geteilt wird.

Auf eine mathematische Formel gebracht errechnet sich auf der **Additionsstufe** der **Bedarf des Berechtigten** nach den ehelichen Lebensverhältnissen wie folgt: 529

- 90 % der prägenden Erwerbseinkünfte des Pflichtigen plus
- 100 % prägender sonstiger Einkünfte des Pflichtigen plus
- 90 % der prägenden Erwerbseinkünfte des Berechtigten plus
- 100 % der prägenden sonstigen Einkünfte des Berechtigten,
- geteilt durch 2.

Auf der **Anrechnungsstufe** wird die **konkrete Unterhaltshöhe** durch Anrechnung sämtlicher Einkünfte des Berechtigten, gleichgültig ob prägend oder nicht prägend, bestimmt. 530

546 Vgl. BGH FamRZ 2021, 1965.
547 Vgl. Zif. 15.2 der jeweiligen Leitlinien der Oberlandesgerichte.
548 BGH FamRZ 2022, 434.
549 BGH NJW 2022, 621.

531 *Beispiel*

- Ehemann (Unterhaltspflichtiger): prägendes Erwerbseinkommen 2.100 EUR; prägende Zinseinnahmen 350 EUR; nicht prägende Erwerbseinkünfte 700 EUR.
- Ehefrau (Unterhaltsberechtigte): prägendes Erwerbseinkommen 700 EUR; prägende Zinseinnahmen 100 EUR; nicht prägendes Erwerbseinkommen 350 EUR.

Additionsstufe (= Errechnung der Ehegattenquote/Bedarf):

(2.100 EUR x 90 %) +350 EUR + (700 EUR x 90 %) +100 EUR geteilt durch 2 =	1.485 EUR

Anrechnungsstufe (= Errechnung der Anspruchshöhe/Bedürftigkeit):

Ehelicher Bedarf	1.485 EUR
Auf diesen sind alle Einkünfte anzurechnen wie folgt:	
90 % des prägenden Erwerbseinkommens (90 % x 700 EUR) =	630 EUR
90 % des nicht prägenden Erwerbseinkommens (90 % x 350 EUR) =	315 EUR
100 % der sonstigen Einkünfte (Zinsen)	100 EUR
Zwischensumme der Einkünfte	1.045 EUR
Ehelicher Bedarf	1.485 EUR
Ungedeckter Restbedarf (Anspruchshöhe)	440 EUR

bb) Konkrete Bedarfsberechnung

532 Bei außergewöhnlich guten Einkommensverhältnissen bedarf es jedoch einer **konkreten Bemessung** des eheangemessenen Unterhalts. Von einer bestimmten Einkommenshöhe an ist die Wahrscheinlichkeit gegeben, dass die Eheleute das zur Verfügung stehende Einkommen nicht vollständig dem Konsum widmen, sondern Vermögensbildung betreiben.[550]

Da die Höhe des dem Konsum zugeführten Einkommens individuell sehr unterschiedlich sein kann, ist **ab einer bestimmten Größenordnung eine konkrete Bedarfsberechnung**, orientiert an den ehelichen Lebensverhältnissen, durchzuführen. Der Unterhaltsberechtigte muss seinen Bedarf im Einzelnen darlegen.[551]

Nach der überwiegenden Anzahl der Leitlinien der Oberlandesgerichte in den Ziff. 15.3. ist dies der Fall, wenn das gemeinsame Einkommen das Zweifache der höchsten Einkommensgruppe der Düsseldorfer Tabelle übersteigt, derzeit also höher ist als 11.000 EUR.[552]

533 **Nach der Entscheidung des BGH von 2017** sowie der Bestätigung aus dem Jahr 20121[553] bestehen in der Rechtsprechung und in der Orientierung der unterhaltsrechtlichen Leitlinien der Oberlandesgerichte keine unterschiedlichen Auffassungen darüber, **ab wann eine konkrete Bedarfsberechnung** vorgenommen werden sollte.

Es wird eine Orientierung entsprechend der Entscheidung des BGH an der sich nach der gesellschaftlichen und wirtschaftlichen Gesamtentwicklung orientierenden Düsseldorfer Tabelle vorgenommen.[554] Das Doppelte des jeweils geltenden Höchstbetrages, derzeit 11.000 EUR, stellt danach mit seinem **hälftigen Anteil** von 45 %, mithin **4.950 EUR**, die Grenze zur konkreten Bedarfsberechnung dar.[555]

550 OLG Zweibrücken FamRZ 2008, 1655.
551 OLG Zweibrücken FamRZ 2014, 216.
552 BGH FamRZ 2018, 260 unter teilweiser Aufgabe von BGH FamRZ 2010, 1637, vgl. *Schürmann*, FamRZ 2018, 1041, 1054; kritisch dazu *Graba*, FF 2018, 110, 112.
553 BGH FamRZ 2021, 1965.
554 BGH FamRZ 2010, 1637.
555 OLG Hamm FamRZ 2005, 719; OLG Brandenburg NZFam 2014, 140; Kleffmann/Soyka/*Kleffmann*, Kap. 4 Rn 69; so auch die Leitlinien Nr. 15. 3 z.B. OLG Hamm, OLG Oldenburg; OLG Celle: Bei sehr guten Einkommensverhältnissen des Pflichtigen kommt eine konkrete Bedarfsberechnung in Betracht.

Üblicherweise heißt es in der jeweiligen **Ziff. 15.3. der unterhaltsrechtlichen Leitlinien der Oberlandesgerichte**:[556] 534

Der eheangemessene Unterhaltsbetrag kann bis zum höchsten, in der Düsseldorfer Tabelle ausgewiesenen Betrag als Quotenunterhalt geltend gemacht werden. Darüberhinaus kommt eine konkrete Bedarfsberechnung in Betracht.

Beispiel

M erzielt ein unterhaltsrechtlich bereinigtes Monatsnettoeinkommen von 20.000 EUR. F macht Trennungsunterhalt geltend. Sie reklamiert für sich einen Bedarf von 6.000 EUR.

Diesen Bedarf kann sie wie folgt darlegen:

Alternative 1:

F legt dar, dass während der Ehe von den 20.000 EUR monatlich 6.000 EUR gespart wurden und der Rest von 14.000 EUR für die allgemeine Lebensführung verwendet worden ist.

Konkrete Bedarfsberechnung: (20.000 EUR – 6.000 EUR) x 45 % = 6.300 EUR.

Alternative 2:

F legt die einzelnen Positionen ihres Elementarbedarfs dar, z.B. für

- Wohnen → 2.000 EUR
- Lebensmittel → 1.000 EUR
- Friseur → 100 EUR
- Autokosten → 700 EUR
- Urlaub → 1.000 EUR
- Kosmetik → 100 EUR
- Kleidung → 1.000 EUR
- Restaurantbesuche → 200 EUR
- Kommunikation (Handy, Zeitung) → 200 EUR
- Golf → 200 EUR

gesamt → 6.500 EUR

Unterhaltsbegrenzung: 20.000 EUR x 45 % = 9.000 EUR.

Die geforderten 6.500 EUR liegen unter diesem Grenzbetrag.

Der **BGH** hatte es gebilligt, eine konkrete Bemessung des Unterhaltsbedarfs dann zu verlangen, wenn dieser den Bedarf auf der Grundlage des Einkommens nach dem Doppelten der höchsten Stufe der Düsseldorfer Tabelle (derzeit 11.000) übersteigt. Dies ist immer dann der Fall, wenn der **Gesamtbedarf des Berechtigten den Betrag von 4.950 EUR übersteigt**.[557] 535

Bei einer konkreten Bedarfsbemessung sind alle zur Aufrechterhaltung des bisherigen Lebensstandards benötigten **Lebenshaltungskosten konkret zu ermitteln**.[558] Dazu zählen u.a. die Aufwendungen für das 536

- Haushaltsgeld,
- Wohnen,
- Kleidung,
- Geschenke,
- Putzhilfe,
- Reisen,

556 Stand 1.1.2023.
557 BGH FamRZ 2018, 260.
558 BGH FuR 2022, 39 mit Anm. *Soyka*; dazu ausf. *Büte*, FK 2003, 104 ff.

- Urlaub,
- sportliche Aktivitäten,
- kulturelle Bedürfnisse,
- Pkw-Nutzung,
- Vorsorgeaufwendungen,
- Versicherungen und
- sonstige notwendige Lebenshaltungskosten.[559]

537 *Born* hat zur Bestimmung konkreter Aufwendungen eine sehr ausführliche **Checkliste** wie folgt vorgeschlagen:[560]

I. **Essen und Trinken**
1. Wöchentlicher Einkauf (Supermarkt)
2. Restaurant, auswärtiges Essen
3. Besonderer Mehrbedarf, z.B. Diät

II. **Kleidung**
4. Anschaffung und Reinigung von Oberbekleidung
5. Unterwäsche
6. Schuhe
7. Mode
8. Schmuck

III. **Körperpflege**
9. Friseur
10. Kosmetik (Produkte, Studio)
11. Parfüm

IV. **Haushalt und Wohnen**
12. Anschaffungen für Hausrat
13. Zeitung
14. Müllabfuhr
15. Porto
16. Telefon, Handy, PC
17. TV und Radio (GEZ)
18. Garage
19. Miete und Nebenkosten (Heizung, Strom, Versicherung pp)
20. Haustiere (Futter, Tierarzt, Versicherung)
21. Instandhaltung, Reparaturaufwendungen
22. Gärtner, Haushaltshilfe, Kindermädchen

V. **Kultur und soziales Leben**
23. Theater/Oper
24. Kino
25. Museum
26. Bücher und Zeitschriften
27. Kosten für Einladungen und Geschenke

VI. **Sport und Freizeit**
28. Mitgliedsbeiträge
29. Trainerstunden
30. Sportbekleidung (Anschaffung und Ersatz)

559 BGH FamRZ 1990,280; OLG Hamm FamRZ 1999,723.
560 *Born*, FamRZ 2013, 1613, 1618; vgl. auch die Auflistung von *Viefhues,* FuR 2021, 67, 69.

31. Materialverbrauch
32. Besondere Kosten (z.B. Turnier- und Meldegebühren)

VII. **Urlaub**
33. Reisekosten
34. Kosten der Unterkunft
35. Zusatzausgaben vor Ort
36. Club-Gebühren
37. Städte- und Kulturreisen

VIII. **Kraftfahrzeug**
38. Steuer und Versicherung
39. Reparaturen und Inspektionen
40. Benzin
41. Rücklage für Neuanschaffung
42. Leasing-Rate
43. Mitgliedsbeitrag (z.B. ADAC)

IX. **Versicherungen**
44. Krankenkasse (Mitgliedsbeitrag)
45. Krankenkasse (Selbstbeteiligung)
46. Krankenzusatzversicherung
47. Lebensversicherung
48. Unfallversicherung
49. Rechtsschutzversicherung
50. Haftpflichtversicherung (soweit nicht für Kfz)

X. **Sonstiges**
51. Persönliche Weiterbildung
52. Vorsorgeaufwendungen Alter
53. Steuerberater
54. Bankgebühren
55. Beiträge zu Vereinigungen, Spenden

Ein **Rückschluss von den Gesamtausgaben** für die Familie während des ehelichen Zusammenlebens auf den konkreten Bedarf der Ehefrau ist nur begrenzt auf allgemeine Ausgabenpositionen möglich (z.B. Pos. I. Essen und Trinken). Im Übrigen ist **individuell auf die Bedürfnisse** des Unterhaltsgläubigers bezogen darzulegen und exemplarisch nachzuweisen, in welcher Höhe Ausgaben vorhanden sind. 538

Die **Anforderungen** an den Nachweis sind jedoch **nicht zu überspannen**. Es genügt, wenn der Unterhaltsbedürftige die einzelnen Bedarfspositionen in der Weise **überschlägig** darstellt, dass das Gericht sie nach § 287 ZPO schätzen kann.[561]

Beispiel für eine konkrete Unterhaltsberechnung 539

Art		Euro	Bemerk.
Wohnbedarf		800	
Strom	65		
Gas/Heizung	125		
Abfall	25		
Abwasser	60		

561 OLG Hamm FamRZ 2014, 1372.

Art		Euro	Bemerk.
Wasser	15		
GEZ	15		
Telekom	40		
Kabel	15	360	
Allg. Lebensbedarf[562]		1.200	
Zeitung/Bücher[563]		100	
Handy[564]		50	
Sport[565]		100	
Friseur/Kosmetik[566]		200	
Bekleidung[567]		850	
Urlaub[568]		500	
Kultur/Theater[569]		100	
Restaurant/Einladungen[570]		150	
Kfz[571]		500	Golf lt. ADAC-Tabelle
Tanken[572]		120	
Haushaltshilfe[573]		100	
Gärtner (seit 1998)[574]		60	
Fensterputzer[575]		40	
Haus-/Gebäudevers.		15	
Hausratversicherung		15	
Haftpflichtversicherung		10	
Lebensversicherung[576]		40	
Sonst. Kleinkosten[577]		110	
Summe		5.420	

562 OLG Düsseldorf FamRZ 1991, 77; OLG Köln FamRZ 1992, 323.
563 OLG Köln FamRZ 1992, 322.
564 OLG Hamm FamRZ 1992, 1175.
565 OLG Koblenz FamRZ 1985, 479.
566 OLG Köln FamRZ 1993, 64.
567 OLG Köln FamRZ 1992, 322.
568 OLG Hamm FamRZ 1992, 1175; OLG Köln FamRZ 1992, 322.
569 OLG Koblenz FamRZ 1985, 479.
570 OLG Köln FamRZ 1993, 64.
571 OLG Düsseldorf FamRZ 1991, 77.
572 OLG Köln FamRZ 1993, 64.
573 OLG Hamm FamRZ 1992, 1175.
574 OLG Bamberg FamRZ 1999, 513.
575 OLG Bamberg FamRZ 1999, 513.
576 Die Altersvorsorge ist nicht begrenzt auf den Höchstbetrag in der gesetzlichen Rentenversicherung (+ 4 % nach BGH), vgl. BGH FamRZ 2005, 1871; OLG Bamberg FamRZ 1999, 513.
577 OLG Köln FamRZ 1992, 322.

Hinweis 540
Nach Summierung der Einzelbedürfnisse muss bei konkreter Unterhaltsberechnung festgestellt werden, ob das Gesamtergebnis aus objektiver Sicht noch **angemessen** erscheint.

b) Ausbildungsunterhalt

Auch während der Trennungszeit der Eheleute kann ein Anspruch auf Zahlung von **Ausbildungsunterhalt** entsprechend § 1575 BGB gegeben sein. Dies ist der Fall, wenn die Ausbildung dem im Laufe der Ehezeit **einvernehmlich entwickelten Lebensplan** der Eheleute entspricht. Ist dies der Fall, wird Ausbildungsunterhalt unabhängig davon geschuldet, ob es sich um eine **Erstausbildung oder eine weitere Ausbildung** handelt. 541

Ausnahmsweise kann auch ohne entsprechenden Lebensplan während der Trennungszeit der **Anspruch auf Zahlung von Ausbildungsunterhalt** begründet sein. In diesem Fall müssen allerdings die **Voraussetzungen des § 1575 BGB** vorliegen. 542

Die Aufnahme einer Ausbildung muss für die Aufnahme einer angemessenen Tätigkeit erforderlich sein. Zusätzlich muss allerdings das **endgültige Scheitern der Ehe** feststehen.[578]

Bringt der Ehepartner seine **Scheidungsabsicht konkret zum Ausdruck** und hat er die Trennung endgültig vollzogen, hat der ausbildungswillige Ehepartner ein berechtigtes Interesse daran, seinen Ausbildungsanspruch nach § 1575 BGB so bald als möglich zu verwirklichen. Dieses Interesse kann nach seinen „persönlichen Verhältnissen" im Sinne von § 1361 Abs. 2 BGB die **Unzumutbarkeit einer Arbeitstätigkeit** begründen. Der getrenntlebende Ehegatte nimmt damit den nachehelichen Ausbildungsbeginn vorweg.[579] 543

Hinweis 544
Der beratende Rechtsanwalt wird daher im Sinne der Interessen seiner Partei sorgsam mit der Frage umgehen, ob eine Ehe endgültig gescheitert ist.

c) Mehrbedarf

Regelmäßiger Mehrbedarf des unterhaltsbedürftigen Ehegatten kann aufgrund besonderer Umstände, z.B. krankheits- oder ausbildungsbedingt, in Betracht kommen. Als unselbstständiger Unterhaltsteil ist der Mehrbedarf vor Berechnung des Quotenunterhalts vom Nettoeinkommen des Pflichtigen abzuziehen.[580] 545

Beispiel 546
Bereinigtes Einkommen Verpflichteter 3.000 EUR, Berechtigter 0 EUR, ausbildungsbedingter Mehrbedarf 200 EUR.

Einkommen Verpflichteter	2.800 EUR
Abzüglich ausb.bed. Kosten	200 EUR
Verbleib	2.600 EUR
Hiervon 45 % Unterhalt	1.170 EUR
Gesamtanspruch:	
Ausbildungskosten	200 EUR
Unterhalt	1.170 EUR
Insgesamt	**1.370 EUR**

578 BGH FamRZ 2001, 350.
579 BGH FamRZ 2001, 619, 621.
580 OLG Brandenburg FuR 2022, 97 mit Anm. *Viefhues*.

547 Ergibt sich aus gesundheitlichen bzw. Altersgründen beim Unterhaltsberechtigten ein Mehrbedarf, kann dieser geltend gemacht werden, sofern er konkret dargelegt und bewiesen wird.

Zuerkannt wird aber ausschließlich, was **„medizinisch notwendig"** ist.

548 *Beispiel*

Bei Erkrankung an Diabetes unterscheiden Gerichte bei der Verwendung von Nahrungsmitteln danach, ob diese wirklich medizinisch notwendig sind. So sei z.B. die Verwendung von Reformhausprodukten dem „Lifestyle" zuzurechnen.[581] Im genannten Fall hat das **OLG Düsseldorf** den krankheitsbedingten Mehrbedarf auf 150 DM monatlich festgesetzt.

549 Ein Antrag auf Zahlung von Trennungsunterhalt und Mehrbedarf lautet wie folgt:

▼

Muster 3.40: Antrag auf Zahlung von Trennungsunterhalt und Mehrbedarf

3.40 Es wird beantragt,

den Antragsgegner zu verpflichten,

an die Antragstellerin

ab dem ___ monatlich bis zum 1. eines jeden Monats Trennungsunterhalt in Höhe von ___ EUR sowie krankheitsbedingten Mehrbedarf in Höhe von ___ EUR, insgesamt ___ EUR zu zahlen.

▲

d) Sonderbedarf

550 **Voraussetzung** für eine Feststellung des Bedarfs als Sonderbedarf ist, dass es sich um einen

- unregelmäßigen
- außergewöhnlich hohen Bedarf handelt, wobei
- eine angemessene Lastenverteilung zwischen dem Verpflichteten und Berechtigten gewahrt bleiben muss.

Regelmäßig außergewöhnlich hoher Bedarf, z.B. wegen Behinderung und unregelmäßiger, nicht außergewöhnlich hoher Bedarf, beispielsweise für Unterrichtsmaterialien zum Schuljahresbeginn, gehören **nicht** dazu.

551 Nach Rechtsprechung des **BGH**[582] muss ein solcher Bedarf überraschend auftreten und der Höhe nach nicht abschätzbar sein.

An den **überraschenden Auftritt und der fehlenden Abschätzbarkeit** dürfen allerdings nicht zu hohe Anforderungen gestellt werden.[583] Sonderbedarf ist danach die

- in einem konkreten Einzelfall auftretende Bedarfserhöhung,
- die von der sonstigen Bemessung des laufenden Unterhalts nicht erfasst wird.

Im **Einzelfall** ist zu entscheiden, **ob und in welcher Höhe** dem Berechtigten zugemutet werden kann, den Sonderbedarf selbst zu bestreiten.[584]

581 OLG Düsseldorf FamRZ 2002, 751.
582 BGH FamRZ 1982, 145; BGH FamRZ 2006, 612 m. Anm. *Luthin*.
583 Vgl. Johannsen/Henrich/*Graba*, § 1613 Rn 12.
584 BGH FamRZ 1982, 145.

Sonderbedarf stellen daher beispielhaft folgende Fälle dar: 552

- Von der Krankenkasse nicht übernommene Kosten der stationären Behandlung;[585]
- Kosten einer Kur;[586]
- Erstausstattung des Säuglings;[587]
- Verfahrenskostenvorschuss.

Keinen Sonderbedarf stellen dar: 553

- Rezeptgebühr;
- Diätkosten;
- Konfirmationskosten.[588]

Zu den einzelnen Voraussetzungen: 554

1. **Unregelmäßig** ist ein plötzlich auftretender und nicht hinreichend voraussehbarer Bedarf, bei dem für die Beteiligten eine **vorausschauende Bedarfsplanung** nicht möglich war.

Entscheidend wird darauf abgestellt werden müssen, ob aus Sicht der Beteiligten bei objektiver Betrachtungsweise **solche Ausgaben hätten einkalkuliert** werden können.[589] Eine Umlegung auf einen längeren Zeitraum ist dann nicht möglich, wenn der Sonderbedarf einmalig anfällt und dann fällig ist.[590]

2. **Außergewöhnlich hoch** ist ein Bedarf, wenn er nicht in zumutbarer Weise aus dem laufenden Unterhalt gezahlt werden kann. Es muss sich dabei um einen nicht unwesentlichen Prozentsatz des laufenden Monatseinkommens handeln.[591]

3. Bei der Zubilligung des Sonderbedarfs ist eine **angemessene Lastenverteilung** zu prüfen.[592]

Es kann daher die Situation eintreten, dass sich sowohl der **Verpflichtete als auch der Berechtigte anteilig** an den Kosten zu beteiligen haben.

Da es sich bei Sonderbedarf um plötzlich auftretenden und nicht voraussichtlichen Bedarf handelt, ist der Berechtigte verpflichtet, den Unterhaltspflichtigen **unverzüglich zu informieren**. Der Berechtigte läuft ansonsten Gefahr, dass der Pflichtige zu Recht einwendet, anderweitige Dispositionen getroffen zu haben bzw. nicht in der Lage gewesen zu sein, Rücklagen zu bilden.[593] 555

Der Anspruch auf Ausgleich des Sonderbedarfs **entsteht spätestens mit der Zahlungsfälligkeit**.[594] 556

Ist er vorher bezifferbar, entsteht er mit der Möglichkeit der Bezifferung der Höhe nach. Um Sonderbedarf zahlen zu können, muss der Verpflichtete zu diesem Zeitpunkt **leistungsfähig** sein, da er zu diesem Zeitpunkt zahlen muss bzw. entsprechende Rücklagen bilden muss, um den Anspruch zu erfüllen.

e) Sonderfall Umzugskosten

Sonderbedarf ist grundsätzlich **nur in Ausnahmefällen** auszugleichen sein, vor allem, wenn der Unterhaltsbedarf bei **guten wirtschaftlichen Verhältnissen** konkret bemessen wird. 557

Bei der Berechnung der Unterhaltsansprüche nach Quoten wird bereits eine angemessene Aufteilung nach dem **Halbteilungsprinzip** vorgenommen. Deshalb kann der Unterhaltsverpflichtete **nicht noch einseitig** 558

585 BGH FamRZ 1982, 145.
586 OLG Köln FamRZ 1986, 593.
587 BVerfG FamRZ 1999, 1342.
588 BGH FamRZ 2006, 612 m. Anm. *Luthin*.
589 OLG Karlsruhe NJW-RR 1998, 1226.
590 BGH FamRZ 1982, 145.
591 OLG Hamm FamRZ 1993, 995; Johannsen/Henrich/*Büttner*, § 1361 Rn 123: Jedenfalls mehr als 10 %.
592 BGH FamRZ 1982, 145, 147.
593 OLG Hamm FamRZ 1994, 1281.
594 OLG Karlsruhe FamRZ 2000, 1166.

mit zusätzlichen Kosten belastet werden. In diesen Fällen ist eine **angemessene Verteilung** zwischen Unterhaltsgläubiger und Unterhaltsschuldner vorzunehmen.[595]

559 Anderes kann nur gelten, wenn weiteres, **nicht prägendes Einkommen** zur Verfügung steht, aus dem Sonderbedarf aufgebracht werden kann, ohne dass das Halbteilungsprinzip verletzt wäre.

Gleiches gilt, wenn über die notwendigen Rücklagen für Not- und Krankheitsfälle hinaus **realisierbares Vermögen** zur Verfügung steht. Auch der Stamm solchen Vermögens ist für Sonderbedarf zu verwenden.

560 Zu den Kosten, die – ausschließlich – nach diesen Maßstäben auszugleichen sein können, gehören auch **Umzugskosten und die Kosten für die Einrichtung einer neuen Wohnung**.[596] Begrenzt sind solche Kosten jedoch auf die notwendige Höhe.[597]

561 *Praxistipp*

Zu unterscheiden ist der **Sonderbedarf** aufgrund Umzugskosten vom **trennungsbedingten Mehrbedarf**, der nicht auszugleichen ist.

562 **Trennungsbedingter Mehrbedarf** gehört **nicht zum Gesamtbedarf** nach den ehelichen Lebensverhältnissen.[598] Trennungsbedingte Mehrkosten haben nicht ihren Ursprung in der Ehe, sondern in der Trennung der Beteiligten. Solche Kosten können daher **nicht eheprägend** sein. Im Übrigen treffen solche Kosten beide Beteiligte gleichermaßen, so dass sie „wertneutral“[599] sind.

f) Verfahrenskostenvorschuss

563 Verfahrenskostenvorschuss stellt eine besondere Form des Sonderbedarfs dar.[600] Hierfür ist eine gesonderte gesetzliche Regelung geschaffen worden.

Eine Kostenvorschusspflicht besteht gegenüber nicht getrenntlebenden Ehegatten nach § 1360a Abs. 4 BGB und zwischen Lebenspartnern nach § 12 S. 2 LPartG.

Getrenntlebende Ehegatten sind einander ebenfalls, und zwar **„nach Billigkeit“ verfahrenskostenvorschusspflichtig**, §§ 1361 Abs. 4 S. 4, 1360 a Abs. 4 BGB.[601]

Geschiedene Ehegatten sind einander ebenso wenig kostenvoschusspflichtig wie Lebenspartner nach Aufhebung ihrer Partnerschaft. Eine entsprechende Anwendung des § 1361 Abs. 4 BGB auf geschiedene Ehegatten oder frühere Lebenspartner kommt nicht in Betracht.[602] Solche Kosten sind nicht Teil des Lebensbedarfs i.S.v. § 1578 Abs. 1 S. 2 BGB. Auch die sonstigen Vorschriften über Sonderbedarf sind nicht anwendbar. Der Gesetzgeber hat ausdrücklich durch gesetzliche Normierung Ansprüche auf Verfahrenskostenvorschuss **auf miteinander zusammenlebende oder getrennt voneinander lebende**, jedoch noch im Ehestand lebende Partner beschränkt sowie parallel auf die entsprechende Situation von Lebenspartnern.[603]

Danach ist ein Ehegatte bzw. Lebenspartner verpflichtet, die Kosten eines Rechtsstreits des anderen Ehegatten vorzuschießen, soweit dieser Rechtsstreit

- eine persönliche Angelegenheit des anderen Ehegatten oder Lebenspartner betrifft und
- soweit die vorläufige Kostentragung der Billigkeit entspricht.

595 Vgl. BGH FamRZ 2006, 612; Wendl/Dose/*Scholz*, § 6 Rn 11 f.
596 BGH FamRZ 1983, 29; OLG München FamRZ 1996, 1411.
597 BGH FamRZ 1983, 29, 30.
598 BGH FamRZ 2007, 1303; BGH FamRZ 2010, 111.
599 Wendl/Dose/*Gutdeutsch*, § 4 Rn 406.
600 BGH FamRZ 2004, 1633, 1635 m. Anm. *Viefhues*; BGH FamRZ 2010, 452, 454 m. Anm. *Baronin von König*.
601 BGH FamRZ 1983, 29, 30; OLG München FamRZ 1996, 1411.
602 So auch Wendl/Dose/*Scholz*, § 6 Rn 23.
603 BGH FamRZ 2005, 883, 885 m. Anm. *Borth*.

Der Anspruch auf Verfahrenskostenvorschuss **geht dem Anspruch auf Bewilligung von Verfahrenskostenhilfe vor**, weil es nicht vertretbar ist, die Allgemeinheit im Wege der Verfahrenskostenhilfe zur Finanzierung von persönlichen Streitigkeiten zwischen Ehegatten auch dann in Anspruch zu nehmen, wenn das Familieneinkommen zur Verfahrensfinanzierung ausreicht.[604] 564

Voraussetzungen für eine Verfahrenskostenvorschusspflicht sind: 565

- Rechtsstreit über eine **persönliche Angelegenheit**, wozu auch bestimmte Strafverfahren gehören, § 1360a Abs. 4 S. 2 BGB;
- **Erfolgsaussicht** und fehlende Mutwilligkeit;
- **Bedürftigkeit** des Berechtigten;
- **Leistungsfähigkeit** des Verpflichteten.

Im Einzelnen: 566

Persönliche Angelegenheiten sind alle Rechtsstreitigkeiten, bei denen eine Verbindung zur betroffenen Person besteht. Damit sind alle Familiensachen nach § 111 FamFG erfasst, insbesondere Verbund verfahren einschließlich der Folgesachen, aber auch isolierte Familiensachen, insgesamt

1. Ehesachen,[605]
2. Kindschaftssachen,
3. Abstammungssachen,
4. Adoptionssachen,
5. Wohnungszuweisungs-und Hausratssachen,
6. Gewaltschutzsachen,
7. Versorgungsausgleichssachen,
8. Unterhaltssachen,
9. Güterrechtssachen,
10. Sonstige Familiensachen,
11. Lebenspartnerschaftssachen.

Ebenso sind alle familienrechtlichen Streitigkeiten erfasst, vermögensrechtliche Ansprüche mit personenbezogener Funktion (z.B. Unterhalt, Schmerzensgeld) und insgesamt alle Ansprüche aus **§ 266 FamFG**.

Nicht erfasst sind rein vermögensrechtliche Streitigkeiten, z.B. aus Gesellschaftsrecht, aus Miet- und Pachtzinsforderungen.[606]

Erfolgsaussicht und fehlende Mutwilligkeit sind erforderlich, weil Vorschuss nur soweit geschuldet wird, als dies der Billigkeit entspricht. Es kommt daher auf eine positive Erfolgswahrscheinlichkeit an. Die Billigkeit entfällt sowohl **bei aussichtslosen Verfahren**, die als mutwillig anzusehen sind, z.B. weil keinerlei Vollstreckungsaussichten bestehen. Darüber hinaus muss hinreichende Erfolgsaussicht für das Verfahren bestehen. Insoweit gilt derselbe Maßstab für die **Verfahrenskostenvorschusspflicht wie auch für die Verfahrenskostenhilfe.**[607] Dieser Maßstab erscheint auch richtig, da eine vernünftige Partei den Vorschusspflichtigen auch nur in Anspruch nehmen wird, wenn hinreichende Erfolgsaussicht für ein Verfahren besteht. 567

Der Berechtigte muss auch **bedürftig** sein. Nicht bedürftig ist er, wenn er die Mittel bei einem lange voraussehbaren Prozess rechtzeitig hätte ansparen können. Der Berechtigte kann sich allerdings – wie auch der Verpflichtet – auf die Wahrung seines angemessenen Bedarfs berufen und ist **nicht auf seinen notwendigen Bedarf** zu verweisen. Dabei muss der Berechtigte allerdings nur bereite Mittel einsetzen. So- 568

604 So zu Recht Johannsen/Henrich/*Büttner*, § 1361 Rn 126.
605 Begriff definiert in § 121 FamFG.
606 OLG Celle FamRZ 2008, 2199.
607 BGH FamRZ 2001, 1363.

weit dies möglich ist, kann aber auch verlangt werden, dass der Berechtigte nicht liquides Vermögen, z.B. Grundstücke, beleiht.

Der Anspruch muss auch rechtzeitig **vor Beginn des Rechtsstreits geltend** gemacht worden sein.[608]

569 Der **Verpflichtete muss leistungsfähig** sein. Er kann sich – wie der Berechtigte – auf seinen angemessenen Selbstbehalt berufen, da es sich nur um einen Billigkeitsanspruch handelt.[609] Den **Vermögensstamm** muss der Verpflichtete – wie der Berechtigte – zur Finanzierung **nicht** angreifen, soweit dies zu erheblichen wirtschaftlichen Nachteilen führen würde.

570 *Hinweis*

Sowohl für den Berechtigten als auch für den Verpflichteten ist der Gesichtspunkt der **Billigkeit** maßgebend; deshalb gilt der Grundsatz, dass in die Bedürftigkeit geringerer Ansprüche bei großer Leistungsfähigkeit des Verpflichteten zu stellen sind und umgekehrt.[610]

Geschuldet werden bei Bestehen des Anspruchs nur die **notwendigen Kosten**.

571 Im Wege **einstweiliger Anordnung** kann der Anspruch auch selbstständig geltend gemacht werden, § 246 FamFG.[611]

Auch bei einstweiligen Anordnungsverfahren fehlt bei einem durchsetzbaren Verfahrenskostenvorschussanspruch dem Antragsteller wegen insoweit vorhandenen Einkommens oder Vermögens die **Bedürftigkeit im Sinne des § 115 Abs. 2 ZPO**.[612] Verfahrenskostenvorschuss verdrängt daher Verfahrenskostenhilfe, falls der Anspruch realisierbar ist, also unzweifelhaft besteht und kurzfristig durchsetzbar ist.[613]

572 *Praxistipp*

Der anwaltliche Vertreter sollte sich **schon der höheren Gebühren wegen** im eigenen Interesse mit Verfahrenskostenvorschussansprüchen auseinandersetzen. Das Familiengericht kann im Übrigen verlangen, dass der die Verfahrenskostenhilfe begehrende Beteiligte darlegt, dass sein Anspruch auf Verfahrenskostenvorschuss nicht besteht.[614]

573 Der Anspruch auf einen Verfahrenskostenvorschuss kann **in einem Hauptsacheverfahren geltend** gemacht werden oder durch Antrag auf einstweilige Anordnung nach §§ 49 ff., 246 Abs. 1 FamFG. Praktische Bedeutung hat in solchen Fällen allerdings nur die einstweilige Verfahrenskostenvorschussanordnung nach §§ 49 ff., 246 Abs. 1 FamFG, da sie schneller und effektiver zum Erfolg führt.

574 Da es sich bei dem Anspruch auf Verfahrenskostenvorschuss nur um eine vorschussweise Leistung handelt, kann sie **nach Billigkeitsgrundsätzen zurückverlangt** werden.

Hat der Bedürftige beispielsweise mit Hilfe des erlangten Verfahrenskostenvorschusses erhebliche höhere Beträge wegen Zugewinnausgleichs erstritten, wird eine Rückzahlung des Vorschusses gerechtfertigt sein. Das kann aber nicht in gleicher Weise für den Fall gelten, dass mit Hilfe des Verfahrenskostenvorschusses rückständiger Unterhalt eingefordert worden war.[615]

Bei **späterer Besserung der wirtschaftlichen Verhältnisse** des Berechtigten kann die Rückforderung ebenso erfolgen wie in den Fällen, in denen der Vorschuss sachlich zu Unrecht gefordert worden war.[616]

608 OLG Köln FamRZ 1991, 863 m. Anm. *Knops*: Rechtzeitige Inverzugsetzung genügt.
609 OLG Köln FamRZ 1999, 792; OLG Brandenburg FamRZ 2002, 1414.
610 OLG Köln NJW-RR 2002, 1585; Johannsen/Henrich/*Büttner*, § 1361 Rn 127.
611 Horndasch/Viefhues/*Roßmann*, § 246 FamFG Rn 84 ff.
612 FA-FamR/*Geißler*, 16. Kap. Rn 202.
613 BGH FamRZ 2008, 1842; Kleffmann/Klein/*Klein*, § 1360a Rn 39.
614 BGH FamRZ 2008, 1842.
615 KG FamRZ 2008, 2201.
616 BGH FamRZ 1990, 491; OLG Hamm FamRZ 1992, 672; OLG Düsseldorf FamRZ 1996, 1409.

Stellt sich später heraus, dass das Einkommen des Verpflichteten eigentlich zur Bestreitung der Verfahrenskosten ausgereicht hat und hat sich der Antragsteller damit **zu Unrecht** den Verfahrenskostenvorschuss erschlichen, besteht die Rückzahlungspflicht schon nach den Grundsätzen des § 823 Abs. 2 BGB i.V.m. § 263 StGB.

g) Unterhalt für die Vergangenheit, die Zukunft und Überzahlungen

Anders als beim Nachscheidungsunterhalt gelten durch die gesetzliche Verweisung beim Trennungsunterhalt **die Regeln des Verwandtenunterhalts**. Für die Vergangenheit kann daher gem. § 1361 Abs. 4 s. 4 i.V.m. §§ 1360a Abs. 3, 1613 BGB nur **unter den folgenden Voraussetzungen** verlangt werden: 575

- Ab Zugang eines Auskunftsverlangens zum Zwecke der Geltendmachung eines Unterhaltsanspruchs;
- Verzug des Verpflichteten;
- in Fällen der Rechtshängigkeit;
- in Fällen des Sonderbedarfs;
- bei Hinderung an der Geltendmachung gem. § 1613 Abs. 2 Nr. 2 BGB.

Der Unterhalt wird ab dem 1. des Monats, in den das Ereignis fällt, geschuldet. Im Einzelnen gilt:

Unterhalt kann für die Vergangenheit ab Zugang einer bloßen Aufforderung zur **Auskunft über Einkünfte und Vermögen** verlangt werden. Der Zweck der verlangten Auskunft zur Geltendmachung von Unterhalt muss in der Aufforderung verdeutlicht sein. Es muss aber **nicht gleichzeitig konkret** die Leistung von Unterhalt verlangt worden sein. Es muss auch kein unbezifferter Zahlungsantrag erfolgen.[617] 576

Wird eine **Bezifferung** gleichzeitig vorgenommen, die aber **zu gering bemessen** ist, erlischt nicht der weitergehende Anspruch, ausgenommen im Falle der Verwirkung.[618] 577

Verzug des Verpflichteten setzt gem. § 286 Abs. 1 BGB voraus, dass nach Fälligkeit einer Unterhaltsrate gemahnt wird, ohne dass diese Mahnung wegen der weiteren Raten wiederholt werden muss.[619] Die Mahnung erfordert ein unbedingtes, genaues und eindeutiges nicht notwendig beziffertes Zahlungsverlangen.[620] 578

Ab Rechtshängigkeit kann Unterhalt verlangt werden. Der rechtshängige Unterhaltsanspruch (§ 261 ZPO) kann **auch für die Vergangenheit** verlangt werden. Wird er mit der Auskunft im Stufenantrag (§ 254 ZPO) geltend gemacht, gilt dies auch für die Zeit nach der Antragstellung, in welcher der Anspruch zunächst noch nicht beziffert war.[621] 579

Bei **Sonderbedarf** entsteht der Anspruch, sobald er der Höhe nach bezifferbar ist, spätestens mit Zahlungsfälligkeit.[622] Zu beachten ist jedoch die **Zeitschranke nach § 1613 Abs. 2 Nr. 1 BGB.** Sonderbedarf kann bis zu einem Jahr nach seiner Entstehung, für einen länger zurückliegenden Zeitraum nur bei Verzug, Rechtshängigkeit oder vertraglicher Anerkennung verlangt werden. Die Aufforderung zur Auskunft genügt insoweit nicht.[623] 580

Bei **Hinderungen an der Geltendmachung** des Unterhalts für die Vergangenheit kann ebenfalls das Verlangen noch erfolgen. 581

Dies gilt für den Zeitraum, in dem der Berechtigte **aus rechtlichen oder tatsächlichen Gründen**, die in den Verantwortungsbereich des Unterhaltspflichtigen fallen, an der Geltendmachung des Anspruches gehindert war, § 1613 Abs. 2 Nr. 2 BGB. Auch dann also, wenn die Voraussetzungen zum sonstigen Verzug,

617 BGH FamRZ 2008, 1428.
618 OLG Naumburg FamRZ 2005, 1855; AG Wesel FamRZ 2000, 1045; Johannsen/Henrich/*Graba*, § 1613 Rn 3; a.A. *Keuter*, FamRZ 2009, 1024.
619 BGH FamRZ 1988, 370 m. Anm. *Schmitz*, S. 700.
620 BGH FamRZ 1984, 163; Überhöhtes Verlangen ist unschädlich: BGH FamRZ 1988, 478.
621 BGH FamRZ 1990, 283.
622 OLG Karlsruhe FamRZ 2000, 1166.
623 Johannsen/Henrich/*Graba*, § 1613 Rn 14.

nämlich Aufforderung zur Auskunft, Verzug oder Rechtshängigkeit nicht erfüllt sind, kann für diesen Zeitraum Unterhalt für die Vergangenheit noch verlangt werden.

Beispielsweise gilt dies für den Zeitraum, in dem der Berechtigte aus rechtlichen Gründen an der Geltendmachung des Anspruches gehindert war, weil die **Vaterschaft nicht anerkannt** oder rechtskräftig festgestellt war, §§ 1594 Abs. 1, 1600 Abs. 4 BGB.

Auch wenn die Geltendmachung des Anspruches aus **tatsächlichen Gründen** nicht möglich war, die in den Verantwortungsbereich des Unterhaltspflichtigen fallen, gilt die Möglichkeit des Verlangens auch für die Vergangenheit. Dies ist etwa dann der Fall, wenn sich der Verpflichtete an einem **unbekannten Ort** aufhält und gegen ihn entweder überhaupt nicht oder nur mit Verzögerung vorgegangen werden kann.

582 *Praxistipp*

Für Unterhaltsrückstände haften im Falle des § 1807 BGB auch Großeltern.[624]

583 Hinsichtlich Vorausleistungen wird der Verpflichtete nach § 1361 Abs. 4 S. 4 i.V.m. § 1360a Abs. 3, 1614 Abs. 2, 760 Abs. 2 BGB **nur für drei Monate frei**. Hat er für längere Zeit im Voraus geleistet und hat der Berechtigte den ihm zur Verfügung gestellten Unterhalt nicht angemessen verteilt, also leichtfertig oder verschwenderisch gelebt, so hat der Verpflichtete **auf eigene Gefahr** gehandelt, muss also bei Verlust des Geldes erneut zahlen, falls dem Berechtigten nicht arglistiges Verhalten nachgewiesen werden kann.[625]

584 Bei **Überzahlungen** ist im Zweifel anzunehmen, dass ein Ehegatte, der zum Unterhalt einer Familie einen höheren Beitrag leistet als ihm obliegt, nicht beabsichtigt, vom anderen Ersatz zu verlangen. Diese **Vermutung ist allerdings widerlegbar**. Das Getrenntleben ist aber ein Umstand, der gegen die Absicht spricht, auf Ersatz zu verzichten.

585 Eine **Aufrechnung von Überzahlungen** fällt im Übrigen auch dann unter das **Aufrechnungsverbot**, wenn für verschiedene Zeiträume in der Vergangenheit teils zu viel, teils zu wenig geleistet worden ist,[626] sodass nur in beiderseitigem Einverständnis verrechnet werden kann.[627]

Das **Aufrechnungsverbot** gilt allerdings gem. §§ 850b Abs. 1 Nr. 2 ZPO, 394 BGB **nur dann**, wenn es sich um auf „gesetzlicher Vorschrift" beruhende Unterhaltsansprüche handelt.[628] Dies ist im Trennungsunterhalt im Zweifel der Fall.

Das Aufrechnungsverbot greift auch dann nicht, wenn mit einem Schadenersatzanspruch aus einer im Rahmen des Unterhaltsverhältnisses begangenen vorsätzlichen unerlaubten Handlung aufgerechnet wird.[629]

3. Vorsorgeunterhalt

a) Altersvorsorge

586 Ab dem 1. des Monats, in welchem ein Scheidungsantrag dem anderen Ehegatten zugestellt wird, nehmen die Ehegatten **nicht (mehr) am Aufbau der Altersversorgung** des jeweils anderen teil. Deshalb kann gem. § 1361 Abs. 1 S. 2 BGB von diesem Zeitpunkt an Altersvorsorgeunterhalt geltend gemacht werden.[630]

624 BGH FamRZ 2004, 800 m. Anm. *Luthin*.
625 Zur Rückforderung von zu viel gezahltem Unterhalt im Übrigen vgl. *Roßmann*, Rn 2550 ff.
626 OLG Karlsruhe FamRZ 2003, 33.
627 Johannsen/Henrich/*Büttner*, § 1361 Rn 134 m.w.N.
628 BGH FamRZ 2002, 1179; OLG Bremen FamRZ 2002, 1189.
629 BGH FamRZ 1993, 1186; OLG Karlsruhe FamRZ 2003, 33.
630 BHG NJW 1982, 1988.

Praxistipp 587
Der beratende Rechtsanwalt kann sich schadenersatzpflichtig machen, wenn er nicht auf die Möglichkeit der Geltendmachung von Altersvorsorgeunterhalt hinweist.[631]

Vorsorgeunterhalt wird **erst ab Geltendmachung** zugesprochen. Verlangt daher der Berechtigte **lediglich Quotenunterhalt**, kann er die Einforderung von Vorsorgeunterhalt **nicht ab Verzug zum Quotenunterhalt** für die Vergangenheit geltend machen. Dies gilt auch dann, wenn der Berechtigte gar nicht wusste, dass er Vorsorgeunterhalt geltend machen kann.[632] 588

Hat der Berechtigte allerdings keinen Quotenunterhalt verlangt, sondern **nach § 1613 Abs. 1 S. 1 BGB** den Pflichtigen zum Zwecke der Geltendmachung eines Unterhaltsanspruchs **zur Auskunftserteilung aufgefordert**, kann er auch von diesem Zeitpunkt an, soweit die Voraussetzungen vorliegen, Vorsorgeunterhalt verlangen. Dies gilt auch dann, wenn er nicht darauf hingewiesen hat, dass er auch Vorsorgeunterhalt verlangen wolle.[633] 589

Ist beispielsweise ein **Trennungsunterhaltsverfahren bereits abgeschlossen**, liegen jetzt aber die Voraussetzungen zur Geltendmachung von Vorsorgeunterhalt vor, kann in einem **Abänderungsverfahren** (§§ 238 ff. FamFG) Vorsorgeunterhalt verlangt werden.[634] 590

Fordert der Berechtigte Vorsorgeunterhalt, muss er **keinerlei Angaben über die Art und Weise** der von ihm beabsichtigten Vorsorge machen, muss auch keineswegs angeben, ob er die Anlage durch Abschluss eines Versicherungsvertrages oder durch sonstige Vermögensbildung plant.[635]

Der Berechtigte muss **lediglich konkret den Betrag des Vorsorgeunterhalts** geltend machen. Weitere Auskunft kann der Verpflichtete nicht verlangen, auch nicht, dass der Vorsorgeunterhalt von ihm unmittelbar etwa an einen Versicherungsträger bezahlt wird.[636] Anderes gilt nur dann, wenn für den Verpflichteten ein **begründeter Anlass** für die Annahme einer zweckwidrigen Verwendung des Vorsorgeunterhalts besteht.[637]

Da der **Verpflichtete** für das Vorliegen solcher Anhaltspunkte **darlegungs- und beweispflichtig** ist, wird bis auf Ausnahmefälle an den Berechtigten direkt gezahlt werden müssen.

Im **gerichtlichen Verfahren** besteht für das Gericht **keine Bindung** an die Benennung der Beträge für Vorsorge einerseits und Elementarunterhalt andererseits. Eine Bindung besteht zwar dahingehend, dass insgesamt nicht mehr zugesprochen werden kann, als verlangt wurde.[638] 591

Die Unterhaltsbestandteile sind jedoch **angemessen zu verteilen**. Hierfür spielt auch der Rang des Unterhalts eine Rolle. Da **Altersvorsorgeunterhalt nachrangig** ist, ist namentlich im Mangelfall eine Verteilung zunächst auf den Elementarunterhalt und den Krankenvorsorgeunterhalt vorzunehmen.

aa) Höhe des Vorsorgeunterhalts

Bezüglich der Höhe des Vorsorgeunterhalts hat sich in der Praxis die **Bemessung nach dem Elementarunterhalt**, der dem Berechtigten zusteht, durchgesetzt.[639] 592

Am verbreitetesten in der Praxis ist das vom OLG Bremen in der **Bremer Tabelle** entwickelte Verfahren.[640]

631 BGH FamRZ 2015, 824; BGH FamRZ 2014, 1276; OLG Düsseldorf FamRZ 2010, 73; *Büte*, FuR 2015, 446.
632 BGH FamRZ 1985, 690.
633 BGH FamRZ 2007, 193.
634 BGH FamRZ 1985, 690.
635 *Götsche,* FuR 2022, 351.
636 BGH FamRZ 1983, 152.
637 BGH FamRZ 1989, 483.
638 BGH FamRZ 1989, 483.
639 BGH NJW 1981, 2192.
640 BGH FamRZ 1985, 471.

Die **Berechnung des Altervorsorgeunterhalts** erfolgt mit Hilfe der Bremer Tabelle zweistufig.

Schritt 1:

Aus dem **bereinigten Nettoeinkommen** ist der **Elementarunterhalt** zu ermitteln. Hiernach erfolgt die **Hochrechnung auf ein fiktives Bruttoeinkommen** entsprechend der Angaben in der **Bremer Tabelle**. Aus dem fiktiven Bruttoeinkommen ist sodann der **Rentenanspruch** (Beitragshöhe der gesetzlichen Rentenversicherung) **herauszulösen** – Stand 2023: 18,6 Prozent – sodass sich der Vorsorgeunterhalt aus der Berechnung ergibt.

Schritt 2:

Im zweiten Schritt erfolgt der **Abzug des so berechneten Altersvorsorgeunterhalts von dem bereinigten Nettoeinkommen** des Unterhaltspflichtigen. Aus der Differenz werden wiederum der Elementar- und anschließend der **Altersvorsorgeunterhalt erneut ermittelt**.

So ergibt es sich am Ende der Berechnung, dass der Vorsorgeunterhalt gleich auf beide Ehegatten verteilt ist.

593 Beim Vorsorgeunterhalt handelt es sich um einen zweckgebundenen Unterhalt. Art und Weise der Vorsorge (gesetzliche Rentenversicherung, private Lebensversicherung) kann der Unterhaltsberechtigte selbst bestimmen,[641] muss sich jedoch innerhalb der **Zweckbindung** halten.[642]

Die **Höhe** bestimmte sich nach jahrzehntelanger Rechtsprechung nach dem Beitragsbemessungssatz der Rentenversicherung mit derzeit 18,6 %.[643]

594 Nachdem der **BGH**[644] darüber hinaus gehend erklärt hat, dass grundsätzlich[645] dem Nichtselbstständigen zuzubilligen ist, einen Betrag von bis zu **4 %** des jeweiligen Bruttoeinkommens des Vorjahres für eine zusätzliche Altersvorsorge einzusetzen, wird dieser zusätzliche Betrag in den Vorsorgeunterhalt einzubeziehen und statt 18,6 % nunmehr eine Altersvorsorge von **22,6 %** zu verlangen sein.[646]

Der **BGH** hatte nämlich erklärt, dass die Grenze der angemessenen Altersversorgung zur einseitigen Vermögensbildung bei **24 v.H.** (20 v.H. Beitragsbemessungssatz der gesetzlichen Rentenversicherung zum Zeitpunkt der Entscheidung + 4 v.H. des Jahresbruttoeinkommens des Vorjahres) liegt.

Sind die Aufwendungen dafür höher, ist der Betrag, der diese Grenze übersteigt, unterhaltsrechtlich als einseitige Vermögensbildung zu bewerten.

595 Dies führt auch dazu, dass bei **Immobilien**, sei es bei dem Eigenheim, das als Ehewohnung diente oder Mehrfamilienhäusern, aus denen Miete erzielt wird, **Tilgungsleistungen als Altersversorgung berücksichtigt werden können**, soweit diese den **Grenzbetrag** nach Aufstockung um 4 v.H. des Jahresbruttoeinkommens des Vorjahres **nicht überschreiten**.[647]

Wird die Aufstockung zur Sicherung angemessener Altersvorsorge beim Nichtselbstständigen in dieser Weise anerkannt, muss dies auch für den Unterhaltsberechtigten gelten.

Die Berechnung des Vorsorgeunterhalts erfolgt im Übrigen **ohne Beschränkung** durch die Beitragsbemessungsgrenze.[648]

bb) Berechnung von Altersvorsorgeunterhalt

596 Die Berechnung des Altersvorsorgeunterhalts erfolgt **in zwei Stufen**.[649]

641 BGH FamRZ 1983, 152 f.
642 OLG Hamm FuR 2022, 134: Der Kauf eines Oldtimers ist nicht als Altersvorsorge berücksichtigungsfähig.
643 Stand 1.1.2023.
644 FamRZ 2005, 1871.
645 Außer im **Mangelfall**, BGH FamRZ 1983, 152, 153.
646 So *Soyka*, FK 2006, 1, 3.
647 *Soyka*, FK 2006, 1, 3.
648 OLG München FamRZ 2005, 367 f., 368.
649 OLG Celle FamRZ 2000, 1153; *Grüneberg/Siede*, § 1578 Rn 71.

Zunächst ist der **Elementarunterhalt** zu errechnen. Um den Altersvorsorgeunterhalt zu bestimmen, ist der Unterhaltsberechtigte so zu stellen, als würde es sich beim Elementarunterhalt um das Nettoeinkommen des Betreffenden aus Berufstätigkeit handeln (Betrag nach Abzug der gesetzlichen Sozialversicherungsbeiträge ohne Krankenversicherung).

Hierzu ist der **Elementarunterhalt** (fiktives Nettoeinkommen) **auf ein entsprechendes (fiktives) Bruttoeinkommen hochzurechnen**. 597

Dies geschieht unter Zuhilfenahme der so genannten **Bremer Tabelle** des OLG Bremen. Entsprechend dem Verfahren nach **§ 14 Abs. 2 SGB IV (Umrechnung sog. Nettovereinbarungen)** ist der Elementarunterhalt zum sozialversicherungsrechtlichen Bruttolohn hochzurechnen.[650] Berechnet wird dies derzeit unter Zugrundelegung von Beitragssätzen in Höhe von 18,6 % für die Rentenversicherung[651] und 3 % für die Arbeitslosenversicherung sowie Lohnsteuer Kl. I ohne Kinderfreibeträge mit Solidaritätszuschlag.[652]

Um das fiktive Bruttoeinkommen zu bestimmen, ist dem Elementarunterhalt der aus der Tabelle zu entnehmende **Aufschlag hinzuzufügen**. Die Summe, multipliziert mit dem geltenden Rentenbeitragssatz, ergibt sodann den Altersvorsorgeunterhalt.

In einer zweiten Stufe ist dann der **Elementarunterhalt unter Abzug des Altersvorsorgeunterhalts** vom bereinigten Nettoeinkommen neu zu ermitteln. 598

Schließlich ist abschließend die **Leistungsfähigkeit** des Unterhaltsverpflichteten zu **überprüfen**.

Beispiele 599

1. Bereinigtes Nettoeinkommen M		2.800 EUR
a.	Unterhaltsbedarf F: (EUR 2.450,00 x 45 %) : 2 =	1.260 EUR
b.	16 %-Zuschlag gem. Bremer Tabelle =	201,60 EUR
	Insgesamt	1.461,60 EUR
	18,6 % (Beitragssatz) + 4 % (Erhöhung)	330,32 EUR
c.	Bereinigtes Nettoeinkommen M	2.800 EUR
	abzüglich	330 EUR
	Bemessungsgrundlage Elementarunterhalt	2.470 EUR
	x 90 % : 2	**1.111,50 EUR**

F hat daher rechnerisch einen Anspruch auf **1.68 EUR** Elementarunterhalt sowie **309 EUR** Altersvorsorgeunterhalt, insgesamt **1.377 EUR**.

Damit ist der **Selbstbehalt von 1.400 EUR gewahrt.**

2. Das Einkommen des M beträgt bereinigt 2.200 EUR, das der F 700 EUR:[653]

Lösung: F kann den folgenden Gesamtunterhalt von M beanspruchen:

Vorläufiger Elementarunterhalt (2.200 EUR ./. 700 EUR) x 45 %	675 EUR
Vorsorgeunterhalt 642,68 EUR + 13 % (nach Bremer Tabelle)	762,75EUR
x 18,6 % (Beitragssatz) + 4 % (Erhöhung)	**172,38EUR**

650 BGH FamRZ 1981, 442, 444, 445; BGH FamRZ 1985, 471, 472, 473 = NJW 1985, 1347.

651 Voraussichtlicher Anstieg auf 19,1 % im Jahre 2019, so die Pressemitteilung der Deutschen Rentenversicherung Bund vom 2.7.2015.

652 Vgl. auch BGH FamRZ 1983, 888, 889, 890.

653 Nach *Soyka*, FK 2006, 1, 3.

Neuer Elementarunterhalt
(2.200 EUR ./. 172,38 EUR ./. 700 EUR) x 45 % **597,43EUR**
Gesamtunterhalt (gerundet)
572 EUR (Elementarunterhalt) + 172 EUR (Altersvorsorgeunterhalt) = **769 EUR**

600 *Hinweis*

Besteht ein Anspruch auf **Trennungsunterhalt und Altersvorsorgeunterhalt** für die Zeit bis zur Rechtskraft der Scheidung, ist dieser im Rahmen dieses Unterhaltsverfahrens geltend zu machen und **nicht im Verbundverfahren**, da es sich nicht um eine Entscheidung für den Fall der Rechtskraft der Scheidung handelt. Der Anspruch endet mit Rechtskraft der Scheidung.[654]

601 Einer zweistufigen Berechnung bedarf es nicht, wenn bei **sehr günstigen wirtschaftlichen Verhältnissen** der Vorsorgebedarf neben dem laufenden Unterhaltsbedarf befriedigt werden kann.[655]

602 Für die Geltendmachung **rückständigen Altersvorsorgeunterhalts** genügt es, dass allgemein **Auskunft** mit dem Ziel der Geltendmachung eines Unterhaltsanspruchs verlangt worden ist.

603 Verwendet der Berechtigte den gezahlten Vorsorgeunterhalt **nicht bestimmungsgemäß**, kann der Pflichtige Leistung unmittelbar an den Versorgungsträger verlangen.[656] Bei späterer Kenntnis kommt eine Verwirkung nach § 1579 Nr. 4 BGB in Betracht.[657] Liegt der Tatbestand der Verwirkung nicht vor, ist der Pflichtige jedoch so zu stellen, als hätte der Berechtigte die gezahlten Beträge bestimmungsgemäß verwendet.

cc) Antrag zur Altersvorsorge

604 Beträge für Altersvorsorge zu verlangen und gesondert gerichtlich geltend zu machen, kann vor allem in denjenigen Fällen wichtig und sinnvoll sein, in denen mit einem **„Rosenkrieg"** der Eheleute zu rechnen ist oder aber aus Gründen beispielsweise notwendiger Einholung eines oder mehrerer Sachverständigengutachten mit **langer Dauer des Scheidungsverfahrens** gerechnet werden muss.

Ist das Scheidungsverfahren rechtshängig, so ist das Datum des Beginns des Vorsorgeanspruchs auf den 1. des Monats der Zustellung des Scheidungsantrags zu setzen.

Im Rahmen eines ggf. dann erst eingereichten – isolierten – Trennungsunterhaltsantrags kann beides miteinander verbunden werden, auch wenn verschiedene Daten zum Anspruch auf Trennungsunterhalt und Vorsorgeunterhalt vorhanden sind.

605 ▼

Muster 3.41: Antrag auf Trennungsunterhalt und Altersvorsorge

Es wird beantragt, den Antragsgegner zu verpflichten,

an die Antragstellerin

1. ab dem ______ (1. des Monats der Zustellung des Scheidungsantrags) jeweils bis zum 1. eines jeden Monats Trennungsunterhalt in Höhe von ______ EUR sowie ______ EUR Altersvorsorgeunterhalt, insgesamt ______ EUR zu zahlen;
2. rückständigen Trennungsunterhalt für die Zeit vom ______ bis zum ______ (Ende des Vormonats zu Zif. 1) in Höhe von ______ EUR zu zahlen.

▲

654 BGH FamRZ 1982,1875.
655 FamRZ 2003, 590; BGH FamRZ 2010, 372.
656 BGH FamRZ 1987, 684.
657 BGH FamRZ 2003, 848.

Ist das Trennungsunterhaltsverfahren bereits abgeschlossen, kann ein Abänderungsantrag folgenden Inhalts gestellt werden.[658]

▼ 606

Muster 3.42: Abänderungsantrag Trennungsunterhalt für Altersvorsorge

Es wird beantragt, den Antragsgegner zu verpflichten, 3.42

an die Antragstellerin

in Abänderung des Beschlusses des Amtsgerichts – Familiengericht – in ab dem . (1. des Monats der Zustellung des Scheidungsantrags) jeweils bis zum 1. eines jeden Monats Trennungsunterhalt in Höhe von EUR sowie EUR Altersvorsorgeunterhalt, insgesamt EUR zu zahlen.

▲

Die **Abänderung** ist notwendig, weil sich mit dem Verlangen nach Zahlung von Altersvorsorgeunterhalt der Elementarbetrag für Trennungsunterhalt verändert. Daher ist nicht die Nachforderung, sondern das Abänderungsverfahren erforderlich.

b) Krankenvorsorge

Ein getrenntlebender Ehegatte ist in der Regel, soweit er keine sozialversicherungspflichtige Tätigkeit ausübt und dadurch selbst krankenversichert ist, in der **Familienversicherung nach § 10 SGB V** mitversichert. Eine Notwendigkeit für die Geltendmachung von Krankenvorsorgeunterhalt besteht in diesen Fällen bei Getrenntleben nicht. 607

Übersteigt das Einkommen des Verpflichteten jedoch die **Freigrenzen** des § 10 Abs. 1 Nr. 5 SGB V oder ist der Verpflichtete hauptberuflich **selbstständig** tätig, § 10 Abs. 1 Nr. 4 SGB V, entsteht der Anspruch auf **Ersatz angemessener Kosten für eine Krankenversicherung**. 608

Besteht eine private Krankenversicherung des unterhaltsberechtigten Ehegatten, hat der Pflichtige die Beiträge weiter zu zahlen. Besteht ausnahmsweise kein **angemessener Krankenversicherungsschutz** des Berechtigten, kann dieser nach § 1361 BGB auch einen Krankenvorsorgeunterhalt verlangen, obwohl dieser Bereich – anders als in § 1378 Abs. 2 BGB für die Zeit nach Scheidung der Ehe – in § 1361 BGB nicht ausdrücklich erwähnt ist. Die Leistungen auf Krankenvorsorge **gehören zum angemessenen Unterhalt** im Sinne des § 1361 BGB, wenn Trennungsunterhalt geschuldet ist, also eine **gesetzlich definierte Bedürfnislage** überhaupt vorhanden ist. 609

Die Berechnung der Aufwendungen erfolgt wie beim nachehelichen Unterhalt zweistufig. Vor der Berechnung des Quotenunterhalts ist der Krankheitsvorsorgeunterhalt mit dem entsprechenden Beitragssatz der Krankenkasse vom Nettoeinkommen des Verpflichteten abzuziehen. Dies gilt ebenso für die Aufwendungen betr. **Pflegeversicherung**. 610

Beispiel 611

Einkommen des Verpflichteten (ohne eigene Krankenversicherungskosten)	2.800 EUR
(vorläufige) Unterhaltsquote der Berechtigten: 2.800 EUR x 45 % =	1.260 EUR
Krankenvorsorge (Beitragssatz 14,6 %[659]): 1.260 EUR x 14,6 % =	184 EUR
abzgl. Krankenvorsorge	184 EUR
bereinigtes Nettoeinkommen des Verpflichteten	2.616 EUR

658 Vgl. dazu *Horndasch*, AnwaltFormulare Familienrecht, § 4 Rn 336.
659 Ab 1.1.2023 gültiger Wert.

x Unterhaltsquote x 45 %	
endgültiger Elementarunterhalt	**1.177 EUR**

Die Unterhaltsberechtigte erhält im Beispiel 184 EUR Krankenvorsorge- und 1.177 EUR Elementarunterhalt, insgesamt 1.361 EUR.

In der Praxis wird hier der **Pflegevorsorgeunterhalt** (3,05 %) einzubeziehen sein, so dass an Vorsorge derzeit der Betrag von **17,65 %** einzusetzen ist. Dies ergibt nach dem obigen Beispiel folgende Berechnung:

Kranken- u. Pflegevorsorge (17,65 %): 1.260 EUR x 17,65 % =	222,39 EUR
Einkommen des Verpflichteten	2.800,00 EUR
Abzgl. Kranken- u. Pflegevorsorge	222,39 EUR
Bereinigtes Nettoeinkommen des Verpflichteten	2.577,61EUR
45 % Unterhaltsquote	**1.159,92 EUR**

Die Unterhaltsberechtigte erhält im Beispiel daher **222 EUR** Krankenvorsorge- und Pflegevorsorgeunterhalt und **1.160 EUR** Elementarunterhalt, insgesamt **1.382 EUR**.

612 In der Literatur wird die – abzulehnende – Auffassung vertreten, dass diese Berechnungsmethode, die auf eine **Grundentscheidung des BGH**[660] zurückgeht, zu ungenauen Ergebnissen führen kann.[661]

613 Die Berechnung des Vorsorgeunterhalts erfolgt **ohne Begrenzung** durch die Beitragsbemessungsgrenze.[662]

614 Eine **zweistufige Berechnung** zur Ermittlung des endgültig zu zahlenden Elementarunterhalts kann jedoch in denjenigen Fällen **unterbleiben**, in denen das Halbteilungsprinzip nicht tangiert wird oder, wie bei der konkreten Bedarfsbemessung, Krankenvorsorgeteil des Gesamtbedarfs ist.

Daher **unterbleibt eine zweistufige Berechnung**

- bei konkreter Bedarfsbemessung,
- bei einkommensunabhängiger Berechnung des Krankenvorsorgeunterhalts (Privatversicherung),
- bei Verrechnung des Krankenvorsorgeunterhalts mit nicht bedarfsbestimmenden Einkünften des Berechtigten,
- wenn Krankenvorsorgeunterhalt aus nicht bedarfsbestimmenden Einkünften des Verpflichteten bezahlt werden können.

Rechenbeispiel für Verrechnung des Krankheitsvorsorgeunterhalts nicht bedarfsbestimmenden Einkünften des Berechtigten:[663]

615 *Beispiel*

Erwerbseinkommen M 3.500 EUR; Krankheitsvorsorgeunterhalt F 200 EUR; nicht bedarfsbestimmende Zinseinkünfte F 400 EUR.

Quotenbedarf der F 3.500 EUR x 45 % =	1.575 EUR
voller Bedarf der F 1.500 EUR zzgl. 200 EUR =	1.775 EUR

Das anzurechnende Zinseinkommen von F in Höhe von 400 EUR entlastet M soweit, dass er die Krankheitsvorsorge für F in Höhe von 200 EUR zusätzlich zum Elementarunterhalt zahlen kann.

660 BGH FamRZ 1983, 888; OLG Düsseldorf FamRZ 1986,814.
661 So *Conradis*, FamRZ 2004, 1156, der seine Berechnungsmethode aber selbst als „übergenau" bezeichnet.
662 OLG München FamRZ 2005, 367 f., 368.
663 Nach Wendl/Dose/*Gutdeutsch*, § 4 Rn 920.

Rechenbeispiel zu nicht bedarfsbestimmenden Einkünften des Verpflichteten 616

Erwerbseinkommen M 3.500 EUR; nicht bedarfsbestimmende Zinseinkünfte M 200 EUR; Krankenvorsorgeunterhalt F 200 EUR.

Quotenbedarf der F 3.500 EUR x 45 % =	1.575 EUR
voller Bedarf F = 1.575 EUR zzgl. 200 EUR =	1.775 EUR

Das **Ergebnis muss** insgesamt jedoch auch **angemessen** sein. 617

Sind die Vorsorgeunterhaltsbeiträge im Verhältnis zum Elementarunterhalt sehr hoch, kann der gesamte Unterhalt in einer den Interessen beider Beteiligter **gerecht werdenden Weise** abweichend auf die verschiedenen Unterhaltsbestandteile **verteilt** werden.[664] Dabei sind die **Rangverhältnisse**, namentlich der Nachrang hinsichtlich des Altersvorsorgeunterhalts gegenüber dem Elementarunterhalt und dem Krankenvorsorgeunterhalt zu beachten.[665]

In **Mangelfällen** ist nicht prägendes Einkommen zunächst anteilig auf den Elementarunterhalt und Krankenvorsorgeunterhalt zu verrechnen, da diese vorrangig sind. 618

Krankheitsvorsorgeunterhalt muss **zusätzlich als Unterhaltsbestandteil** geltend gemacht werden. Von Amts wegen wird er nicht zugesprochen. Der Berechtigte ist dann verpflichtet, den Krankheitsvorsorgeunterhalt tatsächlich für Krankenversicherung zu verwenden. 619

Der Verpflichtete kann demgegenüber **nicht verlangen**, dass Zahlungen unmittelbar an einen Versorgungsträger geleistet werden. Anderes gilt nur, wenn die konkrete Gefahr besteht, dass der Berechtigte den Krankheitsvorsorgeunterhalt nicht bestimmungsgemäß verwenden werde. Hiervon ist grundsätzlich nicht auszugehen, sodass der Verpflichtete, der darlegungs- und beweispflichtig ist, in der Regel an den Berechtigten wird zahlen müssen, selbst wenn er den persönlichen Verdacht hat, dass der Berechtigte keine bestimmungsmäßige Verwendung vornehmen werde. 620

Stellt der Verpflichtete allerdings fest, dass **Krankenvorsorge nicht bestimmungsgemäß** verwendet wird, kann er durch Abänderungsverfahren erreichen, dass der Krankheitsvorsorgeunterhalt direkt an den Versicherungsträger bezahlt wird. Benennt der Berechtigte im Abänderungsverfahren keinen Versicherungsträger, ist der Anspruch auf Weiterzahlung an sich selbst als nicht mehr schlüssig zurückzuweisen.[666] 621

Im Falle nicht bestimmungsgemäßer Verwendung ist der Berechtigte im Krankheitsfall **so zu behandeln, als hätte er** den Krankheitsvorsorgeunterhalt bestimmungsgemäß verwendet.[667]

Im Übrigen kann **Verwirkung nach § 1579 Nr. 3 BGB** vorliegen.[668]

Neben Krankheitsvorsorge ist auch **Pflegevorsorge** notwendig, eingeführt durch das Pflegeversicherungsgesetz seit dem 1.1.1995 (Pflegeversicherungsgesetz vom 26.5.1994 BGBl I S. 1014). 622

Ist ein Ehegatte in der **gesetzlichen Krankenversicherung freiwillig versichert**, ist er nach § 20 Abs. 3 SGB XI zugleich in der gesetzlichen Pflegeversicherung pflichtversichert. Bei privater Krankenversicherung muss der Berechtigte nach § 23 SGB XI zusätzlich eine Pflegeversicherung abschließen. 623

Damit gehören die **Beiträge zur Pflegeversicherung zum allgemeinen Lebensbedarf** und sind im Fall der Bedürftigkeit vom Unterhaltspflichtigen abzudecken, soweit Leistungsfähigkeit besteht.[669]

664 BGH FamRZ 1989, 483.
665 BGH FamRZ 1989, 483.
666 BGH FamRZ 1989, 483; BGH FamRZ 1987, 684, 686.
667 BGH FamRZ 1983, 676.
668 BGH FamRZ 1989, 483.
669 Vgl. *Gutdeutsch*, FamRZ 1994, 878.

4. Fall: Alters- und Krankheitsunterhalt bei Getrenntleben

a) Typischer Sachverhalt

624 Die Eheleute F und M haben sich getrennt. Ihre Kinder sind volljährig und nicht mehr unterhaltsbedürftig. M ist ganztags tätig und verdient 2.400 EUR netto monatlich. F hat kein Erwerbseinkommen; sie leidet an verschiedenen Erkrankungen und ist 59 Jahre alt.

b) Außergerichtliches Vorgehen

aa) Das Einkommen des Schuldners ist bekannt

625 ▼

Muster 3.43: Aufforderung zur Zahlung von Alters- und Krankheitsunterhalt

Sehr geehrter Herr M,

Ihre Ehefrau wird von uns vertreten. Sie hat uns beauftragt, ihren Unterhaltsanspruch gegen Sie geltend zu machen.

Der Unterhaltsanspruch unserer Mandantin ergibt sich aus § 1361 BGB. Denn unsere Mandantin hat kein eigenes Einkommen/verdient nur EUR. Die Aufnahme einer Erwerbstätigkeit/die Ausweitung ihrer Erwerbstätigkeit ist ihr nicht zuzumuten.

Unsere Mandantin ist schwer erkrankt. Sie leidet, wie in dem beigefügten ärztlichen Attest zu lesen, an folgenden Erkrankungen: . Wegen dieser Erkrankungen befindet sie sich schon seit in ärztlicher Behandlung bei . Trotz aller Bemühungen der Ärzte hat sich der Gesundheitszustand unserer Mandantin leider nicht gebessert. Aus dem ärztlichen Attest können Sie entnehmen, dass bedauerlicherweise auch für die Zukunft keine Besserung zu erwarten ist.

Es kommt hinzu, dass unsere Mandantin bereits Jahre alt ist und zuletzt im Jahr erwerbstätig/in größerem Umfang als jetzt erwerbstätig war. Seither hatte sie im Einvernehmen mit Ihnen keine Erwerbstätigkeit mehr ausgeübt/war sie nur im jetzigen Umfang erwerbstätig und hatte die Haushaltsführung sowie die Kinderbetreuung übernommen. Selbst wenn man die Erkrankungen nicht berücksichtigte, wäre unsere Mandantin angesichts der einvernehmlichen Aufgabenverteilung in der Ehe und angesichts der gesicherten wirtschaftlichen Verhältnisse wegen ihres Alters nicht verpflichtet, eine Erwerbstätigkeit aufzunehmen/ihre Teilzeittätigkeit auszuweiten. Der Vollständigkeit halber sei erwähnt, dass auch die Arbeitsmarktlage eine Erwerbstätigkeit/die Ausweitung der Erwerbstätigkeit unserer Mandantin ausschließt, da jüngere Bewerber mit aktueller Ausbildung und/oder Berufserfahrung vorgezogen werden.

Soweit wir wissen, verdienen Sie im Monatsdurchschnitt netto EUR. Hierbei sind wir von Ihrem Jahreseinkommen (einschließlich der Sonderzuwendungen) ausgegangen und haben dieses durch 12 geteilt. Die uns bekannten, bei der Unterhaltsberechnung anzusetzenden Ausgaben haben wir berücksichtigt, nämlich .

Als Ehegattenunterhalt werden 45 % Ihres Einkommens/der Differenz zwischen Ihrem Einkommen und dem Einkommen unserer Mandantin geschuldet. Das sind hier EUR.

Wir fordern Sie deshalb auf, ab dem Anfang dieses Monats an unsere Mandantin monatlich als Ehegattenunterhalt EUR zu zahlen. Bitte bestätigen Sie uns bis zum schriftlich, dass Sie diesen Betrag regelmäßig zahlen werden.[670] Liegt diese Bestätigung hier nicht fristgerecht vor, so

670 Für die Vergangenheit kann Unterhalt nur geltend gemacht werden, wenn der Schuldner zur Einkommensauskunft aufgefordert worden (§§ 1361 Abs. 4 S. 4, 1360a Abs. 3, 1613 BGB) oder ohne ein solches Auskunftsverlangen in Verzug gekommen ist. Verzug liegt bei bekanntem Schuldnereinkommen nur vor, wenn er zur Zahlung eines bezifferten Unterhalts aufgefordert worden ist, BGH NJW 1982, 1983; 1984, 868.

müsste unsere Mandantin daraus schließen, dass Sie den geltend gemachten Unterhalt nicht freiwillig regelmäßig zahlen werden, und deshalb den Unterhalt gerichtlich klären lassen.

(Unterschrift)

▲

bb) Das Einkommen des Schuldners ist nicht bekannt

▼ 626

Muster 3.44: Aufforderung zur Auskunftserteilung wegen Zahlungsanspruch Alters- und Krankheitsunterhalt

Sehr geehrter Herr M,

Ihre Ehefrau wird von uns vertreten. Sie hat uns beauftragt, ihren Unterhaltsanspruch gegen Sie geltend zu machen.

Der Unterhaltsanspruch unserer Mandantin ergibt sich aus § 1361 BGB. Denn unsere Mandantin hat kein Einkommen/verdient im Monatsdurchschnitt nur EUR. Sie kann wegen ihrer Erkrankung, die sie der beigefügten ärztlichen Bescheinigung entnehmen können, und außerdem wegen ihres Alters keine Erwerbstätigkeit mehr ausüben/nicht in größerem Umfang erwerbstätig sein.

Für die Höhe des Unterhalts kommt es in erster Linie darauf an, was Sie verdienen. Sie müssen daher gemäß §§ 1361 Abs. 4 S. 4, 1605 BGB Auskunft über Ihr Einkommen erteilen, und zwar für jedenfalls ein Jahr.[671]

Wir fordern Sie deshalb hiermit auf, Auskunft über Ihr gesamtes Einkommen zu geben, das Sie in der Zeit von bis *[beim abhängig Tätigen die letzten zwölf Monate vor dem Geltendmachen des Auskunftsanspruchs, beim Selbstständigen die letzten drei Jahre]* erzielt haben.

Außerdem müssen Sie Ihr Einkommen belegen, und zwar hinsichtlich Ihrer Monatsbezüge durch Vorlage sämtlicher Verdienstabrechnungen, die Sie in dieser Zeit erhalten haben *[beim Selbstständigen: durch Vorlage der vollständigen Bilanzen und/oder Gewinn- und Verlustrechnungen sowie der drei jüngsten vollständigen Einkommensteuererklärungen mit allen Anlagen, ferner der in den letzten drei Jahren ergangenen Einkommensteuerbescheide]*. Wenn es in diesem Zeitraum eine Steuererstattung gegeben hat, muss sie von Ihnen ebenfalls angegeben und durch Vorlage des Steuerbescheides belegt werden. Soweit Sie Einkünfte aus Vermögen haben, z.B. Zinsen, Dividenden, Mieteinnahmen usw., müssen Sie diese für den Zeitraum des letzten Kalenderjahres angeben und belegen.

Falls Sie Belastungen berücksichtigt wissen wollen, müssen auch diese von Ihnen aufgeführt und mit Belegen nachgewiesen werden.

Gleichzeitig werden Sie hiermit aufgefordert, ab dem Anfang dieses Monats den Ehegattenunterhalt zu zahlen, der sich auf der Basis Ihres Einkommens ergibt. Genaue Zahlen können wir gegenwärtig nicht nennen, weil Ihr Einkommen noch nicht bekannt ist. Wir werden den Unterhalt beziffert geltend machen, sobald Sie die Auskunft erteilt und die Belege vorgelegt haben.[672]

671 Beim selbstständigen Schuldner für die letzten drei Jahre.

672 Um den Schuldner in Verzug zu setzen, so dass gemäß § 1613 BGB später auch noch rückwirkend ab dem Monatsanfang vor Zugang des Schreibens Unterhalt verlangt werden kann, reicht es gemäß §§ 1361 Abs. 4 S. 4, 1360a Abs. 3, 1613 Abs. 1 BGB aus, Auskunft für die Unterhaltsermittlung zu verlangen. Eine „Stufenmahnung" analog dem Stufenantrag gemäß § 254 ZPO (BGH FamRZ 1990, 283, 285) ist nicht mehr notwendig, als Hinweis an den Schuldner aber hilfreich.

Ihre Auskunft und die dazugehörenden Belege müssen hier bis zum eingegangen sein. Sollten Sie diese Frist nicht einhalten, so müssen wir unserer Mandantin raten, sofort beim Familiengericht einen Unterhalts-Antrag zu stellen. Die Kosten dieses Verfahrens werden Sie, wenn die Auskunft nicht erteilt wird, gemäß § 243 Nr. 2 FamFG unabhängig vom Verfahrensergebnis zu tragen haben.

(Unterschrift)

▲

c) Zahlungsantrag

627 ▼

Muster 3.45: Zahlungsantrag wegen Krankheits-/Altersunterhalt

3.45 Die Beteiligten sind Eheleute, sie sind seit dem Jahr miteinander verheiratet. Aus der Ehe gibt es Kinder, die bereits wirtschaftlich selbstständig sind. Am haben sich die Beteiligten getrennt.

Mit diesem Antrag macht die Antragstellerin den ihr aus § 1361 BGB zustehenden laufenden und rückständigen Ehegatten-Trennungsunterhalt geltend.

1. Die Antragstellerin hat kein Einkommen/nur ein Einkommen von EUR. Ihr ist eine Erwerbstätigkeit/eine Ausweitung ihrer Erwerbstätigkeit auf Dauer auch nicht zumutbar.

   Denn die Antragstellerin ist bereits seit langer Zeit erheblich krank. Sie leidet an , wie aus der beigefügten ärztlichen Bescheinigung ersichtlich. Dieses Attest belegt auch, dass die Erkrankung seit besteht und trotz aller Behandlungen weder in der Vergangenheit eine Besserung eingetreten ist noch mit einer Besserung für die Zukunft gerechnet werden kann.

   Aufgrund dieser Erkrankungen ist die Antragstellerin erwerbsunfähig/nur teilweise erwerbsfähig.
   Beweis: Sachverständigengutachten

   Es kommt hinzu, dass der Antragstellerin auch wegen ihres Alters von Jahren eine Erwerbstätigkeit/Ausweitung ihrer Erwerbstätigkeit nicht mehr zugemutet werden kann. Sie war zuletzt im Jahr erwerbstätig/in größerem Umfang erwerbstätig und hat seither im Einvernehmen mit dem Antragsgegner den Haushalt geführt sowie früher die gemeinsamen Kinder betreut und versorgt. Sie hat deshalb keine/nur eingeschränkte berufliche Erfahrung. Zusätzlich ist zu berücksichtigen, dass der Antragsgegner mit netto EUR ein gutes Einkommen hat und daraus jetzt kein Kindesunterhalt mehr bestritten werden muss. Obwohl sie noch einige Jahre von der allgemeinen Altersgrenze entfernt ist, ist die Antragstellerin deshalb auch aufgrund ihres Alters nicht mehr verpflichtet, eine Erwerbstätigkeit aufzunehmen/ihre Erwerbstätigkeit auszuweiten.

2. Der Antragsgegner verdient monatsdurchschnittlich netto EUR. Dieses Einkommen erzielt er aus einer Ganztagstätigkeit als . Als Beleg überreichen wir die jüngste, der Antragstellerin vorliegende Verdienstbescheinigung des Antragsgegners, nämlich für den Monat . Die Antragstellerin unterstellt, dass das Einkommen des Antragsgegners seither um jedenfalls EUR gestiegen ist. Der Antragsgegner wird aufgefordert, einen aktuellen Einkommensnachweis vorzulegen. Für den Fall, dass dies nicht binnen der vom Gericht zu setzenden Erwiderungsfrist geschehen sollte, wird hiermit bereits **gemäß § 236 Abs. 2 FamFG beantragt**, das Gericht möge Auskünfte und Belege bei *[mögliche Auskunftgeber gem. § 236 Abs. 1 FamFG]* einholen.

Vom Einkommen des Antragsgegners sind berufsbedingt notwendige Kosten in Höhe von für abgezogen worden. Weitere unterhaltsrelevante Belastungen des Antragsgegners sind nicht bekannt.

3. Die Anträge rechtfertigen sich aus folgenden Überlegungen:

   a) Mit dem Antrag zu 1 wird der laufende Unterhaltsanspruch der Antragstellerin geltend gemacht, und zwar in Höhe von 45 % des Einkommens des Antragsgegners/45 % der Einkommensdifferenz der Beteiligten. Daraus ergibt sich ein Monatsunterhalt von EUR.

   b) Der Antrag zu 2 betrifft den Unterhaltsrückstand für die Zeit von bis .

   Mit Schreiben der Verfahrensbevollmächtigten der Antragstellerin vom war der Antragsgegner aufgefordert worden, ab dem Monatsanfang den nun mit dem Antrag zu 1 geltend gemachten Monatsunterhalt an die Antragstellerin zu zahlen. Eine Kopie dieses Schreibens fügen wir bei. Es ist dem Antragsgegner spätestens am zugegangen.

   Damit befindet sich der Antragsgegner seit dem Monatsanfang vor Zugang in Verzug. Er hat nichts *[oder, sofern Teilbeträge gezahlt worden sind: nur* EUR *monatlich]* gezahlt. Der seither aufgelaufene Rückstand berechnet sich daher folgendermaßen: .

(Unterschrift)

▲

5. Wohnen und Trennungsunterhalt

Wohnkosten sind sowohl für den Berechtigten als auch für den Verpflichteten **Teil des allgemeinen Lebensbedarfs**. In verschiedenen Konstellationen ist während der Trennungszeit zu klären, wie ein Wohnwert berechnet wird. 628

a) Berechnung des Wohnwertes

Zieht im Zuge der Trennung einer der Eheleute aus einem Eigenheim aus und bewohnt der Unterhaltsberechtigte das Eigenheim allein oder mit den gemeinsamen Kindern weiter, ist dieser Wohnvorteil wie folgt zu ermitteln: 629

Grundsätzlich ist die **Ermittlung einer Marktmiete** Ausgangspunkt der Wohnwertberechnung.[673] Diese Berechnung erfolgt aber nicht im Umfang des bewohnten Eigenheims (Ehewohnung). Der Vorteil mietfreien Wohnens bemisst sich nach dem, was für eine **angemessene kleinere Wohnung** zu zahlen ist.[674]

Ist mit der **Wiederherstellung der Ehe nicht mehr zu rechnen**, also regelmäßig ab Rechtshängigkeit eines Scheidungsantrages ist dagegen der **volle Mietwert** des bewohnten Objekts anzurechnen.[675] 630

Der **Zinsaufwand** für die Finanzierung der Ehewohnung ist wie folgt abzuziehen: Trägt der Bewohner den Zinsaufwand, ist dieser vom Wohnwert abzuziehen. Einkommen ist Wohnwert nur, soweit der Eigentümer günstiger als der Mieter wohnt.[676] 631

Der **Tilgungsaufwand** dient der Vermögensbildung. Anders als beim Nachscheidungsunterhalt und bei der Situation nach Änderung des Güterstandes[677] ist aber an der während der Ehe praktizierten Ehegestaltung festzuhalten. In diesem Umfang ist beim Trennungsunterhalt auch der Tilgungsaufwand absetzbar.[678] 632

673 Zur aufgedrängten Wohnsituation vgl. OLG Brandenburg FuR 2023, 141 mit Anm. *Viefhues*, S. 142.
674 OLG Köln FamRZ 2009, 949; OLG Karlsruhe FamRZ 2009, 48.
675 BGH FamRZ 2008, 963.
676 BGH FamRZ 1995, 869, 870; BGH FamRZ 2000, 950; BGH FamRZ 2008, 963 m. Anm. *Büttner*; BGH FamRZ 2009, 23.
677 Zustellung des Scheidungsantrages beim Antragsgegner, BGH FamRZ 2000, 950.
678 Johannsen/Henrich/*Büttner*, § 1361 Rn 93.

633 **Alle Aufwendungen**, also auch alle **verbrauchsunabhängigen Kosten**, die ein Mieter typischerweise zu tragen hat, sind vom Nutzer zu zahlen.[679] Solche Aufwendungen, die ein Mieter typischerweise nicht zu tragen hat, wie beispielsweise Grundsteuer evtl. Haftpflicht, sind abziehbar.

634 Alle **verbrauchsabhängigen Aufwendungen** sind nicht abziehbar, da sie Bestandteil der allgemeinen Lebenshaltungskosten sind, die auch ein Mieter zu tragen hat.[680]

635 Zum Wohnwert wird in den Leitlinien der Oberlandesgerichte[681] ganz überwiegend erläutert, was die **Süddeutschen Leitlinien** festlegen:[682]

Der Wohnvorteil durch mietfreies Wohnen im eigenen Heim ist als wirtschaftliche Nutzung des Vermögens wie Einkommen zu behandeln, wenn sein Wert die Belastungen übersteigt, die unter Berücksichtigung der staatlichen Eigenheimförderung, durch die allgemeinen Grundstückskosten und -lasten, durch Annuitäten und durch sonstige nicht nach § 556 BGB in Verbindung mit der BetrKV umlagefähige Kosten entstehen.

Auszugehen ist von der erzielbaren Miete (objektiver oder voller Wohnwert). Wenn es nicht möglich oder zumutbar ist, die Wohnung aufzugeben und das Objekt zu vermieten oder zu veräußern, kann stattdessen die ersparte Miete angesetzt werden, die angesichts der persönlichen und wirtschaftlichen Verhältnisse angemessen wäre (subjektiver oder angemessener 6 Wohnwert). Dies kommt insbesondere für die Zeit bis zur endgültigen Vermögensauseinandersetzung oder bis zum endgültigen Scheitern der Ehe, etwa bei Zustellung des Scheidungsantrags, in Betracht, wenn ein Ehegatte das Eigenheim allein bewohnt. Bei der Inanspruchnahme auf Elternunterhalt ist stets auf den subjektiven oder angemessenen Wohnwert abzustellen.

Neben Zinsleistungen sind auch Tilgungsleistungen bis zur Höhe des Wohnwerts jedenfalls dann abzuziehen, wenn sie nicht der einseitigen Vermögensbildung dienen. Im Übrigen kommt eine Berücksichtigung der Tilgungsleistungen nach den Umständen des Einzelfalls in Betracht, soweit sie über die Höhe des Wohnwerts hinausgehen, insbesondere unter dem Gesichtspunkt der ergänzenden Altersvorsorge.

636 **In den Leitlinien der Oberlandesgerichte heißt es im Einzelnen:**[683]

- **OLG Brandenburg**

Wohnt der Unterhaltsberechtigte oder der Unterhaltspflichtige im eigenen Haus oder in der ihm gehörenden Eigentumswohnung, so stellt der Vorteil des mietfreien Wohnens Einkommen dar. Neben dem Wohnvorteil sind auch Zahlungen nach dem Eigenheimzulagengesetz anzusetzen. Der Wohnwert errechnet sich regelmäßig unter Zugrundelegung des üblichen Entgelts für ein vergleichbares Objekt. Er kann im Einzelfall auch darunter liegen (vgl. BGH FamRZ 1998, 899; FamRZ 2000, 950). Insbesondere beim Trennungsunterhalt kommt der volle Wohnwert regelmäßig erst dann zum Tragen, wenn nicht mehr mit einer Wiederherstellung der ehelichen Lebensgemeinschaft zu rechnen ist und auch dem in der Wohnung verbliebenen Ehegatten eine Verwertung zugemutet werden kann. Das ist meist ab Zustellung des Scheidungsantrags anzunehmen (vgl. BGH FamRZ 2008, 963). Kosten, mit denen ein Mieter üblicherweise nicht belastet wird, sind abzusetzen (vgl. BGH FamRZ 2009, 1300). Ist die Immobilie durch Kredite finanziert, sind neben den Zinsen die Tilgungsleistungen bis zur Höhe des Wohnwertes abzuziehen, ohne dass dies die Befugnis zur Bildung eines zusätzlichen Altersvorsorgevermögens schmälert (vgl. BGH FamRZ 2017, 519; FamRZ 2018, 1506 Rn 31).

679 BGH FamRZ 1998, 899, 901.
680 BGH FamRZ 2000, 351, 354.
681 Stand 1.1.2023.
682 Süddeutsche Leitlinien Zif. 5, Stand 1.1.2023.
683 Stand 1.1.2023.

■ **OLG Braunschweig**

Der Wohnvorteil durch mietfreies Wohnen im eigenen Heim ist als wirtschaftliche Nutzung des Vermögens unterhaltsrechtlich wie Einkommen zu behandeln. Neben dem Wohnwert sind auch Zahlungen nach dem Eigenheimzulagengesetz anzusetzen. Ein Wohnvorteil liegt nur vor, soweit der Wohnwert den berücksichtigungsfähigen Schuldendienst, notwendige Instandhaltungskosten und die verbrauchsunabhängigen Kosten, mit denen ein Mieter üblicherweise nicht belastet wird, übersteigt. Auszugehen ist vom vollen Mietwert. Wenn es nicht möglich oder nicht zumutbar ist, die Wohnung aufzugeben und das Objekt zu vermieten oder zu veräußern, kann stattdessen die ersparte Miete angesetzt werden, die angesichts der wirtschaftlichen Verhältnisse angemessen wäre. Dies kommt insbesondere für die Zeit bis zur Scheidung in Betracht, wenn ein Ehegatte das Familienheim allein bewohnt. Finanzierungslasten mindern den Wohnwert, soweit sie tatsächlich durch Ratenzahlungen bedient werden. Tilgungsleistungen sind in der Regel bis zur Höhe des in Ansatz zu bringenden Wohnwertes abzuziehen (vgl. BGH FamRZ 2017, 519; FamRZ 2018, 1506). Bei der Berechnung des Ehegattenunterhalts sind darüber hinausgehende Tilgungen zu berücksichtigen, solange der berechtigte Ehegatte am Vermögenszuwachs teilhat. Nach diesem Zeitpunkt sind neben den Zinszahlungen die den Wohnwert übersteigenden Tilgungsleistungen nur dann im Rahmen des Wohnwertes zu berücksichtigen, wenn weder eine Veräußerung der Immobilie noch eine Tilgungsaussetzung oder Tilgungsstreckung möglich sind. Wegen des Abzuges weiterer Tilgungsleistungen als sekundäre Altersvorsorge wird auf Ziff. 10.1 verwiesen. Beim Kindesunterhalt gilt im Rahmen des § 1603 Abs. 1 BGB ein großzügigerer, bei gesteigerter Unterhaltspflicht nach § 1603 Abs. 2 BGB hingegen ein strengerer Maßstab für die Berücksichtigung von Tilgungsleistungen und zusätzlicher Altersvorsorge. Im absoluten Mangelfall sind die Tilgung und zusätzliche Altersvorsorge in der Regel nicht zu berücksichtigen.

■ **OLG Bremen**

Der Wohnvorteil durch mietfreies Wohnen im eigenen Heim ist als wirtschaftliche Nutzung des Vermögens wie Einkommen zu behandeln. Neben dem Wohnwert sind auch Zahlungen nach dem Eigenheimzulagengesetz anzusetzen. Ein Wohnvorteil liegt nur vor, soweit der Wohnwert den berücksichtigungsfähigen Schuldendienst und die verbrauchsunabhängigen Kosten, die gem. § 556 Abs. 1 BGB i.V.m. § 1 Abs. 2 BetrKV nicht auf einen Mieter umgelegt werden können (insbesondere Kosten der Verwaltung und erforderliche Instandhaltungskosten), übersteigt (vgl. BGH FamRZ 2009, 1300). Auszugehen ist von der vollen Marktmiete (objektiver Mietwert). Ist eine Fremdvermietung oder Veräußerung nicht möglich oder nicht zumutbar, ist stattdessen die Miete anzusetzen, die für eine dem ehelichen Lebensstandard entsprechende kleinere Wohnung zu zahlen wäre (ersparte Miete). Dies kommt insbesondere für die Zeit bis zum endgültigen Scheitern der Ehe (in der Regel Ablauf des Trennungsjahres, ggf. Zustellung des Scheidungsantrags) in Betracht, wenn ein Ehegatte das Eigenheim allein bewohnt (vgl. BGH FamRZ 2008, 963). Bei der Inanspruchnahme auf Elternunterhalt ist der Wohnvorteil auf der Grundlage der unter den gegebenen Verhältnissen ersparten Miete zu berechnen (BGH FamRZ 2017, 519, 520).

■ **OLG Celle**

Der Wohnvorteil durch mietfreies Wohnen im eigenen Heim ist als wirtschaftliche Nutzung des Vermögens unterhaltsrechtlich wie Einkommen zu behandeln. Neben dem Wohnwert sind auch Zahlungen nach dem Eigenheimzulagengesetz anzusetzen. Ein Wohnvorteil liegt nur vor, soweit der Wohnwert den berücksichtigungsfähigen Schuldendienst, notwendige Instandhaltungskosten (BGH FamRZ 2000, 351; 2017, 519) und die verbrauchsunabhängigen Kosten, mit denen ein Mieter üblicherweise nicht belastet wird, übersteigt. In diesem Rahmen sind die über den Zinsanteil hinausgehenden Tilgungsleistungen bis zur Höhe des Wohnwerts anzurechnen (BGH FamRZ 2017, 519; 2018, 1506; 2022, 781). Auszugehen ist von der erzielbaren Miete (objektiver oder voller Wohnwert). Wenn es nicht möglich oder zumutbar ist, die Wohnung aufzugeben und das Objekt zu vermieten oder zu veräußern, kann stattdessen die ersparte Miete angesetzt werden, die angesichts der persönlichen und wirtschaftlichen Verhältnisse angemessen wäre (subjektiver oder angemessener Wohnwert). Dies kommt insbesondere für die Zeit bis zur endgültigen Vermögensauseinandersetzung oder bis zum endgültigen Scheitern der Ehe, etwa bei Zustellung des Scheidungsantrags, in Betracht, wenn ein Ehegatte das Eigenheim allein bewohnt (BGH FamRZ 2008, 963). Die kostenfreie Zurverfügungstellung von Wohnraum wird vorrangig im unterhaltsrechtlichen Verhältnis zwischen den Eltern ausgeglichen (BGH FamRZ 2022, 1366).

■ **OLG Dresden**

Der Wohnvorteil durch mietfreies Wohnen im eigenen Heim ist als wirtschaftliche Nutzung des Vermögens unterhaltsrechtlich wie Einkommen zu behandeln. Neben dem Wohnwert sind auch Zahlungen nach dem Eigenheimzulagengesetz anzusetzen. Ein Wohnvorteil liegt nur vor, soweit der Wohnwert den berücksichtigungsfähigen Schuldendienst einschließlich Tilgungsleistungen, erforderliche Instandhaltungskosten und die verbrauchsunabhängigen Kosten, mit denen ein Mieter üblicherweise nicht belastet wird, übersteigt. Auszugehen ist vom vollen Mietwert. Wenn es nicht möglich oder nicht zumutbar ist, die Wohnung aufzugeben und das Objekt zu vermieten oder zu veräußern, kann stattdessen die ersparte Miete angesetzt werden, die angesichts der wirtschaftlichen Verhältnisse angemessen wäre. Dies kommt insbesondere für die Zeit bis zur Rechtshängigkeit des Scheidungsantrags in Betracht, wenn ein Ehegatte das Eigenheim allein bewohnt.

■ **OLG Düsseldorf**

Der Wohnvorteil durch mietfreies Wohnen im eigenen Heim ist als wirtschaftliche Nutzung des Vermögens wie Einkommen zu behandeln, wenn sein Wert die Belastungen übersteigt, die unter Berücksichtigung der staatlichen Eigenheimförderung, durch die allgemeinen Grundstückskosten und -lasten, durch Annuitäten und durch sonstige nicht nach § 556 BGB in Verbindung mit der BetrKV umlagefähige Kosten entstehen. Auszugehen ist von der erzielbaren Miete (objektiver oder voller Wohnwert). Wenn es nicht möglich oder zumutbar ist, die Wohnung aufzugeben und das Objekt zu vermieten oder zu veräußern, kann stattdessen die ersparte Miete angesetzt werden, die angesichts der persönlichen und wirtschaftlichen Verhältnisse angemessen wäre (subjektiver oder angemessener Wohnwert). Dies kommt insbesondere für die Zeit bis zur endgültigen Vermögensauseinandersetzung oder bis zum endgültigen Scheitern der Ehe, etwa bei Zustellung des Scheidungsantrags, in Betracht, wenn ein Ehegatte das Eigenheim allein bewohnt. Bei der Inanspruchnahme auf Elternunterhalt ist stets auf den subjektiven oder angemessenen Wohnwert abzustellen.

Neben Zinsleistungen sind auch Tilgungsleistungen bis zur Höhe des Wohnwerts jedenfalls dann abzuziehen, wenn sie nicht der einseitigen Vermögensbildung dienen. Im Übrigen kommt eine Berücksichtigung der Tilgungsleistungen nach den Umständen des Einzelfalls in Betracht, soweit sie über die Höhe des Wohnwerts hinausgehen, insbesondere unter dem Gesichtspunkt der ergänzenden Altersvorsorge (vgl. Nr. 10.1.2)

■ **OLG Frankfurt**

Der Wohnvorteil durch mietfreies Wohnen im eigenen Heim ist als wirtschaftliche Nutzung des Vermögens unterhaltsrechtlich wie Einkommen zu behandeln. Neben dem Wohnwert sind auch Zahlungen nach dem Eigenheimzulagengesetz anzusetzen.

Ein Wohnvorteil liegt nur vor, soweit der Wohnwert die berücksichtigungsfähigen Finanzierungslasten (Zins und Tilgung), erforderliche Instandhaltungskosten und die verbrauchsunabhängigen Kosten, mit denen ein Mieter gem. § 556 Abs. 1 BGB i.V.m. § 1 Abs. 2 BetrKV nicht belastet werden kann (vgl. dazu BGH FamRZ 2009, 1300 ff., 1303), übersteigt. Auszugehen ist vom vollen Mietwert (objektiver Wohnwert). Wenn es nicht möglich oder nicht zumutbar ist, die Wohnung aufzugeben und das Objekt zu vermieten oder zu veräußern, kann stattdessen die ersparte Miete angesetzt werden, die angesichts der wirtschaftlichen Verhältnisse angemessen wäre (subjektiver Wohnwert). Dies kommt insbesondere für die Zeit bis zum endgültigen Scheitern der Ehe in Betracht, wenn ein Ehegatte das Eigenheim allein bewohnt. Als Untergrenze für den subjektiven Wohnwert ist der Kaltmietanteil im notwendigen Selbstbehalt anzusetzen. Bei höherem Einkommen ist der Wohnwert angemessen zu erhöhen.

Finanzierungslasten mindern den Wohnwert, soweit sie tatsächlich durch Ratenzahlungen bedient werden. Tilgungsleistungen sind in der Regel bis zur Höhe des in Ansatz zu bringenden Wohnwerts abzuziehen (BGH v. 18.1.2017 – XII ZB 118/17, FamRZ 2017, 519, Rn 33 f.; BGH, Beschl. v. 4.7.2018 – XII ZB 448/17, Rn 31, FamRZ 2018, 1506). Darüber hinausgehende Tilgungen sind bei der Berechnung des Ehegattenunterhalts solange zu berücksichtigen, wie der berechtigte Ehegatte am Vermögenszuwachs teilhat. Nach diesem Zeitpunkt sind neben den Zinszahlungen die den Wohnwert übersteigenden Tilgungsleistungen nur dann zu berücksichtigen, wenn weder Veräußerung noch Tilgungsaussetzung oder Tilgungsstreckung möglich sind.

Wegen des Abzugs weiterer Tilgungsleistungen als sekundäre Altersvorsorge wird auf Nummer 10.1 verwiesen.

Beim Kindesunterhalt gilt im Rahmen des § 1603 Abs. 1 BGB ein großzügigerer, im Anwendungsbereich des § 1603 Abs. 2 BGB hingegen ein strengerer Maßstab für die Berücksichtigung von Tilgungsleistungen und zusätzlicher Altersvorsorge.

■ **OLG Hamburg**

Der Wohnvorteil durch mietfreies Wohnen im eigenen Heim ist als wirtschaftliche Nutzung des Vermögens unterhaltsrechtlich wie Einkommen zu behandeln. Neben dem Wohnwert sind auch Zahlungen nach dem Eigenheimzulagengesetz anzusetzen. Ein Wohnvorteil liegt nur vor, soweit der Wohnwert den berücksichtigungsfähigen Schuldendienst, erforderliche Instandhaltungskosten und die verbrauchsunabhängigen Kosten, mit denen ein Mieter gemäß §§ 556 Abs. 1 BGB i.V.m. § 1 Abs. 2 BetrKV üblicherweise nicht belastet wird, übersteigt. Auszugehen ist vom vollen Mietwert. Wenn es nicht möglich oder nicht zumutbar ist, die Wohnung aufzugeben und das Objekt zu vermieten oder zu veräußern, kann stattdessen die ersparte Miete angesetzt werden, die angesichts der wirtschaftlichen Verhältnisse angemessen wäre. Dies kommt insbesondere für die Zeit bis zum endgültigen Scheitern der Ehe in Betracht, wenn ein Ehegatte das Eigenheim allein bewohnt. Die Aufnahme weiterer Personen in die im Alleineigentum des Pflichtigen stehenden Immobilie, insbesondere die Aufnahme des Ehegatten, mindert den zuzurechnenden Wohnwert nicht.

■ **OLG Hamm**

Der Vorteil des mietfreien Wohnens im eigenen Haus oder in der Eigentumswohnung – Wohnvorteil – ist als wirtschaftliche Nutzung des Vermögens wie Einkommen zu behandeln.

5.2 (1) Beim Ehegattenunterhalt ist während der Trennungszeit bis zur endgültigen Vermögensauseinandersetzung oder bis zum endgültigen Scheitern der Ehe – also in der Regel bis zur Rechtshängigkeit des Scheidungsantrags – der Wohnvorteil des bleibenden Ehegatten entsprechend der nur noch eingeschränkten Nutzung mit dem sog. angemessenen Wohnwert anzusetzen. Dieser richtet sich nach dem Mietpreis (Nettokaltmiete) auf dem örtlichen Wohnungsmarkt für eine den ehelichen Lebensverhältnissen angemessene kleinere Wohnung. Die gemäß § 556 BGB nicht umlagefähigen Betriebskosten (z.B. Kosten für die Verwaltung und Geldverkehr) und die erforderlichen – konkreten – Instandhaltungskosten mindern den angemessenen Wohnwert. (Zu den Finanzierungslasten s. Nr. 5.4).

(2) Ebenso berechnet sich der Wohnwert in dieser Phase für den Kindesunterhalt; nur in eng begrenzten Ausnahmefällen kann im Hinblick auf § 1603 Abs. 2 BGB der Ansatz des objektiven Wohnwerts (Nr. 5.3) geboten sein.

5.3 Nach der endgültigen Vermögensauseinandersetzung oder dem endgültigen Scheitern der Ehe richtet sich der Wohnvorteil im Ehegattenunterhalt bei der Bedarfsbemessung (§ 1578 BGB) nach dem objektiven oder vollen Mietwert (Marktmiete) unter Abzug der unter Nr. 5.2 genannten Belastungen. Eine Ausnahme kommt in Betracht, wenn dem in der Wohnung verbliebenen Ehegatten eine andere Verwertung der Wohnung, insbesondere durch seinen Auszug noch nicht möglich oder zumutbar ist. Nach der Veräußerung des Familienheimes treten die tatsächlichen bzw. die erzielbaren Einkünfte aus dem Erlös an die Stelle des Wohnwertes, ohne auf diesen beschränkt zu sein.

5.4 (1) Finanzierungslasten (Immobiliendarlehen) mindern den Wohnwert, soweit sie tatsächlich durch Ratenzahlungen bedient werden. Für die Berechnung des Ehegattenunterhalts bis zum endgültigen Scheitern der Ehe sind Ratenzahlungen in aller Regel mit Zins und Tilgung zu berücksichtigen.

(2) Nach dem endgültigen Scheitern der Ehe mindern Zinszahlungen weiterhin den Wohnwert. Für die Berücksichtigungsfähigkeit von Tilgungsleistungen kommt es auf die Umstände des Einzelfalls an, insbesondere auf die Frage, ob Miteigentum an der Immobilie besteht, ob einseitige Vermögensbildung betrieben wird, ob eine Streckung/Aussetzung der Tilgung möglich und zumutbar ist, ohne dass eine Zwangsversteigerung droht. Von einseitiger Vermögensbildung kann grundsätzlich nicht ausgegangen werden, soweit den Tilgungsanteilen ein entsprechender Wohnvorteil gegenüber steht. Ein den Wohnvorteil dann noch übersteigender Tilgungsanteil kann im Rahmen der sekundären Altersvorsorge (vgl. Nr. 10.1) zu berücksichtigen sein. Im Einzelfall kann zu prüfen sein, ob eine Obliegenheit zur Vermögensumschichtung durch Verkauf der Immobilie besteht. Dabei ist allerdings zu beachten, dass selbst genutztes Immobilieneigentum nach § 90 Abs. 2 Nr. 8 SGB XII zum geschützten Vermögen gehört.

(3) Beim Kindesunterhalt gilt für die Berücksichtigung der Finanzierungslasten im Rahmen des § 1603 Abs. 1 BGB ein großzügigerer, im Anwendungsbereich des § 1603 Abs. 2 BGB hingegen ein strengerer Maßstab.

(4) Auch beim Elternunterhalt sind neben den Zinsen die Tilgungsleistungen bis zur Höhe des Wohnvorteils vom Einkommen des Elternunterhaltspflichtigen abzuziehen, ohne dass dies seine Befugnis zur Bildung eines zusätzlichen Altersvorsorgevermögens schmälert. Der den Wohnvorteil dann noch übersteigende Tilgungsanteil ist im Rahmen der sekundären Altersvorsorge auf die Altersvorsorgequote des Elternunterhaltspflichtigen anzurechnen.

■ **Kammergericht**

Der Wohnvorteil durch mietfreies Wohnen im eigenen Heim ist als wirtschaftliche Nutzung des Vermögens unterhaltsrechtlich wie Einkommen zu behandeln. Neben dem Wohnwert sind auch Zahlungen nach dem Eigenheimzulagengesetz anzusetzen.

Während der Trennungszeit bis zur endgültigen Vermögensauseinandersetzung oder bis zum endgültigen Scheitern der Ehe – also in der Regel bis zur Rechtshängigkeit des Scheidungsantrages – ist der Vorteil mietfreien Wohnens nur in dem Umfang zu berücksichtigen, wie er sich als angemessene Wohnungsnutzung durch den in der Ehewohnung verbliebenen Ehegatten darstellt. Dabei ist auf den Mietzins abzustellen, den er auf dem örtlichen Wohnungsmarkt für eine dem ehelichen Lebensstandard entsprechende kleinere Wohnung zahlen müsste. Ein Wohnvorteil liegt vor, soweit dieser Wohnwert die Belastungen übersteigt, die durch allgemeine Grundstückskosten und -lasten, Zins- und Tilgungsleistungen und die verbrauchsunabhängigen Kosten, mit denen ein Mieter üblicherweise nicht belastet wird, entstehen.

Nach diesem Zeitpunkt ist der objektive Mietwert maßgeblich. Bei einem selbstgenutzten Eigenheim ist auf die unterhaltsrechtlich angemessene Miete abzustellen; es besteht aber eine Obliegenheit zur wirtschaftlichen Nutzung des Eigentums.

Bei den gegenzurechnenden Kosten sind neben den Zinsen die Tilgungsleistungen bis zur Höhe des Wohnvorteils zu berücksichtigen, ohne dass dadurch die Befugnis geschmälert würde, Vorsorgeaufwendungen nach Nr. 10.1.2 geltend zu machen (BGH FamRZ 2022, 781 Rn 13 ff.; BGH FamRZ 2018, 1506 Rn 31; BGH FamRZ 2017, 519 Rn 33 f.).

Zins- und Tilgungsleistungen auf den Kredit zur Finanzierung einer selbstgenutzten Immobilie können grundsätzlich auch beim Kindesunterhalt bis zur Höhe des Wohnvorteils berücksichtigt werden. Dabei gilt im Rahmen von § 1603 Abs. 1 BGB ein großzügigerer, im Anwendungsbereich von § 1603 Abs. 2 BGB ein strengerer Maßstab für eine Berücksichtigung. Sobald der Mindestunterhalt eines minderjährigen Kindes gefährdet ist, kann eine Obliegenheit zur Tilgungsstreckung bestehen (BGH FamRZ 2022, 781 Rn 13 ff., 20).

■ **OLG Koblenz**

Der Wohnvorteil durch mietfreies Wohnen im eigenen Heim ist als wirtschaftliche Nutzung des Vermögens wie Einkommen zu behandeln, wenn sein Wert die Belastungen übersteigt, die unter Berücksichtigung der staatlichen Eigenheimförderung durch die allgemeinen Grundstückskosten und -lasten, durch Annuitäten und durch sonstige nicht nach § 556 BGB umlagefähige Kosten entstehen.

Zinsen sind in diesem Zusammenhang absetzbar, Tilgungsleistungen, wenn sie nicht der einseitigen Vermögensbildung dienen. Im Übrigen kommt beim Elternunterhalt eine Berücksichtigung von Tilgungsleistungen inklusive der Zinsen bis zur Höhe des Wohnwerts, darüber hinaus jedoch nur unter dem Gesichtspunkt der ergänzenden Altersvorsorge in Betracht (vgl. Nr. 10.1.2). Beim Ehegattenunterhalt ist bei Alleineigentum eines Ehegatten im Falle von Gütertrennung sowie ab Zustellung des Scheidungsantrags auch bei Alleineigentum eines 5 Ehegatten im Falle des gesetzlichen Güterstands zu differenzieren: Auf der Bedarfsebene ist die Tilgung neben den Zinsen bis zu einem Gesamtbetrag in Höhe des Wohnwerts abzugsfähig, darüber hinaus kommt dies nur unter dem Gesichtspunkt der ergänzenden Altersvorsorge in Betracht (vgl. Nr. 10.1.2). Das Gleiche gilt auf der Bedürftigkeits- und Leistungsfähigkeitsebene, jedoch unter den Einschränkungen der §§ 1577 Abs. 3, 1581 S. 2 BGB, deren Rechtsgedanken auch im Trennungsunterhalt gelten. Beim Kindesunterhalt ist unabhängig von den Eigentumsverhältnissen der Eltern auf der Bedarfsebene die Tilgung neben den Zinsen bis zu einem Gesamtbetrag in Höhe des Wohnwerts abzugsfähig. Darüber hinaus kommt, soweit nicht der Mindestunterhalt betroffen ist, jedenfalls ein Abzug unter dem Gesichtspunkt der ergänzenden Altersvorsorge in Betracht (vgl. Nr. 10.1.2). Auf der Leistungsfähigkeitsebene gelten die allgemeinen Grundsätze der Berücksichtigungsfähigkeit von Schulden beim Kindesunterhalt.

Auszugehen ist von der erzielbaren Miete (objektiver oder voller Wohnwert). Wenn es nicht möglich oder zumutbar ist, die Wohnung aufzugeben und das Objekt zu vermieten oder zu veräußern, kann stattdessen die ersparte Miete angesetzt werden, die angesichts der persönlichen und wirtschaftlichen Verhältnisse angemessen wäre (subjektiver oder angemessener Wohnwert). Dies kommt zum einen beim Elternunterhalt und zum anderen insbesondere für die Zeit bis zur endgültigen Vermögensauseinandersetzung unter Eheleuten oder bis zur Zustellung des Scheidungsantrags in Betracht, wenn ein Ehegatte das Eigenheim allein bewohnt.

■ **OLG Köln**

Der Wohnvorteil durch mietfreies Wohnen im eigenen Heim ist als wirtschaftliche Nutzung des Vermögens unterhaltsrechtlich wie Einkommen zu behandeln. Neben dem Wohnwert sind auch Zahlungen nach dem Eigenheimzulagengesetz anzusetzen.

Ein Wohnvorteil liegt nur vor, soweit der Wohnwert den berücksichtigungsfähigen Schuldendienst, erforderliche Instandhaltungskosten sowie nicht umlagefähige Kosten i.S.v. § 556 Abs. 1 BGB, §§ 1, 2 BetrKV übersteigt (zur Berücksichtigung von Tilgungsleistungen vgl. BGH, Beschl. v. 18.1.2017, FamRZ 2017, 519).

Auszugehen ist vom vollen Mietwert (objektiver Wohnwert). Wenn es nicht möglich oder nicht zumutbar ist, die Wohnung aufzugeben und das Objekt zu vermieten oder zu veräußern, kann stattdessen die ersparte Miete angesetzt werden, die angesichts der wirtschaftlichen Verhältnisse angemessen wäre (subjektiver Wohnwert). Dies kommt insbesondere für die Zeit bis zur Zustellung des Scheidungsantrags in Betracht, wenn ein Ehegatte das Eigenheim allein bewohnt (BGH, Urt. v. 5.3.2008 – XII ZR 22/06, FamRZ 2008, 963, 965; Urt. v. 31.10.2012 – XII ZR 30/10).

■ **OLG Naumburg**

Der Wohnvorteil durch mietfreies Wohnen im eigenen Heim ist als wirtschaftliche Nutzung des Vermögens unterhaltsrechtlich wie Einkommen zu behandeln. Neben dem Wohnwert sind auch Zahlungen nach dem Eigenheimzulagengesetz anzusetzen. Ein Wohnvorteil liegt nur vor, soweit der Wohnwert den berücksichtigungsfähigen Schuldendienst und erforderliche Instandhaltungskosten übersteigt.

Auszugehen ist vom vollen Mietwert (Nettokaltmiete). Wenn es nicht möglich oder nicht zumutbar ist, die Wohnung aufzugeben und das Objekt zu vermieten oder zu veräußern, kann stattdessen die ersparte Miete angesetzt werden, die angesichts der wirtschaftlichen Verhältnisse angemessen wäre. Dies kommt insbesondere für die Zeit bis zur Scheidung in Betracht, wenn ein Ehegatte das Eigenheim allein bewohnt.

■ **OLG Oldenburg**

Der Vorteil mietfreien Wohnens im eigenen Heim ist als wirtschaftliche Nutzung von Vermögen wie Einkommen zu behandeln.

5.1 Bemessung Ein Wohnvorteil liegt nur vor, soweit die ersparte Kaltmiete den berücksichtigungsfähigen Schuldendienst (Zinsund Tilgungsleistungen) – ggf. vermindert um die Eigenheimzulage – und erforderliche Instandhaltungskosten übersteigt. Die nach § 2 BetrKV umlagefähigen Betriebskosten sind nicht abzusetzen.

5.2 Angemessener Wohnvorteil In der Zeit bis zur endgültigen Vermögensauseinandersetzung oder bis zum endgültigen Scheitern der Ehe (Zustellung des Scheidungsantrags) ist in der Regel die angesichts der wirtschaftlichen Verhältnisse angemessene, ersparte Miete anzusetzen.

5.3 Objektiver Wohnvorteil Nach der endgültigen Vermögensauseinandersetzung oder dem endgültigen Scheitern der Ehe ist auf den aus Vermietung bzw. bei Anlage des Reinerlöses erzielbaren Nettoertrag abzustellen, mindestens jedoch auf den nach Ziff. 5.2 anzusetzenden Betrag, sofern nicht ausnahmsweise eine anderweitige Nutzung der Wohnung unzumutbar ist.

■ **OLG Rostock**

Der Wohnvorteil durch mietfreies Wohnen ist als wirtschaftliche Nutzung des Vermögens unterhaltsrechtlich wie Einkommen zu behandeln. Neben dem Wohnwert sind auch Zahlungen nach dem Eigenheimzulagengesetz anzusetzen.

Ein Wohnvorteil liegt nur vor, soweit der Wohnwert den berücksichtigungsfähigen Schuldendienst, erforderliche Instandhaltungskosten und die verbrauchsunabhängigen Kosten, mit denen ein Mieter üblicherweise nicht belastet wird, übersteigt. Auszugehen ist vom vollen Mietwert (Nettokaltmiete). Wenn es nicht möglich oder nicht zumutbar ist, die Wohnung aufzugeben und das Objekt zu vermieten oder zu veräußern, kann stattdessen die ersparte Miete angesetzt werden, die angesichts der wirtschaftlichen Verhältnisse angemessen wäre. Dies kommt insbesondere für die Zeit bis zum endgültigen Scheitern der Ehe (in der Regel Ablauf des Trennungsjahres, ggf. Zustellung des Scheidungsantrags) in Betracht, wenn ein Ehegatte das Eigenheim allein bewohnt.

■ **OLG Saarbrücken**

Nicht belegt: „Die Senate für Familiensachen bei dem Saarländischen Oberlandesgericht werden die ab dem 1.1.2023 geltende Düsseldorfer Tabelle in der bisherigen Weise als Orientierungshilfe benutzen."

■ **OLG Schleswig**

5.1 Der Wohnvorteil durch mietfreies Wohnen im eigenen Heim ist als wirtschaftliche Nutzung des Vermögens unterhaltsrechtlich wie Einkommen zu behandeln. Neben dem Wohnvorteil sind auch Zahlungen nach dem Eigenheimzulagengesetz anzusetzen.

Zur Ermittlung des Wohnvorteils sind dem Wohnwert der berücksichtigungsfähige Schuldendienst, erforderliche Instandhaltungskosten und jene verbrauchsunabhängigen Kosten, mit denen ein Mieter üblicherweise nicht belastet wird, als Abzugsposten gegenüberzustellen.

5.2 Als Wohnwert ist während des Getrenntlebens zunächst regelmäßig die ersparte Miete anzusetzen, die angesichts der wirtschaftlichen Verhältnisse angemessen wäre. Ist eine Wiederherstellung der ehelichen Lebensgemeinschaft nicht mehr zu erwarten, ist regelmäßig der objektive Mietwert anzusetzen; Ausnahmen hiervon sind nur gerechtfertigt, wenn eine Verwertung durch Vermietung nicht möglich (z.B. mangelnde Einigung bei Miteigentum) oder nicht zumutbar (z.B. bei zeitlich begrenztem Aufstockungsunterhalt) ist.

Diese Grundsätze gelten auch beim Kindesunterhalt.

5.3 Zinsen und Tilgungsleistungen sind absetzbar. Dienen die Tilgungsleistungen ausschließlich der eigenen Vermögensbildung, sind die Tilgungsleistungen nach Vorabzug der Zinsen nur bis zur Höhe des Wohnwerts zu berücksichtigen; darüberhinausgehende Tilgungsleistungen können im Rahmen der zusätzlichen Altersvorsorge (Ziffer 10.1.2.) berücksichtigt werden (BGH FamRZ 2017, 519; BGH FamRZ 2018, 1506).

Auch beim Kindesunterhalt können Zinsen und Tilgungsleistungen grundsätzlich bis zur Höhe des Wohnwerts berücksichtigt werden. Ist jedoch der Mindestunterhalt minderjähriger Kinder gefährdet, kann ausnahmsweise eine Obliegenheit zur Tilgungsstreckung bestehen (vgl. BGH FamRZ 2022, 781).

Im Rahmen des § 1603 Abs. 1 BGB gilt ein großzügigerer, im Anwendungsbereich des § 1603 Abs. 2 BGB hingegen ein strengerer Maßstab für die Berücksichtigung von Tilgungsleistungen.

■ **OLG Thüringen**

Der Wohnvorteil durch mietfreies Wohnen im eigenen Heim ist als wirtschaftliche Nutzung des Vermögens unterhaltsrechtlich wie Einkommen zu behandeln. Neben dem Wohnwert sind auch Zahlungen nach dem Eigenheimzulagengesetz anzusetzen.

Ein Wohnvorteil liegt nur vor, soweit der Wohnwert den berücksichtigungsfähigen Schuldendienst, erforderliche Instandhaltungskosten und jene Kosten, mit denen ein Mieter üblicherweise nicht belastet wird, übersteigt.

Während des Getrenntlebens ist zunächst regelmäßig die ersparte Miete anzusetzen, die angesichts der wirtschaftlichen Verhältnisse angemessen wäre. Ist eine Wiederherstellung der ehelichen Lebensgemeinschaft nicht mehr zu erwarten, sind Ausnahmen von der Berücksichtigung des vollen Mietwertes grundsätzlich nicht mehr gerechtfertigt (BGH FamRZ 2008, 963 ff.), es sei denn, es ist nicht möglich oder zumutbar, die Wohnung aufzugeben und das Objekt zu vermieten oder zu veräußern.

Die in den Selbstbehaltsätzen ausgewiesenen Kaltmiet-Wohnkosten können im Mangelfall als Maßstab für die Anrechnung mietfreien Wohnens herangezogen werden.

b) Nutzung des Ferienhauses

Für **Ferienhäuser** gilt: Demjenigen, der das Ferienhaus – faktisch – allein verwaltet und die Mieteinkünfte vereinnahmt, ist ein Nutzungsvorteil und sind **fiktive Mieteinkünfte anzurechnen**. Dies gilt umso mehr, wenn ein Ehegatte selbst in der Lage ist, das Ferienhaus zu nutzen und der andere Partner tatsächlich das Haus nicht nutzt.[684] 637

Wird die Ehewohnung von einem Ehepartner mit dem oder den gemeinsamen Kindern bewohnt, ist eine Aufteilung im **Verhältnis 2 für Erwachsene und 1 für jedes Kind** vorzunehmen.[685] Zu berücksichtigen ist aber, dass im Barkindesunterhalt nur ein Anteil von rund **20 %** zur Deckung des Wohnbedarfs enthalten ist, der die Zurechnung auf die Kinder begrenzt. Übersteigt der Anteil nach Köpfen diesen Betrag, ist der Anteil des oder der Kinder auf **20 % des Unterhaltsbetrages zu begrenzen**. 638

c) Bedarfsminderung durch Wohnvorteil

Nutzt der **Berechtige eine in seinem Eigentum stehende Wohnung** oder ein Haus, sind ihm die Nutzungsvorteile anzurechnen. Bei lastenfreiem Eigentum, bei dem ein Abzug für Zins- und Tilgungsaufwand nicht erfolgt, handelt es sich grundsätzlich um (zusätzliches) Einkommen **in Höhe der Marktmiete**.[686] 639

Einzuschränken ist, dass nur ein angemessener Nutzungsbetrag anzurechnen ist, der dem **Wohnanteil** im Unterhalt entspricht.

684 OLG Karlsruhe FamRZ 2009, 48, 49.
685 BGH FamRZ 1988, 921, 925.
686 BGH FamRZ 1992, 1045, 1049.

Auf einen Wohnungswechsel kann der Berechtigte nicht verwiesen werden.

640 Die Bemessung des Wohnwertes hat **nicht nach einer den Einkommensverhältnissen** entsprechenden ersparten Miete zu erfolgen, auch nicht nach einem objektiv angemessenen Nettomietzins für das bewohnte Objekt. Für die Trennungszeit ist nach den tatsächlichen Verhältnissen lediglich ein **eingeschränkter Wohnwert** zu berücksichtigen. Der durch Auszug des anderen Ehepartners entstehende Wohnungsteil wird als **„totes Kapital"** nicht in eine Wohnwertberechnung einbezogen. Der Grund liegt darin, dass eine mögliche Wiederherstellung der ehelichen Lebensgemeinschaft **nicht durch eine frühzeitige Verwertung** der Ehewohnung und durch Druck auf den in der Ehewohnung verbliebenen Ehegatten **erschwert** werden soll.[687]

Bis das **Scheitern der Ehe** feststeht, bleibt die Bereithaltung der ggf. für den bewohnenden Ehegatten zu großen Wohnung wegen der eventuellen Wiederaufnahme der Ehe sinnvoll.[688]

641 *Praxistipp*

Der Vortrag zum endgültigen Scheitern der Ehe kann auf die Zumutbarkeit eines Umzugs Einfluss haben.

d) Neuer Lebensgefährte

642 Wird ein **neuer Lebensgefährte in die „Ehewohnung"** aufgenommen, entfällt für den Wohnbereich das Prädikat der besonders zu schützenden Ehewohnung. Der Vorteil des mietfreien Wohnens ist daher sodann mit dem **objektiven Mietwert** zu bemessen.[689]

643 Bewohnt der Berechtigte eine nicht ihm, sondern dem Verpflichteten gehörende Wohnung, wird der dem Berechtigten zustehende Unterhalt mit dem Teil der objektiven Marktmiete als **Naturaldeckung des Unterhalts** angenommen. Der entsprechend berechnete Betrag kann dann direkt vom Unterhalt abgezogen werden.[690]

644 *Hinweis*

Ist eine Unterhaltsregelung bereits unter Einbeziehung des Nutzungswertes erfolgt,[691] kann eine Nutzungsvergütung nach §§ 745 Abs. 2, 1361b Abs. 2 BGB nicht verlangt werden, da die Unterhaltsregelung eine anderweitige Bestimmung im Sinne des § 426 Abs. 1 S. 1 BGB darstellt.

645 Steht die Ehewohnung, die der Berechtigte bewohnt, **im gemeinsamen Eigentum**, kann der Verpflichtete Nutzungsentgelt gem. § 1361b BGB nach billigem Ermessen verlangen.

Dies gilt aber sowohl für den **Miteigentümer**, der ggf. im Zuge der Trennung die Ehewohnung verlassen hat als auch für den **Alleineigentümer**, der freiwillig aus der Wohnung ausgezogen ist. In beiden Fällen kann eine **Nutzungsvergütung nach § 1361b Abs. 3 BGB** verlangt werden.[692]

646 Wohnt der Berechtigte **kostenfrei in einer von dritter Seite**, z.B. von den Eltern gestellten Wohnung, handelt es sich dagegen um eine **freiwillige Zuwendung Dritter**, die außerhalb jeder Berechnung bleibt. Dritte leisten keine freiwilligen Zuwendungen, um den Verpflichteten hinsichtlich der Unterhaltszahlung zu entlasten, sondern ausschließlich, um dem Begünstigten zu helfen.

e) Bedarfserhöhung durch Wohnen

647 Durch erhöhte Wohnkosten als Folge der Trennung entsteht häufig **trennungsbedingter Mehrbedarf**.

687 BGH FamRZ 2000, 351; OLG Köln FamRZ 2002, 97.
688 BGH FamRZ 1989, 1160.
689 OLG Koblenz OLGR 2003, 190.
690 BGH FamRZ 1985, 358; OLG Karlsruhe FamRZ 1988, 1272.
691 OLG Düsseldorf FamRZ 1995, 309; OLG Celle NJW 2000, 1425.
692 OLG Hamm FamRZ 2008, 1935; OLG Brandenburg NJW-RR 2009, 725.

Derjenige, der **im Wohneigentum verblieben** ist, kann sich nicht auf eine Bedarfserhöhung berufen, weil nur ein angemessener Wohnvorteil zugerechnet wird.[693]

Für den Ausziehenden kann sich zwar ein trennungsbedingter Mehrbedarf ergeben, dieser kann aber nach **herrschender Meinung nicht** geltend gemacht werden, wenn Quotenunterhalt verlangt wird, weil nicht prägendes Zusatzeinkommen nicht vorhanden ist.

Trennungsbedingter Mehrbedarf wird häufig durch die **Zusatzkosten** geltend gemacht, die sich aus dem Vergleich der neuen Wohnung mit den bisherigen Wohnaufwendungen ergeben.[694] **648**

Trennungsbedingter Mehrbedarf kann aber grundsätzlich **nicht als eheprägend** angesehen werden. Seine Berücksichtigung würde gegen den Halbteilungsgrundsatz verstoßen.[695] Der Quotenbedarf wird regelmäßig nach dem gesamten verfügbaren Einkommen bemessen. **649**

Ein konkret zu bemessender zusätzlicher (trennungsbedingter) Mehrbedarf eines Ehegatten würde deshalb stets zu einem **Verstoß gegen den Halbteilungsgrundsatz** führen. Weil ein trennungsbedingter Mehrbedarf regelmäßig auch nicht in den ehelichen Lebensverhältnissen angelegt ist, kann er deshalb in der Regel nicht neben dem nach Differenzmethode ermittelten Quotenbedarf berücksichtigt werden.

Hinsichtlich der **Wohnlasten** gilt bei Miteigentum beider Eheleute für den Trennungszeitraum, dass der Alleinverdiener, wenn es einen gibt, diese Lasten weiter zu tragen hat. Die Bedienung dieser Schulden vermindert dann die Leistungsfähigkeit und die Bedarfsquote. **650**

Ist ein Ehepartner **Alleineigentümer**, sind die den **Wohnwert übersteigenden Schulden** – Zinsen und Tilgung – bis zur Rechtshängigkeit des Scheidungsantrages zu berücksichtigen, weil sie die ehelichen Lebensverhältnisse geprägt haben und der andere Ehepartner über den Zugewinnausgleich an der Vermögensbildung teilnimmt. **Nach Rechtshängigkeit** des Scheidungsantrages kann eine Berücksichtigung nur nach den Grundsätzen der Billigkeit erfolgen.[696] **651**

f) Veräußerung des Familienheims

Wird das Familienheim veräußert, **entfallen Nutzungsvorteile** für beide Seiten. **652**

Der bisherige Wohnwert ist nicht weiter zu berücksichtigen, wohl aber die **Zinserträge des Veräußerungserlöses als Surrogat** des bisherigen Wohnwertes. Diese sind im Wege der Differenzmethode in die Berechnung einzubeziehen.[697]

Werden **als Surrogat andere Nutzungen** gezogen, stehen diese anstelle des bisherigen Wohnvorteils. **653**

Finanziert also ein Ehepartner mit dem Erlös sein neues Eigenheim, setzt sich der eheprägende Wohnvorteil an dem ursprünglich gemeinsamen Haus der Beteiligten ggf. in dem Vorteil fort, welche dem betroffenen Ehegatten aus mietfreiem Wohnen in seinem neuen Eigenheim zuwächst.

Die Anrechnung des Vorteils gilt für jedwedes Surrogat, auch wenn der Nutzungsvorteil nunmehr ein – erheblich – höherer ist als es der frühere Wohnvorteil war.

6. Sozialleistungen

Hinsichtlich möglicher Sozialleistungen der staatlichen Gemeinschaft ist im Hinblick auf die einzelnen Bereiche zu unterscheiden. **654**

693 Johannsen/Henrich/*Büttner*, § 1361 Rn 99.
694 Vgl. Berechnungsbeispiele bei Wendl/Dose/*Gerhardt*, § 1 Rn 378.
695 BGH FamRZ 2004, 1357, 1359.
696 Wendl/Dose/*Gerhardt*, § 1 Rn 303, 317, 319.
697 BGH FamRZ 2001, 1140, 1143.

a) Kindergeld

655 Kindergeld ist über den Kindesunterhalt **auf den Bedarf des Kindes zu verrechnen**.[698] Kindergeld ist nur dann zum Einkommen der Eltern zu rechnen, wenn es **im konkreten Fall nicht für den Kindesunterhalt** einzusetzen ist, beispielsweise ausreichende Vermögenseinkünfte des Kindes vorhanden sind.

656 Der öffentlich-rechtliche Anspruch auf Kindergeld wird durch das Einkommensteuerrecht, ausnahmsweise auch durch das **Bundeskindergeldgesetz**[699] verwirklicht.

657 Das Kindergeld ist bis auf Ausnahmefälle im EStG geregelt. Anspruch auf Kindergeld hat nach § 62 Abs. 1 EStG,

- wer unabhängig von der Staatsangehörigkeit seinen Wohnsitz oder gewöhnlichen Aufenthalt im Inland hat[700] oder
- wer ohne Wohnsitz oder gewöhnlichen Aufenthalt im Inland nach § 1 Abs. 2, Abs. 3 EStG der unbeschränkten Einkommensteuerpflicht unterliegt.

658 Das Kindergeld steht **in der Regel den Eltern** zu. Das Kind hat ausnahmsweise einen Anspruch auf Kindergeld nach dem Bundeskindergeldgesetz. Das Kind muss grundsätzlich seinen Wohnsitz oder gewöhnliche Aufenthalt im Inland, in der EU oder im EURopäischen Wirtschaftsraum haben (§ 63 Abs. 1 S. 3 EStG).

659 Das Bundeskindergeldgesetz **gilt ausschließlich für beschränkt Steuerpflichtige**, also für Steuerausländer, die aus bestimmten Gründen, etwa weil sie als Entwicklungshelfer oder Beamte besondere Beziehungen zu Deutschland haben, kindergeldberechtigt sind (§ 1 Abs. 1 BKGG). Ausnahmsweise erhalten Kinder persönlich Kindergeld nach § 1 Abs. 2 BKGG, die in Deutschland ihren Wohnsitz oder gewöhnlichen Aufenthalt haben, Vollwaisen sind oder den Aufenthalt der Eltern nicht kennen und nicht bei einer anderen Person als Kind berücksichtigt werden.

660 Das staatliche Kindergeld nach **§ 62f EStG**[701] und nach dem Bundeskindergeldgesetz stellt eine öffentliche Sozialleistung dar, die die Unterhaltslast der Eltern gegenüber den Kindern erleichtern soll.

661 **Die historische Entwicklung des Kindergeldes:**

	Kindergeld, Kinderfreibetrag und Einkommensgrenzen in Deutschland (inflationsbereinigte Beträge in Klammern)						
Gültig ab	1. Kind	2. Kind	3. Kind	weiteres Kind	Geld und/ oder Freibetrag*	Kinderfreibetrag	Einkommensgrenze des Kindes
1955	–	–	25 DM (71 EUR)	25 DM (71 EUR)	und	720–1.680 DM (2.051–4.786 EUR)	
1957	–	–	30 DM (82 EUR)	30 DM (82 EUR)	und	720–1.680 DM (1.956–4.564 EUR)	
1959	–	–	40 DM (106 EUR)	40 DM (106 EUR)	und	900–1.800 DM	

698 BGH FamRZ 1997, 806.

699 Neufassung des Bundeskindergeldgesetzes vom 28.1.2009, BGBl 2009 I, S. 142 in der Fassung des Art. 8 des Gesetzes zur Beschleunigung des Wirtschaftswachstums (Wachstumsbeschleunigungsgesetz) vom 22.12.2009, BGBl 2009 I S. 3954.

700 BFH FamRZ 2009, 507.

701 Neue Fassung des EStG vom 8.11.2009, BGBl 2009 I S. 3366 in der Fassung des Art. 1 Nr. 7 des Gesetzes zur Beschleunigung des Wirtschaftswachstums (Wachstumsbeschleunigungsgesetz) vom 22.12.2009, BGBl 2009 I S. 3950 f.

	Kindergeld, Kinderfreibetrag und Einkommensgrenzen in Deutschland (inflationsbereinigte Beträge in Klammern)						
Gültig ab	1. Kind	2. Kind	3. Kind	weiteres Kind	Geld und/oder Freibetrag*	Kinderfreibetrag	Einkommensgrenze des Kindes
						(2.376–4.752 EUR)	
1961	–	25 DM (63 EUR)	40 DM (101 EUR)	40 DM (101 EUR)	und	900–1.800 DM (2.281–4.563 EUR)	
1964	–	25 DM (58 EUR)	50 DM (117 EUR)	4. Kind: 60 DM (121 EUR) Ab 5. Kind: 70 DM (141 EUR)	und	1.200–1.800 DM (2.805–4.208 EUR)	
1970	–	25 DM (50 EUR)	60 DM (121 EUR)	4. Kind: 60 DM (121 EUR) Ab 5. Kind: 70 DM (141 EUR)	und	1.200–1.800 DM (2.410–3.615 EUR)	
1975	50 DM (75 EUR)	70 DM (104 EUR)	120 DM (179 EUR)	120 DM (179 EUR)	–	–	
1978	50 DM (67 EUR)	80 DM (108 EUR)	150 DM (202 EUR)	150 DM (202 EUR)	–	–	
1979	50 DM (65 EUR)	80 DM (103 EUR)	200 DM (258 EUR)	200 DM (258 EUR)	–	–	
Juli 1979	50 DM (65 EUR)	100 DM (129 EUR)	200 DM (258 EUR)	200 DM (258 EUR)	–	–	
1981	50 DM (58 EUR)	120 DM (138 EUR)	240 DM (254 EUR)	240 DM (277 EUR)	–	–	
1982	50 DM (55 EUR)	100 DM (110 EUR)	220 DM (241 EUR)	240 DM (263 EUR)	–	–	
1983	50 DM (53 EUR)	100 DM (106 EUR)	220 DM (234 EUR)	240 DM (255 EUR)	und	432 DM (459 EUR)	
1986	50 DM (51 EUR)	100 DM (102 EUR)	220 DM (224 EUR)	240 DM (244 EUR)	und	2.484 DM (2.526 EUR)	
1989	50 DM (49 EUR)	100 DM (98 EUR)	220 DM (215 EUR)	240 DM (234 EUR)	und	2.484 DM (2.423 EUR)	
1990	50 DM (48 EUR)	130 DM (124 EUR)	220 DM (209 EUR)	240 DM (228 EUR)	und	3.024 DM	

	Kindergeld, Kinderfreibetrag und Einkommensgrenzen in Deutschland (inflationsbereinigte Beträge in Klammern)						
Gültig ab	1. Kind	2. Kind	3. Kind	weiteres Kind	Geld und/ oder Freibetrag*	Kinderfreibetrag	Einkommensgrenze des Kindes
						(2.875 EUR)	
1992	70 DM (61 EUR)	130 DM (114 EUR)	220 DM (192 EUR)	240 DM (210 EUR)	und	4.104 DM (3.584 EUR)	
1996	200 DM (158 EUR)	200 DM (158 EUR)	300 DM (237 EUR)	350 DM (276 EUR)	oder	6.264 DM (4.947 EUR)	12.000 DM (9.478 EUR)
1997	220 DM (170 EUR)	220 DM (170 EUR)	300 DM (232 EUR)	350 DM (271 EUR)	oder	6.912 DM (5.352 EUR)	12.000 DM (9.292 EUR)
1998	220 DM (169 EUR)	220 DM (169 EUR)	300 DM (230 EUR)	350 DM (269 EUR)	oder	6.912 DM (5.304 EUR)	12.360 DM (9.485 EUR)
1999	250 DM (191 EUR)	250 DM (191 EUR)	300 DM (229 EUR)	350 DM (267 EUR)	oder	6.912 DM (5.273 EUR)	13.020 DM (9.932 EUR)
2000	270 DM (203 EUR)	270 DM (203 EUR)	300 DM (226 EUR)	350 DM (263 EUR)	oder	9.936 DM (7.475 EUR)	13.500 DM (10.156 EUR)
2001	270 DM (199 EUR)	270 DM (199 EUR)	300 DM (221 EUR)	350 DM (258 EUR)	oder	9.936 DM (7.328 EUR)	14.040 DM (10.355 EUR)
2002	154 Euro (219 EUR)	154 Euro (219 EUR)	154 Euro (219 EUR)	179 Euro (255 EUR)	oder	5.808 Euro (8.271 EUR)	7.188 Euro (10.236 EUR)
2004	154 Euro (213 EUR)	154 Euro (213 EUR)	154 Euro (213 EUR)	179 Euro (248 EUR)	oder	5.808 Euro (8.044 EUR)	7.680 Euro (10.637 EUR)
2009	164 Euro (209 EUR)	164 Euro (209 EUR)	170 Euro (217 EUR)	195 Euro (249 EUR)	oder	6.024 Euro (7.685 EUR)	7.680 Euro (9.798 EUR)
2010	184 Euro (232 EUR)	184 Euro (232 EUR)	190 Euro (240 EUR)	215 Euro (271 EUR)	oder	7.008 Euro (8.843 EUR)	8.004 Euro (10.100 EUR)
2012	184 Euro (223 EUR)	184 Euro (223 EUR)	190 Euro (230 EUR)	215 Euro (261 EUR)	oder	7.008 Euro (8.491 EUR)	Grenze entfällt
2015	188 Euro (221 EUR)	188 Euro (221 EUR)	194 Euro (228 EUR)	219 Euro (258 EUR)	oder	7.152 Euro (8.420 EUR)	

	Kindergeld, Kinderfreibetrag und Einkommensgrenzen in Deutschland (inflationsbereinigte Beträge in Klammern)						
Gültig ab	1. Kind	2. Kind	3. Kind	weiteres Kind	Geld und/ oder Freibetrag*	Kinderfreibetrag	Einkommensgrenze des Kindes
2016	190 Euro (223 EUR)	190 Euro (223 EUR)	196 Euro (230 EUR)	221 Euro (259 EUR)	oder	7.248 Euro (8.490 EUR)	
2017	192 Euro (222 EUR)	192 Euro (222 EUR)	198 Euro (229 EUR)	223 Euro (257 EUR)	oder	7.356 Euro (8.489 EUR)	
2018	194 Euro (220 EUR)	194 Euro (220 EUR)	200 Euro (227 EUR)	225 Euro (255 EUR)	oder	7.428 Euro (8.421 EUR)	
2019	194 Euro (217 EUR)	194 Euro (217 EUR)	200 Euro (224 EUR)	225 Euro (252 EUR)	oder	7.620 Euro (8.519 EUR)	
Juli 2019	204 Euro (228 EUR)	204 Euro (228 EUR)	210 Euro (235 EUR)	235 Euro (263 EUR)	oder	7.620 Euro (8.519 EUR)	
2020	204 Euro (227 EUR)	204 Euro (227 EUR)	210 Euro (234 EUR)	235 Euro (261 EUR)	oder	7.812 Euro (8.690 EUR)	
2021	219 Euro (236 EUR)	219 Euro (236 EUR)	225 Euro (243 EUR)	250 Euro (270 EUR)	oder	8.388 Euro (9.051 EUR)	
2022	219 Euro (219 EUR)	219 Euro (219 EUR)	225 Euro (225 EUR)	250 Euro (250 EUR)	oder	8.548 Euro (8.548 EUR)	
2023	250 Euro	250 Euro	250 Euro	250 Euro	oder	8.952 Euro	
ab 2024	250 Euro	250 Euro	250 Euro	250 Euro	oder	9.312 Euro	

Das Kindergeld **soll beide Eltern entlasten**, wird aber aus Gründen der **Verwaltungsvereinfachung** 662
gem. § 64 Abs. 1 EStG immer nur an einen Berechtigten ausgezahlt.

In der Rechtsprechung wurde dann die entsprechende Berücksichtigung des Kindergeldes über eine Erhöhung oder Herabsetzung des Kindesunterhalts zwischen den unterhaltspflichtigen Ehegatten ausgeglichen. Das Kindergeld verbleibt daher den Eltern letztlich zu je ½-Anteil.

Dies entspricht der Regelung in § 1612b BGB, wonach das auf das Kind entfallende Kindergeld zur Deckung seines Barbedarfs zu verwenden ist, und zwar zur Hälfte, wenn ein Elternteil seine Unterhaltspflicht durch Betreuung des Kindes erfüllt.

Diese Erfüllung der Betreuungsverpflichtung betrifft gem. § 1606 Abs. 3 S. 2 BGB minderjährige unverheiratete Kinder. In allen anderen Fällen (§ 1612b Abs. 1 Nr. 2 BGB), also bei Volljährigkeit des Kindes, wird das staatliche Kindergeld in vollem Umfange zur Deckung seines Barbedarfs eingesetzt.

Insgesamt stellt es daher **Einkommen des Kindes** dar, mit dem er seinen Barbedarf deckt.[702]

702 BGH FamRZ 2006, 99; ausführlich *Dose*, FamRZ 2007, 1289.

663 Da nach § 1612b BGB das Kindergeld als Einkommen des Kindes behandelt wird, ist vom unterhaltsrelevanten Einkommen des Unterhaltspflichtigen **nur noch der tatsächliche Zahlbetrag** auf den Kindesunterhalt abzusetzen.[703]

664 Die Anrechnung des Kindergeldes jeweils zur Hälfte auf beide Elternteile bei minderjährigen Kindern beruht auf der **finanziellen Sorge für das Kind zu gleichen Teilen**: Wenn ein Elternteil das Kind pflegt und erzieht und der andere für den Barunterhalt aufkommt, ist darin regelmäßig eine Unterhaltsleistung der Eltern zu gleichen Anteilen zu sehen (§ 1606 Abs. 3 S. 2 BGB). Damit werden die Eltern durch eigene Einkünfte des minderjährigen Kindes[704] und auch durch das Kindergeld je zur Hälfte entlastet.[705]

665 Da bei **volljährigen Kindern** der Anspruch auf Betreuungsunterhalt entfallen ist und die Eltern für einen erhöhten Unterhaltsbedarf des Kindes haften, ist zunächst das volle Kindergeld bedarfsdeckend auf den Unterhaltsbedarf des volljährigen Kindes anzurechnen. Damit wird erreicht, dass beide Elternteile entsprechend der jeweils geschuldeten Unterhaltsquote von Barunterhalt entlastet werden.

666 Die Zahlung von Kindergeld war im Übrigen auch schon vor Inkrafttreten des § 1612b BGB durch das Unterhaltsrechtsänderungsgesetz zum 1.1.2008 von der Rechtsprechung **nicht** so verstanden worden, dass es sich um Einkünfte der Eltern handelt. Selbst dies, so ein Beispiel von *Dose*,[706] würde in der Berechnung, jedenfalls bei minderjährigen Kindern, keinen Unterschied ausmachen.

667 *Beispiel*

Verbleiben dem unterhaltspflichtigen Ehegatten nach Abzug des Unterhaltes für ein Kind noch 2.800 EUR, würden einem einkommenslosen unterhaltsberechtigten Ehegatten hiervon 2.800 EUR x 45 % = 1.260 EUR zustehen. Würde das Kindergeld von 250 EUR jedem Ehegatten zur Hälfte als Einkommen zugerechnet, ergäbe sich keine Veränderung. Das Einkommen des Unterhaltspflichtigen betrüge nunmehr 2.800 EUR + 125 EUR = 2.925 EUR, beim Berechtigten wären es 125 EUR. Danach wären unverändert 2.925 EUR – 125 EUR = 2.800 EUR x 45 % = 1.260 EUR zu zahlen.

668 Dies ist richtig, wenn man den Bedarf des Kindes unabhängig von der Zahlung von Kindergeld in gleicher Zahlungshöhe belässt.

Anders ist dies aber, wenn grundsätzlich der Bedarf des Kindes in derzeitiger Höhe erücksichtigt wird:

Beispiel

Einkommen des unterhaltspflichtigen Ehegatten, bereinigt 3.000 EUR; Einkommen des unterhaltsberechtigten Ehegatten 0 EUR. Die Unterhaltsberechtigte betreut das zweijährige Kind der Eheleute.

Einkommen Unterhaltspflichtiger	3.000 EUR
abzgl. Zahlbetrag Kindesunterhalt[707]	400 EUR
verbleibendes Einkommen	2.600 EUR
abzgl. Einkommen Ehegatte	0 EUR
verteilungsfähiges Einkommen	2.600 EUR
hiervon 45 %-Anspruch Ehegatte,	**1.170 EUR**
Berechnung unter jeweils **hälftiger Zurechnung des Kindergeldes** zu den beiderseitigen Einkünften:	
Einkommen Unterhaltspflichtiger	3.000 EUR
abzgl. Bedarfsbetrag Kindesunterhalt	525 EUR

703 BGH FamRZ 2008, 963; BGH FamRZ 2009, 1300; BGH FamRZ 2010, 1318; *Klinkhammer*, FamRZ 2008, 193, 199.
704 BGH FamRZ 2009, 762.
705 Vgl. dazu auch BGH FamRZ 2006, 1597, 1599.
706 Wendl/Dose/*Dose*, § 1 Rn 680.
707 Lt. Düsseldorfer Tabelle, Stand 1.1.2023 (Höherstufung auf 5. Eink.gruppe).

Zwischensumme		2.475 EUR
zzgl. ½ Kindergeld		125 EUR
verbleibendes Einkommen		2.600 EUR
Einkommen unterhaltsberechtigter Ehegatte	0 EUR	
zzgl. ½ Kindergeld		125 EUR
Gesamteinkommen		125 EUR
Differenzrechnung		
Einkommen Unterhaltspflichtiger		2.600 EUR
abzgl. Einkommen Unterhaltsberechtigte		125 EUR
Differenzeinkommen		2.475 EUR
hiervon 45 %-Anteil Unterhalt, gerundet		**1.114 EUR**

Der **Berechnungsunterschied** macht **56 EUR** aus.

Zu gleichen Ergebnissen kommt man daher nur dann, wenn man **ohne oder mit Zurechnung zu den beiderseitigen Einkünften denselben Unterhaltsbetrag** für das Kind annimmt. 669

Dies wird man aber nicht annehmen können, da der Bedarf des Kindes im Beispielsfall 525 EUR beträgt und der Zahlbetrag sich wegen der Anrechnung des hälftigen Kindergeldes auf den Bedarf des Kindes auf 400 EUR reduziert. Wird aber der Betrag auf den Barbedarf des Kindes angerechnet, ist der weitere hälftige Betrag nicht als Einkommen der Unterhaltsberechtigten gegenüberzustellen. Der hälftige Betrag der Unterhaltsberechtigten geht in ihre Betreuungsleistung ein.

b) Sozialleistungen wegen Körper- und Gesundheitsschäden

Bei der Feststellung eines Unterhaltsanspruches wird vermutet, dass die **Kosten der Aufwendungen** der Höhe der Sozialleistungen für Körper- und Gesundheitsschäden **entsprechen**. Dies gilt für den Berechtigten und den Verpflichteten in gleicher Weise. Damit sind alle Zahlungen erfasst, die Mehrbedürfnisse pauschal ausgleichen, wie z.B. 670

- Grundrente nach § 31 BVG;
- Pflegeversicherungsleistungen;
- Landesblindengeld.

Nicht erfasst sind damit Leistungen mit Lohn- und Einkommensersatzfunktion.[708]

Die **gesetzliche Vermutung gleicher Kosten und Leistungen** können widerlegt werden. Dies kann z.B. durch den Nachweis geschehen, dass eine konkrete Betreuungsbedürftigkeit nicht besteht.[709] 671

c) Elterngeld

Elterngeld ist unterhaltspflichtiges Einkommen des Schuldners **ausschließlich** im Verhältnis zu seinen minderjährigen Kindern (§ 11 S. 1, 3 und 4 BEEG). Ein über den Sockelbetrag des Elterngeldes hinaus gezahlter Betrag dagegen hat Lohnersatzfunktion und ist damit unterhaltsrechtliches Einkommen.[710] 672

Nach **§ 1 BEEG**[711] hat Anspruch auf Kindergeld, wer u.a. mit einem Kind, für das ihm die Personensorge zusteht, in einem Haushalt lebt, es selbst betreut und entweder keine Erwerbstätigkeit ausübt oder eine solche, die wöchentlich weniger als 30 Stunden beträgt.

708 OLG Hamm FamRZ 1992, 186.
709 OLG Schleswig FamRZ 1992, 471.
710 Vgl. *Scholz*, FamRZ 2007, 7.
711 Bundeselterngeld- und Elternzeitgesetz, BT-Drucks 16/1889.

673 Das Gesetz gilt für die ab 1.1.2007 geborenen Kinder. Für die früher geborenen Kinder galt das **Bundeserziehungsgeldgesetz**. Im Hinblick auf die zweijährige Förderungsdauer nach dem Bundeserziehungsgeldgesetz war es auf die Zeit **bis Ende 2008 befristet** worden. Für die nach dem 1.1.2007 geborenen Kinder gilt das BEEG. Das Elterngeld kann vom Tage der Geburt an bis zur Vollendung des 14. Lebensmonats des Kindes bezogen werden. Jedes Elternteil kann allerdings nur für mindestens zwei und höchstens 12 Monate Elterngeld beziehen.

Die Eltern können die Monatsbeträge **nicht nur im Wechsel, sondern auch gleichzeitig** beziehen (§ 4 BEEG). Insofern legen die Eltern den zeitlichen Umfang eines jeden von ihnen fest, ebenso in welchem tatsächlichen Umfang dem einen oder dem anderen betreuenden Elternteil Elterngeld zustehen soll.

674 Elterngeld ist in der Höhe einkommensabhängig und wird **65 % und 100 %** des in den letzten 12 Kalendermonaten vor der Geburt des Kindes durchschnittlich erzielten monatlichen Einkommens aus Erwerbstätigkeit gezahlt. Der Höchstbetrag beläuft sich auf 1.800 EUR monatlich für volle Monate, in denen der Berechtigte kein Einkommen aus Erwerbstätigkeit erzielt (§ 2 Abs. 1 BEEG).[712]

Hartz IV-Empfänger und Singles mit einem zu versteuernden Einkommen von mehr als 250.000 EUR sowie Ehepaare mit einem zu versteuernden Einkommen von mehr als 500.000 EUR erhalten kein Elterngeld.

Unabhängig vom übrigen vorangegangenen Einkommen wird Elterngeld **mindestens in Höhe von monatlich 300 EUR** gezahlt, bei Mehrlingsgeburten multipliziert mit der Anzahl der Kinder, § 2 Abs. 5, Abs. 6 BEEG.

d) Pflegegeld

675 Ist der Pflegebedürftige unterhaltsberechtigt, gilt die **Deckungsvermutung des § 1610a BGB bei schadensbedingten Mehraufwendungen**. Wird danach für Aufwendungen in Folge eines Körper- oder Gesundheitsschadens Sozialleistungen in Anspruch genommen, wird bei der Feststellung eines Unterhaltsanspruches vermutet, dass die Kosten der Aufwendungen nicht geringer sind als die Höhe dieser Sozialleistungen.

Allerdings ist das Pflegegeld auf den behinderungsbedingten Mehrbedarf anzurechnen.[713]

676 Ist die Pflegeperson unterhaltsverpflichtet, ist ausschließlich der an die Pflegeperson gezahlte Anteil im Pflegegeld (§ 37 SGB XI), der für die Pflegearbeit bestimmt ist, gem. § 13 Abs. 6 SGB XI zum anrechenbaren Einkommen des Pflegenden zu rechnen.[714]

e) Wohngeld

677 **Wohngeld ist unter Beachtung des Wohnkostenbedarfs** als Einkommen anzusehen, soweit es nicht einen erhöhten Wohnkostenbedarf ausgleicht. Die Darlegungs- und Beweislast für den Ausgleich trifft den Wohngeldempfänger.[715]

678 *Beispiel*

Bedarf des Unterhaltsberechtigten: 1.200 EUR; Wohngeld 150 EUR; Mietkosten 450 EUR monatlich.

Das Wohngeld ist wie folgt zu berücksichtigen:

Der Unterhaltsanspruch beträgt ohne Wohngeld 1.200 EUR, der angemessene Mietaufwand ein Drittel davon, mithin 400 EUR. Die Mietkosten betragen 450 EUR, so dass erhöhte Wohnkosten von 50 EUR vorliegen. Das Wohngeld muss daher mit 100 EUR berücksichtigt werden (150 EUR./.50 EUR).

712 Vgl. dazu *Hosser*, FamRZ 2010, 951.
713 BGH FamRZ 1993, 417.
714 Anders nach früherem Recht BGH FamRZ 1987, 259.
715 BGH FamRZ 1985, 374.

Die Unterhaltsberechnung ergibt daher: Bedarf 1.200 EUR./. 100 EUR anrechenbares Wohngeld = 1.100 EUR Unterhaltsanspruch

Hinweis 679

Bewohnen zusätzlich Kinder die Wohnung, sind 20 % des Tabellenbetrages der DT (= Bedarfsbetrag) zum Ausgleich der Mietkosten hinzuzusetzen.[716] Erhalten Kinder keinen Unterhalt, werden sie mit dem halben Anteil eines Erwachsenen berücksichtigt.[717]

f) Sozialleistungen mit Lohnersatzfunktion

Die Sozialleistungen von Arbeitslosengeld I und Arbeitslosengeld II sind in ihrem Leistungszweck jeweils dahingehend zu unterscheiden, ob sie eine **Lohnersatzfunktion oder Ersatzfunktion für Unterhalt** darstellen. 680

Die Zuordnung entscheidet, ob und in welchem Umfang Sozialleistungen unterhaltsrechtlich als Einkommen anzurechnen sind. Stellen solche Leistungen eine Lohnersatzfunktion dar, sind sie unterhaltsrechtliches Einkommen und decken damit zunächst einmal den eigenen Bedarf. Besteht wegen der Subsidiarität einer Sozialleistung nur eine Unterhaltsersatzfunktion wie bei der Sozialhilfe oder beim Arbeitslosengeld II, soll die Sozialleistung nur den aktuellen Unterhaltsbedarf sichern. Sie ist dann nicht bedarfsdeckend. Der Unterhaltsanspruch geht aufgrund besonderer Vorschriften auf den Träger der Sozialhilfe über.

aa) Arbeitslosengeld I (ALG I)

Der Anspruch auf **Arbeitslosengeld I** setzt voraus, dass der Arbeitslose **arbeitsfähig ist und sich der Arbeitsvermittlung zur Verfügung stellt**, seine Arbeitskraft also dem Arbeitsmarkt anbietet. Die Leistung stellt einen Ausgleich für entgangenen Arbeitsverdienst dar und wird auf der Grundlage des zuvor erzielten Nettoarbeitsentgeltes berechnet (§ 131 SGB III). Auf die Leistungen besteht aus der Tatsache ein Anspruch, dass während der Arbeitstätigkeit Einzahlungen in die Arbeitslosenversicherung erfolgt sind. Daher sind die Leistungen **gegenüber Unterhaltsansprüchen nicht subsidiär** und weisen eine Lohnersatzfunktion auf.[718] 681

Leistungen nach ALG I sind **in vollem Umfang anzurechnen**. Dies gilt selbst dann, wenn sie Ersatz für eine grundsätzlich unzumutbar gewesene Tätigkeit darstellen.[719] Ein Erwerbsbonus ist naturgemäß nicht abzuziehen,[720] da es sich gerade nicht um Einkommen handelt, das während der Erwerbstätigkeit erzielt wird. Kosten des Arbeitslosen, die diesem bei der Suche nach Arbeitstätigkeit entstehen, sind jedoch – ebenfalls in vollem Umfange – abzuziehen. 682

bb) Bürgergeld (früher: Arbeitslosengeld II (ALG II))

Mit Wirkung vom 1.1.2005 waren die frühere Arbeitslosenhilfe und die Sozialhilfe zu zu einer einheitlichen Leistung zusammengefasst worden, dem **Bürgergeld**[721] (bis 1.1.2023: Arbeitslosengeld II (ALG II)). 683

Bürgergeld im Überblick:[722]

- Bürgergeld können alle erwerbsfähigen und hilfebedürftigen Arbeitslosen zwischen **15 und 65 Jahren** erhalten;

716 Vgl. Wendl/Dose/*Klinkhammer*, § 2 Rn 214.
717 BGH FamRZ 1982, 587.
718 BGH FamRZ 2008, 594; Leitlinien der OLG Nr. 2.1.
719 OLG Stuttgart FamRZ 1996, 415; OLG Düsseldorf FamRZ 2002, 99.
720 BGH FamRZ 2009, 307.
721 Zu den wesentlichen Neuerungen vgl. *Kleffmann/Kleffmann,* FuR 2023, 2.
722 Stand 1.1.2023.

- Bürgergeld wird im Anschluss an das reguläre Arbeitslosengeld – bei Bedürftigkeit – gezahlt und **ersetzt die Arbeitslosenhilfe bzw. die Sozialhilfe**;
- Die **Unterstützungspauschale** beträgt für Alleinstehende 502 EUR monatlich; hinzu kommt noch die Kostenübernahme für **Miete und Heizung**;
- **(Ehe-)Partner** bekommen 451 EUR monatlich (= je 90 %);
- Bezieher von Bürgergeld erhalten auch **Leistungen für ihre Kinder**: 318 EUR je Kind bis 6 Jahre, 348 EUR je Kind bis 13 Jahre und 420 EUR je Kind von 13 bis unter 18 Jahren; allerdings wird das Kindergeld von der Pauschale abgezogen, ferner wird eigenes Einkommen und Vermögen der Kinder angerechnet;

	Regelleistung		Quelle SGB II
502 EUR	RL für Alleinstehende	100 %	§ 20 Abs. 2 SGB II
451 EUR	RL für volljährige Partner innerhalb einer Bedarfsgemeinschaft	90 %	§ 20 Abs. 3 SGB II
318 EUR	RL für Kinder von 0 bis 5 Jahre	60 %	§ 28 Abs. 1 Nr. 1 SGB II
348 EUR	RL für Kinder von 6 bis 13 Jahre*	70 %	§ 74 SGB II
420 EUR	RL für Kinder von 14 bis 17 Jahre	75 %	§ 28 Abs. 1 Nr. 2 SGB II
402 EUR	RL für unter 25-Jährige im Haushalt der Eltern/RL für ohne Zustimmung ausgezogene U 25'er	80 %	§ 20 Abs. 2 S. 2 SGB II/§ 20 Abs. 2a SGB II

684 Der Regelbedarf ab 1.1.2023 setzt sich wie folgt zusammen:

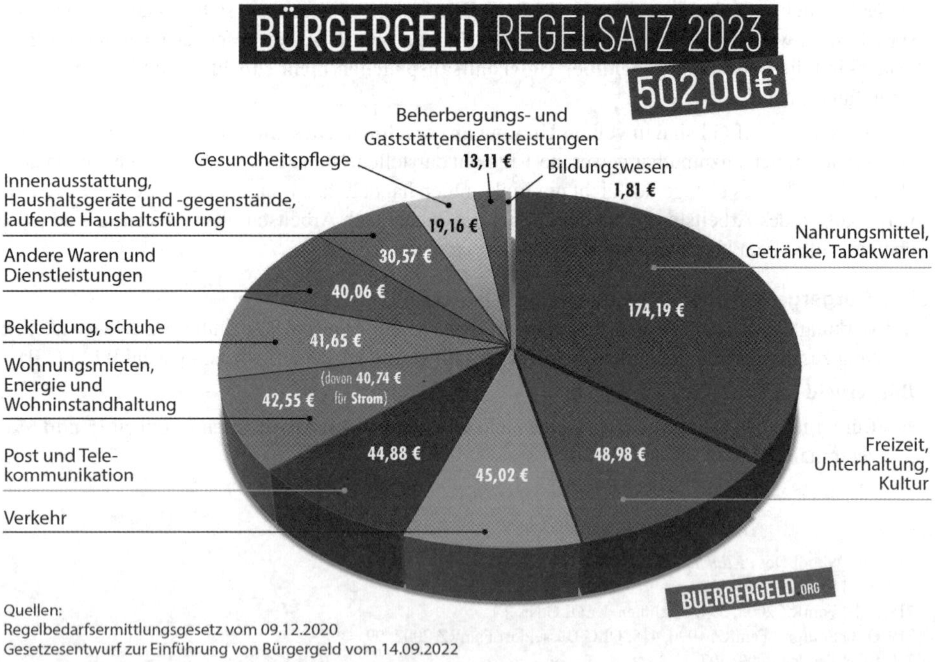

Die Zahlungen summieren sich wie folgt: 685

Haushaltstyp	Zahl der Haushalte	Leistungen in EURO*
Singles	1 913 820	811
Alleinerziehende, ein Kind	396 379	1173
Alleinerziehende, zwei Kinder	179 794	1456
Alleinerziehende, drei Kinder	50 292	1723
Alleinerziehende, vier oder mehr Kinder	17 638	2040
Paar ohne Kinder	444 221	1186
Paar, ein Kind	243 487	1580
Paar, zwei Kinder	196 189	1881
Paar, drei Kinder	85 866	2197
Paar, vier oder mehr Kinder	43 765	2686
Insgesamt	**3 665 086**	**1126**

*Regelsatz Arbeitslosengeld II, Miete/Heizen, Sozialgeld/Kinderzuschlag, Mehrbedarfszuschläge (z.B. Alleinerziehende, besondere Ernährung bei Krankheit), Einmalleistungen (z.B. Makler, Umzug, Kaution) und Sozialbeiträge zur Kranken-, Renten- und Pflegeversicherung – die zum Teil nicht ausgezahlt werden. Hartz-IV-Empfänger ohne eigenes Einkommen.

Einkommen muss, soweit es zu berücksichtigen ist, vorrangig zur Sicherung des Lebensunterhaltes eingesetzt werden. Einkommen ist das, was die Mitglieder der Bedarfsgemeinschaft während des Bezugs der Leistung wertmäßig hinzugewinnen. Das bereits zum Zeitpunkt der Antragstellung Vorhandene, ist Vermögen. Welches Einkommen in welcher Höhe zu berücksichtigen ist, ist in den §§ 11 bis 11b SGB II sowie in der Arbeitslosengeld II/Sozialgeld-Verordnung – Alg II-V – geregelt. Die nachfolgenden Grafiken zeigen Beispiele für eine alleinstehende Person ohne Kinder und für ein Ehepaar mit einem Kind.

Keine Leistungen nach dem SGB II (Bürgergeld) erhalten 686

- erwerbsfähige Leistungsberechtigte, die sich ohne vorherige Zustimmung des persönlichen Ansprechpartners außerhalb des zeit- und ortsnahen Bereichs aufhalten und deshalb nicht für die Eingliederung in Arbeit zur Verfügung stehen,
- nicht erwerbstätige Ausländer und ihre (ausländischen) Familienangehörigen für die ersten drei Monate ihres Aufenthalts (§ 7 Abs. 1 Satz 2 Nr. 1 SGB II),
- Ausländer, deren Aufenthaltsrecht sich allein aus dem Zweck der Arbeitsuche ergibt, und ihre Familienangehörigen (§ 7 Abs. 1 Satz 2 Nr. 2 SGB II). In der Praxis können nur EU-Bürger ggf. ein solches Aufenthaltsrecht besitzen. Der Ausschluss gilt aber nicht für Unionsbürger, die Angehörige eines Unterzeichnerstaats des EFA sind. Die Zulässigkeit des Ausschlusses von Unionsbürgern, die sich nur zur Arbeitsuche aufhalten, wird von der Rechtsprechung zunehmend auch für nicht unter das EFA fallende Unionsbürger bezweifelt, da der Ausschluss gegen das Diskriminierungsverbot des Art. 18 AEUV und des Art. 4 VO 883/2004 EG verstößt. Für arbeitsuchende Unionsbürger, die bereits (auch geringfügig) erwerbstätig sind oder waren, und deshalb europarechtlich als „Arbeitnehmer", „Selbstständige" oder „Verbleibeberechtigte" gelten, greift der Ausschluss für „nur Arbeitsuchende" nicht, Leistungsberechtigte nach § 1 des Asylbewerberleistungsgesetzes, insbesondere Asylbewerber und Ausländer mit einer Duldung,
- Personen, die in einer (voll-)stationären Einrichtung untergebracht sind (Ausnahmen: Krankenhaus-/Rehaaufenthalt von voraussichtlich weniger als 6 Monaten oder Freigänger),
- Auszubildende, deren Ausbildung nach dem Bundesausbildungsförderungsgesetz (BAföG) oder nach dem §§ 51, 57 und 59 SGB III (Berufsausbildungsbeihilfe) zumindest **dem Grunde nach** förderungsfähig ist (Ausnahmen siehe § 7 Abs. 6 und § 27 SGB II), oder
- Menschen im gesetzlichen Rentenalter sowie absehbar für mehr als 6 Monate Erwerbsunfähige (§ 7a, § 8 Abs. 1 SGB II).

687 Soweit **Leistungen für Mehrbedarf** gezahlt werden, bleiben auch diese unberücksichtigt, da sie **keine Lohnersatzfunktion** darstellen.

Diese Leistungen gem. § 21 SGB II erhalten werdende Mütter und insbesondere Alleinerziehende, die minderjährige Kinder betreuen, § 21 Abs. 3 SGB II, z.B. wegen **Behinderung oder aufwändiger Ernährung**. Gegebenenfalls hat eine Bewertung des Mehrbedarfs durch einen Sachverständigen zu erfolgen.[723] Eine amtsärztliche Stellungnahme reicht nach Auffassung des BSG nicht aus.[724]

Da Mehrbedarf die Regelleistung in bestimmten nachgewiesenen Fällen erweitert, kann **unterhaltsrechtlich** auch auf diesen Mehrbetrag **nicht** zugegriffen werden.

Die Leistungen ab 1.1.2023:

Mehrbedarfe	**% des Regelbedarfs**	**Betrag**
alleinerziehende Person mit Kind unter 7 Jahre	36	181 EUR
alleinerziehende Person mit zwei oder drei Kinder unter 16 Jahre	36	181 EUR
alleinerziehende Person für 4. und 5. Kind unter 16 Jahre zusätzlich je	12	60 EUR
alleinerziehende Person für ein Kind von 7 bis 17 Jahre	12	60 EUR
alleinerziehende Person für zwei Kinder, die 16 oder 17 Jahre alt sind, je	12	60 EUR
werdende Mütter ab der 13. Schwangerschaftswoche (Mehrbedarf)	17	85 EUR
behinderte Person (wenn Teilnehmer an einer Eingliederungsmaßnahme nach dem SGB IX)	35	176 EUR

Sozialhilfe bleibt **als Einkommen unberücksichtigt**, da sie eine gem. § 2 Abs. 2 SGB XII subsidiäre staatliche Leistung darstellt.[725]

Ebenso bleibt das **Arbeitslosengeld II** unberücksichtigt, das der Sozialhilfe gleichsteht.[726]

688 **Einstiegsgeld** hat allerdings Lohnersatzfunktion und ist in die Unterhaltsberechnung einzustellen. Einstiegsgeld nach § 16b SGB II dient nicht der Sicherung des Lebensunterhalts, sondern der Eingliederung in den Arbeitsmarkt und soll einen Anreiz für die Fortführung einer aufgenommenen Erwerbstätigkeit darstellen. Es wird neben dem ALG II gewährt und geht damit über den sozialhilferechtlichen Lebensbedarf hinaus.[727]

cc) Sozialhilfe und Grundsicherung, SGB XII

689 **Sozialhilfe**, die gem. SGB XII geleistet wird, hat **auf den Unterhaltsanspruch keinen Einfluss**.

Sozialhilfe mindert die Bedürftigkeit des Unterhaltsberechtigten nicht. Sozialhilfe hat subsidiären Charakter (§ 2 SGB XII). Der Anspruchsübergang hinsichtlich der Leistung gem. § 94 SGB XII befreit den Unterhaltspflichtigen nicht von seiner Leistungspflicht.[728]

690 Nach **§ 19 Abs. 1 SGB XII** erhalten Personen, die der Sozialhilfe bedürfen, **„Hilfe zum Lebensunterhalt“**. Die **„Grundsicherung im Alter und bei Erwerbsminderung“ (§ 19 Abs. 2 SGB XII)** wird unter weiteren, besonderen Voraussetzungen nach §§ 41 ff. SGB XII gezahlt.

691 Die **Struktur** der Grundsicherung im Alter und bei Erwerbsminderung lässt sich wie folgt zusammenfassen:

Die Grundsicherung im Alter und bei Erwerbsminderung ergibt sich aus **§§ 41 ff. SGB XII**.

723 Landessozialgericht NRW Urt. v. 3.7.2012 – L 20 SO 347/12 (Laktosefreie Diät).
724 BSG, Urt. v. 22.11.2011 – B 4 AS 138/10.
725 BGH FamRZ 1999, 843, 846.
726 BGH FamRZ 2009, 307 m. Anm. *Günther.*
727 OLG Celle FamRZ 2006, 1203; *Klinkhammer*, FamRZ 2004, 1171, 1172.
728 BGH FamRZ 2010, 1888.

Diese Vorschriften sind an die Stelle des **Gesetzes über eine bedarfsorientierte Grundsicherung im Alter und bei Erwerbsminderung (GSiG)**[729] getreten.

Die Übertragung dieses Gesetzes in das SGB XII führt jedoch **nicht** dazu, dass – wie bei anderen Sozialhilfeleistungen – eine **Überleitung** erfolgt.

Nach § 94 Abs. 1 S. 3 SGB XII bleibt ein Übergang des Anspruchs des Leistungsberechtigten nach dem 4. Kapitel (Grundsicherung im Alter und bei Erwerbsminderung) **gegenüber Eltern und Kindern ausgeschlossen**.

Den Anspruch auf die Grundsicherung im Alter und bei Erwerbsminderung haben Personen, die entweder **692**
das **65. Lebensjahr vollendet** haben oder das **18. Lebensjahr vollendet haben und voll erwerbsgemindert sind** und bei denen es unwahrscheinlich ist, dass die volle Erwerbsminderung behoben wird.

Die Erwerbsminderung beurteilt sich nach § 43 Abs. 2 SGB VI. **693**

Voll erwerbsgemindert ist, wer wegen Krankheit oder Behinderung auf nicht absehbare Zeit außerstande ist, unter den üblichen Bedingungen des allgemeinen Arbeitsmarkts **mindestens drei Stunden täglich erwerbstätig** zu sein, wer in **Werkstätten für behinderte Menschen bzw. Blindenwerkstätten tätig** ist und in Einrichtungen mit gewisser Regelmäßigkeit eine Leistung erbringt, die ein Fünftel der Leistung eines voll erwerbsfähigen Menschen entspricht.

Der **Träger der Rentenversicherung** hat nach § 45 SGB XII und § 109a Abs. 2 SGB VI festzustellen, ob **694**
volle Erwerbsminderung vorliegt, sofern er nicht bereits unbefristet eine Rente wegen voller Erwerbsminderung zugebilligt hat.

Voraussetzung für die Leistungsgewährung ist weiterhin **ein gewöhnlicher Aufenthalt des Leistungs-** **695**
berechtigten im Inland (§ 41 Abs. 1 SGB XII).

Nach der Legaldefinition des § 30 Abs. 3 S. 2 SGB XII hat jemand den gewöhnlichen Aufenthalt dort, wo er sich unter Umständen aufhält, die erkennen lassen, dass er an diesem Ort oder in diesem Gebiet **nicht nur vorübergehend** verweilt.

Unerheblich ist dagegen, ob jemand die deutsche oder eine ausländische **Staatsangehörigkeit** besitzt oder staatenlos ist.

Ausgeschlossen vom leistungsberechtigten Personenkreis sind nach § 23 Abs. 2 SGB XII Berechtigte **696**
nach dem **Asylbewerberleistungsgesetz (AsylbLG)**, auch wenn sie Leistungen nach diesem Gesetz über die Dauer von insgesamt 36 Monaten hinaus erhalten und damit das SGB XII entsprechend anzuwenden ist (dazu § 2 AsylbLG).

Keinen Anspruch haben nach § 41 Abs. 3 SGB XII Personen, die in den letzten 10 Jahren ihre **Bedürftig-** **697**
keit vorsätzlich oder grob fahrlässig herbeigeführt haben.

Nach den Ausführungen in den Gesetzesmaterialien zum GSiG fallen hierunter z.B. Personen, die ihr Vermögen **ohne Rücksicht auf die Notwendigkeit der Bildung von Rücklagen für das Alter verschleudert** haben.

Die danach von der Grundsicherung **ausgeschlossenen Personen** können aber Anspruch auf Leistungen **698**
der „normalen" Hilfe zum Lebensunterhalt nach dem **3. Kapitel SGB XII (§§ 27 ff. SGB XII)** haben, allerdings mit den dort geltenden **strengen Bedürftigkeitsvoraussetzungen** und ggf. Sanktionen, z.B. hinsichtlich der Kürzung der Leistungen und der Erstattung der entstehenden Kosten.

729 In Kraft getreten am 1.1.2003; ausführlich *Brühl/Hofmann*, 2001; § 2 GSiG enthielt Regelungen zu Unterhaltsansprüchen der (nach § 1 GSiG) Antragsberechtigten, also Personen, die das 65. Lebensjahr vollendet haben, oder nach Vollendung des 18. Lebensjahres dauerhaft erwerbsgemindert sind. Während Einkommen und Vermögen des nicht getrenntlebenden Ehegatten und des Partners einer eheähnlichen Gemeinschaft (sofern es den in § 2 GSiG geregelten eignen Bedarf dieser Personen übersteigt) berücksichtigt wurde, blieben Unterhaltsansprüche von Kindern und Eltern unberücksichtigt, sofern ihr jährliches Einkommen (i.S.d. § 16 SGB Abs. 4) unter 100.000 EUR lag.

699 **Voraussetzung für Hilfeleistung** ist selbstverständlich die **Hilfebedürftigkeit**, d.h. die Unfähigkeit, ihren Lebensunterhalt nicht aus Einkommen und/oder Vermögen sicherzustellen.

700 Der Begriff des **Einkommens** ist in **§ 82 SGB XII** geregelt. Dieser Einkommensbegriff unterscheidet sich wesentlich von demjenigen des § 2 EStG.

In **§ 2 EStG** sind 7 Einkunftsarten genannt: Einkünfte aus Landwirtschaft und Forsten, Gewerbebetrieb, selbstständiger Tätigkeit, nicht selbstständiger Tätigkeit, Kapital, Vermietung/Verpachtung und sonstige Einkünfte nach § 22 EStG.

Nicht zum Einkommen zählen danach zum Beispiel das **Kindergeld**, das **Hausgeld des Strafgefangenen**[730] und die **Arbeitnehmersparzulage**,[731] sowie **freiwillige Leistungen Dritter**, auf die kein Rechtsanspruch besteht und die nicht der Entlastung des Unterhaltspflichtigen dienen sollen,[732] z.B. **Zuwendungen der Eltern** an ihre verheirateten oder geschiedenen Kinder bei Unterhaltspflicht des Ehemannes, § 1608 BGB.

701 **§ 82 SGB XII** fasst den Einkommensbegriff viel weiter (… alle Einkünfte in Geld und Geldeswert …).

Nach **§ 90 SGB XII** ist das **gesamte verwertbare Vermögen** einzusetzen, wobei Ausnahmen bestehen, z.B. hinsichtlich des selbst genutzten angemessenen Hausgrundstücks, kleinerer Barbeträge, Mittel zur Altersvorsorge pp.

702 Zu berücksichtigen sind nach § 43 Abs. 1 SGB XII **Einkommen und Vermögen** des nicht getrenntlebenden **Ehegatten** oder **Lebenspartners** sowie des Partners einer **eheähnlichen Gemeinschaft**, die dessen Bedarf nach dem SGB XII übersteigen.

703 Die Leistungen zur Grundsicherung im Alter und bei Erwerbsminderung sind nach § 43 Abs. 2 SGB XII **nicht abhängig von Unterhaltsansprüchen** des Berechtigten gegenüber Kindern und Eltern, sofern deren jeweiliges Gesamteinkommen unter einem Betrag von 100.000 EUR jährlich liegt.

Es handelt sich hier um eine vom Träger der Sozialhilfe widerlegbare Vermutung. § 43 Abs. 2 SGB XII gibt dem Träger der Sozialhilfe einen eigenen Auskunftsanspruch.

704 Der **Umfang der Leistungen der Grundsicherung** ergibt sich aus. **§ 42 SGB XII.** Danach umfassen die Leistungen

- den für den Antragsberechtigten maßgebenden Regelsatz nach § 28 SGB XII,
- die angemessenen tatsächlichen Aufwendungen für Unterkunft und Heizung, § 29 SGB XII,
- den Mehrbedarf, § 30 SGB XII sowie den einmaligen Bedarf, § 31 SGB XII,
- die Übernahme von Kranken- und Pflegeversicherungsbeiträgen, § 32 SGB XII,
- Hilfe zum Lebensunterhalt in Sonderfällen, § 34 SGB XII.

705 Der **Regelbedarf gem. § 28 SGB XII** erfasst den **gesamten Bedarf** des notwendigen Lebensunterhalts außerhalb von Einrichtungen mit Ausnahme von Leistungen für Unterkunft und Heizung und Sonderbedarfe.

Nach § 28 Abs. 2 SGB XII werden die Landesregierungen durch Rechtsverordnung zum 1.7. eines jeden Jahres die Höhe der monatlichen Regelsätze festsetzen (§ 40 SGB XII).

706 **Zu beachten** ist in diesem Zusammenhang Folgendes: Das bis zum 31.12.2004 geltende Sozialhilferecht ging von der **systematischenUnterteilung** der Hilfe zum Lebensunterhalt und laufende einmalige Leistungen aus.

Neben den laufenden Leistungen, die nach monatlichen Regelsätzen gewährt wurde, waren einmalige Leistungen für Bekleidung, Wäsche, Hausrat, besondere Anlässe etc. einzeln zu beantragen und zu bewilligen.

730 BGH FamRZ 1982, 792, 794.
731 BGH FamRZ 1980, 984, 985.
732 BGH FamRZ 1980, 40, 42.

§ 28 SGB XII regelt den Grundsatz für die Neukonzeption der Regelsätze. Diese umfassen künftig **pauschal den gesamten Bedarf für den notwendigen Lebensunterhalt** außerhalb von Einrichtungen mit wenigen Ausnahmen, die definiert sind.

Über den bisherigen Umfang hinaus werden daher Leistungen für Haushaltsgeräte, Kleidung etc. **in den Regelsatz einbezogen**.

g) Übergang von Unterhaltsansprüchen

Nach § 33 SGB II a.F. konnten die zuständigen Träger **Unterhaltsansprüche auf sich überleiten. Davon ausgenommen** waren Ansprüche von **unterhaltsberechtigten Personen**, die mit dem Verpflichteten **in einer Bedarfsgemeinschaft** leben. 707

Ebenfalls **nicht übergeleitet** werden durften Unterhaltsansprüche unterhaltsberechtigter Personen, die mit dem Verpflichteten **verwandt** sind und den **Unterhaltsanspruch nicht geltend machen**.

Dies galt nicht für Unterhaltsansprüche **minderjähriger Hilfebedürftiger**, von Hilfebedürftigen, die das **25. Lebensjahr noch nicht vollendet und die Erstausbildung** noch nicht abgeschlossen haben gegen ihre Eltern, in einem **Kindschaftsverhältnis** zum Verpflichteten stehen **und schwanger** sind oder ihr **leibliches Kind** bis zur Vollendung seines **6. Lebensjahres betreuen**. 708

Im Wesentlichen gingen damit neben den Ansprüchen auf **Ehegattenunterhalt**, den Ansprüchen nach **§ 1615l BGB** und den Ansprüchen unter **Lebenspartnern** nur der **Unterhalt Minderjähriger** und der **Volljährigen-Ausbildungsunterhalt** auf die Träger der Grundsicherung für Arbeitsuchende über. 709

Hinsichtlich des sonstigen Verwandtenunterhalts konnte der Anspruch nur übergeleitet werden, **wenn der Unterhaltsberechtigte den Anspruch geltend macht**.

Geltendmachung i.S.v. § 33 Abs. 2 Nr. 2 SGB II ist auch die **Mahnung** und das **Auskunftsverlangen** nach § 1605 BGB.

Im Gegensatz zum früheren § 91 BSHG vollzog sich der Übergang nicht kraft Gesetzes, sondern **durch Verwaltungsakt**.[733] 710

> *Hinweis* 711
>
> Als Verwaltungsakt ist die Überleitungsanzeige selbstständig durch **Widerspruch und Anfechtungsklage** (vor dem Sozialgericht) anfechtbar. Enthält sie Fehler, muss der Betroffene gegen sie vorgehen, da sonst **im Unterhaltsprozess von ihrer Wirksamkeit auszugehen** ist (Tatbestandswirkung des Verwaltungsakts).

Die Überleitungsanzeige war aber **sofort vollziehbar**, § 39 Nr. 2 SGB. Zur Herstellung der aufschiebenden Wirkung (Suspensiveffekt des Rechtsbehelfs) war bei der Behörde gem. § 86a SGG) oder beim Sozialgericht (§ 86b SGG) die **Aussetzung der Vollziehung zu beantragen**. 712

Diese gesetzliche Regelung ist durch das **Gesetz zur Fortentwicklung der Grundsicherung für Arbeitsuchende mit Neufassung des § 33 SGB II zum 1.8.2006** geändert worden.[734] 713

Statt der Überleitung sieht **§ 33 Abs. 1 SGB II** nun vor, dass der **Unterhaltsanspruch bis zur Höhe der Leistungen kraft Gesetzes übergeht (cessio legis).**

Diese Änderung hat **Auswirkungen auf das Unterhaltsverfahren**. 714

Grundsätzlich sind entsprechend Ziff. 2.2 der Leitlinien der Oberlandesgerichte Leistungen zur Sicherung des Lebensunterhalts nach § 19 SGB II beim Unterhaltsberechtigten **kein Einkommen.**

Die Neufassung ändert an der Subsidiarität des Arbeitslosengeldes II nichts. 715

733 Vgl. *Klinkhammer*, FamRZ 2004, 1909 u. FK 2005, 58.
734 BGBl I S. 1706.

Da eine Überleitung des Unterhaltsanspruchs durch Leistungsträger auch noch nach Rechtskraft möglich war, also auch in der letzten mündlichen Verhandlung noch mit einer Überleitung gerechnet werden musste, blieb das Arbeitslosengeld II seitens des Unterhaltsberechtigten **unberücksichtigt**.

Nach der Neufassung geht **mit der Leistungsgewährung** die Forderung in entsprechender Höhe über (cessio legis). Der Unterhaltsberechtigte ist für den Unterhaltsanspruch insoweit nicht mehr aktivlegitimiert.

Dabei ist wie folgt zu differenzieren:

■ Vor Rechtshängigkeit

Nach § 33 Abs. 4 SGB II (n.F.) kann der Leistungsträger den übergegangenen Anspruch auf die Hilfeempfänger zur gerichtlichen Geltendmachung **rückübertragen und sich den Unterhaltsanspruch abtreten lassen**. Voraussetzung ist, dass die Abtretungsvereinbarung vom vertretungsberechtigten Organ unterschrieben wird. Es könnten Probleme auftauchen, weil Leistungsträger sowohl die Gemeinden als auch die Agenturen für Arbeit sein können. Soweit die **Arbeitsgemeinschaft (ARGE)** in Erscheinung tritt, könnte das Problem behoben sein, da diese beide vertritt.

■ Unterhaltsansprüche ab Rechtshängigkeit

Hier greift die gesetzliche Prozessstandschaft, § 265 Abs. 2 ZPO. Danach hat die **Abtretung** auf den **Prozess keinen Einfluss**. Der Forderungsübergang auf den Leistungsträger ab Rechtshängigkeit beeinträchtigt die Geltendmachung des Unterhaltsanspruchs durch den Unterhaltsberechtigten im eigenen Namen nicht. Der Unterhaltsberechtigte muss aber seinen **Klageantrag auf Zahlung an den Leistungsträger umstellen**.

Der **Antrag** lautet dann wie folgt:

716 ▼

Muster 3.46: Klageantrag 1 auf Zahlung an den Leistungsträger

Dem Antragsgegner wird aufgegeben, an die Antragstellerin monatlichen nachehelichen Unterhalt von EUR zu zahlen, davon EUR an die **ARGE** (genaue Bezeichnung) und den Restbetrag von EUR an die Antragstellerin selbst.

▲

717 ■ Unterhaltsansprüche ab der letzten mündlichen Verhandlung

Ab dem Monat, der der letzten mündlichen Verhandlung folgt, steht der Unterhaltsanspruch dem Unterhaltsberechtigten als Forderungsberechtigtem voll zu. Für diesen Zeitraum ist noch kein Arbeitslosengeld II gewährt worden.

Der **Antrag** lautet dann wie folgt:

718 ▼

Muster 3.47: Klageantrag 2 auf Zahlung an den Leistungsträger

Dem Antragsgegner wird aufgegeben, an die Antragstellerin monatlichen nachehelichen Unterhalt von EUR zu zahlen, davon bis zur letzten mündlichen Verhandlung EUR an die **ARGE** (genaue Bezeichnung) und von EUR an die Antragstellerin selbst, ab dem Zeitpunkt der letzten mündlichen Verhandlung in voller Höhe an die Antragstellerin.

▲

719 Das Gesetz enthält **keine Übergangsvorschrift**. Daher gilt der gesetzliche Forderungsübergang für alle Unterhaltsansprüche, gleichgültig, wann sie entstanden sind.

Sie sind kraft Gesetzes zum 1.8.2006 auf den Leistungsträger übergegangen, wenn zuvor die Voraussetzung zur Geltendmachung des Anspruchs für die Vergangenheit, sei es gem. § 1613 BGB oder durch Rechtswahrungsanzeige (§ 33 Abs. 3 SGB II) gegeben waren, aber noch keine Überleitung nach altem Recht erfolgt war.[735]

735 BGH FamRZ 1996, 1207; die Entscheidung ist zwar zum früheren Sozialrecht ergangen, dürfte aber auch für die gleich gelagerte jetzige Änderung gelten.

In laufenden Verfahren müssen die auf den Leistungsträger übergegangenen Ansprüche berücksichtigt werden. Der Antragsteller muss die Zahlungen des Arbeitslosengeldes II auflisten und insoweit den Verfahrensantrag umstellen. 720

Unproblematisch dürfte demgegenüber die mangelnde Aktivlegitimation vor Rechtshängigkeit der anhängigen Verfahren sein. Da der Forderungsübergang erst zum 1.8.2006 und damit nach Rechtshängigkeit gilt, ist der Anwendungsbereich des § 265 Abs. 2 ZPO auch für die Ansprüche vor Rechtshängigkeit eröffnet, so dass auch insoweit eine **Antragsumstellung ausreicht**.

Bei **Rückabtretung** der Ansprüche durch den Leistungsträger bedarf es **keiner Antragsumstellung**.

Nach § 33 Abs. 2 SGB II findet **kein Forderungsübergang** statt, wenn der Unterhaltsanspruch nur auf fiktivem Einkommen des Unterhaltsverpflichteten beruht. 721

Arbeitslosengeld II wird

- als Einkommen des Unterhaltsberechtigten angesetzt, wenn **keine Überleitung möglich** ist;
- nur berücksichtigt, wenn die Inanspruchnahme des Unterhaltspflichtigen **treuwidrig** ist.[736]

Das bedeutet: Ist der Übergang des Unterhaltsanspruchs auf den Leistungsträger ausgeschlossen, kann der Unterhaltsberechtigte diesen auch vom Verpflichteten fordern. Sein Bedarf würde doppelt gedeckt.

Zu den **Grundsätzen des BGH zur Treuwidrigkeit**: 722

Treuwidrig ist die Inanspruchnahme des Unterhaltspflichtigen, wenn die Gefahr für den Unterhaltsschuldner bestünde, mit derart hohen Unterhaltsforderungen aus der Vergangenheit belastet zu werden, dass es ihm voraussichtlich **auf Dauer unmöglich** wäre, diese Schulden zu tilgen und seinen übrigen Verpflichtungen nachzukommen. Maßgeblich ist seine Verschuldung.

Auf Treuwidrigkeit kann sich der Unterhaltsverpflichtete aber nur für **Unterhaltsansprüche aus der Vergangenheit** berufen. Für die Zukunft setzt sich der gesetzliche Nachrang der öffentlichen Leistung uneingeschränkt durch. Maßgeblicher Anknüpfungspunkt, zu dem die bereits entstandenen Ansprüche als vergangene i. d. Sinn zu beurteilen sind, ist der Zeitpunkt der Zustellung der Klage im Unterhaltsprozess. Ab Rechtshängigkeit ist § 242 BGB unanwendbar. Für Unterhaltsansprüche bis zum Zeitpunkt der Rechtshängigkeit kommt es auf die Interessenabwägung und insbesondere die Verschuldenssituation des Unterhaltspflichtigen an.

aa) Abänderungsverfahren bei Forderungsübergang

Grundsätzlich findet eine **Abänderung von Unterhaltstiteln** nur zwischen den Parteien statt. 723

Im Fall der Rechtsnachfolge – z.B. auf den Sozialhilfeträger – ist **der Rechtsnachfolger allerdings die richtige Partei** auf Beklagtenseite für eine Abänderungsklage des Schuldners des übergegangenen Anspruchs, soweit sich, wie etwa bei Unterhaltsansprüchen vor Rechtshängigkeit, die Rechtskraft des Urteils zwischen den Parteien nicht auf den Rechtsnachfolger erstrecken würde, so das **OLG Karlsruhe** in einer Entscheidung vom 21.12.2004.[737]

Folgender **Sachverhalt** lag der Entscheidung zugrunde:

> *Beispiel* 724
>
> Der Kläger schloss mit seiner geschiedenen Ehefrau einen Prozessvergleich, in dem er sich zu Unterhaltszahlungen verpflichtete. Mit der Abänderungsklage verlangt er den Wegfall der Unterhaltspflicht. Die Klage erhob er gegen die Stadt K, die der geschiedenen Frau Sozialhilfe gewährt hat. Das OLG hat der Klage teilweise stattgegeben.

736 Vgl. die Leitlinien der OLGe, z.B. OLG Celle Ziff. 2.2, BGH FamRZ 2009, 307; BGH FamRZ 2001, 619; BGH FamRZ 1999, 843.

737 OLG Karlsruhe v. 21.12.2004 – 2 UF 103/04, n.v., Abruf-Nr. 051734 unter www.iww.de.

725 Grundsätzlich findet die Abänderung eines Vergleichs nach § 313 BGB **nur zwischen den Parteien** des Vergleichs statt.

Bei **Rechtsnachfolge**, wie z.B. beim Forderungsübergang auf den Träger der Sozialhilfe, § 94 SGB XII, gilt Folgendes:

Die **Parteien des Abänderungsverfahrens müssen die gleichen sein** wie die des Vorprozesses. Sonst ist die Abänderungsklage **unzulässig.**[738]

Der **Träger der Sozialhilfe**, auf den die titulierten Unterhaltsansprüche gem. § 94 SGB XII übergegangen sind, ist daher **ebenfalls Partei.**[739]

Da die Unterhaltsberechtigten aber ab Januar 2005 ALG II beziehen dürfen, **endet die Passiv-/Aktivlegitimation mit dem 31.12.2004.**[740]

726 Zur **Passivlegitimation bei Abänderungsklagen** gilt insgesamt Folgendes:

- Abänderung durch den Sozialhilfeträger:

Hat der unterhaltsberechtigte den Titel erstritten und bezieht er Sozialhilfe, kann der Sozialhilfeträger Abänderungsklage erheben, wenn er aufgrund der den zuerkannten Unterhalt übersteigenden Sozialhilfe ein **Forderungsübergang** erfolgt ist. Für die Zeit **ab Schluss der letzten mündlichen Verhandlung** liegt die Klageberechtigung beim Unterhaltsberechtigten, da noch kein Forderungsübergang stattgefunden hat.

- Abänderung durch den Unterhaltsschuldner:

Beim Unterhaltsschuldner ist zu unterscheiden, gegen wen er die Abänderungsklage richten muss.

- Abänderungsklage gegen den Unterhaltsgläubiger:

Der Unterhaltsschuldner muss gegen den Unterhaltsgläubiger vorgehen, wenn ein **Urteil in Frage** steht. Denn eine Abänderung ist gem. § 323 Abs. 3 ZPO erst ab Rechtshängigkeit möglich.[741] Ab diesem Zeitpunkt greift § 265 Abs. 2 ZPO. Danach hat der Forderungsübergang auf den Sozialhilfeträger keinen Einfluss mehr auf den Prozess.[742]

- Abänderungsklage gegen den Sozialhilfeträger:

Der **Rechtsnachfolger** ist die passivlegitimierte Partei für eine Abänderungsklage des Schuldners, **soweit sich die Rechtskraft eines Urteils zwischen den Vergleichsparteien nicht auf den Rechtsnachfolger** erstrecken würde. Daher ist die Abänderungsklage, soweit eine Abänderung **vor** ihrer Rechtshängigkeit begehrt wird, **gegen den Sozialhilfeträger** zu richten. Handelt es sich allerdings um einen Unterhaltstitel, der **bereits vor Rechtshängigkeit** abgeändert werden kann, ist der Träger der Sozialhilfe der richtige Beklagte, soweit von der Abänderungsklage Unterhaltsansprüche erfasst sind, die auf ihn übergegangen sind.

727 Ist **nur ein Teil** der Ansprüche auf den Sozialhilfeträger übergegangen, müssen sowohl der Träger der Sozialhilfe als auch der Titelgläubiger verklagt werden, wenn die Abänderungsklage auch Wirkung gegenüber der Vergleichspartei erzielen soll.[743]

Für die **Zeit ab Rechtshängigkeit** der Abänderungsklage kann sie auch im Hinblick auf § 265 Abs. 2 ZPO gegen die Vergleichspartei gerichtet werden. Wird sie nur gegen den Sozialhilfeträger als Rechtsnachfolger erhoben, ist dies auch für solche Unterhaltsansprüche zulässig, die erst nach Schluss der mündlichen Verhandlung übergehen können.

738 BGH FamRZ 1986, 284; OLG Brandenburg FamRZ 2004, 553.
739 BGH FamRZ 1992, 1060.
740 Vgl. dazu *Klinkhammer*, FK 2005, 58 und *Soyka*, FK 2005, 109, 110.
741 OLG Düsseldorf FamRZ 1994, 764.
742 OLG Karlsruhe FamRZ 2000, 1287.
743 BGH FamRZ 1986, 153; OLG Brandenburg FamRZ 1999, 1512.

Hinweis 728

Der **BGH** hat im Übrigen zu den **Gerichtskosten** eines Verfahrens der Träger der Sozialhilfe entschieden, dass diese von den Kosten befreit sind, wenn das Verfahren einen engen, sachlichen Zusammenhang mit ihrer gesetzlichen Tätigkeit als Sozialhilfeträger hat.[744]

bb) Ausschluss und Beschränkungen des Anspruchsüberganges

(1) Ausschlusstatbestände

■ Laufende Unterhaltszahlungen gem. § 94 Abs. 1 S. 2 SGB XII 729

Die Zahlung des geschuldeten Unterhalts lässt den Unterhaltsanspruch nach **§ 362 BGB** erlöschen, wenn sie erfolgt, bevor dem Unterhaltsberechtigten für den betreffenden Monat Sozialhilfe geleistet worden ist. Der Anspruch **kann dann nicht mehr auf den Sozialhilfeträger übergehen**.

Ansprüche auf Sozialhilfe wie auf Unterhalt richten sich auf Geldleistungen. Deshalb werden sie erst mit Eingang der Zahlung auf dem Konto des Anspruchsinhabers befriedigt. Aus diesem Grund reicht es nicht aus, wenn die Unterhaltszahlung, selbst für den Fall rechtzeitiger Absendung erst nach Eingang der Sozialhilfeleistung, wenn auch noch im Laufe desselben Monats oder gar im nächsten Monat bei dem Leistungsberechtigten eingeht.

Da der Unterhaltspflichtige bei verspäteter Zahlung **an einen Nichtberechtigten leistet**, wird er dadurch nicht von seiner Unterhaltspflicht befreit. Allerdings muss der Sozialhilfeträger die Zahlung nach §§ 412, 407 Abs. 1 BGB gegen sich gelten lassen, wenn sie **in Unkenntnis** der bereits für den betreffenden Monat erbrachten Sozialhilfeleistung erbracht ist.

§ 92 Abs. 1 S. 2 SGB XII hat daher im Wesentlichen nur Bedeutung für die **Zukunft.** Er stellt klar, dass der Unterhaltspflichtige durch rechtzeitige Zahlung des Unterhaltes den Übergang des Unterhaltsanspruches auf den Sozialhilfeträger selbst dann verhindern kann, wenn dieser bereits Unterhaltsklage erhoben oder sogar einen Vollstreckungstitel erwirkt hat.

■ Unterhaltsansprüche der Bedarfsgemeinschaft gem. § 94 Abs. 1 S. 3, 1. Hs. 1. Alt. SGB XII

Unterhaltsansprüche **innerhalb** einer Bedarfsgemeinschaft: Diese Regelung entspricht § 19 Abs. 1 bis 3 SGB XII, demzufolge das Einkommen der Angehörigen einer Bedarfs-gemeinschaft bereits bei Prüfung der Bedürftigkeit des Hilfesuchenden berücksichtigt wird. Zu beachten ist, dass die Ausschlussregelung Unterhaltsansprüche von nur in Haushaltsgemeinschaft im Sinne von § 36 SGB XII lebenden Personen nicht erfasst.

■ Unterhaltsansprüche gem. § 94 Abs. 1 S. 3, 1. Hs, 2. Alt. SGB XII

Der Ausschluss des Anspruchsübergangs ändert nichts daran, dass die Unterhaltsansprüche zwischen **Großeltern und Enkeln** (Verwandten im zweiten Grad) und zwischen Verwandten **entfernterer Grade** fort bestehen.

■ Unterhaltsansprüche gem. § 94 Abs. 1 S. 4 SGB XII

Unterhaltsansprüche einer **Schwangeren oder eigener leiblicher Kinder bis zur Vollendung ihres 6. Lebensjahres betreuenden Kindes** gegen seine Eltern: Auf das Alter des schwangeren oder ein eigenes Kind betreuenden Kindes kommt es ebenso wenig an wie darauf, ob es sich in einer Schwangerschaftskonfliktlage befindet, oder ob es erwerbstätig ist oder ob es sein eigenes Kind allein, mit Hilfe des anderen Elternteils oder sonstiger Dritter betreut. Entscheidend ist nur, dass es einen wichtigen Teil der Betreuung leistet und die Hauptverantwortung dafür trägt. Der Ausschluss wirkt nur zugunsten der Eltern des Kindes, also ggf. auch zugunsten der Eltern des Kindesvaters, wenn dieser sein eigenes Kind betreut. Von der Regelung begünstigt wird weder der Ehegatte des Kindes noch der dem Kind nach § 1615l BGB Unterhaltspflichtige.

744 BGH FamRZ 2006, 411.

■ Unterhaltsansprüche gem. § 94 Abs. 1 S. 3, 2. Hs. SGB XII

Unterhaltsansprüche **gegenüber Eltern und Kindern bei Leistungen nach dem 4. Kapitel des SGB XII:** Der Ausschluss des Anspruchsüberganges bei Bezug von Grundsicherungen im Alter und bei Erwerbsminderung betrifft nicht Unterhaltsansprüche von Ehegatten und Lebenspartnern in intakter Ehe, von getrennt lebenden oder geschiedenen Ehegatten, von Lebenspartnern in gelebter Beziehung, nach Trennung oder gerichtlicher Auflösung ihrer Partnerschaft oder von Partner einer eheähnlichen oder lebenspartnerschaftsähnlichen Gemeinschaft. Leben diese Personen **nicht voneinander getrennt**, bilden sie nach §§ 19 Abs. 1 und 2, 42 Abs. 1 SGB XII eine Bedarfsgemeinschaft. Für ihre Unterhaltsansprüche gegenüber ihrem Partner bzw. ihrer Partnerin gelten dann der Ausschlussgrund des § 94 Abs. 1 S. 3, 1. Hs. 1. Alt. SGB XII.

730 **Ohne Bedeutung** ist, ob der Tatbestand des § 94 Abs. 1 S. 3, 2. Hs. SGB XII wegen der im Vergleich zum Unterverhältnis zwischen Eltern und Kindern geringeren unterhaltsrechtlichen Verantwortlichkeit dieser entfernteren Verwandten füreinander auch Unterhaltsansprüche zwischen Großeltern und Eltern und Enkel erfasst.

Würde diesen bedürftigen Personen mit Rücksicht auf den Wortlaut von § 43 Abs. 2 SGB XII Leistungen der Grundsicherung im Alter und bei Erwerbsminderung verweigert, hätten sie Ansprüche auf Hilfe zum Lebensunterhalt nach §§ 27 ff. SGB XII, die den Leistungen der Grundsicherung nach § 42 SGB XII entspricht. In diesem Fall würde der Ausschlusstatbestand des § 94 Abs. 1 S. 3 1. Hs. 2. Alt. SGB XII (Verwandtschaft ab dem zweiten Grad) eingreifen.

Zu beachten ist, dass § 92 Abs. 1 S. 3, 2. Hs. SGB XII den Übergang von Unterhaltsansprüchen zwischen Eltern und Kindern nur insoweit ausschließt, als der leistungsberechtigte Grundsicherungsleistungen bezieht. Erbringt der Sozialhilfeträger daneben Hilfen nach dem 5. bis 9. Kapitel des SGB XII, z.B. Hilfe zur Pflege, bleibt es insoweit bei der Regelung des § 94 Abs. 1 S. 1 SGB XII.

■ **Unterhaltsansprüche gem. § 94 Abs. 1 S. 6 i.V.m. § 105 Abs. 2 SGB XII**

Unterhaltsansprüche in Höhe von **56 %** der um Heizungs- und Warmwasserkosten gekürzten Unterkunftskosten: Nach § 1 Abs. 2 Wohngeldgesetz erhalten seit 1.1.2005 Personen, die Hilfe zum Lebensunterhalt oder Leistungen der Grundsicherung im Alter oder im Alter und bei Erwerbsminderung gewährt wird, **keinen Mietzuschuss** mehr. Für ihre gesamten Unterkunftskosten kommt seither der soziale Träger auf. Der Ausschluss des Anspruchsübergangs in Höhe des weggefallenen Zuschusses trägt dem Umstand Rechnung, dass es sich bei dem bisherigen Mietzuschuss um eine nicht subsidiäre staatliche Leistung handelte, die deshalb nicht im Wege des Unterhaltsregresses letztendlich dem Unterhaltspflichtigen aufgebürdet werden soll.

■ Unterhaltsansprüche gem. § 94 Abs. 1 S. 5 i.V.m. §§ 93 Abs. 4 SGB XII, 115, 116 SGB X

Unterhaltsansprüche bei Leistungen aufgrund **pflichtwidrig unterlassener Lohnzahlung** oder Schadenersatzleistung an den Leistungsberechtigten: In diesem Fall gehen die Lohn- bzw. Schadenersatzansprüche des Leistungsberechtigten auf den Sozialhilfeträger über.

(2) Beschränkungen des Anspruchsübergangs

731 ■ Schuldnerschutz nach § 94 Abs. 2 SGB XII

Die Vorschrift regelt den Übergang von **Unterhaltsansprüchen volljähriger Kinder**, die wegen Behinderung im Sinne von § 53 SGB XII Eingliederungshilfe oder wegen Pflegebedürftigkeit im Sinne von § 61 SGB XII Hilfe zur Pflege und/oder Hilfe zum Lebensunterhalt beziehen, gegen ihre Eltern in wesentlichen Punkten **neu**. Wird den Kindern Eingliederungshilfe oder Hilfe zur Pflege geleistet, gehen deren Unterhaltsansprüche gegen beide Elternteil nur bis zum insgesamt 26 EUR im Monat auf den Sozialhilfeträger über, ohne dass es zunächst auf die Leistungsfähigkeit ihrer Eltern oder darauf ankommt, ob nur Eingliederungshilfe oder Hilfe zur Pflege oder beides nebeneinander geleistet wird, ferner auf die Hilfe in stationärer, teilstationärer oder ambulanter Form oder ob sie als Pflicht-, Soll- oder Kann-leistung gewährt wird.

Hier ist also der besondere Fall gegeben, dass ein Auskunftsersuchen nach § 117 SGB XII unterbleibt. Wird die Hilfe zum Lebensunterhalt zusätzlich zur Eingliederungshilfe oder zur Hilfe zur Pflege erbracht, beläuft sich der Anspruchsübergang auf die Summe der beiden Beträge.

Andere Hilfen, z.B. zur Gesundheit, werden von der Sonderregelung des § 94 Abs. 2 SGB XII nicht erfasst. Erhalten die Kinder Grundsicherung im Alter und bei Erwerbsminderung nach dem 4. Kapitel des SGB XII, scheidet nach § 94 Abs. 1 S. 3, 2. Hs. SGB XII der Anspruchsübergang aus. 732

Nach **§ 94 Abs. 2 S. 2 SGB XII** wird widerlegbar vermutet, dass die Unterhaltsansprüche dieser Kinder gegen ihre Eltern in Höhe von 26 EUR bzw. 20 EUR auf den Sozialhilfeträger übergehen und dass die Eltern zu gleichen Teilen haften. Die Vermutung wird widerlegt, wenn den Eltern der Nachweis gelingt, 733

- dass ihnen eine unterhaltsrechtliche Leistungsfähigkeit entweder keinen oder nur geringen Unterhalt als 26 EUR ggf. zzgl. 20 EUR für die gewährte Hilfe zum Lebensunterhalt, schulden;
- ist ein Elternteil leistungsfähig, hat der leistungsfähige andere Elternteil den Gesamtbetrag aufzubringen oder
- dass sie selbst sozialhilfebedürftig sind oder sie es durch Erfüllung ihrer Unterhaltspflicht wurden;
- dass der Anspruchsübergang eine unbillige Härte im Sinne von § 94 Abs. 3 Satz 1 Nr. 2 SGB XII darstellen würde.

Zu beachten ist, dass § 94 Abs. 2 SGB XII nicht für Unterhaltsansprüche minderjähriger Kinder gegen ihre Eltern, von Eltern gegen ihre Kinder und zwischen Ehegatten, Lebenspartnern und Partner in einer eheähnlichen oder lebenspartnerschaftsähnlichen Gemeinschaft lebt. Insoweit bleibt es beim gesetzlichen Forderungsübergang nach § 94 Abs. 1 S. 1 SGB XII, wenn nicht einer der sonstigen Ausschlussgründe des § 94 Abs. 3 Nr. 1 u. 2 SGB XII eingreift oder andere sozialhilferechtliche Vorschriften den Umfang des Anspruchsüberganges einschränken.

Hinweis 734

Eltern, die bisher Eingliederungsmaßnahmen, Pflege oder Lebensunterhalt ihres volljährigen behinderten oder pflegebedürftigen Kindes selbst finanziert haben, sollten sofort für ihr Kind Sozialhilfe beantragen. Sie können zu diesen Kosten vom Sozialhilfeträger selbst bei unbeschränkter Leistungsfähigkeit nur in dem vorstehend dargestellten Umfang – max. 46 EUR – herangezogen werden.

- Schuldnerschutz, § 92 Abs. 2 S. 1 Nr. 1 bis 8 u. Abs. 3 SGB XII

Der Ausschluss betrifft Unterhaltsansprüche von Leistungsberechtigten, da Eingliederungshilfe außerhalb des Anwendungsbereichs von § 94 Abs. 2 SGB XII nicht geleistet wird. Er kommt insbesondere denjenigen Eltern oder Elternteilen zugute, die mit ihren minderjährigen Kindern, denen Eingliederungsmaßnahmen nach § 94 Abs. 2 S. 1 Nr. 1–8 der Vorschrift gewährt wird, **keine Bedarfsgemeinschaft** bilden. Dem Umfang der für die Durchführung der Eingliederungsmaßnahmen geleisteten Sozialhilfe geht der Unterhaltsanspruch dieser Kinder gegen ihre Eltern oder Elternteile nicht auf den Sozialhilfeträger über, im Übrigen nur nach Maßgabe von § 92 Abs. 2 S. 3 und 4 SGB XII. Ist der behinderte Mensch volljährig, richtet sich die Heranziehung seiner Eltern nach § 94 Abs. 2 SGB XII.

- Schuldnerschutz nach § 94 Abs. 3 S. 1 Nr. 1 SGB XII

Die Regelung schließt den Übergang des Unterhaltsanspruches auf den Sozialhilfeträger aus, wenn und soweit der **Unterhaltspflichtige selbst unterhaltsbedürftig** ist oder es bei Erfüllung seiner Unterhaltspflicht werden würde. Ob dies der Fall ist, ist im Wege einer sozialrechtlichen Vergleichsberechnung zu ermitteln. Im Rahmen der **Vergleichsberechnung** sind miteinander zu vergleichen:

- Der nach unterhaltsrechtlichen Grundsätzen ermittelte Unterhaltsanspruch des Leistungsberechtigten
- mit dem Betrag, der dem Unterhaltspflichtigen als Differenz zwischen seinem nach sozialhilferechtlichen Vorschriften einzusetzendes Einkommen und Vermögen auf seinem (ggf. fiktiven) sozialrechtlichen Hilfebedarf verbleibt.

735 Der Anspruchsübergang erstreckt sich nach dem Grundsatz der Meistbegünstigung nur auf den **geringeren der beiden Beträge**. Nicht zu vergleichen ist das sozialrechtlich zu berücksichtigende Einkommen des Unterhaltspflichtigen mit seinem unterhaltsrelevanten Selbstbehalt. Eine Vermischung der zu vergleichenden Parameter sieht § 94 Abs. 3 S. 1 Nr. 1 SGB XII im Rahmen der Sozialhilfe ebenso wenig vor wie § 33 Abs. 2 S. 3 SGB II im Rahmen der Grundsicherung für Arbeitssuchende.

736 Die **Frage**, ob die **Mitglieder einer Bedarfsgemeinschaft** in die Vergleichsberechnung mit einbezogen werden, kann dahinstehen. Für die Einbeziehung der Mitglieder des Unterhaltspflichtigen in die Vergleichsberechnung nach § 94 SGB XII bzw. nach § 33 SGB II spricht letztendlich § 9 Abs. 2 Satz 3 SGB I. Nach dieser Vorschrift gelten sämtliche Mitglieder einer Bedarfsgemeinschaft als hilfebedürftig, wenn nicht der Bedarf aller aus eigenen Mitteln gedeckt wird. Danach reicht es für den Ausschluss des Anspruchsübergangs nach § 33 SGB II aus, dass lediglich ein Mitglied einer Bedarfsgemeinschaft des Unterhaltspflichtigen hilfebedürftig im Sinne des § 9 SGB II ist oder es durch Erfüllung des Unterhaltsanspruches werden würde.

737 *Beispiele für die sozialrechtliche Vergleichsberechnung*[745]

(1) F und M sind geschieden, F, 65 Jahre alt, war im Einverständnis mit M, nie berufstätig und hat deshalb kein Einkommen. Ihre monatlichen Kosten für Unterkunft und Heizung betragen 393 EUR. M., 60 Jahre alt, ist erwerbstätig mit einem bereinigten Nettoeinkommen von monatlich 1.577 EUR. Er hat monatliche Unterkunfts- und Heizkosten in Höhe von 405 EUR, krankheitsbedingte Diätkosten von 75 EUR und berufsbedingte Aufwendungen von 100 EUR. Ihm wird unterhaltsrechtlich ein fiktives Einkommen von 750 EUR zugerechnet, weil er sich weigert, seine leerstehende Gewerbeimmobilie zu vermieten. Da M Unterhaltsleistungen ablehnt, erhält F Grundsicherung im Alter und bei Erwerbsminderung von 784 EUR (391 EUR Regelsatz + 393 EUR für Unterkunft und Heizung). Umfang des Anspruchsübergangs auf Sozialhilfeträger?

(2) Fall wie (1), aber M hat monatlich 350 EUR ehebedingte Schulden abzutragen.

(3) Fall wie (2), aber Ms Gehalt wird wegen dieser Schulden rechtlich nicht angreifbar gepfändet.

(4) Fall wie (3), aber F verdient durch eine überobligatorische Nebentätigkeit bereinigt 490 EUR. Ihre Sozialhilfe wird auf 432 EUR (490 EUR x 70 % gem. § 82 Abs. 1 S. 1 SGB XII) gekürzt.

Lösung Beispiel (1)

F kann 922 EUR Unterhalt verlangen (1.577 EUR + 750 EUR – 100 EUR = 2.152 EUR) x 3/7. Ms Selbstbehalt von 1.100 EUR ist gewahrt. Da fiktives Einkommen sozialrechtlich nicht zu berücksichtigen ist, beträgt das sozialrechtlich anrechenbare Einkommen nach Abzug des Höchstabsetzungsbetrages nach §§ 11 Abs. 2 S. 2, 30 SGB II von 280 EUR 1.297 EUR, sein (fiktiver) Sozialhilfebedarf liegt bei 871 EUR (391 EUR Regelsatz + 405 EUR Unterkunft und Heizung + 75 EUR Mehrbedarf wegen Diätkosten nach § 30 Abs. 5 SGB XII).

In Höhe der Differenz zwischen seinem Einkommen und seinem Sozialhilfebedarf – 470 EUR – ist er sozialrechtlich leistungsfähig. Nur in diesem Umfang geht sein Unterhaltsanspruch auf den Sozialhilfeträger über.

Lösung Beispiel (2)

F kann 772 EUR Unterhalt verlangen ((2.152 EUR – 350 EUR) x 3/7). Ms Selbstbehalt ist gewahrt. Sein sozialrechtlich zu berücksichtigendes Einkommen und sein (fiktiver) Sozialhilfebedarf ändern sich gegenüber Beispiel (1) nicht, da Schulden sozialrechtlich nur unter den Voraussetzungen des Beispiels (2) (keine „bereiten" Mittel) einkommensmindernd zu berücksichtigen sind. Fs Unterhaltsanspruch geht wieder in Höhe von 450 EUR auf den Sozialhilfeträger über.

745 Regelsatz zum Zeitpunkt der Entscheidung: 347 EUR; seit 1.1.2023: 502 EUR; nach *Soyka*, FK 2009, 209.

Lösung Beispiel (3)

Unterhaltsanspruch F, und (fiktiver) Sozialhilfebedarf M ändern sich gegenüber Beispiel B nicht. Ms sozialrechtliche Berücksichtigung des Einkommens sinkt auf 947 EUR (1.297 EUR – 350 EUR). Die Differenz zwischen diesem Einkommen und seinem (fiktiven) Sozialhilfebedarf von 862 EUR sinkt auf 120 EUR. Auf diesen Betrag beschränkt sich der Anspruchsübergang.

Lösung Beispiel (4)

F kann von M 562 EUR Unterhalt verlangen ((2.152 EUR – 350 EUR – 490 EUR) x 3/7). Sein Selbstbehalt ist gewahrt. Die Differenz zwischen Einkommen und Sozialhilfebedarf des M beträgt wieder 120 EUR. Der Anspruchsübergang erfolgt in diesem Umfang.

(3) Schuldnerschutz nach § 94 Abs. 3 Satz 1 Nr. 2 SGB II (unbillige Härte)

Wenn und soweit der Übergang des Unterhaltsanspruches auf den Sozialhilfeträger eine **unbillige Härte** darstellen würde, ist der Anspruchsübergang ausgeschlossen. Vorrangig ist jedoch zu prüfen, ob und ggf. inwieweit der Unterhaltsanspruch nach bürgerlichem Recht verwirkt und damit erloschen ist. Hat der Unterhaltsberechtigte seine Bedürftigkeit durch sein Verhalten mit verursacht, ist dies nur durch den Gesichtspunkt der **Verwirkung** zu beurteilen.[746] 738

§ 94 Abs. 3 S. 1 Nr. 2 SGB XII hat die Härteregelung des § 91 Abs. 2 S. 2 BFAG inhaltlich unverändert übernommen. Auf die bisherige Rechtsprechung kann daher zurückgegriffen werden. Ob eine unbillige Härte vorliegt, ist im Rahmen einer Einzelfallprüfung auf der Grundlage der wandelnden Anschauung der Gesellschaft zu klären.

Als unbestimmter Rechtsbegriff ist die Härte, obwohl ihrer Natur nach dem öffentlichen Recht zugehörig, von den Familiengerichten **voll nachprüfbar**. Der Sozialhilfeträger hat insoweit keinen Ermessensspielraum. Eine unbillige Härte kann auf Seiten des Leistungsberechtigten und des Unterhaltspflichtigen kommen, sie kann aufgrund materieller oder immaterieller Umstände bestehen. Betrifft sie lediglich einen Teil des Unterhaltsanspruchs, geht nur der verbleibende Restanspruch über. 739

Liegt eine Härte nur in der Person eines von mehreren Unterhaltspflichten vor, erhöht dass nicht die Haftungsanteile der Übrigen. 740

Bei der **Auslegung der Härteklausel** sind zu berücksichtigen

- die Zielsetzung der Hilfe,
- die allgemeinen Grundsätze der Sozialhilfe,
- die wirtschaftlichen und persönlichen Belange und Beziehungen innerhalb der Familie und deren sozialen Lage.

Da § 94 Abs. 3 S. 1 Nr. 1 SGB XII ausdrücklich regelt, bei welchen wirtschaftlichen Verhältnissen des Unterhaltspflichtigen dieser vom Sozialhilfeträger nicht wirksam zu Unterhaltsleistungen herangezogen werden kann, werden wirtschaftliche Gesichtspunkte allein allenfalls ausnahmsweise einen Härtefall darstellen. Gleiches gilt für den psychischen Druck, den der Unterhaltspflichtige infolge seiner Heranziehung auf den Unterhaltsberechtigten ausüben mag. 741

Eine unbillige Härte ist anzunehmen, **wenn durch den Anspruchsübergang soziale Belange vernachlässigt werden**, wenn also nach dem sozialen Beziehungsverhältnis zwischen Unterhaltsberechtigten und Verpflichteten von letzterem nicht verlangt werden kann, sich nun auch noch unterhaltsmäßig in die Pflicht nehmen zu lassen. Davon ist insbesondere auszugehen, wenn der Grundsatz der familiengerechten Hilfe (§ 16 SGB XII) oder der offenen Hilfe (§ 13 Abs. 1 S. 2 SGB XII) ein Absehen von der Heranziehung als geboten erscheinen lässt, weil z.B. 742

746 BVerwGE 58, 209, 216; OVG Hamburg FEVF 57, 277, 281.

- hierdurch das weitere Verbleiben des Leistungsberechtigten im Familienverband gefährdet erscheint,[747]
- die Heranziehung angesichts der sozialen und wirtschaftlichen Lage des Unterhaltspflichtigen, vor allem mit Rücksicht auf Schwere und Dauer des Bedarfs des Leistungsberechtigten, zwar in einer nachhaltigen und unzumutbaren Beeinträchtigung seiner Person oder der übrigen Familienmitglieder führen würde,[748]
- der Unterhaltspflichtige den Leistungsberechtigten vor Einsetzen der Sozialhilfeleistungen über das Maß seiner Unterhaltspflicht hinaus betreut und gepflegt hat,[749]
- die Familienbande zumindest stark gelockert sind,

die Zielsetzung der Hilfe im Frauenhaus in der Gewährung von Schutz und Zuflucht vor dem gewalttätigen Ehegatten besteht und dieses Ziel durch die Mitteilung der Hilfe an den Unterhaltspflichtigen gefährdet erscheint.

743 Nach § 24 Abs. 3 S. 2 SGB XII hat der Sozialhilfeträger die Einschränkung des Übergangs nur zu berücksichtigen, wenn er von ihren Voraussetzungen durch vorgelegte Nachweise oder auf andere Weise Kenntnis hat. Er braucht keine dahingehenden Nachforschungen anzustellen. Im Unterhaltsrechtsstreit trifft den Unterhaltspflichtigen deshalb insoweit die Darlegungs- und Beweislast.[750]

Unterhaltsansprüche bei Leistungen zur Überwindung besonderer sozialer Schwierigkeiten an den Leistungsberechtigten gemäß **§ 68 Abs. 2 S. 2 SGB XII**: Für diesen Fall schließt § 68 SGB XII den Übergang des Unterhaltsanspruches des Leistungsberechtigten auf den Sozialhilfeträger ausdrücklich aus, soweit dadurch der Erfolg der Hilfe gefährdet würde.

(4) Rechtsfolgen von Ausschluss/Einschränkungen des Anspruchsübergangs

744 ■ Rechtsstellung des Sozialhilfeträgers

Verbleibt der Unterhaltsanspruch aus den erörterten vorgenannten Gründen ausnahmsweise beim Leistungsberechtigten, ist der Sozialhilfeträger darauf beschränkt, den Berechtigten auf seine Ansprüche hinzuweisen und ihn bei deren Geltendmachung **zu unterstützen**. Er hat nicht zu prüfen, ob dieser Leistungsberechtigte Unterhaltsansprüche besitzt. Würde er dem Leistungsberechtigten vor Eingang von Unterhaltsnachzahlungen unter Verweisung auf den Grundsatz der Selbsthilfe für die Zukunft Sozialhilfeleistungen verweigern, wäre dies rechtsmissbräuchlich, weil damit der Schuldnerschutz des § 94 SGB XII unterlaufen würde.

745 Eine **Vereinbarung**, durch die der Leistungsberechtigte seinen Unterhaltsanspruch an den Sozialhilfeträger abtritt, wäre nach § 32 SGB I i.V.m. § 134 BGB nichtig, weil sie zum Nachteil des Leistungsberechtigten notwendig von den Vorschriften des SGB XII abweichen würden.

Die **Abtretung** des Unterhaltsanspruchs sollte dem Sozialhilfeträger eine Rechtsposition verschaffen, die er nach § 94 SGB XII in Fällen, in denen der Anspruchsübergang auf ihn ausgeschlossen ist oder nur eingeschränkt erfolgt, nicht erlangen könnte.

746 Nach Eingang einer Unterhaltsnachzahlung beim Leistungsberechtigten kann der Sozialhilfeträger **weder Rückzahlung der geleisteten Sozialhilfe noch Auskehrung des vereinnahmten Unterhalts** an sich verlangen. Die Aufhebung der ergangenen Sozialhilfebescheide und die Rückforderung der geleisteten Sozialhilfe scheitert daran, dass die rechtmäßig ergangenen Bescheide durch die Unterhaltsnachzahlung nicht rechtswidrig werden und die Voraussetzung des § 47 SGB X für den Widerruf eines rechtmäßigen begünstigenden Verwaltungsaktes für die Vergangenheit nicht vorliegen.

747 BVerwGE 34, 219, 224.
748 OVG Lüneburg ZFF 1966, 73 ff.
749 BVerwGE 92, 281, NJW 1994, 64, FamRZ 1994, 3133.
750 Grubisch/Warendorf/*Warendorf*, § 94 SGB XII Rn 29.

Eine **Vereinbarung**, in der sich der Leistungsberechtigte verpflichtet, vereinnahmten Unterhalt an den Sozialhilfeträger abzuführen, würde diese Sozialhilfeleistung im wirtschaftlichen Ergebnis unter Umgehung der Vorschriften, unter denen ausnahmsweise eine darlehensweise Gewährung gestattet ist, nachträglich in ein Darlehen umwandeln. Aus diesem sowie aus dem für die Nichtigkeit einer Abtretungsvereinbarung genannten Grund wäre sie nichtig. Allerdings kann der Sozialhilfeträger die Sozialhilfeleistungen im Hinblick auf die nach Eingang der Nachzahlung nicht mehr vorhandene Bedürftigkeit des Leistungsberechtigten mit sofortiger Wirkung einstellen. 747

■ **Rechtsstellung des Leistungsberechtigten**

Bezieht der Leistungsberechtigte Sozialhilfe und geht sein Unterhaltsanspruch gleich wohl ausnahmsweise nicht auf den Sozialhilfeträger über, ist umstritten, ob die Leistung insoweit seinen Unterhaltsbedarf deckt und damit seinen Unterhaltsanspruch in diesem Umfang zum Erlöschen bringt. Das Problem stellt sich insbesondere, wenn dem Unterhaltspflichtigen unterhaltsrechtlich ein fiktives Einkommen zugerechnet wird, er aber sozialhilferechtlich als bedürftig gilt, weil er nicht über sogenannte bereite Mittel verfügt.

Mit Rücksicht auf die Subsidiarität der Sozialhilfeleistung hat sich der **BGH**[751] in einem Fall von fiktivem Einkommen des unterhaltspflichtigen Berechtigten nicht gehindert gesehen, seinen Unterhaltsanspruch weiter zu verfolgen. Allerdings soll **in Mangelfällen** bei hohen, für den Unterhaltspflichtigen neben dem laufenden Unterhalt nicht zu bewältigenden Unterhaltsrückständen nach Treu und Glauben eine Ausnahme für den Zeitraum bis zur Rechtshängigkeit des Unterhaltsanspruches in Betracht kommen.

Dem ist zuzustimmen. Die Rechtsprechung des BGH trägt dem Nachrang der Sozialhilfe Rechnung und dient zugleich einem angemessenen Interessenausgleich der Beteiligten selbst für den Fall, dass der Sozialhilfeträger den Unterhaltspflichtigen nach § 103 SGB XII wegen vorsätzlicher oder grob fahrlässiger Verursachung der Hilfebedürftigkeit des Leistungsberechtigten ausnahmsweise zum Kostenersatz heranziehen kann.

Für die Zeit **ab Rechtshängigkeit** des Unterhaltsanspruches hindern in allen Fallgestaltungen, in denen der Anspruchsübergang auf den Sozialhilfeträger gesetzlich ausgeschlossen oder eingeschränkt ist, Treu und Glaube den Leistungsberechtigten auch nach Bezug von Sozialhilfe nicht daran, diesen Anspruch geltend zu machen. Er kann sich, erst recht für die Zeit, in der noch keine Sozialhilfeleistungen geflossen sind, frei entscheiden, entweder gegen den Unterhaltspflichtigen vorzugehen oder sich mit Sozialhilfe zu begnügen. 748

Eine **Ausnahme** gilt nur im Rahmen des Verwandtenunterhalts, wenn Grundsicherung im Alter und bei Erwerbsminderung gewährt wird. Diese Leistungen gelten unterhaltsrechtlich als bedarfsdeckendes Einkommen des Leistungsberechtigten, weil § 43 Abs. 2 S. 1 SGB XII bei Prüfung von dessen Bedürftigkeit Einkommen und Vermögen seiner Verwandten nicht berücksichtigt, sofern deren jährliches Einkommen im Sinne von § 16 SGB IV (Gesamteinkommen i.S.d. deutschen Steuerrechts) einen Betrag von 100.000 EUR nicht übersteigt. Unterlassen es anspruchsberechtigte Verwandte, diese Leistungen zu beantragen, wird ihnen deshalb insoweit ein fiktives Einkommen zugerechnet. 749

■ Rechtsstellung des Unterhaltspflichtigen 750

Spiegelbildlich zum Wahlrecht des Leistungsberechtigten kann der Unterhaltspflichtige den Leistungsberechtigten nicht darauf verweisen, Sozialhilfe in Anspruch zu nehmen, anstatt unterhaltsrechtlich gegen ihn vorzugehen. Hat er den Unterhalt zuvor an den mangels Anspruchsübergang nicht berechtigten Sozialhilfeträger geleistet, kann er ihn nach **§§ 812 ff. BGB** zurückverlangen. Gleiches gilt, wenn er dem Sozialhilfeträger auf Anforderung hin dessen Sozialhilfeleistungen über den Umfang des Unterhaltsanspruches hinaus erstattet hat. Der Anspruch ist vor dem Zivilgericht geltend zu machen.

751 BGH FamRZ 1999, 843.

751 *Hinweis*

Ist der Übergang des Unterhaltsanspruches auf den Sozialhilfeträger ausgeschlossen oder eingeschränkt und liegt bei hohen angemahnten Unterhaltsrückständen ein Mangelfall vor, sollte der Rechtsanwalt des Unterhaltsberechtigten für **möglichst zügige Klagerhebung** sorgen, um die Zeit bis zur Rechtshängigkeit abzukürzen und dadurch den Verlust rückständigen Unterhalts gering zu halten. Für den Rechtsanwalt des Unterhaltspflichtigen ist in dessen Interesse Eile gerade nicht geboten.

(5) Beratungspflicht des Sozialhilfeträgers

752 Der Sozialhilfeträger, ebenso wie der Träger der Grundsicherung für Arbeitssuchende und der Träger der Unterhaltsvorschusskasse sind nach § 14 SGB I verpflichtet, auch den Unterhaltspflichtigen über seine **Rechte und Pflichten nach dem SGB zu beraten**, wenn dieser mit der Bitte um Auskunft oder Beratung an ihn herantritt. Der Anspruch richtet sich auf individuelle, richtige und umfassende Unterrichtung über dessen Rechte und Pflichten aus einem bestimmten Sozialrechtsverhältnis.

cc) Vorrang des Anspruchs auf Trennungsunterhalt

753 Der **Trennungsunterhaltsanspruch** ist gegenüber den Ansprüchen aus dem Grundsicherungsgesetz (GSiG) **vorrangig**. Daher kann ein Anspruch auf Grundsicherung nur dann bestehen, wenn der Unterhaltsanspruch wegen beschränkter Leistungsfähigkeit des Verpflichteten unterhalb des Bedarfs nach § 3 GSiG liegt.[752]

Mit Hilfe der Grundsicherung erfolgt letztlich nur eine **Auffüllung bis zum sozialhilferechtlichen Existenzminimum**.

V. Leistungsfähigkeit des Unterhaltspflichtigen

754 **Ungenannte Voraussetzung des Trennungsunterhalts** ist die **Leistungsfähigkeit** des Unterhaltspflichtigen gem. § 1361 BGB. Die Leistungsfähigkeit ist auch beim Trennungsunterhalt **unverzichtbarer Bestandteil** des Unterhaltsverhältnisses.[753]

Leistungsfähig ist nur, wem **ausreichende Mittel** zur Verfügung stehen, um seinen eigenen angemessenen Lebensbedarf zu decken und darüber hinaus Unterhalt zahlen kann.[754] Der zu belassene **Selbstbehalt** stellt die untere Grenze der Leistungsfähigkeit dar.[755]

755 Grundsätzlich sind an die Leistungsfähigkeit die gleichen Maßstäbe anzulegen wie beim nachehelichen Unterhalt.[756] Zu berücksichtigen ist während der Trennungszeit jedoch die **größere Verantwortung** der Beteiligten füreinander.[757]

Die mangelnde Leistungsfähigkeit des Verpflichteten stellt eine **Einwendung** dar mit der Folge, dass den Verpflichteten die **Darlegungs- und Beweislast** hierfür trifft.[758] Dies gilt für den nachehelichen Unterhaltsanspruch ebenso wie für den Trennungsunterhalt.[759]

752 *Klinkhammer*, FamRZ 2002, 997.
753 FamRZ 1986, 556; BGH FamRZ 2001, 619 m.w.N.
754 BGH FamRZ 1981, 1159.
755 Zu den bei Leistungsunfähigkeit ggf. verpflichteten Eltern vgl. BGH FuR 2022, 95 mit Anm. *Soyka*.
756 FamRZ 2006, 683; BGH FamRZ 2009, 404.
757 BVerfG FamRZ 2002, 1397.
758 OLG Schleswig FuR 2022, 477 mit Anm. *Viefhues*, S. 478.
759 BGH FamRZ 1986, 556.

VI. Verwertung des Vermögensstamms

Im Rahmen des Trennungsunterhalts darf die **wirtschaftliche Grundlage der ehelichen Gemeinschaft zunächst noch nicht beeinträchtigt** werden. Es muss offengehalten werden, ob die Ehegatten wieder zu ihrer ehelichen Gemeinschaft zurückfinden. Insgesamt besteht zwischen den Eheleuten während der Trennungszeit eine **erheblich stärkere Verantwortung** füreinander als nach der Scheidung.[760] 756

Grundsätzlich gilt zwar, dass eine **Pflicht zur Verwertung des Vermögensstammes** aus § 1361 Abs. 1 und Abs. 2 BGB ergeben kann, wenn der Unterhalt des Berechtigten nicht aus den Vermögenseinkünften, wohl aber aus dem Stamm seines Vermögens bestritten werden kann.[761] Diese Verpflichtung geht allerdings wegen der **stärkeren Verantwortung der Eheleute füreinander** weniger weit als beim Scheidungsunterhalt, bei dem jeder der beiden früheren Ehepartner im Grundsatz selbst für seinen Unterhalt zu sorgen hat, § 1569 Abs. 1 S. 1 BGB. 757

Haben Eheleute **während bestehender Ehe bereits** Teile des Vermögensstammes verwertet, um wirtschaftlich den gemeinsamen Unterhalt zu decken, besteht die Verpflichtung auch nach Trennung der Ehepartner voneinander. 758

Allerdings tritt **grundsätzlich mit der Aufgabe der häuslichen Gemeinschaft** eine wesentliche Änderung der Verhältnisse ein. Die Verpflichtung nach § 1360 BGB, die Familie angemessen zu unterhalten, besteht nicht mehr. Es wird **Trennungsunterhalt als Barunterhalt** eines jeden Ehegatten geschuldet. Insoweit unterscheiden sich die Ansprüche auf Familienunterhalt und Trennungsunterhalt grundsätzlich. Ein früherer gemeinsamer Lebensplan hinsichtlich einer Nichtverwertung des Vermögensstammes ist daher bei der gebotenen Billigkeitsabwägung nur **einer von mehreren Umständen**.[762] 759

Insgesamt sind für die **Billigkeitsabwägung zur Verpflichtung der Verwertung** eines Vermögensstammes bei dem Unterhaltsberechtigten folgende Umstände von Bedeutung: 760

- Früherer gemeinsamer Lebensplan bzgl. der (Nicht-)Verwertung des Vermögensstammes;
- Höhe des dem Berechtigten zur Verfügung stehenden Vermögens;
- Einkommens- und Vermögensverhältnis des Unterhaltspflichtigen;[763]
- Dauer des Getrenntlebens und Verfestigung der Trennung;[764]
- Kürze/Länge der Ehezeit.[765]

Diese Grundsätze gelten regelmäßig **in gleicher Weise** für die Frage, ob der Unterhaltspflichtige seinen Vermögensstamm beim Trennungsunterhalt oder bei der Frage des nachehelichen Unterhalts verwerten muss.[766] Allerdings legt die **besondere Verbundenheit**, von der das Verhältnis der Ehegatten noch während der Trennungszeit geprägt ist, dem Unterhaltsberechtigten **während des Getrenntlebens ein höheres Maß an Rücksichtnahme** auf die Interessen des Unterhaltspflichtigen auf, als dies nach der Scheidung der Fall ist. Dies kann dazu führen, dass dem Unterhaltspflichtigen die Verwertung seines Vermögens während der Trennungszeit (noch) nicht zuzumuten ist.[767] 761

Entscheidend in der **Abwägung** sind die folgenden Elemente: 762

- Die stärkere **Verantwortung** der Eheleute füreinander als nach Scheidung der Ehe;
- ein höheres Maß an **Rücksichtnahme** auf beiderseitige Interessen;
- möglichst **wenige Änderungen** der Lebensverhältnisse im Interesse der Aufrechterhaltung der Ehe;

760 BGH FamRZ 2009, 307; BGH FamRZ 2008, 963; BGH FamRZ 2005, 97.
761 BGH FamRZ 2009, 307; BGH FamRZ 1985, 360.
762 BGH FamRZ 2012, 514, 517; OLG Karlsruhe FamRZ 2013, 1811.
763 BGH FamRZ 1997, 281, 285.
764 BGH FamRZ 1985, 360; OLG Hamm FamRZ 1993, 1085.
765 OLG Hamm FamRZ 1993, 1085, 1087; OLG Frankfurt FamRZ 1995, 874.
766 BGH FamRZ 2009, 307.
767 BGH FamRZ 2005, 97; BGH FamRZ 2009, 307.

- **Dauer der Trennung**, weil bei kurzer Trennung eher die Aussicht auf Wiederaufnahme der ehelichen Lebensgemeinschaft besteht.[768]

763 In einer solchen Abwägung wäre dem Unterhaltspflichtigen eine Vermögensverwertung dann **nicht zuzumuten**, wenn damit die **gemeinsame Lebensplanung und die gemeinsame Lebensgrundlage** im Falle einer Fortsetzung der ehelichen Lebensgemeinschaft **gefährdet wären**. Ebenso wenig ist eine Vermögensverwertung zu verlangen, die dem Unterhaltspflichtigen die **Grundlage seiner beruflichen Existenz** zu entziehen droht. Ein landwirtschaftlicher Betrieb darf während der Trennungszeit nicht veräußert werden. Zumutbar kann aber eine **Teilverwertung durch Veräußerung oder Belastung einzelner Grundstücke** sein.[769]

VII. Trennungsunterhaltsverfahren, Darlegungs- und Beweislast

1. Auskunftsanspruch

764 Dem getrenntlebenden Ehegatten steht nach §§ 1361 Abs. 4, 1605 BGB ein **Auskunftsanspruch** zu. Den – potenziell – Unterhaltsberechtigten trifft die Darlegungs- und Beweislast hinsichtlich eines etwaigen Unterhaltsanspruchs. Zweck des gesetzlichen Auskunftsanspruchs ist es daher, seiner **Beweisnot abzuhelfen** und ihn in die Lage zu versetzen, den Anspruch richtig zu bemessen, ggf. auch dadurch einen Rechtsstreit zu vermeiden.

765 Die materiellen Auskunftspflichten sind hinsichtlich des Trennungsunterhalts in § 1361 Abs. 4 S. 4 i.V.m. § 1605 BGB geregelt. Zum nachehelichen Unterhalt ist die Auskunftspflicht in § 1580 BGB i.V.m. § 1605 BGB normiert, in den Fällen von Unterhalt aus sonstiger gemeinsamer Elternschaft in § 1615l Abs. 3 S. 1 BGB i.V.m. § 1605 BGB sowie schließlich hinsichtlich des Verwandtenunterhalts in § 1605 BGB.

Danach sind sowohl der Unterhaltsberechtigte als auch der Unterhaltspflichtige gegenseitig – auch außergerichtlich – zur Auskunft verpflichtet, soweit dies zur Feststellung eines Unterhaltsanspruchs oder einer Unterhaltsverpflichtung von Bedeutung[770] sein kann (§ 1605 Abs. 1 S. 1 BGB).

Eine Erklärung etwa des Verpflichteten, er sei **„unbegrenzt leistungsfähig“**, macht die Einkommensauskunft nicht überflüssig. Die Erklärung macht nur Feststellungen zur Leistungsfähigkeit entbehrlich, nicht aber zum Bedarf, für dessen Darlegung das Einkommen einen geeigneten Ansatz bildet.[771]

766 **Belege sind nicht automatisch**, sondern nur dann beizufügen, wenn sie hinsichtlich der Höhe der Einkünfte verlangt werden.

767 Auf die Auskunftspflichten sind nach § 1605 Abs. 1 S. 3 BGB die Vorschriften der §§ 260, 261 BGB entsprechend anwendbar. Daher kann der Auskunftsberechtigte eine **gesonderte Aufstellung der Einnahmen und Ausgaben**, die Vorlage von Belegen sowie, wenn Grund zu der Annahme besteht, dass die in der Aufstellung enthaltenen Angaben über die Einnahmen nicht mit der erforderlichen Sorgfalt gemacht worden sind, die Abgabe einer eidesstattlichen Versicherung verlangen.

768 Eine neue Auskunft kann nach § 1605 Abs. 2 BGB grundsätzlich nur **nach Ablauf von zwei Jahren** verlangt werden, es sei denn, der Auskunftsberechtigte kann glaubhaft machen, dass sich das Einkommen oder Vermögen des Auskunftspflichtigen in der Zwischenzeit wesentlich erhöht hat.

768 OLG Karlsruhe FamRZ 1990, 163.
769 BGH FamRZ 1986, 556.
770 BGH FamRZ 2018, 260; BGH FamRZ 1994, 1169.
771 BGH FamRZ 2018, 260, 263.

Zu unterscheiden ist dabei der Trennungsunterhalt vom Anspruch auf Auskunft hinsichtlich des nachehelichen Unterhalts. Letzterer wird nach § 1580 i.V.m. § 1605 BGB erst **ab Rechtshängigkeit des Scheidungsantrages** geschuldet.[772] 769

Dieser Anspruch kann dann im Rahmen eines **Stufenantrages im Scheidungsverbund** geltend gemacht werden. Dies gilt allerdings nicht für das isolierte Auskunftsverfahren, das keine Folgesache im Sinne von § 137 Abs. 2 FamFG darstellt und damit nicht im Scheidungsverbund geltend gemacht werden kann.[773] Trotz des vorbereitenden Charakters des Auskunftsanspruchs kann im Rahmen des Verbunds nicht ein Auskunftsanspruch ohne die entsprechende Hauptsache selbst als Folgesachen verlangt werden, weil der **Auskunftsanspruch den Streit über die Folgesache nicht erledigt** und damit der Zwecksetzung des § 137 Abs. 1 FamFG widerspricht.[774] Der Scheidungsverbund regelt und entscheidet nämlich über die Folgen der Scheidung, d.h. beschäftigt sich nicht mit Vorgängen, die dies allenfalls vorbereiten.

Der Anspruch auf Auskunft hinsichtlich Trennungsunterhalt setzt als **Tatbestandsmerkmal die Trennung der Ehegatten** voraus (§ 1361 Abs. 4 S. 4 BGB i.V.m. § 1605 BGB). Von diesem Zeitpunkt an kann entsprechend Auskunft verlangt werden. 770

Will der Auskunftsgläubiger erreichen, dass der Schuldner eine **eidesstattliche Versicherung** darüber abgibt, dass die Auskunft vollständig mit der erforderlichen Sorgfalt erteilt worden ist, genügt es nicht, vorzutragen, dass er die Unvollständigkeit vermutet. Hierzu bedarf es konkreter Anhaltspunkte, die der Auskunftsgläubiger darlegen muss. Wurde allerdings die Auskunft bereits mehrfach ergänzt oder berichtigt, kann die eidesstattliche Versicherung mit dem Inhalt verlangt werden, dass die jetzt vorliegende Aufstellung vollständig und richtig ist.[775] 771

2. Verfahren

Trennungsunterhalt ist grundsätzlich in einem **isolierten Unterhaltsverfahren** geltend zu machen. 772

a) Die einstweilige Unterhaltsanordnung

Allerdings ist seit Inkrafttreten des Familienverfahrensrechts zum 1.9.2009 die Möglichkeit eines Erlasses einer einstweiligen Anordnung nach **§ 246 FamFG** gegeben. 773

Die **einstweilige Unterhaltsanordnung** ist rein prozessualer Natur und schafft lediglich eine Vollstreckungsmöglichkeit wegen eines vorläufig als bestehend angenommenen materiell-rechtlichen.[776] 774

Möglich ist auch die **rückwirkende Aufhebung einer einstweiligen Anordnung**, da sie nicht der Rechtskraft fähig ist. In einem solchen Fall wird der bislang Verpflichtete Rückzahlungsansprüche geltend machen. Die einstweilige Unterhaltsanordnung ist kein Rechtsgrund für Unterhaltszahlungen, sodass bei fehlender materiell-rechtlich Unterhaltsberechtigung der Bereicherungsanspruch nach § 812 Abs. 1 S. 1, 1. Alt. BGB greift. Allerdings wird ein Rückzahlungsanspruch gleichwohl häufig am Entreicherungseinwand nach § 818 Abs. 3 BGB scheitern. 775

Im Verfahren ist der Antrag zu begründen und glaubhaft zu machen, insbesondere durch Versicherung an Eides statt. 776

Der Antrag auf Erlass einer einstweiligen Anordnung ist ausführlich zu begründen und sämtliche Voraussetzungen für den Erlass sind **glaubhaft** zu machen.

Beweismittel jeder Art sind zugelassen. Hierzu gehören:

- eidesstattliche Erklärung der Parteien,

772 BGH FamRZ 1983, 674.
773 OLG Koblenz FamRZ 2004, 200.
774 BGH FamRZ 1997, 811; Horndasch/Viefhues/*Roßmann*, § 137 Rn 25.
775 Wendl/Dose/*Dose*, § 1 Rn 1196.
776 Horndasch/Viefhues/*Roßmann*, § 246 Rn 7.

- eidesstattliche Erklärung der gesetzlichen Vertreter einer Partei,
- behördliche Auskünfte,
- schriftliche Auskünfte von Zeugen und Sachverständigen,
- beglaubigte aber auch unbeglaubigte Fotokopien von Urkunden,
- Arztatteste, sonstige Behördenbescheinigungen,
- Antrag auf Beiziehung von Akten,
- schriftliche Zeugenaussagen,
- Tonaufzeichnungen, falls nicht in strafbarer Form erlangt.

Anders als in den ehemaligen einstweiligen Verfügungsverfahren kann das Gericht Unterhalt **unbegrenzt** und **in voller Höhe** im Beschlusswege festlegen.[777]

Da in der einstweiligen Anordnung auch **vor** einem Ehescheidungsverfahren unbegrenzter Unterhalt gefordert werden kann, sollte auf Seiten des **Antragsgegners** im Zusammenhang mit der Festsetzung von Ehegattenunterhalt oder Unterhalt für den Lebenspartner, sowie Unterhalt für den nicht verheirateten Elternteil nach § 1615l BGB immer auf eine **zeitliche Befristung** etwa bis zur rechtskräftigen Scheidung oder bis zur rechtskräftigen Beendigung der Lebenspartnerschaft gedrungen werden.

> *Wichtig!*
> Sollte das erkennende Gericht die Entscheidung über die einstweilige Anordnung zum Unterhalt des betreuenden Elternteiles ohne Befristung aussprechen, muss das Hauptsacheverfahren durch den Antragsgegner in jedem Falle durchgeführt werden, da ansonsten der Antragsgegner Gefahr läuft, mit dem Einwand des Wegfalls der Unterhaltspflicht nach drei Jahren **präkludiert** zu sein.[778]

Die vorstehenden Ausführungen sind deshalb von besonderer Bedeutung, weil das nunmehr völlig selbstständige einstweilige Anordnungsverfahren mit seinen Festlegungen gem. § 56 FamFG erst bei Wirksamwerden einer anderweitigen Regelung außer Kraft tritt, es sei denn, dass das Gericht einen früheren Zeitpunkt bestimmt hätte (§ 56 Abs. 1 FamFG). Dies bedeutet, dass bei Fehlen etwa einer Entscheidung zum nachehelichen Unterhalt im Eheverbund eine zuvor erwirkte einstweilige Anordnung – wie im Übrigen auch jetzt schon – Wirkungen auch über die Rechtskraft des Ehescheidungsurteils hinaus zeitigt.[779]

Vorsorglich ist nochmals festzuhalten, dass die Erhebung einer **Vollstreckungsgegenklage** nach Eintritt der Rechtskraft der Ehescheidung und Fehlen einer anderweitigen Regelung unter Hinweis auf der Wesensverschiedenheit von Getrenntlebens- und Nachscheidungsunterhalt **unzulässig** ist, weil das Anordnungsverfahren wegen seines summarischen Charakters keine Rechtskraftwirkungen bezüglich des Hauptsacheanspruchs entfaltet, auch wenn zuvor, weil das Ergebnis zunächst akzeptiert worden ist, kein Hauptsacheverfahren in Gang gebracht worden ist.

777 ▼

Muster 3.48: Antrag auf einstweiligen Unterhalt

3.48 Der **Antrag** kann wie folgt formuliert werden:

Der Antragsgegner wird verpflichtet, an die Antragstellerin ab dem jeweils monatlich im Voraus, spätestens bis zum 3. Werktag des jeweiligen Monats, einen monatlichen Unterhalt in Höhe von EUR zu zahlen.

▲

777 Vgl. Zöller/*Philippi*, § 620 Rn 59 m.w.N.; zu den Einschränkungen bei Sicherung des Lebensunterhalts durch eigene gute Einkünfte vgl. AG Heidelberg FamRZ 2016, 2141; AG Kandel FamRZ 2011, 1611 m. Anm. *Borth*; *Giers*, Einstweiliger Rechtsschutz in der familiengerichtlichen Praxis, Rn 38.

778 *Büte*, FuR 2008, 311.

779 Vgl. BGH FamRZ 1984, 769; BGH FamRZ 1985, 51.

Die einstweilige Anordnung tritt nach **§ 56 FamFG außer Kraft**, wenn nach § 54 FamFG das Gericht die Entscheidung aufhebt oder ändert. Das Gesetz regelt dabei ausdrücklich die Fälle des Außerkrafttretens im Antragsverfahren durch 778

- **Rücknahme** des Hauptsacheantrags, § 56 Abs. 2 Nr. 1 FamFG
- rechtskräftige **Abweisung** des Hauptsacheantrags, § 56 Abs. 2 Nr. 2 FamFG
- übereinstimmende **Erledigungserklärung** der Hauptsache, § 56 Abs. 2 Nr. 3 FamFG sowie
- **anderweitige Erledigung** der Hauptsache, § 56 Abs. 2 Nr. 4 FamFG.

Insgesamt ist daher für das Außerkrafttreten der einstweiligen Anordnung die Rechtskraft einer anderweitigen Regelung in der betreffenden Unterhaltssache erforderlich.

Im Übrigen tritt das Außerkrafttreten der einstweiligen Unterhaltsanordnung im Fall des Ehegattenunterhalts insbesondere auch **nicht „automatisch" durch Scheidung** ein, weil der Grundsatz der Nichtidentität für den Titel der einstweiligen Anordnung ohne Bedeutung ist.[780] 779

b) Kostenvorschussverfahren

Der Antrag auf Erlass einer Vorschussanordnung für eine Ehesache selbst setzt voraus, dass diese anhängig ist. Ab diesem Zeitpunkt können Vorschüsse für die Ehesache selbst, alle Folgesachen sowie die während der Ehesache möglichen einstweiligen Anordnungen geltend gemacht werden. 780

Das Verfahren unterliegt dem Antragserfordernis, d.h. der Ehepartner muss einen bestimmten Leistungsantrag, gerichtet auf eine bestimmte Höhe des begehrten Kostenvorschusses, stellen. Zur Darlegung gehört auf Seiten des Vorschussfordernden sowohl die eigene Leistungsunfähigkeit, Kostenvorschüsse aufbringen zu können, als auch die Leistungsfähigkeit des Verpflichteten. Gleichzeitig ist darzulegen, für welches Verfahren einschließlich der Verbundverfahren der Vorschuss begehrt wird. Das Vorbringen im Hauptverfahren muss schlüssig sein, sodass das angerufene Gericht die Erfolgsaussichten des im Hauptverfahren beabsichtigten Vorgehens aus der Sicht des Antragstellers prüfen kann. Ergibt sich z.B. in einer Ehescheidungssache aus der Antragschrift, dass das Getrenntlebensjahr nicht erfüllt ist und andere Gründe, z.B. nach § 1566 BGB, nicht vorliegen, wäre der Ehescheidungsantrag nicht schlüssig, sodass es für ein einstweiliges Anordnungsverfahren auf Zahlung eines Vorschusses hierfür aus der Sicht des Gerichts an der Erfolgsaussicht der Ehescheidung mangeln würde.

Der Antragsteller hat sein gesamtes Vorbringen glaubhaft zu machen was umgekehrt auch für den Antragsgegner gilt, dessen Vorbringen darauf gerichtet ist, dass der den Vorschuss Fordernde in Wirklichkeit selbst leistungsfähig ist.

Zeichnet sich im Verlaufe des Vorschussverfahrens ab, dass der Vorschussverpflichtete nur auf Ratenzahlung in Anspruch genommen werden kann, empfiehlt sich die Geltendmachung von Verfahrenskostenhilfe unter gleichzeitiger Anregung an das Gericht, dem Antragsgegner aufzugeben, die zu erbringenden Raten an die Staatskasse zu leisten.[781]

Der mit dem Leistungsantrag verfolgte Vorschuss erfasst neben den notwendigen Anwaltsgebühren (Verfahrens- und Terminsgebühr) die gesamten Kosten des Hauptverfahrens (Gerichtskosten) sowie auch die Kosten des Vorschussverfahrens selbst.[782]

780 Horndasch/Viefhues/*Roßmann*, § 246 Rn 35; Prütting/*Helms*, § 56 FamFG Rn 5; a.A. Keidel/*Giers*, § 246 FamFG Rn 9.
781 OLG Köln FamRZ 1988, 1300.
782 OLG Frankfurt FamRZ 1979, 732 zur Rückzahlungspflicht vgl. *Beukelberg*, FuR 2003, 86 ff.

781 ▼

3.49

Muster 3.49: Antrag auf Erlass einer einstweiligen Anordnung für Kostenvorschuss in einer Ehesache

An das
Amtsgericht
– Familiengericht –

Aktenzeichen des Eheverfahrens

Antrag auf Erlass einer einstweiligen Anordnung

der Frau

– Antragstellerin –

Verfahrensbevollmächtigte: Rechtsanwälte

gegen

Herrn

– Antragsgegner –

Verfahrensbevollmächtigte: Rechtsanwälte:

wegen: Zahlung von Verfahrenskostenvorschuss

bestellen wir uns zu Verfahrensbevollmächtigten der Antragstellerin. Wir nehmen Bezug auf die beim Familiengericht eingereichte Ehescheidungsantragsschrift sowie die gleichzeitig eingereichten Antragsschriften auf Erlass einer einstweiligen Anordnung auf Zahlung von Unterhalt für die Antragstellerin und die gemeinsamen Kinder.

Wir stellen den Antrag

1. im Wege der einstweiligen Anordnung der Dringlichkeit wegen ohne mündliche Verhandlung, hilfsweise nach mündlicher Verhandlung, dem Antragsgegner aufzugeben, an die Antragstellerin einen Kostenvorschuss in Höhe von EUR zu zahlen.
2. Der Antragstellerin vorsorglich für das vorliegende Anordnungsverfahren auf Zahlung eines Kostenvorschusses Verfahrenskostenhilfe zu bewilligen.

Begründung:

Die Beteiligten, die seit dem verheiratet sind, leben seit dem getrennt. Aus der Ehe sind die Kinder hervorgegangen.

Die Antragstellerin hat nunmehr mit Schriftsatz vom Antrag auf Scheidung der Ehe gestellt sowie gleichzeitig um Verfahrenskostenhilfe nachgesucht, da sie nicht in der Lage ist, Verfahrenskostenvorschüsse zu leisten.

Neben dem Ehescheidungsverfahren (Aktenzeichen:) verfolgt die Antragstellerin gleichzeitig im Wege der einstweiligen Anordnung die Festsetzung von Unterhaltszahlungen für sich und die Kinder.

Die Antragstellerin verfügt über kein eigenes Einkommen. Sie ist nicht erwerbstätig, weil sie aufgrund einer Erkrankung eines gemeinschaftlichen Kindes wegen seiner Behinderung volltägig betreuungspflichtig ist/aufgrund ihrer eigenen Erkrankung nicht erwerbsfähig ist.

(*Falls Kindesunterhalt gefordert wird:*) Die Kinder, für die im einstweiligen Anordnungsverfahren auf Kindesunterhalt vorgegangen wird, sind nicht leistungsfähig. Sie besitzen kein eigenes Vermögen und verfügen auch nicht über sonstiges Einkommen.

Der Antragsgegner ist aufgrund seiner beruflichen Situation und der Höhe seiner durchschnittlichen Monatseinkünfte ohne weiteres in der Lage, den mit der einstweiligen Anordnung geforderten Unterhalt wie auch den jetzt geforderten Kostenvorschuss zu zahlen.

Zur Glaubhaftmachung verweisen wir auf die Darstellung der Einkommensverhältnisse des Antragsgegners im betriebenen Anordnungsverfahren zum Unterhalt und die dort vorgelegten Unterlagen

- Gehaltsbescheinigungen,
- Lohnsteuerbescheinigung des letzten Jahres,
- Gewinn- und Verlustrechnungen der Jahre ,
- Bilanzen der Jahre ,
- letzte Steuererklärung ,
- letzter Steuerbescheid,
- Bescheinigung des Steuerberaters,
- eidesstattliche Erklärung der Antragstellerin.

Der Antragsgegner ist wiederholt, zuletzt mit anwaltlichem Schreiben vom (Anlage) zur Zahlung von Kostenvorschüssen aufgefordert worden. Der Antragsgegner hat keine Zahlungen geleistet. Vielmehr mit Schreiben vom jede Zahlung abgelehnt.

Der geltend gemachte Vorschussanspruch errechnet sich wie folgt:

1. Eheverfahren:

Gegenstandswert (einschließlich Folgesachen): EUR

1,3 Verfahrensgebühr, Nr. 3100 VV RVG

1,2 Terminsgebühr, Nr. 3104 VV RVG

Auslagenpauschale

Mehrwertsteuer

Gesamtbetrag

Gerichtskostenvorschuss (2 Gebühren)

Gesamtbetrag

2. Einstweilige Anordnung Unterhalt (Ehegatten) Gegenstandswert (sechsfacher Monatswert des Zahlungsanspruchs): EUR

1,3 Verfahrensgebühr, Nr. 3100 VV RVG

1,2 Terminsgebühr, Nr. 3104 VV RVG

Auslagenpauschale

Mehrwertsteuer

Gerichtskostenvorschuss 1,0 Gebühr

Gesamtsumme

3. Einstweilige Anordnung (Kindesunterhalt) Gegenstandswert (sechsfacher Monatswert des Zahlungsanspruchs)

1,3 Verfahrensgebühr, Nr. 3100 VV RVG

1,2 Terminsgebühr, Nr. 3104 VV RVG

Auslagenpauschale

Mehrwertsteuer

Gerichtskostenvorschuss 1,0 Gebühr

Gesamtsumme

4. Kostenvorschussverfahren selbst

Gegenstandswert (1. + 2. + 3.): EUR

1,3 Verfahrensgebühr, Nr. 3100 VV RVG

1,2 Terminsgebühr, Nr. 3104 VV RVG

Auslagenpauschale

Mehrwertsteuer

Gerichtskostenvorschuss

Gesamtsumme

Aus der Addition der aufgeführten Kostenbeträge von 1. bis 4. ergibt sich die Höhe des geltend gemachten Kostenvorschussanspruches im Antrag.

Vorsorglich wird für die Antragstellerin Verfahrenskostenhilfe auch für das vorliegende einstweilige Anordnungsverfahren geltend gemacht. Wir nehmen insoweit Bezug auf den im Hauptsacheverfahren vorgelegten Fragebogen zur Erklärung über die persönlichen und wirtschaftlichen Verhältnisse der Antragstellerin. Die Antragstellerin ist nicht in der Lage, Vorschüsse zu leisten.

(Unterschrift)

▲

782 Folgendes ist zum Muster anzumerken:

- Zuständigkeit: Gericht der Ehesache (§ 23a Abs. 1, 23b GVG, § 122 FamFG)
- Rubrum: Parteibezeichnung (nur die beteiligten Eheleute, nicht auch Dritte)
- Antrag: Im Wege der einstweiligen Anordnung gem. §§ 49 ff. FamFG der Dringlichkeit wegen ohne mündliche Verhandlung, hilfsweise nach mündlicher Verhandlung, dem Antragsgegner aufzugeben, an die Antragstellerin einen Kostenvorschuss in Höhe von … EUR zu zahlen.
- Begründung:
  - Hinweise auf anhängige Ehesachen, ggf. Aktenzeichen des familiengerichtlichen Verfahrens
  - Statustatsachen
  - Materiellrechtliche Anspruchsgrundlage, Vorschussbedürftigkeit der antragstellenden Partei (eigene Einkommensverhältnisse ggf. Vermögenslosigkeit)
  - Falls Vermögen vorhanden: Darlegung, weshalb keine Anrechnung
  - Vorschussfähigkeit des Antragsgegners, Darstellung seiner Einkommensverhältnisse/Vermögensverhältnisse
  - Regelungsbedürfnis (gegeben, wenn nach Aufforderung nicht gezahlt wird)
  - Glaubhaftmachung, Beweismittel, Einkommensnachweise, Steuerbescheide etc., eidesstattliche Versicherung der antragstellenden Partei

- Berechnung des Vorschusses
- Nachweis, dass vergeblich zur Unterhaltszahlung aufgefordert worden ist
- Sollten gleichzeitig mit dem Vorschuss für das Eheverfahren auch Vorschüsse für einstweilige Anordnungen z.B. zum Ehegatten- bzw. Kindesunterhalt verlangt werden, ist/sind für den Kostenvorschuss für Kindesunterhalt
  - die Unterhaltsbedürftigkeit des Kindes (§ 1601 BGB) darzulegen,
  - des Weiteren die Barunterhaltsverpflichtung des anderen Elternteils vorzutragen (§§ 1606 Abs. 3 S. 2, 1612 Abs. 1 BGB),
  - darzustellen, dass das Kind kein eigenes Vermögen hat, ggf. geringes Vermögen nicht einzusetzen ist,
  - die Vermögensverhältnisse des Antragsgegners darzulegen,
  - ebenfalls die Glaubhaftmachung durch Beweismittel, Steuerbescheide, Lohnbescheinigungen etc. (wie vor) erforderlich.

3. Darlegungs- und Beweislast

Die **Darlegungs- und Beweislast** für alle anspruchsbegründenden Tatsachen, auf die der Anspruch gestützt wird, trägt der den Unterhalt begehrende Ehegatte. 783
Umgekehrt muss der **Unterhaltspflichtige** darlegen und beweisen, dass dem Berechtigten beispielsweise eine Erwerbsobliegenheit trifft. Beruft sich der bedürftige Ehegatte auf das Fehlen einer Erwerbsobliegenheit, muss er zwar die dafür erforderlichen Umstände vortragen, dem Pflichtigen obliegt es dann aber, darzulegen und zu beweisen, dass diese Umstände tatsächlich nicht gegeben sind.

Steht eine Erwerbsverpflichtung fest, hat der **Berechtigte** die Beweislast für seine ausreichenden, erfolglosen Bemühungen bzw. die Beweislast für das Fehlen einer realen Beschäftigungschance oder aber für das Vorliegen seiner Erwerbsunfähigkeit. Dem Verpflichteten wiederum trifft die Darlegungs- und Beweislast für eine von ihm behauptete Leistungsunfähigkeit. Wird der Verpflichtete im Falle der Arbeitslosigkeit von der Agentur für Arbeit als „nicht mehr vermittelbar“ eingestuft, hat dies zur Folge, dass dem Unterhaltspflichtigen auch bei fehlender oder mangelhafter Suche nach Arbeitstätigkeit kein fiktives Einkommen zugerechnet werden kann.[783] 784

4. Leitlinien der Oberlandesgerichte zum Trennungsunterhalt

Die Unterhaltsleitlinien der einzelnen Oberlandesgerichte sehen zur Erwerbsverpflichtung bei Trennung der Eheleute in ihren jeweiligen Ziff. 17.2 das Folgende vor:[784] 785

> *Im ersten Jahr nach der Trennung besteht für den Berechtigten in der Regel keine Obliegenheit zur Aufnahme oder Ausweitung einer Tätigkeit.*

Lediglich die Oberlandesgerichte Frankfurt/M. und Hamm (in Ziff. 17.3) äußern sich umfangreicher.

■ **OLG Frankfurt:**

In der Regel besteht für den Berechtigten im ersten Jahr nach der Trennung keine Obliegenheit zur Aufnahme oder Ausweitung einer Erwerbstätigkeit. Für den Trennungsunterhalt gelten zunächst großzügigere Anforderungen hinsichtlich einer Erwerbsobliegenheit als sie in § 1574 BGB für den nachehelichen Unterhalt bestimmt sind. Die bestehenden Verhältnisse sollen geschützt werden, damit die Wiederherstellung der ehelichen Lebensgemeinschaft nicht erschwert wird. Mit zunehmender Verfestigung der Trennung wird allerdings eine allmähliche Annäherung der unterschiedlichen Maßstäbe der Erwerbsobliegenheit bewirkt (BGH FamRZ 2012, 1201, Rn 18).

783 OLG Köln – 14 UF 230/07, BeckRS 2008, 20496; Wendl/Dose/*Bömelburg*, § 4 Rn 101.
784 Jeweils Ziff. 17.2 der Leitlinien, Stand 1.1.2023.

■ **OLG Hamm:**

17.2 Im ersten Jahr nach der Trennung besteht für den Berechtigten in der Regel keine Obliegenheit zur Aufnahme oder Ausweitung einer Erwerbstätigkeit.

17.3 Einkünfte aus einer – auch erst nach Trennung/Scheidung aufgenommenen – überobligatorischen Erwerbstätigkeit sind nur mit ihrem unterhaltsrelevanten Anteil in die Differenz- bzw. Additionsberechnung einzustellen. Dieser nach den §§ 1577 Abs. 2, 242 BGB zu bemessende Anteil ergibt sich, indem das Einkommen zunächst um den mit der überobligatorischen Erwerbstätigkeit verbundenen Aufwand (z.B. konkrete Kinderbetreuungskosten, die nicht Mehrbedarf des Kindes sind, vgl. Nr. 10.3) vermindert und sodann ein individuell nach Billigkeitsgesichtspunkten festzusetzender Einkommensteil von den Gesamteinkünften des Berechtigten in Abzug gebracht wird. Der Abzugsbetrag – der nicht unterhaltsrelevante Anteil der Einkünfte des Berechtigten – bleibt bei der Unterhaltsberechnung unberücksichtigt (siehe auch Nr. 7)

VIII. Fallbeispiel: Betreuungsunterhalt bei Getrenntleben

1. Typischer Sachverhalt

786 Die Eheleute F und M leben getrennt. Sie haben zwei gemeinsame, schulpflichtige Kinder im Alter von sieben und drei Jahren, die bei F leben. F hat kein Erwerbseinkommen. M ist ganztags tätig und verdient 2.400 EUR netto monatlich.

2. Außergerichtliches Vorgehen

a) Das Einkommen des Schuldners ist bekannt

787 ▼

Muster 3.50: Aufforderung zur Zahlung von Betreuungsunterhalt

3.50 Sehr geehrter Herr M,

Ihre Ehefrau wird von uns vertreten. Sie hat uns beauftragt, ihren Unterhaltsanspruch gegen Sie geltend zu machen.

Dieser Unterhaltsanspruch ergibt sich aus § 1361 BGB. Unsere Mandantin hat, wie Sie wissen, kein eigenes Einkommen. Aus mehreren Gründen ist sie jedenfalls zurzeit noch nicht verpflichtet, eine Erwerbstätigkeit aufzunehmen. Das gilt zum einen, weil seit der Trennung noch kein Jahr vergangen ist. Zum anderen kann von Ihrer Frau eine Erwerbstätigkeit zurzeit insbesondere nicht erwartet werden, weil die von ihr betreuten gemeinsamen Kinder noch zu jung sind. Die Kinder können zurzeit noch nicht fremdbetreut werden, weil die Schule solche Betreuungsmöglichkeiten (etwa Übermittagbetreuung) nicht anbietet und Ihre Ehefrau auch noch keine andere Betreuungsmöglichkeit gefunden hat. Ohnehin war man sich bisher einig gewesen, dass eine Fremdbetreuung erst beginnen solle, wenn die Kinder älter sind; Ihre Frau möchte gerade zu Beginn der auch für die Kinder sehr belastenden Trennung von dieser gemeinsamen Planung möglichst noch nicht abweichen.

Soweit wir wissen, verdienen Sie im Monatsdurchschnitt netto EUR. Hierbei sind wir von Ihrem Jahreseinkommen (einschließlich der Sonderzuwendungen) ausgegangen und haben dieses durch 12 geteilt. Die uns bekannten, bei der Unterhaltsberechnung anzusetzenden Ausgaben haben wir berücksichtigt, nämlich .

Für die Kinder zahlen Sie den angemessenen Unterhalt, nämlich für K1 EUR und für K2 EUR; das staatliche Kindergeld, das Ihre Frau erhält, haben wir hier schon zur Hälfte abgezogen. Nach Abzug des Kindesunterhalts bleibt Ihnen noch ein Monatseinkommen von netto

___ EUR. 45 % hiervon haben Sie an unsere Mandantin als Ehegattenunterhalt zu zahlen, also ___ EUR.

Nach dieser Berechnung ergibt sich, dass Sie monatlich an Ehegatten- und Kindesunterhalt insgesamt ___ EUR zu zahlen haben. Es stehen Ihnen damit für Sie persönlich noch ___ EUR zur Verfügung. Damit ist der Ihnen zustehende Selbstbehalt in Höhe von monatlich 1.400 EUR gewahrt.

Wir fordern Sie deshalb hiermit auf, ab dem Anfang dieses Monats an unsere Mandantin neben dem Kindesunterhalt monatlich als Ehegattenunterhalt ___ EUR zu zahlen. Bitte bestätigen Sie uns bis zum ___ schriftlich, dass Sie diese Beträge regelmäßig zahlen werden.[785]

Liegt diese Bestätigung hier nicht fristgerecht vor, so müsste unsere Mandantin daraus schließen, dass Sie den geltend gemachten Unterhalt nicht freiwillig regelmäßig zahlen werden, und deshalb den Unterhalt gerichtlich klären lassen.

(Unterschrift)

▲

b) Das Einkommen des Schuldners ist nicht bekannt

▼ 788

Muster 3.51: Aufforderung zur Auskunft und Zahlung von Betreuungsunterhalt 3.51

Sehr geehrter Herr M,

Ihre Ehefrau wird von uns vertreten. Sie hat uns beauftragt, ihren Unterhaltsanspruch gegen Sie geltend zu machen.

Dieser Unterhaltsanspruch ergibt sich aus § 1361 BGB. Unsere Mandantin hat, wie Sie wissen, kein eigenes Einkommen. Aus mehreren Gründen ist sie jedenfalls zurzeit noch nicht verpflichtet, eine Erwerbstätigkeit aufzunehmen. Das gilt zum einen, weil seit der Trennung noch kein Jahr vergangen ist. Zum anderen kann von Ihrer Frau eine Erwerbstätigkeit zurzeit insbesondere nicht erwartet werden, weil die von ihr betreuten Kinder noch zu jung sind. Die Kinder können zurzeit noch nicht fremdbetreut werden, weil die Schule solche Betreuungsmöglichkeiten (etwa Übermittagbetreuung) nicht anbietet und Ihre Ehefrau auch noch keine andere Betreuungsmöglichkeit gefunden hat. Ohnehin war man sich bisher einig gewesen, dass eine Fremdbetreuung erst beginnen solle, wenn die Kinder älter sind; Ihre Frau möchte gerade zu Beginn der auch für die Kinder sehr belastenden Trennung von dieser gemeinsamen Planung möglichst noch nicht abweichen.

Für die Höhe des Unterhalts kommt es in erster Linie darauf an, was Sie verdienen. Sie müssen deshalb gemäß §§ 1361 Abs. 4 S. 4, 1605 BGB Auskunft über Ihr Einkommen erteilen, und zwar für jedenfalls die letzten zwölf Monate.[786]

Wir fordern Sie deshalb hiermit auf, Auskunft über Ihr gesamtes Einkommen zu erteilen, das Sie in der Zeit von ___ bis ___ *[beim abhängig Tätigen die letzten zwölf Monate vor dem Geltendmachen des Auskunftsanspruchs, beim Selbstständigen die letzten drei Kalenderjahre]* hatten.

Zusätzlich müssen Sie Ihr Einkommen belegen, also alle Verdienstabrechnungen vorlegen, die Sie in dieser Zeit erhalten haben *[beim Selbstständigen: die vollständigen Bilanzen und/oder Gewinn- und*

785 Für die Vergangenheit kann Unterhalt nur geltend gemacht werden, wenn der Schuldner zur Einkommensauskunft aufgefordert worden oder ohne ein solches Auskunftsverlangen in Verzug gekommen ist (§§ 1361 Abs. 4 S. 4, 1360a Abs. 3, 1613 BGB). Verzug liegt bei bekanntem Schuldnereinkommen nur vor, wenn er zur Zahlung eines bezifferten Unterhalts aufgefordert worden ist, BGH NJW 1982, 1983; 1984, 868.

786 Beim selbstständigen Schuldner für die letzten drei Jahre.

Verlustrechnungen sowie die drei jüngsten vollständigen Einkommensteuererklärungen mit allen Anlagen, ferner die in den letzten drei Jahren ergangenen Einkommensteuerbescheide]. Wenn es in diesem Zeitraum eine Steuererstattung gegeben hat, muss sie von Ihnen ebenfalls angegeben und durch Vorlage des Steuerbescheids belegt werden. Soweit Sie Einkünfte aus Vermögen haben (z.B. Zinsen, Dividenden, Mieteinnahmen usw.), müssen Sie diese für den Zeitraum des letzten Kalenderjahres angeben und belegen.

Falls Sie Belastungen berücksichtigt wissen wollen, müssen auch diese von Ihnen aufgeführt und mit Belegen nachgewiesen werden.

Gleichzeitig werden Sie hiermit aufgefordert, ab dem Anfang dieses Monats den Ehegattenunterhalt zu zahlen, der sich auf der Basis Ihres Einkommens unter Berücksichtigung auch der Verpflichtungen gegenüber den Kindern ergibt. Gegenwärtig kann die genaue Unterhaltshöhe noch nicht angegeben werden, weil Ihr Einkommen noch nicht bekannt ist. Wir werden den Unterhalt beziffert geltend machen, sobald Sie die Auskunft erteilt und die Belege vorgelegt haben.[787]

Ihre Auskunft und die dazugehörenden Belege müssen hier bis zum   eingegangen sein. Sollten Sie diese Frist nicht einhalten, so werden wir unserer Mandantin raten, beim Familiengericht sofort einen Unterhalts-Antrag zu stellen. Die Kosten dieses Verfahrens werden Sie, wenn die Auskunft nicht erteilt wird, gemäß § 243 Nr. 2 FamFG unabhängig vom Verfahrensergebnis zu tragen haben.

(Unterschrift)

▲

3. Auskunftsantrag/Stufenantrag

789 Ist das Einkommen des anderen Ehegatten nicht bekannt und hat er außergerichtlich auch keine Auskunft erteilt, kann ein isolierter Auskunftsantrag gestellt werden. Das ist allerdings im Regelfall nicht sinnvoll. Denn später muss zusätzlich ein Zahlungsantrag gestellt werden. Zu empfehlen ist deshalb allein der Stufenantrag gemäß §§ 113 FamFG, 254 ZPO. Mit ihm wird auch der – zunächst noch unbeziffert geltend gemachte – Zahlungsanspruch rechtshängig.

> *Beachten!*
>
> Gemäß § 235 Abs. 1 FamFG besteht jetzt auch eine **verfahrensrechtliche Auskunftspflicht**: **Auf Antrag muss** das Gericht sie gemäß § 235 Abs. 2 FamFG geltend machen, wenn der andere Beteiligte außergerichtlich trotz Aufforderung keine oder keine ausreichende Auskunft erteilt hatte. Ferner kann das Gericht gemäß § 236 Abs. 1 FamFG – und **muss** dies **auf Antrag** gemäß § 236 Abs. 2 FamFG – bei Dritten (Arbeitgeber, Sozialleistungsträger, Versicherungen und Finanzämter) Auskünfte und Belege anfordern. Solche Anordnungen des Gerichtes können gemäß § 235 Abs. 4 und § 236 Abs. 5 FamFG von den Beteiligten nicht selbstständig angefochten werden. Die Verpflichtung des Beteiligten kann allerdings gemäß § 235 Abs. 4 FamFG nicht mit Zwangsmitteln durchgesetzt werden, wohl aber die Verpflichtung des Dritten (außer Behörden) gemäß § 236 Abs. 4 S. 2 FamFG, § 390 ZPO.

Es sollten deshalb in jedem Auskunfts- oder Stufenantrag die Anträge gemäß §§ 235 und 236 FamFG gestellt werden; denn es spricht einiges dafür, dass der Schuldner reagieren wird, wenn er vom Gericht ge-

787 Um den Schuldner in Verzug zu setzen, so dass gemäß § 1613 BGB später auch noch rückwirkend ab Zugang des Schreibens Unterhalt verlangt werden kann, reicht es wegen §§ 1361 Abs. 4 S. 4, 1360a Abs. 3 BGB, Auskunft für die Unterhaltsermittlung zu verlangen. Eine „Stufenmahnung" analog dem Stufenantrag gemäß § 254 ZPO (BGH FamRZ 1990, 283, 285) ist nicht mehr notwendig, als Hinweis an den Schuldner aber hilfreich.

mäß § 235 Abs. 1 S. 4 FamFG darauf hingewiesen wird, dass sonst bei Dritten gemäß § 236 FamFG nachgefragt wird und dass er mit Kostenkonsequenzen gemäß § 243 Abs. 2 Nr. 4 FamFG zu rechnen hat.

Alternative: 790

Falls das Einkommen des Schuldners jedenfalls einigermaßen bekannt ist, kann auch schon sofort ein Zahlungsantrag gestellt, darin ein bestimmtes Einkommen des Schuldners behauptet und auf der Basis dieses behaupteten Einkommens der Unterhalt geltend gemacht werden. Das Gericht hat das vom Antragsteller behauptete Einkommen als richtig zu unterstellen, es sei denn, der Antragsgegner weist ein geringeres Einkommen nach.[788]

Die unter Umständen zeitaufwändige erste Stufe eines Stufenantrags und die danach vielleicht sogar noch erforderliche Vollstreckung aus dem Auskunftstitel werden umgangen; der Antragsgegner muss nicht zur Erfüllung einer Auskunftsverpflichtung, sondern zu seiner eigenen Rechtsverteidigung Auskunft erteilen.

Das mit einer überhöhten Unterhaltsforderung verbundene Kostenrisiko ist wegen § 243 Nr. 2 FamFG – Kosten trägt nach billigem Ermessen unabhängig vom Verfahrensergebnis der Unterhaltsschuldner, wenn er keine oder keine ausreichende Auskunft erteilt hatte – im Fall einer nachvollziehbaren Zahlungsforderung zumindest weitestgehend weggefallen.

Es kann aber auch sein, dass das tatsächliche Einkommen über dem behaupteten liegt und deshalb nur zu geringer Unterhalt geltend gemacht wird;[789] deswegen sollte ein solcher Antrag als Teilantrag bezeichnet werden, so dass Nachforderungen möglich bleiben.

Achtung! 791

Es kann im Zusammenhang mit einem Hauptsacheverfahren eine einstweilige Anordnung oder auch ohne Hauptsacheverfahren eine isolierte einstweilige Anordnung gemäß §§ 119, 49 ff., 246 FamFG beantragt werden. In beiden Fällen geht es gemäß § 51 Abs. 3 S. 1 FamFG um ein selbstständiges Verfahren, so dass also stets das volle Rubrum im Antrag aufgeführt werden muss. Wird eine isolierte einstweilige Anordnung erlassen, muss das Gericht gemäß § 52 Abs. 1 FamFG nur auf Antrag eines Beteiligten ein Hauptsacheverfahren einleiten. Ziel dieser gesetzlichen Neuregelung ist es, Unterhaltsstreitigkeiten schneller und kostengünstiger (weil kein Hauptsacheverfahren) abzuschließen.

Im einstweiligen Anordnungsverfahren gibt es gemäß § 114 Abs. 3 Nr. 1 FamFG keinen Anwaltszwang, während im Unterhalts-Hauptsacheverfahren Anwaltszwang besteht, § 114 Abs. 1 FamFG. Die einstweilige Anordnung ist gemäß § 246 Abs. 1 FamFG weder zeitlich noch der Höhe nach beschränkt.

Ist ein Scheidungsverfahren anhängig oder hierfür VKH beantragt, sollte die einstweilige Anordnung ge- 792
mäß §§ 119, 49 ff., 246 FamFG dort beantragt werden. Denn die im Scheidungsverfahren erlassene einstweilige Anordnung gilt – anders als eine Endentscheidung betreffend den Trennungsunterhalt – gemäß §§ 119, 56 FamFG über die Ehescheidung hinaus,[790] bis eine andere Regelung (Entscheidung oder Vereinbarung) wirksam wird;[791] sie wird ferner gemäß §§ 119, 56 Abs. 2 unwirksam, wenn der Hauptsacheantrag zurückgenommen, rechtskräftig abgewiesen oder übereinstimmend für erledigt erklärt wird. Auf diese Weise lässt sich also – ggf. auch nur wegen eines Teilbetrags – kurzfristig ein Titel schaffen.

788 BGH FamRZ 1987, 259, 260; OLG Hamm FamRZ 1998, 1602.

789 Ein Indiz hierfür ist es, wenn der Schuldner keine Einwände gegen das behauptete Einkommen erhebt.

790 Die in einem isolierten Trennungsunterhaltsverfahren erlassene einstweilige Anordnung wird hingegen mit Rechtskraft der Scheidung gegenstandslos, OLG Frankfurt FamRZ 2006, 1687 m.w.N.

791 Nicht schon bei vorläufiger Vollstreckbarkeit des Beschlusses, sondern erst mit Rechtskraft, § 56 Abs. 1 S. 2 FamFG.

Hat dieser einen auch für die nacheheliche Zeit annehmbaren Inhalt, braucht für den Gläubiger zunächst nichts weiter unternommen zu werden.[792]

Beachten!

Wenn nur **zu geringer Unterhalt** durch einstweilige Anordnung zugesprochen worden ist, kann

- Abänderung gemäß §§ 119, 54 FamFG beantragt,[793]
- bei einer isolierten einstweiligen Anordnung ein Antrag auf Einleitung eines Hauptsacheverfahrens gemäß § 52 FamFG gestellt,
- bei Erlass der einstweiligen Anordnung im Unterhaltsverfahren das Hauptsache-Antragsverfahren fortgeführt und
- bei Erlass der einstweiligen Anordnung im Scheidungsverfahren auch noch ein gesonderter Unterhaltsantrag isoliert (für Trennungsunterhalt) oder im Scheidungsverbund (für nachehelichen Unterhalt) gestellt werden.

793 Ist der Unterhalt nach Ansicht des Schuldners **zu hoch** festgesetzt worden, kann er zunächst mit einem Abänderungsantrag gemäß §§ 119, 54 FamFG und bei Ablehnung dieses Antrags mit einem negativen Feststellungsantrag aktiv werden.[794] Das gilt nicht für die einstweilige Anordnung im isolierten Unterhaltsverfahren, da das Unterhalts-Hauptsacheverfahren fortgesetzt und auf diese Weise eine anderweitige Regelung erreicht werden kann.

▼

Muster 3.52: gerichtlicher Stufenantrag auf Auskunft und Zahlung von Betreuungsunterhalt

3.52

An das

Amtsgericht

– Familiengericht –

Antrag

der Frau F, (Anschrift),

– Antragstellerin –

Verfahrensbevollmächtigte: Rechtsanwälte

gegen

Herrn M, (Anschrift),

– Antragsgegner –

wegen Ehegatten-Trennungsunterhalts.

Für die von uns vertretene Antragstellerin werden wir beantragen,

dem Antragsgegner aufzugeben,

792 Sofern der Gläubiger bisher im Rahmen der Familienversicherung kostenfrei über den Schuldner krankenversichert war, muss für die Zeit nach Scheidung der Krankenvorsorgeunterhalt in Höhe der Versicherungskosten zusätzlich geltend gemacht werden; denn die kostenfreie Mitversicherung entfällt mit Rechtskraft der Scheidung.

793 Eine solche Abänderung ist – wenn die einstweilige Anordnung im Scheidungsverfahren ergangen war – nach Rechtskraft des Scheidungsbeschlusses nicht mehr möglich, BGH NJW 1983, 1330.

794 OLG Frankfurt NJW-RR 2015, 326 m.w.N.

1. der Antragstellerin Auskunft über sämtliches Einkommen zu erteilen, das er in der Zeit von bis [795] erzielt hat,
2. diese Auskunft gegenüber der Antragstellerin zu belegen, und zwar durch Vorlage [796]
3. ggf.: die Vollständigkeit und Richtigkeit der Auskunft vor Gericht an Eides Statt zu versichern,
4. gemäß § 235 FamFG in einem vom Gericht zu bestimmenden Umfang Auskunft über seine Einkünfte, sein Vermögen sowie seine persönlichen und wirtschaftlichen Verhältnisse zu erteilen und hierzu Belege vorzulegen,
5. an die Antragstellerin ab Rechtshängigkeit[797] Unterhaltsbeträge zu zahlen, deren Höhe wir nach Erfüllung der Anträge zu 1 bis 4 beziffern werden.

Für den Fall, dass ein schriftliches Vorverfahren durchgeführt wird, beantragen wir, bei Fristversäumnis einen Versäumnisbeschluss und bei Anerkenntnis einen Anerkenntnisbeschluss zu erlassen.

Gründe:

Die Beteiligten sind Eheleute und leben seit dem getrennt. Sie haben zwei Kinder, nämlich K1 (geboren am) und K2 (geboren am). Die Kinder *[Beschreibung der Lebensumstände, Kindergarten, Schule usw.]* und leben bei der Antragstellerin, die sie betreut und versorgt.

Mit diesem Stufenantrag macht die Antragstellerin in der ersten Stufe den ihr aus §§ 1361 Abs. 4 S. 4, 1605 BGB zustehenden Auskunftsanspruch und sodann ihren Unterhaltsanspruch gemäß § 1361 Abs. 1 BGB geltend.

1. Die Antragstellerin hat kein eigenes Einkommen. Sie ist zu einer eigenen Erwerbstätigkeit im Hinblick auf § 1361 Abs. 2 BGB jedenfalls zurzeit auch nicht verpflichtet. Denn die Beteiligten leben noch nicht ein Jahr voneinander getrennt. Außerdem betreut die Antragstellerin die bei ihr lebenden beiden Kinder der Beteiligten; bei dem Alter der Kinder ist der Antragstellerin die Aufnahme einer Erwerbstätigkeit in der Trennungszeit noch nicht zumutbar. Die Kinder könnten zurzeit ohnehin noch nicht fremdbetreut werden, weil die Schule solche Betreuungsmöglichkeiten (etwa Übermittagbetreuung) nicht anbietet und die Antragstellerin auch noch keine andere Betreuungsmöglichkeit gefunden hat. Die Beteiligten waren sich außerdem bisher einig gewesen, dass eine Fremdbetreuung erst beginnen solle, wenn die Kinder älter sind; die Antragstellerin möchte gerade zu Beginn der auch für die Kinder sehr belastenden Trennung von dieser gemeinsamen Planung möglichst noch nicht abweichen.
2. Der Antragsgegner ist von Beruf . Welches Einkommen er hat, ist der Antragstellerin allerdings nicht bekannt. Deswegen war der Antragsgegner mit Schreiben vom aufgefordert

795 Im Regelfall wird Auskunft für ein Jahr geschuldet, bei Selbstständigen für die letzten drei vollen Kalenderjahre (BGH FamRZ 1982, 680, 681), ausnahmsweise für einen längeren Zeitraum (BGH FamRZ 1985, 357).

796 Hier muss genau bezeichnet werden, welche Urkunden der Schuldner vorlegen soll. Sämtliche Einkommensarten sind zu belegen; bezüglich jeder einzelnen Einkommensart muss also der Beleg angegeben werden, der vorgelegt werden soll. Bei einem abhängig Tätigen ist zumindest eine Verdienstbescheinigung seines Arbeitgebers geschuldet, die das in den letzten zwölf Monaten erzielte Bruttoeinkommen sowie sämtliche Abzüge aufgeschlüsselt ausweist. Der Selbstständige muss mindestens die Bilanzen und/oder Gewinn- und Verlustrechnungen der letzten drei Kalenderjahre mit allen Anlagen sowie die drei jüngsten Einkommensteuererklärungen mit allen Anlagen vorlegen, ferner die in den letzten drei Jahren ergangenen Einkommensteuerbescheide. Sofern nicht einmal die Einkommensarten des Schuldners bekannt sind, sollte formuliert werden: *„… und zwar durch Vorlage von Urkunden, die wir nach der Auskunfterteilung gemäß dem Antrag zu 1 näher bezeichnen werden, …“.* Zum Inhalt des Antrags und zur Vollstreckung *Büttner*, FamRZ 1992, 629.

797 Oder ab dem Anfang des Monats, in dem der Antragsgegner durch außergerichtliche Mahnung in Verzug geraten ist oder die unterhaltsbezogene Aufforderung zur Auskunft über sein Einkommen erhalten hat.

worden, Auskunft über sein Einkommen zu erteilen und diese Auskunft zu belegen. Er hat aber seine Verpflichtungen aus §§ 1361 Abs. 4 S. 4, 1605 BGB nicht erfüllt, so dass jetzt eine gerichtliche Klärung notwendig wird. Hierauf beruht auch der Antrag zu 4 gemäß § 235 Abs. 2 FamFG; für den Fall, dass der Antragsgegner seine Verpflichtung gemäß § 235 FamFG nicht erfüllen sollte, wird hiermit bereits **gemäß § 236 Abs. 2 FamFG beantragt**, das Gericht möge Auskünfte und Belege bei *[mögliche Auskunftgeber gem. § 236 Abs. 1 FamFG]* einholen.

Wenn der Antragsgegner die Auskunft erteilt und die geschuldeten Belege vorlegt, jedoch Zweifel an der Richtigkeit und Vollständigkeit der Auskunft bestehen, wird der Antrag zu 3 (Abgabe der eidesstattlichen Versicherung gemäß §§ 1361 Abs. 4 S. 4, 1605 Abs. 1 S. 2, 260 Abs. 2 BGB) gestellt. Ansonsten werden wir den Antrag zu 5 beziffern.

Sofern kein schriftliches Vorverfahren angeordnet wird, regen wir an, kurzfristig einen Termin zur Verhandlung über die Anträge zu 1 und 2 zu bestimmen.

Den Verfahrenskostenvorschuss in Höhe von EUR, berechnet auf der Basis eines Verfahrenswertes von vorläufig 1.000 EUR hinsichtlich der Anträge zu 1 und 2, zahlen wir ein.[798]

(Unterschrift)

Sobald der Schuldner ordnungsgemäß Auskunft erteilt[799] und diese auch belegt hat sowie kein Anlass besteht, wegen Zweifeln an der Richtigkeit und/oder Vollständigkeit der Auskunft die Abgabe der eidesstattlichen Versicherung durch ihn durchzusetzen,[800] ist der Unterhaltsanspruch gemäß dem Antrag zu 5 zu beziffern.

4. Zahlungsantrag

794 ***Beachten!***

Es kann im Zusammenhang mit einem Hauptsacheverfahren eine einstweilige Anordnung oder auch ohne Hauptsacheverfahren eine isolierte einstweilige Anordnung gemäß §§ 119, 49 ff., 246 FamFG beantragt werden. In beiden Fällen geht es gemäß § 51 Abs. 3 S. 1 FamFG um ein selbstständiges Verfahren, so dass also stets das volle Rubrum im Antrag aufgeführt werden muss. Wird eine isolierte einstweilige Anordnung erlassen, muss das Gericht gemäß § 52 Abs. 1 FamFG nur auf Antrag eines Beteiligten ein Hauptsacheverfahren einleiten. Ziel dieser gesetzlichen Neuregelung ist es, Unterhaltsstreitigkeiten schneller und kostengünstiger (weil kein Hauptsacheverfahren) abzuschließen.

Im einstweiligen Anordnungsverfahren gibt es gemäß § 114 Abs. 3 Nr. 1 FamFG keinen Anwaltszwang, während im Unterhalts-Hauptsacheverfahren Anwaltszwang besteht, § 114 Abs. 1 FamFG. Die einstweilige Anordnung ist gemäß § 246 Abs. 1 FamFG weder zeitlich noch der Höhe nach beschränkt.

Ist ein Scheidungsverfahren anhängig oder hierfür VKH beantragt, sollte die einstweilige Anordnung gemäß §§ 119, 49 ff., 246 FamFG dort beantragt werden. Denn die im Scheidungsverfahren erlassene einstweilige Anordnung gilt – anders als eine Endentscheidung betreffend den Trennungsunterhalt – gemäß

798 Wenn Verfahrenskostenhilfe oder eine einstweilige Anordnung gemäß §§ 119, 49 ff., 246 Abs. 1 FamFG wegen eines Kostenvorschusses beantragt wird, empfiehlt sich folgender Zusatz: Wir beantragen, den Antrag bereits vor Entscheidung über den Verfahrenskostenhilfeantrag und vor Zahlung eines Verfahrenskostenvorschusses gemäß § 15 Nr. 3 FamGKG zuzustellen. Die Antragstellerin hat nicht die erforderlichen Mittel, um einen Verfahrenskostenvorschuss zu zahlen.

799 Zur Einkommensermittlung vgl. BGH NJW 2021, 472; *Kleffmann/Kleffmann,* FuR 2022, 2, 5 ff.

800 Bestehen solche Zweifel, kann keine Nachbesserung der Auskunft verlangt, sondern nur der Antrag zu 3 gestellt werden.

§§ 119, 56 FamFG über die Ehescheidung hinaus,[801] bis eine andere Regelung (Entscheidung oder Vereinbarung) wirksam wird;[802] sie wird ferner gemäß §§ 119, 56 Abs. 2 unwirksam, wenn der Hauptsacheantrag zurückgenommen, rechtskräftig abgewiesen oder übereinstimmend für erledigt erklärt wird. Auf diese Weise lässt sich also – ggf. auch nur wegen eines Teilbetrags – kurzfristig ein Titel schaffen.

Hat dieser einen auch für die nacheheliche Zeit annehmbaren Inhalt, braucht für den Gläubiger zunächst nichts weiter unternommen zu werden.[803]

Beachten! 795

Wenn nur **zu geringer Unterhalt** durch einstweilige Anordnung zugesprochen worden ist, kann Abänderung gemäß §§ 119, 54 FamFG beantragt,[804]

- bei einer isolierten einstweiligen Anordnung ein Antrag auf Einleitung eines Hauptsacheverfahrens gemäß § 52 FamFG gestellt,
- bei Erlass der einstweiligen Anordnung im Unterhaltsverfahren das Hauptsache-Antragsverfahren fortgeführt und
- bei Erlass der einstweiligen Anordnung im Scheidungsverfahren auch noch ein gesonderter Unterhaltsantrag isoliert (für Trennungsunterhalt) oder im Scheidungsverbund (für nachehelichen Unterhalt) gestellt werden.

Ist der Unterhalt nach Ansicht des Schuldners **zu hoch** festgesetzt worden, kann er zunächst mit einem Abänderungsantrag gemäß §§ 119, 54 FamFG und bei Ablehnung dieses Antrags mit einem negativen Feststellungsantrag aktiv werden.[805]

Das gilt nicht für die einstweilige Anordnung im isolierten Unterhaltsverfahren, da das Unterhalts-Hauptsacheverfahren fortgesetzt und auf diese Weise eine anderweitige Regelung erreicht werden kann.

Wenn das Einkommen des anderen Ehegatten bekannt ist oder zur Verkürzung des Verfahrens bewusst ohne genaue Kenntnis vom Einkommen der Unterhalt beziffert geltend gemacht wird (siehe Rdn 441), ist folgendermaßen vorzugehen:[806] 796

▼

Muster 3.53: gerichtlicher Zahlungsantrag Betreuungsunterhalt 3.53

An das

Amtsgericht

– Familiengericht –

Antrag

der Frau F, (Anschrift),

– Antragstellerin –

801 Die in einem isolierten Trennungsunterhaltsverfahren erlassene einstweilige Anordnung wird hingegen mit Rechtskraft der Scheidung gegenstandslos, OLG Frankfurt FamRZ 2006, 1687 m.w.N.

802 Nicht schon bei vorläufiger Vollstreckbarkeit des Beschlusses, sondern erst mit Rechtskraft, § 56 Abs. 1 S. 2 FamFG.

803 Sofern der Gläubiger bisher im Rahmen der Familienversicherung kostenfrei über den Schuldner krankenversichert war, muss für die Zeit nach Scheidung der Krankenvorsorgeunterhalt in Höhe der Versicherungskosten zusätzlich geltend gemacht werden; denn die kostenfreie Mitversicherung entfällt mit Rechtskraft der Scheidung.

804 Eine solche Abänderung ist – wenn die einstweilige Anordnung im Scheidungsverfahren ergangen war – nach Rechtskraft des Scheidungsbeschlusses nicht mehr möglich, BGH NJW 1983, 1330.

805 OLG Frankfurt NJW-RR 2015, 326 m.w.N.

806 Zur Berechnung des Ehegattenunterhalts bei Kinderbetreuung vgl. *Viefhues*, FuR 2022, 15.

Verfahrensbevollmächtigte: Rechtsanwälte …

gegen

Herrn M, … (Anschrift),

– Antragsgegner –

wegen Ehegatten-Trennungsunterhalts.

Für die von uns vertretene Antragstellerin werden wir beantragen,

dem Antragsgegner aufzugeben, an die Antragstellerin zu zahlen

1. für die Zeit ab … *[dem auf die Einreichung des Antrags folgenden Monat]* monatlichen Unterhalt von … EUR, die rückständigen Beträge sofort und die zukünftig fällig werdenden Beträge monatlich im Voraus, Eingang bei der Antragstellerin spätestens bis zum 3. Tag eines jeden Monats,
2. rückständigen Unterhalt in Höhe von … EUR zuzüglich Zinsen in Höhe von 5 Prozentpunkten über dem jeweiligen Basiszinssatz seit dem … .

Gründe:

Die Beteiligten sind Eheleute und leben seit dem … getrennt. Sie haben zwei Kinder, nämlich K1 (geboren am …) und K2 (geboren am …). Die Kinder … *[Beschreibung der Lebensumstände, Kindergarten, Schule usw.]* und leben bei der Antragstellerin, die sie betreut und versorgt.

Mit diesem Antrag macht die Antragstellerin den ihr aus § 1361 BGB zustehenden Anspruch auf Zahlung laufenden und rückständigen Ehegatten-Trennungsunterhalts geltend.

1. Die Antragstellerin hat kein eigenes Einkommen. Sie ist zu einer eigenen Erwerbstätigkeit im Hinblick auf § 1361 Abs. 2 BGB jedenfalls zurzeit auch nicht verpflichtet. Denn die Beteiligten leben noch nicht ein Jahr voneinander getrennt. Außerdem betreut die Antragstellerin die bei ihr lebenden beiden Kinder der Beteiligten; bei dem Alter der Kinder ist der Antragstellerin die Aufnahme einer Erwerbstätigkeit in der Trennungszeit noch nicht zumutbar. Die Kinder könnten zurzeit auch noch nicht fremdbetreut werden, weil die Schule solche Betreuungsmöglichkeiten (etwa Übermittagbetreuung) nicht anbietet und die Antragstellerin auch noch keine andere Betreuungsmöglichkeit gefunden hat. Die Beteiligten waren sich außerdem bisher einig gewesen, dass eine Fremdbetreuung erst beginnen solle, wenn die Kinder älter sind; die Antragstellerin möchte gerade zu Beginn der auch für die Kinder sehr belastenden Trennung von dieser gemeinsamen Planung möglichst noch nicht abweichen.
2. Der Antragsgegner hat ein durchschnittliches Monatsnettoeinkommen von … EUR *[Hier ist im Einzelnen darzulegen, wie sich das Einkommen zusammensetzt, ferner, welche Abzüge ggf. berücksichtigt worden sind und welche nicht.]*. Obwohl er zur Zahlung von Unterhalt für die Antragstellerin aufgefordert worden ist, hat er keine Unterhaltsleistungen erbracht.
3. Der für die Antragstellerin geschuldete Unterhalt ergibt sich aus folgender Berechnung:

Der Antragsgegner verdient im Monatsdurchschnitt	… EUR
Davon hat er für K1 (12 Jahre)	… EUR

zu zahlen und für K2 (7 Jahre) EUR,
jeweils schon nach Abzug des halben Kindergeldes, das die Antragstellerin bezieht.[807]

Vom verbleibenden Restbetrag in Höhe von EUR
stehen der Antragstellerin 45 % zu, also EUR.
Dieser Monatsunterhalt wird mit dem Antrag zu 1 geltend gemacht.

4. Der Antrag zu 2 betrifft den Unterhaltsrückstand für die Zeit von bis .
Mit Schreiben der Verfahrensbevollmächtigten der Antragstellerin vom war der Antragsgegner aufgefordert worden, ab dem Monatsanfang den nun mit dem Antrag zu 1 geltend gemachten Monatsunterhalt für die Antragstellerin zu zahlen. Eine Kopie dieses Schreibens fügen wir bei. Es ist dem Antragsgegner spätestens am zugegangen.

Damit befindet sich der Antragsgegner seit dem Monatsanfang vor Zugang gemäß § 1613 Abs. 1 BGB in Verzug. Er hat nichts *[oder, sofern Teilbeträge gezahlt worden sind: nur* EUR *monatlich]* gezahlt.

Der seither aufgelaufene Unterhaltsrückstand berechnet sich daher folgendermaßen: .

(Unterschrift)

▲

IX. Vereinbarungen zum Trennungsunterhalt

Mit der Trennung von Eheleuten entsteht das Bedürfnis, vorrangig die Frage zu klären, wie die **Einkünfte der Beteiligten verteilt** werden müssen, um für beide und ggf. für die gemeinsamen Kinder das tägliche Auskommen zu sichern. Um nicht langwierig und mit ungewissem Ausgang klagen zu müssen, wird häufig versucht, unabhängig vom gesetzlich dem Einzelnen zustehenden Unterhalt eine Einigung herbeizuführen. Dies gilt umso mehr, als gerade Einkommen und Unterhalt die Grundlage der Existenz bilden. Deshalb besteht das Bestreben der Eheleute, diese Folgeproblematik einer Trennung zuvörderst und möglichst zeitlich rasch im Rahmen der Durchführung einer Trennung zu lösen.[808] **797**

Hinweis **798**

Einigen sich die Beteiligten zunächst nicht, steht es dem Unterhaltsschuldner zur **Konfliktvermeidung** und auch zur **Kostenersparnis** selbstverständlich frei, den i.E. **unstreitigen Betrag in einer notariellen Urkunde** titulieren zu lassen.

Obwohl Vereinbarungen zur Regelung der Folgen eines Getrenntlebens der Eheleute in vielen Fällen als Teil einer Gesamtvereinbarung über die Folgen von Trennung und Scheidung geschlossen werden, kann man sich häufig über alle Probleme von Trennung und Scheidung nicht zu Beginn einer Trennung einigen. **799**

1. Die Regelung von Rahmenbedingungen

Deshalb regeln Eheleute auch isoliert die Rahmenbedingungen, die ausschließlich für die Zeit der Trennung gelten sollen. Dies gilt für alle Bereiche des – vorangegangenen – Zusammenlebens. Ebenso sind **800**

807 Bei der Berechnung des Ehegattenunterhalts wird nur der um das anteilige Kindergeld gekürzte Kindesunterhalt vorweg abgezogen. So auch BGH FamRZ 2009, 1300 Rn 46 ff. und 1391 Rn 41.

808 OLG Düsseldorf NZFam 2022, 849: Ein Unterhaltsvertrag kann auch durch konkludentes Handeln zusande kommen.

Regelungen zur Nutzung der Ehewohnung und des Hausrates incl. Pkw ebenso möglich wie beispielsweise Umgangsregelungen, die sämtlich privatschriftlich getroffen werden können.

801 ▼

Muster 3.54: Umgangsregelung nach Trennung[809]

3.54

Wir, die Eheleute M und F., verheiratet seit haben uns am getrennt. F ist mit den Kindern A, geb. (Jahre), und B, geb. (Jahre), aus der Ehewohnung ausgezogen. Sie lebt nun in einer eigenen Wohnung in S. Wir wollen die elterliche Sorge für beide Kinder gemeinsam ausüben. Der Lebensmittelpunkt für sie soll aber bei der Mutter liegen. Für den Umgang des Vaters vereinbaren wir folgende Regelung:

- Besuchszeiten während der Woche,
- (Ferien),
- (Feiertage)

Ort, Datum

(Unterschriften)

▲

802 Eine umfassende – und isolierte – Regelung der Trennungsfolgen bietet sich für den Fall an, dass Eheleute **noch nicht sicher wissen**, ob die Ehe letztlich Bestand haben oder in ein Scheidungsverfahren münden wird. Es wird häufig das Bedürfnis vorhanden sein, die Zeit des Getrenntlebens auf eine sichere Grundlage zu stellen, auch ohne dass auf eine – evtl. kommende -Scheidung eingegangen wird.

Namentlich die **unterhaltsrechtliche Situation** wird in solchen Fällen gern – und isoliert – geregelt. Dieses Bedürfnis kann natürlich auch für den Fall gelten, dass die Eheleute – zumindest aktuell – davon ausgehen, dass ihre Ehe gescheitert ist und sie deshalb die Trennung vollziehen.

Eine – privatschriftlich geschlossene – Vereinbarung könnte wie folgt aussehen:

803 ▼

Muster 3.55: Unterhaltsvereinbarung[810]

3.55

Unterhaltsvereinbarung

zwischen

Herrn

und

Frau

Wir haben am die Ehe miteinander geschlossen. Wir leben seit im Rechtssinne voneinander getrennt. Für die Zeit unserer Trennung schließen wir folgende Unterhaltsvereinbarung:

Herr verpflichtet sich, ab an Frau für die Zeit der Trennung einen monatlichen, monatlich im Voraus fälligen Elementarunterhalt in Höhe von EUR zu bezahlen.

Weiter verpflichtet sich Herr für Frau die monatlichen Krankenkassenbeiträge bei der Versicherung in Höhe von derzeit EUR zu bezahlen.

Bei dieser Vereinbarung gehen die Eheleute davon aus, dass Frau keine eigenen Einkünfte aus beruflicher Tätigkeit erzielt. Sollte Frau in Zukunft über eigenes Einkommen aus berufli-

809 Nach *Horndasch*, AnwaltFormulare Kindschaftsrecht § 7 Rn 1 ff.
810 BeckFormB FamR/*Kössinger*, F.III.5.

cher Tätigkeit verfügen, so besteht Einigkeit darüber, dass diese keinen Einfluss auf die festgelegte Unterhaltszahlung haben soll.

Frau stimmt dem sog. begrenzten Ehegattenrealsplitting zu. Sie verpflichtet sich, alle hierfür erforderlichen Erklärungen abzugeben, insbesondere die sog. Anlage U zur Einkommensteuererklärung zu unterzeichnen. Herr verpflichtet sich, Frau alle ihr durch diese Zustimmung entstehenden Nachteile zu ersetzen, insbesondere die entstehende Steuerlast zu erstatten. Die Erstattungspflicht umfasst auch eventuelle Steuervorauszahlungen und die Kosten eines Steuerberaters, wenn dessen Hinzuziehung erforderlich ist.

Diese Unterhaltsvereinbarung gilt bis zur rechtskräftigen Scheidung der Ehe, längstens jedoch bis . Für die sich danach etwa anschließende Zeit der Trennung und für den nachehelichen Unterhalt gelten die gesetzlichen Vorschriften. Die heutige Vereinbarung stellt keine Grundlage für die etwaige Neufestsetzung des Unterhalts dar.

Unterschriften der Beteiligten

▲

Sinnvoll ist es auch, die **steuerlichen Konsequenzen** in die Unterhaltsregelung einzubeziehen, um spätere Auseinandersetzungen zu vermeiden. **804**

Getrenntlebensunterhalt ist auf eine **Geldzahlung** gerichtet. Sie kann daher in Vereinbarungen nicht durch eine andere Form von Unterhalt ersetzt werden.[811] Berücksichtigungsfähig und im Rahmen einer Vereinbarung sinnvoll ist es jedoch, Sachleistungen zu bewerten und ggf. in die Unterhaltsberechnung einzubeziehen. **805**

Einigen sich die Parteien **insgesamt** über den zu zahlenden Unterhalt, bedarf diese Vereinbarung **keiner besonderen Form**. Hierfür sind lediglich Angebot und Annahme erforderlich, §§ 145 ff. BGB.[812] **806**

Praxistipp **807**

1. Die Rechtsprechung neigt dazu, die **Erklärungen der Beteiligten „restriktiv" auszulegen**, im Zweifel also keine Vereinbarung anzunehmen.[813]

2. Wer sich auf eine – ggf. **mündlich** geschlossene – Unterhaltsvereinbarung beruft, hat diese **vollumfänglich zu beweisen**.[814]

Soll die **Unterhaltsvereinbarung** – wie ein gerichtlicher Beschluss – **vollstreckbar** sein, bedarf sie allerdings einer **notariellen „Unterwerfungsklausel"** zur Zwangsvollstreckung in das Vermögen des Verpflichteten **(§ 800 ZPO)**. **808**

Praxistipp **809**

Trotz freiwilliger, regelmäßiger und pünktlicher Zahlung des Unterhaltsverpflichteten hat der Berechtigte einen Anspruch auf die Errichtung eines Unterhaltstitels. Einem entsprechenden gerichtlichen Antrag fehlt das Rechtsschutzbedürfnis nicht.

Hat der Berechtigte bei regelmäßiger Zahlung durch den Unterhaltsverpflichteten jedoch zuvor **nicht die Übernahme der außergerichtlichen Titulierungskosten angeboten**, sondern stattdessen einen gericht- **810**

811 BGH FamRZ 1990, 851, 852.
812 OLG Brandenburg FamRZ 2002, 960.
813 Vgl. z.B. OLG Brandenburg FamRZ 2002, 960.
814 Zum Unterhaltsvertrag duech konkludentes Handeln vgl. auch OLG Brandenburg FuR 2021, 662.

lichen Antrag gestellt, kann der Verpflichtete durch sofortiges Anerkenntnis dafür sorgen, dass der **Berechtigte die Verfahrenskosten zu tragen** hat.[815]

2. Verzicht auf Trennungsunterhalt

811 Ein **unzulässiger Verzicht bzw. Teilverzicht** ist allerdings zu vermeiden.

§ 1614 BGB ist beim Trennungsunterhalt über §§ 1361 Abs. 4 S. 4, Abs. 3, 1360a Abs. 3 BGB anwendbar, so dass auf Trennungsunterhalt für die Zukunft nicht verzichtet werden kann. Es ist daher darauf zu achten, dass es im Rahmen von Unterhaltsvergleichen nicht zum **unzulässigen Teilverzicht** kommt.[816]

Das **Verbot**, auf Unterhaltsansprüche für die Zukunft zu verzichten, betrifft neben dem **Trennungsunterhalt auch den Familienunterhalt und Unterhaltsansprüche von Kindern**.[817]

Die Vorschrift des § 1614 Abs. 1 BGB schützt in diesen Bereichen den Unterhaltsgläubiger vor **Manipulationen** durch den Unterhaltsschuldner. Zudem sollen **Vereinbarungen zu Lasten Dritter**, insbesondere der Öffentlichen Hand, verhindert werden.

812 Die **Regelung gilt nicht** für vertragliche Ansprüche sowie den nachehelichen Unterhalt.[818] Dort gelten die Schranken der §§ 134, 138 BGB.

813 Die Höhe der möglichen Unterschreitung ist nicht unumstritten: Während eine **Unterschreitung** des Trennungsunterhalts von **20 %** z.B. vom **OLG Düsseldorf** noch für zulässig gehalten wird,[819] hält das **OLG Hamm** eine Unterschreitung von ⅓**für nicht mehr zulässig**.[820]

Es wird namentlich in einem Bereich, der **zwischen diesen unterschiedlich hohen Unterschreitungen** liegt, auf die **Umstände des Einzelfalls** ankommen, um beurteilen zu können, ob im konkreten Fall ein unzulässiger Unterhaltsverzicht vorliegt.

Im Falle einer **Unterschreitung von weniger als 20 %** erscheint es aber verfehlt, im Einzelfall prüfen zu wollen, ob die Vereinbarung nicht doch rechtsunwirksam sein könnte. Der Bereich **bis zu 20 %** unterfällt der **Möglichkeit freier Vereinbarung** nach Gesamtumständen, die der Bewertung der Vertragschließenden obliegt.

Verkürzungen um **mehr als**⅓ sind allerdings nicht hinnehmbar.[821]

814 Maßgebend dabei ist dabei die **objektive Verkürzung** des Unterhalts. Es kommt daher nicht darauf an, ob den Eheleuten die Unterhaltsverkürzung **bewusst** war.

Auch ein **Teilverzicht** auf den Unterhaltsanspruch für die Zukunft ist nicht möglich. So ist die Erschwernis der Möglichkeit, bei veränderten Verhältnissen eine Erhöhung zu verlangen, ebenfalls ein ggf. unzulässiger Verzicht. Das Gleiche gilt für eine Vereinbarung, nur für einen bestimmten zukünftigen Zeitabschnitt keinen Unterhalt zu verlangen.[822]

In die Prüfung einzubeziehen sind aber auch sonstige Regelungen, die dem Unterhaltsberechtigten zum Vorteilgereichen können.[823]

815 OLG Hamm FamRZ 1992, 831; OLG Stuttgart FamRZ 2001, 1381.
816 Vgl. BGH FamRZ 1984, 997, 999.
817 Vgl. BGH FamRZ 1984, 997, 999.
818 BGH NJW 1993, 2105.
819 OLG Düsseldorf MDR 2000, 1352; OLG Düsseldorf FamRZ 2001, 1148; ebenso OLG Celle FamRZ 1992, 94; Wendl/Dose/*Wönne*, § 6 Rn 611: Toleranzgrenze; vgl. dazu auch OLG Celle FamRZ 1992, 94.
820 OLG Hamm OLGR 2000, 70.
821 OLG Hamm FamRZ 2007, 732, 733; Verstoß bejaht bei Unterschreiten von: KG FamRZ 1997, 627: 63 %, OLG Koblenz FamRZ 1988, 761:75 %.
822 MüKo-BGB/*Born*, § 1614 Rn 8; Büte/Poppen/Menne/*Büte*, § 1614 Rn 3.
823 BGH MDR 2015, 1366 = FamRB 2015, 447.

Insgesamt sind folgende Vereinbarungen **unzulässig:** 815

- **Verzicht auf Trennungsunterhalt auch bei fehlender Bedürftigkeit** des verzichtenden Ehegatten zum Zeitpunkt des Verzichts;
- **Verzicht auf Trennungsunterhalt wegen eigener Einkünfte** des Berechtigten ohne Rücksicht auf höhere Einkünfte des anderen Ehegatten;
- **Verzicht auf Trennungsunterhalt**, weil der Berechtigte durch den anderen Ehegatten im Innenverhältnis von der **Erfüllung einer Verbindlichkeit freigestellt** wird;
- **Abfindung des Unterhaltsanspruches für die Zukunft**; § 1614 Abs. 1 BGB gilt auch für den Fall eines entgeltlichen Verzichts.[824] Wird in einer Gesamtregelung eine einmalige Abfindungssumme für Trennungs- und Nachscheidungsunterhalt gezahlt, bleibt derjenige **Teil der Vereinbarung unwirksam**, der den Trennungsunterhalt betrifft. Auch dann, wenn der Abfindungsbetrag bereits gezahlt wurde, kann der Unterhaltsberechtigte noch Trennungsunterhaltsansprüche geltend machen. Um den Unterhaltsschuldner zu schützen, muss in einem solchen Fall eine bedingte Zahlung des Abfindungsbetrages vereinbart und davon abhängig gemacht werden, dass Trennungsunterhaltsansprüche nicht geltend gemacht werden.[825] Bereits gezahlte Abfindungsbeträge wären dann zurückzuzahlen, wenn Trennungsunterhaltsansprüche geltend gemacht werden.

> *Hinweis* 816
>
> Ein Rückzahlungsanspruch für den Fall einer bereits gezahlten Gesamtabfindung ist vertraglich festzuhalten und abzusichern.[826]

- **Verzicht auf Trennungsunterhalt „für die Gegenwart“**, z.B. für kurze Zeit bis zur Rechtskraft einer Scheidung; 817
- **Erschwerung der Möglichkeit, einer Erhöhung** des Unterhaltes nach §§ 238, 239 FamFG zu verlangen;[827]
- **Ausschluss der gerichtlichen Geltendmachung** des Unterhaltsanspruchs;[828]
- nicht unwesentliche **Stundung des Unterhaltsanspruchs**;[829]
- Verpflichtung der Beteiligten, Trennungsunterhaltsansprüche **nicht geltend** zu machen (**pactum de non petendo**).

Die **Nichtgeltendmachung** ist im Übrigen für sich gesehen – noch – **kein Verzicht**.[830] Grundsätzlich wird 818
im Unterhaltsrecht nicht vermutet, dass ohne weiteres auf Unterhalt verzichtet wird. Wer Unterhalt – noch – nicht geltend macht, verzichtet hierauf nicht, zumindest nicht, ohne dass aus dem Gesamtverhalten ein Verzicht zwingend abzuleiten sind.

> *Hinweis* 819
>
> Beim Nachscheidungsunterhalt ist ein Verzicht nach § 1585c BGB in den Schranken des § 138 BGB möglich. In diesen Fällen ist jedoch zur Vermeidung einer Haftung stets zu prüfen, ob zeitliche Begrenzungen möglich sind.

Wenn auch ein **Verzicht auf die Zahlung von Trennungsunterhalt** nicht möglich ist, können sich die 820
Parteien im Rahmen unterschiedlicher Auffassungen über die Höhe eines zu zahlenden Trennungsunter-

824 Johannsen/Henrich/*Graba*, § 1614 Rn 2.
825 Göppinger/Börger/*Kilger/Pfeil*, 5. Teil Rn 136.
826 *Schwackenberg*, FPR 2001, 107.
827 BGH NJW 1985, 65, 66.
828 *Schwackenberg*, FPR 2001, 107, 108; a.A. OLG Köln FamRZ 2000, 609.
829 BGH FamRZ 2009, 198, 203 m. Anm. *Bergschneider*.
830 Grüneberg/*von Pückler*, § 1361 Rn 71.

halts selbstverständlich verständigen. **Steht jedoch die Höhe** des zu zahlenden Trennungsunterhalts **fest**, darf eine Einigung nach ständiger Rechtsprechung die Zahlung von ⁴⁄₅**tel des Betrages nicht unterschreiten**.[831]

Ein vollständiger **Verzicht für die Zukunft** scheitert an §§ 1361 Abs. 4 S. 3, 1360a Abs. 3, 1614 Abs. 1 BGB.[832] Selbst gegen **Abfindung** ist ein Verzicht nicht möglich.[833]

821 Auch eine **Vereinbarung über die Nichtgeltendmachung des Trennungsunterhalts** mit der Sanktion, dass die vereinbarte Gegenleistung für die Nichtgeltendmachung entfällt, wenn dennoch der gesetzliche Trennungsunterhalt verlangt wird, dürfte gegen § 1614 BGB verstoßen.[834]

3. Zulässige Ausgestaltungen

822 Dagegen sind Vereinbarungen, die eine **Konkretisierung des gesetzlichen Unterhalts** darstellen,[835] ohne weiteres möglich, es sei denn, sie legen den Unterhaltsanspruch gerade nicht unzutreffend fest.[836]

823 Soll Trennungsunterhalt nicht geltend gemacht werden, weil der Unterhaltsschuldner **gemeinsame Verbindlichkeiten** allein abträgt, liegt hierin nach Auffassung des **BGH** nicht unbedingt ein unwirksamer Verzicht.[837]

824 *Hinweis*

Möglich ist aber die vertragliche Vereinbarung einer **Konkretisierung des Zeitpunktes der Erwerbsobliegenheit** des Berechtigten im Sinne von § 1361 Abs. 2 BGB. Eine solche Vereinbarung kann mit einer zeitlichen Befristung und mit der Verpflichtung des Ehegatten zum Nachweis von Erwerbsbemühungen kombiniert werden.[838]

825 Insgesamt sind folgende Ausgestaltungen **zulässig**:

- **Unterschreitung von weniger als 20 % des gesetzlichen Unterhalts**; zwischen einer Unterschreitung von 20 % und einem Drittel des gesetzlichen Unterhalts ist im Einzelfall zu entscheiden, ob die Unterschreitung ausnahmsweise noch akzeptabel ist; die Unterschreitung von einem Drittel und mehr überschreitet die absolute Toleranzgrenze;[839]
- **Konkretisierung des Zeitpunkts für den Beginn der Erwerbsobliegenheit** des Berechtigten unter Beachtung der Zeitschranke des Alters von drei Jahren eines betreuenden Kindes im Falle des § 1570 Abs. 1 S. 1 BGB;
- **Geringfügige Abweichung** von Fälligkeitsregelung des § 1361 Abs. 4 S. 2 BGB;[840]
- Vereinbarung von **Trennungsunterhalt als Mindestunterhalt** mit der Maßgabe, dass Ansprüche auf einen sich nach dem Gesetz eventuell ergebenden höheren Unterhalt unberührt bleiben sollen;
- **Verzicht auf Unterhalt für die Vergangenheit**, soweit der Unterhaltsanspruch nicht auf einen Dritten, beispielsweise einen Sozialleistungsträger übergegangen ist;
- **Verzicht auch „quasi-nachehelichen-Unterhalt"** gem. §§ 1933, 1586 b BGB; ein solcher Verzicht kann sich anbieten, wenn die Ehegatten im Rahmen einer Scheidungsfolgenvereinbarung einen Erb- und Pflichtteilsverzicht erklären, um während der Trennung volle erbrechtliche Verfügungsfreiheit zu verlangen.

831 OLG Bremen FamRZ 2009, 1415.
832 Roßmann/*Viefhues*, Rn 370; BeckFormB FamR/*Hamm*, Formularbuch Familienrecht, F.III.5.3.
833 Johannsen/*Graba*, Familienrecht § 1614 Rn 2.
834 Streitig, vgl. BeckFormB FamR/*Hamm*, Formularbuch Familienrecht, F.III.5.3.
835 OLG Brandenburg FamRZ 2004, 558.
836 OLG Karlsruhe NJW-RR 2006, 1586.
837 BGH FamRZ 2005, 1236.
838 Göppinger/Börger/*Kilger/Pfeil*, Rn 154.
839 BGH FamRZ 1984, 997; OLG Hamm OLGR 2000, 70; Göppinger/Börger/*Kilger/Pfeil*, 5. Teil Rn 143.
840 LG Dortmund FamRZ 1992, 99, 102.

Eine – wirksame – Vereinbarung könnte wie folgt formuliert werden: 826

▼ 827

Muster 3.56: Trennungsunterhalt als Elementarunterhalt[841]

Der Ehemann verpflichtet sich, an die Ehefrau ab dem monatlich Trennungsunterhalt i.H.v. EUR als Elementarunterhalt zu bezahlen. Der jeweilige Unterhaltsbetrag ist im Voraus jeweils zum ersten eines jeden Monats zur Zahlung fällig und hat bis spätestens zum dritten Werktag eines jeden Monats auf dem Bankkonto der Ehefrau einzugehen. 3.56

Als Zahlungstag gilt der Tag der Wertstellung auf diesem Bankkonto. Die Vertragsparteien sind dabei von folgenden Bemessungsgrundlagen ausgegangen: .

Die Ehegatten sind sich einig, dass Unterhaltsrückstände nicht bestehen. Hinsichtlich des Altersvorsorgeunterhalts soll derzeit keine Regelung getroffen werden.

Wegen der vorgenannten Zahlungsverpflichtung unterwirft sich der Ehemann der sofortigen Zwangsvollstreckung in sein gesamtes Vermögen. Die Ehefrau ist jederzeit auf einseitiges Verlangen berechtigt, auf eigene Kosten eine vollstreckbare Ausfertigung dieser Urkunde zu verlangen, ohne dass der Nachweis der Fälligkeit zu führen ist.

Durch diese Vereinbarung wird ein etwaiger nach dem Gesetz sich ergebender weitergehender Unterhaltsanspruch des unterhaltsberechtigten Ehegatten nicht berührt.

▲

Wegen der im Text enthaltenen Unterwerfung unter die sofortige Zwangsvollstreckung bedarf die Vereinbarung **notarieller Beurkundung**. 828

4. Vereinbarung zur Dauer von Trennungsunterhalt

Die möglichen Alternativen zur Erwerbstätigkeit des unterhaltsberechtigten Ehepartners führen dazu, dass für beide beteiligte Eheleute das Bedürfnis nach sicherer Grundlage für die Trennungszeit besteht. Je nach konkret gelagertem Einzelfall ist eine Vereinbarung für die Zeit vom Beginn der Trennung bis zum Erlöschen des Trennungsunterhaltsanspruchs denkbar. 829

a) Vereinbarung über den Beginn von Erwerbstätigkeit

Ist der unterhaltsbedürftige Ehegatte während der Ehezeit nicht erwerbstätig gewesen, weil entweder konkrete Umstände wie beispielsweise die Erziehung von Kindern ihn daran gehindert haben oder einvernehmlich keine Berufstätigkeit ausgeübt wurde, wird namentlich seitens des Unterhaltsverpflichteten ein Interesse daran bestehen, diesen Zustand nach Trennung der Beteiligten zu verändern. 830

Ist der andere Ehegatte insoweit einsichtig oder gewillt, an einer entsprechenden Vereinbarung mitzuwirken, die ihm ggf. auch einige Zeit lässt, eine angemessene Erwerbstätigkeit zu suchen, könnte eine Vereinbarung wie folgt geschlossen werden.

▼ 831

Muster 3.57: Aufnahme von Arbeitstätigkeit nach Trennung

Unterhaltsvereinbarung 3.57

über

Trennungsunterhalt

Zwischen

Herrn

841 Beispiel von Göppinger/Börger/*Kilger/Pfeil*, Rn 150.

und

Frau ___

1. Wir haben am ___. (vor 4 Jahren) ___. die Ehe miteinander geschlossen. Wir leben seit dem ___. voneinander getrennt. Kinder sind aus unserer Ehe nicht hervorgegangen. Ich, Frau ___, war während des Zusammenlebens nach unserem einvernehmlichen Beschluss in meinem Beruf als Krankenschwester nicht erwerbstätig.

2. Herr ___ verpflichtet sich, ab ___ an Frau ___ einen monatlich, jeweils bis zum 3. eines jeden Monats fälligen Trennungsunterhalt in Höhe von ___ EUR zu zahlen.

3. Bei dieser Vereinbarung gehen die Beteiligten von einem Erwerbseinkommen von Herrn ___ in Höhe von netto monatlich ___ EUR aus.

4. Wir befristen den Anspruch auf Zahlung von Trennungsunterhalt grundsätzlich zunächst auf das erste Jahr nach unserer Trennung. Wir gehen davon aus, dass ich, Frau ___ in dieser Zeit in der Lage sein werde, wieder meine frühere Erwerbstätigkeit aufzunehmen. Nach Wiederaufnahme der Erwerbstätigkeit von Frau ___ werden wir eine Neuberechnung des Trennungsunterhaltsanspruchs für die Zeit bis zur Rechtskraft der von uns zu gegebener Zeit durchzuführenden Scheidung vornehmen.

___

(Unterschriften der Beteiligten)

▲

Da der Anspruch auf Zahlung von **Trennungsunterhalt nicht nach einem Jahr erlischt**, sondern grundsätzlich fortbesteht, ist nach Wiederaufnahme einer Erwerbstätigkeit durch den unterhaltsberechtigten Ehegatten eine Neuberechnung vorzunehmen. Planen Ehegatten die Zahlung von Unterhalt nach dem ersten Trennungsjahr aus gegebenen Gründen einzustellen, wäre dies – noch – nicht beurkundungspflichtig. Soweit ein Verzicht – theoretisch – möglich wäre, müsste dieser notariell beurkundet werden, weil er als auf Dauer angelegte Regelung über die Scheidung hinauswirkt und deshalb nach **§ 1585c BGB** der Urkundsform bedürfte.

Da jedoch auch bei aktuell fehlender Bedürftigkeit ein **Verzicht auf Trennungsunterhalt rechtsunwirksam** ist, könnt lediglich wie folgt vorgegangen werden: **Zweistufig** wird zunächst der Trennungsunterhalt geregelt und sodann auf nacheheliche Unterhaltsansprüche verzichtet.

832 Diese könnte in notarieller Urkunde im Kern wie folgt vorgenommen werden:

▼

Muster 3.58: Aufnahme von Arbeitstätigkeit und Unterhaltsverzicht

3.58 Verhandelt am ___

...

§ 2 Trennungsunterhalt

1. Der Ersch. zu 1. verpflichtet sich, ab ___ an die Ersch. zu 2. einen monatlichen, jeweils bis zum 3. eines jeden Monats fälligen Trennungsunterhalt in Höhe von ___ EUR zu zahlen.

2. Bei dieser Vereinbarung gehen die Erschienenen von einem Erwerbseinkommen von Herrn ___ in Höhe von netto monatlich ___ EUR aus.

3. Wir befristen den Anspruch auf Zahlung von Trennungsunterhalt auf das erste Jahr nach unserer Trennung, also bis zum ___. Wir gehen davon aus, dass ich, die Ersch. zu 2., in dieser Zeit meine frühere Erwerbstätigkeit aufnehmen werde. Ein Angebot der Kanzlei, in der ich früher gearbeitet habe, liegt mir vor.

4. Wir sind von dem beurkundenden Notar darauf hingewiesen worden, dass ein wechselseitiger Verzicht auf Trennungsunterhalt selbst bei aktuell fehlender Bedürftigkeit nicht möglich ist. Die Beteiligten verzichten daher auf die Aufnahme einer Verzichtsregelung zum Trennungsunterhalt. Gleichwohl gehen die Beteiligten davon aus, dass nach Aufnahme der Erwerbstätigkeit durch die Ersch. zu 2. nur marginale Unterschiede in den Einkünften der Beteiligten vorliegen werden und daher Trennungsunterhaltsansprüche kaum gegeben sein werden.

§ 3 nacheheliche Unterhaltsansprüche

1. Die Beteiligten verzichten wechselseitig auf jeglichen nachehelichen Unterhalt, auch für den Fall der Not. Sie nehmen den Verzicht gegenseitig an. Bei diesem Verzicht gehen die Beteiligten von einer jeweils nach Rechtskraft der Scheidung voll existenzsichernden beruflichen und vermögensmäßigen Situation aus.

2. Der Notar hat uns über die Folgen dieses Unterhaltsverzichts belehrt, insbesondere über das Risiko, dass im Falle der Scheidung jeder für sich selbst für den eigenen Unterhalt zu sorgen hat.

...

(Urkundsausgang, Unterschriften)

▲

Möglich, aber nicht zwingend wäre die Aufnahme einer **Sicherung für die Ehefrau** für den Fall, dass sich die beruflichen Pläne entgegen der Vorannahme nicht verwirklichen lassen. Hinsichtlich des dann gegebenen Trennungsunterhaltsanspruchs wäre die Geltendmachung unproblematisch, weil darauf nicht verzichtet worden ist. 833

Der nacheheliche Unterhaltsverzicht wäre aber ebenfalls nicht rechtsunwirksam. Kinder sind aus der Ehe nicht hervorgegangen, so dass – nicht zu befristende – Betreuungsunterhaltsansprüche nach § 1570 BGB nicht gegeben wären.

Nach der konkreten Situation kommen lediglich eventuell und im Einzelfall näher zu prüfende – vorübergehende – Aufstockungsunterhaltsansprüche nach § 1573 Abs. 2 BGB in Betracht. Bei der Kürze der Ehezeit, der akademischen Ausbildung der Ehefrau und vor allem bei Fehlen ehebedingter Nachteile wäre aber ohne weiteres denkbar, dass ohnehin kein nachehelicher Unterhaltsanspruch besteht und die Eigenverantwortlichkeit nach § 1569 BGB vorrangig ist. Zumindest sittenwidrig ist im vorliegenden Fall ein Verzicht auf nacheheliche Unterhaltsansprüche nicht.

Falls die Ehefrau den Verzicht ausschließlich in der – sich dann ggf. nicht verwirklichenden – Gewissheit der Wiederaufnahme ihrer früheren anwaltlichen Tätigkeit leisten will, ist dies als Bedingung in die Urkunde zu setzen.

b) Vereinbarung über die Beibehaltung von Erwerbstätigkeit

Um aus Sicht des Unterhaltsverpflichteten der Gefahr zu entgehen, nach Trennung durch **Aufgabe der Erwerbstätigkeit** seitens der Unterhaltsberechtigten in erhöhter Weise unterhaltsverpflichtet zu sein, macht es aus seiner Sicht Sinn, die Weiterführung der Arbeitstätigkeit in eine Vereinbarung aufzunehmen. Wesentliche Bedeutung hat die Möglichkeit der Aufgabe einer Arbeitstätigkeit im Falle der gleichzeitigen Betreuungsbedürftigkeit von Kindern. Fällt die – zumindest ergänzende – Betreuung durch den Ehepartner aufgrund der räumlichen Trennung weg und ist im Alter der Kinder ab 3 Jahren eine – weitere – Fremdbetreuung nicht möglich, kann sich der Ehegatte, der die Kinder betreut, dieser Tätigkeit auch unter Aufgabe seiner Erwerbstätigkeit widmen. 834

Aus Sicht des Unterhaltsberechtigten macht die Fortschreibung der bisher geleisteten Erwerbstätigkeit ebenfalls Sinn, kann doch auf diese Weise der Umfang der Arbeitszeit festgeschrieben werden. Sinnvoll ist es in diesem Zusammenhang, die Betreuung der gemeinsamen Kinder durch Regelung des Umgangs des Unterhaltspflichtigen in die Vereinbarung einzubeziehen.

835 ▼

3.59 **Muster 3.59: Arbeitstätigkeit und Umgang**

Vereinbarung

über

Trennungsunterhalt und Umgang

Zwischen

Herrn ___

und

Frau ___

1. Wir haben am ___ die Ehe miteinander geschlossen. Wir leben seit dem ___ voneinander getrennt. Aus unserer Ehe sind zwei Kinder hervorgegangen, ___, geb. am ___ sowie ___, geb. am ___. Die Kinder werden von mir, der Kindesmutter überwiegend betreut. Hierbei soll es auch bleiben, ebenso bei der gemeinsamen elterlichen Sorge im Falle der Scheidung unserer Ehe.

2. Für die Zeit, in der sich die Kinder in der Obhut der Ehefrau befinden, verpflichtet sich der Ehemann, Kindesunterhalt wie folgt monatlich bis zum 1. Werktag eines Monats zu leisten: (Alternativ: Kindesunterhalt in Höhe von ___ % des jeweiligen Mindestbetrags der jeweiligen Altersstufe der Düsseldorfer Tabelle gemäß § 1612a BGB monatlich bis zum 1. Werktag eines jeden Monats zu leisten)

a) ___ (Name des Kindes) geb. am ___ ___ EUR

b) ___.

Für die Berechnung der Höhe des Unterhalts haben die Beteiligten die gesetzliche Regelung zugrunde gelegt. Herr ___ wird unverzüglich eine vollstreckbare Urkunde über den Kindesunterhalt bei dem zuständigen Jugendamt zeichnen.

3. Herr ___ verpflichtet sich, ab ___ an Frau ___ einen monatlich, jeweils bis zum 3. eines jeden Monats im Voraus fälligen Trennungsunterhalt in Höhe von ___ EUR zu zahlen. Der Trennungsunterhalt ist bis zur Rechtskraft der Scheidung zu zahlen.

4. Bei dieser Vereinbarung gehen die Beteiligten von einem Erwerbseinkommen von Herrn ___ in Höhe von netto monatlich ___ EUR sowie von Frau ___ in Höhe von netto monatlich ___ EUR aus.

5. Wir vereinbaren, dass beide Eheleute während der Trennungszeit ihre Erwerbstätigkeit im jetzigen Umfang fortsetzen. Um dies zu sichern, vereinbaren wir die folgende Umgangsregelung des Kindesvaters mit den Kindern wie folgt:

Jeweils Donnerstagnachmittag bis Freitagmorgen zum Beginn des Kindergartens beziehungsweise der Schule sowie alle 14 Tage von Donnertagnachmittags bis zum Beginn des Kindergartens beziehungsweise der Schule am darauffolgenden Montagmorgen.

Während der Sommerferien über einen zusammenhängenden Zeitraum von 3 Wochen in der ersten Ferienhälfte.

In jedem ungeraden Jahr über die Osterfeiertage von Donnerstagnachmittag bis Ostermontag 10.00 Uhr und in jedem geraden Jahr von Ostermontag 10.00 Uhr bis zum Beginn des Kindergartens am darauffolgenden Dienstag; soweit die Kinder eingeschult sind, in jedem ungeraden Jahr von Beginn der Osterferien bis Ostermontag 10.00 Uhr und in jedem geraden Jahr von Ostermontag 10.00 Uhr bis zum Beginn der Schule.

Soweit die Kinder eingeschult sind, während der Herbstferien über einen zusammenhängenden Zeitraum von 1 Woche in der ersten Ferienhälfte.

Von Beginn der Weihnachtsferien bis 25.12. 10.00 Uhr sowie zusätzlich in jedem ungeraden Jahr ab 1.1. bis zum Beginn des Kindergartens beziehungsweise der Schule; in jedem geraden Jahr ab 31.12. 12.00 Uhr bis zum Beginn des Kindergartens beziehungsweise der Schule.

(Unterschriften der Beteiligten)

▲

Vereinbarungen über **Kindesunterhalt** sind grundsätzlich nicht formbedürftig. 836

Das **volljährige Kind** schließt eine Vereinbarung persönlich mit den Eltern bzw. einem Elternteil. Beim **minderjährigen Kind** wird die Vereinbarung zwischen dem vertretungsberechtigten Elternteil und dem anderen getroffen.

Für das minderjährige Kind handelt ggf. der allein vertretungsberechtigte Elternteil, bei gemeinsamer elterlicher Sorge derjenige Elternteil, in dessen **Obhut** sich das Kind befindet, § 1629 Abs. 2 S. 2 BGB.

Der Kindesunterhalt kann in einer privatschriftlichen Vereinbarung jedoch nicht mit einer **Vollstreckungsunterwerfung nach § 800 ZPO** versehen werden, weil diese der Urkundsform bedarf. Die Vollstreckungsunterwerfung, auf die die betreuende Kindesmutter auch bei korrekter Zahlung des Kindesvaters Anspruch hat, wird durch Notare oder das Jugendamt vorgenommen, durch das **Jugendamt kostenfrei**, bei Notaren mit Kostenpflicht.

> *Praxistipp*
>
> Die Aufforderung, Kindesunterhalt mit Vollstreckungsunterwerfung titulieren zu lassen, sollte immer mit dem Hinweis auf die kostenfreie Erstellung durch das Jugendamt verbunden sein, weil sonst der Verpflichtete eine notarielle Urkunde zeichnen könnte, deren Kosten dann die auffordernde Berechtigte tragen müsste.

Die Umgangsvereinbarung stellt einen zeitlich gegenüber üblicher Regelung ausgeweitete Verfahrensweise dar. Sie war in einem gerichtlichen Verfahren einmal angeordnet worden.[842]

c) Vereinbarung über die Aufgabe der Erwerbstätigkeit

Ist einem getrenntlebenden Ehegatten ausnahmsweise nicht zumutbar, seine Erwerbstätigkeit aufrecht zu erhalten, kann auch darüber eine Vereinbarung geschlossen werden. Das Interesse des nicht erwerbstätigen Ehegatten liegt darin, eine Sicherheit über die Dauer der eingetretenen Situation zu erlangen. Das Interesse des Unterhaltsverpflichteten kann in einer zeitlichen Begrenzung der gegebenen Situation liegen. 837

Eine Vereinbarung ist wie folgt denkbar:

842 BGH FamRZ 2006, 1015 mit Anm. *Luthin*; OLG Koblenz, Beschl. v. 12.1.2010 – 11 UF 251/09; zu den Grenzen zum Wechselmodell vgl. *Horndasch,* AnwaltFormulare Kindschaftsrecht § 7 Rn 25 ff.

▼

Muster 3.60: Vereinbarung über Aufgabe der Erwerbstätigkeit

3.60 Unterhaltsvereinbarung

über

Trennungsunterhalt und befristete Aufgabe der Erwerbstätigkeit

Zwischen

Herrn …

und

Frau …

1. Wir haben am …, in … die Ehe miteinander geschlossen. Wir leben seit dem … voneinander getrennt. Aus unserer Ehe sind 2 Kinder hervorgegangen, …, geb. am … sowie …, geb. am …. Wir waren beide vor unserer Trennung durchgehend erwerbstätig, und zwar jeweils halbschichtig. Wir haben die Betreuung der Kinder geteilt. Nach räumlicher Trennung ist dies nicht mehr möglich. Ich, Herr …, habe deshalb eine vollschichtige Tätigkeit aufgenommen, ich, Frau …, habe meine Berufstätigkeit aufgegeben, um mich der Betreuung der Kinder zu widmen.

2. Herr … verpflichtet sich, ab … an Frau … einen monatlich, jeweils bis zum 3. eines jeden Monats fälligen Trennungsunterhalt in Höhe von … EUR zu zahlen.

3. Bei dieser Vereinbarung gehen die Beteiligten von einem Erwerbseinkommen von Herrn … in Höhe von netto monatlich … EUR aus.

4. Wir befristen den Anspruch auf Zahlung von Trennungsunterhalt zunächst bis zum …, da unsere jüngste Tochter sodann 3 Jahre alt geworden ist und ab diesem Zeitpunkt den Kindergarten … in … besuchen wird. Zum gleichen Zeitpunkt wird Frau … ihre halbschichtige Arbeitstätigkeit wieder aufnehmen. Nach Wiederaufnahme der Erwerbstätigkeit von Frau … werden wir eine Neuberechnung des Trennungsunterhaltsanspruchs für die Zeit bis zur Rechtskraft der von uns zu gegebener Zeit durchzuführenden Scheidung vornehmen.

…

(Unterschriften der Beteiligten)

▲

d) Vereinbarung über die Ausweitung der Erwerbstätigkeit

838 Regelmäßig wird bei sich vertiefender Trennung, namentlich nach – erfolglosem – Ablauf des Trennungsjahres eine Ausweitung der während der Trennungszeit eventuell nur teilschichtig ausgeübten Erwerbstätigkeit erfolgen müssen.

Die Regeln zur Erwerbtätigkeit und Eigenverantwortung nähern sich bei gescheiterter Ehe denjenigen des nachehelichen Unterhaltsanspruchs an. Um für beide Beteiligte insoweit sichere Grundregeln zu schaffen, ist es sinnvoll, die Dauer der ungeschmälerten Zahlung von Trennungsunterhalt und umgekehrt die notwendige Ausweitung der Erwerbstätigkeit des Berechtigten mit entsprechender Neuberechnung des Verpflichteten, in eine Vereinbarung zu fassen.

Dies könnte wie folgt geschehen:

▼

Muster 3.61: Ausweitung der Erwerbstätigkeit

3.61

Unterhaltsvereinbarung

über

Trennungsunterhalt und Ausweitung der Erwerbstätigkeit

zwischen

Herrn

und

Frau

1. Wir haben am (vor vier Jahren) die Ehe miteinander geschlossen. Wir leben seit dem voneinander getrennt. Kinder sind aus unserer Ehe nicht hervorgegangen. Ich, Frau , war während des Zusammenlebens nach unserem einvernehmlichen Beschluss in meinem Beruf als Krankenschwester lediglich halbschichtig erwerbstätig.

2. Herr verpflichtet sich, ab an Frau einen monatlich, jeweils bis zum 3. eines jeden Monats fälligen Trennungsunterhalt in Höhe von EUR zu zahlen.

4. Bei dieser Vereinbarung gehen die Beteiligten von einem Erwerbseinkommen von Herrn in Höhe von netto monatlich EUR, von Frau in Höhe von netto monatlich EUR aus.

5. Wir befristen den Anspruch auf Zahlung von Trennungsunterhalt grundsätzlich zunächst auf das erste Jahr nach unserer Trennung. Frau verpflichtet sich, nach Ablauf des Trennungsjahres eine vollschichtige Erwerbstätigkeit aufzunehmen. Sie wird sich schon jetzt um eine entsprechende Ausweitung ihrer Tätigkeit als Krankenschwester bemühen. Nach Wiederaufnahme der Erwerbstätigkeit von Frau werden wir eine Neuberechnung des Trennungsunterhaltsanspruchs für die Zeit bis zur Rechtskraft der von uns zu gegebener Zeit durchzuführenden Scheidung vornehmen.

(Unterschriften der Beteiligten)

▲

Die Regelung, eine bindende Unterhaltsvereinbarung der Höhe nach zunächst ausschließlich für das erste Trennungsjahr zu vereinbaren, führt dazu, dass Einwendungen des Unterhaltsverpflichteten, z.B. wegen fehlender oder zu geringer Bemühungen des Berechtigten

5. Vereinbarung über Trennungsunterhalt und nachehelichen Unterhalt

Während der Zeit der Trennung der Beteiligten und noch vor Scheidung der Ehe finden Eheleute häufig 839
eine Gesamtvereinbarung, die Ansprüche auf Trennungsunterhalt und auf nachehelichen Unterhalt einschließt.

So, wie die Anspruchsgrundlagen für Trennungsunterhalt (§ 1360a BGB) und nachehelichen Unterhalt (§§ 1570 ff. BGB) zu unterscheiden sind, muss auch in der Beurkundung solcher Ansprüche die Unterscheidung beachtet werden.

840 *Praxistipp*

Beachtet der beurkundende **Notar** oder der beratende **Rechtsanwalt** die unterschiedlichen Tatbestandsvoraussetzungen, die Unterschiedlichkeit in der Möglichkeit der Befristung und Begrenzung etc. nicht, haftet er für den einem Beteiligten ggf. entstehenden Schaden.

Wenig sinnvoll ist es deshalb, Trennungsunterhalt und nachehelichen Unterhalt zu vermengen durch Formulierungen wie folgt:

Formulierungsbeispiel

Der Ersch. zu 1. verpflichtet sich, an die Ersch, zu 2. Trennungsunterhalt und nachehelichen Unterhalt in Höhe von (…) EUR zu zahlen.

841 Da Trennungsunterhalt unverzichtbar ist, also weder der Möglichkeit der Befristung unterliegt noch begrenzbar ist, wird bei solcher Formulierung auch ausdrücklich auf die – ganz überwiegend mögliche – Befristung des nachehelichen Unterhaltsanspruchs verzichtet.

Es ist daher immer darauf zu achten, dass **gesonderte Abschnitte** für Trennungsunterhalt und nachehelichen Unterhalt erstellt werden, beispielsweise wie folgt:

▼

Muster 3.62: Vereinbarung Festbetrag Trennungsunterhalt und nachehelicher Unterhalt

3.62

Verhandelt am

zu

vor mir, dem unterzeichnenden Notar im Bezirk des Oberlandesgerichts

erscheinen

Herr , geb. am , wohnhaft

Frau geb. , geb. am , wohnhaft

ausgewiesen durch .

Die Frage des beurkundenden Notars nach einer Vorbefassung im Sinne von § 3 Abs. 1 Nr. 7 BeurkG wurde von den Erschienenen verneint. Der beurkundende Notar erläuterte die vorgenannte Vorschrift.

Die Erschienenen baten den Notar um die Beurkundung einer

Trennungs- und Scheidungsfolgenvereinbarung

und erklärten vorab:

§ 1 Ausgangslage

Wir sind Beide von Geburt an deutsche Staatsangehörige und haben am (vor vier Jahren) in die Ehe geschlossen. Aus unserer Ehe sind keine Kinder hervorgegangen. Auch Kinder aus anderen Verbindungen sind nicht vorhanden. Wir leben seit dem voneinander getrennt und haben einvernehmlichen Scheidungsantrag bei dem zuständigen Amtsgericht – Familiengericht – in gestellt.

§ 2 Trennungsunterhalt

1. Der Ersch. zu 1. verpflichtet sich, ab an die Ersch. zu 2. einen monatlichen, jeweils bis zum 3. eines jeden Monats fälligen Trennungsunterhalt in Höhe von EUR zu zahlen.

2. Bei dieser Vereinbarung gehen die Erschienenen von einem Erwerbseinkommen von Herrn in Höhe von netto monatlich EUR sowie von Frau in Höhe von netto monatlich EUR aus.

3. Der Trennungsunterhalt ist nicht abänderbar und endet mit Rechtskraft der Ehescheidung.

§ 3 nacheheliche Unterhaltsansprüche

1. Der Ersch. zu 1. verpflichtet sich hiermit, der Ersch. zu 2. gesetzlichen Aufstockungsunterhalt zu bezahlen und zwar in Höhe von monatlich EUR für die Zeit bis zahlbar jeweils bis zum 3. Eines jeden Monats. Hierbei handelt es sich um einen Festunterhalt, der für beide Beteiligte nicht abänderbar ist. Für die Zeit ab verzichten die Beteiligten schon jetzt gegenseitig auf nachehelichen Unterhalt in jeder Form und in allen Lebenslagen einschließlich dem Fall der Not und nehmen diesen Verzicht hiermit wechselseitig an. Dieser Verzicht gilt auch für jeden Fall der Änderung der Rechtsprechung oder einer Gesetzesänderung.

2. Der Notar hat uns über die Folgen dieses Unterhaltsverzichts belehrt, insbesondere über das Risiko, dass im Falle der Scheidung jeder für sich selbst für den eigenen Unterhalt zu sorgen hat.

§ 4 Vollstreckungsunterwerfung

Wegen der in §§ 2 und 3 der Vereinbarung eingegangenen Verpflichtungen zur Zahlung von Trennungsunterhalt und nachehelichem Unterhalt unterwerfe ich, der Ersch. zu 1., mich der

sofortigen Zwangsvollstreckung

aus dieser Urkunde in mein Vermögen.

Die Ersch. zu 2. ist berechtigt, sich jederzeit auf einseitigen Antrag auf Kosten des Ersch. zu 1. Eine vollstreckbare Ausfertigung dieser Urkunde erteilen zu lassen, ohne dass es hierzu des Nachweises der Fälligkeit oder sonstiger die Vollstreckung begründender Tatsachen bedarf.

§ 5 Salvatorische Klausel

Sollte eine Bestimmung dieses Vertrages ganz oder teilweise unwirksam oder nicht durchsetzbar sein oder werden oder sollte dieser Vertrag eine Lücke aufweisen, so wird hierdurch die Wirksamkeit der übrigen Bestimmungen nicht berührt. Anstelle der unwirksamen oder nicht durchsetzbaren Bestimmungen oder zur Ausfüllung von Lücken verpflichten sich die Beteiligten, für die Zukunft eine wirksame und durchsetzbare Regelung zu vereinbaren, die – soweit rechtlich möglich – den wirtschaftlichen Zweck am nächsten kommt, den die Beteiligten gewollt haben oder hätten, wenn ihnen die Unwirksamkeit oder die Undurchsetzbarkeit bewusst gewesen wäre oder sie die Lücke bedacht hätten.

§ 6 Hinweise, Durchführung

Der Notar hat die Erschienenen über die Bedeutung, die rechtliche Tragweite, insbesondere die Rechtsfolgen und die Auswirkungen der Trennungs- und Scheidungsfolgenvereinbarung abschließend noch einmal ausführlich belehrt. Beide Erschienenen sind sich der Tragweite der getroffenen Vereinbarungen bewusst und wünschen gleichwohl die Beurkundung der Vereinbarung auch unter Inkaufnahme möglicher zukünftig daraus erwachsener Nachteile.

(ggf. weitere abschließende Hinweise/Durchführung)

(Urkundsausgang, Unterschriften)

▲

842 Die Vereinbarung eines **nicht abänderbaren Unterhalts** bietet sich für den **Trennungsunterhalt** bei bereits rechtshängigem Scheidungsantrag an. Der Zeitraum bis zur Rechtskraft einer Scheidung ist dann in der Regel überschaubar, es sei denn, komplexe Folgesachen sind anhängig.

Im vorliegenden Fall wird nachehelicher Unterhalt wegen der kurzen Ehezeit, wenn überhaupt, nur eine kurze Zeit, ca. sechs Monate bis ein Jahr, gezahlt werden müssen. Gerade bei kurzen Zeiträumen einer Zahlungspflicht betreffend **nachehelichen Unterhalt** bietet es sich deshalb ebenfalls an, einen nicht abänderbaren Festbetrag zu vereinbaren. Einerseits bietet der Festbetrag für den Unterhaltsberechtigten die Sicherheit laufender Zahlung, zum anderen vermeidet sie für beide Beteiligte für die überschaubare Zeit ggf. weitere streitige Auseinandersetzungen.

Auf eine **Wertsicherung,** die bei längerfristigen Unterhaltsvereinbarungen üblich ist, kann bei kurzen Zeiträumen verzichtet werden. Die **Unterwerfung unter die sofortige Zwangsvollstreckung** ist trotz des guten gemeinsamen Willens, der sich im Abschluss der Vereinbarung niederschlägt, von erheblicher Bedeutung und für den Berechtigten kaum verzichtbar. Eine spätere gerichtliche Verfolgung der Ansprüche, die bei fehlender Zwangsvollstreckungsunterwerfung erforderlich ist, wird nicht nur zeitraubend, sondern wegen des langen Zeitablaufs eventuell in der Vollstreckung nicht – mehr – erfolgreich sein.

> *Hinweis*
>
> Der grundlose, weil zuvor nicht erörterte Verzicht auf die Aufnahme einer Zwangsvollstreckungsunterwerfung in eine Urkunde kann einen **Haftungsfall für den beurkundenden Notar oder den beratenden Rechtsanwalt** darstellen.

6. Nichtgeltendmachung von Trennungsunterhalt

843 Zu unterscheiden ist gleichwohl der **Verzicht** von der **Nichtgeltendmachung**. Die Nichtgeltendmachung kann dann vereinbart werden, wenn eine nachvollziehbare Begründung vorhanden ist, die in der Urkunde aber konkret aufzunehmen ist.

844 ▼

Muster 3.63: Nichtgeltendmachung des Trennungsunterhalts

3.63

…

Beide[843] Ehegatten sind sich darüber einig, dass derzeit kein Anspruch auf Trennungsunterhalt besteht. Beide Ehegatten sind vollschichtig berufstätig. Nach Abzug berufsbedingter Aufwendungen beträgt das monatliche Nettoeinkommen des Ehemannes 2.100 EUR und das Einkommen der Ehefrau 1.200 EUR. Die monatliche Rate für das gemeinsame Darlehen bei der -Bank in Höhe von 500 EUR wird vom Ehemann getragen. Die Ehegatten sind sich insoweit darüber einig, dass kein Anspruch auf Gesamtschuldnerausgleich besteht. Die gemeinsame Eigentumswohnung wird seit der Trennung von der Ehefrau allein bewohnt. Hierdurch erspart sie sich Mietkosten für eine angemessene Ersatzwohnung von mindestens 350 EUR. Zwischen den Ehegatten besteht somit kein nennenswerter Einkommensunterschied.

▲

843 *Horndasch*, AnwaltFormulare Ehegattenunterhaltsrecht, § 3 Rn 81.

Allerdings reicht die bloße Feststellung, dass beide Ehegatten nicht unterhaltsbedürftig sind, nicht aus, weil dies die spätere Geltendmachung von Unterhalt nicht verhindert. Ein Ehegatte kann jederzeit vortragen, dass Unterhaltsbedürftigkeit besteht. 845

Zu **warnen** ist vor Formulierungen, die eine **Freistellung ohne jede Begründung** enthalten.[844] 846

> *Beispiel* 847
>
> Für die Trennungszeit stellen wir uns gegenseitig von sämtlichen Ehegattenunterhaltsansprüchen frei. Dies betrifft auch etwaige Forderungen Dritter.
>
> Der Notar wies darauf hin, dass ein Verzicht auf die Geltendmachung von Trennungsunterhalt unwirksam ist.
>
> Die Erschienenen erklärten daraufhin: Wir möchten uns auch in Kenntnis dieser Rechtslage gegenseitig versprechen, uns auch von Ansprüchen Dritter freizuhalten.

Solche Vereinbarungen sind ebenso sinnlos wie unwirksam, da sie ein **jederzeit zu brechendes Versprechen** enthalten, ohne dass dies irgendwelche Folgen hätte. 848

7. Salvatorische Klauseln

Salvatorische Klauseln können sinnvoll sein, helfen nicht manchen Fällen aber nicht weiter. Gerade in ehevertraglichen Vereinbarungen kommt es häufig zu **„Gesamtlösungen"**, bei denen das Nachgeben einer der Beteiligten auf einem Gebiet zu einem Entgegenkommen des anderen Beteiligten auf einem anderen Gebiet führt. Hier kann eine mangelnde individuelle Anpassung wegen des **„Verknüpfungswillens"**[845] gerade zu einer Verzerrung des Gewollten führen. 849

Auch die Rechtsprechung betrachtet bei der Wirksamkeits- und Ausübungskontrolle in der **„Gesamtschau"**, ob die Regelungen zu einer einseitigen Belastung führen. Das Herausbrechen eines Bausteins ohne Ausgleich auf der anderen Seite könnte dann **erst recht zu einer Unwirksamkeit** der Gesamtvereinbarung führen.

In geeigneten Fällen kann aber die – kurz gefasste – **Teilunwirksamkeitsklausel** wie folgt lauten:[846]

▼ 850

Muster 3.64: Teilunwirksamkeitsklausel (kurz gefasst)

Sollten Regelungen in diesem Vertrag – gleich aus welchem Grunde – unwirksam sein oder werden oder sollte eine Berufung hierauf unzulässig sein, oder sollte sich eine von den Beteiligten heute nicht bedachte Lücke in ihren Vereinbarungen herausstellen (auch eine solche, die nicht durch ergänzende Vertragsauslegung behebbar ist), so bleiben die übrigen Bestimmungen dennoch wirksam, eine Berufung auf sie wird nicht unzulässig.

▲

Bei umfangreichen Vereinbarungen könnte die Verknüpfung auch in einer speziellen **Teilwirksamkeitsklausel** geregelt werden: 851

▼ 852

Muster 3.65: Spezielle Teilunwirksamkeitsklausel

Sollten Regelungen in dieser Urkunde unwirksam sein oder werden oder sollte eine Berufung hierauf unzulässig sein, so bleiben die übrigen Bestimmungen dennoch wirksam, eine Berufung hierauf wird nicht unzulässig.

844 Wendl/Dose/*Wönne*, Unterhaltsrecht, § 6 Rn 611.
845 So Bergschneider/*Kössinger*, Ziff. P.IV.5.
846 *Horndasch*, Die notarielle Fachprüfung im Familienrecht, § 6 Rn 34.

Insbesondere lässt ein Rücktritt vom Erbvertrag die ehevertraglichen und sonstigen Vereinbarungen grds. unberührt und umgekehrt berührt die Unwirksamkeit von Regelungen im Ehevertrag den Bestand der Verfügungen von Todes wegen nicht. Die Regelungen in Ziffer zur Abgeltung etwaiger Zugewinnausgleichsansprüche für den Fall des Vorversterbens des Ehemannes stehen jedoch unter der Bedingung, dass die erbvertragsmäßig getroffene (teilweise) Erbeinsetzung der Ehefrau nicht durch Rücktritt oder in anderer Weise unwirksam geworden ist. Eine Erbausschlagung hat jedoch keine Auswirkungen auf diese Regelungen.

Die Unwirksamkeit des Ausschlusses des Versorgungsausgleichs lässt insbesondere auch die güterrechtlichen Regelungen unberührt.

Abweichend hiervon gilt jedoch:

Wenn die Vereinbarungen zum (teilweisen) Verzicht auf nachehelichen Unterhalt gemäß Ziffer und/oder die Vereinbarungen zur Abgeltung der Zugewinnausgleichsansprüche gem. Ziffer ganz oder teilweise unwirksam sind oder werden oder eine Berufung hierauf ganz oder teilweise unzulässig ist, so entfallen auch die Regelungen in Ziffer (Immobilienübertragung) und Ziffer (pauschale Ausgleichszahlung). Hiernach empfangene Leistungen sind ggf. zurückzugewähren. Auf die Sicherung solcher Ansprüche wird verzichtet.

▲

853 Erweist sich im Rahmen einer Gesamtvereinbarung die **Regelung des Trennungsunterhaltsanspruchs** eines der beteiligten Eheleute als **rechtsunwirksam**, ist ja die Frage zu klären, ob die Gesamtlösung auch ohne Vereinbarung des Trennungsunterhalts in dieser Weise abgeschlossen worden wäre. Ist dies nicht der Fall, ist eine Verknüpfung eines oder mehrerer anderer Punkte der Vereinbarung mit der Frage der Wirksamkeit der Unterhaltsvereinbarung erforderlich und bei Abfassung der salvatorischen Klausel zu bedenken.

X. Tod eines Ehepartners

1. Ausgangssituation

854 Ebenso wie während des Zusammenlebens der Ehepartner kann einer der Ehegatten auch während der Trennungszeit versterben. Selbst wenn ein Scheidungsverfahren eingeleitet ist, kann es zum Tod eines Beteiligten kommen. Dies gilt umso mehr, als familiengerichtliche Verfahren nicht selten Jahre dauern.[847]

Auch wenn sich kein Rechtsanwalt und kein Gericht gern für einen Rosenkrieg zwischen (ehemaligen) Partnern einspannen lässt, benutzen manche Beteiligte die notwendige Regulierung der Folgen einer Trennung (und Scheidung) weniger dazu, die eigenen Interessen und/oder diejenigen der davon betroffenen Kinder in fairer, vernünftiger Weise zu regeln. Es geht so manches Mal mehr um nicht aufgearbeitete Spannungen zum Partner, um die Enttäuschung über die Abwendung des Anderen, um den Verlust der vertrauten und materiell gesicherten Lebenssituation, um Schuld und Rache. Dies kann zu langen, ja langjährigen Verfahren führen, über die schon mancher Beteiligter „hinweggestorben" ist.

855 Und es gibt Verfahren, bei denen Beteiligte sich – aus unterschiedlichen Gründen – bemühen, nicht zu einem Abschluss der Familiensache zu kommen, bevor nicht ein – bestimmter – Beteiligter verstorben ist.

Aber auch bei Verfahren üblicher Dauer, also statistisch einem Verfahren von etwa 6 Monaten Länge, kann ein Beteiligter plötzlich oder infolge einer langjährigen Erkrankung sterben, und zwar in jedem Alter, wie wir aus dem Bekanntenkreis alle wissen.

Der Tod eines Beteiligten kann erhebliche Folgen für Trennungs- und/oder Scheidungsverfahren haben.

856 Grundsätzlich sind drei Zeiträume zu unterscheiden:

847 Ausführlich dazu *Horndasch*, AnwaltFormulare Ehegattenunterhaltsrecht, § 3 Rn 205 ff.

- der Tod während der Trennungszeit
- der Tod nach Rechtshängigkeit des Scheidungsantrags
- der Tod nach Rechtskraft der Scheidung.

Die familienrechtlichen und erbrechtlichen Folgen eines Todesfalls sind je nach dem betroffenen Bereich unterschiedlich.

2. Tod eines Beteiligten vor Rechtskraft einer Scheidung

a) Tod vor Rechtshängigkeit

Mit der Einreichung des Scheidungsantrags wird die Scheidung anhängig. 857

Stirbt der Antragsgegner vor Zustellung des von seinem Ehepartner eingereichten Scheidungsantrags, also **vor Rechtshängigkeit des Verfahrens**, ist der Scheidungsantrag **unzulässig** und damit zurückzunehmen, weil es an einem Beteiligten fehlt.[848]

Geschieht dies nicht, wird das Familiengericht den Antrag als unzulässig abweisen.[849] Einer Kostenentscheidung des Gerichts bedarf es in diesem Fall nicht, da es an einem Gegner fehlt, der die Kostenerstattung fordern könnte.[850]

Stirbt der Antragstellernach Einreichung des Scheidungsantrags, hat die Zustellung zu unterbleiben. 858
Eine Kostenentscheidung ist entbehrlich, da eine Kostenerstattungspflicht vor Zustellung nicht besteht.[851]

Wird die Zustellung z.B. aus Unkenntnis des Gerichts über das Versterben des Antragstellers gleichwohl vorgenommen, liegt keine Erledigung der Hauptsache i.S.v. § 131 FamFG vor.[852] Die Erben haben den Antrag zurückzunehmen.

Geschieht dies nicht, ist der Antrag mangels Existenz des Antragstellers abzuweisen. Das Verfahren wird nicht gem. § 113 FamFG, § 239 ZPO unterbrochen, da ein Scheidungsantrag nur durch einen Rechtsanwalt eingereicht werden kann und deshalb für den verstorbenen Antragsteller ein Bevollmächtigter i.S.v. § 246 Abs. 1 ZPO vorhanden sein muss.

Auf Antrag des Bevollmächtigten des verstorbenen Antragstellers, aber auch auf Antrag des Antragsgeg- 859
ners, wird das Verfahren gem. § 113 Abs. 1 FamFG, § 246 ZPO ggf. ausgesetzt.[853] Der Erbe hat dann die Möglichkeit der Aufnahme des Verfahrens und der Rücknahme des Antrags.

Besteht auf Seiten des verstorbenen Antragstellers eine Erbengemeinschaft, kann jeder Miterbe das Verfahren aufnehmen, § 2039 Satz 2 BGB.[854]

b) Tod nach Rechtshängigkeit

Tritt der Tod eines Ehegatten nach Zustellung des Scheidungsantrags, aber vor Rechtskraft der Scheidung 860
ein, ist gem. § 131 FamFG die **Hauptsache erledigt**. Die Vorschrift stellt eine Ausnahme zu der regelmäßigen Folge des Todes eines Beteiligten im familiengerichtlichen Verfahren nach §§ 113 Abs. 1 Satz 2 FamFG, 239 ZPO dar, wonach das Verfahren lediglich unterbrochen wäre. Dies ist in den besonderen höchstpersönlichen Rechtsbeziehungen der Eheleute zueinander begründet.

848 Horndasch/Viefhues/*Roßmann*, § 131 Rn 4.

849 BGH NJW 1957, 989; OLG Naumburg FamRZ 2006, 867; OLG Brandenburg FamRZ 1996, 683; *Götsche*, FamRB 2012, 56.

850 OLG Brandenburg FamRZ 1996, 683; Keidel/*Weber*, § 131 Rn 5; Prütting/*Helms*, § 131 Rn 3.

851 *Roßmann*, Taktik im familiengerichtlichen Verfahren Rn 722; Musielak/*Borth*, FamFG, § 131 Rn 2.

852 So zu Recht *Götsche*, FamRB 2012, 56; Prütting/*Helms*, § 131 Rn 2; a.A. Keidel/*Weber*, § 131 Rn 5; Johannsen/Henrich/*Markwardt*, § 131 Rn 2.

853 BGH FamRZ 1981, 245; Haußleiter/*Fest*, § 131 Rn 5; Johannsen/Henrich/*Markwardt*, Familienrecht, § 131 Rn 2.

854 BGH NJW 2006, 1969; Grüneberg/*Weidlich*, § 2039 Rn 6 m.w.N.

aa) Erledigung der Ehesache

861 Zur **Erledigung der Hauptsache** bedarf es keiner entsprechenden Erklärung des überlebenden Ehegatten. Sie tritt **von Gesetzes wegen** ein.[855] Wegen der Verfahrenskosten, über die zu entscheiden ist, setzt sich das Verfahren sodann zwischen dem Ehegatten und den Erben des Verstorbenen fort. Die Kosten sind gegeneinander aufzuheben, § 150 Abs. 2 S. 2 Alt. 3 FamFG.[856]

862 Als **unzulässig** kann das Gericht den Scheidungsantrag aber in jedem Verfahrensstand zurückweisen. § 131 FamFG hindert das Gericht lediglich an einer Sachentscheidung.[857]

Demgemäß können die Erben das Verfahren auch mit dem Ziel aufnehmen, den Scheidungsantrag als **unzulässig abweisen** zu lassen.

863 Die **Rücknahme der Beschwerde** gegen den Beschluss, die noch von dem sodann verstorbenen Ehegatten eingelegt worden war, ist den Erben jedoch **nicht möglich**. Das Ergebnis wäre die Auflösung der Ehe. Dies ist mit dem Zweck des § 131 FamFG nicht vereinbar.[858]

864 Bei berechtigtem rechtlichem Interesse des überlebenden Ehegatten kann das Familiengericht die **Erledigung der Hauptsache durch Beschluss** feststellen. Das ist insbesondere bei Zweifeln über die Existenz einer rechtskräftigen Scheidung möglich. Dies ist naturgemäß der Fall, wenn, wie in einem vom **OLG Zweibrücken**[859] entschiedenen Fall, auf die zunächst eingetretene und auf der Ausfertigung des Scheidungsbeschlusses bestätigte Rechtskraft der Scheidung einer der beteiligten Ehegatten stirbt, der Überlebende, gestützt auf die Bewilligung der rechtzeitig beantragten Verfahrenskostenhilfe, die Regelung des Versorgungsausgleichs mit der befristeten Beschwerde angreift und ihm insoweit wegen Versäumung der Beschwerdefrist Wiedereinsetzung in den vorigen Stand gewährt worden ist mit der Folge der rückwirkenden Beseitigung der Rechtskraft nach § 145 Abs. 1 FamFG.[860]

bb) Folgesachen

865 Grundsätzlich sind mit der **Erledigung der Hauptsache auch alle Folgesachen** von Gesetzes wegen erledigt, da gegenstandslos, § 142 Abs. 2 FamFG.[861]

Dies ergibt sich in manchen Folgesachen **aus der Natur der Sache**, weil eine Regelung nur unter Lebenden Sinn macht wie z.B. die Regelung der elterlichen Sorge. Der überlebende Ehegatte erlangt ja gesetzlich nach § 1680 Abs. 1 BGB die alleinige elterliche Sorge. In anderen Folgesachen wie Ehewohnungs- und Haushaltssachen ist die Erledigung gesetzlich geregelt, § 208 FamFG.

866 Folgesachen können aber **nach Erklärung eines Vorbehalts** nach § 142 Abs. 2 S. 2 FamFG als selbstständige Folgesachen **gegen die Erben fortgesetzt** werden, wenn im Einzelfall ein materiell-rechtlicher Anspruch besteht.[862] Ansonsten sind die Folgesachen erledigt. Ausnahmen können sich ergeben in Unterhaltsverfahren nach § 1586b BGB oder in Zugewinnausgleichsverfahren nach § 1371 Abs. 2 BGB.

867 Gleichwohl ist zunächst zu klären, welche **erbrechtlichen Folgen** der Tod eines der Beteiligten während des Scheidungsverfahrens nach sich zieht, um erbrechtliche und familienrechtliche Folgen voneinander abzugrenzen.

855 BGH FamRZ 2011, 11.

856 BGH FamRZ 1983, 683; 1986, 253; OLG Köln FamRZ 2000, 620; 2010, 1105; Keidel/*Weber*, § 131 Rn 11; FamVerf/*Schael*, § 5 Rn 117; a.A. Musielak/*Borth*, FamFG, § 131 Rn 4: entsprechende Anwendung des § 91a Abs. 1 ZPO; zweifelhaft, da § 91a ZPO beiderseitige prozessuale Erklärungen über die Erledigung erfordert und es auch nicht auf die Erfolgschancen in Ehesachen ankommen kann, so *Roßmann*, Taktik im familiengerichtlichen Verfahren, Rn 729 mit Hinweis auf OLG Köln FamRZ 2000, 620.

857 Musielak/*Borth*, § 131 Rn 2.

858 OLG Koblenz FamRZ 1980, 717; Horndasch/Viefhues/*Roßmann*, § 131 Rn 12.

859 OLG Zweibrücken FamRZ 1995, 619.

860 BGH FamRZ 1987, 570; Keidel/*Weber*, § 131 Rn 8; Haußleiter/*Fest*, § 131 Rn 6.

861 BGH FamRZ 1983, 683; Friederici/Kemper/*Kemper*, § 131 Rn 7.

862 *Roßmann*, Taktik im familiengerichtlichen Verfahren, Rn 731.

3. Erbrechtliche Folgen

Nach § 1933 BGB ist das Erbrecht des überlebenden Ehegatten ausgeschlossen, *„wenn zur Zeit des Todes des Erblassers die Voraussetzungen für die Scheidung der Ehe gegeben waren und der Erblasser die Scheidung beantragt oder ihr zugestimmt hatte"*. Dies führt bei der gesetzlichen Erbfolge zum Wegfall des Ehegattenerbrechts, im Falle der Errichtung von Testamenten (§§ 2268, 2077 BGB) allerdings nur dann, wenn sich nicht durch Auslegung etwas anderes ergibt. 868

a) Formelle Voraussetzungen: Rechtshängiges Scheidungsverfahren

Zum Zeitpunkt des Todes muss ein **Scheidungsantrag bei Gericht eingereicht und/oder dem Scheidungsantrag des Ehegatten zugestimmt** worden sein (§ 1566 Abs. 1 BGB) und es müssen die jeweiligen Voraussetzungen für die Scheidung der Ehe zum Zeitpunkt des Todes vorgelegen haben.[863] 869

aa) Erblasser ist Antragsteller

Ist der **Verstorbene der Antragsteller** des Scheidungsverfahrens gewesen, muss das Verfahren, dies ist **erste Voraussetzung**, vor seinem Ableben rechtshängig geworden sein. Es muss also der Scheidungsantrag dem Ehegatten zugestellt worden sein, §§ 124, 133 FamFG i.V.m. § 253 ZPO.[864] Die Einreichung – und auch Zustellung – lediglich eines auf ein Scheidungsverfahren bezogener Verfahrenskostenhilfeantrag reicht nicht aus.[865] Mit der Beantragung von Verfahrenskostenhilfe wird nur dieser Antrag, nicht der Sachantrag rechtshängig gemacht, auf den sich das Ersuchen bezieht. 870

Zweite Voraussetzung ist die Erfüllung der formellen Zulässigkeitsvoraussetzungen nach §§ 124, 133 FamFG. Dies bedeutet, dass zwingend bestimmte – formelle – Angaben im Scheidungsantrag enthalten sein müssen: 871

- Namen und Geburtsdaten der gemeinschaftlichen minderjährigen Kinder sowie die Mitteilung ihres gewöhnlichen Aufenthalts, § 133 Abs. 1 Ziff. 1 FamFG;
- die Erklärung, ob[866] die Ehegatten eine Regelung über die elterliche Sorge, den Umgang und die Unterhaltspflicht gegenüber den gemeinschaftlichen minderjährigen Kindern sowie die durch die Ehe begründete gesetzliche Unterhaltspflicht, die Rechtsverhältnisse an der Ehewohnung und an den Haushaltsgegenständen getroffen haben, § 133 Abs. 1 Ziff. 2 FamFG;
- die Angabe, ob Familiensachen, an denen beide Ehegatten beteiligt sind, anderweitig anhängig sind, § 133 Abs. 1 Ziff. 3 FamFG.

Fehlen Erklärungen zu den drei notwendigen inhaltlichen Bereichen, ist der **Scheidungsantrag unzulässig**.[867]

Praxistipp 872

„Vergisst" der beauftragte Rechtsanwalt eine der Angaben und verstirbt sein beteiligter Ehegatte, haftet der Anwalt für die etwaigen erbrechtlichen Folgen der Säumnis.

Beispiel 873

Ein reicher Unternehmer (80 Mio. EUR schwer) lernt auf dem Flug in die Schweiz eine Stewardess kennen, die er auf ihr Bitten spontan heiratet, bevor man sich näherkommt. Am nächsten Tag verstirbt er.

863 Zum Vergleich der alten Rechtlage und der Neuregelung mit Inkrafttreten des FamFG zum 1.9.2009 ausführlich *Czubayko*, ZEV 2009, 552.
864 BGH NJW 1990, 2382.
865 BGH FamRZ 1996, 1142; Grüneberg/*Weidlich*, § 1933 Rn 2; Keidel/*Weber*, § 124 Rn 4.
866 Eine tatsächliche Einigung ist dementsprechend nicht notwendig, BT-Drucks 16/9733 S. 293.
867 OLG Hamm FamRZ 2010, 1581; Horndasch/Viefhues/*Roßmann*, § 133 Rn 9; Keidel/*Weber*, § 133 Rn 8; Haußleiter/*Fest*, § 133 Rn 9.

Folgen: Sie erbt insges. 40 Mio. EUR, 20 Mio. aus § 1931 Abs. 1 BGB, 20 Mio. aus § 1371 Abs. 1 BGB.

Abwandlung

Nach einiger Zeit versteht man sich nicht mehr. Es wird ein – zulässiger – Scheidungsantrag gestellt. Inzwischen hat er einen Zugewinn von 1 Mio. EUR erwirtschaftet.

Folgen

Ausschluss nach § 1933 BGB, Anspruch auf hälftigen Zugewinn, 500.000 EUR.

874 Zwar hat das Gericht den Antragsteller **auf eine unterbliebene Erklärung hinzuweisen**, § 113 Abs. 1 FamFG i.V.m. § 139 Abs. 3 ZPO. Stirbt der Antragsteller jedoch vor der Nachholung, führt dies nicht mehr zur Heilung.

875 Unzureichend ist es auch, wenn der Antragsteller zu § 133 Abs. 1 Ziff. 2 FamFG vortragen lässt, die Beteiligten hätten sich *„bis auf den Versorgungsausgleich über die Folgesachen geeinigt bzw. werden sich bis zur mündlichen Verhandlung geeinigt"* haben.[868] Der Grund liegt darin, dass das Gericht in solchen Fällen teilweiser Einigung den Beteiligten keine Hinweise auf Beratungsmöglichkeiten geben und auch nicht auf eine ausgewogene Scheidungsfolgenvereinbarung hinwirken kann.[869]

Ausreichend ist aber im Scheidungsantrag der Satz: *„Regelungen nach § 133 Abs. 1 Ziff. 2 FamFG haben die Beteiligten nicht getroffen."* Es geht nur um das „ob", nicht darum, „wie" eine Einigung inhaltlich aussieht.[870]

876 Dagegen ist die **Einreichung der Heiratsurkunde und der Geburtsurkunden der gemeinschaftlichen minderjährigen Kinder** nach § 133 Abs. 2 FamFG nicht zwingend erforderlich, um die formellen Voraussetzungen eines rechtshängigen Scheidungsverfahrens zu erfüllen, da Abs. 2 als Soll-Vorschrift ausgestaltet ist und das Unterlassen deshalb nicht zur Unzulässigkeit des Scheidungsantrags führen kann.[871]

bb) Erblasser ist Antragsgegner

877 Ist der Erblasser im Scheidungsverfahren Antragsgegner, muss er, dies ist **dritte Voraussetzung** bei einverständlichem Scheidungsverfahren, dem – zulässigen – Scheidungsantrag wirksam zugestimmt haben.

Die **Zustimmung kann durch einen Bevollmächtigten oder durch den Erblasser** selbst erfolgt sein. Es genügt, dies schriftlich zu tun. Auch wenn § 134 FmFG die Zustimmung zur Scheidung „zur Niederschrift der Geschäftsstelle oder in der mündlichen Verhandlung zur Niederschrift des Gerichts" vorsieht, genügt für eine wirksame Zustimmung die entsprechende schriftliche Erklärung auf den zugestellten Scheidungsantrag.[872]

878 Alternativ kann – zwingend durch einen Bevollmächtigten, § 124 Satz 2 FamFG i.V.m. §§ 253 Abs. 4, 130 Nr. 6 ZPO – ein **eigener Scheidungsantrag** gestellt worden sein.

Stellt ein Antragsgegner durch eigenhändiges Schreiben persönlich einen – wenn auch unwirksamen – eigenen Scheidungsantrag, ist dieser als – wirksame – Zustimmung zum Scheidungsantrag des Antragstellers umzudeuten.[873]

b) Materielle Voraussetzung: Scheitern der Ehe

879 Neben den formellen Voraussetzungen eines zulässigen Scheidungsantrags ist materiell-rechtlich das **Scheitern der Ehe zum Zeitpunkt des Ablebens des Beteiligten** festzustellen.

868 OLG Hamm FuR 2010, 410; Keidel/*Weber*, § 133 Rn 5.
869 BT-Drucks 16/9733 S. 363; Horndasch/Viefhues/*Roßmann*, § 133 Rn 9.
870 *Rakete-Dombek*, FPR 2009, 16: „Scheidung ultralight".
871 Haußleiter/*Fest*, § 133 Rn 17; Johannsen/Henrich/*Markwardt*, § 133 Rn 6.
872 Johannsen/Henrich/*Markwardt*, § 134 FamFG Rn 3; zum Widerruf der Zustimmung vgl. Keidel/*Weber*, § 134 Rn 9.
873 *Czubayko*, ZEV 2009, 551 ff., 552.

Für **einverständliche Scheidungsverfahren** nach § 1565 Abs. 1 i.V.m. § 1566 Abs. 1 BGB gilt:

- Die Ehegatten müssen mindestens ein Jahr voneinander getrennt gelebt haben,
- Ein den Formerfordernissen entsprechender Scheidungsantrag ist gestellt, §§ 124, 133 Abs. 1 FamFG und enthält sämtliche Angaben nach § 134 Abs. 1 Nr. 1–3,
- Der Antragsgegner hat dem Scheidungsantrag mindestens schriftlich zugestimmt, § 134 FamFG.

Die Erfüllung dieser Voraussetzungen bedeutet im Umkehrschluss, dass zum Zeitpunkt des Todes durchaus noch **über Folgesachen der Scheidung gestritten** werden kann, gleichwohl aber für die erbrechtliche Beurteilung (vgl. § 2077 BGB) die unwiderlegbare Vermutung des Scheiterns der Ehe anzunehmen ist.

Bei **streitigen Scheidungsverfahren** nach § 1565 Abs. 1 BGB stellt sich die Situation in anderer Weise dar. Die Voraussetzungen sind 880

- die Erfüllung der formellen Formerfordernisse, also ein einseitiger Scheidungsantrag, der sämtliche notwendige Angaben enthält, §§ 124, 133 FamFG,
- der Ablauf eines Trennungsjahres sowie
- die Beweisführung, dass die Lebensgemeinschaft der Ehegatten nicht mehr besteht und nicht erwartet werden kann, dass die Ehegatten sie wieder herstellen, § 1565 Abs. 1 S. 2 BGB.

Die dritte Voraussetzung bedeutet jedoch, dass der häufig gewählte „einfache" Vortrag im Todesfall nicht 881 genügt. Es muss **detailliert**[874] **und unter Beweisantritt** zum Scheitern der Ehe vorgetragen werden. Bei Tod eines Beteiligten nach Rechtshängigkeit eines streitigen Scheidungsverfahrens ist entsprechend Beweis über das Scheitern der Ehe zum Zeitpunkt des Todes des Erblassers zu erheben.

Über den Sachvortrag zum Scheitern der Ehe hinaus muss sodann nachvollziehbar vorgetragen werden, 882 dass und warum eine Versöhnung ausscheidet. Die bloße – einseitige – Erklärung des Antragstellers, er halte die Ehe für zerrüttet und gescheitert, reicht dazu nicht aus.[875] Es ist zu beweisen, dass zum Zeitpunkt des Erbfalls keine Versöhnungsbereitschaft bestanden hat.[876]

> *Praxistipp* 883
> Hier droht ein Haftungsfall für den Anwalt, der trotz Möglichkeit entsprechenden Sachvortrags nicht ausreichend vorgetragen hat.

Bei **3-jähriger Trennungszeit** bedarf es dieser Beweisführung nicht. Gemäß § 1566 Abs. 2 BGB wird 884 das Scheitern der Ehe sodann unwiderlegbar vermutet.

Bei Härtefallscheidungen vor Ablauf eines Trennungsjahres müssen in logischer Konsequenz die strengen Voraussetzungen einer unzumutbaren Härte zum Zeitpunkt des Todes des Beteiligten vorgelegen haben und bewiesen werden.[877]

Die Beweislast trifft denjenigen, der sich auf den Wegfall des Ehegattenerbrechts berufen will. Die Voraussetzungen sind sodann im Erbscheinsverfahren bzw. im Rahmen der Erbschaftsklage zu prüfen.

c) Rechtsfolgen

Liegen die Voraussetzungen der Scheidung der Ehe des Erblassers zum Zeitpunkt seines Todes vor, führt 885 dies im Falle gesetzlicher Erbfolge automatisch zum **Wegfall des gesetzlichen Ehegattenerbrechts**, § 1933 BGB.

874 OLG Brandenburg FamFR 2010, 16; OLG Köln FamRZ 1995, 1503; Grüneberg/*Siede*, § 1565 Rn 5.
875 OLG Zweibrücken NJW-RR 2006, 1013; OLG Naumburg FamRZ 2006, 43; Grüneberg/*Siede*, § 1565 Rn 3.
876 *Erdrich* in: Scholz/Kleffmann/Motzer, Praxishandbuch Familienrecht, Teil F. Rn 9 („Prognose").
877 BGH NJW 1981, 449; OLG Nürnberg FuR 1993, 230.

d) Gewillkürte Erbfolge

886 Anders stellt sich die Situation im Falle **gewillkürter Erbfolge dar, §§ 2077, 2268 BGB**. Die Frage der Fortgeltung des testamentarischen Willens des Erblassers bedarf danach der Auslegung, und zwar in der folgenden Reihenfolge:[878]

- Ausdrücklich erklärter Erblasserwille
- Mutmaßlicher Erblasserwille
- Hypothetischer Erblasserwille
- Dispositive Auslegungsregel des § 2077 Abs. 1 BGB

887 **Vorrangig** ist naturgemäß der ausdrücklich **erklärte Erblasserwille** zu berücksichtigen. Hat der Erblasser seinen Ehegatten ausdrücklich oder durch konkrete Formulierungen ersichtlich zum Erben auch für den Fall der Ehescheidung einsetzen wollen, ist dieser Wille maßgeblich.

888 Finden sich solche Erklärungen nicht, ist durch **individuelle Testamentsauslegung** der mutmaßliche Erblasserwille zu ermitteln, § 2077 Abs. 3 BGB.[879]

889 Lässt sich dieser Wille nicht ermitteln, weil etwa der Erblasser den Scheidungsfall nicht bedacht hat, ist der **hypothetische Wille zum Zeitpunkt der Testamentserrichtung** zu erforschen.[880] Regelmäßig wird man annehmen müssen, dass der Erblasser den Ehegatten im Falle der Scheidung gerade nicht bedacht hätte.[881] Nicht ausreichend ist ein grundsätzlich spannungsfreies oder freundschaftlich gebliebenes Verhältnis zwischen den Ehegatten.[882] Haben sich Eheleute im gemeinschaftlichen Testament aber z.B. nicht wechselseitig eingesetzt, sondern direkt die gemeinsamen Kinder bestimmt, kann dies für eine Geltung unabhängig von einem Scheidungsverfahren sprechen, ohne weitere Anhaltspunkte wohl nicht beim Einsetzen als nicht befreiter Vorerbe.[883]

890 Erst wenn auch ein hypothetischer Wille des Erblassers nicht feststellbar ist, gilt die **dispositive Auslegungsregel des § 2077 Abs. 1 BGB** mit der Folge der Unwirksamkeit der letztwilligen Verfügung.[884]

Die **Beweislast** trägt derjenige, der sich auf die testamentarische Verfügung zu seinen Gunsten beruft. Der überlebende Ehegatte hat daher zu beweisen, dass der Erblasser die Verfügung auch für den Fall der Ehescheidung getroffen hat bzw. getroffen hätte.

4. Unterhaltsrecht

891 Ist die Erbenstellung geklärt, müssen die **familienrechtlichen Folgen des Todes**, namentlich die Frage der Haftung des Erben für die weitere unterhaltsrechtliche Absicherung des Unterhaltsgläubigers geklärt werden.

a) Eheliche Lebensverhältnisse

892 Wird eine Ehe durch Tod aufgelöst, also gerade nicht geschieden, so **erlischt damit die gegenseitige Unterhaltspflicht der Ehegatten für die Zukunft**, §§ 1615 Abs. 1, 1360a Abs. 3 BGB.

Anderes gilt im Falle der Scheidung. Ist ein Unterhaltstitel für die Zeit nach Scheidung der Ehe geschaffen, sei es als Folgesache der Scheidung, sei es als isolierter Beschluss, geht nach § 1586b Abs. 1 Satz 1 BGB die Unterhaltpflicht infolge des Todes des Verpflichteten nicht unter, sondern geht als Nachlassverbindlichkeit auf die Erben über, § 1922 BGB.

878 Vgl. *Czubayko*, ZEV 2009, 551 ff., 553 f.
879 BGH FamRZ 1960, 28, 29; BayObLG ZEV 2001, 190.
880 BGH FamRZ 1961, 366.
881 BGH NJW 2004, 3113 und NJW-RR 2006, 82; OLG Zweibrücken NJW-RR 1998, 941.
882 BayObLG FGPrax 1995, 114; *Czubayko*, ZEV 2009, 551 ff., 554.
883 So aber OLG Brandenburg OLGR 1995, 138.
884 BGH NJW 2003, 2095; Grüneberg/*Weidlich*, BGB, § 2077 Rn 1.

b) Zahlung von Trennungsunterhalt

893 Stirbt der Unterhaltsberechtigte während des Zusammenlebens der Eheleute oder während der Trennungszeit, **erlischt der Unterhaltsanspruch**. Dies folgt für den Verwandtenunterhalt/Kindesunterhalt aus § 1615 Abs. 1 BGB und für den **Trennungsunterhalt aus §§ 1361 Abs. 4 S. 3, 1360a Abs. 3 BGB i.V.m. § 1615 Abs. 1 BGB**.

Für den nachehelichen Unterhalt folgt dies aus § 1586 Abs. 1 BGB.

Unterhaltsansprüche sind **wegen Erlöschens auch unvererblich**.[885]

Stirbt der Unterhaltsberechtigte, hat der Unterhaltspflichtige allerdings die Kosten der Beerdigung zu tragen, wenn eine Zahlung von den Erben nicht zu erlangen ist, § 1615 Abs. 2 BGB.

894 *Praxistipp*

Unterhaltsrückstände und bereits fällige Leistungen sind Nachlassverbindlichkeiten und bleiben **nach dem Tod des Verpflichteten bestehen**. Sie erlöschen nicht, sondern unterliegen den allgemeinen Verjährungsregeln.[886]

895 Diese – rückständigen und fälligen – Ansprüche sind auf die Höhe des fiktiven Pflichtteils begrenzt. Maßgebend ist der **sog. kleine Pflichtteil**.[887] Die Vorschrift des § 1371 BGB (Erhöhung des gesetzlichen Erbteils um ein Viertel) ist nicht anwendbar.

896 Für den Verwandtenunterhalt/Kindesunterhalt und den Trennungsunterhalt gelten bei Ableben des **Verpflichteten dieselben Regeln wie für den Berechtigten**. Der Unterhaltsanspruch erlischt grundsätzlich gem. § 1615 Abs. 1 BGB bzw. § 1360a Abs. 3 BGB i.V.m. § 1615 Abs. 1 BGB. Mit dem Tod des Unterhaltsgläubigers erlischt der – höchstpersönliche – Unterhaltsanspruch, weil der Gläubiger nicht mehr bedürftig ist, mit dem Tod des Unterhaltsschuldners, weil dieser nicht mehr leisten kann.[888]

D. Der nacheheliche Unterhaltsanspruch

I. Allgemeine Grundsätze

897 Die eheliche Unterhaltspflicht ist begründet in der mit der Eheschließung füreinander übernommenen Verantwortung. Diese beiderseitige Verantwortung dauert bis zur Scheidung fort. **Nachehelich besteht sie grundsätzlich nicht**.[889] Nach § 1569 BGB trägt jeder Ehegatte nach Scheidung der Ehe die Eigenverantwortung, für seinen Unterhalt zu sorgen. Ist er dazu außerstande, kann die Unterhaltspflicht des anderen Ehegatten aber in Form einer sich aus Art. 6 Abs. 1 GG ergebenden nachehelichen Solidarität und Verantwortung fortwirken.

1. Eigenverantwortung und Unterhaltsanspruch

898 Schon früher galt der – verfassungsgemäße – Grundsatz der Eigenverantwortung nach der Ehe, so dass **nach der Systematik** ein nachehelicher Unterhaltsanspruch nicht die Regel, sondern die **Ausnahme** sein sollte. Zudem bestand seit dem **Unterhaltsänderungsgesetz vom 20.2.1986**[890] – unter engen Voraussetzungen – die Möglichkeit, nacheheliche Unterhaltsansprüche der Höhe und der Dauer nach zu begrenzen, §§ 1573 Abs. 5, 1578 Abs. 1 BGB.

885 Grüneberg/*Weidlich*, § 1922 Rn 36; dazu *Roessink*, FamRZ 1990, 924.
886 Wendl/Dose/*Scholz*, § 2 Rn 15; Grüneberg/*von Pückler*, § 1615 Rn 1.
887 Wendl/Dose/*Bömelburg*, § 4 Rn 84.
888 Weinreich/*Klein*, § 1615 Rn 3.
889 BGH FamRZ 1981, 242: „*… schwächt sich ab …*"; § 1569 BGB seit dem 1.1.2008: „*Eigenverantwortung*".
890 BGBl I S. 301.

Das Regel-Ausnahme-Prinzip hatte sich in der Vergangenheit allerdings in sein Gegenteil verkehrt. Dies erschwerte jeden Neuanfang in zweiter Ehe erheblich und wurde, gerade bei kurzer Ehe, häufig als ungerecht empfunden.

899 Dem ist durch Veränderung/Neufassung der §§ 1570 ff. BGB nach dem **Unterhaltsrechtsänderungsgesetz vom 1.1.2008** begegnet worden, aber auch dadurch, dass **§ 1569 BGB** eine **nahezu komplett neue Fassung** erhalten hat.[891]

Die frühere, eher nichtssagende **Überschrift „Abschließende Regelung"** ist ersetzt worden durch eine prägnante Überschrift, die dem Inhalt eine neue Zielrichtung gegeben hat.

Ging es in § 1569 BGB früherer Fassung darum, dass Unterhalt nach den nachfolgenden Vorschriften der §§ 1570 ff. BGB Unterhalt verlangen konnte, wird nunmehr im ersten Satz die **Eigenverantwortung** hervorgehoben.

Die Überschrift des § 1569 BGB stärkt den Grundsatz. Der erste Satz erklärt die Erwerbstätigkeit zur Obliegenheit. Der zweite Satz formuliert statt „... kann ... nicht selbst ... sorgen" **schärfer** mit **„Ist er dazu außerstande ..."** und **betont** mit der Einfügung des Wortes **„nur"**, dass ein Unterhaltsanspruch gemessen am Grundsatz der Eigenverantwortung die Ausnahme, nicht die Regel sein soll und daher nur in Betracht kommt, wenn einer der Unterhaltstatbestände der §§ 1570 ff. BGB vorliegt.[892]

Dadurch sind **erhöhte Anforderungen an die Wiederaufnahme einer Erwerbstätigkeit** gestellt und Beschränkungsmöglichkeiten geschaffen worden, die namentlich auf die Frage „ehebedingter Nachteile" abstellen.[893]

In der Begründung des Regierungsentwurfs ist im Zusammenhang mit der Neufassung des § 1569 BGB von „neuer Rechtsqualität" und davon die Rede, dass die Vorschrift „in weit stärkerem Maße als bisher" als Auslegungsgrundsatz für die einzelnen Unterhaltstatbestände heranzuziehen sei.[894]

Dies entspricht der ohnehin vorhandenen Tendenz in der Rechtsprechung zur zeitlichen Begrenzung des nachehelichen Unterhaltsanspruchs.

900 Natürlich ist zu der verschärften Obliegenheit, erwerbstätig zu sein, hier wie zu allen anderen Vorschriften zu bemerken, dass nicht nur die **subjektiven** Anforderungen eine Rolle spielen. **Objektiv** muss überhaupt eine **Chance zur Erlangung eines Arbeitsplatzes** bestehen.[895]

901 Allerdings beruhen die **Grundlagen der Unterhaltspflicht** auf den Grundsätzen

- der in der Ehe begründeten **Solidarität**, die auch über den Scheidungszeitpunkt hinaus andauern kann und
- in der mit der Ehe verbundenen eventuellen **Bedürftigkeit** eines Ehegatten, die sich im Laufe der Ehezeit entwickeln, verstärken und festigen kann.

Namentlich bei Führung einer sog. Hausfrauenehe oder auch im Falle der Betreuung gemeinsamer Kinder und entspprechender Reduzierung der Arbeitszeit kann die **wirtschaftliche Sicherung eines Ehepartners mit dem Bestand der Ehe verbunden** sein.

902 Obwohl es grundsätzlich nach dem System der Ausnahme nachehelich keine Lebensstandardgarantie geben kann, ist vor allem der **Ausgleich ehebedingter Nachteile** durch – unbefristete – Zahlung entsprechenden nachehelichen Unterhalts erforderlich, um der unterschiedlichen Aufgabenverteilung in der Ehe mit der Folge unterhaltsrechtlicher Nachteile eines Ehegatten gerecht zu werden.

Ohne Befristung wird Unterhalt ebenso im Ausnahmefall besonders langjähriger Ehen mit unterschiedlicher Aufgabenverteilung (Stichwort: Hausfrauenehe) sein müssen.

891 Grüneberg/*Siede*, § 1569 Rn 1: neue Rechtsqualität.
892 Vgl. RegE S. 25; zur Abwehr des Unterhaltsanspruhs durch Verweis auf Vermögen vgl. *Viefhues*, FuR 2022, 450.
893 So die Begründung im RegE S. 19.
894 RegE S. 25.
895 So schon BGH FamRZ 1986, 790, 791.

In der Begründung zum Unterhaltsrechtsänderungsgesetz hieß es noch, die Dauer der Ehe führe „nicht zwangsläufig" zu einem Nachteil.[896] Der **BGH** erklärte denn auch ganz deutlich, die Ehedauer stelle im Regelungszusammenhang des § 1578b Abs. 1 Satz 3 BGB „nur ein Indiz" für die zunehmende Verflechtung der beiderseitigen Verhältnisse dar.[897] 903

Die Ehedauer, hieß es auch später durch den BGH, gewinne (nur) durch eine wirtschaftliche Verflechtung an Gewicht.[898] Man war und ist sich deshalb einig: Auch lange Ehen führen ohne weitere Kriterien nicht zu einem unbegrenzten Unterhaltsanspruch.[899]

Liegen Nachteile nicht vor, ist aber in einer **Billigkeitsprüfung** festzustellen, ob Grundsätze nachehelicher Solidarität einen unbefristeten Unterhalt erfordern. Dies ist z.B. bei einer aus verschiedenen Gründen eingetretenen starken **Verflechtung der Einkommens- und Vermögensverhältnisse** der Fall. Zu diesen Gründen gehört neben anderen Kriterien auch die Länge der Ehezeit. 904

Im Rahmen einer Änderung des „Entwurf(s) eines Gesetzes zur Durchführung des Haager Übereinkommens vom 23.11.2007 über die internationale Geltendmachung der Unterhaltsansprüche von Kindern und anderen Familienangehörigen sowie zur Änderung von Vorschriften auf dem Gebiet des internationalen Unterhaltsverfahrensrechts" wurde zur Klarstellung § 1578b Abs. 1 Satz 2 BGB ergänzt. Vor dem Punkt wurden am Ende die Worte eingesetzt: „…oder eine Herabsetzung des Unterhaltsanspruchs **unter Berücksichtigung der Dauer der Ehe** unbillig wäre." 905

Das derzeit gültige Gesetz enthält acht Unterhaltstatbestände, von denen zunächst diejenigen der §§ 1570–1572 BGB (Betreuung/Alter/Krankheit) zu prüfen sind. Die übrigen Unterhaltstatbestände sind, wie sich aus dem Wortlaut der §§ 1573 Abs. 1, 2, 1576 BGB ergibt, subsidiär. § 1575 BGB betrifft einen Sonderfall. Soweit jedoch nach §§ 1570–1572 BGB nur eine Teilerwerbstätigkeit verlangt werden kann, kommt zusätzlich allerdings ein Unterhaltsanspruch nach § 1573 Abs. 2 BGB in Betracht. 906

Zusammenfassend: Aufgrund der enumerativen Nennung von Ausnahmetatbeständen zum Grundsatz der Eigenverantwortlichkeit besteht ein nachehelicher Unterhaltsanspruch nur, wenn vom Bedürftigen keine Erwerbstätigkeit zu erwarten ist, und zwar 907

- **§ 1570 BGB** wegen Betreuung gemeinschaftlicher Kinder
- **§ 1571 BGB** wegen Alters
- **§ 1572 BGB** wegen Krankheit oder Gebrechen
- **§ 1573 Abs. 1 BGB** wegen Krankheit oder Gebrechen
- **§ 1573 Abs. 2 BGB** wenn der Bedürftige keine, seinen Unterhalt deckende angemessene Erwerbstätigkeit zu finden vermag
- **§ 1573 Abs. 4 BGB** wenn die Einkünfte aus einer angemessenen Erwerbstätigkeit zum vollen Unterhalt nicht ausreichen
- **§ 1573 Abs. 3 BGB** wegen Anschlussunterhalts
- **§ 1575 BGB** wenn der Bedürftige zur Erlangung einer angemessenen Erwerbstätigkeit einen Ausbildungsbedarf hat
- **§ 1576 BGB** aus sonstigen Billigkeitsgründen

896 BT-Drucks 16/1830, S. 19.
897 BGH FamRZ 2009, 406, 408.
898 BGH FamRZ 2010, 1971, 1975.
899 Wendl/Dose/*Wönne*, § 4 Rn 1020 m.w.N.

2. Einheitlicher Unterhaltsanspruch

908 Ungeachtet der Aufspaltung auf einzelne Tatbestände ist der nacheheliche Unterhaltsanspruch prozessual zunächst immer ein **einheitlicher Anspruch**. Ein Beschluss umfasst im Zweifel alle Tatbestände der §§ 1570 ff. BGB. Das gilt selbst bei abweisenden Beschlüssen. Ein im Unterhaltsverfahren unerörtert gebliebener Unterhaltstatbestand kann deshalb nur unter den besonderen Voraussetzungen eines **Abänderungsverfahrens** geltend gemacht werden.[900]

Bei **abweisenden Beschlüssen** ist selbstverständlich bei einer wesentlichen Veränderung der Verhältnisse nur ein **neues Erstverfahren** möglich.[901]

909 Wegen der Einheitlichkeit eines Unterhaltstitels ist auch der **Wegfall** eines vormals erfüllten nachehelichen Unterhaltstatbestandes **unbeachtlich**, sofern zu diesem Zeitpunkt ein **anderer Unterhaltstatbestand der §§ 1570 ff. BGB** erfüllt ist. Ist z.B. ein Unterhaltstatbestand nach § 1570 Abs. 1 S. 2 BGB wegen Betreuungsbedürftigkeit nicht (mehr) gegeben und ist der Berechtigte zu diesem Zeitpunkt krankheitsbedingt bedürftig, kann dies zur Rechtfertigung eines bereits erwirkten Unterhaltstitels angeführt werden. Es ist dann Aufgabe des Verpflichteten, sich gegen den Fortbestand des Titels mit dem **Abänderungsantrag** zu wehren.[902]

910 Ungeachtet der Einheitlichkeit des nachehelichen Unterhalts muss konkret geprüft werden, **welcher der einzelnen Unterhaltstatbestände** erfüllt ist. Diese Differenzierung ist erforderlich, weil die einzelnen Unterhaltstatbestände des nachehelichen Unterhalts sehr unterschiedliche Voraussetzungen haben, die sich in entscheidender Weise auf den Grund und die Höhe des festzusetzenden Unterhalts auswirken können.

Dementsprechend verlangt der **BGH** in ständiger Rechtsprechung eine **Differenzierung** zwischen den einzelnen Unterhaltstatbeständen.[903]

911 Die folgenden **Besonderheiten** sind bei den einzelnen Unterhaltsansprüchen zu beachten:

Der Unterhaltsanspruch wegen **Kindeserziehung** ist in vielfältiger Weise **privilegiert** (§ 1609 BGB: Vorrang; § 1577 Abs. 4 S. 2 BGB: Späterer Vermögensverfall; § 1586a BGB: Wiederaufleben; § 1573 Abs. 5 BGB, § 1578b BGB, § 1579 BGB: Erschwerte Begrenzung, Befristung und Verwirkung)

Der Aufstockungsunterhalt ist nur in abgeschwächter Form ausgestaltet[904]

Für die Tatbestände des nachehelichen Unterhalts sind **verschiedene Einsatzzeitpunkte** vorgesehen. Fehlen die Unterhaltsvoraussetzungen zu einem bestimmten Einsatzzeitpunkt, muss der bedürftige Ehegatte das Unterhaltsrisiko selbst tragen. Beispielsweise geht der Unterhaltsanspruch des geschiedenen Ehegatten wegen Arbeitslosigkeit/Übergangsschwierigkeiten infolge einmal vorhandener nachhaltiger Unterhaltssicherung verloren, § 1573 Abs. 4 BGB. Schicksalhafte Ereignisse nach der Scheidung sollen grundsätzlich nicht vom anderen Ehegatten getragen werden.

Die Parteien eines Unterhaltsverhältnisses können sich über einzelne Unterhaltsansprüche jeweils **gesondert vergleichen oder hierauf verzichten**, ohne auf andere Tatbestände, z.B. Betreuungsunterhalt gem. § 1570 BGB, verzichtet zu haben.[905]

Der Übergang von einer Anspruchsgrundlage zur anderen führt dazu, dass der Berechtigte die **Darlegungs- und Beweislast** für alle Voraussetzungen des neuen Unterhaltsanspruchs trägt, der zur Aufrechterhaltung des Titels herangezogen wird.[906] Dies gilt unabhängig von den Parteirollen auch bei Abänderungsverfahren.

900 BGH FamRZ 1984, 354.
901 BGH FamRZ 1990, 863.
902 OLG Hamm FamRZ 1992, 1184; OLG Hamm FamRZ 2000, 904 (betr. Kindesunterhalt).
903 BGH FamRZ 1990, 492; BGH NJW-RR 1992, 1282; BGH FamRZ 1993, 798; BGH FamRZ 1999, 708.
904 OLG München FamRZ 1997, 295.
905 Vgl. KG FamRZ 1995, 355.
906 BGH FamRZ 1990, 496; OLG Celle FamRZ 1994, 963.

3. Beginn und Ende des Unterhaltsanspruchs

Der nacheheliche Unterhaltsanspruch beginnt **mit dem Tag der Rechtskraft der Ehescheidung**. 912

Die **frühere Streitfrage**, ob nicht der Trennungsunterhalt bis zum Ende desjenigen Monats geschuldet wird, in welchem die Scheidung fällt,[907] ist dahingehend entschieden, dass der Trennungsunterhalt bis einschließlich des Tages geschuldet wird, der dem Eintritt der Rechtskraft des Scheidungsbeschlusses voran geht. Der nacheheliche Unterhalt beginnt mit dem **Tagesbeginn**, an dem die Rechtskraft des Scheidungsbeschlusses eintritt. Alles andere wäre auch wegen Unvereinbarkeit mit der Gesetzeslage nicht nachvollziehbar.[908]

Der Anspruch auf nachehelichen Unterhalt erlischt, wenn beim Berechtigten die **Voraussetzungen für einen Anspruchstatbestand entfallen** sind und es an den Voraussetzungen für einen Anschlussunterhalt nach einer anderen Unterhaltsvorschrift fehlt. 913

Dies ist der Fall, wenn der Berechtigte **heiratet oder stirbt** (§ 1586 Abs. 1 BGB). Ansprüche für die Vergangenheit bleiben allerdings bestehen und können vom Berechtigten oder im Falle von dessen Tod auch von seinen Erben weiterverfolgt werden. 914

Der Unterhaltsanspruch erlischt ebenso, wenn auf nachehelichen Unterhalt – wirksam – **verzichtet** worden ist, oder der Unterhalt z.B. durch eine Kapitalabfindung abgegolten worden war (§ 1585 Abs. 2 BGB). Soll nämlich durch die Abfindungsvereinbarung die unterhaltsrechtliche Beziehung der Eheleute endgültig und vorbehaltlos beendet werden, erlischt der Unterhaltsanspruch,[909] und zwar mit dem Abschluss der Vereinbarung. 915

Es besteht dann ausschließlich ein **Zahlungsanspruch**, nicht mehr ein Unterhaltsanspruch.[910]

In solchen Fällen kann ein Unterhaltsanspruch auch **nicht wieder aufleben**. Eine Anpassung an veränderte Umstände z.B. wegen einer nicht bedachten Notsituation des Berechtigten einerseits, wegen Wiederverheiratung des Berechtigten andererseits oder schließlich wegen nachträglichen Wegfalls seiner Bedürftigkeit scheiden dann aus.[911] 916

Die **Endgültigkeit der Abfindung ist Vertragsinhalt**, nicht nur Geschäftsgrundlage der Regelung. Das Risiko unrichtiger Berechnung und unsicherer Prognosen tragen beide Vertragspartner im jeweiligen Bereich.

Auch wenn eine Abfindung nicht in einer Summe zu zahlen war, sondern in einer festgelegten **Anzahl von Raten**, ändert dies an der rechtlichen Situation nichts. Heiratet beispielsweise der Berechtigte während der Zeit der Ratenzahlung oder entfällt seine Bedürftigkeit nachträglich, kann sich der Verpflichtete hinsichtlich der noch nicht fälligen Raten nicht auf den Wegfall der gemeinsamen Geschäftsgrundlage berufen, wenn, wie regelmäßig, eine endgültige Regelung gewollt war.[912] 917

Der **Unterhaltsanspruch erlischt weiter**, wenn er durch Vereinbarung oder im gerichtlichen Verfahren nach § 1578b Abs. 2 BGB zeitlich begrenzt wurde und die **Zeitgrenze erreicht** ist. 918

Im Falle einer Unterhaltsherabsetzung durch **Bedarfsbegrenzung** nach § 1578b Abs. 1 BGB erlischt mit dem Ablauf der festen Zeitgrenze ein den „angemessenen Lebensbedarf" übersteigender Anspruch auf den „eheangemessenen Unterhalt" nach § 1578 Abs. 1 BGB. 919

Auch die **Verwirkung nach § 1579 BGB** kann zu einem endgültigen Verlust des Anspruchs führen. Ausgenommen von den in § 1579 Nr. 1 bis 8 BGB aufgeführten Gründen ist allerdings die Beschränkung oder Versagung des Unterhalts wegen Zusammenlebens in einer verfestigten Lebensgemeinschaft durch den 920

907 So *Luthin*, FamRZ 1985, 262.
908 So ausdrücklich BGH FamRZ 1988, 370, 372.
909 BGH FamRZ 2005, 1662, 1663.
910 Johannsen/Henrich/*Büttner*, § 1585 Rn 12 m.w.N.
911 BGH FamRZ 2005, 1662.
912 OLG Frankfurt FamRZ 2005, 1253; so auch Wendl/Dose/*Wönne*, § 6 Rn 627.

Berechtigten gem. § 1579 Nr. 2 BGB. Nach Beendigung der nicht ehelichen Lebensgemeinschaft ist eine neue Billigkeitsentscheidung gem. § 1579 BGB zu treffen. Nur dann, wenn die Inanspruchnahme des Verpflichteten grob unbillig wäre, bleibt es bei der Versagung des Unterhaltsanspruchs. Bei dieser Billigkeitsentscheidung werden der zwischenzeitliche **Zeitablauf** und die damit zwischenzeitlichen **Dispositionen des Verpflichteten** eine Rolle spielen.[913]

921 Ein **Wiederaufleben des Unterhaltsanspruchs** ist möglich, wenn der Unterhaltsanspruch wegen Leistungsunfähigkeit des Verpflichteten versagt worden war und der Verpflichtete ganz oder teilweise wieder leistungsfähig geworden ist.

922 **Zeitweise entfallen** kann der Unterhaltsanspruch, wenn der Berechtigte seinen eheangemessenen Unterhalt durch eigene Einkünfte decken kann, er aber erneut bedürftig wird. Dann lebt der Unterhaltsanspruch wieder auf, soweit die Voraussetzungen des Tatbestandes zu diesem Zeitpunkt noch vorliegen und der Unterhalt durch die eigenen Einkünfte noch nicht nachhaltig gesichert war.

923 Ein infolge Wiederverheiratung oder Begründung einer Lebenspartnerschaft erloschener Unterhaltsanspruch lebt nach § 1586a BGB als Anspruch gem. § 1570 BGB wieder auf, wenn die **neue Ehe oder die Lebenspartnerschaft aufgelöst** wird und der Berechtigte zu diesem Zeitpunkt oder danach ein Kind aus der alten Ehe zu pflegen und zu erziehen hat.

924 **Auflösungsgründe** sind sowohl Scheidung oder Aufhebung der Ehe als auch der Tod des neuen Ehegatten.[914] Voraussetzung für das Wiederaufleben ist, dass der Berechtigte in Folge der Kindesbetreuung im Sinne von § 1570 BGB an einer angemessenen Erwerbstätigkeit gehindert ist.

Dieser **Tatbestand der Kindesbetreuung** muss zum Zeitpunkt der Eheauflösung nicht vorliegen, da der Unterhaltsanspruch keinen Einsatzzeitpunkt voraussetzt. Der Unterhaltsanspruch lebt daher auch dann wieder auf, wenn ein gemeinsames Kind der Beteiligten erst später in einer Weise erkrankt, die eine Betreuung durch den unterhaltsberechtigten früheren Ehegatten erforderlich macht. Dies ist namentlich in folgenden Konstellationen der Fall:

- Das Kind ist – z.B. durch späteren Unfall – behindert und deshalb besonders betreuungsbedürftig;[915]
- das Kind erkrankt dauerhaft[916] oder ist in einer Weise krankheitsgefährdet, die regelmäßige pflegerische prophylaktische Maßnahmen notwendig macht;[917]
- das Kind ist schwer in seiner Entwicklung gestört,[918] z.B. infolge einer strafbaren Handlung gegenüber dem Kind und es ist deshalb auf weitere Betreuung durch ein Elternteil angewiesen;[919]
- das Kind ist psychisch labil infolge einer Gewalterfahrung ihm oder Dritten gegenüber;[920]
- das Kind ist straffällig geworden und bedarf deshalb einer persönlichen Betreuung zumindest nach Ende der täglichen Schulzeit.[921]

925 Problematisch erscheint der Fallt, dass Unterhaltsansprüche deshalb wieder aufleben sollen, weil das Kind **unter der Trennung** zwischen dem ihn betreuenden Elternteil und dem **Stiefelternteil leidet** und es deshalb der persönlichen Betreuung durch einen Elternteil bedarf. Da es sich aber um kindbezogene Gründe handelt, die ein Wiederaufleben des Unterhaltsanspruchs rechtfertigen können, kommt es nicht darauf an, ob das Kind unter Trennung vom unterhaltsverpflichteten Elternteil leidet oder unter der Trennung des ihn betreuenden Elternteils von einem Dritten. Zu prüfen ist in solchen Fällen allerdings,

913 BGH FamRZ 1987, 689; BGH FamRZ 1987, 1238.
914 OLG Saarbrücken FamRZ 1987, 1046.
915 So ausdrücklich das Beispiel in der Begründung BT-Drucks 13/4899 S. 980 und BT-Drucks 13/8511, S. 71.
916 OLG Hamm NJW 2005, 297.
917 Vgl. die Beispiele in Wendl/Dose/*Bömelburg*, § 4 Rn 174.
918 OLG Hamm FamRZ 2008, 1937.
919 BGH FamRZ 2006, 1362, 1367.
920 BGH FamRZ 1984, 769; *Peschel-Gutzeit*, FPR 2008, 24, 25.
921 OLG Hamm FamRZ 2009, 976.

ob ein trennungsbedingtes Leiden der Kinder nicht **zum Wiederaufleben des Unterhaltsanspruchs instrumentalisiert** werden soll.[922]

4. Kapitalabfindung statt Unterhalt, § 1585 Abs. 2 BGB

a) Grundsätze zur Kapitalabfindung nach § 1585 Abs. 2 BGB

Eine Kapitalabfindung statt laufender Zahlung einer Unterhaltsrente kann zwischen den – früheren – Eheleuten in den Grenzen der §§ 134, 138 BGB **frei vereinbart** werden. 926

Der Unterhaltsberechtigte kann allerdings bei Vorliegen eines wichtigen Grundes und für den Fall, dass der Unterhaltsverpflichtete dadurch nicht „unbillig belastet" wird, gem. **§ 1585 Abs. 2 BGB eine Abfindung in Kapital verlangen**. 927

Dieses Recht steht ausschließlich dem **Unterhaltsberechtigten** zu,[923] da die Art der Unterhaltsgewährung in Kapital aufgrund besonderer wichtiger Umstände für den Berechtigten notwendig werden kann. Voraussetzung ist allerdings, dass der Verpflichtete dadurch nicht unbillig belastet wird. 928

Der Vorteil einer solchen Lösung besteht häufig darin, auch die **wirtschaftliche Verbindung zum geschiedenen Ehegatten zügig lösen** zu können. Die Betroffenen können neue, eigene Dispositionen für ihren zukünftigen Lebensweg treffen, ohne von „Altlasten" beschwert zu sein. 929

Voraussetzung für ein **berechtigtes Verlangen** auf Zahlung einer Abfindung in Kapital ist das Vorliegen eines wichtigen Grundes auf Seiten des Unterhaltsberechtigten. Beispiele für die Notwendigkeit, Kapital zu erhalten, sind 930

- geplante Existenzgründung des Berechtigten,
- geplante Auswanderung,
- geplante oder durchgeführte Ausbildung gem. § 1575 BGB mit dem Entstehen entsprechender Ausbildungskosten.

Gleichzeitig muss auf Seiten des Verpflichteten ein **Verhalten** vorliegen, das durch die konkreten Umstände die Dauer der **Erfüllung Unterhaltsanspruchs als Rentenzahlung gefährdet** erscheinen lässt.[924] Kann der Verpflichtete in begründeten Fällen Sicherheit nicht leisten, kommt ebenfalls die Zahlung eines Kapitalbetrages nach § 1585 Abs. 2 BGB in Betracht.[925] Auch die drohende Leistungsunfähigkeit des Verpflichteten wegen **Vermögensverschwendung** seinerseits kann einen Grund für ein Verlangen nach § 1585 Abs. 2 BGB darstellen.[926] 931

Die Abfindung darf den Unterhaltsverpflichteten allerdings nicht unbillig belasten. Dies bedeutet, dass sie für ihn nicht zu einer **Gefährdung** des eigenen angemessenen Unterhalts und seiner sonstigen Verpflichtungen führen darf.[927] Der Verpflichtete muss die geforderte Abfindung unschwer leisten können. Er darf nicht zu **verlustreichen Veräußerungen** von Vermögenswerten gezwungen werden.[928] 932

Mit der Festsetzung der **Abfindung erlischt der Unterhaltsanspruch**, sodass im Anschluss lediglich der Zahlungsanspruch selbst besteht.[929] Da die Abfindung endgültig ist, führen spätere Änderungen der Bedürftigkeit oder Änderungen der Leistungsfähigkeit nicht zu einem Wiederaufleben des Unterhaltsanspruchs. Ebenso wenig ändert sich an der Verpflichtung etwas, wenn nachträglich die Voraussetzungen des § 1579 BGB, der Versagung oder Beschränkung des Unterhalts wegen grober Unbilligkeit vorliegen. 933

922 Vgl. dazu *Hauß*, FamRB 2007, 367, 368.
923 BGH NJW 1993, 2105.
924 Büte/Poppen/Menne/*Büte*, § 1585 Rn 6.
925 MüKo/*Maurer*, § 1585 Rn 9.
926 Grüneberg/*von Pückler*, § 1585 Rn 6.
927 Johannsen/Henrich/*Büttner*, § 1585 Rn 9.
928 Grüneberg/*von Pückler*, § 1585 Rn 7.
929 BGH NJW 2004, 3282.

934 Entscheidend für den Zeitpunkt ist der **Abschluss des Abfindungsvertrages**, bei einer gerichtlich zuerkannten Kapitalabfindung die Rechtskraft des Beschlusses.

935 Eine **Anfechtung nach § 123 BGB** wegen arglistiger Täuschung, z.B. bei einer bevorstehenden Heirat, bleibt möglich, ebenso ein Schadenersatzanspruch aus § 826 BGB (Erschleichung eines Urteils).[930]

936 Der **Unterhaltsberechtigte** hat die **Voraussetzungen eines wichtigen Grundes** darzulegen und zu beweisen, ebenso die Voraussetzungen im Verhalten des Verpflichteten darzulegen. Den **Verpflichteten** trifft die Beweislast für das Vorliegen einer unbilligen Belastung.

937 Kapitalabfindungen sind regelmäßig mit **steuerlichen Nachteilen** verbunden. Wird eine Einmalzahlung vereinbart, entfällt das begrenzte Realsplitting nach § 10 Abs. 1 Nr. 1 EStG, das für das Jahr der Zahlung noch möglich ist, für die Folgejahre. Abfindungen für Unterhaltsleistungen an den geschiedenen oder den getrenntlebenden Ehegatten sind **nur im Rahmen des § 33a Abs. 1 EStG abzugsfähig.**[931] Die danach gegebene Abzugsfähigkeit begrenzter Unterhaltsleistungen scheidet dann schon aus, wenn der Unterhaltsberechtigte ein nicht nur geringes Vermögen besitzt. Darüber hinaus ist in **§ 33a Abs. 1 EStG ein geringer Höchstbetrag** gesetzt, auf den eigene Einkünfte des Unterhaltsberechtigten angerechnet werden.

938 Die Vorschrift des **§ 33 EStG gilt dagegen nur für atypischen Unterhaltsbedarf**, was sich nach Anlass und Zweckbestimmung richtet und regelmäßig bei einer Kapitalabfindung nicht vorliegt, weil sie keine Erfüllung eines außergewöhnlichen oder atypischen Bedarfs darstellt.[932] Für die Bemessung der Kapitalabfindung sind alle diejenigen Gesichtspunkte zu beachten, die für spätere Änderungen oder den Wegfall eines Unterhaltsanspruchs von Bedeutung sein können,[933] also

- die voraussichtliche Zeitdauer der Unterhaltsrente
- die Lebenserwartung der Beteiligten
- die Aussicht auf eine Wiederverheiratung des Berechtigten,
- die Berufsaussichten des Berechtigten,
- die Entwicklung der Bedürftigkeit des Berechtigten,
- die künftige Leistungsfähigkeit des Pflichtigen.[934]

939 Die voraussichtliche **Zeitdauer der Unterhaltsrente** hängt natürlich mit der Lebenserwartung des Berechtigten zusammen. Diese kann mit Hilfe der Kapitalisierungstabellen zur Kapitalabfindung für Renten berücksichtigt werden.[935] Hier muss allerdings berücksichtigt werden, dass der Kapitalabfindung häufig lediglich ein eingeschränkter Unterhaltszeitraum zugrunde zu legen ist, also z.B. die Zeit bis zum Eintritt der vollen Erwerbsobliegenheit etc.

Überdies muss die Entwicklung eines ggf. bestehenden ehebedingten Nachteils beachtet werden, ob also der Nachteil und wenn ja, wann, auf Seiten des Berechtigten wegfallen wird.

b) Vereinbarungen zur Kapitalabfindung

940 Auch wenn solche Voraussetzungen zur Zahlung eines Kapitalbetrages nur im Ausnahmefall gegeben sein werden, können die Beteiligten eine **Kapitalabfindung anstelle der Zahlung von Unterhalt einvernehmlich vereinbaren**.

Nicht nur im Rahmen von Trennungs- und Scheidungsfolgenvereinbarungen werden häufig derartige Vereinbarungen getroffen, die einen Unterhaltsverzicht unter gleichzeitiger Zahlung eines Kapitalbetrages als Kompensation beinhalten.

930 Büte/Poppen/Menne/*Büte*, § 1585 Rn 8.
931 BFH NJW 2009, 623.
932 BFH FamRZ 2008, 2024.
933 MüKo-BGB/*Maurer*, § 1585 Rn 11.
934 Wendl/Dose/*Wönne*, § 6 Rn 629.
935 Vgl. www.destatis.de.

Verfügt ein potentiell unterhaltsverpflichteter Ehegatte über einen angemessenen **Kapitalbetrag/Sparbetrag bei Eingehung der Ehe**, wäre zu erwägen, ob dieser Betrag nicht für den Fall einer Trennung und Scheidung verwendet wird, um auf diese Weise ggf. auch langjährige Unterhaltszahlungen zu vermeiden und dadurch persönlich unbelastete weitere Dispositionen treffen zu können.

Der Abfindungsanspruch ist sodann **kein Unterhaltsanspruch mehr**. Die Vorschriften über den Pfändungsschutz, § 850b ZPO sind dann ebenso wenig anwendbar wie das Pfändungsvorrecht nach § 850d ZPO.

Eine solche Vereinbarung könnte folgenden Inhalt haben:

941 ▼

Muster 3.66: Unterhaltsverzicht gegen Zahlung eines Kapitalbetrages

Verhandelt am

Zu

Vor mir, dem unterzeichnenden Notar im Bezirk des Oberlandesgerichts

erscheinen

1. Herr , geb. am , wohnhaft

2. Frau geb. , geb. am , wohnhaft

ausgewiesen durch .

Die Frage des beurkundenden Notars nach einer Vorbefassung im Sinne von § 3 Abs. 1 Nr. 7 BeurkG wurde von den Erschienenen verneint. Der beurkundende Notar erläuterte die vorgenannte Vorschrift.

Die Erschienenen baten den Notar um die Beurkundung eines

Ehevertrages

und erklärten vorab:

§ 1 Ausgangslage

Wir sind Beide von Geburt an deutsche Staatsangehörige und werden am in die Ehe miteinander schließen.

Kinder sind aus unserer Verbindung und auch aus jeweils anderen Verbindungen nicht hervorgegangen.

§ 2 Nachehelicher Unterhalt

1. Wir verzichten gegenseitig auf alle gesetzlichen Ansprüche auf nachehelichen Unterhalt auch für den Fall der Not und nehmen diesen Verzicht wechselseitig an. Der Verzicht gilt auch im Falle einer Gesetzesänderung oder der Änderung der Rechtsprechung.

2. Als Abfindung für den Verzicht erhält die Ersch. zu 2. einen Betrag in Höhe von EUR.

3. Die Abfindung ist zahlbar in 4 Raten à EUR. Die erste Rate ist fällig 14 Tage nach Abschluss des Vertrages, die Folgeraten jeweils am 1. Januar , 1. Januar sowie am 1. Januar .

4. Sollte der Ersch. zu 1. mit der Zahlung der Raten ganz oder teilweise länger als einen Monat in Rückstand geraten, ist der gesamte noch ausstehende Betrag sofort fällig.

5. Die Ersch. zu 2. verpflichtet sich für die Jahre , also für die Dauer der Unterhaltsabfindungsleistung, die nach § 10 Abs. 1 Nr. 1 EStG erforderliche Zustimmung zum begrenzten Realsplitting zu erteilen. Der Ehemann ist verpflichtet, die Ehefrau von den etwaigen ihr entstehenden finanziellen Nachteilen freizustellen.

§ 3 Vollstreckungsunterwerfung

Wegen der in § 3 der Vereinbarung eingegangenen Verpflichtungen zur Zahlung des Abfindungsbetrages unterwerfe ich, der Ersch. zu 1, mich der

sofortigen Zwangsvollstreckung

aus dieser Urkunde in mein Vermögen.

Die Ersch. zu 2 ist berechtigt, sich jederzeit auf einseitigen Antrag auf Kosten des Ersch. zu 1. eine vollstreckbare Ausfertigung dieser Urkunde erteilen zu lassen, ohne dass es hierzu des Nachweises der Fälligkeit oder sonstiger die Vollstreckung begründender Tatsachen bedarf.

§ 4 Hinweise, Durchführung

Der Notar hat die Erschienen über die Bedeutung, die rechtliche Tragweite, insbesondere die Rechtsfolgen und die Auswirkungen des Unterhaltsverzichts und der Abfindungsvereinbarung abschließend noch einmal ausführlich belehrt. Beide Erschienene sind sich der Tragweite der getroffenen Vereinbarungen bewusstund wünschen gleichwohl die Beurkundung der Vereinbarung auch unter Inkaufnahme möglicher zukünftig daraus erwachsener Nachteile.

(ggf. weitere abschließende Hinweise/Durchführung)

(Urkundsausgang, Unterschriften)

▲

942 Der Unterhaltsverzicht sollte dabei immer auch auf den **„Fall der Not" erstreckt** werden, da sonst der Umkehrschluss gezogen werden könnte dahingehend, dass die Vereinbarung eben nicht für den Fall der Not gelten soll.

§ 1585 Abs. 2 BGB, in dem die Möglichkeit einer Abfindungsregelung beschrieben ist, sagt über die Bemessung der Abfindung nichts; sie darf **nicht „unbillig"** sein.

Die Berechnung ist schwierig, da spekulativ die Möglichkeit der Wiederverheiratung zu berücksichtigen ist. *Hamm* schlägt vor, die **Praxis der Haftpflichtversicherungen bei der Kapitalisierung von Hinterbliebenenrenten** (§ 844 Abs. 2 BGB) zum Ausgangspunkt zu nehmen.[936] Von den Versicherern wurden u.a. **Kapitalisierungsfaktoren** für Witwenrenten unter der Berücksichtigung der Wiederverheiratungsmöglichkeit erarbeitet.[937]

Bei Abfindungszahlungen sollte die Möglichkeit des **begrenzten Realsplittings** bedacht werden und ggf. eine Verteilung auf zwei oder drei Jahre erwogen werden.

Im Übrigen muss die Zahlung nicht in Geld geschehen. Sie kann selbstverständlich in der **Zuordnung anderer Vermögenswerte (Immobilie/Lebensversicherung)** erfolgen.

Zu berücksichtigen ist insgesamt, dass keine einseitige Lastenverteilung i.S.d. Rechtsprechung erfolgt.

> *Praxistipp:* ***Achtung Haftung!***
>
> Der beratende Rechtsanwalt ist insoweit dafür verantwortlich, als er im Falle der Sittenwidrigkeit in die Haftung geraten kann.

936 BeckFormB FamR/*Hamm*, Ziff. F.IV.14.3.
937 Vgl. auch *Geigel*, Der Haftpflichtprozess, Anh. I, II.

Mit **Vereinbarung einer Kapitalabfindung endet die unterhaltsrechtliche Beziehung** der – früheren – Eheleute. Der Unterhaltsanspruch erlischt.[938] Das Erlöschen geschieht bereits mit Abschluss der Vereinbarung, nicht erst mit endgültiger Zahlung. Mit dem Abschluss der Vereinbarung besteht **lediglich noch ein Zahlungsanspruch** aus Vertrag. 943

Dies führt zu einer **Risikosituation** für beide Beteiligte. Eine Anpassung an veränderte Umstände, also spätere Notsituationen, spätere Eingehung eines eheähnlichen Verhältnisses, spätere Wiederverheiratung etc. scheiden als Möglichkeit der Veränderung im Vergleich zum Zeitpunkt des Abschlusses der Vereinbarung aus. Ein weiteres Risiko besteht darin, zum Zeitpunkt des Abschlusses der Vereinbarung **nicht alle wesentlichen Faktoren** korrekt berechnet und eingeschätzt zu haben, Prognosen nicht realistisch in die Bewertung mit einbezogen zu haben.

In der Vereinbarung einer Kapitalabfindung liegt damit zugleich der **Verzicht** darauf, dass **künftige Entwicklungen** der persönlichen und wirtschaftlichen Verhältnisse berücksichtigt werden.[939]

Die Vorteile für den Berechtigten liegen naturgemäß darin, dass **Risiken**, die seinen laufenden Anspruch auf Zahlung einer Unterhaltsrente zukünftig gefährden könnten, wie z.B. sinkende Leistungsfähigkeit des Verpflichteten, **nicht fürchten** muss. Anders stellt sich dies allerdings bei Ratenzahlungen dar. Die Zahlung der Raten erfolgt nur dann, wenn der Verpflichtete nicht leistungsunfähig wird und deshalb auch eine Vollstreckung des Titels einer Vereinbarung nach § 800 ZPO fehlschlägt.

Ein weiterer Vorteil für den Berechtigten liegt auch darin, dass er in seinen **Dispositionen für die Zukunft frei** ist, also Entscheidungen, die seinen Unterhaltsanspruch gefährden könnten, wie eine Wiederverheiratung oder das Zusammenleben mit einem neuen Partner, durchaus treffen kann. Selbst bei der Vereinbarung von Ratenzahlungen entfällt die Verpflichtung zur Zahlung nicht deshalb, weil der Berechtigte erneut heiratet. Mit der Vereinbarung der Kapitalabfindung ist eine endgültige Regelung gewollt, sodass sich der Verpflichtete für die zu diesem Zeitpunkt noch nicht fälligen Raten nicht auf den Wegfall der gemeinsamen Geschäftsgrundlage berufen kann.[940] 944

Die **Vereinbarungen von Ratenzahlungen** führen nicht dazu, dass der Berechtigte deswegen ein Veränderungsrisiko übernehmen wollte. Es handelt sich hier lediglich um ein Entgegenkommen des Berechtigten im Interesse des Unterhaltsschuldners, z.B. auch zur Ermöglichung eines mehrjährigen Realsplittings nach § 10 Abs. 1 Nr. 1 EStG.[941] 945

Dies führt auch dazu, dass für den Fall des **Todes des Berechtigten** der Anspruch nicht nach § 1586 Abs. 1 BGB hinsichtlich des Nachscheidungsunterhalts untergeht. Der Anspruch geht auf die Erben des Berechtigten über.[942] Auch der Tod des Berechtigten gehört zu den Risiken, die – in diesem Fall – der Unterhaltsverpflichtete eingeht, wenn er sich auf die Abfindung von Unterhaltsansprüchen durch Zahlung eines Kapitalbetrages einlässt.

Der **Vorteil des Verpflichteten** liegt darin, dass er die Unterhaltsansprüche, die ihn zeitlich sehr lange belasten würden, erledigt. Er kann Dispositionen für die Zukunft treffen. Ein Neuanfang – etwa in neuer Partnerschaft – wird nicht durch laufende Unterhaltsverpflichtungen erschwert. Zudem schützt sich der Verpflichtete vor eventuellen Abänderungen zu seinen Lasten, z.B. bei eintretender Erwerbsunfähigkeit des Berechtigten.

Je nach den konkreten Umständen des Einzelfalls könnte es für den Verpflichteten sinnvoll sein, eine Ratenzahlung anzustreben. Auf diese Weise ermöglicht er sich ein **mehrjähriges Realsplitting** nach § 10 Abs. 1 Nr. 1 EStG. 946

938 BGH FamRZ 2005, 1662.
939 BGH FamRZ 2005, 1662, 1663; Wendl/Dose/*Wönne*, § 6 Rn 627.
940 OLG Frankfurt FamRZ 2005, 1253.
941 BGH FamRZ 2005, 1662; Wendl/Dose/*Wönne*, § 6 Rn 627.
942 A.A. OLG Hamburg FamRZ 2002, 234, 235.

Der Verpflichtete muss nämlich auch – auch bei der Bestimmung der Höhe des Kapitalbetrages – die **steuerlichen Nachteile** bedenken, die für ihn eintreten können, weil er das begrenzte Realsplitting nur für das Jahr der – ggf. jeweiligen – Zahlung geltend machen kann. Wegen fehlender Zwangsläufigkeit der Abfindungszahlung kann nämlich ein Abfindungsbetrag grundsätzlich steuerlich nicht als außergewöhnliche Belastung berücksichtigt werden, § 33 Abs. 1 EStG. Die rechtliche Verpflichtung aus der Vereinbarung wurde vom Steuerpflichtigen selbst gesetzt.[943]

947 Die **Höhe des Kapitalbetrages** errechnet sich naturgemäß nicht allein aus der Lebenserwartung des Berechtigten, die mit Hilfe der Kapitalisierungstabellen zur Kapitalabfindung für Renten bestimmt werden kann.[944]

Die Höhe der Kapitalabfindung hängt von **folgenden Faktoren** ab:

- Voraussichtliche Zeitdauer der Unterhaltsrente,
- Lebenserwartung der Beteiligten,
- Aussicht auf Wiederverheiratung des Berechtigten,
- Berufsaussichten des Berechtigten,
- Entwicklung der Bedürftigkeit des Berechtigten,
- Entwicklung der Leistungsfähigkeit des Pflichtigen.[945]

948 Hinsichtlich des **Unterhaltszeitraums** sind folgende Bereiche zu bedenken:

- Zeit bis zum Eintritt der Vollerwerbsobliegenheit des Berechtigten,
- Zeit bis zum voraussichtlichen Wegfall des ehebedingten Nachteils,
- Zeit bis zum Ende eines nach § 1578b Abs. 2 BGB befristeten Anspruchs oder
- Zeit bis zur Verrentung des Berechtigten, weil die Ehegatten davon ausgehen, dass die im Versorgungsausgleichsverfahren im Rahmen der Scheidung aufgeteilte Versorgung der Ehegatten im Hinblick auf die Ausgleichung bedarfsdeckend ist.

949 Es empfiehlt sich die **Prüfung in folgenden Stufen**:

- Bestimmung des in Frage kommenden Unterhaltszeitraums (Wegfall Betreuungsunterhalt/Wegfall Aufstockungsunterhalt/Eintritt Rentenfall/ggf. Lebenszeit des Berechtigten oder des Verpflichteten);
- Bestimmung der Höhe des geschuldeten monatlichen Unterhalts;
- Bestimmung des abgezinsten Kapitalbetrages;
- Bestimmung von Abschlägen wegen eventueller weiterer Risiken, je nach Umständen des Einzelfalles (Wiederverheiratungsrisiko/Vorversterbensrisiko/Bedürftigkeitsrisiko/Leistungsfähigkeitsrisiko und Vorversterbensrisiko beim Pflichtigen).

Die Abfindung einer lebenslangen Unterhaltsrente ergibt sich aus der prognostizierten Laufzeit mit Hilfe der aktuellen Sterbetafel des Statistischen Bundesamtes.

Die Abschätzung einer zeitlich begrenzten Rente, wie sie in Anlage 9a (zu § 13) des Bewertungsgesetzes niedergelegt ist, berücksichtigt das Vorversterbensrisiko des Berechtigten oder ggf. des Verpflichteten nicht. Dies ist je nach Alter und Gesundheitszustand der Beteiligten zusätzlich einzubeziehen und ggf. in eine Abzinsung aufzunehmen.[946]

Berechnet man entsprechend der Sterbetafel die **Höhe des Kapitalwertes**, darf man allerdings nicht die Tabellenwerte für eine Zeitrente verwenden. Diese Tabellenwerte berücksichtigen nicht das Risiko des Todes des Berechtigten, weil die Zeitrente an dessen Erben weiter zu zahlen ist. Die Kapitalisierung erfolgt ohne Berücksichtigung des möglichen Vorversterbens.

943 BFH FamRZ 2008, 2024.
944 Vgl. www.destatis.de.
945 Vgl. Soergel/*Häberle*, § 1585 Nr. 10.
946 Vgl. insgesamt zur Berechnung *Schneider/Stahl*, S. 25 ff.

Handelt es sich umgekehrt nicht um die Abfindung einer lebenslangen, sondern um die **zeitlich begrenzte Unterhaltsberechtigung**, ist zu beachten: 950

> Vom Barwert einer lebenslangen Rente ist ab Rechnungsstichtag der entsprechende Barwert einer lebenslangen Rente, deren Beginn bis zum Ende des abzufindenden Unterhaltszeitraums aufgeschoben ist, abzuziehen.

Hinsichtlich des Umfangs der Abzinsung hat der BGH für die tatsächlich zu erwirtschaftende Verzinsung der Kapitalanlage den durchschnittlichen **Rechnungszins von 5,5 %** für maßgebend gehalten. Dieser Rechnungszins sei aus einer langfristigen Beobachtung der maßgeblichen volkswirtschaftlichen Orientierungsgrößen gewonnen worden.[947] Zu Recht wird jedoch darauf hingewiesen, dass bei einer deutlichen Dynamisierung ein **niedrigerer Zinssatz zugrunde gelegt werden muss**. So würde eine jährliche Rentenerhöhung um 2 % im Verhältnis zu einer statischen Rente beispielsweise eine Verminderung des Zinssatzes um 2 % bedeuten.[948]
Abschätzung für die Kapitalisierung einer zeitlich begrenzten Unterhaltsrente gem. Anlage 9 (zu § 13) des Bewertungsgesetzes:[949]

Laufzeit in Jahren	**Kapitalwert**
1	0,974
2	1,897
3	2,772
4	3,602
5	4,388
6	5,133
7	5,839
8	6,509
9	7,143
10	7,745
11	8,315
12	8,856
13	9,368
14	9,853
15	10,314

Der Kapitalwert ist unter Berücksichtigung von Zwischenzinsen und Zinseszinsen mit 5,5 Prozent errechnet worden. Er ist der **Mittelwert** zwischen dem Kapitalwert für jährlich vorschüssige und jährlich nachschüssige Zahlungsweise.

947 BGH FamRZ 2004, 527.
948 So Wendl/*Wönne*, § 6 Rn 630.
949 Anlage 9a (zu § 13): Kapitalwert einer wiederkehrenden, zeitlich beschränkten Nutzung oder Leistung im Jahresbetrag von einem EUR, BGBl I 1992, 1860 f.

5. Tod des Unterhaltspflichtigen

951 Für den **nachehelichen Unterhalt** sind die Folgen des Todes in **§§ 1586 ff. BGB** geregelt. **Stirbt der Verpflichtete**, geht die Unterhaltspflicht auf den/die Erben als **Nachlassverbindlichkeit** über, § 1586b Abs. 1 S. 1 BGB.

Ein evtl. vorhandener Titel kann umgeschrieben werden, um vollstrecken zu können. Der überlebende Ehegatte muss seinen Anspruch nach § 1586b BGB nicht neu gerichtlich einfordern.[950]

Mit dieser Möglichkeit soll der überlebende, geschiedene Ehegatte über den Tod des Erblassers hinaus abgesichert werden. Sinn und Zweck des § 1586b BGB ist, dem geschiedenen Ehegatten einen **Ausgleich für den Verlust seiner erbrechtlichen Ansprüche** im Falle der Scheidung zu geben.[951]

Deshalb steht auch demjenigen Ehegatten, der nach § 1933 BGB vom Erbrecht ausgeschlossen ist, der Unterhaltsanspruch in diesem Umfang zu (§ 1933 S. 3 BGB mit Verweis auf § 1586b BGB).

952 *Praxistipp*

Voraussetzung für den Unterhaltsanspruch gegen die Erben ist, dass weiterhin eine **Bedürftigkeit des Berechtigten** vorliegt. Bekommt dieser z.B. im Rahmen des Versorgungsausgleichs Leistungen, so sind diese bei der Berechnung des ungedeckten Unterhaltsbedarfs zu berücksichtigen.

953 Die Unterhaltsverpflichtung geht **unverändert** auf den Erben über, also auch mit den Belastungen eines etwaigen **Verwirkungseinwandes**.[952] Bestand ein Verwirkungsgrund, kann dieser noch von den Erben vorgebracht werden.[953]

Hat der Verstorbene auf **einen bestimmten Verwirkungseinwand** verzichtet, wirkt dies auf die Erben fort. **Andere** Verwirkungsgründe können aber vorgebebracht werden.

954 *Beispiel*

Verzicht auf den Einwand betrügerischen Verhaltens im Unterhaltsprozess (§§ 1579 Nr. 3 und 5 BGB); möglich bleibt der Einwand der Verwirkung wegen verfestigter Lebensgemeinschaft (§ 1579 Nr. 2 BGB).

955 Der Umfang der Haftung des Erben ist jedoch nach **§ 1586b Abs. 1 Satz 3 BGB** beschränkt.[954] Danach haftet der Erbe nur mit dem Betrag, der dem **Pflichtteil des Unterhaltsberechtigten**[955] entsprochen hätte, wenn die Ehe nicht geschieden worden wäre. Dabei ist die Haftung **nicht nur** auf den Betrag des **Pflichtteils** begrenzt, sondern auf den Betrag des Pflichtteils zzgl. eines fiktiven Anspruchs auf **Pflichtteilsergänzung**.[956]

Wie ist es aber, wenn der Unterhaltsberechtigte auf Erb- und Pflichtteilsansprüche verzichtet hat?

956 *Dazu folgender Fall*

In einer notariellen Scheidungsvereinbarung modifizieren die Eheleute M und F u.a. den nachehelichen Unterhalt der F (z.B. Vereinbarung einer Höchstgrenze) und vereinbaren einen wechselseitigen Erb- und Pflichtteilsverzicht. Einige Jahre nach der Scheidung verstirbt M. Sein Erbe verweigert weitere Unterhaltszahlungen an F unter Hinweis auf den vereinbarten Pflichtteilsverzicht. Zu Recht?

950 *Schnitzler*, FF 2005, 52.

951 *Bergschneider*, FamRZ 2003, 1091; Grüneberg/*von Pückler*, § 1586b Rn 1; Scholz/Kleffmann/Motzer/*Kleffmann*, Teil H Rn 52.

952 BGH FamRZ 2004, 614; 2003, 521.

953 FA-FamR/*Gerhardt*, 6. Kap. Rn 674.

954 BGH NJW 2007, 3207; dazu *Schindler*, ZFE 2007, 453; OLG Koblenz NJW 2003, 439 mit Anm. *Dressler*, S. 2430; *Haußleiter*, NJW-Spezial 2005, 535.

955 Dazu OLG Frankfurt FF 2003, 68; *Kuchinke*, FF 2002, 161; PWW/*Kleffmann*, § 1586b Rn 1 ff.

956 BGH ZEV 2001, 113; BGH NJW 2007, 3207.

a) Unterhaltspflicht als Nachlassverbindlichkeit

Die **nacheheliche Unterhaltspflicht** ist **gem. § 1586b Abs. 1 Satz 1 BGB auf den Erben des Verpflichteten** übergegangen. Dabei haftet der Erbe gem. § 1586b Abs. 1 Satz 3 BGB jedoch nicht über den Betrag hinaus, der dem Pflichtteil entspricht, welcher dem Berechtigten zustände, wenn die Ehe nicht geschieden worden wäre. 957

Der Grund für die **unterschiedliche Behandlung von Trennungsunterhalt** einerseits – er erlischt grundsätzlich mit dem Tod des Verpflichteten (Ausnahme: § 1933 Satz 3 BGB) – **und nachehelichem Unterhalt** andererseits liegt darin, dass **der (derzeitige) Ehegatte grundsätzlich erbrechtliche Ansprüche** an den Nachlass des Erblassers hat, die zumindest wirtschaftlich betrachtet ein Äquivalent für den verlorenen Unterhalt darstellen, während der geschiedene Ehegatte von solchen gesetzlichen Ansprüchen ausgeschlossen ist, weswegen die passive Verderblichkeit seines Unterhaltsanspruchs anerkannt werden müsse.[957]

Nach § 1586b Abs. 1 Satz 3 BGB wird die Haftung der Erben auf den **fiktiven Pflichtteil begrenzt**, der dem geschiedenen Ehegatten zustünde, wenn die Ehe nicht geschieden worden wäre. Für die Berechnung wird also der **Fortbestand** der geschiedenen Ehe bis zum Tod des Unterhaltsverpflichteten **fingiert**.[958] Außerdem bleiben gem. § 1586b Abs. 2 BGB Besonderheiten aufgrund des Güterstandes, in dem die geschiedenen Eheleute gelebt haben, außer Betracht. Maßgebend ist also die **Berechnung des Pflichtteils aufgrund des gesetzlichen Ehegattenerbrechts** gem. § 1931 Abs. 1 und 2 BGB, ohne Rücksicht auf § 1931 Abs. 4 und § 1371 BGB.[959] 958

b) Pflichtteilsverzicht und § 1586b BGB

Welche Auswirkungen ein Erb- und/oder Pflichtteilsverzichtsvertrag gem. § 2346 BGB auf die Rechte aus § 1586b BGB hat, ist außerordentlich **umstritten**. 959

Weite Teile der Literatur gehen davon aus, dass ein Erbverzichtsvertrag ebenso wie ein Pflichtteilsverzichtsvertrag die **Haftung des Erben des unterhaltspflichtigen Ehegatten entfallen** lasse. Etwas anderes soll danach nur gelten, wenn bei einem Erbverzicht der Pflichtteil vorbehalten würde.[960]

Diese Ansicht beruft sich zum einen auf den **Wortlaut** des § 1586b BGB. 960

Der Ehegatte, der auf sein gesetzliches Erbrecht ohne Pflichtteilsvorbehalt oder auch nur auf sein Pflichtteilsrecht verzichtet habe, begebe sich dadurch aller Pflichtteilserwartungen, so dass es an einem **„fiktiven" Pflichtteil i.S.d. § 1586b Abs. 1 S. 3 BGB fehle**, welcher die Unterhaltsschuld des Erben summenmäßig begrenzen könne.

Zum anderen gewähre das Gesetz den in den Nachlass verlängerten Unterhaltsanspruch „gleichsam als Ersatz" für den Verlust einer erbrechtlichen Nachlassteilhabe, die ihrerseits den überlebenden Ehegatten(auch) für den verlorenen Unterhalt entschädige. Habe aber der überlebende Ehegatte (ohne Pflichtteilsvorbehalt) auf sein gesetzliches Erbrecht verzichtet, fehle es an allen gesetzlichen Teilhabeerwartungen erbrechtlicher Art, so dass ein solcher Verzicht den nachehelichen Unterhaltsanspruch des § 1933 S. 3 BGB erst gar nicht entstehen lasse.

Die **Gegenauffassung** stellt – wohl zu Recht – darauf ab, dass es sich bei dem Anspruch nach § 1586b BGB um einen **Unterhaltsanspruch** handele und die Beschränkung auf den Pflichtteil nur eine höhenmäßige Begrenzung darstelle.[961] 961

957 BT-Drucks 7/650, S. 151.

958 BGH FamRZ 2001, 282; Grüneberg/*von Pückler*, § 1586b Rn 7.

959 *Bergschneider*, FamRZ 2003, 1049, 1053.

960 Grüneberg/*von Pückler*, § 1586b Rn 8; Bamberger/Roth/*Bergmann*, § 1586b Rn 5; Soergel/*Häberle*, § 1586b Rn 1; *Dieckmann*, NJW 1980, 2777; *ders.*, FamRZ 1999, 1029.

961 *Bergschneider*, FamRZ 2003, 1049, 1057; *Brambink*, in Schnitzler (Hrsg.), § 25 Rn 76; Johannsen/Henrich/*Büttner*, Familienrecht, § 1586b Rn 9; *Schmitz*, FamRZ 1999, 1569; *Pentz*, FamRZ 1998, 1344; für den bloßen Pflichtteilsverzicht vgl. *Grziwotz*, FamRZ 1991, 1258; sehr anschaulich OLG Koblenz v. 19.5.2009, NJW-RR 2010, 303.

962 *Praxistipp*

Mit Blick auf die umstrittene Rechtslage ist zu empfehlen, bei der Vereinbarung eines Erb- und/oder Pflichtteilsverzichtsvertrages zwischen Ehegatten (speziell in Scheidungsvereinbarungen) **ausdrücklich klarzustellen**, ob der Verzicht auch unterhaltsrechtliche Wirkungen haben soll. Dies gilt freilich nicht, wenn ohnehin ein vollständiger Unterhaltsverzicht vereinbart wird.

963 ▼

Muster 3.67: Verzicht/kein Verzicht auf § 1586b BGB

3.67 „Der vorstehende wechselseitige Pflichtteilsverzicht lässt Unterhaltsansprüche gegen den Erben des unterhaltsverpflichteten Ehegatten gem. § 1586b BGB unberührt."

Verzicht auch auf § 1586b BGB

„Ferner verzichten wir gegenseitig auf etwaige Unterhaltsansprüche gegen den Erben des Unterhaltsverpflichteten gem. § 1586b BGB."

▲

964 Fehlt es nun – wie im Ausgangsfall – an einer ausdrücklichen Regelung über die unterhaltsrechtlichen Folgen eines erklärten Erb- und Pflichtteilsverzichts, ist damit **noch nicht gesagt**, dass in jedem Falle die Erbenhaftung gem. § 1586b BGB ausgeschlossen ist, auch wenn man der **erstgenannten Literaturmeinung** folgt, wonach ein Pflichtteilsverzicht die Erbenhaftung nach § 1586b BGB ausschließt, denn in jedem Fall ist eine **Auslegung der Vereinbarung vorrangig**.[962]

965 Es ist zu fragen, wie der **mutmaßliche Wille der Eheleute** gewesen wäre, wenn sie bei Erklärung des Erb- und/oder Pflichtteilsverzichts daran gedacht hätten, dass später ein Anspruch nach § 1586b BGB in Betracht kommen könnte.

Wird in einer **Scheidungsvereinbarung kein Unterhaltsverzicht** erklärt, sondern werden vielmehr ausdrückliche Regelungen zum nachehelichen Unterhalt getroffen oder aber der gesetzliche nacheheliche Unterhaltsanspruch schlicht (klarstellend) beibehalten und wird sodann in derselben Urkunde ein Erb- und Pflichtteilsverzicht erklärt, wird man diesen **in aller Regel dahingehend auszulegen** haben, dass **Unterhaltsansprüche nach § 1586b BGB hiervon nicht berührt** werden sollen.

966 In Scheidungsvereinbarungen wird ein (vorsorglicher) Erb- und Pflichtteilsverzicht aufgenommen, um die **Rechtsfolge des § 1933 BGB** auf den Zeitpunkt der Scheidungsvereinbarung **vorzuverlegen** bzw. um die Rechtsfolge des § 1933 BGB losgelöst von den im Einzelfall möglicherweise umstrittenen Tatbestandvoraussetzungen herbeizuführen.[963]

967 Es geht also darum, beiden Ehegatten bereits für die Zeit des Getrenntlebens ihre volle erbrechtliche **Verfügungsfreiheit** zu garantieren. Insbesondere wird für einen Erb- und Pflichtteilsverzicht im Rahmen einer Scheidungsvereinbarung regelmäßig **keine Gegenleistung** erbracht, welche es nahelegen könnte, dass es nicht dem mutmaßlichen Willen der Beteiligten entspricht, dass ein Beteiligter zunächst ein Entgelt erhält und dann noch einmal Unterhalt bis zur Höhe des fiktiven Pflichtteils.[964]

968 *Praxistipp*

In geeigneten Fällen sollte der beratende Anwalt die Einforderung einer Gegenleistung für den entsprechenden Verzicht erwägen.

969 Es ist ebenso sinnvoll wie notwendig, sich anlässlich einer Vereinbarung zum Unterhalt nicht nur über die Begrenzung und/oder Befristung zwischen den Beteiligten zu deren Lebzeiten, sondern auch für den Fall

962 Vgl. dazu *Bergschneider*, FamRZ 2003, 1049, 1056; BGH FamRZ 2004, 1546 m. Anm. *Bergschneider*; OLG Koblenz NJW 2003, 439.

963 Vgl. *Grziwotz*, FamRZ 1991, 1258; *Limmer*, ZFE 2002, 55, 61.

964 Zu diesem Argument *Bergschneider*, FamRZ 2003, 1049, 1056.

des **Ablebens des Verpflichteten** Gedanken zu machen und diese ggf. in eine Vereinbarung einzubauen. Dies gilt jedenfalls dann, wenn sie **über die Rechtskraft der Scheidung hinaus** andauern soll.

c) Sonderfall: Der quasi-nacheheliche Unterhaltsanspruch

Einen Sonderfall bildet der quasi-nacheheliche Unterhaltsanspruch nach §§ 1933 S. 3, 1569 ff. BGB. **970**
Stirbt der Unterhaltsverpflichtete zum Zeitpunkt der Trennung der Beteiligten, waren die materiellen Voraussetzungen[965] für die Scheidung der Ehe gegeben, hatte der Verstorbene die Scheidung beantragt oder nach Beantragung durch die Unterhaltsberechtigte der Scheidung zugestimmt und war das Verfahren rechtshängig,[966] erlischt gem. § 1933 Satz 1 BGB das Erbrecht des überlebenden Ehegatten.

In solchen Fällen ist gem. § 1933 S. 3 BGB der Ehegatte nach Maßgabe der §§ 1569 bis 1586b BGB **unterhaltsberechtigt**. Nach der Regelung des § 1933 S. 3 BGB erhält der nicht geschiedene überlebende Ehegatte bei Verlust seines Erbrechts einen Unterhaltsanspruch nach Maßgabe des nachehelichen Unterhaltsrechts.[967] **971**

Der Anspruch richtet sich **gegen die Erben** des verstorbenen Ehegatten, als wäre er von dem verstorbenen Ehegatten geschieden gewesen. **972**

Tritt der **Tod vor Rechtskraft der Scheidung** ein, ist gem. § 131 FamFG die Hauptsache erledigt. Die Vorschrift stellt eine Ausnahme zu der regelmäßigen Folge des Todes eines Beteiligten im familiengerichtlichen Verfahren nach §§ 113 Abs. 1 S. 2 FamFG, 239 ZPO dar, wonach das Verfahren lediglich unterbrochen wäre. Dies ist in den besonderen höchst persönlichen Rechtsbeziehungen der Eheleute zueinander begründet. **973**

Die **Erledigung der Hauptsache** tritt von Gesetzes wegen ein.[968] Der Erbe kann die Ansprüche auf quasinachehelichen Unterhalt **nicht** dadurch verhindern, dass er **nach Tod des Erblassers den Scheidungsantrag zurücknimmt**. Die Rücknahme beruht dann nicht mehr auf dem eigenen Willen des Erblassers.[969]

Umgekehrt ist auch die Rücknahme der **Beschwerde** gegen den Beschluss, die noch von dem sodann verstorbenen Ehegatten eingelegt worden war, den Erben **nicht möglich**. Das Ergebnis wäre die Auflösung der Ehe. Dies ist mit dem Zweck des § 131 FamFG nicht vereinbar.[970] **974**

6. Sonderfragen

a) Unterhalt für die Vergangenheit, Verzug

Für die Vergangenheit kann Unterhalt grundsätzlich nicht verlangt werden. In Ausnahme davon kann **Sonderbedarf** nach § 1585b Abs. 1 BGB für die Vergangenheit geltend gemacht werden. Häufig ist es aus tatsächlichen Gründen nicht möglich, den Verpflichteten zuvor in Verzug zu setzen oder einen Unterhaltsantrag gegen ihn einzureichen. **975**

Im Übrigen kann nach § 1585b Abs. 2 BGB i.V.m. § 1613 Abs. 1 BGB Unterhalt für die Vergangenheit erst ab **Stellung eines Auskunftsersuchens** über Einkünfte und Vermögen sowie ab Eintritt des Verzugs oder der Rechtshängigkeit gefordert werden. **976**

Anders ist dies **bei vertraglich geregeltem nachehelichem Unterhalt**, da dem Schuldner seit Abschluss des Vertrages seine Unterhaltspflicht bekannt ist. Ein Rückstand kann dann in analoger Anwendung des § 1585b Abs. 2 BGB[971] grundsätzlich auch ohne Verzug oder Rechtshängigkeit verlangt werden. Vergeht **977**

965 OLG Zweibrücken FamRZ 2001, 452.
966 BGH FamRZ 1990, 1109.
967 BT-Drucks 7/650, S. 274 ff.
968 BGH FamRZ 2011, 11.
969 OLG Stuttgart FamRZ 2007, 502.
970 OLG Koblenz FamRZ 1980, 717; Horndasch/Viefhues/*Roßmann*, § 131 Rn 12.
971 BGH FamRZ 1989, 150.

vor Rechtshängigkeit des Unterhaltsanspruchs mehr als ein Jahr, so kann für die davor liegende Zeit Erfüllung nur verlangt werden, wenn sich der Verpflichtete seiner Leistung absichtlich entzogen hat.

978 *Hinweis*

Der Unterhaltsgläubiger darf nicht mehr als ein Jahr vergehen lassen, bis er seine geltend gemachten Unterhaltsforderungen rechtshängig macht.

979 Dies gilt **in gleicher Weise** für **den laufenden Unterhalt, für Sonderbedarf und auch für Nebenforderungen und Verzugsschäden**. § 1585b Abs. 3 BGB findet allerdings keine Anwendung auf das Verlangen, Steuernachteile nicht auszugleichen, die der unterhaltsberechtigte Ehegatte infolge seiner Zustimmung zum **begrenzten Realsplitting** erlitten hat. Nach ständiger Rechtsprechung muss sich der andere Ehegatte von vornherein auf den betreffenden Ausgleich einstellen.[972]

980 Nach § 1585b Abs. 2 BGB kann laufender Unterhalt ab **Verzug, ab Rechtshängigkeit oder ab Auskunftserteilung** verlangt werden. Verzug hinsichtlich des Anspruchs auf Unterhalt nach Scheidung der Ehe tritt aber nicht mit einer Mahnung hinsichtlich des Trennungsunterhalts ein. Da der Anspruch auf Geschiedenenunterhalt erst mit Rechtskraft der Scheidung entsteht, bedarf es ggf. einer erneuten Mahnung nach Rechtskraft des Scheidungsbeschlusses.[973]

981 Verzug tritt nur in Höhe des **verlangten Betrages** ein.[974] Eine zu niedrige Bezifferung schadet deshalb, eine höhere Bezifferung schadet nicht.[975] Verzug tritt dann nur in der geschuldeten Höhe ein.[976]

Dies ist auch der Fall, wenn eine bei weitem überhöhte Leistung gefordert wird.

Während im Schuldrecht im Einzelfall eine unverhältnismäßig hohe Mehrforderung nach Treu und Glauben dazu führen kann, dass eine **Mahnung als nicht rechtswirksam** angesehen wird,[977] ist im Unterhaltsrecht eine **auch bei weitem zu hohe Mehrforderung unschädlich**. Der Grund liegt darin, dass kein Zweifel daran bestehen kann, dass ein Unterhaltsgläubiger auch zur Annahme von geringeren Leistungen bereit ist.[978]

982 Wird dagegen **zu wenig verlangt**, begründet dies keinen Verzug auf einen höheren als den begehrten Betrag.[979] Wird eine zunächst höhere Unterhaltsforderung ermäßigt, besteht ab diesem Zeitpunkt Verzug ausschließlich für den ermäßigten Unterhalt. Gleiches gilt bei eingereichten und sodann geänderten Anträgen.

983 Verzug tritt auch ein, wenn eine Mahnung mündlich, z.B. **telefonisch**, erklärt wird.[980] Hier wird sich im Streitfall der Unterhaltsgläubiger jedoch Beweisschwierigkeiten gegenübersehen.

984 Eine Mahnung ist im Übrigen naturgemäß **nicht monatlich zu wiederholen**, da es sich bei Unterhalt um eine wiederkehrende Leistung handelt.[981]

Nach § 1585b Abs. 2 BGB tritt Verzug bei nachehelichem Unterhalt **ab dem Monatsersten** ein, in dem das Aufforderungsschreiben zugegangen ist.

972 BGH FamRZ 2005, 1162, 1163.
973 BGH NJW 1992, 1956; *N. Kleffmann* in: Kleffmann/Soyka, PraxisHb. UnterhaltsR, 4. Kap. Rn 121.
974 BGH FamRZ 1990, 283.
975 BGH FamRZ 1982, 887.
976 BGH FamRZ 1982, 887, 890.
977 BGH NJW 1991, 1286, 1288.
978 BGH FamRZ 1983, 352, 355.
979 BGH FamRZ 2004, 1177.
980 BGH FamRZ 1993, 1055.
981 BGH FamRZ 1988, 370.

Hinweis 985

Man sollte dazu auffordern, monatlichen Unterhalt jeweils **bis zum 1**. eines Monats zu zahlen und **nicht**, wie verbreitet, **bis zum 3**. eines jeden Monats oder bis zum 3. Werktag eines jeden Monats. Auch Miete und sonstige Verpflichtungen sind bis zum 1. eines Monats auszugleichen.

Entstand der Anspruch nicht am oder vor dem Monatsersten, sondern erst im Laufe desjenigen Monats, in 986 dem die Aufforderung zugegangen ist, tritt Verzug erst mit Zugang der Aufforderung ein.[982] Erst die **Mahnung löst** nach § 286 Abs. 1 S. 1 BGB **den Verzug aus**.

Hinweis 987

Verzug für den Trennungsunterhalt begründet **keinen Verzug für den nachehelichen Unterhalt**. Trennungsunterhalt und nachehelicher Unterhalt beruhen auf unterschiedlichen Streitgegenständen. Bestehen die Voraussetzungen für einen Anspruch auf nachehelichen Unterhalt, entsteht im Gegensatz zum Trennungsunterhalt ein „neues Recht auf wiederkehrende Leistungen",[983] sodass der Berechtigte den Pflichtigen neu mahnen muss.[984]

Zu beachten ist, dass eine Mahnung wegen nachehelichen Unterhalts keinen Verzug auslöst, wenn sie **vor** 988 **Eintritt der Rechtskraft** des Scheidungsausspruchs zugegangen ist. Ausschließlich eine Mahnung, die nach Eintritt der Fälligkeit erfolgt, setzt den Schuldner nach § 286 Abs. 1 S. 1 BGB in Verzug.

Um zu verhindern, dass eine Scheidung rechtskräftig wird, jedoch der nacheheliche Unterhalt ungeregelt 989 geblieben ist, hat der Unterhaltsgläubiger ausschließlich die Möglichkeit, den nachehelichen Unterhalt im **Scheidungsverbund** geltend zu machen.

Eine isolierte Forderung nachehelichen Unterhalts nach Rechtskraft der Scheidung verursacht das Problem, dass zum einen Trennungsunterhalt nicht mehr geschuldet wird, zum anderen **noch nicht über nacheheliche Unterhaltsansprüche entschieden** ist, der Unterhaltsgläubiger daher zunächst ohne Unterhalt bleibt. Überdies kann es bei verspäteten Mahnungen dazu kommen, dass der Unterhalt nicht sofort ab Rechtskraft der Scheidung geschuldet wird.

Möglich ist allerdings die Beantragung einer **einstweiligen Anordnung** betreffend nachehelichen Unter- 990 halt als neues selbstständiges Verfahren nach §§ 246, 49 ff. FamFG. Im Wege einstweiliger Anordnung ist dann zu beantragen, beginnend ab Rechtskraft der Scheidung, bestimmten nachehelichen Unterhalt zu zahlen.

Dies ist aber zum einen nur unter den **tatbestandlichen Voraussetzungen der §§ 246, 49 ff. FamFG** möglich, also für den Fall, dass ein dringendes Bedürfnis für ein sofortiges Tätigwerden besteht. Zum anderen ist dies nur möglich, wenn absehbar ist, dass die Scheidung in Kürze rechtskräftig wird, namentlich dann, wenn die Scheidung bereits verkündet worden ist, laufende Rechtsmittelfristen jedoch die Rechtskraft der Scheidung hinausschieben.

Ein **Verzug ohne jegliche Mahnung** nach § 286 Abs. 2 Nr. 1 BGB (Kalenderfälligkeit) setzt voraus, dass 991 dem Unterhaltsschuldner seine Verpflichtungen dem Grunde und dem Umfang nach bekannt sind. Dies ist namentlich bei vertraglich vereinbarten Unterhaltsleistungen oder auch im Falle einseitiger Verpflichtungsurkunden der Fall.

Dasselbe gilt, wenn der Unterhaltsschuldner eine Zeit lang **freiwillig Zahlungen leistet und diese so-** 992 **dann einstellt**.[985]

982 BGH FamRZ 1990, 283.
983 So Wendl/Dose/*Gerhardt*, § 6 Rn 132.
984 BGH FamRZ 1988, 370.
985 OLG Köln FamRZ 2000, 433.

Schließlich muss eine Mahnung dann nicht erfolgen, wenn der Verpflichtete Unterhaltsleistungen „**eindeutig und endgültig verweigert**".[986] Eine solche eindeutige Verweigerung liegt jedoch nicht darin, dass der Unterhaltsschuldner schlichtweg schweigt oder nicht leistet.[987] Eine eindeutige Verweigerung liegt jedoch darin, dass beispielsweise der Unterhaltsschuldner erklärt, Auskunft über seine Einkünfte nicht zu erteilen, weil er keinen Unterhalt schulde. Die Form, in der er dies erklärt, ist nicht von Bedeutung. Es reicht daher aus, wenn der Pflichtige dies seinem – früheren – Ehegatten telefonisch erklärt.[988] In solchen Fällen wird der Unterhaltsgläubiger allerdings im Streitfalle **Beweisschwierigkeiten** haben. Die Verweigerung zur Zahlung von Unterhalt führt sodann zu einem Verzug von diesem Zeitpunkt an und steht der verzugsbegründenden Mahnung zu diesem Zeitpunkt gleich. Die **Weigerung wirkt nicht rückwirkend** zu einem früheren Zeitpunkt.[989]

993 Im Übrigen ist es nicht erforderlich, zur Geltendmachung des Nachscheidungsunterhalts einen **konkreten Betrag** zu benennen. Auch beim nachehelichen Unterhalt begründet ein **Auskunftsverlangen Verzug**; einer Stufenmahnung bedarf es nicht, da durch die Verweisung in § 1585b Abs. 2 BGB auf § 1613 Abs. 1 BGB die Voraussetzungen, nach denen Unterhalt für die Vergangenheit gefordert werden kann, vereinheitlicht sind.

994 Dies trifft ebenso für den **Altersvorsorgeunterhalt** zu. Es reicht für die Inanspruchnahme des Pflichtigen, dass von diesem Auskunft mit dem Ziel der Geltendmachung eines Unterhaltsanspruchs begehrt wird.[990]

b) Sonderbedarf

995 Für die Vergangenheit kann allerdings Sonderbedarf nach § 1613 Abs. 2 BGB geltend gemacht werden.

Sonderbedarf ist danach ein **unregelmäßiger außergewöhnlich hoher Bedarf**. Beschränkt ist die Ersatzpflicht für die Vergangenheit allerdings auf **ein Jahr nach seiner Entstehung**, es sei denn, der Verpflichtete wurde zuvor in Verzug gesetzt oder der Anspruch ist rechtshängig geworden.

996 Sonderbedarf ist **Teil des Lebensbedarfs** i.S.d. § 1610 Abs. 2 BGB. Er darf deshalb nicht der Finanzierung von Luxusausgaben oder der Finanzierung leichtfertiger Schulden durch das Kind, z.B. durch Verursachung von Telefongebühren von Telefonsexanbietern, dienen.

Gänzlich **unnötige Ausgaben** stellen keinen Sonderbedarf dar.[991]

997 Der Bedarf muss **unregelmäßig und außergewöhnlich hoch** sein.

Unregelmäßig ist Bedarf, der nicht mit Wahrscheinlichkeit vorauszusehen ist und deshalb bei der Bemessung des Regelbedarfs und damit des laufenden Unterhalts nicht berücksichtigt werden kann.[992]

Selbst ungewöhnlich hohe Einzelausgaben stellen daher keinen Sonderbedarf dar, wenn sie **voraussehbar** waren, auf die sich der Berechtigte daher hätte einstellen können. Solche Ausgaben sind durch den laufenden Unterhalt auszugleichen. Ergibt sich in der laufenden Bemessung, dass die Unterhaltssätze nach der Düsseldorfer Tabelle für den Lebensbedarf nicht ausreicht, weil besondere Kosten auszugleichen sind, ist ggf. der Regelbedarf um einen **Mehrbedarf** angemessen zu erhöhen.[993]

Mehrbedarf ist daher zwar ebenfalls ein Teil des Lebensbedarfs i.S.d. § 1610 Abs. 2 BGB, doch ist er im Gegensatz zum Sonderbedarf eine finanzielle Belastung, die regelmäßig während eines längeren Zeitrau-

986 BGH FamRZ 1985, 155, 157; BGH FamRZ 1992, 920.
987 BGH FamRZ 1992, 920; BGH NJW 1996, 1814.
988 BGH FamRZ 1993, 1055.
989 BGH FamRZ 1985, 155, 157.
990 BGH FamRZ 2007, 193.
991 So auch *Scholz*, FamRZ 2003, 1900; a.A. AG Northeim FamRZ 2003, 629 m. zust. Anm. *Melchers*.
992 BGH FamRZ 2006, 612 m. Anm. *Luthin*.
993 OLG Hamm FamRZ 1994, 1281.

mes anfällt und das Übliche derart übersteigt, dass sie mit den Regelsätzen nicht erfasst werden kann, jedoch **pauschalierbar** ist und deshalb bei der Bemessung der laufenden Unterhaltsrente berücksichtigt werden kann.[994]

Mehrbedarf unterliegt daher im Gegensatz zum Sonderbedarf den Voraussetzungen des § 1613 Abs. 1 BGB. Für die Geltendmachung bedarf es des Verzugs.

Die **Nichtvorhersehbarkeit des Sonderbedarfs** führt gerade dazu, dass ausnahmsweise Verzug zur Geltendmachung nicht erforderlich ist und – für eine gewisse Zeit – auch für die Vergangenheit zu zahlen ist.

> *Hinweis* 998
>
> Bei Vorliegen eines Titels über laufenden Unterhalt muss bei **Mehrbedarf eine Abänderung** unter Beachtung des § 138 Abs. 3 FamFG beantragt werden. Für **Sonderbedarf** genügt ein auf Leistung gerichteter **Antrag**.

■ **Einzelfälle** 999

Wann zusätzlich ein unregelmäßiger Bedarf **außergewöhnlich hoch** ist, muss nach den Umständen des Einzelfalls beurteilt werden. Entscheidungskriterien bilden dafür die Höhe des laufenden Unterhalts, die sonstigen Einkünfte des Berechtigten, der Lebenszuschnitt der Beteiligten sowie Anlass und Umfang der besonderen Aufwendungen.

Danach ist zu beurteilen, inwieweit dem Berechtigten zugemutet werden kann, den Bedarf selbst zu bestreiten.[995] **Je beengter die wirtschaftlichen Verhältnisse** sind, desto eher wird eine unvorhergesehene Ausgabe als außergewöhnlich hoch erscheinen. Ausschlaggebend ist das **Verhältnis der zusätzlichen Aufwendung zu den Mitteln**, die dem Berechtigten für seinen laufenden Unterhalt zur Verfügung stehen.[996]

Die Bezeichnung des Bedarfs als „außergewöhnlich" zeigt den **Ausnahmecharakter** auf, der für Sonderbedarf gilt. Grundsätzlich soll durch die Pauschalierung im Rahmen der Tabellenbeträge für Unterhalt eine Befriedung eintreten und häufige Auseinandersetzungen über gesonderte Kosten vermieden werden.[997]

■ **Krankheit, Behinderung** 1000

Entstehen Kosten, insbesondere Aufwendungen für **Krankheitsbehandlungen**, sei es im Zusammenhang mit Krankenhaus, Kuraufenthalt etc. kommt **Sonderbedarf** in Betracht. Dies gilt insbesondere für **Hilfsmittel bei Erkrankungen**, z.B. ein Behindertenfahrzeug, Prothesen, ebenso wie Ausgaben für behindertengerechtes Wohnen, für die Anschaffung geeigneter **Matratzen und Bettwäsche bei Hausstauballergie**.[998]

Die Kosten, soweit sie nicht von dritter Seite, einer Krankenkasse, getragen werden, müssen naturgemäß **angemessen** sein. Dies betrifft alle Anschaffungen bei Behinderung, das Fahrzeug ebenso wie Matratzen und Bettwäsche sowie die Frage des Aufwandes für eine Brille. Die Anschaffungen müssen im **angemessenen Verhältnis zum sonstigen Lebensbedarf des Berechtigten** stehen.

Auch außergewöhnlich hohe, unvermeidbare Behandlungskosten bei **Krebserkrankung** stellen Sonderbedarf dar.[999] **Chefarztbehandlung** im Krankheitsfall ist in der Regel nicht erforderlich.[1000]

994 Wendl/Dose/*Scholz*, § 6 Rn 3.
995 BGH FamRZ 2006, 612.
996 Vgl. dazu BVerfG FamRZ 1999, 1342; OLG Karlsruhe NJW-RR 1998, 1226.
997 BGH FamRZ 1984, 470, 472.
998 OLG Karlsruhe FamRZ 1992, 850.
999 BGH FamRZ 1992, 291.
1000 AG Michelstadt FamRZ 2005, 1118.

Erfordert die Krankheit oder die Behinderung eine **längere Behandlung, deren Dauer sich nicht absehen lässt**, liegt kein Sonderbedarf vor. Dies ist insbesondere bei **kieferorthopädischen Behandlungen**[1001] oder längerfristigen **psychotherapeutischen Behandlungen**[1002] der Fall.

Die sogenannte **Praxisgebühr** von 10 EUR pro Quartal ist kein Sonderbedarf, weil der Betrag nicht außergewöhnlich hoch ist.

Zuzahlungen bei Medikamenten sind Mehrbedarf, wenn sie regelmäßig wiederkehren und aus dem laufenden Unterhalt nicht aufgebracht werden können. Dies gilt in gleicher Weise für stationäre Maßnahmen und Heilmittel; diese stellen aber Sonderbedarf dar, wenn sie im Rahmen einer nicht vorhersehbaren, nicht dauerhaften Erkrankung entstehen.

■ **Kommunion/Konfirmation**

Nach der Rechtsprechung des **BGH**[1003] stellen Kosten von Kommunion, Konfirmation und der – inzwischen seltenen – Jugendweihe[1004] **keinen Sonderbedarf** dar, weil die Entstehung der Aufwendungen langfristig vorhersehbar ist.

Nach **anderer Ansicht**, der zuzustimmen ist, können solche Kosten durchaus Sonderbedarf sein. Dies ist vor allem dann der Fall, wenn die laufende Unterhaltsrente so niedrig ist, dass sie die Bildung ausreichender Rücklagen von vornherein nicht erlaubt.[1005] Selbst wenn Kommunion oder Konfirmation längerfristig vorhersehbar sind, handelt es sich **nicht** um Kosten, die grundsätzlich entstehen und langfristig angelegt sind. Der einjährige Vorbereitungskurs zur Kommunion oder Konfirmation täuscht darüber hinweg, dass das Kind **gegen seinen Willen** weder konfirmiert werden kann noch der Kommunion unterliegt. Das Kind muss nicht nur im katholischen und im evangelischen Ritus der Kirchen zum Zeitpunkt der Kommunionsfeier bzw. Konfirmationsfeier den Willen zur Kommunion bzw. Konfirmation persönlich erklären; das Kind unterliegt bereits mit Vollendung des 10. Lebensjahres dem Anhörungsrecht hinsichtlich der Weltanschauung bzw. Religion (§ 5 RKEG[1006]). Mit Vollendung des **12. Lebensjahres** ist gegen den Willen des Minderjährigen kein Religionswechsel möglich (§ 5 S. 2 RKEG). Mit Vollendung des **14. Lebensjahres** kann der Minderjährige die Weltanschauung bzw. Religion selbst bestimmen (§ 5 S. 1 RKEG). Es **steht daher vorher gerade nicht fest**, ob es zu einer Kommunion oder Konfirmation tatsächlich kommt.

Die Ausgaben sind regelmäßig auch **außergewöhnlich hoch**, da solche Feiern mit einer Bewirtung von Verwandten, ggf. auch von Freunden in einem Restaurant/Gastwirtschaft verbunden sind, es sei denn, die Wohnung desjenigen Elternteils, bei dem das Kind lebt, bietet ausreichend Platz für die angemessene Zahl von Verwandten und Freunden. Kosten im angemessenen Rahmen stellen daher Sonderbedarf des Kindes dar. Nach differenzierender Auffassung[1007] handelt es sich dabei nicht um Sonderbedarf des Kindes. Die Kosten seien der Lebenshaltung des Elternteils zuzurechnen, bei dem das Kind überwiegend lebt.

■ **Erstausstattung eines Säuglings**

Die Erstausstattung eines Säuglings stellt im angemessenen Rahmen **Sonderbedarf** dar.[1008]

Ebenso, wie man es für Kommunion oder Konfirmation darstellen könnte, liegt zwischen Zeugung und Geburt einige Zeit, sodass die Geburt und die damit verbundenen finanziellen Aufwendungen voraussehbar sind. Darauf kann es aber nicht ankommen. Erst **mit der Geburt des Kindes** kann der Berechtigte mit

1001 A.A. OLG Karlsruhe FamRZ 1992, 1317; OLG Frankfurt FuR 2021, 37.
1002 OLG Hamm FamRZ 1996, 1218.
1003 BGH FamRZ 2006, 612 m. Anm. *Luthin*.
1004 Vgl. OLG Brandenburg FamRZ 2006, 644.
1005 So auch Wendl/Dose/*Scholz*, § 6 Rn 4, 16.
1006 Gesetz über die religiöse Kindererziehung v. 15.7.1921, zuletzt geändert durch Gesetz v. 17.12.2008, BGBl I S. 2586.
1007 Wendl/Dose/*Scholz*, § 6 Rn 16.
1008 BVerfG FamRZ 1999, 1342; zur Höhe: OLG Koblenz FamRZ 2009, 2098.

der Entstehung der **Aufwendungen rechnen**. In der Regel wird es im Übrigen auch unmöglich sein, Rücklagen für die Erstausstattung zu entwickeln, wenn man sich in der Schwangerschaftszeit befindet. Auf die Frage der Ehelichkeit des Kindes kommt es naturgemäß nicht an.[1009]

- **Urlaub**

Urlaub begründet keinen Sonderbedarf, ebenso wenig die Teilnahme an Freizeitveranstaltungen wie beispielsweise Jugendfreizeit.[1010] Die in solchem Zusammenhang aufzuwendenden Beträge gehören typischerweise zu Ausgaben, die mit dem laufenden Unterhalt ausgeglichen sind.

- **Klassenfahrt**

Klassenfahrten stellen dann **keinen Sonderbedarf** dar, wenn sie sich im üblichen, niedrigen Rahmen halten, z.B. im nahe gelegenen Landschulheim stattfinden.

Anders ist dies bei Klassenfahrten, die **ungewöhnliche Aufwendungen** darstellen, die üblicherweise mit Unterricht oder unterrichtsähnlichen Veranstaltungen nichts zu tun haben. Hierzu gehören Klassenfahrten ins **Ausland** ebenso wie **Segeltouren** oder **winterliche Fahrten in Skigebiete**. Bei **Skifreizeiten** o.ä. Veranstaltungen, die auf Freiwilligkeit basieren und nicht von allen Schülerinnen und Schülern einer Klasse mitgemacht werden müssen, ist eine **Einzelfallbewertung notwendig**. Entsteht für die Schülerin oder den Schüler bei einer Absage der Fahrt eine Außenseitersituation, die eine **Ausgrenzung** aus dem Klassenverband verursacht oder bereits vorhandene Tendenzen des Mobbings durch andere Jugendliche verstärkt, wird es dem Kindeswohl entsprechen, Sonderbedarf anzunehmen.[1011]

- **Nachhilfeunterricht**

Hinsichtlich Nachhilfeunterrichtes ist zu unterscheiden: Ist Nachhilfeunterricht erforderlich, weil z.B. durch vorangegangene **Erkrankung** versäumter Stoff nachgeholt werden muss, handelt es sich um **Sonderbedarf**. Ebenso handelt es sich um Sonderbedarf, wenn das Kind aufgrund **besonderer Umstände**, z.B. Tod oder Erkrankung eines Familienangehörigen, seelische Probleme hat, die sich auf seine schulische Leistungsfähigkeit niederschlagen. Gleiches gilt, wenn aus anderen Gründen, z.B. wegen Entwicklungsstörungen, das Kind schulische Defizite aufweist.

Ist das Kind allerdings ständig auf Nachhilfe angewiesen, weil es eine **allgemeine Lernschwäche** aufweist, handelt es sich um **Mehrbedarf**.[1012]

- **Privatschule/Internat**

Schulgeld für eine Privatschule oder Aufwendungen für ein Internat sind regelmäßig **Mehrbedarf**.[1013] Neben dem Mehrbedarf kann im Rahmen der Schulausbildung durch notwendige **teure Anschaffungen**, Kurse und Reisen **zusätzlich Sonderbedarf** entstehen.

- **Kindergartenkosten**

Kindergartenkosten sind **kein Sonderbedarf**, da sie regelmäßig anfallen. In den Richtsätzen der Düsseldorfer Tabelle sind sie allerdings ebenso wenig enthalten. Im Existenzminimum, wie es gem. §§ 1612a Abs. 1 S. 2 BGB, 26 Abs. 6 S. 1 EStG dem Mindestunterhalt zugrunde liegt, sind Kindergartenkosten nicht einkalkuliert. Es handelt sich um **Mehrbedarf des Kindes**. Nach **früherer Rechtsprechung** des BGH galt dies lediglich für halbtägigen Besuch einer Kindertagesstätte.[1014] Dies muss aber, so nun auch der **BGH**, unabhängig davon gelten, ob der Kindergarten halbtags oder ganztags besucht wird.[1015]

1009 BVerfG FamRZ 1999, 1342.
1010 OLG Frankfurt FamRZ 1990, 436.
1011 Vgl. insgesamt BGH FamRZ 2006, 612; OLG Hamm FamRZ 1992, 346; OLG Braunschweig FamRZ 1995, 1010; OLG Köln NJW 1999, 295.
1012 OLG Düsseldorf NJW-RR 2005, 1529.
1013 OLG Köln NJW 1999, 295; OLG Düsseldorf NJW-RR 2005, 1529; OLG Hamm FamRZ 2007, 77.
1014 BGH FamRZ 2007, 882.
1015 BGH FamRZ 2009, 962 m. Anm. *Born*.

■ **Kinderbetreuungskosten**

Kinderbetreuungskosten stellen **keinen Sonderbedarf** dar. Kinderbetreuungskosten sind im Gegensatz zu Kindergartenkosten solche Kosten, die der betreuende Ehegatte aufwendet, um selbst berufstätig sein zu können.

Zu diesen zusätzlichen **berufsbedingten Aufwendungen** gehören z.B: die Vergütung durch eine Tagesmutter, deren Heranziehung ohne die Berufstätigkeit des betreuenden Elternteils nicht erforderlich wäre, Aufwendungen ggf. für Hausaufgabenüberwachung oder sonstige Kosten, die in diesem Zusammenhang entstehen, z.B. Pkw-Kosten, um das Kind vor der Arbeit zum Kinderhort zu bringen und von dort nach der Arbeit wieder abzuholen. Solche Kosten sind bei der **Unterhaltsberechnung vom Einkommen des betreuenden Elternteils** vor Vergleich der beiderseitigen Einkünfte **abzuziehen**.

■ **Auslandsstudium/Schüleraustausch**

Kosten eines Auslandsstudiums stellen Mehrbedarf dar.[1016] Auch ein Schüleraustausch ist in der Regel kein Sonderbedarf.[1017]

■ **Computer**

Angemessene Kosten eines **Computers können Sonderbedarf** sein. Je nach Schulform wird heutzutage erwartet, dass ein Kind nicht nur Zugang zu einem internetfähigen PC oder Laptop hat, sondern auch ein eigenes Gerät besitzt, das es für bestimmte Hausaufgaben, auch für Recherchen oder für die Erstellung von Vorträgen und Präsentationen verwendet. Die angemessenen Kosten für die Anschaffung eines Computers werden daher **nicht nur ausnahmsweise,**[1018] **sondern regelmäßig Sonderbedarf** sein. Eine Obliegenheit, die Kosten für einen PC selbst aus dem laufenden Kindesunterhalt anzusparen, überspannt die Anforderungen bei weitem.[1019]

■ **Musikinstrument**

Für ein begabtes Kind stellt die Anschaffung eines Musikinstruments **Sonderbedarf** dar. Voraussetzung ist jedoch die **Begabung des Kindes und die Angemessenheit** im Verhältnis zu den Lebensverhältnissen. Es kann daher nicht in Betracht kommen, ein besonders kostspieliges Instrument, etwa ein Klavier oder einen Flügel anzuschaffen. Bei teuren Geräten kann auch die **Miete angemessen**. **Die laufende Miete** stellt sodann keinen Sonderbedarf, sondern Mehrbedarf dar, weil es sich um zusätzliche Aufwendungen über einen längeren Zeitraum handelt.

■ **Anschaffung eines Tieres**

Die Kosten für die **Anschaffung** eines Tieres können **in Ausnahmefällen,** etwa bei **heilpädagogischer Notwendigkeit**, Sonderbedarf darstellen. Die Kosten für die **Haltung** z.B. eines Hundes oder einer Katze kann bei Vorliegen der Voraussetzungen, notwendigen Mehrbedarf darstellen, nicht jedoch Sonderbedarf.[1020]

■ **Umzugskosten**

Umzugskosten und die Kosten für die Einrichtung einer neuen Wohnung können **Sonderbedarf** darstellen.[1021]

Wird der Unterhaltsbedarf nach einer **konkreten Bedarfsbemessung** gezahlt, wird in Betracht kommen können, dass der Verpflichtete den zusätzlichen Sonderbedarf neben dem laufenden Unterhalt zahlt. Dies setzt allerdings voraus, dass er von seinem Einkommen wenigstens nach dem Halbteilungsgrundsatz die Hälfte verbleibt oder dass er den Sonderbedarf aus seinem Vermögen aufbringen kann.

Wird dagegen **Quotenunterhalt** gezahlt, ist bereits eine Aufteilung der verfügbaren Mittel nach dem Halbteilungsgrundsatz erfolgt. Verfügt der Pflichtige nicht über zusätzliche nicht prägende Einkünfte

1016 BGH FamRZ 1992, 1064; OLG Hamm FamRZ 1994, 1281.
1017 So auch OLG Naumburg FamRZ 2000, 444; OLG Schleswig NJW 2006, 1601.
1018 So Wendl/Dose/*Scholz*, § 6 Rn 17.
1019 So aber OLG Hamm FamRZ 2004, 830.
1020 OLG Bremen FamRZ 2011, 43.
1021 BGH FamRZ 1983, 29; OLG München FamRZ 1996, 1410.

ist zumindest der Sonderbedarf nicht von ihm allein aufzubringen. Zunächst muss der Berechtigten in solchen Fällen den Sonderbedarf selbst tragen.[1022] Verfügt der Berechtigte über Vermögen, wird er auch den Stamm des Vermögens zur Finanzierung der Umzugskosten verwerten müssen.

Nur dann, wenn **ausschließlich der Verpflichtete** über nennenswertes Vermögen verfügt oder seine Belastung durch den Ehegattenunterhalt durch Erzielung erheblicher nicht prägender Einkünfte gering ist, kann eine teilweise oder vollständige Inanspruchnahme des Verpflichteten berechtigt sein.[1023]

c) Verfahrenskostenvorschuss

Verfahrenskostenvorschuss stellt eine **besondere Form des Sonderbedarfs** dar.[1024] Hinsichtlich des **Familienunterhalts** ist der Prozess- bzw. Verfahrenskostenvorschuss Teil des Unterhaltsanspruchs nach § 1360a Abs. 4 BGB. Bei **getrenntlebenden Ehegatten** besteht der Anspruch auf Kostenvorschuss, weil die Vorschrift des § 1361 Abs. 4 S. 4 BGB auf die Vorschrift des § 1360a Abs. 4 BGB verweist. 1001

Im Gegensatz dazu sind **geschiedene Ehegatten** allerdings nicht verpflichtet, einander Prozess- bzw. Verfahrenskostenvorschuss zu leisten. Weder sind solche Kosten Teile des gesamten Lebensbedarfs im Sinne des § 1578 Abs. 1 S. 2 BGB, noch kommt eine entsprechende Anwendung des § 1360a Abs. 4 BGB in Betracht. 1002

Auch die Vorschriften über den Sonderbedarf können nicht herangezogen werden.[1025]

Die **Kostenvorschusspflicht endet daher mit Rechtskraft der Scheidung.**[1026] Die Tatsache des Verheiratetseins ist damit verknüpft mit dem Bestand eines materiell-rechtlichen Anspruchs auf einen Prozess- bzw. Verfahrenskostenvorschuss. Wird daher z.B. im Verbundverfahren, im Beschwerdeverfahren oder in der Rechtsbeschwerde eine Folgesache angegriffen und der Scheidungsausspruch während des Rechtsmittelverfahrens rechtskräftig (§ 145 Abs. 1 FamFG), kann ein Kostenvorschuss **nicht mehr durch einstweilige Anordnung nach § 246 FamFG zugesprochen** werden, da der Anspruch erloschen ist.[1027] 1003

Nach *Scholz* soll in solchen Fällen jedoch ein **Schadenersatzanspruch nach §§ 280 Abs. 2, 286 BGB** zuzubilligen sein, wenn der Betroffene den Verpflichteten **vor Rechtskraft der Scheidung in Verzug gesetzt** hat.[1028] Dem steht jedoch entgegen, dass unmittelbar mit rechtskräftiger Ehescheidung die Verpflichtungen nach gegebener Gesetzeslage – de lege lata – enden. Über den Umweg der Schadenersatzansprüche wäre diese **Rechtslage ausgehebelt**. Letztlich könnte man ansonsten auch während der nach Rechtskraft laufenden dreijährigen Verjährungsfrist eingeleitete **isolierte Zugewinnausgleichsverfahren** in die Verfahrenskostenvorschusspflicht einbeziehen, wenn der Verpflichtete vor rechtskräftiger Scheidung der Ehe in Verzug gesetzt worden ist.

Anders verhält es sich hinsichtlich der **Vollstreckbarkeit** eines Titels. Ist vor Rechtskraft der Scheidung der Kostenvorschuss im Hauptsacheverfahren oder durch einstweilige Anordnung zugesprochen worden, kann auch nach rechtskräftiger Scheidung aus dem Titel vollstreckt werden.[1029] 1004

Die Prozess- bzw. Verfahrenskostenvorschusspflicht ist auch **nicht entsprechend anwendbar** auf nichteheliche Lebensverhältnisse, wenn ein Elternteil ein nicht eheliches Kind betreut. § 1615l Abs. 3 S. 1 BGB verweist auf die Vorschriften über Verwandtenunterhalt, nicht auf § 1360a Abs. 4 BGB. 1005

Dies ist auch gerechtfertigt: Unterhaltsansprüche von Ehepartner erwachsen aus der **füreinander übernommenen Verantwortung** für den Partner und die Gesamtfamilie. Bei nicht miteinander verheirateten Partnern erwächst diese Verantwortung aus der Tatsache der gemeinsamen **Verantwortung und Ver-**

1022 Vgl. *Schürmann*, NJW 2006, 2301.
1023 BGH FamRZ 1998, 367.
1024 BGH FamRZ 2004, 1633, 1635 m. Anm. *Viefhues*; BGH FamRZ 2010, 452, 454 m. Anm. *Baronin v. König*.
1025 BGH FamRZ 2005, 883, 885 m. Anm. *Borth*.
1026 BGH FamRZ 2010, 189.
1027 OLG München FamRZ 1997, 1582; Wendl/Dose/*Scholz*, § 6 Rn 23.
1028 Wendl/Dose/*Scholz*, § 6 Rn 23 mit Hinweis auf OLG Köln FamRZ 1992, 842, dort mit ablehnender Anm. *Knops*.
1029 OLG Frankfurt/Main FamRZ 1993, 1465, 1467.

pflichtung für das aus der Beziehung hervorgegangene **Kind**. Dies ist u.a. auch die Begründung[1030] dafür, dass im Falle des Versterbens des Unterhaltsverpflichteten die Unterhaltsansprüche nicht untergehen, sondern gem. §§ 1615l Abs. 3 S. 4, 1615 n, 1967 BGB von den Erben des Verstorbenen zu erfüllen sind.[1031]

In diesem Zusammenhang:

1006 *Hinweis*

Anders als beim nachehelichen Unterhalt, bei dem die Haftung der Erben durch den Wert ihres fiktiv zu ermittelnden Pflichtteils beschränkt ist (§ 1586b BGB) haften die Erben für die Ansprüche nach § 1615l BGB grundsätzlich in voller Höhe und u.U. auch über drei Jahre hinaus.

1007 Die Grundsituation zwischen nicht verheirateten Eltern, über die Unterhaltspflicht nach § 1615l BGB hinaus **kein rechtliches Band zueinander** geknüpft zu haben, lässt eine Verpflichtung zu einem Prozess- oder Verfahrenskostenvorschuss nicht zu.

1008 Für ein Scheidungsverfahren selbst kann natürlich Verfahrenskostenvorschuss verlangt werden.

Die Aufforderung eines Bevollmächtigten für den Antragsteller gegenüber dem anderen Beteiligten, Verfahrenskostenvorschuss zu zahlen, wäre beispielsweise wie folgt möglich:

1009 ▼

Muster 3.68: Verfahrenskostenvorschuss[1032]

3.68 Sehr geehrter Herr ,

wir erlauben uns anzuzeigen, dass wir Ihre Ehefrau vertreten. Unsere Mandantin hat uns darüber informiert, dass Sie nunmehr seit einem Jahr voneinander getrennt leben und dass an eine Wiederherstellung der ehelichen Lebensgemeinschaft weder von Ihnen, noch von unserer Mandantin gedacht wird.

Unsere Mandantin hat uns deshalb beauftragt, beim zuständigen Familiengericht das Scheidungsverfahren einzuleiten. Unsere Mandantin ist außerstande, die hierfür anfallenden Gerichts- und Anwaltskosten selbst zu tragen. Im Rahmen Ihrer Unterhaltsverpflichtung sind Sie deshalb auch verpflichtet, unserer Mandantin gemäß §§ 1361, 1360a BGB einen Verfahrenskostenvorschuss zu bezahlen. Unsere Mandantin hat uns über Ihre wirtschaftlichen Verhältnisse informiert, so dass an Ihrer Leistungsfähigkeit kein Zweifel besteht, insbesondere deshalb, da Sie neben Ihrem hohen Einkommen auch über erhebliches Vermögen verfügen.

Die Höhe des Anspruchs richtet sich nach den voraussichtlich entstehenden Gebühren und Auslagen einschließlich der Mehrwertsteuer, die im Scheidungsverfahren anfallen. Wir gehen zunächst davon aus, dass es nicht erforderlich sein wird, die Folgesachen wie Zugewinnausgleich und nachehelicher Unterhalt anhängig zu machen, so dass zunächst nur ein Verfahrenskostenvorschuss für die Scheidungsangelegenheit selbst geltend gemacht wird. Im Falle der Erforderlichkeit von Anhängigmachen von Folgesachen hat unsere Mandantin auch für die hierfür voraussichtlich entstehenden Gebühren einen Anspruch auf Verfahrenskostenvorschuss.

Die Höhe des Verfahrenskostenvorschusses ermittelt sich wie folgt:

1030 Vgl. *Grziwotz*, FamRZ 1991, 1258.
1031 OLG Hamm FF 2000, 137.
1032 Nach *Bergschneider*, Ziff. III.4.

Ihr Einkommen aus angestellter Tätigkeit beträgt monatlich EUR netto. Der Verfahrenswert der Ehescheidung errechnet sich aus dem dreifachen monatlichen Einkommen, dies sind EUR.[1033] Für die Ehesache ist somit von einem Verfahrenswert von EUR auszugehen. Für den durchzuführenden Versorgungsausgleich setzen wir zunächst abgeleitet von dem zu erwartenden Ausgleichswert einen Betrag von EUR an. Daraus ermitteln sich folgende Gebühren:

1,3 Verfahrensgebühr gem. Nr. 3100 VV RVG	EUR
1,2 Terminsgebühr gem. Nr. 3104 VV RVG	EUR
	EUR
Auslagenpauschale gem. Nr. 7002 VV RVG	EUR
19 % Mehrwertsteuer gem. Nr. 7008 VV RVG	EUR
Summe	EUR
zuzüglich vorzulegender Gerichtskosten	EUR
insgesamt	EUR

Wir haben Sie aufzufordern, den vorgenannten Betrag bis zum auf eines unserer unten genannten Konten zu überweisen. Sollte diese Frist fruchtlos verstreichen, werden wir den Verfahrenskostenvorschuss im Wege einer einstweiligen Anordnung im Scheidungsverfahren geltend machen.

Wir hoffen jedoch, dass dies nicht erforderlich sein wird.

Mit freundlichen Grüßen

Rechtsanwalt/Rechtsanwältin

▲

d) Pfändung und Verjährung

Der Anspruch auf nachehelichen Unterhalt **verjährt in drei Jahren** (§§ 195, 196 i.A. § 197 Abs. 2 BGB). **1010**
Diese Frist gilt auch für Ansprüche, die rechtskräftig tituliert sind, aber erst nach Rechtskraft des Titels fällig werden.

Die **Verjährungsfrist beginnt** nach § 199 Abs. 1 BGB am Schluss des Jahres, in dem der Anspruch ent- **1011**
standen ist und der Gläubiger von den den Anspruch begründenden Umständen und der Person des Schuldners Kenntnis erlangt oder ohne grobe Fahrlässigkeit erlangen müsste.

Die Verjährungsfrist gilt seit Inkrafttreten des Schuldrechtsmodernisierungsgesetzes am 1.1.2002. Bis zum 31.12.2001 betrug die Verjährungsfrist nach § 197 BGB a.F. **vier Jahre**.

Die **Vollstreckungsverjährung** beträgt nach § 197 Abs. 1 S. 3 BGB für bis zur Rechtskraft des Beschlus- **1012**
ses aufgelaufene Leistungen bzw. nach § 197 Abs. 1 S. 4 BGB bis zum Vergleichsabschluss oder der Errichtung einer vollstreckbaren Urkunde entstandenen Ansprüche **30 Jahre**, für titulierten künftigen Unterhalt nach §§ 197 Abs. 2, 195 BGB drei Jahre statt wie früher vier Jahre.

Zur **Hemmung der Verjährung** gilt: **1013**

Nach § 207 BGB ist die Verjährung beim Ehegattenunterhalt **bis zur Scheidung** gehemmt. Zu beachten ist, dass durch die Schuldrechtsreform die **Gründe für eine Hemmung der Verjährung**, während der die Verjährungsfrist nicht läuft (§ 209 BGB) durch §§ 203, 204 BGB **erheblich ausgeweitet** wurden.

1033 Von der überwiegenden Zahl der Gerichte werden noch Abzüge und Zusätze z.B. hinsichtlich des **Vermögens** wie folgt gemacht: „Das Nettovermögen beträgt nach Angaben unerer Mandantin ca. … EUR und ist zu bereinigen um einen Freibetrag in Höhe von … EUR. Von dem Restbetrag werden weitere 5 % dem Verfahrenswert hinzugerechnet.“

Im Unterhaltsrecht sind die **schwebenden Verhandlungen** (§ 203 BGB), die Antragstellung auch betreffend einen **Stufenantrag** (§ 204 Abs. 1 Nr. 1 BGB) und vor allem der **Verfahrenskostenhilfeantrag** nach § 204 Abs. 1 Nr. 14 BGB Gründe, die eine Hemmung der Verjährung verursachen. In den Fällen des § 204 BGB endet die Hemmung **sechs Monate nach rechtskräftiger Entscheidung** oder anderweitiger Beendigung des Verfahrens.

1014 **Pfändbar** ist der nacheheliche Unterhaltsanspruch grundsätzlich nicht (§ 850b Abs. 1 Nr. 2 ZPO).[1034] Das Vollstreckungsgericht kann eine Pfändung nach § 850b Abs. 2 ZPO bei Vorliegen besonderer Umstände ausnahmsweise zulassen.

1015 Gegen unpfändbare Forderungen kann **gem. § 394 BGB nicht aufgerechnet** werden. Unter das Aufrechnungsverbot nach § 850b Abs. 1 Nr. 2 ZPO fallen alle **gesetzlichen Unterhaltsansprüche**. Die **Unpfändbarkeit** bezieht sich auch auf alle im Zusammenhang mit der Unterhaltsverpflichtung geschuldeten Beträge wie Rückstände, Zinsen etc.

Die Unpfändbarkeit bezieht sich generell auf alle Unterhaltsforderungen, die im Rahmen und aufgrund einer gesetzlichen Unterhaltsverpflichtung geschuldet werden, und zwar auf

- den Taschengeldanspruch,[1035]
- einmalig zu zahlende Unterhaltsbeträge,[1036]
- Rückstände,[1037]
- Zinsen,[1038]
- Sonderbedarf,[1039]
- Abfindungsbeträge,[1040]
- Prozesskostenvorschüsse,[1041]
- Erstattung der steuerlichen Nachteile beim Realsplitting.[1042]

Unterhaltsansprüche müssen jedoch auf einer gesetzlichen Vorschrift beruhen, nicht etwa auf einer Parteiabrede.[1043]

1016 Die Regelung von Ansprüchen durch vertragliche Vereinbarung führt jedoch nicht dazu, dass ein Unterhaltsanspruch seinen **Charakter als vertragliche Regelung verliert**. Bleibt der gesetzliche Anspruch unberührt und wird er lediglich ausgestaltet und/oder präzisiert[1044] ist weiterhin eine Unpfändbarkeit und eine Unmöglichkeit der Aufrechnung gegeben.

1017 Eine Ausnahme bildet der sogenannte **Arglisteinwand**. Steht dem Unterhaltspflichtigen eine Gegenforderung aus einer vorsätzlichen unerlaubten Handlung des Unterhaltsberechtigten nach §§ 823 Abs. 2, 826 BGB zu, die **im Rahmen des Unterhaltsverhältnisses** begangen worden ist, steht dem Aufrechnungsverbot der sogenannte Arglisteinwand entgegen.[1045] Der **BGH** erklärt dazu, dass man sonst „auf dem Wege eines formalistischen Haftens am Gesetzeswortlaut der Arglist zum Sieg verhelfen würde“.[1046]

1034 BGH FamRB 2008, 271.
1035 BGH FamRZ 2004, 1784; OLG Frankfurt FamRZ 2009, 703.
1036 BGH FamRZ 2002, 1179, 1181.
1037 BGH FamRZ 1960, 110; OLG Hamm FamRZ 2005, 995.
1038 OLG Hamm FamRZ 1988, 952, 953.
1039 BGH FamRZ 2006, 612.
1040 BGH FamRZ 2002, 1179; BGH FamRZ 2010, 1311.
1041 BGH FamRZ 2005, 1164; BGH FamRZ 2008, 1159; BGH FamRZ 2010, 189.
1042 BGH FamRZ 2007, 793; BGH FamRZ 2010, 717.
1043 BGH FamRZ 2009, 219.
1044 BGH FamRZ 2009, 219.
1045 BGH FamRZ 1993, 1186; OLG Hamm FamRZ 2005, 995.
1046 BGH FamRZ 1993, 1186; vgl. auch Wendl/Dose/*Dose*, § 6 Rn 307.

Notwendig ist aber, dass die **Handlung innerhalb des Unterhaltsverhältnisses** begangen wurde. Erfasst sind daher namentlich die Fälle betrügerischen Verhaltens des Unterhaltsgläubigers im Zusammenhang mit der Durchsetzung von Unterhaltsansprüchen oder der Aufrechterhaltung von früheren Titeln. **1018**

Hinweis **1019**

Zu beachten ist bei der Aufrechnung allerdings die **Wahrung des Existenzminimums** des Unterhaltsgläubigers.[1047]

Da der BGH das Existenzminimum im Regelfall mit dem notwendigen Lebensunterhalt im Rahmen der Sozialhilfe nach §§ 27 ff. SGB XII bemisst, ist das Existenzminimum mit dem notwendigen Selbstbehalt (des Unterhaltspflichtigen) nicht gleichzusetzen. **1020**

Eine **Aufrechnung gegenüber Unterhaltsforderungen** kann naturgemäß auch vertraglich vereinbart werden. Dies ist häufig auch zu empfehlen, um sich weitere Verfahren zu ersparen. **1021**

Die Aufrechnung mit zukünftigen Unterhaltszahlungen ist aber **zeitlich lediglich begrenzt möglich**. Beim **Familien-, Trennungs- und Kindesunterhalt** wird der Unterhaltsschuldner nach §§ 1360a Abs. 3, 1361 Abs. 4 S. 4, 1614 Abs. 2 i.V.m. § 270 Abs. 2 BGB durch Vorauszahlungen nur für höchstens drei Monate befreit.

Für **nachehelichen Unterhalt** fehlt eine gesetzliche Verweisung auf die Vorschrift des § 760 Abs. 2 BGB.

Zweck der Begrenzung ist die **Sicherung des laufenden Lebensbedarfs** des Unterhaltsberechtigten. Es besteht bei größeren Zeiträumen sonst die Gefahr, dass Zahlungen nicht für den laufenden Lebensbedarf verwendet, sondern – ggf. leichtfertig – ausgegeben werden und dann nicht mehr für den Lebensbedarf zur Verfügung stehen. **1022**

Unter Abwägung solcher Umstände hat der BGH eine Aufrechnung gegenüber dem nachehelichen Unterhalt für die künftigen **sechs Monate** für zulässig erachtet.[1048] **1023**

Hinweis **1024**

Eine Aufrechnungserklärung muss regelmäßig, spätestens alle sechs Monate, wiederholt werden.

Fehlen allerdings materielle Aufrechnungsvoraussetzungen nach § 850b Abs. 2 ZPO, kann eine Aufrechnungsvereinbarung auch nur Rückstände erfassen. Nur diese stehen zur freien Verfügung des Berechtigten. Für die erst künftig fällig werdenden Unterhaltsraten wäre eine Aufrechnungsvereinbarung dann gem. § 134 BGB nichtig.[1049] **1025**

e) Rückforderung von Unterhalt

Freiwillig gezahlte Leistungen über die Verpflichtungen hinaus, die nachehelich gezahlt werden, können **grundsätzlich nicht zurückverlangt** werden. Die Rückforderung von überzahltem Unterhalt betrifft in der Regel deshalb unfreiwillige Leistungen wegen überhöhter Titulierung des Unterhaltsanspruchs. **1026**

Entspricht die Titulierung nicht oder **nicht mehr der Rechtslage**, ist die Frage, ob und wenn ja, in welcher Weise und in welchem Umfang das zuviel Gezahlte zurückverlangt werden kann. **1027**

Obwohl dieser Fall häufig auftritt, ist die Problematik außer für den Fall der Zuvielleistung bei **Familienunterhalt** nach § 1360b BGB und dem Sonderfall des **Trennungsunterhalts** nach § 1361 Abs. 4 S. 4 BGB (Tod des Berechtigten) der Rückforderung von zu Unrecht gezahltem Unterhalt nicht gesondert gesetzlich geregelt. **1028**

1047 BGH FamRZ 2011, 208: Notwendiger Lebensunterhalt im Rahmen der Sozialhilfe, §§ 27 ff. SGB XII.
1048 BGH FamRZ 1993, 1186, 1188.
1049 Wendl/Dose/*Dose*, § 6 Rn 310; MüKo-BGB/*Schlüter*, § 394 BGB Rn 12 m.w.N.

Allerdings sind mit **Neufassung des § 241 FamFG** die Rückforderungsmöglichkeiten bei Abänderungsanträgen, die auf Herabsetzung des Unterhalts gerichtet sind, entscheidend ausgeweitet worden.

1029 Die Grundlagen für Rückforderungen von zu Unrecht gezahltem Unterhalt können im Wesentlichen sein

- Ansprüche aus unerlaubter Handlung,
- Ansprüche aus Vollstreckungsrecht sowie
- Ansprüche aus ungerechtfertigter Bereicherung.

aa) Ansprüche aus unerlaubter Handlung

1030 **Schadenersatzansprüche**, die einen Rückforderungsanspruch auslösen, sind möglich, wenn der Berechtigte im Unterhaltsverfahren einen Betrug begangen hat. Ein **Prozessbetrug** wird etwa durch vorsätzlich falsche Angaben über Einkünfte oder Verschweigen unterhaltsrelevanter Fakten begangen. Solches Verhalten löst Schadenersatzansprüche nach § 823 Abs. 2 BGB i.V.m. § 263 StGB aus.[1050] Dies ist in **unterschiedlichen Konstellationen** denkbar:[1051]

- falsche Angaben zum Einkommen,[1052]
- keine Offenbarung von Einkommensveränderungen während des Verfahrens,[1053]
- Offenbarung eines Rentenbezugs erst im Unterhaltsverfahren,[1054]
- Offenbarung einer Erbschaft im Verfahren,[1055]
- Verschweigen von Einkünften trotz ausdrücklicher Nachfrage,[1056]
- Verschweigen eines Ausbildungsabbruchs,[1057]
- Verschweigen von neuen Lebensumständen wie die Begründung einer nichtehelichen Lebensgemeinschaft.[1058]

1031 Ein Betrugsversuch beginnt bereits im Rahmen **außergerichtlicher Verhandlungen über Grund und Höhe** etwaiger Unterhaltsansprüche. Werden von den Beteiligten wider besseres Wissen unwahre Angaben über ihre Einkünfte oder über sonstige Voraussetzungen zur Zahlung von Unterhaltsansprüchen gemacht, können Sie, wenn sie zum Zwecke der Unterhaltsverkürzung auf Seiten des Pflichtigen oder zur Erlangung höheren Unterhalts auf Seiten des Berechtigten erfolgen, zu einem Betrugsversuch führen, im Falle des Erfolgs zu einem vollendeten Betrugsdelikt.

Im Zusammenhang mit der Überreichung von Belegen an den jeweils anderen kann entweder

- die Verfälschung kopierter Einkommensunterlagen oder
- das Verschweigen (gerade) erfolgter Einkommenserhöhungen eine Rolle spielen.

1032 Aber auch andere, **für die Unterhaltsberechtigung wichtige Umstände** können zum Betrugsversuch führen. Beispielsweise **verfälschte oder durch Simulation** erfolgreich erwirkte Erwerbsunfähigkeitsbescheinigungen, das Verschweigen einer Gesundung oder die Erstellung von Bewerbungsschreiben zum Nachweis von Erwerbsbemühungen, die niemals versendet worden sind, können Grundlage eines Betrugsversuches sein. Je nach tatbestandlicher Grundlage des Verlangens von Unterhalt sind die unterschiedlichsten Konstellationen denkbar.

1033 Dies betrifft den **vorprozessualen Bereich** insoweit, als damit der Versuch unternommen wird, dass entweder ein – früherer – Ehepartner auf die gerichtliche Geltendmachung von Unterhaltsansprüchen **ver-**

1050 BGH FamRZ 1997, 483.
1051 Vgl. dazu ausführlich *N. Kleffmann* in: Scholz/Kleffmann/*Motzer*, Teil G Rn 210 ff.
1052 BGH FamRZ 2005, 97; BGH FamRZ 2007, 1532.
1053 BGH FamRZ 2007, 1532.
1054 BGH FamRZ 2005, 97.
1055 BGH FamRZ 2000, 153.
1056 BGH FamRZ 2007, 1532; OLG Düsseldorf FamRZ 2011, 225.
1057 BGH FamRZ 1990, 1095.
1058 OLG Hamm FamRZ 1993, 566; OLG Hamm FamRZ 1996, 1079.

zichtet oder der andere Beteiligte zu einer für ihn ungünstigen **außergerichtlichen Vereinbarung** bewegt werden soll.

Im **gerichtlichen Verfahren** selbst ist das Gericht wie alle Beteiligten darauf angewiesen, korrekte Auskünfte zum Einkommen der Beteiligten und zu allen für die Entscheidung wichtigen Umständen zu gelangen. Es gilt die prozessuale Wahrheitspflicht nach § 138 Abs. 1 ZPO gerade während eines laufenden Rechtsstreits. Werden falsche Angaben gemacht, erschleicht sich der Betroffene Vorteile, von denen er auch weiß, dass sie ihm nicht zustehen. Er begeht einen Prozessbetrug, der zum Schadenersatzanspruch nach § 823 Abs. 2 BGB i.V.m. § 263 StGB führt[1059] 1034

Nach Beendigung eines gerichtlichen Verfahrens bildet sodann der Fall, dass titulierter Unterhalt entgegengenommen wird, obwohl die **Pflicht zur ungefragten Information** besteht, die zu einer Reduzierung oder einem Entfallen des Unterhaltsanspruchs geführt hätte, einen Hauptfall des Betruges im Bereich des Unterhaltsrechts. 1035

Ein **Schadenersatzanspruch nach § 826 BGB** dagegen setzt die **sittenwidrige Ausnutzung eines unrichtig gewordenen Titels** voraus.[1060] Hieran sind wegen der Durchbrechung der Rechtskraft hohe Anforderungen zu stellen. Der **BGH** verlangt hier zu Recht ein **„evident unredliches Verhalten"**.[1061] Dies wird man bejahen müssen, wenn beispielsweise der Unterhaltsschuldner die Aufnahme einer vollschichtigen Berufstätigkeit mit einem monatlichen Einkommen von – damals – 5.000 DM brutto verschweigt.[1062] 1036

Der Schadenersatzanspruch aus § 826 BGB wegen **missbräuchlicher Vollstreckung aus einem Urteil** ist auf Unterlassung der Zwangsvollstreckung und Herausgabe des Titels zu richten.[1063] Dies ist aber ausschließlich der Fall, wenn seitens des Unterhaltsberechtigten ein „evident unredliches Fehlverhalten" vorliegt.[1064] 1037

bb) Ansprüche aus Vollstreckungsrecht

Eine Schadenersatzverpflichtung kann auch entstehen, wenn aus einem Beschluss nach § 116 Abs. 3 S. 2 und 3 FamFG **vollstreckt** wird, der im Rechtsmittelverfahren abgeändert wurde. Schadenersatz wird jedoch nur dann geschuldet, wenn der Schaden durch die Vollstreckung des Beschlusses oder durch Zahlung, die der Schuldner zur Abwendung der Vollstreckung geleistet hat, entstanden ist, § 120 FamFG i.V.m. § 717 Abs. 2 S. 1 ZPO. 1038

Werden im Rahmen einer einstweiligen Anordnung nach § 248 Abs. 1 FamFG Leistungen an ein Kind oder die Kindesmutter erbracht und stellt sich in einem **Vaterschaftsfeststellungsverfahren** heraus, dass der in Anspruch genommene Unterhaltsschuldner nicht der biologische Vater ist oder wird der Antrag von der Kindesmutter zurück genommen, besteht nach § 248 Abs. 4 S. 2 FamFG ein Schadenersatzanspruch. 1039

cc) Ansprüche aus ungerechtfertigter Bereicherung

Werden Beschlüsse oder auch vollstreckbare Urkunden oder Titel im einfachen Verfahren durch ein Abänderungsverfahren rückwirkend geändert, **entfällt nachträglich der rechtliche Grund zur Zahlung**. Dem Unterhaltsgläubiger steht ein Rückforderungsanspruch wegen ungerechtfertigter Bereicherung nach § 812 Abs. 1 S. 2, 1. Alt. BGB zu.[1065] 1040

1059 BGH FamRZ 1984, 767, 769.
1060 BGH FamRZ 1988, 270.
1061 BGH FamRZ 2000, 751.
1062 OLG Karlsruhe NJW-RR 2004, 1441.
1063 OLG Düsseldorf FamRZ 1997, 827.
1064 OLG Bremen FamRZ 2000, 256; OLG Karlsruhe NJW-RR 2004, 145.
1065 BGH FamRZ 1998, 951.

1041 Wird ein **Hauptsachetitel über Unterhalt**, also ein Beschluss, ein Vergleich oder eine – einseitige – vollstreckbare Urkunde **rückwirkend nach §§ 238 ff. FamFG abgeändert**, entfällt die Rechtsgrundlage aus dem früheren Titel für den bisher geleisteten Unterhalt, § 812 Abs. 1 S. 2 BGB.[1066]

1042 Begrenzt ist die rückwirkende Herabsetzung gem. § 238 Abs. 3 S. 4 FamFG auf die Zeit von **einem Jahr vor Rechtshängigkeit des Abänderungsverfahrens**. Erst von diesem Zeitpunkt an wurde ggf. ohne Rechtsgrund geleistet.

Dies gilt jedoch lediglich für **gerichtliche Beschlüsse**, nicht jedoch für Vergleiche und vollstreckbare Urkunden, § 239 FamFG. Abs. 2 des § 239 FamFG verweist wegen der übrigen Voraussetzungen außerhalb des Tatsachenvortrags, der die Abänderung rechtfertigt, und wegen des Umfangs der Abänderung auf die Regelung des Bürgerlichen Rechts. Zu nennen sind hierbei in erster Linie der Wegfall bzw. die Störung der Geschäftsgrundlage (vgl. § 313), sowie die Grundsätze über das Schuldanerkenntnis (§ 781 BGB).

1043 Die **Abänderbarkeit eines Vergleichs** unterliegt also weder einer Wesentlichkeitsgrenze noch einer zeitlichen Beschränkung. Grund dafür ist, dass die Titel des § 239 FamFG nicht der Rechtskraft fähig sind. Die Vertragspartner eines Vergleichs können die Kriterien der Abänderbarkeit autonom bestimmen. Einer rückwirkenden Abänderung können nur materiell-rechtliche Gründe entgegenstehen. Eine rückwirkende Abänderung löst allerdings Bereicherungsansprüche aus.[1067]

dd) Wegfall der Bereicherung

1044 Der Empfänger der Unterhaltsleistung wird allerdings im Regelfall den **Einwand des Wegfalls seiner Bereicherung** nach § 818 Abs. 3 BGB erheben und erklären, dass er den Unterhalt für seine laufenden Lebensbedürfnisse verwendet hat.[1068]

Da hierfür **im Regelfall** – mit Ausnahme sehr gehobener Lebensumstände – eine Vermutung spricht,[1069] wird der Unterhaltsgläubiger mit seinem Versuch der Rückforderung häufig scheitern. Eine verschärfte Haftung nach § 820 Abs. 1 BGB kommt hier ebenso wenig wie bei einstweiligen Anordnungen in Betracht.[1070]

1045 **Keine Entreicherung** liegt vor, wenn die gezahlten Beträge oder Teile davon sich noch im Vermögen des Unterhaltsgläubigers befinden, auch wenn er sich davon Werte geschaffen hat, z.B. einen Wertgegenstand angeschafft oder Schulden getilgt hat.[1071] Die Vermögensvorteile müssen jedoch aufgrund der rechtsgrundlosen Zahlung entstanden sein.[1072]

1046 Der Bedürftige kann sich auf eine Entreicherung nach § 818 Abs. 3 BGB allerdings nicht berufen, wenn eine verschärfte Haftung eingreift. Nach § 241 FamFG greift die verschärfte Haftung bereits ab Rechtshängigkeit des Abänderungsverfahrens.

Vor Inkrafttreten des FamFG am 1.9.2009 musste zur Sicherung des Rückforderungsanspruchs **zweigleisig** vorgegangen werden: Das Abänderungsverfahren musste mit einem Rückforderungsverfahren zur Herbeiführung der verschärften Haftung nach § 818 Abs. 4 BGB verbunden werden. Die neue Regelung vereinfacht das Verfahren. Sie gilt aber ausschließlich bei Erhebung eines Abänderungsantrags nach §§ 238, 239, 240 FamFG, nicht im Falle eines negativen Feststellungsantrages bei einstweiligen Anordnungen oder bei Erhebung eines Leistungsantrags im Hauptsacheverfahren.

1047 Die **verschärfte Haftung nach § 819 Abs. 1 BGB** gilt von dem Zeitpunkt an, zu dem der Bereicherungsempfänger den Mangel des rechtlichen Grundes kennt. Er muss also wissen, dass er überzahlten Unterhalt

1066 BGH FamRZ 1992, 1152.
1067 Vgl. Horndasch/Viefhues/*Roßmann*, § 239 Rn 12.
1068 BGH FamRZ 1997, 1152.
1069 BGH FamRZ 2000, 751.
1070 BGH FamRZ 2000, 751.
1071 BGH FamRZ 1992, 1152; BGH FamRZ 2000, 751.
1072 BGH FamRZ 1992, 1152.

ohne Rechtsgrund erhält. Die Bösgläubigkeit/positive Kenntnis ist nicht grundsätzlich vorhanden, weil der Unterhaltsgläubiger bis zur Entscheidung eines Gerichts im Abänderungsverfahren auch bei rechtlich unrichtiger Bewertung für seine abweichende Auffassung nicht als bösgläubig angesehen werden kann.

Nach **§ 820 Abs. 1 BGB** liegt eine verschärfte Haftung bei ungewissem Erfolgseintritt vor. Dies ist aber **1048** nur dann der Fall, wenn beide Beteiligte von vornherein davon ausgehen, dass die Möglichkeit des Wegfalls des Rechtsgrundes besteht und deshalb mit einer Rückgabeverpflichtung zu rechnen ist.[1073]

Auch wenn eine entsprechende Anwendung des § 820 BGB auf „Leistungen unter Vorbehalt" bejaht wird,[1074] betrifft sie nur solche Grundvoraussetzungen, wie sie in Abs. 1 S. 1 des § 820 BGB formuliert sind und auf das Unterhaltsrecht nicht zutreffen. Eine Zahlung des Unterhaltsschuldners „unter Vorbehalt" kann daher lediglich die Bedeutung haben, dass die Zahlung kein Anerkenntnis darstellt und die Wirkung des § 814 BGB (Zahlung trotz Kenntnis der Nichtschuld) ausgeschlossen wird.[1075]

Dem Entreicherungseinwand kann der **Verpflichtete auf mehrere Arten und Weisen begegnen**, zumin- **1049** dest dann, wenn Rechtshängigkeit des Abänderungsverfahrens vorliegt.[1076]

Im Abänderungsverfahren kann ein **Vollstreckungsschutzantrag in analoger Anwendung von § 769 ZPO** gestellt werden. Voraussetzung ist, dass die tatsächlichen Behauptungen, die den Antrag begründen, glaubhaft gemacht werden, § 769 Abs. 1 S. 2 ZPO.

> *Hinweis* **1050**
>
> Ist die Einstellung der Zahlungen durch Erlass einer einstweiligen Anordnung nach § 769 ZPO ohne Sicherheitsleistung nicht gerechtfertigt, sollte **hilfsweise beantragt** werden, eine Einstellung gegen Sicherheitsleistung in entsprechender Höhe zu beschließen. Auf diese Weise können die hinterlegten Beträge im Falle des Erfolgs des Abänderungsverfahrens ohne Abstriche und unkompliziert zurückerlangt werden.

Der Antrag auf Erlass der einstweiligen Anordnung zum Zwecke der Einstellung der Zahlungen ist dezi- **1051** diert zu begründen und glaubhaft zu machen, da nach ständiger Rechtsprechung eine sofortige Beschwerde gegen einen abweisenden Antrag nicht statthaft ist.[1077]

Ist eine **einstweilige Anordnung** ergangen, muss der Verpflichtete den Antrag, dass der Bedürftige nach **1052** § 52 Abs. 2 FamFG das Hauptsacheverfahren einleiten muss, **mit einem Rückforderungsantrag verbinden**. Ist durch den Unterhaltsgläubiger bereits der Hauptsacheantrag gestellt, ist der Rückforderungsantrag als Gegenantrag zu stellen.

§ 241 FamFG hat hinsichtlich Hauptsachetiteln seit dem 1.9.2009, dem Inkrafttreten des FamFG, die **1053** Rechtslage zugunsten des Pflichtigen verändert durch wesentliche Ausweitung der verschärften Haftung. Diese beginnt nicht, wie früher, ab Rechtshängigkeit des Rückforderungsverfahrens, sondern bereits ab Rechtshängigkeit des Abänderungsverfahrens.

Verfahrensrechtlich mussten früher **Abänderungsanträge oder negative Feststellungsanträge** mit ei- **1054** nem entsprechenden **Rückforderungsantrag** verbunden werden. Der Eintritt der Rechtshängigkeit im Sinne des § 818 Abs. 4 BGB bezog sich nur auf Verfahren, mit welchen der Rückforderungsanspruch selbst geltend gemacht wird.[1078]

Wegen der **Neuregelung in § 241 FamFG** ist die Verbindung mit einem entsprechenden Rückforderungsantrag nicht mehr erforderlich. Die Rechtshängigkeit des auf Herabsetzung gerichteten Abände-

1073 BGH FamRZ 1998, 951, 953.
1074 Vgl. Grüneberg/*Sprau*, § 820 Rn 4.
1075 BGH FamRZ 1984, 470.
1076 BGH FamRZ 2000, 751.
1077 BGH FamRZ 2004, 1191.
1078 BGH FamRZ 2010, 1637.

rungsantrags steht der Rechtshängigkeit eines Antrages auf Rückzahlung nach § 818 Abs. 4 BGB nunmehr gleich.

1055 Der **BGH** hat allerdings auch erklärt, wie eine sehr viel einfachere Möglichkeit besteht, dem Entreicherungseinwand zu begegnen: Der BGH schlägt vor, die vom Unterhaltsgläubiger behauptete **Überzahlung dem Schuldner als zins- und tilgungsfreies Darlehen anzubieten**, verbunden mit der Verpflichtung, im Falle der Abweisung des Abänderungsbegehrens auf Rückzahlung zu verzichten.

Nach **Treu und Glauben** ist dann der Unterhaltsberechtigte verpflichtet, einen in solcher Weise angebotenen Kredit anzunehmen.[1079] Kommt er dem nicht nach, wird er schadenersatzpflichtig.[1080]

1056 *Praxistipp*

Noch **vor Inanspruchnahme aller rechtlichen Möglichkeiten**, dem Entreicherungseinwand zu entgehen, sollte der Unterhaltsgläubiger die von ihm behauptete Überzahlung als zins- und tilgungsfreies Darlehen anbieten, verbunden mit der Verpflichtung, im Falle der Abweisung des Abänderungsbegehrens auf Rückzahlung zu verzichten. Damit wird der Entreicherungseinwand seitens des Unterhaltsschuldners unmöglich.

1057 Dies kann namentlich im Hinblick auf eine **einstweilige Anordnung** eine Rolle spielen.

Der insoweit belastete Unterhaltspflichtige muss zum einen die abschließende Klärung in einem Hauptsacheverfahren selbst veranlassen. Zum anderen muss er befürchten, dass der ggf. überzahlte Unterhalt nach dem Außerkrafttreten der einstweiligen Anordnung (§ 56 FamFG) wegen der Entreicherung nach § 818 Abs. 3 BGB nicht zurückgefordert werden kann.

Einer **angebotenen Darlehensvereinbarung** muss der Berechtigte allerdings zustimmen, wenn er sich nicht schadenersatzpflichtig machen will.[1081] Dies kann wie folgt formuliert werden:[1082]

1058 ▼

Muster 3.69: Darlehensvereinbarung

3.69

…

Im Hinblick auf darauf, dass die Ehefrau am (Datum) vor dem Amtsgericht den Erlass einer einstweiligen Anordnung beantragt hat, wonach ihr ab dem (Datum) eine Unterhaltsrente in Höhe von monatlich EUR zustehen soll, treffen die Parteien nachfolgende Darlehensvereinbarung:

- Die Ehegatten sind sich einig, dass der Ehemann den von der Ehefrau beanspruchten Ehegattenunterhalt von monatlich EUR ab dem (z.B. 1.1.2020) als zins- und tilgungsfreies Darlehen in der Unterhaltshöhe entsprechenden Monatsbeträgen an die Ehefrau bezahlt.
- Dieses Darlehen ist mit dem Zustandekommen einer vergleichsweisen Einigung über den ab (z.B. 1.1.2020) zu leistenden Ehegattenunterhalt oder mit rechtskräftigem Abschluss eines gerichtlichen Hauptsacheverfahrens oder mit rechtskräftigem Abschluss eines negativen Feststellungsverfahrens zur Rückzahlung fällig. Der Ehemann verzichtet bereits jetzt auf die Rückzahlung des Darlehens in Höhe derjenigen Beträge, welche sich mit Zustandekommen einer vergleichsweisen Einigung oder nach rechtskräftigem Abschluss des gerichtlichen Hauptsacheverfahrens oder nach rechtskräftigem Abschluss des negativen Feststellungsverfahrens als ab dem (z.B. 1.1.2020) verbleibende Unterhaltsbeträge ergeben werden.
- Die Darlehensrückzahlung hat durch Zahlung der Summe der Monatsbeträge in einem Gesamtbetrag innerhalb eines Monats nach Fälligkeit zu erfolgen.

1079 BGH FamRZ 1992, 1152, 1155.
1080 So der BGH ausdrücklich mit Urt. v. 11.8.2010, FamRZ 2010, 1637.
1081 BGH FamRZ 2000, 751.
1082 Nach Göppinger/Börger/*Kilger/Pfeil*, 5. Teil Rn 84.

■ Soweit vom Ehemann ab dem Zeitpunkt der Fälligkeit der Rückzahlung des Darlehens noch Unterhaltszahlungen an die Ehefrau zu erbringen sind, erklärt sich die Ehefrau mit einer Verrechnung der Darlehensrückzahlung mit ab diesem Zeitpunkt fälligen Unterhaltsleistungen bereits jetzt einverstanden, wenn sie das Darlehen nicht oder nicht vollständig innerhalb der oben genannten Frist zurückbezahlt. Die Verrechnung mit ab dem Zeitpunkt der Fälligkeit des Darlehensrückzahlungsanspruchs zu leistenden Unterhalts erfolgt in der Weise, dass sich der künftige Unterhaltsanspruch der Ehefrau monatlich jeweils um denjenigen Betrag verringert, welcher der ab (z.B. 1.1.2020) erfolgten monatlichen Überzahlung entspricht. Bei unterschiedlich hohen Beträgen wird zunächst die zeitlich ältere Überzahlung angerechnet. Ist eine Verrechnung mit Unterhaltszahlungen hiernach nicht oder nicht mehr möglich, ist der verbleibende Darlehensbetrag wiederum als Gesamtzahlung geschuldet, zahlbar innerhalb eines Monats nach Eintritt dieses Zeitpunktes. Der Ehemann ist außerdem berechtigt, eine Verrechnung des ihm zustehenden Darlehensrückzahlungsanspruches mit einer von ihm an die Ehefrau wegen des nachehelichen Unterhalts zu erbringenden oder vereinbarten Kapitalabfindung vorzunehmen.

▲

Die Verrechnung der eventuell verbleibenden Unterhaltsbeträge auf künftige Unterhaltsforderungen ist 1059
dem Unterhaltsberechtigten zumutbar. Voraussetzung ist allerdings, dass dem Berechtigten das Existenzminimum nach Ziff. B. V. der Düsseldorfer Tabelle verbleibt oder der Berechtigte über ausreichende finanzielle Rücklagen verfügt.[1083]

Ein Verstoß gegen das Aufrechnungsverbot mit Unterhaltsansprüchen liegt dann nicht vor.[1084]

II. Betreuungsunterhalt, § 1570 BGB

1. Grundsätze zum Betreuungsunterhalt

Gem. § 1570 Abs. 1 BGB kann ein geschiedener Ehegatte von dem anderen wegen der Pflege oder Erzie- 1060
hung eines gemeinschaftlichen Kindes **für drei Jahre** nach Geburt Unterhalt verlangen.

Die **Dauer des Unterhaltsanspruches verlängert sich**, solange und soweit dies der Billigkeit entspricht. Dabei sind Belange des Kindes und die bestehenden Möglichkeiten der Kinderbetreuung zu berücksichtigen.

Schließlich verlängert sich nach § 1570 Abs. 2 BGB die Dauer des Unterhaltsanspruches über die Dreijahresfrist hinaus, wenn dies unter Berücksichtigung der Gestaltung von Kinderbetreuung und Erwerbstätigkeit in der Ehe sowie der Dauer der Ehe der **Billigkeit** entspricht.

a) Die Betreuungsphasen

Damit sind im Rahmen der Verpflichtung zur Zahlung von Betreuungsunterhalt drei Zeiträume zu unter- 1061
scheiden:

Erster Zeitraum

In den ersten drei Lebensjahren des Kindes ist es dem betreuenden Elternteil freigestellt, sich in vollem Umfang der Betreuung und Erziehung der Kinder zu widmen oder eine Fremdbetreuung zur Ausübung einer teilweisen oder vollen Erwerbstätigkeit in Anspruch zu nehmen.[1085]

Während dieses sogenannten **zeitlichen Basisunterhalts** wird dem betreuenden Elternteil ausnahmslos keine Erwerbstätigkeit zugemutet, und zwar grundsätzlich auch dann nicht, wenn er vor der Trennung der Eheleute und/oder nach Geburt des Kindes berufstätig war.

1083 OLG Naumburg FamRZ 1999, 437.

1084 So auch Göppinger/Börger/*Kilger/Pfeil*, 5. Teil Rn 83.

1085 BVerfG FamRZ 2007, 965; OLG Düsseldorf FamRZ 2016, 63.

Auch eine ausgeübte Erwerbstätigkeit kann in der Regel aufgegeben werden.[1086]

Es handelt sich um einen aus Gründen des **Kindeswohls** gewährten Anspruch. Er soll die persönliche Erziehung und Pflege des Kindes in den ersten Lebensjahren sicherstellen.[1087]

1062 **Zweiter Zeitraum**

Der Basisunterhalt kann sich gem. § 1570 Abs. 1 Satz 2 und 3 BGB **aus kindbezogenen Billigkeitsgründen verlängern**. Es ist in jedem konkreten Einzelfall festzustellen, wie lange und in welchem Umfang eine Betreuung notwendig ist.[1088] Es besteht zwar der notwendige Vorrang der Fremdbetreuung.

Nach Erreichen des dritten Lebensjahres kann jedoch nicht sogleich die Obliegenheit zu einer vollschichtigen Erwerbstätigkeit bestehen.[1089] In einer Abwägung des Einzelfalls ist auf das Kindeswohl als Maßstab jeder Entscheidung Rücksicht zu nehmen.[1090]

1063 **Dritter Zeitraum**

Nach § 1570 Abs. 2 BGB verlängert sich der Betreuungsunterhaltsanspruch weiter, wenn dies unter Berücksichtigung der Gestaltung der Kinderbetreuung und Erwerbstätigkeit in der Ehe sowie der Dauer der Ehe der Billigkeit entspricht **(elternbezogene Gründe)**. § 1570 Abs. 2 BGB berücksichtigt die bei geschiedenen Ehen im Einzelfall aus Gründen der nachehelichen Solidarität gerechtfertigte weitere Verlängerung des Unterhaltsanspruches.[1091]

b) Gemeinschaftliches Kind

1064 Nach § 1570 Abs. 1 BGB kann Unterhalt **wegen der Pflege oder Erziehung eines gemeinschaftlichen Kindes** verlangt werden. Der Anspruch setzt voraus, dass der bedürftige Ehegatte das oder die betreuungsbedürftigen Kinder pflegt und erzieht und von ihm aus diesem Grunde keine oder keine vollschichtige Erwerbstätigkeit verlangt werden kann.

1065 **Gemeinschaftliche Kinder** im Sinne von § 1570 BGB sind:

- in der Ehe geborene Kinder, §§ 1591, 1592 Nr. 1 BGB,
- vorehelich geborene Kinder, wenn die Eltern nach der Geburt heiraten, § 1626a Abs. 1 Nr. 2 BGB,
- ein Kind, dessen Vaterschaft anerkannt worden ist, §§ 1591, 1592 Nr. 2 BGB,
- ein Kind, dessen Vaterschaft festgestellt worden ist; §§ 1591, 1592 Nr. 3 BGB,
- ein Kind, das als Kind eines neuen Ehemannes im Sinne des § 1593 Satz 3 BGB anzusehen ist,
- ein adoptiertes Kind, § 1794 Abs. 1 BGB,[1092]
- ein scheineheliches Kind, solange die Vaterschaft nicht wirksam angefochten ist,[1093]
- ein im Rahmen einer homologen In-Vitro-Fertilisation gezeugtes Kind.[1094]

1066 **Keine gemeinschaftlichen Kinder** im Sinne von § 1570 BGB sind:

- ein Pflegekind,[1095]
- ein Stiefkind,

1086 BGH FamRZ 2009, 1391, 1393; BGH FamRZ 2010, 357, 362; BGH FamRZ 2010, 1880; BGH NJW 2011, 70.
1087 Büte/Poppen/Menne/*Büte*, § 1570 Rn 1.
1088 BGH FamRZ 2016, 1369 m. Anm. *Seiler*, FamRZ 2016, 1363.
1089 BGH FamRZ 2009, 1124, FamRZ 2011, 791, FamRZ 2011, 1375.
1090 OLG Saarbrücken, Beschl. v. 20.1.2011 – 6 UF 106/10 mit Hinweis auf BVerfG FuR 2008, 338: *„... all überstrahlender Begriff des Kindeswohles ...“*.
1091 BT–Drucks 16/6980, S. 9.
1092 BGH FamRZ 1984, 361.
1093 BGH FamRZ 1985, 51.
1094 BGH FamRZ 2001, 541, 2011, 541.
1095 BGH FamRZ 1984, 361.

- ein vor- und außereheliches Kind eines Ehegatten,[1096]
- ein nach der Scheidung geborenes gemeinschaftliches nichteheliches Kind der geschiedenen Ehegatten.[1097]

Auch ein gemeinschaftliches, nach Scheidung der Ehe geborenes Kind der früheren Eheleute ist **nicht als gemeinschaftliches Kind im Sinne von § 1570 BGB** anzusehen, weil die Vorschrift die Pflege und Erziehung der **aus der Ehe hervorgegangenen Kinder** sicherstellen will. Das nach Scheidung geborene Kind ist aber nicht „aus der Ehe" hervorgegangen. Die Unterhaltsansprüche des betreuenden Elternteils richten sich in solchen Fällen nach **§ 1615l BGB.**[1098] 1067

c) Pflege und Erziehung

Der Unterhaltsanspruch nach § 1570 BGB setzt voraus, dass der Unterhalt begehrende geschiedene Ehegatte ein oder mehrere Kinder **tatsächlich betreut.**[1099] Hat der betreuende Elternteil vor der Trennung oder auch zunächst während der Trennung eine Erwerbstätigkeit ausgeübt, kann er diese **jederzeit wieder aufgeben** und sich voll der Erziehung und Betreuung des Kindes widmen.[1100] 1068

Das Erfordernis der Betreuung ist grundsätzlich **unabhängig vom Alter** des Kindes. Auch die Betreuung eines volljährigen behinderten Kindes[1101] kann einen Anspruch nach § 1570 BGB begründen.

Betreuungsunterbrechungen, z.B. durch Ferienaufenthalt beim anderen Elternteil oder Krankenhausaufenthalt, Reha etc. beeinflussen den Anspruch nicht, solange eine Arbeitsaufnahme für diese Zeit nicht möglich und/oder nicht zumutbar ist. 1069

Bei **langfristiger Betreuungsunterbrechung**, etwa **ab drei Monaten** ohne Beeinträchtigung der Arbeitsfähigkeit des Unterhaltsgläubigers oder bei einem entsprechenden Betreuungswechsel auf längere Zeit, z.B. Heimaufenthalt, Internat etc. entfällt ein Anspruch aus § 1570 BGB.

Die Voraussetzungen der Betreuung durch Pflege und Erziehung des Kindes sind auch erfüllt, wenn sich der betreuende Elternteil dabei **fremder Hilfe**, etwa von Hausangestellten oder Familienangehörigen, bedient.[1102] 1070

Bei einem regelmäßig erfolgenden Wechsel der Betreuung durch die Eltern (**sogenanntes echtes Wechselmodell**) kommt es darauf an, in welchem Umfang jedem Elternteil neben der Betreuung des Kindes eine Erwerbstätigkeit zugemutet werden kann. Grundsätzlich können in einem solchen Fall **beide Elternteile aus § 1570 BGB** berechtigt und verpflichtet sein. 1071

Die Kindesbetreuung muss nicht nur tatsächlich geschehen, sie muss auch **rechtmäßig geschehen**, also entweder mit Einverständnis des anderen Elternteils oder aufgrund einer Entscheidung des Familiengerichts.

Berechtigt ist die Betreuung bei bestehendem Sorgerecht grundsätzlich. Dies gilt auch, wenn der andere Elternteil nicht zugestimmt hat oder sogar widerspricht, solange die elterliche Sorge des betreuenden Elternteils **tatsächlich** besteht. 1072

Betreuen Eltern getrennt jeweilige Geschwister, ist entsprechend den Maßstäben des Wechselmodells jeweils zu prüfen, **ob und in welchem Umfang** trotz Kindesbetreuung eine zumutbare bzw. unzumutbare Erwerbstätigkeit ausgeübt wird und inwieweit im Hinblick auf diese Erwerbstätigkeit wegen anderweitigen Einkommens oder Vermögens von Bedürftigkeit bzw. Leistungsfähigkeit auszugehen ist. 1073

1096 BGH FamRZ 1984, 769: Unterhaltsanspruch eventuell nach § 1576 BGB.

1097 Anspruch des betreuenden Elternteils nach § 1615l Abs. 2 S. 2, Abs. 4 S. 1 BGB, BGH FamRZ 1998, 426.

1098 So auch Kleffmann/Soyka/*Kleffmann*, 4. Kap. Rn 149 mit Hinweis auf BGH FamRZ 1998, 426 zum vor dem 1.1.2008 geltenden Recht.

1099 BGH FamRZ 2010, 1050.

1100 BGH FamRZ 2009, 1391; FamRZ 2010, 357; 2010, 1880.

1101 BGH FamRZ 2010, 802, BGH FuR 2010, 401.

1102 BGH FamRZ 1981, 543.

2. Betreuungsunterhalt bis zum dritten Lebensjahr des Kindes

1074 § 1570 Abs. 1 S. 1 BGB gewährt einen **Basisunterhalt für die ersten drei Lebensjahre** des Kindes. Für diese ersten drei Lebensjahre gilt der Vorrang elterlicher Betreuung.[1103] Auch dann, wenn eine Fremdversorgung möglich wäre, kann der betreuende Elternteil sich frei entscheiden, das Kind selbst zu betreuen oder auch alternativ einer Arbeitstätigkeit nachzugehen.[1104]

a) Vorrang elterlicher Betreuung

1075 Der Gesetzgeber hat sich für diesen Zeitraum für einen eindeutigen **Vorrang der elterlichen Betreuung** entschieden.[1105] Dies entspricht auch dem Kindeswohl. Die Einräumung des Vorrangs elterlicher Erziehung korrespondiert daher auch mit den sozialstaatlichen Regelungen hinsichtlich des Anspruches

- auf Elternzeit, § 15 BErzGG,
- auf Gewährung von Kindererziehungszeiten als Pflichtbeitragszeiten in der Rentenversicherung, §§ 3, 55, 56 SGB VI,
- auf einen Kindergartenplatz, § 24 Abs. 1 SGB VIII.

Auch Beziehern von ALG II wird in dieser Zeit nur eingeschränkt zugemutet, erwerbstätig zu sein, § 10 Abs. 1 Nr. 3 SGB II.

Eine ausgeübte Erwerbstätigkeit kann deshalb in der Regel **sanktionslos wieder aufgegeben** werden. Etwaiges erzieltes Einkommen in dieser Zeit ist **immer überobligatorisch** und lediglich entsprechend § 1577 Abs. 2 BGB anteilig anzurechnen.[1106]

b) Einkommen des Berechtigten

1076 Die Höhe des ggf. **anteilig zu berücksichtigenden Einkommens** hängt insbesondere davon ab, **in welchem Maß** der Betreuende von der Erwerbsobliegenheit befreit ist.[1107] Grundsätzlich gilt aber, dass aus dieser Erwerbstätigkeit erzielte Einkünfte **nicht von vornherein unberücksichtigt** bleiben. Über die Höhe ihrer Anrechnung ist gemäß § 1577 Abs. 2 BGB nach Treu und Glauben unter **Berücksichtigung der Umstände des Einzelfalles** zu entscheiden. Sie sind hinsichtlich eines **nach Billigkeit** zu bestimmenden unterhaltsrelevanten Teils als bedarfsprägende Einkünfte zu berücksichtigen und in die Unterhaltsberechnung einzustellen.[1108]

1077 Die in diesem Zusammenhang zum Teil vertretene **Auffassung,**[1109] nur dann handele es sich bei der Aufgabe einer Erwerbstätigkeit in dieser Zeit um keine Verletzung der Erwerbsobliegenheit, wenn die Fortführung der Arbeitstätigkeit nach nunmehriger Trennung der Eltern **mit zusätzlichen Belastungen für den betreuenden Elternteil** verbunden sei, ist allerdings nachvollziehbar.

1078 Auch wenn sich aus der Begründung des Gesetzgebers ein **ohne Einschränkungen bestehendes Wahlrecht** des betreuenden Elternteils ablesen lässt, liegt der Sinn des Wahlrechts im Wesentlichen doch darin, **Belastungen des Kindes** in den ersten drei Lebensjahren und damit einen zu frühen Übergang in die Fremdbetreuung zu vermeiden. Zeigt der Vergleich zwischen der Situation während der Führung der Ehe und der anschließenden Trennungssituation aber **keinen Unterschied für das betroffene Kind,** keinerlei zusätzliche Belastung, wird die bisher ausgeübte Erwerbstätigkeit durchaus im Einklang mit dem Kindeswohl fortgeführt werden können.

1103 BT-Drucks 16/1830, S. 17.
1104 BGH FamRZ 2010, 440; FamRZ 2010, 1880.
1105 BT-Drucks 16/1830 S. 17.
1106 BGH FamRZ 2009, 770; FamRZ 2009, 1124; BGH FamRZ 2021, 1965; *Viefhues*, FuR 2023, 166.
1107 BGH FamRZ 2009, 1391; FamRZ 2010, 1050; FamRZ 2011, 791.
1108 BGH FamRZ 2011, 791; BGH FamRZ 2010, 357, 362; OLG Celle FuR 2022, 574 mit Anm. *Viefhues* S. 575; Wendl/Dose/*Bömelburg*, § 4 Rn 169.
1109 *Borth*, FamRZ 2008, 1,5; *Borth*, Teil D IV 6; a.A. Wendl/Dose/*Bömelburg*, § 4 Rn 168 mit Hinweis auf den Wortlaut des Gesetzes und die Begründung des Gesetzgebers in BT-Drucks 16/1830 S. 17 und BT-Drucks 16/6980 S. 16 f.

Es handelt sich dabei um Fälle, in denen beispielsweise **Freiberufler**, also Rechtsanwälte, Ärzte etc. sich nach der Geburt eines Kindes **bewusst für die Fortsetzung ihrer Arbeitstätigkeit** entscheiden. Ist diese Situation nach Trennung der Eheleute **ohne jede zeitliche oder persönliche Einschränkung und/oder Mehrbelastung** für das Kind und den mit ihm überwiegend zusammenlebenden Elternteil fortsetzbar, ist nicht einsichtig, wem eine Aufgabe jeglicher Erwerbstätigkeit dienen soll. Hier ist der gegenläufige Aspekt zu berücksichtigen, dass der Unterhaltsgläubiger verpflichtet ist, den Unterhaltsschuldner nach Möglichkeit zu entlasten. **1079**

Für das Fehlen jeder zusätzlichen Belastung für das Kind und den betreuenden Elternteil wäre aber der grundsätzlich **Unterhaltsverpflichtete darlegungs- und beweispflichtig**.

Trotz des in § 1570 Abs. 1 Satz 1 BGB normierten Vorrangs elterlicher Betreuung kann neben dem Fehlen jeglicher, mit der Veränderung einhergehender Belastungen, aus ganz besonderen Gründen die **Verpflichtung zur Aufnahme oder Fortführung – teilweisen – Erwerbstätigkeit** angenommen werden. Dies gilt allerdings ausschließlich in Ausnahmefällen, z.B. dann, wenn **besonders hohe Verbindlichkeiten** in einer Zeit eingegangen wurden, als die getrenntlebenden oder geschiedenen Eheleute noch beide erwerbstätig waren. **1080**

Die **Darlegungs- und Beweislast** für das Vorliegen eines solchen Ausnahmetatbestandes trägt der **Unterhaltspflichtige**.[1110]

c) Vereinbarung zum Betreuungsunterhalt

In geeigneten Fällen sollte überdacht werden, ob nicht eine Ausgestaltung vorgenommen werden kann. Geschieht dies im Rahmen der **Vereinbarung** von Kindes- und/oder Betreuungsunterhalt für den betroffenen Elternteil, muss dies dann in notarieller Form geschehen, wenn die Vollstreckungsmöglichkeit hinsichtlich des Unterhalts geschaffen werden soll, § 794 Abs. 1 Ziff. 5 ZPO. **1081**

Denkbar wäre die folgende Vereinbarung über die Frage einer Anrechnung der Einkünfte des betreuenden Elternteils im Rahmen des Basisunterhalts:

▼

Muster 3.70: Einkünfte im Rahmen von Basisunterhalt Betreuung

Verhandelt am 3.70

Zu

Vor mir, dem unterzeichnenden Notar im Bezirk des Oberlandesgerichts

erscheinen

1. Herr , geb. am , wohnhaft

2. Frau , geb. am , wohnhaft

ausgewiesen durch .

Die Frage des beurkundenden Notars nach einer Vorbefassung im Sinne von § 3 Abs. 1 Nr. 7 BeurkG wurde von den Erschienenen verneint. Der beurkundende Notar erläuterte die vorgenannte Vorschrift.

Die Erschienenen baten den Notar um die Beurkundung einer

Scheidungsfolgenvereinbarung

und erklärten vorab:

1110 Vgl. BGH FamRZ 1983, 565.

§ 1 Ausgangslage

Wir haben am ___ die Ehe miteinander geschlossen. Wir leben seit dem ___ voneinander getrennt. Aus unserer Ehe sind zwei Kinder hervorgegangen, ___, geb. am ___ mithin 4 Jahre alt sowie ___, geb. am ___, mithin 14 Monate alt. Die Kinder werden von mir, der Kindesmutter betreut, vormittags in Fremdbetreuung im Kindergarten bzw. der Kinderkrippe. Hierbei soll es auch bleiben, ebenso bei der gemeinsamen elterlichen Sorge im Falle der Scheidung unserer Ehe.

Ich, die Ersch. zu 2., habe meine Erwerbstätigkeit halbtags wieder aufgenommen und werde diese auch in Zukunft fortsetzen.

§ 2 Kindesunterhalt

Für die Zeit, in der sich die Kinder in der Obhut der Ehefrau befinden, verpflichtet sich der Ersch. zu 1., Kindesunterhalt wie folgt monatlich bis zum 1. Werktag eines Monats zu leisten: (Alternativ: Kindesunterhalt in Höhe von ___ % des jeweiligen Mindestbetrags der jeweiligen Altersstufe der Düsseldorfer Tabelle gemäß § 1612a BGB monatlich bis zum 1. Werktag eines jeden Monats zu leisten)

a. (Name des Kindes) geb. am ___, ___ EUR

b. ___

§ 3 Nachehelicher Unterhalt

1. Der Ersch. zu 1. verpflichtet sich, an die Ersch. zu 2. ab Rechtskraft der Scheidung einen monatlichen, jeweils bis zum 1. eines jeden Monats im Voraus fälligen nachehelichen Unterhalt in Höhe von ___ EUR zu zahlen.
2. Bei dieser Vereinbarung gehen die Beteiligten von einem Erwerbseinkommen von Herrn ___ in Höhe von netto monatlich ___ EUR sowie von Frau ___ im Rahmen einer Halbtagstätigkeit in Höhe von netto monatlich ___ EUR aus.
3. In der Berechnung der Höhe des Unterhaltsbetrages ist mein, der Ersch. zu 1. Einkommen unberücksichtigt geblieben. Dies soll bis zur Vollendung des dritten Lebensjahres unseres Kindes so verbleiben. Wir vereinbaren für die anschließende Zeit die hälftige Anrechnung meiner Erwerbseinkünfte und werden zu gegebener Zeit unter Darlegung unserer jeweiligen Einkünfte eine gesonderte Vereinbarung treffen.
4. Sonstige gesetzliche Unterhaltsansprüche bleiben unberührt.

§ 4 Vollstreckungsunterwerfung

Wegen der in §§ 2 und 3 der Vereinbarung eingegangenen Verpflichtungen zur Zahlung von Kindesunterhalt und nachehelichem Unterhalt unterwerfe ich, der Ersch. zu 1., mich der

sofortigen Zwangsvollstreckung

aus dieser Urkunde in mein Vermögen.

Die Ersch. zu 2. ist berechtigt, sich jederzeit auf einseitigen Antrag auf Kosten des Ersch. zu 1. eine vollstreckbare Ausfertigung dieser Urkunde erteilen zu lassen, ohne dass es hierzu des Nachweises der Fälligkeit oder sonstiger die Vollstreckung begründender Tatsachen bedarf.

§ 5 Hinweise, Durchführung

Der Notar hat die Erschienenen über die Bedeutung, die rechtliche Tragweite, insbesondere die Rechtsfolgen und die Auswirkungen der Unterhaltsvereinbarung abschließend noch einmal ausführlich belehrt. Beide Erschienenen sind sich der Tragweite der getroffenen Vereinbarungen bewusst und wünschen gleichwohl die Beurkundung der Vereinbarung auch unter Inkaufnahme möglicher zukünftig daraus erwachsener Nachteile.

(ggf. weitere abschließende Hinweise/Durchführung)

(Urkundsausgang, Unterschriften)

▲

Die Nichtanrechnung eigener Einkünfte der betreuenden Kindesmutter stellt eine **Unterhaltsverstärkung** dar. Zwar ist die Arbeitstätigkeit überobligatorisch, doch wäre eine Teilanrechnung, **regelmäßig eine hälftige Anrechnung**, möglich.[1111] Die Höhe des ggf. **anteilig zu berücksichtigenden Einkommens** hängt aber insbesondere davon ab, **in welchem Maß** der Betreuende von der Erwerbsobliegenheit befreit ist.[1112] Grundsätzlich gilt aber, dass aus dieser Erwerbstätigkeit erzielte Einkünfte **nicht von vornherein unberücksichtigt** bleiben. Über die Höhe ihrer Anrechnung ist gemäß § 1577 Abs. 2 BGB nach Treu und Glauben unter **Berücksichtigung der Umstände des Einzelfalles** zu entscheiden. Sie sind hinsichtlich eines **nach Billigkeit** zu bestimmenden unterhaltsrelevanten Teils als bedarfsprägende Einkünfte zu berücksichtigen und in die Unterhaltsberechnung einzustellen.[1113] 1082

Der **Unterhaltsverpflichtete** sichert sich durch die Vereinbarung die durchgängige Berufstätigkeit des Berechtigten, die eventuell bei längerer Erwerbspause keinen oder eine nur geringer dotierte Erwerbstätigkeit finden wird. Die Begrenzung der Nichtanrechnung eigener Einkünfte bedeutet **keine – unzulässige – Befristung** des Unterhaltsanspruchs, da er mit Vollendung des dritten Lebensjahres des jüngsten Kindes nicht endet.

3. Betreuungsunterhalt ab Vollendung des dritten Lebensjahres des Kindes

a) Vorrang der Fremdbetreuung

Nach § 1570 Abs. 1 S. 2 und 3 BGB verlängert sich unter Berücksichtigung der Belange des Kindes und den **bestehenden Möglichkeiten der Kinderbetreuung** der Betreuungsunterhaltsanspruch, solange und soweit dies der Billigkeit entspricht. 1083

Damit wandelt sich der zuvor bestehende Vorrang elterlicher Betreuung in einen Vorrang der **Fremdbetreuung**. Die Berücksichtigung der Möglichkeiten der Kinderbetreuung bedeutet die Abkehr vom früheren schematisierenden Altersphasenmodell und die Betonung der Einzelfallentscheidung.

Ob und in welchem Umfang dem betreuenden Elternteil ab Vollendung des dritten Lebensjahres des Kindes eine Erwerbstätigkeit zugemutet werden kann, hängt maßgeblich **vom Alter und der Zahl der zu betreuenden Kinder**, von der Inanspruchnahme des Sorgeberechtigten durch die Betreuung und der **Möglichkeit einer anderweitigen Betreuung** ab. Der Wortlaut des § 1570 Abs. 1 S. 2 BGB *(„solange und soweit")* ermöglicht einen **stufenweisen Übergang** von der elterlichen Betreuung zu einer vollen Erwerbstätigkeit.[1114] 1084

Der Unterhaltsberechtigte ist allerdings verpflichtdet, sich **rechtzeitig, auch schon vor Beginn seiner Erwerbspflicht, um eine Arbeitstätigkeit zu bemühen**. Versäumt er dies, ist ihm ein fiktives Einkommen in dmjenigen Umfang zuzurechnen, das er erzielt hätte, wenn er sich rechtzeitig um Erwerbstätigkeit bemüht hätte.[1115] 1085

1111 BGH FamRZ 2009, 770; FamRZ 2009, 1124.
1112 BGH FamRZ 2009, 1391; FamRZ 2010, 1050; 2011, 791.
1113 BGH FamRZ 2011, 791; 2010, 357, 362; Wendl/Dose/*Bömelburg*, § 4 Rn 169.
1114 So auch BT-Drucks 16/698, S. 19; BGH FamRZ 2010, 1050.
1115 BGH FamRZ 1995, 871; OLG Saarbrücken NJW 2014, 559.

1086 In welchem Umfang die Erwerbsfähigkeit des betreuenden Elternteils auch für die Folgezeit noch eingeschränkt ist, kann sich aber nur **aus individuellen Umständen ergeben, für die der Unterhaltsberechtigte darlegungs- und beweispflichtig** ist.[1116]

Vorrangig ist im Einzelfall aber zu prüfen, ob und in welchem Umfang eine Betreuung der Kinder **durch Dritte gesichert** ist oder gesichert werden könnte.[1117]

Dabei sind jedoch an die für eine Verlängerung des Betreuungsunterhalts erforderlichen Darlegungen **keine überzogenen Anforderungen** zu stellen.[1118]

1087 Auch bei einer anderweitig gesicherten Betreuung kann mit einer vollschichtigen Erwerbstätigkeit eine überobligationsmäßige Belastung verbunden sein. Die vom Gesetz vorgegebene **Billigkeitsabwägung** lässt insofern Raum, diesem Gesichtspunkt im Sinne einer gerechten Lastenverteilung Rechnung zu tragen.[1119]

Im Rahmen dieser gerechten Lastenverteilung kann auch einbezogen werden, dass **außerschulische Aktivitäten** mit hohem Zeitaufwand verbunden sein können.[1120]

b) Umfang der Erwerbsobliegenheit

1088 Mit einem Arbeitsumfang von **30 Wochenstunden** genügt daher eine Mutter ihrer Erwerbspflicht, wenn sie **im ländlichen Raum** drei Kinder im Alter zwischen 12 und 17 Jahren betreut und auf **keine verlässliche Fremdbetreuung** zurückgreifen kann. Dies schließt andererseits nicht aus, dass ggf. die bisherigen Abläufe abweichend zu organisieren sind und mit Rücksicht auf die Erwerbspflichten auch bisherige Aktivitäten eingeschränkt werden müssen.[1121]

1089 Ist eine **Ganztagsbetreuung** des Kindes sowohl während der Grundschulzeit als auch nach dem Wechsel auf die weiterführende Schule gewährleistet, sind die Erwerbsmöglichkeiten nicht durch die Kindesbetreuung eingeschränkt. Dies gilt vor allem dann, wenn ein funktionierendes, großzügiges Umgangsrecht den betreuenden Elternteil entlastet.[1122]

1090 Grundsätzlich steht dem vom nicht betreuenden Elternteil zu leistende Barunterhalt dem vom anderen Elternteil zu leistende Betreuungsunterhalt gegenüber. Deshalb sind bei der Beurteilung der Erwerbsobliegenheit nur die **das übliche Maß übersteigende Betreuungsleistungen** zu berücksichtigen. Diese sind vom betreuenden Elternteil substantiiert darzulegen.[1123]

Es ist deshalb **konkret vorzutragen**, dass z.B. das Kind besonders musisch begabt ist und in dieser Hinsicht mehr als üblich gefördert werden muss oder – umgekehrt – eine **über das übliche Maß hinaus gehende Förderung** wegen besonderer Lernschwierigkeiten notwendig ist.[1124]

1091 Der verlängerte Unterhaltsanspruch ab Vollendung des dritten Lebensjahres des Kindes stellt gegenüber dem regelmäßigen Basisunterhalt einen **Ausnahmetatbestand** dar. Damit wird nach Ablauf des Dreijahreszeitraumes regelmäßig zumindest eine teilweise Erwerbstätigkeit des betreuenden Elternteils erwartet.[1125]

1092 Hinsichtlich des **Umfanges ist stets eine umfassende Abwägung** der Umstände des Einzelfalles vorzunehmen. Nach der Vorstellung des Gesetzgebers ist aber nach Ablauf der Dreijahresfrist eine Vollzeitbetreuung durch einen Elternteil unter dem Gesichtspunkt des Kindeswohls nicht mehr zwingend gebo-

1116 BGH FamRZ 2011, 791 mit Anm. *Norpoth*, FamRZ 2011, 873; BGH FamRZ 2010, 444.
1117 BGH FamRZ 2012, 1040 m. Anm. *Borth*; BGH FamRZ 2009, 770.
1118 BGH FamRZ 2012, 1040 mit Anm. *Borth*; BGH FamRZ 2011, 1375.
1119 BGH FamRZ 2012, 1040.
1120 *Schürmann*, FamRZ 2013, 1082, 1093.
1121 BGH FamRZ 2012, 1040.
1122 OLG Düsseldorf NJW 2012, 3382.
1123 OLG Hamm FamRZ 2013, 959.
1124 OLG Hamm FamRZ 2013, 959.
1125 OLG Hamm FamRZ 2013, 706.

ten. Das Kindeswohl ist ab diesem Alter regelmäßig auch dann gewahrt, wenn seine Betreuung ganz oder teilweise durch Dritte sichergestellt wird.[1126]

Entscheidend für die Frage der Verlängerung des Unterhaltsanspruches ist aber zunächst im **Einzelfall** zu klären, ob und in welchem Umfang tatsächlich Betreuungsmöglichkeiten vorhanden sind.

Jüngere Kinder können auch nicht stundenweise sich selbst überlassen bleiben. Der betreuende Elternteil **1093**
kann daher nur **solange und soweit** zu einer Erwerbstätigkeit verpflichtet sein, als das Kind tatsächlich von Dritten betreut werden kann.

Von der Arbeitszeit abzurechnen sind ein sicherer **Hin- und Rückweg** von der Arbeitsstelle zur Kinder- **1094**
betreuung sowie eine weitere Karenzzeit von mindestens einer Stunde täglich zur Erledigung weiterer Aufgaben außerhalb des Hauses wie z.B. Einkaufen, Behördengänge, Arztbesuche etc.

Die gleichen Erwägungen zum zeitlich eingeschränkten Erwerbszeitraum gelten für den Fall von

- Entwicklungsstörungen des Kindes,[1127]
- von langwierigen bzw. dauerhaften **Erkrankungen,**[1128]
- psychischer **Labilität** des Kindes,[1129]
- sowie bereits stark hervorgetretener besonderer z.B. sportlicher oder musischer **Begabung**, die besonderer Förderung bedarf.[1130]

Die vorhandenen **Betreuungsmöglichkeiten müssen naturgemäß zumutbar und verlässlich** sein. Die **1095**
Obliegenheit zur Inanspruchnahme von Betreuungsmöglichkeiten für das Kind besteht nur dann, wenn die Betreuung mit dem Kindeswohl vereinbar ist. Davon ist bei öffentlichen Betreuungseinrichtungen wie Kindergärten, Kinderhorten pp. regelmäßig auszugehen.[1131]

Bestreitet der betreuende Elternteil die Kindeswohlvereinbarkeit einer öffentlichen Betreuungseinrichtung, trifft ihn die Darlegungs- und Beweispflicht.

Der betreuende Elternteil hat sich im Wissen um den zeitlich bevorstehenden Vorrang der Fremdbetreu- **1096**
ung **rechtzeitig, mithin vor Ablauf des dritten Lebensjahres** des Kindes um einen **Platz für eine Fremdbetreuung** zu bemühen.[1132]

In diesem Zusammenhang trifft den betreuenden Elternteil allerdings keine Obliegenheit zu einem **Wohnortwechsel**[1133] und auch keine Obliegenheit, einen Wechsel des Kindes von einem Kindergarten mit Halbtagsbetreuung in einen Kindergarten mit Ganztagsbetreuung vorzunehmen. Dies gilt jedenfalls dann, wenn vor der Trennung der Eltern einvernehmlich der derzeit von dem Kind besuchte Kindergarten ausgewählt wurde.[1134]

c) Vorhandene Möglichkeiten der Fremdbetreuung

Die mögliche Fremdbetreuung scheidet nur dann aus, wenn sie entweder **nicht verlässlich oder nicht** **1097**
zumutbar ist. Nicht verlässlich ist die Fremdbetreuung nicht nur dann, wenn eine Betreuung nur von gelegentlich vorhandenen und ständig wechselnden Bezugspersonen sichergestellt werden soll.[1135]

Nicht verlässlich ist eine Fremdbetreuung auch dann, wenn sie mit der notwendigen Arbeitszeit des be- **1098**
treuenden Elternteils nicht in ausreichendem Maße korrespondiert. Dabei sind nicht nur die Arbeitszeiten,

1126 BGH FamRZ 2010, 1880; FamRZ 2011, 791.
1127 BGH FamRZ 2006, 1362, 1367; OLG Hamm FamRZ 2008, 1937.
1128 OLG Hamm NJW 2005, 297.
1129 BGH FamRZ 1984, 769.
1130 *Borth*, FamRZ 2008, 2, 6; ablehnend *Hauß*, FamRB 2007, 367, 369.
1131 BGH FamRZ 2009, 770; FamRZ 2010, 1050.
1132 OLG Köln FamRZ 2008, 2119.
1133 *Kemper*, FuR 2008, 169, 174.
1134 *Von Kiedrowski*, FamRB 2009, 213.
1135 BGH FamRZ 2010, 1880.

sondern auch die Fahrtzeiten des betreuenden Elternteils sowie Notwendigkeiten weiterer außerhäuslicher Pflichten (Einkaufen, Behördengänge, etc.) einzubeziehen.

1099 **Nicht zumutbar** ist eine Fremdbetreuung dann, wenn sie mit dem Kindeswohl nicht in Einklang steht. Dies ist der Fall, wenn Mitglieder der betreuten Kindergruppe das Kind erkennbar ablehnen oder umgekehrt das Kind mit nicht steuerbarer Ablehnung auf Betreuungspersonen reagiert.

1100 Davon deutlich zu unterscheiden sind **Eingewöhnungsprobleme**, die in geringerem oder auch stärkerem Maße jedes Kind beim Übergang von der elterlichen Betreuung zur Fremdbetreuung durchmacht. Diese Schwierigkeiten bieten keinen Anlass, eine Fremdbetreuung abzubrechen. Die Ablehnung muss daher längere Zeit andauern, von erheblicher Bedeutung des Kindeswohls sein und muss bei Fortsetzung dazu führen, dass das Kindeswohl gefährdet oder beeinträchtigt ist.

Der betreuende Elternteil, der sich zur Ablehnung der Fremdbetreuung hierauf bezieht, hat die **Voraussetzungen** und die Schwere der Beeinträchtigung nachvollziehbar **darzulegen und glaubhaft** zu machen.

1101 **Nicht zumutbar** ist eine Fremdbetreuung auch dann, wenn das Verhältnis des betreuenden Elternteils zur Person des Fremdbetreuers **zerrüttet oder so angespannt** ist, dass eine vernünftige Kommunikation nicht mehr möglich ist. Dies ist namentlich dann der Fall, wenn eine private Betreuung durch Familienangehörige oder Bekannte angeboten wird.

Grundsätzlich gilt, dass solche **private Betreuung nicht in Anspruch** genommen werden muss.[1136] Zu den Schwiegereltern muss der betreuende Ehegatte das Kind nicht zum Zwecke der Fremdbetreuung geben. **Anderes** gilt nur dann, wenn etwa die Großeltern des Kindes auch bisher, namentlich vor der Trennung der Eltern, das Kind betreut haben, keine – etwa trennungsbedingten – Spannungen zwischen dem betreuenden Elternteil und den Schwiegereltern vorhanden sind, diese sich also im Trennungskonflikt neutral verhalten haben und wenn die Betreuung bisher verlässlich war.[1137]

1102 Über eine **Privatbetreuung** können sich Eltern naturgemäß vor allem bei fehlender sonstiger Möglichkeit der Fremdbetreuung wie folgt einigen.

▼

Muster 3.71: Vereinbarung Privatbetreuung

3.71 Verhandelt am

Zu

Vor mir, dem unterzeichnenden Notar im Bezirk des Oberlandesgerichts

erscheinen

1. Herr , geb. am , wohnhaft

2. Frau , geb. am , wohnhaft

ausgewiesen durch .

Die Frage des beurkundenden Notars nach einer Vorbefassung im Sinne von § 3 Abs. 1 Nr. 7 BeurkG wurde von den Erschienenen verneint. Der beurkundende Notar erläuterte die vorgenannte Vorschrift.

Die Erschienenen baten den Notar um die Beurkundung einer

Scheidungsfolgenvereinbarung

und erklärten vorab:

1136 KG FamRZ 2008, 1942.

1137 Vgl. aber BGH FamRZ 2009, 1391, 1395: „Unterstützung durch Verwandte ist eine freiwillige Leistung …“.

§ 1 Ausgangslage

Wir haben am … die Ehe miteinander geschlossen. Wir leben seit dem … voneinander getrennt. Aus unserer Ehe sind zwei Kinder hervorgegangen, …, geb. am … mithin sechs Jahre alt sowie …, geb. am …, mithin drei Jahre alt. Die Kinder werden von mir, der Kindesmutter betreut. Unser älteres Kind besucht die sog. verlässliche Grundschule, für unser jüngstes Kind ist in erreichbarer Nähe kein Kindergarten vorhanden.

Ich, die Ersch. zu 2., habe mit Vollendung des dritten Lebensjahres unseres jüngsten Kindes vormittags eine Erwerbstätigkeit im Umfang von 20 Stunden aufgenommen.

§ 2 Kindesunterhalt

Für die Zeit, in der sich die Kinder in der Obhut der Ehefrau befinden, verpflichtet sich der Ersch. zu 1., Kindesunterhalt wie folgt monatlich bis zum 1. Werktag eines Monats zu leisten: (Alternativ: Kindesunterhalt in Höhe von … % des jeweiligen Mindestbetrags der jeweiligen Altersstufe der Düsseldorfer Tabelle gemäß § 1612a BGB monatlich bis zum 1. Werktag eines jeden Monats zu leisten)

a. (Name des Kindes) geb. am …, … EUR

b. …

§ 3 Nachehelicher Unterhalt

1. Der Ersch. zu 1. verpflichtet sich, an die Ersch. zu 2. ab Rechtskraft der Scheidung einen monatlichen, jeweils bis zum 1. eines jeden Monats im Voraus fälligen nachehelichen Unterhalt in Höhe von … EUR zu zahlen.
2. Bei dieser Vereinbarung gehen die Beteiligten von einem anrechenbaren Erwerbseinkommen von Herrn … in Höhe von netto monatlich … EUR sowie von Frau … im Rahmen einer Halbtagstätigkeit in Höhe von netto monatlich … EUR aus.

§ 4 Vereinbarung Erwerbstätigkeit und Betreuung

Wegen der fehlenden Betreuungsmöglichkeit für unser jüngstes Kind vereinbaren wir, dass es bei der Betreuung an jedem Vormittag durch meine, des Ersch. zu 1. Eltern verbleiben soll. Die Betreuung wurde bereits während der Führung unserer Ehe praktiziert und entspricht nach unserer Auffassung dem Kindeswohl.

§ 5 Vollstreckungsunterwerfung

Wegen der in §§ 2 und 3 der Vereinbarung eingegangenen Verpflichtungen zur Zahlung von Kindesunterhalt und nachehelichem Unterhalt unterwerfe ich, der Ersch. zu 1., mich der

sofortigen Zwangsvollstreckung

aus dieser Urkunde in mein Vermögen.

Die Ersch. zu 2. ist berechtigt, sich jederzeit auf einseitigen Antrag auf Kosten des Ersch. zu 1. eine vollstreckbare Ausfertigung dieser Urkunde erteilen zu lassen, ohne dass es hierzu des Nachweises der Fälligkeit oder sonstiger die Vollstreckung begründender Tatsachen bedarf.

§ 6 Hinweise, Durchführung

Der Notar hat die Erschienenen über die Bedeutung, die rechtliche Tragweite, insbesondere die Rechtsfolgen und die Auswirkungen der Unterhaltsvereinbarung abschließend noch einmal ausführlich belehrt. Beide Erschienenen sind sich der Tragweite der getroffenen Vereinbarungen bewusst und wünschen gleichwohl die Beurkundung der Vereinbarung auch unter Inkaufnahme möglicher zukünftig daraus erwachsener Nachteile.

(ggf. weitere abschließende Hinweise/Durchführung)

(Urkundsausgang, Unterschriften)

▲

1103 **Nicht annehmen** muss der betreuende Elternteil ein Angebot des anderen Elternteils, das Kind zu betreuen. Geht das Betreuungsangebot über das praktizierte Umgangsregelung hinaus, was regelmäßig der Fall ist, würde dies letztlich zu einer Veränderung, einer Umkehrung der Betreuungsregeln führen.[1138]

1104 Die **praktizierte Umgangsregelung** muss daher vorrangig sein. Die Kosten der Fremdbetreuung stellen Mehrbedarf des Kindes dar und sind von beiden Eltern anteilig nach ihren Einkommensverhältnissen zu tragen, wobei vorab der **Sockelbetrag** in Höhe des angemessenen Selbstbehaltes abzuziehen ist. Mehrbedarf des Kindes sind die Kosten jedenfalls dann, wenn die Fremdbetreuung in erster Linie erzieherischen Zwecken dient.[1139] Dies ist bei dem Besuch des Kindergartens der Fall.

1105 Hat das zu betreuende Kind ein Alter erreicht, in welchem es auch **einige Stunden ohne Beaufsichtigung** verbringen kann, besteht die Verpflichtung des betreuenden Elternteils zur Vollzeiterwerbstätigkeit. Verbleibende Betreuungsaufgaben, die zu einer höheren Belastung des betreuenden Elternteils führen, können im Einzelfall durch ggf. anteilige Berücksichtigung der Einkünfte unter Billigkeitsgesichtspunkten entspr. § 1577 Abs. 2 BGB ausgeglichen werden.

Der Grund liegt darin, dass sich die Erwerbsobliegenheit insgesamt danach beurteilt, ob eine Erwerbstätigkeit neben der Betreuung des Kindes zu einer **überobligationsmäßigen Belastung** führt. Ist dies der Fall, ist die lediglich anteilige Berücksichtigung der Einkünfte notwendig. Ein pauschaler Betreuungsbonus kann jedoch nicht in Ansatz gebracht werden.[1140]

d) Darlegungs- und Beweislast

1106 Die Dauer des Unterhaltsanspruchs verlängert sich über die Vollendung des dritten Lebensjahres hinaus, **soweit dies der Billigkeit entspricht**, § 1570 Abs. 1 Satz 2 BGB. Satz 3 legt den Vorrang außerhäuslicher Betreuung des Kindes ab diesem Zeitpunkt fest („Möglichkeiten der Kindesbetreuung"). Dies führt zu einer **Darlegungs- und Beweislast des Unterhaltsberechtigten** der für die Prüfung der konkret bestehenden Betreuungsmöglichkeiten des Kindes notwendigen Tatsachen.

Der Unterhaltsgläubiger ist daher in vollem Umfang darlegungs- und beweispflichtig, wenn er eine Verlängerung des Betreuungsunterhalts über das 3. Lebensjahr hinaus erreichen will.[1141]

1107 Trägt der Unterhaltsgläubiger dezidiert vor, darf sich der Unterhaltsschuldner nicht auf **reines Bestreiten oder Nichtwissen** beschränken.[1142] Der betreuende Elternteil muss nicht jeden mehr oder weniger pauschal **ins Blaue hinein** erhobenen Einwand des Unterhaltspflichtigen entkräften.[1143]

Auch Behauptungen des Unterhaltsberechtigten, eine Tatsache sei **„gerichtsbekannt"**, ist in der Regel nicht geeignet, konkreten Vortrag des Unterhaltsgläubigers zu widerlegen. Es ist **dezidiert zu bestreiten**. Die Darlegungslast des betreuenden Elternteils geht nicht so weit, dass jeder denkbare Umstand widerlegt werden muss.[1144]

1138 BGH FamRZ 2010, 1880.
1139 BGH FamRZ 2008, 1152.
1140 BGH FamRZ 2010, 1050.
1141 BGH FamRZ 2008, 1739 mit Anm. *Maurer*; FamRZ 2008, 1831 = ff. 2008, 366 mit Anm. *Viefhues*; Viefhues/*Mleczko*, Rn 206 ff.
1142 BGH FamRZ 2009, 1391.
1143 *Viefhues*, FuR 2012, 7.
1144 OLG Koblenz NJW 2009, 1975.

Für das Fehlen einer **realen Beschäftigungschance** bei bestehender Verpflichtung zur Aufnahme einer Erwerbstätigkeit ist der Betroffene ebenfalls darlegungs- und beweispflichtig.[1145] **1108**

Genügt der Berechtigte dieser Verpflichtung nicht in dezidierter Weise, werden ihm möglicherweise **fiktive Einkünfte** zugerechnet. **1109**

Die Zurechnung fiktiver Einkünfte hat jedoch neben den fehlenden subjektiven Erwerbsbemühungen des Unterhaltsschuldners objektiv zur Voraussetzung, dass die zur Erfüllung der Unterhaltspflichten erforderlichen Einkünfte für den Verpflichteten **überhaupt erzielbar** sind. Dies hängt von den konkreten persönlichen Voraussetzungen ab wie

- Alter
- Ausbildung
- Berufserfahrung
- Gesundheitszustand
- aber auch dem Vorhandensein entsprechender Arbeitsstellen.

> *Hinweis* **1110**
>
> Hierzu ist im Verfahren konkreter und **detaillierter Sachvortrag** erforderlich. Die insoweit grundsätzlich darlegungspflichtige Unterhaltsberechtigte sollte sich also nicht nur auf den Vortrag beschränken, keine Erwerbstätigkeit finden zu können. Damit geht sie das Risiko ein, dass das Gericht ein zu hohes hypothetisches Einkommen gem. § 287 ZPO schätzt. Erfolgversprechender ist es, unter genauer **Darlegung aller Faktoren** hilfsweise auch konkret zu berechnen, wie hoch sich – nach Abzug von Steuern, Sozialabgaben etc. – das Einkommen belaufen würde, wenn sie eine Arbeitsstelle bekommen hätte.[1146] In der Praxis muss daher ausführlich die **Erwerbsbiographie** der Berechtigten erörtert werden.
>
> Anhaltspunkte für die Höhe der erzielbaren Einkünfte liefern die Empfehlungen der einschlägigen **Berufsverbände**.

Auch das Tarifarchiv der Hans-Boeckler-Stiftung (www.boeckler.de) und die Internetseite www.gehaltsvergleich.de liefern erste Anhaltspunkte. **1111**

Im **Abänderungsverfahren** trägt grundsätzlich der **Antragsteller** die Darlegungs- und Beweislast hinsichtlich der wesentlichen Änderung der dem Titel zugrunde liegenden Umstände.[1147] Bei einer **Veränderung der Betreuungssituation** kann aber dem betreuenden Elternteil, so der **BGH**, die Darlegungs- und Beweislast für die Unmöglichkeit oder Unzumutbarkeit vollzeitlicher außerhäuslicher Betreuung obliegen.[1148] **1112**

e) Übergang von Betreuung zu Erwerbstätigkeit

Insgesamt wird deutlich, dass die Frage des Umfangs der zumutbaren Tätigkeit des ein Kind betreuenden Elternteils maßgeblich **vom Alter und der Zahl der zu betreuenden Kinder**, von der Inanspruchnahme des Sorgeberechtigten durch die Betreuung und der **Möglichkeit einer anderweitigen Betreuung** abhängt. Der Wortlaut des § 1570 Abs. 1 S. 2 BGB („solange und soweit") legt einen **stufenweisen Übergang** von der elterlichen Betreuung zu einer vollen Erwerbstätigkeit nahe.[1149] **1113**

Eine solche stufenweiser Übergang von Betreuung zu Erwerbstätigkeit kann naturgemäß zwischen den Beteiligten vereinbart werden, um für beide Elternteile Planungssicherheit zu erhalten.

1145 BGH FamRZ 2009, 1300; BGH FamRZ 2008, 2104.
1146 Dazu ausführlich *Viefhues*, FuR 2008, 297 ff.
1147 BGH FamRZ 1987, 259, 260; Horndasch/Viefhues/*Roßmann*, § 238 Rn 31.
1148 BGH FamRZ 2009, 1391.
1149 So auch BT-Drucks 16/698, S. 19; BGH FamRZ 2010, 1050.

1114 Eine Vereinbarung könnte im Rahmen einer notariellen vereinbarung im Kern – hier in § 4 – wie folgt formuliert werden:

▼

Muster 3.72: Stufenweiser Übergang von Betreuung zu Erwerbstätigkeit

3.72 Verhandelt am

Zu

Vor mir, dem unterzeichnenden Notar im Bezirk des Oberlandesgerichts

 erscheinen

1. Herr , geb. am , wohnhaft

2. Frau , geb. am , wohnhaft

ausgewiesen durch .

Die Frage des beurkundenden Notars nach einer Vorbefassung im Sinne von § 3 Abs. 1 Nr. 7 BeurkG wurde von den Erschienenen verneint. Der beurkundende Notar erläuterte die vorgenannte Vorschrift.

Die Erschienenen baten den Notar um die Beurkundung einer

Scheidungsfolgenvereinbarung

und erklärten vorab:

§ 1 Ausgangslage

Wir haben am die Ehe miteinander geschlossen. Wir leben seit dem voneinander getrennt. Aus unserer Ehe sind zwei Kinder hervorgegangen, , geb. am mithin sieben Jahre alt sowie geb. am , mithin fünf Jahre alt. Die Kinder werden von mir, der Kindesmutter betreut, vormittags in Fremdbetreuung in der sog. verlässlichen Grundschule bzw. dem Kindergarten.

Ich, die Ersch. zu 2., habe mit Vollendung des dritten Lebensjahres unseres jüngsten Kindes meine Erwerbstätigkeit halbtags wieder aufgenommen.

§ 2 Kindesunterhalt

Für die Zeit, in der sich die Kinder in der Obhut der Ehefrau befinden, verpflichtet sich der Ersch. zu 1., Kindesunterhalt wie folgt monatlich bis zum 1. Werktag eines Monats zu leisten: (Alternativ: Kindesunterhalt in Höhe von % des jeweiligen Mindestbetrags der jeweiligen Altersstufe der Düsseldorfer Tabelle gemäß § 1612a BGB monatlich bis zum 1. Werktag eines jeden Monats zu leisten)

a. (Name des Kindes) geb. am , EUR

b.

§ 3 Nachehelicher Unterhalt

1. Der Ersch. zu 1. verpflichtet sich, an die Ersch. zu 2. ab Rechtskraft der Scheidung einen monatlichen, jeweils bis zum 1. eines jeden Monats im Voraus fälligen nachehelichen Unterhalt in Höhe von EUR zu zahlen.

2. Bei dieser Vereinbarung gehen die Beteiligten von einem anrechenbaren Erwerbseinkommen von Herrn in Höhe von netto monatlich EUR sowie von Frau im Rahmen einer Halbtagstätigkeit in Höhe von netto monatlich EUR aus.

§ 4 Vereinbarung Erwerbstätigkeit und Betreuung

1. Wir vereinbaren, dass ich, die Ersch. zu 2. meine Erwerbstätigkeit zum 1. Januar des nächsten Jahres auf 30 Stunden ausweite, da sich die Kinder sodann werktäglich bis 16 Uhr in Hortbetreuung befinden werden.
2. Wir werden, sobald dies möglich sein wird, auf der Grundlage der Einkünfte ab dem 1.1. eine Vereinbarung über die Höhe des Unterhaltsbetrages treffen.

§ 5 Vollstreckungsunterwerfung

Wegen der in §§ 2 und 3 der Vereinbarung eingegangenen Verpflichtungen zur Zahlung von Kindesunterhalt und nachehelichem Unterhalt unterwerfe ich, der Ersch. zu 1., mich der

sofortigen Zwangsvollstreckung

aus dieser Urkunde in mein Vermögen.

Die Ersch. zu 2. ist berechtigt, sich jederzeit auf einseitigen Antrag auf Kosten des Ersch. zu 1. Eine vollstreckbare Ausfertigung dieser Urkunde erteilen zu lassen, ohne dass es hierzu des Nachweises der Fälligkeit oder sonstiger die Vollstreckung begründender Tatsachen bedarf.

§ 6 Hinweise, Durchführung

Der Notar hat die Erschienenen über die Bedeutung, die rechtliche Tragweite, insbesondere die Rechtsfolgen und die Auswirkungen der Unterhaltsvereinbarung abschließend noch einmal ausführlich belehrt. Beide Erschienenen sind sich der Tragweite der getroffenen Vereinbarungen bewusst und wünschen gleichwohl die Beurkundung der Vereinbarung auch unter Inkaufnahme möglicher zukünftig daraus erwachsener Nachteile.

(ggf. weitere abschließende Hinweise/Durchführung)

(Urkundsausgang, Unterschriften)

▲

4. Verlängerter Unterhaltsanspruch aus elternbezogenen Gründen

Der Unterhaltsanspruch des betreuenden Elternteils aus § 1570 Abs. 1 BGB als Basisunterhalt bis zur Vollendung des dritten Lebensjahres des Kindes sowie der verlängerte Unterhaltsanspruch ab Vollendung des dritten Lebensjahres des Kindes nach § 1570 Abs. 1 S. 2 und 3 BGB stellen **Ansprüche des betreffenden Elternteils aus kindbezogenen Gründen** dar. **1115**

Es kann aber auch die **Eltern betreffende**, aus der Gestaltung der Ehe und dessen Dauer herrührende Unterhaltsansprüche geben, sogenannte **elternbezogene Gründe** zur Zahlung von Betreuungsunterhalt.

Der besondere Verlängerungsgrund nach § 1570 Abs. 2 BGB ist auch erst dann zu prüfen, wenn nach § 1570 Abs. 1 BGB eine weitergehende Erwerbsobliegenheit besteht.[1150] § 1570 Abs. 2 BGB korrigiert daher eine nach § 1570 Abs. 1 BGB bestehende Erwerbsobliegenheit. **1116**

Die **Rechtfertigung für die Verlängerung** des Betreuungsunterhaltes liegt hier nicht in der Wahrung des Kindeswohls, sondern in der Ehe und der nachehelichen Solidarität.[1151] Maßgeblich ist in erster Linie das

1150 BGH FuR 2010, 463.
1151 So BT-Drucks 16/6980, S. 9.

in der Ehe gewachsene Vertrauen in die vereinbarte und praktizierte Rollenverteilung und die gemeinsame Ausgestaltung der Elternbetreuung. Voraussetzung ist eine Ehedauer, die zu einer **Verfestigung dieser Lebensplanung** geführt hat.[1152]

Über die Frage der Unterhaltsverlängerung aus diesen Gründen ist im Rahmen des § 1570 Abs. 2 BGB in umfassender Abwägung der Umstände des Einzelfalls zu entscheiden.

1117 Für den Fall des Vorliegens der Voraussetzungen **verlängert** sich der Unterhaltsanspruch ohne weiteres. Abs. 2 des § 1570 BGB stellt keinen selbstständigen Unterhaltsanspruch dar, sondern einen „Annexanspruch" zu § 1570 Abs. 1 BGB.[1153]

Für das Vorliegen der Voraussetzungen zu dieser Ausnahmeregelung ist der **Berechtigte darlegungs- und beweispflichtig.**[1154]

1118 Der zusätzliche Anspruch beruht auf Gründen, die **ihre Grundlage im Vertrauen des betreffenden Elternteils** haben, dass eine konkludent oder ausdrücklich vereinbarte und praktizierte Rollenverteilung weitergeführt wird. Damit hat derjenige Ehegatte, der im Interesse der Kindererziehung seine Erwerbstätigkeit dauerhaft aufgegeben oder **Karrierepläne zurückgestellt** hat, einen längeren Anspruch auf Betreuungsunterhalt als ein Ehegatte, der von vornherein alsbald wieder in den Beruf zurückkehren wollte.

1119 Die Belastung des betreuenden Elternteils durch berufliche **Ausbildungs-, Fortbildungs- oder Qualifizierungsmaßnahmen** stellt jedoch keinen elternbezogenen Grund im Sinne des § 150 Abs. 2 BGB dar.[1155]

Bei solchen Belastungen können Ansprüche auf Aufstockungsunterhalt **nach § 1573 Abs. 2 BGB** oder auf Ausbildungsunterhalt nach **§ 1575 BGB** gegeben sein. Solche Umstände können auch maßgebend für die Frage einer angemessenen Erwerbstätigkeit im Sinne von **§ 1574 BGB** sein.

1120 § 1570 BGB soll dagegen nur die Nachteile ausgleichen, die dadurch entstehen, dass der Unterhaltsberechtigte durch die Kinderbetreuung einer vollschichtigen Erwerbstätigkeit nicht nachgehen kann.

Soweit die Betreuung des Kindes sichergestellt ist, **verlängert sich der Unterhaltsanspruch gemäß § 1570 Abs. 2 BGB nur**,

- wenn dies unter Berücksichtigung der Gestaltung von Kinderbetreuung und Erwerbstätigkeit in der Ehe sowie
- der Dauer der Ehe der Billigkeit entspricht.

Gründe für die Verlängerung des Betreuungsunterhalts rechtfertigen sich aus der **nachehelichen Solidarität**. Entscheidend ist das in der Ehe gewachsene Vertrauen in die vereinbarte und praktizierte **Rollenverteilung** und die gemeinsame Ausgestaltung der Kinderbetreuung.

1121 *Hinweis*

Derjenige, der im Interesse der Kindererziehung seine Erwerbstätigkeit **dauerhaft aufgegeben oder zurückgestellt** hat, wird ein längerer Anspruch auf Betreuungsunterhalt einzuräumen sein als demjenigen, der **von vornherein wieder in den Beruf zurückkehren** wollte.

1122 Namentlich kann dies in **Familienverhältnissen von mehreren Kindern** der Fall sein, wenn die Ehegatten von vornherein die Vollzeitbetreuung durch einen der Elternteile vereinbart und in dieser Weise praktiziert hatten.

1123 Die – auch konkludente – Vereinbarung hinsichtlich der gemeinsamen Ausgestaltung der Kindesbetreuung ist von demjenigen Elternteil, der sich hierauf beruft, **konkret darzulegen und glaubhaft** zu machen.

1152 BGH FuR 2011, 636.
1153 BT-Drucks 16/6980 S. 9.
1154 BGH FamRZ 2008, 1739; BGH FamRZ 2010, 1880.
1155 BGH FamRZ 2012, 1624.

Lediglich einseitige Erziehungsvorstellungen des Unterhalt begehrenden geschiedenen Ehegatten werden durch § 1570 Abs. 2 BGB ebenso wenig gestützt wie das bloße Vertrauen des betreuenden Elternteils in der Fortgeltung der bisherigen Praxis.

Insbesondere bei guten wirtschaftlichen Verhältnissen wird häufig durch **konkludente Vereinbarung eine gemeinsame Lebensplanung** darin bestehen, dass sich der nicht erwerbstätige Elternteil in einer sogenannten Hausfrauenehe vollzeitlich um das oder die Kinder kümmern sollte. 1124

Auch die **Dauer der Ehe** kann den Anspruch auf Betreuungsunterhalt verlängern. Hiermit wird das in langjähriger Lebensgemeinschaft entstandene Vertrauen in das Fortbestehen der Ehe geschützt. Ein solcher Sachverhalt wird aber **selten** vorliegen, da auch im Falle einer längeren Ehedauer zum Zeitpunkt der Scheidung noch die Betreuung eines gemeinschaftlichen Kindes erfolgen muss. 1125

Schließlich sind elternbezogene Gründe auch solche, die auf einer **Erkrankung des betreuenden Ehegatten** in der Weise beruhen, dass eine Fortführung von Betreuung und Vollzeiterwerbstätigkeit ohne Auswirkungen auf die Belange des Kindes nicht möglich ist.[1156] 1126

Auch ohne Erkrankungstatbestand stellt eine **Überbelastung des alleinerziehenden Elternteils** mit Auswirkungen auf das Kind einen elternbezogenen Grund zur fortgesetzten Zahlung von Betreuungsunterhalt dar. Bei der Frage der Überbelastung ist im Einzelfall die besondere Disposition des betreuenden Elternteils zu berücksichtigen. 1127

Trennungsbedingte Gründe sind außerordentlich **eingeschränkt** zu berücksichtigen, da trennungsbedingte Probleme jeden treffen. Der betreuende Elternteil hat die Überbelastung konkret darzulegen und glaubhaft zu machen. 1128

> *Hinweis* 1129
>
> **Grundsätzlich gilt**: Bei der Verlängerung des Betreuungsunterhalts aus elternbezogenen Gründen soll das **Vertrauen in die praktizierte Aufgabenverteilung** bei Kindererziehung und Haushaltsführung geschützt werden.

Nicht aber soll die **aus eigenem Interesse** eingeschränkte Erwerbstätigkeit gefördert werden. Belastungen eines Elternteils durch Maßnahmen der beruflichen Qualifikation, beispielsweise eines Promotions- oder Habilitationsverfahrens, rechtfertigen daher keine Verlängerung des Betreuungsunterhalts aus elternbezogenen Gründen.[1157] Der damit verbundene Aufwand und Einsatz dient den **eigenen beruflichen Interessen** und nicht denen des Kindes. 1130

Die Entscheidung des Einzelfalles kann zu erheblichem Streit und gerichtlichen Auseinandersetzungen führen.

Daher liegt es nahe, eine Vereinbarung über diese Fragen zu treffen.

Die Kernformulierung im Rahmen einer Vereinbarung- ggf. auch im Rahmen einer notariellen Urkunde[1158] – kann lauten: 1131

▼

Muster 3.73: Betreuungsunterhalt aus elternbezogenen Gründen

Vereinbarung Erwerbstätigkeit und Betreuung 3.73

1. Wegen der besonderen Situation der körperlichen Behinderung der Ersch. zu 2. sind wir darüber einig, dass es der Kindesmutter im Rahmen der Betreuung unserer Kinder nicht zumutbar ist, die Erwerbstätigkeit auszuweiten. Solange die Kinder der Betreuung bedürfen und überwiegend im

1156 BGH FamRZ 2006, 1367; a.A. Viefhues/*Mleczko*, Rn 206 ff. BGH FamRZ 2009, 1391; *Viefhues*, FuR 2012, 7.
1157 BGH FamRZ 2012, 1624 m. Anm. *Borth*.
1158 Vgl. *Horndasch*, NotarFormulare Ehegattenunterhaltsrecht, § 4 Rn 294.

Haushalt der Kindesmutter leben, halten wir den Umfang der Erwerbstätigkeit der Ersch. zu 2. für ausreichend.

2. Sollte ich, die Ersch. zu 2. gleichwohl aus eigenem Entschluss meine Erwerbstätigkeit ausweiten, werden wir, sobald dies dann möglich sein wird, auf der Grundlage der sodann erzielten Einkünfte eine Vereinbarung über die Höhe des Unterhaltsbetrages treffen.

▲

5. Leitlinien der Oberlandesgerichte zur Erwerbsobliegenheit

1132 Die Unterhaltsleitlinien der einzelnen Oberlandesgerichte sehen Folgendes zur Erwerbsverpflichtung bei Kinderbetreuung vor:[1159]

■ **OLG Brandenburg**

Die Zumutbarkeit von Erwerbstätigkeit neben Betreuung von Kindern nach Vollendung des 3. Lebensjahres (vgl. §§ 1570 Abs. 1 S. 1, 1615l Abs. 2 S. 3 BGB) richtet sich nach den Umständen des Einzelfalles.

■ **OLG Braunschweig**

Bei Betreuung eines Kindes kann bis zur Vollendung des dritten Lebensjahres eine Erwerbstätigkeit nicht erwartet werden; in der Zeit danach richtet sich die Erwerbsobliegenheit des Ehegatten, der minderjährige Kinder betreut, nach den Umständen des Einzelfalles (Zahl und Alter der Kinder, Betreuungsbedürftigkeit, zumutbare Betreuungsmöglichkeit, Gestaltung der Ehe).

■ **OLG Bremen**

Hat das – ggf. jüngste – betreute Kind das 3. Lebensjahr noch nicht vollendet, besteht keine Erwerbsobliegenheit (zeitlich begrenzter Basisunterhalt).

Ab Vollendung des 3. Lebensjahres des – ggf. jüngsten – betreuten Kindes besteht grundsätzlich eine Erwerbsobliegenheit. Ob und in welchem Umfang eine Erwerbstätigkeit erwartet werden kann, ist jedoch unter Berücksichtigung aller Umstände des Einzelfalls, insbesondere der bisher ausgeübten Tätigkeit und der Möglichkeiten der Kinderbetreuung, zu beurteilen.

■ **OLG Celle**

Bei Kindesbetreuung besteht bis zur Vollendung des dritten Lebensjahres eines gemeinschaftlichen Kindes keine Erwerbsobliegenheit. Gleichwohl erzieltes Erwerbsein-kommen ist überobligatorisch und nach den Umständen des Einzelfalls zu berücksichtigen.[1160]

Nach Vollendung des dritten Lebensjahres des Kindes kommt es bei Beurteilung der Frage, ob und inwieweit der betreuende Ehegatte bei einer bestehenden Betreuungsmöglichkeit auf eine Erwerbstätigkeit verwiesen werden kann, auf die Verhältnisse des Einzelfalls an. Bei besonderer Betreuungsbedürftigkeit des Kindes und bei nicht oder nur unzureichender Fremdbetreuung (kindbezogene Gründe, § 1570 Abs. 1 S. 2 BGB) kommt ein Unterhaltsanspruch auch nach Vollendung des dritten Lebensjahres des Kindes in Betracht.

Eine Erwerbstätigkeit des betreuenden Ehegatten kann auch aus Gründen der nachehelichen Solidarität ganz oder teilweise unbillig erscheinen. Hierbei sind das in der Ehe gewachsene Vertrauen in die vereinbarte und praktizierte Rollenverteilung und die gemeinsame Ausgestaltung der Kinderbetreuung sowie der Dauer der Ehe zu berücksichtigen (elternbezogene Gründe, § 1570 Abs. 2 BGB).

Die Erwerbsobliegenheit beurteilt sich auch danach, ob eine Erwerbstätigkeit neben der Betreuung des Kindes zu einer überobligationsmäßigen Belastung führen würde.

Die Darlegungs- und Beweislast für die Umstände, die einer vollen oder teilweisen Erwerbsobliegenheit ab Vollendung des dritten Lebensjahres des Kindes entgegenstehen, trifft den betreuenden Ehegatten.

1159 Jeweils Ziff. 17.1 der Leitlinien, Stand 1.1.2023.

1160 BGH FamRZ 2009, 770; BGH FamRZ 2009, 1124; BGH FamRZ 2009, 1391.

Dies gilt auch, wenn ein Titel über den Basisunterhalt nach § 1570 Abs. 1 S. 1 BGB abgeändert werden soll.

■ **OLG Dresden**

Bei Betreuung eines Kindes kann bis zur Vollendung des dritten Lebensjahres eine Erwerbstätigkeit nicht erwartet werden. Danach besteht eine Erwerbsobliegenheit nach Maßgabe der Betreuungsbedürftigkeit und der zumutbaren Betreuungsmöglichkeit. Zu berücksichtigen ist dabei auch die Belastung durch die neben der Erwerbstätigkeit verbleibende Kinderbetreuung, für die das Alter und die Anzahl der Kinder von wesentlicher Bedeutung sind.

■ **OLG Düsseldorf**

Bei Kindesbetreuung besteht bis zur Vollendung des dritten Lebensjahres eines gemeinschaftlichen Kindes keine Erwerbsobliegenheit. Gleichwohl erzieltes Erwerbseinkommen ist überobligatorisch und nach den Umständen des Einzelfalls zu berücksichtigen.[1161]

Nach Vollendung des dritten Lebensjahres des Kindes kommt es bei Beurteilung der Frage, ob und inwieweit der betreuende Ehegatte bei einer bestehenden Betreuungsmöglichkeit auf eine Erwerbstätigkeit verwiesen werden kann, auf die Verhältnisse des Einzelfalls an.

Bei besonderer Betreuungsbedürftigkeit des Kindes und bei nicht oder nur unzureichender Fremdbetreuung (kindbezogene Gründe, § 1570 Abs. 1 S. 2 BGB) kommt ein Unterhaltsanspruch auch nach Vollendung des dritten Lebensjahres des Kindes in Betracht.

Eine Erwerbstätigkeit des betreuenden Ehegatten kann auch aus Gründen der nachehelichen Solidarität ganz oder teilweise unbillig erscheinen. Hierbei sind das in der Ehe gewachsene Vertrauen in die vereinbarte und praktizierte Rollenverteilung und die gemeinsame Ausgestaltung der Kinderbetreuung sowie der Dauer der Ehe zu berücksichtigen (elternbezogene Gründe, § 1570 Abs. 2 BGB).

Die Erwerbsobliegenheit beurteilt sich auch danach, ob eine Erwerbstätigkeit neben der Betreuung des Kindes zu einer überobligationsmäßigen Belastung führen würde.

Die Darlegungs- und Beweislast für die Umstände, die einer vollen oder teilweisen Erwerbsobliegenheit ab Vollendung des dritten Lebensjahres des Kindes entgegenstehen, trifft den betreuenden Ehegatten. Dies gilt auch, wenn ein Titel über den Basisunterhalt nach § 1570 Abs. 1 S. 1 BGB abgeändert werden soll.
Der Betreuungsunterhalt nach § 1570 BGB ist nicht nach § 1578b BGB zu befristen.

■ **OLG Frankfurt**

17.1 bei Kindesbetreuung

Die nach Vollendung des 3. Lebensjahres des Kindes grundsätzlich einsetzende Erwerbsobliegenheit des betreuenden Elternteils ist hinsichtlich Art und Umfang an den Belangen des Kindes auszurichten.

Stehen solche Belange einer Fremdbetreuung generell entgegen oder besteht eine kindgerechte Betreuungsmöglichkeit nicht, hat das Prinzip der Eigenverantwortung des betreuenden Elternteils für seinen Unterhalt zurückzustehen.

Dieser Maßstab bestimmt auch die Verpflichtung zur Aufnahme einer Teilzeit- oder Vollzeittätigkeit.

Vgl. hierzu die Gesetzesbegründung, FamRZ 2007, 1947, 2. Spalte: „… Die Neuregelung verlangt (also) keineswegs einen abrupten, übergangslosen Wechsel von der elterlichen Betreuung zu Vollzeiterwerbstätigkeit. Im Interesse des Kindeswohls wird vielmehr auch künftig ein gestufter, an den Kriterien von § 1570 Abs. 1 BGB-Entwurf orientierter Übergang möglich sein."

Folgende Kriterien sind insbesondere zu prüfen:

Kindbezogene Gründe:

1. Generelle Betreuungsbedürftigkeit aufgrund des Alters

1161 BGH FamRZ 2009, 770; BGH FamRZ 2009, 1124; BGH FamRZ 2009, 1391.

2. Fehlende kindgerechte Betreuungsmöglichkeiten, wobei die staatlichen Betreuungsmöglichkeiten nach der Rechtsprechung des BGH als kindgerecht anzusehen sind.

3. Krankheiten, die durch die Betreuung in einer Einrichtung nicht aufgefangen werden können und damit die Betreuung durch einen Elternteil erfordern.

Elternbezogene Gründe:

1. Vertrauen in die vereinbarte oder praktizierte Rollenverteilung und Ausgestaltung der Kinderbetreuung. Zu berücksichtigen ist dabei auch die Aufgabe einer Erwerbstätigkeit wegen Kindererziehung und die Dauer der Ehe.

2. Umfang der Betreuungsbedürftigkeit des Kindes im Anschluss an die Betreuung in einer Betreuungseinrichtung, wobei der Betreuungsbedarf in der Regel bei jüngeren Kindern größer ist als bei älteren Kindern.

Darlegungs- und beweispflichtig für diese Umstände ist der Unterhaltsbedürftige.

Bei entsprechend konkretem Vortrag dürfte eine vollschichtige Erwerbsobliegenheit neben der Betreuung eines Kindes bis zum Ende der Grundschulzeit eher selten in Betracht kommen.

An die für eine Verlängerung des Betreuungsunterhalts, insbesondere aus kindbezogenen Gründen, erforderlichen Darlegungen sind keine überzogenen Anforderungen zu stellen (BGH FamRZ 2012, 1040).

Eine überobligationsmäßige Belastung des betreuenden Elternteils (Berufstätigkeit, Kinderbetreuung, Haushaltsführung) ist zu vermeiden.

Bei Inanspruchnahme von privater Betreuung, z.B. durch Angehörige, kann es sich um eine freiwillige Leistung Dritter handeln, die den Unterhaltspflichtigen nicht entlasten soll. Die Kinderbetreuung während des Umgangs durch den Unterhaltspflichtigen kann allenfalls dann, wenn der Umgang geregelt ist oder unproblematisch funktioniert, zu einer Erwerbsobliegenheit des Unterhaltsberechtigten in den feststehenden Zeiten führen. Die Änderung einer bestehenden Umgangsregelung zum Zweck der Ausweitung der Erwerbstätigkeit des betreuenden Unterhaltsberechtigten kann in der Regel nicht verlangt werden.

Der Betreuungsunterhalt ist nicht zu befristen.

■ **OLG Hamburg**

Bei Kindesbetreuung besteht bis zur Vollendung des dritten Lebensjahres eines gemeinschaftlichen Kindes keine Erwerbsobliegenheit. Gleichwohl erzieltes Erwerbseinkommen ist überobligatorisch und nach den Umständen des Einzelfalls zu berücksichtigen. Nach Vollendung des dritten Lebensjahres des Kindes kommt es bei Beurteilung der Frage, ob und inwieweit der betreuende Ehegatte bei einer bestehenden Betreuungsmöglichkeit auf eine Erwerbstätigkeit verwiesen werden kann, auf die Verhältnisse des Einzelfalls an. Bei besonderer Betreuungsbedürftigkeit des Kindes oder bei nicht vorhandener oder nur unzureichender Fremdbetreuung (kindbezogene Gründe, § 1570 Abs. 1 Satz 2 BGB) kommt ein Unterhaltsanspruch auch nach Vollendung des dritten Lebensjahres des Kindes in Betracht. Eine Erwerbstätigkeit kann aus Gründen der nachehelichen Solidarität ganz oder teilweise unbillig erscheinen. Hierbei sind das in der Ehe gewachsene Vertrauen in die vereinbarte und praktizierte Rollenverteilung und die gemeinsame Ausgestaltung der Kinderbetreuung sowie die Dauer der Ehe zu berücksichtigen (elternbezogene Gründe, § 1570 Abs. 2 BGB). Die Erwerbsobliegenheit beurteilt sich auch danach, ob eine Erwerbstätigkeit neben der Betreuung des Kindes zu einer unzumutbaren Belastung führen würde. Die Darlegungs- und Beweislast für die Umstände, die einer vollen oder teilweisen Erwerbsobliegenheit ab Vollendung des dritten Lebensjahres des Kindes entgegenstehen, trifft den betreuenden Ehegatten. Dies gilt auch, wenn ein Titel über den Basisunterhalt nach § 1570 Abs. 1 Satz 1 BGB abgeändert werden soll.

Der Anspruch auf Betreuungsunterhalt richtet sich beim nichtehelichen Kind nach denselben Grundsätzen wie beim ehelichen Kind.

■ **OLG Hamm**

(1) Die Erwerbsobliegenheit des kinderbetreuenden Ehegatten korrespondiert mit dem Betreuungsunterhalt nach § 1570 BGB.

(2) Betreut ein Ehegatte ein gemeinschaftliches Kind, das noch nicht drei Jahre alt ist, so besteht keine Verpflichtung, einer Erwerbstätigkeit nachzugehen. Der Umfang der danach regelmäßig einsetzenden Erwerbsobliegenheit – eine sogleich vollschichtige Erwerbsobliegenheit wird vielfach nicht in Betracht kommen, da ein abrupter Wechsel vermieden und ein stufenweiser Übergang erfolgen soll – richtet sich nach Billigkeitsgesichtspunkten im Einzelfall, besonders nach den bestehenden Möglichkeiten der Kinderbetreuung, den Belangen des Kindes (etwa Fremdbetreuungsfähigkeit, physischer und psychischer Gesundheitszustand) und der erfolgten bzw. geplanten Rollenverteilung der Eltern in der Ehe sowie der Dauer ihrer Ehe. Zu berücksichtigen ist auch der Umfang der Belastung durch die neben der Erwerbstätigkeit verbleibende Kindesbetreuung (Gesichtspunkt der gerechten Lastenverteilung).

(3) Derjenige Elternteil, der das Bestehen einer Erwerbsobliegenheit in Abrede stellt, hat die hierfür maßgebenden Umstände konkret und einzelfallbezogen darzulegen und zu beweisen. Dies gilt auch, wenn ein – grundsätzlich nicht zu befristender – Titel über Betreuungsunterhalt nach § 1570 BGB abgeändert werden soll.

■ **Kammergericht Berlin**

Betreut ein Ehegatte ein minderjähriges Kind, so kann von ihm bis zur Vollendung des dritten Lebensjahres des Kindes eine Erwerbstätigkeit nicht erwartet werden.

Inwieweit den betreuenden Elternteil ab der Vollendung des dritten Lebensjahrs des Kindes eine Erwerbsobliegenheit trifft, bestimmt sich nach den Umständen des Einzelfalles. Hierbei können beispielsweise eine Rolle spielen:

Kindbezogene Gründe:

- Anzahl und Alter des bzw. der zu betreuenden Kinder;
- individuelle Besonderheiten oder Veranlagungen des Kindes;
- konkrete örtliche Betreuungssituation: Kapazität, Verfügbarkeit, Qualität und Verlässlichkeit der Betreuungseinrichtung, Zumutbarkeit der Betreuungseinrichtung für das Kind;
- bislang praktiziertes Betreuungsmodell;
- Gewährung angemessener, mit dem Kindeswohl im Einklang stehender Übergangsfristen bzw. abgestufter Übergänge bei Veränderungen in der Betreuungssituation.

Elternbezogene Gründe:

- bislang praktizierte Rollen- und Aufgabenverteilung in Bezug auf die Kinderbetreuung unter Berücksichtigung auch der Dauer der Ehe bzw. Partnerschaft der Eltern;
- einvernehmlich getroffene Absprachen und gemeinsame Vorstellungen hinsichtlich der Kinderbetreuung unter Berücksichtigung der infolge der Trennung notwendig gewordenen Veränderungen;
- Vermeidung überobligatorischer Belastungen durch eine Erwerbstätigkeit neben der Kinderbetreuung;
- finanzielle Zumutbarkeit der Betreuungseinrichtung;
- Gewährung angemessener Übergangsphasen bei einem Wechsel des Betreuungsmodells unter Berücksichtigung des Vertrauens in dessen Fortbestand.

Die Darlegungs- und Beweislast für die Umstände, die einer vollen oder teilweisen Erwerbsobliegenheit ab Vollendung des dritten Lebensjahres des Kindes entgegenstehen, trifft den betreuenden Ehegatten. Dies gilt auch, wenn ein Titel über den Basisunterhalt nach § 1570 Abs. 1 S. 1 BGB abgeändert werden soll.

Der Betreuungsunterhalt nach § 1570 BGB ist nicht nach § 1578b BGB zu befristen.

■ OLG Koblenz

Bei Kindesbetreuung besteht bis zur Vollendung des dritten Lebensjahres eines gemeinschaftlichen Kindes keine Erwerbsobliegenheit. Gleichwohl erzieltes Erwerbseinkommen ist überobligatorisch und nach den Umständen des Einzelfalls zu berücksichtigen.[1162]

Nach Vollendung des dritten Lebensjahres des Kindes kommt es bei Beurteilung der Frage, ob und inwieweit der betreuende Ehegatte bei einer bestehenden Betreuungsmöglichkeit auf eine Erwerbstätigkeit verwiesen werden kann, auf die Verhältnisse des Einzelfalls an. Bei besonderer Betreuungsbedürftigkeit des Kindes und bei nicht oder nur unzureichender Fremdbetreuung (kindbezogene Gründe, § 1570 Abs. 1 S. 2 BGB) kommt ein Unterhaltsanspruch auch nach Vollendung des dritten Lebensjahres des Kindes in Betracht.

Eine Erwerbstätigkeit des betreuenden Ehegatten kann auch aus Gründen der nachehelichen Solidarität ganz oder teilweise unbillig erscheinen. Hierbei sind das in der Ehe gewachsene Vertrauen in die vereinbarte und praktizierte Rollenverteilung und die gemeinsame Ausgestaltung der Kinderbetreuung sowie der Dauer der Ehe zu berücksichtigen (elternbezogene Gründe, § 1570 Abs. 2 BGB).[1163]

Die Erwerbsobliegenheit beurteilt sich auch danach, ob eine Erwerbstätigkeit neben der Betreuung des Kindes zu einer überobligationsmäßigen Belastung führen würde. Die Darlegungs- und Beweislast für die Umstände, die einer vollen oder teilweisen Erwerbsobliegenheit ab Vollendung des dritten Lebensjahres des Kindes entgegenstehen, trifft den betreuenden Ehegatten. Dies gilt auch, wenn ein Titel über den Basisunterhalt nach § 1570 Abs. 1 S. 1 BGB abgeändert werden soll.

Der Betreuungsunterhalt nach § 1570 BGB ist nicht nach § 1578b BGB zu befristen.

■ OLG Köln

Es besteht bei der Betreuung von Kindern nach Vollendung des dritten Lebensjahres die Obliegenheit, für den eigenen Unterhalt zu sorgen, solange keine kind- oder elternbezogenen Gründe im Sinne des § 1570 BGB diese Erwerbsobliegenheit einschränken.[1164]

Im Rahmen der Billigkeitsentscheidung über eine Verlängerung des Betreuungsunterhalts aus kindbezogenen Gründen (§ 1570 Abs. 1 S. 2 und 3 BGB) ist stets zunächst der individuelle Umstand zu prüfen, ob und in welchem Umfang die Kindesbetreuung auf andere Weise gesichert ist oder in kindgerechten Betreuungseinrichtungen gesichert werden könnte. Mit der Neugestaltung des nachehelichen Betreuungsunterhalts in § 1570 BGB hat der Gesetzgeber für Kinder ab Vollendung des dritten Lebensjahres des Kindes den Vorrang der persönlichen Betreuung aufgegeben.[1165]

Eine Erwerbstätigkeit kann auch aus Gründen der nachehelichen Solidarität unbillig erscheinen. Das in der Ehe gewachsene Vertrauen in die vereinbarte und praktizierte Rollenverteilung und die gemeinsame Ausgestaltung der Kinderbetreuung gewinnen bei längerer Ehedauer oder Aufgabe der Erwerbstätigkeit zur Erziehung gemeinsamer Kinder weiter an Bedeutung (ehebezogene Gründe, § 1570 Abs. 2 BGB[1166]). Zur Beurteilung einer überobligationsmäßigen Belastung im Rahmen der Verlängerung des Betreuungsunterhalts ist auch der Aspekt einer gerechten Lastenverteilung zwischen unterhaltsberechtigtem und unterhaltspflichtigem Elternteil zu berücksichtigen.[1167]

1162 BGH FamRZ 2009, 770; BGH FamRZ 2009, 1124; BGH FamRZ 2009, 1391.

1163 OLG Brandenburg FamRZ 2022, 939.

1164 BGH, Urt. v. 18.3.2009 – XII ZR 74/08, FamRZ 2009, 770; Urt. v. 17.6.2009 – XII ZR 102/08, FamRZ 2009, 1391 und Urt. v. 21.4.2010 – XII ZR 134/08, FamRZ 2010, 1050.

1165 BGH, Urt. v. 18.3.2009 – XII ZR 74/08, FamRZ 2009, 770; Urt. v. 17.6.2009 – XII ZR 102/08, FamRZ 2009, 1391; Urt. v. 21.4.2010 – XII ZR 134/08, FamRZ 2010, 1050 und Urt. v. 8.4.2012 – XII ZR 65/10, FamRZ 2012, 1040.

1166 Vgl. BGH, Urt. v. 15.9.2010 – XII ZR 20/09, FamRZ 2010, 1880.

1167 BGH, Urt. v. 18.3.2009 – XII ZR 74/08, FamRZ 2009, 770; v. 16.7.2008 – XII ZR 109/05, FamRZ 2008, 1739, v. 21.4.2010 – XII ZR 134/08, FamRZ 2010, 1050 und v. 8.4.2012 – XII ZR 65/10, FamRZ 2012, 1040.

Die Darlegungs- und Beweislast für die Umstände, die einer vollen oder teilweisen Erwerbsobliegenheit entgegenstehen, trifft den betreuenden Elternteil. Dies gilt auch, wenn ein Titel über den Basisunterhalt nach § 1570 Abs. 1 S. 1 BGB abgeändert werden soll. An die für eine Verlängerung des Betreuungsunterhalts insbesondere aus kindbezogenen Gründen erforderlichen Darlegungen sind keine überzogenen Anforderungen zu stellen.[1168]

Der Titel über den zeitlichen Basisunterhalt nach § 1570 Abs. 1 S. 1 BGB ist grundsätzlich nicht zu befristen. Eine Befristung des Titels über Betreuungsunterhalt im Übrigen kommt nicht in Betracht, eine Begrenzung vom eheangemessenen auf den angemessenen Unterhalt nach der eigenen Lebensstellung kann unter Berücksichtigung des Kindeswohls aus Gründen der Billigkeit erfolgen.[1169]

■ **OLG Naumburg**

Die Erwerbsobliegenheit des Ehegatten, der minderjährige Kinder betreut, richtet sich nach den Umständen des Einzelfalles. Dabei ist insbesondere auf die Zahl der Kinder und deren Alter, auf etwaige Schulprobleme und andere Betreuungsmöglichkeiten abzustellen (vgl. § 1570 BGB).

Geht der unterhaltsberechtigte Ehegatte über das an sich zumutbare Maß hinaus einer Erwerbstätigkeit nach, so richtet sich die Anrechenbarkeit seines dadurch erzielten Einkommens auf den Unterhaltsanspruch nach§ 1577 Abs. 2 BGB.

■ **OLG Oldenburg**

Vor Vollendung des 3. Lebensjahres eines Kindes besteht keine Obliegenheit, eine Erwerbstätigkeit aufzunehmen oder auszuweiten.

Ob und in welchem Umfang anschließend die Aufnahme oder Ausweitung einer Erwerbstätigkeit neben der Betreuung minderjähriger Kinder zumutbar ist, ist unter Berücksichtigung aller Umstände des Einzelfalles, insbesondere der bisher ausgeübten Tätigkeit und den Möglichkeiten der Kinderbetreuung, zu beurteilen.

■ **OLG Rostock**

Bei Betreuung eines gemeinschaftlichen Kindes kann bis zur Vollendung des 3. Lebensjahres eine Erwerbstätigkeit nicht erwartet werden. Danach besteht eine Erwerbsobliegenheit nach Maßgabe der Betreuungsbedürftigkeit und der zumutbaren Betreuungsmöglichkeit. Soweit mehrere Kinder zu betreuen sind, ist auf die Umstände des Einzelfalls abzustellen.

Geht der unterhaltsberechtigte Ehegatte über das an sich zumutbare Maß hinaus einer Erwerbstätigkeit nach, so richtet sich die Anrechenbarkeit seines dadurch erzielten Einkommens auf den Unterhaltsanspruch nach§ 1577 Abs. 2 BGB.

■ **OLG Schleswig**

Die nach Vollendung des dritten Lebensjahres des Kindes grundsätzlich einsetzende Erwerbsobliegenheit des betreuenden Elternteils ist hinsichtlich Art und Umfang an den Belangen des Kindes auszurichten.

Die Billigkeitsprüfung nach § 1570 Abs. 1 S. 2, Abs. 2 BGB ist zumindest anhand folgender Kriterien vorzunehmen:

Kindbezogene Gründe:

1. Betreuungsbedürftigkeit aufgrund der individuellen Entwicklung des Kindes
2. Fehlende kindgerechte Betreuungsmöglichkeiten
3. Krankheiten, die durch die Betreuung in einer Einrichtung nicht aufgefangen werden können und damit die Betreuung durch einen Elternteil erfordern.

1168 BGH, Urt. v. 15.6.2011 – XII ZR 94/09, FamRZ 2011, 1375; Urt. v. 8.4.2012 – XII ZR 65/10, FamRZ 2012, 1040.
1169 BGH, Urt. v. 6.5.2009 – XII ZR 114/08, FamRZ 2009, 1124.

Elternbezogene Gründe:

1. Vertrauen in die vereinbarte oder praktizierte Rollenverteilung und Ausgestaltung der Kinderbetreuung. Zu berücksichtigen ist dabei auch die Aufgabe einer Erwerbstätigkeit wegen Kindererziehung und die Dauer der Ehe.
2. Umfang der Betreuungsbedürftigkeit des Kindes im Anschluss an die Betreuung in einer Betreuungseinrichtung.

Eine überobligationsmäßige Belastung des betreuenden Elternteils durch Berufstätigkeit, Kinderbetreuung und Haushaltsführung ist zu vermeiden.

■ **Süddeutsche Leitlinien**

Bei der Betreuung eines Kindes besteht keine Erwerbsobliegenheit vor Vollendung des 3. Lebensjahrs, danach nach den Umständen des Einzelfalls insbesondere unter Berücksichtigung zumutbarer Betreuungsmöglichkeiten für das Kind und der Vereinbarkeit mit der Berufstätigkeit des betreuenden Elternteils, auch unter dem Aspekt des neben der Erwerbstätigkeit anfallenden Betreuungsaufwands.

■ **Thüringer OLG Jena**

17.1 Bei der Betreuung eines Kindes besteht keine Erwerbsobliegenheit vor Vollendung des 3. Lebensjahres, danach nach den Umständen des Einzelfalls insbesondere unter Berücksichtigung zumutbarer Betreuungsmöglichkeiten für das Kind und der Vereinbarkeit mit der Berufstätigkeit des betreuenden Elternteils auch unter dem Aspekt des neben der Erwerbstätigkeit anfallenden Betreuungsaufwands.

17.2 In der Regel besteht für den Berechtigtenim ersten Jahr nach der Trennung keine Obliegenheit zur Aufnahme oder Ausweitung einer Erwerbstätigkeit.

6. Barunterhaltspflicht des betreuenden Elternteils

1133 Grundsätzlich erbringt der betreuende Elternteil seinen Anteil am Unterhalt des Kindes durch **tatsächliche Ausübung der Betreuung**. Auch der betreuende Elternteil kann jedoch ein anderer unterhaltspflichtiger Verwandter im Sinne von § 1603 Abs. 2 S. 3 BGB sein, wenn der Kindesunterhalt von ihm **unter Wahrung seines angemessenen Selbstbehaltes** gezahlt werden kann und ohne seine Beteiligung an der Barunterhaltspflicht ein erhebliches finanzielles Ungleichgewicht zwischen den Eltern entstünde.

1134 Kann jedoch auch der an sich barunterhaltspflichtige Elternteil bei Zahlung des vollen Kindesunterhaltes seinen angemessenen Selbstbehalt wahren, wird eine vollständige oder anteilige Haftung des betreuenden Elternteils für die Aufbringung des Barunterhaltes nur in **wenigen, besonderen Ausnahmefällen** in Betracht kommen.[1170]

1135 Es gilt daher grundsätzlich, dass **auch der betreuende Elternteil unterhaltspflichtig** sein kann, wenn er in der Lage ist, unter Berücksichtigung seiner sonstigen Verpflichtungen neben der Betreuung des Kindes auch dessen Barunterhalt ohne Gefährdung des eigenen angemessenen Selbstbehaltes aufzubringen.

Um die **Regel der Gleichwertigkeit von Bar- und Betreuungsunterhalt** (§ 1606 Abs. 3 S. 2 BGB) dabei nicht ins Leere laufen zu lassen, setzt die anteilige oder vollständige Haftung des betreuenden Elternteils für den Barunterhalt des minderjährigen Kindes jedoch voraus, dass ohne die Beteiligung des betreuenden Elternteils an Barunterhalt ein erhebliches finanzielles Ungleichgewicht zwischen den Eltern entstehen würde.[1171]

Nach diesen **Maßstäben** kann die Barunterhaltspflicht des nicht betreuenden Elternteils entfallen oder sich ermäßigen, wenn er zur Unterhaltszahlung nicht ohne Beeinträchtigung seines eigenen angemessenen Unterhaltes in der Lage wäre.

1170 BGH FamRZ 2002, 742; FamRZ 2013, 1558 m. Anm. *Maurer*, FamRZ 2013, 1562.
1171 BGH FamRZ 2008, 137; FamRZ 2011, 1041.

Kann der barunterhaltspflichtige Elternteil demgegenüber auch bei Zahlung des vollen Kindesunterhalts seinen angemessenen Selbstbehalt **noch verteidigen**, wird eine vollständige oder anteilige Haftung des betreuenden Elternteils für die Aufbringung des Barunterhaltes nur in **wenigen, besonderen Ausnahmefällen** in Betracht kommen.[1172] 1136

Wann ein solcher **Ausnahmefall** vorliegt, ist nicht schematisch durch Gegenüberstellung der beiderseitigen, auf Seiten des barunterhaltspflichtigen Elternteils ggf. auch fiktiven[1173] zu beurteilen.[1174]

Konkret ist die unterhaltsrechtliche Belastung der Elternteile im Rahmen einer **umfassenden Billigkeitsabwägung** angemessen zu würdigen. 1137

Auf Seiten des barunterhaltspflichtigen Elternteils kann daher insbesondere berücksichtigt werden, ob sein eigener Unterhalt in neuer Lebensgemeinschaft gesichert ist.[1175]

Auf Seiten des betreuenden Elternteils wird es darauf ankommen, inwieweit dieser aufgrund der individuellen Verhältnisse durch die Übernahme Kindesbetreuung neben der Ausübung seiner Erwerbstätigkeit belastet wird. Daneben kann auch seine Belastung mit – ggf. auch nachrangigen – Unterhaltspflichten von Bedeutung sein. 1138

Schließlich ist zugunsten eines **wirtschaftlich besser gestellten** betreuenden Elternteils zu bedenken, dass das minderjährige Kind faktisch auch dessen gehobene Lebensverhältnisse teilt; ein dadurch erzeugter zusätzlicher Barbedarf des Kindes muss von vornherein allein durch den betreuenden Elternteil befriedigt werden.[1176] 1139

Wenn konkret der betreuende Elternteil **über das Dreifache** der unterhaltsrechtlich relevanten Nettoeinkünfte des barunterhaltspflichtigen Elternteils verfügt, ist eine Grenze erreicht, nach der es der Billigkeit entsprechen kann, den betreuenden Elternteil auch den Barunterhalt für das Kind in voller Höhe aufbringen zu lassen.[1177] Unterhalb solcher erheblicher Einkommensdifferenz scheidet eine Enthaftung des an sich barunterhaltspflichtigen Elternteils aus.[1178] 1140

Ebenfalls ausscheiden wird eine Inanspruchnahme des betreuenden Elternteils dann, wenn zwar die Einkommensdifferenz das Dreifache erreicht oder überschreitet, jedoch der nicht betreuende Elternteil **ebenfalls über hohe Einkünfte** verfügt.[1179] 1141

7. Begrenzung des Betreuungsunterhalts

Die Rechtsprechung hat in zahlreichen Entscheidungen eine **zeitliche Begrenzung des Betreuungsunterhaltsanspruchs abgelehnt** und zur Begründung ausgeführt, dass es sich bei dem Anspruch nach § 1570 BGB um einen einheitlichen Anspruch handelt.[1180] 1142

Der **BGH** hat dazu erklärt, dass dem betreuenden Elternteil ein Anspruch auf Betreuungsunterhalt für mindestens drei Jahre nach der Geburt mit Verlängerungsmöglichkeit aus kind- und elternbezogenen Gründen zusteht. 1143

Der Trennungsunterhalt während der ersten drei Lebensjahre des Kindes und ein daran anschließender weiterer Betreuungsunterhaltsanspruch bildeten somit **einen einheitlichen Unterhaltsanspruch**. Nur

1172 BGH FamRZ 2002, 742; FamRZ 2013, 1558, 1561.
1173 OLG Bamberg FamRZ 1995, 566; OLG Köln FamRZ 2004, 829; MüKo BGB/*Born*, § 1603 Rn 114.
1174 Grüneberg/*von Pückler*, § 1606 Rn 16.
1175 Vgl. FAKomm-FamR/*Klein*, § 1603 Rn 41.
1176 Vgl. *Gutdeutsch*, FamRZ 2006, 1724, 1727.
1177 BGH FamRZ 2013, 1558, 1561; OLG Celle FamRZ 2009, 56; OLG Brandenburg FamRZ 2012, 1650; OLG Naumburg FamRZ 2013, 796; Wendl/Dose/*Klinkhammer*, § 2 Rn 434.
1178 BGH FamRZ 2013, 1558, 1561.
1179 *Maurer*, FamRZ 2013, 1562, 1563.
1180 BGH FamRZ 2009, 770 m. Anm. *Borth*; BGH FamRZ 2009, 1124; BGH FamRZ 2009, 1391; zuletzt: BGH, Beschl. v. 2.10.2013 – XII ZB 249/12, NZFam 2014, 27.

dann, wenn im Zeitpunkt der Entscheidung für die Zeit nach Vollendung des dritten Lebensjahres absehbar **keine kind- und elternbezogenen Verlängerungsgründe mehr** vorlägen, sei ein Antrag auf künftigen Betreuungsunterhalt abzuweisen.[1181]

1144 Der Rechtsprechung des BGH wird allerdings auch entgegengehalten, dass sie die **gesetzliche Wertung umkehre.**[1182]

In der Tat steht im Hinblick auf den Betreuungsunterhalt für die ersten drei Lebensjahre des Kindes zum Zeitpunkt der Entscheidung absolut fest, zu welchem Datum der Basisunterhalt Kraft Gesetzes enden wird. Er verlängert sich ausschließlich so lange und so weit dies der Billigkeit entspricht. Dabei sind die Voraussetzungen dieses verlängerten Betreuungsunterhaltsanspruchs **vom Gläubiger darzulegen und zu beweisen.**[1183]

1145 Die Verlängerung des Betreuungsunterhaltsanspruchs aus eltern- oder kindbezogenen Gründen über den Ablauf des dritten Lebensjahres hinaus ist schließlich von der Betreuungsperson, dem Unterhaltsgläubiger, darzulegen. Gelingt diese **dezidierte Darlegung des Einzelfalles** nicht, ist wegen des **Vorrangs der Fremdbetreuung** ein Betreuungsunterhaltsanspruch nicht zuzusprechen.

1146 Aus diesem Grund werden in der Fachliteratur häufig **Checklisten** betreffend Unterhalt wegen Kinderbetreuung dringend empfohlen, etwa wie folgt:[1184]

Checkliste: Unterhalt wegen Kinderbetreuung

Es kommt entscheidend auf die **Umstände des Einzelfalles** an.

- Zur **Darlegung** der tatbestandlichen Voraussetzungen ist umfassender und detaillierter anwaltlicher **Sachvortrag** erforderlich.
- In der anwaltlichen **Beratung im Vorfeld** muss der Mandant entsprechend **informiert** und die erforderlichen Sachverhaltsangaben **erfragt** werden. Dies sollte – schon aus haftungsrechtlichen Gründen – ausreichend dokumentiert werden!
- Dabei geht es um die folgenden **Gesichtspunkte**:
  - Ob und ggf. in welchem Umfang besteht eine **Betreuungsmöglichkeit** für das Kind?
  - Kindergarten, Hort, Schule,
  - Angemessene Betreuung für das Kind,
  - Zuverlässigkeit der Betreuungsmöglichkeiten speziell im Hinblick auf die beruflichen Anforderungen des betreuenden Elternteils,
  - Bisherige Betreuungsmöglichkeiten,
  - Vorsorge für den Krankheitsfall des Kindes und für Ferienzeiten.
  - Welche konkreten **Bemühungen** sind unternommen worden, um das **Kind dort unterzubringen** und
  - welche **Bemühungen um eine Erwerbstätigkeit** sind unternommen worden?
  - Möglichkeiten der Erwerbstätigkeit unter Berücksichtigung des konkreten Betreuungsangebots,
  - Zumutbarkeit der Erwerbstätigkeit und des konkreten Umfanges,
  - Beachtung des Kindeswohls (Entwicklungsstand, persönliches Betreuungsbedürfnis, Problemkind),
  - Gesundheit und Belastbarkeit des Elternteils,

1181 BGH NZFam 2014, 27, 29; vgl. auch *Viefhues*, ZFE 2009, 271; so auch Roßmann/Viefhues/*Viefhues*, Rn 428.
1182 Vgl. dazu ausführlich *Graba*, NZFam 2014, 6, 9.
1183 BGH NJW 2010, 937.
1184 Roßmann/Viefhues/*Viefhues*, Rn 430.

- Zeitaufwand für die Erwerbstätigkeit unter Einbeziehung der Anfahrtszeit zum Job und zur Kindesbetreuung.
- Für die Beurteilung von Erwerbschancen ist auf denjenigen Zeitpunkt abzustellen, in welchem die Obliegenheit einsetzt.[1185]

1147 Zumindest eine **Befristung des Unterhaltstitels betreffend den Basisunterhalt** der ersten drei Lebensjahre nach § 1570 Abs. 1 S. 1 BGB sollte aber möglich sein.

1148 Eine **Begrenzung des Betreuungsunterhalts der Höhe nach** ist allerdings möglich, und zwar vom eheangemessenen Unterhalt nach § 1578 Abs. 1 BGB auf einen angemessenen Unterhalt des Berechtigten nach seiner eigenen Lebensstellung.

In denjenigen Fällen, in denen der Unterhaltsbedarf nach den ehelichen Lebensverhältnissen gem. § 1578 Abs. 1 BGB **erheblich über dem angemessenen Unterhalt** nach der eigenen Lebensstellung des Berechtigten liegt, ist eine Kürzung auf den eigenen angemessenen Unterhalt richtig.[1186] Seine Grenze findet diese Absenkung jedoch darin, dass eine Reduzierung nur bis zu einem **Mindestbedarf von – derzeit – 960 EUR** monatlich erfolgen kann, weil es sich bei diesem Betrag um das Existenzminimum des unterhaltsberechtigten Ehegatten handelt, falls dieser nicht erwerbstätig ist.[1187]

1149 Insgesamt darf aber vor allem das **Kindeswohl nicht beeinträchtigt** sein. Eine Absenkung ist nur dann angemessen, wenn eine fortdauernde Teilhabe des betreuenden Elternteils an den abgeleiteten Lebensverhältnissen während der Ehe unbillig erscheint.[1188]

8. Einsatzzeitpunkt Betreuungsunterhalt

1150 Der Grundsatz der Eigenverantwortung hat zur Folge, dass ein Anspruch auf Zahlung von Unterhalt regelmäßig nur dann gegeben ist, wenn ab Rechtskraft der Scheidung **ohne zeitliche Lücke ein Unterhaltstatbestand** vorlag. Ansonsten ist der Unterhaltsanspruch erloschen.

1151 Der **Einsatzpunkt** ergibt sich für die einzelnen Unterhaltstatbestände, wie sie in §§ 1571, 1572, 1573 Abs. 3 BGB neben der Scheidung angeführt sind. Damit wird sichergestellt, dass für die Unterhaltsleistungen ein **zeitlicher, persönlicher und wirtschaftlicher Zusammenhang** mit der Ehe bestehen muss.[1189]

1152 Für die Einsatzzeiten müssen die jeweiligen Tatbestandsvoraussetzungen vorliegen.

Die Unterhaltskette entfällt nicht,

- wenn der Berechtigte erst **nachträglich bedürftig** wird[1190] oder
- der Unterhaltsanspruch an der **Leistungsunfähigkeit des Pflichtigen** scheitert.

1153 Die Vorschriften über Unterhaltsansprüche wegen Alters nach § 1571 BGB und wegen Krankheit oder Gebrechen nach § 1572 BGB beziehen sich in ihren Voraussetzungen im Gesetzestext auf bestimmte Zeitpunkte zu denen konkrete Voraussetzungen vorliegen müssen.

1154 Der Unterhaltsanspruch aus **§ 1570 BGB** wegen Kindesbetreuung nennt **keinen Einsatzzeitpunkt**.

Der Anspruch entsteht, wenn wegen Kindesbetreuung eine Erwerbstätigkeit nicht oder nur teilweise ausgeübt werden kann. Die Notwendigkeit der Kindesbetreuung muss auch nicht im Zeitpunkt der Scheidung oder zu einem sonstigen bestimmten Einsatzzeitpunkt bestehen. Die Notwendigkeit kann später eintreten, kann – auch zeitweise – wegfallen und wieder aufleben.

1185 Vgl. BGH FamRZ 2008, 2106 m. Anm. *Schürmann*; OLG Stuttgart FuR 2010, 52.
1186 BGH FamRZ 2011, 791.
1187 Vgl. Ziff. V. 2. der Düsseldorfer Tabelle v. 1.1.2020.
1188 BGH FamRZ 2009, 770 m.w.N.; BGH FamRZ 2009, 1124; Wendl/Dose/*Bömelburg*, § 4 Rn 208.
1189 OLG Stuttgart FamRZ 1982, 1015; OLG Bamberg FamRZ 1984, 997; FA-FamR/*Mayer*, 6. Kap. Rn 472.
1190 OLG München FamRZ 1993, 564.

1155 Die Einsatzzeit, die auf eine notwendige Kindesbetreuung ausgerichtet ist, endet dabei nicht mit der Volljährigkeit des jüngsten Kindes, sondern gem. der Neufassung des § 1570 BGB durch die Unterhaltsreform zum 1.1.2008 ab dem Zeitpunkt, ab dem der Bedürftige unter Berücksichtigung der bestehenden Betreuungsmöglichkeiten **ganztags arbeiten kann**. Nach früherer Rechtsprechung war dies spätestens mit dem 15. oder 16. Lebensjahr des jüngsten Kindes der Fall.[1191]

1156 Hinsichtlich eines Einsatzzeitpunkts betreffend Betreuungsunterhalt lässt der Wortlaut des § 1570 Abs. 1 S. 2 und S. 3 BGB ein **Missverständnis** zu: Die Vorschriften regeln nach dem Wortlaut eine Verlängerung der Dauer des Unterhaltsanspruchs.

Gemeint ist damit lediglich, dass Kindesbetreuung und damit die Zahlung von Unterhalt aus kindbezogenen Gründen auch nach Vollendung des dritten Lebensjahres des Kindes **erstmals überhaupt eintreten** kann. Dies ist bei Wegfall einer Betreuungsmöglichkeit der Fall oder wenn das Kind erkrankt, pflegebedürftig wird oder aus sonstigen kindbezogenen Umständen die Erwerbstätigkeit eingeschränkt oder eingestellt werden muss.

1157 Ein Unterhaltsanspruch kann daher auch **nach Ablauf des dritten Lebensjahres** des Kindes gem. § 1570 Abs. 1 S. 2 und S. 3 BGB **erstmals entstehen** und wieder aufleben. Dies war im Übrigen bereits nach der vor dem 1.1.2008 geltenden Rechtslage so.[1192] Der Gesetzgeber hat diese Situation nicht verändert.

Namentlich stellt der verlängerte Betreuungsunterhaltsanspruch nach § 1570 Abs. 1 S. 2 und S. 3 BGB **keinen Anschlussunterhaltstatbestand** dar.

1158 Dagegen stellt die Verlängerung des Betreuungsunterhaltsanspruchs **aus elternbezogenen Gründen** nach § 1570 Abs. 2 BGB einen **Anschlussunterhalt** dar. Es handelt sich um einen Unterhaltsanspruch, der Billigkeitsvoraussetzungen enthält. Er entsteht, wenn ein Betreuungsunterhaltsanspruch unter Berücksichtigung der Gestaltung der Kinderbetreuung und Erwerbstätigkeit in der Ehe sowie der Dauer der Ehe der Billigkeit entspricht. Dies führt dazu, dass die Billigkeitsvoraussetzungen für eine Verlängerung des Unterhaltsanspruchs aus elternbezogenen Gründen nach § 1570 Abs. 2 BGB zum Zeitpunkt der Scheidung vorgelegen haben müssen.

Ein weiterer möglicher Einsatzzeitpunkt ist lediglich später der Wegfall der kindbezogenen Gründe nach § 1570 Abs. 1 S. 2 und S. 3 BGB.

9. Anschlussunterhalt zum Betreuungsunterhalt

1159 Ist der Unterhaltsberechtigte durch Kindesbetreuung **vollständig an einer Erwerbstätigkeit gehindert**, besteht der Unterhaltsanspruch vollständig aus § 1570 BGB. Dies betrifft auch den Teil seines Bedarfs, der auf dem den angemessenen Lebensbedarf übersteigenden Bedarf nach den ehelichen Lebensverhältnissen gem. § 1578 Abs. 1 S. 1 BGB beruht. Daneben ist der Anspruch auf Aufstockungsunterhalt nach § 1573 Abs. 2 BGB nicht gegeben.[1193]

1160 Im Anschluss an den Betreuungsunterhalt können Unterhaltsansprüche

- wegen Alters nach § 1571 Nr. 2 BGB,
- wegen Krankheit oder Gebrechen nach § 1572 Nr. 2 BGB
- oder bei nicht ausreichenden Einkünften aus einer angemessenen Erwerbstätigkeit zum vollen Unterhalt gem. § 1573 Abs. 3 BGB gegeben sein.

1191 Zur Ablehnung des Altersphasenmodells vgl. BGH FamRZ 2009, 770; BGH FamRZ 2009, 1391; BGH FamRZ 2010, 1880; anders noch die Leitlinien des OLG Hamm, Stand 1.1.2011 Ziff. 17.1.

1192 Vgl. BT-Drucks 7/650, S. 122.

1193 BGH FamRZ 2010, 869.

Bei **teilweiser Erwerbstätigkeit** z.B. nach § 1570 Abs. 1 S. 2 und 3 BGB ergibt sich der Unterhaltsanspruch hieraus und im Übrigen für den vollen Unterhalt als Aufstockungsunterhalt aus § 1573 Abs. 3 BGB.[1194] 1161

Ist **kein Betreuungsunterhaltsanspruch** mehr gegeben, kann ein Anspruch auf Anschlussunterhalt nach § 1573 Abs. 1, Abs. 2 und 3 BGB bestehen und zwar in der Höhe, in der der Anspruch nach § 1570 BGB zuletzt bestanden hatte. 1162

Konkurriert ein Betreuungsunterhaltsanspruch mit einem Anspruch aus § 1615l BGB, haften die jeweiligen Vater anteilig. 1163

Ein solcher Fall liegt vor, wenn die Unterhaltsberechtigte schon wegen der Betreuung ehelicher Kinder in einer Erwerbstätigkeit gehindert ist und nunmehr ihr weiteres – nicht eheliches Kind – von ihr betreut wird.

Die **anteilige Haftung** ist entsprechend § 1606 Abs. 3 Satz 1 BGB vorzunehmen, wobei sich die Haftungsquote zum einen nach der jeweiligen Erwerbs- und Vermögensverhältnissen bestimmt, zum anderen aber auch danach, inwieweit die Mutter bei unterschiedlicher Betreuungsbedürftigkeit der einzelnen Kinder von einer Erwerbstätigkeit abgehalten wird.[1195]

III. Unterhalt wegen Alters, § 1571 BGB

1. Normzweck und Anspruchsvoraussetzungen

Die nacheheliche Verantwortung der Ehegatten füreinander erstreckt sich auch auf **altersbedingte Problemlagen**. Ist wegen Alters eine Erwerbstätigkeit unzumutbar, besteht unter den Voraussetzungen des § 1571 BGB unter Berücksichtigung bestimmter Einsatzzeitpunkte ein Unterhaltsanspruch. 1164

Dieser Anspruch besteht grundsätzlich nicht nur dann, wenn der Ehegatte während der Ehe oder nach Scheidung der Ehe alt geworden ist, sondern auch dann, wenn die Ehe zu einem Zeitpunkt geschlossen worden ist, in welchem **altersbedingt keine Erwerbstätigkeit mehr zumutbar** war.[1196]

Die altersbedingte Bedürfnislage muss daher **nicht ehebedingt** sein.

Ein Ehegatte kann allerdings dadurch bedürftig werden, dass bei Scheidung der Ehe der Versorgungsausgleich durchgeführt worden ist und sich nunmehr ein Einkommensgefälle gegenüber dem anderen – früheren – Ehegatten ergibt. 1165

Dies führt nicht zur Begründung eines Unterhaltsanspruchs nach § 1571 BGB, da die **grobe Unbilligkeit** des Ergebnisses im Falle der – vollständigen – Durchführung des Versorgungsausgleichs im Rahmen des § 27 VersAusglG geltend zu machen ist.[1197]

Die **Maßstäbe** sind allerdings **streng**. Eine grobe Unbilligkeit liegt vor, wenn eine rein schematische Durchführung des Versorgungsausgleichs unter den besonderen Gegebenheiten des Einzelfalles dem Grundgedanken des Versorgungsausgleichs in **unerträglicher Weise** widerspräche.[1198]

Bei Ehen langjähriger Dauer sollte allerdings im Einzelfall ein **großzügigerer Maßstab** in Betracht kommen.[1199]

Es bestehen **drei Voraussetzungen** für den Anspruch aus § 1571 BGB: 1166

- Der Berechtigte hat das im Einzelfall maßgebliche **Alter** erreicht;
- aus Altersgründen ist vom Berechtigten **keine angemessene Erwerbstätigkeit** mehr zu erwarten;
- einer der im Gesetz genannten **Einsatzzeitpunkte** liegt vor.

1194 BGH FamRZ 2010, 1050.
1195 BGH FamRZ 1998, 541, 544; FamRZ 2007, 1303; FamRZ 2008, 1739, 1744.
1196 BGH FamRZ 1983, 150; BGH FamRZ 1981, 1363.
1197 OLG Celle FamRZ 2006, 1544.
1198 BGH FamRZ 2005, 1238; BGH FamRZ 2012, 434.
1199 So der BGH für sog. Altehen (vor dem 1.7.1977 geschlossen).

2. Das Alter des Berechtigten

1167 Auch wenn der Begriff Alter keine festen Grenzen enthält, ist der Tatbestand auf jeden Fall zu bejahen, wenn das **Rentenalter** erreicht ist, **Altersrente** bezogen wird.[1200]

Dies gilt trotz der Möglichkeit zum Beispiel von Frauen gem. § 39 SGB VI, unter bestimmten Voraussetzungen mit 60 Jahren Altersrente zu beziehen, jedoch **nicht vor Vollendung des 65. Lebensjahres.**[1201]

1168 Für die Zeit vorher ist eine **Einzelfallprüfung,**[1202] die Prüfung der Angemessenheit gem. § 1574 Abs. 1, 2 BGB vorzunehmen, **subjektiv nach den fünf Kriterien**

- berufliche Ausbildung,
- bei Scheidung vorhandene Fähigkeiten,
- Gesundheitszustand,
- **Alter** und schließlich
- eheliche Lebensverhältnisse (Dauer der Ehe und Kindesbetreuung).

1169 So hat der **BGH** einer zu 50 % schwerbehinderten Unterhaltsberechtigten, die bereits im Alter von **63 Jahren** in den Ruhestand getreten war, Altersunterhalt zuerkannt, weil von ihr eine Erwerbstätigkeit nicht mehr zu erwarten war.[1203]

Eine arbeitsvertragliche Vorruhestandsregelung ist unschädlich, wenn sich dadurch das Einkommen der Berechtigten nicht verändert. Nimmt der Arbeitnehmer ein **Altersteilzeitmodell** – verbunden mit geringeren Einkünften – in Anspruch, kann dies eine **Obliegenheitspflichtverletzung im Sinne des § 1574 Abs. 1, Abs. 2 BGB** sein.

Dies ist vor allem dann der Fall, wenn sich der Berechtigte erst **nach Trennung und/oder Scheidung** ohne besondere, am Einzelfall zu prüfende Gründe, hierfür entscheidet. Anderes gilt dann, wenn die Entscheidung zur Altersteilzeit gemeinsam mit dem Ehepartner getroffen worden ist oder aber **gesundheitliche Gründe** beim Berechtigten zur – krankheitsbedingten – Verminderung der Erwerbstätigkeit zwingen.[1204] Ist z.B. ein zu 50 % schwerbehinderter Unterhaltsberechtigter im Alter von **63 Jahren** in den Ruhestand getreten, ist eine Erwerbstätigkeit nicht (mehr) zu erwarten. Es besteht dann ein Anspruch auf Altersunterhalt.[1205]

1170 **Besondere Altersgrenzen** für bestimmte Berufsgruppen, z.B. für Piloten und Soldaten, bestimmen sich ausschließlich nach dem öffentlichen Interesse. Davon unabhängig ist allein unterhaltsrechtlich zu bewerten, ob neben dem Rentenbezug eine Erwerbstätigkeit zugemutet werden kann oder ab diese etwa wegen körperlichen Verschleißes ausscheidet.

1171 **Freiberufler** (Rechtsanwälte, Ärzte etc) oder **Unternehmer** kennen keine Altersgrenzen. Gleichwohl ist die Regelaltersgrenze von 65 Jahren dafür entscheidend, dass Einkünfte, die im Anschluss erzielt werden, überobligatorisch sind und grundsätzlich nicht für die Unterhaltsberechnung anzusetzen sind.[1206]

Dasselbe gilt für **Notare**, für die eine Altersgrenze von 70 Jahren gilt. Zwischen dem 65. und dem 70. Lebensjahr aus der Notartätigkeit erzielte Einkünfte sind zur Berechnung von Unterhaltsansprüchen nicht einzusetzen. Eine – derzeit vorgesehene – **Heraufsetzung der Regelaltersgrenze** in Stufen bis zur Vollendung des 67. Lebensjahres führt zu einer entsprechenden Angleichung.

1200 BGH FamRZ 1999, 708; BGH FamRZ 1993, 43; OLG Köln FamRZ 1984, 269; OLG Hamm FamRZ 1995, 1416: auch bei 60-Jährigem ist konkrete Prüfung erforderlich.
1201 BGH FamRZ 1999,708 ff, 709; OLG Koblenz FamRZ 2000,1220.
1202 BGH FamRZ 1999, 708; Johannsen/Henrich/*Büttner*, § 1571 Rn 6; *Horndasch*, Rn 784.
1203 BGH FamRZ 2012, 951.
1204 OLG Köln FamRZ 2003, 602.
1205 BGH FamRZ 2012, 951 m. Anm. *Finke.*
1206 BGH FamRZ 2011, 454.

Ausnahmsweise ist eine **Anrechnung der Einkünfte** nach Eintritt in das Rentenalter möglich, wenn 1172

- wegen geringer Altersvorsorge die Weiterführung der Arbeitstätigkeit ohne hin notwendig und/oder geplant war oder
- eine Erwerbstätigkeit ohnehin fortgeführt worden wäre.[1207]

Im Falle nach dem Alter des Berechtigten noch **vorhandener Erwerbsverpflichtung** gilt: 1173

Objektiv ist zu prüfen, ob für eine nach den subjektiven Maßstäben zumutbare Tätigkeit eine **reale Beschäftigungschance** besteht,[1208] ob z.B. ein **bestimmter Beruf** im Alter noch ausgeübt werden kann.[1209]

Subjektiv ist die **Gesamtentwicklung beider Parteien** bis zum Einsatzzeitpunkt zu betrachten.[1210]

Die subjektive Betrachtung ist immer eine Frage des Einzelfalles. Die **grundsätzliche Eigenverantwortung nach § 1569 BGB** erlegt z.B. auch einer über 50-jährigen Frau auf, selbst dann Arbeitstätigkeit zu suchen, wenn sie 20 Jahre lang nur Hausfrau war.[1211]
Unter Umständen kann eine Teilzeitbeschäftigung verlangt werden.[1212]

> *Hinweis* 1174
>
> Bei Altersunterhalt ist immer die Möglichkeit einer zeitlichen Begrenzung gem. § 1578b BGB zu prüfen, da vor allem die Belange gemeinschaftlicher Kinder keine Rolle mehr spielen (sollten).
>
> Bei einer **„Altersehe“** von lediglich kurzer Dauer[1213] ist ebenso die Möglichkeit eines Ausschlusses nach § 1579 Nr. 1 BGB zu prüfen.

3. Der Einsatzzeitpunkt

Weitere Voraussetzung zur Erlangung von Altersunterhalt nach § 1571 BGB ist das Vorliegen einer **Einsatzzeit** nach § 1571 Nr. 1–3 BGB, also **Scheidung, Beendigung der Kindesbetreuung oder Wegfall des Unterhaltsanspruchs nach §§ 1572, 1573 BGB**. 1175

Es muss eine geschlossene **„Anspruchskette“** im Sinne des durchgehenden Fehlens einer Erwerbsobliegenheit vorliegen. Entweder muss bereits zum Scheidungszeitpunkt eine altersbedingte Erwerbsunfähigkeit vorliegen oder aber eine Erwerbsunfähigkeit zu den späteren Zeitpunkten der Beendigung der Pflege oder der Erziehung eines gemeinschaftlichen Kindes oder des Wegfalls der Voraussetzungen für einen Unterhaltsanspruch nach §§ 1572, 1573 BGB (Krankheit oder Übergang) bestehen.

Nicht erforderlich ist dagegen, dass zum jeweiligen Einsatzzeitpunkt über das Fehlen einer Erwerbsobliegenheit hinaus weitere Elemente des Unterhaltsanspruchs wie **Bedürftigkeit des Berechtigten** und **Leistungsfähigkeit des Verpflichteten** gegeben sind.[1214]

Bei Eintritt der altersbedingten Erwerbsunfähigkeit in einem zeitlichen Zusammenhang mit der Beendigung der Kindesbetreuung kommt es nicht darauf an, wann die Pflege und Erziehung **tatsächlich beendet** worden ist, sondern wann die – rechtliche – **Betreuungsnotwendigkeit** ausgelaufen ist.[1215] 1176

1207 OLG Düsseldorf FamRZ 2007, 1817.
1208 BGH FamRZ 1887, 144 ff., 145; 912 f., 913.
1209 Z.B. Tänzerin, falls nur diese Tätigkeit angemessen ist, vgl. Grüneberg/*von Pückler*, § 1571 Rn 4.
1210 BGH FamRZ 1983, 144 ff., 145.
1211 BGH FamRZ 1991, 416, 419; andererseits BGH NJW 1985, 1340: Anspruch bejaht bei einer 53 Jahre alten Frau, die in 20 Jahren Ehe mit einem sehr gut verdienenden Ehemann nicht berufstätig war; OLG Schleswig NJW-FER 1998, 266: Für 56-jährige Ehefrau, die 26 Jahre nicht erwerbstätig war; OLG Koblenz NJW-RR 1993, 964: 51-jährige Frau.
1212 BGH FamRZ 1999, 843, 844.
1213 BGH FamRZ 1999, 710.
1214 H.M, vgl. BGH FamRZ 2001, 1291; OLG München FamRZ 1993, 564; Wendl/Dose/*Scholz*, § 4 Rn 48.
1215 BGH FamRZ 1991, 170.

§ 1571 BGB verweist hinsichtlich des Einsatzzeitpunktes auf § 1573 BGB, ohne Abs. 4 auszunehmen, so dass es ausreicht, wenn die altersbedingte Erwerbsunfähigkeit zu einem Zeitpunkt nicht nachhaltiger Unterhaltssicherung eintritt.

1177 Der **Einsatzzeitpunkt** des Wegfalls eines Anspruchs nach **§ 1572 BGB wegen Krankheit und Gebrechen** ist zu bejahen, wenn der Betroffene **gesund** geworden ist. Auch insoweit handelt es sich bei dem Anspruch Unterhalt wegen Alters um einen Anschlussunterhalt.

Der **Einsatzzeitpunkt** des Wegfalls eines Anspruchs nach **§ 1573 Abs. 1 BGB wegen Erwerbslosigkeit** liegt vor, wenn ein Berechtigter aufgrund aktueller Marktlage keine Beschäftigung finden konnte und diese Situation wegen Alters übergeht in eine fehlende Beschäftigung wegen Alters. Anstelle des Unterhaltsanspruchs nach § 1573 Abs. 1 BGB entsteht ein Anschlussunterhalt wegen Alters.

1178 **Verliert der Berechtigte seine bisherigen Einkünfte** im Rahmen des zuvor gegebenen Aufstockungsunterhalts, § 1572 Abs. 2 BGB, und findet er anschließend altersbedingt oder infolge des Erreichens der Altersgrenze keine Arbeitstätigkeit mehr, schließt sich dem **Aufstockungsunterhaltsanspruch nach § 1573 Abs. 2 BGB** ein Altersunterhalt an.[1216]

1179 Geht ein (zu 50 % schwerbehinderter) Unterhaltsberechtigter **mit 63 Jahren** in den Ruhestand, und bestand bis zum Erreichen der Regelaltersgrenze ein Anspruch auf Aufstockungsunterhalt, ist der Einsatzzeitpunkt für einen anschließenden Altersunterhalt gewahrt.[1217]

Bezieht der Berechtigte bereits Altersrente, richtet sich sein Unterhaltsanspruch allein nach § 1571 BGB; Aufstockungsunterhalt ist nicht zu leisten.[1218]

1180 Für das **Verhältnis** zwischen **§§ 1571 und 1573 Abs. 2 BGB** gilt, so der **BGH**, dass § 1571 BGB anzuwenden ist, wenn typischerweise in diesem Alter und der in Betracht kommenden Berufssparte **(abstrakte Betrachtungsweise)** keine angemessene Arbeit mehr gefunden werden kann, während auf § 1573 Abs. 2 BGB abzustellen ist, wenn und soweit wegen der konkreten Einzelfallumstände aufgrund des Alters die Aufnahme einer angemessenen Arbeit scheitert **(konkrete Betrachtungsweise)**.[1219]

1181 Über § 1571 BGB kann der Unterhaltsberechtigte, von dem nur eine Teilerwerbstätigkeit verlangt werden kann, Unterhalt nur bis zur **Höhe des durch eine Vollerwerbstätigkeit erzielbaren Einkommens** verlangen. Reicht der Eigenverdienst zusammen mit dem Teilerwerb nach § 1571 BGB nicht aus, kommt ein **Aufstockungsunterhalt** zum vollen eheangemessenen Bedarf in Betracht.[1220]

4. Begrenzung und Herabsetzung des Anspruchs

1182 Eine Begrenzung des Anspruchs auf Altersunterhalt ist nach **§ 1579 BGB wegen grober Unbilligkeit**, insbesondere nach § 1579 Nr. 1 BGB wegen **kurzer Ehedauer** möglich.

Daneben ist auch – wie bei jedem nachehelichen Unterhaltsanspruch – eine Herabsetzung oder zeitliche Begrenzung nach § 1578b BGB möglich. Maßgebend für eine solche Abwägung ist vorrangig die **Frage ehebedingter Nachteile**. Aber auch die **Dauer der Ehe** kann eine entscheidende Rolle für die Frage der Anwendbarkeit des § 1578b BGB für die Bemessung und Zuerkennung des Altersunterhalts sein.

1183 Bei der **Billigkeitsabwägung des § 1578b BGB** ist in erster Linie darauf abzustellen, inwieweit durch die Ehe Nachteile im Hinblick auf die Möglichkeit eingetreten sind, für den eigenen Unterhalt zu sorgen. Soweit **ehebedingte Nachteile** zu bejahen sind, scheidet eine Unterhaltsbefristung aus.[1221]

1216 BGH FamRZ 2008, 1508.
1217 AG Flensburg FamRZ 2013, 1135.
1218 OLG Naumburg FamRZ 2008, 2120.
1219 BGH FamRZ 1999, 708, 709.
1220 BGH FamRZ 1999, 708, 709.
1221 BGH FamRZ 2010, 1633.

Der Ausgleich ehebedingter Nachteile ist regelmäßig Aufgabe des **Versorgungsausgleichs** bei Ehescheidung. Dadurch werden die Interessen des Ausgleichsberechtigten regelmäßig gewahrt.[1222] 1184

Hat nämlich der Unterhaltsberechtigte eine vollzeitige Erwerbstätigkeit in dem von ihm erlernten oder vor der Ehe ausgeübten Beruf aufgenommen, können ehebedingte Nachteile im Sinne von § 1578b BGB nicht mit den durch die Unterbrechung der Erwerbstätigkeit während der Ehe bedingten geringeren Rentenanwartschaften begründet werden, wenn für diese Zeit ein Versorgungsausgleich stattgefunden hat. Der **Nachteil in der Versorgungsbilanz** ist dann in gleichem Umfang von beiden Ehegatten zu tragen und damit **vollständig ausgeglichen.**[1223]

Dies gilt aber nicht bei **einseitiger Rollenverteilung**, namentlich bei der Führung einer sog. Hausfrauenehe, wenn der Unterhaltspflichtige während der Ehezeit nicht durchgehend Rentenanwartschaften erworben hat, beispielsweise bei – auch zeitweiser – selbstständiger oder freiberuflicher Tätigkeit.[1224] 1185

Eine **Erkrankung** stellt **keinen ehebedingten Nachteil** dar, auch wenn sie **während der Ehe** eingetreten ist. Eine dauerhafte Unterhaltsverantwortung des geschiedenen Ehegatten ist nicht ohne Weiteres zu rechtfertigen, weil es sich bei der Krankheit in der Regel um eine **schicksalhafte Entwicklung** handelt, die nur zufällig in den zeitlichen Rahmen der Ehe fällt. Dies gilt **selbst** dann, wenn eine **psychische Erkrankung durch die Ehekrise und Trennung ausgelöst** worden ist.[1225] 1186

Andererseits kommt dem **Umstand der nachehelichen Solidarität** bei der Billigkeitsabwägung Bedeutung zu. Denn § 1578b BGB beschränkt sich nach dem Willen des Gesetzgebers nicht auf die Kompensation ehebedingter Nachteile, sondern berücksichtigt bei der **Billigkeitsabwägung** auch andere Gesichtspunkte, die insbesondere bei einem Krankheits- oder Altersunterhalt greifen können. Gerade weil Krankheit und Alter nicht ehebedingt sind, hat der Gesetzgeber hier ein **besonderes Maß an nachehelicher Solidarität** eingefordert.[1226] 1187

Die **Ehedauer** spielt deshalb gerade bei der Frage des Altersunterhalts eine besondere Rolle.

Nachdem der Gesetzgeber durch Ergänzung des § 1578b BGB die lange Ehedauer dem ehebedingten Nachteil gleichgestellt hat, ist **grundsätzlich** bei Ehen langer Dauer, also mehr als ca. 20 Jahren, eine **Befristung nur in Ausnahmefällen möglich**. Ein solcher Ausnahmefall liegt dann vor, wenn z.B. der Bedürftige durch den Versorgungsausgleich eine so hohe Rente erhält, dass alle beruflichen Nachteile ausgeglichen sind, die durch die Übernahme der Familienarbeit entstanden waren.[1227]

5. Darlegungs- und Beweislast

Die Darlegungs- und Beweislast für das Vorliegen derjenigen Umstände, die dem Berechtigten im konkreten Fall wegen Alters keine Erwerbstätigkeit mehr gestatten, träft der **Unterhaltsberechtigte**. Die Darlegungs- und Beweislast bezieht sich auch auf den maßgeblichen Einsatzzeitpunkt. 1188

Die daran zu knüpfenden Anforderungen dürfen zwar **nicht überspannt** werden;[1228] es ist aber glaubhaft und nachvollziehbar darzulegen, warum z.B. ungeachtet des Alters keine Beschäftigungschance bestand.[1229] Der alleinige Hinweis auf das Alter reicht jedenfalls nicht aus.

1222 BGH FamRZ 2008, 1508.
1223 BGH FamRZ 2008, 1325 f.; 2008, 1508 f.; 2009, 408; 2009, 1207 m. Anm. *Hoppenz*, S. 1308.
1224 BGH FamRZ 2010, 1633 Rn 25.
1225 BGH FamRZ 2010, 1414 mit Anm. *Borth*, S. 1417.
1226 BGH FamRZ 2009, 406; BGH FamRZ 2009, 1207, 1210 f.
1227 OLG Schleswig FamRZ 2009, 2223.
1228 So BGH FamRZ 2005, 1897.
1229 BGH FamRZ 2010, 1971; OLG Celle FamRZ 2009, 121.

1189 Behauptet der **Pflichtige**, der Unterhaltsberechtigte müsse über die Regelaltersgrenze hinaus einer Erwerbstätigkeit nachgehen, trägt er die Darlegungs- und Beweislast für die Umstände, die einen solchen Ausnahmefall begründen sollen.[1230]

1190 Für die **Begrenzung** des Unterhalts gilt: Da § 1578b BGB prozessuale Einwendungen betreffen, mittels derer der Unterhaltsschuldner seine Unterhaltspflicht bekämpft, trägt der **Unterhaltspflichtige grundsätzlich die Darlegungs- und Beweislast** für die Behauptung, dass dem Unterhaltsberechtigten keine ehebedingten Nachteile im Sinne von § 1578b BGB entstanden sind und deshalb eine Befristung oder höhenmäßige Begrenzung des Unterhalts vorzunehmen ist.

1191 Da es sich hierbei jedoch um Tatsachen handelt, die – insbesondere was die hypothetische berufliche Entwicklung des Unterhaltsberechtigten ohne die Ehe angeht – in den persönlichen **Wahrnehmungs- und Erfahrungsbereich des Unterhaltsberechtigten** fallen, würde eine uneingeschränkte Darlegungs- und Beweislast des Pflichtigen hinsichtlich solcher Tatsachen zu seiner **unbilligen Belastung** führen. Denn er müsste dann sämtliche auch nur theoretisch denkbaren und nicht näher bestimmten Nachteile des Berechtigten widerlegen, die aufgrund der Rollenverteilung in der Ehe möglicherweise entstanden sind. Daher muss die ihm obliegende Darlegungs- und Beweislast **Erleichterung** erfahren, wie die Rechtsprechung für den Beweis negativer Tatsachen entwickelt hat.[1231]

Danach trifft den Prozessgegner einer für eine negative Tatsache beweisbelasteten Partei eine sogenannte **sekundäre Darlegungslast**. Dessen **Darlegungen müssen danach so konkret** sein, dass der beweisbelasteten Partei eine Widerlegung möglich ist.

1192 Hat also der **Unterhaltspflichtige** – im Rahmen seiner **primären Darlegungslast** – Tatsachen vorgetragen die – wie etwa die Wiederaufnahme einer vollschichtigen Erwerbstätigkeit in dem vom Unterhaltsberechtigten erlernten und/oder vor der Ehe ausgeübten Beruf – einen Wegfall ehebedingter Nachteile und damit eine Begrenzungsmöglichkeit nach § 1578b BGB nahe legen, so muss nunmehr der **Unterhaltsberechtigte** im Rahmen seiner **sekundären Darlegungslast** die Behauptung, es lägen keine ehebedingten Nachteile vor, substantiiert bestreiten und seinerseits darlegen, welche konkreten ehebedingten Nachteile entstanden sind, die – etwa trotz der Aufnahme einer Erwerbstätigkeit – die Fortdauer wesentlicher ehebedingter Nachteile belegen und deshalb gegen eine zeitliche oder höhenmäßige Unterhaltsbeschränkung oder für eine längere, dem Unterhaltsberechtigten zu gewährende Schonfrist sprechen.

1193 Erst wenn das Vorbringen des **Unterhaltsberechtigten diesen Anforderungen genügt**, müssen die vorgetragenen ehebedingten Nachteile vom **Unterhaltspflichtigen widerlegt** werden.

Dabei handelt es sich nicht um eine Umkehr der Beweislast zu Lasten des Unterhaltsberechtigten, sondern lediglich um eine **Verlagerung der Darlegungslast**, um unbillige prozessuale Nachteile für den Unterhaltspflichtigen zu vermeiden.[1232]

6. Vereinbarung zum Altersunterhalt

1194 Der mögliche Streit darüber, ob überhaupt Unterhaltsansprüche gegeben sind, wenn doch die Durchführung des Versorgungsausgleichs die ehebedingten Nachteile ausgleicht, könnte durch Vereinbarung eines zeitlich begrenzten Anspruchs vermieden werden.

Zudem könnte eine **stufenweise Herabsetzung** zu einer langsamen Gewöhnung an diejenigen Beträge führen, die mit Durchführung des Versorgungsausgleichs die ehebedingten Nachteile beseitigt haben.

1230 Wendl/Dose/*Bömelburg*, § 4 Rn 236.
1231 Vgl. u.a. BGH NJW 2005, 2395; BGH NJW 2009, 1039.
1232 BGH FamRZ 2008, 134; BGH FamRZ 2008, 1325; BGH FamRZ 2010, 1971.

Eine Vereinbarung könnte wie folgt formuliert sein: 1195

▼

Muster 3.74: Begrenzung und Herabsetzung von Altersunterhalt

Verhandelt am

Zu

Vor mir, dem unterzeichnenden Notar im Bezirk des Oberlandesgerichts

erscheinen

1. Herr , geb. am , wohnhaft

2. Frau , geb. am , wohnhaft

ausgewiesen durch .

Die Frage des beurkundenden Notars nach einer Vorbefassung im Sinne von § 3 Abs. 1 Nr. 7 BeurkG wurde von den Erschienenen verneint. Der beurkundende Notar erläuterte die vorgenannte Vorschrift.

Die Erschienenen baten den Notar um die Beurkundung einer

Scheidungsfolgenvereinbarung

und erklärten vorab:

§ 1 Ausgangslage

Wir sind Beide von Geburt an deutsche Staatsangehörige und haben am , mithin vor rd. 30 Jahren, in die Ehe geschlossen.

Aus unserer Ehe sind zwei Kinder hervorgegangen, die erwachsen sind und selbstständig leben.

Ich, der Ersch. zu 1. bin pensionierter Regierungsrat und erhalte eine monatliche Pension in Höhe von monatlich EUR.

Ich, die Ersch. zu 2., habe vor fünf Jahren meine Berufstätigkeit als kaufmännische Angestellte aufgegeben. Da der Ersch. zu 1. zu diesem Zeitpunkt in Pension gegangen ist, wünschten wir uns mehr gemeinsame Zeit. Ich erhalte nunmehr mit 65 Jahren monatliche Rente.

Wir leben seit dem voneinander getrennt und haben einvernehmlichen Scheidungsantrag bei dem zuständigen Amtsgericht – Familiengericht – in gestellt.

§ 2 Nachehelicher Unterhalt

1. Der Ersch. zu 1. verpflichtet sich, ab an die Ersch. zu 2. für die Zeit nach Rechtskraft der Scheidung einen monatlich, jeweils bis zum 1. eines jeden Monats fälligen Altersunterhalt in Höhe von EUR zu zahlen. Auf darüber hinaus gehende etwaige Unterhaltsansprüche wird gegenseitig verzichtet. Wir nehmen den Verzicht wechselseitig an.
2. Die Erschienenen vereinbaren, dass die nachehelichen Unterhaltsansprüche der Ersch. zu 2. bis zur Vollendung des 68. Lebensjahres der Ersch. zu 2. befristet werden.
3. Mit Fristablauf vereinbaren wir die Fortzahlung des hälftigen Betrages zu Zif. 1 bis zur Vollendung des 70. Lebensjahres der Ersch. zu 2.

4. Die Beträge von EUR und von EUR monatlich gem. Ziff. 1 bis 3 werden wie folgt wertgesichert: Der Unterhalt wird entsprechend den gegenwärtigen Lebenshaltungskosten bemessen. Er erhöht oder vermindert sich im gleichen Verhältnis, in dem sich der Preisindex des Statistischen Bundesamtes für die Lebenshaltung aller privaten Haushalte verändert (Basis: 2000 = 100;[1233] Punktestand bei Abschlussdieses Vertrages (September):). Anpassungen sollen nur erfolgen, wenn sich dieser Index um mindestens 5 Punkte verändert. Die erste Überprüfung soll zum 1.10. (z.B. drei Jahre später) erfolgen. Wird die Voraussetzung für eine Änderung der Zahlungsverpflichtung festgestellt, muss der aufgrund der Änderung sich ergebende Unterhaltsbetrag vom 1.11. (d. Folgejahres) an ohne gesonderte Aufforderung gezahlt werden. Weitere Anpassungen erfolgen jeweils zum 1. des Monats, der dem Monat folgt, indem sich der genannte Preisindex um mindestens 5 Punkte verändert hat.
5. Für die Zeit ab Vollendung des 70. Lebensjahres der Ersch. zu 2. verzichten wir gegenseitig auf alle gesetzlichen Ansprüche auf nachehelichen Unterhalt auch für den Fall der Not und nehmen diesen Verzicht wechselseitig an. Der Verzicht gilt auch im Falle einer Gesetzesänderung oder der Änderung der Rechtsprechung.

§ 3 Vollstreckungsunterwerfung

Wegen der in § 2 Ziff. 1 bis 3 der Vereinbarung eingegangenen Verpflichtung zur Zahlung von Unterhalt unterwerfe ich, der Ersch. zu 1., mich der

sofortigen Zwangsvollstreckung

aus dieser Urkunde in mein Vermögen.

Die Ersch. zu 2. ist berechtigt, sich jederzeit auf einseitigen Antrag auf Kosten des Ersch. zu 1. eine vollstreckbare Ausfertigung dieser Urkunde erteilen zu lassen, ohne dass es hierzu des Nachweises der Fälligkeit oder sonstiger die Vollstreckung begründender Tatsachen bedarf.

§ 4 Hinweise, Durchführung

Der Notar hat die Erschienenen über die Bedeutung, die rechtliche Tragweite, insbesondere die Rechtsfolgen und die Auswirkungen der Unterhaltsvereinbarung abschließend noch einmal ausführlich belehrt. Beide Erschienenen sind sich der Tragweite der getroffenen Vereinbarungen bewusst und wünschen gleichwohl die Beurkundung der Vereinbarung auch unter Inkaufnahme möglicher zukünftig daraus erwachsener Nachteile.

(ggf. weitere abschließende Hinweise/Durchführung)

(Urkundsausgang, Unterschriften)

▲

IV. Unterhalt wegen Krankheit, § 1572 BGB

1. Normzweck und Anspruchsvoraussetzungen

1196 Leidet ein – früherer – Ehepartner unter einer dauerhaften, nicht nur vorübergehenden Krankheit, erstreckt sich die **eheliche Solidarität**[1234] auf den nachehelichen Zeitraum. Die Verantwortung der früheren Ehegatten füreinander erschöpft sich nicht nur im Ausgleich ehebedingter Nachteile. Allgemein kann

1233 Der Index ist von 1995 auf das Jahr 2000 umgestellt worden; Umstellungshilfe im Internet unter www.destatis.de.
1234 BGH FamRZ 2009, 406; FamRZ 2009, 1207.

vom – früheren – Ehepartner eine nacheheliche Solidarität erwartet werden, die sich gerade im Krankheitsfall verwirklicht.[1235]

Der Unterhaltsanspruch wegen Krankheit besteht deshalb auch dann, wenn die **Krankheit ganz unabhängig von der Ehe** und ihrer Ausgestaltung durch die Ehegatten eingetreten ist.[1236] 1197

Der Anspruch ist nicht nur dann gegeben, wenn eine voreheliche Erkrankung bekannt war oder die Krankheit erst während der Ehezeit ausgebrochen ist. Auch wenn eine **voreheliche Erkrankung** nicht bekannt war, entfällt die fortwirkende nacheheliche Solidarität nicht.[1237] Zu prüfen ist namentlich in solchen Fällen jedoch, ob nicht nach § 1578b BGB eine höhenmäßige Begrenzung und/oder Befristung in Betracht kommt.

Der Anspruch auf Unterhalt wegen Krankheit nach § 1572 BGB besteht **unter drei Voraussetzungen:**[1238] 1198

- Vorliegen einer Krankheit, eines anderen Gebrechens oder Schwäche der körperlichen oder geistigen Kräfte;
- eine angemessene Erwerbstätigkeit ist aus krankheitsbedingten Gründen nicht oder nur teilweise zu erwarten;
- einer der im Gesetz genannten Einsatzzeitpunkte ist gegeben.

2. Krankheit, Gebrechen, körperliche oder geistige Schwäche

Der **Krankheitsbegriff ist weit auszulegen** und entspricht den entsprechenden Begriffen im Sozialversicherungs- und Beamtenrecht (§ 1247 Abs. 2 RVO bzw. § 42 Abs. 1 S. 1 BBG). 1199

Krankheit ist danach ein „objektiv fassbarer regelwidriger Körper- oder Geisteszustand, der ärztlicher Behandlung bedarf".[1239]

Der Krankheit stehen **Gebrechen oder Schwächen** der körperlichen oder geistigen Kräfte gleich.

Gebrechen sind **von der Regel abweichende körperliche oder geistige Zustände**, mit deren Dauer für nicht absehbare Zeit zu rechnen ist,[1240] beispielsweise Taubheit, Blindheit, körperliche Behinderungen, aber auch Altersabbau, geringe Intelligenz, Schwachsinn und sonstige, nicht kompensierbare **Persönlichkeitsstörungen**.[1241]

Auch **Suchterkrankungen** ohne Verschuldensaspekt, z.B. durch Alkohol, Drogen oder Medikamente[1242] fallen hierunter,[1243] sofern sie dazu führen, dass der Unterhaltsberechtigte infolge der dadurch hervorgerufenen Willensschwäche keine geregelte Erwerbstätigkeit durchhalten könnte.[1244] In gleicher Weise trifft dies für **Übergewicht**[1245] oder **Magersucht**[1246] zu. 1200

Wegen des weiten Krankheitsbegriffs des § 1572 BGB ist auch eine **Depression** eine Erkrankung mit der möglichen Folge eines Unterhaltsanspruches nach § 1572 BGB. 1201

In diesem Zusammenhang kommt es **nicht** darauf an, ob die Depression im **Zusammenhang mit der Ehe** oder als Folge der Trennung und Scheidung entstanden ist. Zu unterscheiden ist aber eine lediglich depres-

1235 *Born*, FamRZ 2022, 762.
1236 BGH FamRZ 2010, 1057.
1237 BGH FamRZ 1994, 566; FamRZ 1995, 1405.
1238 OLG Köln FuR 2021, 197 mit Anm. *Viefhues*.
1239 BGH FamRZ 2010, 1414.
1240 BSG NJW 1961, 987.
1241 OLG Bamberg FamRZ 2000, 231, 232.
1242 OLG Düsseldorf FamRZ 1987, 1262; OLG Hamm FamRZ 1989, 631; OLG Schleswig OLGR 2001, 248.
1243 BGH FamRZ 1988, 375; *Foerste*, FamRZ 1999, 1245.
1244 Büte/Poppen/Menne/Botur/*Büte*, § 1572 Rn 3.
1245 OLG Köln FamRZ 1992, 65.
1246 Bamberger/Roth/*Beutler*, § 1572 Rn 2.

sive Verstimmung, die in der Regel vorübergehender Natur ist von der schweren ggf. rezidivierenden Depression.[1247] Lediglich die letztere Art der Depression ist geeignet, einen Unterhaltsanspruch nach § 1572 BGB zu begründen.[1248]

1202 Unter den **Krankheitsbegriff des § 1572 BGB** fallen auch Personen, die in Folge einer **seelischen Störung**, z.B. einer Neurose, erwerbsunfähig sind. In Fällen von **Renten- und Unterhaltsneurosen** flüchten sich Unterhaltsberechtigte aus Angst, ihren Renten- oder Unterhaltsanspruch zu verlieren, in eine Krankheit. Als Krankheit im Sinne des § 1572 BGB sind solche seelischen Störungen dann anzusehen, wenn sie **aus eigener Kraft nicht überwindbar** sind.[1249]

1203 Die Erkrankung muss **langfristig** angelegt sein. Bei kurzfristigen Erkrankungen besteht in der Regel bei Erwerbstätigen ein Anspruch auf Lohnersatzleistungen wie Krankengeld etc. Soweit und solange solche Leistungen gewährt werden, besteht kein Anspruch nach § 1572 BGB. Unfallrenten haben neben dem Entschädigungscharakter auch Lohnersatzfunktion, sodass sich ihre Zahlung bedarfsmindernd auswirkt.

1204 Die Krankheit des Berechtigten muss **ursächlich** dafür sein, dass keine Erwerbstätigkeit ausgeübt werden kann. Der ursächliche Zusammenhang bedarf sorgfältiger Prüfung, da nicht ausgeschlossen werden kann, dass eine medizinische Wahrheit nicht gerechtfertigte Untätigkeit auf Kosten des ehemaligen Ehegatten über einen Unterhaltsanspruch finanziert wird.[1250]

1205 Kann der Berechtigte in Folge von Krankheit seinen ursprünglichen Beruf nicht mehr ausüben, demgegenüber jedoch einen **anderen Beruf**, der eine angemessene Erwerbstätigkeit darstellt, besteht ein Anspruch aus § 1572 BGB nicht. Zumutbarkeitsmaßstab ist die angemessene Erwerbstätigkeit.[1251]

1206 *Hinweis*

Unternimmt der Unterhaltsberechtigte allerdings nicht alles Zumutbare, um seine Erkrankung behandeln zu lassen, verliert er den auf § 1572 BGB gestützten Unterhaltsanspruch.[1252]

1207 Er hat **ärztliche Anweisungen** zu befolgen und ggf. eine **Diät einzuhalten**. Bei **Fettleibigkeit** und den damit verbundenen Erkrankungsfolgen ist es zumutbar, bereits zum Zeitpunkt des Erkennens der Folgen alles individuell Mögliche zu tun, um abzunehmen und dadurch sich abzeichnende gesundheitliche Probleme im Anfangsstadium in den Griff zu bekommen.

Wer sich **konkret abzeichnenden Folgen des eigenen Verhaltens** nicht stellt und diese in zumutbarer Weise verändert, entspricht seiner Obliegenheit zur Behandlung nicht.

1208 Den Berechtigten trifft auch die **Obliegenheit**, sich neben der Behandlung ggf. auch einer **Operation** zu unterziehen, sofern dies **gefahrlos und hinreichend aussichtsreich** ist.[1253] Operationen immanent zugrunde liegende Gefahren sind allerdings hinzunehmen. Sie dürfen aber über die **Üblichkeit** sonstiger operativer Eingriffe (Gefahren in der Anästhesie, für Herz und Kreislauf etc.) nicht hinausgehen.

Sind **Willens- und Steuerungsfähigkeit krankheitsbedingt ausgeschlossen** oder zumindest erheblich eingeschränkt, ist allerdings eine Überwindbarkeit zu verneinen.[1254]

1247 BGH FamRZ 2010, 1057; OLG Celle FamRZ 2009, 56.
1248 OLG Hamm FamRZ 1995, 996.
1249 Ausführlich dazu Wendl/Dose/*Bömelburg*, § 4 Rn 241.
1250 BGH FamRZ 1984, 353, 356.
1251 BGH NJW-RR 1993, 898, 901; OLG Düsseldorf FamRZ 2003, 683.
1252 BGH NJW 1994, 1593; Büte/Poppen/Menne/Botur/*Büte*, § 1572 Rn 4.
1253 BGH NJW 1994, 1593.
1254 BGH FamRZ 1988, 375; OLG Hamm FamRZ 1995, 996.

3. Der Einsatzzeitpunkt

Weitere Voraussetzung für das Bestehen eines Unterhaltsanspruchs wegen Krankheit ist das Vorliegen einer Einsatzzeit nach § 1572 Nr. 1–4 BGB, also 1209

- Scheidung,
- Beendigung der Kindesbetreuung, der Ausbildung, Fortbildung und Umschulung oder
- Wegfall eines Unterhaltsanspruchs nach § 1573 BGB.[1255]

Der Unterhaltsanspruch muss im Übrigen nicht geltend gemacht worden sein.[1256] Es genügt, wenn der Anspruch **dem Grunde nach** gegeben war.[1257]

Der Anspruch aus § 1572 BGB ist gegenüber demjenigen wegen Erwerbslosigkeit gem. § 1573 BGB nachrangig.[1258]

Die Einsatzzeit Scheidung ist noch gegeben, wenn eine bei Scheidung zumindest latent, also in ihren Ursachen vorhandene Erkrankung erst kurze Zeit später zur Erwerbsunfähigkeit führt.[1259] 1210

Es muss jedoch ein **enger zeitlicher**[1260] **und sachlicher Zusammenhang** zwischen dem Auftreten oder der Verschlimmerung der Erkrankung vorliegen.[1261]

Nicht ausreichend ist, wenn zwar zum Zeitpunkt der Scheidung eine in der Entwicklung befindliche Krankheit vorhanden war, jedoch nur durch Hinzutreten weiterer, **nach Scheidung ausgelöster Ursachen** die Erkrankung ausgebrochen ist und zur Erwerbsunfähigkeit geführt hat.[1262]

> *Hinweis* 1211
>
> Zu prüfen sind immer **alle Einsatzzeitpunkte**, also auch § 1572 Nr. 4 BGB (Wegfall eines Anspruchs nach § 1573 BGB). Voraussetzung dafür ist lediglich, dass zum Zeitpunkt des Ausbruchs der Erkrankung ein Aufstockungsunterhalt **in Betracht** kam. Er muss tatsächlich nicht geltend gemacht worden sein.[1263]

Zum Einsatzzeitpunkt „Beendigung der Kindesbetreuung“ folgende Beispiele:[1264] 1212

> *Beispiel 1*
>
> Der Mann M erzielt ein bereinigtes monatliches Nettoeinkommen nach Abzug der Unterhaltspflicht für das gemeinsame 2-jährige Kind K von 2.400 EUR. Ehefrau F ist nicht erwerbstätig und betreut das Kind. Der Unterhaltsanspruch beträgt gerundet 1.080 EUR (45 % x 2.400 EUR). Als F aus Gründen möglicher Fremdbetreuung des Kindes[1265] zur halbschichtigen Erwerbstätigkeit verpflichtet wäre, ist sie erwerbsunfähig.
>
> Da sie aus gesundheitlichen Gründen dazu nicht in der Lage ist, erhält sie den bisherigen, auf § 1570 BGB gestützten Unterhalt weiter nach § 1572 Nr. 2 BGB.

1255 Vgl. dazu *Soyka*, FK 2006, 19.
1256 *Soyka*, FK 2006, 19, 21.
1257 BGH FamRZ 2001, 1291.
1258 OLG München FamRZ 1997, 295.
1259 BGH NJW 2003, 3481.
1260 Bei **21 Monaten** seit Rechtskraft der Scheidung fehlt es am engen zeitlichen Zusammenhang, so OLG Koblenz FK 2006, 19 mit Anm. *Soyka*, FK 2006, 19; BGH FamRZ 2001, 1291: **23 Monate** sind zu viel; KG FamRZ 2002, 460: **1 Jahr** ist unschädlich.
1261 BGH FamRZ 1987, 684 ff., 687; BGH FamRZ 2001, 1291 ff.; OLG Karlsruhe FamRZ 2000, 233.
1262 OLG Hamm FamRZ 1999, 230.
1263 BGH FamRZ 2001, 1291; vgl. dazu *Soyka*, FK 2006, 19, 21.
1264 Nach *Soyka*, FK 2006, 19, 20.
1265 Nach Vollendung des 3. Lebensjahres des Kindes gem. § 1570 Abs. 1 BGB.

Beispiel 2a

M erzielt ein bereinigtes monatliches Nettoeinkommen von 2.400 EUR. F betreut zum Zeitpunkt der Scheidung den 6-jährigen K und geht einer Halbtagsbeschäftigung nach, bei der sie netto bereinigt 700 EUR monatlich verdient. Der Unterhalt zum Zeitpunkt der Scheidung beläuft sich auf gerundet 572 EUR (45 % x (2.400 EUR ./. 428 EUR KU/Eink.gr.3 Altersstufe 2[1266] ./. 700 EUR)). Als sie später zu einer vollschichtigen Tätigkeit verpflichtet ist, kann sie aus gesundheitlichen Gründen lediglich weiterhin ihre Halbtagstätigkeit auszuüben.

Es bleibt bei dem Unterhalt von 572 EUR, der sich nun nicht mehr auf § 1570 BGB, sondern auf § 1572 BGB stützt. Der Einsatzzeitpunkt der Nr. 2 der Vorschrift ist gegeben.

Beispiel 2b

F ist bei Einsetzen der Verpflichtung zur Aufnahme vollschichtiger Erwerbstätigkeit[1267] zur Aufnahme einer solchen Erwerbstätigkeit krankheitsbedingt nicht in der Lage. Da sie vollständig erwerbsunfähig ist, kann sie auch ihre bisherige Teilzeittätigkeit von 700 EUR nicht mehr ausüben.

Es bleibt beim Unterhalt von 572 EUR gemäß § 1572 BGB.

Der Einsatzzeitpunkt gemäß Nr. 2 ist nur insoweit gegeben, als sie zur Ausweitung ihrer halbschichtigen Tätigkeit auf eine vollschichtige Tätigkeit nicht in der Lage ist. Nur insoweit wirkt sich die Beendigung der Pflege und Erziehung eines gemeinschaftlichen Kindes aus. Soweit sie schon zur Halbtagstätigkeit verpflichtet war und diese auch tatsächlich ausgeübt hat, liegt kein Einsatzzeitpunkt vor. Daran scheitert der Unterhalt nach § 1572 BGB auch bezüglich der weggefallenen Erwerbseinkünfte. Die Erwerbsobliegenheit zur halbschichtigen Tätigkeit bestand schon seit Vollendung des dritten Lebensjahres.[1268]

1213 Probleme bereiten in der Praxis die Fälle, bei denen eine **Krankheit bereits latent vorhanden** war und diese erst nach einem der genannten Zeitpunkte ausbricht (z.B. Verschleiß der Wirbelsäule etc.).

Entscheidend ist in derartigen Fällen der **sachliche und zeitliche Zusammenhang** zwischen der Krankheit und einem bestimmten Einsatzzeitpunkt. Ausreichend soll es z.B. sein, wenn eine im Einsatzzeitpunkt vorhandene Krankheit zwar noch nicht zu einer völligen Erwerbsunfähigkeit geführt hatte, sich aber in einem **nahen zeitlichen Zusammenhang zum Einsatzzeitpunkt** vorhersehbar so verschlechtert, dass der erkrankte Ehegatte keiner Erwerbstätigkeit mehr nachgehen kann.[1269]

1214 Die Beurteilung hat vom Standpunkt eines **objektiven**, mit den notwendigen Informationen ausgestatteten Betrachters aus zu erfolgen; es sind somit alle Umstände in die Beurteilung einzubeziehen, die schon zum Einsatzzeitpunkt angelegt waren, aber erst später zutage getreten sind.[1270]

1215 **Nicht ausreichend** ist es dagegen, wenn zwar schon im Zeitpunkt der Scheidung noch in der Entwicklung befindlich – z.B. degenerative – Veränderungen vorhanden waren, aber möglicherweise **zu späterer Zeit weitere Ursachen** hinzugetreten sind, die die konkrete Erkrankung erst ausgelöst haben können.[1271]

So kann auch eine **Psychose**, die im Ansatz bereits während der Ehe vorhanden war, jedoch vier Jahre nach Scheidung akut auftritt und zum Verlust des Arbeitsplatzes führt, Unterhaltsansprüche wegen des verpassten Einsatzzeitpunktes nicht mehr rechtfertigen.[1272]

1266 Düsseldorfer Tabelle Stand 1.1.2023.
1267 Je nach Leitlinien der Oberlandesgerichte.
1268 § 1570 Abs. 1 BGB.
1269 BGH FamRZ 1987, 684; BGH FamRZ 2001, 1291; OLG Hamm FamRZ 1999, 230; OLG Koblenz NJW-RR 2005, 95: **21 Monate sind zu lang.**
1270 OLG Hamm FamRZ 1999, 230, 231.
1271 OLG Hamm FamRZ 1999, 230, 231.
1272 OLG Karlsruhe FamRZ 1994, 104.

4. Begrenzung und Herabsetzung des Anspruchs

Hat der Unterhaltsberechtigte **bereits vor Eingehung der Ehe** über gesicherte Erkenntnisse hinsichtlich seiner Erkrankung verfügt und diese Umstände verschwiegen, kann eine Unterhaltsbegrenzung nach § 1579 Nr. 8 BGB wegen grober Unbilligkeit in Frage kommen.[1273] **1216**

Wie jeder andere nacheheliche Unterhaltsanspruch kann auch der Unterhalt wegen Krankheit nach § 1572 BGB **zeitlich begrenzt und herabgesetzt** werden (§ 1578b BGB).

Da eheliche **Nachteile** im Hinblick auf eine Erkrankung **keine Rolle** spielen, geht es bei der Frage der Begrenzung und Herabsetzung um eine Abwägung der Umstände, die die Reichweite der nachehelichen Solidarität des Unterhaltspflichtigen betreffen.[1274] **1217**

Ehebedingte Nachteile können nur dann eine Rolle spielen, wenn der Unterhaltsberechtigte aufgrund der Aufgabenverteilung in der Ehe **nicht ausreichend** für den Fall der krankheitsbedingten Erwerbsminderung bzw. Erwerbsunfähigkeit **vorgesorgt** hatte.[1275]

So haben Versicherte **nach § 43 Abs. 2 Nr. 2 SGB VI** bis zum Erreichen der Regelaltersgrenze nur dann Anspruch auf Rente wegen voller Erwerbsminderung, wenn sie in **den letzten fünf Jahren vor Eintritt der Erwerbsminderung** drei Jahre Pflichtbeiträge für eine versicherte Beschäftigung oder Tätigkeit gezahlt haben. Hat der Berechtigte seine Erwerbstätigkeit aber aufgegeben und sich der Kindererziehung und dem Haushalt gewidmet, kann es sein, dass diese Voraussetzungen nicht erfüllt sind. **1218**

Grundsätzlich ist festzuhalten, dass auch bei fehlenden ehebedingten Nachteilen in der Frage der **Reichweite der nachehelichen Solidarität** die Erkrankung des Ehegatten ein besonderes Maß an Loyalität und fortwirkender nachehelicher Verantwortung verlangt.[1276] **1219**

Bei der anzustellenden Billigkeitsbetrachtung sind neben der nachwirkenden ehelichen Verantwortung[1277] konkrete Gesichtspunkte im Verhältnis der Beteiligten zueinander **zu berücksichtigen**:[1278] **1220**

- Dauer der Pflege oder Erziehung gemeinschaftlicher Kinder;
- Gestaltung von Haushaltsführung und Erwerbstätigkeit während der Ehe;[1279]
- Bildung, Ausbildung des Unterhaltsberechtigten;
- Aufgabe der Erwerbstätigkeit/Berufsausbildung durch den Unterhaltsberechtigten;
- Vorliegen außergewöhnlich belastender Lebensumstände (z.B. Behinderung des Partners oder der Kinder);
- Dauer der Ehe;[1280]
- wirtschaftlicher Verflechtung der geschiedenen Ehegatten;
- beiderseitige Einkommens- und Vermögensverhältnisse;
- ggf. durch die Ehe erlangte Vorteile des Unterhaltsberechtigten (Zugewinnausgleich, Versorgungsausgleich);
- bisherige Dauer der Unterhaltszahlungen einschließlich Trennungsunterhalt.[1281]

1273 BGH FamRZ 1994, 566.
1274 BGH FamRZ 2010, 629.
1275 BGH FamRZ 2011, 188; BGH NJW 2012, 1807; OLG Saarbrücken FamRZ 2013, 630.
1276 So auch BGH FamRZ 2009, 406; FamRZ 2009, 1207; FamRZ 2010, 1057; FamRZ 2010, 1414.
1277 BT-Drucks 16/1830, S. 19.
1278 OLG Düsseldorf ZFE 2009, 347.
1279 BGH FamRZ 2010, 1057 Rn 23.
1280 Zeitraum von der Eheschließung bis zur Zustellung des Scheidungsantrages, BGH NJW 2011, 300.
1281 BGH FamRZ 2001, 1291; FamRZ 2007, 200; FamRZ 2009, 1207 mit Anm. *Bömelburg*, FF 2009, 490; BGH FamRZ 2013, 1558, 1559.

5. Darlegungs- und Beweislast

1221 Der **Berechtigte** trägt die Darlegungs- und Beweislast für seine krankheitsbedingte Erwerbsunfähigkeit.[1282]

Die Prüfung des **ursächlichen Zusammenhangs** zwischen der Erkrankung und der nicht Erwerbstätigkeit erfolgt unter **strengen Maßstäben**.[1283] Der Berechtigte muss im Einzelnen die Krankheiten, an denen er leidet, angeben und vortragen, inwiefern sich diese auf seine Erwerbsfähigkeit auswirken und hierzu Art und Umfang seiner gesundheitlichen Beeinträchtigungen oder Leiden darstellen.[1284]

1222 Erhält der Anspruchsteller bereits eine **Erwerbsunfähigkeitsrente** wegen voller Erwerbsminderung (§ 43 Abs. 2 SGB VI) oder ist er vollständig dienstunfähig (§ 42 BeamtVG), wirkt dies **indiziell für das Vorliegen einer Krankheit** im Sinne des § 1572 BGB.[1285]

Wenn sich der Unterhaltsberechtigte darauf beruft, aufgrund Erkrankung nicht zu einer Erwerbstätigkeit in der Lage zu sein, kann dies nicht pauschal mit der Einholung eines Sachverständigengutachtens unter Beweis gestellt werden. Vielmehr wird bereits zu dem konkreten Sachvortrag in der Antragsschrift erforderlich sein, ein **detailliertes ärztliches Attest** vorzulegen.

1223 Hieraus sollte sich nicht pauschaliert eine Arbeitsunfähigkeit ergeben; es sollte detailliert geschildert werden:

- Diagnose,
- Dauer der Erkrankung,
- Art der Behandlung,
- Auswirkungen der Erkrankung auf die Erwerbsfähigkeit,
- Prognose ob und wann mit einer Genesung zu rechnen ist,
- welche Maßnahmen (z.B. Reha) erforderlich sind, um eine möglichst rasche Genesung zu ermöglichen.

Einem lediglich „ins Blaue hinein" gestellten Beweisantrag ist nicht zu folgen.[1286]

1224 *Praxistipp*

Wenn ein Rentenantrag wegen krankheitsbedingter Arbeitsunfähigkeit noch nicht beschieden ist, kann der Verpflichtete dem Berechtigten ein zins- und tilgungsfreies Darlehen gegen Abtretung des Anspruches auf Rentennachzahlung anbieten. Dies muss der Berechtigte aus den Gesichtspunkten von „Treu und Glauben" nach § 242 BGB annehmen.[1287]

1225 Zur **Darlegungspflicht des Berechtigten** gehört auch, dass die entsprechende Lage zu den in Frage kommenden maßgebenden Einsatzzeitpunkten eingetreten ist.[1288]

Behauptet umgekehrt der **Unterhaltspflichtige** die Genesung des Berechtigten, muss er hierzu **substantiiert vortragen**, um den Fortbestand der Erkrankung in Zweifel zu ziehen. Ein schlichter Verweis beispielsweise auf die Verweigerung der Begutachtung durch den Kranken erfüllt diese Anforderungen nicht.[1289] Die Verweigerung der Begutachtung kann gerade auf der schweren Erkrankung (hier Schizophrenie) beruhen.

Das Gericht hat zur Erkrankung und der krankheitsbedingten Erwerbsunfähigkeit eigene Feststellungen zu treffen.[1290] Trotz vorliegenden privatärztlichen Attests wird in der Regel ein **Sachverständigengutachten** eingeholt werden müssen, damit das Gericht eine abschließende sichere Prognose treffen kann.[1291]

1282 BGH FamRZ 2005, 1897.
1283 BGH FamRZ 1983, 574.
1284 BGH FamRZ 2001, 1291.
1285 OLG Nürnberg FamRZ 1992, 682; OLG Brandenburg FamRZ 1996, 866.
1286 BGH FamRZ 2007, 200.
1287 BGH FamRZ 1983, 574.
1288 BGH FamRZ 2007, 200.
1289 BGH FamRZ 2005, 1897, 1898.
1290 BGH FamRZ 1988, 265.
1291 BGH FamRZ 1985, 50.

Praxistipp 1226

Ein Unterhaltsberechtigter darf sich nicht auf ein privatärztliches Attest verlassen.

Der Unterhaltspflichtige hat einen **Auskunfts- und Informationsanspruch** über den Krankheits- und Behandlungsverlauf bei dem Berechtigten nach § 242 BGB,[1292] und zwar in regelmäßigen Abständen, die sich nach Art und Dauer der Erkrankung richten. Die Auskunft ist je nach Einzelfall spätestens alle sechs bis zwölf Monate zu erteilen. 1227

Der Berechtigte ist in diesem Zusammenhang verpflichtet, **Genesungsschritte**, die eine volle oder auch nur teilweise Erwerbsfähigkeit nach sich ziehen, **unaufgefordert mitzuteilen**.

6. Mögliche Vereinbarungen

a) Unbefristeter Krankheitsunterhalt

Die **Zahlung von Krankheitsunterhalt** kann naturgemäß in einer Vereinbarung festgeschrieben werden. 1228

Für den Unterhaltspflichtigen führt eine solche Vereinbarung zumindest zu Planungssicherheit, für den Berechtigten ggf. zur Sicherung der Existenz.

Eine Vereinbarung könnte wie folgt formuliert werden:

▼

Muster 3.75: Vereinbarung von unbefristetem Krankheitsunterhalt

Verhandelt am … 3.75

Zu …

Vor mir, dem unterzeichnenden Notar im Bezirk des Oberlandesgerichts …

… erscheinen

1. Herr …, geb. am …, wohnhaft …

2. Frau …, geb. am …, wohnhaft …

ausgewiesen durch ….

Die Frage des beurkundenden Notars nach einer Vorbefassung im Sinne von § 3 Abs. 1 Nr. 7 BeurkG wurde von den Erschienenen verneint. Der beurkundende Notar erläuterte die vorgenannte Vorschrift.

Die Erschienenen baten den Notar um die Beurkundung einer

Scheidungsfolgenvereinbarung

und erklärten vorab:

§ 1 Ausgangslage

Wir sind Beide von Geburt an deutsche Staatsangehörige und haben am …, mithin vor rd. 30 Jahren, in … die Ehe geschlossen. Aus unserer Ehe sind zwei inzwischen erwachsene Kinder hervorgegangen, …, geb. am … sowie …, geb. am …. Kinder aus anderen Verbindungen sind nicht vorhanden.

Ich, der Ersch. zu 1., verfüge als Finanzbeamter über ein monatsdurchschnittliches Nettoeinkommen in Höhe von … EUR.

Ich, die Ersch. zu 2., bin dauerhaft erwerbsunfähig erkrankt.

1292 OLG Schleswig FamRZ 1982, 1018.

Wir leben seit dem voneinander getrennt und haben einvernehmlichen Scheidungsantrag bei dem zuständigen Amtsgericht – Familiengericht – in gestellt.

§ 2 Nachehelicher Unterhalt

1. der Ersch. zu 1. verpflichtet sich, ab an die Ersch. zu 2. für die Zeit nach Rechtskraft der Scheidung einen monatlich, jeweils bis zum 1. eines jeden Monats fälligen Unterhalt wegen Krankheit nach § 1572 BGB in Höhe von EUR zu zahlen, davon EUR Elementarunterhalt, EUR Krankenvorsorgeunterhalt und EUR Altersvorsorgeunterhalt.
2. Die Erschienenen vereinbaren, dass die nachehelichen Unterhaltsansprüche der Ersch. zu 2. nicht befristet werden, da die Ersch. zu 2. dauerhaft erwerbsunfähig erkrankt ist.
3. Die Vereinbarung zur Zahlung von nachehelichem Unterhalt ist der Abänderung zugänglich. Die Beteiligten vereinbaren im Falle der Änderung der Einkommens- und Vermögensverhältnisse eine an der getroffenen Vereinbarung orientierte Abänderung. Ergänzend gelten die gesetzlichen Regelungen.
4. Die Ersch. zu 2. verpflichtet sich für die Dauer der Unterhaltsleistung, die nach § 10 Abs. 1 Nr. 1 EStG erforderliche Zustimmung zum begrenzten Realsplitting zu geben. Der Ersch. zu 1. ist verpflichtet, die Ersch. zu 2. von den ihr entstehenden finanziellen Nachteilen freizustellen.

§ 3 Vollstreckungsunterwerfung

Wegen der in § 2. der Vereinbarung eingegangenen Verpflichtung zur Zahlung von Unterhalt unterwerfe ich, der Ersch. zu 1., mich der

sofortigen Zwangsvollstreckung

aus dieser Urkunde in mein Vermögen.

Die Ersch. zu 2. ist berechtigt, sich jederzeit auf einseitigen Antrag auf Kosten des Ersch. zu 1. eine vollstreckbare Ausfertigung dieser Urkunde erteilen zu lassen, ohne dass es hierzu des Nachweises der Fälligkeit oder sonstiger die Vollstreckung begründender Tatsachen bedarf.

§ 4 Hinweise, Durchführung

Der Notar hat die Erschienenen über die Bedeutung, die rechtliche Tragweite, insbesondere die Rechtsfolgen und die Auswirkungen der Unterhaltsvereinbarung abschließend noch einmal ausführlich belehrt. Beide Erschienenen sind sich der Tragweite der getroffenen Vereinbarungen bewusst und wünschen gleichwohl die Beurkundung der Vereinbarung auch unter Inkaufnahme möglicher zukünftig daraus erwachsener Nachteile.

(ggf. weitere abschließende Hinweise/Durchführung)

(Urkundsausgang, Unterschriften)

▲

b) Begrenzung und Herabsetzung des Anspruchs

1229 Auch ein möglicher Streit um die Frage einer Begrenzung und Herabsetzung kann durch Vereinbarung vermieden werden.

Eine Vereinbarung könnte wie folgt formuliert werden.

▼

Muster 3.76: Begrenzung und Herabsetzung des Krankheitsunterhalts

Verhandelt am 3.76

Zu

Vor mir, dem unterzeichnenden Notar im Bezirk des Oberlandesgerichts

erscheinen

1. Herr , geb. am , wohnhaft

2. Frau , geb. am , wohnhaft

ausgewiesen durch .

Die Frage des beurkundenden Notars nach einer Vorbefassung im Sinne von § 3 Abs. 1 Nr. 7 BeurkG wurde von den Erschienenen verneint. Der beurkundende Notar erläuterte die vorgenannte Vorschrift.

Die Erschienenen baten den Notar um die Beurkundung einer

Scheidungsfolgenvereinbarung

und erklärten vorab:

§ 1 Ausgangslage

Wir sind beide von Geburt an deutsche Staatsangehörige und haben am , mithin vor rd. 30 Jahren, in die Ehe geschlossen. Aus unserer Ehe sind zwei inzwischen erwachsene Kinder hervorgegangen, , geb. am sowie , geb. am . Kinder aus anderen Verbindungen sind nicht vorhanden.

Ich, der Ersch. zu 1., verfüge als Finanzbeamter über ein monatsdurchschnittliches Nettoeinkommen in Höhe von EUR.

Ich, die Ersch. zu 2., bin erwerbsunfähig erkrankt, da ich unter Depressionen leide. Aus ärztlicher Sicht wird sich der Gesundheitszustand auf mittlere Sicht verbessern und in ca. fünf Jahren überwunden sein.

Wir leben seit dem voneinander getrennt und haben einvernehmlichen Scheidungsantrag bei dem zuständigen Amtsgericht – Familiengericht – in gestellt.

§ 2 Nachehelicher Unterhalt

1. Der Ersch. zu 1. verpflichtet sich, ab an die Ersch. zu 2. für die Zeit nach Rechtskraft der Scheidung einen monatlich, jeweils bis zum 1. eines jeden Monats fälligen Krankheitsunterhalt in Höhe von EUR zu zahlen. Auf darüber hinaus gehende etwaige Unterhaltsansprüche wird gegenseitig verzichtet. Wir nehmen den Verzicht wechselseitig an.
2. Die Erschienenen vereinbaren, dass die nachehelichen Unterhaltsansprüche der Ersch. zu 2. auf drei Jahre nach Rechtskraft der Scheidung befristet werden.
3. Mit Fristablauf vereinbaren wir die Fortzahlung des hälftigen Betrages zu Ziff. 1 für eine weitere Dauer von zwei Jahren.
4. Die Beträge von EUR und von EUR monatlich gem. Ziff. 1 bis 3 werden wie folgt wertgesichert: Der Unterhalt wird entsprechend den gegenwärtigen Lebenshaltungskosten be-

messen. Er erhöht oder vermindert sich im gleichen Verhältnis, in dem sich der Preisindex des Statistischen Bundesamtes für die Lebenshaltung aller privaten Haushalte verändert (Basis: 2000 = 100;[1293] Punktestand bei Abschlussdieses Vertrages (September):). Anpassungen sollen nur erfolgen, wenn sich dieser Index um mindestens 5 Punkte verändert. Die erste Überprüfung soll zum 1.10. (z.B. drei Jahre später) erfolgen. Wird die Voraussetzung für eine Änderung der Zahlungsverpflichtung festgestellt, muss der aufgrund der Änderung sich ergebende Unterhaltsbetrag vom 1.11. (d. Folgejahres) an ohne gesonderte Aufforderung gezahlt werden. Weitere Anpassungen erfolgen jeweils zum 1. des Monats, der dem Monat folgt, indem sich der genannte Preisindex um mindestens 5 Punkte verändert hat.

5. Für die Zeit nach Ablauf der Frist zu Zif. 3 der Vereinbarung verzichten wir gegenseitig auf alle gesetzlichen Ansprüche auf nachehelichen Unterhalt auch für den Fall der Not und nehmen diesen Verzicht wechselseitig an. Der Verzicht gilt auch im Falle einer Gesetzesänderung oder der Änderung der Rechtsprechung.

§ 3 Vollstreckungsunterwerfung

Wegen der in § 2 der Vereinbarung eingegangenen Verpflichtung zur Zahlung von Unterhalt unterwerfe ich, der Ersch. zu 1., mich der

sofortigen Zwangsvollstreckung

aus dieser Urkunde in mein Vermögen.

Die Ersch. zu 2. ist berechtigt, sich jederzeit auf einseitigen Antrag auf Kosten des Ersch. zu 1. eine vollstreckbare Ausfertigung dieser Urkunde erteilen zu lassen, ohne dass es hierzu des Nachweises der Fälligkeit oder sonstiger die Vollstreckung begründender Tatsachen bedarf.

§ 4 Hinweise, Durchführung

Der Notar hat die Erschienenen über die Bedeutung, die rechtliche Tragweite, insbesondere die Rechtsfolgen und die Auswirkungen der Unterhaltsvereinbarung und namentlich des Unterhaltsverzichts abschließend noch einmal ausführlich belehrt. Beide Erschienenen sind sich der Tragweite der getroffenen Vereinbarungen bewusst und wünschen gleichwohl die Beurkundung der Vereinbarung auch unter Inkaufnahme möglicher zukünftig daraus erwachsener Nachteile.

(ggf. weitere abschließende Hinweise/Durchführung)

(Urkundsausgang, Unterschriften)

▲

7. Fallbeispiel Krankheitsunterhalt

1230 *Sachverhalt*

F und M sind geschiedene Eheleute. Die früher von F betreuten Kinder sind inzwischen volljährig und wirtschaftlich selbstständig. F leidet an verschiedenen Erkrankungen und kann nichts verdienen. M hat ein durchschnittliches Monatsnettoeinkommen von 2.400 EUR.

1293 Der Index ist von 1995 auf das Jahr 2000 umgestellt worden; Umstellungshilfe im Internet unter www.destatis.de.

a) Checkliste: Unterhalt wegen Krankheit

Folgende Fragen sind von Bedeutung: 1231

Unterhalt wegen Krankheit

- Welche Krankheit hat der Gläubiger? (Ärztliches Attest)
- Seit wann besteht diese Erkrankung? War sie bereits zu einem Einsatzzeitpunkt vorhanden? (Ärztliches Attest)
- Welche Auswirkungen hat die Erkrankung auf die Berufsfähigkeit? (Ärztliches Attest)
- Welche Behandlung mit welcher Erfolgsaussicht? (Ärztliches Attest)
- Begrenzung nach Höhe und/oder Dauer gemäß § 1578b BGB?

b) Außergerichtliches Vorgehen

Die Texte unter Rdn 447 ff. „Unterhalt für einen getrenntlebenden Ehegatten wegen Krankheit oder Alters" sind nur dahingehend zu modifizieren, dass sich der Unterhaltsanspruch nach Scheidung nicht mehr aus § 1361 BGB ergibt, sondern aus § 1572 BGB. 1232

c) Auskunftsantrag/Stufenantrag

Die Gründe „Unterhalt wegen Arbeitslosigkeit" unter Rdn 834 ff. sind folgendermaßen zu modifizieren: 1233

▼

Muster 3.77: Stufenantrag nachehelicher Unterhalt wegen Krankheit

3.77

Mit diesem Stufenantrag macht die Antragstellerin in der ersten Stufe ihren Auskunftsanspruch aus §§ 1572, 1580, 1605 BGB und sodann ihren Unterhaltsanspruch gemäß § 1572 BGB geltend.

1. Die Antragstellerin hat kein eigenes Einkommen. Sie ist jedenfalls auf absehbare Zeit auch nicht in der Lage, erwerbstätig zu werden.

   Denn sie leidet seit [1294] an , wie aus der beigefügten ärztlichen Bescheinigung ersichtlich. Dieses Attest belegt auch, dass trotz aller Behandlungen weder in der Vergangenheit eine Besserung eingetreten ist noch in absehbarer Zeit mit einer Besserung gerechnet werden kann. Die Antragstellerin ist deshalb zumindest auf absehbare Zeit erwerbsunfähig.

   Beweis: Sachverständigengutachten

   Es muss auch bedacht werden, dass die Antragstellerin inzwischen Jahre alt ist. Sie war zuletzt im Jahr erwerbstätig und hat seither im Einvernehmen mit dem Antragsgegner den Haushalt geführt sowie früher die gemeinsamen Kinder betreut und versorgt. Sie hat deshalb keinerlei aktuelle berufliche Erfahrung. Auch aus diesen Gründen hätte die Antragstellerin auf dem Arbeitsmarkt keine realistische Chance.

   Zusätzlich ist zu berücksichtigen, dass der Antragsgegner ein gutes Einkommen hat und daraus jetzt kein Kindesunterhalt mehr bestritten werden muss. Er ist deshalb durch Unterhaltszahlungen an die Antragstellerin nicht unangemessen belastet.

2. Der Antragsgegner .

▲

1294 Nur wenn die Krankheit bereits zu einem Einsatzzeitpunkt (siehe Rdn 762 ff.) – erkannt oder unerkannt – vorhanden war, kann ein Anspruch aus § 1572 BGB bestehen, BGH FamRZ 2007, 200, 201 f.

8. Zahlungsantrag

1234 Die Gründe „Unterhalt wegen Arbeitslosigkeit“ unter Rdn 835 ff. sind folgendermaßen zu modifizieren:

▼

Muster 3.78: Zahlungsantrag nachehelicher Unterhalt wegen Krankheit

Mit diesem Antrag macht die Antragstellerin ihren Unterhaltsanspruch gemäß § 1572 BGB geltend.

1. Die Antragstellerin hat kein eigenes Einkommen.

   Sie ist jedenfalls auf absehbare Zeit auch nicht in der Lage, erwerbstätig zu werden.

   Denn sie leidet seit ___ an ___, wie aus der beigefügten ärztlichen Bescheinigung ersichtlich. Dieses Attest belegt auch, dass trotz aller Behandlungen weder in der Vergangenheit eine Besserung eingetreten ist noch in absehbarer Zeit mit einer Besserung gerechnet werden kann. Die Antragstellerin ist deshalb zumindest auf absehbare Zeit erwerbsunfähig.

   Beweis: Sachverständigengutachten

   Es muss auch bedacht werden, dass die Antragstellerin inzwischen ___ Jahre alt ist. Sie war zuletzt im Jahr ___ erwerbstätig und hat seither im Einvernehmen mit dem Antragsgegner den Haushalt geführt sowie früher die gemeinsamen Kinder betreut und versorgt. Sie hat deshalb keinerlei aktuelle berufliche Erfahrung. Auch aus diesen Gründen hätte die Antragstellerin auf dem Arbeitsmarkt keine realistische Chance.

   Zusätzlich ist zu berücksichtigen, dass der Antragsgegner ein gutes Einkommen hat und daraus jetzt kein Kindesunterhalt mehr bestritten werden muss. Er ist deshalb durch Unterhaltszahlungen an die Antragstellerin nicht unangemessen belastet.

2. Der Antragsgegner ___.

▲

V. Unterhalt wegen Erwerbslosigkeit, § 1573 Abs. 1, Abs. 3, Abs. 4 BGB

1. Normzweck des § 1573 BGB

1235 § 1573 BGB erfasst zwei unterschiedliche Unterhaltstatbestände.

Der Unterhalt wegen Erwerbslosigkeit nach § 1573 Abs. 1, Abs. 3, Abs. 4 BGB besteht dann, wenn ein Unterhaltsanspruch nach den vorrangigen §§ 1570, 1571, 1572 BGB nicht besteht und der Betroffene trotz notwendiger Bemühungen **keine angemessene Erwerbstätigkeit** zu finden vermag.

Dasselbe gilt nach § 1573 Abs. 3 BGB, wenn die Voraussetzungen der §§ 1570, 1571 und 1572 BGB in der Vergangenheit vorlagen und **nunmehr entfallen** sind. Es handelt sich dann um einen Anspruch auf Anschlussunterhalt.

Dasselbe gilt schließlich nach § 1573 Abs. 4 BGB bei **späterem Verlust** eines Arbeitsplatzes, wenn eine nachhaltige Unterhaltssicherung durch eine angemessene Erwerbstätigkeit noch nicht erreicht worden war und der Arbeitsplatz verloren geht.

1236 Demgegenüber stellt der **Aufstockungsunterhalt nach § 1573 Abs. 2 BGB** einen selbstständigen Anspruch zur Sicherung des in der Ehe erreichten Lebensstandards dar. Im Ergebnis trägt damit der Unterhaltspflichtige das Arbeitsmarkt- und Lebensstandardrisiko des anderen Ehegatten.

Noch vor Inkrafttreten des Unterhaltsrechtsänderungsgesetzes vom 1.1.2008 hatte der BGH mit Urt. v. 12.4.2006[1295] erklärt, dass die Ansprüche § 1573 Abs. 1 bis Abs. 4 BGB zeitlich begrenzbar sind. Ehebedingte Nachteile waren weiter – unbefristet – auszugleichen.

2. Anspruchsvoraussetzungen

Der Anspruch auf Zahlung von **Erwerbslosenunterhalt gem. § 1573 Abs. 1 BGB** setzt voraus, dass der bedürftige Ehegatte – ohne Anspruch wegen Kinderbetreuung, § 1570 BGB, Alters, § 1571 BGB oder Krankheit, § 1572 BGB – nicht in der Lage ist, eine angemessene Arbeitstätigkeit zu finden. 1237

Es bestehen fünf Anspruchsvoraussetzungen:

- Kein Anspruch nach §§ 1570, 1571, 1572 BGB,
- der Anspruchsberechtigte findet keine angemessene Erwerbstätigkeit,
- trotz notwendiger Bemühungen um eine angemessene Erwerbstätigkeit,
- zu einem maßgeblichen Einsatzzeitpunkt,
- noch keine nachhaltige Unterhaltssicherung durch eine bereits ausgeübte angemessene Erwerbstätigkeit.

a) Subsidiarität des Unterhaltsanspruches

Ein Anspruch nach § 1573 Abs. 1 BGB setzt voraus, dass der Berechtigte keinen Anspruch wegen Kindesbetreuung, § 1570 BGB, wegen Alters, § 1571 BGB oder wegen Krankheit, § 1572 BGB, hat.[1296] Der Anspruch auf Unterhalt von Erwerbslosigkeit ist daher **gegenüber den anderen Unterhaltsansprüchen subsidiär**. 1238

§ 1573 Abs. 1 BGB setzt eine **Erwerbsobliegenheit voraus**. Da diese bei den Ansprüchen nach § 1575 (Ausbildung, Fortbildung oder Umschulung) und § 1576 (Unterhalt aus Billigkeitsgründen) fehlt, sind auch Ansprüche nach diesen Vorschriften vorrangig gegenüber Ansprüchen nach § 1573 Abs. 1 BGB.

b) Bemühen um angemessene Erwerbstätigkeit gem. § 1574 Abs. 2 BGB

Der Anspruch auf Unterhalt wegen Erwerbslosigkeit setzt voraus, dass **objektiv keine reale Beschäftigungschance** für den Berechtigten existiert.[1297] 1239

Bei der zu suchenden Erwerbstätigkeit muss es sich um eine angemessene Erwerbstätigkeit im Sinne der Definition des § 1574 Abs. 2 BGB handeln. Sie muss daher der Ausbildung, den Fähigkeiten, einer ggf. früheren Erwerbstätigkeit, dem Lebensalter und dem Gesundheitszustand des geschiedenen Ehegatten entsprechen. Eingeschränkt wird dies noch dadurch, dass eine solche Tätigkeit **nach den ehelichen Lebensverhältnissen nicht unbillig** sein darf.

Nach dem **Maßstab des § 1574 Abs. 2 BGB** ist nicht nur die Art der Erwerbstätigkeit, sondern auch zu beurteilen, ob eine volle Erwerbstätigkeit angemessen ist oder lediglich eine Teilerwerbstätigkeit in Frage kommt.[1298] 1240

Um eine solche **angemessene Erwerbstätigkeit** muss sich der Berechtigte bemühen. Eine schlichte Meldung bei der Agentur für Arbeit reicht ebenso wenig aus, wie Bewerbungen ohne konkreten Bezug zu einer Stellenausschreibung, also „ins Blaue hinein".[1299]

Der Arbeitslose, gleichgültig, ob er Leistungen nach Hartz IV bezieht,[1300] oder auch keinerlei Leistungen erhält, hat **eigene Bemühungen zu entfalten**, um seiner Obliegenheit zur Arbeitssuche zu genügen. Ei- 1241

1295 BGH FamRZ 2006, 1006.
1296 BGH FamRZ 1999, 708.
1297 BGH FamRZ 2008, 2104.
1298 BGH FamRZ 1985, 908.
1299 OLG Nürnberg FamRZ 2009, 345.
1300 OLG Brandenburg FamRZ 2007, 2014.

gene Bemühungen müssen sich dokumentieren lassen in eigenen Inseraten, Notierungen in Vermittlungsagenturen oder in Job-Portalen, sowie in Bewerbungen auf Stellenanzeigen.

Der Umfang solcher Bewerbungen entspricht **zeitlich dem Umfang der Arbeitstätigkeit**, zu denen der Arbeitslose verpflichtet ist.[1301] Bei einer vollschichtigen Erwerbsobliegenheit und damit bei einer täglichen Arbeitssuche bis zu acht Stunden sind im Einzelfall bis zu 30 Bewerbungsschreiben pro Monat erforderlich.[1302] Der Umkreis der Arbeitssuche richtet sich nach den Verhältnissen des Einzelfalls.

1242 Lediglich bei **anzuerkennenden örtlichen Bindungen**, z.B. bei eigener Kinderbetreuung oder bei einer bestehenden Umgangsverantwortung, reicht es aus, wenn der Berechtigte sich auf Arbeitsplätze bewirbt, die von seinem Wohnort aus mit einem vertretbaren Aufwand erreichbar sind.[1303]

In Fällen, in denen solche anzuerkennenden örtlichen Bindungen nicht vorhanden sind, muss sich der Betroffene **überregional bewerben**. Tut er dies nicht, so erfüllt er die Anforderungen notwendiger Bemühungen um eine angemessene Erwerbstätigkeit nicht.

1243 Ob insgesamt aber eine **reale Beschäftigungschance** besteht, ist im Einzelfall festzustellen.[1304] Zweifel an Art und Umfang der notwendigen Bemühungen des Berechtigten gehen zu seinen Lasten. Sind ausreichende Bewerbungsbemühungen nicht dargelegt, ist nicht auszuschließen, dass der Betroffene eine angemessene Stelle gefunden hätte. Nur ausnahmsweise kann vom Fehlen jeglicher Beschäftigungschance ausgegangen werden.[1305]

1244 Wer verpflichtet ist, darzulegen und nachzuweisen, dass er **keine Chance auf eine Vollzeitstelle** hat, muss in gleicher Weise darlegen und nachweisen, dass ihm auch eine Tätigkeit im Rahmen der Gleitzone nach § 20 Abs. 2 SGB IV (**sog. Midi-Job**) und auch in einer geringfügigen Beschäftigung (**sog. Mini-Job**) nicht möglich ist.[1306]

3. Einsatzzeitpunkt

1245 Ein Anspruch nach § 1573 I BGB besteht nur, wenn der Betroffene zu bestimmten Einsatzzeitpunkten keine eheangemessene Arbeit gefunden hat. Solche **Einsatzzeitpunkte sind:**

- nach der Scheidung;
- Wegfall eines Anspruchs nach § 1570 BGB;
- Wegfall eines Anspruchs nach § 1571 BGB;
- Wegfall eines Anspruchs nach § 1572 BGB;
- Wegfall eines Anspruchs nach § 1575 BGB.

1246 Der Begriff **„nach der Scheidung"** rückt den Einsatzzeitpunkt nicht so eng an die Scheidung wie bei §§ 1571, 1572 BGB. Nach **etwa 1–1½ Jahren** wird der erforderliche zeitliche Zusammenhang aber als unterbrochen angesehen werden müssen, je nach Lage des Einzelfalles.[1307]

Beim Einsatzzeitpunkt nach § 1570 BGB ist zu beachten, dass es sich bei § 1573 I BGB sodann um einen **Anschlussunterhalt** handelt und dieser nur in dem Umfang weiterbesteht, wie er im Zeitpunkt des weggefallenen Vortatbestandes bestanden hatte.[1308]

1301 BGH FamRZ 2006, 317.
1302 BGH FamRZ 1987, 144; OLG Koblenz FamRZ 2000, 313.
1303 BGH FamRZ 2009, 314.
1304 BGH FamRZ 2008, 2104.
1305 Ausführlich dazu Wendl/Dose/*Bömelburg*, § 4 Rn 277 und 302 ff.
1306 BGH FamRZ 2012, 517.
1307 BGH FamRZ 1887; 684 mit Anm. *Weychardt*, FamRZ 1987, 1130 – zeitlicher Zusammenhang wurde 1 ½ Jahre nach Rechtskraft der Scheidung verneint; OLG Oldenburg FamRZ 1986, 64: 1 Jahr; Wendl/Dose/*Bömelburg*, § 4 Rn 114: 1 ½ Jahre; ebenso Weinreich/Klein/*Eder*, § 1573 Rn 15 f.
1308 BGH FamRZ 1990, 260; 2001, 1291.

Ist der Berechtigte wegen notwendiger Kindesbetreuung nicht mehr an der Aufnahme einer Vollerwerbstätigkeit gehindert, findet aber wegen der Arbeitsmarktlage keine Erwerbstätigkeit, ist der Einsatzzeitpunkt zu bejahen.

Dies gilt zum **Zeitpunkt der notwendigen Arbeitsaufnahme** einer Teilzeitstelle ebenso wie im Rahmen 1247
des Überganges von einer wegen Betreuung gerechtfertigten Teilzeittätigkeit zu einer Vollerwerbstätigkeit.

Ein **Einsatzzeitpunkt betreffend Altersunterhalt** spielt faktisch keine Rolle, da mit fortschreitendem Alter ein vormals begründeter Anspruch wegen Altersunterhalt faktisch nicht noch einmal wegfallen kann.

Ist der Berechtigte wieder gesund und fallen deshalb die Voraussetzungen eines Anspruches § 1572 BGB 1248
weg und findet er keine angemessene Arbeit, ist der **Anschlussunterhaltsanspruch** nach § 1573 Abs. 1 BGB gegeben. Fällt Ausbildungsunterhalt (§ 1575 BGB) weg, da der Berechtigte seine Ausbildung beendet hat, findet er aber keine darauf begründete angemessene Erwerbstätigkeit, ist ebenfalls der Anschlussunterhaltsanspruch nach § 1573 Abs. 1 BGB gegeben. Für jeden Anschlussunterhalt gilt aber, dass der Anspruch nur in demjenigen Umfang gegeben ist, wie er im Zeitpunkt des weggefallenen Vortatbestands gegeben war.

Im Übrigen gilt: Bestand bis zur Scheidung eine langjährige, den vollen Bedarf deckende Erwerbstätigkeit, entsteht ein Anspruch nach § 1573 Abs. 1 BGB selbst dann nicht, wenn der Arbeitsplatz nur wenige Tage nach der Scheidung wegfällt.[1309]

Ein **Sonderproblem**[1310] stellt der Wegfall des Arbeitsplatzes wenige Tage nach der Scheidung dar, wenn 1249
der Unterhalt zum Zeitpunkt der Scheidung durch eine angemessene Erwerbstätigkeit nachhaltig gesichert war. Man wird jedoch im Ergebnis den „Zeitpunkt der Scheidung" auch dann annehmen können, wenn lediglich wenige Tage zwischen Rechtskraft der Scheidung und eingetretenem Arbeitsplatzverlust liegen.[1311]

Richtig ist allerdings, dass der **zeitliche Zusammenhang** der anschließenden Erwerbslosigkeit mit der Scheidung nur bei kurzen Zeiträumen von wenigen Tagen bestehen kann, weil sonst der Zweck des § 1573 Abs. 4 BGB verfehlt würde, dem Pflichtigen nicht das Erwerbsrisiko des Berechtigten aufzubürden.

4. Umfang und Dauer des Anspruches

Geschuldet wird der **volle eheangemessene Unterhalt** (§ 1578 Abs. 1 S. 1 BGB). Wird eine zumutbare 1250
Vollzeittätigkeit aus Gründen der Arbeitsmarktsituation nicht ausgeübt, geht der Berechtigte aber einer angemessenen Teilzeitbeschäftigung nach, beschränkt sich der Anspruch auf den **durch die Teilzeittätigkeit noch nicht gedeckten vollen Unterhaltsbedarf**.[1312]

In jedem Fall einer **Differenz zum vollen Bedarf** ist diese Differenz auszugleichen. Dies gilt auch, wenn 1251
der Berechtigte eine nicht angemessene Erwerbstätigkeit ausübt, weil er aus Gründen der Arbeitsmarktsituation keine angemessene Beschäftigung gefunden hat.

Der Unterhaltsanspruch wegen Erwerbslosigkeit nach § 1573 Abs. 1 BGB **endet**, wenn der Unterhalts- 1252
berechtigte die (erste) angemessene, zur Deckung des vollen Unterhalts ausreichende Erwerbstätigkeit nach der Scheidung gefunden hat.[1313]

1309 OLG Bamberg FamRZ 1997, 819.
1310 So zu Recht Wendl/Dose/*Bömelburg*, § 4 Rn 284.
1311 A.A. OLG Bamberg FamRZ 1997, 819; OLG Köln FamRZ 1998, 1434; anders wohl BGH FamRZ 1988, 701; vgl. Wendl/Dose/*Bömelburg*, § 4 Rn 284.
1312 BGH NJW 2011, 303.
1313 BGH FamRZ 1985, 791.

Der Unterhaltsanspruch kann nach § 1573 Abs. 4 S. 1 BGB **wieder aufleben**, wenn die Einkünfte aus der angemessenen Erwerbstätigkeit wegfallen, bevor sie nachhaltig gesichert waren im Sinne von § 1573 Abs. 4 BGB. Noch nicht nachhaltig gesichert ist der Unterhalt beispielsweise dann, wenn das Arbeitsverhältnis ohne Verschulden des Berechtigten vom Arbeitgeber während der Probezeit gekündigt wird. **Unverschuldet** ist ein Verlust der Erwerbstätigkeit auch dann, wenn der Berechtigte einen Unfall erleidet, eine Krankheit auftritt, infolge Alters oder Insolvenz des Arbeitgebers der Arbeitsplatzverlust eintritt.

1253 *Praxistipp*

Hinsichtlich einer **Insolvenz des Arbeitgebers** gilt jedoch: Auch bei einer kurzen Beschäftigungszeit kann der Unterhalt nachhaltig gesichert sein: Dies ist etwa der Fall, wenn der Bedürftige nach Abschluss eines langfristigen Arbeitsvertrages seine Stelle verliert, weil der Arbeitgeber unerwartet in Insolvenz gegangen ist.[1314]

1254 Entfällt eine Erwerbstätigkeit **durch eigenes Verschulden**, beispielsweise durch eigene Kündigung des Berechtigten oder bei schuldhaft herbeigeführter Arbeitgeberkündigung, so lebt der Unterhaltsanspruch nicht wieder auf.

War dagegen der Unterhalt durch die Erwerbstätigkeit **noch nicht nachhaltig gesichert,** war er also **noch nicht endgültig in das Erwerbsleben eingegliedert**, eröffnet § 1573 Abs. 4 BGB eine neue Einsatzzeit, an die sich auch ein Anschlussunterhalt anschließen kann. Diese Einsatzzeit beginnt mit dem Wegfall der ausgeübten Erwerbstätigkeit.

Hat eine solche Eingliederung in das Erwerbsleben allerdings **stattgefunden, trägt der Berechtigte auch die Gefahr** unvorhergesehener Ereignisse und Entwicklungen selbst. Der frühere Ehepartner haftet dann unterhaltsrechtlich nicht.[1315]

1255 Einer **Einzelfallbewertung** unterliegt, ob bereits eine nachhaltige Unterhaltssicherung durch Erwerbstätigkeit vorliegt oder ob der Unterhalt noch nicht nachhaltig gesichert erschien. Entscheidend für die Beurteilung im Einzelfall ist eine „objektiviert vorausschauende Betrachtung".[1316] Entscheidend ist daher nicht, ob nach einer subjektiven Vorausschau zu Beginn der Erwerbstätigkeit eine nachhaltige Unterhaltssicherung erreicht zu sein schien.

1256 Bei der gebotenen **objektiven nach rückwärts gewandten Betrachtung** sind diejenigen Umstände zu berücksichtigen, die eventuell schon vorlagen, aber erst später zu Tage getreten sind.[1317] Spätestens bei einer Dauer der Erwerbsfähigkeit von **zwei Jahren** ist von einer nachhaltigen Unterhaltssicherung auszugehen.[1318] Regelmäßig wird man dies aber schon nach Ablauf der Probezeit bei Weiterbeschäftigung des Berechtigten annehmen können.

1257 Dies gilt allerdings lediglich für **unbefristete Arbeitsverhältnisse**. Bei von vornherein zeitlich begrenzten Arbeitsplätzen liegt keine nachhaltige Sicherung des Unterhaltes vor.[1319]

Hat der Berechtigte die Erwerbstätigkeit bereits **vor der Scheidung aufgenommen**, ist die Frage nachhaltiger Unterhaltssicherung zum Zeitpunkt der Scheidung zu beurteilen.[1320]

1258 Der Unterhalt nach § 1573 Abs. 1 BGB wird nur so lange geschuldet, bis der Berechtigte einen entsprechenden Arbeitsplatz gefunden hat. Wie jeder nacheheliche Unterhaltsanspruch kann der auf § 1573 BGB beruhende Anspruch aber nach § 1578b BGB **zeitlich begrenzt** bzw. auf den angemessenen Lebensbedarf herabgesetzt werden.

1314 Wendl/Dose/*Bömelburg*, § 4 Rn 295.
1315 BGH FamRZ 1988, 701.
1316 So BGH FamRZ 1988, 701.
1317 BGH FamRZ 1985, 791: Lehrerin wird zwei Tage nach Dienstantritt langfristig dienstunfähig.
1318 OLG Karlsruhe, FamRZ 2000, 233.
1319 OLG Frankfurt FamRZ 1987, 1041.
1320 OLG Köln FamRZ 1998, 1434; OLG Bamberg FamRZ 1997, 819.

5. Darlegungs- und Beweislast

Der **Berechtigte** trägt die volle Darlegungs- und Beweislast dafür, dass er zum entsprechenden Einsatzzeitpunkt **trotz seiner notwendigen Bemühungenkeine angemessene Erwerbstätigkeit erlangen konnte** und weiterhin nicht erlangen kann. 1259

Er muss im Einzelnen darlegen, **welche Schritte** er unternommen hat, um einen Arbeitsplatz zu finden und sich bietende Erwerbsmöglichkeiten zu nutzen. Der **Hinweis auf eine Meldung bei der Arbeitsagentur** genügt wie in allen Fällen, in denen der Berechtigte Unterhalt verlangt und Arbeitsbemühungen erforderlich sind, naturgemäß **nicht**.[1321] Auch die Vorlage eines Konvoluts von Bewerbungsschreiben und Absagen genügt diesen Anforderungen noch nicht.

Erforderlich ist eine mit Nachweisen versehene systematische Darstellung, aus der sich die **Ernsthaftigkeit und Nachhaltigkeit** der Bewerbungen nachvollziehen lässt. Notwendig ist auch der Nachweis eigener Schaltung von Anzeigen und Meldungen in entsprechenden Internetportalen sowie der Nachweis von Nachfragen bei potenziellen Arbeitgebern ohne konkret vorliegendes Angebot. Behauptungen von Telefonbewerbungen ohne konkreten Nachweis sind in die Beurteilung eines ausreichenden Tatsachenvortrags nicht einzubeziehen.[1322] 1260

Die **Nachweispflicht** erstreckt sich in gleicher Weise darauf, dass ihm eine Erwerbstätigkeit weder im Rahmen der Gleitzone nach **§ 20 Abs. 2 SGB IV (sog. Midi-Job) noch in einer geringfügigen Beschäftigung** möglich ist.[1323] War der unterhaltsberechtigte Ehegatte bereits zur Zeit der Ehescheidung nicht mehr an einer vollschichtigen Erwerbstätigkeit gehindert, kann er nicht später Unterhalt wegen Erwerbslosigkeit beanspruchen, wenn er nicht die Erfolglosigkeit früherer Erwerbsbemühungen darlegt.[1324] Hatte sich der Unterhaltsberechtigte stattdessen beispielsweise für eine Beschäftigung mit einer **absehbar begrenzten Dauer** entschieden, hat der andere Ehegatte das Beschäftigungsrisiko nicht mehr mitzutragen.[1325] 1261

Fehlt ausreichender Tatsachenvortrag, ist von realer Beschäftigungschance auszugehen.[1326] 1262

Hinsichtlich nachhaltiger Sicherung des Unterhaltes trägt im Übrigen der Unterhaltsberechtigte auch die Darlegungs- und Beweislast dafür, dass eine solche Sicherung nicht zu erreichen war.[1327]

6. Fallbeispiel Unterhalt wegen Erwerbslosigkeit

Sachverhalt 1263

F und M sind seit drei Jahren geschieden. Sie haben zwei gemeinsame schulpflichtige Kinder im Alter von sieben und drei Jahren, die bei F leben. F hatte bisher wegen der Kinderbetreuung keine Arbeitstätigkeit aufgenommen; seit einem Jahr hat sie sich intensiv um eine Arbeitsstelle bemüht, jedoch wegen der Arbeitsmarktlage und ihrer mangelnden beruflichen Erfahrung keine Stelle gefunden. M ist ganztags tätig und verdient 2.400 EUR netto monatlich.

1321 BGH FamRZ 1986, 244; FamRZ 1986, 1085; FamRZ 1990, 499; FamRZ 1996, 345; OLG Nürnberg FamRZ 2009, 345.
1322 OLG Köln FamRZ 1997, 1104.
1323 BGH FamRZ 2012, 5178 m. Anm. *Born*.
1324 BGH FamRZ 2012, 1483.
1325 Z.B. Pflege im Haushalt, BGH FamRZ 2012, 1483.
1326 BVerfG 2010, 183; BGH FamRZ 2008, 2104; OLG Hamm FamRZ 2010, 1914.
1327 BGH FamRZ 2003, 1734, 1736.

a) Checkliste: Unterhalt wegen Arbeitslosigkeit

1264 Folgende Fragen sind von Bedeutung:

> *Unterhalt wegen Arbeitslosigkeit*
> - Ausreichende Bemühungen des Gläubigers zum maßgeblichen Einsatzzeitpunkt um eine Arbeitsstelle oder um die Ausweitung seiner Erwerbstätigkeit?
> - Datum und Grund eines Arbeitsplatzverlustes nach Einsatzzeitpunkt?
> - Begrenzung nach Höhe und/oder Dauer gemäß § 1578b BGB?

b) Außergerichtliches Vorgehen

aa) Das Einkommen des Schuldners ist bekannt

1265 ▼

Muster 3.79: Anspruchschreiben Unterhalt wegen Erwerbslosigkeit

3.79 Sehr geehrter Herr M,

Ihre geschiedene Ehefrau wird von uns vertreten. Sie hat uns beauftragt, ihren Unterhaltsanspruch gegen Sie geltend zu machen, nachdem Sie erklärt haben, bei dem jetzt erreichten Alter der Kinder seien Sie nicht mehr unterhaltspflichtig, unsere Mandantin müsse sich selbst unterhalten.

Diese Überlegung ist vom Ansatz her teilweise richtig, weil unsere Mandantin jetzt grds. zu einer Erwerbstätigkeit verpflichtet ist. Zu einem erheblichen Teil besteht aber der Unterhaltsanspruch aus § 1570 BGB wegen der Kinderbetreuung fort, weil unsere Mandantin mit einer Teilzeittätigkeit, die ihr jetzt zumutbar wäre, nicht genug zum Leben verdienen könnte. Im Übrigen kann unsere Mandantin Unterhalt wegen Arbeitslosigkeit aus § 1573 BGB geltend machen; denn sie hat, wie Sie wissen, keine Arbeitsstelle.

Ab wann genau unsere Mandantin zu einer Erwerbstätigkeit verpflichtet war, lässt sich nicht eindeutig beantworten; die Gerichte entscheiden hierzu unterschiedlich. Unsere Mandantin bemüht sich jedenfalls seit ______ intensiv um eine Arbeitsstelle. Sie ist nicht nur bei der Arbeitsagentur als arbeitslos gemeldet, sondern hat sich darüber hinaus selbst aktiv um Arbeit bemüht. Sie hat nämlich ______ *[Hier sind die Arbeitsbemühungen zu schildern und ggf. auch zu belegen.]*

Unsere Mandantin ist jetzt ______ Jahre alt. Sie ist zuletzt vor ______ Jahren als ______ erwerbstätig gewesen und hatte seither die Haushaltsführung und Kinderbetreuung übernommen. ______ *(Hier sind die Gründe anzuführen, z.B. mangelnde aktuelle Kenntnisse, erforderliche Fortbildung, Alter, Krankheit, Arbeitsmarkt usw.)* Daher kann jedenfalls nicht ausgeschlossen werden, dass es bei der Arbeitslosigkeit auf Dauer bleiben wird; zumindest zurzeit kann unsere Mandantin auch wegen Arbeitslosigkeit weiter Unterhalt verlangen.

Soweit wir wissen, verdienen Sie im Jahresdurchschnitt monatlich netto ______ EUR. Hierbei sind wir von Ihrem Jahreseinkommen (einschließlich der Sonderzuwendungen) ausgegangen und haben dieses durch 12 geteilt. Die uns bekannten, bei der Unterhaltsberechnung anzusetzenden Ausgaben haben wir berücksichtigt, nämlich ______. Weiter haben wir den von Ihnen für die sieben und drei Jahre alten Kinder zu zahlenden Unterhalt in Höhe von ______ EUR und ______ EUR (nach Kürzung um das halbe Kindergeld) abgezogen, genauso die von Ihnen gemäß § 1578 Abs. 2 BGB zu zahlenden Krankenversicherungskosten für unsere Mandantin in Höhe von ______ EUR, so dass ______ EUR verblieben sind.

Als Ehegatten-Elementarunterhalt werden 45 % hiervon geschuldet. Das sind hier ______ EUR.[1328]

1328 Wenn Vorsorgeunterhalt verlangt werden soll, muss dieser hier gesondert berechnet werden. Siehe hierzu Rdn 379 ff.

Wir fordern Sie deshalb auf, ab sofort an unsere Mandantin monatlich als Ehegattenunterhalt EUR (Elementarunterhalt) und weitere EUR als Krankenvorsorgeunterhalt, insgesamt also EUR zu zahlen. Bitte bestätigen Sie uns bis zum schriftlich, dass Sie diesen Betrag regelmäßig zahlen werden.[1329] Liegt diese Bestätigung hier nicht fristgerecht vor, so müsste unsere Mandantin daraus schließen, dass Sie den geltend gemachten Unterhalt nicht freiwillig regelmäßig zahlen werden, und deshalb den Unterhalt gerichtlich klären lassen.

(Unterschrift)

▲

bb) Das Einkommen des Schuldners ist nicht bekannt

▼ 1266

Muster 3.80: Aufforderung zur Auskunftserteilung Einkommen wegen Unterhaltsanspruch Erwerbslosigkeit 3.80

Sehr geehrter Herr M,

Ihre geschiedene Ehefrau wird von uns vertreten. Sie hat uns beauftragt, ihren Unterhaltsanspruch gegen Sie geltend zu machen, nachdem Sie erklärt haben, bei dem jetzt erreichten Alter der Kinder seien Sie nicht mehr unterhaltspflichtig, unsere Mandantin müsse sich selbst unterhalten.

Tatsächlich besteht der Unterhaltsanspruch aber noch weiter, zum einen wegen der Kinderbetreuung (§ 1570 BGB), zum anderen, weil unsere Mandantin trotz intensiver Bemühungen bis heute keine Arbeitsstelle gefunden hat (§ 1573 BGB). Sie ist nicht nur bei der Arbeitsagentur als arbeitslos gemeldet, sondern hat darüber hinaus selbst aktiv nach Arbeit gesucht. Sie hat nämlich *[Hier sind die Arbeitsbemühungen zu schildern und ggf. auch zu belegen.]*

Für die Höhe des Unterhalts kommt es in erster Linie darauf an, was Sie verdienen. Sie müssen also gemäß §§ 1570, 1573, 1580, 1605 BGB Auskunft über Ihr Einkommen erteilen, und zwar für jedenfalls ein Jahr.[1330]

Wir fordern Sie deshalb hiermit auf, Auskunft über Ihr gesamtes Einkommen zu geben, das Sie in der Zeit von bis *[beim abhängig Tätigen die letzten zwölf Monate vor dem Geltendmachen des Auskunftsanspruchs, beim Selbstständigen die letzten drei Kalenderjahre]* hatten.

Außerdem müssen Sie Ihr Einkommen belegen, und zwar hinsichtlich Ihrer Monatsbezüge durch Vorlage sämtlicher Verdienstabrechnungen, die Sie in dieser Zeit erhalten haben *[beim Selbstständigen: durch Vorlage der vollständigen Bilanzen und/oder Gewinn- und Verlustrechnungen sowie der drei jüngsten vollständigen Einkommensteuererklärungen mit allen Anlagen, ferner der in den letzten drei Jahren ergangenen Einkommensteuerbescheide]*. Wenn es in diesem Zeitraum eine Steuererstattung gegeben hat, muss sie von Ihnen ebenfalls angegeben und durch Vorlage des Steuerbescheides belegt werden. Soweit Sie Einkünfte aus Vermögen haben, z.B. Zinsen, Dividenden, Mieteinnahmen usw., müssen Sie diese für den Zeitraum des letzten Kalenderjahres angeben und belegen.

Falls Sie Belastungen berücksichtigt wissen wollen, müssen auch diese von Ihnen aufgeführt und mit Belegen nachgewiesen werden.

1329 Für die Vergangenheit kann Unterhalt nur geltend gemacht werden, wenn der Schuldner in Verzug gekommen ist (§ 1613 BGB). Verzug liegt bei bekanntem Schuldnereinkommen nur vor, wenn er zur Zahlung eines bezifferten Unterhalts aufgefordert worden ist (BGH NJW 1982, 1983; 1984, 868). Ist das Schuldnereinkommen nicht bekannt, so reicht jetzt auch beim nachehelichen Unterhalt das Auskunftsverlangen, um Verzug zu begründen.

1330 Beim selbstständigen Schuldner für die letzten drei Jahre, BGH FamRZ 1985, 471.

Gleichzeitig werden Sie hiermit aufgefordert, ab sofort den Ehegattenunterhalt zu zahlen, der sich auf der Basis Ihres Einkommens ergibt. Gegenwärtig kann die genaue Unterhaltshöhe noch nicht angegeben werden, weil Ihr Einkommen noch nicht bekannt ist. Wir werden den Unterhalt beziffert geltend machen, sobald Sie die Auskunft erteilt und die Belege vorgelegt haben.[1331]

Ihre Auskunft und die dazugehörenden Belege müssen hier bis zum ______ eingegangen sein. Sollten Sie diese Frist nicht einhalten, so werden wir unserer Mandantin raten, sofort beim Familiengericht einen Unterhalts-Antrag zu stellen. Die Kosten dieses Verfahrens werden Sie, wenn die Auskunft nicht erteilt wird, gemäß § 243 Nr. 2 FamFG unabhängig vom Ausgang dieses Verfahrens zu tragen haben.

(Unterschrift)

▲

c) Auskunftsantrag/Stufenantrag

1267 Ist das Einkommen des anderen geschiedenen Ehegatten nicht bekannt und hat er auch keine Auskunft erteilt, kann ein isolierter Auskunftsantrag gestellt werden. Das ist allerdings nicht sinnvoll, weil später im Regelfall zusätzlich ein Zahlungsantrag gestellt werden muss.

Anders sieht es bei dem Stufenantrag gemäß §§ 113 FamFG, 254 ZPO aus. Denn mit dem Stufenantrag wird auch der – zunächst noch unbeziffert geltend gemachte – Zahlungsanspruch rechtshängig mit der Folge, dass der Antragsgegner gemäß § 284 Abs. 1 S. 2 BGB auch hinsichtlich des unbeziffert geltend gemachten Unterhalts mit Antragszustellung in Verzug gerät.

1268 *Beachten!*

Gemäß § 235 Abs. 1 FamFG besteht jetzt auch eine **verfahrensrechtliche Auskunftspflicht**, die das Gericht gemäß § 235 Abs. 2 FamFG **auf Antrag** eines Beteiligten geltend machen **muss**, wenn der andere Beteiligte außergerichtlich trotz Aufforderung keine oder keine ausreichende Auskunft erteilt hatte. Ferner kann das Gericht gemäß § 236 Abs. 1 FamFG – und **muss** dies **auf Antrag** gemäß § 236 Abs. 2 FamFG – bei Dritten (Arbeitgeber, Sozialleistungsträger, Versicherungen und Finanzämter) Auskünfte und Belege anfordern. Solche Anordnungen des Gerichtes können gemäß § 235 Abs. 4 und § 236 Abs. 5 FamFG von den Beteiligten nicht selbstständig angefochten werden. Die Verpflichtung der Beteiligten kann allerdings gemäß § 235 Abs. 4 FamFG nicht mit Zwangsmitteln durchgesetzt werden, wohl aber die Verpflichtung des Dritten (außer Behörden) gemäß § 236 Abs. 4 S. 2 FamFG, § 390 ZPO.

Es sollten deshalb in jedem Auskunfts- oder Stufenantrag die Anträge gemäß §§ 235 und 236 FamFG gestellt werden; denn es spricht einiges dafür, dass der Schuldner reagieren wird, wenn er vom Gericht gemäß § 235 Abs. 1 S. 4 FamFG darauf hingewiesen wird, dass sonst bei Dritten gemäß § 236 FamFG nachgefragt wird und dass er mit Kostenkonsequenzen gemäß § 243 Abs. 2 Nr. 4 FamFG zu rechnen hat.

1269 *Alternative!*

Falls das Einkommen des Schuldners jedenfalls einigermaßen bekannt ist, kann auch schon sofort ein Zahlungsantrag gestellt, darin ein bestimmtes Einkommen des Schuldners behauptet und auf der Basis dieses behaupteten Einkommens der Unterhalt geltend gemacht werden. Das Gericht hat das vom Antragsteller behauptete Einkommen als richtig zu unterstellen, es sei denn, der Antragsgegner weist ein geringeres Einkommen nach;[1332] für diesen Fall siehe Rdn 836.

1331 Um den Schuldner in Verzug zu setzen, so dass gemäß § 1613 BGB später auch noch rückwirkend ab Zugang des Schreibens Unterhalt verlangt werden kann, reicht es gemäß § 1585 Abs. 2 BGB nunmehr aus, nur Auskunft zu verlangen.

1332 BGH FamRZ 1987, 259, 260; OLG Hamm FamRZ 1998, 1602.

Die unter Umständen zeitaufwändige erste Stufe eines Stufenantrags und die danach vielleicht sogar erforderliche Vollstreckung aus dem Auskunftstitel werden umgangen. Der Antragsgegner muss nicht zur Erfüllung einer Auskunftsverpflichtung, sondern zu seiner eigenen Rechtsverteidigung Auskunft erteilen. 1270

Das mit einer überhöhten Unterhaltsforderung verbundene Kostenrisiko ist wegen § 243 Nr. 2 FamFG – Kosten trägt nach billigem Ermessen unabhängig vom Verfahrensergebnis der Unterhaltsschuldner, wenn er keine oder keine ausreichende Auskunft erteilt hatte – im Fall einer nachvollziehbaren Zahlungsforderung zumindest weitestgehend weggefallen. Es kann aber auch sein, dass das tatsächliche Einkommen über dem behaupteten liegt und deshalb nur zu geringer Unterhalt geltend gemacht wird;[1333] deswegen sollte ein solcher Antrag als Teilantrag bezeichnet werden, so dass Nachforderungen möglich bleiben.

Beachten! 1271

Es kann im Zusammenhang mit einem Hauptsacheverfahren eine einstweilige Anordnung oder auch ohne Hauptsacheverfahren eine isolierte einstweilige Anordnung gemäß §§ 119, 49 ff., 246 FamFG beantragt werden. In beiden Fällen geht es gemäß § 51 Abs. 3 S. 1 FamFG um ein selbstständiges Verfahren, so dass also stets das volle Rubrum im Antrag aufgeführt werden muss. Wird eine isolierte einstweilige Anordnung erlassen, muss das Gericht gemäß § 52 Abs. 1 FamFG nur auf Antrag eines Beteiligten ein Hauptsacheverfahren einleiten. Ziel dieser Regelung ist es, Unterhaltsstreitigkeiten schneller und kostengünstiger (weil kein Hauptsacheverfahren) abzuschließen.

Im einstweiligen Anordnungsverfahren gibt es gemäß § 114 Abs. 3 Nr. 1 FamFG keinen Anwaltszwang, während im Unterhalts-Hauptsacheverfahren Anwaltszwang besteht, § 114 Abs. 1 FamFG. Die einstweilige Anordnung ist gemäß § 246 Abs. 1 FamFG weder zeitlich noch der Höhe nach beschränkt. 1272

Ist ein Scheidungsverfahren anhängig oder hierfür VKH beantragt, sollte die einstweilige Anordnung gemäß §§ 119, 49 ff., 246 FamFG dort beantragt werden. Denn die im Scheidungsverfahren erlassene einstweilige Anordnung gilt – anders als eine Endentscheidung betreffend den Trennungsunterhalt – gemäß §§ 119, 56 FamFG über die Ehescheidung hinaus,[1334] bis eine andere Regelung (Entscheidung oder Vereinbarung) wirksam wird.[1335]

Sie wird ferner gemäß §§ 119, 56 Abs. 2 unwirksam, wenn der Hauptsacheantrag zurückgenommen, rechtskräftig abgewiesen oder übereinstimmend für erledigt erklärt wird. Auf diese Weise lässt sich also – ggf. auch nur wegen eines Teilbetrags – kurzfristig ein Titel schaffen.

Hat dieser einen auch für die nacheheliche Zeit annehmbaren Inhalt, braucht für den Gläubiger zunächst nichts weiter unternommen zu werden.[1336]

Beachten! 1273

Wenn nur **zu geringer Unterhalt** durch einstweilige Anordnung zugesprochen worden ist, kann

- Abänderung gemäß §§ 119, 54 FamFG beantragt,[1337]
- bei einer isolierten einstweiligen Anordnung ein Antrag auf Einleitung eines Hauptsacheverfahrens gemäß § 52 FamFG gestellt,
- bei Erlass der einstweiligen Anordnung im Unterhaltsverfahren das Hauptsache-Antragsverfahren fortgeführt und

1333 Ein Indiz hierfür ist es, wenn der Schuldner keine Einwände gegen das behauptete Einkommen erhebt.

1334 Die in einem isolierten Trennungsunterhaltsverfahren erlassene einstweilige Anordnung wird hingegen mit Rechtskraft der Scheidung gegenstandslos, OLG Frankfurt FamRZ 2006, 1687 m.w.N.

1335 Nicht schon bei vorläufiger Vollstreckbarkeit des Beschlusses, sondern erst mit Rechtskraft, § 56 Abs. 1 S. 2 FamFG.

1336 Sofern der Gläubiger bisher im Rahmen der Familienversicherung kostenfrei über den Schuldner krankenversichert war und der Gläubiger nach der Scheidung nicht über die Familienversicherung des betreuenden Elternteils krankenversichert ist, müssen für die Zeit nach Scheidung die Krankenversicherungskosten zusätzlich geltend gemacht werden.

1337 Eine solche Abänderung ist – wenn die einstweilige Anordnung im Scheidungsverfahren ergangen war – nach Rechtskraft des Scheidungsbeschlusses nicht mehr möglich, BGH NJW 1983, 1330.

- bei Erlass der einstweiligen Anordnung im Scheidungsverfahren auch noch ein gesonderter Unterhaltsantrag isoliert (für Trennungsunterhalt) oder im Scheidungsverbund (für nachehelichen Unterhalt) gestellt

werden.

1274 Ist der Unterhalt nach Ansicht des Schuldners **zu hoch** festgesetzt worden, kann er mit einem Abänderungsantrag gemäß §§ 119, 54 FamFG und bei Ablehnung dieses Antrags mit einem negativen Feststellungsantrag aktiv werden.[1338]

Das gilt nicht für die einstweilige Anordnung im isolierten Unterhaltsverfahren, da das Unterhalts-Hauptsacheverfahren fortgesetzt und auf diese Weise eine anderweitige Regelung erreicht werden kann.

1275 ▼

Muster 3.81: Stufenantrag auf Zahlung von Unterhalt wegen Erwerbslosigkeit

3.81 An das

Amtsgericht

– Familiengericht –

Antrag

der Frau F, (Anschrift),

– Antragstellerin –,

Verfahrensbevollmächtigte: Rechtsanwälte

gegen

Herrn M, (Anschrift),

– Antragsgegner –,

wegen nachehelichen Unterhalts.

Für die von uns vertretene Antragstellerin werden wir beantragen,

dem Antragsgegner aufzugeben,

1. der Antragstellerin Auskunft über sämtliches Einkommen zu erteilen, das er in der Zeit von bis [1339] erzielt hat,
2. diese Auskunft gegenüber der Antragstellerin zu belegen, und zwar durch Vorlage ,[1340]
3. ggf.: die Vollständigkeit und Richtigkeit der Auskunft vor Gericht an Eides Statt zu versichern,

1338 OLG Frankfurt NJW-RR 2015, 326 m.w.N.

1339 Im Regelfall wird Auskunft für ein Jahr geschuldet, bei Selbstständigen für die letzten drei vollen Kalenderjahre (BGH FamRZ 1982, 680, 681), ausnahmsweise für einen längeren Zeitraum (BGH FamRZ 1985, 357).

1340 Hier muss genau bezeichnet werden, welche Urkunden der Schuldner vorlegen soll. Sämtliche Einkommensarten sind zu belegen; bezüglich jeder einzelnen Einkommensart muss also der Beleg angegeben werden, der vorgelegt werden soll. Bei einem abhängig Tätigen ist zumindest eine Verdienstbescheinigung seines Arbeitgebers geschuldet, die das in den letzten zwölf Monaten erzielte Bruttoeinkommen sowie sämtliche Abzüge aufgeschlüsselt ausweist. Der Selbstständige muss mindestens die Bilanzen und/oder Gewinn- und Verlustrechnungen der letzten drei Kalenderjahre mit allen Anlagen sowie die drei jüngsten Einkommensteuererklärungen mit allen Anlagen vorlegen, ferner die in den letzten drei Jahren ergangenen Einkommensteuerbescheide. Sofern nicht einmal die Einkommensarten des Schuldners bekannt sind, sollte formuliert werden: „… und zwar durch Vorlage von Urkunden, die wir nach der Auskunfterteilung gemäß dem Antrag zu 1 näher bezeichnen werden, …". Zum Inhalt des Antrags und zur Vollstreckung *Büttner*, FamRZ 1992, 629.

4. gemäß § 235 FamFG in einem vom Gericht zu bestimmenden Umfang Auskunft über seine Einkünfte, sein Vermögen sowie seine persönlichen und wirtschaftlichen Verhältnisse zu erteilen und hierzu Belege vorzulegen,
5. an die Antragstellerin ab Rechtshängigkeit[1341] Unterhaltsbeträge zu zahlen, deren Höhe wir nach Erfüllung der Anträge zu 1 bis 4 beziffern werden.

Für den Fall, dass ein schriftliches Vorverfahren durchgeführt wird, beantragen wir, bei Fristversäumnis einen Versäumnisbeschluss und bei Anerkenntnis einen Anerkenntnisbeschluss zu erlassen.

Gründe:

Die Beteiligten waren Eheleute; seit dem sind sie rechtskräftig geschieden. Sie haben zwei Kinder, nämlich K1 (geboren am) und K2 (geboren am). Die Kinder *[Beschreibung der Lebensumstände, Kindergarten, Schule usw.]* und leben bei der Antragstellerin, die sie betreut und versorgt.

Mit diesem Stufenantrag macht die Antragstellerin in der ersten Stufe ihren Auskunftsanspruch aus §§ 1570, 1573, 1580, 1605 BGB und sodann ihren Unterhaltsanspruch gemäß §§ 1570 und 1573 BGB geltend.

Ein Titel über den nachehelichen Unterhalt existiert bisher nicht.

1. Die Antragstellerin hat kein eigenes Einkommen. Zu einer Ganztagstätigkeit ist sie im Hinblick auf das Alter der bei ihr lebenden und von ihr betreuten Kinder der Beteiligten noch nicht verpflichtet, sondern nur zu einer Teilzeittätigkeit. Das gilt umso mehr, als es auch keine zumutbare Möglichkeit gibt, die Kinder fremdbetreuen zu lassen; denn . Aus einer Teilzeittätigkeit könnte sie allerdings allenfalls verdienen, müsste daraus zunächst die Betreuungskosten von tragen und könnte mit dem verbleibenden Rest ihren Bedarf noch nicht decken, so dass ihr jedenfalls in Höhe dieses ungedeckten Bedarfs ein Unterhaltsanspruch aus § 1570 BGB zusteht.

Unabhängig hiervon ergibt sich ein Unterhaltsanspruch der Antragstellerin auch aus § 1573 BGB. Die Frage, ab wann die Antragstellerin eigentlich eine Erwerbstätigkeit hätte ausüben müssen, lässt sich nicht eindeutig beantworten; die Rechtsprechung hierzu ist unterschiedlich. Jedenfalls seit bemüht sich die Antragstellerin intensiv, aber bisher erfolglos darum, eine Arbeitsstelle zu finden. Sie hat sich nicht nur bei der Arbeitsagentur arbeitslos gemeldet, sondern hat darüber hinaus selbst aktiv nach Arbeit gesucht. Sie hat nämlich *[Hier sind die Arbeitsbemühungen zu schildern und auch zu belegen.]*

2. Der Antragsgegner ist von Beruf . Welches Einkommen er erzielt, ist der Antragstellerin allerdings nicht bekannt. Deswegen war der Antragsgegner mit Schreiben vom aufgefordert worden, Auskunft über sein Einkommen zu erteilen und diese Auskunft zu belegen. Er hat jedoch seine Auskunftspflicht nicht erfüllt, so dass jetzt eine gerichtliche Klärung notwendig wird. Hierauf beruht auch der Antrag zu 4 gemäß § 235 Abs. 2 FamFG; für den Fall, dass der Antragsgegner seine Verpflichtung gemäß § 235 FamFG nicht erfüllen sollte, wird **hiermit bereits gemäß § 236 Abs. 2 FamFG beantragt**, das Gericht möge Auskünfte und Belege bei [1342] einholen.

Wenn der Antragsgegner die Auskunft erteilt und die geschuldeten Belege vorlegt, jedoch Zweifel an der Richtigkeit und Vollständigkeit der Auskunft bestehen, wird der Antrag zu 3 (Abgabe der eides-

1341 Oder ab dem Zeitpunkt, zu dem der Antragsgegner durch außergerichtliche Mahnung in Verzug geraten ist.
1342 Hier mögliche Auskunftgeber gemäß § 236 Abs. 1 FamFG einsetzen.

stattlichen Versicherung gemäß §§ 1570, 1573, 1580, 1605 Abs. 1 S. 2, 260 Abs. 2 BGB) gestellt. Ansonsten werden wir den Antrag zu 5 beziffern.

Sofern kein schriftliches Vorverfahren angeordnet wird, regen wir an, kurzfristig einen Termin zur Verhandlung über die Anträge zu 1 und 2 zu bestimmen.

Den Verfahrenskostenvorschuss in Höhe von EUR, berechnet auf der Basis eines Verfahrenswertes von vorläufig 1.000 EUR hinsichtlich der Anträge zu 1 und 2, zahlen wir ein.[1343]

[Sobald der Schuldner ordnungsgemäß Auskunft erteilt und diese auch belegt hat, sowie kein Anlass besteht, wegen Zweifeln an der Richtigkeit und/oder Vollständigkeit der Auskunft die Abgabe der eidesstattlichen Versicherung durch ihn durchzusetzen,[1344] *ist der Unterhaltsanspruch gemäß dem Antrag zu 5 zu beziffern.]*

(Unterschrift)

▲

d) Zahlungsantrag

1276 Es kann im Zusammenhang mit einem Hauptsacheverfahren eine einstweilige Anordnung oder auch ohne Hauptsacheverfahren eine isolierte einstweilige Anordnung gemäß §§ 119, 49 ff., 246 FamFG beantragt werden.

In beiden Fällen geht es gemäß § 51 Abs. 3 S. 1 FamFG um ein selbstständiges Verfahren, so dass also stets das volle Rubrum im Antrag aufgeführt werden muss. Wird eine isolierte einstweilige Anordnung erlassen, muss das Gericht gemäß § 52 Abs. 1 FamFG nur auf Antrag eines Beteiligten ein Hauptsacheverfahren einleiten; hierauf hat das Gericht in der nach § 39 FamFG jetzt bei jedem Beschluss zwingenden Rechtsbehelfsbelehrung hinzuweisen. Ziel dieser gesetzlichen Neuregelung ist es, Unterhaltsstreitigkeiten schneller und kostengünstiger (weil kein Hauptsacheverfahren) abzuschließen.

Im einstweiligen Anordnungsverfahren gibt es gemäß § 114 Abs. 3 Nr. 1 FamFG keinen Anwaltszwang, während im Unterhalts-Hauptsacheverfahren Anwaltszwang besteht, § 114 Abs. 1 FamFG. Die einstweilige Anordnung ist gemäß § 246 Abs. 1 FamFG weder zeitlich noch der Höhe nach beschränkt.

Ist ein Scheidungsverfahren anhängig oder hierfür VKH beantragt, sollte die einstweilige Anordnung gemäß §§ 119, 49 ff., 246 FamFG dort beantragt werden. Denn die im Scheidungsverfahren erlassene einstweilige Anordnung gilt – anders als eine Endentscheidung betreffend den Trennungsunterhalt – gemäß §§ 119, 56 FamFG über die Ehescheidung hinaus,[1345] bis eine andere Regelung (Entscheidung oder Vereinbarung) wirksam wird.[1346]

Sie wird ferner gemäß §§ 119, 56 Abs. 2 unwirksam, wenn der Hauptsacheantrag zurückgenommen, rechtskräftig abgewiesen oder übereinstimmend für erledigt erklärt wird. Auf diese Weise lässt sich also – ggf. auch nur wegen eines Teilbetrags – kurzfristig ein Titel schaffen.

1343 Wenn Verfahrenskostenhilfe oder eine einstweilige Anordnung gemäß §§ 119, 49 ff., 246 Abs. 1 FamFG wegen eines Kostenvorschusses beantragt wird, empfiehlt sich folgender Zusatz: *Wir beantragen, den Antrag bereits vor Entscheidung über den Verfahrenskostenhilfeantrag und vor Zahlung eines Verfahrenskostenvorschusses gemäß § 15 Nr. 3 FamGKG zuzustellen. Die Antragstellerin hat nicht die erforderlichen Mittel, um* einen *Verfahrenskostenvorschuss zu zahlen.*

1344 Bestehen solche Zweifel, kann keine Nachbesserung der Auskunft verlangt, sondern nur der Antrag zu 3 gestellt werden.

1345 Die in einem isolierten Trennungsunterhaltsverfahren erlassene einstweilige Anordnung wird hingegen mit Rechtskraft der Scheidung gegenstandslos, OLG Frankfurt FamRZ 2006, 1687 m.w.N.

1346 Nicht schon bei vorläufiger Vollstreckbarkeit des Beschlusses, sondern erst mit Rechtskraft, § 56 Abs. 1 S. 2 FamFG.

Hat dieser einen auch für die nacheheliche Zeit annehmbaren Inhalt, braucht für den Gläubiger zunächst nichts weiter unternommen zu werden.[1347]

Beachten! 1277

Wenn nur **zu geringer Unterhalt** durch einstweilige Anordnung zugesprochen worden ist, kann

- Abänderung gemäß §§ 119, 54 FamFG beantragt,[1348]
- bei einer isolierten einstweiligen Anordnung ein Antrag auf Einleitung eines Hauptsacheverfahrens gemäß § 52 FamFG gestellt,
- bei Erlass der einstweiligen Anordnung im Unterhaltsverfahren das Hauptsache-Antragsverfahren fortgeführt und
- bei Erlass der einstweiligen Anordnung im Scheidungsverfahren auch noch ein gesonderter Unterhaltsantrag isoliert (für Trennungsunterhalt) oder im Scheidungsverbund (für nachehelichen Unterhalt) gestellt

werden.

Ist der Unterhalt nach Ansicht des Schuldners **zu hoch** festgesetzt worden, kann er mit einem Abände- 1278
rungsantrag gemäß §§ 119, 54 FamFG und bei Ablehnung dieses Antrags mit einem negativen Feststellungsantrag aktiv werden.[1349] Das gilt nicht für die einstweilige Anordnung im isolierten Unterhaltsverfahren, da das Unterhalts-Hauptsacheverfahren fortgesetzt und auf diese Weise eine anderweitige Regelung erreicht werden kann.

Wenn das Einkommen des anderen geschiedenen Ehegatten bekannt ist oder zur Verkürzung des Verfah- 1279
rens bewusst ohne genaue Kenntnis vom Einkommen der Unterhalt beziffert geltend gemacht wird (vor dem Antragsentwurf, siehe hierzu Rdn 832), ist folgendermaßen vorzugehen:

▼

Muster 3.82: Zahlungsantrag auf Unterhalt wegen Erwerbslosigkeit

3.82

An das

Amtsgericht

– Familiengericht –

Antrag

der Frau F, (Anschrift),

– Antragstellerin –

Verfahrensbevollmächtigte: Rechtsanwälte

gegen

Herrn M, (Anschrift),

– Antragsgegner –

1347 Sofern der Gläubiger bisher im Rahmen der Familienversicherung kostenfrei über den Schuldner krankenversichert war und der Gläubiger nach der Scheidung nicht über die Familienversicherung des betreuenden Elternteils krankenversichert ist, müssen für die Zeit nach Scheidung die Krankenversicherungskosten zusätzlich geltend gemacht werden.

1348 Eine solche Abänderung ist – wenn die einstweilige Anordnung im Scheidungsverfahren ergangen war – nach Rechtskraft des Scheidungsbeschlusses nicht mehr möglich, BGH NJW 1983, 1330.

1349 OLG Frankfurt NJW-RR 2015, 326 m.w.N.

wegen nachehelichen Unterhalts.

Für die von uns vertretene Antragstellerin werden wir beantragen,

dem Antragsgegner aufzugeben, an die Antragstellerin zu zahlen

1. für die Zeit ab … *[dem auf die Einreichung des Antrags folgenden Monat]* monatlich … EUR als Elementarunterhalt und … EUR als Krankenvorsorgeunterhalt,[1350] die rückständigen Beträge sofort und die zukünftig fällig werdenden Beträge monatlich im Voraus, Eingang bei der Antragstellerin spätestens bis zum 3. Tag eines jeden Monats,

2. rückständigen Unterhalt in Höhe von … EUR zuzüglich Zinsen in Höhe von 5 Prozentpunkten über dem jeweiligen Basiszinssatz seit dem … .

Für den Fall, dass ein schriftliches Vorverfahren durchgeführt wird, beantragen wir, bei Fristversäumnis einen Versäumnisbeschluss und bei Anerkenntnis einen Anerkenntnisbeschluss zu erlassen.

Gründe:

Die Beteiligten waren Eheleute, sie sind seit dem … rechtskräftig geschieden. Sie haben zwei Kinder, nämlich K1 (geboren am …) und K2 (geboren am …). Die Kinder … *[Beschreibung der Lebensumstände, Kindergarten, Schule usw.]* und leben bei der Antragstellerin, die sie betreut und versorgt.

Mit diesem Antrag macht die Antragstellerin ihren Anspruch auf Zahlung laufenden und rückständigen Geschiedenenunterhalts aus §§ 1570, 1573 BGB geltend. Denn der Antragsgegner, der bis zum … monatlichen Unterhalt von … EUR an die Antragstellerin gezahlt hatte, hat seine Zahlungen ab dem Monat … eingestellt mit der Begründung, die Antragstellerin müsse jetzt selbst für sich sorgen.

Ein Titel über den nachehelichen Unterhalt existiert bisher nicht.

1. Die Antragstellerin hat kein eigenes Einkommen. Zu einer Ganztagstätigkeit ist sie im Hinblick auf das Alter der bei ihr lebenden und von ihr betreuten Kinder der Beteiligten noch nicht verpflichtet, sondern nur zu einer Teilzeittätigkeit. Das gilt umso mehr, als es keine zumutbare Möglichkeit gibt, die Kinder fremdbetreuen zu lassen. Denn … . *[Das ist hier im Einzelnen zu schildern und ggf. auch zu belegen].*

   Aus einer Teilzeittätigkeit könnte die Antragstellerin außerdem höchstens … EUR netto im Monatsdurchschnitt verdienen, woraus sie zunächst die Betreuungskosten von … tragen müsste, so dass mit dem verbleibenden Rest ihr Bedarf noch nicht gedeckt wäre. In Höhe der Differenz zwischen ihrem Bedarf und diesem möglichen Einkommen steht ihr also ein Unterhaltsanspruch aus § 1570 BGB zu.

   Im Übrigen ergibt sich der Unterhaltsanspruch der Antragstellerin aus § 1573 BGB. Ab wann genau die Antragstellerin zu einer Erwerbstätigkeit verpflichtet war, lässt sich nicht eindeutig sagen; die Rechtsprechung hierzu ist unterschiedlich. Jedenfalls seit … bemüht sich die Antragstellerin intensiv, aber bisher leider erfolglos darum, eine Arbeitsstelle zu finden. Sie hat sich nicht nur bei der Arbeitsagentur arbeitslos gemeldet, sondern hat darüber hinaus selbst aktiv nach Arbeit gesucht. Sie hat nämlich … *[Hier sind die Arbeitsbemühungen zu schildern und auch zu belegen].*

1350 Wenn Altersvorsorgeunterhalt verlangt wird, ist dieser hier ebenfalls gesondert auszuweisen. Jede Art von Vorsorgeunterhalt muss im Antrag und später im Entscheidungstenor gesondert ausgewiesen werden, BGH FamRZ 2015, 824 Rn 35 ff.

2. Der Antragsgegner hat ein durchschnittliches Monatsnettoeinkommen von ___ EUR *[Hier ist im Einzelnen darzulegen, wie sich das Einkommen zusammensetzt, ferner, welche Abzüge ggf. berücksichtigt worden sind und welche nicht]*. Obwohl er zur Zahlung von Unterhalt für die Antragstellerin aufgefordert worden ist, hat er keinen Unterhalt mehr gezahlt.

3. Der für die Antragstellerin geschuldete Unterhalt ergibt sich aus folgender Berechnung:

Der Antragsgegner verdient im Monatsdurchschnitt	___ EUR.
Der vom Antragsgegner gemäß § 1578 Abs. 2 BGB für die Antragstellerin zu zahlende Krankenversicherungsbeitrag beläuft sich auf	___ EUR.
Ferner hat er für K1 (sieben Jahre)	___ EUR
zu zahlen und für K2 (drei Jahre)	___ EUR.[1351]
Vom verbleibenden Restbetrag in Höhe von	___ EUR
stehen der Antragstellerin 45 % zu, also	___ EUR.[1352]

Dieser Monatsunterhalt wird mit dem Antrag zu 1 geltend gemacht.

4. Der Antrag zu 2 betrifft den Unterhaltsrückstand für die Zeit von ___ bis ___.

   Mit Schreiben der Verfahrensbevollmächtigten der Antragstellerin vom ___ war der Antragsgegner aufgefordert worden, ab sofort den nun mit dem Antrag zu 1 geltend gemachten Monatsunterhalt für die Antragstellerin zu zahlen. Eine Kopie dieses Schreibens fügen wir bei. Es ist dem Antragsgegner spätestens am ___ zugegangen.

   Damit befindet sich der Antragsgegner seit diesem Tag in Verzug. Er hat nichts *[oder, sofern Teilbeträge gezahlt worden sind: nur* ___ *EUR monatlich]* gezahlt.

Der seither aufgelaufene Unterhaltsrückstand berechnet sich daher folgendermaßen: ___.

(Unterschrift)

▲

VI. Aufstockungsunterhalt, § 1573 Abs. 2 BGB

1. Normzweck und Anspruchsvoraussetzungen

§ 1573 Abs. 2 BGB enthält eine **Lebensstandardgarantie**. Der seiner Erwerbsobliegenheit genügende 1280
Unterhaltsberechtigte soll zusätzlich Unterhaltsansprüche geltend machen können, um den eheangemessenen Lebensstandard auch nach der Scheidung zu sichern.[1353]

Nach dem bis zum in Kraft tretenden Unterhaltsrechtsänderungsgesetzes vom 1.1.2008 geltenden Recht ist dieser Anspruch **in der Regel als lebenslange Lebensstandardgarantie** für die Zeit nach der Scheidung aufgrund nachwirkender ehelicher Mitverantwortung angesehen worden.

Die Regelung sollte einen sozialen Abstieg des bedürftigen Ehegatten verhindern (bei Ehefrauen das Stichwort: Einmal Arztfrau, immer Arztfrau). Das Vertrauen der Ehegatten auf die Teilhabe an dem in der Ehe erreichten wirtschaftlichen und sozialen Standard sollte geschützt werden.[1354]

1351 Bei der Berechnung des Ehegattenunterhalts wird wegen § 1612b BGB nur noch der um das anteilige Kindergeld gekürzte Kindesunterhalt vorweg abgezogen.

1352 Wenn zusätzlich Altersvorsorgeunterhalt geltend gemacht werden soll, muss er im Antrag genau ausgewiesen werden. Zur Berechnung siehe Rdn 379 ff.

1353 Weinreich/Klein/*Eder,* Familienrecht § 1573 Rn 3.

1354 BGH FamRZ 1982, 892; BT-Drucks 7765, S. 136.

1281 Bereits in seiner **Entscheidung vom 12.4.2006**[1355] hatte der **BGH** darauf hingewiesen, dass eine zeitliche und/oder höhenmäßige Begrenzung des Unterhaltes möglich sein muss. Der Gesetzgeber hat dies mit der am 1.1.2008 in Kraft getretenen Unterhaltsrechtsreform[1356] nachvollzogen und den **Grundsatz der Eigenverantwortlichkeit** der Ehegatten nach Scheidung der Ehe unter Wahrung gewisser nachehelicher Loyalitäts- und Solidaritätspflichten postuliert.

1282 Die Rechtsprechung hat dann auch früh darauf hingewiesen, dass § 1573 Abs. 2 BGB keine von ehebedingten Nachteilen unabhängige Lebensstandardgarantie im Sinne einer fortwirkenden Mitverantwortung bietet.[1357] Zur Begründung des Anspruches auf Aufstockungsunterhalt wird seitdem nicht mehr allein entscheidend auf die Ehedauer, sondern darauf abgestellt, ob die **nacheheliche Einkommensdifferenz einen ehebedingten Nachteil** enthält, der sodann einen dauerhaften unterhaltsrechtlichen Ausgleich zugunsten des bedürftigen Ehegatten rechtfertigen kann.[1358]

1283 Für die Frage im Übrigen, ob es sich um eine Ehe von langer Dauer handelt, die zur Begründung eines – sodann – nicht durch § 1578b BGB befristbaren Anspruch handelt, ist maßgeblich der **Regelungszweck der Gewährleistung von Vertrauensschutz**, so dass neben der zeitlichen Dauer der Ehe auch andere Aspekte zu berücksichtigen sind.[1359] Ausschlaggebend ist letztlich die Frage, ob und ggf. inwieweit im Interesse der Verfolgung eines gemeinsamen Lebensziels **wirtschaftliche und finanzielle Verflechtungen und Abhängigkeiten** eingetreten sind.[1360]

1284 **Voraussetzung** für die Geltendmachung eines Anspruches auf Zahlung von Aufstockungsunterhalt ist:

- Es besteht kein anderweitiger Anspruch nach §§ 1570, 1571, 1572, 1573 Abs. 1, 1575 oder 1576 BGB,
- der Bedürftige übt eine angemessene Erwerbstätigkeit aus oder müsste sie ausüben,
- zwischen den (früheren) Ehegatten besteht ein nicht nur unerhebliches Einkommensgefälle,
- Vorliegen des maßgeblichen Einsatzzeitpunktes.

Bestehen Ansprüche des Berechtigten vollständig aus §§ 1570, 1571 oder 1572 BGB besteht der Unterhaltsanspruch nach diesen Vorschriften in einem Anspruch auf den **vollen Unterhalt**. Damit kann in solchen Fällen auch kein Anspruch nach § 1573 Abs. 2 BGB entstehen.[1361] Bei **teilweiser Berechtigung** aus den vorgenannten Vorschriften besteht zusätzlich ein Anspruch auf Aufstockungsunterhalt nach § 1573 Abs. 2 BGB zur Deckung des vollen Bedarfs (§ 1578 Abs. 1 S. 1 BGB).[1362]

1285 Da § 1573 Abs. 2 BGB eine Erwerbsobliegenheit voraussetzt, die bei Ansprüchen nach **§§ 1575 und 1576 BGB** aufgrund der besonderen Umstände fehlt, sind solche Ansprüche ebenfalls gegenüber Ansprüchen auf Aufstockungsunterhalt v**orrangig**.

2. Angemessene Erwerbstätigkeit

1286 Der frühere Ehepartner hat nach Scheidung der Ehe in der Regel einer **Vollzeittätigkeit** nachzugehen.[1363]

Eine angemessene Erwerbstätigkeit kann aber auch in der **Ausübung von zwei Teilzeitbeschäftigungen** möglich sein. Wenn beispielsweise eine mit 25 Wochenstunden bemessene Erwerbstätigkeit zur Erfüllung der Erwerbsobliegenheit nicht ausreicht, kann die Aufnahme einer Nebentätigkeit zur Erfüllung dieser Obliegenheit führen.

1355 BGH FamRZ 2006, 1006.
1356 BGBl I S. 3189.
1357 BGH FamRZ 2016, 199; BGH FamRZ 2007, 2052.
1358 BGH FamRZ 2010, 2059.
1359 Vgl. BT-Drucks 16/1830, S. 24.
1360 BT-Drucks 16/1830, S. 24; OLG Hamm FamRZ 2013, 1811.
1361 BGH FamRZ 2009, 406; BGH FamRZ 2010, 869.
1362 BGH FamRZ 2010, 869.
1363 BGH FamRZ 1988, 265.

Umgekehrt kann von einem teilzeitbeschäftigten (früheren) Ehegatten, auch wenn er zur Aufgabe seines Teilarbeitsplatzes nicht verpflichtet ist, verlangt werden, eine **weitere Teilzeittätigkeit zur Unterhaltssicherung** aufzunehmen. Die Übernahme von zwei Teilzeittätigkeiten kann dann eine angemessene Erwerbstätigkeit im Sinne des § 1573 Abs. 1 BGB sein.[1364] 1287

Übt der Berechtigte eine zumutbare angemessene Erwerbstätigkeit nicht aus, müssen fiktiv erzielbare Einkünfte zugerechnet werden.[1365] Bleiben danach Unterschiede in den Einkünften, muss der **Unterhalt bis zur vollen Bedarfsdeckung aufgestockt** werden.

3. Nicht unerhebliches Einkommensgefälle

Die jeweiligen Einkünfte, die zur vollen Bedarfsdeckung ausreichen, dürfen sich nicht nur unerheblich voneinander unterscheiden. 1288

Der Aufstockungsunterhalt soll ehebedingte Vorteile sichern und den ehelichen Lebensstandard ohne unangemessenen sozialen Abstieg erhalten. Deshalb sind nur nicht ganz geringfügige Einkommensunterschiede auszugleichen.

a) Erheblichkeit unterschiedlicher Einkünfte

Bei lediglich **geringfügigen Einkommensunterschieden** scheidet der Anspruch aus. 1289

Eine **allgemeine Grenze** für die Frage der Geringfügigkeit lässt sich jedoch nicht festlegen. Hier kommt es auf die konkreten Einkommensverhältnisse im **Einzelfall** an. Je **beengter die wirtschaftlichen Verhältnisse** sind, desto eher ist von einer Erheblichkeit der Einkommensunterschiede auszugehen. So ist nach Auffassung des **OLG Karlsruhe** auch ein Anspruch auf Aufstockungsunterhalt gegeben, wenn die Einkommensdifferenz lediglich **63 EUR** beträgt und im konkreten Einzelfall der Berechtigte in sehr engen wirtschaftlichen Verhältnissen lebt und der rechnerische Unterschiedsbetrag deshalb so gering ist, weil er auf der Zurechnung fiktiven Einkommens beruht.[1366]

Auch bei Bestimmung der Geringfügigkeit im Einzelfall wird allgemein bei einer **Einkommensdifferenz von weniger als 10 %** angenommen werden müssen, dass Geringfügigkeit vorliegt.[1367] Es kann dann nicht mehr davon die Rede sein, dass die **Zielrichtung** des Aufstockungsunterhaltsanspruchs gewahrt ist, einen **unangemessenen sozialen Abstieg** zu verhindern. 1290

Bei **geringfügigen** Einkommensunterschieden scheidet der Anspruch deshalb aus.[1368]

> *Beispiel* 1291
>
> Das bereinigte monatliche Nettoeinkommen des Mannes beträgt 2.400 EUR, das der Frau 2.000 EUR, ihr Gesamteinkommen 4.400 EUR. 10 % davon sind **440 EUR**. Die Einkommensdifferenz beträgt **400 EUR**. Damit liegt der Aufstockungsunterhalt **unter der Geringfügigkeitsgrenze** mit der Folge, dass F keinen Unterhalt von M fordern kann.

1364 BGH FamRZ 2012, 1483.

1365 BGH FamRZ 2010, 869.

1366 OLG Karlsruhe FamRZ 2010, 1082.

1367 OLG Koblenz FamRZ 2006, 704 + FK 2006, 23; OLG München FuR 2004, 179; *Soyka*, FK 2006, 1.

1368 OLG München FamRZ 1997, 425: **unter 50 EUR**; ebenso OLG Düsseldorf FamRZ 1996, 947; OLG München FamRZ 2004, 1208: das Einkommen des Verpflichteten muss dasjenige des Berechtigten um **10 %** übersteigen; vgl. auch OLG Brandenburg FamRZ 2005, 210; anders KG FamRZ 2008, 415, 416: die Frage der Geringfügigkeit hängt von den konkreten wirtschaftlichen Verhältnissen ab; in jedem Fall sind **115 EUR** (8,4 % des eigenen Einkommens) nicht unbeachtlich; BGH FamRZ 1984, 988, 990: Bei einem Unterhaltsanspruch in einer Höhe von **mehr als 160 DM** kann eine Titulierung nicht unterbleiben; OLG Karlsruhe FamRZ 2010, 1082: **63 EUR** nicht mehr gering.

1292 Das **OLG München** hielt in früherer Entscheidung einen Mindestbetrag des Unterhaltsanspruchs von – umgerechnet – **50 EUR** für erforderlich.[1369]

Nach – allerdings viele Jahre zurückliegender – Auffassung des **BGH** darf ein Unterhaltsanspruch von – umgerechnet – zumindest mehr als rd. **82 EUR** nicht vernachlässigt werden.[1370]

Das **OLG Koblenz** sieht die Grenze bei weniger als **10 % des Gesamteinkommens** der Eheleute.[1371] Eine solche Lösung erscheint **sachgerecht**, da im Einzelfall auf die **Relation des Unterhalts zum Einkommen** abzustellen sein wird.[1372]

b) Berechnungsmethoden des Einkommensgefälles

1293 Bei den **Methoden der Unterhaltsberechnung** und damit der Feststellung des Unterhaltsgefälles wird danach unterschieden, welche Einkünfte die ehelichen Lebensverhältnisse geprägt haben.

Grundsätzlich unterscheiden sich die Methoden lediglich im Berechnungsweg, **nicht jedoch im Ergebnis**. Es wird unterschieden zwischen der **Quotenmethode**, der **Differenzmethode** sowie der **Additionsmethode**.

1294 Die **Quotenmethode** kommt zur Anwendung, wenn lediglich der Schuldner über Erwerbseinkünfte verfügt hat (**Alleinverdienerehe**). Der Unterhalt errechnet sich mit 45 % des bereinigten Nettoeinkommens, sofern der Berechtigte nach Trennung/Scheidung keine Tätigkeit aufgenommen hat und ihm eine solche auch nicht zumutbar ist.

1295 *Beispiel*

Ehemann anrechenbar 2.100 EUR, Ehefrau 0 EUR; Anspruch Ehefrau: 2.100 EUR x 45 % = 945 EUR

1296 Haben beide Ehegatten gearbeitet und haben sich die Verhältnisse nicht geändert (**Doppelverdienerehe**) errechnet sich der Unterhalt mit 3/7 der Differenz der Einkünfte zwischen den Eheleuten (**Differenzmethode**).

1297 *Beispiel*

Ehemann 2.100 EUR, Ehefrau 1.400 EUR; Anspruch Ehefrau: 2.100 EUR ./. 1.400 EUR x 45 % = 315 EUR.

1298 In allen anderen Fällen erscheint die Wahl der **Additionsmethode** sinnvoll. Die Methodenwahl ist jedoch „Geschmacksache". Viele Juristen bevorzugen grundsätzlich die Anwendung der Differenzmethode als „einfachere Rechenart".

1299 Bei der Additionsmethode wird **zweistufig** vorgegangen, zunächst der **Bedarf des Berechtigten** nach den ehelichen Lebensverhältnissen festgestellt (**Additionsstufe**). Sodann wird auf der **Anrechnungsstufe** die **konkrete Unterhaltshöhe** bestimmt.

Die Ermittlung des **Bedarfs des Berechtigten** erfolgt in der Weise, dass zunächst die Erwerbseinkünfte lediglich mit 6/7tel (1/7tel-Bonus), die sonstigen Einkünfte voll berücksichtigt und die Summe durch zwei geteilt wird.

1300 Auf eine mathematische Formel gebracht errechnet sich auf der **Additionsstufe** der **Bedarf des Berechtigten** nach den ehelichen Lebensverhältnissen wie folgt:

1369 OLG München FamRZ 1997, 425.
1370 BGH FamRZ 1984, 988.
1371 NJW-RR 2006, 95.
1372 Zum Anspruch bei geringer Einkommensdifferenz OLG Hamm FamRZ 2019, 792; dazu ausführlich Kleffmann/Soyka/*Kleffmann*, Kap. 4 Rn 265 f.

> 90 % der prägenden Erwerbseinkünfte des Pflichtigen
> plus 100 % prägender sonstiger Einkünfte des Pflichtigen
> plus 90 % der prägenden Erwerbseinkünfte des Berechtigten
> plus 100 % der prägenden sonstigen Einkünfte des Berechtigten,
> geteilt durch 2.

Auf der **Anrechnungsstufe** wird die **konkrete Unterhaltshöhe** durch Anrechnung sämtlicher Einkünfte des Berechtigten, gleichgültig ob prägend oder nicht prägend, bestimmt.

Rechenbeispiel 1301

- Ehemann (Unterhaltspflichtiger): prägendes Erwerbseinkommen 2.100 EUR; prägende Zinseinnahmen 350 EUR; nicht prägende Erwerbseinkünfte 700 EUR.
- Ehefrau (Unterhaltsberechtigte): prägendes Erwerbseinkommen 700 EUR; prägende Zinseinnahmen 100 EUR; nicht prägendes Erwerbseinkommen 350 EUR.

Additionsstufe (= Errechnung der Ehegattenquote/Bedarf):

(2.100 EUR x 90 %) + 350 EUR+ (700 EUR x 90 %) + 100 EUR geteilt durch 2 = 1.485 EUR

Anrechnungsstufe (= Errechnung der Anspruchshöhe/Bedürftigkeit):

ehelicher Bedarf	1.485 EUR
Auf diesen sind alle Einkünfte anzurechnen wie folgt:	
90 % des prägenden Erwerbseinkommens (6/7tel x 700 EUR) =	630 EUR
90 % des nicht prägenden Erwerbseinkommens (6/7tel x 350 EUR) =	315 EUR
100 % der sonstigen Einkünfte (Zinsen)	100 EUR
Zwischensumme der Einkünfte	1.045 EUR
ungedeckter Restbedarf (Anspruchshöhe)	440 EUR

4. Der Einsatzzeitpunkt

§ 1573 Abs. 1 BGB, der den Unterhaltsanspruch wegen Erwerbslosigkeit behandelt, enthält im Wortlaut 1302
den **Einsatzzeitpunkt „Scheidung der Ehe“**. Ein solcher Hinweis fehlt in § 1573 Abs. 2 BGB.

Der **BGH** verweist in diesem Zusammenhang zu Recht darauf, dass die in § 1573 Abs. 3 und 4 BGB enthaltenen Regelungen nicht verständlich wären, wenn für den Anspruch nach § 1573 Abs. 2 anders als in Abs. 1 nicht die Scheidung der Ehe als Einsatzzeitpunkt gelten würde.[1373] Richtig ist deshalb, dass ein **„enger zeitlicher Zusammenhang“ mit der Scheidung** bestehen muss.[1374]

Der Anspruch muss aber **nicht unbedingt zum Einsatzzeitpunkt geltend gemacht** worden sein. Entscheidend ist, ob die Anspruchsvoraussetzungen zur Zeit der Scheidung vorgelegen haben.[1375]

Darüber hinaus gibt es Fallkonstellationen, in denen die **Aufstockungslage erst später entsteht** und trotz 1303
des nicht gegebenen Alterszeitpunktes Unterhalt gewährt werden muss.[1376] Dies ist etwa der Fall, wenn

1373 BGH FamRZ 2005, 1817, 1819.
1374 So auch OLG Hamm FamRZ 1994, 1392.
1375 BGH FamRZ 2005, 1817; OLG Hamm FuR 2004, 276.
1376 *Soyka*, FK 2006, 1.

durch Abtrag ehebedingter Verbindlichkeiten durch einen der Eheleute die Einkünfte der Beteiligten zum Zeitpunkt der Scheidung gleich oder ähnlich hoch sind, die Situation sich aber nach Tilgung der Verbindlichkeiten verändert.[1377]

1304 **Nicht gewahrt** ist der Einsatzzeitpunkt „Scheidung" allerdings dann, wenn der geschiedene Ehegatte lange Zeit seit der Scheidung seinen eheangemessenen Bedarf durch eigene Einkünfte gedeckt hat und nunmehr auf Barunterhalt für ein Kind in Anspruch genommen wird und deshalb seinen Bedarf nicht mehr vollständig decken kann.[1378]

1305 Im Übrigen kann der Aufstockungsunterhalt sich auch an einen **Erwerbslosigkeitsunterhalt nach § 1573 Abs. 1 BGB anschließen**, ebenso als weiterer Einsatzzeitpunkt nach § 1573 Abs. 3 BGB der Wegfall der Voraussetzungen eines Unterhaltsanspruches nach §§ 1570, 1571, 1572 und 1575 BGB.

5. Umfang und Dauer des Anspruches

1306 Nach § 1573 Abs. 2 BGB besteht der Aufstockungsunterhalt der Höhe nach im **Unterschiedsbetrag** zwischen dem vollen Unterhalt und den Einkünften aus angemessener Erwerbstätigkeit.

Er erlischt, wenn die Einkünfte aus der angemessenen Erwerbstätigkeit den vollen Unterhalt decken. Wieder aufleben kann der Anspruch dann, wenn die Einkünfte aus der angemessenen Erwerbstätigkeit zu einer Zeit wieder entfallen, zu der es dem Berechtigten trotz seiner Bemühungen nicht gelungen war, seinen Unterhalt durch die Erwerbstätigkeit ganz oder teilweise nachhaltig zu sichern. Damit eröffnet § 1573 Abs. 4 BGB eine weitere Einsatzzeit, an die sich ein Anschlussunterhalt anschließen kann.

1307 Der Anspruch nach § 1573 Abs. 2 BGB kann unter den Voraussetzungen des § 1578b BGB **zeitlich begrenzt und/oder herabgesetzt** werden.[1379]

Unter den Voraussetzungen des § 1579 BGB, z.B. wegen unterlassener Bemühungen um eine unzumutbare Erwerbstätigkeit (§ 1579 Abs. 4 BGB) ist auch die **Verwirkung** des Aufstockungsunterhaltsanspruchs möglich.[1380]

6. Darlegungs- und Beweislast

1308 Den **Berechtigten trifft die Darlegungs- und Beweislast** für das Vorliegen der anspruchsbegründenden Tatbestandsvoraussetzungen.[1381] Darüber hinaus hat er zur Leistungsfähigkeit des Pflichtigen vorzutragen. Es reicht nicht aus, dass sich der Berechtigte generell auf seine Erwerbsunfähigkeit beruft.[1382] Da auch eine Teilerwerbsunfähigkeit vorliegen könnte, hat er zu Art und Umfang seiner gesundheitlichen Beeinträchtigungen konkret vorzutragen und diese unter Beweis zu stellen. Er hat gleichzeitig darzulegen, wie sich die gesundheitlichen Beeinträchtigungen auf seine Erwerbsfähigkeit auswirken.

Den Berechtigten trifft auch die Darlegungs- und Beweislast dafür, dass die **Erkrankung bereits zum Einsatzzeitpunkt** bestanden hat.[1383]

1309 Der **Pflichtige** trägt die Darlegungs- und Beweislast für eine behauptete **dauerhafte Genesung**.[1384]

1377 *Soyka*, FK 2006, 1: Nicht jedoch, wenn das Einkommen des Unterhalt begehrenden Ehegatten nach der Scheidung gesunken ist; diese Reduzierung darf nicht berücksichtigt werden; anderes gilt nur in den Fällen des § 1573 Abs. 4 S. 1 BGB (Unterhalt noch nicht nachhaltig gesichert).

1378 So aber OLG Zweibrücken FamRZ 2002, 1565.

1379 BGH FamRZ 1988, 265; FamRZ 2010, 2059; MDR 2011, 263.

1380 BGH FamRZ 1997, 483, 484: „venire contra factum proprium".

1381 OLG Brandenburg FuR 2021, 35.

1382 BGH NJW-RR 2005, 1450.

1383 BGH NJW 2001, 3260; BGH NJW 2007, 839.

1384 BGH NJW-RR 2005, 1450.

Dem **Unterhaltsverpflichteten** obliegt außerdem die Darlegungs- und Beweislast hinsichtlich der für eine **Begrenzung und Befristung** sprechenden Tatsachen.[1385]

1310 Erhält der Berechtigte eine **Rente wegen voller Erwerbsminderung** nach § 43 Abs. 2 SGB VI, indiziert dies das Vorliegen der Voraussetzungen eines Anspruchs auf Krankheitsunterhalt.[1386]

1311 *Hinweis*

Renteneinkünfte wegen voller Erwerbsminderung sind – ohne Abzug eines Erwerbstätigenbonus – in voller Höhe anzurechnen.

7. Fallbeispiel Aufstockungsunterhalt

1312 Die Eheleute F und M befinden sich im Scheidungsverfahren, der nacheheliche Unterhalt ist zu regeln. Sie haben ein 17 Jahre altes Kind, das bei F lebt und noch zur Schule geht. Beide Eheleute sind ganztags erwerbstätig, wobei F monatsdurchschnittlich 1.300 EUR verdient und M 2.400 EUR.

a) Checkliste: Unterhalt wegen nur geringen Einkommens

1313 Folgende Fragen sind von Bedeutung:

Unterhalt wegen nur geringen Einkommens

- Bemühungen des Gläubigers um eine Ausweitung seiner Erwerbstätigkeit und damit seines Einkommens?
- Begrenzung nach Höhe und/oder Dauer gemäß § 1578b BGB?

b) Außergerichtliches Vorgehen

1314 Die Begründung des Zahlungs- und Auskunftsverlangens „Unterhalt wegen Arbeitslosigkeit" unter Rdn 829 ff. ist folgendermaßen zu modifizieren:

▼

Muster 3.83: Aufforderung zur Zahlung von Aufstockungsungerhalt

3.83

Der Unterhaltsanspruch unserer Mandantin ergibt sich aus § 1573 Abs. 2 BGB (Aufstockungsunterhalt). Denn sie verdient deutlich weniger als Sie, nämlich im Monatsdurchschnitt nur ______ EUR. Sie können das aus den beigefügten Verdienstnachweisen entnehmen; von ihrem Einkommen haben wir folgende Beträge abgezogen: ______ *[Hier müssen die unterhaltsrelevanten Abzüge genannt werden, insbesondere die berufsbedingt notwendigen Kosten]*. Da unsere Mandantin ganztags tätig ist, kann sie auch kein höheres Einkommen haben. Abgesehen davon, dass sie bei einem anderen Arbeitgeber im Zweifel nicht mehr verdienen würde, ist es ihr jedenfalls nicht zumutbar, ihren jetzigen sicheren Arbeitsplatz aufzugeben.

▲

1385 BGH FamRZ 2010, 875.
1386 OLG Brandenburg FamRZ 1996, 866; OLG Stuttgart NJW-RR 2001, 225.

c) Auskunftsantrag/Stufenantrag

1315 Die Begründung des Antrags „Unterhalt wegen Arbeitslosigkeit" ist folgendermaßen zu modifizieren:

▼

Muster 3.84: Stufenantrag Aufstockungsunterhalt

3.84 Mit diesem Stufenantrag macht die Antragstellerin den ihr aus §§ 1573 Abs. 2, 1580, 1605 BGB zustehenden Auskunftsanspruch in der ersten Stufe und sodann ihren Unterhaltsanspruch gemäß § 1573 Abs. 2 BGB geltend.

1. Die Antragstellerin verdient ausweislich der beigefügten Verdienstbescheinigungen für die Zeit von bis *[ein Jahr]* im Monatsdurchschnitt netto EUR. *[Hier ist die Einkommensermittlung durchzuführen einschließlich der unterhaltsrechtlich zu berücksichtigenden Abzüge]*.

Höheres Einkommen kann die Antragstellerin nicht haben, da sie ganztags erwerbstätig ist. Abgesehen davon, dass sie bei einem anderen Arbeitgeber im Zweifel nicht mehr verdienen würde, ist es ihr jedenfalls nicht zumutbar, ihren jetzigen sicheren Arbeitsplatz aufzugeben.

Da der Antragsgegner – auch nach Vorwegabzug des Kindesunterhalts – deutlich mehr verdient als die Antragstellerin, steht ihr ein Anspruch auf Zahlung von Aufstockungsunterhalt gemäß § 1573 Abs. 2 BGB zu.

2. Der Antragsgegner .

▲

d) Zahlungsantrag

1316 Die Begründung des Antrags „Unterhalt wegen Arbeitslosigkeit" ist folgendermaßen zu modifizieren:

▼

Muster 3.85: Zahlungsantrag Aufstockungsunterhalt

3.85 Mit diesem Antrag macht die Antragstellerin ihren Unterhaltsanspruch gemäß § 1573 Abs. 2 BGB geltend.

1. Die Antragstellerin verdient ausweislich der beigefügten Verdienstbescheinigungen für die Zeit von bis *[ein Jahr]* im Monatsdurchschnitt netto EUR. *[Hier ist die Einkommensermittlung durchzuführen einschließlich der unterhaltsrechtlich zu berücksichtigenden Abzüge]*.

   Höheres Einkommen kann die Antragstellerin nicht haben, da sie ganztags erwerbstätig ist. Abgesehen davon, dass sie bei einem anderen Arbeitgeber im Zweifel nicht mehr verdienen würde, ist es ihr jedenfalls nicht zumutbar, ihren jetzigen sicheren Arbeitsplatz aufzugeben.

   Da der Antragsgegner – auch nach Vorwegabzug des Kindesunterhalt-Zahlbetrags – deutlich mehr verdient als die Antragstellerin, steht ihr ein Anspruch auf Zahlung von Aufstockungsunterhalt gemäß § 1573 Abs. 2 BGB zu.

2. Die Unterhaltshöhe ergibt sich aus folgender Berechnung:

Einkommen des M	EUR
abzüglich Kindesunterhalt (nach hälftigem Kindergeldabzug)	
	EUR
Resteinkommen des M	EUR

abzüglich Eigeneinkommen der F EUR
Einkommensdifferenz EUR.
Hiervon stehen der F 45 % als Elementarunterhalt[1387] zu, also EUR.

3. Anhaltspunkte für eine Unterhaltsbegrenzung gemäß § 1578b BGB sind nicht gegeben.

▲

8. Vereinbarungen

Die überwiegende Zahl unterhaltsrechtlicher Streitigkeiten wird um den Aufstockungsunterhalt nach 1317
§ 1573 Abs. 2 BGB geführt. Dies liegt vor allem daran, dass das Interesse des **Unterhaltsberechtigten** dahin geht, möglichst einen unbefristeten Unterhaltsanspruch zu erlangen, um dauerhaft gesichert zu sein.

Dem **Unterhaltspflichtigen** geht es darum, durch Befristung des Unterhaltsanspruchs so bald als möglich zu einer Situation der Planungsfreiheit zu kommen.

Mit einer Vereinbarung vermeiden beide Beteiligte die **Unwägbarkeiten** einer Auseinandersetzung über die Frage ehebedingter Nachteile, der Länge der Ehezeit und dem Grad der wirtschaftlichen Verflechtung.

Liegen die Voraussetzungen zur Befristung des Anspruchs auf Aufstockungsunterhalt vor, wird man dies in einer ggf. notariellen – Vereinbarung im Kern wie folgt formulieren können:

▼

Muster 3.86: Befristet zu zahlender Aufstockungsunterhalt

3.86

...

Nachehelicher Unterhalt

1. Der Ersch. zu 1. verpflichtet sich, ab an die Ersch. zu 2. für die Zeit nach Rechtskraft der Scheidung einen monatlich, jeweils bis zum 1. eines jeden Monats im Voraus fälligen Unterhalt in Höhe von EUR zu zahlen.
2. Die Verpflichtung zur Zahlung von Ehegattenunterhalt ist auf die Dauer von fünf Jahren ab Rechtskraft der Scheidung befristet. Für die sich daran anschließende Zeit verzichten die Beteiligten hiermit gegenseitig auf jeglichen nachehelichen Unterhalt gleich aus welchem Rechtsgrund einschließlich des Falles der Not und nehmen diesen Verzicht wechselseitig an. Dieser Verzicht gilt auch für jeden Fall der Änderung der Rechtsprechung oder einer Gesetzesänderung.
3. Die Ersch. zu 2. verpflichtet sich für die Dauer der Unterhaltsleistung, die nach § 10 Abs. 1 Nr. 1 EStG erforderliche Zustimmung zum begrenzten Realsplitting zu geben. Der Ersch. zu 1. ist verpflichtet, die Ersch. zu 2. von den ihr entstehenden finanziellen Nachteilen freizustellen.

...

▲

Einer Erläuterung der Gründe für die Befristung bedarf es nicht. Es stößt nicht an Grenzen der Wirksamkeit einer Scheidungsfolgenvereinbarung – oder eines Ehevertrages – Ansprüche auf Aufstockungsunterhalt zu befristen. 1318

Ob eine Wertsicherungsklausel bei zeitlich begrenzt zu zahlendem nachehelichen Unterhalt einzubeziehen ist, unterliegt persönlicher Bewertung. Möglich ist in diesem Zusammenhang natürlich auch, den **befristeten Unterhalt als Festbetrag** zu vereinbaren, der einer Abänderung unzugänglich ist. Eine Vereinbarung könnte dann im Kern wie folgt formuliert werden:

1387 Krankenvorsorgeunterhalt kann nicht verlangt werden, da F als Folge ihrer Erwerbstätigkeit selbst gesetzlich krankenversichert ist.

▼

Muster 3.87: Aufstockungsunterhalt als befristeter Festbetrag

3.87

...

Nachehelicher Unterhalt

1. Der Ersch. zu 1. verpflichtet sich, ab   an die Ersch. zu 2. für die Zeit nach Rechtskraft der Scheidung einen monatlich, jeweils bis zum 1. eines jeden Monats im Voraus fälligen Unterhalt in Höhe von   EUR als Festbetrag zu zahlen. Wir verzichten gegenseitig auf eine Abänderbarkeit des Festbetrages und nehmen den Verzicht wechselseitig an.
2. Die Verpflichtung zur Zahlung von Ehegattenunterhalt ist auf die Dauer von fünf Jahren ab Rechtskraft der Scheidung befristet. Für die sich daran anschließende Zeit verzichten die Beteiligten hiermit gegenseitig auf jeglichen nachehelichen Unterhalt gleich aus welchem Rechtsgrund einschließlich des Falls der Not und nehmen diesen Verzicht wechselseitig an. Dieser Verzicht gilt auch für jeden Fall der Änderung der Rechtsprechung oder einer Gesetzesänderung.
3. Die Ersch. zu 2. verpflichtet sich für die Dauer der Unterhaltsleistung, die nach § 10 Abs. 1 Nr. 1 EStG erforderliche Zustimmung zum begrenzten Realsplitting zu geben. Der Ersch. zu 1. ist verpflichtet, die Ersch. zu 2. von den ihr

...

▲

1319 Der **Teil** des Aufstockungsunterhaltsanspruchs, der auf **ehebedingten Nachteilen** beruht, unterliegt nicht der Möglichkeit einer Befristung. Beruht nur ein Teil desjenigen Unterhalts, der zum Vollen Unterhalt des Berechtigten führt, auf ehebedingtem Nachteil, kann eine Vereinbarung über eine Teilbefristung erfolgen. Die Kernformulierung könnte dann wie folgt lauten:

▼

Muster 3.88: Vereinbarung über teilweise befristet zu zahlenden Unterhalt

3.88

...

§ 2 Nachehelicher Unterhalt

1. Der Ersch. zu 1. verpflichtet sich, ab   an die Ersch. zu 2. für die Zeit nach Rechtskraft der Scheidung einen monatlich, jeweils bis zum 1. eines jeden Monats im Voraus fälligen Aufstockungsunterhalt gem. § 1573 Abs. 2 BGB in Höhe von   EUR zu zahlen.
2. Die Erschienenen sind darüber einig, dass über den Betrag zu Zif. 1 hinaus wird kein Unterhalt geschuldet wird.
3. Die Verpflichtung zur Zahlung des Betrages zu § 2 Zif. 1 ist auf die Dauer von fünf Jahren ab Rechtskraft der Scheidung befristet.
4. Im Anschluss ist der Ersch. zu 1. verpflichtet, an die Ersch. zu 2. Aufstockungsunterhalt gem. § 1573 Abs. 2 BGB in Höhe von 200 EUR monatlich zu zahlen. Der Anspruch wird nicht befristet.
5. Die Beteiligten verzichten hiermit gegenseitig auf etwaige darüber hinaus gehende nacheheliche Unterhaltsansprüche gleich aus welchem Rechtsgrund einschließlich des Falls der Not und nehmen diesen Verzicht wechselseitig an. Dieser Verzicht gilt auch für jeden Fall der Änderung der Rechtsprechung oder einer Gesetzesänderung.

6. Die Ersch. zu 2. verpflichtet sich für die Dauer der Unterhaltsleistung, die nach § 10 Abs. 1 Nr. 1 StGB erforderliche Zustimmung zum begrenzten Realsplitting zu geben. Der Ersch. zu 1. ist verpflichtet, die Ersch. zu 2. von den ihr entstehenden finanziellen Nachteilen freizustellen.

....

▲

VII. Ausbildungsunterhalt nach § 1574 Abs. 3 i.V.m. § 1573 Abs. 1 BGB

1. Normzweck, Anspruchsvoraussetzungen

1320 § 1574 Abs. 3 BGB normiert die Obliegenheit des Unterhaltsberechtigten, sich **ausbilden, fortbilden oder umschulen** zu lassen, soweit dies zur Aufnahme einer angemessenen Erwerbstätigkeit erforderlich ist. Dabei muss ein erfolgreicher Abschluss zu erwarten sein. An die Stelle der ansonsten bestehenden Erwerbsobliegenheit tritt die Ausbildungsobliegenheit.[1388]

Diese **Obliegenheit** unterscheidet den Sachverhalt vom **Anspruch** auf Ausbildung nach § 1575 BGB.

1321 Folgt der Berechtigte der Ausbildungsobliegenheit gem. § 1574 Abs. 3 BGB, steht ihm gem. § 1573 Abs. 1 BGB **für die Dauer der Ausbildung** ein Anspruch auf Unterhalt zu.

Der einschränkende Wortlaut des § 1574 Abs. 3 BGB, wonach die Ausbildung zu einer angemessenen Erwerbsmöglichkeit führen muss, grenzt **sinnvolle Ausbildung von Ausbildungen „zum Vergnügen"** ab.[1389]

Ausbildungsunterhalt ist danach unter **folgenden Voraussetzungen** zu zahlen:[1390]

- Erforderlichkeit der Ausbildung zur Aufnahme einer angemessenen Erwerbstätigkeit
- Erwartung eines erfolgreichen Ausbildungsabschlusses
- Realistische Chance einer angemessenen Erwerbstätigkeit nach Ausbildungsabschluss.

a) Erforderlichkeit der Ausbildung

1322 Die Ausbildung, Fortbildung oder Umschulung **muss erforderlich** sein, um eine angemessene Erwerbstätigkeit erlangen zu können. Dies ist dann der Fall, wenn der Berechtigte derzeit keine angemessene Tätigkeit ausüben kann und auch nicht in der Lage ist, nach dem gegenwärtigen Ausbildungsstand eine angemessene Erwerbstätigkeit zu finden.[1391]

1323 Daran fehlt es, wenn dem Betroffenen nach den ehelichen Lebensverhältnissen eine **nicht weiter qualifizierte Tätigkeit zumutbar** ist.[1392]

Daran fehlt es auch dann, wenn der Berechtigte zwar eine angemessene Tätigkeit ausübt, das Einkommen aber **nicht den vollen Unterhalt** deckt. In solchen Fällen steht dem Berechtigten ein **ergänzender Aufstockungsunterhaltsanspruch** zu, § 1573 Abs. 2 BGB.

1324 Der Bedürftige kann die erforderliche **Ausbildung selbst wählen**. Er muss jedoch auf die Belange der Unterhaltspflichtigen Rücksicht nehmen und unter mehrere Möglichkeiten die **zeit- und kostengünstigste Möglichkeit** wählen. Der Unterhaltsschuldner ist wegen der notwendigen Rücksichtnahme des Gläubigers auch nicht verpflichtet, ein „zur Erbauung" aufgenommenes Studium zu finanzieren.[1393]

1388 BGH FamRZ 2001, 350; OLG Saarbrücken FamRZ 2008, 411.
1389 OLG Karlsruhe FamRZ 2009, 120.
1390 Vgl. dazu AG Bruchsal FuR 2023, 189 mit Anm. *Viefhues*.
1391 BGH FamRZ 1984, 561.
1392 BGH FamRZ 2001, 350, 351.
1393 BGH FamRZ 1987, 795.

Nur in außergewöhnlichen Ausnahmefällen können **besonders aufwändige Ausbildungen** finanziert werden.[1394] Liegen Gründe hierfür nicht vor, muss eine möglichst kurze und kostengünstige Ausbildung gewählt werden.[1395]

b) Erwartung eines erfolgreichen Ausbildungsabschlusses

1325 Ein erfolgreicher Abschluss der Ausbildung muss zu erwarten sein.

Es ist daher zu prüfen, ob der Anspruchsteller für die Ausbildung und die damit angestrebte Tätigkeit geeignet ist, und zwar nach seiner

- subjektiven Eignung,
- Einsatzbereitschaft,
- Alter,
- Gesundheitszustand und
- der notwendigen Vor- bzw. Ausbildung.

Diese **Prognose** über einen positiven Abschluss der Ausbildung ist zu jeder Zeit der Ausbildung, Fortbildung oder Umschulung ggfls. neu zu beurteilen. Dem Unterhaltsverpflichteten steht daher periodisch, abhängig vom Einzelfall, in der Regel alle sechs Monate ein Auskunftsanspruch hinsichtlich des Ausbildungsfortschrittes zu.

c) Chance angemessener Erwerbstätigkeit

1326 Über die Prognosen hinsichtlich des Abschlusses der Ausbildung hinaus ist zu prüfen, ob unter Berücksichtigung der Lage auf dem Arbeitsmarkt und hinsichtlich der Persönlichkeit des Berechtigten eine **realistische Chance darauf besteht, eine angemessene Erwerbstätigkeit** zu finden. Objektiv muss auf dem Arbeitsmarkt ein Bedarf an Arbeitskräften in dem in Betracht kommenden Bereich vorhanden sein.[1396] Eine Prognose in diesem Bereich ist bei Antragstellung durchzuführen.

Namentlich das evtl. **zu hohe Alter des Berechtigten** zum Zeitpunkt des Ausbildungsendes kann aber dazu führen, dass eine Erwerbschance zu verneinen ist. Eine Ausbildung, die erst nach Vollendung des 50. Lebensjahres endet, wird danach in der Regel nicht mehr sinnvoll sein.[1397]

2. Umfang der Ausbildungsobliegenheit

1327 Die Ausbildungsobliegenheit **beginnt spätestens mit der Scheidung** oder mit dem Ende eines Unterhaltsanspruchs nach §§ 1570–1572 BGB, § 1573 Abs. 3 BGB.

Über einen grundsätzlich bestehenden Unterhaltsanspruch bei Getrenntleben gem. § 1361 BGB kann die **Obliegenheit bereits früher** einsetzen.[1398]

1328 Kommt der Bedürftige der Ausbildungsobliegenheit schuldhaft nicht nach, hat er seine Bedürftigkeit **mutwillig herbeigeführt** im Sinne des § 1579 Nr. 4 BGB. Damit erlischt sein Unterhaltsanspruch wegen Erwerbslosigkeit nach § 1573 Abs. 1, Abs. 3 BGB ebenso wie sein Ausbildungsanspruch.[1399]

1329 Wird die Ausbildung **nicht mit der erforderlichen Zielstrebigkeit** betrieben oder nicht innerhalb der üblichen, durchschnittlichen Ausbildungszeiten abgeschlossen, entfällt der Anspruch ebenso.

Wer danach in Kenntnis der Auswirkungen eine zielstrebig geführte Ausbildung, Fortbildung oder Umschulung unterlässt oder abbricht, ist in gleicher Weise zu behandeln, wie jemand, der sich nicht in ausreichendem Maße um eine angemessene Erwerbstätigkeit bemüht. Es sind ihm diejenigen **Einkünfte fik-**

1394 BGH FamRZ 1984, 561, 563.
1395 BGH FamRZ 1984, 561, 563.
1396 BGH FamRZ 1986, 553.
1397 BGH FamRZ 1987, 691.
1398 BGH FamRZ 1985, 782.
1399 BGH FamRZ 1986, 553.

tiv anzurechnen, die er bei ordnungsgemäßer Ausbildung aus einer angemessenen Erwerbstätigkeit erzielen könnte.[1400]

Decken die zuzurechnenden fiktiven Einkünfte den Unterhaltsbedarf nach § 1578 Abs. 1 S. 1 BGB nicht, besteht ein ergänzender Anspruch auf Zahlung von Aufstockungsunterhalt, § 1573 Abs. 2 BGB. 1330

3. Konkurrenzen

§ 1573 Abs. 1 BGB i.V.m. § 1574 Abs. 3 BGB enthält eine **Obliegenheit** des geschiedenen Ehegatten, sich ausbilden, fortbilden bzw. umschulen zu lassen. Diese Obliegenheit tritt **an die Stelle** der grundsätzlich bestehenden Verpflichtung zur Aufnahme einer **Erwerbstätigkeit**. 1331

§ 1575 BGB ist dagegen als **Anspruch** auf Ausbildung, Fortbildung und Umschulung wegen entstandener ehebedingter Ausbildungsnachteile konzipiert. 1332

Die **Tatbestandsvoraussetzungen decken sich** jedoch in denjenigen Fällen, in denen die Ausbildung, Fortbildung oder Umschulung zur **Erlangung einer angemessenen Erwerbstätigkeit** und gleichzeitig zum **Ausgleich ehebedingter Nachteile** erforderlich ist.

4. Darlegungs- und Beweislast

Der **Unterhaltsberechtigte trägt die Darlegungs- und Beweislast** für das Vorliegen der tatbestandlichen Voraussetzungen zur Zahlung von Ausbildungsunterhalt. Er hat daher die Erforderlichkeit der Ausbildung, die berechtigte Erwartung eines erfolgreichen Abschlusses der Ausbildung und die realistische Chance zur anschließenden angemessenen Erwerbstätigkeit darzulegen und ggf. zu beweisen. 1333

Im Verlauf des Ausbildungsgangs selbst trifft den Unterhaltsberechtigten die Darlegungs- und Beweislast für die ordnungsgemäße **Erfüllung der Ausbildungspflichten**. Umgekehrt steht dem Verpflichteten ein entsprechender **Auskunftsanspruch** gegenüber dem Berechtigten in geeigneten Zeitabständen zu, in der Regel in Abständen von sechs Monaten. 1334

VIII. Ausbildungsunterhalt nach § 1575 BGB

1. Normzweck

Hat ein – nunmehr geschiedener – Ehegatte in Erwartung der Ehe oder während der Ehe eine Schul- oder Berufsausbildung nicht aufgenommen oder abgebrochen, besteht ein **Anspruch auf Ausbildungsunterhalt nach § 1575 Abs. 1 BGB**, wenn er diese oder eine entsprechende Ausbildung sobald wie möglich aufnimmt, um eine angemessene Erwerbstätigkeit, die den Unterhalt nachhaltig sichert, erlangen zu können und der erfolgreiche Abschluss der Ausbildung zu erwarten ist. 1335

Der Anspruch auf eine solche Ausbildung soll dazu führen, **ehebedingte Ausbildungsnachteile**[1401] auszugleichen.

Die **Zahl** derjenigen, die im Hinblick auf eine Eheschließung ihre Ausbildung gar nicht aufgenommen haben oder die ihre Ausbildung aufgrund der (zukünftigen) Ehe abgebrochen haben, dürfte im Zuge der gesellschaftlichen Entwicklung **abgenommen** haben. Dies liegt zum einen am gestiegenen Alter zum Zeitpunkt der Eheschließung, aber auch daran, dass die in früheren Jahrhunderten geltende Vorstellung, die zukünftige Ehe sichere den Unterhalt und die Existenz auf Dauer, keinen Bestand mehr in der Vorstellungswelt junger Menschen mehr hat, – zumindest im europäischen Kulturkreis. 1336

1400 BGH FamRZ 1986, 553, 555.
1401 BGH NJW 2011, 1067.

1337 Der Ausbildungsanspruch des § 1575 BGB setzt nicht voraus, dass der geschiedene Ehegatte ohne die Ausbildung keine angemessene Erwerbstätigkeit zu finden in der Lage wäre.[1402] Der **ausbildungswillige (frühere) Ehegatte kann eine Statusverbesserung anstreben**, wenn er diese ohne die Eheschließung erreicht hätte. Gegenüber den ehelichen Lebensverhältnissen kann daher eine Niveausteigerung angestrebt sein.[1403]

1338 Die **Einschränkung** im Wortlaut des § 1575 Abs. 1 BGB, wonach die Ausbildung zu einer angemessenen Erwerbstätigkeit führen muss, grenzt die Verpflichtung zur Unterstützung durch den Pflichtigen dahingehend ein, dass der dieser kein Studium finanzieren muss, das nicht zu dem Ziel der angemessenen Erwerbstätigkeit führen kann, z.B. vorrangig dem Vergnügen dient.[1404]

2. Subsidiarität, Konkurrenzen

a) Anspruch auf Ausbildungsförderung

1339 Neben dem Anspruch auf Ausbildungsunterhalt kann für den Berechtigten ein Anspruch auf **öffentlich-rechtliche Ausbildungsförderung** nach dem BAföG oder dem SGB II (AFG) bestehen.

Die **Anspruchsvoraussetzungen differieren** zu den Ansprüchen nach § 1575 BGB. BAföG-Leistungen werden z.B. nur bis zur Vollendung des 30. Lebensjahres gewährt, Leistungen nach dem SGB III nur unter den in §§ 59 ff. SGB III normierten besonderen Voraussetzungen.[1405]

Öffentlich-rechtliche Ausbildungsförderung ist gegenüber Unterhaltsansprüchen jedoch **subsidiär** mit der Folge, dass der Leistungsträger bei nicht dauernd getrenntlebenden Ehegatten den Unterhaltsanspruch gegen den Unterhaltspflichtigen auf sich überleiten kann, §§ 1, 11 BAföG.

1340 Gegenüber **geschiedenen** Ehegatten gehen die Ansprüche nicht über, **§§ 37, 38 BAföG**. Solche Leistungen sind gegenüber dem Unterhaltspflichtigen bedürftigkeitsmindernd und sind auf den Unterhaltsanspruch anzurechnen, § 1577 Abs. 1 BGB.

1341 Der ausbildungswillige Ehegatte ist **verpflichtet**, solche Leistungen in Anspruch zu nehmen. Dies gilt grundsätzlich auch dann, wenn die Leistungen nur darlehensweise gewährt werden, es sei denn, durch die Rückzahlungsverpflichtung wird mit Wahrscheinlichkeit ein angemessenes Erwerbseinkommen verhindert.[1406]

b) Vorrang des Anspruchs nach § 1575 BGB

1342 Neben dem Anspruch nach § 1575 BGB kann der Anspruch auf **Ausbildungsunterhalt nach §§ 1574 Abs. 3, 1573 Abs. 1 BGB** bestehen.

Der Anspruch nach § 1575 BGB ist jedoch in jedem Fall **vorrangig**, da für die Dauer der Ausbildung keine Erwerbsobliegenheit besteht, die § 1573 Abs. 1 BGB grundsätzlich voraussetzt.

Erst die Erwerbsobliegenheit kann zu einem Unterhaltsanspruch nach §§ 1574 Abs. 3, 1573 Abs. 1 BGB führen, weil in diesem Fall eine Ausbildung notwendig ist, um eine angemessene Erwerbstätigkeit überhaupt ausüben zu können.[1407]

1343 Beide Ansprüche können **gleichzeitig** gegeben sein, wenn die Ausbildung sowohl erforderlich ist, um ehebedingte Nachteile auszugleichen, als auch, um nach Ausbildungsabschluss eine angemessene Erwerbstätigkeit finden zu können.

1402 BGH FamRZ 1987, 795; OLG Saarbrücken FamRZ 2008, 411.
1403 BGH FamRZ 1985, 782.
1404 BGH FamRZ 1987, 795; OLG Karlsruhe FamRZ 2009, 120.
1405 Z.B.: Mittel stehen anderweitig nicht zur Verfügung, § 59 Nr. 3 SGB III.
1406 Str., vgl. BGH FamRZ 1980, 126, 127; Wendl/Dose/*Bömelburg*, § 4 Rn 339 m.w.N.
1407 Dazu *Borth*, FPR 2008, 341, 344.

Schließt der Berechtigte die Ausbildung nach § 1575 BGB ab und findet er keine seinem Ausbildungs- 1344
niveau entsprechende berufliche Tätigkeit, besteht ein Anspruch auf Erwerbslosigkeitsunterhalt, §§ 1575 Abs. 1, Abs. 3 BGB. Letztlich kann sich in solchen Fällen ein weiterer Anspruch auf Ausbildungsunterhalt nach §§ 1574 Abs. 3, 1573 Abs. 1 BGB ergeben, wenn ohne zusätzliche Ausbildung keine angemessene Erwerbstätigkeit zu finden ist.

3. Anspruch auf Ausbildung, § 1575 Abs. 1 BGB

Der Anspruch nach § 1575 Abs. 1 BGB hat **folgende Voraussetzungen**: 1345

- Abbruch oder Nichtaufnahme einer Ausbildung in Erwartung oder während der Ehe
- Erforderlichkeit der Ausbildung zur Erlangung angemessener Erwerbstätigkeit
- Aufnahme der Ausbildung sobald als möglich nach der Scheidung
- Erwartung des Abschlusses innerhalb normaler Ausbildungszeit.

a) Begriff und Art der Ausbildung

Der **Begriff der Ausbildung** ist sehr **weit gefasst**. Erforderlich ist ein anerkanntes Berufsausbildungsver- 1346
hältnis, verbunden mit einem bestimmten Ausbilder und einem bestimmten Ausbildungsplan. Es muss sich dabei um **eine vom Arbeitsamt anerkannte Maßnahme der Weiterbildungsförderung** i.S.d. SGB III handeln. Firmeninterne Qualifikationsmaßnahmen fallen nicht darunter.[1408]

Kommen **mehrere gleichwertige Ausbildungen** in Betracht, ist diejenige zu wählen, die möglichst kurz 1347
und kostengünstig ist. Besonders zeit- und kostenaufwändige Ausbildungsgänge können nur in besonders gelagerten Ausnahmefällen akzeptiert werden, um die umfangreichere Unterhaltsbelastung des Pflichtigen zu rechtfertigen.[1409]

Zweitausbildungen oder Promotionen sind unter keinem denkbaren Aspekt zu finanzieren, auch wenn 1348
dadurch die beruflichen Erwerbschancen verbessert werden.[1410]

Die **Art der Ausbildung** muss der im Zusammenhang mit der Ehe konkret unterlassenen oder abgebro- 1349
chenen Ausbildung entsprechen. Die Entsprechung zeigt sich

- im Niveau,
- im Ausbildungsumfang,
- in den Anforderungen und
- in der sozialen Einordnung.

Vergleichbar:

- Ausbildung zur Krankenschwester und Ausbildung zur Steuerfachangestellten;

Nicht vergleichbar:

- Ausbildung zur Rechtsanwaltsfachangestellten und Studium der Rechtswissenschaft

War die Ausbildung bereits weit fortgeschritten, muss sie beibehalten bleiben. Eine Umorientierung auf 1350
eine andersartige Ausbildung ist dann nicht mehr möglich.

b) Ehebedingte Nichtaufnahme oder Abbruch der Ausbildung

§ 1575 BGB soll ehebedingte Ausbildungsnachteile ausgleichen. 1351

Die Nichtaufnahme einer Ausbildung durch einen Ehegatten vor der Ehe muss daher **in Erwartung der Ehe** erfolgt sein. Notwendig sind für eine solche Nichtaufnahme zumindest konkrete Berufspläne, in der

1408 OLG Koblenz OLGR 2000, 15.
1409 BGH FamRZ 1984, 561.
1410 BGH FamRZ 1987, 795.

Regel aber auch darüber hinaus konkrete Maßnahmen zur Umsetzung der Pläne, beispielsweise eine Anmeldung bei einer Ausbildungsstätte. Es kann auch eine Bewerbung genügen.

1352 Voraussetzung ist aber, dass die **Eingangsvoraussetzungen für die Ausbildung vorlagen** und eine gewisse Wahrscheinlichkeit dafür bestand, diese Ausbildung ohne die Eheschließung absolviert zu haben.[1411]

Die **schlichte Äußerung von Berufswünschen** vor Eingehung der Ehe reicht nicht aus.

1353 Bei **Abbruch einer Ausbildung** ist vom Berechtigten darzulegen und zu beweisen, dass das Verhalten ehebedingt war. Voraussetzung ist aber die Heiratsabsicht der Beteiligten zum Zeitpunkt des Abbruchs. Hatten sich die späteren Eheleute erst kennen gelernt, ist ein Ausbildungsabbruch auch dann nicht ehebedingt, wenn einer der Partner in der Hoffnung auf eine nähere und langfristige Beziehung den Wohnort wechselt.

Wird die Ausbildung erst **während der Ehe abgebrochen**, wird vermutet, dass der Abbruch ehebedingt ist. Der Abbruch muss dann aber nicht ehebedingt gewesen sein, so dass der Pflichtige diese Vermutung nicht widderlegen kann. Der Unterhaltsanspruch ist auch dann gegeben, wenn die Ausbildung aus anderen Gründen, z.B. Erkrankung oder mangelndes Interesse, abgebrochen worden ist.[1412]

c) Erforderlichkeit der Ausbildung

1354 Die Ausbildung muss **notwendig** sein, um dem Berechtigten eine **angemessene Erwerbstätigkeit** zu ermöglichen. Ein angestrebtes höheres Niveau als das während der Ehe gelebte Niveau unterliegt ebenso der Unterhaltsverpflichtung aus § 1575 BGB, wenn davon auszugehen ist, dass der Berechtigte ohne die Ehe die höhere berufliche Stellung erreicht hätte.

1355 **Nicht erforderlich** ist eine Ausbildung, wenn der Berechtigte bereits einer angemessenen Erwerbstätigkeit nachgeht **und** keine ehebedingten Nachteile in der Ausbildungsbiografie vorliegen.

1356 Liegen **keine Nachteile** zum beruflichen Werdegang vor, kann deshalb auch die Aufnahme einer gänzlich unqualifizierten Arbeitstätigkeit angemessen und zumutbar sein, wenn sie den ehelichen Verhältnissen entspricht.[1413]

Die **Notwendigkeit einer Angemessenheit** der Ausbildung grenzt die erforderliche Ausbildung von der „Ausbildung zum Vergnügen“ ab, die naturgemäß vom früheren Ehepartner nicht zu finanzieren ist.[1414]

1357 Wer über eine **abgeschlossene Ausbildung** verfügt, die eine angemessene Erwerbstätigkeit ermöglicht, hat **keinen Anspruch** auf eine weitere **(Zweit-)Ausbildung**, auch wenn sie vor der Ehe konkret geplant war. Im Rahmen der – begrenzten – nachehelichen Solidarität schuldet der Verpflichtete nur **eine einzige Ausbildung**, die zu einer angemessenen Erwerbstätigkeit zu führen in der Lage ist.

d) Beginn der Ausbildung

1358 Der Berechtigte muss die Ausbildung **sobald als möglich nach Scheidung** der Ehe aufnehmen.

Da ein fester Einsatzzeitpunkt vom Gesetz **nicht** vorgesehen ist, kann sich die Ausbildung auch an die Beendigung der Pflege und Erziehung gemeinschaftlicher Kinder oder einer Erkrankung anschließen, die bisher eine Ausbildung verhindern haben.

1359 Der Berechtigte kann sich eine **gewisse Zeit der Überlegung** nehmen, um zu prüfen, ob er geeignet und willens ist, eine entsprechende Ausbildung zu beginnen bzw. fortzusetzen. Grenzwertig ist jedoch eine Zeitspanne von **14 Monaten**, auch wenn der Berechtigte zunächst versucht hat, mit Hilfe früherer beruflicher Erfahrungen aus einer abgebrochenen Ausbildung in eine angemessene Berufsausübung zu gelangen.[1415]

1411 OLG Frankfurt FamRZ 1995, 879; 1985, 712; Wendl/Dose/*Bömelburg*, § 4 Rn 343 m.w.N.
1412 BGH FamRZ 1980, 126.
1413 BGH FamRZ 2001, 350.
1414 BGH FamRZ 1987, 795.
1415 Vgl. dazu OLG Köln FamRZ 1996, 867.

Der Unterhaltsanspruch umfasst **auch die Zeit bis zur Aufnahme** einer Ausbildung.[1416] Es ist dem Berechtigten aber zuzumuten, sich während einer Wartezeit bis zum Beginn der Ausbildung um eine unterhaltsmindernde Arbeitstätigkeit zu bemühen. 1360

Ist der Ausbildungsanspruch vor Scheidung nach § 1361 BGB entstanden, erfasst der Ausbildungsanspruch nach § 1575 BGB sodann die Fortsetzung des Anspruchs nach der Scheidung.[1417] 1361

e) Erwartung des erfolgreichen Abschlusses der Ausbildung

Der **erfolgreiche Abschluss** der Ausbildung **muss in üblicher Zeit zu erwarten** sein. Es kann nicht verlangt werden, ein Studium beispielsweise in der Mindestzeit zu absolvieren. Orientierung bildet die durchschnittliche Dauer der Ausbildungszeit. Konkrete Umstände, z.B. Erkrankungen, können die Ausbildungszeit verlängern. 1362

Durchgehend muss die Prognose bestehen, dass die Ausbildung erfolgreich durchlaufen werden wird, und zwar sowohl zu Beginn der Ausbildung als auch während der Ausbildungszeit selbst. Fällt die Prognose negativ aus, besteht kein Anspruch nach § 1575 BGB.

Dem Verpflichteten steht insoweit ein **laufender Auskunftsanspruch** zu, dessen Umfang sich nach der Art der Ausbildung richtet. In der Regel wird der Berechtigte alle sechs Monate darlegen müssen, wie der Ausbildungsstand ist. 1363

f) Erwartung einer angemessenen Erwerbstätigkeit

Der Berechtigte hat die von ihm erstrebte Ausbildung unter dem **Aspekt realistischer Erwerbschancen** auf dem Arbeitsmarkt zu wählen. Besteht keine berechtigte Aussicht, nach erfolgreicher Beendigung der Ausbildung eine angemessene Erwerbstätigkeit zu finden, scheidet ein Ausbildungsanspruch nach § 1575 BGB aus.[1418] 1364

Diese Erwartung ist auch dann nicht gegeben, wenn zwar aufgrund bestehender Nachfrage auf dem Arbeitsmarkt Erwerbschancen bestehen, jedoch nach dem Alter des Berechtigten die Ausbildung nicht mehr sinnvoll ist.

Die Beendigung einer akademischen Ausbildung im Alter von 50 Jahren wird beispielsweise nicht zu einer realistischen positiven Anstellungsprognose führen können.[1419]

4. Anspruch auf Fortbildung und Umschulung, § 1575 Abs. 2 BGB

a) Anspruchsvoraussetzungen nach § 1575 Abs. 2 BGB

Während die Anwendung des § 1575 Abs. 1 BGB voraussetzt, dass eine Ausbildung nicht aufgenommen oder abgebrochen worden ist, setzt der Anspruch nach § 1575 Abs. 2 BGB grundsätzlich eine abgeschlossene Berufsausbildung oder **angemessene Berufserfahrung** voraus.[1420] 1365

Die Definition der darauf gegründeten Fortbildung und Umschulung wird abgeleitet von § 77 SGB III mit dem dort verwendeten Oberbegriff „Berufliche Weiterbildung“; hierunter fallen sowohl berufliche **Fortbildung als auch berufliche Umschulung**. Hierunter fallen Studiengänge nicht, sodass hinsichtlich eines Studienwunsches des geschiedenen Ehegatten die Voraussetzungen des § 1575 Abs. 1 BGB zu prüfen sind.[1421]

1416 OLG Hamm FamRZ 1983, 181.
1417 BGH FamRZ 1985, 782.
1418 BGH FamRZ 1986, 553.
1419 OLG Düsseldorf FamRZ 1991, 76.
1420 BGH FamRZ 1987, 795, 797.
1421 BGH FamRZ 1985, 782, 783.

1366 Die **Voraussetzungen** des § 1575 Abs. 2 BGB entsprechend weitgehend denen des § 1575 Abs. 1 BGB:

- Die Fortbildung/Umschulung ist notwendig zum Ausgleich ehebedingter Nachteile;
- die Fortbildung/Umschulung ist erforderlich, um eine angemessene Erwerbstätigkeit zu erlangen, die den Unterhalt nachhaltig sichert;
- die Fortbildung/Umschulung wird in zeitlich nahem Zusammenhang mit der Scheidung aufgenommen;
- der Abschluss ist innerhalb üblicher Fortbildungs-/Umschulungszeit zu erwarten.

b) Ausgleich ehebedingter Nachteile

1367 Besteht unterhaltsrechtlich eine Erwerbsobliegenheit, ist zunächst diese der Höhe nach zu klären. Von ihr hängt ab, in welcher Höhe ggf. ehebedingte Nachteile bestehen.[1422] Ist eine Erwerbsobliegenheit ersetzt durch die Notwendigkeit der Aus- oder Fortbildung, ist ebenfalls im Anschluss an diese Feststellung der ehebedingte Nachteil zu klären.

1368 Zwischen der notwendigen Fortbildung oder Umschulung und einem **ehebedingten Nachteil** muss ein **ursächlicher Zusammenhang** bestehen. Hinsichtlich beruflicher Nachteile ist die berufliche Stellung, die der Ehegatte voraussichtlich ohne Eheschließung gehabt hätte zu vergleichen mit der derzeitigen Situation aufgrund der Ehe.

Ein solcher **Nachteil** liegt vor, wenn die derzeit mögliche berufliche Stellung einen geringeren Lebensstandard ermöglicht als die ohne Eheschließung erreichte berufliche Stellung.

1369 Darüber hinaus liegen solche ehebedingten Nachteile auch dann vor, wenn die jetzt mögliche berufliche Stellung dem Bedürftigen **keine angemessene Entfaltung seiner Fähigkeiten und Kenntnisse** erlaubt. Ist z.B. vor mehr als einem Jahrzehnt eine juristische Ausbildung mit Abschluss des ersten juristischen Staatsexamens erfolgt, nunmehr aber eine Weiterführung nicht möglich, so entspricht die Fortbildung zur Bürokauffrau einer Möglichkeit, ehebedingte Nachteile auszugleichen.[1423]

Zeitlich begrenzt ist der Anspruch nach § 1575 Abs. 3 BGB durch die statistisch durchschnittliche Dauer der Fortbildung oder Umschulung. Eine kürzere Befristung nach § 1578b BGB scheidet aus, wenn der Berechtigte wegen einer ehebedingten Einschränkung seiner Erwerbstätigkeit nicht in der Lage ist, Einkünfte zu erzielen, die dem eigenen angemessenen Bedarf nach § 1578 BGB reichen.[1424]

5. Umfang des Unterhalts

1370 Der Ausbildungsunterhalt bemisst sich nach § 1578 BGB und geht daher auf den vollen Unterhalt nach den ehelichen Lebensverhältnissen im Sinne des § 1578 Abs. 1 Satz 1 BGB. Er umfasst **auch den Mehrbedarf** hinsichtlich der Ausbildungs-, Umschulungs- bzw. Weiterbildungskosten, § 1578 Abs. 2 BGB.

1371 Der Anspruch umfasst gem. § 1578 Abs. 2 BGB **auch Krankheitsvorsorgeunterhalt**. Nicht geschuldet wird demgegenüber Altersvorsorgeunterhalt, § 1578 Abs. 3 BGB. Kosten für eine angemessene Altersvorsorge betrifft danach ausschließlich Unterhaltsansprüche nach §§ 1570 bis 1573 und § 1576 BGB.

1372 **Eigenes Einkommen** des Unterhaltsberechtigten aus zumutbarer Tätigkeit ist grundsätzlich zu berücksichtigen. Es ist im Wege der Differenzmethode in die Unterhaltsberechnung einzubeziehen. Überobligatorische Einkünfte sind gem. § 1577 Abs. 2 BGB im Wege der **Billigkeitsabwägung** nur mit dem unterhaltsrelevanten Teil des Einkommens in die Differenzmethode einzubeziehen.[1425]

1422 BGH FamRB 2013, 71.
1423 OLG Hamm BeckRS 2009, 13638; Wendl/Dose/*Bömelburg*, § 4 Rn 353.
1424 BGH NJW 2010, 3653; Kleffmann/Soyka/*Kleffmann*, 4. Kap. Rn 337.
1425 BGH FamRZ 2003, 518; FamRZ 2005, 1154.

Leistungen staatlicher oder anderer Institutionen (z.B. BAföG, SGB III) sind **bedarfsmindernd** anzurechnen. Dabei ist allerdings zu beachten, dass die Anspruchsvoraussetzungen für BAföG und für sogenannte AFG-Leistungen nach SGB III sich erheblich von denen des § 1575 BGB unterscheiden. So werden beispielsweise BAföG-Leistung im Gegensatz zu Ansprüchen aus § 1575 BGB nur bis zur Vollendung des 30. Lebensjahres gewährt. 1373

6. Dauer des Unterhalts nach § 1575 Abs. 1, 2 BGB

Ausbildungsunterhalt ist zeitlich **auf die Dauer der Ausbildung begrenzt**. Bei einem Studium entspricht dies der statistisch durchschnittlichen Studiendauer, nicht der Mindeststudiendauer. 1374

Die Dauer der Fortbildung/Umschulung steht mit dem zeitlichen Ende der Ausbildung fest. Bei Weiterbildungsmaßnahmen im Sinne des § 77 SGB III, in denen ein festes Ausbildungsende nicht vorgegeben ist, bilden die dort vorgesehenen Förderzeiten die Begrenzung.

Zu berücksichtigen sind allerdings **ehebedingte Verzögerungen**, die eine Verlängerung der Ausbildungs-/Fortbildungszeit rechtfertigen können. Ebenso können krankheitsbedingte Verzögerungen entstehen, hierzu gehören jedoch keine Verzögerungen, die aus rein persönlichen Gründen erfolgen.[1426]

Nach Abschluss der Ausbildung/Umschulung/Fortbildung ist dem geschiedenen Ehegatten eine **angemessene Frist für die Suche nach einem Arbeitsplatz** einzuräumen. Der Ausbildungsunterhaltsanspruch besteht in dieser Zeit weiter. Man wird allerdings regelmäßig die Länge der Frist auf max. drei Monate begrenzen müssen.[1427] Der Unterhaltsberechtigte ist allerdings verpflichtet, mit vollem zeitlichem Einsatz die Suche nach einem Arbeitsplatz zu forcieren. 1375

Scheitert die Ausbildung/Umschulung/Fortbildung **unverschuldet**, dann erlischt der Ausbildungsunterhalt und es entsteht eine Anschlussunterhalt wegen Arbeitslosigkeit auf dem bisher erreichten Niveau nach § 1573 Abs. 1, 2 BGB.[1428] Da umgekehrt der Anspruch auf Ausbildung/Umschulung/Fortbildung nicht erfolgsabhängig ist, kann der Unterhaltspflichtige den gezahlten Unterhalt nach einem nicht erfolgreichen Abschluss der Ausbildung/Fortbildung/Umschulung durch den Unterhaltsgläubiger (z.B. bei nicht bestehender Prüfung) von diesem **nicht zurückfordern**.[1429] 1376

7. Verpflichtungen des Anspruchstellers

Wer Ausbildungsunterhalt verlangt, ist verpflichtet, die Ausbildung, Fortbildung oder Umschulung **zielstrebig und fleißig zu betreiben** und die Ausbildung innerhalb angemessener und üblicher Dauer zu beenden. 1377

Gegenüber Ansprüchen der Kinder auf Finanzierung der ersten Ausbildung sind die Anforderungen an einen Ehegatten, der eine Ausbildung, Fortbildung oder Umschulung finanziert haben möchte, **wesentlich strenger**. Dies beruht auf der grundsätzlich bestehenden nachehelichen Eigenverantwortung und dem **Ausnahmecharakter** zur Zahlung von Unterhalt. 1378

Der Ehegatte ist verpflichtete, sich an die **bestehenden Ausbildungspläne** zu halten, um den ordnungsgemäßen Abschluss des Studiums **innerhalb angemessener Frist** nicht zu gefährden.[1430] Der Ehegatte hat zwar, beispielsweise im Studienfall, wie alle Studenten die Möglichkeit, eine selbstständige Auswahl der angebotenen Lehrveranstaltungen zu treffen und den Studienaufbau eigenverantwortlich zu 1379

1426 BGH FamRZ 1980, 126.
1427 Dazu OLG Düsseldorf FamRZ 1987, 708, 709.
1428 OLG Hamm FamRZ 1983, 181.
1429 Ausnahmefall: Sittenwidrige vorsätzliche Schädigung, § 826 BGB; vgl. zur besonderen Verwerflichkeit des Verhaltens Grüneberg/*Sprau*, § 826 Rn 4.
1430 BGH FamRZ 1984, 777, 778.

betreiben. Er ist aber nicht berechtigt, dadurch einen **möglichst zügigen Abschluss des Studiums zu gefährden**.

1380 Werden **Zwischenprüfungen nicht bestanden**, etwa Vordiplom, Physikum, Scheine o.ä., **verliert** der Ehegatte seinen Ausbildungsanspruch für die Zukunft.[1431] Dies wäre im Rahmen des Kindesunterhalts nicht der Fall.

1381 Der Anspruch auf Ausbildungsunterhalt kann im Übrigen **nicht erfolgsabhängig** sein. Verliert der Berechtigte seinen Unterhaltsanspruch für die Zukunft, weil er Prüfungen nicht besteht, muss er den gezahlten **Ausbildungsunterhalt nicht zurückzahlen**. Dies gilt unabhängig davon, ob der Berechtigte insoweit entreichert ist oder nicht.

1382 Eine Ausnahme bilden Schadenersatzansprüche, die auf sittenwidriger vorsätzlicher Schädigung des Unterhaltsgläubigers **(§ 826 BGB)** beruhen. Dem stehen Ansprüche gleich, die auf Betrug basieren **(§ 823 BGB i.V.m. § 263 StGB)**.

8. Erwerbslosenunterhalt, § 1575 Abs. 3 BGB i.V.m. § 1573 BGB

1383 Falls der Unterhaltsberechtigte nach Abschluss einer Ausbildung gem. § 1575 BGB keine seinem neuen Ausbildungsniveau entsprechende Arbeitsstelle findet, schließt sich an den Ausbildungsunterhalt der **Anspruch auf Erwerbslosigkeitsunterhalt als Anschlussunterhalt** nach § 1573 Abs. 1 und 3 BGB an.

Der gem. § 1575 Abs. 1 BGB erreichte höhere Ausbildungsstand bleibt allerdings bei der Bestimmung der angemessenen Erwerbstätigkeit nach § 1574 Abs. 2 BGB außer Betracht, § 1575 Abs. 3 BGB.

9. Herabsetzung des Unterhalts

1384 Eine **zeitliche Befristung** des Unterhalts auf die voraussichtliche Dauer der Ausbildung **scheidet aus**.

Der Unterhaltsberechtigte ist möglicherweise nach einer ehebedingten Einschränkung seiner Erwerbstätigkeit nicht in der Lage, Einkünfte zu erzielen, die den eigenen angemessenen Unterhaltsbedarf nach § 1578 BGB erreichen.[1432] Ob ggf. ehebedingte Nachteile unmittelbar nach Abschluss der Ausbildung ausgeglichen sind, kann zunächst nicht beurteilt werden.

1385 Allerdings kommt eine **Herabsetzung des Unterhalts** für denjenigen Ehegatten in Betracht, der sich einer Ausbildung, Fortbildung oder Umschulung unterzieht.

Eine Herabsetzung ist gem. § 1578b Abs. 1 BGB **bis auf den angemessenen Lebensbedarf** nach der eigenen, ohne die Ehe hypothetisch erreichten Lebensstellung möglich.[1433]

1386 Der **Mindestbedarf**, der das Existenzminimum darstellt, bildet die Untergrenze des Unterhaltsanspruchs. Das Existenzminimum ergibt sich aus **Ziff. 21.2 der jeweiligen Unterhaltsleitlinien der Oberlandesgerichte** betreffend die Selbstbehaltssätze für einen nicht Erwerbstätigen.

1387 Dieser Betrag ist anzunehmen, wenn rechnerisch der nach den ehelichen Lebensverhältnissen **im Sinne des § 1578 BGB geschuldete Unterhalt höher** liegt. Ist rechnerisch der zu zahlende Betrag niedriger, kommt eine Herabsetzung nicht in Betracht, weil das Existenzminimum zu gewährleisten ist.

1431 OLG Hamm FamRZ 1988, 1280, 1281.
1432 BGH NJW 2010, 3653.
1433 BGH NJW 2010, 3653.

10. Darlegungs- und Beweislast

Der **Unterhaltsberechtigte** hat die Anspruchsvoraussetzung des § 1575 BGB darzulegen und zu beweisen.[1434] Er trägt also die Darlegungs- und Beweislast dafür, dass die Ausbildung notwendig ist, damit im Anschluss daran eine angemessene Erwerbstätigkeit ausgeübt werden kann[1435] und dass mit der angestrebten Ausbildung eine realistische Chance auf die Erlangung eines Arbeitsplatzes geschaffen wird.[1436] 1388

Ist eine Ausbildung **vor der Ehe abgebrochen** worden, ist die Ehebedingtheit des Abbruches darzulegen und zu beweisen. Ist der Abbruch der Ausbildung erst während der Ehe erfolgt, besteht eine Vermutung für die Ehebedingtheit des Abbruchs.[1437] 1389

IX. Unterhalt aus Billigkeitsgründen, § 1576 BGB

1. Normzweck

Nach § 1576 BGB kann soweit und solange vom anderen geschiedenen Ehegatten Unterhalt verlangt werden, wie von ihm aus **„sonstigen schwerwiegenden Gründen"** eine Erwerbstätigkeit nicht oder nicht in vollem Umfange erwartet werden kann und die Versagung von Unterhalt unter Berücksichtigung Belange beider früherer Ehegatten **grob unbillig** wäre. 1390

Die positive Billigkeitsklausel des § 1576 BGB soll Ausnahmefälle von Bedürftigkeit erfassen, die nicht unter die Vorschriften der §§ 1570 bis 1575 BGB fallen. Sie ist diesen Vorschriften daher subsidiär und nur ausnahmsweise in Härtefällen anzuwenden.[1438]

2. Anspruchsvoraussetzungen

Unterhalt aus Billigkeitsgründen kann unter **drei Voraussetzungen** beansprucht werden: 1391

- Vorliegen eines (sonstigen) schwerwiegenden Grundes;
- wegen des schwerwiegenden Grundes ist eine Erwerbstätigkeit nicht oder nur teilweise zu erwarten;
- die Versagung des Unterhalts ist grob unbillig.

a) Sonstige schwerwiegende Gründe

Schwerwiegende Gründe **müssen nicht ehebedingt** sein.[1439] Die Gründe müssen auch zum Verhalten des in Anspruch genommenen Ehegatten keinen sachlichen Bezug aufweisen.[1440] Die Gründe müssen jedoch in ihrer Bedeutung den Tatbeständen der §§ 1570 ff. BGB vergleichbar sein. 1392

Auch wenn die schwerwiegenden Gründe nicht ehebedingt sein müssen, bildet die **Ehebedingtheit einen wesentlichen Anhaltspunkt** dafür, ob ein schwerwiegender Grund vorliegt, der die Versagung des Unterhalts grob unbillig macht.[1441]

1434 BGH FamRZ 2013, 274.
1435 BGH FamRZ 1986, 533.
1436 BGH FamRZ 1987, 601.
1437 BGH NJW 1980, 393.
1438 BGH FamRZ 1983, 800; BGH FamRZ 1984, 361.
1439 BGH FamRZ 2003, 1734.
1440 BGH FamRZ 1983, 800; OLG Karlsruhe FamRZ 1994, 104.
1441 OLG Karlsruhe FamRZ 1991, 1449.

b) Grobe Unbilligkeit

1393 Die Zuerkennung eines Unterhaltsanspruches nach § 1576 BGB trägt absoluten **Ausnahmecharakter**. Die Versagung des Unterhaltes muss daher dem Gerechtigkeitsempfinden in ganz erheblicher Weise widersprechen.[1442]

In der Praxis erfasst der Anspruch auf Zahlung von Billigkeitsunterhalt nach § 1576 vor allem den Fall der **Betreuung nicht gemeinschaftlicher Kinder**, also von Pflegekindern, und Stiefkindern,[1443] aber auch sonstigen nahen Angehörigen z.B. einem Enkelkind.[1444]

Die langjährige Betreuung solcher Kinder kann dann einen Unterhaltsanspruch unter denselben Bedingungen auslösen, wie sie für den **Kindesbetreuungsunterhalt** gelten würden.[1445]

1394 *Praxistipp*

Allein die Pflege und Betreuung nicht gemeinschaftlicher Kinder reicht nicht aus, um einen Anspruch aus § 1576 BGB zu begründen, denn der Betreuungsunterhaltsanspruch nach § 1570 BGB ist grundsätzlich auf gemeinschaftliche Kinder beschränkt.

1395 In Fällen der Betreuung nicht gemeinschaftlicher Kinder müssen **besondere Umstände hinzutreten**, durch die ein besonderer Vertrauenstatbestand für den bedürftigen Ehegatten geschaffen wurde.[1446] Diese gewichtigen besonderen Umstände können beispielsweise in der Langjährigkeit der zuvor gemeinsamen Betreuung und Versorgung während der Ehe liegen.

1396 Die **Zeitdauer** spielt dann keine Rolle, wenn es sich um ein Kind des Unterhaltspflichtigen handelt, das mit dessen Willen auch nach der Ehescheidung von dem geschiedenen Stiefelternteil weiterhin betreut wird. Es handelt sich dann um eine besondere Leistung im Sinne des § 1576 BGB gerade für den verpflichteten früheren Ehegatten.[1447]

1397 Die Betreuung von Kindern aus einer **ehewidrigen Beziehung** kann grundsätzlich keinen Anspruch aus § 1576 BGB begründen. Eine Ausnahme gilt dann, wenn durch entsprechendes **Verzeihen des Ehebruchs** seitens des unterhaltspflichtigen Scheinvaters das Kind längere Zeit Aufnahme im gemeinsamen Haushalt gefunden hat.[1448]

3. Einsatzzeitpunkt

1398 Wie der Anspruch auf Betreuungsunterhalt enthält § 1576 BGB **keinen Einsatzzeitpunkt**, sodass bei späterer Geltendmachung die „Unterhaltskette“ nicht lückenlos vorhanden sein muss.[1449]

Mit zunehmendem zeitlichem Abstand zur Scheidung wird im Rahmen der Billigkeitsprüfung ein Unterhaltsanspruch allerdings zu versagen sein.[1450] Der Grund besteht darin, dass mit zunehmendem zeitlichem Abstand das Vertrauen des Verpflichteten darauf wächst, **nicht mehr** auf Unterhalt in Anspruch genommen zu werden. Der Anspruchsgrund im Sinne des § 1576 BGB muss daher zumindest in einem zeitlichen oder sachlichen Zusammenhang mit den ehelichen Lebensverhältnissen stehen.[1451]

1442 BGH FamRZ 1983, 800: In nahezu unerträglicher Weise.
1443 BGH FamRZ 1983, 800, 802; 1984, 361, 363; 1984, 769; OLG Koblenz: Nur bei „Hinzutreten gewichtiger, besonderer Umstände“, FamRZ 2005, 1997.
1444 OLG Düsseldorf FamRZ 1980, 56 (sonstige Angehörige); AG Herne-Wanne FamRZ 1996, 1016 (Enkelkind).
1445 OLG Stuttgart FamRZ 1983, 503; Garbe/Ulrich/*Kofler*, Prozesse in Familiensachen, § 4 Rn 156.
1446 BGH FamRZ 1983, 800.
1447 Johannsen/Henrich/*Büttner*, § 1576 Rn 7; Wendl/Dose/*Bömelburg*, § 4 Rn 375.
1448 Zu einem besonderen Fall des Ehebruchs vgl. OLG Frankfurt FamRZ 1982, 299, 300.
1449 BGH FamRZ 2003, 1734, 1737.
1450 OLG Karlsruhe FamRZ 1996, 948; OLG Bamberg FamRZ 1997, 819; Wendl/Dose/*Bömelburg*, § 4 Rn 370.
1451 OLG Karlsruhe FamRZ 1996, 948; OLG Hamm FamRZ 1997, 230.

4. Billigkeitsabwägung

Eine Unterhaltsversagung muss unter Berücksichtigung der Belange beider Ehegatten **grob unbillig** sein, mithin dem Gerechtigkeitsempfinden in unerträglicher Weise widersprechen.[1452] Dazu ist eine Billigkeitsprüfung unter Abwägung aller Umstände des konkreten Falles durchzuführen.[1453] 1399

Kriterien dazu sind: 1400

- Lange Ehedauer (Erhöhung nachwirkender Mitverantwortung);
- Alter der Beteiligten (bei Eheschließung);
- gemeinsame Lebensplanung (z.B. Hausfrauenehe/Übernahme von Pflegeverantwortung für Dritte);[1454]
- berufliche (Nicht-)Entwicklung des Bedürftigen;
- wirtschaftliche Verhältnisse der Ehegatten;
- eheliches (Fehl-)Verhalten des Bedürftigen.

Hinsichtlich **ehelichen Fehlverhaltens** des Bedürftigen gilt jedoch: Da § 1576 BGB nur Unterhalt aufgrund einer Billigkeitsabwägung gewährt, wird in solchen Fällen die negative Härteklausel des § 1579 BGB auf einen Anspruch nach § 1576 BGB nicht zusätzlich angewendet. Die **Billigkeitsabwägung nach § 1576 BGB** kann allerdings auch zu anderen Ergebnissen führen als diejenige nach § 1579 BGB.[1455] 1401

Hinweis 1402

Je entsagungsvoller das angeführte Verhalten des Berechtigten in der Ehe war, desto eher wird dem Verpflichteten eine nacheheliche Unterhaltslast zugemutet werden können.[1456]

5. Einzelfälle

- **Besonderes Opfer** 1403

Hat der Unterhaltsberechtigte **für den anderen Ehepartner besondere Opfer** erbracht, kann dies zu einem Unterhaltsanspruch nach § 1576 BGB führen.

Hierzu gehört etwa die **Pflege von Angehörigen** des anderen Ehepartners. Hat der Unterhaltsberechtigte etwa jahrelang Eltern des Ehegatten gepflegt, ist unabhängig von der Frage eines unbefristbar auszugleichenden ehebedingten Nachteils Billigkeitsunterhalt nach § 1576 BGB zu zahlen. Je größer das Opfer war, desto eher ist dem Verpflichteten eine nacheheliche Unterhaltslast zuzumuten.

Dasselbe gilt beim Aufbau der beruflichen Existenz des anderen Ehegatten.

- **Betreuung eines nachehelich gemeinschaftlichen Kindes** 1404

Wird ein **gemeinsames Kind** der Eheleute **nach deren Scheidung** geboren, scheidet ein Unterhaltsanspruch nach § 1570 BGB aus.

Grundsätzlich scheidet hier auch ein Anspruch nach § 1576 BGB aus.

Die betreuende Mutter hat den Anspruch auf **Betreuungsunterhalt nach § 1615l Abs. 2 S. 2 BGB.**[1457]

1452 BGH FamRZ 1983, 800, 802.
1453 BGH FamRZ 1984, 361, 663.
1454 BGH FamRZ 2003, 1734, 1736.
1455 BGH FamRZ 1984, 361, 363.
1456 Kleffmann/Soyka/*Kleffmann*, 4. Kap. Rn 348.
1457 BGH FamRZ 1998, 426.

Anderes gilt, wenn es sich zwar um ein biologisch, nicht aber rechtlich gemeinsames Kind handelt, weil es rechtlich als **eheliches Kind eines früheren Ehemannes** der Frau gilt. Hier kommt ein Anspruch nach § 1576 BGB in Betracht.[1458]

1405 ■ **Betreuung nicht gemeinschaftlicher Kinder**

Betreut der frühere Ehegatte nicht gemeinschaftliche Kinder, begründet dies grundsätzlich **keinen Unterhaltsanspruch nach § 1576 BGB**. Betreuungsunterhaltsansprüche nach § 1570 BGB sind grundsätzlich auf gemeinschaftliche Kinder beschränkt.

Es müssen in solchen Fällen besondere Umstände hinzutreten, durch die ein **besonderer Vertrauenstatbestand** für den Bedürftigen Ehegatten geschaffen wurde.[1459]

1406 Die Voraussetzungen für einen Anspruch auf Unterhalt nach § 1576 BGB können jedoch vorliegen, wenn der geschiedene Ehegatte nach der Scheidung weiterhin ein **gemeinschaftlich aufgenommenes Pflegekind** betreut.

Aufgrund der gemeinsam übernommenen Verantwortung für das auf Dauer zur Familie genommene Kind legt ein Anspruch nach **§ 1576 BGB** nahe.[1460] Dies gilt insbesondere, wenn das Kind in jungem Alter aufgenommen wurde oder es unabhängig von seinem Alter nachhaltig in seinem neuen Lebenskreis eingegliedert ist.

Bei der **Einzelfallprüfung** ist der Abwägung namentlich das **Wohl des Kindes** mit besonderem Gewicht zu prüfen.[1461]

1407 Dies gilt nicht, wenn das **Pflegekind nicht gemeinschaftlich aufgenommen** wurde, sondern nur vom Unterhaltsgläubiger mit Zustimmung des anderen Ehegatten.

Gleichwohl kommt bei der Einzelfallprüfung dem **Kindeswohl eine besondere Bedeutung** zu. Eine Rolle spielen auch die wirtschaftlichen Verhältnisse und ein etwaiger Vertrauenstatbestand, der mit der Zustimmung geschaffen worden ist.[1462]

1408 ■ **Betreuung eines Enkelkindes**

Die Pflege und Erziehung eines **Enkelkindes** der Ehegatten, dessen Eltern für die Betreuung ausscheiden, kann einen Anspruch nach § 1576 BGB begründen.

1409 ■ **Betreuung eines Stiefkindes**

Hinsichtlich der **Betreuung eines Stiefkindes** ist zu unterscheiden:

■ **Stiefkind des Berechtigten**

Hat im Haushalt der Eheleute das **leibliche Kind des Unterhaltspflichtigen** gelebt und betreut der Berechtigte das Kind nach der Trennung und dem Auszug des Pflichtigen das Kind weiter, ist grundsätzlich ein Anspruch nach § 1576 BGB gegeben.

Es handelt sich dann um eine besondere Leistung gerade für den verpflichteten Ehegatte.[1463]

■ **Stiefkind des Pflichtigen**

Betreut der Unterhaltsberechtigte **sein leibliches Kind aus einer früheren Beziehung**, das während der Ehe mit Einwilligung des anderen Ehegatten in den häuslichen Haushalt mit aufgenommen wurde, kann nur dann ein Anspruch nach § 1576 BGB bestehen,[1464] wenn, so der BGH, **„gewichtige besondere Um-**

1458 OLG Düsseldorf FamRZ 1999, 1274.
1459 BGH FamRZ 1983, 800; OLG Koblenz FamRZ 2005, 1997.
1460 So *N. Kleffmann* in: Kleffmann/Soyka, PraxisHB UnterhaltsR, Kap. 4 Rn 350.
1461 BGH FamRZ 1984, 361; OLG Düsseldorf FamRZ 1987, 1254.
1462 BGH FamRZ 1984, 769.
1463 Wendl/Dose/*Bömelburg*, § 4 Rn 378.
1464 OLG Koblenz NJW 2010, 1537.

stände hinzutreten“.[1465] Bei der Bewertung dieser gewichtigen besonderen Umstände ist allerdings auch das Kindeswohl als ein bedeutender Umstand in die Einzelfallbetrachtung mit aufzunehmen.

- **Betreuung von „Ehebruchskindern“**

In der Regel ist die grobe Unbilligkeit als Tatbestandsvoraussetzung für einen Anspruch nach **§ 1576 BGB zu verneinen**, wenn die Unterhaltsbedürftigkeit auf ehewidrigem Verhalten beruht, gleichgültig, ob es die Schwangerschaft und die Geburt des Kindes eines Dritten war, die zum Zerbrechen der Ehe geführt haben.

Anderes kann aber gelten, wenn der Ehemann im Wissen um seine fehlende biologische Vaterschaft der **1410** Aufgabe der Erwerbstätigkeit durch die Mutter wegen der Betreuung dieses Kindes **zugestimmt** und sich mit der Aufnahme in seinem Haushalt **einverstanden erklärt** oder abgefunden hatte.[1466]

Nach Auffassung des **OLG Frankfurt** gilt dies auch, wenn der auf Unterhalt in Anspruch genommene **1411** Ehegatte **selbst Ehebruch begangen** hatte und die Ehefrau, die nach einem Ehebruch schwanger geworden war, von einem Schwangerschaftsabbruch abgehalten und damit den Eindruck erweckt hatte, er wolle das von ihr ausgetragene nicht gemeinsame Kind **akzeptieren und die Ehe mit ihr fortsetzen**.[1467]

- **Erkrankung** **1412**

§ 1576 BGB ist als Auffangtatbestand **gegenüber §§ 1570 bis 1572, 1575 BGB subsidiär**.[1468]

Bei Vorliegen von **Teilansprüchen** muss der auf den jeweiligen Unterhaltstatbestand **entfallende Teil beziffert** werden.[1469] Erkrankungen können daher nur dann einen Unterhaltsanspruch nach § 1576 BGB begründen, wenn bei einer schicksalhaften Erkrankung **besondere weitere Umstände** hinzutreten, die zwar nicht in der Ehe angelegt sein müssen, die aber einen schutzwürdigen Vertrauenstatbestand schaffen.[1470]

Der **BGH** hatte in einem Fall, in welchem eine **Krankheit kurze Zeit nach der Scheidung** aufgetreten **1413** war, die Annahme eines schwerwiegenden Grundes als ausreichend angesehen und einen Anspruch auf Billigkeitsunterhalt angenommen.[1471]

Ebenso ist, dort vom **OLG Karlsruhe**, die Versagung von Unterhalt als grob unbillig angesehen worden, wenn der Unterhaltsberechtigte **vier Jahre nach der Scheidung** infolge einer bereits in der Ehe angelegten Psychose seine Festanstellung verliert.[1472]

6. Begrenzung und Befristung des Unterhaltsanspruchs

Der Unterhaltsanspruch nach § 1576 BGB besteht, **solange und soweit aus schwerwiegenden Gründen** **1414** keine Erwerbstätigkeit erwartet werden kann. Die Entscheidung über die Höhe und die Dauer des Anspruches ist im Rahmen der Billigkeitsgesichtspunkte zu berücksichtigen. Für die Anwendung der Regeln zur Begrenzung und Befristung des § 1578 BGB ist daher kein Raum.[1473]

Eine **zeitliche Befristung** ist bei einem Unterhaltsanspruch wegen Betreuung eines Kindes nach § 1570 BGB **1415** **nicht** möglich. **Im Gegensatz dazu** kann bei der Betreuung eines Pflegekindes/Stiefkindes etc. der Unterhalt

1465 BGH FamRZ 1983, 800; vgl. auch OLG Koblenz FamRZ 2005, 1997.
1466 Johannsen/Henrich/*Büttner*, § 1576 Rn 7.
1467 OLG Frankfurt FamRZ 1982, 299, 300.
1468 BGH FamRZ 2003, 1734.
1469 BGH FamRZ 1984, 769.
1470 OLG Karlsruhe FamRZ 1994, 104.
1471 BGH FamRZ 2003, 1734.
1472 OLG Karlsruhe FamRZ 1994, 104.
1473 *Büttner*, FamRZ 2007, 773, 774.

bis zum voraussichtlichen Ende der Betreuungsbedürftigkeit befristet werden.[1474] Wegen gesteigerter Erwerbsobliegenheit[1475] kommt auch eine zeitliche Befristung für lediglich eine Übergangszeit in Betracht.

1416 Entsprechend dem **Ausnahmecharakter** eines Unterhaltsanspruchs nach § 1576 BGB wird der volle Unterhalt nach den ehelichen Lebensverhältnissen im Sinne des § 1578 Abs. 1 Satz 1 BGB **nur ausnahmsweise** zuzusprechen sein. Bei Zumutbarkeit einer Teilzeittätigkeit oder beim Vorhandensein sonstiger Einkünfte, die die Bedürftigkeit mindern (§ 1577 Abs. 1 BGB) sind Teilunterhaltsbeträge zuzusprechen.

7. Konkurrenzen

1417 Der Anspruch nach § 1576 BGB ist gegenüber einem Anspruch nach §§ 1570 bis 1572, 1575 BGB subsidiär.[1476]

Besteht gleichzeitig ein Anspruch nach § 1570 BGB wegen Betreuung eines gemeinschaftlichen Kindes und ein Anspruch nach § 1576 wegen Betreuung eines nicht gemeinschaftlichen Kindes, kann ein über § 1570 BGB hinaus geltend gemachter Anspruchsteil wegen der Betreuung des nicht gemeinschaftlichen Kindes unter Billigkeitsgesichtspunkten zuerkannt werden.

1418 An einen Billigkeitsunterhalt nach § 1576 BGB kann sich **kein Anschlussunterhalt** anschließen. Dies ergibt sich aus dem Wortlaut der §§ 1571 ff. BGB. Nach Auflösung einer neuen Ehe des bedürftigen Ehegatten kann der Billigkeitsanspruch auch nicht in entsprechender Anwendung von § 1586a Abs. 1 BGB wieder aufleben, da die Vorschrift nur eine eingeschränkte Ausnahme von der Regel des § 1586 Abs. 1 BGB darstellt.

8. Darlegungs- und Beweislast

1419 Der Unterhalt **begehrende Ehegatte** muss die zur Begründung des Anspruchs erforderlichen **Umstände darlegen und beweisen**. Also sowohl das Vorliegen eines schwerwiegenden Grundes als auch die Tatsache, dass wegen dieses schwerwiegenden Grundes eine Erwerbstätigkeit nicht oder nur teilweise zu erwarten ist.

Zudem hat der Berechtigte die **grobe Unbilligkeit** einer Versagung des Unterhaltsanspruches, also den unerträglichen Widerspruch zum Gerechtigkeitsempfinden, darzulegen und ggf. zu beweisen.

E. Bedarf und Bedarfsbemessung

I. Unterhaltsbedarf nach den ehelichen Lebensverhältnissen

1. Der Unterhaltsbedarf als gesamter Lebensbedarf (Grundlagen)

1420 § 1578 BGB bestimmt den **Bedarf** für alle Tatbestände des nachehelichen Unterhaltes **nach den ehelichen Lebensverhältnissen**. Nach § 1578 Abs. 1 S. 2 BGB umfasst der nacheheliche Unterhalt den gesamten Lebensbedarf. Zu diesem gesamten Lebensbedarf gehören die Kosten zur Deckung elementarer Bedürfnisse wie verschiedenste weitere Kosten, beispielsweise eine angemessene Versicherung für den Fall der **Krankheit, Kosten einer Schulausbildung, Fortbildung oder Umschulung** sowie möglicherweise auch plötzlich entstehender erhöhter Bedarf **(Sonderbedarf)**.

1421 Nach § 1578 Abs. 1 S. 1 BGB sind die **ehelichen Lebensverhältnisse** zentraler Maßstab und Anknüpfungspunkt für die Höhe jedes Anspruchs auf Ehegattenunterhalt. Durch diese Anknüpfung soll dem berechtigten Ehegatten der erreichte Lebensstandard für die Zukunft erhalten bleiben und ein Ehegatte vor sozialem Abstieg bewahrt werden.

1474 Wendl/Dose/*Bömelburg*, § 4 Rn 383.
1475 OLG Koblenz FamRZ 2005, 1997.
1476 BGH FamRZ 2003, 1734.

Dieser Bedarf nach den ehelichen Lebensverhältnissen stellt allerdings die **Obergrenze** eines Unterhaltsanspruchs dar. Im Einzelfall kann der Unterhaltsanspruch geringer sein, ausgehend vom Unterhaltstatbestand oder bezogen auf eingeschränkte Leistungsfähigkeit des Unterhaltspflichtigen. **1422**

Die Leistung von Unterhalt dient aber ausschließlich zur Finanzierung der Lebenshaltungskosten. Der Bedarf umfasst damit **nicht** Mittel zur Vermögensbildung oder zur Abtragung von Schulden.

Der Unterhaltsbedarf als gesamter Lebensbedarf ist in **folgende Bedarfsbereiche** zu gliedern: **1423**

■ Elementarbedarf **1424**

Zum Elementarbedarf zielen alle regelmäßigen Aufwendungen für Wohnung, Ernährung, Kleidung, Bildung, Erholung, Freizeitgestaltung, Gesundheitsvorsorge, geistige und kulturelle Interessen sowie sonstige und persönliche gesellschaftliche Bedürfnisse.

■ Mehrbedarf **1425**

Unter Umständen kann zusätzlich ein regelmäßiger Mehrbedarf bestehen, der durch den Elementarbedarf nicht abgedeckt ist. Es handelt sich dabei um **regelmäßig anfallende Mehraufwendungen** über einen längeren Zeitraum aufgrund besonderer im Gesetz genau normierter Umstände.[1477]

■ Sonderbedarf **1426**

Sonderbedarf ist ein **nicht vorhersehbarer**, **unregelmäßiger, außerordentlich hoher** Bedarf. Hierzu kann vorübergehender Nachhilfeunterricht gehören, eventuell eine teure Klassenfahrt ins Ausland etc.

2. Bedarf nach den ehelichen Lebensverhältnissen

Nach § 1578 Abs. 1 S. 1 BGB bestimmt sich das Maß des Unterhalts nach den **ehelichen Lebensverhältnissen**. § 1361 Abs. 1 S. 1 BGB bestimmt, dass ein Ehegatte vor dem anderen den **„nach den Erwerbs- und Vermögensverhältnissen der Eheleute angemessenen Unterhalt"** verlangen kann. Die Bestimmungen sind inhaltsgleich[1478] und sind maßgebend für die Unterhaltsbemessung nach den „ehelichen Lebensverhältnissen".[1479] **1427**

Die **ehelichen Lebensverhältnisse** bilden damit den **Maßstab** für die Höhe jedes Anspruchs auf Ehegattenunterhalt sowohl hinsichtlich des nachehelichen Unterhalts als auch hinsichtlich des Trennungsunterhalts.

Mit dem Begriff der ehelichen Lebensverhältnisse waren nach ursprünglicher Auffassung des BGH[1480] alle Verhältnisse gemeint, die für den **Lebenszuschnitt in der Ehe** und damit für den ehelichen Lebensstandard bestimmend waren. Hierzu gehörten die wirtschaftlichen Verhältnisse, also Einkommen und Vermögen sowie sämtliche Belastungen.[1481] **1428**

Nach der geänderten Surrogatrechtsprechung des BGH fallen hierunter nunmehr auch alle sonstigen beruflichen, gesundheitlichen, familiären und andere ähnliche Faktoren, die für den Lebenszuschnitt von Bedeutung waren, insbesondere die Haushaltsführung und Kinderbetreuung des in der Ehe nicht berufstätigen Ehegatten.[1482]

Mit Urt. v. 15.3.2006 hat der **BGH** sodann das Konstrukt der sog. **wandelbaren Lebensverhältnisse** eingeführt.[1483] **1429**

1477 BGH FamRZ 2007, 882.
1478 BGH FamRZ 1984, 356.
1479 BGH FamRZ 1990, 250.
1480 FamRZ 1982, 576, FamRZ 1984, 149.
1481 BGH FamRZ 1999, 367.
1482 BGH FamRZ 2001, 986.
1483 BGH FamRZ 2006, 683; dazu auch BGH FamRZ 2008, 1911; BGH FamRZ 2009,23; BGH FamRZ 2009, 579.

Danach waren alle nach der Scheidung eintretenden, nicht eheprägenden Umstände auf der Ebene des Bedarfs zu berücksichtigen, auch wenn sie zu einer Absenkung des Bedarfs führten.[1484] Darunter fielen sämtliche nach der Scheidung entstandenen Verbindlichkeiten, soweit sie berücksichtigungsfähig waren und auch alle Unterhaltspflichten, gleichgültig, ob sie vorrangig, gleichrangig oder nachrangig waren.

1430 Das **Bundesverfassungsgericht** hat diese Rechtsprechung mit seiner Entscheidung vom 25.1.2011 im Hinblick auf die Einbeziehung des Unterhalts des neuen Ehegatten in die Bedarfsermittlung für verfassungswidrig erklärt.[1485]

Es hat festgestellt, dass mit der vom BGH entwickelten Methode bei der Berechnung des nachehelichen Unterhalts die Grenzen zulässiger Rechtsfortbildung überschritten worden sind und ein **Systemwechsel** eingeleitet wurde, bei dem in unzulässiger Weise die gesetzgeberischen Grundentscheidungen durch eigene Gerechtigkeitsvorstellungen ersetzt werden.

1431 Das Bundesverfassungsgericht führt aus, dass die geänderte Auslegung die gesetzliche **Differenzierung** zwischen Unterhaltsbedarf und Leistungsfähigkeit **aufhebt**. Statt die Bestimmung des **Unterhaltsbedarfs nach den „ehelichen Lebensverhältnissen" der aufgelösten Ehe** vorzunehmen, ersetzt sie diesen Maßstab durch den der „wandelbaren ehelichen Lebensverhältnisse".

Damit wird der Unterhaltsbedarf letztlich nach den tatsächlichen Lebensverhältnissen und finanziellen Ausstattungen **zum Zeitpunkt der Geltendmachung des Unterhaltes** festgelegt.

1432 Eheliche Lebensverhältnisse konnten nach Auffassung des Bundesverfassungsgerichts nicht vom Unterhaltsanspruch eines **neuen Ehegatten geprägt** sein, da dieser ohne Scheidung der Ehe gar nicht entstanden wäre. Eine Einbeziehung der Ansprüche des neuen Ehegatten in die Bemessung des Bedarfs des früheren Ehegatten war damit nicht möglich.

1433 Nunmehr ist nach der Rechtsprechung des BGH davon auszugehen, dass alle **nach der Scheidung entstandenen Unterhaltspflichten** nicht als eheprägend angesehen werden können, weil diese nicht in der (alten) Ehe angelegt waren und auch bei Fortbestand der Ehe nicht entstanden wären.[1486]

Besteht eine Unterhaltspflicht **sowohl gegenüber einem geschiedenen als auch einem neuen Ehegatten**, so ist der Bedarf des geschiedenen Ehegatten auf der Grundlage der Einkünfte des geschiedenen Ehegatten und des Unterhaltsschuldners im Wege der **Halbteilung** zu ermitteln.

1434 Der Unterhaltsanspruch der neuen Ehefrau hat keine Auswirkung auf den Unterhaltsbedarf der früheren Ehefrau nach § 1578 BGB. Der Unterhaltsanspruch der nachfolgenden Ehefrau ist allein im Rahmen der **Leistungsfähigkeit** des Unterhaltspflichtigen zu berücksichtigen.[1487]

Der Bedarf des neuen Ehegatten bleibt dabei unberücksichtigt.

1435 Entsprechendes gilt z.B. für den **Nutzungswert** sowie den damit verbundenen Finanzierungsaufwand eines erst nach Scheidung der Ehe bezogenen Wohnhauses.[1488]

1436 Danach prägen nach Rechtskraft der Scheidung entstehende, sich **verändernde Umstände die ehelichen Lebensverhältnisse** nur, wenn sie

- auch bei Fortbestand der Ehe eingetreten wären;
- in der Ehe angelegt sind;
- oder als Surrogat anzusehen sind.[1489]

1484 BGH FamRZ 2006, 683; BGH FamRZ 2007, 793; BGH FamRZ 2008, 134; BGH FamRZ 2008, 968.
1485 BVerfG FamRZ 2011, 437.
1486 BGH NJW 2012, 384.
1487 BGH FamRZ 2012, 525 m. Anm. *Maurer*; BGH FamRZ 2012, 281; OLG Karlsruhe FamRZ 2012, 134.
1488 OLG Nürnberg FamRZ 2012, 1500.
1489 Kleffmann/Soyka/*Soyka*, 4. Kap. Rn 361; zur Surrogatrechtsprechung des BGH vgl. mit Beispielen Krenzler/Borth/*Schlünder*, Kap. 6 C Rn 905 ff.

Andere Veränderungen, wie 1437

- der Unterhalt des neuen Ehegatten,
- der Splittingvorteil aufgrund der neuen Ehe, Einkommenszuschläge durch die neue Ehe oder auch
- Vorteile des Zusammenlebens mit dem neuen Ehegatten

sind nicht auf der Ebene der neuen Lebensverhältnisse, also des Bedarfs zu berücksichtigen, sondern ggf. bei Betrachtung der Leistungsfähigkeit des Verpflichteten.

Bei der Bemessung des Bedarfs bleiben Faktoren unberücksichtigt, denen ein **Bezug zu den ehelichen Lebensverhältnissen fehlt**. So sind konsequent z.B. Kreditverpflichtungen nicht zu berücksichtigen, die ein Ehegatte nach der Trennung einseitig und ohne erkennbare Notwendigkeit begründet hat. 1438

Für die Bestimmung der ehelichen Lebensverhältnisse selbst sind aber grundsätzlich **alle Einkünfte** heranzuziehen.[1490] Ausgenommen sind nur solche Einkünfte, die zur Bestreitung von berücksichtigungsfähigen Schulden oder Unterhaltspflichten sowie der angemessenen Vermögensbildung oder Altersversorgung dienen. 1439

a) Maßstab der ehelichen Lebensverhältnisse

Für die Bestimmung der ehelichen Lebensverhältnisse ist der durch die tatsächlichen Gegebenheiten bestimmte Lebensstandard maßgeblich.[1491] Eine **Korrektur** erfolgt lediglich, wenn sich die Ehepartner in ihrer Lebensführung unangemessen beschränkt (Geizhalsehe) oder wenn sie übermäßig aufwendig gelebt haben (Luxusehe).[1492] 1440

Zum Bedarf existiert zwar ein Mindestbedarf in Höhe des Existenzminimums,[1493] jedoch keine Sättigungsgrenze/Obergrenze.[1494] Das tatsächliche Konsumverhalten der Eheleute bestimmt die Höhe des Bedarfs.

Bei überdurchschnittlichen Einkommensverhältnissen ist Unterhalt jedoch nicht mehr zu quotieren, sondern **konkret nach dem festzustellenden Bedarf** nach den ehelichen Lebensverhältnissen zu berechnen.

b) Wandelbarkeit und Stichtagsprinzip

Grundsätzlich sind für die Beurteilung der ehelichen Lebensverhältnisse die nachhaltig erreichten[1495] **Verhältnisse im Zeitpunkt der Rechtskraft** der Scheidung maßgeblich. 1441

Allerdings prägen z.B. Einkommenserhöhungen nach der Trennung die ehelichen Verhältnisse dann nicht, wenn sie auf einer unerwarteten, vom Normalverlauf erheblich abweichenden Entwicklung (Karrieresprung) beruhen.[1496] Veränderungen in der Einkommensentwicklung auf Seiten des Pflichtigen prägen die ehelichen Lebensverhältnisse grundsätzlich, wenn sie in der Ehe angelegt waren oder auch bei Fortbestand der Ehe eingetreten wären.[1497] 1442

Veränderungen der Lebensverhältnisse vor Trennung der Eheleute sind immer prägend, ebenso entsprechende Belastungen.[1498] Eheleute nehmen **an der Entwicklung der ehelichen Lebensverhältnisse** grundsätzlich bis zur Rechtskraft der Scheidung teil.[1499] Daher ist der Zeitpunkt der Rechtskraft des Scheidungsbeschlusses der maßgebliche Zeitpunkt für die Bemessung der ehelichen Lebensverhältnisse. 1443

1490 BGH FamRZ 1986, 780.
1491 BGH FamRZ 1997, 281.
1492 BGH FamRZ 1982, 151; BGH FamRZ 1990, 283, 285; OLG Hamm FamRZ 1993, 1089; OLG Bamberg FamRZ 1994, 1187.
1493 BGH FamRZ 1994, 1169; BGH FuR 2010, 286.
1494 BGH FamRZ 1983, 150; BGH FamRZ 1994, 1169.
1495 BGH FamRZ 1985, 161, 162; *Reinecke*, Rn 589.
1496 BGH FamRZ 1990, 1085; BGH FamRZ 2001, 986.
1497 BGH NJW 2012, 384.
1498 BGH FamRZ 1988, 259.
1499 BGH NJW 1999, 717.

c) Surrogationsprinzip

1444 **Surrogate** prägen die ehelichen Lebensverhältnisse ebenfalls, wenn sie an die Stelle von während der Ehe erzielten Einkünften oder Tätigkeiten getreten sind, und zwar unabhängig vom Zeitpunkt ihres Eintritts.

Dies gilt namentlich für **Erwerbseinkünfte des haushaltsführenden Ehegatten**, die an die Stelle früherer Haushaltstätigkeit und/oder Kinderbetreuung getreten sind,[1500] aber auch für sonstige Einkünfte aus anderen Einkommensquellen.[1501]

Ob ein Surrogat eine vom früheren Einkommen abweichende Einkommenshöhe aufweist, spielt für die Frage der Anrechnung keine Rolle.

1445 Das als Surrogat anzusetzende Erwerbseinkommen des haushaltsführenden Ehegatten kann dazu führen, dass nunmehr der während der Ehe erwerbstätige Ehegatte gegen den haushaltsführenden Ehegatten Unterhaltsansprüche geltend machen kann. Dies wird z.B. bei einer während der Ehe den Haushalt führenden Akademikerin vor allem bei kürzerer Ehezeit der Fall sein, aber auch im Fall einer – niedrigen – Rente des (früheren) Ehegatten.

1446 *Beispiel*

Der Ehemann bezog während der Ehe eine **Erwerbsunfähigkeitsrente** von 1.100 EUR. Die Ehefrau versorgte während der intakten Ehe den **Haushalt**. Nach der Trennung vom Ehemann nimmt die Ehefrau eine Erwerbstätigkeit auf, aus der sie ein bereinigtes monatliches Nettoeinkommen in Höhe von 2.000 EUR erzielt.

Lösung

Da nach dem Surrogationsgedanken das gesamte Einkommen des haushaltsführenden Ehegatten als eheprägend anzusehen ist, berechnet sich der Unterhalt nunmehr des Ehemannes wie folgt:

Einkommen der Ehefrau (90 % von 2.000 EUR)	1 800 EUR
abzgl. Rente Ehemann	1.100 EUR
Einkommensdifferenz	700EUR
Unterhalt nach dem Halbteilungsgrundsatz	350 EUR

1447 Nach der Rechtsprechung des **BGH** ist die nach der Trennung aufgenommene oder erweiterte Erwerbstätigkeit als **Surrogat für die bisherige Familienarbeit** anzusehen.

Der Wert der Haushaltsleistungen spiegelt sich im Einkommen wider. Aufgrund ist es gerechtfertigt, jedes anschließend erzieltes Einkommen in die Bedarfsbemessung und damit in die Differenzberechnung einzustellen.

Diese **Konsequenz jeder Surrogatslösung** ergibt sich ebenso wie parallel auch bei Veräußerung des früheren Familienheims. Übersteigen die (Zins-)Erlöse aus dem Verkauf den zuvor gegebenen Wohnwert, ist der volle Erlösbetrag als Surrogat zu berücksichtigen, nicht also lediglich in Höhe des zuvor vorhandenen Wohnwerts.[1502]

II. Eheprägende Einkünfte

1448 Der Bedarf nach den ehelichen Lebensverhältnissen wird durch solche Einkünfte geprägt, die **zur Deckung des Lebensbedarfs** zur Verfügung stehen.[1503]

1500 BGH FamRZ 2001, 986; BGH FamRZ 2008, 986.
1501 BGH FamRZ 2007, 1532; BGH FamRZ 2008, 963.
1502 BGH FamRZ 2002, 88.
1503 BGH FamRZ 2006, 683.

Darunter fallen die Einkünfte beider Ehegatten, mit denen sie sich ihren Lebenszuschnitt geschaffen haben. Zunächst wurden deshalb nur diese beiderseitigen Einkünfte zur Beurteilung der Frage nach den ehelichen Lebensverhältnissen herangezogen.[1504]

Mit Entscheidung vom **13.6.2001** hat der **BGH** sodann die **Haushaltstätigkeit eines der Eheleute als gleichwertig** in die Betrachtung der ehelichen Lebensverhältnisse einbezogen.[1505] **1449**

Schließlich hat der BGH entschieden, dass es keine – starre – Lebensstandardgarantie gibt, sondern die tatsächlichen Gegebenheiten **sowohl nach oben als auch nach unten veränderbar** sind.[1506]

Hinsichtlich des Einkommens ist auf die **jeweils aktuellen Einkommensverhältnisse** abzustellen. Der Grund liegt darin, dass Eheleute nicht besser oder schlechter als ohne Scheidung gestellt sein sollen. Deshalb sind auch Einkommenssenkungen, soweit sie nicht auf unterhaltsrechtlich vorwerfbarem Verhalten beruhen, in die Bedarfsermittlung einzubeziehen. **1450**

Dies führt **zu folgender Konsequenz**: **1451**

- Doppelverdienerehe

Gehen beide – früheren – Eheleute einer Erwerbstätigkeit nach, bestimmen die zusammengerechneten Einkünfte beider Ehegatten die ehelichen Lebensverhältnisse.

- Alleinverdienerehe

Hat nur ein Ehegatte in der Ehe prägende Einkünfte, weil der andere Ehepartner den Haushalt führt, sind die ehelichen Lebensverhältnisse nicht nur durch die Erwerbseinkünfte, sondern auch von dem durch die häusliche Mitarbeit des anderen Ehegatten erreichten sozialen Status geprägt.[1507] Das vom bisher Haushalt führenden Ehegatten nach Trennung und/oder Scheidung erzielte Erwerbseinkommen ist Surrogat der früheren Familienarbeit und fließt vollständig in die Bedarfsermittlung ein.[1508]

Einkommen sind alle Einkünfte der Eheleute, gleich welcher Art und Herkunft.[1509] Entscheidend ist allein, ob Einkünfte zur Deckung des Lebensbedarfs zur Verfügung stehen. Infrage kommen **im Wesentlichen** **1452**

- Erwerbseinkünfte
- Renten/Pensionen
- Vermögenserträge
- Sonstige wirtschaftliche Vermögensnutzungen (z.B. Wohnvorteil,[1510] Zinsen)
- Fiktive Einkünfte.

Abfindungen wegen Verlustes des Arbeitsplatzes haben vorrangig **Lohnersatzfunktion**. Sie sind nur dann nicht unterhaltsrechtlich von Bedeutung, wenn der Betroffene **unverzüglich einen neuen Arbeitsplatz** findet und dadurch an seinen bisherigen Verdienst anknüpfen kann.[1511] **1453**

Ist dies nicht der Fall, dient die Abfindung in der Regel der **Beibehaltung des bisherigen Einkommens**. Der Umfang der monatlichen Anrechnung hängt allerdings von den Umständen des Einzelfalls ab.[1512]

Bei Ausübung einer vollschichtigen Erwerbstätigkeit mit nur geringem Verdienst ist die Abfindung zunächst zur **Sicherung des Mindestunterhalts** zu verwenden.[1513]

1504 BGH FamRZ 1984, 356.
1505 BGH FamRZ 2001, 986, 989.
1506 BGH FamRZ 2006, 683; BGH FamRZ 2010, 111.
1507 BGH FamRZ 2001, 986.
1508 BGH FamRZ 2001, 986, 991.
1509 BGH FamRZ 2006, 99.
1510 BGH FamRZ 2009, 23; BGH FamRZ 2008, 963.
1511 BGH FamRZ 2012, 1048; BGH FamRZ 2012, 631.
1512 So zu Recht *Schürmann*, FamRZ 2013, 1082, 1083.
1513 OLG Schleswig FamRZ 2012, 1575.

1454 Zur Bestimmung des Einkommens sind **darüber hinaus** aber auch Sachleistungen,[1514] ein Lottogewinn[1515] und selbst regelmäßige Gewinne eines Skatspielers[1516] heranzuziehen.

Innerhalb jeder Einkunftsart zählen dazu **alle daraus zufließenden Einkünfte**. Beim Arbeitseinkommen zählen neben dem Grundgehalt hierzu

- Sonderzuwendungen,
- Geldwerte Vorteile wie Dienstwagen[1517]
- Zulagen,
- Spesen,[1518]
- Prämien,
- Weihnachtsgeld,
- Urlaubsgeld,
- Auslösungen und
- Überstundenvergütungen.

Schließlich sind sogar **Tilgungsanteile einer Leibrente**[1519] zu berücksichtigen.

1. Erwerbseinkommen

1455 Das Schwergewicht der Einkünfte liegt regelmäßig im **erzielten Einkommen aus selbstständiger oder nicht selbstständiger Berufstätigkeit**. Zur Berechnung des für die Deckung des Lebensbedarfs zur Verfügung stehenden Einkommens ist deshalb nicht das Bruttoeinkommen, sondern das **bereinigte Nettoeinkommen** heranzuziehen.

1456 Das bereinigte Nettoeinkommen wird berechnet, indem von den Bruttoeinkünften aus allen Einkunftsarten dasjenige abgezogen wird, was für **andere Zwecke** als den laufenden Lebensbedarf verwendet werden muss und deshalb unterhaltsrechtlich als zulässiger Abzugsposten anzuerkennen ist.[1520]

1457 Bei Nichtselbstständigen ergibt sich das **Nettoeinkommen** durch Abzug folgender Positionen vom Bruttoeinkommen:

- Zahlungen für Lohn-, Einkommen- und Kirchensteuer[1521] einschließlich Solidaritätszuschlag,
- Vorsorgeaufwendungen für Krankheit, Invalidität, Alter und Arbeitslosigkeit.[1522]

Der weitere Abzug der folgenden Positionen führt zur Ermittlung des **bereinigten Nettoeinkommens**:

- Zur Erzielung des Einkommens notwendige **Aufwendungen**: Berufsbedingte Aufwendungen bei nicht selbstständiger Arbeit; unterhaltsrechtlich relevante Betriebsausgaben bei Freiberuflern und Unternehmern; Werbungskosten bei Miet-, Kapital- und sonstigen Einkünften;
- Kinderbetreuungskosten;
- Mehrbedarf für Krankheit und Alter;
- Zins- und Tilgungsleistungen für berücksichtigungswürdige[1523] Schulden;
- Unterhaltsleistungen;[1524]
- Aufwendungen zur gemeinsamen Vermögensbildung.

1514 BGH FamRZ 2006, 99.
1515 OLG Frankfurt FamRZ 1995, 874.
1516 OLG Düsseldorf FamRZ 1994, 896.
1517 BGH FamRZ 2005, 97.
1518 OLG Düsseldorf – 6 UF 150/07, BeckRS 2008, 17153.
1519 BGH FamRZ 1994, 228.
1520 BGH FamRZ 1985, 357.
1521 BGH FamRZ 2007, 793.
1522 BGH NJW 1991, 304.
1523 BGH FamRZ 2010, 111: kein „unterhaltsbezogen leichtfertiges Verhalten“ erforderlich.
1524 Ohne Beachtung von Rangfragen, weil diese erst im Mangelfall eine Rolle spielen.

Im Übrigen können auch Einkünfte aus unzumutbarer Tätigkeit als eheprägend angesehen werden.[1525]

Erzielt der Bedürftige Einkünfte aus **unzumutbarer Erwerbstätigkeit**, gleichgültig ob während der Ehe ausgeübt, nach der Trennung fortgesetzt oder **erst nach Trennung bzw. Scheidung** aufgenommen, so sind diese Einkünfte **nach Abzug eines anrechnungsfreien Betrages gem. § 1577 Abs. 2 BGB** in der Ehe angelegt.[1526] **1458**

Unzumutbarkeit dieser – überobligatorischen – Erwerbstätigkeit bedeutet lediglich, dass derjenige, der sie ausübt, nicht gehindert ist, sie **jederzeit zu beenden**, ohne dass ihm dies unterhaltsrechtlich negativ zugerechnet wird. Dies betrifft namentlich die Berufstätigkeit eines (früheren) Ehepartners, der ein gemeinsames Kind betreut, dass das dritte Lebensjahr noch nicht vollendet hat oder die Berufstätigkeit über den Regelaltersruhestand von – derzeit – 65 Jahren hinaus.

Die **Höhe des anrechnungsfreien Betrages** richtet sich nach § 1577 Abs. 2 BGB. Die Höhe der Kürzung ist eine Einzelfallfrage.[1527] Hinsichtlich des Anwendungsfalls bei der Betreuung von kleinen Kindern ist ein **Betreuungsbonus** in die Billigkeitsentscheidung mit einzubeziehen.[1528] Dieser sollte in der Regel den hälftigen Nettobetrag erreichen, den der Bedürftige aus eigentlich unzumutbarer Tätigkeit erzielt.[1529] **1459**

Auch bei einer Tätigkeit über die **Regelaltersgrenze** von derzeit **65 Jahren** hinaus bleibt die Höhe des anzusetzenden Einkommens eine Frage der Einzelfallentscheidung.[1530] Die Höhe hängt auch davon ab, aus welchem Grund die Tätigkeit fortgesetzt oder eine Nebentätigkeit nach Verrentung/Pensionierung ausgeführt wird, z.B. Schuldenabbau oder unzureichende Altersvorsorge.[1531] **1460**

In einer Einzelfallabwägung sind insbesondere das Alter, die mit der fortgesetzten Erwerbstätigkeit zusammen hngende körperliche und geistige Belastung, die ursprüngliche Planung der Eheleute sowie ihre wirtschaftlichen Verhältnisse zu berücksichtigen.[1532]

Im **Ausnahmefall** kann das bisherige Einkommen weiterhin **voll angerechnet** werden. Falls aber die Fortsetzung der Berufstätigkeit wegen des notwendigen Abbaus von Schulden oder wegen unzureichender Altersvorsorge erfolgt, sollte lediglich das Einkommen aus vorhandenen Versorgungsbezügen angesetzt werden. Grundsätzlich sollte bei einem **Alter über 70 Jahren** keine Anrechnung des Einkommens über das Einkommen aus den Versorgungsbezügen hinaus erfolgen.[1533] **1461**

Beim **Pflichtigen** ist ein Einkommen aus überobligatorischer Tätigkeit ebenfalls eheprägend, soweit es nach Treu und Glauben (§ 242 BGB) anzusetzen ist.[1534] Unter Berücksichtigung des konkreten Einzelfalles ist regelmäßig allerdings nur ein Teil des Einkommens, etwa ⅓ bis ½, in die Unterhaltsberechnung einzubeziehen (z.B. bei der Nebentätigkeit als Gutachter, Autor oder Referent). **1462**

Der Pflichtige kann diese Nebentätigkeit aber **jederzeit aufgeben**. Dadurch senkt sich das Einkommen. Diese Einkommensreduzierung ist eheprägend und damit vom Bedürftigen zu akzeptieren.

Nicht ohne weiteres zuzubilligen ist dem Verpflichteten, sich mit seinem Arbeitgeber auf eine **Vorruhestandregelung** zu verständigen.[1535] Im Einzelfall kann der Wechsel in **Altersteilzeit** aber aus gesundheitlichen, persönlichen oder betrieblichen Gründen gerechtfertigt sein.[1536]

1525 So BGH FuR 2005, 364.

1526 BGH FamRZ 2011, 454; BGH FamRZ 2006, 686; BGH FamRZ 2005, 1154.

1527 Vgl. OLG Düsseldorf FamRZ 2014, 772.

1528 BGH FamRZ 2005, 1154.

1529 *Gerhardt* schlägt in: Wendl/Dose/Gerhardt, § 1 Rn 822 einen zu niedrigen Abzug von 20 bis 30 % vor.

1530 BGH FamRZ 2020, 97; BGH FamRZ 2013, 191; OLG Koblenz NJW 2015, 1030.

1531 BGH FamRZ 2011, 454.

1532 BGH FamRZ 2013, 93 = FuR 2013, 161.

1533 Wendl/Dose/*Gerhardt*, § 1 Rn 23: Generell nur eine Teilanrechnung.

1534 BGH FamRZ 2003, 848; BGH FamRZ 2013, 191; OLG Karlsruhe FamRZ 2011, 1303.

1535 *Schürmann*, FamRZ 2012, 1082, 1083.

1536 BGH FamRZ 2012, 1483.

2. Einkommen aus Vermögen

1463 Während der Ehe zufließende Erträge aus vorhandenem Vermögen prägen die ehelichen Lebensverhältnisse, unabhängig von der Herkunft des Vermögens, gleichgültig ob aus erwirtschafteten Vermögen, aus Erbschaft[1537] oder Schmerzensgeld.[1538]

1464 Zu den **Vermögenserträgen** zählen vor allem:

- Zinsen aus Kapitalvermögen;
- Einkünfte aus Beteiligungen an Kapitalgesellschaften, z.B. GmbH oder Aktiengesellschaft;
- Einkünfte aus Vermietung und Verpachtung;
- Einkünfte aus Gebrauchsvorteilen, insbesondere Wohnvorteilen;
- Einkünfte aus Verwertung des Vermögensstammes mit Schaffung wiederkehrender Leistungen, z.B. aus einer Leibrente;
- Einkünfte aus Erbansprüchen und Pflichtteilsforderungen;
- Einkünfte aus sonstigem Vermögen jeder Art, z.B. auch eine monatliche Haftungsentschädigung, die für die Bereitstellung eines Grundstückes als Sicherheitsleistung bezahlt wird[1539] oder Erträge aus der Anlage von Schmerzensgeld.[1540]

Nicht in der Ehe angelegte Vermögenseinkünfte sind:

- **Zinseinkünfte** aus einem Kapitalvermögen, das erst nach Trennung der Beteiligten erworben wurde, sei es beispielsweise aus Erbschaft[1541] oder aus sonstiger Herkunft,[1542] z.B. Abfindung bei unverändert gebliebenen Einkünften des Pflichtigen,[1543]
- **Mieteinkünfte**, die nach der Trennung erstmals erzielt werden oder fiktiv als erzielbar anzurechnen wären, eil z.B. das Kind, dem während der Ausbildung kostenlos eine Wohnung überlassen worden war, nunmehr die Ausbildung beendet hat und nicht mehr unterhaltsbedürftig ist,[1544]
- Realisierbare **Forderungen** gegen Dritte, z.B. aus Vermächtnis,[1545]
- **Wohnvorteil** eines erst nach Trennung fertig gestellten, als Familienheim geplanten Hauses.[1546]

3. Fiktive Einkünfte

1465 Hinsichtlich des **Unterhaltsschuldners** ist zunächst zu prüfen, ob zur Bedarfsbestimmung ein früher erzieltes Einkommen angeknüpft werden kann, ohne dass es eines Rückgriffs auf ein fiktiv zurechenbares Einkommen bedarf.

Ist dies nicht möglich, entscheiden hinsichtlich des Bedarfs ausschließlich die **ehelichen Lebensverhältnisse**, die auch durch die Erwerbspflicht des Unterhaltspflichtigen während der Ehezeit bestimmt werden.

1466 **Fiktive Einkünfte** dürfen zur Bemessung des Unterhaltsbedarfs nach den ehelichen Lebensverhältnissen berücksichtigt werden, soweit der Unterhaltspflichtige schon während der Ehezeit erwerbspflichtig und erwerbsfähig war. Soweit der Unterhaltspflichtige sein Einkommen schon seinerzeit leichtfertig vermin-

1537 BGH FamRZ 1988, 1145; OLG Karlsruhe FamRZ 1990, 51.
1538 BGH FamRZ 1995, 1031; OLG Saarbrücken FamRZ 2003, 685.
1539 BGH FamRZ 1987, 36, 38.
1540 BGH FamRZ 1988, 1031.
1541 BGH FamRZ 2006, 387; OLG Hamm FamRZ 1992, 1184.
1542 Z.B. **Lotteriegewinn**, der allerdings im Trennungszeitraum im Falle gesetzlichen Güterrechts mit dem Ehegatten zu teilen wäre, vgl. BGH FamRZ 2014, 24 m. Anm. *Dauner-Lieb*.
1543 BGH FamRZ 2010, 1311.
1544 BGH FamRZ 1990, 269.
1545 BGH FamRZ 1998, 367.
1546 BGH FamRZ 1988, 145.

dert hatte, kann auch nach der Rechtsprechung des **BGH** an das früher fiktiv erzielbare Einkommen angeknüpft werden.[1547]

Hinsichtlich des **Unterhaltsgläubigers** ist fiktives Einkommen wegen Verstoßes gegen eine Erwerbsobliegenheit als Surrogat der Familienarbeit anzusehen und gleichfalls prägend in die Bedarfsbemessung einzubeziehen.[1548] **1467**

Gegenüber einem **neuen Ehepartner** darf sich der Unterhaltsgläubiger nicht auf eine mit diesem vereinbarte Rollenwahl berufen, nach der er nicht erwerbstätig ist. Die Erwerbsobliegenheit des neuen Ehegatten des Unterhaltsgläubigers beurteilt sich vielmehr danach, als wäre er vom pflichtigen Ehegatten geschieden. **1468**

Typische Fälle der Zurechnung fiktiver Einkünfte sind: **1469**

- Reale Beschäftigungschance bei ausreichenden und ernsthaften Bemühungen,
- leichtfertig verschuldete Einkommensminderung durch freiwilligen Arbeitsplatz- oder Berufswechsel,[1549]
- leichtfertig verschuldeter Arbeitsplatzverlust,
- Einschränkung des Arbeitsumfangs ohne rechtfertigenden Grund.[1550]

4. Haushaltsführung für einen neuen Partner

Der Wert von Hausarbeit und/oder Kindesbetreuung wird mit dem Wert des späteren Erwerbseinkommens als **Surrogat** in Ansatz gebracht.[1551] Es findet allerdings keine „Monetarisierung" des Werts der Hausarbeit dahingehend statt, dass die Höhe des Ansatzes dem Umfang der notwendigen Hausarbeit etc. entspricht.[1552] **1470**

Führt der Unterhaltsberechtigte einem **neuen Partner** den Haushalt[1553] oder erbringt er ihm sonstige Versorgungsleistung, so könnte dessen Bar- und Sachleistungen (z.B. Wohnungsgewährung) nicht als unentgeltlich beurteilt werden. Sie beinhalten wirtschaftlich eine Vergütung für die erbrachten Versorgungsleistungen. Auf ausdrückliche entsprechende **Absprachen der Partner** kommt es nicht an. Unabhängig davon ist der Wert dessen, was der Berechtigte von seinem neuen Partner unter Berücksichtigung dessen Leistungsfähigkeit als Gegenleistung erhält oder eben erhalten müsste anrechnungsfähiges Einkommen und, ggf. als Surrogat, im Wege der Differenzmethode in die Unterhaltsberechnung einzubeziehen.[1554] **1471**

Geldwerte Versorgungsleistungen für einen Lebenspartner sind daher nicht anders zu beurteilen, als eine bezahlte Tätigkeit des Unterhaltsberechtigten in einem fremden Haushalt.[1555] **1472**

Eine Einbeziehung ist aber nur möglich, wenn der **Partner leistungsfähig** ist, die Leistungen ausreichend zu vergüten.[1556] **1473**

Kann wegen Leistungsunfähigkeit des Partners oder mangels konkreter Angaben keine bzw. nur eine geringe Vergütung angesetzt werden, kann der Bedarf des Berechtigten auch dadurch geringer werden, dass er sich **Ersparnis** bei der Haushaltsführung durch das **gemeinsame Wirtschaften** mit dem Partner an-

1547 BGH FamRZ 1987, 252.
1548 BGH FamRZ 2001, 986; BGH FamRZ 2001, 1291.
1549 *Oenning* in: Schnitzler, MAH Familienrecht, § 6 Rn 210.
1550 BGH FamRZ 1992, 1045.
1551 BVerfG FamRZ 2002, 527; BGH FamRZ 2001, 986.
1552 BVerfG FamRZ 2002, 527.
1553 Zur Hausmann-Rechtsprechung beim Unterhaltspflichtigen vgl. BGH FamRZ 2006, 1827.
1554 BGH FamRZ 2004, 1170.
1555 BGH FamRZ 2001, 1693.
1556 BGH FamRZ 1989, 487 und FamRZ 1987, 1011; *Büttner*, FamRZ 1996, 136; *Oelkers*, FamRZ 1996, 263.

rechnen lassen muss. Diese werden von der Rechtsprechung regelmäßig mit **20 bis 25 % der Lebenshaltungskosten** angesetzt.[1557]

Ihre Grenze findet die Herabsetzung allerdings in der Herabsetzung bis auf das **Existenzminimum** nach sozialhilferechtlichen Grundsätzen.[1558]

1474 *Hinweis*

Die **Leitlinien der Oberlandesgerichte** bestimmen die **Höhe des Versorgungsentgeltes**, das sich der Unterhaltsberechtigte möglicherweise fiktiv zurechnen lassen muss, soweit dieser leistungsfähig ist. Als anrechenbares Versorgungsentgelt beim nicht erwerbstätigen Unterhaltsberechtigten sind folgende Beträge vorgesehen:[1559]

- **200 bis 550 EUR** (Süddeutsche Leitlinien, KG und OLG Bremen, OLG Dresden, OLG Köln und OLG Rostock;
- **450 EUR** bei Haushaltsführung durch einen nicht Erwerbstätigen (OLG Frankfurt, OLG Thüringen);
- **250 bis 500 EUR** (OLG Hamm);
- **350 EUR** (OLG Koblenz);
- **300 bis 500 EURO** (OLG Düsseldorf);
- **500 EUR** (OLG Oldenburg);
- **10 % des Eigenbedarfs** (OLG Braunschweig)
- **keine Regelung** zur Höhe des Versorgungsentgeltes (OLG Brandenburg, OLG Celle, OLG Hamburg, OLG Naumburg, OLG Saarbrücken und OLG Schleswig-Holstein)

1475 Von dieser Frage zu unterscheiden ist die Problematik, ob in solchen Fällen die Inanspruchnahme des Verpflichteten ganz oder teilweise **grob unbillig** wäre (§§ 1361 Abs. 3, 1579 Nr. 6 und 7 BGB). Erforderlich ist danach **das Vorliegen eines speziellen Härtegrundes im Sinne des § 1579 BGB**.[1560]

5. Renten, Pensionen

1476 Die **Grundsätze der Surrogationsrechtsprechung** seit der Entscheidung des BGH vom 13.6.2001[1561] führen dazu, dass dann, wenn der Unterhalt begehrende Ehegatte aus Altersgründen nach der Ehe keine Erwerbstätigkeit mehr aufnimmt, sondern eine Altersversorgung bezieht, auch diese Rente oder Pension als Surrogat in die Bedarfsberechnung einzustellen ist. Dabei kommt es nicht darauf an, ob die Versorgungsleistungen insgesamt während der Ehe erbracht wurden und/oder ob sie auf dem ggf. bereits durchgeführten Versorgungsausgleich beruhen.

1477 Allgemein sind laufende Einkünfte aus **Pensionen und Renten** aller Art nebst Zuschlägen und Zulagen unterhaltsrechtlich wie Erwerbseinkommen zu berücksichtigen.[1562] Dies gilt auch für sonstige Bezüge, Vorteile und Zulagen, die wegen Erreichens der Altersgrenze, teilweiser oder voller Erwerbsminderung[1563] oder für Witwen und Waisen[1564] gewährt werden. Gleiches gilt für **Leibrenten und sonstige privaten Rentenzahlungen** aus Anlass von Vermögensübertragungen, für private Versorgungsrenten

1557 BGH FamRZ 1995, 344, 346; bei Zusammenleben mit einem Arbeitslosen max. 10 % Ersparnis, so OLG Dresden FamRZ 2007, 1476.
1558 BGH FamRZ 2008, 594; *Soyka*, FK 2008, 73.
1559 Vgl. jeweils Ziff. 6 der Leitlinien Stand 1.1.2023.
1560 Zur umfangreichen Rechtsprechung vgl. BGH FamRZ 1995, 344, ausführlich Wendl/Dose/*Gerhardt*, § 4 Rn 712 ff.
1561 BGH FamRZ 2001, 986.
1562 BGH FamRZ 2011, 454.
1563 BGH FamRZ 2010, 1057.
1564 BGH FamRZ 2009, 762.

und Schadenrenten aus Versicherungsverträgen, für betriebliche Renten und andere wiederkehrende Leistungen wie Altenleistungen in der Landwirtschaft.

Da es bei diesen Leistungen keine berufsbedingten Aufwendungen (Werbungskosten) gibt, kann auch kein entsprechender pauschaler oder konkreter Abzug geltend gemacht werden.[1565] **1478**

Folgende **Arten von Versorgungsbezügen und Renten** nebst Zulagen und Zuschlägen kommt in Betracht:

- Pensionen,[1566] Familienzuschlag[1567] und kinderbezogene Bestandteile der Bezüge eines Beamten oder Ruhestandsbeamten;[1568]
- Renten einschl. Zusatzrenten[1569] und Kinderzuschussrenten (§§ 35 ff., 270 SGB VI);
- Rente wegen teilweiser oder voller Erwerbsminderung (§ 34 SGB VI) einschließlich eines Übergangsgeldes neben dem Krankengeld;[1570]
- Grundrente nach § 31 BVG (Kriegsopferversorgung);
- Schwerstbeschädigten- und Pflegezulage nach §§ 31 und 35 BVG (Ausgleich für die Beeinträchtigung der körperlichen Unversehrtheit);
- Ausgleichsrente für Schwerbeschädigte nach § 32 BVG;
- Leibrente als Gegenleistung für eine Vermögensveräußerung;
- Berufsschadensausgleichsrente nach § 30 Abs. 3 BVG;
- Ehegattenzuschlag nach § 33a BVG;
- Kleiderzulage nach § 15 BVG;[1571]
- Verletztenrente aus der gesetzlichen Unfallversicherung nach §§ 7 ff., 26 ff. SGB VII;
- Rente nach dem Bundesentschädigungsgesetz (BEG) wegen Schadens an Körper und Gesundheit (§§ 28 ff. BEG) und wegen Schadens im beruflichen Fortkommen (§§ 46 ff. BEG);
- Waisenrenten[1572] und Halbwaisenrenten;[1573]
- Blindengeld;[1574]
- Witwenrente nach § 46 SGB VI[1575] und Erziehungsrente nach § 47 SGB VI[1576] ggf. Lebensversicherungen, die der Altersvorsorge dienen.[1577]

6. Wohnvorteil

a) Wohnvorteil als Vermögensvorteil

Zu den wirtschaftlichen Nutzungen, die aus Vermögen gezogen werden, zählen die **Vorteile des mietfreien Wohnens im eigenen Haus**. Es handelt sich insoweit um Nutzungen des Grundstückseigentums im Sinne von § 100 BGB in Form von Gebrauchsvorteilen.[1578] **1479**

Der Nutzen besteht darin, dass der Eigentümer für das Wohnen keine Mietzinszahlungen leisten muss, einen Teil des allgemeinen Lebensbedarfs. Abzuziehen sind die mit dem Eigentum verbundenen Un-

1565 BGH FamRZ 1983, 150; BGH FamRZ 2009, 762.
1566 BGH FamRZ 2004, 254.
1567 BGH FamRZ 2010, 869.
1568 BGH FamRZ 2007, 882.
1569 BGH FamRZ 2011, 454.
1570 OLG Brandenburg OLGR 2009, 427.
1571 OLG Hamm FamRZ 1991, 1199: Leistung ist regelmäßig durch einen erhöhten Bedarf aufgebraucht.
1572 BGH FamRZ 1980, 1109.
1573 BGH FamRZ 2009, 762.
1574 OLG Hamm FamRZ 1990, 405; vgl. auch Ziff. 2.7 der Leitlinien der Oberlandesgerichte.
1575 OLG Düsseldorf FamRZ 2007, 835.
1576 BGH FamRZ 2010, 444.
1577 Vgl. dazu Wendl/Dose/*Dose*, § 1 Rn 629 ff.
1578 BGH FamRZ 2007, 879; BGH FamRZ 2009, 1300; BGH FamRZ 2010, 1633.

kosten, sodass der Betrag, **um den der Eigentümer billiger als der Mieter** lebt, als Einkommen anzusetzen ist.[1579]

Wohnwert ist eine Frage der **Nutzung**, keine Frage der Verwertung von ggf. gemeinsamem Vermögen. Ein Wohnwert ist daher auch dann anzusetzen, wenn etwa eine Immobilie aus **ererbtem Vermögen**[1580] oder aus Schmerzensgeldzahlungen stammt.[1581]

1480 **Freiwillige Leistungen Dritter**, z.B. von Eltern, sind freiwillige Leistungen ohne Einkommenscharakter. Kaufen Eltern z.B. ihrem Kind während der Ehe und/oder nach Trennung bzw. Scheidung Wohneigentum, so ist ein Wohnwert nicht anzusetzen.[1582] Anderes gilt nur, wenn für die Leistung eine Gegenleistung zu erbringen ist, z.B. Pflege und Betreuung.[1583]

Der Vorbehalt eines Nießbrauches stellt dagegen keine Gegenleistung dar.[1584] Eine unterhaltsrechtlich nicht einzubeziehende freiwillige Leistung Dritter liegt auch dann vor, wenn Eltern ihrem Kind Geld schenken, mit dem es dann eine Eigentumswohnung kauft.[1585]

1481 Bei **Vermietung eines Teils des Objekts**, z.B. einer Garage, handelt es sich um „Früchte" i.S.v. § 99 Abs. 3 BGB. Unterbleibt die Vermietung, zählt die Möglichkeit der Vermietung ebenfalls zu den Gebrauchsvorteilen nach § 100 BGB, die in die Bedarfsermittlung ebenso wie bei der Frage der Leistungsfähigkeit einzubeziehen sind.[1586]

b) Die Höhe des Wohnvorteils

1482 Die Höhe des Wohnvorteils richtet sich während der Trennung der Eheleute nach **Angemessenheitskriterien,**[1587] nach endgültigem **Scheitern** der Ehe durch Zustellung des Scheidungsantrages oder Vermögensauseinandersetzung der Eheleute sowie nach **Scheidung** der Ehe nach der objektiven Marktmiete.[1588]

Nimmt der Unterhaltsberechtigte während der Trennungszeit einen **neuen Partner** in die Ehewohnung auf, richtet sich die Höhe des Wohnvorteils nicht mehr nach Angemessenheitskriterien, sondern nach der **objektiven Marktmiete**.[1589]

1483 Der Grund für die Unterscheidung von Angemessenheitskriterien während der Trennungszeit und der objektiven Marktmiete nach endgültigem Scheitern der Ehe hat der **BGH** wie folgt begründet:

Maßgeblich sei unterhaltsrechtlich, ob nach Treu und Glauben eine **Vermögensverwertung** oder (Unter-)Vermietung des wegen der Trennung zu groß gewordenen Familienheims **zumutbar** ist. In der Trennungszeit, so der BGH ist dies zunächst nicht der Fall.[1590] Es dürfen keine Fakten geschaffen werden, die eine **mögliche Wiederherstellung der ehelichen Lebensgemeinschaft erschweren**.[1591]

Der Anteil des ausziehenden Ehegatten bleibt sozusagen als **„totes Kapital"**[1592] außer Betracht. Es ist aus Billigkeitsgründen während der Trennungszeit nur ein unterhaltsrechtlich angemessener Betrag als Wohnwert anzusetzen.[1593]

1579 BGH FamRZ 2010, 1633.
1580 BGH FamRZ 1986, 560.
1581 BGH FamRZ 1988, 1031.
1582 OLG München FamRZ 1996, 169.
1583 BGH FamRZ 1995, 537.
1584 OLG Koblenz FamRZ 2003, 534.
1585 OLG Brandenburg FamRZ 2009, 1837.
1586 BGH FamRZ 1990, 283.
1587 BGH FuR 2008, 401.
1588 BGH FamRZ 2007, 879; BGH FamRZ 2008, 963; BGH FamRZ 2012, 514.
1589 OLG Koblenz NJW 2003, 1816.
1590 BGH FamRZ 2000, 351; BGH FamRZ 2009, 1300.
1591 BGH FamRZ 2000, 351.
1592 So *Graba*, NJW 1987, 1721.
1593 BGH FamRZ 2007, 879.

Wird allerdings das „tote Kapital" genutzt, z.B. durch Untervermietung, ist der entsprechende Betrag zu berücksichtigen. Eine Verpflichtung zur Nutzung des „toten Kapitals" besteht während der Trennungszeit und vor endgültigem Scheitern der Ehe nicht.

Die **objektive Marktmiete** ist anzusetzen bei Aufnahme eines neuen Lebensgefährten in die Ehewohnung, da damit der Charakter als „vorgehaltene" Ehewohnung für den Fall der Aufhebung einer Trennung nicht beibehalten bleibt.[1594] 1484

Soweit Ehegatten bisher (weitgehend) mietfrei im eigenen Haus oder der eigenen Wohnung gewohnt haben und die Immobilie veräußert wird, findet der **frühere Wohnvorteil sein Surrogat in den Nutzungen** aus dem Erlös. Wird aus dem Erlös neues Eigentum finanziert, stellt der daraus erwachsene Vorteil ein Surrogat des bisherigen Wohnvorteils dar.[1595]

c) Zusatzfragen

Zieht ein Ehegatte nach Trennung in ein neben der Ehewohnung noch im Eigentum der Eheleute stehendes Mietobjekt ein, ist der neue Wohnwert beim Ehegattenunterhalt **Surrogat der früheren Mieteinkünfte**. Als Wohnwert ist die Marktmiete heranzuziehen, wenn damit – was regelmäßig der Fall sein wird – eine Vermögensauseinandersetzung der Ehegatten erfolgte. Haben sich die Eheleute bei Miteigentum aber noch nicht über die Verwertung einigen können und zieht z.B. ein Ehegatte in ein gerade leerstehendes gemeinsames Mietobjekt ein, ist nur der **jeweils angemessene Wohnwert** heranzuziehen.[1596] 1485

Für eine **Ferienwohnung** der Eheleute ist auch für diese Wohnung ein Nutzungsvorteil anzusetzen.[1597] Wird die Ferienwohnung nunmehr als Dauerdomizil von einem Ehegatten genutzt, ist als Wohnwert die Marktmiete heranzuziehen weil damit bereits eine – eventuell auch nur teilweise – Vermögensauseinandersetzung der Ehegatten erfolgt ist. 1486

Wird die Ferienwohnung nach der Trennung lediglich abwechselnd genutzt, ist dieser Nutzungsvorteil wertneutral und nicht einzubeziehen.

Bewohnen die Eheleute in der Ehe oder ein Ehegatte nach der Trennung kostenlos und ohne Gegenleistung eine **Immobilie der Eltern**, handelt es sich um eine **freiwillige Zuwendung Dritter**, die kein unterhaltsrechtliches Einkommen darstellt. 1487

Haben die Eheleute während der Ehezeit **zwei Immobilien** bewohnt, z.B. Stadtwohnung und Landsitz, sind beide Wohnwerte für die Einkommensermittlung heranzuziehen. Zieht jeder Ehegatte nach der Trennung in eine der Wohnungen, ist auch während der Trennungszeit **sofort bei jedem die objektive Marktmiete** anzusetzen, es sei denn, eine der beiden Wohnungen ist für einen Ehepartner an sich zu groß und stellt zumindest zu einem Teil sogenanntes totes Kapital dar. 1488

d) Berechnung des Wohnvorteils

Grundsätzlich ist für den Wohnwert die **objektive Marktmiete** bestimmend. Aus Billigkeitsgründen ist beim Trennungsunterhalt zunächst nur ein angemessener Wohnwert anzusetzen, da eine Verwertung des durch den Auszug des Partners entstehenden sogenannten toten Kapitals nicht verlangt werden kann, um eine Versöhnung der Eheleute nicht zu erschweren. Dies ändert sich durch das endgültige Scheitern der Ehe, also z.B. durch Rechtshängigkeit des Scheidungsverfahrens.[1598] 1489

1594 OLG Koblenz NJW 2003, 1816; *Gerhardt*, FamRZ 1993, 1139.
1595 BGH NJW 2002, 436.
1596 BGH FamRZ 2009, 1003.
1597 OLG Karlsruhe FamRZ 2009, 48.
1598 BGH FamRZ 2008, 963; BGH FamRZ 2009, 23; BGH FamRZ 2009, 1300.

Die **Berechnung des Wohnvorteils** ist danach wie folgt vorzunehmen:

1490 *Beispiel*

Ein Ehepaar bewohnt ein Haus, für das eine ortsübliche Marktmiete von 800 EUR zu zahlen ist. Der angemessene Wohnwert (während der Trennung) beträgt 500 EUR.
Bereinigtes Nettoeinkommen Ehemann (M) 2.000 EUR, bereinigtes Nettoeinkommen Ehefrau (F) 1.000 EUR.

Variante 1: M bleibt in der Ehewohnung

1) Trennungszeit

Lösung: Der angemessene Wohnwert in Höhe von 500 EUR ist anzusetzen.

Bedarf der F:

Gesamtbedarf 90 % x 2.000 EUR + 500 EUR + 90 % x 1.000 EUR =	3.200 EUR
hiervon ½ =	1.600 EUR
Anspruchshöhe: 1.600 EUR – 90 % x 1.000 EUR =	**700 EUR**

2) Scheitern der Ehe/Scheidung

Gesamtbedarf 90 % x 2.000 EUR + 800 EUR + 90 % x 1.000 EUR =	3.500 EUR
hiervon ½ =	1.750 EUR
Unterhaltsanspruch F 1.750 EUR – 90 % x 1.000 EUR =	**850 EUR**

Variante 2: F bleibt in der Ehewohnung

1) **Trennungszeit** mit angemessenem Wohnwert, 500 EUR

Gesamtbedarf 90 % x 2.000 EUR + 500 EUR + 90 % x 1.000 EUR =	3.200 EUR
hiervon ½ =	1.600 EUR
Anspruchshöhe: 1.600 EUR – (90 % x 1.000 EUR + 500 EUR) =	**200 EUR**

2) Scheitern der Ehe/Scheidung

Gesamtbedarf 90 % x 2.000 EUR + 800 EUR + 90 % x 1.000 EUR =	3.500 EUR
hiervon ½ =	1.750 EUR
Unterhaltsanspruch F 1.750 EUR – (90 % x 1.000 EUR + 800 EUR) =	**50 EUR**

e) Kosten und Lasten des Wohneigentums

1491 Dem Eigentümer ist ein Wohnvorteil nur insoweit zuzurechnen, als der Wohnwert die mit dem Grundeigentum verbundenen **Unkosten übersteigt**. Es wird um der Gleichstellung mit einem Mieter willen lediglich die Differenz aus Wohnwert und dem Mietzins vergleichbarer Immobilien als Einkommen zugerechnet.[1599]

1492 Die Rechtsprechung hatte früher zwischen den verbrauchsunabhängigen Nebenkosten sowie Instandhaltungskosten einerseits und den sogenannten verbrauchsabhängigen Nebenkosten andererseits unterschieden. Diese Unterscheidung hat der BGH mit Urt. v. 27.5.2009[1600] aufgegeben und erklärt, dass **alle auf den Mieter nach § 556 Abs. 1 BGB, §§ 1, 2 BetrKV umlegbare Betriebskosten** beim Wohnwert keine Abzugsposten darstellen, weil der Eigentümer nicht anders als ein Mieter behandelt werden kann.

1599 BGH FamRZ 2009, 1300.
1600 BGH FamRZ 2009, 1300.

Verbrauchsabhängige Nebenkosten wie Heizung, Strom, Gas, Wasser etc. sind ohnehin allgemeine Lebenshaltungskosten und deshalb generell nicht abzugsfähig. Aber auch verbrauchsunabhängige Nebenkosten wie z.B. Grundsteuer, Schornsteinfeger, Haftpflichtversicherung etc. sind Kosten, die als Betriebskosten auf den Mieter umgelegt werden können.[1601] 1493

Letztlich sind im Ergebnis **lediglich die Kosten erfasst, die bei Wohnanlagen für die Hausverwaltung und den Geldverkehr** entstehen und die gem. § 556 Abs. 4 BGB, § 2 BetrKV generell nicht auf einen Mieter umlegbar sind. Diese Differenzierung hinsichtlich der Kosten gilt auch bei einer im Miteigentum der Eheleute stehenden Immobilie. 1494

Abziehbar sind weiter **notwendige Instandhaltungsaufwendungen.**[1602] Auch hier findet sich die Übereinstimmung von Eigentümer und Mieter. Instandhaltungskosten sind diejenigen Kosten, die **zur Erhaltung des Wohnraumes** erforderlich sind und konkret anfallen. Zu unterscheiden sind diese Kosten von denjenigen für Ausbauten und/oder Modernisierungsaufwendungen, die vermögensbildende Ausgaben darstellen.[1603] 1495

f) Zins- und Tilgungsleistungen

Abziehbar sind stets die **Kreditzinsen** für Verbindlichkeiten der Immobilie eines in der Ehe angelegten Wohnwertes.[1604] Das gleiche gilt für die Zinsen eines Darlehens bei einem nicht in der Ehe angelegten Wohnwertes.[1605] 1496

Bei der **Tilgungsleistung als Vermögensbildung** ist zu differenzieren, ob es sich um einen in der Ehe angelegten oder nicht in der Ehe angelegten Wohnwert handelt. Bei Alleineigentum eines der Ehegatten ist außerdem zu prüfen, ob es sich bei der Tilgung um eine zulässige Altersvorsorge handelt. 1497

Sind für einen **in der Ehe angelegten Wohnwert** bei der Trennung noch Abzahlungen zu leisten, gilt: 1498

Für die Ermittlung des Bedarfs nach den ehelichen Lebensverhältnissen kürzen Zins- und Tilgungsleistungen bei Miteigentum den in der Ehe angelegten Wohnwert.[1606] Dabei spielt keine Rolle, ob eine Abzahlung z.B. durch Raten eines Bankkredites erfolgt oder auch eine gesonderte Abzahlung durch monatliche Einzahlungen in eine Lebensversicherung.

Bei der **Bedarfsermittlung** ist die Berücksichtigung unproblematisch, da sie den gemeinsamen Wohnwert und nicht das Erwerbseinkommen kürzen und es deshalb nicht darauf ankommt, wer abbezahlt. 1499

Bei **Miteigentum sind Zinsen und Tilgung** auch auf der Bedürftigkeitsstufe zu berücksichtigten, soweit der Berechtigte nach der Trennung weiterhin mietfrei in der Ehewohnung lebt.[1607] 1500

Dies gilt auch im **Rahmen der Leistungsfähigkeit**, wenn der Verpflichtete nach der Trennung in der Ehewohnung bleibt. Voraussetzung für die Anrechnung ist allerdings auf der Bedürftigkeitsstufe und zur Leistungsfähigkeit, dass der mietfrei Wohnende auch die Abzahlung leistet. 1501

Zahlt dagegen der mietfrei wohnende **Bedürftige sie zur Hälfte**, kürzt sie den nach § 1577 Abs. 1 BGB auf den Bedarf anzurechnenden Wohnwert ausschließlich in dieser Höhe und mindert gleichzeitig die Leistungsfähigkeit des Pflichtigen um den von ihm übernommenen weiteren hälftigen Anteil.[1608] 1502

Zahlt der **Pflichtige allein**, während der Bedürftige weiterhin mietfrei im Eigenheim lebt, ist der nach § 1577 Abs. 1 BGB bedarfsmindernde Wohnwert ohne Kürzung durch Hausschulden anzusetzen; die Abzahlung kürzt allerdings die Leistungsfähigkeit des Pflichtigen.

1601 BGH FamRZ 2009, 1300.
1602 BGH FamRZ 2000, 351, 354.
1603 BGH FamRZ 1997, 281, 283.
1604 BGH FamRZ 2009, 23.
1605 BGH FamRZ 2008, 963.
1606 BGH FamRZ 2003, 1179.
1607 *Gerhardt*, FamRZ 1993, 1039, 1041.
1608 BGH FamRZ 1994, 1100, 1102.

1503 **Rechnerisch i**st so zu verfahren, dass die Berücksichtigung bei der Bedürftigkeit und der Leistungsfähigkeit den Unterhalt so verändert, wie wenn beide Eheleute je zur Hälfte die Kredite abzahlen würden.

1504 Bei **Alleineigentum** stellt die Tilgung eines Darlehens für eine Immobilie ab Rechtshängigkeit des Scheidungsverfahrens eine einseitige Vermögensbildung des Eigentümers dar. Dies gilt bei (vereinbarter) Gütertrennung bereits ab Trennung bzw. ab dem Vereinbarungszeitpunkt.[1609]

1505 Ab **Beendigung des gesetzlichen Güterstandes** ist die Tilgung als einseitige Vermögensbildung nicht mehr als Abzugsposten zu berücksichtigen, weil der Unterhaltsberechtigte eine Vermögensbildung nicht mehr über den Zugewinn partizipiert und auf die tatsächlichen Verhältnisse abzustellen ist.[1610] Eine Ausnahme gilt für die Tilgung als zulässige Altersvorsorge.[1611]

1506 Handelt es sich um einen **nicht in der Ehe angelegten Wohnwert**, z.B. aus Erbschaft nach Trennung bzw. Scheidung oder Ersparnis nach Trennung/Scheidung, der mit einem zusätzlichen Darlehen finanziert wurde, handelt es sich nicht um eine berücksichtigungswürdige Schuld. Abzuziehen sind Tilgungsleistungen als einseitige Vermögensbildung nur, wenn sie im Rahmen der Altersvorsorge zu berücksichtigen sind.[1612]

g) Nutzungsentschädigung

1507 Eine **Nutzungsentschädigung** ist dann zu zahlen, wenn der ausziehende Ehegatte Eigentümer oder Miteigentümer der Immobilie ist. Die Höhe entspricht dem Mietzins für einen Teil des Anwesens. Sie ist Surrogat des früheren Wohnwertes und damit bei einer Unterhaltsberechnung in der Ehe angelegt.[1613] Während der **Trennungsphase** der Eheleute ist lediglich **der angemessene Wohnwert** anzusetzen, der bei **Anmietung einer angemessenen kleineren Wohnung** auftreten würde. Nach Rechtshängigkeit des Scheidungsverfahrens bzw. nach Scheidung ist die objektive Marktmiete anzusetzen.

1508 Bei **Alleineigentum eines Ehegatten** besteht außerhalb des Verfahrens auf Zuweisung der Ehewohnung nach §§ 1361b, 1568a BGB kein Anspruch gegen den Eigentümer auf Nutzungsregelung. Gegen den Willen des Eigentümers ist der andere **nicht zur alleinigen Nutzung** berechtigt.

1509 Zusätzliche Nutzungsentschädigung ist auch dann nicht zu zahlen, wenn der das Haus bewohnende Ehegatte als **angemessener Ausgleich** für die alleinige Nutzung die Kosten des Hauses einschließlich aller auftretenden (Kredit-)Zahlungen übernimmt, wenn die Kosten und ein etwaiges Nutzungsentgelt in einem ausgewogenen Verhältnis zueinanderstehen.[1614]

1510 Bei **Vereinbarung der Eheleute** über das Bewohnen der Immobilie handelt es sich um einen neben der Geldrente geleisteten Naturalunterhalt.[1615] Zu beachten ist nach der Neufassung des § 1585c BGB die notwendige Urkundsform der Vereinbarung, wenn sie vor Rechtskraft der Scheidung getroffen wird.

1511 Ist der Wohnwert bei der Berechnung des dem Berechtigten zustehenden Unterhalts **einbezogen** worden, weil er mietfrei im gemeinsamen oder im Alleineigentum des anderen Ehegatten wohnt, ist daneben für die Zahlung einer Nutzungsentschädigung kein Raum.[1616] Eine zusätzliche Berücksichtigung würde gegen das Verbot der Doppelverwertung verstoßen.[1617] Die Nutzungsentschädigung ist in diesen Fällen unterhaltsrechtlich bereits ausgeglichen.

1609 Vgl. BGH FamRZ 2007, 879.
1610 BGH FamRZ 2010, 1633.
1611 BGH FamRZ 2005, 1871.
1612 BGH FamRZ 2008, 963.
1613 BGH FamRZ 2005, 1817.
1614 BGH FamRZ 1986, 436.
1615 BGH FamRZ 1997, 484, 486.
1616 BGH FamRZ 2003, 432.
1617 BGH FamRZ 1997, 484, 486.

h) Veräußerung des Familienheims

Nach früherer Rechtsprechung des BGH wurde bei Veräußerung des Familienheims nach Trennung oder Scheidung der Wohnvorteil, den es bis dahin gab, **fiktiv** mit in die Bemessungsgrundlage für den Unterhaltsanspruch eingearbeitet.[1618] Der BGH hat diese Rechtsprechung jedoch grundlegend geändert und erklärt, dass die Zinsen aus dem Erlös oder ein mit dem Erlös angeschaffter neuer Wohnwert **Surrogat des früheren Wohnwertes** und damit in der Ehe angelegt sind.[1619] Dies gilt im Übrigen auch dann, wenn der neue Wohnwert oder die Zinsen aus dem Erlös den früheren Wohnwert übersteigen.[1620] **1512**

Die Veräußerung des Familienheims verändert demgemäß die Unterhaltsberechnung. Während des Bewohnens wurde der Wohnwert nur bei demjenigen Ehegatten angesetzt, der in der Wohnung verblieben war. Die **Zinsen aus dem Erlös** als Surrogat werden bei beiden Ehegatten je zur Hälfte eingestellt.[1621] **1513**

Der Unterhaltsberechtigte ist grundsätzlich verpflichtet, den Pflichtigen von der **Unterhaltslast zu befreien** oder sie zu mindern. Er ist daher verpflichtet, den Verkaufserlös des Familienheims adäquat anzulegen und keinen ungerechtfertigten Verbrauch vorzunehmen. Der Berechtigte hat die Obliegenheit, sein Vermögen so ertragreich wie möglich zu nutzen. **1514**

Bei Verbrauch des Geldes können **fiktive Zinseinkünfte** angesetzt werden, wenn der Bedürftige unwirtschaftlich gehandelt hat und dadurch eine (teilweise) mutwillige Herbeiführung der Bedürftigkeit nach § 1579 Nr. 4 BGB vorliegt.[1622] Dies ist der Fall, wenn man sein Vermögen verbraucht, obwohl man notwendig voraussieht, dass man nach Erschöpfung dieses Vermögens unterhaltsbedürftig sein wird.[1623] Es muss sich bei dem Verbrauch um ein unterhaltsbezogen leichtfertiges Verhalten handeln. **1515**

Der Unterhaltsberechtigte muss sich **über die erkannten Möglichkeiten** nachteiliger Folgen seiner Bedürftigkeit hinweggesetzt haben.[1624] Dies ist nicht der Fall bei Verwendung eines Erlöses aus dem Familienheim für Umzug, notwendiges neues Mobiliar, um die Einzahlung in eine Lebensversicherung zur Altersvorsorge, um die Tilgung vorhandener Schulden[1625] oder um die Rückzahlung von in der Ehe verbrauchtes Kindesvermögen[1626] handelt. Umgekehrt ist die Verwendung für teure Hobbys, für Reisen oder Kleidung nicht akzeptabel.[1627] **1516**

Bei Veräußerung des hälftigen Anteils an den (früheren) Ehepartner ist bei einem Ehegatten der **volle Wohnwert abzüglich der Zinsen** aus den Hausschulden und der Zinsen des für die Veräußerung an den Ehegatten aufgenommenen Darlehens zu berücksichtigen, beim anderen Ehegatten die Zinsen aus dem Erlös als in der Ehe angelegt beim Bedarf anzusetzen.[1628] Die anschließende Tilgung eines ggf. neu aufgenommenen Darlehens stellt einseitige Vermögensbildung dar und bleibt unberücksichtigt, es sei denn, es handelt sich um eine zusätzliche Altersvorsorge im zulässigen Rahmen.[1629] **1517**

Dasselbe gilt, wenn die gemeinsame Immobilie von einem Ehegatten im Rahmen der Zwangsversteigerung oder der Teilungsversteigerung nach § 180 ZVG erworben wurde.

1618 BGH FamRZ 1998, 87.
1619 BGH FamRZ 2005, 1817; BGH FamRZ 2006, 387; BGH FamRZ 2008, 963; BGH FamRZ 2009, 23; vgl. insgesamt dazu *Gerhardt*, FamRZ 2003, 414.
1620 BGH FamRZ 2002, 88, 91.
1621 OLG Köln FamRZ 2013, 275.
1622 BGH FamRZ 2010, 629.
1623 Wendl/Dose/*Gerhardt*, § 4 Rn 1308.
1624 BGH FamRZ 1990, 989, 991.
1625 BGH FamRZ 1986, 560, 562.
1626 BGH FamRZ 1990, 989, 991.
1627 BGH FamRZ 2001, 541, 544.
1628 BGH FamRZ 2008, 963.
1629 BGH FamRZ 2008, 963.

7. Nicht in der Ehe angelegte Einkünfte

a) Abgrenzung der prägenden zu nicht prägenden Einkünften

1518 Ob Einkünfte, die (frühere) Ehegatten erzielen, zur Berechnung von Unterhaltsansprüchen herangezogen werden, beurteilt sich danach, ob sie hinsichtlich der Ehe sogenannten **prägenden Charakter** tragen.

1519 Ein solcher prägender Charakter liegt vor, wenn die konkrete Einkunftsquelle in der Ehe vorhanden war oder in der Ehe angelegt war. Dies gilt auch für ihre normale Fortentwicklung. Auch ein **Surrogat** der gleichwertigen Familienarbeit trägt den eheprägenden Charakter.

1520 Dies führt dazu, dass nicht nur die aus der Berufstätigkeit während der Ehe erzielten Einkünfte zu berücksichtigen sind, sondern auch die der Erwerbstätigkeit **gleichwertige Familienarbeit** (Haushaltsführung und Kinderbetreuung).[1630] Nimmt also der Haushalt führende Ehegatte nach Trennung bzw. Scheidung eine Erwerbstätigkeit auf oder erweitert er eine Teilzeittätigkeit, stellt das Einkommen hieraus das Surrogat der bisherigen Familienarbeit dar und erhöht entsprechend das Einkommen nach den ehelichen Lebensverhältnissen.[1631]

Der Wert der Haushaltsleistung spiegelt sich dann als Surrogat in dem daraus erzielten Einkommen wider und erhöht das Einkommen nach den ehelichen Lebensverhältnissen.[1632]

1521 Über Erwerbseinkommen hinaus sind **vorhandene Vermögenseinkünfte** ebenfalls eheprägend. Dies ist der Fall, wenn die Einkommensquelle bereits in der Ehe bestand, z.B. bei Zinseinkünften aus Kapitaleinkünften und Einkünften aus Vermietung/Verpachtung oder bei Vermögenseinkünften aus Veräußerung des Familienheims oder aus dem Zugewinnausgleich.[1633]

b) Überblick zu den prägenden und nicht prägenden Einkünften

1522 **In der Ehe angelegte** sind folgende Einkünfte:

- Einkünfte, die bei Trennung als die Ehe prägend beurteilt werden können;
- Einkommensänderungen, wenn die Einkommensentwicklung nach Trennung/Scheidung einem Normalverlauf entspricht. Dies gilt für Gehaltsreduzierungen und -steigerungen sowie (zu erwartenden) Beförderungen, nicht jedoch für Reduzierungen bei unterhaltsbezogener Leichtfertigkeit wie freiwilliger Arbeitszeitreduzierung oder leichtfertiger Kündigung. Unterhaltsbezogen nicht leichtfertig ist die unverschuldete Arbeitslosigkeit, die Verrentung bzw. Pensionierung oder der Erhalt von Kurzarbeitergeld, es sei denn, die Einkommensminderung hätte durch zumutbare Vorsorge aufgefangen werden können;[1634]
- nach der Trennung **erstmalig erzielte Erwerbseinkünfte**, die als Surrogat der Haushaltsführung in der Ehe anzusehen sind;
- **fiktive Einkünfte** wegen Verstoßes gegen die Erwerbsobliegenheit;
- **Einkommen aus überobligatorischer Tätigkeit** nach Abzug eines anrechnungsfreien Betrages.[1635] Dies betrifft beim Bedürftigen z.B. die vollzeitliche Tätigkeit trotz Betreuung eines Kleinkindes[1636] oder die Berufstätigkeit trotz Betreuung eines behinderten Kindes und die Berufstätigkeit über den Regelaltersruhestand hinaus.[1637] Beim Bedürftigen erfolgt der Abzug nach § 1577 Abs. 2 BGB, beim Pflichtigen nach Treu und Glauben gem. § 242 BGB jeweils nach den konkreten Umständen des Einzelfalles;[1638]

1630 BGH FamRZ 2001, 986, 989.
1631 BVerfG FamRZ 2002, 527, 530.
1632 BGH FamRZ 2001, 986, 991.
1633 BGH FamRZ 2008, 963.
1634 BVerfG FamRZ 2011, 437; BGH FamRZ 2010, 869.
1635 BGH FamRZ 2011, 454.
1636 BGH FamRZ 2010, 1880.
1637 BGH FamRZ 2011, 454.
1638 BGH FamRZ 2003, 848, 851; BGH FamRZ 2011, 454.

- Einkommen des Bedürftigen aus **Haushaltsführung** für einen neuen Lebenspartner;[1639]
- **Renteneinkommen**, wobei es nicht darauf ankommt, ob die Rente auf einer Berufstätigkeit vor, in oder nach der Ehe oder auf den Versorgungsausgleich beruht und auch nicht darauf, ob es sich um eine Alters- oder Erwerbsminderungsrente handelt und schließlich auch nicht darauf, ob der Rentenfall zum Zeitpunkt der Scheidung bereits eingetreten war;[1640]
- **Vermögenseinkünfte,** die bereits in der Ehe vorhanden waren oder nach einer Vermögensumschichtung als Surrogat von in der Ehe vorhandenem Einkommen anzusehen sind, z.B. also Zinsen aus dem Verkaufserlös des Familienheims, die an die Stelle des früheren Wohnwertes treten.

Nicht in der Ehe angelegte Einkünfte sind: **1523**

- Erwerbseinkünfte, die auf eine unerwartete, vom Normalverlauf erheblich abweichenden Entwicklung beruhen (sog. **Karrieresprung**);
- Vermögenseinkünfte, die erst nach der **Trennung neu entstehen** und kein Surrogat zuvor vorhandener Vermögenseinkünfte oder zuvor vorhandenen Vermögens darstellt;
- **Zinseinkünfte bei ungewöhnlich guten Einkommensverhältnissen**, die für den allgemeinen Lebensbedarf nicht benötigt werden, der Vermögensbildung dienen und deshalb der Unterhaltsbemessung entzogen sind.[1641] Dies ist in der Regel dann erst der Fall, wenn bei einer konkreten Bedarfsbemessung die Zinseinkünfte nicht benötigt werden;
- **ersparte Aufwendungen** durch Zusammenleben in einer neuen Ehe oder neuen Partnerschaft. Das Zusammenleben in einer neuen Ehe oder neuen Partnerschaft ist gerade nicht in der Ehe angelegt.[1642] Die Ersparnis im Zusammenleben des Pflichtigen mit einem neuen Lebensgefährten ist in der Regel analog § 20 Abs. 3 SGB II für jeden der Zusammenlebenden mit 10 % zu veranschlagen, d.h. für beide 20 %.[1643] In Regionen mit höheren Wohnkosten können 20 % pro Person angesetzt werden.[1644]

c) Vom Normalverlauf abweichende Einkommensentwicklung

Eine **normale Weiterentwicklung** des in der Ehe angelegten Erwerbseinkommens liegt vor, wenn der für eine Einkommenssteigerung entscheidende berufliche Aufstieg noch vor der Trennung lag. **1524**

Für den Zeitpunkt nach der Trennung gilt dies nicht, da eine gemeinsame Weiterentwicklung nach Trennung der Beteiligten nicht mehr vorliegt. Prägend bleibt aber, wenn sich das Einkommen im Zuge allgemeiner Einkommenssteigerungen nach der Trennung erhöht.[1645] Entsprechendes gilt auch bei **Einkommensminderungen**, es sei denn, sie beruhen auf unterhaltsbezogen leichtfertigem Verhalten, also der Verletzung der Erwerbsobliegenheit etc. **1525**

Eine **Normalentwicklung** liegt weiter vor, wenn vor der Trennung der Grundstein für den späteren beruflichen Werdegang gelegt wurde. Hat also der Verpflichtet vor der Trennung einen wesentlichen Teil seiner juristischen Ausbildung abgeschlossen und beginnt er nach der Scheidung seine Tätigkeit als Rechtsanwalt, ist eine normale Entwicklung zu bejahen.[1646] **1526**

Kommt es dagegen nach Trennung aufgrund **außergewöhnlicher, nicht vorauszusehender Umstände** zu einer unerwarteten, vom Normalverlauf erheblich abweichenden Entwicklung, sind die neuen Ein- **1527**

1639 BGH FamRZ 2004, 1170.
1640 BGH FamRZ 2002, 88.
1641 BGH FamRZ 2007, 1532.
1642 BVerfG FamRZ 2011, 437.
1643 BGH FamRZ 2008, 594.
1644 Wendl/Dose/*Gerhardt*, § 4 Rn 585.
1645 BGH FamRZ 1987, 459.
1646 BGH FamRZ 1986, 148.

kommensverhältnisse nicht mehr prägend. Sie sind nicht mehr Ausdruck der früheren eheähnlichen Lebensverhältnisse und haben diese auch nicht maßgeblich bestimmt.[1647]

1528 **Prüfungszeitpunkt** für die in der Ehe angelegte oder eben nicht angelegte Einkommensentwicklung bleibt die Trennung.[1648] Da zu diesem Zeitpunkt kein gemeinsames Wirtschaften und keine gemeinsame Planung mehr vorhanden sind.

Bei der Berechnung ist nicht in der Ehe angelegt der Mehrverdienst, der wegen der vom Normalverlauf abweichenden Entwicklung erzielt wird. Die Einkommenssteigerung bleibt daher **nicht in vollem Umfang unberücksichtigt**.[1649] Es wird nur der Betrag in Höhe des fiktiv hochgerechneten früheren Einkommens (ggf. zzgl. Regelbeförderung) ohne Karrieresprung berücksichtigt.

1529 *Beispiele*

- Aufstieg von Krankenschwester zur Verwaltungsleiterin eines Krankenhauses;
- Aufstieg vom Oberarzt zum Chefarzt;[1650]
- Aufstieg vom Beigeordneten einer Stadt zum Kreisdirektor;[1651]
- Aufstieg vom wissenschaftlichen Angestellten zum Professor;[1652]
- Aufstieg vom Angestellten zum Bereichsleiter mit Verdoppelung des Einkommens.[1653]

1530 *Grenzwertig*

- Aufstieg vom Oberstudienrat (A 14) zum Studiendirektor (A 15);[1654]
- Aufstieg Richter von R 2 in R 3;[1655]
- Aufstieg vom Buchdrucker zum freigestellten Betriebsrat.[1656]

Problematisch war auch die Einordnung als Karrieresprung bei Übernahme von Tätigkeiten westdeutscher Fachleute in den neuen Bundesländern nach der Wiedervereinigung Deutschlands, z.B. der Aufstieg vom Finanzbeamten im gehobenen Dienst zum Leiter eines Finanzamtes in Sachsen-Anhalt.[1657]

1531 Einkommensveränderungen **früherer DDR-Bürger** nach der Wiedervereinigung sind ebenfalls als in der Ehe angelegt anzusehen.[1658] Die Fortschreibung früherer Einkünfte wäre schon wegen der völlig unterschiedlichen Wirtschaftssysteme zwischen der früheren DDR und der BRD und der damit einhergehenden völlig unterschiedlichen beruflichen Lebensverhältnisse nicht geeignet, einen Vergleichsmaßstab zu den Arbeitsverhältnissen zu ziehen, die nach der Wiedervereinigung Deutschlands auch im Gebiet der früheren DDR entwickelt wurden.

1532 Prägend sind auch die **Veränderungen des gesamten Lohn-Preis-Gefüges**, die sich auch nach der Wiedervereinigung in den neuen Bundesländern im Laufe der Jahre nach der Wiedervereinigung entwickelt haben.[1659]

1533 Die **Flucht eines Ehepartners aus der früheren DDR**, die zur Scheidung führte, war dagegen unterhaltsrechtlich nicht geeignet, als in der Ehe angelegt gelten zu können. Hier ist der Ehepartner von einem Wirt-

1647 BGH FamRZ 2009, 579; BGH FamRZ 2010, 871.
1648 BGH FamRZ 2009, 579.
1649 BGH FamRZ 1987, 913, 915.
1650 BGH FamRZ 2007, 1232.
1651 BGH FamRZ 2009, 411.
1652 BGH FamRZ 1985, 791.
1653 OLG München FamRZ 1997, 613.
1654 BGH FamRZ 2007, 793.
1655 OLG Celle FamRZ 1999, 858.
1656 BGH FamRZ 1987, 913, 915; vgl. dazu und zu weiteren Beispielen Wendl/Dose/*Gerhardt*, § 4 Rn 574 f.
1657 Vgl. dazu BGH FamRZ 1995, 472; OLG Karlsruhe FamRZ 1997, 370.
1658 BGH FamRZ 1995, 472.
1659 BGH FamRZ 1995, 472.

schaftssystem in ein gänzlich anderes Wirtschaftssystem geflohen. Die Einkünfte nach Trennung und Flucht gelten als eine nicht in der Ehe angelegte Einkommensentwicklung.[1660]

Fallbeispiel: Unterhaltsberechnung bei Karrieresprung 1534

1. Fall: Karrieresprung des Unterhaltspflichtigen nach Scheidung

Eink. des Pflichtigen aufgrund Karrieresprungs	5.000 EUR
Fiktives Einkommen ohne Karrieresprung heute	3.000 EUR
Bereinigtes Einkommen des Berechtigten	1.000 EUR
Bedarf: 3.000 EUR + 1.000 EUR = 4.000 EUR : 2 =	2.000 EUR
Anspruch: 2.000 EUR ./. 1.000 EUR =	**1.000 EUR**

2. Fall: Karrieresprung des Unterhaltsberechtigten nach Scheidung

Bereinigtes Einkommen des Pflichtigen	3.000 EUR
Bereinigtes Eink. des Berechtigten aufgrund Karrieresprungs	2.000 EUR
Eink. des Berechtigten ohne Karrieresprung	1.000 EUR
Bedarf: 3.000 EUR + 1.000 EUR = 4.000 EUR : 2 =	2.000 EUR
Anspruch: 2.000 EUR ./. 1.000 EUR ohne Karrieresprung	1.000 EUR
Anrechnung des Mehreinkommens durch Karrieresprung	1.000 EUR
Anspruch:	**0 EUR**

III. Abzugsposten und Ausgaben

1. Berücksichtigung von Steuern, Aufwendungen und Kosten

In eine Unterhaltsberechnung ist **nur derjenige Teil des Einkommens** einzubeziehen, der zur Deckung des laufenden Lebensbedarfs zur Verfügung steht und bisher dafür eingesetzt wurde bzw. bei Anlegung eines objektiven Maßstabs dafür eingesetzt werden könnte.[1661] Dies ist das sogenannte bereinigte Nettoeinkommen.[1662] 1535

Die Berechnung erfolgt, in dem von den **Bruttoeinkünften dasjenige abgezogen** wird, was für andere Zwecke als den laufenden Lebensbedarf verwendet werden muss und deshalb unterhaltsrechtlich als zulässiger Abzugsposten anerkannt werden kann.[1663] 1536

Abzuziehen sind **alle nach der Trennung entstandenen Änderungen** steuerlicher Art, Vorsorgeaufwendungen, berufsbedingte Aufwendungen, etwaige Kinderbetreuungskosten, alters- oder krankheitsbedingter Mehrbedarf, berücksichtigungswürdige Schulden sowie alle bis zum Zeitpunkt der Scheidung entstandenen Unterhaltslasten (auch wenn es sich um ein Kind aus einer neuen Verbindung handelt). 1537

Ebenfalls sind bei der Bedarfsermittlung geschiedener Eheleute die nach der Scheidung entstandenen **erhöhten Ausgaben** durch Steuern, Vorsorgeaufwendungen, berufsbedingte Aufwendungen, etwaige Kinderbetreuungskosten, anerkennenswerte Schulden und neue Unterhaltslasten zu berücksichtigen. Mehrausgaben dürfen aber nicht auf unterhaltsbezogen leichtfertigem Verhalten beruhen.[1664] Der Bedürftige 1538

1660 OLG München FuR 2003, 328; OLG Karlsruhe FamRZ 1997, 370; Weinreich/Klein/*Eder*, Familienrecht, § 1578 Rn 58.
1661 BGH FamRZ 2008, 968.
1662 BGH FamRZ 1985, 471.
1663 Vgl. unterhaltsrechtliche Leitlinien Nr. 10.
1664 BGH FamRZ 2008, 968.

nimmt nach Trennung und Scheidung an einer Einkommenserhöhung des Pflichtigen und auch an einer **nicht vorwerfbaren Einkommensminderung** des Pflichtigen teil.[1665]

1539 Zunächst hatte der **BGH** nach Scheidung der Ehegatten auch die Unterhaltsbelastung durch einen neuen Ehegatten im Wege der **Dreiteilung** berücksichtigt.[1666] Der BGH prägt in diesem Zusammenhang den Begriff von den „wandelbaren ehelichen Lebensverhältnissen".[1667]

Das **BVerfG** hob mit Entscheidung vom 25.1.2011 die vom BGH entwickelte Rechtsprechung von den wandelbaren ehelichen Lebensverhältnissen unter Anwendung der Berechnungsmethode der sogenannten Dreiteilung bei Wiederheirat des Pflichtigen wegen Verstoßes gegen das Rechtsstaatsprinzip gem. Art. 2 Abs. 1 GG i.V.m. Art. 20 Abs. 3 GG wegen Verfassungswidrigkeit auf. Das BVerfG begründete dies damit, dass die Berücksichtigung des Unterhalts des neuen Ehegatten beim Bedarf des Geschiedenen **jeden Bezug zu den ehelichen Lebensverhältnissen nach § 1578 Abs. 1 BGB verloren** habe.

1540 In den Bedarf nach den ehelichen Lebensverhältnissen dürfen danach nur **Entwicklungen nach der Scheidung** einbezogen werden, die entweder **in der Ehe angelegt sind** oder bei Einkommensreduzierungen **nicht leichtfertig** entstanden und **ohne die Scheidung auch** eingetreten wären.[1668] Veränderungen, die eine Scheidung der Ehe voraussetzen, also eine Unterhaltsbelastung durch einen neuen Ehegatten, sind dagegen beim Bedarf des Geschiedenen nicht zu berücksichtigen.[1669]

1541 Der **Begriff der wandelbaren Lebensverhältnisse** in der Rechtsprechung des BGH findet allerdings weiter Anwendung, weil er sich darauf bezieht, dass die Lebensstandardgarantie nach Scheidung der Ehe nicht mehr gegeben ist und Einkommensreduzierungen nach der Scheidung zu berücksichtigen sind, selbst wenn sie vor Trennung bzw. Scheidung nicht voraussehbar waren, z.B. Arbeitslosigkeit, Kurzarbeit, Arbeitsunfähigkeit.

a) Abzug von Steuern

1542 **Abziehbar von den Bruttoeinkünften** sind die Einkommenssteuer/Lohnsteuer, der Solidaritätszuschlag und die etwaige Kirchensteuer, in der Höhe, in der sie im maßgeblichen Kalenderjahr entrichtet wurden, sogenanntes „In-Prinzip".[1670] Maßgeblich ist stets die tatsächliche Steuerlast.

Anderes gilt lediglich bei der Durchführung einer fiktiven Berechnung, in der zu berücksichtigen ist, was fiktiv zu zahlen wäre (sogenanntes **Für-Prinzip**).

1543 **Steuererstattungen** erhöhen das Einkommen im Jahr des Anfalles, Steuernachzahlungen mindern es entsprechend.[1671]

1544 **Steuerberaterkosten** sind grundsätzlich nur dann abzugsfähig, wenn die Einschaltung eines Steuerberaters tatsächlich zu einem erhöhten Nettoeinkommen führt.[1672] In einfach gelagerten Fällen ist es aber zumutbar, die Steuererklärung ohne Einschaltung eines Steuerberaters abzugeben.

1545 Zur Reduzierung der tatsächlichen Steuerlast ist zumutbar, die Möglichkeit der **Eintragung von Freibeträgen** auf der Lohnsteuerkarte wahrzunehmen. Wird dies unterlassen, ist eine fiktive Steuerberechnung vorzunehmen.[1673] Freibeträge können insbesondere bei hohen Fahrtkosten eingetragen werden, aber auch bei feststehenden, nicht streitigen Unterhaltsbeträgen.

1665 BGH FamRZ 2006, 683.
1666 BGH FamRZ 2008, 1911; BGH FamRZ 2009, 411; BGH FamRZ 2010, 111.
1667 BGH FamRZ 2007, 793.
1668 BVerfG FamRZ 2011, 437.
1669 Zur Kritik an der Auffassung des BVerfG vgl. Wendl/Dose/*Gerhardt*, § 4 Rn 428.
1670 BGH FamRZ 2007, 793.
1671 BGH FamRZ 1980, 984.
1672 BGH FamRZ 2009, 1207.
1673 BGH FamRZ 1999, 372; BGH FamRZ 2008, 968.

Der **Steuervorteil bei Wiederverheiratung des Pflichtigen** hat allerdings in der neuen Ehe zu verbleiben. In solchen Fällen ist eine fiktive Berechnung entsprechend einer getrennten Veranlagung des Pflichtigen unter Berücksichtigung des Realsplittingvorteils durchzuführen.[1674] 1546

Da die Steuerklasse I mit der Steuerklasse IV identisch ist, hat dies im Ergebnis aber nur Auswirkungen, wenn der **neue Ehegatte entweder kein Einkommen** oder nur ein **geringes Einkommen**, das er nach der Steuerklasse V versteuert mit der Folge, dass der Pflichtige in die Steuerklasse III eingeordnet wird.

Umgekehrt darf bei Berufstätigkeit des neuen Ehepartners der Pflichtige allerdings **nicht für sich die ungünstige Steuerklasse V** statt IV wählen, um sein Einkommen zu reduzieren.[1675] 1547

b) Abzug von Vorsorgeaufwendungen

Bei nicht Selbstständigen sind die **Aufwendungen für Kranken- und Arbeitslosenvorsorge** abzuziehen, ebenso wie **Altersvorsorge**. Nachdem die Vorsorge mit Hilfe der gesetzlichen Rentenversicherung aber nicht unbedingt vor Altersarmut schützen muss, kann nach Rechtsprechung des BGH neben der primären Altersversorgung durch die gesetzliche Rentenversicherung ein Betrag in Höhe von **4 % des Bruttoerwerbseinkommens** zusätzlich für Altersvorsorge verwendet werden. 1548

Die Höhe von 4 % wurde dabei dem Altersvermögensgesetz vom 20.6.2001 entnommen (sogenannte Riester-Rente). Dies gilt auch für Beamte.[1676] Dies gilt nicht, wenn der Betroffene anderweitig für das Alter ausreichend abgesichert ist.[1677] Bei Selbstständigen ist neben der Kranken- und Pflegeversicherung auch eine Altersvorsorge in der **Gesamthöhe von 24 % des Bruttoerwerbseinkommens**, d.h. des Gewinns, zu berücksichtigen.

> *Praxistipp* 1549
>
> In der Praxis wird vielfach eine soziale Absicherung in Höhe der doppelten Beträge der gesetzlichen Versicherungen anerkannt. Die Beträge werden verdoppelt gerechnet, weil der Selbstständige die – hälftigen – Arbeitgeberanteile selbst aufbringen muss.[1678]

Zulässig sind dabei **alle Anlageformen**, also nicht nur berufsständische Altersversorgungen (z.B. Rechtsanwalts- oder Ärzteversorgung), sondern auch Lebensversicherungen oder Tilgung für Immobilien, die Anlage in Wertpapieren, Fonds, Sparguthaben etc.[1679] Dies gilt unabhängig von der Höhe der eigenen Einkünfte, da die Berechtigung besteht, sich entsprechend seinem tatsächlichen einkommen altersmäßig zu versorgen. 1550

c) Berufsbedingte Aufwendungen

Bei **Selbstständigen** sind keine zusätzlichen berufsbedingten Aufwendungen abzuziehen, da **sämtliche Ausgaben bereits als Betriebsausgaben** berücksichtigt sind. Es können daneben keine zusätzlichen berufsbedingten Ausgaben anfallen. Bei Einkommen aus Kapital- bzw. aus Vermietung und Verpachtung sind Werbungskosten abzuziehen (§ 2 Abs. 2 Nr. 2 EStG). 1551

Einkünfte **von Renten bzw. Pensionen** lassen keine berufsbedingten Aufwendungen zu. Ein Abzug erfolgt nicht. 1552

Bei **nicht Selbstständigen** sind berufsbedingte Aufwendungen anzusetzen. In erster Linie werden hier die Fahrtkosten zum Arbeitsplatz berechnet. Allerdings können berufsbedingte Aufwendungen auch Arbeitsmittel oder Fachliteratur sein.[1680] Ebenso stellen Beiträge zu Berufsverbänden, Fortbildungskosten und 1553

1674 BGH FamRZ 2008, 968.
1675 BGH FamRZ 2004, 443.
1676 BGH FamRZ 2009, 1391.
1677 BGH FamRZ 2007, 739.
1678 *Viefhues*, Rn 875.
1679 BGH FamRZ 2009, 1207; BGH FamRZ 2009, 1300.
1680 Vgl. BGH FamRZ 2009, 1391.

eventuell Kosten der doppelten Haushaltsführung, z.B. bei vorübergehender weiter entfernt liegender Arbeitstätigkeit berufsbedingte Aufwendungen dar.

1554 Diese Aufwendungen werden **aus Vereinfachungsgründen pauschaliert** und mit **5 % des Nettoeinkommens** angenommen.[1681]

1555 In den verschiedenen Leitlinien der Oberlandesgerichte werden die Pauschalen nach oben begrenzt, z.B. mit einer Obergrenze von 150 EUR, in einzelnen Fällen auch mit einer Untergrenze von 50 EUR.[1682] Fahrtkosten werden in der Regel mit 0,48 EUR/km angerechnet, bei längeren Strecken ggf. reduziert.[1683]

d) Kinderbetreuungskosten

1556 Kinderbetreuungskosten[1684] können neben berufsbedingten Aufwendungen verlangt werden. Kann der Betroffene frühere Ehegatte nur durch eine kostenverursachende Kinderbetreuung arbeiten, sind die **Kinderbetreuungskosten einkommensmindernd** zu berücksichtigen. Handelt es sich bei dem Bedürftigen um eine überobligatorische Tätigkeit gem. § 1577 Abs. 2 BGB, sind die Kosten im Rahmen des anrechnungsfreien Betrages zu berücksichtigen und stellen keinen zusätzlichen Abzugsposten bei der Bereinigung des Nettoeinkommens dar.

1557 **Kindergartenkosten sind dagegen Mehrbedarf** des Kindes.[1685] Betreuen Eltern der bedürftigen Kindesmutter etwa kostenlos das Kind, ist die Kostenfreiheit nicht dazu gedacht, den Unterhaltspflichtigen zu entlasten. Es muss in diesen Fällen fiktiv eine angemessene Entschädigung eingesetzt werden, etwa in Höhe ersparter Kosten bei Betreuung durch Dritte, Kindergarten oder Hort.[1686]

1558 Werden keine konkreten Betreuungskosten geltend gemacht, kann stattdessen ein **sogenannter Betreuungsbonus** vorweg vom Nettoeinkommen abgezogen werden.[1687] Die Höhe des Bonus richtet sich nach den Umständen des Einzelfalles.[1688] Zu berücksichtigen sind

- das Alter des Kindes,
- die Betreuungsbedürftigkeit,
- die Anzahl der Kinder,
- der Umfang der Arbeitstätigkeit des Elternteils und
- der Umfang der verbleibenden Restbetreuung.

Die Höhe wird etwa zwischen **5 % und 30 % des Nettoeinkommens** des betroffenen Elternteils liegen.[1689]

2. Berücksichtigung von Verbindlichkeiten

1559 Bei der Frage, ob **Verbindlichkeiten** vom verfügbaren Einkommen der Eheleute abzuziehen sind, war früher zu unterscheiden, ob diese **eheprägend** waren oder nicht. **Typisch eheliche Verbindlichkeiten** waren

- **voreheliche Schulden**, die während der Ehe abbezahlt werden mussten;
- **bis zur Trennung begründete eheliche Schulden** (außer leichtfertig eingegangene oder ohne verständlichen Grund begründete einseitige Verbindlichkeiten);

1681 Vgl. aber die einzelnen Unterhaltsleitlinien in Nr. 10.2.
1682 Vgl. OLG Braunschweig, Düsseldorf, Koblenz, Oldenburg.
1683 Vgl. für andere Leitlinien OLG Braunschweig Nr. 10.2 (dort ab 30 km für eine einfache Fahrt).
1684 Vgl. Leitlinien Nr. 10.3.
1685 BGH FamRZ 2009, 962.
1686 OLG Hamm FamRZ 2009, 2093.
1687 BGH FamRZ 1991, 482; BGH FamRZ 2001, 350.
1688 BGH FamRZ 2010, 1050.
1689 So zu Recht Wendl/Dose/*Gerhardt*, § 1 Rn 1060.

- Kredite, die bis zur Trennung zur Deckung von Ausgaben für den Lebensbedarf aufgenommen worden sind (z.B. **Überziehungskredite**);
- durch eine **Umschuldung** ehebedingter Verbindlichkeiten nach der Trennung entstandene Belastungen.

Nach der **neueren Rechtsprechung des BGH**[1690] sind nunmehr auch Verbindlichkeiten zu berücksichtigen, die **nach der Scheidung** entstanden sind.[1691] 1560

Nach dieser Rechtsprechung gibt es folglich **keine Unterscheidung** mehr beim Unterhaltsverpflichteten im Hinblick auf trennungs- oder scheidungsbedingte und eheprägende Verbindlichkeiten. Vielmehr darf nur noch geprüft werden, ob es sich um **berücksichtigungsfähige oder nicht berücksichtigungsfähige** Verbindlichkeiten handelt.

Der geschiedene unterhaltsberechtigte Ehegatte muss nicht jede Verbindlichkeit gegen sich gelten lassen. 1561
Vielmehr muss in jedem **Einzelfall** geprüft werden, ob es sich um eine berücksichtigungsfähige Schuld handelt.[1692]

Zu den berücksichtigungsfähigen Schulden gehören insbesondere Darlehen für die Anschaffung von not- 1562
wendigem **Hausrat**. Insoweit dürfte von Bedeutung sein, ob die Ehegatten vorher ein Hausratsverteilungsverfahren durchgeführt haben.

Ferner sind zu akzeptieren **notwendige Umzugskosten**, die mit Darlehen finanziert wurden oder aber 1563
auch Anschaffungskosten für einen Pkw, wenn dieser aus beruflichen Gründen benötigt wird und der bisher genutzte Pkw ersetzt werden musste.

Begründet wird diese Auffassung zu recht damit, dass die ehelichen Lebensverhältnisse auch dann, wenn die Eheleute verheiratet geblieben wären, einem **steten Wandel** unterzogen wären und bedarfssenkende Umstände von dem berechtigten Ehegatten ebenso zu tragen wären, wenn er noch mit dem Unterhaltsverpflichteten verheiratet wäre.

Daran, dass die Verschuldung **unterhaltsbezogen nicht leichtfertig oder mutwillig eingegangen** sein darf, ist ein strenger Maßstab anzulegen. Es dürfen **keine anderweitigen Mittel vorhanden** sein, die hätten eingesetzt werden können.

> *Hinweis* 1564
>
> Die Schuldentilgung hat nach einem **angemessenen Tilgungsplan** zu erfolgen. Die **zeitliche Dauer** richtet sich nach der **Höhe** der Schuld. Als mittlerer Maßstab kann die Dauer von zehn Jahren angesehen werden.

Nicht berücksichtigungsfähig sind Schulden, die der **Vermögensbildung** dienen. Durch die Trennung 1565
der Eheleute entfällt die (konkludente) Vereinbarung, dass zugunsten der Vermögensbildung auf Konsum verzichtet wird. In derartigen Fällen sind nur die **Zinszahlungen** als die ehelichen Lebensverhältnisse prägende Belastungen, **nicht** jedoch die **Tilgungsleistung** zu berücksichtigen.

> *Hinweis* 1566
>
> Eine **Ausnahme** hiervon gilt für die Zeit zwischen Trennung und Scheidung für den Fall der Verschuldung für das gemeinsam geplante Familienheim. In diesem Fall ist während der Zeit der Trennung eine Verwertung des Anwesens (Verkauf, Vermietung) nach ständiger Rechtsprechung nicht zumutbar, da nach wie vor die Wiederherstellung der Lebensgemeinschaft nicht ausgeschlossen werden kann.[1693] Dasselbe gilt, wenn die Darlehensaufnahme für einen Hausbau (oder Ausbau/Umbau) zwar nur dem Wohnbedarf des Unterhaltspflichtigen diente, eine **Verwertung** des Objekts jedoch **praktisch**

1690 Anders noch BGH FuR 2006, 266: die Unterhaltspflicht musste vorrangig oder gleichrangig sein.
1691 BGH FuR 2007, 277.
1692 BGH FuR 2008, 542.
1693 BGH FamRZ 1989, 1160, 1161; BGH NJW 2000, 284, 286.

unmöglich ist, weil es z.B. mit einem zugunsten der Eltern dinglich gesicherten Wohnrecht (Nießbrauch) belastet ist.[1694]

1567 **Nicht berücksichtigungsfähig** sind weiter einseitig auch in der Ehe eingegangene Kredite **für luxuriöse oder leichtfertige** oder ohne verständlichen Grund eingegangene Zwecke.[1695] Hierunter fallen Kredite für Spielschulden, einseitig betriebene teure Hobbys oder Reisen,[1696] Anschaffung eines zweiten Motorrades,[1697] Spekulationen etc.

Nicht berücksichtigungsfähig sind auch ohne Not aufrecht erhalten gebliebene ehebedingte Verbindlichkeiten.[1698]

Schließlich sind nicht berücksichtigungsfähig **Verfahrenskosten im Rahmen von Trennung und Scheidung**. Diese sind von jedem der Beteiligten in derjenigen Höhe, in der sie auferlegt oder verursacht wurden, z.B. durch anwaltliche Beauftragung, aus den Lebenshaltungskosten selbst zu tragen.

1568 Bei der konkreten Berechnung werden allerdings häufig allerdings vermeidbare **Fehler** gemacht. Verbindlichkeiten, wenn sie denn berücksichtigungsfähig sind, müssen **zunächst vom Einkommen abgezogen** werden, um anschließend eine Unterhaltsberechnung vornehmen zu können.

3. Unterhaltslasten

1569 Unterhaltszahlungen sowohl für alle **minderjährigen Kinder** als auch nach **§ 1603 Abs. 2 S. 2 BGB privilegierten volljährigen Kinder**, unabhängig vom Zeitpunkt der Entstehung des Anspruches, stellen ehebedingte Verbindlichkeiten dar und sind zu berücksichtigende Abzüge.

1570 Dasselbe gilt für **sonstige Unterhaltsberechtigte**, für die bereits während bestehender Ehe Unterhalt geleistet werden musste oder auch ohne Scheidung zu zahlen gewesen wäre. Auch diese Leistungen werden im Rahmen der Bedarfsbemessung nach der Ehegattenquote berücksichtigt.

1571 **Ehegattenunterhalt für eine neue Ehe i**st allerdings im Rahmen der Bedarfsbemessung nicht zu berücksichtigen. Dies folgt daraus, dass die Entstehung von Ehegattenunterhaltsansprüchen hinsichtlich der weiteren Ehe gerade die Scheidung der ersten Ehe voraussetzt.[1699] Daher können die Lebensverhältnisse der geschiedenen Ehe nicht geprägt sein durch den Ehegattenunterhalt aufgrund einer neuen Ehe.

1572 Bei **Konkurrenz zweier Ehegattenunterhalte** miteinander und bei bestehender Gleichrangigkeit ist der Unterhalt der Ehegatten bei der Leistungsfähigkeit im Rahmen des **§ 1581 BGB im Wege der Dreiteilung** zu ermitteln. Ist der zweite Ehegatte nachrangig, wird er auch bei der Leistungsfähigkeit nicht berücksichtigt.[1700]

1573 **Anderes** gilt generell für den Unterhalt bezüglich der nach der Scheidung geborenen minderjährigen Kinder. Diese sind bereits bei der Bedarfsermittlung des Ehegatten als berücksichtigungswürdige Abzugsposten anzusetzen.[1701] Dies gilt im Übrigen auch für nach der Scheidung adoptierte Kinder.[1702]

Damit steht der Unterhalt minderjähriger Kinder und privilegierter volljähriger Kinder bereits für die Bedarfsermittlung des Ehegattenunterhalts **generell nicht** zur Verfügung.

1574 Die **abweichende Auffassung**, nach der Scheidung gezeugte bzw. geborene Kinder könnten die vorangegangene Ehe nicht geprägt haben, überzeugt nicht. Es kann nicht davon ausgegangen werden, dass ohne

1694 BHG FamRZ 1984, 358 ff., 360.
1695 BGH FamRZ 1996, 160.
1696 Vgl. insgesamt *Gerhardt*, FamRZ 2007, 945.
1697 OLG Düsseldorf FamRZ 2007, 1039.
1698 Vgl. den Fall BGH FamRZ 1983, 670, 673.
1699 BVerfG FamRZ 2011, 437.
1700 BGH NJW 2012, 384.
1701 BGH FamRZ 2008, 968.
1702 BGH FamRZ 2009, 23.

Scheidung solche Kinder nicht gezeugt worden wären. Entscheidend ist, dass der Unterhalt für solche Kinder als neue unterhaltsrechtlich nicht leichtfertig entstandene Verbindlichkeit auch ohne Scheidung zu leisten wäre, unabhängig davon, ob es sich um ein nicht eheliches Kind oder während weiterer Ehe geborenes Kind handelt.[1703]

4. Vermögensbildung und Altersvorsorge

a) Gemeinsame Vermögensbildung der Eheleute

Eine **gemeinsame Vermögensbildung** der Eheleute und die darauf zu leistenden Zahlungen sind als **berücksichtigungswürdige Abzugsposten** bei demjenigen Ehegatten, der sie aufbringt, zu berücksichtigen. **1575**

Bei einer gemeinsamen Vermögensbildung, die vor der Trennung begonnen bzw. gebildet wurde, beruht die Vermögensbildung auf dem **gemeinsamen Willen der Eheleute** und kommt beiden Beteiligten zugute. Dies gilt auch über den Scheidungstermin hinaus bis zur Vermögensauseinandersetzung. **1576**

Wird der Wertgegenstand, z.B. eine ursprünglich gemeinsame Immobilie, durch vertragliche Vereinbarung auf einen Ehegatten übertragen, wird **aus der gemeinsamen Vermögensbildung einseitige Vermögensbildung**.[1704] **1577**

b) Einseitige Vermögensbildung

Einseitige Vermögensbildung darf der Verpflichtete dagegen nicht betreiben, jedenfalls nicht auf Kosten des Unterhaltsbedürftigen.[1705] Dieselben Grundsätze gelten für den Bedürftigen.[1706] **1578**

Vermögensbildende Aufwendungen, die nur einem der Beteiligten zugutekommen, sind daher bei der Bedarfsermittlung keine berücksichtigungswürdigen Verbindlichkeiten. Dies gilt ab **Rechtshängigkeit des Scheidungsverfahrens** als Stichtag für den Zugewinn. Für den Fall der Vereinbarung der **Gütertrennung** ab dem Zeitpunkt der Trennung bzw. bei einer in der Trennungszeit vereinbarten Gütertrennung von diesem Zeitpunkt an. **1579**

Werden **bereits in der Ehe** einseitige vermögensbildende Aufwendungen getätigt, ist zu fragen, ob dies nicht beachtlich ist, da dieser Teil des Einkommens für die Lebensführung nicht zur Verfügung stand.[1707] **1580**

Dem gegenüber ist allerdings nach ständiger Rechtsprechung des BGH zu Recht zu beachten, dass durch einen niedrigeren Unterhalt der Berechtigte die **Vermögensbildung des Pflichtigen mitfinanziert**. **1581**

Bei einer **einseitigen Vermögensbildung** kann deshalb nur darauf abgestellt werden, wie lange ggf. der andere Beteiligte nach der Trennung daran partizipiert.[1708] Eine einseitige vermögensbildende Aufwendung ist für die Bedarfsermittlung nicht berücksichtigungswürdig. Dem Bedürftigen ist nach der Scheidung nicht zuzumuten, sich zur Mitfinanzierung einer einseitigen Vermögensbildung des Pflichtigen einzuschränken. Grundsätzlich geht Unterhalt der Vermögensbildung vor.[1709] **1582**

Von dem Zeitpunkt an, ab dem der andere Beteiligte nicht mehr beim gesetzlichen Güterstand über den Zugewinnausgleich an dieser Vermögensbildung Teil hat oder durch notariell vereinbarte Gütertrennung an der Vermögensbildung nicht mehr partizipiert, muss der bedürftige Ehepartner es nicht hinnehmen, dass die **einseitige Vermögensbildung des Pflichtigen durch einen gekürzten Unterhalt** mitfinanziert wird. **1583**

1703 Vgl. Wendl/Dose/*Gerhardt*, § 1 Rn 1122; *Gutdeutsch*, FamRZ 2011, 523; a.A. *Maurer*, FamRZ 2011, 849; *Götz/Brudermüller*, NJW 2011, 801.
1704 BGH FamRZ 2008, 963.
1705 BGH FamRZ 2009, 23.
1706 BGH FamRZ 1991, 1163, 1165.
1707 So BGH FamRZ 1987, 36, 39; vgl. auch BGH FamRZ 1984, 149.
1708 BGH FamRZ 2008, 963.
1709 So auch BGH FamRZ 1992, 423.

Nach dem Zeitpunkt der Gütertrennung bzw. der Beendigung des Zugewinnausgleichs kann es zu einer Doppelverwertung beim Unterhalt und Zugewinn durch Berücksichtigung der Tilgung beim Zugewinn nicht mehr kommen.[1710]

c) Altersvorsorge

1584 Von solcher Vermögensbildung sind die **Aufwendungen für die Altersversorgung** abzugrenzen.

Eine Ausnahme hinsichtlich der Vermögensbildung besteht, wenn es sich um eine zulässige Altersvorsorge im Rahmen der Gesamtversorgung von **24 % des Bruttoeinkommens** handelt.[1711]

1585 Ebenso ist bei **besonders gehobenen Einkünften** eine andere Bewertung erforderlich. Wenn die vermögensbildenden Aufwendungen nicht oder nicht in voller Höhe für die Lebensführung benötigt werden, also eine konkrete Bedarfsbemessung dazu führt, dass die Vermögensbildung unangetastet bleibt, spielt sie für die Berechnung keine Rolle. Müssen bei einer konkreten Bedarfsberechnung **Teile** der vermögensbildenden Aufwendungen verwendet werden, ist dies dem Pflichtigen zuzumuten.[1712]

IV. Halbteilungsgrundsatz und Mindestbedarf der Ehegatten

1. Halbteilungsgrundsatz

1586 Bei der Bedarfsbemessung steht **jedem Ehegatten die Hälfte** des verteilungsfähigen Einkommens zu. Dies folgt aus dem **Grundsatz gleicher Teilnahme** der Ehegatten am ehelichen Lebensstandard.[1713]

1587 Das BVerfG hat den Grundsatz hälftiger Teilung des zur Verfügung stehenden Einkommens zwischen Eheleute daraus geschlossen, dass grundsätzlich die von beiden Ehegatten in der Ehe **erbrachten Leistungen gleichwertig** sind.[1714]

Erzielt der Unterhaltsbedürftige nach Trennung bzw. Scheidung Einkommen, wird dies als Surrogat seiner Haushaltstätigkeit in der Ehe angesetzt. Damit wird der Grundsatz der Halbteilung konkretisiert, weil diese Erwerbstätigkeit des anderen Ehegatten der gleichwertigen Familienarbeit in der Ehe entspricht und diese in gleicher Weise prägt und wirtschaftlich verbessert.[1715]

1588 Der Selbstbehalt in Form eines **Ehegattenmindestselbstbehaltes**[1716] widerspricht dem Halbteilungsgrundsatz nicht, da der Selbstbehalt nur die Untergrenze der Leistungsfähigkeit darstellt. Alle berücksichtigungswürdigen Verbindlichkeiten nach Trennung und Scheidung sind bereits in der Bedarfsermittlung berücksichtigt.

Dem Pflichtigen verbleibt die Hälfte des gemeinsamen Einkommens als eheangemessener Selbstbehalt.[1717] In seiner Existenz ist der Pflichtige durch den Selbstbehalt, der ihm mindestens verbleiben muss, ausreichend geschützt.[1718]

1589 **Umgekehrt** folgt aus dem Halbteilungsgrundsatz, dass dem **Berechtigten kein höherer Unterhalt** als die Hälfte des verteilungsfähigen Einkommens zugesprochen werden darf.[1719] Der Bedarf wird dabei

1710 *Gerhardt*, FamRZ 2007, 945.
1711 BGH FamRZ 2007, 879; BGH FamRZ 2008, 963.
1712 BGH FamRZ 2010, 1637.
1713 BGH FamRZ 1999, 372; BGH FamRZ 2009, 411; BGH FamRZ 2010, 111.
1714 BVerfG FamRZ 2002, 527; BVerfG FamRZ 2011, 437.
1715 BGH FamRZ 2001, 986, 991.
1716 Vgl. BGH FamRZ 2006, 683.
1717 BGH FamRZ 2008, 1911.
1718 BGH FamRZ 2010, 111.
1719 BGH FamRZ 2006, 683.

von der tatsächlichen Einkommenssituation der Ehegatten während der Ehe geprägt.[1720] Fiktive Einkünfte können deshalb die ehelichen Verhältnisse niemals prägen.[1721]

Zu verteilen ist das **tatsächliche, zur Deckung des Lebensbedarfs vorhandene Einkommen**. Es muss daher zuvor **„bereinigt“**[1722] werden, d.h. um Steuern, Vorsorgeaufwendungen, berufsbedingte Aufwendungen, Kinderbetreuungskosten, Schulden und Kindesunterhalt, im Einzelfall auch um Mehrbedarf und Ausgaben zur gemeinsamen Vermögensbildung gekürzt werden. **1590**

Bei Erwerbseinkünften ist weiter vorab vom bereinigten Nettoeinkommen bei der Quotierung des Unterhalts der **Erwerbstätigenbonus** abzuziehen.[1723] **1591**

2. Mindestbedarf

Bis zum Urteil des **BGH vom 17.2.2010**[1724] gab es einen sogenannten **Mindestbedarf** nicht. Bis zu diesem Zeitpunkt war ständige Rechtsprechung, dass auch bei niedrigen Einkünften der eheangemessene Bedarf nicht nach generellen Mindestsätzen gemessen werden kann. Der Lebensstandard sei **grundsätzlich individuell angelegt** und könne wirtschaftlich auch unter dem Niveau von Tabellenwerten liegen.[1725] **1592**

Die Höhe des sodann eingeführten Mindestbedarfs hat der BGH mit dem **Existenzminimum eines Erwachsenen nach der Grundsicherung (§§ 8 ff. SGB XII)** zu bemessen, entsprechend der garantierten Sozialleistung der staatlichen Gemeinschaft. Der Mindestbedarf beläuft sich auf derzeit 1.120 EUR und entspricht dem notwendigen Selbstbehalt des nicht Erwerbstätigen.[1726] **1593**

Auf die Erwerbstätigkeit des Bedürftigen kommt es dabei nicht an, da ein Arbeitsanreiz bei einem Mindestbedarf nicht anzusetzen ist und der Bedürftige ohnehin gehalten ist, im Rahmen seiner Möglichkeit seinen Bedarf sicherzustellen.[1727]

Der Mindestbedarf des Bedürftigen **vereinfacht** in vielen Fällen die Unterhaltsberechnung, da der Mindestbedarf ohne Nachweis verlangt werden kann und es Sache des Pflichtigen ist, darzulegen und zu beweisen, ob er in dieser Höhe leistungsfähig ist. **1594**

Einen **Mindestbedarf hinsichtlich des Unterhaltspflichtigen** gibt es nicht.[1728] Beim Mindestbedarf des Bedürftigen geht es um die Sicherung seines Existenzminimums. Die **Eigenbedarfssätze**, also der Mindestehegattenbedarf[1729] beinhaltet die Beträge, bis zu denen ein an sich höherer Bedarf durch nachrangige Unterhaltslasten reduziert werden kann. Auch nachrangige Unterhaltslasten sind ja beim Bedarf des Vorrangigen zu berücksichtigen, solange beim Vorrangigen einschließlich Eigeneinkommens kein Missverhältnis zum verbleibenden Bedarf eintritt.[1730] **1595**

Der **Eigenbedarf** beträgt der Höhe nach den jeweiligen Selbstbehalt des Pflichtigen. Beim Zusammenleben des Bedürftigen mit dem Pflichtigen ist eine Ersparnis von 20 % zu berücksichtigen.[1731] **1596**

1720 BGH FamRZ 1997, 281, 283.
1721 BGH FamRZ 1997, 281, 283.
1722 BGH FamRZ 1999, 367, 370.
1723 BGH FamRZ 1999, 806.
1724 BGH FamRZ 2010, 629.
1725 So z.B. BGH FamRZ 2007, 1303; vgl. auch BGH FamRZ 2006, 683.
1726 Vgl. DT Anm. B. IV 2; Leitlinie Nr. 15.1, Stand 1.1.2023.
1727 BGH FamRZ 2010, 357.
1728 Vgl. BGH FamRZ 2010, 629.
1729 Vgl. Leitlinien Nr. 22.1, 23.1.
1730 BGH FamRZ 2009, 762.
1731 Vgl. Leitlinien Nr. 22, 23.

V. Sättigungsgrenze und konkrete Bedarfsberechnung

1. Sättigungsgrenze

1597 Für die Bedarfsbemessung des Ehegattenunterhaltes, sowohl des Trennungsunterhaltes als auch des nachehelichen Unterhaltes gibt es **keine Obergrenze/Sättigungsgrenze**.[1732]

Begrenzt wird ein solcher Bedarf bei sehr gehobenen Einkünften allerdings davon, was man unter Berücksichtigung hoher Ansprüche für einen **billigenswerten Lebensbedarf sinnvoll ausgeben** kann. Die Grenze liegt darin, dass Unterhalt nur zur Befriedigung des laufenden Lebensbedarfs verwendet werden darf, sich **nicht** jedoch der **zusätzlichen Finanzierung** einer Vermögensbildung öffnen darf.[1733]

1598 Bei hohen Einkünften von Eheleuten ist regelmäßig davon auszugehen, dass **nicht alle Mittel für die Kosten der Lebensführung** verwendet werden, sondern ein Teil in die Vermögensbildung fließt.[1734] Dabei müssen sich die Einkünfte allerdings außerhalb eines sogenannten Normalbereichs halten.[1735] Ebenso wenig ist die Vermögensbildung bei eingeschränkten Einkommensverhältnissen anzunehmen.[1736]

1599 Ab wann **gehobene Einkommensverhältnisse** beginnen, in denen zu prüfen ist, ob das Einkommen tatsächlich durch Konsumverhalten aufgezehrt worden ist, wird in der Rechtsprechung nicht einheitlich beantwortet.

1600 Bei gehobenen wirtschaftlichen Verhältnissen bestehen aber **Korrekturmöglichkeiten** dahingehend, dass der Unterhaltsbedarf losgelöst vom tatsächlichen Einkommen konkret bemessen wird.

Der **Halbteilungsgrundsatz** ist bei der konkreten Bedarfsberechnung allerdings zu beachten. Bei einem während des Zusammenlebens verfügbaren Einkommen von ca. 5.500 EUR entspricht ein konkret mit 3.960 EUR bezifferter Bedarf nicht den ehelichen Lebensverhältnissen. Mangels einer plausiblen Darlegung verbleibt es bei einem Elementarbedarf von 2.200 EUR.[1737]

2. Konkrete Bedarfsberechnung

1601 Bei außergewöhnlich guten Einkommensverhältnissen bedarf es jedoch einer **konkreten Bemessung** des eheangemessenen Unterhalts.

1602 Von einer bestimmten Einkommenshöhe an ist die Wahrscheinlichkeit gegeben, dass die Eheleute das zur Verfügung stehende Einkommen nicht vollständig dem Konsum widmen, sondern Vermögensbildung betreiben.[1738]

1603 Da die Höhe des dem Konsum zugeführten Einkommens individuell sehr unterschiedlich sein kann, ist **ab einer bestimmten Größenordnung eine konkrete Bedarfsberechnung**, orientiert an den ehelichen Lebensverhältnissen, durchzuführen. Der Unterhaltsberechtigte muss seinen Bedarf im Einzelnen darlegen.[1739] **Unterschiedliche Auffassungen** bestehen in der Rechtsprechung und in der Orientierung der unterhaltsrechtlichen Leitlinien der Oberlandesgerichte darüber, **ab wann eine konkrete Bedarfsberechnung** vorgenommen werden sollte.

1732 BGH FamRZ 2010, 1637.
1733 BGH FamRZ 2007, 1532.
1734 BGH FamRZ 2007, 1532.
1735 Vgl. BGH FamRZ 1983, 150.
1736 BGH FamRZ 2005, 97.
1737 OLG Düsseldorf NJW 2012, 3382.
1738 OLG Zweibrücken FamRZ 2008, 1655.
1739 OLG Zweibrücken FamRZ 2014, 216.

Praxishinweis

Der BGH orientiert sich dazu an der jeweils gültigen Düsseldorfer Tabelle.[1740] Der jeweils geltende Höchstbetrag, früher 5.500 EUR, stellte nach einer **früheren Entscheidung des BGH** von 2010 mit seinem **hälftigen Anteil,** abzüglich 10 % Erwerbspauschale, mithin 2.475 EUR, die Grenze zur konkreten Bedarfsberechnung dar.[1741] Dies gilt heute nicht mehr!

Der **BGH** hat es in einer Entscheidung aus dem Jahr 2017[1742] gebilligt, eine konkrete Bemessung des Un- **1604**
terhaltsbedarfs erst dann zu verlangen, wenn dieser den Bedarf der Eheleute auf der Grundlage des Einkommens nach der höchsten Stufe der Düsseldorfer Tabelle **um das Doppelte übersteigt**. Dies ist immer dann der Fall, wenn der **Gesamtbedarf des Berechtigten den Betrag von derzeit 4.950 EUR (45 % von 11.000 EUR) übersteigt**.[1743]

Dies ist von den Leitlinien der einzelnen Oberlandesgerichte übernommen worden. So hatte das OLG Frankfurt/M. noch in den Leitlinien vom 1.1.2020 festgestellt:

> *Ein eheangemessener Unterhaltsbedarf (Elementarunterhalt) kann bis zu einem Gesamtbedarf von 4.000 EUR als Quotenunterhalt geltend gemacht werden. Ein darüberhinausgehender Bedarf auf Elementarunterhalt muss konkret dargelegt werden; eigenes Einkommen des bedürftigen Ehegatten ist hierauf ohne Abzug eines Erwerbstätigenbonus (BGH v. 10.11.2010 – XII ZR 197/08 = FamRZ 2011, 192, Tz. 24) anzurechnen. Obergrenze ist jedoch auch insoweit die unter Beachtung des Halbteilungsgrundsatzes zu errechnende Unterhaltsquote unter Berücksichtigung eines Erwerbstätigenbonus, wenn der Pflichtige sich unter Offenlegung seiner Einkommensverhältnisse darauf beruft. Die konkrete Darlegung des Bedarfs kann vom Berechtigten und Verpflichteten dadurch geschehen, dass die Höhe des zur Verfügung stehenden Gesamteinkommens sowie die hiervon betriebenen Aufwendungen zur Vermögensbildung dargelegt werden.*

Sodann hat das auch das OLG Frankfurt/M. im Hinblick auf die Rechtsprechung des BGH in seinen Leitlinien die quotale Berechnung bis zum Betrag von 4.950 EUR (45 % von 11.000 EUR zugelassen.[1744]

Das OLG Köln nimmt in seinen Leitlinien einen Beispielsfall an wie folgt:

> *Macht der Unterhaltsberechtigte – vor Abzug seines eigenen Einkommens – einen Elementarbedarf von über 5.500 EUR geltend, so hat er seinen Bedarf konkret darzulegen (vgl. BGH, Beschl. v. 15.11.2017 – XII ZB 503/16, FamRZ 2018, 260). Er kann seinen Bedarf konkret dadurch berechnen, dass er diejenigen Positionen benennt, die während des ehelichen Zusammenlebens nicht für die allgemeine Lebensführung verwendet wurden (z.B. Sparrate, anderweitige Vermögensbildung) und den sich daraus ergebenden Quotenunterhalt geltend machen. Alternativ kann er auch die nach den ehelichen Lebensverhältnissen maßgeblichen Bedarfspositionen im Einzelnen darlegen. Die Höhe des Elementarunterhalts wird dabei durch den Quotenunterhalt gemäß Nr. 15.2 begrenzt. Beispiel: M erzielt ein unterhaltsrechtlich bereinigtes Monatsnettoeinkommen von 20.000 EUR. F macht Trennungsunterhalt geltend. Sie reklamiert für sich einen Bedarf von 6.000 EUR. Diesen Bedarf kann sie wie folgt darlegen: Alternative 1: Unterhaltsleitlinien des Oberlandesgericht Köln Stand. 1.1.2020 – 14 – F legt dar, dass während der Ehe von den 20.000 EUR monatlich 6.000 EUR gespart*

1740 BGH FamRZ 2010, 1637.

1741 OLG Hamm FamRZ 2005, 719; OLG Brandenburg NZFam 2014, 140; Kleffmann/Soyka/*Kleffmann*, Kap. 4 Rn 69; so auch die Leitlinien Nr. 15. 3 z.B. OLG Hamm, OLG Oldenburg; OLG Celle: Bei sehr guten Einkommensverhältnissen des Pflichtigen kommt eine konkrete Bedarfsberechnung in Betracht.

1742 BGH FamRZ 2018, 262 unter teilweiser Aufgabe des Senatsbeschlusses vom 11.8.2010, FamRZ 2010, 1637.

1743 Vgl. *Born*, NJW 2019, 3555.

1744 Vgl. Leitlinien des OLG Frankfurt/M. Stand 1.1.2023.

wurden und der Rest von 14.000 EUR für die allgemeine Lebensführung verwendet worden ist. Konkrete Bedarfsberechnung: (20.000 EUR – 6.000 EUR) x 3/7 = 6.000 EUR Alternative 2: F legt die einzelnen Positionen ihres Elementarbedarfs dar, z.B. für – Wohnen 2.000 EUR – Lebensmittel 1.000 EUR – Friseur 100 EUR – Autokosten 400 EUR – Urlaub 1.000 EUR – Kosmetik 100 EUR – Kleidung 800 EUR – Restaurantbesuche 200 EUR – Kommunikation (Handy, Zeitung) 200 EUR – Golf 200 EUR Gesamt 6.000 EUR Unterhaltsbegrenzung: 20.000 EUR x 3/7 = 8.572 EUR. Die geforderten 6.000 EUR liegen unter diesem Grenzbetrag.

Dieses Beispiel hat das OLG Köln in seinen Leitlinien vom 1.1.2023 in der Berechnung von einem Erwerbsbonus von 1/7tel zu einem Erwerbsbonus von 10 % verändert, so dass im Ergebnis des Beispielfalls das Ergebnis der Betrag von 6.300 EUR ist.

In einigen Leitlinien der Oberlandesgerichte[1745] heißt es dagegen allgemein:

Bei sehr guten Einkommensverhältnissen des Pflichtigen kommt eine konkrete Bedarfsberechnung in Betracht.

1605 Eine Grenzziehung zum Höchstbetrag im Rahmen der Düsseldorfer Tabelle erscheint grundsätzlich richtig, zumal **auch beim Kindesunterhalt** oberhalb dieser Grenze keine automatische Fortschreibung des Bedarfs des Kindes erfolgt.[1746]

1606 *Hinweis*

Beachte zur Anrechnung der **Einkünfte des Unterhaltsberechtigten** bei konkreter Bedarfsberechnung: Die Anrechnung erfolgt unabhängig davon, ob es sich um eheprägende Einkünfte handelt oder nicht.[1747]

1607 Sie ist erforderlich, weil **über die konkrete Bedarfsberechnung der gesamte Lebensbedarf des Unterhaltsberechtigten** abgedeckt ist. Unterhalt darf seiner Zweckbestimmung nach **nicht zur Vermögensbildung** verwandt werden. Jeder dem Unterhaltsberechtigten zusätzlich verbleibende Betrag würde aber der Vermögensbildung dienen, da die Lebenshaltungskosten bereits vollständig erfasst sind.[1748]

1608 Bei einer solchen Bedarfsbemessung sind alle zur Aufrechterhaltung des bisherigen Lebensstandards benötigten **Lebenshaltungskosten konkret zu ermitteln.**[1749] Dazu zählen u.a. die Aufwendungen für das

- Haushaltsgeld,
- Wohnen,
- Kleidung,
- Geschenke,
- Putzhilfe,
- Reisen,
- Urlaub,
- sportliche Aktivitäten,
- kulturelle Bedürfnisse,
- Pkw-Nutzung,
- Vorsorgeaufwendungen,
- Versicherungen und
- sonstige notwendige Lebenshaltungskosten.[1750]

1745 Vgl. Leitlinien OLGe Bremen, Hamburg, Naumburg, Rostock sowie Süddeutsche Leitlinien.
1746 So zu Recht *Born*, FamRZ 2013, 1613, 1617.
1747 OLG Frankfurt NJW-RR 2000, 369.
1748 Vgl. BGH FamRZ 2010, 1637.
1749 Dazu ausf. *Büte*, FK 2003, 104.
1750 Vgl. BGH FamRZ 1990, 280; OLG Hamm FamRZ 1999, 723.

Born hat zur Bestimmung konkreter Aufwendungen eine sehr ausführliche **Checkliste** wie folgt vorgeschlagen:[1751] **1609**

I. **Essen und Trinken**
1. Wöchentlicher Einkauf (Supermarkt)
2. Restaurant, auswärtiges Essen
3. Besonderer Mehrbedarf, z.B. Diät

II. **Kleidung**
4. Anschaffung und Reinigung von Oberbekleidung
5. Unterwäsche
6. Schuhe
7. Mode
8. Schmuck

III. **Körperpflege**
9. Friseur
10. Kosmetik (Produkte, Studio)
11. Parfüm

IV. **Haushalt und Wohnen**
12. Anschaffungen für Hausrat
13. Zeitung
14. Müllabfuhr
15. Porto
16. Telefon, Handy, PC
17. TV und Radio (GEZ)
18. Garage
19. Miete und Nebenkosten (Heizung, Strom, Versicherung pp)
20. Haustiere (Futter, Tierarzt, Versicherung)
21. Instandhaltung, Reparaturaufwendungen
22. Gärtner, Haushaltshilfe, Kindermädchen

V. **Kultur und soziales Leben**
23. Theater/Oper
24. Kino
25. Museum
26. Bücher und Zeitschriften
27. Kosten für Einladungen und Geschenke

VI. **Sport und Freizeit**
28. Mitgliedsbeiträge
29. Trainerstunden
30. Sportbekleidung (Anschaffung und Ersatz)
31. Materialverbrauch
32. Besondere Kosten (z.B. Turnier- und Meldegebühren)

VII. **Urlaub**
33. Reisekosten
34. Kosten der Unterkunft
35. Zusatzausgaben vor Ort
36. Club-Gebühren
37. Städte- und Kulturreisen

1751 *Born*, FamRZ 2013, 1613, 1618.

VIII. **Kraftfahrzeug**
38. Steuer und Versicherung
39. Reparaturen und Inspektionen
40. Benzin
41. Rücklage für Neuanschaffung
42. Leasing-Rate
43. Mitgliedsbeitrag (z.B. ADAC)
IX. **Versicherungen**
44. Krankenkasse (Mitgliedsbeitrag)
45. Krankenkasse (Selbstbeteiligung)
46. Krankenzusatzversicherung
47. Lebensversicherung
48. Unfallversicherung
49. Rechtsschutzversicherung
50. Haftpflichtversicherung (soweit nicht für Kfz)
X. **Sonstiges**
51. Persönliche Weiterbildung
52. Vorsorgeaufwendungen Alter
53. Steuerberater
54. Bankgebühren
55. Beiträge zu Vereinigungen, Spenden

1610 Ein **Rückschluss von den Gesamtausgaben** für die Familie während des ehelichen Zusammenlebens auf den konkreten Bedarf der Ehefrau ist nur begrenzt auf allgemeine Ausgabenpositionen möglich (z.B. Pos. I. Essen und Trinken). Im Übrigen ist **individuell auf die Bedürfnisse** des Unterhaltsgläubigers bezogen darzulegen und exemplarisch nachzuweisen, in welcher Höhe Ausgaben vorhanden sind. Bei Frauen werden beispielsweise – erfahrungsgemäß – die Ausgaben für **Friseur, Mode, Kosmetik und Schmuck** höher sein als üblicherweise bei Männern.

1611 **Schönheitsoperationen** gehören allerdings nicht zu den anerkennenswerten Ausgabepositionen. Sie stellen **Sonderbedarf** dar, der im Einzelfall geltend zu machen ist. Der **BGH**[1752] hat hierzu erklärt, dass es zwar denkbar erscheine, dass Operationen aufgrund altersbedingter Erscheinungen notwendig werden könnten. Es lasse sich aber keine feste Zeitspanne zur Wiederholung bestimmter Maßnahmen festlegen. Daher komme eine Pauschalierung nicht in Betracht.

1612 Grundsätzlich wird man aber **nicht** davon ausgehen dürfen, dass Schönheits-Operationen – auch bei gehobenen wirtschaftlichen Verhältnissen – zu einem **berücksichtigungswürdigen Standard** gehören. Im Gegenteil wäre es häufig sinnvoll, Menschen vor solchen Operationen zu bewahren, indem die Finanzierung abgelehnt wird. Gibt es **billigenswerten Korrekturbedarf am Erscheinungsbild**, kann eine Operation berücksichtigungswürdigen Sonderbedarf darstellen.[1753]

1613 Im Übrigen müssten solche besonderen Ausgaben **„in der Ehe angelegt“**[1754] sein. Ein Alterungsprozess ist jedoch nicht in der Ehe, sondern bereits in der **menschlichen Existenz**[1755] angelegt. Als laufende Ausgabenposition scheiden Schönheits-Operationen aus.

1752 BGH FamRZ 2012, 517 mit Anm. *Born*.
1753 BGH FamRZ 2012, 517.
1754 BVerfG FamRZ 2011, 437; BGH FamRZ 2012, 281.
1755 So zu Recht *Born*, FamRZ 2013, 1613, 1619.

Beispiel für eine konkrete Unterhaltsberechnung in vereinfachter Form: 1614

Art		Euro	Bemerkung
Wohnbedarf		800	
Strom	65		
Gas/Heizung	125		
Abfall	25		
Abwasser	60		
Wasser	15		
GEZ	15		
Telekom	40		
Kabel	15	360	
Allg. Lebensbedarf		1.200	
Zeitung/Bücher		100	
Handy		50	
Sport		100	
Friseur/Kosmetik		200	
Bekleidung		1.200	
Urlaub		500	
Kultur/Theater		100	
Restaurant/Einladungen		150	
Kfz		500	Golf lt. ADAC-Tabelle
Tanken		120	
Putzhilfe (seit 1996)		100	
Gärtner (seit 1998)		60	
Fensterputzer (40 Fenster)		40	
Haus-/Gebäudevers.		14,73	
Hausratversicherung		17,73	
Haftpflichtversicherung		6,77	
Lebensversicherung/Iduna[1756]	39,47		
Lebensversicherung/DEVK	26,59		
Lebensversicherung/DBV[1757]	53,53	119,59	
Summe		5.738,82 EUR	

Hinweis 1615

Nach Summierung der Einzelbedürfnisse muss bei konkreter Unterhaltsberechnung festgestellt werden, ob das Gesamtergebnis aus objektiver Sicht noch **angemessen** erscheint.

1756 Die Altersvorsorge ist nicht begrenzt auf den Höchstbetrag in der gesetzlichen Rentenversicherung (+ 4 % nach BGH (FamRZ 2005, 1871)), vgl. OLG Bamberg FamRZ 1999, 513.

1757 Ggf. zusätzlich Krankenvorsorgebedarf nach dem konkreten Versicherungsbedarf.

1616 Der Unterhaltsgläubiger ist allerdings **nicht zum exakten Nachweis** sämtlicher Ausgaben und ihrer konkreten Höhe verpflichtet. Ausreichend ist eine

> *exemplarische Schilderung der in den einzelnen Lebensbereichen anfallenden Kosten, die so genau ist, dass sie eine Schätzung des Bedarfs ermöglicht.*[1758]

Bei **sehr guten Einkommensverhältnissen** und entsprechend hohen Lebenshaltungskosten kann der Bedarf (nicht das Einkommen des Pflichtigen!) auch über 10.000 EUR liegen.[1759]

1617 Nach einer Entscheidung des **OLG Hamm ist aber auch der umgekehrte Weg** möglich: Die konkrete Darlegung des Unterhaltsbedarfs nach den ehelichen Lebensverhältnissen durch den Unterhaltsgläubiger, die nach der Rechtsprechung des Senats bei einem bereinigten Nettoeinkommen von mehr als 4.800 EUR monatlich erforderlich ist, kann nicht nur durch die Darlegung der für den ehelichen Lebensstandard maßgeblichen Positionen geschehen, sondern auch dadurch, dass **die Höhe des zur Verfügung stehenden Gesamteinkommens sowie die hiervon betriebenen Aufwendungen zur Vermögensbildung dargelegt** werden.[1760]

1618 Dabei hat allerdings eine **Kontrolle nach objektiven Maßstäben** zu erfolgen. Nur solche Lebensbedürfnisse sind dem eheangemessenen Bedarf zuzurechnen, die unter Berücksichtigung der Dauer der Ehe, der Kindererziehung oder sonstiger ehebedingter Nachteile und der wirtschaftlichen Verhältnisse gerechtfertigt erscheinen und **nicht der angemessenen Vermögensbildung** oder dem bloßen **Luxus** zuzuordnen sind.[1761]

1619 Das bedeutet, dass eine nach den Einkommensverhältnissen aus der Sicht eines vernünftigen Betrachters „zu dürftige Lebensführung" ebenso außer Betracht bleiben soll wie ein „übertriebener Aufwand".

1620 Die **Unterhaltsbegrenzung** setzt demnach dort ein, wo die Zahlung nicht mehr zur Deckung des objektiv erforderlichen Bedarfs eines Unterhaltsberechtigten in ähnlichen wirtschaftlichen Verhältnissen dienen würde.[1762]

1621 Kosten beispielsweise **künftiger kosmetischer Operationen** sind als **Sonderbedarf** anzusehen, welche für jeden Einzelfall gesondert geltend zu machen sind.[1763] Für die Notwendigkeit bestimmter Maßnahmen lässt sich keine feste Zeitspanne festlegen, so dass eine Pauschalierung nicht in Betracht kommt.

1622 Entsprechendes gilt für einen **trennungsbedingten Mehrbedarf**, der als Teil des laufenden Bedarfs konkret zu beziffern ist.[1764]

Der **BGH** erklärt hierzu, dass sich der **objektive Maßstab** für die Beurteilung der Angemessenheit der einzelnen Bedarfspositionen nicht nach der tatsächlichen Lebensführung richtet, sondern ausschließlich danach, ob dieser **Lebensstandard im Hinblick auf die Einkommensverhältnisse** der Eheleute angemessen ist.[1765]

1623 In diesem Zusammenhang weist *Born*[1766] zu Recht darauf hin, dass die Rechtsprechung in diesem Bereich ein „buntes Bild" abgibt. Einerseits wurden Jagdschloss und eigene Pferdehaltung ebenso wie Helikopter-

1758 OLG Hamm FamRZ 2005, 718 f., 719.

1759 Vgl. z.B. OLG Hamm FamRZ 1999, 723: 15.000 DM bei Einkommen des Mannes von mindestens 70.000 DM; OLG Frankfurt FamRZ 1997, 353: 11.500 DM.

1760 BGH FamRZ 2006, 44.

1761 BGH, Urt. v. 4.7.2007 – XII ZR 141/05; OLG Köln FamRZ 1998, 1170: Grundsätzlich verneinend für den eheprägenden Charakter der Kosten für eine Oldtimer-Rallye.

1762 OLG Hamm FamRZ 1999, 723, 724; OLG Karlsruhe FuR 2000, 343, 344: Der Unterhaltsverpflichtete ist auch bei konkreter Unterhaltsbestimmung nicht verpflichtet, jeden Luxus zu finanzieren; vgl. auch BGH FamRZ 2000, 954, 956 (Kindesunterhalt): Keine Teilhabe am Luxus.

1763 BGH FamRZ 2012, 514, 517 mit Anm. *Born*.

1764 BGH FamRZ 2012, 514.

1765 BGH FamRZ 1982, 151; 1985, 582.

1766 FamRZ 2013, 1613, 1617.

Skiiing als zu luxuriös angesehen.[1767] Andererseits wurde ein Bedarf von 15.000 DM vor dem Hintergrund eines Einkommens des Ehemannes von 70.000 DM monatlich als nicht unangemessen beurteilt.[1768]

Im Einzelfall wird unabhängig von der Frage einer allgemeinen, nicht existierenden Sättigungsgrenze die 1624
Frage entscheiden, ob eine Ausgabe – noch – als **„sinnvoll und billigenswert“** angesehen werden kann.[1769]

Im Einzelfall erscheint aber ein konkreter monatlicher Bedarf von **mehr als derzeit 12.000 EUR–15.000 EUR** kaum denkbar.[1770]

Praxistipp 1625

Für den Unterhaltsberechtigten empfiehlt es sich, zumal dann, wenn die Summe der Einzelbedürfnisse nicht sehr deutlich über dem Quotenunterhalt liegt, zumindest hilfsweise Quotenunterhalt zu verlangen.

Der Unterhaltsberechtigte kann auch dann, wenn das Einkommen des Verpflichteten wesentlich höher 1626
liegt und eine konkrete Unterhaltsberechnung gefordert wäre, einen Unterhaltsanspruch **auf der Grundlage des Doppelten der höchsten Einkommensgruppe der Düsseldorfer Tabelle** verlangen, z.B. also bei Erwerbseinkünften des Verpflichteten nach der Düsseldorfer Tabelle in jedem Fall **monatlich rd. 4.700 EUR**, es sei denn, die Leitlinien des betreffenden Oberlandesgerichts lassen dies nicht zu.

Bei einer konkreten Bedarfsbemessung entfällt, soweit Krankenvorsorge- bzw. Altersvorsorgeunterhalt 1627
geltend gemacht wird, eine **zweistufige Berechnung des Elementarunterhalts**, weil die zweistufige Berechnung nur sicherstellen soll, dass nicht zu Lasten des Verpflichteten vom Grundsatz der gleichmäßigen Teilhabe der Ehegatten am ehelichen Lebensstandard abgewichen wird.[1771]

Der **Vorsorgeunterhalt** ist nicht begrenzt auf die sogenannte Beitragsbemessungsgrenze, sodass auch bei 1628
einem hohen Bedarf ein Anspruch auf eine entsprechend hohe Altersversorgung besteht.[1772]

Eigene Einkünfte des Bedürftigen sind naturgemäß **anzurechnen**, weil diese den konkreten Bedarf in 1629
voller Höhe mindern.

Bei Veränderung der Einkünfte, z.B. bei **Rentenbeginn**, kann in einem Abänderungsverfahren von der 1630
konkreten Bedarfsermittlung in die Quotenberechnung übergegangen werden. Auch die **nicht vorwerfbare Reduzierung** des Einkommens gilt als in der Ehe angelegt.[1773]

Umgekehrt kann eine starke Erhöhung allgemeiner Lebenshaltungskosten bei der konkreten Bedarfs- 1631
bemessung einen **Abänderungsantrag** rechtfertigen. Haben sich durch die allgemeine Preisentwicklung die zugrunde liegenden Aufwendungen erhöht, muss der Unterhaltsberechtigte die Möglichkeit einer Anpassung des die wirklichen Lebensverhältnisse nicht mehr wieder spiegelnden Titels haben.[1774]

Insgesamt gilt: Zwar ist für die Berechnung des konkreten Bedarfs ein objektiver Maßstab zugrunde zu 1632
legen; die Höhe des Bedarfs hängt jedoch von den individuellen Verhältnissen und dem tatsächlichen Konsumverhalten der Beteiligten ab.[1775]

Es ist deshalb kaum eine Grenze feststellbar, auch wenn ein konkreter Bedarf über **12.000 EUR bis** 1633
15.000 EUR monatlich hinausgehen sollte. Bei besonders herausragenden Einkommensverhältnissen und einer entsprechenden luxuriösen und komfortablen Lebensführung muss auch nach einem objektiven

1767 OLG Köln FamRZ 1992, 322, 324.
1768 OLG Hamm FamRZ 1999, 724.
1769 BGH FamRZ 2010, 1637 mit Anm. *Borth*, S. 1642.
1770 So zu Recht Wendl/Dose/*Gerhardt*, § 4 Rn 766; so auch *Born*, FamRZ 2013, 1613, 1617.
1771 BGH FamRZ 2010, 1637.
1772 BGH FamRZ 2010, 1637.
1773 BGH FamRZ 2003, 848, 850.
1774 BGH FamRZ 1986, 458; Kleffmann/Soyka/*Soyka*, Kap. 4 Rn 430.
1775 BGH FamRZ 2007, 1532.

Maßstab feststellbar sein, dass die konkrete Bedarfsberechnung solche Beträge erreichen oder überschreiten kann. Dies wird aber nur in ganz seltenen Ausnahmefällen möglich sein.[1776]

1634 Ausgangspunkt aller Berechnungen ist jedoch die **Zeit des ehelichen Zusammenlebens**. Korrigiert wird eine solche Berechnung ausschließlich dadurch, dass das Ausgabeverhalten aus der Sicht eines objektiven Dritten – noch – als **billigenswert, angemessen und sinnvoll** erachtet werden kann.[1777]

1635 Allerdings muss naturgemäß dem **Verpflichteten** zur Deckung seines Unterhaltsbedarfs ein **mindestens gleich hoher Betrag** verbleiben.[1778] Möglich ist allerdings, dass in Folge konkreter Bedarfsberechnung der Verpflichtete Aufwendungen für die Vermögensbildung oder für sonstige Zwecke einschränken muss. Dies ist dann der Fall, wenn der Verpflichtete selbst während der Führung der Ehe ohne besondere Wunscherfüllung gelebt hat, seinem Ehepartner jedoch ein äußerst komfortables Leben ermöglicht hat.

1636 Solche Verhältnisse sind nach Trennung und Scheidung nicht fortzuschreiben. Es verstößt gegen den **Halbteilungsgrundsatz**, wenn dem Verpflichteten zur Deckung seines eigenen Bedarfs von seinem bereinigten Nettoeinkommen weniger verbleiben würde als dem Berechtigten nach Bemessung seines konkreten Unterhaltsbedarfs. Weist der Bedürfte den konkreten Bedarf nach den ehelichen Lebensverhältnissen nach, kann der Verpflichtete darlegen und beweisen, dass eben nicht die Hälfte des Einkommens verbleibt.

VI. Berechnungsmethoden

1. Additionsmethode, Differenzmethode, Anrechnungsmethode

1637 Das Maß des Unterhalts gem. § 1578 Abs. 1 BGB bestimmt sich nach den **prägenden ehelichen Lebensverhältnissen**, an denen beide Eheleute gleichmäßig, also hälftig, teilgenommen haben. Auf diesen Bedarf muss sich der Berechtigte nach § 1577 Abs. 1 BGB sein **gesamtes in der Ehe angelegtes und nicht angelegtes**, also das prägende und nicht prägende Einkommen anrechnen lassen. Sind solche prägenden und auch nicht prägenden Einkünfte vorhanden, bietet sich die Anwendung der **Additionsmethode** an.[1779]

1638 Für den Fall, dass jedoch keine nicht prägenden Einkünfte vorhanden sind, bietet sich die Unterhaltsberechnung nach **Differenz- und Anrechnungsmethode** an.

Unabhängig von der Methodenwahl kommt man in der Berechnung zu **demselben Ergebnis**.

1639 Grundsätzlich gilt das **Prinzip der hälftigen Teilung**. Allerdings billigt die Rechtsprechung den Beteiligten hinsichtlich ihres jeweiligen Erwerbseinkommens einen sogenannten **Erwerbsbonus** zu, der nach einer Entscheidung des BGH[1780] nicht mehr, wie im Bereich einiger Oberlandesgerichte, 1/7 des Erwerbseinkommens, sondern 1/10 beträgt.

1640 In den **Leitlinien der Oberlandesgerichte heißt es in Ziff. 15.2.**:[1781]

■ **Kammergericht Berlin**

15.2. Halbteilung und Erwerbstätigenbonus

Für den Bedarf ist maßgebend, dass Ehegatten während des Zusammenlebens gleichen Anteil an dem Lebensstandard haben. Diesem Grundsatz widerspricht es nicht, zugunsten des erwerbstätigen Ehegatten von einer strikt hälftigen Teilung in maßvoller Weise abzuweichen, um einen Anreiz zur Erwerbstätigkeit zu erhalten.

Der Bedarf beträgt daher grundsätzlich die Hälfte der den ehelichen Lebensverhältnissen zuzurechnenden Einkünfte und geldwerten Vorteile. Soweit die Einkünfte aus Erwerbseinkommen herrühren, ist dem erwerbstätigen Ehegatten ein pauschalierter Betrag dieses Einkommens als Anreiz zu belassen. Dieser be-

1776 Wendl/Dose/*Gerhardt*, § 4 Rn 766: „… nach einem objektiven Maßstab **kaum vorstellbar**."
1777 So zu Recht *Born*, FamRZ 2013, 1613, 1620.
1778 OLG München FamRZ 2005, 367.
1779 Dazu *Gerhardt*, FamRZ 1993, 261.
1780 BGH, Beschl. v. 15.11.2017, FamRZ 2018, 260.
1781 Stand 1.1.2023.

trägt 1/10 seines bereinigten Erwerbseinkommens. Leistet ein Ehegatte auch Unterhalt für ein Kind, so wird sein Erwerbseinkommen vor Ermittlung des Erwerbstätigenbonus um den diesem entsprechenden Unterhalt (Zahlbetrag) bereinigt.

■ **OLG Brandenburg**

15.2. Halbteilung und Erwerbstätigenbonus

Der Unterhaltsbedarf des getrenntlebenden und geschiedenen Ehegatten beläuft sich grundsätzlich auf die Hälfte des zusammengerechneten eheprägenden bereinigten Einkommens beider Ehegatten.

Erwerbseinkünfte sind als Anreiz um einen Erwerbstätigenbonus von 1/10 vor Verminderung der Einkünfte um Kindesunterhalt und berücksichtigungsfähige Verbindlichkeiten zu kürzen.

■ **OLG Braunschweig**

15.2. Der Bedarf jedes Ehegatten ist grundsätzlich mit der Hälfte sämtlicher eheprägender Einkünfte anzusetzen (Halbteilungsgrundsatz); der Mindestbedarf darf das Existenzminimum für Nichterwerbstätige (vgl. Ziff. 21.2) nicht unterschreiten.

Von dem anrechnungspflichtigen Einkommen des zum Kindesunterhalt verpflichteten Ehegatten ist vorweg der Zahlbetrag des Kindesunterhalts (Tabellenbetrag abzüglich – hälftigen – Kindergeldes) abzuziehen, es sei denn, der Kindesunterhalt ist in anderer Höhe unveränderlich tituliert oder gezahlt; in diesen Fällen ist der Titel– bzw. Zahlbetrag abzusetzen.

Außerdem ist ein Erwerbstätigenbonus von 1/10-Anteil als Arbeitsanreiz und zum Ausgleich derjenigen berufsbedingten Aufwendungen, die sich nicht eindeutig von privaten Lebenshaltungskosten abgrenzen lassen, einkommensmindernd zu berücksichtigen (vgl. BGH FamRZ 2020, 171). Der Bonus ist nach Vorwegabzug berufsbedingter Aufwendungen, des Kindesunterhalts und sonstiger berücksichtigungsfähiger Schulden zu berechnen.

Die Unterhaltspflichten für einen späteren Ehegatten oder gegenüber einem betreuenden Elternteil eines nach rechtskräftiger Scheidung der Eheleute geborenen Kindes (§ 1615l BGB) sind ebenso wie der Unterhalt eines 14 nachehelich geborenen Kindes bei der Bemessung des Unterhaltsbedarfs des früheren Ehegatten nicht zu berücksichtigen.

Bei konkurrierenden gleichrangigen Unterhaltsansprüchen mehrerer Ehegatten oder nach § 1615l BGB berechtigter Elternteile kann im Rahmen der Leistungsfähigkeit und Mangelverteilung die sog. „Dreiteilungsmethode" zur Anwendung kommen (BGH FamRZ 2012, 281)

■ **OLG Bremen**

15.2. Es gilt der Halbteilungsgrundsatz, Erwerbseinkünfte werden jedoch nur zu 9/10 berücksichtigt (Abzug von 1/10 Erwerbstätigenbonus vom bereinigten Nettoeinkommen).

Leistet ein Ehegatte auch Unterhalt für ein Kind, so wird sein Einkommen vor Ermittlung des Erwerbstätigenbonus um diesen Unterhalt (Zahlbetrag) bereinigt. Erbringt der Verpflichtete sowohl Bar- als auch Betreuungsunterhalt, so gilt Nr. 10.3. (BGH FamRZ 2001, 350).

■ **OLG Celle**

15.2 Es gilt der Halbteilungsgrundsatz. Vom bereinigten Erwerbseinkommen kann ein Bonus von einem Zehntel abgezogen werden.

Leistet ein Ehegatte Unterhalt für ein unterhaltsberechtigtes Kind, wird sein Einkommen vor Ermittlung des Erwerbstätigenbonus um diesen Unterhalt (Zahlbetrag) bereinigt.

Kommt der betreuende Elternteil für einen ungedeckten Restbedarf auf, ist dieser ebenso von seinen Einkünften abzusetzen (BGH FamRZ 2021, 1965).

■ **OLG Dresden**

15.2. Es gilt der Halbteilungsgrundsatz, wobei jedoch Erwerbseinkünfte nur zu 9/10 zu berücksichtigen sind (Abzug von 1/10 Erwerbstätigenbonus vom bereinigten Nettoeinkommen).

Leistet ein Ehegatte auch Unterhalt für ein Kind, wird sein Einkommen vor der Ermittlung des Erwerbstätigenbonus (vgl. Nr. 15.2.) um den Kindesunterhalt (Zahlbetrag nach Abzug des anzurechnenden Kindergeldes) bereinigt. Erbringt der Verpflichtete sowohl Bar- als auch Betreuungssunterhalt, so gilt Nr. 10.3.

■ **OLG Düsseldorf**

15.2 Der Bedarf eines jeden Ehegatten ist grundsätzlich mit der Hälfte des unterhaltsrechtlich relevanten Einkommens beider Ehegatten anzusetzen (Halbteilungsgrundsatz).

Dem erwerbstätigen Ehegatten steht vorab ein Bonus von 1/10 seiner Erwerbseinkünfte zu. Der Erwerbstätigenbonus ist von dem gemäß Nr. 10 bereinigten Erwerbseinkommen, das zusätzlich – bei Mischeinkünften anteilig – um den Kindesunterhalt in Höhe des Zahlbetrages zu mindern ist, zu bilden.

Der Bedarf des berechtigten Ehegatten beträgt danach 45 % der Erwerbseinkünfte des anderen Ehegatten zuzüglich 55 % der eigenen Erwerbseinkünfte sowie 50 % der sonstigen Einkünfte beider Eheleute. Der Bedarf des Verpflichteten beträgt 55 % der eigenen Erwerbseinkünfte zuzüglich 45 % der Erwerbseinkünfte des anderen Ehegatten sowie 50 % des sonstigen Einkommens beider Eheleute (Quotenbedarf).

■ **OLG Frankfurt/Main**

15.2 Halbteilung und Erwerbstätigenbonus

Der eheangemessene Bedarf eines Ehegatten (ohne Vorsorgebedarf) beträgt (ungeachtet eines etwaigen Erwerbstätigenbonus) 1/2 des den ehelichen Lebensverhältnissen entsprechenden Einkommens eines oder beider Ehegatten, bereinigt um die berücksichtigungsfähigen Lasten und den Zahlbetrag des Kindesunterhalts (Quotenunterhalt).

Erbringt der Verpflichtete sowohl Bar- als auch Betreuungsunterhalt, so gilt Nr. 10.3 (BGH FamRZ 2001, 350).

Auf Erwerbstätigkeit beruhendes Einkommen der Ehegatten wird bei quotaler Bedarfsberechnung vorab um einen Bonus von 1/10 bereinigt. Dieser wird jeweils nach Abzug der mit der Erzielung des Erwerbseinkommens verbundenen Aufwendungen (Werbungskosten) sowie grundsätzlich der ehelichen Lasten und des von dem Erwerbstätigen zu leistenden Kindesunterhalts berechnet. Bei der Prüfung der Leistungsfähigkeit des Unterhaltspflichtigen ist ein Erwerbstätigkeitsbonus nicht zu berücksichtigen, siehe Ziffer 21.4.

Sind mit der Erzielung von Nichterwerbseinkommen (insbes. Wohnvorteil, Kapitaleinkünfte pp.) besondere Aufwendungen verbunden, werden diese von der jeweiligen Einkunftsart abgezogen.

Nach der Anrechnungsmethode sind Einkünfte des Berechtigten aus Vermögen, das in der Ehe nicht für den Lebensunterhalt zur Verfügung stand, zu berücksichtigen.

■ **OLG Hamburg**

15.2 Es gilt der Halbteilungsgrundsatz, wobei jedoch Erwerbseinkünfte nur zu 9/10 zu berücksichtigen sind (Abzug von 1/10 Erwerbstätigenbonus vom bereinigten Nettoeinkommen). Für Unterhaltszeiträume bis zum 31.12.2021 verbleibt es bei dem bisherigen Erwerbstätigenbonus von 1/7. Leistet ein Ehegatte auch Unterhalt für ein Kind, so wird sein Einkommen vor Ermittlung des Erwerbstätigenbonus um den Zahlbetrag (i.d.R. Tabellenbetrag abzüglich des bedarfsmindernd anzurechnenden Kindergeldes) bereinigt.

Erbringt der Verpflichtete sowohl Bar- als auch Betreuungsunterhalt, so gilt Nr. 10.3.

15.3 Bei sehr guten Einkommensverhältnissen des Pflichtigen kommt eine konkrete Bedarfsberechnung in Betracht.

■ **OLG Hamm**

15.2 Halbteilung, Erwerbstätigenbonus und Berechnungsmethoden

15.2.1 Es gilt der Halbteilungsgrundsatz, wobei jedoch Erwerbseinkünfte nur zu 90 % zu berücksichtigen sind (Abzug von 1/10 Erwerbstätigenbonus vom bereinigten Einkommen). Für Unterhaltszeiträume vor dem 1.1.2022 gilt weiter die bisherige Regelung: Es gilt der Halbteilungsgrundsatz, wobei Erwerbseinkünfte nur zu 6/7 zu berücksichtigen sind (Abzug von 1/7 Erwerbstätigenbonus vom bereinigten Einkommen).

15.2.2 Hat der Berechtigte eigenes Erwerbseinkommen, kann er 45 % (für Unterhaltszeiträume vor dem 1.1.2022: 3/7) des Unterschiedsbetrages zum Erwerbseinkommen des Pflichtigen und 1/2 des Unterschiedsbetrages sonstiger eheprägender Einkünfte beider Ehegatten beanspruchen (Differenzmethode). Beim Zusammentreffen von Erwerbseinkommen mit anderen Einkünften empfiehlt sich aus Gründen der Übersichtlichkeit die Anwendung der Additionsmethode, die zum gleichen Ergebnis führt wie die Differenzmethode (Beispiel zu den Berechnungsmethoden siehe Anhang III).

15.2.3 (1) Nach der Anrechnungsmethode zu berücksichtigen sind Einkünfte des Berechtigten aus Vermögen, das in der Ehe nicht für den Lebensunterhalt zur Verfügung stand.

(2) Zu Einkünften des Berechtigten aus überobligatorischer Erwerbstätigkeit wird auf Nr. 17.3 verwiesen.

15.2.4 Bei der Berechnung des Erwerbstätigenbonus und der Quote von 45 % (für Unterhaltszeiträume vor dem 1.1.2022: 3/7) bzw. 1/2 ist von den Mitteln auszugehen, die den Ehegatten nach Vorwegabzug ihrer zu berücksichtigenden Verbindlichkeiten (z.B. Beiträge zur Alters-, Kranken- und Pflegeversicherung, Kredit- und Sparraten, berufsbedingte Aufwendungen) und des Zahlbetrags des Kindesunterhalts noch für den Verbrauch zur Verfügung stehen.

■ **OLG Koblenz**

15.2. Der Bedarf eines jeden Ehegatten ist grundsätzlich mit der Hälfte des unterhaltsrechtlich relevanten Einkommens beider Ehegatten anzusetzen. Jedem erwerbstätigen Ehegatten steht vorab ein Bonus von 1/10 seiner Erwerbseinkünfte als Arbeitsanreiz und zum Ausgleich derjenigen berufsbedingten Aufwendungen zu, die sich nicht nach objektiven Merkmalen eindeutig von den privaten Lebenshaltungskosten abgrenzen lassen. Von einer Steuerrückerstattung ist ein Erwerbstätigenbonus in Abzug zu bringen, wenn diese vom Erwerbseinkommen abgezogene Steuern betrifft. Der Bonus ist vom Erwerbseinkommen nach Abzug berufsbedingter Aufwendungen, des Kindesunterhalts, ggf. der Betreuungskosten sowie sonstiger berücksichtigungsfähiger Schulden und Aufwendungen zu errechnen. Von einer als Ersatz für fortgefallenes Arbeitseinkommen vom Arbeitgeber gezahlten und auf einen längeren Zeitraum umzulegenden Abfindung ist ein Erwerbstätigenbonus nicht in Abzug zu bringen.

■ **OLG Köln**

15.2 Halbteilung und Erwerbstätigenbonus

Es gilt der Halbteilungsgrundsatz, wobei jedoch tatsächliche und fiktive Erwerbseinkünfte nur zu 9/10 zu berücksichtigen sind (Abzug von 1/10 Erwerbstätigenbonus vom gemäß Nr. 10 bereinigten Nettoeinkommen).

■ **OLG Naumburg**

15.2 Halbteilung und Erwerbstätigenbonus

Es gilt der Halbteilungsgrundsatz, wobei jedoch Erwerbseinkünfte nur zu 90 % zu berücksichtigen sind (Abzug von 1/10 Erwerbstätigenbonus vom bereinigten Nettoeinkommen).

Leistet ein Ehegatte auch Unterhalt für ein Kind und hat dies die ehelichen Lebensverhältnisse geprägt, so wird sein Einkommen vor Ermittlung des Erwerbstätigenbonus um diesen Unterhalt (Zahlbetrag) bereinigt.

Erbringt der Verpflichtete sowohl Bar- als auch Betreuungsunterhalt, so gilt Nr. 10.3 entsprechend.

■ **OLG Oldenburg**

15.2 Bei durchschnittlichen Einkommensverhältnissen bestimmt sich der Bedarf nach einer Quote vom Einkommen bzw. der Einkommensdifferenz. Bei Einkommen aus Erwerbsarbeit kann ein Erwerbstätigenbonus von 1/10 berücksichtigt werden. Im Übrigen gilt der Halbteilungsgrundsatz. Erbringt der Verpflichtete sowohl Bar- als auch Betreuungsunterhalt, kann hiervon abgewichen werden.

■ **OLG Rostock**

15.2 Es gilt der Halbteilungsgrundsatz; vom bereinigten Nettoerwerbseinkommen ist ein Erwerbstätigenbonus von 1/10 abzuziehen.

Leistet ein Ehegatte auch Unterhalt für ein Kind, so wird sein Einkommen vor Ermittlung des Erwerbstätigenbonus um den Zahlbetrag (Tabellenbetrag abzüglich des anzurechnenden Kindergeldes) bereinigt. Erbringt der Verpflichtete sowohl Bar- als auch Betreuungsunterhalt, so gilt Nr. 10.3.

■ **OLG Schleswig**

15.2 Der Bedarf des unterhaltsberechtigten Ehegatten bestimmt sich – unter Berücksichtigung eines Erwerbstätigenbonus von 1/10 – zu 45 % des bereinigten Arbeitseinkommens des Unterhaltsverpflichteten, falls der Unterhaltsberechtigte kein eigenes Einkommen erzielt, oder zu 45 % des Unterschiedsbetrages der bereinigten Arbeitseinkommen des Verpflichteten und des Berechtigten (Differenzmethode).

Es ist von einem Mindestbedarf auszugehen, der nicht unter dem Existenzminimum für Nichterwerbstätige liegen darf (Nr. 21.2).

Sonstiges Einkommen (z.B. Renten, Abfindungen und Kapitalerträge) ist hälftig zu teilen, falls nicht eine Herabsetzung dieser hälftigen Beteiligung durch besondere Gründe gerechtfertigt erscheint. Erträge aus ererbtem Vermögen prägen die ehelichen Lebensverhältnisse nur, soweit sie bereits zum Unterhalt der Familie zur Verfügung standen, also den Familienunterhalt nach §§ 1360, 1360a BGB beeinflussten (vgl. BGH FamRZ 2006, 387, 390).

Leistet ein Ehegatte Unterhalt für ein unterhaltsberechtigtes Kind, wird sein Einkommen vor Ermittlung des Erwerbstätigenbonus um diesen Unterhalt (Zahlbetrag) bereinigt. Von den Einkünften des betreuenden Elternteils ist der Barunterhaltsbedarf des Kindes nach den gemeinsamen Einkünften der Eltern abzüglich des hälftigen auf den Barunterhalt entfallenden Kindergelds und abzüglich des vom anderen Elternteil geleisteten Barunterhalts abzusetzen. In dieser Höhe leistet der betreuende Elternteil neben dem Betreuungsunterhalt restlichen Barunterhalt in Form von Naturalunterhalt (BGH FamRZ 2021, 1965; BGH FamRZ 2017, 711).

Unterhalt für nachrangige volljährige Kinder ist abzusetzen, wenn der Kindesunterhalt die ehelichen Lebensverhältnisse geprägt hat und den Eheleuten ein angemessener Unterhalt verbleibt.

■ **Süddeutsche Leitlinien**

15.2 Es gilt der Halbteilungsgrundsatz, wobei jedoch Erwerbseinkünfte nur zu 90 % zu berücksichtigen sind (Abzug von 1/10 Erwerbstätigenbonus vom bereinigten Nettoeinkommen bei der Bedarfsermittlung, nicht bei der Ermittlung der Leistungsfähigkeit des Unterhaltsschuldners). Leistet ein Ehegatte auch Unterhalt für ein unterhaltsberechtigtes Kind, wird sein Einkommen vor Ermittlung des Erwerbstätigenbonus um Kindesunterhalt (Zahlbetrag) bereinigt.

Erbringt der Verpflichtete sowohl Bar- als auch Betreuungsunterhalt, kann im Einzelfall ein Betreuungsbonus angesetzt werden.

■ **Thüringer OLG Jena**

15.2. Hat der Berechtigte kein eigenes Einkommen, beträgt der Bedarf 45 % des bereinigten Nettoeinkommens zuzüglich ½ der anrechenbaren sonstigen Einkünfte des Verpflichteten.

Hat der Berechtigte eigenes Einkommen, beträgt der Bedarf 45 % der Differenz zwischen dem anrechenbaren Nettoeinkommen der (geschiedenen) Ehegatten bzw. ½ der anrechenbaren sonstigen Einkünfte, jeweils begrenzt durch den vollen Bedarf nach den ehelichen Lebensverhältnissen (§ 1578 BGB).

1641 Die Bedarfsbemessung erfolgt nach der Formel:

Bedarf = eheprägendes verteilbares Einkommen x Quote

Beispiel 1642

Erwerbseinkommen M 2.800 EUR, Einkommen F 0 EUR
Zu 1) = frühere Berechnung
Zu 2) = aktuelle Berechnung[1782]

Bedarfsberechnung:

1)	1/7 Bonus: 2.800 EUR x 3/7	1.200 EUR
2)	1/10 Bonus: 2.800 EUR x 45 %	1.260 EUR

Abwandlung: Zusätzliche Zinseinkünfte M 200 EUR

Berechnung:

1)	1/7 Bonus: 2.800 EUR x 3/7	1.200 EUR
	zzgl. 200 EUR Zinseinkünfte, hiervon 1/2	100 EUR
	Summe	1.300 EUR
2)	1/10 Bonus: 2.800,00 x 45 %	1.260 EUR
	zzgl. 200 EUR Zinseinkünfte, hiervon 1/2	100 EUR
	Summe	1.360 EUR

Abwandlung: Renteneinkommen M 2.800 EUR, Einkommen F 0 EUR

Unterhaltsberechnung: 2.800 EUR : 2 = 1.400 EUR

Die Berechnung auf andere Weise führt zu demselben Ergebnis:

1)	1/7 Bonus: 2.800 EUR x 6/7	2.400 EUR
	zzgl. Zinseinkünfte	200 EUR
	Summe	2.600 EUR
	hiervon 1/2-Anteil	1.300 EUR
2)	1/10 Bonus: 2.800 EUR x 90 %	1.520 EUR
	zzgl. Zinseinkünfte	200 EUR
	Summe	2.720 EUR
	hiervon 1/2-Anteil	1.360 EUR

Für den Fall, dass der Berechtigte über Erwerbseinkünfte verfügt, kann (nach aktueller Berechnungsmethode) **vereinfacht wie folgt gerechnet** werden: 1643

Beispiel: Erwerbseinkünfte M 2.800 EUR, Erwerbseinkünfte F. 700 EUR

Unterhaltsberechnung

1/10 Bonus : 2.800 EUR – 700 EUR	2.100 EUR
hiervon 45 %	945 EUR

Vor allem in denjenigen Fällen, in denen nicht prägende Einkünfte eine Rolle spielen können (z.B. Wohnwert und darauf lastende Verbindlichkeiten, die der Verpflichtete abbezahlt), erscheint die Wahl der **Additionsmethode** sinnvoll.[1783] Sie wird regelmäßig auch in den Leitlinien der einzelnen Oberlandesgerichte verwendt und den Berechnungen zugrunde gelegt. Die Methodenwahl ist jedoch „Geschmacksache“. Viele Juristen bevorzugen immer noch die Anwendung der Differenzmethode als „einfachere Rechenart“. 1644

1782 Nach zif 15.2 der Leitlinien der OLGe Stand 1.1.2023.
1783 Grüneberg/*Siede*, § 1578 Rn 59; Wendl/Dose/*Gerhardt*, § 4 Rn 800 ff.

1645 Bei der Additionsmethode wird **zweistufig** vorgegangen, zunächst der **Bedarf des Berechtigten** nach den ehelichen Lebensverhältnissen festgestellt (**Additionsstufe**). Sodann wird auf der **Anrechnungsstufe** die **konkrete Unterhaltshöhe** bestimmt. Die Ermittlung des **Bedarfs des Berechtigten** erfolgt in der Weise, dass zunächst die Erwerbseinkünfte lediglich mit $^6/_7$tel ($^1/_7$tel-Bonus), die sonstigen Einkünfte voll berücksichtigt und die Summe durch zwei geteilt wird.

1646 Auf eine mathematische Formel gebracht errechnet sich auf der **Additionsstufe** der **Bedarf des Berechtigten** nach den ehelichen Lebensverhältnissen wie folgt:

- 90 % der prägenden Erwerbseinkünfte des Pflichtigen plus
- 100 % prägender sonstiger Einkünfte des Pflichtigen plus
- 90 % der prägenden Erwerbseinkünfte des Berechtigten plus
- 100 % der prägenden sonstigen Einkünfte des Berechtigten,
- geteilt durch 2.

1647 Auf der **Anrechnungsstufe** wird die **konkrete Unterhaltshöhe** durch Anrechnung sämtlicher Einkünfte des Berechtigten, gleichgültig ob prägend oder nicht prägend, bestimmt.

1648 *Beispiel*

- Ehemann (Unterhaltspflichtiger): prägendes Erwerbseinkommen 2.100 EUR; prägende Zinseinnahmen 350 EUR; nicht prägende Erwerbseinkünfte 700 EUR.
- Ehefrau (Unterhaltsberechtigte): prägendes Erwerbseinkommen 700 EUR; prägende Zinseinnahmen 100 EUR; nicht prägendes Erwerbseinkommen 350 EUR.

Additionsstufe (= Errechnung der Ehegattenquote/Bedarf):

(2.100 EUR x 90 %) +350 EUR+ (700 EUR x 90 %) EUR + 100 EUR geteilt durch 2 = 1.485 EUR

Anrechnungsstufe (= Errechnung der Anspruchshöhe/Bedürftigkeit):

Ehelicher Bedarf	1.485 EUR
Auf diesen sind alle Einkünfte anzurechnen wie folgt:	
90 % des prägenden Erwerbseinkommens (90 % x 700 EUR) =	630 EUR
90 % des nicht prägenden Erwerbseinkommens (90 % x 350 EUR) =	315 EUR
100 % der sonstigen Einkünfte (Zinsen)	100 EUR
Zwischensumme	1.045 EUR
Ungedeckter Restbedarf (Anspruchshöhe)	440 EUR

1649 Sind **mehrere gleichrangige Ehegatten** vorhanden, kann eine endgültige Berechnung des Unterhaltes nur vorgenommen werden, wenn man die Verteilung vom Bedarf in die Leistungsfähigkeit verschiebt.

Das **Bundesverfassungsgericht** hatte mit seiner Entscheidung vom 25.1.2011 die Rechtsprechung des Bundesgerichtshofs zu den sich wandelnden Lebensverhältnissen unter **Einbeziehung der neuen Ehe** als die ehelichen Lebensverhältnisse der ersten Ehe prägend abgelehnt. Die **erste Ehe** konnte danach **nicht von der zweiten Ehe geprägt** sein.

Dies bedeutete grundsätzlich, dass zunächst der Bedarf des ersten Ehegatten zu berechnen ist, sodann der Bedarf des zweiten Ehegatten und **im Rahmen der Leistungsfähigkeit** die Rangverhältnisse eine Rolle spielen.

1650 Bei **Gleichrang** fließt im Rahmen der Leistungsfähigkeit das Gesamteinkommen der Beteiligten in die Berechnung ein, ist aber dann **nicht mehr durch zwei** (Pflichtiger und erster Ehegatte), sondern **durch drei zu dividieren**.[1784]

1784 *Gerhardt/Gutdeutsch*, FamRZ 2011, 597.

Die **Verteilungsformel** für die Korrekturberechnung bei der Leistungsfähigkeit lautet:[1785] 1651

> Anteil geschiedener und Bedarf neuer Ehegatte: ⅓ (90 % Erwerbseinkommen Pflichtiger + sonstiges Einkommen Pflichtiger + 90 % Erwerbseinkommen erster Berechtigter + sonstiges Einkommen erster Berechtigter + 90 % Erwerbseinkommen zweiter Berechtigter + sonstiges Einkommen zweiter Berechtigter).[1786]

Höhe erster Berechtigter: Bedarf abzgl. (90 % Erwerbseinkommen erster Berechtigter + sonstiges Einkommen erster Berechtigter).

Höhe zweiter Berechtigter: Bedarf abzgl. (90 % Erwerbseinkommen zweiter Berechtigter + sonstiges Einkommen zweiter Berechtigter).

Beispiel 1652

Bereinigtes Nettoerwerbseinkommen M 2.800 EUR, F1 1.400 EUR, F2 700 EUR. F1 und F2 sind gleichrangig unterhaltsberechtigt, da sie gemeinschaftliche Kinder des M betreuen. Kindesunterhalt ist bereits abgezogen.

Unterhaltsanspruch F1 und F2

Bedarf F1 und F2: ⅓ (90 % x 2.800 EUR + 90 % x 1.400 EUR + 90 % x 700 EUR) =	1.470 EUR
Höhe (= Bedürftigkeit) F1: 1.470 EUR – 90 % x 1.470 EUR =	147 EUR
Höhe F2: 1.470 EUR – 90 % x 700 EUR =	840 EUR
Die Leistungsfähigkeit des M ist gegeben: 2.800 EUR – 147 EUR – 840 EUR =	1.813 EUR

Abwandlung: Vorrang F1

Anspruch F1: 2.800 EUR – 1.400 EUR =	1.400 EUR
hiervon 45 %-Anteil	630 EUR
Nachrangiger Unterhaltsanspruch F2	
Verbleibendes Einkommen M 2.800 EUR – 630 EUR =	2.170 EUR
2.170 EUR – 700 EUR =	1.470 EUR
davon 45 %-Anteil	662 EUR
Leistungsfähigkeit des M ist gegeben: 2.800 EUR – 630 EUR – 662 EUR =	1.508 EUR

Abwandlung: Vorrang F2

Anspruch F 2: 2.800 EUR – 700 EUR =	2.100 EUR
hiervon 45 %-Anteil	940 EUR
Unterhaltsanspruch F1 2.800 EUR – 940 EUR =	1.855 EUR
abzgl. Einkommen F1	1.400 EUR
Differenzeinkommen	455 EUR
hiervon 45 %-Anteil	205 EUR
Leistungsfähigkeit M ist gegeben: 2.800 EUR – 940 EUR – 205 EUR =	1.655 EUR

1785 Wendl/Dose/*Gerhardt*, § 4 Rn 803.
1786 *Gerhardt/Gutdeutsch*, FamRZ 2007, 778.

2. Methodenwahl

1653 Der **BGH** hat erklärt, dass die Wahl der Berechnungsmethode dem **Tatrichter** obliegt, der sie auf ihre Angemessenheit zu prüfen hat.[1787]

Letztlich ist die Wahl zwischen den verschiedenen Rechenwegen aber eine **Frage der Zweckmäßigkeit**. Die Differenzmethode stellt gegenüber der Additionsmethode in vielen Fällen eine einfachere Berechnungsmöglichkeit dar. Alle Rechenwege führen allerdings zum gleichen Ergebnis:

1654 **Zu den Begriffen:**

- **Additionsmethode**

Bei der Additionsmethode – mit einem Berechtigten – wird der **Unterhalt in zwei Stufen** errechnet. Im ersten Schritt ermittelt man den Bedarf nach den prägenden ehelichen Lebensverhältnissen, im zweiten Schritt die Unterhaltshöhe (Bedürftigkeit) unter Anrechnung der gesamten prägenden und nicht prägenden Einkünfte des Berechtigten.

- **Differenzmethode**

Bei der Differenzmethode bleiben **Einkünfte ohne Ehebezug unberücksichtigt**. Die beiderseitigen Einkommen werden unter Belassung des Erwerbsbonus für den jeweiligen Ehegatten einander gegenübergestellt und saldiert. Damit wird die verschiedene Höhe der beiderseits bedarfsbestimmenden Einkommen ausgeglichen.[1788]

- **Anrechnungsmethode**

Sind die ehelichen Lebensverhältnisse nur durch das **Einkommen des Pflichtigen** geprägt, bestimmen diese Einkünfte allein den Bedarf, wobei dem Pflichtigen ggf. ein Erwerbstätigenbonus zusteht. Nicht eheprägendes Einkommen des Berechtigten hat auf die Höhe des Bedarfs keinen Einfluss und ist auf diesen nach § 1577 Abs. 1 BGB anzurechnen.

- **Gemischte Differenz- und Anrechnungsmethode**

Ist sowohl auf Seiten des Berechtigten als auch auf Seiten des Verpflichteten bedarfsbestimmendes Einkommen vorhanden, beim Berechtigten aber darüber hinaus aber noch Einkünfte, die nicht prägend sind, also keinen Grund in der Ehe haben, wird für den Bedarf wiederum nur das ehebezogene Einkommen der Eheleute herangezogen und daraus nach der Differenzmethode die Quote gebildet. Das weitere Einkommen des Berechtigten ist nach § 1577 Abs. 1 BGB darauf anzurechnen.

- **Quotenbedarfsmethode nach** ***Scholz***[1789]

Nach dieser Methode berechnet sich der Bedarf des Berechtigten aus $4/7$ des eigenen Erwerbseinkommens, $3/7$ des Erwerbseinkommens des Ehegatten und $1/2$ der sonstigen beiderseitigen Einkünfte. Auf diesen Bedarf sind nicht bedarfsbestimmende Erwerbseinkünfte nur zu $6/7$ oder 90 % (Süddeutsche Leitlinien) anzurechnen, bedarfsbestimmende Erwerbseinkünfte dagegen in voller Höhe.

1787 BGH FamRZ 1984, 151.
1788 BGH FamRZ 1983, 146.
1789 *Scholz*, FamRZ 1990, 1088.

Berechnungsbeispiele 1655

Fall 1

Ehebezogenes Erwerbseinkommen M 2.800 EUR, ehebezogenes Erwerbseinkommen F 1.400 EUR

Lösung Differenzmethode

$^1/_{10}$ **Bonus:** (2.800 EUR – 1.400 EUR) x 45 % = 630 EUR

Lösung Additionsmethode

$^1/_{10}$ **Bonus:** (90 % x 2.800 EUR + 90 % x 1.400 EUR) x ½ – 90 % x 1.400 EUR = 630 EUR

Lösung Quotenbedarfsmethode

$^1/_{10}$ **Bonus:** 2.800 EUR x 45 % =	1.260 EUR
1.400 EUR x 55 % =	770 EUR
Bedarf 1.260 EUR + 770 EUR =	2.030 EUR
Unterhaltsberechnung 2.030 EUR – 1.400 EUR =	630 EUR

Fall 2

Ehebezogenes Erwerbseinkommen M 2.800 EUR, ehebezogenes Erwerbseinkommen F 1.400 EUR; ehebezogener Wohnwert F 500 EUR

Lösung Differenzmethode

$^1/_{10}$ **Bonus:** (2.800 EUR – 1.400 EUR) x 45 % =	630 EUR
Wohnwert F 500 EUR =	– 250 EUR
	380 EUR

Lösung Additionsmethode

2) $^1/_{10}$ **Bonus:** ($^9/_{10}$ x 2.800 EUR + $^9/_{10}$ x 1.400 EUR + 500 EUR) x ½ – $^9/_{10}$ x 1.400 EUR = 380 EUR

Lösung Quotenbedarfsmethode

$^1/_{10}$ **Bonus:** 2.800 EUR x 45 % =	1.260 EUR
1.400 EUR x 55 % =	770 EUR
500 EUR x ½ =	250 EUR
Bedarf	2.280 EUR
Unterhaltsberechnung: 2.280 EUR – 1.400 EUR – 500 EUR =	380 EUR

Fall 3

Ehebezogenes Erwerbseinkommen M 2.800 EUR, nicht ehebezogenes Zinseinkommen F 400 EUR

Lösung Anrechnungsmethode

$^1/_{10}$ **Bonus:** 2.800 EUR x 45 % =	1.260 EUR
1.260 EUR – 400 EUR =	860 EUR

Lösung Additionsmethode

$^1/_{10}$ **Bonus:** 90 % x 2.800 EUR x ½ =	1.260 EUR
1.260 EUR – 400 EUR =	860 EUR

Lösung Quotenbedarfsmethode

$^{1}/_{10}$ **Bonus:** 2.800 EUR x 45 % =	1.260 EUR
1.260 EUR – 400 EUR =	860 EUR

Fall 4

Ehebezogenes Erbwerbseinkommen M 2.800 EUR, ehebezogenes Erwerbseinkommen F 700 EUR, nicht ehebezogenes Erwerbseinkommen F 350 EUR

Lösung gemischte Differenz- und Anrechnungsmethode

$^{1}/_{10}$ **Bonus:** (2.800 EUR – 700 EUR) x 45 % =	945 EUR
945 EUR – 90 % x 350 EUR =	630 EUR

Lösung Additionsmethode

$^{1}/_{10}$ **Bonus:** (90 % x 2.800,00 + 90 % x 700 EUR) x ½ – 90 % x 700 EUR – 90 % x 350 EUR =	630 EUR

Lösung Quotenbedarfsmethode

$^{1}/_{10}$ **Bonus:** 2.800 EUR x 45 % =	1.260 EUR
700 EUR x 55 % =	385 EUR
Bedarf	1.645 EUR
1.645 EUR – 700 EUR – 90 % x 350 EUR =	630 EUR

1656 Die Methodenwahl ist eine **Frage der Zweckmäßigkeit**.[1790]

Kommt es letztlich nur auf das Ergebnis an, wird in einfacher gelagerten Fällen die Anwendung der **Differenzmethode** zweckmäßig sein.

1657 Kommt es aber auch darauf an, den Bedarf **im Hinblick auf eine spätere Abänderung** des Titels oder des gefundenen Vergleichs feststellen zu können, erscheint die Wahl der **Additionsmethode** sinnvoller zu sein, weil sie den Rechenweg besser verständlicher macht als die insoweit verkürzende Differenzmethode.[1791]

1658 Zusätzlich erscheint bei Anwendung der Additionsmethode vorteilhaft zu sein, dass sich mit ihrer Hilfe auch die **Halbteilung zwischen mehreren Ehegatten oder Partnern** berechnen lässt.

VII. Der regelmäßige Mehrbedarf

1. Definition des Mehrbedarfs

1659 Ein Anspruch auf die **Abdeckung eines Mehrbedarfs** besteht, wenn bei einem Ehegatten aufgrund besonderer Umstände zusätzliche Mittel für besondere Aufwendungen benötigt werden, die durch den Elementarbedarf nicht abgedeckt werden und deshalb zusätzlich zum Elementarbedarf als unselbstständige Unterhaltsbestandteile geleistet werden müssen.

Bei der Ermittlung des verteilungsfähigen Einkommens sind solche Beträge vorweg abzuziehen.

1660 Es handelt sich bei Mehrbedarf um einen solchen Teil des Lebensbedarfs, der **regelmäßig** – jedenfalls während eines längeren Zeitraums – anfällt, das **Übliche übersteigt**, allerdings **kalkulierbar** ist und deshalb bei der Bemessung des laufenden Unterhaltes berücksichtigt werden kann.[1792]

1790 So zu Recht Wendl/Dose/*Gutdeutsch*, § 4 Rn 824.

1791 So auch der BGH in FamRZ 2001, 986.

1792 Zur Definition vgl. Kleffmann/Soyka/*Soyka*, Kap. 1 Rn 16; ebenso *Siebert,* FuR 2021, 524, 525.

Mehrbedarf grenzt sich von **Sonderbedarf** dadurch ab, dass letzterer einen **unregelmäßigen außergewöhnlichen hohen Bedarf** darstellt, der **nicht mit Wahrscheinlichkeit vorauszusehen** war und deshalb bei der Bemessung der laufenden Unterhaltsrente nicht berücksichtigt werden konnte. Eine Eingruppierung als Sonderbedarf scheidet damit schon aus, wenn die zusätzlichen Kosten **mit Wahrscheinlichkeit vorauszusehen** waren.[1793] 1661

2. Fälle des konkreten Mehrbedarfs

Einzelfälle: 1662

- Kosten der Konfirmation oder Kommunion sind kein Sonderbedarf, so der **BGH**, sondern Mehrbedarf, da die Kosten mit Beginn des entsprechenden Unterrichts voraussehbar waren;[1794] Nach **anderer Ansicht**, der zuzustimmen ist, können solche Kosten durchaus Sonderbedarf sein. Dies ist vor allem dann der Fall, wenn die laufende Unterhaltsrente so niedrig ist, dass sie die Bildung ausreichender Rücklagen von vornherein nicht erlaubt.[1795]
- Eine **Brille** stellt keinen Sonderbedarf dar, wenn absehbar war, dass diese benötigt werde;
- Die **Erstausstattung eines Säuglings** ist Sonderbedarf im Sinne des § 1613 Abs. 2 Satz 1 Nr. 1 BGB;[1796]
- **Ärztliche Behandlungskosten** größeren Umfangs sind Sonderbedarf;[1797]
- Eine plötzlich notwendige **Zahnbehandlung** ist Sonderbedarf, die lang andauernde kieferorthopädische Behandlung möglicherweise aber ebenfalls;[1798]
- Kosten des **Nachhilfeunterrichts** sind dann Sonderbedarf, wenn sie überraschend oder nur vorübergehend anfallen.[1799]

Die **regelmäßigen zusätzlichen Aufwendungen** aufgrund besonderer Umstände, also **Mehrbedarf**, können sein: 1663

- **Krankheits- und altersbedingter Mehrbedarf**;
- **ausbildungsbedingter Mehrbedarf** des Berechtigten nach §§ 1578 Abs. 2, 1361 BGB;
- **Krankheitsvorsorgeunterhalt** des Berechtigten nach §§ 1578 Abs. 2, 1361 Abs. 1 BGB;
- **Altersvorsorgeunterhalt** des Berechtigten nach §§ 1578 Abs. 3, 1361 Abs. 1 BGB.

Ergibt sich aus **gesundheitlichen bzw. Altersgründen** beim Unterhaltsberechtigten ein Mehrbedarf, kann dieser nach den Grundsätzen für den **ausbildungsbedingten Mehrbedarf** geltend gemacht werden, sofern er konkret dargelegt und bewiesen wird. 1664

Zuerkannt wird ausschließlich, was „**medizinisch notwendig**" ist.

Beispiel: Bei Erkrankung an Diabetes unterscheiden Gerichte bei der Verwendung von Nahrungsmitteln danach, ob diese wirklich medizinisch notwendig sind. So ist z.B. die Verwendung von Reformhausprodukten dem „Lifestyle" zuzurechnen.[1800]

1793 Ausführlich Roßmann/Viefhues/*Viefhues*, Rn 594 ff.
1794 Str; so BGH FamRZ 2006, 612 mit krit. Anm. *Luthin*; vgl. Wendl/Dose/*Scholz*, § 6 Rn 16 m.w.N.
1795 So auch Wendl/Dose/*Scholz*, § 6 Rn 4 und Rn 16.
1796 Roßmann/Viefhues/*Viefhues*, Rn 600.
1797 BGH FamRZ 1992, 291.
1798 Str.: so OLG Celle OLGR 2008, 241; OLG Düsseldorf ZFE 2003, 348; a.A. Roßmann/Viefhues/*Viefhues*, Rn 600.
1799 OLG Köln FamRZ 1999, 531.
1800 OLG Düsseldorf FamRZ 2002, 751.

1665 **Anerkannt** wurde Mehrbedarf bei Darlegung der Notwendigkeit u.a. **in folgenden Fällen**:

- Pkw[1801]
- Energiekosten[1802]
- Krankenversicherung[1803]
- Lebenshaltungskosten[1804]
- Medikamente[1805]
- Miete[1806]
- Mietnebenkosten[1807]
- Umgangskosten[1808]
- Umzugskosten[1809]
- Versicherungen[1810]
- Zeitung.[1811]

Der Mehrbedarf ist insgesamt **konkret darzulegen** und im Einzelfall vom Tatrichter zu ermitteln. Lebt der Betreffende mit einem **neuen Partner** zusammen, ist der Mehrbedarf regelmäßig **nicht** gegeben.[1812]

1666 **Keinen zusätzlich zu berücksichtigenden Mehrbedarf** stellen ferner alle Aufwendungen dar, die bereits bei der Ermittlung des prägenden bereinigten Nettoeinkommens als Abzugsposten berücksichtigt worden sind, wie

- Einkommen- und Kirchensteuer,
- Vorsorgeaufwendungen für Krankheit, Alter, Invalidität und Arbeitslosigkeit,
- berufs- und ausbildungsbedingte Aufwendungen,
- Betriebsausgaben und Werbungskosten,
- Aufwendungen für anerkennenswerte Schulden,
- Unterhaltszahlungen
- Vermögensbildung, soweit diese in angemessenem Rahmen fortgesetzt werden darf.

1667 Im Falle einer **Quotenberechnung** des Elementarunterhalts ist der Mehrbedarf zunächst vom prägenden Einkommen abzuziehen und hat letztlich auf die Höhe des Elementarunterhalts Einfluss.[1813]

1668 Mehrbedarf ist grundsätzlich **konkret darzulegen und zu beweisen**. Der Bedürftige, der den Mehrbedarf geltend macht, ist beweispflichtig. Die angemessene Höhe kann aber auch einer Schätzung nach § 287 Abs. 2 ZPO unterliegen.[1814] Eine Schätzung spielt aber nur dann eine Rolle, wenn es dem betroffenen Ehegatten nicht zumutbar ist, seine besonderen Aufwendungen in allen Einzelheiten spezifiziert darzulegen.[1815]

1801 BGH FamRZ 1988, 921, 923.
1802 BGH FamRZ 1988, 921, 923.
1803 BGH FamRZ 1991, 414, 415.
1804 OLG Düsseldorf NJW 1990, 2695.
1805 OLG Hamm FamRZ 1999, 1349.
1806 U.a. BGH FamRZ 1990, 499, 503; OLG Düsseldorf NJW 1990, 2695.
1807 BGH FamRZ 1988, 921, 924.
1808 Nur in begrenzten Ausnahmefällen bei weiter Entfernung bzw. faktischem Umgangsausschluss (BGH FamRZ 1995, 215; differenzierend BVerfG FamRZ 1995, 86), nicht aber durch den Kindergartenbesuch entstehende Kosten (OLG Stuttgart FamRZ 2004, 1129.
1809 OLG Köln FamRZ 1986, 163.
1810 BGH FamRZ 1988, 921, 924.
1811 BGH FamRZ 1988, 921, 924.
1812 BGH FamRZ 1990, 1085, 1088.
1813 BGH FamRZ 1982, 255.
1814 BGH FamRZ 1981, 338.
1815 BGH FamRZ 1981, 338.

3. Sonderfall: Trennungsedingter Mehrbedarf

Trennungsbedingter Mehrbedarf ist derjenige Bedarf, der **neben dem laufenden Bedarf** als Folge des getrennten Wohnens und Haushaltens entsteht. Er kann sowohl beim Unterhaltsberechtigten als auch beim Unterhaltsverpflichteten auftreten und war **nach früherer Rechtsprechung** beim Unterhaltsbedarf zu berücksichtigen. 1669

Trennungsbedingter Mehrbedarf wird nach der geänderten Rechtsprechung des **BGH grundsätzlich nicht mehr** anerkannt.[1816] Dies ist rechtlich zumindest deshalb korrekt, weil der trennungsbedingte Mehrbedarf nicht als ehebezogen angesehen werden kann. Dieser Bedarf entsteht typischerweise gerade durch die Trennung und kann als solcher nicht die Ehe geprägt haben. Mehrkosten können deshalb nicht bedarfserhöhend geltend gemacht werden.[1817] 1670

In einigen **Leitlinien** regeln die Oberlandesgerichte den trennungsbedingten Mehrbedarf in **Ziff. 15.6** wie folgt:[1818]

- **OLG Brandenburg**

Trennungsbedingter Mehrbedarf kann zusätzlich berücksichtigt werden

- **OLG Braunschweig**[1819]

Trennungsbedingter Mehrbedarf kann in der Regel nicht berücksichtigt werden.

- **OLG Düsseldorf**

Trennungsbedingter Mehrbedarf kann berücksichtigt werden, wenn der Berechtigte oder der Verpflichtete über zusätzliches nicht prägendes Einkommen verfügt, das die Zahlung des nach dem prägenden Einkommen berechneten Unterhalts sowie des trennungsbedingten Mehrbedarfs erlaubt.

- **OLG Frankfurt/Main**

Trennungsbedingter Mehrbedarf kann zusätzlich berücksichtigt werden, wenn ausnahmsweise noch die Anrechnungsmethode Anwendung findet. Obergrenze ist das Ergebnis der Differenzmethode.

- **OLG Hamburg**

Trennungsbedingter Mehrbedarf kann berücksichtigt werden, wenn der Berechtigte oder der Verpflichtete über zusätzliches nicht prägendes Einkommen verfügen, das die Zahlung des nach dem prägenden Einkommen berechneten Unterhalts sowie des trennungsbedingten Mehrbedarfs erlaubt.

- **OLG Hamm**

Konkret geltend gemachter **trennungsbedingter Mehrbedarf** kann darüber hinaus berücksichtigt werden, wenn dieser Bedarf aus zusätzlichen nicht prägenden Einkünften befriedigt werden kann.

- **OLG Köln**

Trennungsbedingter Mehrbedarf bleibt in der Regel außer Betracht (BGH, Urt. v. 18.11.2009 – XII ZR 65/09, FamRZ 2010, 111).

- **OLG Naumburg**

Trennungsbedingter Mehrbedarf kann zusätzlich berücksichtigt werden.

Die übrigen Oberlandesgerichte äußern sich in ihren Leitlinien zu dem Thema nicht.

1816 Vgl. BGH FamRZ 2001, 986.
1817 BGH FamRZ 2004, 1357; BGH FamRZ 2007, 1303.
1818 Stand 1.1.2023.
1819 Dort Ziff. 15.5.

4. Unterhaltsberechnung bei Mehrbedarf

1671 Entstehen dem Unterhaltsberechtigten Kosten durch Mehrbedarf (z.B. wegen Ausbildung, Krankheit etc.), können diese Ansprüche neben dem Elementarunterhalt als **selbstständiger Unterhaltsteil** geltend gemacht werden.

Wenn und soweit Unterhalt geschuldet wird, werden die entsprechenden Beträge **vor Quotenbildung** vom bereinigtem Nettoeinkommen des Unterhaltsverpflichteten **abgezogen.**

1672 *Beispiel*

Bereinigtes Einkommen Verpflichteter 2.300 EUR, Berechtigter 0 EUR, notwendiger Mehrbedarf 200 EUR

Einkommen Verpflichteter	2.300 EUR
Abzüglich Mehrbedarf	200 EUR
Verbleib	2.100 EUR
Hiervon 45 % Unterhalt	945 EUR
Gesamtanspruch:	
Mehrbedarf	200 EUR
Unterhalt	945 EUR
Insgesamt	**1.145 EUR**

F. Der Vorsorgeunterhalt

I. Vorsorgeunterhalt wegen Krankheit

1. Sozialrechtliche Aspekte

1673 Während des **Getrenntlebens** ändert sich an der Krankenversicherung grundsätzlich nichts, die Familienversicherung des § 10 SGB V besteht weiter. Voraussetzung hierfür ist u.a., dass die Merkmale des § 10 Abs. 1 Nr. 2–5 SGB V**nicht** erfüllt sind. Hier können beim sog. **begrenzten Realsplitting** Probleme auftreten.

Beim begrenzten Realsplitting können gemäß **§ 10 Abs. 1 Ziffer 1 EStG** die Unterhaltsleistungen – bis zur Höhe von 13.805 EUR[1820] – an den dauernd getrenntlebenden Ehegatten als **Sonderausgaben von der Steuer des Unterhaltsverpflichteten** abgesetzt werden.

Beim getrenntlebenden Ehegatten sind in diesem Fall die Unterhaltsleistungen nach § 22 Nr. 1a EStG zu versteuern.

Diese Form des – im Übrigen verfassungsmäßigen – Realsplittings[1821] führt dazu, dass beim getrenntlebenden Ehegatten in diesem Fall die **Unterhaltsleistung als Einkommen** zählt und damit im Rahmen des sog. **Gesamteinkommens nach § 10 Abs. 1 Nr. 5 SGB V, § 16 SGB IV** Berücksichtigung findet.[1822]

1674 Zu diesen Gesamteinkommen zählen auch noch weitere Einkünfte, wie z.B. aus Kapitalvermögen.[1823] Von Bedeutung ist dies dann, **wenn** $^1/_7$ **der monatlichen Bezugsgröße nach § 18 SGB IV** überschritten wird.

1820 Seit dem Jahre 2002 geltender Grenzwert.
1821 BFH vom 25.7.1990 – BStBl II, S. 1022.
1822 BSG FamRZ 1994, 1239 ff.; *Böhme*, FamRZ 1995, 270.
1823 Unter Abzug des Sparerfreibetrags – BSG FamRZ 2003, 1747.

> *Hinweis* 1675
> Wird dadurch 1/7 der monatlichen Bezugsgröße für die **Sozialversicherung nach § 18 SGB IV** überschritten, erlischt die Familienversicherung in der Krankenversicherung.

Sinn der Bezugsgröße ist, der allgemeinen Einkommensentwicklung Rechnung tragen zu können, ohne dazu jedes einschlägige Gesetz gesondert ändern zu müssen. Da die Bezugsgröße im Voraus festgelegt wird, stellt sie eine Abstraktion der antizipierten wirtschaftlichen Situation in Deutschland dar. 1676

Für bestimmte, von der Bezugsgröße abhängige Größen ist auch im Beitrittsgebiet die Bezugsgröße West maßgebend.

Das Aufrunden auf einen durch 420 teilbaren Betrag hat zur Folge, dass die Bezugsgröße durch 7 (Tage pro Woche), durch 5 (Arbeitstage pro Woche) und durch 12 (Monate pro Jahr) geteilt immer noch einen vollen Eurobetrag ergibt. 1677

Mathematisch gesehen ist die Bezugsgröße eine Flussgröße, ihre Einheit ist zu EUR und Jahr kompatibel. 1678

Jahr	**Alte Bundesländer**		**Neue Bundesländer + Ost-Berlin**		Ost zu West
	monatlich	jährlich	monatlich	jährlich	
2022	3.290 EUR	39.480 EUR	3.150 EUR	37.800 EUR	95,7 %
2021	3.290 EUR	39.480 EUR	3.115 EUR	37.380 EUR	94,7 %
2020	3.185 EUR	38.220 EUR	3.010 EUR	36.120 EUR	94,5 %
2019	3.115 EUR	37.380 EUR	2.870 EUR	34.440 EUR	92,1 %
2018	3.045 EUR	36.540 EUR	2.695 EUR	32.340 EUR	88,5 %
2017	2.975 EUR	35.700 EUR	2.660 EUR	31.920 EUR	89,4 %
2016	2.905 EUR	34.860 EUR	2.520 EUR	30.240 EUR	86,7 %
2015	2.835 EUR	34.020 EUR	2.415 EUR	28.980 EUR	85,2 %
2014	2.765 EUR	33.180 EUR	2.345 EUR	28.140 EUR	84,8 %
2013	2.695 EUR	32.340 EUR	2.275 EUR	27.300 EUR	84,4 %
2012	2.625 EUR	31.500 EUR	2.240 EUR	26.880 EUR	85,3 %
2011	2.555 EUR	30.660 EUR	2.240 EUR	26.880 EUR	87,7 %
2010	2.555 EUR	30.660 EUR	2.170 EUR	26.040 EUR	84,9 %
2009	2.520 EUR	30.240 EUR	2.135 EUR	25.620 EUR	84,7 %
2008	2.485 EUR	29.820 EUR	2.100 EUR	25.200 EUR	84,5 %
2007	2.450 EUR	29.400 EUR	2.100 EUR	25.200 EUR	85,7 %
2006	2.450 EUR	29.400 EUR	2.065 EUR	24.780 EUR	84,3 %
2005	2.415 EUR	28.980 EUR	2.030 EUR	24.360 EUR	84,1 %
2004	2.415 EUR	28.980 EUR	2.030 EUR	24.360 EUR	84,1 %
2003	2.380 EUR	28.560 EUR	1.995 EUR	23.940 EUR	83,8 %
2002	2.345 EUR	28.140 EUR	1.960 EUR	23.520 EUR	83,6 %
2001	4.480 DM	53.760 DM	3.780 DM	45.360 DM	84,4 %
2000	4.480 DM	53.760 DM	3.640 DM	43.680 DM	81,3 %
1999	4.410 DM	52.920 DM	3.710 DM	44.520 DM	84,1 %
1998	4.340 DM	52.080 DM	3.640 DM	43.680 DM	83,9 %
1997	4.270 DM	51.240 DM	3.640 DM	43.680 DM	85,2 %
1996	4.130 DM	49.560 DM	3.500 DM	42.000 DM	84,7 %
1995	4.060 DM	48.720 DM	3.290 DM	39.480 DM	81,0 %

Jahr	Alte Bundesländer		Neue Bundesländer + Ost-Berlin		Ost zu West
	monatlich	jährlich	monatlich	jährlich	
1994	3.920 DM	47.040 DM	3.080 DM	36.960 DM	78,6 %
1993	3.710 DM	44.520 DM	2.730 DM	32.760 DM	73,6 %
1992	3.500 DM	42.000 DM	2.100 DM	25.200 DM	60,0 %
1991	3.360 DM	40.320 DM	1.540 DM	18.480 DM	45,8 %
1990	3.290 DM	39.480 DM	1.400 DM ?		

1679 Für die **Bezugsgröße** gibt es übrigens eine ganze Reihe davon **abhängiger Werte**:

- 1/7 der Bezugsgröße entspricht Einkommensgrenze für die Berechtigung zur beitragsfreien Familienversicherung in der gesetzlichen Krankenversicherung,
- 1/2 der Bezugsgröße ist der maßgebliche Grenzwert für das außerlandwirtschaftliche Einkommen für die Versicherungspflicht als landwirtschaftlicher Kleinunternehmer in der Landwirtschaftlichen Krankenversicherung nach § 2 Abs. 1 Nr. 2 KVLG 1989,
- 5 % der monatlichen Bezugsgröße entspricht die Krankenpflegepauschale nach § 116 Abs. 8 SGB X – Schadenersatz,
- 1/7 der Bezugsgröße entspricht Einkommensgrenze für die Berechtigung zur beitragsfreien Familienversicherung in der gesetzlichen Krankenversicherung (§ 10 SGB V)
- Freiwillige Versicherung, § 9 SGB V:
  - 1/3 der Bezugsgröße ist die Mindestbemessungsgrundlage für Beiträge von Selbstständigen einschließlich Existenzgründern,
  - 1/3 der Bezugsgröße ist die Mindestbemessungsgrundlage für Beiträge von anderen (z.B. Studierende über 30 Jahre oder 14 Fachsemester),
  - 4/3 der Bezugsgröße ist die Regelbemessungsgrundlage für Selbstständige,
- Freibeträge zur Berechnung der Belastungsgrenze für Zuzahlungen in der Krankenversicherung und der Bezuschussung bei Gewährung von Zahnersatz,
- Verkürzte Anwartschaftszeit (sechs Monate) in der Arbeitslosenversicherung bei überwiegender Kurzzeitbeschäftigung und Arbeitsentgelt bis zur Bezugsgröße, § 142 Abs. 2 SGB III,
- 1/50 der Bezugsgröße bildet nach § 3b Abs. 1 Nr. 1 VAHRG die Grenze für das Supersplitting/Superquasisplitting/Superrealteilung im Versorgungsausgleich.
- Mit der Neuregelung des Versorgungsausgleichs ab 1.9.2009 hängt von der Bezugsgröße die Möglichkeit des Versorgungsträgers ab, externe Realteilung ohne Zustimmung der ausgleichsberechtigten Person zu verlangen (vgl. § 14 Abs. 2 Nr. 2 VersAusglG),
- Einstufung als leitende Angestellte „im Zweifelsfall“ gemäß § 5 Abs. 4 Nr. 4 BetrVG, wenn das Jahreseinkommen das Dreifache der Bezugsgröße überschreitet,
- Kraftfahrzeug-Hilfeverordnung, § 6 KfzHV: Art und Höhe der Förderung bei der Beschaffung eines Kraftfahrzeuges,
- Berechnung des Arbeitsentgeltes und der Ausbildungshilfe für den allgemeinen Strafvollzug und den Jugendstrafvollzug,
- 1/160 der Bezugsgröße ist der Mindestbetrag bei der Entgeltumwandlung gemäß § 1a BetrAVG,
- Abfindungen von Leistungen der betrieblichen Altersversorgungen sind gemäß § 3 BetrAVG nur bis zu einem Betrag von 1 % der Bezugsgröße zulässig (bei Kapitalleistungen das 120-Fache davon).
- Höhe des Zuschusses der Krankenversicherung zur stationären Hospizversorgung § 39a Abs. 2 Satz 6 SGB V.
- Höhe des Beitrages des Bundes zur gesetzlichen Kranken- und Pflegeversicherung für ALG II-Bezieher (§ 251 Abs. 4, § 232a Abs. 1 Nummer 2 SGB V, § 18 Abs. 1 SGB IV): Bezugsgröße × 0,2155 × ermäßigter Beitragssatz zur GKV (§ 243, § 246 SGB V) zzgl. durchschnittlicher Zusatzbeitrag

(§ 242a SGB V) als Monatsbeitrag, Bezugsgröße × 0,2266 × aktueller Beitragssatz zur GPV als Monatsbeitrag (§ 57 Abs. 1 Satz 2 SGB XI),

- Höhe des von der Pflegeversicherung zu tragenden Beitrages einer rentenversicherungspflichtigen Pflegeperson (§ 166 Abs. 2 SGB VI i.V.m. § 18 SGB IV)
- Versorgungsausgleich: Zwei von Hundert des auf einen Monat entfallenden Teils der am Ende der Ehezeit maßgebenden Bezugsgröße (§ 3b, Gesetz zur Regelung von Härten im Versorgungsausgleich),
- Zu dem Zuschuss der Krankenkasse zu Zahnersatz gemäß § 55 SGB V Abs. 1 haben Versicherte gemäß Absatz 2 Anspruch auf einen Betrag in bis zu gleicher Höhe, wenn die Kosten eine unzumutbare Belastung darstellen, und das ist u.a. dann gegeben, wenn dessen Bruttoeinnahmen zum Lebensunterhalt 40 % der Bezugsgröße unterschreiten.
- Die Verwaltungs-Berufsgenossenschaft legt die Mindestversicherungssumme in der freiwilligen Unfallversicherung ab dem 1.1.2018 auf 60 % der Bezugsgröße fest.

Im einschlägigen Fall **erlischt** auch beim Getrenntleben die **Familienversicherung**. Es ist hier dann die Möglichkeit der freiwilligen Versicherung nach § 9 SGB V zu erwägen, der Nachteil ist auszugleichen.

Hinweis 1680

Durch das begrenzte Realsplitting können insoweit auch die sozialversicherungsrechtlichen **Privilegierungen entfallen**, so dass Beiträge im Rahmen der normalen Sozialversicherung (Renten-, Kranken-, Pflege- und Arbeitslosenversicherung) entstehen können.

Den eintretenden **Steuernachteil** des Berechtigten, der i.d.R. wegen der Steuerprogression niedriger ist 1681 als der Steuervorteil des Verpflichteten, muss der Unterhaltsschuldner jedoch erstatten, ebenso die **sonstigen möglichen finanziellen Nachteile**, was aber auch dazu führen kann, dass sich das **begrenzte Realsplitting nicht mehr lohnt**.[1824]

In diesem Zusammenhang ist auch zu beachten, dass die **sozialversicherungsrechtliche Privilegierung** 1682 der geringfügigen Beschäftigung davon abhängt, dass die Arbeitnehmer **keine sonstigen steuerpflichtigen Einkünfte** im Sinne des EStG haben.

Beim **Realsplitting** zählt allerdings der Unterhalt zu den sonstigen Einkünften, so dass die sozialversiche- 1683 rungsrechtlichen Privilegierungen **entfallen**: Es entstehen Beiträge im Rahmen der normalen Sozialversicherungsregelung **(Rentenversicherung, Krankenversicherung, Pflegeversicherung, Arbeitslosenversicherung)**. Auch diese Nachteile sind bei Inanspruchnahme des begrenzten Realsplittings dann auszugleichen – weswegen sich seit den entsprechenden gesetzlichen Änderungen das begrenzte Realsplitting meist nicht mehr lohnt.[1825]

Die Tatsache, dass bei Anwendung des Realsplittings **Unterhalt zum Einkommen** im Sinne des Einkom- 1684 mensteuergesetzes wird, kann im Übrigen zu Nachteilen führen, an die man gemeinhin nicht denkt: auf das Einkommen im Sinne des Einkommensteuergesetzes nimmt z.B. das **BAföG** Bezug („Einkommen der Eltern").

Der Unterhalt kann danach zu Einkommen werden, das bei der Berechnung der Höhe der BAföG-Leis- 1685 tungen zu berücksichtigten ist. Evtl. werden **keine Leistungen mehr** gewährt oder der oder die Unterhaltsberechtigte wird mindestens z.T. zahlungspflichtig.

Dies ist bei „getrennten Eltern" kein Problem, da sich das Einkommen des Unterhaltspflichtigen entsprechend reduziert. Bei einem Kind aus früherer Ehe ist es jedoch nicht der Fall. Es erhöht sich dann das insgesamt zur Verfügung stehende Einkommen. Damit droht ggf. dem Unterhaltsberechtigten ein finanzieller Nachteil.

1824 Vgl. *Arens*, FamRZ 1999, 1558.
1825 *Arens*, FamRZ 1999, 1558.

1686 Die **freiwillige Versicherung** gemäß § 9 SGB V ist regelmäßig im **Scheidungsfall** von Bedeutung, da mit Rechtskraft der Scheidung die **Familienversicherung erlischt**.

Hier ist darauf zu achten, dass der Beitritt im Rahmen der freiwilligen Versicherung spätestens **innerhalb von drei Monaten** nach dem Scheidungszeitpunkt der Krankenkasse angezeigt wird.

1687 *Hinweis*

Der die Scheidung begleitende Rechtsanwalt ist verpflichtet, den Mandanten hierauf hinzuweisen. Unterlässt er dies oder kann er die Aufklärung nicht nachweisen, kann er sich **schadenersatzpflichtig** machen, falls sich Versicherungsbeiträge durch den unterlassenen Beitritt erhöhen. Es ist daher zu empfehlen, spätestens der Übersendung des mit Rechtskraftvermerk versehenen Scheidungsbeschlusses ein **Merkblatt** beizufügen, in welchem die wichtigsten Hinweise aufgenommen worden sind.

1688 Nach § 250 Abs. 2 SGB V müssen die freiwilligen Mitglieder den Betrag allein in gesamter Höhe tragen.

Die Höhe des Beitrags richtet sich nach der **Satzung der jeweiligen gesetzlichen Krankenversicherung** (§ 240 SGB V). Meist sehen die Satzungen vor, dass ein bestimmter Prozentsatz der Einnahmen aus der Unterhaltszahlung als Beitrag zu leisten ist, auf jeden Fall muss der sich aus § 240 Abs. 2,4 SGB V ergebende **Mindestbetrag** berücksichtigt werden (**2023: 1.131,67 EUR**;[1826] zusätzliche Einkünfte – Zinsen, Mieten usw. – müssen angegeben werden und erhöhen den Beitrag).

1689 Bei privat versicherten Ehegatten ist im Zusammenhang mit der Scheidung darauf zu achten, dass ggf. die Privatversicherung (z.B. bei beihilfeberechtigten Ehegatten) rechtzeitig hinsichtlich des Umfangs der Versicherung erhöht wird; alternativ gilt es zu prüfen, ob für den geschiedenen Ehegatten die **Möglichkeit besteht, den Eintritt in die gesetzliche Krankenversicherung gemäß § 5 SGB V zu erlangen.**

2. Familienrechtliche Aspekte

1690 Beim nachehelichen Unterhalt gehören auch die Kosten einer **angemessenen Versicherung für den Fall der Krankheit** zum Lebensbedarf nach § 1578 Abs. 2 BGB.[1827]

Diese Kosten entstehen in der Regel **mit Rechtskraft der Scheidung**, weil sodann die Familienversicherung erlischt, § 10 Abs. 1 SGB V. Ist der Unterhaltsberechtigte nicht aufgrund eigener Erwerbstätigkeit krankenversichert, muss er sich selbst versichern.

War der Berechtigte zum Zeitpunkt der Scheidung in der Krankenversicherung des Ehepartners mitversichert, ist er gemäß § 9 Abs. 1 Nr. 2 SGB V berechtigt, der **gesetzlichen Krankenversicherung beizutreten**.

1691 **Voraussetzung ist**

- die Mitgliedschaft des Verpflichteten aufgrund eines Pflichtversicherungsverhältnisses oder aufgrund freiwilliger Versicherung sowie
- die Beantragung des Beitritts innerhalb einer Frist von 3 Monaten ab Rechtskraft der Scheidung, § 9 Abs. 2 S. 2 SGB V.

Nach Ablauf der Frist ist die Krankenversicherung nicht mehr verpflichtet, einem Aufnahmeantrag noch stattzugeben.

1692 Der Berechtigte ist auch **im Verhältnis zum Unterhaltsgläubiger verpflichtet**, von dieser Möglichkeit Gebrauch zu machen, da es sich um die kostengünstigere Art meiner angemessenen Krankenversicherung handelt.[1828]

1826 Errechnet wird der Wert anhand der jährlich neu festgesetzten „Bezugsgröße", für 2023 der Betrag von 3.395 EUR; davon wird der 90. Teil genommen und mit 30 multipliziert.

1827 Zur konkreten Berechnung des Krankenvorsorgeunterhalts vgl. BSG FamRZ 2016, 305 m. Anm. *Weil*, FamRZ 2016, 684.

1828 BGH FamRZ 1983, 888.

Dies gilt für – frühere – **Ehegatten von Beamten** nicht, da sie in die gesetzliche Krankenversicherung nicht aufgenommen werden, solange sie nicht selbst pflichtversichert sind. Nach Wegfall der Beihilfeberechtigung nach Scheidung der Ehe kann der Berechtigte eine **private Krankenversicherung abschließen**, um den gleichwertigen Schutz aufrecht zu erhalten.

Die Tatsache, dass vom geschiedenen Ehegatten Krankheitsvorsorgekosten (Krankenversicherung) zu tragen sind, hat **Auswirkungen auf den Unterhalt**: Zu ihm gehören die Kosten für eine angemessene Krankenversicherung. Der **Krankheitsvorsorgeunterhalt ist in der 3/7-Quote nicht enthalten** und daher **vor** der entsprechenden Berechnung abzuziehen,[1829] dadurch wird der Elementarunterhalt entsprechend verringert. 1693

Bei der Fortsetzung der gesetzlichen Krankenversicherung im Rahmen der freiwilligen Versicherung besteht Anspruch auf den zu zahlenden Beitrag,[1830] bei der privaten Versicherung Anspruch auf eine den Wegfall der Beihilfe ausgleichende private Krankenversicherung.[1831] 1694

Wenn der arbeitende Ehegatte die private Versicherung seines Ehepartners nicht mehr bezahlt, kann der Berechtigte die Kosten für eine den ehelichen Lebensverhältnissen angemessene Absicherung verlangen, **§ 1578 Abs. 2 BGB**.[1832]

3. Verhältnis zum Elementarunterhalt

Der Krankheitsvorsorgeunterhalt ist als **unselbstständiger Unterhaltsbestandteil** des einheitlichen Lebensbedarfs zusätzlich zum Elementarunterhalt zu zahlen, wenn die Unterhaltsberechnung nach einer Ehegattenquote erfolgt.[1833] In der Ehegattenquote ist lediglich der Elementarunterhalt enthalten.[1834] 1695

Krankheitsunterhalt und Elementarunterhalt sind gleichrangig, weil die Versicherung gegen Krankheit einen **wichtigen Teil des Unterhaltsbedarfs** darstellt.[1835] 1696

Ist der Krankheitsvorsorgeunterhalt im Verhältnis zum Elementarunterhalt überproportional groß, kann wegen des Gleichrangs eine **anderweitige Verteilung** der einzelnen Bestandteile angemessen sein. Eine solche Abwägung ist im Einzelfall als Korrektur des rechnerisch gefundenen Ergebnisses **nach billigem Ermessen** vorzunehmen.[1836] 1697

4. Berechnung von Krankenvorsorgeunterhalt

Die Berechnung des Krankenvorsorgeunterhalts ist grundsätzlich in zwei Stufen wie folgt vorzunehmen, wobei zu beachten ist, dass sich der Krankenvorsorgeunterhalt im Hinblick auf die gesetzliche Krankenversicherung **nicht nach einem hochgerechneten fiktiven Bruttoeinkommen,** sondern **allein nach** dem errechneten **Elementarunterhalt** bemisst. Dieser ist mit dem entsprechenden Beitragssatz der Krankenkasse zu multiplizieren. 1698

Beispiel 1699

Einkommen des Verpflichteten (ohne eigene Krankenversicherungskosten)	2.800 EUR
(vorläufige) Unterhaltsquote der Berechtigten: 2.800 EUR x 45 % =	1.260 EUR

1829 BGH NJW 1983, 1552.
1830 *Hausherr*, FamRZ 1991, 264.
1831 BGH NJW 1983, 1552.
1832 BGH FamRZ 1983, 676, 677; BGH FamRZ 1988, 145, 147; BGH FamRZ 1989, 483.
1833 BGH FamRZ 1982, 255.
1834 BGH FamRZ 1983, 888.
1835 BGH FamRZ 1989, 384.
1836 Wendl/Dose/*Gutdeutsch*, § 4 Rn 904.

Krankenvorsorge (Beitragssatz 14,6 %[1837]): 1.260 EUR x 14,6 % =	184 EUR
abzgl. Krankenvorsorge	175 EUR
bereinigtes Nettoeinkommen des Verpflichteten	2.616 EUR
x Unterhaltsquote x 45 %	
endgültiger Elementarunterhalt	**1.177 EUR**

Die Unterhaltsberechtigte erhält im Beispiel 184 EUR Krankenvorsorge- und 1.177 EUR Elementarunterhalt, insgesamt **1.361 EUR**.

In der Praxis wird hier der **Pflegevorsorgeunterhalt** (3,05 %) einzubeziehen sein, so dass an Vorsorge derzeit der Betrag von **17,65 %** einzusetzen ist. Dies ergibt nach dem obigen Beispiel folgende Berechnung:

Kranken- u. Pflegevorsorge (17,65 %): 1.260 EUR x 17,65 % =	222,39 EUR
Einkommen des Verpflichteten	2.800,00 EUR
Abzgl. Kranken- u. Pflegevorsorge	222,39 EUR
Bereinigtes Nettoeinkommen des Verpflichteten	2.577,61 EUR
45 % Unterhaltsquote	**1.159,92 EUR**

Die Unterhaltsberechtigte erhält im Beispiel daher **222 EUR** Krankenvorsorge- und Pflegevorsorgeunterhalt und **1.160 EUR** Elementarunterhalt, insgesamt **1.382 EUR**.

1700 In der Literatur wird die – abzulehnende – Auffassung vertreten, dass diese Berechnungsmethode, die auf eine **Grundentscheidung des BGH**[1838] zurückgeht, zu ungenauen Ergebnissen führen kann.[1839]

Die Berechnung des Vorsorgeunterhalts erfolgt **ohne Begrenzung** durch die Beitragsbemessungsgrenze.[1840]

1701 Die **zweistufige Berechnung ist nicht erforderlich**, wenn

- der Unterhalt konkret bemessen wird,
- der Unterhalt – z.B. bei einer privaten Krankenversicherung – einkommensunabhängig berechnet wird, weil dann die erste Berechnungsstufe auf der Grundlage des zu zahlenden Unterhalts entfällt,
- der Krankheitsvorsorgeunterhalt mit nicht bedarfsbestimmenden Einkünften des Berechtigten verrechnet werden kann, weil diese nicht auf seinen Quotenbedarf anzurechnen sind und es deshalb nicht zu einer Verletzung des Halbteilungsgrundsatzes kommt,[1841]
- der Krankheitsvorsorgeunterhalt mit nicht bedarfsbestimmenden Einkünften des Verpflichteten zusätzlich zum Elementarunterhalt bezahlt werden kann, weil auch hier der Halbteilungsgrundsatz nicht verletzt wird.

5. Geltendmachung und Zweckbestimmung des Krankheitsvorsorgeunterhalts

1702 Der Krankheitsvorsorgeunterhalt muss als unselbstständiger Unterhaltsbestandteil **betragsmäßig zusätzlich** geltend gemacht werden. Es steht dabei naturgemäß im Ermessen des Berechtigten, ob der ihn geltend machen will. Von Amts wegen wird er nicht zugesprochen. Wird er geltend gemacht, ist er wegen der Zweckbindung **im Tenor gesondert auszuweisen**.

1837 Ab 1.1.2023 gültiger Wert.
1838 BGH FamRZ 1983, 888; OLG Düsseldorf FamRZ 1986, 814.
1839 So *Conradis* in: FamRZ 2004, 1156, der seine Berechnungsmethode aber selbst als „übergenau" bezeichnet.
1840 OLG München FamRZ 2005, 367, 368.
1841 BGH FamRZ 1999, 372, 374.

Der Berechtigte ist allerdings **verpflichtet**, den Krankheitsvorsorgeunterhalt tatsächlich für eine Krankenversicherung zu verwenden.[1842] 1703

Nicht verlangen kann der Verpflichtete, dass die Zahlungen unmittelbar an den Versorgungsträger geleistet werden, es sei denn, es liegen Umstände vor, die eine **nicht bestimmungsgemäße Verwendung** des Krankheitsvorsorgeunterhalts als **naheliegend** erscheinen lassen.

Dies ist der Fall, wenn der Berechtigte bereits gezahlten Krankheitsvorsorgeunterhalt nicht bestimmungsgemäß verwendet hat und die Weiterzahlung verlangt.

Ist Krankheitsvorsorgeunterhalt bereits tituliert, wird er aber **nicht bestimmungsgemäß verwendet**, 1704
kann der Verpflichtete in einem solchen Fall mit einem Abänderungsantrag erreichen, dass die Krankheitsvorsorge **direkt an den Versicherungsträger** gezahlt wird.

Benennt der Berechtigte in einem solchen Verfahren keinen Versicherungsträger, ist der Anspruch auf Weiterzahlung an sich selbst als **nicht mehr schlüssig** abzuweisen.[1843]

Bei nicht bestimmungsgemäßer Verwendung des Krankheitsvorsorgeunterhalts ist der Berechtigte im 1705
Krankheitsfall allerdings so zu behandeln, **als hätten die Beträge zu einer entsprechenden Versicherung** geführt.[1844] Der **Verwirkungsgrund** des § 1579 Nr. 3 BGB wegen schweren vorsätzlichen Vergehens gegen den Verpflichteten kann im Übrigen vorliegen.[1845]

6. Der gerichtliche Antrag

Der Antrag, mit dem nachehelicher Elementarunterhalt und Krankheitsvorsorgeunterhalt verlangt wird, 1706
lautet wie folgt:

▼

Muster 3.89: Gerichtlicher Antrag auf Zahlung von nachehelichem Elementar- und Krankheitsvorsorgeunterhalt 3.89

Es wird beantragt, den Antragsgegner zu verpflichten,

an die Antragstellerin nachehelichen Unterhalt ab Rechtskraft der Scheidung in Höhe von monatlich insgesamt ______ EUR zu zahlen, davon ______ EUR als Elementarunterhalt und ______ EUR als Krankheitsvorsorgeunterhalt, zahlbar jeweils bis zum 1. eines jeden Monats.

▲

II. Vorsorgeunterhalt wegen Alters

1. Sozialrechtliche Aspekte

In der Rentenversicherung gibt es für nach dem 30.6.1977 geschiedene Ehegatten keine Hinterbliebenenrente mehr, so dass die Hinterbliebenenrente nur noch bei Altfällen von Bedeutung ist. 1707

Im Zusammenhang mit der Scheidungsreform, dem **1. EheRG (Erstes Gesetz zur Reform des Ehe- und Familienrechts vom 14.6.1976)**[1846] wurde die soziale Sicherung der Geschiedenen durch den Versorgungsausgleich und die Erziehungsrenten[1847] neu geregelt.

1842 BGH FamRZ 1989, 483.
1843 So BGH FamRZ 1989, 483; BGH FamRZ 1987, 684, 686.
1844 BGH FamRZ 1983, 676.
1845 BGH FamRZ 1989, 483.
1846 BGBl I S. 1421.
1847 Die Erziehungsrente wird gem. § 47 SGB VI bis zur Vollendung des 65. Lj. an den geschiedenen Ehegatten gezahlt, wenn dieser nicht nach dem Tod seines ehemaligen Ehegatten erneut geheiratet hat, sein eigenes Kind oder das Kind des geschiedenen Ehegatten erzieht und die allgemeine Wartezeit von 60 Monaten erfüllt hat.

1708 Seit der weitgehenden Umstellung der sozialen Sicherung Geschiedener durch die Reform des Ehescheidungsrechts von 1976 von sozialrechtlichen Regelungen auf familienrechtliche Regelungen sind vornehmlich familienrechtliche Aspekte für die soziale Sicherung im Altersfall von Bedeutung, nämlich der gesamte Komplex des im Falle der Scheidung von Amts wegen[1848] durchzuführenden **Versorgungsausgleichs**.

1709 Abgesehen vom Ausgleich der von den Eheleuten während der Ehezeit jeweils erworbenen Rentenanwartschaften ist jedoch vom geschiedenen Ehegatten für die Alterssicherung im Übrigen **grundsätzlich selbst zu sorgen**.

Nach **§ 1569 BGB** hat ein Ehegatte nach dem **Grundsatz der Eigenverantwortung** nur dann einen Unterhaltsanspruch gegen den anderen Ehegatten, wenn er nach der Scheidung **außerstande** ist, für seinen Unterhalt selbst zu sorgen.[1849]

Aber kein Grundsatz ohne Ausnahme: kann er dies nicht oder nicht in ausreichendem Maße, hat er einen **Anspruch auf angemessene Versicherung für den Fall des Alters** (sowie der verminderten Erwerbsfähigkeit), § 1578 Abs. 3 BGB.[1850]

2. Familienrechtliche Aspekte

1710 Abgesehen von den durch den Versorgungsausgleich erworbenen Ansprüchen auf soziale Sicherung im Altersfall ist vom geschiedenen Ehegatten **für die Alterssicherung selbst zu sorgen.** Dies löst einen familienrechtlichen Unterhaltstatbestand aus, **§ 1578 Abs. 3 BGB.**[1851]

1711 Da im Versorgungsausgleich die Ehezeiten nach Rechtshängigkeit des Scheidungsantrages (exakt: ab dem Monatsersten desjenigen Monats, in welchem der Scheidungsantrag dem/der Antragsgegner(in) zugestellt wurde) nicht mehr berücksichtigt werden (§ 1587 Abs. 2 BGB), besteht der **Anspruch auf den Vorsorgeunterhalt ab diesem Zeitpunkt und damit auch bereits bei Getrenntlebenden**.

1712 Bezüglich der Höhe des Vorsorgeunterhalts hat sich in der Praxis die **Bemessung nach dem Elementarunterhalt**, der dem Berechtigten zusteht, durchgesetzt.[1852] Am verbreitetesten in der Praxis ist das vom OLG Bremen in der **Bremer Tabelle** entwickelte Verfahren.[1853]

Beim Vorsorgeunterhalt handelt es sich um einen zweckgebundenen Unterhalt. Art und Weise der Vorsorge (gesetzliche Rentenversicherung, private Lebensversicherung) kann der Unterhaltsberechtigte selbst bestimmen,[1854] muss sich jedoch innerhalb der **Zweckbindung** halten.

1713 Grundsätzlich ist **Vorsorgeunterhalt** erst mit **Rechtshängigkeit des Scheidungsverfahrens** nicht mehr obsolet, da der Versorgungsausgleich vom 1. desjenigen Monats an entfällt, zu dem der von einem Ehepartner gestellte Scheidungsantrag dem anderen zugestellt wird.[1855] Von diesem Zeitpunkt an besteht jedoch ein **Anspruch auf angemessene Absicherung für den Fall des Alters sowie der Erwerbsunfähigkeit** gem. § 1361 Abs. 1 S. 2 BGB.

1714 Die **Höhe** bestimmte sich nach jahrzehntelanger Rechtsprechung nach dem Beitragsbemessungssatz der Rentenversicherung mit (zum Entscheidungszeitpunkt) rd. 20 %.

1848 § 623 Abs. 1 S. 3 ZPO, § 12 FGG.

1849 In der Begründung des Regierungsentwurfs zum Unterhaltsrechtsänderungsgesetz ist in diesem Zusammenhang von „neuer Rechtsqualität" und davon die Rede, dass die Vorschrift „in weit stärkerem Maße als bisher" als Auslegungsgrundsatz für die einzelnen Unterhaltstatbestände heranzuziehen sei, vgl. RegE S. 25.

1850 BGH, Beschl. v. 22.9.2021 – XII ZB 544/20, FuR 2022, 38 mit Anm. *Soyka.*

1851 Dazu *Heilemann*, FamRZ 1995, 1192 f.

1852 BGH NJW 1981, 2192.

1853 BGH FamRZ 1985, 471.

1854 BGH FamRZ 1983, 152 f.

1855 BHG NJW 1982, 1988.

Nachdem der **BGH**[1856] sodann darüber hinaus gehend erklärt, dass grundsätzlich[1857] dem Nichtselbstständigen zuzubilligen ist, einen Betrag von bis zu **4 %** des jeweiligen Bruttoeinkommens des Vorjahres für eine zusätzliche Altersvorsorge einzusetzen, wird dieser zusätzliche Betrag in den Vorsorgeunterhalt einzubeziehen und statt des gesetzlichen Satzes nunmehr eine Altersvorsorge von **4 % mehr** zu verlangen sein.[1858]

Der **BGH** hatte nämlich erklärt, dass die Grenze der angemessenen Altersversorgung zur einseitigen Vermögensbildung bei **24 v.H.** (zum Entscheidungszeitpunkt 20 v.H. Beitragsbemessungssatz der gesetzlichen Rentenversicherung + 4 v.H. des Jahresbruttoeinkommens des Vorjahres) liegt.

Sind die Aufwendungen dafür höher, ist der Betrag, der diese Grenze übersteigt, unterhaltsrechtlich als einseitige Vermögensbildung zu bewerten. **1715**

Dies führt auch dazu, dass bei **Immobilien**, sei es bei dem Eigenheim, das als Ehewohnung diente oder Mehrfamilienhäusern, aus denen Miete erzielt wird, **Tilgungsleistungen als Altersversorgung berücksichtigt werden können**, soweit diese den **Grenzbetrag** nach Aufstockung um 4 v.H. des Jahresbruttoeinkommens des Vorjahres **nicht überschreiten**.[1859]

Wird die Aufstockung zur Sicherung angemessener Altersvorsorge beim Nichtselbstständigen in dieser Weise anerkannt, muss dies auch für den Unterhaltsberechtigten gelten. **1716**

Die Berechnung des Vorsorgeunterhalts erfolgt im Übrigen **ohne Beschränkung** durch die Beitragsbemessungsgrenze.[1860] **1717**

3. Verhältnis zum Elementarunterhalt

Die Berechnung des Elementarunterhalts erfolgt durch **hälftige Aufteilung des verfügbaren Einkommens.** Es verstieße deshalb gegen den Halbteilungsgrundsatz, wenn Altersvorsorgeunterhalt **zusätzlich** zum – ungeschmälerten – Elementarunterhalt gezahlt werden müsste. **1718**

Deshalb ist nach Errechnung des Altersvorsorgeunterhalts auf der Grundlage des Elementarunterhalts eine **Neuberechnung unter Vorabzug** des Vorsorgeunterhalts vorzunehmen.

Diese Berechnungsmethode stimmt auch mit dem Vorgehen hinsichtlich der Vorsorgeaufwendungen des Verpflichteten überein. Auch dessen Vorsorgebeträge sind **vor der Unterhaltsberechnung** von seinem zur Verfügung stehenden Einkommen abzurechnen. **1719**

Ergibt sich durch endgültige Berechnung des Elementarunterhalts ein **Mangelfall,** hat der Elementarunterhalt Vorrang vor dem Vorsorgeunterhalt. Es bleibt dann beim zuvor festgestellten Elementarunterhalt. Der Anspruch auf Vorsorgeunterhalt entfällt.[1861] **1720**

Ein Mangelfall liegt vor, wenn der Elementarunterhalt den **notwendigen – nicht: den eheangemessenen – Selbstbehalt** unterschreitet. Der Maßstab der **Leistungsfähigkeit** ist für den Elementar- und den Vorsorgeunterhalt einheitlich bestimmt.[1862]

Im **Einzelfall** kann abweichend im gerichtlichen Verfahren oder durch Vereinbarung der Beteiligten eine **angemessene Verteilung** von Elementarunterhalt und Altersvorsorgeunterhalt vorgenommen werden.[1863] **1721**

1856 BGH FamRZ 2005, 1871.
1857 Außer im **Mangelfall**, BGH FamRZ 2005, 1871.
1858 So *Soyka*, FK 2006, 1, 3.
1859 Vgl. *Soyka*, FK 2006, 1, 3.
1860 OLG München FamRZ 2005, 367, 368.
1861 BGH FamRZ 1982, 887, 890; BGH FamRZ 1989, 483.
1862 BGH FamRZ 982, 887, 890.
1863 BGH FamRZ 1982, 887, 889.

4. Berechnung von Altersvorsorgeunterhalt

1722 Die Berechnung des Altersvorsorgeunterhalts erfolgt **in zwei Stufen.**[1864] Zunächst ist der **Elementarunterhalt** zu errechnen. Um den Altersvorsorgeunterhalt zu bestimmen, ist der Unterhaltsberechtigte so zu stellen, als würde es sich beim Elementarunterhalt um das Nettoeinkommen des Betreffenden aus Berufstätigkeit handeln (Betrag nach Abzug der gesetzlichen Sozialversicherungsbeiträge ohne Krankenversicherung). Hierzu ist der **Elementarunterhalt** (fiktives Nettoeinkommen) **auf ein entsprechendes (fiktives) Bruttoeinkommen hochzurechnen**. Dies geschieht unter Zuhilfenahme der so genannten **Bremer Tabelle** des OLG Bremen.

1723 Um das fiktive Bruttoeinkommen zu bestimmen, ist der aus der Tabelle zu entnehmende **Aufschlag auf den Elementarunterhalt** zu machen. Die Summe multipliziert mit dem geltenden Rentenbeitragssatz ergibt sodann den Altersvorsorgeunterhalt. In einer zweiten Stufe ist dann der **Elementarunterhalt unter Abzug des Altersvorsorgeunterhalts** vom bereinigten Nettoeinkommen neu zu ermitteln. Schließlich ist abschließend die **Leistungsfähigkeit** des Unterhaltsverpflichteten zu **überprüfen**.

1724 *Beispiel 1*

Bereinigtes Nettoeinkommen M	2.800 EUR
a) Unterhaltsbedarf F: (EUR 2.800 x 45 %) : 2 =	1.260 EUR
b) 16 %-Zuschlag gem. Bremer Tabelle =	201,60 EUR
Insgesamt	1.461,60 EUR
18,6 % (Beitragssatz) + 4 % (Erhöhung)	330,32 EUR
c) Bereinigtes Nettoeinkommen M	2.800 EUR
abzüglich	330 EUR
Bemessungsgrundlage Elementarunterhalt	2.470 EUR
x 90 % : 2	**1.111,50 EUR**

F hat daher rechnerisch einen Anspruch auf (gerundet)

1.112 EUR	Elementarunterhalt sowie
330 EUR	Altersvorsorgeunterhalt
1.442 EUR	insgesamt

Beispiel 2

Das Einkommen des M beträgt bereinigt 2.200 EUR, das der F 700 EUR.[1865]

Lösung: F kann den folgenden Gesamtunterhalt von M beanspruchen:

Vorläufiger Elementarunterhalt	
(2.200 EUR ./. 700 EUR) x 45 %	675 EUR
Vorsorgeunterhalt	
675 EUR + 13 % (nach Bremer Tabelle)	762,75 EUR
x 18,6 % (Beitragssatz) + 4 % (Erhöhung)	**172,38 EUR**
Neuer Elementarunterhalt	
(2.200 EUR ./. 172,38 EUR ./. 700 EUR) x 45 %	**597,43 EUR**
Gesamtunterhalt (gerundet)	
597 EUR (Elementarunterhalt) + 172 EUR (Altersvorsorgeunterhalt) =	**769 EUR**

1864 OLG Celle FamRZ 2000,1153; Grüneberg/*Siede*, § 1578 Rn 71.

1865 Nach *Soyka*, FK 2006, 1, 3.

Hinweis 1725

Besteht ein Anspruch auf **Trennungsunterhalt und Altersvorsorgeunterhalt** für die Zeit bis zur Rechtskraft der Scheidung, ist dieser im Rahmen dieses Unterhaltsverfahrens geltend zu machen und **nicht im Verbundverfahren**, da es sich nicht um eine Entscheidung für den Fall der Rechtskraft der Scheidung handelt. Der Anspruch endet mit Rechtskraft der Scheidung.[1866]

5. Geltendmachung und Zweckbestimmung des Altersvorsorgeunterhalts

Vorsorgeunterhalt ist **nicht Teil des Elementarunterhalts oder des Qotenunterhalts**. Er ist daher immer gesondert geltend zu machen. Wird Quotenunterhalt oder Elementarunterhalt verlangt, beinhaltet dies nicht gleichzeitig das Verlangen nach Vorsorgeunterhalt.[1867] Vorsorgeunterhalt ist daher **besonders und konkret** zu verlangen. 1726

Hat der Berechtigte allerdings Auskunft zum Zwecke der Unterhaltsberechnung verlangt, muss er **nicht gleichzeitig darauf hingewiesen** haben, dass er auch Vorsorgeunterhalt verlangt. Dies kann nach Auskunft konkretisiert werden.[1868]

Wurde in einem Erstverfahren lediglich Elementarunterhalt verlangt, weil der Berechtigte beispielsweise an die Möglichkeit des Vorsorgeunterhalts nicht gedacht hat oder die Voraussetzungen zur Forderung von Altersvorsorge noch nicht vorlagen, kann im Wege des **Abänderungsverfahrens**, § 323 ZPO, auch erstmals Vorsorgeunterhalt verlangt werden.[1869] 1727

Der Berechtigte muss im Verfahren **keine Angaben** über die beabsichtigte konkrete Form der Vorsorge machen. Er kann sich auf die Geltendmachung des Betrages beschränken, um ihn dann zur Begründung eines **selbst gewählten Weges der Vorsorge** zu verwenden. 1728

Der Verpflichtete kann deshalb auch nicht verlangen, dass er selbst den Vorsorgebetrag an einen Versicherungsträger bezahlt.[1870] Anders ist dies nur, wenn ein **begründeter Verdacht auf zweckwidrige Verwendung** des Vorsorgeunterhalts besteht.[1871]

Der Zweck des Vorsorgeunterhalts besteht darin, dem Berechtigten zu ermöglichen, seine Alterssicherung angemessen erhöhen zu können. Deshalb unterliegt der Vorsorgeunterhalt einer besonderen Zweckbindung. 1729

Bei **nicht zweckgemäßer Verwendung des Vorsorgebetrages** für den laufenden Unterhalt, also beispielsweise im Falle des Verbrauchs des Berechtigten, handelt der Berechtigte **treuwidrig**. Der Verpflichtete kann im Fall von Treuwidrigkeit des Berechtigten mittels **Abänderungsantrags** erreichen, dass die Zahlung **direkt** an einen vom Berechtigten benannten Versicherungsträger erfolgt.

Der Berechtigte hat dann einen **geeigneten Versicherungsträger zu benennen** und darzulegen, dass die – zukünftigen – Zahlungen an diesen zu einem geeigneten Versicherungsschutz führen. Trägt die Unterhaltsberechtigte dies nicht vor, ist der Anspruch auf Vorsorgeunterhalt **nicht schlüssig dargetan** und deshalb abzuweisen.[1872]

Der bezahlte Vorsorgeunterhalt kann allerdings nicht nach § 812 BGB zurückverlangt werden. Es handelt sich um eine „fehlgeschlagene Prognose" hinsichtlich der bestimmungsgemäßen Verwendung des Altersvorsorgeunterhalts. Diese Prognose bleibt bis zur Rechtshängigkeit des Abänderungsantrags unberührt.[1873] 1730

1866 BGH FamRZ 1982, 1875.
1867 BGH FamRZ 1985, 690.
1868 BGH FamRZ 2007, 193.
1869 BGH FamRZ 1985, 690.
1870 BGH FamRZ 1983, 152.
1871 BGH FamRZ 1987, 684, 686.
1872 BGH FamRZ 1982, 1187; BGH FamRZ 1987, 684, 686.
1873 BGH FamRZ 1987, 684, 686; Wendl/Dose/*Gutdeutsch*, § 4 Rn 869.

1731 Verwirkung des Anspruchs kann nach § 1579 Nr. 4 BGB vorliegen. Dies setzt **mutwilliges Verhalten** voraus. Zweifelhaft kann sein, ob mutwilliges Verhalten bei Vorliegen einer **finanziellen Notlage** oder bei Gesamteinkünften des Berechtigten **unterhalb des notwendigen Selbstbehalts** vorliegt.[1874]

Liegt **mutwilliges Verhalten** vor, wird der Berechtigte so behandelt, als **hätte er** eine mit dem Vorsorgeunterhalt erreichbare Altersabsicherung **tatsächlich erreicht**. Ihm ist dann **vorwerfbar**, sich **zumindest leichtfertig über erkannte nachteilige Folgen** für seine spätere Bedürftigkeit hinweg gesetzt zu haben.[1875]

6. Der gerichtliche Antrag

1732 Der Antrag, mit dem nachehelicher Elementarunterhalt und Altersvorsorgeunterhalt verlangt wird, lautet wie folgt:

▼

3.90 **Muster 3.90: Gerichtlicher Antrag auf Zahlung von nachehelichem Elementar- und Altersvorsorgeunterhalt**

Es wird beantragt, den Antragsgegner zu verpflichten,

an die Antragstellerin nachehelichen Unterhalt ab Rechtskraft der Scheidung in Höhe von monatlich insgesamt ______ EUR zu zahlen, davon ______ EUR als Elementarunterhalt und ______ EUR als Altersvorsorgeunterhalt, zahlbar jeweils bis zum 1. eines jeden Monats.

▲

III. Berechnung von Krankenvorsorge und Altersvorsorge

1. Berechnung von Krankheits- und Altersvorsorge

1733 Begehrt der Unterhaltsberechtigte **neben der Krankenvorsorge auch Altersvorsorgeunterhalt** und muss beim Krankenvorsorgeunterhalt der Beitragssatz der jeweiligen Krankenkasse in Ansatz gebracht werden, berechnet sich der Elementarunterhalt dreistufig.[1876]

1734 *Dazu folgendes Beispiel*[1877]

Einkommen des Verpflichteten (ohne eigene Krankenversicherungskosten)	2.800,00 EUR
(vorläufige Unterhaltsquote der Berechtigen 2.800 EUR x 45 % =	1.260,00 EUR
Kranken-/Pflegevorsorge (17,65 %): 1.200 EUR x 17,65 % =	222,39 EUR
abzgl. Kranken-/Pflegevorsorge	222,39 EUR
bereinigtes Nettoeinkommen des Verpflichteten	2.577,61 EUR
Unterhaltsquote	x 45 %
vorläufiger Elementarunterhalt	**1.159,92 EUR**
Altersvorsorgeunterhalt: 1.159,92 EUR + 17 % (197,19 EUR) =	1.357,11 EUR
1.357,11 EUR x 22,6 % (18,6 % + 4 %) =	306,71 EUR
endgültiger Elementarunterhalt	2.800 EUR
./. Kranken-/Pflegevorsorge	222 EUR

1874 BGH FamRZ 1987, 684, 686.
1875 BGH FamRZ 2003, 848, 853.
1876 BGH FamRZ 1989, 483.
1877 Stand DT 1.1.2023.

./. Altersvorsorge (gerundet)	307 EUR
	2.271 EUR
x Unterhaltsquote	x 45 %
Endgültiger Elementarunterhalt (gerundet)	**1.022 EUR**

Die Unterhaltsberechtigte hat Anspruch auf **222 EUR** Krankenvorsorge- und Pflegevorsorgeunterhalt, **307 EUR** Altersvorsorgeunterhalt und **1.022 EUR** Elementarunterhalt, insgesamt **1.551 EUR.**

Es entsteht im konkreten Beispiel ein **Mangelfall**. Es verbleiben dem Verpflichteten lediglich 1.249 EUR bei einem Selbstbehalt von 1.510 EUR.

Zu kürzen ist im Mangelfall sodann zunächst der **Altersvorsorgeunterhalt** aufgrund seiner **Nachrangigkeit** gegenüber Krankenvorsorge- und Elementarunterhalt.[1878] Es ist deshalb der Altersvorsorgeunterhalt von 307 EUR um 261 EUR zu kürzen. 1735

Es ist daher zu zahlen: 1.022 EUR Elementarunterhalt, 222 EUR Krankenvorsorgeunterhalt sowie 46 EUR Altersvorsorgeunterhalt, insgesamt 1.290 EUR.

Bedarf ein Unterhaltsberechtigter regelmäßig ärztlicher Hilfe und ist sein Elementarunterhalt unzureichend, so kann neben diesem auch der **Krankenvorsorgeunterhalt Vorrang vor der Altersvorsorge** haben. 1736

Ist der **Krankenvorsorgeunterhalt im Verhältnis** zum Elementarunterhalt **zu hoch,** kann das Familiengericht den Gesamtunterhalt unter Berücksichtigung der Interessen beider Parteien anderweitig auf die verschiedenen Unterhaltsbestandteile verteilen. Der Elementarunterhalt und der Krankenvorsorgeunterhalt sind dabei gleichrangig, während der **Altersvorsorgeunterhalt nachrangig** ist.[1879]

Pflegeversicherungsvorsorgeunterhalt fällt dagegen dann nicht an, wenn der Unterhaltsberechtigte in der gesetzlichen Krankenversicherung **freiwillig** versichert ist, da er dann zugleich in der Pflegeversicherung pflichtversichert ist (§ 20 Abs. 3 SGB XI). Bei **privater Krankenversicherung** ist er verpflichtet, eine Pflegeversicherung abzuschließen (§ 23 SGB XI). Hinsichtlich der Berechnung gelten die obigen Grundsätze. 1737

Hinweis 1738

Der Unterhaltsberechtigte kann grundsätzlich zwischen den verschiedenen Anlageformen der Vorsorge **frei wählen** und muss auch bei der erstmaligen Geltendmachung **keine konkreten Angaben** über die Art und Weise der beabsichtigten Vorsorge machen.[1880]

2. Der gerichtliche Antrag

Der Antrag, mit dem nachehelicher Elementarunterhalt, Krankheits- und Altersvorsorgeunterhalt verlangt wird, lautet wie folgt: 1739

▼

Muster 3.91: Gerichtlicher Antrag auf Zahlung von nachehelichem Elementar-, und Krankheits- und Altersvorsorgeunterhalt 3.91

Es wird beantragt, den Antragsgegner zu verpflichten,

an die Antragstellerin nachehelichen Unterhalt ab Rechtskraft der Scheidung in Höhe von monatlich insgesamt ____ EUR zu zahlen, davon ____ EUR als Elementarunterhalt, ____ als Krank-

1878 BGH FamRZ 1989, 483.
1879 So BGH FamRZ 1987, 2229; BGH FamRZ 1989, 483.
1880 BGH FamRZ 1982, 887; BGH FamRZ 1987, 684.

heitsvorsorgeunterhalt und EUR als Altersvorsorgeunterhalt, zahlbar jeweils bis zum 1. eines jeden Monats.

▲

G. Bedürftigkeit des Berechtigten

1740 Voraussetzung jeden Unterhaltsanspruchs ist die **Bedürftigkeit des Berechtigten.** § 1577 Abs. 1 und 2 BGB regeln die Anrechnung eigener Einkünfte, § 1577 Abs. 3 die Obliegenheit zur Vermögensverwertung und § 1577 Abs. 4 den Wiedereintritt der Bedürftigkeit nach Vermögensverfall.

1741 Nur dann und soweit der Berechtigte bedürftig ist, kann er den vollen, nach den ehelichen Lebensverhältnissen bemessenen Bedarf gem. §§ 1361 Abs. 1, 1578 Abs. 1 S. 1 BGB verlangen. Er ist **bedürftig, wenn** er diesen Bedarf nicht oder nicht ausreichend auf andere Weise decken kann oder auch in zumutbarer Weise decken könnte.[1881]

1742 Im Anschluss an die Bedarfsbemessung ist auf der sogenannten Bedürftigkeitsstufe zu prüfen, ob und inwieweit der Bedarf gedeckt ist, wenn dem Grunde nach ein Unterhaltsanspruch besteht.

I. Maßstab der Bedürftigkeit

1743 **Für den nachehelichen Unterhalt** gilt im Hinblick auf die Bedürftigkeit nach § 1570 BGB:

- Nach **§ 1577 Abs. 1 BGB** hat der Berechtigte keinen Unterhaltsanspruch, solange und soweit er sich aus seinen Einkünften und seinem Vermögen selbst unterhalten kann;
- in **§ 1577 Abs. 2 BGB** ist die Anrechnung von Einkünften aus unzumutbarer Erwerbstätigkeit und sonstiger Einkünfte geregelt, die in unzumutbarer Weise erzielt werden;
- die Vermögensverwertung und die Unterhaltssicherung aus Vermögen ist in **§ 1577 Abs. 3 und Abs. 4 BGB** geregelt.

1744 Diese Grundsätze sind im Übrigen bei der Berechnung des **Trennungsunterhalts in entsprechender Weise** anzuwenden. Für den Trennungsunterhalt fehlt eine dem § 1577 BGB entsprechende Bestimmung. Bei gleicher Sachlage darf der Anspruch auf Trennungsunterhalt allerdings nicht niedriger ausfallen als der nacheheliche Unterhaltsanspruch. Deshalb sind die Grundsätze zur Bedürftigkeit nach § 1577 BGB in entsprechender Weise auch auf den Trennungsunterhalt anzuwenden.

1745 Eine die Bedürftigkeit mindernde **Zurechnung eigener Einkünfte** ist Ausdruck des nach der Scheidung herrschenden Prinzips der persönlichen und wirtschaftlichen Eigenverantwortung.[1882]

Eine Bedürftigkeit des geschiedenen Ehegatten besteht nur dann und soweit er mit seinen prägenden und nichtprägenden unterhaltsrechtlich bereinigten Einkünften und – soweit einzubeziehen – durch Verwertung seines Vermögens seinen an den ehelichen Lebensverhältnissen ausgerichteten Bedarf **nicht oder nicht in vollem Umfang decken** kann und hierzu auch nicht verpflichtet ist.[1883]

1746 Die Bedürftigkeit richtet sich nach unterhaltsrechtlichen und **nicht nach sozialhilferechtlichen Maßstäben.**[1884] Der Bedarf nach §§ 1578, 1578b BGB bildet den Maßstab für die Bedürftigkeit. Liegt darüber hinaus ein anzuerkennender **Mehrbedarf** vor, besteht der volle Unterhalt aus dem Quotenunterhalt und dem ungedeckten Mehrbedarf.

1747 Die Bedürftigkeit ist nach dem **konkreten Unterhaltszeitraum** zu beurteilen. Zukünftig zu erwartende Mittel beseitigen deshalb nicht rückwirkend die Bedürftigkeit. Auch bei **Rentennachzahlungen** gilt

1881 BGH FamRZ 1989, 487.
1882 Kleffmann/Soyka/*Kleffmann*, 4. Kap. Rn 433.
1883 BGH FamRZ 1989, 487.
1884 BGH NJW 1995, 1486.

grundsätzlich, dass der Nachzahlungsbetrag einem künftigen Zeitraum in angemessener Verteilung des Nachzahlungsbetrages der Höhe nach zuzuordnen ist.

Praxistipp 1748

Hat der Unterhaltsverpflichtet vom Rentenfall seitens des Berechtigten Kenntnis, kann er eine Überzahlung abwenden, indem er dem Berechtigten bis zur Bewilligung der Rente den Unterhalt als zins- und tilgungsfreies Darlehen anbietet, verbunden mit der Verpflichtung, im Falle der Ablehnung des Rentenantrages auf die Rückzahlung des Darlehens zu verzichten, soweit es sich mit dem Unterhalt deckt, während es im Fall der Rentenbewilligung zurückzugewähren ist.[1885]

Der Berechtigte ist nach **Treu und Glauben** verpflichtet, ein derartiges Kreditangebot anzunehmen.[1886] 1749

Maßstab der Bedürftigkeit ist der Bedarf nach den ehelichen Lebensverhältnissen. Deshalb verringert 1750
sich die Bedürftigkeit nicht durch eine freiwillige Einschränkung der Lebensführung durch den Berechtigten.[1887] Einsetzende Kreditverpflichtungen erhöhen die Bedürftigkeit umgekehrt ebenfalls nicht.[1888]

Unterhaltszahlungen dienen der **Deckung des laufenden Bedarfs**, nicht der Vermögensbildung oder dem 1751
Abbau von Verbindlichkeiten.[1889] Anderes gilt für sogenannte **eheprägende Verbindlichkeiten** sowie für **Aufwendungen** im Rahmen der Erzielung von Einkünften, etwa Zurechnung eines Wohnwertes einerseits und Berücksichtigung der Zinslasten für das Objekt andererseits.[1890]

II. Anrechenbare Einkünfte und Abzugsposten

Grundsätzlich gilt, dass der Unterhaltsgläubiger nur dann bedürftig ist, wenn er mit seinen prägenden und 1752
nichtprägenden Einkünften[1891] und durch Verwertung seines Vermögens den ihm zustehenden **vollen Unterhalt nicht erreicht**.[1892]

Während im Rahmen des Bedarfs und beim Pflichtigen im Rahmen der Feststellung der Bedürftigkeit des 1753
Unterhaltsgläubigers zwischen **prägenden und nichtprägenden Einkünften zu differenzieren** ist, gilt dies für den Unterhaltsbedürftigen nicht.

Nichtprägende Einkünfte sind beim Pflichtigen grundsätzlich nicht einkommenserhöhend zu berücksich- 1754
tigen, wohl aber bei der Beurteilung der Frage, ob die Bedürftigkeit des Unterhaltsgläubigers gegeben ist.

Das unterhaltsrechtliche Nettoeinkommen des Bedürftigen ist um die unterhaltsrechtlichen zulässigen **Abzugsposten** zu bereinigen.[1893]

Nichtprägende Erwerbseinkünfte des Berechtigten sind vor Anrechnung um den Erwerbsbonus zu be- 1755
reinigen, also mit 90 %.

In Höhe der **Differenz** zwischen dem Bedarf und den anzurechnenden Beträgen ist der Berechtigte bedürftig. Das Ausmaß seiner Bedürftigkeit richtet daher nach dem ungedeckten Bedarf. Dieser Teil also, der ungedeckte Bedarf, bestimmt die Höhe des zu leistenden Unterhalts, es sei denn der Verpflichtete ist in dieser Höhe nicht leistungsfähig.

Für den Fall **notwendigen ungedeckten Mehrbedarfs** besteht der volle Unterhalt aus dem Quotenunter- 1756
halt und dem ungedeckten Mehrbedarf.

1885 BGH FamRZ 1989, 718.
1886 BGH FamRZ 1992, 1152.
1887 BGH NJW 1995, 1343.
1888 BGH FamRZ 2007, 879.
1889 BGH NJW 1998, 753.
1890 BGH FamRZ 1997, 806.
1891 BGH NJW 1989, 1083; OLG Dresden FamRZ 2010, 649.
1892 Kleffmann/Soyka/*Kleffmann*, 4. Kap. Rn 437.
1893 BGH FamRZ 2005, 1154.

In solchen Fällen erscheint es sinnvoll, die **Anrechnung nicht bedarfsbestimmender Einkünfte**, also solcher Einkünfte, die die Ehe nicht geprägt haben, in der Weise vorzunehmen, dass diese vorab um den Mehrbetrag bereinigt werden und der Differenzbetrag unterhaltsmindernd auf den Quotenunterhalt angerechnet wird.[1894] Allerdings darf ein Mangelfall nach § 1581 BGB nicht vorliegen.

1757 *Praxistipp*

Mehrbedarf ist nur dann zu berücksichtigen, wenn er geltend gemacht wird. Unterbleibt die Geltendmachung, ist das nichtprägende Einkommen auf den Quotenunterhalt zu verrechnen.

1758 Dies gilt für **alle möglichen Mehrbedarfe**, also für krankheits- und altersbedingten Mehrbedarf ebenso wie für ausbildungsbedingten Mehrbedarf. Trennungsbedingter Mehrbedarf wird allerdings vom BGH nicht mehr anerkannt.[1895]

1759 In vollem Umfang **anzurechnende Einkünfte** des Berechtigten sind **insbesondere**:

- **Erwerbseinkünfte** aus abhängiger Arbeit, aus selbstständiger Erwerbstätigkeit, aus Gewerbe oder aus Land- und Forstwirtschaft sowie Erwerbsersatzleistungen (Krankengeld, Arbeitslosengeld, Renten, Pensionen);
- **Vermögenseinkünfte** aus Vermietung und Verpachtung, aus Kapital und sonstigem Vermögen sowie aus Wohnvorteilen und sonstigen Gebrauchsvorteilen des Vermögens;
- Einkünfte aus **sozialstaatlichen Zuwendungen** und sonstigen staatlichen Leistungen (Wohngeld, BAföG-Leistungen, Steuererstattungen, Kindergeld, Leistungen aus Grundsicherung nach § 43 Abs. 2 Satz 1 SGB XII);[1896]
- Einkünfte aus **nichtehelicher Lebensgemeinschaft** mit einem neuen Partner;[1897]
- **fiktiv zuzurechnende** erzielbare Einkünfte aus unterlassener zumutbarer Erwerbstätigkeit oder Vermögensnutzung/Vermögensverwertung.

1760 **Nicht anzurechnen** sind folgende Einkünfte:

- Unentgeltliche Zuwendungen Dritter;
- Sozialhilfe;
- Wieder aufgelebte Witwenrente;
- Arbeitnehmersparzulage;
- Hausgeld des Strafgefangenen.

III. Einkünfte aus unzumutbarer Erwerbstätigkeit

1761 Nach § 1577 Abs. 2 S. 1 BGB verbleiben **Einkünfte aus unzumutbarer Erwerbstätigkeit** dem Berechtigten anrechnungsfrei, soweit sie zusammen mit dem eigenen Einkommen aus zumutbarer Arbeit und dem geschuldeten Unterhalt den vollen Unterhalt nicht übersteigen.

1762 Übt der **Unterhaltsgläubiger eine unzumutbare Tätigkeit** aus, bleibt er bedürftig, wenn das erzielte und nur nach § 1577 Abs. 2 BGB anrechenbare Einkommen seinen Unterhaltsbedarf nicht deckt.

1763 **Völlig unangetastet** bleiben Einkünfte aus unzumutbarer Tätigkeit jedoch nur **ausnahmsweise**. In begrenztem Umfang sind solche Einkünfte auch zur Entlastung des Schuldners heranzuziehen.[1898]

Grundsätzlich gelten **im Mangelfall** allerdings bei der Frage der Zumutbarkeit stark erhöhte Anforderungen.[1899]

1894 So Wendl/Dose/*Gutdeutsch*, § 4 Rn 938.

1895 Vgl. BGH FamRZ 2001, 986 einerseits und BGH FamRZ 1983, 146 andererseits.

1896 BGH FamRZ 2007, 1158.

1897 BGH FamRZ 1995, 343.

1898 BGH FamRZ 1995, 343.

1899 BGH NJW 1999, 2365.

Der **wesentliche Anwendungsbereich des § 1577 Abs. 2 BGB** liegt bei einer neben der Kindesbetreuung fortgesetzten oder nach Trennung ohne entsprechende Obliegenheit aufgenommenen Erwerbstätigkeit sowie bei Fortsetzung einer Erwerbstätigkeit über das Rentenalter hinaus. **1764**

1. Grenzen zumutbarer Tätigkeit

Die Erwerbsobliegenheit bezieht sich ausschließlich auf zumutbare Tätigkeit. Wird der Berechtigte oder der Verpflichtete überobligationsmäßig tätig, z.B. nach Eintritt in das Rentenalter oder trotz Betreuung eines Kindes unter drei Jahren, aber auch z.B. durch **Nebentätigkeit trotz Vollzeittätigkeit**, handelt es sich um eine sogenannte unzumutbare Erwerbstätigkeit. **1765**

Unzumutbar ist jede Tätigkeit, für die keine Erwerbsobliegenheit besteht.

Wird eine unzumutbare Erwerbstätigkeit ausgeübt, kann der Betroffene **sie jederzeit beenden**, gleichgültig, ob er Unterhaltsschuldner ist oder ob er als Unterhaltsgläubiger durch Aufgabe seiner Tätigkeit seine Bedürftigkeit erhöht.[1900] **1766**

Nach § 1577 Abs. 2 BGB ist **im Einzelfall** zu prüfen, ob oder ggf. zu welchem Teil Einkünfte aus unzumutbarer Tätigkeit angerechnet werden. Im konkreten Einzelfall ist vorab aber festzustellen, ob es sich um Einkünfte aus einer nachhaltig erzielten, dauerhaft und damit zumutbaren oder aus einer überobligationsmäßigen, jederzeit beendbaren und damit unzumutbaren Tätigkeit handelt. **1767**

2. Unzumutbare Tätigkeit beim Berechtigten

Betreut der Berechtigte kleine Kinder, ist von einer überobligatorischen Tätigkeit nur dann auszugehen, wenn das Kind das dritte Lebensjahr noch nicht vollendet hat. Dies gilt bei Ansprüchen nach § 1570 Abs. 1 BGB ebenso wie bei solchen nach § 1615l BGB.[1901] Bei der **Betreuung älterer als dreijähriger Kinder** kann im konkreten Einzelfall eine überobligatorische Tätigkeit vorliegen, wenn trotz Fremdbetreuung des Kindes noch eine erhebliche persönliche Restbetreuung verbleibt.[1902] Regelmäßig wird dann die **über eine Halbtagstätigkeit hinausgehende Berufstätigkeit** überobligatorisch sein. **1768**

Überobligatorisch kann eine Tätigkeit auch sein, wenn der Bedürftige ein behindertes Kind betreut und daneben gearbeitet wird. Dies gilt unabhängig davon, ob Pflegegeld nach § 13 Abs. 6 SGB XI geleistet wird.[1903] Dasselbe gilt auch für den betreuungsbedürftigen Volljährigen, wenn er einer umfassenden Einzelbetreuung bedarf. **1769**

Unzumutbare Tätigkeit liegt weiter dann vor, wenn der Bedürftige nach Altersverrentung oder entsprechender Pensionierung weiterarbeitet oder Nebentätigkeiten verrichtet.[1904] Dies gilt nicht bei unterhaltsrechtlich leichtfertigem Verhalten wie der Vereinbarung von Altersteilzeit, sofern hierfür kein nachvollziehbarer Grund, etwa Erkrankung, vorliegt. Die **Erwerbsobliegenheit endet erst mit der Regelaltersgrenze**, weil nach Auffassung des BGH danach grundsätzlich keine Ausübung einer Berufstätigkeit mehr verlangt werden kann.[1905] **1770**

1900 BGH FamRZ 2006, 846.
1901 BGH FamRZ 2009, 770; BGH FamRZ 2008, 1391; BGH FamRZ 2010, 357; BGH FamRZ 2010, 1880.
1902 BGH FamRZ 2009, 770; BGH FamRZ 2010, 880.
1903 BGH FamRZ 2006, 846.
1904 BGH FamRZ 2011, 454.
1905 BGH FamRZ 2011, 454.

1771 Denkbar sind aber auch Fälle, in denen eine **Anrechnung ganz unterbleibt.**[1906] Umgekehrt wird es auch Fälle geben, in denen eine Anrechnung vollständig zu unterbleiben hat, z.B. bei der **Arbeitstätigkeit eines über 70-Jährigen.**[1907]

Rechenbeispiel

1. Unterhaltsberechnung bei überobligatorischer Tätigkeit (Betreuung eines Kindes)

M verfügt nach Abzug des Kindesunterhalts über ein bereinigtes Nettoeinkommen von 2.000 EUR, F aus einer Halbtagstätigkeit über ein bereinigtes Nettoeinkommen in Höhe von 800 EUR. F betreut das gemeinsame zweijährige Kind und begann erst nach der Trennung wegen der beengten finanziellen Verhältnisse zu arbeiten.

Unterhaltsanspruch von F

Nettoeinkommen M	2.000 EUR
abzgl. 5 % berufsbedingte Aufwendungen	100 EUR
verbleibendes Einkommen	**1.900 EUR**
Einkommen F	800 EUR
abzgl. 5 % berufsbedingte Aufwendungen	40 EUR
verbleibendes Einkommen	**760 EUR**
anrechenbar wegen überobligatorischer Tätigkeit ½	380 EUR
anrechenbares Einkommen M	1.900 EUR
anrechenbares Einkommen F	380 EUR
Differenzeinkommen	1.520 EUR
davon 45 %-Anspruch	**684 EUR**

Abwandlung:

Beispiel wie oben. Das gemeinsame Kind ist jedoch vier Jahre alt. Das Kind wird halbtags im Kindergarten betreut. Es liegt keine überobligatorische Tätigkeit vor, da die Halbtagsbetreuung des Kindes im Kindergarten eine Halbtagserwerbstätigkeit der F ermöglicht.

Unterhaltsanspruch der F

Nettoeinkommen M	2.000 EUR
abzgl. 5 % berufsbedingte Aufwendungen	100 EUR
verbleibendes Einkommen	1.900 EUR
Einkommen F	800 EUR
abzgl. 5 % berufsbedingte Aufwendungen	40 EUR
verbleibendes Einkommen	760 EUR
anrechenbares Einkommen M	1.900 EUR
anrechenbares Einkommen F	760 EUR
Differenzeinkommen	1.140 EUR
davon 45 %-Anspruch	**513 EUR**

1906 Z.B. FamRZ 1990, 1091, 1095; BGH FamRZ 1992, 1045, 1049.
1907 Vgl. aber BGH FamRZ 2011, 454: Teilanrechnung des Einkommens, das über dem Einkommen aus den Versorgungsbezügen liegt.

2. Unterhaltsberechnung bei überobligatorischer Tätigkeit (Erwerbstätigkeit im Altersruhestand)

M ist 66-jähriger Pensionär und erhält eine Pension in Höhe von netto monatlich 2.000 EUR. Er übt eine Nebentätigkeit als Gutachter aus und verdient dadurch monatsdurchschnittlich zusätzlich netto 1.000 EUR. Die 50-jährige F ist erwerbsunfähig und erhält eine Erwerbsunfähigkeitsrente in Höhe von 500 EUR.

Unterhaltsanspruch der F	
Einkommen des M Pension	2.000 EUR
Nebentätigkeit Gutachter	1.000 EUR
abzgl. 5 % berufsbedingter Aufwendungen	
Nebentätigkeit insgesamt	950 EUR
hiervon anrechenbar 1/2-Anteil	475 EUR
anrechenbare Gesamteinkünfte	2.475 EUR
Berechnung Unterhalt F	
anrechenbare Gesamteinkünfte M Pension	2.000 EUR
Nebentätigkeit abzgl. 1/10 Erwerbsbonus (475 EUR – 48 EUR)	427 EUR
Gesamteinkünfte	2.427 EUR
anrechenbare Einkünfte F	500 EUR
Differenzeinkommen	1.927 EUR
hiervon 1/2-Anteil	**963,50 EUR**

Abwandlung:

M ist 71 Jahre alt und übt weiter seine Nebentätigkeit aus. Die Einkünfte aus Nebentätigkeit sind unzumutbar und wegen des hohen Alters des M nicht anrechenbar.

Berechnung Unterhalt F	
Pension des M	2.000 EUR
Einkommen F	500 EUR
Differenzeinkommen	1.500 EUR
Unterhaltsanspruch F	**750 EUR**

Dies gilt auch bei **Ausübung einer selbstständigen Tätigkeit**, selbst wenn es in bestimmten Berufen, wie 1772
z.B. demjenigen des Notars, üblich ist, auch über die Vollendung des 65. Lebensjahres hinaus tätig zu sein. Das Notaramt endet mit Vollendung des 70. Lebensjahres.

Neben den beiden Hauptanwendungsfällen, der **Betreuung kleiner Kinder und des Erreichens der Re- 1773
gelaltersgrenze** liegt weiter auch dann grundsätzlich unzumutbare Tätigkeit vor, wenn der Berechtigte nach der Trennung trotz ausreichender Bemühungen keine angemessene Arbeitstätigkeit im Sinne des § 1574 Abs. 2 BGB findet und deshalb eine untergeordnete Stellung annimmt (Verkaufshilfe statt Krankenschwester).[1908]

Die **Unterordnung der angenommenen Stellung** muss allerdings deutlich vorhanden sein. So wird man 1774
nicht unbedingt von einer untergeordneten Stellung ausgehen können, wenn eine Berechtigte statt in ihrem erlernten Beruf als Kindergärtnerin die Stellung einer Fachverkäuferin einnimmt.[1909] Wurde von der

1908 BGH NJW-RR 1992, 1282.
1909 Anders BGH NJW-RR 1992, 1282.

Berechtigen eine im Hinblick auf ihre Ausbildung untergeordnete Stellung bereits während der Ehe ausgeübt, handelt es sich allerdings nicht um eine unangemessene, untergeordnete Tätigkeit.[1910]

1775 **Arbeitslosengeld oder sonstige Lohnersatzleistungen**, auch eine Abfindung, selbst wenn diese auf vorangegangener unzumutbarer Tätigkeit beruht, zählen nicht zu Einnahmen aus überobligatorischer Tätigkeit.[1911] Der Grund liegt darin, dass Lohnersatzleistungen nicht auf eigenen unzumutbaren Anstrengungen beruhen, sondern auf Sozialabgaben, die in der Vergangenheit das anrechenbare Einkommen in voller Höhe gemindert haben.[1912]

1776 Das **Führen eines Haushaltes etwa für einen neuen Lebensgefährten** stellt keine überobligatorische Tätigkeit dar, unabhängig davon, ob der oder die Berechtigte teilweise berufstätig ist oder einer Vollzeittätigkeit nachgeht. Es ist davon auszugehen, dass die Haushaltsführung in der neuen Partnerschaft geteilt wird und deshalb keine Vergütungsleistung anzusetzen ist.[1913]

1777 Eine **trotz gesundheitlicher Beeinträchtigungen** ausgeübte Erwerbstätigkeit ist dann nicht überobligatorisch, wenn sie bereits während der Ehe ausgeübt wurde und lediglich nach der Scheidung fortgesetzt worden ist.[1914]

1778 Die **Höhe der Anrechnung** ist als Einzelfallfrage zu lösen.

Bei der Frage der **Bemessung des anrechnungsfreien Betrages** im Falle betreuter kleiner Kinder spielt das Alter der Kinder eine Rolle, die Vereinbarung von Betreuung und konkreten Arbeitszeiten,[1915] der mit der Betreuung verbundene Zeitaufwand und Organisationsaufwand[1916] sowie sonstige besondere Erschwernisse.[1917]

Je nach Einzelfall wird ein Abzug von **30 bis 50 % angemessen** sein.[1918] Bei der Fortsetzung einer Tätigkeit über die Regelaltersgrenze hinaus oder die Ausübung einer Nebentätigkeit nach Verrentung bzw. Pensionierung ist im Einzelfall zu prüfen, warum die Tätigkeit fortgesetzt oder warum Nebentätigkeiten ausgeübt werden.[1919] Liegt der Grund im **Schuldenabbau oder unzureichender Altersvorsorge,** kann im Einzelfall das bisherige Einkommen weiterhin voll angesetzt werden. Kommt es durch die Verrentung bzw. Pensionierung zu einer Erhöhung des bisherigen Einkommens, ist der übersteigende Betrag dem Bedürftigen auf jeden Fall anrechnungsfrei zu verbleiben.

1779 Bei einem **Alter über 70 Jahren** wird auch bei voller Erwerbstätigkeit eines Selbstständigen generell nur eine Teilanrechnung des Einkommens, das über dem Einkommen aus den Versorgungsbezügen liegt, in Betracht kommen können.[1920]

3. Unzumutbare Erwerbstätigkeit des Verpflichteten

1780 Auch der **Verpflichtete** verfügt u.U. über Erwerbseinkünfte aus unzumutbarer Tätigkeit:

- Über das übliche Maß hinausgehende Überstunden;[1921]
- überobligationsmäßige, unübliche Mehrarbeit und Belastung;[1922]

1910 BGH FamRZ 2005, 23.
1911 OLG Köln FamRZ 2006, 342; OLG Koblenz FamRZ 2002, 325.
1912 Kleffmann/Soyka/*Kleffmann*, 4. Kap. Rn 445.
1913 BGH FamRZ 2005, 567.
1914 BGH NJW 1998, 2821.
1915 BGH FamRZ 2001, 350.
1916 OLG Saarbrücken NJW-RR 2006, 869.
1917 OLG Hamm FamRZ 2002, 1708.
1918 Wendl/Dose/*Gerhardt*, § 1 Rn 822: 20 bis 30 %.
1919 BGH FamRZ 2011, 454.
1920 BGH FamRZ 2011, 454.
1921 BGH FamRZ 2004, 186.
1922 BGH FamRZ 1980, 984.

- Nebentätigkeit und sonstige unzumutbare Zweitarbeit;[1923]
- Berufstätigkeit des Verpflichteten trotz Kinderbetreuung;[1924]
- Berufstätigkeit über die Regelaltersgrenze hinaus;[1925]
- Zusatzverdienst/Nebentätigkeit bei Renten- und Pensionsempfängern.

Es obliegt einer **Einzelfallprüfung**, ob in solchen Fällen eine vollständige oder lediglich teilweise oder auch gar keine Anrechnung der Einkünfte vorzunehmen ist.

Für den Ehegattenunterhalt gilt, dass eine neben einer vollschichtigen Erwerbstätigkeit ausgeübte Nebentätigkeit grundsätzlich unzumutbar ist, soweit sie jederzeit beendet werden kann. Sind **Zusatzarbeiten oder Überstunden** und Mehrbelastungen bei bestimmten Berufsgruppen oder bei Selbstständigen Bestandteil ihrer Tätigkeit (z.B. auch Gutachtertätigkeit oder Mitgliedschaft in einer Prüfungskommission), ist grundsätzlich nicht von einer unzumutbaren Tätigkeit auszugehen. Eine Anrechnung solcher Bezüge erfolgt in **vollem Umfang**.[1926] **1781**

Auch die **Ausübung grundsätzlich zweier verschiedener Berufe**, wie derjenige des Abgeordneten und des Rechtsanwaltes können als eine einheitliche Tätigkeit gewertet werden und damit einheitlich als zumutbar anzusehen sein. **1782**

Bei **nicht Selbstständigen** kommt es für den Fall von Überstunden, Mehrarbeit und Belastungen auf die Frage der Üblichkeit an. Bei Selbstständigen gelten – ebenfalls typischerweise – die Arbeitszeiten von nicht Selbstständigen nicht. **1783**

Dies führt andererseits nicht dazu, dass die **Reduzierung der Arbeitszeit** eines Selbstständigen auf die üblichen Arbeitszeiten eines nicht Selbstständigen beanstandet werden könnten.

Tätigkeiten **über die Regelzeit der Altersgrenze hinaus** stellen grundsätzlich überobligatorische Tätigkeit dar. Dies gilt für den Unterhaltspflichtigen ebenso wie für den Berechtigten.[1927] **1784**

Insoweit kann grundsätzlich auch **nicht differenziert** werden, ob es sich um einen Selbstständigen oder nicht Selbstständigen handelt. Ebenso kommt es nicht darauf an, ob in bestimmten Berufen (Rechtsanwälte, Ärzte etc.) üblich ist, über die Regelzeit der Altersgrenze hinaus zu arbeiten.[1928]

Auch Selbstständige können ihre Tätigkeit ab Vollendung der Regelzeit der Altersgrenze jederzeit beenden.

Beim Verpflichteten ist das Einkommen aus unzumutbarer Tätigkeit nach allgemeinen unterhaltsrechtlichen Grundsätzen von **Treu und Glauben** unter Berücksichtigung der besonderen Umstände des Einzelfalles anzurechnen.[1929] Soweit es überhaupt anzusetzen ist, gilt es als in der Ehe angelegt. **1785**

Regelmäßig wird man solchen Fällen unter Berücksichtigung des konkreten Einzelfalls nur einen Teil des überobligatorischen Einkommens, etwa zwischen **30 und 50 %**, der Unterhaltsberechnung zugrunde legen können. Dies gilt auch für den Fall der neben der vollen Berufstätigkeit ausgeübten Nebentätigkeit (z.B. Gutachtertätigkeit oder Tätigkeit in Prüfungskommissionen). Bei **Aufgabe einer solchen Nebentätigkeit** ist die Einkommensreduzierung eheprägend und damit vom Berechtigten zu akzeptieren. **1786**

Bei Berufstätigkeit über den Zeitpunkt der Regelalterszeit hinaus **kann maximal das bisherige Einkommen** ohne Berücksichtigung der zusätzlich gezahlten Altersvorsorge und des steuerlichen Altersfreibetrages angesetzt werden. **1787**

1923 BGH FamRZ 2006, 846.
1924 BGH FamRZ 2001, 350.
1925 BGH FamRZ 2011, 454.
1926 BGH FamRZ 1983, 152.
1927 BGH FamRZ 2011, 454.
1928 BGH FamRZ 2011, 454.
1929 BGH FamRZ 2001, 350.

Die überobligatorische Tätigkeit des Pflichtigen kann nicht zu einer Verbesserung der Lebensstellung des Bedürftigen führen. Im **Einzelfall** ist aber zu prüfen, ob nicht lediglich die Altersvorsorge und ein geringerer Teil des bisherigen Einkommens nach Treu und Glauben für die Unterhaltsberechnung herangezogen werden kann oder ausschließlich die Altersvorsorge.

1788 Im Rahmen der Einzelfallprüfung[1930] ist von Bedeutung, aus **welchen Gründen die weitere Arbeitstätigkeit** erfolgt (einerseits Überschuldung oder fehlende ausreichende Altersversorgung, andererseits Freude an der Tätigkeit). Umgekehrt ist zu bedenken, inwieweit der Bedürftige auf die Fortzahlung des bisherigen Unterhaltes angewiesen ist.

Schließlich ist ein fortschreitendes Alter des Pflichtigen einzubeziehen.[1931]

1789 Liegt **Überschuldung oder fehlende ausreichende Altersversorgung** vor, so dient das überobligatorische Einkommen des Verpflichteten seiner eigenen Versorgung und damit der Sicherung seines eigenen Unterhalts.

1790 Für die Bedarfsermittlung kann es **nur in dem Umfang** herangezogen werden, in dem der Pflichtige üblicherweise ab Erreichen der Regelaltersgrenze eine Altersversorgung hätte.

Dies gilt nicht, wenn der Verdienst **nicht nur für die Altersversorgung** herangezogen wird, sondern z.B. auch Vermögen gebildet werden soll. Wird, vor allem bei Selbstständigen, die Arbeitstätigkeit fortgesetzt, weil der Verpflichtete Freude an der Tätigkeit hat, bleibt die Tätigkeit überobligatorisch und ist nur zum Teil anzusetzen. Üblich muss der Rahmen zwischen 30 und 50 % der über die Altersvorsorge hinaus erzielten Einkünfte sein.

1791 In demselben Umfang wird man die **Nebentätigkeit eines Rentners** ansetzen müssen. Einkünfte aus einer Berufstätigkeit über das Alter von 70 Jahren hinaus wird man jedoch in der Regel nicht heranziehen können. Anderes wird nur in extremen Ausnahmefällen gelten können.

1792 Bei einer Berufstätigkeit neben der Betreuung von Kindern wird man den **„unzumutbaren Teil" der Tätigkeit** nach vorangegangenem Abzug etwaiger weiterer konkreter Betreuungskosten genau bemessen müssen. Dieser Betrag kann nicht pauschaliert werden, wird aber bei etwa 30 bis 50 % der vor Abzug der Betreuungskosten verbleibenden Einkünfte liegen müssen.

1793 *Beispiel: Unterhaltsberechnung bei Einkünften aus unzumutbarer Tätigkeit*

Geschiedener Ehemann M verdient bereinigt monatlich	3.000 EUR
abzgl. berufsbedingter Aufwendungen	150 EUR
verbleibendes Einkommen	2.850 EUR

Die geschiedene Ehefrau F betreut und versorgt das gemeinschaftliche zweijährige Kind.

F verdient bereinigt monatlich	800 EUR
abzgl. berufsbedingter Aufwendung	40 EUR
verbleibendes Einkommen	760 EUR

Für Betreuung des Kindes K wendet F monatlich 100 EUR auf.

Unterhaltsanspruch F

Nettoeinkommen M	3.000 EUR
abzgl. berufsbedingter Aufwendungen	150 EUR
abzgl. Kindesunterhalt nach Düsseldorfer Tabelle[1932] (abzgl. hälftiges Kindergeld)	400 EUR

1930 BGH FamRZ 2011, 454.
1931 BGH FamRZ 2011, 454.
1932 Stand 1.1.2023.

verbleibendes Einkommen	2.450 EUR
Nettoeinkommen F	800 EUR
abzgl. berufsbedingte Aufwendungen	40 EUR
abzgl. Betreuungskosten	100 EUR
verbleibendes Einkommen	660 EUR
Anrechnungsfähiges Einkommen F wegen überobligatorischer Tätigkeit 50 %	330 EUR
Unterhaltsberechnung:	
Verbleibendes Einkommen M	2.450 EUR
anrechenbares Einkommen F	330 EUR
Differenzeinkommen	2.120 EUR
hiervon 45 %-Anteil Unterhaltsanspruch F	954 EUR

IV. Vermögensverwertung

1. Vermögensverwertung, § 1577 Abs. 3 BGB

Grundsätzlich könnte der Berechtigte durch die **Verwertung vorhandenen Vermögens** seinen Bedarf decken, bis es verbraucht ist. Bis zu diesem Zeitpunkt ist der Unterhaltsgläubiger nicht bedürftig. Diese Bedürftigkeit entsteht grundsätzlich erst dann, wenn er sein gesamtes Vermögen verbraucht hat. 1794

Er muss jedoch nach § 1577 Abs. 3 BGB den Stamm seines Vermögens dann nicht verwerten, wenn die Verwertung **unwirtschaftlich oder unter Berücksichtigung der beiderseitigen wirtschaftlichen Verhältnisse unbillig** wäre. 1795

Vermögen nach § 1577 Abs. 3 ist das **gesamte Aktivvermögen** des Berechtigten, also auch Vermögenswerte, die erst nach der Trennung oder Scheidung entstanden oder dem Berechtigten zugeflossen sind. Dies betrifft eine **Erbschaft** ebenso wie **Schenkungen**, den **Veräußerungserlös** eines früheren gemeinschaftlichen Hauses oder **Vermögensbildung nach der Scheidung**. 1796

Auch wenn Vermögen im Grundsatz dazu dienen soll, den Unterhalt des Berechtigten **ergänzend** zu dessen sonstigen Einkünften auf Lebenszeit zu sichern,[1933] muss der Berechtigte das Vermögen doch verwerten und für Unterhaltszwecke verwenden, es sei denn, die Verwertung ist unwirtschaftlich und/oder unbillig. Liegt eine dieser Voraussetzungen nicht vor, besteht eine Verwertungsobliegenheit. 1797

Auch wenn das Vermögen dazu dienen soll, den Unterhalt des Berechtigten auf Lebenszeit zu sichern, darf **nicht zu Lasten des Verpflichteten** versucht werden, das **Vermögen für Erben zu erhalten**. 1798

Unwirtschaftlich ist eine Vermögensverwertung, wenn der Berechtigte aus dem Vermögen Erträge erzielt, die seinen Unterhaltsanspruch mindern. Dies gilt allerdings nicht, wenn die Erträge in keinem angemessenen Verhältnis zum Wert des dafür eingesetzten Vermögens stehen. 1799

Der **Verkauf eines Eigenheims** ist deshalb wirtschaftlich vorzunehmen, wenn eine entsprechende Mietwohnung auf Dauer billiger wäre als der Wert des Wohnvorteils. Umgekehrt ist es unwirtschaftlich, den Verkauf eines Hauses oder einer Eigentumswohnung vorzunehmen, wenn eine Miete den Berechtigten höher belasten würde. 1800

1933 BGH FamRZ 1985, 354.

1801 Unwirtschaftlich kann die **Verwertung eines Barvermögens** in der Regel nicht sein.[1934] Erzielt der Berechtigte allerdings keine eigenen Erwerbseinkünfte, ist ihm zumindest eine „Reserve" als **Notgroschen für Notfälle** zu belassen.[1935] Zumutbar kann auch die Geltendmachung eines Pflichtteils sein.[1936]

1802 Die **Darlegungs- und Beweislast** für die Umstände, aus denen sich die Unwirtschaftlichkeit oder Unbilligkeit einer Vermögensverwertung ergibt, trifft den Berechtigten.

2. Unterhaltssicherung durch Vermögen

1803 Die Vorschrift über die **nachhaltige Unterhaltssicherung durch Vermögen nach § 1577 Abs. 4 BGB** regelt den Sonderfall, dass zum Zeitpunkt der Ehescheidung zu erwarten war, dass der Unterhalt des Berechtigten aus dessen Vermögen nachhaltig gesichert ist. In solchem Fall bestand kein Unterhaltsanspruch, § 1577 Abs. 4 Satz 1 BGB. Fällt das Vermögen später, sei es **verschuldet oder unverschuldet**, weg, bleibt der Anspruch erloschen, da zunächst eine nachhaltige Unterhaltssicherung vorhanden war.[1937]

1804 Die **nachhaltige Sicherung** zum Zeitpunkt der Ehescheidung ist dann vorhanden, wenn die bei Ehescheidung vorhandenen Umstände die **Prognose** rechtfertigen, das Vermögen genüge nach seiner Höhe und Werthaltigkeit, um den Unterhaltsbedarf dauerhaft zu decken.[1938]

1805 Lagen zum Zeitpunkt der Ehescheidung Umstände vor, die vorhanden waren, aber erst durch eine rückwärtsgewandte Beurteilung **(ex-ante-Beurteilung)** bekannt geworden sind, findet eine Berücksichtigung statt.

1806 Grundsätzlich lebt daher ein Unterhaltsanspruch auch bei Wegfall/Verbrauch des Vermögens **nicht wieder** auf.

Ausnahmsweise entsteht jedoch nach § 1577 Abs. 4 Satz 2 BGB gleichwohl ein neuer Unterhaltsanspruch nach § 1570 BGB, wenn im Zeitpunkt des Vermögensverlustes wegen der Pflege und Erziehung eines gemeinsamen Kindes **keine Erwerbstätigkeit vom Unterhaltsgläubiger erwartet werden** kann. Da der Grund für das Wiederaufleben des Unterhaltsanspruchs in der **fortwirkenden gemeinsamen Elternverantwortung** liegt, werden nicht erneut Anschlusstatbestände nach §§ 1571 ff. BGB in Betracht kommen können.[1939]

Zwischen alters- oder krankheitsbedingter Erwerbsunfähigkeit und Zeiten der Kinderbetreuung besteht kein zwingender Kausalzusammenhang.[1940]

H. Leistungsfähigkeit des Verpflichteten

I. Der Begriff der Leistungsfähigkeit nach § 1581 BGB

1807 § 1581 BGB regelt für den Geschiedenenunterhalt die Folgen einer vollständigen oder teilweisen Leistungsunfähigkeit.

Die Frage der **Leistungsfähigkeit** ist ebenso wie der Bedarf des Unterhaltsgläubigers und seine Bedürftigkeit als dritte Voraussetzung für die Verpflichtung zur Zahlung von Unterhalt zu prüfen. Gleichwohl ist sie – aus Zweckmäßigkeitsgründen[1941] – als Einwendung ausgestaltet.

1934 BGH FamRZ 1985, 360.
1935 BGH FamRZ 2006, 1511.
1936 BGH FamRZ 1993, 1065.
1937 Vgl. § 1573 Abs. 4 S. 1 BGB.
1938 BGH FamRZ 1985, 791.
1939 Kleffmann/Soyka/*Kleffmann*, 4. Kap. Rn 464; Grüneberg/*Siede*, § 1577 Rn 33.
1940 Kleffmann/Soyka/*Kleffmann*, 4. Kap. Rn 464; NK-BGB/*Schürmann*, § 1577 Rn 86.
1941 Wendl/Dose/*Gutdeutsch*, § 4 Rn 967.

Dies hat zur Folge, dass den **Verpflichteten die Darlegungs- und Beweislast** für das Vorliegen einer – ggf. teilweisen – Leistungsunfähigkeit trägt.[1942] Erhebt der Verpflichtete keine Einwendungen, wird deshalb davon ausgegangen, dass seine Leistungsfähigkeit nicht beeinträchtigt ist.[1943]

II. Eigener eheangemessener Bedarf

1. Eheangemessener Selbstbehalt

Beim nachehelichem Ehegatten- und beim Kindesunterhalt (§§ 1581, 1603 BGB), besteht **keine Leistungsfähigkeit, wenn der eigene angemessene Unterhalt gefährdet** ist, d.h. der so genannte Selbstbehalt unterschritten wird. Für die Prüfung der **Leistungsfähigkeit** ist aber das **gesamte Einkommen** des Pflichtigen, also prägendes und nicht prägendes, heranzuziehen.[1944] **1808**

Die **Höhe des Selbstbehalts** beläuft sich auf den **eheangemessenen Selbstbehalt,**[1945] **derzeit 1.650 EUR**[1946] und ist nach unten durch den notwendigen Selbstbehalt als unterste Grenze der Inanspruchnahme (= Existenzminimum) begrenzt. Grundsätzlich hat dem Unterhaltspflichtigen ein eheangemessener Selbstbehalt zu verbleiben. Es verblieb jedoch nach früherer Rechtsprechung dann lediglich ein notwendiger Selbstbehalt, wenn der Unterhaltsberechtigte ebenso schutzwürdig ist wie minderjährige Kinder, z.B. wenn der Berechtigte minderjährige Kinder betreut.[1947] **1809**

Nach der Düsseldorfer Tabelle beträgt dieser Selbstbehalt seit dem 1.1.2023 **1.370 EUR** (incl. 582 EUR Warmmiete), bei Nichtarbeit **1.120 EUR**.

Der **BGH** hat in der Entscheidung vom **15.3.2006**[1948] jedoch erklärt, dass der Ehegattenselbstbehalt auch in diesen Fällen in der Regel mit einem Betrag zu bemessen ist, der **zwischen** dem angemessenen Selbstbehalt (§ 1603 Abs. 1 BGB) und dem notwendigen Selbstbehalt (§ 1603 Abs. 2 BGB) liegt.[1949] **1810**

Die Höhe des Selbstbehalts eines **Umschülers** ist streitig. Das **OLG Dresden**[1950] nimmt den Selbstbehalt eines nicht Erwerbstätigen an, das **OLG Hamm**[1951] denjenigen eines Erwerbstätigen. Das **OLG Köln**[1952] bestimmt einen Zwischenbetrag.

Die Höhe des einem **Umschüler zu belassenen Selbstbehalts** sollte sich nach den Umständen des Einzelfalls richten: Gibt es ausreichende **Anhaltspunkte**, die eine **Gleichstellung mit einem Erwerbstätigen rechtfertigen**, kann vom notwendigen Selbstbehalt ausgegangen werden. Anderenfalls muss es bei dem Selbstbehalt für nicht Erwerbstätige verbleiben.

In dem vom **OLG Hamm** am 6.4.2005 entschiedenen Fall[1953] war eine Gleichstellung mit Erwerbstätigen gerechtfertigt, weil die Umschulung in **Vollzeitform** erfolgte und die Umschulung der **Wiederaufnahme der Arbeitstätigkeit diente**.[1954] **1811**

1942 BVerfG FamRZ 1985, 143; BGH FamRZ 1988, 930.
1943 BGH FamRZ 1988, 930.
1944 BGH FamRZ 1989, 159, 161.
1945 So BGH FamRZ 1990, 260 ff.
1946 DT, Stand 1.1.2023.
1947 Zur **Darlegungs- und Beweislast** für verminderte Leistungsfähigkeit vgl. auch BGH FamRZ 2003, 444 und *Büte*, FK 2003, 101.
1948 BGH FamRZ 2006, 683.
1949 Vgl. dazu Anm. *Büttner*, FamRZ 2006, 765.
1950 FamRZ 1999, 1015.
1951 FamRZ 1999, 1015.
1952 FamRZ 1998, 480.
1953 OLG Hamm OLGR 2005, 370 = OLG Hamm FamRZ 2005, 2015.
1954 Gegenüber **minderjährigen Kindern** kann sich der Unterhaltsschuldner im Übrigen nicht auf Leistungsunfähigkeit berufen, wenn es sich nicht um eine Ausbildung mit dem Ziel, erstmals einen Berufsabschluss zu erlangen, sondern um eine Zweitausbildung handelt, OLG Thüringen, Urt. v. 11.3.2005 – 1 UF 391/04, n.v.

1812 Das Zusammenleben in einer **Lebens- und Wirtschaftsgemeinschaft** mit einem Erwerbstätigen rechtfertigt – jedenfalls im Mangelfall – die **Herabsetzung des dem Unterhaltspflichtigen zu belassenden Selbstbehalts** wegen ersparter Lebenshaltungskosten.[1955]

Nach einem Urteil des **BGH** vom 9.1.2008 kann in solchen Fällen der Selbstbehalt **bis an die Grenze des sozialhilferechtlichen Bedarfs** herabgesetzt werden.[1956]

1813 *Hinweis*

Nach Eröffnung des Insolvenzverfahrens beschränkt sich die Leistungsfähigkeit des Schuldners auf den **Differenzbetrag zwischen pfändungsfreiem Betrag und dem Selbstbehalt** (Pfändungsfreibetrag). So liegt die Pfändungsfreigrenze bei einem unterhaltsberechtigten Kind bei 1.622,16 EUR, bei zwei Kindern bei 1.869,28 EUR und bei drei Kindern bei 2.116,40 EUR.[1957]

2. Einkommen des Verpflichteten

1814 Grundlage zur Beurteilung der Leistungsfähigkeit ist das **bereinigte Nettoeinkommen.**

Ggf. sind sonstige, auch fiktive Einkünfte zuzurechnen.

1815 Inwieweit einem Unterhaltsverpflichteten im Mangelfall **fiktive Nebenverdienste** anzurechnen sind, ist am **Maßstab der Verhältnismäßigkeit** zu prüfen, ob die zeitliche und physische Belastung durch die ausgeübte und die zusätzliche Arbeit dem Unterhaltspflichtigen unter Berücksichtigung auch der Bestimmung, die die Rechtsordnung zum Schutz der Arbeitskraft vorgibt, abverlangt werden kann.[1958]

1816 Die **Darlegungs- und Beweislast** zur Frage der Zumutbarkeit liegt insoweit bei dem **Unterhaltsverpflichteten.**[1959] Nach der Entscheidung des **BVerfG vom 5.3.2003**[1960] sind folgende, im Einzelfall zu prüfende Erfordernisse zu berücksichtigen:[1961]

- Beachtung des Arbeitszeitgesetzes (§§ 3, 5, 6)
- Berücksichtigung der Arbeitsmarktsituation
- Prüfung der rechtlichen Zulässigkeit einer Nebentätigkeit
- Beachtung gesundheitlicher Beeinträchtigung
- Berücksichtigung der Arbeits- und Lebenssituation

1817 Unbeeindruckt hiervon hat das **OLG Hamm** die Anforderungen an die Arbeitstätigkeit des Unterhaltspflichtigen (zur Vermeidung des Mangelfalles) hoch angesetzt:

> *Auch bei Schichtarbeit und der Möglichkeit, auch samstags zum Dienst herangezogen zu werden, ist der Unterhaltsverpflichtete zur Aufnahme einer Nebentätigkeit verpflichtet, um den Mindestunterhalt seiner minderjährigen Kinder zu sichern.*[1962]

Das **OLG Köln** meint, unter Beachtung der Vorschriften des Arbeitszeitgesetzes sei jedenfalls eine wöchentliche Arbeitszeit von **bis zu 48 Stunden** zumutbar.[1963]

1955 Nach OLG Hamm NJW 2003, 223, 224 um 27 % auf 73 % des nach den Leitlinien vorgesehenen Betrages; OLG München FamRZ 2004, 485: um 25 %; vgl. auch BGH FamRZ 1998, 286, 288; OLG Hamm FamRZ 2003, 1210; Wendl/Dose/*Scholz*, § 2 Rn 270.
1956 BGH BeckRS 2008, 02392 = ZFE 2008, 229 m. Anm. *Viefhues*, S. 230.
1957 OLG Frankfurt FF 2003, 182.
1958 Vgl. BVerfG FamRZ 2003, 661; ausf. dazu *Soyka*, FK 2004, 28; OLG Oldenburg KindPrax 2003, 186.
1959 BVerfG FamRZ 2003, 661, 662; BGH FamRZ 1998, 357, 359.
1960 BVerfG FamRZ 2003, 661.
1961 Vgl. *Soyka*, FK 2004, 28; sehr weit gehend OLG Hamm FamRZ 2004, 299.
1962 OLG Hamm FamRZ 2004, 299.
1963 OLG Köln FamRZ 2007, 1119.

Andererseits hat das **OLG Hamm**[1964] im Fall eines an 6 Tagen der Woche 8 Stunden täglich arbeitenden Hilfskellners erklärt, gegen seine Verpflichtung zur Nebentätigkeit spräche der Umstand, dass er seinen **Haushalt allein besorgen** müsse. Selbst bei Annahme einer Verpflichtung zu einer Nebentätigkeit an dem einzigen freien Tag oder am Wochenende kommen nach Ansicht des Gerichts nur **zwei bis drei Stunden wöchentlich** in Betracht, woraus **allenfalls 100 EUR** erzielt werden könnten, nicht aber – entgegen sonst vielfach vertretener Ansicht – der Höchstbetrag von 400 EUR im Rahmen der sog. Mini-Jobs. 1818

Nach Auffassung des **OLG Dresden** ist bei gesteigerter Erwerbsobliegenheit auf ein arbeitsvertragliches **Verbot jeder Nebentätigkeit** unbeachtlich, da ein solches Verbot nicht mit Art. 12 GG zu vereinbaren sei.[1965] Der Arbeitgeber habe auf schutzwürdige *„familiäre Belange des Arbeitnehmers Rücksicht"* zu nehmen.[1966]

Das **OLG Hamm** erklärt dazu jedoch, soweit der Arbeitgeber die erforderliche Genehmigung nicht erteile, sei es dem Unterhaltspflichtigen in der Regel **nicht zumutbar, hiergegen arbeitsgerichtlich** vorzugehen.[1967]

Die Leistungsfähigkeit muss im Übrigen nicht durch Mitwirkung einer Veräußerung des im Miteigentum stehenden Familienheims erhöht werden.[1968] Nach Rechtskraft der Scheidung (aber erst dann!) besteht die Möglichkeit der Durchführung einer **Teilungsversteigerung** des gesamten Objektes auch gegen den Willen des Miteigentümers. 1819

In Ausnahme hiervon hat das **OLG Stuttgart** erklärt, dass **in Ausnahmefällen eine frühere Teilungsversteigerung möglich** ist.[1969] Voraussetzung sei neben **einer hohen Zins- und Tilgungslast**, dass der Unterhaltspflichtige, in dessen **Alleineigentum** das Familienheim steht, bereits das **Scheidungsverfahren** betreibt und damit zu erkennen gibt, dass er den mit dem Hauserwerb verbundenen Lebensplan selbst für gescheitert hält.[1970] 1820

Bei Verlust der Arbeitsstelle ist die – übrigens sozialabgabenfreie – **Abfindung Einkommensersatz** und dient bis zum Erhalt einer gleichwertigen Arbeitsstelle zur Auffüllung des monatlichen Einkommens.[1971] 1821

> *Hinweis* 1822
>
> Der Unterhaltspflichtige darf die Abfindung nicht für sich verbrauchen. Er darf allenfalls unbedingt notwendige Anschaffungen daraus finanzieren.

Die Abfindung braucht nicht eingesetzt zu werden, um den nach den ehelichen Lebensverhältnissen bemessenen Unterhaltsbedarf zu erhöhen.[1972] 1823

Bei älteren Arbeitnehmern kann sie bis auf die Zeit zum voraussichtlichen **Rentenbeginn** verteilt werden.[1973]

Endet die Zeit der Arbeitslosigkeit vor Ablauf der prognostizierten Dauer, für die eine Abfindung umgelegt worden ist, ist der nicht verbrauchte Rest **nicht dem Einkommen** aus der neuen Erwerbstätigkeit **hinzuzurechnen**. Er ist wie **gewöhnliches Vermögen** zu behandeln, dessen in zumutbarer Weise erzielte 1824

1964 OLG Hamm OLGR 2004, 335 = FamRB 2005, 5.
1965 OLG Dresden FamRZ 2005, 1584.
1966 OLG Dresden FamRZ 2005, 1584.
1967 OLG Hamm FamRB 2005, 5.
1968 OLG Köln FamRZ 2002, 97.
1969 OLG Stuttgart FamRZ 2004, 1109.
1970 OLG Stuttgart FamRZ 2004, 1109.
1971 Die gleichen Anforderungen gelten für die Bemessung des Kindesunterhalts, BGH FamRZ 2012, 1048.
1972 BGH FamRZ 2012, 1040.
1973 OLG Karlsruhe FamRZ 2001, 1615; in derartigen Fällen wird die Unterhaltsberechnung nach dem Halbteilungsgrundsatz vorgenommen, also nicht mehr der Erwerbstätigenbonus abgesetzt.

oder erzielbare Erträgnisse als Einkommen zu behandeln sein können, während die **Substanz im Regelfall außer Ansatz** bleibt.

1825 **Teile der Abfindung** können für notwendige **Anschaffungen (Anm.: konkret darzulegen und nachzuweisen)** und zur **Tilgung von Schulden** verbraucht werden, sofern nicht unterhaltsbezogenes Verschulden einer Berufung auf den Verbrauch entgegensteht.[1974]

1826 Die **Strafhaft** eines Unterhaltspflichtigen führt in der Regel zu seiner **Leistungsunfähigkeit**. Anderes gilt allerdings, wenn ein unterhaltsrechtlicher Bezug zwischen der Straftat und der Leistungsunfähigkeit besteht.[1975]

Der **Selbstbehalt eines inhaftierten Unterhaltspflichtigen**, der im offenen Vollzug erwerbstätig ist, beträgt in der Regel **280 EUR** gegenüber einem minderjährigen Kind. Dieser Betrag ist um den vom Strafgefangenen zu tragenden Haftkostenanteil zu erhöhen.[1976]

1827 Bei gesteigert Unterhaltspflichtigen muss der Betroffene beim Mindestunterhalt gegebenenfalls **öffentliche Verkehrsmittel oder ein Fahrrad** für den Weg zur Arbeit benutzen. Auch die Berücksichtigung von Kosten für eine Heimfahrt in der Mittagspause kommt nicht in Frage.[1977]

1828 Im Rahmen der Überprüfung der Leistungsfähigkeit sind nach § 1581 BGB **sämtliche Einkünfte des Verpflichteten zu berücksichtigen**, gleichgültig, ob sie bedarfsbestimmend waren oder nicht.[1978] Andererseits sind im Rahmen der Leistungsfähigkeit auch **sonstige berücksichtigungswürdige Verbindlichkeiten abzuziehen**, die bei der Bedarfsbemessung nicht berücksichtigt werden durften, wie beispielsweise trennungsbedingte – berücksichtigungswürdige – Schulden.[1979]

1829 Bei beschränkter Leistungsfähigkeit besteht ein Mangelfall im Sinne von § 1581 BGB. Geschuldet wird dann nicht mehr der volle Unterhalt nach § 1578 Abs. 1 S. 1 BGB, sondern aufgrund einer Billigkeitsabwägung nach § 1581 BGB ein **Billigkeitsunterhalt**.[1980]

Der Unterhaltsanspruch einer etwaigen **nachfolgenden Ehefrau** ist allein im Rahmen der **Leistungsfähigkeit** des Unterhaltsverpflichteten zu berücksichtigen. Dabei sind die Rangverhältnisse der beiden Ansprüche zu beachten.[1981]

1830 Eine gegenüber dem Ehegatten aus einer neuen Ehe **nachrangige Unterhaltspflicht** ist bei der Prüfung der **Leistungsfähigkeit** des Unterhaltspflichtigen gegenüber dem geschiedenen Ehegatten nicht als sonstige Verpflichtung i.S.d. § 1581 S. 1 BGB zu berücksichtigen.[1982]

1831 **Adoptiert** z.B. der unterhaltspflichtige Ehegatte die Kinder seiner jetzigen Ehefrau, ist der Kindesunterhalt bei der Prüfung der Leistungsfähigkeit vom Einkommen abzusetzen.[1983] Die Adoption kann ebenso wenig wie die Geburt weiterer Kinder als ein **unterhaltsrechtlich vorwerfbares** Verhalten angesehen werden.

III. Ehegattenquote, Bedarfsquote und Billigkeitsquote

1832 Der Bedarf eines jeden – früheren – Ehegatten wird – außer in den Ausnahmefällen konkreter Bedarfsberechnung – nicht nach den Mitteln bemessen, die zur Aufrechterhaltung des ehelichen Lebensstandards

1974 BGH FamRZ 1990, 269; OLG Celle FamRZ 1992, 590; OLG Hamm FamRZ 1997, 1169; OLG München FamRZ 1995, 809.
1975 OLG Koblenz FamRZ 2004, 1313.
1976 OLG Hamm FamRB 2004, 179 m. Anm. *Brielmaier*, S. 180.
1977 OLG Stuttgart, Beschl. v. 19.10.2007 – 15 WF 229/07, BeckRS 2008, 00235; dem 37 Jahre alten Vater wurde wegen seines jungen Alters zugemutet, eine 8 km lange Wegstrecke mit dem Fahrrad zurückzulegen.
1978 BGH FamRZ 1989, 159.
1979 Vgl. das Berechnungsbeispiel in Kleffmann/Soyka/*Soyka*, 4. Kap. Rn 487.
1980 BGH FamRZ 1989, 842.
1981 BGH FamRZ 2012, 525.
1982 OLG Nürnberg FamRZ 2012, 1500.
1983 OLG Hamm FamRZ 2013, 706.

benötigt werden, sondern pauschal nach einer Quote, der **Ehegattenquote**, des für Unterhaltszwecke verteilbaren prägenden Einkommens.

Diese Bedarfsbemessung nach dem verteilbaren Einkommen ist darin begründet, dass der bis zur Trennung erreichte Lebensstandard nach Trennung und Scheidung mit dem verteilbaren Einkommen in der Regel nicht aufrechterhalten werden kann. Aus diesem Grund wird das **verteilbare Einkommen** – nach dem Grundsatz **angemessener Teilhabe** an den ehelichen Lebensverhältnissen[1984] – **angemessen gequotelt**, weil eben ohnehin nicht mehr geleistet werden kann. **1833**

Die Ehegattenquote stellt die **Bedarfsquote** dar.

Bei beschränkter Leistungsfähigkeit und mehreren Unterhaltsberechtigten kann es zur Notwendigkeit der Ermittlung einer **Billigkeitsquote** kommen, wenn bei Betrachtung des Bedarfs und der zur Verfügung stehenden Deckungsmasse zu einem ungedeckten Restbedarf kommt. Dann muss nach § 1581 BGB eine – ggf. weitere – Unterhaltskürzung erfolgen. **1834**

IV. Herbeigeführte Leistungsunfähigkeit

Eine – auch vollständige – **selbstverschuldete Leistungsunfähigkeit** ist grundsätzlich zu beachten. Dies gilt auch dann, wenn der Verpflichtete sie selbst – auch schuldhaft – herbeigeführt hat, z.B. durch eine Straftat, die mit Freiheitsstrafe geahndet wird und die deshalb zu mangelnden laufenden Einkünften führt.[1985] **1835**

Anderes gilt für **unterhaltsbezogenes**[1986] **verantwortungsloses, zumindest leichtfertiges Verhalten**. Dem Pflichtigen ist in solchen Fällen die Berufung auf Leistungsunfähigkeit nach Treu und Glauben (§ 242 BGB) verwehrt. Als Folge wird der Unterhaltsverpflichtete in so behandelt, als wäre er in bisheriger Höhe leistungsfähig.[1987] Ob solches **unterhaltsbezogen** mindestens leichtfertiges Verhalten vorliegt, obliegt der Bewertung des Einzelfalls.[1988] So führt nicht jeder Arbeitsplatzverlust zu Leistungsunfähigkeit. **1836**

Typische Fälle unterhaltsbezogener Leichtfertigkeit sind in diesem Zusammenhang: **1837**

Nicht notwendige **Kündigung** des Arbeitsplatzes durch den **Verpflichteten**,

- Unterhaltsbezogen leichtfertig verschuldete **Kündigung des Arbeitgebers**,[1989]
- Reduzierung der bisherigen Arbeitszeit ohne – unterhaltsrechtliche – Berechtigung.

Grundsätzlich ist es auch nicht möglich, seine Einkünfte durch den Abschluss einer **Altersteilzeit- und Aufhebungsvereinbarung** zu reduzieren.

Eine unterhaltsrechtliche Erwerbsobliegenheit endet erst mit Erreichen der Regelaltersgrenze nach **§§ 35, 235 SGB VI, § 51 BBG**. Solange diese Regeln nicht von der tatsächlichen Erwerbsfähigkeit abweichen, sind sie als Maßstab im Unterhaltsrecht heranzuziehen. Dies gilt für den Ehegattenunterhalt sowohl beim Berechtigten als auch beim Verpflichteten.

Der Unterhaltspflichtige darf nicht **mutwillig den nachehelichen Unterhalt gefährden**, solange gesetzlich ein Anspruch besteht. Beruhen seine Einkommensminderungen auf der Verletzung der Erwerbsobliegenheit, sind **fiktive Einkünfte** anzusetzen.[1990]

1984 BGH FamRZ 1982, 890.
1985 BGH FamRZ 2000, 815.
1986 BGH FamRZ 1985, 158.
1987 BGH FamRZ 1981, 539.
1988 BGH FamRZ 1993, 1055.
1989 BGH FamRZ 1993, 1055; anders bei zwar leichtfertigem, aber ungewolltem Arbeitsplatzverlust, BGH FamRZ 2002, 813.
1990 BGH FamRZ 2012, 1483.

1838 Eine **Einkommensreduzierung** durch Inanspruchnahme von Altersteilzeit ist dagegen **gestattet**, wenn der **Bedarf des Berechtigten** durch eigene Einkünfte und einen fortbestehenden Unterhaltsanspruch auf hohem Niveau sichergestellt ist oder sich der Pflichtige auf angemessene betriebliche, persönliche oder gesundheitliche Gründe berufen kann.

Diese Maßstäbe gelten auch dann, wenn der Pflichtige seinen Arbeitsplatz bereits **vor dem Erreichen der Regelaltersgrenze aufgibt**.

I. Rangverhältnisse und Mangelfall

I. Rangverhältnisse und Selbstbehalt

1839 Rangfragen, also die Beantwortung der Frage, welche von mehreren Unterhaltsbedürftigen vor anderen von Unterhaltspflichtigen zu befriedigen sind, spielt so lange keine Rolle, wie der Unterhaltspflichtige in der Lage ist, sämtliche Unterhaltsansprüche zu erfüllen. Dann wirken sich Rangverhältnisse nicht aus.

1840 Erst dann kommt der Nachrang eines Unterhaltsberechtigten zum Tragen, wenn das Einkommen des Unterhaltsverpflichteten nicht ausreicht, sowohl den Unterhalt aller Berechtigten als auch seinen eigenen Bedarf sicherzustellen.

1. Der Rang des Unterhaltsberechtigten

1841 In § 1609 BGB sind die Rangverhältnisse zwischen mehreren Unterhaltsberechtigten nach der folgenden Rangfolge geregelt:

(1) § 1609 Nr. 1 BGB

- Minderjährige unverheiratete Kinder,
- volljährige unverheiratete Kinder bis zur Vollendung des 21. Lebensjahres, solange sie im Haushalt der Eltern oder eines Elternteils leben und sich in der allgemeinen Schulausbildung befinden, § 1603 Abs. 2 S. 2 BGB.

(2) § 1609 Nr. 2 BGB

- Elternteile, die wegen der Betreuung eines Kindes unterhaltsberechtigt sind oder im Falle der Scheidung wären sowie Ehegatten und geschiedene Ehegatten bei einer Ehe von langer Dauer.

(3) § 1609 Nr. 3 BGB

- Ehegatten und geschiedene Ehegatten, die nicht unter Nr. 2 fallen.

(4) § 1609 Nr. 4 BGB

- Volljährige und minderjährige verheiratete Kinder.

(5) § 1609 Nr. 5 BGB

- Enkelkinder und weitere Abkömmlinge.

(6) § 1609 Nr. 6 BGB

- Eltern

(7) § 1609 Nr. 7 BGB

- Weitere Verwandte der aufsteigenden Linie; unter ihnen gehen die näheren den entfernteren vor.

1842 Ist beispielsweise ein Ehegatte unterhaltsberechtigt, weil er ein **kleines Kind** betreut, befindet er sich im **zweiten Rang**. Auch wenn ein Teil des Unterhaltes, nach der Quotierung, auf Aufstockungsunterhaltsansprüchen nach § 1573 Abs. 2 BGB beruht, ändert dies nichts am Rang, den der unterhaltsberechtigte Ehegatte im Hinblick auf den Anspruch auf Betreuungsunterhalt einnimmt.

Die Rangstufen sind nicht an Unterhaltsansprüche, sondern **an Personen geknüpft**, die nicht aufzuspalten sind. Einen Anspruch auf Betreuungsunterhalt hat auch derjenige Ehegatte, bei dem nur ein Teil des Unterhalts auf § 1570 BGB beruht. 1843

Dies gilt ebenso im Falle einer **Teilerwerbsobliegenheit** im Hinblick auf die Kinderbetreuung. Hier reicht aus, dass der durch Einkünfte nicht gedeckte Bedarf gem. § 1570 BGB als Unterhalt geschuldet wird.

Geht es beispielsweise um den Rang eines mit dem Unterhaltspflichtigen zusammenlebenden Ehegatten, ist zu prüfen, **worauf** der Unterhalt im Falle einer Scheidung beruhen würde. 1844

Unterstellt, der Unterhaltspflichtige sei von seinem neuen Ehegatten geschieden, ist **hypothetisch auf dieser Grundlage** zu prüfen, auf welcher Anspruchsgrundlage ein Unterhaltsanspruch beruhen würde und damit, auf welcher Stufe er anzusetzen ist. Geht aus der neuen Ehe ein Kind hervor und betreut der Ehegatte das gemeinsame kleine Kind, wird er in die Stufe 2 (§ 1609 Nr. 2 BGB) eingeordnet.

Betreut der geschiedene Ehegatte keine gemeinsamen Kinder, würde er sich beispielsweise gleichwohl auf dem zweiten Rang befinden, wenn die geschiedene Ehe von langer Dauer war. Eine lange Ehedauer ist **ab etwa 20 Jahren** anzunehmen und wird bemessen vom Zeitpunkt der Heirat bis zur Rechtshängigkeit des Scheidungsantrages.[1991] 1845

Hinweis 1846

Langes Getrenntleben von Ehegatten kann im Laufe der Trennung zu einer „Ehe von langer Dauer" führen. Dieser Aspekt kann eine Rolle spielen für die Frage, ob eine Scheidung angestrebt wird.

Gesetzlich ist allerdings nicht geregelt, **wann eine lange Ehedauer** vorliegt. Zwar ist ein Zusammenhang zwischen Ehedauer und ehebedingten Nachteilen im Sinne des § 1578b BGB vorhanden. Dies kann aber nicht dazu führen, dass bei **Nichtvorliegen ehebedingter Nachteile** eine Ehe immer von kurzer Dauer ist, gleichgültig, wie lange sie bestanden hat.[1992] Umgekehrt kann aber auch eine relativ kurze Ehedauer nicht als lang gelten, wenn ehebedingte Nachteile bei dem Unterhaltsberechtigten vorhanden sind.[1993] 1847

Insgesamt ist es möglich, dass der geschiedene Ehegatte gegenüber dem neuen Ehegatten **nachrangig, vorrangig oder gleichrangig** ist.

2. Der Selbstbehalt des Unterhaltsverpflichteten

Unabhängig von jedem Rang ist Unterhalt in Höhe des bestehenden Bedarfs nur dann und soweit geschuldet, wie die **Leistungsfähigkeit des Verpflichteten** reicht. Ist er nicht in vollem Umfange leistungsfähig, besteht ein Mangelfall, der zu einer Verminderung des Unterhaltes unterhalb des Unterhaltsbedarfs führt. Das bedeutet zugleich, dass dem Verpflichteten ein **bestimmter Betrag verbleiben** muss, sein Eigenbedarf oder Selbstbehalt. 1848

Der **Selbstbehalt** ist derjenige Betrag, der dem Verpflichteten gegenüber einem Berechtigten auf jeden Fall als unterste Opfergrenze verbleiben muss. Seine Unterhaltsverpflichtung setzt erst oberhalb solcher Selbstbehaltsgrenzen ein. Bis zur Höhe des Selbstbehaltes benötigt der Verpflichtete die Einkünfte zur Deckung seines eigenen Lebensbedarfs.[1994] 1849

1991 BGH FamRZ 1983, 886.
1992 Vgl. dazu aber BGH FamRZ 2008, 1911 bei einer 27-jährigen Ehe.
1993 So aber Kleffmann/Soyka/*Soyka*, 4. Kap. Rn 527.
1994 BGH FamRZ 1987, 472.

1850 Die Selbstbehaltsgrenzen für den Verpflichteten hat die Rechtsprechung im Rahmen des § 1603 BGB entwickelt. Die Konzeption eines **gleitenden (eheangemessenen) Selbstbehalts**[1995] hatte der BGH zunächst selbst entwickelt,[1996] danach aber aufgegeben,[1997] um das Unterhaltsrecht zu vereinfachen.

Dem hat das **Bundesverfassungsgericht** jedoch durch seine Entscheidung vom 25.1.2011[1998] widersprochen. Der Versuch des BGH, die Halbteilung im Wege der Bedarfsbestimmung zu sichern, musste deshalb aufgegeben werden.

1851 Nunmehr muss wieder zwischen einem sogenannten **relativen Mangelfall**, bei welchem der Bedarf der Berechtigten des Verpflichteten gekürzt wird und dem **absoluten Mangelfall**, bei dem nur noch der Unterhalt der Berechtigten gekürzt wird, unterschieden werden.

1852 Der **Selbstbehalt** ist allerdings für jedes Unterhaltsrechtsverhältnis selbstständig zu bestimmen und ist gegenüber verschiedenen Unterhaltsgläubigern ggf. auch **unterschiedlich hoch**.

Absolut ist ein Selbstbehalt, der als **unterste Grenze der Inanspruchnahme** durch jeden Unterhaltsgläubiger anerkannt ist. Er wird als „notwendiger Selbstbehalt" bezeichnet.

1853 Die **Höhe des jeweiligen Selbstbehaltes** bestimmen die Oberlandesgerichte in ihren **unterhaltsrechtlichen Leitlinien** jeweils unter Nr. 21. Bezogen auf den absoluten Mangelfall[1999] hängt die Höhe des Selbstbehalts mit der Rangordnung der Berechtigten nach § 1609 BGB zusammen.

Der Selbstbehalt gegenüber einem nachrangigen Unterhaltsberechtigten kann nur höher oder gleich demjenigen gegenüber dem vorrangigen Unterhaltsberechtigten sein. Der Selbstbehalt spiegelt deshalb das Rangverhältnis wider.

Dies schließt ein, dass es auch **gleichrangige Unterhaltsberechtigte** auf der Grundlage unterschiedlicher Unterhaltsansprüche geben kann, z.B. Elternteile, die ein Kind betreuen einerseits und geschiedene Ehegatten bei einer Ehe von langer Dauer andererseits, § 1609 Abs. 2 BGB.

1854 Im Einzelnen gelten die **folgenden Selbstbehalte**:

(1) Der **notwendige Selbstbehalt** ist die unterste Grenze der Inanspruchnahme des Unterhaltspflichtigen. Er beträgt seit dem 1.1.2023 1.370 EUR für erwerbstätige und 1.120 EUR für nicht erwerbstätige Unterhaltspflichtige und ist maßgebend für die Ansprüche von Minderjährigen und die ihnen nach § 1603 Abs. 2 S. 2 BGB gleichgestellten volljährigen Kinder gegenüber ihren Eltern. Eine Ausnahme gilt dann, wenn ein anderer leistungsfähiger Unterhaltspflichtiger vorhanden ist. Dann gilt nach § 1603 Abs. 2 S. 3 BGB der angemessene Selbstbehalt.

(2) Der **angemessene Selbstbehalt** gilt gegenüber volljährigen Kindern, die sich in der Ausbildung befinden als **unterste Opfergrenze** für den Verpflichteten. Er beträgt seit dem 1.1.2023 in der Regel 1.650 EUR. Als sogenannter bedingter Selbstbehalt gilt er auch gegenüber Minderjährigen und ihnen nach § 1603 Abs. 2 S. 3 BGB gleichgestellten Kindern, wenn ein nachrangig haftender leistungsfähiger Unterhaltsverpflichteter vorhanden ist.

(3) Der **Ehegattenselbstbehalt** gilt gegenüber Ansprüchen von Ehegatten und liegt **zwischen dem notwendigen und dem angemessenen Selbstbehalt**. Er wird seit dem 1.1.2023 mit 1.510 EUR bemessen, bei fehlender Erwerbstätigkeit mit 1.385 EUR.[2000] In gleicher Höhe befindet sich der Selbstbehalt gegenüber dem Unterhaltsanspruch der nicht ehelichen Mutter/Vater nach § 1615l BGB. In einigen Leitlinien wird in diesem Zusammenhang vom „eheangemessenen Selbstbehalt" gesprochen. In der Rechtsprechung wird dafür häufig der Begriff „Ehegatten-Selbstbehalt" verwendet.

1995 Vgl. Wendl/Dose/*Gutdeutsch*, § 5 Rn 1.
1996 BGH FamRZ 1990, 260, 262.
1997 BGH FamRZ 2006, 683.
1998 FamRZ 2011, 437.
1999 BGH FamRZ 2006, 683.
2000 Dazu BGH FamRZ 2006, 683.

Aus der Notwendigkeit der Halbteilung des verfügbaren Einkommens ergibt sich jedoch neben dem **Ehegattenmindestselbstbehalts** die Notwendigkeit der Betrachtung eines individuellen eheangemessenen Selbstbehalts, der die Halbteilung widerspiegelt. Damit sind beim Ehegattenunterhalt zum einen der auf dem Grundsatz der Halbteilung beruhende individuelle eheangemessene Selbstbehalt und als Untergrenze der allgemein gültige Ehegatten-Mindestselbstbehalt zu unterscheiden.

Beispiel

Nettoeinkommen M:	2.800 EUR
Unterhalt für den erwerbsunfähigen geschiedenen Ehegatten F:	
Bedarf: 2.800 EUR x 45 % Anteil =	1.260 EUR
Eheangemessener Bedarf M: 2.800 EUR x 55 % =	1.540 EUR
Verbleib für M: 2.800 EUR – 1.260 EUR = **1.540 EUR, kein Mangelfall**	
Abwandlung: Einkommen M 1.400 EUR	
Bedarf F: 1.400 EUR x 45 % =	630 EUR
Eheangemessener Bedarf M: 1.650 EUR x 55 % =	908 EUR
Verschärfter Mangelfall, da der Selbstbehalt des M von 1.385 EUR nicht gewahrt ist;	
Anspruch F:	**15 EUR**

In besonderen Einzelfällen ist der Ehegattenselbstbehalt auf seine **Angemessenheit** zu prüfen. Dies ergibt sich im Fall eines kinderbetreuenden früheren Ehegatten dann, wenn diesem weniger als sein Existenzminimum verbleibt, der Unterhaltspflichtige und seine neue Familie aber ein gutes Auskommen haben. Dann ist ggf. der Selbstbehalt nochmals herabzusetzen, um ein ausgewogenes Ergebnis zu erzielen.[2001]

(4) Der **Selbstbehalt gegenüber Eltern** beträgt nunmehr 1.800 EUR.[2002] Verheirateten steht ein Selbstbehalt von 3.240 EUR zu (1.800 EUR Kind + 1.4.440 EUR Ehegatte). Dieser Betrag erhöht sich noch um **einen Anteil** an darüberhinausgehendem Einkommen, **in der Regel in Höhe von 50 %**.[2003]

(5) Derselbe **Selbstbehalt gilt gegenüber Enkeln bzw. Großeltern**.[2004] Allerdings sehen nur einige der Leitlinien der Oberlandesgerichte die weitere Erhöhung des Selbstbehaltes und das halbe darüberhinausgehende Einkommen vor.[2005] Von anderen Oberlandesgerichten wird eine Erhöhung des Selbstbehaltes nur dann angenommen, wenn beispielsweise das Enkelkind volljährig ist.[2006]

(6) Der Begriff des **Bedarfskontrollbetrages** der Düsseldorfer Tabelle ist schließlich eine reine Rechengröße. Er ist nicht identisch mit dem Eigenbedarf oder dem Selbstbehalt des Unterhaltspflichtigen. Er soll eine ausgewogene Verteilung des Einkommens zwischen dem Unterhaltspflichtigen und unterhaltsberechtigten Kindern gewährleisten.

3. Vorrangiger Bedarf des neuen Ehegatten

Im Zusammenhang mit den Selbstbehalten ist in den meisten unterhaltsrechtlichen Leitlinien der Ober- 1855
landesgerichte auch der Bedarf geregelt, mit welchem der bei dem Pflichtigen lebende **Ehegatte nachrangigen Berechtigten vorgeht**.[2007]

2001 So die Motive des Gesetzgebers, BT-Drucks 16/183024.
2002 Düsseldorfer Tabelle, D. 1.
2003 BGH FamRZ 2002, 1698.
2004 BGH FamRZ 2006, 26; BGH FamRZ 2007, 375.
2005 Vgl. Ziff. 21.3.4 der Leitlinien.
2006 Vgl. die unterschiedlichen Leitlinien, hier des OLG Hamburg und der OLGe Celle und Koblenz sowie die SüdL, Ziff. 21, 3, 4.
2007 Jeweils Nr. 22 der unterhaltsrechtlichen Leitlinien.

Dabei wird zu Recht vorausgesetzt, dass die durch das Zusammenleben bewirkte **Ersparnis** nur beim Ehepartner berücksichtigt wird und die Ersparnis beide Teile erfasst. Letztlich handelt es sich lediglich um eine **Erhöhung des Selbstbehaltes des Pflichtigen** dadurch, dass er auch den Bedarf des vorrangigen Ehegatten abzudecken hat, wodurch auch auf diesen Bedarf dann bei beiden Ehegatten die durch das Zusammenleben eingetretene Ersparnis angerechnet wird.

1856 Daraus ergibt sich der Rechenweg für den vorrangigen Bedarf, welcher sich aus dem Selbstbehalt des Unterhaltspflichtigen herleitet.[2008] Die Ersparnis kann **in Anlehnung an das Sozialrecht durch Zusammenleben mit durchgehend 10 %** angesetzt werden. Dies ergibt sich daraus, dass die Ersparnis für beide Eheleute beim Ehegatten berücksichtigt wird und der vorrangige Bedarf **80 % des korrespondierenden Selbstbehaltes des Unterhaltspflichtigen** beträgt.[2009]

1857 In Fällen des Vorrangs muss sich der Halbteilungsgrundsatz auswirken.[2010] Eigenes Einkommen des Ehegatten ist auf den Selbstbehalt nach Abzug eines Erwerbstätigenbonus abzuziehen.

4. Sozialgrenze

1858 Die absolute Grenze der Inanspruchnahme des Verpflichteten stellt neben dem notwendigen Selbstbehalt auch die **Sozialgrenze** dar, die sich daraus ergibt, dass nach der Rechtsprechung des BGH niemand durch Unterhaltszahlungen Sozialfall werden darf.[2011]

Dem Unterhaltspflichtigen müssen die Mittel für den eigenen notwendigen Lebensbedarf bleiben. Diese **Opfergrenze bildet den notwendigen Selbstbehalt**, der im Allgemeinen etwas über dem Sozialhilfebedarf des in Anspruch genommenen Unterhaltspflichtigen angesetzt ist. Wenn der Sozialhilfebedarf im Einzelfall jedoch höher liegt als dieser generelle Satz, erhöht sich der Selbstbehalt entsprechend.

1859 Der **Selbstbehalt eines Rentners**, der wegen Pflegebedürftigkeit auf Dauer in einem Heim untergebracht ist, liegt deshalb auf der Höhe der hierfür erforderlichen Kosten.[2012] Es ist deshalb in manchen Fällen zu prüfen, ob der Selbstbehalt den Sozialhilfebedarf (gemeint ist: Hilfe zum Lebensunterhalt) nicht unterschreitet.[2013] Ggf. findet eine **Erhöhung des Selbstbehaltes** statt.

1860 In solchen Fällen, in denen der Berechtigte Bürgergeld erhält, geht in Höhe der Leistung nach § 33 Abs. 1 SGB II die Unterhaltsforderung auf das Sozialamt über, und zwar gem. Abs. 2 der Vorschrift begrenzt auf den Betrag, welchen der Unterhaltspflichtige verfügbar hat, ohne selbst sozialhilfeberechtigt zu werden.

Eine Entlastung des Unterhaltspflichtigen findet dadurch aber nicht statt, da den im Hinblick auf die Sozialgrenze **nach § 33 Abs. 2 SGB II nicht übergegangenen Teil** des zivilrechtlichen Unterhaltsanspruchs der Unterhaltsberechtigte selbst in Anspruch nehmen kann, weil die Sozialhilfe grundsätzlich nachrangig ist.[2014]

2008 BGH FamRZ 2014, 1183.
2009 BVerfG NJW 2010, 505; BGH FamRZ 2010, 1535.
2010 So wohl auch BGH FamRZ 2009, 782.
2011 BGH FamRZ 2014,1183.
2012 BGH FamRZ 1990, 849.
2013 BGH FamRZ 1984, 1000.
2014 BGH FamRZ 2000, 1358.

5. Erhöhung und Herabsetzung des Selbstbehaltes

a) Gemeinsame Haushaltsführung

Der Selbstbehalt eines Unterhaltspflichtigen kann **herabgesetzt** werden, wenn der Bedarf mit der Ersparnis durch gemeinsame Haushaltsführung mit einem ebenfalls berufstätigen Ehegatten teilweise abgedeckt ist.[2015] Ein Doppelhaushalt ist schlicht günstiger als ein Einzelhaushalt.[2016] **1861**

Die Berechnung der Ersparnis hat nach Inkrafttreten des Unterhaltsrechtsreformgesetzes vom 1.1.2008 in der Weise zu geschehen, dass im Falle des Zusammenlebens mit einem Partner der **Selbstbehalt des Pflichtigen herabgesetzt** wird.[2017]

Zum Teil wird eine **Gesamtersparnis bei Zusammenleben mit 25 %** angenommen, was bedeutet, den Selbstbehalt des Pflichtigen um 12,5 % herabzusetzen.[2018] **1862**

Dies bedeutet eine Herabsetzung des Ehegatten-Selbstbehaltes von **1.510 EUR auf 1.321 EUR**. Voraussetzung ist allerdings echte eine Ersparnis, also auch ein entsprechendes Einkommen des Partners.[2019]

Der **BGH**[2020] hat sich im Anschluss an das **Bundesverfassungsgericht**[2021] für einen **Abzug von 10 %** entschieden. Dieser Empfehlung sind die meisten Leitlinien bei der Bemessung des vorrangigen Bedarfs des bei dem Pflichtigen lebenden Ehegatten gefolgt. **1863**

Es liegt in der Tat nahe, die **Haushaltsersparnis** in Anlehnung an die Regelungen im Sozialrecht mit **10 %** zu bewerten. Nach § 20 Abs. 3 SGB II beträgt die Regelleistung zur Sicherung des Lebensunterhalts bei zwei Partnern einer Bedarfsgemeinschaft, die das 18. Lebensjahr vollendet haben, jeweils **90 % der monatlichen Regelleistung** nach § 20 Abs. 2 SGB II.

§ 3 Abs. 3 der Verordnung zur Durchführung des § 28 des Zwölften Buches Sozialgesetzbuch – Regelsatzverordnung – sieht vor, dass der Regelsatz jeweils 90 % des Eckregelsatzes beträgt, wenn Ehegatten oder Lebenspartner zusammenleben.[2022]

Der Reduzierung der Bedarfssätze liegt offensichtlich die Auffassung zugrunde, dass **durch das gemeinsame Wirtschaften Aufwendungen erspart** werden, die mit jeweils 10 % angenommen werden können. Im Falle des Zusammenlebens mit einem Partner ist der Selbstbehalt daher grundsätzlich **um 10 % zu senken.**[2023] Um sich vorteilhaft für den Unterhaltsschuldner auszuwirken, muss der Partner allerdings über ein ausreichendes Eigeneinkommen verfügen.

b) Abweichende Wohnkosten

Wohnkosten können unterschiedlich hoch sein, abhängig davon, ob man z.B. im ländlichen Raum oder im Innenbereich einer Großstadt wohnt. Dies bereitet häufig Probleme, weil innerhalb eines OLG-Bezirks einheitliche Selbstbehaltssätze gelten, aber auch **innerhalb eines Bezirks sehr unterschiedlich hohe Wohnkosten** auftreten können. Die Sozialhilfe verwendet nur für den allgemeinen Lebensbedarf pauschale Regelsätze und deckt die Wohnkosten in ihrer tatsächlichen Höhe. **1864**

2015 BGH FamRZ 2002, 742; BGH FamRZ 2004, 24.
2016 So auch BT-Drucks 16/1830 S. 23.
2017 So die Motive des Gesetzgebers BT-Drucks 16/1830 S. 24.
2018 *Gerhardt/Gutdeutsch*, FamRZ 2007, 778, 780.
2019 BGH FamRZ 2008, 968; Wendl/Dose/*Gutdeutsch*, § 5 Rn 20.
2020 BGH FamRZ 2010, 1535.
2021 BVerfG NJW 2010, 505.
2022 Zu einer Gesamtleistung von 180 % bei gemischten Bedarfsgemeinschaften auch vor Änderung von § 3 Abs. 3 Regelsatzverordnung: BSGE 1999, 131; BGH FamRZ 2010, 1535, 1540.
2023 So auch die Leitlinien des KG, Ziff. 21.5.

Der daraus resultierenden **Abweichung** tragen die Oberlandesgerichte[2024] dadurch Rechnung, dass sie in ihren Selbstbehaltssätzen einen Wohnkostenanteil ausweisen. Das OLG Köln[2025] teilt die Wohnkosten nach Köpfen auf, wobei Kindern 20 % ihres Barunterhaltes zugerechnet werden.

1865 **Unvermeidbare Mietkosten** führen, soweit sie den im Selbstbehalt vorausgesetzten Betrag übersteigen, zu einer entsprechenden Erhöhung des Selbstbehaltes. Umgekehrt kann eine **Herabsetzung des Selbstbehaltes** veranlasst sein, wenn ein Teil des allgemeinen Lebensbedarfs des Verpflichteten anderweitig gedeckt ist, z.B. durch ein wohnkostenfreies Wohnen oder durch die Leistung des neuen Ehemannes zum Familienunterhalt in einer neuen Ehe.[2026]

1866 Allerdings ist insgesamt zu berücksichtigen, dass ein Betroffener **häufig bewusst und gewollt ein Mietverhältnis auf niedrigem Niveau eingeht** und damit auch auf gewissen Komfort verzichtet, um das dadurch Ersparte in anderer Weise verwenden zu können. Diese Entscheidung darf nicht durch Herabsetzung des Selbstbehaltes unterlaufen werden.[2027] Deshalb kommt die **Herabsetzung des Selbstbehaltes** nur dann in Betracht, wenn der Pflichtige in einer **Region mit niedrigen Mieten** lebt, ohne dass diese Wahl durch die Erwägung der Mietersparnis mitbestimmt worden wäre.

1867 **Staatliches Wohngeld** soll eine starke Mietbelastung reduzieren. Unterhaltsrechtlich maßgebend ist bei der Leistungsfähigkeit nicht das tatsächlich bezogene Wohngeld, sondern der insoweit bestehende Anspruch, weil der Unterhaltspflichtige die Obliegenheit hat, sich zumutbares Einkommen zu verschaffen. Das gilt in **erhöhtem Maße im Mangelfall**.

1868 Bei einer Familienwohnung müssen die Wohnkosten auf die Bewohner verteilt werden. Den Kindern ist je ein Anteil von **20 % ihres Unterhalts** anzurechnen, während der Rest auf die Erwachsenen nach Köpfen zu verteilen ist.

c) Auslandsfälle

1869 Wohnt der Verpflichtete im Ausland, sind diejenigen Geldbeträge maßgeblich, die er an seinem Aufenthaltsort aufwenden muss, um nach den dortigen Verhältnissen den vergleichen **„angemessenen Lebensstandard"** aufrecht erhalten zu können. Entscheidend ist dabei **nicht der außenwirtschaftliche Kurs** der fremden Währung. Entscheidend ist die **unterschiedliche Kaufkraft**.

Wenn nämlich die Währungsumstellung und die damit verbundene unterschiedliche Kaufkraft nicht dem deutschen Verhältnis entsprechen, könnte der Unterhaltsberechtigte ebenso **wie umgekehrt** der Unterhaltsverpflichtete real im Wert zu dem anderen zu viel oder zu wenig erhalten.

Da **geringe Abweichungen** aber auch **innerhalb Deutschlands** nicht unüblich sind, kann der Unterhalt innerhalb der Euro-Zone wie im Inland berechnet werden, wenn sich die Kaufkraft des EUR in den beteiligten Staaten nur gering unterscheidet.[2028]

1870 Bei der Frage, welchen Betrag der Betroffene benötigt, um in dem Land, in dem er lebt, dieselbe Kaufkraft zur Verfügung zu haben, bedient sich die Rechtsprechung dabei der sogenannten **Verbrauchergeldparitäten,**[2029] die für die Zeit bis Ende 2009 in regelmäßigen Abständen vom Deutschen Statistischen Bundesamt bekannt gegeben wurden. Zusätzlich ist die reale Kaufkraft vom **Verhältnis des Devisenkurses zum EUR** abhängig.[2030]

In solchen Fällen sind die **konkreten Einzelumstände** auch des verschiedenen und wechselnden Ausmaßes der Inflation in dem betreffenden Staat zu berücksichtigen.[2031]

2024 Ausgenommen KG, OLG Celle, Oldenburg und Rostock.
2025 Ziff. 21.5.2 der Leitlinien.
2026 BGH FamRZ 1987, 472; BGH FamRZ 1998, 286.
2027 BGH FamRZ 2004, 370; BGH FamRZ 2006, 1664.
2028 Zur Prozesskostenhilfe vgl. BGH FamRZ 2009, 497.
2029 BGH FamRZ 1987, 682, 684.
2030 Im Internet veröffentlicht unter www.bundesbank.de/statistik.
2031 Im Einzelnen und zur Ländergruppeneinteilung vgl. Wendl/Dose/*Dose*, § 9 Rn 36 ff.

d) Umgangskosten

1871 Bei erheblichen unvermeidbaren Umgangskosten, die der Unterhaltsschuldner aus den Mitteln, die ihm über den notwendigen Selbstbehalt hinaus verbleiben, nicht bestreiten kann, kommt eine **maßvolle Erhöhung des Selbstbehaltes** in Betracht, üblicherweise in Höhe des hälftigen Kindergeldanteils in Höhe von derzeit 92 EUR.[2032]

II. Voraussetzungen des Mangelfalls nach §§ 1581, 1603 BGB

1872 Ein **Mangelfall** nach §§ 1581, 1603 BGB entsteht, wenn der Verpflichtete unter Berücksichtigung seiner Verpflichtungen nach seinen Einkommens- und Vermögensverhältnissen **außerstande** ist, dem Berechtigten ganz oder teilweise Unterhalt zu leisten, ohne dass sein eigener Unterhalt gefährdet ist.
Hierzu ein einfaches **Beispiel**:

1873 *Beispiel*

Ehebezogenes Erwerbseinkommen M 1.400 EUR; F ist erwerbsunfähig und ohne Einkommen.

Unterhaltsberechnung: Mangelfall

Der Bedarf der F beträgt bei Berücksichtigung eines Erwerbstätigenbonus für M von $\frac{1}{10}$ 630 EUR ($\frac{1}{2}$ aus 90 % x 1.400 EUR).

Bei Zahlung der Beträge ist der **Ehegattenmindestselbstbehalt** von derzeit 1.370 EUR[2033] **unterschritten**. Es steht nur eine Verteilungsmasse von 30 EUR zur Verfügung (1.400 EUR – 1.370 EUR). Der Unterhaltsanspruch der F ist daher zu kürzen, damit M der Ehegattenmindestselbstbehalt verbleibt. Der Anspruch beträgt 30 EUR.

Abwandlung: M wohnt kostenlos bei seinen Eltern

Grundsätzlich stellt das mietfreie Wohnen bei den Eltern kein Einkommen dar, da es sich um eine freiwillige Zuwendung Dritter handelt, die **nicht** erbracht wird, um den Berechtigten unterhaltsrechtlich zu unterstützen, sondern den Pflichtigen zu entlasten. Im Mangelfall können solche Leistungen jedoch als Einkommen angesetzt werden. Im Ehegattenmindestselbstbehalt ist ein Betrag von 580 EUR für Unterkunft einschließlich umlagefähiger Nebenkosten und Heizung (Warmmiete) enthalten.[2034] Der Selbstbehalt reduziert sich daher auf 790 EUR. M ist daher in Höhe von 610 EUR (1.400 EUR – 790 EUR) fast vollständig leistungsfähig und kann den errechneten Unterhalt bis auf 20 EUR zahlen. Er wird durch das mietfreie Wohnen nahezu leistungsfähig.

1874 Ist nach Berechnung des **Einkommens** des Pflichtigen und **Abzug aller Unterhaltspflichten** der verbleibende Einkommensbetrag nach Maßgabe des zutreffenden Selbstbehalts **niedriger**, liegt ein Mangelfall vor. Ist der verbleibende Betrag **höher** als der konkret zutreffende Selbstbehalt, liegt kein Mangelfall vor.

1875 Reicht der dem Unterhaltsverpflichteten verbleibende Restbetrag nicht an den Selbstbehalt heran, ist eine **Verteilung** des zur Verfügung stehenden Gesamtbetrages auf den/die Unterhaltsberechtigten **entsprechend den Rangverhältnissen** vorzunehmen.[2035]

1876 Zum Einkommen gehören auch das **Vermögen und dessen Verwertung** bis zum vollständigen Verbrauch. Der Einsatz des Vermögens ist jedoch dann nicht notwendig, wenn dessen Verbrauch sich als **unwirtschaftlich** darstellt oder nach Maßgabe der beiderseitigen wirtschaftlichen Verhältnisse **unbillig**

2032 BGH FamRZ 2005, 206, 208; BGH FamRZ 2008, 594.
2033 Stand 1.1.2023.
2034 Vgl. Düsseldorfer Tabelle, Ziff. B. IV.
2035 BGH FamRZ 2012, 281; OLG Hamm FamRZ 2013, 1988.

wäre. Insbesondere betrifft dies **kleinere Vermögen**, die für Notfälle oder für die Sicherung der Altersvorsorge verwendet werden sollen.[2036]

1877 Dies gilt zumal dann, wenn der Verwendungszweck während bestehender Ehe einvernehmlich bestimmt worden war. Grundsätzlich dient in solchen Fällen das Vermögen, ebenso wie sonstige Einkünfte, der **lebenslangen Unterhaltsabsicherung**.

1878 Anderes gilt für den Fall einer **Abfindung**, beispielsweise wegen Ausscheidens aus dem Erwerbsleben. Der Abfindungsbetrag ist dann auf eine längere Zeit zu verteilen.[2037] Ein verhältnismäßig geringer Einmalbetrag kann aber in vollem Umfang dem Jahr des Anfalls zugeschlagen werden.[2038]

1879 Ist der **Verbrauch des Vermögens**, etwa in festen Raten, zumutbar, ist dieser (Raten-)Betrag als Teil des Einkommens in die Unterhaltsberechnung einzusetzen.

1880 Entsprechend sind – berücksichtigungsfähige – Schulden zu behandeln. **Angemessene Raten** sind zu berücksichtigen.

1881 Für die Frage, ob im Ergebnis ein Mangelfall vorliegt, sind der **Sollbereich und der Haben-Bereich**[2039] einander gegenüberzustellen.

Der **Sollbereich** umfasst alle Bedarfspositionen sowohl des Verpflichteten als auch des oder der Berechtigten unter weiterer Berücksichtigung auch sonstiger Verpflichtungen.

Der **Haben-Bereich** umfasst alle zur Bedarfsdeckung tatsächlich vorhandenen Mittel und bestimmt damit die tatsächliche Leistungsfähigkeit des Verpflichteten.

Ist bei **Gegenüberstellung** der Sollbereich größer als der Haben-Bereich, liegt ein Fehlbedarf und damit ein Mangelfall vor.

Ist umgekehrt der Haben-Bereich größer als der Sollbereich, ist die volle Leistungsfähigkeit des Verpflichteten gegeben.

1. Der Sollbereich

1882 Der Sollbereich beschreibt den Bedarfsbereich sowohl des Verpflichteten als auch des Berechtigten, ggf. zuzüglich sonstiger Verpflichtungen.

Der Bedarf ist nicht allen Berechtigten gegenüber identisch. Er ist abhängig vom jeweiligen Eigenbedarf oder dem Selbstbehalt, der gegenüber dem betreffenden Berechtigten gilt.

1883 Im Verhältnis zwischen Ehegatten ist der beiderseitige Bedarf als eheangemessener Bedarf in Form des daraus **zu errechnenden Quotenunterhalts** zu berechnen. Der Mindestselbstbehalt gegenüber Ehegatten in Höhe von 1.510 EUR (Stand 1.1.2023) ist dabei zu beachten.

1884 *Beispiel zur Bedarfsermittlung*

Nettoeinkommen[2040] M 2.800 EUR; eheprägendes monatliches Nettoeinkommen der geschiedenen Ehefrau F 1.400 EUR. Zinseinkünfte F: 200 EUR, Wohnvorteil F 600 EUR.

Bedarf der F

2.800 EUR x 90 %	2.520 EUR
Zuzüglich 1.400 EUR x 90 %	1.260 EUR
Zuzüglich Zinsen	200 EUR

2036 BGH FamRZ 2006, 1577.
2037 BGH FamRZ 2007, 983, 987.
2038 BGH FamRZ 1988, 1039.
2039 Begriffe: Wendl/Dose/*Gutdeutsch*, § 5 Rn 33.
2040 Nach *Soyka*, FK-Sonderausgabe, S. 4.

Bedarf der F

Zuzüglich Wohnvorteil	600 EUR
	4.580 EUR
½ von 4.580 EUR	**2.290 EUR**

Bedarf des M

2.800 x 55 %	1.540 EUR
1.400 x 45 %	630 EUR
½ von 200 EUR	100 EUR
½ von 600 EUR	300 EUR
	2.570 EUR

Die Leistungsfähigkeit des M wird unterschritten, wenn weitere Unterhaltspflichten oder Verbindlichkeiten zu berücksichtigen sind, die er von den 2.570 EUR bezahlen muss. Läge das dem Pflichtigen nach Abzug des nicht eheprägenden Unterhalts und der nicht eheprägenden, **berücksichtigungswürdigen Verbindlichkeiten** verbleibende Einkommen unter 2.570 EUR, müsste der Unterhalt gemäß § 1581 BGB neu berechnet werden.

Beispiel zur Bedarfsermittlung bei Verbindlichkeiten[2041] **1885**

Bereinigtes monatliches Nettoeinkommen M: 3.400 EUR. Ehebedingte Schulden M: 350 EUR. Trennungsbedingte, berücksichtigungsfähige Schulden M: 100 EUR. F verfügt über keine Einkünfte.

Bedarf der F

Einkommen des M	3.400 EUR
Abzüglich ehebedingter Schulden	350 EUR
	3.050 EUR
x 45 %	**1.372,50 EUR**

Eheangemessener Bedarf des M

55 % x 3.050 EUR	1.677,50 EUR
Abzüglich trennungsbedingter Schulden	100 EUR
	1.577,50 EUR

Der eheangemessene Bedarf des M von 1.650 EUR wird unterschritten.

Da die trennungsbedingten Schulden die Ehe nicht geprägt haben, sind sie bei der Berechnung des Bedarfs nicht zu berücksichtigen.[2042]

Beim Verwandtenunterhalt ist nicht nur der Selbstbehalt des Pflichtigen, sondern auch der – unterschiedliche – **Bedarf des Verwandten** zu beachten, der sich bei Kindern entweder an festen Sätzen nach der Düsseldorfer Tabelle oder aber bei Studierenden, die nicht im Haushalt eines Elternteils leben, nach festen Beträgen richten.[2043] **1886**

Mehrbedarf, zum Beispiel wegen Krankheit oder Ausbildungskosten, ist darin nicht enthalten. **1887**

2041 Zu den Berechnungsmöglichkeiten vgl. Kleffmann/Soyka/*Soyka*, 4. Kap. Rn 480 ff.
2042 BGH FamRZ 1998, 501.
2043 **930 EUR**, Anm. A.7. der Düsseldorfer Tabelle, Stand 1.1.2023.

1888 Im Rahmen der Leistungsfähigkeit sind auch **berücksichtigungswürdige Verbindlichkeiten** einzubeziehen, es sei denn, sie waren bereits zuvor bei der Einkommens- und Bedarfsberechnung berücksichtigt worden.

2. Der Haben-Bereich

1889 Der Haben-Bereich beschreibt die Deckungsmasse, die im Rahmen der Leistungsfähigkeit zu berücksichtigen ist. Berücksichtigungsfähig sind grundsätzlich alle Einkünfte, gleich, ob sie auf den Bedarf Einfluss haben oder nicht.

Dies sind alle Einkünfte, die erzielt werden oder in zumutbarer Weise erzielbar sind, ohne Rücksicht auf Herkunft und Eheprägung. Maßgeblich sind die Nettoeinkünfte. Verpflichtungen, die bereits im Bedarfsbereich berücksichtigt worden sind, werden nicht abgezogen.

1890 Zur **Deckungsmasse** gehören daher:

- **Erwerbseinkünfte** aus abhängiger Arbeit,
  - Aus selbstständiger Erwerbstätigkeit,
  - Aus Gewerbetätigkeit,
  - Aus Land- oder Forstwirtschaft,
- Erwerbsersatzeinkünfte wie Krankengeld,
  - Arbeitslosengeld,
  - Renten und Pensionen;
- **Vermögenseinkünfte** aus Vermietung und Verpachtung,
  - Aus Kapital- und sonstigem Vermögen,
  - Aus Wohnvorteilen oder sonstigen Gebrauchsvorteilen des Vermögens;
- **Einkünfte aus unzumutbarer Erwerbstätigkeit** des Verpflichteten mit Anrechnung nach Treu und Glauben, § 242 BGB[2044]
- **Einkünfte aus sozialstaatlichen Leistungen** und sonstigen Zuwendungen wie z.B. Wohngeld, BAföG-Leistungen, Pflegegeld und Steuererstattungen
- **Erzielbare Einkünfte**, die fiktiv zugerechnet werden.

1891 Die **fiktive Zurechnung** erfolgt, weil der Unterhaltsverpflichtete gehalten ist, seine Arbeits- und Erwerbsfähigkeit so gut wie möglich einzusetzen und zumutbare Erwerbstätigkeiten auch auszuüben. Kommt er dieser Verpflichtung nicht nach, wird er so behandelt, als würde er diese – zumutbaren – Einkünfte erzielen.

Dasselbe gilt für **alle sonstigen Einkünfte**, die der Verpflichtete erzielen könnte, aber zu erzielen unterlässt. Fiktive Beträge können im Übrigen auch Vermögen hergeleitet werden, dessen Verwertung dem Verpflichteten aufgrund einer Billigkeitsabwägung obliegt, vgl. § 1577 Abs. 3 BGB betreffend nacheheliche Unterhaltsansprüche des geschiedenen Ehegatten.

1892 **Leistungsunfähigkeit** ist jedoch grundsätzlich zu beachten. Selbst schuldhaft herbeigeführte Leistungsunfähigkeit führt nicht zu fiktiver Anrechnung möglicher Einkünfte.[2045] Dies gilt allerdings dann nicht, auf Seiten des Verpflichteten **verantwortungsloses, mindestens leichtfertiges Verhalten** vorliegt, durch das eine vollständige oder auch nur teilweise Leistungsunfähigkeit herbeigeführt worden ist.[2046] Die Berufung auf seine Leistungsunfähigkeit ist dem Verpflichteten dann nach Treu und Glauben (§ 242 BGB) verwehrt.

2044 Dazu Wendl/Dose/*Gutdeutsch*, § 5 Rn 40.
2045 BGH FamRZ 1985, 158; BGH FamRZ 1989, 159; BGH FamRZ 2000, 815.
2046 BGH FamRZ 1994, 240; BGH FamRZ 2000, 815.

Dem Verpflichteten muss bei seinem Verhalten bewusst sein, dass er seine Unterhaltsverpflichtung verletzt.[2047] Fehlt der Bezug zu seiner Unterhaltsverpflichtung, ist ihm das Verhalten unterhaltsrechtlich nicht zuzurechnen.

Die Frage der Zurechnung ist im **Einzelfall** abzuwägen und zu werten.[2048]

Die Berufung des Unterhaltspflichtigen auf seine Leistungsunfähigkeit ist als Einwendung ausgestaltet. **1893**

Dies bedeutet, dass der **Pflichtige die Darlegungs- und Beweislast** für die Behauptung trägt, dass er infolge eingeschränkter oder fehlender Leistungsunfähigkeit Unterhalt ganz oder teilweise nicht zahlen kann.[2049]

III. Korrekturen zum Einkommen und zum Bedarf

Bei Feststellung eines Mangelfalls ist der Unterhalt nach Billigkeit gemäß § 1581 BGB herabzusetzen. **1894**

1. Neubewertungen und Kürzungen im Mangelfall

Nach **§ 1581 BGB** hat der Verpflichtete in einem Mangelfall insoweit Unterhalt zu leisten, als dies mit Rücksicht auf die Bedürfnisse und die Erwerbs- und Vermögensverhältnisse der Ehegatten **der Billigkeit entspricht**. Der **Stamm des Vermögens** ist dann nicht zu verwerten, wenn die Verwertung unwirtschaftlich ist oder unter Berücksichtigung der beiderseitigen Verhältnisse unbillig wäre (§§ 1577 Abs. 1 und 3, 1581 S. 2, 1602 Abs. 1, 1603 Abs. 2 S. 3 BGB). **1895**

Billigkeitsunterhalt ist dann festzustellen und zu berechnen, wenn **(1)** ein Mangelfall vorliegt und **(2)** auch nach Ausscheiden nachrangiger Berechtigter die Deckungsmasse zur Befriedigung der vollen Unterhaltsansprüche der vorrangig Berechtigten und des Verpflichteten nicht ausreicht. Schließlich **(3)** dürfen keine leistungsfähigen Verwandten vorhanden sein, die in Höhe des Fehlbedarfs in Anspruch genommen werden können. So haftet beispielsweise ein nachrangiger Verwandter ersatzweise bei eingeschränkter Leistungsfähigkeit (§ 1603 BGB) des vor ihm haftenden Verwandten, § 1607 Abs. 1 BGB. **1896**

Als Folge des Mangelfalls ist der Unterhalt gemäß § 1581 BGB auf einen **Billigkeitsunterhalt zu kürzen**.[2050] **1897**

Die Kürzung setzt eine Billigkeitsabwägung voraus, die eine Neubewertung sowohl im Sollbereich (Bedarfsbereich) als auch im Haben-Bereich (Deckungsmasse) zur Folge hat.

Eine Neubewertung und Änderung im **Bereich der Deckungsmasse** kann die folgenden Positionen betreffen: **1898**

- **Gesteigerte Erwerbsobliegenheit beider Ehegatten**: Im Mangelfall können fiktive Einkünfte zugerechnet werden, wenn eine zumutbare Erwerbstätigkeit nicht ausgeübt wird;
- **Einkünfte aus unzumutbarer Tätigkeit**: Solche Einkünfte können im Mangelfall ganz oder teilweise zugerechnet werden;
- **Freiwillige Zuwendungen Dritter**: Zuwendungen Dritter können im Mangelfall zu Einkünften gezählt werden;
- **Konkreter Nachweis von Aufwendungen erforderlich**: Die Anforderungen an die Notwendigkeit von Aufwendungen sind erschwert;
- **Vermögensverwertung:** Die Verteilungsmasse kann durch eine erst im Mangelfall zumutbare Vermögensverwertung erhöht werden.

2047 BGH FamRZ 1985, 158.
2048 BGH FamRZ 1993, 1055.
2049 BGH FamRZ 1985, 143; BGH FamRZ 1988, 930.
2050 BGH FamRZ 1990, 260, 262.

1899 Neubewertung und Änderung im **Bedarfsbereich**:

- **Gesteigerte Erwerbsobliegenheit:** Unterlassene zumutbare Erwerbstätigkeit kann zur Zurechnung fiktiver Einkünfte führen, die den Bedarf mindern;
- **Unzumutbare Erwerbstätigkeit**: Solche Einkünfte können im Mangelfall nach § 1577 Abs. 2 Satz 2 BGB über das bisherige Maß hinaus oder auch voll bedarfsmindernd eingesetzt werden;
- **Freiwillige Zuwendungen Dritter:** Eine Zurechnung ist im Mangelfall möglich:
- **Aufwendungen:** Im Mangelfall hat auch der Berechtigte bei Erwerbseinkünften berufsbedingte Aufwendungen konkret nachzuweisen, wobei die Anforderungen an die Notwendigkeit der Aufwendungen erschwert sind;
- **Verbindlichkeiten:** Im Mangelfall ist zu überprüfen, ob und in welcher Höhe eine Berufung auf Verbindlichkeiten unter den verschärften Anforderungen noch möglich ist.

1900 Kommt es aufgrund der Billigkeitsabwägungen zu einer Neubewertung und damit zu entsprechenden Änderungen, ist der Fehlbedarf neu zu berechnen.

2. Gesteigerte Erwerbsobliegenheit

1901 Ist Unterhalt gemäß § 1581 BGB nur nach Billigkeitsgrundsätzen zu zahlen, erhöhen sich die Anforderungen an die Erwerbsobliegenheit des Verpflichteten im Rahmen der §§ 1361 Abs. 2, 1570 und 1574 Abs. 2 BGB.[2051] Je größer der Fehlbedarf ist, desto höher sind die Anforderungen anzusetzen.[2052]

1902 Die **verschärften Anforderungen an die Erwerbsobliegenheit** gelten in gleicher Weise sowohl für den Berechtigten als auch für den Verpflichteten. Beide müssen gleichwertige Opfer bringen. Dies führt dazu, dass im Verhältnis zur Ausbildung und vorangegangener Berufstätigkeit auch eigentlich unzumutbare Arbeitstätigkeiten angenommen werden müssen. Gesteigerte Bemühungen um Erwerbstätigkeit sind erforderlich, der Aufwand für Bewerbungen ist zu erhöhen.

Diese Steigerung an die Anforderungen zur Beseitigung oder Abmilderung des Mangelfalls betreffen auch die Notwendigkeit, eine **Nebentätigkeit** auszuüben.

1903 Kommt der Berechtigte oder auch der Verpflichtete diesen gesteigerten Anforderungen nicht nach, sind ihm fiktive Einkünfte in Höhe der sonst möglichen weiteren Einkünfte zuzurechnen.[2053] Werden im Rahmen der Bedarfsbemessung oder der Bedürftigkeit bereits fiktive Einkünfte zugerechnet, kann auf der Leistungsstufe eine erhöhte Zurechnung erfolgen.

3. Unzumutbare Erwerbstätigkeit

1904 Erzielt der Bedürftige Einkünfte aus **unzumutbarer Erwerbstätigkeit**, gleichgültig ob während der Ehe ausgeübt, nach der Trennung fortgesetzt oder erst nach Trennung bzw. Scheidung aufgenommen, so sind diese Einkünfte nach Abzug eines anrechnungsfreien Betrages gem. § 1577 Abs. 2 BGB in der Ehe angelegt und **zumindest zum Teil anzurechnen**.[2054] Unzumutbarkeit dieser – überobligatorischen – Erwerbstätigkeit bedeutet jedoch, dass derjenige, der sie ausübt, nicht gehindert ist, sie **jederzeit zu beenden**, ohne dass ihm dies unterhaltsrechtlich negativ zugerechnet wird.

1905 Im Mangelfall wird der Erwerbstätige verpflichtet sein, die bisher ausgeübte, eigentlich unzumutbare Erwerbstätigkeit **fortzusetzen**. Dies kann aber nur in Ausnahmefällen bei hohem Fehlbedarf für eine Erwerbtätigkeit über die Vollendung des **70. Lebensjahres** hinaus gelten.

2051 BGH FamRZ 1983, 569; BGH FamRZ 1987, 46.
2052 BGH FamRZ 1984, 657.
2053 BGH FamRZ 1988, 604, 607.
2054 BGH FamRZ 2005, 1154; BGH FamRZ 2006, 686; BGH FamRZ 2011, 454.

Die **Höhe des anrechnungsfreien Betrages** richtet sich nach § 1577 Abs. 2 BGB. Die Höhe der Kürzung ist eine Einzelfallfrage. Dieser wird in der Regel den hälftigen Nettobetrag erreichen, den der Bedürftige aus eigentlich unzumutbarer Tätigkeit erzielt.[2055] Im Falle des Fehlbedarfs ist bei geringen Fehlbeträgen eine **Anrechnung bis zur Vermeidung des Mangelfalls** möglich. Bei höheren Fehlbeträgen ist auch die **vollständige Anrechnung** gerechtfertigt.[2056] **1906**

4. Freiwillige Zuwendungen Dritter

Freiwillige Leistungen Dritter, z.B. von Eltern, sind freiwillige Leistungen ohne Einkommenscharakter. **1907** Kaufen Eltern z.B. ihrem Kind während der Ehe und/oder nach Trennung bzw. Scheidung Wohneigentum, so ist ein **Wohnwert nicht** anzusetzen.[2057] Anderes gilt nur, wenn für die Leistung eine Gegenleistung zu erbringen ist, z.B. Pflege und Betreuung.[2058] Der Vorbehalt eines Nießbrauches stellt dagegen keine Gegenleistung dar.[2059] Eine unterhaltsrechtlich nicht einzubeziehende freiwillige Leistung Dritter liegt auch dann vor, wenn Eltern ihrem Kind Geld schenken, mit dem es dann eine Eigentumswohnung kauft.[2060]

Dritte wollen den **Berechtigten** mit solchen Leistungen unterstützen und nicht den Verpflichteten finanziell entlasten.[2061] **1908**

Dies gilt in gleicher Weise für den **Verpflichteten**, da Dritte durch ihr Verhalten den Betroffenen unterstützen wollen und nicht Leistungen erbringen, um den Anspruch des Berechtigten zu erhöhen.

Für den **Mangelfall** kann dies nicht gelten. Je nach Höhe des Fehlbedarfs können freiwillige unentgeltliche Zuwendungen eines ritten unter Billigkeitsgesichtspunkten ganz oder teilweise **als Einkommen zugerechnet** werden. Diese Zurechnung erfolgt als **Billigkeitsabwägung auf der Leistungsstufe**. **1909**

Zur Anrechnung freiwilliger Leistungen Dritter wählen die Oberlandesgerichte in ihren Leitlinien fast durchgängig **ähnliche, zum Teil identische Formulierungen**. Es heißt es in **den Leitlinien der Oberlandesgerichte in Ziff. 8**:[2062] **1910**

■ **Kammergericht Berlin**

Freiwillige Zuwendungen (z.B. Geldleistungen, kostenloses Wohnen) Dritter sind als Einkommen anzusehen, wenn dies ihrer Zielrichtung entspricht.

■ **OLG Brandenburg**

Freiwillige Zuwendungen Dritter sind nur Einkommen, wenn dies dem Willen des Dritten entspricht.

■ **OLG Braunschweig**

Führt ein nicht voll Erwerbstätiger einem unterhaltsrechtlich leistungsfähigen Dritten den Haushalt, so kann hierfür ein Einkommen anzusetzen sein.

Das Zusammenleben in einer häuslichen Gemeinschaft kann unter dem Gesichtspunkt ersparter Wohn- und Haushaltskosten nach den Umständen des Einzelfalls – bei Leistungsfähigkeit des Partners – die Bedürftigkeit mindern bzw. die Leistungsfähigkeit steigern.

In der Regel kann dieser geldwerte Vorteil dem jeweiligen Partner der Gemeinschaft mit 10,00 Prozent des Eigenbedarfs zugerechnet werden.

2055 *Gerhardt* schlägt in: Wendl/Dose, § 1 Rn 822, zu niedrig einen Abzug von 20 bis 30 % vor.
2056 Dazu BGH FamRZ 1983, 146, 148.
2057 OLG München FamRZ 1996, 169.
2058 BGH 1995, 537.
2059 OLG Koblenz FamRZ 2003, 534.
2060 OLG Brandenburg FamRZ 2009, 1837.
2061 BGH FamRZ 1995, 537, 539; BGH FamRZ 2000, 153.
2062 Stand 1.1.2023.

■ **OLG Bremen**

Freiwillige Zuwendungen Dritter (z.B. Geldleistungen, kostenloses Wohnen) sind in der Regel nur dann als Einkommen zu berücksichtigen, wenn dies dem Willen des Dritten entspricht.

■ **OLG Celle**

Freiwillige Zuwendungen Dritter (z.B. Geldleistungen, kostenloses Wohnen) sind nur dann als Einkommen zu berücksichtigen, wenn dies dem Willen des Dritten entspricht. Soweit jedoch einzelne gleichrangige Kinder mit einer Nichtgeltendmachung oder einer Titulierung ihres Unterhalts in geringerer Höhe -vergleichbar mit freiwilligen Leistungen Dritter- die Zweckrichtung verfolgen, allein dem Unterhaltspflichtigen weitere Einkünfte zu belassen, findet dieses am Anspruch auf Mindestunterhalt weiterer minderjähriger Kinder seine Grenze (BGH FamRZ 2019, 1415).

■ **OLG Dresden**

Freiwillige Zuwendungen Dritter (z.B. Geldleistungen, kostenloses Wohnen) sind als Einkommen zu berücksichtigen, soweit dies dem Willen des Dritten nicht widerspricht.

■ **OLG Düsseldorf**

Freiwillige Leistungen Dritter (z.B. Geldleistungen, mietfreies Wohnen) sind kein Einkommen, es sei denn, dass die Anrechnung dem Willen des Dritten entspricht. Wenn der Mindestunterhalt minderjähriger Kinder oder ihnen nach § 1603 Abs. 2 S. 2 BGB gleichgestellter volljähriger Kinder sowie das Existenzminimum des Ehegatten nicht gedeckt sind, kommt eine Anrechnung ebenfalls in Betracht.

■ **OLG Frankfurt/Main**

Freiwillige Zuwendungen Dritter (z.B. Geldleistungen, kostenloses Wohnen) sind als Einkommen zu berücksichtigen, wenn dies dem Willen des Dritten entspricht.

Keine freiwilligen Zuwendungen Dritter sind Leistungen, die einem Ehegatten im Rahmen des Familienunterhalts zufließen.

Zum Wohnen im Haus seines Ehegatten, mit dem die Lebensgemeinschaft besteht, vgl. BGH FamRZ 2008, 968 ff. (974, Tz. 57).

■ **OLG Hamburg**

Freiwillige Zuwendungen Dritter (z.B. Geldleistungen, kostenloses Wohnen) sind als Einkommen nur zu berücksichtigen, wenn dies dem Willen des Dritten entspricht. Beim Mindestkindesunterhalt sind auch freiwillige Leistungen Dritter einzusetzen.

■ **OLG Hamm**

Freiwillige Leistungen Dritter (z.B. Geldleistungen, Wohnungsgewährung) sind regelmäßig nicht als Einkommen zu berücksichtigen, es sei denn die Berücksichtigung entspricht dem Willen des zuwendenden Dritten. Im Mangelfall kann jedoch bei der Beurteilung der Leistungsfähigkeit bzw. Bedürftigkeit eine Anrechnung derartiger Leistungen auch gegen den Willen des Zuwendenden erwogen werden.

■ **OLG Koblenz**

Freiwillige Leistungen Dritter (z.B. Geldleistungen, mietfreies Wohnen) sind kein Einkommen, es sei denn, dass die Anrechnung dem Willen des Dritten entspricht.

■ **OLG Köln**

Freiwillige Zuwendungen Dritter (z.B. Geldleistungen, kostenloses Wohnen) sind nur als Einkommen zu berücksichtigen, wenn dies dem Willen des Dritten entspricht.

■ **OLG Naumburg**

Freiwillige Zuwendungen Dritter (z.B. Geldleistungen, kostenloses Wohnen) sind nicht als Einkommen zu berücksichtigen, es sei denn, dies entspricht dem Willen des Dritten.

■ **OLG Oldenburg**

Freiwillige Zuwendungen Dritter (z.B. Geldleistungen, mietfreies Wohnen) sind in der Regel nur dann als Einkommen zu berücksichtigen, wenn dies dem Willen des Dritten entspricht.

■ **OLG Rostock**

Freiwillige Zuwendungen Dritter (z.B. Geldleistungen, kostenloses Wohnen) sind als Einkommen zu berücksichtigen, wenn dies dem Willen des Dritten entspricht. Eine Anrechnung kommt jedoch dann in Betracht, wenn der Mindestunterhalt minderjähriger Kinder oder ihnen nach § 1603 Abs. 2 Satz 2 BGB gleichgestellter volljähriger Kinder bzw. das Existenzminimum des Ehegatten nicht gedeckt sind.

■ **OLG Schleswig**

Freiwillige Zuwendungen Dritter (z.B. Geldleistungen, Wohnungsgewährung) sind regelmäßig nicht als Einkommen zu berücksichtigen, es sei denn, die Berücksichtigung entspricht dem Willen des zuwendenden Dritten.

■ **Süddeutsche Leitlinien**

Freiwillige Zuwendungen Dritter (z.B. Geldleistungen, kostenloses Wohnen) sind als Einkommen zu berücksichtigen, wenn dies dem Willen des Dritten entspricht.

■ **Thüringer OLG Jena**

Freiwillige Zuwendungen Dritter (z.B. Geldleistungen, kostenloses Wohnen) sind regelmäßig nicht als Einkommen zu berücksichtigen (BGH, Beschl. v. 1.7.2015 – XII ZB 240/14, juris Rn 20). Keine freiwilligen Zuwendungen Dritter sind Leistungen, die einem Ehegatten im Rahmen des Familienunterhalts zufließen.

5. Abzugsposten vom Einkommen

Das unterhaltsrechtlich zu bestimmende Einkommen wird grundsätzlich berechnet durch Abzug von **1911**

- berufsbedingten Aufwendungen,
- Betriebsausgaben und sonstigen Werbungskosten,
- von Vorsorgeaufwendungen und
- zu zahlenden Steuern.

Bei begrenzter Leistungsfähigkeit sind an die Möglichkeit des Abzugs dieser Positionen **erhöhte Anforderungen** zu stellen. Dabei sind im Einzelfall die konkreten Abzugsposten auf ihre unbedingte Notwendigkeit zu überprüfen.

Zu einzelnen **typischen Abzugsposten im Einzelnen**: **1912**

Bei **nicht Selbstständigen** sind **berufsbedingte Aufwendungen** anzusetzen. In erster Linie werden hier die Fahrtkosten zum Arbeitsplatz berechnet. Allerdings können berufsbedingte Aufwendungen auch Arbeitsmittel oder Fachliteratur sein.[2063] Ebenso stellen Beiträge zu Berufsverbänden, Fortbildungskosten und eventuell Kosten der doppelten Haushaltsführung, z.B. bei vorübergehender weiter entfernt liegender Arbeitstätigkeit berufsbedingte Aufwendungen dar.

Diese Aufwendungen werden **aus Vereinfachungsgründen pauschaliert** und mit 5 % des Nettoeinkommens angenommen.[2064] In den verschiedenen Leitlinien der Oberlandesgerichte werden die Pauschalen nach oben begrenzt, z.B. mit einer Obergrenze von 150 EUR. **1913**

2063 Vgl. BGH FamRZ 2009, 1391.
2064 Vgl. aber die einzelnen Unterhaltsleitlinien in Nr. 10.2.

1914 Im Mangelfall bestehen **erhöhte Anforderungen an die Notwendigkeit** solcher Abzüge. Derjenige, der sich auf einen solchen Abzug beruft, wird im Mangelfall **darzulegen und zu beweisen** haben, dass der Abzug der 5 % – Pauschale erforderlich ist und tatsächlich **Aufwendungen in dieser Höhe** anfallen.[2065]

Im Mangelfall kann auch zumutbar sein, statt des eigenen Pkw **öffentliche Verkehrsmittel** zu benutzen. Bei hohen Fahrtkosten kann auch ein **Umzug** zumutbar sein.[2066]

1915 Bei **Selbstständigen, Unternehmern und Freiberuflern**, bestehen im Mangelfall erhöhte Anforderungen an die **Notwendigkeit von Betriebsausgaben**. Auch betriebliche Investitionen sind zu überprüfen und stille Reserven ggf. zu reaktivieren.

1916 **Ansparabschreibungen** (ausführlich siehe oben § 1 Rdn 360 ff.) nach § 7g EStG sind zu unterlassen. Mit der Ansparabschreibung erhalten kleine und mittlere Betriebe die Möglichkeit, für neue bewegliche Wirtschaftsgüter des Anlagevermögens, die sie voraussichtlich in den nächsten 2 Jahren anschaffen oder herstellen wollen, eine gewinnmindernde Rücklage zu schaffen. Die Ansparabschreibung erfolgt durch Bilanzierung oder bei kleineren Betrieben durch Ansatz einer fiktiven Betriebsausgabe, § 7g Abs. 6 EStG.[2067] Eine solche Gewinnminderung ist im Mangelfall nicht möglich.

1917 **Unternehmer und Freiberufler** können durch Abschluss von Versicherungen **Vorsorge für das Alter** treffen. Soweit der Berechtigte wegen des Mangelfalls keinen Altersvorsorgeunterhalt zugesprochen bekommen kann, ist auch dem Selbstständigen zuzumuten, seine Altersversorgung zu reduzieren.

Dies gilt bei **abhängig Beschäftigten** auch für zusätzliche Absicherungen durch Versicherungen und Riester-Rente.

1918 **Steuerfreibeträge** sind im Mangelfall wahrzunehmen. Der Betroffene unterliegt einer noch verschärften Verpflichtung, alle nur möglichen laufenden Steuerentlastungen wahrzunehmen durch Eintragung entsprechender Freibeträge auf der Steuerkarte. Unterlässt er dies, ist sein Einkommen um die fiktive Steuerersparnis zu erhöhen.

1919 **Steuerberaterkosten** sind im Mangelfall **nur im Ausnahmefall dann anzuerkennen**, wenn es aus der Sicht eines objektiven Dritten **unmöglich** erscheint, dass die Steuererklärung, ggf. auch mit Hilfe von preiswerteren Steuerhilfevereinen, ohne Inanspruchnahme eines Steuerberaters abgegeben werden kann.

6. Vermögensverwertung

1920 Grundsätzlich kann der Berechtigte durch die **Verwertung vorhandenen Vermögens** seinen Bedarf decken, bis es verbraucht ist. Bis zu diesem Zeitpunkt ist der Unterhaltsgläubiger nicht bedürftig, so dass es auf die Frage der Leistungsfähigkeit nicht ankommt und demgemäß **kein Mangelfall** eintreten wird.

1921 Der Berechtigte muss jedoch nach § 1577 Abs. 3 BGB den Stamm seines Vermögens dann **nicht verwerten**, wenn die Verwertung **unwirtschaftlich** oder unter Berücksichtigung der beiderseitigen wirtschaftlichen Verhältnisse **unbillig** wäre.

1922 Vermögen nach § 1577 Abs. 3 ist das **gesamte Aktivvermögen** des Berechtigten, also auch Vermögenswerte, die erst nach der Trennung oder Scheidung entstanden oder dem Berechtigten zugeflossen sind. Dies betrifft eine Erbschaft ebenso wie Schenkungen, den Veräußerungserlös eines früheren gemeinschaftlichen Hauses oder Vermögensbildung nach der Scheidung.

1923 Auch wenn Vermögen im Grundsatz dazu dienen soll, den Unterhalt des Berechtigten ergänzend zu dessen sonstigen **Einkünften auf Lebenszeit** zu sichern,[2068] muss der Berechtigte das Vermögen doch verwerten und für Unterhaltszwecke verwenden, es sei denn, die Verwertung ist unwirtschaftlich und/oder unbillig. Liegt eine dieser Voraussetzungen nicht vor, besteht eine Verwertungsobliegenheit.

2065 In verschiedenen Leitlinien ist in Ziff. 10.2.1 geregelt, dass im Mangelfall eine Pauschale nicht angesetzt werden kann.
2066 OLG Brandenburg FamRZ 1999, 1010.
2067 Dazu ausführlich *Kuckenburg/Perleberg-Kölbel*, Rn 217 ff.
2068 BGH FamRZ 1985, 354.

Es darf nicht zu Lasten des Verpflichteten versucht werden, das Vermögen für **Erben** zu erhalten.[2069] 1924

Wird Vermögen nicht in zumutbarer ertragbringender Weise verwertet, ist der Betreffende **im Mangelfall fiktiv** so zu behandeln, als hätte er das Vermögen in zumutbarer Weise verwertet. Durch die erhöhten Anforderungen im Mangelfall sind in einer **Zumutbarkeitsprüfung** die Belange sowohl des Berechtigten als auch des Verpflichteten im **Einzelfall** gegeneinander abzuwägen.[2070]

7. Abzug von Verbindlichkeiten

Verbindlichkeiten, die unterhaltsrechtlich nicht leichtfertig entstanden und damit berücksichtigungsfähig[2071] sind, werden bei der Bedarfsbemessung durch Vorabzug vom prägenden Einkommen berücksichtigt.[2072] 1925

Der geschiedene unterhaltsberechtigte Ehegatte muss aber nicht jede Verbindlichkeit gegen sich gelten lassen. Vielmehr muss in jedem **Einzelfall** geprüft werden, ob es sich um eine berücksichtigungsfähige Schuld handelt.[2073]

Zu den berücksichtigungsfähigen Schulden gehören insbesondere Darlehen für die Anschaffung von notwendigem **Hausrat**. In diesem Zusammenhang ist allerdings von Bedeutung, ob die Ehegatten vorher ein Hausratsverteilungsverfahren durchgeführt haben. 1926

Ferner sind beispielsweise zu akzeptieren **notwendige Umzugskosten**, die mit Darlehen finanziert wurden oder aber auch Anschaffungskosten für einen Pkw, wenn dieser aus beruflichen Gründen benötigt wird und der bisher genutzte Pkw ersetzt werden musste.

Im Mangelfall sind allerdings alle Verbindlichkeiten darauf zu überprüfen, ob sie unter Berücksichtigung von **Billigkeitsgesichtspunkten noch berücksichtigungswürdig** sind. Dies muss im Einzelfall unter Abwägung aller Interessen unter Berücksichtigung der **konkreten Umstände** nach billigem Ermessen beurteilt werden.[2074] 1927

Konkrete Umstände, die zu berücksichtigen sind, können beispielhaft sein: 1928

- Zweck der Verbindlichkeiten,
- Zeitpunkt und Art ihrer Begründung,
- Kenntnis des Unterhaltsanspruchs zum Zeitpunkt der Eingehung der Verbindlichkeit,
- Einvernehmen des anderen – früheren – Ehegatten,
- Möglichkeit, den Tilgungsplan zu strecken,
- Schutzwürdige Belange von Drittgläubigern,
- Möglichkeit des Verpflichteten, auf andere Weise die Leistungsfähigkeit ganz oder teilweise wieder herzustellen,
- Möglichkeit des Berechtigten, sich fehlende Mittel durch eigenen Einsatz selbst zu verschaffen.

Ob dem Pflichtigen zuzumuten ist, sich auf **Pfändungsfreigrenzen** zu berufen oder/und einen **Insolvenzantrag** zu stellen, ist im Einzelfall zu entscheiden. Die Grundsätze nachehelicher Solidarität, die in der Zahlung von Unterhalt zum Ausdruck kommt, werden aber **nur im Ausnahmefall** so weit reichen, dass man die mit einem Insolvenzantrag verbundene Einschränkung der Handlungsfreiheit verlangen kann. 1929

2069 BGH FamRZ 1986, 556.
2070 BGH FamRZ 1986, 556.
2071 Vgl. zum Begriff *Gerhardt*, FamRZ 2011, 8.
2072 BGH FamRZ 2006, 683.
2073 BGH FuR 2008, 542.
2074 BGH FamRZ 1984, 657; BGH FamRZ 2003, 813.

1930 **Schulden**, die **in Kenntnis der Unterhaltslast** einseitig leichtfertig oder die für luxuriöse Zwecke oder aber ohne verständlichen Grund eingegangen wurden, sind nicht zu berücksichtigen. Der Verpflichtete darf sich durch **leichtfertiges oder eigensüchtiges Verschulden** nicht seiner Unterhaltspflicht entziehen.[2075]

Ebenso wenig sind Schulden zu berücksichtigen, die durch **laufende Überziehung des Girokontos** entstehen. Mit den zur Verfügung stehenden Mitteln ist auszukommen; ggf. ist der laufende Ausgabenbereich zu überprüfen und zu kürzen.

IV. Kürzung des Fehlbedarfs

1931 Kommt es aufgrund der Billigkeitsabwägungen zu einer **Änderung im Soll- und/oder Haben-Bereich**, ist neu festzustellen, ob gleichwohl ein **ungedeckter Restbedarf** verbleibt.

1932 Sind nach neuer Verrechnung die Deckungsmasse (Haben-Bereich) und der Bedarfsbereich (Sollbereich) **identisch oder übersteigt** die Deckungsmasse den Bedarfsbereich, liegt kein Mangelfall vor. Es bleibt bei der vorgenommenen Unterhaltsberechnung. Diese Berechnung ist jedoch bereits ein auf **Billigkeitsabwägungen nach § 1581 BGB beruhender Unterhalt**. Er ist bei Erlangung der vollen Leistungsfähigkeit auf den vollen Unterhalt zu erhöhen.

1933 Liegt als Differenz ein ungedeckter Restebedarf vor, hat nach § 1581 BGB eine weitere Unterhaltskürzung zu erfolgen.

Möglich ist die Berechnung auf dreierlei Weise:

- Durch individuelle Kürzung,
- Durch Kürzung gemäß Mangelfallberechnung,
- Durch quotenmäßige Kürzung.

1. Individuelle Kürzung des Fehlbedarfs

1934 Die Kürzung der dem Berechtigten zustehenden Unterhaltsansprüche ist möglich durch individuelle Gesamtabwägung der aller Billigkeitsgesichtspunkte im Einzelnen.[2076]

1935 Die zu **berücksichtigenden Einzelfallumstände** sind sowohl beim Verpflichteten als auch beim Berechtigten insbesondere:

- Einkommens- und Vermögensverhältnisse,
- Sonstige wirtschaftliche Verhältnisse,
- Alter,
- Gesundheitszustand,
- Erwerbsfähigkeit,
- Kinderbetreuung,
- Sonstige Belastungen,
- Dauer der Ehe,
- Umfang von Vorabzügen bei der Bedarfsbemessung.

Eine individuelle Verteilung lässt sich aber nur bei Vorliegen **besonderer, außergewöhnlicher Umstände** rechtfertigen. Diese könnten bei Kindern eventuell damit begründet werden, dass eines der Kinder in der Lage ist, durch Erteilen von Nachhilfeunterricht hinzuzuverdienen.[2077]

2075 BGH FamRZ 1982, 157.
2076 BGH FamRZ 1990, 283; BGH FamRZ 1999, 1501.
2077 So Wendl/Dose/*Gutdeutsch*, § 5 Rn 159.

2. Kürzung gemäß Mangelfallberechnung

Schließlich besteht eine weitere Möglichkeit darin, eine Aufteilung entsprechend der – üblichen – Mangelfallberechnung vorzunehmen[2078] nach der Formel 1936

Bedarf x Verteilungsmasse : Gesamtbedarf = gekürzter Unterhalt

Bei der Berechnung ist von dem für Unterhaltsleistungen zur Verfügung stehenden Einkommen des Unterhaltsverpflichteten zunächst der **notwendige Selbstbehalt** abzuziehen.

Anschließend ist der **Restbetrag** auf die Unterhaltsberechtigten angemessen zu **verteilen**.

Dies geschieht in der Weise, dass die Bedarfsbeträge **proportional zu kürzen** sind.

Beispiel[2079] 1937

Bereinigtes monatliches Nettoeinkommen M: 2.800 EUR. Ehebedingte Schulden M: 350 EUR. Trennungsbedingte, berücksichtigungsfähige Schulden M: 100 EUR. F verfügt über keine Einkünfte.

Bedarf der F	
Einkommen des M	3.400 EUR
Abzüglich ehebedingter Schulden	350 EUR
	3.050 EUR
x 45 %	**1.372,50 EUR**
Eheangemessener Bedarf des M	
55 % x 3.050 EUR	1.677,50 EUR
Abzüglich trennungsbedingter Schulden	100 EUR
	1.577,50 EUR

Der eheangemessene Bedarf des M von 1.650 EUR würde durch die Berücksichtigung der Verbindlichkeiten von monatlich 100 EUR unterschritten.

Da die trennungsbedingten Schulden die Ehe nicht geprägt haben, sind sie bei der Berechnung des Bedarfs nicht zu berücksichtigen.

3. Quotenmäßige Kürzung

Die weitere Möglichkeit besteht darin, eine Verteilung **entsprechend der Ehegattenquote** vorzunehmen. Unter Abzug des Erwerbstätigenbonus von 1/10 hat dies zur Folge, dass eine Kürzung des eheangemessenen Bedarfs des **Unterhaltsberechtigten um** 45 % und des **Unterhaltsverpflichteten um** 55 % dieses Rechnungspostens erfolgt. 1938

Rechenbeispiel 1939

Berechnung des obigen Beispiels

45 % von 100 EUR =	45 EUR
Billigkeitsunterhalt gem. § 1581 BGB:	
1.373 EUR (eheangemessener Bedarf F) – 45 EUR =	**1.328 EUR**

Der Abzug des Erwerbstätigenbonus erfolgt nur im Falle der Erwerbstätigkeit. In den übrigen Fällen ist die Kürzung nach dem Halbteilungsgrundsatz umzulegen.

2078 Vgl. die Beispiele in: Wendl/Dose/*Gutdeutsch*, § 5 Rn 160 ff.
2079 Nach Kleffmann/Soyka/*Soyka,* 4. Kap. Rn 478 f.

1940 *Praxistipp*

Der Billigkeitsunterhalt ist in einem gerichtlichen Verfahren entsprechend zu **kennzeichnen**. Bei späteren Abänderungsklagen für den Fall, dass der Unterhaltsverpflichtete zusätzliche Einkünfte erzielt, verändert sich zwar die Bedarfsberechnung nach den ehelichen Lebensverhältnissen nicht; gleichwohl ist die Veränderung beachtlich, da sie die Leistungsfähigkeit des Verpflichteten erhöht.

4. Einsatzbeträge

1941 **Einsatzbeträge** sind diejenigen Beträge, mit denen die Unterhaltsverpflichtungen in die Mangelfallberechnung eingestellt werden.

Dies sind entweder die individuellen Bedarfsbeträge oder die Mindestbedarfssätze. An einem Mangelfall können entweder gleichrangige Ehegatten i.S.d § 1609 Nr. 2 BGB oder nichteheliche Mütter nach § 1615l BGB beteiligt sein. Zu unterscheiden ist zwischen getrenntlebenden oder geschiedenen Ehegatten einerseits und mit dem Pflichtigen zusammenlebenden – neuen – Ehegatten andererseits.

a) Getrennt lebende oder geschiedene Ehegatten

1942 Der Einsatzbetrag für den getrenntlebenden oder geschiedenen Ehegatten richtet sich nach den ehelichen Lebensverhältnissen und deren **individuellem Bedarfsrahmen**. Davon in Abzug zu bringen sind die bedarfsdeckenden Einkünfte. Der verbleibende Betrag, also der **Differenzbetrag** zwischen Sollbetrag und Haben-Betrag, stellt den Einsatzbetrag dar.

1943 Zu beachten sind die Mindestbedarfssätze in Höhe des Existenzminimums von 1.120 EUR für nicht erwerbstätige und 1.370 EUR für erwerbstätige Unterhaltsberechtigte.[2080]

Diese stellen den Einsatzbetrag dar, wenn der tatsächliche Bedarf darunter liegt.

b) Der mit dem Pflichtigen zusammenlebende Ehegatte

1944 Der monatlich notwendige Eigenbedarf des Ehegatten, der in einem gemeinsamen Haushalt mit dem Unterhaltspflichtigen lebt, beträgt gegenüber einem nachrangigen geschiedenen Ehegatten im Falle der Erwerbstätigkeit **1.208 EUR**, im Falle fehlender Erwerbstätigkeit **1.108 EUR**

1945 Bei der Berechnung des Mindestbedarfs ist der Vorteil des Zusammenlebens mit 10 % einzubeziehen, die auf den Ehegatten als Ersparnis entfallen. Dem Unterhaltsverpflichteten muss der Betrag von **1.650 EUR** verbleiben. Der Mindestbedarf des Ehegatten beträgt **1.108 EUR**. 10 % des Familieneinkommens (1.650 EUR + 1.108 EUR = 2.758 EUR) macht den Betrag von 276 EUR aus. Dieser Betrag ist vom Mindestbedarf abzuziehen, so dass das **Minimum von 832 EUR** verbleibt.[2081]

c) Der Unterhaltsberechtigte nach § 1615l BGB

1946 Der Einsatzbetrag der Mutter eines nichtehelichen Kindes richtet sich **nach deren eigenem Bedarf**. Nach § 1615l Abs. 3 BGB i.V.m. § 1610 BGB bestimmt sich der Bedarf nach der Lebensstellung des Berechtigten. Auf die Lebensstellung des Pflichtigen kommt es daher nicht an.

Entscheidend sind auch bei – früher – in nichtehelicher Lebensgemeinschaft zusammenlebenden Partnern **nicht die gemeinsamen Lebensverhältnisse**, etwa parallel zu ehelichen Lebensverhältnissen. Der Unterhaltsanspruch der nichtehelichen Mutter hat seine Ursache nicht in gemeinsamer gegenseitiger Verantwortung der – früheren – Partner füreinander, sondern in der Verantwortung gegenüber dem gemeinsamen Kind.

Das Kind leitet seine Lebensstellung aber von derjenigen der Mutter ab. Deshalb sind dieser die **Nachteile**, die sie durch die Geburt und die Betreuung des Kindes hinnehmen muss, auszugleichen.

2080 Vgl. Ziff. B. V. der Düsseldorfer Tabelle, Stand 1.1.2023.
2081 Jeweils nach dem Stand der Düsseldorfer Tabelle am 1.1.2023.

Der **Nachteilsausgleich** führt dazu, dass auf Seiten der Kindesmutter die **bis zur Geburt des Kindes nachhaltig erzielten Einkünfte** als Maß des vom Unterhaltsverpflichteten zu zahlenden Unterhalts zugrunde zu legen sind.[2082] 1947

V. Mehrheit von Berechtigten

1. Unterhaltskonkurrenz zwischen geschiedenem und neuem Ehegatten

Der **BGH** hatte in mehreren Entscheidungen seit dem **28.2.2007**[2083] die ehelichen Lebensverhältnisse abweichend von der bis dahin geltenden Rechtsprechung bewertet. Danach waren alle nach der Scheidung auf Seiten des Unterhaltspflichtigen entstehenden Unterhaltspflichten ebenso eheprägend wie nach der Scheidung von ihm begründete Verbindlichkeiten.[2084] 1948

Dies sollte unabhängig davon gelten, ob der neue Ehegatte gegenüber dem geschiedenen Ehegatten vor-, gleich- oder nachrangig war.

Das **Bundesverfassungsgericht** hat diese Rechtsprechung und die darauf beruhende Berechnungsmethode, die sog. **Dreiteilungsmethode**, für **verfassungswidrig** erklärt.[2085] 1949

Begründet hat das **Bundesverfassungsgericht** seine Entscheidung damit, dass sich mit der Dreiteilungsmethode zur Berechnung des Bedarfs des geschiedenen und des neuen Ehegatten der BGH vom **Konzept des Gesetzgebers** zur Berechnung des nachehelichen Unterhalts löst. Mit diesem Systemwechsel habe der BGH die Grenzen richterlicher Rechtsfortbildung überschritten und verletze Art. 2 Abs. 1 GG i.V.m. dem Rechtsstaatsprinzip nach Art. 20 Abs. 3 GG.

Darauf hat der BGH seine Rechtsprechung zur Beurteilung der ehelichen Lebensverhältnisse angepasst und das **Stichtagsprinzip** betont.[2086] Danach sind eheprägend Umstände, die bis zur Rechtskraft der Scheidung eingetreten sind. 1950

Die **ehelichen Lebensverhältnisse prägen** daher Umstände, die

- Auch bei Fortbestand der Ehe eingetreten wären,
- In der Ehe angelegt sind oder
- Als Surrogat anzusehen sind.

Dies wirkt sich besonders in Fällen der **Konkurrenz von Unterhaltsansprüchen** des geschiedenen und des neuen Ehegatten aus.

Nicht in der – früheren – Ehe angelegt sind danach nämlich 1951

- Der Unterhalt des neuen Ehegatten,
- Der Splittingvorteil aufgrund der neuen Ehe,
- Einkommenszuschläge aufgrund der neuen Ehe und
- Vorteile des Zusammenlebens mit dem neuen Ehegatten.

Nicht zulässig ist es deshalb, den Unterhalt der zweiten Ehefrau als eheprägend für die Lebensverhältnisse der geschiedenen Ehe anzusetzen.

Da regelmäßig das Einkommen in solchen Fällen nicht ausreichen wird, um den vollen Unterhaltsbedarf sowohl der geschiedenen als auch der neuen Ehefrau zu gewährleisten, wird ein Mangelfall vorliegen, der zu einer **Billigkeitsabwägung im Rahmen des § 1581 BGB** führt. 1952

2082 BGH FamRZ 2010, 357; BGH FamRZ 2010, 444; zur Kritik ausführlich Kleffmann/Soyka/*Soyka*, 4. Kap. Rn 557.
2083 FamRZ 2007, 793.
2084 Vgl. auch BGH FamRZ 2007, 1232; BGH FamRZ 2008, 1911; BGH FamRZ 2009, 23; BGH FamRZ 2009, 411; BGH FamRZ 2010, 111.
2085 BVerfG FamRZ 2011, 437.
2086 BGH FamRZ 2012, 281.

Die Billigkeitsabwägung des § 1581 BGB zielt auf einen **billigen, gerechten Ausgleich** zwischen den Ehegatten.

1953 Die angemessene Verteilung muss auch den Erwerbstätigenbonus sowie die Unterhaltspflicht gegenüber dem neuen Ehegatten berücksichtigen.

Inwieweit allerdings ein Billigkeitsunterhalt zu bestimmen ist, hängt vom **Rang** des jeweiligen Berechtigten nach § 1609 BGB ab.

Da **Rangverhältnisse** aber **erst in einem Mangelfall** von Bedeutung sind, ist vorweg zu klären, ob die Deckungsmasse ausreicht, um den vollen angemessenen Bedarf aller Berechtigten und des Verpflichteten zu decken. Wird bei einem Vergleich zwischen Gesamtbedarf und Deckungsmasse ein **Fehlbedarf** festgestellt, ist eine Klärung der Rangverhältnisse herbeizuführen. Nachrangig Berechtigte sind zunächst von der Berechnung auszuschließen.

1954 Zum Bedarf bei mehreren Ehegatten – und auch Berechtigten nach § 1615l BGB bestimmen **einige Leitlinien der Oberlandesgerichte in den jeweiligen Ziff. 15.5** Folgendes, wobei sich die übrigen Oberlandesgerichte in ihren Leitlinien zu diesem Thema nicht äußern:[2087]

■ **OLG Celle**

Schuldet der Unterhaltspflichtige sowohl einem geschiedenen als auch einem neuen Ehegatten Unterhalt, hat dies keinen Einfluss auf die Bemessung des Unterhaltsbedarfs der Unterhaltsberechtigten. Allerdings kann dies bei der Beurteilung der Leistungsfähigkeit (§ 1581 BGB) zu einem relativen Mangelfall und bei Gleichrang zu einer Begrenzung des geschuldeten Unterhalts (Gleichteilung) führen (BGH FamRZ 2012, 281).

■ **OLG Düsseldorf**

Ohne Auswirkung auf den Unterhaltsbedarf sind nacheheliche Entwicklungen, die keinen Anknüpfungspunkt in der Ehe haben, wie die Unterhaltspflicht gegenüber einem neuen Ehegatten, der Splittingvorteil aus der neuen Ehe, sonstige von der neuen Ehe abhängige Einkommenszuschläge, der Vorteil des Zusammenlebens in der neuen Ehe, Unterhaltspflichten für nachehelich geborene Kinder und hierdurch bedingte Ansprüche nach§ 1615l BGB. Wegen der möglichen Auswirkungen auf die Leistungsfähigkeit ist Nr. 21.3.2 zu beachten.

■ **OLG Frankfurt/Main**

Der Bedarf der Ehegatten berechnet sich nach dem Prioritätsgrundsatz. Danach sind die Unterhaltspflichten für einen späteren Ehegatten oder gegenüber dem betreuenden Elternteil eines nach der Scheidung der Eheleute geborenen Kindes (§ 1615l BGB) bei der Bemessung des Unterhaltsbedarfs des ersten Ehegatten nach§ 1578 Abs. 1 S. 1 BGBnicht zu berücksichtigen. Zur Anwendung der so genannten Dreiteilungsmethode kann es aber noch im Rahmen der Leistungsfähigkeit und der Mangelverteilung kommen (vgl. Nr. 24.3.2), wenn der erste Ehegatte nicht vorrangig ist. Der Bedarf eines späteren Ehegatten wird zwar durch die Unterhaltslast des Pflichtigen aus einer früheren Ehe geprägt. Der endgültige Unterhaltsbedarf des späteren Ehegatten lässt sich aber erst im Zusammenspiel mit der Leistungsfähigkeit des Unterhaltspflichtigen gegenüber einem früheren Ehegatten bemessen. Verbleibt dem Unterhaltspflichtigen danach gegenüber einem früheren Ehegatten wieder ein höherer Betrag, wirkt sich dies zugleich auf den im Wege der Halbteilung zu ermittelnden Bedarf seines späteren Ehegatten aus.[2088]

Zum dabei zu berücksichtigenden Einkommen vgl. Nr. 1.1 und 15.1.

■ **OLG Hamburg**

Bei Wiederverheiratung des Unterhaltsverpflichteten oder bei Berechtigten nach§ 1615l BGBbemisst sich der Unterhaltsbedarf des geschiedenen Ehegatten nach den ehelichen Lebensverhältnissen ohne Be-

2087 Stand 1.1.2023.
2088 BGH FamRZ 2012, 281 Tz. 45.

rücksichtigung der nachehelich entstandenen Unterhaltspflichten. Die unterschiedliche Rangfolge der Ansprüche nach§ 1609 Nr. 2 und 3 BGBist erst im Rahmen der Prüfung der Leistungsfähigkeit zu berücksichtigen. Die sogenannte Drittelmethode kann im Rahmen der Leistungsfähigkeit und Mangelverteilung zur Anwendung kommen, wenn der Unterhaltsanspruch des ersten Ehegatten nicht vorrangig ist.

■ **OLG Hamm**

Der Bedarf berechnet sich nicht unter Anwendung der so genannten Dreiteilungsmethode. Diese kommt allenfalls im Rahmen der Leistungsfähigkeit und der Mangelverteilung zum Zuge (vgl. Nr. 24.3.2).

■ **OLG Koblenz**

Die Unterhaltspflichten für neue Ehegatten sowie für nachehelich geborene Kinder und den dadurch bedingten Betreuungsunterhalt nach § 1615l BGB sind nicht bei der Bemessung des Unterhaltsbedarfs eines geschiedenen Ehegatten zu berücksichtigen.

■ **OLG Köln**

Bei Zusammentreffen von Unterhaltsansprüchen des geschiedenen Ehegatten und des mit dem Unterhaltspflichtigen zusammenlebenden (neuen) Ehegatten bemisst sich der Unterhaltsbedarf des geschiedenen Ehegatten nach den ehelichen Lebensverhältnissen ohne Berücksichtigung der nachehelichen Entwicklungen (vgl. Nr. 15.1.).

Die unterschiedliche Rangfolge der Ansprüche (§ 1609 Nr. 2, 3 BGB) ist erst im Rahmen der Prüfung der Leistungsfähigkeit zu berücksichtigen. Entsprechendes gilt bei Berechtigten nach § 1615l BGB, es sei denn, ihr Bedarf (Nr. 18) ist geringer.

a) Vorrang des geschiedenen Ehegatten

Reicht die Verfügungsmasse zur Befriedigung des vollen, den Berechtigten zustehenden Unterhalts nicht **1955**
aus, ist daher zunächst dem **vorrangig Berechtigten** der angemessene Unterhalt in vollem Umfang zu erfüllen. Dies gilt unabhängig davon, ob und wieviel nachrangig Berechtigten noch von der Verteilungsmasse übrigbleibt.

Nachrangig Berechtigte sind erst dann zu berücksichtigen, wenn nach Befriedigung des Vorrangigen noch ein **Deckungsbetrag verbleibt**.[2089] Wird der Pflichtige auf seinen Selbstbehalt zurückgeworfen, sind nachrangige Unterhaltsansprüche ausgeschlossen.

Beispiel **1956**

Bereinigtes Einkommen M: 1.400 EUR; bereinigtes Einkommen geschiedene F1: 700 EUR; neue Ehefrau F2 ohne Einkommen

Berechnung bei Vorrang F1

Einkommen M	2.100 EUR
Abzüglich Einkommen F1	700 EUR
Differenzeinkommen	1400 EUR
45 % Unterhaltsanspruch F1	**630 EUR**

Verbleibender Betrag M: 1.470 EUR (2.100 EUR – 630 EUR)

Wegen des Selbstbehalts entfällt der Unterhaltsanspruch von F2. Der Unterhaltsbetrag von F1 ist wegen des Selbstbehalts von 1.510 EUR um 40 EUR zu kürzen.

Besteht ein **Verhältnis von Vorrang und Nachrang**, wird die Deckungsmasse auf die vollen angemes- **1957**
senen Unterhaltsansprüche der vorrangig Berechtigten und den Eigenbedarf des Verpflichteten aufgeteilt.

2089 BGH FamRZ 1985, 357, 360.

Werden auf diese Weise die vorrangigen Ansprüche befriedigt, besteht für den vorrangig Berechtigten kein Mangelfall, der eine Kürzung des Unterhalts rechtfertigen könnte. Er erhält im Rahmen der Leistungsfähigkeit seinen vollen angemessenen Unterhalt.

Verbleibt nach der Verteilung noch ein **Restbetrag**, ist dieser auf die nachrangig Berechtigten nach ihrem Rang zu verteilen, im Falle des Gleichrangs durch proportionale Verteilung.

1958 *Abwandlung des Beispiels*

M verdient bereinigt 2.400 EUR

Bedarf F1: (2.400 EUR – 700 EUR) x 45 % =	765 EUR
Verbleib M: 2.400 EUR – 765 EUR =	1.635 EUR
Unterhaltsanspruch F2: 1.635 EUR – 1.510 EUR (Selbstbehalt[2090]) =	**125 EUR**

b) Gleichrang

1959 Besteht zwischen Unterhaltsberechtigten **Gleichrang**, wie bei mehreren Kindern betreuenden Ehegatten oder bei mehreren minderjährigen Kindern, ist das den Selbstbehalt übersteigende Einkommen im Rahmen des **§ 1581 BGB unter den Unterhaltsberechtigten zu verteilen**.

1960 Zunächst ist allerdings der **Bedarf** des geschiedenen Ehegatten zu ermitteln. Das Einkommen des Unterhaltspflichtigen ist dabei ohne den Splittingvorteil festzustellen, der der neuen Ehe verbleibt. Der **Splittingvorteil** der neuen Ehe kann die frühere Ehe nicht geprägt haben, da ohne die Scheidung der Ehe die weitere Ehe nicht möglich ist.

1961 Der **eheangemessene Bedarf des Pflichtigen** ist festzulegen, da dieser maßgeblich für das Vorliegen eines Mangelfalls ist.

1962 Bei der Frage der **Leistungsfähigkeit** ist sodann der Unterhalt gegenüber dem neuen Ehegatten zu berücksichtigen. Im Verhältnis zum neuen Ehegatten wird der Unterhalt jedoch unter Einschluss des ggf. nach Steuerklasse III erzielten Einkommens berechnet. Dieser Vorteil hat die neue Ehe geprägt.

1963 Der **Unterhalt der neuen Ehefrau** ist damit als **Familienunterhalt** unter Berücksichtigung der Bedarfsprägung des Geschiedenenunterhalts zu ermitteln.

1964 *Hinweis*

Bei der Berechnung des Familienunterhalts ist der Erwerbstätigenbonus nicht anwendbar. Der Familienunterhalt ist nach dem Halbteilungsprinzip zu ermitteln.[2091]

1965 Ist der tatsächlich ermittelte Bedarf niedriger als der **Mindestbedarf von 1.120 EUR**,[2092] ist dieser anstelle des zuvor errechneten Bedarfs einzusetzen. Zu berücksichtigen sind die Vorteile des Zusammenlebens, die nach Rechtsprechung des BGH[2093] **10 % des Familienbedarfs** entsprechen. Diese Ersparnis ist in den Eigenbedarfssätzen[2094] und in den Leitlinien[2095] der Düsseldorfer Tabelle eingearbeitet.

1966 Im Rahmen des § 1581 BGB ist bei der **Prüfung des Billigkeitsunterhalts** ein Mangelfall zu prüfen. Dieser ergibt sich aus dem Bedarf des geschiedenen Ehegatten, dem eheangemessenen Bedarf des Unterhaltspflichtigen und dem Bedarf des neuen Ehegatten.

2090 Stand 1.1.2023.
2091 BGH FuR 2002, 248.
2092 Stand 1.1.2023.
2093 FamRZ 2010, 1535.
2094 Anm. B.VI.Nr. 2a.
2095 Nr. 22.1.

Auf der Stufe der Leistungsfähigkeit kann sodann auf die **Drittellösung des BGH** für die Verteilung beim Billigkeitsunterhalt zurückgegriffen werden.[2096] **1967**

Rechenbeispiel **1968**

M verfügt über eine Rente von 1.500 EUR, die erwerbsunfähige geschiedene F1 über eine Rente von 700 EUR, die weitere erwerbsunfähige geschiedene F2 über eine Rente von 800 EUR. Es besteht Gleichrang.

Bedarf von F1: (1.500 EUR + 700 EUR) : 2 =	1.100 EUR
Voller Unterhalt F1: 1.100 EUR – 700 EUR =	400 EUR
M bleiben 1.500 EUR – 400 EUR =	1.100 EUR
Bedarf F2: (1.100 EUR + 800 EUR) : 2 =	950 EUR
Voller Unterhalt F2: 950 EUR – 800 EUR =	150 EUR

Damit wäre die Halbteilung verletzt, da M lediglich der Betrag von 1.500 EUR – 400 EUR – 150 EUR = 950 EUR bliebe.

Die beiderseitige Halbteilung ist gewahrt durch **Dreiteilung**:

Anteil von F1: (1.500 + 700 EUR + 800 EUR) : 3 =	1.000 EUR
Unterhalt von F1: 1.000 EUR – 700 EUR =	300 EUR
Unterhalt von F2: 1.000 EUR – 800 EUR =	200 EUR
M bleibt 1.500 EUR – 300 EUR – 200 EUR =	1.000 EUR

Der Selbstbehalt ist unterschritten.

Statt 500 EUR stehen nur 115 EUR (1.500 EUR – 1.385 EUR Selbstbehalt) zur Verfügung.

Die proportionale Aufteilung nach der Formel

Bedarf x Verteilungsmasse : Gesamtbedarf = gekürzter Unterhalt

ergibt.

F1 erhält anteilig 300 EUR x 115 EUR : 500 EUR =	**69 EUR**
F2 erhalt anteilig 200 EUR x 115 EUR : 500 EUR =	**46 EUR**
	115 EUR

c) Nachrang des geschiedenen Ehegatten

Im Fall des Vorrangs des neuen Ehegatten stet diesem zunächst die **Quote des Bedarfs** nach den ehelichen Lebensverhältnissen zu. Liegt der tatsächliche Bedarf unter dem monatlichen Eigenbedarf nach Ziff. B.VI.2.a der Düsseldorfer Tabelle von **1.370 EUR**,[2097] ist dieser Betrag maßgebend. Der Betrag errechnet sich daraus, dass der monatliche Eigenbedarf von 1.370 EUR wegen der Vorteile des Zusammenlebens um **20 % vermindert** worden ist (= 1.096 EUR). **1969**

Ist der Vorwegabzug des neuen Ehegatten **sichergestellt**, bedarf es im Übrigen **keiner Korrektur**, da der Vorwegabzug nichts mit den Rangverhältnissen zu tun hat, sondern mit der Eheprägung. Die Rangverhältnisse wirken sich – **erst – im Mangelfall** aus. **1970**

Ergibt sich aus dem Vergleich zwischen dem Gesamtbedarf und der Deckungsmasse ein **Fehlbedarf**, ist zunächst der Rang zwischen den mehreren Berechtigten zu klären. Im Falle des **Nachrangs des geschiedenen Ehegatten** ist dieser zunächst von der Verteilung **ausgeschlossen**. **1971**

2096 BGH FamRZ 2012,281; so auch Kleffmann/Soyka/*Soyka*, 4. Kap. Rn 532; *Gutdeutsch/Gerhardt*, FamRZ 2011, 774.
2097 Stand 1.1.2023.

Erst dann, wenn sich nach voller Befriedigung der vorrangigen Ansprüche ein Restbetrag ergibt, ist dieser auf den nachrangigen Unterhaltsberechtigten zu verteilen. Gibt es gleichrangige Unterhaltsberechtigte im zweiten Verteilungsschritt, ist der Restbetrag proportional zu verteilen.[2098]

1972 Für den Fall eines **nicht erwerbstätigen vorrangigen neuen Ehegatten** vor den Ansprüchen des geschiedenen Ehegatten gilt daher: Unterhalt für den nachrangigen früheren Ehegatten kommt erst dann in Betracht, wenn der Unterhaltspflichtige über ein Einkommen in Höhe von mehr als **2.266 EUR** verfügt.

Dies folgt aus dem **Selbstbehalt von 1.370 EUR**[2099] zuzüglich des Mindestbedarfs des neuen Ehegatten in Höhe von **1.096 EUR**.[2100]

2. Unterhaltskonkurrenz zwischen Ehegatten und Kindern

1973 Nach § 1609 Nr. 2 BGB stehen Ehegatten den minderjährigen Kindern sowie den Kindern nach § 1603 Abs. 2 S. 2 BGB nicht mehr gleich, sondern folgen ihnen im Rang nach. **Vorrangig sind Ehegatten** dem gegenüber nicht privilegierten volljährigen Kindern, § 1609 Nr. 4 BGB. Dasselbe gilt auch für verheiratete minderjährige Kinder. Der Vorrang des § 1609 Nr. 1 BGB knüpft bei minderjährigen Kindern ausdrücklich am Status des Nichtverheiratetseins an.

1974 Der **Nachrang begrenzt** allerdings den Volljährigenunterhalt, sein Einfluss auf die ehelichen Lebensverhältnisse begrenzt den Ehegattenunterhalt.

Nach richtiger Auffassung des **BGH** darf der Vorabzug des Kindesunterhalts vom Einkommen **nicht zu einem unangemessen geringen Bedarf des Ehegatten** führen.[2101]

1975 Folgende Verfahrensweise bietet sich an:[2102]

- Ehegattenunterhalt wird **unter Vorabzug** des nachrangigen Kindesunterhalts errechnet.
- Ergibt sich **danach Ehegattenunterhalt** unterhalb des angemessenen Selbstbehalts von 1.650 EUR,[2103] ist der volle Vorabzug ungerechtfertigt.
- Zum **Vergleich** wird der Ehegattenunterhalt **ohne Vorabzug** berechnet. Ist er geringer als der angemessene Selbstbehalt von 1.650 EUR, dann ist er gegenüber dem Volljährigen vorrangig zu berücksichtigen,
- Ist der Ehegattenunterhalt ohne Vorabzug des Volljährigenunterhalts höher als der angemessene Selbstbehalt, wird er durch diesen **begrenzt**; der Ehegattenunterhalt hat die Höhe des **angemessenen Selbstbehalts**.

1976 *Rechenbeispiel*

Einkommen M 3.400 EUR; Unterhaltspflicht gegenüber der geschiedenen F und dem auswärts studierenden Sohn K.

Bedarf von K: 930 EUR – 250 EUR Kindergeld =	680 EUR
F: 3.400 EUR – 680 EUR = 2.720 EUR x 45 % =	1.224 EUR

M bleiben 3.400 EUR – 680 EUR – 1.224 EUR = 1.496 EUR, weniger als der angemessene Selbstbehalt von 1.650 EUR.

Der vorrangige Bedarf der F ist zu korrigieren nach der Ehegattenquote, höchstens dem Selbstbehalt von M:

2098 Wendl/Dose/*Gutdeutsch*, § 5 Rn 147.
2099 Ziff. B.IV der Düsseldorfer Tabelle, Stand 1.1.2023.
2100 Ziff. B.VI.2.a der Düsseldorfer Tabelle, Stand 1.1.2023.
2101 BGH FamRZ 1986, 553, 555.
2102 So *Gutdeutsch*, FamRZ 2008, 736; Wendl/Dose/*Gutdeutsch*, § 5 Rn 137.
2103 Stand 1.1.2023.

F: 3.400 EUR x 45 % = **1.530 EUR**; es bleibt mehr als 1.650 EUR und daher maßgebend.

K erhält den verfügbaren Rest: 3.400 EUR – 1.530 EUR – 1.650 EUR = **220 EUR**

M bleiben 3.400 EUR – 1.530 EUR – 220 EUR = **1.650 EUR**

Hinweis 1977

Kindesunterhalt richtet sich nach dem tatsächlichen Einkommen des Unterhaltspflichtigen. Ist dies, z.B. wegen Lottogewinns nach Scheidung oder aufgrund eines nicht eheprägenden Einkommens aus einem Karrieresprung höher als das eheprägende Einkommen, muss für die Bedarfsprägung ein fiktiver Kindesunterhalt aufgrund des eheprägenden Einkommens gebildet werden, da der Kindesunterhalt nur in dieser Höhe die Lebensverhältnisse der Ehe geprägt hat.

VI. Mehrheit von Verpflichteten

Selten, aber möglich ist der umgekehrte Fall, dass nämlich für einen Unterhaltsberechtigten **mehrere Unterhaltsverpflichtete** vorhanden sind. 1978

1. Das Rangverhältnis zwischen den Verpflichteten

In solchen Fällen ist das **Rangverhältnis zwischen den Verpflichteten** zu klären, das regelt, wer von dem Verpflichteten Unterhalt zahlt für den Fall, dass kein Mangelfall vorliegt. Gleichzeitig regelt das Rangverhältnis die Reihenfolge, in der die Verpflichteten im Mangelfall zur Zahlung von Unterhalt herangezogen werden können. 1979

Im **Verwandtschaftsverhältnis** haftet ein nachrangiger Verwandter ersatzweise bei eingeschränkter Leistungsfähigkeit (§ 1603 Abs. 1 BGB) des vor ihm haftenden Verwandten, § 1607 Abs. 1 BGB.

2. Mehrere unterhaltspflichtige Ehegatten

Bei **mehreren unterhaltspflichtigen Ehegatten** gilt: Bei Wiederheirat des Berechtigten erlischt zwar der Anspruch auf Zahlung von Ehegattenunterhalt nach § 1586 Abs. 1 BGB. Der Anspruch lebt aber wieder auf, wenn die folgende Ehe geschieden wird und der Ehegatte ein Kind aus der früheren Ehe betreut, § 1586a Abs. 1 BGB. 1980

Dadurch kann es zu zwei Unterhaltspflichten der jeweiligen – früheren – Ehegatten auch nebeneinander kommen. 1981

Hier besteht **Nachrang des jeweils früheren Ehegatten** und entsprechend die vorrangige Haftung des späteren Ehegatten, § 1586a Abs. 2 BGB.

Heiratet ein nach **§ 1615l BGB unterhaltsberechtigter Elternteil** einen Dritten, **erlischt** analog § 1586 BGB sein Anspruch nach § 1615l BGB.[2104]

Umgekehrt **lebt er wieder auf**, wenn die Ehe geschieden wird. Analog § 1586a Abs. 2 BGB ist dieser Anspruch nachrangig gegenüber einem etwaigen Anspruch auf Geschiedenenunterhalt. Besteht dieser Anspruch jedoch nicht, wirkt sich der Nachrang nicht zu Lasten des Berechtigten aus. Der Anspruch nach § 1615l BGB ist wieder in vollem Umfang gegeben. 1982

2104 BGH FamRZ 2005, 347.

1983 Betreuungsunterhaltsansprüche, etwa einerseits nach § 1615l BGB, andererseits nach § 1570 stehen **gleichrangig nebeneinander**.[2105] Dies gilt in gleicher Weise für **mehrere Ansprüche nach § 1615l BGB**.

3. Verwandte des Berechtigten

1984 Zur **Leistungspflicht von Verwandten des Berechtigten** neben Ehegatten oder nicht ehelichen Elternteilen gilt: Grundsätzlich haftet der **verpflichtete Ehegatte vor Verwandten des berechtigten Ehegatten** für Unterhaltsansprüche. Dies gilt nach § 1584 Satz 1 BGB für den nachehelichen Unterhalt sowie nach § 1608 Satz 1 BGB für den Familien- und Trennungsunterhalt.

1985 Die Eheschließung führt zu einer **primären gegenseitigen Unterhaltsverpflichtung** füreinander.[2106] Im Falle der Leistungsfähigkeit des Verpflichteten besteht daher grundsätzlich kein Unterhaltsanspruch gegen nachrangig verpflichtete Verwandte.

1986 Ist dagegen der verpflichtete Ehegatte ohne Gefährdung seines eigenen angemessenen Unterhaltsbedarfs zu Unterhaltsleistungen **nicht in der Lage, kehrt sich dieses Rangverhältnis um**. Nach §§ 1584 S. 2, 1608 S. 2 BGB haften im Mangelfall die leistungsfähigen Verwandten des Berechtigten vor dem verpflichteten Ehegatten. Die Verwandten sind vorrangig verpflichtet; nachrangig kann vom Ehegatten Billigkeitsunterhalt nach § 1581 BGB nur dann verlangt werden, wenn es **keine leistungsfähigen Verwandten des Berechtigten gibt**.

1987 Die Höhe der Zahlungsverpflichtung beschränkt sich auf die **Höhe des leistungsmäßigen Fehlbedarfs**.

1988 Neben dieser Beschränkung unterscheiden sich die Unterhaltsansprüche gegenüber nachrangigen Verwandten dahingehend, dass sich der Verwandtenunterhalt nach dem **angemessenen Unterhalt** bemisst und sich daher vom Unterhalt nach den **ehelichen Lebensverhältnissen** der Höhe nach unterscheiden kann. So kann nach § 1578 Abs. 1 S. 2 BGB der eheangemessene Unterhalt auf den angemessenen Unterhalt herabgesetzt werden.

1989 Sind **mehrere leistungsfähige Verwandte** vorhanden, haften die Abkömmlinge vor Verwandten der aufsteigenden Linie und dabei jeweils die näheren Verwandten vor den entfernteren Verwandten, § 1606 Abs. 1 S. 2 BGB.

1990 Soweit ein Berechtigter allerdings einen **vorrangigen Anspruch** gegenüber einem leistungsfähigen Verwandten hat, ist er in diesem Umfang gegenüber dem Verpflichteten **nicht bedürftig**. Diesem gegenüber besteht insoweit auch kein Unterhaltsanspruch. Dem gegenüber bleibt nach **§ 1607 Abs. 2 BGB die Unterhaltsverpflichtung bestehen**, wenn die Haftung nur deshalb besteht, weil die Rechtsverfolgung im Inland ausgeschlossen oder erheblich erschwert ist. Der Anspruch geht sodann auf den Zahlenden über.

1991 Im sonstigen Verhältnis sind leistungsfähige Verwandte **Unterhaltsschuldner aufgrund eigener Haftung**. Ein Rückgriff auf den erstverpflichteten Ehegatten scheidet aus.

1992 Soweit sich der verpflichtete Ehegatte auf den Verwandtenvorrang und der §§ 1584 und 1608 BGB wegen eigener beschränkter Leistungsfähigkeit beruft, hat er **darzulegen und nachzuweisen**, dass und in welchem Umfang er ohne Gefährdung als seines eigenen angemessenen Unterhaltsbedarfs nicht leistungsfähig ist.

1993 Nimmt der Berechtigte einen nachrangig haftenden Verwandten in Anspruch, muss er **darlegen und nachweisen**, dass der erstverpflichtete Ehegatte in Höhe des Fehlbedarfs **nicht leistungsfähig** ist oder dass die Rechtsverfolgung im Inland unmöglich oder erheblich erschwert ist, §§ 1584 S. 3, 1608 S. 3, 1607 Abs. 2 S. 2 BGB.

2105 BGH FamRZ 2005, 347.
2106 Wendl/Dose/*Gutdeutsch*, § 5 Rn 175.

Beispiel zu vorrangiger Unterhaltsverpflichtung von Verwandten des berechtigten Ehegatten im Mangelfall 1994

Nettoeinkommen[2107] M 1.800 EUR, Kapitaleinkünfte 200 EUR, Erwerbsbonus 10 %

F hat leistungsfähige Eltern mit einem Einkommen von 5.000 EUR.

Bedarf der F: (1.800 EUR x 45 %) + (200 EUR : 2) = 910 EUR

M bleiben 2.000 EUR – 910 EUR = 1.090 EUR, 560 EUR weniger als der Ehegattenselbstbehalt von 1.650 EUR.

M müsste den Stamm des Kapitals angreifen; da jedoch leistungsfähige Verwandte vorhanden sind, zahlt er nur den ohne Substanzverzehr möglichen Unterhalt von (2.000 EUR – 1.650 EUR) 350 EUR. Die Eltern müssen die Differenz zahlen. Hinzu kommt in diesem Fall, dass der Bedarf nach den ehelichen Lebensverhältnissen geringer ist als der Mindestunterhalt von 1.120 EUR. Daher müssen die Eltern 1.120 EUR – 350 EUR = **770 EUR** zahlen.

Den Eltern bleiben 5.000 EUR – 770 EUR = 4.230 EUR.

Angemessener Selbstbehalt der Eltern: 1.800 + 1.440 = 3.240 EUR zzgl. der Hälfte des Mehreinkommens von (5.000 EUR – 3.240 EUR/2) 880 EUR (1.760 EUR : 2); Selbstbehalt daher 3.240 EUR +880 EUR = 4.120 EUR

Der Selbstbehalt ist gewahrt. Der Selbstbehalt beträgt 4.120 EUR, den Eltern bleiben 4.230 EUR.

4. Ehegatten und Kinder

Im Falle der **Barunterhaltspflicht beider Elternteile für ein volljähriges Kind** tritt ein Mangelfall auf, 1995
wenn die Summe der beiderseits verfügbaren Restbeträge zur Deckung des Bedarfs desjenigen Kindes, für dessen Barunterhalt beide haften, nicht ausreicht. Das Kind erhält sodann von beiden Elternteilen **entsprechend weniger an Unterhalt**. Sind mehrere volljährige bzw. gleichrangige Kinder in dieser Situation, ist die Verteilungsmasse auf sie im Verhältnis ihrer Bedarfsbeträge zu verteilen.

Das Gleiche gilt auch dann, wenn **ein Elternteil noch für ein weiteres volljähriges Kind unterhaltsver-** 1996
pflichtet ist und der andere Elternteil hierfür nicht mithaftet. Im Mangelfall ist der Vorabzug seines Unterhalts vor Berechnung des Haftungsanteils der Eltern nicht gerechtfertigt. Vielmehr muss unter Einbeziehung dieses Kindes die Mangelkürzung für alle gegenüber dem jeweiligen Gatten gleichrangig berechtigten Kinder erfolgen.[2108] Die **Haftungsquote ist mit diesem gekürzten Betrag** vom Einkommen des für das Kind allein unterhaltspflichtigen Elternteils abzuziehen.

Im Falle der **beiderseitigen Barunterhaltspflicht** für ein minderjähriges oder diesem gleichgestellten 1997
Kind ist in der Verteilungsrechnung auf den angemessenen Selbstbehalt abzustellen. Dieser Selbstbehalt muss **nur dann bis zum notwendigen Selbstbehalt** herabgesetzt werden, wenn das über dem angemessenen Selbstbehalt hinausgehende Einkommen für den Unterhalt nicht ausreicht.

Entsprechend ist zu rechnen, wenn zusätzlich ein Kind, für welches **nur ein Elternteil unterhaltspflich-** 1998
tig ist, berücksichtigt werden muss. Der andere Elternteil kann mit dem Unterhalt für dieses Kind **nicht belastet** werden.[2109]

Diese **Mangelfallberechnung muss in solchen Fällen in Stufen** erfolgen, da zunächst errechnet wer- 1999
den muss, welcher Teil der Leistungsfähigkeit des einen Elternteils ggf. auf ein gemeinsames Kind entfällt.

2107 DT, Stand 1.1.2023.
2108 BGH FamRZ 2002, 815, 818.
2109 BGH FamRZ 2002, 815, 818.

Dieser Betrag ist dann in die Quotenberechnung einzubeziehen. Sodann muss bei vorrangig berechtigten Kindern festgestellt werden, wie viel über den angemessenen und wie viel über den notwendigen Selbstbehalt hinaus dem Kind zugerechnet werden kann.

Falls der notwendige Selbstbehalt nicht gewahrt ist, ist eine **Mangelverteilung** durchzuführen.

J. Vereinbarungen zum Ehegattenunterhalt

I. Allgemeine Grundsätze

2000 Vereinbarungen von Eheleuten über die rechtliche Ausgestaltung ihrer Ehe und über die Folgen einer eventuellen Trennung und Scheidung haben im Familienrecht einen immer größeren Raum eingenommen.

Der Grund liegt zum einen in einer **immer höheren Scheidungsrate**, die mit **fast 40 %** aller Ehen dazu führt, dass nahezu jeder Zweite die Ehe im Bewußtsein eingehen müsste, dass seine Ehe scheitern wird. Natürlich denkt dies bei Eheschließung – nahezu – niemand ernsthaft. Gleichwohl fühlen viele – auch zukünftige – Eheleute, dass sie sich nicht auf eine lebenslängliche gegenseitige Absicherung werden verlassen können. Eine **sichere Vertragsgestaltung** bei Eheschließung führt dann dazu, genau zu wissen, worauf man sich – zumindest in den rechtlichen Konsequenzen – einlässt.

Zum anderen erscheint – auch zukünftigen – Eheleuten das **Eherecht als derart unübersichtlich und auch wandelbar**, dass man sich eher auf eine individuell ausgehandelte Grundlage als auf den Gesetzgeber und die ihm nachfolgende – oder vorauseilende[2110] – Rechtsprechung verlässt.

2001 Gegenstand der **Vertragsgestaltung im Familienrecht** sind insbesondere

- Eheverträge,
- Getrenntlebens- und Scheidungsfolgenvereinbarungen,
- sonstige Vorsorgeverträge.

1. Ehevertrag

2002 Nach § 1408 Abs. 1 BGB können Ehegatten ihre güterrechtlichen Verhältnisse durch Vertrag (Ehevertrag) regeln. Es ist aber allgemein anerkannt, dass auch andere Vereinbarungen zwischen Eheleuten getroffen werden können (Grundsatz der Privatautonomie). Gegenstand eines **Ehevertrages** können z.B. Regelungen sein über

- allgemeine Ehewirkungen,
- Güterrecht,
- Versorgungsausgleich,
- Unterhalt/Sorgerecht,
- Sorgeerklärung,
- Hausrat,
- Steuerrecht,
- Eintragung in das Güterrechtsregister.

2003 Auch **Regelungen über allgemeine Ehewirkungen** sind möglich, z.B. solche über

- eheliches Zusammenleben,
- Familienunterhalt,
- Rechtsgeschäfte des täglichen Lebens,
- Vermögensbildung und Altersvorsorge.

2110 Vgl. z.B § 1626a BGB (elterliche Sorge nicht miteinander verheirateter Eltern) nach der Entscheidung EGMR FamRZ 2010, 103 und BVerfG FamRZ NJW 2010, 3008.

Die Abgrenzung von **Eheverträgen zu anderen Verträgen** erfolgt dadurch, dass man sich die Frage stellt, ob das Rechtsgeschäft das **Bestehen einer Ehe notwendig** voraussetzt oder ob es **genauso gut zwischen Dritten** vorgenommen werden könnte. Kaufen Ehegatten z.B. Grundbesitz in Gesellschaft bürgerlichen Rechts, unterliegt ein BGB-Gesellschaftsvertrag nicht der Formvorschrift für Eheverträge gem. § 1410 BGB. 2004

Auch Zuwendungen unter Ehegatten beeinflussen den Güterstand nicht und unterliegen deshalb nicht der Form des § 1410 BGB.[2111]

2. Trennungs-/Scheidungsfolgenvereinbarungen

Eheverträge werden von **Scheidungsfolgenvereinbarungen** dadurch abgegrenzt, dass ein Vertrag dann ein Ehevertrag ist, wenn er die Eingehung einer Ehe notwendig voraussetzt und nicht auf eine bevorstehende oder eingeleitete Scheidung bezogen ist. 2005

Die **Trennungsvereinbarung** hat demgegenüber einen eigenen Regelungsbereich, da die Scheidung zu dieser Zeit noch nicht beabsichtigt zu sein braucht. 2006

Getrenntlebensvereinbarungen werden aber häufig mit einer Scheidungsfolgenvereinbarung verknüpft.

II. Formerfordernisse

1. Ehevertrag

Der Ehevertrag muss bei **gleichzeitiger Anwesenheit beider Teile** zur Niederschrift eines **Notars** geschlossen werden (§ 1410 BGB). § 1410 BGB hat die Funktion des Schutzes vor Übereilung der Vertragsschließenden, soll diese warnen und den unzweideutigen Beweis der getroffenen Vereinbarung sichern (Beweisfunktion), sowie durch Einschaltung des Notars die Gültigkeit der Vereinbarung gewährleisten (Gültigkeitsgewähr).[2112] 2007

Ein Ehevertrag kann auch **bereits vor der Ehe** geschlossen werden. Er kann gem. § 2276 Abs. 2 BGB auch mit einem Erbvertrag verbunden werden. Für den Erbvertrag zwischen Ehegatten oder Verlobten, der mit einem Ehevertrag in derselben Urkunde verbunden wird, genügt die für den Ehevertrag vorgeschriebene Form. Die Wirksamkeit von Verträgen zwischen Verlobten tritt dann **mit der Wirksamkeit der Heirat** ein. 2008

2. Trennungs-/Scheidungsfolgenvereinbarungen

Im Gegensatz zum Ehevertrag ordnet das Gesetz für Trennungs- und Scheidungsfolgenvereinbarungen **keine generelle Beurkundungspflicht** an. 2009

Es gibt jedoch **Ausnahmen**:

- Vereinbarungen über nacheheliche **Unterhaltsansprüche,** die vor Rechtskraft der Scheidung getroffen werden (§ 1585c Abs. 1 Satz 2 BGB)
- Vereinbarungen über den **Versorgungsausgleich**, die vor Rechtskraft der Entscheidung über den Wertausgleich bei der Scheidung getroffen werden (§ 7 VersAusglG)
- Vereinbarungen über **Zugewinnausgleichsregelung** während des laufenden Scheidungsverfahrens (§ 1378 Abs. 3 S. 2 BGB) sowie
- Vereinbarungen über die **Veräußerung von Grundstücken** und Grundstücksteilen im Zusammenhang mit der Ehescheidung (§ 311b BGB)

2111 Staudinger/*Thiele*, § 1408 Rn 23.
2112 MüKo-BGB/*Kanzleiter*, § 1410 Rn 1 f.; *Sarres*, S. 5 ff.

Die vorbezeichneten Ausnahmen werden in der Praxis dadurch **zur Regel** erhoben, dass die Vereinbarungen einer der vorbezeichneten Ausnahmegegenstände zu der **Beurkundungspflicht aller übrigen Vereinbarungen** in diesem Vertrag führt, und zwar unter Berufung auf die Rechtsprechung zu § 125 BGB.[2113]

2010 *Hinweis*

Die Beurkundungspflicht entfällt auch nicht dadurch, dass die Parteien die Regelungstatbestände auf **zwei verschiedene Verträge** aufteilen, und diesen Umstand dem Notar zur Vermeidung weiterer Notargebühren verschweigen. In einem derartigen Fall sind beide Verträge nichtig.

Die Vereinbarung gem. § 7 VersAusglG (formelle Wirksamkeitsvoraussetzungen bei Vereinbarung über den Versorgungsausgleich) kann **nicht durch die getrennte Beurkundung** eines Angebotes und dessen Annahme geschlossen werden (§ 7 Abs. 3 VerglAusglG i.V.m. § 1410 BGB).

2011 Ein Verstoß gegen Formvorschriften hat gem. § 125 Satz 1 BGB die **Nichtigkeit** zur Folge. Eine **Heilung**, wie etwa nach § 311b Satz 2 BGB, ist im Familienrecht **nicht** vorgesehen.

2012 Zur Vereinbarung über **Fragen des Unterhalts** gilt nach dem Gesetz zur Änderung des Unterhaltsrechts (UÄndG)[2114] für die Zeit nach der Scheidung, die vor Rechtskraft der Scheidung getroffen werden die **Notwendigkeit notarieller Beurkundung** (§ 1585c BGB).

Dazu gilt **im Einzelnen**:[2115]

- Die Formbedürftigkeit gilt **nur für den nachehelichen Unterhalt** (nicht für den Trennungsunterhalt und den Verwandtenunterhalt einschl. Kindesunterhalt, auch nicht für den Unterhaltsanspruch des kindererziehenden nichtehelichen Elternteils i.S.v. § 1615l BGB).
- Die Formbedürftigkeit gilt für **jede Art von Vereinbarungen**, also nicht nur für Verzicht, Befristungen, Abfindungen, sondern auch für Regelungen, die als nachehelicher Unterhalt qualifiziert werden, wie z.B. das begrenzte Realsplitting (Anlage U zur Einkommensteuererklärung).
- Betroffen sind nur Vereinbarungen, die **vor Rechtskraft der Scheidung** geschlossen werden. Die Formbedürftigkeit gilt damit **nicht** für erstmals nach der Scheidung getroffene Vereinbarungen, aber auch nicht für die Abänderung notarieller Vereinbarungen nach Rechtskraft der Scheidung.
- Eine Titulierung ist nicht vorgeschrieben.
- Die notarielle Beurkundung wird nach § 127a BGB durch den **gerichtlichen Vergleich** ersetzt, und zwar nicht nur in einem Verfahren in Ehesachen (§ 121 FamFG). Ein innerer Zusammenhang mit dem Verfahren genügt.[2116]
- Es genügt ein **Prozessvergleich** nach § 278 Abs. 6 ZPO, nicht jedoch ein Rechtsanwaltsvergleich nach §§ 796a ff. ZPO.
- Bei einem gerichtlichen Vergleich besteht beiderseits **Anwaltszwang**.

III. Die Grenzen der Vertragsgestaltung

2013 **Vereinbarungen** über den **Ausschluss** bestimmter gesetzlicher Regelungen im Rahmen der Ehe, der Trennung und Scheidung sind **grundsätzlich zulässig**, unterliegen jedoch namentlich seit der **Entscheidung des Bundesverfassungsgerichts vom 6.2.2001**[2117] engen Grenzen.

2113 BGH FamRZ 2002, 1179.

2114 Vom 21.12.2007, BGBl I 3189, in Kraft getreten am 1.1.2008.

2115 Vgl. Im Einzelnen *Bergschneider*, FamRZ 2008, 17; Grüneberg/*von Pückler*, § 1585c Rn 4 ff.

2116 Str.; BGH NJW 2014, 1231: Vergleich über nachehelichen Unterhalt im Trennungsunterhaltsverfahren; zum inneren Zusammenhang vgl. BGHZ 84, 333; zum Ermessen des Gerichts BGH FuR 2011, 623; *Soyka*, FK 2014, 134; dagegen *Bergschneider*, FamRZ 2008, 17: verunglückte Bestimmung des § 1585c Abs. 3 BGB.

2117 BVerfG FamRZ 2001, 343.

1. Schutz vor unangemessener Benachteiligung

In dieser Entscheidung und noch einmal in dem **Beschluss des Bundesverfassungsgerichts vom 29.3.2001**[2118] ist deutlich erklärt worden, dass in Eheverträgen der **Schutz vor unangemessener Benachteiligung** beachtet werden muss. Ein Ehevertrag darf die Unterlegenheitsposition einer Partei nicht durch ihre einseitige vertragliche Belastung und die unangemessene Berücksichtigung der Interessen der anderen Partei ausdrücken. Das **Bundesverfassungsgericht** hat dazu festgelegt: 2014

> *Ein Verzicht auf gesetzliche Ansprüche bedeutet insbesondere für den Ehegatten eine Benachteiligung, der sich unter Aufgabe einer Berufstätigkeit der Betreuung des Kindes und der Arbeit im Hause widmen soll. Je mehr im Ehevertrag gesetzliche Rechte abbedungen werden, desto mehr kann sich der Effekt einseitiger Benachteiligung verstärken.*[2119]

Das **BVerfG** verlangt für die Frage der Korrekturbedürftigkeit eines Ehevertrages eine **„Gesamtschau" der persönlichen, wirtschaftlichen und sozialen Verhältnisse** der Parteien im Zeitpunkt des Vertragsschlusses und im Zeitpunkt der Scheidung.[2120]

Zu den **Risikofaktoren bei Eheverträgen**[2121] kann die folgende **Checkliste** als Hilfestellung dienen: 2015

Risikofaktoren ja:

- Vertragsschluss in einer Zwangssituation (Terminsnot, Schwangerschaft, wirtschaftliche Abhängigkeit, Drohung, Täuschung)
- Für einen Vertragsteil werden **sämtliche Rechte abbedungen**
- Gemäß der **Gesamtschau** der Verhältnisse wurde ein wesentliches Teilrecht abbedungen
- Die **notarielle Belehrung** (§ 17 BeurkG) war unterblieben oder mangelhaft, so dass der oder die Beteiligten die Tragweite des Geschäfts **nicht verstanden** haben (oder haben wollen).

Risikofaktoren nein:

- nur ein unwesentliches Teilrecht abbedungen
- Vertrag von jungen Leuten mit stabiler Einkommenssituation geschlossen
- Beim Globalverzicht wurden ausreichende, gleichwertige Kompensationsleistungen vereinbart (Lebensversicherungen, Grundstücksübereignung, Geldanlage)
- Ehepartner wollen beide freiberuflich tätig sein und haben daher aus Risikogründen Teilhaberrechte abbedungen
- Ehepartner haben keinen Kinderwunsch, feste und zukunftssichere Einkünfte und schließen sämtliche Teilhaberechte aus
- Beide Ehepartner haben unbelastete Immobilien, bereits ausreichende Rentenanwartschaften und verfügen über Ausbildungen in krisensicheren Berufen (Idealfall)
- Junge Ehepartner haben bei Vertragsschluss sichere Einkommensquellen, akademische Ausbildungen, Berufserfahrung, dauerhafte Chancen auf dem Arbeitsmarkt, kein eigenes unbewegliches Vermögen, Absicherung durch Elternvermögen und einen Globalverzicht vereinbart.

Praxistipp 1 2016

Ein **gerichtlicher Antrag** auf Feststellung der Nichtigkeit eines Ehevertrages ist **mangels Feststellungsinteresses unzulässig**, solange kein Scheidungsantrag gestellt und auch sonst offen ist, ob es zur Scheidung der Parteien kommt.[2122]

2118 BVerfG FamRZ 2001, 985.
2119 So BVerfG FamRZ 2001, 985; OLG München FamRZ 2003, 35 mit Anm. *Bergschneider*, FamRZ 2003 S. 38.
2120 BVerfG a.a.O.; zur richterlichen Kontrolle von Unterhaltsverzichten vgl. *Goebel*, FamRZ 2003, 1513.
2121 Vgl. zur „Inhaltskontrolle von Eheverträgen" *Münch*, FamRZ 2005, 570.
2122 OLG Frankfurt FamRZ 2005, 457.

2017 Ist ein **Scheidungsantrag noch nicht gestellt**, soll nach Auffassung des **OLG Frankfurt/M.** mangels Feststellungsinteresses grundsätzlich ein Antrag auf Feststellung der Nichtigkeit eines Ehevertrages **unzulässig** sein.[2123] Es erscheint zweifelhaft, ob nicht schon die **Trennung** Ausgangspunkt der Inhaltskontrolle (natürlich nicht: der Ausübungskontrolle) sein kann.[2124] Zumindest wird man bei endgültigem Scheitern der Ehe nach Ablauf des Trennungsjahres das Feststellungsinteresse bejahen müssen.

2018 *Praxistipp 2*

Die Nichtigkeit eines Ehevertrages kann gemäß § 139 BGB nicht aus einer Bestimmung hergeleitet werden, die bei der Vertragsdurchführung nicht zur Anwendung kommen konnte.[2125]

2. Die Kernbereichslehre des BGH

2019 **Die Grundentscheidung des BGH:**

Der **Bundesgerichtshof** hat in seinem **Urt. v. 11.2.2004**[2126] das **Spannungsverhältnis** zwischen der **grundsätzlichen Disponibilität der Scheidungsfolgen** einerseits und dem nicht akzeptablen **unterlaufen des Schutzzweckes der gesetzlichen Regelungen durch vertragliche Vereinbarungen** andererseits aufgezeigt. Eine **unzumutbare Lastenverteilung** sei umso eher gegeben, je mehr die vertragliche Abbedingung der gesetzlichen Regelungen in den **Kernbereich des Scheidungsfolgenrechts** eingreife.

2020 Zu diesem **Kernbereich** gehören in erster Linie der **Betreuungsunterhalt**, danach aber auch **Krankheitsunterhalt (§ 1572 BGB)** und **Unterhalt wegen Alters (§ 1571 BGB)**. Die Unterhaltspflicht wegen **Erwerbslosigkeit (§ 1573 BGB)** sei demgegenüber **nachrangig**, da „das Gesetz das Arbeitsplatzrisiko ohnehin auf den Berechtigten verlagert, sobald dieser einen nachhaltig gesicherten Arbeitsplatz gefunden hat".[2127] Ihr folgten **Krankenvorsorge- und Altersvorsorgeunterhalt**. Am ehesten verzichtbar erschienen Ansprüche auf Aufstockungs- und Ausbildungsunterhalt, „da diese Unterhaltspflichten vom Gesetz am schwächsten ausgestaltet und nicht nur der Höhe (vgl. § 1578 Abs. 1 S. 2 BGB), sondern auch dem Grunde nach zeitlich begrenzbar" seien.[2128]

2021 Der **BGH** nimmt damit eine **Rangabstufung bereits innerhalb der nachehelichen Unterhaltstatbestände** vor und baut damit eine Prüfungsreihenfolge auf, die im Anschluss eine Gesamtschau ermöglichen soll.[2129]

Der **BGH differenziert** weiter zwischen den **Bereichen nachehelicher Unterhalt, Versorgungsausgleich und Zugewinn** in der Weise, dass der Versorgungsausgleich auf derselben Stufe rangiert wie der Altersunterhalt.

Demgegenüber erweise sich der **Zugewinnausgleich ehevertraglicher Disposition am weitesten zugänglich**. Die eheliche Lebensgemeinschaft sei nicht notwendig auch eine Vermögensgemeinschaft. Das Eheverständnis erfordere keine bestimmte Zuordnung des Vermögenserwerbs in der Ehe.[2130]

Der BGH konkretisiert damit den **Grundsatz, dass eine Gesamtschau der getroffenen Vereinbarungen, der Gründe ihres Zustandekommens sowie der beabsichtigten und verwirklichten Gestaltung des ehelichen Lebens notwendig ist**.[2131]

2123 So OLG Frankfurt/M. FamRZ 2005, 457.
2124 So auch *Herr*, Anm. zu OLG Karlsruhe FamRZ 2005, 458.
2125 Vgl. OLG Thüringen FamRZ 2010, 1252.
2126 BGH FamRZ 2004, 601.
2127 BGH FamRZ 2004, 601, 605.
2128 BGH a.a.O.
2129 So *Haußleiter/Schiebel*, NJW-Spezial 2004, 7.
2130 BGH a.a.O.
2131 So BGH a.a.O., S. 604; vgl. dazu ausf. *Bergschneider*, FamRZ 2004, 1557.

Zur Stufenprüfung **(Kernbereichslehre)** im Einzelnen:[2132] 2022

1. Stufe: Unterhalt wegen Kindesbetreuung gem. § 1570 BGB; grundsätzlich unverzichtbar;

2. Stufe: Alters- und Krankheitsunterhalt gem. §§ 1571, 1572 BGB sowie als vorweggenommener Altersunterhalt der Versorgungsausgleich: ebenfalls hochrangige Einstufung, aber vertraglichen Regelungen zugänglich, besonders bei Ehe- und Vertragsschluss von Ehegatten in fortgeschrittenem Alter mit gesicherter Lebensstellung, bei einer Ehe von kurzer Dauer zwischen wirtschaftlich eigenständigen jüngeren Eheleuten oder dann, wenn die Krankheit bereits bei Eheschließung vorhanden war;[2133]

3. Stufe: Versorgungsausgleich;[2134]

4. Stufe: Unterhalt wegen **Erwerbslosigkeit** nach § 1573 Abs. 1 u. 4 BGB; eher disponibel, weil schon § 1573 Abs. 4 BGB das Risiko der Erwerbslosigkeit auf den Berechtigten verlagert;

5. Stufe: **Krankenvorsorge- und Altersvorsorgeunterhalt**: disponibel; Ausnahme: Zuordnung zum Ausgleich ehebedingter Nachteile;[2135]

6. Stufe: Die **übrigen Unterhaltstatbestände** wie Ausbildungs- (§ 1575 BGB) und Aufstockungsunterhalt (§ 1573 Abs. 2 BGB): am ehesten verzichtbar;[2136]

7. Stufe: Volle Vertragsfreiheit bei der Wahl des Güterstandes (Ausschluss des **Zugewinnausgleichs**), Kontrolle über § 242 BGB aber in Sonderfällen (mangelnde „eheliche Solidarität" insbesondere: fehlende Auffangfunktion des Unterhalts) nicht ausgeschlossen.[2137]

Unabhängig von der Wertigkeit der einzelnen „Stufen" sind vor allem **zwei Aspekte** zu beachten: 2023

Zum einen ist der ehebedingte Nachteil, den ein Ehegatte aufgrund der Aufgabenverteilung in Ehe und Familien erlitten hat, immer auszugleichen.

Der BGH erklärt dazu in seiner Entscheidung vom 31.10.2012[2138] ganz deutlich:

> *Im Rahmen der Ausübungskontrolle ist es dem Unterhaltspflichtigen gem. § 242 BGB verwehrt, sich gegenüber dem Verlangen des Unterhaltsberechtigten nach einem unterhaltsrechtlichen Ausgleich von ehebedingten Nachteilen auf den ehevertraglich vereinbarten Unterhaltsverzicht zu berufen.*

Für die Vertragsgestaltung erweist es sich deshalb als **notwendig, Ausgleichsmechanismen** für die Kompensation ehebedingter Nachteile in den Vertrag aufzunehmen.

Zum anderen ist die subjektive Seite der Vereinbarung besonders aufmerksam zu prüfen.[2139] Der **BGH** erklärt dazu zu Recht: 2024

> *Ein Ehevertrag kann sich in einer Gesamtwürdigung nur dann als sittenwidrig und daher als insgesamt nichtig erweisen, wenn konkrete Feststellungen zu einer unterlegenen Verhandlungsposition des benachteiligten Ehegatten getroffen worden sind. Allein aus der Unausgewogenheit des Vertragsinhaltes ergibt sich die Sittenwidrigkeit des gesamten Ehevertrages regelmäßig noch nicht.*

2132 Vgl. *Soyka*, FK 2004, 75.

2133 Göppinger/Börger/*Kilger/Pfeil*, S. 252; zur Befristung vgl. OLG Bremen FamRZ 2009, 1912 und OLG Düsseldorf FamRZ 2009, 1914.

2134 Zur Regelungsmöglichkeit vgl. *Hahne*, FamRZ 2009, 2041; OLG Köln FamRZ 2010, 34.

2135 BGH FamRZ 2005, 1449.

2136 Vgl. dazu ausf. *Viefhues*, ZFE 2010, 4.

2137 OLG Köln FamRZ 2010, 29 m. Anm. *Bergschneider*, S. 32.

2138 BGH FamRZ 2013, 195.

2139 Dazu OLG Celle FamRZ 2019, 356.

Der BGH äußert sich damit deutlich zu den **unter unfairen Bedingungen** getroffenen Vereinbarungen. Der **BGH** erklärt, dass eine Beanstandung sich insbesondere aus **Umständen außerhalb der Vertragsurkunde** ergeben kann, die eine

Subjektive Imparität

insbesondere infolge der Ausnutzung einer Zwangslage, einer sozialen oder wirtschaftlichen Abhängigkeit oder einer intellektuellen Unterlegenheit beweisen.[2140] Insofern relativiert der BGH die Rangabstufung im Rahmen der Kernbereichslehre des Scheidungsfolgenrechts unter Heranziehung subjektiver Maßstäbe.[2141]

Im Ergebnis behält der BGH aber seine **am Kernbereich orientierte Struktur** bei.

2025 Bei der Prüfung der Wirksamkeit von Eheverträgen sind **zwei Prüfungskomplexe** voneinander zu unterscheiden:

- die Prüfung der Wirksamkeit des Vertrages bei **Vertragsschluss (Wirksamkeitskontrolle)** und
- die Prüfung der Wirksamkeit des Vertrages bei **Scheidung (Ausübungskontrolle)**.
- Schließlich ist eine **Gesamtwürdigung** vorzunehmen.[2142]
- Selbst wenn die ehevertraglichen Einzelregelungen zu den Scheidungsfolgen bei isolierter Betrachtungsweise den Vorwurf der Sittenwidrigkeit jeweils für sich genommen nicht zu rechtfertigen vermögen, kann sich ein Ehevertrag im Rahmen einer Gesamtwürdigung als insgesamt sittenwidrig erwiesen, wenn das objektive Zusammenwirken aller in dem Vertrag enthaltenen Regelungen erkennbar auf die einseitige Benachteiligung eines Ehegatten abzielt.
- In einem solchen Fall erfasst die Nichtigkeitsfolge den gesamten Vertrag, ohne dass übrigens auch eine salvatorische Klausel hieran etwas zu ändern vermag.[2143]

2026 Zunächst ist die **Prüfung zum Zeitpunkt des Vertragsschlusses** vorzunehmen. Ergibt sich danach eine unzumutbare Lastenverteilung zum damaligen Zeitpunkt (die bei Scheidung nicht oder nicht mehr vorhanden sein muss), so ist der Vertrag sittenwidrig. Damit treten dann die gesetzlichen Scheidungsfolgen an deren Stelle.[2144]

2027 *Hinweis*

Haben die Parteien den **Betreuungsunterhalt im Ehevertrag ausgeschlossen** oder unzumutbar begrenzt, so ist der Vertrag auch dann sittenwidrig, wenn das gemeinsame **Kind der Parteien** zum Zeitpunkt der Scheidung bereits **erwachsen** ist.[2145]

Umgekehrt ergibt sich aus dem weitgehenden Ausschluss des Betreuungsunterhalts dann keine unzumutbare Lastenverteilung, wenn der Ehefrau **auch dann kein Anspruch** auf Betreuungsunterhalt zustünde, wenn sie den Ehevertrag nicht abgeschlossen hätte.[2146]

2028 **Unbedenklich ist ein Ausschluss von Risiken** eines Partners, die dieser bereits **vor der Ehe** hatte. Dies betrifft vorhandene **Erkrankungen** ebenso wie eine **Ausbildung**, für die keine Beschäftigungschance besteht, oder ein **Alter**, ab dem eine Erwerbstätigkeit nicht mehr verlangt werden kann.[2147]

2140 Zu weiteren Beispielen hierzu vgl. *Bergschneider*, Richterliche Inhaltskontrolle von Eheverträgen und Scheidungsvereinbarungen, S. 79 ff.

2141 „Rangabstufung … für den Berechtigten in seiner jeweiligen Lage", BGH FamRZ 2013, 269.

2142 BGH FamRZ 2019, 953.

2143 BGH FamRZ 2018, 577 mit Anm. *Bergschneider*.

2144 Vgl. dazu ausf. *Reinecke*, ZFE 2009, 168.

2145 Vgl. OLG Celle FamRZ 2004, 1489 mit Anm. *Bergschneider*, S. 1494; aufgehoben durch Urteil des BGH v. 28.3.2007 FamRZ 2007, 1310 ff. mit Anm. *Bergschneider*, S. 1312.

2146 OLG Thüringen FamRZ 2010, 1252.

2147 So *Soyka*, FK 2004, 75.

Anderes gilt – im Gegensatz hierzu – für Risiken, die **der andere mitzuverantworten** hat, typischerweise im Falle der Schwangerschaft.[2148]

Die **Prüfung des Ehevertrages bei Scheidung** erfolgt in der Weise, dass zu fragen ist, ob ein Ehegatte die ihm durch Vertrag eingeräumte **Rechtsmacht dadurch missbraucht, dass er sich auf den Ausschluss oder die Einschränkung der gesetzlichen Scheidungsfolge beruft (Ausübungskontrolle).**[2149] 2029

> *Praxistipp* 2030
>
> Haben Eheleute Unterhalt wegen Krankheit und Alters ausgeschlossen, weil sie gemeinsam von beiderseitigem Einkommen und Berufstätigkeit ausgegangen sind und gehen aus der Ehe Kinder hervor, weswegen die Ehefrau ihre Berufstätigkeit aufgibt (und später noch erwerbsunfähig krank wird), ist eine Berufung auf den Ausschluss des Unterhalts gem. § 1572 BGB nicht möglich.
>
> Dasselbe gilt, wenn die Ehegatten sich wegen einer gut dotierten Stelle des Ehemannes ins Ausland begeben, wo die Ehefrau keine oder nur eine geringfügig dotierte Stelle findet.

Maßstab der Prüfung ist **§ 242 BGB (Ausübungskontrolle).**[2150] Dies bedeutet gleichzeitig, dass eine **Anpassung an die Gegebenheiten des Einzelfalles** erfolgt, eine Anpassung, die den berechtigten Belangen beider Parteien in der nunmehr zu beurteilenden Situation in ausgewogener Weise Rechnung trägt. Je stärker allerdings in den **Kernbereich** des gesetzlichen Scheidungsfolgenrechts eingegriffen wird, desto eher wird die **gesetzliche Folge** zu wählen sein.[2151] 2031

Für die **Gestaltung von Eheverträgen** ist die **folgende Checkliste**[2152] zu empfehlen: 2032

> **Präambel**: Beweggründe und Motive sollten aufgenommen werden, die den Abschluss des Ehevertrages veranlassen, namentlich den belasteten Ehegatten dazu bewegen, auf die ihm im Falle der Scheidung zustehenden Rechte zu verzichten. Die Einkommens- und Vermögensverhältnisse sollten erwähnt werden; gegebenenfalls bestehende Lebensrisiken (z.B. Erkrankungen) sind zu erwähnen.
>
> **Betreuungsunterhalt, § 1570 BGB**: Dieser betrifft den Kernbereich des Scheidungsfolgenrechts. Eingriffe sind nur in Ausnahmefällen möglich.
>
> **Unterhalt wegen Alters und Krankheit**: Auch diese Ansprüche gehören zum Kernbereich der Scheidungsfolgen, sind aber abdingbar.
>
> **Versorgungsausgleich**: Auch der VA gehört zum Kernbereich. Sein Ausschluss ist möglich, wenn im Gegenzug andere – äquivalente – Vorteile zugebilligt werden (gleichwertige Altersversorgung). Er ist aber durch §§ 6–8 VersAusglG erleichtert worden.
>
> **Unterhalt wegen Erwerbslosigkeit, Aufstockungs-, Billigkeits-, Ausbildungsunterhalt sowie Vereinbarung der Gütertrennung**: Diese Ausschlüsse rechtfertigen in der Regel die Annahme einer Sittenwidrigkeit nicht.
>
> **Altersvorsorgeunterhalt**: Der Anspruch ist gegenüber dem Elementarunterhalt subsidiär, so dass ein Ausschluss zulässig sein dürfte.
>
> **Krankenvorsorgeunterhalt**: Der BGH stellt diesen Unterhalt mit dem Altersvorsorgeunterhalt gleich. Bedenken ergeben sich jedoch daraus, dass dieser Teil des Unterhalts ein wichtiger Bestandteil des gegenwärtigen Unterhaltsbedarfs sein kann, zumal dann, wenn damit zu rechnen ist, dass häufig ärztliche Betreuung notwendig sein wird.[2153]

2148 Allerdings nicht, wenn ein Dritter dafür verantwortlich ist, vgl. *Soyka*, FK 2004, 75.
2149 Vgl. BGH FamRZ 2014, 1978; BGH FamRZ 2013, 770; OLG Karlsruhe FamRZ 2004, 1789, 1790.
2150 Vgl. BGH FamRZ 2004, 601, 605.
2151 *Soyka*, FK 2004, 75, 82.
2152 Vgl. *Soyka*, FK 2004, 75, 86 f.
2153 Vgl. BGH FamRZ 1989, 483.

Weitere Hinweise: Es ist darauf hinzuweisen, dass die Vereinbarungen bei Scheitern der Ehe der Ausübungskontrolle unterliegen und möglicherweise keinen Bestand haben, wenn die ehelichen Lebensverhältnisse von der Lebensplanung abweichen, also ehebedingte Nachteile entstanden sind.

3. Die Rechtsprechung zur Wirksamkeitskontrolle von Verträgen im Familienrecht

2033 Im Laufe der Entwicklung seit dem Urteil des **BGH** zur Kernbereichslehre im Jahre 2004 betont der BGH tendenziell mehr und mehr die **Anpassung des Ehevertrages an die gegenwärtigen Verhältnisse** und damit den Ausgleich entstandener ehebedingte Nachteile.[2154]

Schließlich hat der **BGH** auch in seinen neuesten Entscheidungen die Vertragsfreiheit betont und seinen Standpunkt verdeutlicht, dass namentlich der Zugewinnausgleich einer ehevertraglichen Disposition am weitesten zugänglich und ein Ausschluss des gesetzlichen Güterstandes **regelmäßig nicht sittenwidrig**, also im Wege der Bestandskontrolle nicht zu beanstanden sei.[2155]

2034 Es gilt mehr denn je, dass die Ehegatten mit dem Ausschluss des Güterstandes der Zugewinngemeinschaft lediglich von einer **im Gesetz eröffneten Gestaltungsmöglichkeit** Gebrauch machen.

Die **Ehevertragsfreiheit** hat weiterhin Bestand, wenn auch mit Einschränkungen, die sich aber ausschließlich auf den **Kernbereich** der Scheidungsfolgen beziehen.[2156]

Die Vertragsfreiheit ist schon deshalb erforderlich, weil das Scheidungsfolgenrecht keinen zu lebenden Ehetypus vorschreibt. So, wie Eheleute frei darin sind, ihre Ehe inhaltlich zu gestalten, sind sie auch frei darin, die Folgen des Scheiterns ihrer Ehe zu regeln.

2035 Die Grenze der Freiheit zur Regelung der Folgen eines Scheiterns der Ehe kann nur in der Verletzung des **zwingenden Schutzzwecks der gesetzlichen Regelung**[2157] liegen.

Dieser Schutzzweck ist nach Auffassung des **BGH** unterlaufen, wenn eine

- evident einseitige Lastenverteilung nicht
- durch eine individuelle Gestaltung der Ehe gerechtfertigt sein kann und
- die Lastenverteilung für einen Ehegatten unzumutbar ist.[2158]

2036 **Unzumutbar** ist eine Lastenverteilung nach Auffassung des BGH vor allem dann, wenn die Vereinbarung **unter unfairen Bedingungen** zustande gekommen ist.

Der **BGH** erklärt, dass eine Beanstandung sich insbesondere aus **Umständen außerhalb der Vertragsurkunde** ergeben kann, die eine **subjektive Imparität** insbesondere infolge der Ausnutzung einer Zwangslage, einer sozialen oder wirtschaftlichen Abhängigkeit oder einer intellektuellen Unterlegenheit beweisen.[2159] Insofern relativiert der BGH die Rangabstufung im Rahmen der Kernbereichslehre des Scheidungsfolgenrechts unter Heranziehung subjektiver Maßstäbe.[2160]

2037 Insgesamt bedeutet dies, dass es nunmehr auch **verstärkt auf die subjektive Seite** ankommt. Im ersten Leitsatz des Urteils des **BGH vom 31.10.2012**[2161] heißt es:

2154 BGH FamRZ 2013, 195; BGH FamRZ 2011, 1377; KG FamRZ 2012, 1947.
2155 BGH FamRZ 2013, 269.
2156 So ausdrücklich schon BGH NJW 2004, 930.
2157 BGH NJW 2004, 930.
2158 BGH FamRZ 2013, 1543; *Münch*, Ehebezogene Rechtsgeschäfte, Rn 870.
2159 Zu weiteren Beispielen hierzu vgl. *Bergschneider*, Richterliche Inhaltskontrolle von Eheverträgen und Scheidungsvereinbarungen, S. 79 ff.
2160 *„Rangabstufung ... für den Berechtigten in seiner jeweiligen Lage"*, BGH FamRZ 2013, 269.
2161 BGH FamRZ 2013, 195; so auch OLG Düsseldorf NJW-RR 2013, 966; OLG Brandenburg FamFR 2013, 191; OLG Hamm FamFR 2013, 310.

„Ein Ehevertrag kann sich in einer Gesamtwürdigung nur dann als sittenwidrig und daher als insgesamt nichtig erweisen, wenn konkrete Feststellungen zu einer unterlegenen Verhandlungsposition des benachteiligten Ehegatten getroffen worden sind. Allein aus der Unausgewogenheit des Vertragsinhaltes ergibt sich die Sittenwidrigkeit des gesamten Ehevertrages regelmäßig noch nicht. "

Kommt aber zur Unausgewogenheit hinzu, dass zum Zeitpunkt der Beurkundung beispielsweise eine **Krankheitssituation** vorgelegen hat, die zu einem großen persönlichen Druck der belasteten Partei führte, ist die **Sittenwidrigkeit zu bejahen.**[2162]

Eine **bevorstehende Operation** indiziert eine solche Drucksituation jedoch nicht.[2163]

Die **Feststellungen zur unterlegenen Verhandlungsposition**, zu einer Situation bei Beurkundung des Ehevertrages, die durch intellektuelle Unterlegenheit, Abhängigkeit oder eine Notsituation ohne zumutbaren Ausweg zu Lasten eines Ehegatten[2164] geprägt war, korrespondieren mit der **Belehrung** durch den beurkundenden Notar. 2038

Zwar ist nach der Rechtsprechung des BGH nicht schon deshalb eine subjektive Imparität zu verneinen, weil der **Notar ordnungsgemäß belehrt** hat.[2165] Der **Verfahrensablauf** kann jedoch dazu führen, dass eine **subjektive Imparität zu verneinen** ist.

Dies ist dann der Fall, wenn sich der betroffene Ehegatte etwa lange und mit **Vorbesprechungen bei dem Notar** über die Regelungen Gedanken machen und sie für sich abwägen konnte. Ergibt sich entsprechendes aus den Hinweisen zu den Belehrungen des Notars in der Urkunde, wird man regelmäßig nach der Rechtsprechung des BGH eine subjektive Imparität und deshalb eine **Sittenwidrigkeit des Vertrages verneinen** müssen.[2166]

Neben **umfangreichen Belehrungen** können auch **lange andauernde Verhandlungen** dazu führen, eine subjektive Imparität zu verneinen. 2039

So hat der **BGH**[2167] das Vorliegen einer subjektiven Imparität trotz erheblicher entsprechender objektiver Anhaltspunkte im Vertrag verneint, weil die Beteiligten **monatelang** unter Einschaltung beratender Rechtsanwälte mit Entwurf und Gegenentwurf über den Inhalt der Urkunde verhandelt hatte.[2168]

Umgekehrt kann die **fehlende Übersendung eines Vertragsentwurfs**[2169] etwa wegen **Überrumpelung**[2170] für subjektive Imparität sprechen. Dies wird in der Praxis aber eher die Ausnahme sein. 2040

Eheverträge werden nach der Entwicklung der Rechtsprechung in Richtung größerer Vertragsfreiheit zukünftig weniger leicht angreifbar sein, auch wenn der Grundsatz gleichmäßigen Profitierens am Ergebnis einer Ehe nicht eingehalten wird. Das Prinzip der **Halbteilung ist nicht Maßstab der Inhaltskontrolle** einer Vereinbarung.[2171]

Hinweis 2041

In der Praxis wird es selten möglich sein, überzeugend eine für die Annahme der Unwirksamkeit eines Ehevertrages notwendige „subjektive Imparität" darzulegen. Es wird deshalb in vielen Fällen darauf ankommen, im Wege der Ausübungskontrolle bei Trennung und Scheidung einer Ehe die ehebeding-

2162 So bei Alkoholkrankheit, vgl. OLG Koblenz FamRZ 2006, 428 m. zust. Anm. *Bergschneider.*
2163 OLG Brandenburg FamRZ 2003, 764.
2164 BGH FamRZ 2013, 195.
2165 BGH NJW 2008, 3426 = FamRZ 2008, 2011.
2166 BGH FamRZ 2008, 2011 m. Anm. *Bergschneider*; BGH FamRZ 2013, 195.
2167 BGH NJW 2014, 1101; *Münch,* Rn 768 ff.
2168 Vgl. dazu *Bergschneider,* FamRZ 2014, 727.
2169 OLG Dresden ZFE 2006, 275.
2170 OLG Hamm FamFR 2013, 310.
2171 BGH NJW 2009, 842.

ten Nachteile des betroffenen Ehegatten so konkret und exakt wie möglich darzulegen, um die „Schieflage“ zumindest insoweit zu korrigieren.

4. Grundsätze zur Behandlung von Verträgen im Familienrecht

2042 **1.** Die vorstehenden Ausführungen zur Frage der Inhaltskontrolle von Eheverträgen gelten nicht nur für vorsorgende Verträge oder Eheverträge zu Beginn einer Ehe, sondern finden ihre Anwendung auch im Bereich der sog. Trennungsvereinbarungen und Scheidungsfolgenverträge, welche ebenfalls in gleicher Weise bei gerichtlicher Auseinandersetzung überprüft werden.[2172]

2. Prüft ein Verfahrensbevollmächtigter etwa im Rahmen erster Beratung die Wirksamkeit eines Ehevertrages und kommt er zu dem Schluss, die Regelungen seien anfechtbar, so wird nur im **Ausnahmefall**[2173] ein **eigenständiges Feststellungsinteresse** bestehen, die auf Sittenwidrigkeit beruhende Unwirksamkeit eines Ehevertrages mit der Feststellungsklage im Sinne von § 256 ZPO (auch als Zwischenfeststellungsklage) geltend machen zu können.[2174]

Das Feststellungsinteresse dürfte allerdings zusätzlich nur im Falle der Anhängigkeit eines Scheidungsverfahrens bestehen.[2175]

2043 Grundsätzlich ist die Prüfung der Wirksamkeit oder auch der Notwendigkeit einer Abänderung bestimmter Vereinbarungen innerhalb eines Ehevertrages ausschließlich **inzidenter bei Geltendmachung von Ansprüchen** möglich, die etwa den vereinbarten Regeln entgegenstehen.

Soweit nachehelicher Unterhalt oder güterrechtliche Fragen betroffen sind, kann bei generellen Verzichtserklärungen im Wege des **Stufenantrags** auf Auskunft, auf Abgabe der **eidesstattlichen Versicherung** sowie auf **Leistung** nach erteilter Auskunft geklagt werden, wobei inzident mit dieser Stufenklage vom Gericht die Unwirksamkeit des Ehevertrages – sei es im Rahmen der Wirksamkeits- oder Ausübungskontrolle – überprüft wird.

Sind Fragen im Zusammenhang mit dem **Versorgungsausgleich** betroffen, ist seitens des Gerichtes ein solcher Verzicht von Amts wegen zu prüfen, wobei hier allerdings die „Anregung“ des benachteiligten Ehepartners darin liegt, dass er alle Umstände vorzutragen hat, weshalb auch in dieser Regelung eine einseitige Belastung unter Berücksichtigung des Gesamtvertrages zu sehen ist.

2044 Es bleibt festzustellen, dass auch in den Entscheidungen des Bundesgerichtshofs das Prinzip der Vertragsfreiheit und damit das Recht der Eheleute, sich eine eigenständige Eheordnung zu geben, nicht „beseitigt“ oder durch entsprechende Vorgaben so unterlaufen worden wäre, dass es keinen Sinn machen würde, Eheverträge abzuschließen.

Eheverträge sind also durchaus sinnvoll und, wie die Praxis belegt, auch notwendig.

Wesentlich muss es jedoch darum gehen, zum einen unwirksame, auf namentlich subjektiver Imparität beruhende Eheverträge zu vermeiden. Zum anderen muss Vorsorge für möglicherweise im Laufe des Zusammenlebens der Beteiligten veränderte Verhältnisse geschaffen werden. Bei einer solchen „antizipierten Ausübungskontrolle“ der Rechtsanwält:in sind zwei Bereiche zu beachten:

- Die geplante Lebensführung der Beteiligten ist zu erfragen und den Vereinbarungen textlich beizufügen.
- Ggf. sind Alternativen für den Fall des Eintritts bestimmter Bedingungen, beispielsweise der Fall eigener Kinder oder einer entsprechenden Adoption, zu erörtern und einzufügen.

2172 OLG München FamRZ 2005, 215; BGH FamRZ 2004, 611 mit Anm. *Borth*, Anm. *Bergschneider*, FamRZ 2004, 1917.
2173 So *Bergschneider*, Anm. zu BGH FamRZ 2005, 691 f., 693.
2174 BGH FamRZ 2005, 691 f.; OLG Düsseldorf FamRZ 2005, 282; a.A. *Herr* in einer Anm. zu OLG Karlsruhe FamRZ 2005, 458.
2175 Vgl. OLG Frankfurt FamRZ 2005, 457.

In jedem Fall sind nicht nur anwaltlich zuvor umfangreiche Ermittlungen[2176] anzustellen, sondern die Beteiligten bei Abschluss eines Ehevertrages über die Konsequenzen sich ändernder Verhältnisse aufzuklären.

IV. Mögliche Unterhaltsvereinbarungen, § 1585c BGB

1. Grundsätze

a) Modifizierende Vereinbarung

Ehegatten können den nachehelichen Unterhalt im Rahmen einer **Vereinbarung nach § 1585c BGB** auf der Grundlage der gesetzlichen Vorschriften der §§ 1569 ff. BGB ausgestalten und modifizieren. 2045

Dabei behält der nacheheliche Unterhaltsanspruch seinen **gesetzlichen Charakter** bei. Dies gilt auch, wenn die Vereinbarungen einen Abänderungsausschluss oder Einschränkungen der Abänderungsmöglichkeit nach § 239 FamFG enthalten. Die Rechtsnatur des Unterhaltsanspruchs wird dadurch nicht geändert.[2177]

Bei einer Vereinbarung über den nachehelichen Unterhaltsanspruch ist deshalb in der Regel davon auszugehen, dass die Eheleute eine **modifizierende Vereinbarung** treffen wollen.[2178] 2046

Dies sollte zu Beginn der Vereinbarung klargestellt werden wie folgt:[2179]

▼ 2047

Muster 3.92: Modifizierende Unterhaltsvereinbarung

In Ausgestaltung und Modifizierung des gesetzlichen nachehelichen Unterhaltsrechts treffen wir folgende Unterhaltsvereinbarung: 3.92

▲

b) Novierende Vereinbarung

Allerdings steht Ehegatten auch frei, den nachehelichen Unterhalt trotz gegebenem gesetzlichen Unterhaltsanspruchs unabhängig von den gesetzlichen Regelungen der §§ 1569 ff. BGB auf eine **eigene vertragliche Grundlage** zu stellen (**novierende Vereinbarung**).[2180] Eine solche vertragliche Vereinbarung kann aber nur bei Vorliegen besonderer Anhaltspunkte angenommen werden, wenn beispielsweise ein anderer Regelungsgrund oder ein den Einkommensverhältnissen nicht entsprechender (hoher) Unterhalt festgelegt wird.[2181] 2048

Soll tatsächlich – ausnahmsweise – ein rein vertraglicher Anspruch begründet werden, ist dies **unbedingt in der Urkunde aufzunehmen**, da die Folgen erheblich sein können. So erlischt beispielsweise ein ausschließlich vertraglich begründeter Unterhalt bei einer **Wiederheirat** des Berechtigten nicht.[2182] 2049

Vorteile einer novierenden Unterhaltsvereinbarung: 2050

- Der Berechtigte erhält eine **Sicherheit,** für die vereinbarte Dauer (etwa einer Leibrente) den vereinbarten Betrag zu erhalten;
- der Verpflichtete ist sicher, beispielsweise lediglich eine **zeitlich befristete Hilfe** zum Übergang zu leisten;

2176 *Dauner-Lieb*, FF 2004, 65, 69.
2177 BGH FamRZ 1988, 933, 935; BGH FamRZ 1991, 673, 674.
2178 Göppinger/Börger/*Kilger/Pfeil*, 5. Teil Rn 157; Johannsen/Henrich/*Büttner*, § 1585c Rn 11.
2179 Göppinger/Börger/*Kilger/Pfeil*, 5. Teil Rn 157.
2180 Grundlegend dazu BGH FamRZ 2014, 912; BGH FamRZ 2012, 1242.
2181 BGH FamRZ 2015, 1694; BGH FamRZ 1991, 673; BGH FamRZ 1997, 544.
2182 Vgl. z.B. OLG Koblenz FamRZ 2002, 1040 bei Vereinbarung einer Leibrente.

- für beide Beteiligte kann es vorteilhaft sein, dass die Unterhaltsvereinbarung eine **Gegenleistung für ein Entgegenkommen** des Ehegatten beim Zugewinnausgleich oder Versorgungsausgleich darstellt und sodann unter Vermeidung des Abzugsverbots des § 12 Abs. 2 EStG als entgeltliche Verpflichtung steuerlich abzugsfähig gestaltet werden kann.

2051 **Die Nachteile einer novierenden Unterhaltsvereinbarung:**

Die Sicherheit einer solchen Vereinbarung wird begrenzt durch eine mögliche **Sittenwidrigkeit der Abrede**. Hiervon ist auszugehen,[2183] wenn durch die Unterhaltsabrede bewirkt wird, dass der über den gesetzlichen Unterhalt hinaus zahlungspflichtige Ehegatte finanziell nicht mehr in der Lage ist, seine eigene Existenz zu sichern und deshalb ergänzender Sozialleistungen bedarf.

2. Die unterhaltsverstärkende Vereinbarung

2052 Durch das am 1.1.2008 in Kraft getretene Unterhaltsrechtsänderungsgesetz wurden durch eine **Neufassung des § 1578b BGB** die Möglichkeiten einer Befristung des nachehelichen Unterhalts stark erweitert. Seitdem ist in der Folge zunächst zu prüfen, ob ehebedingte Nachteile vorliegen. Entstehen durch eine entsprechende Rollenübernahme während der Ehe Erwerbsnachteile, wird in diesem Umfang grundsätzlich Unterhalt nicht befristet. Liegen solche Nachteile nicht vor, ist in einer Billigkeitsprüfung festzustellen, ob Grundsätze nachehelicher Solidarität einen unbefristeten Unterhalt erfordern. Dies ist z.B. bei einer aus verschiedenen Gründen eingetretenen starken Verflechtung der Einkommens- und Vermögensverhältnisse der Fall.

Zu diesen Gründen gehört neben anderen Kriterien auch die **Länge der Ehezeit**. Zwar führt die Dauer der Ehe „nicht zwangsläufig“ zu einem Nachteil.[2184] Die Ehedauer stellt allerdings im Regelungszusammenhang des § 1578b Abs. 1 S. 3 BGB „ein Indiz“[2185] für die zunehmende Verflechtung der beiderseitigen Verhältnisse dar. Die Ehedauer gewinnt durch eine wirtschaftliche Verflechtung insoweit an Gewicht.[2186] Zwar können auch Ehen langer Dauer ohne jegliche weiteren Kriterien ausnahmsweise nicht zu einem unbegrenzten Unterhaltsanspruch führen, doch wird bei **langjährigen Ehen regelmäßig eine wirtschaftliche Verflechtung** anzunehmen sein.

2053 Schließlich ist durch das Unterhaltsrechtsänderungsgesetz zum 1.1.2008 hinsichtlich des Betreuungsunterhalts für gemeinsame Kinder, die aus einer Ehe hervorgehen, mit Vollendung des dritten Lebensjahres des Kindes der **Vorrang der Fremdbetreuung** eingeführt worden. Im Umfang dieser außerhäuslichen Betreuung des Kindes ist sodann der betreuende – ggf. frühere – Ehegatte verpflichtet, einer Arbeitstätigkeit nachzugehen.

2054 Insgesamt führte diese gesetzliche Veränderung zu einer **erheblichen Reduzierung von Unterhaltsansprüchen**. Dies wird von Ehepartnern, auch von geschiedenen Ehepartnern, als unbefriedigend angesehen. Sie streben deshalb in manchen Fällen eine Vereinbarung an, die eine unterhaltsverstärkende Wirkung hat.

a) Vereinbarung des Altersphasenmodells

2055 Die Tatsache, dass der die gemeinsamen Kinder betreuende Elternteil mit Ablauf des dritten Lebensjahres des jüngsten Kindes verpflichtet ist, im möglichen Umfang der Fremdbetreuung des Kindes einer Arbeitstätigkeit nachzugehen, wird von manchen Partnern als für die Kinder nicht förderlich angesehen. Diese Eltern können sich natürlich dafür entscheiden, der **gesetzlichen Regelung nicht zu folgen** und eine umfangreichere Möglichkeit der Kinderbetreuung zu ermöglichen.

2183 BGH FamRZ 2009, 198.
2184 So die Begründung zum Unterhaltsrechtsänderungsgesetz BT-Drucks 16/1830, S. 19.
2185 So BGH FamRZ 2009, 406, 408.
2186 BGH FamRZ 2010, 1971, 1975.

Es liegt in diesem Zusammenhang nahe, z.B. miteinander ein **Altersphasenmodell** zu vereinbaren, welcher Art auch immer. 2056

Dieses Modell, nach den Entscheidungen des BGH etwas respektlos **0–8–15-Modell** genannt, ging davon aus, dass es für das Kind in unterschiedlichen Altersphasen mehr oder eben weniger stark erforderlich ist, von dem mit ihm zusammenlebenden Elternteil persönlich betreut zu werden. Nach der Rechtsprechung des **BGH** sollte deshalb ab dem Alter von 8 Jahren des Kindes zumutbar sein, halbtags zu arbeiten,[2187] ab 15 Jahren vollzeitlich.[2188] Von dieser Richtlinie waren die Oberlandesgerichte zum Teil ganz erheblich abgewichen.[2189]

So galt beispielsweise für den Bereich des **OLG Celle**, dass die Aufnahme von Arbeitstätigkeit (halbtags) erst nach Beendigung der Grundschule des Kindes zumutbar war. Im Bereich des – benachbarten – **OLG Bremen** erschien dies bereits mit Beginn des 3. Schuljahres möglich. Das – ebenfalls benachbarte – **OLG Oldenburg** war – bei mehr als einem Kind – sogar der Auffassung, dass das jüngste Kind das 13. Lebensjahr vollendet haben müsse, bevor eine halbtägige Arbeitstätigkeit zumutbar war.[2190]

Grundsätzlich galt immerhin gemeinsam, dass **kleinere Kinder in stärkerem Umfang der persönlichen** 2057
Betreuung bedurften und deshalb bei kleineren Kindern eine geringere Zumutbarkeit hinsichtlich einer Erwerbstätigkeit des betreuenden Elternteils gegeben war.

Dieser Auffassung sind viele – potenzielle – Eltern auch heute. Deshalb wird gerade im Hinblick auf Betreuungsunterhalt eine – verstärkende – Vereinbarung im Ehevertrag und/oder der Trennungs- und Scheidungsfolgenvereinbarung gesucht werden.

Entscheidend für den vertraglich geregelten Inhalt ist ausschließlich, ob der Vertrag eine – sittenwidrige 2058
– nicht hinnehmbare Gewichtung zu Lasten des potentiell Unterhaltsberechtigten enthält. Dies ist zu den beiden Zeitpunkten **Abschluss des Vertrages (Inhaltskontrolle)** und **Geltendmachung der Rechte aus dem Vertrag (Ausübungskontrolle)** zu prüfen.

Grundsätzlich wirken die Regeln des sog. **Altersphasenmodells zugunsten** des betreuenden Ehegatten. 2059
Der BGH hatte im Vergleich zu den Regelungen des Altersphasenmodells die Möglichkeit der häuslichen Betreuung durch einen der Elternteile gerade eingeschränkt. Er hatte den Vorrang persönlicher Betreuung mit der Begründung aufgegeben, dass die außerhäusliche Erziehung des Kindes durch weitere soziale Kontakte für seine Entwicklung ab einem Lebensalter von etwa drei Jahren förderlich sei und der betreuende Elternteil während der daraus resultierenden Abwesenheit des Kindes arbeiten könne.[2191]

Wird daher ein Altersphasenmodell vereinbart, begegnet dies keinen inhaltlichen Bedenken.

b) Der unbefristete Festbetrag

Eine andere Möglichkeit der Unterhaltsverstärkung unabhängig von Betreuung ist z.B. die **Vereinbarung** 2060
einesunbefristeten Festbetrages (ggf. mit Wertsicherungsklausel) unabhängig davon, ob der/dem Unterhaltsberechtigten nach gegebener Rechtsprechung ein solcher Anspruch – unbefristet – zustünde:

> *Beispiel*[2192] 2061
>
> Der Ehemann verpflichtet sich, an die Ehefrau einen monatlichen, monatlich im Voraus fälligen nachehelichen Unterhalt in Höhe von … EUR zu bezahlen.
>
> Die Eheleute sind sich darüber einig, dass in diesem Betrag die Kosten für die Altersvorsorge und Krankenversicherung mit enthalten sind. Über diesen Betrag hinaus wird kein Unterhalt an die Ehefrau geschuldet.

2187 BGH FamRZ 1983, 146; BGH FamRZ 1988, 145; BGH FamRZ 1989, 487; BGH FamRZ 1997, 671.
2188 BGH FamRZ 1988, 56; BGH FamRZ 1997, 671.
2189 Vgl. die früheren Leitlinien, Ziff. 17.1.1.; FamRZ 2005, 1365.
2190 Vgl. die früheren Leitlinien, Ziff. 17.1.1.
2191 Vgl. die Begründung im Regierungsentwurf BR-Drucks 253/06, 26 + 58.
2192 BeckFormB FamR/*Hamm*, F.IV.13.

> Der Betrag von … EUR monatlich wird als Festbetrag festgelegt und deshalb wertgesichert. Wir vereinbaren, dass sich der Festbetrag nach oben oder unten im gleichen prozentualen Verhältnis verändert, wie sich der vom statistischen Bundesamt festgestellte Preisindex für die Lebenshaltung aller privaten Haushalte nach oben oder unten verändert. Die erste Anpassung erfolgt bei Rechtskraft der Ehescheidung durch den Vergleich des heute festgestellten Preisindex mit dem dann geltenden Preisindex. Jede weitere Anpassung erfolgt dann im zweijährigen Abstand bei Veröffentlichung des neuen Preisindex durch das statistische Bundesamt.
>
> Eigenes Einkommen der Ehefrau ist grundsätzlich beim Unterhalt zu berücksichtigen und führt zu einer Abänderung dieser Vereinbarung. Es besteht jedoch Einigkeit darüber, dass ihr ein Betrag von monatlich netto … EUR anrechnungsfrei verbleibt. Der anrechnungsfreie Betrag unterliegt ebenfalls der Anpassung an den Lebenshaltungsindex.
>
> Darüber hinaus ist die Unterhaltsvereinbarung abänderbar, wenn der Ehemann in den Ruhestand geht. Im Falle der Abänderung ist der Unterhalt neu nach den dann gegebenen tatsächlichen gesetzlichen Grundlagen zu ermitteln. Im Hinblick auf die lange Ehedauer wird von einer zeitlichen Begrenzung des Unterhalts ausdrücklich Abstand genommen.

2062 Der **vorletzte Absatz** der vorstehenden Vereinbarung kann – naturgemäß – zu **Streitigkeiten** über die Höhe des zu zahlenden Unterhalts im Falle eigenen Einkommens der Ehefrau führen:

- In welcher Weise ist das eigene Einkommen zu berücksichtigen?
- Ab welchem Einkommensbetrag (auch bei 10 EUR?) in welchem Zeitraum ist die Möglichkeit der Abänderung gegeben?
- Schließlich und von erheblicher Bedeutung: Wie hoch ist das Einkommen des Verpflichteten zum Zeitpunkt der Vereinbarung?

Unbedingt erforderlich ist es deshalb zur Vermeidung von Auseinandersetzungen in vielen Fällen, die **Einkommensgrundlagen** in die Vereinbarung mit aufzunehmen, ebenso die **Grenzen der Abänderungsmöglichkeit** zu beschreiben und schließlich zumindest den **Abänderungsweg** (Berufung auf Gesetz?) darzustellen.

Anderenfalls droht dem beratenden Rechtsanwalt ein **Haftungsfall**, da er Unklarheit und Zweideutigkeit zu vermeiden und sehr leicht für Irrtümer Beteiligter jeder Art einzustehen hat.

Die Probleme des vorletzten Absatzes sind nicht vorhanden, wenn sich die Beteiligten auf **andere Weise einigen** würden:

2063 ▼

Muster 3.93: Anrechnung des Erwerbseinkommens auf den Unterhalt

3.93

Die Ehefrau ist nicht zur Arbeitstätigkeit verpflichtet. Gleichwohl erzieltes etwaiges Erwerbseinkommen wird hälftig auf den Unterhaltsanspruch angerechnet, sonstige Einkünfte in voller Höhe. Eigene Einkünfte erzielt die Ehefrau derzeit nicht.

Die **Alternative** zum letzten Satz:

Die derzeit erzielten eigenen Einkünfte der Ehefrau aus in Höhe von monatlich EUR verbleiben anrechnungsfrei.

▲

2064 **Problematisch** kann eine solche Vereinbarung vor allem aus zwei Gründen gleichwohl sein.

(1) Überschreitet der Zahlbetrag (ggf. einschließlich eines Zuverdienstes des Berechtigten) die Halbteilungsgrenze, könnte dies zu einer einseitigen Lastenverteilung gegenüber dem Unterhaltsverpflichteten führen mit der Konsequenz, dass die **Inhaltskontrolle (Wirksamkeitsprüfung)** des Vertrages bereits die Unwirksamkeit zur Folge hat.

(2) Falls es im Laufe der Zeit unvorhergesehene Einkommenseinbußen des Verpflichteten gibt, kann eine Ausübungskontrolle zur Folge haben, dass der Vertrag zwar zum Zeitpunkt seines Abschlusses nicht zu beanstanden war, dem Berechtigten die Berufung auf den Inhalt jedoch nach § 242 BGB zu verwehren ist **(Ausübungskontrolle)**.

Hinweis 2065

In beiden Fällen droht eine Haftung des Rechtsanwalts, da der beurkundende Notar diese Haftung gemäß § 19 Abs. 1 S. 2 BnotO auf einen beratenden Rechtsanwalt verschieben kann.

So hat das **OLG Karlsruhe**[2193] die Verpflichtung zur Zahlung einer **Leibrente** als sittenwidrig eingestuft, weil es die Regelung von vornherein als nicht akzeptabel für den Verpflichteten angesehen hat. Diesem blieb nach Zahlung nicht einmal der Selbstbehalt. Das OLG hat erklärt: 2066

Für die Beurteilung der Frage, ob eine solche Vereinbarung zu einer einseitigen und nicht gerechtfertigten Lastenverteilung führt, sind die das gesetzliche Leitbild des Ehegattenunterhalts maßgeblich prägenden Grundsätze der Halbteilung und der Rücksichtnahme auf die Leistungsfähigkeit des Unterhaltsschuldners maßgebend.

Für eine tatsächliche Störung der Verhandlungsparität bei Abschluss des Ehevertrages spricht eine tatsächliche Vermutung, wenn die Parteien eine evident einseitig belastende ehevertragliche Regelung getroffen haben, ohne dass hierfür ein nachvollziehbarer Grund erkennbar ist.

c) Kranken- und Altersvorsorge

Der Unterhaltsbedarf umfasst neben dem **Elementarunterhalt** auch den **Krankenversorgungsunterhalt** sowie **Altersvorsorgeunterhalt** (und einen eventuellen **Mehrbedarf**). 2067

Es handelt sich insoweit um unselbstständige Teile des Gesamtunterhalts.

aa) Altersvorsorgeunterhalt

Grundsätzlich ist im familiengerichtlichen Verfahren zur Scheidung einer Ehe **Vorsorgeunterhalt** erst mit **Rechtshängigkeit des Scheidungsverfahrens** nicht mehr obsolet, da der Versorgungsausgleich vom 1. desjenigen Monats an entfällt, zu dem der von einem Ehepartner gestellte Scheidungsantrag dem anderen zugestellt wird.[2194] Von diesem Zeitpunkt an besteht jedoch ein **Anspruch auf angemessene Absicherung für den Fall des Alters sowie der Erwerbsunfähigkeit** gem. § 1361 Abs. 1 S. 2 BGB. 2068

Die **Höhe** bestimmte sich nach jahrzehntelanger Rechtsprechung nach dem Beitragsbemessungssatz der Rentenversicherung mit rd. 20 %. 2069

Nachdem der **BGH**[2195] darüber hinaus gehend erklärt hat, dass grundsätzlich[2196] dem Nichtselbstständigen zuzubilligen sei, einen Betrag von bis zu **4 %** des jeweiligen Bruttoeinkommens des Vorjahres für eine zusätzliche Altersvorsorge einzusetzen, ist dieser zusätzliche Betrag in den Vorsorgeunterhalt einzubeziehen und statt 20 % eine Altersvorsorge von **24 %** zu verlangen.[2197]

Der **BGH** hatte nämlich erklärt, dass die Grenze der angemessenen Altersversorgung zur einseitigen Vermögensbildung bei **24 v.H.** (20 v.H. Beitragsbemessungssatz der gesetzlichen Rentenversicherung zum Zeitpunkt der Entscheidung + 4 v.H. des Jahresbruttoeinkommens des Vorjahres) liegt.

2193 OLG Karlsruhe FamRZ 2007, 477 m. Anm. *Bergschneider*.

2194 BGH NJW 1982, 1988.

2195 BGH FamRZ 2005, 1871.

2196 Außer im **Mangelfall**, BGH FamRZ 2005, 1871.

2197 So auch *Soyka*, FK 2006, 2, 3; in anderem Zusammenhang (Eheprägung einer angemessenen Altersversorgung durch zu erwartende Erbschaft nach BGH FamRZ 2006, 387) spricht *Soyka* von **24 %**, vgl. FK 2006, 76.

2070 Die **Berechnung** des Altersvorsorgeunterhalts erfolgt **in zwei Stufen.**[2198]

Zunächst ist der **Elementarunterhalt** zu errechnen. Um den Altersvorsorgeunterhalt zu bestimmen, ist der Unterhaltsberechtigte so zu stellen, als würde es sich beim Elementarunterhalt um das Nettoeinkommen des Betreffenden aus Berufstätigkeit handeln (Betrag nach Abzug der gesetzlichen Sozialversicherungsbeiträge ohne Krankenversicherung).

Hierzu ist der **Elementarunterhalt** (fiktives Nettoeinkommen) **auf ein entsprechendes (fiktives) Bruttoeinkommen hochzurechnen**. Dies geschieht unter Zuhilfenahme der so genannten Bremer Tabelle des OLG Bremen.[2199] Berechnet wird unter Berücksichtigung von Beitragssätzen von 19,9 % für die Rentenversicherung und 3 % für die Arbeitslosenversicherung, Lohnsteuer der Klasse I ohne Kinderfreibeträge mit Solidaritätszuschlag.[2200] Die Lohnsteuer muss auch die Sozialabgaben berücksichtigen. In der Tabelle werden die gesetzliche Krankenversicherung und der Kinderlosenzuschlag zur Pflegeversicherung zugrunde gelegt.

2071 Um das fiktive Bruttoeinkommen zu bestimmen, ist der aus der Tabelle zu entnehmende **Aufschlag auf den Elementarunterhalt** zu machen. Die Summe multipliziert mit dem geltenden Rentenbeitragssatz ergibt sodann den Altersvorsorgeunterhalt.

In einer zweiten Stufe ist dann der **Elementarunterhalt unter Abzug des Altersvorsorgeunterhalts** vom bereinigten Nettoeinkommen neu zu ermitteln.

Schließlich ist abschließend die **Leistungsfähigkeit** des Unterhaltsverpflichteten zu **überprüfen.**[2201]

2072 Für den Fall, dass Altersvorsorgeunterhalt als Folgesache im Rahmen der Geltendmachung nachehelicher Unterhaltsansprüche geltend gemacht wird, kann sich vor rechtskräftiger Scheidung eine **Versorgungslücke** ergeben. Der getrenntlebende Ehepartner partizipiert ab dem 1. desjenigen Monats, in dem ein Scheidungsantrag dem Antragsgegner zugestellt wird, nicht mehr vom Aufbau der Altersvorsorge durch den besserverdienenden Ehepartner. Der anwaltliche Berater hat in solchem Fall, namentlich bei vermutlich länger währendem Scheidungsverfahren aufgrund von Streit über Folgesachen, mit dem Mandanten zu erörtern, ob Altersvorsorgeunterhalt für die Zeit bis zur rechtskräftigen Scheidung geltend zu machen ist.

> *Beachte!*
>
> Altersvorsorge kann bei laufendem Trennungsunterhaltsverfahren durch Neuberechnung der Ansprüche unter Einbeziehung des Altersvorsorgeunterhalts mit der Folge der Umstellung des Unterhaltsantrags geltend gemacht werden. Bei bereits abgeschlossenem Trennungsunterhaltverfahren ist der Anspruch im Wege des **Abänderungsverfahrens** zu verfolgen.

2073 Mit diesen Beträgen wird der Unterhaltsberechtigte i.d.R. gleichwohl **keine angemessene Alterssicherung** aufbauen können. Daher sind nach Errechnung der eigentlich möglichen gesetzlichen Ansprüche selbstverständlich Vereinbarungen möglich, die eine Altersvorsorge verstärken.

Wichtig ist in diesem Zusammenhang, die **einzelnen Bestandteile des Unterhalts voneinander zu trennen** und in der Urkunde gesondert auszuweisen.

2074

> *Hinweis*
>
> Wird eine betragsmäßige Feststellung in einer Urkunde unterlassen (evtl. aus Unkenntnis der Notwendigkeit), umfasst diese den Gesamtunterhalt, so dass spätere **Nachforderungen** im Wege des Zusatz- oder Abänderungsantrages **nicht möglich** sind.[2202]

2198 OLG Celle FamRZ 2000 S. 1153; Grüneberg/*Siede*, § 1578 Rn 71.
2199 Vgl. Bremer Tabelle 2014, Anl. 2, Rdn 2160.
2200 Zur Anwendung vgl. BGH FamRZ 1981, 442, 444 f.; BGH FamRZ 1983, 888; BGH FamRZ 1985, 471, 472.
2201 Zu Berechnungsbeispielen vgl. Rdn 599.
2202 BGH FamRZ 1988, 1145, 1148.

Die Zahlung von **Altersvorsorgeunterhalt kann vergleichsweise** geregelt werden. 2075

Der Berechtigte muss sich allerdings überlegen, dass die Regelung von Altersvorsorgeunterhalt eine **Verkürzung des Elementarunterhalts** nach sich zieht.

Vorsorgeunterhalt ist entsprechend seiner **Zweckbindung** zu verwenden, so dass die Beträge für den laufenden Lebensbedarf nicht zur verfügung stehen. Der Berechtigte muss daher zwischen seinem **aktuellen Konsumbedürfnis und der sich später ergebenden Versorgungslücke** einerseits und der **Altersvorsorge** andererseits wählen. Der sich später aus der Vorsorge ergebende Anspruch wird allerdings bei Rentenbeginn nach der **Abzugsmethode** berücksichtigt,[2203] so dass dadurch zusätzlich ein etwaiger Unterhaltsaspruch verkürzt wird.

Enthält eine Vereinbarung über die Zahlung von Unterhalt keinen Altersvorsorgeunterhalt, sollten vorsorglich die Gründe des Unterlassens dargelegt werden und zugleich die Voraussetzungen der **Abänderbarkeit der Vereinbarung hinsichtlich des Vorsorgeunterhalts** geregelt werden, beispielsweise wie folgt:[2204]

▼

Muster 3.94: Abänderbarkeit der Vereinbarung hinsichtlich des Vorsorgeunterhalts

Altersvorsorgeunterhalt wird derzeit nicht geltend gemacht. Die Ehefrau behält sich dies für die Zukunft jedoch vor. Ab dem Zeitpunkt, zu welchem die Ehefrau Altersvorsorgeunterhalt – in Verzug begründender Weise – schriftlich geltend macht (nachfolgend aus Vereinfachungsgründen auch „Endzeitpunkt" genannt), verliert die heutige Vereinbarung ihre Gültigkeit. Der Unterhaltsberechtigte verzichtet bereits jetzt auf sämtliche Rechte aus dem vorliegenden Vollstreckungstitel ab dem Endzeitpunkt. Dieser Verzicht wird vom Unterhaltsverpflichteten angenommen. In welcher Höhe dem Unterhaltsberechtigten ab dem Endzeitpunkt Elementar- wie Altersvorsorgeunterhalt zusteht, beurteilt sich ausschließlich nach denjenigen tatsächlichen und gestzlichen Verhältnissen, welche zum Endzeitpunkt bestehen, ohne jegliche Bindung an die in der heutigen Vereinbarung geltenden Grundlagen. 3.94

▲

bb) Krankenvorsorgeunterhalt

Grundsätzlich ist eine Absicherung während der Trennungszeit für die nicht erwerbstätigen Ehegatten im Rahmen der **Familienversicherung** über die gesetzliche Krankenversicherung des erwerbstätigen Ehegatten gegeben, § 10 SGB V.[2205] 2076

Allerdings besteht auch in der Trennungszeit **kein Versicherungsschutz** mehr, z.B. bei einer Beamtenehe. Wenn der arbeitende Ehegatte die private Versicherung seines Ehepartners nicht mehr bezahlt, kann der Berechtigte die Kosten für eine den ehelichen Lebensverhältnissen angemessene Absicherung verlangen, **§ 1578 Abs. 2 BGB analog**.[2206] 2077

Im Übrigen bemisst sich der Krankenvorsorgeunterhalt im Hinblick auf die gesetzliche Krankenversicherung nicht nach einem hochgerechneten fiktiven Bruttoeinkommen sondern **allein nach** dem errechneten **Elementarunterhalt**. Dieser ist mit dem entsprechenden Beitragssatz der Krankenkasse zu multiplizieren.[2207] 2078

Beispiel 2079

Einkommen des Verpflichteten	3.100 EUR
(vorläufige) Unterhaltsquote der Berechtigten: 3.100 EUR x 45 % =	1.395 EUR

2203 BGH FamRZ 2003, 848, 852.
2204 Göppinger/Börger/*Kilger/Pfeil*, 5. Teil Rn 190.
2205 Ausführlich dazu *Mleczko*, ZFE 2006, 128.
2206 BGH FamRZ 1983, 676, 677; BGH FamRZ 1988, 145, 147; BGH FamRZ 1989, 483.
2207 Zum Beispiel unter Einbeziehung des Pflegevorsorgeunterhalts von 3,05 % vgl. Rdn 611.

Krankenvorsorge (Beitragssatz 14,6 %): 1.395 EUR x 14,6 % =	204 EUR
abzgl. Krankenvorsorge	204 EUR
Bereinigtes Nettoeinkommen des Verpflichteten	2.896 EUR
Unterhaltsquote	x 45 %
Endgültiger Elementarunterhalt	**1.303 EUR**

Die Unterhaltsberechtigte erhält im Beispiel 204 EUR Krankenvorsorge- und 1.303 EUR Elementarunterhalt, insgesamt 1.507 EUR.

2080 Die tariflichen Sätze der Krankenversicherung können höher sein, so dass der Wunsch der Beteiligten bestehen kann, hier zu einer – **unterhaltsverstärkenden** – **Krankenvorsorge** zu kommen.

2081 In einer **Vereinbarung ist zunächst klarzustellen**, ob und aus welchem **Grund** ein Anspruch des unterhaltsberechtigten Ehegatten auf Vorsorgeunterhalt wegen Krankheit und Pflege besteht.

Die Kosten sind auch **konkret zu beziffern** und unbedingt **gesondert auszuweisen**, um Veränderungen in Abweichung von Regeln betreffend Elementarunterhalt erfassen zu können.[2208]

2082 Zur Sicherung, dass der Berechtigte die Beträge für Vorsorge wegen Krankheit und Pflege tatsächlich zweckentsprechend verwendet, kann es sinnvoll sein, zu **vereinbaren**, dass in bestimmten **zeitlichen Abständen** der Berechtigte die **zweckentsprechende Verwendung nachweist**. Es kann vereinbart werden, dass etwa halbjährlich der Berechtigte die Belege unaufgefordert übersendet.

2083 Um zu vermeiden, dass der Berechtigte hier **ständig in einer Verpflichtung** steht, könnte alternativ vereinbart werden, eine **Berechtigung des Verpflichteten** zu vereinbaren, sich selbst entsprechende **Auskünfte beim Versicherer einzuholen**. Schließlich ist es sinnvoll, das Recht des Verpflichteten vorzubehalten, für den Fall einer zweckfremden Verwendung des Vorsorgeunterhalts diesen mit befreiender Wirkung direkt an den Versicherer zahlen zu können.

cc) Kombination Kranken- und Altersvorsorge

2084 Bei einer Vereinbarung der Beteiligten von **Krankenvorsorge- und Altersvorsorgeunterhalt** berechnet sich der Elementarunterhalt grundsätzlich dreistufig.[2209]

Dazu folgendes Beispiel:

2085 *Dazu folgendes Beispiel*

Einkommen des Verpflichteten (ohne eigene Krankenversicherungskosten)	3.500,00 EUR
(vorläufige Unterhaltsquote der Berechtigen 3.500 EUR x 45 % =	1.575,00 EUR
Kranken-/Pflegevorsorge (14,6 % + 3.05 % =) 17,35 % x 1.575 EUR	273,26 EUR
abzgl. Kranken-/Pflegevorsorge	273,26 EUR
bereinigtes Nettoeinkommen des Verpflichteten	3.226,74 EUR
Unterhaltsquote	x 45 %
vorläufiger Elementarunterhalt	**1.452,03 EUR**
Altersvorsorgeunterhalt: 1.452,03 EUR + 17 % (246,84 EUR) =	1.698,87 EUR
1.698,87 EUR x 22,6 % (18,6 % + 4 %) =	383,94 EUR
endgültiger Elementarunterhalt	3.500 EUR
./. Kranken-/Pflegevorsorge	273 EUR
./. Altersvorsorge (gerundet)	384 EUR

2208 *Bergschneider*, Verträge in Familiensachen, Rn 326.
2209 BGH FamRZ 1989, 483.

	2.843 EUR
x Unterhaltsquote	x 45 %
Endgültiger Elementarunterhalt (gerundet)	**1.279 EUR**

Die Unterhaltsberechtigte hat Anspruch auf **273 EUR** Krankenvorsorge- und Pflegevorsorgeunterhalt, **384 EUR** Altersvorsorgeunterhalt und **1.279 EUR** Elementarunterhalt, insgesamt **1.936 EUR.**

In **Scheidungsvereinbarungen** empfiehlt es sich jedoch, die Berechnungen lediglich als Vorlage für die **Größenordnung der Verpflichtungen** heranzuziehen. 2086

Es ist sinnvoller, die Verpflichtung zur Übernahme der **konkreten Kosten einer bestimmten Krankenversicherung** mit Vereinbarung des Umfangs der Versicherung zu vereinbaren und auf der Basis der dadurch entstehenden Kosten eine Einigung über den zu zahlenden Beitrag des Unterhaltspflichtigen zur Altersvorsorge herbeizuführen.

d) Übernahme sonstiger Kosten

Die Übernahme sonstiger Kosten, beispielsweise entstehenden **Mehrbedarfs oder die Vereinbarung** 2087
von Betreuungskosten begegnen keinerlei Bedenken.

Sog. **Mehrbedarf** kann in vielerlei Hinsicht gegeben sein, hinsichtlich des Kindes (Kindergarten, Umgangskosten), wegen Ausbildung, Krankheit, aus Gründen der Trennung (Umzug) etc.

Mehrbedarf ist hinsichtlich der Kinder grundsätzlich – nach Abzug des Selbstbehalts – im Verhältnis der 2088
Leistungsfähigkeit der Eltern zu zahlen. Verpflichtet sich ein Elternteil, dies vollständig zu übernehmen, handelt es sich – beim Verpflichteten – um eine unterhaltsverstärkende Leistung. Falls der Berechtigte verzichtet, berührt der Rahmen der eigentlich beiderseitigen Verpflichtung nicht den Kernbereich einseitiger Belastung.

Bei anderem Mehrbedarf erfolgt die Berechnung nach folgendem Muster:

Beispiel 2089

Bereinigtes Einkommen Verpflichteter 3.400 EUR, Berechtigter 0 EUR, ausbildungsbedingter Mehrbedarf 200 EUR

Einkommen Verpflichteter	3.400 EUR
Abzüglich ausb.bed. Kosten	200 EUR
Verbleib	3.200 EUR
Hiervon 45 % Unterhalt	1.440 EUR
Gesamtanspruch:	
Ausbildungskosten	200 EUR
Unterhalt	1.440 EUR
Insgesamt:	**1.640 EUR**

Betreuungskosten wurden früher von der Rechtsprechung – in unterschiedlicher Weise – anerkannt und 2090
entweder vom Nettoeinkommen des betreuenden Elternteils abgezogen[2210] oder auf der Ebene des Bedarfs berücksichtigt.[2211]

2210 OLG Köln FamRZ 2002, 463: Abzug und anschließende hälftige Anrechnung des verbleibenden Einkommens des Berechtigten; OLG München FuR 2002, 329; Abzug statt Teilanrechnung des Einkommens des Berechtigten.

2211 OLG Karlsruhe FamRZ 2002, 820.

Dies wird von der **Rechtsprechung**,[2212] nicht mehr nachvollzogen.[2213] In der **Literatur** wird der Ansatz, die durch Arbeitstätigkeit und Betreuung entstehende Mehrbelastung durch einen zusätzlichen anrechnungsfreien Betrag, eben einen Betreuungsbonus, zu kompensieren,[2214] allerdings zum Teil weiterhin favorisiert.

Die Vereinbarung solcher Kosten stellt damit eine – akzeptierte – unterhaltsverstärkende Abweichung von den sonst gegebenen Regeln dar, wie sie von der Rechtsprechung vorgegeben werden.

3. Der Unterhaltsverzicht

a) Verzicht auf Betreuungsunterhalt, § 1570 BGB

aa) Die Grenzziehung der Rechtsprechung

2091 Der **BGH** hat den Betreuungsunterhalt zur absoluten Nr. 1 in seinem „Kernbereichs-Ranking" gemacht.[2215]

Das bedeutet zunächst, dass die frühere Rechtsprechung des BGH und die frühere Vertragspraxis, die Unterhaltshöhe auch bis zum notwendigen Selbstbehalt herabzusetzen, obsolet sind. Das Bundesverfassungsgericht und der BGH gehen, wie aufgezeigt, davon aus, dass ein -zumindest nicht unwesentlicher – **Verzicht oder ein Teilverzicht** auf Betreuungsunterhalt im Ergebnis das **Kindeswohl beeinträchtigt**.

Allerdings führt insbesondere die vom Gesetz und vom BGH vorgenommene Aufteilung zwischen **kindbezogenen**[2216] **und elternbezogenen Gründen**[2217] zu **folgenden Einschätzungen**:

- Unterhaltsverzichte und Unterhaltsbeschränkungen bis zum **3. Lebensjahr** des jüngsten Kindes sind regelmäßig sehr problematisch.
- Sprechen **kindbezogene Gründe** für eine vollständige oder teilweise Verlängerung des Betreuungsunterhalts über das dritte Lebensjahr hinaus, liegt also ein Billigkeitsgrund i.S.v. § 1570 Abs. 1 S. 2 BGB vor, ist ein Verzicht nur dann nicht problematisch, wenn andere kindgerechte Betreuungsmöglichkeiten gegeben sind.
- Ein **abrupter Wechsel** von der elterlichen Betreuung zu einer Vollzeittätigkeit ist zu vermeiden.
- Bei Beachtung der subjektiven Gesichtspunkte besteht grundsätzlich volle Vertragsfreiheit, wenn es sich um **elternbezogene Gründe** i.S.v. § 1570 Abs. 2 BGB handelt.

2092 Hinsichtlich der **Höhe des Unterhalts** sollte bei einfachen und mittleren finanziellen Verhältnissen die Vereinbarung eines geringeren als des gesetzlichen Unterhalts (§ 1578 Abs. 1 S. 1 BGB) vermieden werden. Bei großzügigen Verhältnissen kann eine höhenmäßige Begrenzung durchaus in Frage kommen.

2093 **Maßstab** ist aber auch hier das **Kindeswohl**; das bedeutet, dass die Unterhaltsbegrenzung nicht zur Aufnahme einer Erwerbstätigkeit zwingen darf, um den ehelichen Lebensstandard zu wahren.[2218]

In diesem Zusammenhang hat das **OLG Oldenburg** angemahnt, dass bei einem gesetzlichen Unterhaltsanspruch von 6.000 EUR ein vertraglich auf 1.500 EUR beschränkter Unterhalt zu gering ist.[2219]

Allerdings stellt der **BGH**[2220] grundsätzlich fest, dass selbst bei einem Vertrag mit einer Schwangeren der Betreuungsunterhalt i.S.v. § 1570 BGB abweichend von den gesetzlichen Vorschriften geregelt werden kann und auch nicht immer der eheangemessene Unterhalt erreicht werden muss.

2212 BGH FamRZ 2009, 1391.
2213 So noch BGH FamRZ 2001, 350.
2214 Vgl. *Gerhardt*, NJW-Spezial 2008, 228 m.w.N.
2215 So *Bergschneider*, S. 40.
2216 Zur Inhaltskontrolle einer Vereinbarung bei Beschränkung des Betreuungsunterhalts vgl. OLG Celle FamRZ 2019, 356.
2217 Vgl. z.B. BGH FamRZ 2009, 1391, 1393 ff., 1395.
2218 Vgl. BGH FamRZ 2009, 1391, 1397.
2219 FamRZ 2004,545 m. Anm. *Bergschneider*.
2220 BGH FamRZ 2006, 1359.

Beachte!

Ein Unterhaltsverzicht darf nicht dazu führen, dass **ehebedingte Nachteile verbleiben.**

So kann die Beschränkung des Unterhalts im Wege der Vereinbarung schon deshalb unwirksam sein, weil sie ggf. „kein geeignetes Instrument zum Ausgleich ehebedingter Nachteile" darstellt.[2221]

bb) Mögliche Vereinbarungen zum Unterhaltsverzicht

Ist nicht geplant, dass Kinder aus der Ehe hervorgehen, sei es, dass in höherem Alter geheiratet wird oder 2094
andere Gründe vorliegen, ist eine Vereinbarung wie folgt denkbar.

▼

Muster 3.95: Vollständiger Unterhaltsverzicht in höherem Alter

1. Die Ehegatten verzichten gegenseitig auf alle gesetzlichen Ansprüche auf Unterhalt nach der Scheidung, also auch für den Fall der Not und nehmen diesen Verzicht gegenseitig an. Der Verzicht gilt auch im Falle einer Gesetzesänderung oder der Änderung der Rechtsprechung.
2. Der Grund für den Verzicht liegt darin, dass wir in höherem Alter heiraten und deshalb nicht davon ausgehen, dass Kinder aus unserer Ehe hervorgehen. Im Übrigen sind wir Beide für den Fall von Alter und/oder Krankheit durch Vermögen abgesichert.
3. Der Notar hat uns über die Folgen dieses Unterhaltsverzichts belehrt, insbesondere über das Risiko, dass im Falle der Scheidung jeder für sich selbst für den eigenen Unterhalt zu sorgen hat.

▲

Wollen die Ehegatten selbstbestimmt leben, kann wie folgt formuliert werden. 2095

▼

Muster 3.96: Vollständiger Unterhaltsverzicht bei wirtschaftlicher Selbstständigkeit

1. Die Beteiligten verzichten wechselseitig auf jeglichen nachehelichen Unterhalt, auch für den Fall der Not. Sie nehmen den Verzicht gegenseitig an. Der Verzicht gilt auch im Falle einer Gesetzesänderung oder der Änderung der Rechtsprechung.
2. Bei diesem Verzicht gehen die Beteiligten von ihrer gegenwärtigen jeweils voll existenzsichernden beruflichen und vermögensmäßigen Situation davon aus, dass beide während der Ehe berufstätig bleiben und Kinder nicht erwünscht sind.
3. Der Notar hat uns über die Folgen dieses Unterhaltsverzichts belehrt, insbesondere über das Risiko, dass im Falle der Scheidung jeder für sich selbst für den eigenen Unterhalt zu sorgen hat.

▲

Für den Fall einer Änderung der Verhältnisse werden Eheleute dann aber ggf. eine Änderung im Wege einer Ausübungskontrolle hinnehmen müssen.

cc) Vereinbarung zur Anrechnung von Einkünften

§ 1570 Abs. 1 S. 1 BGB gewährt einen **Basisunterhalt für die ersten drei Lebensjahre** des Kindes. Für 2096
diese ersten drei Lebensjahre gilt der Vorrang elterlicher Betreuung.[2222] Auch dann, wenn eine Fremdversorgung möglich wäre, kann der betreuende Elternteil sich frei entscheiden, das Kind selbst zu betreuen oder auch alternativ einer Arbeitstätigkeit nachzugehen.[2223]

Der Gesetzgeber hat sich für diesen Zeitraum für einen eindeutigen **Vorrang der elterlichen Betreuung** entschieden.[2224] Dies entspricht auch dem Kindeswohl. Die Einräumung des Vorrangs elterli-

2221 So zu Recht OLG Celle FuR 2019, 89.
2222 BT-Drucks 16/1830, 17.
2223 BGH FamRZ 2010, 440; FamRZ 2010, 1880.
2224 BT-Drucks 16/183017.

cher Erziehung korrespondiert daher auch mit den sozialstaatlichen Regelungen hinsichtlich des Anspruches

- auf Elternzeit, § 15 BErzGG,
- auf Gewährung von Kindererziehungszeiten als Pflichtbeitragszeiten in der Rentenversicherung, §§ 3, 55, 56 SGB VI,
- auf einen Kindergartenplatz, § 24 Abs. 1 SGB VIII.

2097 Auch Beziehern von **ALG II** wird in dieser Zeit nur eingeschränkt zugemutet, erwerbstätig zu sein, **§ 10 Abs. 1 Nr. 3 SGB II**. Eine ausgeübte Erwerbstätigkeit kann deshalb in der Regel **sanktionslos wieder aufgegeben** werden. Etwaiges erzieltes Einkommen in dieser Zeit ist **immer überobligatorisch** und lediglich entsprechend § 1577 Abs. 2 BGB anteilig anzurechnen.[2225]

Für eine **Vereinbarung**, die diese Grundsätze einschränkt, wird daher **kein Raum** sein.

Gleichwohl ist es denkbar, eine Ausgestaltung vorzunehmen. Geschieht dies im Rahmen der Vereinbarung von Kindes- und/oder Betreuungsunterhalt für den betroffenen Elternteil, muss dies dann in notarieller Form geschehen, wenn die Vollstreckungsmöglichkeit hinsichtlich des Unterhalts geschaffen werden soll, § 794 Abs. 1 Zif. 5 ZPO.

2098 Denkbar wäre die folgende Einigung über die Frage einer Anrechnung der Einkünfte des betreuenden Elternteils im Rahmen des Basisunterhalts, die im Kern – notariell -wie folgt vereinbart werden kann:

▼

Muster 3.97: Einkünfte im Rahmen von Basisunterhalt Betreuung

3.97 Verhandelt am

Zu

Vor mir, dem unterzeichnenden Notar im Bezirk des Oberlandesgerichts

erscheinen

1. Herr , geb. am , wohnhaft

2. Frau , geb. am , wohnhaft

ausgewiesen durch .

Die Frage des beurkundenden Notars nach einer Vorbefassung im Sinne von § 3 Abs. 1 Nr. 7 BeurkG wurde von den Erschienenen verneint. Der beurkundende Notar erläuterte die vorgenannte Vorschrift.

Die Erschienenen baten den Notar um die Beurkundung einer

Scheidungsfolgenvereinbarung

und erklärten vorab:

§ 1 Ausgangslage

Wir haben am die Ehe miteinander geschlossen. Wir leben seit dem voneinander getrennt. Aus unserer Ehe sind zwei Kinder hervorgegangen, , geb. am mithin 4 Jahre alt sowie , geb. am , mithin 14 Monate alt. Die Kinder werden von mir, der Kindesmutter betreut, vormittags in Fremdbetreuung im Kindergarten bzw. der Kinderkrippe. Hierbei soll es auch bleiben, ebenso bei der gemeinsamen elterlichen Sorge im Falle der Scheidung unserer Ehe.

2225 BGH FamRZ 2009, 770; FamRZ 2009, 1124.

Ich, die Ersch. zu 2., habe meine Erwerbstätigkeit halbtags wieder aufgenommen und werde diese auch in Zukunft fortsetzen.

§ 2 Kindesunterhalt

Für die Zeit, in der sich die Kinder in der Obhut der Ehefrau befinden, verpflichtet sich der Ersch. zu 1., Kindesunterhalt wie folgt monatlich bis zum 1. Werktag eines Monats zu leisten: (*Alternativ*: Kindesunterhalt in Höhe von % des jeweiligen Mindestbetrags der jeweiligen Altersstufe der Düsseldorfer Tabelle gemäß § 1612a BGB monatlich bis zum 1. Werktag eines jeden Monats zu leisten)

a. (Name des Kindes) geb. am , EUR

b.

§ 3 Nachehelicher Unterhalt

1. Der Ersch. zu 1. verpflichtet sich, an die Ersch. zu 2. ab Rechtskraft der Scheidung einen monatlichen, jeweils bis zum 1. eines jeden Monats im Voraus fälligen nachehelichen Unterhalt in Höhe von EUR zu zahlen.
2. Bei dieser Vereinbarung gehen die Beteiligten von einem Erwerbseinkommen von Herrn in Höhe von netto monatlich EUR sowie von Frau im Rahmen einer Halbtagstätigkeit in Höhe von netto monatlich EUR aus.
3. In der Berechnung der Höhe des Unterhaltsbetrages ist mein, der Ersch. zu 1. Einkommen unberücksichtigt geblieben. Dies soll bis zur Vollendung des dritten Lebensjahres unseres Kindes so verbleiben. Wir vereinbaren für die anschließende Zeit die hälftige Anrechnung meiner Erwerbseinkünfte und werden zu gegebener Zeit unter Darlegung unserer jeweiligen Einkünfte eine gesonderte Vereinbarung treffen.
4. Sonstige gesetzliche Unterhaltsansprüche bleiben unberührt.

…

(Urkundsausgang, Unterschriften)

▲

2099

Die Nichtanrechnung eigener Einkünfte der betreuenden Kindesmutter stellt eine **Unterhaltsverstärkung** dar. Zwar ist die Arbeitstätigkeit überobligatorisch, doch wäre eine Teilanrechnung, **regelmäßig eine hälftige Anrechnung**, möglich.[2226] Die Höhe des ggf. **anteilig zu berücksichtigendem Einkommen** hängt aber insbesondere davon ab, **in welchem Maß** der Betreuende von der Erwerbsobliegenheit befreit ist.[2227]

Grundsätzlich gilt aber, dass aus dieser Erwerbstätigkeit erzielte Einkünfte **nicht von vornherein unberücksichtigt** bleiben. Über die Höhe ihrer Anrechnung ist gemäß § 1577 Abs. 2 BGB nach Treu und Glauben unter **Berücksichtigung der Umstände des Einzelfalles** zu entscheiden. Sie sind hinsichtlich eines **nach Billigkeit** zu bestimmendem unterhaltsrelevantem Teil als bedarfsprägende Einkünfte zu berücksichtigen und in die Unterhaltsberechnung einzustellen.[2228]

Der **Unterhaltsverpflichtete** sichert sich durch die Vereinbarung die durchgängige Berufstätigkeit des Berechtigten, die eventuell bei längerer Erwerbspause keinen oder eine nur geringer dotierte Erwerbstätigkeit finden wird. Die Begrenzung der Nichtanrechnung eigener Einkünfte bedeutet **keine – unzuläs-**

2226 BGH FamRZ 2009, 770; FamRZ 2009, 1124.
2227 BGH FamRZ 2009, 1391; FamRZ 2010, 1050; 2011, 791.
2228 BGH FamRZ 2011, 791; 2010, 357, 362; Wendl/Dose/*Bömelburg*, § 4 Rn 169.

sige – **Befristung** des Unterhaltsanspruchs, da er mit Vollendung des dritten Lebensjahres des jüngsten Kindes nicht endet.

dd) Vereinbarung zur Verlängerung des Basisunterhalts

2100 Betreuungsunterhalt darf als **Basisunterhalt für die drei ersten Lebensjahre des Kindes** vertraglich nicht gekürzt werden. Umgekehrt sind Unterhaltsvereinbarungen jedoch möglich, die beispielsweise den Basisunterhalt nach § 1570 Abs. 1 S. 1 BGB verlängern. Häufig wird dies kombiniert mit einer Höchstbegrenzung des Unterhalts außerhalb der gesetzlichen dreijährigen Zahlungspflicht.

▼

Muster 3.98: Verlängerung des Basisunterhalts

3.98

...

1. Der in § 1570 Abs. 1 S. 1 BGB vorgesehene Basisunterhaltsanspruch auf Ehegattenunterhalt wegen Kindesbetreuung wird verlängert auf einen Zeitraum, bis das jüngste unserer gemeinschaftlichen Kinder das zwölfte Lebensjahr vollendet hat.

Das bedeutet, dass für diesen Zeitraum eine Erwerbsobliegenheit nicht besteht und auch keine Billigkeitsabwägung zu treffen ist, wie sie in S. 2 und Abs. 2 des § 1570 BGB vorgesehen sind.

Einer Herabsetzung oder zeitliche Begrenzung des Unterhalts nach § 1578b BGB schließen wir für den genannten Zeitraum aus.

2. Diese Verlängerung vereinbaren wir deshalb, weil unsere gemeinschaftlichen Kinder durch die Ehefrau ohne Fremdbetreuung erzogen werden sollen. Aus diesem Grund gilt die Verlängerung nur dann, wenn die Ehefrau diese Erziehungsaufgabe wahrnimmt, also – außerhalb der üblichen Halbtageskindergarten- und Schulzeiten – nicht berufstätig ist, soweit dies nicht aus besonderen Gründen gemeinsam anders entschieden wird.

3. Diese Regelung stellt nur eine Unterhaltsmodifikation dar. Das bedeutet, dass mit Ausnahme der in Z. 1. festgelegten Betreuungszeiten alle anderen Unterhaltsvoraussetzungen in ihrer gesetzlichen Form erfüllt sein müssen und Unterhaltsbeträge in der gesetzlichen Höhe geschuldet werden.

4. Wir sind darauf hingewiesen worden, dass diese Erweiterung des Ehegattenunterhaltes nicht zulasten vorrangig unterhaltsberechtigter Kinder gehen darf. Sie gilt daher nur, soweit und solange diese Unterhaltsansprüche nicht beeinträchtigt werden.

5. Für Anschlussunterhaltstatbestände vereinbaren wir, soweit gesetzlich zulässig, den Ablauf der dreijährigen Frist des gesetzlichen Basisunterhalts und gegebenenfalls den Ablauf von nach dieser Frist bestehenden Unterhaltsansprüche nach § 1570 Abs. 1 S. 2 oder Abs. 2 BGB als maßgeblich anstelle der hier verlängerten Frist.

6. Wir sind uns einig, dass nach Ablauf der hier verlängerten Frist weiterer Unterhalt nach § 1570 Abs. 2 BGB höchstens dann verlangt werden kann, wenn drei oder mehr Kinder betreut werden.

...

▲

b) Verzicht auf Anschlussunterhalt zum Betreuungsunterhalt

2101 Bei einem **Verzicht auf Anschlussunterhalt** ist zu prüfen, ob und ggf. welches Risiko der kinderbetreuende Elternteil mit der Aufgabe seiner Berufstätigkeit auf sich nimmt oder – insbesondere bei Scheidungsvereinbarungen – auf sich genommen hat, wenn die Betreuungsbedürftigkeit der Kinder endet, ob also ein

Wiedereinstieg in den erlernten und ausgeübten Beruf nicht oder nur unter deutlich ungünstigeren Bedingungen möglich ist **(ehebedingter Nachteil)**.

Vor allem in Hinblick auf den **Alters- und Krankenunterhalt (§§ 1571, 1572 BGB) als Anschlussunterhalt** ist zu bedenken, dass sie auch als selbstständiger Unterhalt im Kernbereich des Unterhaltsrechts bereits an **zweiter Stelle** stehen, unmittelbar nach dem Betreuungsunterhalt. Kommt einer dieser Unterhaltstatbestände als Anschlussunterhalt nach Kindesbetreuung in Betracht, sollte an den Verzicht ein besonders strenger Maßstab gelegt werden. 2102

Zur **Höhe des Anschlussunterhalts** erklärt der **BGH**,[2229] dass Aufstockungsunterhalt (§ 1573 Abs. 2 BGB) nicht in der vollen Höhe des gesetzlichen Unterhalts (§ 1578 Abs. 1 S. 1 BGB) gewährt werden muss. Es genügt, wenn dessen Höhe nach der **Differenz** des Einkommens, das der kinderbetreuende Elternteil aus einer seiner Ausbildung und früheren Berufstätigkeit entsprechenden, kontinuierlich ausgeübten Berufstätigkeit erzielen könnte, bemessen wird **(ehebedingte Nachteile)**. Diese Rechtsprechung ist bekanntlich durch die Neuregelung des Unterhaltsrechts (§§ 1569, 1578b BGB) bestätigt. 2103

c) Verzicht auf weitere Unterhaltstatbestände

Bei der Frage nach der Möglichkeit des **Verzichts auf einzelne Unterhaltstatbestände** außerhalb des Betreuungsunterhalts nach § 1570 BGB ist von der vom BGH entwickelten **Kernbereichslehre** auszugehen. 2104

Da die übrigen sechs Unterhaltstatbestände nicht die Rechte des Kindes zum Inhalt haben, ist dieses Thema anhand der Grundsätze der **unangemessenen Benachteiligung** durch den Ehevertrag oder die Scheidungsvereinbarung zu behandeln.

Hinsichtlich der **objektiven Seite** ist zwischen den gesetzlichen Ansprüchen und der geplanten oder vorliegenden Regelungen zu vergleichen. Beim Altersunterhalt macht es z.B. einen Unterschied, ob der Unterhaltsberechtigte im Alter eine angemessene Rente zu erwarten hat oder eben nicht. 2105

Auch das **Alter, in dem die Ehegatten heiraten**, kann von erheblicher Bedeutung sein: Bei Eheschließung in „vorgerücktem Alter" ist i.d.R. Versorgungsvermögen schon zu einem erheblichen Teil entstanden, so dass ein Verzicht auf den Vorsorgeunterhalt und ebenso auf den Versorgungsausgleich ungleich unproblematischer ist als in anderen Fällen.

Bei der Beurteilung der **subjektiven Seite** wird man neben der persönlichen Bedeutung des Verzichts den Kernbereich betrachten müssen.[2230] Bei **hochrangigen Unterhaltstatbeständen** wie dem Alters- und Krankenunterhalt muss auf die subjektive Seite besonderes Gewicht gelegt werden. Beim Aufstockungsunterhalt – soweit er nicht im Anschluss an die Kinderbetreuung in Frage kommt – und beim Ausbildungsunterhalt wird die subjektive Seite weniger gewichtig sein. 2106

> *Hinweis* 2107
>
> Je gewichtiger der Verzicht und je höherstufiger der Unterhaltstatbestand ist, auf den verzichtet wird, umso mehr ist die subjektive Seite zu beachten.

Zum **Unterhalt wegen Krankheit (§ 1572 BGB)** gilt insbesondere: 2108

Ist der Ehegatte zum Zeitpunkt des Abschlusses des Ehevertrages **bereits krank**, verschlimmert sich seine Krankheit bis zur Scheidung nicht oder bringt die Krankheit während dieser Zeit keine größere Unterhaltsbedürftigkeit mit sich, ist, so der **BGH**, ein ehevertraglicher Unterhaltsverzicht nicht zu beanstanden, weder im Wege der Bestandskontrolle nach § 138 Abs. 1 BGB noch der Ausübungskontrolle nach § 242 BGB.[2231]

Liegt zum Zeitpunkt des Vertragsschlusses die **Möglichkeit nicht fern**, dass der Ehegatte sich nach der Scheidung aus Krankheitsgründen nicht selbst werde unterhalten können, ist der ehevertragliche Verzicht

2229 BGH FamRZ 2004, 601.
2230 BGH NJW 2018, 1015 mit Anm. *Grziwotz*.
2231 BGH FamRZ 2007, 197 m. Anm. *Bergschneider*.

im Wege der Bedarfskontrolle nach § 138 Abs. 1 BGB zu beanstanden.[2232] Es kann aber auch eine Beanstandung im Wege der Ausübungskontrolle in Betracht kommen.

2109 Im Umkehrschluss zum genannten Urteil des BGH ist zu folgern: Besteht zum Zeitpunkt des Vertragsschlusses **kein Anhaltspunkt** dafür, der Ehegatte werde sich bei der Scheidung aus Krankheitsgründen nicht selbst unterhalten können, ist der Verzicht nicht im Wege der Bestandskontrolle nach § 138 Abs. 1 BGB zu beanstanden. Eine Beanstandung im Wege der Ausübungskontrolle dürfte aber möglich sein, wie sie in einem Fall mit Globalverzicht das **OLG Koblenz**[2233] vorgenommen hat.[2234]

2110 Für Befristungen des **Aufstockungsunterhalts** gelten die Maßstäbe des mit dem UÄndG eingeführten § 1578b BGB mit seinen umfangreichen Einschränkungsmöglichkeiten, insbesondere unter Berücksichtigung ehebedingter Nachteile.[2235]

d) Verzicht und Abfindung

2111 Häufig wird im Rahmen eines Scheidungsverfahrens oder einer außergerichtlichen Einigung über die Folgen einer Trennung und Scheidung von Eheleuten die **Abgeltung des nachehelichen Unterhalts durch eine Abfindung** vereinbart.

Diese könne wie folgt formuliert werden:[2236]

2112 ▼

Muster 3.99: Abgeltung des nachehelichen Unterhalts durch Abfindung

Die Ehegatten verzichten gegenseitig auf alle gesetzlichen Ansprüche auf Unterhalt nach der Scheidung, also auch für den Fall der Not und nehmen diesen Verzicht gegenseitig an. Der Verzicht gilt auch im Falle einer Gesetzesänderung oder der Änderung der Rechtsprechung.

Als Abfindung für den Verzicht erhält die Ehefrau einen Betrag von insgesamt ___ EUR.

Die Abfindung ist zahlbar in 3 Raten à ___ EUR zum ___, zum ___ und zum ___.

Sollte der Ehemann mit der Zahlung der Raten ganz oder teilweise länger als einen Monat in Rückstand geraten, ist der gesamte noch ausstehende Betrag sofort fällig.

Die Ehefrau verpflichtet sich für die Jahre ___, also für die Dauer der Unterhaltsabfindungsleistung, die nach § 10 Abs. 1 Nr. 1 StGB erforderliche Zustimmung zum begrenzten Realsplitting zu geben. Der Ehemann ist verpflichtet, die Ehefrau von den ihr entstehenden finanziellen Nachteilen freizustellen.

▲

2113 Der Unterhaltsverzicht sollte dabei immer auch auf den **„Fall der Not" erstreckt** werden, da sonst der Umkehrschluss gezogen werden könnte dahingehend, dass die Vereinbarung eben nicht für den Fall der Not gelten soll.

2114 § 1585 Abs. 2 BGB, in dem die Möglichkeit einer Abfindungsregelung beschrieben ist, sagt über die Bemessung der Abfindung nichts; sie darf **nicht „unbillig"** sein.

Die Berechnung ist schwierig, da spekulativ die Möglichkeit der Wiederverheiratung zu berücksichtigen ist. *Hamm* schlägt vor, die **Praxis der Haftpflichtversicherungen bei der Kapitalisierung von Hinterbliebenenrenten** (§ 844 Abs. 2 BGB) zum Ausgangspunkt zu nehmen.[2237] Von den Versicherern wurden

2232 BGH FamRZ 2007, 450 m. Anm. *Bergschneider.*
2233 OLG Koblenz FamRZ 2006, 420 m. Anm. *Bergschneider.*
2234 Vgl. auch BGH FamRZ 2008, 582, „Krebserkrankung".
2235 Vgl. dazu die Serie der Entscheidungen versch. Oberlandesgerichte in FamRZ 2009, 49 ff.
2236 Nach *Horndasch*, NotarFormulare Ehegattenunterhaltsrecht, § 4 Rn 133.
2237 BeckFormB FamR/*Hamm*, Ziff. F.IV.14.3.

u.a. **Kapitalisierungsfaktoren** für Witwenrenten unter der Berücksichtigung der Wiederverheiratungsmöglichkeit erarbeitet.[2238]

Bei Abfindungszahlungen sollte die Möglichkeit des **begrenzten Realsplittings** bedacht werden und ggf. eine Verteilung auf zwei oder drei Jahre erwogen werden. 2115

Im Übrigen muss die Zahlung nicht in Geld geschehen. Sie kann selbstverständlich in der **Zuordnung anderer Vermögenswerte (Immobilie/Lebensversicherung)** erfolgen.

Zu berücksichtigen ist insgesamt, dass keine einseitige Lastenverteilung i.S.d. Rechtsprechung erfolgt.[2239]

> *Hinweis* 2116
>
> Der beratende Rechtsanwalt/Rechtsanwältin ist insoweit dafür verantwortlich, als er im Falle der Sittenwidrigkeit in die Haftung geraten kann.

Mit **Vereinbarung einer Kapitalabfindung endet die unterhaltsrechtliche Beziehung** der – früheren – Eheleute. Der Unterhaltsanspruch erlischt.[2240] Das Erlöschen geschieht bereits mit Abschluss der Vereinbarung, nicht erst mit endgültiger Zahlung. Mit dem Abschluss der Vereinbarung besteht **lediglich noch ein Zahlungsanspruch** aus Vertrag. 2117

Dies führt zu einer **Risikosituation** für beide Beteiligte. Eine Anpassung an veränderte Umstände, also spätere Notsituationen, spätere Eingehung eines eheähnlichen Verhältnisses, spätere Wiederverheiratung etc. scheiden als Möglichkeit der Veränderung im Vergleich zum Zeitpunkt des Abschlusses der Vereinbarung aus. Ein weiteres Risiko besteht darin, zum Zeitpunkt des Abschlusses der Vereinbarung **nicht alle wesentlichen Faktoren** korrekt berechnet und eingeschätzt zu haben, Prognosen nicht realistisch in die Bewertung mit einbezogen zu haben. 2118

In der Vereinbarung einer Kapitalabfindung liegt damit zugleich der **Verzicht** darauf, dass **künftige Entwicklungen** der persönlichen und wirtschaftlichen Verhältnisse berücksichtigt werden.[2241] 2119

Die Vorteile für den Berechtigten liegen naturgemäß darin, dass **Risiken**, die seinen laufenden Anspruch auf Zahlung einer Unterhaltsrente zukünftig gefährden könnten, wie z.B. sinkende Leistungsfähigkeit des Verpflichteten, **nicht fürchten** muss. Anders stellt sich dies allerdings bei Ratenzahlungen dar. Die Zahlung der Raten erfolgt nur dann, wenn der Verpflichtete nicht leistungsunfähig wird und deshalb auch eine Vollstreckung des Titels einer Vereinbarung nach § 800 ZPO fehlschlägt. 2120

Ein weiterer Vorteil für den Berechtigten liegt auch darin, dass er in seinen **Dispositionen für die Zukunft frei** ist, also Entscheidungen, die seinen Unterhaltsanspruch gefährden könnten wie eine Wiederverheiratung oder das Zusammenleben mit einem neuen Partner, durchaus treffen kann. Selbst bei der Vereinbarung von Ratenzahlungen entfällt die Verpflichtung zur Zahlung nicht deshalb, weil der Berechtigte erneut heiratet. Mit der Vereinbarung der Kapitalabfindung ist eine endgültige Regelung gewollt, sodass sich der Verpflichtete für die zu diesem Zeitpunkt noch nicht fälligen Raten nicht auf den Wegfall der gemeinsamen Geschäftsgrundlage berufen kann.[2242] 2121

Die **Vereinbarungen von Ratenzahlungen** führen nicht dazu, dass der Berechtigte deswegen ein Veränderungsrisiko übernehmen wollte. Es handelt sich hier lediglich um ein Entgegenkommen des Berechtigten im Interesse des Unterhaltsschuldners, z.B. auch zur Ermöglichung eines mehrjährigen Realsplittings nach § 10 Abs. 1 Nr. 1 EStG.[2243] 2122

2238 Vgl. auch *Geigel*, Der Haftpflichtprozess, Anh. I, II.
2239 BGH FamRZ 2018, 577.
2240 BGH FamRZ 2005, 1662.
2241 BGH FamRZ 2005, 1662, 1663; Wendl/Dose/*Wönne*, § 6 Rn 627.
2242 OLG Frankfurt FamRZ 2005, 1253.
2243 BGH FamRZ 2005, 1662; Wendl/Dose/*Wönne*, § 6 Rn 627.

2123 Dies führt auch dazu, dass für den Fall des **Todes des Berechtigten** der Anspruch nicht nach § 1586 Abs. 1 BGB hinsichtlich des Nachscheidungsunterhalts untergeht. Der Anspruch geht auf die Erben des Berechtigten über.[2244] Auch der Tod des Berechtigten gehört zu den Risiken, die – in diesem Fall – der Unterhaltsverpflichtete eingeht, wenn er sich auf die Abfindung von Unterhaltsansprüchen durch Zahlung eines Kapitalbetrages einlässt.

2124 Der **Vorteil des Verpflichteten** liegt darin, dass er die Unterhaltsansprüche, die ihn zeitlich sehr lange belasten würden, erledigt. Er kann Dispositionen für die Zukunft treffen. Ein Neuanfang – etwa in neuer Partnerschaft – wird nicht durch laufende Unterhaltsverpflichtungen erschwert. Zudem schützt sich der Verpflichtet vor eventuellen Abänderungen zu seinen Lasten, z.B. bei eintretender Erwerbsunfähigkeit des Berechtigten.

2125 Je nach den konkreten Umständen des Einzelfalls könnte es für den Verpflichteten sinnvoll sein, eine Ratenzahlung anzustreben. Auf diese Weise ermöglicht er sich ein **mehrjähriges Realsplitting** nach § 10 Abs. 1 Nr. 1 EStG.

Der Verpflichtete muss nämlich auch – auch bei der Bestimmung der Höhe des Kapitalbetrages – die **steuerlichen Nachteile** bedenken, die für ihn eintreten können, weil er das begrenzte Realsplitting nur für das Jahr der – ggf. jeweiligen – Zahlung geltend machen kann. Wegen fehlender Zwangsläufigkeit der Abfindungszahlung kann nämlich ein Abfindungsbetrag grundsätzlich steuerlich nicht als außergewöhnliche Belastung berücksichtigt werden, § 33 Abs. 1 EStG. Die rechtliche Verpflichtung aus der Vereinbarung wurde vom Steuerpflichtigen selbst gesetzt.[2245]

2126 Die **Höhe des Kapitalbetrages** errechnet sich naturgemäß nicht allein aus der Lebenserwartung des Berechtigten, die mit Hilfe der Kapitalisierungstabellen zur Kapitalabfindung für Renten bestimmt werden kann.[2246]

Die Höhe der Kapitalabfindung hängt von **folgenden Faktoren** ab:

- Voraussichtliche Zeitdauer der Unterhaltsrente,
- Lebenserwartung der Beteiligten,
- Aussicht auf Wiederverheiratung des Berechtigten,
- Berufsaussichten des Berechtigten,
- Entwicklung der Bedürftigkeit des Berechtigten,
- Entwicklung der Leistungsfähigkeit des Pflichtigen.[2247]

2127 Hinsichtlich des **Unterhaltszeitraums** sind folgende Bereiche zu bedenken:

- Zeit bis zum Eintritt der Vollerwerbsobliegenheit des Berechtigten,
- Zeit bis zum voraussichtlichen Wegfall des ehebedingten Nachteils,
- Zeit bis zum Ende eines nach § 1578b Abs. 2 BGB befristeten Anspruchs oder
- Zeit bis zur Verrentung des Berechtigten, weil die Ehegatten davon ausgehen, dass die im Versorgungsausgleichsverfahren im Rahmen der Scheidung aufgeteilte Versorgung der Ehegatten im Hinblick auf die Ausgleichung bedarfsdeckend ist.

Es empfiehlt sich die **Prüfung in folgenden Stufen:**

- Bestimmung des in Frage kommenden Unterhaltszeitraums (Wegfall Betreuungsunterhalt/Wegfall Aufstockungsunterhalt/Eintritt Rentenfall/ggf. Lebenszeit des Berechtigten oder des Verpflichteten);
- Bestimmung der Höhe des geschuldeten monatlichen Unterhalts;
- Bestimmung des abgezinsten Kapitalbetrages;

2244 A.A. OLG Hamburg FamRZ 2002, 234, 235.
2245 BFH FamRZ 2008, 2024.
2246 Vgl. www.destatis.de.
2247 Vgl. Soergel/*Häberle*, § 1585 Nr. 10.

- Bestimmung von Abschlägen wegen eventueller weiterer Risiken, je nach Umständen des Einzelfalles (Wiederverheiratungsrisiko/Vorversterbensrisiko/Bedürftigkeitsrisiko/Leistungsfähigkeitsrisiko und Vorversterbensrisiko beim Pflichtigen).

Die Abfindung einer lebenslangen Unterhaltsrente ergibt sich aus der prognostizierten Laufzeit mit Hilfe der aktuellen **Sterbetafel des Statistischen Bundesamtes.**[2248]

Die Abschätzung einer zeitlich begrenzten Rente, wie sie in Anlage 9a (zu § 13) des Bewertungsgesetzes niedergelegt ist, berücksichtigt das Vorversterbensrisiko des Berechtigten oder ggf. des Verpflichteten nicht. Dies ist je nach Alter und Gesundheitszustand der Beteiligten zusätzlich einzubeziehen und ggf. in eine Abzinsung aufzunehmen.[2249] **2128**

Berechnet man entsprechend der Sterbetafel die **Höhe des Kapitalwertes**, darf man allerdings nicht die Tabellenwerte für eine Zeitrente verwenden. Diese Tabellenwerte berücksichtigen nicht das Risiko des Todes des Berechtigten, weil die Zeitrente an dessen Erben weiter zu zahlen ist. Die Kapitalisierung erfolgt ohne Berücksichtigung des möglichen Vorversterbens. **2129**

Handelt es sich umgekehrt nicht um die Abfindung einer lebenslangen, sondern um die **zeitlich begrenzte Unterhaltsberechtigung**, ist zu beachten: **2130**

Hinweis **2131**

Vom Barwert einer lebenslangen Rente ist ab Rechnungsstichtag der entsprechende Barwert einer lebenslangen Rente, deren Beginn bis zum Ende des abzufindenden Unterhaltszeitraums aufgeschoben ist, abzuziehen.

Hinsichtlich des Umfangs der Abzinsung hat der BGH für die tatsächlich zu erwirtschaftende Verzinsung der Kapitalanlage den durchschnittlichen **Rechnungszins von 5,5 %** für maßgebend gehalten. Dieser Rechnungszins sei aus einer langfristigen Beobachtung der maßgeblichen volkswirtschaftlichen Orientierungsgrößen gewonnen worden.[2250] Zu Recht wird jedoch darauf hingewiesen, dass bei einer deutlichen Dynamisierung ein **niedrigerer Zinssatz zugrunde gelegt werden muss**. So würde eine jährliche Rentenerhöhung um 2 % im Verhältnis zu einer statischen Rente beispielsweise eine Verminderung des Zinssatzes um 2 % bedeuten.[2251] **2132**

Abschätzung für die Kapitalisierung einer zeitlich begrenzten Unterhaltsrente gem. Anlage 9 (zu § 13) des Bewertungsgesetzes:[2252] **2133**

Laufzeit in Jahren	Kapitalwert
1	0,974
2	1,897
3	2,772
4	3,602
5	4,388
6	5,133
7	5,839
8	6,509
9	7,143

2248 Www.destatis.de.

2249 Vgl. insgesamt zur Berechnung *Schneider/Stahl*, Kapitalisierung und Verrentung, 3. Aufl. 2008.

2250 BGH FamRZ 2004, 527.

2251 So Wendl/Dose/*Wönne*, § 6 Rn 630.

2252 Anlage 9a (zu § 13): Kapitalwert einer wiederkehrenden, zeitlich beschränkten Nutzung oder Leistung im Jahresbetrag von einem EUR, BGBl I 1992, 1860 f.

Laufzeit in Jahren	Kapitalwert
10	7,745
11	8,315
12	8,856
13	9,368
14	9,853
15	10,314

Der Kapitalwert ist unter Berücksichtigung von Zwischenzinsen und Zinseszinsen mit 5,5 % errechnet worden. Er ist der **Mittelwert** zwischen dem Kapitalwert für jährlich vorschüssige und jährlich nachschüssige Zahlungsweise.

e) Begrenzung auf einen Höchstbetrag

2134 Anlass für eine Unterhaltsvereinbarung ist häufig die Sorge des gut verdienenden Ehegatten, nach Scheidung der Ehe Unterhalt nach den ehelichen Lebensverhältnissen (§ 1578 BGB) zahlen zu müssen, also das Unterhaltsgefälle zwischen den Partnern – wenn auch auf Zeit – vollständig ausgleichen zu müssen.

Unbedenklich ist eine Vereinbarung zur Höhe des Unterhalts dann, wenn der vereinbarte Betrag den Unterhalt des berechtigten Ehegatten **sichert** und damit auch ein etwaiger **ehebedingter Nachteil ausgeglichen** wird.

2135 ▼

Muster 3.100: Höchstbetrag

3.100 1. Sollte ein Ehegatte nach Scheidung der Ehe nicht selbst für seinen Unterhalt sorgen können, gilt für seinen Unterhaltsanspruch grundsätzlich die gesetzliche Regelung. Der Unterhaltsanspruch wird jedoch auf ______ EUR begrenzt. Auf weitergehende Unterhaltsansprüche wird verzichtet. Die Beteiligten nehmen den Verzicht wechselseitig an.

2. ______ Wertsicherungsklausel

▲

2136 Der Höchstbetrag des nachehelichen Unterhaltsanspruchs kann auch **für einzelne Unterhaltstatbestände unterschiedlich** festgelegt werden und auch von der **Dauer der Ehe abhängig** gemacht werden (**„Treueprämie“**[2253]).

Eine **Kombination** könnte wie folgt formuliert sein:[2254]

2137 ▼

Muster 3.101: Höchstbetrag und „Treueprämie“

3.101 1. Der Unterhaltsanspruch der Ehefrau für die Zeit etwaiger Kindesbetreuung in den ersten drei Lebensjahren des Kindes wird auf höchstens 2.000 EUR monatlich begrenzt. Auf den Unterhaltsanspruch hat sich die Ehefrau eigenes Einkommen nicht anrechnen zu lassen.

2. Für die Zeit nach Vollendung des dritten Lebensjahres des oder der etwaigen Kinder und einer Ehezeit von nicht mehr als zehn Jahren wird der Unterhaltsanspruch auf höchstens 1.200 EUR begrenzt, bei einer Ehedauer von mehr als zehn Jahren auf höchstens 1.600 EUR monatlich. Auf diesen Unterhaltsanspruch hat sich die Ehefrau eigenes Einkommen anrechnen zu lassen.

3. Die Vereinbarung von Höchstbeträgen lässt die gesetzliche Regelung des nachehelichen Unterhalts im Übrigen unberührt. Die Ehefrau verzichtet auf weitergehenden Unterhalt, auch für den Fall der Not.

4. ______ Wertsicherungsklausel

▲

2253 So *Brambring*, Ehevertrag und Vermögenszuordnung unter Ehegatten, Nachtrag zur 5. Aufl., S. 29.
2254 Vgl. auch die Formulierung in *Horndasch*, AnwaltFormulare Ehegattenunterhaltsrecht, § 4 Rn 125.

f) Zeitliche Befristung

aa) Zeitunterhalt

Beteiligte können sich selbstverständlich im Rahmen der Dispositionsmöglichkeiten auch über einen **zeitlich beschränkten nachehelichen Ehegattenunterhalt** verständigen. Eine solche Vereinbarung könnte wie folgt aussehen:[2255] 2138

▼ 2139

Muster 3.102: Zeitunterhalt 3.102

Vereinbarung

zwischen

Frau

und

Herrn

Die Verpflichtung zur Zahlung von Ehegattenunterhalt ist auf die Dauer von drei Jahren ab Rechtskraft der Scheidung befristet. Für die sich daran anschließende Zeit verzichten die Parteien hiermit auf nachehelichen Unterhalt in jeder Form und in allen Lebenslagen einschließlich des Falls der Not und nehmen diesen Verzicht gegenseitig an. Dieser Verzicht gilt auch für jeden Fall der Änderung der Rechtsprechung oder einer Gesetzesänderung.

(Unterschriften der Beteiligten)

Alternative:

Der Ehemann verpflichtet sich hiermit, der Ehefrau gesetzlichen Aufstockungsunterhalt zu bezahlen und zwar in Höhe von monatlich EUR für die Zeit vom bis und monatlich EUR für die Zeit vom bis Hierbei handelt es sich um einen Festunterhalt, der für beide Parteien nicht abänderbar ist. Für die Zeit ab verzichten die Parteien schon jetzt auf nachehelichen Unterhalt in jeder Form und in allen Lebenslagen einschließlich dem Fall der Not und nehmen diesen Verzicht hiermit wechselseitig an. Dieser Verzicht gilt auch für jeden Fall der Änderung der Rechtsprechung oder einer Gesetzesänderung.

(Unterschriften der Beteiligten)

▲

bb) Einbeziehung der Verrentung

Häufig wird über die Frage des dem Berechtigten zustehenden Unterhalts zum **Zeitpunkt der Verrentung** neu verhandelt werden müssen. Mit Durchführung des Versorgungsausgleichs werden die in der Ehe versorgungsrechtlich entstandenen Nachteile ausgeglichen, so dass fraglich ist, ob überhaupt noch ein – weitergehender – Unterhaltsanspruch besteht. 2140

Daher könnte man Folgendes vereinbaren:[2256]

▼ 2141

Muster 3.103: Zeitpunkt der Verrentung 3.103

Diese Vereinbarung gilt bis zu dem Zeitpunkt, zu welchem einem Ehegatten erstmals bestandskräftig eine Rente bewilligt wurde (nachfolgend aus Vereinfachungsgründen auch „Endzeitpunkt" genannt).

2255 BeckFormB FamR/*Hamm*, Ziff. F.IV.12.
2256 Göppinger/Börger/*Kilger/Pfeil*, 5. Teil Rn 176.

Der Unterhaltsberechtigte verzichtet bereits jetzt auf sämtliche Rechte aus dem vorliegenden Vollstreckungstitel ab dem Endzeitpunkt. Dieser Verzicht wird vom Unterhaltsverpflichteten angenommen. Jeder Ehegatte verpflichtet sich, den anderen Ehegatten unverzüglich zu unterrichten, sobald dieses Ereignis eintritt. Jegliche Abänderungsmöglichkeit für den bis zum Endzeitpunkt geschuldeten Unterhalt – insbesondere jede Abänderungsmöglichkeit, welche den anhand von §§ 238, 239 FamFG entwickelten Grundsätzen entsprechen würde – wird ebenso ausgeschlossen, wie eine Befristung oder Herabsetzung, insbesondere nach § 1578b BGB. Nicht ausgeschlossen wird jedoch die Anwendung der Grundsätze über den Wegfall der Geschäftsgrundlage gem. § 313 BGB, wenn und soweit ein Festhalten an der vereinbarten Regelung zu einem untragbaren, mit Recht und Gerechtigkeit schlechthin unvereinbaren Ereignis führen würde und der betroffenen Partei daher nicht zumutbar ist.

Ob – und gegebenenfalls in welcher Höhe – dem Unterhaltsberechtigten ab dem Endzeitpunkt Unterhalt zusteht, beurteilt sich ausschließlich nach denjenigen tatsächlichen und gesetzlichen Verhältnissen, welche zum Endzeitpunkt bestehen, ohne jegliche Bindung an die in der heutigen Vereinbarung geltenden Grundlagen.

▲

2142 Die – rückwirkende – Bewilligung von Rentenleistungen bezw. Rentennachzahlungen können zu einer ungerechtfertigten Bereicherung des Unterhaltsgläubigers führen.

Selbst wenn der Unterhaltsschuldner – bisher – unbefristet Unterhalt in bestimmter Höhe zu zahlen hatte, kann dies und darüber hinaus die laufende Rentenzahlung selbst zu einer notwendigen Veränderung mindestens der Höhe nach führen; eventuell besteht keine Unterhaltsverpflichtung mehr. Der Berechtigte wird gegenüber einem Erstattungsverlangen des Gläubigers einwenden, er habe das Geld ganz oder teilweise für seinen Unterhalt verbraucht, § 818 Abs. 3 BGB.

Zugunsten des Verpflichteten ist nach der Rechtsprechung des BGH deshalb ein Erstattungsanspruch eigener Art nach § 242 BGB in derjenigen Höhe gegeben, in der sich der Unterhaltsanspruch ermäßigt hätte, wenn die Rente sofort bewilligt worden wäre.[2257]

Der Unterhaltspflichtige kann sich mit Einverständnis des Berechtigten diesen Anspruch nach § 53 Abs. 2 Nr. 1 SGB I abtreten lassen. Er kann jedoch auch mit dem Berechtigten eine Vereinbarung schließen, wonach der Unterhalt als zins- und tilgungsfreies Darlehen gezahlt wird. Die Erstattung des Darlehens aus der Rentennachzahlung ist dem Berechtigten sodann zumutbar.

Eine Formulierung kann wie folgt lauten:[2258]

2143 ▼

Muster 3.104: Erstattung des Unterhaltsdarlehens aus der Rentennachzahlung

3.104

Der nacheheliche Unterhalt der Ehefrau ist durch gerichtlichen Vergleich, abgeschlossen am … vor dem Amtsgericht … (Beschluss des Amtsgerichts … vom …) in der Weise geregelt, dass der Ehefrau ab dem … eine monatliche Unterhaltsrente in Höhe von … EUR zusteht. Dabei waren folgende Berechnungsgrundlagen maßgeblich (individuelle Darstellung). Im Hinblick auf die vom Ehemann zum (z.B. 1.1.2021) beantragte Altersrente sind sich die Ehegatten über das Erfordernis einer Unterhaltsanpassung ab dem (z.B. 1.1.2021) einig. Der Unterhalt soll – unter Beibehaltung der übrigen, vorstehend angeführten Bemessungskriterien – unter Berücksichtigung des tatsächlichen Renteneinkommens des Ehemannes (ohne Abzüge für berufsbedingte Aufwendungen und Verdieneranreiz) anstelle seines früheren Erwerbseinkommens bemessen werden. Der endgültig für den Zeitraum ab dem 1.1.2021 zu beziffernde Betrag wird erst nach Rentenbewilligung feststehen. Die Parteien wollen auf dieser Basis eventuell auch über die Vereinbarung einer Kapitalabfindung gegen beiderseitigen Unterhaltsverzicht verhandeln. Im Hinblick darauf treffen die Parteien nachfolgende Darlehensvereinbarung:

2257 BGH NJW 1990, 709.
2258 Göppinger/Börger/*Kilger/Pfeil*, 5. Teil Rn 90.

- Die Ehegatten sind sich einig, dass der Ehemann den zuletzt vereinbarten/titulierten Ehegattenunterhalt von monatlich EUR ab dem (z.B. 1.1.2021) als zins- und tilgungsfreies Darlehen in dem Unterhalt entsprechenden Monatsbeträgen an die Ehefrau bezahlt.
- Dieses Darlehen ist mit Zustandekommen einer vergleichsweisen Einigung über den ab (z.B. 1.1.2021) zu leistenden Ehegattenunterhalt oder mit rechtskräftigem Abschluss eines gerichtlichen Unterhaltsabänderungsverfahrens/Hauptsacheverfahrens/negativen Feststellungsverfahrens zur Rückzahlung fällig. Der Ehemann verzichtet jedoch bereits jetzt auf Rückzahlung des Darlehens in Höhe derjenigen Beträge, welche sich nach rechtskräftigem Abschluss eines gerichtlichen Unterhaltsverfahrens oder mit Zustandekommen einer vergleichsweisen Einigung als, ab dem (z.B. 1.1.2021) verbleibender, Unterhaltsbetrag ergeben werden.
- Die Darlehensrückzahlung hat durch Zahlung des gesamten Betrages (der Summe der Monatsbeträge) innerhalb eines Monats nach Fälligkeit zu erfolgen.
- Soweit vom Ehemann ab dem Zeitpunkt der Fälligkeit der Rückzahlung des Darlehens noch Unterhaltszahlungen an die Ehefrau zu erbringen sind, erklärt sich die Ehefrau mit einer Verrechnung der Darlehensrückzahlung mit ab diesem Zeitpunkt fälligen Unterhaltsleistungen bereits jetzt einverstanden, wenn sie das Darlehen nicht oder nicht vollständig innerhalb der oben genannten Frist zurückbezahlt. Die Verrechnung mit ab dem Zeitpunkt der Fälligkeit des Darlehensrückzahlungsanspruchs zu leistenden Unterhalts erfolgt in der Weise, dass sich der künftige Unterhaltsanspruch der Ehefrau monatlich jeweils um denjenigen Betrag verringert, welcher der ab (z.B. 1.1.2021) erfolgten monatlichen Überzahlung entspricht. Bei unterschiedlich hohen Beträgen wird zunächst die zeitlich ältere Überzahlung angerechnet. Ist eine Verrechnung mit Unterhaltszahlungen hiernach nicht oder nicht mehr möglich, ist der verbleibende Darlehensbetrag wiederum als Gesamtzahlung geschuldet, zahlbar innerhalb eines Monats nach Eintritt dieses Zeitpunktes. Der Ehemann ist außerdem berechtigt, eine Verrechnung des ihm zustehenden Darlehensrückzahlungsanspruches mit einer von ihm an die Ehefrau wegen des nachehelichen Unterhalts zu erbringenden oder vereinbarten Kapitalabfindung vorzunehmen.

▲

4. Kombination von Verzicht und Unterhaltsverstärkung

Häufig wird der Unterhaltsverpflichtete bestrebt sein, im **„Tausch“** mit großzügigeren Regeln gerade im Bereich des Betreuungsunterhalts einen **Verzicht hinsichtlich anderer – weiterer – Unterhaltstatbestände** zu erkaufen. 2144

Hier ist es von erheblicher Bedeutung, den Stellenwert einzelner Ansprüche nach obergerichtlicher Rechtsprechung zu kennen und – nachweisbar – über die **Elemente des Verzichts** und über deren **Tragweite** (z.B. Verzicht auf Krankheitsunterhalt, Vorsorgeunterhalt etc) aufgeklärt zu haben.

> *Achtung!* 2145
>
> Niemand irrt sich so gern und ist so wenig von einem Rechtsanwalt und/oder einem Notar aufgeklärt worden wie derjenige, der später meint, entgegen einem Vertrag noch Ansprüche geltend machen zu können.

a) Unterhaltsverstärkung mit Unterhaltsverzicht

2146 An erster Stelle im **„Unterhaltsranking"** steht der Betreuungsunterhalt. Im Grundsatz können die Abstufungen, die der BGH betr. Unterhalt zur **„Kernbereichslehre"** vorgenommen hat,[2259] zur Grundlage herangezogen werden.[2260]

1. Stufe: Unterhalt wegen **Kindesbetreuung** gem. § 1570 BGB; grundsätzlich unverzichtbar;

2. Stufe: **Alters- und Krankheitsunterhalt** gem. §§ 1571, 1572 BGB sowie als vorweggenommener Altersunterhalt der Versorgungsausgleich: ebenfalls hochrangige Einstufung, aber vertraglichen Regelungen zugänglich, besonders bei Ehe- und Vertragsschluss von Ehegatten in fortgeschrittenem Alter mit gesicherter Lebensstellung, bei einer Ehe von kurzer Dauer zwischen wirtschaftlich eigenständigen jüngeren Eheleuten oder dann, wenn die Krankheit bereits bei Eheschließung vorhanden war;[2261]

3. Stufe: Unterhalt wegen **Erwerbslosigkeit** nach § 1573 Abs. 1 u. 4 BGB; eher disponibel, weil schon § 1573 IV BGB das Risiko der Erwerbslosigkeit auf den Berechtigten verlagert;

4. Stufe: **Krankenvorsorge- und Altersvorsorgeunterhalt**: disponibel; Ausnahme: Zuordnung zum Ausgleich ehebedingter Nachteile;[2262]

5. Stufe: Die **übrigen Unterhaltstatbestände** wie Ausbildungs- (§ 1575 BGB) und Aufstockungsunterhalt (§ 1573 Abs. 2 BGB): am ehesten verzichtbar.[2263]

2147 Kürzungen bei nachgeordneten Unterhaltstatbeständen sind deshalb bei gleichzeitiger Unterhaltsverstärkung höherrangiger Bereiche durchaus möglich. Die Rechtsprechung ist insoweit allerdings nicht einheitlich. So hat der **BGH** entgegen der Auffassung des **OLG Celle**[2264] die Beschränkung auf die Vereinbarung ausschließlich des Betreuungsunterhalts unter Ausschluss aller weiteren Unterhaltstatbestände in einem konkreten Fall akzeptiert.[2265]

Solche Konstellationen werden aber immer der **Wertung des Einzelfalls** unterliegen und damit den Bewertungsmaßstäben, wie sie vom konkreten „Tatrichter" gesehen werden.

2148 *Soyka* erklärt dazu allerdings völlig zu Recht, dass Einzelfallgerechtigkeit den Weg für die Einflussnahme durch die **Wertvorstellungen der Richter** erst eröffnet:

> *Dadurch wird das Ziel, das durch die Einzelfallgerechtigkeit erreicht werden soll, nämlich eine Lösung zu finden, die genau dem Einzelfall gerecht wird, stark relativiert, weil es nach den Vorstellungen der Richter unterschiedliche Auffassungen gibt, wie diese Lösung auszusehen hat, die den Einzelfallumständen gerecht wird.*[2266]

Dies bedeutet für den beratenden Rechtsanwalt, **sehr intensiv** zu prüfen, ob eine von den Beteiligten vorgesehene Konstellation unbedenklich ist und im Falle von Bedenken in aller Deutlichkeit hierauf hinzuweisen oder aber sich die Freistellung von jeglicher Haftung für den konkreten Sachverhalt attestieren zu lassen.

2149 *Hinweis*

Eine solche Freistellung ist aber nur dann wirksam, wenn sie den zugrunde liegenden Sachverhalt, die rechtlichen oder tatsächlichen Bedenken und die möglichen Gefahren konkret beschreibt.

2259 BGH FamRZ 2004, 601.
2260 Göppinger/Börger/*Kilger/Pfeil*, 5. Teil Rn 95.
2261 Zur Befristung vgl. OLG Bremen FamRZ 2009, 1912 und OLG Düsseldorf FamRZ 2009, 1914.
2262 BGH FamRZ 2005, 1449.
2263 Vgl. dazu ausf. *Viefhues*, ZFE 2010, 4.
2264 OLG Celle FamRZ 2004, 1489.
2265 BGH FamRZ 2007, 1310 unter Aufhebung OLG Celle FamRZ 2004, 1489.
2266 *Soyka*, FuR 2012, 543.

b) Unterhaltsverstärkung mit Güterrechtsverzicht

Eine Unterhaltsverstärkung verbunden mit einem teilweisen oder vollständigen güterrechtlichen Verzicht begegnet solange und soweit keinerlei Bedenken, als die Parität, die **ausgeglichene Belastung** erhalten bleibt. 2150

Grundsätzlich gilt die **volle Vertragsfreiheit** bei der Wahl des Güterstandes. Beteiligte können zu jeder Zeit ihren Güterstand wählen und auch vermögensrechtliche Entscheidungen treffen. Hier gilt nicht die notwendige Einhaltung von gleichen Lebensrisiken für beide Ehepartner.

Allerdings kann es Fälle einer „Ausübungskontrolle“ von Verzichtsvereinbarungen geben, in denen die Frage **ehelicher Solidarität nach § 242 BGB** hinterfragt wird, z.B. bei fehlender unterhaltsrechtlicher Auffangfunktion.[2267] 2151

Dies bedeutet, dass regelmäßig eine erweiterte Unterhaltsregelung und ein – partieller – Vermögensverzicht möglich und unbedenklich sind, begrenzt von der deutlich entstehenden Schieflage, die den Anforderungen ehelicher Solidarität nicht – mehr – genügen.

c) Unterhaltsverstärkung mit Verzicht auf Versorgungsausgleich

Auch der **Versorgungsausgleich** gehört, wie der (Betreuungs-)Unterhalt, zum **Kernbereich** geschützter Rechtspositionen. Sein Ausschluss ist nur möglich, wenn im Gegenzug andere – äquivalente – Vorteile zugebilligt werden.[2268] In erster Linie wird dies eine gleichwertige Altersversorgung sein müssen. 2152

Die Unterhaltsverstärkung muss daher geeignet sein, eine entsprechende **Altersversorgung zu gewährleisten**, eine Versorgung, die im Zweifel bis zum Tod des Berechtigten greift.[2269] Dies wird durch direkte Unterhaltszahlung des Verpflichteten nicht möglich sein, da der Unterhaltsanspruch nach dem Tod des Verpflichteten spätestens mit dem Verbrauch im Umfang fiktiver erbrechtlichen Ansprüche endet. 2153

Es muss daher entweder eine „Monetarisierung“, also eine Berechnung und Vereinbarung der **Zahlung des äquivalenten Gesamtvermögens** erfolgen oder aber für eine entsprechende Drittzahlung etwa aufgrund abgeschlossener **Versicherung** Sorge getragen werden. Wegen des hohen Stellenwertes des Versorgungsausgleichs hat dies relativ exakt zu erfolgen, etwa mit Hilfe der Berechnung eines **Rentenberaters oder Sachverständigen**. 2154

Mit Hilfe eigener Berechnung vorzugehen ist **äußerst bedenklich**. Hier sind unbedingt „Drittberechnungen“ anzustellen, für die dann auch die jeweiligen „Dritten“ haften.

d) Unterhaltsverstärkung mit sonstigem Verzicht

Naturgemäß kann eine verstärkende Unterhaltsregelung auch verbunden werden mit einem Verzicht im Hinblick auf sonstige Folgen einer Trennung und Scheidung, z.B. mit einem Verzicht auf die **Ehewohnung** oder auf den **Hausrat**. Beides unterliegt der freien Disposition der Eheleute. 2155

Nach der Änderung der obergerichtlichen Rechtsprechung zu sog. **unbenannten Zuwendungen**[2270] können parallel zum Verzicht im Güterrecht entsprechende Vereinbarungen, ggf. auch unter Einbeziehung Dritter vorgenommen werden.

5. Die salvatorische Klausel

In sog. **salvatorischen Klauseln** kann festgelegt werden, ob und inwieweit einzelne Teile der Vereinbarung der Beteiligten bei Nichtdurchführung, Änderung oder Unwirksamkeit gleichwohl gelten sollen. 2156

2267 OLG Köln FamRZ 2010, 29 m. Anm. *Bergschneider*.
2268 OLG München FamRZ 2007, 1244 m. Anm. *Bergschneider*.
2269 OLG Düsseldorf NJW 2006, 234; OLG Düsseldorf FamRZ 2006, 347.
2270 BGH FamRZ 2006, 607.

Ist eine Verknüpfung nicht notwendig, empfiehlt sich gleichwohl die Feststellung dieser Tatsache und darüber hinaus eine Formulierung, die den Ersatz einer unwirksamen Vereinbarung durch eine solche festlegt, die dem Willen der Beteiligten am nächsten kommt.

Dies kann wie folgt formuliert werden:[2271]

2157 ▼

Muster 3.105: Salvatorische Klausel I

3.105

Sollten einzelne Vertragsbestimmungen ganz oder teilweise unwirksam bzw. undurchführbar sein oder unwirksam oder undurchführbar werden oder sollte eine unbeabsichtigte Regelungslücke bestehen, soll die Wirksamkeit der übrigen Bestimmungen hiervon unberührt bleiben. Anstelle der unwirksamen oder undurchführbaren Bestimmung oder zur Ausfüllung der Lücke soll eine angemessene Regelung gelten, die soweit rechtlich möglich, dem am nächsten kommt, was wir gewollt haben oder nach dem Sinn und Zweck dieses Vertrages gewollt haben würden, soweit wir bei Abschluss dieses Vertrages diesen Punkt bedacht hätten.

Nach unserem Willen ist keine Vertragsbestimmung mit einer anderen Bestimmung so miteinander verbunden, dass die Unwirksamkeit der einen die Unwirksamkeit der anderen zur Folge hat. Es entspricht insbesondere unserem Willen, dass die in Ziff. und Ziff. getroffenen Regelungen zum unabhängig von der in Ziff. getroffenen Regelung zum Unterhalt gelten sollen. Diese Regelungen sollen in jedem Fall bestehen bleiben, wenn eine oder mehrere der anderen Regelungen unwirksam sein oder werden sollten oder sich ein Vertragspartner aus Billigkeitsgründen nicht an einer bestimmten Regelung festhalten lassen muss. Eine abweichende Festlegung für diese oder andere Vertragsteile wünschen wir auch nach ausdrücklicher Belehrung des Notars über die gesetzliche Folge einer Teilnichtigkeit, die im Zweifel zur Unwirksamkeit des gesamten Vertrages führt, nicht.

▲

2158 Soll eine **(Teil-)Verknüpfung** erfolgen, kann dies wie folgt geschehen:[2272]

▼

Muster 3.106: Salvatorische Klausel II

3.106

Sollten Regelungen in dieser Urkunde unwirksam sein oder werden oder sollte eine Berufung hierauf unzulässig sein, so bleiben die übrigen Bestimmungen dennoch wirksam, eine Berufung hierauf wird nicht unzulässig.

Insbesondere lässt ein Rücktritt vom Erbvertrag die ehevertraglichen und sonstigen Vereinbarungen grds. unberührt und umgekehrt berührt die Unwirksamkeit von Regelungen im Ehevertrag den Bestand der Verfügungen von Todes wegen nicht. Die Regelungen in Ziffer zur Abgeltung etwaiger Zugewinnausgleichsansprüche für den Fall des Vorversterbens des Ehemannes stehen jedoch unter der Bedingung, dass die erbvertragsmäßig getroffene (teilweise) Erbeinsetzung der Ehefrau nicht durch Rücktritt oder in anderer Weise unwirksam geworden ist. Eine Erbausschlagung hat jedoch keine Auswirkungen auf diese Regelungen.

Die Unwirksamkeit des Ausschlusses des Versorgungsausgleichs lässt insbesondere auch die güterrechtlichen Regelungen unberührt.

Abweichend hiervon gilt jedoch:

2271 Göppinger/Börger/*Kilger/Pfeil*, 5. Teil Rn 126; vgl. dazu auch *Horndasch*, NotarFormulare Ehegattenunterhaltsrecht, § 4 Rn 624 ff.

2272 BeckFormB FamR/*Kössinger*, Ziff. P.IV.2; vgl. auch *Horndasch*, AnwaltFormulare Familienrecht, § 7 Rn 415 ff.

Wenn die Vereinbarungen zum (teilweisen) Verzicht auf nachehelichen Unterhalt gemäß Ziffer und/oder die Vereinbarungen zur Abgeltung der Zugewinnausgleichsansprüche gem. Ziffer ganz oder teilweise unwirksam sind oder werden oder eine Berufung hierauf ganz oder teilweise unzulässig ist, so entfallen auch die Regelungen in Ziffer (Immobilienübertragung) und Ziffer (pauschale Ausgleichszahlung). Hiernach empfangene Leistungen sind ggf. zurückzugewähren. Auf die Sicherung solcher Ansprüche wird verzichtet.

▲

6. Formelle und zeitliche Regeln

Grundsätzlich spielt es keine Rolle, ob die Scheidungsfolgen bereits zu Beginn der Ehe oder im Rahmen 2159
von Trennung und Scheidung geregelt werden. Es gelten die **Grenzen der §§ 134, 138 BGB**.

Die **Gewichtung** ist aber eine andere. Im Rahmen von Vereinbarungen über Scheidungsfolgen geht es weniger um Verzicht und Aufgabe von Rechten als vielmehr um die **einverständliche Regelung** ansonsten streitig und durch gerichtliches Verfahren gelöste Interessengegensätze.

Nachdem Gerichte streitende Parteien zu einverständlichen Vergleichen zu drängen verpflichtet sind, §§ 278 Abs. 1, 495 ZPO, liegt auf der Hand, sich zu bemühen, eine solche Regelung vor der Inanspruchnahme der Gerichte zu treffen.

Grundsätzlich sind alle Folgen einer Scheidung durch eine Vereinbarung regelbar, **ohne einen Notarver-** 2160
trag schließen zu müssen.

Bei Unterhaltsvereinbarungen, namentlich nach § 1585c BGB,[2273] sollte nach den Regeln der **Kernbereichslehre des BGH** bedacht und festgelegt werden, **auf welchen Unterhaltstatbestand** der Unterhaltsanspruch gestützt wird. Der Ehegattenunterhalt ist bekanntlich je nach Unterhaltstatbestand wegen der **verschiedenen Stufen der Wertigkeit**[2274] von unterschiedlicher Qualität (Einsatzzeitpunkt, Anschlussunterhalt, Unterhaltsbeschränkung, Abänderung).

Beispiel 2161
Anschlussunterhalt wegen Alters gem. § 1571 BGB kann z.B. verlangt werden, wenn vorher Aufstockungsunterhalt gem. § 1573 Abs. 2 BGB zu zahlen war. Deshalb kann es zur Vermeidung späterer Differenzen angezeigt sein, Aufstockungsunterhalt auch dann zu verlangen, wenn die Unterhaltshöhe gering ist. Die Möglichkeit eines Anschlussunterhalts kann auch bei der Höhe einer eventuellen Abfindung gem. § 1585 Abs. 2 BGB von Bedeutung sein.

Unterhaltsbeschränkungen, die gesetzlich in § 1578b BGB zusammengefasst sind, müssen – auch sol- 2162
che nach § 1579 BGB – **in den Vertrag aufgenommen** werden. Zu einem späteren Zeitpunkt kann eine Beschränkung meist nicht mehr erzwungen werden, auch nicht über § 139 FamFG. Anders kann es im Zusammenhang mit § 1570 BGB im Hinblick auf das zunehmende Alter der Kinder sein (aber Achtung: kein Altersphasenmodell mehr!); aber auch hier sollten von vornherein Regelungen bezüglich der Unterhaltsbeschränkung aufgenommen werden.

Durch ausdrückliche Vereinbarung kann jedoch die Frage der zeitlichen Begrenzung einer späteren Abänderung vorbehalten bleiben.

2273 Beurkundungspflichtig nach § 1585c S. 2 BGB vor Rechtskraft einer Scheidung.
2274 BGH FamRZ 2004, 601.

2163 ▼

Muster 3.107: Unterhaltsbeschränkung

3.107 Diese Unterhaltsvereinbarung ist bis zum unabänderbar. Für die Folgezeit behalten sich beide Ehegatten eine Abänderung aus jedem rechtlichen Gesichtspunkt vor, insbesondere auch unter Berücksichtigung der dann praktizierten Rechtsprechung zur Unterhaltsbeschränkung nach § 1578b BGB.

▲

2164 *Hinweis*

Der **BGH**[2275] für den Fall der Abänderung eines Unterhaltsbeschlusses:

> *Soweit derartige Tatsachen bereits eingetreten oder zuverlässig vorauszusehen sind, kann die Entscheidung schon wegen § 323 Abs. 2 ZPO nicht einer Änderungsklage überlassen bleiben, sondern ist bereits im Ausgangsverfahren über den Unterhalt zu treffen.*

2165 *Beispiel*

Werden die den Parteien bekannten Mietüberschüsse dem Unterhaltsvergleich nicht zugrunde gelegt, kommt auch bei einem späteren Abänderungsverfahren die Einbeziehung von Mieteinkünften in das unterhaltsrechtliche Einkommen grundsätzlich nicht in Betracht.[2276]

2166 Nach ständiger Rechtsprechung des **BGH** können im Vorprozess **nicht vorgetragene** Tatsachen allerdings zur Verteidigung gegen die Abänderungsklage vorgebracht werden.[2277]

2167 Bei der Vereinbarung von Altersvorsorgeunterhalt empfiehlt sich die Regelung, dass der Berechtigte in bestimmten Abständen verpflichtet ist, die **bestimmungsgemäße Verwendung** nachzuweisen oder dass der Verpflichtete zur direkten Zahlung an die Lebensversicherung etc verpflichtet ist. Verwendet der Unterhaltsberechtigte den Vorsorgeunterhalt nicht bestimmungsgemäß, dann berührt dies seinen Unterhaltsanspruch nämlich nur unter den Voraussetzungen von **§ 1579 Nr. 4 BGB**.[2278]

2168 Es sollte festgelegt werden, **wie lange der Altersvorsorgeunterhalt** zu zahlen ist (bis zum 60., 63., 65., 67. Lebensjahr?). Er ist auch innerhalb der Rechtsprechung des BGH zur richterlichen Inhaltskontrolle insofern von erheblicher Bedeutung, als er den Altersvorsorgeunterhalt in der Wertigkeitsskala dem jeweiligen Unterhaltstatbestand zugeordnet hat.

a) Trennungsunterhalt

2169 Einigen sich die Parteien zunächst nicht, steht es dem Unterhaltsschuldner zur **Konfliktvermeidung** und auch zur **Kostenersparnis** selbstverständlich frei, den i.E. **unstreitigen Betrag in einer notariellen Urkunde** titulieren zu lassen.[2279]

Soweit eine Befristung oder eine Herabsetzung des Unterhaltsbedarfs nicht ausgeschlossen erscheint, kann der Verpflichtete auch eine auf den von ihm anerkannten **Zeitraum begrenzte Verpflichtung** beurkunden lassen.

Das **Prozessrisiko** für darüber hinaus gehende Unterhaltsansprüche trägt dann der Unterhaltsgläubiger. Hinzu kommen die nicht möglicherweise nicht unerheblichen Kosten der Rechtsverfolgung aufgrund des

2275 BGH FamRZ 1986, 886, 888.
2276 OLG München FamRZ 1997, 1418.
2277 BGH FamRZ 1987, 259; BGH FamRZ 2005, 1449 m. Anm. *Bergschneider.*
2278 BGH FamRZ 1987, 684, 685.
2279 Vgl. Göppinger/Börger/*Kilger/Pfeil*, 5. Teil Rn 166.

im Unterhaltsrecht gegebenen **Anwaltszwangs**, § 114 FamFG. Schließlich müsste der Berechtigte nach § 232 Abs. 3 FamFG das Verfahren einer Leistungsklage am **gewöhnlichen Aufenthaltsort des Unterhaltsschuldners** führen.

Dies alles könnte bei vorangegangener einseitiger Titulierung des unstrittigen Teils des Unterhaltsanspruchs eine streitige Auseinandersetzung über die Restbeträge vermeiden helfen.

Einigen sich die Parteien **insgesamt** über den zu zahlenden Unterhalt, bedarf auch diese Vereinbarung **keiner besonderen Form**. Hierfür sind lediglich Angebot und Annahme erforderlich, §§ 145 ff. BGB.[2280] **2170**

Ein **unzulässiger Verzicht bzw. Teilverzicht** ist allerdings zu vermeiden. § 1614 BGB ist beim Trennungsunterhalt über §§ 1361 Abs. 4 S. 4, Abs. 3, 1360a Abs. 3 BGB anwendbar, so dass auf Trennungsunterhalt für die Zukunft nicht verzichtet werden kann.

Soll die **Unterhaltsvereinbarung** – wie ein Urteil – **vollstreckbar** sein, bedarf sie allerdings einer **notariellen „Unterwerfungsklausel"** zur Zwangsvollstreckung in das Vermögen des Verpflichteten **(§ 800 ZPO)**. **2171**

Wenn auch ein **Verzicht auf die Zahlung von Trennungsunterhalt** nicht möglich ist, können sich die Parteien im Rahmen unterschiedlicher Auffassungen über die Höhe eines zu zahlenden Trennungsunterhalts selbstverständlich verständigen.

b) Nachehelicher Unterhalt

Einigen sich die Parteien über die Höhe eines zu zahlenden nachehelichen Unterhalts, kann dies grundsätzlich ebenso **mündlich wie schriftlich** geschehen, es sei denn, die Voraussetzungen des § 1585c BGB liegen vor. Ohne ein weiteres gerichtliches Verfahren wird diese Vereinbarung aber selbstverständlich nur bei notarieller „Unterwerfung unter die sofortige Zwangsvollstreckung in das gesamte Vermögen" **(§ 800 ZPO)** vollstreckbar sein. **2172**

Selbst ein **Unterhaltsverzicht** bedarf im Übrigen **keiner besonderen Form**, ist also auch durch mündliche Absprache bzw. ein Briefwechsel möglich, kann aber nach **§ 138 BGB** sittenwidrig sein.

Unterhaltsvereinbarungen zum nachehelichen Unterhalt durch **Prozessvergleich** können wirksam in einem Verfahren betreffend **Ehesachen** und übrigens auch in isolierten Verfahren betreffend den **Trennungsunterhalt** geschlossen werden.[2281] **2173**

Das **OLG Oldenburg** hat dazu erklärt, dass Ehegatten den **nachehelichen Unterhalt** durch Prozessvergleich **auch während des Trennungsunterhaltsverfahrens** regeln können, weil § 127a BGB auf einen Vergleich anwendbar ist, dessen Gegenstand nicht mit dem Gegenstand des anhängigen Verfahrens identisch sein muss, aber mit diesem **im inneren Zusammenhang** steht und § 1587c Satz 2 BGB nur eine Erweiterung des Anwendungsbereichs für Ehesachen vorsieht.

Das **OLG** leitet zu Recht aus dem Schutzzweck der Norm keine Bedenken her, weil auch im Trennungsunterhaltsverfahren Anwaltszwang besteht.

aa) Sittenwidrigkeit

Beispiele für Sittenwidrigkeit: **2174**

- Ausnutzung einer **Zwangslage** des Verzichtenden, z.B. bei Vermittlung von Ehefrauen aus den Entwicklungsländern;[2282]

2280 OLG Brandenburg FamRZ 2002, 960.
2281 OLG Oldenburg, Beschl. v. 1.6.2011, FuR 2011, 589.
2282 BGH FamRZ 1992, 1403; BGH FamRZ 2018, 577 mit Anm. *Grziwotz.*

- **Abkaufen** der Scheidungsbereitschaft durch den Verzicht;[2283]
- Ursächliche **Verbindung** von **Sorgerecht** und **Unterhaltsverzicht**;[2284]
- Zwangsläufige Überbürdung der Unterhaltslast auf Dritte, z.B. das Sozialamt;[2285] aber OLG Karlsruhe: „bei notariell vereinbartem beiderseitigen Unterhaltsverzicht für den Fall einer rechtskräftigen Scheidung, auch bei Notbedarf, kann eine Sittenwidrigkeit nicht schon dann angenommen werden, wenn sie eine Belastung des Sozialhilfeträgers zur Folge hat. Eine Sittenwidrigkeit kann jedoch angenommen werden, wenn sich die Parteien zum Zeitpunkt der notariellen Vereinbarung der Sozialhilfebedürftigkeit eine der beiden Parteien bewusst gewesen waren."[2286]
- Sonstige Einzelfälle, wenn die Vereinbarung nach dem **Gesamtcharakter gegen die guten Sitten** verstößt. Im Einzelfall sind dabei die Motive der Ehegatten und der Zeitpunkt der Vereinbarung zu berücksichtigen;[2287] zum Inhalt ehevertraglicher Abreden, die vor der Eheschließung mit einer Schwangeren getroffen werden und die Betreuungs- und Unterhaltssituation des gemeinsamen Kindes nach einer Scheidung berührt.[2288]

bb) Wertsicherung

2175 Wird ein bestimmter Unterhaltsbetrag außergerichtlich tituliert, kann es sinnvoll sein, die Vereinbarung mit einer **Wertsicherungsklausel** zu versehen. Nachdem das Statistische Bundesamt ab 2003 bestimmte Verbraucherindices nicht mehr berechnen, ist zu empfehlen, neue Wertsicherungsklauseln auf der Basis des **„Preisindex für die Lebenshaltung aller privater Haushalte"** für Deutschland insgesamt abzuschließen und eventuell bestehende Verträge mit langer Restlaufzeit entsprechend umzustellen.[2289]

2176 Für den **Unterhaltspflichtigen** ist eine solche Anbindung nicht risikolos, da unsicher ist, ob sich seine Einkünfte entsprechend der Steigerung der Lebenshaltungskosten entwickeln werden. Für ihn bietet sich daher eine Klausel an, die die Unterhaltsrente an eine bestimmte **Lohngruppe eines Tarifvertrages** oder an eine beamtenrechtliche Besoldungsgruppe knüpft.

2177 Da Wertsicherungsklauseln genehmigungsbedürftig sein könnten, empfiehlt sich die folgende, bisher **genehmigungsfreie Formulierung**:

2178 ▼

Muster 3.108: Wertsicherungsklausel

3.108 Der Unterhalt wird entsprechend den gegenwärtigen Lebenshaltungskosten bemessen. Er erhöht oder vermindert sich im gleichen Verhältnis, in dem sich der Preisindex des Statistischen Bundesamtes für die Lebenshaltung aller privaten Haushalte verändert (Basis: 2000 = 100[2290] Punktestand bei Abschlussdieses Vertrages (September):). Anpassungen sollen nur erfolgen, wenn sich dieser Index um mindestens 5 Punkte verändert. Die erste Überprüfung soll zum 1.10. (z.B. drei Jahre später) erfolgen. Wird die Voraussetzung für eine Änderung der Zahlungsverpflichtung festgestellt, muss der aufgrund der Änderung sich ergebende Unterhaltsbetrag vom 1.11. (d. Folgejahres) an ohne gesonderte Aufforderung gezahlt werden. Weitere Anpassungen erfolgen jeweils zum 1. des Monats, der dem Monat folgt, indem sich der genannte Preisindex um mindestens 5 Punkte verändert hat.

▲

2283 BGH FamRZ 1990, 372.
2284 „Abkaufen des Sorgerechts"; BGH FamRZ 1984, 778; BGH FamRZ 1986, 444; OLG Frankfurt FamRZ 1986, 596.
2285 BGH FamRZ 1992, 1463.
2286 FamRZ 2001, 1217.
2287 BGH NJW 1991, 913; BGH NJW 1997, 126; BGH NJW 1997, 192.
2288 Vgl. BVerfG FamRZ 2001, 343 ff. mit Anm. *Schwab* zur Rechtsprechung des BVerfG im Bereich der Unterhaltsvereinbarung/Unterhaltsverzicht, FamRZ 2001, 349 f.
2289 Vgl. „Wichtige Mitteilung des Statistischen Bundesamtes", FamRZ 2001, 404.
2290 Der Index ist von 1995 auf das Jahr 2000 umgestellt worden; Umstellungshilfe im Internet unter www.destatis.de.

cc) Abänderung

Die **Abänderung nachehelichen Unterhalts** ist in der Regel komplizierter als etwa die Abänderung von Kindesunterhalt. Deshalb sollten die **Grundlagen der Unterhaltsbemessung** noch genauer als beim Kindesunterhalt in die Vereinbarung aufgenommen werden. 2179

Dies sollte auch bedacht werden, wenn Unterhaltsleistungen **an Erfüllung statt** (§ 364 BGB) erbracht werden, z.B. Zins- und Tilgungszahlungen aus einem Bausparvertrag.[2291]

Nach Auffassung des **BGH** sind dies insbesondere folgende Grundlagen, die man als jeweilige **Checkliste** zugrunde legen sollte:[2292] 2180

- Die Einkommensverhältnisse
- Die dabei zu berücksichtigenden Abzüge und Zuschläge (berufsbedingte Aufwendungen, Weihnachtsgeld, Urlaubsgeld, Anteil an Überstunden-vergütungen, Anrechnung von Spesen etc.)
- Die Einbeziehung fiktiver Einkünfte
- Die Einbeziehung besonderer Belastungen
- Die Feststellungen zur Arbeitsfähigkeit
- Die Feststellungen zur Bedürftigkeit
- Die Feststellung zur Berücksichtigung weiterer Unterhaltsberechtigter
- Die Feststellungen zur Berücksichtigung weiterer Unterhaltsverpflichteter

Es kommen hinzu:[2293]

- Die Änderung der Steuerklasse
- Die Voraussetzungen für die Beschränkung des Unterhalts
- Allgemeine Steigerung der Lebenshaltungskosten
- Die Feststellung, ob lediglich Elementarunterhalt oder auch Kranken- und Altersvorsorgeunterhalt und Pflegevorsorgeunterhalt – ggf in welcher Höhe – zu zahlen ist oder ob es sich um Pauschalunterhalt handelt
- Die Berücksichtigung des Wohnwerts

In der Praxis bedeutet dies, dass letztlich alle diese **Grundlagen bei der Vorbereitung des Vertrages bedacht** und – soweit im konkreten Fall bedeutsam – in die Gesamtvereinbarung aufgenommen werden sollten.

> *Praxistipp* 2181
>
> Es empfiehlt sich, den Rechenweg (z.B. Computerausdruck) zum Bestandteil der Vereinbarung zu machen.

Ferner sollten, wenn im Falle einer Veränderung nicht die gesetzlichen oder von der Rechtsprechung entwickelten Regelungen gelten sollen, genaue **Änderungsvorschriften vereinbart** werden. 2182

Das Ziel sollte immer eine **möglichst unzweideutige Vorsorge für den Fall einer tatsächlichen Änderung der Grundlagen** sein.[2294]

Unterhaltsrichtlinien, Tabellen etc. kann dagegen eine ähnliche Bindungswirkung nicht beigemessen werden. Deshalb müsste eine Bindung an derartige Unterhaltsrichtlinien etc. besonders vereinbart werden.

2291 Z.B. OLG Köln FamRZ 1998, 1236.
2292 BGH FamRZ 1984, 374, 375.
2293 OLG Karlsruhe FamRZ 1986, 582; OLG Frankfurt FamRZ 1986, 1130; OLG Hamm FamRZ 1987, 1265.
2294 Grundlegend dazu BGH FamRZ 2014, 912 mit Anm. *Borth*, FamRZ 2014, 915.

2183 ▼

Muster 3.109: Bindung an Unterhaltsleitlinien

Soweit in dieser Vereinbarung keine ausdrückliche Regelung getroffen worden ist, gelten die Ziffern ___ der Unterhaltsrechtlichen Leitlinien des OLG ___ (Stand 1.1.___).

▲

2184 Dies gilt insbesondere für die Neuregelung von **§ 1570 Abs. 1 BGB** zur Festlegung des Kindesalters, ab dem den betreuenden Elternteil eine teilweise oder vollständige Erwerbsobliegenheit trifft.

Hier kommt auch eine **unterhaltsverstärkende Vereinbarung** in Betracht.

2185 Der **BGH** hat aber die Möglichkeit der **Abänderung eines Unterhaltsvergleichs ohne Angabe der Geschäftsgrundlage** nicht vollständig ausgeschlossen, sondern erklärt:[2295]

> *Ist in einem pauschalen Unterhaltsvergleich keine Geschäftsgrundlage niedergelegt, kann dies für einen Ausschluss der Anpassung an die abweichenden tatsächlichen Verhältnisse bei Vertragsschluss sprechen. Die Abänderbarkeit wegen Änderung der Geschäftsgrundlage (§ 313 BGB) durch geänderte tatsächliche Verhältnisse seit Vertragsabschluss oder durch eine Änderung des Gesetzes oder der höchstrichterlichen Rechtsprechung ist dadurch aber regelmäßig nicht ausgeschlossen.*

7. Nichtdurchführung einer Scheidung

a) Versöhnung

2186 **Versöhnen sich die Beteiligten**, statt das Scheidungsverfahren durchzuführen, sind **Scheidungsfolgenvereinbarungen ersichtlich gegenstandslos**. Es handelt sich um Vereinbarungen, die für den Fall der Ehescheidung geschlossen werden. Die Regelungen kommen daher schlicht nicht zur Anwendung.

Widerruflich sind in diesem Fall Scheidungsfolgenvereinbarungen jedoch **nicht**. Die Auffassung, dass eine Scheidungsfolgenvereinbarung Kraft Gesetzes unter der aufschiebenden Bedingung stehe, dass die Ehe geschieden wird und deshalb ebenso wie die Zustimmung zur Scheidung widerruflich sei,[2296] verkennt, dass es sich bei einer Scheidungsfolgenvereinbarung um eine vertragliche Vereinbarung handelt.

Der **vertragliche Charakter** unterscheidet die Vereinbarung von einem Scheidungsantrag, dessen Zustimmung und der Widerruflichkeit der Zustimmung. Scheidungsfolgenvereinbarungen können allerdings Regeln enthalten, die von erheblicher Bedeutung sind, auch für den Fall, dass die Ehe nicht geschieden wird und die Vereinbarung als wirksam anzusehen ist.

2187 Namentlich hinsichtlich des Güterrechts werden häufig in Scheidungsfolgenvereinbarungen Regelungen getroffen, die den Zugewinnausgleich regeln und die **gleichzeitig eine rechtliche Veränderung herbeiführen**, wie etwa die gleichzeitige Vereinbarung der Gütertrennung.

2188 *Hinweis*

In jeder Scheidungsfolgenvereinbarung sollte ausdrücklich klargestellt werden, ob die Vereinbarung nur für den Fall der Ehescheidung gilt oder auch dann, wenn es nicht zur Scheidung kommt.[2297]

2295 BGH v. 25.11.2009, abzurufen unter www.iww.de, Abruf-Nr. 100024; vgl. dazu *Soyka*, FK 2010, 37.

2296 Musielak/*Borth*, § 630 Rn 8 m.w.N.

2297 So auch Göppinger/Börger/*Kilger/Pfeil*, 5. Teil Rn 172.

Eine **Vereinbarung kann wie folgt formuliert** werden: 2189

▼

Muster 3.110: Scheidungsfolgenvereinbarung

Sämtliche in dieser Urkunde getroffenen Vereinbarungen sollen auch dann bestehen bleiben, wenn das Ehescheidungsverfahren nicht durchgeführt wird.

▲

Will man eine **Anknüpfung an die Fortsetzung der Ehe** vereinbaren, kann formuliert werden: 2190

▼

Muster 3.111: Anknüpfung an die Fortsetzung der Ehe

Sämtliche in dieser Urkunde getroffenen Vereinbarungen sollen auch dann bestehen bleiben, wenn eine Scheidung nicht stattfindet und die Ehe fortgesetzt wird.

▲

Hinsichtlich eines Unterhaltstitels ist jedoch zu beachten, dass ein für den Trennungsunterhalt errichteter 2191
Unterhaltstitel im Falle der Versöhnung, also dem Zusammenleben über einen längeren Zeitraum, **erlischt**.

Eine Versöhnung ist nicht bei kurzfristigem Versuch der Wiederaufnahme der Ehe anzunehmen, sondern führt erst dann zum Erlöschen eines Trennungsunterhaltstitels, wenn die Beteiligten mindestens ca. drei Monate wieder als Eheleute zusammengelebt haben.[2298]

Die Weitergeltung eines Vollstreckungstitels über Trennungsunterhalt kann auch **nicht vertraglich ver-** 2192
einbart werden.

Anderes gilt für Scheidungsfolgenvereinbarungen, da diese nur „für den Fall" einer Scheidung getroffen werden.

Enthält aber z.B. die **Scheidungsfolgenvereinbarung** einen Unterhaltsverzicht, kann eine solche Rege- 2193
lung wie auch andere „anlassbezogene Regelungen", die etwa mit einer zum Zeitpunkt der Vereinbarung bestehenden Ehekrise ihren Zusammenhang hat, die Wirkung auch dann verlieren, wenn das **Bestehenbleiben der Vereinbarung vereinbart** wurde. Dem begünstigten Ehegatten kann die Berufung auf einen solchen Unterhaltsverzicht, der lediglich eine krisenbehaftete, anders bezogene Regelung darstellte, gem. **§ 242 BGB** versagt werden.[2299]

b) Erschwerung der Scheidung

Eine Versöhnung oder aber die Nichtdurchführung einer Scheidung darf allerdings nicht erzwungen werden. 2194

Eine Vereinbatung, die das Recht auf Scheidung ausschließt oder beschneidet, ist rechtsunwirksam. Ebenso, wie die Vereinbarung einer Verlängerung der Trennungszeit unwirksam ist, kann auf das Recht, ein Scheidungsverfahren durchzuführen, nicht wirksam verzichtet werden.

Grundsätzlich gilt, dass Eheleute die Scheidung ihrer Ehe nach ständiger Rechtsprechung **nicht** ausschließen können, auch nicht für einen begrenzten Zeitraum. Entgegenstehende Vereinbarungen sind nach **§§ 134 oder 138 BGB nichtig.**[2300]

2298 OLG Saarbrücken FamRZ 2010, 469; Grüneberg/*Siede*, § 1567 Rn 8.
2299 BGH FamRZ 1987, 691, 692.
2300 BGH FamRZ 1986, 655; *Bergschneider*, Formularbuch Familienrecht, Ziff. C.I.2.1.

Die **folgende Vereinbarung** wäre wohl aber möglich:

2195 ▼

Muster 3.112: Erschwerung der Scheidung

Herr erklärt, dass er sich von seiner Ehefrau nicht scheiden lassen werde. Sofern Herr dennoch Scheidungsantrag stellen sollte, verpflichtet er sich, an seine Ehefrau eine Abfindungssumme von als Zukunftssicherung vorbehaltlos zu zahlen. Dieser Anspruch wird fällig bei Rechtskraft der Scheidung.

Frau und Herr erklären hiermit, dass mit dieser Vereinbarung nicht die Scheidung erschwert, sondern das Auskommen von Frau verbessert werden soll, weil sie die Ehe im Alter geschlossen haben und damit keine ehezeitlichen Rentenanwartschaften mehr entstanden sind. Der zu zahlende Betrag ist deshalb zur Alterssicherung von Frau gedacht.

Vereinbarungen sind dann nicht zu beanstanden, wenn sie den **Zweck** haben, nicht etwa die Scheidung zu erschweren, sondern das **Auskommen** des anderen Ehegatten im Falle der Scheidung **zu verbessern**, weil die Abfindungssumme im Fall der Scheidung beispielsweise zur Alterssicherung des Versprechensempfängers bestimmt ist.[2301]

▲

K. Anhang – Merkblatt im Falle der Rechtskraft der Scheidung

2196 ▼

Muster 3.113: Merkblatt im Falle der Rechtskraft der Scheidung

Sehr geehrte Mandantin,

sehr geehrter Mandant,

auch wenn Sie davon ausgehen, dass mit Rechtskraft der Scheidung alle familienrechtlichen Probleme gelöst bzw. beseitigt sind, können doch verschiedene Probleme auftreten bzw. müssen eventuell verschiedene Probleme beachtet werden.

Ich möchte Sie deshalb auf das Folgende hinweisen:

1. Rechtskraftvermerk

Anliegend überreiche ich Ihnen den Scheidungsbeschluss mit Rechtskraftvermerk mit der Bitte, den Beschluss zu Ihren Unterlagen zu nehmen und sorgfältig zu verwahren. Für bestimmte Rechtshandlungen benötigen Sie den Scheidungsbeschluss. Zur Erläuterung: Ein Scheidungs*beschluss* statt eines Scheidungs*urteils* ergeht in denjenigen Fällen, in denen der Scheidungsantrag ab dem 1.9.2009 eingereicht worden ist.

2. Geburtsnamen

Sofern Sie nach der Scheidung Ihren Geburtsnamen oder den Namen wieder annehmen möchten, den Sie bis zur Bestimmung Ihres jetzigen Ehenamens geführt haben, können Sie dies durch Erklärung gegenüber dem Standesbeamten tun. Hierbei müssen Sie den mit Rechtskraftvermerk versehenen Scheidungsbeschluss vorlegen.

2301 BGH FamRZ 1990, 372; *Bergschneider*, a.a.O. Ziff. C.I.2.

3. Wohnungszuweisung

Falls Sie in der früheren gemeinsamen Ehewohnung verblieben sind, haben Sie binnen einem Jahr nach Rechtskraft der Scheidung die Möglichkeit, die Regelung des Mietverhältnisses einzuleiten. Dies ist notwendig, wenn Sie nicht ohnehin alleiniger Mieter der Wohnung sind. Nach Ablauf von einem Jahr nach Rechtskraft der Scheidung ist eine Regelung des Mietverhältnisses vom Einverständnis des Vermieters abhängig, vorher nicht.

4. Krankenversicherung

Bei gesetzlicher Krankenkasse: Die Mitversicherung des Unterhaltsberechtigten in der gesetzlichen Krankenversicherung endet mit der Rechtskraft der Scheidung. Als nicht selbstständig versicherter Ehegatte haben Sie aber die Möglichkeit, innerhalb einer Frist von **drei Monaten ab Rechtskraft der Scheidung** gegen Entrichtung eines Beitrages als freiwilliges Mitglied der gesetzlichen Krankenversicherung beizutreten. Stellen Sie rechtzeitig vor Ablauf dieser Drei-Monats-Frist diesen Antrag bei der gesetzlichen Krankenversicherung und lassen Sie sich den Eingang des Antrages schriftlich bestätigen. Sonst riskieren Sie, nicht mehr in die Versicherung aufgenommen zu werden.

Bei Beihilfe: Im öffentlichen Dienst endet mit der Rechtskraft des Scheidungsurteils die Beihilfeberechtigung für den Ehegatten des Bediensteten. Achten Sie darauf, Ihre private Krankenversicherung rechtzeitigaufzustockenoder für die rechtzeitige Beschaffung eines eigenen Versicherungsschutzes zu sorgen.

5. Versorgungsausgleich

Es können sich im Rentenalter Ansprüche aus schuldrechtlichem Versorgungsausgleich ergeben. Dieser kann sich auch z.B. gegen den Arbeitgeber des Ehepartners richten, wenn etwa vertraglich eine Hinterbliebenenversorgung vorgesehen ist. Dies gilt dann auch für den geschiedenen Ehepartner.

Weiter ist eine Abänderung des Versorgungsausgleichs denkbar, wenn ein Teil der Altersversorgung unverfallbar wird.

Ist im Rahmen des Scheidungsverfahrens derVersorgungsausgleichzu Ihren Lasten durchgeführt worden, so besteht in den folgenden Fällen die Möglichkeit, dass Sie Ihre Rente gleichwohl ungekürzt erhalten:

- Ihr Ehegatte verstirbt, bevor ihm Leistungen gezahlt wurden, die nennenswerte Leistungen (in der Regel zwei Jahresbeträge) aus den übertragenen oder begründeten Rechten ausmachen.
- Ihr Ehegatte verstirbt, bevor er überhaupt Leistungen aus den übertragenen Rechtenerhalten hat.
- Ihr Ehegatte bezieht noch keine Rente oder Pension aus den übertragenen Rechtenund erhält keinen Unterhalt von Ihnen.

Hat das Gericht im Scheidungsbeschluss die Durchführung des Versorgungsausgleichs zu Ihren Gunsten vorbehalten, denken Sie daran, rechtzeitig bei Eintritt des Rentenfalls einen entsprechenden Antrag auf Durchführung zu stellen.

6. Kindesunterhalt

Erhalten Sie für die von Ihnen betreuten Kinder Kindesunterhalt, so achten Sie darauf, dass sich der Unterhaltsanspruch jedes Mal erhöht, wenn Ihre Kinder das 6., das 12. und das 18. Lebensjahr vollendet haben.

Erhöhung des titulierten Kindesunterhalts kann ab dem Zeitpunkt durchgesetzt werden, zu dem der Unterhaltsschuldner zum Zwecke der Geltendmachung des (höheren) Unterhaltsanspruchs aufgefordert wurde, Auskünfte über seine Einkünfte und sein Vermögen zu erteilen oder zu dem er aufgefordert wurde, einen in Zahlen konkret angegebenen (höheren) monatlichen Unterhalt zu bezahlen.

Über das Einkommen des Unterhaltsverpflichteten kann grundsätzlich im zweijährigen Turnus Auskunft verlangt werden.

Für minderjährige Kinder kann höherer Unterhalt sowohl dann gefordert werden, wenn das Einkommen des Verpflichteten gestiegen ist oder Schulden weggefallen sind, als auch dann, wenn das Kind die nächsthöhere Altersstufe erreicht hat.

Wichtig: Bei Volljährigkeit richtet sich der Unterhaltsanspruch gegen beide Elternteile. Unterhaltsberechtigt ist dann das Kind selbst (!), nicht der Elternteil, bei dem das Kind lebt.

7. Ehegattenunterhalt

Urteile, Beschlüsse, gerichtliche Vergleiche oder vollstreckbare Urkunden, mit denen Unterhaltsansprüche tituliert wurden, können bei wesentlicher Veränderung der Verhältnisse sowohl auf Betreiben des Unterhaltsberechtigten als auch des Unterhaltsverpflichteten abgeändert werden. Der Erhöhung des titulierten Unterhalts des geschiedenen Ehegatten kann ab dem Zeitpunkt durchgesetzt werden, zu dem der Unterhaltsschuldner in Verzug gesetzt oder der Unterhaltsanspruch rechtshängig (= Zustellung des Unterhaltsabänderungsantrags an den Unterhaltsverpflichteten) wurde. Falls nachehelicher Unterhalt (zu unterscheiden vom Trennungsunterhalt, der mit Rechtskraft der Scheidung endet) nicht geltend gemacht ist, aber beansprucht wird, bitten wir zu beachten, dass solcher von Ihrem geschiedenen Ehegatten erst ab dem Zeitpunkt geschuldet ist, zu dem er entweder mit einer so genannten Stufenmahnung (Aufforderung, Auskunft über Einkommen zu erteilen und Unterhalt in der Höhe zu bezahlen, wie sie sich aus der Einkommensauskunft ergibt) oder durch eine konkret bezifferte Zahlungsaufforderung in Verzug gesetzt wurde.

8. Elterliche Sorge/Umgangsrecht

Regelungen über dieelterliche Sorgeund/oderUmgangsrechtkönnen abgeändert werden, wenn das Wohl des Kindes dies erfordert (auch nach Rechtskraft der Scheidung).

9. Zugewinn

Die Ansprüche auf Ausgleichsforderung wegen Zugewinns verjähren innerhalb von drei Jahren nach Kenntnis der berechtigten Person von der Rechtskraft des Scheidungsbeschlusses, wobei die mündliche Mitteilung genügt (z.B. bei Rechtsmittelverzicht in der mündlichen Verhandlung mit Scheidungsbeschluss). Innerhalb dieser Frist muss zur Unterbrechung der Verjährung ein gerichtlicher Antrag gestellt worden sein. Die Geltendmachung allein oder eine Mahnung unterbrechen die Verjährung nicht.

10. Sonstiges

(1) Überprüfen Sie, welche Änderungen aufgrund der Scheidung ggf. in Ihrem Testament erforderlich oder sinnvoll sind.

(2) Überprüfen Sie, ob Sie ggf. in einem Lebensversicherungsvertrag einen neuen Begünstigten benennen wollen.

(3) Die Kosten des Scheidungsverfahrens sind ggf. steuerlich absetzbar. Kontaktieren Sie Ihren Steuerberater und legen Sie ihm die Abschlusskostenrechnung vor.

Es würde den Rahmen dieses Merkblattes sprengen, auf die angesprochenen rechtlichen Probleme näher einzugehen.

Ausdrücklich wird darauf hingewiesen, dass ohne konkrete Beauftragung insoweit laufende Fristen von uns weder überwacht noch Anträge gestellt oder gerichtliche Schritte eingeleitet werden.

Ich bitte Sie um Beachtung, falls eine oder mehrere angesprochene Punkte auf Sie zutreffen.

Sprechen Sie uns ggf. an. Wir helfen Ihnen gern.

Ihre/Ihr

Rechtsanwältin/Rechtsanwalt

▲

§ 4 Elternunterhalt

Dr. Thomas Eder

A. Das Mandatsverhältnis

1 Im Elternunterhaltsrechtsverhältnis tritt der Anwalt auf Seiten des Unterhaltspflichtigen auf. Dieser wurde in der Regel durch den Sozialhilfeträger – aus übergeleitetem Recht – aufgefordert, **Auskunft über sein Einkommen und Vermögen** zu erteilen.

2 Der anwaltliche Vertreter wird also mit der ersten Reaktion des Unterhaltspflichtigen, nämlich „Was geht die das an?“, konfrontiert. Diese Reaktion ist in der Regel von der Empörung getragen, dass „die da“, also der Sozialhilfeträger, die Mitteilung von Informationen begehrt, die eigentlich einen Dritten außerhalb des engsten Familienkreises nichts angehen. Verstärkt wird dieses Gefühl noch dadurch, dass der Ehepartner des Unterhaltspflichtigen, außerhalb eines in gerader Linie bestehenden Verwandtschaftsverhältnisses „irgendwie“ auch betroffen ist. Darüber hinaus befürchten sowohl der Unterhaltspflichtige als auch dessen Ehepartner Einkommenseinbußen und damit einhergehend den **wirtschaftlichen und sozialen Abstieg**, nicht zuletzt auch den Verlust des unter großen wirtschaftlichen Anstrengungen erworbenen Familienheims.

3 Grundsätzlich kann und muss der anwaltliche Vertreter zuallererst die oft indifferenten Befürchtungen des Unterhaltspflichtigen und auch dessen Ehepartner durch Aufklärung über die Sach- und Rechtslage – soweit möglich – zerstreuen. Des Weiteren ist deutlich zum Ausdruck zu bringen, dass die Situation, also die Unterhaltsbedürftigkeit des Elternteils, als auch sein Anspruch auf Elternunterhalt nicht „Schuld“ des unterhaltsberechtigten Elternteils ist, der nun den Sozialhilfeträger auf den Unterhaltspflichtigen „hetzt“. Durch **Aufklärung und Information** des Unterhaltspflichtigen kann der anwaltliche Vertreter bereits in diesem frühen Stadium des Mandatsverhältnisses dafür Sorge tragen, dass das Thema „Elternunterhalt“ gerade nicht zu einer nachhaltigen Zerrüttung der Eltern-Kind-Beziehung zwischen dem pflegebedürftigen unterhaltsberechtigten Elternteil, der sich im Herbst seines Lebens befindet, und seinem unterhaltspflichtigen Kind führt.

Die Einführung des Angehörigenentlastungsgesetzes und der damit einhergehende Systemwechsel beim Elternunterhalt führt hier zu einer deutlichen Entspannung, da nunmehr Unterhaltsansprüche gegenüber Eltern und Kindern unberücksichtigt bleiben, sofern deren jeweiliges gesamtes Einkommen die Einkommensgrenze von 100.000 EUR jährlich nicht übersteigt.

4 In der weiteren Mandatsbearbeitung wird es Aufgabe des anwaltlichen Vertreters sein, dafür Sorge zu tragen, dass die **Unterhaltslast des Pflichtigen** so gering wie möglich ausfällt, indem er ihn im Rahmen der Einkommensermittlung vertritt und auf die korrekte Bedarfsermittlung, die zutreffende Einkommensermittlung, die richtige Berücksichtigung möglicher Abzugsposition vom Einkommen des Unterhaltspflichtigen und die korrekte Anwendung des Selbstbehalts der Unterhaltspflichtigen achtet.

B. Grundsätzliches

5 Die Bedeutung des Elternunterhalts hat in der jüngsten Vergangenheit erheblich zugenommen. Der Grund hierfür liegt in der **demografischen Entwicklung** der Bevölkerung der Bundesrepublik Deutschland, aber auch in den erheblich gestiegenen und weiter **steigenden Kosten der – stationären – Altenpflege**, denen kein Ausgleich auf der Einkommensseite (Rentenhöhe!) gegenübersteht.

6 **Eltern, Großeltern oder Urgroßeltern** werden vielfach dann bedürftig, wenn sie über keine ausreichende Altersversorgung verfügen und/oder die Rente/Pension nicht für die oftmals hohen Kosten eines

Alters- oder Pflegeheims ausreicht. Tritt ein solcher Fall ein, besteht unter den Voraussetzungen der §§ 1601 ff. eine Unterhaltspflicht der Kinder bzw. Kindeskinder. Tritt die öffentliche Hand im Wege der Leistung von Sozialhilfe für die nicht gedeckten Kosten ein, geht der Unterhaltsanspruch gem. § 94 Abs. 1 Satz 1 SGB XII auf den Träger der Sozialhilfe über. Nimmt dieser einen gegenüber seinen **betagten Eltern** unterhaltspflichtigen Abkömmling wegen der Zahlung von Sozialhilfe aufgrund dieser Legalzession in Anspruch, dann haftet das Kind zwar im Rahmen seiner Leistungsfähigkeit auf Unterhalt (**Aszendentenunterhalt**). Es gelten jedoch andere Maßstäbe als im Rahmen der Unterhaltspflichten von Eltern gegenüber ihren Kindern (**Deszendentenunterhalt**).

7 **Rechtsquellen** sind insbesondere die allgemeinen Vorschriften über den Verwandtenunterhalt der §§ 1601 ff. und die sozialhilferechtlichen Normen des SGB XII. In der Regel wird der Elternunterhalt im Wege des Unterhaltsregresses vom Sozialhilfeträger geltend gemacht. Für die anwaltliche Beratungspraxis bedeutet das, dass die anwaltliche Vertretung in aller Regel auf Seiten des Elternunterhaltsschuldners erfolgt.

I. Anspruchsgrundlage

8 Der Anspruch auf Zahlung von Unterhalt an die Eltern, Großeltern und Urgroßeltern ist normiert in **§ 1601**, nach dem Verwandte in gerader Linie verpflichtet sind, einander Unterhalt zu gewähren. Verwandt in gerader Linie ist, wer vom anderen abstammt (§ 1589), damit auch das angenommene Kind (§§ 1754 f.). Dies gilt unabhängig vom Grad der Verwandtschaft. § 1601 richtet sich in beide Richtungen, also nach oben (Deszendentenunterhalt) als auch nach unten (Aszendentenunterhalt). Zur Verdeutlichung des Anspruchsinhalt wird darauf hingewiesen, dass ein gemäß § 1601 BGB unterhaltsberechtigter Elternteil die Feststellung einer Ersatzverpflichtung gem. § 844 Abs. 2 BGB beantragen kann, wenn die Möglichkeit im Raum steht, dass der verunglückte Sohn bei eigener Leistungsfähigkeit und Bedürftigkeit der Eltern unterhaltspflichtig werden würde. Begründet ist das Begehren dann, wenn nach der Erfahrung des Lebens und dem gewöhnlichen Lauf der Dinge die spätere Verwirklichung dieses Unterhaltsanspruchs nicht ausgeschlossen ist – an die Beweiswürdigung ist dabei kein strenger Maßstab anzulegen.[1]

9 Abkömmlinge sind der doppelten Belastung mit Aszendenten- wie auch Deszendentenunterhalt ausgesetzt („**Sandwich-Generation**“). Dieser **Doppelbelastung** wird beim Aszendentenunterhalt in zweifacher Hinsicht Rechnung getragen:

Zum einen ist der Selbstbehalt als eigener angemessener Unterhalt nach den der Lebensstellung des Unterhaltspflichtigen entsprechenden angemessenen Bedürfnissen zu bestimmen und richtet sich nach dessen Einkommen und Vermögen sowie sozialen Rang. Der Selbstbehalt kann deshalb auch nicht durchgehend mit einem festen Betrag angesetzt werden.[2] Er ist in der Regel vom Tatrichter nach den konkreten Umständen des Einzelfalls unter besonderer Berücksichtigung der jeweiligen Lebensverhältnisse zu ermitteln.[3]

Zum anderen gehen Ansprüche gegen einen nach bürgerlichem Recht Unterhaltspflichtigen dann nicht auf die öffentliche Hand über, wenn der Übergang des Anspruchs eine **unbillige Härte** im Sinne des § 94 Abs. 3 Nr. 2 SGB XII bedeuten würde.

1 OLG Köln, Urt. v. 26.7.2017 – I-11 U 16/17.
2 BGH FamRZ 2005, 1511.
3 BGH FamRZ 2010,1535.

II. Beginn und Ende des Anspruchs

Grundsätzlich richtet sich der Anspruch gegen die Kinder und besteht dem Grunde nach ein (Eltern-)Leben lang, sofern die Anspruchsvoraussetzungen gegeben sind. Es müssen die **Tatbestandsvoraussetzungen** „Bedürftigkeit" und „Leistungsfähigkeit" gleichzeitig vorliegen.[4] 10

Der Anspruch beginnt also mit dem **gleichzeitigen Vorliegen der Bedürftigkeit** der Eltern bzw. eines Elternteils **und der Leistungsfähigkeit** zumindest eines Kindes. Er endet mit dem Tod des Bedürftigen oder dem des letzten leistungsfähigen Verwandten in gerader Linie.

C. Anspruchsvoraussetzungen

Damit eine Anspruchsgrundlage auf Zahlung von Elternunterhalt (Unterhaltstatbestand, § 1601) gegeben ist, müssen folgende (Anspruchs-)Voraussetzungen vorliegen: 11

- **Bedarf**

Nach § 1610 Abs. 1 bestimmt sich das Maß des zu gewährenden Unterhalts nach der Lebensstellung des Bedürftigen (angemessener Unterhalt). Der unterhaltsbedürftige Elternteil hat während seines bisherigen Lebens durch seine Einkommens- und Vermögensverhältnisse bereits eine eigenständige Lebensstellung erlangt, diese ist also nicht von der des Unterhaltspflichtigen abzuleiten.[5] Der Mindestbedarf, der dem sozialhilferechtlichen Existenzminimum entspricht, wird als unterste Grenze herangezogen.[6]

- **Bedürftigkeit**

Unterhaltsberechtigt ist nur, wer außerstande ist, sich selbst zu unterhalten (§ 1602). Der Elternteil ist also nur insoweit bedürftig, als er nicht in der Lage ist, seinen Bedarf aus eigenem Einkommen oder Vermögen zu decken oder der Bedarf durch Leistungen Dritter gedeckt wird.

- **Leistungsfähigkeit**

Nach § 1603 Abs. 1 ist nicht unterhaltspflichtig, wer bei Berücksichtigung seiner sonstigen Verpflichtungen außerstande ist, ohne Gefährdung seines angemessenen Unterhalts den Unterhalt zu gewähren. Zu diesen Verpflichtungen zählen auch vorrangige Unterhaltspflichten. Diese Leistungsfähigkeit des Unterhaltsschuldners muss während des Zeitraums bestehen, für den Zahlung von Unterhalt aufgrund bestehender Bedürftigkeit begehrt wird.[7] Nach § 1603 Abs. 1 sind Kinder nicht unterhaltspflichtig, wenn sie bei Berücksichtigung ihrer sonstigen (Zahlungs-)Verpflichtungen nicht in der Lage sind, den Unterhalt ohne Gefährdung ihres eigenen angemessenen Unterhalts zu gewähren.

Haftung mehrerer Kinder 12

Nach § 1606 Abs. 3 Satz 1 haften mehrere Unterhaltspflichtige für den Unterhalt des Unterhaltsberechtigten anteilig als Teilschuldner nach ihren Erwerbs- und Vermögensverhältnissen. Um die Ermittlung der jeweiligen Haftungsanteile zu ermöglichen, sind die Verwandten in gerader Linie einander nach § 1605 Abs. 1 Satz 1 zur Auskunftserteilung über ihre Einkünfte und ihr Vermögen verpflichtet.

Verwirkung 13

Der Unterhaltsanspruch des Berechtigten gegen den bzw. die Verpflichteten kann nach der Sondervorschrift des § 1611 sowie nach der allgemeinen Vorschrift des § 242 verwirkt werden. § 94 Abs. 3 Satz 1 Nr. 2 SGB XII schließt den Forderungsübergang auf den Sozialhilfeträger aus.

Sonstige Fragen: 14

Des Weiteren wird auf den Anspruchsübergang auf den Sozialhilfeträger einzugehen sein.

4 BVerfG FamRZ 2005, 1051 m. Anm. *Klinkhammer* m.w.N.
5 BGH FamRZ 2003, 860.
6 OLG Koblenz FamRZ 2021 104.
7 BVerfG FamRZ 2005, 1051 m. Anm. *Klinkhammer* m.w.N.

D. Elternunterhalt

15 Die nachfolgende Darstellung des Unterhaltsanspruchs der Eltern gegen die Kinder nach § 1601 orientiert sich an den oben dargestellten Anspruchsvoraussetzungen, die das **Prüfungs- und Bearbeitungsschema** und damit die Voraussetzungen für die Schlüssigkeit eines Antrags vorgeben.

Die nachfolgende Darstellung erfolgt anhand dieser Vorgabe und wird die Detailprobleme im Rahmen der einzelnen Anspruchsvoraussetzungen als Überschriften behandeln.

I. Verwandtschaft in gerader Linie

16 Die Frage nach dem **Kind-Eltern-Verhältnis** ist entscheidend für die Bestimmung der Beteiligten im Rahmen des Unterhaltsrechtsverhältnisses nach § 1601, allerdings sicherlich nur in wenigen, konkreten Fällen problematisch.

Das Kind-Eltern-Verhältnis wird durch das **Abstammungsrecht** (§§ 1591 ff.) geregelt.[8]

II. Bedarf (§ 1610)

17 Im Rahmen des **Elternunterhalts** wird der Lebensbedarf – jedenfalls die **Grundbedürfnisse** wie Wohnung, Nahrung, Kleidung, Mittel für die Teilnahme am sozialen und kulturellen Leben, Kranken-, Unfall- und Pflegevorsorge aufgewendet werden müssen.[9] Darüber hinaus stellen auch Mittel für individuelle Bedürfnisse oder für einen Mehrbedarf, gegebenenfalls rechtliche Betreuung[10] oder bei Behinderung Bedarf des Unterhaltsberechtigten dar. Die unterste Grenze ist der Mindestbedarf, der dem sozialhilferechtlichen Existenzminimum entspricht.[11]

> *Praxistipp*
>
> Kein Bedarf im Rahmen des Elternunterhalts sind Prozess- und Verfahrenskostenvorschuss,[12] Kosten der Altersvorsorge oder Kosten einer Umschulung oder Fortbildung.[13]

18 Die Einteilung des Bedarfs erfolgt nach den **allgemeinen Grundsätzen** in

- **Elementarbedarf**

Dieser umfasst den regelmäßigen Bedarf des täglichen Lebens und damit die Grundbedürfnisse wie Wohnung, Nahrung, Kleidung, Mittel für die Teilnahme am sozialen und kulturellen Leben.

- **Vorsorgebedarf**

Beim Elternunterhalt besteht dieser im Wesentlichen in den Aufwendungen für Kranken-, Unfall- und Pflegevorsorge.[14]

8 Zum Ganzen: *Keuter*, Das familienrechtliche Mandat-Statusrecht, § 2 Rn 1 ff.
9 BGH FamRZ 2003, 860, 861 = FuR 2003, 275.
10 Wendl/*Klinkhammer*, § 2 Rn 407.
11 OLG Koblenz FamRZ 2021,104.
12 BGH FamRZ 2005, 883.
13 Eschenbruch/*Menne/Schürmann*, Kap. 2 Rn 1057 m.w.N.
14 BGH FamRZ 2003, 860, 861 = FuR 2003, 275.

■ **Mehrbedarf**

Dieser kann beispielhaft in den Kosten einer rechtlichen Betreuung,[15] eines behindertengerechten Pkw-Umbaus,[16] einer Diätverpflegung,[17] einer Haushaltshilfe,[18] Mehrkosten aufgrund körperlicher Probleme[19] o.Ä. bestehen.

■ **Sonderbedarf**

Grundsätzlich ergibt sich der Bedarf aus der Lebensstellung des Unterhaltsberechtigten. Die Lebensstellung der Eltern leitet sich nicht von der des Unterhaltspflichtigen ab, vielmehr haben sie eine Eigenständige erreicht.[20] Daher wird der Bedarf des Unterhaltsberechtigten durch seine **individuellen Einkommens- und Vermögensverhältnisse** (eigenständig) auf denjenigen Betrag bestimmt, der für die jeweilige Lebenssituation des unterhaltsberechtigten Elternteils aufgewendet werden muss.[21] Da das Gesetz auf die jeweilige Lebensstellung des bedürftigen Verwandten abstellt, kommt es grundsätzlich nur darauf an, ob und ggf. welche **eigenständige** soziale und berufliche Stellung dieser individuell erreicht hat.

Allerdings sind im Rahmen des **Elternunterhalts** als angemessener Unterhalt im Sinne des § 1610 auch **19** bei bescheidenen wirtschaftlichen Verhältnissen zumindest diejenigen Mittel anzusetzen, die das **sozialhilferechtliche Existenzminimum** sicherstellen. Diese bilden die **Untergrenze** des Bedarfs. Oftmals werden diese Mittel aufgrund der eigenverantwortlichen Lebensführung der Eltern mit all ihren Risiken zugleich aber auch die **Obergrenze** des Lebensbedarfs darstellen, wenn er der jeweiligen Lebenssituation des unterhaltsberechtigten Elternteils entspricht,[22] oder aber wenn der betreffende Elternteil nicht ausreichend für sein Altersauskommen vorgesorgt hat.

Praxistipp **20**

Die zur **Ermittlung des Mindestbedarfs** in den **Unterhaltstabellen** vorgesehenen und am sozialhilferechtlichen Existenzminimum ausgerichteten Eigenbedarfssätze eines unterhaltsberechtigten Ehegatten dürfen als **Orientierungsgrößen** herangezogen werden.[23]

Unzulässig sind jedoch **pauschal-vereinfachende Vergleiche** (Schematismus[24]): Die tabellarischen Selbstbehaltsätze wurden für die vereinfachte Handhabung einer Vielzahl von Fällen zur Bemessung des Unterhalts innerhalb eines zerbrochenen Familienverbands entwickelt, können jedoch in ihrer pauschalen Festlegung von dem nach sozialhilferechtlichen Grundsätzen individuell zu bemessenden Existenzminimum erheblich abweichen.[25]

Daher ist immer auch der konkrete Einzelfall in die Betrachtung mit einzustellen. Zu beachten ist dabei, dass die Lebensstellung des Unterhaltsberechtigten situationsgebunden ist. Eine Veränderung der Einkommenssituation oder auch der Wohnsituation haben eine Änderung der Lebensstellung des Unterhaltsberechtigten zur Folge.[26] Die Wohnsituation eines Unterhalt begehrenden Elternteils wie auch seine Pflegebedürftigkeit bestimmen daher entscheidend auch seinen Lebensbedarf.

15 Wendl/*Klinkhammer*, § 2 Rn 405.
16 BGH NJW 1982, 1594.
17 OLG Karlsruhe FamRZ 1998, 1435.
18 OLG Köln FamRZ 1980, 1006.
19 BGH FamRZ 2018, 1903; OLG Düsseldorf FamRZ 2018,103.
20 BGH FamRZ 2003, 860.
21 BGH FamRZ 2003, 860, 861 = FuR 2003, 275.
22 BGH FamRZ 2004, 1370 = FuR 2004, 566.
23 BGH FamRZ 2003, 860, 861 = FuR 2003, 275; OLG Koblenz FamRZ 2021,104.
24 *Brudermüller*, NJW 2004, 633, 634.
25 BGH FamRZ 2003, 1466 = FuR 2004, 78.
26 BGH FamRZ 2003, 860.

1. Wohnsituation und Bedarf des Unterhaltsberechtigten

21 Die Bemessung des Bedarfs ist anhand der **konkreten Wohnsituation** des Unterhaltsberechtigten vorzunehmen.

a) Eigener Haushalt des Unterhaltsberechtigten

22 Wenn der Elternteil allein im **eigenen Haushalt** lebt, ist der Regelbedarf anzusetzen.

23 *Praxistipp*

In der Regel ergibt sich in der Praxis der Bedarf aus dem notwendigen Eigenbedarf (Mindestbedarf) nach der Düsseldorfer Tabelle in Höhe von derzeit 1.120 EUR (nicht erwerbstätig) bzw. 1.370 EUR (erwerbstätig).[27]

24 Die **Differenzierung des Regelbedarfssatzes nach einer Erwerbstätigkeit** des Unterhaltsberechtigten wurde durch den BGH bestätigt.[28] Allerdings führen die Einkünfte des Unterhaltsberechtigten ihrerseits wieder zu einer Verringerung des Bedarfs, da sie bedarfsdeckend anzurechnen sind, soweit sie nicht im Sozialhilfeträgerregress aufgehen.[29]

25 Eine **Wohngemeinschaft** mit seinem Ehegatten oder Partner führt wegen der damit verbundenen **Synergie-Effekte** regelmäßig zu einer Ersparnis der Lebenshaltungskosten und damit zur Minderung des Lebensbedarfs. Die Höhe der Bedarfsminderung ergibt sich aus den allgemeinen Grundsätzen.

26 Wenn der Unterhaltsberechtigte zwar noch zu Hause wohnt, aber auch dort auf fremde Hilfe und Pflege angewiesen ist, erhöhen die hieraus entstehenden Kosten den Bedarf.

b) Unterbringung des Unterhaltsberechtigten im Pflege- oder Altenheim

27 Grundsätzlich ist die Bedarfsermittlung bei **Unterbringung** des Unterhaltsberechtigten in vollstationärer Pflege auf der Tatsachenebene vorzunehmen.

28 Vorab sind aus Sicht des anwaltlichen Vertreters des Unterhaltsschuldners jedoch nachfolgende, nicht abschließende rechtliche Fragen zu klären:

- Erforderlichkeit der Unterbringung des Unterhaltsberechtigten im Hinblick auf die Möglichkeit einer kostengünstigeren ambulanten Pflege.
- Überprüfung der Auswahl des Pflegeheims anhand der zur Verfügung stehenden Angebote hinsichtlich Kosten.
- Eventuelle Zumutbarkeit eines Umzugs in ein anderes kostengünstigeres Heim.

Diese Fragen sind anhand der **konkreten Umstände des Einzelfalls** zu entscheiden.

Gegebenenfalls muss der anwaltliche Vertreter des Unterhaltsschuldners die Notwendigkeit der Heimkosten bestreiten. Grundsätzlich wird die Notwendigkeit der Unterbringung durch die Zuerkennung einer Pflegestufe bzw. eines Pflegegerades indiziert.[30] Die Darlegungs- und Beweislast liegt beim Unterhaltsschuldner.[31]

29 Lebt der Unterhalt begehrende Elternteil im Heim, dann erhöhen die entstehenden Heim- und ggf. auch **Pflegekosten** seinen Lebensbedarf.[32] Aus diesen höchstrichterlichen Entscheidungen kann aber nicht der allgemeingültige Schluss gezogen werden, dass sich der Unterhaltsbedarf und die Alten- und Pflegeheim-

27 DT 2023, Anm. 5.
28 BGH FamRZ 2003, 860.
29 Eschenbruch/*Menne/Schürmann*, Kap. 2 Rn 1061.
30 *Viefhues*, FuR 2020,190.
31 BGH FamRZ 2002, 1698, 1700.
32 BGH FamRZ 2002, 1698, 1701 = FuR 2003, 26 mit Anm. *Klinkhammer*; BGH FamRZ 2004, 186 = FuR 2004, 566.

kosten grundsätzlich entsprechen. Vielmehr entschied der BGH, dass der Unterhaltsbedarf sich nicht zwangsläufig aus dem Sozialhilfebedarf ergibt.[33]

Der Unterhaltsbedarf eines im Pflegeheim untergebrachten Elternteils richtet sich allerdings tatsächlich regelmäßig nach den **notwendigen Heimkosten**[34] zuzüglich eines **Barbetrags für die Bedürfnisse des täglichen Lebens.**[35] Darüber hinaus müssen die in einem Heim lebenden Hilfeempfänger zusätzlich zu den entstehenden Heimkosten Aufwendungen für Zeitschriften, Schreibmaterial, Körper- und Kleiderpflege bestreiten und sonstige Kleinigkeiten des täglichen Lebens finanzieren.[36] 30

Wählt der Unterhalt begehrende Elternteil ein Heim aus, besteht keine Obliegenheit, sich an den vom **Sozialhilfeträger übernommenen Kosten** zu orientieren.[37] Zu berücksichtigen sind vielmehr einerseits die bisherige Lebensstellung des Unterhaltsberechtigten sowie der im Heim gebotene Standard. Allerdings ändert sich die Lebenssituation des Unterhaltsberechtigten mit dem Beginn des Heimaufenthalts. Im Hinblick auf die bestehende Unterdeckung wird sich der Bedarf regelmäßig auf das Existenznotwendige beschränken.[38] 31

Wenn und solange die Kosten der Heimunterbringung aus den Einkünften und/oder dem Vermögen des Unterhaltsberechtigten beglichen werden können, ist der unterhaltsberechtigte pflegebedürftige Elternteil bzw. sein Betreuer bei der **Auswahl eines Heimes** daher frei, solange nicht angemessene Kosten überschritten werden. Die Auswahl des Heims muss sich am vorherigen Lebensstandard orientieren. Ist der Unterhaltsberechtigte später nicht mehr in der Lage, die Kosten der Heimunterbringung selbst zu decken, sind diese grundsätzlich hinzunehmen.[39] Dies gilt insbesondere dann, wenn vom Unterhaltsberechtigten aufgrund seines Alters ein Umzug nicht mehr erwartet werden kann oder wenn das unterhaltspflichtige Kind die Wahl des Heimes selbst mitbeeinflusst hat.[40] 32

> *Praxistipp*
>
> Sofern der sozialhilfebedürftige Unterhaltsberechtigte zu den Kriterien der Heimauswahl noch nicht konkrete vorgetragen hat, genügt der Unterhaltspflichtige seiner Obliegenheit zum substantiierten Bestreiten dadurch, dass er konkrete, kostengünstigere Heime und die dafür anfallenden Kosten benennt.[41]

Allerdings können die Sachverhalte, die dem anwaltlichen Vertreter des Unterhaltsschuldners begegnen, nicht pauschalierend behandelt werden. Grundsätzlich ist der sozialhilfebedürftige Unterhaltsberechtigte nicht darauf beschränkt, die Kosten der Heimunterbringung zum einzigen Auswahlkriterium zu erheben. Hat er die Wahl zwischen mehreren Heimen im unteren Preissegment, steht ihm insoweit ein Entscheidungsspielraum zu. Außerhalb dieses Preissegments hat der Unterhaltsberechtigte besondere Gründe vorzutragen, aus denen sich ergibt, dass die Wahl des Heims aus dem unteren Preissegment nicht zumutbar war.[42] 33

Man wird die Beurteilung immer **anhand der Umstände des Einzelfalls**, also 34

- Alter und Gesundheitszustand,
- Beteiligung des Unterhaltspflichtigen an der Auswahl des Pflegeheims,
- Höhe einer durch den Heimwechsel möglichen Ersparnis,
- Zumutbarkeit des Umzugs für den Unterhaltsberechtigten.

33 BGH FamRZ 2003, 1468 m. Anm. *Klinkhammer*, FamRZ 2004, 266.
34 BGH FamRZ 2015, 2138.
35 BGH FamRZ 2013, 203.
36 BGH FamRZ 2004, 366, 369 m.w.N.; 2004, 1370 = FuR 2004, 566.
37 *Brudermüller*, NJW 2004, 633, 634.
38 Eschenbruch/*Menne/Schürmann*, Kap. 2 Rn 1072.
39 BGH FamRZ 2013, 203.
40 BGH FamRZ 2018, 1903; BGH FamRZ 2015,2 1138.
41 BGH FamRZ 2015, 2138.
42 BGH FamRZ 2015, 2138.

vornehmen müssen.[43] Hier ist jedenfalls substantiierter Vortrag des Unterhaltsschuldners erforderlich. Insoweit genügt er seiner Obliegenheit zum substantiierten Bestreiten dadurch, dass er konkrete, kostengünstigere Heime mit einer gerontopsychiatrischen Abteilung und die dafür anfallenden Kosten benennt oder darlegt, dass ein konkretes, kostengünstigeres einfaches Pflegeheim die Unterhaltsberechtigte trotz ihres Krankheitsbildes aufgenommen hätte.[44]

Praxistipp

Ein Umzug in ein anderes Heim, nur um mit Eintritt in die Pflegestufe III Kosten zu sparen, ist einem Demenzkranken in der Regel nicht zuzumuten.[45] Die Unterbringung der sozialhilfebedürftigen Unterhaltsberechtigten in einem psychiatrischen Fachpflegeheim aus dem obersten Preissegment muss der Unterhaltspflichtige nicht bereits deswegen hinnehmen, weil die Unterhaltsberechtigte an einer Psychose erkrankt ist.[46]

35 Grundsätzlich kann der Unterhaltspflichtige vom Unterhaltsberechtigten, aber auch dem Sozialhilfeträger, die **Aufschlüsselung der Heimkosten** verlangen. Diese unterteilen sich regelmäßig in Pflegekosten, Kosten für Unterkunft und Verpflegung sowie Investitionskosten.[47]

Praxistipp

Sofern diesbezügliche Anhaltspunkte vorliegen, kann der Unterhaltspflichtige einzelne Kostenposition der Heimkosten bestreiten. Unter Umständen muss sich das Pflegeheim **ersparte Aufwendungen** für vertraglich vereinbarte, aber tatsächlich nicht erbrachte Leistungen anrechnen lassen.[48]

2. Taschengeld als Bedarfsposition

36 Das **Taschengeld** als Bedarfsposition besteht nur im Falle der stationären Unterbringung des Unterhaltsberechtigten. Auch vor dem Hintergrund des § 27a Abs. 2 Satz 1 SGB XII ergibt sich nichts anderes. In den Fällen, in denen sich der Bedarf des Unterhaltsberechtigten aus dem Existenzminimum ergibt, sind die durch ein Taschengeld im Sinne des § 27b Abs. 2 Satz 1 SGB XII zu befriedigenden Bedürfnisse bereits im Bedarf enthalten.

37 Im Falle der **stationären Unterbringung** des Unterhaltsberechtigten muss ihm nach § 27b Abs. 2 Satz 1 SGB XII ein angemessener Barbetrag zur persönlichen Verfügung überlassen werden. Nach § 27b Abs. 2 Satz 2 SGB XII beläuft sich dieser Betrag auf 27 % der Regelbedarfsstufe I in Höhe von derzeit 382 EUR, mithin also 103,14 EUR.

Dieses Taschengeld, wobei die sozialhilferechtliche Höhe von derzeit 103,14 EUR nur einen Anhaltspunkt darstellt, gehört zum Bedarf des Unterhaltsberechtigten.[49]

III. Bedürftigkeit

38 Die **Bedürftigkeit des Unterhaltsberechtigten** liegt vor, wenn er seinen Bedarf nicht aus eigenen Einkünften aus Erwerbstätigkeit oder Vermögen oder eigenem Vermögen oder fiktiv anzurechnenden Ein-

43 Eschenbruch/*Menne/Schürmann*, Kap. 2 Rn 1078 m.w.N.
44 OLG Celle, Beschl. v. 3.5.2018 – 10 UF 160/17.
45 OLG Schleswig NJW-RR 2009, 1369.
46 OLG Celle, Beschl. v. 3.5.2018 – 10 UF 160/17.
47 Zur Kostenstruktur: *Klinkhammer*, FPR 2003, 640, 646; zu den Pflegekosten: Eschenbruch/*Menne/Schürmann*, Kap. 2 Rn 1074 ff., m.w.N.
48 BGH FamRZ 2005, 178.
49 BGH FamRZ 2004, 1370, 1371 f.; BGH FamRZ 2004, 366, 369 m. Anm. *Strohal*.

künften decken kann. Vorrangige Ansprüche auf Sozialleistungen und bedarfsorientierte Grundsicherung schließen die Bedürftigkeit des Unterhaltsberechtigten aus.

Praxistipp

Das Einkommen eines verheirateten Elternteils fließt diesem zu und ist auch nur in seiner Person anzurechnen. Eine Verteilung des Einkommens eines Elternteils auf beide Elternteile scheidet aus.[50]

Im Weiteren werden die typischerweise beim Berechtigten im Unterhaltsschuldverhältnis auftretenden **Einkommensquellen** dargestellt. 39

1. Einkünfte aus Erwerbstätigkeit

Die Bedürftigkeit des Unterhaltsberechtigten wird durch seine **eigenen Einkünfte** aus Erwerbstätigkeit gemindert. 40

Praxistipp

Im Rahmen des Elternunterhalts werden aus rein tatsächlichen Gründen regelmäßig beim Unterhaltsberechtigten nur geringfügige Einkünfte anfallen. Sofern er jedoch vollschichtig berufstätig ist, wird dieses Erwerbseinkommen den gesamten Lebensbedarf des Elternteils decken.

Das tatsächlich vom Unterhaltsberechtigten erzielte Erwerbseinkommen ist um – konkret anfallende – **Werbungskosten** zu kürzen. Der Abzug einer Pauschale wird nicht anerkannt. Vielmehr sind konkrete Anhaltspunkte für den Anfall und die Höhe berufsbedingter Aufwendungen beim Unterhaltsberechtigten erforderlich.[51] 41

Den Unterhaltsberechtigten trifft nach den allgemeinen Grundsätzen eine **Erwerbsobliegenheit**, wenn und soweit er erwerbsfähig ist. Es obliegt ihm, sich selbst durch eigene Einkünfte zu unterhalten. Kommt er seiner Erwerbsobliegenheit nicht nach, sind ihm fiktive Einkünfte zuzurechnen, in dem Umfang wie er sie erzielen könnte.[52] 42

Bei der Beurteilung der Frage, ob den Unterhaltsberechtigten eine Erwerbsobliegenheit trifft, sind die **konkreten Umstände des Einzelfalls im Rahmen einer umfassenden Zumutbarkeitsabwägung**[53] zu betrachten. Eine entscheidende Rolle wird der Gesundheitszustand sowie das Alter des Unterhaltsberechtigten spielen. Außerdem ist zu beachten, dass Elternunterhalt in der Regel mit der Pflegebedürftigkeit des Unterhaltsberechtigten einhergeht, sodass dessen Erwerbstätigkeit bzw. Erwerbsobliegenheit ohnehin ausscheidet. Damit ist die in der Literatur geführte Diskussion, ob einen 65-jährigen Unterhaltsberechtigten eine Erwerbsobliegenheit trifft rein akademischer Natur und wird an dieser Stelle nicht vertieft.

Im Übrigen steht einem Erwerbstätigen mit eigenem Haushalt im Bedürftigkeitsfall **Grundsicherung** nach §§ 41 ff. SGB XII zu. Grundsicherung ist eine nicht subsidiäre Leistung, die daher vor der Geltendmachung von Elternunterhalt zu beantragen ist.[54] 43

50 BGH FamRZ 2004, 1370.
51 BGH FamRZ 2003, 860.
52 OLG Oldenburg FamRZ 2006, 1292.
53 BGH FamRZ 1998, 367.
54 BGH FamRZ 2007, 1158.

2. Einkünfte aus Renten- und/oder Versorgungsbezügen

44 Auch Einkünfte aus **Renten- bzw. Versorgungsbezügen** mindern die Bedürftigkeit des Unterhaltsberechtigten, der sie bezieht. Wie beim Erwerbseinkommen erfolgt die Zurechnung der Einkünfte aus Renten- bzw. Versorgungsbezügen bei demjenigen, der bezugsberechtigt ist.[55]

> *Praxistipp*
>
> Wenn der mit geringeren Einkünften versehene verheiratete Elternteil pflegebedürftig und damit unterhaltsberechtigt wird, ist sein Anspruch gegen den anderen – noch – nicht pflegebedürftigen Elternteil auf (Familien-)Unterhalt vorrangig.[56]

3. Vermögen des unterhaltsberechtigten Elternteils

45 Im Rahmen der Bedürftigkeit des Unterhaltsberechtigten ist dessen **vorhandenes Vermögen** in zweierlei Hinsicht zu berücksichtigen.

a) Einkünfte aus Vermögen

46 **Einkünfte aus dem Vermögen** des unterhaltsberechtigten Elternteils mindern dessen Bedarf. Hinsichtlich der Anrechenbarkeit macht es auch im Rahmen des Elternunterhalts keinen Unterschied, ob der Unterhaltsberechtigte Einkünfte aus Erwerbstätigkeit oder Vermögen erzielt.

Unterlässt es der Unterhaltsberechtigte, Einkünfte aus seinem Vermögen zu ziehen, sind ihm **fiktive Einkünfte** in Höhe der erzielbaren Erträge zuzurechnen.

b) Verwertung des Vermögensstamms

47 Der **Stamm** des beim Unterhaltsberechtigten vorhandenen Vermögens ist grundsätzlich **zu verwerten.**[57] Grundsätzlich gehören zum Vermögen auch Ansprüche auf Rückgewähr geschenkten Vermögens.[58]

Dies ist nur **in engen Ausnahmekonstellationen** nicht der Fall, nämlich wenn die Verwertung des Vermögens unmöglich oder ganz unwirtschaftlich[59] oder mit der Rückgewähr des übertragenen Vermögens keine Verbesserung der unterhaltsrechtlichen Leistungsfähigkeit verbunden ist und der Rückforderungsanspruch seinen Zweck damit nicht erfüllt.[60] Die Entscheidung über die Verwertung des Vermögensstamms ist im Rahmen einer umfassenden Zumutbarkeitsabwägung[61] zu treffen, wobei die Grenze der Zumutbarkeit eng im Sinne einer groben Unbilligkeit zu ziehen ist. Diese Abwägung erfordert die Betrachtung aller bedeutsamen Umstände, insbesondere auch die Situation beim Unterhaltspflichtigen.

48 Solche **Ausnahmekonstellationen** bestehen wie folgt:

- Schonvermögen:

Der Unterhaltsberechtigte kann eine gewisse Vermögensreserve als „Notgroschen" behalten, um eine Rücklage für unvorhergesehene Ausgaben zur Verfügung zu haben. Damit soll und kann der Unterhaltsberechtigte überraschend auftretenden (Sonder-)Bedarf bedienen.[62]

55 BGH FamRZ 2004, 1370.
56 OLG Düsseldorf NJW 2002, 1353.
57 BGH FamRZ 1998, 367.
58 BGH FamRZ 2019,885.
59 BGH FamRZ 1998, 367; OLG Koblenz FamRZ 2000, 637.
60 BGH FamRZ 2019,885.
61 BGH FamRZ 2003, 370.
62 BGH FamRZ 2004, 370.

- Das Hausgrundstück, das dem Ehegatten als Wohnung dient:

Hier ist anhand der konkreten Umstände des Einzelfalls, in Abwägung auch der Interessen des Ehegatten, zu prüfen, ob diesem der Umzug in eine kleinere Wohnung zuzumuten ist.[63] Allerdings muss auch beachtet werden, dass nicht durch die Veränderung der Situation des Ehegatten des Unterhaltsberechtigten dessen Bedürftigkeit hervorgerufen wird.

- Unwirtschaftlichkeit der Verwertung:

Bei der Beurteilung der Frage, ob die Verwertung des Vermögensstamms für den Unterhaltsberechtigten aus wirtschaftlichen Gründen unzumutbar ist, muss beachtet werden, dass der diesbezügliche unterhaltsrechtliche Maßstab höhere Anforderungen als der sozialhilferechtliche stellt.[64]

Praxistipp

Wenn sich die Veräußerung von Grundeigentum unmöglich oder ganz unwirtschaftlich darstellt, muss ein Kredit – gegebenenfalls mit Grundschuldbestellung – aufgenommen werden, um den eigenen Bedarf zu decken. Wird diese Maßnahme vom Unterhaltsberechtigten unterlassen, sind verbrauchbare Vermögenswerte fiktiv anzurechnen.

Das gilt auch, wenn der Unterhaltsberechtigte während noch nicht bestehender, aber bereits in Kenntnis zukünftiger Bedürftigkeit, sein Vermögen in unvernünftiger Art und Weise verbraucht hat.[65]

4. Vorrangige Ansprüche gegen Dritte

Sämtliche anderweitigen Ansprüche, die seine Bedürftigkeit ausschließen oder zumindest mindern, z.B. Wohnrechte, Nießbrauch, Schenkungsrückforderung nach § 528[66] hat der Unterhaltsberechtigte vorrangig vor dem Elternunterhaltsanspruch geltend zu machen. 49

Praxistipp

Sinnvoll ist der Verweis des Unterhaltsberechtigten auf diese Ansprüche nur, wenn Anspruchsgegner nicht die – unterhaltspflichtigen – Kinder sind.

5. Leistungen von staatlicher Seite

Von Seiten des Staates kann der Unterhaltsberechtigte im Falle seiner Bedürftigkeit ebenfalls Leistungen erhalten. Auf diese staatlichen Leistungen besteht ein Anspruch des Unterhaltsberechtigten. 50

a) Wohngeld

Der Unterhaltsberechtigte hat – auch bei stationärer Unterbringung – einen Anspruch auf Wohngeld. 51

Soweit das Wohngeld nicht einen erhöhten Wohnbedarf – dieser ist als Mehrbedarf zu betrachten – des Unterhaltsberechtigten deckt, stellt es Einkommen für diesen dar, das die Bedürftigkeit entsprechend mindert.[67]

Praxistipp

Sofern Sozialhilfe bezogen wird, ist der Anspruch auf Wohngeld nach § 1 Abs. 2 Nr. 3, 4 WoGG ausgeschlossen.

63 BGH FamRZ 2004, 1370 m. Anm. *Schürmann*, FamRZ 2004, 1557; BVerfG FamRZ 2005, 1051.
64 Eschenbruch/*Menne/Schürmann*, Kap. 2 Rn 1138.
65 OLG Frankfurt a.M. FamRZ 1987, 1179.
66 OLG Schleswig FamRZ 2009, 1751.
67 Eschenbruch/*Menne/Schürmann*, Kap. 2 Rn 1097.

b) Pflegewohngeld

52 Das Pflegewohngeld existiert nicht bundesweit. Entsprechende Gesetze gibt es in einigen Bundesländern. Es ist ein Zuschuss für die Investitionskosten des Pflegeheims, mit dem das Land seiner Aufgabe zur Vorhaltung einer leistungsfähigen, zahlenmäßig ausreichenden und wirtschaftlich pflegerischen Versorgungsstruktur nachkommt.

Der Anspruch besteht bei vollstationärer Dauerpflege zugunsten der Einrichtung selbst. Im Rahmen der Bedarfsermittlung kann das Pflegewohngeld Einfluss auf die Höhe der Heimkosten haben, sodass diese auch darzulegen sind.

c) Weitere Zuschüsse

53 Gleiches gilt für weitere Zuschüsse, die direkt an die Einrichtung gehen.

d) Leistungen der Pflegeversicherung

54 Sämtliche Leistungen der Pflegeversicherung[68] werden auf den Bedarf des Unterhaltsberechtigten angerechnet.[69] Zu beachten ist darüber hinaus, dass die Leistungen der Pflegeversicherung unabhängig vom Einkommen und Vermögen des Unterhaltsberechtigten gewährt werden.

Praxistipp

Die Leistungen der Pflegeversicherung decken den Pflegebedarf des Unterhaltsberechtigten und werden nach § 1610a auch nur diesbezüglich angerechnet. Regelmäßig ist im Pflegebedarf damit in Zusammenhang stehender Mehrbedarf sowie in Ausnahmefällen auch Sonderbedarf enthalten.

e) Grundsicherung

55 Leistungen der Grundsicherung entsprechen der Hilfe zum Lebensunterhalt. Sie stellen als eigenständige Leistungen[70] Einkommen des Unterhaltsberechtigten dar, das nach den oberlandesgerichtlichen Leitlinien seinen (Elementar-)Bedarf mindert.[71]

Bei Leistungen der Grundsicherung im Alter geht der Anspruch nicht nach § 94 SGB XII über.[72]

Praxistipp

- Der Unterhaltsberechtigte muss zur Minderung seines Bedarfs vorrangig Leistungen der Grundsicherung beantragen. Der Unterhaltspflichtige kann ihn hierauf verweisen. Wird die Antragstellung unterlassen, sind dem Unterhaltsberechtigten fiktive Einkünfte in Höhe der ihm grundsätzlich zustehenden Leistungen der Grundsicherung zuzurechnen.
- Wurde der Elternunterhaltsanspruch bereits vor Bewilligung der Grundsicherung tituliert, kann der Unterhaltspflichtige Abänderung verlangen.[73]

56 Die Leistungen der Grundsicherung mindern den Elementarbedarf des Unterhaltsberechtigten, die Leistungen der Pflegeversicherung mindern den Pflegebedarf und diesbezüglichen Mehrbedarf des Unterhaltsberechtigten, da sie jeweils als sein Einkommen anzurechnen sind.[74] Sofern dieser Elementarbedarf durch andere Einkünfte des Unterhaltsberechtigten gedeckt wird, entfällt der Anspruch auf Leistungen der Grundsicherung.

68 Zu den Einzelheiten der Leistungen aus der Pflegeversicherung, vgl. Eschenbruch/*Menne/Schürmann*, Kap. 2 Rn 1109 ff. m.w.N.
69 *Büttner*, FamRZ 2000, 596; *Klinkhammer*, FPR 2003, 640.
70 BGH FamRZ 2007, 1158.
71 SüdL Nr. 2.9.
72 Eschenbruch/*Menne/Schürmann*, Kap. 2 Rn 1122.
73 OLG Saarbrücken OLGR 2005, 88.
74 BGH FamRZ 2007, 1158.

Praxistipp

Wird die Bewilligung von Grundsicherung rechtsfehlerhaft mit dem Verweis auf die im Hinblick auf den Elternunterhaltsanspruch fehlende Bedürftigkeit des Unterhaltsberechtigten versagt, ist ein Abänderungsantrag dahingehend, dass Elternunterhalt nicht geschuldet wird, beim Familiengericht zu stellen, sodass – nach Abänderung – Leistungen der Grundsicherung durch den Unterhaltsberechtigten – erneut – beantragt werden können.[75]

f) Sozialhilfe

Der Bezug von Sozialhilfe durch den Unterhaltsberechtigten mindert dessen Bedürftigkeit nicht, da diese im Verhältnis zum Unterhalt eine subsidiäre Leistung darstellt. 57

IV. Leistungsfähigkeit

Unterhaltspflichtig ist nicht, wer unter Berücksichtigung seiner sonstigen Verpflichtungen außerstande ist, ohne Gefährdung seines angemessenen Unterhalts den Unterhalt zu gewähren (§ 1603). Dem Unterhaltspflichtigen sollen grundsätzlich die Mittel belassen werden, die er zur Deckung des seiner eigenen Lebensstellung entsprechenden allgemeinen Bedarfs benötigt.[76] Zu den sonstigen Verbindlichkeiten, die im Rahmen des § 1603 zu berücksichtigen sind, gehören auch vorrangige Unterhaltspflichten. 58

Das Gesetz hat die Unterhaltsansprüche von **Eltern oder (Ur-)Großeltern rechtlich schwach** ausgestaltet. Nach den in § 1609 und § 1615l normierten Rangfolgeregelungen gehen den Eltern des Unterhaltsschuldners alle Verwandten der absteigenden Linie, Ehegatten und geschiedene Ehegatten sowie auch die nach § 1615l unterhaltsberechtigten Eltern nichtehelicher Kinder im Range vor. Der Elternunterhalt nimmt in der Rangfolge der Unterhaltsansprüche mit dem sechsten Rang eine nachgeordnete Stelle ein. 59

Praxistipp

Die Rangfrage ist im Elternunterhaltsrechtsverhältnis im Mangelfall von Bedeutung, da der Unterhaltspflichtige in der Regel weiteren, nämlich vorrangigen, Unterhaltsverpflichtungen ausgesetzt ist (Sandwich-Generation). Es bestehen Unterhaltspflichten gegenüber den – auch minderjährigen und/oder privilegiert volljährigen – Kindern und unter Umständen gegenüber der – getrenntlebenden und/oder geschiedenen – Ehefrau oder nicht verheirateten Mutter. Sämtliche dieser Unterhaltspflichten sind vorranging im Verhältnis zum Elternunterhalt.

1. Einkommen des Unterhaltspflichtigen

Die Rechtsprechung des BGH sieht im Rahmen des Elternunterhaltsrechtsverhältnis einige Privilegierungen des Unterhaltspflichtigen bei der Einkommensermittlung vor. Es gelten die allgemeinen Grundsätze, sodass an dieser Stelle die Abweichungen zugunsten des Unterhaltspflichtigen dargestellt werden. 60

a) Fiktives Einkommen des Unterhaltspflichtigen

Hier gelten die allgemeinen Grundsätze, nur hinsichtlich der Anrechnung fiktiver Erwerbseinkünfte des Unterhaltspflichtigen ergibt sich eine Besonderheit. 61

Es ist bereits umstritten, ob den Unterhaltspflichtigen im Rahmen des Elternunterhaltsrechtsverhältnis überhaupt eine Erwerbsobliegenheit trifft.[77] Es wird vertreten, dass der den Haushalt führende Unterhalts- 62

75 Eschenbruch/*Menne/Schürmann*, Kap. 2 Rn 1126 ff. m.w.N.
76 BGH FamRZ 2006, 1511.
77 Eschenbruch/*Menne/Schürmann*, Kap. 2 Rn 1196 m.w.N.

pflichtige allenfalls eine Halbtagserwerbstätigkeit ausüben muss. Die – fiktiven – Einkünfte hieraus werden in aller Regel jedoch nicht zur Leistungsfähigkeit des Unterhaltspflichtigen führen, da der angemessene Selbstbehalt nicht überschritten wird.

Vor diesem Hintergrund werden fiktive Einkünfte des Unterhaltspflichtigen kaum eine Rolle spielen.

b) Wohnvorteil

63 Grundsätzlich ist im Rahmen eines Unterhaltsrechtsverhältnisses beim Unterhaltspflichtigen der **Wohnvorteil** in Höhe der objektiv für das Objekt zu erzielenden Marktmiete einkommenserhöhend zu berücksichtigen.

Im Rahmen des Elternunterhaltsrechtsverhältnisses gilt dies jedoch nicht. Der **einkommenserhöhend zu berücksichtigende Vorteil** der Nutzung einer eigenen Immobilie wird nur auf der Grundlage des unter den gegebenen Verhältnissen ersparten Mietzinses bemessen,[78] anstatt diesen mit der bei Fremdvermietung erzielbaren objektiven Marktmiete zu bewerten.[79] damit ist der Wohnvorteil auf die unter den konkreten Umständen ersparte Miete begrenzt,[80] der um die nicht auf potentielle Mieter umlegbaren Nebenkosten zu bereinigen ist.[81]

c) Geldwerter Vorteil (private Nutzung Firmenwagen)

64 Bei der Ermittlung des Nettoeinkommens des Unterhaltsschuldners ist derjenige Anteil des geldwerten Vorteils, der darauf entfällt, dass ein Ehepartner einen Firmenwagen auch für seine Fahrten von der Wohnung zur Arbeitsstätte kostenfrei einschließlich der Betriebskosten nutzen darf, wieder abzusetzen. Es handelt sich hierbei um berufsbedingte Aufwendungen, deren Absetzung vom Einkommen jedem Erwerbstätigen zusteht. Hierfür bedarf es keiner Ermittlung, in welchem konkreten Umfang die in den Lohnbescheinigungen ausgewiesenen Beträge auf die Fahrten zwischen Wohnung und Arbeitsstätte entfallen, weil für die Absetzung von Fahrtkosten als berufsbedingte Aufwendungen auf die anerkannte Abrechnungsweise nach Kilometersätzen zurückgegriffen werden kann.[82]

d) Gemeinsame steuerliche Veranlagung

65 Bei der Ermittlung des Einkommens des verheirateten Unterhaltsverpflichteten ist die zusammen mit seinem Ehegatten gewählte Lohnsteuersituation zu beachten.

Ist der Unterhaltspflichtige in Steuerklasse III und sein Ehegatte in Steuerklasse V eingruppiert, ist für die Leistungsfähigkeit nicht von dessen tatsächlicher (Lohn)Steuerlast auszugehen. Vielmehr ist in Anlehnung an § 270 AO zunächst anhand der fiktiven Steuerlast bei einer Einzelveranlagung die Relation der individuellen Steuerlast zur gesamten Steuerlast zu ermitteln und anhand des entsprechenden Prozentsatzes die Steuerlast des Unterhaltspflichtigen am Maßstab der bei Zusammenveranlagung tatsächlich bestehenden Steuerschuld zu berechnen.[83]

2. Abzugsposition vom Einkommen des Unterhaltspflichtigen

66 Auch im Elternunterhaltsrechtsverhältnis gelten die allgemeinen Grundsätze der Einkommensermittlung. Allerdings ergeben sich auch Besonderheiten hinsichtlich der **möglichen Abzugspositionen**, die im Nachfolgenden dargestellt werden.

78 BGH FamRZ 2017, 519; BGH FamRZ 2015, 1172.

79 BGH FamRZ 2003, 1179 m. Anm. *Klinkhammer;* OLG Hamm FamRZ 2022, 449.

80 BGH FamRZ 2017, 519; BGH FamRZ 2015, 1172.

81 BGH FamRZ 2014, 636.

82 OLG Hamm FamRZ 2015, 1974.

83 BGH FamRZ 2015, 1594.

a) Darlehensverbindlichkeiten

Grundsätzlich sind bei der Frage, ob Darlehensverbindlichkeiten einkommensmindernd zu berücksichtigen sind im Elternunterhaltsrechtsverhältnis **großzügigere Maßstäbe** als in den anderen Unterhaltsrechtsverhältnissen anzulegen.[84] 67

aa) Darlehen für das Familienheim

Der BGH gestattet den **Vermögensaufbau** zu Lasten des unterhaltsberechtigten Elternteils,[85] indem er auch den Tilgungsanteil der vom Unterhaltspflichtigen bezahlten Hauslasten dessen Einkommen gegenüber dem Unterhaltsberechtigten mindern lässt. 68

Obwohl der Unterhaltsberechtigte in keiner Weise am Vermögensaufbau des Unterhaltspflichtigen teilnimmt, lässt der BGH die Berücksichtigung der Zinsen als auch – zumindest teilweise – der Tilgungsleistung im Rahmen einer Darlehensverbindlichkeit für das Familienheim jedenfalls bis zur Höhe des Wohnvorteils,[86] ohne dass dies seine Befugnis zur Bildung eines zusätzlichen Altersvorsorgevermögens schmälert,[87] als Abzug vom Einkommen zu. Hintergrund ist, dass der Unterhaltsverpflichtete nicht zur Verwertung des Familienheims gezwungen werden soll, da er nicht die Hauslasten und den geschuldeten Elternunterhalt bedienen kann.[88] 69

Voraussetzung für den **Abzug der Tilgungsleistungen** vom Einkommen ist aber, dass die dieser Zahlung zugrundeliegende Darlehensverpflichtung zu einem Zeitpunkt vom Unterhaltspflichtigen eingegangen worden ist, in dem er mit seiner Inanspruchnahme auf Zahlung von Elternunterhalt – noch – nicht rechnen musste.[89] 70

Grundlegend hierfür ist die Entscheidung des BGH,[90] in der folgende Grundsätze aufgestellt wurden:

- Die Tilgungskosten dienen, solange sie in einem angemessenen Verhältnis zu den Einkünften stehen, der Finanzierung des Wohnbedarfs. Würden sie unberücksichtigt bleiben, werde der Unterhaltsschuldner zur Veräußerung der Immobilie gezwungen. Eine Verwertungsobliegenheit trifft ihn jedoch gerade nicht.[91]
- Soweit die Belastungen nach Abzug der Zinsen in angemessenem Wohnvorteil nicht übersteigen, können sie deshalb im vollen Umfang vom Einkommen abgesetzt werden. Soweit sie aber den angemessenen Vorteil übersteigen, stellen sie in 1. Linie die sekundäre Altersversorgung des unterhaltspflichtigen dar. In diesem Fall sind die Tilgungsleistungen auf die zu berücksichtigende sekundäre Altersvorsorge i.H.v. 5 % des Bruttoeinkommens anzurechnen.
- Die den Wohnwert und zusätzlich 5 % des Bruttoeinkommens übersteigenden Tilgungsleistungen sind grundsätzlich nicht einkommensmindernd zu berücksichtigen.
- In dieser Entscheidung hat der BGH offengelassen, ob der überschießende Betrag trotzdem einkommensmindernd berücksichtigt wird, wenn dadurch die Immobilienfinanzierung gefährdet wäre oder wenn sich der Unterhaltspflichtige aus einem vor dem Bekanntwerden seiner Unterhaltspflicht abgeschlossenen Altersvorsorgevertrag nicht lösen oder diese nicht beitragsfrei stellen kann.[92]

Grundsätzlich sind zwar auch im Elternunterhaltsrechtsverhältnis die Belange der Beteiligten **gegeneinander abzuwägen**,[93] allerdings ist eine großzügigere Betrachtungsweise angezeigt, sodass die Ver- 71

84 Eschenbruch/*Menne/Schürmann*, Kap. 2 Rn 1162 m.w.N.
85 BGH FamRZ 2003, 1179.
86 BGH, Beschl. v. 18.1.2017 – XII ZB 118/16.
87 OLG Frankfurt, Beschl. v. 14.6.2019 – 8 UF 25/18.
88 BGH FamRZ 2003, 1179.
89 OLG München FamRZ 2000, 307; OLG Hamm FamRZ 2002, 123.
90 BGH FamRZ 2017, 519.
91 BGH FamRZ 2003, 1179.
92 BGH FamRZ 2013, 1554.
93 SüdL Nr. 10. 4.

bindlichkeiten als Abzugsposition zu akzeptieren sind, wenn sie zu einem Zeitpunkt eingegangen worden sind, bevor die Unterhaltsbedürftigkeit des unterhaltsberechtigten Elternteils sich abzeichnete oder gar bereits eingetreten war.[94]

Praxistipp

Vereinzelt wird vor dem Hintergrund, dass der Unterhaltspflichtige darlegungs- und beweisbelastet im Rahmen der **Angemessenheitsüberprüfung** der Darlehensverbindlichkeiten ist, bei geplanter Aufnahme größerer Darlehen die medizinische Untersuchung der möglicherweise unterhaltsberechtigten Elternteile empfohlen,[95] um sich in Bezug auf eine bevorstehende Unterhaltsbedürftigkeit des Elternteils „gutgläubig" zu machen. Es spricht jedoch eine tatsächliche Vermutung dafür, dass der Unterhaltspflichtige im Zeitpunkt der Darlehensaufnahme nicht von der späteren Bedürftigkeit des Unterhaltsberechtigten wusste. Diese tatsächliche Vermutung führt zu einer Umkehr der Darlegungs- und Beweislast zugunsten des Unterhaltspflichtigen.

72 Ging der Unterhaltspflichtige die Darlehensverbindlichkeit nach **Kenntnis des Eintritts der Unterhaltsbedürftigkeit des unterhaltsberechtigten Elternteils** ein, ist die Frage der Berücksichtigungsfähigkeit der Lasten im Rahmen einer Angemessenheitsprüfung anhand der konkreten Umstände des Einzelfalls zu klären.[96]

Praxistipp

Sofern die Kosten für Instandhaltungsmaßnahmen am Eigenheim finanziert werden, sind Tilgungs- und Zinsleistung einkommensmindernd zu berücksichtigen.

bb) Konsumkredite

73 Die vorgemachten Ausführungen zur einkommensmindernden Berücksichtigung der Zahlungen auf ein für das Familienheim aufgenommenes Darlehen lassen sich nicht uneingeschränkt auf **Konsumkredite** übertragen.

Sofern der Konsumkredit zu einem Zeitpunkt aufgenommen worden ist, in dem der Unterhaltspflichtige **noch nicht mit der Bedürftigkeit des unterhaltsberechtigten Elternteils rechnen musste**, wird er wohl diesbezüglich Vertrauensschutz[97] genießen, sodass die Zahlung auf den Konsumkredit vom Einkommen des Unterhaltspflichtigen in Abzug zu bringen ist.

Praxistipp

Zu beachten ist in diesem Zusammenhang, dass **Aufwendungen für private Zwecke**, wie z.B. Urlaubsreisen, ärztlich nicht verordnete Kuraufenthalte o.Ä. grundsätzlich aus dem, dem Unterhaltspflichtigen zustehenden, erhöhten Selbstbehalt zu begleichen sind, sodass Konsumkredite für solche Aufwendungen keine einkommensmindernde Berücksichtigung beim Unterhaltspflichtigen finden können.

cc) Rücklagenbildung

74 Allerdings kann der Unterhaltspflichtige für absehbar anfallenden Konsum **Rücklagen** bilden, anstatt diesen über eine Kreditaufnahme zu finanzieren. Konsequenterweise müssen auch solche Rücklagen **einkommensmindernde Berücksichtigung** beim Unterhaltspflichtigen finden. Es ist nicht ersichtlich, weshalb die Bildung von Rücklagen anders zu behandeln sein soll als die Aufnahme eines Konsumkredits. Der Unterhaltsschuldner, der seinen Konsum anspart, darf nicht anders, insbesondere nicht schlechter,

94 OLG Hamm FamRZ 2010, 303.
95 *Born*, FamRB 2004, 226.
96 OLG Düsseldorf v. 25.5.2009 – II-2 UF 14/09.
97 Eschenbruch/*Menne/Schürmann*, Kap. 2 Rn 1164.

behandelt werden als der Unterhaltsschuldner, der seinen Konsum finanziert und im Zuge der Finanzierung **Zinslasten** generiert, deren Bedienung sein Einkommen – neben der Tilgungsleistung – weiter mindert.

Gerade im Hinblick auf die zusätzliche Belastung, die bei Aufnahme eines Konsumkredits in Form von Zinsen in nicht unerheblichem Umfang entsteht, ist der Unterhaltsschuldner, der Rücklagen bildet, um seinen Konsum zu finanzieren, in unterhaltsrechtlicher Hinsicht verantwortungsvoll(er) und darf nicht dadurch im Vergleich zum konsumkreditaufnehmenden Unterhaltspflichtigen insofern benachteiligt werden, als die Rücklagen nicht einkommensmindernd anerkannt werden. Auf jeden Fall muss dies für die notwendige Anschaffung von Hausrat oder eines Pkw im Rahmen der üblichen Nutzungsdauer gelten.

Praxistipp

- Der BGH hat die vom Unterhaltspflichtigen für die geplante Anschaffung eines – angemessenen – **Pkw** regelmäßig gebildeten Rücklagen als Abzugsposition anerkannt. Die Summe der Rücklage rechnete der BGH nicht dem für die Altersvorsorge gedachten Vermögen zu.[98]
- Für den anwaltlichen Berater des Unterhaltsschuldners bedeutet dies, dass er dem Mandanten zur regelmäßigen Bildung von Rücklagen für – konkrete – Anschaffungen raten soll, wobei das sich ansparende Vermögen sinnvollerweise nicht in das für die Altersversorgung gedachte Vermögen einfließen soll.

Rücklagen, die der Unterhaltspflichtige für **Instandhaltungsmaßnahmen am Familienheim** bildet, mindern grundsätzlich sein Einkommen.[99] 75

Allerdings ist im Verhältnis zum Wohnvorteil zu beachten, dass Rücklagen für Instandhaltungsmaßnahmen am Eigenheim nach der Rechtsprechung des BGH nur anzuerkennen sind, wenn es sich um **konkrete Instandhaltungsmaßnahmen** handelt, die erforderlich sind, um die ordnungsgemäße Bewohnbarkeit des Hauses zu erhalten.[100] Daher findet eine pauschale Instandhaltungsrücklage des Unterhaltsschuldners keine einkommensmindernde Berücksichtigung.[101]

Praxistipp

Allein der Hinweis darauf, dass es sich bei dem Eigenheim um ein Haus älteren Baujahrs handelt, für das **regelmäßig Reparaturen zur Instandhaltung** erforderlich sind, genügt zur Anerkennung einer den Wohnwert mindernden Instandhaltungsrücklage nicht.[102]

Die Erforderlichkeit der Instandhaltungsmaßnahme muss **konkret** vorliegen.

dd) Bezifferung der Einkommensminderung durch Zahlung auf Kredite oder Bildung von Rücklagen

Sind Zahlungen auf Darlehensverbindlichkeit und/oder die Bildung von Rücklagen einkommensmindernd beim Unterhaltspflichtigen zu berücksichtigen, sind die hierfür aufgewendeten regelmäßigen Beträge bei Anwendung der **50 %-Methode** vor Bildung der Quote abzuziehen.[103] 76

b) Aufwendungen für die Altersvorsorge

Die **eigene angemessene Altersvorsorge** des Unterhaltspflichtigen i.H.v. 5 % des sozialversicherungspflichtigen Einkommens von 25 % der sonstigen Erwerbseinkünfte[104] geht der Sorge für die Unterhalts- 77

98 BGH FamRZ 2006, 1511 m. Anm. *Klinkhammer*.
99 OLG Köln FamRZ 2002, 572.
100 BGH FamRZ 2000, 351, 354.
101 OLG Karlsruhe FamRZ 2010, 2082.
102 BGH FamRZ 2000, 351, 354.
103 BGH FamRZ 2003, 1179, 1181.
104 BGH FamRZ 2006, 1511; BGH FamRZ 2010, 1535.

berechtigten grundsätzlich vor. Dieser Grundsatz gilt umso mehr, als im Elternunterhaltsrechtsverhältnis die Sicherung des eigenen angemessenen Bedarfs des Unterhaltspflichtigen zu wahren ist.[105]

78 Allerdings ist der Unterhaltspflichtige hinsichtlich der Art und des Umfangs der von ihm betriebenen Altersvorsorge darlegungs- und gegebenenfalls beweisbelastet.

79 *Praxistipp*

Es ist also Sache des Unterhaltspflichtigen und damit Aufgabe seines anwaltlichen Vertreters die **Höhe der Aufwendungen** des Unterhaltspflichtigen sowie für welche **Art von Altersvorsorge** diese geleistet werden konkret darzulegen, um deren Abzug vom Einkommen des Unterhaltspflichtigen zu erreichen.

80 Allerdings für den Unterhaltspflichtigen, der verheiratet ist und kein eigenes Erwerbseinkommen erzielt, grundsätzlich kein Bedürfnis für die Bildung eines eigenen Altersvorsorgevermögens, sofern er über seinen Ehegatten hinreichend für das Alter abgesichert ist. Insoweit ist der Unterhaltspflichtige darlegungs- und beweisbelastet.[106]

81 *Praxistipp*

Eine unzureichende Altersversorgung ist gegeben, wenn der Ehegatte selbst nicht über eine – den Maßstäben zum Elternunterhalt entsprechende – Altersversorgung verfügt.

aa) Art der Altersvorsorge

82 Zu beachten ist, dass es dem Unterhaltspflichtigen grundsätzlich freisteht, auf welche Art er seine Altersvorsorge betreibt.[107] Von der Rechtsprechung anerkannt sind jedenfalls folgende **Formen der Altersvorsorge**:

- Anlage von Geld auf einem Sparkonto.[108]
- Selbstgenutztes oder vermietetes Wohnungseigentum.[109]
- Die diesbezüglichen Tilgungsleistungen[110] in Form des den Wohnvorteil übersteigenden Anteils.[111]
- Lebensversicherung und Direktversicherung,[112] auch ergänzende Altersvorsorge in der Schweiz.[113]
- Zahlungen auf einen Bausparvertrag.[114]

Der Umstand, dass Aufwendungen des Unterhaltspflichtigen für seine Altersvorsorge erfolgen, muss sich nicht bereits aus der konkreten Anlageform und/oder einer **Zertifizierung nach § 10a EStG** ergeben. Vielmehr ist der Unterhaltspflichtige in seiner diesbezüglichen Entscheidung unabhängig.[115]

83 *Praxistipp*

Der Unterhaltspflichtige muss also nur darlegen, dass die im Zweifel stehenden Aufwendungen für eine Vermögensanlage seiner – **zusätzlichen** – **Altersorge** dienen sollen.[116]

84 Aufwendungen für die Altersvorsorge sind als Abzugspositionen jedenfalls anzuerkennen für die Zeit **bevor der Versorgungsfall** in Form des Eintritts in den Ruhestand eingetreten ist. Aber auch über diesen

105 BGH FamRZ 2003, 1179.
106 BGH FamRZ 2015, 1172.
107 BGH FamRZ 2004, 792 m. Anm. *Borth*.
108 BGH FamRZ 2003, 1179.
109 BGH FamRZ 2004, 792.
110 BGH FamRZ 2005, 1817.
111 BGH, Beschl. v. 18.1.2017 – XII ZB 118/16.
112 BGH FamRZ 2005, 1817.
113 OLG Koblenz FamRZ 2021, 1473.
114 OLG Düsseldorf v. 25.5.2009 – II-2 UF 14/09.
115 BGH FamRZ 2005, 1817.
116 Eschenbruch/*Menne/Schürmann*, Kap. 2 Rn 1152 m.w.N.

Zeitpunkt hinaus sind die Aufwendungen für die Altersvorsorge in Abzug zu bringen, wenn durch den frühen Eintritt in den Ruhestand gerade eine weitere Vorsorge für das Alter erforderlich ist.[117]

bb) Die sekundäre Altersvorsorge

Sowohl von staatlicher Seite betont als auch in den Medien dargestellt und zwischenzeitlich vom BGH anerkannt, ist offensichtlich, dass die primäre Altersvorsorge, in Form der gesetzlichen Rentenversicherung, der betrieblichen Zusatzversorgung, der Beamtenversorgung sowie der Zusatzversorgung im öffentlichen Dienst, nicht – mehr – für eine angemessene Versorgung im Alter ausreichen wird. Daher ist es Sache des Einzelnen **zusätzlich private Vorsorge** zu treffen (sekundäre Altersversorge). 85

Die Aufwendungen des Unterhaltspflichtigen für seine **sekundäre Altersvorsorge** mindern grundsätzlich im Elternunterhaltsrechtsverhältnis sein Einkommen. Schließlich hat die eigene angemessene Altersvorsorge des Unterhaltspflichtigen Vorrang vor der Sorge für den Unterhaltsberechtigten.[118] Konsequenterweise muss der Unterhaltspflichtige die Möglichkeit haben, in Form der angemessenen Altersvorsorge geeignete Vorkehrungen zu treffen, dass er nicht seinerseits im Alter seine Kinder auf Zahlung von Elternunterhalt in Anspruch zu nehmen braucht. 86

Praxistipp 87

Wenn und soweit der Unterhaltspflichtige bereits über ausreichendes Vermögen verfügt, können Aufwendungen für die sekundäre Altersvorsorge sein Einkommen nicht mindern.

Zu den Aufwendungen des Unterhaltspflichtigen im Rahmen der sekundären Altersvorsorge gehören auch Tilgungsaufwendungen für die selbstgenutzte und ggfs. Weitere Immobilie. Sie sind konsequenterweise auf die Obergrenze für absetzbare Altersvorsorgeaufwendungen in Höhe von 5 % des Bruttoeinkommens zusätzlich zur primären Altersvorsorge (bzw. insgesamt 25 % des Bruttoeinkommens) anzurechnen.[119] Erreichen oder übersteigen die Tilgungsaufwendungen die Obergrenze, sind weitere Altersvorsorgebeiträge nicht mehr absetzbar.[120] 88

cc) Die Angemessenheit der Aufwendungen für die Altersvorsorge

Die Aufwendungen des Unterhaltspflichtigen für seine weitere Altersvorsorge sind jedoch **nicht uneingeschränkt einkommensmindernd** zu berücksichtigen. 89

Der BGH will eine um 5 % des sozialversicherungspflichtigen Bruttoeinkommens erhöhte Altersvorsorge anerkennen.[121] Unter Umständen können im Rahmen des Familienunterhalts zusätzliche Aufwendungen für eine weitere Altersvorsorge des nicht berufstätigen Ehegatten des Unterhaltspflichtigen dessen Einkommen mindern.

Exkurs 90

Im Rahmen des Ehegattenunterhaltsrechtsverhältnisses ist es dem Unterhaltspflichtigen möglich, 4 % seines jeweiligen Bruttoeinkommens des Vorjahres berücksichtigungsfähig einkommensmindernd für seine sekundäre Altersvorsorge aufzuwenden.[122] Diese Entscheidung des BGH könnte zumindest langfristig für eine Erhöhung der einkommensmindernd anzusetzenden Aufwendungen für die sekundäre Altersvorsorge im Elternunterhaltsrechtsverhältnis sprechen.

117 BGH FamRZ 2010, 1535.
118 BGH FamRZ 2004, 792; FamRZ 2005, 1817.
119 BGH, Beschl. v. 18.1.2017 – XII ZB 118/16.
120 OLG Hamm FamRZ 2015, 1974; a.A.: Wendl/*Wönne*, § 2 Rn 993.
121 BGH FamRZ 2006, 1511.
122 BGH FamRZ 2005, 1817.

91 Die anzuerkennenden Aufwendungen sind nicht auf die steuerlich geförderten Anlageformen beschränkt. Daher muss der Unterhaltspflichtige nur die Zweckbindung an die Altersvorsorge und die Höhe der konkreten tatsächlich geleisteten Aufwendungen darlegen- und beweisen. Die einkommensmindernde Höhe ist beschränkt – zumindest noch derzeit – auf 5 % seines sozialversicherungspflichtigen Bruttoeinkommens.

dd) Die angemessene Altersvorsorge des selbstständigen Unterhaltspflichtigen

92 Beim **selbstständigen Unterhaltspflichtigen** sind im Rahmen des Elternunterhaltsrechtsverhältnisses in der Regel Aufwendungen in Höhe von 20 % seines Bruttoeinkommens einkommensmindernd zu berücksichtigen. Für welche Altersvorsorgeform die Aufwendungen getätigt werden, ist unerheblich, Voraussetzung für deren Abzug ist alleine, dass sie tatsächlich vom Unterhaltspflichtigen geleistet werden.

93 Die Anerkennung der einkommensmindernden Berücksichtigung von Aufwendungen für die Altersvorsorge in Höhe von **20 % des Bruttoeinkommens des Selbstständigen** erfolgte durch den BGH für die primäre Altersvorsorge.

94 Noch nicht höchstrichterlich entschieden ist die Frage, ob beim selbstständigen Unterhaltspflichtigen **weitere 5 % des Bruttoeinkommens für die sekundäre Altersvorsorge** einkommensmindernde Berücksichtigung finden. Es ist grundsätzlich kein Grund ersichtlich, weshalb der selbstständige Unterhaltspflichtige anders zu stellen ist als nichtselbstständige. Daher müssen auch beim selbstständigen Unterhaltspflichtigen weitere Aufwendungen in Höhe von 5 % seines Bruttoeinkommens als Abzugsposition von seinem Einkommen anerkannt werden.[123]

c) Andere Vorsorgeaufwendung

95 Im Rahmen der Krankenvorsorge des Unterhaltspflichtigen sind **folgende Zahlungen als Abzugsposten** von seinem Einkommen anerkannt:

- Erforderliche Zuzahlungen zu medizinischen Behandlungen und/oder Arzneien.
- Kosten einer Krankenzusatzversicherung.
- Kosten einer privaten Unfallversicherung.[124]
- Erhöhte Wohnkosten für die Unterbringung der eigenen, sich zu Besuch beim Unterhaltsschuldner befindlichen Kinder finden **keine** Berücksichtigung.[125]

d) Arbeitslosigkeitsvorsorge des Selbstständigen

96 Die Kosten einer **Vorsorge gegen Arbeitslosigkeit** eines Selbstständigen wurden vom BGH nicht anerkannt,[126] da der Selbstständige gerade nicht wie ein nichtselbstständig Beschäftigter dem Risiko einer Kündigung ausgesetzt ist. Die Dauer und auch der Umfang liegen im Wesentlichen im Einflussbereich des Selbstständigen selbst.

> *Hinweis*
> Das den Selbstständigen treffende Insolvenzrisiko betrachtete der BGH in seiner Entscheidung nicht. Allerdings ließ er die Darlegung besonderer Umstände offen.

e) Aufwendung für die private Lebensführung.

97 Einige Aufwendungen für die **private Lebensführung** mindern das Einkommen des Unterhaltspflichtigen, nämlich – in der Rechtsprechung anerkannt – folgende:

123 Vgl. Eschenbruch/*Menne/Schürmann*, Kap. 2 Rn 1158 m.w.N.
124 OLG Hamm OLGR 2006, 194.
125 OLG Saarbrücken, Vergleich v. 10.9.2015 – 6 UF 51/15.
126 BGH FamRZ 2003, 860.

- Kosten für Besuche des unterhaltsberechtigten Elternteils.[127]
- Ausgaben für Sonderbedarf des unterhaltsberechtigten Elternteils.[128]
- Beiträge Hausrat-, Haftpflicht- und Rechtsschutzversicherung.[129]
- Nicht jedoch: Aufwendungen für die private Haftpflicht- und Hausratsversicherung sowie die Rechtsschutzversicherung, da insofern nichts anderes gilt als bei sonstigen Unterhaltsrechtsverhältnis[130] und auch nicht Kosten für Hundehaltung.[131]

f) Kindesunterhalt

Minderjährige, privilegiert volljährige und volljährige Kinder sind im Elternunterhaltsrechtsverhältnis gleich zu behandeln, da sie als jeweiliger Unterhaltsberechtigter vorranging nach § 1609 vor dem unterhaltsberechtigten Elternteil stehen. 98

Praxistipp 99

Die Rangfrage kommt erst und nur im Mangelfall zum Tragen.[132]

Der **Kindesunterhalt** mindert als sonstige Verpflichtung nach § 1603 das Einkommen und damit die Leistungsfähigkeit des Unterhaltspflichtigen. Die Höhe der Abzugsposition Kindesunterhalt bemisst sich im Rahmen des Elternunterhaltsrechtsverhältnisses nach den allgemeinen Grundsätzen, ausgehend vom Einkommen des Unterhaltspflichtigen bzw. der Summe des Einkommens des Unterhaltspflichtigen und des anderen Elternteils, von dem die Kinder ihre Lebensstellung ableiten. Allerdings muss zur Höhe und auch zur Durchsetzbarkeit der Kindesunterhaltsansprüche substantiiert vorgetragen werden.[133] 100

Praxistipp 101

Die Verpflichtung zur Zahlung von Elternunterhalt stellt eine weitere Unterhaltspflicht nach der Düsseldorfer Tabelle dar mit der Folge, dass gegebenenfalls eine Herabstufung des Unterhaltspflichtigen im Rahmen der Einkommensgruppen der Düsseldorfer Tabelle vorzunehmen ist.

Jedenfalls ist bei der Ermittlung des Einkommens des Unterhaltspflichtigen im Rahmen des Elternunterhaltsrechtsverhältnisses der für die Kinder geleistete **Unterhaltszahlbetrag** in Abzug zu bringen. 102

Praxistipp 103

Auch bei minderjährigen Kindern ist der Unterhaltszahlbetrag für die Abzugsposition vom Einkommen im Rahmen des Elternunterhaltsrechtsverhältnis nach der Summe der Einkünfte beider Elternteile zu ermitteln, sofern beide Einkommen erzielen.[134]

3. Einsatz des Vermögensstamms

Grundsätzlich muss der Unterhaltspflichtige sein **vorhandenes Vermögen** zur Unterhaltsleistung verwerten, wenn sein Einkommen nicht ausreicht, um den Bedarf des Unterhaltsberechtigten zu decken.[135] Dabei zählen auch Ansprüche, die auf Zahlung von Geld oder Verschaffung von Eigentum gerichtet sind, zum Vermögen.[136] 104

127 BGH FamRZ 2002, 1698; OLG Saarbrücken, Vergleich v. 10.9.2015 – 6 UF 51/15.
128 OLG Hamm OLGR 2005, 35.
129 BGH FamRZ 2002, 1698.
130 BGH FamRZ 2010, 1535.
131 AG Schg, Beschl. v. 10.1.2021 – 93 F 122/19, juris.
132 DT 2023 Anm. A 1.
133 OLG Saarbrücken, Vergleich v. 10.9.2015 – 6 UF 51/15.
134 BGH FamRZ 1994, 696; Wendl/*Klinkhammer*, § 2 Rn 120.
135 BGH FamRZ 2004, 1184 m.w.N.
136 OLG Hamm, Beschl. v. 24.7.2018 – 11 UF 57/18.

a) Vermögensverwertung

105 Ausgehend von diesem allgemeinen Grundsatz besteht die Obliegenheit zum Einsatz des Vermögens für den Unterhaltspflichtigen auch im Rahmen des angemessenen Selbstbehalts nach § 1603 Abs. 1 im Elternunterhaltsrechtsverhältnis.[137] Seiner **Obliegenheit zur Verwertung seines Vermögens** kann der Unterhaltspflichtige durch Veräußerung oder Beleihung des Vermögens nachkommen. Auch Ansprüche auf Rückgewähr geschenkten Vermögens sind dem Vermögen zuzurechnen.[138]

Die Verpflichtung zur Verwertung des Vermögensstamms des Unterhaltspflichtigen ist nicht – wie beim Ehegattenunterhalt durch § 1577 Abs. 3 – durch eine allgemeine Billigkeitsgrenze eingeschränkt.

b) Grenzen der Verpflichtung zur Vermögensverwertung

106 Allerdings **begrenzt** die höchstrichterliche Rechtsprechung die Obliegenheit des Unterhaltspflichtigen zur Verwertung seines Vermögens zu Unterhaltszwecken im Rahmen des Elternunterhalts.

107 Die Obliegenheit zur Vermögensverwertung durch den Unterhaltspflichtigen besteht nicht, wenn die **Verwertung des Vermögens**

- dazu führt, dass der Unterhaltspflichtige fortlaufende Einkünfte verliert, die er zur Erfüllung auch weiterer Unterhaltsansprüche, anderer berücksichtigungswürdiger Verbindlichkeiten oder für den eigenen Unterhalt benötigt.[139]
- die Veräußerung des Familienheims erforderlich macht, da dieses der Befriedung des Unterhaltsbedarfs des Pflichtigen und gegebenenfalls weiterer Familienmitglieder dient und darüber hinaus Aufwendungen für Miete spart.[140]
- mit wirtschaftlich für den Unterhaltspflichtigen nicht zu vertretenden Nachteilen verbunden ist, da eine solche Verwertung des Vermögensstamms mit der nach dem Gesetz gebotenen Berücksichtigung der ansonsten zu erfüllenden Verbindlichkeiten nicht zu vereinbaren ist und letztlich den eigenen angemessenen Bedarf des Unterhaltspflichtigen einschränkt.[141]

108 *Praxistipp*

- Grundsätzlich kann die Verwertung eines solchen Vermögens nicht gefordert werden, das **angemessene Erträge** abwirft.
- Problematisch ist in diesem Zusammenhang, dass bei Grundvermögen in aller Regel steuerlich gerade **keine Gewinne** aus Vermietung und Verpachtung anfallen. Werden anhaltende Verluste vorgetragen, kann sich hieraus in unterhaltsrechtlicher Hinsicht sehr wohl die Unrentabilität des Vermögensgegenstands ergeben.

Zu beachten ist, dass der BGH bislang allgemein Kriterien der Vermögensverwertung für den Verwandtenunterhalt aufgestellt und deren Geltung für den Elternunterhalt bejaht hat. Weiter gehende Feststellungen für den Elternunterhalt wurden bislang jedoch nicht getroffen, daher kann jedenfalls mit den allgemeinen Grundsätzen argumentiert werden. Insbesondere muss die Verwertung des Vermögens unter Wirtschaftlichkeitsgesichtspunkten zumutbar sein.[142]

Praxistipp

Auch in rechtlicher Hinsicht können der Obliegenheit des Unterhaltspflichtigen zur Verwertung seines Vermögens Grenzen gesetzt sein, nämlich dann, wenn der zu verwertende Vermögensgegenstand im

137 BGH FamRZ 2002, 1698, 1702; FamRZ 2004, 1184.
138 BGH FamRZ 2019, 885.
139 OLG Hamm FamRZ 2006, 117.
140 BGH FamRZ 1986, 48; FamRZ 2004, 1184.
141 BGH FamRZ 1986, 48; FamRZ 2004, 1184.
142 BGH FamRZ 2004, 370.

Wesentlichen das Vermögen im Ganzen im Sinne des § 1365 darstellt und somit die Einwilligung des Ehegatten des Unterhaltspflichtigen zu dessen Veräußerung erforderlich ist.

c) Schonvermögen

Ob die Obliegenheit des Unterhaltspflichtigen besteht vorhandenes Vermögen – jedenfalls abgesehen von einem „Notgroschen" als Vermögensreserve, mit der ein plötzlich auftretender Bedarf gedeckt werden kann[143] – zu veräußern, hängt auch von der Art des Vermögens ab. Kapitalanlagen sind leichter und schneller zu veräußern als Immobilien oder gar das Familienheim. **109**

Kapitalanlagen außerhalb der Altersvorsorge sind der kurzfristigen Verwertung zugänglich, insofern ist der Unterhaltspflichtige hierzu verpflichtet, wenn sein Einkommen nicht zur Deckung des Bedarfs des Unterhaltsberechtigten ausreicht. Allerdings kann auch hier die Verwertung des Vermögensstammes ausscheiden, da diese den Wegfall entsprechender Einkünfte des Unterhaltsschuldners aus Kapital zwingend nach sich zieht. **110**

Das **selbstgenutzte angemessene Familienheim** muss der Unterhaltspflichtige nicht verwerten. Dies ergibt sich bereits aus der Rechtsprechung des BGH zur Berücksichtigung des Wohnvorteils und zur Abzugsfähigkeit von Tilgungsleistungen.

Praxistipp **111**

Zur Beurteilung der Frage nach der Angemessenheit des selbstgenutzten Familienheims kann § 90 Abs. 2 SGB XII herangezogen werden, der als Mindestmaßstab auch unterhaltsrechtlich nicht unterschritten werden darf. Das dem Unterhaltsschuldner zugelassene Barvermögen ist identisch mit dem sozialhilferechtlich geschützten (§ 90 Abs. 2 Nr. 9 SGB XII) und beträgt seit der am 1.4.2017 in Kraft getretenen Änderung der Verordnung zur Durchführung des § 90 Abs. 2 Nr. 9 SGB XII 5.000 EUR pro Person

Argumente gegen die Verwertung von Vermögen des Unterhaltspflichtigen:[144] **112**

- Vermögen des Unterhaltspflichtigen, das als Altersvorsorge gestattet ist, darf nicht über die Obliegenheit zur Vermögensverwertung für den Unterhaltspflichtigen verloren gehen.[145]
- Die Empfehlungen für die Heranziehung Unterhaltspflichtiger des Deutschen Vereins für öffentliche und private Fürsorge e.V. sehen einen Freibarbetrag in Höhe von bis zu 75.000 EUR vor.[146]
- Ein Altersvorsorgevermögen des Unterhaltspflichtigen, das 5 % des Bruttoeinkommens, gerechnet auf die zurückliegende Arbeitszeit und aufgezinst mit einer üblichen Verzinsung von 4 % p. a. entspricht, ist nicht zu verwerten.[147]
- Zur Bemessung des Schonvermögens des Unterhaltspflichtigen ist dessen angespartes Vermögen unter Berücksichtigung seiner Lebenserwartung in eine Monatsrente umzurechnen,[148] um zu gewährleisten, dass dem Unterhaltspflichtigen ein zur Bestreitung seines laufenden Lebensbedarfs bei kontinuierlichem Verzehr des Kapitals ausreichendes Einkommen verbleibt.[149]

143 *Viefhues*, FuR 2020, 190.
144 Nach Eschenbruch/*Menne/Schürmann*, Kap. 2 Rn 1208.
145 BGH FamRZ 2006, 1511.
146 Www.deutscher-verein.de.
147 BGH FamRZ 2013, 1554.
148 Berechnungsbeispiel gem. § 14 Abs. 1 BewG, Anlage 9, vgl. Eschenbruch/*Menne/Schürmann*, Kap. 2 Rn 1208.
149 BGH FamRZ 2013, 203.

113 *Praxistipp*

Dem Unterhaltspflichtigen ist ein Vermögen in Höhe von ca. 117.000 EUR, bestehend aus einer Lebensversicherung (15.000 EUR), einer Rücklage für die Anschaffung eines Pkw (22.000 EUR) und einem allgemeinen Freibetrag von 80.000 EUR zu belassen.[150]

d) Verwertung durch Beleihung

114 Grundsätzlich stellt die **Beleihung eines Vermögensgegenstandes** die im Vergleich zur Veräußerung deutlich weniger belastende Form der Verwertung dar. Die Vermögensverwertung kann daher auch durch Beleihung des Vermögensgegenstands anstatt durch dessen Veräußerung erfolgen.[151] Allerdings ist das Darlehen aus dem Einkommen des Unterhaltspflichtigen zu bedienen.

115 Die Verwertung durch Beleihung ist dem Unterhaltspflichtigen jedenfalls dann nicht zuzumuten, wenn er außerstande ist, die **Darlehenszinsen aus seinem Einkommen** zu bezahlen. Daher fehlen dem Unterhaltspflichtigen durch die Bedienung des Darlehens jene finanziellen Mittel, die ihm bei der Einkommensermittlung jedoch belassen werden sollten. Vor diesem Hintergrund erscheint allenfalls die Beleihung einer Immobilie zur kurzfristigen Überbrückung bis zur Vermögensverwertung durch Veräußerung als angemessen.

Praxistipp

Wenn der Sozialhilfeträger dem Unterhaltspflichtigen ein zinsloses Darlehen anbietet, kann er durch die Darlehensgewährung nicht die Leistungsfähigkeit des Unterhaltspflichtigen herstellen, da diese Vorgehensweise, einen Rechtsanspruch auf Hilfe zu geben, mittels eines vom Sozialhilfeträger gewährten Darlehens einen zivilrechtlich nicht gegebenen Unterhaltsanspruch sozialhilferechtlich zu begründen, den Grundsätzen des Sozialhilferechts zuwiderläuft.[152]

4. Der angemessene Selbstbehalt

116 Das Gesetz hat die Unterhaltsansprüche von **Eltern oder (Ur-)Großeltern rechtlich** vergleichsweise **schwach** ausgestaltet. Nach den in § 1609 und § 1615l normierten Rangfolgeregelungen gehen den Eltern des Unterhaltsschuldners alle Verwandten der absteigenden Linie, Ehegatten und geschiedene Ehegatten sowie auch die nach § 1615l unterhaltsberechtigten Eltern nichtehelicher Kinder im Range vor. Gegenüber den **Aszendenten** muss dem Unterhaltspflichtigen grundsätzlich ein **höherer eigener Unterhalt** verbleiben als gegenüber Kindern (oder Ehegatten).

a) Der Selbstbehalt unter Berücksichtigung des Gesetzes zur Entlastung Unterhaltsverpflichteter Angehöriger

117 Haften Kinder für den Lebensbedarf ihrer Eltern (Elternunterhalt) oder Großeltern, hat ihnen der angemessene Selbstbehalt zu verbleiben. Dieser angemessene Selbstbehalt ist dabei so zu bemessen, dass in Unterhaltspflichtige keine „spürbare und dauerhafte Senkung seines Berufs- und einkommenstypischen Unterhaltsniveaus […] jedenfalls insoweit nichtig hinzunehmen [braucht], also nicht eine nach den Verhältnissen unangemessenen Aufwand betreibt oder ein Leben im Luxus führt. Konsequenterweise kann der Selbstbehalt nicht durchgehend mit einem festen Betrag angesetzt werden.[153] für die Ermittlung des Selbstbehalts sind die konkreten Umstände des Einzelfalls unter besonderer Berücksichtigung der jeweiligen Lebensverhältnisse zu ermitteln, wobei ein Mindesteigenbedarf nicht unterschritten werden darf.

150 BGH FamRZ 2006, 1511.
151 BGH FamRZ 1986, 48.
152 BVerfG FamRZ 2005, 1051 m. Anm. *Klinkhammer*.
153 BGH FamRZ 2005, 1511.

b) Die Bemessung des Selbstbehalts

Die **Bemessung des Selbstbehalts** ist Sache des Tatrichters, der die konkreten Umstände des Einzelfalls unter besonderer Berücksichtigung der jeweiligen Lebensverhältnisse zu ermitteln hat,[154] wobei bei dessen Bemessung zu berücksichtigen ist, dass der Unterhaltsanspruch verhältnismäßig schwach ausgestaltet ist,[155] das Kind sich in seiner Lebensplanung zumeist nicht auf eine Unterhaltsleistung an seine Eltern eingerichtet hat und dass es in der Regel bereits über Steuern und Sozialabgaben zum Einkommen der älteren Generation beiträgt.[156] Das dabei gewonnene Ergebnis muss allein den anzuwendenden Rechtsgrundsätzen Rechnung tragen und im Einzelfall angemessen sein.[157] 118

Bislang wurde wieder in der Düsseldorfer Tabelle noch in den Leitlinien ein Mindestselbstbehalt führt demgegenüber seinen Eltern oder einem Elternteil Unterhaltspflichtigen festgeschrieben. Aktuell wird – noch immer – zur Vereinfachung des Elternunterhalts eine Heraufsetzung des Selbstbehalts auf einen Betrag i.H.v. 5.000 EUR diskutiert. Ausgangspunkt ist das im Angehörigenentlastungsgesetz genannte jährliche Bruttoeinkommen i.H.v. 100.000 EUR. Wesentliches Argument ist hierbei die Rechtsprechung des BGH zur Vermutung des vollständigen Verbrauchs des Einkommens im Ehegattenunterhaltsrecht bis zu einem einzelnen Bedarf in Höhe des bereinigten Nettoeinkommens der höchsten Einkommensgruppe der Düsseldorfer Tabelle[158] 119

Grundsätzlich soll die Unterhaltsverpflichtung gegenüber Eltern nicht in den Lebensstandard des Kindes eingreifen. Insofern kann die Argumentation des BGH konsequent zu Ende geführt werden. Derzeit bleibt es bei der Formulierung: 120

> *„Dem Unterhaltspflichtigen ist der angemessene Eigenbedarf zu belassen. Bei dessen Bemessung sind Zweck und Rechtsgedanken des Gesetzes zur Entlastung Unterhaltspflichtige Angehöriger in der Sozialhilfe und in der Eingliederungshilfe (Angehörigen Entlastung) vom 10.12.2019 (BGBl I Seite 2135) zu beachten.“*[159]

c) Selbstbehaltskonstellationen

Vor dem Hintergrund des Selbstbehalts des Ehegatten des Unterhaltspflichtigen und der bei Zusammenleben eintretenden Haushaltsersparnis ergeben sich verschiedene Konstellationen, die zu unterschiedlichen (Familien-)Selbstbehalten führen. 121

aa) Der nicht verheiratete Unterhaltspflichtige

Der Selbstbehalt ist nach den oben dargestellten Grundsätzen zu ermitteln, sofern dessen Jahreseinkommen einen Betrag in Höhe von 100.000 EUR übersteigt. 122

> *Praxistipp* 123
>
> Die Argumentation im Rahmen der Bestimmung des angemessenen Selbstbehalts kann die bis Einführung des Angehörigenentlastunggesetzes geltenden Grundsätze nicht heranziehen.[160]

bb) Der verheiratete Unterhaltspflichtige

Der Umstand, dass der **Unterhaltspflichtige verheiratet** ist, hat Auswirkung auf seine Leistungsfähigkeit für den Elternunterhalt, selbstverständlich unter Berücksichtigung der aktuellen Rechtslage. Sofern der Ehegatte kein oder geringeres Einkommen hat, besteht auch diesem gegenüber eine – vorrangige – 124

154 BGH FamRZ 2010, 1535.
155 BGH FamRZ 2006, 1511.
156 BGH FamRZ 1992, 795.
157 BGH FamRZ 2012, 530 = FuR 2012, 255; FamRZ 1992, 795 = FuR 2001, 85; FamRZ 1986, 151; FamRZ 1983, 678.
158 BGH FamRZ 2020, 21; FamRZ 2018, 260.
159 DT 2023, Anm. D. I.
160 FA-FamR/*Kintzel,* Kap. 6 Rn 487.

Unterhaltspflicht, die in Höhe des Zahlbetrages als sonstige Verbindlichkeit das Einkommen des Unterhaltspflichtigen mindert. Gegen den besser verdienenden Ehegatten kann der Unterhaltspflichtige seinerseits einen Unterhaltsanspruch geltend machen, sodass Einkommen des Unterhaltspflichtigen zur Unterhaltsleistung frei wird. Erzielt der Ehegatte keinerlei Einkünfte, steht ihm ein Anspruch auf Taschengeld als Teil des Familienunterhalts zu.

(1) Unterhaltspflichtiger und Ehegatte mit geringeren Einkünften

125 Der Unterhaltspflichtige ist in dieser Konstellation auch gegenüber seinem Ehegatten in Form des **Familienunterhalts zur Unterhaltsleistung** verpflichtet. Der Unterhaltsanspruch des Ehegatten ist im Verhältnis zum Elternunterhalt vorrangig nach § 1609.

126 Der Anspruch des Ehegatten gegen den Unterhaltspflichtigen bemisst sich in Anlehnung an den Ehegattenunterhalt nach Trennung oder Scheidung nach den ehelichen Lebensverhältnissen im Sinne von § 1578. Der Höhe des Anspruchs auf Familienunterhalt des Ehegatten ergibt sich grundsätzlich aus der Hälfte der Summe der Einkommen des Unterhaltspflichtigen und des Ehegatten, soweit die jeweiligen Einkünfte die ehelichen Lebensverhältnisse geprägt haben und nicht zur Vermögensbildung verwandt worden sind.[161]

127 *Praxistipp*

Überobligatorische Einkünfte des Ehegatten erhöhen sein Einkommen, gleiches gilt für die Haushaltsersparnis.[162] Letztere wird in den Selbstbehaltssätzen wiedergegeben.

Außerdem ist die Haushaltsersparnis zusätzlich mit 10 % des nach Abzug der Selbstbehalte von der Summe der Einkünfte verbleibenden Mehreinkommens zu bewerten.[163]

128 Anhand der Summe der Einkünfte ist das Familieneinkommen und unter Abzug der jeweiligen Selbstbehalte und der Haushaltsersparnis der individuelle Familienbedarf zu ermitteln. Dann ist der Anteil des Unterhaltspflichtigen am individuellen Familienbedarf zu errechnen, indem dieser in das Verhältnis zu den jeweiligen Einkünften durch Anwendung der **Formel**

$$\frac{\text{Individueller Familienbedarf x Einkommen des Unterhaltspflichtigen}}{\text{Summe der Einkommen}}$$

gesetzt wird. Hieraus ergibt sich der Betrag, der vom Unterhaltspflichtigen für den Elternunterhalt einzusetzen ist, nach Abzug des Anteils des Unterhaltspflichtigen am individuellen Familienbedarf von dessen Einkünften.

Praxistipp

Vor diesem Hintergrund ist dann die Leistungsfähigkeit des Unterhaltspflichtigen zu ermitteln.

(2) Unterhaltspflichtiger und Ehegatte mit höheren Einkünften

129 Auch in der Konstellation, dass der Ehegatte des Unterhaltspflichtigen über **höhere Einkünfte** als dieser verfügt, ist der individuelle Familienbedarf zu ermitteln, da sich nach der allgemeinen Lebenserfahrung der Lebensstandard an den individuellen Verhältnissen (individueller Familienbedarf) orientiert.[164] Dabei

161 BGH FamRZ 2003, 860.
162 BGH FamRZ 2003, 860, 866.
163 BGH FamRZ 2010, 1535; FamRZ 2013, 868.
164 BGH FamRZ 2004, 443.

ist zu beachten, dass der Unterhaltspflichtige nicht – auch – gegenüber seinem Ehegatten zum Unterhalt verpflichtet, sondern vielmehr berechtigt ist.

Exkurs: „Verdeckte Schwiegerkind-Haftung“ 130

Unter dem Schlagwort **verdeckte Schwiegerkindhaftung** ist auch zu prüfen, ob und inwieweit im Rahmen der Leistungsfähigkeit für **Elternunterhalt** das Einkommen des Ehegatten des Unterhaltsschuldners (Schwiegerkind) herangezogen wird.

Wird ein geringfügig mitverdienender Ehegatte von seinen Eltern auf Unterhalt in Anspruch genommen, hängt seine Leistungsfähigkeit maßgeblich davon ab, ob und inwieweit sein **Mitverdienst** zur Bestreitung des vorrangigen angemessenen Familienunterhalts benötigt wird, weil er nur insoweit als leistungsfähig angesehen wird, als sein Einkommen denjenigen Anteil übersteigt, den er rechtlich zum Familienunterhalt beisteuern muss. Die Höhe dieses Anteils richtet sich nach dem Verhältnis der beiderseitigen Einkommen der Ehegatten. Soweit das Einkommen des Ehegatten nicht zur Bestreitung des gemeinsamen angemessenen Familienunterhalts benötigt wird, ist es für ihn selbst und damit auch für Elternunterhalt verfügbar. Voraussetzung ist, dass sein eigener angemessener Selbstbehalt durch den Familienunterhalt gedeckt ist.[165]

Das gilt allerdings nur, wenn die **Doppelbelastung** aus Haushaltsführung einerseits und zusätzlicher Erwerbstätigkeit andererseits die vollschichtige Erwerbstätigkeit des anderen Ehegatten erheblich überwiegt. Sind dagegen die Tätigkeiten beider Ehegatten aufgrund ihrer internen Arbeitsteilung in etwa gleichwertig, kann nicht davon ausgegangen werden, dass der haushaltsführende Ehegatte im Vergleich zum anderen weit überobligatorisch arbeite und daher sein Nebenerwerbseinkommen nicht zum Familienunterhalt einsetzen müsse. In diesem Fall wird sich ein freies, für den Elternunterhalt zur Verfügung stehendes Einkommen aus der Nebentätigkeit in der Regel nur dann ergeben, wenn bereits der andere Ehegatte überdurchschnittlich verdient und der angemessene eigene Unterhalt des Ehegatten durch den Familienunterhalt gedeckt ist.[166]

Zu einer – unzulässigen – verdeckten Mithaftung des Schwiegerkindes kommt es nicht, da der Familienunterhalt nicht generell mit den Mindest-Selbstbehaltssätzen der Ehegatten angesetzt werden kann, sondern sich nach den individuellen Lebens-, Einkommens- und Vermögensverhältnissen und der sozialen Lebensstellung der Ehegatten richtet. Ist danach der Familienunterhalt einerseits höher als die Mindest-Selbstbehaltssätze der Tabellen, andererseits niedriger als das beiderseitige unterhaltsrelevante Einkommen, steht dem Unterhaltsschuldner, der zum Familienunterhalt nur so viel beitragen muss, wie es dem Verhältnis der beiderseitigen Einkünfte entspricht, ein restlicher Teil seines Einkommens für den Elternunterhalt zur Verfügung. Ob sein eigenes Einkommen seinen Mindestselbstbehalt deckt, ist ohne Belang, weil ja der eigene angemessene Unterhalt durch den Familienunterhalt abgesichert ist.[167]

(3) Einkommensloser Unterhaltspflichtiger und Ehegatte mit höheren Einkünften (Taschengeld)

Der **einkommenslose Unterhaltspflichtige** hat als Bestandteil des Familienunterhalts gegen seinen Ehegatten einen Anspruch auf Taschengeld, das für den Unterhaltspflichtigen im Elternunterhaltsrechtsverhältnis zu berücksichtigendes Einkommen darstellt.[168] Die Höhe des Taschengelds beträgt 5 % des Nettoeinkommens des Einkommen erzielenden Ehegatten. 131

165 BGH FamRZ 2004, 366 m. Anm. *Strohal*, FamRZ 2004, 441 m. Anm. *Born*, FamRB 2004, 74.
166 BGH FamRZ 2004, 795 m. Anm. *Strohal*; vgl. auch BGH FamRZ 2004, 366.
167 BGH FamRZ 2004, 443.
168 BGH FamRZ 2004, 366; FamRZ 2004, 441.

132 Allerdings ist das **Taschengeld des Unterhaltspflichtigen** nicht in voller Höhe für den Elternunterhalt heranzuziehen. Dem Unterhaltspflichtigen muss von dem Taschengeld jedenfalls ein Betrag in Höhe von 5 bis 7 % des Mindestbehalts des Unterhaltspflichtigen (Sockelbetrag) verbleiben.[169] Dies entspricht derzeit einem Betrag in Höhe von 90 bis 126 EUR. Darüber hinaus muss dem Unterhaltspflichtigen ein weiterer Teil des Taschengelds in Höhe der Hälfte des über den Sockelbetrag hinaus gehenden Taschengelds verbleiben, da der Unterhaltspflichtige für den Elternunterhalt nur die Hälfte des den Mindestselbstbehalt übersteigenden Einkommens einzusetzen hat.[170]

133 *Praxistipp*

- Das Taschengeld ist vom Unterhaltspflichtigen nur für den Elternunterhalt als Einkommen einzusetzen, wenn und soweit sein angemessener Selbstbehalt gewahrt oder durch die Einkünfte des Ehegatten gedeckt ist.
- Der anwaltliche Vertreter des Taschengeld beziehenden Unterhaltspflichtigen sollte dem Anspruch auf Elternunterhalt jedenfalls die Grundsätze der „verdeckten Schwiegerkind"-Haftung entgegenhalten.[171]

V. Haftung mehrerer Unterhaltspflichtiger

134 Nach § 1606 Abs. 3 Satz 1 haften mehrere Unterhaltspflichtige als **Teilschuldner** anteilig im Verhältnis ihrer Einkommen und Vermögen.

1. Die Haftungsanteile

135 Die jeweiligen **Haftungsanteile der Unterhaltspflichtigen** werden ermittelt, indem deren bereinigte Einkommen nach Abzug des Selbstbehalts zueinander ins Verhältnis gesetzt werden.[172] Die Ermittlung der Haftungsquote kann als **Formel** wie folgt dargestellt werden:

$$\frac{\text{Restbedarf x einsetzbares Einkommen des Unterhaltsschuldners}}{\text{Summe der einsetzbaren Einkommen der Unterhaltsschuldner}}$$

136 *Praxistipp*

Der Anspruchsteller muss zum Einkommen weiterer unter Umständen am Verfahren nicht beteiligter Unterhaltspflichtiger vortragen.[173] Dies gilt auch für den Sozialhilfeträger, den die Darlegungs- und Beweislast für die Haftungsquote ebenso trifft. Dabei ist der Grundsatz der Gleichzeitigkeit von Bedarf und Leistungsfähigkeit zu beachten. Der Anspruchsteller muss die Haftungsquoten gegenüber dem Unterhaltspflichtigen bereits vorgerichtlich dargetan haben, da der Unterhaltspflichtige ansonsten keine Veranlassung zur Antragstellung gegeben hat.

137 Das Vermögen des Unterhaltspflichtigen ist wie dessen Einkommen eine **Unterhaltsquelle**. Um diesen Einkommensbestandteil mit den Einkünften der anderen Unterhaltspflichtigen ins Verhältnis setzen zu können, muss das Vermögen in ein erzielbares Renteneinkommen umgerechnet werden.

169 BGH FamRZ 2013, 363.
170 BGH FamRZ 2013, 363.
171 Eschenbruch/*Menne/Schürmann*, Kap. 2 Rn 1195 m.w.N.
172 BGH FamRZ 2004, 186.
173 BGH FamRZ 2003, 1836.

Das **Kapital** ist nach § 14 Abs. 1 BewG nebst Anlage 9 in monatliches Kapital gem. folgender Formel umzurechnen. 138

$$\frac{\text{Kapital}}{12} \quad \text{x} \quad \frac{1}{\text{Kapitalisierungsfaktor}}$$

Das Geschlecht des Kindes, sein Alter und die sich daraus ergebende Lebenserwartung bestimmen den **Kapitalisierungsfaktor**, basierend auf der Sterbetafel für die Bundesrepublik Deutschland[174] unter Berücksichtigung von Zwischenzinsen und Zinseszinsen mit einem Zinssatz von 5,5 % (Anlage 9a BewG).[175]

Berechnungsbeispiel:[176] 139

Die unterhaltspflichtige Tochter ist 70 Jahre alt und bezieht eine Rente in Höhe von 1.000 EUR. Außerdem verfügt sie über Vermögen in Höhe von 150.000 EUR.

Nach der Sterbetafel – weiblich – des Statistischen Bundesamtes[177] ergibt sich eine Restlebenserwartung von 16,53 Jahren. Nach der Anlage 9a BewG entspricht dies einem Kapitalisierungsfaktor von 11,163.

$$\frac{150.000}{12} \quad \text{x} \quad \frac{1}{11,163} = 1.119,77 \text{ EUR (monatliche Rente)}$$

Ein Alter von 65 Jahren der Tochter führt zu einer Restlebenserwartung von 20,68 Jahren und einem Kapitalisierungsfaktor von 12,613.

$$\frac{150.000}{12} \quad \text{x} \quad \frac{1}{12,613} = 991,04 \text{ EUR (monatliche Rente)}$$

Ein Alter von 60 Jahren der Tochter führt zu einer Restlebenserwartung von 24,96 Jahren und einem Kapitalisierungsfaktor von 13,783.

$$\frac{150.000}{12} \quad \text{x} \quad \frac{1}{13,783} = 906,91 \text{ EUR (monatliche Rente)}$$

Ist der Unterhaltspflichtige männlich, ergeben sich folgende Werte:

Ein Alter von 70 Jahren des Sohnes führt zu einer Restlebenserwartung von 13,89 Jahren und einem Kapitalisierungsfaktor von 9,853.

$$\frac{150.000}{12} \quad \text{x} \quad \frac{1}{9,853} = 1.268,65 \text{ EUR (monatliche Rente)}$$

Ein Alter von 65 Jahren des Sohnes führt zu einer Restlebenserwartung von 17,48 Jahren und einem Kapitalisierungsfaktor von 11,613.

$$\frac{150.000}{12} \quad \text{x} \quad \frac{1}{11,613} = 1.119,77 \text{ EUR (monatliche Rente)}$$

174 Www.destatis.de.
175 BGBl I 1992, 1860 und 1861; www.gesetze-im-internet.de.
176 Vgl. Eschenbruch/*Menne/Schürmann*, Kap. 2 Rn 1207ff.
177 Www.destatis.de.

Ein Alter von 60 Jahren des Sohnes führt zu einer Restlebenserwartung von 21,31 Jahren und einem Kapitalisierungsfaktor von 12,613.

$$\frac{150.000}{12} \text{ x } \frac{1}{12,613} = 991,04 \text{ EUR (monatliche Rente)}$$

Aus der erzielbaren Rente in Höhe von 1.119,77 EUR ist nach der 50 %-Methode der monatliche Unterhaltsbetrag zu errechnen:

Rente 1.000 EUR + 1.119,77 EUR =	2.119,77 EUR
./. Mindestselbstbehalt	2.000,00 EUR
Verbleiben	119,77 EUR
x ½ = 119,77 EUR, nach Leitlinien	60,00 EUR

dieser Betrag entspricht dem monatlichen Unterhalt.

Rückrechnung in Kapital:

59,89 EUR x 12 = 718,68 EUR x 11,163 (Kapitalisierungsfaktor) = 8.022,62 EUR

Der unterhaltspflichtigen Tochter sind von ihrem Kapital in Höhe von 150.000 EUR 141.977,38 EUR (150.000 EUR – 8.022,62 EUR = 141.977,38 EUR) als Altersvorsorge zu belassen.

2. Auskunftsansprüche

140 Grundsätzlich besteht nach **§ 1605 Abs. 1 Satz 1** für an einem Unterhaltsrechtsverhältnis beteiligte Verwandte in gerader Linie die Verpflichtung auf Verlangen über ihre Einkünfte und ihr Vermögen Auskunft zu erteilen, soweit dies zur Feststellung eines Unterhaltsanspruchs oder einer Unterhaltsverpflichtung erforderlich ist. Damit besteht auch ein Auskunftsanspruch der Eltern gegen ihre möglicherweise unterhaltspflichtigen Kinder.[178]

141 Nach § 242 ergibt sich ein **Auskunftsanspruch** hinsichtlich der Einkünfte und des Vermögens, wenn der Anspruchsberechtigte

- unverschuldet auf die Auskunft angewiesen ist,
- die Auskunft dem Verpflichteten zumutbar ist und
- zwischen den Beteiligten eine Verbindung besteht, wobei ein rechtliches Interesse alleine nicht ausreicht.[179]

Daher besteht nach § 242 zwischen Geschwistern im Rahmen der Inanspruchnahme auf Elternunterhalt ein solcher Anspruch auf Auskunftserteilung über das Einkommen und Vermögen.[180]

Praxistipp

- Ein Auskunftsanspruch gegen die Schwägerin/den Schwager besteht nicht.[181]
- Die Auskunft ist durch den Unterhaltspflichtigen von dem Bruder bzw. von der Schwester zu verlangen, der bzw. die nicht nur über ihre eigenen Einkommens- und Vermögensverhältnisse, sondern auch über die ihrer Ehegatten durch entsprechende Angaben in dem Umfang zu erteilen hat, wie sie für sie erforderlich sind, um den Anteil am Familienunterhalt bestimmen zu können.[182]
- Ein Auskunftsanspruch des Sozialhilfeträgers ergibt sich aus § 117 Abs. 1 SGB XII auch gegen die Ehegatten der Geschwister des Unterhaltspflichtigen. Dieser wird im Wege des Verwaltungsakts

178 LSG Sachsen, Urt. v. 15.9.2020 – L 8 SO 91/17.
179 BGH FamRZ 1988, 268.
180 BGH FamRZ 2003, 1836.
181 BGH FamRZ 2003, 1836.
182 Vgl. *Strohal*, FamRZ 2003, 1838.

realisiert, wobei nicht Voraussetzung ist, dass dem Hilfeempfänger der Unterhaltsanspruch tatsächlich und nachweisbar zusteht.[183]

VI. Verwirkung

Die Verwirkung ist eine von Amts wegen zu prüfende **Einwendung**, gegen das Bestehen des Unterhaltsanspruchs, die sich aus den allgemeinen Grundsätzen des § 242, aber auch aus der lex specialis des § 1611 ergeben kann.[184] **142**

1. Verwirkung nach § 1611

§ 1611 **begrenzt** die Unterhaltspflicht im Rahmen des Verwandtenunterhalts, vernichtet also unter bestimmten Voraussetzungen einen bestehenden **Unterhaltsanspruch** dem Grunde nach teilweise oder insgesamt, wenn Unterhaltszahlungen teilweise oder insgesamt als **grob unbillig** anzusehen sind. Es handelt sich um eine von **Amts wegen** zu **beachtende Einwendung**.[185] Sie ist als **Ausnahmetatbestand sehr eng auszulegen**. **143**

Zu beachten ist, dass die Herabsetzung oder Versagung des Unterhalts nicht zwingend endgültig ist. Abhängig vom konkreten Verwirkungsgrund kann der Unterhaltsanspruch später wiederaufleben.[186] **144**

Praxistipp **145**

Hat der Unterhaltspflichtige dem Unterhaltsberechtigten das Fehlverhalten verziehen, ist später eine Berufung auf die ursprünglich einmal eingetretene Verwirkung des Unterhaltsanspruchs nicht (mehr) möglich.

a) Tatbestand des § 1611 Abs. 1

§ 1611 Abs. 1 Satz 1 katalogisiert **zwei Fallgruppen sowie** einen **Auffangtatbestand**. Die drei jeweiligen Tatbestände des Katalogs sind eindeutig voneinander abzugrenzen.[187] **146**

Der Unterhaltsanspruch nach §§ 1601 ff. kann gem. § 1611 Abs. 1 Satz 1 auf einen **Billigkeitsbeitrag** zum Unterhalt herabgesetzt werden, wenn der Unterhaltsberechtigte **147**

- durch sein **sittliches Verschulden bedürftig** geworden ist,[188] **oder**
- seine eigene **Unterhaltspflicht** gegenüber dem Unterhaltspflichtigen **gröblich vernachlässigt** hat, **oder**
- sich **vorsätzlich** einer **schweren Verfehlung** gegen den Unterhaltspflichtigen oder einen nahen Angehörigen des Unterhaltsschuldners schuldig gemacht hat.

Praxistipp

Die Frage der groben Unbilligkeit lässt sich regelmäßig ohne Kenntnis der wirtschaftlichen Verhältnisse des Unterhaltsschuldners nicht beurteilen.[189]

183 LSG Baden-Württemberg, Urt. v. 21.6.2018 – L 7 SO 1715/16.
184 Grüneberg/*Götz*, § 1611 Rn 1.
185 KG FamRZ 2002, 1357; BFH NJW 2004, 1893.
186 Eschenbruch/*Menne/Schürmann*, Kap. 2 Rn 1222.
187 OLG Bamberg FamRZ 1994, 459.
188 OLG Hamm NJW-RR 2002, 650.
189 OLG Brandenburg FamRZ 2009, 1226.

aa) Bedürftigkeit infolge sittlichen Verschuldens

148 Zur Verwirkung des Unterhaltsanspruchs reicht die vorsätzliche oder fahrlässige Herbeiführung der Bedürftigkeit nicht aus. Unter sittlichem Verschulden sind vielmehr **vorwerfbare** Verstöße gegen die auf der Verwandtschaft beruhenden sittlichen Pflichten zu verstehen. Der Tatbestand setzt **sittliches Verschulden** von **erheblichem Gewicht** voraus. Das Verschulden muss für die Bedürftigkeit **ursächlich** sein, und die Folgen des sittlichen Verschuldens müssen noch andauern. Der Tatbestand entfällt daher bei Unterbrechung des Kausalzusammenhangs.[190] Es ist die Feststellung erforderlich, dass der Unterhalt begehrende Verwandte in besonderer Weise verantwortungslos gehandelt hat bzw. handelt.

> *Praxistipp*
>
> Der im Sinne einer Trunksucht alkoholkranke Unterhaltsberechtigte kann den Unterhaltsanspruch verwirken, wenn seine Unterhaltsbedürftigkeit gerade auf seinem Alkoholismus beruht.[191]

bb) Gröbliche Vernachlässigung eigener Unterhaltspflichten

149 **Die gröbliche Vernachlässigung eigener Unterhaltspflichten**, sowohl bezüglich Bar- als auch Betreuungsunterhalt, des Unterhalt begehrenden Verwandten kann dazu führen, dass ihm später bei eigener Bedürftigkeit Unterhalt versagt werden kann. Eine solche Vernachlässigung kann sich insbesondere im Hinblick auf die Betreuungs-, Aufsichts- und Erziehungspflicht gegenüber dem nun unterhaltspflichtigen Kind ergeben, wobei die diesbezügliche Inanspruchnahme Dritter, wie Internat, Kinderfrau, Verwandte, nicht schädlich ist.[192]

cc) Vorsätzliche schwere Verfehlung (Auffangtatbestand)

150 Der **Auffangtatbestand** begrenzt bei bestimmten Fallgestaltungen als negative Billigkeitsklausel einen bestehenden Unterhaltsanspruch.[193] Gemäß § 1611 Abs. 1 S. 1 Alt. 3 setzt die Verwirkung wegen einer schweren Verfehlung ein **Verschulden des Unterhaltsberechtigten** voraus. Es reicht nicht aus, wenn er in einem natürlichen Sinn vorsätzlich gehandelt hat.[194]

151 Voraussetzung für eine schwere Verfehlung im Sinne des § 1611 Abs. 1 3. Alt. ist in der Regel eine **tiefgreifende Beeinträchtigung schutzwürdiger wirtschaftlicher oder persönlicher Belange** des Unterhaltspflichtigen.

> *Praxistipp*
>
> Auch die Verletzung elterlicher Betreuungs- und Erziehungspflichten in Gestalt einer andauernden groben Vernachlässigung, Verletzung der Aufsichtspflichten oder der Pflicht zu Beistand und Rücksicht kann den Auffangtatbestand des § 1611 Abs. 1 erfüllen. Maßgeblich für die Beurteilung des Verhaltens des Unterhaltsberechtigten in der Vergangenheit sind die damals gültigen Erziehungsstandards.[195]
>
> Allerdings ist zu beachten, dass die Verwirkung wegen schwerer Verfehlung ein eng auszulegender Ausnahmetatbestand ist.[196]

190 OLG Köln FamRZ 1990, 310.
191 OLG Celle FamRZ 2010, 817.
192 BGH FamRZ 2004, 1559 m. Anm. *Born*.
193 OLG Frankfurt FamRZ 1993, 1241.
194 BGH FamRZ 2010, 1888.
195 OLG Celle FamRZ 2010, 817.
196 BGH FamRZ 2010, 1888.

Verfehlungen von unterhaltsberechtigten Elternteilen in der Vergangenheit, die unter Drogensucht, Alkoholismus oder geistigen Krankheiten litten, führen regelmäßig nicht zur Verwirkung nach § 1611,[197] da hinsichtlich der Verfehlung Vorsatz erforderlich ist.[198]

Über eine **schwere Verfehlung** des Unterhaltsberechtigten gegen den Unterhaltspflichtigen oder einen seiner nahen Angehörigen hinaus ist daher eine **umfassende Abwägung aller maßgebenden Umstände des jeweiligen Einzelfalles** erforderlich, die auch das eigene Verhalten des Unterhaltsschuldners angemessen berücksichtigt.[199] 152

b) Rechtsfolgen des § 1611 Abs. 1

Regelmäßig ist der angemessene Unterhalt, sofern einer der Tatbestände des § 1611 Abs. 1 Satz 1 vorliegt, auf einen Beitrag zum Unterhalt (**Billigkeitsunterhalt**) zu begrenzen. Ist im Einzelfall **ausnahmsweise** aus **besonderen Gründen** auch noch die Zahlung dieses begrenzten Unterhaltsbeitrages **grob unbillig**, kann die Unterhaltspflicht insgesamt entfallen (§ 1611 Abs. 1 Satz 2). 153

aa) Billigkeitsunterhalt (§ 1611 Abs. 1 Satz 1)

Liegt einer der Tatbestände des § 1611 Abs. 1 Satz 1 vor, dann muss der Unterhaltspflichtige nur einen **Beitrag** zum **Unterhalt** (**Billigkeitsunterhalt**) leisten, der nicht nur der Höhe nach, sondern auch **zeitlich begrenzt** werden kann.[200] Insoweit ist eine **wertende Gesamtschau** aller bedeutsamen Umstände des **jeweiligen Einzelfalles** veranlasst, insbesondere was die Schwere der Verfehlung und des sittlichen Verschuldens sowie die wirtschaftliche Lage des Unterhaltsberechtigten einerseits, andererseits aber auch etwaiges Fehlverhalten des Unterhaltsschuldners, seine wirtschaftliche Belastung sowie die Dauer der Unterhaltslast betrifft. 154

bb) Entziehung des Unterhalts (§ 1611 Abs. 1 Satz 2)

Gemäß § 1611 Abs. 1 Satz 2 entfällt die Unterhaltspflicht insgesamt, wenn die Inanspruchnahme des Unterhaltspflichtigen **grob unbillig** wäre.[201] 155

cc) Ausschluss der Ersatzhaftung (§ 1611 Abs. 3)

Der Unterhaltsanspruch entfällt dem Grunde nach. Daher kann der Unterhaltsberechtigte aufgrund dieser insoweit eingetretenen Beschränkung seines Unterhaltsanspruchs **nicht andere** nachrangig haftende **Verwandte** (vgl. § 1606) in Anspruch nehmen (§ 1611 Abs. 3). 156

c) Darlegungs- und Beweislast

Der Unterhaltspflichtige ist für das Vorliegen der Voraussetzungen des Verwirkungstatbestands als Ausnahmevorschrift **darlegungs- und beweisbelastet**. Hinsichtlich negativer Tatsachen trifft den Unterhaltsberechtigten die sekundäre Beweislast, die entsprechend genauen Sachvortrag des Unterhaltspflichtigen voraussetzt. Das im Rahmen der sekundären Beweislast erfolgte Vorbringen des Unterhaltsberechtigten muss dann der Unterhaltspflichtige widerlegen.[202] 157

d) Kasuistik

Es können Umstände der **eigenen Lebensführung** des Unterhaltsberechtigten als auch **verhaltensbedingte Gründe** zur Erfüllung des Tatbestands des § 1611 Abs. 1 führen. 158

197 OLG Hamm FamRZ 2010, 303; BGH FamRZ 2010, 1418.
198 BGH FamRZ 2010, 1888.
199 BGH FamRZ 1995, 475; OLG Oldenburg FamRZ 2013, 1051; BGH NJW 2014, 1177.
200 OLG Hamburg FamRZ 1984, 610.
201 OLG Karlsruhe OLGR 1999, 46.
202 OLG Koblenz OLGR 2000, 245.

aa) Verwirkung nach § 1611 bejaht

159 ■ BGH, Urt. v. 19.5.2004 – XII ZR 304/02:[203]

Die unterhaltspflichtige Tochter wurde im Alter von ca. einem Jahr von ihrer nun Elternunterhalt begehrenden Mutter bei den Großeltern zurückgelassen. Die Mutter kümmerte sich im Weiteren nicht um die Tochter, Kontakte fanden kaum statt. Mit dem Argument, das Verhalten der Mutter offenbart einen so groben Mangel an elterlicher Verantwortung und menschlicher Rücksichtnahme, dass nach Abwägung aller Umstände von einer schweren Verfehlung der Mutter gegen die Tochter auszugehen ist, bejahte der BGH den Verwirkungstatbestand.

160 ■ OLG Koblenz, Urt. v. 14.3.2000 – 15 UF 605/99:[204]

Vater kümmerte sich nach dem Scheitern der Ehe mit der Mutter um das zu diesem Zeitpunkt zwei Jahre alte Kind nicht. Auch mit dem später erwachsenen Kind hatte er keinen Kontakt. Außerdem entzog er sich mindestens für die Dauer von 18 Monaten seiner (Bar-)Unterhaltspflicht trotz Leistungsfähigkeit aufgrund möglicher Vermögensverwertung. Er verletze seine Unterhaltspflicht gegenüber dem Kind gröblich im Sinne des § 1611. Insbesondere aufgrund des Vorliegens mehrerer Fehlverhalten des Vaters gegenüber dem Kind, erscheint dessen Inanspruchnahme auf Zahlung von Elternunterhalt durch den unterhaltsbedürftigen Vater als grob unbillig.

161 ■ OLG Oldenburg, Beschl. v. 25.10.2013 – 14 UF 80/12:[205]

Ab Trennung der Eltern belastete der nun unterhaltsbedürftige Vater den damals 19-jährigen Sohn mit seinem jede Beziehung vermeidenden Verhalten nachhaltig in einer nicht mehr zu akzeptierenden Weise. Das Verhalten des Vaters stellt eine vorsätzliche schwere Verfehlung gegen den unterhaltspflichtigen Sohn dar, die zur Verwirkung des Anspruchs auf Elternunterhalt führt.

162 ■ AG Krefeld, Urt. v. 30.10.2009 – 65 F 130/09:[206]

Eine gröbliche Unterhaltspflichtverletzung im Sinne des § 1611 Abs. 1 Satz 1 des nun unterhaltsbedürftigen Elternteils liegt vor, wenn er das unterhaltspflichtige Kind nach Verlassen der Volksschule im Alter von 14 Jahren zur Aufnahme einer Berufstätigkeit zwang und die Betreuung des Kindes den Großeltern überließ.

bb) Verwirkung nach § 1611 verneint:

163 ■ BGH, Beschl. v. 12.2.2014 – XII ZB 607/12:[207]

Ein vom unterhaltsberechtigten Elternteil ausgehender Kontaktabbruch stellt wegen der darin liegenden Verletzung der sich aus § 1618a BGB ergebenden Pflicht zu Beistand und Rücksicht zwar regelmäßig eine Verfehlung dar. Sie führt aber nur bei Vorliegen weiterer Umstände, die das Verhalten des Unterhaltsberechtigten auch als schwere Verfehlung im Sinne des § 1611 Abs. 1 Satz 1 Alt. 3 BGB erscheinen lassen, zur Verwirkung des Elternunterhalts.

Solche Umstände sind im vorliegenden Fall nicht festgestellt. Zwar mag der Vater durch sein Verhalten das familiäre Band zu seinem volljährigen Sohn aufgekündigt haben. Andererseits hat er sich in den ersten 18 Lebensjahren seines Sohnes um diesen gekümmert. Er hat daher gerade in der Lebensphase, in der regelmäßig eine besonders intensive elterliche Fürsorge erforderlich ist, seinen Elternpflichten im Wesentlichen genügt. Die Errichtung eines Testaments selbst stellt keine Verfehlung dar, weil der Vater insoweit lediglich von seinem Recht auf Testierfreiheit Gebrauch gemacht hat.

203 BGH FamRZ 2004, 1559.
204 OLG Koblenz OLGR 2000, 254.
205 OLG Oldenburg FamRZ 2013, 1051.
206 AG Krefeld FamRZ 2010, 817.
207 BGH NJW 2014, 1177.

■ OLG Karlsruhe, Urt. v. 18.9.2003 – 2 UF 35/03:[208] 164

Für den Vorwurf der schweren Verfehlung im Sinne des § 1611 Abs. 1 Satz 1 reicht es nicht aus, dass die nun unterhaltsbedürftige Mutter die unterhaltspflichtige im Zeitpunkt der Vorfälle volljährige Tochter in der Vergangenheit erheblich gekränkt und beleidigt sowie seit Jahren den Kontakt zu ihr abgebrochen hat. Nach Auffassung des Gerichts ist das Fehlverhalten der Mutter menschlich und gesellschaftlich betrachtet bedauerlich, kann aber nicht zur Versagung oder Kürzung des Unterhaltsanspruchs führen.

■ OLG Hamm, Urt. v. 6.8.2009 – 2 UF 241/08:[209] 165

Die psychische Erkrankung der Mutter veranlasste sie einmalig die Kleidung der unterhaltspflichtigen Kinder zu zerschneiden, die Kinder mehrfach aus der Wohnung auszusperren und verursachte bei den Kindern einen Waschzwang. Ohne das Hinzutreten besonderer Umstände stellt dieses – zumal krankheitsbedingte – Verhalten der Mutter keine schwere Verfehlung im Sinne des § 1611 dar.

2. Verwirkung nach § 242

Die Verwirkung des Unterhaltsanspruchs des minderjährigen Kindes kann sich aus § 242 ergeben, sofern **Zeit- und Umstandsmoment** erfüllt sind.[210] Wenn der Unterhaltspflichtige nach einer gewissen Zeit aufgrund besonderer hinzutretender Umstände davon ausgehen durfte/musste, dass der Unterhaltsberechtigte ihn nicht mehr auf Zahlung in Anspruch nehmen werde, kann er dem Unterhaltsanspruch die von Amts wegen zu beachtende[211] Einwendung[212] der Verwirkung entgegenhalten.[213] 166

Ausgangspunkt ist der **(Unterhalts-)Schuldnerschutz**, dem bei Unterhaltsrückständen von mehr als einem Jahr besondere Bedeutung zukommt. Daneben ist davon auszugehen, dass der Unterhaltsberechtigte auf die Unterhaltsleistung, die schließlich seinen Lebensbedarf decken soll, aufgrund bestehender Bedürftigkeit dermaßen angewiesen ist, dass er die Durchsetzung seiner Unterhaltsansprüche ohne großes Zuwarten betreibt. Die Frage der Verjährung spielt im Rahmen der Verwirkung keine Rolle. 167

> *Praxistipp*
> Die Verwirkung beseitigt die anspruchsbegründende Wirkung einer Inverzugsetzung oder Rechtshängigkeit und kann darüber hinaus auch bereits titulierte Ansprüche erfassen,[214] die auf einen öffentlich-rechtlichen Träger übergegangen sind.[215]

Ob die Titulierung des Unterhaltsanspruchs aber Unterlassen der Zwangsvollstreckung durch den Berechtigten zu einer größeren Schutzwürdigkeit des Pflichtigen[216] oder dieses Vorgehen des Berechtigten dem Pflichtigen verdeutlicht, dass die Ansprüche verfolgt werden,[217] ist am konkreten Einzelfall zu entscheiden. 168

208 OLG Karlsruhe FamRZ 2004, 971.
209 OLG Hamm FamRZ 2010, 303.
210 Eschenbruch/*Schwonberg*, Kap. 2 Rn 1010.
211 BGH NJW 1966, 345.
212 OLG Celle NJW-RR 2007, 235.
213 BGH FamRZ 1988, 370; OLG Düsseldorf FamRZ 1989, 776.
214 BGH FamRZ 1999, 1422; OLG Oldenburg. FamRZ 2012, 148; OLG Schleswig FamRZ 2001, 1707.
215 BGH FamRZ 2010, 1888.
216 OLG Brandenburg FamRZ 2004, 972.
217 OLG Hamburg FamRZ 2002, 327.

a) Das Zeitmoment

169 Es können nur **fällige Unterhaltsansprüche** verwirkt werden. Diese müssen ein Jahr und länger zurückliegen.[218]

Praxistipp

Werden Unterhaltsansprüche, deren Fälligkeit ein Jahr und mehr zurückliegen, vom Berechtigten nicht zeitnah geltend gemacht, ist jedenfalls die Möglichkeit der Verwirkung zu prüfen.

170 Grundsätzlich können auch bereits **titulierte Unterhaltsansprüche** – unabhängig von der Verjährung – verwirken. Das diesbezügliche Zeitmoment umfasst in der Rechtsprechung jedoch die weite Spanne von einem[219] über vier[220] bis zu sieben[221] Jahren. Für das Zeitmoment ist darauf hinzuweisen, dass von einem Unterhaltsgläubiger, der auf laufende Unterhaltszahlungen angewiesen ist, eher als von einem Gläubiger anderer Forderungen erwartet werden muss, dass er sich zeitnah um die Durchsetzung des Anspruchs bemüht.[222]

b) Das Umstandsmoment

171 Bei der Prüfung des Umstandsmoments ist darauf abzustellen, ob sich der Unterhaltspflichtige darauf verlassen und mithin seine Ausgaben- und Lebensplanung darauf einrichten durfte, dass er vom Unterhaltsberechtigten nicht mehr auf Zahlung in Anspruch genommen werde.

172 Die Abwägung muss vor dem Hintergrund erfolgen, dass die Unterhaltszahlung den **Lebensbedarf des Unterhaltsberechtigten** decken soll, der Unterhaltsberechtigte also bedürftig und auf die Unterhaltszahlung angewiesen ist. Sofern Unterhaltsansprüche während des Zeitraums von einem Jahr nicht verfolgt werden, kann sich m.E. der Pflichtige darauf einstellen, dass er hinsichtlich dieser Rückstände nicht mehr in Anspruch genommen wird, da der Unterhaltsberechtigte den Anschein fehlender Bedürftigkeit erweckt.

Praxistipp

Es ist jedenfalls Sache des Unterhaltspflichtigen zu den Umstandsmomenten vorzutragen.

173 Der Unterhaltsberechtigte kann den **Eintritt der Verwirkung hindern**, indem er den Pflichtigen regelmäßig und ernsthaft zur Zahlung auffordert,[223] die Ansprüche rechtshängig macht, wobei Stufenantrag nur dann genügt, wenn der Rechtstreit nach Erledigung der jeweiligen Stufen vom Antragsteller zeitnah weiterbetrieben wird,[224] oder bei bereits erfolgter Titulierung der Ansprüche regelmäßig Vollstreckungsversuche unternimmt.[225]

174 M. E. ist das Umstandsmoment bei Untätigkeit des Unterhaltsberechtigten – in Zusammenschau mit dem Zeitmoment – über den Zeitraum eines Jahres hinweg erfüllt. In der familiengerichtlichen Praxis wird oftmals ein „Mehr“ im Sachverhalt verlangt, damit sich der Unterhaltspflichtige darauf verlassen können soll, nicht mehr in Anspruch genommen zu werden. Damit wird m.E. die Anforderung an das Umstandsmoment vor dem Hintergrund der Bedürftigkeit des Unterhaltsberechtigten jedoch überspannt.

175 Im Umkehrschluss soll mit der Geltendmachung von Unterhaltsansprüchen gerade bei beengten wirtschaftlichen Verhältnissen nicht lange – auf keinen Fall länger als ein Jahr – zugewartet werden.

218 BGH FamRZ 2007, 453.
219 OLG Oldenburg FamRZ 2012, 1223; OLG Hamm FamRZ 2007, 159; OLG Brandenburg FamRZ 2004, 972.
220 OLG Stuttgart FamRZ 1999, 859; OLG Karlsruhe FamRZ 1993, 1456.
221 OLG Frankfurt a.M. FamRZ 1999, 1163.
222 OLG München, Beschl. v. 21.2.2017 – 26 UF 1466/16.
223 OLG Celle FamRZ 2008, 2230; OLG Naumburg FamRZ 2010, 1090 (Ls).
224 BGH FamRZ 2007, 453.
225 OLG München OLGR 2002, 68.

c) Kasuistik

Im Nachfolgenden werden Entscheidungen dargestellt, in denen das Vorliegen des Verwirkungstatbestands bejaht und verneint wurde. 176

aa) Verwirkung nach § 242 bejaht

- BGH, Urt. v. 23.10.2002 – XII ZR 266/99:[226] 177

Der XII. Zivilsenat hat entschieden, dass die Unterhaltsansprüche für den unterhaltsbedürftigen Vater insgesamt und für die unterhaltsbedürftige Mutter teilweise verwirkt sind. Der unterhaltspflichtige Sohn hat angesichts der seit der Rechtswahrungsanzeige von März 1995 bis zur weiteren Geltendmachung durch den Sozialhilfeträger im April 1997 verstrichenen Zeit unter Berücksichtigung der vorliegenden Umstände darauf vertrauen können, dass er nicht mehr uneingeschränkt in Anspruch genommen wird.

- KG, Urt. v. 29.4.2005 – 18 UF 145/04:[227] 178

Ein im Wege der Stufenklage bereits rechtshängiger Anspruch kann verwirken, wenn der Unterhaltsberechtigte den Rechtsstreit über einen längeren Zeitraum nicht betreibt.

- OLG München, Beschl. v. 21.2.2017 – 26 UF 1466/16:[228]

Eine Verwirkung von Unterhaltsansprüchen kommt dann in Betracht, wenn der Berechtigte ein Recht längere Zeit nicht geltend macht, obwohl er dazu in der Lage wäre (Zeitmoment), und der Verpflichtete sich mit Rücksicht auf das gesamte Verhalten des Berechtigten darauf einrichten durfte und eingerichtet hat, dass dieser sein Recht auch in Zukunft nicht geltend machen werde (Umstandsmoment).

Für das Zeitmoment ist darauf hinzuweisen, dass von einem Unterhaltsgläubiger, der auf laufende Unterhaltszahlungen angewiesen ist, eher als von einem Gläubiger anderer Forderungen erwartet werden muss, dass er sich zeitnah um die Durchsetzung des Anspruchs bemüht. Das Zeitmoment ist daher regelmäßig bereits für Zeitabschnitte, die bei Untätigkeit des Unterhaltsgläubigers mehr als ein Jahr vor dem erneuten Tätigwerden zurückliegen, zu bejahen. Dieselben Anforderungen gelten, wenn die aus übergegangenem Recht klagende Behörde tätig wird.

Eine Rechtswahrungsanzeige der Behörde, auf die der Unterhaltsanspruch übergegangen ist, reicht allein nicht aus, um dem Umstandsmoment der Verwirkung dauerhaft begegnen zu können.

bb) Verwirkung nach § 242 verneint

- BGH, Urt. v. 28.1.2004 – XII ZR 218/01:[229] 179

Es fehlt am Umstandsmoment, wenn der auf Unterhalt in Anspruch genommene Ehegatte sein Einkommen nicht für den Familienunterhalt einsetzt, sondern der Vermögensbildung zuführt. In diesem Fall kann er sich nicht erfolgreich auf Verwirkung berufen, weil das Geld noch verfügbar ist.

VII. Überleitung des Anspruchs auf den Sozialhilfeträger

Der Unterhaltsanspruch kann rechtswirksam auf den **Sozialhilfeträger übergehen**, sodass dieser beim Unterhaltspflichtigen Rückgriff nehmen kann. Der Anspruch wird vom Unterhaltsberechtigten auf den Sozialhilfeträger im Wege des gesetzlichen Forderungsübergang übergeleitet, dabei wird weder die Rechtsnatur, der Inhalt oder Umfang des Unterhaltsanspruchs verändert.[230] Daher ergeben sich aus dem Forderungsübergang keinerlei materiell-rechtliche Auswirkungen. **Aktivlegitimiert** für die Geltendmachung des Anspruchs ist ab Überleitung der Sozialhilfeträger, der Unterhalt für die Vergangenheit 180

226 BGH FamRZ 2002, 1698.
227 KG FamRZ 2004, 795.
228 OLG München, Beschl. v. 21.2.2017 – 26 UF 1466/16.
229 BGH FamRZ 2004, 795.
230 BGH FamRZ 2002, 1698.

jedoch nur bei Vorliegen der Voraussetzungen des § 1613 verlangen kann. Rückwirkend kann der Unterhalt auch vom Sozialhilfeträger verlangt werden, wenn dem Unterhaltspflichtigen die Gewährung staatlicher Transferleistungen an den Unterhaltsberechtigten nach den Regeln der öffentlich-rechtlichen Leistungsgesetze mitgeteilt worden ist.[231]

1. Übergangstatbestände

181 Im Rahmen des Elternunterhaltsrechtsverhältnis kann sich der **gesetzliche Anspruchsübergang** aus § 94 SGB XII,[232] § 33 SGB II oder §§ 1836c und 1836e ergeben.

2. Der Sozialhilferegress – nicht mehr – als Regelfall

182 Die Ansprüche des Unterhaltsberechtigten gegen den Unterhaltspflichtigen werden gegebenenfalls nach **§ 94 SGB XII** auf den Sozialhilfeträger übergeleitet. Dieser nimmt im Weiteren den Unterhaltspflichtigen aus übergegangenem Recht nach § 94 SGB XII in Anspruch.

Praxistipp

Mit übergeleitet wird auch der **Auskunftsanspruch aus § 1605** gegen den Unterhaltspflichtigen. Daneben hat der Sozialhilfeträger einen eigenen Auskunftsanspruch gegen den Unterhaltspflichtigen,[233] damit er – wie der Unterhaltsberechtigte auch – die Möglichkeit hat anhand der Auskunft des in Anspruch genommenen Unterhaltspflichtigen hinsichtlich seiner Einkommens- und Vermögensverhältnisse den Unterhaltsanspruch der Höhe nach zu berechnen.

a) Die Voraussetzungen der Legalzession nach § 94 SGB XII

183 **Folgende Voraussetzungen** müssen für einen wirksamen Anspruchsübergang nach § 94 SGB XII vorliegen:

- Bewilligung und Gewährung von Sozialhilfeaufwendungen, § 94 Abs. 1 Satz 1 SGB XII,
- Bestehen eines Unterhaltsanspruchs, § 94 Abs. 1 Satz 1 SGB XII,
- persönliche Identität von Unterhaltsberechtigtem und Leistungsempfänger,
- zeitliche Identität von Unterhaltsanspruch und Leistungsempfang,[234]
- für Unterhaltsrückstände: Voraussetzungen des § 1613 oder Rechtswahrungsanzeige, § 94 Abs. 4 Satz 1 SGB XII,
- kein gesetzlicher Ausschluss des Anspruchsübergangs.

Praxistipp

Umstritten ist die Frage, ob die Rechtmäßigkeit der Hilfegewährung zugunsten des Unterhaltsberechtigten im Unterhaltsverfahren zu prüfen ist, da die Bedürftigkeit des Unterhaltsberechtigten ohnehin bei der Frage des Bestehens des Unterhaltsanspruchs zu klären ist.

Allerdings ist die Rechtmäßigkeit der Leistungsbewilligung Voraussetzung für den wirksamen Anspruchsübergang auf den Sozialhilfeträger. Schließlich ist für die Frage der wirksamen Überleitung die Art der Leistung, die gewährt wird, unter Umständen entscheidend, da nach § 33 Abs. 2 Satz 1 Nr. 2 Halbsatz 1 SGB II eine Regresssperre bei Leistungen aufgrund eines Anspruchs des Unterhaltsberechtigten auf Grundsicherung besteht.

231 Weinreich/Klein/*Klein*, Vor §§ 1360–1360b Rn 21.
232 Bis 31.12.2004: § 91 BSHG.
233 BGH FamRZ 2003, 1836 = FuR 2003, 573.
234 BVerfG FamRZ 2005, 1051 m. Anm. *Klinkhammer*.

b) Ausschluss und Einschränkung der Legalzession

Aufgrund gesetzlicher Vorschriften kann der Übergang des Unterhaltsanspruchs des berechtigten Elternteils auf den Sozialhilfeträger **eingeschränkt oder ganz ausgeschlossen** sein. Im Rahmen des gesetzlichen Forderungsübergangs nach § 94 SGB XII hat keine erweiterte Kausalitätsprüfung analog § 93 Abs. 1 Satz 3 SGB XII i.V.m. § 85 SGB XII zu erfolgen.[235] **184**

Elternunterhaltsbezogen relevant sind die nachfolgend aufgeführten **Sachverhalte** und Vorschriften: **185**

- Wird der Unterhaltsanspruch durch laufende Zahlungen erfüllt, ist der Übergang des Anspruchs eingeschränkt bis ausgeschlossen, § 94 Abs. 1 Satz 2 SGB XII.
- Gehört der Unterhaltspflichtige zum Personenkreis des § 19 SGB XII, ist der Übergang des Anspruchs ausgeschlossen, § 94 Abs. 1 Satz 3 Halbsatz 1 SGB XII.
- Ist der Unterhaltspflichtige mit dem Leistungsempfänger im zweiten oder ferneren Grad verwandt, ist der Übergang des Anspruchs ausgeschlossen, § 94 Abs. 1 Satz 3 SGB XII.
- Wenn der Unterhaltsberechtigte Leistungen nach dem 4. Kapitel (Grundsicherung im Alter) bezieht, ist der Übergang des Anspruchs ausgeschlossen, § 94 Abs. 1 Satz 3 Halbsatz 2 SGB XII.
- Wenn der unterhaltsberechtigte Elternteil Leistungsberechtigter nach dem 3. oder 4. Kapitel ist oder bei Erfüllung des Anspruchs würde, ist der Übergang des Anspruchs ausgeschlossen, § 94 Abs. 3 Satz 1 Nr. 1 SGB XII: „sozialhilferechtliche Vergleichsberechnung".
- Wenn der Anspruchsübergang eine unbillige Härte bedeutet, ist der Übergang des Anspruchs ausgeschlossen, § 94 Abs. 3 Satz 1 Nr. 2 SGB XII.
- Der Übergang des Anspruchs ist beschränkt bezüglich der Kosten der Unterkunft in Höhe des hypothetisch vom Wohngeld erfassten Anteils, §§ 94 Abs. 1 Satz 6, 105 Abs. 2 SGB XII.

Praxistipp

Die **sozialhilferechtliche Vergleichsberechnung** wurde bis 31.12.2004 im Rahmen des § 91 BSHG angestellt, um die Angemessenheit der Freibeträge zu überprüfen. Seit 1.1.2005 will eine Meinung in den Fällen, in denen die Freibeträge des Unterhaltspflichtigen die Freibeträge des Unterhaltsberechtigten unterschreiten, eine unbillige Härte, § 94 Abs. 3 Satz 1 Nr. 2 SGB XII, annehmen.[236] Im Hinblick auf den im Elternunterhaltsrechtsverhältnis geltenden Super-Selbstbehalt in Höhe von derzeit 1.600 EUR zuzüglich 50 % des darüber hinaus gehenden Einkommens des Unterhaltspflichtigen stellt sich die Frage der sozialhilferechtlichen Vergleichsberechnung nicht (mehr).

c) Die „unbillige Härte" nach § 94 Abs. 3 Satz 1 Nr. 2 SGB XII

Wenn der Übergang des Unterhaltsanspruchs für den Unterhaltspflichtigen eine **unbillige Härte** im Sinne des § 94 Abs. 3 Satz 1 Nr. 2 SGB XII darstellt, ist die Überleitung auf den Sozialhilfeträger ausgeschlossen. **186**

Die Härte für das unterhaltspflichtige Kind kann sowohl in materieller als auch immaterieller Hinsicht bestehen und sich sowohl aus der Person des Unterhaltsberechtigten als Hilfeempfänger als auch aus der Person des Unterhaltspflichtigen ergeben. Bei der Auslegung sind **folgende Umstände**[237] zu berücksichtigen: **187**

- Zielsetzung der dem Unterhaltsberechtigten gewährten Hilfe,
- allgemeine Grundsätze der Sozialhilfe,
- die Belange der Familie, die wirtschaftlichen und persönlichen Beziehungen sowie die soziale Lage der Beteiligten.

235 OLG Koblenz, Beschl. v. 19.7.2017 – 9 UF 131/17.
236 Eschenbruch/*Menne/Schürmann*, Kap. 2 Rn 1240 m.w.N.
237 Weinreich/Klein/*Klein*, Vor §§ 1360–1360b, Rn 25.

Praxistipp

Bei der Beurteilung, ob der Anspruchsübergang für den Unterhaltspflichtigen aus den genannten Gründen eine unbillige Härte darstellt, ist ganz entscheidend die Frage, ob durch den Anspruchsübergang soziale Belange[238] vernachlässigt werden.[239]

188 Eine unbillige Härte ist gegeben, wenn und soweit der **Grundsatz der familiengerechten Hilfe**, im Zuge dessen auf die Belange und Beziehungen in der Familie Rücksicht zu nehmen ist, verletzt wird.[240] Diese liegt z.B. vor,[241] wenn

- die laufende Heranziehung zum Unterhalt im Hinblick auf die soziale und wirtschaftliche Lage des Unterhaltspflichtigen mit Rücksicht auf die Höhe und Dauer des Bedarfs zu einer nachhaltigen und unzumutbaren Beeinträchtigung der Lebensführung des Unterhaltspflichtigen und seiner Familie führt.
- die Zielsetzung der Hilfe in der Gewährung von Schutz und Zuflucht liegt, z.B. bei Unterbringung im Frauenhaus, und die Mitteilung an den Unterhaltspflichtigen das Ziel der Hilfegewährung gefährdet.
- der Unterhaltspflichtige den Unterhaltsberechtigten in der Zeit vor Hilfegewährung über das Maß der zumutbaren Unterhaltsverpflichtung hinaus betreut oder gepflegt hat.[242]
- die Störung der familiären Beziehung im Sinne des § 1611 aus Sicht des Sozialhilferechts auch soziale Belange erfasst, die einen Übergang des Anspruchs nach öffentlich-rechtlichen Kriterien ausschließen.[243]
- es im Verantwortungsbereich des Sozialhilfeträgers liegt, dass der Unterhaltsberechtigte nicht pflegeversichert ist und er deshalb im später eingetretenen Pflegefall kein Pflegegeld bezieht.[244]

189 Zu beachten ist, dass es sich bei dieser Darstellung um keine abschließende handelt. Vielmehr ist grundsätzlich eine **umfassende Billigkeitsprüfung** unter Abwägung aller relevanten Umstände vorzunehmen.[245]

Praxistipp

Die Unbilligkeit des Anspruchsübergangs ist nicht deckungsgleich mit der die Verwirkung nach § 1611 BGB begründenden. Schließlich handelt es sich bei der Norm des § 94 SGB XII um eine öffentlich-rechtliche, bei § 1611 BGB um eine zivilrechtliche.[246]

d) Einschränkungen durch das Gesetz zur Entlastung Unterhaltsverpflichteter Angehöriger

190 Die Regelung des **§** 94 **SGB X**II ist durch das Angehörigenentlastunggesetz vom 10.12.2019[247] ganz entscheidend geändert und in seiner Anwendbarkeit relevant beschränkt worden.

Nach **§** 94 Absatz ein **S.** 3 und 4 **SGB X**II ist eine Anspruchsübergang ausgeschlossen, wenn

- die unterhaltspflichtige Person selbst hilfebedürftig ist,
- sie mit der leistungsberechtigten Person vom 2.° an verwandt ist, sodass dann Anspruchsübergang auf Enkel oder Großeltern nicht in Betracht kommt,
- sie schwanger ist oder ein leibliches Kind bis zur Vollendung des 6. Lebensjahres betreut.

238 BGH FamRZ 2004, 1097 = FuR 2004, 515.
239 BGH FamRZ 2010, 1418 = FuR 2010, 571.
240 BGH, Beschl. v. 12.9.2018 – XII ZB 384/17.
241 Weinreich/Klein/*Klein*, Vor §§ 1360–1360b Rn 25 m.w.N.
242 BVerwGE 58, 209.
243 BGH FamRZ 2010, 1888 = FuR 2011, 49.
244 BGH FamRZ 2015, 1594.
245 BGH FamRZ 2010, 1418 = FuR 2010, 571.
246 OLG Hamm, Beschl. v. 16.9.2021 – II-4 UF 143/19.
247 BGBl I 2019, S. 2135.

Vor allem aber erfolgte gesetzliche Anspruchsübergang gemäß **§** 94 **Abs.** 1a **SGB** XII nur noch in Fällen, in denen das unterhaltspflichtige Kind ein jährliches Bruttoeinkommen von mehr als 100.000 **EUR** erhält. Abzustellen ist auf das Einkommen im Jahr des Leistungsbezugs, wobei alle Einkünfte, die der Steuerpflicht unterliegen umfasst sind (**§** 16 **SGB** IV).

> *Praxistipp*
>
> Das Einkommen des Ehegatten des unterhaltspflichtigen Kindes ist ohne Bedeutung.
>
> Dieses Einkommen ist unter Beachtung der einkommensteuerrechtlichen Grundsätze zu ermitteln.

Die gesetzliche Vermutung des §§ 94 Abs. 1a S. 3 SGB XII geht dahingehend, dass ein Jahreseinkommen **191** des unterhaltspflichtigen Kindes i.H.v. 100.000 EUR gerade nicht erreicht wird. Daher scheidet der Anspruchsübergang auf den Sozialhilfeträger aus, sofern dieser die gesetzliche Vermutung nicht widerlegen kann.

> *Praxistipp*
>
> Ergeben sich für den Sozialhilfeträger hinreichende Anhaltspunkte dafür, dass das Jahreseinkommen des unterhaltspflichtigen Kindes einen Betrag i.H.v. 100.000 EUR überschreitet, ist dieses nach § 94 Abs. 1a S. 5 SGB XII, der auf § 117 SGB XII verweist, zur Auskunft verpflichtet.

e) Rechtsfolgen der Legalzession

Sowohl der **Unterhalts- als auch der Auskunftsanspruch (§ 1605)** des Unterhaltsberechtigten gegen **192** den Unterhaltspflichtigen gehen kraft Gesetzes auf den Sozialhilfeträger über. Damit sind die §§ 399 bis 404 und 406 bis 410 über die Forderungsabtretung entsprechend anzuwenden. Der Unterhaltspflichtige kann dem Sozialhilfeträger alle Einwendungen und Einreden gegen den Unterhaltsanspruch entgegenhalten.[248]

Unterhaltsrückstände können durch den Sozialhilfeträger geltend gemacht werden, wenn die Voraussetzungen des § 1613 gegeben sind oder eine Rechtswahrungsanzeige des Sozialhilfeträgers gegenüber dem **193** Unterhaltspflichtigen vorliegt.

248 BGH FamRZ 2002, 1698.

§ 5 Unterhalt nicht miteinander verheirateter Eltern nach § 1615l BGB

Dr. Franz-Thomas Roßmann

A. Anwendungsbereich des § 1615l BGB

Nichteheliche Lebenspartner sind einander grundsätzlich nicht unterhaltspflichtig. Abgesehen von Unterhaltspflichten aus Anlass der Geburt eines nichtehelichen Kindes bestehen keine Unterhaltsansprüche der Kinder des einen Partners gegen den anderen Partner oder der Partner untereinander.[1] 1

Die Partner können jedoch vertragliche Unterhaltsregelungen für die Dauer des Zusammenlebens und auch für die Zeit nach der Beendigung der Gemeinschaft treffen.[2]

Es ist eine ausdrückliche Vereinbarung erforderlich; aus dem bloßen Zusammenleben kann ebenso wenig auf den Willen zur vertraglichen Bindung geschlossen werden wie aus der Tatsache, dass ein Partner dem anderen über einen längeren Zeitraum Unterhaltszahlungen geleistet hat.

Ein Anspruch auf Unterhalt ergibt sich aber nach § 1615l BGB, wenn aus der Beziehung ein Kind hervorgeht.[3] Soweit von der Mutter wegen der Pflege oder Erziehung des Kindes eine Erwerbstätigkeit nicht erwartet werden kann, ist der Vater dann unterhaltspflichtig, vgl. § 1615 Abs. 2 S. 2 BGB.[4] Grundlage der Vorschrift des § 1615l BGB ist, dass die Mutter und der Vater eines Kindes zum Zeitpunkt der Geburt des Kindes nicht miteinander verheiratet sind. 2

Die Vaterschaft muss aber gem. §§ 1592 Nr. 2, 1594 BGB anerkannt oder gem. §§ 1592 Nr. 3, 1600d Abs. 1 u. 2 BGB rechtskräftig festgestellt sein.[5] Ist die Vaterschaft weder anerkannt noch gerichtlich festgestellt, kann aber nach überwiegend vertretener Auffassung ein Anspruch nach § 1615l BGB jedenfalls dann gerichtlich geltend gemacht werden, wenn die Vaterschaft unstreitig ist, da – anders als beim Kindesunterhalt – die Möglichkeit einer inzidenten Feststellung bejaht wird. Ansonsten ist zunächst ein Abstammungsverfahren erforderlich.[6]

Nach § 1615 Abs. 2 S. 3–5 BGB beginnt die Unterhaltspflicht frühestens vier Monate vor der Geburt und besteht für mindestens drei Jahre nach der Geburt. Sie kann verlängert werden, solange und soweit dies der Billigkeit entspricht. Dabei sind insbesondere die Belange des Kindes und die bestehenden Möglichkeiten der Kinderbetreuung zu berücksichtigen.

Die Vorschrift des **§ 1615l BGB** ist aufgrund der Unterhaltsreform dem Betreuungsunterhalt nach § 1570 BGB angepasst worden.[7] 3

Grundlage der Änderungen war insbesondere ein Urteil des BVerfG.[8] Das BVerfG hatte die unterschiedliche Dauer der Ansprüche auf Unterhalt wegen der Betreuung eines Kindes aufseiten der nicht ehelichen bzw. der geschiedenen Mutter beanstandet. Diese Unterhaltsansprüche – so wurde argumentiert – würden durch das Interesse der Kinder geprägt; eine unterschiedliche Ausgestaltung verstoße daher gegen Art. 6 Abs. 5 GG.

1 BGH NJW 1980, 124.
2 Vgl. dazu *Münch*, MittBayNot 2012, 10 ff.
3 Ausführlich dazu *Viefhues*, FuR 2020, 355 ff.
4 Vgl. dazu *Weinreich*, FuR 2012, 338.
5 OLG Oldenburg FamRZ 2018, 1511.
6 Vgl. dazu *Viefhues*, FuR 2015, 686; a.A. OLG Oldenburg FamRZ 2018, 1511.
7 Ausführlich dazu auch *Götz*, FamRZ 2018, 1474 (Unterhalt wegen Kindesbetreuung – Vereinheitlichung der Regelung in § 1615l und § 1570).
8 BVerfG FamRZ 2007, 965.

Die Neufassung des § 1615l Abs. 2 S. 3 BGB ist nunmehr mit § 1570 BGB abgestimmt.

4 Der Rang der Unterhaltsansprüche der nicht verheirateten Mutter wurde ebenfalls geändert, d.h. alle Eltern, die Kinder betreuen, befinden sich nunmehr im zweiten Rang (vgl. § 1609 Nr. 2 BGB).

Letztlich bewirkt § 1615l BGB für die nicht mit dem Vater des von ihr geborenen Kindes verheiratete Mutter und das Kind einen besonderen Schutz, der durch die finanzielle Sicherstellung des Lebensunterhalts der Mutter zur Wahrnehmung der Betreuung des Kindes zumindest in den drei ersten Lebensjahren gewährleistet wird.

5 Die Vorschrift des § 1615l BGB enthält vier zu unterscheidende Unterhaltstatbestände:

1. Unterhalt aus Anlass der Geburt, § 1615l Abs. 1 S. 1 BGB
2. Ersatz von Schwangerschaft und Entbindungskosten, § 1615l Abs. 1 S. 2 BGB
3. Unterhalt wegen Schwangerschaft oder Krankheit, § 1615l Abs. 2 S. 1 BGB
4. Betreuungsunterhalt des nicht verheirateten Elternteils, § 1615l Abs. 2 S. 2–5 BGB

6 Der Betreuungsunterhalt des nicht verheirateten Elternteils nach § 1615l Abs. 2 S. 2–5 BGB ist von großer praktischer Bedeutung. Die Zahl der Kinder, die aus nicht ehelichen Lebensgemeinschaften hervorgehen, liegt seit 2007 kontinuierlich bei über 30 %. So wurden im Jahre 2020 33,1 % aller Kinder nichtehelich geboren.[9] Anders liegt es mit den übrigen Unterhaltstatbeständen des § 1615l BGB; diese werden in der Praxis überlagert durch vorrangige sozialrechtliche, krankenversicherungsrechtliche oder arbeitsrechtliche Ansprüche, die letztlich zur Folge haben, dass die Bedürftigkeit entfällt.[10]

B. Geburtsbedingte Ansprüche der Mutter, § 1615l Abs. 1 S. 1 BGB

I. Unterhalt aus Anlass der Geburt gem. § 1615l Abs. 1 S. 1 BGB

7 Der Vater hat nach § 1615l Abs. 1 S. 1 BGB der unverheirateten Mutter für die Dauer von sechs Wochen vor und acht Wochen nach der Geburt des Kindes Unterhalt zu gewähren.

Der Unterhaltsanspruch stellt sicher, dass die Mutter in der angegebenen Zeit keinem Erwerb nachgehen muss; maßgeblich für die Berechnung ist der voraussichtliche Geburtstermin.

Die Vaterschaft muss – wie bereits erwähnt – gem. §§ 1592 Nr. 2, 1594 BGB anerkannt oder gem. §§ 1592 Nr. 3, 1600d Abs. 1 u. 2 BGB rechtskräftig festgestellt sein. Ausreichend für einen Anspruch nach § 1615l Abs. 1 S. 1 BGB ist, dass die als Vater in Betracht kommende Person die Vaterschaft nicht bestreitet.[11]

Der Unterhaltsanspruch setzt die Bedürftigkeit der Mutter voraus. Der Unterhaltsanspruch scheitert nicht daran, dass die Mutter aus anderen Gründen (z.B. Krankheit, der Betreuung ihrer ehelichen Kinder oder fehlender Beschäftigungsmöglichkeiten) bereits bedürftig ist oder die Mutter vor der Schwangerschaft nicht erwerbstätig war.[12]

Eine Kausalität zwischen der Geburt des Kindes und der Bedürftigkeit der Mutter ist nicht erforderlich.[13] Die allgemeinen Unterhaltsvoraussetzungen wie z.B. Bedürftigkeit, Leistungsfähigkeit gelten auch für diesen Anspruch (siehe unten Rdn 28 ff.).

9 Quelle: Statistisches Bundesamt.
10 Vgl. dazu Unterhaltsprozess/*Menne*, Kap. 2, Rn 1289.
11 OLG Zweibrücken v. 5.8.1997 – 5 UF 126/96, NJW 1998, 318; OLG Düsseldorf v. 9.9.1994 – 3 UF 41/94, FamRZ 1995, 690; a.A. OLG Celle v. 17.11.2004 – 15 WF 273/04, FamRZ 2005, 747; OLG Hamm v. 3.10.1988 – 6 UF 107/88, FamRZ 1989, 619.
12 Grüneberg/*von Pückler*, § 1615l BGB Rn 4.
13 Grüneberg/*von Pückler*, § 1615l BGB Rn 4.

II. Schwangerschafts- und Entbindungskosten, § 1615l Abs. 1 S. 2 BGB

Der Anspruch auf Zahlung der durch die Schwangerschaft oder die Entbindung entstehenden erforderlichen Kosten ist nicht zeitlich begrenzt; es ist aber für diesen Anspruch **Kausalität** erforderlich.[14] 8

Erstattungsfähig sind alle mit der Entbindung unmittelbar zusammenhängenden Kosten (z.B. Arzt, Hebamme, Klinik usw.) wie auch durch die Schwangerschaft oder die Entbindung entstehende weitere notwendige Aufwendungen (z.B. Schwangerschaftsgymnastik und -garderobe). Der Anspruch auf Erstattung der Kosten für die Säuglingserstausstattung ist jedoch nicht ersatzfähig.

Der Bedarf der Mutter und damit die Angemessenheit der Aufwendungen richtet sich gemäß §§ 1615l Abs. 3 S. 1, 1610 BGB nach ihrer Lebensstellung. 9

Auch der Anspruch auf die durch die Schwangerschaft und die Entbindung entstehenden Kosten ist der Rechtsnatur nach ein Unterhaltsanspruch. Insoweit ist er von Leistungsfähigkeit und Bedürftigkeit der Beteiligten abhängig. Dies hat zur Folge, dass der Anspruch in der Praxis weitgehend unbedeutend ist, da die oben angegebenen Aufwendungen durch Versicherungsleistungen oder Beihilfeansprüche finanziell abgesichert sind. Leistungen, welche die Mutter von der Sozialversicherung, einer Privatversicherung, durch Hilfeleistungen im öffentlichen Dienst oder aufgrund von Tarifverträgen erhält, sind anzurechnen, soweit keine Überleitung erfolgt.[15]

C. Erwerbslosenunterhalt nach § 1615l Abs. 2 BGB

I. Erwerbslosigkeit wegen Schwangerschaft oder Krankheit, § 1615l Abs. 2 S. 1 BGB

Kann die Mutter einer Erwerbstätigkeit nicht nachkommen, weil sie infolge der Schwangerschaft oder einer durch die Schwangerschaft oder die Entbindung verursachten Krankheit dazu außerstande ist, ist der Vater über den Zeitraum des § 1615l Abs. 1 S. 1 BGB hinaus verpflichtet, Unterhalt zu gewähren. 10

Mitursächlichkeit zwischen unterbliebener Erwerbstätigkeit und den Folgen oder Komplikationen der Schwangerschaft oder der Entbindung ist ausreichend.[16]

Der Anspruch scheitert jedoch, wenn die Erwerbslosigkeit bedingt ist durch eine schwangerschaftsunabhängige Erkrankung oder die Mutter bereits vor der Schwangerschaft erwerbslos war.

In letzterem Fall kann der Anspruch aber gewährt werden, wenn sich die Mutter angemessen um Arbeit bemüht hat und es gerade die Schwangerschaft war, die einer Einstellung im Wege gestanden hat.

II. Unterhalt wegen Betreuung des Kindes, § 1615l Abs. 2 S. 2 bis 5 BGB

1. Betreuung eines Kindes

Der Unterhaltsanspruch nach § 1615l Abs. 2 S. 2 bis 5 BGB setzt die Betreuung eines Kindes voraus. 11

Der BGH[17] arbeitet die Zielsetzung der Vorschrift wie folgt heraus:

> *„Damit steht im Einklang, dass allein das Zusammenleben in nichtehelicher Lebensgemeinschaft vor der Eheschließung keine rechtlich gesicherte Position begründet. Ein Unterhaltsanspruch gem. § 1615l Abs. 1 u. Abs. 2 S. 2 BGB beruht allein auf der Kinderbetreuung (…), während ein über*

14 Unterhaltsprozess/*Menne*, Kap. 2, Rn 1296.
15 Unterhaltsprozess/*Menne*, Kap. 2, Rn 1296 a.E.
16 Grüneberg/*von Pückler*, § 1615l BGB Rn 8.
17 BGH FamRZ 2012, 1506.

die Kindesbetreuung hinausgehender Unterhalt selbst dann nicht geschuldet ist, wenn dem Elternteil durch die Betreuung bleibende Nachteile entstanden sind.“

12 Nach jetziger Rechtslage hat der das Kind betreuende nicht verheiratete Elternteil bei vorhandener Bedürftigkeit in den **ersten drei Lebensjahren** des Kindes stets einen Unterhaltsanspruch; nach Ablauf der drei Jahre ist eine Verlängerung des Anspruchs möglich, solange und soweit dies der Billigkeit entspricht.

Maßgeblich für den Anspruch ist allein die Betreuung des Kindes, d.h. bei Betreuung des Kindes durch die Mutter ist § 1615l direkt anzuwenden, im Fall der Betreuung durch den Vater über Abs. 4 der Vorschrift.

Der Unterhaltsanspruch nach § 1615l Abs. 2 S. 2 BGB ist gegeben, soweit von dem das Kind betreuenden Elternteil wegen der Pflege oder Erziehung des Kindes keine Erwerbstätigkeit erwartet werden kann.

Die Anspruchsvoraussetzungen entsprechen weitestgehend dem Unterhaltsanspruch nach § 1570 BGB.

13 Die Betreuung eines bis zu drei Jahre alten Kleinkindes durch einen nicht verheirateten Elternteil steht einer Erwerbspflicht entgegen. Der das Kind betreuende Elternteil ist nicht auf eine Fremdbetreuung zu verweisen. Der betreuende Elternteil muss nicht den Nachweis führen, dass sie/er nicht oder nur beschränkt erwerbstätig ist, weil das Kind anderweitig nicht versorgt werden kann.

Eine Kausalität zwischen Bedürftigkeit und Kinderbetreuung ist nicht erforderlich.

14 Mit der Einführung des Basisunterhalts bis zur Vollendung des dritten Lebensjahres hat der Gesetzgeber dem betreuenden Elternteil die freie Entscheidung eingeräumt, ob sie/er das Kind in dessen ersten drei Lebensjahren in vollem Umfang selbst betreuen oder andere Betreuungsmöglichkeiten in Anspruch nehmen will.[18]

Damit ist der betreuende Elternteil für mindestens drei Jahre nach der Geburt des Kindes unterhaltsberechtigt. Dieser Zeitraum verlängert sich, solange und soweit dies der Billigkeit entspricht. Dabei sind insbesondere die Belange des Kindes und die bestehenden Möglichkeiten der Kinderbetreuung zu berücksichtigen.

2. Verlängerung aus Billigkeitsgründen

15 Der Unterhaltsanspruch des betreuenden Elternteils kann sich über den Zeitraum von drei Jahren seit der Geburt des Kindes hinaus verlängern, soweit und solange dies der **Billigkeit** entspricht.[19]

Grundsätzlich ist allerdings aufgrund des Wortlauts der Vorschrift zunächst einmal festzustellen, dass nach Ablauf von drei Jahren seit der Geburt des Kindes eine Erwerbsobliegenheit einsetzt.

Eine Verlängerung des Unterhalts über den Zeitraum von drei Jahren hinaus stellt eine Ausnahme im Sinne einer positiven Härteklausel dar. Das Gesetz ordnet also ein Regel-Ausnahme-Verhältnis an.[20] Die grundsätzliche gesetzliche Begrenzung des Anspruchs nach § 1615l auf drei Jahre nach der Geburt des Kindes ist auch mit Art. 6 GG zu vereinbaren.[21]

Insoweit scheint es sehr zweifelhaft zu sein, ein allgemeines **Altersphasenmodell** zu entwickeln, welches korrespondierend zum Alter des Kindes eine Relation zwischen Erwerbspflicht auf der einen und Belangen des Kindes auf der anderen Seite zugrunde legt.[22]

16 Der Anlass der Verlängerung aus Billigkeit muss nicht in den ersten drei Lebensjahren eines Kindes begründet sein, es kann eine zeitliche Verlängerung der Unterhaltspflicht aus Billigkeit vielmehr jederzeit entstehen, so auch wenn erstmals oder erneut die Voraussetzungen dafür zu einem späteren Zeitpunkt ent-

18 OLG Saarbrücken, Beschl. v. 11.7.2013 – 6 UF 24/13.
19 Ausführlich dazu *Weinreich*, FuR 2012, 338, 339.
20 *Viefhues*, FuR 2015, 687.
21 BVerfG FamRZ 2007, 965.
22 So auch BGH NJW 2008, 3125.

stehen, auch wenn das Kind dann z.B. bereits zwölf Jahre alt ist. Gründe für einen solchen späten Billigkeitsunterhalt auf der Grundlage des § 1615l Abs. 2 BGB kann eine Erkrankung des Kindes oder ein Unfall im Grunde genommen bis zur Vollendung des 18. Lebensjahres sein.

Dem unterhaltsberechtigten Elternteil obliegt aber die Darlegungs- und Beweislast für die Voraussetzungen einer Verlängerung des Betreuungsunterhalts über die Dauer von drei Jahren hinaus.[23]

Allerdings ist ein abrupter Wechsel von der elterlichen Betreuung zu einer Vollzeiterwerbstätigkeit grundsätzlich nicht zu verlangen. Der BGH[24] äußert sich wie folgt:

> *„Damit verlangt die Regelung allerdings keinen abrupten Wechsel von der elterlichen Betreuung zu einer Vollzeiterwerbstätigkeit (BT-Drucks 16/6980, 9). Insbesondere nach Maßgabe der im Gesetz ausdrücklich genannten kindbezogenen Gründe ist unter Berücksichtigung der bestehenden Möglichkeiten der Kinderbetreuung (§ 1615l Abs. 2 S. 4 BGB) ein gestufter Übergang bis hin zu einer Vollzeiterwerbstätigkeit möglich (Senat,* NJW 2010, 1138 = FamRZ 2010, 444 Rn 26 m.w.N.).“

Insbesondere ermöglichen die sog. **kindbezogenen Gründe** unter Berücksichtigung der bestehenden Möglichkeiten der Kinderbetreuung den gestuften Übergang hin zu einer Vollzeiterwerbstätigkeit.[25] Kindbezogene Gründe können eine Krankheit oder eine aus anderen Gründen besonders erhöhte Bedürftigkeit des Kindes sein (siehe unten Rdn 19 ff.). 17

Weil § 1615l Abs. 2 S. 5 BGB eine Verlängerung des Unterhaltsanspruchs „insbesondere“ aus kindbezogenen Gründen zulässt, kommen im Einzelfall daneben auch **elternbezogene Gründe** für eine Verlängerung des Betreuungsunterhalts in Betracht.[26]

Haben etwa die Eltern mit ihrem gemeinsamen Kind für längere Zeit zusammengelebt, kann ein besonderer Vertrauenstatbestand als Nachwirkung dieser Familie entstanden sein. Dabei ist allerdings stets zu beachten, dass die gesetzliche Regel, wonach der Betreuungsunterhalt grundsätzlich nur für drei Jahre geschuldet ist und eine Verlängerung über diesen Zeitraum hinaus ausdrücklich begründet werden muss, nicht in ihr Gegenteil verkehrt werden darf. 18

Praxistipp

Für die Voraussetzungen einer Verlängerung des Betreuungsunterhalts über die Dauer von drei Jahren hinaus trägt der Unterhaltsberechtigte die Darlegungs- und Beweislast.[27] Er hat also ausreichend darzulegen und zu beweisen, dass keine kindgerechte Einrichtung für die Betreuung des gemeinsamen Kindes zur Verfügung steht oder dass aus besonderen Gründen eine persönliche Betreuung erforderlich ist. Auch Umstände, die aus elternbezogenen Gründen zu einer eingeschränkten Erwerbspflicht und damit zur Verlängerung des Betreuungsunterhalts führen können, hat der Unterhaltsberechtigte darzulegen und zu beweisen.[28]

a) Kindbezogene Gründe

Eine Verlängerung des Unterhalts ist möglich, wenn sog. **kindbezogene Gründe** vorliegen. Damit ist insbesondere gemeint, dass eine besondere Betreuungssituation etwa bedingt durch Krankheit des Kindes, Entwicklungsstörungen oder Erziehungsschwierigkeiten eine Erwerbstätigkeit des betreuenden Elternteils nicht zulassen. 19

23 BGH FamRZ 2017, 1375; FamRZ 2011, 1209; FamRZ 2011, 1375.
24 BGH NJW 2015, 2257.
25 OLG Saarbrücken, Beschl. v. 11.7.2013 – 6 UF 24/13.
26 BGH FamRZ 2010, 357.
27 BGH NJW 2016, 1513; NJW 2015, 2257.
28 Vgl. dazu *Weinreich*, FuR 2012, 339.

Für eine Verlängerung des Basisunterhalts ab Vollendung des dritten Lebensjahres des Kindes trägt der Unterhaltsberechtigte die volle Darlegungs- und Beweislast für alle Tatsachen, die eine Verlängerung aus kindbezogenen Gründen rechtfertigen.[29] Dazu gehören sowohl die Umstände bezüglich der Person des Kindes als auch die konkret bestehende oder mögliche Betreuungssituation.

Kriterien sind schwerpunktmäßig die Anzahl der zu betreuenden gemeinsamen Kinder und auch die besondere Betreuungsbedürftigkeit eines oder mehrerer gemeinsamer Kinder. Der BGH berücksichtigt auch, dass gerade kleinere Kinder nach einer ganztägigen Drittbetreuung besonderer Zuneigung des betreuenden Elternteils bedürfen.[30]

20 Betreuungsunterhalt aus kindbezogenen Gründen ist aber nach vollendetem drittem Lebensjahr bei einer ärztlich attestierten Erkrankung des Kindes nicht gerechtfertigt, wenn das Kind in der Lage ist, täglich eine Betreuungseinrichtung zu besuchen, die der Kindesmutter eine Vollzeitbeschäftigung ermöglicht.[31]

21 Schließlich sind auch die **Möglichkeiten der Kinderbetreuung** relevant. Die Kinderbetreuungsmöglichkeit, die einen Erwerb des betreuenden Elternteils möglich macht, muss tatsächlich existieren, zumutbar und verlässlich sein und mit dem Kindeswohl in Einklang stehen.

Die Erwerbspflicht muss sich vereinbaren lassen mit den individuellen Belangen des Kindes, der Wichtigkeit eines direkten Austausches mit einem Elternteil auch außerhalb der Mahlzeiten und des Zubettgehens und der persönlichen Erziehung.

So kann sich der ein minderjähriges Kind betreuende Elternteil nicht auf die Notwendigkeit einer persönlichen Betreuung eines über drei Jahre alten Kindes berufen, wenn und soweit dieses eine kindgerechte Betreuungseinrichtung besucht. Dies gilt im Grundsatz auch bei Betreuung eines wegen einer Chromosomenanomalie des Typs Trisomie 21 (Down-Syndrom) schwerbehinderten Kindes. Allerdings können sich Einschränkung der Erwerbsmöglichkeiten aus einer notwendigen weiteren Betreuung durch die Mutter aufgrund täglich zu absolvierender Übungen und weiterer Therapien ergeben. Dies bedarf jeweils einer umfassenden Abwägung im Einzelfall.[32]

22 Nochmals ist darauf hinzuweisen, dass die Rechtsprechung mehr und mehr zu einer gestuften Ausweitung der Erwerbspflicht des betreuenden Elternteils tendiert.[33] Das OLG Celle[34] stellt dies wie folgt dar:

> *„Die Antragstellerin genügt ihrer Erwerbsobliegenheit durch die Ausübung einer Erwerbstätigkeit im Umfang von 20 Wochenstunden. Auch wenn die Betreuungszeiten im Kindergarten eine Ausweitung der Tätigkeit ermöglichen würden, wäre dies mit den Belangen von M.S. nicht zu vereinbaren. So wird nach Vollendung des dritten Lebensjahres kein abrupter Übergang von der elterlichen Betreuung zu einer Vollerwerbstätigkeit verlangt, sondern es ist unter Beachtung der kind- und elternbezogenen Gründe ein gestufter Übergang hin zu einer Vollzeittätigkeit vorzunehmen. Auch wenn die Betreuung des Kindes anderweitig sichergestellt ist, kann einer Vollerwerbsobliegenheit entgegenstehen, dass die zu leistende Erziehung und Betreuung zu einer überobligationsmäßigen Belastung führen kann (…). Dabei sind die morgens, nachmittags und abends zu erbringenden Erziehungs- und Betreuungsleistungen zu berücksichtigen und unter dem Gesichtspunkt einer gerechten Lastenverteilung zwischen dem berechtigten und dem pflichtigen Elternteil zum Ausgleich zu bringen (...).“*

29 OLG Köln FamRZ 2021, 1373.
30 BGH FamRZ 2008, 1739.
31 OLG Karlsruhe FamRZ 2011, 1601 ff.
32 BGH FamRZ 2015, 1369.
33 Vgl. auch BGH FamRZ 2012, 1040.
34 OLG Celle FamRZ 2013, 1141.

b) Elternbezogene Gründe

Auch **elternbezogene Gründe** können – wie bereits dargestellt – eine Verlängerung zulassen. 23

Eine Verlängerung aus elternbezogenen Gründen ist insbesondere dann zu bejahen, wenn eine überobligationsmäßige Belastung des betreuenden Elternteils zu berücksichtigen ist. Eine solche kann sich ergeben, wenn der betreuende Elternteil neben der Erwerbstätigkeit in einem besonderen Maße die Erziehung, Versorgung und Betreuung des Kindes gewährleistet. Wenn Gründe in der Person des Kindes nicht vorliegen, kommt es entscheidend darauf an, welche objektiven Möglichkeiten der Kindesbetreuung bestehen, die dem betreuenden Elternteil eine Erwerbstätigkeit ermöglichen. Hierbei kommt nach dem Willen des Gesetzgebers den bestehenden Möglichkeiten der Kindesbetreuung neben den Kindesbelangen eine besondere Bedeutung zu. Es sind grundsätzlich die Möglichkeiten einer zumutbaren, verlässlichen Betreuung des Kindes in Anspruch zu nehmen, die dem betreuenden Elternteil die Aufnahme einer Erwerbstätigkeit ermöglichen. In dem Umfang, in dem das Kind nach Vollendung des dritten Lebensjahres eine kindgerechte Betreuungseinrichtung besucht oder unter Berücksichtigung der individuellen Verhältnisse besuchen könnte, kann sich der betreuende Elternteil nicht mehr auf die Notwendigkeit einer persönlichen Betreuung des Kindes und somit nicht mehr auf kindbezogene Verlängerungsgründe berufen.

Beteiligt sich ein Elternteil in keiner Weise an der Betreuung des Kindes, kann dies Unterhaltsansprüche 24
rechtfertigen.

Das OLG Köln[35] führt diese wie folgt aus:

> *„Zutreffend hat das Amtsgericht im Rahmen der erforderlichen Billigkeitsabwägung auch berücksichtigt, dass aufgrund des Alters des seit November 2020 fünfjährigen Kindes außerhalb der Zeiten der Fremdbetreuung ein zusätzlicher erheblicher Bedarf an Erziehung, Versorgung und Betreuung besteht, der – offenbar mangels jeglichen Interesses des Antragstellers an Umgangskontakten – allein durch die Antragsgegnerin bewerkstelligt werden muss. Dieser Betreuungsbedarf bindet die Antragsgegnerin nach Ansicht des Senats in einem anerkennenswerten und zu berücksichtigenden Umfang, der es jedenfalls derzeit unbillig erscheinen ließe, der Antragsgegnerin mehr als 75 % einer Vollzeittätigkeit abzuverlangen. Dies gilt auch unter Berücksichtigung einer vom Antragsteller vorgetragenen ggf. kürzeren Fahrtzeit zum Arbeitgeber. Denn bei der Antragsgegnerin ist aufgrund der Alleinbetreuung des Kindes außerhalb der Kita-Zeiten, vor allem morgens, abends und am gesamten Wochenende eine überobligatorische Belastung festzustellen."*

Elternbezogene Gründe können eine Verlängerung auch dann zulassen, wenn der Unterhaltspflichtige gegenüber dem Unterhaltsberechtigten einen besonderen Vertrauenstatbestand geschaffen hat. Dies ist etwa der Fall, wenn das Kind in der Erwartung eines dauerhaften Zusammenlebens gezeugt wurde und zwischen den Elternteilen Einigkeit darüber bestand, dass ein Elternteil das Kind dauerhaft betreut, während der andere Elternteil den erforderlichen Unterhalt zur Verfügung stellt.[36]

Der BGH[37] formuliert dies wie folgt:

> *„Ein elternbezogener Grund zur Verlängerung des Betreuungsunterhalts kann auch darin liegen, dass ein Elternteil das gemeinsame Kind im weiterhin fortdauernden Einvernehmen mit dem anderen persönlich betreut und deshalb voll oder teilweise an einer Erwerbstätigkeit gehindert ist."*

35 OLG Köln FamRZ 2021, 1373.

36 Vgl. dazu OLG Saarbrücken, Beschl. v. 11.7.2013 – 6 UF 24/13.

37 BGH NJW 2016, 1513.

25 Auch eine Erkrankung des betreuenden Elternteils selbst kann in diesem Zusammenhang von Bedeutung sein.[38] Das OLG Celle[39] äußert sich dazu wie folgt:

> *„Die Antragstellerin muss daher nicht nur die Doppelbelastung einer erwerbstätigen Alleinerziehenden, sondern darüber hinaus die psychischen Auswirkungen der festgestellten Genmutation tragen. … Aus dieser negativen Prognose für die Antragstellerin ergeben sich aber auch Folgerungen für das Mutter-Kind-Verhältnis, muss doch M.S. damit leben, dass ihre Mutter an Chorea Huntington erkranken wird und sie eine reduzierte Lebenserwartung hat. Es entspricht daher der Billigkeit, auf diesen Umstand Rücksicht zu nehmen und beiden die Möglichkeit zu geben, Zeit miteinander zu verbringen. M.S. muss damit rechnen, dass sie in vergleichsweise jungen Jahren ohne Elternteil dasteht, da der Antragsgegner zu ihr keinen Kontakt hat. Angesichts dessen ist ihr zuzubilligen, dass sie in einer Atmosphäre aufwachsen kann, in der ihre Mutter nicht bis zur absoluten Belastungsgrenze mit der Trias aus alleinerziehender Mutter, Erwerbstätigkeit und ungünstiger Lebensperspektive beansprucht wird, sondern sie die Zeit mit ihrer Mutter intensiv nutzen kann. Insofern greifen hier kind- und elternbezogene Gründe für das Fortbestehen des Unterhaltsanspruchs ineinander.“*

26 Die **Belastung des betreuenden Elternteils durch berufliche Ausbildungs-, Fortbildungs- oder Qualifizierungsmaßnahmen** stellt hingegen keinen elternbezogenen Grund dar. Nach Auffassung der Rechtsprechung ist ein solcher Fall nicht einmal im Rahmen des nachehelichen Unterhalts nach § 1570 Abs. 2 BGB zu berücksichtigen. Relevant sind nämlich im Rahmen des § 1570 Abs. 2 BGB nur Umstände, die unter Berücksichtigung der Gestaltung von Kindererziehung und Erwerbstätigkeit in der Ehe von Bedeutung sind. Das Vertrauen in die vereinbarte und so auch gehandhabte Rollenverteilung hinsichtlich der Kinderbetreuung soll geschützt werden. Soweit der betreuende Elternteil nach Vollendung des dritten Lebensjahres des Kindes von einer Erwerbstätigkeit aber nicht allein in dessen Interesse absieht, sondern auch um ein Studium oder eine andere Ausbildung zu beenden, dienen der entsprechende zeitliche Aufwand und der Einsatz, die ihn insoweit von einer Erwerbstätigkeit haben absehen lassen, seinen eigenen beruflichen Interessen und nicht denjenigen des Kindes. Damit kommt ein Unterhalt in diesen Fällen nach § 1615l BGB nicht in Betracht, da andernfalls die Mutter des nichtehelichen Kindes besser stehen würde als eine eheliche Mutter. Ausbildungsunterhalt billigt das Gesetz der Mutter eines nichtehelichen Kindes nicht zu.[40]

27 *Praxistipp*

Verlängerung des Unterhalts ist möglich, wenn eine Langzeittherapie wegen motorischer Defizite des Kindes erforderlich ist.[41]

Schwierigkeiten, einen mit der Kinderbetreuung zu vereinbarenden Arbeitsplatz zu finden, rechtfertigen eine Verlängerung nicht.

Die Beweislast für Billigkeitsgründe, die eine Verlängerung über den Zeitraum von drei Jahren hinaus angezeigt erscheinen lassen, liegt beim Unterhaltsgläubiger.[42]

38 OLG Celle FamRZ 2013, 1141.
39 OLG Celle FamRZ 2013, 1141.
40 So BGH NJW 2015, 2257; vgl. auch *Viefhues*, FuR 2015, 688.
41 OLG Düsseldorf FamRZ 2003, 184.
42 BGH FamRZ 2011, 1375; OLG Nürnberg NJW 2003, 3065.

D. Allgemeine Anspruchsvoraussetzungen, § 1615l Abs. 3 BGB

I. Der Unterhaltsbedarf

Die **Lebensstellung des das Kind betreuenden Elternteils** bestimmt nach §§ 1615l Abs. 3 S. 1, 1610 BGB den Bedarf.[43] Das Maß des dem betreuenden Elternteil zu gewährenden Unterhalts richtet sich bislang nach dessen Lebensstellung **vor** der Geburt des Kindes. Denn nach § 1615l Abs. 3 S. 1 BGB sind auf den Unterhaltsanspruch der nicht verheirateten Mutter bzw. des nicht verheirateten Vaters die Vorschriften über die Unterhaltspflicht zwischen Verwandten und somit auch § 1610 Abs. 1 BGB entsprechend anwendbar. In Rechtsprechung und Literatur wurde deswegen regelmäßig auf das Einkommen abgestellt, das der betreuende Elternteil ohne die Geburt des Kindes zur Verfügung hätte.[44] Spätere Änderungen, wie eine Erwerbstätigkeit des Unterhaltsberechtigten, waren danach für den Unterhaltsbedarf nicht zu berücksichtigen. 28

Der BGH[45] hält an diesem Dogma, dass für eine vollständige Deckung des Bedarfs die Verhältnisse zur Zeit der Geburt ein für alle Mal maßgebend seien, nicht mehr fest. Entscheidend ist nunmehr, welches, die Lebensstellung prägende Einkommen der Betreuende ohne die Geburt und Betreuung des Kindes zur jeweiligen Unterhaltszeit hätte. Deswegen kann sich nach der Geburt des Kindes auch ein höherer Bedarf ergeben. Dies hatte in der streitgegenständlichen Entscheidung die Prüfung zur Folge, ob die Mutter ohne die Unterbrechung wegen der Geburt des Kindes ihr Studium inzwischen abgeschlossen und welche Einkünfte sie dann hätte.

An der Lebensstellung des Unterhaltspflichtigen nimmt der betreuende Elternteil hingegen nicht teil.[46] 29

Der Bedarf wird auf keinen Fall entsprechend § 1578 BGB bestimmt, selbst wenn die Eltern des Kindes früher in nichtehelicher Lebensgemeinschaft lange zusammengelebt haben.[47] Es gibt also keine **„eheähnlichen Lebensverhältnisse“**.[48]

Das OLG Saarbrücken[49] führt insoweit aus:

> *„Anders als beim Trennungsunterhalt oder beim nachehelichen Unterhalt, bei denen der Bedarf von den ehelichen Lebensverhältnissen bestimmt wird (§§ 1361 Abs. 1, 1578 Abs. 1 BGB), sind daher die wirtschaftlichen Verhältnisse des unterhaltspflichtigen Elternteils für die Bedarfsbemessung grundsätzlich nicht maßgebend. Ausschlaggebend ist vielmehr, wie sich die wirtschaftlichen Verhältnisse des unterhaltsberechtigten Elternteils bis zur Geburt des gemeinsamen Kindes entwickelt hatten.“*

Der betreuende Elternteil muss ihren/seinen Unterhaltsbedarf konkret darlegen. Dies bedeutet, dass i.d.R. der Verdienstausfall der Maßstab für die Ermittlung des Bedarfs ist. Hat der betreuende Elternteil vor der Geburt Erwerbseinkommen erzielt, richtet sich der Bedarf nach dem damaligen Einkommen. Diese Berechnung hat zur Folge, dass der Unterhaltsanspruch der nicht verheirateten Mutter den Betreuungsunterhaltsanspruch der verheirateten Mutter übersteigen kann. Der Bedarf der Mutter wird jedoch in solchen Fällen (ähnlich § 1570 BGB) durch den **Halbteilungsgrundsatz** begrenzt.[50] Der Mutter steht nicht mehr Unterhalt zu, als dem Vater selbst verbleibt. 30

> *„War der betreuende Elternteil bis zur Geburt des Kindes erwerbstätig, bemisst sich seine Lebensstellung daher nach seinem bis dahin nachhaltig erzielten Einkommen. Der Unterhaltsbedarf ist des-*

43 Vgl. dazu *Mehrle*, FamRZ 2010, 510 ff.
44 Wendl/Dose/*Bömelburg*, Unterhaltsrecht, 8. Aufl., § 7 Rn 91.
45 BGH NJW 2015, 2257.
46 OLG Koblenz FamRZ 2021, 1369 f.
47 *Weinreich*, FuR 2012, 340; BGH FamRZ 2008, 1739.
48 So die Formulierung von *Viefhues*, FuR 2015, 692.
49 OLG Saarbrücken, Beschl. v. 4.7.2013 – 6 UF24/13, NJW 2014, 559.
50 BGH FamRZ 2019, 1234 (1236).

wegen an diesem Einkommensniveau auszurichten, soweit dies nicht dazu führt, dass dem Unterhaltsberechtigten aus eigenen Einkünften und Unterhaltszahlungen insgesamt mehr zur Verfügung steht, als dem Unterhaltspflichtigen verbleibt (...).“[51]

31 Die Höhe des Unterhaltsanspruchs ist neben dem Halbteilungsgrundsatz außerdem grundsätzlich durch die Höhe des Unterhaltsanspruchs begrenzt, den eine eheliche Mutter geltend machen könnte. Bei der deswegen anzustellenden vergleichenden Berechnung (Kontrollberechnung) ist der vergleichend herangezogene Unterhaltsanspruch einer ehelichen Mutter unter Heranziehung aller dort anerkannter Kriterien zu ermitteln. Das gilt besonders für die Berücksichtigung eines Erwerbstätigenbonus (1/10) und die Geltendmachung steuerlicher Vorteile (begrenztes Realsplitting).[52]

Die Anpassung des die Lebensstellung des betreuenden Elternteils bestimmenden Erwerbseinkommens vor Geburt des Kindes bis zur Entscheidung über den Unterhalt erfolgt auf der Grundlage des allgemeinen Verbraucher-Jahresindex.[53]

32 War die Mutter erst zu Beginn der Schwangerschaft arbeitslos, kann auch früheres Erwerbseinkommen maßgebend sein, wenn mit hoher Wahrscheinlichkeit davon ausgegangen werden kann, dass sie diese Einkünfte ohne die Schwangerschaft auch im Unterhaltszeitraum erzielt hätte.

Zum Bedarf der Mutter zählen die Kosten der Kranken- und Pflegeversicherung. Altersvorsorgeunterhalt ist dagegen nicht geschuldet.[54]

Als Maßstab für die Höhe des Unterhalts für eine nichteheliche Mutter ohne vorausgegangene Erwerbstätigkeit kann der notwendige Eigenbedarf eines nicht Erwerbstätigen in Höhe von derzeit monatlich 1.120 EUR herangezogen werden.[55]

33 Die Einkommensverhältnisse des unterhaltspflichtigen Elternteils sind für die Bedarfsberechnung nicht maßgeblich.[56] Auch wenn der Vater eine andere Frau als die Mutter heiratet, ist dies jedenfalls für die Bedarfsberechnung unerheblich.[57]

34 Auch eine Anwendung der Dreiteilungsmethode auf der Bedarfsebene scheidet aus, weil sich der Bedarf der Mutter ausschließlich nach ihrer eigenen Lebensstellung bemisst und die Anwendung dieser Berechnungsmethode auf der Bedarfsebene auch für Ehegattenunterhalt vom BGH[58] aufgrund einer Entscheidung des Bundesverfassungsgerichts[59] aufgegeben worden ist.

35 War die Mutter vor der Geburt des Kindes Schülerin oder Studentin, ist ihr Bedarf derselbe, wie bei Ansprüchen von Kindern gegen Eltern, maßgeblich ist also, was sie von ihren Eltern als Unterhalt beanspruchen könnte.[60]

Lebt die Mutter mit einem anderen Partner (nicht dem Kindsvater) in eheähnlicher Lebensgemeinschaft, kann Maßstab für ihren Bedarf die dadurch geprägte Lebensgemeinschaft sein.[61]

Ist die Mutter (gilt genauso für den betreuenden Vater) verheiratet oder war sie verheiratet, sind für ihren Bedarf die bisherigen ehelichen Lebensverhältnisse maßgeblich, auch wenn diese unter dem Mindestbedarf liegen.[62]

51 OLG Saarbrücken, Beschl. v. 4.7.2013 – 6 UF24/13, NJW 2014, 559.
52 OLG Frankfurt FuR 2019, 710.
53 OLG München FamRZ 2012, 558 ff.
54 OLG München FamRZ 2006, 812.
55 Vgl. dazu Unterhaltsleitlinien der OLG, Ziffer 18.
56 OLG München FamRZ 2005, 1859.
57 Vgl. OLG Celle FamRZ 2013, 1141.
58 BGH FamRZ 2012, 281.
59 BVerfG FamRZ 2011, 437.
60 *Weinreich*, FuR 2012, 340.
61 BGH FamRZ 2008, 1739.
62 BGH FamRZ 2007, 1303.

Dieser Maßstab gilt selbst dann, wenn die Mutter für ein Kind aus geschiedener Ehe Betreuungsunterhalt bezieht und jetzt zusätzlich für die Betreuung des nichtehelichen Kindes Unterhalt fordert.[63]

Die freiberuflich oder selbstständig tätige Mutter hat Anspruch auf die für ihren angemessenen Lebensbedarf erforderlichen Kosten, nicht dagegen auf Mittel für die Weiterführung ihres Betriebs oder ihrer Praxis.

Eine **konkrete Bedarfsberechnung** kommt auch bei gehobenen wirtschaftlichen Verhältnissen nicht in Betracht.[64]

Das OLG Köln argumentiert dazu wie folgt:

> *Mit der zutreffenden Begründung des Amtsgerichts ist zur Ermittlung der Höhe des Betreuungsunterhalts nach § 1615l BGB auf die nachhaltig gesicherte Lebensstellung der Kindesmutter gemäß § 1615l Abs. 3 Satz 1, 1610 Abs. 1 BGB abzustellen.*
>
> *Die unterhaltsrechtliche Ausgangslage der Mutter eines nichtehelichen Kindes ist anders zu beurteilen als die der Mutter eines ehelichen Kindes. Denn bei der Mutter eines ehelichen Kindes knüpft der Unterhaltsanspruch gegen den Ehepartner an die ehelichen Lebensverhältnisse an, während derjenige gegen den Vater eines unehelichen Kindes an die Lebensstellung der Mutter anknüpft, wobei nach der jüngeren Rechtsprechung des Bundesgerichtshofs im Rahmen einer Prognoseentscheidung darauf abzustellen ist, welche Einkünfte die Mutter ohne die Geburt und Betreuung des Kindes hätte (...).*
>
> *Von dem Anknüpfungspunkt für die Beurteilung des Betreuungsunterhalts gemäß § 1615l BGB an die Lebensstellung vor Geburt und Betreuung zu unterscheiden ist die Darlegungsbedürftigkeit des Unterhaltsbedarfs (...). Diese Darlegung wird von der betreuenden Mutter verlangt. Indes bedeutet dies nicht, wie der Antragsgegner meint, dass der konkrete Bedarf wie beim Ehegattenunterhalt darzulegen ist. Abzustellen ist vielmehr, wie vorstehend dargelegt, auf das vor der Geburt erzielte nachhaltige Erwerbseinkommen, soweit nicht im Rahmen der vorgenannten Prognose ein anderes Einkommen zugrunde zu legen ist, sowie auf die Vermögensverhältnisse (...).*
>
> *Der Antragsgegner, der dahin argumentiert, der Betreuungsunterhalt gemäß § 1615l BGB knüpfe an den Verwandtenunterhalt an, so dass der Bedarf darzulegen sei, und insbesondere bei guten wirtschaftlichen Verhältnisse der Anspruch von einer konkreten Bedarfsermittlung abhänge, verkennt diese unterschiedliche Ausgangslage, die im Übrigen auch dazu führt, dass die Mutter des nichtehelichen Kindes keinen Anspruch auf Altersvorsorgeunterhalt hat (Bömelburg, a.a.O., Rn 111).*

II. Leistungsfähigkeit und Bedürftigkeit

Die entsprechende Anwendbarkeit der Vorschriften über die Unterhaltspflicht zwischen Verwandten gemäß § 1615l Abs. 3 S. 1 BGB lässt die Unterhaltspflicht nur entstehen, wenn der Unterhaltspflichtige leistungsfähig ist, § 1603 Abs. 1 BGB bzw. umgekehrt der Unterhaltsberechtigte bedürftig (§ 1602 BGB). 36

1. Bedürftigkeit des das Kind betreuenden Elternteils

Der das Kind betreuende Elternteil muss bedürftig im Sinne des § 1602 BGB sein.[65] Daran fehlt es, wenn der betreuende Elternteil über ausreichendes eigenes Einkommen oder Vermögen verfügt, um sich selbst zu unterhalten. 37

63 FamRZ 2008, 1739.
64 OLG Köln FamRZ 2017, 1309, 1311.
65 BGH NJW 1998, 1309.

38 Soweit der betreuende Elternteil daher Erwerbseinkünfte erwirtschaftet, ist dies auf den Unterhalt anzurechnen (soweit nicht eine Korrektur wegen **überobligatorischer Einkünfte** angemessen ist).[66]

Im Hinblick auf überobligatorische Einkünfte ist die Vorschrift des § 1577 Abs. 2 BGB nämlich auf den Unterhaltsanspruch nach § 1615l Abs. 2 S. 2 BGB entsprechend anwendbar. Für die Billigkeitsabwägung ist danach von Interesse, wie die Betreuung des Kindes während dieser Zeit konkret geregelt ist, welche Hilfen der Mutter dabei zur Verfügung stehen und ob ihr dafür ggf. zusätzliche Betreuungskosten entstehen. Nicht ohne Bedeutung ist in diesem Zusammenhang indes auch die Frage, ob die Mutter seit der Geburt des Kindes aus freien Stücken weiter erwerbstätig ist oder ob die Arbeitsaufnahme durch eine wirtschaftliche Notlage veranlasst war. Die freiwillige Ausübung einer Berufstätigkeit kann ein maßgebendes Indiz für eine vorhandene tatsächliche Arbeitsfähigkeit im konkreten Einzelfall sein.

Unterhalt kann etwa dann nicht begehrt werden, wenn die Mutter bedarfsdeckend Lohnfortzahlungen des Arbeitgebers nach § 11 MuSchG oder das Mutterschaftsgeld nach § 200 Abs. 1 RVO erhält. Mutterschaftsgeld hat nämlich Lohnersatzfunktion.[67]

39 Dies gilt auch für das **Elterngeld**, soweit es mehr als 300 EUR (§ 11 BEEG) beträgt.[68]

40 **Erziehungsgeld** stellt jedoch kein anrechenbares Einkommen der Mutter dar. Wohngeld wird ebenfalls nicht berücksichtigt, da es unmittelbar der Deckung des erhöhten Wohnbedarfs dient.

41 Sollte die Mutter über einen Wohnvorteil verfügen, etwa aufgrund der unentgeltlichen Überlassung der Wohnung durch ihre Eltern, kann dies ihren Unterhaltsbedarf ebenfalls nicht mindern.[69]

42 Ist sie überobligatorisch erwerbstätig (was in den drei ersten Lebensjahren des Kindes immer der Fall ist[70]), ist in entsprechender Anwendung von § 1577 Abs. 2 S. 2 BGB nach Billigkeitsgesichtspunkten über den Umfang der Anrechnung ihres Einkommens auf den Bedarf zu entscheiden.

43 Sollte die Mutter in einer eheähnlichen Lebensgemeinschaft mit einem neuen Partner leben, so kann in Betracht kommen, dass ihre Versorgungsleistungen gegenüber dem Lebensgefährten ein fiktives Einkommen begründen und bedarfsmindernd zu berücksichtigen sind. Jedenfalls hat sich die Mutter zur Leistungsfähigkeit ihres Lebensgefährten zu erklären, da ansonsten davon ausgegangen werden kann, dass er einen ausreichenden bedarfssichernden Betrag an sie leistet, ohne dass sein eigener angemessener Selbstbehalt gefährdet ist.[71]

44 Die Rechtsprechung ist bezüglich Vermögenseinkünften und Verwertung von Vermögen uneinheitlich.[72] Teilweise wird die Meinung vertreten, Vermögen sei wie beim Verwandtenunterhalt zu behandeln, es sei also hinsichtlich seiner Erträge einzusetzen und auch der ratenweise Einsatz des Vermögens könne zumutbar sein.

Dagegen wird in jüngerer Zeit auch die Meinung vertreten, dass die Mutter eines nichtehelichen Kindes, die Betreuungsunterhalt während der ersten drei Lebensjahre des Kindes geltend macht, sich nicht darauf verweisen lassen muss, sie habe ihren Vermögensstamm einzusetzen, um ihren Bedarf zu decken. Denn sie benötigt das Vermögen zum Ausgleich der Einbußen, die sie in ihrer Altersversorgung dadurch erleidet, dass sie das gemeinsame Kind betreut und ihre Erwerbstätigkeit zu diesem Zweck für drei Jahre unterbrochen und danach reduziert hat. Es würde im Übrigen dem Gerechtigkeitsgefühl in unerträglicher Weise widersprechen, wenn die Kindesmutter ihr Vermögen aufzehren müsste, um ihren angemessenen Lebensbedarf zu bestreiten, während der Kindesvater, wenn er in guten Verhältnissen lebt, sein Vermögen dadurch vermehren könnte, dass er keinen Unterhalt an die Kindesmutter zu zahlen hätte.

66 Vgl. dazu BGH FamRZ 2019, 1234.
67 *Viefhues*, FuR 2016, 27.
68 OLG Brandenburg FamRZ 2023, 1114; BGH FamRZ 2011, 97.
69 OLG Köln FamFR 2012, 273.
70 BGH FamRZ 2010, 444.
71 *Viefhues*, FuR 2016, 28.
72 Vgl. dazu Unterhaltsprozess/*Menne*, Kap. 2 Rn 1377.

Der BGH hat in diesem Sinn entschieden, indem er die Verwertung eines Vermögens der Kindesmutter von ca. 10.000 EUR abgelehnt hat, weil sie dieses Vermögen für ihre eigene Alterssicherung einsetzen darf, nachdem der Kindesvater in guten Verhältnissen lebt und seine Altersversorgung hinreichend gesichert ist.[73]

Entscheidend bleibt letztlich der Einzelfall, größeres Vermögen wird zumindest hinsichtlich seiner Erträge berücksichtigt werden können.

Das OLG Köln[74] äußert sich zu dieser Problematik und der Darlegungs- und Beweislast wie folgt:

> *„Eine Verwertung eines ggf. vorhandenen Vermögensstamms vor seiner Inanspruchnahme kann der Antragsgegner derzeit nicht von der Antragstellerin verlangen.*
>
> *Zwar muss der Unterhaltsberechtigte beim Betreuungsunterhalt gemäß § 1615l Abs. 3 Satz 1, 1602 Abs. 2 BGB den Stamm seines Vermögens verwerten. Er muss daher vor Inanspruchnahme des nicht betreuenden Elternteils zunächst den Vermögensstamm bis hin zum Notgroschen angreifen. Dies gilt indes wegen der Verweisung auf § 1602 Abs. 2 BGB nur dann, soweit die Verwertung nicht unwirtschaftlich oder unter Berücksichtigung der beiderseitigen wirtschaftlichen Verhältnisse unbillig wäre (...).*
>
> *Zur Bejahung der Verpflichtung zur Verwertung des Vermögensstamms bedarf es aber einer umfassenden Zumutbarkeits- und Billigkeitsprüfung (wie zuvor). Hierbei sind die wirtschaftliche Situation des Unterhaltsberechtigten und des -verpflichteten zu prüfen und ihre Vermögen zueinander in Relation zu setzen. Zu berücksichtigen ist daher, ob vorhandenes Vermögen der Alterssicherung dient und beim Unterhaltspflichtigen ein größeres Vermögen vorhanden und seine Altersversorgung gesichert ist (Bömelburg, a.a.O.). Auch wenn die Antragstellerin zu ihrer Vermögenssituation nicht vorgetragen hat und feststeht, dass sie über unklare Kapitaleinkünfte und eine Immobilie verfügt, hat das Amtsgericht zu Recht darauf hingewiesen, dass im Hinblick auf jegliche Kenntnis von der Einkommens- und Vermögenssituation des Antragsgegners, der offenbar wirtschaftlich sehr erfolgreich ist, über genügendes Einkommen verfügt, um leistungsfähig in dem streitbefangenen Umfang zu sein und über eine gesicherte Altersvorsorge verfügen dürfte, eine Verweisung der Antragstellerin auf die Verwertung ihres Vermögensstamms vor der Inanspruchnahme des Antragsgegners ausscheidet. Die Argumentation des Antragsgegners zur Darlegungs- und Beweislast der Antragstellerin verkennt, dass er sich seinerseits treuwidrig verhält, wenn er selbst keine Angaben zu seinen wirtschaftlichen und persönlichen Verhältnissen macht, gleichwohl die Antragstellerin auf Verwertung ihres Vermögens verweist. Denn selbst wenn die Antragstellerin entsprechende Angaben machen würde, wäre eine Zumutbarkeits- und Billigkeitsprüfung nach vorstehender Maßgabe mangels Darlegungen des Antragsgegners weiterhin nicht möglich."*

2. Leistungsfähigkeit des Vaters

Erforderlich ist, dass der Unterhaltsschuldner ausreichend leistungsfähig ist, um Unterhalt nach § 1615l BGB zu entrichten (vgl. §§ 1615l Abs. 3 i.V.m. 1603 BGB).[75] **45**

Bei der Beurteilung der Leistungsfähigkeit des Vaters für Unterhalt nach § 1615l BGB ist der Kindesunterhalt für das gemeinsame Kind mit dem Zahlbetrag vom verfügbaren Einkommen abzuziehen, was sich aus § 1612b Abs. 1 BGB ergibt.

73 BGH FamRZ 2006, 1368.

74 OLG Köln FamRZ 2017, 1309, 1311.

75 Vgl. dazu *Bömelburg/Gutdeutsch*, FamRZ 2020, 657.

46 Dazu äußerte sich der BGH[76] wie folgt:

> *„Zu Recht weist die Rechtsbeschwerde darauf hin, dass das Oberlandesgericht vor der Prüfung, ob der dem Unterhaltspflichtigen gegenüber dem Anspruch aus § 1615l BGB zu belassende Selbstbehalt gewahrt ist, den im Rang vorgehenden Kindesunterhalt hätte abziehen müssen. Erst anhand der sich hieraus ergebenden Differenz lässt sich ersehen, ob der Unterhaltspflichtige leistungsfähig ist. Bei Vorwegabzug des Kindesunterhalts schuldet der Antragsgegner aufgrund seiner eingeschränkten Leistungsfähigkeit bei einem seit dem Jahr 2013 gegenüber dem Anspruch aus § 1615l BGB maßgeblichen Selbstbehalt von 1.100 EUR für den hier noch im Streit stehenden Zeitraum ab Mai 2013 einen monatlichen Unterhalt von gerundet 137 EUR."*

47 Allerdings ist der Unterhaltsanspruch nach § 1615l BGB einem konkurrierenden Elternunterhalt gegenüber vorrangig, d.h. bei der Ermittlung der Leistungsfähigkeit für die Zahlung von Elternunterhalt ist ein von dem Unterhaltspflichtigen zusätzlich geschuldeter Betreuungsunterhalt nach § 1615l BGB als – gem. § 1609 Nr. 2 BGB vorrangige – sonstige Verpflichtung im Sinne des § 1603 Abs. 1 BGB von dessen Einkommen abzuziehen.[77]

48 Bei der Ermittlung des unterhaltsrechtlich relevanten Einkommens des Unterhaltsschuldners sind von dessen Nettoeinkommen die vermögenswirksamen Leistungen, sofern sie den Umständen nach angemessenen sind, und angemessene Aufwendungen für die private Kranken- und Altersvorsorge abzuziehen.

Ein Erwerbstätigenbonus ist nicht zu berücksichtigen.[78]

49 Der Vater muss bei Leistungsunfähigkeit wegen Studiums ein solches nicht aufgeben.

50 Der Grundsatz der Halbteilung hat zur Folge, dass dem unterhaltspflichtigen Vater unter Berücksichtigung der Krankenvorsorgeaufwendungen mindestens die Hälfte seines Einkommens verbleibt.[79]

Es besteht keine gesteigerte Unterhaltspflicht, vielmehr gelten für die Erwerbsobliegenheit des Vaters die gleichen Grundsätze wie beim Unterhaltsanspruch volljähriger Kinder.

Soweit vom Unterhaltsschuldner geleistete Mehr- und Nachtarbeit das in seinem Beruf übliche Maß nicht überschreitet und die hierfür gezahlten Mehrarbeits- und Nachtarbeitszuschläge berufstypisch sind, sind diese Zuschläge seinem Einkommen zuzuschlagen.

51 Heiratet der Vater eine andere Frau, d.h. nicht die Mutter des Kindes, kann die Dreiteilungsmethode zu berücksichtigen sein.[80]

> *„Auch die auf der Ebene der Leistungsfähigkeit weiterhin zur Anwendung gelangende Dreiteilungsmethode (…) führt nicht zur einer Reduzierung des Unterhaltsanspruchs der Antragstellerin. Hierbei wird berücksichtigt, dass die Ehefrau des Antragsgegners gegenüber der Antragstellerin gemäß § 1609 Nr. 2 BGB gleichrangig ist, weil sie ebenfalls wegen Betreuung der Kinder unterhaltsberechtigt wäre. Dann aber muss dem Antragsgegner ein Betrag verbleiben, der es ihm ermöglicht, nicht nur seinen eigenen Unterhalt zu decken, sondern auch den Unterhalt seiner Ehefrau sicherzustellen. Im Ergebnis führt dies zu einer Dreiteilung des Gesamteinkommens (…) der Antragstellerin, des Antragsgegners und seiner Ehefrau."*[81]

76 BGH FamRZ 2013, 1958.
77 BGH NJW 2016, 1513.
78 Unterhaltsprozess/*Menne*, Kap. 2 Rn 1378.
79 BGH FamRZ 2010, 357.
80 BGH FamRZ 2019, 1234 (1236).
81 OLG Celle FamRZ 2013, 1141.

3. Selbstbehalt

Der angemessene Selbstbehalt des Unterhaltspflichtigen beträgt derzeit abhängig davon, ob der Unterhaltspflichtige erwerbstätig ist oder nicht, 1.510 EUR bzw. 1.385 EUR.[82] **52**

III. Tod des Unterhaltspflichtigen, § 1615l Abs. 3 Satz 4 BGB

Der Unterhaltsanspruch des nicht verheirateten Elternteils wegen der Betreuung eines Kindes erlischt nicht mit dem Tod des Kindesvaters. Vielmehr haften an seiner Stelle seine Erben.[83] **53**

IV. Verwirkung und Erlöschen des Anspruchs

1. §§ 1615l Abs. 3 S. 1, 1611 BGB

Verwirkung kann unter den Voraussetzungen nach § 1611 BGB eintreten. Dagegen kommt eine Anwendung der Vorschriften für Eheleute nicht in Betracht. **54**

Insbesondere ist § 1579 BGB nicht anwendbar, weil hier § 1611 BGB eine spezielle Regelung mit einem strengeren Maßstab enthält. Das Zusammenleben mit einem (neuen) Partner kann daher weder in analoger Anwendung des § 1579 Nr. 2 BGB noch in wertender Betrachtung über § 1611 BGB die Annahme einer Unterhaltsverwirkung rechtfertigen, wenn nicht andere Verfehlungen i.S.d. § 1611 BGB auf eine grobe Unbilligkeit schließen lassen.[84]

2. Eheschließung

Die Vorschrift des § 1586 BGB wird auf den Anspruch nach § 1615l BGB analog angewandt, d.h. der Unterhaltsanspruch der nicht verheirateten Mutter aus Anlass der Geburt entfällt mit einer Eheschließung oder Begründung einer Lebenspartnerschaft.[85] **55**

Die Mutter erwirbt durch die Heirat nämlich einen Anspruch auf Familienunterhalt nach § 1360 BGB, der nach der gesetzlichen Wertung anderen Unterhaltsansprüchen vorgeht.

Das OLG München[86] sah dies ursprünglich noch anders. Nach der Auffassung des OLG konnte eine aus der Ehe folgende Unterhaltspflicht nach den §§ 1361, 1569 ff. BGB neben einer solchen aus § 1615l BGB bestehen, wenn letztere erst entstehe, nachdem der aus der Ehe hervorgegangene Unterhaltsanspruch schon bestanden habe. Das müsse umgekehrt auch dann gelten, wenn die Ehe, die einen Anspruch auf Ehegattenunterhalt begründe, erst geschlossen werde, nachdem schon ein Unterhaltsanspruch gemäß § 1615l BGB entstanden war. Diese Auffassung sei nicht verfassungswidrig, weil § 1586 Abs. 1 BGB nur einen nachehelichen Unterhaltsanspruch bei Wiederheirat entfallen lasse und die im Gesetz nicht vorgesehene Geltung für den Unterhaltsanspruch nach § 1615l BGB nicht zu einer Diskriminierung des Instituts der Ehe führe. Der Anspruch einer Mutter auf den Schutz und die Fürsorge der Gemeinschaft nach Art. 6 Abs. 4 GG sei nicht verletzt, weil ein Unterhaltsanspruch aus § 1570 BGB im Gegensatz zu demjenigen aus § 1615l BGB zusätzlich auf der grundsätzlich lebenslangen Bindung als Folge des Eheversprechens beruhe. Eine Verletzung des Art. 6 Abs. 5 GG scheide deswegen aus, weil der Schutz des § 1615l BGB dem betreuten Kind ohnehin nur mittelbar zugutekomme und nicht das Kind, sondern der betreuende Ehegatte Inhaber des Anspruchs sei. Dieses rechtfertige insoweit eine Ungleichbehand- **56**

82 Düsseldorfer Tabelle 1.1.2023 D. II.; vgl. auch BGH FamRZ 2013, 1958.
83 BGH FamRZ 2019, 1234.
84 OLG Frankfurt FuR 2019, 710.
85 BGH v. 17.11.2004 – XII ZR 183/02, NJW 2005, 503.
86 OLG München FamRZ 2003, 701.

lung der Ansprüche aus §§ 1570 und 1615l BGB. Im Gesetz finde sich eine Vielzahl von Vorschriften, die den Anspruch aus § 1570 BGB gegenüber demjenigen aus § 1615l BGB besser stellten. Bei einer Gesamtschau könne deshalb eine Besserstellung in einem einzelnen Punkt noch als Korrektiv einer insgesamt gegebenen „Disprivilegierung“ angesehen werden; eine gleichheitswidrige Privilegierung dieses Anspruchs liege darin nicht.

57 Der BGH[87] korrigierte diese Rechtsprechung. Die Fortdauer einer Unterhaltspflicht nach § 1615l BGB über die Wiederheirat der Berechtigten hinaus ist mit der gesetzlichen Regelung nicht in Einklang zu bringen. Ein Unterhaltsanspruch der Mutter eines nichtehelichen Kindes scheidet für die Zeit ab ihrer Heirat in analoger Anwendung des § 1586 Abs. 1 BGB aus. Das Gesetz enthält für den Unterhaltsanspruch nach § 1615l BGB – im Gegensatz zum nachehelichen Unterhaltsanspruch, z.B. nach § 1570 BGB – keine ausdrückliche Regelung, wie zu verfahren ist, wenn die unterhaltsberechtigte Mutter einen anderen Mann als den Vater ihres Kindes heiratet. Wie sich aus der Entstehungsgeschichte dieser gesetzlichen Bestimmung und aus einem Vergleich mit anderen gesetzlichen Unterhaltsansprüchen ergibt, handelt es sich dabei um eine unbewusste Regelungslücke. Ansprüche der Mutter gegen den Vater aus Anlass der Geburt sind in der jüngsten Vergangenheit mehr und mehr den Unterhaltsansprüchen getrenntlebender oder geschiedener Ehegatten angeglichen worden. Wenn der Gesetzgeber trotz dieser großen Nähe beider Ansprüche gleichwohl von einer dem § 1586 Abs. 1 BGB entsprechenden Regelung abgesehen, dessen Anwendung aber auch nicht ausgeschlossen hat, kann das nur auf einer unbeabsichtigten Regelungslücke beruhen.

58 *Praxistipp*

Eine fehlerhafte Aufklärung des Anwalts, der die analoge Anwendung des §§ 1586 Abs. 1 BGB übersieht, begründet in der Regel allerdings keine Anwaltshaftung. Der mögliche Unterhaltsschaden, bedingt durch das Erlöschen des Unterhaltsanspruchs nach § 1615l BGB, wird nach Auffassung der Rechtsprechung nämlich durch einen Anspruch auf Familienunterhalt gegen den Ehemann ausgeglichen, so dass es an einem Schaden fehlt.

BGH:[88]

„Schließt die Gläubigerin eines Anspruchs auf Betreuungsunterhalt aus § 1615l Abs. 2 S. 2 BGB aufgrund einer fehlerhaften Beratung durch ihren Rechtsanwalt über den Fortbestand des Anspruchs bei Eheschließung die Ehe mit einem neuen Partner, kann der Wegfall des Anspruchs auf Betreuungsunterhalt durch den Anspruch auf Familienunterhalt kompensiert werden.“

59 Trennt die Mutter des nichtehelichen Kindes sich von ihrem Ehegatten, lebt der Anspruch nach § 1615l BGB wieder auf.

Der Anspruch aus § 1615l BGB gegen den Erzeuger des nichtehelichen Kindes erlischt allerdings nicht in entsprechender Anwendung des § 1586 Abs. 1 BGB, wenn die Kindesmutter (wieder) mit ihrem Ehemann zusammenlebt.[89]

V. Konkurrenzen, § 1615l Abs. 3 S. 2 BGB

60 Der Anspruch der betreuenden Mutter nach § 1615l Abs. 2 BGB kann mit anderen Unterhaltsansprüchen in Konkurrenz treten. So kommt die Unterhaltspflicht der Eltern der Mutter in Betracht. Nach § 1615l Abs. 3 S. 2 BGB geht jedoch die Verpflichtung des Vaters des Kindes der Verpflichtung der Verwandten der Mutter vor.

87 BGH NJW 2005, 500.
88 BGH FamRZ 2016, 892.
89 OLG Stuttgart NJW 2016, 1104.

61 Anspruchskonkurrenz kann ferner auftreten, wenn der Anspruch nach § 1615l Abs. 2 BGB gegen den Kindsvater mit einem Unterhaltsanspruch der Mutter gegen den getrenntlebenden oder geschiedenen Ehemann nach §§ 1361, 1569 ff. BGB zusammentrifft.

62 Zwar erlischt der Unterhaltsanspruch der Mutter nach § 1615l Abs. 2 BGB gem. § 1586 BGB analog, wenn sie heiratet. Dies gilt aber nicht im umgekehrten Fall, d.h. Ansprüche nach §§ 1361, 1569 ff. BGB bleiben bestehen, auch wenn ein Unterhaltsanspruch nach § 1615l Abs. 2 BGB später hinzutritt.[90] Die Aufteilung der Haftung für den Unterhalt der Mutter ist in diesem Fall zwischen dem Ehemann und dem Vater des Kindes in entsprechender Anwendung des § 1606 Abs. 3 S. 1 BGB vorzunehmen. Insofern ist insbesondere auf die jeweiligen Erwerbs- und Vermögensverhältnisse der Beteiligten abzustellen. Daneben sind aber auch Anzahl, Alter und Betreuungsbedürftigkeit der Kinder zu berücksichtigen.

Ähnlich liegt es, wenn die Mutter zum Ehemann zurückkehrt. Der Anspruch auf Leistung von Familienunterhalt gegen den Ehemann geht dem Anspruch auf Zahlung von Betreuungsunterhalt gegen den Erzeuger des nichtehelichen Kindes nicht vor. Beide Ansprüche stehen vielmehr gleichberechtigt nebeneinander.[91]

63 Eine anteilige Unterhaltshaftung ist ebenfalls gegeben, wenn mehrere nach § 1615l BGB unterhaltspflichtige Väter vorhanden sind.[92]

Beim Zusammentreffen eines Anspruchs der Ehefrau gemäß § 1361 BGB gegen den Ehemann und gemäß § 1615l BGB gegen den nicht ehelichen Vater, ist von einer anteiligen Haftung unter entsprechender Anwendung des § 1606 Abs. 3 S. 1 BGB auszugehen, auch wenn aus der Ehe keine Kinder hervorgegangen sind.[93]

> *Praxistipp*
> Die jeweilige Unterhaltspflicht bestimmt sich in solchen Fällen wie folgt: Zunächst sind die bereinigten Nettoeinkünfte der unterhaltspflichtigen Beteiligten zu ermitteln, wobei ein Erwerbstätigenbonus nicht zu berücksichtigen ist. Die Nettoeinkünfte bestimmen das Verhältnis der Haftungsanteile. Ist sodann der Bedarf der Kindesmutter geklärt, kommen die unterhaltspflichtigen Beteiligten entsprechend ihrer Quote dafür auf.

64 Entsteht ein Anspruch auf Trennungsunterhalt gemäß § 1361 BGB dadurch, dass die Ehefrau die bisher ausgeübte Erwerbstätigkeit wegen der Geburt eines Kindes, das nicht von ihrem Ehemann abstammt, aufgibt, so tritt der Anspruch auf Trennungsunterhalt hinter einem gleichzeitig bestehenden Anspruch aus § 1615l BGB zurück.[94]

VI. Unterhaltsanspruch des Vaters, § 1615l Abs. 4 BGB

65 Betreuungsunterhalt entsprechend § 1615l Abs. 2 S. 2 BGB kann der Vater beanspruchen, wenn er das Kind betreut. Entscheidend dafür, ob eine Betreuung gegeben ist, ist insoweit die tatsächliche Handhabung.[95]

66 Nicht entscheidend ist dagegen die Sorgerechtsregelung.

Der Unterhaltsanspruch des Vaters ist beschränkt auf den laufenden Unterhalt, da § 1615l Abs. 4 nur auf Abs. 2 S. 2 verweist, jedoch beginnt die Unterhaltsverpflichtung der Kindsmutter in einem solchen Fall unmittelbar nach der Geburt des Kindes, wenn der Vater das Kind bereits ab diesem Zeitraum betreut.

90 Vgl. dazu *Weinreich*, FuR 2012, 341.
91 OLG Stuttgart NJW 2016, 1104.
92 BGH v. 17.1.2007 – XII ZR 104/03, NJW 2007, 2409; BGH v. 15.12.2004 – XII ZR 26/03, NJW 2005, 502; ZFE 2005, 93.
93 OLG Jena v. 18.11.2005 – 1 WF 436/05, NJW-RR 2006, 584; ZFE 2006, 233.
94 OLG Bremen v. 19.2.2004 – 4 WF 10/04, FamRZ 2005, 213.
95 Grüneberg/*von Pückler* § 1615l Rn 19.

67 Im Übrigen gelten sinngemäß die obigen Ausführungen soweit der Betreuungsunterhalt betroffen ist.

Die Vorschriften über die Unterhaltspflicht zwischen Verwandten und die sonstigen Regelungen finden entsprechende Anwendung, vgl. § 1615l Abs. 4 S. 2 BGB.

VII. Verzichtserklärung

68 Der Anspruch auf Unterhalt nach § 1615l BGB scheitert nicht deshalb, weil der Unterhaltsberechtigte einen Unterhaltsverzicht erklärt hat. Derartige Vereinbarungen werden im Rahmen nichtehelicher Lebensgemeinschaften vor Geburt eines Kindes immer wieder abgegeben. Nach §§ 1615l Abs. 3 S. 1, 1614 Abs. 1 BGB besteht hinsichtlich eines solchen Unterhaltsverzichts jedoch keine Dispositionsbefugnis. Auf Unterhalt nach § 1615l BGB kann daher im Voraus nicht verzichtet werden. § 1614 BGB ist ein Verbotsgesetz i.S.v. § 134 BGB, d.h. die betreffende Verzichtsvereinbarung wäre nichtig.

E. Verfahrensrechtliche Probleme

I. Vertretung durch das Jugendamt

69 Die Vertretungsmacht des Jugendamts erstreckt sich nicht auf Ansprüche der nichtehelichen Mutter aus § 1615l BGB.

Der Hinweis des ausdrücklich als Beistand eines Kindes tätigen Jugendamts an den hinsichtlich des Kindesunterhaltes auf Auskunft in Anspruch genommenen Vater am Ende des Aufforderungsschreibens, auch die Kindesmutter wolle nach § 1615l BGB Betreuungsunterhalt geltend machen und das Jugendamt werde daher die Höhe dieses Anspruches ebenfalls errechnen und mitteilen, schafft nicht die Voraussetzungen nach § 1613 Abs. 1 BGB für eine Geltendmachung des Betreuungsunterhaltes für die Vergangenheit.[96]

II. Unterhalt für die Vergangenheit

70 Für die Vergangenheit kann Unterhalt und Sonderbedarf nach Feststellung der Vaterschaft gem. §§ 1615l Abs. 3 S. 4, 1613 Abs. 2 Nr. 2a BGB gefordert werden. Verzug ist insoweit nicht erforderlich, als die Voraussetzung des § 1613 Abs. 2 Nr. 2a BGB dadurch erfüllt ist, dass die Vaterschaft weder anerkannt noch rechtskräftig festgestellt war.

Nach Feststellung der Vaterschaft ist eine Inverzugsetzung nach § 1613 Abs. 1 BGB erforderlich, um später weitere Unterhaltsrückstände geltend machen zu können.

71 Nach Auffassung des BGH[97] enthält § 1615l Abs. 3 S. 1 BGB nämlich eine Rechtsgrundverweisung auf § 1613 BGB, weshalb für die Geltendmachung von Unterhalt für die Vergangenheit grundsätzlich die Voraussetzungen des § 1613 Abs. 1 S. 1 BGB vorliegen müssen, also eine Aufforderung zur Auskunft, eine Inverzugsetzung oder aber die Rechtshängigkeit des Unterhaltsanspruchs.

III. Auskunftsanspruch

72 Der Auskunftsanspruch gem. § 1605 Abs. 1 BGB ist nach § 1615l Abs. 3 S. 1 BGB gegeben. Zu berücksichtigen ist aber, dass sich die Höhe des Unterhaltsanspruchs des betreuenden Elternteils ausschließlich nach dessen Lebensstellung richtet. Mitunter ist daher eine Auskunft nicht unterhaltsrelevant, so dass

96 OLG Celle FuR 2011, 533.
97 BGH FamRZ 2013, 1958.

auch kein Anspruch besteht. Anders liegt es freilich, wenn die Mutter ihren Bedarf dargelegt hat und der Vater gegen den Anspruch ganz oder teilweise Leistungsunfähigkeit einwendet.

Praxistipp 73

In der Praxis sind Probleme nicht zu erwarten, da wegen des gleichzeitig zu beanspruchenden Kindesunterhalts ein Auskunftsanspruch besteht. Der Kindesunterhalt ist nämlich in jedem Fall von der Höhe des Einkommens des unterhaltspflichtigen Elternteils abhängig.

IV. Verfahrenskostenvorschuss

Umstritten ist der VKV-Anspruch des nicht verheirateten Elternteils.[98] **§ 1615l Abs. 3 Satz 1 BGB** verweist zum einen auf die **§§ 1601 ff. BGB**.[99] Zum anderen spricht auch die vom BGH im Grundsatz angewandte Gleichbehandlung mit kinderbetreuenden Ehegatten dafür.[100] Insoweit sollte ein Anspruch der nicht verheirateten Mutter auf einen Verfahrenskostenvorschuss zwecks Geltendmachung von Unterhaltsansprüchen nach § 1615l BGB zu rechtfertigen sein.[101] 74

V. Befristung des Anspruchs auf die ersten drei Lebensjahre des Kindes

Die anwaltliche Vertretung des Unterhaltsschuldners wird im Verfahren darauf hinwirken, dass der Unterhalt auf drei Jahre befristet wird. Dies durchzusetzen ist allerdings problematisch. 75

Argumentieren lässt sich aber damit, dass der Wortlaut des § 1615l Abs. 2 S. 3 BGB nicht den Schluss zu lässt, dass die Fortdauer des Anspruchs nach drei Jahren die Regel ist. Die Billigkeitsklausel des § 1615l Abs. 2 S. 4 BGB macht vielmehr das Gegenteil deutlich.

Ist der Unterhaltsanspruch derart in einem Unterhaltsbeschluss befristet worden, so muss nach Ablauf von drei Jahren vom Unterhaltsgläubiger ein Abänderungsantrag nach § 238 FamFG erhoben werden, wenn eine Verlängerung des Anspruchs gewollt ist. 76

Fehlt es an der Befristung, so muss umgekehrt der Unterhaltsschuldner nach drei Jahren den entsprechenden Abänderungsantrag stellen, um den Titel zu beseitigen.

Verstärkt wird hingegen die Auffassung vertreten, dass der Unterhaltstitel aufgrund eines Anspruchs nach § 1615l Abs. 2 Satz 2 BGB nicht auf drei Jahre zu befristen ist; eine Ausnahme wird nur zugestanden, wenn im Zeitpunkt der Entscheidung feststeht, dass nach Ablauf von drei Jahren die Voraussetzungen für weiteren Billigkeitsunterhalt fehlen.[102] 77

Der BGH[103] stellt dies wie folgt dar: 78

> *„Der Senat hat bereits mit Urt. v. 18.3.2009 (...) entschieden, dass eine Befristung des Betreuungsunterhaltsanspruchs nach der Systematik des § 1570 BGB nicht geboten ist. Danach steht dem betreuenden Elternteil ein Anspruch auf Betreuungsunterhalt für mindestens drei Jahre nach der Geburt mit Verlängerungsmöglichkeit aus kind- und elternbezogenen Gründen zu. Der Betreuungsunterhalt während der ersten drei Lebensjahre des Kindes und ein daran anschließender weiterer Betreuungsunterhaltsanspruch bilden somit einen einheitlichen Unterhaltsanspruch. Nur dann, wenn im Zeitpunkt der Entscheidung für die Zeit nach Vollendung des dritten Lebensjahres absehbar*

98 Vgl. dazu *Roßmann*, FuR 2012, 168, 169.
99 Bejahend OLG München FamRZ 2002, 1219 = OLGR 2002, 67; ähnlich offenbar auch *Caspary*, NJW 2005, 2577, 2578.
100 BGH FamRZ 2005, 357.
101 A.A. SBW/*Schwonberg*, FamFG, § 246 Rn 27.
102 Grüneberg/*von Pückler*, § 1615l Rn 12; *Jüdt*, FuR 2011, 241.
103 BGH FamRZ 2013, 1958.

keine kind- und elternbezogenen Verlängerungsgründe mehr vorliegen, ist ein Antrag auf künftigen Betreuungsunterhalt abzuweisen.

Diese Ausführungen gelten gleichermaßen für den Betreuungsunterhaltsanspruch aus § 1615l BGB. Dass sich beide Betreuungsunterhaltsansprüche bezogen auf die Dauer der Anspruchsberechtigung nicht voneinander unterscheiden, ergibt sich bereits aus dem insoweit identischen Wortlaut beider Tatbestände, wonach der Unterhaltsberechtigte den Unterhalt „für mindestens drei Jahre nach der Geburt" verlangen kann (...). Im Übrigen verbietet es Art. 6 Abs. 5 GG, hinsichtlich der Dauer des aus kindbezogenen Gründen geschuldeten Betreuungsunterhalts zwischen der Betreuung ehelicher und nichtehelicher Kinder zu differenzieren (...).“

79 Ist der Unterhaltstitel auf drei Jahre befristet, ist für eine Verlängerung ein Abänderungsantrag nach § 238 FamFG zu stellen.

Ist der Unterhalt nicht auf drei Jahre befristet, ist umgekehrt ein Abänderungsantrag des Unterhaltspflichtigen erforderlich, um die Unterhaltsschuld zu beseitigen.

Ist ein Kind unstreitig krank (Pflegegrad 2), genügt ein allein mit gestiegenem Alter des Kindes begründeter Abänderungsantrag nicht, um eine wesentliche Veränderung (§ 238 Abs. 1 S. 2 FamFG) der für den Betreuungsunterhalt maßgeblichen Umstände darzulegen.[104]

Haben die Beteiligten sich bei Gericht geeinigt, so ist maßgebliche Abänderungsvorschrift der § 239 FamFG.

VI. Beweislast

80 Die Beweislast folgt auch betreffend des Unterhaltsanspruchs nach § 1615l BGB den allgemeinen Grundsätzen.

Für den Anspruch nach § 1615l Abs. 1 S. 1 BGB hat die Mutter lediglich ihre Bedürftigkeit zu beweisen. Im Rahmen des Anspruchs nach § 1615l Abs. 1 S. 2 BGB bedarf es des Beweises, dass die geltend gemachten Kosten und Aufwendungen infolge der Schwangerschaft und Entbindung entstanden sind (Kausalität) und notwendig waren.

Der Unterhaltspflichtige muss den Beweis eingeschränkter oder fehlender Leistungsfähigkeit erbringen.

104 OLG Koblenz FamRZ 2023, 127.

§ 6 Der familienrechtliche Ausgleichsanspruch

Dr. Franz-Thomas Roßmann

A. Vorbemerkung

Der familienrechtliche Ausgleichsanspruch ist eines der aktuellen familienrechtlichen Themen.[1] Die Diskussion wurde angestoßen, durch eine Entscheidung des BGH zum Eintritt eines volljährig gewordenen Kindes in ein laufendes Kindesunterhaltsverfahren, welches zuvor von den Eltern geführt wurde.[2] 1

Praxistipp

Der familienrechtliche Ausgleichsanspruch ist für die anwaltliche Tätigkeit deshalb von großer Bedeutung, weil bestimmte verfahrensrechtliche Unterhaltskonstellationen eine Antragsumstellung auf den familienrechtliche Ausgleichsanspruch erforderlich machen. Wird anwaltlich auf diese „Konstellationen" nicht sachgerecht reagiert, so hat dies die Unzulässigkeit der Anträge und damit die kostenpflichtige Abweisung zur Folge.

Der familienrechtliche Ausgleichsanspruch ist vom BGH[3] als Anspruch unter unterhaltspflichtigen Eltern entwickelt worden. Der Anspruch ergibt sich nach Auffassung der Rechtsprechung unmittelbar aus der gemeinsamen Unterhaltslast[4] und richtet sich nach dem jeweiligen Leistungsvermögen der Eltern. 2

Ausgangspunkt der Entwicklung des familienrechtlichen Ausgleichsanspruchs war eine klassische Nachkriegskonstellation. Die Kindesmutter verklagte den Vater, den sie in der Nachkriegszeit aus den Augen verloren hatte, auf Kindesunterhalt. Sie wollte (rückwirkend) Unterhalt für ihre beiden Söhne. Der BGH[5] hat dazu festgestellt, dass der Mutter ein Ersatzanspruch gegen den Vater zustehe, soweit sie mit ihren Unterhaltsleistungen eine allein dem Vater obliegende Unterhaltspflicht erfüllt habe. Dabei handele es sich allerdings nicht um einen Anspruch aus Geschäftsführung ohne Auftrag. Fragwürdig sei bereits die dafür erforderliche Annahme, es habe der Willensrichtung der Mutter bei Gewährung des Unterhalts entsprochen, ein Geschäft des Vaters zu besorgen. Dies sei zum einen lebensfremd, zum anderen sei auch die Kindesmutter den gemeinsamen Kindern unterhaltspflichtig gewesen. Die Rechtsprechung sah es vielmehr als angemessen an, bei einem solchen Ersatzanspruch von einem familienrechtlichen Ausgleichsanspruch zwischen den Eltern auszugehen, der ihrer gemeinsamen Unterhaltspflicht und der Notwendigkeit entspringt, die Unterhaltslast im Innenverhältnis zwischen ihnen entsprechend ihrem Leistungsvermögen gerecht zu verteilen.[6] 3

Die Anspruchsgrundlage des familienrechtlichen Ausgleichsanspruchs ist seit dieser Entscheidung allerdings umstritten geblieben (ausführlich siehe unten Rdn 8 ff.). 4

Teilweise wird von einem familienrechtlichen Ausgleichsanspruch auch gesprochen, wenn ein Ehegatte dem anderen Ehegatten Leistungen, insbesondere sogenannte ehebedingte Zuwendungen, erbracht hat oder wenn er unfreiwillig von seinem Einkommen höhere Zahlungen für den Familienunterhalt geleistet hat, als seiner anteilmäßigen Haftung entspricht.[7] Mitunter werden auch Rückzahlungsansprüche wegen

1 Vgl. dazu etwa *Maaß*, FamRB 2022, 455; *Herr*, FuR 2020, 339; *Langheim*, FamRZ 2013, 1529; *Volker*, FuR 2013, 550.
2 BGH FamRZ 2013, 1378.
3 Erstmals BGHZ 31, 329 = FamRZ 1960, 194.
4 BGH FamRZ 1981, 761.
5 BGHZ 31, 329 = FamRZ 1960, 194.
6 Dazu *Volker*, FuR 2013, 550.
7 Vgl. dazu Wendl/*Klinkhammer*, § 2 Rn 768.

der Gewährung von einem Verfahrenskostenvorschuss in diesem Zusammenhang thematisiert.[8] Diese Problemkreise bleiben im Folgenden freilich ausgeklammert; es erscheint auch richtiger zu sein, diese Ausgleichsansprüche auf einen sog. „familienrechtlichen Anspruch sui generis" zu stützen, der mit dem hier zu thematisierenden familienrechtlichen Ausgleichsanspruch wegen einer „Vorfinanzierung" von Unterhalt nicht zu verwechseln ist.[9]

5 Maßgeblicher **Anwendungsbereich** des familienrechtlichen Ausgleichsanspruchs – wie er hier verstanden wird – ist damit der Fall, dass das minderjährige Kind im laufenden Kindesunterhaltsverfahren von der Obhut eines Elternteils in die des anderen wechselt oder volljährig wird. Weiterhin kann der familienrechtliche Ausgleichsanspruch zum Tragen kommen, wenn im Falle des Volljährigenunterhalts ein Elternteil auch die Unterhaltspflicht des anderen mit erfüllt, weil dieser z.B. wegen fiktiver Einkünfte nicht zur Zahlung herangezogen werden kann. Schließlich kommt noch als weitere Fallgruppe der sog. „Kindergeldausgleich" infrage, d.h. ein Elternteil bezieht das staatliche Kindergeld, ohne dass der Kindergeldbezug über den Unterhalt des Kindes ausgeglichen wird (siehe auch Rdn 45).[10]

B. Verfahrensrecht – Unterhaltssache

6 Der familienrechtliche Ausgleichsanspruch, der vorliegt, wenn der (sorgeberechtigte) Elternteil für den Barunterhalt selbst aufkommt und später auf den anderen Elternteil ähnlich den Grundsätzen der Geschäftsführung ohne Auftrag oder der ungerechtfertigten Bereicherung zurückgreift, ist eine **Unterhaltssache im Sinne von § 231 Abs. 1 FamFG.**[11] Von der Rechtsnatur des familienrechtlichen Ausgleichsanspruchs her handelt es sich dabei zwar nicht um einen Unterhaltsanspruch, sondern um einen Ersatzanspruch gegenüber dem anderen Elternteil. Insoweit ist allerdings anerkannt, dass dieser Anspruch aus der gemeinsamen Unterhaltspflicht der Eltern gegenüber ihren Kindern folgt.[12] Der Ausgleichsanspruch ist nach seinem tatsächlichen Grund eng mit der gesetzlichen Unterhaltspflicht der Eltern gegenüber dem Kind verknüpft. Bestehen und Höhe des Ausgleichsanspruchs hängen davon ab, ob und inwieweit im Einzelfall eine Unterhaltspflicht des einen oder anderen Elternteils besteht und erfüllt worden ist. Wirtschaftlich gesehen handelt es sich um „rückständige Unterhaltsleistungen", deren Erstattung verlangt wird.[13]

7 Das OLG Brandenburg[14] fasst dies wie folgt zusammen:

> *„Der familienrechtliche Ausgleichsanspruch hängt nach seinem tatsächlichen Grund eng mit der gesetzlichen Unterhaltspflicht der Eltern gegenüber dem Kind zusammen. Bestehen und Höhe des Ausgleichsanspruchs hängen davon ab, ob und inwieweit im Einzelfall eine Unterhaltspflicht des einen oder anderen Elternteils besteht und erfüllt worden ist. Es handelt sich bei den Beträgen, die einem Elternteil aufgrund eines derartigen Anspruchs zustehen, wirtschaftlich gesehen um „rückständige Unterhaltsleistungen", weshalb der familienrechtliche Ausgleichsanspruch praktisch einem Unterhaltsanspruch gleichbehandelt wird."*

8 Vgl. dazu SBW/*Schwonberg*, § 246 FamFG, Rn 34.
9 *Born*, FamRZ 2023, 913.
10 Vgl. dazu Weinreich/Klein/*Eder*, § 1607 Rn 62.
11 So *Keidel/Weber*, § 231 Rn 5; Horndasch/Viefhues/*Roßmann*, § 231 Rn 14.
12 BGH NJW 1984, 2158.
13 OLG Köln FamRZ 2012, 575.
14 OLG Brandenburg FamRZ 2022, 1284.

C. Anspruchsgrundlage

Die Anspruchsgrundlage des familienrechtlichen Ausgleichsanspruchs ist – wie bereits erwähnt – umstritten.[15] Richtigerweise sollte der Anspruch auf die **§§ 1618a, 242 BGB analog** gestützt werden. 8

Einigkeit besteht, dass der Anspruch nicht auf die §§ 677 ff. BGB gestützt werden kann, weil es sich nicht um eine Geschäftsführung ohne Auftrag handelt, wenn ein Elternteil die Unterhaltspflichten des anderen erfüllt. Fragwürdig ist bereits die dafür erforderliche Annahme, es habe der Willensrichtung dieses Elternteils bei Gewährung des Unterhalts entsprochen, ein Geschäft des anderen Elternteils zu besorgen. Der betreuende Elternteil will nämlich gerade nicht den anderen entlasten, sondern wird im Interesse des Kindes tätig.[16] 9

Der Anspruch lässt sich auch nicht auf Bereicherungsrecht nach §§ 812 ff. BGB stützen. Der barunterhaltspflichtige Elternteil wird durch die Leistungen des betreuenden Elternteils nicht befreit, also auch nicht bereichert. Auch dürfte es unangemessen sein, wenn sich der barunterhaltspflichtige Elternteil auf Entreicherung nach § 818 Abs. 3 BGB berufen könnte. 10

Auch ein Gesamtschuldnerausgleich nach § 426 BGB ist nicht möglich. Eltern haften nämlich für den Kindesunterhalt als Teilschuldner, das heißt sie sind keine Gesamtschuldner.[17] 11

Eine eindeutige Anspruchsgrundlage für den familienrechtlichen Ausgleichsanspruch existiert letztlich nicht. Die Existenz und Notwendigkeit eines solchen Anspruchs ist allerdings unzweifelhaft. Der BGH[18] hat in seiner grundlegenden Entscheidung vom 9.12.1959 es als unzweifelhaft angesehen, dass der ehemals betreuende Elternteil gegen den anderen unterhaltspflichtigen Elternteil einen Ersatzanspruch hat, wenn im Verhältnis der Eltern zueinander der betreuende die dem anderen obliegende Barunterhaltspflicht erfüllt hat. 12

Vorzugswürdig ist es, diesen Anspruch auf den Rechtsgedanken des § 1618a BGB zu stützen, wonach Eltern und Kinder sich wechselseitig Beistand und Rücksicht schulden. Dies ist zu ergänzen um den Gedanken von Treu und Glauben. Damit kann der familienrechtliche Ausgleichsanspruch als Anspruchsgrundlage gestützt werden auf die §§ 1618a, 242 BGB analog.

D. Voraussetzungen des Anspruchs

Der familienrechtliche Ausgleichsanspruch ist insbesondere einschlägig – dieser praktisch wichtige Fall soll im Folgenden daher auch Grundlage der Darstellung sein –, wenn das minderjährige Kind im laufenden Kindesunterhaltsverfahren von der Obhut eines Elternteils in die des anderen wechselt oder volljährig wird. Die Folge derartiger Vorgänge ist nämlich, dass die zuvor bestehende Vertretungsbefugnis bzw. zulässige Verfahrensstandschaft (vgl. § 1629 Abs. 3 BGB) im Unterhaltsverfahren auch für die in der Vergangenheit angefallenen Unterhaltsrückstände entfällt. Auch die Einrichtung eines Wechselmodells führt dazu, dass die Verfahrensstandschaft entfällt.[19] Dennoch kann der betreffende Elternteil, wenn er in der Vergangenheit höheren Unterhalt geleistet hat, als es seiner Obliegenheit entspricht, und er damit zumindest teilweise die Unterhaltsverpflichtung des anderen erfüllt hat, einen Ausgleich einfordern, wenn er im Zeitpunkt der Leistung offenkundig beabsichtigte, insoweit vom anderen Ersatz zu verlangen. 13

15 Vgl. dazu *Herr*, FuR 2020, 341.
16 Vgl. auch BGH FamRZ 1994, 1102.
17 Vgl. auch Weinreich/Klein/*Eder*, § 1607 Rn 67.
18 BGHZ 31, 329 = FamRZ 1960, 194.
19 OLG Brandenburg FuR 2020, 56.

I. Unterhaltsleistung des Anspruchstellers, die im Innenverhältnis dem anderen Elternteil oblag

1. Unterhaltspflicht des ausgleichspflichtigen Elternteils

14 Der Anspruchsteller muss im Innenverhältnis gegenüber dem Kind eine Unterhaltsverpflichtung erfüllt haben, die dem Anspruchsgegner oblag. Dies setzt voraus, dass der Anspruchsgegner dem betreffenden Kind gegenüber unterhaltspflichtig nach §§ 1601 ff. BGB, d.h. insbesondere auch leistungsfähig war.[20] Der Ausgleichsanspruch scheitert auch dann, wenn der Anspruchsteller den Kindesunterhalt aufgrund einer Freistellungsvereinbarung mit dem Anspruchsgegner zu erbringen hatte.[21]

2. Verzug nach § 1613 BGB

15 Der familienrechtliche Ausgleichsanspruch ist wirtschaftlich betrachtet die Geltendmachung von Unterhaltsrückständen. Voraussetzungen für die rückwirkende Erhebung des Anspruchs ist daher, dass nach **§ 1613 BGB** der Anspruchsgegner betreffend den Unterhalt in Verzug gesetzt, von ihm Auskunft über sein Einkommen zwecks Unterhaltsberechnung gefordert oder ein Unterhaltsantrag rechtshängig wurde.[22]

Das OLG Brandenburg[23] fasst dies wie folgt zusammen:

> *„Zwar ist die rückwirkende Geltendmachung des familienrechtlichen Ausgleichsanspruchs in entsprechender Anwendung des § 1613 Abs. 1 BGB den in dieser Vorschrift aufgerichteten Schranken unterworfen. Ein solcher Anspruch kann aber auch schon von dem Zeitpunkt an verlangt werden, zu dem der Anspruchsteller als gesetzlicher Vertreter des Kindes gegen den anderen Klage auf Kindesunterhalt erhoben hat."*

16 Die Nachforderung für die Vergangenheit setzt also voraus, dass auch der Unterhaltsanspruch rückwirkend geltend gemacht werden konnte.[24] Der Anwendung des § 1613 BGB in diesem Zusammenhang ist zuzustimmen, da dies der Schuldnerschutz gebietet. Der Ausgleichspflichtige ist vor Forderungen größeren Umfangs zu schützen, auf welche er sich nicht einrichten konnte. Auch der Gedanke der Verwirkung ist zu berücksichtigen, d.h. der ausgleichsberechtigte Elternteil ist grundsätzlich gehalten, seine Ausgleichsforderung – auch nach einer etwaigen Titulierung – zeitnah geltend zu machen, das heißt auch zu vollstrecken. Nach mehr als einem Jahr ist von einer Verwirkung auszugehen.

17 Ein familienrechtlicher Ausgleichsanspruch besteht daher nicht, wenn der Vater nach Umzug des Sohnes sowohl den Betreuungs- als auch den Barunterhalt erbringt, ohne wegen dem Unterhaltsanspruch gegen die Mutter außergerichtliche Schritte im Sinne von § 1613 BGB geltend zu machen oder im Wege eines Unterhaltsleistungsantrags vorzugehen.[25]

3. Konkurrierender Unterhaltstitel

18 Der familienrechtliche Ausgleichsanspruch darf auch nicht zu einer rechtskräftigen Unterhaltsentscheidung in Wiederspruch stehen.[26] Es ist nämlich davon auszugehen, dass der Unterhaltsverpflichtete, der an sein unterhaltsberechtigtes Kind jeweils die Unterhaltsbeträge gezahlt hat, zu deren Leistung er ihm ge-

20 Wendl/*Klinkhammer*, § 2 Rn 775.
21 Vgl. OLG Jena FamRZ 2009, 892.
22 OLG Koblenz FamRB 2019, 95; vgl. dazu auch *Volker*, FuR 2013, 551.
23 OLG Brandenburg FamRZ 2016, 382.
24 Vgl. BGH FamRZ 1988, 834; FamRZ 1984, 775.
25 AG Eschwege FamRZ 1996, 964.
26 BGH FamRZ 1981, 761.

genüber rechtskräftig verurteilt worden ist, nur seiner eigenen rechtskräftig festgestellten Unterhaltspflicht nachgekommen ist, nicht aber eine Verbindlichkeit erfüllt hat, die sich im Verhältnis gegenüber dem Kind als Verpflichtung des anderen Elternteils darstellt. Bei dieser Sachlage entspricht die Zubilligung eines familienrechtlichen Ausgleichsanspruchs nicht dem **Sinn und Zweck** dieses Anspruchs. Der Ausgleichsanspruch ist nicht dazu bestimmt, gerichtlich festgesetzte Unterhaltsverpflichtungen, die auf einer Abwägung der Leistungsfähigkeit beider Eltern beruhen, durch „Ausgleich" von Unterhaltsanteilen im Verhältnis der Eltern zueinander abzuändern.[27] Dies bedeutet, dass der ausgleichsberechtigte Ehegatte immer nur im Einklang mit dem Titel Ausgleichsansprüche erheben kann.

Dies ist aber dann problematisch, wenn ein Obhutswechsel vollzogen wird. Der Elternteil, der sich nunmehr um das Kind kümmert, wird aufgrund eines rechtskräftigen Unterhaltstitels formal immer noch zu Unterhaltszahlungen verpflichtet sein. Er kann daher seinerseits nur Unterhalt fordern bzw. einen familienrechtlichen Ausgleichsanspruch geltend machen, wenn zuvor der bestehende Unterhaltstitel abgeändert wurde oder die Beteiligten insoweit zumindest eine außergerichtliche Einigung herbeigeführt haben.[28]

Im Gegensatz zu der durch gerichtliche Entscheidung auferlegten Unterhaltsverpflichtung können Unterhaltsregelungen in gerichtlichen Vergleichen – wie in vollstreckbaren Urkunden – nicht in materielle Rechtskraft erwachsen. Sie „sperren" daher einen familienrechtlichen Ausgleichsanspruch nicht. Insbesondere können gerichtliche Vergleiche im Unterschied zu rechtskräftigen Unterhaltsbeschlüssen (vgl. § 238 Abs. 3 FamFG) ohne Rückwirkungssperre abgeändert werden.[29]

II. Absicht, von dem anderen Elternteil Ersatz zu verlangen

Nach § 1360b BGB wird vermutet, dass der Ehegatte, der zum Unterhalt der Familie einen höheren Beitrag leistet als ihm obliegt, nicht beabsichtigt, von dem anderen Ehegatten Ersatz zu verlangen. Der Gedanke dieser Vorschrift wird auch für den familienrechtlichen Ausgleichsanspruch für anwendbar gehalten. Dies hat zur Folge, dass zumindest bis zur rechtskräftigen Ehescheidung für den anderen Elternteil die Absicht erkennbar werden muss, Ersatz für Mehrleistungen zu fordern. 19

Für die Absicht, Ersatz zu verlangen, genügt der von dem Erstattungsberechtigten als gesetzlichem Vertreter des Kindes erhobene Unterhaltsantrag.[30] 20

Auch die außergerichtliche Aufforderung, der andere Elternteil möge den geschuldeten Kindesunterhalt zahlen, ist als ausreichend anzusehen, auch wenn naturgemäß oftmals zu jener Zeit noch nicht abzusehen ist, dass auf einen familienrechtlichen Ausgleichsanspruch umgestellt werden muss.[31] 21

III. Höhe des Anspruchs

Ist die Unterhaltspflicht des ausgleichspflichtigen Elternteils tituliert, so ergibt sich die Höhe des Ausgleichsanspruchs dadurch, dass die Differenz zwischen tatsächlicher Zahlung und titulierter Unterhaltshöhe angesetzt wird.[32] 22

Ansonsten richtet sich die Höhe des Anspruchs nach den Sätzen der Düsseldorfer Tabelle. Zwar ist der familienrechtliche Ausgleichsanspruch kein klassischer Unterhaltsanspruch, dennoch ist allein dieser Ansatz praktikabel.

27 BGH FamRZ 2017, 611 = FuR 2017, 327.
28 Vgl. dazu *Langheim*, FamRZ 2013, 1531; Wendl/*Klinkhammer*, § 2 Rn 785.
29 BGH FamRZ 2017, 611 = FuR 2017, 327.
30 OLG Brandenburg FamRZ 2016, 382; BGH FamRZ 1989, 850 = NJW 1989, 2816; FamRZ 1984, 775 = NJW 1984, 2158.
31 BGH FamRZ 1989, 850, 852; Wendl/*Klinkhammer*, § 2 Rn 783.
32 BGH FamRZ 1989, 850 = NJW 1989, 2816.

23 Erforderlich ist allerdings, dass der Anspruchsteller tatsächlich „Barunterhalt“ geleistet hat, denn die alleinige Betreuung des Naturalunterhaltspflichtigen berechtigt nicht zum Ausgleich bezüglich des Barunterhalts.[33]

24 Zahlt der Anspruchsteller etwa dem volljährigen Kind den auf den anderen Elternteil entfallenden Unterhaltsbetrag, so ist der familienrechtliche Ausgleichsanspruch als Regressanspruch unzweifelhaft gegeben. Probleme können sich dahingehend ergeben, dass der Haftungsanteil des anderen Ehegatten erst berechnet werden kann, wenn dessen Einkünfte feststehen. Allerdings kann der ausgleichsberechtigte Elternteil in solchen Fällen direkt nach § 242 BGB vom anderen Elternteil Auskunft über dessen Einkommen und Vermögen fordern.[34]

25 Kompliziert wird es bei minderjährigen Kindern. Der betreuende Elternteil zahlt meist dem Kind keinen weiteren Barunterhalt, sondern leistet Naturalunterhalt, indem er für das Kind den notwendigen Lebensbedarf wie Kleidung, Essen, Bücher, Freizeitaufwand usw. beschafft. Eine Rechnungslegung im Einzelnen ist in derartigen Fällen praktisch nicht denkbar. Es besteht daher Einigkeit, dass der ausgleichsberechtigte Elternteil schlichtweg entsprechend den Grundsätzen der Düsseldorfer Tabelle seinen Anspruch erheben und beziffern kann.[35]

E. Fallgruppen

26 Ein Elternteil, der allein für den Unterhalt eines gemeinsamen ehelichen Kindes aufgekommen ist, kann gegenüber dem anderen – auch unterhaltspflichtigen – Elternteil einen Ersatzanspruch haben[36]

I. Obhutswechsel des Kindes in den Haushalt des barunterhaltspflichtigen Elternteils

1. Gemeinsame elterliche Sorge (§ 1629 BGB)

27 Häufig sind die Eltern getrenntlebende Eheleute, die gemeinsam die elterliche Sorge für das Kind haben. Der Elternteil, in dessen Obhut sich das Kind befindet, übernimmt die Vertretung des Kindes gem. § 1629 Abs. 2 Satz 2 BGB bei der Geltendmachung des Unterhaltsanspruchs gegen den anderen Elternteil. Insoweit ergibt sich – allerdings nur für Unterhaltsfragen – ein Alleinvertretungsrecht. Ansonsten bleibt es bei gemeinsamer Vertretung durch beide Elternteile.

28 Obhut bedeutet dabei die tatsächliche Fürsorge für das Kind, also die Befriedigung der elementaren Bedürfnisse des Kindes durch Pflege, Verköstigung, Gestaltung des Tagesablaufs, Erreichbarkeit bei Problemen und emotionale Zuwendung.[37]

29 Die Geltendmachung von Unterhaltsansprüchen setzt nicht voraus, dass ein Elternteil die alleinige Obhut über die Kinder hat. Vielmehr reicht aus, dass der Schwerpunkt der tatsächlichen Betreuung von dem unterhaltsbegehrenden Elternteil wahrgenommen wird. In Grenzfällen genügt auch ein nur geringer Betreuungsvorsprung eines Elternteils. Ansonsten ist eine gerichtliche Übertragung der Befugnis, Unterhalt gegen den anderen Elternteil geltend machen zu können, nach § 1628 BGB erforderlich.

33 BGH FamRZ 1994, 1102.
34 BGH FamRZ 2013, 1027.
35 *Langheim*, FamRZ 2013, 1532.
36 BGHZ 31, 329 = FamRZ 1960, 194.
37 Grüneberg/*Götz*, § 1629 Rn 25.

2. Verfahrensstandschaft, § 1629 Abs. 3 S. 1 BGB

Aus dem Umstand, dass ein Elternteil das minderjährige Kind gesetzlich vertritt, ergibt sich noch nicht, ob der Kindesunterhalt nach Trennung der Eltern im Namen des Kindes oder im eigenen Namen des Elternteils geltend zu machen ist. 30

Der Gesetzgeber hat sich für die Dauer der Trennung bis zur Rechtskraft der Scheidung in § 1629 Abs. 3 S. 1 BGB für die Verfahrensstandschaft entschieden, weil er vor allem vermeiden wollte, dass das minderjährige Kind als Beteiligter am Scheidungsverfahren der Eltern teilnimmt. Die Verfahrensstandschaft umfasst auch Passivverfahren gegen die Kinder. Dies spielt eine Rolle bei Unterhaltsabänderungsverfahren nach § 238 bzw. § 239 FamFG. 31

Der Anwendungsbereich des § 1629 Abs. 3 BGB betrifft nur verheiratete Eltern. Unverheiratete Eltern und geschiedene Eltern sind zur Verfahrensführung (in eigenem Namen) nicht befugt. In diesen Fällen muss das Kind als Beteiligter den Unterhaltsanspruch im eigenen Namen geltend machen, gesetzlich vertreten durch den allein sorgeberechtigten Elternteil (§ 1629 Abs. 1 S. 3 BGB) oder – bei gemeinsamer Sorge – von dem Elternteil, in dessen Obhut es sich befindet (§ 1629 Abs. 2 S. 2 BGB). 32

Der antragstellende Elternteil ist als Verfahrensstandschaft selbst Beteiligter. Deshalb kann beispielsweise der auf Kindesunterhalt in Anspruch genommene Elternteil seinen Zugewinnausgleichsanspruch gegen den betreffenden Elternteil im Wege eines Gegenverfahrens geltend machen.[38] 33

3. Obhutswechsel

Die Verfahrensstandschaft endet auch schon vor Rechtskraft der Scheidung, sobald das minderjährige Kind in die Obhut des anderen Elternteils kommt oder wenn dem auf Kindesunterhalt in Anspruch genommenen Elternteil die alleinige Personensorge (nach vorheriger alleiniger Personensorge des anderen Elternteils oder nach vorheriger gemeinsamer Sorge) übertragen wird.[39] 34

In beiden Fällen wird das zuvor vom anderen Elternteil erhobene Verfahren auf Kindesunterhalt unzulässig, und zwar insgesamt, nicht nur für den Unterhaltszeitraum ab Sorgerechtsentscheidung oder ab Übergang des Obhutsverhältnisses auf den anderen Elternteil. 35

Aufwendungen für das Kind können aber nach **Antragsänderung** im gleichen Verfahren im Rahmen des familienrechtlichen Ausgleichsanspruchs gegen den anderen Elternteil weiterverfolgt werden. 36

Dies betrifft freilich nur den rückständigen Unterhalt. Hinsichtlich des laufenden Unterhalts ist der Antrag zurückzunehmen bzw. für erledigt zu erklären. Letzteres empfiehlt sich aus Kostengründen und ist auch korrekt, soweit man unterstellt, dass das bisherige Verfahren zulässig und begründet war. Das Verfahren wird nämlich erst infolge des Obhutswechsels (= erledigendes Ereignis) unzulässig. Das OLG Hamburg stellt dies wie folgt dar:[40] 37

> *„Mit dem* ***Obhutswechsel*** *der gemeinsamen Tochter und bisherigen Antragstellerin ist die Vertretungsbefugnis der jetzigen Antragstellerin aus § 1629 Abs. 2 S. 2 BGB, von der im Hinblick auf das eindeutige Übergewicht der tatsächlichen Betreuung durch die Mutter trotz des im Verlauf des Verfahrens vereinbarten erweiterten Umgangsrechts des Vaters weiterhin auszugehen gewesen ist (…), entfallen. Dadurch ist der Antrag rückwirkend, also auch hinsichtlich des aufgelaufenen Unterhalts, unzulässig geworden und müsste abgewiesen werden, sofern er nicht, wie im vorliegenden Fall geschehen, für erledigt erklärt wird (…).“*

38 Vgl. dazu Grüneberg/*Götz*, § 1629 Rn 27.
39 OLG Nürnberg FamRZ 2013, 1101.
40 OLG Hamburg FamRZ 2019, 797.

38 Dies gilt entsprechend auch für Unterhaltsverfahren des Kindes im eigenen Namen; die Vertretungsmacht des bislang vertretenden Elternteils zur Abgabe der Erledigungserklärung wird aus einer Analogie zu §§ 168, 672 S. 2 BGB hergeleitet.[41] Um den familienrechtlichen Ausgleichsanspruch geltend machen zu können, ist – da das Kind bislang in eigenem Namen das Verfahren führt – zuvor noch eine **Beteiligtenwechselerklärung** erforderlich; die Befugnis dazu, kann ebenfalls aus einer Analogie zu §§ 168, 672 S. 2 BGB hergeleitet werden. Die Voraussetzung der für den Beteiligtenwechsel notwendigen **Sachdienlichkeit** ergibt sich daraus, dass derselbe sachliche Streitstoff innerhalb eines Verfahrens erledigt werden kann. Insoweit ist der Gesichtspunkt der Prozesswirtschaftlichkeit maßgebend.

II. Eintritt der Volljährigkeit

39 Die Verfahrensstandschaft endet in jedem Fall mit der Volljährigkeit des Kindes.

Das volljährige Kind hat ein Recht, nunmehr selbst als Beteiligter das Unterhaltsverfahren zu betreiben, entweder durch Verfahrenserklärung oder – bei Eintritt der Volljährigkeit zwischen den Instanzen – durch Rechtsmitteleinlegung.

40 Hierbei handelte es sich nach bisheriger Auffassung[42] um einen gesetzlichen Beteiligtenwechsel, der keiner Zustimmung des Gegners bedurfte und nicht den Regeln der Verfahrensänderung entsprechend §§ 263 ff. ZPO unterlag.

Der BGH[43] geht davon aus, dass ein **gewillkürter Beteiligtenwechsel** stattfindet, der keiner Zustimmung der Gegenseite bedarf, weil er nur durch den Wegfall der Verfahrensführungsbefugnis bedingt ist und es zu keiner Veränderung des Streitstoffes kommt.

41 *„Aus Sinn und Zweck der gesetzlichen Prozess- bzw. Verfahrensstandschaft nach § 1629 Abs. 3 BGB folgt vielmehr, dass es der freien Entscheidung des volljährig gewordenen Kindes überlassen bleiben muss, ob es sich am Verfahren beteiligt und dieses fortsetzt. Dass das Kind einerseits die Möglichkeit hat, dem Verfahren beizutreten, es andererseits hierzu aber auch nicht gezwungen werden darf, lässt sich nur durch einen gewillkürten Kläger- bzw. Antragstellerwechsel sicherstellen. Entsprechend war in den genannten, vom Senat entschiedenen Fällen (...) das Verfahren jeweils vom volljährig gewordenen Kind fortgesetzt worden.*

42 *Die als zwingend ausgestaltete Regelung in § 1629 Abs. 3 BGB lässt die Geltendmachung des Unterhalts nur im eigenen Namen des sorgeberechtigten Elternteils zu und verfolgt den Zweck, das Kind aus dem Streit der Eltern herauszuhalten (...). Dem widerspräche es, wenn das Kind mit Eintritt seiner Volljährigkeit ohne Rücksicht auf seinen Willen zur Partei bzw. zum Beteiligten des Verfahrens würde. Sollte das Kind sich etwa entschließen, das Verfahren nicht weiterzuführen, müsste es den Unterhaltsantrag mit der Kostenfolge nach §§ 113 Abs. 1 S. 2 FamFG, 269 Abs. 3 ZPO zurücknehmen. Eine einseitige Erledigungserklärung wäre mangels eines erledigenden Ereignisses unbegründet. Aber auch eine übereinstimmende Erledigungserklärung wäre für das Kind mit einem Kostenrisiko verbunden. Dagegen kann der ehemalige Verfahrensstandschafter den Antrag – abgesehen von einer etwaigen Antragsumstellung auf einen (in seiner Person entstandenen) familienrechtlichen Ausgleichsanspruch – notfalls einseitig für erledigt erklären, weil mit der Verfahrensführungsbefugnis eine Zulässigkeitsvoraussetzung nachträglich entfallen ist (...).*

41 OLG Hamburg FamRZ 2019, 797; vgl. dazu auch *Norpoth*, FamRZ 2007, 514 ff.
42 Vgl. etwa OLG Brandenburg FamRZ 2012, 1819; BGH FamRZ 1985, 471, 473.
43 BGH FamRZ 2013, 1378 ff.

Durch einen hier allein möglichen gewillkürten Beteiligtenwechsel wird demnach nicht nur der Verfahrensherrschaft des (ursprünglichen) Antragstellers Rechnung getragen, sondern vor allem auch dem Umstand, dass das Kind nicht ohne seinen Willen Beteiligter des Verfahrens werden darf und aus dem Streit der Eltern herausgehalten werden soll.“ 43

Praxistipp 44

Wenn das volljährig gewordene Kind also nicht in das Verfahren eintritt, kann der bisherige Verfahrensstandschafter, dessen Verfahren unzulässig geworden ist, die Hauptsache für erledigt erklären und/oder im Wege der Verfahrensänderung einen eigenen familienrechtlichen Ausgleichsanspruch geltend machen.

III. Kindergeldverteilung unter den Eltern

In der Vergangenheit war weiterhin der Ausgleich des Kindergeldes ein bedeutsamer Anwendungsfall des familienrechtlichen Ausgleichsanspruchs. Seit der Unterhaltsreform im Jahre 2008 ist dies jedoch aufgrund der bedarfsmindernden Anrechnung des Kindergeldes auf den Unterhalt nach § 1612b Abs. BGB regelmäßig hinfällig.[44] 45

Hin und wieder mag es vorkommen, dass der bisher betreuende Elternteil nach einem Obhutswechsel das Kindergeld noch über eine gewisse Zeit weiter erhält, weil die Familienkasse nicht rechtzeitig reagiert. Regelmäßig wird jedoch die Familienkasse das zu Unrecht bezogene Kindergeld nach § 37 Abs. 2 AO zurückverlangen und dann dem kindergeldberechtigten Elternteil zur Verfügung stellen. Dadurch ist ein etwaiger familienrechtlicher Ausgleichsanspruch in derartigen Fällen überflüssig geworden.[45]

Allerdings kann ein derartiger familienrechtlichen Ausgleichsanspruch dann in Betracht kommen, wenn die Beteiligten ein Wechselmodell praktizieren. Nach Auffassung der Rechtsprechung liegt bei einem Betreuungsanteil der Mutter von 55 % allerdings noch kein Wechselmodell vor.[46]

Die Bestimmung des kindergeldbezugsberechtigten Elternteils im paritätischen Wechselmodell richtet sich nach dem Kindeswohl.[47] Werden Kinder im paritätischen Wechselmodell betreut, gilt das Kind i.S.v. § 64 Abs. 2 Satz 1 EStG als in den Haushalt jedes der beiden Elternteile aufgenommen. Wenn keine übereinstimmende Bestimmung des Bezugsberechtigten gegeben ist, liegen die Voraussetzungen für eine gerichtliche Bestimmung nach § 64 Abs. 2 Satz 3 EStG vor.

Das Gesetz macht in § 64 EStG keine Vorgaben, nach welchen Maßstäben das FamG die Bezugsberechtigung zu bestimmen hat. Es ist anerkannt, dass sich die Bezugsberechtigung – wenn die Eltern keine Bestimmung getroffen haben – nach dem Kindeswohl richtet. Bieten bei gemeinsamer elterlicher Sorge und Betreuung des Kindes in einem paritätischen Wechselmodell beide Elternteile gleichermaßen die Gewähr, das Kindergeld zum Wohle des Kindes zu verwenden, besteht kein Anlass für eine Änderung der Bezugsberechtigung (Bezugskontinuität).[48]

Falls das von einem Elternteil bezogene staatliche Kindergeld nicht im Rahmen des unterhaltsrechtlichen Gesamtausgleichs zwischen den Elternteilen angerechnet oder verrechnet werden kann, kommt ein familienrechtlicher Ausgleichsanspruch in Betracht.

Der BGH[49] stellt dies wie folgt dar:

44 Wendl/*Klinkhammer*, § 2 Rn 769.
45 Vgl. dazu *Volker*, FuR 2013, 553.
46 OLG Brandenburg FamRZ 2023, 1116.
47 KG FuR 2020, 44 = FamRZ 2020, 33 (Beschl. v. 26.8.2019 – 13 WF 69/19).
48 Vgl. auch OLG Celle, Beschl. v. 25.5.2018 – 19 UF 24/18, FamRZ 2019, 31.
49 BGH NJW 2016, 1956.

„Der Anspruch eines Elternteils auf Ausgleich des dem anderen Elternteil gezahlten Kindergelds ist ein Unterfall des familienrechtlichen Ausgleichsanspruchs (...), obwohl in diesem Fall nicht geleisteter Unterhalt, sondern eine vorweggenommene Steuervergütung bzw. eine staatliche Sozialleistung im Rahmen des Familienlastenausgleichs ausgeglichen werden soll. Über den familienrechtlichen Ausgleichsanspruch können auch solche staatlichen Leistungen ausgeglichen werden, die beiden Eltern zur Erleichterung des Kindesunterhalts zugutekommen sollen, aber nur einem Elternteil tatsächlich zugeflossen sind (...). Ein diesbezüglicher familienrechtlicher Ausgleichsanspruch wegen des staatlichen Kindergelds wird freilich nur in seltenen Fällen in Betracht kommen, weil die in § 1612b Abs. 1 BGB geregelte bedarfsmindernde Anrechnung des Kindergelds auf den Unterhalt einen besonderen Ausgleich zwischen den Eltern regelmäßig entbehrlich macht. Auch bei der Praktizierung eines Wechselmodells wird das von einem Elternteil bezogene staatliche Kindergeld meistens im Rahmen des unterhaltsrechtlichen Gesamtausgleichs zwischen den Elternteilen angerechnet oder verrechnet werden können."

46 Der familienrechtliche Ausgleichsanspruch ist aber gegeben und auch erforderlich, wenn beim Wechselmodell eine solche Verrechnung über den Unterhalt im Einzelfall ausscheidet. Einen solchen Fall hatte das OLG Brandenburg[50] zu entscheiden; ein Elternteil war aufgrund des Selbstbehalts nicht barunterhaltspflichtig und der andere Elternteil erhielt bei dieser Konstellation das Kindergeld. Das OLG Brandenburg erläutert dies wie folgt:

„Gleichsam zutreffend ausgeführt hat das Amtsgericht, das aber ein familienrechtlicher Ausgleichsanspruch des Antragstellers hinsichtlich der Hälfte des Betreuungsanteils des Kindergeldes (sog. Kindergeldviertel) im Grundsatz zusteht.

Die auf die Betreuung entfallende Kindergeldhälfte verbleibt hingegen zunächst beim, das Kindergeld beziehenden Elternteil und bedarf wegen der gleichwertigen Betreuungsleistungen der Eltern eines gesonderten Ausgleichs. Zwar kann im Grundsatz eine Verrechnung der auf dem Betreuungsanteil entfallenden Hälfte des Kindergeldes unterbleiben, wenn der vor Verrechnung des Kindergeldviertels verbleibende Ausgleichsanspruch hinter dem Kindergeldviertel zurückbleibt (...). Hat jedoch ein Elternteil allein Einkünfte, die unterhalb des sog. angemessenen Selbstbehaltes tendieren – was aufseiten des Antragstellers erkennbar der Fall ist – und bezieht der andere vollerwerbstätige Elternteil bei oberhalb dieses angemessenen Selbstbehalts liegenden Einkünften das Kindergeld, so kann ohne weitere Berechnung der Ausgleich des sog. Kindergeldviertels isoliert erfolgen, wie das Amtsgericht (im Anschluss an BGH FamRZ 2016, 1053, m. Anm. Seiler) in der angefochtenen Entscheidung zu Recht ausgeführt hat (vgl. auch AG Hamburg v. 21.1.2021 – 277 F 47/17, juris; *Viefhues*, § 1612b Rn 35 f.)."

F. Konkurrenzen

47 Der familienrechtliche Ausgleichsanspruch kann konkurrieren mit Unterhaltsansprüchen des Kindes selber.[51] Kommt nämlich der unterhaltspflichtige Elternteil trotz Verzugs (vgl. § 1613 BGB) seiner Verpflichtung gegenüber dem Kind nicht nach, so entstehen Unterhaltsrückstände. Zahlt der andere Elternteil diesen Unterhalt dem Kind, so rechtfertigt dies aber auch einen familienrechtlichen Ausgleichsanspruch. Eine doppelte Zahlung an das Kind und an den ausgleichsberechtigten Elternteil ist zu vermeiden.

50 OLG Brandenburg FamRZ 2022, 1284.
51 Vgl. dazu *Langheim*, FamRZ 2013, 1534.

Insoweit ist vom Vorrang des Unterhaltsanspruchs auszugehen. Unproblematisch ist daher die Konstellation des Obhutswechsels: Der bislang das Kind betreuende Elternteil kann betreffend die Unterhaltsrückstände nunmehr den Antrag umstellen und einen familienrechtlichen Ausgleich einfordern. 48

Wird das betreute Kind während des Verfahrens volljährig, so hat es die Möglichkeit, nunmehr in das Verfahren einzutreten. Macht es von dieser Möglichkeit Gebrauch, so wird der Unterhaltsrückstand nach wie vor gerichtlich eingefordert und im Falle seiner Berechtigung realisiert. Der Elternteil, der zuvor das Kind betreut hat, und diesen Unterhalt mehr oder weniger vorfinanzierte, kann vom Kind aber dann verlangen, dass dieses die Unterhaltsrückstände zur Verfügung stellt. Sollte das Kind diesem Verlangen nicht nachkommen, so kann der das Kind früher betreuende Elternteil seinerseits den familienrechtlichen Ausgleichanspruch gegen das Kind selber erheben. 49

Sollte das Kind trotz Volljährigkeit das Verfahren gegen den anderen Elternteil nicht führen wollen, so muss der Elternteil, der das Kind bislang im Verfahren vertreten hat, das Verfahren für erledigt erklären und die Unterhaltsrückstände als familienrechtlichen Ausgleichsanspruch gegen den anderen Elternteil geltend machen. Insoweit ergeben sich keine Unterschiede gegenüber der Konstellation des Obhutswechsels. 50

Auch sonstige Konstellationen können mit diesen Kriterien – d.h. dem grundsätzlichen Vorrang des Unterhaltsanspruchs – konkurrenzmäßig angemessen bewältigt werden. 51

G. Verjährung

Der familienrechtliche Ausgleichsanspruch richtet sich auf wiederkehrende Leistungen; er unterliegt damit der dreijährigen Verjährung nach §§ 195, 197 Abs. 2 BGB.[52] Er ist während bestehender Ehe nach § 207 BGB gehemmt.[53] 52

52 OLG Brandenburg FamRZ 2016, 382.
53 Wendl/*Klinkhammer*, § 2 Rn 784.

§ 7 Verwirkung, Befristung, Herabsetzung, Verjährung, Verzug

Dr. Wolfram Viefhues

A. Begrenzung und Befristung des Ehegattenunterhaltes

Das Gesetz lässt in § 1578b BGB eine **Begrenzung** des an den geschiedenen Ehegatten zu zahlenden Ehegattenunterhaltes in unterschiedlicher Hinsicht zu:[1] 1

- hinsichtlich der Höhe auf den angemessenen Lebensbedarf gem. § 1578b Abs. 1 (Herabsetzung, Begrenzung der Höhe nach).
- hinsichtlich der Dauer der Zahlungspflicht gem. § 1578b Abs. 2 (zeitliche Begrenzung, Befristung).
- Herabsetzung und Befristung des Unterhaltsanspruchs können miteinander verbunden werden (§ 1578b Abs. 3). Somit können auch gestaffelte Regelungen getroffen werden, in denen der Unterhalt für mehrere Jahre, aber mit sinkenden monatlichen Beträgen festgeschrieben wird.
  Speziell in Unterhaltsvereinbarungen bieten sich derartige Staffelungen an, da sie für beide Ehegatten Planungssicherheit bieten. Eine solche gestaffelte Regelung ermöglicht dem unterhaltsberechtigten Ehegatten einen fließenden Übergang in seine wirtschaftliche Eigenständigkeit. Dem unterhaltspflichtigen Ehegatten bietet sie eine vorhersehbare und kalkulierbare Perspektive, in welchen Schritten seine Belastungen sinken und wann er letztlich von Ehegattenunterhaltsansprüchen gänzlich frei sein wird.

I. Anwendungsbereich und praktische Bedeutung der Norm

Die Vorschrift des § 1578b BGB gilt grundsätzlich für **alle Ansprüche des nachehelichen Unterhaltsrechtes**. Auch der Anspruch auf **Krankenvorsorgeunterhalt** gem. § 1578 Abs. 2 BGB kann in der Höhe begrenzt oder befristet werden.[2] 2

Eine Ausnahme gilt beim **Anspruchs wegen Kindesbetreuung** gem. § 1570 BGB. Der BGH hat eine **Befristung** des Betreuungsunterhaltsanspruches **abgelehnt, lässt** jedoch eine **Begrenzung** des Unterhaltsanspruchs **der Höhe nach** zu.[3]

> *Praxistipp:*
> Eine Befristung des Trennungsunterhaltes ist mangels einer einschlägigen gesetzlichen Vorschrift nicht zulässig.[4]

1 Siehe *Graba*, NJW 2022, 525; *Viefhues*, FuR 2015, 311.
2 OLG Oldenburg FamRZ 2010, 567 = FuR 2010, 175.
3 BGH FamRZ 2009, 1391; BGH NJW 2009, 1956 = FamRZ 2009, 1124 = ZFE 2009, 271 = FF 2009, 313; BGH v. 18.3.2009 – XII ZR 74/08, FamRZ 2009, 770 mit *Borth*, FamRZ 2009, 960 = FF 2009, 321; siehe *Viefhues*, ZFE 2009, 271; *Schmitz*, FPR 2009, 241–242.
4 OLG Düsseldorf v. 5.2.2021 – II-3 WF 134/20, FamRZ 2022, 1609, OLG Bremen OLGR 2009, 48–49 (ST) = FuR 2009, 217 = FamRZ 2009, 1415; OLG Düsseldorf FamRZ 2008, 1539; OLG Brandenburg FuR 2009, 212, ebenso OLG Brandenburg v. 10.2.2009 – 10 UF 65/08, NJW 2009, 1356.

3 **Konsequenz:**
Erfolgt keine Befristung im Tenor des Beschlusses über die Unterhaltsfestsetzung, ist der Unterhalt unbefristet festgesetzt worden!

Praxistipp

Der Antrag,

- „den Antragsgegner zu verpflichten, nachehelichen Unterhalt zu zahlen von mtl. 1.000 EUR."

Sollte immer laut vorgelesen werden mit dem Text,

- „den Antragsgegner zu verpflichten, nachehelichen Unterhalt zu zahlen von mtl. 1.000 EUR **lebenslänglich**".

Wenn dies nicht akzeptiert werden soll, sind vom Unterhaltspflichtigen bereits im Erstverfahren Aktivitäten unverzichtbar![5]

4 *Beispiele: Staffelregelung*

1. OLG Köln, Beschl. v. 16.3.2021 – 14 UF 196/19:[6]

Der Antragsteller wird verpflichtet, an die Antragsgegnerin einen monatlichen nachehelichen Unterhalt zum 1. eines jeden Monats zu zahlen, und zwar

a) für die Monate Januar und Februar 2021 in Höhe von 1.396,00 EUR, davon 270,17 EUR Altersvorsorgeunterhalt,

b) für die Monate März bis Dezember 2021 in Höhe von 2.038,74 EUR, davon 424,32 EUR Altersvorsorgeunterhalt,

c) für die Monate Januar 2022 bis Juli 2022 2.241,57 EUR, davon 476,21 EUR Altersvorsorgeunterhalt,

d) für die Monate August 2022 bis Dezember 2024 2.370,93 EUR, davon 507,10 EUR Altersvorsorgeunterhalt,

e) für die Monate Januar 2025 bis Juni 2026 1.500 EUR, davon 300 EUR Vorsorgeunterhalt und

f) für die Monate Juli 2026 bis Dezember 2027 in Höhe von 1.000 EUR, davon 200 EUR Altersvorsorgeunterhalt.

Der Senat erachtet es bei der notwendigen Gesamtabwägung daher unter Mitberücksichtigung des vom Antragsgegner bereits gezahlten Trennungsunterhalts für angemessen, den Unterhalt bis zum Ende des Jahres 2024 vollumfänglich zu gewähren, damit die Antragsgegnerin eine ausreichend und angemessen lange Zeit hat, sich finanziell auf die geänderte Lebenssituation einzustellen. Danach ist der zu zahlende Unterhalt wie tituliert in zwei Stufen von jeweils eineinhalb Jahren abzuschmelzen und schließlich zeitlich zum 31.12.2027 auslaufen zu lassen.

2. Brandenburg, Beschl. v. 13.3.2020 – 13 UF 78/19[7]

Der Antragsteller wird verpflichtet, an die Antragsgegnerin mit dem Ersten des Monats, der auf die Rechtskraft der Ehescheidung folgt, für die Dauer von drei Jahren einen monatlichen im Voraus zu zahlenden nachehelichen Unterhalt in Höhe von 562 EUR, für die Dauer von weiteren drei Jahren in Höhe von 281 EUR und im Anschluss daran in Höhe von 30 EUR zu zahlen.

5 Siehe unten zur „Präklusionsfalle" bei § 1578b BGB
6 OLG Köln FF 2021, 326.
7 OLG Brandenburg FamRZ 2021, 1025.

3. OLG Düsseldorf, Urt. v. 1.4.2009 – II-8 UF 203/08:[8]

In Anbetracht der tiefgreifenden Folgen, die der Wegfall des Unterhalts für den Lebensstandard der Beklagten haben wird, und der im mittleren Bereich angesiedelten Ehedauer von rund 12 Jahren bis zur Rechtshängigkeit des Scheidungsantrages erscheint es angemessen, die Unterhaltshöhe über einen längeren Zeitraum hinweg langsam abzusenken:

- 800 EUR für die Zeit von Juli 2008 bis Dezember 2008,
- 600 EUR für die Zeit von Januar 2009 bis Juni 2009,
- 400 EUR für die Zeit von Juli 2009 bis Dezember 2009,
- 200 EUR für die Zeit von Januar 2010 bis Juni 2010 und
- 181 EUR für die Zeit von Juli 2010 bis Dezember 2010

Speziell in **Unterhaltsvereinbarungen** bieten sich derartige **Staffelungen** an, da sie für beide Ehegatten **Planungssicherheit** bieten und gerichtliche Entscheidungen vermeiden, die gerade bei derartigen Billigkeitsentscheidungen und einer noch nicht gefestigten Rechtsprechung nur schwer vorhersehbar sein werden. Eine solche gestaffelte Reglung ermöglicht dem unterhaltsberechtigten Ehegatten einen fließenden Übergang in die wirtschaftliche Eigenständigkeit. Dem unterhaltspflichtigen Ehegatten bietet sie eine vorhersehbare und kalkulierbare Perspektive, in welchen Schritten seine Belastungen sinken und wann er letztlich von Ehegattenunterhaltsansprüchen gänzlich frei sein wird. 5

II. Systematik: Ehebedingter Nachteil und nacheheliche Solidarität

6

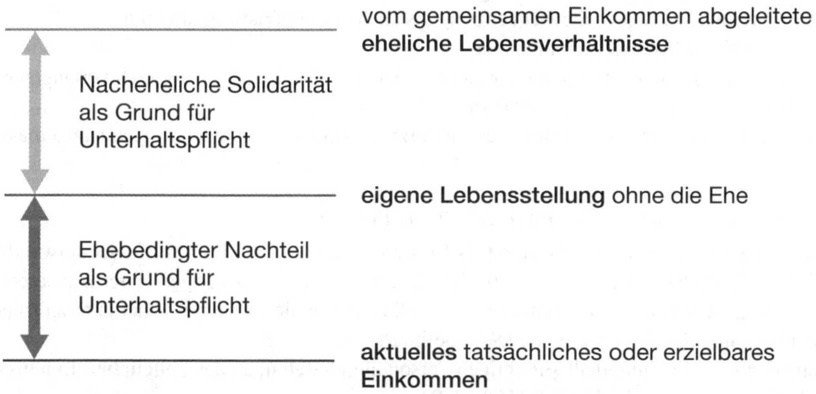

Bei nachehelichen Unterhaltsansprüchen müssen immer die unterschiedlichen Auswirkungen von **ehebedingtem Nachteil** und der **nachehelichen Solidarität** beachtet werden: 7

- Auszugehen ist vom **aktuellen tatsächlich erzielten oder erzielbaren Einkommen** des geschiedenen Ehegatten, der Unterhalt geltend macht.
- Liegt dieses Einkommen unterhalb des Einkommens, das der berechtigte Ehegatte nach seiner **eigenen Lebensstellung ohne die Ehe** (als **lediger Erwerbstätiger im erlernten Beruf**) erzielen würde, ist ein ehebedingter Nachteil gegeben. Solche Nachteile können sich vor allem aus der Dauer der Pflege und Erziehung eines gemeinschaftlichen Kindes und aus der Gestaltung von Haushaltsführung oder Erwerbstätigkeit während der Ehe ergeben. Ein ehebedingter Nachteil äußert sich in der Regel

8 OLG Düsseldorf, Urt. v. 1.4.2009 – II-8 UF 203/08, FuR 2009, 418 = FPR 2009, 371.

darin, dass der unterhaltsberechtigte Ehegatte nachehelich nicht die Einkünfte erzielt, die er ohne Ehe und Kinderbetreuung erzielen würde.[9]

- Der Unterhaltsberechtigte ist also nicht in der Lage, sein „eigenes Geld" zu verdienen, so wie er dies ohne die Ehe könnte.
  - Dieser ehebedingte Nachteil ist grds. unterhaltsrechtlich in voller Höhe auszugleichen.
  - Ist durch eine sichere Prognose abzusehen, dass und wann dieser Nachteil weggefallen sein wird, kann dieser Unterhalt befristet werden.
  - Ist dies nicht sicher abzusehen oder ist gar sicher, dass der Nachteil nicht mehr wegfallen wird, so wird dieser Unterhalt unbefristet zugesprochen. Können die **Nachteile also nicht mehr ausgeglichen werden**, ist **eine Befristung grundsätzlich ausgeschlossen**,[10] es sind jedoch **Ausnahmen denkbar**.[11]
- Liegen die vom (früheren) gemeinsamen Einkommen beider Eheleute und damit entscheidend vom Einkommen des unterhaltspflichtigen Ehegatten) abgeleiteten **ehelichen Lebensverhältnisse** höher als diese eigene Lebensstellung des Unterhaltsberechtigten, kommt es darauf an, ob der andere Ehegatte aus Gründen der **nachehelichen Solidarität** diese Differenz ausgleichen muss.
  Hier geht es um die Beteiligung des Unterhaltsberechtigten am „fremden Geld", also an dem gegenwärtigen und zukünftigen Einkommen des geschiedenen Ehegatten.
  Im Rahmen dieser Billigkeitsabwägung können eine Vielzahl von Gesichtspunkten eine Rolle spielen, und zwar sowohl aus der Zeit der Ehe (Leistungen für die Familie) als auch der Zeit seit Trennung und Scheidung (vor allem die langjährige Zahlung von Unterhalt). Auch das Einkommen und die Vermögenssituation der geschiedenen Ehegatten spielen eine Rolle.
  Sind **keine** ehebedingten **Nachteile** eingetreten, ist nur auf die **nacheheliche Solidarität** abzustellen. Dann ist demnach sowohl eine **Begrenzung** als auch eine **Befristung** möglich.
  Die nacheheliche Solidarität kann dabei
  - einen vollständigen Ausgleich oder einen in der Höhe begrenzten Ausgleich verlangen oder
  - einen befristeten oder einen unbefristeten Ausgleich gebieten,
  - auch eine Kombination von Befristung und Begrenzung (Staffelregelung) kann angemessen sein.

8 *Praxistipp*

Das Unterhaltsrecht kennt **drei unterschiedliche Bedarfe**:

- den **„objektiv bestimmten" Bedarf** als Existenzminimum, Mindestbedarf oder notwendigen Bedarf (2023 nach den Leitlinien 1.120 EUR für einen nicht erwerbstätigen Unterhaltsberechtigten),
- den „**angemessenen**" Unterhaltsbedarf, der allein durch die Verhältnisse der unterhaltsberechtigten Person – *die Ehe hinweg gedacht* – definiert wird[12]
- und den von einer unterhaltspflichtigen Person **abgeleiteten**, an den „**ehelichen Lebensverhältnissen**" orientierten Bedarf" (§ 1578 BGB).

Beispiel

Die geschiedene Ehefrau hat einen (von den ehelichen Lebensverhältnissen abgeleiteten) Bedarf von 2.000 EUR, weil die Eheleute während der Ehe gemeinsam nach Abzug aller Belastungen 4.000 EUR zur Verfügung hatten (Halbteilungsgrundsatz).
Ohne die ehebedingte berufliche Unterbrechung würde sie in ihrem angestammten Beruf 1.400 EUR verdienen (angemessener Unterhaltsbedarf).

9 BGH v. 16.10.2019 – XII ZB 341/17, FamRZ 2020, 97; BGH v. 4.7.2018 – XII ZB 448/17, FamRZ 2018, 1506; OLG Köln, Beschl. v. 16.3.2021 – 14 UF 196/19, FF 2021, 326.
10 BGH NJW 2011, 303 m. Anm. *Born* = FamRZ 2011, 192 m. Anm. *Schürmann* = FuR 2011, 162.
11 BGH v. 5.12.2012 – XII ZB 670/10, NJW 2013, 528; BGH v. 4.8.2010 – XII ZR 7/09, FamRZ 2010, 1633 Rn 35.
12 Instruktiv OLG Hamm FamRZ 2015, 1397.

Tatsächlich verdient sie lediglich 1.200 EUR. Eine Verletzung von Erwerbsobliegenheiten kann ihr nicht vorgeworfen werden. Ihr steht ein Unterhaltsanspruch von 2.000 EUR zu.

- Die ehebedingten Nachteile aufgrund der beruflichen Unterbrechung führen zu einem Einkommensnachteil von 200 EUR (Differenz von 1.400 EUR und 1.200 EUR).
  - Wenn die Ehefrau keine Möglichkeit mehr hat, diesen Einkommensnachteil wieder aufzuholen, steht ihr ein Unterhaltsanspruch in dieser Höhe unbefristet zu.
  - Kann sie sich beruflich weiter qualifizieren und danach wieder ein Einkommen von 1.400 EUR erzielen, steht ihr dieser Betrag für eine entsprechende Übergangszeit zu.
- Die restlichen 600 EUR stehen ihr zu, **soweit und solange** dies der Billigkeit entspricht (Vertrauensschutz).

Der **„angemessenen Unterhalt"** richtet sich also immer nach den **Verhältnissen und beruflichen Möglichkeiten** der Unterhaltsberechtigten in ihrer – fiktiven – Lebenssituation als erwerbstätige Ledige. 9

- Der **„angemessene Altersbedarf"** ist demnach das Alterseinkommen, das der unterhaltsberechtigte Gatte aus eigener Erwerbstätigkeit hätte erlangen können, wenn nachehelich wirkende ehebedingte Erwerbsnachteile nicht entstanden wären.[13] Zur Ermittlung des „angemessenen" Altersbedarfs ist auf das Alterseinkommen abzustellen, das die unterhaltsberechtigte Person bei nachehezeitlicher Fortsetzung vorehezeitlicher und damit zumutbarer Erwerbstätigkeit erlangt hätte.[14] Ein in der Ehezeit durch Aussetzung der Erwerbstätigkeit verursachter Alterseinkommensnachteil ist grundsätzlich unbeachtlich und muss daher nicht ermittelt werden. Dies gilt jedenfalls dann, wenn beide Gatten Versorgungserwerb über die Ehezeit gehabt haben.[15] Insoweit führt nämlich der Versorgungsausgleich zu einem solidarischen Ausgleich des ehezeitlichen Versorgungserwerbs.[16]
- Dementsprechend wird der angemessene **Bedarf einer kranken geschiedenen Ehefrau** – und damit ihr Unterhaltsanspruch – daher bestimmt durch den Lebensstandard einer – früher berufstätigen und später erkrankten – ledigen Frau, nicht aber den konkreten – höheren – Standard einer geschiedenen gesunden Frau!

BGH, Beschl. v. 16.10.2019 – XII ZB 341/17[17]

…

bb) Nach § 1578b Abs. 1 Satz 1 BGB ist ein Anspruch auf nachehelichen Unterhalt auf den angemessenen Lebensbedarf herabzusetzen, wenn eine an den ehelichen Lebensverhältnissen orientierte Bemessung des Unterhaltsanspruchs auch unter Wahrung der Belange eines dem Berechtigten zur Pflege oder Erziehung anvertrauten gemeinschaftlichen Kindes unbillig wäre. Die Kriterien für die Billigkeitsabwägung sind § 1578b Abs. 1 Satz 2 und 3 BGB zu entnehmen. Danach ist neben der Dauer der Ehe vorrangig zu berücksichtigen, inwieweit durch die Ehe Nachteile im Hinblick auf die Möglichkeit eingetreten sind, für den eigenen Unterhalt zu sorgen. Solche Nachteile können sich vor allem aus der Dauer der Pflege und Erziehung eines gemeinschaftlichen Kindes und aus der Gestaltung von Haushaltsführung oder Erwerbstätigkeit während der Ehe ergeben. ***Ein ehebeding-***

13 *Hauß*, FamRZ 2011, 1724.

14 BGH FamRZ 2011, 1721 m. Anm. *Hauß*.

15 BGH FamRZ 2010, 1633.

16 BGH vom 4.7.2018 – XII ZB 448/17 – FamRZ 2018, 1506 Rn 23 und vom 8.6.2016 – XII ZB 84/15 – FamRZ 2016, 1345 Rn 14 m.w.N.; BGH NJW 2011, 2512; BGH FamRZ 2011, 1721 m. Anm. *Hauß* = NJW 2011, 3645 = FF 2011, 497 m. Anm. *Reinken* = FuR 2011, 690; BGH FamRZ 2008, 1325 Rn 43; BGH FamRZ 2008, 1508 Rn 25; BGH FamRZ 2010, 1971, BGH FamRZ 2010, 1633; BGH FamRZ 2011, 713; OLG Köln FuR 2010, 47; OLG Saarbrücken FamRZ 2010, 652.

17 BGH FamRZ 2020, 97.

ter Nachteil äußert sich in der Regel darin, dass der unterhaltsberechtigte Ehegatte nachehelich nicht die Einkünfte erzielt, die er ohne Ehe und Kinderbetreuung erzielen würde.[18]

III. Begriff des Nachteils

10 Bei Prüfung in der Praxis muss zwischen „**Nachteil**" und der – streng kausal zu betrachtenden – **Ehebedingtheit** als Ursache des Nachteils unterschieden werden. Jedoch müssen beide Faktoren vorliegen, damit der Umstand im Rahmen des § 1578b BGB Bedeutung gewinnen kann.

11 Das Gesetz wählt hierzu die folgende Formulierung:

> *Dabei ist* ***insbesondere*** *zu berücksichtigen, inwieweit durch die Ehe Nachteile im Hinblick auf die Möglichkeit eingetreten sind, für den eigenen Unterhalt zu sorgen.*

Es geht damit einmal darum, dass die Berechtigte nicht oder nicht genug „eigenes Einkommen" erzielen kann. Zeitlich gesehen ist der Begriff des Nachteils auf die gegenwärtige Situation bezogen, aber auch zukunftsbezogen zu sehen. Es geht letztlich darum, ob und ggf. wie lange die **beruflichen Möglichkeiten** des unterhaltsberechtigten Ehegatten **eingeschränkt** sind und er dadurch nicht oder nur in begrenztem Umfang in der Lage ist, eigenes Einkommen zur Sicherung seines Bedarfes zu erzielen.[19]

12 *Praxistipp*

- Ehebedingte Nachteile liegen nur da vor, wo die Unterhaltsberechtigte nicht „ihr eigenes Geld" verdienen kann.
- Abzustellen ist dabei auf das – **fiktive – Einkommen der Unterhaltsberechtigten in ihrem – fiktiven – Lebensverlauf als ledige Erwerbstätige** in ihrem gelernten und früher ausgeübten Beruf.
- Maßgeblich ist das hypothetische (Netto-)Einkommen, das sie ohne Ehe und Kindererziehung aus eigenen Einkünften zur Verfügung hätte. Es ist fiktiv anhand der Steuerklasse I ohne Kinderfreibetrag zu ermitteln.[20]
- Wenn es um den Standard der ehelichen Lebensverhältnisse geht, ist Maßstab die nacheheliche Solidarität.
- Der Ausgleich des Nachteils steht allein dem benachteiligten Ehegatten zu; es erfolgt keine hälftige Aufteilung des Nachteils zwischen den Ehegatten.[21]

IV. Ehebedingtheit des Nachteils

13 Für die Ehebedingtheit des – konkret festgestellten – Nachteils ist erforderlich, dass die Umstände, die zu dem unterschiedlichen Einkommen führen, **Folgen des konkreten Lebenszuschnitts der Ehegatten während der geschiedenen Ehe** sind. Unter einem ehebedingten Nachteil sind also vornehmlich Einbußen zu verstehen, die – streng kausal – sich **aus der Rollenverteilung in der Ehe ergeben**, nicht dagegen solche, die aufgrund sonstiger persönlicher Umstände oder schicksalhafter Entwicklungen eingetreten sind.[22]

18 Siehe auch OLG Köln v. 16.3.2021 – 14 UF 196/19, FF 2021, 326.

19 BGH FamRZ 2007, 793; BGH FamRZ 2007, 200, 204; *Menne*, FF 2006, 174, 181; *Dose*, FamRZ 2007, 1289, 1295; *Schürmann*, FuR 2008, 183, 185; *Henjes*, FuR 2011, 200.

20 BGH v. 5.12.2012 – XII ZB 670/10, NJW 2013, 528 = FamRZ 2013, 274 = FamRB 2013, 71.

21 BGH v. 8.6.2016 – XII ZB 84/15.

22 BGH v. 30.6.2010 – XII ZR 9/09, FamRZ 2010, 1414; BGH v. 7.7.2010 – XII ZR 157/08; BGH FamRZ 2011, 189; BGH, Urt. v. 20.2.2013 – XII ZR 148/10; BGH NJW 2013, 1444 m. Anm. *Born*; BGH, Urt. v. 20.3.2013 – XII ZR 120/11, BGH NJW 2013, 1447.

Kein ehebedingter Nachteil ist folglich der **Verlust des Unterhaltsanspruchs aus einer früheren Ehe**.[23]

Praxistipp 14

- Hier sind auch im Familienrecht genaue **Kausalitätsüberlegungen** anzustellen, die man sonst nur aus Schadensersatzprozessen gewohnt ist.
- Abzustellen ist auf das – fiktive – Leben einer erwerbstätigen, ledigen und kinderlosen Frau. Die tatsächlich gelebte Ehe mit ihren konkreten Lebensumständen muss dagegen weggedacht werden.
- Damit spielt hier auch der eheliche Lebensstandard, der vom höheren Einkommen des Ehemannes abgeleitet ist, keine Rolle!

Grundsätzlich **ausgeschlossen** sind damit auch solche Umstände, die **vor der Heirat** bereits eingetreten sind.[24] Ein ehebedingter Nachteil kann sich dann aber aus der **Fortsetzung der vorehelichen Rollenverteilung in der Ehe** und dem damit verbundenen Verzicht auf eine Erwerbstätigkeit ergeben.[25] Diese Zeit der Ehe umfasst den Zeitraum von der **Eheschließung** bis zur **Rechtshängigkeit** des Scheidungsantrages.[26] Damit scheiden Umstände aus der Zeit vor der Heirat aus.[27] 15

OLG Koblenz, Beschl. v. 15.9.2015 – 11 UF 247/15[28]

*Eine Arbeitsplatzaufgabe oder ein Arbeitsplatzwechsel begründen für sich genommen keinen ehebedingten Nachteil, wenn **sie geraume Zeit vor der Eheschließung erfolgt sind**. Ein ehebedingter Nachteil kann sich dann aber aus der **Fortsetzung der Rollenverteilung in der Ehe** und dem damit verbundenen Verzicht auf eine Erwerbstätigkeit ergeben.*

Auch die Betreuung gemeinsamer Kinder vor der Heirat kann keinen ehebedingten Nachteil begründen.[29] Ebenso scheiden Umstände aus, die erst **nach der Scheidung** eintreten, es sei denn, es bestehen mittelbare Auswirkungen der Verhältnisse während der Ehe.

- ***BGH, Urt. v. 20.3.2013 – XII ZR 120/11***[30]

*Nach der Rechtsprechung des Senats begründen allerdings eine Arbeitsplatzaufgabe oder ein Arbeitsplatzwechsel **keinen ehebedingten Nachteil, wenn sie geraume Zeit vor der Eheschließung erfolgt sind** (vgl. Senatsurteile vom 7.3.2012 – XII ZR 25/10, FamRZ 2012, 776 Rn 19 und vom 20.2.2013 – XII ZR 148/10[31] jeweils m.w.N.). **Ein ehebedingter Nachteil kann sich dann aber aus der Fortsetzung der Rollenverteilung in der Ehe und dem damit verbundenen Verzicht auf eine Erwerbstätigkeit ergeben** (vgl. Senatsurteile v. 7.3.2012 – XII ZR 25/10, FamRZ 2012, 776 Rn 19 und vom 20.2.2013 – XII ZR 148/10[32] jeweils m.w.N.).*

23 BGH v. 23.11.2011 – XII ZR 47/10, NJW 2012, 309 = FamRZ 2012,197.
24 BGH, Urt. v. 20.2.2013 – XII ZR 148/10; BGH NJW 2013, 1444 m. Anm. *Born*; BGH, Urt. v. 20.3.2013 – XII ZR 120/11, BGH NJW 2013, 1447.
25 BGH, Urt. v. 20.2.2013 – XII ZR 148/10; BGH NJW 2013, 1444 m. Anm. *Born*; BGH, Urt. v. 20.3.2013 – XII ZR 120/11; BGH NJW 2013, 1447; BGH v. 7.3.2012 – XII ZR 25/10 = FamRZ 2012, 776 Rn 19 und v. 20.2.2013 – XII ZR 148/10.
26 BGH NJW 2013, 144 m. Anm. *Born*; BGH NJW 2012, 1506 = FamRZ 2012, 776; BGH NJW 2010, 2349 m. Anm. *Born* = FamRZ 2010, 1238 m. Anm. *Borth*, FamRZ 2010, 1316 und Anm. *Bömelburg*, FF 2010, 457–459.
27 BGH NJW 2013, 1447 = FamRZ 2013, 864 m. Anm. *Born*.
28 OLG Koblenz FamRZ 2016, 641.
29 BGH v. 20.2.2013 – XII ZR 148/10, NJW 2013, 1444 m. Anm. *Born*, BGH NJW 2013, 1447 = FamRZ 2013, 864 m. Anm. *Born*.
30 BGH NJW 2013, 1447.
31 BGH NJW 2013, 144 m. Anm. *Born*.
32 BGH NJW 2013, 144 m. Anm. *Born*.

■ ***BGH, Beschl. v. 13.3.2013 – XII ZB 650/11***[33]

Ehebedingter Nachteil bei Aufgabe der Erwerbstätigkeit

Ein ehebedingter Nachteil im Sinne des § 1578b BGB liegt nicht nur vor, wenn der unterhaltsberechtigte Ehegatte ehebedingt von der Aufnahme einer Erwerbstätigkeit absieht oder eine bereits ausgeübte Erwerbstätigkeit aufgibt, sondern auch dann, wenn er ***ehebedingt seinen Arbeitsplatz wechselt*** *und dadurch Nachteile erleidet.*

Ein Nachteil ist nur dann nicht ehebedingt, wenn die Ehegestaltung für den Erwerbsnachteil nicht ursächlich geworden ist. Das wäre der Fall, wenn der Unterhaltsberechtigte seinen Arbeitsplatz ausschließlich aus Gründen aufgegeben oder verloren hätte, die außerhalb der Ehegestaltung liegen, so etwa aufgrund einer von ihm persönlich beschlossenen beruflichen Neuorientierung oder wegen einer betriebs- oder krankheitsbedingten Kündigung seitens des Arbeitgebers (vgl. BGH v. 16.2.2011 – XII ZR 108/09, FamRZ 2011, 628 Rn 22).

Das Beschwerdegericht habe in, aus Rechtsgründen nicht zu beanstandender Weise ausgeführt, dass ***die Ehefrau ihrer sekundären Darlegungslast gerecht geworden*** *ist und dabei maßgeblich auf ihren Vortrag abgestellt, wonach* ***sie einen wohnortnahen Arbeitsplatz habe aufnehmen wollen, um ihre Erwerbstätigkeit besser mit der Betreuung des nunmehr schulpflichtigen Kindes vereinbaren zu können.***

■ ***BGH, Beschl. v. 26.3.2014 – XII ZB 214/13***[34]

1. Bei einem betriebsbedingten und damit ***nicht ehebedingten Verlust des Arbeitsplatzes*** *kann sich ein ehebedingter Nachteil auch daraus ergeben, dass sich der unterhaltsberechtigte Ehegatte mit Rücksicht auf die Ehe und die übernommene oder fortgeführte Rollenverteilung* ***zunächst nur in einem eingeschränkten Radius und später gar nicht mehr um eine seiner beruflichen Qualifikation und Fähigkeiten entsprechenden Stelle bewirbt*** *(im Anschluss an BGH, 7.3.2012 – XII ZR 25/10, FamRZ 2012, 776 und vom 20.2.2013 – XII ZR 148/10, FamRZ 2013, 860).*

2. Auch in einem solchen Fall hat der Unterhaltsberechtigte im Rahmen seiner sekundären ***Darlegungslast*** *die Behauptung, es seien keine ehebedingten Nachteile entstanden, substantiiert zu bestreiten und seinerseits darzulegen, welche konkreten ehebedingten Nachteile entstanden sind. Erst wenn das Vorbringen des Unterhaltsberechtigten diesen Anforderungen genügt, müssen die vorgetragenen ehebedingten Nachteile vom Unterhaltspflichtigen widerlegt werden (im Anschluss an BGH, 24.3.2010 – XII ZR 175/08, BGHZ 185, 1 = FamRZ 2010, 875 und BGH vom 13.3.2013 – XII ZB 650/11, FamRZ 2013, 935).*

16 *Praxistipp*

Um den individuellen ehebedingten Nachteil festzustellen, muss im konkreten Fall eine **hypothetische Erwerbsbiografie der Unterhaltsberechtigten** erstellt werden.

Es muss also konkret dargelegt werden, wie die berufliche Entwicklung der Unterhaltsberechtigten in einem **fiktiven Leben als ledige und kinderlose Erwerbstätige** verlaufen wäre.

Pauschalierungen reichen nicht aus.[35] Daher ist ausreichender anwaltlicher Sachvortrag unverzichtbar.

33 BGH NJW 2013, 1738 = FamRZ 2013, 935.

34 BGH FamRZ 2014, 1007 = NJW 2014, 1807 m. Anm. *Hoppenz* = MDR 2014, 592.

35 BGH FamRZ 2010, 875 m. Anm. *Finke* = FF 2010, 245 m. Anm. *Bömelburg*.

OLG Hamm vom 13.3.2017 – 13 UF 190/16[36] 17

Ein aufgrund der Eheschließung abgebrochenes Studium allein rechtfertigt noch nicht die Annahme ehebedingter Nachteile. Dies gilt insbesondere bei Vorliegen einer späteren Erkrankung und der Unsicherheit, ob das Studium hätte erfolgreich abgeschlossen werden können.

Kein ehebedingter Nachteil ist folglich gegeben, 18

- wenn sie aus dem bereits **vorehelich** vorhandenen unterschiedlichen Ausbildungsniveau der Eheleute herrühren,[37] und der unterhaltsberechtigte Ehegatte während der Ehe nicht – z.B. durch die Kindesbetreuung – gehindert war, seinen Ausbildungsrückstand abzubauen,[38]
- wenn er allein auf **persönlichen Umständen** oder
- wenn er auf **schicksalhaften Gegebenheiten** wie z.B. Krankheit[39] beruht.

BGH v. 7.7.2010 – XII ZR 157/08[40]

*Die Krankheit eines unterhaltsbedürftigen Ehegatten stellt regelmäßig keinen ehebedingten Nachteil dar. Hierunter sind vornehmlich Einbußen zu verstehen, die sich aus der Rollenverteilung in der Ehe ergeben, nicht dagegen solche, die aufgrund sonstiger **persönlicher Umstände oder schicksalhafter Entwicklungen** eingetreten sind*

Das gilt auch dann, wenn eine psychische Erkrankung durch die Ehekrise und Trennung ausgelöst worden ist.[41]

Der Gesetzeswortlaut nennt als Kriterien für die **Ehebedingtheit** in § 1578b Abs. 1 S. 3 BGB die folgenden Gesichtspunkte, die vor allem **Ursache** für solche ehebedingte Nachteile sein können: 19

- die Dauer der Pflege oder Erziehung eines gemeinschaftlichen Kindes sowie
- die Gestaltung von Haushaltsführung und Erwerbstätigkeit während der Ehe.

Die Aufzählung ist aber – wie sich aus der Formulierung „insbesondere" ergibt – nicht erschöpfend, so dass auch **weitere Faktoren als ehebedingte Ursachen für eingetretene Nachteile** eine Rolle spielen können.

Praxistipp 20

Nach der Rechtsprechung des BGH[42] ist nicht relevant,

- ob eine bestimmte Lebensgestaltung während der Ehe **einvernehmlich** erfolgt ist,
- ob ein Ehegatte den anderen zu bestimmten Verhaltensweisen – wie z.B. der Aufnahme einer Erwerbstätigkeit **gedrängt** hat oder
- ob gerade ein **solches Verlangen nicht erfolgt** ist.

36 OLG Hamm FamRZ 2017, 1306.
37 BGH FamRZ 2007, 2049; BGH, Urt. v. 25.6.2008 – XII ZR 109/07.
38 BGH FamRZ 2006, 1006, 1008 m. Anm. *Born*; vgl. aber BGH FamRZ 2014, 1007 = NJW 2014, 1807 m. Anm. *Hoppenz*.
39 BGH v. 19.6.2013 – XII ZB 309/11, FamRZ 2013, 1291.
40 BGH FamRZ 2011, 189, ebenso BGH v. 30.3.2011 – XII ZR 63/09, FamRZ 2011, 875.
41 BGH FamRZ 2010, 1414.
42 BGH, Beschl. v. 13.11.2019 – XII ZB 3/19, FamRZ 2020, 171 Rn 50; BGH, Beschl. v. 26.3.2014 – XII ZB 214/13, FamRZ 2014, 1007 = NJW 2014, 1807 m. Anm. *Hoppenz*; BGH, Beschl. v. 13.3.2013 – XII ZB 650/11, NJW 2013, 1738 = FamRZ 2013, 935, BGH v. 30.3.2011 – XII ZR 63/09, NJW 2011, 1807 m. Anm. *Born* = FamRZ 2011, 875 = FuR 2011, 390; BGH v. 20.10.2010 – XII ZR 53/09; NJW 2010, 3653 m. Anm. *Born* = FamRZ 2010, 2059 m. Anm. *Borth*; BGH, Urt. v. 16.2.2011 – XII ZR 108/09; NJW 2011, 1067 = ZFE 2011, 187 = FamRZ 2011, 628 = FuR 2011, 280; BGH, Urt. v. 2.3.2011 – XII ZR 44/09, NJW 2011, 1285 m. Anm. *Born* = FamRZ 2011, 713 m. Anm. *Holzwarth*; FamRZ 2011, 795 = FuR 2011, 408; BGH v. 16.2.2011 – XII ZR 108/09, FamRZ 2011, 628; BGH, Urt. v. 16.2.2011 – XII ZR 108/09 NJW 2011, 1067, ebenso OLG Saarbrücken, Beschl. v. 5.7.2012 – 6 UF 172/11, FamFR 2012, 442; OLG Brandenburg, Beschl. v. 21.2.2012 – 10 UF 253/11, OLG Brandenburg FamFR 2012, 179 = FamRZ 2012, 1396 (nur LS).

Entscheidend ist allein die objektive Gestaltung der ehelichen Lebensverhältnisse. Denn es handelt sich um eine in der Ehe gelebte Entscheidung, die notwendigerweise beide Ehegatten betrifft.[43]

21 Demnach sind ***nicht* ehebedingt**:

- **voreheliche** Dispositionen.[44]
- **Arbeitslosigkeit** aus konjunkturellen Gründen, wegen Arbeitsmangel, Insolvenz[45] (siehe auch § 1573 Abs. 4 BGB)
- ein Einkommensgefälle, das nur auf der unterschiedlichen beruflichen Entwicklung der Eheleute vor der Eheschließung beruht[46]
- Erwerbshindernisse als Folge der vorehelichen Lebensführung (z.B. Kindererziehung aus erster Ehe,[47] Kindererziehung aus einer unverheirateten Partnerschaft mit dem späteren Ehemann[48])
- berufliche Nachteile wegen des Umzugs in wirtschaftlich schwächere Region
- berufliche Nachteile infolge der Pflege von Angehörigen[49]
- aufgrund eigener Krankheit.[50]
- Infolge der Pflege von eigenen Verwandten des Unterhaltsberechtigten.[51]
- Rechtsfolgen aus der Eheschließung als solche wie der Verlust des Unterhaltsanspruchs aus einer früheren Ehe.[52]

22 *Praxistipp*

Um den individuellen ehebedingten Nachteil festzustellen, muss eine **hypothetische Erwerbsbiographie der Unterhaltsberechtigten** erstellt werden. Es muss also konkrete dargelegt werden, wie die berufliche Entwicklung der Unterhaltsberechtigten in einem **fiktiven Leben als ledige Erwerbstätige** verlaufen wäre.

Ein Zusammenhang zwischen einer Berufspause während der Ehe und späteren beruflichen Nachteilen ist i.d.R. dann gegeben, wenn der Ehegatte dadurch auch gehindert war, an Fortbildungsmaßnahmen teilzunehmen,[53] andere berufliche Qualifizierungsmöglichkeiten zu nutzen oder seine sonst konkret gegebenen beruflichen Entwicklungspotentiale zu nutzen.

Diese Voraussetzungen sind auch gegeben, wenn der unterhaltsberechtigte Ehegatte angesichts der gewählten Rollenverteilung in der Ehe sich zunächst nur in einem eingeschränkten Radius und später gar nicht mehr um eine seiner beruflichen Qualifikation und Fähigkeiten entsprechenden Stelle bewirbt.[54]

43 OLG Köln v. 16.3.2021 – 14 UF 196/19, FF 2021, 326.
44 BGH FamRZ 2010, 1971; BGH NJW 2012, 1506 = FamRZ 2012, 776.
45 BGH NJW 2010, 3653 m. Anm. *Born* = FamRZ 2010, 2059 m. Anm. *Borth.*
46 BGH FamRZ 2006, 1006 m. Anm. *Born*; KG FamRZ 1992, 948.
47 OLG Celle FamRZ 2007, 832.
48 BGH v. 20.2.2013 – XII ZR 148/10, NJW 2013, 1444 m. Anm. *Born*, BGH NJW 2013, 1447 = FamRZ 2013, 864 m. Anm. *Born.*
49 *Born*, NJW 2008, 1, 8; *Ehinger*, FamRB 2008, 212, 214.
50 BGH v. 19.6.2013 – XII ZB 309/11, FamRZ 2013, 1291; *Born*, NJW 2008, 1, 8.
51 BGH FamRZ 2007, 2049.
52 BGH v. 23.11.2011 – XII ZR 47/10 NJW 2012, 309 m. Anm. *Born* = FamRZ 2012,197 m. Anm. *Maurer.*
53 *Bißmaier*, FamRZ 2009, 389.
54 BGH FamRZ 2014, 1007 = NJW 2014, 1807 m. Anm. *Hoppenz.*

V. Anwendungsfälle zum ehebedingten Nachteil

Der **Gesetzeswortlaut** zur Definition des ehebedingten Nachteils ist eindeutig: 23

*Dabei ist **insbesondere** zu berücksichtigen, inwieweit durch die Ehe Nachteile im Hinblick auf die Möglichkeit eingetreten sind, für den eigenen Unterhalt zu sorgen.*

Praxistipp 24

Ehebedingte Nachteile liegen nur dann vor, wenn die Unterhaltsberechtigte nicht „ihr eigenes Geld" verdienen kann.

Abzustellen ist dabei auf das – fiktiven – Einkommen der Unterhaltsberechtigten in ihrem – fiktiven – Lebensverlauf als **ledige Erwerbstätige in ihrem gelernten und früher ausgeübten Beruf**.

Maßgeblich ist das hypothetische (Netto-)Einkommen, das sie ohne Ehe und Kindererziehung aus eigenen Einkünften zur Verfügung hätte. Es ist **fiktiv anhand der Steuerklasse I ohne Kinderfreibetrag** zu ermitteln.[55]

Dabei kommt es entscheidend auf die zukünftigen Auswirkungen an. Maßgeblich ist folglich nicht, ob und ggf. wie intensiv derartige Nachteile in der Vergangenheit vorhanden gewesen sind, sondern allein, wie sich die damaligen Einschränkungen als **fortwirkende Nachteile**[56] für die **zukünftige berufliche Entwicklung** des unterhaltsberechtigten geschiedenen Ehegatten auswirken werden, der dadurch eine **schlechtere Position im Erwerbsleben** hat. 25

Hier kann einmal auf die **erschwerte berufliche Re-Integration** nach längerer Unterbrechung der Berufstätigkeit abgestellt werden, aber auch auf **Schwierigkeiten** bei der **Aufstockung** von einer Teilzeittätigkeit zur Vollzeittätigkeit oder auch **verpasste Aufstiegschancen**. 26

Ehebedingte Nachteile liegen folglich vor, wenn die Gestaltung der Ehe, insbesondere die Arbeitsteilung der Ehegatten, die **Fähigkeit eines Ehegatten, für seinen Unterhalt selbst zu sorgen, beeinträchtigt hat**.[57] 27

Praxistipp 28

Es kommt entscheidend auf die Umstände des **Einzelfalls** an.

Zur Darlegung der tatbestandlichen Voraussetzungen ist im gerichtlichen Verfahren umfassender anwaltlicher **Sachvortrag** erforderlich.

In der anwaltlichen **Beratung** im Vorfeld muss der Mandant entsprechend informiert und die erforderlichen Sachverhaltsangaben erfragt werden (Haftungsfalle!).

Dabei muss verstärkt der **Lebenslauf des Unterhaltsberechtigten** abgeklärt werden, um herauszuarbeiten, inwieweit ehebedingte Nachteile zu verzeichnen waren und weiter fortwirkend sind, um eine Befristung mit **möglichst vielen Fakten** als unbillig erscheinen zu lassen.

Wertvolle Informationen zum beruflichen Vorleben der Unterhaltsberechtigten liefert der **Versicherungsverlauf aus dem Versorgungsausgleich**. Da im Unterhaltsverfahren kein Amtsermittlungsgrundsatz herrscht, muss diese Information durch entsprechenden anwaltlichen Sachvortrag in die Akte des Unterhaltsverfahrens eingeführt werden.

55 BGH v. 5.12.2012 – XII ZB 670/10, NJW 2013, 528.

56 *Reinken*, ZFE 2008, 58, 59 m.w.N.; KG FamRZ 2008, 415, 416 m.w.N.

57 BGH v. 27.1.2010 – XII ZR 100/08 FamRZ 2010, 538 m. Anm. *Hoppenz*; BGH FamRZ 2009, 406; BGH v. 28.11.2007 – XII ZR 132/05 = FamRZ 2008, 582, 586; BGH, Urt. v. 26.11.2008 – XII ZR 131/07, FamRZ 2009, 406 m. Anm. *Schürmann* = FPR 2009, 128 m. Anm. *Kemper*.

29 Die folgenden **Fallgruppen** haben praktische Bedeutung:

1. **Tatsächliche Tätigkeit im erlernten Beruf**

Arbeitet der unterhaltsberechtigte Ehegatte in seinem **erlernten Beruf (wieder) vollschichtig**, so scheidet die Annahme ehebedingter Nachteile regelmäßig aus.[58]

2. **Hypothetische Tätigkeit im erlernten Beruf**

Wenn die Unterhaltsberechtigte tatsächlich nicht wieder in ihrem erlernten Beruf arbeitet, darin aber wieder tätig werden könnte, ist davon auszugehen, dass ebenfalls keine ehebedingten Nachteile mehr vorhanden sind.[59] Die Darlegungslast für eine solche fehlende Möglichkeit trägt die Unterhaltsberechtigte.

3. **Einschränkungen beim tatsächlich erzielten Einkommen trotz vollschichtiger Tätigkeit der Unterhaltsberechtigten**

Arbeitet die Unterhaltsberechtigte vollschichtig und erzielt dennoch ein geringeres Einkommen, so stellt sich zuerst die Frage, ob sie mit der konkret ausgeübten Tätigkeit ihren Erwerbsobliegenheiten genügt.

30 *Praxistipp*

Der Unterhaltspflichtige wird hier oft argumentieren wollen, die Berechtigte könne in ihrem alten Beruf wieder einsteigen und dadurch ein weitaus höheres Einkommen erzielen, als sie dies in ihrer aktuellen Tätigkeit erziele.

Hier sollte aber aus Sicht des Unterhaltspflichtigen größte Vorsicht geboten. Eine realistische Einschätzung der tatsächlichen Chancen auf dem Arbeitsmarkt sollte vorgenommen werden.

Fallbeispiel zur Erläuterung:

- Der Unterhaltspflichtige trägt vor, die 52 Jahre alte Unterhaltsberechtigte könne ohne Probleme in ihren alten Beruf wieder einsteigen und dann ein Einkommen von z.B. 1.800 EUR verdienen.
- Das Gericht verneint eine reale Beschäftigungschance mit Hinblick auf die Tatsache, dass die 52 Jahre alte Unterhaltsberechtigte seit 10 Jahren nicht mehr in ihrem angestammten Beruf tätig war und alle beruflichen Veränderungen nicht mitbekommen hat. Auf dem Arbeitsmarkt habe sie in einem Bewerberfeld mit zahlreichen jüngeren, durchgehend erwerbstätigen Konkurrentinnen keine reale Chance, in ihrem alten Job wieder tätig zu werden.
- Tatsächlich ist die Unterhaltsberechtigte in einem anderen, geringer qualifizierten, Beruf tätig und erzielt ein Einkommen von lediglich 1.200 EUR.
- Bei der Diskussion um den Umfang des ehebedingten Nachteils wird der Unterhaltspflichtige sich jetzt daran festhalten lassen müssen (§ 288 ZPO) selbst ein erzielbares Einkommen von 1.800 EUR in die Diskussion eingebracht habe. Der ehebedingte Nachteil ist damit auf 600 EUR (1.800 – 1.200 EUR) festzusetzen.
- Arbeitet jemand zu einem geringeren Einkommen, als er dies früher erzielt hat, besteht in der Regel eine Vermutung, dass er dies nicht freiwillig macht oder nur deshalb, um den Gegner eines Unterhaltsverfahrens zu schädigen, sondern, weil die aktuellen und konkreten Umstände es nicht anders zulassen.

31 Genügt die Unterhaltsberechtigte nicht ihren Erwerbsobliegenheiten, ist als fiktives Einkommen das Einkommen zugrunde zu legen, das sie bei Wiederaufnahme ihrer früheren Erwerbstätigkeit erzielen könnte.

32 Will die Berechtigte dennoch ehebedingte Nachteile geltend machen, dann trifft sie die Darlegungs- und Beweislast dafür, dass gleichwohl ehebedingte Nachteile vorliegen, etwa weil mit der Unterbrechung der Erwerbstätigkeit während der Ehezeit Einbußen im beruflichen Fortkommen verbunden waren.

58 BGH FamRZ 2010, 875 m. Anm. *Finke* = FF 2010, 245 m. Anm. *Bömelburg*; BGH FamRZ 2008, 1325 m. Anm. *Borth* = FPR 2008, 379 m. Anm. *Schwolow* = FuR 2008, 401 m. Anm. *Soyka*.

59 BGH FamRZ 2011, 1498 m. Anm. *Maurer* = NJW 2011, 3089 m. Anm. *Schnitzler*; Anm. *Hohloch*, FF 2011, 410; BGH FamRZ 2010, 875 m. Anm. *Finke* = FF 2010, 245 m. Anm. *Bömelburg*.

Besteht für die Unterhaltsberechtigte keine reale Möglichkeit, in ihrem alten Beruf mit höherem Einkommen wieder tätig zu werden und kann ihr daher kein unterhaltsrechtliches Fehlverhalten vorgeworfen werden, ist das tatsächlich erzielte Einkommen zugrunde zu legen. Diese sind zu vergleichen mit den Einkünften, die sie bei Wiederaufnahme ihrer früheren Erwerbstätigkeit erzielen könnte. Die Differenz ergibt den ehebedingten Nachteil. 33

Wenn also **das jetzt erzielbare Einkommen hinter dem Einkommen aus der früher ausgeübten Tätigkeit zurückbleibt**, weil eine Wiederaufnahme der früheren Erwerbstätigkeit nach längerer Unterbrechung nicht mehr möglich ist, bleibt es insoweit bei einem ehebedingten Nachteil, den der Unterhaltsschuldner widerlegen muss.[60] 34

In der Praxis sind dabei folgende **Fallgestaltungen** relevant: 35

- die Unterhaltsberechtigte kommt **nicht mehr in ihren erlernten und früher ausgeübten Beruf** zurück (Unmöglichkeit des Zugangs zum früher ausgeübten Beruf);
- die Unterhaltsberechtigte schafft zwar den **Wiedereinstieg** in ihren erlernten und früher ausgeübten Beruf, muss sich aber **mit einem geringeren Einkommen** zufrieden geben als vergleichbare andere Personen ohne Berufsunterbrechung. Dabei ist wiederum zu unterscheiden
  - die Vergleichsperson bekommt ein normales Gehalt, die Berechtigte erzielt aus bestimmten Gründen nur ein niedrigeres Einkommen (**beruflicher Abstieg durch die Berufsunterbrechung**)
  - die Vergleichsperson bekommt ein höheres Gehalt, die Berechtigte dagegen normales Einkommen (**verhinderter beruflicher Aufstieg durch die Berufsunterbrechung**)
  - Einen – extremen – Sonderfall des verhinderten beruflichen Aufstiegs stellt die – **verhinderte – Karriere** dar

1. Unmöglichkeit des Zugangs zum früher ausgeübten Beruf

Die Unterhaltsberechtigte trägt vor, sie könne nicht mehr in ihrem früher ausgeübten Beruf tätig werden. 36

Praxistipp 37

Die **Darlegungslast** für die Behauptung, ein Zugang zum früher ausgeübten Beruf sei nicht mehr möglich, trägt die **Unterhaltsberechtigte**.

Eine solche **Unmöglichkeit** kann sich ergeben

- aus **objektiven Gesichtspunkten** (z.B. Altersgrenzen im öffentlichen Dienst, Wegfall des Berufsbildes),
- aber auch aus **persönlichen Gründen** (Alter der Berechtigten, lange Zeit der Berufsunterbrechung, Praxisferne).

Die jeweiligen Möglichkeiten des Wiedereinstiegs hängen stark vom konkreten Beruf ab. Ein Wiedereinstieg ist erschwert oder scheidet ganz aus, wenn mit den speziellen beruflichen Anforderungen nicht Schritt gehalten worden ist.[61]

Hier ist aber **detaillierter anwaltlicher Sachvortrag** unverzichtbar! Man sollte sich hier keinesfalls auf irgendeine Art von Vermutungs- oder Indizwirkung oder auch nur auf eine günstige vermeintliche Darlegungs- und Beweislast verlassen!

Besonders zu achten ist dabei, dass der Nachteil **ehebedingt** sein muss, also auf die konkrete Gestaltung der Ehe zurückzuführen ist. Wäre der Nachteil auch ohne die Ehe eingetreten, liegt kein ehebedingter Nachteil vor (so z.B. beim Wegfall des Berufsbildes[62] oder der Insolvenz des früheren Arbeitgebers!).

60 OLG Saarbrücken, Urt. v. 17.12.2009 – 6 UF 38/09, FuR 2010, 235.
61 *Bißmaier*, FamRZ 2009, 389.
62 Dazu siehe OLG Karlsruhe, Urt. v. 21.2.2011 – 2 UF 21/10 FamRB 2011, 236 = FuR 2011, 341; OLG Hamm, Beschl. v. 19.8.2009 – II-8 UF 33/09, FamFR 2011, 560.

2. Beruflicher Abstieg durch die Berufsunterbrechung

38 In dieser Fallkonstellation gelingt der Berechtigten zwar der Wiedereinstieg in den früher ausgeübten Beruf, aber zu schlechteren Konditionen. Eine Vergleichsperson mit gleicher Ausbildung und gleichen persönlichen Voraussetzungen usw. bekommt ein höheres Gehalt, die Berechtigte erzielt aus bestimmten Gründen nur ein niedrigeres Einkommen.

> *Praxistipp*
>
> Zu prüfen ist dabei immer, ob der berufliche Abstieg **ehebedingt** ist.
>
> - Bei einer **Aufgabe der Arbeitsstelle** ist einmal darauf abzustellen, ob diese selbst ehebedingt oder aus persönlichen Gründen erfolgt ist. Auch eine zeitlich vor der Heirat liegende Kündigung ist nicht ehebedingt.
> - Es können sich aber spätere ehebedingte Anknüpfungspunkte ergeben, wie etwas das **Unterlassen von Bemühungen, wieder ins Erwerbsleben einzusteigen**.
> - Ist dies objektiv der Fall, kann vom anderen Ehegatten nicht eingewandt werden, er habe während der Ehe auf Erwerbsbemühungen gedrängt, weil für die Bewertung der in § 1578b BGB aufgeführten Kriterien maßgeblich auf die tatsächlich gelebte Ehe, also auf objektive Umstände abzustellen ist.[63]

39
> *Beispiel: Konkreter beruflicher Nachteil*[64]
>
> Nach dem maßgeblichen **Tarifvertrag** ist die konkrete Bezahlung abhängig von der **Anzahl der Berufsjahre**. Bei einer ehebedingten beruflichen Unterbrechung liegen die konkret feststellbaren ehebedingten Nachteile in dieser Einkommensdifferenz, die unterhaltsrechtlich auszugleichen ist – allerdings nur so lange, bis die erforderliche Zeit an Berufsjahren erreicht ist, um die nächste Tarifstufe zu erreichen!

3. Verhinderter beruflicher Aufstieg/Verlust von Karrierechancen

40 Die Unterhaltsberechtigte beruft sich darauf, durch die Ehe sei ihr ein beruflicher Aufstieg verwehrt worden. Zu differenzieren ist zwischen

- **Einkommensverbesserungen** in einem erlernten und ausgeübten Beruf **aufgrund der üblichen Entwicklung** in dieser Berufsgruppe und[65]
- einem **behaupteten (hypothetischen) beruflichen Aufstieg (Karriere)**.

41 Geht es um die **übliche Entwicklung in einem Beruf**, werden relativ **geringe Anforderungen an die Darlegungslast der Unterhaltsberechtigten** gestellt. Es reicht aus, wenn sie vorträgt, dass in dem von ihr erlernten Beruf Gehaltssteigerungen in einer bestimmten Höhe mit zunehmender Berufserfahrung bzw. Betriebszugehörigkeit üblich sind.[66]

42
> *Praxistipp*
>
> - Dabei kann sich die Unterhaltsberechtigte auch des Hinweises auf **vergleichbare Karriereverläufe** bedienen, um ihr Vorbringen zu den seinerzeit vorhandenen beruflichen Entwicklungschan-

63 BGH, Beschl. v. 13.11.2019 – XII ZB 3/19, FamRZ 2020, 171 Rn 50; BGH, Beschl. v. 26.3.2014 – XII ZB 214/13; vgl. BGH v. 16.2.2011 – XII ZR 108/09, FamRZ 2011, 628; OLG Köln v. 16.3.2021 – 14 UF 196/19, FF 2021, 326.
64 *Bißmaier*, FamRZ 2009, 389, 390.
65 BGH v. 20.3.2013 – XII ZR 120/11, NJW 2013, 1447 m.w.N.
66 BGH NJW 2010, 3653 m. Anm. *Born* = FamRZ 2010, 2059 m. Anm. *Borth*.

cen plausibel zu machen.[67] Voraussetzung ist jedoch, dass die **Erwerbsbiografien** der Vergleichspersonen überhaupt **genügend Berührungspunkte** aufweisen.[68]

- Beruft sich die Berechtigte darauf, sie hätte in ihrer früheren Firma weiter tätig sein können und dort einen beruflichen Aufstieg erreicht, sollte der Unterhaltspflichtige überprüfen, ob diese Firma überhaupt noch existiert! Ist dies nicht der Fall, kann damit die Argumentation der Berechtigten entkräftet werden.

Bei einem **behaupteten beruflichen Aufstieg (Karriere)** sind weitaus höhere Anforderungen zu erfüllen.[69] Entsprechend der Rechtsprechung des BGH zum Karrieresprung auf Seiten des Pflichtigen[70] wird eine – fiktive – höhere berufliche Position nur dann zu berücksichtigen sein, wenn eine solche **mit hoher oder zumindest erheblicher Wahrscheinlichkeit** zu erreichen gewesen wäre.[71] Diese Darlegung fällt umso schwerer, je weniger man sich auf greifbare Tatsachen stützen kann. Nicht jede denkbare **verpasste Chance** stellt einen Nachteil dar.[72] 43

- ***OLG Köln v. 16.3.2021 – 14 UF 196/19***[73]

*Der **hypothetische Verlauf eines Erwerbslebens bei hinweggedachter Eheschließung lässt sich zwar kaum darlegen und beweisen.***

*Jedenfalls aber ist vom Anspruchsteller zu verlangen, dass er substantiiert vorträgt, **welche beruflichen Möglichkeiten ihm die Ehe genommen hat.***

Alleine der pauschale Vortrag**, ohne die Eheschließung und die gemeinsamen Kinder könnte sie heute in einer großen Klinik in gehobener Position arbeiten oder wäre alternativ selbstständig, **reicht hierfür bei weitem nicht aus.[74]

*Weiter hätte es der Darlegung konkreter beruflicher Entwicklungsmöglichkeiten und zudem der **Darlegung der entsprechenden Bereitschaft und Eignung bedurft, die vom Senat auf ihre Plausibilität** hätte überprüft werden können und der **Widerlegung** durch den Antragsteller **zugänglich gewesen wäre.***

- ***OLG Brandenburg v. 11.8.2020 – 13 UF 192/19***[75]

*Die Unterhaltsberechtigte, die sich auf ehebedingte Nachteile beruft, muss den Vortrag des fehlenden ehebedingten Nachteils substantiiert bestreiten und **konkret darlegen**, dass und welchen ehebedingten Nachteil sie erlitten hat.*

*Dazu gehört regelmäßig der **Vortrag der hypothetischen beruflichen Entwicklung ohne die Ehe** mit der praktizierten Rollenverteilung.*

***Mangels abweichenden Vortrags der Berechtigten** ist ein Normalverlauf des Berufslebens ohne besondere berufliche Entwicklungen zugrunde zu legen.*

67 BGH, Beschl. v. 13.3.2013 – XII ZB 650/11, FamRZ 2013, 935; BGH v. 11.7.2012 – XII ZR 72/10 = FamRZ 2012, 1483 Rn 42; vgl. auch BGH v. 26.10.2011 – XII ZR 162/09 = FamRZ 2012, 93 Rn 24.
68 BGH NJW 2013, 144 m. Anm. *Born*; BGH FamRZ 2012, 1483 m. Anm. *Borth* = NJW 2012, 3434.
69 Instruktiv OLG Brandenburg v. 7.8.2014 – 9 UF 159/13, NZFam 2014, 959 m. Anm. *Pfeil*; OLG Brandenburg v. 30.7.2014 – 13 UF 96/13, NZFam 2014, 1004.
70 BGH FamRZ 2008, 683, 685; ausführlich zum Karrieresprung *Bömelburg*, FF 2020, 98.
71 *Schürmann*, FuR 2008, 183, 186.
72 *Schürmann*, in: jurisPR-FamR 12/2008 Nr. 5 unter Hinweis auf BGH NJW 1995, 1023, 1024.
73 OLG Köln FF 2021, 326
74 Vgl. OLG Karlsruhe v. 15.7.2009 – 18 UF 10/09, FamRZ 2009, 2107.
75 OLG Brandenburg v. 11.8.2020 – 13 UF 192/19, FuR 2021, 35.

*Arbeitet die Berechtigte wieder in ihrem erlernten Beruf zur üblichen Bezahlung, will sie aber einen **hypothetischen beruflichen Aufstieg** geltend machen, hat sie konkret die Umstände darzulegen, aus denen sich die verpassten Aufstiegsmöglichkeiten ergeben sollen.*[76]

*Dabei hat sie insbesondere ihre **Fähigkeiten, besonderen Talente und Neigungen**, auch ihre **Bereitschaft** zum Erwerb von Zusatzqualifikationen bzw. Fortbildungsbereitschaft darzulegen, ihre berufliche Entwicklung vor der Ehe, die Aufschluss über ihre Leistungsbereitschaft und gegebenenfalls frühere Erfolge geben kann, die sie ohne die Ehe bei durchgehender Beschäftigung erworben hätte.*

*Sie muss darlegen, welche **Karriereschritte** dadurch wahrscheinlich gewesen wären, sowie die Umstände, derentwegen solche berufliche Weiterentwicklung in der Ehe nicht möglich war.*

*Führt der Vortrag dazu, dass die behauptete Entwicklung **nur als möglich anzusehen** ist, hat die Berechtigte ihre Darlegungslast nicht erfüllt.*

■ ***OLG Karlsruhe, Beschl. v. 3.6.2020 – 20 UF 83/19***[77]

*Übt der Unterhaltsgläubiger eine vollschichtige Tätigkeit in seinem erlernten Beruf aus und erzielt damit ein überdurchschnittliches Einkommen, ist davon auszugehen, dass er wieder das Vergütungsniveau seiner vorehelich angelegten beruflichen Möglichkeiten erreicht hat, so dass **ehebedingte Nachteile i.S.d. § 1578b BGB nicht mehr vorliegen**, sofern er keine Umstände darlegt, aus denen sich ergibt, dass er ohne die ehebedingte Berufspause ein höheres Endgehalt in seinem erlernten Beruf hätte erreichen können.*

*Im Rahmen der bei der Befristung und Herabsetzung des Unterhalts anzustellenden Billigkeitsabwägung ist neben dem Ausgleich ehebedingter Nachteile auch die **nacheheliche Solidarität** zu berücksichtigen. Dies gilt auch für den Aufstockungsunterhalt nach § 1573 Abs. 2 BGB.*

*Hat der Unterhaltsgläubiger während der Ehezeit (hier: rund 18 Jahre) seine Erwerbstätigkeit eingeschränkt und die Betreuung der gemeinsamen Kinder übernommen, ist aber durch diese Rollenverteilung in der Ehe **keine erhebliche wirtschaftliche Verflechtung zwischen den Ehegatten eingetreten**, weil der Unterhaltsgläubiger nachehelich in der Lage ist, an seinen vorehelichen Lebensstandard anzuknüpfen, gebietet die nacheheliche Solidarität lediglich eine zeitlich begrenzte Sicherstellung eines an den ehelichen Lebensverhältnissen bemessenen Unterhalts (hier: für einen Zeitraum von zweieinhalb Jahren).*

■ ***OLG Brandenburg v. 30.1.2017 – 3 UF 244/14***[78]

*Soweit sie geltend macht, sie hätte ohne die Ehe mit entsprechenden Fortbildungen in ihrem Beruf **eine leitende Position** erreicht, ist dem nicht zu folgen.*

*Bei **behauptetem beruflichem Aufstieg** bedarf es der Darlegung der entsprechenden **Bereitschaft und Eignung des Unterhaltsberechtigten** (vgl. BGH FamRZ 2010, 2059).*

*Die Darlegungen müssen so **konkret** sein, dass die für den Unterhaltsberechtigten **seinerzeit vorhandenen beruflichen Entwicklungschancen und seine persönlichen Fähigkeiten** – etwa auch anhand vergleichbarer Karrieren – vom Familiengericht auf ihre Plausibilität **überprüft werden können** und der Widerlegung durch den Unterhaltspflichtigen zugänglich sind (vgl. BGH FamRZ 2012, 93).*

*Sie hat weiterhin auch nichts dazu ausgeführt, dass **ihre Fähigkeiten dem Anforderungsprofil der von ihr** – insoweit beliebig austauschbaren – **erstrebten Positionen gerecht geworden wären**. Dahin gehende beruflichen Beurteilungen oder Arbeitszeugnisse hat sie nicht vorgelegt.*

76 Ebenso OLG Karlsruhe, Beschl. v. 3.6.2020 – 20 UF 83/19, FuR 2021, 38.
77 OLG Karlsruhe, Beschl. v. 3.6.2020 – 20 UF 83/19, FuR 2021, 38.
78 OLG Brandenburg v. 30.1.2017 – 3 UF 244/14, juris.

Die Antragsgegnerin, die angibt durch die Kindererziehung an einer Fortbildung gehindert gewesen zu sein, hat auch für die etwa ***zwei Jahren*** *zwischen Ausbildungsabschluss und der Geburt ihres ersten Kindes* ***keinerlei Fortbildungsbestrebungen dargetan****.*

Der Hinweis der Antragsgegnerin ***auf den Karriereverlauf des Antragstellers ist ebenfalls ungeeignet****, um ihr Vorbringen zu eigenen beruflichen Chancen plausibel zu machen. Hierfür stellt der Antragsteller als Bankkaufmann im Bankgewerbe gegenüber der Antragsgegnerin als Arzthelferin in ambulanten Praxen mangels genügender beruflicher Berührungspunkte* ***keine geeignete Vergleichsperson.***

■ ***OLG Hamm v. 18.12.2015 – 13 UF 31/14***[79]

Wenn ein beruflicher Aufstieg behauptet wird, muss der Unterhaltsberechtigte darlegen, aufgrund welcher Umstände (Fortbildungsbereitschaft, besondere Befähigungen, Neigungen oder Talente) er eine entsprechende Karriere gemacht hätte. *Diese Verteilung der Darlegungs- und Beweislast verkennt der Antragsteller teilweise, wenn er ausführt, es könne auf die* ***Rechtsprechung des BGH zur Schadensfeststellung*** *im* ***Rahmen des § 252 BGB abgestellt*** *werden.*

Zumindest hätte die Antragsgegnerin im Rahmen der sekundären Darlegungslast auf ***vergleichbare Karriereverläufe verweisen müssen, um ihr Vorbringen zu den seinerzeit vorhandenen beruflichen Entwicklungschancen plausibel zu machen.***

BGH, Urt. v. 20.3.2013 – XII ZR 120/11[80] 44

Beruft sich der Unterhaltsberechtigte für seinen hypothetischen beruflichen Werdegang ohne die Ehe auf eine ***regelmäßige, vorwiegend von der Berufserfahrung abhängige Entwicklung im vor der Eheschließung erlernten Beruf****, so trifft ihn im Gegensatz zu einem behaupteten beruflichen Aufstieg keine erweiterte Darlegungspflicht (im Anschluss an BGH v. 20.10.2010 – XII ZR 53/09, FamRZ 2010, 2059 und v. 4.8.2010 – XII ZR 7/09, FamRZ 2010, 1633).*

BGH, Beschl. v. 13.3.2013 – XII ZB 650/11[81]

Dabei kann sich die Unterhaltsberechtigte auch des Hinweises auf vergleichbare Karriereverläufe bedienen, um ihr Vorbringen zu den seinerzeit vorhandenen beruflichen Entwicklungschancen plausibel zu machen (BGH v. 11.7.2012 – XII ZR 72/10, FamRZ 2012, 1483 Rn 42; vgl. auch BGH v. 26.10.2011 – XII ZR 162/09, FamRZ 2012, 93 Rn 24).

Praxistipp 45

Abzustellen ist hier

- auf die persönlichen Fähigkeiten der Unterhaltsberechtigten
- deren persönliche Neigungen und
- deren Leistungswillen.

Zu fragen ist, ob die behauptete Karriere

- in den tatsächlichen beruflichen Werdegang – auch nach Trennung und Scheidung – passt oder sich eher wie ein Fremdkörper darstellt,
- welche und mit welchen Abschlüssen, Leistungen, Noten sie ihre frühere Ausbildung abgeschlossen hat,

79 OLG Hamm FamRZ 2017, 38 (LS).
80 BGH NJW 2013, 1447.
81 BGH NJW 2013, 1738 = FamRZ 2013, 935.

- ob die Berechtigte schon während früherer Berufstätigkeiten regelmäßige Fortbildungen absolviert hat,
- welche Aktivitäten sie in ihrer jetzigen Erwerbstätigkeit entfaltet hat,
- ob sie während der Ehe Fort- und Weiterbildungsmaßnahmen absolviert hat,
- ob also permanent „das Fortbildungsfeuer in ihr loderte".

46 Die Unterhaltsberechtigte kann im Einzelfall ihrer – sekundären – Darlegungslast genügen, wenn sie vorträgt, dass in dem von ihr erlernten Beruf Gehaltssteigerungen in einer bestimmten Höhe mit zunehmender Berufserfahrung bzw. Betriebszugehörigkeit üblich sind.[82]

47 Bei einem behaupteten beruflichen Aufstieg muss die Unterhaltsberechtigte darlegen, aufgrund welcher Umstände (wie etwa Fortbildungsbereitschaft, bestimmte Befähigungen, Neigungen Talente etc.) sie eine entsprechende Karriere gemacht hätte. Dabei ist hinsichtlich der **objektiven Voraussetzungen** der behaupteten Karriere auf den konkreten Beruf der Berechtigten detailliert einzugehen; allgemeine Ausführungen genügen nicht. Welche Schritte hätte sie in ihrer beruflichen Entwicklung im Einzelnen unternommen, um das von ihr genau umrissene Karriereziel zu erreichen?

Auf der **subjektiven Seite** sind auch konkrete Darlegungen zur Bereitschaft und persönlichen Eignung der Unterhaltsberechtigten erforderlich![83] Wie hat sie sich tatsächlich während der Ehe verhalten? Kann aus diesem Verhalten auf eine permanente Fortbildungsbereitschaft geschlossen werden?

Bei feststehenden Nachteilen ist dann eine exakte Feststellung zum hypothetisch erzielbaren Einkommen der Unterhaltsberechtigten nicht notwendig. Vielmehr kann bei geeigneter Grundlage eine Schätzung entsprechend § 287 ZPO vorgenommen werden.[84]

48 *Praxistipp*[85]

- Eine **übliche Einkommensentwicklung** kann z.B. durch den Nachweis der **tariflichen Einkommensentwicklung** und die Vorlage eines (durch Tarif, Gesetz oder Betriebsvereinbarung) dokumentierten Gehaltsund Einkommensgefüges hinreichend genau dargelegt werden.
- Der Normalverlauf einer beruflichen Entwicklung kann bei Einkünften, die sich an einem **Tarifvertrag** orientieren, durch Fortschreibung des vorehezeitlichen tarifvertraglichen Einkommensniveaus auf das Ehezeitende dargelegt. Die Entwicklung von Löhnen und Gehältern, insbesondere in tarifvertraglich geregelten Bereichen und Branchen kann anhand der Daten des Statistischen Bundesamtes (Rubrik: Verdienste und Arbeitskosten) oder des konkreten Tarifvertrages nachvollzogen werden.[86]
- **Fehlt es an einem Tarifvertrag**, müsste die unterhaltsberechtigte Person die hypothetische berufliche Entwicklung und deren Auswirkungen auf das Alterseinkommen darlegen.[87]
- Zwar ist eine Schätzung nach § 287 ZPO zulässig. Erforderlich ist aber die Feststellung der Grundlagen der beruflichen Entwicklungsmöglichkeiten; konkret muss anhand der jeweiligen beruflichen Tätigkeit ein normal verlaufender Werdegang dargelegt werden.
- Bei Streit darüber, ob der Unterhaltsberechtigten auch ein Weihnachtsgeld zusteht (das nur fakultativ gezahlt wird), ist davon auszugehen, dass sie ebenso behandelt werden würde wie andere dauerhaft Beschäftigte. Dies reicht für die erforderliche Plausibilitätsprüfung aus.

82 BGH NJW 2010, 3653 m. Anm. *Born* = FamRZ 2010, 2059 m. Anm. *Borth.*
83 OLG Hamm, Beschl. v. 19.2.2014 – 8 UF 105/12, FamRZ 2015, 1397.
84 BGH FamRZ 2010, 1633 Rn 39.
85 Ausführlich hierzu *Borth*, FamRZ 2010, 2063.
86 *Hauß*, FamRZ 2011, 1725.
87 Dazu *Ehinger*, FamRB 2008, 212.

- Bei einem **behaupteten beruflichen Aufstieg (Karriere)** muss die Berechtigte darlegen, aufgrund welcher Umstände sie eine entsprechende Karriere gemacht, welche Zwischenschritte sie durchgeführt und welches genau berufliche Ziel sie erreicht hätte:[88]
  - Dazu gehört einerseits ihre **persönliche Seite** wie etwa Fortbildungsbereitschaft, fachliche Eignung, bestimmte Befähigungen, Neigungen, Talente, Vorkenntnisse. Unterlagen über einen erfolgreichen Schul- und Berufsabschluss, Beurteilungen sowie Arbeitsplatzbeschreibungen können ggf. den Schluss auf eine besondere persönliche und fachliche Qualifikation zulassen.
  - Erforderlich ist aber auch die substantiierte Darlegung der **objektiven Umstände** wie Angaben zu den notwendigen Qualifizierungsmaßnahmen, Fortbildungskursen, Prüfungen, Tätigkeitswechseln usw.[89]
  - Die Unterhaltsberechtigte trifft hier eine erweiterte Darlegungspflicht.[90]
  - Dabei kann sich die Unterhaltsberechtigte auch des **Hinweises auf vergleichbare Karriereverläufe** bedienen, um ihr Vorbringen zu den seinerzeit vorhandenen beruflichen Entwicklungschancen plausibel zu machen.[91]
- Entsprechend der Rechtsprechung des BGH zum Karrieresprung auf Seiten des Pflichtigen[92] wird eine – fiktive – höhere berufliche Position nur dann zu berücksichtigen sein, wenn eine solche **mit hoher oder zumindest erheblicher Wahrscheinlichkeit** zu erreichen gewesen wäre.[93] Allein eine theoretische Chance für einen Aufstieg reicht für die Annahme eines ehebedingten Nachteils nicht aus.[94]
- Entscheidendes Gewicht kommt dabei auch der **persönlichen Anhörung der Berechtigten**[95] zu, die gezielt als Gegenkontrolle zum anwaltlichen Sachvortrag eingesetzt wird. Ist die Berechtigte in der Lage, ihre fiktive berufliche Entwicklung hin zur angestrebten Karriere detailliert zu schildern und auch Rückfragen des Gerichts qualifiziert zu beantworten? Kann die Berechtigte in der gerichtlichen Anhörung den persönlichen Eindruck vermitteln, dass man ihr eine entsprechende Karriere auch „zutraut"?

Bei feststehenden Nachteilen kann durch Schätzung (§ 287 ZPO) das ungefähre **Ausmaß der Einbuße** festgestellt werden,[96] wobei die tatsächlichen Grundlagen der Schätzung und ihre Auswertung in objektiv nachprüfbarer Weise anzugeben sind.[97]

Bei der **Prognose**, welche andere berufliche Entwicklung der geschiedene Ehegatte ohne die ehebedingten beruflichen Einschränkungen genommen hätte, geht es um die gleichen Fragestellungen, die auch im **Haftpflichtrecht** bei **Körperschäden mit Erwerbsbeeinträchtigungen** eine Rolle spielen.[98] **49**

4. Nachteil durch verringerte Altersversorgung (Versorgungsausgleich)

Unterbrechungen der Erwerbstätigkeit führen regelmäßig zu verringerten Rentenanwartschaften. Folge **50**
davon sind **Versorgungsnachteile**, die dazu führen, dass

88 BGH NJW 2012, 74 m. Anm. *Born* = FamRZ 2012, 93 m. Anm. *Viefhues*; Aps FF 2012, 36.
89 BGH FamRZ 2011, 1377; anschaulich OLG Celle FF 2010, 325 = FamRZ 2010, 1911 (LS); OLG Karlsruhe, Urt. v. 21.2.2011 – 2 UF 21/10, FamRB 2011, 236.
90 OLG Koblenz, Beschl. v. 15.9.2015 – 11 UF 247/15, FamRZ 2016, 641.
91 BGH, Beschl. v. 13.3.2013 – XII ZB 650/11, NJW 2013, 1738 = FamRZ 2013, 935; BGH v. 11.7.2012 – XII ZR 72/10, FamRZ 2012, 1483 Rn 42; vgl. auch BGH v. 26.10.2011 – XII ZR 162/09, FamRZ 2012, 93 Rn 24.
92 BGH FamRZ 2008, 683, 685; ausführlich zum Karrieresprung *Bömelburg*, FF 2020, 98.
93 *Schürmann*, FUR 2008, 183, 186; *Viefhues/Mleczko*, Das neue Unterhaltsrecht 2008, Rn 325.
94 OLG Saarbrücken FamRZ 2010, 652; OLG Stuttgart FamRZ 2009, 785.
95 OLG Celle FF 2010, 325 = FamRZ 2010, 1911 (LS); OLG Köln FamRZ 2010, 649.
96 BGH v. 4.8.2010 – XII ZR 7/09, FamRZ 2010, 1633 Rn 39.
97 BGH NJW 2010, 3653 m. Anm. *Born* = FamRZ 2010, 2059 m. Anm. *Borth*.
98 Vgl. *Born*, NJW 2010, 1793, 1795; siehe z.B. BGH NJW 2011, 1146.

- im Alter eine geringere **Altersrente**
- bei Eintritt einer Erwerbsunfähigkeit eine **geringere oder keine Erwerbsunfähigkeitsrente**

gezahlt werden wird, als dies bei einer ununterbrochenen eigenen Erwerbstätigkeit der Fall gewesen wäre.

51 *Praxistipp*

- Diese Fragen werden erst dann praktisch relevant, wenn die Unterhaltsberechtigte
  - ins **Rentenalter** kommt oder
  - vor Erreichen des Rentenalters **erwerbsunfähig** wird.
- Zu beachten ist, dass auch der Bezug einer **Erwerbsminderungsrente** (**Erwerbsunfähigkeitsrente**) nicht zum Nachweis der völligen Erwerbsunfähigkeit genügt![99]
  - Denn rentenrechtlich liegt bereits eine volle Erwerbsminderung vor, wenn der Versicherte wegen Krankheit oder Behinderung unter den üblichen Bedingungen des allgemeinen Arbeitsmarktes auf nicht absehbare Zeit nur noch weniger als drei Stunden täglich im Rahmen einer 5-Tage-Woche erwerbstätig sein können.
  - Damit bleibt aber aus unterhaltsrechtlicher Sicht noch eine – geringe – Erwerbstätigkeit möglich. Hierzu muss die Unterhaltsberechtigte vortragen! Andernfalls wird für den zeitlichen Umfang der Arbeitsfähigkeit ein fiktives Erwerbseinkommen unterstellt.

a) Ehebedingtheit der nachteiligen Entwicklung

52 Um als Nachteil im Sinne des § 1578b Abs. 2 BGB Bedeutung zu erlangen, muss es sich auch hier um einen ehebedingten Nachteil handeln (siehe oben Rdn 13). Versorgungsnachteile sind aber nur dann **ehebedingt**, wenn sie auf die **konkrete Lebensgestaltung** während der Ehe zurückzuführen sind. Also nur die aufgrund der **Rollenverteilung während des ehelichen Zusammenlebens** entstandenen Nachteile sind relevant (**Kausalität**).[100] Andere Ursachen führen nicht zu ehebedingten Nachteilen.

b) Zeitliche Komponente

53 Der Versorgungsnachteil muss durch Umstände und Entwicklungen **während der Ehe** ausgelöst worden sein. Dies bezieht sich einmal auf Lücken in der Erwerbsbiografie **während der Zeit der Ehe, also im** Zeitraum von der **Eheschließung** bis zur **Rechtshängigkeit** des Scheidungsantrages.[101] Damit scheiden Umstände aus der Zeit vor der Heirat aus.[102]

Jedoch können nachteilige Auswirkungen auf die Versorgungssituation, die durch Umstände und Entwicklungen **nach der Scheidung** ausgelöst werden, dann relevant werden, wenn diese Umstände mittelbar auf Gestaltung der Lebenssituation während der Ehe zurückzuführen sind (siehe unten).

c) Grundsatz: Ausgleich der ehebedingten Versorgungsnachteile allein durch den Versorgungsausgleich

54 Diese ehebedingten Versorgungsnachteile werden nach der Rspr. des BGH **regelmäßig** bereits über den **Versorgungsausgleich** ausgeglichen.[103] Damit haben beide Eheleute die Nachteile in der Versorgungs-

99 BGH v. 9.11.2016 – XII ZB 227/15, FamRZ 2017, 109.

100 BGH v. 23.11.2011 – XII ZR 47/10, NJW 2012, 309 m. Anm. *Born* = FamRZ 2012,197 m. Anm. *Maurer*; BGH v. 30.3.2011 – XII ZR 63/09, NJW 2011, 1807 m. Anm. *Born* = FamRZ 2011, 875 = FuR 2011, 390 = FF 2011, 304; BGH v. 8.6.2011 – XII ZR 17/09, NJW 2011, 2512; BGH, Urt. v. 4.8.2010 – XII ZR 7/09 NJW 2010, 3097 = FamRZ 2010, 1633 m. Anm. *Borth*.

101 BGH NJW 2013, 144 m. Anm. *Born*; BGH NJW 2012, 1506 = FamRZ 2012, 776; BGH NJW 2010, 2349 m. Anm. *Born* = FamRZ 2010, 1238 m. Anm. *Borth*, FamRZ 2010, 1316 und Anm. *Bömelburg*, FF 2010, 457–459.

102 BGH NJW 2013, 1447.

103 BGH, Beschl. v. 4.7.2018 – XII ZB 122/17, FamRZ 2018, 1421, BGH FamRZ 2013, 1366 m. Anm. *Gruber*; Anm. *Bömelburg*, FF 2013, 448; BGH FamRZ 2011, 1721 m. Anm. *Hauß* = NJW 2011, 3645 = FF 2011, 497 m. Anm. *Reinken* = FuR 2011, 690; BGH NJW 2011, 2512; BGH NJW 2011, 1807 m. Anm. *Born* = FamRZ 2011, 875 = FuR 2011, 390 = FF 2011, 304; BGH NJW 2011, 1285 m. Anm. *Born* = FamRZ 2011, 713 m. Anm. *Holzwarth*, FamRZ 2011, 795 = FuR 2011, 408; BGH FamRZ 2008, 1325 m. Anm. *Borth* = FPR 2008, 379 m. Anm. *Schwolow* = FuR 2008, 401 m. Anm. *Soyka*.

bilanz in gleichem Umfang zu tragen;[104] eine unterhaltsrechtliche Berücksichtigung scheidet damit im Normalfall aus.[105]

Es findet über den Versorgungsausgleich auch kein Vorteilsausgleich statt. Der ausgleichsberechtigte Ehegatte wird lediglich zur Hälfte an den Anwartschaften des ausgleichspflichtigen Ehegatten beteiligt, also **auf dessen Einkommensniveau gesetzt.**[106] Hätte er selbst ohne Berufsunterbrechung ein höheres Einkommen erzielt, so hätte er zwar selbst höhere Anwartschaften erwirtschaftet.[107] Dies wird aber nicht über den Unterhalt in Form eines „nachehelichen Schadensersatzes" ausgeglichen,[108] es soll also **keine unzulässige Besserstellung** eintreten.[109] 55

In der Praxis liegt umgekehrt oft ein **ehebedingter Vorteil** der Ehefrau vor, wenn diese über den Versorgungsausgleich höhere Anrechte übertragen bekommt, als sie selbst bei durchgängiger eigener Erwerbstätigkeit hätte erzielen können (siehe Rdn 96). Dieser ehebedingte Vorteil kann als Gesichtspunkt zugunsten des anderen Ehegatten bei der im Zusammenhang mit der nachehelichen Solidarität vorzunehmenden Billigkeitsabwägung Bedeutung erlangen. 56

d) Ausnahmen vom Grundsatz des abschließenden Ausgleichs über den Versorgungsausgleich

Der BGH hat jedoch in verschiedenen Entscheidungen bei bestimmten Fallgestaltungen **Ausnahmen von diesem Grundsatz** anerkannt. Ein ergänzender Unterhaltsanspruch wegen ehebedingter Nachteile in der Versorgungssituation ist demnach nicht von vornherein ausgeschlossen, wenn **der Versorgungsausgleich noch nicht zu einer Halbteilung der in der Ehe erworbenen Versorgungsanrechte** geführt hat.[110] 57

In der Praxis sind dabei folgende **Fallgestaltungen** zu unterscheiden:

aa) Ausnahme bei fehlender Absicherung der Berechtigten

Der BGH geht davon aus, dass auch beim nachehelichen Unterhalt wegen Krankheit ein ausreichender Ausgleich der Versorgungslage letztlich durch den Versorgungsausgleich geschaffen worden ist, so dass im Regelfall kein ehebedingter Nachteil mehr verbleibt. Es sind jedoch **Ausnahmen** anzuerkennen. 58

(1) Keine Erwerbsunfähigkeitsrente

Dies gilt nicht für diejenigen Fälle, in denen der – erwerbsunfähige – unterhaltsberechtigte Ehegatte **wegen Nichterfüllung der Wartezeiten keine Erwerbsunfähigkeitsrente erhält**. War nämlich die Erwerbsunfähige in den letzten fünf Jahren nicht mindestens drei Jahre berufstätig, hat sie keinen Anspruch auf Erwerbsunfähigkeitsrente.[111] Darin liegt ein ehebedingter Nachteil, wenn sie gerade wegen der Lebensgestaltung in der Ehe nicht berufstätig war. Denn der durchgeführte Versorgungsausgleich verschafft ihr so nicht den gleichen rentenrechtlichen Schutz, über den sie bei eigener ununterbrochener Erwerbstätigkeit ohne die ehebedingte Berufspause verfügen könnte.[112] Entsprechendes gilt, wenn die Berechtigte 59

104 BGH NJW 2011, 2512 = FamRZ 2011, 1381.
105 Ausführlich *Viefhues*, FuR 2013, 182 und FuR 2013, 242.
106 BGH FamRZ 2011, 1721 m. Anm. *Hauß* = NJW 2011, 3645 = FF 2011, 497 m. Anm. *Reinken* = FuR 2011, 690.
107 *Schwolow*, FPR 2008, 383.
108 Vgl. *Borth*, FamRZ 2008, 1329, 1331.
109 BGH NJW 2011, 2512 = FamRZ 2011, 1381.
110 BGH NJW 2013, 380 = FamRZ 2013, 195 = FuR 2013, 157.
111 *Soyka*, FuR 2010, 346.
112 BGH FamRZ 2012, 772 = FamFR 2012, 773 = NJW 2012,1807; BGH NJW 2011, 2512; BGH NJW 2011, 1285 m. Anm. *Born* = FamRZ 2011, 713 m. Anm. *Holzwarth*, FamRZ 2011, 795 = FuR 2011, 408; vgl. auch KG v. 30.8.2011 – 13 UF 111/11, FamRZ 2012, 788; OLG Saarbrücken, Beschl. v. 5.7.2012 – 6 UF 172/11, FamFR 2012, 442; vgl. auch BGH FamRZ 2013, 1366 m. Anm. *Gruber*; Anm. *Bömelburg*, FF 2013, 448.

die Voraussetzungen für eine Rente wegen voller Erwerbsminderung nicht erfüllt, weil sie aufgrund der Rollenverteilung in der Ehe nicht genügend Pflichtbeiträge gezahlt hat.[113]

(2) Praxishinweis

60 *Praxistipp*

Der BGH geht davon aus, dass ein solcher ehebedingter Nachteil **mit Beginn der Altersrente endet.**[114] Denn der sich hinsichtlich der Erwerbsunfähigkeitsrente ergebende ehebedingte Nachteil entfällt mit dem Beginn der Altersrente, weil für diese nach den §§ 35 ff. SGB VI neben der Erfüllung der Wartezeit und der Altersvoraussetzung keine Mindestzahl von Pflichtbeiträgen erforderlich ist.

Norpoth[115] kritisiert dies in seiner Anmerkung:[116]

Die Nachteile endeten nicht mit der Altersgrenze, weil die Berechtigte als EU-Rentnerin während der Ehe über § 59 SGB VI weitere **Zurechnungszeiten** erworben haben würde, die ihr jetzt – ehebedingt – entgangen seien.

Außerdem entgehe ihr bei der Altersrente ein entsprechender **Bestandsschutz** gem. § 88 SGB VI.

bb) Ausnahme bei geringeren Anrechten des Unterhaltspflichtigen

61 Verfügte der Unterhaltspflichtige nur über geringe Anrechte, so führte die Durchführung des Versorgungsausgleichs dazu, dass die aufgrund der Berufsunterbrechung der Berechtigten **eingetretenen ehebedingten Nachteile durch den Versorgungsausgleich nur unzureichend ausgeglichen werden konnten**. Dann steht der durchgeführte Versorgungsausgleich einer Berücksichtigung bei der Frage der Unterhaltsbefristung nicht entgegen.[117]

e) Ausnahme bei Ausschluss des Versorgungsausgleichs kraft Gesetzes?

62 Welche Konsequenzen der kraft Gesetzes erfolgte **Ausschluss des Versorgungsausgleichs** auf die Möglichkeit der Anwendung des § 1578b Abs. 2 BGB hat, ist noch nicht abschließend entschieden.

63 Beim **Ausschluss kraft Gesetzes** macht der Gesetzgeber bewusst eine Ausnahme vom Halbteilungsgrundsatz. Soweit der gesetzliche Ausschlussgrund greift, wird eben nicht hälftig ausgeglichen. Aus dieser gesetzgeberischen Wertung kann abgeleitet werden, dass dann auch kein Anlass besteht, im Unterhalt dieses – gesetzgeberisch gewollte – Ergebnis zu korrigieren.

Zudem betrifft dieser Ausschluss sowohl bei § 3 VersAusglG als auch bei § 18 VersAusglG geringfügige Beträge, so dass auch aus dem Blickwinkel der Billigkeit ein Ausgleich über den Unterhalt nicht geboten erscheint.

Wird der Versorgungsausgleich wegen Unbilligkeit kraft Gesetzes zu Lasten eines Ehegatten nicht durchgeführt (§ 27 VersAusglG), wird es kaum einen Grund geben, diese Billigkeitswertung bei § 1578b BGB genau umgekehrt vorzunehmen und einen fortdauernden und nicht begrenzten Unterhaltsanspruch dieses Ehegatten zu bejahen.

64 Nach Ansicht des BGH steht die Rechtskraft der Versorgungsausgleichs-Entscheidung abweichenden Überlegungen im Unterhaltsbereich nicht entgegen. Die – letztlich durch die Hinnahme der zeitlich vorangegangenen Entscheidung zum Versorgungsausgleich – ausgelöste Bedürftigkeit der Ehefrau sei nicht unterhaltsrechtlich leichtfertig erfolgt.[118]

113 OLG Saarbrücken, Beschl. v. 5.7.2012 – 6 UF 172/11, FamFR 2012, 442.

114 BGH FamRZ 2012, 772 = FamFR 2012, 773 = NJW 2012, 1807; BGH NJW 2011, 1285 m. Anm. *Born* = FamRZ 2011, 713 m. Anm. *Holzwarth*, FamRZ 2011, 795 = FuR 2011, 408; BGH NJW 2011, 2512.

115 *Norpoth*, FamFR 2011, 200.

116 *Norpoth*, FamFR 2011, 200.

117 BGH NJW 2011, 2512; BGH NJW 2010, 3097 = FamRZ 2010, 1633 m. Anm. *Borth*.

118 BGH NJW 2013, 380 = FamRZ 2013, 195.

Inhaltlich stellt der BGH darauf ab, ob der **Halbteilungsgrundsatz** bei der Entscheidung zum **Versorgungsausgleich** gewahrt worden ist.[119]

f) Ausnahmen bei Ausschluss des Versorgungsausgleichs durch Vereinbarung?

Ein Ausschluss des Versorgungsausgleichs kann auch durch – formbedürftige (§ 7 VersAusglG) – Vereinbarung der Ehegatten (Ehevertrag, Scheidungsfolgenregelung) erfolgen. **Inhaltlich** ist das Familiengericht – sofern die Anforderungen der §§ 7, 8 VersAusglG erfüllt sind – an die Vereinbarung der Eheleute **gebunden**. (§ 6 Abs. 2 VersAusgl G).[120] 65

Vereinbarungen über den Versorgungsausgleich müssen jedoch einer **Inhalts- und Ausübungskontrolle** standhalten (§ 8 Abs. 1 VersAusglG).[121] Zwar muss diese Prüfung gem. § 26 FamFG von Amts wegen erfolgen.[122] Das Gericht wird aber nur **bei entsprechenden Anhaltspunkten** anhand der §§ 138, 242 BGB prüfen, ob die Vereinbarung unwirksam oder anpassungsbedürftig[123] ist; es findet lediglich eine Anlasskontrolle statt.[124] Im Übrigen ist die richterliche Inhaltskontrolle selbst im Kernbereich des Scheidungsfolgenrechts **keine Halbteilungskontrolle**.[125] 66

> *Praxistipp* 67
>
> Bei **Vereinbarungen** zwischen den Eheleuten über den Versorgungsausgleich sollten diese mittelbaren Konsequenzen bedacht und ggf. ausdrücklich und verbindlich geregelt werden.

g) Durch Entwicklung nach der Scheidung ausgelöste Versorgungsnachteile

Die oben dargestellte Sperre, nach der ein Ausgleich der während der Ehe entstandenen Versorgungsnachteile regelmäßig bereits über den Versorgungsausgleich ausgeglichen worden ist, findet naturgemäß keine Anwendung mehr, wenn die Versorgungsnachteile auf Entwicklungen und Umstände erst nach der rechtskräftigen Scheidung zurückzuführen sind. Denn diese Nachteile werden vom – bereits abgeschlossenen – Versorgungsausgleich nicht mehr erfasst. 68

Allerdings sind später eintretende Nachteile selten ehebedingt. Solche Nachteile können aber durchaus im Rahmen der Billigkeitsabwägung nach § 1578b BGB Bedeutung erlangen, wenn sie **zumindest mittelbar ehebedingt** sind, also als Spätfolgen der konkreten Lebensgestaltung während der Ehe angesehen werden können.[126]

Ein solcher Nachteil ist aber anzuerkennen, wenn die Berechtigte – mittelbar aufgrund der ehebedingten Entwicklungen – **im Zeitraum nach der Scheidung keine Beschäftigungschance für eine angemessene Erwerbstätigkeit mehr hatte** und damit **für diesen Zeitraum auch keine** – weiteren – Versorgungsanrechte **erzielen konnte**.[127] 69

Dies ist z.B. der Fall bei einer Verwaltungsangestellten, die während der Ehe aus dem öffentlichen Dienst ausscheidet. Wäre sie im öffentlichen Dienst verblieben, hätte sie auch nach der Ehescheidung noch **An-** 70

119 BGH NJW 2013, 380 = FamRZ 2013, 195.

120 *Hahne*, FamRZ 2009, 2041, 2047; *Sarres*, FamFR 2012, 29; *Bergschneider*, FamRZ 2013, 201; vgl. auch BGH FamRZ 2013, 1543; zur gerichtlichen Kontrolle beim **Versorgungsausgleich** siehe OLG Hamm v. 14.11.2013 – II-14 UF 107/13, OLG Zweibrücken v. 22.10.2013 – 2 UF 122/13; *Kemper*, ZFE 2011, 260, zur Ausübungskontrolle bei Versorgungsausgleichs-Verzicht in der Doppelverdienerehe von Freiberuflern, *Reetz*, FamFR 2011, 339.

121 BGH FamRZ 2014, 629; OLG Brandenburg FamRZ 2019, 1232, OLG Bremen FamRZ 2017, 1571, KG FamRZ 2017, 791.

122 OLG Brandenburg FamRZ 2012, 1729.

123 Dazu BGH v. 8.10.2014 – XII ZB 318/11, FamRZ 2014, 1978.

124 BGH, Beschl. v. 29.1.2014 – XII ZB 303/13; OLG Brandenburg FamRZ 2012, 1729–1731; *Münch*, FPR 2011, 504, 506 m.w.N.; *Reetz*, FamFR 2011, 339 (341 f.); *Kemper*, ZFE 2011, 260 (261).

125 BGH, Beschl. v. 29.1.2014 – XII ZB 303/13, FamRZ 2014, 629.

126 Dazu siehe auch BGH, Beschl. v. 4.7.2018 – XII ZB 122/17, FamRZ 2018, 1421 m.w.N.

127 *Soyka*, FuR 2009, 60; ebenso OLG Düsseldorf FamRZ 2009, 123, 124; OLG Celle, Urt. v. 8.8.2008 – 21 UF 65/08, FamRZ 2009, 1161; OLG Zweibrücken, Urt. v. 14.3.2008 – 2 UF 197/07, FuR 2009, 60; vgl. auch BGH FamRZ 2011, 1721 m. Anm. *Hauß* = NJW 2011, 3645 = FF 2011, 497 m. Anm. *Reinken*.

wartschaften aus der öffentlichen Zusatzversorgung begründen können. Dieser – nicht mehr ausgleichbare – Nachteil führt dazu, die Befristung des Unterhaltsanspruchs abzulehnen.[128]

Wenn der ehebedingte Nachteil allerdings darin zu sehen ist, dass die Berechtigte nach der Scheidung – und damit **in einem nicht mehr vom Versorgungsausgleich erfassten Zeitraum** – weiterhin in ihrer beruflichen Entwicklung und Entfaltung eingeschränkt ist, dann hätte dieser Nachteil durch **Zahlung von Vorsorgeunterhalt** (für diesen Zeitraum) **kompensiert** werden können (Haftungsfalle; zur Kompensation siehe Rdn 95).

■ ***BGH v. 4.7.2018 – XII ZB 122/17***[129]

*Ein ehebedingter Nachteil, der darin besteht, dass der unterhaltsberechtigte Ehegatte auch nachehelich geringere Versorgungsanrechte erwirbt, als dies bei hinweggedachter Ehe der Fall wäre, ist grundsätzlich als ausgeglichen anzusehen, wenn er für diese Zeit Altersvorsorgeunterhalt **zugesprochen erhält oder jedenfalls erlangen kann.***

■ ***BGH v. 14.5.2014 – XII ZB 301/12***[130]

*Ein ehebedingter Nachteil, der darin besteht, dass der unterhaltsberechtigte Ehegatte nachehelich geringere Versorgungsanrechte erwirbt als dies bei hinweggedachter Ehe der Fall wäre, ist grundsätzlich als ausgeglichen anzusehen, **wenn er Altersvorsorgeunterhalt hätte erlangen können** (im Anschluss an BGH vom 26.2.2014 – XII ZB 235/12, FamRZ 2014, 823 und vom 7.11.2012 – XII ZB 229/11, FamRZ 2013, 109).*

■ ***BGH v. 26.2.2014 – XII ZB 235/12***[131]

*Der ehebedingte **Nachteil geringerer Versorgungsanwartschaften setzt sich zwar fort,** wenn ein Ehegatte auch nach der Ehezeit noch aufgrund der gewählten Rollenverteilung, insbesondere wegen der Betreuung gemeinsamer Kinder, gehindert ist, ausreichende Rentenanwartschaften durch eigene Erwerbstätigkeit aufzubauen. **Dieser Nachteil wird jedoch ausgeglichen, wenn der betreuende Ehegatte zum Zwecke der freiwilligen Erhöhung seiner Altersrente und Invaliditätsabsicherung einen über den Elementarunterhalt hinausgehenden Vorsorgeunterhalt gemäß § 1578 Abs. 3 BGB erlangen kann.***

■ ***BGH v. 7.11.2012 – XII ZB 229/11***[132]

*Der Unterhaltsberechtigten können Nachteile dadurch entstehen, dass sie nach Zustellung des Scheidungsantrags und damit **in einer nicht mehr vom Versorgungsausgleich umfassten Zeit** ehebedingt ein **geringeres Erwerbseinkommen** erzielt und demgemäß auch **geringere Rentenanwartschaften** erwirbt. Sofern sie lediglich die ehebedingte Einkommensdifferenz als Unterhalt erhält, setzt sich der ehebedingte Nachteil mit Renteneintritt in Form der geringeren Rentenanwartschaften fort. Durch Altersvorsorgeunterhalt könne dieser Nachteil ausgeglichen werden.*

Praxistipp

■ Für die anwaltliche Praxis bedeutsam ist die weitere Feststellung des BGH, dass in diesen Fällen ein solcher Nachteil ausgeglichen wird, wenn der unterhaltsberechtigte Ehegatte Vorsorgeunterhalt zugesprochen erhält oder jedenfalls erlangen kann.

128 OLG Celle, Urt. v. 8.8.2008 – 21 UF 65/08, FamRZ 2009, 1161.
129 BGH v. 4.7.2018 – XII ZB 122/17, FamRZ 2018, 1421.
130 BGH NJW 2014, 2192.
131 BGH NJW 2014, 1302 = FamRZ 2014, 823.
132 BGH FamRZ 2013, 109 m. Anm. *Finke* = NJW 2013, 161.

- Abgestellt wird damit schon auf die Möglichkeit der Geltendmachung. Wer diese Möglichkeit nicht nutzt, kann sich daher nicht auf einen ehebedingten Nachteil berufen.[133]
- Auf die Frage, ob die Tatsache, dass dem Unterhaltspflichtigen durch die Nichtzahlung des Vorsorgeunterhaltes Vorteile erwachsen sind, im Rahmen der Billigkeitsabwägung berücksichtigt werden können, geht der BGH nicht ein.[134]
- Eine Kompensation scheidet aus, wenn der Pflichtige Vorsorgeunterhalt gar nicht hätte leisten können. Dies muss ggf. rückwirkend für längere Zeiträume festgestellt werden. Daraus ergeben sich erhebliche Berechnungsschwierigkeiten.[135]
- Konsequenz dieser Entscheidung ist, dass in der anwaltlichen Praxis verstärkt auch auf die Durchsetzung von Altersvorsorgeunterhalt geachtet werden muss. Denn die Unterhaltsberechtigte wird wenig Verständnis zeigen, wenn ihr das Gericht im Unterhaltsrechtsstreit einen unbegrenzten Aufstockungsunterhalt verweigert mit der Begründung, dass sie neben dem Elementarunterhalt hätte Vorsorgeunterhalt beanspruchen können. **Achtung! Hier lauert eine Haftungsfalle!**
- Der Anwalt der Unterhaltsberechtigten macht regresspflichtig, wenn dieser nicht auf die Möglichkeit der Geltendmachung von Altersvorsorgeunterhalt hingewiesen wird.[136]
- Der Altersvorsorgeunterhalt muss konkret geltend gemacht werden, auch der Höhe nach, sonst ist keine Titulierung möglich.
- Rückwirkend kann Altersvorsorgeunterhalt nur verlangt werden, wenn der Unterhaltspflichtige in Verzug gesetzt worden ist. Es reicht aber aus, dass vom Unterhaltspflichtigen Auskunft mit dem Ziel der Geltendmachung eines Unterhaltsanspruchs begehrt worden ist.[137]
- Eine gesonderte Auskunftsaufforderung bezogen auf Altersvorsorgeunterhalt ist nicht erforderlich. Wird allerdings der Anspruch beziffert, ist eine rückwirkende Nachforderung i.d.R. ausgeschlossen.[138]
- Eine Nachforderung ist ausgeschlossen, wenn im vorangegangenen Leistungsverfahren vergessen worden ist, Vorsorgeunterhalt geltend zu machen.[139]
- Der Altersvorsorgeunterhalt darf nicht für die allgemeinen Lebenshaltungskosten eingesetzt werden. Ferner kann der Anspruch bis zum Erreichen der Regelaltersgrenze verlangt werden. Er endet allerdings bei vorzeitigem Rentenbezug. Bei Bezug von Erwerbsunfähigkeitsrente besteht der Anspruch ebenfalls bis zum Erreichen der Regelaltersgrenze.[140] Ob der Unterhaltspflichtige bereits Rente bezieht, ist unerheblich.
- Grundsätzlich braucht der Unterhaltsberechtigte zur Begründung des Anspruchs auf Altersvorsorgeunterhalt die Art und Weise der beabsichtigten Altersvorsorge nicht darzulegen.[141]
- Das ist anders, wenn ein Verlangen des Berechtigten auf Zahlung an sich selbst wegen besonderer Umstände treuwidrig ist. Ein solcher Ausnahmefall kommt vor allem in Betracht, wenn begründete Zweifel bestehen, dass der Berechtigte an ihn selbst gezahlte Beträge bestimmungsgemäß verwenden wird. In solchen Fällen kommt eine Verurteilung zur Zahlung an einen von dem Berechtigten

133 Siehe auch *Witt*, FamRZ 2014, 1281; zum Vorsorgeunterhalt siehe *Rubenbauer/Dose*, FamRZ 2020, 1974, *Clausius*, FamRB 2014, 145.

134 Siehe auch *Witt*, FamRZ 2014, 1281.

135 Siehe auch *Witt*, FamRZ 2014, 1281.

136 OLG Düsseldorf, v. 9.6.2009 – I-24 U 133/08, FamRZ 2010, 73.

137 BGH v. 7.11.2012 – XII ZB 229/11, FamRZ 2013, 109 m. Anm. *Finke* = NJW 2013, 161 m. Anm. *Born*, NJW 2013, 165–166, juris Rn 45; BGH v. 22.11.2006 – XII ZR 24/04, FamRZ 2007, 193, 196 m. Anm. *Borth*; KG v. 19.7.2013 – 13 UF 56/13, FuR 2014, 50.

138 BGH v. 19.11.2014 – XII ZB 478/13 FamRZ 2015, 309; BGH, Beschl. v. 7.11.2012 – XII ZB 229/11, FamRZ 2013, 109 m. Anm. *Finke* = NJW 2013, 161; OLG Saarbrücken, Beschl. v. 21.1.2014 – 6 WF 7/14.

139 BGH v. 19.11.2014 – XII ZB 478/13, FamRZ 2015, 309.

140 Vgl. BGH v. 20.10.1999 – XII ZR 297/97, FamRZ 2000, 351.

141 BGH v. 30.5.1990 – XII ZR 57/89, FamRZ 1990, 1095.

benannten Versicherungsträger in Betracht.[142] In solchen Fällen kommt eine Verpflichtung zur Zahlung an einen von dem Berechtigten benannten Versicherungsträger in Betracht.[143]

h) Berechnung eines Versorgungsnachteiles

71 Steht die Regelung zum Versorgungsausgleich einer unterhaltsrechtlichen Berücksichtigung des Versorgungsnachteils nicht entgegen, stellt sich die Frage, wie dieser Nachteil konkret zu bemessen ist.

72 *Praxistipp*

Zu ermitteln sind dabei die fiktiven Versorgungsanwartschaften der Unterhaltsberechtigten in ihrem – hypothetischen – Lebensverlauf als ledige Erwerbstätige.

Problematisch ist dies dann, wenn dieser hypothetische Lebensverlauf mit einem – fiktiven – beruflichen Aufstieg verbunden gewesen wäre.[144]

73 Zur Frage der Bemessung der **Höhe des unterhaltsrechtlich auszugleichenden Nachteils hat der BGH ausgeführt**:[145]

Soweit es die Rentenanwartschaften der gesetzlichen Rentenversicherung betrifft, werden die ***fiktiven Versorgungsanwartschaften*** *in der Regel dadurch zu ermitteln sein, dass die gegebenenfalls gemäß § 287 ZPO zu schätzenden* ***Entgelte****, die der berechtigte Ehegatte bei gedachter (vollschichtiger) Erwerbstätigkeit in den Jahren der ehebedingten Aufgabe oder Einschränkung seiner Erwerbstätigkeit hätte erzielen können, in das Verhältnis zum jeweils gegebenen Durchschnittsentgelt aller Versicherten gesetzt und die sich hieraus ergebende Summe an Entgeltpunkten ermittelt wird.*[146] *Es kann bei einer längeren Aufgabe oder Einschränkung der Erwerbstätigkeit zur Vereinfachung der Berechnung auch erwogen werden, der Berechnung einen durchschnittlichen Erwerb von Entgeltpunkten im Kalenderjahr zugrunde zu legen und diesen Durchschnittswert auf den gesamten Betrachtungszeitraum zu übertragen; diese Methode wird sich allerdings als* ***problematisch*** *erweisen, wenn – wovon das Berufungsgericht auch im vorliegenden Fall ersichtlich ausgegangen ist –* ***die gedachte Erwerbsbiographie des berechtigten Ehegatten mit einem beruflichen Aufstieg einhergegangen wäre****. Auch in der kirchlichen Zusatzversorgung hängt die Bestimmung der hypothetischen Versorgungsanrechte von der Höhe der Entgelte ab, wobei noch die Besonderheit besteht, dass für die Versicherungszeiten bis zum Systemwechsel in der Zusatzversorgung zum 31.12.2001 eine fiktive Startgutschrift ermittelt werden müsste.*

Jedenfalls muss das Gericht seine Hypothesen über den Erwerb fiktiver Versorgungsanwartschaften und das damit korrespondierende erzielbare Arbeitseinkommen einer ***nachvollziehbaren Plausibilitätskontrolle*** *unterziehen, etwa durch* ***Anwendung von Erfahrungssätzen im jeweiligen Berufsfeld oder durch die Heranziehung von tariflichen Regelwerken****.*[147] *Dies wäre unter den obwaltenden Umständen schon deshalb mit einem vertretbaren Aufwand möglich gewesen, weil sich die Vergütung*

142 BGH v. 30.5.1990 – XII ZR 57/89, FamRZ 1990, 1095.

143 Vgl. BGH v. 6.10.1982 – IVb ZR 311/81, FamRZ 1982, 1187, 1189, BGH v. 25.3.1987 – IVb ZR 32/86, FamRZ 1987, 684, 688.

144 Zur Karriere im Rahmen von § 1578b Abs. 2 BGB siehe BGH, Urt. v. 11.7.2012 – XII ZR 72/10, FamRZ 2012, 1483 m. Anm. *Borth* = NJW 2012, 3434; BGH v. 20.10.2010 – XII ZR 53/09, BGH NJW 2010, 3653 m. Anm. *Born* = FamRZ 2010, 2059 m. Anm. *Borth*; BGH NJW 2012, 74 m. Anm. *Born* = FamRZ 2012, 93 m. Anm. *Viefhues*; FF 2012, 36.

145 BGH v. 31.10.2012 – XII ZR 129/10, NJW 2013, 380 = FamRZ 2013, 195. Zur Berechnungsweise siehe auch BGH v. 20.6.2018 – XII ZB 84/17, FamRZ 2018, 1415 Rn 29 ff.

146 BGH, Urt. v. 6.10.2004 – XII ZB 57/03, FamRZ 2005, 185, 188.

147 Vgl. auch BGH, Urt. v. 20.10.2010 – XII ZR 53/09, FamRZ 2010, 2059 Rn 33 und v. 11.7.2012 – XII ZR 72/10, FamRZ 2012, 1483 Rn 44.

der im öffentlichen Dienst beschäftigten Ehefrau aus Tarifverträgen (zuletzt aus den Arbeitsvertragsrichtlinien der Konföderation evangelischer Kirchen in Niedersachen [AVR-K]) ergeben hat und die Auswertung dieser Regelwerke dem Gericht auch eine Handreichung für die Beurteilung der Frage gegeben hätte, ***welche konkreten beruflichen Aufstiegsmöglichkeiten für die Ehefrau als Krankenschwester bestanden hätten und welcher Verdienst innerhalb des tariflichen Vergütungssystems dann von ihr zu erzielen gewesen wäre****.*

Praxishinweis 74

- Die Kritik des BGH an den fehlenden Feststellungen des OLG darf nicht als Einstieg in ein Amtsermittlungsverfahren missverstanden werden.
- Im Unterhaltsverfahren gilt uneingeschränkt der **Beibringungsgrundsatz**.
- Daher kann das Gericht nach den geltenden verfahrensrechtlichen Regelungen der ZPO, die in Unterhaltsverfahren gem. § 113 Abs. 1 S. 2 FamFG weiterhin anzuwenden sind, nur solche Fakten feststellen, die von den Beteiligten im Rahmen ihres **Sachvortrages** ins Verfahren eingebracht worden sind.
- Die tatsächlichen Grandlagen für die vom Gericht vorzunehmenden Bewertungen **müssen** also **von den Verfahrensbeteiligten substantiiert vorgetragen** werden.

5. Nachteil und Vermögensaufbau (Zugewinnausgleich)

Die gleichen Überlegungen wie beim Versorgungsausgleich gelten im Ergebnis auch für den Nachteil, wegen der Unterbrechungen der Erwerbstätigkeit kein oder nur ein **geringeres Vermögen** aufbauen zu können, als dies bei eigenem Einkommen aus Erwerbstätigkeit möglich gewesen wäre. Dies wird regelmäßig über den **Zugewinn** ausgeglichen. 75

Offen ist, ob auch hier ggf. eine Ausnahme zu machen ist, wenn Gütertrennung bestanden hat, also kein Ausgleich der unterschiedlichen Vermögenszuwächse über den Zugewinnausgleich erfolgt ist. 76

Auch hier liegt in der Praxis umgekehrt oft ein **ehebedingter Vorteil** vor, wenn die Ehefrau über den Zugewinnausgleich höhere Beträge erhält, als sie selbst bei durchgängiger eigener Erwerbstätigkeit hätte ansparen können (siehe Rdn 85). Dieser ehebedingte Vorteil kann als Gesichtspunkt bei der im Zusammenhang mit der nachehelichen Solidarität vorzunehmenden Billigkeitsabwägung Bedeutung erlangen (Stichwort „Kompensation").

6. Nachteil eines aus dem Ausland stammenden Ehegatten

Beim Unterhaltsanspruch eines im Zusammenhang mit der Eheschließung nach Deutschland übergesiedelten Ehegatten stellt sich zuerst die Frage nach dem angemessenen Lebensbedarf des Unterhaltsberechtigten im Sinne des § 1578b Abs. 1 S. 1 BGB und zum Einkommen, das der Unterhaltsberechtigte tatsächlich erzielt bzw. gemäß §§ 1574, 1577 BGB erzielen könnte. Der Maßstab des angemessenen Lebensbedarfs bemisst sich dabei nach dem **Einkommen, das der unterhaltsberechtigte Ehegatte ohne die Ehe und Kindererziehung aus eigenen Einkünften zur Verfügung hätte**.[148] 77

Ohne ihre Eheschließung hätte die Ehefrau **nicht nach Deutschland übersiedeln können.** Soweit indessen im Rahmen des § 1578b Abs. 1 S. 1 BGB beim unterhaltsberechtigten Ehegatten ein Vergleich zwischen seiner jetzigen Lebenslage und seiner hypothetischen Lebenssituation ohne Eheschließung angestellt werden muss, kann in solchen Fällen für die Ermittlung eines **hypothetischen Erwerbseinkom-** 78

148 BGH NJW 2013, 866 = FamRZ 2013, 534 m. Anm. *Born*; BGH FamRZ 2012, 1483; BGH NJW 2013, 1447.

mens auf die Erwerbs- und Verdienstmöglichkeiten des ausländischen Ehegatten abgestellt werden, die sich ihm bei einem Verbleib in seinem Heimatland geboten hätten.[149]

79 Das von dem ausländischen Ehegatten in seinem Heimatland hypothetisch erzielbare Einkommen ist gegebenenfalls im Hinblick auf Kaufkraftunterschiede an das deutsche Preisniveau anzupassen.[150]

80 Der angemessene Lebensbedarf des unterhaltsberechtigten Ehegatten kann auch in diesen Fällen nicht unter das unterhaltsrechtliche **Existenzminimum** sinken, welches dem in den unterhaltsrechtlichen Leitlinien der Oberlandesgerichte ausgewiesenen Selbstbehalt eines nichterwerbstätigen Unterhaltsschuldners entspricht.[151]

81 Zu beachten ist weiter, dass sich bei diesen Ehegatten kein – weitergehender – ehebedingter Nachteil dadurch ergibt, dass sie durch die in der Ehe gewählte Übernahme der Hausfrauenrolle daran gehindert worden ist, sich durch Fortbildung oder Umschulung weitergehend für den deutschen Arbeitsmarkt zu qualifizieren. Bei einem im Hinblick auf die Eheschließung in Deutschland ansässig gewordenen ausländischen Ehegatten ist die ungenügende Verwertbarkeit seiner im Ausland absolvierten Berufsausbildung auf dem deutschen Arbeitsmarkt nicht ehebedingt.[152] Selbst wenn ihr durch die eheliche Rollenverteilung die Möglichkeit beruflicher Qualifikation für den deutschen Arbeitsmarkt genommen worden sein sollte, würde dies nicht auf einem ehebedingten Nachteil, sondern auf dem Entgehen von Erwerbschancen beruhen, die sich ihr – **als ehebedingter Vorteil** – mit der Übersiedlung nach Deutschland hätten eröffnen können. Ihr angemessener Lebensbedarf kann deshalb nicht auf der Grundlage einer fiktiven Erwerbsbiografie bestimmt werden, die erst mit ihrer Übersiedlung nach Deutschland ansetzt.[153]

VI. Kompensation des Nachteils

82 Sind ehebedingte Nachteile konkret eingetreten, so kann sich die Frage eines möglichen Ausgleichs oder der **Kompensation** stellen. Denn der (ehebedingte) Nachteil rechtfertigt nur dann einen fortdauernden Unterhaltsanspruch, wenn dieser Nachteil nicht zwischenzeitlich entfallen oder **durch andere mit der Ehe verbundene Vorteile – auch nach der Ehescheidung – kompensiert** worden ist.[154] Auch dies ist im Rahmen der Billigkeitsüberlegungen zu beachten.

83 *Praxistipp*

Die Entwicklung der Rechtsprechung scheint hier noch nicht abgeschlossen. Dabei wird der Begriff der „Kompensation" auch mit unterschiedlichen Bedeutungen unterlegt. Die Argumentation

- geht einmal in Richtung **anderweitiger Vorteile**, die gegen den Nachteil aufgewogen werden,
- zum anderen wird aber auch auf den Wegfall oder die (mögliche) Beseitigung des Nachteils selbst abgestellt, der durch den eingetretenen Vorteil als ausgeglichen anzusehen ist.[155]

84 Eine solche im Rahmen der Billigkeitsabwägung zu berücksichtigende Kompensation ist von der Rechtsprechung in verschiedenen **Fallgestaltungen** erörtert worden.[156]

149 BGH NJW 2013, 866 = FamRZ 2013, 534 m. Anm. *Born.*
150 BGH NJW 2013, 866 = FamRZ 2013, 534 m. Anm. *Born.*
151 BGH NJW 2013, 866 = FamRZ 2013, 534 m. Anm. *Born.*
152 BGH FamRZ 2007, 450, 451.
153 BGH NJW 2013, 866 = FamRZ 2013, 534 m. Anm. *Born.*
154 BGH, Beschl. v. 4.7.2018 – XII ZB 122/17, FamRZ 2018, 1421; BGH, Beschl. v. 20.6.2018 – XII ZB 84/17, FamRZ 2018, 1415; BGH v. 7.3.2012 – XII ZR 145/09, FamRZ 2012, 951 m. Anm. *Finke* = NJW 2012, 2028 m. Anm. *Born*; BGH v. 8.6.2011 – XII ZR 17/09, FamRZ 2011, 1381 Rn 33; BGH v. 21.9.2011 – XII ZR 173/09, NJW 2012, 1356, OLG Schleswig, Beschl. v. 4.10.2010 – 10 UF 78/10, FamRZ 2011, 302; vgl. auch BGH v. 2.2.2011 – XII ZR 11/09, FamRZ 2011, 1377; BGH v. 2.3.2011 – XII ZR 44/09, FamRZ 2011, 713 m. Anm. *Holzwarth*, FamRZ 2011, 795; *Wönne*, FF 2012, 350.
155 BGH FamRZ 2018, 1421; vgl. BGH v. 8.6.2016 – XII ZB 84/15, FamRZ 2016, 1345 Rn 26 m.w.N.
156 Ausführlich *Viefhues*, FuR 2019, 490.

1. Kompensation durch Zugewinn oder Zuwendung von Vermögenswerten

- ***BGH, Beschl. v. 4.7.2018 – XII ZB 122/17***[157] 85

Ein ehebedingter Nachteil, der darin besteht, dass der unterhaltsberechtigte Ehegatte auch nachehelich geringere Versorgungsanrechte erwirbt, als dies bei hinweggedachter Ehe der Fall wäre, ist grundsätzlich ***als ausgeglichen anzusehen****, wenn er für diese Zeit Altersvorsorgeunterhalt zugesprochen erhält oder jedenfalls erlangen kann*

Allerdings beschränkt sich die Teilhabe der Ehefrau am Vermögensaufbau des Ehemannes nicht auf die ihr im Versorgungsausgleich übertragenen Versorgungsanrechte, ***sondern ihr kommt über den modifizierten Zugewinnausgleich zusätzlich weiteres Vermögen des Ehemannes zugute. Dieser ehebedingte Vorteil ist geeignet, einen etwaigen ehebedingten Nachteil zu kompensieren.*** *Denn auch* ***das aufgrund der Ehe erlangte Vermögen*** *kann ehebedingte Versorgungsnachteile kompensieren; das gilt nur dann nicht, wenn der mit den Versorgungsnachteilen belastete Ehegatte auch ohne die Ehe ein vergleichbares Privatvermögen hätte aufbauen können.*

- ***BGH v. 21.9.2011 – XII ZR 173/09***[158]

Allerdings können zunächst entstandene Nachteile durch andere mit der Ehe verbundene ***Vorteile kompensiert worden sein****. Insofern sind die* ***Ausgleichszahlungen*** *des Klägers von 150.000 DM und von 50.000 DM zu berücksichtigen. Die Höhe dieser Leistungen spricht dafür, dass der Beklagten eventuelle ehebedingte Versorgungsnachteile nicht verblieben sind,* ***da sie ohne die Eheschließung und die gewählte Rollenverteilung vermutlich nicht besser gestanden hätte, als sie tatsächlich steht.***

Praxistipp: 86

- Von Bedeutung ist – auch im Unterschied zu den nachfolgenden Fallgruppen – dass diese Vorteile in Form von Vermögenszuwendungen für die Berechtigte **bereits jetzt wirtschaftlich nutzbar** sind.
- Die eigene Einkommens- und Vermögenslage und die vermögensrechtliche Auseinandersetzung zwischen den Eheleuten können damit auf diesem Wege mittelbar auch Auswirkungen auf den nachehelichen Unterhaltsanspruch haben.
- Bei **Vereinbarungen** zwischen den Eheleuten über die abschließende **Vermögensregelung** bei der Scheidung sollten diese mittelbaren Konsequenzen bedacht und ggf. ausdrücklich und verbindlich geregelt werden, um spätere Auslegungsprobleme und Streitigkeiten zu vermeiden.[159]

BGH v. 8.6.2011 – XII ZR 17/09[160] 87

Ob ehebedingte Nachteile entstanden sind, ist zu ermitteln, indem die Lage, wie sie sich ohne Eheschließung und die gewählte Rollenverteilung ergeben hätte, und die tatsächlich bestehende Lage gegenübergestellt werden. ***Dabei können zunächst entstandene Nachteile*** *durch andere mit der Ehe verbundene Vorteile – auch nach der Ehescheidung –* ***kompensiert worden sein.*** *Im vorliegenden Fall sind im Hinblick auf einen seit 1980 entstandenen Nachteil in der Altersvorsorge der Beklagten insbesondere die* ***Vermögenszuwendungen*** *des Unterhaltspflichtigen an die Berechtigte und der vom Unterhaltspflichtigen geleistete* ***Altersvorsorgeunterhalt*** *zu berücksichtigen.*

157 BGH FamRZ 2018, 1421.
158 BGH NJW 2012, 1356 = FF 2012, 302.
159 *Schürmann*, FuR 2008, 183, 190; vgl. auch *Steiniger/Viefhues*, ZNotP 2010, 122.
160 BGH NJW 2011, 2512.

88 ***BGH v. 2.2.2011 – XII ZR 11/09***[161]

Im Übrigen greift die Revision die Bemessung des auszugleichenden ehebedingten Nachteils, ***insbesondere der gegenzurechnenden Einkünfte aus Vermietung und Verpachtung, nicht an****.*

89 ■ ***OLG Köln, Beschl. v. 16.3.2021 – 14 UF 196/19, Rn 56***[162]

Zu berücksichtigen sind nicht, wie der Antragsteller meint, Ansprüche der Antragsgegnerin gegen den Antragsteller auf Zugewinnausgleich. Eine Berücksichtigung entsprechender Ansprüche scheidet zwar dem Grunde nach nicht aus.[163] *Jedoch ist vorliegend nichts dazu vorgetragen, dass und in welcher Höhe der Antragsgegnerin Zugewinnausgleichsansprüche zustehen, so dass diese schon deshalb vorliegend keine Berücksichtigung finden können.*

■ ***OLG Koblenz v. 25.2.2009 – 13 UF 594/08***[164]

Vorliegend hat ein Versorgungsausgleich stattgefunden und – was in diesem Zusammenhang erheblicher ist – auch ein ***Zugewinnausgleich*** *und eine weitgehende Vermögensauseinandersetzung, mit dem die als Altersversorgung vorgesehene Lebensversicherung* ***ausgeglichen wurde*** *ebenso wie sonstiges zur Versorgung in Betracht kommendes* ***(Grund)Vermögen****. Eventuelle Versorgungsnachteile können deshalb hier nicht nochmals berücksichtigt werden.*

90 ***OLG Schleswig, Beschl. v. 4.10.2010 – 10 UF 78/10***[165]

Im Rahmen der Prüfung des § 1587b BGB zu berücksichtigende Versorgungsnachteile des Unterhaltsberechtigten ***können durch*** *die Zahlung von Altersvorsorgeunterhalt und* ***die Übertragung von Wohnungseigentum kompensiert*** *werden.*[166]

91 ***OLG Hamm, Urt. v. 2.3.2011 – II-8 UF 131/10***[167]

Die Einkommenssituation des Antragstellers ist relativ gut, wobei zu berücksichtigen ist, dass er die ***Darlehen*** *für die im Miteigentum stehenden Immobilien durchgehend* ***allein bedient (und damit auch das Vermögen der Antragsgegnerin mehrt)****.*

2. Kompensation durch Ausgleichszahlungen im Versorgungsausgleich

92 ***BGH v. 2.3.2011 – XII ZR 44/09***[168]

Auch die ***Pflicht*** *des Antragstellers* ***zur Beitragszahlung*** *in Höhe von 6.835,99 EUR* ***im Rahmen des Versorgungsausgleichs*** *ist ein zu berücksichtigender Billigkeitsgesichtspunkt.*

161 BGH FamRZ 2011, 1377 = NJW 2011, 2969 m. Anm. *Mayer*.
162 OLG Köln, Beschl. v. 16.3.2021, 14 UF 196/19, FF 2021, 326.
163 Vgl. OLG Karlsruhe, Urt. v. 15.7.2009 – 18 UF 10/09 -, NJW-RR 2010, 721; *Grandel/Schnitzler*, 5. Aufl. 2020, Rn 367 m.w.N.
164 OLG Koblenz NJW 2009, 2315 = FPR 2009, 376 = FamRZ 2010, 379 = ZFE 2009, 393 = FuR 2009, 589.
165 OLG Schleswig FamRZ 2011, 302.
166 Vgl. auch BGH NJW 2011, 2512; OLG Schleswig FamRZ 2011, 302; *Born*, FF 2019, 446.
167 OLG Hamm FamRB 2011, 271.
168 BGH NJW 2011, 1285 m. Anm. *Born* = FamRZ 2011, 713 m. Anm. *Holzwarth*, FamRZ 2011, 795 = FuR 2011, 408.

3. Kompensation durch Zahlung von Altersvorsorgeunterhalt

Mehrere Entscheidungen stellen für die „Kompensation" auf Seiten der Berechtigten darauf ab, dass sie Vorteile erlangt hat in Form von vermögenswerten Leistungen, die in ihre Altersversorgung fließen. 93

- ***BGH, Beschl. v. 4.7.2018 – XII ZB 122/17***[169]

*Zwar kann ein ehebedingter Nachteil auch im **Zeitraum nach der Zustellung des** Scheidungsantrags entstehen, wenn die Ehefrau z.B. wegen ihres ehebedingt weiterhin reduzierten Einkommens dann keine bzw. nur noch geringere Rentenanwartschaften bilden kann. Sie hat aber einen **titulierten Anspruch auf Altersvorsorgeunterhalt** und kann folglich die ehebedingt geringeren Rentenanwartschaften ohne weiteres **ausgleichen**.*[170]

- ***BGH, Beschl. v. 26.3.2014 – XII ZB 214/13***[171]

*Da ihr lediglich die ehebedingte Einkommensdifferenz als Elementarunterhalt zugesprochen wird, **setzt sich der ehebedingte Nachteil mit Renteneintritt in Form der geringeren Rentenanwartschaften fort. Durch die Bewilligung von Altersvorsorgeunterhalt im Sinne von § 1578 Abs. 3 BGB bezogen auf die ehebedingte Einkommensdifferenz kann dieser Nachteil ausgeglichen werden**.*

- ***BGH v. 26.2.2014 – XII ZB 235/12***[172]

Ein ehebedingter Nachteil, der darin besteht, dass der unterhaltsberechtigte Ehegatte nachehelich geringere Versorgungsanrechte erwirbt als er bei hinweggedachter Ehe erwürbe, wird ausgeglichen, wenn er Altersvorsorgeunterhalt erlangen kann.

- ***BGH v. 7.11.2012 – XII ZB 229/11***[173]

*Der Unterhaltsberechtigten können Nachteile dadurch entstehen, dass sie nach Zustellung des Scheidungsantrags und damit **in einer nicht mehr vom Versorgungsausgleich umfassten Zeit** ehebedingt ein geringeres Erwerbseinkommen erzielt und demgemäß auch geringere Rentenanwartschaften erwirbt. Sofern sie lediglich die ehebedingte Einkommensdifferenz als Unterhalt erhält, setzt sich der ehebedingte Nachteil mit Renteneintritt in Form der geringeren Rentenanwartschaften fort. Durch Altersvorsorgeunterhalt kann dieser Nachteil ausgeglichen werden.*

- ***BGH v. 7.3.2012 – XII ZR 145/09***[174]

*Der Kläger hat der Beklagten ausweislich des **Unterhaltsvergleichs keinen Altersvorsorgeunterhalt** geschuldet, weshalb der Nachteil nicht auf diese Weise kompensiert worden ist.*

- ***BGH v. 8.6.2011 – XII ZR 17/09***[175]

*Im vorliegenden Fall sind im Hinblick auf einen seit 1980 entstandenen Nachteil in der Altersvorsorge der Beklagten insbesondere die **Vermögenszuwendungen** des Unterhaltspflichtigen an die Berechtigte und der vom Unterhaltspflichtigen geleistete **Altersvorsorgeunterhalt** zu berücksichtigen. Dabei ist eine zweckentsprechende Verwendung des Vorsorgeunterhalts zu unterstellen.*[176]

169 BGH, Beschl. v. 4.7.2018 – XII ZB 122/17 – NJW 2018, 2636.
170 Vgl. BGH v. 14.5.2014 – XII ZB 301/12, FamRZ 2014, 1276 Rn 47.
171 BGH FamRZ 2014, 1007 = NJW 2014, 1807 m. Anm. *Hoppenz* = MDR 2014, 592.
172 BGH NJW 2014, 1302 = FamRZ 2014, 823.
173 BGH FamRZ 2013, 109 m. Anm. *Finke* = NJW 2013, 161.
174 BGH FamRZ 2012, 951 m. Anm. *Finke* = NJW 2012, 2028 m. Anm. *Born*; *Niepmann*, FamFR 2012, 265.
175 BGH NJW 2011, 2512; vgl. auch OLG Schleswig FamRZ 2011, 302.
176 Zu den Rechtsfolgen zweckwidriger Verwendung von Vorsorgeunterhalt siehe BGH v. 13.11.2019 – XII ZB 3/19, FamRZ 2020, 171; BGH v. 6.10.1982 – IVb ZR 311/81, FamRZ 1982, 1187, 1189 und *Finke*, FamFR 2013, 1–4.

94 **BGH v. 7.3.2012 – XII ZR 145/09**[177]

Der Kläger hat der Beklagten ausweislich des ***Unterhaltsvergleichs keinen Altersvorsorgeunterhalt geschuldet, weshalb der Nachteil nicht auf diese Weise kompensiert worden ist****.*

95 *Praxistipp*

Hierbei ist aber genau zu unterscheiden:

- Wird nach der Scheidung Altersvorsorgeunterhalt gezahlt, kann dies zwar verhindern, dass während dieses Zeitraumes (weitere) Versorgungsnachteile entstehen.[178]
- Dieser gezahlte Altersvorsorgeunterhalt ist aber nicht geeignet, bereits entstandene Nachteile aus der Zeit der Ehe – rückwirkend – zu kompensieren.
- Zu beachten ist auch, dass zusätzliche Leistungen im Bereich des Versorgungsausgleichs allenfalls dazu führen, die Situation der Berechtigten später zu verbessern, wenn der Rentenfall eintritt – also i.d.R erst **ab dem Tage des Rentenbezugs der Berechtigten**.
- Nachteile, die sich regelmäßig im Zeitraum vor dem Rentenalter auswirken, können dadurch jedoch nicht ausgeglichen werden. **Für den Zeitraum vor dem Renteneintritt kann daher diese Kompensation nicht entgegengehalten werden**.[179]
- Daher ergibt sich durch dieses Kompensationsobjektes aufgrund dieser zeitlich versetzten Rechtsfolge jedenfalls kein Billigkeitsgesichtspunkt, den bestehenden Unterhaltsanspruch der Berechtigten schon zum jetzigen Zeitpunkt einzuschränken bzw. auf einen kürzeren Zeitpunkt zu befristen.
- Beim Gesichtspunkt der Kompensation muss – allgemein gesprochen – also immer **Zeitgleichheit** bestehen
  - zwischen dem konkreten Auftreten des ehebedingten Nachteils und
  - den realen wirtschaftlichen Auswirkungen des Kompensationsobjektes.
- **Ist diese Zeitgleichheit nicht gegeben, kann das Kompensationsargument aktuell nicht greifen.** Der nicht durch Kompensation beseitigte ehebedingte Nachteil ist daher bei der Anwendung des § 1578b BGB zu berücksichtigen.

Für die Praxis zu beachten ist zudem, dass der BGH **bereits auf die mögliche Beanspruchung von Altersvorsorgeunterhalt** abstellt.

- ***BGH, Beschl. v. 4.7.2018 – XII ZB 122/17***[180]

Ein ehebedingter Nachteil, der darin besteht, dass der unterhaltsberechtigte Ehegatte auch nachehelich geringere Versorgungsanrechte erwirbt, als dies bei hinweggedachter Ehe der Fall wäre, ist grundsätzlich ***als ausgeglichen anzusehen****, wenn er für diese Zeit Altersvorsorgeunterhalt zugesprochen erhält oder jedenfalls erlangen kann*

- ***BGH v. 14.5.2014 – XII ZB 301/12***[181]

Ein ehebedingter Nachteil, der darin besteht, dass der unterhaltsberechtigte Ehegatte nachehelich geringere Versorgungsanrechte erwirbt als dies bei hinweggedachter Ehe der Fall wäre, ist grundsätzlich als ausgeglichen anzusehen, wenn er Altersvorsorgeunterhalt hätte erlangen können.

177 BGH FamRZ 2012, 951 m. Anm. *Finke* = NJW 2012, 2028 m. Anm. *Born*; *Niepmann*, FamFR 2012, 265.
178 *Graba*, FF 2014, 438.
179 Ausführlich *Viefhues*, FuR 2019, 490.
180 BGH FamRZ 2018, 1421.
181 BGH NJW 2014, 2192.

■ *BGH v. 26.2.2014 – XII ZB 235/12*[182]

Der ehebedingte Nachteil geringerer Versorgungsanwartschaften setzt sich zwar fort, wenn ein Ehegatte auch nach der Ehezeit noch aufgrund der gewählten Rollenverteilung, insbesondere wegen der Betreuung gemeinsamer Kinder, gehindert ist, ausreichende Rentenanwartschaften durch eigene Erwerbstätigkeit aufzubauen. Dieser Nachteil wird jedoch ausgeglichen, wenn der betreuende Ehegatte zum Zwecke der freiwilligen Erhöhung seiner Altersrente und Invaliditätsabsicherung einen über den Elementarunterhalt hinausgehenden Vorsorgeunterhalt gemäß § 1578 Abs. 3 BGB erlangen kann (vgl. BGH v. 7.11.2012 – XII ZB 229/11, FamRZ 2013, 109 Rn 51). Dadurch wird der Unterhaltsberechtigte hinsichtlich der Altersvorsorge so behandelt, als ob er aus einer versicherungspflichtigen Erwerbstätigkeit zusätzliche Nettoeinkünfte in Höhe des ihm zustehenden Elementarunterhalts hätte. Die Bemessung erfolgt durch Anknüpfung an den laufenden Unterhalt, und zwar sowohl bei voller Unterhaltsbedürftigkeit als auch dann, wenn dem Unterhaltsberechtigten wie hier lediglich ein ergänzender Unterhalt zusteht, weil davon ausgegangen werden kann, dass in Höhe des zugerechneten eigenen Einkommens des Unterhaltsberechtigten eine der Höhe dieses Einkommens entsprechende Altersversorgung begründet wird, so dass auch der zuzubilligende Vorsorgeunterhalt grundsätzlich nur der Vervollständigung einer durch die Erwerbstätigkeit bereits erzielten Altersvorsorge dient (BGH v. 25.11.1998 – XII ZR 33/97, FamRZ 1999, 372, 373; für fiktive Einkommen vgl. Wendl/Dose, 8. Aufl., § 1 Rn 797). Da somit bereits der Vorsorgeunterhalt darauf zielt, die sich rollenbedingt nach der Ehezeit fortsetzenden Versorgungsnachteile auszugleichen, kann dieser Umstand entgegen der Auffassung des OLG nicht zusätzlich als ehebedingter Nachteil im Sinne des § 1578b Abs. 1 Satz 2 BGB herangezogen werden.

Praxistipp

- Konsequenz dieser Entscheidung ist, dass in der anwaltlichen Praxis verstärkt auch auf die **Durchsetzung von Altersvorsorgeunterhalt**[183] geachtet werden muss. Denn die Unterhaltsberechtigte wird wenig Verständnis zeigen, wenn ihr das Gericht im Unterhaltsrechtsstreit einen unbegrenzten Aufstockungsunterhalt verweigert mit der Begründung, dass sie neben dem Elementarunterhalt hätte Vorsorgeunterhalt beanspruchen können. Hier lauert eine **Haftungsfalle**!
- Der **Anwalt** der Unterhaltsberechtigten macht sich **regresspflichtig**, wenn dieser nicht auf die Möglichkeit der Geltendmachung von Altersvorsorgeunterhalt hingewiesen wird.[184]
- Der Altersvorsorgeunterhalt ist so anzulegen, dass auch die Erwerbsunfähigkeit mitversichert wird.[185] Jede Anlageform, die nur das Alter absichert, würde demgegenüber später den Obliegenheitsvorwurf begründen, sich für den Fall der Erwerbsunfähigkeit nicht versichert zu haben, so dass der ehebedingte Nachteil, der in der – nicht erlangten – Erwerbsunfähigkeitsrente besteht, als ausgeglichen gilt.[186]
- Rückwirkend kann Altersvorsorgeunterhalt nur verlangt werden, wenn der Unterhaltspflichtige in Verzug gesetzt worden ist. Es reicht aber aus, dass vom Unterhaltspflichtigen Auskunft mit dem Ziel der Geltendmachung eines Unterhaltsanspruchs begehrt worden ist.[187]

182 BGH NJW 2014, 1302 = FamRZ 2014, 823.

183 Zum Altersvorsorgeunterhalt siehe *Rubenbauer/Dose*, FamRZ 2020, 1974, *Jüdt*, FuR 2015, 622; *Götsche*, FuR 2015, 639, *Büte*, FuR 2015, 446.

184 OLG Düsseldorf, v. 9.6.2009 – I-24 U 133/08, FamRZ 2010, 73.

185 Zu den Rechtsfolgen **zweckwidriger Verwendung von Vorsorgeunterhalt** siehe BGH v. 13.11.2019 – XII ZB 3/19, FamRZ 2020, 171; BGH v. 6.10.1982 – IVb ZR 311/81, FamRZ 1982, 1187, 1189 und *Finke*, FamFR 2013, 1–4.

186 *Soyka*, FK 2014, 167, 171.

187 BGH v. 7.11.2012 – XII ZB 229/11, FamRZ 2013, 109 m. Anm. *Finke* = NJW 2013, 161 m. Anm. *Born*, NJW 2013, 165–166, juris Rn 45; BGH v. 22.11.2006 – XII ZR 24/04, FamRZ 2007, 193, 196 m. Anm. *Borth*; KG v. 19.7.2013 – 13 UF 56/13.

- Eine gesonderte Auskunftsaufforderung bezogen auf Altersvorsorgeunterhalt ist nicht erforderlich. Wird allerdings der Anspruch beziffert, ist eine rückwirkende Nachforderung i.d.R. ausgeschlossen.[188]
- Eine Nachforderung von rückständigem Altersvorsorgeunterhalt ist folglich ausgeschlossen, wenn im vorangegangenen Leistungsverfahren vergessen worden ist, Vorsorgeunterhalt geltend zu machen.[189]
- Zwar kann ohne einen solchen Vorbehalt der Vorsorgeunterhalt für die Zukunft noch geltend gemacht werden, wenn noch kein Unterhaltstitel besteht.
- Ist bereits ein Unterhaltstitel vorhanden, kann dieser für die Zukunft nur mittels eines gerichtlichen Abänderungsverfahrens geändert werden. Der BGH betont jedoch, dass eine wesentliche Änderung der tatsächlichen oder rechtlichen Verhältnisse (§ 238 Abs. 1 Satz 2 FamFG) nicht allein mit dem nachträglich gefassten Entschluss begründet werden kann, nunmehr auch einen – im Erstverfahren möglicherweise „vergessenen" – Altersvorsorgebedarf nachträglich geltend machen zu wollen. Erst wenn eine Anpassung des bestehenden Unterhaltstitels dadurch eröffnet wird, dass sich die für die Unterhaltsbemessung in der Erstentscheidung maßgeblichen tatsächlichen und rechtlichen Verhältnisse wesentlich geändert haben, kann auch Vorsorgeunterhalt verlangt werden.[190]
- Wenn es nicht mehr möglich ist, den Vorsorgeunterhalt für die Trennungszeit geltend zu machen, das Scheidungsverfahren aber noch in erster Instanz rechtshängig ist, kann der Altersvorsorgeunterhalt noch für den Nachscheidungszeitraum geltend gemacht werden.[191]
- Beim Vorsorgeunterhalt sind die betreffenden **Einzelbeträge** für den Krankenvorsorgeunterhalt und den Altersvorsorgeunterhalt **im Tenor gesondert auszuweisen**.[192]
- Obwohl unterhaltsrechtlich bei der Zusammensetzung des Gesamtunterhalts nach einzelnen Unterhaltsbedarfen differenziert wird, hat der Vorsorgeunterhalt im Rahmen von § 240 SGB V i.V.m. § 3 Abs. 1 S. 1 BeitrVfGrsSz keine besondere, eigenständige Zweckbestimmung außerhalb des allgemeinen Lebensunterhalts. Der Vorsorgeunterhalt zählt daher zu den beitragspflichtigen Einnahmen eines freiwillig in der gesetzlichen Krankenversicherung Versicherten und erhöht damit dessen Krankenversicherungsbeitrag.[193]

4. Kompensation durch andere ehebedingte Vorteile

96 Eine Kompensation kann aber auch durch anderweitige **ehebedingte Vorteile der Unterhaltsberechtigten** eingetreten sein.

So tritt in der Praxis infolge der Durchführung des Versorgungsausgleichs nicht selten der – **umgekehrte – Effekt** ein, dass nämlich die – beruflich geringer qualifizierte – unterhaltsberechtigte Ehefrau durch den Versorgungsausgleich höhere Anrechte vom Ehemann übertragen bekommen hat, als sie selbst als ledige Berufstätige ohne Ehe bei eigener Erwerbstätigkeit hätte erwirtschaften können (**ehebedingte Vorteile**).[194] Dies ist insbesondere dann der Fall, wenn z.B. der unterhaltspflichtige Ehemann über eine deutlich höhere berufliche Qualifikation als die Ehefrau verfügt. Dies ist im Rahmen der allgemeinen Billigkeitsabwägungen (siehe unten Rdn 132) zu berücksichtigen.

188 BGH, Beschl. v. 7.11.2012 – XII ZB 229/11, FamRZ 2013, 109 m. Anm. *Finke* = NJW 2013, 161; OLG Saarbrücken, Beschl. v. 21.1.2014 – 6 WF 7/14.
189 BGH v. 19.11.2014 – XII ZB 478/13, FamRZ 2015, 309 m. Anm. *Maurer* = NJW 2015, 334.
190 BGH v. 19.11.2014 – XII ZB 478/13, FamRZ 2015, 309; BGHZ 94, 145, 149 = FamRZ 1985, 690, 691;
191 *Kühner*, FamRB 2015, 89.
192 BGH. v. 18.2.2015 – XII ZR 80/13, NJW 2015, 1380 = FamRZ 2015, 824 m. Anm. *Witt*.
193 BSG v. 19.8.2015 – B 12 KR 11/14 R, FamRZ 2016, 304 m. Anm. *Weil*, FamRZ 2016, 684.
194 OLG Hamm FamRB 2011, 271; allgemein zu ehebedingten Nachteilen des Unterhaltspflichtigen siehe *Schausten*, FF 2011, 243.

■ *OLG Hamm, Beschl. v. 4.11.2016 – 13 UF 34/15*[195] 97

Bei der Berechnung des ehebedingten Nachteils sind ehebedingte Vorteile – vorliegend ein ***Wohnvorteil*** *– zu berücksichtigen.*

■ *BGH v. 7.3.2012 – XII ZR 145/09*[196]

Jedoch erzielt die Beklagte infolge des Versorgungsausgleichs Renteneinkünfte, die über ihrem bis dahin erzielten Erwerbseinkommen liegen. *Danach drängt sich der Schluss auf, dass die Beklagte wegen des Versorgungsausgleichs eine höhere Rente erzielt, als sie dies ohne Heirat bei durchgehender Erwerbstätigkeit getan hätte.* ***Damit wären die vom OLG angenommenen Rentennachteile zumindest kompensiert****.*

BGH, Urt. v. 26.11.2008 – XII ZR 131/07[197] 98

Hierdurch hat der Antragsgegner ***allerdings schon mehr erhalten als einen Ausgleich ehebedingter Nachteile****. Denn die Rollenverteilung in der Ehe hat nicht dazu geführt, dass die vom Antragsgegner erworbenen Versorgungsanwartschaften geschmälert worden wären.* ***Der Antragsgegner nimmt vielmehr insoweit am besseren Versorgungsstandard der Antragstellerin teil.***

BGH, Urt. v. 25.6.2008 – XII ZR 109/07[198] 99

„Wenn das Familiengericht im Hinblick auf die phasenverschobene Ehe der Parteien gemäß § 1587c Nr. 1 BGB einen Versorgungsausgleich ausgeschlossen hat, wirkt sich dies zugunsten der Klägerin aus*. Der Nachteil des zeitweisen Ausscheidens der Parteien aus dem Erwerbsleben wird deswegen sogar überwiegend von dem Beklagten getragen, was einem ehebedingten Nachteil der Klägerin entgegensteht (vgl. BGH v. 16.4.2008 – XII ZR 107/06).“*[199]

OLG Düsseldorf, Urt. v. 1.4.2009 – II-8 UF 203/08[200] 100

Zudem sind der Beklagten im Versorgungsausgleich 540,74 DM = 11,3984 EP (also rund 0,95 EP pro Ehejahr) auf ihr Rentenkonto übertragen worden. Der ***Wert übersteigt die vorehelich aus eigener Erwerbsleistung erworbenen Anrechte deutlich****.*

OLG Hamm, Urt. v. 2.3.2011 – II-8 UF 131/10[201] 101

Die Antragsgegnerin hat ***durch die im Wege des Versorgungsausgleichs übertragenen Rentenanwartschaften sogar Vorteile erlangt*** *(Erhöhung der Rente von 800,21 EUR auf voraussichtlich 945,69 EUR). Insofern nimmt die Antragsgegnerin an der besseren Altersversorgung des Antragstellers teil und verfügt über Renteneinkünfte, die deutlich über dem Existenzminimum liegen.*

Exkurs 102

Vergleichbare Überlegungen finden sich auch in der Rechtsprechung des BGH zur Anpassung von Eheverträgen:

195 OLG Hamm FuR 2017, 157.

196 BGH FamRZ 2012, 951 m. Anm. *Finke* = NJW 2012, 2028 m. Anm. *Born*; *Niepmann*, FamFR 2012, 265.

197 BGH v. 26.11.2008 – XII ZR 131/07, FamRZ 2009, 406 m. Anm. *Schürmann* = NJW 2009, 989 = FuR 2009, 206.

198 BGH NJW 2008, 2644 = FamRZ 2008, 1508.

199 BGH FamRZ 2008, 1325 m. Anm. *Borth* = FPR 2008, 379 m. Anm. *Schwolow*; so auch BGH, Urt. v. 25.6.2008 – XII ZR 109/07, FamRZ 2008, 1508 = FuR 2008, 438.

200 OLG Düsseldorf FuR 2009, 418 = FPR 2009, 371 = ZFE 2009, 347.

201 OLG Hamm FamRB 2011, 271.

BGH v. 27.2.2013 – XII ZB 90/11[202]

aa) Durch die richterliche Anpassung von Eheverträgen im Wege der Ausübungskontrolle sollen ehebedingte Nachteile ausgeglichen werden. Beruhen diese Nachteile – wie letztlich auch hier – darauf, dass ein Ehegatte aufgrund der ehelichen Rollenverteilung vollständig oder zeitweise auf eine versorgungsbegründende Erwerbstätigkeit verzichtet hat, kann er durch die Anpassung des Ehevertrages nicht besser gestellt werden als er ohne die Ehe und den damit einhergehenden Erwerbsverzicht stünde (vgl. BGH v. 28.2.2007 – XII ZR 165/04, FamRZ 2007, 974 Rn 28). Die richterliche Ausübungskontrolle hat sich daher im Ausgangspunkt daran zu orientieren, welche Versorgungsanrechte die Ehefrau ohne die Ehe und die ehebedingte Rollenverteilung durch eigene Berufstätigkeit hätte erwerben können. Obere Grenze des Versorgungsausgleichs ist dabei allerdings immer dasjenige, was die Ehefrau bei Durchführung des Ausgleichs nach den gesetzlichen Vorschriften unter Beachtung des Halbteilungsgrundsatzes erhalten hätte, wenn der Ausgleich nicht ehevertraglich ausgeschlossen worden wäre (BGH vom 6.10.2004 – XII ZB 57/03, FamRZ 2005, 185, 187).

VII. Erfolgter Abbau des ehebedingten Nachteils

103 Von Bedeutung ist auch, wenn die Berechtigte selbst durch eigene Aktivitäten den eingetretenen **Nachteil** nach Trennung bzw. Scheidung **bereits tatsächlich – ganz oder teilweise – abgebaut hat. Denn ein tatsächlich nicht mehr vorhandener Nachteil muss auch unterhaltsrechtlich nicht mehr ausgeglichen werden**.

104 ■ ***BGH, Urt. v. 29.6.2011 – XII ZR 157/09***[203]

*Somit durfte das Berufungsgericht davon ausgehen, dass die Ehefrau **bereits in der Trennungszeit wieder das Vergütungsniveau ihrer vorehelich angelegten beruflichen Möglichkeiten erreicht hatte, so dass ehebedingte Fortkommensnachteile bereits damals nicht mehr gegeben waren**. Dass die Ehefrau aus ehebedingten Gründen dauerhaft daran gehindert gewesen wäre, die in der Trennungszeit ausgeübte **Halbtagstätigkeit alsbald in eine Vollzeittätigkeit** – ggf. in einem anderen Anstellungsverhältnis – auszuweiten, hat das Berufungsgericht nicht festgestellt.*

■ ***OLG Düsseldorf, Beschl. v. 6.12.2012 – 7 UF 106/12***

*Überdies sieht der Senat in der Tatsache, dass die Antragstellerin **mittlerweile durch ihre Berufstätigkeit ihre ehebedingten Nachteile ausgeglichen hat, eine besondere im Rahmen der Abwägung zu berücksichtigende Lebensleistung**, die den Antragsgegner hinsichtlich der Höhe seiner Zahlungsverpflichtung massiv entlastet.*

105 ***OLG München v. 18.2.2009 – 12 UF 1277/08***[204]

Zutreffend weist die Beklagte zwar darauf hin, dass ein wesentlicher ehebedingter Nachteil darin lag, dass sie mit der Eheschließung ihre Berufsausbildung abgebrochen hat. Dieser Nachteil ist aber mittlerweile dadurch kompensiert worden, dass sie eine Ausbildung zur Fußpflegerin erfolgreich abgeschlossen hat und in diesem Beruf auch gearbeitet hat.

106 Schwieriger ist die Situation, wenn es darum geht, ob die Berechtigte den **Nachteil zwar noch nicht abgebaut hat**, sie es aber – den allgemeinen unterhaltsrechtlichen Obliegenheiten entsprechend – noch könnte oder sogar bereits in der Vergangenheit hätte können.[205] Denn die Unterhaltsberechtigte ist gehalten, vor-

202 BGH NJW 2013, 1359 = FamRZ 2013, 770.
203 BGH FamRZ 2011, 1721 m. Anm. *Hauß* = NJW 2011, 3645 = FF 2011, 497 m. Anm. *Reinken* = FuR 2011, 690.
204 So OLG München FamRZ 2009, 1154.
205 Vgl. OLG Frankfurt, Urt. v. 29.11.2011 – 3 UF 285/09, FamRZ 2012, 1392.

handene Nachteile abzubauen, sofern dies möglich ist (Fortbildung, Umschulung, berufliche Wiedereingliederungsmaßnamen).

Hatte die Berechtigte selbst eine solche Möglichkeit, durch eigene Aktivitäten den eingetretenen Nachteil abzubauen und wurde sie nicht genutzt, kann daran ein unterhaltsrechtlicher Vorwurf geknüpft werden.[206]

- ***BGH, Beschl. v. 4.7.2018 – XII ZB 122/17***[207]

Ein ehebedingter Nachteil, der darin besteht, dass der unterhaltsberechtigte Ehegatte auch ***nachehelich geringere Versorgungsanrechte*** *erwirbt, als dies bei hinweggedachter Ehe der Fall wäre, ist grundsätzlich als ausgeglichen anzusehen, wenn er für diese Zeit Altersvorsorgeunterhalt zugesprochen erhält* ***oder jedenfalls erlangen kann****.*

- ***BGH v. 14.5.2014 – XII ZB 301/12***[208]

Ein ehebedingter Nachteil, der darin besteht, dass der unterhaltsberechtigte Ehegatte nachehelich geringere Versorgungsanrechte erwirbt als dies bei hinweggedachter Ehe der Fall wäre, ist grundsätzlich als ausgeglichen anzusehen, ***wenn er Altersvorsorgeunterhalt hätte erlangen können****.*

- ***BGH v. 26.2.2014 – XII ZB 235/12***[209]

Der ehebedingte Nachteil geringerer Versorgungsanwartschaften setzt sich zwar fort, wenn ein Ehegatte auch nach der Ehezeit noch aufgrund der gewählten Rollenverteilung, insbesondere wegen der Betreuung gemeinsamer Kinder, gehindert ist, ausreichende Rentenanwartschaften durch eigene Erwerbstätigkeit aufzubauen. Dieser Nachteil wird jedoch ausgeglichen, wenn der betreuende Ehegatte zum Zwecke der freiwilligen Erhöhung seiner Altersrente und Invaliditätsabsicherung einen über den Elementarunterhalt hinausgehenden Vorsorgeunterhalt gemäß § 1578 Abs. 3 BGB erlangen kann.

Für die anwaltliche Praxis hat diese Entscheidung zur Konsequenz, dass verstärkt auch auf die **Durchsetzung von Altersvorsorgeunterhalt** geachtet werden muss. Denn andernfalls kann im Unterhaltsrechtsstreit ein unbegrenzter Aufstockungsunterhalt verweigert werden mit der Begründung, dass Vorsorgeunterhalt neben dem Elementarunterhalt hätte beansprucht werden können. Hier lauert eine **Regressfalle** für die anwaltliche Praxis.

BGH v. 25.9.2019 – XII ZB 25/19[210]

Jedenfalls wenn der Unterhaltspflichtige eine unterhaltsrechtlich anzuerkennende zusätzliche Altersvorsorge betreibt, ist es geboten, dies auch dem Unterhaltsberechtigten durch eine entsprechende Erhöhung des Altersvorsorgeunterhalts zu ermöglichen.

Hinweis **107**

Rückwirkend kann Altersvorsorgeunterhalt nur verlangt werden, wenn der Unterhaltspflichtige in Verzug gesetzt worden ist. Es reicht aber aus, dass vom Unterhaltspflichtigen Auskunft mit dem Ziel der Geltendmachung eines Unterhaltsanspruchs begehrt worden ist.[211] Eine gesonderte Auskunftsaufforderung bezogen auf Altersvorsorgeunterhalt ist nicht erforderlich. Eine Nachforderung ist jedoch ausgeschlossen, wenn im vorangegangenen Leistungsverfahren vergessen worden ist, Vorsorgeunterhalt geltend zu machen.[212]

206 OLG Frankfurt v. 26.1.2009 – 2 UF 253/08, FamRZ 2009, 1162 = FuR 2009, 634; OLG Frankfurt, Urt. v. 21.7.2010 – 2 UF 63/10 Rn 95, juris.
207 BGH FamRZ 2018, 1421.
208 BGH NJW 2014, 2192 = FamRZ 2014, 1276.
209 BGH NJW 2014, 1302 = FamRZ 2014, 823.
210 BGH NJW 2019, 3570 = FamRZ 2020, 21; *Born*, NJW 2019, 3555.
211 BGH v. 7.11.2012 – XII ZB 229/11, FamRZ 2013, 109 m. Anm. *Finke* = NJW 2013, 161 m. Anm. *Born*, NJW 2013, 165–166, juris Rn 45; BGH v. 22.11.2006 – XII ZR 24/04, FamRZ 2007, 193, 196 m. Anm. *Borth*; KG v. 19.7.2013 – 13 UF 56/13.
212 BGH v. 19.11.2014 – XII ZB 478/13, FamRZ 2015, 309 m Anm. *Maurer* = NJW 2015, 334.

VIII. Möglicher Abbau des ehebedingten Nachteils

108 Die Unterhaltsberechtigte ist gehalten, nach seinen Möglichkeiten vorhandene Nachteile abzubauen (Fortbildung, Umschulung, berufliche Wiedereingliederungsmaßnamen). Genügt sie diesen Anforderungen, wir dies als Billigkeitsargument zu ihren Gunsten berücksichtigt. Die Verletzung einer solchen unterhaltsrechtlichen Obliegenheit führt also dazu, dass die Berechtigte fiktiv so behandelt wird, als sei der Nachteil nicht mehr vorhanden.

109 ***OLG Frankfurt, Urt. v. 29.11.2011 – 3 UF 285/09***[213]

Die Beklagte hat eine qualifizierte akademische Ausbildung und übt nach der Berufspause keine andere – demgemäß eben auch keine schlechtere – Tätigkeit aus, als vor ihrer Heirat mit dem Kläger. ***Die durch die Berufspause eingetretenen Defizite können durch Fortbildungsmaßnahmen und im Laufe der Zeit durch wieder zu gewinnende Routine ausgeglichen werden****.*

110 Auch wenn eine solche **Möglichkeit zum Abbau bereits in der Vergangenheit** bestand und sie nicht genutzt wurde, kann daran ein unterhaltsrechtlicher Vorwurf angeknüpft werden.[214] Hier stellt sich in der Praxis die Frage, von welchem **Zeitpunkt** an der Berechtigten eine solche Obliegenheit auferlegt werden kann.

111 ***OLG Frankfurt, Urt. v. 21.7.2010 – 2 UF 63/10***[215]

Bei der Gesamtabwägung muss berücksichtigt werden, dass die Beklagte bei Trennung der Eheleute 40 Jahre alt war, bei der Ehescheidung 42 Jahre, zum Zeitpunkt der jetzigen Entscheidung 59 Jahre. ***Es ist nicht erkennbar, dass die Beklagte in der Vergangenheit ernsthafte Anstrengungen unternommen hat, wirtschaftlich auf eigenen Füßen zu stehen****. Sie hat trotz eingeschränktester wirtschaftlicher Möglichkeiten bis zur Klageerhebung rund 14 Jahre lang* ***darauf vertraut, dass ihr Lebensunterhalt durch Unterhaltszahlungen sichergestellt wird****.*

Praxistipp

Für die praktische Behandlung dieser Fälle sind zwei Gesichtspunkte von Bedeutung:

- **Wie lange ist der erforderliche Zeitraum** bis zur erfolgreichen Beseitigung des Nachteils zu bemessen?
- **Wann** hätte die Berechtigte mit ihren Anstrengungen **beginnen müssen**?

Zu beiden Punkten ist anwaltlicher Sachvortrag erforderlich!

Ist der Zeitraum abgelaufen, den die Berechtigte hätte nutzen müssen, wird sie fiktiv so behandelt, als sei ihr Nachteil nicht mehr vorhanden.

In der Praxis kann auf verschiedene Zeiträume abgestellt werden, in denen die Unterhaltsberechtigte mit den notwendigen Maßnahmen hätte beginnen müssen:

- Zeitraum nach Rechtskraft der Scheidung,
- Zeitraum ab Zustellung des Scheidungsantrages,
- Zeitraum ab Trennung,
- Zeitraum der intakten Ehe.

1. Zeitraum nach Rechtskraft der Scheidung

112 Dabei kann einmal auf den **Zeitraum nach Rechtskraft der Scheidung** abgestellt werden.

213 OLG Frankfurt FamRZ 2012, 1392.
214 OLG Frankfurt v. 26.1.2009 – 2 UF 253/08, FamRZ 2009, 1162 = FuR 2009, 634; OLG Frankfurt, Urt. v. 21.7.2010 – 2 UF 63/10 Rn 95, juris.
215 OLG Frankfurt FamFR 2010, 563.

Tritt z.B. eine Erwerbsunfähigkeit erst längere Zeit nach der Scheidung ein, so hätte für die Unterhaltsberechtigte die Möglichkeit bestanden, durch eigene Erwerbstätigkeit den 5-Jahreszeitraum[216] abzudecken mit der Folge, dass ihr nunmehr eine Erwerbsunfähigkeitsrente gezahlt würde[217] – und zwar auf der Basis der durch den Versorgungsausgleich aufgestockten Rentenanwartschaften.

2. Zeitraum ab Trennung

Teilweise wird bereits während der Zeit der Trennung schon eine solche unterhaltsrechtlich relevante Obliegenheit zum Abbau des Nachteils bejaht. 113

OLG Frankfurt v. 26.1.2009 – 2 UF 253/08[218]

Wegen der neunjährigen Familienphase von Oktober 1982 bis 1991, lediglich unterbrochen durch eine einjährige Teilzeitbeschäftigung, sind der Beklagten sicherlich gewisse ehebedingte Nachteile im beruflichen Fortkommen entstanden. Diese Nachteile ***hätten jedoch nach der Trennung****, bei der die Beklagte erst 42 Jahre, die Kinder jedoch schon 12 Jahre alt waren,* ***kompensiert werden können****.*

3. Zeitraum der Ehe vor der Trennung

Vereinzelt wurde auch eine solche Obliegenheit schon für den weiter zurückliegenden Zeitraum der intakten Ehe vor der Trennung angenommen. Dies ist aber mit der Rechtsprechung des BGH unvereinbar, nach der es allein auf die objektive Gestaltung der ehelichen Lebensverhältnisse ankommt,[219] weshalb im Rahmen der Abwägung des § 1578b BGB nicht etwa eine Aufarbeitung ehelichen Fehlverhaltens stattfindet,[220] siehe Rdn 20. 114

IX. Bedeutung der Ehedauer

Die Rechtsprechung des BGH und der Obergerichte geht davon aus, dass es keine absolute Sperrwirkung einer bestimmten Ehedauer gibt, nach der die Begrenzung und Befristung des Unterhaltsanspruchs gänzlich ausgeschlossen ist. So wurde z.B. auch nach einer Ehedauer von mehr als 28 Jahren,[221] 33 Jahren[222] und 37 Jahren[223] noch eine Befristung vorgenommen. 115

216 BGH NJW 2011, 2512 = FamRZ 2011, 1381.

217 KG FamRZ 2012, 788.

218 OLG Frankfurt FamRZ 2009, 1162.

219 BGH v. 30.3.2011 – XII ZR 63/09, NJW 2011, 1807 m. Anm. *Born* = FamRZ 2011, 875 = FuR 2011, 390; BGH v. 20.10.2010 – XII ZR 53/09; NJW 2010, 3653 m. Anm. *Born* = FamRZ 2010, 2059 m. Anm. *Borth*; BGH, Urt. v. 16.2.2011 – XII ZR 108/09; NJW 2011, 1067 = ZFE 2011, 187 = FamRZ 2011, 628 = FuR 2011, 280; BGH, Urt. v. 2.3.2011 – XII ZR 44/09, NJW 2011, 1285 m. Anm. *Born* = FamRZ 2011, 713 m. Anm. *Holzwarth*; FamRZ 2011, 795 = FuR 2011, 408; BGH v. 16.2.2011 – XII ZR 108/09, FamRZ 2011, 628; BGH, Urt. v. 16.2.2011 – XII ZR 108/09 NJW 2011, 1067, ebenso OLG Saarbrücken, Beschl. v. 5.7.2012 – 6 UF 172/11, FamFR 2012, 442; OLG Brandenburg, Beschl. v. 21.2.2012 – 10 UF 253/11, OLG Brandenburg FamFR 2012, 179 = FamRZ 2012, 1396 (nur LS).

220 BGH NJW 2010, 3653 m. Anm. *Born* = FamRZ 2010, 2059 m. Anm. *Borth*.

221 OLG Oldenburg FamRZ 2009, 1159; OLG Düsseldorf FamRZ 2006, 1040; OLG Saarbrücken FF 2008, 209; vgl. *Hollinger*, jurisPR-FamR 26/2005, Anm. 3, *Viefhues*, jurisPR-FamR 11/2006, Anm. 1 *Maes*.

222 OLG Schleswig, 25.11.2009 – 10 UF 37/09; FamRZ 2010, 651: Befristung auf insgesamt 9 Jahre Unterhaltszahlung.

223 OLG Stuttgart v. 15.11.2011 – 17 UF 177/11, NJW 2012, 689 = FamRZ 2012, 983: **Befristung bis zur Altersgrenze** (8 Jahre ab Rechtskraft).

1. Dauer der Ehe als Billigkeitskriterium

116 *Praxistipp*

Zu unterscheiden ist bei der praktischen Behandlung der Fälle zwischen den Gesichtspunkten

- der **Dauer der Ehe**,
- der konkreten **Dauer einer Berufsunterbrechung** bzw. beruflichen Einschränkung durch Teilzeitarbeit und
- dem **Alter des Unterhaltsberechtigten**.

Diesen Unterschieden sollte auch beim Sachvortrag und bei der Argumentation Rechnung getragen werden.

117 Die **Dauer der Ehe**[224] – diese umfasst den Zeitraum von der Eheschließung bis zur Rechtshängigkeit des Scheidungsantrages[225] – als solche hat vor allem Bedeutung für den Gesichtspunkt des **Vertrauensschutzes**.[226] Das **Zeitmoment** versteht der BGH daher in ständiger Rspr. lediglich als **Hilfsargument** verstanden, um den Umfang der wirtschaftlichen Dispositionen der Ehegatten zu erfassen. Je länger die Ehe gedauert hat, desto schwieriger wird die zeitliche Begrenzung sein, weil im Regelfall die **wirtschaftliche Verflechtung der Eheleute**[227] und die Abhängigkeit normalerweise mit zunehmender Dauer stärker ausgeprägt sind. Die **wirtschaftliche Verflechtung** tritt insbesondere durch **Aufgabe einer eigenen Erwerbstätigkeit** wegen der Betreuung gemeinsamer Kinder oder der Haushaltsführung ein.[228] Entscheidend ist daher nicht der abstrakte Zeitraum der Ehedauer, sondern die **Zeit der gegenseitigen wirtschaftlichen Verflechtungen** und die **Intensität der konkreten wirtschaftlichen Abhängigkeiten**, die insbesondere durch **Aufgabe einer eigenen Erwerbstätigkeit** eingetreten ist.[229]

Die lange Ehedauer war regelmäßig ein Indiz für eine enge wirtschaftliche Verflechtung und Abhängigkeit.[230]

- ***OLG Hamm v. 13.3.2017 – 13 UF 190/16***[231]

*Eine in einer **Hausfrauenehe** gelebte **Rollenverteilung** führte zu einem hohen Maß an wirtschaftlicher Verflechtung der Beteiligten, die im Rahmen der Billigkeitsüberlegungen zu berücksichtigen ist.*

- ***OLG Hamm v. 19.2.2014 – 8 UF 105/12***[232]

Der Antragsgegner hat während der Ehe die Meisterschule besucht und erfolgreich abgeschlossen, die Antragstellerin hat ihm insofern den Rücken freigehalten. Die Beteiligten sind gemeinsam Eigentümer

224 Dazu *Schnitzler*, FF 2015, 50–58.

225 BGH NJW 2013, 144 m. Anm. *Born*; BGH NJW 2012, 1506 = FamRZ 2012, 776; BGH NJW 2010, 2349 m. Anm. *Born* = FamRZ 2010, 1238 m. Anm. *Borth*, FamRZ 2010, 1316 und Anm. *Bömelburg*, FF 2010, 457–459.

226 Vgl. *Maurer*, FamRZ 2008, 2157, 2162, OLG Zweibrücken NJW Spezial 2008, 388; *Langheim*, FamRZ 2010, 409, 413.

227 Dazu siehe BGH NJW 2013, 2434 = FamRZ 2013, 1291 m. Anm. *Born*, BGH FamRZ 2007, 2049 m. Anm. *Hoppenz*, FamRZ 2007, 2054, 2055; BGH Urt. v. 26.11.2008 – XII ZR 131/07, FamRZ 2009, 406 m. Anm. *Schürmann* = FPR 2009, 128 m. Anm. *Kemper* = NJW 2009, 989 = FuR 2009, 204; OLG Köln v. 16.3.2021 – 14 UF 196/19, FF 2021, 326.

228 BGH v. 6.10.2010 – XII ZR 202/08; BGH FamRZ 2010, 1971; BGH v.11.8.2010 – XII ZR 102/09 FamRZ 2010, 1637 m. Anm. *Borth* = NJW 2010, 3372.

229 BGH FamRZ 2010, 1971.

230 BGH NJW 2013, 1530; BGH FamRZ 2010, 629, 632; BGH FamRZ 2010, 1971, 1974; BGH NJW 2012, 309 m. Anm. *Born* = FamRZ 2012,197 m. Anm. *Maurer* = FF 2012, 74 mit krit. Anm. *Graba*, BGH FamRZ 2010, 1971; BGH FamRZ 2010, 1637 m. Anm. *Borth* = NJW 2010, 3372 = FF 2011, 33 Anm. *Finke*; BGH FamRZ 2010, 1637 m. Anm. *Borth* = NJW 2010, 3372 = FF 2011, 33 Anm. *Finke*; BGH NJW 2008, 2644 = FamRZ 2008, 1508; OLG Jena FamFR 2009, 45 = FamRZ 2010, 216; OLG München FamRZ 2009, 52; OLG Schleswig v. 25.11.2009 – 10 UF 37/09; FamRZ 2010, 651: Befristung nach 33 Ehejahren auf insgesamt 9 Jahre Unterhaltszahlung.

231 OLG Hamm FamRZ 2017, 1306.

232 OLG Hamm FamRZ 2015, 1397.

einer – vom Antragsgegner teilweise in Eigenarbeit errichteten – Immobilie, die noch nicht auseinandergesetzt ist. Insofern ist ***von einer fortdauernden wirtschaftlichen Verflechtung der Eheleute*** *auszugehen.*

Das Vertrauen konnte sich auch aus **besonderen Verhaltensweisen des Unterhaltspflichtigen** ergeben, so z.B. einer Erklärung des Unterhaltspflichtigen, die die Unterhaltsberechtigte veranlasst hat, eine Erwerbstätigkeit aufzugeben[233] oder aus der langjährigen Zahlung von Unterhalt. 118

Auf der Rechtsfolgenseite ist die Befristung im Rahmen der vorzunehmenden Billigkeits-Gesamtabwägung **nicht schematisch an die Dauer der Ehe anzuknüpfen**.[234] Die Befristung muss so bemessen sein, dass sich **der Berechtigte auf die neue Lebenssituation einstellen kann**. Die Ehedauer ist nur ein Anhaltspunkt im Rahmen der nachehelichen Solidarität. 119

Praxistipp 120

- Bei der konkreten Bemessung einer Befristung kommt es weder allein auf die abstrakte Dauer der Ehe noch auf den abstrakten Zeitraum Dauer der Kindesbetreuung an.
- Abzustellen ist konkret darauf,
  - **wie lange und wie intensiv** die Eheleute
    - ihre **Lebenspositionen aufeinander eingestellt** haben[235]
    - auf ein **gemeinsames Lebensziel ausgerichtet** haben[236]
- wie **nachhaltig**
  - die **gegenseitige Verflechtung und Abhängigkeit der Lebensverhältnisse** gewesen ist und
  - sich diese **auf die Erwerbsbiografie ausgewirkt** hat.[237]
- Konkret ist dabei u.a. von Bedeutung
- die Vermittelbarkeit des Unterhaltsgläubigers auf dem Arbeitsmarkt
- sein Alter und Gesundheitszustand
- Art und Dauer der früheren Berufstätigkeit
- ungünstige Erwerbsbiografie
- Dauer der Unterbrechung der Berufstätigkeit
- fehlender oder aktuell nicht mehr einsetzbarer beruflicher Abschluss[238]
- Zeitaufwand für erforderliche Re-Integrationsmaßnahmen.

Je weniger eine wirtschaftliche Verflechtung beider Ehepartner und das schützenswerte Bedürfnis eines Ehepartners nach Absicherung durch den Unterhalt festzustellen ist, desto weniger Gewicht hat die Ehedauer.[239] 121

2. Bedeutung der Gesetzesänderung zum 1.3.2013

Seit dem 1.3.2013 ist eine gesetzliche Neuregelung des § 1587b Abs. 1 BGB in Kraft. Absatz 1 betrifft die mögliche **Herabsetzung** des nachehelichen Unterhaltsanspruchs; über § 1578b Abs. 2 S. 2 BGB gilt diese Neuregelung jedoch auch für die **Unterhaltsbefristung**. 122

233 OLG Düsseldorf FamRZ 2009, 123, 124.
234 Vgl. auch die Auflistung bei *Dose*, FamRZ 2007, 1289, 1295; *Wellenhofer*, FamRZ 2007, 12182, 1285.
235 BGH FamRZ 1990, 857.
236 *Büte*, FPR 2005, 316, 318; Palandt/*Brudermüller*, § 1573 Rn 36.
237 OLG Hamm FamRZ 1998, 292.
238 *Born*, NJW 2008,1, 8.
239 BGH NJW 2013, 1530; OLG Düsseldorf FamRZ 2006, 1040 = ZFE 2006, 36; OLG Hamm FamRZ 2005, 1177, 1179; OLG Karlsruhe FamRZ 2005, 1179; *Viefhues*, ZFE 2004, 262, 264.

123 Der **Gesetzesbegründung** folgend geht der BGH davon aus, dass lediglich seine bisherige Rechtsprechung ins Gesetz übernommen worden ist.[240]

124 Dementsprechend liegt zwar ein neues Gesetz vor, aber keine inhaltlich anderweitige Regelung, so dass auch ein Abänderungsverfahren gegen einen bestehenden Titel (§§ 238, 239 FamFG) keine Aussicht auf Erfolg hätte.

X. Speziell: Befristung von Krankheits- und Altersunterhalt (§§ 1571, 1572 BGB) – Ehebedingte Nachteile bei Krankheits- und Altersunterhalt

125 Eine **Krankheit** als solche ist in aller Regel **nicht ehebedingt**. Das gilt auch dann, wenn eine psychische Erkrankung durch die Ehekrise und Trennung ausgelöst worden ist.[241]

126 Entsprechendes gilt auch für den **Altersunterhalt**.[242]

127 Beim Krankheitsunterhalt nach § 1572 BGB kann sich ein **ehebedingter Nachteil** nur daraus ergeben, dass ein Unterhaltsberechtigter aufgrund der **Rollenverteilung in der Ehe** nicht ausreichend für den Fall der krankheitsbedingten Erwerbsminderung vorgesorgt hat und seine Rente wegen teilweiser oder voller Erwerbsminderung (Erwerbsunfähigkeitsrente) infolge der Ehe (Haushaltsführung sowie Kindererziehung) geringer ist, als sie ohne die Wirkungen der Ehe wäre.[243]

128 Allerdings kann der Nachteil nicht darin gesehen werden, dass der berechtigte Ehegatte keine Rentenanwartschaften begründen konnte, denn diese werden durch den Versorgungsausgleich ausgeglichen, siehe oben Rdn 55.[244]

129 Für die unterhaltsrechtliche Beurteilung ist immer **ein Vergleich zu ziehen** zwischen

- der **tatsächlichen Einkommenssituation der geschiedenen Ehefrau** und
- der **fiktiven Einkommenssituation** der **ledigen**, durchweg beim Eintritt der Krankheit oder des Alters **erwerbstätigen Ehefrau**.[245]

Der **ehebedingte Nachteil** beurteilt sich folglich bei einem erwerbsfähigen Ehegatten nach der Differenz zwischen dem tatsächlichen Einkommen und demjenigen, dass er ohne Unterbrechung der Erwerbstätigkeit infolge der Ehe oder Kindererziehung erzielen könnte. Eine Schätzung nach § 287 ZPO ist bei ausreichender Grundlage zulässig.[246]

130 Beim **Krankheitsunterhalt**[247] ist danach zu differenzieren, ob eine **Teilerwerbstätigkeit** noch möglich ist oder nicht.

- Ist eine **Teilerwerbstätigkeit** möglich, liegt regelmäßig der ehebedingte Nachteil darin, dass das jetzige Einkommen aus dieser teilschichtigen Tätigkeit geringer ist als das, was die Berechtigte ohne Erwerbsunterbrechung erzielen könnte. Maßstab ist allerdings hier auch die Teilerwerbstätigkeit, da die krankheitsbedingte Erwerbsbeeinträchtigung auch ohne die Ehe gegeben wäre.

240 BGH NJW 2013, 1530; BGH NJW 2013, 1447 = FamRZ 2013, 864 m. Anm. *Born*; BGH NJW 2013, 1530 = FamRZ 2013, 853 m. Anm. *Hoppenz* = FF 2013, 309; siehe auch BGH, Beschl. v. 19.6.2013 – XII ZB 309/11, NJW 2013, 2434 = FamRZ 2013, 1291 m. Anm. *Born*.

241 BGH NJW 2011, 1807 m. Anm. *Born* = FamRZ 2011, 875 = FuR 2011, 390; BGH FamRZ 2011, 189; BGH FamRZ 2010, 1414 m. Anm. *Borth*.

242 BGH NJW 2010, 3097 = FamRZ 2010, 1633 m. Anm. *Borth*.

243 BGH FamRZ 2012, 772 = FamFR 2012, 773 = NJW 2012, 1807; BGHZ 179, 43 = FamRZ 2009, 406 (Tz. 34), m. Anm. *Schürmann;* FamRZ 2009, 1207 (Tz. 36); FamRZ 2010, 629 (Tz. 24); Gleiches gilt beim Altersunterhalt nach § 1571 BGB; vgl. *Borth*, FamRZ 2010, 1417.

244 Vgl. BGH FamRZ 2008, 134; BGH FamRZ 2008, 1325 m. Anm. *Borth* = FPR 2008, 379 m. Anm. *Schwolow* = FuR 2008, 401 m. Anm. *Soyka*.

245 BGH FamRZ 2011, 1721 m. Anm. *Hauß* = NJW 2011, 3645 = FF 2011, 497 m. Anm. *Reinken*; BGH FamRZ 2010, 1633 Rn 33.

246 BGH FamRZ 2010, 1633 Rn 39; BGH FamRZ 2011, 1721 m. Anm. *Hauß* = NJW 2011, 3645 = FF 2011, 497 m. Anm. *Reinken*.

247 Zur Begrenzung des nachehelichen Alters- und Krankheitsunterhalts *Maurer*, FPR 2013, 146–152.

- Ist der unterhaltsberechtigte Ehegatte **nicht erwerbstätig** und erzielt er eine **Erwerbsunfähigkeitsrente**, sind ehebedingte Nachteile im Regelfall durch den Versorgungsausgleich ausgeglichen, der sich ja auch auf die Höhe dieser Erwerbsunfähigkeitsrente auswirkt. Der BGH stellt folglich bei vollständiger Erwerbsunfähigkeit für den **angemessenen Lebensbedarf** auf die **Höhe der Erwerbsunfähigkeitsrente** ab.[248]
- In jedem Fall muss jedoch das – vom BGH derzeit mit 800 EUR angesetzte – **Existenzminimum** als untere Grenze des Bedarfes sichergestellt sein.[249] Dies wird – ohne weitere Billigkeitskontrolle – in vielen Fällen dazu führen, dass es bei dem **Existenzminimum** sein Bewenden hat.

Liegt kein solcher ehebedingter Nachteil vor, der unterhaltsrechtlich ausgeglichen werden muss, ist **Billigkeitsmaßstab** für die Herabsetzung oder zeitliche Begrenzung des Unterhalts allein die fortwirkende Solidarität im Licht des Grundsatzes der Eigenverantwortung.[250] 131

Praxistipp 132

- Die Rechtsprechung zu § 1578b BGB weist erhebliche **Parallelen zum Haftungsrecht**[251] aus, weil bei der Festlegung des Unterhaltsanspruches ähnlich wie bei schadensersatzrechtlichen Überlegungen lediglich die Ehe weggedacht werden soll, nicht aber die übrigen Umstände.
- **Durch den Unterhaltsanspruch der kranken Ehefrau wird ihr daher der Lebensstandard einer kranken ledigen Frau gewährt, nicht der Standard einer geschiedenen gesunden Frau**![252]
- Ihr Bedarf entspricht der – **fiktiven – Erwerbsunfähigkeitsrente**, die sie bei ununterbrochener Erwerbstätigkeit aufgrund ihrer erkrankungsbedingten Erwerbsunfähigkeit erzielen würde.
- **Mindestens** aber muss allerdings ihr **Existenzminimum** gesichert sein; hiervon sind die ggf. durch geringfügige Tätigkeiten erzielten oder erzielbaren **Einkünfte abzuziehen**.
- Entsprechendes gilt auch beim Altersunterhalt. Ist der Unterhaltsberechtigte bereits **Rentner**, kann lediglich auf das Renteneinkommen aus einer solchen Erwerbstätigkeit abgestellt werden, wobei von der tatsächlichen Rente nach durchgeführtem Versorgungsausgleich auszugehen ist.[253]
- Eine **Befristung** ist i.d.R. naheliegend, weil eine dauerhafte Unterhaltspflicht allein wegen der schicksalhaften, lediglich im zeitlichen Zusammenhang mit der Ehe stehenden Krankheit (allgemeines Lebensrisiko) ungerechtfertigt ist.[254]

- ***OLG Brandenburg v. 15.7.2021 – 9 UF 135/20*** 133

Auch wenn keine ehebedingten Nachteile vorliegen, ist eine Herabsetzung oder zeitliche Begrenzung des nachehelichen Unterhalts nur bei Unbilligkeit eines fortdauernden Unterhaltsanspruchs nach den ehelichen Lebensverhältnissen begründet. Bei der insoweit gebotenen Billigkeitsabwägung hat das Familiengericht das im Einzelfall gebotene Maß der nachehelichen Solidarität festzulegen, wobei vor allem die in § 1578b Abs. 1 Satz 3 BGB aufgeführten Gesichtspunkte zu berücksichtigen sind (BGH, Urt. v. 2.3.2011 – XII ZR 44/09). In die Abwägung einzubeziehen sind etwa die Dauer der Pflege und Erziehung gemeinschaftlicher Kinder, die Gestaltung von Haushaltsführung und Erwerbstätigkeit während der Ehe sowie die Dauer der Ehe. Eine lange Ehedauer von fast 26 Jahren rechtfertigt es aber nicht allein, aus Billigkeitsgründen von einer Begrenzung des Unterhalts abzusehen.

248 BGH, Urt. v. 17.2.2010 – XII ZR 140/08, FamRZ 2010, 629.
249 BGH, Urt. v. 17.2.2010 – XII ZR 140/08, FamRZ 2010, 629; BGH v. 14.10.2009 – XII ZR 146/08, FamRZ 2009, 1990.
250 BGH FamRZ 2009, 1207; siehe auch FamRZ 2010, 1517 (Tz. 17).
251 *Born*, NJW 2010, 1793, 1795.
252 BGH FamRZ 2011, 1721 m. Anm. *Hauß* = NJW 2011, 3645 = FF 2011, 497 m. Anm. *Reinken*; BGH NJW 2011, 1807 m. Anm. *Born* = FamRZ 2011, 875 = FuR 2011, 390; BGH FamRZ 2010, 1414 m. Anm. *Borth* = NJW 2010, 2953 m. Anm. *Maurer*; krit. *Graba*, FamFR 2010, 361; OLG Hamm, Urt. v. 2.3.2011 – II-8 UF 131/10, FamFR 2011, 273.
253 BGH NJW 2011, 1807 m. Anm. *Born* = FamRZ 2011, 875 = FuR 2011, 390.
254 *Holzwarth*, FamRZ 2011, 795, 796.

■ ***OLG Brandenburg v. 29.12.2020 – 13 UF 121/18***

Das Maß der geschuldeten nachehelichen Solidarität bestimmt sich neben der Ehedauer vor allem durch das Maß der während der Ehe eingetretenen wirtschaftlichen Verflechtung der Eheleute. Dabei ist im vorliegenden Fall zunächst nicht von rechtlicher Bedeutung, dass die Beteiligten rund sechs Jahre vor der Heirat in nichtehelicher Gemeinschaft zusammenlebten und die Antragsgegnerin in dieser Zeit bereits eine Rolle eingenommen haben mag, wie sie sich in der Ehezeit der Beteiligten fortsetzte. Die gesetzliche Regelung stellt in § 1578b Abs. 1 S. 2 BGB darauf ab, inwiefern „durch die Ehe" Nachteile im Hinblick auf die Möglichkeit eingetreten sind, für den eigenen Unterhalt zu sorgen. Der Bundesgerichtshof hat in wiederholter Rechtsprechung – von der der Senat abzuweichen keine Veranlassung sieht – festgestellt, dass eine mehrere Jahre vor Eheschließung vollzogene berufliche Veränderung keinen ehebedingten Nachteil begründet, auch wenn diese berufliche Veränderung durch das voreheliche Zusammenleben veranlasst worden war (vgl. BGH FamRZ 2010, 1971; FamRZ 2010, 1238; BGH, Urt. v. 7.3.2012 – XII ZR 25/10, juris). Ein ehebedingter Nachteil kann sich allerdings aus der wie hier fortgesetzten Kinderbetreuung nach der Eheschließung ergeben, soweit ein Ehegatte mit Rücksicht auf die Ehe und die übernommene und fortgeführte Rollenverteilung auf eine Erwerbstätigkeit verzichtet hat (Schleswig-Holsteinisches OLG, Beschl. v. 9.5.2012 – 10 UF 247/11, Rn 24, juris). Diese Voraussetzungen liegen hier allerdings nicht vor. Die Antragsgegnerin hat unstreitig jedenfalls bis 2017, mithin über die im Mai 2016 erfolgte Trennung der Eheleute hinaus als selbstständige Friseurin gearbeitet.

Mit einer nachehelichen Unterhaltspflicht für drei Jahre nach Rechtskraft der Scheidung und dann Unterhaltszahlung für insgesamt mehr als sechs Jahre nach Trennung und Zustellung des Scheidungsantrages ist das Maß der hier einzufordernden nachehelichen Solidarität des Antragstellers für seine 1973 geborene und damit zum Entscheidungszeitpunkt erst 47 Jahre alte Ehefrau aber erschöpft. Hierbei berücksichtigt der Senat neben der unstreitigen Übernahme erheblicher Kosten durch den Antragsteller auch, dass dieser zum Zeitpunkt der Beschwerdeentscheidung mittlerweile seit über drei Jahren Trennungsunterhalt (erst entsprechend der mit der Antragsgegnerin getroffenen Vereinbarung und dann entsprechend Beschluss des Amtsgerichts) gezahlt hat, was der Hälfte der gesamten Ehedauer entspricht.

■ ***OLG Brandenburg v. 13.3.2020 – 13 UF 78/19***[255]

*Unterhalt wegen Krankheit (§ 1572 BGB) ist zwar in besonderem Maß **Ausdruck der nachehelichen Verantwortung der Ehegatten** füreinander. Denn die Unterhaltsverpflichtung des gesunden Ehegatten hängt weder davon ab, dass die Krankheit erst in der Ehe aufgetreten ist, noch steht dem Unterhaltsanspruch entgegen, dass der Ehegatte unabhängig von der Eheschließung krank geworden wäre oder auch ohne die Krankheit keine Erwerbstätigkeit aufgenommen hätte.*

*Also ist keine **Ehebedingtheit** der Krankheit erforderlich. Krankheit begründet **keinen ehebedingten Nachteil** („schicksalhaft").*

*Es kann aber eine **Unbilligkeit der Unterhaltsbegrenzung gegeben sein!***

*Eine Begrenzung und/oder Befristung des Unterhalts wegen Krankheit kommt nur dann in Betracht, wenn die dauerhafte Inanspruchnahme des Unterhaltspflichtigen wegen der Schicksalhaftigkeit der Erkrankung des Unterhaltsberechtigten **unbillig** ist. Dabei können ehebedingte Nachteile wiederum einer Begrenzung/Befristung aus Billigkeitsgründen entgegenstehen, wenn das Krankheitsbild **im Zusammenhang mit der Rollenverteilung in der Ehe** oder sonstigen mit der Ehe verbundenen Umständen steht.*

255 OLG Brandenburg v. 13.3.2020 – 13 UF 78/19, FamRZ 2021, 1025.

Hierbei beeinflusst die Krankheit im Zusammenhang mit der Ehedauer das Maß der fortwirkenden nachehelichen Solidarität, wobei es darauf ankommen kann, ob der kranke Ehepartner die begründete Aussicht auf Wiedererlangung der Erwerbsfähigkeit hat.

Das Maß des Unterhalts ist bei auf nicht ehebedingter Krankheit beruhender Erwerbsunfähigkeit nicht zwangsläufig der nach § 1578b BGB angemessene Lebensbedarf. Vielmehr stellt der angemessene Lebensbedarf gem. § 1578b BGB nur die zwingende ***Untergrenze*** *des Krankheitsunterhalts dar, wenn* ***keine ehebedingten Nachteile*** *vorliegen und die* ***Schicksalhaftigkeit der Krankheit*** *der Pflicht des Ehepartners, aufgrund nachehelicher Solidarität unbegrenzten Quotenunterhalt zu leisten, entgegensteht*

Die vorgenannte Entscheidung des OLG Brandenburg unternimmt eine umfassende Prüfung sämtlicher Billigkeitsaspekte am konkret zur Entscheidung stehenden Sachverhalt. In die Billigkeitsüberprüfung wird unbeschadet einer unstreitig schicksalhaften Erkrankung der Ehefrau einbezogen, dass deren Ausbildungsunterbrechungen nicht nur vor dem Hintergrund der Erkrankung standen, sondern gleichermaßen auch durch die Betreuung des gemeinsamen Kindes verursacht wurden. Zudem greift das OLG auch die Möglichkeit der Verbindung einer Befristung und Begrenzung des Unterhaltsanspruchs auf, Dabei wird die Herabsetzung des eheangemessenen Bedarfs an der Dauer der bisherigen Unterhaltsleistungen in Relation zur Ehedauer bemessen, wobei mit Blick auf die Höhe des letztlich noch in Rede stehenden Gesamtunterhaltsbetrages gegen die Befristung entschieden wird.[256] **134**

XI. Billigkeitskriterium der nachehelichen Solidarität

Der BGH betont in ständiger Rspr., dass § 1578b BGB nicht auf die Kompensation ehebedingter Nachteile beschränkt ist, sondern auch eine **darüber hinausgehende nacheheliche Solidarität**[257] erfasst, die auch beim Aufstockungsunterhalt einer Befristung des Unterhaltsanspruchs aus Billigkeitsgründen entgegenstehen kann.[258] Auch wenn keine ehebedingten Nachteile feststellbar sind, ist eine Herabsetzung oder Befristung des nachehelichen Unterhalts nur bei Unbilligkeit eines fortdauernden Unterhaltsanspruchs nach den ehelichen Lebensverhältnissen vorzunehmen. Bei der insoweit gebotenen umfassenden Billigkeitsabwägung ist das im Einzelfall gebotene Maß der nachehelichen Solidarität festzulegen. **135**

Das Maß der geschuldeten nachehelichen Solidarität bestimmt sich neben der Ehedauer vor allem durch die wirtschaftliche Verflechtung, die durch den Verzicht des haushaltsführenden Ehegatten auf eine eigene Erwerbstätigkeit eingetreten ist.

BGH v. 25.9.2019 – XII ZB 25/19, Rn 52[259]

§ 1578b BGB beschränkt sich allerdings nicht auf die Kompensation ehebedingter Nachteile, sondern berücksichtigt auch eine darüber hinausgehende nacheheliche Solidarität (Dose, FamRZ 2011, 1341, 1347). Auch wenn keine ehebedingten Nachteile feststellbar sind, ist eine Herabsetzung oder Befristung des nachehelichen Unterhalts nur bei Unbilligkeit eines fortdauernden Unterhaltsanspruchs nach den ehelichen Lebensverhältnissen vorzunehmen. Bei der insoweit gebotenen umfassenden Billigkeitsabwägung ist das im Einzelfall gebotene Maß der nachehelichen Solidarität festzulegen. Wesentliche Aspekte hierbei sind neben der Dauer der Ehe insbesondere die in der Ehe gelebte Rollenverteilung wie auch die vom Unterhaltsberechtigten während der Ehe erbrachte ***Lebensleistung****. Bei der Beurteilung der Unbilligkeit einer fortwährenden Unterhaltszahlung sind fer-*

256 *Clausius*, AnwZert FamR 17/2021 Anm. 1.
257 BGH, Beschl. v. 16.10.2019 – XII ZB 341/17; BGH FamRZ 2018, 1506, BGH FamRZ 2016, 1345, BGH FamRZ 2014, 823; dazu ausführlich *Dose*, FamRZ 2011, 1341.
258 BGH NJW 2013, 866 = FamRZ 2013, 534 m. Anm. *Born*; BGH FamRZ 2012, 525 Rn 50.
259 BGH NJW 2019, 3570 = FamRZ 2020, 21.

*ner die **wirtschaftlichen Verhältnisse der Parteien** von Bedeutung, so dass der Tatrichter in seine Abwägung auch einzubeziehen hat, wie dringend der Unterhaltsberechtigte neben seinen eigenen Einkünften auf den Unterhalt angewiesen ist und in welchem Maße der Unterhaltspflichtige – unter Berücksichtigung weiterer Unterhaltspflichten – durch diese Unterhaltszahlungen belastet wird. In diesem Zusammenhang kann auch eine lange Dauer von **Trennungsunterhaltszahlungen** bedeutsam sein (Senatsbeschluss v. 4.7.2018 – XII ZB 448/17, FamRZ 2018, 1506 Rn 24 m.w.N.).*[260]

136 *Praxistipp*

- Hier kann eine **Vielzahl von Argumenten** sowohl auf Seiten der Unterhaltsberechtigten als auch des Unterhaltspflichtigen Bedeutung gewinnen,[261] die durch entsprechenden **konkreten anwaltlichen Sachvortrag** in das gerichtliche Verfahren eingebracht werden müssen.[262]
- Mangelnder Sachvortrag kann nicht nur zu einer für die eigene Partei negativen Sachentscheidung führen, sondern stellt auch ein erhebliches **Haftungsrisiko** für den beratenden Anwalt dar.[263]

137 **Beispiel aus der Rechtsprechung**[264]

…

(2) Auch unter dem Gesichtspunkt der nachehelichen Solidarität ist eine unbegrenzte Teilhabe an den wirtschaftlichen Verhältnissen des Antragstellers vorliegend nicht geboten, wie das Amtsgericht im Ergebnis zu Recht angenommen hat.

Für die notwendige umfassende Billigkeitsprüfung ist es jedoch nicht ausreichend, wie das Amtsgericht meint, pauschal eine „Schonfrist" von einem Drittel der Ehezeit für die Berechnung eines nachehelichen Unterhaltsanspruchs anzunehmen, sondern es sind jeweils die konkrete Umstände des Einzelfalls zu berücksichtigen.[265]

Bei der hier vorzunehmenden umfassend Billigkeitsabwägung ist zunächst die Dauer der Ehe der Beteiligten zu berücksichtigen. In den Fällen, in denen die fortwirkende nacheheliche Solidarität den wesentlichen Billigkeitsmaßstab bildet, gewinnt die Ehedauer und die hierdurch erfolgte wirtschaftliche Verflechtung an Gewicht, die insbesondere durch den Verzicht auf eine eigene Erwerbstätigkeit wegen der Betreuung gemeinsamer Kinder oder wegen der Haushaltsführung eingetreten ist.[266]

Die Ehezeit beträgt vorliegend nicht, wie das Amtsgericht angenommen hat, 17 Jahre und 2 Monate, sondern deutlich längere 23 Jahre und 7 Monate. Das Amtsgericht hat die Ehezeit unrichtig berechnet, indem es auf den Zeitpunkt der Trennung abgestellt hat und nicht, wie notwendig, die Ehezeit vom Zeitpunkt der Eheschließung (12.9.1994) bis zur Zustellung des Ehescheidungsantrages (11.5.2018) berechnet hat.[267] Schon aus diesen Gründen können die Ausführungen des Amtsgerichts zur Befristung des Unterhaltsanspruchs keinen Bestand haben.

Weiter sind die Kindererziehungszeiten zu berücksichtigen. Unstreitig ist zwischen den Beteiligten, dass sich die Antragsgegnerin seit der Geburt des ältesten Kindes V. im Jahr 1995 im Wesentlichen um die

260 Siehe auch OLG Köln v. 16.3.2021 – 14 UF 196/19, FF 2021, 326.

261 Ausführlich *Viefhues*, FuR 2011, 505 (Teil 1) und FuR 2011, 551 (Teil 2).

262 Siehe hierzu *Hornung*, Die sekundäre Darlegungslast in familiengerichtlichen Unterhaltsverfahren – Ein oft unterschätzter Streitentscheider, FF 2022, 300.

263 OLG Düsseldorf MDR 2009, 474–476 = FamRZ 2009, 1141; OLG Düsseldorf OLGR 2009, 602–604 = FuR 2010, 40.

264 OLG Köln v. 16.3.2021 – 14 UF 196/19, FF 2021, 326 Rn 52 ff.

265 BGH, Urt. v. 30.6.2010 – XII ZR 9/09, FamRZ 2010, 1414, Rn 21 u. v. 25.6.2008 – XII ZR 109/07, FamRZ 2008, 1508, Rn 27; vgl. auch jüngst BGH, Beschl. v. 16.10.2019 – XII ZB 341/17, FamRZ 2020, 97; BeckOGK/*Schlecht*, Stand: 1.11.2020, BGB § 1578b Rn 229.

266 Vgl. BGH, Urt. v. 20.3.2013 – XII ZR 72/11, FamRZ 2013, 853, Rn 33 ff.

267 Vgl. zur Berechnung der Ehezeit: BGH, Urt. v. 7.7.2010 – XII ZR 157/08, FamRZ 2011, 188; *Heiß/Born*, Unterhaltsrecht, EL 7/2020, Kap. 9 Rn 43.

Betreuung und Pflege der drei gemeinsamen Kinder und die Führung des Haushalts gekümmert hat, während der Antragsteller einer vollzeitigen Erwerbstätigkeit nachgegangen ist. 2011, also 16 Jahre nach Aufgabe ihrer Berufstätigkeit, hat die Antragsgegnerin wieder eine halbschichtige Tätigkeit in ihrem alten Beruf als Physiotherapeutin aufgenommen, diese Tätigkeit jedoch zur Pflege ihrer Mutter im Jahr 2015 für die Dauer von drei Jahren wieder aufgegeben. Ob die Antragsgegnerin diese Entscheidung alleine getroffen hat, wie der Antragsteller glaubhaft machen will, ist für die rechtliche Beurteilung unerheblich. Denn es handelt sich um eine in der Ehe gelebte Entscheidung, die notwendigerweise beide Ehegatten betrifft. Erst 2018 hat sie schließlich ihre Berufstätigkeit als Physiotherapeutin im Rahmen einer Vollzeittätigkeit wieder aufgenommen. Die Antragsgegnerin hat mithin durch die Betreuung der drei Kinder und der Übernahme der Haushaltsführung über den wesentlichen Zeitraum der Ehe in Vertrauen auf das gemeinsame Zusammenleben keinerlei eigene Berufstätigkeit ausgeübt.

Als weiteres maßgebliches Kriterium ist nach der Rechtsprechung des BGH auf die Belastung des Unterhaltspflichtigen gegebenenfalls auch durch weitere unterhaltsberechtigte Person abzustellen. Soweit vorliegend ersichtlich, hat der Antragsteller keine weiteren Unterhaltspflichten außer gegenüber der Antragsgegnerin und den gemeinsamen Kindern. Die Belastung durch eine Unterhaltspflicht gegenüber der Antragsgegnerin ist damit überschaubar.

1. Gestaltung der Berufstätigkeit während der Ehe

In der Praxis wird gelegentlich die Frage aufgeworfen, welche Auswirkungen es hat, wenn die Eheleute 138
während der Ehe **unterschiedlicher Auffassung über eine Erwerbstätigkeit der Unterhaltsberechtigten** waren, der jetzt unterhaltspflichtige Ehegatte also in der Vergangenheit das Unterlassen einer Erwerbstätigkeit „geduldet" hat.[268] Der BGH hat diese Frage als unbeachtlich angesehen. Denn bei den in § 1578b BGB aufgeführten Kriterien handelt es sich um objektive Umstände, denen kein Unwerturteil bzw. keine subjektive Vorwerfbarkeit anhaftet, weshalb im Rahmen der Abwägung des § 1578b BGB nicht etwa eine Aufarbeitung ehelichen Fehlverhaltens stattfindet,[269] siehe Rdn 20. **Darauf, ob die Gestaltung der Kinderbetreuung und Haushaltsführung während der Ehe einvernehmlich erfolgt ist, kommt es folglich nicht an** (siehe oben Rdn 20).[270] Damit kann die Unterhaltsberechtigte aber auch kein besonderes Vertrauen daraus herleiten, dass der Unterhaltspflichtige darauf gedrängt hat, keine oder nur eine eingeschränkte Erwerbstätigkeit auszuüben.

2. Kinderlose Ehe

Von Bedeutung ist auch, ob aus der Ehe **Kinder** hervorgegangen sind.[271] 139

3. Bedeutung der konkreten Entwicklung bereits während Ehe und Trennungszeit

Bereits die Entwicklung der Berufstätigkeit während der Ehe kann von Bedeutung sein, wenn es schon zu 140
einer **beginnenden Entflechtung der wirtschaftlichen Abhängigkeit** des unterhaltsberechtigten Ehegatten gekommen ist.[272]

268 Vgl. etwa OLG Hamm FamRZ 2010, 1914 (Rn 10); OLG Frankfurt, Urt. v. 21.7.2010 – 2 UF 63/10.
269 BGH NJW 2010, 3653 m. Anm. *Born* = FamRZ 2010, 2059 m. Anm. *Borth*.
270 BGH FamRZ 2011, 628; BGH NJW 2011, 1285 m. Anm. *Born* = FamRZ 2011, 713 (m. Az des BGH XII ZR 135/10).
271 BGH NJW 2012, 309 m. Anm. *Born* = FamRZ 2012,197 m. Anm. *Maurer*.
272 BGH NJW 2011, 2512 = FamRZ 2011, 1381; OLG Düsseldorf FamRZ 2006, 1040; OLG Brandenburg v. 30.1.2020 – 13 UF 42/17, FamRZ 2020, 1575, OLG Düsseldorf FuR 2008, 563; zur Bedeutung der wirtschaftlichen Verselbstständigung siehe auch BGH FamRZ 2007, 2049 m. Anm. *Hoppenz*, FamRZ 2007, 2054, 2055.

4. Bedeutung der gegenwärtigen und zukünftigen wirtschaftlichen Situation beider Eheleute

141 Die wirtschaftliche Situation **beider Ehegatten** kann bei der Billigkeitsabwägung des § 1578b Abs. 2 BGB nicht ausgeklammert werden,[273] da es um die **Abwägung der beiderseitigen Zumutbarkeit** einer fortdauernden, unbefristeten Unterhaltsverpflichtung geht.[274]

■ ***OLG Köln, Beschl. v. 16.3.2021, 14 UF 196/19:***[275]

Auch wenn keine ehebedingten Nachteile feststellbar sind, ist eine Herabsetzung oder Befristung des nachehelichen Unterhalts nur bei Unbilligkeit eines fortdauernden Unterhaltsanspruchs nach den ehelichen Lebensverhältnissen vorzunehmen. Bei der insoweit gebotenen umfassenden Billigkeitsabwägung ist das im Einzelfall gebotene Maß der nachehelichen Solidarität festzulegen. Wesentliche Aspekte hierbei sind neben der Dauer der Ehe insbesondere die in der Ehe gelebte Rollenverteilung wie auch die vom Unterhaltsberechtigten während der Ehe erbrachte Lebensleistung. Bei der Beurteilung der Unbilligkeit einer fortwährenden Unterhaltszahlung sind ferner die wirtschaftlichen Verhältnisse der Parteien von Bedeutung, so dass der Tatrichter in seine Abwägung auch einzubeziehen hat, wie dringend der Unterhaltsberechtigte neben seinen eigenen Einkünften auf den Unterhalt angewiesen ist und in welchem Maße der Unterhaltspflichtige – unter Berücksichtigung weiterer Unterhaltspflichten – durch diese Unterhaltszahlungen belastet wird. In diesem Zusammenhang kann auch eine lange Dauer von Trennungsunterhaltszahlungen bedeutsam sein

■ ***BGH, Beschl. v. 26.2.2014 – XII ZB 235/12***[276]

Wesentliche Aspekte im Rahmen der Billigkeitsabwägung sind neben der Dauer der Ehe insbesondere die in der Ehe gelebte Rollenverteilung wie auch die vom Unterhaltsberechtigten während der Ehe erbrachte ***Lebensleistung****.*[277] *Bei der Beurteilung der Unbilligkeit einer fortwährenden Unterhaltszahlung sind* ***ferner die wirtschaftlichen Verhältnisse der Parteien von Bedeutung****, so dass der Tatrichter in seine Abwägung auch einzubeziehen hat, wie* ***dringend der Unterhaltsberechtigte neben seinen eigenen Einkünften auf den Unterhalt angewiesen ist*** *und in welchem Maße der Unterhaltspflichtige – unter Berücksichtigung weiterer Unterhaltspflichten – durch diese Unterhaltszahlungen belastet wird. In diesem Zusammenhang kann auch eine lange Dauer von Trennungsunterhaltszahlungen bedeutsam sein.*

■ ***BGH, Beschl. v. 19.6.2013 – XII ZB 309/11***[278]

Bei der Beurteilung der Unbilligkeit einer fortwährenden Unterhaltszahlung sind ferner die wirtschaftlichen Verhältnisse der Parteien von Bedeutung, so dass der Tatrichter in seine Abwägung einzubeziehen hat, ***wie dringend der Unterhaltsberechtigte neben seinen eigenen Einkünften auf den Unterhalt angewiesen ist und in welchem Maße der Unterhaltspflichtige auch unter Berücksichtigung weiterer Unterhaltspflichten durch diese Unterhaltszahlungen belastet wird*** *(BGH v. 2.3.2011 – XII ZR 44/09, FamRZ 2011, 713, v. 20.3.2013 – XII ZR 72/11, FamRZ 2013, 853 Rn 42).*

273 BGH v. 25.9.2019 – XII ZB 25/19, NJW 2019, 3570 = FamRZ 2020, 21 Rn 52.
274 OLG Köln v. 16.3.2021 – 14 UF 196/19, FF 2021, 326.
275 OLG Köln FF 2021, 326.
276 BGH NJW 2014, 1302 = FamRZ 2014, 823.
277 So auch BGH v. 25.9.2019 – XII ZB 25/19, NJW 2019, 3570 = FamRZ 2020, 21 Rn 52,
278 BGH NJW 2013, 2434 = FamRZ 2013, 1291 m. Anm. *Born*, dazu *Erdrich*, FamFR 2013, 361.

Praxistipp 142

- Die eigene Einkommens- und Vermögenslage, die vermögensrechtliche Auseinandersetzung zwischen den Eheleuten und das Ergebnis des Versorgungsausgleichs haben also auf diese Weise mittelbar auch Auswirkungen auf den Unterhaltsanspruch (siehe auch zum Argument der Kompensation Rdn 82).
- Bei **Vereinbarungen** zwischen den Eheleuten über die abschließende **Vermögensregelung** zur Scheidung sollten diese mittelbaren Konsequenzen bedacht und ggf. ausdrücklich und verbindlich geregelt werden.[279]

a) Aktuelle und zukünftige wirtschaftliche Situation der Berechtigten

Bei der gebotenen Billigkeitsabwägung ist die aktuelle und zukünftige wirtschaftliche **Situation der Berechtigten** von Bedeutung.[280] Dabei stellen sich vor allem folgende Fragen: 143

- ist die Berechtigte selbst in der Lage, auch **dauerhaft** ihren angemessenen Lebensstandard zu erwirtschaften?
- wie dringend ist die Berechtigte **neben ihren eigenen Einkünften auf die Zahlung von Unterhalt angewiesen**?[281]
- vermag sie **aus eigenen Einkünften** auch ohne Unterhaltszahlungen des Ehemannes **einen über ihrem Mindestbedarf liegenden Lebensbedarf sicherzustellen**?[282]
- ist abzusehen, dass ihr eine **angemessene Altersvorsorge** aus dem Versorgungsausgleich zufließen wird?[283]
- bezieht sie bereits eine angemessene **Rente**?[284]
- hat sie hohe **Einkünfte**[285] bzw. ein Einkommen oder **Vermögen**, das sie dauerhaft absichert?[286]
- oder hat sie nur einen unsicheren **Arbeitsplatz**?[287]
- stehen ihr **Rücklagen** zur Verfügung?[288]
  - z.B. aus eigenem **Vermögen**,[289]

279 *Schürmann*, FuR 2008, 183, 190; vgl. auch *Steiniger/Viefhues*, ZNotP 2010, 122.

280 BGH v. 25.9.2019 – XII ZB 25/19, NJW 2019, 3570 = FamRZ 2020, 21 Rn 52, BGH, Urt. v. 14.4.2010 – XII ZR 89/08, NJW 2010, 2056 m. Anm. *Born*; BGH FamRZ 2008, 134/136; OLG Brandenburg v. 30.1.2020 – 13 UF 42/17, FamRZ 2020, 1575, OLG Celle FamRZ 2009, 2105, 2107, OLG Brandenburg, Urt. v. 22.4.2008 – 10 UF 226/07, FamRZ 2008, 1952 = NJW-Spezial 2008, 357 = FPR 2008, 388 m. Anm. *Ehinger* = ZFE 2008, 387.

281 BGH v. 25.9.2019 – XII ZB 25/19, NJW 2019, 3570 = FamRZ 2020, 21 Rn 52; BGH NJW 2014, 1302; BGH NJW 2013, 2434; BGH NJW 2013, 1530 = FamRZ 2013, 853 m. Anm. *Hoppenz*; BGH NJW 2011, 1285 m. Anm. *Born* = FamRZ 2011, 713 = FuR 2011, 408; *Holzwarth*, FamRZ 2011, 795; OLG Brandenburg v. 30.1.2020 – 13 UF 42/17, FamRZ 2020, 1575.

282 BGH NJW 2013, 144 m. Anm. *Born* = FamRZ 2013, 860 m. Anm. *Maurer*.

283 BGH FamRZ 2010, 1971; BGH FamRZ 2009, 406 m. Anm. *Schürmann* = FPR 2009, 128 m. Anm. *Kemper* = NJW 2009, 989 = FuR 2009, 204; *Bömelburg*, FF 2009, 419 = ZFE 2009, 152.

284 BGH, Urt. v. 26.11.2008 – XII ZR 131/07, FamRZ 2009, 406 m. Anm. *Schürmann* = FPR 2009, 128 m. Anm. *Kemper* = NJW 2009, 989 = FuR 2009, 204; *Bömelburg*, FF 2009, 419 = ZFE 2009, 152; OLG Koblenz NJW 2009, 2315 = FPR 2009, 376 = FamRZ 2010, 379 = ZFE 2009, 393 = FuR 2009, 589.

285 *Büte*, FPR 2005, 316, 318.

286 OLG Stuttgart FamRZ 2007, 2075, 2077; OLG FuR 2010, 47; OLG Celle FamRZ 2009, 56.

287 *Born*, NJW 2008, 1, 8.

288 BGH NJW 2012, 1356 = FF 2012, 302.

289 BGH FamRZ 2007, 2049 m. Anm. *Hoppenz*, FamRZ 2007, 2054, 2055; OLG Saarbrücken ZFE 2010, 113.

- aus **Erbfolge**[290] oder
- aus dem **Zugewinn**[291] – auch aus dem noch nicht abgeschlossenen Zugewinnverfahren[292] – oder

- ist sie durch **lastenfreies Wohneigentum**[293] (und dadurch mietfreies Wohnen)[294] abgesichert?
- ist abzusehen, dass ihr eine angemessene **Altersvorsorge** aus dem Versorgungsausgleich zufließen wird (oder bezieht sie schon angemessene Rente[295])?
- zu beachten sind auch ehebedingte Vorteile, die der Berechtigten zufließen wie z.B. ein höheres Anrecht auf Altersversorgung durch den Versorgungsausgleich.

b) Bezug von Sozialleistungen

144 Einer Befristung steht nicht entgegen, dass die Berechtigte aufgrund des Wegfalls des Unterhaltsanspruches **der Sozialhilfe anheimfällt**.[296]

Bezieht die Berechtigte **Sozialleistungen**, so führt dies umgekehrt **nicht** zwingend dazu, dass ein vorhandener **Nachteil kompensiert** wird.[297]

c) Aktuelle und zukünftige wirtschaftliche Situation des Verpflichteten

145 Aber auch die **Interessen des Unterhaltspflichtigen** sind für die Zumutbarkeitsabwägungen von Belang.

BGH, Beschl. v. 26.2.2014 – XII ZB 235/12[298]

Wesentliche Aspekte im Rahmen der Billigkeitsabwägung sind neben der Dauer der Ehe insbesondere die in der Ehe gelebte Rollenverteilung wie auch die vom Unterhaltsberechtigten während der Ehe erbrachte Lebensleistung. Bei der Beurteilung der Unbilligkeit einer fortwährenden Unterhaltszahlung sind ***ferner die wirtschaftlichen Verhältnisse der Parteien von Bedeutung****, so dass der Tatrichter in seine Abwägung auch einzubeziehen hat, wie dringend der Unterhaltsberechtigte neben seinen eigenen Einkünften auf den Unterhalt angewiesen ist und* ***in welchem Maße der Unterhaltspflichtige – unter Berücksichtigung weiterer Unterhaltspflichten – durch diese Unterhaltszahlungen belastet wird****. In diesem Zusammenhang kann auch eine lange Dauer von Trennungsunterhaltszahlungen bedeutsam sein.*

290 OLG Koblenz NJW 2009, 2315 = FPR 2009, 376 = FamRZ 2010, 379 = ZFE 2009, 393 = FuR 2009, 589, *Clausius* in jurisPK-BGB, § 1578b Rn 24; OLG Stuttgart ZFE 2008, 196.

291 BGH, Beschl. v. 4.7.2018 – XII ZB 122/17, FamRZ 2018, 1421; BGH Beschl. v. 20.6.2018 – XII ZB 84/17, FamRZ 2018, 1415; BGH FamRZ 2007, 2052 m. Anm. *Hoppenz*; *Born*, NJW 2008,1, 8; OLG Köln, Beschl. v. 16.3.2021, 14 UF 196/19, FF 2021, 326 Rn 56; OLG Celle FamRZ 2009, 56; OLG Stuttgart, Beschl. v. 29.7.2010 – 11 UF 243/09, juris.

292 BGH NJW 2011, 670 m. Anm. *Born* = FamRZ 2011, 454 m. Anm. *Finke* = FuR 2011, 295.

293 BGH v. 14.10.2009 – XII ZR 146/08, FamRZ 2009, 1990 Tz. 29; OLG Hamm ZFE 2005, 170 = FamRZ 2005, 1177; *Völker/Clausius*, jurisPK § 1578b Rn 26, OLG Celle FamRZ 2008, 1949, 1950; OLG Stuttgart FamRZ 2009, 53, 55; OLG Zweibrücken NJW-RR 2010, 514; OLG Saarbrücken ZFE 2010, 113.

294 OLG Düsseldorf FuR 2009, 418 = FPR 2009, 371 = ZFE 2009, 347; OLG Saarbrücken ZFE 2010, 113.

295 BGH, Urt. v. 26.11.2008 – XII ZR 131/07, FamRZ 2009, 406 m. Anm. *Schürmann* = FPR 2009, 128 m. Anm. *Kemper* = NJW 2009, 989 = FuR 2009, 204; *Bömelburg*, FF 2009, 419 = ZFE 2009, 152.

296 BGH NJW 2011, 1807 m. Anm. *Born* = FamRZ 2011, 875 = FuR 2011, 390; BGH NJW 2012, 309 m. Anm. *Born* = FamRZ 2012,197 m. Anm. *Maurer*; ebenso OLG Düsseldorf, Beschl. v. 27.1.2011 – II-7 UF 125/10, FamRZ 2011, 907 = FuR 2011, 416.

297 BGH NJW 2011, 1285 m. Anm. *Born* = FamRZ 2011, 713 m. Anm. *Holzwarth*, FamRZ 2011, 795 = FuR 2011, 408.

298 BGH NJW 2014, 1302 = FamRZ 2014, 823; ebenso BGH v. 25.9.2019 – XII ZB 25/19, NJW 2019, 3570 = FamRZ 2020, 21 Rn 52.

Folglich ist bei der Billigkeitsabwägung auch zu berücksichtigen:

- die Höhe der dem Unterhaltspflichtigen zur Verfügung stehenden **Einkünfte**[299] und seine **wirtschaftlichen Verhältnisse**,[300]
- seine gegenwärtige und zukünftige **Belastung durch den zu zahlenden Unterhalt**[301] im Verhältnis zur **Höhe des ihm verbleibenden Einkommens**,[302] auch im Verhältnis zu dem der Unterhaltsberechtigten zur Verfügung stehenden Mittel,[303]
  - aber auch **weitere Belastungen**, die der Unterhaltspflichtige nach der Ehe und der Scheidung trägt wie z.B. Zahlungen von Kindesunterhalt[304] oder die Abtragung ehelicher Schulden. Hier spielt auch die Unterhaltspflicht gegenüber einem **neuen Ehegatten** eine Rolle.[305]

Weitere Argumente des **Unterhaltspflichtigen** gegen eine dauernde Unterhaltslast können das **eigene Alter** 146
sein und die **zunehmende körperliche und geistige Belastung durch die fortgesetzte Erwerbstätigkeit**.

Hier ist aber auch von entscheidender Bedeutung, dass dem Unterhaltspflichtigen möglicherweise nur noch ein begrenzter Zeitraum zur Verfügung steht, seine **eigene Altersversorgung** sicherzustellen. Wurde ihm zudem im Versorgungsausgleich ein größerer Teil seiner bestehenden Altersversorgung genommen, verstärkt dies die Notwendigkeit des Aufbaus einer eigenen ausreichenden Vorsorge. In seiner Entscheidung vom 6.10.2010[306] hat der BGH diesen Aspekt auf Seiten der Unterhaltsberechtigten in die Abwägung mit einbezogen; dies muss aber auch auf Seiten des Unterhaltspflichtigen gelten. Konkret spitzt sich diese Abwägung auf die Frage zu, ob es dem Unterhaltspflichtigen zuzumuten ist, erst einmal für eine bestimmte Zeit Ehegattenunterhalt zu zahlen und solange die Aufstockung seiner eigenen Altersvorsorge aufzuschieben oder ob ihm dies sofort ermöglicht werden muss mit der Folge einer Einschränkung des Unterhaltsanspruches der geschiedenen Ehefrau.

d) Belastung durch neue Unterhaltspflichten

Bei der Billigkeitsentscheidung ist auch zu berücksichtigen, in welchem Maße der Unterhaltspflichtige – 147
auch unter Berücksichtigung weiterer, gegebenenfalls nachrangiger Unterhaltspflichten[307] – durch diese Unterhaltszahlungen belastet wird.[308]

Dabei wird insbesondere die **Belastung des Unterhaltsschuldners durch die Unterhaltspflicht gegenüber einem neuen Ehegatten mit zunehmender Dauer der Zweitehe** an Gewicht gewinnen.[309]

Dies gilt auch bei Leistungen durch faktische Betreuung.[310]

299 BGH NJW 2013, 528 = FamRZ 2013, 274 m. Anm. *Viefhues* = FF 2013, 115 m. Anm. *Finke*, BGH NJW 2013, 144 m. Anm. *Born* = FamRZ 2013, 860 m. Anm. *Maurer*, OLG Stuttgart NJW 2012, 689 = FamRZ 2012, 983.

300 BGH NJW 2014, 1302 = FamRZ 2014, 823; BGH NJW 2013, 1530 = FamRZ 2013, 853 m. Anm. *Hoppenz* = FF 2013, 308; BGH NJW 2012, 1356 = FF 2012, 302; BGH NJW 2011, 2512 = FamRZ 2011, 1381; BGH FamRZ 2007, 1232, 1236; OLG Celle FamRZ 2009, 56; BGH FamRZ 2010, 1637 m. Anm. *Borth* = NJW 2010, 3372 = FF 2011, 33 m. Anm. *Finke*.

301 BGH v. 25.9.2019 – XII ZB 25/19, NJW 2019, 3570 = FamRZ 2020, 21 Rn 52, BGH NJW 2011, 1285 m. Anm. *Born* = FamRZ 2011, 713 = FuR 2011, 408; *Holzwarth*, FamRZ 2011, 795; OLG Celle, FF 2008, 421, OLG Köln FamRZ 2009, 518, 519.

302 BGH NJW 2011, 1285 m. Anm. *Born* = FamRZ 2011, 713 m. Anm. *Holzwarth*, FamRZ 2011, 795 = FuR 2011, 408, BGH FamRZ 2007, 200, 204 m. Anm. *Büttner*; *Brudermüller*, FF 2004, 101, 104 m.w.N.; OLG Brandenburg v. 30.1.2020 – 13 UF 42/17, FamRZ 2020, 1575; OLG Celle FamRZ 2009, 2105, 2107; BGH FamRZ 2007, 1232, 1236; OLG Celle FamRZ 2009, 56.

303 BGH FamRZ 2012, 772 = FamFR 2012, 773 = NJW 2012, 1807.

304 BGH NJW 2011, 1285 m. Anm. *Born* = FamRZ 2011, 713 m. Anm. *Holzwarth*, FamRZ 2011, 795 = FuR 2011, 408; BGH FamRZ 2012, 772 = FamFR 2012, 773 = NJW 2012, 1807.

305 BGH NJW 2013, 1530 = FamRZ 2013, 853 m. Anm. *Hoppenz*.

306 BGH FamRZ 2010, 1971.

307 BGH NJW 2013, 1530 = FamRZ 2013, 853 m. Anm. *Hoppenz* = FF 2013, 308.

308 BGH v. 2.3.2011 – XII ZR 44/09, FamRZ 2011, 713 Rn 24; BGH, Beschl. v. 26.2.2014 – XII ZB 235/12, NJW 2014, 1302 = FamRZ 2014, 823; OLG Köln v. 16.3.2021, 14 UF 196/19, FF 2021, 326.

309 BGH NJW 2013, 1530 = FamRZ 2013, 853 m. Anm. *Hoppenz*.

310 BGH NJW 2011, 1285 m. Anm. *Born* = FamRZ 2011, 713 m. Anm. *Holzwarth*, FamRZ 2011, 795 = FuR 2011, 408, BGH FamRZ 2012, 772 = FamFR 2012, 773 = NJW 2012, 1807.

5. Aktuelle gesundheitliche Situation der geschiedenen Eheleute

a) Aktuelle gesundheitliche Situation der Berechtigten

148 Krankheit der Unterhaltsberechtigten stellt zwar i.d.R. keinen ehebedingten Nachteil dar, sondern ist dem persönlichen Lebensrisiko zuzuordnen. Jedoch kann der **Gesundheitszustand** der **Unterhaltsberechtigten** im Rahmen der allgemeinen Billigkeitsabwägungen unter dem Blickwinkel der nachehelichen Solidarität berücksichtigt.[311] Dabei macht es einen Unterschied, ob die gesundheitlichen Probleme zeitlich im Zusammenhang mit der Ehe aufgetreten sind oder nicht.[312]

Eine spätere Erkrankung kann sich dabei aber auch **zu Lasten der Unterhaltsberechtigten** auswirken.

149 ***OLG Schleswig, Beschl. v. 4.10.2010 – 10 UF 78/10***[313]

Zunächst vorhandene ehebedingte Nachteile können durch eine nachfolgende Erkrankung des Unterhaltsberechtigten ihrer Auswirkungen verlieren. Der ***weggefallene ehebedingte Nachteil ist*** *dann als ein Faktor im Rahmen der Billigkeitsabwägung zur Bestimmung des Maßes der nachehelichen Solidarität zu berücksichtigen.*

b) Gesundheitssituation des Verpflichteten

150 Auch der **aktuelle Gesundheitszustand** des **Unterhaltspflichtigen** kann bei der Bemessung der Frist Berücksichtigung finden.[314] So ist z.B. bei der Abwägung gegenüber einem Anspruch auf Krankheitsunterhalt zu berücksichtigen, dass der Unterhaltspflichtige, erst nachdem er selbst eine schwere Krankheit überstanden hat, wieder voll erwerbstätig ist.

6. Zusätzliche Belastungen der Unterhaltsberechtigten

151 Auch sonstige zusätzliche Belastungen können im Rahmen der Billigkeitsabwägung Bedeutung erlangen.

OLG Hamm, Urt. v. 20.4.2011 – 8 UF 103/10

Zu berücksichtigen ist auch, dass von den 5 gemeinsamen Kinder ein Kind (N5) schwerwiegend geistig und körperlich behindert ist [lebt unter der Woche im Heim] und deshalb noch ***weitergehende Betreuung und Pflege durch die Mutter – jedenfalls an Wochenenden, in den Ferienzeiten und insbesondere auch bei Erkrankungen – bedarf, und auch ein weiteres Kind (N4) zumindest leichtgradig psychisch behindert ist.***

7. Umstände aus der Vergangenheit

152 Im Rahmen der nachehelichen Solidarität ist es auch möglich, bestimmte **in der Vergangenheit liegende Gesichtspunkte** zu berücksichtigen, die keine Auswirkungen auf die zukünftige Erwerbsfähigkeit haben. Dies gilt auf beiden Seiten, also sowohl bei der **Unterhaltsberechtigten** als auch dem **Unterhaltspflichtigen**.

Denn stellt man nur auf gegenwärtige und zukünftige berufliche ehebedingte Nachteile ab, ergeben sich in bestimmten Fallkonstellationen rechtspolitisch fragwürdige Ergebnisse.

311 OLG Stuttgart, Urt. v. 5.8.2008 – 17 UF 42/08, FamRZ 2008, 2208, **nicht rechtskräftig,** dazu BGH NJW 2010, 2582 = FamRZ 2010, 1311; Anm. *Bömelburg*, FF 2010, 457.

312 OLG Stuttgart NJW 2012, 689 = FamRZ 2012, 983; KG FamRZ 2011, 1656 (red. Leitsatz) = FuR 2012, 101; vgl. auch OLG Hamm FamFR 2012, 85.

313 OLG Schleswig FamRZ 2011, 302.

314 BGH, Urt. v. 14.4.2010 – XII ZR 89/08 NJW 2010, 2056 m. Anm. *Born*; OLG Stuttgart, Urt. v. 5.8.2008 – 17 UF 42/08, FamRZ 2008, 2208.

Beispiel 153

Bei einer Sekretärin, die nach der Scheidung wieder in ihrem alten Beruf zu üblichen Gehaltskonditionen arbeitet, kann wegen fehlender ehebedingter Nachteile der nacheheliche Unterhalt begrenzt werden.

An den fehlenden ehebedingten Nachteilen ändert auch die Tatsache nichts, dass sie während der gesamten Ehe berufstätig war, aber „nebenbei" den Haushalt geführt, Kinder großgezogen und auf diese Weise durch Ihr Einkommen dem Mann auch noch das Studium finanziert hat.

Es besteht also durchaus Veranlassung, auch **Fakten aus der Vergangenheit** – also der Zeit der Ehe – mit in die Billigkeitsabwägung einzubeziehen, und zwar auf Seiten beider Ehegatten. Hier spielen insbesondere **Lebensleistungen für die Familie** eine Rolle.

a) Umstände aus der Vergangenheit zugunsten der Berechtigten

In die Billigkeitsabwägungen können folglich noch weitere, in der Vergangenheit liegende Gesichtspunkte eingebracht werden[315] auch wenn diese sich nicht auf die gegenwärtige und zukünftige Erwerbsfähigkeit auswirken. Es ist also zugunsten des Berechtigten immer zu überprüfen, welche **Leistungen für die eheliche Lebensgemeinschaft erbracht** worden sind (**Lebensleistung**)[316] und welche Belastungen während der Ehe getragen worden sind. 154

BGH, Beschl. v. 26.2.2014 – XII ZB 235/12[317]

Wesentliche Aspekte im Rahmen der Billigkeitsabwägung sind neben der Dauer der Ehe insbesondere die in der Ehe gelebte Rollenverteilung ***wie auch die vom Unterhaltsberechtigten während der Ehe erbrachte Lebensleistung****.*

Damit erwächst in solchen Fällen, bei denen vor allem auf die nacheheliche Solidarität abgestellt wird, dem Unterhalt eine **Ausgleichsfunktion** zu im Hinblick auf diese in der Vergangenheit für die Familie erbrachten Leistungen durch langjährigen Einsatz für die Familie und die durch Erziehung und Betreuung der gemeinsamen Kinder.[318] 155

Zu klären ist dann aber auch, ob diese Leistungen oder besonderen Belastungen nicht bereits auf andere Weise wie z.B. Versorgungsausgleich oder Zugewinn **kompensiert** worden sind[319] oder ob der unterhaltsrechtlichen Berücksichtigung das Doppelverwertungsverbot entgegensteht.

In die Billigkeitsabwägung einfließen können aber auch noch **folgende weitere Gesichtspunkte:** 156

- **Besondere Leistungen des Unterhaltsberechtigten** (**Lebensleistung**[320]) während der Zeit des Zusammenlebens wie z.B.
  - überobligatorischer Einsatz während der Ehe zugunsten des Partners,[321]
  - besonderer Einsatz bei der Betreuung der gemeinsamen Kinder,[322]

315 Siehe auch die Zusammenstellung bei *Schürmann*, FuR 2008, 183, 184.

316 BGH v. 25.9.2019 – XII ZB 25/19, NJW 2019, 3570 = FamRZ 2020, 21 Rn 52, BGH FamRZ 2010, 1414.

317 BGH NJW 2014, 1302 = FamRZ 2014, 823.

318 BGH FamRZ 2009, 1207 m. Anm. *Hoppenz* = NJW 2009, 2450 = FPR 2009, 413 m. Anm. *Schmitz*; Anm. *Bömelburg*, FF 2009, 419; FamRZ 2010, 1517 (Tz. 17); BGH FamRZ 2009, 406, 409; BGH FamRZ 2010, 629; OLG Karlsruhe FamRZ 2010, 1083; OLG Düsseldorf FamRZ 2010, 1913 (LS).

319 BGH NJW 2011, 1807 m. Anm. *Born*; *Borth*, FamRZ 2011, 153, 155.

320 BGH v. 25.9.2019 – XII ZB 25/19, NJW 2019, 3570 = FamRZ 2020, 21 Rn 52.; OLG Brandenburg v. 30.1.2020 – 13 UF 42/17, FamRZ 2020, 1575.

321 *Klein*, Das neue Unterhaltsrecht, 2008, S. 109.

322 OLG Hamm, Urt. v. 20.4.2011 – 8 UF 103/10, FuR 2012, 266.

- Betreuung des Partners während längerer Krankheit,
- Versorgung eines Kindes des Ehegatten aus erster Ehe oder eines gemeinsamen Pflegekindes,[323]
- Finanzierung der Ausbildung,[324]
- Mitarbeit im Erwerbsgeschäft des Ehegatten,[325]
- die Pflege oder Unterstützung der Schwiegereltern,[326]
- Bereitstellung von ererbtem Vermögen für den Erwerb eines gemeinsamen Hauses.[327]

■ **Besondere Nachteile**[328] aus der Zeit der Ehe wie z.B.
- Erkrankungen,[329]
- schwere Verletzung beim Bau des gemeinsamen Eigenheimes,[330]
- erhebliche Verletzung bei einem vom Unterhaltspflichtigen verursachten Autounfall,[331]
- Vertrauensschutz bei langfristig zu bedienenden Verbindlichkeiten,[332]
- besonders beengte finanzielle Verhältnisse während der Ehe.[333]

157 *Praxistipp*

Im Rahmen der allgemeinen Billigkeitsüberlegungen kann auch die **Zeit der Betreuung gemeinsamer Kinder vor der Ehe** Berücksichtigung finden,[334] die der BGH nicht als Grundlage für einen ehebedingten Nachteil anerkennt.[335]

b) Umstände aus der Vergangenheit zugunsten des Unterhaltspflichtigen

158 Zulässig ist aber auch, spiegelbildlich derartige Fakten **auf Seiten des Verpflichteten** zu berücksichtigen – also z.B. besondere Leistungen, die er während der Ehe für die Berechtigte erbracht hat, für die er aber nach Scheitern der Ehe keinen besonderen Ausgleich erhält (**Lebensleistung**)[336] wie z.B.

■ die Finanzierung einer Ausbildung der Unterhaltsberechtigten,[337]
■ besonderer Einsatz bei der Betreuung der gemeinsamen Kinder während der Ehe[338] und nach der Scheidung,[339]
■ die Unterstützung der vorehelichen Kinder der Berechtigten,
■ die Pflege oder Unterstützung der Schwiegereltern,[340]
■ oder die Tilgung von persönlichen Schulden der Berechtigten.

323 OLG Hamm FamRZ 1994, 1108 (beim Trennungsunterhalt), siehe aber OLG Celle FamRZ 2008, 1951.
324 BGH NJW 2011, 3577 m. Anm. *Born* = FamRZ 2011, 1851 m. Anm. *Schürmann*; OLG Hamm NJW-RR 1991, 1447; *Clausius* in jurisPK-BGB, 2022, § 1578b Rn 30; OLG Saarbrücken, Urt. v. 28.8.2008 – 2 UF 16/07, FF 2008, 505 m. Anm. *Clausius*; KG NJW 2009, 3661.
325 OLG Hamm, Beschl. v. 29.3.2012 – 2 UF 215/11 NJW 2012, 2286 = FamFR 2012, 274.
326 *Born*, NJW 2008, 1, 8.
327 OLG Koblenz FamRZ 2012, 1395.
328 *Brudermüller*, FF 2004, 101, 104 m.w.N.
329 *Clausius* in jurisPK-BGB, 2022, § 1578b, Rn 33 m.w.N., vgl. aber *Born*, NJW 2008, 1, 8.
330 BGH NJW 1986, 2832, 2834.
331 OLG Saarbrücken FamRZ 2011, 225.
332 *Clausius* in jurisPK-BGB, 2022, § 1578b, Rn 30 m.w.N.; BGH FamRZ 2007, 1232.
333 OLG Düsseldorf, Beschl. v. 2.9.2008 – II-3 UF 63/08, OLGR Düsseldorf 2009, 11–12.
334 *Soyka*, FK 2012, 136.
335 BGH NJW 2012, 1506 = FamRZ 2012, 776.
336 BGH v. 25.9.2019 – XII ZB 25/19, NJW 2019, 3570 = FamRZ 2020, 21 Rn 52.
337 OLG Frankfurt FamRZ 1999, 97.
338 OLG Celle FamRZ 2009, 2105.
339 BGH FamRZ 2012, 772 = FamFR 2012, 773 = NJW 2012, 1807.
340 *Born*, NJW 2008, 1, 8.

Solche Umstände, die ebenfalls **konkret vorgetragen** werden müssen, können auf Seiten des Unterhaltspflichtigen in die gerichtliche Billigkeitsabwägung einfließen und dazu führen, die Frist kürzer anzusetzen.

8. Kompensation ehebedingter Nachteile

Von Bedeutung sein kann auch, dass eingetretene ehebedingte Nachteile durch andere – ebenfalls ehebe- **159**
dingte – Vorteile oder sonstige Umstände kompensiert worden sind (siehe oben Rdn 82).

9. Dauer und Höhe der bisherigen Unterhaltszahlungen

Auch **Dauer und Höhe der – bisherigen – Unterhaltszahlungen** spielt eine Rolle für die Möglichkeit **160**
der Befristung.[341] Dabei ist auch die Zeit der Trennung relevant.[342]

Im Rahmen des § 1578b Abs. 2 BGB ist die **Gesamtbelastung des Unterhaltspflichtigen** durch den Unterhalt ein Billigkeitskriterium und wird auch durch den – etwa längere Zeit gezahlten – Trennungsunterhalt mit beeinflusst. Dass die Zahlungen der gesetzlichen Verpflichtung des Ehegatten entsprachen, steht dem ebenso wenig entgegen wie der Umstand, dass der Trennungsunterhalt selbst nicht entsprechend § 1578b BGB herabgesetzt oder befristet werden kann.[343]

Praxistipp **161**

Der Unterhaltspflichtige sollte zur Veranschaulichung der insgesamt geleisteten Zahlungen nicht nur auf den Zeitraum verweisen, sondern eine **Auflistung seiner Zahlungen nach Zeiträumen und Höhe** vorlegen.

Das Argument des Unterhaltspflichtigen, er habe bereits 10 Jahre Ehegattenunterhalt gezahlt, ist sicherlich relevant.

Deutlich beeindruckender ist aber der Sachvortrag, dass er inzwischen bereits 10 Jahre Ehegattenunterhalt gezahlt habe, und zwar bislang insgesamt rund 85.000 EUR bei einem monatlichen Einkommen von 3.200 EUR; und zusätzlich habe er noch Kindesunterhalt gezahlt in Höhe von insgesamt 16.500 EUR und Tilgung ehelicher Schulden von 12.500 EUR.

Praxistipp **162**

- Eine **Verzögerung der Scheidung** und die damit verbundene Verlängerung des Trennungszeitraumes macht hier letztlich keinen Sinn, weil die Gerichte oft eine „**Gesamtfrist**“ unter Einbeziehung des gezahlten Trennungsunterhaltes bilden.[344]

341 BGH FamRZ 2012, 772 = FamFR 2012, 773 = NJW 2012, 1807, BGH NJW 2013, 528 = FamRZ 2013, 274 m. Anm. *Viefhues* = FF 2013, 115 m. Anm. *Finke*; BGH NJW 2012, 1356 = FF 2012, 302; OLG Düsseldorf FuR 2009, 418 = FPR 2009, 371; OLG Koblenz ZFE 2011, 232; OLG Frankfurt, Urt. v. 21.7.2010 – 2 UF 63/10, FamFR 2010, 563.

342 BGH v. 25.9.2019, XII ZB 25/19, NJW 2019, 3570 = FamRZ 2020, 21 Rn 52, BGH, Beschl. v. 26.2.2014 – XII ZB 235/12, NJW 2014, 1302 = FamRZ 2014, 823, BGH, Urt. v. 30.6.2010 – XII ZR 9/09; BGH FamRZ 2010, 1414 m. Anm. *Borth* = NJW 2010, 2953 m. Anm. *Maurer*; BGH FamRZ 2009, 406 m. Anm. *Schürmann* = NJW 2009, 989 = FPR 2009, 128 m. Anm. *Kemper*; OLG Brandenburg v. 30.1.2020 – 13 UF 42/17, FamRZ 2020, 1575; OLG Köln v. 16.3.2021 – 14 UF 196/19, FF 2021, 326; BGH, Urt. v. 14.4.2010 – XII ZR 89/08, NJW 2010, 2056 m. Anm. *Born*, verweist dagegen nur auf die Dauer des gezahlten **Nachscheidungsunterhaltes**.

343 BGH NJW 2011, 1807 m. Anm. *Born*.

344 BGH, Urt. v. 30.6.2010 – XII ZR 9/09, FamRZ 2010, 1414 m. Anm. *Borth* = NJW 2010, 2953 m. Anm. *Maurer*; OLG Brandenburg, Urt. v. 22.4.2008 – 10 UF 226/07, FamRZ 2008, 1952 = NJW-Spezial 2008, 357 = FPR 2008, 388 m. Anm. *Ehinger*; OLG Koblenz v. 2.11.2006 – 7 UF 774/05, FamRZ 2007, 833; OLG München NJW 2008, 2447: Befristung ab Zustellung des Scheidungsantrages; vgl. auch *Borth*, FamRZ 2008, 1512.

- Es kann sich auch positiv auswirken, wenn die Unterhaltsberechtigte nach der Trennung durch **intensive Erwerbsbemühungen** ein **positives Bild über ihre eigene Leistungsbereitschaft** aufbaut. Der BGH hat nicht beanstandet, dass das OLG dies als maßgeblichen Punkt für die Wahrscheinlichkeit und Richtigkeit ihres Vortrages herangezogen hat.[345]

163 Umgekehrt können über lange Zeit erfolgte **freiwillige Unterhaltszahlungen** aber auch einer möglichen späteren Befristung entgegenstehen, weil dadurch eine **besondere Vertrauenssituation auf Seiten der Berechtigten** geschaffen worden ist.[346] Dies ist insbesondere dann der Fall, wenn die Unterhaltsberechtigte im berechtigten Vertrauen darauf Dispositionen getroffen hat, die nicht mehr rückgängig zu machen sind. Insoweit kann auch eine vom Unterhaltspflichtigen hingenommene eingeschränkte oder unterbliebene Erwerbstätigkeit des Unterhaltsberechtigten einen Vertrauenstatbestand begründen, der gegen eine Begrenzung des Unterhalts angeführt werden kann.[347]

164 *Praxistipp*

- Die Dauer der Unterhaltszahlungen kann zwar für sich allein als Argument für die Fortdauer des Unterhalts nicht angeführt werden. Im Einzelfall kann daraus aber ein Vertrauenstatbestand für die Unterhaltsberechtigte entstehen, wenn diese im berechtigten Vertrauen auf die Fortdauer der Unterhaltszahlungen Dispositionen getroffen hat, die nicht oder nicht sogleich rückgängig gemacht werden können oder wenn dies nicht zumutbar ist.
- Eine vom Unterhaltspflichtigen hingenommene eingeschränkte Erwerbstätigkeit der Unterhaltsberechtigten kann als besonderer vertrauensbegründender Umstand bewertet werden, der gegen eine Begrenzung des Unterhalts herangeführt werden kann.[348]
- Dem Unterhaltspflichtigen kann daher nur empfohlen werden, die Unterhaltsberechtigte in regelmäßigen Abständen zur Aufnahme einer (weitergehenden) Erwerbstätigkeit aufzufordern, um in einem späteren Abänderungsverfahren dem Einwand entgegenzuwirken, er habe die eingeschränkte oder unterlassene Erwerbstätigkeit hingenommen.[349]

10. Bedeutung des zeitlichen Abstandes zur Scheidung

165 Durch einen längeren zeitlichen Abstand zur Scheidung verringert sich das Maß der nachehelichen Solidarität; bei großem zeitlichem Abstand kann die nacheheliche Solidarität gänzlich entfallen.

166 ***BGH v. 21.9.2011 – XII ZR 173/09***[350]

Vielmehr ist das Maß der hier begründeten nachehelichen Solidarität nach inzwischen über 30-jähriger Distanz zur Ehe und ebenso lange währender ungeschmälerter Unterhaltszahlung weitgehend verwirklicht.

167 ***BGH, Urt. v. 29.6.2011 – XII ZR 157/09***[351]

Anknüpfungspunkt dafür, dass eine fortwährende Unterhaltsgewährung nach den ehelichen Lebensverhältnissen unbillig wäre, ***ist das im Laufe der Jahre immer schwächer gewordene Band der nachehelichen Solidarität****.*

345 BGH v. 11.8.2010 – XII ZR 102/09, FamRZ 2010, 1637 m. Anm. *Borth* = NJW 2010, 3372.
346 BGH NJW 2012, 1356 = FF 2012, 302, BGH FamRZ 2011, 192 Rn 37; BGH FamRZ 2011, 1381 Rn 37 und BGH FamRZ 2011, 1721 Rn 25; KG FamRZ 2011, 1656 (red. Leitsatz) = FuR 2012, 101; vgl. auch OLG Koblenz FamFR 2010, 24.
347 BGH NJW 2012, 1356 = FF 2012, 302.
348 BGH NJW 2011, 2512 = FamRZ 2011, 1381; vgl. auch BGH v 10.11.2010 – XII ZR 197/08, FamRZ 2011, 192 = FamRB 2011, 37.
349 *Kühner*, FamRB 2011, 268, 269.
350 BGH NJW 2012, 1356 = FF 2012, 302.
351 BGH FamRZ 2011, 1721 m. Anm. *Hauß* = NJW 2011, 3645 = FF 2011, 497 m. Anm. *Reinken*.

Hier musste der Ehefrau jedoch klar sein, dass das Band der nachehelichen Solidarität mit zunehmender Distanz zur Ehe eine immer weniger tragfähige Grundlage für den Unterhaltsanspruch bieten konnte.

BGH, Urt. v. 23.11.2011 – XII ZR 47/10[352] 168

Dabei ist auch die zunehmende Entflechtung der wirtschaftlichen und persönlichen Verhältnisse der geschiedenen Ehegatten zu beachten, die umso gewichtiger wird, ***je weiter die Scheidung zurückliegt****, und dementsprechend das Maß der geschuldeten nachehelichen Solidarität begrenzt.*

11. Ehebedingte Nachteile auf Seiten des Unterhaltspflichtigen

Auch **auf Seiten des Unterhaltspflichtigen** können dessen **ehebedingte Nachteile** im Rahmen der Billigkeitsabwägung von Bedeutung sein. So können auch beim Unterhaltspflichtigen familienbedingte Einschränkungen seiner beruflichen Entwicklung eingetreten sein, die in die Billigkeitsabwägungen einfließen.[353] 169

OLG Düsseldorf, 29.1.2014 – II-8 UF 180/13[354] 170

Der nacheheliche Unterhaltsanspruch der Ehefrau wird ***trotz des Vorliegens von ehebedingten Nachteilen befristet****, weil auch der Ehemann ehebedingte finanzielle Einbußen infolge der gemeinsamen gescheiterten Lebensplanung durch die Übernahme der Unterhalts- und Ausbildungskosten für die drei Kinder hinzunehmen.*

OLG Düsseldorf, Beschl. v. 27.6.2012 – II-8 UF 19/12[355]

Außergewöhnliche Umstände können gegeben sein, wenn der ***Unterhaltspflichtige*** *durch die nacheheliche Betreuung gemeinsamer Kinder* ***in seiner beruflichen Entwicklung eingeschränkt*** *ist. Hier kann die Befristung eines Unterhaltsanspruchs trotz fortbestehender ehebedingter Nachteile auf Seiten des Unterhaltsberechtigten rechtfertigen, weil die fehlgeschlagene Lebensplanung bei beiden Ehegatten zu beruflichen Nachteilen geführt hat.*

12. Intime Beziehungen der Berechtigten

Auch aufgenommene und unterhaltene **intime Beziehungen zu einem neuen Partner** können – über den Anwendungsbereich des § 1579 BGB hinausgehend – von Bedeutung sein.[356] 171

352 BGH NJW 2012, 309 m. Anm. *Born* = FamRZ 2012,197 m. Anm. *Maurer*.

353 OLG Düsseldorf FamRZ 2014, 772; OLG Düsseldorf NJW 2012, 3382 m. Anm. *Born* = FamFR 2012, 391 = FF 2012, 415, *Schausten*, FF 2011, 243.

354 OLG Düsseldorf FamRZ 2014, 772.

355 OLG Düsseldorf NJW 2012, 3382 m. Anm. *Born* = FamFR 2012, 391.

356 BGH NJW 2012, 1578; BGH NJW 2011, 2512 = FamRZ 2011, 1381.

XII. Verfahrensrechtliche Gesichtspunkte

1. Darlegungs- und Beweislast

172 Die **Darlegungs- und Beweislast**[357] für diejenigen Tatsachen, die Grundlage für eine Beschränkung nach § 1578b BGB werden sollen, trägt grundsätzlich der **Unterhaltsverpflichtete**,[358] jedoch kann die Unterhaltsberechtigte sich nicht darauf verlassen, keinerlei Darlegungen machen zu müssen.

173 Dabei geht der BGH in std. Rspr.[359] von folgender Systematik des **Wechselspiels der Darlegungs- und Beweislast** bei § 1578b BGB aus, das auf den allgemeinen Grundsätzen zum Beweis negativer Tatsachen beruht.

Im ersten Schritt trifft den Unterhaltspflichtigen die Darlegungs- und Beweislast, denn diese Vorschrift ist als Ausnahmetatbestand von einer unbefristeten Unterhaltspflicht konzipiert.[360] Der Unterhaltspflichtige muss also das **Vorliegen der Tatbestandsvoraussetzungen** und der **Billigkeitsgesichtspunkte** darlegen, ebenso die **Kriterien für die Länge der Übergangsfrist**[361] oder den fehlenden Zusammenhang von Erwerbslosigkeit und Gestaltung der ehelichen Lebensverhältnisse.[362] Dabei müssen die Umstände, die zu einer Befristung führen, soweit feststehen, dass eine sichere Prognose möglich ist.[363]

174 Hat der **Unterhaltspflichtige** durch substantiierten Tatsachenvortrag dargelegt, dass **keine ehebedingten Nachteile vorhanden** sind oder **früher vorhandene ehebedingte Nachteile weggefallen sind**, muss nunmehr die **Unterhaltsberechtigte** ihrerseits dartun, dass trotzdem eine Begrenzung ausscheidet oder zumindest eine längere Schonfrist zuzubilligen ist (sog. **sekundäre Darlegungslast**).[364] Jedoch trifft die Berechtigte **nicht** die entsprechende **Beweislast**![365]

175 Für die **praktische Behandlung** der einschlägigen Fälle ergeben sich folgende **Fallvarianten**:

> *Beispiele: Fallvarianten*
>
> 1. Wenn die Unterhaltsberechtigte wieder **vollschichtig in ihrem erlernten Beruf arbeitet** und damit ein **Einkommen in gleicher Höhe** erzielt, das sie auch ohne Ehe erzielen würde, sind keine ehebedingten Nachteile ersichtlich. Es ist dann ihre Aufgabe, Gründe vorzutragen und ggf. nachzuweisen, die gegen eine Begrenzung sprechen oder zumindest eine längere Schonfrist rechtfertigen.[366] Denn

357 Ausführlich zur Darlegungs- und Beweislast im Unterhaltsrecht *Bömelburg*, FF 2015, 273–281 und FF 2015, 350–359; siehe auch Hornung, **Die sekundäre Darlegungslast in familiengerichtlichen Unterhaltsverfahren – Ein oft unterschätzter Streitentscheider**, FF 2022, 300.

358 BGH FamRZ 2008, 134; OLG Schleswig NJW 2009, 1216; OLG Hamm FamRZ 2008, 1000, 1001; *Borth*, FamRZ 2006, 813, 816.

359 BGH v. 25.9.2019 – XII ZB 25/19, Rn 54, NJW 2019, 3570 = FamRZ 2020, 21; BGH FamRZ 2014, 1276, BGH NJW 2013, 1447 = FamRZ 2013, 864 m. Anm. *Born*; BGH NJW 2013, 1444 m. Anm. *Born* = FamRZ 2013, 860 m. Anm. *Maurer*; BGH NJW 2010, 3653 m. Anm. *Born* = FamRZ 2010, 2059 m. Anm. *Borth*; BGH FamRZ 2009, 1990; OLG Celle FamRZ 2010, 1911.

360 BGH, Urt. v. 25.6.2008 – XII ZR 109/07, NJW 2008, 2644 = FamRZ 2008, 1508.

361 *Reinken*, ZFE 2008, 58, 61.

362 So zu § 1573 Abs. 5 BGB BGH FamRZ 1990, 857; BGH FamRZ 1991, 670; OLG Bamberg FamRZ 1998, 25; a.A. OLG Naumburg FF 2002, 67 m. abl. Anm. *Büttner*, FF 2002, 68.

363 OLG Schleswig v. 22.12.2008 – 13 UF 100/08, NJW 2009, 1216 = FuR 2009, 290 = FPR 2009, 178.

364 BGH, Beschl. v. 26.3.2014 – XII ZB 214/13 FamRZ 2014, 1007 = NJW 2014, 1807 m. Anm. *Hoppenz*; BGH NJW 2013, 1447 = FamRZ 2013, 864 m. Anm. *Born*; BGH NJW 2013, 1444 m. Anm. *Born* = FamRZ 2013, 860 m. Anm. *Maurer*; BGH FamRZ 2010, 875 m. Anm. *Finke* = FF 2010, 245 m. Anm. *Bömelburg*; krit. *Born*, NJW 2010, 1793; BGH NJW 2012, 74 m. Anm. *Born* = FamRZ 2012, 93 m. Anm. *Viefhues*; OLG Köln v. 16.3.2021, 14 UF 196/19, FF 2021, 326,; OLG Köln FamFR 2012, 536; OLG Hamm FuR 2012, 102; ausführlich Hornung, **Die sekundäre Darlegungslast in familiengerichtlichen Unterhaltsverfahren – Ein oft unterschätzter Streitentscheider**, FF 2022, 300; vgl. auch Laumen, Die sekundäre Behauptungslast, MDR 2019, 193.

365 BGH FamRZ 2010, 875 m. Anm. *Finke* = FF 2010, 245 m. Anm. *Bömelburg*; krit, *Born*, NJW 2010, 1793.

366 OLG Köln, Urt. v. 7.7.2009 – 4 UF 168/08, FPR 2009, 601, 603.

dann geht es um die hypothetische Entwicklung im Berufsleben der Berechtigten ohne die Ehe. Diese hypothetische Entwicklung kann der Unterhaltspflichtige aber nicht darlegen. Daher trifft insoweit entsprechend den allgemeinen Grundsätzen zum Beweis negativer Tatsachen die Berechtigte die Pflicht, konkret darzulegen, dass ihre berufliche Entwicklung ohne Ehe besser verlaufen wäre. Dazu muss die Berechtigte die hypothetische Entwicklung, wie ihr Leben ohne die Eheschließung und die Kindererziehung verlaufen wäre, plausibel darstellen.[367]

2. Erzielt die Berechtigte allerdings aus ihrer tatsächlich ausgeübten Erwerbstätigkeit ein **geringeres Einkommen** als das Einkommen, das sie bei Fortsetzung der ehebedingt aufgegeben Tätigkeit heute erzielen würde, besteht auf Dauer ein **ehebedingter Nachteil in Höhe des Differenzbetrages**.[368]
3. Arbeitet die Berechtigte in einem anderen als dem erlernten und vor der Ehe ausgeübten Beruf, so sind für die Annahme, dass sie ein gleich hohes Einkommen erzielt (= keine ehebedingten Nachteile vorliegen), besondere Feststellungen erforderlich.[369]
4. Jetzt muss wiederum der **Unterhaltspflichtige** diesen Nachteil widerlegen. Konkret bedeutet dies, dass er substantiiert Tatsachen für die Schlussfolgerung vortragen muss, die Unterhaltsberechtigte könne – bei Wiedereinstieg in ihrem alten Beruf oder durch eine anderweitige Berufstätigkeit – ein höheres Einkommen erlangen. Dazu reichen lediglich pauschal erhobene Behauptungen nicht aus. Das Familiengericht muss sich in seiner Entscheidung nicht mit allen möglichen Mutmaßungen befassen, wenn sie nicht ausnahmsweise an objektivierbaren Tatsachen festgemacht werden können, die starke Indizwirkung für ein behauptetes tatsächliches Geschehen zeigen.[370]
   Diese Darlegung fällt umso schwerer, je weniger man sich auf greifbare Tatsachen stützen kann. Nicht jede denkbare **verpasste Chance** stellt einen Nachteil dar.[371] Insbesondere bei einem freiberuflich tätigen Ehegatten (Ärztin, Rechtsanwältin), der zeitweise familienbedingt seine Berufstätigkeit eingestellt und so auf seine fachliche Weiterentwicklung und den Aufbau bzw. Ausbau einer einträglichen freiberuflichen Praxis hat verzichten müssen,[372] dürfte ein hypothetischer beruflicher Aufstieg schwer darzulegen sein.[373]

Beispiel aus der Rechtsprechung:[374] 176

„Diese Grundsätze zugrunde gelegt ist zunächst zu beachten, dass die Antragsgegnerin keine ehebedingten Nachteile ausreichend substantiiert dargelegt hat. Unstreitig ist die Antragsgegnerin in ihrem erlernten Beruf als Physiotherapeutin mit einer Vollzeitstelle tätig. Alleine aufgrund der Dauer der Ehe und des Umstandes, dass sie sich der Pflege und Erziehung der gemeinsamen Kinder und der Gestaltung der Haushaltsführung während der Ehe gewidmet hat, kann vorliegend jedoch nicht ohne weiteres auf einen ehebedingten Nachteil geschlossen werden. Es fehlt an der Darlegung eines finanziellen Nachteils, der der Antragsgegnerin gerade aufgrund der Aufgabe ihrer Tätigkeit zugunsten

367 BGH FamRZ 2010, 875 m. Anm. *Finke* = FF 2010, 245 m. Anm. *Bömelburg*; krit. *Born*, NJW 2010, 1793; BGH FamRZ 2008, 1325 m. Anm. *Borth* = FPR 2008, 379 m. Anm. *Schwolow* = FuR 2008, 401 m. Anm. *Soyka*; vgl. auch BGH FamRZ 2008, 1911 m. Anm. *Maurer*, FamRZ 2008, 1919; siehe auch BGH FamRZ 2008, 134, 136; OLG Brandenburg, Urt. v. 22.4.2008 – 10 UF 226/07, FamRZ 2008, 1952 ; OLG Celle FamRZ 2010, 566, 567; OLG Saarbrücken FamRZ 2010, 652; *Bömelburg*, FF 2010, 251.

368 BGH FamRZ 2010, 1637 m. Anm. *Borth* = NJW 2010, 3372 = FF 2011, 33 m. Anm. *Finke*; OLG Celle FF 2010, 325.

369 BGH NJW 2010, 2582 = FamRZ 2010, 1311; Anm. *Bömelburg*, FF 2010, 457.

370 BGH FamRZ 2010, 1050 m. Anm. *Viefhues*; BGH FamRZ 2010, 875 m. Anm. *Finke* = FF 2010, 245 m. Anm. *Bömelburg*; krit. *Born*, NJW 2010, 1793; OLG Celle FamRZ 2010, 1911; *Reinken*, FF 2010, 26, 27 OLG Celle FF 2010, 325; OLG Köln FamRZ 2010, 217 (LS) = NJW-Spezial 2010, 100.

371 *Schürmann* in jurisPR-FamR 12/2008 Nr. 5 unter Hinweis auf BGH NJW 1995, 1023, 1024.

372 Siehe BGH FamRZ 2004, 601, 608: Nachteilsausgleich/Ehevertragsrechtsprechung.

373 *Borth*, FamRZ 2008, 1329, 1330.

374 OLG Köln v. 16.3.2021 – 14 UF 196/19, FF 2021, 326 Rn 49.

der Haushaltsführung erwachsen ist (vgl. hierzu BGH, Urt. v. 25.6.2008 – XII ZR 109/07-, FamRZ 2008, 1508, Rn 17). Es ist aufgrund des Berufes der Antragsgegnerin nichts dafür ersichtlich, dass sie ohne die Betreuung der Kinder und der Haushaltsführung nunmehr ein höheres Einkommen erzielen könnte, als sie gegenwärtig erhält. Ob die Antragsgegnerin, wie vom Antragsteller behauptet hat, während der Kindererziehungszeit neben der unstreitigen Ausbildung zur Shiatsu-Praktikerin mehrere qualitativ als solche zu bewertende Fortbildungsmaßnahmen durchgeführt hat oder nicht, kann dabei dahinstehen. Denn vorliegend besteht der besondere Fall, dass die Antragsgegnerin in einem Fachgebiet tätig ist, in dem es keine klassischen Aufstiegschancen durch Fort- oder Weiterbildungen gibt, da es schon an einem hierarchischen Aufbau innerhalb einer Physiotherapiepraxis fehlt. Vor diesem Hintergrund bedurfte es vorliegend – ausnahmsweise – keiner weiteren Darlegungen des Antragstellers, warum der Antragsgegnerin trotz der Kindererziehung und der Haushaltsführung kein ehebedingter Nachteil entstanden sein soll. Aufgrund dieses Umstandes genügt jedoch auch der allgemeine Hinweis der Antragsgegnerin darauf, dass sie sich ggf. hätte selbstständig machen oder eine Tätigkeit in einer großen Klinik hätte aufnehmen können, nicht. Der hypothetische Verlauf eines Erwerbslebens bei hinweggedachter Eheschließung lässt sich zwar kaum darlegen und beweisen. Jedenfalls aber ist vom Anspruchsteller zu verlangen, dass er substanziiert vorträgt, welche beruflichen Möglichkeiten ihm die Ehe genommen hat (OLG Karlsruhe, Urt. v. 15.7.2009 – 18 UF 10/09, NJW-RR 2010, 721). Weiter hätte es der Darlegung konkreter beruflicher Entwicklungsmöglichkeiten und bei behauptetem beruflichem Aufstieg zudem der Darlegung der entsprechenden Bereitschaft und Eignung bedurft, die vom Senat auf ihre Plausibilität hätte überprüft werden können und der Widerlegung durch den Antragsteller zugänglich gewesen wäre. Einen solchen Vortag hat die Antragsgegnerin nicht erbracht. Alleine der pauschale Vortrag, ohne die Eheschließung und die gemeinsamen Kinder könnte sie heute in einer großen Klinik in gehobener Position arbeiten oder wäre alternativ selbstständig, reicht hierfür bei weitem nicht aus. Weiter hat die Antragsgegnerin keinerlei Umstände vorgetragen, aus denen sich ergibt, dass Physiotherapeuten regelmäßig notwendigerweise im Laufe ihres beruflichen Daseins diesen Weg gehen und aufgrund dessen entsprechend finanziell besser dastehen würden."

177 Die **Beweisführung** des Unterhaltspflichtigen wird auch dadurch **erleichtert**, dass die **Berechtigte** die Umstände darzulegen und gegebenenfalls zu beweisen hat, die für ihre Bedürftigkeit ursächlich sind, z.B. den **Verlust der Arbeitsstelle** während der Ehezeit und das **Nichtfinden einer angemessenen Erwerbstätigkeit**.[375]

178 Im Rahmen des **Beibringungsgrundsatzes** sind also alle Umstände, die zu dieser Rechtsfolge führen sollen, vom Darlegungspflichtigen möglichst umfassend darzulegen wie z.B. neben der Dauer der Ehe die Gestaltung der Haushaltsführung, die bisherige Erwerbstätigkeit, und sonstige Billigkeitsgesichtspunkte. Erfolgt kein spezieller Sachvortrag, kann das Gericht nur die Gesichtspunkte zugrunde legen, die aktenkundig sind.

179 *Praxistipp*

- Dies führt zu erhöhten Anforderungen an den **anwaltlichen Sachvortrag (Haftungsfalle)**.[376]

375 *Büte*, FPR 2005, 316, 319 m.w.N.; *Schürmann*, FuR 2008, 183, 189.

376 OLG Düsseldorf MDR 2009, 474–476 = FamRZ 2009, 1141; OLG Düsseldorf OLGR Düsseldorf 2009, 602–604 = FUR 2010, 40.

- Der BGH hat deutlich betont, dass es den Gerichten in den Fällen eines mangelnden Sachvortrags verwehrt ist, ohne konkrete und nachprüfbare Anhaltspunkte das Vorliegen eines ehebedingten Nachteils anzunehmen.[377]
- Grundsätzlich trägt der **Unterhaltspflichtige** die **Darlegungs- und Beweislast.** Diese **kann** jedoch sehr schnell auf den Unterhaltsberechtigten „**kippen**"!
- Daher sollten beide Ehegatten in Prozess ausreichend Sachvortrag bringen. Der Berechtigte sollte zumindest die **notwendigen Informationen sammeln**, um nicht später im Prozess überrascht zu werden.
- Zwar ist es in der Praxis hilfreich, wenn die **Akten des Scheidungsverfahrens** beigezogen worden sind. Daraus können sich im Rahmen des Versorgungsausgleichs (**Versicherungsverlauf**) einige Erkenntnisse über die berufliche Entwicklung auch des Unterhaltsberechtigten entnehmen lassen.[378]
- Auch die Akten eines evtl. **Vorprozesses über Trennungsunterhalt** können hier wertvolle Anhaltspunkte liefern.
- Allerdings muss sich der Anwalt des Unterhaltspflichtigen ausdrücklich auf diese Umstände beziehen, denn es erfolgt **keine automatische Verwertung von Erkenntnissen aus einem Parallelverfahren**.
- Verlassen darf sich der Anwalt auch nicht darauf, dass der Richter von Amts wegen sein Wissen aus Parallelprozessen in das konkrete Verfahren einführt. Denn bei Streitigkeiten um Unterhalt und Zugewinn handelt es sich um ZPO-Verfahren, bei denen die Parteimaxime und der Beibringungsgrundsatz gelten. Danach ist es den Parteien überlassen, die Tatsachen zu beschaffen und auf korrekte Weise durch schriftlichen Vortrag (§ 129 ZPO) oder Vortrag in der mündlichen Verhandlung (§ 137 Abs. 2 ZPO) in das Verfahren einzubringen.[379]

Auch das aktuelle (erzielbare) Einkommen muss die **Unterhaltsberechtigte** darlegen und ggf. beweisen, denn dieser Umstand ist bereits im Rahmen der **Bedürftigkeit** zu überprüfen, welche vom **Unterhaltsberechtigten** darzulegen und zu beweisen ist.[380] **180**

Praxistipp **181**

Für die praktische Arbeit bedeutet dies, dass die Unterhaltsberechtigte **quasi wie bei einer Bewerbung** für eine berufliche Arbeitsstelle sowohl ihren **persönlichen Lebenslauf** als auch ihren **beruflichen Werdegang** möglichst lückenlos und unter Angabe von konkreten Daten darstellen muss.[381]

- Wenn das Vorbringen der Unterhaltsberechtigten den vom BGH dargelegten Anforderungen nicht genügt, es insbesondere an hinreichend konkreten und nachprüfbaren Anhaltspunkten fehlt, muss der Unterhaltsverpflichtete nichts mehr vortragen; das Vorliegen eines ehebedingten Nachteils kann dann schon an dieser Stelle verneint werden.
- Der Anwalt der Berechtigten sollte daher – auch zur Vermeidung von Haftungsrisiken – insbesondere Ausführungen zu folgenden Punkten machen
  - **Geburtsdatum**
  - **Schulbildung**
  - **Erreichter Schulabschluss**

377 BGH FamRZ 2010, 875 m. Anm. *Finke* = FF 2010, 245 m. Anm. *Bömelburg*.

378 Vgl. OLG Karlsruhe FamRZ 1989, 511; OLG Stuttgart, Urt. v. 15.9.2009 – 17 UF 128/09, FuR 2010,52 = NJW 2010, 2361; OLG Karlsruhe, Urt. v. 21.2.2011 – 2 UF 21/10, FuR 2011, 341; OLG Hamm, Urt. v. 18.6.2009 – 2 UF 6/09 FamRZ 2009, 2098; OLG Celle v. 21.9.2009 – 10 UF 119/09 FamRZ 2010, 566, 567.

379 Instruktiv zu den sich daraus ergebenden Risiken AG Tempelhof-Kreuzberg ZFE 2005, 102.

380 BGH FamRZ 2010, 875 m. Anm. *Finke* = FF 2010, 245 m. Anm. *Bömelburg*; krit. *Born*, NJW 2010, 1793.

381 *Bömelburg*, FF 2010, 251.

- **Berufsausbildung** (Lehre, Studium, Fortbildungen, Promotion etc., unter Nennung konkreter Daten und Zeiträume)
- **Berufliche Erfahrungen** (Tätigkeiten in einzelnen Unternehmen, Zeitdauer, Art der Tätigkeit)
- **Möglichkeiten der beruflichen Entwicklung bei ununterbrochener Erwerbstätigkeit** (Aufstiegschancen in dem erlernten Beruf bzw. in der zur Zeit der Eheschließung ausgeübten Tätigkeit, Verdienstmöglichkeiten und mögliche Einkommenssteigerungen unter Beifügung entsprechender Tarifverträge oder eingeholter – ein bloßes Beweisangebot genügt dieser Substantiierungslast nicht(!) – konkreter Auskünfte von Arbeitgeberverbänden, evtl. Darstellung der beruflichen Entwicklung eines ehemaligen Kollegen einschließlich des von ihm nunmehr erzielten Einkommens)
- **Berufspausen** (Zeiträume, Gründe, z.B. eigene Krankheit, Kindererziehung, Pflege von Angehörigen)
- Bemühungen, einen **Wiedereinstieg** in den vor der Pause erlernten und/oder ausgeübten Beruf zu finden (Auffrischungskurse, Fortbildungen, Umschulungen, Eingliederungsmaßnahmen etc.)
- **Bewerbungsbemühungen** (Darlegung von konkreten Bewerbungen unter Beifügung von Annoncen, Bewerbungsschreiben und Antworten der Unternehmen)
- **Aktuelle Tätigkeit, aktuelles Einkommen** (Arbeitsvertrag, Gehaltsunterlagen).

182 Die Rechtsprechung zu § 1578b BGB weist **erhebliche Parallelen zum Haftungsrecht**[382] aus:

- Nur die haftungsbegründende Kausalität erfordert den strengen Beweis des § 286 ZPO, während dem Geschädigten für die haftungsausfüllende Kausalität die Beweiserleichterungen der § 252 S. 2 BGB, § 287 ZPO zugutekommen.
- Der Geschädigte braucht nicht zu beweisen, dass und in welcher Höhe ohne den Unfall Einkünfte mit Gewissheit erzielt worden wären; vielmehr genügt der Nachweis einer gewissen Wahrscheinlichkeit.
- Die Wahrscheinlichkeit muss sich nach dem „gewöhnlichen Lauf der Dinge oder nach den besonderen Umständen, insbesondere nach den getroffenen Anstalten und Vorkehrungen" ergeben, was der Tatrichter in freier Überzeugung (§ 287 ZPO), gegebenenfalls unter Schätzung der Schadenshöhe, zu entscheiden hat.
- Im Rahmen der erforderlichen Prognose für die berufliche Entwicklung ohne den Unfall muss der Geschädigte so weit wie möglich konkrete Anhaltspunkte darlegen und gegebenenfalls beweisen; ein abstrakter Erwerbsminderungsschaden ist nicht zu ersetzen.
- Bei der Aussage über die wahrscheinliche berufliche Entwicklung sind auch tatsächliche Erkenntnisse einzubeziehen, die sich erst nach dem Unfall ergeben und bis zum Schluss der mündlichen Verhandlung bekannt geworden sind.
- Zu differenzieren ist auch danach, ob der Verletzte zum Unfallzeitpunkt aufgrund einer kontinuierlichen beruflichen Entwicklung erwerbstätig oder ob er arbeitslos und ohne strukturierten beruflichen Lebensweg war:
  - Hatte er vor dem Unfall schon über längere Zeit ein ständiges Einkommen, spricht die Wahrscheinlichkeit dafür, dass er diese Einkünfte auch in Zukunft erzielt hätte; für Beförderungen oder einen außergewöhnlichen beruflichen Aufstieg müssen weitere konkrete Anhaltspunkte bewiesen werden.
  - Hat er vor dem Unfall dagegen nicht regelmäßig gearbeitet, besteht zwar keine Wahrscheinlichkeit dafür, dass er zukünftig einem ständigen Erwerb nachgegangen wäre; die überwiegende Wahrscheinlichkeit spricht aber dafür, dass er – mit Unterbrechungen – immer wieder Arbeit gefunden hätte.

382 *Born*, NJW 2010, 1793, 1795 m.w.N.

– War der Verletzte zum Unfallzeitpunkt arbeitslos, kann angesichts der derzeitigen Arbeitsmarktlage nicht als wahrscheinlich unterstellt werden, dass er ohne den Unfall kurzfristig eine Arbeitsstelle gefunden hätte; der Geschädigte trägt hierfür die Beweislast. Hier kommt es wesentlich auf die Dauer der Arbeitslosigkeit vor dem Unfall, das Alter des Betroffenen und die Aussichten in seinem Beruf an. Bei einem jüngeren Menschen ist grundsätzlich davon auszugehen, dass er bestehende Verdienstmöglichkeiten genutzt hätte.

Diese Grundsätze erscheinen auch im Familienrecht verwertbar im Rahmen der Frage, welche Entwick- **183**
lung ohne die Ehe mutmaßlich eingetreten wäre. Allgemein ist im Unfallschadensrecht der Grundsatz zu beachten, dass dem Verletzten nicht infolge des Unfalls mehr zufließen darf, als er sonst erhalten hätte. Das entspricht dem Besserstellungsverbot im Familienrecht.

2. Erstverfahren/Präklusionsgefahr/Präklusionsfalle

Die Frage der Begrenzung und Befristung des Unterhaltsanspruchs ist regelmäßig **bei der erstmaligen** **184**
Festsetzung des Unterhaltes zu entscheiden, da bereits zu diesem Zeitpunkt alle maßgeblichen Faktoren bekannt sind (Lebensgestaltung während der Ehe, Dauer der Ehe, aktuelle persönliche, insbesondere berufliche Situation usw.). Wird diese Möglichkeit versäumt, muss bei einem späteren Abänderungsversuch mit dem **Präklusionseinwand** (§ 238 FamFG) gerechnet werden.[383]

Lediglich bei der Entscheidung, ob ein **konkret festgestellter ehebedingter Nachteil in Zukunft besei-** **185**
tigt werden kann, ist eine Prognose zu treffen.

■ ***BGH, Beschl. v. 4.7.2018 – XII ZB 448/17***[384]

Daraus, dass eine abschließende Entscheidung über die Folgen des § 1578b BGB noch nicht möglich ist, folgt aber nicht, dass eine Entscheidung darüber vollständig zurückgestellt werden darf. ***Vielmehr muss das Gericht insoweit entscheiden, als eine Entscheidung aufgrund der gegebenen Sachlage und der zuverlässig voraussehbaren Umstände möglich ist.*** *Das gilt insbesondere für eine bereits mögliche Entscheidung über die Herabsetzung nach § 1578b Abs. 1 BGB. Die materielle Rechtskraft einer solchen Entscheidung und die mit ihr verbundenen Präklusionsfolgen gehen dann nur so weit, als die Entscheidung eine abschließende Beurteilung der gegenwärtigen Sachlage und der zuverlässig voraussehbaren Umstände enthält. Eine auf dieser Grundlage ergangene Entscheidung schließt eine spätere Abänderung insbesondere dann nicht aus, wenn zunächst bestehende ehebedingte Nachteile später ganz oder teilweise entfallen sollten.*

■ ***BGH, Beschl. v. 15.7.2015 – XII ZB 369/14***[385]

Das Oberlandesgericht hat den Abänderungsantrag zu Recht für zulässig erachtet. Der Ehemann hat mit der nach Schluss der mündlichen Verhandlung im vorausgegangenen Verfahren erfolgten Pensionierung geänderte Tatsachen angeführt, die eine Abänderung rechtfertigen können.

Entgegen der Auffassung der Rechtsbeschwerdeerwiderung waren die mit dem Eintritt in den Ruhestand verbundenen Veränderungen im vorausgegangenen Verfahren noch nicht hinreichend zuverlässig absehbar, als dass sie bereits seinerzeit hätten berücksichtigt werden müssen. Weder das Gericht noch die Beteiligten waren gehalten, die konkret zu erwartende Altersversorgung zu ermitteln,

383 BGH NJW 2012, 1144 m. Anm. *Börger*; BGH, NJW 2011, 303, und NJW 2010, 3653, jew. m. Anm. *Born*; BGH NJW 2011, 670 m. Anm. *Born* = FamRZ 2011, 454 m. Anm. *Finke* = FuR 2011, 295; ausf. zur Präklusionsfalle im Unterhaltsrecht *Viefhues*, FuR 2019, 243.

384 BGH FamRZ 2018, 1421 = FuR 2018, 540.

385 BGH FamRZ 2015, 1694 = FuR 2015, 671; BGH BGHZ 188, 50–71 = FuR 2011, 395, FamRZ 2011, 454; vgl. auch BGH, Urt. v. 18.11.2009 – XII ZR 65/09, BGHZ 183, 197–220, FuR 2010, 164.

zumal diese weder in zeitlicher Hinsicht noch der Höhe nach feststand. Dies gilt erst recht, weil noch nach Abschluss des vorausgegangenen Verfahrens der Versorgungsausgleich abgeändert worden ist.

B. Verzug (Durchsetzung von Unterhaltsrückständen)

186 In der Praxis wird die wirtschaftliche Bedeutung des Verzugs leider zu wenig beachtet. In einem normalen Zivilprozess hat der Verzug in Form der Verzugszinsen jedenfalls dann keine Bedeutung, wenn die Forderung zeitnah beglichen wird. Unterhalt als Dauerschuldverhältnis kann für zurückliegende Zeiträume jedoch nur dann eingefordert werden, wenn der Unterhaltsschuldner zuvor wirksam in Verzug gesetzt worden ist. Denn Unterhalt für die Vergangenheit kann der Berechtigte nicht generell, sondern nur **ab Rechtshängigkeit oder ab Verzug** fordern (§§ 1613 Abs. 1, 1585b Abs. 2 BGB). Damit besteht die Gefahr, dass erhebliche Geldbeträge nicht mehr geltend gemacht werden können. In solchen Fällen ist der Anwaltsregress nicht auszuschließen![386]

187 Rückständiger Unterhalt kann nur unter sehr eingeschränkten Voraussetzungen durchgesetzt werden. Voraussetzung ist entweder ein korrektes Auskunftsverlangen nach § 1613 BGB oder eine konkret bezifferte Forderung (Verzug gem. § 286 Abs. 1 Satz 1 BGB.

Die jeweiligen – strengen – formalen Vorgaben erklären sich aus der **Warnfunktion für den Unterhaltspflichtigen**. Die Regelungen sollen den Unterhaltspflichtigen vor hohen Nachforderungen schützen, auf die er sich nicht in seiner Lebensführung eingerichtet hat, weil er vom Unterhaltsberechtigten nicht in Anspruch genommen wurde.[387] Die Einforderung von Unterhaltsrückständen wird daher eingeschränkt. Vom Unterhaltsberechtigten verlangt das Gesetz folglich, bestimmte rechtswahrende Handlungen vorzunehmen, die dem Unterhaltspflichtigen deutlich machen, wer welche konkreten Forderungen – ggf. für welche Zeiträume – gegen ihn geltend macht.[388] Genügt er diesen strengen Anforderungen nicht, erlischt sein Unterhaltsanspruch für den zurückliegenden Zeitraum.[389]

Hinweis

Eine Ausnahme macht das Gesetz in § 1613 Abs. 2 Nr. 2 BGB für **Sonderbedarf**. Dies ist ein unregelmäßiger außergewöhnlich hoher Bedarf, der nur dann vorliegt, wenn er nicht mit Wahrscheinlichkeit vorauszusehen war, deshalb bei der Bemessung der laufenden Unterhaltsrente nicht berücksichtigt werden konnte und für den der Berechtigte auch keine Rücklagen aus seinem eigenen Einkommen oder den geleisteten Unterhaltszahlungen bilden konnte.

Sonderbedarf liegt unbestritten vor, wenn besonderer Aufwand unvorhersehbar anfällt, wie z.B. bei einer Erkrankung eines Kindes.[390]

Fallen besondere Aufwendungen an, die vorhersehbar waren wie z.B. Klassenfahrten, Aufwand für Kommunion oder Konfirmation, Semestergebühren, Kosten des Kindergartens usw., so sind diese als **Mehrbedarf** einzustufen, der rückwirkend nur durchgesetzt werden kann, wenn die oben beschriebenen besonderen Voraussetzungen gegeben sind.[391]

386 Dazu *Viefhues*, FPR 2013, 541 m.w.N.
387 BGH FamRZ 2013, 1958 = NZFam 2014, 6.
388 *Born*, FPR 2013, 513 m.w.N.
389 BGH v. 2.10.2013 – XII ZB 249/12, FamRZ 2013, 1958 = NZFam 2014, 6.
390 Zur Definition des Sonderbedarfs BGH, Urt. v. 15.2.2006 – XII ZR 4/04, FamRZ 2006, 612.
391 Einzelheiten auch zur – oft strittigen – Abgrenzung zum Mehrbedarf *Viefhues* in jurisPK-BGB, 2022, § 1613 Rn 192 ff. m.w.N.

I. Wirksames Auskunftsverlangen

Nach § 1613 BGB kann Unterhalt für die Vergangenheit bereits ab dem **Auskunftsbegehren** verlangt werden, das zum Zwecke der Geltendmachung eines Unterhaltsanspruches verlangt wurde. Diese Möglichkeit, die rückwirkende Durchsetzung von Unterhaltsansprüchen zu wahren, bietet zwei praktisch relevante Vorteile. 188

Zum einen wird dieser Unterhalt vom **1. Tag des Monats** an geschuldet, in dem das Auskunftsschreiben zugegangen ist. Festgestellt werden muss daher nur der Monat des Zugangs, nicht der genaue Tag. Eine Quotelung der Unterhaltsforderung nach einzelnen Tagen ist daher nicht erforderlich. 189

Die Verzugswirkungen treten zudem in diesen Fällen immer **in Höhe des später beziffert geforderten und in gleicher Höhe gerichtlich zuerkannten Betrages** ein. Es tritt mithin eine Art „**Rahmenverzug**" ein. 190

Erforderlich ist aber, dass der Unterhaltspflichtige **zum Zwecke der Geltendmachung des Unterhaltsanspruchs** aufgefordert worden ist, 191

- **über seine Einkünfte**
- **und sein Vermögen**

Auskunft zu erteilen.

Wegen des Schuldnerschutzes sind die Regeln im Hinblick auf die Warnfunktion streng anzuwenden:

Voraussetzung rückwirkender Durchsetzung ist, dass die Aufforderung zur Auskunft zum Zwecke der Geltendmachung des Unterhaltsanspruchs erfolgt ist. Daher muss auf eine ganz **bestimmte Unterhaltslage** hingewiesen werden. Das bedeutet, dass die jeweils Unterhalt beanspruchende Person genau bezeichnet werden muss, deren Unterhaltsanspruch später durchgesetzt werden soll. Nur so kann die mit der gesetzlichen Regelung beabsichtigte Warnfunktion für den Unterhaltsschuldner erreicht werden; nur dann ist dem Unterhaltspflichtigen klar, für wen er in Zukunft Unterhalt leisten soll.

Der zugrunde liegende Auskunftsanspruch muss bestehen und fällig sein.

1. Adressat des Auskunftsverlangens

Da die Mahnung eine empfangsbedürftige Willenserklärung ist, muss sie auch an den **richtigen Empfänger** gerichtet werden. Hier ergeben sich in der Praxis einige Fallstricke.[392] 192

Praxistipp 193

- Die Mahnung muss an die **zutreffende Anschrift** übersandt worden sein.[393]
- Die an einen **Rechtsanwalt** gerichtete Mahnung ist nur dann korrekt, wenn dieser auch für diesen Regelungsbereich **Empfangsvollmacht** hat.[394]
- Von einer Empfangsvollmacht des Verfahrensbevollmächtigten gemäß § 164 Abs. 3 BGB kann nur dann ausgegangen werden, wenn sich zumindest aus den Umständen ergibt, dass der Verfahrensbevollmächtigte auch **für das konkrete Unterhaltsverfahren (also Kindesunterhalt, Ehegattenunterhalt) empfangsbevollmächtigt** ist.
- Allein die Tatsache, dass der Bevollmächtigte des Auskunftspflichtigen diesen im Scheidungsverfahren vertreten hat, reicht jedenfalls nach rechtskräftigem Abschluss des Scheidungsverfahrens nicht ohne weiteres aus.
- Auch die Bevollmächtigung in einem früheren güterrechtlichen Verfahren reicht nicht aus.[395]

392 Instruktiv OLG Frankfurt, Beschl. v. 16.12.2016 – 5 UF 132/15, FamRZ 2017, 1136 = FuR 2017, 616.
393 OLG Naumburg FamRZ 2007, 2086.
394 OLG Frankfurt, Beschl. v. 16.12.2016 – 5 UF 132/15, FamRZ 2017, 1136 = FuR 2017, 616; ausf. *Sauer*, FamRZ 2010, 617; AG Nordhorn FamRZ 2012, 879 = FuR 2012, 619.
395 OLG Frankfurt, Beschl. v. 16.12.2016 – 5 UF 132/15, FamRZ 2017, 1136 = FuR 2017, 616.

- Den Bevollmächtigten des Unterhaltspflichtigen trifft zwar seinem (früheren) Mandanten gegenüber die Pflicht zur Weiterleitung der Schriftsätze an diesen. Er hat jedoch keine weitere Verpflichtung, den Unterhaltsberechtigten, der Zahlung verlangt, auf seine fehlende Empfangsvollmacht hinzuweisen.[396]
- Eine mögliche Verkehrssitte, kann den Verfahrensbevollmächtigten des Antragsgegners ebenfalls nicht als Empfangsboten ausweisen.[397]
- Damit bleibt aber der Zeitpunkt unklar, an dem der Unterhaltspflichtige selbst die Auskunftsaufforderung rechtswirksam erhalten hat.

2. Absender des Auskunftsverlangens

194 Das Auskunftsverlangen ist – wie die Mahnung – eine empfangsbedürftige, geschäftsähnliche Willensäußerung, auf die die Vorschriften über Rechtsgeschäfte und Willenserklärungen entsprechende Anwendung finden. Beim Unterhalt von Minderjährigen sind die Regeln der gesetzlichen Vertretung und die Spezialregel des BGB § 1629 zu beachten, d.h. die Auskunftsaufforderung muss **durch die richtige (= berechtigte) Person** ausgesprochen worden sein.

3. Auskunftsverlangen durch einen Verfahrensbevollmächtigten – § 174 BGB

195 In Literatur und Rechtsprechung wird vertreten, dass § 174 BGB analog anzuwenden ist und folglich dem Auskunftsbegehren durch einen Rechtsanwalt grundsätzlich eine Vollmachtsurkunde im Original beizufügen ist.[398]

Der Empfänger einer anwaltlichen Auskunftsforderung, dem die Originalvollmacht nicht beigefügt war, ist dann berechtigt zur unverzüglichen Zurückweisung (§ 174 S. 1 2. HS).[399] Die zurückgewiesene Auskunftsaufforderung hat keine Rechtswirkungen, löst folglich auch keinen Verzug aus.

196 *Praxistipp*

Um das Risiko einer Zurückweisung nach § 174 BGB auszuschließen, ist es daher ratsam, **vorsorglich eine Vollmachtsurkunde vorzulegen.**

Zu beachten ist in der Praxis, dass ein vom Mandanten vorliegende schriftliche Originalvollmacht nicht mittels beA auf elektronischem Wege übermittelt werden kann. Denn per beA kannn nur eine elektronische Kopie des schriftlichen Dokumentes übermittelt werden. Erforderlich ist aber eine **Vorlage in Urschrift**.[400]

Im gerichtlichen Verfahren ist durch § 130d S. 1 ZPO ausgeschlossen, eine für den Gegner bestimmte Schriftsatzausfertigung mit einer Originalausfertigung der Vollmacht als Anlage einzureichen und durch das Gericht weiterleiten zu lassen.

Die Pflicht des Rechtsanwalts zur elektronischen Kommunikation mit dem Gericht führt in Kombination mit der aktuellen Rechtsprechung zu § 126a Abs. 1 BGB und § 174 BGB dazu, dass bei der **schriftsätzlichen Abgabe materiell-rechtlicher Gestaltungserklärungen aus Vorsichtsgründen regelmäßig auf Direktzustellungen oder außergerichtliche Sendungen ausgewichen werden muss**.[401]

396 OLG Stuttgart FamRZ 2007, 1908–1909.
397 OLG Frankfurt, Beschl. v. 16.12.2016 – 5 UF 132/15, FamRZ 2017, 1136 = FuR 2017, 616.
398 OLG Hamm v. 23.4.2020 – 2 UF 152/19, NJW 2020, 3115 Rn 87, OLG Bamberg, Urt. v. 29.3.1990 – 2 UF 400/89, FamRZ 1990, 1235; *Siebert* in: Wendl/Dose, § 6 Rn 107; *Eder* in FAKomm, 6. Aufl., § 1613 Rn 15 m.w.N.; *Menne* in AnwKomm FamR, 2020, § 1613 Rn 8; *Sauer*, FamRZ 2010, 617; vgl. auch BGH NJW 2011, 2120.
399 *Eder* in FAKomm, 6. A., § 1613 Rn 15 m.w.N.
400 BGH NJW 1981, 1210.
401 Ausführlich *Fritsche*, „Elektronischer Rechtsverkehr als Hürde für die materielle Gestaltungsgeschäfte im Anwaltsschriftsatz", NJW 2022, 3621 m.w.N.

4. Zugang des Auskunftsverlangens

Der **Zugang** der Mahnung muss nachgewiesen werden, denn für die Wirksamkeit kommt es auf den Zeitpunkt des **Zugangs** dieses Verlangens an (**Nachweisproblem**!). 197

Es empfiehlt sich die Versendung der Zahlungsaufforderung als **Einschreiben mit Rückschein**. Im Allgemeinen wird mit dem Rückschein der Beweis des Zugangs erbracht werden können. Wenn der Schuldner behauptet, nicht dieses, sondern ein anderes Schreiben erhalten zu haben, trägt er hierfür die Beweislast.[402]

5. Inhalt des Auskunftsverlangens

Die Aufforderung zur Auskunft muss **zum Zwecke der Geltendmachung des Unterhaltsanspruchs** erfolgt sein. 198

Nicht ausreichend ist hier lediglich ein **allgemeines Auskunftsverlangen**; dass nicht auf eine bestimmte Unterhaltslage hinweist. Vielmehr muss der jeweilige **Unterhaltsberechtigte genau bezeichnet** werden, dessen Unterhaltsanspruch durchgesetzt werden soll. 199

Das Auskunftsverlangen für den Unterhaltsanspruch eines bestimmten Kindes löst daher nicht die Wirkungen nach § 1613 Abs. 1 BGB in Bezug auf weitere Kinder und schon gar nicht für den Ehegattenunterhalt aus.[403]

Nur so kann die mit der gesetzlichen Regelung beabsichtigte **Warnfunktion** für den Unterhaltsschuldner erreicht werden.[404] Die strengen formalen Regelungen des Verzuges gelten dem Schuldnerschutz. Unterhaltsrückstände können sich sehr schnell zu wirtschaftlich stark belastenden Summen auflaufen. Daher schützt das Gesetz den Unterhaltsschuldner hinsichtlich der Zahlungsverpflichtung für zurückliegende Zeiträume. Solche Zahlungen werden nur dann geschuldet, wenn der Unterhaltsschuldner zuvor mit ausreichender Deutlichkeit „vorgewarnt" worden ist. Dazu muss der Schuldner genau absehen können, wer für welchen Zeitraum Unterhalt von ihm verlangt. Da beim Verzugseintritt durch Auskunftsverlangen dem Schuldner noch keine genau bezifferte Forderung entgegengehalten wird und ihm also aufgrund des eintretenden „Rahmenverzuges" später rückwirkend noch nicht genau abschätzbare Zahlungen abverlangt werden können, sind beim Verzugseintritt nach § 1613 BGB die strengen Anforderungen besonders genau einzuhalten. 200

Der zur Auskunft auffordernde Anwalt muss daher deutlich machen, dass er die Auskunft benötigt, um später einen konkreten Unterhaltsantrag **für eine bestimmte Person** wegen § 253 Abs. 2 Nr. 2 ZPO beziffern zu können. 201

Dabei ergibt sich die Person des Unterhaltsberechtigten nicht schon automatisch aus der Person desjenigen, der die Auskunft fordert, da z.B. die Kindesmutter Unterhalt für sich und die von ihr betreuten Kinder fordern kann. Fordert der Anwalt also „im Namen der Ehefrau als seiner Mandantin" zur Auskunft für den Unterhalt auf, so lässt sich daraus später jedenfalls nicht ohne weiteres auch Verzug hinsichtlich des Kindesunterhaltes herleiten. 202

> *OLG Koblenz v. 27.7.2018 – 13 WF 541/18*[405]
>
> *Um die **Voraussetzungen des Verzuges gem. § 1613 BGB** zu erfüllen, genügt es allerdings nicht, wenn in dem Aufforderungsschreiben als Grund des Auskunftsverlangens lediglich mit einem **Anspruch „gemäß § § 1605, 242 BGB"** angegeben und ausgeführt wird, dass soweit die **Antragsgegnerin „Belastungen und Verbindlichkeiten im Rahmen der Unterhaltsberechnung bezüglich der***

402 *Büttner*, FamRZ 2000, 921, 922.
403 Finke/Garbe/*Büttner*, Familienrecht, 2009, § 3 Rn 319.
404 OLG Frankfurt FuR 2002, 534.
405 OLG Koblenz v. 27.7.2018 – 13 WF 541/18, FamRZ 2019, 115.

***gemeinsamen Tochter … berücksichtigt*“ *haben möchte, diese entsprechend darzulegen seien. Vielmehr muss der Anspruchsteller in diesem deutlich machen, zur Berechnung welcher Zahlungsverpflichtung er die Auskunft benötigt und das Auskunftsverlangen muss sich auf denselben Anspruch beziehen, der später als Zahlungsforderung rückwirkend geltend gemacht wird.*

6. Bestehen des Auskunftsanspruches

203 Der zugrunde liegende Auskunftsanspruch muss **bestehen** und **fällig** sein.

Daraus folgt, dass ein Auskunftsverlangen vor Ablauf der Frist des § 1605 Abs. 2 BGB nicht ausreicht, die Verzugswirkungen herbeizuführen.[406] Eine Ausnahme gilt nur dann, wenn der Unterhaltsberechtigte darlegen kann, dass das Auskunftsverlangen zum damaligen Zeitpunkt ausnahmsweise, etwa wegen des Erwerbs wesentlich höherer Einkünfte oder weiteren Vermögens, gerechtfertigt war.[407]

204 Dagegen geht das OLG Hamm davon aus, es komme für die in § 1613 Abs. 1 BGB normierten Rechtsfolgen nicht darauf an, ob zum Zeitpunkt des Auskunftsverlangens ein rechtlicher Anspruch der Antragstellerin auf Auskunftserteilung nach den §§ 1361 Abs. 4 S. 4, 1605 BGB bestand.[408]

Dem kann nicht gefolgt werden. Ein Auskunftsverlangen, das innerhalb der Sperrfrist des § 1605 Abs. 2 BGB gestellt wird, reicht nicht aus.[409] Anspruchsgrundlage für das Auskunftsverlangen ist § 1605 BGB; ohne Vorliegen der Voraussetzungen einer Anspruchsgrundlage treten auch die in § 1613 BGB geregelten Rechtsfolgen nicht ein.

205 Der Auskunftsanspruch ist ein unselbstständiger Hilfsanspruch zum jeweiligen Unterhaltsanspruch. Folglich müssen die **materiell-rechtlichen Voraussetzungen des Unterhaltsanspruchs gegeben sein**, die von den wirtschaftlichen Verhältnissen der Parteien unabhängig sind.

206 Die gewünschte Auskunft muss **für den Unterhaltsanspruch relevant** sein. Es genügt aber bereits, dass die Auskunft für die Bemessung der Höhe des Unterhalts von Bedeutung sein kann.[410]

207 Auskunft wird dagegen **nicht geschuldet**, wenn feststeht, dass die Auskunft den Unterhaltsanspruch unter keinem Gesichtspunkt beeinflussen kann.[411]

- Das ist z.B. dann der Fall, wenn feststeht, dass der **Bedarf** des Unterhaltsberechtigten **vollständig** durch eigene Einkünfte **gedeckt** wird.[412]
- Liegt ein wirksamer **Unterhaltsverzicht** vor, besteht auch keine Auskunftspflicht.[413] Damit lässt sich die Wirksamkeit eines ehevertraglichen Unterhaltsverzichtes im Rahmen des auf Unterhalt gerichteten Auskunftsverlangens überprüfen.
- Auch kann keine Auskunft verlangt werden, wenn der Auskunftsberechtigte die erforderlichen **Informationen selbst kennt**.[414]
- Ein Auskunftsanspruch scheidet aus, wenn der an sich Auskunftspflichtige weder Unterhaltsansprüche gegen den Auskunftsberechtigten geltend macht noch dieser seinerseits Unterhaltsansprüche hat.[415] Denn ein Auskunftsanspruch ist kein Selbstzweck ist, sondern dient der Berechnung und damit

406 OLG Köln v. 5.2.2003 – 26 UF 15/02, FamRZ 2003, 1960; AG Herford v. 28.1.2002 – 14 F 955/01, FamRZ 2002, 1728; OLG Düsseldorf v. 16.10.1992 – 3 WF 179/92, FamRZ 1993, 591.

407 OLG Köln v. 5.2.2003 – 26 UF 15/02, FamRZ 2003, 1960.

408 OLG Hamm v. 17.11.2011 – 2 WF 129/11, NJW-RR 2012, 261.

409 OLG Köln FamRZ 2003, 1960; OLG Düsseldorf FamRZ 1993, 591; AG Herford FamRZ 2002, 1728; *Menne* in NK-BGB, 2020, § 1613 Rn 8 m.w.N.

410 BGH FamRZ 1994, 1169.

411 BGH FamRZ 1994, 1169; BGH FamRZ 1993, 1065; BGH v. 7.7.1982 – IVb ZR 738/80, LM Nr. 3 zu § 1580 BGB.

412 OLG Düsseldorf v. 2.9.1997 – 1 UF 12/97, FamRZ 1998, 1191–1192.

413 OLG Saarbrücken v. 14.2.2002 – 6 WF 114/01, OLGR Saarbrücken 2002, 172–173.

414 BGH FamRZ 1994, 1169.

415 BGH NJW 2013, 1740.

letztlich der Durchsetzung eines zugrundeliegenden Anspruches. Wo aber – wie hier – kein Anspruch besteht, ist für ein Auskunftsverlangen kein Raum.

- Die früher allgemein vertretene Ansicht, dass eine Auskunftsverpflichtung eines unterhaltspflichtigen Ehegatten ausscheidet, wenn dieser sich für unbeschränkt leistungsfähig erklärt[416] (Fall des sog. konkreten Bedarfs), ist nach der Entscheidung des BGH v. 15.11.2017 nicht mehr haltbar.[417] Dies gilt auch für den Kindesunterhalt.[418]

Dagegen steht der **Verwirkungseinwand** des § 1611 BGB und des § 1579 BGB dem Auskunftsanspruch nach § 1605 BGB regelmäßig nicht entgegen.[419] Denn die notwendige Beurteilung und Abwägung, ob der Unterhaltsanspruch verwirkt ist, lässt sich ohne Kenntnis der Einkünfte nicht vornehmen. **208**

Eine Auskunftsverpflichtung scheidet nur dann aus, wenn der Unterhaltsanspruch aufgrund der Verwirkungsnorm sicher entfällt. Dies kann jedenfalls dann nicht sicher angenommen werden, wenn möglicherweise auch nur eine Herabsetzung des Unterhaltes in Betracht kommt.[420] **209**

Legen die tatsächlichen Verhältnisse es allerdings nahe, dass der Unterhaltsanspruch nicht besteht oder verwirkt ist, verlangt die **Darlegungslast** des sich eines Auskunftsanspruchs berühmenden Ehegatten mehr als nur die Darstellung des Unterhaltsverhältnisses.[421] **210**

Dementsprechend bestehen für ein gerichtliches Auskunftsverfahren keine Erfolgsaussichten, wenn die Anspruchsvoraussetzungen für einen Unterhaltsanspruch nicht dargelegt werden.[422] Begehrt ein volljähriges Kind Auskunft, ist Verfahrenskostenhilfe zumindest dann zu verweigern, wenn aufgrund der aus der Akte erkennbaren Fakten ein Unterhaltsanspruch nicht einmal wahrscheinlich erscheint.[423] **211**

Gegenüber einem Auskunftsanspruch kann **kein Zurückbehaltungsrecht** geltend gemacht werden.[424] Der Auskunftspflichtige kann seinerseits mit einem eigenständigen Auskunftsverlangen vorgehen. **212**

7. Weiteres Vorgehen nach Erteilung der Auskunft

Nach einer Aufforderung zur Auskunft, die auch erteilt wird, muss der Berechtigte den Unterhaltspflichtigen **zeitnah zur Zahlung eines bezifferten Betrages auffordern**, um die Wirkungen dieser Aufforderung aufrechtzuerhalten.[425] Bei zu langem Abwarten besteht die Gefahr der Verwirkung.[426] **213**

8. Auswirkungen der Bezifferung des Unterhaltes nach einem Auskunftsverlangen

Probleme können sich in der Praxis dann ergeben, wenn der Unterhaltsberechtigte nach einem Auskunftsverlangen seinen **Anspruch beziffert**, dann aber später **einen noch höheren Unterhaltsanspruch rückwirkend verlangt**. **214**

Beispiel **215**

Der Anwalt der Ehefrau fordert den Ehemann mit Schreiben vom 15.1.2022 – zugegangen am 18.1.2022 – zur Auskunft auf, da er Ehegattenunterhalt geltend machen will. Nachdem die Unterlagen

416 OLG Köln FamRZ 2010, 1445.
417 BGH v. 15.11.2017 – XII ZB 503/16, FamRZ 2018, 260.
418 KG, Beschl. v. 26.6.2019 – 13 UF 89/13.
419 OLG Frankfurt v. 2.3.1993 – 4 WF 24/93, FamRZ 1993, 1241–1242.
420 OLG Bamberg v. 21.7.2005 – 2 UF 70/05, FuR 2005, 519 entschieden für den Fall des § 1579 BGB.
421 OLG Brandenburg v. 21.7.2006 – 9 UF 107/06, FamRZ 2007, 288–289.
422 OLG Hamm v. 29.12.2004 – 13 WF 348/04, FamRZ 2005, 1839.
423 OLG Naumburg v. 6.2.2008 – 3 WF 20/08.
424 OLG Brandenburg v. 21.12.2000 – 10 WF 9/00, OLGR Brandenburg 2002, 251–252.
425 OLG Karlsruhe v. 16.2.2006 – 16 WF 26/06 m. Anm. *Schürmann*, jurisPR-FamR 16/2006, Anm. 2; BGH FamRZ 1988, 478, 480.
426 Vgl. *Kofler*, NJW 2011, 2470–2476; *Jüdt*, FuR 2010, 548 und FuR 2010, 624 sowie *Henjes*, FuR 2009, 432–435.

ihm am 5.2.2022 zugegangen sind, errechnet er einen monatlichen Unterhalt von 500 EUR, den er mit Schreiben vom 8.2.2022 – zugegangen am 12.2.2022 – geltend macht.

Nachdem keine Zahlung erfolgt, reicht er unter dem 14.3.2022 bei Gericht einen Zahlungsantrag ein, der dem Gegner am 26.3.2022 zugestellt wird. In diesem Antrag verlangt er jetzt nach einer Neuberechnung 700 EUR. Die Forderung ist auch in dieser Höhe begründet.

Fraglich ist, ob er diesen Betrag auch rückwirkend – ggf. von welchem Zeitpunkt an – durchsetzen kann.

Stellt man auf den Zeitpunkt des Auskunftsverlangens ab, dann wäre gem. § 1613 BGB rückwirkend zum 1.1.2022 durch das am 15.1.2022 zugegangene Auskunftsverlangen Verzug eingetreten, und zwar in Höhe des später gerichtlich zuerkannten Betrages – also in Höhe von 700 EUR mtl.

216 Der BGH hat hierzu aber klargestellt, dass es § 1613 Abs. 1 S. 1 BGB es grundsätzlich nicht erlaubt, einen nach dem ursprünglichen Auskunftsbegehren bezifferten Unterhaltsanspruch nachträglich betragsmäßig zu erhöhen.[427]

Zwar berechtigt § 1613 Abs. 1 S. 1 BGB den Unterhaltsgläubiger für die Vergangenheit von dem Zeitpunkt an Unterhalt zu fordern, zu welchem der Verpflichtete zur entsprechenden Auskunftserteilung aufgefordert worden ist. Der Wortlaut der Norm verbietet eine rückwirkende Erhöhung nach einer zwischenzeitlich erfolgten Bezifferung des Unterhalts nicht. Die Norm ist jedoch einschränkend auszulegen. Ab Zugang des Auskunftsbegehrens wird der Unterhaltspflichtige vom Gesetzgeber nicht mehr als schutzwürdig angesehen, da er von nun an konkret damit rechnen muss, auf Unterhalt in Anspruch genommen zu werden und hierzu gegebenenfalls Rückstellungen bilden kann. Wenn aber **der Unterhaltsberechtigte seinen Unterhaltsanspruch nach der erteilten Auskunft beziffert hat, ohne sich zugleich vorzubehalten, den Anspruch gegebenenfalls im Hinblick auf noch nicht erfolgte Auskünfte zu erhöhen, braucht der Unterhaltspflichtige nur noch mit einer Inanspruchnahme in der bezifferten Höhe zu rechnen**. Wäre es dagegen zulässig, dass später noch höhere Forderungen für die Vergangenheit wirksam geltend gemacht werden, hätte man dem Schuldner genau das Risiko unkalkulierbar angewachsener Rückstände aufgebürdet, vor dem ihn § 1613 BGB gerade schützen will. Zudem ist nicht gerechtfertigt, den Unterhaltsberechtigten, der seine Forderung nach vorangegangener Auskunft beziffert hat, besser zu stellen als den Unterhaltsberechtigten, der seine Unterhaltsforderung sogleich beziffert hat. Für Letzteren begründet § 1613 Abs. 1 BGB nur in Höhe des bezifferten Betrages Verzug, so dass eine nachträgliche Erhöhung des Anspruchs rückwirkend nicht möglich ist.

217 Für den Fall bedeutet dies:

- Das Auskunftsverlangen vom 15.1.2022 hat Verzug ausgelöst rückwirkend zum 1.1.2022
- Die Höhe des in Verzug gesetzten Betrages wird durch die Zahlungsaufforderung vom 8.2.2022 konkretisiert auf mtl. 500 EUR.
- Erst ab Rechtshängigkeit des erhöhten Antrages können mtl. 700 EUR rückwirkend festgesetzt werden.

OLG Saarbrücken v. 22.6.2021 – 6 UF 167/20[428]

Der Antragsgegner ist zwar durch das außergerichtliche Schreiben zur Auskunft über seine Einkünfte und sein Vermögen aufgefordert worden. Die Wirkungen des Auskunftsverlangens treten nur in der Höhe ein, in der der Unterhalt zum Zeitpunkt des – damaligen – Auskunftsverlangens geschuldet war.

Es erfasst grundsätzlich keine späteren Erhöhungen des geltend gemachten Anspruchs, sei es wegen Einkommenssteigerungen oder eines Alterssprunges

427 BGH FamRZ 2013, 109 m. Anm. *Finke* = NJW 2013, 161; siehe auch OLG Brandenburg v.18.12.2014 – 9 UF 182/12, juris; OLG Hamm NJW 2013, 3314 = FamRZ 2014, 483.

428 OLG Saarbrücken v. 22.6.2021 – 6 UF 167/20, FamRZ 2022, 186.

Praxistipp

Werden zum Jahresbeginn höhere Tabellensätze in der Düsseldorfer Tabelle festgelegt, steigt zwar dadurch der Unterhaltsanspruch des Kindes.

Wird später im Laufe des Jahres entsprechend höherer Unterhalt geltend gemacht, so ist dies rückwirkend nur dann durchsetzbar, wenn der Unterhaltspflichtige auch entsprechend in Verzug gesetzt worden ist.

Der Unterhaltspflichtige gerät durch die geänderte Festsetzung der Tabellenbeträge nicht automatisch in Verzug!

Entsprechendes gilt auch dann, wenn sich der Unterhaltsanspruch des Kindes erhöht, wenn es aufgrund eines Alterssprunges in eine höhere Tabellenspalte rutscht. Auch hier muss der Unterhaltspflichtige zu höheren Zahlungen aufgefordert werden, um später entsprechende Rückstände einfordern zu können.

OLG Brandenburg v. 7.5.2013 – 10 UF 1/13[429]

Eine rückwirkende Geltendmachung von höherem Unterhalt ist möglich, wenn der Unterhaltspflichtige zur Auskunft und Zahlung von Unterhalt aufgefordert worden ist, in diesem Schreiben aber hinreichend deutlich gemacht wurde, ***dass die Zahlung von Mindestunterhalt nur vorläufig gefordert wird und eine konkrete Bezifferung erst nach erfolgter Auskunftserteilung vorgenommen werden soll****.*

Auch beim Altersvorsorgeunterhalt scheidet eine rückwirkende Erweiterung aus. Eine Nachforderung ist also ausgeschlossen, wenn im vorangegangenen Leistungsverfahren vergessen worden ist, Vorsorgeunterhalt geltend zu machen (siehe Rdn 70 f. und Rdn 95 f.).[430] **218**

Zwar kann **Altersvorsorgeunterhalt**[431] für die Vergangenheit nicht erst von dem Zeitpunkt an verlangt werden kann, in dem er ausdrücklich geltend gemacht worden ist. Elementar- und Altersvorsorgeunterhalt sind nicht Gegenstand eigenständiger Ansprüche, sondern lediglich Teile des einheitlichen, den gesamten Lebensbedarf umfassenden Unterhaltsanspruchs. Daher reicht es aus, wenn der Unterhaltspflichtige zur Auskunft aufgefordert worden ist mit dem Ziel der Geltendmachung eines Unterhaltsanspruchs. Eines gesonderten Hinweises, es werde auch Altersvorsorgeunterhalt verlangt, bedarf es nicht.

Dies betrifft jedoch allein das Auskunftsersuchen als solches, nicht aber die Bezifferung des Anspruchs. Wenn der Unterhaltsberechtigte seinen Unterhaltsanspruch beziffert hat, ohne damit auch seinen Altersvorsorgeunterhalt geltend zu machen, scheidet ein rückwirkend verlangter, über den bezifferten Betrag hinausgehender, Unterhalt aus. Denn Unterhalt wird regelmäßig in voller Höhe geltend gemacht, so dass die Vermutung gegen eine Teilforderung spricht. Beziffert der Unterhaltsberechtigte seinen Unterhaltsanspruch, ohne zugleich Altersvorsorgeunterhalt geltend zu machen, fehlt es an einem erkennbaren Vorbehalt hinsichtlich einer etwaigen Nachforderung von Vorsorgeunterhalt.

Dies gilt auch dann, wenn der Unterhaltsgläubiger sich nicht bewusst war, Vorsorgeunterhalt verlangen zu können. Auch dann kann nicht von einem solchen Vorbehalt ausgegangen werden. Aus der Sicht des Unterhaltsberechtigten ist nämlich der gesamte Unterhalt geltend gemacht worden. Die Annahme eines Vorbehalts setzt voraus, dass sich der Unterhaltsberechtigte des Bestehens einer weiteren Forderung bewusst war.

429 OLG Brandenburg NJW 2014, 323.

430 BGH v. 19.11.2014 – XII ZB 478/13, FamRZ 2015, 309 m. Anm. *Maurer* = NJW 2015, 334; BGH, Beschl. v. 7.11.2012 – XII ZB 229/11, FamRZ 2013, 109 m. Anm. *Finke* = NJW 2013, 161; OLG Saarbrücken, Beschl. v. 21.1.2014 – 6 WF 7/14.

431 Zum Altersvorsorgeunterhalt siehe *Jüdt*, FuR 2015, 622; *Götsche*, FuR 2015, 639, *Büte*, FuR 2015, 446; zu den Möglichkeiten der Anlage des Vorsorgeunterhaltes siehe BGH FamRZ 2021, 1878; zu den Rechtsfolgen **zweckwidriger Verwendung von Vorsorgeunterhalt** siehe BGH v. 13.11.2019 – XII ZB 3/19, FamRZ 2020, 171; BGH v. 6.10.1982 – IVb ZR 311/81, FamRZ 1982, 1187, 1189 und *Finke*, FamFR 2013, 1–4.

Auch bei einem bestehenden Titel kann eine wesentliche Änderung der tatsächlichen oder rechtlichen Verhältnisse (§ 238 Abs. 1 Satz 2 FamFG) nicht allein mit dem nachträglich gefassten Entschluss begründet werden, nunmehr auch einen – im Erstverfahren möglicherweise „vergessenen" – Altersvorsorgebedarf nachträglich geltend machen zu wollen. Erst wenn eine Anpassung des bestehenden Unterhaltstitels dadurch eröffnet wird, dass sich die für die Unterhaltsbemessung in der Erstentscheidung maßgeblichen tatsächlichen und rechtlichen Verhältnisse wesentlich geändert haben, kann auch Vorsorgeunterhalt verlangt werden.[432]

219 *Praxistipp*

- *„Eine rückwirkende Erhöhung des Unterhaltsanspruchs ist ohne einen entsprechenden Vorbehalt nicht zulässig."* Der Unterhaltsgläubiger trägt damit das Risiko von Berechnungs- und Bezifferungsfehlern.[433]
- *Finke* betont in seiner zustimmenden Anmerkung zur Entscheidung des BGH,[434] dass der Unterhaltsberechtigte bei der Bezifferung seines Anspruches genau abwägen müsse, ob er sich nicht **eine Erhöhung des Unterhaltes vorbehalten** wolle. Denn es ergebe sich vielfach erst im Laufe des weiteren Unterhaltsverfahrens – insbesondere nach Erörterung im gerichtlichen Verfahren –, ob sich die Höhe des Anspruchs genau bemessen lässt.
- *Finke* weist aber auch auf das Risiko hin, dass der Gegner auf einen solchen Vorbehalt mit einem **negativen Feststellungsantrag reagieren** könne.[435]
- Ein solches Risiko ist aber nicht gegeben, wenn – wie der BGH ausführt – der Vorbehalt im Hinblick auf noch weitere ausstehende Auskünfte erklärt wird. Dann hätte ein negatives Feststellungsbegehren der Gegenseite keine Aussicht auf Erfolg. Wenn allerdings bereits alle maßgeblichen Fakten auf dem Tisch liegen, ist ein pauschaler Vorbehalt einer späteren Erhöhung mit Risiken behaftet.
- In diesem Zusammenhang sind auch die **verfahrensrechtlichen Auskunftsverpflichtungen der §§ 235, 236 FamFG** von Bedeutung (dazu ausführlich § 8 Rdn 101 ff.). Der Verfahrensbeteiligte kann durch einen entsprechenden Antrag in einem gerichtlichen Zahlungsverfahren nach Abs. 2 der vorgenannten Vorschriften entsprechende gerichtliche Auflagen erwirken.[436]

9. Bedeutung des § 1613 BGB für Abänderungsverfahren

a) Abänderungsverfahren gegen gerichtliche Titel

220 Die Vorschrift des § 1613 Abs. 1 BGB hat insbesondere Bedeutung für **Abänderungsbegehren bei Bestehen eines gerichtlichen Titels** (§ 238 FamFG).

Ist Unterhalt durch eine gerichtliche Hauptsachenentscheidung tituliert, kann wegen der verfahrensrechtlichen Sperre des § 238 Abs. 3 ZPO S. 1 FamFG eine Abänderung nur mit Wirkung vom **Zeitpunkt** der **Zustellung des Abänderungsantrags** an verlangt werden. Wenn jedoch dem Verfahrensgegner zuvor rechtzeitig eine den Anforderungen des § 1613 BGB genügende Auskunftsaufforderung zugegangen ist, kann ein bestehender Unterhaltstitel unter den Voraussetzungen des § 238 Abs. 3 S. 2 und 3 FamFG auch rückwirkend abgeändert werden.

221 Für das **Erhöhungsverlangen** des **Unterhaltsberechtigten** macht hier **§ 238 Abs. 3 S. 2 FamFG** die rückwirkende Abänderung und damit die gerichtliche Durchsetzung eines höheren Unterhaltsanspruchs bereits ab dem Zeitpunkt möglich, zu dem die Voraussetzungen des § 1613 Abs. 1 BGB vorgelegen haben.

432 BGH v. 19.11.2014 – XII ZB 478/13, FamRZ 2015, 309; BGHZ 94, 145, 149 = FamRZ 1985, 690, 691;.
433 OLG Hamm, Beschl. v. 10.7.2013 – II-13 UF 39/13, NJW 2013, 3314.
434 *Finke*, FamRZ 2013, 114.
435 *Finke*, FamRZ 2013, 114.
436 Ausführlich *Viefhues*, FuR 2013, 20.

Für ein **Herabsetzungsbegehren** des **Unterhaltspflichtigen** gilt **§ 238 Abs. 3 S. 3 FamFG**.[437] Danach kann der Antrag auf Herabsetzung des Unterhalts ab dem Ersten des auf ein entsprechendes Auskunfts- oder Verzichtsverlangen des Antragstellers folgenden Monats durchgesetzt werden. 222

- Das auf eine Herabsetzung des Unterhalts gerichtete Verlangen des Schuldners unterliegt damit spiegelbildlich den Voraussetzungen, für die nach den Vorschriften des bürgerlichen Rechts Unterhalt für die Vergangenheit verlangt werden kann.[438]
- Erforderlich sind somit entweder ein **Auskunftsverlangen** mit dem Ziel der Herabsetzung des Unterhalts gegenüber dem Unterhaltsgläubiger oder die Aufforderung an den Unterhaltsgläubiger, teilweise oder vollständig auf den titulierten Unterhalt zu verzichten (sog. „**negative Mahnung**").[439]
- Die Voraussetzungen des § 1613 BGB müssen gegeben sein. Im Streitfall muss auch der Zugang eines entsprechenden Verlangens nachgewiesen.
- Eine **absolute Sperre** bildet (§ 238 Abs. 3 S. 4). Danach kann für eine **mehr als ein Jahr vor Rechtshängigkeit** liegende Zeit keine Herabsetzung verlangt werden. Diese Regelung lehnt sich an § 1585b Abs. 3 BGB an.

b) Abänderungsverfahren und Verfahrenskostenhilfe

aa) Rechtshängigkeit bereits durch Antrag auf Verfahrenskostenhilfe?

In der Vergangenheit wurde teilweise vertreten, dass bereits durch die die Übersendung eines VKH-Antrages Rechtshängigkeit eintritt. Durch die Fassung des § 238 Abs. 3 S. 1 FamFG ist jetzt klargestellt, dass die Zeitschranke nicht durch ein vorangegangenes Verfahrenskostenhilfeverfahren oder die bloße Einreichung der Antragsschrift bei Gericht ausgelöst wird.[440] 223

Empfohlen wird in diesem Zusammenhang, die sofortige Zustellung vor Zahlung eines Gerichtskostenvorschusses zu beantragen. Die Pflicht zur Zahlung eines Gerichtskostenvorschusses besteht nicht, wenn

- glaubhaft gemacht wird, dass dem Antragsteller die alsbaldige **Zahlung der Kosten** mit Rücksicht auf seine Vermögenslage oder aus sonstigen Gründen **Schwierigkeiten** bereiten würde (§ 15 Nr. 3a FamGKG) oder
- glaubhaft gemacht wird, dass eine Verzögerung dem Antragsteller einen nicht oder nur schwer zu ersetzenden **Schaden** bringen würde; zur Glaubhaftmachung genügt in diesem Fall die Erklärung des zum Verfahrensbevollmächtigten bestellten Rechtsanwalts (§ 15 Nr. 3b FamGKG).

Zu bedenken ist dabei aber, dass durch die – sofortige – Zustellung auch Rechtshängigkeit eintritt und Kosten ausgelöst werden. Wird später Verfahrenskostenhilfe nicht oder nur in geringerem Umfang bewilligt, wird der Antragsteller mit diesen Kosten belastet. 224

Der Zugang eines bezifferten (höheren) Zahlungsantrages im Rahmen eines gerichtlichen Verfahrens setzt den Antragsgegner jedoch immer bereits schon nach den allgemeinen Regelungen (§ 286 Abs. 1 S. 1 BGB) in Verzug. Dazu genügt ein korrektes Auskunftsverlangen (vgl. § 1613 BGB). 225

bb) Verweigerung der VKH bei fehlender vorgerichtlicher Aufforderung zur Herabsetzung?

Eine Reihe von Obergerichten bewilligt nur dann Verfahrenskostenhilfe für ein Abänderungsbegehren auf Herabsetzung des Unterhaltes, wenn ein außergerichtlicher Abänderungsversuch erfolglos durchgeführt worden ist. Dazu einige Entscheidungen verschiedener Oberlandesgerichte: 226

437 Diese Möglichkeit bestand nach früherem Recht (§ 323 ZPO) nicht!
438 OLG Brandenburg v. 15.10.2013 – 3 WF 98/13, FamRZ 2014, 1216.
439 OLG Hamburg FamFR 2013, 36; OLG Koblenz FuR 2015, 486, OLG Brandenburg FamRZ 2014, 1216.
440 Hdb. FAFamR/*Kintzel*, 12. Aufl., Kap. 6 Rn 1214.

227 ***OLG Hamburg, Beschl. v. 5.12.2012 – 7 WF 117/12***[441]

Es ist mutwillig im Sinne von §§ 76 Abs. 1 FamFG, 114 Satz 1 ZPO, wenn der Unterhaltsschuldner Verfahrenskostenhilfe für einen ***Antrag auf Herabsetzung*** *des Unterhalts nach § 240 FamFG erstrebt, nachdem der Unterhaltsgläubiger ihm mitgeteilt hat, künftig nur noch den reduzierten Unterhalt zu verlangen.*

Für ein ***Verzichtsverlangen*** *im Sinne von § 240 Abs. 2 Satz 3 FamFG (bzw. § 238 Abs. 3 Satz 3 FamFG) genügt eine Mitteilung des Unterhaltsschuldners an den Unterhaltsgläubiger, in der der Unterhaltsschuldner schlüssig darlegt, dass nunmehr nur noch ein geringerer Unterhalt geschuldet sei, und den Unterhaltsgläubiger ernsthaft zu der Erklärung auffordert, die Herabsetzung des Unterhalts zu akzeptieren. Die Vorlage von Belegen dafür, dass das Herabsetzungsverlangen begründet sei, ist nicht erforderlich.*

Das Verzichtsverlangen soll nach der Konzeption des Gesetzgebers „spiegelbildlich" einer Mahnung entsprechen und im Sinne einer „negativen Mahnung" die an den Unterhaltsgläubiger gerichtete Aufforderung bilden, teilweise oder vollständig auf den titulierten Unterhalt zu verzichten. Diesen Anforderungen genügt eine Mitteilung des Unterhaltsschuldners an den Unterhaltsgläubiger, in der der Unterhaltsschuldner schlüssig darlegt, dass nunmehr nur noch ein geringerer Unterhalt geschuldet sei, und den Unterhaltsgläubiger ernsthaft zu der Erklärung auffordert, die Herabsetzung des Unterhalts zu akzeptieren. Die Vorlage von Belegen dafür, dass das Herabsetzungsverlangen begründet sei, ist dafür ebenso wenig erforderlich wie bei einer auf die Zahlung eines erhöhten Unterhalts gerichteten Mahnung, für die die Konkretisierung der Forderung und ihre schlüssige Darlegung ebenfalls ausreicht (vgl. OLG Hamm, Urt. v. 27.5.1994 – 11 UF 393/92, FamRZ 1995, 106 f., 107).

228 ***OLG München, Beschl. v. 29.9.2010 – 33 WF 1567/10***[442]

Keine Verfahrenskostenhilfe für Abänderungsverfahren bei fehlendem außergerichtlichem Abänderungsversuch.

Verfahrenskostenhilfe ist wegen Mutwilligkeit zu verweigern, wenn der Unterhaltsschuldner es versäumt hat, den Unterhaltsgläubiger zur zumindest teilweisen Herabsetzung seiner titulierten Verpflichtung durch einen Vollstreckungsverzichts zu erreichen.

229 ***OLG Oldenburg, Beschl. v. 15.2.2011 – 14 UF 213/10***

Ein Unterhaltsgläubiger gibt noch ***keinen Anlass zur Einleitung eines Abänderungsverfahrens,*** *wenn er sich mit der – vorübergehenden – Herabsetzung des titulierten Betrages einverstanden erklärt. Besteht der Unterhaltsschuldner gleichwohl auf einer Änderung des Titels, muss er den Gläubiger vor der Inanspruchnahme gerichtlicher Hilfe auffordern, an einer Anpassung des Titels mitzuwirken. Anderenfalls sind ihm bei einem* ***sofortigen Anerkenntnis die Kosten des Verfahrens aufzuerlegen****.*

230 ***OLG Hamm, Beschl. v. 2.2.2011 – II-8 WF 262/10***[443]

Denn die Antragsgegnerin hat jedenfalls im Sinne von § 93 ZPO Veranlassung zur Klage gegeben, als sie auf die ***außergerichtliche Aufforderung*** *des Antragstellers auf Abänderung des titulierten Unterhalts vom 28.5.2010 eine Herabsetzung mit Schreiben vom 7.6.2010* ***ablehnte****.*

441 OLG Hamburg FamFR 2013, 36.
442 OLG München FamRZ 2011, 386 [LS].
443 OLG Hamm FamRZ 2011, 1245.

OLG Stuttgart, Beschl. v. 31.8.2011 – 17 UF 194/11[444] **231**

1. *Die **Voraussetzungen eines sofortigen Anerkenntnisses liegen nicht vor**, wenn der Gläubiger eines titulierten Unterhalts dem Antrag des Unterhaltsschuldners im Verfahrenskostenhilfeprüfverfahren auf Verfahrenskostenhilfe für einen Vollstreckungsgegenantrag zunächst entgegentrat und erst nach Bewilligung der Verfahrenskostenhilfe und Zustellung der Klage ein Anerkenntnis zum Verzicht auf die Rechte aus dem Unterhaltstitel abgab.*
2. *Dem steht auch nicht entgegen, dass der Unterhaltsschuldner vor Stellung des Verfahrenskostenhilfegesuchs den Unterhaltsgläubiger **nicht aufgefordert hat, auf die Rechte aus dem titulierten Unterhaltsanspruch zu verzichten** und den Titel herauszugeben, wenn gleichzeitig aufgrund des bestehenden Unterhaltstitels ein Pfändungs- und Überweisungsbeschluss beantragt wurde.*

Zu bedenken ist aber, dass ohne eine vorgerichtliche Aufforderung zur Herabsetzung oder gar zum Verzicht der titulierten Forderung die Gefahr besteht, dass der Unterhaltsberechtigte in einem gerichtlichen Abänderungsverfahren ein sofortiges Anerkenntnis abgibt mit der für den Antragsteller nachteiligen Kostenfolge des § 243 S. 2 Nr. 4 FamFG.

c) Rückforderung überzahlten Unterhaltes

Die Möglichkeit,[445] einen titulierten Unterhalt ggf. rückwirkend herabzusetzen, führt nicht automatisch dazu, dass bereits geleisteter Unterhalt zurückgezahlt wird. **232**

Zu unterscheiden ist folglich zwischen der Möglichkeit, den bereits titulierten Unterhalt rückwirkend herabzusetzen und der Möglichkeit, entsprechenden **überzahlten Unterhalt zurückzufordern**.

Ein solcher Rückzahlungsanspruch ergibt sich nach Wegfall des Titels aus **Bereicherungsrecht** gem. § 812 BGB. Diesem Anspruch kann aber der **Wegfall der Bereicherung** entgegengehalten werden. **233**

Regelmäßig sind erhaltene Unterhaltsleistungen bereits **verbraucht** – besonders dann, wenn dem Unterhaltsempfänger keine sonstigen finanziellen Mittel zur Deckung seines laufenden Lebensunterhalts zur Verfügung standen. **234**

Die Rechtsprechung geht hier zusätzlich von einer **Beweiserleichterung zugunsten des Berechtigten aus**, wenn aus der Überzahlung keine besonderen Rücklagen oder Vermögensvorteile angeschafft wurden. Gerade bei unteren und mittleren Einkommen spreche die Lebenserfahrung dafür, dass das Erhaltene für eine Verbesserung des Lebensstandards ausgegeben wurde, ohne dass der Bereicherte einen besonderen Verwendungsnachweis erbringen musste.[446] Nur wenn der Unterhaltsgläubiger mit den Überzahlungen zwar seinen Lebensunterhalt finanziert hat, hierdurch aber gleichzeitig die Möglichkeit hatte, mit anderen Ersparnissen Vermögen zu bilden, z.B. ein Fahrzeug anzuschaffen oder Schulden zu tilgen, dann wurde er nicht als entreichert angesehen.[447] Voraussetzung ist, dass der überzahlte Unterhalt kausal für den anderen Vermögensvorteil war.[448] **235**

Damit besteht praktisch immer das Risiko, dass spätere – begründete – Rückzahlungsansprüche scheitern. **236**

Der Einwand des Wegfalls der Bereicherung ist nur dann mit Sicherheit versperrt, wenn sich der Berechtigte in der sog. **verschärften Haftung** befand (§§ 818 Abs. 4, 819, 820 BGB). **237**

Die verschärfte Haftung erfordert nach den strengen bereicherungsrechtlichen Regeln die Kenntnis vorn Fehlen des Rechtsgrunds der Unterhaltsleistung, und der sich daraus ergebenden Folgen. Erforderlich ist positives Wissen vom fehlenden Rechtsgrund; die bloße Kenntnis von Tatsachen, auf denen das Fehlen des Rechtsgrundes beruht, reicht nicht aus.[449]

444 OLG Stuttgart FamRZ 2012, 809–810.
445 Ausführlich *Born*, FamRZ 2023, 905
446 BGH NJW 1992, 2415; NJW 2000, 740.
447 OLG Köln NJW-RR 1998, 1701.
448 BGH NJW 1992, 2415.
449 BGH NJW 1998, 2433.

238 Gem. § 241 FamFG löst jedoch bereits die **Rechtshängigkeit eines auf Herabsetzung gerichteten Abänderungsantrags** die Wirkungen des § 818 Abs. 4 BGB aus. Die **negative Mahnung** alleine **genügt** jedoch – trotz der Rückwirkung gem. § 1613 BGB – **nicht**, um die **verschärfte bereicherungsrechtliche Haftung** des Unterhaltsempfängers auszulösen.

239 *Praxistipp*

- Zudem verschafft die verschärfte Haftung gem. § 241 FamFG nach Einleitung eines Abänderungsverfahrens dem Unterhaltsschuldner noch keinen Titel auf Rückzahlung des überzahlten Unterhaltes!
- Der Unterhaltspflichtige muss daher auf jeden Fall versuchen, so schnell wie möglich ein Abänderungsverfahren gem. §§ 238, 239 FamFG einzuleiten und darin die Einstellung der Zwangsvollstreckung aus dem Titel gem. § 242 FamFG i.V.m. § 769 ZPO zu erreichen, um eine weitere Vollstreckung zu verhindern.
- Denn auch ein erfolgreich gerichtlich durchgesetzter Rückforderungsanspruch führt nicht zwingend dazu, dass auch später das überzahlte Geld tatsächlich zurückerlangt werden kann. Selbst bei Bestehen eines Rückzahlungsanspruchs ist beim Unterhaltsempfänger oftmals „nichts zu holen".
- Eine Aufrechnung mit den Rückzahlungsansprüchen gegenüber zukünftigen Unterhaltsansprüchen scheitert am **Aufrechnungsverbot** (§ 400, § 850b Abs. 1 Nr. 1 ZPO).[450]

d) Abänderungsverfahren gegen sonstige Unterhaltstitel

240 Für die Abänderung von **Vergleichen** und **vollstreckbaren Urkunden**, die eine Verpflichtung zu künftig fällig werdenden wiederkehrenden Leistungen enthalten, gilt § 239 FamFG.

241 Danach unterliegt die Abänderbarkeit eines Vergleichs weder einer **Wesentlichkeitsgrenze** noch einer **zeitlichen Beschränkung**. Die Vertragspartner eines Vergleichs können die Kriterien der Abänderbarkeit selbstständig bestimmen.[451] Es kommt daher in erster Linie auf den Inhalt der Vereinbarung an.

242 Bei Vergleichen, ehevertraglichen Regelungen und auch einseitigen Unterhaltsverpflichtungen über nachehelichen Unterhalt stellt sich zuerst immer die Frage, **ob** – und ggf. in welchem Umfang – bereits eine **Abänderung vertraglich ausgeschlossen** ist.[452]

243 Einer **rückwirkenden Änderung** eines vertraglich geregelten Unterhaltsanspruches können nur **materiellrechtliche Gründe** entgegenstehen (§ 238 Abs. 2 FamFG). Auch hier gilt § 1613 Abs. 1 BGB.[453]

244 Der **Unterhaltsberechtigte** kann eine rückwirkende Änderung (= Mehrforderung für die Vergangenheit) nur in den **Grenzen des § 1613 Abs. 1 BGB** durchsetzen.[454] Eine weitergehende Abänderung verbietet diese Schuldnerschutzvorschrift.

245 Der **Unterhaltspflichtige** ist dagegen in der rückwirkenden Änderung nicht beschränkt;[455] insbesondere bedarf es keiner Negativmahnung wie bei § 238 Abs. 3 S. 3 FamFG; auch die Jahresgrenze des § 238 Abs. 3 S. 4 FamFG gilt nicht.

Allerdings stellt sich auch hier die Frage, ob für ein ohne vorherige Aufforderung eingeleitetes gerichtliches Abänderungsverfahren Verfahrenskostenhilfe wegen Mutwilligkeit verweigert wird (siehe oben Rdn 226) und ob für den Unterhaltsberechtigten die Möglichkeit eines sofortigen Anerkenntnisses mit der Kostenfolge des § 243 S. 2 Nr. 4 FamFG besteht (siehe unten Rdn 248).

450 Vgl. OLG Düsseldorf v. 4.4.2019 – II-3 UF 197/18, FamRZ 2020, 687.
451 BGH FamRZ 2010, 192.
452 BGH NJW 2015, 1242; BGH NJW 2010, 2349 m. Anm. *Born* = FamRZ 2010, 1238 m. Anm. *Borth*, FamRZ 2010, 1316 56 m. Anm. *Bömelburg*; BGH NJW 2012, 1209 m. Anm. *Born*; BGH NJW 2012, 1356; vgl. auch OLG Hamm, Beschl. v. 3.8.2011 – 8 UF 83/11, FamFR 2012, 106.
453 *Keidel*, FGG, § 239 Rn 38.
454 *Keidel*, FGG, § 239 Rn 37.
455 *Keidel*, FGG, § 239 Rn 38.

10. Praxisrelevante Risiken bei Abänderung von gerichtlich tituliertem Unterhalt für die Zukunft

Auch wenn der titulierte Unterhalt nur für die Zukunft abgeändert werden soll, sind jedoch vor der Einleitung eines gerichtlichen Abänderungsverfahrens nach § 238 FamFG die Risiken des Unterhaltsberechtigten zu bedenken, die sich **246**

- für die Bewilligung der Verfahrenskostenhilfe (siehe oben Rdn 222) und
- hinsichtlich der Kosten
  - durch ein nicht erfülltes vorgerichtliches Auskunftsverlangen oder
  - durch ein sofortiges Anerkenntnis

ergeben können

a) Auskunftsverlangen und gerichtliche Kostenentscheidung

Der – wechselseitig bestehende – unterhaltsrechtliche Auskunftsanspruch dient auch dazu, einen Rechtsstreit zu vermeiden. Beide Seiten des Unterhaltsrechtsverhältnisses sollen in die Lage versetzt werden, aufgrund vollständiger und zutreffender Informationen den Unterhalt eigenständig korrekt berechnen zu können. **247**

Damit korrespondieren die **Kostenregelungen** des **§ 243 S. 2 Nr. 2 FamFG** (früher §§ 93d, 269 Abs. 3 S. 2 ZPO).

Ein Auskunftspflichtiger, der seiner Verpflichtung zur Auskunft über die Einkünfte und das Vermögen nicht oder nicht vollständig nachgekommen ist und damit Veranlassung für ein gerichtliches Verfahren gesetzt hat, kann die Kosten nach billigem Ermessen ganz oder teilweise auferlegt bekommen. Hat der Gläubiger also den Schuldner durch ein Auskunftsverlangen nach § 1613 BGB mit dem gesetzlichen Unterhalt in Verzug gesetzt und werden Unterlagen zur mangelnden Leistungsfähigkeit erst im gerichtlichen Verfahren vom Schuldner vorgelegt, trifft die Kostenlast grundsätzlich den Schuldner.[456]

Dies gilt auch dann, wenn der Antragsgegner Anlass zu einem Unterhalts-Stufenverfahren gegeben hat und sich die Hauptsache im Verfahrenskostenhilfe-Prüfungsverfahren noch **vor der förmlichen Zustellung des Antrags** erledigt[457]

b) Risiko des sofortigen Anerkenntnisses

Wird der Verfahrensgegner ohne eine ausreichende vorgerichtliche Aufforderung mit einem gerichtlichen Verfahren überzogen, besteht die Gefahr, dass er ein sofortiges Anerkenntnis erklärt und dann die gesamten Kosten des Verfahrens dem antragstellenden Beteiligten auferlegt werden (§ 243 S. 2 Nr. 4 FamFG). Diese Gefahr besteht nicht nur bei einem **Erhöhungsverlangen** des Unterhaltsberechtigten, sondern auch bei einem **Herabsetzungsbegehren** des Unterhaltspflichtigen. **248**

> ***OLG Oldenburg, Beschl. v. 15.2.2011 – 14 UF 213/10***[458] **249**
>
> *Ein Unterhaltsgläubiger gibt noch* ***keinen Anlass zur Einleitung eines Abänderungsverfahrens,*** *wenn er sich mit der – vorübergehenden – Herabsetzung des titulierten Betrages einverstanden erklärt. Besteht der Unterhaltsschuldner gleichwohl auf einer Änderung des Titels, muss er den Gläubiger vor der Inanspruchnahme gerichtlicher Hilfe auffordern, an einer Anpassung des Titels mitzuwirken. Andernfalls sind ihm bei einem* ***sofortigen Anerkenntnis die Kosten des Verfahrens aufzuerlegen****.*

456 OLG Hamm v. 19.10.2021 – II-13 WF 148/21, FuR 2022, 153; OLG Brandenburg FamRZ 2022, 554; OLG Celle FamRZ 2012, 1744; OLG Naumburg FamRZ 2001, 1719.

457 OLG Celle FamRZ 2009, 72.

458 OLG Oldenburg NJW-RR 2011, 661.

250 ***OLG Hamm, Beschl. v. 2.2.2011 – II-8 WF 262/10***[459]

*Denn die Antragsgegnerin hat jedenfalls im Sinne von § 93 ZPO Veranlassung zur Einleitung eines gerichtlichen Verfahrens gegeben, als sie auf die **außergerichtliche Aufforderung** des Antragstellers auf Abänderung des titulierten Unterhalts vom 28.5.2010 eine Herabsetzung mit Schreiben vom 7.6.2010 **ablehnte**.*

II. Verzug durch bezifferte Zahlungsaufforderung

251 **Verzug** kann auch **durch Mahnung** eingetreten sein. § 286 Abs. 1 S. 1 BGB setzt eine wirksame Mahnung des Unterhaltsberechtigten nach Fälligkeit voraus. Die Verpflichtung zur Unterhaltsleistung und dessen Fälligkeit ergeben sich unmittelbar aus dem Gesetz.[460] Daher liegt in der Aufforderung zur Zahlung eines **konkreten Unterhaltbetrages** ab einem bestimmten Zeitpunkt mit der Konkretisierung des gesetzlichen Anspruchs bereits die Mahnung nach Fälligkeit. Die Mahnung muss nicht laufend wiederholt werden.[461]

Hinsichtlich des Adressaten der Zahlungsaufforderung und des Zugangs gelten die gleichen Grundsätze wie beim Auskunftsverlangen (siehe oben Rdn 247).

1. Inhalt der Mahnung

252 Die verzugsbegründende Mahnung muss

- die den Anspruch stellende **Person**,
- aber auch die geschuldete **Leistung** nach Umfang und Höhe

genau bezeichnen.

253 Diese Voraussetzungen sind nicht gegeben, wenn der Gläubiger für die Zukunft zwar monatliche Unterhaltsansprüche der Höhe nach beziffert, aber keinen näheren **Zeitpunkt** benennt, ab dem er ihre Zahlung fordert. Etwas anders gilt nur dann, wenn sich aus dem sonstigen Inhalt des Aufforderungsschreibens ein konkreter Zahlungsbeginn (z.B. ab Zugang des Schreibens oder ab dem ersten Tag des nächsten Monats) hinreichend deutlich entnehmen lässt.[462] Dabei kann auch bei einer bezifferten Unterhaltsforderung der Unterhalt rückwirkend auf den Ersten des Monats verlangt werden, in dem das Aufforderungsschreiben zugeht (§ 1613 Abs. 1 S. 2 i.V.m. § 1613 Abs. 1 S. 1 BGB).

254 Im notwendigen Inhalt einer **Mahnung** sind in der Praxis folgende **weitere Gesichtspunkte** relevant:

- Bei einer bezifferten Zahlungsaufforderung muss dem Verpflichteten auch die Bedürftigkeit des Berechtigten mitgeteilt werden, so dass **der Berechtigte seine wirtschaftlichen Verhältnisse** darlegen muss.[463] Denn nur so wird dem Schuldnerschutz als tragender Säule des Verzuges ausreichend Rechnung getragen und der Unterhaltsschuldner in die Lage versetzt, seine Zahlungsverpflichtung auch überprüfen und aus seiner Sicht nachrechnen zu können. Andernfalls kann das Verschulden des Schuldners (§ 286 IV BGB) fehlen.[464]
- Bezieht der Unterhaltsberechtigte also **eigenes Einkommen**, welches zur Bestimmung der Unterhaltshöhe von Bedeutung ist, gerät der Unterhaltspflichtige nur dann in Verzug, wenn ihm vor

459 OLG Hamm FamRZ 2011, 1245.
460 OLG Bamberg FamRZ 1990, 1235, 1236.
461 BGH FamRZ 1988, 370, 371.
462 OLG Karlsruhe FamRZ 1998, 742; AnwKomm/*Eder*, § 1613 Rn 10.
463 OLG Hamburg FamRZ 1997, 621; Finke/Garbe/*Büttner*, Familienrecht, 2009, § 3 Rn 322; Rotax/*Reinken*, Praxis des Familienrechts, 2009 Teil 5 Rn 428.
464 Vgl. *Roßmann* in Eschenbruch/Schürmann/Menne, Unterhaltsrecht, 2021, Kap. 3 Rn 51 m.w.N.

oder mit der Mahnung das Einkommen mitgeteilt wird, es sei denn, ihm ist die Höhe des Einkommens bereits bekannt.

- Im Grundsatz ist eine Bezifferung des **Endbetrags in der Mahnung** erforderlich.
  - Nicht ausreichend ist in aller Regel, etwa nur das Alter eines Kindes und das maßgebliche Einkommen mitzuteilen und auf Tabellensätze zu verweisen, aus denen sich der Unterhaltspflichtige – ggf. mit fachkundiger Hilfe – den geschuldeten Unterhalt selbst errechnen kann.[465] Es genügt also nicht, wenn z.B. nur Kindesunterhalt „entsprechend der Düsseldorfer Tabelle" oder Zahlung „des dem Einkommen entsprechenden Unterhalts" begehrt wird.
  - Eine **unbezifferte Mahnung** kann **ausnahmsweise** dann ausreichend sein, wenn nach dem Inhalt der Mahnung und den gesamten Umständen für den Unterhaltspflichtigen klar ist, welchen konkreten Unterhaltsbetrag der Unterhaltsberechtigte von ihm fordert.
- Bei einer **Mehrheit von Gläubigern** – z.B. mehreren Kindern oder Ehefrau und Kind – muss bereits in der Mahnung der **für jeden Unterhaltsberechtigten** beanspruchte Unterhaltsbetrag **beziffert** werden.
  - Bei späterer, anderweitiger Aufteilung auf die einzelnen Gläubiger fehlt es deshalb am Verzug hinsichtlich des geänderten Betrages.[466]
  - Daher sollte hier besser mit einem Auskunftsverlangen gem. § 1613 BGB vorgegangen werden, da auf diese Weise Verzug in Höhe des (später gerichtlich festgelegten) tatsächlich geschuldeten Betrages eintritt.

2. Form der Mahnung

Die Mahnung ist an **keine spezielle Form** gebunden, kann also auch mündlich erfolgen,[467] ist dann allerdings nur schwer nachzuweisen. 255

3. Rechtsfolgen der wirksamen Mahnung

Verzug nach § 286 Abs. 1 Satz 1 BGB tritt nur ein **in genau der Höhe des geforderten Betrags**. Stellt sich später heraus, dass eine höhere Unterhaltsforderung bestanden hat, kann diese erst von dem Zeitpunkt an durchgesetzt werden, an dem der Unterhaltspflichtige eine genau bezifferte Zahlungsaufforderung in dieser Höhe erhalten hat und auf diese Weise mit dem erhöhten Betrag in Verzug gesetzt worden ist. 256

> *Praxistipp* 257
>
> Der Verzug tritt wegen § 1613 Abs. 1 Satz 2 BGB auch hier bereits **rückwirkend auf den Monatsersten** ein (anders nach allgemeinen Regeln erst ab Zugang der Mahnung). Eine Quotelung nach einzelnen Tagen ist daher nicht erforderlich.

4. Risiken einer Mahnung

Eine Mahnung mit der Androhung von strafrechtlichen Maßnahmen kann den Tatbestand der Nötigung erfüllen.[468] 258

465 OLG Hamm FamRZ 2002, 1395.
466 OLG Hamm FamRZ 1997, 1102; OLG Hamm FamRZ 1995, 106.
467 BGH FamRZ 1993, 1055.
468 BGH v. 5.9.2013 – 1 StR 162/13, NJW 2014, 401.

5. Verlust des Rechts, sich auf Verzug zu berufen

259 Die Berufung auf den Schutz des § 1613 I BGB kann allerdings dem Schuldner wegen rechtsmissbräuchlichen Verhaltens verwehrt sein, wenn er trotz Auskunftsverlangens eine Abfindungszahlung seines früheren Arbeitgebers verschwiegen hatte.[469]

III. Unterhaltsrückstand ab Rechtshängigkeit

260 Weiterhin kann Unterhaltsrückstand **ab Rechtshängigkeit** verlangt werden.

Rechtshängigkeit tritt ein

- nach § 261 ZPO i.V.m. § 113 FamFG durch **Zustellung** des Zahlungsantrages gem. § 253 ZPO oder
- bei einem **Stufenantrag** nach § 254 ZPO i.V.m. § 113 FamFG (mit noch unbeziffertem Zahlungsantrag) bereits durch Zustellung des Auskunftsantrags.

Abgestellt wird allein auf die formalen Voraussetzungen, so dass auch ein zunächst unschlüssiger Antrag die Rechtshängigkeit begründet.

261 Umstritten ist, ob eine Rückbeziehung auf den Zeitpunkt des **Antragseingangs** erfolgen kann (§ 167 ZPO bzw. § 270 ZPO Abs. 3 a.F.).[470]

262 Die formlose Übersendung einer Klageschrift oder eines **Verfahrenskostenhilfegesuch** reicht zwar nicht aus zur Begründung der Rechtshängigkeit,[471] löst aber regelmäßig Verzug infolge des Zugangs einer bezifferten Unterhaltsforderung aus, sofern die formellen Voraussetzungen gegeben sind.[472]

C. Verwirkung von Unterhaltsansprüchen

263 Bei der Frage der sog. Verwirkung von Unterhaltsansprüchen[473] ist zu unterscheiden zwischen

- dem Ausschluss oder der Einschränkung des Anspruchs **für die Zukunft** aufgrund bestimmter Umstände – i.d.R. eines Fehlverhaltens des Unterhaltsberechtigten. Dies ist geregelt in
  - § 1579 BGB für den Ehegattenunterhalt (ggf. i.V.m. § 1361 Abs. 3 BGB)
  - § 1611 BGB für den Verwandtenunterhalt, also den Kindes- und Elternunterhalt
- dem Ausschluss der Durchsetzung des Anspruchs für die Vergangenheit (**Unterhaltsrückstände**) aufgrund nicht ausreichender Geltendmachung.

I. „Verwirkung" von Ehegattenunterhalt § 1579 BGB, ggf. i.V.m. § 1361 Abs. 3 BGB

264
- Voraussetzung der Anwendbarkeit des § 1579 BGB ist die grobe Unbilligkeit, die sich
  - aus einem vorwerfbaren Fehlverhalten des Unterhaltsberechtigten (§ 1579 Nr. 3 bis 7, Nr. 8 BGB) oder
  - aus einer objektiven Unzumutbarkeit der Unterhaltsleistung für den Unterhaltspflichtigen (§ 1579 Nr. 1, 2, 8 BGB)

ergeben kann.[474]

469 OLG Zweibrücken v. 7.6.2022 – 2 WF 97/22, FuR 2022, 629.
470 So OLG Schleswig FamRZ 1988, 961; OLG Schleswig FamRZ 2002, 1635; abl. OLG Hamm FamRZ 1986, 386.
471 Hdb. FAFamR/*Kintzel*, 12. Aufl., Kap. 6 Rn 1214.
472 *Menne* in NK-FamR, 2020, § 1613 BGB Rn 13.
473 *Schnitzler*, FF 2011, 290; *ders.*, FPR 2013, 532.
474 Vgl. *Kleffmann*, FuR 2009, 145, 148; ausführlich *Kofler*, NJW 2011, 2470, *Bömelburg*, FamRB 2012, 53.

Rechtsfolge kann sein, 265

- die **Beschränkung** des Unterhaltsanspruchs für die Zukunft
  - nach **Höhe**,
  - **zeitlicher Dauer** der Leistung oder
  - einer **Kombination** aus Höhe und Dauer
- oder seine **vollständige Versagung**.

Daher **liegt** hier keine echte Verwirkung i.S.d. zwingenden vollständigen Verlustes des Anspruchs vor.

Zusätzlich muss eine grobe Unbilligkeit als **weitere Tatbestandsvoraussetzung** vorliegen. Grobe Unbilligkeit wird verstanden als dem Gerechtigkeitsempfinden in **unerträglicher Weise widersprechend.** 266

> *Praxistipp*
>
> Die Rechtsfolge des § 1579 BGB ist also nicht zwingend der völlige Wegfall des Unterhaltsanspruches.
>
> Zu beachten ist, dass es nicht ausreicht, Umstände darzulegen und zu beweisen, die eine Verwirkung rechtfertigen könnten. Bei der sich zwingend anschließenden **Billigkeitsbetrachtung** kann das Gericht den **Unterhaltsanspruch im Rahmen seines Ermessens in der *Bandbreite von 0 bis 100 %* reduzieren.**[475]
>
> Daher ist es zwingend erforderlich, in gerichtlichen Verfahren nicht nur Ausführungen zur Tatbestandsseite der Norm zu machen, sondern auch anwaltlich **Argumente zur Rechtsfolgeseite vorzutragen**.

1. § 1579 Nr. 1 BGB – kurze Ehedauer

Es ist zunächst von der **tatsächlichen Ehezeit** auszugehen und erst dann eine Abwägung vorzunehmen, ob und in welchem Umfang die Zahlungspflicht für den Verpflichteten auch unter Wahrung der Belange eines vom Berechtigten betreuten gemeinschaftlichen Kindes grob unbillig ist. Denn andernfalls würde bei Vorhandensein gemeinschaftlicher Kinder eine „kurze Ehe" nie gegeben sein. 267

Damit wird auch verdeutlicht, dass die Kindesbelange und die Betreuung gemeinschaftlicher Kinder durch den Unterhaltsberechtigten einer Beschränkung des Unterhalts weder von vornherein noch grundsätzlich entgegenstehen, sondern dass bei der nach Bejahung einer „kurzen Ehedauer" durchzuführenden umfassenden Billigkeitsabwägung die Kindesbelange zu wahren und die Kindesbetreuung besonders zu berücksichtigen sind. Dabei sind nicht nur abgelaufene Kindererziehungszeiten, sondern auch **Zeiten für noch in der Zukunft zu erbringende Betreuungsleistungen** zu berücksichtigen. Allerdings ist hier nicht auf den **Zeitrahmen** des alten Altersphasenmodells, sondern **der Neuregelung des § 1570 BGB** abzustellen. 268

Eine gesetzliche Definition der **„kurzen" Ehedauer** wird ausdrücklich nicht vorgenommen. Die Zeit des tatsächlichen Zusammenlebens – ggf. auch vor der Ehe – ist ohne Bedeutung. Auch das Alter der Eheleute spielt keine Rolle. 269

Der BGH hat im Interesse der praktischen Handhabung des § 1579 Nr. 1 BGB die zeitlichen Bereiche, innerhalb derer eine Ehe in der Regel von kurzer oder nicht mehr von kurzer Dauer ist, dahin konkretisiert, dass **eine nicht mehr als zwei Jahre betragende Ehedauer in der Regel als kurz**, eine solche von **mehr als drei Jahren hingegen nicht mehr als kurz zu bezeichnen ist**, wobei es auf die Zeit von der Heirat bis zur Zustellung des Scheidungsantrags ankommt.[476] 270

475 *Bömelburg*, FamRB 2023, 8.

476 BGH FamRZ 2011, 1498 m. Anm. *Maurer* = NJW 2011, 3089 m. Anm. *Schnitzler*; Anm. *Hohloch*, FF 2011, 410; BGH FamRZ 2011, 791 m. Anm. *Norpoth*, FamRZ 2011, 873 = NJW 2011, 1582 m. Anm. *Maurer* = FuR 2011, 392 = FF 2011, 251 m. Anm. *Schnitzler*.

271 Im Bereich von „Kurzzeitehen“ sind Überschneidungen von § 1578b BGB mit § 1579 Nr. 1 BGB denkbar. Liegt eine kurze Ehe im Sinn des § 1579 Nr. 1 BGB vor, verengt sich der Entscheidungsspielraum des Gerichts. § 1579 Nr. 1 BGB ist daher in einschlägigen Fällen vorrangig zu prüfen.[477]

2. Härtegrund aus § 1579 Nr. 2 BGB (neue Partnerschaft, verfestigte Lebensgemeinschaft)

a) Verfestigte Lebensgemeinschaft

272 Mit dem Härtegrund des § 1579 Nr. 2 BGB wird **kein vorwerfbares Fehlverhalten des Unterhaltsberechtigten** sanktioniert, sondern es wird auf **rein objektive Gegebenheiten** bzw. Veränderungen in den Lebensverhältnissen des bedürftigen Ehegatten abgestellt, die eine **dauerhafte Unterhaltsleistung unzumutbar** erscheinen lassen. Entscheidend ist deswegen darauf abzustellen, dass der unterhaltsberechtigte frühere Ehegatte eine verfestigte neue Lebensgemeinschaft eingegangen ist, sich damit endgültig aus der ehelichen Solidarität herauslöst und zu erkennen gibt, dass er diese nicht mehr benötigt.[478]

- ***OLG Hamm v. 26.10.2017 – 11 UF 64/17***[479]

*Eine **verfestigte Lebensgemeinschaft** kann in zwei Fallvarianten gegeben sein:*

- ***Zusammenleben in einer sog. Unterhaltsgemeinschaft***
- ***Eheähnliche Gemeinschaft***

*Eine **Unterhaltsgemeinschaft** ist zu bejahen, wenn der Bedürftige dauerhaft in einer festen sozialen Verbindung mit einem neuen Partner zusammenlebt, sie gemeinsam wirtschaften und der haushaltsführende Ehegatte wie in einer Ehe von dem anderen unterhalten wird. Eine Unterhaltsgemeinschaft erfordert, dass der Bedürftige in der neuen Gemeinschaft sein wirtschaftlich volles Auskommen findet, d.h. der neue Partner leistungsfähig ist.*

*Eine **eheähnliche Gemeinschaft** ist gegeben, wenn der Berechtigte zu einem neuen Partner ein auf Dauer angelegtes Verhältnis aufnimmt und das nichteheliche Zusammenleben gleichsam an die Stelle einer Ehe getreten ist. Maßgebend ist das Erscheinungsbild dieser Verbindung in der Öffentlichkeit. Dabei wird als Indiz für eine eheähnliche Gemeinschaft eine längere Dauer des Zusammenlebens verlangt. Als Mindestdauer werden von der Rechtsprechung zwei bis drei Jahre angesetzt. Denn vor Ablauf einer solchen Mindestzeit wird sich im Allgemeinen nicht verlässlich beurteilen lassen, ob die Partner nur „probeweise“ oder auf Dauer in einer verfestigten Gemeinschaft leben und nach dem Erscheinungsbild der Beziehung in der Öffentlichkeit diese Lebensform bewusst auch für ihre weitere Zukunft gewählt haben. Weitere Indizien sind vor allem, dass die Partner die überwiegende Zeit außerhalb der Berufstätigkeit miteinander verbringen, familiäre Kontakte zu den Angehörigen des Partners pflegen, sich gegenseitig Hilfe und Unterstützung gewähren und gemeinsam wirtschaften, so dass nicht mehr nur von einer bloßen Freundschaft ausgegangen werden kann.*

Unterhaltsgemeinschaft und eheähnliche Gemeinschaft schließen sich nicht wechselseitig aus, sondern gehen teilweise ineinander über. Der Sachverhalt lässt sich oft unter beide Kriterien subsumieren.

477 Zum Verhältnis der beiden Normen siehe *Maurer*, FamRZ 2011, 1503.

478 BGH FamRZ 2011, 1498 m. Anm. *Maurer* = NJW 2011, 3089 m. Anm. *Schnitzler*; Anm. *Hohloch*, FF 2011, 410; BGH FamRZ 2011, 1855 m. Anm. *Maurer* = NJW 2011, 3712; BGH FamRZ 2011, 791 m. Anm. *Norpoth*, FamRZ 2011, 873 = NJW 2011, 1582 m. Anm. *Maurer* = FuR 2011, 392; OLG Karlsruhe FamRB 2011, 236; OLG Karlsruhe FF 2009, 35 = FamRZ 2009, 351 = FuR 2009, 283.

479 OLG Hamm FamRZ 2018, 678 m.w.N.

- ***OLG Zweibrücken v. 16.5.2022 – 2 UF 184/21***[480]

Erwirbt der an sich unterhaltsberechtigte Ehegatte mit seinem neuen Partner ein Grundstück, um darauf ein gemeinsames Haus zu bauen, spricht dies selbst dann für eine verfestigte Lebensgemeinschaft im Sinne des § 1579 Nr. 2 BGB, wenn die Hausbaupläne aufgrund gestiegener Baukosten zurückgestellt oder ganz aufgegeben werden.

- ***OLG Frankfurt v. 15.6.2022 – 7 UF 77/21***[481]

Die Anmietung einer gemeinsamen Wohnung in einer anderen Stadt und die Versetzung des Lebenspartners an diesen Ort sind ein entscheidendes Indiz dafür, dass die Partner ihre Lebensplanung in persönlicher und in beruflicher Hinsicht aufeinander abgestimmt haben und eine ausreichend feste Verbindung gegeben ist.

Auch das gemeinsame Erscheinen in öffentlichen Anzeigen wie z.B. die Benennung in der Todesanzeige für ein verstorbenes Familienmitglied kann als Indiz herangezogen werden.

Die **finanzielle Leistungsfähigkeit des neuen Partners spielt keine Rolle**.[482] 273

Erforderlich ist nicht, dass die neuen Partner **einen gemeinsamen Haushalt**[483] **oder intime Beziehungen unterhalten**. 274

OLG Zweibrücken v. 10.12.2020 – 6 UF 74/19[484]

Ein räumliches Zusammenleben und eine gemeinsame Haushaltsführung sind zwar für die Annahme einer verfestigten Lebensgemeinschaft nicht zwingend erforderlich, ein ***gemeinsamer Haushalt ist aber regelmäßig ein gewichtiges Indiz*** *hierfür*

Praxistipp 275

Ist die Beziehung auf Distanz angelegt, wird man die Lebensumstände im Einzelnen in Form **einer Checkliste** aufklären müssen:[485]

- Wie ist das Alltagsleben gestaltet?
- Wohnbereich (wem gehört die Wohnung und die Möbel, Eigentums- und Besitzverhältnisse, Schlüssel zur Wohnung, Namen auf Klingelschild und Briefkasten, Regelungen über Belastungen und Kosten, Mietvertrag, gemeinsamer Text auf Anrufbeantworter)?[486]
- Arbeitswoche (Versorgungsleistungen, wie werden die Mahlzeiten verbracht, Wäsche, Bügeln, Reinigung der Wohnung)?
- Benutzung des Fahrzeugs des Partners,
- Benutzung von Gegenständen des Partners,
- Wie wird die Freizeit miteinander verbracht (gemeinsame Unternehmungen, Sport, Theater, Kino, Essen gehen, Tanzen, gemeinsame Unternehmungen mit den Kindern des Partners, gemeinsame Verwandtenbesuche)?
- Gemeinsamer Urlaub, mit anderen Familienmitgliedern, finanzielle Beteiligung?
- Wie werden Feiertage durchgeführt (Weihnachten, Ostern usw.)?

480 OLG Zweibrücken FamRZ 2022, 1603.
481 OLG Frankfurt FamRZ 2023, 45.
482 BGH FamRZ 2011, 1855 m. Anm. *Maurer* = NJW 2011, 3712; BGH FamRZ 2011, 1498 m. Anm. *Maurer* = NJW 2011, 3089 m. Anm. *Schnitzler*; *Hohloch*, FF 2011, 410.
483 BGH NJW 2011, 2512 = FamRZ 2011, 1381; BGH FamRZ 2004, 614, 616, BGH FamRZ 2002, 23, 25; OLG Düsseldorf, Beschl. v. 11.52020 – II-3 UF 14/20, FamRZ 2021, 102.
484 OLG Zweibrücken FamRZ 2021, 1021.
485 *Schnitzler*, FF 2011, 290, 292; *Schnitzler* in Münchner Anwaltshandbuch Familienrecht, 2020, § 9 Rn 214; vgl. auch *Born*, NZFam 2014, 351.
486 OLG Brandenburg v. 26.4.2016 – 13 UF 1/13 NZFam 2016, 983 zur Nutzung einer gemeinsamen Wohnung.

- Sind die Partner bei Feierlichkeiten innerhalb der Familie eingebunden (Goldene Hochzeit von Großeltern, runde Geburtstage von Eltern o. Geschwistern, Abiturfeiern oder Abschlussfeiern von Kindern des Partners)?
- Solidarität in Krankheitsfällen durch den neuen Partner (Regelung der Versorgung bei Krankheit (Vollmachten)?
- Auftreten in der Öffentlichkeit erkennbar als nichteheliche Lebensgemeinschaft?
- Gibt es Eintragungen bei Facebook oder anderen sozialen Netzwerken, die für Gemeinsamkeiten sprechen?[487]
- Testament oder Erbvertrag zugunsten des/der neuen Lebenspartners/Lebenspartnerin?

In der Praxis ist es ratsam, in einschlägigen Fällen einen Detektiv einzuschalten. Dies ist zulässig; lediglich die durchgehende GPS-Überwachung des Fahrzeuges des neuen Partners ist unzulässig.[488] Die Kosten der zulässigen Einschaltung eines Detektives sind erstattungsfähig.[489]

b) Erforderliche Dauer der neuen Lebensgemeinschaft

276 Als notwendige Zeitdauer wird vom BGH regelmäßig ein Zeitrahmen von nicht weniger als 2 bis 3 Jahren angenommen.[490] Regelmäßig hat sich **vor Ablauf von zwei Jahren** eine Lebensgemeinschaft in diesem Sinn nicht „verfestigt“[491]

- ***OLG Düsseldorf, Beschl. v. 11.5.2020 – II-3 UF 14/20***[492]

Die Annahme einer zur Verwirkung des Unterhaltsanspruchs nach § 1579 Nr. 2 BGB führenden verfestigten Lebensgemeinschaft setzt nicht zwingend voraus, dass die Partner räumlich zusammenlebten und einen gemeinsamen Haushalt führten. Unter welchen Umständen – nach einer gewissen Dauer, die im Allgemeinen zwischen zwei und drei Jahren lag – auf eine verfestigte (neue) Lebensgemeinschaft geschlossen werden kann, lässt sich nicht allgemein verbindlich festlegen.

- ***OLG Hamm v. 16.9.2022 – 5 UF 44/22*** [493]

*Trotz eines länger dauernden Verhältnisses zu einem neuen Partner kann der Anwendung von § 1579 Nr. 2 BGB entgegenstehen, dass **die Lebensbereiche getrennt gehalten werden** und **die Beziehung damit bewusst auf Distanz angelegt** ist.*

Denn nicht jede freundschaftliche, auch engere Beziehung ist schon eine ehegleiche Lebensgemeinschaft.

*Entscheidend ist vielmehr, dass der Unterhaltsberechtigte mit einem neuen Partner in einer verfestigten Beziehung lebt, **die Partner ihre Lebensverhältnisse so aufeinander abgestellt haben**, dass sie wechselseitig füreinander einstehen, indem sie sich gegenseitig Hilfe und Unterstützung gewähren, und damit ihr Zusammenleben ähnlich gestalten, wie es sich **aufgrund der nach außen dringenden Gegebenheiten auch in einer Ehe darstellt.***

487 Dazu *Krekeler*, FuR 2016 135, 138; *Marie Herberger*, „Informationen aus dem Internet im Scheidungskrieg“, FuR 2018, 182.
488 BGH FamRZ 2013, 1387.
489 OLG Hamm FamRZ 2015, 1742; *Schnitzler* in Münchner Anwaltshandbuch Familienrecht, 2020, § 9 Rn 229 m.w.N.; *Schlünder*, FamRZ 2013, 1389; vgl. auch OLG Köln v. 2.8.2017 – 17 W 175/16 zur Erstattung von Detektivkosten im Kostenfestsetzungsverfahren.
490 BGH FamRZ 2011, 1498, BGH FamRZ 2004, 1326.
491 OLG Zweibrücken v. 10.12.2020 – 6 UF 74/19, FamRZ 2021, 1021; OLG Brandenburg v. 22.6.2020 – 9 UF 254/19, FuR 2020, 641; OLG Hamm v. 26.3.2012 – 8 UF 109/10, FamFR 2012, 347; OLG Düsseldorf FamRZ 2022, 1609.
492 OLG Düsseldorf FamRZ 2021, 1027
493 OLG Hamm FamRZ 2023, 195

Spricht gemessen an diesen Kriterien einzig das Zeitmoment für eine verfestigte Lebensgemeinschaft, indem die Berechtigte ***seit nahezu fünf Jahren*** *in einer Beziehung lebt, werden aber die* ***Lebensbereiche bewusst auseinandergehalten****, greift § 1579 Nr. 2 BGB nicht ein.*

Die Partner leben in ***getrennten Wohnungen****, die 100 km voneinander entfernt sind.*

Man verfügt jeweils über eigene Freundeskreise, fährt nur gelegentlich gemeinsam in den Urlaub oder verbringt die Feiertage zusammen.

Dass man füreinander einsteht, ist nicht ersichtlich. Ein gemeinsames Wirtschaften findet nicht statt.

Einzelne amtsgerichtliche Entscheidungen gehen jedoch von einer **kürzeren Frist** aus:[494]

- ***AG Ludwigslust, Beschl. v. 8.10.2010 – 5 F 253/10***[495]

Aufgrund des Grundsatzes der Einheitlichkeit der Rechtsordnung ist im Hinblick auf § 7 Abs. 3 Nr. 3 lit. c, Abs. 3a SGB II davon auszugehen, dass im Rahmen der Verwirkung von Unterhaltsansprüchen gemäß § 1579 Nr. 2 BGB eine verfestigte Lebensgemeinschaft bereits bei einer Dauer des Zusammenlebens eines Ehegatten mit einem neuen Partner ***von einem Jahr*** *vorliegt.*

Nach § 7 Abs. 3 SGB II ist eine verfestigte Lebensgemeinschaft dann gegeben, wenn Partner länger als ein Jahr zusammenleben, mit einem gemeinsamen Kind zusammenleben, Kinder oder Angehörige im Haushalt versorgen oder befugt sind, über Einkommen oder Vermögen des anderen jeweils zu verfügen.

- ***AG Essen, Urt. v. 11.3.2009 – 106 F 296/08***[496]

Eine verfestigte Lebensgemeinschaft i.S.v. § 1579 Nr. 2 BGB n.F. ist jedenfalls seit Inkrafttreten der Unterhaltsreform entsprechend den geänderten gesellschaftlichen Verhältnissen in der Regel ***schon nach einem Jahr*** *anzunehmen.*

- ***AG Witten, Beschl. v. 23.5.2012 – 23 F 23/12***[497]

Bereits ***1¾ Jahre nach der Trennung*** *ist von einer verfestigten Lebensgemeinschaft auszugehen, wenn das Verhältnis schon vor der Trennung der Eheleute begonnen hat, nach dem Erscheinungsbild in der Öffentlichkeit, insbesondere durch die Einbeziehung naher Angehöriger verfestigt erscheint und das Zusammenleben mit dem neuen Partner in dessen Haus schon ein Jahr andauert.*

c) Besondere Umstände zur Verkürzung der Zeitschwelle

Auch wenn die beschriebene zeitliche Schwelle noch nicht überschritten ist, können **besondere Umstände** des Einzelfalles für eine ausreichende Verfestigung sprechen, wie regelmäßige Zuwendungen des neuen Partners[498] oder der Erwerb einer gemeinsamen Immobilie.[499] 277

- ***OLG Oldenburg, Beschl. v. 16.11.2016 – 4 UF 78/16***[500] 278

Aus der Gesamtschau der objektiven Umstände in der Entwicklung der Beziehung zwischen einer getrennt lebenden Ehefrau und ihrem neuen Lebensgefährten, die auch durch das Auftreten als Paar bereits eine Eheähnlichkeit entwickelt hatte, kann eine verfestigte Lebensgemeinschaft im Sinne

494 Ebenso *Grohmann*, FamRZ 2013, 670, 674.

495 AG Ludwigslust FamRZ 2011, 1066 = FamFR 2011, 275 (kritisch Anm. *Conradis*); ebenso *Schnitzler*, FF 2011, 290, 291; *Klein*, Das neue Unterhaltsrecht, 2008, 157 f.

496 AG Essen NJW 2009, 2460 = FamRZ 2009, 1917; Mindestens 1 Jahr: *Büte* in Büte/Poppen/Menne, Unterhaltsrecht, 2015, § 1579 Rn 10a.

497 AG Wittern FF 2012, 371 m. Anm. *Schauwienold*.

498 BGH FamRZ 2011, 791 = NJW 2011, 1582 m. Anm. *Maurer*.

499 OLG Saarbrücken FamFR 2009, 48; vgl. auch OLG Karlsruhe FamRZ 2009, 351.

500 OLG Oldenburg NJW 2017, 963 m. Anm. *Krumm*.

von §§ 1361 Abs. 3, 1579 Nr. 2 BGB auch schon vor Ablauf von zwei Jahren mit dem Einzug in die Wohnung des Lebensgefährten anzunehmen sein.

■ ***OLG Oldenburg, Beschl. v. 19.1.2012 – 13 UF 155/11***[501]

1. Allein das „einseitige Ausbrechen aus intakter Ehe" rechtfertigt nicht die Annahme einer Verwirkung des Unterhaltsanspruchs nach § 1579 Nr. 7 BGB.

2. Eine „verfestigte Lebensgemeinschaft" im Sinne von § 1579 Nr. 2 BGB kann bei Vorliegen besonderer Umstände auch schon ***nach Ablauf des ersten Trennungsjahres*** *angenommen werden.*

Nach Auffassung des Senats führt allein der Umstand der Zuwendung zu einem anderen Partner noch nicht zu einer Verwirkung des Unterhaltsanspruchs. Es entspricht allgemeiner Lebenserfahrung, dass sich ein Ehepartner nicht „einfach so" aus der einstmals mit allen Erwartungen auf Dauer eingegangenen ehelichen Beziehung loslöst und sich einem anderen Partner zuwendet, sondern dass dem eine „Erosion der ehelichen Beziehungen" vorausgegangen ist (vgl. dazu OLG Frankfurt, NJW-RR 1994, 456).

a) …

b) Mit Ablauf des Monats September 2011 ist der Unterhaltsanspruch der Antragstellerin jedoch nach § 1361 Abs. 3 i.V.m. § 1579 Nr. 2 BGB verwirkt, da sich die Beziehung der Antragstellerin zu Herrn B… ***mit Ablauf des ersten Trennungsjahres bereits verfestigt hat****. Nach herrschender Rechtsprechung kann in zeitlicher Hinsicht regelmäßig zwar nicht vor Ablauf von zwei Jahren davon ausgegangen werden, dass sich eine Lebensgemeinschaft in diesem Sinn „verfestigt" hat.* ***Im vorliegenden Fall kommen aber weitere Umstände hinzu, die die Annahme einer „verfestigten Lebensgemeinschaft" auch schon vor Ablauf von 2 Jahren als gerechtfertigt erscheinen lassen****. Die Antragstellerin hatte ihren Lebensgefährten nach eigenen Angaben bereits* ***seit Jahren regelmäßig bei gemeinsamen Kegelurlauben getroffen****. Ab Ende 2009 und besonders nach ihrer Operation und Reha-Kur im Jahr 2010 hat sich die* ***Beziehung durch telefonische Kontakte kontinuierlich vertieft****. Auch wenn es zu diesem Zeitpunkt – wie die Antragstellerin behauptet – noch keine intimen Kontakte gegeben haben sollte, waren sich beide doch* ***bereits derart vertraut geworden, dass die Antragstellerin direkt nach der Trennung im September 2011 zu ihrem Lebensfährten gezogen ist, wo sie bis heute mit diesem gemeinsam lebt und ihm den Haushalt führt.*** *Damit unterscheidet sich der Verlauf dieser Beziehung zum Beispiel ganz wesentlich von einer Beziehung, die sich erst nach der Trennung allmählich entwickelt, später zur Gründung eines gemeinsamen Haushalts und schließlich nach Ablauf von 2–3 Jahren zur Annahme einer „verfestigten Lebensgemeinschaft" führt. Vor dem Hintergrund der oben beschriebenen Umstände hat sich die Beziehung der Antragstellerin zu ihrem Lebensgefährten nach Auffassung des Senats bereits nach Ablauf eines Jahres so „verfestigt", dass weitere Unterhaltsleistungen für den Antragsgegner nicht mehr zumutbar erscheinen.*

279 ■ ***OLG Oldenburg, Beschl. v. 22.8.2017 – 3 UF 92/17***[502]

1. Macht ein unterhaltsbegehrender Ehegatte bewusst unwahre Angaben (hier: durch Verschweigen einer Teilzeitbeschäftigung nebst der Angabe, dass er über eigene Einkünfte nicht verfüge), so kann sein Trennungsunterhaltsanspruch (jedenfalls für einen begrenzten Zeitraum) verwirkt sein. (Rn 7)

501 OLG Oldenburg FamFR 2012, 203 m. Anm. *Steiniger* = NJW 2012, 2450 = FF 2012, 258.
502 OLG Oldenburg FamRZ 2018, 680 = FF 2018, 321 m. Anm. *Schnitzler*.

2. Ein schweres Fehlverhalten i.S.d. § 1579 Nr. 2 BGB, der für den Trennungsunterhaltsanspruch entsprechende Anwendung findet, kann auch bei einem versuchten oder vollendeten Verfahrensbetrug zum Nachteil des Unterhaltsverpflichteten gegeben sein. (Rn 8)

3. Die Einkommens- und Vermögensverhältnisse des Unterhaltsgläubigers sind ungefragt, richtig und vollständig mitzuteilen, da nur dann eine zutreffende Beurteilung der materiellen Rechtslage und eine darauf aufbauende richtige Berechnung des Unterhaltsanspruchs möglich ist.

- ***OLG Oldenburg v. 10.6.2010 – 14 UF 3/10***[503]

*1. Ein Unterhaltsgläubiger hat im Rahmen seiner prozessualen Wahrheitspflicht **erhaltene Zuwendungen Dritter** auch dann **zu offenbaren**, wenn er diese für unterhaltsrechtlich unbeachtlich hält.*

*2. Werden **regelmäßige Unterstützungsleistungen** erbracht, stehen auch weit entfernte Wohnsitze der Annahme einer das eigene Auskommen sichernden Lebensgemeinschaft nicht entgegen. Werden die eigene Bedürftigkeit nachhaltig beeinflussende Umstände bewusst verschwiegen, kann gezahlter Unterhalt im Wege des Schadensersatzes zurückgefordert werden.*

- ***OLG Saarbrücken v. 18.2.2009 – 9 WF 19/09***[504]

Kein Trennungsunterhalt bei verfestigter Lebensgemeinschaft und Erwerb einer gemeinsamen Immobilie

- ***AG Rinteln v. 2.7.2015 – 4 F 216/13 UE***[505]

*Eine verfestigte Lebensgemeinschaft ist auch gegeben, wenn die neuen Partner **verlobt** sind.*

d) Verlängerung der üblichen Zeit

OLG Düsseldorf v. 17.12.2021 – II-3 UF 36/21[506]

*Die **Zeitdauer**, nach der eine dauerhafte Verbindung angenommen werden kann, **kann sich verlängern**, wenn die Beziehung in besonderer Weise dadurch geprägt worden ist, dass sie erheblichen - **Anfeindungen seitens des unterhaltspflichtigen Ehegatten** ausgesetzt ist.*

*Soweit massive, das hinnehmbare Maß provokanter Äußerungen in Trennungskonflikten deutlich übersteigende **Anfeindungen** die Bereitschaft der Ehefrau und des Partners, eine feste Beziehung einzugehen, auf eine harte Probe gestellt und beide zu einer zunächst distanzierten Beziehungsaufnahme bewogen haben, kann von einer hinreichenden Verfestigung, die eine dauerhafte Verbindung erwarten lässt, **nicht vor Ablauf von drei Jahren ausgegangen werden***

e) Auswirkungen freiwilliger Unterhaltszahlungen

Nicht einheitlich beantwortet wird die Frage, welche Auswirkungen **freiwillige Zahlungen des Unterhaltspflichtigen in Kenntnis des Verwirkungsgrundes** haben: **280**

- ***OLG Braunschweig v. 29.1.2008 – 3 UF 53/07***[507]

***Leistet** der **Unterhaltspflichtige** in **Kenntnis** des Vorliegens eines Verwirkungsgrundes jahrelang weiter Unterhalt, kann er sich nicht auf Verwirkung berufen.*

503 OLG Oldenburg FamRZ 2011, 1965 = FF 2012, 79.
504 OLG Saarbrücken FamFR 2009, 48.
505 AG Rinteln FamRZ 2015, 57.
506 OLG Düsseldorf FamRZ 2022, 1611.
507 OLG Braunschweig FamRZ 2008, 999 = FuR 2008, 514.

■ ***OLG Karlsruhe, Urt. v. 30.9.2008 – 2 UF 21/08***[508]

Auch wenn der Unterhaltsverpflichtete trotz Kenntnis der neuen Beziehung ***über einen längeren Zeitraum weiterhin Unterhalt leistet****, kann er sich auf den Gesichtspunkt der Verwirkung noch berufen.*

f) Auswirkung der Tolerierung des Verhaltens des Berechtigten

281 ■ ***OLG Koblenz, Beschl. v. 16.5.2018 – 13 UF 138/18***[509]

Eine Verwirkung von Unterhaltsansprüchen kann ausscheiden, wenn der Unterhaltspflichtige das dem Berechtigten vorgeworfene, für den Verwirkungseinwand herangezogene Verhalten in der Vergangenheit ***toleriert*** *hat.*

g) Kriterien für die Zumutbarkeitsabwägung

282 Bei der Zumutbarkeitsabwägung sind alle Gesichtspunkte einzubeziehen.

■ ***BGH v. 13.7.2011 – XII ZR 84/09***[510]

Im Rahmen der Zumutbarkeitsabwägung hat das Oberlandesgericht auch nicht hinreichend berücksichtigt, dass sich ***die tatsächlichen Lebensverhältnisse der Parteien nicht wesentlich unterscheiden****. Zwar hat das Oberlandesgericht für den Kläger ein unterhaltsrelevantes Einkommen errechnet, das sich nach Abzug des Kindesunterhalts auf monatlich 2.080 EUR beläuft, während es der Beklagten lediglich Einkünfte in Höhe von 1.113 EUR zugerechnet hat. Dabei hat es allerdings erhebliche weitere* ***Kreditverbindlichkeiten*** *des Klägers unberücksichtigt gelassen, weil diese zur Finanzierung seines Wohneigentums aufgebracht werden und den Umfang der vom Senat akzeptierten zusätzlichen Altersvorsorge übersteigen. Andererseits hat das Oberlandesgericht das der Beklagten von ihrer Mutter zugewendete* ***Vermögen*** *in Höhe von 120.000 EUR und insbesondere auch die daraus resultierenden* ***Zinsen*** *unberücksichtigt gelassen, weil die Parteien solche Einkünfte auch bei Abschluss ihres Vergleichs nicht berücksichtigt hatten. Im Rahmen der Billigkeitsabwägung nach § 1579 BGB können diese Umstände allerdings nicht unberücksichtigt bleiben.*

283 *Praxistipp*

Umstände aus dem Bereich des § 1579 BGB – wie z.B. aufgenommene und langjährig unterhaltene **intime Beziehungen zu einem neuen Partner** – können aber auch als Argument im Rahmen der Billigkeitsentscheidung über für eine **Befristung des Anspruchs gem. § 1578b II BGB** herangezogen werden. Hier sind die zu § 1578b BGB dargestellten verfahrensrechtlichen Gesichtspunkte zu beachten!

3. Härtegrund aus § 1579 Nr. 3 BGB (schwere Straftat des Unterhaltsberechtigten)

284 Es muss sich um ein Verbrechen oder schweres Vergehen des Berechtigten handeln, dass sich gegen den Unterhaltspflichtigen oder seinen nahen Angehörigen richtet. Das Vergehen muss vorsätzlich begangen worden sein.

■ ***AG Darmstadt v. 3.1.2022 – 51 F 1759/21 EAUE***[511]

Diebstahl nach § 242 StGB*, soweit sich der Diebstahl nicht nur als eine Wegnahme im Rahmen der Trennungssituation mit Bezug auf Haushaltsgegenstände oder persönliche Gegenstände des Unterhaltspflichtigen mit überschaubarem Wert darstellt. Insbesondere ein* ***erheblicher Vermögenswert***

508 OLG Karlsruhe FF 2009, 35 = FamRZ 2009, 351 = FuR 2009, 283.
509 OLG Koblenz FuR 2019, 212.
510 BGH FamRZ 2011, 1498 m. Anm. *Maurer* = NJW 2011, 3089 m. Anm. *Schnitzler*; Anm. *Hohloch*, FF 2011, 410.
511 AG Darmstadt v. 3.1.2022 – 51 F 1759/21, FamRZ 2022, 692 m.w.N.

***des gestohlenen Gegenstandes** kann zur Verwirkung des Unterhaltsanspruchs führen (konkret drei im Eigentum des Unterhaltspflichtigen stehende Goldbarren im Gesamtwert von ca. 150.000,00 EUR).*

■ ***OLG Oldenburg, Beschl. v. 22.8.2017 – 3 UF 92/17***[512]

*Macht ein unterhaltsbegehrender Ehegatte im gerichtlichen Verfahren bewusst unwahre Angaben (hier: durch **Verschweigen einer Teilzeitbeschäftigung** nebst der Angabe, dass er über eigene Einkünfte nicht verfüge), so kann sein Trennungsunterhaltsanspruch (jedenfalls für einen begrenzten Zeitraum) verwirkt sein.*

*Ein schweres Fehlverhalten i.S.d. § 1579 BGB kann auch bei einem **versuchten oder vollendeten Verfahrensbetrug** zum Nachteil des Unterhaltsverpflichteten gegeben sein.*

*Die Einkommens- und Vermögensverhältnisse des Unterhaltsgläubigers sind **ungefragt, richtig und vollständig mitzuteilen**, da nur dann eine zutreffende Beurteilung der materiellen Rechtslage und eine darauf aufbauende richtige Berechnung des Unterhaltsanspruchs möglich ist*

■ ***OLG Hamm v. 3.12.2013 – 2 UF 105/13***[513]

Langjährig wiederholt erhobene Missbrauchsvorwürfe, die ein jeder für sich objektiv geeignet sind, den Unterhaltspflichtigen in der Öffentlichkeit nachhaltig verächtlich zu machen und sein Leben gravierend zu beeinträchtigen bis hin zur Zerstörung seiner familiären, sozialen und wirtschaftlichen Existenz, können die vollständige Verwirkung des Unterhaltsanspruchs nach § 1579 Nr. 3 BGB nach sich ziehen.[514]

■ ***KG v. 30.8.2011 – 13 UF 111/11***[515]

*a) Soweit die Beklagte unstreitig zunächst in der mündlichen Verhandlung vom 8.1.2010 zu ihren Beschäftigungszeiten angegeben hat, dass sie bereits vor der Eheschließung ab 1975 nicht mehr berufstätig gewesen sei, **so ist diese Erklärung der Beklagten zwar unstreitig falsch gewesen, sie erfüllt aber nicht den Tatbestand des versuchten Prozessbetruges und führt damit auch nicht zu einer Verwirkung des Unterhaltsanspruchs gem. § 1579 Nr. 3 BGB**. Es ist nicht ersichtlich, dass diese nicht korrekte Darstellung der eigenen Erwerbsbiografie geeignet ist, dem Kläger einen Vermögensnachteil zuzufügen. Denn wenn die Beklagte bereits vor der Ehe keinerlei Erwerbstätigkeit nachgegangen wäre, dann hätte im Rahmen der Prüfung, ob ein Unterhaltsanspruch gem. § 1578b BGB herabzusetzen oder zu befristen wäre, in jedem Fall davon ausgegangen werden müssen, dass die Eheschließung zu keinerlei ehebedingten Nachteilen geführt habe, da die Beklagte vor der Ehe nicht berufstätig war und dann auch während der Ehe nicht berufstätig gewesen ist. Die Beklagte hätte sich durch diese Darstellung, wenn sie denn der Kläger nicht korrigiert hätte, höchstens selbst geschadet.*

***b) Das Verschweigen des Umstandes, dass die Beklagte eine Rente beantragt hat, führt ebenfalls nicht zur Verwirkung.** Die Beklagte hat keine Rente bewilligt bekommen, sie hat dies, einschließlich der entsprechenden Bescheide, in das Verfahren eingeführt. Somit hat sie sich auch insoweit nicht über die Vermögensinteressen des Klägers hinweggesetzt, § 1579 Nr. 5 BGB.*

4. Härtegrund aus § 1579 Nr. 4 BGB (mutwillige Herbeiführung der Bedürftigkeit)

Mutwillig ist ein leichtfertiges, vom üblichen sozialen Standard abweichendes Verhalten, das sich auf die Obliegenheit des Unterhaltsberechtigten, seinen Unterhaltsbedarf selbst zu decken, negativ auswirkt. 285

512 OLG Oldenburg FamRZ 2018, 680.
513 OLG Hamm NZFam 2014, 223–226.
514 Vgl. aber auch OLG Hamm v. 21.3.2016 – 4 UF 14/14, NZFam 2016, 708.
515 KG FamRZ 2012, 788.

Ein solches tatbestandsrelevantes Verhalten kann z.B. dann vorliegen,

- wenn die Unterhaltsberechtigte in vorwerfbar leichtfertiger Weise ihre durch **Alkohol- oder Drogenmissbrauch** bzw. das Unterlassen rechtzeitiger Entzugsmaßnahmen verlieren
- ihr **Vermögen** verschwenden[516] oder verspielen
- eine berufliche Aus- oder Weiterbildung unterlassen[517]
- oder ihren **Arbeitsplatz** freiwillig oder durch eine vorsätzliche Straftat verloren haben[518]
- durch die zweckentfremdete Verwendung des **Altersvorsorgeunterhalts** eine damit verbundene Renteneinbuße verursacht haben.

OLG Hamm, Beschl. v. 19.2.2014 – 8 UF 105/12[519]

aa) Die Antragstellerin hat ihre Bedürftigkeit nicht mutwillig herbeigeführt. Eine unterhaltsbezogene Mutwilligkeit liegt dann vor, wenn sich der Bedürftige unter grober Missachtung dessen, was jedem einleuchten muss, oder in Verantwortungs- und Rücksichtslosigkeit gegenüber dem Unterhaltsverpflichteten über die erkannten möglichen nachteiligen Folgen seines Verhaltens für seine Bedürftigkeit hinwegsetzt und dabei zumindest leichtfertig handelt (BGH FamRZ 2003, 848 (853)). Ein einfaches Verschulden reicht zur Bejahung der Mutwilligkeit nicht aus. Der Verpflichtete muss darlegen und beweisen, dass der Unterhaltsgläubiger seine Bedürftigkeit mutwillig herbeigeführt hat. Dazu gehört, dass er ein Vorbringen der Gegenseite, welches im Falle seiner Richtigkeit gegen die Annahme einer Mutwilligkeit sprechen würde, zu widerlegen hat (BGH FamRZ 1989, 1054).

…

Die Antragstellerin befand sich wegen ihrer Erkrankungen durchgehend in Behandlung (psychiatrisch, verhaltenstherapeutisch von Januar 2010 bis Anfang 2013, schmerztherapeutisch seit 19.11.2013, psychotherapeutische Behandlung ab Januar 2014). Sie hat sich im April 2013 einer Operation im St. E-Krankenhaus in X unterzogen und vom 15.5. bis 11.6.2013 eine ambulante Rehabilitationsmaßnahme durchgeführt. Das Gutachten von Dr. S vom 20.4.2013, in dem auch Empfehlungen in therapeutischer Hinsicht ausgesprochen wurden, hat sie ihrem behandelnden Psychiater vorgelegt, der jedoch weder eine Medikationsänderung vorgenommen noch mit ihr über eine stationäre psychotherapeutische Behandlung gesprochen hat. Um eine ambulante psychotherapeutische Behandlung hat sie sich bemüht, jedoch – aufgrund der langen Wartezeiten – erst für Januar 2014 einen Termin bei der Diplom-Psychologin C2 in M erhalten. Von einer unterhaltsbezogenen Leichtfertigkeit der Antragstellerin kann vor diesem Hintergrund nicht ausgegangen werden.

286 Allerdings ist der **übermäßige Konsum von Alkohol, Drogen und Medikamenten** nicht bereits wegen der allgemeinen Bekanntheit der damit verbundenen Folgen mutwillig. In der familienrechtlichen Praxis wird daher für das mutwillige Verhalten nicht bereits an den Konsum angeknüpft. Entscheidend ist stattdessen, ob dem Unterhaltsberechtigten Mutwilligkeit vorzuwerfen ist, weil er es **unterlassen** hat, mit fachlicher Unterstützung seine Abhängigkeit zu bekämpfen und entsprechende **Therapiemaßnahmen** einzuleiten und durchzuführen. Abzustellen ist dabei auf den Zeitpunkt, als er noch Einsicht in die Notwendigkeit solcher Maßnahmen hatte.

287 Wenn er daneben auch das **Bewusstsein** hatte, infolge dieser Abhängigkeit seinen Unterhalt nicht selbst bestreiten zu können, ist die unterhaltsbezogene Leichtfertigkeit gegeben.[520]

516 BGH FamRZ 1984, 364.
517 BGH FamRZ 1986, 553.
518 BGH FamRZ 2001, 541.
519 OLG Hamm FamRZ 2015, 1397.
520 BGH NJW 1988, 1147.

Wurde dem Ehegatten zu einem Zeitpunkt, in dem seine Einsichtsfähigkeit noch nicht eingeschränkt war, vom Arzt dringend eine **Entziehungskur** nahegelegt, ist er sich regelmäßig seines Krankheitszustandes und der dadurch bedingten Erwerbsunfähigkeit bewusst. Dann konnte er auch die Notwendigkeit einer derartigen Entziehungsbehandlung zur Wiederherstellung seiner Erwerbsfähigkeit erkennen und musste als mögliche Folge der Verweigerung einer solchen Behandlung die drohende Bedürftigkeit voraussehen.[521] 288

Verschwendet der Unterhaltsberechtigte sein **Vermögen**, obwohl er erkennt, dass er bedürftig sein wird, wenn das Vermögen aufgebraucht ist, hat er seine Bedürftigkeit selbst zu vertreten und erfüllt den Härtegrund Nr. 4. Gleiches gilt, wenn Vermögen an Familienangehörige verschenkt wird. 289

Allerdings ist der Verbrauch des Vermögens nur dann mutwillig im Sinne des § 1579 BGB, wenn die Bedürftigkeit ganz oder teilweise selbst herbeigeführt wurde. Der Verbrauch des Vermögens für trennungsbedingte Ausgaben (wie etwa Anwalts- und Gerichtskosten) ist jedenfalls dann nicht mehr mutwillig, wenn er sich in einem nach den Lebensverhältnissen angemessenen Rahmen bewegt.[522] 290

Der Verpflichtete muss darlegen und beweisen, dass der Unterhaltsgläubiger seine Bedürftigkeit mutwillig herbeigeführt hat. Dazu gehört auch, dass er ein Vorbringen der Gegenseite, welches im Falle seiner Richtigkeit gegen die Annahme einer Mutwilligkeit sprechen würde, zu widerlegen hat.[523]

Vorsorgeunterhalt ist ein zweckgebundener Bestandteil des nachehelichen Unterhalts, den der Berechtigte für eine entsprechende Versicherung zu verwenden hat.[524] Hat er die nachteiligen Auswirkungen für seine Versorgung im Alter erkannt und sich leichtfertig darüber hinweggesetzt, muss er sich so behandeln lassen, wie er bei bestimmungsgemäßer Verwendung des Vorsorgeunterhalts stünde. Jedoch treffen die Sanktionen des § 1579 BGB treffen grundsätzlich nur diesen Bestandteil des Unterhalts und nicht auch den Elementarunterhalt. 291

Erteilt der Unterhaltsberechtigte dem Unterhaltspflichtigen auf dessen Aufforderung hin keine Auskunft über die Verwendung des in der Vergangenheit bezogenen Altersvorsorgeunterhalts und bestehen deshalb begründete Zweifel daran, dass er die hierfür an ihn geleisteten Beträge zweckentsprechend verwenden wird, steht der Forderung auf Zahlung künftigen Altersvorsorgeunterhalts der Einwand der Treuwidrigkeit nach § 242 BGB entgegen.[525]

Die **Geburt eines nichtehelichen Kindes** gehört nicht zu diesen Verwirkungsgründen.[526] 292

5. Härtegrund aus § 1579 Nr. 5 BGB (Verletzung von Vermögensinteressen)

Wer Unterhalt beansprucht, muss auf die Vermögensinteressen des Pflichtigen Rücksicht nehmen. Der den Unterhalt geltend machende Ehegatte hat alles zu unterlassen, was dem anderen die Erfüllung seiner Unterhaltspflicht erschwert oder unmöglich macht.[527] Setzt er sich mutwillig über diese Verpflichtungen hinweg, kann dieses Verhalten den Härtegrund nach § 1579 Nr. 5 BGB erfüllen und zur Verwirkung seines Anspruchs führen. 293

Erforderlich ist jedoch ein **gravierendes Fehlverhalten** und stellt dabei nicht allein auf den Umfang der Vermögensgefährdung ab, sondern auch auf die Intensität der Pflichtverletzung.[528] Ausreichend kann deshalb sein, dass eine erhebliche Steigerung des unterhaltsrelevanten Einkommens seit Abschluss eines 294

521 BGH NJW 1988, 1147–1149; OLG Schleswig OLGR Schleswig 1997, 11–12; OLG Jena FamRZ 2007, 472.
522 BGH FamRZ 2013, 109.
523 OLG Hamm FamRZ 2015, 1397 m.w.N.
524 BGH NJW 1987, 2229.
525 BGH v. 13.11.2019 – XII ZB 3/19, FamRZ 2020, 171 m.w.N.
526 BGH FamRZ 2011, 1560.
527 OLG Hamm FamRZ 2015, 1397.
528 BGH FamRZ 2008, 1325.

Vergleichs ungefragt verschwiegen wird und der unterhaltspflichtige Ehegatte Gefahr läuft, bereits geleisteten Unterhalt nicht zurückfordern zu können.

295 Der Eintritt eines Vermögensschadens ist nicht erforderlich, vielmehr reicht eine **Vermögensgefährdung** aus.

Die Erstattung von Strafanzeigen durch den Unterhaltsberechtigten ist dann nicht mutwillig, wenn sie der **Wahrnehmung berechtigter Interessen** dienen. Bei der **Billigkeitsabwägung** im Einzelfall sind Art und Umfang der erhobenen strafrechtlichen Vorwürfe, die Begleitumstände und die Motivation des Anzeigenden zu berücksichtigen.[529]

Lediglich dann, wenn die **Vorwürfe so unspezifisch** waren, dass es schon gar nicht zur Einleitung strafrechtlicher Ermittlungen gegen den Unterhaltsberechtigten kam, kann von einem **unterhaltsrechtlich unschädlichen untauglichen Versuch** ausgegangen werden.[530]

Erstattet der Unterhaltsberechtigte Strafanzeige wegen **Steuervergehen**, deutet der Umstand, dass die Anzeige viele Jahre **zurückliegende Vorgänge** betrifft, von denen Aufklärung **keine Verbesserung der aktuellen unterhaltsrechtlichen Position** erwartet werden kann, deutet darauf hin, dass die Strafanzeige bewusst erstattet wurde.[531]

296 Eine **Selbstanzeige beim Finanzamt** wegen möglicher Steuerhinterziehung, die auch Auswirkung auf die Veranlagung des Ehegatten hat, ist regelmäßig nicht genügend, wenn die Auswirkungen zwar zu einer Verringerung des Vermögens führen, nicht aber nicht zu einer Gefährdung im Ganzen.[532] Der anzeigende Ehegatte wird jedoch als verpflichtet angesehen, vor einer Selbstanzeige den Ehegatten vorab zu informieren, um ihm die Möglichkeit zu eröffnen, sich anzuschließen.[533] Sogar bei **einer berechtigten Selbstanzeige** eines Ehegatten hat dieser im Regelfall aufgrund des Gebots der (nach)ehelichen Solidarität den anderen Ehegatten vorab zu informieren, um ihm die Möglichkeit zu eröffnen, sich der Selbstanzeige anzuschließen.[534]

297 Der in Unterhaltsverfahren nicht seltene Hinweis auf „**Schwarzgeldeinnahmen**" erfolgt regelmäßig in Wahrnehmung berechtigter Interessen und verletzt nicht dessen schützenswerte Vermögensinteressen.[535]

298 **Abhebungen von einem gemeinsamen Konto** erfüllen nicht den Tatbestand, auch wenn diese zu einer Überziehung des Girokontos führen, denn bei einem gemeinsamen Konto der Eheleute sind beide berechtigt, Abhebungen vorzunehmen, um den Lebensbedarf zu decken. Im Innenverhältnis der Parteien unberechtigt vorgenommene Verfügungen sind im Rahmen eines Gesamtschuldnerausgleichs zu berücksichtigen und führen nicht zur Verwirkung.[536]

299 Die Weigerung der Unterhaltsberechtigten, ihren Miteigentumsanteil an einer Immobilie an den Pflichtigen gegen Haftungsfreistellung zu übertragen, stellt keinen Verwirkungsgrund gem. § 1579 Nr. 5 BGB dar, auch wenn die Gefahr besteht, dass ein Teilungsversteigerungsverfahren durchgeführt werden muss.[537]

■ ***OLG Koblenz v. 20.4.2015 – 13 UF 165/15***[538]

*Durch **Verschweigen von Einkommenssteigerungen** der Berechtigten nach Abschluss eines Unterhaltsvergleiches kann der Unterhaltsanspruch nach § 1579 Nr. 5 BGB verwirken.*

529 OLG Koblenz, Beschl. v. 18.4.2019 – 7 UF 53/19, FamRZ 2020, 239.
530 OLG Koblenz, Beschl. v. 18.4.2019 – 7 UF 53/19, FamRZ 2020, 239.
531 OLG Koblenz, Beschl. v. 18.4.2019 – 7 UF 53/19, FamRZ 2020, 239.
532 OLG Koblenz OLGR 2002, 243.
533 OLG Schleswig v. 21.12.2012 – 10 UF 81/12, FuR 2013, 290.
534 OLG Koblenz, Beschl. v. 18.4.2019 – 7 UF 53/19, FamRZ 2020, 239.
535 OLG Zweibrücken OLGR 2002, 105; OLG Koblenz OLGR 2002, 243.
536 OLG Köln FamRZ 2009, 1844.
537 OLG Hamm FamRB 2011, 271.
538 OLG Koblenz MDR 2015, 953.

■ ***OLG Brandenburg v. 12.11.2014 – 13 UF 237/13***

Die in dieser Bestimmung angesprochenen Vermögensinteressen werden nur gegen solche Verletzungen geschützt, die ein erhebliches Gewicht haben. Sie sind dann schwerwiegend, wenn die wirtschaftliche Lage des Unterhaltspflichtigen nachhaltig beeinträchtigt und dadurch seine Leistungsfähigkeit erheblich vermindert wird (vgl. Hollinger in: juris PK-BGB, 7. Aufl., 2014, § 1579 BGB n 127 m.w.N.). Die unterlassene Rücksichtnahme auf die Vermögensinteressen des Verpflichteten muss schwerwiegend sein und mindestens zu einer Gefährdung mit einem besonderen Gewicht geführt haben. Das ist nur dann der Fall, wenn, anders als hier, die wirtschaftliche Grundlage des Verpflichteten nicht nur messbar, sondern nicht unerheblich nachhaltig beeinträchtigt wird, und sie seine Leistungsunfähigkeit erheblich erschweren oder unmöglich machen kann (vgl. Maurer in: MüKo-BGB, 6. Aufl., § 179 Rn 35 m.w.N.). Dass die Bezahlung der Benzinkosten durch die Antragstellerin die wirtschaftliche Lage des Antragsgegners nachteilig beeinträchtigt und dadurch seine Leistungsfähigkeit erheblich hätte mindern können, hat der Antragsgegner nicht geltend gemacht und liegt angesichts seiner Einkommensverhältnisse fern.

■ ***OLG Hamm, Beschl. v. 19.2.2014 – 8 UF 105/12***[539]

Die Antragstellerin hat sich auch nicht, wie § 1579 Nr. 5 BGB voraussetzt, über schwerwiegende Vermögensinteressen des Verpflichteten mutwillig hinweggesetzt.

Sinn dieser Regelung ist es, dass der Berechtigte trotz Trennung oder Scheidung alles zu unterlassen hat, was dem Verpflichteten die Erfüllung seiner Unterhaltspflicht erschwert oder unmöglich macht. Voraussetzung ist, dass der Bedürftige ***durch sein Verhalten die Einkünfte des Ehegatten mindert, wobei eine Gefährdung ausreichend ist****.*

Grund für die Sanktion ist, dass der Unterhaltsberechtigte unter Verletzung des Gegenseitigkeits- und Loyalitätsprinzips durch sein Verhalten die Einkünfte beeinträchtigt, aus denen er Unterhalt begehrt.

Der Senat hat bereits entschieden, dass die Weigerung der Unterhaltsberechtigten, ihren Miteigentumsanteil an den Unterhaltspflichtigen gegen Haftungsfreistellung zu übertragen, keinen Verstoß gegen das Gegenseitigkeits- und Loyalitätsprinzip darstellt, auch wenn die Gefahr besteht, dass ein Teilungsversteigerungsverfahren durchgeführt werden muss (Senatsurteil vom 2.3.2011 – 8 UF 131/10).

Der Antragsgegner hat auch im vorliegenden Fall unter keinem rechtlichen Gesichtspunkt einen Anspruch auf Übertragung des Miteigentumsanteils gegen die Antragstellerin. Es besteht lediglich nach den gemeinschaftsrechtlichen Vorschriften ein Anspruch auf Aufhebung der Gemeinschaft (§ 749 Abs. 1 BGB). Sofern die Teilung in Natur ausgeschlossen ist, erfolgt die Aufhebung der Gemeinschaft gem. § 753 Abs. 1 BGB bei Grundstücken durch Zwangsversteigerung und Teilung des Erlöses.

Es ist zwar anerkannt, dass das aus § 1353 BGB hergeleitete Gebot der gegenseitigen Rücksichtnahme dazu führen kann, dass ein Ehegatte eine Teilungsversteigerung zurückzustellen hat (vgl. Palandt/Brudermüller, § 1353 Rn 11; Brudermüller, FamRZ 1996, 1516 (1521); AG Hannover FamRZ 2003, 938 allerdings nur bezogen auf die Zeit, solange die Ehe besteht).

Der Senat hat jedoch mit Verweis auf Brudermüller (FamRZ 1996, 1516 (1521)) entschieden, dass ein Ehepartner indes keinen absoluten Anspruch auf Beibehaltung des Familienheims hat und aus § 1353 BGB auch keine Pflicht eines Ehepartners folgt, die Mitberechtigung des anderen Miteigentümer-Ehepartners zu erhalten. Vielmehr muss – nach dem Prinzip der Gegenseitigkeit – auch auf die Be-

539 OLG Hamm FamRZ 2015, 1397.

lange des die Teilungsversteigerung fordernden Ehepartners Rücksicht genommen werden (Senatsurteil vom 2.3.2011 – 8 UF 131/10).

Dass ein etwaiges jetzt eingeleitetes Teilungsversteigerungsverfahren zur Unzeit erfolgt, trägt selbst der Antragsgegner nicht vor.

Selbst wenn man die Weigerung der Übertragung des Miteigentumsanteils als Verstoß gegen das Gebot der Rücksichtnahme ansehen würde, führt dies nicht zwangsläufig dazu, dass die Einkünfte des Antragsgegners, aus denen die Antragstellerin Unterhalt begehrt, beeinträchtigt werden. Zwar ist ein Teilungsversteigerungsverfahren mit Kosten verbunden, jedoch sind gem. § 109 Abs. 1 ZVG die Kosten des Verfahrens aus dem Versteigerungserlös vorweg zu entnehmen. Insofern wird der Erlös für beide Parteien gemindert.

Wenn einzelne Vorwürfe nicht ausreichen, kann sich die Verwirkung auch aus dem ***Gesamtverhalten der Unterhaltsberechtigten*** *ableiten lassen. Das OLG Brandenburg*[540] *stützt dies auf*

- *unrichtige Angaben über den Zustand ihrer vermietbaren Ferienwohnung,*
- *Verschweigen eigener Einkünfte im Rahmen der gerichtlichen Unterhaltsverfahren,*
- *erhöhte und eigenmächtige Abhebungen vom gemeinsamen Konto,*
- *Entfernung von dem Vermieter gehörenden Gegenständen aus der bisherigen Ehewohnung und die dadurch ausgelösten Schadensersatzansprüchen gegen den anderen Ehegatten sowie*
- *der rückwirkenden Forderung nach getrennter steuerlicher Veranlagung, aus der lediglich steuerliche Nachteile entstanden sind, sondern im Wesentlichen auf die Schädigung des Antragsgegners zielten.*
- *unterlassene Zahlungen der Berechtigten auf Verbindlichkeiten, die ihr nutzen, für die der Pflichtige gesamtschuldnerisch haftet.*

6. Härtegrund aus § 1579 Nr. 6 BGB (gröbliche Verletzung der Pflicht, zum Familienunterhalt beizutragen)

300 Der Härtegrund des § 1579 Nr. 6 BGB ist erfüllt, wenn der Unterhaltsberechtigte vor der Trennung längere Zeit hindurch seine Pflicht, zum Familienunterhalt beizutragen, gröblich verletzt hat. Es handelt sich um eine Konkretisierung der allgemeinen Härteklausel, die § 1587c Nr. 3 BGB a.F. nachgebildet ist. Dabei ist anerkannt, dass ein Ehegatte, der nach der Gestaltung der ehelichen Lebensverhältnisse nicht in anderer Weise als durch Erwerbstätigkeit zum Familienunterhalt beizutragen hat, zur Sicherung des Familienunterhalts durch Erwerbstätigkeit verpflichtet und in diesem Rahmen notfalls gehalten ist, den Beruf zu wechseln oder eine selbstständige Tätigkeit aufzugeben, wenn er die für den Unterhaltsbedarf der Berechtigten erforderlichen Mittel nicht beschaffen kann. Daher kann der Anspruch auf **Unterhalt** kann entfallen, wenn der Unterhalt geltend machende Ehegatte während der langjährigen Ehe **weitgehend keiner Erwerbstätigkeit nachgegangen ist** und dem auf Unterhalt in Anspruch genommenen Ehegatten die Versorgung der Familie weitgehend allein überlassen hat.

301 ***OLG Düsseldorf, Beschl. v. 28.2.2019 – II-1 UF 12/19***[541]

1. Die Familienunterhaltspflicht des Unterhaltsberechtigten im Sinne des Härtegrunds des § 1579 Nr. 6 BGB bemisst sich nach den ***im Rahmen der ehelichen Rollenverteilung*** *übernommenen Aufgaben.*

Wenn der Unterhaltsverpflichtete trotz eigener Erwerbstätigkeit den Haushalt allein geführt und allein gemeinsame Kinder großgezogen hat, kann davon auszugehen sein, dass der Unterhaltsberechtigte nach der ehelichen Rollenverteilung zur Sicherung des Familienunterhalts ***durch Erwerbstätig-***

540 OLG Brandenburg v. 23.10.2014 – 15 UF 109/12.
541 OLG Düsseldorf FamRZ 2019, 1134.

***keit verpflichtet** und in diesem Rahmen notfalls gehalten gewesen ist, den Beruf zu wechseln oder eine selbstständige Tätigkeit aufzugeben.*

*2. Die Verletzung der Familienunterhaltspflicht ist **gröblich**, wenn die Familie dadurch ohne den Einsatz des anderen Ehegatten in ernsthafte Schwierigkeiten bei der Deckung ihres Lebensbedarfs geraten wäre.*

*3. Das erforderliche **Verschulden** liegt vor, wenn der Unterhaltsverpflichtete dem Unterhaltsberechtigten bezüglich der unterlassenen Arbeitssuche **immer wieder Vorhaltungen gemacht hat** und dieser eine Erwerbstätigkeit abgelehnt hat, ohne an einer solchen aufgrund von ihm nicht zu vertretender Umstände gehindert gewesen zu sein.*

*4. Gemäß § 1361 Abs. 2 BGB kann **schon vor Ablauf des Trennungsjahrs eine Erwerbsobliegenheit** des Unterhaltsberechtigten bestehen, wenn dessen Erwerbsabstinenz keiner ehelichen Rollenverteilung entsprach und damit nicht auf einer Funktionsteilung beruht, die den Erwerbsstatus des Unterhaltsberechtigten schutzwürdig erscheinen ließe.*

7. Härtegrund aus § 1579 Nr. 7 BGB (schwerwiegendes Fehlverhalten)

Mit der Formulierung „offensichtlich schwerwiegendes Fehlverhalten“ soll der **Ausnahmecharakter** der Vorschrift hervorgehoben werden. Der entscheidende Gesichtspunkt für die Annahme eines Härtegrundes nach § 1579 Nr. 7 BGB ist die **Widersprüchlichkeit des Verhaltens der Unterhaltsberechtigten**, die sich zum einen aus der ehelichen Bindung löst, zum anderen aber die eheliche Solidarität durch ein Unterhaltsbegehren einfordert, ohne seinerseits das Prinzip der Gegenseitigkeit zu wahren.[542] 302

Ehebruch – Aufnahme einer neuen Partnerschaft 303

Dieses Prinzip wird z.B. verletzt, wenn der Unterhaltsberechtigte sich gegen den Willen seines Ehegatten **einem anderen Partner zuwendet** und dem neuen Partner die dem Ehegatten geschuldete Hilfe und Fürsorge zuteilwerden lässt.[543] Dabei ist es regelmäßig nicht von Bedeutung, ob sich der Berechtigte dem neuen Partner im unmittelbaren Anschluss an die Trennung zuwendet oder ob dies erst zu einem späteren Zeitpunkt des Getrenntlebens geschieht.[544] Wesentlich ist vielmehr, ob das Verhalten des Unterhaltsberechtigten für das Scheitern der Ehe ursächlich war.[545]

Ein **Ehebruch** führt allerdings als solcher noch nicht ohne weiteres zum Ausschluss oder zur Herabsetzung des Unterhalts nach § 1579 BGB.[546] Zwar handelt es sich bei einem Verstoß gegen die Pflicht zur ehelichen Treue grundsätzlich um ein Fehlverhalten im Sinne von § 1579 Nr. 7 BGB.[547] Erforderlich ist zudem, dass das **Fehlverhalten eindeutig beim Berechtigten** liegt.[548]

Selbst bei einem feststehenden einseitigen Fehlverhalten führt der Ehebruch allein aber noch nicht zur Versagung oder Herabsetzung des Unterhalts, sondern diese erfordern nach der Rechtsprechung des Senats eine so schwerwiegende **Abkehr von ehelichen Bindungen**, dass nach dem Grundsatz der Gegenseitigkeit, der dem ehelichen Unterhaltsrecht zugrunde liegt, die Inanspruchnahme des anderen Ehegatten grob unbillig erschiene.[549] Dementsprechend hat der BGH einen Härtegrund **(erst) bei Aufnahme eines** 304

542 BGH FamRZ 2011, 791 m. Anm. *Norpoth*, FamRZ 2011, 873 = NJW 2011, 1582 m. Anm. *Maurer* = FuR 2011, 392.
543 BGH FamRZ 2011, 791 m. Anm. *Norpoth*, FamRZ 2011, 873 = NJW 2011, 1582 m. Anm. *Maurer* = FuR 2011, 392.
544 BGH FamRZ 2011, 791 m. Anm. *Norpoth*, FamRZ 2011, 873 = NJW 2011, 1582 m. Anm. *Maurer* = FuR 2011, 392.
545 BGH BGHZ 176, 150 = FamRZ 2008, 1414 Rn 26.
546 BGH NJW 2012 1443 = FamRZ 2012, 779 m. Anm. *Löhnig*; dazu *Wever*, FamRZ 2012, 1601.
547 BGH FamRZ 1983, 670; BVerfG FamRZ 2003, 1173, 1174.
548 BGH NJW 2012 1443 = FamRZ 2012, 779 m. Anm. *Löhnig*; dazu *Wever*, FamRZ 2012, 1601.
549 BGH NJW 2012, 1443 = FamRZ 2012, 779 m. Anm. *Löhnig*; dazu *Wever*, FamRZ 2012, 1601; BGH FamRZ 2008, 1414 Rn 22 m.w.N., BGH FamRZ 1983, 670.

nachhaltigen, auf längere Dauer angelegten intimen Verhältnisses angenommen, wenn darin die Ursache für das Scheitern der Ehe lag.

OLG Hamm v. 9.6.2022 – 4 UF 175/20 Rn 109[550]

*Wird die neue **Beziehung erst nach der Trennung der Ehegatten** eingegangen, ist **kein Ausbruch** aus intakter Beziehung gegeben.*

305 *Praxistipp*

Die Unterhaltsberechtigte trägt die negative Darlegungslast für die Behauptung der noch bestehenden Intaktheit der Ehe.

306 **Verschweigen der möglichen Vaterschaft eines anderen Mannes**

Der BGH hat auch das Verschweigen der möglichen Vaterschaft eines anderen Mannes als Härtegrund i.S.d. § 1579 Nr. 7 BGB angesehen.[551]

307 *Exkurs*

Verschweigt die Ehefrau ihrem Ehemann, dass ein während der Ehe geborenes Kind möglicherweise von einem anderen Mann abstammt, kann dies

- zu einem vollständigen oder **teilweisen Ausschluss des Versorgungsausgleich**s führen,[552]
- eine **Anfechtung einer schenkungsweisen Zuwendung wegen arglistiger Täuschung** begründen.[553]

8. Härtegrund aus § 1579 Nr. 8 BGB (anderer Grund)

308 Dieser Auffangtatbestand soll andere Fälle subjektiver und objektiver Unzumutbarkeit erfassen, wenn sie von gleichem Gewicht sind, wie das Fehlverhalten in Nr. 2–7.

309 Im Verhältnis zu den vorangestellten Härtegründen gehen diese als die spezielleren Regelungen vor. Sachverhalte, die in den Nr. 1–7 eine Regelung gefunden haben, die dort geforderten Tatbestandsmerkmale aber nicht erfüllen, können deshalb nicht unter Nr. 8 als „anderer Grund" subsumiert werden. So kann eine Ehe, die zwar nicht lange gedauert hat, aber nicht als kurze Ehe i.S.d. § 1579 Nr. 1 BGB anzusehen ist, grundsätzlich nicht als anderer gleich schwerwiegender Härtegrund nach § 1579 Nr. 8 BGB erfasst werden.[554]

310 ***BGH v. 30.3.2011 – XII ZR 3/09***[555]

*Auch soweit das Berufungsgericht eine Verwirkung des Anspruchs auf nachehelichen Unterhalt nach § 1579 Nr. 8 BGB abgelehnt hat, ist dies revisionsrechtlich nicht zu beanstanden. **Mit der Nacherklärung der zuvor steuerlich nicht angegebenen Einnahmen ist die Antragsgegnerin lediglich ihren rechtlichen Verpflichtungen nachgekommen**. Selbst wenn sich die Nachversteuerung über einen zugleich eingereichten Aufteilungsantrag auch zu Lasten des Antragstellers ausgewirkt hat, kann ihr dies unterhaltsrechtlich nicht vorgeworfen werden. Im Übrigen setzt eine Verwirkung nach § 1579 BGB zusätzlich neben dem jeweiligen Härtegrund stets auch eine **grobe Unbilligkeit** für den Unter-*

550 OLG Hamm FamRZ 2023, 588.
551 BGH NJW 2012, 1443 = FamRZ 2012, 779 m. Anm. *Löhnig*.
552 BGH NJW 2012, 1446 = FamRZ 2012, 845, dazu *Wever*, FamRZ 2012, 1601; OLG Köln v. 15.2.2013 – 4 UF 226/12, FamFR 2013, 278.
553 BGH NJW 2012, 2728 = FamRZ 2012, 1363; dazu *Wever*, FamRZ 2012, 1601.
554 BGH NJW-RR 1995, 449.
555 BGH FamRZ 2011, 791 m. Anm. *Norpoth*, FamRZ 2011, 873 = NJW 2011, 1582 m. Anm. *Maurer* = FuR 2011, 392.

haltspflichtigen unter Wahrung der Belange des Unterhaltsberechtigten voraus (BGH v. 16.4.2008 – XII ZR 107/06, FamRZ 2008, 1325, 1327 und BGHZ 146, 391, 399 = FamRZ 2001, 541, 543 f.).

Die Norm des § 1579 Nr. 8 BGB ist gelegentlich herangezogen, um einen Trennungsunterhaltsanspruch nach sehr langer Trennung zu beenden. 311

- ***OLG Bamberg, Beschl. v. 13.5.2014 – 7 UF 361/13***[556]

Nach einer mehr als zehn Jahre dauernden Trennungszeit wird der Trennungsunterhalt gemäß § 1579 Nr. 8 BGB versagt, weil angesichts der langen Dauer der Trennung der Gesichtspunkt der ehelichen Solidarität nicht mehr eingreift.

- ***OLG Frankfurt, Beschl. v. 9.10.2019 – 7 UF 45/19***[557]

Leben die Ehegatten seit fast 20 Jahren getrennt, ohne in persönlicher oder wirtschaftlicher Hinsicht miteinander verbunden zu sein, besteht ein offenkundiger Widerspruch zwischen der in dieser Zeit eigenverantwortlichen und wirtschaftlich selbstständigen Lebensführung und dem dem Trennungsunterhalt zugrunde liegenden Grundsatz der ehelichen Solidarität. Die Leistung von Trennungsunterhalt würde in einem solchen Fall eine grobe Unbilligkeit darstellen (§ 1579 Nr. 8 BGB).

9. Kinderschutzklausel

Bei den gebotenen Abwägungen sind die Belange eines gemeinschaftlichen Kindes, das von dem geschiedenen, in einer verfestigten Lebensgemeinschaft lebenden Ehegatten betreut wird, durch die „**Kinderschutzklausel**" im Einleitungssatz des § 1579 BGB zu wahren. Im Einzelfall ist zu prüfen, inwieweit der eheangemessene Unterhalt auf das zur Kindesbetreuung erforderliche Maß reduziert werden kann oder inwieweit der betreuende Elternteil – beispielsweise nach dem dritten Lebensjahr des Kindes – durch eine **Teilzeiterwerbstätigkeit** zum eigenen Unterhalt beitragen kann. Es kommt also auch der frühere Beginn einer Erwerbsobliegenheit in Betracht. Zu prüfen ist konkret, ob eine Verwirkung des Betreuungsunterhalts nach den weiteren Lebensumständen der Antragsgegnerin unmittelbare negative Auswirkungen auf die Lebensumstände des gemeinsamen Kindes haben würde.[558] 312

Die Belange eines gemeinsamen Kindes sind aber bereits dann gewahrt i.S.v. § 1579 BGB, wenn die dazu erforderlichen Mittel von anderer Seite erlangt werden können, etwa von dem **leistungsfähigen nichtehelichen Partner**, in Form von Sachleistungen oder sonstigen Vorteilen aus dem Zusammenleben. Während freiwillige Leistungen eines neuen Partners zwar den Unterhaltsbedarf zunächst nicht mindern, sind sie also im Rahmen der Billigkeitsabwägung nach § 1579 BGB gleichwohl zu berücksichtigen.[559]

Praxistipp 313

- Zu beachten ist in diesem Zusammenhang, dass die **Erwerbsobliegenheiten** auch bei Betreuung von Kindern durch das neue Unterhaltsrecht bereits erheblich verschärft worden sind.
- Die Kinderschutzklausel ist daher nicht mehr am alten Altersphasenmodell zu orientieren, sondern an den **strengeren Regelungen des § 1570 Abs. 1 BGB**.
- In der Praxis wird sich die Frage stellen,
  – ob im Zusammenwirken mit § 1579 BGB noch deutlich strengere Anforderungen an die Erwerbsobliegenheit zu stellen sind[560] oder

556 OLG Bamberg, Beschl. v. 13.5.2014 – 7 UF 361/13, FuR 2015, 242.
557 OLG Frankfurt, Beschl. v. 9.10.2019 – 7 UF 45/19, FuR 2020, 424.
558 BGH FamRZ 2011, 791 m. Anm. *Norpoth*, FamRZ 2011, 873 = NJW 2011, 1582 m. Anm. *Maurer* = FuR 2011, 392.
559 OLG Koblenz v. 6.4.2016 – 13 UF 16/16, FamRZ 2016, 1938.
560 *Schnitzler*, FF 2011, 290, 293.

– ob weiterhin die Betreuung eines jüngeren Kindes den Unterhaltsanspruch – jedenfalls bis zur Höhe des Mindestbedarfes – gegen eine Kürzung wegen § 1579 BGB schützt.

314 ***OLG Oldenburg v. 13.3.2009 – 11 UF 100/08***

Entgegen der Auffassung der Antragsgegnerin stehen die Belange der Kinder einer Versagung des Unterhalts auch nicht entgegen. Für § 1579 BGB gilt ein anderer Maßstab als für § 1578b BGB. Insoweit ist die von ihr zitierte Gesetzesbegründung nicht einschlägig. Die Eingriffsschwelle ist bei § 1579 BGB deutlich herabgesetzt. Die Pflege und Erziehung der Kinder ist dann gesichert, ***wenn die dem betreuenden Ehegatten verbleibenden Mittel das Maß übersteigen, was er zur Deckung seines Mindestbedarfs benötigt*** *(Weinreich/Klein-Klein, Fachanwaltskommentar Familienrecht, 3. Aufl., § 1579 Rn 106; Prütting/Wegen/Weinreich, BGB Kommentar, 2. Aufl., § 1579 Rn 25; BGH FamRZ 98, 541). Eine weitere Aufrechterhaltung der ehelichen Lebensverhältnisse ist nicht notwendig. Der Antragsgegnerin verbleiben aber unter* ***Berücksichtigung ihres fiktiven Einkommens von 800 EUR*** *nach Abzug einer Berufspauschale von 5 % noch rund 760 EUR. Berücksichtigt man dann noch eine gewisse Ersparnis durch eine gemeinsame Haushaltsführung mit ihrem neuen Lebensgefährten verbleibt ihr* ***mindestens das gesetzliche Existenzminimum****. Die Antragsgegnerin kann die Berufstätigkeit auch ausüben, während die Kinder in der Schule sind, so dass eine Fremdbetreuung nicht notwendig ist.*

10. Verzicht auf die Verwirkung / Verzeihung

315 Unter bestimmten Umständen kann das Recht entfallen, sich auf Verwirkung zu berufen.

■ ***OLG Koblenz, Beschl. v. 5.6.2019 – 9 UF 104/19***[561]

Der ***Unterhaltspflichtige kann*** *durch – ausdrückliche oder konkludente – Vereinbarung mit dem Unterhaltsberechtigten* ***auf die Geltendmachung der Verwirkung des Unterhalts nach § 1579 Nr. 2 BGB verzichten****.*

Dies kann im Unterschied zu einer Verzeihung auch ***bereits vor Eintritt des Verwirkungstatbestandes*** *geschehen.*

■ ***OLG Koblenz v. 16.5.2018 – 13 UF 138/18***[562]

Eine Verwirkung von Unterhaltsansprüchen kann ***ausscheiden****, wenn der Unterhaltspflichtige das dem Berechtigten vorgeworfene, für den Verwirkungseinwand herangezogene* ***Verhalten*** *in der Vergangenheit* ***toleriert hat****.*

11. Wiederaufleben des Unterhaltsanspruchs

316 Bei § 1579 BGB wird vielfach vereinfachend von der **Verwirkung** des Unterhaltsanspruchs gesprochen. Die Sanktionen nach § 1579 BGB müssen aber **nicht endgültig** sein. Je nach Härteklausel, der Dauerwirkung, der Zumutbarkeit und Billigkeit sowie nach den Umständen des Einzelfalles können verwirkte Unterhaltsansprüche — ganz oder teilweise – **wieder aufleben.**[563] **Das Wiederaufleben des Anspruchs ist allerdings die Ausnahme.**[564]

561 OLG Koblenz, Beschl. v. 5.6.2019 – 9 UF 104/19, FamRZ 2020, 690.
562 OLG Koblenz v. 16.5.2018 – 13 UF 138/18, FuR 2019, 212.
563 *Büte* in Büte/Poppen/Menne, Unterhaltsrecht, 2015, § 1579 BGB Rn 30; BGH NJW 1986, 722.
564 *Schnitzer*, NJW 2011, 3093, 3094 m.w.N.

Insbesondere bei § 1579 Nr. 2 – **neue Partnerschaft** – ist aber anerkannt, dass der Anspruch bei Wegfall der Voraussetzungen – also der Beendigung der neuen Partnerschaft – wieder aufleben kann.[565] 317

OLG Düsseldorf, Beschl. v. 11.5.2020 – II-3 UF 14/20[566]

Ein Wiederaufleben des einmal gem. § 1579 Nr. 2 BGB verwirkten Anspruchs auf Aufstockungsunterhalt kommt nur ausnahmsweise in Betracht, wenn trotz der für eine gewisse Zeit verfestigten neuen Lebensgemeinschaft noch ein Maß an nachehelicher Solidarität gefordert werden kann, das eine fortdauernde nacheheliche Unterhaltspflicht rechtfertigen kann.

Bei der in diesem Zusammenhang angezeigten umfassenden Würdigung kann gegen die Zumutbarkeit eines Wiedererstarkens des bereits verwirkten Unterhaltsanspruchs sprechen, wenn der/die Unterhaltsgläubiger/in nach Beendigung der einmal verfestigt gewesenen Lebensgemeinschaft (welche zur Verwirkung geführt hatte) erneut eine Beziehung eingegangen ist, die lediglich aufgrund des fehlenden Zeitablaufs noch nicht verfestigt ist

a) Voraussetzungen des Wiederauflebens des Anspruches

Es ist umfassend zu prüfen, ob eine erneute Unterhaltsverpflichtung die Zumutbarkeitsgrenze überschreitet.[567] Bei dieser erneuten Billigkeitsprüfung sind alle Umstände einzubeziehen.[568] 318

Von Bedeutung ist dabei, dass sich der Unterhaltsberechtigte durch die Aufnahme einer verfestigten neuen Lebensgemeinschaft **aus der nachehelichen Solidarität der Ehegatten herausgelöst und zu erkennen gegeben hatte, dass er diese nicht mehr benötigt**. Zu berücksichtigen ist auch, wie lange die Verhältnisse gedauert haben, die eine Unterhaltsgewährung als objektiv unzumutbar erscheinen ließen.[569] Nach Beendigung einer verfestigten Lebensgemeinschaft ist regelmäßig nur noch sehr begrenzt eine nacheheliche Solidarität zu erwarten. 319

Gegen ein Wiederaufleben des Unterhaltsanspruchs kann zudem sprechen, wenn der auf Unterhalt in Anspruch genommene Ehegatte im Vertrauen auf den endgültigen Wegfall der Unterhaltspflicht wirtschaftliche **Dispositionen** getroffen hat, die seine Leistungsfähigkeit beeinträchtigen, ohne dass er dies dem Unterhaltsgläubiger unterhaltsrechtlich entgegenhalten könnte.[570] 320

b) Umfang des wiederauflebenden Anspruches

Regelmäßig lebt allenfalls der **Betreuungsunterhalt** wieder auf. Für ein Wiederaufleben anderer Tatbestände fehlt es regelmäßig an einer Legitimation, während ein Wiederaufleben des Betreuungsunterhalts auf das schutzwürdige Interesse der gemeinsamen Kinder zurückzuführen ist.[571] 321

565 *Büte* in Büte/Poppen/Menne, Unterhaltsrecht, 2015, § 1579 BGB Rn 30; BGH, Urt. v. 13.7.2011 – XII ZR 84/09, BGH FamRZ 2011, 1498 m. Anm. *Maurer* = NJW 2011, 3089 m. Anm. *Schnitzler*; Anm. *Hohloch*, FF 2011, 410; BGH NJW 1987, 3129; BGH NJW-RR 1988, 70; OLG Celle FamRZ 2008 1853.

566 OLG Düsseldorf FamRZ 2021, 1027.

567 BGH NJW 1986, 722; BGH NJW 1997, 1439.

568 OLG Celle FamRZ 2008, 1627.

569 BGH FamRZ 2011, 1498 m. Anm. *Maurer* = NJW 2011, 3089 m. Anm. *Schnitzler*; Anm. *Hohloch* FF 2011, 410; OLG Celle FamRZ 2008, 1627 Rn 42.

570 *Büte* in Büte/Poppen/Menne, Unterhaltsrecht, 2015, § 1579 BGB Rn 30.

571 BGH FamRZ 2011, 1498 m. Anm. *Maurer* = NJW 2011, 3089 m. Anm. *Schnitzler*; Anm. *Hohloch* FF 2011, 410.

12. Verfahrensfragen

a) Darlegungs- und Beweislast

322 Der **Unterhaltspflichtige** trägt die **Darlegungs- und Beweislast**[572] für Tatsachen, die für eine Begrenzung des Unterhalts sprechen. Erleichtert wird ihm die Beweisführung aber dadurch, dass die **Unterhaltsberechtigte** ihrerseits Umstände vorbringen und gegebenenfalls beweisen muss, die für ihre Bedürftigkeit ursächlich sind, so zum Beispiel, dass sie trotz ausreichender Bemühungen keine angemessene Erwerbstätigkeit zu finden vermag. Hat der Unterhaltsschuldner Tatsachen vorgetragen, die für eine Begrenzung des Unterhalts von Bedeutung sind, ist es Sache der Unterhaltsgläubigerin, Umstände vorzubringen, die im Rahmen der zu treffenden Billigkeitsentscheidung gegen eine zeitliche Begrenzung des Unterhalts bzw. für eine längere „Schonfrist“ sprechen; denn nacheheliche Solidarität[573] wird im Regelfall nicht ohne weiteres zeitlich unbegrenzt geschuldet (§ 1569 BGB).Im Rahmen des § 1579 BGB trifft also die Unterhaltsberechtigte eine **sekundäre Darlegungslast**, sich zu dem schlüssigen Vortrag des Unterhaltsverpflichteten näher zu äußern und diesen substantiiert zu bestreiten.[574]

b) § 1579 BGB und Abänderungsverfahren (§ 238 FamFG)

323 Im Hinblick auf die Präklusionswirkung muss immer genau geprüft werden, welche Tatsachenlage seinerzeit Basis der gerichtlichen Entscheidung war, um feststellen zu können, ob diesbezüglich eine nachträgliche Veränderung eingetreten ist.

324 ***OLG Karlsruhe, Urt. v. 21.2.2011 – 2 UF 21/10***[575]

Der Unterhaltspflichtige muss auch das Fortbestehen einer verfestigten Lebensgemeinschaft beweisen, wenn im Erstprozess streitig ist, ob der Unterhaltsberechtigte ab einem bestimmten Zeitpunkt das Zusammenleben mit dem neuen Partner beendet hat.

II. Verwirkung von Verwandtenunterhalt, § 1611 BGB

325 Die Norm beschränkt den Unterhaltsanspruch bei grobem Fehlverhalten des Berechtigten.[576] Ob neben dieser **eng auszulegenden Ausnahmevorschrift**[577] der Rückgriff auf andere Vorschriften wie z.B. § 242 BGB möglich ist, ist strittig.[578]

Als Begehungsformen des § 1611 BGB kommen aktives Tun und Unterlassen in Betracht, soweit der Berechtigte dadurch eine Rechtspflicht zum Handeln verletzt.[579]

326 Die Vorschrift ist Ausdruck des Solidaritätsgedankens des Unterhaltsrechts. Das Ausmaß der Verwirkung des Unterhaltsanspruchs ist abhängig von der Schwere des Verstoßes. Die Norm gilt für den gesamten Verwandtenunterhalt, ist also auch beim Elternunterhalt anwendbar.

327 Die Verwirkung kann sich grundsätzlich nur auf **zukünftige Unterhaltsansprüche** auswirken, während zum Zeitpunkt der Verfehlung bereits entstandene Unterhaltsansprüche unberührt bleiben. Dem Unter-

572 Zur Darlegungs- und Beweislast im Unterhaltsrecht umfassend *Bömelburg*, FF 2015, 273 (Teil 1) und FF 2015, 350 (Teil 2).

573 Dazu ausf. *Dose*, FamRZ 2011, 1341.

574 KG v. 28.4.2016 – 13 UF 17/16, FuR 2017, 31 = FF 2017, 502 m. Anm. *Schnitzler*.

575 OLG Karlsruhe FamRB 2011, 236.

576 Ausführlich *Schnitzler*, FPR 2013, 532 m.w.N.

577 BGH v. 15.9.2010 – XII ZR 148/09, FamRZ 2010, 1888; OLG Hamm v. 6.8.2009 – 2 UF 241/08, FamRZ 2010, 303; OLG Karlsruhe v. 18.9.2003 – 2 UF 35/03, FamRZ 2004, 971; *Hauß*, Elternunterhalt, 2012, Rn 702 ff.; *Kofler*, NJW 2011, 2470–2476.

578 Bejahend BGH FamRZ 2002, 1698 zum Elternunterhalt.

579 BGH v. 12.2.2014 – XII ZB 607/12, FamRZ 2014, 541, m. Anm. *Viefhues*, FamRZ 2014, 624 und *Seibl*, NJW 2014, 1151 sowie *Menne*, FF 2014, 194.

haltsberechtigten steht der Unterhaltsanspruch so lange zu, bis er in der vom Gesetz bezeichneten Weise sich gegen den Unterhaltsverpflichteten verfehlt.

Voraussetzung der Verwirkung des Unterhaltsanspruches ist das Vorliegen einer der gesetzlich geregelten Verwirkungstatbestände: 328

- der Eintritt der Bedürftigkeit durch sittliches Verschulden,
- die Verletzung einer eigenen Unterhaltspflicht oder
- eine schwere Verfehlung gegen den Unterhaltsverpflichteten.

Die Norm bezieht auch einen „nahen Angehörigen" in den Schutzbereich der Norm ein. Abzustellen ist dabei nicht auf den Begriff der Verwandtschaft, sondern es kommt darauf an, wie stark sich der Unterhaltspflichtige mit dem Angehörigen verbunden fühlt. 329

Der Unterhaltsberechtigte muss durch sein eigenes Verschulden seine Bedürftigkeit mutwillig herbeigeführt haben. Erforderlich ist ein **grobes Verschulden** mit einem Verhalten, das sittliche Missbilligung verdient. Der Unterhaltsberechtigte muss anerkannte Verbote der Sittlichkeit in vorwerfbarer Weise außer Acht gelassen haben.[580] Demnach reichen ein einmaliges und nur vorübergehendes Versagen oder reine Nachlässigkeit nicht aus. 330

Dabei kann auf die Ausführungen zu den entsprechenden Regelungen des § 1579 BGB verwiesen werden.

Nicht ausreichend sind eine krankheitsbedingte Bedürftigkeit und ein selbstverschuldeter Verlust des Arbeitsplatzes. 331

Auch die durch Schwangerschaft und Geburt eines Kindes außerhalb einer Ehe eingetretene Bedürftigkeit einer volljährigen Tochter ist kein Fall sittlichen Verschuldens.[581] Folglich verliert ein unterhaltsberechtigtes Kind seinen Ausbildungsunterhaltsanspruch gegenüber seinen Eltern nicht deshalb, weil es infolge einer Schwangerschaft und der anschließenden Kindesbetreuung seine Ausbildung erst mit Verzögerung beginnt.[582] Das gilt jedenfalls insoweit, als die Unterhaltsberechtigte ihre Ausbildung nach Vollendung des dritten Lebensjahres des Kindes – gegebenenfalls unter zusätzlicher Berücksichtigung einer angemessenen Übergangszeit – aufnimmt.

Eine schwere vorsätzliche Verfehlung gegenüber dem Unterhaltspflichtigen § 1611 Abs. 1 Satz 1 Alt. 3 BGB liegt regelmäßig nur bei einer **tiefgreifenden Beeinträchtigung schutzwürdiger wirtschaftlicher Interessen oder persönlicher Belange des Pflichtigen** vor.[583] Nicht schon ein ablehnendes und unangemessenes Verhalten zieht eine Herabsetzung oder den Ausschluss des Unterhalts nach § 1611 Abs. 1 BGB nach sich.[584] 332

In der Praxis wird der Verwirkungseinwand häufig auf einen **Kontaktabbruch des Unterhaltsberechtigten oder eine Verweigerung von Umgangskontakten** gestützt. 333

Ist dieses **Verhalten während der Minderjährigkeit des Kindes** erfolgt, scheitert die Verwirkung des Anspruchs auf Kindesunterhalt bereits an § 1611 Abs. 2 BGB. Folglich sind auch Verfehlungen in der Zeit der Minderjährigkeit für den späteren Anspruch des volljährigen Kindes unbeachtlich.[585] Allein entscheidend ist, wann der Verwirkungstatbestand eingetreten ist.[586] 334

580 BGHZ 93, 123–134; vgl. auch KG v. 27.1.2016 – 13 UF 234/14, NZFam 2016, 369.

581 BGH FamRZ 2011, 1560 m. Anm. *Norpoth*; BGHZ 93, 123–134; OLG Düsseldorf FamRZ 1989, 1226.

582 Zu beachten ist, dass der Vater des Kindes nach § 1615l BGB vorrangig haftet; dazu ausführlich *Viefhues*, FuR 2015, 686.

583 BGH v. 12.2.2014 – XII ZB 607/12, FamRZ 2014, 541 m. Anm. *Viefhues*, FamRZ 2014, 624 und *Seibl*, NJW 2014, 1151 sowie *Menne*, FF 2014, 194; BGH v. 19.5.2004 – XII ZR 304/02, FamRZ 2004, 1559, m. Anm. *Born*.

584 BGH v. 3.7.2013 – XII ZB 220/12, FamRZ 2013, 1375–1378 m. Anm. *Viefhues*, FamRZ 2013, 1475 = NJW 2013, 2751–2753; BGH v. 29.6.2011 – XII ZR 127/09, FamRZ 2011, 1560 m. Anm. *Norpoth*; BGH v. 23.6.2010 – XII ZR 170/08, FamRZ 2010, 1418 m. Anm. *Kieninger*; vgl. auch BGH v. 15.9.2010 – XII ZR 148/09, FamRZ 2010, 1888; BGH v. 25.1.1995 – XII ZR 240/93, FamRZ 1995, 475, 476; BGH v. 24.10.1990 – XII ZR 124/89, FamRZ 1991, 322, 323.

585 Vgl. auch BGH v. 3.7.2013 – XII ZB 220/12, FamRZ 2013, 1375 m. Anm. *Viefhues*, FamRZ 2013, 1475.

586 BGH v. 25.1.1995 – XII ZR 240/93, FamRZ 1995, 475.

335 In der Praxis nicht selten verweigert das **volljährige Kind** den Kontakt zum Vater, macht aber dennoch Unterhaltsansprüche geltend. Hierzu ist eine umfangreiche, z.T. recht kasuistische Rechtsprechung der Obergerichte vorhanden.[587] Es gibt aber keine Umgangspflicht, deren Verletzung als Grundlage für eine Verwirkung herangezogen werden könnte.[588]

336 Jedoch kann beim **Kindesunterhalt** die Ablehnung jeder persönlichen Kontaktaufnahme zu dem unterhaltspflichtigen Elternteil durch das (volljährige) Kind allein oder auch in Verbindung mit unhöflichen und unangemessenen Äußerungen diesem gegenüber eine Herabsetzung oder den Ausschluss des Unterhalts nach § 1611 Abs. 1 BGB nicht rechtfertigen.[589]

OLG Frankfurt v. 3.8.2020 – 8 UF 165/19[590]

Allein die Tatsache, dass ein volljähriges Kind jeglichen Kontakt zum Unterhaltspflichtigen ablehnt, führt nicht zur Verwirkung des Unterhaltsanspruchs.

Die Ablehnung einer Kontaktaufnahme mit dem unterhaltspflichtigen Elternteil stellt jedenfalls dann keine schwere Verfehlung dar, wenn zuvor über einen Zeitraum von zehn Jahren überhaupt keine persönliche Begegnung stattgefunden hat.

Fehlende Kontaktaufnahme zum Unterhaltspflichtigen kann nur dann zur Verwirkung führen, wenn weitere Umstände hinzutreten, die das Gesamtverhalten als schwere Verfehlung erscheinen lassen, denkbar etwa bei zusätzlichen schweren Beleidigungen.

337 Beim **Elternunterhalt** verlangt der BGH eine Gesamtbewertung des Verhaltens des unterhaltspflichtigen Elternteils, die den gesamten Zeitraum seit der Geburt des Kindes umfasst.[591] Es dürfe also im Falle der Kontaktverweigerung nicht nur darauf abgestellt werden, dass der Elternteil zeitweise den Kontakt zum unterhaltspflichtigen Kind verweigert hat. Die Summe der für sich gesehen jeweils unerheblichen Sachverhalte kann aber in der stets **notwendigen Gesamtschau** zur Überschreitung der Tatbestandsschwelle des § 1611 Abs. 1 BGB führen, wenn die die Inanspruchnahme des Verpflichteten unzumutbar erscheint. Von besonderem Gewicht zugunsten des unterhaltsberechtigten Elternteils ist, wenn dieser in den ersten Lebensjahren seinen Unterhaltsverpflichtungen nachgekommen ist. Bei der Prüfung der Verwirkung von Unterhaltsansprüchen, die Eltern gegen ihre Kinder zustehen, ist dem Elternteil also die Pflichterfüllung in der Vergangenheit zugute zu halten.[592]

338 In der anwaltlichen Praxis muss daher der **gesamte Zeitraum von der Geburt des unterhaltspflichtigen Kindes** an aufgeklärt werden, wobei das Kind die Darlegungslast für die vorgebrachten Umstände trifft, auf die der Verwirkungseinwand gestützt wird.

587 OLG Koblenz v. 28.3.2012 – 13 UF 1081/11, FamFR 2013, 105; OLG Karlsruhe v. 9.12.2011 – 16 UF 212/10, FamRZ 2012, 1573, 1575; OLG Köln v. 20.4.2012 – II-25 WF 64/12, NJW 2012, 2364; OLG Celle v. 26.5.2010 – 15 UF 272/09, NJW 2010, 3727; OLG Hamm v. 18.8.2000 – 9 UF 37/00, OLGR Hamm 2000, 361–363; OLG Koblenz v. 28.2.2000 – 13 UF 566/99, OLGR Koblenz 2000, 513–514; OLG Frankfurt v. 21.3.1995 – 1 WF 19/95, NJW-RR 1996, 708; OLG Celle v. 9.2.1993 – 18 UF 159/92, NJW-RR 1994, 324–326; OLG Köln v. 16.6.1999 – 27 UF 243/98, NJWE-FER 2000, 144–145; OLG München v. 11.12.1991 – 12 UF 949/91, FamRZ 1992, 595–597; OLG Hamm v. 31.7.1995 – 13 WF 193/95, FamRZ 1996, 809–810; OLG Bamberg v. 6.9.1991 – 7 UF 81/91, FamRZ 1992, 717; OLG Düsseldorf v. 9.11.1994 – 8 UF 86/94, FamRZ 1995, 957–958; AG Helmstedt v. 4.9.2000 – 5 F 134/00, FamRZ 2001, 1395; AG Leipzig v. 18.9.1996 – 23 C 280/95, FamRZ 1997, 965.

588 OLG Frankfurt v. 3.8.2020 – 8 UF 165/19, FuR 2021, 37.

589 BGH v. 12.2.2014 – XII ZB 607/12 Rn 17, FamRZ 2014, 541; vgl. auch BGH v. 25.1.1995 – XII ZR 240/93, FamRZ 1995, 475, 476.

590 OLG Frankfurt v. 3.8.2020 – 8 UF 165/19, FuR 2021, 37.

591 BGH v. 12.2.2014 – XII ZB 607/12 Rn 24, FamRZ 2014, 541.

592 LG Bielefeld v. 17.12.1997 – 1b S 169/97, FamRZ 1999, 399.

III. Verwirkung von Unterhaltsrückständen

Unterhaltszahlungen sollen zur **Deckung des Lebensbedarfes** dienen, nicht aber zur Vermögensbildung. Da ein Unterhaltsberechtigter mithin lebensnotwendig auf den Unterhalt angewiesen ist, kann der Unterhaltsschuldner auch **zeitnah** mit der Durchsetzung der Ansprüche rechnen. Denn der Unterhaltsverpflichtete wird seine Lebensführung an die ihm zur Verfügung stehenden Einkünfte anpassen. Wird er dann in größerem zeitlichem Abstand auf Zahlung von Unterhaltsrückständen in Anspruch genommen, können Unterhaltsrückstände zu einer erdrückenden Schuldenlast angewachsen sein. **339**

Wird Unterhalt nicht zeitnah durchgesetzt, kann daher **Verwirkung** eingreifen[593] (§ 242 BGB) und die Verzugsfolgen beseitigen. Verwirkung ist **von Amts wegen** zu berücksichtigen.[594] **340**

Die Verwirkung greift auch, wenn die Unterhaltsansprüche aus **übergegangenem Recht** vom Sozialhilfeträger geltend gemacht werden.[595]

Ein Recht ist verwirkt, wenn sich der Schuldner wegen der Untätigkeit seines Gläubigers über einen gewissen Zeitraum hin bei objektiver Beurteilung darauf einrichten darf und eingerichtet hat, dieser werde sein Recht nicht mehr geltend machen, so dass die **verspätete Geltendmachung gegen Treu und Glauben verstößt**.[596] Zu dem Zeitablauf müssen besondere, auf dem Verhalten des Berechtigten beruhende Umstände hinzutreten, die das Vertrauen des Verpflichteten rechtfertigen, der Berechtigte werde seinen Anspruch nicht mehr geltend machen.[597]

Voraussetzung der Verwirkung ist, dass der Gläubiger den Unterhaltsanspruch längere Zeit nicht geltend macht (**Zeitmoment**) und beim Schuldner den Eindruck erweckt, er werde diesen Anspruch nicht mehr geltend machen (**Umstandsmoment**). Neben dem reinen Zeitablauf müssen also immer auch besondere Umstände hinzutreten.

1. Zeitmoment

Bei der Bemessung des „**Zeitmomentes**" ist nach der Rechtsprechung des BGH[598] im Allgemeinen von einem Jahr auszugehen. **341**

■ ***OLG Brandenburg, Beschl. v. 29.4.2019 – 13 WF 91/19***[599]

Verwirkung eines nicht geltend gemachten Unterhaltsanspruchs

Dem Zeitmoment der Verwirkung stehen nicht nur eine Aufforderung zur Auskunftserteilung, eine Bezifferung des Unterhaltsanspruchs oder eine Zahlungsaufforderung einer Passivität entgegen, sondern auch Vorgänge, die zwar nicht unmittelbar der Durchsetzung des Anspruchs, aber ihrer Vorbereitung dienen, wie etwa das Einräumen von Stellungnahmefristen, die eine weitere Sachverhaltsaufklärung ermöglichen sollen.

593 Ausführlich *Rake*, FuR 2018, 446; siehe auch *Kofler*, NJW 2011, 2470–2476; *Jüdt*, FuR 2010, 548 und FuR 2010, 624 sowie *Henjes*, FuR 2009, 432–435.

594 OLG Brandenburg v. 10.6.2010 – 10 WF 113/10.

595 BGH FamRZ 2010, 1888 m. Anm. *Hauß*, FamRZ 2010, 1892.

596 BGH v. 26.5.1992 – VI ZR 230/91 = MDR 1993, 26.

597 BGH v. 15.9.2010 – XII ZR 148/09; BGH v. 23.10.2002 – XII ZR 266/99 = FamRZ 2002, 1698, v. 22.11.2006 – XII ZR 152/04 = FamRZ 2007, 453, 455 und v. 10.12.2003 – XII ZR 155/01 = FamRZ 2004, 531, 532; BGH v. 18.1.2001 – VII ZR 416/99 = NJW 2001, 1649–1650.

598 BGH NJW 2018, 1013; BGH v. 13.1.1988 – IVb ZR 7/87 = BGHZ 103, 62–71; BGH v. 23.10.2002 – XII ZR 266/99 = BGHZ 152, 217–233.

599 OLG Brandenburg FuR 2019, 709.

■ ***OLG Frankfurt v. 4.3.2019 – 4 WF 170/18***[600]

Die Verjährung titulierter Kindesunterhaltsansprüche ist bis zur Vollendung des 21. Lebensjahres des Berechtigten gehemmt.

Sie sind auch nicht verwirkt, wenn der Beistand des Berechtigten ausschließlich wegen fehlender Leistungsfähigkeit des Verpflichteten zwar von einer Vollstreckung absieht, aber stets zu erkennen gibt, dass das Kind an seinen Ansprüchen festhält.

2. Umstandsmoment

342 Das „**Umstandsmoment**" ist gegeben, wenn der Schuldner aufgrund des Verhaltens des Gläubigers davon ausgehen durfte, dass er nicht auf Zahlung in Anspruch genommen werde. Dabei kommt es jedoch nicht auf konkrete Vertrauensinvestitionen des Unterhaltsschuldners bzw. auf das Entstehen besonderer Nachteile durch die späte Inanspruchnahme an.[601] Die bloße Untätigkeit des Berechtigten genügt dazu nicht.

BGH v. 31.1.2018 – XII ZB 133/17[602]

1. Ein nicht geltend gemachter Unterhaltsanspruch kann grundsätzlich schon vor Eintritt der Verjährung und auch während der Hemmung nach § 207 Abs. 1 Satz 2 Nr. 2 BGB verwirkt sein.[603]

2. Das bloße Unterlassen der Geltendmachung des Unterhalts oder der Fortsetzung einer begonnenen Geltendmachung kann das Umstandsmoment der Verwirkung nicht begründen.[604]

3. Verwirkung titulierter Unterhaltsansprüche

343 Auch titulierte Unterhaltsansprüche können verwirken. Der Gläubiger verwirkt einen rechtskräftig ausgeurteilten Zahlungsanspruch aber nicht allein dadurch, dass er über einen Zeitraum von 13 Jahren keinen Vollstreckungsversuch unternimmt. Zu dem reinen Zeitablauf müssen besondere, auf dem Verhalten des Berechtigten beruhende Umstände hinzutreten, die das Vertrauen des Verpflichteten rechtfertigen, der Berechtigte werde seinen Anspruch nicht mehr geltend machen.[605] Der Vertrauenstatbestand kann folglich nicht allein durch schlichten Zeitablauf geschaffen werden.[606]

■ ***OLG Brandenburg v. 20.5.2020 – 13 WF 84/20***[607]

*Das **bloße Unterlassen** der Geltendmachung des Unterhalts oder der Fortsetzung einer begonnenen Geltendmachung kann das Umstandsmoment der **Verwirkung nicht** begründen.*

*Hinzutreten muss ein **Vertrauen begründendes Verhalten des Gläubigers**, das dem Schuldner **Grund zu der Annahme** gibt, der Unterhaltsberechtigte werde seinen Unterhaltsanspruch endgültig nicht mehr geltend machen, insbesondere weil er seinen Rechtsstandpunkt aufgegeben hat.*

600 OLG Frankfurt FuR 2019, 462 = NJW 2019, 1757.

601 BGH FamRZ 2010, 1888 m. Anm. *Hauß*, FamRZ 2010, 1892; BGH v. 23.10.2002 – XII ZR 266/99 = FamRZ 2002, 1698, 1699.

602 BGH NJW 2018, 1013, *Viefhues*, FF 2018, 253 und ausführlich *Rake*, FuR 2018, 446; vgl. auch BGH v. 7.2.2018 – XII ZB 338/17, FF 2018, 206 m. Anm. *Graba*.

603 Fortführung von BGH v. 13.1.1988 – IVb ZR 7/87, BGHZ 103, 62 = FamRZ 1988, 370 und v. 16.6.1999 – XII ZA 3/99, FamRZ 1999, 1422.

604 Anschluss an BGH v. 9.10.2013 – XII ZR 59/12, NJW-RR 2014, 195.

605 OLG Brandenburg v. 20.5.2020 – 13 WF 84/20, FuR 2020, 526.

606 BGH v. 9.10.2013 – XII ZR 59/12, MDR 2014, 51.

607 OLG Brandenburg v. 20.5.2020 – 13 WF 84/20, FuR 2020, 526.

*Das gilt **erst recht bei titulierten Ansprüchen**, denn mit der Verschaffung eines Vollstreckungstitels zeigt der Gläubiger bereits, dass er diesen über die gesamte Verjährungsfrist hin auch geltend machen will.*

- ***OLG Braunschweig v. 23.11.2022 — 1 WF 138/22***[608]

*Bei titulierten Ansprüchen ist das Umstandsmoment grundsätzlich zu verneinen, wenn **Vollstreckungsversuche** nur deshalb unterbleiben, weil sie angesichts der finanziellen Situation des Schuldners voraussichtlich erfolglos geblieben wären.*

*Das für eine Verwirkung erforderliche Umstandsmoment kann trotz einer bereits vorhandenen Titulierung durch Jugendamtsurkunde **ausnahmsweise gegeben sein**, obwohl etwaige Vollstreckungsversuche wegen der Leistungsunfähigkeit des Schuldners voraussichtlich erfolglos geblieben wären.*

*Dies kommt in Betracht, wenn die Unterhaltsvorschussstelle einen Unterhaltsschuldner nicht über die Möglichkeit der Titelumschreibung und Vollstreckung **aus der bereits über 15 Jahre nicht mehr relevant gewesenen Jugendamtsurkunde** informiert, sondern für den Fall der Nichterteilung der angeforderten Auskunft und der Nichtzahlung einen Antrag auf Unterhaltsfestsetzung im vereinfachten Verfahren androht.*

- ***OLG Frankfurt v. 4.3.2019 – 4 WF 170/18***[609]

*Titulierter Kindesunterhaltsansprüche sind auch **nicht verwirkt**, wenn der **Beistand des Berechtigten** ausschließlich **wegen fehlender Leistungsfähigkeit des Verpflichteten** zwar **von einer Vollstreckung absieht**, aber stets zu erkennen gibt, dass das Kind an seinen Ansprüchen festhält*

- ***OLG Köln, Beschl. v. 5.6.2018 – 10 UF 38/18***[610]

An die Verwirkung titulierter Ansprüche, die nach Titulierung fällig geworden sind, sind keine höheren Anforderungen zu stellen als an die Verwirkung nicht titulierter Ansprüche.

Einseitiges Verhalten des Unterhaltsschuldners ist nicht geeignet, einen Vertrauenstatbestand zu schaffen.

D. Verjährung

Da die Verwirkung bereits nach einem Jahr, die Verjährung aber frühestens nach drei Jahren eintreten kann, ist zunächst die – von Amts wegen zu beachtende – rechtsvernichtende Einwendung der Verwirkung zu prüfen, bevor die – geltend zu machende – **Einrede der Verjährung** greifen kann. **344**

Zu unterscheiden ist dabei zwischen **345**

- titulierten und nicht titulierten Ansprüchen
- laufendem Unterhalt und Unterhaltsrückständen.

I. Nicht titulierte Unterhaltsansprüche

Unterhaltsansprüche unterliegen aus Gründen des Schuldnerschutzes der regelmäßigen Verjährungsfrist von drei Jahren gem. § 195 BGB. **346**

Die Verjährungsfrist beginnt gem. § 199 Abs. 1 BGB mit dem Schluss des Jahres, in dem der Anspruch entstanden ist. Der Unterhaltsberechtigte kann daher im günstigsten Fall für vier Jahre seine Ansprüche

608 OLG Braunschweig FF 2023, 42.
609 OLG Frankfurt v. 4.3.2019 – 4 WF 170/18, NJW 2019, 1757.
610 OLG Köln FuR 2019, 146.

auf rückständigen Unterhalt verfolgen, ehe ihm der Unterhaltspflichtige mit Erfolg die Verjährungseinrede entgegenhalten kann.
Der Ablauf der Verjährungsfrist ist gehemmt für Trennungsunterhaltsansprüche bis zur rechtskräftigen Scheidung und für Kindesunterhaltsansprüche bis zum Eintritt der Volljährigkeit gem. § 207 Abs. 1 S. 1 bzw. S. 2 Nr. 2 BGB.[611]

II. Titulierte Unterhaltsansprüche

347 Bei tituliertem Unterhalt ist zwischen dem laufendem Unterhalt und den Unterhaltsrückständen zu differenzieren.
Sowohl rechtskräftig festgestellte Ansprüche aus gerichtlichen Entscheidungen als auch Ansprüche aus vollstreckbaren Vergleichen oder vollstreckbaren Urkunden unterliegen der 30-jährigen Vollstreckungsverjährungsfrist gem. § 197 Abs. 1 Nr. 3 und 4 BGB.
Bei Unterhaltsansprüchen ist gem. § 197 Abs. 2 BGB zu unterscheiden. Im Beschluss oder in Urkunden bzw. Vergleichen festgestellte rückständige Unterhaltsansprüche verjähren nach 30 Jahren, während künftig fällig werdende titulierte Ansprüche erneut der regelmäßigen (kurzen) Verjährungsfrist von drei Jahren unterliegen. Stichtag ist dabei der jeweilige Titel. Die kurze Verjährung gilt damit auch für Unterhaltsansprüche, die nach der Titulierung fällig werden und im Zeitpunkt der Vollstreckung bereits zu den Rückständen zählen.

OLG Frankfurt vom 4.3.2019 – 4 WF 170/18[612]

Die Verjährung titulierter Kindesunterhaltsansprüche ist bis zur Vollendung des 21. Lebensjahres des Berechtigten gehemmt.

1. Künftig fällig werdender Unterhalt

348 Der Begriff des künftig fällig werdenden Unterhalts unterscheidet sich vom Begriff des laufenden Unterhalts. Die Abgrenzung zum rückständigen Unterhalt erfolgt nicht mit Ablauf des Monats der Rechtshängigkeit gem. § 1613 Abs. 1 BGB. Stattdessen wird die Zäsur zwischen rückständigen und künftig fällig werdenden Leistungen i.S.d. § 197 Abs. 2 BGB mit Ablauf des Monats der Rechtskraft der gerichtlichen Entscheidung bzw. des Abschlusses des Vergleichs oder des Datums der Urkunde gezogen.
Folglich unterliegen auch die im Beschluss als laufender Unterhalt bezeichneten Beträge bis zum Monat der Rechtskraft der dreißigjährigen Verjährungsfrist.

2. Maßnahmen zur Unterbrechung der Verjährung

349 Schutz vor der drohenden (kurzen) Verjährung bietet neben der Hemmung der Verjährungsfrist nach § 207 Abs. 1 S. 1 bzw. S. 2 Nr. 2 BGB (siehe oben Rdn 340) auch die Norm des § 212 Abs. 1 Nr. 2 BGB. Danach beginnt die Verjährungsfrist mit jedem Antrag auf eine gerichtliche Vollstreckungshandlung neu zu laufen.

611 OLG Frankfurt v. 4.3.2019– 4 WF 170/18, NJW 2019, 1757.
612 OLG Frankfurt FuR 2019, 462 = NJW 2019, 1757.

§ 8 Das Unterhaltsverfahrensrecht

A. Das Unterhaltshauptsacheverfahren

Dr. Franz-Thomas Roßmann

I. Allgemeines

Das FamFG behandelt das Unterhaltsverfahren ausführlich in den §§ 231 bis 260 FamFG. Unterhaltsverfahren stellen einen Schwerpunkt anwaltlicher Tätigkeit im Familienrecht dar. Materiellrechtlich, aber auch verfahrensrechtlich, ist Verwandtenunterhalt (insbesondere Kindesunterhalt), Ehegattenunterhalt und Unterhalt nach § 1615l BGB zu unterscheiden. 1

Das gerichtliche Unterhaltsverfahren wird eingeleitet durch einen bestimmten Unterhaltsantrag beim zuständigen Familiengericht. Sollte der unterhaltsberechtigte Beteiligte die anfallenden Kosten nicht bezahlen können, so ist zuvor Verfahrenskostenhilfe zu beantragen. Die folgende Darstellung orientiert sich an diesem typischen Ablauf, so dass zunächst die Zuständigkeit des Gerichts behandelt wird, dann die Voraussetzungen der Verfahrenskostenhilfe, bevor die Besonderheiten des Unterhaltsantrags beschrieben werden. 2

II. Das für die Unterhaltssache zuständige Familiengericht

1. Unterhaltssachen

Der Begriff der Unterhaltssache wird in § 231 FamFG definiert. 3

Unterhaltssachen[1] sind nach § 231 Abs. 1 FamFG Verfahren, die

- die durch Verwandtschaft begründete gesetzliche Unterhaltspflicht,
- die durch Ehe begründete gesetzliche Unterhaltspflicht,
- die Ansprüche nach § 1615l oder § 1615m BGB

betreffen.

Ein Verfahren ist eine Unterhaltssache, wenn zur Begründung des erhobenen Anspruchs eine unterhaltsrechtliche Anspruchsgrundlage herangezogen werden muss (z.B. §§ 1601 ff., 1569 ff.; 1615l BGB). Ausschlaggebend für die Beurteilung, ob ein Verfahren eine Unterhaltssache darstellt, ist damit insbesondere die sog. **materielle Anknüpfung**.[2]

Die Einordnung als Unterhaltssache nach § 231 Abs. 1 FamFG setzt nicht voraus, dass die Anspruchsgrundlage unmittelbar aus dem Familienrecht abgeleitet werden kann. Erforderlich ist jedoch ein Sachzusammenhang. So können Ansprüche im „Gewand“ eines Befreiungs-, Bereicherungs- oder Schadensersatzanspruches eine Unterhaltssache sein, wenn sie ihre Wurzel im unterhaltsrechtlichen Verhältnis der Eheleute zueinander haben.[3] 4

Die „gesetzliche Unterhaltspflicht“ im Sinne von § 232 Abs. 1 Nr. 1 FamFG ist auch dann Gegenstand des Verfahrens, wenn der Anspruch aus einer **vertraglichen Regelung** der Beteiligten hergeleitet wird. Eine vertragliche Unterhaltspflicht nimmt dem Verfahren nur dann nicht den Charakter als gesetzliche Unterhaltssache, wenn es sich um einen selbstständigen, vom Gesetz losgelösten Unterhaltsanspruch handelt, den das Gesetz in dieser Form nicht kennt. Demgegenüber trägt eine Vereinbarung den Charakter einer

1 Vgl. dazu SBW/*Kühn*, § 231 4 ff.
2 Horndasch/Viefhues/*Roßmann*, § 231 Rn 5.
3 OLG Hamm FamRZ 2013, 67.

gesetzlichen Unterhaltspflicht, wenn sie einen vom Gesetz gewährten Anspruch **lediglich modifiziert**. Für die Abgrenzung zwischen dem gesetzlichen und dem rein vertraglichen Unterhaltsanspruch kommt es darauf an, ob die vertragliche Regelung hinsichtlich der Voraussetzungen, des Umfangs und des Erlöschens des Anspruchs die im gesetzlichen Unterhaltsrecht vorgegebenen Grundsätze aufnimmt und – wenn auch unter vielleicht erheblichen Modifikationen – abbildet.[4]

Soweit der erhobene Anspruch nur mittelbare Auswirkung auf die Leistung von Unterhalt hat, ist das Verfahren hingegen als sonstige Familiensache nach § 266 FamFG abzuwickeln.

5 Erforderlich ist mithin, dass der Schwerpunkt des Begehrens in den in § 231 Abs. 1 FamFG beschriebenen Rechtsbereich fällt. Dies ist etwa der Fall, wenn es um Rückzahlung von Unterhalt geht. Ein solcher Anspruch wird regelmäßig auf Bereicherungsrecht gestützt oder auf Schadensersatzansprüche nach § 823 Abs. 2 i.V.m. §§ 263 StGB, 826 BGB; maßgeblich ist für die Entscheidung aber das Unterhaltsschuldverhältnis der Beteiligten, d.h. dieses steht im Mittelpunkt aller Überlegungen.[5]

Der Schadensersatzanspruch aus einer vorsätzlichen Verletzung der Unterhaltspflicht ist eine Unterhaltssache.[6] Dies erfasst auch ein Feststellungsbegehren dahingehend, dass eine Verbindlichkeit auf einer vorsätzlich begangenen unerlaubten Handlung gemäß §§ 823 Abs. 2 i.V.m. 170 StGB beruht.[7] Auch sind die Familiengerichte sachlich zuständig für Verfahren, mit denen die Feststellung oder negative Feststellung erstrebt wird, ein zur Insolvenztabelle angemeldeter titulierter Unterhaltsanspruch resultiere aus vorsätzlich begangener unerlaubter Handlung oder nach der Neufassung des § 302 Nr. 1 InsO aus vorsätzlich pflichtwidrig nicht gewährtem rückständigen Unterhalt.[8]

Auch der Lebenspartnerschaftsunterhalt nach §§ 5, 12, 16 LPartG ist aufgrund der Verweisung in § 270 Abs. 1 FamFG nach §§ 231–260 FamFG abzuwickeln.

Der **familienrechtliche Ausgleichsanspruch**[9] hängt typischerweise nach seinem tatsächlichen Grund eng mit der gesetzlichen Unterhaltspflicht der Eltern gegenüber dem Kind zusammen. Bestehen und Höhe des Ausgleichsanspruchs hängen davon ab, ob und inwieweit im Einzelfall eine Unterhaltspflicht des einen oder anderen Elternteils besteht und erfüllt worden ist. Es handelt sich bei den Beträgen, die einem Elternteil aufgrund eines derartigen Anspruchs zustehen, wirtschaftlich gesehen um „rückständige Unterhaltsleistungen", weshalb der familienrechtliche Ausgleichsanspruch praktisch einem Unterhaltsanspruch gleich zu stellen ist, so dass es sich auch dabei um eine Unterhaltssache nach § 231 Abs. 1 FamFG handelt.[10]

Die in § 231 Abs. 1 FamFG genannten Verfahren gehören zur Kategorie der **Familienstreitsachen** (vgl. § 112 Nr. 1 FamFG). In diesen Verfahren sind die Vorschriften der ZPO anzuwenden, vgl. § 113 Abs. 1 FamFG. Im Übrigen gelten die speziellen Vorschriften der §§ 231–260 FamFG.[11]

6 Unterhaltssachen sind aber auch nach § 231 Abs. 2 FamFG Verfahren nach § 3 Abs. 2 S. 3 BKGG und § 64 Abs. 2 S. 3 EStG. Diese Verfahren dienen der Bestimmung der für das Kindergeld bezugsberechtigten Person.[12] Maßgebend für die Einbeziehung dieser Verfahren ist der enge tatsächliche und rechtliche Zusammenhang mit Verfahren, die den Unterhalt des Kindes betreffen. Nach § 1612b BGB hat das Kindergeld und damit auch die Frage, wer hierfür bezugsberechtigt ist, unmittelbaren Einfluss auf die Höhe des geschuldeten Unterhalts. Die in § 231 Abs. 2 FamFG genannten Angelegenheiten sind im Unterschied zu den Regelungsbereichen nach Absatz 1 keine Familienstreitsachen.[13]

4 OLG Frankfurt FamRZ 2013, 898.
5 BGH NJW 1994, 1416.
6 Vgl. dazu *Born*, FamRZ 2023, 905 ff.
7 BGH FamRZ 2016, 973.
8 OLG Jena NZFam 2016, 425.
9 Vgl. dazu § 6 Rdn 1 ff.
10 OLG Brandenburg FamRZ 2022, 1284; SBW/*Kühn*, § 231 Rn 7.
11 SBW/*Kühn*, § 231 Rn 2.
12 Vgl. dazu KG FamRZ 2020, 33 = FuR 2020, 44; OLG Celle FamRZ 2019, 31.
13 SBW/*Kühn*, § 231 Rn 3.

2. Die sachliche Zuständigkeit

Die sachliche Zuständigkeit in den o.a. Unterhaltssachen ist § 23a Abs. 1 Nr. 1 GVG, § 111 Nr. 8 FamFG zu entnehmen. Sachlich zuständig ist danach das Amtsgericht, funktionell nach § 23b GVG das Familiengericht. Die sachliche Zuständigkeit ist eine ausschließliche, vgl. § 23a Abs. 1 S. 2 GVG.[14] 7

3. Die örtliche Zuständigkeit in Unterhaltssachen, § 232 FamFG

§ 232 FamFG regelt zentral und umfassend die örtliche Zuständigkeit in Unterhaltssachen. 8

a) Anhängigkeit einer Ehesache, § 232 Abs. 1 Nr. 1 FamFG

Ist eine Ehesache (§ 121 FamFG) anhängig, ist für Unterhaltssachen, die die Unterhaltspflicht für ein gemeinschaftliches Kind der Ehegatten (mit Ausnahme des vereinfachten Verfahrens über den Unterhalt Minderjähriger) oder die durch die Ehe begründete Unterhaltspflicht betreffen, das Gericht nach § 232 Abs. 1 Nr. 1 FamFG **ausschließlich** örtlich zuständig, bei dem die Ehesache im ersten Rechtszug anhängig ist oder war.[15] Die Ehesache zieht damit während ihrer Anhängigkeit alle anderen Verfahren des Regelungsbereichs der Nr. 1 unabhängig von den allgemeinen Zuständigkeitsbestimmungen an sich. 9

Die örtliche Zuständigkeit nach § 232 Abs. 1 Nr. 1 FamFG wird als ausschließliche angeordnet, so dass ein anderes Gericht nicht durch Prorogation oder rügelose Einlassung zuständig werden kann.

Zweck dieser umfassenden Zuständigkeitsregelung ist es, alle rechtlichen Angelegenheiten einer Familie bei einem Gericht zusammenzufassen, damit diese Verfahren mit besonderer Sachkenntnis und geringem verfahrensmäßigem Aufwand bearbeitet werden können. Die Anhängigkeit der Ehesache richtet sich nach allgemeinen Grundsätzen, d.h. beginnt mit Einreichung des Antrags zu einer Ehesache (vgl. § 124 FamFG) und endet mit rechtskräftigem Verfahrensabschluss, der Rücknahme eines solchen Verfahrens (§ 141 FamFG) bzw. der übereinstimmenden Erledigungserklärung der Beteiligten. Endet die Ehesache ehe die Unterhaltssache erledigt ist, verbleibt es bei der nach § 232 Abs. 1 Nr. 1 FamFG begründeten Zuständigkeit nach dem Gesichtspunkt der perpetuatio fori, §§ 253 Abs. 1, 261 Abs. 3 Nr. 2 FamFG. 10

Die Konzentrationswirkung der Scheidungssache endet auch dann mit deren Rechtskraft, wenn diese vor Abschluss einer nach § 140 FamFG abgetrennten Folgesache eintritt, d.h. der Folgesache kommt keine zuständigkeitsbegründende Wirkung mehr zu.

b) Kindesunterhalt, § 232 Abs. 1 Nr. 2 FamFG

Für Verfahren, die die gesetzliche Unterhaltspflicht eines Elternteils oder beider Elternteile gegenüber einem minderjährigen Kind betreffen, ist das Gericht ausschließlich zuständig, bei dem das Kind oder der Elternteil, der auf Seiten des Kindes zu handeln befugt ist, seinen allgemeinen Gerichtsstand hat. Hierdurch wird zugunsten der minderjährigen Kinder bewirkt, dass bei Überleitung des Vereinfachten Verfahrens nach § 255 FamFG die Abgabe an ein anderes Gericht vermieden wird. 11

Die Zuständigkeit nach § 232 Abs. 1 Nr. 2 FamFG gilt nunmehr auch für die nach § 1603 Abs. 2 S. 2 BGB privilegierten volljährigen Kinder. § 232 Abs. 1 Nr. 2 FamFG knüpft hinsichtlich der örtlichen Zuständigkeit an den gewöhnlichen Aufenthalt des unterhaltsberechtigten Kindes bzw. des insoweit vertretungsberechtigten Elternteils an. Der gewöhnliche Aufenthalt einer Person ist der tatsächliche Mittelpunkt des Lebens, d.h. der Ort, der faktisch (nicht rechtlich) den Schwerpunkt seiner sozialen und familiären Bindungen darstellt; er unterscheidet sich zum einen vom schlichten Aufenthaltsort und zum anderen vom (gemeldeten) Wohnsitz i.S.d. §§ 7 ff. BGB.[16] Da es sich bei der Begründung des gewöhnlichen Aufenthalts um einen rein tatsächlichen Vorgang handelt, setzt seine Begründung keine Geschäftsfähigkeit 12

14 Horndasch/Viefhues/*Roßmann*, § 231 Rn 4.
15 SBW/*Kühn*, § 232 Rn 5, 6.
16 BGH FamRZ 2002, 1182.

voraus. Der (gemeldete) Wohnsitz und der gewöhnliche Aufenthalt können deshalb auseinanderfallen; die Anmeldung eines Wohnsitzes ist somit zwar ein Indiz, reicht aber nicht aus, um am Meldeort auch den gewöhnlichen Aufenthalt anzunehmen.

13 Voraussetzung für die Annahme eines gewöhnlichen Aufenthalts ist deshalb regelmäßig eine gewisse Dauer der Anwesenheit und die Einbindung in das soziale Umfeld, was durch familiäre, berufliche oder gesellschaftliche Bindungen eintreten kann. Ferner ist der Aufenthaltswille beachtlich. Im Hinblick hierauf kann bereits nach kurzer Zeit ein (neuer) gewöhnlicher Aufenthalt angenommen werden. Dies gilt insbes. bei einem vollständigen Umzug an einem anderen Wohnort, bei dem der Wechsel des gewöhnlichen Aufenthalts sofort eintritt. Eine vorübergehende Abwesenheit (v.a. aus beruflichen Gründen) beendet nicht den gewöhnlichen Aufenthalt. Generell ist ein gewöhnlicher Aufenthalt anzunehmen, wenn der Aufenthalt sechs Monate angedauert hat.[17]

14 In den Fällen, in denen weder das Kind noch ein vertretungsberechtigter Elternteil seinen gewöhnlichen Aufenthalt im Inland hat, greift der gewöhnliche Aufenthalt des Unterhaltspflichtigen ein. Dadurch soll jedoch nicht eine ausschließliche internationale Zuständigkeit begründet werden; vielmehr beschränkt die Regelung die in Nr. 2 bestimmte ausschließliche Zuständigkeit des ausschließlichen Gerichtsstands des Kindes oder des sorgeberechtigten Elternteils auf die reinen Inlandsfälle.

4. Vorrang der Zuständigkeit, § 232 Abs. 2 FamFG

15 § 232 Abs. 2 FamFG ordnet den Vorrang der in Abs. 1 vorgesehenen ausschließlichen Zuständigkeit gegenüber anderen ausschließlichen Gerichtsständen an. Die Kollision mehrerer ausschließlicher Gerichtsstände kann in Unterhaltssachen insbesondere im Fall des Vollstreckungsgegenantrags auftreten.[18]

5. Die örtliche Zuständigkeit in isolierten Unterhaltsverfahren, § 232 Abs. 3 FamFG

a) Aufenthalt des Antragsgegners

16 § 232 Abs. 3 S. 1 FamFG verweist für den Fall, dass eine Zuständigkeit nach Abs. 1 nicht gegeben ist, auf die Vorschriften der ZPO zur örtlichen Zuständigkeit (vgl. §§ 12 ff. ZPO). Aus Gründen der Vereinheitlichung tritt in den Vorschriften über den allgemeinen Gerichtsstand der gewöhnliche Aufenthalt an die Stelle des Wohnsitzes. Damit ist das (isolierte) Unterhaltsverfahren, falls eine Zuständigkeit nach § 232 Abs. 1 FamFG nicht zu begründen ist, bei dem Familiengericht einzuleiten, bei welchem der Antragsgegner seinen gewöhnlichen Aufenthalt hat.

b) Temporärer Wahlgerichtsstand bei Anhängigkeit des Kindesunterhalts

17 Die Geltendmachung von Kindesunterhalt (§§ 1601 ff. BGB) sowie eines Anspruchs, der eine durch die Ehe begründete gesetzliche Unterhaltspflicht betrifft (§§ 1361 Abs. 1, 1569 ff. BGB), oder wegen eines Anspruchs nach § 1615l BGB kann verschiedene Gerichtsstände zur Folge haben.

Solange ein Verfahren zum Unterhalt für ein minderjähriges Kind in erster Instanz anhängig ist, können die zuvor genannten Verfahren des (i.d.R. das minderjährige Kind betreuenden) Elternteils auch bei dem Gericht erhoben werden, bei dem ein Verfahren über den Unterhalt des (gemeinsamen) Kindes anhängig ist, vgl. § 232 Abs. 3 Nr. 1 FamFG. Es handelt sich entsprechend dem Wortlaut um einen Wahlgerichtsstand. Hierdurch kann der Unterhalt begehrende Elternteil sicherstellen, dass über beide Unterhaltsansprüche von demselben Gericht entschieden wird, das regelmäßig beide Verfahren verbinden wird, § 147 ZPO.

17 AG Nürnberg FamRZ 2008, 1777, 1778.

18 Vgl. dazu *Roßmann/Viefhues*, Taktik im Unterhaltsrecht, 5. Kap. Rn 94 f.

c) Unterhaltspflicht beider Eltern, § 232 Abs. 3 Nr. 2 FamFG

Die Vorschrift begründet einen Wahlgerichtsstand der Streitgenossenschaft. Gegenstand des Verfahrens muss die Unterhaltspflicht der Eltern gegenüber dem Kinde sein. Dadurch wird Kindern die Wahl ermöglicht, gegen beide Elternteile vor einem Gericht einen Unterhaltsantrag zu stellen, bei dem entweder der eine oder andere Elternteil einen Gerichtsstand hat. Die Erleichterung der Rechtsverfolgung der Kinder wird von sozialpolitischen Erwägungen getragen. So führt das gegen beide Elternteile an einem Gerichtsstand erhobene Unterhaltsverfahren zur Kostenersparnis und ausgeglichenen Festsetzung der jeweils geschuldeten Unterhaltsbeträge (§ 1606 Abs. 3 S. 1 BGB) und damit insgesamt zur sachgerechten und beschleunigten Entscheidung der erfassten Streitigkeiten. 18

Soweit der gerichtliche Unterhaltsantrag eines minderjährigen Kindes zu beurteilen ist, geht der ausschließliche Gerichtsstand des § 232 Abs. 1 Nr. 2 FamFG vor. Etwas anderes gilt jedoch dann, wenn das Kind oder ein Elternteil seinen gewöhnlichen Aufenthalt im Ausland hat, § 232 Abs. 1 Nr. 2 aE FamFG. 19

Das im Gerichtsstand des § 232 Abs. 3 Nr. 2 FamFG erhobene Unterhaltsverfahren muss sich gegen beide Eltern des Kindes gemeinschaftlich richten. Dabei genügt die nachträgliche Einbeziehung des anderen Elternteils in das bereits rechtshängig gemachte Unterhaltsverfahren gegen einen Antragsgegner, weil der Antragsteller seine Wahlbefugnis auf diesem Wege bereits ausgeübt hat. Unbeachtlich ist das Ausscheiden eines Antragsgegners nach Rechtshängigkeit, § 261 Abs. 3 Nr. 2 ZPO. Dies gilt auch dann, wenn dies der zuständigkeitsbegründende Elternteil war.

Beispielhaft ist für die Vorschrift des § 232 Abs. 3 Nr. 2 FamFG das von einem Studenten gegen seine getrenntlebenden Eltern eingeleitete Unterhaltsverfahren. Studiert das 22-jährige Kind etwa in Bonn, während der Vater in Köln sowie die Mutter in Berlin leben, so kann das Kind das Verfahren gegen beide Elternteile in Köln beim Familiengericht einleiten. 20

d) Gewöhnlicher Aufenthalt des Antragsgegners im Ausland, § 232 Abs. 3 Nr. 3 FamFG

Die Rechtsverfolgung wäre erheblich erschwert, wenn Unterhaltsansprüche im Ausland verfolgt werden müssten, weil der Antragsgegner dort seinen gewöhnlichen Aufenthalt unterhält. Die Regelung des § 232 Abs. 3 Nr. 3 FamFG bezweckt zur Vermeidung dieses Nachteils eine Erleichterung bei der Geltendmachung solcher Ansprüche, in dem sie bei Unterhaltssachen einen Antragstellerwahlgerichtsstand verfügbar macht. 21

III. Verfahrenskostenhilfe

Gerade in familienrechtlichen Verfahren ist die Bedeutung von Verfahrenskostenhilfe (VKH) sehr groß. Die angespannte wirtschaftliche Lage der Eheleute ist ein wichtiger Trennungsgrund. Rechtsschutzversicherungen kommen grundsätzlich für die Kosten familienrechtlicher Streitigkeiten nicht auf. Der bedürftige Unterhaltsgläubiger wird die Kosten, die zur Durchsetzung der Unterhaltsansprüche erforderlich sind, meistens nicht aufbringen können. 22

Das Gesetz zur Änderung des Prozesskostenhilfe- und Beratungshilferechts ist zum 1.1.2014 in Kraft treten. Ein wichtiger Grund zur Änderung der bisherigen Regelungen war die hohe Kostenbelastung, die für den Staat mit PKH bzw. VKH verbunden ist. So stiegen die Gesamtausgaben für die Prozess- bzw. Verfahrenskostenhilfe in den Jahren 2005–2010 von 380.337.087 EUR auf 410.746.208 EUR![19] 23

Es gehört zu den anwaltlichen Pflichten, in geeigneten Fällen den Mandanten auf die Möglichkeit der Verfahrenskostenhilfe hinzuweisen.[20] VKH ist eine Sozialleistung des Staates; sie bezweckt die weitgehende Gleichstellung von Bemittelten und Unbemittelten beim Zugang zu den Gerichten. Niemand soll aus wirtschaftlichen Gründen daran gehindert sein, sein Recht vor Gericht zu erkämpfen. 24

19 Vgl. dazu *Giers*, FamRZ 2013, 1341.
20 BVerfG-Ka NJW 2000, 2494.

Unterhaltssachen sind Familienstreitsachen nach § 112 Nr. 1 FamFG; in Familienstreitsachen gelten die §§ 76–78 FamFG aufgrund von § 113 Abs. 1 FamFG nicht. Folglich richten sich die Bewilligungsvoraussetzungen der VKH in Unterhaltssachen nach § 113 Abs. 1 S. 2 FamFG i.V.m. §§ 114 bis 127 ZPO. Das VKH-Verfahren ist ein nicht-streitiges Antragsverfahren; es gilt in diesem Verfahren der Amtsermittlungsgrundsatz. Nach § 118 Abs. 1 S. 1 ZPO ist aber dem Verfahrensgegner Gelegenheit zur Stellungnahme zu geben, ob er die Voraussetzungen für die Bewilligung von Verfahrenskostenhilfe für gegeben hält, soweit dies aus besonderen Gründen nicht unzweckmäßig erscheint.

25 Die gegenüber dem alten Recht geänderte Formulierung der Vorschrift ist dahin zu verstehen, dass das Gericht den Verfahrensgegner auch auf die Gelegenheit zur Äußerung über die persönlichen und wirtschaftlichen Verhältnisse des Antragstellers hinweisen soll. Gerade in familienrechtlichen Verfahren verspricht sich der Gesetzgeber dadurch wertvolle Informationen, da der Verfahrensgegner oftmals über profunde Kenntnisse der Einkommens- und Vermögensverhältnisse des VKH-Antragstellers verfügt.

Das VKH-Verfahren wird damit nicht mehr als reines Verwaltungsverfahren zwischen dem jeweiligen Antragsteller und dem Justizfiskus zu begreifen sein.[21] Vielmehr sind verstärkt auch die Interessen des Antragsgegners zu berücksichtigen, nämlich nicht aufgrund staatlicher Unterstützung mit einem Verfahren überzogen zu werden, das ein anderer Antragsteller angesichts des Risikos, die Verfahrenskosten selbst tragen zu müssen, verständigerweise nicht einleiten würde. Insbesondere in familienrechtlichen Verfahren werden sehr oft Kosten gegeneinander aufgehoben. Dies bedeutet, dass der Beteiligte, dem VKH ohne Raten bewilligt wird, den anderen Beteiligten, der Selbstzahler ist oder seinerseits nur VKH gegen Ratenzahlung erhält, durch immer neue Verfahren oder aber durch das Notwendigmachen von Gutachten, Umgangspflegern oder Verfahrensbeiständen nicht nur massiv ärgern, sondern auch mit erheblichen Kosten belasten kann.

1. Der VKH-Antrag

a) Einleitung eines erstinstanzlichen familiengerichtlichen Verfahrens

aa) Der Antrag gem. § 113 Abs. 1 S. 2 FamFG i.V.m. §§ 114, 117 ZPO

26 Die Bewilligung von VKH setzt zunächst einen entsprechenden Antrag voraus.

Zuständig für die VKH-Bewilligung ist das Prozessgericht, d.h. das Gericht der Hauptsache, vgl. § 113 Abs. 1 S. 2 FamFG i.V.m.§ 117 Abs. 1 ZPO. Der VKH-Antrag für ein erstinstanzliches Verfahren ist damit beim Amtsgericht – Familiengericht zu stellen.

Der Antrag ist zwar nicht fristgebunden, muss aber spätestens bis zum Abschluss der Instanz bei Gericht gestellt werden, da die VKH nach § 114 S. 1 ZPO für eine „beabsichtigte" Rechtsverfolgung gewährt wird. Wird der Antrag rechtzeitig gestellt, müssen aber noch die zur Klärung der persönlichen und wirtschaftlichen Verhältnisse erforderlichen Unterlagen nachgereicht werden, kann eine „nachträgliche" Bewilligung erfolgen, wenn das Gericht sich trotz Verfahrensabschluss damit einverstanden erklärt hat.[22] Ein (verspäteter) Antrag nach Abschluss der Instanz wird nicht bearbeitet.

27 VKH wird gewährt für eine „Prozessführung", vgl. § 114 S. 1 ZPO. Erforderlich ist also ein gerichtliches Verfahren.

Damit kommt in Unterhaltssachen VKH insbesondere in Betracht für

- die Durchführung des vereinfachten Verfahrens nach §§ 249 ff. FamFG,
- den Antrag auf Erlass einer einstweiligen Unterhaltsanordnung, vgl. §§ 49 ff.; 246–248 FamFG,
- einen Antrag auf Arrest,
- einen isolierten Auskunftsantrag zwecks Klärung von Unterhaltsansprüchen,

21 Vgl. dazu *Viefhues*, FuR 2013, 489.
22 OLG Karlsruhe FamRZ 1999, 305.

- Stufenanträge,
- Unterhaltshauptsacheverfahren,
- Unterhaltsabänderungsverfahren nach §§ 238, 239 FamFG.

Die Behandlung von Stufenanträgen bei der Verfahrenskostenhilfe ist umstritten. Nach einer Ansicht erfolgt die VKH-Entscheidung ebenfalls in Stufen. Überwiegend wird jedoch angenommen, dass die Verfahrenskostenhilfe für Unterhaltsstufenanträge nicht Stufe für Stufe, sondern von Anfang an für alle Stufen zu bewilligen ist. Uneinigkeit besteht weiter darüber, wie verfahrenskostenhilfemäßig zu verfahren ist, wenn (später) die Leistungsstufe beziffert wird. Die Frage, die sich stellt, ist nämlich, ob jeder auch noch so hohe Zahlungsantrag durch die ursprüngliche Verfahrenskostenhilfebewilligung gedeckt ist. Nach wohl richtiger Auffassung ist die ursprüngliche Verfahrenskostenhilfebewilligung für den Stufenantrag bezüglich der unbezifferten Zahlungsstufe nur vorläufiger Art, so dass das Familiengericht die Möglichkeit hat, die Erfolgsaussicht der Leistungsstufe nach deren Bezifferung erneut zu prüfen und die Verfahrenskostenhilfe einschränken kann, soweit der Zahlungsantrag nicht hinreichend erfolgversprechend ist (sog. immanente Schranke).[23] 28

Das VKH-Verfahren ist dem Verfahren vorgeschaltet. Für das VKH-Verfahren selbst kann keine Verfahrenskostenhilfe bewilligt werden.[24] Daher besteht für den Antragsgegner regelmäßig die Schwierigkeit, dass er erst nach Rechtshängigkeit Anspruch auf Verfahrenskostenhilfe hat. Wird dem Antragsteller die beantragte Verfahrenskostenhilfe versagt, besteht kein Anspruch auf Kostenerstattung.

bb) VKH als „Verfahrensbedingung“

Mit der Einreichung eines Antrags in der Unterhaltssache entstehen Anwaltsgebühren[25] Das gilt auch, wenn die Antragsschrift zugleich ein Verfahrenskostenhilfegesuch enthält, weil dadurch neben dem Verfahrenskostenhilfeverfahren auch das Unterhaltsverfahren als solches anhängig wird. 29

Dies gilt natürlich dann nicht, wenn zum Ausdruck gebracht wird, dass der Antrag nur für den Fall der Verfahrenskostenhilfebewilligung als erhoben gelten soll, z.B. durch folgende Formulierungen:

- es sei „beabsichtigt“ (nach Verfahrenskostenhilfebewilligung) den Antrag zu erheben;[26]
- es werde gebeten, „vorab“ über das Verfahrenskostenhilfegesuch zu entscheiden oder
- der Antrag werde „unter Vorbehalt“ (der Bewilligung von Verfahrenskostenhilfe) erhoben.

Es wird nur der VKH-Antrag gestellt und nur ein „Entwurf“ der Antragsschrift beigefügt. In diesen Fällen wird der Antrag nicht förmlich der Gegenseite zugestellt, was bei vorzeitiger Erledigung die Kostenbelastung des Gegners ausschließt. Die förmliche Zustellung erfolgt erst nach VKH-Bewilligung. 30

Nicht ausreichend ist hingegen folgende Formulierung:

- den Schriftsatz als „Antrag und Verfahrenskostenhilfegesuch“ zu überschreiben und
- dem Antrag hinzuzusetzen: „Wir fügen ferner anbei, die Erklärung über Verfahrenskostenhilfe und beantragen Verfahrenskostenhilfe“.

Im letztgenannten Fall entstehen anwaltliche Gebühren.

Der Antragsteller kann aber auch sogleich den Unterhaltsantrag anhängig machen, so dass das Unterhaltsverfahren und das VKH-Verfahren parallel laufen. Wenn es auf den Eintritt der Rechtshängigkeit ankommt (z.B. bei einem Abänderungsantrag auf Herabsetzung titulierten Unterhalts nach § 238 Abs. 3 FamFG), kann bei anhängigem Antrag neben dem VKH-Antrag ein Antrag auf sofortige Zustellung des Unterhaltsantrags nach § 14 Nr. 3 GKG gestellt werden. Dies birgt allerdings die Gefahr der späteren Kostentragung, auch soweit VKH versagt worden ist. 31

23 Vgl. OLG Brandenburg v. 5.7.2021 – 13 WF 114/21; OLG Saarbrücken NZFam 2019, 1114; OLG Karlsruhe FamRZ 2011, 1883; OLG Hamburg FuR 2013, 722 mit Praxishinweis von *Viefhues*.

24 Horndasch/Viefhues/*Götsche*, FamFG, § 76 Rn 22.

25 OLG Koblenz FamRZ 1998, 312.

26 OLG Koblenz NJW 2008, 2929.

b) VKH für ein Unterhaltsbeschwerdeverfahren

aa) VKH-Antrag beim Ausgangsgericht, § 64 Abs. 1 S. 2 FamFG

32 Umstritten war lange Zeit,[27] wie mit einem VKH-Antrag für ein beabsichtigtes Rechtsmittel zu verfahren ist.

Der Gesetzgeber hat dies mit Wirkung zum 1.1.2013 klarstellend kodifiziert; § 64 Abs. 1 FamFG wurde durch einen Satz 2 wie folgt ergänzt:

> „Anträge auf Bewilligung von VKH für eine beabsichtigte Beschwerde sind bei dem Gericht einzulegen, dessen Entscheidung angefochten werden soll."[28]

33 *Praxistipp*

Der Antrag auf Wiedereinsetzung wegen Versäumung der Beschwerdefrist ist nach Bescheidung des VKH-Antrags innerhalb der zweiwöchigen Wiedereinsetzungsfrist (§ 234 ZPO) beim Beschwerdegericht einzureichen. Innerhalb der Wiedereinsetzungsfrist ist auch die versäumte Rechtshandlung – Beschwerde – nachzuholen. Diese ist dann wieder beim Ausgangsgericht (Familiengericht) einzulegen und später gegenüber dem Beschwerdegericht zu begründen (vgl. § 117 Abs. 1 S. 2 FamFG für Familienstreitsachen und Ehesachen).[29]

bb) Wiedereinsetzung in den vorigen Stand

34 Ist ein Beteiligter wegen Mittellosigkeit gehindert, die Beschwerdefrist einzuhalten, entfällt das Hindernis für die Einlegung des Rechtsmittels grundsätzlich mit der Bekanntgabe des Beschlusses über die Bewilligung der Verfahrenskostenhilfe, so dass der Lauf der Zwei-Wochen-Frist des § 234 Abs. 1 S. 1 ZPO zu diesem Zeitpunkt beginnt.[30]

Innerhalb dieser Frist muss Wiedereinsetzung beim Beschwerdegericht beantragt werden und das Rechtsmittel (beim Familiengericht) ist in der Wiedereinsetzungsfrist einzulegen.

Problematisch bzw. „schädlich" war in der Vergangenheit, dem VKH-Antrag bereits einen vollständigen Entwurf der Beschwerdebegründungsschrift beizufügen.[31]

35 Die Rechtsprechung[32] verneinte in solchen Fällen die Kausalität der Mittellosigkeit für die Fristversäumung (entweder der Frist zur Einlegung der Beschwerde nach § 63 FamFG oder derjenigen zur Begründung derselben nach § 117 Abs. 1 S. 3 FamFG): „Versäumt eine mittellose Partei die Frist zur Begründung der Berufung, so kommt eine Wiedereinsetzung in den vorigen Stand nach der Entscheidung über die Prozesskostenhilfe nur in Betracht, wenn die Mittellosigkeit für die Fristversäumung kausal geworden ist. Dies ist nicht der Fall, wenn der beim Berufungsgericht zugelassene Rechtsanwalt bereit war, die Berufung auch ohne die Bewilligung von Prozesskostenhilfe zu begründen, was der Tatsache entnommen werden kann, dass vor Ablauf der Frist eine vollständige, allerdings als „Entwurf" bezeichnete Berufungsbegründungsschrift eingereicht wurde."

36 Der BGH hat diese Rechtsprechung geändert:[33]

> *„Versäumt eine mittellose Partei die Frist zur Begründung der Berufung, so kommt eine Wiedereinsetzung in den vorigen Stand nach der Entscheidung über die Prozesskostenhilfe nur in Betracht, wenn die Mittellosigkeit für die Fristversäumung kausal geworden ist. Ist die Partei bei einer unbeschränkten Einlegung der Berufung bereits anwaltlich vertreten und reicht ihr Rechtsanwalt zur Be-*

27 Ausführlich zur VKH für ein Unterhaltsbeschwerdeverfahren *Roßmann*, FuR 2018, 348.
28 Einen Überblick über die Änderungen im FamFG zum 1.1.2013 gibt *Büte*, FuR 2013, 81.
29 *Büte*, FuR 2013, 81.
30 BGH FamRZ 2013, 370 = FuR 2013, 212.
31 Vgl. dazu *Weinreich*, FuR 2013, 269.
32 BGH FamRZ 2008, 1520 = FuR 2008, 448.
33 BGH NJW 2012, 2041; BGH FamRZ 2013, 370 = FuR 2013, 212.

gründung des Prozesskostenhilfegesuchs noch vor Ablauf der Berufungsbegründungsfrist eine vollständige, allerdings als „Entwurf" bezeichnete und nicht unterzeichnete Berufungsbegründungsschrift ein, kann die mittellose Partei dessen ungeachtet glaubhaft machen, dass der Anwalt nicht bereit war, die Berufung ohne Bewilligung von Prozesskostenhilfe ordnungsgemäß und insbesondere fristgerecht zu begründen."[34]

Der Rechtsprechungsänderung (und auch deren Begründung) ist zuzustimmen.[35] Nach § 78 ZPO (bzw. im Familienrecht nach § 114 FamFG) benötigen die Beteiligten in bestimmten Verfahren einen Rechtsanwalt, um ihre ordnungsgemäße Vertretung zu gewährleisten. Zu seinen Aufgaben zählt die Anfertigung von Schriftsätzen, für welche er die Verantwortung übernehmen muss; daneben ist er verantwortlich für die gesamte Verfahrensführung für seine Partei. Von einer Wahrnehmung all dieser Aufgaben kann nicht ausgegangen werden, wenn der Rechtsanwalt sich mit Blick auf den VKH-Antrag ausdrücklich darauf beschränkt, dem Gericht einen nicht unterzeichneten Schriftsatzentwurf zur Erläuterung des allein ordnungsgemäß gestellten Antrags auf VKH zur Verfügung zu stellen. Damit wird deutlich, dass der Rechtsanwalt bis zur Entscheidung über das VKH-Gesuch nicht bereit ist, anderweitige Verfahrenshandlungen zur Förderung des Beschwerdeverfahrens vorzunehmen. Damit ist die Mittellosigkeit für die Fristversäumung kausal, so dass nach §§ 113 Abs. 1 FamFG i.V.m. 233 ff. ZPO Wiedereinsetzung zu gewähren ist. 37

Praxistipp 38

Anwaltlich ist auf alle Fälle sicherzustellen, dass die Bedürftigkeit durch Vorlage einer aktuellen und vollständigen Erklärung über die wirtschaftlichen und persönlichen Verhältnisse glaubhaft gemacht wird. Möglich ist im Einzelfall auch eine konkrete Bezugnahme auf die in erster Instanz vorgelegten Erklärungen. Fehlt es daran, ist eine Wiedereinsetzung nicht möglich.[36]

Eine arme Partei, die ein Rechtsmittel einlegen will, hat grundsätzlich Anspruch auf Wiedereinsetzung in den vorigen Stand, wenn sie ihr Prozesskostenhilfegesuch bis zum Ablauf der Rechtsmittelfrist eingereicht hatte.[37] Das setzt allerdings voraus, dass dem Antrag auf Prozesskostenhilfe zur Durchführung des Rechtsmittelverfahrens innerhalb der Rechtsmittelfrist neben der ausgefüllten Erklärung über die persönlichen und wirtschaftlichen Verhältnisse auch die insoweit notwendigen Belege beigefügt waren (…).

2. Die Bewilligungsvoraussetzungen

VKH wird nach Antragstellung bewilligt, wenn der Antragsteller die Kosten der Verfahrensführung nach seinen persönlichen und wirtschaftlichen Verhältnissen jedenfalls nicht vollständig aufbringen kann, die Rechtsverfolgung oder -verteidigung Aussicht auf Erfolg verspricht und nicht mutwillig erscheint, vgl. § 114 S. 1 ZPO. 39

a) Erfolgsaussicht

Die beabsichtigte Rechtsverfolgung oder Rechtsverteidigung muss hinreichend Aussicht auf Erfolg bieten. Dies ist dann zu bejahen, wenn das Gericht das Vorbringen des Antragstellers in tatsächlicher und rechtlicher Hinsicht für zumindest vertretbar hält und die Möglichkeit einer Beweisführung gegeben ist. Es genügt grundsätzlich – da lediglich Erfolgsaussicht, nicht Erfolgsgewissheit erforderlich ist – die Zulässigkeit des beabsichtigten Verfahrens und die schlüssige Darlegung des Anspruchs mit Beweisantritt. Soweit das erkennende Gericht nicht mit einer höchstrichterlichen Rechtsprechung übereinstimmt, ist VKH zu bewilligen. 40

34 Abgrenzung zu BGH NJW 2008, 2855.
35 Vgl. nunmehr auch BGH FamRZ 2018, 118.
36 OLG Schleswig FamRZ 2017, 1320; BGH NJW-RR 2008, 942.
37 St. Rspr. seit BGHZ 16, 1 [3] = NJW 1955, 345.

41 Das nur einer summarischen Prüfung unterliegende Verfahrenskostenhilfeverfahren hat nicht den Zweck, über zweifelhafte Rechtsfragen vorweg zu entscheiden. Schwierige Sach- und Rechtsfragen sind nicht im Verfahren zur Bewilligung von VKH zu klären, sondern sie bleiben dem Hauptsacheverfahren vorbehalten.[38] Demzufolge hat das Familiengericht in solchen Fällen Verfahrenskostenhilfe zu bewilligen, auch wenn es der Auffassung ist, dass die Rechtsfrage zu Ungunsten des Antragstellers zu entscheiden ist.[39] Klärt sich im Laufe des Verfahrens eine zunächst zweifelhafte Rechtsfrage durch eine zwischenzeitliche höchstrichterliche Entscheidung zum Nachteil des Antragstellers, kann keine VKH mehr bewilligt werden.

Die Erfolgsprognose bezieht sich nicht nur auf die Schlüssigkeit des Vorbringens, sondern auch auf seine Beweisbarkeit; in Grenzen ist daher eine vorweggenommene Beweiswürdigung zulässig. VKH kann daher verweigert werden, wenn die Beweisaufnahme mit hoher Wahrscheinlichkeit negativ ausgehen wird.

Die Prüfung der Erfolgsaussicht hat das Gericht grundsätzlich aufgrund des Sach- und Streitstandes zum **Zeitpunkt der Entscheidungsreife des VKH-Gesuchs** vorzunehmen, also wenn dem Gericht der schlüssige Antrag, die Erklärung über die persönlichen und wirtschaftlichen Verhältnisse und die (allerdings nicht zwingend notwendige) Entgegnung des Antragsgegners vorliegt, vgl. § 118 ZPO.[40] Dies gilt auch für den Fall, dass sich im Verlauf des Verfahrens infolge einer verzögerten Entscheidung über das VKH-Gesuch die Erfolgsaussichten der Rechtsverfolgung, etwa aufgrund des Ergebnisses einer zwischenzeitig durchgeführten Beweisaufnahme, verschlechtert haben.[41]

b) Mutwilligkeit

42 Der Gesetzgeber definiert in § 114 Abs. 2 ZPO den Begriff der mutwilligen Prozessführung wie folgt:

> „Mutwillig ist die Rechtsverfolgung oder Rechtsverteidigung, wenn eine Partei, die keine Prozesskostenhilfe beansprucht, bei verständiger Würdigung aller Umstände von der Rechtsverfolgung oder Rechtsverteidigung absehen würde, obwohl eine hinreichende Aussicht auf Erfolg besteht."

43 Das Merkmal der Mutwilligkeit ist von der Erfolgsaussicht zu trennen. Die Mutwilligkeit kommt nur dann zum Tragen, wenn Erfolgsaussicht besteht. Mutwilligkeit kann daher vorliegen, wenn eine hinreichende Aussicht auf Erfolg besteht, z.B. weil die Vollstreckung dauernd aussichtslos ist wegen Vermögenslosigkeit des Schuldners. Mutwillig handelt eine Partei stets dann, wenn sie ihre Rechte in gleicher Weise, jedoch auf einem billigeren Wege verfolgen könnte. Maßstab für die Beurteilung der Mutwilligkeit ist letztlich das hypothetische Verhalten einer selbstzahlenden Partei, die sich in der Situation des Antragstellers befindet, ihre Prozessaussichten vernünftig abwägt und dabei auch das Kostenrisiko berücksichtigt.[42]

So ist es mutwillig, laufenden Unterhalt nicht als solchen geltend zu machen, sondern jeweils nachträglich als rückständigen Unterhalt einzufordern. Auch die frühere Gewährung von Verfahrenskostenhilfe für solche Anträge begründet keinen Vertrauensschutz für eine weitere unwirtschaftliche Prozessführung.[43]

44 Unterlässt es der Antragsgegner in einem vereinfachten Unterhaltsfestsetzungsverfahren ohne triftigen Grund, Einwendungen rechtzeitig geltend zu machen, mit denen er ohne weiteren Aufwand eine Unterhaltsfestsetzung verhindern könnte, so ist ein anschließend von ihm gemäß §§ 240, 241 FamFG eingeleitetes Abänderungsverfahren verfahrenskostenhilferechtlich mutwillig.[44]

Die unterbliebene Erklärung des anwaltlich vertretenen Antragsgegners zur Sache im Verfahrenskostenhilfeverfahren des Antragstellers begründet nach überwiegend vertretener Auffassung keine Mutwillig-

38 BVerfG FamRZ 2020, 113.
39 BGH FamRZ 2013, 369 und FamRZ 2013, 1799.
40 OLG Brandenburg FamRZ 2018, 1339.
41 OLG Stuttgart FamRZ 2016, 395.
42 Vgl. *Viefhues*, FuR 2013, 488.
43 So KG FamRZ 2014, 55.
44 OLG Celle FuR 2014, 52.

keit des Vorgehens.[45] Mutwilligkeit liegt vor, wenn ein verständiger, begüterter Beteiligter seine Rechte nicht in gleicher Weise wie der bedürftige Beteiligte verfolgen würde.

Teilweise wird vertreten, dass eine verständige, ihre finanziellen Interessen wahrende Partei nach § 118 Abs. 1 S. 1 ZPO die Gelegenheit zur Stellungnahme zum VKH-Gesuch des Antragstellers wahrnehmen würde, um eine Verfahrenseinleitung zu verhindern. Dies auch deshalb, weil bei einem obsiegenden Urteil oder Beschluss etwaige Kostenerstattungsansprüche gegenüber dem bedürftigen Antragsteller kaum zu realisieren sein dürften. Insoweit könnten unnötige Kosten verhindert werden.[46] 45

Das OLG Oldenburg ist hingegen der Auffassung, dass der Antragsgegner zwar nach § 118 Abs. 1 S. 1 ZPO ein Recht zur Äußerung hat, daraus aber keine Obliegenheit abzuleiten sei. Das Nichtgebrauchmachen von einem Recht dürfe sich nicht nachteilig auf den eigenen VKH-Antrag für die Rechtsverteidigung auswirken. Der Antragsgegner kann daher auch seinerseits Verfahrenskostenhilfe beantragen, unabhängig davon, ob er sich im VKH-Prüfungsverfahren des Antragstellers geäußert hat.

> *Praxistipp*
>
> Nach wie vor ist sehr umstritten, welche Konsequenzen das Schweigen des Antragsgegners im Verfahren der Verfahrenskostenhilfe hat. So hat das OLG Hamm[47] entschieden, dass es sich zu Lasten des Antragsgegners bei der Kostenentscheidung gemäß § 91a Abs. 1 ZPO im Rahmen des billigen Ermessens auswirkt, wenn dieser eine Einlassung zu einem Antrag des Antragstellers auf Verfahrenskostenhilfe für einen Stufenantrag verweigert hatte. Die Entscheidung, die noch zum alten Recht erging, ist auch für das FamFG von Bedeutung, da nunmehr bei jeder Kostenentscheidung in Unterhaltssachen nach § 243 FamFG eine Ermessensentscheidung zu treffen ist.

Ein Unterhalt begehrender Beteiligter, der die Höhe des Einkommens des Antragsgegners nicht kennt, handelt mutwillig, wenn er Verfahrenskostenhilfe für einen Antrag auf Zahlung des höchsten denkbaren Unterhaltsbetrages begehrt, ohne – unter vorsichtiger Schätzung der Höhe des Unterhaltsanspruchs – im Wege des Stufenantrags zunächst einen Anspruch auf Auskunftserteilung geltend zu machen.[48] 46

Unterhaltsansprüche können mittels der „billigen“ einstweiligen Anordnung, aber auch im Rahmen eines Hauptsacheverfahrens tituliert werden. Ein wirtschaftlich denkender Beteiligter wird aufgrund des Kostenvorteils unter Umständen die eA vorziehen.

Benötigt der Antragsteller für den Unterhaltshauptsacheantrag Verfahrenskostenhilfe, so könnte ihm diese deshalb wegen Mutwilligkeit verweigert werden mit der Begründung, dass eine einstweilige Unterhaltsanordnung nach dem FamFG auch ohne Hauptsache zulässig und es im Rahmen einer solchen einstweiligen Anordnung bereits möglich sei, das erstrebte Rechtsschutzziel zu erreichen.

Nach § 246 FamFG gilt für Unterhaltssachen nicht das Prinzip, das im vorläufigen Rechtsschutz keine Vorwegnahme der Hauptsache erfolgen soll, sondern das FamG kann im eA-Verfahren den Unterhalt in voller Höhe titulieren.[49] 47

Dennoch nimmt selbst der Erlass einer einstweiligen Unterhaltsanordnung dem Unterhaltsgläubiger nicht das Rechtsschutzbedürfnis für ein Hauptsacheverfahren. Dieses wird regelmäßig schon bei Unterhaltsrückständen deshalb erforderlich sein, weil im Verfahren der einstweiligen Unterhaltsanordnung kein rückständiger Unterhalt tituliert wird.[50] Aber auch unabhängig davon ist die einstweilige Unterhaltsanordnung nur das Ergebnis einer summarischen Prüfung, so dass die Beteiligten ein Rechtschutzbedürfnis für eine der Rechtskraft zugängliche endgültige Hauptsacheentscheidung haben. Der Vorteil der

45 OLG Koblenz FamRZ 2019, 1870 = NZFam 2020, 43; OLG Oldenburg FamRZ 2013, 59.
46 OLG Brandenburg FamRZ 2008, 70.
47 OLG Hamm FuR 2013, 340 mit Praxishinweis von *Viefhues*.
48 OLG Hamburg FamRZ 2014, 56 = FuR 2013, 722 mit Praxishinweis von *Viefhues*.
49 Vgl. SBW/*Schwonberg*, § 246 Rn 1.
50 Vgl. *Klein*, FuR 2009, 241, 244.

rechtskräftigen Unterhaltshauptsacheentscheidung ist insbesondere, dass diese nur unter den strengen Voraussetzungen des § 238 FamFG abgeändert werden kann.

Der Unterhaltsberechtigte handelt daher nicht mutwillig, wenn er sowohl mit einer einstweiligen Unterhaltsanordnung als auch mit einem Hauptsacheverfahren Unterhalt beantragt.[51] Umgekehrt liegt der Fall freilich anders, d.h. ist bereits im Rahmen eines Hauptsacheverfahrens Unterhalt tituliert worden, besteht kein Regelungsbedürfnis für eine einstweilige Unterhaltsanordnung.

c) Bedürftigkeit

48 Die Verfahrenskostenhilfebedürftigkeit hängt nach § 115 ZPO vom Einkommen und Vermögen des Antragstellers ab.[52] Bei der Verfahrensstandschaft nach § 1629 Abs. 3 BGB ist nicht auf das Kind, sondern auf den klagenden Elternteil abzustellen.[53] Der Ansatz eines Familieneinkommens ist unzulässig.[54]

Zum Einkommen gehören nach der Legaldefinition des § 115 Abs. 1 S. 2 ZPO alle Einkünfte in Geld oder Geldeswert.[55] Das Vermögen des Antragstellers ist einzusetzen, soweit dies zumutbar ist, vgl. § 115 Abs. 3 ZPO. Die Frage der Zumutbarkeit wird konkretisiert durch den Verweis auf § 90 SGB XII, d.h. diese Vorschrift legt fest, welche Vermögensteile nicht verwertet werden müssen. Vermögen sind gespartes Geld, verwertbare geldwerte Sachen, Rechte sowie Forderungen. Ein Bausparvertrag, dessen angesparte Summe das Schonvermögen übersteigt, ist auch dann für die Verfahrenskosten zu verwerten, wenn der Antragsteller seine Kinder als Berechtigte für die Leistung nach dem Todesfall bestimmt hat.[56]

Verwertbar ist das Vermögen dann, wenn es tatsächlich veräußert werden kann. Dies muss zu angemessenen Bedingungen möglich sein.[57]

49 Inwieweit **Kapitallebensversicherungen** zur Verfahrensführung einzusetzen sind, ist umstritten.[58]

Grds. gilt, dass Lebensversicherungen einsetzbares Vermögen sind, sofern sie nicht der Sicherung einer angemessenen Altersversorgung dienen (§ 90 Abs. 3 Satz 2 SGB XII).

Es ist unzumutbar, Lebensversicherungen zur Finanzierung der Verfahrenskosten einzusetzen, wenn die Geltendmachung des Rückkaufswerts ersichtlich unwirtschaftlich ist. Die Verwertung von Lebensversicherungen ist auch dann unzumutbar, wenn diese der Alterssicherung dienen sollen und dazu voraussichtlich auch benötigt werden.[59]

Dient die Lebensversicherung der Altersversorgung, unterhält der Antragsteller aber mehrere Lebensversicherungen, ist zumindest eine einzusetzen.[60] Ähnlich liegt es bei einer sehr hohen Lebensversicherung. Mitunter können Kapitallebensversicherungen auch durch so genannte Policen-Darlehen beliehen werden.[61] Dies ist regelmäßig zumutbar.[62] Dass die Versicherungsgesellschaft diese Möglichkeit nicht anbietet und die Police auch nicht bei einem Drittanbieter beliehen werden kann, muss der Antragsteller substantiiert darlegen und gegebenenfalls glaubhaft machen. Nach weiter gehender Auffassung bleibt eine Lebensversicherung, weil sie wirtschaftlich zweckgebundenes Vermögen ist und eine Auflösung mit vielfältigen Nachteilen verbunden ist, außer Betracht.

51 Vgl. OLG Celle FuR 2014, 601; so auch OLG Thüringen FamRZ 2011, 491.
52 Ausführlich dazu Horndasch/Viefhues/*Götsche*, FamFG, Anhang zu § 76 Rn 1–143.
53 BGH FamRZ 2005, 1165.
54 OLG Koblenz FamRZ 2001, 925.
55 Ausführlich zum einzusetzenden Einkommen SBW/*Keske*, § 76 Rn 14 ff.; *Roßmann/Viefhues*, Taktik im Unterhaltsrecht, 1. Kap. Rn 91 ff.
56 OLG Naumburg FuR 2013, 727.
57 Ausführlich zum einzusetzenden Vermögen SBW/*Keske*, § 76 Rn 26 ff.; *Roßmann/Viefhues*, Taktik im Unterhaltsrecht, 1. Kap. Rn 116 ff.
58 Vgl. BGH FamRZ 2008, 1164.
59 OLG Hamm FamRZ 2016, 393; OLG Celle FamRZ 2016, 730.
60 OLG Bremen FamRZ 2009, 366 f.
61 OLG Saarbrücken NZFam 2019, 504; vgl. auch *Viefhues*, FuR 2018, 532.
62 OLG Karlsruhe FamRZ 2017, 313.

Der Einsatz eines **angemessenen Hausgrundstücks** kann nach § 90 Abs. 2 Nr. 8 SGB XII nicht verlangt werden. § 90 Abs. 2 Nr. 8 SGB XII ist auch auf Eigentumswohnungen, Miteigentumsanteile sowie Grundstücke, deren Bebauung geplant ist, anzuwenden. Der Schutz des angemessenen Hausgrundstücks erstreckt sich aber nur auf **selbst genutzte Objekte**. Der Verkehrswert sowie die Wohnungsgröße sind für die Frage der Angemessenheit von erheblicher Bedeutung. 50

Ein Haus mit 120 qm Wohnfläche ist zu groß, d.h. die Angemessenheitsgrenze liegt bei Nutzung von einer Person bei 70 qm.[63]

Immobilieneigentum ist im Einzelfall aber schwierig verwertbar. Das OLG Hamm[64] hat sich dazu wie folgt geäußert: 51

- Ein (Mit-)Eigentumsanteil an einem Hausgrundstück (im konkreten Fall war es Alleineigentum an einem Dreifamilienhaus) zählt grundsätzlich zum Vermögen des Beteiligten, soweit es sich nicht um ein angemessenes, von dem Beteiligten selbst bewohntes Hausgrundstück i.S.d. §§ 115 Abs. 3 S. 2 ZPO, 90 Abs. 2 Ziff. 8 SGB XII handelt. Voraussetzung für den Vermögenseinsatz ist jedoch stets, dass die Verwertung des Vermögens zeitnah überhaupt möglich und zumutbar ist.
- Die Veräußerung eines Hausgrundstücks nimmt erfahrungsgemäß eine gewisse Zeit in Anspruch und kann daher regelmäßig nicht zeitnah genug erfolgen, um noch mit dem Ziel der Verfahrenskostenhilfe vereinbar zu sein, dem bedürftigen Beteiligten im Wesentlichen denselben Rechtsschutz zu gewährleisten wie dem bemittelten Beteiligten.
- Eine Beleihung des Objekts zum Zwecke einer Darlehensaufnahme scheidet aus, sofern der Antragsteller ausweislich seiner aktuellen Einkommensverhältnisse offensichtlich nicht in der Lage ist, ein (weiteres) Darlehen aufzunehmen und die Darlehensraten zu zahlen.

Auch ein Anspruch auf einen Verfahrenskostenvorschuss (VKV) z.B. gegen die Ehefrau zählt zum Vermögen.[65] Die Versagung von VKH wegen einem Vorschussanspruch ist jedoch nur möglich, wenn der Anspruch realisierbar ist, d.h. unzweifelhaft besteht und kurzfristig durchsetzbar ist.[66] Daran fehlt es, wenn das Einkommen des Verpflichteten unbekannt ist oder sich schwierige Rechtsfragen stellen. 52

Der um Verfahrenskostenhilfe Ersuchende trägt die vollständige Darlegungs- und Beweislast für seine sozialrechtliche Bedürftigkeit.[67]

3. Die VKH-Entscheidung

Die bewilligende Entscheidung besteht aus drei Elementen: 53

- VKH-Bewilligung (§ 119 ZPO)
- ggf. Ratenfestsetzung (§§ 115 Abs. 2, 120 ZPO) oder Anordnung der Ratenzahlung aus Vermögen (§ 115 Abs. 3, 4 ZPO)
- Rechtsanwaltsbeiordnung (§ 121 ZPO).

Die Bewilligung erfolgt für jeden Rechtszug (jede Instanz) besonders (§ 119 Abs. 1 ZPO). Wird kein Wirkungszeitpunkt bestimmt, so wirkt die Bewilligung ab Antragstellung. Zur Instanz gehört auch ein Vergleich.

Soweit der Antragsteller Verfahrenskostenhilfe nur gegen Ratenzahlung bewilligt bekommt, werden nach § 115 Abs. 2 ZPO von dem nach den Abzügen verbleibenden Teil des monatlichen Einkommens (einzusetzendes Einkommen) Monatsraten in Höhe der Hälfte des einzusetzenden Einkommens festgesetzt; die Monatsraten sind auf volle EUR abzurunden. Beträgt die Höhe einer Monatsrate weniger als 10 EUR, 54

63 OLG Brandenburg NZFam 2019, 460.
64 OLG Hamm FamRZ 2016, 927.
65 Ausführlich dazu *Roßmann*, Taktik im familiengerichtlichen Verfahren, Rn 735 ff.
66 BGH NJW-RR 2008, 1531.
67 OLG Brandenburg FuR 2019, 725 mit Anm. *Viefhues*.

ist von der Festsetzung von Monatsraten abzusehen. Bei einem einzusetzenden Einkommen von mehr als 600 EUR beträgt die Monatsrate 300 EUR zuzüglich des Teils des einzusetzenden Einkommens, der 600 EUR übersteigt.

Es können höchstens 48 Monatsraten angeordnet werden.[68]

55 Die Berechnungsweise der VKH-Raten geht dahin, dass der VKH-Empfänger Raten in Höhe der Hälfte des einzusetzenden Einkommens zu zahlen hat und ab einem einzusetzenden Einkommen von mehr als 600 EUR eine Monatsrate in Höhe von 300 EUR zuzüglich des Teils des einzusetzenden Einkommens, der 600 EUR übersteigt.

56 Wird der VKH-Antrag vom Familiengericht abgelehnt, ist dagegen die sofortige Beschwerde nach §§ 113 Abs. 1 S. 2 FamFG i.V.m. 127 Abs. 2, Abs. 3, 567 ff. ZPO zulässig.[69] In Abweichung von den allgemeinen Regelungen gilt dafür eine Notfrist von einem Monat (vgl. § 127 Abs. 2 S. 3 ZPO).

IV. Die Durchsetzung des Auskunftsanspruchs, § 1605 BGB

57 Die Beteiligten einer Unterhaltssache sind zur Auskunft über die Einkommens- und Vermögensverhältnisse verpflichtet, soweit deren Kenntnis zur Klärung eines Unterhaltsanspruchs erforderlich ist. Oftmals wird dennoch die geforderte Auskunft über die Einkommens- und Vermögensverhältnisse verweigert.

Der **materielle Auskunftsanspruch** leitet sich aus § 1605 BGB ab. Die Vorschrift regelt für den Verwandtenunterhalt, das Verwandte in gerader Linie einander Auskunft über ihre Einkünfte und ihr Vermögen schulden. Darüber hinaus ist die Vorschrift auf den Unterhaltsanspruch zwischen den nicht verheirateten Eltern eines Kindes (§ 1615l Abs. 3 S. 1 BGB), zwischen getrenntlebenden (§ 1361 Abs. 4 S. 4 BGB) und geschiedenen Eheleuten (§ 1580 S. 2 BGB) sowie für den nachpartnerschaftlichen Anspruch nach § 16 LPartG anwendbar.

58 Der materielle Auskunftsanspruch nach § 1605 BGB will dem an einem Unterhaltsrechtsverhältnis Beteiligten die notwendigen Kenntnisse verschaffen, um den Unterhalt zutreffend berechnen und Einwendungen in geeigneter Form vorbringen zu können. Auch hat der Auskunftsanspruch den Zweck, mittels Information einen Rechtsstreit zu vermeiden.

Wird die geschuldete Auskunft nicht erteilt, ist der Auskunftsberechtigte regelmäßig gezwungen, den Anspruch auf die Auskunft entweder „isoliert" gerichtlich geltend zu machen oder aber im Rahmen eines sog. Stufenverfahrens nach § 254 ZPO.[70]

1. Der (isolierte) Auskunftsantrag

a) Der materielle Auskunftsanspruch des § 1605 BGB

aa) Die Auskunftsberechtigung

59 **Auskunftsberechtigt** sind die Verwandten in gerader Linie nach § 1601 BGB (bzw. bei Verweisung die entsprechenden Beteiligten des Unterhaltsschuldverhältnisses). Der Auskunftsanspruch steht dem Unterhaltsberechtigten ebenso wie dem Unterhaltspflichtigen zu.[71]

60 *Praxistipp*

Möglich ist deshalb ein sog. **Auskunftswiderantrag**. Auch wenn im Rahmen eines Unterhaltsantrags die Bedürftigkeit des Antragstellers ohnehin zu prüfen ist, hat der angeblich Unterhaltspflichtige trotz-

68 Die im Gesetzgebungsverfahren diskutierte Aufstockung auf 72 Monatsraten wurde nicht kodifiziert.
69 Vgl. dazu *Roßmann*, Unterhaltsprozess, Kap. 3 Rn 1149 ff.
70 Ausführlich dazu *Roßmann*, Taktik im familiengerichtlichen Verfahren, Rn 3002 ff.
71 Vgl. Grüneberg/*von Pückler*, § 1605 Rn 6.

dem ein schützenswertes Interesse daran, das Maß der Bedürftigkeit des Antragstellers zuverlässig zu ermitteln; das Rechtsschutzbedürfnis für einen **Auskunftswiderantrag** ist daher gegeben.[72]

Allgemein besteht ein Auskunftsrecht, wenn und soweit die Auskunft für die Unterhaltsberechnung von Bedeutung ist.[73] Eine Auskunft kann nur verweigert werden, wenn sie unter keinem denkbaren Gesichtspunkt den Unterhaltsanspruch beeinflussen kann (sog. **Negativevidenz**).[74] 61

Der Unterhaltsschuldner kann seine Auskunftspflicht auch nicht dadurch umgehen, dass er sich für **unbeschränkt leistungsfähig** erklärt.[75]

Ein Auskunftsanspruch gegen den Unterhaltspflichtigen ist immer schon dann gegeben, wenn unabhängig von der tatsächlichen Vermutung der Einkommensverwendung eine Darlegung des Bedarfs nach der Quotenmethode in Betracht kommt. Aufgrund der Erklärung des Unterhaltspflichtigen, er sei „unbegrenzt leistungsfähig", entfällt der Auskunftsanspruch noch nicht.[76]

Der Unterhaltsberechtigte hat also grundsätzlich einen Auskunftsanspruch nach § 1605 BGB, es sei denn,

- die Auskunft ist **nicht erforderlich**, weil z.B. beim Ehegattenunterhalt der Bedarf konkret (und nicht aufgrund einer Einkommensquote) berechnet wird (z.B. bei einem Bedarf von 2.000 EUR und unstreitiger Leistungsfähigkeit des Schuldners, der ein Nettoeinkommen von 7.000 EUR einräumt),
- oder ein Unterhaltsanspruch ist erkennbar ausgeschlossen, weil es eindeutig z.B. an Bedürftigkeit oder Leistungsfähigkeit fehlt.

Anwaltlicher Hinweis! 62

Der Auskunftsanspruch muss grundsätzlich nicht durch substantiierten Vortrag zum Unterhaltsanspruch begründet werden.[77]

Der Auskunftsanspruch nach § 1605 BGB bezweckt nämlich, dem Unterhaltsgläubiger die notwendigen Informationen für die Berechnung seines Unterhaltsanspruchs zu verschaffen. Der Auskunftsanspruch setzt daher das Bestehen eines Unterhaltsanspruchs voraus. Jedoch bedarf es in der Regel keines substantiierten Vortrags zu dem Unterhaltsanspruch, da regelmäßig erst nach Erteilung der Auskunft feststeht, ob ein solcher Unterhaltsanspruch überhaupt besteht. Seiner Darlegungslast genügt der Unterhaltsgläubiger daher im Normalfall dadurch, dass er auf das in Betracht kommende Unterhaltsrechtsverhältnis hinweist und in allgemeiner Hinsicht den Grund für die Inanspruchnahme auf Unterhalt nennt.

bb) Inhalt der Auskunft

Die Auskunft ist nach § 1605 Abs. 1 S. 1 BGB über Einkünfte und Vermögen zu erteilen. Sie wird umfassend geschuldet und hat alle Positionen zu enthalten, die insbesondere für die Beurteilung der Leistungsfähigkeit von Bedeutung sein können. Solche Positionen sind die Bezüge, Abzüge und Belastungen sowie unter Umständen auch das Vorhandensein von anderen vor- und gleichrangigen Unterhaltsberechtigten.[78] Die Auskunft ist nach **§§ 260, 261 BGB** zu erteilen. Sie hat die **systematische Zusammenstellung** aller erforderlichen Angaben zu umfassen, die notwendig sind, um dem Auskunftsberechtigten ohne übermäßigen Arbeitsaufwand eine Berechnung seiner Unterhaltsansprüche zu ermöglichen. Die Aus- 63

72 Vgl. dazu auch *Horndasch*, Verbundverfahren Scheidung, 1. Aufl. 2008, Rn 502.
73 BGH FamRZ 2018, 260; *Horndasch*, Verbundverfahren Scheidung, 1. Aufl. 2008, Rn 498.
74 BGH FamRZ 2021, 28; BGH NJW 2018, 468 = NZFam 2018, 130.
75 Vgl. dazu *Breuers/Thormeyer*, FuR 2018, 179.
76 BGH FamRZ 2021, 28; BGH NJW 2018, 468 = NZFam 2018, 130.
77 OLG Brandenburg FamRZ 2007, 288.
78 Vgl. Grüneberg/*von Pückler*, § 1605 Rn 8, 9.

kunft ist eine Wissenserklärung, die der Schriftform bedarf und vom Auskunftspflichtigen persönlich in einem Schreiben (Vorlage eines einzigen Verzeichnisses) zu erteilen ist.[79]

64 Der **unselbstständige Arbeitnehmer** hat das tatsächlich erzielte Einkommen (Bruttogehalt, gesetzliche Abzüge wie Steuern und Sozialabgaben, unterjährige Sonderzahlungen, Spesen, Auslösungen, Tantiemen, Einkünfte aus Nebentätigkeit, Krankengeld und sonstige Sozialleistungen, Kapitaleinkünfte, Einkünfte aus Vermietung und Verpachtung) anzugeben. Dazu zählt auch, ob und mit welchem Ergebnis ein Steuererstattungsverfahren durchgeführt wurde.

65 Der **selbstständig Erwerbstätige** schuldet regelmäßig die Auskunft für einen **Dreijahreszeitraum**. Er hat seine Einnahmen und Ausgaben so darzustellen, dass die allein steuerlich beachtlichen Absetzungen und Aufwendungen von solchen abgegrenzt werden können, die unterhaltsrechtlich von Bedeutung sind. Der Selbstständige schuldet damit grundsätzlich die Vorlage einer sogenannten Unterhaltsbilanz.[80] Deshalb kann der Auskunftsberechtigte auch verlangen, dass ihm Auskunft über einzelne Titel der Bilanz, der Gewinn- und Verlustrechnung oder der Steuererklärung erteilt wird, um nachvollziehen zu können, wie sich die betreffende Position errechnet. Er kommt seiner Auskunftspflicht rechtzeitig nach, wenn er den für die Ermittlung seines Einkommens erforderlichen Jahresabschluss innerhalb von sechs Monaten nach Ablauf des Geschäftsjahres (§ 243 HGB), gegebenenfalls mit den notwendigen Erläuterungen, dem Auskunftsberechtigten übermittelt.[81]

66 *Praxistipp*

Häufig wird Auskunft lediglich in der Weise erteilt, dass mehr oder weniger wortlos die letzte Steuererklärung, der letzte Steuerbescheid sowie die letzten 12 Gehaltsabrechnungen übersandt werden. Im Anschreiben heißt es dazu, man gehe davon aus, damit die Auskunft vollständig erteilt zu haben. Dies ist jedoch nicht der Fall.[82] Lediglich dem Verlangen, Belege vorzulegen, wurde entsprochen. Die Folge dieser Verfahrensweise ist mindestens eine nachteilige Kostenentscheidung nach § 243 S. 2 Nr. 2 FamFG.[83]

67 Die Pflicht zur Auskunftserteilung umfasst auch das **Vermögen**, soweit die Auskunft zur Feststellung einer Unterhaltsverpflichtung erforderlich ist. Sie wird danach nur geschuldet, wenn der Unterhaltspflichtige ausnahmsweise für den Unterhalt seinen Vermögensstamm einzusetzen hat.[84] Dazu muss der Auskunftsberechtigte ausreichenden Vortrag geben. Die Auskunft kann nur auf einen bestimmten Zeitpunkt bezogen erteilt werden. Eine Auskunft über den Verbleib oder die Verwendung eines Vermögensgegenstandes scheidet aus.

68 *Praxistipp*

Die Auskunft über das Vermögen ist **stichtagsbezogen**. Geschuldet ist ein Verzeichnis i.S.v. § 260 Abs. 1 BGB zum Vermögensbestand mit Wertangaben. Unbedingt zu beachten ist, dass im Rahmen des Auskunftsanspruchs der Stichtag festgelegt wird, da ansonsten die Vollstreckbarkeit nicht gesichert ist. Praktikabel ist als Stichtag der Vermögensbewertung der 31.12. des Vorjahres.[85]

Über den Vermögensstamm ist Auskunft nur dann geschuldet, wenn diese Information zusätzlich – über die Einkünfte hinaus – für die Unterhaltsberechnung „erforderlich" ist, das heißt für diese benö-

79 OLG Düsseldorf, Beschl. v. 13.4.2022 – 3 WF 4/22, FamRZ 2023, 1148; OLG Brandenburg FuR 2019, 105 (Beschl. v. 16.8.2018 – 13 WF 137/18); KG FamRZ 2015, 1974.

80 BGH NJW 1984, 303; BGH NJW 1980, 2083; *Strohal*, Unterhaltsrechtlich relevantes Einkommen bei Selbstständigen, S. 101 ff.

81 *Horndasch*, Verbundverfahren Scheidung, 1. Aufl. 2008, Rn 509; OLG Bamberg FamRZ 1989, 423.

82 Ausführlich dazu KG FamRZ 2015, 1974.

83 Vgl. auch *Horndasch*, Verbundverfahren Scheidung, 1. Aufl. 2008, Rn 513.

84 Vgl. dazu Grüneberg/*von Pückler*, § 1601 Rn 10.

85 *Horndasch*, Verbundverfahren Scheidung, 1. Aufl. 2008, Rn 509.

tigt wird, etwa wenn dieser zur Bedarfsdeckung verwertet werden muss (§§ 1577 Abs. 3, 4, 1581 S. 2 BGB) oder Anhaltspunkte dafür bestehen, dass die Auskunft zu den Erträgnissen unzutreffend oder nicht umfänglich erteilt worden ist.[86]

cc) Vorlage von Belegen

Nach § 1605 Abs. 1 S. 2 BGB ist die **Vorlage von Belegen** geschuldet; dieser Anspruch bedarf der gesonderten Titulierung. Der Beleganspruch macht es möglich, die Höhe der angegebenen Einkünfte zu überprüfen. Der Beleganspruch bezieht sich aber nicht auf das Vermögen. Die vorzulegenden Belege sind im **Antrag** genau zu bezeichnen. Ob der Auskunftsverpflichtete die Belege im **Original** vorzulegen hat, ist umstritten.[87] 69

Praxistipp 70

In der Praxis werden Kopien vorgelegt; die Vorlage von Originalen erscheint überzogen. Noch nicht vorhandene Dokumente, wie z.B. Steuerbescheide des gerade abgelaufenen oder laufenden Kalenderjahres können und müssen nicht vorgelegt werden.

Anwälte sollten beachten, dass Auskunft und Vorlage von Belegen zwei getrennte Ansprüche sind. Dies wird häufig übersehen und beantragt, Auskunft durch Vorlage von Belegen zu erteilen. Richtigerweise ist der Antrag zu stellen, Auskunft zu erteilen **und** Belege vorzulegen, wobei die Belege im Antrag genau zu bezeichnen sind (Vollstreckung!) und zur Einkommensermittlung erforderlich sein müssen.

Der **unselbstständig tätige Unterhaltspflichtige** hat die Lohn- bzw. Gehaltsbescheinigungen in der Regel für den Jahreszeitraum (letztes Kalenderjahr oder die vergangenen 12 Monate) vorzulegen. Hinzukommen gegebenenfalls Abrechnungen über Spesen und Auslösungen, Krankengeld-, Arbeitslosengeld-, Arbeitslosenhilfe- oder Rentenbescheide. Die Vorlagepflicht umfasst auch Steuerbescheide, die in dem von der Auskunft umfassten Zeitraum ergangen sind, sowie die Steuererklärung.[88]

Der **Selbstständige** hat auf Verlangen die Bilanzen nebst Gewinn- und Verlustrechnungen, die Einkommensteuererklärung und den Einkommensteuerbescheid vorzulegen.

b) Erneute Auskunft, § 1605 Abs. 2 BGB

Erst nach Ablauf von zwei Jahren kann Auskunft erneut verlangt werden. Ansonsten muss glaubhaft gemacht werden, dass der Auskunftsverpflichtete wesentlich höhere Einkünfte oder weiteres Vermögen erworben hat. 71

Der Schutzzweck der Vorschrift besteht darin, überflüssige Abänderungsverfahren gegenüber bestehenden Unterhaltstiteln zu vermeiden, da sich innerhalb eines Zweijahreszeitraums in aller Regel die Einkünfte nicht in dem nach § 238 FamFG vorausgesetzten Umfang ändern. Die zeitliche Sperrwirkung ist daher ausschließlich **personenbezogen**; fordert der Ehegatte Auskunft wegen eines Anspruchs auf Trennungsunterhalt, kann vor Ablauf von zwei Jahren nochmals Auskunft gefordert werden, wenn nunmehr Kindesunterhalt geltend gemacht werden soll.

Wegen fehlender Identität von Trennungs- und Nachscheidungsunterhalt findet Abs. 2 keine Anwendung, wenn nach Erteilung der Auskunft zum Trennungsunterhalt vor Ablauf der Zweijahresfrist Auskunft zum Nachscheidungsunterhalt gefordert wird.[89] Die Wiederverheiratung des geschiedenen Ehegatten bietet ebenfalls eine hinreichende Grundlage für einen Auskunftsanspruch nach § 1605 Abs. 2 BGB.[90]

86 OLG Brandenburg, Beschl. v. 22.8.2022 – 13 UF 22/20, FamRZ 2023, 1107.

87 Originale im Regelfall nicht erforderlich: BGH FamRZ 2014, 1542; OLG Frankfurt am Main FamRZ 1997, 1296; Hdb-FamR/*Kintzel*, Kap. 6 Rn 1019; a.A. KG FamRZ 1982, 614. Das Bestehen auf der Vorlage von Originalen kann jedenfalls rechtsmissbräuchlich sein. Die Praxis kommt weitgehend ohne Originale aus.

88 BGH NJW 1983, 2243.

89 KG Berlin FamRZ 2004, 1314; OLG Koblenz FamRZ 2005, 460.

90 OLG Brandenburg FamRZ 2003, 1684.

Der Beginn der Zweijahresfrist setzt die Erfüllung des vorausgegangenen Auskunftsbegehrens voraus, d.h. die Zweijahresfrist beginnt mit der Erteilung der Auskunft.

Hat ein gerichtliches Verfahren stattgefunden, so beginnt bei gerichtlichen Beschlüssen die Sperrfrist mit der letzten Tatsachenverhandlung zu laufen. Bei gerichtlichen Vergleichen ist entsprechend maßgeblich der Zeitpunkt des Vergleichsabschlusses. Nicht entscheidend ist in diesen Fällen hingegen der Zeitpunkt der Auskunftserteilung oder der Ablauf des Zeitraums, über den Auskunft erteilt worden ist.[91]

c) Der Auskunftsanspruch aus § 1353 Abs. 1 S. 2 BGB

72 Ehegatten haben nach den §§ 1360, 1360a BGB einen Anspruch auf Familienunterhalt. Dieser kann aber nur bei genauer Kenntnis der Einkommensverhältnisse des anderen Ehegatten beziffert werden. Aus der Verpflichtung zur ehelichen Lebensgemeinschaft (§ 1353 Abs. 1 S. 2 BGB) folgt deshalb auch der wechselseitige Anspruch, sich über die für die Höhe des Familienunterhalts und eines Taschengeldes maßgeblichen finanziellen Verhältnisse zu informieren. Seinem Umfang nach geht dieser Anspruch nicht nur auf eine Unterrichtung in groben Zügen, da eine derart eingeschränkte Kenntnis den Ehegatten nicht in die Lage versetzten würde, den ihm zustehenden Unterhalt zu ermitteln. Geschuldet wird deshalb die Erteilung von Auskunft in einer Weise, wie sie zur Feststellung des Unterhaltsanspruchs erforderlich ist. Die Auskunftspflicht entspricht damit derjenigen, wie sie nach § 1605 Abs. 1 S. 1 BGB besteht. Eine solche Verpflichtung läuft nicht etwa dem Gebot der gegenseitigen Rücksichtnahme der Ehegatten zuwider; diese erfordert vielmehr gerade, den anderen ausreichend über die eigenen Einkommensverhältnisse zu unterrichten.[92]

Die Vorlage von Belegen oder die eidesstattliche Versicherung der Richtigkeit und Vollständigkeit der Angaben kann hingegen nicht verlangt werden. Eine solche Kontrollmöglichkeit ist mit dem in einer Ehe herrschenden Vertrauen nicht zu vereinbaren.

73 Der aus § 1353 Abs. 1 S. 2 BGB hergeleitete Anspruch auf Unterrichtung über vermögensrechtliche Belange, dessen beharrliche und grundlose Nichterfüllung auch mit der vorzeitigen Beendigung der Zugewinngemeinschaft nach §§ 1385 Nr. 4, 1386 BGB sanktioniert werden kann, endet entsprechend § 1353 Abs. 2 BGB mit dem Scheitern der Ehe. Ob die Ehe gescheitert ist, muss – wenn nicht die gesetzlichen Zerrüttungsvermutungen des § 1566 BGB eingreifen – als tatrichterliche Prognose unter Würdigung aller Umstände entschieden werden. Leben die Ehegatten getrennt, rechtfertigt der Nichtablauf des Trennungsjahres für sich genommen noch nicht den Schluss, dass die Ehe noch nicht endgültig gescheitert sei und der Unterrichtungsanspruch weiterhin geltend gemacht werden könne. Der Schuldner des Unterrichtungsanspruchs ist für die Umstände, aus denen auf das Scheitern der Ehe geschlossen werden soll, darlegungs- und beweispflichtig.[93]

d) Der gerichtliche Auskunftsantrag

aa) „Bestimmter" Auskunftsantrag

74 Die Antragsfassung in Auskunftsverfahren ist außerordentlich wichtig. Ein oberflächlich formulierter Antrag führt oft zu einer oberflächlichen Titulierung und damit zu einem unbestimmten Auskunftstitel, aus dem nicht vollstreckt werden kann.[94] Der Auskunftsantrag zu den Einkünften eines Arbeitnehmers kann wie folgt formuliert werden:

91 OLG Karlsruhe NZFam 2016, 424; a.A. OLG Hamm FamRZ 2005, 1585.
92 So BGH FamRZ 2011, 21 ff. mit Anm. von *Graba*.
93 BGH FamRZ 2022, 944.
94 Vgl. dazu Hdb-FamR/*Kintzel*, Kap. 6 Rn 1019.

▼ 75

Muster 8.1: Auskunftsantrag zu den Einkünften eines Arbeitnehmers

den Antragsgegner zu verpflichten, Auskunft zu erteilen durch Vorlage einer systematischen Aufstellung über sämtliche Einkünfte aus nichtselbstständiger Tätigkeit für die Zeit vom 01.01. bis zum 31.12., im vorgenannten Zeitraum etwa bezogenes Krankengeld bzw. Arbeitslosenunterstützung sowie über eine im Jahr erhaltene Steuererstattung

und

die Lohn-/Gehaltsabrechnungen der Monate Januar bis Dezember, Bescheide über im vorgenannten Zeitraum etwa bezogenes Krankengeld bzw. Arbeitslosenunterstützung sowie einen im Jahr ergangenen Steuerbescheid vorzulegen.

▲

bb) Die Begründung des Antrags

Der Auskunftsanspruch muss grundsätzlich nicht durch substantiierten Vortrag zum Unterhaltsanspruch begründet werden.[95] Der Auskunftsanspruch nach §§ 1605, 1580 BGB bezweckt nämlich, dem Unterhaltsgläubiger die notwendigen Informationen für die Berechnung seines Unterhaltsanspruchs zu verschaffen. Der Auskunftsanspruch setzt daher das Bestehen eines Unterhaltsanspruchs voraus. Jedoch bedarf es in der Regel keines substantiierten Vortrags zu dem Unterhaltsanspruch, da regelmäßig erst nach Erteilung der Auskunft feststeht, ob ein solcher Unterhaltsanspruch überhaupt besteht. Seiner Darlegungslast genügt der Unterhaltsgläubiger daher im Normalfall dadurch, dass er auf das in Betracht kommende Unterhaltsrechtsverhältnis hinweist und in allgemeiner Hinsicht den Grund für die Inanspruchnahme auf Unterhalt nennt. 76

cc) Die Vollstreckung

Die Vollstreckung aus dem Auskunftstitel kann sich nach § 887 ZPO oder nach § 888 ZPO richten, je nachdem ob die vorzunehmende Handlung nur von dem Schuldner selbst (Regelfall, § 888 ZPO mit der Möglichkeit der Zwangsgeldfestsetzung und Zwangshaft) oder selbstständig von Dritten (§ 887 ZPO mit der Möglichkeit der Ersatzvornahme) vorgenommen werden kann.[96] 77

Die Abgrenzung im Einzelfall ist schwierig. So soll beispielsweise die Erstellung einer Bilanz eine vertretbare oder eine unvertretbare Handlung sein, je nachdem, ob ein Dritter (z.B. ein Sachverständiger) die Bilanz allein anhand der Geschäftsbücher und der Geschäftspapiere zuverlässig fertigen kann oder ob er dazu der Mithilfe des Schuldners bedarf.[97]

2. Der Streitwert

Der Wert des Auskunftsanspruchs bestimmt sich nach dem wirtschaftlichen Interesse des Auskunftsberechtigten an der Erteilung der Auskunft. Es beträgt in der Regel einen Bruchteil des Leistungsanspruchs, den das Gericht gemäß § 3 ZPO nach freiem Ermessen zu schätzen hat. 78

Überwiegend wird vertreten, dass der Streitwert für einen isolierten Unterhaltsauskunftsantrag sich nach $\frac{1}{5}$ des Jahresbetrages des vom Antragsteller erstrebten Unterhalts bemisst; freiwillige Zahlungen des Antragsgegners vermindern den Streitwert nicht.[98]

95 OLG Brandenburg FamRZ 2007, 288.
96 Vgl. zum Vollstreckungsantrag *Roßmann*, Taktik im familiengerichtlichen Verfahren, Rn 3012 ff.
97 Vgl. dazu OLG Köln NJW-RR 2003, 33.
98 OLG Hamm FamRZ 2007, 163; OLG Brandenburg FamRZ 2007, 71.

V. Das Stufenverfahren

Sebastian Kubik

1. Allgemeines

79 Der unterhaltsrechtliche Auskunftsanspruch kann auch im Rahmen eines **Stufenverfahrens** nach § 113 Abs. 1 FamFG, § 254 ZPO geltend gemacht werden.

Es handelt sich dabei um eine objektive Antragshäufung nach § 260 ZPO mit nachfolgender Staffelung:

1. Stufe: Auskunft und Belegvorlage

2. Stufe: Eidesstattliche Versicherung

3. Stufe: (unbezifferter) Zahlungs- oder Abänderungsantrag

80 Mit der **Zustellung** des Stufenantrags wird zugleich auch der Zahlungsantrag rechtshängig; diese Rechtshängigkeit dauert fort, bis der Stufenantrag auch hinsichtlich der Zahlungsstufe seine verfahrensrechtliche Beendigung gefunden hat.[99] Eine sich nach Erteilung der Auskunft ergebende Unterhaltsforderung wird sogleich **tituliert**. Zur Vermeidung eines weiteren Verfahrens ist deshalb das Stufenverfahren einem isolierten Auskunftsantrag vorzuziehen.

Im **Verbundverfahren** nach § 137 FamFG kann der Stufenantrag ebenfalls erhoben werden. Über das Auskunftsbegehren kann in diesem Fall vor der Entscheidung über den Scheidungsantrag erkannt werden.[100]

81 Vorbereitende Auskunftsansprüche nach §§ 1580, 1605 BGB, die nicht im Rahmen eines Stufenantrags, sondern **isoliert** geltend gemacht werden, gehören dagegen nicht in den Scheidungsverbund. Über diese ist nach **Abtrennung** in einem gesonderten Verfahren zu verhandeln und zu entscheiden.[101] Eine Abweisung als **unzulässig** allein wegen der nicht dem Gesetz entsprechenden Geltendmachung ist nicht gerechtfertigt.[102]

2. Der Stufenantrag

82 Über jede Stufe ist **gesondert** zu verhandeln und zu entscheiden, da es sich jeweils um einen **eigenständigen** Anspruch handelt. Eine Entscheidung über die jeweils nächste Stufe ist erst zulässig, wenn die vorhergehende Stufe erledigt ist.[103] Dabei ergeht über die beiden ersten Stufen ein **Teilbeschluss** und über die Leistungsstufe ein **Endbeschluss**.

83 Ist bei einem Stufenantrag nach § 113 Abs. 1 FamFG, § 254 ZPO eine Stufe abgeschlossen, so ist das Verfahren nicht nur auf Antrag des Antragstellers, sondern auch auf einen solchen des Antragsgegners fortzusetzen.[104] Die Weigerung des Familiengerichts, einen Termin zur mündlichen Verhandlung anzuberaumen, ist mit der **sofortigen Beschwerde** anfechtbar.[105]

84 Wird nach Erledigung der Auskunftsstufe die Abgabe einer eidesstattlichen Versicherung nicht verlangt, kann die zweite Stufe übersprungen und sofort ein Leistungsantrag gestellt werden.

99 OLG Brandenburg FamRZ 2007, 55.
100 BGH FamRZ 1982, 151 = NJW 1982, 1645.
101 BGH FamRZ 1997, 811 = NJW 1997, 2176.
102 BGH FamRZ 1997, 811 = NJW 1997, 2176.
103 BGH FamRZ 1996, 1070.
104 OLG Karlsruhe FamRZ 1997, 1224.
105 OLG Brandenburg FamRZ 2006, 1772.

a) Stufe 1

Nach § 113 Abs. 1 FamFG, § 253 Abs. 2 Nr. 2 ZPO muss der Antrag auf Auskunft und Belegvorlage die **bestimmte** Angabe des Gegenstandes und des Grundes des erhobenen Anspruchs, sowie einen bestimmten Antrag enthalten. Notwendig ist beim Auskunftsantrag die konkrete Angabe, über welche Art von Einkünften und für welchen Zeitraum Auskunft zu erteilen ist und ggf. auf welchen Zeitpunkt bei der Darstellung des Vermögensstandes abgestellt werden soll.[106] 85

Auch der Antrag auf Vorlage von Belegen muss hinreichend genau formuliert werden. Es reicht nicht aus, wenn der Auskunftsberechtigte die Vorlage „geeigneter Belege" verlangt, ohne näher darzulegen, was er darunter versteht. Die beantragte Verpflichtung zur „Vorlage von Belegen" hat keinen vollstreckungsfähigen Inhalt, weil sie zu unbestimmt ist. Ein solcher Antrag ist **unzulässig**, da er keinen vollstreckungsfähigen Inhalt hat.[107] 86

Die geforderten Einkommensnachweise müssen bestimmt bezeichnet werden.[108]

> *Praxistipp* 87
>
> Da Art und Anzahl der Belege so konkret bezeichnet werden müssen, dass die Zwangsvollstreckung möglich ist, sollte man sich im Rahmen der Antragstellung ausdrücklich vorbehalten, die Belege nach Auskunftserteilung noch näher zu konkretisieren.

b) Stufe 2

Nach Abschluss der Auskunftsstufe – entweder durch Teilbeschluss oder Erledigung – kann der Antragsteller in die nächste Stufe übergehen. Besteht Grund zur Annahme, dass die Auskunft nicht mit der erforderlichen Sorgfalt erstellt wurde, hat der Verpflichtete nach §§ 1605 Abs. 1 S. 3, 260 Abs. 2 BGB auf Verlangen an Eides statt zu versichern, dass er die Auskunft nach bestem Wissen so vollständig und richtig erteilt hat, als er dazu imstande war. 88

Die auf einen inhaltlichen Mangel der Auskunft gestützte Forderung zur Abgabe der eidesstattlichen Versicherung setzt neben der **Unvollständigkeit** oder **Unrichtigkeit** der Auskunft voraus, dass der Auskunftspflichtige die Unvollständigkeit oder Unrichtigkeit bei **gehöriger Sorgfalt** hätte vermeiden können.[109]

Bei **Streit** über die Vollständigkeit der Erfüllung des Auskunftsanspruchs besteht nach gefestigter Rechtsprechung[110] kein Nachbesserungsanspruch des Auskunftsberechtigten. Für diesen Fall ist er auf den Anspruch auf Abgabe der eidesstattlichen Versicherung beschränkt. 89

Hiervon zu unterscheiden ist der Fall, in dem die Auskunft nach dem **übereinstimmenden Verständnis** der Parteien noch nicht vollständig erteilt wurde. Hier kann der Auskunftsberechtigte eine eidesstattliche Versicherung der Vollständigkeit und Richtigkeit auch dann nicht verlangen, wenn der Bereich der noch zu erteilenden Auskunft klar abgrenzbar ist.[111] 90

Zuständig für die Abnahme der eidesstattlichen Versicherung ist nach §§ 410 Nr. 1, 411 Abs. 1 FamFG das Gericht, in dessen Bezirk die Verpflichtung zur Auskunft zu erfüllen ist.

c) Stufe 3

In Abweichung zu § 253 Abs. 2 Nr. 2 ZPO kann in der Leistungsstufe zunächst ein **unbezifferter Zahlungsantrag** gestellt werden. Nach Abschluss der Auskunftsstufe und ggf. nach Abgabe der eidesstatt- 91

106 OLG Frankfurt FamRZ 1991, 1334.
107 OLG Bamberg FamRZ 1994, 1048, 1049.
108 OLG München FamRZ 1996, 307.
109 BGH FamRZ 1984, 144 = NJW 1984, 484.
110 BGH FamRZ 1984, 144 = NJW 1984, 484.
111 OLG Köln FamRZ 2001, 423.

lichen Versicherung ist dieser Leistungsantrag zu beziffern, sollten die Voraussetzungen eines Unterhaltsanspruchs vorliegen.

Im Rahmen des Stufenverfahrens ist es jedoch auch möglich, bereits zu Beginn einen **bezifferten Leistungsantrag** zur dritten Stufe zu stellen. Hier macht der Antragsteller zunächst einen Mindestbetrag in Form eines **bezifferten Teilantrags** geltend. Lediglich bei dem darüber hinausgehenden Antragsbegehren handelt es sich um einen **Stufenantrag**.[112]

92 Diese Vorgehensweise bietet sich an, wenn ein Mindestbetrag von vornherein feststeht und die beiden ersten Stufen des Stufenverfahrens lediglich der Aufstockung dieses Mindestbetrages dienen sollen, oder wenn der Auskunftsanspruch und der Anspruch auf Abgabe einer eidesstattlichen Versicherung eine fundiertere Begründung des der Höhe nach bereits feststehenden Anspruchs ermöglichen sollen.[113]

Auch in einem solchen Fall ist trotz der (teilweisen) Bezifferung des Leistungsantrages eine Entscheidung über die dritte Stufe erst zulässig, wenn die beiden ersten Stufen erledigt sind.[114] Solange die Auskunftsstufe noch nicht abgeschlossen ist, kann die Bezifferung des Mindestbetrages **rückgängig** gemacht und ein unbezifferter Leistungsantrag gestellt werden.[115]

93 Der Stufenantrag ist entgegen dem Wortlaut der § 113 Abs. 1 FamFG, § 254 ZPO auch statthaft in Verbindung mit einem **negativen Feststellungsantrag**, wenn es um die Beseitigung eines Titels aus einer **einstweiligen Anordnung** geht. Nach § 56 Abs. 1 S. 1 FamFG gilt ein solcher Titel nämlich bis zum Wirksamwerden einer anderweitigen Regelung fort. Es ist kein Grund dafür ersichtlich, die nach § 1605 BGB wechselseitig geschuldete Auskunft nur im Falle des positiven Leistungsantrags in das Stufenverfahren einbinden zu dürfen. Auch der Unterhaltsverpflichtete muss vorsichtig vorgehen und seinen negativen Feststellungsantrag vom Ausgang des Auskunftsverfahrens abhängig machen dürfen.[116]

3. Antragsbeispiel

94 ▼

8.2

Muster 8.2: Auskunft über Einkommen

… den Antragsgegner zu verpflichten,

1. der Antragstellerin Auskunft zu erteilen durch Vorlage einer systematischen Aufstellung über sein im Zeitraum vom bis bezogenes Einkommen
   a. aus
   b. aus
   c.
2. der Antragstellerin folgende Belege vorzulegen:
   a.
   b.

(Eine abschließende und konkrete Benennung der jeweiligen Belege wird nach Erfüllung des zu Ziffer 1 gestellten Antrags erfolgen.)

112 BGH FamRZ 2003, 31.
113 BGH FamRZ 1996, 1070.
114 BGH FamRZ 1996, 1070.
115 BGH FamRZ 1996, 1070, 1071.
116 OLG Frankfurt FamRZ 1987, 175.

3. ggf. die Richtigkeit und Vollständigkeit seiner Angaben eidesstattlich zu versichern;

4. ggf. ab den sich aus der Auskunft ergebenden, jeweils monatlich im Voraus fälligen Unterhalt an die Antragstellerin zu zahlen.

▲

4. Fehlender Unterhaltsanspruch nach Abschluss der Vorstufen

Ergibt beim Stufenantrag die erteilte Auskunft, dass ein Unterhaltsanspruch nicht besteht, so tritt insoweit 95
eine **Erledigung** der Hauptsache **nicht** ein. Bei einseitiger Erledigterklärung kommt ein Kostenausspruch zugunsten des Antragstellers weder nach § 113 Abs. 1 FamFG, § 91 ZPO, noch in entsprechender Anwendung der § 113 Abs. 1 FamFG, § 93 ZPO in Betracht. Dem Kläger kann jedoch ein **materiell-rechtlicher Kostenerstattungsanspruch** zustehen, den er in dem anhängigen Rechtsstreit geltend machen kann.[117]

Ein solcher **Schadensersatzanspruch** kann im Wege des **Feststellungsantrags** in demselben Verfahren geltend gemacht werden; eine hierin liegende **Antragsänderung** ist nach § 113 Abs. 1 FamFG, § 263 ZPO als sachdienlich anzusehen; für die Begründetheit einer derartigen Feststellungsklage bedarf es nur der Prüfung, ob der Unterhaltsberechtigte erst durch die verspätete Auskunftserteilung Klarheit über das Nichtbestehen eines Leistungsanspruchs hatte und der Unterhaltspflichtige schuldhaft seiner Auskunftsverpflichtung nicht oder nicht rechtzeitig nachgekommen ist.[118]

Ein Antrag auf Feststellung der Erledigung ist entsprechend auszulegen.[119]

Alternativ hierzu kann der Antragsteller seinen Antrag auch **zurücknehmen**.[120] Nach **§ 243 S. 2 Nr. 2** 96
FamFG hat das Gericht bei der Kostenentscheidung den Umstand zu berücksichtigen, dass der Antragsgegner vor Beginn des Verfahrens einer Aufforderung des Antragstellers zur Erteilung der Auskunft und Vorlage von Belegen nicht oder nicht vollständig nachgekommen ist.

5. Entscheidung

Die Entscheidung über die ersten beiden Stufen erfolgt durch **Teilbeschluss** nach § 113 Abs. 1 FamFG, 97
§ 301 ZPO. Über die Leistungsstufe entscheidet das Gericht durch **Endbeschluss**. Dennoch handelt es sich bei den einzelnen Teilbeschlüssen im Hinblick auf ihr verfahrensrechtliches Eigenleben um in der Hauptsache ergangene Endentscheidungen.[121] Nach § 116 Abs. 3 S. 2 und S. 3 FamFG sollen die Teilbeschlüsse bereits einen Ausspruch über die **sofortige Wirksamkeit** enthalten. Wegen der Einheitlichkeit der **Kostenentscheidung** ergeht eine solche erst nach Abschluss des Verfahrens im Endbeschluss.

Die **Zwangsvollstreckung** bezüglich der Auskunft richtet sich nach **§ 120 Abs. 1 FamFG, § 888 ZPO** und bezüglich der Belegvorlage nach **§ 120 Abs. 1 FamFG, § 883 ZPO**.

6. Rechtsmittel und Beschwer

Die jeweiligen Teilbeschlüsse sind gesondert **rechtsmittelfähig**. Eine Beschwerde gegen diese ist nach 98
§ 61 Abs. 1 FamFG zulässig, wenn der Wert des Beschwerdegegenstandes **600 EUR** übersteigt.

Die Beschwer eines zur Auskunft verpflichteten Beteiligten richtet sich nach dessen Interesse, die Auskunft nicht erteilen zu müssen. Für die Bewertung dieses Abwehrinteresses kommt es, soweit ein beson-

117 BGH FamRZ 1995, 348 = NJW 1994, 2895.
118 BGH FamRZ 1995, 348 = NJW 1994, 2895.
119 BGH FamRZ 1995, 348 = NJW 1994, 2895.
120 OLG Frankfurt FamRZ 2000, 1516.
121 Wendl/*Schmitz*, § 10 Rn 367.

deres Geheimhaltungsinteresse nicht zu erkennen ist, auf den Zeit- und Arbeitsaufwand an, den die sorgfältige Erteilung der geschuldeten Auskunft verursacht.[122]

Dabei sind auch notwendige **Steuerberater- und Rechtsanwaltskosten** zu berücksichtigen.[123]

99 Ein Geheimhaltungsinteresse des zur Auskunft verpflichteten Beteiligten kann zwar für die Bemessung des Rechtsmittelinteresses erheblich sein. Insoweit muss der Auskunftspflichtige jedoch **substantiiert darlegen** und erforderlichenfalls **glaubhaft machen**, dass ihm durch die Erteilung der Auskunft ein konkreter Nachteil droht.[124] Für den **Auskunftsberechtigten** bestimmt sich die Beschwer nach dem **wirtschaftlichen Interesse**, das er an der Erteilung der Auskunft hat. Dieses ist nach § 113 Abs. 1 FamFG, § 3 ZPO **nach freiem Ermessen** zu schätzen. Der Wert des Auskunftsanspruchs beträgt in der Regel einen Bruchteil des Leistungsanspruchs.[125] Dabei werden üblicherweise ¼**bis**⅒ zugrunde gelegt.[126] Für die Zulässigkeit eines Rechtsmittels ist grundsätzlich der Zeitpunkt seiner Einlegung maßgebend.[127]

7. Verfahrenskostenhilfe

100 Bei einem Stufenverfahren nach ist Verfahrenskostenhilfe **einheitlich** für sämtliche Anträge zu bewilligen.[128] Trotz dieser gebotenen einheitlichen Entscheidung über die Bewilligung von Verfahrenskostenhilfe für sämtliche Stufen eines Stufenantrages ist das Gericht befugt, nach Bezifferung des Zahlungsantrags dessen Erfolgsaussicht erneut zu prüfen und entsprechend Verfahrenskostenhilfe zu bewilligen.[129]

VI. Die verfahrensrechtlichen Auskunftspflichten, §§ 235, 236 FamFG

101 Der Gesetzgeber hat im Rahmen des FamFG mit den verfahrensrechtlichen Auskunftspflichten nach §§ 235 und 236 FamFG ein zusätzliches Regelungselement für das streitige Unterhaltsverfahren geschaffen, um dieses zu **beschleunigen** und zu **fördern**. Zwar bestand schon nach § 643 ZPO a.F. die Möglichkeit einer Auskunftseinholung durch das Gericht. Jedoch stand diese im Ermessen des Gerichts. Nunmehr **muss** das Gericht entsprechende Anordnungen treffen, wenn ein Beteiligter dies beantragt und der andere Beteiligte trotz Aufforderung seiner unterhaltsrechtlichen Auskunftspflicht nicht nachgekommen ist, § 235 Abs. 2 FamFG. Dies führt zu keiner Durchbrechung des **Prinzips der Dispositionsmaxime** in Unterhaltssachen. Vielmehr ermöglicht es § 235 Abs. 2 BGB, einen substantiiert dargelegten Unterhaltsanspruch der materiellen Richtigkeit zuzuführen.[130]

In § 235 Abs. 3 FamFG wurde eine Verpflichtung der Beteiligten zur unaufgeforderten Information über eine wesentliche Veränderung der maßgeblichen Umstände während des laufenden Verfahrens eingeführt. Die vorher in § 643 ZPO a.F. geregelte Auskunftspflicht Dritter wird in § 236 FamFG geregelt. Trotz der verfahrensökonomischen Vorteile der Anwendung dieser Vorschriften wird von Rechtsanwälten und Gerichten nur unzureichend Gebrauch hiervon gemacht.

122 BGH FamRZ 2009, 594, 595.
123 BGH FamRZ 1993, 1189.
124 BGH FamRZ 2005, 1986.
125 BGH FamRZ 1993, 1189.
126 BGH FamRZ 1997, 546 = NJW 1997, 1016.
127 BGH FamRZ 1992, 425, 426.
128 OLG Stuttgart FamRZ 2011, 387.
129 OLG Hamm FamRZ 1994, 312; a.A.: OLG München OLGR 1997, 144: Danach kann nach Bezifferung des Leistungsantrags eine neue Verfahrenskostenhilfeentscheidung zum Nachteil des Antragstellers nicht erlassen werden, weil dies auf einen unzulässigen Teilentzug der bereits bewilligten Verfahrenskostenhilfe hinausliefe.
130 OLG Oldenburg, Beschl. v. 17.10.2019 – 11 WF 327/19.

Der Aufbau im Gesetz stellt sich wie folgt dar: 102

§ 235 FamFG – Verfahrensrechtliche Auskunftspflicht der Beteiligten
Abs. 1: Verfahren von Amts wegen
Abs. 2: Verfahren auf Antrag eines Beteiligten

§ 236 FamFG – Verfahrensrechtliche Auskunftspflicht Dritter
Abs. 1: Verfahren von Amts wegen
Abs. 2: Verfahren auf Antrag eines Beteiligten

1. Die verfahrensrechtliche Auskunftspflicht der Beteiligten, § 235 FamFG

a) Anwendungsbereich

103 Von der verfahrensrechtlichen Auskunftspflicht und Pflicht zur Belegvorlage werden die **Unterhaltssachen nach § 231 Abs. 1 FamFG** umfasst, also Verfahren, welche die durch Verwandtschaft begründete gesetzliche Unterhaltspflicht, die durch die Ehe begründete Unterhaltspflicht und die Ansprüche nach § 1615l oder § 1615m des Bürgerlichen Gesetzbuches betreffen.

Das bedeutet, dass die Vorschrift in **Verbundverfahren** nach § 137 FamFG, bei **Stufenanträgen** sowie bei **Anträgen auf Ersatz entgangenen Unterhalts** bzw. **Rückzahlung zuviel gezahlten Unterhalts** Anwendung findet. Auch bei Abänderungsanträgen und Anträgen aus übergeleiteten Recht nach § 33 SGB II, § 94 SGB XII, § 7 UVG, § 37 BAföG ist die Vorschrift anwendbar.

104 **Unanwendbar** ist die Vorschrift im vereinfachten Verfahren über den Unterhalt Minderjähriger nach §§ 249 bis 260 FamFG, da das vereinfachte Verfahren Spezialregelungen hinsichtlich der Auskunftsverpflichtung des Unterhaltspflichtigen enthält (vgl. § 252 Abs. 2).[131]

Nicht umfasst werden von der Vorschrift Unterhaltssachen nach § 231 Abs. 2 FamFG.[132]

b) Art und Umfang der Auskunftspflicht

105 Nach § 235 Abs. 1 S. 1 FamFG **kann** das Gericht anordnen, dass der Antragsteller und der Antragsgegner Auskunft über ihre **Einkünfte**, ihr **Vermögen** und ihre **persönlichen und wirtschaftlichen Verhältnisse** erteilen sowie bestimmte **Belege vorlegen**, soweit dies für die Bemessung des Unterhalts von **Bedeutung** ist. § 235 Abs. 1 S. 1 FamFG entspricht inhaltlich im Wesentlichen dem bisherigen § 643 Abs. 1 ZPO.

Die Einholung von Auskünften nach § 235 Abs. 1 S. 1 FamFG liegt im **pflichtgemäßen Ermessen** des Gerichts („das Gericht kann anordnen"). In Ausübung seines Ermessens wird das Gericht jedoch immer dann Erteilung einer Auskunft und auch die Vorlage von Belegen verlangen, wenn eine Verfahrensverzögerung zu befürchten ist oder die Beteiligten ihre Verfahrensförderungspflicht verletzen.[133]

106 Die Auskunftsregelung nach § 235 Abs. 1 FamFG ist rein **verfahrensrechtlicher Natur** und leitet sich aus dem Rechtsverhältnis der Beteiligten zum Gericht ab.[134] Dennoch orientiert sich § 235 Abs. 1 FamFG an den **materiell-rechtlichen Auskunftspflichten**, insbesondere dem Wortlaut des § 1605 Abs. 1 BGB. **Darüber hinaus** erstreckt sich die Auskunftsverpflichtung auf die persönlichen und wirtschaftlichen Verhältnisse.

Gefordert wird eine **schriftlich verkörperte, systematische Zusammenstellung** aller maßgeblichen Umstände, die ohne fremde Erläuterung von einem verständigen Empfänger verstanden und nachvollzogen werden kann. Die Auskunft muss konkret und nachvollziehbar sein und alle Angaben enthalten, auf deren Grundlage eine verlässliche Feststellung des jeweiligen Unterhaltsanspruchs dem Grunde und der Höhe nach möglich ist.

131 Zöller/*Lorenz*, § 235 Rn 1.
132 *Viefhues*, FuR 2013, 20.
133 Musielak/*Borth*, FamFG § 235 Rn 2.
134 Musielak/*Borth*, FamFG § 235 Rn 3.

107 Verdeutlicht wird, dass Auskunft und Belegvorlage nur angeordnet werden darf, soweit dies **für die Bemessung des Unterhalts von Bedeutung** ist. Das ist beispielsweise nicht der Fall, wenn die Auskunftserteilung den Unterhaltsanspruch evident unter keinem Gesichtspunkt beeinflussen kann.[135] Ordnet das Gericht die Vorlage entsprechender Belege an, sind diese konkret zu bezeichnen. Dabei dürfen nur **vorhandene Belege** angefordert werden; eine Pflicht zur Erstellung von Belegen beinhaltet § 235 Abs. 1 S. 1 FamFG nicht.[136]

c) Persönliche Versicherung der Richtigkeit

108 Nach § 235 Abs. 1 S. 2 FamFG kann das Gericht anordnen, dass die Verfahrensbeteiligten schriftlich versichern, dass die Auskunft wahrheitsgemäß und vollständig erteilt wurde. Die Versicherung muss durch die Beteiligten **persönlich** abgegeben werden. Sie können sich hierzu nicht eines Vertreters – auch nicht eines Verfahrensbevollmächtigten – bedienen.[137]

Der Gesetzgeber hat mit der Einführung der verfahrensrechtlichen Auskunftspflichten angestrebt, die zeitintensiven Stufenklagen in Unterhaltssachen möglichst weitgehend entbehrlich zu machen. Daher wird dem Gericht ein Instrumentarium an die Hand gegeben, das – wenigstens zum Teil – die Funktion der zweiten Stufe (**eidesstattliche Versicherung**) einer Stufenklage erfüllt. Da diese zweite Stufe in Unterhaltssachen oftmals nicht beschritten wird, erscheint es dem Gesetzgeber als ausreichend, dass das Gericht zunächst eine schriftliche Versicherung verlangen kann. Diese muss jedoch – wie die eidesstattliche Versicherung auch – vom Verpflichteten selbst und nicht von einem Vertreter abgegeben werden.[138]

109 Die **schriftliche Versicherung** nach § 235 Abs. 1 S. 2 FamFG ist der eidesstattlichen Versicherung **nicht ebenbürtig**, insbesondere ist sie nicht strafbewehrt. Letztlich stellt sie sich als eine Art Zwitter zwischen Vervollständigung der Auskunft und Versicherung an Eides statt dar.[139] Falsche Angaben zu den verlangten Auskünften könnten den Tatbestand des versuchten Prozessbetruges erfüllen.[140]

d) Fristsetzung und Hinweispflicht

110 Nach § 235 Abs. 1 S. 3 FamFG soll das Gericht mit einer Anordnung nach S. 1 oder S. 2 eine **angemessene Frist** setzen. Die Fristsetzung ist insbesondere für die Rechtsfolgen des § 236 FamFG für den Fall der Nichterfüllung der Auflagen von Bedeutung. Von der Fristsetzung kann im **Ausnahmefall** abgesehen werden, etwa wenn feststeht, dass der Beteiligte, an den sich die Auflage richtet, bestimmte Informationen oder Belege ohne eigenes Verschulden nicht kurzfristig erlangen kann.[141]

Nach § 235 Abs. 1 S. 4 FamFG muss das Gericht gleichzeitig auf die Verpflichtungen nach Abs. 3 und auf die nach §§ 236, 243 S. 2 Nr. 3 FamFG möglichen Folgen hinweisen.

Der Gesetzgeber hat die Hinweispflicht wegen der geänderten Struktur der Vorschriften über die Auskunftspflicht gegenüber der früheren Regelung des § 643 Abs. 2 S. 2 ZPO erweitert.[142]

e) Anordnungspflicht des Gerichts, § 235 Abs. 2 FamFG

111 Nach § 235 Abs. 2 FamFG **muss** das Gericht nach Abs. 1 vorgehen, wenn ein Beteiligter dies beantragt **und** der andere Beteiligte vor Beginn des Verfahrens einer nach den Vorschriften des bürgerlichen Rechts bestehenden Auskunftspflicht entgegen einer Aufforderung innerhalb angemessener Frist nicht nachgekommen ist.

Für diese Regelung war das Bestreben maßgebend, die zeitaufwendigen Stufenklagen möglichst weitgehend entbehrlich zu machen. Hierzu muss ein aus der Sicht des Beteiligten, der zur Berechnung des Un-

135 OLG Rostock FamRZ 2009, 2014.
136 Schulte-Bunert/*Klein*, FamFG § 235.
137 BT-Drucks 16/6308, S. 255.
138 BT-Drucks 16/6308, S. 255.
139 Vgl. dazu *Hütter/Kodal*, FamRZ 2009, 920.
140 Thomas/Putzo/*Hüßtege*, § 235 Rn 8.
141 BT-Drucks 16/6308, S. 256.
142 BT-Drucks 16/6308, S. 256.

terhalts Informationen von der Gegenseite benötigt, effektiver Mechanismus vorgehalten werden.[143] Angesichts der oftmals **existenziellen** Bedeutung von Unterhaltsleistungen für den Berechtigten und angesichts dessen, dass ungenügende Unterhaltszahlungen zu einem erhöhten Bedarf an öffentlichen Leistungen führen könnten, besteht über das private Interesse des Unterhaltsgläubigers hinaus auch ein **öffentliches Interesse** an einer sachlich richtigen Entscheidung in Unterhaltsangelegenheiten.[144]

Inhaltliche Voraussetzungen für eine Verpflichtung des Gerichts sind, dass ein Beteiligter einen entspre- **112**
chenden Antrag stellt und der andere Beteiligte vor Beginn des Verfahrens einer nach den Vorschriften des bürgerlichen Rechts bestehenden Auskunftspflicht entgegen einer Aufforderung innerhalb angemessener Frist nicht nachgekommen ist. Auf diese Weise wird für den Auskunftsberechtigten ein zusätzlicher Anreiz geschaffen, um die benötigten Informationen von der Gegenseite zunächst außergerichtlich zu erhalten.[145]

Voraussetzung der Zulässigkeit eines Antrags gem. § 235 Abs. 2 FamFG ist, dass ein rechtlich geschütz- **113**
tes Interesse an der begehrten Verfahrenshandlung besteht.

Hat sich der Antragsteller für das Stufenantragsverfahren entschieden und bereits einen vollstreckbaren Titel zur Auskunftsstufe erlangt, so besteht für ein Vorgehen gem. § 235 Abs. 2 FamFG kein Rechtsschutzbedürfnis. Dies gilt erst recht, wenn der Antragsgegner seine Auskunftspflicht anerkannt oder sich durch vollstreckbaren Vergleich zur Auskunft verpflichtet hat.[146]

Der Verfahrensantrag nach § 235 Abs. 2 FamFG unterliegt dem **Anwaltszwang** nach § 114 Abs. 1 FamFG.[147]

Hinweis **114**

Um das Gericht zu einer Entscheidung nach § 235 Abs. 2 FamFG zu „zwingen", ist eine sorgfältige Vorbereitung für den unterhaltsbegehrenden Antragsteller vor Einleitung des Verfahrens notwendig. Der Unterhaltsschuldner muss entsprechend den zivilrechtlichen Vorschriften (§§ 1605, 1580, 1615l Abs. 3, 1361 Abs. 4 S. 4, 1360a Abs. 3 BGB) aufgefordert werden, in angemessener Frist Auskunft über sein Einkommen zu erteilen und bestimmte Belege vorzulegen. Während bei einem Nicht-Selbstständigen eine Frist von etwa drei bis vier Wochen angemessen ist, billigt die Rechtsprechung bei Selbstständigen Fristen zur Auskunftserteilung bis zu sechs Monaten zu.[148]

f) Pflicht zur Mitteilung von Änderungen während des Verfahrens

Nach § 235 Abs. 3 FamFG sind Antragsteller und Antragsgegner verpflichtet, dem Gericht ohne Auffor- **115**
derung mitzuteilen, wenn sich während des Verfahrens Umstände, die Gegenstand der Anordnung nach Abs. 1 waren, wesentlich verändert haben.

Eine ausdrückliche Verpflichtung zu unaufgeforderten Informationen enthielt das Gesetz bislang nicht. Durch die inhaltliche Anknüpfung an den Gegenstand einer gegenüber dem Beteiligten bereits ergangenen Auflage wird der Umfang der Verpflichtung begrenzt, weshalb gegen die Zumutbarkeit keine Bedenken bestehen dürften.[149] Eine Verpflichtung zur unaufgeforderten Information dient der Beschleunigung des Verfahrens.[150]

143 BT-Drucks 16/6308, S. 256.
144 BT-Drucks 16/6308, S. 256.
145 BT-Drucks 16/6308, S. 256.
146 AG Ludwigshafen FamRZ 2015, 279.
147 *Viefhues*, FuR 2013, 23.
148 OLG Bamberg FamRZ 1989, 423.
149 BT-Drucks 16/6308, S. 256.
150 BT-Drucks 16/6308, S. 256.

g) Rechtsmittel gegen Anordnungen

116 § 235 Abs. 4 FamFG erklärt die Entscheidungen des Gerichts nach dieser Vorschrift für **nicht** selbstständig anfechtbar. Dies entspricht der früheren Rechtslage zu § 643 ZPO a.F. Dass die Entscheidung nicht selbstständig anfechtbar ist, ergibt sich bereits aus ihrem Charakter als **Zwischenentscheidung**; es wird gleichwohl zur Klarstellung im Gesetz noch einmal ausdrücklich bestimmt.

Verstößt jedoch das Gericht gegen seine Verpflichtung, über einen Antrag nach § 235 Abs. 2 FamFG zu entscheiden, stellt dies einen **schwerwiegenden Verfahrensfehler** dar, der auf Beschwerde gegen die in der Hauptsache ergangene Endentscheidung die Aufhebung derselben rechtfertigt.[151]

2. Die verfahrensrechtliche Auskunftspflicht Dritter, § 236 FamFG

117 Nach § 236 Abs. 1 FamFG kann das Gericht für den Fall, dass ein Beteiligter die nach § 235 Abs. 1 FamFG bestehende Verpflichtung zur Auskunft und Belegvorlage innerhalb der hierfür gesetzten Frist nicht oder nicht vollständig erfüllt, bestimmte Auskünfte und Belege bei **Dritten** anzufordern.

Voraussetzung für das Tätigwerden des Gerichts ist nicht nur der Ablauf der gesetzten Frist, sondern auch der mit der Fristsetzung erfolgte Hinweis nach § 235 Abs. 1 S. 4 FamFG. Die Anordnungen des Gerichts dürfen nach dem Gesetzeswortlaut nur in dem Umfang erfolgen, als dies für die Bemessung des Unterhalts von Bedeutung ist.

118 Die Formulierung des einleitenden Satzteils ist teilweise an § 235 Abs. 1 S. 1 FamFG angeglichen. Eine Abweichung ergibt sich insoweit, als das Vermögen und die persönlichen und wirtschaftlichen Verhältnisse nicht vom Auskunftsrecht des Gerichts gegenüber Dritten umfasst sind. Auf diese Weise soll, auch vor dem Hintergrund des Antragsrechts nach § 235 Abs. 2 FamFG, eine **Ausforschung verhindert** und der **Umfang der Inanspruchnahme** der an dem Verfahren nicht beteiligten Dritten **begrenzt** werden.[152]

Der Bestand des Vermögens zu einem bestimmten Stichtag spielt für die Berechnung des Unterhalts nur eine untergeordnete Rolle. Erträge des Vermögens, wie etwa Zinsen, sind vom Begriff der Einkünfte umfasst.[153]

a) Die beteiligten Dritten

119 Die Aufzählung der zur Auskunft verpflichteten Dritten ist **abschließend**. Verpflichtet zur Auskunftserteilung und Belegvorlage sind demnach:

- Arbeitgeber einschließlich der öffentlich-rechtlichen Dienstherren;
- Sozialleistungsträger, § 12 SGB I;
- (ausdrücklich ist hier auch die Künstlersozialkasse nach §§ 37 ff. KSVG aufgeführt, um Streitigkeiten über deren Einbeziehung zu vermeiden und das Auskunftsersuchen nicht am Sozialdatenschutz nach § 35 Abs. 1 S. 4 SBG I scheitern zu lassen[154]);
- sonstige Personen oder Stellen, die Leistungen zur Versorgung im Alter und bei verminderter Erwerbsfähigkeit sowie Leistungen zur Entschädigung und zum Nachteilsausgleich zahlen; (es werden hier umfasst die im § 69 Abs. 2 Nr. 1 u. Nr. 2 SGB XII genannten Einrichtungen sowie die berufsständischen oder privaten Träger der Alters- und Erwerbsminderungsversorgung – z.B. Versorgungseinrichtungen der Selbstständigen wie Ärzte, Architekten, Rechtsanwälte, Steuerberater u.a. – sowie Träger der betrieblichen Altersversorgung und auch die Träger privater Rentenversicherungsleistungen aus einer Lebensversicherung);
- privatrechtlich organisierte Versicherungsunternehmen, soweit von diesen Zahlungen in Form einer Kapitalleistung aus einer Lebensversicherung erbracht werden, die dem Unterhalt dienen;
- Finanzämter.

151 Eschenbruch/*Roßmann*, Kap. 3 Rn 418.
152 BT-Drucks 16/6308, S. 256.
153 BT-Drucks 16/6308, S. 256.
154 Eschenbruch/*Roßmann*, Kap. 3 Rn 425.

Die nach früherer Rechtslage bestehende **Beschränkung der Auskunftspflicht der Finanzämter** auf Rechtsstreitigkeiten, die den Unterhaltsanspruch eines minderjährigen Kindes betreffen, wurde **nicht aufrechterhalten**. Der Steuerpflichtige ist nämlich in der Regel aufgrund materiellen Rechts zur Auskunftserteilung über seine Einkünfte gegenüber dem Gegner verpflichtet. Wird die Auskunft nicht erteilt, verhält er sich pflichtwidrig und ist daher in geringerem Maße schutzwürdig.[155] 120

Auch das öffentliche Interesse daran, dass der Steuerpflichtige gegenüber den Finanzbehörden alle für die Besteuerung erheblichen Umstände wahrheitsgemäß und umfassend offenbart, damit keine Steuerausfälle eintreten, wird nicht stärker beeinträchtigt als bisher, da der Pflichtige bereits derzeit damit rechnen muss, dass das Finanzamt Auskünfte erteilt.[156]

Dabei ist besonders zu berücksichtigen, dass Unterhaltsansprüche der Mutter oftmals mit denen minderjähriger Kinder im selben Verfahren geltend gemacht werden. Zudem werden Unterhaltsansprüche des Kindes in einer Vielzahl von Fällen durch die Mutter in Vertretung des Kindes oder in Verfahrensstandschaft für dieses geltend gemacht. Die Mutter erhält somit auch nach geltendem Recht vom Ergebnis einer Anfrage an das Finanzamt regelmäßig Kenntnis. Eine **Begrenzung der Auskunftsbefugnisse** des Gerichts auf Verfahren über Ansprüche bestimmter Unterhaltsgläubiger ist daher **nicht sachgerecht**.[157] **Dritte** im Sinne der Regelung sind **nicht Banken** und auch **nicht der Ehegatte**.[158] 121

Das Gericht ist zur Erholung der Auskünfte nicht verpflichtet und hat nach billigem Ermessen zu handeln. Auf die Ausführungen zu § 235 FamFG wird verwiesen.

b) Verpflichtung des Gerichts zur Auskunftsanforderung, § 236 Abs. 2 FamFG

Nach § 236 Abs. 2 FamFG **muss** das Gericht die von Abs. 1 umfassten Auskünfte und die Vorlage von Belegen verlangen, wenn im Übrigen die Voraussetzungen des Abs. 1 vorliegen. Der Beteiligte muss lediglich einen entsprechenden **Antrag** stellen. Es handelt sich hierbei um eine Parallelregelung zu § 235 Abs. 2 FamFG.[159] Auf die diesbezüglichen Erläuterungen wird verwiesen. Zu bemerken ist jedoch, dass der Antrag von dem Beteiligten auch mit der **zwingenden** Folge für das Gericht gestellt werden kann, wenn das Gericht lediglich nach § 235 Abs. 1 FamFG vorgegangen ist und von sich aus die Auskünfte und die Vorlage von Belegen angefordert hat. Die Voraussetzungen des § 235 Abs. 2 FamFG, also die erfolglose Aufforderung zur außergerichtlichen Auskunft mit Fristsetzung, müssen nicht vorliegen. 122

Der Antrag nach § 236 Abs. 2 FamFG ist ein Verfahrensantrag. Er unterliegt dem **Anwaltszwang**. Er muss konkret gestellt werden, d.h. den auskunftspflichtigen Dritten ebenso bezeichnen wie den Umfang der verlangten Auskünfte und Belege. Das Gericht ist an den Antrag gebunden und kann von diesem nicht abweichen. Soweit das Gericht jedoch einen anderen auskunftspflichtigen Dritten mit einbeziehen oder einen anderen Auskunftsgegenstand heranziehen will, kann es in Anwendung des § 236 Abs. 1 FamFG handeln und von Amts wegen abweichende Anordnungen treffen.[160] 123

c) Hinweis- und Mitteilungspflicht des Gerichts

Nach § 236 Abs. 3 FamFG ist eine Anordnung nach Abs. 1 den Beteiligten mitzuteilen. Die Vorschrift dient der **Information** der Beteiligten. Auch ein vergleichbarer Beweisbeschluss würde den Beteiligten übermittelt. Nach der Intention des Gesetzgebers soll die Einholung von Auskünften und Belegen bei Dritten nicht ohne gleichzeitige Kenntniserlangung der Beteiligten erfolgen.[161] 124

155 BT-Drucks 16/6308, S. 256.
156 BT-Drucks 16/6308, S. 256.
157 BT-Drucks 16/6308, S. 256.
158 BGH FamRZ 2011, 21.
159 BT-Drucks 16/6308, S. 256.
160 *Viefhues*, FuR 2013, 26.
161 BT-Drucks 16/6308, S. 256.

Die Anordnung ist dem Adressaten zuzustellen, wenn eine Frist gesetzt wurde, § 113 Abs. 1 S. 1 FamFG i.V.m. § 329 Abs. 2 S. 2 ZPO.[162]

d) Auskunftspflicht der „Dritten" gemäß § 236 Abs. 4 FamFG

125 § 236 Abs. 4 S. 1 FamFG entspricht dem früheren § 243 Abs. 3 S. 1 ZPO. Danach sind die in Abs. 1 bezeichneten Personen und Stellen verpflichtet, der gerichtlichen Anordnung Folge zu leisten. § 236 Abs. 4 S. 2 FamFG stellt ausdrücklich klar, dass Aussage- bzw. Zeugnisverweigerungsrechte einer Auskunftserteilung nicht entgegengehalten werden können.

Kommt der auskunftspflichtige Dritte der gerichtlichen Anordnung nicht oder nicht vollständig nach, kommt auch die Verhängung eines **Ordnungsgeldes** oder **Erzwingungshaft** nach § 390 ZPO in Betracht. Im Hinblick auf die bei der Mitwirkung anderer staatlicher Stellen zu beachtende Zuständigkeitsordnung sollen jedoch die in § 390 ZPO genannten Folgen nicht zur Anwendung kommen, falls es sich bei dem Adressaten um eine Behörde handelt.[163] In diesem Fall muss das Gericht gegebenenfalls mit Hilfe der Fach- und Dienstaufsicht die Befolgung seiner Anordnungen sicherstellen.[164]

e) Rechtsmittel

126 § 236 Abs. 5 FamFG entspricht § 235 Abs. 5 FamFG. Die Anordnungen des Gerichts sind für die Beteiligten **nicht** selbstständig **anfechtbar**. Nicht am Verfahren beteiligte Dritte können, soweit sie beschwert sind, gegen Anordnungen nach § 236 FamFG vorgehen, da sie nicht die Möglichkeit haben, die Rechtmäßigkeit einer Anordnung nach Abs. 1 inzident im Rechtsmittelzug überprüfen zu lassen. Für sie besteht durch **analoge** Anwendung des § 390 Abs. 3 ZPO die Möglichkeit der Einlegung der sofortigen Beschwerde nach §§ 567 ff. ZPO.[165]

3. Bedeutung und Möglichkeiten der verfahrensrechtlichen Auskunftspflichten

127 Die Vorschriften der §§ 235 u. 236 FamFG werden in ihrer Bedeutung von den Gerichten und der Anwaltschaft offensichtlich verkannt und sehr zurückhaltend angewandt. Obwohl die Vorschriften bereits seit einigen Jahren bestehen, kann – veröffentlichte – Rechtsprechung hierzu kaum gefunden werden. Im Hinblick auf die erfolgten Ausführungen geben diese Vorschriften jedoch sowohl den Gerichten als auch den verfahrensführenden Beteiligten die Möglichkeit, **aktiv** den Fortgang des Verfahrens zu fördern. Dabei kann der Anspruchsteller unter bestimmten Voraussetzungen das Gericht „zwingen", die Auskünfte und die Vorlage von Belegen zu verlangen. Somit wird diese Aufgabe des Anspruchsberechtigten dem Gericht übertragen.

128 Der Unterhaltsberechtigte hat die **Wahl**, entweder auf der Grundlage des § 1605 BGB – **isoliert** oder im Rahmen des **Stufenantrages** – die Auskunft und Belegvorlage durchzusetzen oder einen **bezifferten Unterhaltsantrag** zu stellen.

129 Dabei kann der Anspruchsteller seinen bezifferten Unterhaltsantragmit einem Antrag nach § 235 Abs. 2 FamFG verbinden und das Gericht dazu anhalten, die außergerichtlich nicht oder nur unvollständig erteilte Auskunft beim Antragsgegner einzufordern.

Diese Verfahrensweise ist vorzugswürdig, wenn die Höhe der Unterhaltsforderung aufgrund bereits vorliegender Informationen überschlägig beziffert werden kann. Im Hinblick auf die Kostenbelastung besteht für den Anspruchsteller kein Risiko, wenn der Leistungsantrag teilweise abgewiesen wird. Nach § 243 FamFG nämlich entscheidet das Gericht in Unterhaltssachen nach **billigem Ermessen** über die Verteilung der Kosten, wobei insbesondere zu berücksichtigen ist,

162 *Viefhues*, FuR 2013, 26.
163 BT-Drucks 16/6308, S. 257.
164 Musielak/*Borth*, FamFG § 236 Rn 9.
165 Wendl/*Schmitz*, § 10 Rn 73.

- der Umstand, dass ein Beteiligter vor Beginn des Verfahrens einer Aufforderung des Gegners zur Erteilung der Auskunft und Vorlage von Belegen über das Einkommen nicht oder nicht vollständig nachgekommen ist, es sei denn, dass eine Verpflichtung hierzu nicht bestand, § 243 S. 2 Nr. 2 FamFG;
- der Umstand, dass ein Beteiligter einer Aufforderung des Gerichts nach § 235 Abs. 1 innerhalb der gesetzten Frist nicht oder nicht vollständig nachgekommen ist, § 243 S. 2 Nr. 3 FamFG.

▼ 130

Muster 8.3: Bezifferter Unterhaltsantrag 8.3

1. Der Antragsgegner wird verpflichtet, an die Antragstellerin ab ... einen monatlichen, jeweils monatlich im Voraus zur Zahlung fälligen Ehegattenunterhalt in Höhe von ... zu zahlen.
2. Der Antragsgegner wird verpflichtet, auf gerichtliche Anordnung nach § 235 FamFG binnen einer vom Gericht zu setzenden Frist Auskunft über seine Einkünfte, sein Vermögen und seine persönlichen und wirtschaftlichen Verhältnisse in einem vom Gericht zu bestimmenden Umfang zu erteilen, bestimmte Belege hierzu vorzulegen und schriftlich zu versichern, dass die Auskunft wahrheitsgemäß und vollständig ist.

▲

VII. Der gerichtliche Antrag auf Unterhaltsleistungen

Dr. Franz-Thomas Roßmann

1. Die Rechtshängigkeit des Unterhaltsanspruchs

Hat der Unterhaltsschuldner außergerichtlich ordnungsgemäß Auskunft über seine Einkünfte erteilt, dann aber die berechnete Unterhaltsschuld nicht akzeptiert, so muss der Anspruch gerichtlich durchgesetzt werden, wird schon die Auskunft nicht erteilt, ist ein sog. Unterhaltsstufenantrag erforderlich (siehe oben Rdn 79 ff.). Dies erfolgt regelmäßig durch einen entsprechenden Unterhaltsantrag beim zuständigen Familiengericht. Es handelt sich dabei um eine Familienstreitsache, die nach den Verfahrensvorschriften der ZPO abgewickelt wird (§§ 112 Nr. 1, 113 Abs. 1 FamFG), sofern sich aus den §§ 231–260 FamFG nichts Abweichendes ergibt. Insbesondere die Verfahrensvorschrift des § 258 ZPO (Titulierung wiederkehrender Leistungen) ist in Unterhaltssachen bedeutsam. 131

Die Einreichung der Antragsschrift bei Gericht hat die Anhängigkeit des Unterhaltsverfahrens zur Folge; die Zustellung führt zur Rechtshängigkeit. Der Antragsteller begehrt mittels der Antragsschrift Rechtsschutz durch Erlass eines Beschlusses (§ 38 FamFG). Die Antragserhebung begründet ein Verfahrensrechtsverhältnis und fixiert den Streitgegenstand.

2. Wiederkehrende Leistungen, § 258 ZPO

Der gerichtliche Unterhaltsantrag richtet sich auf Erlass eines Titels i.S.v. § 258 ZPO, der wiederkehrende Leistungen, nämlich Unterhalt, zum Gegenstand hat.[166] Unterhaltsanträge werden regelmäßig wie folgt formuliert: 132

166 Vgl. dazu auch *Graba*, NZFam 2020, 429.

▼

Muster 8.4: Unterhaltsantrag

Der Antragsgegner wird verpflichtet, an die Antragstellerin ab dem 1. 20 , jeweils monatlich im Voraus, spätestens bis zum dritten Werktag des jeweiligen Monats einen Unterhalt in Höhe von EUR zu zahlen.

▲

133 Die Vorschrift des § 258 ZPO ist für Unterhaltsverfahren von zentraler Bedeutung. § 258 ZPO stärkt den Rechtsschutz, d.h. wer Anspruch auf wiederkehrende Leistungen hat, soll mit einem Unterhaltsverfahren nicht erst bis zur Fälligkeit warten müssen. Er kann unverzüglich einen Antrag auf künftige Leistung stellen und so eine rasche Zwangsvollstreckung vorbereiten. Zudem ist es prozessökonomisch, dass wiederholte Unterhaltsverfahren vermieden werden, solange die Verhältnisse unverändert bleiben.[167] Wiederkehrend im Sinne der Vorschrift sind Ansprüche, die sich als einheitliche Folgen aus einem Rechtsverhältnis ergeben, so dass die einzelne Leistung in ihrer Entstehung nur noch vom Zeitablauf abhängig ist. So verhält es sich unter anderem mit nach Zeitabschnitten fällig werdenden Unterhaltsansprüchen, vgl. §§ 1361 Abs. 4, 1612 BGB.[168]

3. Rechtsschutzbedürfnis für einen Unterhaltsantrag

134 Das Rechtsschutzinteresse für die Einleitung eines Unterhaltsverfahrens ist gegeben, wenn der Unterhaltsschuldner einer Unterhaltspflicht trotz ausreichender Aufforderung nicht nachkommt.

4. Verfahrensbesonderheiten beim Kindesunterhalt

135 Kindesunterhaltssachen sind von einigen Besonderheiten geprägt. Bereits behandelt wurde das Zuständigkeitsprivileg nach § 232 Abs. 1 Nr. 2 FamFG. Der Unterhaltsanspruch eines minderjährigen Kindes bzw. eines nach § 1603 Abs. 2 S. 2 BGB gleichgestellten Kindes gegenüber den Eltern wird ausschließlich bei dem Gericht eingefordert, bei dem das Kind seinen allgemeinen Gerichtsstand hat.

> *Hinweis*
>
> Minderjährige Kinder, die nur den Zahlbetrag der ersten Stufe der Düsseldorfer Tabelle (Mindestunterhalt abzüglich anteiligen Kindergeldes) geltend machen, sind von der Darlegungs- und Beweislast entbunden. Dies betrifft sowohl ihren Bedarf als auch die Leistungsfähigkeit des Unterhaltsschuldners.[169] Der Verpflichtete muss umgekehrt den Nachweis führen, dass er den Zahlbetrag nicht erwirtschaften kann.

Ist Kindesunterhalt bereits tituliert, sind für eine spätere Abänderung die §§ 238, 239 FamFG maßgeblich. Erforderlich ist in allen Verfahren eine ordnungsgemäße Vertretung minderjähriger Kinder.

a) Vertretung des Kindes, Verfahrensstandschaft

aa) Alleinsorge eines Elternteils

136 Übt ein Elternteil die elterliche Sorge allein aus oder ist ihm die Entscheidung nach § 1628 BGB übertragen, vertritt dieser Elternteil das Kind allein (§ 1629 Abs. 1 S. 3 BGB).

167 OLG Hamburg FamRZ 2014, 56 = FuR 2013, 722 mit Praxishinweis von *Viefhues*.
168 BGH NJW 2007, 294 ff.
169 BGH FamRZ 2019, 112, 114.

bb) Gemeinsame elterliche Sorge (§ 1629 BGB)

Häufig sind die Eltern getrenntlebende Eheleute, die gemeinsam die elterliche Sorge für das Kind haben. **137**
Der Elternteil, in dessen **Obhut** sich das Kind befindet, übernimmt die Vertretung des Kindes gem. § 1629 Abs. 2 S. 2 BGB bei Geltendmachung des Unterhaltsanspruchs gegen den anderen Elternteil.[170] Insoweit ergibt sich – allerdings nur für Unterhaltsfragen – ein Alleinvertretungsrecht. Ansonsten bleibt es bei gemeinsamer Vertretung durch beide Elternteile.

Obhut bedeutet dabei die tatsächliche Fürsorge für das Kind, also die Befriedigung der elementaren Bedürfnisse des Kindes durch Pflege, Verköstigung, Gestaltung des Tagesablaufs, Erreichbarkeit bei Problemen und emotionale Zuwendung.[171] Unklar bleibt weiterhin die Rechtslage, wenn sich das Kind abwechselnd und in gleichem Umfang in der Obhut des einen und dann des anderen Elternteils befindet.[172]

cc) Vertretung im Unterhaltsverfahren beim Wechselmodell

Der BGH[173] geht nach neuer Rechtsprechung davon aus, dass durch gerichtliche Umgangsregelung auch **138**
gegen den Willen des anderen Elternteils ein Wechselmodell angeordnet werden kann.[174] Entscheidender Maßstab ist das im konkreten Einzelfall festzustellende Kindeswohl. Allerdings ergeben sich beim Wechselmodell vielfältige Probleme, wenn Unterhalt für die betroffenen Kinder geklärt werden muss.

Die Geltendmachung von Unterhaltsansprüchen setzt jedenfalls nicht voraus, dass ein Elternteil die alleinige Obhut über die Kinder hat. Vielmehr reicht aus, dass der Schwerpunkt der tatsächlichen Betreuung von dem unterhaltsbegehrenden Elternteil wahrgenommen wird. In Grenzfällen genügt auch ein nur geringer Betreuungsvorsprung eines Elternteils.[175]

Nach Auffassung der Rechtsprechung liegt daher bei einem Betreuungsanteil der Mutter von 55 % kein Wechselmodell vor.[176]

Liegt hingegen die Betreuungszeit der Eltern jeweils bei ca. 50 % (sog. **echtes Wechselmodell**), ist eine gerichtliche Übertragung der Befugnis, Unterhalt gegen den anderen Elternteil geltend machen zu können, nach § 1628 BGB erforderlich.[177]

Das OLG Frankfurt begründet dies damit, dass über § 1628 BGB auch die Entscheidungsbefugnis über das „Ob" der Einleitung eines Unterhaltsverfahrens geklärt werden könne. Deshalb sei dieser verfahrensrechtliche Weg gegenüber der Einsetzung eines Ergänzungspflegers vorzugswürdig.

Nach anderer Auffassung wird ein Ergänzungspfleger nach § 1909 BGB für die Geltendmachung von Unterhalt benötigt.[178]

Das OLG Düsseldorf räumt dem Antragsteller beim Wechselmodell ein Wahlrecht zwischen der Bestellung eines Ergänzungspflegers und einem Antrag nach § 1628 BGB ein.[179] Ebenso sieht dies das OLG Brandenburg.[180]

OLG Zweibrücken[181] räumt ebenfalls ein Wahlrecht ein. **139**

170 Dabei spielt keine Rolle, woraus sich diese gemeinsame elterliche Sorge ergibt (aus § 1626 BGB bei ehelichen Kindern oder aus § 1626a BGB bei nichtehelichen Kindern).
171 Vgl. Grüneberg/*Götz*, § 1629 Rn 25.
172 Vgl. *Büttner*, FamRZ 1998, 593.
173 BGH FamRZ 2017, 532 = FuR 2017, 253.
174 Zur Anordnung eines Wechselmodells vgl. auch *Schwonberg*, FamRZ 2018, 1298.
175 BGH FamRZ 2007, 707 m. Anm. *Luthin*.
176 OLG Brandenburg FamRZ 2023, 1116.
177 OLG Brandenburg FuR 2020, 56; OLG Frankfurt FuR 2017, 217.
178 OLG Celle FamRZ 2019, 40; OLG Nürnberg NZFam 2017, 257; *Götz*, FF 2015, 146, 149; *Seiler*, FamRZ 2015, 1845, 1850.
179 OLG Düsseldorf, Beschl. v. 27.2.2019 – 6 UF 197/18 = FuR 2020, 246.
180 OLG Brandenburg FamRZ 2021, 34 (Leitsätze).
181 OLG Zweibrücken v. 15.3.2021 – 2 UF 28/21 = FuR 2021, 489 = FamRZ 2021, 1199.

1. Wird ein Kind im Rahmen eines paritätischen Wechselmodells betreut, kann ein Elternteil das Kind zur Geltendmachung von Barunterhaltsansprüchen nicht nach § 1629 Abs. 2 S. 2 BGB vertreten, sondern muss entweder die Übertragung der Entscheidungsbefugnis nach § 1628 BGB verlangen oder die Bestellung eines Ergänzungspflegers herbeiführen. Einschlägig ist hier das Recht zur Geltendmachung von Unterhaltsansprüchen als Teilbereich der Personensorge, nicht aber die Vermögenssorge.

2. Das Jugendamt kann sich gegen die Bestellung als Ergänzungspfleger nicht mit dem Argument zur Wehr setzen, die notwendigen Kenntnisse und Fähigkeiten zur Berechnung des Kindesunterhaltsanspruchs im Sonderfall des Wechselmodells seien bei ihm nicht vorhanden.

dd) Vertretung durch das Jugendamt, § 234 FamFG

140 § 234 FamFG regelt die Vertretung eines Kindes in Unterhaltssachen durch das Jugendamt. Auf schriftlichen Antrag eines Elternteils kann das Jugendamt Beistand des Kindes werden (§ 1712 BGB). Durch die (freiwillige) Beistandschaft wird die elterliche Sorge nicht eingeschränkt (vgl. § 1716 S. 1 BGB). Es kann daher sowohl der sorgeberechtigte Elternteil als auch das Jugendamt gesetzlicher Vertreter des Kindes im Unterhaltsverfahren sein. Um widerstreitende Erklärungen der gesetzlichen Vertreter im Unterhaltsverfahren zu vermeiden, ordnet § 234 FamFG (ebenso wie auch § 173 FamFG) an, dass die Vertretung durch das Jugendamt Vorrang haben soll und der sorgeberechtigte Elternteil die Fähigkeit, den Prozess als gesetzlicher Vertreter des Kindes zu führen, verliert. Der Gesetzgeber ist der Auffassung, dass die teilweise Einschränkung der gesetzlichen Vertretungsmacht des sorgeberechtigten Elternteils hinnehmbar ist, da dieser jederzeit die Beendigung der Beistandschaft verlangen kann (§ 1715 Abs. 1 S. 1 BGB), wenn sie von ihm nicht mehr gewollt ist.

Mit Volljährigkeit des Kindes ist die Beistandschaft des Jugendamtes beendet; das volljährige Kind ist nunmehr Beteiligter des Unterhaltsverfahrens. Durch die Beistandschaft wird das Jugendamt nicht zum Verfahrensbeteiligten.

b) Die Verfahrensführungsbefugnis

aa) Verfahrensstandschaft, § 1629 Abs. 3 S. 1 BGB

141 Aus dem Umstand, dass ein Elternteil das minderjährige Kind gesetzlich vertritt, ergibt sich noch nicht, ob der Kindesunterhalt nach Trennung der Eltern im Namen des Kindes oder im eigenen Namen des Elternteils geltend zu machen ist.

Der Gesetzgeber hat sich für die Dauer der Trennung bis zur Rechtskraft der Scheidung in § 1629 Abs. 3 S. 1 BGB für die Verfahrensstandschaft entschieden, weil er vor allem vermeiden wollte, dass das minderjährige Kind als Beteiligter am Scheidungsverfahren der Eltern beteiligt wird. Die Verfahrensstandschaft umfasst auch Passivverfahren gegen die Kinder. Dies spielt eine Rolle bei Verfahren nach § 238 bzw. § 239 FamFG.[182]

142 Der Anwendungsbereich des § 1629 Abs. 3 BGB betrifft nur verheiratete Eltern. Unverheiratete Eltern und geschiedene Eltern sind zur Verfahrensführung (in eigenem Namen) nicht befugt. In diesen Fällen muss das Kind als Beteiligter den Unterhaltsanspruch im eigenen Namen geltend machen, gesetzlich vertreten durch den allein sorgeberechtigten Elternteil (§ 1629 Abs. 1 S. 3 BGB) oder – bei gemeinsamer Sorge – von dem Elternteil, in dessen Obhut es sich befindet (§ 1629 Abs. 2 S. 2 BGB).

Der antragstellende Elternteil ist als Verfahrensstandschafter selbst Beteiligter. Deshalb kann beispielsweise der auf Kindesunterhalt in Anspruch genommene Elternteil seinen Zugewinnausgleichsanspruch gegen den betreffenden Elternteil im Wege eines Gegenverfahrens geltend machen.

182 OLG Brandenburg FamRZ 2000, 1377.

Nach früher überwiegend vertretener Auffassung konnte die Verfahrensstandschaft nach § 1629 Abs. 3 S. 1 BGB nicht (etwa um Verfahrenskosten zu sparen) dadurch umgangen werden, dass das Kind vom **Jugendamt** aufgrund einer Beistandschaft in der Unterhaltssache vertreten wird.

So war das OLG Oldenburg[183] der Meinung, dass die Regelung des § 1629 Abs. 3 S. 1 BGB nicht von §§ 1714, 1712 Abs. 1 Nr. 2 BGB verdrängt werde. Folglich konnte bei Getrenntleben gemeinsam sorgeberechtigter Eltern das Kind seinen Unterhaltsanspruch nicht im eigenen Namen, vertreten durch einen Beistand, geltend machen.

Nach anderer Auffassung[184] kann das minderjährige Kind seinen Anspruch auf Unterhalt gegen einen verheirateten, getrenntlebenden, gemeinsam sorgeberechtigten Elternteil auch im eigenen Namen – vertreten durch das Jugendamt – geltend machen.

Nach Auffassung des BGH[185] ist auch bei getrenntlebenden, verheirateten und gemeinsam sorgeberechtigten Eltern eine Vertretung des Kindes durch das Jugendamt als Beistand zur gerichtlichen Geltendmachung von Kindesunterhalt zulässig.

Der BGH argumentiert wie folgt:

> *„Dabei ist zu berücksichtigen, dass die Einrichtung einer Beistandschaft keine Kosten verursacht, weil die Vertretung durch das Jugendamt als Beistand kostenfrei ist (...). Nach dem Willen des Gesetzgebers soll kein Kind benachteiligt und sollen deshalb für alle Kinder einheitliche Bedingungen geschaffen werden. Eine Benachteiligung würde indes eintreten, wenn man – wie das Beschwerdegericht – die Vertretung des Kindes verheirateter Eltern durch einen Beistand in einem Kindesunterhaltsverfahren untersagte (...).*
> *Auch der mit § 1629 Abs. 3 S. 1 BGB verfolgte Zweck, wonach das Kind aus dem Streit der Eltern herausgehalten werden soll, gebietet keine Einschränkung der Beistandschaft. Vielmehr wird die Hinzuziehung eines Beistands als gesetzlicher Vertreter des Kindes regelmäßig dafür sorgen, dass sowohl der betreuende Elternteil als auch das Kind aus dem Unterhaltsverfahren herausgehalten werden, so dass hierdurch im Zweifel Konflikte eher vermieden werden (...).“*

Damit besteht nach aktueller Rechtsprechung mehr oder weniger ein Wahlrecht, d.h. der betreuende Elternteil kann während des Getrenntlebens zum einen die Kindesunterhaltsansprüche im eigenen Namen geltend machen oder aber die Beistandschaft des Jugendamtes nach §§ 1712 ff. BGB, 234 FamFG in Anspruch nehmen. Letzteres dürfte insbesondere unter Kostengesichtspunkten für den betreuenden Elternteil interessant sein.

bb) Obhutswechsel

Die Verfahrensstandschaft endet auch schon vor Rechtskraft der Scheidung, sobald das minderjährige 143
Kind in die Obhut des anderen Elternteils kommt oder wenn dem auf Kindesunterhalt in Anspruch genommenen Elternteil die alleinige Personensorge (nach vorheriger alleiniger Personensorge des anderen Elternteils oder nach vorheriger gemeinsamer Sorge) übertragen wird.

In beiden Fällen wird das zuvor vom anderen Elternteil erhobene Verfahren auf Kindesunterhalt unzulässig, und zwar insgesamt, nicht nur für den Unterhaltszeitraum ab Sorgerechtsentscheidung oder ab Übergang des Obhutsverhältnisses auf den anderen Elternteil.[186]

Aufwendungen für das Kind können aber nach Antragsänderung im gleichen Verfahren im Rahmen eines 144
familienrechtlichen Ausgleichsanspruchs gegen den anderen Elternteil weiterverfolgt werden.[187] Dies be-

183 OLG Oldenburg FamRZ 2014, 1652.
184 OLG Schleswig, Beschl. v. 11.7.2014 – 10 UF 87/14.
185 BGH FamRZ 2015, 130.
186 So OLG Hamburg NZFam 2019, 37; OLG Hamm FuR 2016, 536; OLG Brandenburg FamRZ 2016, 1462.
187 OLG Rostock FamRZ 2003, 933.

trifft freilich nur den rückständigen Unterhalt. Hinsichtlich des laufenden Unterhalts ist der Antrag zurückzunehmen bzw. für erledigt zu erklären. Letzteres empfiehlt sich aus Kostengründen und ist auch korrekt, soweit man unterstellt, dass das bisherige Verfahren zulässig und begründet war. Das Verfahren wird nämlich infolge des Obhutswechsels (= erledigendes Ereignis) unzulässig.[188]

Dies gilt entsprechend auch für **Unterhaltsverfahren des Kindes im eigenen Namen**; die Vertretungsmacht des bislang vertretenden Elternteils zur Abgabe der Erledigungserklärung wird aus einer Analogie zu §§ 168, 672 S. 2 BGB hergeleitet.[189] Um den familienrechtlichen Ausgleichsanspruch geltend machen zu können, ist – da das Kind bislang in eigenem Namen klagt – zuvor noch eine Parteiwechselerklärung erforderlich; die Befugnis dazu, kann ebenfalls aus einer Analogie zu §§ 168, 672 S. 2 BGB hergeleitet werden.

cc) Scheidung der Eltern

145 Wird während eines in Verfahrensstandschaft zulässigerweise begonnenen isolierten Unterhaltsverfahrens die Ehe rechtskräftig geschieden, so dauert die Verfahrensstandschaft des Elternteils in Analogie zu § 265 Abs. 2 S. 1 ZPO bis zum Verfahrensende fort, falls diesem die elterliche Sorge für das Kind übertragen worden ist.[190]

Das Gleiche gilt, wenn die vorherige gemeinsame elterliche Sorge nach der Rechtskraft der Scheidung fortbesteht und sich am Obhutsverhältnis nichts ändert.[191]

dd) Eintritt der Volljährigkeit

146 Die Verfahrensstandschaft endet aber in jedem Fall mit der **Volljährigkeit des Kindes**.

Das volljährige Kind hat ein Recht, nunmehr selbst als Beteiligter das Unterhaltsverfahren zu betreiben,[192] entweder durch Verfahrenserklärung oder – bei Eintritt der Volljährigkeit zwischen den Instanzen – durch Rechtsmitteleinlegung.[193]

147 Der BGH[194] geht davon aus, dass ein **gewillkürter Beteiligtenwechsel** stattfindet, der keiner Zustimmung der Gegenseite bedarf, weil er nur durch den Wegfall der Verfahrensführungsbefugnis bedingt ist und es zu keiner Veränderung des Streitstoffes kommt.

„Aus Sinn und Zweck der gesetzlichen Prozess- bzw. Verfahrensstandschaft nach § 1629 Abs. 3 BGB folgt vielmehr, dass es der freien Entscheidung des volljährig gewordenen Kindes überlassen bleiben muss, ob es sich am Verfahren beteiligt und dieses fortsetzt. Dass das Kind einerseits die Möglichkeit hat, dem Verfahren beizutreten, es andererseits hierzu aber auch nicht gezwungen werden darf, lässt sich nur durch einen gewillkürten Kläger- bzw. Antragstellerwechsel sicherstellen. …

148 Durch einen hier allein möglichen gewillkürten Beteiligtenwechsel wird demnach nicht nur der Verfahrensherrschaft des (ursprünglichen) Antragstellers Rechnung getragen, sondern vor allem auch dem Umstand, dass das Kind nicht ohne seinen Willen Beteiligter des Verfahrens werden darf und aus dem Streit der Eltern herausgehalten werden soll."

> *Praxistipp*
> Wenn das volljährig gewordene Kind also nicht in das Verfahren eintritt, kann der bisherige Verfahrensstandschafter, dessen Verfahren unzulässig geworden ist, die Hauptsache für erledigt erklären und/oder im Wege der Verfahrensänderung einen eigenen familienrechtlichen Ausgleichsanspruch geltend machen.[195]

188 OLG Rostock FamRZ 2012, 890.
189 Vgl. dazu *Norpoth*, FamRZ 2007, 514 ff.
190 BGH FamRZ 2000, 221.
191 OLG Hamm FamRZ 1998, 379.
192 BGH FamRZ 1990, 283, 284.
193 OLG Zweibrücken FamRZ 1989, 194.
194 BGH FamRZ 2013, 1378 ff.
195 Vgl. auch BGH FamRZ 1989, 850 m.w.N.

c) Vollstreckung des Unterhaltstitels

Ein Unterhaltstitel zwischen den Eltern (Beschluss oder Vergleich) wirkt auch für und gegen das Kind (§ 1629 Abs. 3 S. 2 BGB), und zwar auch, wenn die Eltern inzwischen geschieden sind und das Kind volljährig geworden ist. 149

Die Vollstreckung aus dem in Verfahrensstandschaft erstrittenen Titel erfolgt wie folgt:

Der Verfahrensstandschafter ist im eigenen Namen vollstreckungsbefugt bis zur Volljährigkeit des Kindes.[196] § 1629 BGB soll nämlich die Realisierung von Kindesunterhalt erleichtern und nicht durch Formalismus erschweren.

Es besteht im Wesentlichen auch Einigkeit dahingehend, dass der Verfahrensstandschafter nach Beendigung der Verfahrensstandschaft gem. § 1629 Abs. 3 BGB durch Rechtskraft der Scheidung noch berechtigt ist, eine Klauselerteilung auf sich zu beantragen, solange das Kind noch minderjährig ist. Dieses verbleibende Recht des gesetzlichen Vertreters schließt jedoch das Recht des Kindes, die Vollstreckung als materiell berechtigter Gläubiger selbst zu betreiben, nicht aus. Dazu bedarf es freilich einer Rechtsnachfolgeklausel entsprechend § 727 ZPO, da das Kind formell nicht als Gläubiger in dem Beschluss ausgewiesen ist.[197]

Nach Eintritt der Volljährigkeit ist die Titelumschreibung (§ 727 ZPO) auf das volljährige Kind nötig. Die Vollstreckungsbefugnis des Verfahrensstandschafters (Elternteil) entfällt, und zwar auch schon für die zuvor fällig gewordenen Unterhaltsansprüche.[198] 150

Nach einem Sorgerechtswechsel gilt Folgendes: Wird die elterliche Sorge, die bisher z.B. der Mutter zustand, auf den Vater übertragen (oder kommt es zumindest zu einem Obhutswechsel), ist die Mutter nicht mehr berechtigt, die Vollstreckung aus einem früheren Titel, zu betreiben, und zwar auch nicht wegen der bis zum Sorgerechts- bzw. Obhutswechsel aufgelaufenen Rückstände.[199]

Betreibt die Mutter dennoch die Zwangsvollstreckung, hat der Vater folgende rechtliche Möglichkeiten:

aa) KU-Titel im Namen eines Elternteils

Der Titelschuldner kann die Beendigung der gesetzlichen Verfahrensstandschaft mit einem Vollstreckungsabwehrantrag gem. §§ 120 Abs. 1 FamFG, 767 ZPO geltend machen.[200] Wird dem Sorgerechtsinhaber die elterliche Sorge entzogen oder liegt ein Obhutswechsel vor, so ist der bisherige Vollstreckungsgläubiger auch für Unterhaltsrückstände nicht mehr aktivlegitimiert. 151

Das OLG Thüringen stellt seine Auffassung wie folgt dar: 152

> *„Gegen die Zulässigkeit der gewählten Klageart bestehen keine Bedenken. .... Der Klageantrag geht dahin, die Zwangsvollstreckung aus dem angegriffenen Titel für unzulässig zu erklären. ... § 767 ZPO ist gem. § 120 Abs. 1 FamFG auf die Vollstreckung in Familienstreitsachen anwendbar (...). Der Wegfall der Prozessstandschaft stellt eine Einwendung i.S.d. § 767 Abs. 1 ZPO dar. Die Kindesmutter und Antragsgegnerin hat den der Vollstreckung zugrunde liegenden Titel in Prozesstandschaft gem. § 1629 Abs. 3 BGB erwirkt. Die Prozessführungsbefugnis der Kindesmutter ist während der Zwangsvollstreckung erloschen, nachdem ihr das Sorgerecht entzogen wurde (...). Der Titelschuldner kann die Beendigung der gesetzlichen Prozessstandschaft nur gemäß § 767 ZPO geltend machen, wenn die Zwangsvollstreckung betrieben wird, d.h. die Vollstreckungsgegenklage gegen den ursprünglichen Titelgläubiger (Prozessstandschafter) wird nicht als unzulässig angesehen, um den Titelschuldner nicht rechtlos zu stellen (...).“*

196 LG Kleve FamRZ 2007, 1663.
197 OLG Hamm FamRZ 2000, 1590.
198 OLG Naumburg FamRZ 2007, 1032; BGH FamRZ 1990, 283, 284.
199 OLG Koblenz, Beschl. v. 12.7.2004 – 7 WF 570/04, FamRZ 2005, 993.
200 OLG Thüringen, Beschl. v. 7.1.2013 – 1 WF 410/12, FamRZ 2014, 867 = FuR 2013, 665.

153 Ein bestehender Kindesunterhaltstitel basierend auf Verfahrensstandschaft ist daher – jedenfalls nach Aufforderung des nun sorgeberechtigten oder die Obhut ausübenden Elternteils – unbedingt herauszugeben. Verweigert der bislang obhutsberechtigte Elternteil trotz Fristsetzung die Herausgabe des Titels, so ist ein Vollstreckungsabwehrverfahren nach § 767 ZPO geboten und erfolgreich.

bb) KU-Titel im Namen des Kindes vertreten durch einen Elternteil

154 Wurde das Kind im Unterhaltsverfahren vom früher obhutsberechtigten Elternteil lediglich nach § 1629 Abs. 2 Satz 2 BGB vertreten, so kann der titelverpflichtete Elternteil ein Vollstreckungsabwehrverfahren nach § 767 ZPO weder gegen das Kind noch gegen den anderen Elternteil erfolgreich betreiben.

Ein Vollstreckungsabwehrverfahren nach § 767 ZPO gegen die Mutter hat (nach der angenommenen Sorgerechts- oder Obhutsänderung) keinen Erfolg, da sie den Unterhaltstitel nicht im eigenen Namen als Verfahrensstandschafterin erwirkt hat, sondern der Titel auf den Namen des Kindes lautet. Die Mutter ist somit nicht Gläubigerin des Vollstreckungsverfahrens.

Auch ein Vollstreckungsabwehrantrag nach § 767 ZPO gegen das Kind hat keinen Erfolg, weil der Wechsel des Vertretungsverhältnisses keine den materiellen Anspruch selbst betreffende Einwendung i.S.v. § 767 ZPO darstellt.

Der Vater kann aber im Vollstreckungsverfahren mit der Vollstreckungserinnerung nach § 766 ZPO gegen das Kind, vertreten durch die Mutter, geltend machen, dass das Kind nicht ordnungsgemäß vertreten ist. Daneben ist noch das Herausgabeverfahren gestützt auf § 1698 BGB mit dem Ziel gegen die Mutter möglich, den Titel dem Vater zur Verfügung zu stellen.[201]

Damit ergibt sich, dass nach einem Obhutswechsel mit einem bestehenden Kindesunterhaltstitel – unabhängig davon, ob dieser lediglich in Vertretung eines Elternteils erwirkt wurde oder in Verfahrensstandschaft – nicht mehr vollstreckt werden „darf".

155 *Praxistipp*

Letztlich ist dem Titelschuldner aber zu empfehlen, den Titel auch endgültig zu „entschärfen", d.h. den Titelgläubiger mit Fristsetzung aufzufordern, den Unterhaltstitel herauszugeben oder zumindest verbindlich auf die Vollstreckung aus dem Titel zu verzichten. Wird auf diese Aufforderung nicht reagiert, so sind die erwähnten Verfahren einzuleiten, damit ein Unterhaltsschaden vermieden wird.

d) Verfahrensstandschaft und Verfahrenskostenhilfe

156 Ob im Rahmen eines im Wege der gesetzlichen Verfahrensstandschaft gemäß § 1629 Abs. 3 S. 1 BGB erhobenen Unterhaltsverfahrens bei der Bewilligung von Verfahrenskostenhilfe auf die Einkommens- und Vermögensverhältnisse des antragstellenden Elternteiles oder des Kindes abzustellen ist, war in Rechtsprechung und Literatur umstritten. Teilweise wurde unter Hinweis auf den Sinn und Zweck des § 1629 Abs. 3 S. 1 BGB als Schutz des minderjährigen Kindes vor der Konfliktsituation der Eltern für die VKH-Entscheidung auf die Einkommens- und Vermögensverhältnisse des Kindes als Unterhaltsberechtigtem abgestellt.[202]

Eine andere Ansicht setzte am Wortlaut des § 114 ZPO an, wonach einer Partei, die nach ihren persönlichen und wirtschaftlichen Verhältnissen die Kosten der Verfahrensführung nicht, nur zum Teil oder nur in Raten aufbringen kann, VKH bewilligt werden kann. Auch nach Sinn und Zweck der gesetzlichen Verfahrensstandschaft in § 1629 Abs. 3 S. 1 BGB sei davon keine Ausnahme geboten.[203]

157 Der BGH[204] schließt sich der zuletzt aufgeführten Auffassung an, da nach dem Wortlaut der maßgeblichen Bestimmungen bei der Bewilligung von Verfahrenskostenhilfe auf die persönlichen und wirtschaftlichen

201 OLG Koblenz, Beschl. v. 12.7.2004 – 7 WF 570/04, FamRZ 2005, 993.
202 OLG Köln FamRZ 2001, 1535; OLG Dresden FamRZ 2002, 1412.
203 OLG Hamm FamRZ 2001, 924.
204 BGH FamRZ 2006, 32.

Verhältnisse des Antragstellers abzustellen ist. Beteiligter ist aber bei einem Verfahren auf Kindesunterhalt vor Rechtskraft der Ehescheidung nach § 1629 Abs. 3 S. 1 BGB stets der sorgeberechtigte Elternteil. Im Gegensatz zur gewillkürten Verfahrensstandschaft habe der Gesetzgeber die Beteiligtenrolle in § 1629 Abs. 3 BGB verbindlich festgelegt. Damit kommt es auf das sonst erforderliche zusätzliche Eigeninteresse der Verfahrenspartei an der Verfahrensführung nicht an.

Für die Bewilligung von Verfahrenskostenhilfe kommt es daher auf das Einkommen und die Vermögensverhältnisse des Verfahrensstandschafters – nicht des Kindes – an.[205]

e) Minderjähriges Kind wird volljährig

aa) Isoliertes Unterhaltsverfahren

Handelt es sich um ein isoliert in Verfahrensstandschaft betriebenes Unterhaltsverfahren, so tritt das volljährig gewordene Kind durch **gewillkürten Beteiligtenwechsel**, der keiner Zustimmung des Gegners bedarf, selbst in den Rechtsstreit ein.[206] Das Kind führt das Verfahren in dem Stand weiter, in dem es sich zum Zeitpunkt des Eintritts der Volljährigkeit befunden hat; dies ist bedingt durch § 1629 Abs. 3 S. 2 BGB. Wird das Kind vor Eintritt der Rechtskraft volljährig, so kann es selbst Rechtsmittel einlegen. Andererseits muss mit Volljährigkeit die Beschwerde des verpflichteten Unterhaltsschuldners gegen das Kind eingelegt werden. 158

Über die Verwendung des zukünftigen Unterhalts entscheidet das volljährige Kind allein. Der rückständige Unterhalt gebührt dagegen im Innenverhältnis dem bisher betreuenden Elternteil, wenn er bisher Naturalunterhalt geleistet hat, d.h. ihm steht ein familienrechtlicher Ausgleichsanspruch gegen den anderen Elternteil zu (Gesamtgläubigerschaft zum fortbestehenden Unterhaltsanspruch des Kindes, § 428 BGB). Das volljährige Kind ist gemäß §§ 242, 1618a BGB verpflichtet, den eingehenden Unterhalt an den bisher betreuenden Elternteil abzuführen.

bb) Unterhalt als Folgesache

Dasselbe gilt in der Folgesache Kindesunterhalt, wenn die Volljährigkeit während des Scheidungsverfahrens eintritt. Das Verfahren ist nach § 140 Abs. 1 FamFG abzutrennen und als isolierte Familiensache (nunmehr durch das volljährige Kind) selbst fortzuführen.[207] 159

f) Einwand der Volljährigkeit

Ein zur Zeit der Minderjährigkeit des Kindes ergangener Unterhaltstitel gilt fort, wenn das Kind volljährig wird. Es besteht **Identität des Unterhaltsanspruchs** volljähriger Kinder mit dem Minderjährigenunterhalt.[208] Der Unterhaltsschuldner kann nicht mittels eines Vollstreckungsabwehrantrags nach § 767 ZPO gegen den Titel vorgehen (vgl. § 244 FamFG). Die Vorschrift des § 244 FamFG hat die Funktion, Vollstreckungsabwehranträge nach § 767 ZPO gegen Mindestunterhaltstitel mit der Begründung des Eintritts der Volljährigkeit des unterhaltsberechtigten Kindes zu vermeiden, sofern die Unterhaltspflicht auch über die Minderjährigkeit hinaus fortbesteht. 160

Abänderungsverfahren werden von dieser Vorschrift nicht berührt, sind also möglich und häufig auch begründet, da sich durch die Volljährigkeit eine Änderung der Verhältnisse ergibt (erhöhte Erwerbsobliegenheit, Mithaftung des anderen Elternteils usw.).[209]

aa) Dynamische Titel

Anwendbar ist § 244 FamFG, wenn ein von § 244 FamFG genannter Titel wegen Mindestunterhalts nach § 1612a BGB vorliegt. 161

205 BGH FamRZ 2005, 1164.
206 BGH FamRZ 2013, 1378 ff.
207 BGH FamRZ 1985, 471.
208 OLG Hamm FamRZ 2008, 291.
209 OLG Koblenz FamRZ 2007, 653.

Titel, die von § 244 FamFG erfasst werden, sind insbesondere

- Unterhaltsbeschlüsse, auch im vereinfachten Verfahren (vgl. § 794 Abs. 1 Nr. 2a ZPO)
- Prozessvergleich (vgl. § 794 Abs. 1 Nr. 1 ZPO)
- notarielle Urkunde (vgl. § 794 Abs. 1 Nr. 5 ZPO)
- Anwaltsvergleich, der vollstreckbar erklärt wurde (vgl. § 794 Abs. 1 Nr. 4b ZPO).

bb) Statische Titel

162 Ein zugunsten eines minderjährigen Kindes bestehender nichtdynamischer und unbefristeter Titel wirkt ebenfalls nach Eintritt der Volljährigkeit des Kindes fort.[210] Zwar wird mitunter die Meinung vertreten, § 244 beziehe sich seinem Wortlaut nach nur auf dynamische Titel nach § 1612a BGB.[211] Dies zwinge zu dem Umkehrschluss, dass statische Titel, die zur Zeit der Minderjährigkeit erwirkt wurden, dem Einwand der Volljährigkeit ausgesetzt seien, damit nicht mehr durchsetzbar wären und neuer Titulierung bedürften. Dieser Ansicht ist nicht zu folgen. Aufgrund der Identität des Unterhaltsanspruchs volljähriger Kinder mit dem Minderjährigenunterhalt ist der Unterhaltsanspruch vor und nach Eintritt der Volljährigkeit derselbe; er basiert nach wie vor auf derselben Anspruchsgrundlage. Änderungen, die infolge der Volljährigkeit denkbar sind, müssen im Abänderungsverfahren nach §§ 238 f. FamFG geltend gemacht werden. Der (eingeschränkte) Wortlaut des § 244 FamFG erklärt sich dadurch, dass dynamische Titel **nur für minderjährige Kinder** geschaffen werden können; insoweit bedurfte es einer Klarstellung, dass auch in diesen Fällen der Einwand der Volljährigkeit nicht verfängt.

cc) Fortbestehende Unterhaltspflicht

163 Erforderlich ist jedoch, dass materiell-rechtlich die Unterhaltspflicht nach Eintritt der Volljährigkeit fortbesteht, was insbesondere der Fall ist, wenn sich das Kind noch in der allgemeinen Schulausbildung befindet.

dd) Rechtsfolge

164 Rechtsfolge von § 244 FamFG ist, dass der Unterhaltsschuldner im Rahmen eines Vollstreckungsabwehrantrags (§ 767 ZPO) nicht einwenden darf, dass Minderjährigkeit (als Tatbestandsmerkmal des § 1612a S. 1 BGB) nicht mehr besteht. Der Vollstreckungsabwehrantrag ist damit nicht unzulässig; nur mit dem genannten Einwand ist der Schuldner aufgrund von § 244 FamFG ausgeschlossen.

> *Hinweis*
>
> Offen steht hingegen das Abänderungsverfahren, da sich durch die Volljährigkeit eine Änderung der Verhältnisse ergibt (erhöhte Erwerbsobliegenheit, Mithaftung des anderen Elternteils usw.).[212] Beteiligter des Abänderungsverfahrens ist das volljährige Kind, auch wenn der Titel über den Minderjährigenunterhalt vom betreuenden Elternteil in Verfahrensstandschaft gem. § 1629 Abs. 3 BGB erwirkt wurde.[213]

g) Berufsrecht

165 Nicht jedes familienrechtliche Mandat darf anwaltlich übernommen werden. Zentrale Vorschrift der Grundpflichten des Rechtsanwalts ist **§ 43a BRAO**.[214]

Einer der Verbotstatbestände ist in § 43a Abs. 4 BRAO, § 3 Abs. 1 Berufsordnung (BORA) normiert, wonach der RA keine widerstreitenden Interessen vertreten darf.

210 OLG Hamm FamRZ 2008, 291.
211 OLG Hamm FamRZ 2006, 48; *Stollenwerk*, FamRZ 2006, 873.
212 Vgl. OLG Koblenz FamRZ 2007, 653.
213 OLG Saarbrücken ZFE 2007, 316.
214 Vgl. dazu *Roßmann/Viefhues*, Taktik im Unterhaltsrecht, Rn 40 ff.

Diese gesetzliche Regelung korrespondiert weitestgehend mit der Vorschrift des § 356 StGB (Parteiverrat). Beide gesetzlichen Anordnungen dienen der Wahrung der Interessen und damit dem Schutz des Mandanten wie auch der Unabhängigkeit des RA.[215] Ein Interessenwiderstreit im vorgenannten Sinne liegt vor, wenn der RA in derselben Rechtssache bei bestehendem Interessengegensatz tätig geworden ist.

Sollen **gleichzeitig ein Ehegatte und ein volljähriges Kind vertreten** werden, ist auf Interessenkonflikte zu achten: 166

Der Unterhaltsanspruch des volljährigen Kindes richtet sich – ab Volljährigkeit – gegen beide Eltern. Auch wenn das berechtigte Kind bisher harmonisch mit einem Elternteil unter einem Dach gelebt hat, kann es leicht zu Querelen kommen. Dies kann sich schon beim Auskunftsverlangen zeigen. Denn der Elternteil, bei dem das Kind lebt, will nicht immer seine Einkommensverhältnisse offenbaren, weil er aus seiner Sicht durch die tatsächliche Hilfestellung für das Kind ohnehin die größte Last trägt. Möglicherweise sieht er sich dadurch unnötig belastet, dass er seine bescheidenen Einkommensverhältnisse (z.B. unerheblicher Teilzeitlohn) gegenüber dem Kind oder dem geschiedenen Ehegatten darlegen soll. Das Kind benötigt aber diese Informationen, um seinen Unterhaltsanspruch gegen den anderen Elternteil überhaupt schlüssig begründen zu können. Auch der Umfang der geschuldeten Erwerbstätigkeit des Elternteils, bei dem das Kind wohnt, kann streitig werden. Dann existiert trotz räumlicher Nähe eine gravierende Interessenkollision oder es offenbaren sich gefährliche gegenläufige Interessen.

Allerdings muss ein solches Mandat nicht mehr zwingend aufgegeben werden. Der BGH[216] hat nunmehr deutlich gemacht, dass die Umstände des Einzelfalles ausschlaggebend sind. Grundlage war eine Konstellation, bei welchem die anwaltliche Vertretung zunächst das Scheidungsverfahren und den Zugewinnausgleich des Vaters betraf. Zeitgleich wurde auch die Vertretung des volljährigen Kindes im Unterhaltsverfahren gegen die Mutter übernommen. 167

Der BGH argumentiert wie folgt: 168

Ein Anwalt, der ein volljähriges Kind bei der Durchsetzung von Unterhaltsansprüchen berät, muss darauf hinweisen, dass sich der Anspruch gegen beide Elternteile richtet. Vertritt der Anwalt bereits einen Elternteil im Rahmen einer unterhalts- oder ehegüterrechtlichen Auseinandersetzung, ist schon dieser Hinweis geeignet, dessen Interessen zu beeinträchtigen. Wenn und soweit sich die Höhe des Unterhaltsanspruchs des volljährigen Kindes nach den zusammengerechneten Einkommen beider Eltern richtet, kann das Interesse des Kindes überdies darauf gerichtet sein, ein möglichst hohes Einkommen auch desjenigen Elternteils nachzuweisen, dessen Vertretung der Anwalt bereits übernommen hatte und dessen Einkommens- und Vermögensverhältnisse dieser daher kennt. Auch dies schließt eine gemeinsame Vertretung eines Elternteils und des volljährigen Kindes im Rahmen des Kindesunterhalts grundsätzlich aus.

Ob widerstreitende Interessen bestehen und vertreten werden, kann indessen nicht ohne Blick auf die konkreten Umstände des Falles beurteilt werden. Maßgeblich ist, ob der in den anzuwendenden Rechtsvorschriften typisierte Interessenkonflikt im konkreten Fall tatsächlich auftritt (…). Was den Interessen des Mandanten und damit zugleich der Rechtspflege dient, kann nicht ohne Rücksicht auf die konkrete Einschätzung der hiervon betroffenen Mandanten abstrakt und verbindlich von Rechtsanwaltskammern oder Gerichten festgelegt werden (…). Die Vorschrift des § 43a Abs. 4 BRAO schränkt (ebenso wie diejenige des § 356 StGB) das Grundrecht der freien Berufsausübung der Rechtsanwälte nach Art. 12 Abs. 1 GG ein. Ihre Auslegung hat sich daran zu orientieren, dass jeder Eingriff in die Berufsausübungsfreiheit durch hinreichende Gründe des Gemeinwohls gerechtfertigt sein muss und nicht weiter gehen darf, als die rechtfertigenden Gemeinwohlbelange es erfor-

215 BayObLG NJW 1995, 606.
216 BGH FamRZ 2012, 1563.

dern. Eingriffszweck und Eingriffsintensität müssen zudem in einem angemessenen Verhältnis stehen; denn die Gerichte sind, wenn sie Einschränkungen der grundsätzlich freien Berufsausübung für geboten erachten, an dieselben Maßstäbe gebunden, die nach Art. 12 Abs. 1 GG den Gestaltungsspielraum des Gesetzgebers einschränken (...). Im Interesse der Rechtspflege sowie eindeutiger und gradliniger Rechtsbesorgung verlangt § 43a Abs. 4 BRAO lediglich, dass im konkreten Fall die Vertretung widerstreitender Interessen vermieden wird (...). Das Anknüpfen an einen möglichen, tatsächlich aber nicht bestehenden (latenten) Interessenkonflikt verstößt gegen das Übermaßverbot und ist verfassungsrechtlich unzulässig (...).

Danach hat die Klägerin keine widerstreitenden Interessen vertreten. Sie ist von M. C. beauftragt worden, Unterhaltsansprüche (nur) gegen die Mutter B. C. geltend zu machen. Bei der Erteilung des Auftrags war Dr. A. C. zugegen. Er hat den Gebührenvorschuss an die Klägerin gezahlt. Die Frage des Unterhaltsanspruchs gegen beide Elternteile stellte sich nicht. Dr. A. C. kam bis dahin allein für den Unterhalt seines Sohnes auf und war bereit, dies unabhängig vom Ausgang des Rechtsstreits weiterhin zu tun. Fragen der Schweigepflicht waren ebenfalls nicht berührt, nachdem Dr. A. C. der Klägerin alle für die Berechnung des Kindesunterhalts erforderlichen Unterlagen zur Verfügung gestellt hatte. Zudem wusste M. C., dass die Klägerin seinen Vater im Scheidungs- und im Zugewinnausgleichsverfahren vertrat. Unter Berücksichtigung all dieser Umstände fehlt es bei der gebotenen konkret objektiven Betrachtung an einem Interessengegensatz.

169 *Praxistipp*

- Häufig werden im familiengerichtlichen Verfahren neben dem Elternteil auch dessen Kinder vertreten. Wird das betreffende Kind volljährig, so sollte das Mandat gründlich geprüft werden. Regelmäßig ist das Kindesunterhaltsmandat aufzugeben, weil der Volljährigenunterhalt sich gegen beide Elternteile richtet, so dass ein Interessenkonflikt auftritt. Allein der Hinweis an das Kind, dass es nunmehr Unterhaltsansprüche gegen beide Elternteile hat, ist eine Pflichtverletzung gegenüber dem vertretenen Elternteil.
- Sollte die anwaltliche Vertretung nach gründlicher Überprüfung zu dem Ergebnis kommen, dass beide Mandate fortgeführt werden können, ist in der Folgezeit das Verhältnis zwischen Eltern und Kind kontinuierlich zu beobachten. Es können nämlich Streitpunkte zwischen Kind und Elternteil auftreten, die eine Interessenkollision zur Folge haben. Dies wird spätestens dann nicht mehr zweifelhaft sein können, wenn das Kind eine eigene Wohnung bezieht und beide Elternteile in Anspruch nimmt.

Bereits bei Annahme des Mandats sind die Beteiligten auf einen späteren möglichen Interessenkonflikt und die Mehrkosten bei Niederlegung des Mandats hinzuweisen.[217]

5. Die Vollstreckung von Unterhaltsbeschlüssen

a) Wirksamkeit von Unterhaltsbeschlüssen

170 Nach § 120 Abs. 2 S. 1 FamFG sind Beschlüsse mit Wirksamwerden kraft Gesetzes vollstreckbar, ohne dass es hierzu einer Vollstreckbarerklärung des Gerichts bedarf.[218] Dies ist auch bei der in § 120 Abs. 1 FamFG angeordneten entsprechenden Anwendung der weiteren Vorschriften der ZPO, d.h. der §§ 704 ff. ZPO, zu beachten. Das „Wirksamwerden" i.S.d. Vorschrift ist geregelt in § 116 Abs. 2 und Abs. 3 FamFG, d.h. setzt in Unterhaltssachen (Familienstreitsache) nicht nur die Verkündung des Beschlusses nach § 113 Abs. 1 S. 2 FamFG i.V.m. §§ 311 Abs. 2 S. 1, 329 Abs. 1 S. 1 ZPO, sondern formelle Rechts-

217 Vgl. dazu auch BGH, Beschl. v.19.9.2013 – IX ZR 322/12.
218 Vgl. dazu *Schulte-Bunert*, FuR 2013, 146.

kraft des jeweiligen Beschlusses voraus. Nach § 116 Abs. 3 S. 2 FamFG kann das Gericht in Familienstreitsachen auch vor Eintritt der formellen Rechtskraft die sofortige Wirksamkeit anordnen; dies ist in erfolgreichen Unterhaltsverfahren als Regelfall vorgesehen (§ 116 Abs. 3 S. 3 FamFG). Auch wenn § 120 Abs. 1 FamFG die entsprechende Anwendung der Vorschriften der ZPO über die Zwangsvollstreckung zulässt, sind die §§ 708 bis 713 ZPO bei der Vollstreckung von Beschlüssen in FamFG-Sachen nicht anwendbar, da sie durch die Sonderregelung des § 120 Abs. 2 FamFG verdrängt werden; auch die §§ 714 bis 720a ZPO können nur eingeschränkt angewendet werden.

Auch einstweilige Anordnungen in Familienstreitsachen, also insb. die einstweilige Unterhaltsanordnung, sind nach § 120 Abs. 1 FamFG entsprechend den Vorschriften der ZPO über die Zwangsvollstreckung vollstreckbar, soweit sich aus den §§ 49 ff. keine verdrängenden Sondervorschriften ableiten (vgl. § 53 FamFG). So ist der Titel insb. nach § 120 Abs. 1 FamFG i.V.m. § 750 ZPO zuzustellen. **171**

Dies bedeutet umgekehrt aber auch, dass der Verpflichtete die Möglichkeit hat, mit einem Vollstreckungsabwehrantrag nach § 767 ZPO gegen eine einstweilige Anordnung vorzugehen.

Die Vollstreckung von Folgesachen (insb. Zugewinn, Unterhalt) setzt nach § 148 den Eintritt der Rechtskraft des Scheidungsausspruchs voraus, vgl. § 148 FamFG. Die Vollstreckungsklausel kann deshalb für Folgesachen erst nach Rechtskraft des Scheidungsausspruchs erteilt werden. Die „Bedingung" des § 148 FamFG ist in der Beschlussformel aufzunehmen. Der Beschluss, der Unterhalt tituliert, kann i.Ü. **nicht** nach § 116 Abs. 3 S. 2 FamFG für sofort wirksam erklärt werden, da Folgesachenentscheidungen vor Rechtskraft der Scheidung einen Vollzug nicht zulassen. Dies ergibt sich bereits aus dem Verfahrensantrag, nach welchem Unterhalt nur für den Fall der Scheidung begehrt wurde. Dies lässt eine vorzeitige Vollstreckung, also noch vor Rechtskraft der Scheidung, nicht zu. **172**

Allerdings kommt die Anordnung der sofortigen Wirksamkeit dann in Betracht, wenn die Scheidung bereits rechtskräftig ist, die Folgesache aber noch nicht (z.B. aufgrund einer Abtrennung oder eines eingelegten Rechtsmittels nur gegen die Folgesache).

b) Vollstreckungsschutz

§ 120 Abs. 2 S. 2 FamFG bestimmt, dass abweichend von den Vorschriften der ZPO die Vollstreckung nur dann mit der Entscheidung in der Hauptsache einzustellen oder zu beschränken ist, wenn der Verpflichtete glaubhaft macht, dass die Vollstreckung für ihn einen nicht zu ersetzenden Nachteil bringen würde. Hierdurch soll vermieden werden, dass durch die Vollstreckung vor Eintritt der Rechtskraft ein Schaden entsteht, der auch im Fall des Erfolgs eines Rechtsmittels nicht mehr rückgängig zu machen ist. Die Vollstreckung bringt dem Schuldner dann einen nicht zu ersetzenden Nachteil, wenn der Gläubiger wegen Mittellosigkeit voraussichtlich nicht in der Lage sein wird, die beigetriebenen Geldbeträge zurückzuerstatten.[219] Umstritten ist, ob die Erfolgsaussicht eines Rechtsmittels für den nicht zu ersetzenden Nachteil von Bedeutung ist. Jedenfalls wenn ein Rechtsmittel offensichtlich keine Aussicht auf Erfolg hat, kann nicht von einem nicht zu ersetzenden Nachteil durch Vollstreckung für den Betroffenen ausgegangen werden.[220] Eine Einstellung gegen Sicherheitsleistung kommt nicht in Betracht.[221] **173**

§ 120 Abs. 2 S. 2 FamFG ist nicht anwendbar im Falle der Vollstreckung einer einstweiligen Anordnung in Familienstreitsachen. In solchen Fällen richtet sich eine Aussetzung oder Beschränkung der Vollstreckung nach § 55 FamFG.[222] § 120 Abs. 2 S. 3 FamFG erstreckt diese Anforderungen auf die Fälle des § 707 Abs. 1 ZPO und des § 719 Abs. 1 ZPO. **174**

219 BGH FamRZ 2007, 554.
220 Vgl. dazu *Schulte-Bunert*, FuR 2013, 147.
221 SBW/*Schulte-Bunert*, § 120 Rn 12.
222 *Büte*, FuR 2010, 124 ff.

6. Der Forderungsübergang aufgrund staatlicher Hilfen

a) Der Forderungsübergang

175 Staatliche Hilfen, die dem Unterhaltsberechtigten im Einzelfall gewährt werden, sind insbesondere Sozialhilfe bzw. Bürgergeld (hat am 1.1.2023 das Arbeitslosengeld II ersetzt), Unterhaltsleistungen nach dem Unterhaltsvorschussgesetz (UVG) sowie Ausbildungsförderung nach Bundesausbildungsgesetz (BAföG). Werden derartige Leistungen vom Staat entrichtet, so hat dies einen Forderungsübergang von Unterhaltsansprüchen zur Folge (cessio legis).

aa) Sozialhilfe, § 94 Abs. 1 S. 1 SGB XII

176 Sozialhilfe ist im SGB XII geregelt. Aufgabe der Sozialhilfe ist es nach § 1 S. 1 SGB XII, den Leistungsberechtigten die Führung eines Lebens zu ermöglichen, das der Würde des Menschen entspricht.

> *Praxistipp*
>
> Sozialhilfe kommt als Hilfe zum Lebensunterhalt für solche Personen in Betracht, die nicht (mehr) erwerbsfähig sind, beispielsweise wegen Alters oder wegen voller Erwerbsminderung.

177 Die Leistung von Sozialhilfe führt zu einem Forderungsübergang nach § 94 Abs. 1 S. 1 SGB XII:

> Hat die leistungsberechtigte Person für die Zeit, für die Leistungen erbracht werden, nach bürgerlichem Recht einen Unterhaltsanspruch, geht dieser bis zur Höhe der geleisteten Aufwendungen zusammen mit dem unterhaltsrechtlichen Auskunftsanspruch auf den Träger der Sozialhilfe über.

bb) Bürgergeld

178 Das Bürgergeld (früher Arbeitslosengeld II oder auch „Hartz IV“) ist die Grundsicherungsleistung für erwerbsfähige Leistungsberechtigte nach dem SGB II.

> *Praxishinweis*
>
> Das Bürgergeld wurde zum 1.1.2023 durch das Bürgergeld-Gesetz eingeführt und hat das bisherige Arbeitslosengeld II abgelöst.

179 Leistungen von Bürgergeld haben einen Forderungsübergang nach **§ 33 Abs. 1 S. 1 SGB II** zur Folge:

> Haben Personen, die Leistungen zur Sicherung des Lebensunterhalts beziehen, für die Zeit, für die Leistungen erbracht werden, einen Anspruch gegen einen Anderen, der nicht Leistungsträger ist, geht der Anspruch bis zur Höhe der geleisteten Aufwendungen auf die Träger der Leistungen nach diesem Buch über, wenn bei rechtzeitiger Leistung des Anderen Leistungen zur Sicherung des Lebensunterhalts nicht erbracht worden wären. Satz 1 gilt auch, soweit Kinder unter Berücksichtigung von Kindergeld nach § 11 Abs. 1 S. 4 keine Leistungen empfangen haben und bei rechtzeitiger Leistung des anderen keine oder geringere Leistungen an die Mitglieder der Haushaltsgemeinschaft erbracht worden wären. Der Übergang wird nicht dadurch ausgeschlossen, dass der Anspruch nicht übertragen, verpfändet oder gepfändet werden kann. Unterhaltsansprüche nach bürgerlichem Recht gehen zusammen mit dem unterhaltsrechtlichen Auskunftsanspruch auf die Träger der Leistungen nach diesem Buch über.

cc) Unterhaltsvorschussleistungen

180 Das UntVorschG gewährt gem. § 1 UntVorschG einen Unterhaltsvorschuss für Kinder eines allein erziehenden Elternteils als staatliche Sozialleistung bis zum vollendeten 18. Lebensjahr.

Der Unterhaltsvorschuss ist nach der Vollendung des 12. Lebensjahres allerdings eine nachrangige Leistung und wird nur gewährt, wenn das Kind nicht auf Sozialleistungen angewiesen ist oder der alleinerziehende Elternteil ein monatliches Bruttoeinkommen von mindestens 600 EUR erzielt (vgl. § 1 Abs. 1a Nr. 1 und Nr. 2 UVG).[223]

Die frühere Befristung der Unterhaltsvorschussleistung auf sechs Jahre ist mit Wirkung zum 1.7.2017 entfallen.

Wird ein solcher Unterhaltsvorschuss gezahlt, geht der Unterhaltsanspruch nach § 7 Abs. 1 UntVorschG auf das Land über.

§ 7 Abs. 1 UntVorschG lautet:

> Hat der Berechtigte für die Zeit, für die ihm die Unterhaltsleistung nach diesem Gesetz gezahlt wird, einen Unterhaltsanspruch gegen den Elternteil, bei dem er nicht lebt, oder einen Anspruch auf eine sonstige Leistung, die bei rechtzeitiger Gewährung nach § 2 Abs. 3 als Einkommen anzurechnen wäre, so geht dieser Anspruch i.H.d. Unterhaltsleistung nach diesem Gesetz zusammen mit dem unterhaltsrechtlichen Auskunftsanspruch auf das Land über.

dd) BAföG-Leistungen

Erhält der Unterhaltsberechtigte BAföG-Leistungen, kann ebenfalls eine Überschneidung mit Unterhalts- 181
ansprüchen auftreten.

§ 37 Abs. 1 S. 1 BAföG ordnet in Übereinstimmung mit den o.g. Vorschriften erneut eine cessio legis an:

> Hat der Auszubildende für die Zeit, für die ihm Ausbildungsförderung gezahlt wird, nach bürgerlichem Recht einen Unterhaltsanspruch gegen seine Eltern, so geht dieser zusammen mit dem unterhaltsrechtlichen Auskunftsanspruch mit der Zahlung bis zur Höhe der geleisteten Aufwendungen auf das Land über, jedoch nur soweit auf den Bedarf des Auszubildenden das Einkommen der Eltern nach diesem Gesetz anzurechnen ist.

b) Auswirkung auf das Unterhaltsverfahren

Falls der Staat Sozialleistungen erbringt, geht der gesetzliche Unterhaltsanspruch des Unterhaltsgläubi- 182
gers gegen den Unterhaltspflichtigen auf den Staat über (cessio legis).

Der gesetzliche Forderungsübergang hat zur Folge, dass die betreffende Unterhaltsforderung dem Unterhaltsgläubiger materiell-rechtlich nicht mehr zusteht und ihm deshalb die Sachbefugnis (Aktivlegitimation) nach materiellem Recht sowie die Verfahrensführungsbefugnis fehlen, sodass ein gleichwohl erhobener Unterhaltsantrag unzulässig ist.

Die Aktivlegitimation zur Geltendmachung von Unterhaltsansprüchen ist im Fall unterstützender staatlicher Leistungen nur eingeschränkt gegeben. Letztlich ist wie folgt zu differenzieren:

aa) Künftiger Unterhalt

Zukünftiger Unterhalt ab dem auf die letzte mündliche Verhandlung folgenden Monatsersten steht dem 183
Hilfeempfänger als (zukünftiges) eigenes Recht zu, zu dessen Geltendmachung mittels gerichtlichen Unterhaltsantrags er mangels Forderungsübergangs auch berechtigt ist (eigene Verfahrensführungsbefugnis). Jedoch kann der Sozialleistungsträger – falls er für die Vergangenheit aus übergegangenem Recht gerichtlich Unterhalt fordert – im Wege gewillkürter Verfahrensstandschaft auch künftigen Unterhalt beantragen; dazu ist allerdings die Abtretung dieser Ansprüche an den Träger der Sozialhilfe erforderlich.

Allerdings ist neben dem Unterhaltsgläubiger u.U. auch der Sozialhilfeträger aktivlegitimiert. Dies sieht 184
§ 94 Abs. 4 S. 2 SGB XII ausdrücklich vor:

> Wenn die Leistung voraussichtlich auf längere Zeit erbracht werden muss, kann der Träger der Sozialhilfe bis zur Höhe der bisherigen monatlichen Aufwendungen auch auf künftige Leistungen klagen.

223 Ausführlich dazu *Schürmann*, FamRZ 2017, 1381.

185 Erhält der Unterhaltsberechtigte Bürgergeld, ist die entsprechende Aktivlegitimation § 33 Abs. 3 S. 2 SGB II zu entnehmen:

> Wenn die Leistung voraussichtlich auf längere Zeit erbracht werden muss, können die Träger der Leistungen nach diesem Buch bis zur Höhe der bisherigen monatlichen Aufwendungen auch auf künftige Leistungen klagen.

186 Auch im Fall der Leistungen nach dem UntVorschG ist das Land neben dem Unterhaltsgläubiger aktivlegitimiert, die künftigen Leistungen dem Unterhaltsschuldner gegenüber gerichtlich geltend zu machen. Dies sieht § 7 Abs. 4 S. 1 UnterhVG ausdrücklich vor:

> Wenn die Unterhaltsleistung voraussichtlich auf längere Zeit gewährt werden muss, kann das Land bis zur Höhe der bisherigen monatlichen Aufwendungen auch auf künftige Leistungen klagen.

Der Unterhaltsanspruch geht selbst dann auf die Unterhaltsvorschusskasse über, wenn die Unterhaltsleistung rechtswidrig sein sollte. Die Rechtmäßigkeit der Leistungsgewährung ist keine Voraussetzung für den Anspruchsübergang. Der unterhaltsverpflichtete andere Elternteil erleidet keinen Rechtsnachteil, wenn er nach einer rechtswidrigen Vorschussleistung in Anspruch genommen wird, da er nur das zu zahlen hat, was er materiell-rechtlich schuldet.[224]

Das BAföG sieht hingegen keine Möglichkeit vor, auf künftige Leistungen zuzugreifen.

bb) Unterhaltsansprüche ab Rechtshängigkeit

187 Gesetzlich übergegangener Unterhalt zwischen Rechtshängigkeit des gerichtlichen Unterhaltsantrags und dem auf die letzte mündliche Verhandlung folgenden Monatsletzten ist wie folgt abzuwickeln: Für diesen Anspruch hat der Hilfeempfänger zwar keine Sachbefugnis (keine Aktivlegitimation), er darf diese Ansprüche aber im Unterhaltsverfahren gleichwohl weiterhin geltend machen (§ 265 Abs. 2 S. 1 ZPO: Fall der gesetzlichen Verfahrensstandschaft).

Jedoch ist der fehlenden Sachbefugnis dadurch Rechnung zu tragen, dass der Unterhaltsantrag i.H.d. übergegangenen Anspruchs umzustellen ist auf Zahlung dieser Beträge an den Staat.

cc) Unterhaltsansprüche vor Rechtshängigkeit

188 Für diese Ansprüche fehlt dem Leistungsempfänger sowohl die materielle Sachbefugnis als auch die Verfahrensführungsbefugnis.

Allerdings ist die Rückabtretung an den Hilfeempfänger ausdrücklich gestattet. Nach § 94 Abs. 5 S. 1 SGB XII kann nämlich der Träger der Sozialhilfe den auf ihn übergegangenen Unterhaltsanspruch im Einvernehmen mit der leistungsberechtigten Person auf diese zur gerichtlichen Geltendmachung rückübertragen und sich den geltend gemachten Unterhaltsanspruch abtreten lassen. Davon wird in der Praxis überwiegend auch Gebrauch gemacht, um Doppelverfahren zu vermeiden.

189 *Praxistipp*

Streitig war in diesem Fall der rückübertragenen Unterhaltsansprüche, ob der Hilfeempfänger nach § 115 ZPO bedürftig ist und deshalb VKH beanspruchen kann, obwohl ihm vom Sozialhilfeträger gem. § 94 Abs. 5 S. 2 SGB XII die anfallenden Kosten zu erstatten sind.

Der BGH[225] hat diese Streitfrage negativ entschieden. Der Leistungsberechtigte ist im Hinblick auf § 94 Abs. 5 S. 2 SGB XII für die gerichtliche Geltendmachung der von einem Sozialhilfeträger rückübertragenen Unterhaltsansprüche grds. nicht bedürftig i.S.d. § 115 ZPO, da ihm ein Anspruch auf Verfahrenskostenvorschuss gegen den Sozialhilfeträger zusteht. Der Anspruch auf Kostenübernahme

224 OLG Brandenburg FamRZ 2018, 998.
225 BGH FamRZ 2008, 1159.

gewährleistet, dass dem Leistungsberechtigten durch die Rückübertragung und die damit verbundene treuhänderische Wahrnehmung von Verwaltungsaufgaben keine Nachteile entstehen.

Auch das sich aus der Verfahrensökonomie ergebende Interesse des Sozialhilfeberechtigten an einer einheitlichen Geltendmachung bei ihm verbliebener und vom Sozialhilfeträger rückübertragener Unterhaltsansprüche rechtfertigt keine VKH.

Eine Ausnahme kommt nur dann in Betracht, wenn der Leistungsberechtigte durch den Verweis auf den Verfahrenskostenvorschussanspruch eigene Nachteile hinzunehmen hätte oder wenn sich die Geltendmachung rückübertragener Ansprüche neben den beim Unterhaltsberechtigten verbliebenen Unterhaltsansprüchen kostenrechtlich nicht auswirkt.

Wird dem Unterhaltsberechtigten Bürgergeld gewährt, gilt § 33 Abs. 4 S. 1 und S. 2 SGB II: 190

> Die Träger der Leistungen nach diesem Buch können den auf sie übergegangenen Anspruch im Einvernehmen mit der Empfängerin oder dem Empfänger der Leistungen auf diese oder diesen zur gerichtlichen Geltendmachung rückübertragen und sich den geltend gemachten Anspruch abtreten lassen. Kosten, mit denen die Leistungsempfängerin oder der Leistungsempfänger dadurch selbst belastet wird, sind zu übernehmen.

Auch das UVG regelt diese Problematik in § 7 Abs. 4 S. 3 und 4 UVG vergleichbar: 191

> Das Land kann den auf ihn übergegangenen Unterhaltsanspruch im Einvernehmen mit dem Unterhaltsleistungsempfänger auf diesen zur gerichtlichen Geltendmachung rückübertragen und sich den geltend gemachten Unterhaltsanspruch abtreten lassen. Kosten, mit denen der Unterhaltsleistungsempfänger dadurch selbst belastet wird, sind zu übernehmen.

Das BAföG sieht hingegen keine Möglichkeit der Rückübertragung von Unterhaltsansprüchen vor.

B. Unterhalt im Scheidungsverbund

I. Grundlagen des Verbunds

Mit Eintritt des Verbunds einer Folgesache mit dem Scheidungsantrag ist nach § 137 Abs. 1 FamFG über 192
alle verbundenen Verfahren gleichzeitig und zusammen mit der Scheidung zu verhandeln und, sofern der Scheidungsantrag begründet ist, zu entscheiden (sog. Verhandlungs- und Entscheidungsverbund). Diese Bestimmung schließt es aber nicht aus, dass über einzelne Folgesachen umfangreiche Erörterungen zur Sache und die Beweisaufnahme in einem besonderen Termin durchgeführt werden. Dies kann eine unterhaltsrechtliche Auseinandersetzung der Eheleute betreffen, insbesondere wenn bei umfangreichen Beweiserhebungen Gegenstand und Umfang eines einzuholenden Sachverständigengutachtens von der Vernehmung von Zeugen abhängig ist.

§ 142 Abs. 1 FamFG konkretisiert den Grundsatz des Verfahrens- und Entscheidungsverbunds nach 193
§ 137 FamFG hinsichtlich der zu treffenden Entscheidung. Die Regelung bestimmt in Abs. 1 S. 1, dass bei begründetem Scheidungsantrag alle im Verbund eingeleiteten Folgesachen gemeinsam mit der Scheidungssache und einheitlich durch Beschluss zu entscheiden sind.

Ein Zwang, Folgesachen im Verbund geltend zu machen, besteht – mit Ausnahme des Versorgungsausgleichs – nicht. Auch kann für eine Folgesache nicht Verfahrenskostenhilfe verweigert werden, wenn diese außerhalb des Verbunds geltend gemacht wird.[226]

226 BGH FamRZ 2005, 786.

II. Verbundvoraussetzungen für einen Antrag

194 Die Einleitung des Scheidungsverbunds setzt einen entsprechenden Antrag voraus; erforderlich ist, dass bei einem anhängigen Scheidungsantrag eine isolierte verbundfähige Familiensache anhängig gemacht wird, für die eine Entscheidung **für den Fall der Scheidung** begehrt wird.

Folgender Antrag ist ausreichend:

▼

Muster 8.5: Einleitung des Scheidungsverbunds

8.5 Der Antragsgegner wird verpflichtet, von der Rechtskraft des Scheidungsbeschlusses an, an die Antragstellerin ab dem 01.   20   , jeweils monatlich im Voraus, spätestens bis zum dritten Werktag des jeweiligen Monats einen Unterhalt in Höhe von   EUR zu zahlen.

▲

195 Ein Antrag betreffend eine gewillkürte Folgesache (z.B. nachehelicher Unterhalt) kann frühestens zusammen mit dem Scheidungsantrag eingereicht werden und muss **spätestens zwei Wochen vor der mündlichen Verhandlung** im ersten Rechtszug in der Scheidungssache von einem Ehegatten anhängig gemacht worden sein, vgl. § 137 Abs. 2 S. 1 FamFG a.E.

Der Gesetzgeber bezweckt mit der Einhaltung dieser 2-Wochen-Frist eine Beschleunigung des Scheidungsverfahrens; eine entscheidungsreife Scheidung konnte früher dadurch „torpediert" werden, in dem in der mündlichen Verhandlung eine den Verbund auslösende Folgesache anhängig gemacht wurde.

1. Fristberechnung

196 Die 2-Wochen-Frist ist bereits schwierig zu berechnen. Erforderlich ist eine „Rückwärtsrechnung" entsprechend der §§ 187–193 BGB. Der Tag der mündlichen Verhandlung zählt bei der Rückwärtsberechnung nach § 187 Abs. 1 BGB nicht mit; der letzte Tag der Frist endet weiterhin nicht erst um 24:00 Uhr, sondern bereits um 0:00 Uhr. Dies bedeutet beispielsweise, dass im Falle einer Terminierung für den 20.8. eines Jahres (ohne Berücksichtigung von Wochenenden bzw. Feiertagen) die betreffende 2-Wochen-Frist am 19.8. rückwärts anläuft und durch den 6.8. um 0:00 Uhr begrenzt wird. Ein fristgerechter Folgesachenantrag muss daher bis spätestens 5.8. 24:00 Uhr beim Familiengericht eingehen.[227]

197 Der BGH[228] formuliert dies aktuell wie folgt:

> *„Die Zwei-Wochen-Frist gem. § 137 Abs. 2 S. 1 FamFG ist gem. § 113 Abs. 1 S. 2 FamFG nach den Allgemeinen Vorschriften der ZPO, mithin gem. § 222 ZPO i.V.m. § 188 Abs. 2 BGB zu berechnen. Diese Regelungen sind auf rückwärts zu rechnende Fristen entsprechend anzuwenden (...). Der Termin zur mündlichen Verhandlung führt zu einem rückwärtsgerichteten Beginn der Frist gem. § 187 Abs. 1 BGB und endet daher um 00.00 Uhr des seiner Benennung entsprechenden Wochentags. Vom Terminstag (Donnerstag, 20.1.2011) zurückgerechnet, hätte der Schriftsatz in der Folgesache Güterrecht somit zur Wahrung der Frist vor dem 6.1.2011 (00.00 Uhr), mithin noch am Mittwoch, dem 5.1.2011 beim FamG eingehen müssen (...)."*

198 Die Frist des § 137 Abs. 2 FamFG wird durch einen **Antrag auf VKH** für einen Folgesachenantrag gewahrt.[229] Insoweit gilt das verfassungsrechtliche Gebot der Gleichbehandlung bedürftiger und nicht bedürftiger Beteiligter. Würde die Einreichung eines Verfahrenskostenhilfeantrags vor Ablauf der Frist des § 137 Abs. 2 nicht ausreichen, um das Begehren im Verbund mit der Ehesache geltend machen zu können, würde die bedürftige Partei erheblich schlechter gestellt als die nicht bedürftige. Denn sie

227 Vgl. dazu SBW/*Roßmann*, § 137 Rn 32 ff.; *Grandel*, FF 2011, 133; OLG Brandenburg FuR 2012, 266.
228 BGH FamRZ 2013, 1300.
229 Str.; wie hier OLG Bamberg FamRZ 2011, 1416.

wäre gehalten, ihren Antrag weit vorher zu stellen, um eine Entscheidung des Gerichts über den Verfahrenskostenhilfeantrag zu bewirken, wobei dieses seinerseits in der Lage wäre, die Herstellung des Verbundes durch schnellere oder weniger zügige Erledigung zu steuern. Da es aber keinen sachlichen Grund für einer derartige Benachteiligung bedürftiger Beteiligter gibt und der genannte Zweck der Norm eine derartig unterschiedliche Behandlung gleichfalls nicht gebietet, weil das Gericht den Verfahrenskostenhilfeantrag in seine Vorbereitung auf den Termin ebenso einbeziehen kann wie den Antrag in der Hauptsache selbst, ist das Anhängigmachen eines formal ordnungsgemäßen Verfahrenskostenhilfeantrags zur Wahrung der Frist des § 137 Abs. 2 ausreichend.[230]

2. Maßgeblich ist der Termin der „letzten" mündlichen Verhandlung

Für die Frist nach § 137 Abs. 2 S. 1 FamFG kommt es nicht auf den Zeitpunkt des Termins zur „ersten" mündlichen Verhandlung an.[231] **Maßgeblich ist der Termin der „letzten" mündlichen Verhandlung.**[232] Abzulehnen ist daher die Auffassung, die aufgrund der Einheit der mündlichen Verhandlung ausschließlich auf den ersten Verhandlungstermin abstellt.[233] 199

Dieses Verständnis entspricht dem gem. § 137 Abs. 1 FamFG unverändert gebliebenen Postulat, dass grundsätzlich am Scheidungsverbund festgehalten werden soll, um den wirtschaftlich schwächeren Ehegatten durch eine einheitliche Entscheidung über die Scheidung und den damit in engem Zusammenhang stehenden Folgesachen zu schützen. Zwar kann bei dieser Auslegung die Frist des § 137 Abs. 2 S. 1 FamFG dadurch „unterlaufen" werden, in dem ein Beteiligter zum Termin nicht erscheint, um eine Fortsetzung der mündlichen Verhandlung zu erzwingen mit der Folge, dass nunmehr noch fristgemäß neue Folgesachen anhängig machen können.

Dies rechtfertigt es aber nicht, für die Fristbestimmung auf den „ersten" Termin zur mündlichen Verhandlung abzustellen. Die Frist nach § 137 Abs. 2 S. 1 FamFG will nur der Verfahrensverzögerung durch eine zu späte Anhängigmachung von Folgesachen entgegenwirken. Eine Verfahrensverzögerung aus anderen Gründen soll durch diese Frist nicht sanktioniert werden, zumal der unentschuldigt fern gebliebenen Partei die durch das Ausbleiben verursachten Kosten und ein Ordnungsgeld auferlegt werden können, §§ 128 Abs. 4 FamFG, 380 Abs. 1 ZPO. 200

Praxistipp

Allerdings sollte beachtet werden, dass gerade im Scheidungsverfahren der erste Termin gleichzeitig auch sehr oft der letzte Termin ist. Das Scheidungsverfahren lässt nämlich den frühen ersten Termin nicht zu, vgl. § 113 Abs. 4 Nr. 3 FamFG, d.h. die Scheidung ist vom Gericht ausreichend vorzubereiten (insbesondere durch die Klärung der Versorgungsanwartschaften) und dann in einem Termin abzuwickeln.[234]

3. Frist ist eine Verbundvoraussetzung

Mit dem Ablauf der 2-Wochenfrist vor der mündlichen Verhandlung im ersten Rechtszug in der Scheidungssache können gewillkürte Folgesachen nach § 137 Abs. 2 FamFG nicht mehr im Verbund geltend gemacht werden, sondern sind im isolierten Verfahren zu betreiben, da die **Verbundvoraussetzung der** 201

230 OLG Oldenburg FamRZ 2012, 656.
231 OLG Hamm NJW-RR 2011, 84.
232 BGH FamRZ 2012, 863 ff.
233 So Prüttung/*Helms*, FamFG, § 137 Rn 47.
234 Horndasch/Viefhues/*Roßmann*, a.a.O., § 113 Rn 17.

fristgerechten Anhängigkeit nicht gegeben ist.[235] Hat der Antragsteller den Fristablauf übersehen, ist sein „Folgesachenantrag“ als unzulässig abzuweisen.[236]

> *Hinweis*
> Die Unterhaltssache ist dann isoliert. Die isolierte Verfahrensführung kann auch Sinn machen im Hinblick auf die Kostenentscheidung: Kostenaufhebung beim Scheidungsverbund (§ 150 Abs. 1) bzw. Erfolgsquote im Unterhaltsverfahren (vgl. § 243 FamFG).

4. Die Ladungsfrist

202 Problematisch ist nach wie vor, dass mit der Einführung dieser 2-Wochenfrist keine Änderung der Ladungsvorschriften korrespondiert. Die Vorschrift des § 32 Abs. 2 FamFG, die eine angemessene Frist zwischen Ladung und Termin vorsieht, ist nämlich in Ehesachen nicht anwendbar, vgl. § 113 Abs. 1 FamFG. Somit gilt die Vorschrift des § 217 ZPO, nach der eine Ladungsfrist von einer Woche genügt. Damit könnte der zuständige Richter die Einreichung von Folgesachenanträgen durch kurze Ladungsfristen unmöglich machen.

203 Der BGH[237] hat sich nunmehr dahingehend erklärt, dass das Familiengericht den Termin in einer Scheidungssache so zu bestimmen hat, dass es den beteiligten Ehegatten nach Zugang der Ladung möglich ist, unter Einhaltung der Zweiwochenfrist nach § 137 Abs. 2 S. 1 FamFG eine Folgesache anhängig zu machen. Zur Vorbereitung eines Antrags muss den Ehegatten zusätzlich entsprechend der Ladungsfrist des § 217 ZPO eine Woche zur Verfügung stehen. Dies bedeutet m.a.W., dass zwischen der Zustellung der Ladung und dem Termin ein Zeitabstand von mindestens drei Wochen bestehen muss. Die Ladung muss damit mindestens 22 Tage (15 Tage aufgrund § 137 Abs. 2 FamFG sowie 7 Tage aufgrund von § 217 ZPO) vor dem Termin der Scheidung zugestellt werden.[238] Die Beteiligten haben einen Anspruch auf Terminverlegung, wenn die gerichtliche Terminbestimmung den erwähnten Vorgaben nicht gerecht wird. Einer Terminsverlegung bedarf es allerdings nicht, wenn sie – trotz zu kurzer Terminierung – Folgesachen noch bis zur mündlichen Verhandlung anhängig machen. Die Folgesachen werden dann schlichtweg Bestandteil des Scheidungsverbunds.

5. Antragsrücknahme

204 Der antragstellende Ehegatte kann durch Rücknahme seines Antrages den Verbund hinsichtlich des Antragsverfahrens des § 137 Abs. 1 FamFG wieder aufheben. Allerdings sind die Kostenfolgen zu bedenken. Auch ist es jedem Ehegatten unbenommen, die sich aus § 137 Abs. 2 S. 1 FamFG ergebende Frist verstreichen zu lassen und erst danach eine selbstständige „Folgesache“ einzureichen.

6. Verbundfähigkeit des Antrags

205 Verbundfähig ist als Folgesache der nacheheliche Unterhaltsanspruch der Eheleute sowie der Kindesunterhalt, vgl. § 137 Abs. 1 S. 1 Nr. 2 FamFG. Familiensachen können nicht in den Verbund nach § 137 FamFG aufgenommen werden, wenn die Entscheidung nicht für den Fall der Scheidung zu treffen ist. Aus dem Bereich des Unterhalts sind dies vor allem der Getrenntlebensunterhalt nach § 1361 Abs. 1 S. 2 BGB sowie der Kindesunterhalt für die Zeit der noch bestehenden Ehe.[239]

235 Horndasch/Viefhues/*Roßmann*, a.a.O., § 137 Rn 39.
236 AG Erfurt FamRZ 2011, 1416; SBW/*Roßmann*, § 137 Rn 42 ff.
237 BGH FamRZ 2012, 863 ff.
238 Sternal/*Weber*, FamFG, § 137 Rn 25.
239 OLG Hamm FamRZ 1994, 773.

bb) Abtrennung wegen außergewöhnlicher Verzögerung, § 140 Abs. 2 S. 2 Nr. 5 FamFG

Der Scheidungsverbund kann einzelne Folgesachen enthalten, die sehr umfangreich und deshalb langwierig sind. Dennoch kann eine Scheidung grundsätzlich erst erfolgen, wenn alle Folgesachen entscheidungsreif sind, es sei denn, eine Abtrennung nach § 140 Abs. 2 S. 2 Nr. 5 FamFG ist möglich. Dies setzt eine außergewöhnliche Verzögerung des Scheidungsausspruchs **und** eine sich daraus ergebende unzumutbare Härte voraus. Durch das bei dieser Vorschrift erforderliche Antragserfordernis wird eine Abtrennung von Amts wegen ausgeschlossen. 214

Eine außergewöhnliche Verzögerung im Sinne von § 140 Abs. 2 Nr. 5 FamFG ist zu bejahen, wenn die bei Durchführung der Folgesachen üblicherweise auftretende Verfahrensdauer weit reichend überschritten wird.[252] Die Verzögerung muss nicht bereits eingetreten sein; die Beurteilung lässt entsprechend dem Wortlaut der Vorschrift auch eine Prognose des weiteren Verfahrensablaufs zu.[253] Die Rechtsprechung[254] sieht eine Verfahrensdauer von zwei Jahren als normal für ein Scheidungsverfahren an, d.h. erst nach Ablauf von zwei Jahren ist die Annahme einer außergewöhnlichen Verzögerung möglich. 215

> *Praxistipp*
>
> Das OLG Hamm[255] hat sich damit auseinandergesetzt, welcher Maßstab für eine durchschnittliche Verfahrensdauer eines Scheidungsverfahrens anzusetzen ist.
>
> Der BGH hatte sich vor Jahren auf einen Zeitraum von zwei Jahren eingelassen.
>
> Nunmehr gibt es auch empirische Werte des statistischen Bundesamts. Nach diesen beträgt der Bundesdurchschnitt für ein Scheidungsverfahren 10 Monate, 10,3 Monate im Landesdurchschnitt NRW bzw. 9,6 Monate der Durchschnitt im Bezirk des OLG Hamm.

Eine außergewöhnliche Verzögerung kann in Unterhaltssachen auf die Einholung von Sachverständigengutachten (z.B. wegen Klärung einer Krankheit oder relevanter Einkünfte bei einem Selbstständigen) oder bei mehrfachen gerichtlichen Maßnahmen zur Auskunftserlangung (§§ 1379, 1580, 1605 BGB) zurückzuführen sein.[256]

Das Vorliegen einer außergewöhnlichen Verzögerung reicht nicht aus, um eine Abtrennung einer Folgesache nach § 140 Abs. 2 S. 2 Nr. 5 FamFG zu rechtfertigen;[257] erforderlich ist vielmehr darüber hinaus eine für den Antragsteller unzumutbare Härte. Die Feststellung der unzumutbaren Härte erfolgt mittels einer Abwägung des Interesses des Antragstellers (entsprechend des Antragsgegners, wenn dieser den Abtrennungsantrag gestellt hat) an einer alsbaldigen Scheidung und des Interesses des Antragsgegners an einer Beibehaltung des Entscheidungsverbunds, d.h. einer gleichzeitigen Regelung der abzutrennenden Folgesachen.[258]

Im Rahmen der Abwägung der Interessen ist eine obstruktive Verfahrensverzögerung eines Beteiligten zu berücksichtigen.[259] Eine obstruktive Verfahrensverzögerung ist anzunehmen, wenn der Gegner seit einem nennenswerten Zeitraum eine Mitwirkung unterlässt oder der Gegner den Wunsch des die Scheidung Begehrenden durch eine zögerliche Verfahrensführung hintertreibt. 216

Ein überwiegendes Interesse des Antragstellers ist zu bejahen bei begrenzter Lebenserwartung des antragstellenden Ehegatten, der eine Wiederheirat beabsichtigt.[260] Ähnlich liegt es bei bevorstehender Geburt

252 OLG Hamm FamRZ 1992, 1086.
253 Vgl. Horndasch/Viefhues/*Roßmann*, § 140 Rn 27.
254 Z.B. BGH FamRZ 1988, 312; OLG Koblenz FamRZ 2008, 166, 167.
255 OLG Hamm FamRZ 2013, 2002, 2003.
256 SBW/*Roßmann*, § 140 Rn 32 ff.
257 OLG Düsseldorf FamRZ 2008, 1266.
258 OLG Koblenz NJW 2008, 2929.
259 OLG Hamm FamRZ 2013, 2002.
260 OLG Hamm FamRZ 2007, 651.

eines Kindes aus einer neuen Beziehung, insbesondere wenn gleichzeitig die wirtschaftliche Lage des anderen Ehegatten abgesichert ist und für das Beibehalten des Verbundes nur formale Gesichtspunkte vorgebracht werden.[261] In jedem Fall sind aber auch die Gründe des Beteiligten, der sich einer Abtrennung widersetzt, zu berücksichtigen. Ist eine Folgesache für diesen Beteiligten von besonderer Bedeutung – diese Annahme ist in der Regel bei nachehelichem Unterhalt zu rechtfertigen –, so wird eine Abtrennung nur im Ausnahmefall zuzulassen sein. Umgekehrt kann aber auch die Zustimmung zur Abtrennung des Antragsgegners im Rahmen der Abtrennungsentscheidung zu berücksichtigen sein. Allerdings ist zu berücksichtigen, dass die Abtrennung keinesfalls dispositiv ist, d.h. eine Abtrennung aufgrund einer Einigung der Beteiligten ist mit der zwingenden Regelung des § 137 Abs. 1 FamFG nicht zu vereinbaren.

cc) Abtrennung wegen Zusammenhangs mit einer Kindschaftsfolgesache, § 140 Abs. 3 FamFG

217 § 140 Abs. 3 FamFG begründet die Möglichkeit, im Fall der Abtrennung einer Kindschaftsfolgesache auch eine (abhängige) Unterhaltsfolgesache abzutrennen. Da die Sorgeentscheidung und der Kindes- sowie nacheheliche Unterhalt nach § 1570 BGB (Betreuungsunterhalt) häufig in einem sachlichen Zusammenhang stehen, d.h. die Entscheidung zum Kindes- und nachehelichen Unterhalt von der Sorgeentscheidung abhängt, ist die Regelung des § 140 Abs. 3 FamFG, d.h. die erweiterte Abtrennungsmöglichkeit für die unterhaltsrechtlichen Folgesachen gerechtfertigt.

dd) Abtrennungsbeschluss

218 § 140 Abs. 6 FamFG ordnet an, dass die Entscheidung über die Abtrennung in einem **gesonderten Beschluss** erfolgt. Sie kann also nicht als Teil der Endentscheidung, mit der die Scheidung ausgesprochen wird, ergehen.

Der Abtrennungsbeschluss ist nicht selbstständig anfechtbar, vgl. § 140 Abs. 6 S. 1 Hs. 2 FamFG. Dies bedeutet aber nicht, dass der die Abtrennung ablehnende Ehegatte keine rechtlichen Möglichkeiten hätte, sich gegen eine Abtrennung zu verteidigen. Der betreffende Ehegatte kann nämlich gegen den Scheidungsbeschluss, der zu Unrecht vor der Entscheidung über eine Folgesache ergangen ist, mit der Beschwerde vorgehen. Die Beschwerde kann darauf gestützt werden, die Vorwegentscheidung zu korrigieren und dadurch den Scheidungsverbund wiederherzustellen.[262]

Die Rechtsfolgen der Abtrennung ergeben sich aus § 137 Abs. 5 FamFG. § 137 Abs. 5 S. 1 FamFG bestimmt, dass die Eigenschaft als Folgesache für die Verfahren des § 137 Abs. 2 FamFG, d.h. eben auch für Unterhaltssachen, sofern sie die Unterhaltspflicht gegenüber einem gemeinschaftlichen Kind oder die durch Ehe begründete gesetzliche Unterhaltspflicht betreffen mit Ausnahme des vereinfachten Verfahrens über den Unterhalt Minderjähriger, wenn eine Entscheidung für den Fall der Scheidung zu treffen ist, auch nach einer Abtrennung fortbesteht; sie sind also nach wie vor keine selbstständige Familiensache, selbst wenn die Scheidung mittlerweile rechtskräftig geworden sein sollte.

C. Die Abänderung von Unterhaltstiteln

Sebastian Kubik

219 Unterhaltsansprüche werden zweckmäßigerweise als monatliche Geldrente festgelegt und tituliert. Dies geschieht vornehmlich durch gerichtliche Entscheidung nach § 113 Abs. 1 FamFG, § 258 ZPO, durch gerichtlichen Vergleich, durch Jugendamtsurkunde oder durch notarielle Urkunde. Bei all diesen Titulie-

261 BGH NJW 1987, 1772, 1773.
262 BGH FamRZ 2006, 1029.

rungsformen werden die gegenwärtigen Verhältnisse sowie deren prognostizierte Entwicklung zugrunde gelegt. Letzteres ist notwendig, da zum Zeitpunkt der Titulierung die künftigen Unterhaltsansprüche weder entstanden noch fällig sind.

I. Abänderungsvorschriften

Eine Veränderung der maßgeblichen Verhältnisse führt dazu, dass der titulierte Unterhaltsbetrag nicht 220
mehr der gegebenen Sach- und Rechtslage entspricht. Somit ist die Abänderung des jeweiligen Titels veranlasst.

Hierfür stehen nach dem FamFG drei Vorschriften zur Verfügung, welche für die verschiedenen Arten von Unterhaltstiteln jeweils verschiedene Anpassungsregeln enthalten:

- **§ 238 FamFG** – Abänderung gerichtlicher Entscheidungen
- **§ 239 FamFG** – Abänderung von Vergleichen und Urkunden
- **§ 240 FamFG** – Abänderung von Entscheidungen nach den §§ 237, 253 FamFG.

Demnach erfolgt die Abänderung von **gerichtlichen Entscheidungen** durch einen Antrag nach § 238 221
FamFG. Die Abänderung eines **gerichtlichen Vergleichs** oder einer **vollstreckbaren Urkunde** findet durch einen Antrag nach § 239 FamFG statt, während für **Unterhaltsentscheidungen** nach den **§§ 237, 253 FamFG** ein Antrag nach § 240 FamFG erforderlich ist. Die inhaltlichen Voraussetzungen der jeweiligen Vorschriften sind unterschiedlich ausgestaltet. Auch gilt es, eine strikte Abgrenzung dieser Abänderungsmöglichkeiten von weiteren möglichen, außerhalb des FamFG liegenden Möglichkeiten zur Abänderung oder Beseitigung von Unterhaltstiteln vorzunehmen.

Die Abänderung von Unterhaltstiteln ist in der Praxis von höchster Relevanz. Um Fehler in der anwaltlichen Arbeit zu vermeiden, sind grundlegende Kenntnisse des Abänderungsrechts unbedingt erforderlich.

II. Anwendungsbereich

Eine Abänderung kann gem. § 238 FamFG beantragt werden, wenn eine in der Hauptsache ergangene 222
Endentscheidung des Gerichts eine Verpflichtung zu wiederkehrenden Leistungen enthält. Hierunter fällt auch jede Art von Endurteilen, welche gem. den bis zum 31.8.2009 anzuwendenden zivilprozessualen Vorschriften ergangen sind.[263] Nicht statthaft ist der Antrag dagegen bei einem Beschluss, welcher im Verfahren der einstweiligen Anordnung erlassen worden ist. Dieser stellt zwar auch eine Endentscheidung dar, beinhaltet jedoch lediglich eine vorläufige Regelung, §§ 246 Abs. 1, 49 Abs. 1 FamFG.

Der Abänderungsantrag nach § 238 FamFG ermöglicht ausnahmsweise die Durchbrechung der Rechts- 223
kraft vorangegangener Unterhaltsentscheidungen.[264] Der Rechtsnatur nach handelt es sich um einen **verfahrensrechtlichen Gestaltungsantrag**, da die Entscheidung an die aktuell bestehende Rechtslage unter Berücksichtigung der eingetretenen Veränderung der entscheidungsrelevanten Verhältnisse angepasst wird.[265] Aber auch als Leistungsantrag kann die Abänderung nach § 238 FamFG angesehen werden, wenn die Entscheidung erneut eine Verpflichtung zur Unterhaltszahlung beinhaltet.[266]

Die Verpflichtung zur Zahlung von Unterhalt kann mit bindender Wirkung für die Zukunft auch durch gerichtlichen Vergleich nach § 794 Abs. 1 Nr. 1 ZPO oder vollstreckbare Urkunde festgelegt werden. Bei diesen Titeln kann ein Abänderungsantrag nach § 239 FamFG gestellt werden. Nach § 239 Abs. 2 FamFG richten sich die weiteren Voraussetzungen und der Umfang der Abänderung nach den Vorschriften des bürgerlichen Rechts.

263 BT-Drucks 16/6308, S. 359.
264 BGH NJW 1983, 22 = FamRZ 1983, 22; BGH NJW-RR 2001, 937 = FamRZ 2001, 1364.
265 BGH FamRZ 2005, 1479 = NJW 2005, 2313.
266 BGH FamRZ 2001, 1140, 1141; Wendl/*Schmitz*, § 10 Rn 138.

224 Die Abänderung von Vergleichen und Urkunden, welche auf einer Vereinbarung beruhen, erfolgt somit über die Regeln zur Störung der Geschäftsgrundlage (§ 313 BGB).

Bei Urkunden, welche einseitig errichtet wurden, ist allein eine Änderung der Sach- und Rechtslage für die Anpassung maßgeblich.[267] Der Abänderungsantrag kann sowohl vom Unterhaltsberechtigten als auch vom Unterhaltsverpflichteten gestellt werden.

Für den Fall der Abweisung eines auf die Zahlung von Unterhalt gerichteten Erstantrags wird keine Rechtskraftwirkung für die Zukunft erzeugt. Einer solchen Entscheidung liegt für die Zukunft keine sachliche Beurteilung nach den voraussichtlich in der Zukunft bestehenden Verhältnissen zugrunde.[268] Für einen Antrag nach § 238 FamFG besteht deshalb kein Bedarf, so dass ein **allgemeiner Leistungsantrag** gestellt werden kann.

Dieser ist auch die richtige Antragsart bei Vergleichen, durch welche ein Unterhalt nur für einen begrenzten Zeitraum festgelegt worden war oder in denen dem Unterhaltsgläubiger ein titulierter Unterhalt aberkannt wird.[269]

225 Bei einstweiligen Anordnungen besteht die Möglichkeit, eine Abänderung nach § 54 Abs. 1 FamFG zu beantragen. Außerdem kann nach § 52 Abs. 1 FamFG nach Erlass einer einstweiligen Anordnung auf Antrag eines Beteiligten das Hauptsacheverfahren eingeleitet werden. Nach § 52 Abs. 2 S. 3 FamFG hebt das Gericht die einstweilige Anordnung auf, wenn der Antragsteller nicht binnen einer zu bestimmenden Frist Antrag auf Einleitung des Hauptsacheverfahrens oder Antrag auf Bewilligung von Verfahrenskostenhilfe stellt. Die Fristbestimmung erfolgt nur auf Antrag, § 52 Abs. 2 S. 1 FamFG. Bei Abschluss des durch den jeweiligen Leistungsantrag eingeleiteten Hauptsacheverfahrens tritt die einstweilige Anordnung nach § 56 FamFG außer Kraft. Auch dieser Antrag kann sowohl vom Unterhaltsberechtigten als auch vom Unterhaltsverpflichteten gestellt werden.

III. Verfahrensgegenstand

226 Der Abänderungsantrag nach § 238 FamFG ist ein Mittel, um Titel über künftig fällig werdende, wiederkehrende Leistungen an eine nachträglich eingetretene Veränderung der Verhältnisse anzupassen, die für die Verpflichtung maßgebend war. Es handelt sich um einen prozessualen Anwendungsfall der clausula rebus sic stantibus.[270]

Die Bindungswirkung des früheren Titels bleibt bestehen, soweit dessen tatsächliche Grundlagen unverändert geblieben sind. Der mit dem Abänderungsverlangen befasste Richter darf über den Verfahrensgegenstand anlässlich der Anpassung des Titels an veränderte Verhältnisse nicht völlig neu befinden.[271] Erst recht kann mit dem Abänderungsantrag kein neuer Verfahrensgegenstand, über den in dem früheren Titel nicht befunden worden ist und für den dessen Beurteilungskriterien von vornherein nicht gelten, eingeführt werden. Lediglich aus Gründen der Billigkeit lässt nach h.M.[272] ein Abänderungsantrag nach § 238 FamFG die Durchbrechung der materiellen Rechtskraft zu (sog. **Billigkeitstheorie**). Vergleiche und Urkunden nach § 239 FamFG sind ohnehin nicht rechtskraftfähig.

267 BGH FamRZ 2008, 968, 970; BGH NJW 2003, 3770.
268 BGH FamRZ 2005, 101, 102 = NJW 2005, 142, 143.
269 BGH FamRZ 2013, 853, 856 = NJW 2013, 1530, 1532.
270 BGH FamRZ 1980, 1099, 1100 = NJW 1980, 2811, 2812.
271 BGH FamRZ 1979, 694; 1980, 771.
272 BGH FamRZ 1980, 1099, 1100 = NJW 1980, 2811, 2812.

IV. Zulässigkeit des Abänderungsantrags

1. Statthaftigkeit

Welche Antragsart statthaft ist, richtet sich nach dem Ziel der Rechtsverfolgung sowie dem jeweiligen Antragsgrund. 227

a) Abänderungsantrag oder Erstantrag (Zusatz-/Nachforderungsantrag)

Ob ein Abänderungsantrag oder ein Leistungsantrag zu stellen ist, richtet sich nach Art und Umfang des jeweiligen Titels. Im Gegensatz zum Abänderungsantrag besteht bei einem Leistungsantrag weder eine Bindungswirkung an früher getroffene Feststellungen noch eine Präklusion.[273] Entscheidend für die Wahl des statthaften Antrags ist, ob eine **Endentscheidung** des Gerichts die nach § 238 Abs. 1 S. 1 FamFG vorausgesetzte Verpflichtung zu künftig fällig werdenden wiederkehrenden Leistungen enthält und somit Rechtskraft für die Zukunft entfaltet.[274] 228

Diese Voraussetzung ist nicht erfüllt, wenn eine etwa wegen fehlender Bedürftigkeit oder Leistungsunfähigkeit **vollabweisende** Unterhaltsentscheidung vorliegt. Eine Prognosewirkung und somit Rechtskraft für die Zukunft entfaltet ein solcher Abweisungsbeschluss gerade nicht.[275] Ändert sich die Sach- und Rechtslage nach Schluss der Tatsachenverhandlung des vorausgegangenen Verfahrens, ist der Unterhaltsberechtigte nicht daran gehindert, erneut Unterhalt geltend zu machen. Grundlage des Antrags ist ein neuer Lebenssachverhalt, dem die Rechtskraft der vorausgegangenen Entscheidung nicht entgegensteht. Demnach ist der **Leistungsantrag nach § 113 Abs. 1 FamFG, §§ 253, 258 ZPO** ist der statthafte Rechtsbehelf.

Selbiges gilt bei einer **teilabweisenden** Entscheidung, welche zwar Unterhaltsrückstände zuspricht, einen Anspruch auf laufenden Unterhalt zum Schluss der letzten Tatsachenverhandlung jedoch verneint.[276] Eine Prognose über die in Zukunft voraussichtlich bestehenden Lebensverhältnisse wird gerade nicht getroffen, so dass auch hier dem **allgemeinen Leistungsantrag nach § 113 Abs. 1 FamFG, §§ 253, 258 ZPO** eine in die Zukunft reichende Rechtskraft nicht entgegensteht. 229

Spricht die **teilabweisende** Entscheidung dagegen Unterhalt für einen bestimmten künftigen Zeitraum zu und versagt einen Unterhaltsanspruch für den Folgezeitraum, etwa wegen Wegfalls der Bedürftigkeit, ist der **Abänderungsantrag nach § 238 FamFG** zu erheben.[277] Hier liegt die Prognose vor, dass die zukünftige Entwicklung zu einem Wegfall des Anspruchs führen werde. Die Rechtskraft dieser Prognose stünde dem allgemeinen Leistungsantrag entgegen.[278]

Wurde ein durch Entscheidung titulierter Unterhalt im Wege des Abänderungsverfahrens nach § 238 FamFG durch rechtskräftige Entscheidung teilweise oder völlig aberkannt, muss der Unterhaltsberechtigte für den Fall einer erneuten Geltendmachung ebenfalls einen **Abänderungsantrag nach § 238 FamFG** stellen.[279] Dies widerspricht eigentlich dem Wortlaut der Vorschrift. Jedoch stellt auch eine solche Abänderungsentscheidung den Rechtszustand für die Zukunft fest, da sie sowohl im Fall der teilweisen als auch vollständigen Reduzierung des Unterhalts eine Prognose über die künftige Entwicklung anstellt. Tritt in der Folge eine Änderung der für diese Prognose maßgeblichen Umstände ein, kann die erneute Anpassung der Entscheidung nur durch einen Abänderungsantrag nach § 238 FamFG herbeigeführt werden. 230

273 BGH FamRZ 2007, 983 = NJW 2007, 2249.
274 BGH FamRZ 2010, 1311 = NJW 2010, 2582.
275 BGH FamRZ 2007, 739; 2007, 983.
276 BGH FamRZ 2005, 101 = NJW 2005, 142.
277 BGH FamRZ 2005, 101 = NJW 2005, 142.
278 BGH FamRZ 2007, 983 = NJW 2007, 2249.
279 BGH FamRZ 2008, 872, 873 = NJW 2008, 1525, 1526.

Auch für die einen Abänderungsantrag abweisende Entscheidung, welche eine vorausgegangene, zum Unterhalt verpflichtende Entscheidung bestätigt, sind diese Grundsätze zu beachten. Wurde in der abweisenden Entscheidung die im ursprünglichen Verfahren getroffene Prognose aktualisiert und die künftige Entwicklung der Verhältnisse vorausschauend berücksichtigt, liegt darin eine für die Überprüfung einer etwaigen Präklusion nach § 238 Abs. 2 FamFG maßgebliche Hauptsacheentscheidung des Gerichts im Sinne von § 238 Abs. 1 FamFG.[280] Zur Abänderung ist die Geltendmachung einer abweichenden Entwicklung der für die Prognose maßgeblichen Verhältnisse erforderlich, weshalb ein neuer **Abänderungsantrag** zu stellen ist.

231 Stellt eine als Erstentscheidung ergangene **Feststellungsentscheidung** fest, dass eine Verpflichtung zum Unterhalt nicht besteht, ist wie im Falle der Abweisung eines Leistungsantrags zu verfahren. Der Unterhaltsberechtigte muss einen **Leistungsantrag nach § 113 Abs. 1 FamFG, §§ 253, 258 ZPO** stellen, diesen jedoch auf eine wesentliche Änderung der Sach- und Rechtslage stützen, um die entgegenstehende Rechtskraft der Erstentscheidung zu durchbrechen.[281]

232 Die Abweisung eines Feststellungsantrags ist dagegen wie eine Entscheidung zu behandeln, welche eine Verpflichtung zu künftig fällig werdenden wiederkehrenden Leistungen im Sinne des § 238 Abs. 1 FamFG enthält. Statthafter Rechtsbehelf ist hier für beide Beteiligte der Abänderungsantrag.[282]

Wurde in einem gerichtlichen Vergleich die Unterhaltsverpflichtung nur für einen befristeten Zeitraum vereinbart, weil die Beteiligten von einem Wegfall des Unterhaltsanspruchs für die Zeit danach mangels Bedürftigkeit ausgingen, kann der erneut Unterhalt Begehrende einen **allgemeinen Leistungsantrag nach § 113 Abs. 1 FamFG, §§ 253, 258 ZPO** stellen.[283]

233 Dieser ist auch die richtige Antragsart bei **Vergleichen**, in denen dem Unterhaltsgläubiger ein titulierter **Unterhalt aberkannt** wird.[284] Nach § 239 Abs. 1 S. 1 FamFG kann nämlich jeder Teil die Abänderung eines Vergleiches nach § 794 Abs. 1 Nr. 1 ZPO oder einer vollstreckbaren Urkunde nur dann beantragen, wenn diese eine Verpflichtung zu künftig fällig werdenden Leistungen enthält. Mit dieser Regelung hat der Gesetzgeber keine vom früheren Rechtszustand abweichende Rechtslage schaffen wollen.[285] Demnach erfasst § 239 Abs. 1 S. 1 FamFG gerade nicht die Fälle, in denen für die Zukunft keine Leistungspflicht festgelegt worden ist. Eine analoge Anwendung kommt nicht in Betracht.[286] Denn auch wenn die Beteiligten mit der getroffenen Regelung zum Ausdruck bringen wollten, dass für die Zukunft kein Unterhaltsanspruch mehr besteht, beschränkt sich die Vereinbarung auf den materiellen Anspruch; sein Nichtbestehen ist nicht rechtskräftig festgestellt.[287]

234 Dagegen ist eine **Abänderung nach § 238 FamFG** geboten, wenn in einem vorangegangenen Verfahren ein **Vergleich** oder eine **vollstreckbare Urkunde** durch Beschluss abgeändert wurde. Das Abänderungsbegehren richtet sich hier gegen eine in der Hauptsache ergangene Endentscheidung des Gerichts.[288]

Haben die Beteiligten in einem Vorverfahren einen **Vergleich über die Abänderung** einer Endentscheidung geschlossen, kann eine weitere Abänderung nur unter den Voraussetzungen des **§ 239 FamFG** erfolgen.

Ob ein über die Erstentscheidung hinausgehender zusätzlicher Unterhalt mit einem Leistungsantrag nach § 113 Abs. 1 FamFG, §§ 253, 258 ZPO oder mit einem Abänderungsantrag verfolgt werden muss, hängt

280 BGH FamRZ 2012, 288 = NJW 2012, 923.
281 BGH FamRZ 1990, 863, 864.
282 OLG Hamm FamRZ 2000, 544.
283 BGH FamRZ 2007, 983 = NJW 2007, 2249.
284 BGH FamRZ 2013, 853, 856 = NJW 2013, 1530, 1532.
285 BT-Drucks 16/6308, S. 258.
286 BGH FamRZ 2013, 853, 856 = NJW 2013, 1530, 1532.
287 BGH FamRZ 2007, 983 = NJW 2007, 2249.
288 BGH FamRZ 1992, 162 = NJW 1992, 364.

davon ab, ob dieser zusätzliche Unterhaltsbetrag bereits verfahrensgegenständlich war. Nach Ansicht des BGH[289] spricht im Zweifel eine Vermutung dafür, dass im vorausgegangenen Verfahren vollumfänglich Unterhalt geltend gemacht worden sei. Demnach kann ein nachträglicher Unterhalt nur unter den Voraussetzungen eines **Abänderungsantrags** geltend gemacht werden.[290]

Wenn z.B. im Ausgangsverfahren Unterhalt ohne nähere Aufschlüsselung in Elementar- und Vorsorgeunterhalt verfolgt wurde, kann ein Vorsorgeunterhalt nicht mehr nachträglich geltend gemacht werden. Der Anspruch auf Vorsorgeunterhalt stellt keinen eigenständigen Anspruch dar, sondern ist nur Teil des einheitlichen den gesamten Lebensbedarf betreffenden Unterhaltsanspruchs.[291] Wegen dieser Einheitlichkeit ist die Entscheidung im vorausgegangenen Verfahren somit über den gesamten Unterhalt ergangen. Ein **Zusatzantrag** wäre **unzulässig**. Die **Umdeutung** eines unzulässigen Nachforderungsantrags in einen (zulässigen) Abänderungsantrag ist aber grundsätzlich möglich, wenn die Antragsbegründung die abzuändernde Endentscheidung bezeichnet und im Übrigen den **Anforderungen des § 238 Abs. 1 Satz 2 FamFG** genügt.[292] **235**

Beruht die stattgebende Endentscheidung dagegen auf einem **Teilantrag** des Unterhaltsberechtigten und hat sich dieser **offensichtlich erkennbar** eine Nachforderung vorbehalten, war der anschließend geforderte zusätzliche Unterhaltsbetrag nicht Gegenstand des vorausgegangenen Verfahrens. Das ist z.B. der Fall, wenn im Vorverfahren lediglich der über den freiwillig gezahlten Unterhaltsbetrag hinausgehende Betrag geltend gemacht und tituliert wurde.[293] Für die anschließende Geltendmachung einer Mehrforderung ist der Nachforderungsantrag in Form des **allgemeinen Leistungsantrags nach § 113 Abs. 1 FamFG, §§ 253, 258 ZPO** der statthafte Rechtsbehelf.[294]

b) Abänderungsantrag oder Vollstreckungsabwehrantrag

Das Verhältnis des Abänderungsantrags nach § 238 FamFG zum Vollstreckungsabwehrantrag nach § 767 ZPO ist problematisch. Die Abgrenzung ist nicht immer eindeutig zu vollziehen,[295] jedoch aus praktischen Gründen geboten. Da beide Verfahren mit unterschiedlichen Mitteln unterschiedliche Ziele verfolgen, **schließen sich** der Abänderungsantrag und der Vollstreckungsabwehrantrag grundsätzlich **gegenseitig aus**.[296] **236**

Der Vollstreckungsabwehrantrag wendet sich gegen die Zwangsvollstreckung aus dem jeweiligen Unterhaltstitel. Voraussetzung ist das Vorliegen einer **rechtsvernichtenden Einwendung oder einer rechtshemmenden Einrede**. Ziel ist, dass die Zwangsvollstreckung für unzulässig erklärt wird. Dies ist der Fall, wenn der titulierte Anspruch bereits wegen materiell-rechtlicher Einwendungen oder Einreden inzwischen erloschen oder gehemmt ist. Dieser Antrag kann deshalb nur vom Unterhaltsverpflichteten gestellt werden. Es handelt sich um einen **Gestaltungsantrag**, bei der darauf ergehenden Entscheidung um eine Gestaltungsentscheidung.[297]

Entscheidend für die Abgrenzung ist somit die Art der Einwendung. **237**

Der Vollstreckungsabwehrantrag betrifft alle **punktuellen** Gründe, welche den Anspruch mit unmittelbarer Wirkung und unabhängig von seiner Abänderbarkeit gemindert bzw. vernichtet haben.

289 BGH FamRZ 2009, 314 = NJW 2009, 1410.
290 BGH FamRZ 1985, 690 = NJW 1985, 1701.
291 BGH FamRZ 2012, 947 = NJW 2012, 1578.
292 BGH FamRZ 2015, 309, 311 = NJW 2015, 334, 336.
293 BGH FamRZ 1995, 729; 1986, 661.
294 BGH FamRZ 1995, 729, 730.
295 BGH FamRZ 1982, 470, 471 = NJW 1982, 1147, 1148.
296 BGH FamRZ 2005, 1479 = NJW 2005, 2313.
297 BGH NJW 1957, 23.

Nach der gängigen Rechtsprechung zählen hierzu insbesondere

- der Schulderlass, Verzicht oder Vollstreckungsverzicht;[298]
- die Stundung, Verjährung und Verwirkung;[299]
- der Wegfall des Anspruchs auf Getrenntlebensunterhalt, wenn nach Rechtskraft der
- Ehescheidung die Zwangsvollstreckung fortgesetzt wird;[300]
- die Wiederverheiratung und Begründung einer Lebenspartnerschaft nach § 1586 BGB;
- der Eintritt der Volljährigkeit des Kindes oder die Änderung der elterlichen Sorge, wenn
- trotz Wegfalls der elterlichen Verfahrensstandschaft weiter vollstreckt wird;[301]
- die fehlende Vollstreckbarkeit des Titels wegen unbestimmter Anrechnungsklausel;[302]
- die Erfüllung (Tilgung) oder entsprechende Erfüllungssurrogate;[303]
- der Einwand des Nichtbestehens der Vaterschaft nach § 1599 BGB durch den Scheinvater.[304]

238 Die **zeitliche Begrenzung des Unterhalts nach § 1578b BGB** ist dagegen nicht zu § 767 ZPO, sondern zu § 238 FamFG zu rechnen, weil es sich nicht um eine rechtsvernichtende Einwendung handelt.[305] Im Gegensatz zum Verfahren nach § 767 ZPO, in welchem lediglich eine in zeitlicher und sachlicher Hinsicht punktuelle Prüfung erfolgt, erfordert die Unterhaltsbestimmung unter Berücksichtigung des § 1578b BGB eine umfassende Würdigung der gegebenen Verhältnisse und ihrer voraussichtlichen künftigen Entwicklung. Ebenso ist ein **Abänderungsantrag nach § 238 FamFG** zu erheben, wenn ein zwischenzeitlich **eingetretener Rentenbezug** beim Unterhaltsberechtigten dessen Bedürftigkeit mindert.[306] Auch hier wäre es unbillig, die eingetretene Änderung in einem Verfahren abzuhandeln, in dem nicht über den Unterhaltsanspruch selbst, sondern lediglich über die begehrte Erklärung der Zwangsvollstreckung als unzulässig entschieden wird.

Nach § 238 Abs. 3 S. 1 FamFG ist die Abänderung zulässig für die Zeit ab Rechtshängigkeit des Antrags. Führen nachträgliche Rentenzahlungen an den Unterhaltsberechtigten dazu, dass es zu einer Überzahlung für einen vor Rechtshängigkeit liegenden Zeitraum gekommen ist, kommt ein **auf § 242 BGB beruhender Erstattungsanspruch** in Betracht. Dessen Höhe bemisst sich danach, inwieweit sich der Unterhaltsanspruch reduziert hätte, wenn die Rente schon während des betroffenen Zeitraums gezahlt worden wäre.[307]

239 Bei der Verwirkung nach §§ 1611, 1579 BGB hat der BGH[308] **sowohl** den Vollstreckungsabwehrantrag **als auch** einen Abänderungsantrag für **zulässig** erachtet. Grundsätzlich ist die Verwirkung eine rechtsvernichtende Einwendung,[309] weshalb stets der Anwendungsbereich des Vollstreckungsabwehrantrags nach § 120 Abs. 1 FamFG, § 767 ZPO eröffnet ist. Da bei der zu treffenden Entscheidung auch die Auswirkung der stets wandelbaren wirtschaftlichen Verhältnisse auf die Unterhaltsverpflichtung zu berücksichtigen sein kann, besteht für diesen Fall auch eine Abänderungsmöglichkeit nach den §§ 238, 239 und 240 FamFG.

Werden beide Anträge **kumulativ** erhoben, handelt es sich um eine **objektive Antragshäufung nach § 260 ZPO**.

298 BGH FamRZ 1979, 573 = NJW 1979, 1752.
299 BGH FamRZ 1987, 259.
300 BGH FamRZ 1999, 1497.
301 OLG München FamRZ 1997, 1493.
302 BGH FamRZ 2006, 261 = NJW 2006, 695.
303 BGH FamRZ 1984, 470 = NJW 1984, 2826.
304 Wendl/*Schmitz*, § 10 Rn 154.
305 BGH FamRZ 2000, 1499; 2001, 905.
306 BGH FamRZ 2005, 1479 = NJW 2005, 2313.
307 BGH FamRZ 1990, 269, 272 = NJW 1990, 709, 712.
308 BGH FamRZ 1990, 1095.
309 BGH FamRZ 1991, 1175.

Zulässigkeitsvoraussetzung ist somit die gleiche Zuständigkeit des angegangenen Gerichts. Diese richtet sich beim Vollstreckungsabwehrantrag nach § 120 Abs. 1 FamFG, § 767 Abs. 1, 802 ZPO. **Ausschließlich** zuständig ist das **Verfahrensgericht des ersten Rechtszuges**. 240

Dagegen knüpft die Zuständigkeit beim Abänderungsantrag nach § 232 Abs. 3 FamFG i.V.m. §§ 12, 13 ZPO an den **allgemeinen Gerichtsstand des Antragsgegners** an, soweit keine ausschließliche Zuständigkeit nach § 232 Abs. 1 FamFG gegeben ist. Hat sich z.B. der gewöhnliche Aufenthalt des Antragsgegners nach abgeschlossenem Erstverfahren geändert, ist eine Antragshäufung mangels gemeinsamer örtlicher Zuständigkeit nicht möglich.

Im Hinblick auf die teils schwierige Abgrenzungsproblematik hat es der BGH[310] aus **Gründen der Verfahrensökonomie** für zulässig erachtet, Abänderungsantrag und Vollstreckungsabwehrantrag unter der Voraussetzung der Zulässigkeit der Antragshäufung nach § 260 ZPO in einem Hilfsverhältnis als **Haupt- und Hilfsantrag** zu erheben. 241

Wird ein unzulässiger Abänderungsantrag erhoben, kann dieser in entsprechender Anwendung des **§ 140 BGB** in einen zulässigen Vollstreckungsabwehrantrag **umgedeutet** werden und umgekehrt.[311] In diesem Zusammenhang ist das Gericht gegebenenfalls gehalten, nach § 139 ZPO auf die Stellung der zur Erreichung des jeweiligen Zieles sachdienlichen Anträge hinzuwirken.[312]

c) Abänderungsantrag oder negativer Feststellungsantrag

Der Abänderungsantrag richtet sich nach § 238 Abs. 1 S. 1 FamFG gegen **in der Hauptsache ergangene Endentscheidungen** des Gerichts, nach § 239 Abs. 1 S. 1 FamFG gegen **gerichtliche Vergleiche und vollstreckbare Urkunden** oder nach § 240 Abs. 1 FamFG gegen **rechtskräftige Endentscheidungen nach §§ 237, 253 FamFG**. 242

Der **negative Feststellungsantrag** musste nach dem bis zum 31.8.2009 geltenden Verfahrensrecht zur Beseitigung einstweiliger Anordnungen erhoben werden, welche nach § 620 Nr. 4 und 6 ZPO a.F. im Scheidungsverfahren erlassen wurden. **Nicht statthaft** dagegen war ein solcher Antrag bei einstweiligen Anordnungen nach § 644 ZPO a.F. Solche einstweiligen Anordnungen stellten lediglich unselbstständige Verfahren innerhalb eines Hauptsacheverfahrens dar und betrafen denselben Verfahrensgegenstand. Für den Feststellungsantrag fehlte somit das notwendige Feststellungsinteresse.

Aufgrund der im FamFG geregelten **Verselbstständigung** des einstweiligen Anordnungsverfahrens besteht für einen negativen Feststellungsantrag kein Bedarf mehr. Eine Abänderung kann nun nach **§ 52 Abs. 2 FamFG** durch einen Antrag des Unterhaltsverpflichteten auf **Einleitung des Hauptsacheverfahrens** durch den Unterhaltsberechtigten herbeigeführt werden. Gegen die in der Hauptsache ergangenen Unterhaltsentscheidungen ist bei einer Veränderung der maßgeblichen Verhältnisse die Abänderung nach § 238 FamFG der statthafte Antrag. 243

Für einen negativen Feststellungsantrag besteht deshalb in diesen Fällen kein Rechtsschutzbedürfnis.

d) Abänderungsantrag oder Rechtsmittel

Beruht eine gerichtliche Endentscheidung auf einer unrichtigen Bewertung der für die Unterhaltsbestimmung maßgeblichen Verhältnisse, ist die **Beschwerde** nach §§ 58 ff. FamFG der statthafte Rechtsbehelf. Der Abänderungsantrag dient schließlich nicht der Fehlerkorrektur, sondern nach § 238 Abs. 4 FamFG der Anpassung der vorausgegangenen Entscheidung **unter Wahrung ihrer Grundlagen**. Haben sich jedoch nach Schluss der Tatsachenverhandlung die der Entscheidung zugrundeliegenden tatsächlichen oder rechtlichen Verhältnisse innerhalb der Beschwerdefrist wesentlich geändert, besteht ein **Wahlrecht** zwischen Abänderungsantrag und Beschwerde.[313] 244

310 BGH FamRZ 2001, 282.
311 OLG Brandenburg FamRZ 2002, 1193.
312 BGH FamRZ 2006, 261 = NJW 2006, 695.
313 BGH FamRZ 1996, 341.

245 Dies gilt nicht, wenn eine Beschwerde bereits anhängig ist. Für diesen Fall sind alle nach Schluss der Tatsachenverhandlung eingetretenen Änderungen im Rahmen der Beschwerde und gegebenenfalls im Wege der Antragserweiterung vorzubringen.[314]

Ist der Beschwerdegegner zur Abänderung berechtigt, kann er diese nur durch eine **Anschlussbeschwerde** nach § 66 FamFG herbeiführen.[315] Die Anschließungsfrist nach § 117 Abs. 2 FamFG, § 524 Abs. 2 S. 2 ZPO gilt nach § 524 Abs. 2 S. 3 FamFG nicht, da die Anschließung eine Verpflichtung zu künftig fällig werdenden wiederkehrenden Leistungen zum Gegenstand hat. Der BGH[316] folgert aus dieser Formulierung die Möglichkeit des Beschwerdegegners, mit der **Anschlussbeschwerde** noch Änderungen der Verhältnisse geltend zu machen, welche schon **vor** Schluss der Tatsachenverhandlung des vorausgegangenen Verfahrens gegeben waren.

Macht der Beschwerdegegner von der Möglichkeit einer Anschlussbeschwerde keinen Gebrauch, ist ein nach Abschluss des Beschwerdeverfahrens erhobener Abänderungsantrag **unzulässig**.[317]

246 Wird die Beschwerde zurückgenommen oder als unzulässig verworfen, verliert die Anschließung nach § 524 Abs. 4 ZPO ihre Wirkung. Für diesen Fall kann der Abänderungsberechtigte einen neuen Abänderungsantrag stellen, wobei dieser behandelt wird, als sei er bereits zum Zeitpunkt der Anschließung gestellt worden.[318]

Solange bei einem Versäumnisbeschluss die **Möglichkeit des Einspruchs** besteht, ist ein Abänderungsantrag wegen § 238 Abs. 2 FamFG **unzulässig**. Ein Abänderungsantrag ist neben der Rechtsbeschwerde stets zulässig. Diese kann nach § 72 Abs. 1 S. 1 FamFG nur darauf gestützt werden, dass die angefochtene Entscheidung auf einer Verletzung des Rechts beruht. Eine wesentliche Veränderung der tatsächlichen oder rechtlichen Verhältnisse kann mit der Rechtsbeschwerde gerade nicht geltend gemacht werden. Bis zum Abschluss des Erstverfahrens ist das Abänderungsverfahren **auszusetzen**.

e) Abänderungsantrag oder Rückforderungs-/Schadensersatzantrag

247 Nach § 241 FamFG steht die Rechtshängigkeit eines auf Herabsetzung gerichteten Abänderungsantrags bei der Anwendung des § 818 Abs. 4 BGB der Rechtshängigkeit einer Klage auf Rückzahlung der geleisteten Beträge gleich.

Nach der bis zum 31.8.2009 geltenden Rechtslage führten ein auf Herabsetzung gerichteter Abänderungsantrag, ein Vollstreckungsabwehrantrag oder ein negativer Feststellungsantrag bei Rückforderung überzahlter Unterhaltsbeträge nicht zu einer **verschärften Bereicherungshaftung** des Empfängers.

Sofern der zur Rückzahlung Verpflichtete nicht verschärft haftete, stand ihm oftmals der **Entreicherungseinwand des § 818 Abs. 3 BGB** mit der Folge zu, dass ein Bereicherungsanspruch ausscheidet. Zur Herbeiführung der verschärften Haftung war es erforderlich, zusätzlich zum Abänderungsantrag einen auf Rückzahlung gerichteten gesonderten Leistungsantrag zu erheben. Das Erfordernis dieses zweigleisigen Vorgehens entfällt durch § 241 FamFG.

248 Zuviel geleisteter Unterhalt für den **Zeitraum ab Rechtshängigkeit** eines Abänderungsantrags kann nunmehr zurückgefordert werden, ohne dass der Entreicherungseinwand nach § 818 Abs. 3 BGB vom Unterhaltsempfänger erhoben werden kann. Eines Rückzahlungsantrags bedarf es nicht mehr.

Für den **Zeitraum vor Rechtshängigkeit** gilt § 241 FamFG nicht. Aufgrund der **Rückwirkungssperre** des § 238 Abs. 3 S. 1 FamFG ist eine Abänderung bei einer Endentscheidung zwar ohnehin nur eingeschränkt möglich, nicht aber bei einer gerichtlichen Unterhaltsvereinbarung. Auch wenn diese rückwir-

314 Wendl/*Schmitz*, § 10 Rn 173.
315 BGH FamRZ 1988, 601 = NJW 1988, 1735.
316 BGH FamRZ 2009, 579 = NJW 2009, 1271.
317 BGH FamRZ 1986, 43 = NJW 1983, 383.
318 BGH FamRZ 1988, 601 = NJW 1735.

kend abgeändert werden kann, sieht sich der Abänderungsberechtigte regelmäßig dem Entreicherungseinwand nach § 818 Abs. 3 BGB ausgesetzt.

§ 241 FamFG bezieht sich ausschließlich auf Abänderungsanträge nach §§ 238, 239, 240 FamFG. Gegen einen Unterhaltstitel aus einer einstweiligen Anordnung ist ein solches Abänderungsverfahren nicht statthaft. Hier ist der Unterhaltsverpflichtete auf die Einleitung eines Hauptsachverfahrens nach § 52 Abs. 2 FamFG, auf einen Aufhebungs- bzw. Änderungsantrag nach § 54 FamFG oder einen negativen Feststellungsantrag nach § 256 ZPO angewiesen. 249

Um die verschärfte Haftung des Unterhaltsempfängers nach § 818 Abs. 4 BGB herbeizuführen, muss zusätzlich ein **gesonderter Rückforderungsantrag** gestellt werden. Im Hinblick auf den eindeutigen Gesetzeswortlaut kommt entgegen einer z.T. in der Literatur vertretenen Ansicht[319] eine **analoge Anwendung des § 241 FamFG** nicht in Betracht. Hat ein Unterhaltsberechtigter im gerichtlichen Verfahren vorsätzlich falsche Angaben zu seinem Einkommen gemacht, besteht ein Anspruch des Unterhaltsverpflichteten auf **Schadensersatz nach § 823 Abs. 2 BGB i.V.m. § 263 StGB**.[320] 250

Wenn **vorsätzlich und sittenwidrig** aus einem unrichtig gewordenen Vollstreckungstitel vollstreckt wurde, kommt sogar ein Anspruch nach **§ 826 BGB** in Betracht.[321] Ein der Rückforderung vorausgehendes Abänderungsverfahren ist hier nicht notwendig.

2. Allgemeine Verfahrensvoraussetzungen

a) Zuständigkeit

Sowohl bei Anträgen nach § 238 FamFG für Unterhaltsentscheidungen als auch bei Anträgen nach § 239 FamFG für gerichtliche Vergleiche und vollstreckbare Urkunden müssen die allgemeinen Verfahrensvoraussetzungen eines Abänderungsantrags vorliegen. 251

Die **örtliche Zuständigkeit** richtet sich nach § 232 FamFG. Nach § 232 Abs. 1 Nr. 1 FamFG ist das Gericht der Ehesache **ausschließlich** zuständig für Unterhaltssachen, welche die Unterhaltspflicht für ein gemeinschaftliches Kind der Ehegatten oder die durch die Ehe begründete Unterhaltspflicht betreffen.

Für Verfahren, die den Kindesunterhalt betreffen und für die eine Zuständigkeit nach Nr. 1 nicht gegeben ist, sieht § 232 Abs. 1 Nr. 2 FamFG die Zuständigkeit des Gerichts vor, in dessen Bezirk das Kind oder der zuständige Elternteil seinen gewöhnlichen Aufenthalt hat. Es entspricht einem praktischen Bedürfnis, dass nunmehr auch die nach § 1603 Abs. 1 S. 2 BGB privilegierten volljährigen Kinder einbezogen sind.[322] 252

§ 232 Abs. 2 FamFG bestimmt den Vorrang dieser **ausschließlichen Zuständigkeit** gegenüber anderen ausschließlichen Gerichtsständen, wie z.B. nach§§ 767 Abs. 1, 802 ZPO. § 232 Abs. 3 S. 1 FamFG verweist für den Fall, dass eine Zuständigkeit nach Abs. 1 nicht besteht, auf die Vorschriften der ZPO mit der Maßgabe, dass in den Vorschriften über den allgemeinen Gerichtsstand der gewöhnliche Aufenthalt an die Stelle des Wohnsitzes tritt. Unter den Voraussetzungen des § 232 Abs. 3 S. 2 FamFG besteht außerdem ein **Wahlgerichtsstand**.

Die **sachliche Zuständigkeit** der Amtsgerichte ergibt sich nach § 23a Abs. 1 S. 1 Nr. 1 FamFG. 253

Nach § 114 Abs. 1 i.V.m. § 112 Nr. 1 FamFG besteht für das Abänderungsverfahren **Anwaltszwang**.

319 Zöller/*Lorenz*, § 241 FamFG Rn 4.
320 BGH FamRZ 2000, 153 = NJW 1999, 2804.
321 BGH FamRZ 1988, 270 = NJW 1988, 1965.
322 BT-Drucks 16/6308, S. 255.

b) Abschluss des vorausgegangenen Verfahrens

254 Der Abänderungsantrag ist nur insoweit zulässig, als die Gründe, auf die er gestützt wird, erst nach dem Schluss der mündlichen Verhandlung, in der eine Antragserweiterung oder die Geltendmachung von Einwendungen spätestens hätte erfolgen müssen, entstanden sind.[323]

Auf die Rechtskraft der Endentscheidung im vorausgegangenen Verfahren kommt es nicht an.[324] Vielmehr werden auch die Fälle erfasst, in denen über den Verfahrensgegenstand noch nicht rechtskräftig entschieden war, bevor die maßgebliche Änderung eintrat.[325]

255 Legt der Gegner jedoch Beschwerde ein, muss der Abänderungsberechtigte zunächst **Anschlussbeschwerde nach § 66 FamFG** einlegen.[326] Bis zum rechtskräftigen Abschluss ist ein ggf. zuvor eingeleitetes Abänderungsverfahren nach § 113 Abs. 1 S. 2 FamFG, § 148 ZPO **auszusetzen**. Für den Fall, dass die Anschließung nach § 66 S. 2 FamFG ihre Wirkung verliert, wenn die Beschwerde zurückgenommen oder als unzulässig verworfen wird, kann der Abänderungsberechtigte einen neuen Abänderungsantrag stellen. Für die Wirkung dieses neuen Antrages ist der Zeitpunkt der Anschließung entscheidend.[327]

Liegt gegen einen Beteiligten bereits eine **rechtskräftige Teilentscheidung** aus dem vorausgegangenen Verfahren vor und ergeben sich während des Beschwerdeverfahrens über die Endentscheidung Umstände, welche eine Abänderung der rechtskräftigen Teilentscheidung rechtfertigen würden, besteht nach Ansicht des BGH[328] ein **Wahlrecht**. Diese Umstände kann der Abänderungsberechtigte aus Gründen der **Verfahrensökonomie** entweder mittels eines Abänderungsantrages im Rahmen des Beschwerdeverfahrens geltend machen oder aber einen selbstständigen Abänderungsantrag erheben, ohne dass § 238 Abs. 2 FamFG entgegensteht.

256 Gegenläufige Abänderungsverfahren betreffen den gleichen Verfahrensgegenstand. Die Rechtshängigkeit des zeitlich zuvor gestellten Abänderungsantrages macht einen **gegenläufigen Antrag** nach § 113 Abs. 1 S. 2 FamFG, § 261 Abs. 3 Nr. 1 ZPO **unzulässig**.

Dieser kann dann jedoch in Form eines **Widerantrags** nach §§ 113 Abs. 1 S. 2, 33 ZPO im Erstverfahren erfolgen.[329]

c) Rechtsschutzbedürfnis

257 Das notwendige **Rechtsschutzbedürfnis** für einen Abänderungsantrag liegt vor, wenn der Unterhaltsberechtigte aus einem Titel zwar nicht vollstreckt, jedoch lediglich erklärt, derzeit keinen Unterhalt zu verlangen.[330] Das Rechtsschutzbedürfnis des Unterhaltsverpflichteten für einen Abänderungsantrag entfällt erst dann, wenn aus dem Titel, dessen Abänderung begehrt wird, nicht mehr vollstreckt werden kann, weil z.B. die Herausgabe des Titels erfolgt ist.[331] Ein Abänderungsantrag setzt gerade voraus, dass der Titel der Zwangsvollstreckung überhaupt noch zugänglich ist.

Diese Voraussetzung ist nicht erfüllt, wenn der Unterhaltsberechtigte die Herausgabe verweigert und lediglich einen **widerruflichen Vollstreckungsverzicht** bis zu dem Zeitpunkt erklärt, in dem sich die maßgeblichen Verhältnisse wieder ändern.[332]

258 Gibt der Unterhaltsberechtigte den Titel nicht zurück, weil er zwar ab einem bestimmten Zeitpunkt auf die Zwangsvollstreckung verzichtet, den Titel aber noch zur Zwangsvollstreckung von früheren offenen Un-

323 BGH FamRZ 1986, 43 = NJW 1986, 383.
324 Zöller/*Vollkommer*, § 323 Rn 13.
325 BGH FamRZ 1993, 941 = NJW 1993, 1795.
326 BGH FamRZ 2009, 579 = NJW 2009, 1271.
327 BGH FamRZ 1988, 601 = NJW 1988, 1735.
328 BGH FamRZ 1993, 941 = NJW 1993, 1795.
329 BGH FamRZ 1998, 99 = NJW 1998, 161.
330 OLG Saarbrücken FamRZ 2009, 1938.
331 OLG München FamRZ 1999, 942.
332 OLG Karlsruhe FamRZ 2006, 630.

terhaltsrückständen benötigt, genügt statt der Rückgabe des Titels ausnahmsweise die Erklärung, ab einem bestimmten Zeitpunkt nicht mehr zu vollstrecken.[333] Für diesen Fall besteht kein Rechtsschutzbedürfnis des Unterhaltsverpflichteten.

Wurde zwischen den Beteiligten ein **außergerichtlicher teilweiser Vollstreckungsverzicht** vereinbart, besteht ein Rechtsschutzbedürfnis nur noch für den nicht vom Teilverzicht umfassten Unterhaltsbetrag.[334]

Ein minderjähriges Kind hat ein Rechtsschutzbedürfnis für die Errichtung eines unbefristeten Titels über 259
zu zahlenden Kindesunterhalt, also eines Titels, der nicht auf die Zeit der Minderjährigkeit begrenzt ist. Es kann eine Abänderung dahingehend verlangen, dass eine bis zur Volljährigkeit befristete Verpflichtung in eine unbefristete Verpflichtung geändert wird.[335] Somit kann das minderjährige Kind die Abänderung einer befristeten Jugendamtsurkunde nach den Grundsätzen des § 239 FamFG verlangen, auch wenn sich dadurch der Zahlbetrag nach der aktuellen Altersstufe nicht ändert. Dem Abänderungsbegehren steht nicht entgegen, wenn ein Kind infolge seiner Schwerbehinderung und dadurch bedingten Erwerbsunfähigkeit mit Erreichen der Volljährigkeit voraussichtlich bedarfsdeckende Leistungen der Grundsicherung i.S.v. §§ 41 ff. SGB XII sowie Hilfen zu Pflege nach § 61 SGB XII wird beanspruchen können.[336]

d) Rechtsschutzform

Das Abänderungsbegehren kann nur durch entsprechenden **Antrag** geltend gemacht werden. Die Erhe- 260
bung einer Einrede ist nicht ausreichend, um eine Abänderung herbeizuführen. Sie ist lediglich geeignet, dem Abänderungsbegehren entgegenzutreten.

Zur **Vermeidung der Ausschlusswirkung** nach § 238 Abs. 2 FamFG ist der ebenfalls eine Abänderung begehrende Antragsgegner gehalten, einen **Widerantrag** zu stellen (siehe Rdn 256).

Hinweis 261

Wird der eigene Mandant als Unterhaltspflichtiger in einem Abänderungsverfahren auf eine Erhöhung des Unterhalts in Anspruch genommen, muss im Rahmen der Verteidigungsmöglichkeiten auch die Möglichkeit einer Herabsetzung geprüft werden. Dies erscheint zunächst selbstverständlich. In der Praxis wird jedoch bei Vorliegen der Voraussetzungen einer Herabsetzung oft vergessen, einen eigenen Antrag für den Mandanten in Form des Abänderungswiderantrags zu stellen. Unterbleibt dies, kann das Gericht mangels Antrags eine Reduzierung nicht aussprechen, sondern allenfalls den Abänderungsantrag abweisen. Der Schaden für den Mandanten liegt auf der Hand.

Das Abänderungsbegehren kann auch im Rahmen eines **Stufenantrags** geltend gemacht werden.[337] Die für 262
den maßgeblichen Abänderungszeitraum nach § 238 Abs. 3 S. 1 FamFG erforderliche Rechtshängigkeit tritt bereits durch die Zustellung des Stufenantrags und nicht erst bei Bezifferung des Leistungsantrags ein.[338]

e) Antragsbeispiele

▼ 263

Muster 8.6: Abänderungsanträge

a) Abänderungsantrag auf Erhöhung des Unterhalts (Nachehelichenunterhalt):

den Antragsgegner in Abänderung des Beschlusses des Amtsgerichts-Familiengerichts vom , Az.: , zu verpflichten, an die Antragstellerin ab dem (ggf. rückwirkend nach § 238 Abs. 3 S. 2 FamFG i.V.m. §§ 1585b Abs. 2, 1613 Abs. 1 BGB) einen monatlichen, jeweils monatlich im Voraus fälligen Ehegattenunterhalt i.H.v. zu zahlen.

333 OLG München FamRZ 1999, 942.
334 Wendl/*Schmitz*, § 10 Rn 181.
335 OLG Bamberg FamRZ 2019, 30.
336 OLG Celle FamRZ 2017, 2020.
337 BGH FamRZ 1993, 1065 = NJW 1993, 1920.
338 BGH FamRZ 1995, 725 = NJW 1995, 2032.

b) Abänderungsantrag auf Herabsetzung des Unterhalts (Kindesunterhalt):

den Beschluss des Amtsgerichts-Familiengerichts vom , Az.: , dahingehend abzuändern, dass der Antragsteller mit Wirkung

a. ab dem (ggf. rückwirkend nach § 238 Abs. 3 S. 3 FamFG) nur noch zur Zahlung eines monatlichen Kindesunterhalts in Höhe von 100 % des Mindestunterhalts der Altersstufe gem. § 1612a Abs. 1 BGB abzüglich der Hälfte des jeweiligen gesetzlichen Kindergelds für ein Kind verpflichtet ist;

b. und ab dem nicht mehr zur Zahlung von Barunterhalt verpflichtet ist.

c) Abänderungsstufenantrag:

den Antragsgegner zu verpflichten,

1. der Antragstellerin Auskunft zu erteilen über sein im Zeitraum vom bis bezogenes Einkommen

   a. aus

   b. aus

2. der Antragstellerin folgende Belege vorzulegen:

   a.

   b.

   Die abschließende und konkrete Benennung der jeweiligen Belege bleibt nach Erfüllung des Antrags zu Ziffer1 vorbehalten.

3. ggf. die Richtigkeit und Vollständigkeit seiner Angaben eidesstattlich zu versichern;

4. ggf. in Abänderung des Beschlusses des Amtsgerichts-Familiengerichts vom , Az.: , an die am geborene Antragstellerin den sich aus der Auskunft ergebenden Kindesunterhalt zu Händen der Kindsmutter zu zahlen.

▲

3. Besondere Verfahrensvoraussetzungen

a) Der Abänderung unterliegende Titel

aa) Unterhaltsentscheidungen

264 Der Abänderungsantrag nach § 238 FamFG richtet sich gegen **in der Hauptsache ergangene Endentscheidungen des Gerichts**, welche eine Verpflichtung zu künftig fällig werdenden Unterhaltszahlungen aussprechen. Eine zu Unterhaltszahlungen verpflichtende **Abänderungsentscheidung** kann ebenfalls Gegenstand eines Abänderungsantrags nach § 238 FamFG sein.[339]

339 BGH FamRZ 1998, 99 = NJW 1998, 161.

Auf **Anerkenntnis-**[340] **und Versäumnisentscheidungen**[341] ist § 238 FamFG anwendbar, bei Letzteren jedoch mit der Maßgabe, dass nur eine Änderung der tatsächlichen Verhältnisse eine Abänderung der Versäumnisentscheidung unter Wahrung ihrer Grundlagen rechtfertigen und gleichzeitig die Rechtskraft der abzuändernden Entscheidung wahren kann.[342]

Wurde eine **ausländische Endentscheidung** über künftig fällig werdende wiederkehrende Leistungen im Inland anerkannt, ist auch diese unter den Voraussetzungen des § 238 FamFG abänderbar.[343] **265**

Der **Schiedsvergleich nach § 113 Abs. 1 S. 2 FamFG, § 794 Abs. 1 Nr. 4a ZPO** ist nach § 238 FamFG abänderbar, da ihm nach §§ 1055, 1053 ZPO die Wirkungen einer rechtskräftigen Entscheidung zukommen.[344]

Die Abänderung von Entscheidungen im **vereinfachten Verfahren nach § 253** FamFG findet dagegen nach § 240 FamFG statt. **266**

Die Formulierung des § 238 Abs. 1 S. 1 FamFG stellt klar, dass **Entscheidungen in einstweiligen Anordnungsverfahren** nicht der Abänderung nach § 238 FamFG unterliegen. Diese sind ausschließlich nach § 54 Abs. 1 FamFG abänderbar.

Wird die Vollstreckung aus einem Titel durch eine **Entscheidung nach § 767 ZPO** für unzulässig erklärt, ist eine Abänderung nach § 238 FamFG nicht möglich. Eine solche Entscheidung nimmt der vorausgegangenen Entscheidung lediglich die Vollstreckbarkeit, ohne jedoch in deren Inhalt und Rechtskraft einzugreifen. Der statthafte Antrag ist hier der **allgemeine Leistungsantrag nach § 113 Abs. 1 FamFG, §§ 253, 258 ZPO**.

Grundsätzlich sind auch ausländische Unterhaltsentscheidungen durch deutsche Gerichte abänderbar.[345] **267**
Voraussetzung für die Abänderbarkeit eines ausländischen Titels ist allerdings, dass dieser im Inland anerkannt ist bzw. anzuerkennen wäre, was inzidenter zu prüfen ist.[346] Ob weiter vorauszusetzen ist, dass die ausländische Erstentscheidung auch nach dem Recht des Staates der Ausgangsentscheidung abgeändert werden darf, ist umstritten und bisher vom BGH offen gelassen worden.

bb) Unterhaltsvergleiche und vollstreckbare Urkunden

Der Abänderungsantrag nach § 239 FamFG richtet sich gegen gerichtliche Vergleiche nach § 794 Abs. 1 **268**
Nr. 1 ZPO und vollstreckbare Urkunden, sofern sie eine Verpflichtung zu künftig fällig werdenden wiederkehrenden Leistungen enthalten. Diesen Titeln ist gemein, dass sie **keine Rechtskraft** entfalten können. Die Abänderung richtet sich somit allein nach **materiellem Recht**.[347]

Bei einem im einstweiligen Anordnungsverfahren geschlossenen Vergleich, hängt die Anwendbarkeit von § 239 FamFG davon ab, ob nach dem Willen der Beteiligten eine über die Erledigung des im einstweiligen Rechtsschutz verfolgten Anliegens hinausreichende und **endgültige Unterhaltsregelung** getroffen werden sollte. Ist dies der Fall, handelt es sich um einen nach § 239 FamFG abänderbaren gerichtlichen Vergleich.[348] Soll der Vergleich jedoch nur zur vorläufigen Erledigung des einstweiligen Anordnungsverfahrens dienen, scheidet eine Abänderung nach § 239 FamFG aus.[349] Hier ist nach § 54 FamFG vorzugehen.

340 BGH FamRZ 2007, 1459 = NJW 2007, 2921.
341 BGH FamRZ 2010, 1150 = NJW 2010, 2437.
342 BGH FamRZ 2010, 1150 = NJW 2010, 2437.
343 BGH FamRZ 1992, 1060, 1062.
344 Zöller/*Vollkommer*, § 323 Rn 5.
345 BGH FamRZ 2015, 479.
346 OLG Bremen FamRZ 2017, 614.
347 BT-Drucks 16/630, S. 258.
348 OLG Brandenburg FamRZ 2000, 1377.
349 BGH FamRZ 1983, 892.

269 Nicht vom Wortlaut des § 239 Abs. 1 S. 1 FamFG umfasst, ist der **Anwaltsvergleich nach § 113 Abs. 1 S. 2 FamFG, § 794 Abs. 1 Nr. 4b ZPO**. Vollstreckungstitel ist der gerichtliche Beschluss, welcher den Vergleich für vollstreckbar erklärt, und nicht der Anwaltsvergleich selbst.[350] Dennoch ist § 239 FamFG entsprechend anzuwenden.[351]

Außergerichtliche Vergleiche unterliegen dagegen nicht dem Abänderungsverfahren nach § 239 FamFG, da es sich nicht um Vollstreckungstitel handelt.[352]

270 Die **vollstreckbaren Urkunden** als nach § 239 FamFG abänderbare Unterhaltstitel müssen den Maßgaben des § 794 Abs. 1 Nr. 5 ZPO entsprechen, wenngleich auf diese Vorschrift nicht ausdrücklich Bezug genommen wird. Voraussetzung ist also, dass die Urkunde von einem deutschen Gericht oder von einem deutschen Notar aufgenommen wird, die Verpflichtung zu einer bestimmten Unterhaltszahlung beinhaltet und sich der Schuldner in der Urkunde wegen dieser bestimmten Unterhaltsforderung der sofortigen Zwangsvollstreckung unterworfen hat. Der zu zahlende Betrag muss ziffernmäßig festgelegt sein oder sich aus der Urkunde selbst durch einfache Rechenvorgänge unschwer ermitteln lassen.[353] Nicht ausreichend hierfür ist die Bezugnahme auf Urkunden oder Schriftstücke, wenn diese nicht Bestandteil des Unterhaltstitels sind.[354]

271 Verpflichtet sich ein Unterhaltsschuldner in einem gerichtlichen Vergleich oder in einer vollstreckbaren Urkunde, dem Unterhaltsberechtigten über eine freiwillig geleistete Zahlung hinaus **(Sockelbetrag)** zu zahlen, so stellt dieser Titel in der Regel **nur in Höhe des Spitzenbetrags** einen Vollstreckungstitel dar. Einen solchen Titel kann der Unterhaltsverpflichtete nur dann zum Gegenstand eines Abänderungsverfahrens machen, wenn die erstrebte Herabsetzung des zu leistenden Unterhalts den freiwillig geleisteten Sockelbetrag übersteigt.[355]

272 Eine nach § 59 Abs. 1 S. 1 SGB VIII errichtete **Jugendamtsurkunde** steht nach § 60 SGB VIII in ihrer vollstreckungsrechtlichen Wirkung einer durch das Gericht oder den Notar errichteten Urkunde gleich und unterliegt somit ebenfalls der Abänderung nach § 239 FamFG.

Hat der Unterhaltsverpflichtete in einer Jugendamtsurkunde den aus seiner Sicht vollen geschuldeten Kindesunterhalt titulieren lassen, kann ein höherer Unterhalt vom Berechtigten nur im Wege des Abänderungsantrags geltend gemacht werden.[356] Eine **Nachforderung** durch einen Leistungsantrag nach § 113 Abs. 1 S. 2 FamFG, §§ 253, 258 ZPO ist nur dann möglich, wenn sich der schon vorliegende Titel eindeutig nur auf einen Teilbetrag des geschuldeten Unterhalts beschränkt.[357]

273 Wenn der Unterhaltsberechtigte eine Titulierung seines Anspruchs in **dynamisierter Form** verlangt hatte, der Unterhaltsverpflichtete den Titel jedoch in statischer Form hat errichten lassen, ist ein Abänderungsbegehren berechtigt. Es obliegt nämlich der Entscheidung des Unterhaltsberechtigten, ob der Unterhalt in statischer oder dynamisierter Form tituliert werden soll. Daher ist ein Abänderungsantrag zulässig, wenn ein Unterhaltstitel unter Missachtung des vom Berechtigten ausgeübten Wahlrechts nach § 1612a BGB entstanden ist, weil andernfalls das Wahlrecht des Berechtigten gegenstandslos würde.[358]

274 Indessen steht es dem Unterhaltspflichtigen frei, mit der Erstellung einer neuen Jugendamtsurkunde einen weiteren Vollstreckungstitel im gleichen Unterhaltsverhältnis unter Erhöhung oder Herabsetzung der Unterhaltsverpflichtung zu erzeugen. Dem Unterhaltsberechtigten auf der anderen Seite bleibt es unbenommen, auf seine Rechte aus dem ursprünglichen Unterhaltstitel ganz oder teilweise zu verzichten. Die Be-

350 BGH FamRZ 2006, 261 = NJW 2006, 695.
351 *Klein*, FuR 2013, 298.
352 BGH FamRZ 1982, 782 = NJW 1982, 2072.
353 Wendl/*Schmitz*, § 10 Rn 272.
354 BGH FamRZ 2006, 261, 263 = NJW 2006, 695, 698.
355 BGH NJW 1993, 1995.
356 BGH FamRZ 2004, 24 = NJW 2003, 3770.
357 BGH FamRZ 2004, 24; 2009, 314.
358 OLG Dresden FamRZ 2011, 1407.

teiligten des Unterhaltsverhältnisses sind deshalb aus Rechtsgründen nicht daran gehindert, im Einvernehmen einen bestehenden (gerichtlichen oder urkundlichen) Unterhaltstitel durch einen neuen Unterhaltstitel zu ersetzen.[359]

cc) Titel im vereinfachten Verfahren

Gegenüber Unterhaltsfestsetzungen im vereinfachten Verfahren nach §§ 249 ff. FamFG und gegenüber Titeln, die im Zusammenhang mit der Feststellung der Vaterschaft geschaffen wurden, besteht die Abänderungsmöglichkeit nach § 240 FamFG. Enthält danach eine rechtskräftige Entscheidung nach § 237 FamFG oder 253 FamFG eine Verpflichtung zu künftig fällig werdenden wiederkehrenden Leistungen, kann jeder Teil die Abänderung beantragen, sofern nicht bereits ein Antrag auf Durchführung des streitigen Verfahrens nach § 255 FamFG gestellt worden ist. Das **streitige Verfahren** nach § 255 FamFG **geht** somit der Abänderung nach § 240 FamFG **vor**. 275

b) Identität der Beteiligten

Beteiligte eines Abänderungsverfahrens nach § 238 FamFG können grundsätzlich nur diejenigen sein, zwischen denen die abzuändernde Entscheidung ergangen ist oder auf die sich die Rechtskraft erstreckt.[360] Auch die Abänderung nach § 239 FamFG setzt diese **Identität** der Beteiligten voraus. Sinn und Zweck eines Abänderungsverfahrens ist ja gerade die Überprüfung, ob ein zwischen den Beteiligten aufgrund einer Prognose geschaffener Titel wegen einer wesentlichen Veränderung der tatsächlichen oder rechtlichen Verhältnisse geändert werden muss. 276

Wenn in einem Abänderungsverfahren zum Kindesunterhalt hinsichtlich der Verfahrensführungsbefugnis nicht an die formelle Parteistellung des Kindes im Erstverfahren angeknüpft werden kann, hängt seine Verfahrensführungsbefugnis davon ab, ob die abzuändernde **ausländische Unterhaltsentscheidung** für und gegen das Kind wirkt. Diese Frage ist nach dem Recht des Entscheidungsstaates zu beurteilen.[361] So ist das unterhaltsberechtigte Kind in Anspruch zu nehmen, auch wenn der abzuändernde Unterhaltsvertrag zwischen den Kindeseltern geschlossen worden ist.[362] 277

Wenn ein Elternteil im Rahmen der gesetzlichen **Verfahrensstandschaft nach § 1629 Abs. 3 S. 1 BGB** eine Entscheidung oder einen gerichtlichen Vergleich zum Kindesunterhalt in eigenem Namen erwirkt hat, bleibt der Elternteil bis zur Beendigung dieser Verfahrensstandschaft der richtige Beteiligte für ein nachfolgendes Abänderungsverfahren. Dies gilt auch dann, wenn die Voraussetzungen nach § 1629 Abs. 3 S. 1 BGB durch rechtskräftige Ehescheidung wegfallen, ein Abänderungsverfahren jedoch zu diesem Zeitpunkt bereits rechtshängig geworden war. Dies wird aus einer Analogie zu § 265 Abs. 2 S. 1 ZPO hergeleitet.[363] Ist die gesetzliche Verfahrensstandschaft aber vor Einleitung eines nachfolgenden Abänderungsverfahrens durch **Rechtskraft der Scheidung** beendet, ist allein das Kind aktiv- oder passivlegitimiert.[364] 278

Tritt zwischenzeitlich die **Volljährigkeit** des Kindes ein, entfällt auch die gesetzliche Vertretung durch den Elternteil.[365] Ob der abzuändernde Titel bereits auf das Kind umgeschrieben ist, spielt keine Rolle.[366]

Im Falle der **Rechtsnachfolge**, etwa beim gesetzlichen Forderungsübergang auf den Sozialhilfeträger nach § 94 Abs. 1 S. 1 SGB VII, bestehen keine Bedenken gegen die Zulässigkeit des vom Sozialhilfeträger erhobenen Abänderungsantrags, wenn er durch den Antrag zu erkennen gibt, dass er eine nur durch die auch in Zukunft zu erbringenden Sozialhilfeleistungen aufschiebend bedingten Anspruch geltend macht.[367] 279

359 BGH FamRZ 2017, 370 = FuR 2017, 199.
360 BGH FamRZ 1982, 587, 588.
361 BGH FamRZ 2015, 479.
362 OLG Hamm FamRZ 2018, 29.
363 BGH FamRZ 1990, 283, 284 = NJW 1990, 3153.
364 OLG Hamm FamRZ 1990, 1375.
365 OLG Hamm FamRZ 1990, 1375.
366 BGH FamRZ 1983, 806 = NJW 1983, 1976.
367 OLG Zweibrücken FamRZ 1986, 190 = NJW 1986, 730.

Im Falle des vom Unterhaltsschuldner erhobenen Abänderungsantrags ist, wenn der titulierte Unterhalt teilweise auf einen öffentlichen Leistungsträger übergegangen ist, der Antrag **gleichzeitig** gegen den Unterhaltsgläubiger und den öffentlichen Leistungsträger zu richten.[368]

Ist demnach ein Antragsgegner nicht allein **passivlegitimiert**, ist der allein gegen ihn gerichtete Abänderungsantrag unzulässig.

280 Auch bei einem Vergleich ist der Rechtsnachfolger der richtige passivlegitimierte Beteiligte für ein Abänderungsverfahrens des Schuldners des übergegangenen Anspruchs, soweit sich – wie etwa für die Zeit vor Rechtshängigkeit – die Rechtskraft einer Entscheidung nicht auf den Rechtsnachfolger erstrecken würde.[369] Dies gilt auch für die erst künftig auf den Rechtsnachfolger übergehenden Ansprüche, soweit davon ausgegangen werden kann, dass nach Schluss der mündlichen Verhandlung noch Ansprüche übergehen werden.[370]

Auch hier kann der Abänderungsantrag gleichzeitig gegen den Unterhaltsberechtigten als Titelgläubiger und den Sozialhilfeträger als Rechtsnachfolger gerichtet werden.[371] Dies gilt auch, wenn feststeht oder nicht auszuschließen ist, dass der titulierte Unterhaltsanspruch nur zum Teil auf den Sozialhilfeträger übergegangen ist.[372]

281 Da die Verfahrensführungsbefugnis zu den Verfahrensvoraussetzungen gehört, ist ihr Fehlen in jeder Lage des Rechtsstreits **von Amts wegen** zu berücksichtigen. Ohne Prüfung der sachlichen Begründetheit führt das Fehlen zur Abweisung des Antrags als unzulässig.[373]

c) Identität des Verfahrensgegenstandes

282 Weitere Zulässigkeitsvoraussetzung des Abänderungsverfahrens ist die Identität des Verfahrensgegenstandes.[374] Vorausgegangenes Verfahren und Abänderungsverfahren müssen demnach **dasselbe Rechtsverhältnis** behandeln, durch welches die zur Überprüfung gestellte Unterhaltsverpflichtung begründet wird.

Nach gefestigter Rechtsprechung des BGH[375] umfasst ein Titel über den Unterhaltsanspruch während des Getrenntlebens in der Ehe nach § 1361 BGB nicht den Unterhaltsanspruch nach rechtskräftiger Scheidung der Ehe nach den §§ 1570 ff. BGB. Gegen die Inanspruchnahme aus dem Titel für die Zeit nach rechtskräftiger Ehescheidung kann sich der Unterhaltsschuldner mit einem Vollstreckungsabwehrantrag nach § 120 Abs. 1 FamFG, § 767 ZPO wehren, während der unterhaltsberechtigte Ehegatte für den **Nachscheidungsunterhalt** auf einen neuen Leistungsantrag nach § 113 Abs. 1 FamFG, §§ 253, 258 ZPO verwiesen ist.[376]

283 Auch **Trennungsunterhalt** nach § 1361 BGB und **Familienunterhalt** nach §§ 1360, 1360a BGB sind nicht identisch, da sie an unterschiedliche Voraussetzungen geknüpft und unterschiedlich ausgestaltet sind.[377]

Das bedeutet, dass der Anspruch auf Trennungsunterhalt mit einer Wiederaufnahme der ehelichen Lebensgemeinschaft erlischt und im Falle einer erneuten Trennung nicht wieder auflebt.[378] Es entsteht ein **völlig neuer Anspruch** auf Trennungsunterhalt, der sich an den Lebensverhältnissen sowie an den Erwerbs- und Vermögensverhältnissen zur Zeit der erneuten Trennung orientiert.[379]

368 OLG Brandenburg FamRZ 2004, 552.
369 OLG Karlsruhe FamRZ 2005, 1756.
370 OLG Karlsruhe FamRZ 2005, 1756.
371 OLG Brandenburg FamRZ 2004, 552 = NJW 2003, 3572.
372 OLG Karlsruhe FamRZ 2005, 1756.
373 BGH NJW 1962, 633, 635.
374 BGH FamRZ 1980, 1099, 1100; 1987, 395, 397.
375 BGH FamRZ 1981, 242, 243 = NJW 1981, 978.
376 BGH FamRZ 1981, 242, 243 = NJW 1981, 978.
377 OLG Hamm FamRZ 1980, 249.
378 OLG Düsseldorf FamRZ 1992, 943 = NJW 1992, 2166.
379 OLG Stuttgart FamRZ 1982, 1012.

Das Erlöschen ist auch hier mit dem Vollstreckungsabwehrantrag nach § 120 Abs. 1 FamFG, § 767 ZPO geltend zu machen, der erneute Trennungsunterhalt mit dem Leistungsantrag nach § 113 Abs. 1 FamFG, §§ 253, 258 ZPO. 284

Beim **Kindesunterhalt** dagegen handelt es sich um den **identischen Verfahrensgegenstand**, wenn im vorausgegangenen Verfahren Kindesunterhalt für ein minderjähriges Kind tituliert wurde und dieses Kind nunmehr volljährig geworden ist.[380]

d) Behauptung einer Änderung

Der Abänderungsantrag bezüglich **gerichtlicher Entscheidungen** ist nach §§ 238 Abs. 1 S. 2 FamFG zulässig, sofern der Antragsteller Tatsachen vorträgt, aus denen sich eine **wesentliche Veränderung** der der Entscheidung zugrundeliegenden tatsächlichen oder rechtlichen Verhältnisse ergibt. Entsprechend der bisherigen Rechtsprechung des BGH[381] stellt der zu § 323 Abs. 1 ZPO a.F. geänderte Wortlaut klar, dass es sich bei der **Behauptung** einer wesentlichen Änderung der Verhältnisse um eine **Zulässigkeitsvoraussetzung** handelt. § 238 Abs. 1 S. 2 FamFG behandelt das Wesentlichkeitskriterium somit nur unter dem Gesichtspunkt der Zulässigkeit, während es in § 238 Abs. 4 FamFG für die Begründetheit nochmals gesondert erwähnt wird.[382] 285

Hinweis

Bei der Abänderung von Unterhaltsentscheidungen nach § 238 FamFG muss der zur Darlegung notwendige Vortrag bereits die Zeitschranke des § 238 Abs. 2 FamFG berücksichtigen.[383]

Die **Abänderung von gerichtlichen Vergleichen oder vollstreckbaren Urkunden** macht nach § 239 Abs. 1 S. 2 FamFG Vortrag der Tatsachen erforderlich, die die Abänderung rechtfertigen. Hierfür reicht aus, dass der Antragsteller – beim gerichtlichen Vergleich ohne die Zeitschranke des § 238 Abs. 2 FamFG – Tatsachen behauptet, die eine Änderung der von den Beteiligten übereinstimmend zugrunde gelegten und für die damalige Vereinbarung maßgebenden Umstände ergeben und daher nach Treu und Glauben eine Anpassung erfordern.[384] 286

Hierbei handelt es sich um eine **Zulässigkeitsvoraussetzung** des Abänderungsantrags. Erforderlich ist der Vortrag von Tatsachen, die – ihr tatsächliches Vorliegen unterstellt – eine Abänderung rechtfertigen, d.h. nach den Regeln über die Störung bzw. den Wegfall der Geschäftsgrundlage im Sinne des § 239 Abs. 2 FamFG i.V.m. § 313 BGB eine Abänderung begründen können. Der Antragsteller muss daher die Vergleichsgrundlage und die neuen Verhältnisse, aus denen er eine Abänderung des Vergleichs herleitet, vollständig vortragen. Dazu hat er Tatsachen darzulegen, die ihm aus seiner Sicht das Festhalten am unveränderten Vergleich unzumutbar machen; diese müssen eine schwerwiegende Veränderung der nach dem Geschäftswillen beider Beteiligten zur materiellen Vergleichsgrundlage gewordenen Umstände in Betracht kommen lassen. Dabei sind alle für die abzuändernde Unterhaltsbemessung im Vergleich maßgeblichen Faktoren und deren Änderung darzustellen, einschließlich des Zahlenwerks der Unterhaltsberechnung. Es genügt daher nicht, wenn nur einzelne Umstände vorgetragen werden, die sich geändert haben, sondern alle für die Unterhaltsbemessung maßgeblichen Umstände müssen dargelegt werden, damit erkennbar ist, ob eine Änderung eingetreten ist.[385]

Beispielsweise genügt allein der Hinweis auf das gestiegene Alter eines Kindes im Übergang vom Kindergarten- ins Grundschulalter angesichts der im Kindergarten häufig vorhandenen zeitlich umfassende-

380 BGH FamRZ 1984, 682 = NJW 1984, 1613.
381 BGH FamRZ 2001, 1687; FamRZ 2010, 1150.
382 BT-Drucks 16/6308, S. 257.
383 Wendl/*Schmitz*, § 10 Rn 187.
384 BGH FamRZ 2001, 1687 = NJW 2001, 3618, 3620.
385 OLG Koblenz FamRZ 2023, 127.

ren Fremdbetreuungsmöglichkeit nicht zur Erhebung eines zulässigen Antrags auf Abänderung eines Betreuungsunterhaltstitels.[386]

287 Fehlt also entsprechender Sachvortrag, ist der Antrag als **unzulässig** abzuweisen; erweist er sich als nicht nachweisbar, unrichtig oder die Änderung als unwesentlich, ist der Abänderungsantrag **unbegründet**.[387]

V. Begründetheit

1. Unterhaltsentscheidung

a) Änderung der Verhältnisse

288 Die Abänderung einer Unterhaltsentscheidung ist begründet, wenn sich die nach § 238 Abs. 1 S. 2 FamFG vorzutragende wesentliche Veränderung der vorausgegangenen Entscheidung zugrundeliegenden tatsächlichen oder rechtlichen Verhältnisse bestätigt. Dabei können naturgemäß nur Tatsachen berücksichtigt werden, die nicht nach § 238 Abs. 2 FamFG ausgeschlossen sind.[388] Sind diese Voraussetzungen erfüllt, ist die vorausgegangene Entscheidung nach § 238 Abs. 4 FamFG ist unter Wahrung ihrer Grundlagen anzupassen.

Fraglich ist dabei die Behandlung von Unterhaltsentscheidungen, bei denen eine Begründung nicht erfolgt und insoweit die Grundlagen der Entscheidung nicht entnommen werden können, wie bei **Versäumnis- und Anerkenntnisbeschlüssen**.

289 Teilweise[389] wird vertreten, für die Abänderung eines **Versäumnisbeschlusses** sei nicht von den tatsächlichen Verhältnissen bei Erlass des Beschlusses, sondern von den fingierten Verhältnissen auszugehen. Der Versäumnisbeschluss beruhe allein auf dem schlüssigen Klägervortrag und nur dieser liege wegen der **Geständnisfiktion** des § 331 Abs. 1 S. 1 ZPO dem abzuändernden Versäumnisbeschluss zugrunde. Nach anderer Auffassung[390] ist auch für die Abänderung eines Versäumnisbeschlusses auf eine Änderung der tatsächlichen Umstände abzustellen. Nur eine Abänderung der tatsächlichen Verhältnisse könne eine Abänderung des Versäumnisbeschlusses unter Wahrung seiner Grundlagen nach § 238 Abs. 4 FamFG rechtfertigen und dabei zugleich die Rechtskraft der abzuändernden Entscheidung wahren.

290 Der BGH[391] schloss sich zunächst für eine Änderung der Einkommensverhältnisse der zuletzt genannten Auffassung an. Nur diese wahrt bei der Abänderung eines Versäumnisurteils wegen veränderter Einkommensverhältnisse die Rechtskraft des abzuändernden Versäumnisbeschlusses. In Fortführung dieser Ansicht stellt der BGH[392] nunmehr auch bei einer Änderung der **Vermögensverhältnisse**, soweit diese für die Berechnung des Unterhalts maßgeblich waren, auf die tatsächlichen Verhältnisse ab.

Der BGH[393] begründet seine Rechtsansicht damit, dass die Zulässigkeit des Abänderungsantrags **in untrennbarem Zusammenhang zur Präklusion** nach § 238 Abs. 2 FamFG steht. Weil der Abänderungsantrag nur auf Gründe gestützt werden kann, die nicht mehr durch einen Einspruch gegen den Versäumnisbeschluss geltend gemacht werden können, können andere Gründe auch keine Zulässigkeit des Abänderungsantrags rechtfertigen. Diese Konsequenz beruht auf dem Gedanken der Rechtskraft und der daraus folgenden Präklusion nicht rechtzeitig vorgetragener Umstände. Wie bei einem streitigen Beschluss können Versäumnisse in dem Ausgangsverfahren auch im Falle eines Versäumnisbeschlusses nicht später im Wege der Abänderung korrigiert werden. Um die Rechtskraft des Versäumnisbeschlusses

386 OLG Koblenz FamRZ 2023, 127.
387 BGH FamRZ 2001, 1687 = NJW 2001, 3618, 3620.
388 BT-Drucks 16/6308, S. 257.
389 OLG Köln FamRZ 2002, 471; OLG Karlsruhe FamRZ 2000, 907; Zöller/*Vollkommer*, § 323 Rn 31.
390 OLG Frankfurt FamRZ 1995, 735; OLG Hamm FamRZ 1990, 772, 773.
391 BGH FamRZ 2010, 1150 = NJW 2010, 2437.
392 BGH FamRZ 2010, 1318 = NJW 2010, 2515.
393 BGH FamRZ 2010, 1150 = NJW 2010, 2437.

zu wahren, kann es sich bei den tatsächlichen Verhältnissen, die ihm i.S.d. § 238 Abs. 1 FamFG zugrunde liegen, also nicht um die vom Antragsteller vorgetragenen Umstände, sondern nur um die seinerzeit tatsächlich vorliegenden Umstände handeln. Nur in dem Umfang, in dem sich die tatsächlichen Verhältnisse bei Ablauf der Einspruchsfrist inzwischen geändert haben, ist eine Abänderung des rechtskräftigen Versäumnisbeschlusses möglich.

Auch die materielle Rechtskraft eines im Unterhaltsverfahren ergangenen **Anerkenntnisbeschlusses** führt grundsätzlich zur **Bindungswirkung**; wird die Abänderung eines solchen Beschlusses verlangt, so kommt es für die Frage, ob eine wesentliche Veränderung der maßgeblichen Verhältnisse eingetreten ist, auf die dem Anerkenntnisbeschluss zugrunde liegenden **tatsächlichen Umstände** an.[394] Diese Umstände können im Fall eines **Anerkenntnisbeschlusses** nicht ohne weiteres dem Antragsvorbringen entnommen werden, denn die Erwägungen, die den Unterhaltsschuldner zu dem Anerkenntnis bewogen haben, können hiervon abweichen. Er hat sich letztlich nur dem geltend gemachten Anspruch gebeugt, woraus aber nicht darauf geschlossen werden kann, dass er auch der Beurteilung der zur Begründung vorgetragenen Tatsachen folgt. Welche **Beweggründe** den Unterhaltsschuldner zu dem Anerkenntnis veranlasst haben, wird häufig nicht ersichtlich sein. Wenn es für die Frage, ob eine Änderung der maßgeblichen Verhältnisse vorliegt, gleichwohl hierauf ankäme, könnte der Unterhaltsschuldner unschwer mit einem Abänderungsbegehren durchdringen, ohne dass der Unterhaltsgläubiger dem Erhebliches entgegenhalten könnte. Deshalb können nur die dem Anerkenntnisbeschluss zugrunde liegenden tatsächlichen Umstände dafür maßgebend sein, ob sich nachträglich eine Veränderung ergeben hat.[395] 291

Lässt sich die Berechnung des titulierten Unterhalts unter Zugrundelegung der verschiedenen Faktoren nicht nachvollziehen und ist deshalb eine Anpassung des Anerkenntnisbeschlusses an zwischenzeitlich geänderte Verhältnisse nicht möglich, so ist der geschuldete Unterhalt **nach den gesetzlichen Vorschriften** neu zu berechnen.[396] 292

aa) Änderung der tatsächlichen Verhältnisse

Als Änderung der tatsächlichen Verhältnisse werden z.B. angesehen 293

- unterhaltsrechtlich relevante Einkommensveränderungen, welche sich auf Leistungsfähigkeit oder Bedarf auswirken;[397]
- Anstieg der Lebenshaltungskosten (zwar allein kein geeigneter Maßstab, da die Inflationsrate bei der Berechnung des Unterhalts grundsätzlich keine Rolle spielt[398]), wenn sich dieser konkret auf den Bedarf auswirkt;[399]
- Erhöhung des Unterhaltsbedarfs durch Wechsel in eine andere Altersstufe der Düsseldorfer Tabelle sowie Änderung der Tabellenbeträge (zwar bilden die Unterhaltsrichtlinien als richterliche Entscheidungshilfen selbst keine tatsächlichen Umstände; die Änderung der Regelbeträge und damit der Werte der Düsseldorfer Tabelle trägt jedoch dem Umstand Rechnung, dass sich die wirtschaftlichen Verhältnisse sowohl auf Seiten des Bedürftigen als auch auf Seiten des Verpflichteten infolge Änderung der Lebenshaltungskosten und der Einkommensverhältnisse seit der letzten Festsetzung dieser Sätze gewandelt haben, und ist damit zugleich Ausdruck der Veränderung der tatsächlichen Verhältnisse[400]);
- Wegfall des Anspruchs auf Altersvorsorgeunterhalts durch eigenen Rentenbezug des Unterhaltsberechtigten, da der Vorsorgeunterhalt nur ein unselbstständiger Bestandteil des einheitlichen Le-

394 BGH FamRZ 2007, 1459 = NJW 2007, 2921.
395 BGH FamRZ 2007, 1459 = NJW 2007, 2921.
396 BGH FamRZ 2001, 1140, 1142 = NJW 2001, 2259, 2261.
397 BGH FamRZ 1989, 842.
398 OLG Bamberg FamRZ 1999, 31.
399 BGH FamRZ 1992, 162 = NJW 1992, 364.
400 BGH FamRZ 2005, 608, 609.

bensbedarfs ist, der sich wegen des Halbteilungsgrundsatzes auch zur Höhe auf die Bemessung des geschuldeten Elementarunterhalts auswirkt;[401]
- Rentenbezug mit Auswirkung auf den Bedarf aufgrund niedrigeren Renteneinkommens, da die Rente als ein Surrogat für den wirtschaftlichen Nutzen anzusehen ist, den der rentenberechtigte Ehegatte vor Eintritt des Rentenfalls aus seiner Arbeitskraft erzielen konnte;[402] insofern ist die Rente nach der sog. Additions- oder Differenzmethode schon bei der Bemessung des Unterhaltsbedarfs nach den ehelichen Lebensverhältnissen zu berücksichtigen;[403]
- Hinzutreten weiterer Unterhaltsberechtigter durch Wiederheirat des Unterhaltsschuldners oder nacheheliche Geburt eines Kindes, seinerzeit noch in konsequenter Fortführung der Rechtsprechung zu den wandelbaren ehelichen Lebensverhältnissen;[404]
- Verlust des Arbeitsplatzes und Arbeitslosigkeit trotz entsprechender und ausreichender Erwerbsbemühungen; eine aus Anlass der Aufhebung des Anstellungsverhältnisses zugeflossene Abfindung hat der Unterhaltsschuldner zwar im Falle beengter wirtschaftlicher Verhältnisse im Rahmen einer sparsamen Wirtschaftsführung zur Deckung des Unterhaltsbedarfs seiner Gläubiger zu verwenden;[405] reicht dabei der bei der angemessenen Verteilung der Abfindung auf mehrere Jahre errechnete Anteil jedoch nicht aus, um die Einbuße im Arbeitseinkommen voll auszugleichen, kann eine Änderung der tatsächlichen Verhältnisse bereits mit Verlust des Arbeitsplatzes angenommen werden;[406]
- Erbringen von Versorgungsleistungen zugunsten eines neuen Lebenspartners oder Veränderung der Erwerbsobliegenheiten des Unterhaltsgläubigers;[407]
- Reduzierung des Bedarfs beim Kindesunterhalt aufgrund eigener Einkünfte des Kindes z.B. in Form des Bezuges von BAföG-Leistungen;[408]
- Wegfall von eheprägenden Verbindlichkeiten oder Unterhaltsverpflichtungen;[409]
- Erheblich niedrigere Lebenshaltungskosten nach Umzug aus der Schweiz nach Deutschland.[410]

bb) Änderung der fiktiven Verhältnisse

294 Auch die Änderung fiktiver Verhältnisse kann einen Abänderungsantrag nach § 238 FamFG rechtfertigen. Das ist der Fall, wenn sich die Prognose, welche der vorausgegangenen Endentscheidung des Gerichts zugrunde liegt, tatsächlich nicht oder abweichend verwirklicht. So kann eine **fehlgeschlagene Prognose** über die Entwicklung der Einkünfte des Unterhaltsschuldners über ein Abänderungsverfahren **korrigiert** werden.[411]

Allerdings ist die Abänderung eines wegen **mutwilliger** Aufgabe einer gut bezahlten Arbeitsstelle auf fiktiver Grundlage ergangenen Beschlusses nicht bereits mit der Behauptung zulässig, der die Abänderung begehrende Antragsteller genüge inzwischen seiner Erwerbsobliegenheit, verdiene aber weniger als zuvor.[412] Erforderlich ist vielmehr, dass der Antragsteller geltend macht, er hätte die frühere Arbeitsstelle inzwischen aus anderen Gründen verloren.[413]

401 BGH FamRZ 1982, 1187 = NJW 1983, 1547.
402 BGH FamRZ 2005, 1479 = NJW 2005, 2313.
403 BGH FamRZ 2002, 88, 89; 2003, 848, 851.
404 BGH FamRZ 2009, 579 = NJW 2009, 1271.
405 BGH FamRZ 1987, 359; OLG Koblenz FamRZ 1991, 573.
406 BGH FamRZ 1987, 359 = NJW 1987, 1554.
407 OLG Bamberg FamRZ 1999, 942.
408 OLG Nürnberg FamRZ 2003, 1025.
409 BGH FamRZ 1988, 701 = NJW 1988, 2034.
410 OLG Hamm FamRZ 2018, 29 = NJW 2018, 404.
411 OLG Koblenz FamRZ 2002, 471.
412 BGH FamRZ 2008, 872 = NJW 2008, 1525.
413 BGH FamRZ 2008, 872 = NJW 2008, 1525.

Wird ein unselbstständig tätiger Unterhaltsschuldner **arbeitslos**, so rechtfertigt dies die Erhebung eines Abänderungsantrags jedenfalls dann, wenn es ihm innerhalb angemessener Frist nicht gelungen ist, unter Ausnutzung aller Möglichkeiten wieder eine neue Stelle zu finden. Wie lange nach Eintritt der Arbeitslosigkeit mit der Erhebung eines Abänderungsantrags gewartet werden muss, bleibt der **Beurteilung im Einzelfall** vorbehalten, wobei die jeweiligen Umstände maßgebend sind, wie Alter und Gesundheitszustand des Unterhaltsschuldners, Art des erlernten oder des zuletzt ausgeübten Berufs und die Besonderheiten der jeweiligen Branche.[414] 295

Hat eine gerichtliche Endentscheidung die **Zurechnung eines fiktiven Einkommens** zum Gegenstand, ist nachträglich nur dann eine Anpassung an die tatsächlichen Verhältnisse zu rechtfertigen, wenn der Unterhaltsschuldner in der unterhaltsrechtlich gebotenen Weise darlegt und beweist, dass er keine Arbeitsstelle mit dem unterstellten Einkommen erlangen konnte.[415] 296

Prognostiziert das Gericht in der vorausgegangenen Endentscheidung **zukünftig zu erzielende Provisionen** für vorangegangene Geschäftsabschlüsse des Unterhaltsschuldners, die erst nach und nach fällig werden, ist eine Abänderung ab dem Zeitpunkt möglich, ab dem sich eine derartige Annahme als nicht haltbar erweist.[416]

Wurde dem Unterhaltsschuldner im vorausgegangenen Verfahren ein fiktives Einkommen aus vollschichtiger Tätigkeit zugerechnet, weil dieser **unterhaltsrechtlich leichtfertig** Altersteilzeit in Anspruch genommen hat, so ist – wenn und soweit ihm dadurch Rentennachteile entstehen, die nicht durch versorgungswirksame Entschädigungen des Arbeitgebers kompensiert werden – dem Unterhaltsschuldner im Abänderungsverfahren ab Erreichen der Regelaltersgrenze für den Bezug von Altersrente **fiktiv** ein Renteneinkommen in der Höhe zuzuschreiben, in der er es bezöge, hätte er nicht Altersteilzeit in Anspruch genommen.[417]

Auch bei einer auf einer **Einkommensfiktion** basierenden Anerkenntnisentscheidung kann eine Abänderung beantragt werden mit der Begründung, dass die der Verpflichtung zugrunde liegende Prognose gerade aufgrund einer nachträglichen Veränderung der tatsächlichen Verhältnisse nicht (mehr) gerechtfertigt ist.[418] 297

cc) Änderung der rechtlichen Verhältnisse

Die Veränderung der rechtlichen Verhältnisse stellt nach der ausdrücklichen Formulierung des § 238 Abs. 1 S. 2 FamFG einen Abänderungsgrund dar. Der im vorausgegangenen Verfahren getroffenen Entscheidung liegt schließlich die jeweils geltende **aktuelle Gesetzeslage** zugrunde; ändert sich diese, kann gegen die ergangene Entscheidung ein Abänderungsantrag gestellt werden.[419] 298

Eine solche Gesetzesänderung stellt z.B. die ab Inkrafttreten der Unterhaltsreform zum **1.1.2008 geltende neue Rechtslage** dar.

Bei **§ 36 EGZPO** handelt es sich dagegen nach der Gesetzesbegründung des Unterhaltsrechtsänderungsgesetzes vom 21.12.2007 **nicht** um einen eigenen, neu geschaffenen Abänderungsrechtsbehelf.[420] § 36 Nr. 1, 2 EGZPO stellt – neben dem einschränkenden Kriterium der Zumutbarkeit einer Abänderung – somit lediglich klar, dass die Gesetzesänderung ein Abänderungsgrund im Sinne von § 238 FamFG ist, soweit sie zu einer Änderung der wesentlichen Verhältnisse führt.[421] In der Sache ist eine Anpassung von bestehenden Titeln und Unterhaltsvereinbarungen danach nur möglich, wenn eine wesentliche Änderung 299

414 KG Berlin FamRZ 1984, 1245 = NJW 1985, 869.
415 OLG Hamm FamRZ 2008, 2216.
416 OLG Koblenz FamRZ 2002, 471, 472.
417 OLG Saarbrücken FamRZ 2011, 1657.
418 OLG Celle FamRZ 2009, 790.
419 BGH FamRZ 1990, 1091, 1094.
420 BT-Drucks 16/1830, S. 32.
421 BGH FamRZ 2010, 111 = NJW 2010, 365.

der Unterhaltsverpflichtung eintritt und darüber hinaus die Änderung dem anderen unter besonderer Berücksichtigung seines Vertrauens in die getroffene Regelung **zumutbar** ist.[422] Zu berücksichtigen ist dabei, dass es sich bei § 36 Nr. 1 EGZPO nicht um einen eigenständigen Abänderungsrechtsbehelf handelt, sondern dass der Gesetzgeber mit dieser Norm lediglich Vorgaben für die Maßstäbe gemacht hat, anhand derer die Anpassung bestehender Regelungen an das neue Recht zu erfolgen haben. Weiter gilt zu beachten, dass die Prüfung der Zumutbarkeit im Sinne des § 36 Nr. 1 EGZPO der Rechtsprechung des BGH zufolge nicht gesondert zu erfolgen hat, sondern in dem insoweit umfassenderen Tatbestand des § 1578b BGB aufgeht und ihr dort in vollem Umfang Rechnung zu tragen ist.[423] Die Regelung dient neben dem **Vertrauensschutz** auch der **Rechtssicherheit** und dem **Rechtsfrieden**, wobei das Erfordernis einer wesentlichen Änderung Gewähr dafür bietet, dass es als Folge der Einführung neuer Unterhaltsregelungen nicht zu einer Flut von Abänderungsverfahren kommt.[424]

300 Allein auf die zum 1.3.2013 erfolgte **Neufassung des § 1578b Abs. 1 BGB** als wesentliche rechtliche Veränderung kann eine Abänderung nicht gestützt werden.

Dies begründet der BGH[425] damit, dass bei § 1578b Abs. 1 Satz 2 BGB lediglich das Tatbestandsmerkmal der Ehedauer als weiterer konkret benannter Billigkeitsmaßstab neben das Bestehen ehebedingter Nachteile getreten ist. Demgegenüber ist der Begriff der „Dauer der Ehe" bei der beispielhaften Aufzählung der Gründe für das Entstehen ehebedingter Nachteile i.R.d. § 1578b Abs. 1 Satz 3 BGB gestrichen worden, da es einer zusätzlichen Erwähnung der Ehedauer in diesem Zusammenhang nicht mehr bedurfte. In der Gesetzesbegründung[426] wird dazu ausdrücklich hervorgehoben, dass die tatbestandliche Neufassung des § 1578b Abs. 1 BGB eine (lediglich) klarstellende Funktion erfüllt, um einer – dem Willen des Gesetzgebers der Unterhaltsrechtsreform 2008 nicht entsprechenden und auch vom BGH missbilligten – Praxis entgegenzuwirken, beim Fehlen ehebedingter Nachteile automatisch zu einer Begrenzung des Unterhaltsanspruches zu gelangen, ohne bei der Billigkeitsabwägung die sonstigen Umstände des Einzelfalls, darunter insbesondere die lange Ehedauer, zu berücksichtigen. Aus der Begründung des Gesetzes ergebe sich demgegenüber nicht, dass dem Begriff der **„Dauer der Ehe"** durch die Aufnahme als selbstständiges Billigkeitskriterium in § 1578b Abs. 1 Satz 2 BGB ein anderer Inhalt hätte verliehen werden sollen und der Gesetzgeber den Begriff der Ehedauer abweichend von der – in der Gesetzesbegründung ausdrücklich in Bezug genommenen – Senatsrechtsprechung zur Berücksichtigung der Ehedauer im Rahmen der nachehelichen Solidarität interpretieren wollte.

301 Die einer Änderung der Gesetzeslage gleichkommende **verfassungskonforme Auslegung einer Norm durch das Bundesverfassungsgericht** erlaubt eine Abänderung sowohl bei Beschlüssen als auch bei Vergleichen.[427] Selbiges gilt, wenn das Bundesverfassungsgericht eine Norm für **nichtig** oder für **verfassungswidrig** erklärt.

Als wichtiges Beispiel ist hier die Entscheidung des Bundesverfassungsgerichts vom 25.1.2011[428] zu nennen. Darin wird klargestellt, dass die vom BGH entwickelte Rechtsprechung zu den **„wandelbaren ehelichen Lebensverhältnissen"** unter Anwendung der Berechnungsmethode der sogenannten **„Dreiteilung"** sich von dem Konzept des Gesetzgebers zur Berechnung des nachehelichen Unterhalts löst und es durch ein eigenes Modell ersetzt. Dieser Systemwechsel überschreitet nach Ansicht des Bundesverfassungsgerichts die Grenzen richterlicher Rechtsfortbildung und verletzt Art. 2 Abs. 1 GG in Verbindung mit dem Rechtsstaatsprinzip nach Art. 20 Abs. 3 GG. Demnach ist die **„Dreiteilungsmethode"** verfassungswidrig, solange der Gesetzgeber dafür nicht eine gesetzliche Grundlage schafft.

422 BT-Drucks 16/1830, S. 33.
423 KG Berlin FamRZ 2015, 419, 421.
424 BT-Drucks 16/1830, S. 33.
425 BGH FamRZ 2013, 853 = NJW 2013, 1530.
426 BT-Drucks 17/11885, S. 5.
427 BGH FamRZ 1990, 1091, 1094 = NJW 1990, 3020, 3022.
428 BVerfG FamRZ 2011, 437 = NJW 2011, 836.

Hinweis 302

Bevor man sich auf diese Entscheidung als Abänderungsgrund beruft, muss zunächst geprüft werden, ob sich diese Änderung der Rechtsprechung überhaupt auf den jeweils gegebenen Sachverhalt auswirkt und somit zu einer wesentlichen Änderung der Unterhaltsverpflichtung führt. Sind nämlich ein geschiedener und ein neuer Ehegatte nach § 1609 BGB gleichrangig, ist im Rahmen der Leistungsfähigkeit des Unterhaltspflichtigen nach Ansicht des BGH[429] eine Billigkeitsabwägung in Form der „Dreiteilung" des gesamten unterhaltsrelevanten Einkommens weiterhin nicht zu beanstanden. Eine Berücksichtigung individueller Billigkeitserwägungen soll dies jedoch nicht ausschließen.

Der BGH stellt klar, dass solche Unterhaltsvereinbarungen, die auf der durch die Entscheidung des Bundesverfassungsgerichts vom 25.1.2011 beanstandeten Rechtsprechung des Senats zur Bedarfsermittlung durch Dreiteilung des zur Verfügung stehenden Gesamteinkommens des Unterhaltspflichtigen sowie des früheren und des jetzigen unterhaltsberechtigten Ehegatten beruhen, weder nach § 779 Abs. 1 BGB unwirksam noch nach §§ 119 ff. BGB anfechtbar sind. Die Anpassung solcher Vereinbarungen richtet sich nach den **Grundsätzen des Wegfalls der Geschäftsgrundlage**; sie kann **frühestens** für solche Unterhaltszeiträume verlangt werden, die der Entscheidung des Bundesverfassungsgerichts vom 25.1.2011 nachfolgen.[430]

Auch auf eine Änderung der gefestigten **höchstrichterlichen Rechtsprechung des BGH** kann ein Abänderungsbegehren wegen wesentlicher Änderungen der rechtlichen Verhältnisse nach § 238 Abs. 1 FamFG gestützt werden.[431] Der BGH betont ausdrücklich, dass die bloße Änderung der Rechtsprechung von **Instanzgerichten** hierfür **nicht ausreichend** ist.[432] Eine solche abänderungsrelevante Änderung ist beispielsweise die **Ersetzung der Anrechnungs- durch die Differenzmethode** im Rahmen der Berechnung des nachehelichen Unterhaltsanspruchs eines Ehegatten, der in der Ehe die Haushaltsführung übernommen hat und nach der Ehe eine Erwerbstätigkeit aufnimmt.[433] 303

Die Rechtsprechungsänderung dahingehend, dass es schon bei der nach § 1573 Abs. 5 a.F. anzustellenden **Billigkeitsabwägung** nicht mehr vorrangig auf die Dauer der Ehe ankam, sondern auf die dem Unterhaltsberechtigten entstandenen **ehebedingten Nachteile**, ist als Änderung der rechtlichen Verhältnisse nach § 238 Abs. 1 FamFG zu sehen.[434] 304

Weitere Beispiele sind die Rechtsprechung zur **Inhaltskontrolle bei Eheverträgen**,[435] zur **trennungs- bzw. scheidungsbedingten Veräußerung des Familienheims**,[436] wonach der Veräußerungserlös als Surrogat des früheren Wohnwerts in Ansatz zu bringen ist oder auch zur **Bemessung des Wohnwerts**.[437]

Bloße Veränderungen der **rechtlichen Beurteilung** bereits bekannter und im früheren Verfahren gewürdigter tatsächlicher Verhältnisse können dagegen eine Abänderung **nicht** rechtfertigen, da die Abänderung nur der Korrektur einer fehlgeschlagenen Prognose dient, nicht aber wie ein Rechtsmittel der Beseitigung von Fehlern.[438]

b) Wesentlichkeit

Nach § 238 Abs. 1 S. 2 FamFG ist weitere Voraussetzung einer Abänderung die wesentliche Veränderung der der vorausgegangenen Entscheidung zugrunde liegenden tatsächlichen oder rechtlichen Verhältnisse. 305

429 BGH FamRZ 2012, 281 = NJW 2012, 384.
430 BGH FamRZ 2013, 853 = NJW 2013, 1530.
431 BGH FamRZ 2012, 525, 526; 2011, 1381.
432 BGH FamRZ 2001, 1687 = NJW 2001, 3618.
433 BGH FamRZ 2001, 986 = NJW 2001, 2254.
434 BGH FamRZ 2010, 2059 = NJW 2010, 3653.
435 BGH FamRZ 2004, 601 = NJW 2004, 930.
436 BGH FamRZ 2002, 88 = NJW 2002, 436.
437 BGH FamRZ 2008, 963 = NJW 2008, 963.
438 BGH FamRZ 1990, 981, 984.

Fehlt die Behauptung einer solchen Veränderung, ist der Antrag als **unzulässig** abzuweisen. Erweist sich diese Behauptung als unrichtig oder unwesentlich, ist der Abänderungsantrag **unbegründet**.[439] Eine Veränderung ist wesentlich, wenn sie nach Maßgabe des materiellen Rechts zu einer anderen **Beurteilung des Bestehens, der Höhe oder der Dauer des Unterhaltsanspruchs** führt, und zwar in einer nicht unerheblichen Weise.[440]

306 Nach verbreiteter Ansicht liegt eine Wesentlichkeit erst bei einer Änderung der Zahlbeträge um **10 %** vor.[441] Dies stellt jedoch lediglich einen **Richtwert** dar. Eine allgemein verbindliche Wesentlichkeitsschwelle gibt es nicht. Bei beengten wirtschaftlichen Verhältnissen kann eine Wesentlichkeit bereits **deutlich unterhalb dieser Schwelle von 10 %** angenommen werden.[442]

Die nach **§ 242 BGB** maßgebliche Frage, ab wann die **Opfergrenze** überschritten wird, entzieht sich einer schematischen Beurteilung und kann vom Tatrichter nur aufgrund einer an den Verhältnissen des Falls ausgerichteten umfassenden **Würdigung aller Umstände** sachgerecht beantwortet werden.[443]

Eine Änderung um **weniger als 3 %** wird jedoch allgemein **nicht** als **wesentlich** i.S.d. § 238 Abs. 1 S. 2, Abs. 4 FamFG angesehen. Eine Änderung der **Bedarfssätze der Düsseldorfer Tabelle** deutet in aller Regel darauf hin, dass die zugrunde liegenden wirtschaftlichen Veränderungen wesentlich sind.[444]

307 Zusätzlich ist zur Annahme einer Wesentlichkeit erforderlich, dass die Änderung **nicht nur von kurzer Dauer ist**. Beispielsweise führt eine nur vorübergehende Arbeitslosigkeit, welche nicht länger als 6 Monate dauert, nicht zu einer Abänderung.[445] Auch hier verbietet sich eine pauschalierte Betrachtungsweise. Vielmehr ist eine Abwägung der Umstände des jeweiligen Sachverhalts notwendig.

c) Präklusion

308 Nach § 238 Abs. 2 FamFG kann der Abänderungsantrag nur auf Gründe gestützt werden, die nach Schluss der Tatsachenverhandlung des vorausgegangenen Verfahrens entstanden sind und deren Geltendmachung durch Einspruch – beim Versäumnisbeschluss – nicht möglich ist oder war. Wie § 767 Abs. 2 ZPO wird § 238 Abs. 2 FamFG als **Präklusionsvorschrift** zur **Sicherung der Rechtskraft** der vorausgegangenen unanfechtbaren Entscheidung angesehen.[446]

Die Möglichkeit, mit einem Abänderungsantrag in die Rechtskraft einzugreifen, soll im Interesse der Rechtssicherheit und Bestandskraft richterlicher Entscheidungen **nur unter besonderen Voraussetzungen** bestehen.[447]

309 Bei einer **im schriftlichen Verfahren ergangenen Entscheidung** ist der nach § 128 Abs. 2 S. 2 ZPO bestimmte Zeitpunkt maßgeblich, bei einer **Beschwerdeentscheidung** die letzte, in der Beschwerdeinstanz erfolgte mündliche Verhandlung. Wenn ein Beschwerdeverfahren stattgefunden hat, das Rechtsmittel aber vor Eintritt in die Sachverhandlung zurückgenommen worden ist, gilt als letzte Tatsachenverhandlung des vorausgegangenen Verfahrens die Schlussverhandlung erster Instanz.[448]

Bei mehreren **aufeinanderfolgenden Abänderungsverfahren**, die zu einer Abänderung geführt haben, ist für die Zeitschranke des § 238 Abs. 2 FamFG auf den Schluss der Tatsachenverhandlung des letzten Verfahrens abzustellen.[449]

439 BGH FamRZ 2001, 1687 = NJW 2001, 3618.
440 BGH FamRZ 1984, 353, 355.
441 OLG Düsseldorf FamRZ 1993, 1103; OLG Frankfurt FamRZ 1978, 934.
442 BGH FamRZ 1992, 539 = NJW 1992, 1621.
443 BGH FamRZ 1986, 790, 791.
444 OLG Hamm FamRZ 2012, 53.
445 BGH FamRZ 1996, 345; OLG Dresden FamRZ 1998, 767.
446 BGH FamRZ 1983, 22, 23 = NJW 1983, 228.
447 OLG Koblenz FamRZ 2000, 907.
448 BGH FamRZ 1988, 493 = NJW 1988, 2473.
449 BGH FamRZ 1995, 221.

Nach bisher geltender Rechtsprechung des BGH wurde Präklusion angenommen, wenn es der Gegner des früheren, auf Unterhaltserhöhung gerichteten Abänderungsverfahrens versäumt hat, die seinerzeit bereits bestehenden, für eine Herabsetzung sprechenden Gründe geltend zu machen.[450] 310

Diese Rechtsprechung hat der BGH zwischenzeitlich aufgegeben. Ist demnach ein Abänderungsantrag des Unterhaltsgläubigers auf Erhöhung des durch Urteil oder Beschluss titulierten Unterhalts vollständig abgewiesen worden, so kann ein späterer Abänderungsantrag des Unterhaltsschuldners auf Herabsetzung nunmehr doch auch auf solche Tatsachen gestützt werden, die schon im vorausgegangenen Abänderungsverfahren zu berücksichtigen gewesen wären.[451]

Dies betrifft nur Fälle der **vollständigen** Abweisung. Bei lediglich teilweiser Abweisung sind bereits zum Zeitpunkt der Entscheidung vorliegende Abänderungsgründe nach § 238 Abs. 2 FamFG unverändert ausgeschlossen.

Wie sich bereits aus dem Wortlaut des § 238 Abs. 2 FamFG ergibt, kommt es nach h.M.[452] allein darauf an, wann der für die Abänderung maßgebliche Umstand tatsächlich eingetreten ist und nicht darauf, wann sein Entstehen vorausgesehen werden konnte. Hat beispielsweise die Unterhaltsgläubigerin zum Zeitpunkt des Schlusses der letzten Tatsachenverhandlung des vorausgegangenen Verfahrens oder vor Ablauf der Einspruchsfrist noch nicht zwei Jahre mit ihrem neuen Lebenspartner zusammengelebt, ist der Unterhaltsverpflichtete im Abänderungsverfahren mit dem **Einwand gem. § 1579 Nr. 7 BGB** nicht nach § 238 Abs. 2 FamFG ausgeschlossen.[453] 311

Auch Steuern sind unterhaltsrechtlich grundsätzlich in der **gegenwärtig** entrichteten Höhe zu berücksichtigen. Wegen der erheblichen Unsicherheit, mit der eine Prognose behaftet ist, können spätere Änderungen in der Regel erst dann beachtet werden, wenn sie **tatsächlich eingetreten** sind.[454] Der bereits im vorausgegangenen Verfahren **vorhersehbare** Wechsel der Steuerklasse ist deshalb im Abänderungsverfahren ebenfalls **nicht präkludiert**.[455]

Selbiges gilt grundsätzlich auch bei einem vorhersehbaren Wechsel in eine **höhere Altersstufe der Düsseldorfer Tabelle**.[456]

Nach Ansicht des Kammergerichts[457] dagegen darf ein Abänderungsantrag auf nach der mündlichen Verhandlung im Erstverfahren eingetretene, eine andere Unterhaltsbemessung rechtfertigende Tatsachen dann nicht gestützt werden, wenn bei der mündlichen Verhandlung im Erstverfahren feststand, dass diese Tatsachen **in nächster Zukunft** eintreten. Dies gelte auch, wenn ein Kind alsbald nach der mündlichen Verhandlung im Erstverfahren die nächste Altersstufe einer Tabelle erreicht. Dem lag jedoch ein **unmittelbar bevorstehender** Wechsel zugrunde. Letztendlich ist auch hier eine **Abwägung der jeweiligen Umstände im Einzelfall** vorzunehmen. 312

Anders verhält es sich nach gefestigter Rechtsprechung des BGH[458] bei einer **Begrenzung** oder **Befristung** des Unterhaltsanspruchs nach **§ 1578b BGB**. Hat es danach der Gegner des früheren, auf Unterhaltserhöhung gerichteten Abänderungsantrags versäumt, die bereits bestehenden, für eine Herabsetzung sprechenden Gründe geltend zu machen, kann er auf diese Gründe **kein neues** Abänderungsverfahren stützen. 313

Die Entscheidung, dass der Unterhaltsanspruch von einem bestimmten Zeitpunkt an nach § 1578b BGB zu begrenzen ist, setzt nicht voraus, dass dieser Zeitpunkt bereits erreicht ist; soweit die betreffenden Gründe bereits eingetreten oder zuverlässig vorauszusehen sind, kann die Entscheidung über eine Unter-

450 BGH FamRZ 1998, 99 = NJW 1998, 161.
451 BGH FamRZ 2018, 914 = NJW 2018, 1753.
452 BGH FamRZ 1982, 792, 793 = NJW 1982, 1812.
453 OLG Karlsruhe FamRZ 2003, 50.
454 BGH FamRZ 1983, 152; 1990, 1477.
455 A.A. OLG Naumburg FamRZ 2008, 797.
456 OLG Bamberg FamRZ 1990, 187.
457 KG FamRZ 1990, 1122.
458 BGH FamRZ 2000, 1499 = NJW 2000, 3789.

haltsbegrenzung wegen § 238 Abs. 2 FamFG deshalb grundsätzlich nicht einem Abänderungsantrag überlassen bleiben, sondern ist bereits im Ausgangsverfahren über den Unterhalt zu treffen.[459]

314 Hiervon klar zu trennen ist die Fallgestaltung beim **Betreuungsunterhalt nach § 1570 BGB**. Im Rahmen der **Billigkeitsentscheidung** über eine Verlängerung des Betreuungsunterhalts aus kindesbezogenen Gründen nach § 1570 Abs. 1 S. 2 und 3 BGB ist nach Rechtsprechung des BGH[460] stets zunächst der **individuelle Umstand** zu prüfen, ob und in welchem Umfang die Kindesbetreuung auf andere Weise gesichert ist oder in kindgerechten Betreuungseinrichtungen gesichert werden könnte. Soweit die Betreuung des Kindes auf andere Weise sichergestellt oder in einer kindgerechten Einrichtung möglich ist, kann einer **Erwerbsobliegenheit** des betreuenden Elternteils auch entgegenstehen, dass der ihm daneben verbleibende Anteil an der Betreuung und Erziehung des Kindes zu einer **überobligationsmäßigen** Belastung führen kann.[461]

Das Vorliegen solcher kinder- oder elternbedingter Gründe kann regelmäßig im Erstverfahren nicht hinreichend und zuverlässig beurteilt werden. Insofern kann der Unterhaltsverpflichtete im Abänderungsverfahren Einwendungen nach § 1578b BGB vorbringen.

315 Problematisch ist die **Nachforderung „vergessenen" Altersvorsorgeunterhalts**.

Altersvorsorgeunterhalt ist nach § 1578 Abs. 3 BGB dazu bestimmt, als Teil des einheitlichen, den gesamten Lebensbedarf des Berechtigten umfassenden Unterhaltsanspruch den Aufbau einer Altersvorsorge zu ermöglichen. Ob der Unterhaltsberechtigte neben seinem laufenden Elementarunterhalt auch Altersvorsorgeunterhalt geltend machen will, steht in seinem Belieben.

Hat sich der Unterhaltsberechtigte im Erstverfahren die Nachforderung von Vorsorgeunterhalt nicht vorbehalten und damit aus Sicht des Gerichts und des Verfahrensgegners den gesamten Unterhaltsanspruch zum Gegenstand des Verfahrens gemacht, kann er eine Erhöhung des im Erstverfahren titulierten Unterhalts wegen des nicht geltend gemachten Vorsorgebedarfs dennoch ggfs. mit einem Abänderungsantrag erreichen. Haben dabei die Voraussetzungen des § 1361 Abs. 1 S. 2 BGB (oder des § 1578 Abs. 3 BGB) jedoch bereits im Erstverfahren vorgelegen, kann eine wesentliche Änderung der tatsächlichen oder rechtlichen Verhältnisse (§ 238 Abs. 1 S. 2 FamFG) nicht allein mit dem nachträglich gefassten Entschluss begründet werden, nunmehr auch einen – im Erstverfahren möglicherweise „vergessenen" – Altersvorsorgebedarf nachträglich geltend machen zu wollen. Erst wenn eine Anpassung des bestehenden Unterhaltstitels dadurch eröffnet wird, dass sich die für die Unterhaltsbemessung in der Erstentscheidung maßgeblichen tatsächlichen und rechtlichen Verhältnisse wesentlich geändert haben, kann auch Vorsorgeunterhalt verlangt werden.[462]

316 **Eine Präklusion** nach § 238 Abs. 2 FamFG besteht grundsätzlich nicht, wenn sich die **Gesetzeslage** oder die **höchstrichterliche Rechtsprechung** geändert hat und sich hieraus eine wesentliche Veränderung der rechtlichen Verhältnisse i.S.d. § 238 Abs. 1 S. 2 FamFG ergibt.

Wurde jedoch ein Anspruch auf **Aufstockungsunterhalt nach § 1573 Abs. 2 BGB** nach Veröffentlichung des Senatsurteils vom 12.4.2006[463] durch Beschluss festgelegt, so ergibt sich weder aus der anschließenden Senatsrechtsprechung noch aus dem Inkrafttreten des § 1578b BGB am 1.1.2008 eine wesentliche Änderung der rechtlichen Verhältnisse.[464]

Auch § 36 Nr. 1 EGZPO bietet in diesem Fall **keine eigenständige Abänderungsmöglichkeit**. Das gilt auch dann, wenn aus der Ehe Kinder hervorgegangen sind, die von der Unterhaltsberechtigten betreut wurden.[465]

459 BGH FamRZ 2000, 1499 = NJW 2000, 3789.
460 BGH FamRZ 2009, 770 = NJW 2009, 1876.
461 BGH FamRZ 2008, 1739 = NJW 2008, 3125.
462 BGH FamRZ 2015, 309 = NJW 2015, 334.
463 BGH FamRZ 2006, 1006 = NJW 2006, 2401.
464 BGH FamRZ 2010, 1884 = NJW 2010, 3582.
465 BGH FamRZ 2010, 1884 = NJW 2010, 3582.

Zwar gilt die in § 238 Abs. 2 FamFG für den Antragsteller angeordnete **Präklusion** von Abänderungsgründen für den Gegner des Abänderungsverfahrens **nicht uneingeschränkt**. Der Antragsgegner kann vielmehr zur Verteidigung der vorausgegangenen Endentscheidung gegen das Abänderungsbegehren des Klägers auch solche Tatsachen vorbringen, die bereits während des Erstverfahrens vorgelegen haben, dort aber nicht vorgetragen wurden und infolgedessen unberücksichtigt geblieben sind.[466] 317

Ist ein Abänderungsantrag des Unterhaltsgläubigers auf Erhöhung des durch Urteil oder Beschluss titulierten Unterhalts vollständig abgewiesen worden, kann ein späterer Abänderungsantrag des Unterhaltsschuldners auf Herabsetzung in zulässiger Weise auch auf solche Tatsachen gestützt werden, die schon im vorausgegangenen Abänderungsverfahren zu berücksichtigen gewesen wären.[467] Begehrt der Antragsgegner jedoch eine Verbesserung für sich im Rahmen eines **Abänderungswiderantrags**, ist das Vorbringen solcher Tatsachen **präkludiert**. 318

Dem Wortlaut des § 238 Abs. 2 FamFG ist nicht zu entnehmen, dass es auf eine Kenntnis der Umstände, welche der Präkludierung unterliegen, ankommt. Auf bereits im vorausgegangenen Verfahren gegebene, den Beteiligten jedoch nicht bekannte Umstände, kann demnach ein Abänderungsverfahren nach § 238 FamFG nicht gestützt werden.

Diese **formale Betrachtung** kann zu grob unbilligen Ergebnissen führen. Für diese Fälle hatte der Regierungsentwurf zum FGG-Reformgesetz vom 7.9.2007 in § 238 Abs. 2 letzter Halbsatz die Einführung einer **Härteklausel** vorgesehen, durch die **im Fall der groben Unbilligkeit** bei der Abänderung gerichtlicher Entscheidungen auch Gründe geltend gemacht werden können, die bereits vor Schluss der Tatsachenverhandlung des vorausgegangenen Verfahrens entstanden sind bzw. deren Geltendmachung durch Einspruch möglich ist oder war. Davon wurde mit der Begründung abgesehen, dass eine solche Härteklausel im Vergleich zum geltenden Recht das Risiko einer erheblichen **Erhöhung des Streitpotenzials** einhergehend mit einer höheren Belastung Gerichte birgt, da die Härteklausel dem Rechtsanwender eine Ausweitung der Ausnahmefälle gegenüber der bisherigen Berücksichtigung im Wege der teleologischen Reduktion suggeriert.[468] Sie würde von den Verfahrensbeteiligten als Einladung verstanden werden, auch hinsichtlich an sich präkludierter Tatsachen eine Argumentation im Sinne einer groben Unbilligkeit vorzutragen.[469] Der bisherige Rechtszustand- mit den von der Rechtsprechung entwickelten Einschränkungen der Präklusion durch eine teleologische Reduktion – habe sich bewährt und sei beizubehalten.[470] 319

Zwar kann ein Abänderungsantrag auch danach auf Gründe, die vor dem Schluss der mündlichen Verhandlung im vorausgegangenen Verfahren vorhanden waren, grundsätzlich nicht gestützt werden, wenn sie dort nicht vorgetragen worden und deshalb noch nicht Gegenstand der gerichtlichen Beurteilung gewesen sind.[471] Das steht der Berücksichtigung eines **betrügerischen Verhaltens** jedoch nicht entgegen, wenn dieses Verhalten über den Schluss der mündlichen Verhandlung im vorausgegangenen Verfahren **andauert** und **fortwirkt**.[472] Dies ist z.B. bei **Verschweigen** des Abbruchs eines Ausbildungsverhältnisses der Fall.[473] 320

Hat der Unterhaltsgläubiger im vorausgegangenen Verfahren vorhandenes **Vermögen verschleiert** und tut er dies nach wie vor, ist der Unterhaltsschuldner mit einem hierauf gestützten Abänderungsbegehren ebenfalls **nicht** nach § 238 Abs. 2 FamFG **präkludiert**.[474]

466 BGH FamRZ 2001, 1364; 1987, 1201.
467 BGH FamRZ 2018, 914.
468 BT-Drucks 16/6308, S. 384.
469 BT-Drucks 16/6308, S. 384.
470 BT-Drucks 16/6308, S. 384.
471 BGH FamRZ 1987, 259 = NJW 1987, 1201.
472 BGH FamRZ 1990, 1095.
473 BGH FamRZ 1990, 1095.
474 OLG Koblenz FamRZ 1998, 565.

d) Anpassung und Bindungswirkung

321 Nach § 238 Abs. 4 FamFG ist die vorausgegangene Entscheidung bei Vorliegen einer wesentlichen Veränderung der tatsächlichen oder rechtlichen Verhältnisse **unter Wahrung ihrer Grundlagen anzupassen**. Durch diese Formulierung soll der Gesichtspunkt der **Bindungswirkung** deutlich zum Ausdruck gebracht werden.[475]

Die in § 238 FamFG geschaffene Möglichkeit, bei einer Verpflichtung zukünftig fällig werdenden wiederkehrenden Leistungen wegen einer nachträglich eingetretenen Veränderung der Verhältnisse einen Abänderungsantrag zu erheben, ist ein verfahrensrechtlicher Anwendungsfall der **clausula rebus sic stantibus**.[476] Daraus ergibt sich, dass die Abänderung des Beschlusses nicht weiter gehen darf, als es aus Gründen der veränderten Verhältnisse notwendig erscheint. Die Vorschrift soll weder eine Möglichkeit zur neuerlichen Wertung des alten Sachverhalts noch einen Weg eröffnen, diesen bei Gelegenheit einer – gerechtfertigterweise erfolgenden – Abänderung abweichend zu beurteilen. Erst recht kann sie nicht die Gelegenheit bieten, gegen den Grund des Anspruchs Einwendungen zu erheben oder diesen neu zur Nachprüfung zu stellen.[477]

322 § 238 FamFG enthält eine **Ausnahme** von den allgemeinen Regeln über die Rechtskraft. Aus der Zielsetzung der Vorschrift, unvorhersehbare Veränderungen der maßgebenden tatsächlichen Verhältnisse **nachträglich** berücksichtigen zu können, ergeben sich die Grenzen für den **Einbruch in die Rechtskraft**, den der Abänderungsantrag zu bewirken vermag. Die sich aus der Rechtskraft ergebende Bindungswirkung des Erstbeschlusses darf auf den Abänderungsantrag hin nur insoweit beseitigt werden, als das Ersturteil auf Verhältnissen beruht, die sich nachträglich geändert haben.

323 Soweit die tatsächlichen Grundlagen des Erstbeschlusses **unverändert** geblieben sind, bleibt die **Bindung** bestehen und hindert den Abänderungsrichter daran, die diesbezüglichen Tat- und Rechtsfragen erneut zu prüfen.[478] Dass diese Fragen möglicherweise unrichtig beurteilt worden sind, kann den Umfang der rechtlichen Bindung nicht beeinflussen, auch nicht aus Gründen der Billigkeit.[479]

324 Der BGH[480] fasst die Grundprinzipien der Abänderungsentscheidung zusammen wie folgt:

> *„Ist das Abänderungsverfahren eröffnet, so ermöglicht es weder eine freie, von der bisherigen Höhe unabhängige Neufestsetzung des Unterhalts noch eine abweichende Beurteilung derjenigen Verhältnisse, die bereits in der Erstentscheidung eine Bewertung erfahren haben. Darüber hinaus bleiben im Abänderungsverfahren auch solche im Ausgangsverfahren schon entscheidungserheblichen Umstände unberücksichtigt, die seinerzeit von den Beteiligten nicht vorgetragen oder vom Gericht übersehen wurden. Denn auch eine Korrektur von Fehlern der rechtskräftigen Entscheidung ist im Abänderungsverfahren nicht zulässig. Einer Fehlerkorrektur steht vielmehr die Rechtskraft der Vorentscheidung entgegen, deren Durchbrechung nur insoweit gerechtfertigt ist, als sich die maßgeblichen Verhältnisse nachträglich verändert haben. […]*
>
> *Die Abänderungsentscheidung besteht dementsprechend in einer unter Wahrung der Grundlagen des Unterhaltstitels vorzunehmenden Anpassung des Unterhalts an veränderte Verhältnisse (§ 238 Abs. 4 FamFG). […] Die Abänderung einer gerichtlichen Entscheidung darf nicht weitergehen, als es aus Gründen der Anpassung an die veränderten Verhältnisse notwendig ist. Damit unterliegt die Abänderung einer Begrenzung, die sich durch das Merkmal der „Anpassung“ an die veränderten Umstände treffend ausdrücken lässt.“*

475 BT-Drucks 16/6308, S. 258.
476 BGH NJW 1961, 871.
477 BGH FamRZ 1979, 694 = NJW 1979, 1656.
478 BGH FamRZ 2001, 1364.
479 BGH FamRZ 2001, 1364.
480 BGH FamRZ 2021, 1116 = NJW 2021, 1753.

Die Möglichkeit einer **Fehlerkorrektur** besteht lediglich im Rahmen einer **Beschwerde**. Das hat zur Folge, dass z.B. ein Abänderungsantrag, welcher im vorausgegangenen Verfahren **mangels schlüssiger Begründung**, insbesondere wegen **unzulänglicher Darlegung** der Vermögensverhältnisse rechtskräftig abgewiesen worden ist, ohne Behauptung einer zwischenzeitlichen Veränderung dieser Vermögensverhältnisse nicht wiederholt werden kann.[481] 325

Hat der Abänderungsbegehrende in dem, dem abzuändernden Unterhaltstitel zugrundeliegenden Verfahren **versäumt**, die dort angenommenen Einkommensverhältnisse richtigzustellen, so kann er sich auf eine wesentliche Veränderung seiner Einkommensverhältnisse nur insoweit berufen, als sich sein maßgebliches Einkommen nach Abschluss des Erstverfahrens nachhaltig gesunken ist.[482]

Allerdings gibt es auch **Ausnahmen** von dieser Bindungswirkung. So kann ein Abänderungsantrag auch dann darauf gestützt werden, dass der **Regelbetrag erhöht** wurde und das Kind eine **weitere Altersstufe** erreicht hat, wenn beide Veränderungen bei der Festsetzung unmittelbar bevorstanden.[483] 326

Auch kann den **Unterhaltsrichtlinien, Tabellen oder Verteilungsschlüsseln**, die in der unterhaltsrechtlichen Praxis entwickelt worden sind, eine entsprechende **Bindungswirkung** nicht beigemessen werden. Bei ihnen handelt es sich um Hilfsmittel, die der Richter zur Ausfüllung des unbestimmten Rechtsbegriffes „angemessener Unterhalt“ verwendet, um eine möglichst **gleichmäßige Behandlung gleichartiger Lebenssachverhalte** zu erreichen.[484] Sie stellen für den zur Entscheidung stehenden Einzelfall daher keine Urteilselemente dar, die im Falle einer Abänderung wegen wesentlich veränderter tatsächlicher Verhältnisse beibehalten werden müssen.[485] So wird z.B. bestimmten **Unterhaltsquoten**, die in der Erstentscheidung zur Bemessung des den ehelichen Lebensverhältnissen entsprechenden Unterhalts angewandt wurden,[486] ebenso wenig **bindende Wirkung** beigemessen, wie Art und Höhe der Besteuerung des zugrunde gelegten Nettoeinkommens.[487]

Auch ist das abändernde Gericht bei der Unterhaltsberechnung **nicht** an die **Berechnungsweise** des Ausgangsgerichts bei der Berücksichtigung des mietfreien Wohnens **gebunden**.[488] 327

Eine Bindungswirkung ist auch zu **verneinen**, wenn es um die Abänderung eines Unterhaltstitels geht, bei welchem die Beteiligten die Entnahmen eines Selbstständigen zur Grundlage der Unterhaltsberechnung gemacht haben und diese zur Lasten der Vermögenssubstanz getätigt wurden.[489] Unabhängig von der Frage, ob die Entnahmen seinerzeit den wahren Einkünften entsprochen oder die Beteiligten über ihre Verhältnisse gelebt haben, ist es mit den im Rahmen einer Abänderung zu berücksichtigenden Grundsätzen von **Treu und Glauben** nicht vereinbar, einen Unterhaltsschuldner, der über Jahre den titulierten bzw. mehr als diesen Unterhalt gezahlt hat, bis zur völligen Aufzehrung des Betriebes zur Fortsetzung nicht vertretbarer Entnahmen zu zwingen, um vorübergehend noch einen überhöhten Unterhalt zahlen zu können, bis nach dem zu erwartenden Zusammenbruch des Betriebes selbst die Zahlung des Mindestunterhalts fraglich werden könnte.[490]

Ist im Ausgangsverfahren festgestellt worden, dass der ehevertraglich vereinbarte Unterhaltsausschluss der Ausübungskontrolle nach § 242 BGB nicht standhält, kann der Anspruch in einem Abänderungsverfahren grundsätzlich nicht erneut überprüft werden. Allerdings kann sich durch die weitere nacheheliche 328

481 OLG Düsseldorf FamRZ 1989, 1207.
482 OLG Hamm FamRZ 1997,433.
483 OLG Karlsruhe FamRZ 2004, 1052.
484 BGH FamRZ 1984, 374 = NJW 1984, 374.
485 BGH FamRZ 1984, 374 = NJW 1984, 374.
486 BGH FamRZ 1987, 257, 258.
487 BGH FamRZ 1990, 981, 982.
488 BGH FamRZ 1990, 981; 1994, 1100.
489 OLG Koblenz FamRZ 2001, 1239.
490 OLG Koblenz FamRZ 2001, 1239.

Entwicklung ergeben, dass ein späteres Berufen seitens des von dem Ehevertrag begünstigten Ehegatten auf eine entsprechende Regelung nicht mehr rechtsmissbräuchlich ist und insofern eine Bindungswirkung nicht besteht.[491]

329 Schließlich besteht eine **Bindung** auch dann **nicht**, wenn dies zur Vermeidung **grob unbilliger Ergebnisse** zwingend notwendig erscheint, beispielsweise wenn ein Unterhaltsgläubiger im Erstverfahren vorhandenes Vermögen oder Einkünfte verschleiert und dies noch immer tut.[492]

Die zu ergehende Abänderungsentscheidung kann sodann nur in einer **unter Wahrung der Grundlagen** des abzuändernden Titels vorzunehmenden **Anpassung** des Unterhalts an die veränderten Verhältnisse bestehen.[493]

e) Zeitschranke

330 § 238 Abs. 3 FamFG behandelt die Zeitgrenze, bis zu der eine rückwirkende Abänderung möglich ist. Nach § 238 Abs. 3 S. 1 FamFG ist die Abänderung zulässig für die Zeit **ab Rechtshängigkeit** des Antrags. Maßgeblich hierfür ist die **Zustellung des Antrags** an den Gegner nach § 113 Abs. 1 FamFG i.V.m. §§ 253 Abs. 1, 261 ZPO.[494]

Weder genügt die Einreichung eines entsprechenden Verfahrenskostenhilfegesuchs[495] noch die bloße Einreichung des Abänderungsantrags bei Gericht.[496]

Die Anwendung des § 167 ZPO scheidet aus.

331 Ein Antrag auf **Erhöhung des Unterhalts** ist nach § 238 Abs. 3 S. 2 FamFG für die Zeit zulässig, für die nach den **Vorschriften des bürgerlichen Rechts** Unterhalt für die Vergangenheit verlangt werden kann. In Betracht kommen hierbei insbesondere **§ 1613 Abs. 1 BGB** und die hierauf verweisenden sonstigen Vorschriften des materiellen Unterhaltsrechts wie **§§ 1360a Abs. 3 (Familienunterhalt), 1361 Abs. 4 S. 4, 1360a Abs. 3 (Getrenntlebensunterhalt), 1585b Abs. 2 BGB (nachehelicher Unterhalt)**.

Entsprechend ist die Abänderung für die Vergangenheit von dem Zeitpunkt an möglich, zu welchem der Verpflichtete zum Zwecke der Geltendmachung des Unterhaltsanspruchs aufgefordert worden ist, über seine Einkünfte und sein Vermögen **Auskunft** zu erteilen, zu welchem der Verpflichtete in **Verzug** gekommen oder der Unterhaltsanspruch **rechtshängig** geworden ist.

332 Es ist ausreichend, aber auch erforderlich, dass die Aufforderung zur Auskunftserteilung **Bezug zum bestehenden Unterhaltstitel** aufweist und **erkennbar** darauf ausgerichtet ist, eine Erhöhung des titulierten Unterhalts zu erreichen.[497]

So kann beispielsweise Altersvorsorgeunterhalt für die Vergangenheit nicht erst von dem Zeitpunkt an verlangt werden, in dem er ausdrücklich geltend gemacht worden ist.[498]

§ 238 Abs. 3 S. 3 FamFG bestimmt für Anträge auf **Herabsetzung des Unterhalts**, dass diese auch für die Zeit ab dem Ersten des auf ein entsprechendes **Auskunfts- oder Verzichtsverlangen** des Antragstellers folgenden Monats zulässig sind. Auf diese Weise wird die Gleichbehandlung von Gläubiger und Schuldner erreicht.

491 KG FamRZ 2022, 1614.
492 OLG Koblenz FamRZ 1998, 565.
493 BGH FamRZ 1983, 803; 1984, 374.
494 BT-Drucks 16/6308, S. 258.
495 BGH FamRZ 1982, 365 = NJW 1982, 1050.
496 BT-Drucks 16/6308, S. 258.
497 BGH FamRZ 2007, 193 = NJW 2007, 511.
498 BGH FamRZ 2007, 193 = NJW 2007, 511.

Das auf eine Herabsetzung gerichtete Verlangen unterliegt **spiegelbildlich** den Voraussetzungen, für die nach den **Vorschriften des bürgerlichen Rechts** Unterhalt für die Vergangenheit verlangt werden kann.[499] Diese Voraussetzungen ergeben sich nach der **Neufassung des § 1585b Abs. 2 BGB** durch das Gesetz zur Änderung des Unterhaltsrecht[500] zukünftig einheitlich aus **§ 1613 Abs. 1 BGB**.

Erforderlich ist daher entweder ein **Auskunftsverlangen** mit dem Ziel der Herabsetzung des Unterhalts gegenüber dem Unterhaltsgläubiger oder eine **„negative Mahnung"**, also die Aufforderung an den Unterhaltsgläubiger, teilweise oder vollständig auf den titulierten Unterhalt zu verzichten. Diesen Anforderungen genügt eine Mitteilung des Unterhaltsschuldners an den Unterhaltsgläubiger, in welcher der Unterhaltsschuldner **schlüssig** darlegt, dass nunmehr nur noch ein geringer Unterhalt geschuldet sei, und den Unterhaltsgläubiger **ernsthaft** zu der Erklärung auffordert, die Herabsetzung des Unterhalts zu akzeptieren.[501] 333

Im Übrigen kann auf die Rechtslage bezüglich § 1613 BGB verwiesen werden; insbesondere muss ein entsprechendes Verlangen dem Unterhaltsgläubiger **zugehen**.[502]

Hinweis 334

Ein Antrag auf rückwirkende Abänderung eines Unterhaltstitels gemäß § 238 FamFG für die Zeit vor Einreichung des Abänderungsantrages bzw. des Verfahrenskostenhilfeantrages für ein Abänderungsverfahren ist **mutwillig** im Sinne des § 114 ZPO, soweit durch die Gegenstandswerterhöhung gemäß § 51 Abs. 2 FamGKG erhebliche Mehrkosten dadurch entstehen, dass der Antragsteller ohne nachvollziehbaren Grund nicht zeitnah nach einem Auskunfts- oder Verzichtsverlangen einen verfahrenseinleitenden Antrag bei Gericht stellt.[503] Dies wird damit begründet, dass ein Beteiligter, der für die Kosten des Verfahrens selbst aufzukommen hätte, nicht unnötig verfahrenskostenerhöhende Rückstände entstehen lassen würde, bevor er Klage erhebt.

Aus Gründen der **Rechtssicherheit** ist es erforderlich, das Herabsetzungsverlangen **zeitlich** zu **begrenzen**.[504] § 238 Abs. 3 S. 4 FamFG enthält deshalb eine zeitliche Einschränkung für die Geltendmachung eines rückwirkenden Herabsetzungsverlangens und ist § 1585b Abs. 3 BGB nachgebildet, wonach für eine **mehr als ein Jahr** vor Rechtshängigkeit liegende Zeit eine Herabsetzung nicht verlangt werden kann. 335

Während sich die rückwirkende Erhöhung des Unterhalts nach § 238 Abs. 3 S. 2 FamFG nach dem **materiellen Recht** richtet, ist das Herabsetzungsverlangen **rein verfahrensrechtlich** ausgestaltet, so dass sich z.B. die Frage der **Verjährung** nicht stellen kann.[505]

Unter **engen Voraussetzungen** kann auch ein solcher verfahrensrechtlicher Gegenstand der **Verwirkung** unterliegen.[506]

f) Darlegungs- und Beweislast

Grundsätzlich muss auch im Abänderungsverfahren nach § 238 FamFG der Antragsteller die Grundlagen des früheren Unterhaltstitels und die inzwischen eingetretenen Veränderungen darlegen und beweisen.[507] 336

So hat z.B. der Unterhaltsverpflichtete als Antragsteller darzulegen, dass sich seit Abschluss des vorangegangenen Unterhaltsverfahrens die Verhältnisse so geändert haben, dass der unterhaltsberechtigte An-

499 BT-Drucks 16/6308, S. 258.
500 BT-Drucks 16/1830.
501 OLG Brandenburg NJW-Spezial 2013, 740, 741.
502 BT-Drucks 16/6308, S. 258.
503 OLG Celle FamRZ 2011, 50.
504 BT-Drucks 16/630, S. 258.
505 BT-Drucks 16/630, S. 258.
506 BVerfGE 32, 305–311.
507 BGH FamRZ 2004, 1179, 1180.

tragsgegner nunmehr verpflichtet ist, im erlernten Beruf eine Tätigkeit aufzunehmen, um den jeweiligen **unterhaltsrechtlichen Obliegenheiten** hinreichend Rechnung zu tragen.[508]

Im Rahmen der Herabsetzung und zeitlichen Begrenzung des Unterhalts nach **§ 1578b BGB** ist der Unterhaltspflichtige für die Tatsachen darlegungs- und beweisbelastet, die für eine **Befristung** sprechen.[509]

337 Hinsichtlich der Tatsache, dass **ehebedingte Nachteile** nicht entstanden sind, trifft den Unterhaltsberechtigten aber nach den Regeln zum Beweis **negativer Tatsachen** eine sog. **sekundäre Darlegungslast**. Der Unterhaltsberechtigte muss die Behauptung, es seien keine ehebedingten Nachteile entstanden, substantiiert bestreiten und seinerseits darlegen, welche konkreten ehebedingten Nachteile entstanden sein sollen. Erst wenn das Vorbringen des Unterhaltsberechtigten diesen Anforderungen genügt, müssen die vorgetragenen ehebedingten Nachteile vom Unterhaltspflichtigen **widerlegt** werden.[510]

Soweit sich der unterhaltsberechtigte Antragsgegner zur **Aufrechterhaltung** der Erstentscheidung auf neue, im vorausgegangenen Verfahren nicht geprüfte Unterhaltstatbestände beruft, ist er für diese vollumfänglich darlegungs- und beweisbelastet. Steht nämlich fest, dass der dem abzuändernden Titel zugrundeliegende Unterhaltstatbestand aufgrund veränderter Verhältnisse weggefallen ist, trägt der Abänderungsgegner die Darlegungs- und Beweislast für die Tatsachen, die aufgrund anderer Unterhaltstatbestände die Aufrechterhaltung des Titels rechtfertigen.[511]

338 Begehrt der unterhaltsberechtigte Ehegatte im Rahmen der Abänderung einen **erhöhten Unterhalt**, ist es ausreichend, wenn er die derzeitigen Einkommensverhältnisse der Beteiligten vorträgt.

Den Antragsgegner trifft hingegen die Beweislast, wenn er behauptet, dass seine derzeitigen Einkünfte nicht **eheprägend** sind und dass die **prägende Weiterentwicklung** seines Einkommens einen niedrigeren Betrag ausmachen würde.[512]

339 Betrifft der Abänderungsantrag den Unterhaltsanspruch eines als Schüler **privilegierten volljährigen Kindes**, ist dieses für den Fortbestand des Unterhaltsanspruchs in der titulierten Höhe darlegungs- und beweispflichtig, und zwar auch bezüglich des **Haftungsanteils** des in Anspruch genommenen Elternteils bei gleichrangiger Unterhaltspflicht des anderen Elternteils.[513]

Dies gilt auch, wenn das unterhaltsberechtigte Kind inzwischen **volljährig** geworden ist und nunmehr als Volljähriger **Ausbildungsunterhalt** verlangt. Dann muss das Kind darlegen und beweisen, dass der Unterhaltsanspruch fortbesteht, insbesondere welche **Haftungsquote nach § 1606 Abs. 3 S. 1 BGB** auf den jeweiligen Elternteil entfällt.[514] Begehrt der früher allein barunterhaltspflichtige Elternteil nach Eintritt der Volljährigkeit des Kindes unter Hinweis auf die nunmehrige Mithaftung des früheren Betreuungselternteils Herabsetzung des zur Zeit der Minderjährigkeit titulierten Kindesunterhalts, muss grundsätzlich das volljährig gewordene Kind die gemäß § 1606 Abs. 3 Satz 1 BGB auf seine Eltern entfallenden jeweiligen Haftungsanteile im Abänderungsverfahren darlegen und beweisen.[515]

2. Unterhaltsvergleiche und vollstreckbare Urkunden

340 Nach § 239 Abs. 1 S. 1 FamFG kann auch die Abänderung von Vergleichen nach § 794 Abs. 1 Nr. 1 ZPO und vollstreckbarer Urkunden beantragt werden, sofern sie eine Verpflichtung zu künftig fällig werden-

508 BGH FamRZ 2010, 538, 541 = NJW 2010, 1595, 1598.
509 BGH FamRZ 2010, 875 = NJW 2010, 1813.
510 BGH FamRZ 2010, 875 = NJW 2010, 1813.
511 BGH FamRZ 1990, 496 = NJW 1990, 2752.
512 OLG München FamRZ 1999, 1512.
513 OLG Hamm FamRZ 2003, 1025.
514 OLG Brandenburg FamRZ 2004, 553; a.A.: OLG Zweibrücken FamRZ 2001, 249–250: Im Abänderungsverfahren gegen das volljährig gewordene Kind muss auch der die Abänderung begehrende Unterhaltsverpflichtete den Haftungsanteil des anderen Elternteils darlegen und beweisen.
515 BGH FamRZ 2017, 370 = FuR 2017, 199.

den wiederkehrenden Leistungen enthalten. Im Gegensatz zu der durch gerichtliche Entscheidung auferlegten Unterhaltsverpflichtung können Unterhaltsregelungen in gerichtlichen Vergleichen – wie in vollstreckbaren Urkunden – nicht in materielle Rechtskraft erwachsen. Der Tatsachenvortrag in einem solchen Abänderungsverfahren unterliegt **keiner zeitlichen Einschränkung**, da die **Präklusion** aus § 238 Abs. 2 FamFG, die nur der Sicherung der Rechtskraftwirkung gerichtlicher Entscheidungen dient, **keine entsprechende Anwendung** findet.[516] Daher können grundsätzlich auch Tatsachen geltend gemacht werden, die schon im Zeitpunkt der Errichtung des Titels bestanden haben. Ebenso wenig bestehen mangels Rechtskraft hinsichtlich des Zeitpunktes, ab dem eine Abänderung begehrt werden kann, verfahrensrechtliche Einschränkungen; § 238 Abs. 3 FamFG findet keine entsprechende Anwendung.[517]

Dabei unterliegt die Abänderung eines Vergleichs **keiner Wesentlichkeitsgrenze**.

Die Vertragspartner eines Vergleichs können die Kriterien der Abänderbarkeit **autonom** bestimmen. Abweichend von § 238 Abs. 1 S. 2 FamFG bestimmen sich die Abänderungsvoraussetzungen allein nach dem **materiellen Recht**; somit primär danach, welche Voraussetzungen die Beteiligten für eine Abänderung vereinbart haben, im Übrigen nach den Regeln über die Störung bzw. den **Wegfall der Geschäftsgrundlage nach § 313 BGB**.[518] Insofern verweist § 239 Abs. 2 FamFG wegen der übrigen Voraussetzungen und wegen des Umfangs der Abänderung auf die **Vorschriften des bürgerlichen Rechts**, somit die Störung bzw. den Wegfall der Geschäftsgrundlage sowie die Grundsätze über das Schuldanerkenntnis.

a) Störung der Geschäftsgrundlage

Materiell richtet sich eine Vergleichsabänderung nach den Voraussetzungen des **§ 313 BGB**, dessen **Abs. 1** lautet: 341

> Haben sich Umstände, die zur Grundlage des Vertrags geworden sind, nach Vertragsabschluss schwerwiegend verändert und hätten die Parteien den Vertrag nicht oder mit anderem Inhalt geschlossen, wenn sie diese Veränderung vorausgesehen hätten, so kann die Anpassung des Vertrages verlangt werden, soweit einem Teil unter Berücksichtigung aller Umstände des Einzelfalls, insbesondere der vertraglichen oder gesetzlichen Risikoverteilung, das Festhalten am unveränderten Vertrag nicht zugemutet werden kann.

Nach **Abs. 2** dieser Vorschrift steht es einer Veränderung der Umstände gleich, wenn wesentliche Vorstellungen, die zur Grundlage des Vertrages geworden sind, sich als falsch herausstellen. 342

Da es sich bei dem Vergleich um eine Parteivereinbarung handelt, kann eine Bindung auch im Sinne einer **Unabänderbarkeit** im Rahmen der **Vertragsfreiheit** in den **Grenzen von Treu und Glauben (§ 242 BGB, konkretisiert gerade durch § 313 Abs. 1 und 2 BGB)** vereinbart werden. Danach ist insgesamt entscheidend, ob die seinerzeit einvernehmlich vereinbarte Grundlage des Vergleichs derart gestört ist, dass eine weitere Verpflichtung dem Antragsteller ganz oder teilweise nicht mehr **zuzumuten** ist; hierfür ist er darlegungs- und beweisbelastet. Voraussetzung ist aber andererseits eine Abänderbarkeit; da es sich bei dem Vergleich um eine Unterhaltsvereinbarung nach § 794 Abs. 1 Nr. 1 ZPO handelt, muss auch insoweit nach dem Willen der Beteiligten gefragt werden.[519] 343

Dabei ist zunächst im Wege der **Auslegung des Willens** der Beteiligten die Geschäftsgrundlage des Vergleichs zu ermitteln. Ist in den danach maßgeblichen Verhältnissen seit Abschluss des Vergleichs eine Änderung eingetreten, muss die gebotene Anpassung der getroffenen Unterhaltsregelung an die veränderten Verhältnisse nach Möglichkeit **unter Wahrung des Willens** der Beteiligten **und der ihm entsprechenden Grundlagen** erfolgen.[520] 344

516 BGH FamRZ 2017, 611.
517 BGH FamRZ 2017, 611.
518 BT-Drucks 16/6308, S. 258.
519 OLG Düsseldorf FamRZ 2008, 1002.
520 BGH FamRZ 2010, 192 = NJW 2010, 440.

Lässt sich dem Vergleich und dem ihm zugrunde liegenden Willen der Beteiligten kein hinreichender Ansatz für eine Anpassung an veränderte Umstände entnehmen, kann es geboten sein, die Abänderung **ohne fortwirkende Bindung** an die Grundlage des abzuändernden Vergleichs vorzunehmen; der Unterhalt ist dann wie bei einer Erstfestsetzung nach den **gesetzlichen Vorschriften** zu bemessen.[521]

345 Das gilt allerdings **nicht**, soweit die Beteiligten in dem Unterhaltsvergleich bewusst eine **restlose und endgültige Regelung** getroffen und damit eine spätere Abänderung wegen nicht vorhersehbarer Veränderungen der maßgeblichen Verhältnisse **ausdrücklich ausgeschlossen** haben. Die abschließende Einigung auf der Grundlage einer bloßen Prognose ist dann Vertragsinhalt und nicht nur dessen Geschäftsgrundlage, z.B. wenn die Beteiligten mit der Vereinbarung eines Abfindungsbetrages eine abschließende Regelung ihres Unterhaltsrechtsverhältnisses herbeiführen wollen, auch wenn der Betrag in künftigen Raten zu zahlen ist.[522] Haben die Beteiligten in einem Scheidungsfolgenvergleich die Zahlung eines unbefristeten Ehegattenunterhalts vereinbart, kann sich der Unterhaltspflichtige somit nicht auf eine Störung der Geschäftsgrundlage durch spätere Änderungen der Rechtslage wie z.B. Änderung der Senatsrechtsprechung zur Bedeutung der Ehedauer im Rahmen von Billigkeitsentscheidungen nach § 1573 Abs. 5 BGB a.F. berufen, wenn die Beteiligten in der Ausgangsvereinbarung auf das Recht zur Abänderung des Vergleichs ausdrücklich verzichtet haben.[523] Für eine einschränkende Auslegung dahingehend, dass die von den Beteiligten getroffene Regelung – noch verstärkt durch den „Verzicht“ auf das „Recht zur Abänderung“ der Unterhaltsvereinbarung im Übrigen – nicht solche Störungen ergreift, die sich erst aus der nachträglichen Änderung der gesetzlichen Grundlagen oder der höchstrichterlichen Rechtsprechung ergeben, gibt der Wortlaut der Vereinbarung keinen Anhalt.[524]

346 Ist in einem **pauschalen Unterhaltsvergleich** keine Geschäftsgrundlage niedergelegt, kann dies für einen Ausschluss der Anpassung an die abweichenden tatsächlichen Verhältnisse bei Vertragsschluss sprechen; die Abänderbarkeit wegen Änderung der Geschäftsgrundlage durch geänderte tatsächliche Verhältnisse seit Vertragsschluss oder durch eine Änderung des Gesetzes oder der höchstrichterlichen Rechtsprechung ist dadurch aber regelmäßig nicht ausgeschlossen.[525]

347 *Praxistipp*

Um über diese Frage erst gar keine Zweifel aufkommen zu lassen, sollte – falls eine Abänderungsmöglichkeit offengelassen werden soll – bei Abschluss eines Vergleichs akribisch auf die Aufnahme der Vergleichsgrundlagen geachtet werden. Hier empfiehlt sich ggfs. auch die Bezugnahme auf eine „Gutdeutsch“-Berechnung des Familiengerichts oder einer der Beteiligten.

348 Beruht die Erstellung einer vollstreckbaren Jugendamtsurkunde auf einer Unterhaltsvereinbarung der Beteiligten, sind diese an den Inhalt der Vereinbarung materiell-rechtlich gebunden; eine Abänderung der Urkunde kommt für beide Beteiligte grundsätzlich nur in Betracht, wenn dies wegen nachträglicher Veränderungen nach den Grundsätzen über die Störung der Geschäftsgrundlage geboten ist.[526]

349 Ist die Abänderung eines Unterhaltsvergleichs wegen Wegfalls der Geschäftsgrundlage eröffnet, können im Rahmen der Anpassung auch Umstände, die bei der Unterhaltsbemessung außer Acht gelassen wurden, berücksichtigt werden, wenn diese in Anbetracht der (sonstigen) Vergleichsgrundlagen bei Vergleichsabschluss zu keinem anderen Ergebnis geführt hätten.[527]

521 BGH FamRZ 2008, 968, 970; 2001, 1140, 1142; 1987, 257, 259.
522 BGH FamRZ 2005, 1662.
523 BGH FamRZ 2015, 734 = NJW 2015, 1242.
524 BGH FamRZ 2015, 734 = NJW 2015, 1242.
525 BGH FamRZ 2010, 192 = NJW 2010, 440.
526 BGH FamRZ 2017, 370 = FuR 2017, 199.
527 BGH FamRZ 2020, 577 = NJW 2020, 925.

b) Veränderte Umstände

Neben einer Änderung der maßgeblichen tatsächlichen Verhältnisse kann sich eine Störung der Geschäftsgrundlage auch aus einer **Änderung der Gesetzeslage** oder aus einer ihr gleichkommenden **verfassungskonformen Auslegung einer Norm durch das Bundesverfassungsgericht** ergeben.[528] 350

Selbiges gilt bei einer Änderung der **höchstrichterlichen Rechtsprechung** durch den Bundesgerichtshof.[529]

So sind z.B. Unterhaltsvergleiche, die auf der durch die **Entscheidung des Bundesverfassungsgerichts vom 25.1.2011**[530] beanstandeten Rechtsprechung des Bundesgerichtshofs zur Bedarfsermittlung durch **Dreiteilung** des zur Verfügung stehenden Gesamteinkommens des Unterhaltspflichtigen sowie des früheren und des jetzigen unterhaltsberechtigten Ehegatten beruhen, weder nach § 779 Abs. 1 BGB unwirksam noch nach §§ 119 ff. BGB anfechtbar; die Anpassung solcher Vereinbarungen richtet sich nach den Grundsätzen der **Störung bzw. des Wegfalls der Geschäftsgrundlage**.[531] 351

Keine Änderung der Rechtslage stellt dagegen die am 1.3.2013 in Kraft getretene **Änderung des § 1578b BGB** dar. Der Bundesgerichtshof hatte mit seiner Rechtsprechung bereits zuvor verdeutlicht, dass eine **Befristung** oder **Begrenzung** eines nachehelichen Unterhaltsanspruchs unzulässig sein kann, wenn zwar keine ehebedingten Nachteile vorliegen, eine Beschränkung aber mit Blick auf die insbesondere bei Ehen von langer Dauer gebotene nacheheliche Solidarität unbillig erscheint.[532] Diese Linie verfolgten zunehmend auch die Instanzgerichte. Vor dem Hintergrund der entstandenen Unsicherheit dient die Änderung der Vorschrift lediglich als **gesetzliche Klarstellung**.[533] Diese erfolgt durch die eigenständige Nennung des Tatbestandsmerkmals der Ehedauer als weiterem Billigkeitsmaßstab für die Herabsetzung von Unterhaltsansprüchen neben dem Bestehen ehebedingter Nachteile. 352

Ob und in welcher Weise sodann eine Anpassung an die veränderte Rechtslage erfolgen kann, bedarf außerdem einer **sorgfältigen Prüfung** unter Berücksichtigung der Interessen beider Beteiligter.[534] Es genügt nicht, dass ein weiteres Festhalten am Vereinbarten nur für einen Beteiligten unzumutbar erscheint; vielmehr muss das Abgehen vom Vereinbarten beiden Beteiligten zumutbar sein. Dabei ist auch zu beachten, ob die im Vergleich insgesamt getroffenen Regelungen noch in einem **ausgewogenen Verhältnis** zueinander stehen, was insbesondere für Scheidungsfolgenvereinbarungen gilt, die mehrere Punkte (z.B. Vermögensausgleich, Unterhalt, Versorgungsausgleich) enthalten.[535] 353

Eine sodann vorzunehmende Abänderung des Unterhaltstitels wegen Änderung der Rechtsprechung kommt aber erst **ab Verkündung der maßgeblichen Entscheidung** des Bundesverfassungsgerichts oder des Bundesgerichtshofs in Betracht.[536] 354

c) Darlegungs- und Beweislast

Den die Abänderung begehrenden Antragsteller trifft die vollumfängliche Darlegungs- und Beweislast dafür, dass sich die maßgeblichen Verhältnisse seit dem Vergleichsschluss überhaupt wesentlich geändert haben.[537] 355

528 BGH FamRZ 1990, 1091, 1094; 2007, 793, 797.
529 BGH FamRZ 2001, 1687, 1690 = NJW 2001, 3618, 3621.
530 BVerfG FamRZ 2011, 437 = NJW 2011, 836.
531 BGH FamRZ 2013, 853 = NJW 2013, 1530.
532 BGH FamRZ 2010, 1971 = NJW 2011, 147.
533 BT-Drucks 17/11885, S. 6.
534 BGH FamRZ 2001, 1687, 1690 = NJW 2001, 3618, 3621.
535 BGH FamRZ 2001, 1687, 1690 = NJW 3618, 3621.
536 BGH FamRZ 2001, 1687, 1690 = NJW 3618, 3621.
537 BGH FamRZ 1995, 665 = NJW 1995, 1891.

Dafür, dass die Beteiligten in ihrem Vergleich ausdrücklich auch eine Abänderbarkeit für den Fall einer späteren Änderung der tatsächlichen Verhältnisse ausgeschlossen haben, trägt jedoch der Antragsgegner, der sich auf einen solchen Ausschluss beruft, die Darlegungs- und Beweislast.[538]

d) „Sonderfall": Jugendamtsurkunden, §§ 59 Abs. 1 Nr. 3, 60 SGB VIII

356 Zwar kann nach § 239 Abs. 1 FamFG bei einer einseitig erstellten **Jugendamtsurkunde** jeder Teil eine Abänderung beantragen. Hier fehlt es an einer Vereinbarung zwischen den Beteiligten.

Der **Unterhaltsverpflichtete** kann deshalb keine freie Abänderung der von ihm einseitig errichteten Jugendamtsurkunde ohne Berücksichtigung von deren Bindungswirkung beantragen, da es sich aufgrund der einseitigen Errichtung zugleich um ein **Schuldanerkenntnis nach § 781 BGB** handelt.[539] Im Hinblick auf die damit verbundene Bindungswirkung kann eine Abänderung **nur dann** beantragt werden, wenn sich eine **nachträgliche Änderung** der tatsächlichen Umstände, des Gesetzes oder der höchstrichterlichen Rechtsprechung auf die Höhe seiner Unterhaltspflicht **auswirken.**[540]

Der Unterhaltspflichtige muss nicht nur vortragen, dass die bisherige Unterhaltsleistung für ihn wegen Änderung der Verhältnisse nach § 242 BGB unzumutbar geworden ist, sondern auch die seiner damaligen Verpflichtung nach Grund und Höhe zugrunde liegenden Umstände darlegen.[541]

357 Die vom **Unterhaltsberechtigten** begehrte Abänderung einer einseitig erstellten Jugendamtsurkunde setzt hingegen keine Änderung der ihr zugrunde liegenden Umstände voraus.[542]

Bei Jugendamtsurkunden, denen eine Vereinbarung der Beteiligten zugrunde liegt, ist im Rahmen der Abänderung stets der **Inhalt dieser Vereinbarung** zu wahren; eine Abänderung kommt deshalb nur dann in Betracht, wenn sie wegen nachträglicher Veränderungen nach den Grundsätzen über die Störung bzw. den Wegfall der Geschäftsgrundlage nach § 313 BGB geboten ist.[543]

3. Entscheidungen nach den §§ 237 und 253 FamFG

a) Voraussetzungen

358 Nach § 240 Abs. 1 FamFG kann die Abänderung einer rechtskräftigen Endentscheidung nach § 237 FamFG oder § 253 FamFG über eine Verpflichtung zu künftig fällig werdenden wiederkehrenden Leistungen beantragt werden, sofern nicht bereits ein Antrag auf Durchführung des streitigen Verfahrens nach § 255 FamFG gestellt worden ist.

Der Zweck des § 240 FamFG erschließt sich aus seiner Bedeutung im Rahmen des **vereinfachten Verfahrens nach §§ 249 ff. FamFG**. Dieses ermöglicht allen minderjährigen Kindern, in einem einfachen Verfahren schnell einen ersten Vollstreckungstitel gegen einen Elternteil zu erhalten, in dessen Haushalt sie nicht leben.[544] Dabei sind Angriffs- und Verteidigungsmöglichkeiten limitiert, um die erwünschte Schnelligkeit zu gewährleisten.

359 Im vereinfachten Verfahren kann nach § 249 Abs. 1 FamFG **höchstens** das **1,2-fache des Mindestunterhalts nach § 1612a Abs. 1 BGB** festgesetzt werden; der Unterhaltsschuldner kann Einwendungen nur unter den engen Voraussetzungen des § 252 FamFG vorbringen.

Im Verfahren nach § 237 FamFG kann nach Abs. 3 lediglich Unterhalt **bis zur Höhe des Mindestunterhalts** geltend gemacht werden.

538 BGH FamRZ 2010, 192, 194; NJW 2010, 119, 122.
539 BGH FamRZ 2011, 1041, 1043 = NJW 2011, 1874, 1876.
540 BGH FamRZ 2011, 1041, 1043 = NJW 2011, 1874, 1876.
541 OLG Hamm NJW-Spezial 2012, 165.
542 BGH FamRZ 2011, 1041 = NJW 2011, 1874.
543 BGH FamRZ 2008, 968; 2003, 304, 306.
544 BT-Drucks 13/9596, S. 36.

Die Unterhaltsfestsetzung erfolgt somit zwangsläufig in **pauschaler** Weise. Dies erfordert ein Verfahren, in dem die Beteiligten einen Unterhaltstitel herbeiführen können, der ihren jeweiligen **individuellen Verhältnissen** entspricht. Dem dient das Abänderungsverfahren nach § 240 FamFG. Dieses gibt dem Unterhaltspflichtigen die Möglichkeit auf Herabsetzung des Unterhalts auf den Betrag, der dem Kind nach den individuellen Verhältnissen zusteht. Andererseits erlaubt es auch dem Kind die Heraufsetzung des Unterhalts.

Dabei besteht weder eine **Präklusion** noch eine **Wesentlichkeitsgrenze**. Maßgeblich für die Abänderung ist einzig und allein die derzeitige Rechtslage.

Die Geltendmachung bestehender Einwendungen und Einreden ist dem Korrekturverfahren nach § 240 **360**
FamFG vorbehalten. Dies gilt z.B. für den Einwand der fehlenden Leistungsfähigkeit.[545]

b) Zeitschranke

Wird ein Antrag auf **Herabsetzung** des Unterhalts nicht **innerhalb eines Monats** nach Rechtskraft ge- **361**
stellt, so ist nach § 240 Abs. 2 S. 1 FamFG die Abänderung nur zulässig für die **Zeit ab Rechtshängigkeit** des Antrags.

Die rückwirkende Abänderung setzt die Erhebung des **Abänderungsantrags** voraus. Nicht ausreichend ist die Zustellung eines Verfahrenskostenhilfeantrags im Prüfungsverfahren.[546]

Die Vorschrift des **§ 167 ZPO**, die eine Rückwirkung der Zustellung auf den Zeitpunkt des Eingangs der Antragsschriftschrift bei Gericht ermöglicht, ist **anwendbar**, soweit es um die Wahrung der Monatsfrist des § 240 Abs. 2 S. 1 FamFG geht.[547]

Ist innerhalb der Monatsfrist ein Antrag des anderen Beteiligten auf Erhöhung des Unterhalts anhängig **362**
geworden, läuft nach § 240 Abs. 2 S. 2 FamFG die Frist nicht vor Beendigung des Verfahrens ab. Diese **Ausnahmeregelung** soll den Unterhaltspflichtigen schützen, der im Interesse des Rechtsfriedens zunächst davon abgesehen hat, seinerseits Rechte mit einem Abänderungsantrag geltend zu machen.[548]

Der nach Ablauf dieser Monatsfrist gestellte Antrag auf Herabsetzung ist nach § 240 Abs. 2 S. 3 FamFG auch zulässig für die Zeit ab dem Ersten des auf ein entsprechendes **Auskunfts- und Verzichtsverlangen** des Antragstellers folgenden Monats. Diese **modifizierte Zeitschranke**[549] für auf Herabsetzung gerichtete Abänderungsanträge entspricht § 238 Abs. 3 S. 3 FamFG.

§ 240 Abs. 2 S. 4 FamFG führt schließlich eine § 238 Abs. 3 S. 4 FamFG entsprechende Begrenzung ein: Für eine mehr als ein Jahr vor Rechtshängigkeit liegende Zeit kann eine Herabsetzung nicht verlangt werden.

VI. Verschärfte Bereicherungshaftung

Die Rechtshängigkeit eines auf Herabsetzung gerichteten Abänderungsantrags steht nach § 241 FamFG **363**
bei der Anwendung des § 818 Abs. 4 BGB der **Rechtshängigkeit** einer Klage auf Rückzahlung der geleisteten Beträge gleich.

Die bloße Anhängigkeit ist nicht ausreichend. Auch die Einreichung eines Gesuchs um Verfahrenskostenhilfe genügt nicht, um die Folgen des § 818 Abs. 4 BGB auszulösen.

545 OLG München FamRZ 2015, 1814.
546 OLG Hamm FamRZ 2008, 1540.
547 OLG Brandenburg FamRZ 2007, 2085.
548 BT-Drucks 13/7338, S. 43.
549 BT-Drucks 16/6308, S. 259.

VII. Die Abänderungsentscheidung

364 Im **Tenor** der Abänderungsentscheidung muss der abzuändernde Titel, der Abänderungsbeginn, gegebenenfalls auch das Abänderungsende, und der bestimmte Betrag, auf den der Unterhalt abgeändert wird, aufgeführt werden. Auch kann die Abänderung auf einen bestimmten Zeitraum befristet werden.[550]

Die **Entscheidung über die Kosten** richtet sich nach § 243 FamFG und erfolgt nach billigem Ermessen.

365 Nach § 116 Abs. 3 S. 1 FamFG werden Endentscheidungen in Familienstreitsachen erst mit Rechtskraft **wirksam**. Soweit die Abänderungsentscheidung eine Verpflichtung zur Leistung von Unterhalt enthält, soll nach § 116 Abs. 3 S. 3 FamFG die **sofortige Wirksamkeit** angeordnet werden. Hierdurch wird eine weitere Vollstreckung aus dem vorherigen Titel bis zur Rechtskraft verhindert.

Für den **Verfahrenswert** ist nach § 51 Abs. 1 FamGKG der für die ersten zwölf Monate nach Einreichung des Antrags geforderte Betrag, in dessen Höhe eine Abänderung begehrt wird (Differenz zwischen tituliertem und neuem Unterhalt) maßgeblich. Nach § 51 Abs. 2 FamGKG werden die bei Einreichung des Antrags fälligen Beträge dem Wert hinzugerechnet.

Nach § 242 FamFG i.V.m. § 769 ZPO kann das Gericht auf Antrag die **einstweilige Einstellung der Zwangsvollstreckung** anordnen.

D. Vollstreckungsabwehrantrag

366 Einwendungen des Unterhaltspflichtigen gegen **festgestellte materielle Leistungsansprüche** können mit einem Vollstreckungsabwehrantrag nach § 120 Abs. 1 FamFG, § 767 ZPO geltend gemacht werden. Hierbei handelt es sich um eine **verfahrensrechtliche Gestaltungsklage**, die auf die Beseitigung der einem Anspruch gewährten Vollstreckbarkeit gerichtet ist.[551]

Der Vollstreckungsabwehrantrag stellt die dem jeweiligen Titel zugrundeliegenden Verhältnisse nicht in Frage und führt auch **nicht** zur **rechtskräftigen Bejahung** oder **Verneinung eines materiell-rechtlichen Anspruchs**. Die Rechtskraft eines Beschlusses kann nicht durchbrochen werden. Vielmehr wird erreicht, dass der Unterhaltsberechtigte seine formale Rechtsposition, die er durch den rechtskräftigen Beschluss erlangt hat, nicht mehr zwangsweise durchsetzen kann.[552]

I. Zulässigkeit des Vollstreckungsabwehrantrags

367 Der Vollstreckungsabwehrantrag nach § 120 Abs. 1 FamFG, § 767 ZPO ist zulässig bei Vorliegen der **allgemeinen Verfahrensvoraussetzungen**. Grundsätzlich ist zwar nach §§ 767 Abs. 1, 802 ZPO **ausschließlich** das Gericht des ersten Rechtszugs **örtlich und sachlich zuständig**. Nach § 232 Abs. 2 FamFG geht jedoch in Unterhaltssachen eine nach § 232 Abs. 1 FamFG gegebene örtliche Zuständigkeit dieser ausschließlichen Zuständigkeit vor.

Beteiligte des Verfahrens sind der Unterhaltspflichtige als Antragsteller sowie der Unterhaltsberechtigte als Antragsgegner. Wurde der Titel auf das inzwischen volljährige Kind umgeschrieben, ist der Vollstreckungsabwehrantrag gegen das Kind zu richten.

368 Ein **Rechtsschutzbedürfnis** ist schon beim Vorliegen eines vollstreckbaren Titels gegeben.[553] Die Zulässigkeit eines Vollstreckungsabwehrantrags bestimmt sich also danach, ob eine Vollstreckungsmöglichkeit besteht. Dabei kommt es nicht darauf an, ob der Antragsgegner konkret eine Vollstreckung beabsichtigt.[554]

550 BGH FamRZ 1982, 792, 794 = NJW 1982, 1812.
551 BGH FamRZ 2006, 941, 942 = NJW 2006, 1969, 1970.
552 BGH FamRZ 2013, 1022, 1025 = NJW 1676, 1678.
553 OLG Celle FamRZ 1992, 842.
554 OLG Hamm FamRZ 2000, 1166.

Allerdings **fehlt** dem Antrag trotz Nichtherausgabe des Titels das Rechtsschutzbedürfnis, wenn eine Vollstreckung **unzweifelhaft** nicht mehr droht. Das ist beispielsweise der Fall, wenn der Unterhaltsberechtigte den Titel nach erfolgter Erfüllung für einen bestimmten, zurückliegenden Zeitraum in der Hand behält. Bei Titeln auf wiederkehrende Leistungen begründet nämlich die Nichtherausgabe nicht schon für sich allein die Besorgnis, der Gläubiger werde trotz bereits eingetretener Erfüllung noch einmal gegen den Schuldner vollstrecken. Vielmehr benötigt der Unterhaltsberechtigte den Titel noch für die erst künftig fällig werdenden Ansprüche.[555]

Auch gibt der Unterhaltsberechtigte **keine Veranlassung** zur Erhebung eines Vollstreckungsabwehrantrags, wenn er als Gläubiger eines titulierten Unterhalts dem Unterhaltspflichtigen anbietet, auf die Durchsetzung des Anspruchs zu verzichten, falls eine vergleichsweise Regelung getroffen werden kann.[556] Jedoch beseitigt der erklärte bloße „**Vollstreckungsverzicht**" hinsichtlich titulierten Kindesunterhalts weder das Rechtsschutzbedürfnis des Verpflichteten für einen Vollstreckungsabwehr- bzw. einen Abänderungsantrag, noch hat er die Folge, dass derartige Anträge verfahrenskostenhilferechtlich mutwillig wären.[557] **369**

II. Begründetheit

Der Vollstreckungsabwehrantrag ist begründet, wenn bei gegebener **Sachbefugnis** des Antragstellers eine **Einwendung** durchgreift, die den titulierten Unterhaltsanspruch selbst betrifft, und zusätzlich die Voraussetzungen nach § 767 Abs. 2 und Abs. 3 ZPO eingehalten sind. **370**

1. Einwendungen

Dabei muss es sich um Einwendungen handeln, welche den Anspruch **mit unmittelbarer Wirkung** und **unabhängig** von seiner Abänderbarkeit **gemindert** bzw. **vernichtet** haben. **371**

Nach der gängigen Rechtsprechung zählen hierzu insbesondere

- der Schulderlass, Verzicht oder Vollstreckungsverzicht;[558]
- die Stundung, Verjährung und Verwirkung;[559]
- der Wegfall des Anspruchs auf Getrenntlebensunterhalt, wenn nach Rechtskraft der Ehescheidung die Zwangsvollstreckung fortgesetzt wird;[560]
- die Wiederverheiratung und Begründung einer Lebenspartnerschaft nach § 1586 BGB;
- der Eintritt der Volljährigkeit des Kindes oder die Änderung der elterlichen Sorge, wenn trotz Wegfalls der elterlichen Verfahrensstandschaft weiter vollstreckt wird;[561]
- die fehlende Vollstreckbarkeit des Titels wegen unbestimmter Anrechnungsklausel;[562]
- die Erfüllung (Tilgung) oder entsprechende Erfüllungssurrogate;[563]
- der Einwand des Nichtbestehens der Vaterschaft nach § 1599 BGB durch den Scheinvater;[564]
- ein länger als drei Monate dauerndes Zusammenleben zum Zwecke der Versöhnung bei tituliertem Anspruch auf Trennungsunterhalt.[565]

555 BGH FamRZ 1984, 470, 471 = NJW 1984, 2826, 2827.
556 OLG Köln NJW-RR 1996, 381.
557 OLG Celle FamRZ 2015, 57 = NJW 2014, 3165.
558 BGH FamRZ 1979, 573.
559 BGH FamRZ 1987, 259.
560 BGH FamRZ 1999, 1497.
561 OLG München FamRZ 1997, 1493.
562 BGH FamRZ 2006, 261.
563 BGH FamRZ 1984, 470.
564 Wendl/*Schmitz*, § 10 Rn 154.
565 OLG Stuttgart FamRZ 2020, 752.

372 Bei der Behauptung, der Unterhaltsanspruch sei aufgrund eines Ausbildungsabschlusses des Unterhaltsgläubigers **erloschen**, handelt es sich um eine **materiell-rechtliche Einwendung**, die mit der Vollstreckungsabwehrklage geltend gemacht werden kann.[566]

Auch der Fortfall der nach **§ 1629 Abs. 3 BGB** bestehenden gesetzlichen **Verfahrensstandschaft** des, den Kindesunterhalt geltend machenden, Elternteils wird als Einwendung im Rahmen des § 767 Abs. 1 ZPO anerkannt, wenn der Titel auf Leistung an den Verfahrensstandschafter selbst lautet.[567] Ebenso kann aus einer ursprünglich erfolgten Titulierung eines Barunterhaltsanspruchs des minderjährigen Kindes gegenüber seinem damals nichtehelichen Vater nach Heirat der Eltern und mehrjährigen Zusammenlebens der Familie unter Leistung von Betreuungs- und Naturalunterhalt **nicht** erneut vollstreckt werden.[568]

373 Keine Einwendungen sind die Änderung der Rechtsprechung oder der Entfall der Minderjährigkeit des unterhaltsberechtigten Kindes (§ 244 FamFG).

War ein Elternteil gesetzlicher Vertreter des Kindes und hat für das Kind einen Titel auf Zahlung von Kindesunterhalt gegen den anderen Elternteil erwirkt, ist er nach einer Übertragung der elterlichen Sorge auf den anderen Elternteil nicht mehr berechtigt, die Zwangsvollstreckung aus dem erwirkten Titel zu betreiben; dies gilt auch für die bis zum **Obhutswechsel** aufgelaufenen Unterhaltsrückstände.[569] Setzt er die Zwangsvollstreckung dennoch fort, kann der andere Elternteil nicht mit der Vollstreckungsgegenklage dagegen vorgehen, weil der Wechsel der Vertretungsverhältnisse keine den materiellen Anspruch selbst betreffende Einwendung darstellt.

Der nunmehr sorgeberechtigte Elternteil kann aber gegen die Vollstreckung im Wege der **Vollstreckungserinnerung nach § 120 Abs. 1 FamFG, § 766 ZPO** geltend machen, dass das Kind in dem von dem früher sorgeberechtigten Elternteil betriebenen Zwangsvollstreckungsverfahren nicht ordnungsgemäß vertreten ist.[570]

374 *Praxistipp*

Ein nicht geltend gemachter Unterhaltsanspruch kann zwar grundsätzlich schon vor Eintritt der Verjährung und auch während der Hemmung nach § 207 Abs. 1 Satz 2 Nr. 2 BGB verwirkt sein.

Das bloße Unterlassen der Geltendmachung des Unterhalts oder der Fortsetzung einer begonnenen Geltendmachung kann das Umstandsmoment der Verwirkung jedoch nicht begründen.[571]

2. Präklusion

375 Nach § 767 Abs. 2 ZPO sind die Einwendungen nur insoweit zulässig, als die Gründe, auf denen sie beruhen, erst **nach dem Schluss der letzten mündlichen Tatsachenverhandlung** entstanden sind. Entsprechend kann der Antrag nach einem Versäumnisbeschluss nur auf **nach Ablauf der Einspruchsfrist** entstandene Einwendungen gestützt werden.

Wurden bereits freiwillig geleistete Unterhaltszahlungen bei der Fassung des Urteilstenors nicht berücksichtigt, kann deren Berücksichtigung im Hinblick auf § 767 Abs. 2 ZPO nicht im Rahmen eines Vollstreckungsabwehrantrags erreicht werden. Vielmehr ist der in der gerichtlichen Entscheidung enthaltene **Rechtsfehler** im **Beschwerdeverfahren** zu korrigieren.[572]

566 OLG Brandenburg FoVo 2008, 117.
567 OLG München FamRZ 1997, 1493.
568 OLG Celle FamRZ 2015, 57 = NJW 2014, 3165.
569 OLG Koblenz FamRZ 2005, 993.
570 OLG Koblenz FamRZ 2005, 993.
571 BGH FamRZ 2018, 589 = NJW 2018, 1013.
572 BGH FamRZ 1998, 1165, 1166 = NJW 1998, 3116, 3117.

Die **Präklusion** nach § 767 Abs. 2 ZPO greift bei Titeln ohne Rechtskraftwirkung wie gerichtlichen Vergleichen und vollstreckbaren Urkunden i.S.d. § 794 ZPO nicht.

3. Entscheidung

Ist der Antrag begründet, ergeht ein Ausspruch dahin, dass die Zwangsvollstreckung ganz oder teilweise **unzulässig** oder nur unter Bedingungen zulässig ist. Das Gericht soll nach § 116 Abs. 3 S. 3 FamFG die **sofortige Wirksamkeit** anordnen. Somit kann sich der Antragsteller auf § 775 Nr. 1 ZPO berufen. Für die Kostenentscheidung gilt § 243 FamFG. 376

Nach § 769 ZPO kann das Gericht auf Antrag die einstweilige Einstellung der Zwangsvollstreckung anordnen.

Hinweis 377

Da die Erhebung eines Vollstreckungsabwehrantrags weder die begonnene Zwangsvollstreckung hemmt noch die Vollstreckbarkeit des Titels beseitigt, ist ein Antrag nach § 769 ZPO unbedingt geboten. Dabei sind nach § 769 Abs. 1 S. 3 ZPO die den Antrag begründenden Tatsachen glaubhaft zu machen.

Der **Verfahrenswert** eines Vollstreckungsabwehrantrags bemisst sich nach dem Umfang der erstrebten Ausschließung der Zwangsvollstreckung. Eine Beschränkung auf einen Teilbetrag der titulierten Forderung kann sich konkludent aus den Umständen, insbesondere der Antragsbegründung, ergeben.[573] 378

Für den Verfahrenswert maßgeblich ist der Unterhaltsanspruch, welchen der Antragsteller im Rahmen der Vollstreckungsabwehr bekämpft. Es gilt § 51 FamGKG.

4. Antragsbeispiel

▼ 379

Muster 8.7: Vollstreckungsabwehrantrag

…, 8.7

1. die Zwangsvollstreckung aus dem Beschluss des Amtsgerichts-Familiengerichts vom , Az.: , für unzulässig zu erklären;

…

Oder:

1. die Zwangsvollstreckung aus dem Beschluss des Amtsgerichts-Familiengerichts vom , Az.: , für unzulässig zu erklären, soweit die Antragsgegnerin einen Betrag von mehr als monatlich EUR vollstreckt.

2. den Antragsgegner zu verpflichten, die vollstreckbare Ausfertigung des in Ziff. 1 bezeichneten Beschlusses herauszugeben.

▲

Der Anspruch auf Herausgabe der vollstreckbaren Ausfertigung besteht nach § 371 BGB **analog**, wenn über den Vollstreckungsabwehrantrag rechtskräftig zugunsten des Klägers entschieden worden ist.[574] 380

573 OLG Koblenz FamRZ 2001, 845.
574 BGH FamRZ 2008, 2196.

381 *Hinweis*

Um jegliches Kostenrisiko in „zweifelhaften" Fällen zu vermeiden, sollte ein entsprechender Antrag hilfsweise unter der Bedingung des Erfolges des Hauptantrags gestellt werden.

E. Feststellungsanträge, § 113 Abs. 1 S. 2 FamFG, § 256 ZPO in Unterhaltssachen

Dr. Franz-Thomas Roßmann

382 Die praktische Bedeutung von positiven Feststellungsanträgen ist in Unterhaltssachen sehr gering.[575]

Negative Feststellungsanträge werden häufiger relevant, insbesondere gerichtet gegen eine einstweilige Unterhaltsanordnung nach §§ 49 ff., 246 FamFG. Der negative Feststellungsantrag ist in solchen Fällen zulässig, wenn sich der Verpflichtete gegen den titulierten Unterhalt mit dem Ziel der Reduzierung bzw. Aufhebung seiner Verpflichtung verteidigen möchte.[576]

Mitunter werden Unterhaltsforderungen auch mit einem offenen Teilantrag geltend gemacht. Der Antragsteller berühmt sich z.B. einer Unterhaltsforderung in Höhe von 1.000 EUR, beantragt aber (zunächst) nur 500 EUR.

Der Antragsgegner kann in solchen Fällen, d.h. bei einem offenen Teilantrag die Angelegenheit durch einen negativen Feststellungswiderantrag nach § 256 Abs. 1 ZPO endgültig klären.

I. Das Feststellungsinteresse

383 Erforderlich für die Zulässigkeit des Feststellungsantrags nach § 256 ZPO ist ein rechtliches Interesse des Antragstellers. Bejaht werden kann das rechtliche Interesse, wenn der vermeintlich Unterhaltsberechtigte sich eines Unterhaltsanspruchs gegen den Antragsteller berühmt. Dies ist unter Umständen auch denkbar als Verbundsache mit dem Antrag festzustellen, dass der Antragsgegner für den Fall der Scheidung keinen Unterhalt schuldet.[577]

384 Leitet der Unterhaltsberechtigte ein Unterhaltsleistungsverfahren – insbesondere als Reaktion auf den negativen Feststellungsantrag – ein, so hat der Unterhaltsschuldner den negativen Feststellungsantrag, soweit dieser sich mit dem Leistungsantrag überschneidet, für erledigt zu erklären, da das Feststellungsinteresse nunmehr entfällt. Ansonsten wird der Feststellungsantrag kostenpflichtig als unzulässig abgewiesen.

II. Der Feststellungsantrag

385 Die Formulierung des negativen Feststellungsantrags erfolgt in der Weise, dass nicht die verbleibende Unterhaltspflicht positiv zu beantragen ist, sondern es ist negativ festzustellen, in welcher Höhe kein Unterhaltsanspruch (mehr) besteht.

575 Vgl. dazu *Roßmann*, Unterhaltsprozess, Kap. 3 Rn 1602.
576 Vgl. OLG Thüringen FamRZ 2012, 54, 55.
577 OLG Düsseldorf FamRZ 1985, 952.

386

▼

Muster 8.8: Negativer Feststellungsantrag

„…werde ich beantragen, festzustellen, dass der Antragsteller nicht verpflichtet ist, mehr als mtl. 200 EUR zu zahlen"

(also nicht „festzustellen, dass der Antragsteller mtl. (nur noch) 200 EUR zu zahlen hat").

▲

III. Beweislast, Streitwert

387 Die Beweislast ist in Unterhaltsverfahren immer abhängig vom materiellen Recht, das heißt auch bei einem negativen Feststellungsantrag muss der Antragsgegner trotz der umgekehrten Beteiligtenstellung den Unterhaltsanspruch, dessen er sich berühmt, darlegen und beweisen wie bei einem von ihm selbst erhobenen Unterhaltsleistungsantrag.[578]

Der Streitwert eines negativen Feststellungsantrags ist mit dem Wert der Hauptsache bzw. einem korrespondierenden Unterhaltsleistungsantrag gleichzusetzen.[579]

F. Die einstweilige Unterhaltsanordnung, § 246 FamFG

388 Die Bedeutung der einstweiligen Anordnung in Unterhaltssachen ist groß; Unterhalt ist nämlich regelmäßig sehr eilig. Dies ist auch dem Gesetzgeber bekannt gewesen, weshalb der Antragsteller das ansonsten für den Erlass einer einstweiligen Anordnung erforderliche dringende Bedürfnis für ein sofortiges Tätigwerden (vgl. § 49 Abs. 1 FamFG) nicht darlegen und glaubhaft machen muss. Die einstweilige Unterhaltsanordnung ist vom **Arrest**, welcher in Unterhaltssachen aufgrund der Regelung des § 119 Abs. 2 S. 1 FamFG ebenfalls zulässig ist, zu unterscheiden: Während die einstweilige Unterhaltsanordnung die sofortige Befriedigung des Antragstellers bezweckt, dient der Arrest der Sicherung von künftigen Unterhaltsansprüchen.

389 Der unterhaltsberechtigte Antragsteller hat ein **Wahlrecht**, ob er seinen Unterhaltsanspruch im Wege der einstweiligen Anordnung oder aber als Unterhaltshauptsacheverfahren verfolgt.[580] Letztlich wird er eine Abwägung treffen müssen; das Verfahren der einstweiligen Anordnung verläuft zügig, lässt aber mitunter aufgrund des summarischen Verfahrens die Richtigkeit vermissen. Auch fehlt es im Fall einer unrichtigen Entscheidung an der Möglichkeit, dagegen ein Rechtsmittel einzulegen, vgl. § 57 S. 1 FamFG. Das Hauptsacheverfahren ist gründlich, kann sich aber gerade deswegen lange Zeit hinziehen. Möglich und zulässig ist es aber auch, dass der Antragsteller beide Verfahren nebeneinander betreibt, vgl. auch § 51 Abs. 3 S. 1 FamFG.

I. Grundlagen des Verfahrens

1. Gesetzliche Regelungen

390 Das FamFG regelt die einstweilige Unterhaltsanordnung grundlegend in den §§ 246 i.V.m. 49–57 FamFG.[581] § 119 Abs. 1 S. 1 FamFG stellt klar, dass die einstweilige Anordnung in Familienstreitsachen, somit auch in Unterhaltssachen statthaft ist. Dies bestätigt auch die Vorschrift des § 246 FamFG, die im

578 Wendl/*Schmitz*, Unterhaltsrecht, § 10 Rn 325.
579 BGH NJW 1970, 2025.
580 Vgl. auch Wendl/*Schmitz*, Unterhaltsrecht, § 10 Rn 397.
581 Ausführlich zur einstweiligen Anordnung *Götsche/Viefhues*, ZFE 2009, 124 ff.

Übrigen als lex specialis die allgemeinen Anordnungsvoraussetzungen der §§ 49–57 FamFG teilweise verdrängt.[582]

2. Anwaltliche Vertretung

391 Die einstweilige Unterhaltsanordnung kann von dem Unterhaltsberechtigten ohne anwaltliche Mitwirkung beantragt und erwirkt werden, obwohl nach § 114 Abs. 1 Nr. 1 FamFG sämtliche Familienstreitsachen dem Anwaltszwang unterworfen wurden.

3. Streitwert

392 Grundsätzlich ist im Verfahren der einstweiligen Anordnung von der Hälfte des für die Hauptsache bestimmten Hauptsachewertes auszugehen, mithin vom sechsfachen Wert des Unterhaltsantrags, vgl. § 41 S. 2 FamGKG.[583] Allerdings kann der Streitwert bis zur Höhe des für die Hauptsache bestimmten Werts angehoben werden, wenn die einstweilige Anordnung die Hauptsache vorwegnimmt oder ersetzt.[584]

Wurde im einstweiligen Anordnungsverfahren der volle Kindesunterhalt geltend gemacht, so kann der Regelstreitwert (halber Wert des Hauptsacheverfahrens) bis zur Höhe des für die Hauptsache bestimmten Wertes nach Auffassung einiger Obergerichte angehoben werden.[585]

393 Nach Auffassung des OLG Düsseldorf passt die generelle Regelung des § 41 FamGKG wegen der über die regelmäßig geringere Bedeutung einer einstweiligen Anordnung nach § 49 FamFG hinausgehenden Bedeutung einer einstweiligen Anordnung nach § 246 FamFG, die auf Leistung des vollen Unterhalts gehen kann, nicht ohne weiteres für die Wertfestsetzung in durch einstweilige Anordnung geregelten Unterhaltssachen. Zielen diese auf Leistung des vollen Unterhalts, das heißt nehmen sie damit die Hauptsache vorweg, fehlt eine Rechtfertigung, wegen „geringerer Bedeutung gegenüber der Hauptsache" den Verfahrenswert herabzusetzen.[586]

Jedenfalls der Verfahrenswert eines abschließenden Vergleichs im einstweiligen Anordnungsverfahren entspricht dem Wert der Hauptsache.[587]

4. Der Streitgegenstand der UnterhaltsAO

394 Streitgegenstand eines einstweiligen Unterhaltsanordnungsverfahrens ist nicht der geltend gemachte Unterhaltsanspruch, sondern die Zulässigkeit seiner vorläufigen Durchsetzung. Der Antrag auf Erlass einer einstweiligen Anordnung führt darum nicht zur Rechtshängigkeit des Anspruchs selbst und Entscheidungen in diesem Zusammenhang nicht zu einer Rechtskraftwirkung bezüglich des Unterhaltsanspruchs im Hauptsacheverfahren. Allerdings stellt der Unterhaltsanspruch die Grundlage für die einstweilige Anordnung dar. Die einstweilige Unterhaltsanordnung ist damit rein prozessualer Natur und schafft lediglich eine Vollstreckungsmöglichkeit wegen eines vorläufig als bestehend angenommenen materiell-rechtlichen Anspruches.

582 *Schürmann*, FamRB 2008, 375, 376.
583 OLG Oldenburg FamRZ 2023, 74.
584 *Schneider*, FamFR 2009, 109 (112).
585 OLG Düsseldorf FamRZ 2010, 1936; OLG Brandenburg FamRZ 2010, 1937.
586 Vgl. dazu OLG Brandenburg, NZFam 2023, 330 mit Anm. *Schneider*.
587 OLG Jena FamRZ 2012, 737; *Fölsch*, FamRZ 2012, 738.

II. Der Antrag, § 51 Abs. 1 FamFG

Der Erlass einer einstweiligen Unterhaltsanordnung setzt einen bestimmten vollstreckungsfähigen Antrag voraus. Insoweit unterscheidet sich die einstweilige Unterhaltsanordnung nicht von einem Hauptsacheverfahren bzw. Hauptsacheantrag. 395

Folgende Antragstellung ist möglich:

▼

Muster 8.9: Antrag auf Erlass einer einstweiligen Unterhaltsanordnung

Der Antragsgegner wird verpflichtet, an die Antragstellerin ab dem , jeweils monatlich im Voraus, spätestens bis zum dritten Werktag des jeweiligen Monats, einen monatlichen Unterhalt in Höhe von EUR zu zahlen. 8.9

▲

Nach § 51 Abs. 1 S. 2 FamFG hat der Antragsteller den gestellten Antrag zu begründen. Die Begründung muss die wesentlichen verfahrensrechtlichen und tatsächlichen Voraussetzungen enthalten. Die Voraussetzungen für die Anordnung sind nach § 51 Abs. 1 S. 2 FamFG glaubhaft zu machen. Die Glaubhaftmachung bestimmt sich in Unterhaltssachen nach § 113 Abs. 1 FamFG i.V.m. § 294 ZPO.[588] Probate Möglichkeit der Glaubhaftmachung ist danach insbesondere die Versicherung an Eides statt. 396

Der Antrag kann den **vollen Unterhalt** geltend machen.[589] Zwar gilt im Anordnungsverfahren grundsätzlich das Verbot der Vorwegnahme der Hauptsache; der Gesetzgeber wollte jedoch mittels des Anordnungsverfahrens den Versuch unternehmen, Hauptsacheverfahren entbehrlich zu machen. Sind die Beteiligten mit dem Resultat des Anordnungsverfahrens daher einverstanden, muss ein weiteres Verfahren nicht stattfinden – dies ist jedoch nur zu erreichen, wenn der volle Unterhalt in diesem Verfahren beantragt werden kann.

1. Der Anordnungsgrund

Grundsätzlich ist nach § 49 Abs. 1 FamFG ein dringendes Bedürfnis für ein sofortiges Tätigwerden erforderlich. Diese Voraussetzung entspricht in ihrer Funktion etwa dem Verfügungsgrund für den Erlass einer einstweiligen Verfügung. Ob ein dringendes Bedürfnis anzunehmen ist, ist eine Frage des Einzelfalls. Es wird regelmäßig zu bejahen sein, wenn ein Zuwarten bis zur Entscheidung in einer etwaigen Hauptsache nicht ohne Eintritt erheblicher Nachteile möglich wäre.[590] 397

In Unterhaltssachen weicht § 246 FamFG (als lex specialis) von § 49 FamFG ab, d.h. das Familiengericht kann durch einstweilige Anordnung auf Antrag die Verpflichtung zur Zahlung von Unterhalt oder zur Zahlung eines Kostenvorschusses für ein gerichtliches Verfahren regeln. Ein dringendes Regelungsbedürfnis ist nicht erforderlich, weil Unterhalt lebensnotwendig ist und sich damit die Eilbedürftigkeit von selbst versteht.

Damit genügt als Anordnungsgrund ein „einfaches" Regelungsbedürfnis;[591] selbst daran fehlt es in folgenden Fällen: 398

- Ein Unterhaltstitel liegt bereits vor.
- Eine vorherige Zahlungsaufforderung fehlt.
- Unterhalt für die Vergangenheit kann nicht durch einstweilige Anordnung geregelt werden (nur für die Zeit ab Antragseingang).[592]

588 Horndasch/Viefhues/*Viefhues*, FamFG, § 51 Rn 10.
589 Wendl/*Schmitz*, § 10 Rn 397.
590 OLG Köln FamRZ 2007, 658.
591 Vgl. Thomas/Putzo/*Seiler*, ZPO, § 246 FamFG Rn 4.
592 *Klein*, FuR 2009, 241, 244.

- Der Unterhaltsschuldner zahlt freiwillig den Unterhalt und es kann angenommen werden, dass er dies auch weiterhin tun wird (ein Titulierungsinteresse genügt nicht!).[593]
- Der Unterhaltsberechtigte hat bereits Einkünfte, die den Ehegattenmindestselbstbehalt (1.370 EUR) überschreiten.[594]
- Die Bewilligung von Sozialleistungen nimmt dem Antragsteller hingegen nicht das Regelungsbedürfnis.

399 *Praxistipp*

Klarstellend ist darauf hinzuweisen, dass der Erlass einer einstweiligen Unterhaltsanordnung dem Unterhaltsgläubiger nicht das Rechtsschutzbedürfnis für ein Hauptsacheverfahren nimmt.[595] Dieses wird regelmäßig schon bei Unterhaltsrückständen deshalb erforderlich sein, weil im Verfahren der einstweiligen Unterhaltsanordnung kein rückständiger Unterhalt tituliert wird. Aber auch unabhängig davon ist die einstweilige Unterhaltsanordnung nur das Ergebnis einer summarischen Prüfung, so dass die Beteiligten ein Rechtschutzbedürfnis für eine der Rechtskraft zugängliche endgültige Hauptsacheentscheidung haben, die auch dem Abänderungsschutz des § 238 FamFG unterliegt. Umgekehrt liegt der Fall freilich anders, d.h. ist bereits im Rahmen eines Hauptsacheverfahrens Unterhalt tituliert worden, besteht kein Regelungsbedürfnis für eine einstweilige Unterhaltsanordnung.

2. Der Anordnungsanspruch

400 Ein Anordnungsanspruch besteht, wenn sich nach dem Ergebnis des summarischen Erkenntnisverfahrens ein materiell-rechtlicher Unterhaltsanspruch des Anspruchsstellers für das Gericht ergibt. Die einstweilige Anordnung muss nämlich gemäß § 49 Abs. 1 FamFG „nach den für das Rechtsverhältnis maßgebenden Vorschriften gerechtfertigt" sein. Die Formulierung des § 49 Abs. 1 FamFG macht deutlich, dass das Familiengericht auch im **summarischen Verfahren** die einschlägigen – materiell-rechtlichen – Vorschriften zu prüfen bzw. sich zumindest daran zu orientieren hat.[596] Es muss freilich nicht jede Bedarfsposition konkret bestimmt werden.

Die Rechtsverfolgung im Rahmen eines Anordnungsverfahrens ist geprägt von verfahrensspezifischer Eilbedürftigkeit.

401 Deshalb bestehen geringere Beweisanforderungen, insbesondere ist die Beweiserhebung gem. § 113 Abs. 1 FamFG i.V.m. § 294 Abs. 2 ZPO auf präsente Beweismittel beschränkt.[597]

Praxistipp

Es genügt im AO-Verfahren nicht, einfach nur Zeugen zu benennen. Die Beweisaufnahme ist auf präsente Beweismittel beschränkt, vgl. §§ 294 Abs. 2, 31 Abs. 2 FamFG. Das Gericht ist auch zu einer Ladung nicht verpflichtet. Zumindest ist daher deren eidesstattliche Aussage vorzulegen; besser ist mitunter sogar, die Zeugen zum Termin mitzubringen.

Den geringen Beweisanforderungen korrespondiert, dass die einstweilige Anordnung lediglich eine einstweilige Vollstreckungsmöglichkeit wegen eines vorläufig als bestehend angenommenen Anspruchs schafft.[598] Sie ist der Rechtskraft nicht fähig und kann mit Rückwirkung aufgehoben werden.

593 Vgl. *Schürmann*, FamRB 2008, 375, 377.
594 AG Gemünden a. Main FuR 2017, 523.
595 OLG Thüringen FamRZ 2011, 491, OLG München FamRZ 2012, 391.
596 SBW/*Schwonberg*, FamFG, § 246 Rn 15–20.
597 *Giers*, FG Prax 2009, 47, 49.
598 Vgl. Wendl/*Schmitz*, § 10 Rn 396.

3. Die Entscheidung über den einstweilige Anordnung-Antrag

a) Mündliche Verhandlung

§ 246 Abs. 2 FamFG bestimmt, dass die Entscheidung aufgrund **mündlicher Verhandlung** ergeht, wenn dies zur Aufklärung des Sachverhalts oder für eine gütliche Streitbeilegung geboten erscheint. Die Vorschrift betont die Bedeutung der mündlichen Verhandlung im Verfahren der einstweiligen Anordnung in Unterhaltssachen und trägt damit dem Umstand Rechnung, dass das Ziel einer Verfahrensbeschleunigung in Unterhaltssachen nicht in der Weise im Vordergrund steht wie in anderen Bereichen des einstweiligen Rechtsschutzes. In der mündlichen Verhandlung können offen gebliebene Gesichtspunkte geklärt und die in Unterhaltssachen nicht selten vorkommenden Rechts- und Einschätzungsfragen erörtert werden. Die Verhandlungssituation erleichtert zudem das Zustandekommen von Vereinbarungen. Damit ist die mündliche Verhandlung vom Gesetzgeber als **Regelfall** gewollt, bevor eine einstweilige Anordnung in Unterhaltssachen ergeht. Nur in einfach gelagerten oder besonders eilbedürftigen Fällen kann die Entscheidung ausnahmsweise ohne mündliche Verhandlung erfolgen. 402

b) Regelungsumfang

§ 49 Abs. 1 FamFG macht deutlich, dass für eine einstweilige Anordnung nur vorläufige Maßnahmen in Betracht kommen.[599] Es gilt daher, wie im Recht der einstweiligen Verfügung, der Grundsatz des Verbots der Vorwegnahme der Hauptsache. Auch insoweit gilt für die einstweilige Anordnung in Unterhaltssachen freilich eine wichtige Besonderheit. Auf der Rechtsfolgenseite besteht nämlich die in § 49 FamFG vorgesehene Begrenzung auf vorläufige Maßnahmen nicht, vgl. § 246 Abs. 1 FamFG. Durch eine einstweilige Anordnung kann der volle laufende Unterhalt ohne zeitliche Begrenzung zuerkannt werden, soweit die Voraussetzungen dafür glaubhaft gemacht worden sind.[600] 403

> *Praxistipp* 404
>
> Vereinzelt wird sogar vertreten, dass der Unterhalt unbegrenzt zuzusprechen „ist".[601] Dies lässt sich aus § 246 FamFG allerdings nicht entnehmen. Die Regelung soll zwar möglichst umfassend sein, um zusätzliche Auseinandersetzungen in einem gerichtlichen Verfahren tunlichst zu vermeiden. Das Gericht kann aber auch anderweitig verfahren und zwar insbesondere dann, wenn nur überwiegende Wahrscheinlichkeit für die Richtigkeit des Titels zu erzielen war. Dann kommt sowohl eine Begrenzung der Höhe als auch der Zeit nach in Frage.[602]

c) Entscheidung durch Beschluss

Das Gericht entscheidet über den Unterhaltsanordnungsantrag durch Beschluss, §§ 51 Abs. 2 S. 1, 38 Abs. 1 S. 1 FamFG. Der Beschluss ist nach § 38 Abs. 3 S. 1 zu begründen. Weiterhin ist gemäß §§ 51 Abs. 2 S. 1, 39 FamFG auch im Anordnungsverfahren der Beschluss mit einer Rechtsbehelfsbelehrung zu versehen. 405

Eine Versäumnisentscheidung ist auch in Unterhaltssachen, die eine Familienstreitsache nach § 112 Nr. 1 FamFG darstellen, ausgeschlossen, § 51 Abs. 2 S. 3 FamFG. Der Antragsgegner kann aber durch Säumnis die Anordnung nicht verhindern. Das Familiengericht erlässt die Anordnung in diesem Fall entweder nach Aktenlage oder führt eine einseitige streitige Verhandlung durch. Die Anwendung von § 138 Abs. 3 ZPO ist möglich, das heißt der Vortrag des Antragstellers gilt als zugestanden. Folglich ist ein weiteres Glaubhaftmachen nicht mehr nötig.[603]

599 *Löhnig/Heiß*, FamRZ 2009, 1101.
600 Vgl. *Klein*, FuR 2009, 321 ff. (327).
601 *Borth*, FamRZ 2009, 157, 161.
602 Vgl. auch OLG Thüringen FamRZ 2011, 491; *Götsche/Viefhues*, ZFE 2009, 126.
603 Wendl/*Schmitz*, § 10 Rn 422.

Die einstweilige Unterhaltsanordnung wird in einem selbstständigen Verfahren erwirkt, vgl. § 51 Abs. 3 S. 1 FamFG. Der Anordnungsbeschluss enthält daher nach §§ 51 Abs. 4, 82, 243 FamFG auch eine Kostenentscheidung.[604]

406 Der Unterhaltsanordnungsbeschluss ist vollstreckbar nach § 704 ff. ZPO (vgl. § 120 Abs. 1 FamFG); es bedarf nach § 53 Abs. 1 FamFG keiner Vollstreckungsklausel, es sei denn, die Vollstreckung soll für oder gegen einen anderen als den im Beschluss bezeichneten Beteiligten erfolgen.[605]

Die einstweilige Unterhaltsanordnung ist eine Eilmaßnahme, d.h. es bedarf auch keiner Wirksamkeitsanordnung nach § 116 Abs. 3 FamFG – vielmehr ist die Unterhaltsanordnung mit Erlass der Verkündung sofort wirksam und vollziehbar.

4. Außerkrafttreten nach § 56 FamFG

407 Die einstweilige Anordnung tritt nach § 56 Abs. 1 bei **Wirksamwerden einer anderweitigen Regelung** außer Kraft, es sei denn, das Gericht hat einen früheren Zeitpunkt bestimmt. Erforderlich ist dafür die **Rechtskraft** einer anderweitigen Regelung in der betreffenden Unterhaltssache. Dies hat der Gesetzgeber nunmehr in § 56 Abs. 1 S. 2 FamFG eindeutig angeordnet, um einen regellosen Zustand für den schutzbedürftigen Unterhaltsgläubiger zu vermeiden.

Das Außerkrafttreten der einstweiligen Unterhaltsanordnung tritt im Falle des Ehegattenunterhalts hingegen nicht durch Scheidung ein, weil der **Grundsatz der Nichtidentität** (Trennungsunterhalt und Nachscheidungsunterhalt sind verschiedene Streitgegenstände) für den Titel der einstweiligen Anordnung ohne Bedeutung ist.

408 Mitunter wird aber auch vertreten, die Wirkung der einstweiligen Unterhaltsanordnung könne nicht weitergehen wie die Hauptsache. Habe das Familiengericht zum Trennungsunterhalt eine einstweilige Unterhaltsanordnung erlassen und werde später die Ehe rechtskräftig geschieden, so trete die Unterhaltsanordnung damit außer Kraft.[606]

Eine etwas einschränkende Meinung erklärt, zumindest auf Antrag nach § 54 Abs. 1 FamFG sei die einstweilige Anordnung aufzuheben, da mit Rechtskraft der Scheidung der Trennungsunterhalt beendet ist. Die Scheidung selbst sei dagegen keine anderweitige Regelung nach § 56 FamFG.[607]

Diese Auffassungen verkennen, dass die einstweilige Anordnung hauptsacheunabhängig ist, also unabhängig von einem Hauptsacheverfahren beantragt werden kann.

409 Auch wenn nach § 49 Abs. 1 FamFG die einstweilige Anordnung „nach den für das Rechtsverhältnis maßgebenden Vorschriften gerechtfertigt" sein muss, tritt keine derart enge Bindung an den Trennungsunterhalt nach § 1361 BGB ein, dass mit Rechtskraft der Scheidung die einstweilige Unterhaltsanordnung allein oder auf einen Antrag nach § 54 Abs. 1 FamFG hin ihre Wirkung einbüßt.

Der Gesetzgeber hat diese Bindung nicht gewollt und bewusst aufgegeben; bezweckt wird, dass Hauptsacheverfahren aufgrund einstweiliger Anordnungen entbehrlich werden. Ist der Unterhaltsberechtigte daher mit der einstweiligen Unterhaltsanordnung einverstanden, muss nach Rechtskraft der Scheidung keine „nacheheliche" Unterhaltsanordnung beantragt werden, vielmehr gilt die bisherige fort. Die einstweilige Unterhaltsanordnung nach § 246 FamFG wird nur durch eine anderweitige Regelung, außer Kraft gesetzt (vgl. § 56 Abs. 1 FamFG).[608] So beseitigt der erfolgreiche negative Feststellungsantrag des Unterhaltspflichtigen ebenso wie der umgekehrte Leistungsantrag des Unterhaltsberechtigten im Hauptsacheverfahren den Bestand der vorausgegangenen inhaltsgleichen einstweiligen Anordnung.

604 *Schürmann*, FamRB 2008, 375, 379.
605 Wendl/*Schmitz*, § 10 Rn 447.
606 SBW/*Schwonberg*, FamFG, § 56 Rn 2.
607 Hdb-FamR/*Kintzel*, Kap. 6 Rn 1121.
608 Vgl. auch Wendl/*Schmitz*, § 10 Rn 450.

Die einstweilige Anordnung tritt in Unterhaltssachen nach § 56 Abs. 2 FamFG auch dann außer Kraft, wenn **410**

1. der Antrag in der Hauptsache zurückgenommen wird,
2. der Antrag in der Hauptsache rechtskräftig abgewiesen ist,
3. die Hauptsache übereinstimmend für erledigt erklärt wird oder
4. die Erledigung der Hauptsache anderweitig eingetreten ist.

Kommt es daher aufgrund der oben angegebenen Fallgruppen im deckungsgleichen Hauptsacheverfahren nicht zu einer anderweitigen Regelung, tritt die einstweilige Unterhaltsanordnung ebenso außer Kraft.

Eine anderweitige Erledigung der Hauptsache im Sinne von § 56 Abs. 2 Nr. 4 FamFG ist etwa der Tod des Unterhaltsberechtigten.

Die Regelung des § 56 Abs. 2 FamFG ist nicht abschließend.[609] Die Beteiligten können etwa im Rahmen eines Vertrages (Scheidungsfolgenvereinbarung) ein Außerkrafttreten privatautonom bestimmen.

5. Änderung und Aufhebung einer einstweiligen Unterhaltsanordnung

a) Änderung und Aufhebung nach § 54 FamFG

Das Familiengericht kann nach § 54 Abs. 1 S. 1 FamFG die Entscheidungen in der einstweiligen Anordnungssache aufheben oder ändern.[610] Die Änderung einer einstweiligen Unterhaltsanordnung erfolgt nur auf Antrag, § 54 Abs. 1 S. 2 FamFG. Die Befugnis zur Antragstellung haben alle Beteiligten, die durch die einstweilige Anordnung beschwert, d.h. durch den Beschluss in ihren Rechten beeinträchtigt sind.[611] Der Antrag nach § 54 Abs. 1 FamFG kann auch auf eine rückwirkende Änderung oder Aufhebung gerichtet werden, weil die einstweilige Unterhaltsanordnung der Rechtskraft nicht fähig ist. **411**

Die Änderung der einstweiligen Unterhaltsanordnung nach § 54 Abs. 1 FamFG setzt eine **Beschwer** voraus, woran es fehlt, wenn das Familiengericht entsprechend dem gestellten Antrag entschieden hat. Auch ist eine Änderung nur aufgrund neuer Tatsachen möglich, die der Antragsteller vortragen muss. Der Änderungsantrag ist also unzulässig, wenn der Antragsteller allein die Änderung der getroffenen Entscheidung fordert, ohne neue Tatsachen oder zumindest eine abweichende rechtliche Beurteilung derselben Tatsachen vorzubringen; es fehlt in diesem Fall das Rechtsschutzbedürfnis.[612]

Die Änderung oder Aufhebung der einstweiligen Anordnung nach § 54 Abs. 1 FamFG erfolgt erneut im einstweiligen Anordnungsverfahren, d.h. die Besonderheiten des Anordnungsverfahrens – summarisches Verfahren, eingeschränkte Richtigkeitsgewähr, schneller Rechtsschutz – sind nach wie vor maßgeblich.[613] Auch im Änderungsverfahren nach § 54 Abs. 1 FamFG ist eine anwaltliche Vertretung nicht erforderlich. **412**

Umstritten ist, ob im Falle eines vom Unterhaltsschuldner erfolgreich geführten Abänderungsverfahrens nach § 54 Abs. 1 FamFG der während des Verfahrens entrichtete Unterhalt bereicherungsrechtlich zurückgefordert werden kann bzw. ob einem solchen Bereicherungsanspruch der Entreicherungseinwand nach § 818 Abs. 3 BGB entgegengehalten werden kann. Maßgeblich ist insoweit, ob die Vorschrift des **§ 241 FamFG analog** anwendbar ist.[614] **413**

Das OLG Karlsruhe[615] hat dies nach Auseinandersetzung mit dem Meinungsstand der Literatur abgelehnt. **414**

609 So auch Wendl/*Schmitz*, § 10 Rn 455.
610 Zur Antragstellung bei Einkommensrückgang infolge der Coronakrise vgl. *Roßmann*, FuR 2020, 326.
611 *Götsche/Viefhues*, ZFE 2009, 130.
612 *Schürmann*, FamRB 2008, 375, 380.
613 Wendl/*Schmitz*, § 10 Rn 425.
614 Vgl. dazu auch Horndasch/Viefhues/*Roßmann*, § 241 Rn 7.
615 OLG Karlsruhe FamRZ 2014, 1387; ebenso Hdb-FamR/*Kintzel*, Kap. 6 Rn 1084; a.A. *Roßmann*, Taktik im familiengerichtlichen Verfahren, Rn 3407 ff.

Das OLG Karlsruhe argumentiert wie folgt:

> *Sinn und Zweck einer einstweiligen Anordnung in Unterhaltssachen ist es, dem Unterhaltsgläubiger in einem summarischen Verfahren zur Sicherung seines Lebensbedarfs rasch zu Unterhaltszahlungen zu verhelfen, welche zumeist sowieso knapp kalkuliert sind. Müsste der Unterhaltsgläubiger eines solchen Eilverfahrens bereits ab Rechtshängigkeit eines Antrags auf Abänderung gem. § 54 Abs. 1 FamFG bzw. ab Durchführung einer mündlichen Verhandlung gemäß § 54 Abs. 2 FamFG damit rechnen, Unterhaltsbeträge wieder zurückzahlen zu müssen, würde sich für den Unterhaltsgläubiger die Frage stellen, ob sich für ihn der Aufwand einer einstweiligen Anordnung überhaupt lohnt. Der vom Gesetzgeber vorgesehene Schutz der einstweiligen Anordnung würde dadurch verwässert werden.*

415 Die Änderungsmöglichkeit des § 54 Abs. 1 FamFG ist subsidiär gegenüber dem Antrag nach § 54 Abs. 2 FamFG, wenn keine mündliche Verhandlung stattgefunden hat, was aber in Unterhaltssachen wegen § 246 Abs. 2 FamFG eher selten ist.[616] Der Antrag nach 54 Abs. 2 FamFG kann aber auch gestellt werden, wenn eine einstweilige Unterhaltsanordnung aufgrund einer mündlichen Verhandlung ergangen ist, eine spätere Änderung derselben nach § 54 Abs. 1 FamFG aber ohne mündliche Verhandlung. Der Antrag auf Durchführung der mündlichen Verhandlung muss nicht zeitnah nach Erlass der einstweiligen Unterhaltsanordnung gestellt werden; er kann auch nach langer Zeit noch – und zwar auch gerichtet auf eine rückwirkende Abänderung – gestellt werden, sofern dies im Einzelfall nicht rechtsmissbräuchlich sein sollte.[617]

Allerdings kann der Antragsteller neben dem Änderungsantrag nach § 54 Abs. 1 FamFG oder stattdessen auch das Verfahren zur Hauptsache einleiten, § 52 Abs. 2 FamFG.

b) Fristsetzungsantrag nach § 52 Abs. 2 FamFG

416 Das Gericht hat auf Antrag nach § 52 Abs. 2 FamFG anzuordnen, dass der Beteiligte, der die einstweilige Anordnung erwirkt hat – also der Anordnungsberechtigte –, binnen einer zu bestimmenden Frist Antrag auf Einleitung des Hauptsacheverfahrens oder Antrag auf Bewilligung von Verfahrenskostenhilfe für das Hauptsacheverfahren stellt, § 52 Abs. 2 S. 1 FamFG.[618] Der Antragsteller, der die einstweilige Anordnung erwirkt hat, hat kein gegen sich selbst wirkendes Antragsrecht; er kann das Hauptsacheverfahren einfach einleiten, in dem er einen Unterhaltsantrag nach §§ 253, 258 ZPO stellt.

Erforderlich ist, dass der Anordnungsverpflichtete ein **Rechtsschutzbedürfnis** für den Fristsetzungsantrag nach § 52 Abs. 2 FamFG hat. Davon ist jedoch grundsätzlich auszugehen, es sei denn, die einstweilige Anordnung ist bereits nach § 54 FamFG aufgehoben worden, bereits außer Kraft getreten gemäß § 56 FamFG oder ein Hauptsacheverfahren ist bereits rechtshängig.[619] Die für die Einleitung des Hauptsacheverfahrens gesetzte Frist darf nach § 52 Abs. 2 S. 2 FamFG drei Monate nicht überschreiten; sie beginnt mit Zustellung der Entscheidung über die Fristbestimmung.

417 Wird der Anordnung das Hauptsacheverfahrens einzuleiten oder zumindest einen Antrag auf Bewilligung von Verfahrenskostenhilfe für das Hauptsacheverfahren zu stellen, nicht Folge geleistet, ist die einstweilige Anordnung aufzuheben, § 52 Abs. 2 S. 3 FamFG. Maßgeblich für die Einhaltung der Frist ist die Anhängigkeit der entsprechenden Anträge beim zuständigen Familiengericht. Die Aufhebung der einstweiligen Anordnung wegen Fristversäumung bedarf eines weiteren **Antrags** des durch die Anordnung beschwerten Beteiligten.[620]

616 *Götsche/Viefhues*, ZFE 2009, 130.

617 OLG Köln FamRZ 2006, 1402.

618 Kommt das Gericht dieser Verpflichtung nicht nach, ist dies allerdings nicht beschwerdefähig; vgl. dazu OLG Frankfurt FamRZ 2018, 519.

619 Wendl/*Schmitz*, § 10 Rn 430.

620 Keidel/*Giers*, § 52 Rn 10; a.A. Thomas/Putzo/*Seiler*, ZPO, § 52 FamFG Rn 8 (Aufhebung von Amts wegen).

Das Familiengericht wird in diesem Fall vor der Aufhebung der einstweiligen Anordnung dem anordnungsberechtigten Beteiligten Gelegenheit zur Stellungnahme geben und dann durch Beschluss, der keiner Anfechtung unterliegt, entscheiden. Wird die einstweilige Anordnung aufgehoben, so ist auch eine Entscheidung über die **Kosten des gesamten Anordnungsverfahrens** erforderlich; aufgrund der Untätigkeit des anordnungsberechtigten Beteiligten ist es regelmäßig zu rechtfertigen, diesem die Kosten vollständig aufzuerlegen.

Praxistipp **418**

Das sog. Fristsetzungsverfahren nach § 52 Abs. 2 FamFG ist in der Regel ungeeignet, um eine schnelle Klärung der Berechtigung der einstweiligen Unterhaltsanordnung herbeizuführen. Der durch die einstweilige Anordnung begünstigte Beteiligte bekommt zunächst nur eine großzügige Frist gesetzt, während derer der Unterhalt weitergezahlt werden muss. Weiterhin ist es ausreichend, wenn innerhalb der Frist ein Antrag für VKH gestellt wird. Auch das Hauptsacheverfahren wird seine Zeit brauchen, bis es zu einer Entscheidung kommt, welche ein Außerkrafttreten nach § 56 FamFG zur Folge hat. Unterstellt, der Unterhaltsschuldner zahlt in der betreffenden Zeit ungerechtfertigt zu viel Unterhalt, so wird er es schwer haben im Hinblick auf den Entreicherungseinwand nach § 818 Abs. 3 BGB dieses Geld zurückzufordern. Die Vorschrift des §§ 241 FamFG (verschärfte Bereicherungshaftung) ist jedenfalls im erwähnten Zeitraum nicht anwendbar. Insoweit wird dem Unterhaltschuldner zu empfehlen sein, mit einem negativen Feststellungsantrag (verbunden mit einem Antrag auf einstweilige Einstellung der Zwangsvollstreckung nach § 242 FamFG) Initiative zu ergreifen.

c) Rechtsmittel gegen die Entscheidung

Die einstweilige Unterhaltsanordnung ist nach § 57 S. 1 FamFG nicht anfechtbar. Der beschwerte Beteiligte hat die Möglichkeit der Abänderung der einstweiligen Unterhaltsanordnung aufgrund neuer Tatsachen (§ 54 Abs. 1 FamFG), die Einleitung eines Hauptsacheverfahrens, das Fristsetzungsverfahren (§ 52 Abs. 2 FamFG) oder der negative Feststellungsantrag. **419**

d) Abänderungsverfahren nach § 238 Abs. 1 FamFG

Ein Abänderungsverfahren nach § 238 Abs. 1 FamFG ist nicht zulässig, da diese Vorschrift eine Abänderung nur von „Endentscheidungen" erlaubt. Die einstweilige Unterhaltsanordnung ist hingegen nur eine vorläufige Regelung, vgl. §§ 49 Abs. 1, 246 Abs. 1 FamFG. **420**

e) Der negative Feststellungsantrag, § 256 ZPO

Lange Zeit wurde die Meinung[621] vertreten, der **negative Feststellungsantrag** sei unzulässig. Der Unterhaltsschuldner könne ein Hauptsacheverfahren nach § 52 Abs. 2 FamFG erzwingen;[622] damit werde auf einfachere Art und Weise dasselbe erreicht wie mit einem Feststellungsbeschluss, dass kein Unterhalt geschuldet werde. **421**

Nach nunmehr wohl h.M. ist ein negativer Feststellungsantrag des Unterhaltsschuldners nach § 256 ZPO zulässig.[623] Der Unterhaltsschuldner hat ein Wahlrecht, ob er den Weg des § 52 Abs. 2 FamFG beschreitet oder einen negativen Feststellungsantrag erhebt.[624] Der Unterhaltsschuldner ist nämlich bei einem Vorgehen gem. § 52 Abs. 2 FamFG dem Risiko von Fristverlängerungsanträgen ausgesetzt ist, vgl. § 224 Abs. 2 ZPO. Mit diesen kann die Einleitung eines Hauptsacheverfahrens herausgezögert werden, ohne dass der Unterhaltsschuldner immer entscheidenden Einfluss darauf nehmen kann.

621 FA-FamR/*Gerhard*, 9. Aufl. 2013, 6. Kap. Rn 864 und 896; Thomas/Putzo-*Hüßtege*, 35. Aufl. 2014, § 246 Rn 9. **Hinweis:** Diese Mindermeinungen wurden in Neuauflagen aufgegeben: Hdb-FamR/*Kintzel*, Kap. 6 Rn 1116; Thomas/Putzo-*Seiler*, § 246 Rn 9.

622 Nach OLG Frankfurt a.M., Beschl. v. 12.12.2017 – 3 UF 253/17 = FamRZ 2018, 519 ist kein Rechtsmittel gegen die Ablehnung eines Antrags auf Fristsetzung statthaft; vgl. auch OLG Brandenburg FamRZ 2017, 1248.

623 OLG Hamm FamRZ 2017, 724; OLG Thüringen FamRZ 2012, 54 = FuR 2012, 48.

624 BGH FamRZ 2018, 1343, 1344 (Tz 16) = NZFam 2018, 840.

Auch wird bei dieser Vorgehensweise überwiegend dem Unterhaltsschuldner die analoge Anwendung von § 241 FamFG mit der Folge der verschärften Haftung gem. § 818 Abs. 4 BGB für überzahlten Unterhalts zugestanden.[625]

III. Der Vergleich im Unterhaltsanordnungsverfahren

422 Häufig wird im AO-Verfahren ein Vergleich geschlossen. Dies ist auch vom Gesetzgeber gewollt. § 246 Abs. 2 FamFG bestimmt nämlich, dass die Entscheidung aufgrund **mündlicher Verhandlung** ergeht, wenn dies zur Aufklärung des Sachverhalts oder für eine gütliche Streitbeilegung geboten erscheint. Die Verhandlungssituation erleichtert das Zustandekommen von Unterhaltsvereinbarungen.

Fraglich ist, in welcher Weise ein solcher Vergleich später, insbesondere bei einer Änderung der Sach- und Rechtslage, abgeändert werden kann.

Die h.M. differenziert, ob der Vergleich nur eine **vorläufige Wirkung** haben soll oder als endgültige Lösung der Unterhaltsangelegenheit gewollt ist. Letzteres sei die Ausnahme, so dass für eine endgültige Wirkung deutliche Anhaltspunkte vorliegen müssten.

Eine nur **vorläufige vergleichsweise Regelung** des Unterhalts im einstweiligen Anordnungsverfahren kann nicht Gegenstand eines Abänderungsantrags nach § 239 FamFG sein.[626] Die vorläufige Vergleichsregelung ist im Hinblick auf Abänderung und Aufhebung daher wie ein Beschluss zu behandeln und entweder nach § 54 FamFG oder vom Unterhaltsschuldner mit einem negativen Feststellungsantrag zu korrigieren. Der Unterhaltsberechtigte kann gegebenenfalls eine Unterhaltserhöhung auch mit einem Leistungsantrag geltend machen.

423 Das OLG Thüringen[627] führt dazu wie folgt aus:

> *Dem Abänderungsantrag kann das Rechtsschutzbedürfnis fehlen, wenn der Antragsteller die Abänderung eines in einem einstweiligen Anordnungsverfahren geschlossenen Unterhaltsvergleichs begehrt. Abgrenzungsprobleme entstehen, wenn im Rahmen eines einstweiligen Verfahrens – wie vorliegend – ein Vergleich geschlossen wird. Soweit der Vergleich nur die vorläufige Regelung der einstweiligen Anordnung übernimmt und den Unterhalt nicht endgültig regeln soll, hat er keine über die einstweilige Anordnung hinausgehende Wirkung und kann daher nicht als Titel i.S.d. § 239 FamFG gelten (…). Die Beteiligten können jedoch dem im einstweiligen Anordnungsverfahren geschlossenen Vergleich eine weitergehende Wirkung beilegen, wofür allerdings sichere Anhaltspunkte gegeben sein müssen. Ist der Vergleich – wenn auch nur zeitlich für die Dauer des Anordnungsverfahrens befristet – als endgültige Regelung gedacht, dann ist er nur den Regeln über den Wegfall der Geschäftsgrundlage unterworfen und gem. § 239 FamFG abänderbar (…).*

424 Diese Betrachtungsweise ist abzulehnen; es gibt keinen Vergleich „zweiter“ Klasse, der einer Abänderbarkeit nach § 239 FamFG nicht zugänglich wäre. Natürlich können die Beteiligten den Maßstab für eine Abänderung ihrer Vereinbarung privatautonom festlegen.

Die Beteiligten wollen aber regelmäßig nicht nur das einstweilige Unterhaltsanordnungsverfahren, sondern auch den damit verbundenen Unterhaltsstreit endgültig abschließen, wenn sie eine Vereinbarung schließen; die von der h.M. angenommene Vermutung für das Gegenteil entspricht nicht der Realität, ist vielmehr eine reine Fiktion. Auch der Gesetzgeber erwartet sich von einem Vergleich im Unterhaltsanordnungsverfahren, dass damit ein Hauptsacheverfahren entbehrlich wird.

625 Str.; OLG Hamm FamRZ 2017, 724; *Roßmann*, Unterhaltsprozess, Kap. 3 Rn 1265 ff.; a.A. Hdb-FamR/*Kintzel*, Kap. 6 Rn 1084.

626 Vgl. Keidel/*Meyer-Holz*, a.a.O., § 239 Rn 5.

627 OLG Thüringen FamRZ 2012, 54 ff. = FuR 2012, 48.

Damit ist auch eine Vereinbarung, die im einstweiligen Unterhaltsanordnungsverfahren abgeschlossen wird, nur änderbar, wenn die Voraussetzungen nach § 239 FamFG dafür vorliegen (es sei denn, die Beteiligten haben eine andere Geschäftsgrundlage vereinbart).

Hinweis 425

Im Hinblick auf diese Rechtsprechung ist der anwaltlichen Vertretung insbes. im AO-Verfahren zu empfehlen, die Geschäftsgrundlage eindeutig zu machen, d.h. übereinstimmende Erklärungen dazu abzugeben, inwieweit die Unterhaltsregelung endgültig sein soll oder nicht.

Eine **Umdeutung** eines Abänderungsantrags nach § 239 FamFG in einen Antrag nach § 54 Abs. 1 S. 2 426
FamFG ist analog § 140 BGB möglich.[628] Der BGH lässt die Umdeutung auch bei einem Wechsel in eine andere Verfahrensart zu, wenn ein entsprechender Beteiligtenwille genügend deutlich erkennbar ist und kein schutzwürdiges Interesse des Gegners entgegensteht.

Abschließend ist noch auf einen **gebührenrechtlichen Aspekt** hinzuweisen. Schließen die Beteiligten im einstweiligen Anordnungsverfahren einen schriftlichen Vergleich, so ist das OLG Köln[629] der Meinung, dass dadurch keine Terminsgebühr ausgelöst wird. Diese Entscheidung ist allerdings auf heftige Kritik[630] gestoßen, insbesondere die Formulierung der zuständigen Erprobungsrichterin vom Amtsgericht: „Es sei auch nicht ohne weiteres einzusehen, weshalb einem Verfahrensbevollmächtigten, dem ein Vergleich ohne Durchführung einer mündlichen Verhandlung oder Mitwirkung an einer solchen Besprechung quasi „in den Schoß fällt" eine fiktive Terminsgebühr verdienen solle, die zur angefallenen Einigungsgebühr ohnehin hinzutreten würde."

Voraussetzung für eine fiktive Terminsgebühr nach Anm. I Nr. 1 zu Nr. 3104 VV RVG ist ein Verfahren mit vorgeschriebener mündlicher Verhandlung. Der BGH[631] hat entschieden, dass es sich beim Verfahren auf Erlass einer einstweiligen Anordnung um ein Verfahren mit vorgeschriebener mündlicher Verhandlung handelt. Zumindest sieht § 246 Abs. 2 FamFG die mündliche Verhandlung als Regelfall an. Auch können die Beteiligten nach § 54 Abs. 2 FamFG die mündliche Verhandlung beantragen und damit erzwingen. Ein schriftlicher Vergleich im eAO-Verfahren löst danach die Termingebühr aus.[632]

IV. Abschließende Betrachtung

Die einstweilige Unterhaltsanordnung ist ein „sehr scharfes Schwert". Der Unterhaltsgläubiger bekommt 427
mit ihr einen stabilen Titel, der nicht mit Rechtsmitteln überprüft werden kann (vgl. § 57 FamFG). Die Abänderungsmöglichkeiten des Unterhaltsschuldners können vom Titelgläubiger zumindest in die Länge gezogen werden, wenn er sich taktisch klug verteidigt.[633] Rückzahlungsansprüche scheitern regelmäßig am Entreicherungseinwand nach § 818 Abs. 3 BGB.

Nach wie vor wird bei Unrichtigkeit der Titulierung dem Unterhaltsschuldner auch kein Schadensersatzanspruch nach § 945 ZPO zugestanden (vgl. § 119 Abs. 1 S. 2 FamFG).

Das Verfahren der einstweiligen Anordnung ist aus anwaltlicher Sicht durchaus empfehlenswert; der Mandant erhält einen schnellen Titel, der von der Gegenseite nur mit großem Aufwand korrigiert werden kann. Das einzige Risiko besteht darin, dass Familiengerichte mitunter dazu neigen, das Verfahren wie ein Hauptsacheverfahren zu betreiben, so dass sich mancher Vorteil dadurch relativiert. Strategisch kann auf eine solche gerichtliche Verfahrensführung nur mit der Verzögerungsrüge nach § 198 GVG bzw. auch mit einem Befangenheitsantrag reagiert werden.

628 So BGH FamRZ 2018, 1343; a.A. OLG Köln FamRZ 2015, 598.
629 OLG Köln, NZFam 2017, 129.
630 *Schneider*, NZFam 2017, 129.
631 BGH NJW 2012, 459.
632 OLG Brandenburg NZFam 2017, 321.
633 Vgl. dazu ausführlich *Jüdt*, FuR 2012, 570 ff. sowie 635 ff.

Ein weiteres Risiko ist, dass gegen eine „falsche" Entscheidung im eAO-Verfahren keine Rechtsmittelmöglichkeiten gegeben sind. Dies muss dem Mandanten erläutert werden, denn eine solche Entscheidung bedeutet Zeitverlust und Kosten.

428 Der Gesetzgeber wird dennoch darauf zu achten haben, dass die Risikoverteilung nicht zu sehr aus dem Gleichgewicht gerät; der Schutz des zu Unrecht in Anspruch genommenen Unterhaltschuldner sollte zumindest durch analoge Anwendung der §§ 241, 242 FamFG (teilweise) sichergestellt werden.

G. Arrest in Unterhaltssachen

I. Die Ausgangslage für Arrest

429 § 119 Abs. 2 S. 1 FamFG sieht vor, dass in **Familienstreitsachen** neben der einstweiligen Anordnung auch der persönliche oder der dingliche Arrest des Schuldners möglich ist. Satz 2 ordnet die Geltung der diesbezüglichen Vorschriften der ZPO ausdrücklich an. Ob über den Arrest mündlich verhandelt wird, steht im pflichtgemäßen Ermessen des Gerichts (§ 922 Abs. 1 ZPO).

Der Arrest dient gem. § 916 Abs. 1 ZPO der **Sicherung der Zwangsvollstreckung** in das bewegliche oder unbewegliche Vermögen wegen einer Geldforderung.

430 Der Arrest kommt für Zugewinnausgleichsansprüche und Ansprüche des Nebengüterrechts (sonstige Familiensachen) in Betracht, grundsätzlich aber auch für Unterhalt.[634] In der Regel ist Arrest im Falle des Unterhalts unpraktisch, weil er nur der Sicherung des Anspruchs dient, nicht aber zur regelmäßig notwendigen Befriedigung führt. Ein Beispiel für eine Anordnung des dinglichen Arrestes in Unterhaltsfragen ist aber etwa der Fall, dass der Unterhaltsschuldner sich mit seinem Vermögen ins Ausland „abzusetzen" beabsichtigt. Dies kann die zukünftigen Unterhaltsansprüche des Unterhaltsgläubigers gefährden.

431 Durch Arrest gesichert werden können somit auch **zukünftige Unterhaltsansprüche**. Das sind Ansprüche auf Kindesunterhalt sowie Getrenntlebensunterhalt und – nach Rechtshängigkeit des Scheidungsantrags – auch auf künftigen Geschiedenenunterhalt.

432 Der Unterhaltsanspruch ist nur für die voraussichtliche Dauer der Inanspruchnahme des Unterhaltspflichtigen sicherbar, also bei Kindesunterhalt bis zur Volljährigkeit, bei Getrenntlebensunterhalt bis zur Rechtskraft der Scheidung und bei nachehelichem Unterhalt z.B. bis zum Ende der Betreuungsbedürftigkeit der Kinder. Da die Prognosen schwer zu treffen sind, ist der Sicherungszeitraum aus Gründen des Schuldnerschutzes grds. auf höchstens fünf Jahre zu begrenzen.[635]

II. Streitgegenstand

433 Streitgegenstand des Arrestverfahrens ist nicht die zu sichernde Geldforderung (der Unterhaltsanspruch) selbst, sondern der Anspruch des Unterhaltsgläubigers auf zwangsweise Sicherung gegen den Schuldner.

III. Zuständigkeit (§ 919 ZPO)

434 Der Arrest wird vom **Gericht der Hauptsache** angeordnet; dies ist das für die Unterhaltssache zuständige FamG nach § 232 FamFG. Wahlweise kann sich der Antragsteller aber auch an das AG wenden, in dessen Bezirk sich der mit dem Arrest zu belegende Gegenstand oder die in ihrer persönlichen Freiheit zu beschränkende Person befindet.

634 Vgl. dazu *Götsche*, Arrest bei Unterhaltsansprüchen, FamRB 2023, 74 ff.
635 OLG Düsseldorf NJW-RR 1994, 452 ff.

IV. Arrestgesuch (§ 920 ZPO)

Das Arrestgesuch (der Antrag) muss Tatsachen benennen, aus denen sich der zu sichernde Unterhalts- 435
anspruch (vgl. § 916 ZPO) sowie der Arrestgrund (vgl. §§ 917, 918 ZPO) ergeben. Der Unterhaltsanspruch und der Arrestgrund sind nach § 920 Abs. 2 ZPO glaubhaft zu machen. Im Hinblick auf die Abwendungsbefugnis des § 923 ZPO ist die Angabe der zu sichernden Geldforderung erforderlich.

Durch Arrest können – wie bereits erwähnt – zukünftige Unterhaltsansprüche gesichert werden. Das Ar- 436
restbedürfnis entfällt nicht deshalb, weil bereits ein Titel – bzw. ggf. (nur) eine einstweilige Anordnung – vorliegt, da aus den Titeln nur wegen fälliger Unterhaltsansprüche vollstreckt werden kann, während der Arrest die Zukunft betrifft.

Unterhaltsrückstände können gesichert werden, solange noch kein Titel vorliegt; ansonsten ist eine schlichte Vollstreckung möglich.[636]

V. Arrestarten und Arrestgrund

Zu unterscheiden sind nach der Art des Arrestgrundes der **dingliche** und der **persönliche** Arrest. 437

Der dingliche Arrest (§ 917 ZPO) ist ggü. dem persönlichen Arrest die primäre Maßnahme. Sie findet 438
statt, wenn dafür Sorge zu tragen ist, dass ohne Arrestverhängung die (künftige) Vollstreckung eines Beschlusses vereitelt oder wesentlich erschwert werden würde. Erforderlich ist immer eine drohende Verschlechterung der Durchsetzbarkeit des Anspruchs. Die Vermögensverschlechterung muss unmittelbar bevorstehen und darf noch nicht abgeschlossen sein.[637] Eine solche Erschwerung ist nach dem Gesetz ohne weiteres anzunehmen, wenn der Beschluss im Ausland vollstreckt werden müsste und die Gegenseitigkeit nicht verbürgt ist (§ 917 Abs. 2 ZPO). Ein Arrestgrund wird weiterhin bejaht, wenn der Schuldner sich z.B. verschwenderisch verhält oder wesentliche Vermögensstücke verschiebt oder verschleudert.

Der persönliche Arrest (§ 918 ZPO) ist ein hilfsweiser Rechtsbehelf, sozusagen ultima ratio. Er ist nur 439
dann zulässig, wenn der Schuldner überhaupt noch pfändbares Vermögen hat. Sein Zweck besteht darin, eine Verschiebung derjenigen Vermögensstücke zu verhindern, deren Pfändung im Wege des dinglichen Arrestes ermöglicht werden soll.

VI. Muster für die Antragstellung

▼ 440

Muster 8.10: Antrag auf dinglichen Arrest 8.10

beantrage ich, ohne mündliche Verhandlung den folgenden Arrestbefehl zu erlassen:

1. Zur Sicherung der Zwangsvollstreckung wegen nachehelichen Unterhalts der Antragstellerin von monatlich 500 EUR ab dem   wird der dingliche Arrest in das Vermögen des Antragsgegners angeordnet.
2. Der Antragsgegner hat die Kosten des Arrestverfahrens zu tragen.
3. Die Vollziehung des Arrests wird durch Hinterlegung eines Betrages von   EUR durch den Antragsgegner gehemmt.
4. In Vollziehung des Arrests wird die Forderung des Antragsgegners gegen die A-Bank in D auf Auszahlung seines Guthabens auf dem Konto-Nr.   bis zu einem Höchstbetrag von   gepfändet. Dem Antragsgegner wird untersagt, über die Forderung zu verfügen. Die A-Bank darf an den Antragsgegner nicht mehr leisten.

▲

636 Vgl. dazu *Menne*, FamRZ 2004, 6 ff.
637 OLG Stuttgart FamRZ 2012, 324, 325.

441 ▼

Muster 8.11: Antrag auf persönlichen Arrest

8.11 Wegen einer Unterhaltsforderung von EUR sowie einer Kostenpauschale von EUR wird der persönliche Sicherheitsarrest gegen den Antragsgegner beantragt.

▲

H. Die Beschwerde in Unterhaltssachen, §§ 58 ff., 117 FamFG

I. Statthaftigkeit der Beschwerde

442 Die Beschwerde ist nach § 58 Abs. 1 FamFG gegen Endentscheidungen statthaft. Dies ist gemäß der Legaldefinition in § 38 FamFG die Entscheidung, die über den Verfahrensgegenstand in der Instanz ganz oder teilweise abschließend entscheidet. Die Beschwerde ist damit das Hauptsacherechtsmittel des FamFG (gegen Unterhaltsbeschlüsse). Nicht möglich ist es hingegen, gegen einen Beschluss im einstweiligen Unterhaltsanordnungsverfahren Beschwerde einzulegen; zwar ist auch dieser Beschluss eine Endentscheidung im Sinne von § 58 Abs. 1 FamFG, jedoch ist dessen Anfechtbarkeit durch die Sonderregelung des § 57 FamFG ausgeschlossen.[638]

II. Beschwerdewert

443 Die Beschwerde gegen Entscheidungen in Unterhaltssachen ist nach § 61 Abs. 1 FamFG nur zulässig ist, wenn der Beschwerdegegenstand 600 EUR übersteigt. Das Gesetz beschränkt dadurch bei Streitigkeiten mit geringer wirtschaftlicher Bedeutung den Rechtsweg auf eine Instanz.

Hinweis

Der Beschwerdewert[639] bemisst sich in Unterhaltssachen nach § 113 Abs. 1 S. 2 FamFG i.V.m. § 9 S. 1 ZPO. Dies bedeutet, dass der 3,5-fache Wert des einjährigen Bezuges maßgeblich ist. Wurde etwa eine Unterhaltsrente von 250 EUR beantragt und hat der Antragsteller nur 230 EUR zugesprochen bekommen, so beträgt der Beschwerdewert 840 EUR (20 EUR x 12 = 240 EUR x 3,5 = 840 EUR).

Sobald eine Unterhaltsdifferenz von 15 EUR (genau 14,29 EUR) mit der Beschwerde angegriffen wird, ist der Beschwerdewert von 600,01 EUR schon erreicht.[640] Unterhaltsrückstände, die nicht zugesprochen wurden, können den Beschwerdewert zusätzlich noch erhöhen.

Allerdings kann die Beschwerde in vermögensrechtlichen FamFG-Sachen bei grundsätzlicher Bedeutung der Rechtssache auch zugelassen werden (Zulassungsbeschwerde, vgl. § 61 Abs. 2, Abs. 3 FamFG), wenn eine Wertbeschwerde nicht statthaft ist.

638 SBW/*Roßmann*, § 58 Rn 52.

639 Der Beschwerdewert ist nicht identisch mit dem Gebührenstreitwert des § 51 FamGKG, der lediglich auf den einjährigen Bezug der Differenzrente abstellt.

640 *Roßmann/Viefhues*, Taktik im Unterhaltsverfahren, Kap. 5 Rn 939.

III. Die Einlegung der Beschwerde, §§ 63, 64 FamFG

Die Beschwerde ist frist- und formgerecht gem. §§ 63, 64 FamFG zu erheben. 444

1. Beschwerde beim Ausgangsgericht einlegen

Die Beschwerde kann wirksam nur bei dem Gericht eingelegt werden, dessen Entscheidung angefochten wird, vgl. § 64 Abs. 1 FamFG. Es ist nicht möglich bei dem Beschwerdegericht selbst Beschwerde einzulegen. Die Beschwerde darf auch keinesfalls „bedingt" eingelegt werden, etwa durch VKH-Bewilligung. Dies ist unzulässig.[641] 445

Eine Auslegung dahin, dass ein Schriftsatz nicht unbedingt als Rechtsmittel oder Rechtsmittelbegründung bestimmt ist, kommt aber nur in Betracht, wenn sich dies aus den Begleitumständen mit einer jeden vernünftigen Zweifel ausschließenden Deutlichkeit ergibt. Der Rechtsmittelführer wird nämlich eher das Kostenrisiko auf sich nehmen wollen, als von vornherein zu riskieren, dass sein Rechtsmittel als unzulässig verworfen wird.

> *Hinweis* 446
>
> Zulässig ist auch die Einreichung eines VKH-Antrages für ein beabsichtigtes Rechtsmittel. Wird dann VKH bewilligt, muss Wiedereinsetzung beantragt werden, d.h. das Rechtsmittel ist dann in der Wiedereinsetzungsfrist einzulegen.[642]
>
> „Eine arme Partei, die ein Rechtsmittel einlegen will, hat grundsätzlich Anspruch auf Wiedereinsetzung in den vorigen Stand, wenn sie ihr Prozesskostenhilfegesuch bis zum Ablauf der Rechtsmittelfrist eingereicht hatte (st. Rspr.).[643] Das setzt allerdings voraus, dass dem Antrag auf Prozesskostenhilfe zur Durchführung des Rechtsmittelverfahrens innerhalb der Rechtsmittelfrist neben der ausgefüllten Erklärung über die persönlichen und wirtschaftlichen Verhältnisse auch die insoweit notwendigen Belege beigefügt waren.[644] Denn für den Regelfall schreibt § 117 Abs. 4 ZPO zwingend vor, dass sich der Antragsteller zur Darlegung seiner persönlichen und wirtschaftlichen Verhältnisse des durch die Verordnung vom 17.10.1994 (...) eingeführten Vordrucks bedienen muss. Der Antragsteller kann deswegen grundsätzlich nur dann davon ausgehen, die wirtschaftlichen Voraussetzungen für die Gewährung von Prozesskostenhilfe dargetan zu haben, wenn er rechtzeitig vor Ablauf der Rechtsmittelfrist einen ordnungsgemäß ausgefüllten Vordruck nebst den erforderlichen Anlagen zu den Akten reicht (...)."[645]

Eine Einlegung der Beschwerde beim Rechtsmittelgericht ist nicht zulässig, wahrt insbesondere nicht die Rechtsmittelfrist.[646] Allerdings ist das Beschwerdegericht gehalten, die Beschwerde im ordentlichen Geschäftsgang an das Ausgangsgericht weiterzuleiten. Kontaktaufnahme mit dem zuständigen Gericht) können vom unzuständigen Gericht freilich nicht verlangt werden.[647] 447

> *Praxistipp zu VKH* 448
>
> Der VKH-Antrag für ein erstinstanzliches Verfahren ist beim Amtsgericht – Familiengericht zu stellen, vgl. § 64 Abs. 1 S. 2 FamFG.

641 Vgl. BGH FamRZ 2011, 366.
642 Vgl. dazu auch BGH FuR 2012, 436.
643 Seit BGHZ 16, 1 [3] = NJW 1955, 345; BGH NJW-RR 2008, 942.
644 BGH NJW-RR 2006, 140 = FamRZ 2005, 1901 [1902].
645 BGH NJW-RR 2008, 942.
646 *Schürmann*, FuR 2009, 130, 137.
647 BGH FamRZ 2009, 320, 321.

Der Antrag auf Wiedereinsetzung wegen Versäumung der Beschwerdefrist ist nach Bescheidung des VKH-Antrags innerhalb der zweiwöchigen Wiedereinsetzungsfrist (§ 234 ZPO) beim Beschwerdegericht einzureichen. Innerhalb der Wiedereinsetzungsfrist ist auch die versäumte Rechtshandlung – Beschwerde – nachzuholen. Diese ist dann wieder beim Ausgangsgericht (Familiengericht) einzulegen und später gegenüber dem Beschwerdegericht zu begründen (vgl. § 117 Abs. 1 S. 2 FamFG für Familienstreitsachen und Ehesachen).[648]

Ist die Beschwerdebegründungsfrist bei VKH-Bewilligung bereits abgelaufen, kann und muss auch wegen Versäumung der Beschwerdebegründungsfrist Wiedereinsetzung in den vorigen Stand beantragt werden, ggf. verbunden mit einem Fristverlängerungsantrag.[649]

2. Inhalt der Einlegungsschrift, § 64 Abs. 2 S. 3 FamFG

449 Der angefochtene Beschluss ist in der Einlegungsschrift zu bezeichnen. Die Beschwerdeführerin/der Beschwerdeführer muss unbedingt erklären, dass Beschwerde eingelegt wird. Beschwerdeführer und Beschwerdegegner sind in der Einlegungsschrift anzugeben.[650]

3. Die Beschwerdefrist, § 63 Abs. 1 FamFG

450 Die Beschwerdeeinlegungsfrist beträgt nach § 63 Abs. 1 FamFG einen Monat und beginnt mit der – von Amts wegen erfolgenden – Zustellung des in vollständiger schriftlicher Form abgefassten Unterhaltsbeschlusses (§ 63 Abs. 3 FamFG). Die Rechtsmittelfrist beginnt spätestens, wenn eine schriftliche Bekanntgabe nicht erfolgt, mit Ablauf von fünf Monaten nach Erlass des Beschlusses.

4. Die Beschwerdebegründung, § 117 FamFG

a) Die Begründungspflicht

451 § 117 Abs. 1 S. 1 FamFG statuiert abweichend von § 65 FamFG eine allgemeine Begründungspflicht für Beschwerden in Unterhaltssachen. Danach muss der Beschwerdeführer einen bestimmten Sachantrag stellen und diesen begründen. Diese Verpflichtung beruht auf der auch in zweiter Instanz grds. geltenden Parteimaxime. § 68 Abs. 3 FamFG verweist für den Gang des weiteren Beschwerdeverfahrens auf die erstinstanzlichen Verfahrensvorschriften in Ehe- und in Familienstreitsachen, also grds. auf die Vorschriften der ZPO. Eine Überprüfung der Entscheidung von Amts wegen findet nicht statt; der Beschwerdeführer muss vielmehr durch den obligatorischen Sachantrag bezeichnen, in welchem Umfang er die erstinstanzliche Entscheidung angreift und welche Gründe er hierfür ins Feld führt. Die Beschwerde ist nach § 117 Abs. 1 S. 2 FamFG dem Beschwerdegericht gegenüber zu begründen.

Die Beschwerde kann nach § 65 Abs. 3 FamFG auf neue Beweismittel und Tatsachen gestützt werden. Damit eröffnet die Beschwerde – und dies gilt auch für Unterhaltssachen – eine volle zweite Tatsacheninstanz.

452 Nach § 520 Abs. 3 S. 2 Nr. 2 ZPO muss die Beschwerdebegründung die Umstände bezeichnen, aus denen sich nach Ansicht des Beschwerdeführers die **Rechtsverletzung und deren Erheblichkeit** für die angefochtene Entscheidung ergeben.[651] Dazu gehört eine aus sich heraus verständliche Angabe, welche bestimmte Punkte des angefochtenen Beschlusses der Beschwerdeführer bekämpft und welche tatsächlichen oder rechtlichen Gründe ihnen im Einzelnen entgegensetzt.

648 *Büte*, FuR 2013, 81.
649 Ausführlich dazu *Roßmann*, FuR 2018, 348.
650 BGH NJW-RR 2006, 284.
651 BGH FamRZ 2021, 1399.

Die entsprechende Anwendung der für die Berufungsbegründung maßgeblichen Vorschrift des § 520 **453** Abs. 3 S. 2 ZPO ergibt sich daraus, dass § 117 FamFG keine speziellen Regelungen zum Inhalt der Beschwerdebegründung enthält. Es beurteilt sich daher nach allgemeinen Grundsätzen, ob ein Beschwerdeantrag hinreichend bestimmt und ausreichend begründet ist. Deshalb muss auf § 520 Abs. 3 S. 2 ZPO zurückgegriffen werden können, auch wenn § 117 Abs. 1 S. 4 FamFG nicht auf diese Vorschrift verweist.[652]

> *Praxistipp* **454**
>
> Hat das erstinstanzliche Familiengericht die Abweisung eines Antrags auf mehrere voneinander unabhängige und selbstständig tragende rechtliche Erwägungen gestützt, muss der Beschwerdeführer mit seiner Beschwerdebegründung jede tragende Erwägung angreifen.[653]
> Hat das Familiengericht etwa einen Unterhaltsantrag wegen fehlender Bedürftigkeit, fehlender Leistungsfähigkeit und Verwirkung abgelehnt, so muss mit der Beschwerde vorgetragen werden, dass Bedürftigkeit besteht, Leistungsfähigkeit vorhanden ist und der Anspruch auch nicht verwirkt wurde.
>
> Einfacher ist es, wenn das Familiengericht einen Unterhaltsantrag bejahte und der Unterhaltsschuldner dagegen vorgehen will. In einem solchen Fall reicht es, wenn er entweder vorträgt, es bestehe keine Bedürftigkeit oder alternativ, er sei nicht leistungsfähig, bzw. das Gericht habe eine etwaige Verwirkung übersehen.

b) Der Sachantrag

Der Sachantrag i.S.v. § 117 Abs. 1 S. 1 FamFG kann wie folgt formuliert werden: **455**

▼

Muster 8.12: Sachantrag

Sachantrag des Antragstellers 8.12

Der Unterhaltsbeschluss des Amtsgerichts – Familiengericht – vom , Az.: , wird wie folgt geändert:

Der Antragsteller wird verpflichtet, an die Antragsgegnerin über den im angefochtenen Beschluss zugesprochenen Unterhalt in Höhe von monatlich EUR hinaus, einen weiteren zum Ersten eines jeden Monats im Voraus zu leistenden Unterhalt in Höhe von EUR zu zahlen.

oder

Sachantrag des Antragsgegners

Der Unterhaltsbeschluss des Amtsgerichts – Familiengericht – vom , Az.: , wird wie folgt geändert:

Der Unterhaltsantrag wird abgewiesen.

▲

c) Die Beschwerdebegründungsfrist, § 117 Abs. 1 S. 3 FamFG

Nach § 117 Abs. 1 S. 3 FamFG beträgt die Frist zur Begründung der Beschwerde in Unterhaltssachen **456** **zwei Monate**. Die Regelung ist angelehnt an § 520 Abs. 2 ZPO, dessen entsprechende Geltung i.Ü. in § 117 Abs. 1 S. 4 FamFG angeordnet wird. Die Beschwerdebegründungsfrist beginnt mit der – von Amts wegen zu erfolgenden – Zustellung des in vollständiger schriftlicher Form abgefassten Beschlusses, spätestens aber, wenn eine schriftliche Bekanntgabe nicht erfolgt, mit Ablauf von fünf Monaten nach Erlass des Beschlusses.

652 BGH FamRZ 2019, 378.
653 BGH FamRZ 2018, 283.

Die Beschwerdebegründungsfrist kann nach § 117 Abs. 1 S. 4 FamFG; § 520 Abs. 2 S. 2 ZPO verlängert werden, sofern der entsprechende Antrag noch innerhalb der Frist bei Gericht eingeht. Allerdings ist eine Verlängerung aufgrund eines verspätet eingegangenen Antrags wegen der mit Fristablauf eintretenden Rechtskraft nicht möglich.[654] Die Verlängerung muss auch nicht so rechtzeitig beantragt werden, dass der Vorsitzende hierüber nach dem gewöhnlichen Geschäftsgang noch vor Ablauf der Frist entscheiden kann.[655] Der Einwurf in den Nachtbriefkasten genügt daher.

457 Ein Anwalt darf regelmäßig mit einer erstmaligen Fristverlängerung rechnen, wenn er sich dazu auf einen erheblichen Grund, wie z.B. Arbeitsüberlastung, beruft.[656]

Demgemäß besteht keine Verpflichtung, sich innerhalb des Laufs der Beschwerdebegründungsfrist beim Gericht zu erkundigen, ob der Verlängerungsantrag rechtzeitig eingegangen ist und ob ihm stattgegeben werde.[657]

458 Seit dem 1.1.2022 gilt die aktive Nutzungspflicht des beA, d.h. Anwälte müssen ihre Schriftsätze elektronisch übermitteln.

Der BGH[658] ist auf die anwaltlichen Sorgfaltspflichten im Zusammenhang mit der Übermittlung von fristgebundenen Schriftsätzen im Wege des elektronischen Rechtsverkehrs per beA eingegangen. Sie entsprechen denen bei Übersendung von Schriftsätzen per Telefax. Unerlässlich ist es, den Versandvorgang zu überprüfen. Die Überprüfung der ordnungsgemäßen Übermittlung erfordert dabei die Kontrolle, ob die Bestätigung des Eingangs des elektronischen Dokuments bei Gericht nach § 130a Abs. 5 S. 2 ZPO erteilt wurde. Hat der Rechtsanwalt eine solche Eingangsbestätigung erhalten, besteht Sicherheit darüber, dass der Sendevorgang erfolgreich war. Bleibt sie dagegen aus, muss dies den Rechtsanwalt zur Überprüfung und gegebenenfalls erneuten Übermittlung veranlassen.

459 *Praxishinweis*

Ein Rechtsanwalt muss bei Versendung fristwahrender Schriftsätze über das beA sein zuständiges Personal dahingehend anweisen, dass stets der Erhalt der automatisierten Eingangsbestätigung nach § 130a V S. 2 ZPO zu kontrollieren ist. Er hat zudem diesbezüglich zumindest stichprobenweise Überprüfungen durchzuführen.

460 Das OLG Frankfurt[659] verlangt auch bei Übermittlung von Schriftsätzen mittels beA (ähnlich wie beim früheren Einsatz des Telefax) eine ausreichende **Zeitreserve** einzuplanen, auch wenn Rechtsmittelfristen weitgehend ausgeschöpft werden dürfen.

461 Scheitert danach eine rechtzeitige Übermittlung der Beschwerdebegründungsschrift per beA, weil der Verfahrensbevollmächtigte um 23:46 Uhr versucht, diese gemeinsam mit einer Vollmacht in das System hochzuladen, das sodann um 23:50 Uhr eine Fehlermeldung wegen eines unzulässigen Dateinamens der Vollmacht auswirft, ist der Verfahrensbevollmächtigte seinen Sorgfaltspflichten nicht hinreichend nachgekommen. Im elektronischen Rechtsverkehr muss mit einer nicht jederzeit reibungslosen Übermittlung gerechnet werden. Neben dem Problem der Wahl eines unzulässigen Dateinamens kann es zum Beispiel auch zu kurzfristigen Störungen der Server-Verbindung kommen. Auch wenn es grundsätzlich zulässig ist, Fristen bis zuletzt auszunutzen, muss der Verfahrensbevollmächtigte zum Schutz des Mandanten den sichersten Weg wählen. Insbesondere Rechtsanwälte, die überwiegend außergerichtlich tätig sind und daher selten mit der Einreichung von Fristsachen per beA befasst sind, müssen einkalkulieren, dass der Übermittlungsvorgang mehr als zehn Minuten in Anspruch nehmen kann, wenn auf-grund mangelnder Erfahrung unvorhergesehene Probleme auftreten.

654 Vgl. BGH BGHZ 116, 377.
655 BGH BGHZ 83, 217.
656 BVerfG FamRZ 2008, 131.
657 BGH FamRZ 2017, 1317.
658 BGH v. 11.5.2021 – VIII ZB 9/20 = FamRZ 2021, 1300.
659 OLG Frankfurt NJW 2022, 250; vgl. BGH FamRZ 2018, 446 (noch zum Telefax).

d) Wiedereinsetzung in den vorherigen Stand

Die Anforderungen an eine schuldlose Versäumung einer Notfrist oder einer Frist zur Begründung der Beschwerde bzw. Rechtsbeschwerde sind hoch. So muss ein Rechtsanwalt auch bei einer **unvorhergesehenen Erkrankung** alle ihm dann noch möglichen und zumutbaren Maßnahmen zur Wahrung einer Frist ergreifen. An einer schuldhaften Fristversäumung fehlt es nur dann, wenn infolge der Erkrankung weder kurzfristig ein Vertreter eingeschaltet noch ein Fristverlängerungsantrag gestellt werden konnte. Dies muss glaubhaft gemacht werden.[660] 462

Ein Rechtsanwalt hat durch organisatorische Vorkehrungen sicherzustellen, dass ein fristgebundener Schriftsatz rechtzeitig gefertigt und innerhalb der laufenden Frist beim zuständigen Gericht eingeht. Hierzu hat er grundsätzlich sein Möglichstes zu tun, um Fehlerquellen bei der Eintragung und Behandlung von Rechtsmittel- und Rechtsmittelbegründungsfristen auszuschließen. In der Organisation des Fristenwesens einer Anwaltskanzlei muss deshalb insbesondere gewährleistet sein, dass außer der eigentlichen Rechtsmittelbegründungsfrist auch eine **Vorfrist** notiert wird, mit der sichergestellt werden soll, dass dem sachbearbeitenden Rechtsanwalt für die Fertigung der Rechtsmittelschrift oder Rechtsmittelbegründung hinreichend Zeit verbleibt. Auf diese Weise kann die Fristwahrung in der Regel selbst dann gewährleistet werden, wenn die Eintragung der ursprünglichen Frist versehentlich gelöscht worden oder die Eintragung der versehentlich unterblieben ist.[661] 463

Die Beschwerdebegründung muss – wie bereits erwähnt – seit dem 1.1.2022 in Form eines elektronischen Dokuments erfolgen. 464

Die Missachtung dieser Verpflichtung führt zur Formunwirksamkeit der beabsichtigten Verfahrenshandlung und damit unter Umständen zu fehlender Fristwahrung. Nur wenn dies aus technischen Gründen vorübergehend nicht möglich ist, bleibt die Übermittlung nach den allgemeinen Vorschriften zulässig. Die vorübergehende Unmöglichkeit ist mit der Ersatzeinreichung oder unverzüglich danach glaubhaft zu machen; auf Anforderung ist ein elektronisches Dokument nachzureichen.[662]

Achtung! 465

„Unverzüglich" ist die vorübergehende technische Unmöglichkeit der elektronischen Übermittlung glaubhaft zu machen.

Sollte die Glaubhaftmachung 3 ½ Wochen in Anspruch nehmen, ist dies jedenfalls nicht mehr unverzüglich.

Unverzüglich bedeutet entsprechend der Legaldefinition nach § 121 Abs. 1 BGB, dass ohne schuldhaftes Zögern die Glaubhaftmachung erfolgen muss.

Praxistipp 466

Die Anforderungen an die Beschwerdebegründung sind sehr hoch. Dies ergibt sich aus der bereits dargestellten entsprechenden Anwendung des § 520 Abs. 3 S. 2 ZPO. Deshalb werden die Fristen für die Beschwerdebegründung in der Praxis regelmäßig ausgeschöpft. Allerdings ist Anwälten zu empfehlen, eine ausreichende Zeitreserve für die Übermittlung der Beschwerdebegründung einzuplanen, da eine Überschreitung der Frist die Rechtskraft der Ausgangsentscheidung auslöst und die Gerichte einen Wiedereinsetzungsantrag sehr restriktiv beurteilen.

e) Präklusion, § 115 FamFG

Eine **Präklusion** wegen Verspätung ist lediglich nach Maßgabe von § 115 Satz 1 FamFG möglich. In Ehe und Familienstreitsachen können danach nicht rechtzeitig vorgebrachte Angriffs- und Verteidigungsmittel 467

660 BGH FamRZ 2021, 965 f.

661 BGH FamRZ 2021, 1638 f.

662 BGH, Beschl. v. 21.9.2022 – XII ZB 264/22 = NZFam 2023, 46; BGH FamRZ 2023, 453.

nur zurückgewiesen werden, wenn ihre Zulassung nach der freien Überzeugung des Gerichts die Erledigung des Verfahrens verzögern würde und die Verspätung auf **grober Nachlässigkeit**, also besonderer Sorglosigkeit beruht. Dies wird etwa angenommen bei Fällen, in denen erstmals im Termin vor dem Beschwerdegericht Beweisanträge – etwa zum Verkehrswert eines Grundstücks oder zu Schenkungen[663] gestellt worden sind. Ausnahmsweise kann auch neues Vorbringen zurückzuweisen sein, welches erstmals im Verlauf des Beschwerdeverfahrens, aber noch vor dem Termin erfolgt, so z.B. bei einem langjährigen Verfahren, wenn erst vor dem Beschwerdetermin erstmalig Verzichtsurkunden vorgelegt werden.[664]

5. Die Anschlussbeschwerde, § 66 FamFG

a) Statthaftigkeit

468 Nach § 66 FamFG kann jeder Beschwerdeberechtigte sich der Beschwerde eines anderen Beteiligten anschließen. Dies gilt auch dann, wenn er auf die Beschwerde verzichtet hat oder die Beschwerdefrist verstrichen ist. Weiterhin ist es auch nicht erforderlich, dass der Beschwerdewert von 600 EUR nach § 61 Abs. 1 FamFG erreicht wird.[665]

b) Beschwerdeberechtigung

469 Erforderlich ist allerdings die **Beschwerdeberechtigung** im Sinne des § 59 FamFG. Hat der Beschwerdegegner im Ausgangsverfahren sein rechtliches Ziel vollumfänglich erreicht und kann er auch einen nachträglich erhöhten Unterhaltsbedarf nicht geltend machen, so ist für eine Anschlussbeschwerde kein Raum. Die Anschlussbeschwerde muss also mehr erstreben als nur die reine Zurückweisung des Hauptrechtsmittels. In diesem Sinne ist es zu verstehen, wenn vielfach darauf hingewiesen wird, dass eine formelle Beschwer für die Anschlussbeschwerde nicht erforderlich sei.[666]

470 *Praxistipp*

Die Zielsetzung einer Anschlussbeschwerde ist in der Regel, das Verbot der reformatio in peius aufzuheben (vgl. § 117 Abs. 2 FamFG i.V.m. § 528 ZPO), das heißt für den Beschwerdeführer das Risiko zu eröffnen, dass das Beschwerdeverfahren auch zu seinem Nachteil ausgehen kann.

Beispiel: Hat die Antragstellerin im Unterhaltsverfahren beim Familiengericht einen Unterhalt von 500 EUR (statt der beantragten 1.000 EUR) zugestanden bekommen und legt hiergegen Beschwerde ein, so kann das Beschwerdegericht aufgrund der Vorschrift der § 117 Abs. 2 FamFG i.V.m. § 528 ZPO den bereits vom Familiengericht zugestandenen Unterhalt von 500 EUR nicht reduzieren. Legt aber der Antragsgegner eine Anschlussbeschwerde mit dem Ziel ein, keinen Unterhalt entrichten zu müssen, so ist dies möglich, weil das Verschlechterungsverbot nunmehr nicht mehr gilt.

Insoweit wird häufig auch im Zusammenhang mit der Anschlussbeschwerde dargestellt, diese sei kein echtes Rechtsmittel, sondern nur ein Angriff im Rahmen der fremden Hauptbeschwerde.

Eine unzulässige Hauptbeschwerde (etwa wegen Versäumung der Beschwerdefrist nach § 63 Abs. 1 FamFG) kann in eine Anschlussbeschwerde umgedeutet werden.[667]

c) Akzessorietät

471 Der „Nachteil" der Anschlussbeschwerde ist die Akzessorietät: Wird die „Hauptbeschwerde" zurückgenommen oder als unzulässig verworfen, so verliert die Anschlussbeschwerde ihre Wirkung (§ 66 S. 2 FamFG).

663 OLG Celle FamRZ 2011, 1671.
664 OLG Köln NJW-RR 2011, 1447.
665 SBW/*Roßmann*, § 66 Rn 7.
666 Ausführlich dazu SBW/*Roßmann*, § 66 Rn 12, 13.
667 Vgl. dazu auch BGH NJW 2003, 2388.

d) Frist zur Anschließung

Das Beschwerdegericht kann gem. § 117 Abs. 2 S. 1 FamFG i.V.m. § 521 Abs. 2 ZPO dem Beschwerdegegner eine Erwiderungsfrist setzen. Diese Frist ist dann auch prozessualer Anknüpfpunkt für die Anschlussbeschwerde, vgl. § 117 Abs. 2 FamFG i.V.m. § 524 Abs. 2 S. 2 und S. 3 ZPO, die nur bis zum Ablauf dieser gesetzten Frist zur Beschwerdeerwiderung zulässig ist. 472

Keine Anwendung findet die Befristung nach § 524 Abs. 2 S. 3 ZPO bei wiederkehrenden Leistungen, also in Unterhaltssachen. Damit kann eine Anschlussbeschwerde sogar noch in der mündlichen Verhandlung beim Beschwerdegericht erhoben werden. 473

Die Beteiligten sind in Unterhaltssachen gehalten, auf jegliche Änderung maßgeblicher Unterhaltsverhältnisse unverzüglich zu reagieren, ansonsten sie in späteren Abänderungsverfahren präkludiert sind, vgl. § 238 Abs. 2 FamFG.[668]

e) Der Sachantrag der Anschlussbeschwerde

Der Antrag im Rahmen einer Anschlussbeschwerde kann wie folgt formuliert werden: 474

▼

Muster 8.13: Sachantrag der Anschlussbeschwerde

Ich stelle folgende Anträge:

1. Die Beschwerde des Antragstellers gegen den Unterhaltsbeschluss des Amtsgerichts ___ – Familiengericht – vom ___, Az.: ___, wird zurückgewiesen.
2. Der Unterhaltsbeschluss des Amtsgerichts ___ – Familiengericht – vom ___, Az.: ___, wird wie folgt geändert:

Der Antragsteller wird verpflichtet, an die Antragsgegnerin über den im angefochtenen Beschluss zugesprochenen Unterhalt in Höhe von monatlich ___ EUR hinaus, einen weiteren zum Ersten eines jeden Monats im Voraus zu leistenden Unterhalt in Höhe von ___ EUR zu zahlen.

▲

6. Rücknahme der Beschwerde, § 67 Abs. 4 FamFG

Nach § 67 Abs. 4 FamFG kann der Beschwerdeführer die Beschwerde bis zum Erlass der Beschwerdeentscheidung durch Erklärung gegenüber dem Gericht zurücknehmen. Der Beschwerdeführer bedarf dazu nicht der Einwilligung des anderen Beteiligten. 475

Die Rücknahme der Beschwerde hat zur Folge, dass eine (akzessorische) Anschlussbeschwerde ihre Wirkung verliert, d.h. für das Verfahren gegenstandslos wird (vgl. § 66 S. 2 FamFG).

Hat allerdings der Beschwerdegegner eine selbstständige Beschwerde erhoben, weil auch er durch die Ausgangsentscheidung beschwert gewesen ist, so wird diese (zweite) Hauptbeschwerde dadurch nicht berührt, das heißt, über sie bedarf es nach wie vor der Entscheidung des Beschwerdegerichts.

Die Rücknahme der Beschwerde hat in Unterhaltssachen natürlich zur Folge, dass der betreffende Beteiligte die durch das Rechtsmittel entstandenen Kosten zu tragen hat.

> *Praxistipp* 476
>
> Erhält der Beschwerdegegner für seine Anschlussbeschwerde vom Beschwerdegericht VKH bewilligt, so besteht Anlass, eine Rücknahme der Hauptbeschwerde in Erwägung zu ziehen, da das Beschwerdegericht der Anschlussbeschwerde offensichtlich Erfolgsaussichten einräumt. Durch die Rücknahme der Beschwerde kann verhindert werden, dass in 2. Instanz zum Nachteil des Hauptbeschwerdeführers der Ausgangsbeschluss abgeändert wird.

668 BGH FamRZ 1998, 99.

7. Die Rechtsbeschwerde

477 Die Rechtsbeschwerde ist dritte Instanz für die FamFG-Sachen; zuständig ist der **Bundesgerichtshof** (§ 133 GVG). Sie wird geregelt in §§ 70–75 FamFG. Die Rechtsbeschwerde kann nach § 72 FamFG nur darauf gestützt werden, dass die angefochtene Entscheidung auf einer **Verletzung des Rechts** beruht. Das Rechtsbeschwerdegericht befasst sich ausschließlich mit Verfahren, denen aufgrund ihrer grundsätzlichen Bedeutung eine über den Einzelfall hinaus reichende Wirkung zukommt.

a) Statthaftigkeit der Rechtsbeschwerde

478 Die Rechtsbeschwerde gegen Beschlüsse ist nach § 70 Abs. 1 FamFG nur statthaft, wenn sie vom Beschwerdegericht oder, wenn der Beschl. v. Oberlandesgericht im ersten Rechtszug erlassen ist, vom Oberlandesgericht in dem Beschluss zugelassen wurde. Das Beschwerdegericht hat über die Zulassung der Rechtsbeschwerde **von Amts wegen** zu entscheiden; eines entsprechenden Antrages der Beteiligten bedarf es dafür nicht.

Die Rechtsbeschwerde ist vom Beschwerdegericht nach § 70 Abs. 2 FamFG zuzulassen, wenn die Rechtssache grundsätzliche Bedeutung hat oder die Fortbildung des Rechts oder die Sicherung einer einheitlichen Rechtsprechung eine Entscheidung des Rechtsbeschwerdegerichts erfordert.

> *Merke!*
>
> Die Rechtsbeschwerde ist zulassungsabhängig; es gibt keine Nichtzulassungsbeschwerde (entsprechend § 544 ZPO).[669]

b) Einlegung der Rechtsbeschwerde, § 71 FamFG

479 Die Rechtsbeschwerde ist binnen einer Frist von einem Monat nach der schriftlichen Bekanntgabe des Beschlusses durch Einreichen einer Beschwerdeschrift bei dem **Rechtsbeschwerdegericht** einzulegen. Insoweit ergibt sich ein Unterschied zu § 64 Abs. 1 FamFG, der für das Beschwerdeverfahren die Einlegung beim Ausgangsgericht anordnet. Die Einlegung bei dem Rechtsbeschwerdegericht ist deshalb vom Gesetzgeber angeordnet worden, weil allein dieses Gericht mit der Sachentscheidung befasst ist und eine Abhilfebefugnis des Beschwerdegerichts nicht besteht.

Die Rechtsbeschwerdeschrift muss **inhaltlich** notwendig enthalten:

- die Bezeichnung des Beschlusses, gegen den die Rechtsbeschwerde gerichtet wird und
- die Erklärung, dass gegen diesen Beschluss Rechtsbeschwerde eingelegt werde.

Damit muss aus der Rechtsbeschwerdeschrift ersichtlich sein, welche Entscheidung angegriffen wird sowie dass gegen sie das Rechtsmittel der Rechtsbeschwerde eingelegt wird.

480 Die Rechtsbeschwerde ist zu unterschreiben.

Nach § 71 Abs. 1 S. 4 FamFG **soll** mit der Beschwerdeschrift eine Ausfertigung oder beglaubigte Abschrift der angefochtenen Entscheidung beigefügt werden. § 71 Abs. 1 S. 4 FamFG ist jedoch eine reine Ordnungsvorschrift deren Nichteinhaltung keine prozessualen Nachteile nach sich zieht.

c) Begründung der Rechtsbeschwerde

481 Die Rechtsbeschwerde unterliegt nach § 71 Abs. 2 FamFG einer **Begründungspflicht**. Die zulässigen Gründe für eine Rechtsbeschwerde sind § 72 FamFG zu entnehmen. Die Frist zur Begründung der Rechtsbeschwerde beträgt einen Monat. Die Frist beginnt mit der schriftlichen Bekanntgabe der angefochtenen Entscheidung.

Die Frist kann allerdings, wie sich aus der Verweisung auf § 551 Abs. 2 S. 5 und 6 ZPO ergibt, um bis zu zwei Monate verlängert werden; erfolgt die Übersendung der Verfahrensakten durch das Beschwerdege-

669 Horndasch/Viefhues/*Reinken*, Kommentar zum FamFG, § 70 Rn 13.

richt nicht zügig, kann eine Verlängerung um bis zu zwei Monate nach Übersendung der Akte erfolgen (§ 551 Abs. 2 S. 6 ZPO). Weitere Verlängerungen sind mit Einwilligung des Gegners möglich (§ 551 Abs. 2 S. 5 ZPO).

Der **Inhalt der Rechtsbeschwerdebegründung** muss § 71 Abs. 3 FamFG gerecht werden. 482

Danach muss die Begründung enthalten:

- Die Erklärung, inwieweit der Beschluss angefochten und dessen Aufhebung beantragt werde (**Rechtsbeschwerdeanträge**),
- die Angabe der **Rechtsbeschwerdegründe**, und zwar
- die bestimmte Bezeichnung der Umstände, aus denen sich die Rechtsverletzung ergibt;
- soweit die Rechtsbeschwerde darauf gestützt wird, dass das Gesetz in Bezug auf das Verfahren verletzt sei, die Bezeichnung der Tatsachen, die den Mangel ergeben.

Unerlässlich ist gem. § 71 Abs. 3 Nr. 1 FamFG ein konkreter Rechtsbeschwerdeantrag. Der Rechts- 483
beschwerdeführer hat konkret zu bezeichnen, inwieweit die Beschwerdeentscheidung angefochten und ihre Abänderung beantragt wird. Er muss des Weiteren im Einzelnen bezeichnen, aus welchen Umständen sich eine Rechtsverletzung ergibt und, soweit die Rechtsbeschwerde auf einen Verfahrensfehler gestützt wird, die Tatsachen vortragen, aus denen sich der Verfahrensmangel ergibt. Die Gründe, die mit der Rechtsbeschwerde geltend gemacht werden können, werden von § 72 FamFG genannt.

Die Rechtsbeschwerde kann nach § 72 Abs. 1 S. 1 FamFG nur darauf gestützt werden, dass die angefoch- 484
tene Entscheidung auf einer Verletzung des Rechts beruht. Das Recht ist nach § 72 Abs. 1 S. 2 FamFG verletzt, wenn eine Rechtsnorm nicht oder nicht richtig angewendet worden ist.

Die Rechtsbeschwerdeinstanz wurde damit als **reine Rechtskontrollinstanz** ausgestaltet, so dass ausschließlich geltend gemacht werden kann, dass die angefochtene Entscheidung auf der Verletzung formellen oder materiellen Rechts beruht. Das Vorbringen neuer Tatsachen und Beweise ist dagegen regelmäßig ausgeschlossen.

Neben der Verletzung von Bundesrecht ist aber auch die Verletzung von Landesrecht überprüfbar.

d) Die Sprungrechtsbeschwerde

Gegen die im ersten Rechtszug erlassenen Beschlüsse, die ohne Zulassung der Beschwerde unterliegen, 485
findet nach § 75 FamFG auf Antrag unter Übergehung der Beschwerdeinstanz unmittelbar die Rechtsbeschwerde (Sprungrechtsbeschwerde) statt, wenn

- die Beteiligten in die Übergehung der Beschwerdeinstanz einwilligen und
- das Rechtsbeschwerdegericht die Sprungrechtsbeschwerde zulässt.

Damit haben die Beteiligten die Möglichkeit, ein Verfahren unter Verzicht auf das Beschwerdeverfahren direkt der Rechtsbeschwerdeinstanz vorzulegen. Damit können die Beteiligten zeitnah eine höchstrichterliche Entscheidung insbesondere in den Fällen herbeiführen, in denen ausschließlich die Klärung von Rechtsfragen beabsichtigt ist.

Die Sprungrechtsbeschwerde setzt im ersten Rechtszug erlassene Beschlüsse voraus, die ohne Zulassung 486
der Beschwerde unterliegen. Dies sind nach § 61 Abs. 1 FamFG Beschlüsse in vermögensrechtlichen Angelegenheiten mit einem Beschwerdewert von mehr als 600 EUR.

Neben der Einwilligung der Beteiligten in die Übergehung der Beschwerdeinstanz ist zusätzlich die Zulassung des **Rechtsbeschwerdegerichts** (d.h. nicht des erstinstanzlichen Ausgangsgericht) erforderlich.

§ 75 Abs. 1 S. 2 FamFG stellt klar, dass die Beteiligten im Falle der Beantragung der Zulassung der Sprungrechtsbeschwerde eine abschließende Entscheidung über das zur Verfügung stehende Rechtsmittel treffen. Wird die Zulassung der Sprungrechtsbeschwerde durch das Rechtsbeschwerdegericht abgelehnt, ist somit den Beteiligten das Rechtsmittel der Beschwerde nicht mehr eröffnet.

Das Verfahren ist der Sprungrechtsbeschwerde nach § 566 ZPO nachgebildet, d.h. konsequenterweise gelten die § 566 Abs. 2 bis 8 ZPO insoweit entsprechend.

487 *Praxistipp*

Anwaltliche Vorsicht gebietet es in der Regel, von der Möglichkeit der Sprungrechtsbeschwerde nicht Gebrauch zu machen. Dies ist dadurch bedingt, dass es dem BGH möglich ist, die Sprungrechtsbeschwerde nicht zuzulassen. Dies hat zur Folge, dass dann das Verfahren rechtskräftig abgeschlossen ist, d.h. gegen eine etwaige Rechtsverletzung das Rechtsmittel der Beschwerde aufgrund des Verzichts nicht mehr nachgeholt werden kann.

IV. Besondere Rechtsmittelverfahren

1. Beschwerde gegen die Kostenentscheidung

a) Isolierte Anfechtung der Kostenentscheidung im Hauptsachebeschluss

488 Das FamFG lässt die isolierte Beschwerde nach §§ 58 ff. FamFG gegen eine mit der Hauptsacheentscheidung ergangene Kostenentscheidung zu.[670]

Dies gilt allerdings nicht für **Ehe- und Familienstreitsachen**, weil § 113 Abs. 1 S. 2 FamFG auf die weiterhin unverändert anwendbaren Vorschriften der ZPO verweist, so dass nach § 99 ZPO die isolierte Anfechtung nur der Kostenentscheidung unzulässig ist.[671]

Soweit eine Kostengrundentscheidungen in Verfahren der freiwilligen Gerichtsbarkeit isoliert, d.h. ohne gleichzeitiges Rechtsmittel in der Hauptsache, mit der Beschwerde gemäß den §§ 58 ff. FamFG angegriffen werden kann, muss allerdings der Beschwerdewert des § 61 Abs. 1 FamFG (über 600 EUR) erreicht sein. Die Wertgrenze des § 61 Abs. 1 FamFG gilt dabei auch für die (isolierte) Anfechtung von Kostenentscheidungen, die in der Hauptsache eine nicht vermögensrechtliche Angelegenheit betreffen.[672]

b) Isolierte Kostenentscheidungen

489 Eine isolierte Kostenentscheidung kann in familiengerichtlichen Verfahren ergehen, wenn ein Antrag zurückgenommen oder für erledigt erklärt wird. In Verfahren der freiwilligen Gerichtsbarkeit ist in solchen Fällen die befristete Beschwerde nach §§ 58 ff. FamFG erneut zulässig. Umstritten war bislang der Rechtsschutz in solchen Fällen in **Ehe- und Familienstreitsachen**.

490 Nach einer Auffassung[673] handelt es sich bei isolierten Kostenentscheidungen in Ehe- und Familienstreitsachen um Endentscheidungen im Sinne der §§ 38 Abs. 1, 58 Abs. 1 FamFG, für die die Beschwerde nach den §§ 58 ff. FamFG statthaft ist:

Dies hat zur Folge, dass die Anfechtungsfrist einen Monat beträgt (§ 63 FamFG), ein Beschwerdewert von 600 EUR zu beachten (§ 61 FamFG) und grundsätzlich das Beschwerdegericht in seiner Gesamtheit zur Entscheidung berufen ist (§ 68 Abs. 4 FamFG).

491 Nach anderer Auffassung ist gegen die in einer Ehe- oder Familienstreitsache getroffene Kostenentscheidung die sofortige Beschwerde nach §§ 113 Abs. 1 FamFG i.V.m. §§ 567 ff. ZPO zulässig.[674] Diese Meinung argumentiert insbesondere mit der Anlage 1 zum FamGKG Nr. 1910:

670 OLG Stuttgart FamRZ 2010, 664; OLG Nürnberg NJW 2010, 1468.
671 BGH FamRZ 2019, 552.
672 OLG Zweibrücken FuR 2011, 706, OLG Koblenz FamRZ 2010, 2013; OLG Oldenburg FamRZ 2010, 1466; OLG München FamRZ 2010, 1465; OLG Brandenburg FamRZ 2010, 1464; OLG Hamburg FamRZ 2010, 665; Horndasch/Viefhues/*Götsche*, a.a.O., § 82 Rn 26 bis 28.
673 OLG Stuttgart FamRZ 2012, 50; OLG Brandenburg FamRZ 2010, 1464; OLG Oldenburg FamRZ 2010, 1831.
674 OLG Saarbrücken FamRZ 2012, 472; OLG Zweibrücken FamRZ 2012, 392.

„Die dort geregelte Gebühr für … Beschwerden in den Fällen des § 71 Abs. 2, § 91a Abs. 2, § 99 Abs. 2 und § 269 Abs. 5 ZPO wäre überflüssig, wenn das Rechtsmittelrecht der ZPO hier überhaupt nicht anwendbar wäre (…).“[675]

Der BGH[676] hat sich der letztgenannten Auffassung angeschlossen. Seiner Auffassung nach ergibt auch eine teleologische Auslegung, dass der Gesetzgeber mit Einführung des FamFG die Familienstreitsachen weitergehend den Verfahrensmaximen der ZPO unterstellen wollte als die übrigen Familiensachen. Dies sei ausweislich der Gesetzesmaterialien auch der Wille des Gesetzgebers gewesen. **492**

Praxistipp **493**

Die sofortige Beschwerde ist nach § 569 ZPO binnen zwei Wochen nach Zustellung der Entscheidung (spätestens fünf Monate nach der Verkündung) einzulegen, und zwar wahlweise beim Ausgangsgericht (iudex a quo) oder beim Beschwerdegericht (iudex ad quem). Gegen Entscheidungen über Kosten ist die sofortige Beschwerde nur zulässig, soweit der Wert des Beschwerdegegenstandes 200 EUR übersteigt (§ 567 Abs. 2 ZPO). Der sofortigen Beschwerde kann das erstinstanzliche Gericht abhelfen (§ 572 Abs. 1 ZPO). Deshalb ist zu empfehlen, die sofortige Beschwerde grundsätzlich beim Ausgangsgericht einzulegen.

2. Streitwertbeschwerde

Anwaltlicherseits ist immer wieder zu beanstanden, dass die Gerichte den maßgeblichen Streitwert unrichtig, d.h. zu niedrig ansetzen. Dies ist nicht hinnehmbar und sollte mit einer Streitwertbeschwerde nach § 59 FamGKG zur Klärung gebracht werden. Wichtig ist, dass Anwälte in dieser Sache aus eigenem Recht beschwerdebefugt, d.h. nicht auf eine besondere Bevollmächtigung durch die Mandantschaft angewiesen sind, vgl. § 32 Abs. 2 RVG. Auch gilt in derartigen Fällen eine großzügige Beschwerdefrist von 6 Monaten, vgl. § 59 Abs. 1 i.V.m. 55 Abs. 3 S. 2 FamGKG. Die Frist beginnt zu laufen, nachdem die Entscheidung wegen des Hauptgegenstands Rechtskraft erlangt oder das Verfahren sich anderweitig erledigt hat. **494**

▼ **495**

Muster 8.14: Beschwerde gegen die Streitwertfestsetzung nach § 59 FamGKG

In Sachen

A ./. B

wg.

wird Beschwerde gegen den Streitwertbeschluss vom eingelegt.

Es wird beantragt:

Der Streitwertbeschluss des Amtsgerichts – Familiengerichts – vom wird in Ziffer 1 dahin abgeändert, dass der Verfahrenswert für das Verfahren auf EUR festgesetzt wird.

Begründung:

Der Unterzeichnende ist in dieser Angelegenheit selbst beschwerdeberechtigt, vgl. § 32 Abs. 2 RVG. Die Frist zur Erhebung der Beschwerde beträgt 6 Monate und beginnt erst zu laufen, wenn die Hauptsache Rechtskraft erlangt hat oder sich das Verfahren anderweitig erledigt. Die Beschwerde ist daher nach § 59 FamGKG zulässig.

675 OLG Zweibrücken FamRZ 2012, 392.
676 BGH FamRZ 2011, 1933.

Die Streitwertbeschwerde ist auch begründet.

Die gerichtliche Verfügung des Familiengerichts vom geht offensichtlich davon aus, dass der Verfahrenswert in o.a. Angelegenheit nur EUR beträgt.

Dem Familiengericht ist zuzugeben, dass der ursprüngliche Antrag, mit welchem dieses Verfahren eingeleitet wurde, in der Tat von einem Streitwert von EUR ausging. Während des Verfahrens wurde aber eine Einigung im mündlichen Termin erzielt über nicht anhängige Gegenstände. Ausweislich des Protokolls haben die Beteiligten verhandelt über die Auseinandersetzung von Miteigentum usw. Eine diesbezügliche Einigung wurde dann auch unstreitig erzielt. Die Folge ist, dass der Verfahrenswert von EUR sich um weitere EUR erhöhte.

Damit ist antragsgemäß der Streitwertbeschluss vom abzuändern.

Rechtsanwalt

▲

3. Verzögerungsrüge nach § 198 GVG

496 Die frühere Untätigkeitsbeschwerde wird von den Gerichten als nicht mehr zulässig angesehen, da der Gesetzgeber in § 198 GVG die sogenannte Verzögerungsrüge kodifiziert hat.[677] Anwälte sollten von dieser Möglichkeit durchaus Gebrauch machen, da die Verzögerungsrüge dem Obergericht unverzüglich vorzulegen ist und für die betreffenden Richter durchaus Konsequenzen haben kann. Letztlich ist diese Rüge aber nur dann angemessen, wenn das richterliche Verhalten schlechthin unverständlich ist und nicht mehr von den betroffenen Anwälten und deren Mandanten hingenommen werden kann.[678]

497 ▼

Muster 8.15: Verzögerungsrüge nach § 198 GVG

8.15

In Sachen

A ./. B

wg.

hat die Antragsgegnerin am Beschwerde gegen den Beschluss des Familiengerichts vom eingelegt sowie der Unterzeichnende Streitwertbeschwerde mit Schreiben vom

Eine Entscheidung des Gerichts liegt dazu bis heute nicht vor.

Der Unterzeichnende hat mit Schreiben vom um Mitteilung des Sachstandes gebeten; auch dazu wurde bis heute keine Antwort gegeben.

Weiterhin hat der Unterzeichnende mehrfach auf der Geschäftsstelle des Familiengerichts angerufen, um zu erfahren, wie weit fortgeschritten die Bearbeitung ist. Ihm wurde jeweils mitgeteilt, dass sich die Akten im Arbeitszimmer der zuständigen Richterin befinden; weitere Angaben konnten allerdings nicht gemacht werden.

In der Sache geht es darum, dass der Antragsteller Kostenausgleichsansprüche gegen die Antragsgegnerin hat; sollten die Ansprüche infolge der diesseits nicht nachvollziehbaren langen Bearbeitungszeit nicht realisierbar werden, droht dem Antragsteller ein erheblicher Schaden.

677 Vgl. dazu SBW/*Roßmann*, § 58 Rn 83 ff.

678 Vgl. zum Prüfungsrahmen und Entschädigungsanspruch auch BGH FamRZ 2023, 462.

Eine Entscheidung des Gerichts ist daher dringlich.

Rechtsanwalt

▲

I. Das vereinfachte Unterhaltsverfahren

I. Anwendungsbereich

Das sog. vereinfachte Verfahren zur Unterhaltsfestsetzung ist geregelt im 3. Unterabschnitt des Verfahrens in Unterhaltssachen, d.h. in den §§ 249–260 FamFG.[679] **498**

Der Unterhaltsanspruch minderjähriger Kinder kann in diesem Verfahren schnell und preiswert gegenüber dem Unterhaltsverpflichteten tituliert werden. Der Unterhaltsfestsetzungsbeschluss wird nach § 253 FamFG i.V.m. § 25 Nr. 2c) RPflG vom Rechtspfleger erlassen. Das Verfahren betrifft nur die Erstfestsetzung von Kindesunterhalt.[680] Das Verfahren ist summarisch ausgestaltet, d.h. es geht nicht darum, die Leistungsfähigkeit des Antragsgegners als Ganzes zu klären, sondern in geeigneten Fällen eine schnelle Titulierung des Unterhaltsanspruchs minderjähriger Kinder zu ermöglichen.[681] **499**

Der im vereinfachten Verfahren festzusetzende Unterhalt ist begrenzt auf maximal das 1,2-fache des Mindestunterhalts nach § 1612a Abs. 1 BGB. Bei der Feststellung, ob diese Begrenzung eingehalten ist, ist auf den Betrag des Unterhalts abzustellen, der vor Anrechnung der in §§ 1612b, 1612c BGB bestimmten Leistungen verlangt wird. **500**

Der Antragsteller hat bis zu dieser Höhe keine Darlegungslast und kann diesen Betrag ohne Begründung verlangen; es obliegt dem Unterhaltspflichtigen nach § 252 Abs. 4 FamFG seine mangelnde Leistungsfähigkeit vorzubringen.

Eine anwaltliche Vertretung ist nach §§ 257 S. 1, 114 Abs. 4 Nr. 6 FamFG i.V.m. § 78 Abs. 3 ZPO im vereinfachten Verfahren nicht erforderlich.

II. Festsetzungsvoraussetzungen

1. Statthaftigkeit

a) Erstmalige Unterhaltsfestsetzung

Nach § 249 Abs. 2 FamFG findet das vereinfachte Verfahren nicht statt, wenn zum Zeitpunkt der Zustellung des Antrags oder einer Mitteilung über seinen Inhalt an den Antragsgegner ein Gericht über den Unterhalt entschieden hat, ein solches Verfahren anhängig[682] oder auf andere Weise ein zur Zwangsvollstreckung geeigneter Unterhaltstitel errichtet worden ist (Unterhaltsvergleich nach § 794 Abs. 1 Nr. 1 ZPO; notarielle Urkunde i.S.d. § 794 Abs. 1 Nr. 5 ZPO).[683] Hieraus folgt, dass das vereinfachte Verfahren nur für die erstmalige Festsetzung des Kindesunterhalts in Frage kommt. **501**

b) Wahlrecht

Das vereinfachte Verfahren ist gegenüber dem allgemeinen Unterhaltsverfahren nicht vorrangig. Der Unterhaltsberechtigte hat daher ein Wahlrecht, in welchem Verfahren die Unterhaltstitulierung erfolgen soll.[684] **502**

679 Ausführlich dazu *Benner*, NZFam 2023, 289 ff.; *Langheim*, FamRZ 2021, 1779.
680 OLG Naumburg FamRZ 2002, 1045.
681 Vgl. SBW/*Kühn*, § 249 Rn 1.
682 OLG Bamberg FamRZ 2023, 534.
683 SBW/*Kühn*, § 249 Rn 11 f.
684 *Langheim*, FamRZ 2021, 1779.

Das Verfahren nach den §§ 249 ff. FamFG kann insbesondere dann nicht als das „einfachere“ Verfahren angesehen werden, wenn der Schuldner bereits außergerichtliche Einwände erhoben hat, die den Grund oder die Höhe des Anspruchs betreffen. Dann ist mit diesen Einwänden auch im vereinfachten Verfahren zu rechnen, so dass ein Übergang in das streitige Verfahren ohnehin zu erwarten ist.

503 Für diesen Fall besteht weitestgehend auch Einigkeit in der Rechtsprechung, dass für das reguläre Unterhaltsverfahren bei Vorliegen der weiteren Voraussetzungen Verfahrenskostenhilfe zu bewilligen ist.[685] Nur ausnahmsweise kann ein allgemeines Unterhaltsverfahren als mutwillig im Sinne der Verfahrenskostenhilfe einzuordnen sein, wenn das vereinfachte Verfahren zulässig ist, mit einem Übergang ins streitige Verfahren nicht zu rechnen ist und die Angelegenheit rechtlich und tatsächlich einfach gelagert ist.[686]

2. Beteiligte

504 **Antragsteller** im vereinfachten Verfahren ist das minderjährige Kind, vertreten durch seinen gesetzlichen Vertreter. Leben die Eltern getrennt oder ist eine Ehesache zwischen ihnen anhängig, so ist die Vorschrift des §§ 1629 Abs. 3 BGB zu beachten, d.h. der Anspruch ist von dem Elternteil in Verfahrensstandschaft geltend zu machen, in dessen Obhut sich das betreffende minderjährige Kind befindet.

Erfolgt ein Obhutswechsel, so wird der Antrag unzulässig; allerdings kann der betreffende Antragsteller die Hauptsache für erledigt erklären.

505 Der Minderjährigenunterhalt kann auch dann noch im vereinfachten Verfahren festgesetzt werden, wenn das Kind nach der Antragstellung volljährig geworden ist.[687] Allerdings muss das Kind das Verfahren fortsetzen, da der bisherige gesetzliche Vertreter keine Aktivlegitimation mehr besitzt.[688] Volljährige Kinder sind hingegen nicht antragsberechtigt.

Antragsgegner kann im vereinfachten Verfahren nur ein Elternteil sein, nicht dagegen ein sonstiger Verwandter, der z.B. im Wege der Ersatzhaftung gemäß § 1607 Abs. 1 BGB auf Zahlung von Unterhalt in Anspruch genommen wird. Ein Elternteil kann nur Anspruch genommen werden, wenn das Kind nicht in dessen Haushalt lebt, vgl. § 249 Abs. 1 FamFG. Daran fehlt es, wenn feststeht, dass das betroffene Kind von beiden Eltern im Wechsel zu gleichen Anteilen betreut wird; in einem solchen paritätischen Wechselmodell lebt das Kind sowohl im Haushalt des einen als auch in dem des anderen Elternteils. Der Antrag ist dann unzulässig; im Übrigen fehlt in diesen Fällen dem Antragsteller – auch für die Geltendmachung etwaiger Unterhaltsrückstände aus dem zurückliegenden Zeitraum – schon die Vertretungsbefugnis für die Kinder, weil das dafür in § 1629 Abs. 2 Satz 2 BGB vorausgesetzte Obhutsverhältnis nicht gegeben ist. Beim echten Wechselmodell mit vollständig paritätischer Betreuung durch beide Eltern hat kein Elternteil die für § 1629 BGB erforderliche Obhut. Obhut im Rechtssinne setzt voraus, dass das Kind mehr als 50 % betreut wird.[689]

Der Antrag ist dem Antragsgegner zuzustellen; dies führt zur Rechtshängigkeit des Verfahrens. Wird der Antragsgegner am Verfahren nicht beteiligt, liegt nur eine Scheinentscheidung vor, sodass nach Beschwerde die Sache an das Erstgericht zurückzuverweisen ist.[690]

685 Vgl. OLG Rostock FamRZ 2006, 1394.
686 OLG Nürnberg FamRZ 2002, 891; Thomas/Putzo/*Hüßtege*, Vorbem § 249 Rn 9.
687 BGH FamRZ 2006, 402.
688 OLG Köln FamRZ 2000, 678, 679.
689 Vgl. dazu OLG Dresden FuR 2020, 56 m. Anm. *Viefhues*.
690 Vgl. dazu OLG Nürnberg NZFam 2023, 325.

3. Der Unterhaltsantrag im vereinfachten Verfahren, § 250 FamFG

Der Unterhaltsantrag im vereinfachten Verfahren ist zwingend mithilfe des diesbezüglich eingeführten **Formulars** zu stellen, vgl. auch § 259 Abs. 2 FamFG. Der Formularzwang gilt auch, wenn das Kind durch einen Beistand vertreten wird. Von ihm sind allerdings die Länder und Sozialleistungsträger im Rahmen von § 1 Abs. 2 S. 1 KindUFV befreit.[691] 506

Die an den Antrag im vereinfachten Verfahren zu stellenden inhaltlichen Anforderungen regelt § 250 FamFG. Das Gericht benötigt die in dieser Vorschrift erwähnten Angaben zur Festsetzung des Unterhalts. Insbesondere muss der Antragsteller die Höhe des im vereinfachten Verfahren begehrten Unterhalts angeben, vgl. § 250 Abs. 1 Nr. 6 FamFG.

Die §§ 250 Abs. 1 Nr. 4–5 FamFG machen deutlich, dass im vereinfachten Verfahren auch rückständiger Unterhalt verlangt werden kann. Der Antragsteller muss daher angeben, ab welchem Zeitpunkt Unterhalt verlangt wird und soweit der Unterhalt für die Vergangenheit gefordert wird, wann die Voraussetzungen nach § 1613 BGB (Verzug!) eingetreten sind.[692]

Auch ein etwaiges Einkommen des Kindes ist nach Abs. 1 Nr. 10 anzugeben. Dies hat allerdings keine materiell-rechtliche Bedeutung; es soll dem Antragsgegner aber die Prüfung erleichtern, ob Einwendungen nach § 252 Abs. 1 BGB gegen den erhobenen Unterhaltsanspruch mit Erfolg geltend gemacht werden können. 507

Nach §§ 250 Abs. 1 Nr. 1–3 FamFG sind genaue Angaben zu den Beteiligten zu machen sowie auch das Geburtsdatum des Kindes anzugeben. Dies ist erforderlich, damit ein späterer Titel zugestellt und vollstreckt werden kann.[693]

Im Hinblick auf etwaige soziale Leistungen und einen diesbezüglichen Forderungsübergang sind Angaben zu machen darüber, ob der Anspruch aus eigenem oder aus übergegangenem Recht geltend gemacht wird bzw. das Unterhalt nicht für Zeiträume gefordert wird, in welchen unterhaltsrelevante Sozialleistungen empfangen wurden, vgl. §§ 250 Nr. 11 und 12 FamFG.

Erforderlich ist, dass der Antrag vom Antragsteller eigenhändig unterschrieben wird.[694]

Nach § 250 Abs. 2 S. 1 FamFG muss der Antrag zurückgewiesen werden, wenn bereits aufgrund des Antrags ersichtlich ist, dass dessen Zulässigkeitsvoraussetzungen nicht vorliegen und der Antragsteller den Mangel nicht beseitigen kann. Dies bezieht sich auf sämtliche Voraussetzungen des Abs. 1 Nr. 1 bis 13. Kann der Antragsteller den Mangel beheben, ergeht ein Zwischenbescheid, mit welchem Gelegenheit zur Nachbesserung gegeben wird. 508

Nach § 250 Abs. 3 FamFG können mehrere Anträge, die Kinder des Antragsgegners betreffen, aus Gründen der Verfahrensvereinfachung und aus Kostersparnis verbunden werden. Nicht erforderlich ist hierbei, dass die Kinder aus einer Verbindung stammen. 509

Ist der Antrag nach Auffassung des Familiengerichts zulässig, wird er dem Antragsgegner nach § 251 FamFG **zugestellt**. Das Gericht weist den Antragsgegner auf den eingeschränkten Prüfungsrahmen des vereinfachten Verfahrens hin und darauf, welche Einwendungen er erheben kann.

4. Einwendungen des Antragsgegners, § 252 FamFG

a) Formelle und materielle Einwendungen

Einwendungen gegen die im vereinfachten Verfahren beantragte Unterhaltstitulierung kann der Antragsgegner sowohl in formeller (vgl. § 252 Abs. 1 FamFG) als auch materieller Hinsicht geltend machen. Ma- 510

691 *Benner*, NZFam 2023, 289.
692 Ausführlich dazu *Benner*, NZFam 2023, 291.
693 SBW/*Kühn*, § 250 Rn 2.
694 OLG Düsseldorf FamRZ 2002, 547.

terielle Einwendungen, insbesondere die fehlende Leistungsfähigkeit, sind nur zulässig, wenn der Antragsgegner zugleich die in § 252 Abs. 2 – Abs. 4 FamFG geregelten Erklärungs- und Belegpflichten erfüllt.

b) Einwand fehlender Leistungsfähigkeit

511 Das vereinfachte Verfahren vermutet die Leistungsfähigkeit des Antragsgegners bis zur Höhe des 1,2-fachen Mindestunterhaltes. Der Rechtspfleger prüft also keinesfalls einen etwaigen Anspruch nach §§ 1601 ff. BGB. Es ist daher Sache des Antragsgegners, sich gegenüber dieser Vermutung gegebenenfalls zu verteidigen. Dies wird ihm aber durch § 252 FamFG nicht einfach gemacht. Insbesondere die Zulässigkeit des Einwands eingeschränkter oder fehlender Leistungsfähigkeit knüpft § 252 Abs. 4 FamFG an besondere Anforderungen, deren Erfüllung im Einzelfall einen erheblichen Aufwand mit sich bringen kann. Zusätzlich zu der Erklärung nach § 252 Abs. 2 S. 1 FamFG, inwieweit er zur Unterhaltszahlung bereit ist und sich zur Unterhaltsleistung verpflichtet, muss der Antragsgegner Auskunft über seine Einkünfte, sein Vermögen und seine persönlichen und wirtschaftlichen Verhältnisse erteilen. Hierdurch soll der Antragsteller in die Lage versetzt werden, auf der Grundlage dieser Angaben des Antragsgegners zu beurteilen, ob eine weitergehende Verfolgung des Unterhaltsbegehrens im Wege des streitigen Verfahrens erfolgversprechend erscheint. Die Vorlage der Dezemberabrechnung, aus der sich die Jahressummen des Bruttoverdienstes und aller Abzüge ergeben, ist regelmäßig ausreichend. Weist diese – lediglich unterbrochen von Monaten der Kurzarbeit – ein konstantes Einkommen aus, genügt auch im vereinfachten Verfahren die Vorlage dieser Abrechnung.[695]

c) Weitere Einwendungen

512 Die weiteren möglichen Einwendungen des Antragsgegners gegen die Unterhaltsfestsetzung beziehen sich auf die Zulässigkeit des vereinfachten Verfahrens, den Zeitpunkt, ab dem Unterhalt gezahlt werden soll, in eingeschränktem Umfang auf die Höhe des Unterhalts, die Veranlassung zur Stellung des Antrags nach § 249 Abs. 1 FamFG, auf den Einwand der Erfüllung und mangelnden Leistungsfähigkeit. Ferner bestimmt § 252 Abs. 5 FamFG, bis zu welchem Zeitpunkt Einwendungen erhoben werden können.[696]

5. Der Festsetzungsbeschluss, § 253 FamFG

513 Werden keine oder lediglich nach § 252 Abs. 1 S. 3 FamFG zurückzuweisende oder nach § 252 Abs. 2 FamFG unzulässige Einwendungen erhoben, wird der Unterhalt nach Ablauf der in § 251 Abs. 1 S. 2 Nr. 3 FamFG bezeichneten Frist (Monat) durch Beschluss festgesetzt.[697] Liegen hingegen relevante Einwendungen vor, ist nach § 254 FamFG zu verfahren, d.h. das Gericht teilt dies dem Antragsteller mit; es setzt auf seinen Antrag den Unterhalt durch Beschluss soweit fest, wie sich der Antragsgegner zur Zahlung von Unterhalt selbst verpflichtet hat.

Eine mündliche Verhandlung vor Erlass des Festsetzungsbeschlusses nach § 253 FamFG ist zwar möglich, entspricht aber nicht dem Zweck des vereinfachten Unterhaltsverfahrens, möglichst schnell ein Unterhaltstitel zu schaffen, so dass in der Regel davon abgesehen wird.[698]

Ein Unterhaltsfestsetzungsbeschluss nach § 253 FamFG, der ohne mündliche Verhandlung ergangen ist, bedarf nicht der Verkündung. Eine solche nicht verkündete Entscheidung ist mit der Übergabe des unterzeichneten Beschlusses an die Geschäftsstelle erlassen.[699]

695 OLG Bamberg, Beschl. v. 17.11.2022 – 7 WF 201/22, FamRZ 2023, 303.
696 Ausführlich dazu *Benner*, NZFam 2023, 297 ff.
697 Eine Wiedereinsetzung betreffend die Monatsfrist ist nicht möglich, vgl. OLG Bremen FamRZ 2013, 560.
698 SBW/*Kühn*, § 253 Rn 5.
699 BGH NZFam 2023, 306.

Wird eine mündliche Verhandlung angesetzt – was dem Gericht nach §§ 113 Abs. 1 FamFG i.V.m. § 128 Abs. 4 ZPO freisteht – kann allerdings in diesem Verfahren auch ein Vergleich geschlossen werden oder aber ein Anerkenntnisbeschluss ergehen.

Der Festsetzungsbeschluss nach § 253 FamFG stellt einen Unterhaltstitel dar, so dass der Kindesunterhalt vollstreckbar ist. Nach § 116 Abs. 3 S. 3 FamFG soll die sofortige Wirksamkeit angeordnet werden. Nach § 253 Abs. 1 S. 3 FamFG muss der Feststellungsbeschluss einen Anspruch zur Zahlung des Unterhalts beinhalten. Der Festsetzungsbeschluss nach § 253 FamFG ist Titel, der die Vollstreckung zulässt. Der Festsetzungsbeschluss ist nicht zeitlich zu beschränken, auch nicht auf den Zeitpunkt der Volljährigkeit des minderjährigen Kindes.[700] 514

Weiterhin regelt der Festsetzungsbeschluss auch die entstandenen Kosten, d.h. setzt diese fest, vgl. § 253 Abs. 1 S. 4 FamFG. Dadurch soll ein nachfolgendes Kostenfestsetzungsverfahren vermieden werden.

Sollten sich im Einzelfall die erstattungsfähigen Kosten nicht ohne größeren Aufwand ermitteln lassen, ist ein Kostenfestsetzungsverfahren aber zulässig. Weiterhin muss der Festsetzungsbeschluss nach § 253 Abs. 2 FamFG eine Belehrung darüber enthalten, welche Einwendungen mit der Beschwerde geltend gemacht werden können. 515

Mit der Beschwerde können nämlich nur die in § 252 Abs. 2 bis 4 FamFG bezeichneten Einwendungen, die Zulässigkeit von Einwendungen nach § 252 Abs. 2 FamFG sowie die Unrichtigkeit der Kostenentscheidung oder Kostenfestsetzung geltend gemacht werden (vgl. dazu § 256 FamFG). Dies sollte der Antragsgegner wissen, damit er keine unzulässige Beschwerde nach § 256 FamFG erhebt.

Aufgeklärt wird er auch darüber, unter welchen Voraussetzungen eine Abänderung des Festsetzungsbeschlusses im Wege des Abänderungsverfahrens nach § 240 FamFG möglich ist. Fehlt die Belehrung, so ist dies jedoch grundsätzlich folgenlos.

Praxistipp 516

Die erstmalige Abänderung eines Unterhaltsfestsetzungsbeschlusses nach § 253 FamFG erfolgt ausschließlich nach § 240 FamFG. In einem derartigen Abänderungsverfahren bedarf es – abweichend von demjenigen gemäß § 238 FamFG – keiner Darlegung einer nachträglichen wesentlichen Änderung der Verhältnisse. Zugleich entspricht die Darlegungs- und Beweislast hinsichtlich der materiellen Voraussetzung des Unterhaltsanspruches derjenigen in einem auf Ersttitulierung gerichteten Verfahren. Bei einer begehrten Abänderung für die Zeit vor Rechtshängigkeit des Abänderungsantrages sind die Einschränkungen in § 240 Abs. 2 FamFG zu beachten.

III. Übergang in das streitige Verfahren nach § 255 FamFG

§ 255 FamFG knüpft an die Regelung des § 254 FamFG an und ordnet für den Fall des Antrags eines Beteiligten die Durchführung des streitigen Verfahrens an, soweit Einwendungen nach § 252 Abs. 1 S. 3 FamFG nicht zurückzuweisen oder nach § 252 Abs. 2–5 FamFG zulässig sind. Wurde von einem Beteiligten das streitige Verfahren beantragt, ist vom Gericht wie nach Eingang eines Antrags in einer Unterhaltssache vorzugehen, § 255 Abs. 2 S. 1 FamFG. 517

Einwendungen sind nach § 255 Abs. 2 S. 2 FamFG als Erwiderung auf den Antrag anzusehen. Die 120 % Grenze für Unterhalt gilt in diesem Verfahrensstadium nicht mehr, so dass auch ein weitergehender Antrag zulässig ist. Der höhere Unterhalt wird mit Zustellung des antragserweiternden Schriftsatzes rechtshängig.

Der Rechtspfleger, der für das vereinfachte Verfahren zuständig ist (§ 25 Nr. 2c) RPflG), gibt das Verfahren mit dem Antrag, in das streitige Verfahren überzugehen, an den zuständigen Familienrichter ab, der 518

700 OLG Brandenburg FamRZ 2007, 484.

den weiteren Verfahrensgang festlegt. Die Beteiligten benötigen nunmehr eine anwaltliche Vertretung, vgl. § 114 Abs. 1 FamFG.

Soweit der Antragsgegner im vereinfachten Verfahren bereits in ausreichendem Umfang Auskunft erteilt hat, kann sofort eine mündliche Verhandlung anberaumt werden.

IV. Beschwerde gegen den Festsetzungsbeschluss, § 256 FamFG

519 Zulässiger Rechtsbehelf gegen den Festsetzungsbeschluss nach § 253 FamFG ist die Beschwerde, für welche nach § 119 Abs. 1 Nr. 1a GVG das OLG zuständig ist.[701]

Der Festsetzungsbeschluss ist eine Endentscheidung nach § 38 FamFG, da das vereinfachte Verfahren damit abgeschlossen wird. Insoweit gelten die allgemeinen Anforderungen nach §§ 58 ff., 117 FamFG. § 256 FamFG schränkt den Prüfungsumfang des Beschwerdegerichts allerdings ein, d.h. mit der Beschwerde nach § 256 i.V.m. §§ 58 ff. FamFG können nur die in § 252 Abs. 2 bis 4 FamFG bezeichneten Einwendungen sowie die Unrichtigkeit der Kostenentscheidung oder Kostenfestsetzung, sofern sie nach allgemeinen Grundsätzen anfechtbar sind, geltend gemacht werden. Nicht zulässig ist es, sich in diesem Beschwerdeverfahren auf Einwendungen nach § 252 Abs. 2 bis 4 FamFG zu stützen, die nicht erhoben waren, bevor der Festsetzungsbeschluss verfügt war.

Gegen eine Entscheidung, mit der in einem vereinfachten Unterhaltsverfahren eine Beschwerde vom Oberlandesgericht verworfen wird, ist die Rechtsbeschwerde zulassungsfrei statthaft.[702]

J. Die Kosten des Unterhaltsverfahrens

520 Die Vorschrift des § 243 FamFG enthält Sonderregelungen für die Kostenverteilung im Unterhaltsverfahren. Das Gericht hat in Unterhaltssachen über die **Kostenverteilung nach billigem Ermessen** zu entscheiden. Die wesentlichen Gesichtspunkte der ZPO-Kostenvorschriften sind als zu berücksichtigende Gesichtspunkte unter Nr. 1 bis Nr. 4 aufgezählt. Insbesondere kann eine unterlassene oder ungenügende Auskunftserteilung kostenrechtlich sanktioniert werden. Die Familiengerichte können über die Kostenentscheidung in Unterhaltssachen flexibel auf den Einzelfall reagieren. Hierzu besteht auch deshalb Anlass, da, anders als bei Verfahren über einmalige Leistungen, in Unterhaltssachen dem Dauercharakter der Verpflichtung bei der Streitwertermittlung nur begrenzt Rechnung getragen werden kann.

Auch die Kosten des vereinfachten Verfahrens nach §§ 249 ff. FamFG über den Unterhalt Minderjähriger sind nach § 243 nach billigem Ermessen zu verteilen.[703]

I. Entscheidung über die Kosten der Unterhaltssache nach billigem Ermessen

521 Das FamG entscheidet in Unterhaltssachen nach billigem Ermessen über die Kosten. Maßgebliche Gesichtspunkte, die das billige Ermessen berücksichtigen soll, werden in Nr. 1 bis Nr. 4 genannt. Durch das Wort „insbesondere" wird klargestellt, dass die in Nr. 1 bis Nr. 4 aufgezählten Gesichtspunkte jedoch nicht abschließend sind. So kann z.B. in der Rechtsmittelinstanz auch der Rechtsgedanke des § 97 Abs. 2 ZPO in die Kostenentscheidung einfließen.

701 Thomas/Putzo/*Hüßtege*, Vorbem § 256 Rn 2.
702 BGH NZFam 2023, 306.
703 OLG Köln FamRZ 2012, 1164.

II. Kriterien der Kostenentscheidung

1. Kostenverteilung im Verhältnis von Obsiegen und Unterliegen, § 243 Nr. 1

Grundsätzlich gilt im Zivilprozess, dass die Kosten entsprechend dem Verfahrenserfolg zu tragen sind. 522
Diese Regel ist auch Grundlage der Kostenentscheidung in Unterhaltssachen und dürfte, auch wenn die Nummerierung nicht als Rangverhältnis zu verstehen ist, vom Gesetzgeber nicht ohne Bedacht als Nr. 1 platziert worden sein.

2. Auskunftsverweigerung, § 243 Nr. 2

Eine unterlassene oder ungenügende Auskunftserteilung kann kostenrechtlich sanktioniert werden.[704] Be- 523
deutung hat, inwieweit die ungenügende Auskunft kausal für den gerichtlichen Misserfolg im Unterhaltsverfahren geworden ist. Ratio legis der Vorschrift ist, dass gesetzliche Unterhaltsansprüche im Interesse aller Beteiligten nach Möglichkeit bereits außergerichtlich geklärt werden sollen. Dies setzt voraus, dass der Verpflichtete freiwillig und umfassend Auskunft erteilt. Weigert sich ein Beteiligter außergerichtlich, detailliert vollständig Auskunft über das eigene und das Einkommen des Ehegatten zu erteilen, können ihm die Kosten des Unterhaltsverfahrens auferlegt werden, obwohl er in der Hauptsache obsiegt.[705]

Legt der Antragsgegner Erwerbsbemühungen nicht umfassend dar, ist der Anwendungsbereich der Vorschrift hingegen nicht (auch nicht entsprechend) eröffnet.[706]

3. Ungenügende Auskunft gegenüber dem Gericht

Fordert das FamG Auskunft über Einkünfte und Vermögen, und kommt der Beteiligte der Aufforderung 524
nicht nach, hat dies nachteilige Konsequenzen für die Kostenentscheidung. Wichtig ist freilich, dass der Beteiligte auf diese Folge hingewiesen wird. Dazu ist das FamG nach § 235 Abs. 1 S. 4 nämlich verpflichtet.

4. Sofortiges Anerkenntnis

Das sofortige Anerkenntnis nach § 93 ZPO hat Kostenvorteile. Entscheidend ist freilich, dass der Betei- 525
ligte spätestens mit der Erwiderung auf den Unterhaltsantrag anerkennt.[707]

Letztlich ist auch zu berücksichtigen, dass der Unterhaltsgläubiger einen Titulierungsanspruch hat; hat der Verpflichtete daher zwar Unterhalt immer gezahlt, die Titulierung aber verweigert, ist Nr. 4 nicht anwendbar.

Umstritten ist, welcher Beteiligte die Titulierungskosten zu tragen hat. Der Kindesunterhalt wird vom Jugendamt bis zur Vollendung des 21. Lebensjahres kostenfrei tituliert (§§ 59 Abs. 1 S. 1 Nr. 3, 60 SGB VIII), sodass die Übernahme der Titulierungskosten keine Rolle spielt. Kostenfreiheit besteht auch für die Titulierung des Unterhalts nach § 1615l BGB (§§ 59 Abs. 1 S. 1 Nr. 4, 60 SGB VIII). Wird hingegen Ehegattenunterhalt gefordert, so ist umstritten, wer die Titulierungskosten zu tragen hat. Teilweise wird vertreten, die Übernahme der Titulierungskosten sei eine Nebenpflicht des Unterhaltsschuldners, da der Bedürftige kaum mit diesen Kosten belastet werden könne;[708] die überwiegende Meinung argumentiert, es gebe keine materiell-rechtliche Grundlage zur Übernahme der Kosten für die Schaffung eines vollstreckbaren Titels, sodass dem Unterhaltsschuldner diese Kosten nicht auferlegt wer-

704 *Büte*, FuR 2009, 650 spricht von einer „Kostenstrafe".
705 OLG Celle FamRZ 2012, 1744.
706 Vgl. KG FamRZ 2008, 530.
707 Vgl. dazu aber auch OLG Hamm FuR 2016, 119.
708 Hdb-FamR/*Gerhardt*, 6. Kap. Rn 16.

den können. Beim Ehegattenunterhalt gibt der Unterhaltsschuldner daher nur dann Anlass zum gerichtlichen Unterhaltsverfahren, wenn er bei laufender Unterhaltszahlung in vereinbarter Höhe der außergerichtlichen Aufforderung zur für ihn kostenfreien Titulierung nicht fristgerecht nachkommt.[709]

Ein Teilanerkenntnis, gestützt auf Teilzahlungen, ist in Unterhaltssachen ebenfalls nicht kostenbegünstigt; der Berechtigte hat einen Anspruch auf einen umfassenden Titel.[710]

III. Rechtsschutz gegen die Kostenentscheidung

526 Eine Beschwerde gegen die Kostenentscheidung ist nur begrenzt möglich.

Möchte ein Beteiligter, der den Hauptsachebeschluss grundsätzlich akzeptiert, nur die Kostenentscheidung angreifen, so ist dies unzulässig, vgl. § 113 Abs. 1 S. 2 FamFG i.V.m. § 99 ZPO (siehe Rdn 488).

527 Eine sogenannte isolierte Kostenentscheidung, welche nach übereinstimmenden Erledigungserklärungen oder einer Antragsrücknahme ergeht, ist hingegen mit der sofortigen Beschwerde überprüfbar (siehe Rdn 489 ff.).

709 KG FamRZ 2011, 1319.
710 Vgl. BGH NJW 2010, 238 = FamRZ 2010, 195; OLG Zweibrücken FamRZ 2002, 1130.

Stichwortverzeichnis

fette Zahlen = Paragrafen, magere Zahlen = Randnummern

Benutzerhinweise für den Download

Zur Nutzung des PDF-Musterverzeichnisses benötigen Sie einen **lokal installierten PDF-Reader**, da die Funktionalität über das reine Anzeigen einer PDF-Seite hinausgeht.

Den Download-Link (URL) finden Sie auf der Seite 4 (IV) des Werks (Impressum). Über diesen Link stellen wir Ihnen sämtliche im Werk enthaltenen Muster und Formulierungsbeispiele zur Verfügung. Zur Nutzung der Muster/Formulierungsbeispiele gehen Sie auf den Download-Link und laden die dort abgelegte zip-Datei auf Ihr Laufwerk herunter. Um den Ordner zu entpacken, klicken Sie mit der rechten Maustaste auf die Datei, wählen „**Alle extrahieren**" und folgen dann den Anweisungen. Die Nutzung der Muster ist unabhängig vom Betriebssystem Ihres Rechners.

Durch das Extrahieren werden ein **PDF-Musterverzeichnis** sowie die **Worddateien** der jeweiligen Muster auf dem von Ihnen gewählten Laufwerk Ihres Rechners abgelegt.

Zur Nutzung des PDF-Musterverzeichnisses benötigen Sie einen kostenlosen PDF-Reader. Das Musterverzeichnis gibt Ihnen einen Überblick über die enthaltenen Muster und erleichtert Ihnen den Zugang zu den Mustertexten. Beim Anklicken des gewünschten Musters in dem PDF-Musterverzeichnis öffnet sich der Text direkt in Microsoft Word oder in dem bei Ihnen eingesetzten Textverarbeitungsprogramm. Dann können Sie die Word-Datei direkt bearbeiten und unter einem neuen Dateinamen abspeichern. Bei Nutzern von Microsoft Word können Sicherheitshinweise auf dem Bildschirm erscheinen. Dort müssten Sie die Nutzung ggf. zulassen. Dies wird in den verschiedenen Wordversionen und Textverarbeitungsprogrammen unterschiedlich gehandhabt. In den einzelnen Word-Dateien sind keine Makros o.ä. eingebunden. Damit die Navigation über das PDF-Musterverzeichnis funktioniert dürfen der Ordner „Muster-Doks" und die ursprünglich gelieferten Dateien nicht umbenannt werden. Speichern Sie die bearbeiteten Worddateien daher stets unter einem neuen Dateinamen ab.

Die in einigen Word-Mustertexten vorhandenen **Formularfelder** können Sie markieren und überschreiben. Sie können sich die Bearbeitung erleichtern, indem Sie diese Formularfelder mit dem Default-Tastaturkürzel Ihres Textbearbeitungsprogrammes ansteuern. Für Microsoft Word ist dies i.d.R. das Tastaturkürzel F11, um zum nächsten Feld zu springen und „UMSCHALT+F11", um zum vorherigen zu springen. Diese Tastaturkürzel werden von der Arbeitsumgebung Ihres Textverarbeitungsprogramms und nicht durch die bereitgestellten Word-Muster-Dateien definiert. Daher können die Tastaturkürzel in alternativen Betriebssystemen und/oder Textbearbeitungsprogrammen (z.B. LibreOffice Writer) abweichen.

Bearbeiten der Muster/Formulierungsbeispiele mit einer anderen Textverarbeitung und/oder einem anderen Betriebssystem

Wenn Sie kein Microsoft Word, sondern ein anderes Textverarbeitungsprogramm auf Ihrem Rechner installiert haben, können Sie die Dateien trotzdem aufrufen und bearbeiten. Gehen Sie dazu direkt auf das gewünschte Muster in dem abgelegten Ordner "Muster-Doks". Über diesen Weg können Sie auch auf die Word-Dateien zugreifen, wenn Sie nicht über das mitgelieferte PDF-Musterverzeichnis navigieren möchten. Jedem Mustertext ist eine Nummer zugewiesen, die in dem Download-Symbol neben dem jeweiligen Formular/Mustertext im Buch abgedruckt ist. Über den Dateinamen (p = Paragraf und m = Muster) lässt sich die gewünschte Mustertext-Datei auffinden.

